2023 OITAVA EDIÇÃO

WANDER **GARCIA**, ANA PAULA **DOMPIERI** E **RENAN FLUMIAN**
COORDENADORES

CONCURSOS JURÍDICOS
4.000
QUESTÕES COMENTADAS

2.828 QUESTÕES IMPRESSAS
1.177 QUESTÕES ON-LINE

DISCIPLINAS IMPRESSAS:

Civil | Processo Civil | Penal | Processo Penal
Empresarial | Agrário | Execução Penal
Medicina Legal | Constitucional | Administrativo
Econômico | Previdenciário | Eleitoral
Urbanístico | Recursos Hídricos
Processo Coletivo | Consumidor | Ambiental
Eca | Idoso | Deficiência | Sanitário
Educacional | Filosofia | Sociologia
Trabalho | Processo Trabalho
Tributário | Financeiro

DISCIPLINAS ON-LINE:

Internacional | Humanos
Legislação Institucional do
Ministério Público
Princípios e Atribuições
Institucionais da Defensoria Pública
Criminologia
Língua Portuguesa

COMO PASSAR

COMENTÁRIOS
CONTENDO
DOUTRINA,
LEGISLAÇÃO E
JURISPRUDÊNCIA

EDITORA FOCO

Dados Internacionais de Catalogação na Publicação (CIP) de acordo com ISBD

C735

   Como passar em Concursos Jurídicos: 4.000 Questões comentadas / coordenado por Wander Garcia, Ana Paula Dompieri, Renan Flumian. - 8. ed. - Indaiatuba, SP : Editora Foco, 2023.

   1.016 p. ; 17cm x 24cm.

   Inclui índice e bibliografia.

   ISBN: 978-65-5515-822-9

   1. Metodologia de estudo. 2. Concursos jurídicos. I. Garcia, Wander. II. Dompieri, Ana Paula. III. Flumian, Renan. IV. Título.

2023-1629   CDD 001.4   CDU 001.8

Elaborado por Vagner Rodolfo da Silva - CRB-8/9410

Índices para Catálogo Sistemático:

1. Metodologia de estudo 001.4
2. Metodologia de estudo 001.8

WANDER **GARCIA**, ANA PAULA **DOMPIERI** E **RENAN FLUMIAN**
COORDENADORES

OITAVA EDIÇÃO

COMO PASSAR

CONCURSOS JURÍDICOS

4.000
QUESTÕES COMENTADAS

2.828 QUESTÕES IMPRESSAS
1.177 QUESTÕES ON-LINE

DISCIPLINAS IMPRESSAS:

Civil | Processo Civil | Penal | Processo Penal

Empresarial | Agrário | Execução Penal

Medicina Legal | Constitucional | Administrativo

Econômico | Previdenciário | Eleitoral

Urbanístico | Recursos Hídricos

Processo Coletivo | Consumidor | Ambiental

Eca | Idoso | Deficiência | Sanitário

Educacional | Filosofia | Sociologia

Trabalho | Processo Trabalho

Tributário | Financeiro

DISCIPLINAS ON-LINE:

Internacional | Humanos

Legislação Institucional do
Ministério Público

Princípios e Atribuições
Institucionais da Defensoria Pública

Criminologia

Língua Portuguesa

COMENTÁRIOS
CONTENDO
DOUTRINA,
LEGISLAÇÃO E
JURISPRUDÊNCIA

2023 © Editora Foco

Coordenadores: Wander Garcia e Ana Paula Dompieri

Organizadora: Paula Morishita

Autores: Wander Garcia, Adolfo Mamoru Nishiyama, Ana Paula Dompieri, André Barbieri, André Nascimento, Anna Carolina Bontempo, Ariane Wady. Arthur Trigueiros, Bruna Vieira, Eduardo Dompieri, Fabiano Melo, Fernanda Camargo Penteado, Filipe Venturi, Flávia Barros, Gabriela Rodrigues, Gustavo Nicolau, Henrique Subi, Hermes Cramacon, José Antonio Apparecido Junior, Leni Mouzinho Soares, Licínia Rossi, Luiz Dellore, Magally Dato, Paula Morishita, Renan Flumian, Ricardo Quartim, Roberta Densa, Robinson Barreirinhas, Rodrigo Bordalo, Savio Chalita, Teresa Melo, Vivian Calderoni

Diretor Acadêmico: Leonardo Pereira

Editor: Roberta Densa

Revisora Sênior: Georgia Renata Dias

Capa Criação: Leonardo Hermano

Diagramação: Ladislau Lima

Impressão miolo e capa: N. B. IMPRESSOS GRAFICOS E EDITORA EIRELI (IMPRESS)

DIREITOS AUTORAIS: É proibida a reprodução parcial ou total desta publicação, por qualquer forma ou meio, sem a prévia autorização da Editora FOCO, com exceção do teor das questões de concursos públicos que, por serem atos oficiais, não são protegidas como Direitos Autorais, na forma do Artigo 8º, IV, da Lei 9.610/1998. Referida vedação se estende às características gráficas da obra e sua editoração. A punição para a violação dos Direitos Autorais é crime previsto no Artigo 184 do Código Penal e as sanções civis às violações dos Direitos Autorais estão previstas nos Artigos 101 a 110 da Lei 9.610/1998. Os comentários das questões são de responsabilidade dos autores.

NOTAS DA EDITORA:

Atualizações e erratas: A presente obra é vendida como está, atualizada até a data do seu fechamento, informação que consta na página II do livro. Havendo a publicação de legislação de suma relevância, a editora, de forma discricionária, se empenhará em disponibilizar atualização futura.

Bônus ou Capítulo *On-line*: Excepcionalmente, algumas obras da editora trazem conteúdo no *on-line*, que é parte integrante do livro, cujo acesso será disponibilizado durante a vigência da edição da obra.

Erratas: A Editora se compromete a disponibilizar no site www.editorafoco.com.br, na seção Atualizações, eventuais erratas por razões de erros técnicos ou de conteúdo. Solicitamos, outrossim, que o leitor faça a gentileza de colaborar com a perfeição da obra, comunicando eventual erro encontrado por meio de mensagem para contato@editorafoco.com.br. O acesso será disponibilizado durante a vigência da edição da obra.

Impresso no Brasil (06.2023) – Data de Fechamento (06.2023)

2023

Todos os direitos reservados à

Editora Foco Jurídico Ltda.

Rua Antonio Brunetti, 593 – Jd. Morada do Sol

CEP 13348-533 – Indaiatuba – SP

E-mail: contato@editorafoco.com.br

www.editorafoco.com.br

Acesse JÁ os conteúdos ON-LINE

  ATUALIZAÇÃO em PDF e VÍDEO para complementar seus estudos*

Acesse o link:
www.editorafoco.com.br/atualizacao

CAPÍTULOS ON-LINE

Acesse o link:
www.editorafoco.com.br/atualizacao

* As atualizações em PDF e Vídeo serão disponibilizadas sempre que houver necessidade, em caso de nova lei ou decisão jurisprudencial relevante.
* Acesso disponível durante a vigência desta edição.

Sobre os Autores

Wander Garcia – @wander_garcia

É Doutor, Mestre e Graduado em Direito pela PUC/SP. É professor universitário e de cursos preparatórios para Concursos e Exame de Ordem, tendo atuado nos cursos LFG e DAMASIO. Neste foi Diretor Geral de todos os cursos preparatórios e da Faculdade de Direito. Foi diretor da Escola Superior de Direito Público Municipal de São Paulo. É um dos fundadores da Editora Foco, especializada em livros jurídicos e para concursos e exames. É autor best seller com mais de 50 livros publicados na qualidade de autor, coautor ou organizador, nas áreas jurídica e de preparação para concursos e exame de ordem. Já vendeu mais de 1,5 milhão de livros, dentre os quais se destacam "Como Passar na OAB", "Como Passar em Concursos Jurídicos", "Exame de Ordem Mapamentalizado" e "Concursos: O Guia Definitivo". É também advogado desde o ano de 2000 e foi procurador do município de São Paulo por mais de 15 anos. É Coach Certificado, com sólida formação em Coaching pelo IBC e pela International Association of Coaching.

Adolfo Mamoru Nishiyama

Advogado. Possui graduaçãoem Ciências Jurídicas pela Universidade Presbiteriana Mackenzie (1991) e mestrado em Direito do Estado pela Pontifícia Universidade Católica de São Paulo (1997). Doutorado em Direito do Estado pela Pontifícia Universidade Católica de São Paulo (2016). Atualmente é professor titular da Universidade Paulista

Ana Paula Garcia

Procuradora do Estado de São Paulo, Pós-graduada em Direito, Professora do IEDI, Escrevente do Tribunal de Justiça por mais de 10 anos e Assistente Jurídico do Tribunal de Justiça. Autora de diversos livros para OAB e concursos.

André Barbieri

Mestre em Direito. Professor de Direito Público com mais de dez anos de experiência. Professor em diversos cursos pelo País. Advogado.

André Nascimento

Advogado e Especialista em Regulação na Agência Nacional do Petróleo, Gás Natural e Biocombustíveis. Coautor de diversas obras voltadas à preparação para Exames Oficiais e Concursos Públicos. Coautor do livro Estudos de Direito da Concorrência, da Editora Mackenzie, e de artigos científicos. Graduado em Direito pela Universidade Presbiteriana Mackenzie/SP. Graduando em Geografia pela Universidade de São Paulo. Frequentou diversos cursos de extensão nas áreas de Direito, Regulação, Petróleo e Gás Natural e Administração Pública. Instrutor de cursos na ANP, tendo recebido elogio por merecimento pela destacada participação e dedicação.

Anna Carolina Bontempo

Advogada. Professora e Gerente de Ensino a Distância no IEDI. Pós-graduada em Direito Público na Faculdade de Direito Prof. Damásio de Jesus.

Ariane Wady

Especialista em Direito Processual Civil (PUC-SP). Graduada em Direito pela PUC-SP (2000). Professora de pós-graduação e curso preparatório para concursos - PROORDEM - UNITÁ Educacional e Professora/Tutora de Direito Administrativo e Constitucional - Rede LFG e IOB. Advogada.

Arthur Trigueiros – @proftrigueiros

Procurador do Estado de São Paulo. Professor da Rede LFG e do IEDI. Autor de diversas obras de preparação para Concursos Públicos e Exame de Ordem. Pós-graduado em Direito.

Bruna Vieira – @profa_bruna

Advogada. Professora do IEDI, PROORDEM, LEGALE, ROBORTELLA e ÊXITO. Palestrante e professora de Pós-Graduação em Instituições de Ensino Superior. Autora de diversas obras de preparação para Concursos Públicos e Exame de Ordem. Pós-graduada em Direito.

Eduardo Dompieri – @eduardodompieri

Professor do IEDI. Autor de diversas obras de preparação para Concursos Públicos e Exame de Ordem. Pós-graduado em Direito.

Fabiano Melo

Professor dos cursos de graduação e pós-graduação em Direito e Administração da Pontifícia Universidade Católica de Minas Gerais (PUC/Minas). Professor da Rede LFG.

Fernanda Camargo Penteado

Professora de Direito Ambiental da Faculdade de Direito do Instituto Machadense de Ensino Superior Machado-MG (FUMESC). Mestre em Desenvolvimento Sustentável e Qualidade de Vida (Unifae)

Filipe Venturini Signorelli

Mestrado em Direito Administrativo pela Pontifícia Universidade Católica de São Paulo. Pós-graduado em Governança, Gestão Pública e Direito Administrativo. Pós-graduado em Direito Público. Pós-graduado em Ciências criminais e docência superior. Linha de pesquisa na área de Autorregulação e Controle na administração pública. Conselheiro no IPMA Brasil – International Project Management Associate. Gestor Jurídico e Acadêmico. Professor. Advogado e Consultor Jurídico no Bordalo Densa & Venturini Advogados.

Flávia Barros

Procuradora do Município de São Paulo. Doutora em Direito do Estado pela Universidade de São Paulo. Mestre em Direito Administrativo pela PUC-SP. Especialista em Direito Administrativo pela PUC-SP/COGEAE. Especialista em Direitos Difusos e Coletivos pela ESMPSP. Coach de Alta Performance pela FEBRACIS. Practioneer e Master em Programação Neurolinguística - PNL. Analista de Perfil Comportamental - DISC Assessment. Professora de Direito Administrativo

Gabriela Rodrigues

Advogada. Pós-Graduada em Direito Civil e Processual Civil pela Escola Paulista de Direito. Professora Universitária e do IEDI Cursos *On-line* e preparatórios para concursos públicos exame de ordem. Autora de diversas obras jurídicas para concursos públicos e exame de ordem. .

Gustavo Nicolau – @gustavo_nicolau

Advogado. Mestre e Doutor pela Faculdade de Direito da USP. Professor de Direito Civil da Rede LFG/Praetorium.

Henrique Subi – @henriquesubi

Agente da Fiscalização Financeira do Tribunal de Contas do Estado de São Paulo. Mestrando em Direito Político e Econômico pela Universidade Presbiteriana Mackenzie. Especialista em Direito Empresarial pela Fundação Getúlio Vargas e em Direito Tributário pela UNISUL. Professor de cursos preparatórios para concursos desde 2006. Coautor de mais de 20 obras voltadas para concursos, todas pela Editora Foco.

Hermes Cramacon – @hermescramacon

Possui graduação em Direito pela Universidade Cidade de São Paulo (2000). Mestrando em Direito da Saúde pela Universidade Santa Cecília. Docente da UNIVERSIDADE MUNICIPAL DE SÃO CAETANO DO SUL e professor da FACULDADE TIJUCUSSU. Professor de Direito do Trabalho e Direito Processual do Trabalho do IEDI CURSOS ONLINE e ESCOLHA CERTA CURSOS nos cursos preparatórios para Exame de Ordem. Tem experiência na área de Direito, com ênfase em Direito do Trabalho, Direito Processual do Trabalho, Direito Processual Civil e Prática Jurídica.

José Antonio Apparecido Junior

Procurador do Município de São Paulo. Consultor em Direito Urbanístico. Especialista em Direito Público pela Escola Superior do Ministério Público do Estado de São Paulo. Mestre em Direito Urbanístico pela PUC/SP. Doutorando em Direito do Estado pela USP.

Leni Mouzinho Soares

Assistente Jurídico do Tribunal de Justiça do Estado de São Paulo.

Licínia Rossi – @liciniarossi

Advogada. Mestre em Direito Constitucional pela PUC/SP. Especialista em Direito Constitucional pela Escola Superior de Direito Constitucional. Professora exclusiva de Direito Administrativo e Constitucional na Rede Luiz Flávio Gomes de Ensino. Professora de Direito na UNICAMP.

Luiz Dellore – @dellore

Doutor e Mestre em Direito Processual pela USP. Mestre em Direito Constitucional pela PUC/SP. Visiting Scholar na Syracuse Univesity e Cornell University. Professor do Mackenzie, da FADISP, da Escola Paulista do Direito (EPD), do CPJur e do Saraiva Aprova. Ex-assessor de Ministro do STJ. Membro do IBDP (Instituto Brasileiro de Direito Processual) e do Ceapro (Centro de Estudos Avançados de Processo). Advogado concursado da Caixa Econômica Federal.

Magally Dato

Professora de Língua Portuguesa. Agente de Fiscalização do Tribunal de Contas do Município de São Paulo.

Paula Morishita

Editorial jurídico, autora e organizadora de diversas obras na Editora Foco. Bacharel em Direito pela Pontifícia Universidade Católica de Campinas. Especialista em Direito Previdenciário. Advogada.

Renan Flumian – @renanflumian

Mestre em Filosofia do Direito pela Universidad de Alicante. Cursou a Session Annuelle D'enseignement do Institut International des Droits de L'Homme, a Escola de Governo da USP e a Escola de Formação da Sociedade Brasileira de Direito Público. Professor e Coordenador Acadêmico do IEDI. Autor e coordenador de diversas obras de preparação para Concursos Públicos e o Exame de Ordem. Advogado.

Ricardo Quartim

Graduado em direito pela Universidade de São Paulo (USP). Procurador Federal em São Paulo/SP e autor de artigos jurídicos.

Roberta Densa

Doutora em Direitos Difusos e Coletivos. Professora universitária e em cursos preparatórios para concursos públicos e OAB. Autora da obra "Direito do Consumidor", 9ª edição publicada pela Editora Atlas.

Robinson S. Barreirinhas – robinson.barreirinhas@gmail.com

Professor e autor de diversos livros de Direito Tributário e Financeiro. Procurador do Município de São Paulo. Ex-Secretário de Negócios Jurídicos do Município de São Paulo. Ex-Procurador Geral do Município de São Paulo. Ex-Assessor de Ministro do Superior Tribunal de Justiça

Rodrigo Bordalo

Doutor e Mestre em Direito do Estado pela Pontifícia Universidade Católica de São Paulo (PUC-SP). Professor de Direito Público da Uni-versidade Presbiteriana Mackenzie (pós-graduação). Professor de Direito Administrativo e Ambiental do Centro Preparatório Jurídico (CPJUR) e da Escola Brasileira de Direito (EBRADI), entre outros. Procurador do Município de São Paulo, atualmente lotado na Coordenado-ria Geral do Consultivo da Procuradoria Geral do Município. Advogado. Palestrante.

Savio Chalita

Advogado. Mestre em Direitos Sociais, Difusos e Coletivos. Professor do CPJUR (Centro Preparatório Jurídico), Autor de obras para Exame de Ordem e Concursos Públicos. Professor Universitário. Editor do blog www.comopassarnaoab.com.

Teresa Melo

Procuradora Federal. Mestranda em Direito Público pela UERJ. Assessora de Ministro do Supremo Tribunal Federal. Ex-assessora de Ministro do STJ.

Vivian Calderoni

Mestre em Direito Penal e Criminologia pela USP. Autora de artigos e livros. Palestrante e professora de cursos preparatórios para concursos jurídicos. Atualmente, trabalha como advogada na ONG "Conectas Direitos Humanos", onde atua em temas relacionados ao sistema prisional e ao sistema de justiça.

APRESENTAÇÃO

A experiência diz que aquele que quer ser aprovado deve fazer três coisas: a) entender a teoria; b) ler a letra da lei, e c) treinar. A teoria é vista em cursos e livros à disposição no mercado. O problema é que ela, sozinha, não é suficiente. É fundamental "ler a letra da lei" e "treinar". E a presente obra possibilita que você faça esses dois tipos de estudo. Aliás, você sabia que mais de 90% das questões de Concursos Jurídicos são resolvidas apenas com o conhecimento da lei, e que as questões das provas se repetem muito?

Cada questão deste livro vem comentada com o dispositivo legal em que você encontrará a resposta.

E isso é feito não só em relação à alternativa correta. Todas as alternativas são comentadas, sempre que necessário. Com isso você terá acesso aos principais dispositivos legais que aparecem nas provas e também às orientações doutrinárias e jurisprudenciais.

Estudando pelo livro você começará a perceber as técnicas dos examinadores e as "pegadinhas" típicas de prova, e ganhará bastante segurança para o momento decisivo, que é o dia do seu exame.

É por isso que podemos afirmar, com uma exclamação, que esta obra vai lhe demonstrar COMO PASSAR EM CONCURSOS JURÍDICOS!

Sumário

SOBRE OS AUTORES	VII

APRESENTAÇÃO	XI

COMO USAR O LIVRO?	XXV

1. DIREITO CIVIL

1. LINDB 1
2. GERAL 2
3. OBRIGAÇÕES 22
4. CONTRATOS 28
5. RESPONSABILIDADE CIVIL 37
6. COISAS 43
7. FAMÍLIA 55
8. SUCESSÕES 64
9. REGISTROS PÚBLICOS 71
10. QUESTÕES COMBINADAS 72
11. LEIS ESPARSAS 79

2. DIREITO PROCESSUAL CIVIL

1. PRINCÍPIOS DO PROCESSO CIVIL 81
2. PARTES, PROCURADORES, MINISTÉRIO PÚBLICO E JUIZ 82
3. PRAZOS PROCESSUAIS. ATOS PROCESSUAIS 86
4. LITISCONSÓRCIO E INTERVENÇÃO DE TERCEIROS 88
5. JURISDIÇÃO E COMPETÊNCIA 92
6. PRESSUPOSTOS PROCESSUAIS E CONDIÇÕES DA AÇÃO 95
7. FORMAÇÃO, SUSPENSÃO E EXTINÇÃO DO PROCESSO. NULIDADES 95
8. TUTELA PROVISÓRIA 96
9. PROCESSO DE CONHECIMENTO 100
10. SENTENÇA. COISA JULGADA. AÇÃO RESCISÓRIA 105
11. TEMAS COMBINADOS DE PROCESSO DE CONHECIMENTO 108

---

www. 👆 Acesse o conteúdo on-line. Siga as orientações disponíveis na página III.

COMO PASSAR CONCURSOS JURÍDICOS

12. TEORIA GERAL DOS RECURSOS 110

13. EXECUÇÃO E CUMPRIMENTO DE SENTENÇA 120

14. PROCEDIMENTOS ESPECIAIS 126

15. TEMAS COMBINADOS 132

3. LEGISLAÇÃO PROCESSUAL CIVIL EXTRAVAGANTE — 141

1. JUIZADO ESPECIAL CÍVEL, FEDERAL E DA FAZENDA PÚBLICA 141

2. AÇÃO CIVIL PÚBLICA, AÇÃO POPULAR E AÇÃO DE IMPROBIDADE 143

3. MANDADO DE SEGURANÇA E *HABEAS DATA* 146

4. OUTROS PROCEDIMENTOS DE LEGISLAÇÃO EXTRAVAGANTE 148

4. DIREITO EMPRESARIAL   www. — 151

1. TEORIA GERAL 151

2. DIREITO SOCIETÁRIO 154

3. DIREITO CAMBIÁRIO 159

4. DIREITO CONCURSAL – FALÊNCIA E RECUPERAÇÃO 162

5. CONTRATOS EMPRESARIAIS 166

6. PROPRIEDADE INDUSTRIAL 167

7. TEMAS COMBINADOS E OUTROS TEMAS 169

5. DIREITO AGRÁRIO — 173

1. CONTRATOS AGRÁRIOS 173

2. USUCAPIÃO ESPECIAL RURAL 173

3. AQUISIÇÃO E USO DA PROPRIEDADE E DA POSSE RURAL 174

4. DESAPROPRIAÇÃO PARA A REFORMA AGRÁRIA 175

5. TERRAS DEVOLUTAS 176

6. TERRAS INDÍGENAS E QUILOMBOLAS 176

7. OUTROS TEMAS E TEMAS COMBINADOS 178

6. DIREITO PENAL   www. — 181

1. CONCEITO, FONTES E PRINCÍPIOS 181

2. APLICAÇÃO DA LEI NO TEMPO 187

3. APLICAÇÃO DA LEI NO ESPAÇO 188

4. CONCEITO E CLASSIFICAÇÃO DOS CRIMES 189

5. FATO TÍPICO E TIPO PENAL 192

6. CRIMES DOLOSOS, CULPOSOS E PRETERDOLOSOS 194

7. ERRO DE TIPO, DE PROIBIÇÃO E DEMAIS ERROS 195

8. TENTATIVA, CONSUMAÇÃO, DESISTÊNCIA, ARREPENDIMENTO E CRIME IMPOSSÍVEL 196

9. ANTIJURIDICIDADE E CAUSAS EXCLUDENTES 199

SUMÁRIO XV

10. CONCURSO DE PESSOAS 201

11. CULPABILIDADE E CAUSAS EXCLUDENTES 202

12. PENAS E SEUS EFEITOS 202

13. APLICAÇÃO DA PENA..212

14. *SURSIS*, LIVRAMENTO CONDICIONAL, REABILITAÇÃO E MEDIDAS DE SEGURANÇA 217

15. AÇÃO PENAL...219

16. EXTINÇÃO DA PUNIBILIDADE EM GERAL...220

17. PRESCRIÇÃO..221

18. CRIMES CONTRA A PESSOA 223

19. CRIMES CONTRA O PATRIMÔNIO 230

20. CRIMES CONTRA A DIGNIDADE SEXUAL..241

21. CRIMES CONTRA A FÉ PÚBLICA 246

22. CRIMES CONTRA A ADMINISTRAÇÃO PÚBLICA 249

23. OUTROS CRIMES E CRIMES COMBINADOS DO CÓDIGO PENAL 254

24. TEMAS COMBINADOS DE DIREITO PENAL...256

7. DIREITO PROCESSUAL PENAL www. 261

1. FONTES, PRINCÍPIOS GERAIS, EFICÁCIA DA LEI PROCESSUAL NO TEMPO E NO ESPAÇO 261

2. INQUÉRITO POLICIAL E OUTRAS FORMAS DE INVESTIGAÇÃO CRIMINAL 262

3. AÇÃO PENAL..272

4. SUSPENSÃO CONDICIONAL DO PROCESSO..278

5. JURISDIÇÃO E COMPETÊNCIA. CONEXÃO E CONTINÊNCIA..280

6. QUESTÕES E PROCESSOS INCIDENTES...289

7. PROVAS..290

8. SUJEITOS PROCESSUAIS..302

9. CITAÇÃO, INTIMAÇÃO E PRAZOS..303

10. PRISÃO, MEDIDAS CAUTELARES E LIBERDADE PROVISÓRIA 305

11. PROCESSO E PROCEDIMENTOS..324

12. PROCESSO DE COMPETÊNCIA DO JÚRI 329

13. JUIZADOS ESPECIAIS 333

14. SENTENÇA, PRECLUSÃO E COISA JULGADA...337

15. NULIDADES 340

16. RECURSOS 342

17. *HABEAS CORPUS*, MANDADO DE SEGURANÇA E REVISÃO CRIMINAL................................346

18. LEGISLAÇÃO EXTRAVAGANTE 347

19. TEMAS COMBINADOS E OUTROS TEMAS...360

8. LEGISLAÇÃO PENAL EXTRAVAGANTE — 365

1. CRIMES DA LEI ANTIDROGAS 365
2. CRIMES CONTRA O MEIO AMBIENTE 375
3. CRIMES CONTRA A ORDEM TRIBUTÁRIA 378
4. CRIMES DE TRÂNSITO 379
5. ESTATUTO DO DESARMAMENTO 380
6. CRIME ORGANIZADO 381
7. CRIME DE TORTURA 382
8. CRIMES DO ESTATUTO DA CRIANÇA E DO ADOLESCENTE 382
9. CRIMES DE ABUSO DE AUTORIDADE 383
10. VIOLÊNCIA DOMÉSTICA 383
11. ESTATUTO DA PESSOA IDOSA 386
12. CRIMES HEDIONDOS 386
13. TEMAS COMBINADOS DA LEGISLAÇÃO EXTRAVAGANTE 387

9. EXECUÇÃO PENAL — 413

1. TRABALHO DO PRESO 413
2. DEVERES, DIREITOS E DISCIPLINA DO CONDENADO 414
3. EXECUÇÃO DA PENA PRIVATIVA DE LIBERDADE 416
4. EXECUÇÃO DAS MEDIDAS DE SEGURANÇA 423
5. INCIDENTES DE EXECUÇÃO 423
6. PROCEDIMENTO JUDICIAL 423
7. TEMAS COMBINADOS 425

10. MEDICINA LEGAL — 427

1. TANATOLOGIA 427
2. SEXOLOGIA 428
3. TRAUMATOLOGIA 428
4. PSICOPATOLOGIA FORENSE 429
5. ANTROPOLOGIA 430
6. PERÍCIAS MÉDICO-LEGAIS E PROCEDIMENTO NO INQUÉRITO POLICIAL 430

11. DIREITO CONSTITUCIONAL — 431

1. PODER CONSTITUINTE 431
2. TEORIA DA CONSTITUIÇÃO E PRINCÍPIOS FUNDAMENTAIS 434
3. HERMENÊUTICA CONSTITUCIONAL E EFICÁCIA DAS NORMAS CONSTITUCIONAIS ...440
4. DO CONTROLE DE CONSTITUCIONALIDADE 446
5. DOS DIREITOS E GARANTIAS FUNDAMENTAIS 461

6.	DIREITOS SOCIAIS	480
7.	NACIONALIDADE	482
8.	DIREITOS POLÍTICOS	483
9.	ORGANIZAÇÃO DO ESTADO	486
10.	ORGANIZAÇÃO DO PODER EXECUTIVO	505
11.	ORGANIZAÇÃO DO PODER LEGISLATIVO. PROCESSO LEGISLATIVO	506
12.	DA ORGANIZAÇÃO DO PODER JUDICIÁRIO	519
13.	DAS FUNÇÕES ESSENCIAIS À JUSTIÇA	526
14.	DEFESA DO ESTADO	529
15.	TRIBUTAÇÃO E ORÇAMENTO	532
16.	ORDEM ECONÔMICA E FINANCEIRA	534
17.	ORDEM SOCIAL	537
18.	TEMAS COMBINADOS	543

12. DIREITO ADMINISTRATIVO www. — 557

1.	REGIME JURÍDICO ADMINISTRATIVO E PRINCÍPIOS DO DIREITO ADMINISTRATIVO	557
2.	PODERES DA ADMINISTRAÇÃO PÚBLICA	561
3.	ATOS ADMINISTRATIVOS	566
4.	ORGANIZAÇÃO ADMINISTRATIVA	574
5.	SERVIDORES PÚBLICOS	587
6.	BENS PÚBLICOS	611
7.	INTERVENÇÃO DO ESTADO NA PROPRIEDADE	614
8.	RESPONSABILIDADE DO ESTADO	621
9.	LICITAÇÃO	626
10.	CONTRATOS ADMINISTRATIVOS	638
11.	SERVIÇOS PÚBLICOS	642
12.	PROCESSO ADMINISTRATIVO	649
13.	CONTROLE DA ADMINISTRAÇÃO PÚBLICA	652
14.	LEI DE ACESSO À INFORMAÇÃO – TRANSPARÊNCIA	656
15.	LEI ANTICORRUPÇÃO	657
16.	OUTROS TEMAS E TEMAS COMBINADOS DE DIREITO ADMINISTRATIVO	658

13. DIREITO ECONÔMICO 665

1.	ORDEM ECONÔMICA NA CONSTITUIÇÃO. MODELOS ECONÔMICOS	665
2.	SISTEMA BRASILEIRO DE DEFESA DA CONCORRÊNCIA – SBDC. LEI ANTITRUSTE	665
3.	QUESTÕES COMBINADAS E OUTROS TEMAS	666

14. DIREITO PREVIDENCIÁRIO — 667

1. PRINCÍPIOS E NORMAS GERAIS 667

2. CUSTEIO 668

3. SEGURADOS DA PREVIDÊNCIA E DEPENDENTES 668

4. BENEFÍCIOS PREVIDENCIÁRIOS 670

5. PREVIDÊNCIA DOS SERVIDORES PÚBLICOS 674

6. PREVIDÊNCIA PRIVADA COMPLEMENTAR 678

7. AÇÕES PREVIDENCIÁRIAS 679

8. TEMAS COMBINADOS 679

15. DIREITO ELEITORAL — 683

1. PRINCÍPIOS, DIREITOS POLÍTICOS, ELEGIBILIDADE E ALISTAMENTO ELEITORAL 683

2. PARTIDOS POLÍTICOS, CANDIDATOS 688

3. PROPAGANDA ELEITORAL E RESTRIÇÕES NO PERÍODO ELEITORAL 690

4. PRESTAÇÃO DE CONTAS, DESPESAS, ARRECADAÇÃO, FINANCIAMENTO DE CAMPANHA 692

5. COMPETÊNCIA E ORGANIZAÇÃO DA JUSTIÇA ELEITORAL 692

6. AÇÕES, RECURSOS, IMPUGNAÇÕES 693

7. DAS CONDUTAS VEDADAS AOS AGENTES PÚBLICOS 697

8. CRIMES ELEITORAIS 697

16. DIREITO URBANÍSTICO — 699

1. PARCELAMENTO DO SOLO URBANO 699

2. ESTATUTO DAS CIDADES E INSTRUMENTOS DA POLÍTICA URBANA 699

3. TEMAS COMBINADOS 702

4. OUTROS TEMAS 705

17. RECURSOS HÍDRICOS — 707

1. POLÍTICA NACIONAL DE RECURSOS HÍDRICOS 707

2. SISTEMA NACIONAL DE GERENCIAMENTO DE RECURSOS HÍDRICOS 708

18. PROCESSO COLETIVO — 709

1. INTERESSES DIFUSOS, COLETIVOS E INDIVIDUAIS HOMOGÊNEOS E PRINCÍPIOS 709

2. LEGITIMAÇÃO, LEGITIMADOS, MINISTÉRIO PÚBLICO E LITISCONSÓRCIO 710

3. OBJETO 712

4. COMPROMISSO DE AJUSTAMENTO 712

5. AÇÃO, PROCEDIMENTO, TUTELA ANTECIPADA, MULTA, SENTENÇA, COISA JULGADA, RECURSOS, CUSTAS E QUESTÕES MISTAS 714

6. AÇÃO POPULAR E IMPROBIDADE ADMINISTRATIVA 715

7. OUTROS TEMAS E TEMAS COMBINADOS 717

19. DIREITO DO CONSUMIDOR — 721

1. CONCEITO DE CONSUMIDOR E RELAÇÃO DE CONSUMO...721

2. PRINCÍPIOS E DIREITOS BÁSICOS 723

3. RESPONSABILIDADE PELO FATO DO PRODUTO OU DO SERVIÇO E PRESCRIÇÃO...............726

4. RESPONSABILIDADE POR VÍCIO DO PRODUTO OU DO SERVIÇO E DECADÊNCIA 728

5. DESCONSIDERAÇÃO DA PERSONALIDADE JURÍDICA. RESPONSABILIDADE EM CASO DE GRUPO DE EMPRESAS 732

6. PRESCRIÇÃO E DECADÊNCIA...734

7. PRÁTICAS COMERCIAIS..735

8. PROTEÇÃO CONTRATUAL 741

9. SUPERENDIVIDAMENTO 747

10. RESPONSABILIDADE ADMINISTRATIVA 747

11. RESPONSABILIDADE CRIMINAL 748

12. DEFESA DO CONSUMIDOR EM JUÍZO 749

13. SNDC E CONVENÇÃO COLETIVA..753

14. TEMAS COMBINADOS...754

15. OUTROS TEMAS 756

20. DIREITO AMBIENTAL — 761

1. HISTÓRICO E CONCEITOS BÁSICOS...761

2. DIREITO AMBIENTAL CONSTITUCIONAL 762

3. PRINCÍPIOS DO DIREITO AMBIENTAL...765

4. COMPETÊNCIA EM MATÉRIA AMBIENTAL...767

5. LEI DE POLÍTICA NACIONAL DO MEIO AMBIENTE 772

6. INSTRUMENTOS DE PROTEÇÃO DO MEIO AMBIENTE...774

7. PROTEÇÃO DA FLORA. CÓDIGO FLORESTAL 782

8. RESPONSABILIDADE CIVIL AMBIENTAL E PROTEÇÃO JUDICIAL DO MEIO AMBIENTE...........789

9. RESPONSABILIDADE ADMINISTRATIVA AMBIENTAL...795

10. RESPONSABILIDADE PENAL AMBIENTAL 796

11. BIOSSEGURANÇA E PROTEÇÃO DA SAÚDE HUMANA 801

12. RECURSOS MINERAIS 801

13. RESÍDUOS SÓLIDOS 802

14. RECURSOS HÍDRICOS 803

15. DIREITO AMBIENTAL INTERNACIONAL 805

16. TEMAS COMBINADOS E OUTROS TEMAS...806

COMO PASSAR CONCURSOS JURÍDICOS

21. DIREITO DA CRIANÇA E DO ADOLESCENTE — 819

1. CONCEITOS BÁSICOS E PRINCÍPIOS 819
2. DIREITOS FUNDAMENTAIS 819
3. MEDIDAS DE PROTEÇÃO 834
4. MEDIDAS SOCIOEDUCATIVAS E ATO INFRACIONAL – DIREITO MATERIAL 836
5. ATO INFRACIONAL – DIREITO PROCESSUAL 846
6. CONSELHO TUTELAR 847
7. MINISTÉRIO PÚBLICO 848
8. ACESSO À JUSTIÇA 849
9. INFRAÇÕES ADMINISTRATIVAS 853
10. DECLARAÇÕES E CONVENÇÕES 854
11. TEMAS COMBINADOS E OUTROS TEMAS 855

22. DIREITO DA PESSOA IDOSA — 867

1. DIREITOS FUNDAMENTAIS 867
2. MEDIDAS DE PROTEÇÃO 869
3. POLÍTICA DE ATENDIMENTO AO IDOSO 870
4. ACESSO À JUSTIÇA 870
5. TEMAS VARIADOS 871

23. DIREITO DA PESSOA COM DEFICIÊNCIA — 873

ESTATUTO DA PESSOA COM DEFICIÊNCIA 873

24. DIREITO SANITÁRIO — 877

25. DIREITO EDUCACIONAL — 879

1. LEI DE DIRETRIZES E BASES DA EDUCAÇÃO 879

26. FILOSOFIA JURÍDICA, TEORIA GERAL DO DIREITO E HERMENÊUTICA — 881

27. SOCIOLOGIA JURÍDICA — 885

28. DIREITO DO TRABALHO — 889

1. INTRODUÇÃO, FONTES E PRINCÍPIOS 889
2. CONTRATO INDIVIDUAL DE TRABALHO E ESPÉCIES DE EMPREGADOS E TRABALHADORES 890
3. CONTRATO DE TRABALHO COM PRAZO DETERMINADO 892
4. TRABALHO DA MULHER E DO MENOR 892
5. ALTERAÇÃO, INTERRUPÇÃO E SUSPENSÃO DO CONTRATO DE TRABALHO 893
6. REMUNERAÇÃO E SALÁRIO 895
7. JORNADA DE TRABALHO 896
8. EXTINÇÃO DO CONTRATO DE TRABALHO 896

SUMÁRIO **XXI**

9.	ESTABILIDADE	899
10.	FGTS	899
11.	SEGURANÇA E MEDICINA DO TRABALHO	900
12.	DIREITO COLETIVO DO TRABALHO	900
13.	PRESCRIÇÃO	903
14.	TEMAS COMBINADOS	904

29. DIREITO PROCESSUAL DO TRABALHO — 909

1.	TEORIA GERAL E PRINCÍPIOS DO PROCESSO DO TRABALHO	909
2.	COMPETÊNCIA	911
3.	NULIDADES	912
4.	PROVAS	912
5.	PROCEDIMENTO (INCLUSIVE, ATOS PROCESSUAIS)	912
6.	EXECUÇÃO	913
7.	RECURSOS	915
8.	QUESTÕES COMBINADAS	917

30. DIREITO TRIBUTÁRIO www. — 923

1.	COMPETÊNCIA TRIBUTÁRIA	923
2.	PRINCÍPIOS	924
3.	IMUNIDADES	929
4.	DEFINIÇÃO DE TRIBUTO E ESPÉCIES TRIBUTÁRIAS	930
5.	LEGISLAÇÃO TRIBUTÁRIA – FONTES	933
6.	VIGÊNCIA, APLICAÇÃO, INTERPRETAÇÃO E INTEGRAÇÃO	934
7.	FATO GERADOR E OBRIGAÇÃO TRIBUTÁRIA	935
8.	LANÇAMENTO E CRÉDITO TRIBUTÁRIO	936
9.	SUJEIÇÃO PASSIVA, CAPACIDADE E DOMICÍLIO	937
10.	SUSPENSÃO, EXTINÇÃO E EXCLUSÃO DO CRÉDITO	942
11.	IMPOSTOS E CONTRIBUIÇÕES EM ESPÉCIE	948
12.	TEMAS COMBINADOS DE IMPOSTOS E CONTRIBUIÇÕES	958
13.	GARANTIAS E PRIVILÉGIOS DO CRÉDITO	960
14.	ADMINISTRAÇÃO TRIBUTÁRIA, FISCALIZAÇÃO	962
15.	DÍVIDA ATIVA, INSCRIÇÃO, CERTIDÕES	964
16.	REPARTIÇÃO DE RECEITAS	965
17.	AÇÕES TRIBUTÁRIAS	966
18.	MICROEMPRESAS – ME E EMPRESAS DE PEQUENO PORTE – EPP	969
19.	CRIMES TRIBUTÁRIOS	969
20.	TEMAS COMBINADOS E OUTRAS MATÉRIAS	969

31. DIREITO FINANCEIRO — 977

1. PRINCÍPIOS E NORMAS GERAIS 977

2. LEI DE DIRETRIZES ORÇAMENTÁRIAS – LDO E PLANO PLURIANUAL – PPA 980

3. LEI DE RESPONSABILIDADE FISCAL – LRF 980

4. RECEITAS 981

5. DESPESAS 982

6. DESPESAS COM PESSOAL 984

7. EXECUÇÃO ORÇAMENTÁRIA, CRÉDITOS ADICIONAIS 985

8. PRECATÓRIOS 986

9. OUTROS TEMAS E COMBINADOS 986

SUMÁRIO CAPÍTULOS ON-LINE

32. DIREITO INTERNACIONAL PÚBLICO E PRIVADO — 293

1. DIREITO INTERNACIONAL PÚBLICO 293

2. DIREITO INTERNACIONAL PRIVADO 294

33. DIREITOS HUMANOS — 297

1. TEORIA GERAL E DOCUMENTOS HISTÓRICOS 297

2. CARACTERÍSTICAS DOS DIREITOS HUMANOS 298

3. SISTEMA GLOBAL DE PROTEÇÃO DOS DIREITOS HUMANOS 299

4. SISTEMA GLOBAL DE PROTEÇÃO ESPECÍFICA DOS DIREITOS HUMANOS 302

5. SISTEMA REGIONAL DE PROTEÇÃO DOS DIREITOS HUMANOS 303

6. SISTEMA AMERICANO DE PROTEÇÃO ESPECÍFICA DOS DIREITOS HUMANOS 306

7. DIREITOS HUMANOS NO BRASIL 307

8. DIREITO DOS REFUGIADOS 312

9. COMBINADAS E OUTROS TEMAS DE DIREITOS HUMANOS 312

34. LEGISLAÇÃO INSTITUCIONAL DO MINISTÉRIO PÚBLICO — 315

35. PRINCÍPIOS E ATRIBUIÇÕES INSTITUCIONAIS DA DEFENSORIA PÚBLICA — 321

1. ESTRUTURA E ORGANIZAÇÃO DA DEFENSORIA PÚBLICA 321

2. GARANTIAS, PRERROGATIVAS, DEVERES, PROIBIÇÕES E IMPEDIMENTOS 322

3. JUSTIÇA GRATUITA – LEI 1.060/1950 323

4. COMBINADAS E OUTROS TEMAS 323

36. CRIMINOLOGIA — 325

1. CONCEITO, MÉTODO, FUNÇÕES E OBJETOS DA CRIMINOLOGIA 325

2. TEORIAS DA PENA 332

3. TEORIAS CRIMINOLÓGICAS 332

4. VITIMOLOGIA 333

5. POLÍTICA CRIMINAL 333

37. LÍNGUA PORTUGUESA — 335

1. INTERPRETAÇÃO DE TEXTOS 335

2. VERBO 347

3. PONTUAÇÃO 352

4. REDAÇÃO, COESÃO E COERÊNCIA 353

5. CONCORDÂNCIA 357

6. CONJUNÇÃO 359

7. PRONOMES 361

8. CRASE 363

9. MORFOLOGIA E SEMÂNTICA 365

10. VOZES VERBAIS 370

11. ORTOGRAFIA 373

12. REGÊNCIAS VERBAL E NOMINAL 373

13. ANÁLISE SINTÁTICA 374

14. QUESTÕES COMBINADAS E OUTROS TEMAS 377

COMO USAR O LIVRO?

Para que você consiga um ótimo aproveitamento deste livro, atente para as seguintes orientações:

1º Tenha em mãos um *vademecum* ou **um computador** no qual você possa acessar os textos de lei citados.

2º Se você estiver estudando a teoria (fazendo um curso preparatório ou lendo resumos, livros ou apostilas), faça as questões correspondentes deste livro na medida em que for avançando no estudo da parte teórica.

3º Se você já avançou bem no estudo da teoria, leia cada capítulo deste livro até o final, e só passe para o novo capítulo quando acabar o anterior; vai mais uma dica: alterne capítulos de acordo com suas preferências; leia um capítulo de uma disciplina que você gosta e, depois, de uma que você não gosta ou não sabe muito, e assim sucessivamente.

4º Iniciada a resolução das questões, tome o cuidado de ler cada uma delas **sem olhar para o gabarito e para os comentários**; se a curiosidade for muito grande e você não conseguir controlar os olhos, tampe os comentários e os gabaritos com uma régua ou um papel; na primeira tentativa, é fundamental que resolva a questão sozinho; só assim você vai identificar suas deficiências e "pegar o jeito" de resolver as questões; marque com um lápis a resposta que entender correta, e só depois olhe o gabarito e os comentários.

5º **Leia com muita atenção o enunciado das questões**. Ele deve ser lido, no mínimo, duas vezes. Da segunda leitura em diante, começam a aparecer os detalhes, os pontos que não percebemos na primeira leitura.

6º **Grife as palavras-chave, as afirmações e a pergunta formulada.** Ao grifar as palavras importantes e as afirmações você fixará mais os pontos-chave e não se perderá no enunciado como um todo. Tenha atenção especial com as palavras "correto", "incorreto", "certo", "errado", "prescindível" e "imprescindível".

7º Leia os comentários e também **leia também cada dispositivo legal** neles mencionados; não tenha preguiça; abra o *vademecum* e leia os textos de leis citados, tanto os que explicam as alternativas corretas, como os que explicam o porquê de ser incorreta dada alternativa; você tem que conhecer bem a letra da lei, já que mais de 90% das respostas estão nela; mesmo que você já tenha entendido determinada questão, reforce sua memória e leia o texto legal indicado nos comentários.

8º Leia também os **textos legais que estão em volta** do dispositivo; por exemplo, se aparecer, em Direito Penal, uma questão cujo comentário remete ao dispositivo que trata da falsidade ideológica, aproveite para ler também os dispositivos que tratam dos outros crimes de falsidade; outro exemplo: se aparecer uma questão, em Direito Constitucional, que trate da composição do Conselho Nacional de Justiça, leia também as outras regras que regulamentam esse conselho.

9º Depois de resolver sozinho a questão e de ler cada comentário, você deve fazer uma **anotação ao lado da questão**, deixando claro o motivo de eventual erro que você tenha cometido; conheça os motivos mais comuns de erros na resolução das questões:

DL – "desconhecimento da lei"; quando a questão puder ser resolvida apenas com o conhecimento do texto de lei;

DD – "desconhecimento da doutrina"; quando a questão só puder ser resolvida com o conhecimento da doutrina;

DJ – "desconhecimento da jurisprudência"; quando a questão só puder ser resolvida com o conhecimento da jurisprudência;

FA – "falta de atenção"; quando você tiver errado a questão por não ter lido com cuidado o enunciado e as alternativas;

NUT - "não uso das técnicas"; quando você tiver se esquecido de usar as técnicas de resolução de questões objetivas, tais como as da **repetição de elementos** ("quanto mais elementos repetidos existirem, maior a chance de a alternativa ser correta"), das **afirmações generalizantes** ("afirmações generalizantes tendem a ser incorretas" - reconhece-se afirmações generalizantes pelas palavras *sempre, nunca, qualquer, absolutamente, apenas, só, somente exclusivamente* etc.), dos **conceitos compridos** ("os conceitos de maior extensão tendem a ser corretos"), entre outras.

10º Confie no **bom-senso**. Normalmente, a resposta correta é a que tem mais a ver com o bom-senso e com a ética. Não ache que todas as perguntas contêm uma pegadinha. Se aparecer um instituto que você não conhece, repare bem no seu nome e tente imaginar o seu significado.

11º Faça um levantamento do **percentual de acertos de cada disciplina** e dos **principais motivos que levaram aos erros cometidos**; de posse da primeira informação, verifique quais disciplinas merecem um reforço no estudo; e de posse da segunda informação, fique atento aos erros que você mais comete, para que eles não se repitam.

12º Uma semana antes da prova, faça uma **leitura dinâmica** de todas as anotações que você fez e leia de novo os dispositivos legais (e seu entorno) das questões em que você marcar "DL", ou seja, desconhecimento da lei.

13º Para que você consiga ler o livro inteiro, faça um bom **planejamento**. Por exemplo, se você tiver 90 dias para ler a obra, divida o número de páginas do livro pelo número de dias que você tem, e cumpra, diariamente, o número de páginas necessárias para chegar até o fim. Se tiver sono ou preguiça, levante um pouco, beba água, masque chiclete ou leia em voz alta por algum tempo.

14º Desejo a você, também, muita **energia, disposição, foco, organização, disciplina, perseverança, amor** e **ética**!

Wander Garcia
Coordenador

1. DIREITO CIVIL

Ana Paula Dompieri, Gabriela Rodrigues, Gustavo Nicolau e Wander Garcia*

1. LINDB

(Delegado/GO – 2017 – CESPE) A Lei n. XX/XXXX, composta por quinze artigos, elaborada pelo Congresso Nacional, foi sancionada, promulgada e publicada.

A respeito dessa situação, assinale a opção correta, de acordo com a Lei de Introdução às Normas do Direito Brasileiro.

(A) Se algum dos artigos da lei sofrer alteração antes de ela entrar em vigor, será contado um novo período de vacância para o dispositivo alterado.

(B) Caso essa lei tenha revogado dispositivo da legislação anterior, automaticamente ocorrerá o efeito repristinatório se nela não houver disposição em contrário.

(C) A lei irá revogar a legislação anterior caso estabeleça disposições gerais sobre assunto tratado nessa legislação.

(D) Não havendo referência ao período de vacância, a nova lei entra em vigor imediatamente, sendo eventuais correções em seu texto consideradas nova lei.

(E) Não havendo referência ao período de vacância, a lei entrará em vigor, em todo o território nacional, três meses após sua publicação.

A: correta, pois de pleno acordo com o disposto no art. 1°, § 3° da Lei de Introdução as Normas do Direito Brasileiro; **B:** incorreta, pois a repristinação é admitida, desde que expressa na última lei da cadeia revocatória. Vale lembrar que a revogação é a volta da vigência de uma lei revogada, em virtude da revogação da lei que a revogou (Lei de Introdução, art. 2°, § 3°); **C:** incorreta, pois nesse caso não há revogação da lei anterior (Lei de Introdução, art. 2°, § 2°); **D:** incorreta, pois na omissão da lei, a vacância é de quarenta e cinco dias (Lei de Introdução, art. 1°). Vale a ressalva, todavia, de que é rara a hipótese de omissão da lei quanto à vacância; **E:** incorreta, pois tal prazo de três meses aplica-se apenas aos casos de lei brasileira com aplicação no exterior (ex: lei que regulamenta procedimentos nas embaixadas (Lei de Introdução, art. 1°, § 1°). **GN**

Gabarito "A".

1.1. EFICÁCIA DA LEI NO TEMPO

(Defensor Público Federal – DPU – 2017 – CESPE) De acordo com a legislação de regência e o entendimento dos tribunais superiores, julgue os próximos itens.

(1) O condômino B deve taxas condominiais extraordinárias, estabelecidas em instrumento particular, ao condomínio edilício A. Assertiva: Nessa situação, o condomínio A goza do prazo de cinco anos, a contar do dia seguinte ao do vencimento da prestação, para exercer o direito de cobrança das referidas taxas.

(2) Uma lei nova, ao revogar lei anterior que regulamentava determinada relação jurídica, não poderá atingir o ato jurídico perfeito, o direito adquirido nem a coisa julgada, salvo se houver determinação expressa para tanto.

(3) Se o indivíduo A publicar, com fins econômicos ou comerciais, imagens do indivíduo B, sem autorização deste, será devida indenização independentemente de comprovação de prejuízo, entendimento que não será aplicável caso a publicação seja relativa a propaganda político-eleitoral.

(4) Situação hipotética: B é sócio cotista da sociedade empresária A Ltda., que está encerrando suas atividades e, consequentemente, dissolvendo a sociedade. Assertiva: Nessa situação, em eventual demanda judicial envolvendo B e a figura jurídica A Ltda., esta poderá requerer a desconsideração da personalidade jurídica da sociedade empresária, tendo como fundamento único o seu término.

1: Correta, de acordo com a tese fixada em julgamento de Recurso Representativo REsp 1.483.930/DF, publicado no dia 01/02/2017, o STJ entendeu pela aplicação do artigo 206, § 5°, I, do Codigo Civl, "Na vigência do Código Civil de 2002, é quinquenal o prazo prescricional para que o condomínio geral ou edifício (horizontal ou vertical) exerce a pretensão de cobrança da taxa condominial ordinária ou extraordinária constante em instrumento público ou particular, a contar do dia seguinte ao vencimento da prestação". **2:** Errada, pois vai de encontro ao artigo 5°, XXXVI, da Constituição Federal que prevê: "A lei não prejudicará o direito adquirido, o ato jurídico perfeito e a coisa julgada", bem como ao artigo 6°, da LINDB: "A lei em vigor terá efeito imediato e geral, respeitando o ato jurídico perfeito, o direito adquirido e a coisa julgada". **3:** Errada. O Superior Tribunal de Justiça, Súmula 403, em consonância com o artigo 20 do Código Civil, reconheceu que o direito à reparação da divulgação da imagem não autorizada, independe da comprovação do dano, o que se configura o Dano *in re ipsa*, se aplica também à propaganda político-eleitoral. **4:** Errada, pois, de acordo com o artigo 50 do Codigo Civil, adotou-se a teoria maior da desconsideração da personalidade jurídica. Dessa forma, o instituto da desconsideração só poderá ocorrer nos casos de abuso da personalidade jurídica, quando constatando (i) desvio de finalidade; ou (ii) confusão patrimonial. **GN**

Gabarito: 1C, 2E, 3E, 4E

(Defensor Público – DPE/PR – 2017 – FCC) Com base no Decreto-Lei n. 4.657/1942 – Lei de Introdução às normas do Direito Brasileiro – LINDB, é correto afirmar:

(A) As correções de texto, de qualquer natureza, ocorridas após a publicação da lei, não interferem no termo *a quo* de sua vigência, na medida em que não se consideram lei nova por não alterar seu conteúdo.

(B) A despeito de ser executada no Brasil, a lei brasileira não será aplicada quando a obrigação for constituída fora do país, pois, para qualificar e reger as obrigações, aplicar-se-á a lei do país em que se constituírem.

---

* **AD/WC**: Ana Paula Dompieri e Wander Garcia
  GN: Gustavo Nicolau
  GR: Gabriela Rodrigues

(C) Os direitos de família são determinados pela lei do país em que domiciliada a pessoa. No caso de nubentes com domicílio diverso, a lei do primeiro domicílio conjugal regerá tanto os casos de invalidade do matrimônio quanto o regime de bens.

(D) Quando a lei estrangeira for aplicada a demanda judicial no Brasil, ter-se-á em vista somente os dispositivos invocados pelas partes, inclusive eventuais remissões a outras leis.

(E) Compete exclusivamente à autoridade judiciária estrangeira processar e julgar as ações cujo réu possua domicílio no exterior ou cuja obrigação lá tenha de ser cumprida, ainda que versadas sobre bens imóveis situados no Brasil.

A: Errada, de acordo com o § 3°, do art. 1°, da LINDB: "Se, antes de entrar a lei em vigor, ocorrer nova publicação de seu texto, destinada a correção, o prazo deste artigo e dos parágrafos anteriores começará da nova publicação". Vale dizer, se durante a *vacatio legis*, a norma vier a ser corrigida, o prazo do *caput* começará a correr da NOVA publicação. **B:** Errada, nos termos do § 1°, do artigo 9°, da LINDB: "Destinando-se a obrigação a ser executada no Brasil e dependendo de forma essencial, será esta observada, admitidas as peculiaridades da lei estrangeira quanto aos requisitos extrínsecos do ato", determina a aplicação da lei brasileira quando à forma essencial da obrigação for consagrada pela nossa legislação. **C:** Correta, de acordo com os §§ 3° e 4°, do artigo 7°, da LINDB. **D:** Incorreta, pois viola a parte final do artigo 16 da LINDB: "Quando, nos termos dos artigos precedentes, se houver de aplicar a lei estrangeira, ter-se-á em vista a disposição desta, sem considerar-se qualquer remissão por ela feita a outra lei". **E:** Incorreta, vai de encontro ao § 1°, do artigo 12, da LINDB. **GN**

Gabarito "C".

1.2. EFICÁCIA DA LEI NO ESPAÇO

(Procurador do Município – Valinhos/SP – 2019 – VUNESP) José da Silva morreu em Valinhos, mas era domiciliado em Londres, Inglaterra. Deixou 10 imóveis na Inglaterra e uma propriedade rural em Valinhos, assim como dois filhos morando no Brasil e um em Portugal.

É competente para regular a sucessão dos bens que José deixou:

(A) a lei do domicílio de cada herdeiro.

(B) a lei da Inglaterra, qualquer que seja a situação dos bens.

(C) a lei brasileira.

(D) a lei que os herdeiros escolherem.

(E) se houver testamento, a lei do país onde se lavrou.

A: incorreta, pois a lei do domicílio de herdeiro é relevante para determinar a capacidade que cada um tem para suceder (art. 10, § 2° da LINDB), porém não é competente para regular a sucessão dos bens que José deixou; **B:** correta, pois a sucessão por morte obedece à lei do país em que domiciliado o defunto qualquer que seja a natureza e a situação dos bens (art. 10, *caput* da LINDB). Logo, aplica-se a lei da Inglaterra; **C:** incorreta, pois como José morava na Inglaterra e há dispositivo expresso no sentido de que aplica-se a lei do domicílio do defunto e o defunto morava no exterior, logo não se aplica a lei brasileira (art. 10, *caput* da LINDB); **D:** incorreta, pois não há prerrogativa dos herdeiros escolherem a lei aplicável, haja vista haver determinação legal expressa diversa sobre o aplicável assunto (art. 10, *caput* da LINDB); **E:** incorreta, pois neste caso o local onde foi lavrado o testamento não é relevante, pois aplica-se a lei do país em que era domiciliado o defunto (art. 10, *caput* da LINDB). **GR**

Gabarito "B".

1.3. INTERPRETAÇÃO DA LEI

(Procurador do Estado/SP - 2018 - VUNESP) A ausência de norma justa, caracterizada pela existência de um preceito normativo, que, se aplicado, resultará solução insatisfatória ou injusta, caracteriza lacuna

(A) ontológica ou *iure condendo*.

(B) axiológica ou *iure condendo*.

(C) axiológica ou *iure condito*.

(D) ideológica ou *iure condito*.

(E) ontológica ou *iure condito*.

A tradicional noção de lacuna do Direito envolve a ausência de norma para solucionar uma situação fática, o que é comum tendo em vista que as relações sociais são mais ágeis do que o processo de criação de leis. Sob as luzes da doutrina de Norberto Bobbio e Maria Helena Diniz, a lacuna axiológica não é rigorosamente uma lacuna nesse sentido. A lacuna axiológica envolve a ideia de que existe uma norma, mas a sua aplicação ao caso concreto levaria a uma solução insatisfatória ou injusta. Ainda sob a mesma doutrina, a lacuna ontológica envolve a ideia da existência de uma norma, mas que já se encontra obsoleta em vista do dinâmico progresso das relações sociais e avanço tecnológico. A lacuna ideológica consiste na falta de uma norma justa, que enseje uma solução satisfatória ao caso concreto. O "iure condito" é o Direito já constituído, já em vigor numa sociedade, significando que a solução do caso se daria com o Direito em vigor. Já a expressão "iure condendo" refere-se ao Direito ainda a ser construído. **GN**

Gabarito "B".

2. GERAL

2.1. PRINCÍPIOS DO CÓDIGO CIVIL, CLÁUSULAS GERAIS E CONCEITOS JURÍDICOS INDETERMINADOS

(Defensor Público – DPE/PR – 2017 – FCC) Sobre dano moral, é correto afirmar:

(A) A natureza de reparação dos danos morais, e não de ressarcimento, é o que justifica a não incidência de imposto de renda sobre o valor recebido a título de compensação por tal espécie de dano.

(B) Como indenização por dano moral, não é possível, por exemplo, que uma vítima obtenha direito de resposta em caso de atentado contra honra praticado por veículo de comunicação, sendo possível apenas o recebimento de quantia em dinheiro.

(C) O descumprimento de um contrato não gera dano moral, ainda que envolvido valor fundamental protegido pela Constituição Federal de 1988.

(D) O dano moral indenizável pressupõe necessariamente a verificação de sentimentos humanos desagradáveis, como dor ou sofrimento, por isso não se pode falar em dano moral da pessoa jurídica.

(E) A quantificação por danos morais está sujeita a tabelamento e a valores fixos.

A: Correta. Primeiro é preciso diferenciar reparação de ressarcimento. O primeiro compreende o restabelecimento de uma situação econômica àquela comprometida pelo dano. Já o ressarcimento compreende indenizações de caráter material, tais como lucro cessante e danos emergentes. Para alguns, a reparação e ressarcimento são espécies do gênero indenizações. Diante disso, o STJ entendeu que a reparação pelo dano estritamente moral não incide imposto de renda, uma vez que "se limita a recompor o patrimônio imaterial da vítima, atingido pelo ato ilícito praticado" – AgRg no REsp 869.287/RS. **B:** Errada, pois o direito de resposta é garantia fundamental, previsto na Constituição Federal, artigo 5º inciso V. Dessa forma, mesmo após concedido o direito de resposta à vítima, o autor da ofensa não ficará isento da indenização por danos morais e materiais. **C:** Errada, conforme entendimento do STJ, o descumprimento de um contrato envolvendo direitos fundamentais, gera o dever de indenizar, conforme segue: "Agravo interno no recurso especial. Plano de saúde. Negativa de cobertura. Dever de indenizar. Cláusula contratual controvertida. Exame de *pet scan* oncológico. Dúvida razoável. Súmula 83 do STJ. Revisão. Súmula 7 do STJ. 1. O mero descumprimento de cláusula contratual controvertida não enseja a condenação por dano moral. 2. Não cabe, em recurso especial, reexaminar matéria fático-probatória (Súmula 7/STJ). 3. Agravo interno a que se nega provimento. (AgInt no REsp 1630712 / SP, Ministra Maria Isabel Gallotti, Quarta Turma, DJe 18/10/2017); **D:** Errada, conforme Súmula 227 do STJ a pessoa jurídica pode sofrer dano moral. **E:** Errada, nos moldes da Súmula 281 do STJ que diz: A indenização por dano moral não está sujeita à tarifação prevista na Lei de Imprensa. GN

Gabarito "A".

2.2. PESSOAS NATURAIS

(Delegado/RJ – 2022 – CESPE/CEBRASPE) Acerca dos direitos fundamentais, à luz do direito civilista, assinale a opção correta.

(A) De acordo com Código Civil Brasileiro, seja qual for a circunstância, cada pessoa tem a liberdade para dispor do próprio corpo do modo que bem desejar, tanto por meio de mutilações quanto por qualquer forma de diminuição permanente da integridade física.

(B) Com exceção dos casos previstos em lei, os direitos da personalidade são irrenunciáveis e poderão ser transmitidos, caso o seu exercício sofra limitação voluntária.

(C) Os direitos da personalidade são direitos essenciais à dignidade e integridade e dependem da capacidade civil da pessoa, podendo ser citados os direitos a vida, liberdade, privacidade e intimidade.

(D) Abstratamente, os direitos fundamentais, entre os quais o direito da personalidade, sempre terão grau de importância entre si, independentemente da análise do caso em concreto.

(E) Ao tratar da proteção à integridade física e do direito ao próprio corpo, o Código Civil Brasileiro traz a possibilidade de recusa em submeter-se a tratamento ou intervenção médica em situações em que o procedimento demonstre risco à vida da pessoa.

A: incorreta, pois salvo por exigência médica, é defeso o ato de disposição do próprio corpo, quando importar diminuição permanente da integridade física, ou contrariar os bons costumes (art. 13, *caput* do CC); **B:** incorreta, pois com exceção dos casos previstos em lei, os direitos da personalidade são intransmissíveis e irrenunciáveis, não podendo o seu exercício sofrer limitação voluntária (art. 11 do CC); **C:** incorreta, pois o os direitos da personalidade não dependem da capacidade civil da pessoa, pois os incapazes por exemplo possuem direitos da personalidade (arts. 3º e 4º do CC), assim como o nascituro (art. 2º do CC). Neste sentido colaciona-se posicionamento do STJ que entendeu que o nascituro pode sofrer dano moral: nascituro também pode sofrer dano moral: "Primeiramente, ressalte-se o inequívoco avanço, na doutrina, assim como na jurisprudência, acerca da proteção dos direitos do nascituro. A par das teorias que objetivam definir, com precisão, o momento em que o indivíduo adquire personalidade jurídica, assim

compreendida como a capacidade de titularizar direitos e obrigações (em destaque, as teorias natalista, da personalidade condicional e a concepcionista), é certo que o nascituro, ainda que considerado como realidade jurídica distinta da pessoa natural, é, igualmente, titular de direitos da personalidade (ao menos, reflexamente). Os direitos da personalidade, por sua vez, abrangem todas as situações jurídicas existenciais que se relacionam, de forma indissociável, aos atributos essenciais do ser humano. Segundo a doutrina mais moderna sobre o tema, não há um rol, uma delimitação de tais direitos. Tem-se, na verdade, uma cláusula geral de tutela da pessoa humana, que encontra fundamento no princípio da dignidade da pessoa humana, norteador do Estado democrático de direito". (REsp 1.170.239); **D:** incorreta, pois o grau de importância dos direitos fundamentais depende da análise do caso em concreto, é o que entende o STJ: "Assim, a retrocitada cláusula geral permite ao magistrado, com esteio no princípio da dignidade da pessoa humana, conferir, em cada caso concreto, proteção aos bens da personalidade, consistente na composição da integridade física, moral e psíquica do indivíduo, compatível com o contexto cultural e social de seu tempo". (REsp 1.170.239); **E:** correta (art. 15 do CC). GR

Gabarito "E".

(Juiz de Direito – TJ/AL – 2019 – FCC) Alessandra, atualmente com 17 anos de idade, nasceu com deficiência mental que a impede, de forma permanente, de exprimir sua vontade. Para o Código Civil, ela

(A) é absolutamente incapaz de exercer pessoalmente os atos da vida civil, e permanecerá nessa condição mesmo depois de completar 18 anos.

(B) não é incapaz, absoluta ou relativamente, de exercer pessoalmente os atos da vida civil.

(C) é incapaz, relativamente a certos atos ou à maneira de os exercer, e permanecerá nessa condição mesmo depois de completar 18 anos.

(D) é absolutamente incapaz de exercer pessoalmente os atos da vida civil, mas deixará de sê-lo ao completar 18 anos.

(E) é incapaz, relativamente a certos atos ou à maneira de os exercer, mas deixará de sê-lo ao completar 18 anos.

A: incorreta, pois ela é relativamente incapaz de exercer pessoalmente os atos da vida civil, e permanecerá nessa condição mesmo depois de completar 18 anos (art. 4º, III CC); **B:** incorreta, pois ela é considerada relativamente incapaz, uma vez que não possui condição de expressar sua própria vontade por deficiência mental (art. 4º, III CC); **C:** correta, nos termos do art. art. 4º, III CC; **D:** incorreta, pois ela é considerada relativamente incapaz e continuará assim mesmo depois de completar 18 anos, uma vez que a incapacidade não é por idade, mas for falta de discernimento (art. 4º, III CC); **E:** incorreta, pois ela é incapaz de realizar pessoalmente todos os atos da vida civil, pois possui desenvolvimento mental incompleto o que lhe confere incapacidade permanente, que perdura mesmo após os 18 anos (art. 4º, III CC). GN

Gabarito "C".

(Juiz de Direito - TJ/RS - 2018 - VUNESP) Joaquina nasceu com o diagnóstico de síndrome de Down; aos 18 anos, conheceu Raimundo e decidiu casar. Os pais de Joaquina declararam que somente autorizam o casamento se o mesmo for celebrado sob o regime da separação convencional de bens, tendo em vista que a família é possuidora de uma grande fortuna e Raimundo é de origem humilde. Joaquina, que tem plena capacidade de comunicação, não aceitou a sugestão dos pais e deseja casar sob o regime legal (comunhão parcial de bens). Assinale a alternativa correta.

(A) Para que possa casar sob o regime da comunhão parcial de bens, deverá Joaquina ser submetida, mesmo contra sua vontade, ao procedimento de tomada de decisão apoiada.

(B) Joaquina poderá casar sob o regime de bens que melhor entender, tendo em vista que é dotada de plena capacidade civil.

(C) O juiz deverá nomear um curador para que possa analisar as pretensões do noivo em relação a Joaquina e decidir acerca do melhor regime patrimonial para o casal.

(D) Joaquina é relativamente incapaz e deve ser assistida no ato do casamento que somente pode ser celebrado sob o regime da separação legal.

(E) Joaquina somente poderá casar se obtiver autorização dos pais que poderá ser suprida pelo juiz, ouvido o Ministério Público.

A questão trata da capacidade das pessoas com deficiência, assunto que sofreu verdadeira revolução legislativa com o advento da Lei 13.146/2015. Referido diploma revogou o art. 3º, II do Código Civil, que determinava a incapacidade absoluta para os que, "por enfermidade ou deficiência mental", não tivessem o necessário discernimento para a prática dos atos da vida civil. Com isso, as pessoas com algum tipo de deficiência passaram a ser consideradas capazes, inclusive com o direito de casar, constituir união estável e exercer direitos sexuais e reprodutivos, exercendo também o direito à família e à convivência familiar e comunitária. Para manter o sistema coeso, a referida Lei revogou o art. 1.548, I do Código Civil, que tornava nulo o casamento contraído pelo enfermo mental sem o necessário discernimento para os atos da vida civil. Logo, Joaquina poderá casar sob o regime de bens que escolher.**GN**

Gabarito "B".

(Delegado/GO – 2017 – CESPE) No que concerne à pessoa natural, à pessoa jurídica e ao domicílio, assinale a opção correta.

(A) Sendo o domicílio o local em que a pessoa permanece com ânimo definitivo ou o decorrente de imposição normativa, como ocorre com os militares, o domicílio contratual é incompatível com a ordem jurídica brasileira.

(B) Conforme a teoria natalista, o nascituro é pessoa humana titular de direitos, de modo que mesmo o natimorto possui proteção no que concerne aos direitos da personalidade.

(C) De acordo com o Código Civil, deve ser considerado absolutamente incapaz aquele que, por enfermidade ou deficiência mental, não possuir discernimento para a prática de seus atos.

(D) A ocorrência de grave e injusta ofensa à dignidade da pessoa humana configura o dano moral, sendo desnecessária a comprovação de dor e sofrimento para o recebimento de indenização por esse tipo de dano.

(E) Na hipótese de desaparecimento do corpo de pessoa em situação de grave risco de morte, como, por exemplo, no caso de desastre marítimo, o reconhecimento do óbito depende de prévia declaração de ausência.

A: incorreta, pois o Código autoriza que "os contratantes especificar domicílio onde se exercitem e cumpram os direitos e obrigações deles resultantes" (CC, art. 78); B: incorreta, pois a teoria natalista sustenta que a personalidade tem início com o nascimento e não com a con-

cepção, conforme a teoria concepcionista; C: incorreta, pois apenas o menor de dezesseis anos é absolutamente incapaz (CC, art. 3º); D: correta, pois o STJ tem entendimento no sentido de que: "Dispensa-se a comprovação de dor e sofrimento, sempre que demonstrada a ocorrência de ofensa injusta à dignidade da pessoa humana" (REsp 1337961/RJ, Rel. Ministra Nancy Andrighi, Terceira Turma, julgado em 03/04/2014, DJe 03/06/2014); E: incorreta, pois nos casos de ser "extremamente provável a morte de quem estava em perigo de vida"; o Código Civil dispensa a prévia declaração de ausência (CC, art. 7º). **GN**

Gabarito "D".

(Delegado/MS – 2017 - FAPEMS) No que se refere à pessoa natural, é correto afirmar que

(A) o incapaz responde pelos prejuízos que causar, se as pessoas por ele responsáveis não tiverem obrigação de fazê-lo ou não dispuserem de meios suficientes. Não obstante a regra da responsabilidade solidária entre os pais, emanada do inciso I, do artigo 932 do Código Civil, o Superior Tribunal de Justiça já decidiu que a mãe que, à época do acidente provocado por seu filho menor de idade, residia permanentemente em local distinto daquele no qual morava o menor – sobre quem apenas o pai exercia autoridade de fato –, não pode ser responsabilizada pela reparação civil advinda do ato ilícito, mesmo considerando que ela não deixou de deter o poder familiar sobre o filho.

(B) o artigo 2º do Código Civil disciplina a tutela jurídica do nascituro. Por consenso da doutrina jurídica, citado dispositivo legal, é perfeitamente aplicável ao embrião.

(C) são absolutamente incapazes de exercerem pessoalmente os atos da vida civil aqueles que, por causa transitória ou permanente, não puderem exprimir sua vontade. Nessa hipótese legal, a incapacidade opera-se automaticamente, sendo desnecessário o processo de interdição.

(D) o Código Civil estabelece que a pessoa com deficiência não poderá testemunhar, salvo se assegurados todos os recursos de tecnologia assistiva.

(E) o nascituro não tem direito a compensação por danos morais decorrentes da morte de seu genitor vítima de acidente de trabalho. Aliás, esse entendimento adotado pelo Superior Tribunal de Justiça coincide com a teoria natalista, adotada pelo Código Civil e pelo ministro relator da ADI n. 3.510/DF [Lei da Biossegurança].

A: Correta. A terceira turma do STJ decidiu no sentido de que a mãe que vive em cidade diversa do filho menor de idade e que, portanto, não possui uma autoridade de fato cotidiana, não pode ser responsabilizada pelos atos deste. REsp 1.232.011-SC, Rel. Min. João Otávio de Noronha, julgado em 17/12/2015; B: incorreta, pois o nascituro é o ser concebido que se encontra no ventre materno. O embrião ostenta disciplina jurídica própria, especialmente no art. 1.597 do Código Civil; C: incorreta, pois tais pessoas são relativamente incapazes (CC, art. 4º, III); D: incorreta, pois o art. 228, § 2º, do Código Civil dispõe que: "A pessoa com deficiência poderá testemunhar em igualdade de condições com as demais pessoas, sendo-lhe assegurados todos os recursos de tecnologia assistiva"; E: incorreta, pois o STJ entendeu que há indenização nesse caso (REsp 931.556/RS, Rel. Ministra Nancy Andrighi, Terceira Turma, julgado em 17/06/2008, DJe 05/08/2008). A teoria natalista apenas sustenta que a personalidade tem início com o nascimento, não se excluindo eventuais direitos ao nascituro. Por fim, a ADI 3.510 – julgada improcedente – visava a declaração de inconstitucionalidade da Lei 11.105, de 24 de março de 2005, a qual

1. DIREITO CIVIL

dispõe sobre a utilização de células-troncos embrionárias obtidas de embriões humanos decorrentes de fertilização *in vitro* visando pesquisas e terapias. **GN**

"A". Gabarito

2.2.1. INÍCIO DA PERSONALIDADE E NASCITURO

(Procurador da República – 26º) Quanto ao nascituro, é correto dizer que:

I. Pode ser objeto de reconhecimento voluntário de filiação;

II. A proteção legal atinge ao próprio embrião:

III. Os pais podem efetuar doação em seu benefício;

IV. Já detém os requisitos legais da personalidade.

Das proposições acima:

(A) I e III estão corretas;

(B) II e IV estão corretas;

(C) II e III estão corretas;

(D) I e IV estão corretas.

I: correta, pois o reconhecimento de filiação pode ocorrer desde a concepção; II: incorreta, pois há diferença técnica entra o nascituro e o embrião, cada qual merecendo tratamento legal próprio e com regras específicas (CC, art. 542); IV: incorreta, pois o Código Civil adotou a teoria natalista, segundo a qual: "A personalidade civil da pessoa começa do nascimento com vida" (CC, art. 2º). **GN**

"A". Gabarito

2.2.2. CAPACIDADE

(Promotor de Justiça/PR – 2019 – MPE/PR) Em relação à incapacidade para a prática de atos da vida civil, assinale a alternativa **incorreta**

(A) Os pródigos são relativamente incapazes.

(B) Os ébrios habituais são relativamente incapazes.

(C) Os menores de dezesseis anos são absolutamente incapazes.

(D) Aqueles que, por causa transitória ou permanente, não puderem exprimir sua vontade são absolutamente incapazes.

(E) Os maiores de dezesseis e menores de dezoito anos são relativamente incapazes.

A: A alternativa está certa, não devendo ser assinalada (art. 4º, IV CC); **B:** A alternativa está certa, não devendo ser assinalada (art. 4º, II CC); **C:** A alternativa está certa, não devendo ser assinalada (art. 3º CC); **D:** A alternativa está errada, devendo ser assinalada, pois são considerados relativamente incapazes aqueles que, por causa transitória ou permanente, não puderem exprimir sua vontade (art. 4º, III CC); **E:** A alternativa está certa, não devendo ser assinalada (art. 4º, I CC). **GR**

"D". Gabarito

(Promotor de Justiça – MPE/RS – 2017) Considerando a parte geral do Código Civil, assinale com **V** (verdadeiro) ou com **F** (falso) as seguintes afirmações.

( ) Todas as pessoas têm a capacidade de direito, o que pressupõe a capacidade de fato, em regra, pois a incapacidade é a exceção.

( ) Se houver alguma restrição, os ébrios habituais e os viciados em tóxicos serão sempre relativamente incapazes.

( ) A ausência significa morte presumida da pessoa natural, após processo judicial, que ocorre em duas fases: curadoria dos bens e sucessão definitiva.

( ) O estatuto da fundação não é imutável; possível a alteração mediante deliberação de dois terços das pessoas responsáveis pela sua gerência, desde que não contrarie ou desvirtue a sua finalidade, sem necessidade que seja aprovada pelo Ministério Público.

A sequência correta de preenchimento dos parênteses, de cima para baixo, é

(A) V – V – F – F.

(B) F – F – F – V.

(C) V – V – F – V.

(D) F – F – V – V.

(E) V – F – V – F.

I: Verdadeira, especialmente após a edição do Estatuto da Pessoa com Deficiência (Lei 13.146/2015). A capacidade de direito é atribuída a toda e qualquer pessoa. No que se refere à capacidade de fato, as pessoas indicadas nos artigos 3º e 4º do Código Civil não a possuem de forma plena; II: Verdadeira. Com a vigência da Lei 13.146/2015, apenas os menores de dezesseis anos são considerados absolutamente incapazes (CC, art. 3º). Os ébrios habituais e os viciados em tóxicos permanecem com o tratamento de relativamente incapazes (CC, art. 4º, II); III: Falsa, pois ainda existe uma fase intermediária, que é chamada de sucessão provisória. Nesta fase, que dura dez anos, apenas a posse dos bens é transferida aos herdeiros do ausente (CC, art. 26 *et seq*); IV: Falsa, pois além do quorum de dois terços, é preciso também a aprovação do Ministério Público. **GN**

"A". Gabarito

2.2.3. FIM DA PERSONALIDADE. COMORIÊNCIA

Considere as afirmações a seguir.

I. Os direitos da personalidade são extrapatrimoniais, imprescritíveis e vitalícios.

II. Comoriência é o estudo de como funciona a Ciência do Direito.

III. Os direitos da personalidade são absolutos porque não podem sofrer nenhum tipo de limitação.

IV. A incapacidade relativa pode ser suprida com mera assistência, desde que haja autorização judicial, dispensando a representação.

(Promotor de Justiça/SP – 2019 – MPE/SP) Dessas afirmações,

(A) três são corretas.

(B) duas são corretas.

(C) todas são corretas.

(D) apenas uma é correta.

(E) nenhuma é correta.

I: certa, nos termos do art. 11 CC e vale citar a doutrina de Carlos Alberto Bittar na obra Os Direitos da Personalidade: "Os direitos da personalidade são dotados de caracteres especiais, na medida que destinados à proteção eficaz da pessoa humana em todos os seus atributos de forma a proteger e assegurar sua dignidade como valor fundamental. Constituem, segundo Bittar, "direitos inatos (originários), absolutos, extrapatrimoniais, intransmissíveis, imprescritíveis, impenhoráveis, vitalícios, necessários e oponíveis *erga omnes*" (1995, p. 11, 2.ª ed. Rio de Janeiro: Forense Universitária); II: errada, pois comoriência é, a presunção de morte simultânea, de uma ou mais pessoas, na mesma ocasião (tempo), em razão do mesmo evento ou não, sendo essas pessoas reciprocamente herdeiras (art. 8º CC); **III:** errada, pois quando se diz que os diretos da personalidade são absolutos significa dizer que são oponíveis contra todos (*erga omnes*), impondo à coletividade o dever de respeitá-los (art. 11 CC); **IV:** errada, pois a incapacidade relativa pode ser suprida com mera assistência independentemente de autorização judicial por meio da representação (art. 4º e art. 115 CC). **GR**

Gabarito "D".

2.3. PESSOAS JURÍDICAS

(Procurador Município – Teresina/PI – FCC – 2022) Quanto às pessoas jurídicas:

(A) Começa a existência legal daquelas de direito privado com o início efetivo de suas atividades associativas ou empresariais, independentemente de inscrição formal de seus atos constitutivos.

(B) Se tiverem a administração coletiva, as decisões se tomarão pela unanimidade de votos dos presentes, salvo estipulação diversa nos atos constitutivos.

(C) São livres a criação, organização, estrutura interna e funcionamento das organizações religiosas, podendo porém o Poder Público negar-lhes reconhecimento ou registro dos atos constitutivos se contrários à moral, aos bons costumes e ao consenso social.

(D) São de direito privado, entre outras, as associações, as sociedades, as fundações e as autarquias, excluídas as associações públicas.

(E) As pessoas jurídicas de direito público interno são civilmente responsáveis por atos dos seus agentes que nessa qualidade causem danos a terceiros, ressalvado direito regressivo contra os causadores do dano, se houver, por parte destes, culpa ou dolo.

A: incorreta, pois começa a existência legal das pessoas jurídicas de direito privado com a inscrição do ato constitutivo no respectivo registro, precedida, quando necessário, de autorização ou aprovação do Poder Executivo, averbando-se no registro todas as alterações por que passar o ato constitutivo (art. 45, *caput* CC); **B:** incorreta. Se tiverem a administração coletiva, as decisões se tomarão pela maioria de votos dos presentes e não por unanimidade (art. 48, *caput* CC); **C:** incorreta, pois são livres a criação, a organização, a estruturação interna e o funcionamento das organizações religiosas, sendo vedado ao poder público negar-lhes reconhecimento ou registro dos atos constitutivos e necessários ao seu funcionamento (art. 44, § 1º CC); **D:** incorreta, pois as autarquias, inclusive as associações públicas são pessoas jurídicas de direito público interno (art. 41, IV CC); **E:** correta (art. 43 CC). **GR**

Gabarito "E".

2.3.1. DESCONSIDERAÇÃO DA PERSONALIDADE JURÍDICA

(Procurador/PA – CESPE – 2022) A respeito da desconsideração da personalidade jurídica no direito civil, julgue os itens que se seguem.

I. A Lei da Liberdade Econômica (Lei n.º 13.874/2019) promoveu alterações substanciais na disciplina da desconsideração da personalidade jurídica no Código Civil, tendo, entre outras alterações, conferido legitimidade ao Ministério Público para requerer a desconsideração nos casos em que lhe couber intervir no processo.

II. Atualmente, a desconsideração da personalidade jurídica é possível apenas quanto ao sócio ou ao administrador que, de forma direta ou indireta, houver sido beneficiado pelo abuso da personalidade.

III. O Código Civil vigente prevê, de forma taxativa, as hipóteses de confusão patrimonial, consistentes em cumprimento repetitivo, pela sociedade, de obrigações do sócio ou do administrador, ou vice-versa, e na transferência de ativos ou de passivos sem efetivas contraprestações, exceto os de valor proporcionalmente insignificante.

IV. A chamada desconsideração inversa da personalidade jurídica já era aceita pela doutrina e pela jurisprudência do Superior Tribunal de Justiça antes mesmo da inclusão do § 3.º ao art. 50 do Código Civil pela Lei da Liberdade Econômica.

Estão certos apenas os itens

(A) I e II.

(B) II e IV.

(C) III e IV.

(D) I, II e III.

(E) I, III e IV.

I: incorreta, pois a Lei 13.874/2019 foi sancionada com o principal objetivo de viabilizar o livre exercício da atividade econômica e a livre-iniciativa, deixando evidente a intenção do legislador em garantir autonomia do particular para empreender. Ele definiu os conceitos de confusão patrimonial de desvio de finalidade acrescidos no art. 50 CC. Porém não alterou a legitimidade para requer a desconsideração da personalidade jurídica, que já era conferida ao Ministério Público quando lhe coubesse intervir no processo; **II:** correta (art. 50 parte final CC); **III:** incorreta, pois esse rol é exemplificativo, uma vez que ela considera como confusão patrimonial outros atos de descumprimento da autonomia patrimonial (art. 50, § 2º, III CC); **IV:** correta. A inclusão foi feita em 2019. Mas já em 2016 há uma série de recursos especiais onde já era aplicada a desconsideração da personalidade jurídica inversa (REsp 1493071, AREsp 792920, REsp 1236916, REsp 1493071, REsp 948117). Logo, a alternativa correta é a letra B. **GR**

Gabarito "B".

(Juiz de Direito/AP – 2022 – FGV) A empresa XYWZ, com sede no Estado do Amapá, há alguns anos enfrentava dificuldades financeiras e passou a não realizar o pagamento de dívidas que já acumulavam um passivo maior do que o seu ativo. Com a pandemia, a situação se agravou ainda mais e a empresa encerrou suas atividades às pressas, sem comunicar aos órgãos competentes. Diante da inadimplência da empresa, seus credores, incluindo o fisco, entraram em juízo e solicitaram a desconsideração da personalidade jurídica.

Atento à jurisprudência do Superior Tribunal de Justiça, o magistrado deve considerar, no caso, que:

(A) para a desconsideração da personalidade jurídica basta a caracterização do estado de insolvência da empresa;

(B) caso a empresa participasse de grupo econômico, haveria a desconsideração da personalidade jurídica;

(C) a dissolução irregular é suficiente, por si só, para o implemento da desconsideração da personalidade jurídica, com base no Art. 50 do Código Civil;

(D) presume-se dissolvida irregularmente a empresa que deixar de funcionar no seu domicílio fiscal, sem comunicação aos órgãos competentes;

1. DIREITO CIVIL

(E) tratando-se de regra que importa na ampliação do princípio da autonomia patrimonial da pessoa jurídica, a interpretação que melhor se coaduna com o Art. 50 do Código Civil é a de que, diante do encerramento irregular das atividades, a pessoa jurídica tenha sido instrumento para fins fraudulentos.

Comentário: **A:** incorreta, pois para a desconsideração da personalidade jurídica não basta o estado de insolvência. É necessário que haja abuso de personalidade caracterizado pelo desvio de finalidade ou pela confusão patrimonial (art. 50 *caput* CC); **B:** incorreta, pois a mera existência de grupo econômico sem a presença do abuso de personalidade não autoriza a desconsideração da personalidade da pessoa jurídica (art. 50, § 4º CC); **C:** incorreta, pois: "O encerramento irregular das atividades da pessoa jurídica, por si só, não basta para caracterizar abuso da personalidade jurídica" (Enunciado 282 CJF); **D:** correta, nos termos da Sumula 435 do STJ, **E:** incorreta, pois o Enunciado 146 CJF prevê que "Nas relações civis, interpretam-se restritivamente os parâmetros de desconsideração da personalidade jurídica previstos no art. 50" (desvio de finalidade social ou confusão patrimonial). Logo, não é possível fazer essa interpretação ampla. GR
„D„ otirabaG

(Procurador do Município – S.J. Rio Preto/SP – 2019 – VUNESP) A Medida Provisória 881, de 30 de abril de 2019, institui a Declaração de Direitos de Liberdade Econômica, estabelece garantias de livre mercado, análise de impacto regulatório, e dá outras providências. Dentre as alterações promovidas pela Medida Provisória, houve alteração do art. 50 do Código Civil.

No que diz respeito ao tema, é correto afirmar:

(A) confusão patrimonial é caracterizada, dentre outros fatores, por cumprimento repetitivo pela sociedade de obrigações do sócio ou do administrador ou vice-versa.

(B) na desconsideração da personalidade, os efeitos de determinadas relações obrigacionais podem ser estendidos aos bens particulares de sócios da pessoa jurídica, desde que beneficiados diretamente pelo abuso da personalidade.

(C) o desvio de finalidade é a utilização dolosa ou culposa da pessoa jurídica com o propósito de lesar credores e para a prática de atos ilícitos de qualquer natureza.

(D) a existência de grupo econômico ainda sem a presença dos requisitos de desvio de finalidade e confusão patrimonial autoriza a desconsideração da personalidade da pessoa jurídica.

(E) constitui desvio de finalidade a mera expansão ou a alteração da finalidade original da atividade econômica específica da pessoa jurídica.

A: correta (art. 50, § 2º, I CC); **B:** incorreta, pois a desconsideração da personalidade jurídica pode incidir nos bens particulares dos sócios desde que beneficiados diretamente ou *indiretamente* pelo abuso da personalidade (art. 50, *caput* CC); **C:** incorreta, pois o desvio de finalidade é a utilização da pessoa jurídica com o propósito de lesar credores e para a prática de atos ilícitos de qualquer natureza (art. 50, § 1º CC); **D:** incorreta, pois a mera existência de grupo econômico sem a presença dos requisitos de que trata o *caput* deste artigo *não* autoriza a desconsideração da personalidade da pessoa jurídica (art. 50, § 4º CC); **E:** incorreta, pois *não* constitui desvio de finalidade a mera expansão ou a alteração da finalidade original da atividade econômica específica da pessoa jurídica (art. 50, § 5º CC). GR
„A„ otirabaG

2.3.2. FUNDAÇÕES

(Procurador do Município – S.J. Rio Preto/SP – 2019 – VUNESP) Fundações são Pessoas Jurídicas de Direito Privado. Em relação a esse tema, assinale a alternativa correta.

(A) A fundação somente poderá se constituir para fins religiosos, morais, culturais ou de assistência.

(B) As fundações não podem sofrer danos morais.

(C) Faz jus ao benefício da justiça gratuita a fundação que demonstre a impossibilidade de arcar com os encargos processuais.

(D) A criação de fundação se fará por escritura pública ou contrato particular, especificando o fim a que se destina, e declarando, se quiser, a maneira de administrá-la.

(E) Tornando-se inútil a finalidade a que visa a fundação, apenas o interessado poderá promover a sua extinção, incorporando-se o seu patrimônio a outra fundação que se proponha a fim igual ou semelhante.

A: incorreta, pois as fundações podem se constituir ainda para fins de defesa e conservação do patrimônio histórico e artístico (art. 62, parágrafo único, II CC); educação (art. 62, parágrafo único, III CC); saúde (art. 62, parágrafo único, IV CC); segurança alimentar e nutricional (art. 62, parágrafo único, V CC); defesa, preservação e conservação do meio ambiente e promoção do desenvolvimento sustentável (art. 62, parágrafo único, VI CC); pesquisa científica, desenvolvimento de tecnologias alternativas, modernização de sistemas de gestão, produção e divulgação de informações e conhecimentos técnicos e científicos (art. 62, parágrafo único, VII CC) e promoção da ética, da cidadania, da democracia e dos direitos humanos (art. 62, parágrafo único, VIII CC); **B:** incorreta, pois a pessoa jurídica apesar de não possuir honra subjetiva possui honra objetiva, logo, pode sofrer dano moral por calúnia ou difamação. Prevê a Súmula 227 do STJ que "A pessoa jurídica pode sofrer dano moral". Entretanto, é necessário que a fundação comprove efetiva lesão ao seu nome, credibilidade ou imagem a ponto de prejudicar sua atividade; **C:** correta, nos termos da Súmula 481 do STJ "Faz jus ao benefício da justiça gratuita a pessoa jurídica com ou sem fins lucrativos que demonstrar sua impossibilidade de arcar com os encargos processuais; **D:** incorreta, pois a criação de fundação se fará por escritura pública ou *testamento*, especificando o fim a que se destina, e declarando, se quiser, a maneira de administrá-la (art. 62, *caput* CC); **E:** incorreta, pois para tal ato possui legitimidade também o Ministério Público ou qualquer interessado (art. 69 CC). GR
„C„ otirabaG

(Juiz de Direito – TJ/RJ – 2019 – VUNESP) Pedro é sócio, juntamente com sua esposa Maria, da pessoa jurídica "PM LTDA". Maria, sem o conhecimento de Pedro, começou a desviar valores dos cofres da empresa, mediante a emissão de notas fiscais frias, para Ricardo, seu concubino. Em razão dos desvios realizados por Maria, a empresa "PM LTDA" parou de pagar seus fornecedores, que ajuizaram demanda visando receber os valores devidos. Pedro descobriu a traição e divorciou-se de Maria, que foi viver com seu concubino com todos os valores desviados da "PM LTDA". Os fornecedores requereram a desconsideração da personalidade jurídica, para que pudessem satisfazer seus créditos com o patrimônio pessoal de Maria e de Pedro.

Assinale a alternativa correta.

(A) Pode haver a desconsideração da personalidade jurídica e os bens de Pedro e Maria irão responder pelas dívidas da empresa, em razão do desvio de finalidade.

(B) Os bens pessoais de Pedro não podem responder pelas dívidas da empresa, tendo em vista que não houve ato doloso de sua parte, bem como ele não se beneficiou direta ou indiretamente dos desvios.

(C) Apenas os bens de Ricardo podem ser alcançados pela desconsideração da personalidade jurídica, pois, apesar de não ser sócio, praticou atos dolosos de confusão patrimonial.

(D) Apenas se for comprovada a culpa grave de Pedro na administração da pessoa jurídica é que poderá ser realizada a desconsideração da personalidade jurídica e seus bens pessoais responderem pelas dívidas da "PM LTDA".

(E) A desconsideração da personalidade jurídica apenas pode ocorrer em caso de confusão patrimonial e, como não houve a transferência de valores para os sócios e sim para um terceiro, não podem os bens pessoais de Pedro e Maria responderem pelas obrigações da sociedade.

A: incorreta, pois embora o art. 50 CC preveja que no caso de abuso da personalidade jurídica, caracterizado pelo desvio de finalidade ou pela confusão patrimonial pode o juiz desconsiderá-la para que os efeitos de certas e determinadas relações de obrigações sejam estendidos aos bens particulares de administradores ou de sócios da pessoa jurídica beneficiados direta ou indiretamente pelo abuso, a interpretação mais recente do STJ é que "A desconsideração da personalidade jurídica, em regra, deve atingir somente os sócios administradores ou que comprovadamente contribuíram para a prática dos atos caracterizadores do abuso da personalidade jurídica" (REsp 1861306 – DECISÃO 25/02/2021). Logo, o patrimônio de Pedro não deve ser atingido; **B:** correta, nos termos da justificativa da letra A; **C:** incorreta, pois Ricardo não faz parte do quadro social, logo não há que se falar em desconsideração de personalidade jurídica frente a ele. A desconsideração apenas atingirá os sócios e no caso em específico alcançará Maria, pois apenas ela foi a diretamente beneficiada (art. 50 CC); **D:** incorreta, pois a lei não exige a comprovação de culpa grave de um dos sócios para que haja a desconsideração. Basta ficar provado o abuso da personalidade jurídica, caracterizado pelo desvio de finalidade ou pela confusão patrimonial com vantagem direta ou indireta para um dos sócios (art. 50 CC); **E:** incorreta, pois a desconsideração não se restringe a confusão patrimonial, mas também pode ocorrer quando há desvio de finalidade e ainda que haja desvio de bens para terceiros a personalidade pode ser desconsiderada, afinal houve benefício direto para a sócia Maria. GR

„Gabarito "B".

(Promotor de Justiça/SP – 2019 – MPE/SP) No que diz respeito às fundações, é correto afirmar:

(A) Para que uma fundação seja regularmente constituída, deve ser realizado o registro do seu estatuto, mediante prévia aprovação do Ministério Público, ratificado em Assembleia com a especificação fundacional e a forma que ela será administrada.

(B) São entidades de direito privado criadas por vontade de uma pessoa natural capaz de dotar bens livres no ato da sua constituição, administradas segundo as determinações de seus fundamentos e com especificação precisa de sua finalidade.

(C) Eventual alteração do seu estatuto deve ser deliberada por três quartos dos competentes para gerir e representar a fundação mediante aprovação do Ministério Público, e tal alteração não pode contrariar ou desvirtuar seu fim.

(D) Para criar uma fundação, o seu instituidor fará, por escritura pública ou testamento, dotação especial de bens livres, especificando o fim a que se destina.

(E) Eventual alteração de seu estatuto deve ser deliberada em Assembleia por dois terços dos dirigentes presentes, dependendo de prévia aprovação do Ministério Público, e tal alteração não pode contrariar ou desvirtuar seu fim.

A: incorreta, pois para que uma fundação seja regularmente constituída o seu instituidor fará, por escritura pública ou testamento, dotação especial de bens livres, especificando o fim a que se destina, e declarando, se quiser, a maneira de administrá-la (art. 62, *caput* CC). Constituída formalmente a fundação, o instituidor designará a pessoa competente para elaborar o estatuto. E caso o responsável não o faça caberá ao Ministério Público fazê-lo (art. 65 CC); **B:** incorreta, pois o instituidor expressará, se quiser, a maneira de administrar a fundação (art. 62, *caput* CC); **C:** incorreta, pois eventual alteração do seu estatuto deve ser deliberada por *dois terços* dos competentes para gerir e representar a fundação mediante aprovação do Ministério Público, e tal alteração não pode contrariar ou desvirtuar seu fim (art. 67 CC); **D:** correta (art. 62, *caput* CC); **E:** incorreta, pois não há que se falar em deliberação em Assembleia, mas sim que a aprovação seja deliberada por dois terços dos competentes para gerir e representar a fundação (art. 67, I CC). GR

„Gabarito "D".

2.3.3. TEMAS COMBINADOS DE PESSOA JURÍDICA

(Juiz de Direito – TJ/RJ – 2019 – VUNESP) Pedro é sócio, juntamente com sua esposa Maria, da pessoa jurídica "PM LTDA". Maria, sem o conhecimento de Pedro, começou a desviar valores dos cofres da empresa, mediante a emissão de notas fiscais frias, para Ricardo, seu concubino. Em razão dos desvios realizados por Maria, a empresa "PM LTDA" parou de pagar seus fornecedores, que ajuizaram demanda visando receber os valores devidos. Pedro descobriu a traição e divorciou-se de Maria, que foi viver com seu concubino com todos os valores desviados da "PM LTDA". Os fornecedores requereram a desconsideração da personalidade jurídica, para que pudessem satisfazer seus créditos com o patrimônio pessoal de Maria e de Pedro.

Assinale a alternativa correta.

(A) Pode haver a desconsideração da personalidade jurídica e os bens de Pedro e Maria irão responder pelas dívidas da empresa, em razão do desvio de finalidade.

(B) Os bens pessoais de Pedro não podem responder pelas dívidas da empresa, tendo em vista que não houve ato doloso de sua parte, bem como ele não se beneficiou direta ou indiretamente dos desvios.

(C) Apenas os bens de Ricardo podem ser alcançados pela desconsideração da personalidade jurídica, pois, apesar de não ser sócio, praticou atos dolosos de confusão patrimonial.

(D) Apenas se for comprovada a culpa grave de Pedro na administração da pessoa jurídica é que poderá ser realizada a desconsideração da personalidade jurídica e seus bens pessoais responderem pelas dívidas da "PM LTDA".

(E) A desconsideração da personalidade jurídica apenas pode ocorrer em caso de confusão patrimonial e, como não houve a transferência de valores para os

1. DIREITO CIVIL

sócios e sim para um terceiro, não podem os bens pessoais de Pedro e Maria responderem pelas obrigações da sociedade.

A: incorreta, pois embora o art. 50 CC preveja que no caso de abuso da personalidade jurídica, caracterizado pelo desvio de finalidade ou pela confusão patrimonial pode o juiz desconsiderá-la para que os efeitos de certas e determinadas relações de obrigações sejam estendidos aos bens particulares de administradores ou de sócios da pessoa jurídica beneficiados direta ou indiretamente pelo abuso, a interpretação mais recente do STJ é que "A desconsideração da personalidade jurídica, em regra, deve atingir somente os sócios administradores ou que comprovadamente contribuíram para a prática dos atos caracterizadores do abuso da personalidade jurídica" (REsp 1861306 – DECISÃO 25/02/2021). Logo, o patrimônio de Pedro não deve ser atingido; **B:** correta, nos termos da justificativa da letra A; **C:** incorreta, pois Ricardo não faz parte do quadro social, logo não há que se falar em desconsideração de personalidade jurídica frente a ele. A desconsideração apenas atingirá os sócios e no caso em específico alcançará Maria, pois apenas ela foi a diretamente beneficiada (art. 50 CC); **D:** incorreta, pois a lei não exige a comprovação de culpa grave de um dos sócios para que haja a desconsideração. Basta ficar provado o abuso da personalidade jurídica, caracterizado pelo desvio de finalidade ou pela confusão patrimonial com vantagem direta ou indireta para um dos sócios (art. 50 CC); **E:** incorreta, pois a desconsideração não se restringe a confusão patrimonial, mas também pode ocorrer quando há desvio de finalidade e ainda que haja desvio de bens para terceiros a personalidade pode ser desconsiderada, afinal houve benefício direto para a sócia Maria. **GR**

Gabarito "B".

2.4. DIREITOS DA PERSONALIDADE E NOME

(Juiz de Direito/AP – 2022 – FGV) Justina, casada há 25 anos, substituiu, por ocasião do casamento civil com Eduardo, um dos seus patronímicos pelo do marido. Ocorre que o sobrenome adotado passou a ser o protagonista de seu nome civil, em prejuízo do patronímico de solteira, o que passou a lhe causar intenso sofrimento, uma vez que sempre fora conhecida pelo sobrenome de seu pai. Tal fato lhe trouxe danos psicológicos, especialmente agora que os últimos familiares que ainda usam o seu sobrenome familiar encontram-se gravemente doentes. Por essas razões, Justina requereu a modificação do seu patronímico, ainda durante a constância da sociedade conjugal, de forma a voltar a utilizar o sobrenome da sua família.

O pedido deve ser julgado:

(A) improcedente, em virtude do princípio da inalterabilidade do nome ser considerado absoluto na constância da sociedade conjugal;

(B) procedente, pois a autonomia privada é uma das exceções à inalterabilidade do nome previstas na Lei de Registros Públicos;

(C) procedente, pela interpretação histórico-evolutiva da inalterabilidade, da preservação da herança familiar, da autonomia privada e da ausência de prejuízo a terceiros;

(D) improcedente, em razão da modificação do nome civil ser qualificada como excepcional, tendo em vista a consideração à segurança de terceiros;

(E) improcedente, em virtude da proteção à estabilidade do vínculo conjugal e aos interesses do outro cônjuge, ao menos durante a constância da sociedade conjugal.

Comentário: Referente ao caso em comento, o STJ no Recurso Especial1.873/SP, de relatoria da Min. Nancy Andrighi (j. 02/03/2021), decidiu-se que mesmo sem a dissolução do vínculo conjugal, ainda na constância do casamento é possível o retorno ao nome de solteiro. O caso concreto é exatamente o mesmo do enunciado dessa questão. Colaciona-se alguns trechos do julgado: Conquanto a modificação do nome civil seja qualificada como excepcional e as hipóteses em que se admite a alteração sejam restritivas, esta Corte tem reiteradamente flexibilizado essas regras, interpretando-as de modo histórico-evolutivo para que se amoldem à atual realidade social em que o tema se encontra mais no âmbito da autonomia privada, permitindo-se a modificação se não houver risco à segurança jurídica e a terceiros. (...) Dado que as justificativas apresentadas pela parte não são frívolas, mas, ao revés, demonstram a irresignação de quem vê no horizonte a iminente perda dos seus entes próximos sem que lhe sobre uma das mais palpáveis e significativas recordações - o sobrenome -, deve ser preservada a intimidade, a autonomia da vontade, a vida privada, os valores e as crenças das pessoas, bem como a manutenção e perpetuação da herança familiar, especialmente na hipótese em que a sentença reconheceu a viabilidade, segurança e idoneidade da pretensão mediante exame de fatos e provas não infirmados pelo acórdão recorrido.

Logo, as alternativas **A**, **D** e **E** estão incorretas, pois afirmam que a ação deverá ser julgada improcedente. A alternativa B também está incorreta, pois não basta apenas utilizar-se da autonomia privada para servir de justificativa para alteração do nome. São necessários outros elementos em conjunto. A alternativa **C** é a correta, vez que de acordo com a justificativa do julgado. **GR**

Gabarito "C".

(Juiz de Direito – TJ/MS – 2020 – FCC) Luiz Antônio, sentindo-se perto da morte, por meio de testamento, dispõe gratuitamente do próprio corpo em prol da Universidade Federal de Mato Grosso do Sul, para estudos em curso médico. Excepciona porém o coração, em relação ao qual pleiteia seja enterrado no túmulo de sua família. Esse ato

(A) não é válido, porque a disposição do próprio corpo após a morte não se encontra na discricionariedade do indivíduo, tratando-se de direito indisponível.

(B) não é válido, porque a disposição gratuita do próprio corpo só pode ter objetivo altruístico e não científico.

(C) não é válido, pois a disposição gratuita do próprio corpo, embora seja possível para fins científicos, não pode ocorrer de forma parcial, mas apenas no todo.

(D) é válido porque a disposição do próprio corpo após a morte é ato discricionário do indivíduo, para qualquer finalidade ou objetivo, gratuitamente ou não.

(E) é válido, por ter objetivo científico, ser gratuito e por não ser defesa a disposição parcial do corpo após a morte.

A: incorreta, pois é válida a disposição do próprio corpo após a morte atendidos os requisitos previstos em lei, tratando-se de ato discricionário do indivíduo (art. 14, *caput* CC); **B:** incorreta, pois a disposição pode ter ambos os objetivos, altruísticos ou científicos (art. 14, *caput* CC); **C:** incorreta, pois a disposição pode ser no todo ou em parte (art. 14, *caput* CC); **D:** incorreta, pois não é para qualquer objetivo, mas apenas para fins altruístico e científico e sempre de forma gratuita; **E:** correta (art. 14, c*aput* CC). **GR**

Gabarito "E".

(Defensor Público – DPE/PR – 2017 – FCC) A respeito dos direitos fundamentais e dos direitos da personalidade, considere:

I. A vida privada da pessoa natural é inviolável. Logo, a exposição da vida do homem público, ainda que se trate de notícia verdadeira e útil vinculada a seu papel social, representa violação do direito à privacidade, na medida em que os direitos da personalidade são irrenunciáveis.

II. A imutabilidade do nome é princípio de ordem pública que visa garantir segurança nas relações jurídicas nas esferas pública e privada. Por esta razão, o STJ possui jurisprudência dominante no sentido de que não é possível o cônjuge acrescer o nome de família do outro após a celebração do matrimônio.

III. Desde que gratuita e realizada por pessoa capaz, é lícita a doação de tecidos, de órgãos e de partes do corpo vivo para transplante em qualquer pessoa, desde que mediante autorização judicial, ressalvado se o beneficiário for cônjuge ou qualquer parente consanguíneo até o quarto grau, quando, então, basta autorização, preferencialmente por escrito e diante de testemunhas, indicando especificamente o objeto de retirada, prescindindo de intervenção judicial.

IV. O Código Civil dispõe que ninguém poderá ser constrangido a submeter-se, com risco de vida, a tratamento médico ou a intervenção cirúrgica. Logo, é juridicamente inválido o termo de consentimento informado, subscrito por paciente plenamente capaz, quando o procedimento médico tiver risco de gerar seu óbito, ainda que tenha havido efetivo compartilhamento de informações e a corresponsabilidade na tomada de decisão.

Está correto o que se afirma APENAS em

A. II e IV.
B. III.
C. IV.
D. I e IV.
E. I, II e III.

I: Incorreta. Muito embora o direito à vida privada seja inviolável, conforme prevê o artigo 21 do Código Civil, esse direito da personalidade não pode ser visto de forma absoluta. Tratando-se de pessoa pública, a veiculação da sua imagem por parte dos meios de comunicação é consentida de forma tácita. Desse modo, o homem público não pode reclamar o direito à intimidade quando seus atos praticados no exercício profissional são divulgados e comentados. Caso em que o direito de imagem deve ser relativizado, em razão ao interesse e repercussão social que a veiculação de sua imagem pode causar. II: Incorreta. "O nome é a designação pela qual se identificam e distinguem as pessoas naturais, nas relações concernentes ao aspecto civil de sua vida jurídica" (FRANÇA, Limongi. Do nome civil das pessoas naturais, 3ª ed., São Paulo: RT, 1975, p. 22). O nome é formado basicamente por dois elementos: prenome e sobrenome. A regra é o princípio da imutabilidade do nome, porém há exceções. Dentre as inúmeras, o § 1º do artigo 1.565 do Código Civil dispõe: "Qualquer dos nubentes querendo, poderá acrescer ao seu o sobrenome do outro". A jurisprudência dominante do STJ é no sentido de que é possível acrescer o nome da família no outro após o matrimônio, "o que se dá mediante solicitação durante o processo de habilitação para o casamento, e, após a celebração do casamento, com a lavratura do respectivo registro" (STJ Resp. n. 910.094 - SC (2006/0272656-9). III: Correta, pois está em conformidade com os artigos 1º e 9º da Lei dos Transplantes (Lei 9.434/1997). IV: Incorreto. O artigo 15 do Código Civil consagra o princípio da autonomia, onde o profissional da saúde deve respeitar a vontade do paciente, ou de seu representante, se incapaz. Por tal razão, exige-se o consentimento livre e informado, sendo imprescindível a informação detalhada sobre o seu estado de saúde e o tratamento a ser seguido, para que o paciente tome a decisão correta a ser tomada. Ademais, a VI Jornada de Direito Civil dispõe no enunciado 533 o seguinte: "O paciente plenamente capaz poderá deliberar sobre todos os aspectos concernentes a tratamento médico que possa lhe causar risco de vida, seja imediato ou mediato, salvo as situações de emergência ou no curso de procedimentos médicos cirúrgicos que não possam ser interrompido". GN

Gabarito "B".

(Juiz – TRF 2ª Região – 2017) Caio, autor de romance histórico, cede os seus direitos patrimoniais sobre tal obra, em caráter pleno, total e definitivo, em favor da Editora Ufijota. No entanto, Caio falece em 2009, três anos após a citada cessão, sem deixar qualquer herdeiro. Assinale a opção correta:

(A) A cessão de direitos patrimoniais, sem limitação de tempo, é nula de pleno direito e, em virtude do falecimento sem herdeiros, a possibilidade de reprodução da obra está em domínio público.

(B) A cessão de direitos patrimoniais está limitada ao máximo de 5 anos e, após tal prazo, diante da falta de herdeiros, a possibilidade de exploração da obra está em domínio público.

(C) Os direitos patrimoniais cedidos, em princípio, apenas estarão em domínio público a partir do ano2080.

(D) A cessão é válida, mas, a partir do falecimento, a Editora e qualquer outro interessado podem reproduzir a obra, livremente.

(E) Após o domínio público da obra, em 2019, qualquer interessado pode reproduzi-la, modificá-la e a ela acrescer trechos, simplificar a escrita e a sua visão filosófica, pois cessados os direitos morais, por falta de ente legitimado a tutelá-los.

O art. 41 da Lei 9.610/1998 (Lei de Direitos Autorais) impõe o prazo de setenta anos para que os direitos patrimoniais caiam em domínio público. Tal prazo é contado a partir de 1º de janeiro do ano subsequente ao falecimento. No caso apresentado na questão, a morte ocorreu em 2009 e o prazo de setenta anos deve ser contado a partir de 2010, resultando então em 2080. GN

Gabarito "C".

(Juiz – TJ-SC – FCC – 2017)*De nossa parte, lembramos ainda a já afirmada função identificadora do pseudônimo, relativamente à esfera de ação em que é usado, o que, sem dúvida, é um traço distintivo do falso nome, que, evidentemente, embora, em certas circunstâncias, possa vir também a exercer papel semelhante, não é usado com essa finalidade, senão com a de frustrar qualquer possibilidade de identificação.*

(R. Limongi França. **Do Nome Civil das Pessoas Naturais**, p. 542. 3. ed. São Paulo. Revista dos Tribunais, 1975).

Essa afirmação é:

(A) compatível com o direito brasileiro, em virtude de omissão da lei a respeito da proteção de pseudônimo, apenas aplicando-se analogicamente a regra pertinente aos apelidos públicos notórios.

(B) parcialmente compatível com o direito brasileiro, que confere proteção ao pseudônimo, em qualquer atividade.

(C) incompatível com o direito brasileiro, que só confere proteção ao pseudônimo em atividades artísticas ou intelectuais.

(D) compatível com o direito brasileiro, porque o pseudônimo adotado para atividades lícitas goza da proteção que se dá ao nome.

(E) parcialmente compatível com o direito brasileiro, que não distingue a proteção do nome da proteção do pseudônimo.

O pseudônimo é um nome alternativo, normalmente utilizado por escritores, autores de obras, artistas e poetas que não querem se identificar. Chico Buarque utilizava, por exemplo, o pseudônimo Julinho da Adelaide. Alexander Hamilton, James Madison e John Jay escreveram o famoso "O Federalista" sob o pseudônimo de Plubius. Desde que adotado para fins lícitos, o pseudônimo recebe da lei a mesma proteção dada ao nome (CC, art. 19).GN

Gabarito "D".

2.5. AUSÊNCIA

(Juiz de Direito – TJ/AL – 2019 – FCC) Luciano, proprietário de duas casas, desapareceu do seu domicílio sem deixar testamento, representante ou procurador para administrar-lhe os bens. À falta de notícia de Luciano, o Juiz, a requerimento do Ministério Público, declarou sua ausência e nomeou- lhe o curador, que arrecadou seus bens. Decorrido um ano da arrecadação dos bens, deferiu-se, a pedido dos filhos de Luciano, seus únicos herdeiros, a abertura da sucessão provisória. Nesse caso,

(A) os imóveis de Luciano deverão ser vendidos, independentemente do estado de conservação, permanecendo o produto da venda depositado judicialmente até a conclusão da sucessão definitiva.

(B) para se imitirem na posse das casas, os filhos de Luciano precisarão dar garantia da sua restituição, no equivalente aos seus respectivos quinhões.

(C) os imóveis de Luciano não poderão ser alienados em nenhuma hipótese, sendo passíveis, no entanto, de desapropriação.

(D) os filhos de Luciano serão obrigados a capitalizar todos os frutos dos bens dele nos quais forem empossados, cabendo-lhes prestar contas anualmente ao Ministério Público.

(E) uma vez empossados nos seus bens, os filhos de Luciano ficarão o representando ativa e passivamente, de modo que contra eles correrão as ações pendentes e futuras movidas em face do ausente.

A: incorreta, pois os imóveis de Luciano só se poderão alienar, não sendo por desapropriação, ou hipotecar, quando o ordene o juiz, para lhes evitar a ruína (art. 31 CC); **B:** incorreta, pois os herdeiros, para se imitirem na posse dos bens do ausente, darão garantias da restituição deles, mediante *penhores ou hipotecas* equivalentes aos quinhões respectivos (art. 30 *caput* CC); **C:** incorreta, pois os imóveis podem ser alienados sob ordem judicial para se evitar a ruína (art. 31 CC); **D:** incorreta, pois os filhos de Luciano farão seus todos os frutos e rendimentos dos bens que a eles couberem. Não terão obrigação de capitalizar todos os frutos dos bens nem prestar contas ao Ministério Público ou ao juiz competente (art. 33, *caput* CC); **E:** correta, nos termos do art. 32 CC. GN

Gabarito "E".

2.6. BENS

(Procurador Município – Teresina/PI – FCC – 2022) Em relação aos bens:

(A) Consideram-se imóveis para os efeitos legais os direitos pessoais de caráter patrimonial e respectivas ações.

(B) Aqueles naturalmente divisíveis podem tornar-se indivisíveis por determinação da lei mas não pela vontade das partes, por impossibilidade física.

(C) São móveis aqueles suscetíveis de movimento próprio, ou de remoção por força alheia, ainda que com alteração da substância ou da destinação econômico-social.

(D) São consumíveis os bens móveis cujo uso importa destruição imediata da própria substância, sendo também considerados tais os destinados à alienação.

(E) Perdem o caráter de imóveis aquelas edificações que, separadas do solo, mas conservando a sua unidade, forem removidas para outro local.

A: incorreta, pois esses bens são considerados bens móveis (art. 83, III CC); **B:** incorreta, pois os bens naturalmente divisíveis podem tornar-se indivisíveis por determinação da lei ou por vontade das partes (art. 88 CC); **C:** incorreta, pois se houver alteração da substância ou da destinação econômica não serão mais considerados bens móveis (art. 82 CC); **D:** correta (art. 86 CC); **E:** incorreta, pois esses bens não perdem a característica de imóveis (art. 81, I CC). GR

Gabarito "D".

(Juiz de Direito – TJ/RJ – 2019 – VUNESP) Foi registrado um loteamento que, entretanto, nunca foi implantado. Judas e sua família construíram e começaram a morar numa área que seria destinada a ser um logradouro público. Após 10 anos de ocupação mansa e pacífica, mediante moradia com sua família, Judas ajuizou uma ação de usucapião.

É correto afirmar que a usucapião

(A) não poderá ser reconhecida, tendo em vista que não decorreu o prazo de 15 anos da usucapião extraordinária, quando então poderá ser reconhecida.

(B) poderá ser reconhecida, independentemente da dimensão da área ocupada, tendo em vista que se presume o justo título e boa-fé, em razão da longevidade da posse e da sua função social.

(C) poderá ser reconhecida, desde que o imóvel tenha dimensão inferior a 250 m2 e Judas não seja proprietário de outro imóvel urbano ou rural.

(D) somente poderá ser reconhecida a usucapião se houver a citação de todos os confrontantes e ausência de oposição do loteador e da Municipalidade.

(E) não poderá ser reconhecida, pois os bens públicos são imprescritíveis.

A: incorreta, pois ainda que o loteamento não tenha sido implantado a área já estava destinada a ser logradouro público, logo se trata de área pública. Assim, nos termos da Súmula 340 do STF os bens dominicais, como os demais bens públicos, não podem ser adquiridos por usucapião (art. 102 CC). Logo a ação será julgada improcedente por esse motivo; **B:** incorreta, pois trata-se de bem público que não pode ser adquirido por usucapião (Súmula 340 STF e art. 102 CC); **C:** incorreta, pois neste caso não se aplica as regras da usucapião urbana, uma vez que que o bem não pode ser adquirido por usucapião, afinal é bem público (Súmula 340 STF e art. 102 CC); **D:** incorreta, pois a citação dos confrontantes não é relevante neste caso, pois se trata de bem público que não pode ser usucapido (Súmula 340 STF e art. 102 CC); **E:** correta (Súmula 340 STF e art. 102 CC). GR

Gabarito "E".

(Juiz de Direito - TJ/BA - 2019 - CESPE/CEBRASPE) De acordo com o Código Civil, são bens móveis

(A) os direitos à sucessão aberta.

(B) os materiais que estejam separados provisoriamente de um prédio, para nele serem reempregados.

(C) os materiais provenientes da demolição de um prédio.

(D) as edificações que, estando separadas do solo, puderem ser movimentadas para outro local, conservando sua unidade.

(E) os materiais empregados em alguma construção.

A: incorreta, pois o direito a sucessão aberta é considerado bem imóvel (art. 80, II CC); **B:** incorreta, pois não perdem o caráter de imóveis os materiais que estejam separados provisoriamente de um prédio, para nele serem reempregados (art. 81, II CC); **C:** correta, nos termos do art. 84 CC; **D:** incorreta, pois não perdem o caráter de imóveis as edificações que, separadas do solo, mas conservando a sua unidade, forem removidas para outro local (art. 81, I CC); **E:** incorreta, pois quando empregados na construção são considerados bem móveis (interpretação *contrario sensu* do art. 84, 1ª parte CC). GR

"C" ⟨Gabarito⟩

(Procurador da República – 26º) Relativamente aos bens ou coisas, é correto afirmar que:

(A) As *Res Divini Iuris* do Direito Romano eram as coisas consagradas aos deuses superiores.

(B) O termo bem, no nosso direito atual, refere-se a uma espécie de coisa, embora, usualmente, possa designar toda e qualquer coisa.

(C) As pertenças, tanto no Código Civil de 1916 como no atual, foram definidas no capítulo que trata dos bens principais e acessórios.

(D) A denominação coisa fungível e infungível surgiu apenas na Idade Moderna.

A: incorreta, pois a *Res Divini Iuris* é o gênero e o conceito dado pela assertiva refere-se a uma de suas três espécies (*Res sacrae*); **B:** correta, pois esta é a posição dominante a respeito da expressão *bem*. Frise-se, todavia, que boa parte da doutrina civilista entende justamente o contrário, defendendo a tese de que bem é gênero e coisa é espécie; **C:** incorreta, pois as pertenças não foram definidas no Código Civil de 1916, apenas no atual (CC, art. 93); **D:** incorreta, pois a noção de bens fungíveis e infungíveis é muito anterior à Idade Moderna (1453 – 1789). GN

"B" ⟨Gabarito⟩

2.7. FATOS JURÍDICOS

2.7.1. ESPÉCIES, FORMAÇÃO E DISPOSIÇÕES GERAIS

(Procurador do Município – Valinhos/SP – 2019 – VUNESP) O negócio jurídico se dá por meio de forma livre ou especial. A forma especial se subdivide em complexa, escritura pública e instrumento particular. Havendo um negócio jurídico livre, que exige forma solene, este se prova substancialmente por

(A) confissão.

(B) documento.

(C) testemunha.

(D) presunção.

(E) perícia.

O negócio jurídico pode ser formal/especial (solene) ou informal/livre (não solene). O primeiro é aquele que tem forma predeterminada em lei para a sua validade. Se divide em complexa, escritura pública e instrumento particular. Mas veja, é perfeitamente possível que um negócio jurídico informal seja feito de forma especial, em sendo o desejo das partes. Ex: a doação de um óculos. As partes podem fazer oralmente, mas se quiserem podem fazer por escritura pública ou instrumento particular. Isto não a torna um negócio formal, ou solene. Somente seria

caso se exija a forma especial, sob pena de invalidade (art. 107 CC). Dependendo do tipo de formalidade exigida, a forma é a própria prova. O meio solene se materializa substancialmente pela prova documental. Exemplo disso é o art. 108 CC que define que a escritura pública é forma obrigatória à validade dos negócios jurídicos que visem à constituição, transferência, modificação ou renúncia de direitos reais sobre imóveis de valor superior a trinta vezes o maior salário mínimo vigente no País. Outro artigo interessante que exalta a prova documental é o art. 226, parágrafo único que prevê que a prova resultante dos livros e fichas não é bastante nos casos em que a lei exige escritura pública, ou escrito particular revestido de requisitos especiais, e pode ser ilidida pela comprovação da falsidade ou inexatidão dos lançamentos. Vê-se, pois, que o negócio sem comprova substancialmente por meio de documento. GR

"B" ⟨Gabarito⟩

(Delegado/GO – 2017 – CESPE) Um oficial do corpo de bombeiros arrombou a porta de determinada residência para ingressar no imóvel vizinho e salvar uma criança que corria grave perigo em razão de um incêndio.

A respeito dessa situação hipotética e conforme a doutrina dominante e o Código Civil, assinale a opção correta.

(A) O oficial tem o dever de indenizar o proprietário do imóvel danificado, devendo o valor da indenização ser mitigado em razão da presença de culpa concorrente.

(B) O ato praticado pelo oficial é ilícito porque causou prejuízo ao dono do imóvel, inexistindo, entretanto, o dever de indenizar, dada a ausência de nexo causal.

(C) Não se aplica ao referido oficial a regra do Código Civil segundo a qual o agente que atua para remover perigo iminente pode ser chamado a indenizar terceiro inocente.

(D) Conforme disposição do Código Civil, o oficial teria o dever de indenizar o dono do imóvel no valor integral dos prejuízos existentes, tendo direito de regresso contra o responsável pelo incêndio.

(E) Não se pode falar em responsabilidade civil nesse caso, pois, na hipótese de estado de necessidade, o agente causador do dano nunca terá o dever de indenizar.

A questão envolve a situação denominada estado de necessidade. Nessa hipótese, alguém causa um dano material a fim de remover um perigo iminente, conforme previsto pelo Código Civil, art. 188, II. Além disso, a situação acaba englobando também o inciso I do mesmo art. 188, que prevê o ato praticado no *exercício regular de um direito reconhecido*. Não haveria o menor sentido de o ordenamento exigir um comportamento do agente público (ex: um bombeiro que tem o dever de salvar criança) e posteriormente cobrá-lo uma indenização. A única possibilidade que se vislumbra é a de se buscar a indenização em virtude da pessoa culpada pelo incêndio, nos termos do art. 930 do Código Civil. GN

"C" ⟨Gabarito⟩

2.7.2. CONDIÇÃO, TERMO E ENCARGO

(Juiz de Direito/AP – 2022 – FGV) A Lig Suprimentos Ltda. firmou uma confissão de dívida perante a SMA Informática S/A, tendo por objeto a quantia de R$ 150.000,00. Uma das cláusulas da confissão de dívida estabelecia que o pagamento da dívida se daria em data a ser definida por credor e devedor. Com o passar do tempo, a SMA Informática S/A tentou por diversas vezes fixar a data para pagamento, mas a Lig Suprimentos Ltda. nunca concordava.

A mencionada cláusula contém uma condição:

(A) suspensiva simplesmente potestativa;

(B) resolutiva puramente potestativa;

(C) suspensiva contraditória;

(D) resolutiva simplesmente potestativa;

(E) suspensiva puramente potestativa.

Comentário: **A:** incorreta, pois condição suspensiva simplesmente potestativa são aquelas que dependem das vontades intercaladas de duas pessoas, sendo lícitas (arts. 121 e 122 parte inicial CC). No caso em tela temos uma condição que está ao arbítrio de apenas uma parte; **B:** incorreta, pois a condição resolutiva é aquela que quando implementada resolve os efeitos do negócio jurídico (art. 127 CC). No caso em tela o negócio ainda não está gerando efeitos, pois há uma condição suspensiva; **C:** incorreta, pois as condições contraditórias, também chamadas de perplexas ou incompreensíveis, são aquelas que privam de todo o efeito o negócio jurídico celebrado. São condições ilícitas (art. 123, III CC). Ex: contrato de locação onde há a condição de o inquilino não morar no imóvel. No caso em questão não é o que se verifica; **D:** incorreta, pois não se trata de condição resolutiva, como apontado no item B; **E:** correta, pois as condições puramente potestativas são aquelas que dependem de uma vontade unilateral, sujeitando-se ao puro arbítrio de uma das partes, conforme art. 122, parte final CC. São consideradas ilícitas. **GR**

Gabarito "E".

2.7.3. *DEFEITOS DO NEGÓCIO JURÍDICO*

(Juiz de Direito – TJ/MS – 2020 – FCC) Verificando a condição culturalmente baixa de José Roberto, lavrador em Ribas do Rio Pardo, Glauco Silva adquire sua propriedade agrícola por R$ 500.000,00, quando o valor de mercado era o de R$ 2.000.000,00. A venda se deu por premente necessidade financeira de José Roberto. Essa situação caracteriza

(A) erro por parte de José Roberto, em função de sua inexperiência e premente necessidade, anulando-se o negócio jurídico, sem convalidação por se tratar de erro substancial.

(B) estado de perigo, pela premente necessidade de José Roberto, que o fez assumir prejuízo excessivamente oneroso, anulando-se o negócio jurídico, sem possibilidade de convalidação.

(C) dolo de oportunidade de Glauco Silva, anulando-se o negócio jurídico por ter sido a conduta dolosa a causa da celebração do negócio jurídico, podendo este ser convalidado somente se for pago o valor correto, de mercado, pelo imóvel.

(D) lesão, pela manifesta desproporção entre o valor do bem e o que foi pago por ele, em princípio anulando-se o negócio jurídico, salvo se for oferecido suplemento suficiente por Glauco Silva, ou se este concordar com a redução do proveito.

(E) tanto lesão como estado de perigo, nulificando-se o negócio jurídico pela gravidade da conduta, sem possibilidade de ratificação ou convalidação pela excessiva onerosidade a José Roberto.

A: incorreta, pois o erro é um engano fático, uma falsa noção da realidade, ou seja, em relação a uma pessoa, negócio, objeto ou direito, que acomete a vontade de uma das partes que celebrou o negócio jurídico. A pessoa se engana sem a indução de outra (art. 138 a 144 CC). Ex: comprei um anel folheado a ouro pensando que era de ouro. O erro substancial torna o negócio jurídico anulável, podendo ser convalidado quando a pessoa, a quem a manifestação de vontade se dirige, se oferecer para executá-la na conformidade da vontade real do manifestante (art. 144 CC); **B:**

incorreta, pois configura-se o estado de perigo quando alguém, premido da necessidade de salvar-se, ou a pessoa de sua família, de grave dano conhecido pela outra parte, assume obrigação excessivamente onerosa. No caso em tela não foi dito que havia grave dano conhecido pela outra parte nem que José Roberto ou alguém de sua família estavam em situação de perigo (art. 156, *caput* CC); **C:** incorreta, pois dolo é artifício ou expediente astucioso, empregado para induzir alguém à prática de um ato jurídico, que o prejudica, aproveitando ao autor do dolo ou a terceiro. Pode-se dizer, então, que dolo é qualquer meio utilizado intencionalmente para induzir ou manter alguém em erro na prática de um ato jurídico. Está previsto entre os arts. 145 e 150 CC. No caso em tela não houve dolo, pois Glauco não induziu José Roberto a vender o bem por este valor. O vendedor apenas colocou o preço baixo porque estava desesperado para vender o bem; **D:** correta, pois ocorre a lesão quando uma pessoa, sob premente necessidade, ou por inexperiência, se obriga a prestação manifestamente desproporcional ao valor da prestação oposta (art. 157, *caput*, CC). Na hipótese em questão foi exatamente o que aconteceu. José Roberto vendeu o bem por preço abaixo do valor de mercado por premente necessidade e Glauco aproveitou; **E:** incorreta, pois na hipótese em tela não há estado de perigo (vide justificativa da alternativa B), mas apenas de lesão, nos termos da justificativa da alternativa D. É possível que haja convalidação se for oferecido suplemento suficiente, ou se a parte favorecida concordar com a redução do proveito (art. 157, § 2º CC). **GR**

Gabarito "D".

(Juiz de Direito – TJ/SC – 2019 – CESPE/CEBRASPE) A declaração enganosa de vontade que vise à produção, no negócio jurídico, de efeito diverso do apontado como pretendido consiste em defeito denominado

(A) simulação.

(B) erro.

(C) dolo.

(D) lesão.

(E) reserva mental.

A: Correta, pois essa é a definição de negócio jurídico simulado. Ex: a pessoa simula uma compra venda, quando na realidade o que faz na prática é uma doação. O vício está previsto no art. 167 CC e torna nulo o negócio jurídico simulado, porém subsiste o negócio que se dissimulou se válido for na substância e na forma; **B:** incorreta, pois o erro ocorre quando a pessoa se engana, há uma falsa percepção da realidade em relação a uma pessoa, negócio, objeto ou direito. É o vício de consentimento que se forma sem induzimento intencional de pessoa interessada (art. 138 a 144 CC); **C:** incorreta, pois o dolo é o erro induzido de maneira artificiosa, ou seja, a intenção ardilosa de viciar a vontade de determinada pessoa em uma dada situação concreta (art. 145 a 150 CC); **D:** incorreta, pois a lesão ocorre quando uma pessoa, sob premente necessidade, ou por inexperiência, se obriga a prestação manifestamente desproporcional ao valor da prestação oposta (art. 157 CC); **E:** incorreta, pois a reserva mental ocorre quando a declaração expressa não corresponde com a vontade real do agente. Há uma declaração não querida em seu conteúdo com a intenção de enganar o destinatário o terceiro (art. 110 CC). **GR**

Gabarito "A".

(Delegado - PC/BA - 2018 - VUNESP) De acordo com a disciplina constante do Código Civil acerca dos vícios de vontade dos negócios jurídicos, assinale a alternativa correta.

(A) O erro de indicação da pessoa ou da coisa a que se referir a declaração de vontade viciará o negócio, mesmo se, por seu contexto e pelas circunstâncias, for possível identificar a coisa ou pessoa cogitada.

(B) O silêncio intencional de uma das partes a respeito de fato ou qualidade que a outra parte haja ignorado, nos negócios jurídicos bilaterais, constitui omissão culposa, provando-se que, sem ela, o negócio não teria sido celebrado, ou o seria de outro modo.

(C) A coação, para viciar o negócio jurídico, deve incutir ao paciente temor de dano iminente à sua pessoa, à sua família, aos seus bens ou a terceiros, devendo ser levados em conta o sexo, a idade, a condição, a saúde e, no temor referencial, o grau de parentesco.

(D) Configura-se o estado de perigo quando alguém, premido da necessidade de salvar-se, ou a pessoa pertencente ou não à sua família, de grave dano conhecido ou não pela outra parte, assume obrigação excessivamente onerosa.

(E) Se for oferecido suplemento suficiente, ou se a parte favorecida concordar com a redução do proveito, segundo os valores vigentes ao tempo em que foi celebrado o negócio jurídico, não se decretará a anulação do negócio, nos casos de lesão.

A: incorreta, pois tal erro de indicação da pessoa ou da coisa não viciará o negócio jurídico quando "por seu contexto e pelas circunstâncias, se puder identificar a coisa ou pessoa cogitada" (CC, art. 142); **B:** incorreta, pois tal silêncio intencional constitui omissão dolosa, configurando o dolo negativo (CC, art. 147); **C:** incorreta, pois o temor reverencial não vicia o negócio jurídico (CC, art. 153). Considera-se temor reverencial o exagerado respeito que se tem em relação a uma determinada pessoa e que conduz uma pessoa a praticar ato que não praticaria em condições normais. Ex: empregado em relação ao patrão, aluno em relação ao professor; **D:** incorreta, pois a lei exige que a outra parte tenha conhecimento da situação aflitiva pela qual passa a vítima (CC, art. 156); **E:** correta, pois – adotando o princípio da conservação do negócio jurídico – o § 2º do art. 157 estabelece que o negócio poderá ser mantido se "*a parte favorecida concordar com a redução do proveito*". Essa regra – da manutenção do negócio pela redução do proveito – também deve ser aplicada aos casos de Estado de Perigo, conforme o Enunciado 148 do Conselho da Justiça Federal.**GN**

Gabarito "E".

(Procurador do Estado/SP - 2018 - VUNESP) O ato de assumir obrigação excessivamente onerosa, premido pela necessidade de salvar-se ou a pessoa de sua família, de grave dano conhecido pela outra parte, caracteriza:

(A) lesão, sujeita ao prazo prescricional de 4 anos para declaração da sua nulidade, contado da cessação do risco.

(B) lesão, sujeita ao prazo decadencial de 4 anos para sua desconstituição, contado da data da celebração do negócio jurídico.

(C) lesão, que torna o negócio jurídico ineficaz enquanto não promovido o reequilíbrio econômico do contrato em sede judicial.

(D) estado de perigo, sujeito ao prazo decadencial de 4 anos para declaração da sua nulidade, contado da cessação do risco.

(E) estado de perigo, sujeito ao prazo decadencial de 4 anos para sua desconstituição, contado da data da celebração do negócio jurídico.

O enunciado da questão repete o disposto no art. 156 do Código Civil, que prevê o vício do consentimento denominado Estado de Perigo. O vício da lesão, por outro lado, ocorre quando "*uma pessoa, sob premente necessidade, ou por inexperiência, se obriga a prestação manifestamente desproporcional ao valor da prestação oposta*" (CC, art. 157).No que se refere ao prazo, sua natureza é decadencial (para todos os vícios do consentimento). O termo inicial do prazo decadencial para

se pleitear a anulação do negócio nos casos de vícios do consentimento é a "*data da celebração do negócio jurídico*" (salvo na coação, quando o prazo só se inicia com a cessação da ameaça). CC, art. 178, I e II.**GN**

Gabarito "E".

(Juiz de Direito - TJ/RS - 2018 - VUNESP) Egídio descobre que sua esposa Joana está com um câncer. Ao iniciar o tratamento, o plano de saúde de Joana se recusa a cobrir as despesas, em razão da doença ser preexistente à contratação. Em razão disso, o casal coloca à venda um imóvel de propriedade do casal com valor de mercado de R$ 1.000.000,00 (um milhão de reais) por R$ 150.000,00 (cento e cinquenta mil reais), visando obter, de forma rápida, valores necessários para o pagamento do tratamento de saúde de Joana. Raimundo, tomando ciência da oferta da venda do imóvel de Egídio e Joana, não tendo qualquer intenção de auferir um ganho exagerado na compra e nem causar prejuízo aos vendedores, apenas aproveitando o que considera um excelente negócio, compra o imóvel em 01.01.2015. Em 02.01.2018, Egídio e Joana ajuízam uma ação judicial contra Raimundo, na qual questionam a validade do negócio jurídico.

Assinale a alternativa correta.

(A) O negócio jurídico é anulável. Em razão da doença de Joana, o casal estava numa situação que os levou à conclusão de um negócio jurídico eivado pelo vício da lesão que poderia ser decretada para restituir as partes à situação anterior, mas que não poderá ser realizada em razão do decurso do prazo decadencial de 3 (três) anos.

(B) O negócio jurídico é anulável. Em razão da doença de Joana, o casal estava numa situação que os levou à conclusão de um negócio jurídico eivado pelo vício do estado de perigo que, entretanto, não pode ser reconhecido em razão do decurso do prazo decadencial de 2 (dois) anos.

(C) O negócio jurídico é válido e eficaz. Não há qualquer norma que impeça um vendedor, por livre e espontânea vontade, de alienar um bem por valores abaixo dos praticados no mercado, em razão do princípio da autonomia da vontade que prevalece, principalmente no presente caso, onde não se verifica que uma das partes seja hipossuficiente em relação à outra.

(D) O negócio jurídico é nulo de pleno direito por ilicitude do objeto. Não existe uma contraprestação válida, tendo em vista o valor da prestação, comparada ao preço real do bem adquirido, bem como pela ausência de vontade válida, podendo a nulidade ser declarada a qualquer tempo.

(E) O negócio jurídico é anulável. Em razão da doença de Joana, o casal estava numa situação que os levou à conclusão de um negócio jurídico eivado pelo vício da lesão que pode ser desconstituído; caso Raimundo concorde em suplementar o valor anteriormente pago, o negócio pode ser mantido.

A questão envolve claramente situação de lesão, vício do consentimento previsto no art. 157 do Código Civil, segundo o qual: "*Ocorre a lesão quando uma pessoa, sob premente necessidade, ou por inexperiência, se obriga a prestação manifestamente desproporcional ao valor da prestação oposta*". Para sua configuração, a lei não exige que a outra parte (a que se beneficiou com a desproporção) soubesse da situação de necessidade alheia. Ademais, em consonância com o princípio da

1. DIREITO CIVIL

conservação do contrato, o parágrafo único do art. 157 estabelece que o negócio poderá ser mantido se "*a parte favorecida concordar com a redução do proveito*". Essa regra (da manutenção do negócio pela redução do proveito) também deve ser aplicada aos casos de Estado de Perigo, conforme o Enunciado 148 do Conselho da Justiça Federal. **GN**

Gabarito "E".

(Juiz– TJ-SC – FCC – 2017)*Coviello, em seu magnífico Manua-lediDirittoCivile Italiano, é quem explica a matéria com maior clareza.*

Uma cousa, diz êle, é independer, a obrigatoriedade da lei, do conhecimento dos que lhe estão sujeitos e outra cousa é poder-se invocar o êrro de direito como pressuposto de certos fatos, dos quais a lei faz derivar consequências jurídicas. A primeira não comporta dúvidas; a segunda exige um exame, uma indagação.

Quando se admite a possibilidade de se invocar o êrro de direito, tal outro qualquer êrro, como pressuposto de um fato jurídico, isto não significa que se abra exceção à regra da obrigatoriedade das leis mesmo contra quem não as conhece.

A única distinção a fazer-se é a relativa ao fim visado por quem alega ignorância ou êrro de direito."

(Vicente Rao. **O Direito e a Vida dos Direitos.** 1º volume, tomo I.p. 382. São Paulo, Max Limonad. 1960).

Esse texto:

(A) aplica-se ao direito brasileiro, porque, embora ninguém se escuse de cumprir a lei alegando que não a conhece, salvo na transação a respeito das questões que forem objeto de controvérsia entre as partes, é anulável o negócio jurídico quando o erro de direito foro motivo único ou principal do negócio, e não implique recusa à aplicação da lei.

(B) aplica-se ao direito brasileiro porque embora ninguém se escuse de cumprir a lei alegando que não a conhece, é anulável a transação quando o erro de direito foi o motivo, único ou principal, do acordo, sobre as questões que tiverem sido objeto de controvérsia entre as partes.

(C) não se aplica ao direito brasileiro, porque ninguém se escusa de cumprir a lei alegando que não a conhece, sendo defeso alegar a invalidade de negócio jurídico fundada em erro de direito.

(D) aplica-se ao direito brasileiro porque embora ninguém se escuse de cumprir a lei alegando que não a conhece é nulo o negócio jurídico quando o erro de direito for o motivo único ou principal do negócio, salvo, na transação, a respeito das questões que forem objeto de controvérsia entre as partes.

(E) não se aplica ao direito brasileiro, porque quando o erro de direito for o motivo único de negócio jurídico, admite-se a alegação de desconhecimento da lei que o proíbe.

A questão diz respeito ao engano de uma pessoa em relação às leis, cujo nome técnico é "erro de direito". Pode uma pessoa alegar que não conhecia a lei? Há duas respostas para tal pergunta.
A primeira resposta é que tal alegação não será válida se a pessoa pretende usar o desconhecimento da lei visando a não cumpri-la ou visando a fugir das consequências de seu descumprimento. Assim, uma pessoa não pode pleitear isenção de multas ou juros alegando

que não sabia que deveria ter recolhido impostos. É o que determina o art. 3º da Lei de Introdução.
A segunda resposta é que tal alegação será admitida se a pessoa pretende anular um contrato que só foi assinado em virtude de um erro de direito. Nesse caso, o erro de direito é o motivo pelo qual a pessoa praticou o negócio. Aqui, a lei admite a anulação do negócio jurídico (CC, art. 139, III). Exs.: Pedro contrata serviços de reforma da sua calçada, pensando que a lei assim exigia (mas essa lei já havia sido revogada); Pedro contrata importação de computadores pensando que o tributo é 2%, mas na verdade era de 20%. Nos dois casos Pedro poderá anular o negócio tendo em vista que só o praticou porque se enganou quanto à lei. **GN**

Gabarito "A".

2.7.4. INVALIDADE DO NEGÓCIO JURÍDICO

(Juiz de Direito/AP – 2022 – FGV) O Banco BPF S/A ajuizou execução por título extrajudicial em face de João Pedro para satisfação de sua dívida. No momento da penhora de um automóvel que cobriria o valor devido, o executado informou que este fora vendido para seu filho, Bernardo. O automóvel se encontra efetivamente na posse de Bernardo, que dele vem se utilizando, e a transferência da propriedade foi registrada administrativamente junto ao Detran. No entanto, o executado não obteve êxito em comprovar o valor supostamente pago pela venda do carro, ficando claro que o negócio jurídico efetivamente celebrado fora uma doação.

Diante disso, deve ser reconhecida a:

(A) nulidade do contrato de compra e venda do carro por simulação relativa objetiva;

(B) anulabilidade do contrato de compra e venda do carro por simulação absoluta;

(C) inexistência do contrato de compra e venda do carro por simulação relativa subjetiva;

(D) nulidade do contrato de compra e venda do carro por simulação absoluta;

(E) anulabilidade do contrato de compra e venda do carro por simulação relativa objetiva.

Comentário: **A:** correta, pois trata-se de caso de contrato simulado, isto, é João Pedro fingiu que vendeu para o filho, quando na verdade doou. O contrato é nulo (art. 167 *caput* e § 1º, II CC); **B:** incorreta, pois trata-se de contrato nulo, e não anulável (art. 167 *caput* e § 1º, II CC); **C:** incorreta, pois o vício está no plano da validade e não da existência, pois contém todos os elementos de existência regular (partes, objeto, vontade, forma). Assim, está eivado de nulidade por simulação relativa objetiva (art. 167 caput e §1º, II CC); **D:** incorreta, pois não se trata de simulação absoluta, mas relativa, pois ainda é possível se aproveitar o contrato que se dissimulou (no caso, a doação) pois válido na substância e na forma (art. 167 *caput* CC); E: incorreta, pois não se trata de contrato anulável, mas sim nulo (art. 167 *caput* CC). **GR**

Gabarito "A".

(Procurador Município – Santos/SP – VUNESP – 2021) Tendo em vista as disposições relativas à validade dos negócios jurídicos, assinale a alternativa correta.

(A) É anulável, no prazo prescricional de 4 anos, o negócio jurídico quando a declaração de vontade emanar de erro substancial quanto à identidade da pessoa, desde que esse aspecto seja decisivo para a declaração.

(B) É anulável o negócio jurídico, no prazo decadencial de 4 anos, quando uma das partes silencia intencionalmente sobre fato ou qualidade ignorada pela outra parte, desde que o conhecimento de tal fato ou qualidade seja determinante para a realização do negócio.

(C) É nulo de pleno direito o negócio realizado sob coação, devendo a declaração de nulidade ser postulada no prazo decadencial de 4 anos.

(D) O negócio jurídico é anulável com base na lesão, no prazo decadencial de 4 anos, quando alguém assume obrigação excessivamente onerosa, a fim de salvar a si próprio ou alguém de sua família de grave dano conhecido pela outra parte.

(E) É anulável com base na simulação, no prazo prescricional de 4 anos, o negócio jurídico que aparentar conferir ou transmitir direitos a pessoa diversa daquela a quem realmente confere ou transfere.

A: incorreta, pois o prazo é decadencial e não prescricional (art. 178, c*aput* CC); **B:** correta (art. 147 c.c art. 178 *caput* CC); **C:** incorreta, pois é anulável o negócio jurídico realizado mediante coação (art. 178, I CC); **D:** incorreta, pois esta é a definição de estado de perigo (art. 156 CC) e não de lesão. Configura-se lesão quando uma pessoa, sob premente necessidade, ou por inexperiência, se obriga a prestação manifestamente desproporcional ao valor da prestação oposta (art. 157, *caput* CC); **E:** incorreta, pois o negócio simulado é nulo, e não anulável (art. 167 *caput* CC). **GR**

Gabarito "B".

(Juiz de Direito – TJ/MS – 2020 – FCC) Em relação à invalidade do negócio jurídico, considere os enunciados seguintes:

I. É nulo o negócio jurídico simulado, mas subsistirá o que se dissimulou, se válido for na substância e na forma.

II. O negócio jurídico nulo não é suscetível de confirmação, embora convalesça pelo decurso do tempo.

III. A anulabilidade não tem efeito antes de julgada por sentença, nem se pronuncia de ofício; só os interessados a podem alegar, e aproveita exclusivamente aos que a alegarem, salvo o caso de solidariedade ou indivisibilidade.

IV. Quando a lei dispuser que determinado ato é anulável, sem estabelecer prazo para pleitear-se a anulação, será este de quatro anos, a contar da data da conclusão do ato.

V. Respeitada a intenção das partes, a invalidade parcial de um negócio jurídico não o prejudicará na parte válida, se esta for separável; a invalidade da obrigação principal implica a das obrigações acessórias, mas a destas não induz a da obrigação principal.

Está correto o que se afirma APENAS em

(A) I, III e V.

(B) I, III, IV e V.

(C) II, IV e V.

(D) I, II e III.

(E) II, III e IV.

I: correta (art. 167, *caput* CC); **II:** incorreta, pois o negócio jurídico nulo não convalesce pelo decurso do tempo (art. 169 CC); **III:** correta (art. 177 CC); **IV:** incorreta, pois neste caso o prazo é de dois anos (art. 179 CC); **V:** correta (art. 184 CC). Logo, a alternativa correta é a letra A. **GR**

Gabarito "A".

Dino, pai de três filhos e atualmente em seu segundo casamento, resolveu adquirir um imóvel, em área nobre de Salvador, para com ele presentear o caçula, único filho da sua atual união conjugal. A fim de evitar eventuais problemas com os outros dois filhos, tidos em casamento anterior, Dino decidiu fazer a seguinte operação negocial:

• vendeu um dos seus cinco imóveis e, com o dinheiro obtido, adquiriu o imóvel para o filho caçula; e

• colocou na escritura pública de venda e compra, de comum acordo com os vendedores do referido imóvel, o filho caçula como comprador do bem.

Alguns meses depois, os outros dois filhos tomaram conhecimento das transações realizadas e resolveram ajuizar ação judicial contra Dino, alegando que haviam sofrido prejuízos.

(Juiz de Direito - TJ/BA - 2019 - CESPE/CEBRASPE) Nessa situação hipotética, conforme a sistemática legal dos defeitos e das invalidades dos negócios jurídicos, os dois filhos prejudicados deverão alegar, como fundamento jurídico do pedido, a ocorrência de

(A) reserva mental, também conhecida como simulação unilateral, que deve ensejar a declaração de inexistência do negócio jurídico de venda e compra e o retorno das partes ao *status quo ante*.

(B) causa de anulabilidade por dolo, vício de vontade consistente em artifício, artimanha, astúcia tendente a viciar a vontade do destinatário ou de terceiros.

(C) simulação relativa, devendo ser reconhecida a invalidade da venda e compra e declarada a validade da doação, que importará adiantamento da legítima.

(D) simulação absoluta, devendo ser reconhecida a invalidade da venda e compra e da doação, com retorno ao *status quo ante*.

(E) simulação relativa, devendo ser reconhecida a invalidade da compra e venda e declarada a validade da doação, o que, contudo, não implicará adiantamento da legítima.

A: incorreta, pois não se trata de hipótese de reserva mental. A reserva mental é uma forma de simulação (lato senso) e consiste na divergência entre a vontade real do declarante e da qual a outra parte não tem conhecimento (art. 110 CC). Por ser considerada uma simulação unilateral produz negócio jurídico nulo e não inexistente (art. 167 *caput* CC); **B:** incorreta, pois no caso em tela temos a configuração de dolo essencial passível de anulação do negócio jurídico, uma vez que este ocorre quando o negócio é realizado somente porque houve induzimento malicioso de uma das partes. Não fosse o convencimento astucioso e a manobra insidiosa, a avença não se teria concretizado. No caso em tela não houve esse induzimento por parte do vendedor ao comprador, logo não há que se falar em anulabilidade (art. 145 CC); **C:** correta, pois na simulação relativa, as partes realizam um negócio, mas é diferente daquele que verdadeiramente pretendem realizar. Neste caso, há dois negócios: o simulado, que as partes consolidaram na aparência, e não é verdadeiro (no caso a compra e venda), e o dissimulado, cujos efeitos as partes realmente almejavam (no caso a doação). A doação será válida (art. 167, 2ª parte) e será considerada adiantamento da legítima (art. 544 CC); **D:** incorreta, pois na simulação absoluta as partes não desejam efetivamente realizar determinado ato, mas apenas fazer com que outros pensem que o ato foi concretizado. Só se observa o negócio jurídico simulado. Na hipótese em tela, temos um negócio desejado que era a doação, logo não há que se falar nesse tipo de simulação (art. 167 CC); **E:** incorreta, pois implica em adiantamento da legítima, nos termos do art. 544 CC. **GR**

Gabarito "C".

(Juiz de Direito – TJ/AL – 2019 – FCC) De acordo com o Código Civil, o negócio cujo objeto, ao tempo da celebração, é impossível

(A) é nulo de pleno de direito, ainda que se trate de impossibilidade relativa.

(B) terá validade se a impossibilidade inicial do objeto cessar antes de realizada a condição a que ele estiver subordinado.

(C) é válido, ainda que se trate de impossibilidade absoluta, desde que ela não tenha sido criada por nenhuma das partes.

(D) é válido, porém ineficaz, ainda que se trate de impossibilidade absoluta.

(E) é nulo de pleno direito, porém eficaz, desde que se trate de impossibilidade relativa.

A: incorreta, pois a impossibilidade relativa não invalida o negócio jurídico (art. 106 CC); **B:** correta, nos termos do art. 106, parte final CC; **C:** incorreta, pois a impossibilidade absoluta torna o negócio jurídico nulo (art. 166, II CC); **D:** incorreta, pois a impossibilidade absoluta do objeto o torna nulo de pleno direito (art. 166, II CC). Não há que se analisar o plano da eficácia neste caso; **E:** incorreta, pois se é nulo de pleno direito, significa que a nulidade é absoluta, por consequência, não há que se analisar eficácia (art. 166, II CC). **GN**

Gabarito "B".

(Defensor Público – DPE/PR – 2017 – FCC) Considere as assertivas abaixo.

I. É possível confirmar um ato *a priori* anulável, tornando-o válido *a posteriori*, como na hipótese em que um menor de idade compra um bem e, ao atingir a sua maioridade civil, confirma esse negócio jurídico, ressalvado direito de terceiro.

II. Um determinado contrato nulo pode ser convertido em contrato válido, como na hipótese de compra e venda de bem imóvel, com valor superior a trinta vezes o maior salário-mínimo vigente no país, sem a lavratura de escritura pública; perfazendo-se apenas em compromisso de compra e venda.

III. A invalidade parcial de um negócio jurídico o prejudicará em sua totalidade, ainda que seja possível separar a parte válida da inválida.

IV. Entre duas interpretações possíveis da declaração de vontade, uma que prive de validade e outra que lhe assegure a validade, há de ser adotada a última.

Segundo o Código Civil, está correto o que se afirma APENAS em

(A) III e IV.

(B) II, III e IV.

(C) I, II e IV.

(D) II e IV.

(E) I e III.

I: Está incorreta, pois viola o artigo 176 do Código Civil, isto é, se a nulidade relativa se der por falta de autorização de terceiro, o ato será convalidado se o terceiro posteriormente der a anuência. **II:** Está correta, visto que está em conformidade com o artigo 170 do Código Civil. Tal dispositivo prevê a conversão do negócio jurídico nulo noutro válido, desde que seus elementos sejam idôneos para caracterizar outro negó-

cio. É possível a conversão quando os contratantes teriam pretendido a realização de outro contrato, desde que cientes da nulidade do que realizaram. Esse dispositivo adotou o princípio da conservação dos negócios jurídicos. Lembre-se conversão do negócio jurídico nulo não se confunde com convalidação do negócio jurídico anulável; a primeira, é aplicável nas hipóteses de nulidade, onde se transforma um negócio nulo noutro válido; a segunda, incide nos casos de anulabilidade, pelo qual se convalesce um negócio anulável em válido, leia-se, o mesmo negócio. **III.** Viola o artigo 184 do Código Civil. Trata-se da aplicação ao princípio *utile per inutile non vitiatur*, de modo que a invalidade parcial de um ato, não atingirá a parte válida, quando esta puder subsistir de forma autônoma, respeitadas a intenção das partes. **IV.** Está correta, pois de acordo com a hermenêutica há duas grandes teorias, é dizer, a teoria da vontade, que busca a real vontade das partes contratantes e a teoria da declaração, onde prevalece a exteriorização da vontade. Como a vontade das partes é exprimida pela declaração, deve-se perquirir a real intenção das partes, consoante dispõe o artigo 112 do Código Civil e como o princípio adotado é o da conservação dos negócios jurídicos, predominante no sentido de que os contratos devem ser interpretados de modo que suas cláusulas tenham efetiva aplicabilidade, com maior utilidade possível, razão pela qual se busca assegurar a validade da declaração de vontade. Vale lembrar, a boa-fé deve ser presumida. **GN**

Gabarito "D".

2.8. PRESCRIÇÃO E DECADÊNCIA

(Procurador/PA – CESPE – 2022) Em conformidade com a atual jurisprudência dominante do Superior Tribunal de Justiça, em contrato de compra e venda de imóvel em que ficar constatado que a área do bem é inferior àquela indicada no negócio, o prazo para a restituição do valor pago a mais

(A) pode ser interrompido em razão de qualquer ato inequívoco extrajudicial que importe em reconhecimento do direito pelo devedor.

(B) é decadencial de um ano.

(C) é decadencial, e, na inexistência de prazo específico, aplica-se, por analogia, o prazo geral de decadência de cinco anos referido no Código Civil.

(D) é prescricional de cinco anos.

(E) é prescricional, e, na inexistência de prazo específico, aplica-se o prazo geral de prescrição de dez anos referido no Código Civil.

A: incorreta, pois o prazo decadencial não pode ser interrompido (art. 207 CC); **B:** correta, pois para a Terceira Turma do STJ, em casos de venda *ad mensuram* em que as dimensões do imóvel adquirido não correspondem às noticiadas pelo vendedor, deve-se aplicar o prazo decadencial de um ano previsto no art. 501 do CC (REsp 1.890.327/SP); **C:** incorreta, pois há prazo específico previsto no art. 501 CC, logo não se aplica o prazo geral. E se fosse aplicado o prazo ele seria de dez e não de cinco anos; **D:** incorreta, pois é decadencial de um ano (art. 501 CC); **E:** incorreta, pois há prazo específico previsto no art. 501 CC, logo não se aplica o prazo geral de anos. **GR**

Gabarito "B".

(Procurador/PA – CESPE – 2022) O Superior Tribunal de Justiça tem admitido, em alguns julgados, a aplicação do chamado viés subjetivo da teoria da *actio nata*, para identificar o termo inicial da prescrição da pretensão de reparação civil por danos materiais e morais. Acerca desse tema, julgue os itens seguintes.

I. São critérios que indicam a tendência de adoção excepcional do viés subjetivo da teoria da *actio nata*: a) a submissão da pretensão a prazo prescricional curto; b) a constatação, na hipótese concreta, de que o credor tinha ou deveria ter ciência do nascimento da pretensão, o que deve ser apurado a partir da boa-fé objetiva e de *standards* de atuação do homem médio; c) o fato de se estar diante de responsabilidade civil por ato ilícito absoluto; e d) a expressa previsão legal que impõe a aplicação do sistema subjetivo.

II. Pela vertente objetiva da teoria da *actio nata*, o termo inicial do prazo prescricional é o momento do surgimento da pretensão.

III. Ao sumular que o termo inicial do prazo prescricional, na ação de indenização, é a data em que o segurado teve ciência inequívoca da incapacidade laboral, o Superior Tribunal de Justiça rechaçou o viés subjetivo da teoria da *actio nata*, o que confirma que a sua aplicação é excepcional.

IV. As vertentes objetiva e subjetiva da teoria da *actio nata* são igualmente aplicadas pelo Superior Tribunal de Justiça, conforme o caso sob julgamento, sendo a regra a aplicação da vertente subjetiva e, excepcionalmente, a da vertente objetiva, em razão da necessidade de corrigir injustiças que podem decorrer da utilização da data do surgimento da pretensão como termo inicial para contagem do prazo prescricional para reparação de danos materiais e morais.

Estão certos apenas os itens

(A) I e II.

(B) II e III.

(C) III e IV.

(D) I, II e IV.

(E) I, III e IV.

I: correta (REsp 1.836.016/PR, 10/05/2022); II: correta. Art. 189 CC e REsp 1.836.016-PR, 10/05/2022); III: incorreta, pois na verdade essa súmula criou uma exceção à teoria objetiva. Logo, ela criou uma hipótese de viés subjetivo à teoria da *actio nata*; IV: incorreta, pois a regra é a aplicação da teoria objetiva, isto é, os prazos prescricionais se iniciariam no exato momento do surgimento da pretensão e a exceção ocorrem em determinadas hipóteses em que o início dos prazos prescricionais deve ocorrer a partir da ciência do nascimento da pretensão por seu titular (teoria subjetiva) (REsp 1.836.016-PR, 10/05/2022). GR

Gabarito "A".

(Delegado/RJ – 2022 – CESPE/CEBRASPE) Carlos abalroou o veículo de Lúcia no dia 15 de maio de 2018. Durante as tratativas para o pagamento dos prejuízos, eles apaixonaram-se e casaram-se após dois meses do evento danoso. Após três anos de casamento e o nascimento de um filho, a relação desgastou-se e eles resolveram se divorciar consensualmente. Inconformada com o término da relação conjugal, Lúcia ajuizou ação condenatória contra Carlos no dia 16 de setembro de 2021, para se ressarcir dos prejuízos decorrentes do acidente, que a deixaram sem ter como se locomover para o trabalho. Em contestação, o demandado se defendeu alegando a ocorrência de prescrição.

Nessa situação hipotética, à luz do Código Civil, na data de ajuizamento da ação por Lúcia,

(A) a pretensão autoral condenatória encontrava-se fulminada pela prescrição.

(B) a pretensão autoral condenatória encontrava-se alcançada pela decadência.

(C) a ocorrência de prescrição ou decadência estaria sujeita a decisão homologatória proferida perante a vara de família.

(D) não haveria que se falar em prescrição ou decadência, por se tratar de relação conjugal em que houve o nascimento de prole.

(E) a pretensão autoral condenatória deduzida contra o demandado não se encontrava prescrita.

A: incorreta, pois considerando que Lúcia e Carlos se casaram ocorreu a suspensão do prazo prescricional, nos termos do art. 197, I do CC. O prazo prescricional para se requerer a reparação civil é de três anos (art. 206, § 3º, V do CC). Sendo assim, o prazo parou de correr dois meses após o dano, data em que eles se casaram (15 de julho de 2018). Ficou suspenso por três anos, tempo que durou o casamento. Voltou a correr da data do divórcio, supostamente 15 de julho de 2021. Como a ação foi ajuizada em 16 de setembro de 2021, não há que se falar em prescrição, pois está dentro do prazo prescricional de três anos previsto no art. 206, § 3º, V do CC; **B:** incorreta, pois a decadência é a perda do direito potestativo e neste caso Lúcia não perdeu o direito potestativo de acionar Carlos judicialmente. Os casos de decadência serão previstos por lei ou por convenção entre as partes (art. 210, parte final do CC e art. 211 parte inicial do CC). E na hipótese em tela não se configura nenhum dos dois, razão pela qual não há que se falar em decadência; **C:** incorreta, pois tanto a prescrição como a decadência não dependem de homologação da vara da família para ser reconhecida. Consumado o prazo, cabe a parte alegá-las em qualquer grau de jurisdição (art. 193 do CC referente à prescrição; art. 211 parte inicial do CC referente à decadência convencional) ou ao juiz reconhecê-la de ofício (art. 332, § 1º do CPC para a prescrição e art. 210 do CC referente a decadência legal); **D:** incorreta, pois o nascimento da prole não influencia em nada na prescrição e na decadência. O que influencia é o casamento das partes, que suspende a prescrição (art. 197, I do CC); **E:** correta, pois não há que se falar em prescrição, pois o casamento de Carlos e Lúcia suspendeu o prazo prescricional (art. 197, I do CC) que é de três anos (art. 206, § 3º, V do CC). Logo, Lúcia ainda está no prazo para ajuizar a demanda. GR

Gabarito "E".

(Advogado – Pref. São Roque/SP – 2020 – VUNESP) Foi celebrado um negócio (jurídico bilateral no qual uma das partes, intencionalmente, silenciou a respeito de fato que a outra parte ignorou e que, se fosse conhecido, não se teria celebrado o negócio jurídico. Constou no instrumento contratual que as partes renunciam ao prazo para pleitear a anulação do negócio por vício do consentimento.

Pode-se corretamente afirmar que

(A) em regra, aplicam-se à decadência as normas que impedem, suspendem ou interrompem a prescrição.

(B) é nula a renúncia ao prazo decadencial previsto em lei.

(C) não pode o juiz, em eventual litígio, conhecer de ofício da decadência, em razão da renúncia realizada no negócio jurídico.

(D) a decadência prevista em lei deve ser alegada na primeira oportunidade que falar nos autos, sob pena de preclusão.

(E) o prazo decadencial para se pleitear a anulação do negócio jurídico por vícios do consentimento é de 3 anos.

A: incorreta, pois salvo disposição legal em contrário, não se aplicam à decadência as normas que impedem, suspendem ou interrompem a prescrição (art. 207 CC); **B:** correta (art. 209 CC); **C:** incorreta, pois o negócio está eivado de dolo (art. 147 CC) e a lei prevê prazo legal de

1. DIREITO CIVIL

decadência de 4 anos para que o negócio seja anulado (art. 178, II CC). Por se tratar de prazo legal não está sujeito a renúncia pela vontade das partes (art. 209 CC) e juiz pode reconhecer de ofício (art. 210 CC); **D:** incorreta, pois pelo fato da decadência ser matéria de ordem pública não está sujeita a preclusão (art. 210 CC); **E:** incorreta, pois o prazo é de 4 anos (art. 178, *caput* CC). **GR**

Gabarito "B".

(Juiz de Direito – TJ/AL – 2019 – FCC) Luciana e Roberto casaram-se no ano de 2004 sob o regime da separação de bens, divorciando-se em 2018, quando desfizeram a sociedade conjugal. Em 2013, Luciana, culposamente, colidiu seu automóvel com o de Roberto, causando-lhe danos. Nesse caso, a pretensão de Roberto obter a correspondente reparação civil de Luciana, segundo o Código Civil,

(A) é imprescritível.

(B) prescreveu em 2016.

(C) prescreverá em 2021.

(D) prescreveu em 2018.

(E) prescreverá em 2028.

A: incorreta, pois a Lei fixa o prazo de 3 anos para o interessado obter a reparação civil (art. 206, § 3º, V CC); **B:** incorreta, pois na constância da sociedade conjugal, o prazo de prescrição fica suspenso (art. 197, I CC). Ocorrendo o divórcio, o prazo começa a correr. Considerando que o casamento acabou em 2018, Roberto terá 3 anos para exercer sua pretensão de reparação civil, prazo este que se findará em 2021 (art. 206, § 3º, V CC); **C:** correta (art. 197, I c/c art. 206, § 3º, V CC); **D:** incorreta, nos termos da alternativa B; **E:** incorreta, nos termos da alternativa B. **GN**

Gabarito "C".

(Procurador do Município – Valinhos/SP – 2019 – VUNESP) Quanto ao direito de renunciar à prescrição, indique a alternativa correta.

(A) Qualquer postura do devedor pode levar a ser considerada como uma renúncia tácita.

(B) A postura irrefutável, explícita do credor é passível de ser acatada como renúncia tácita.

(C) Os prazos de prescrição podem ser alterados por acordo das partes, assim como os de renúncia.

(D) Tácita é a renúncia quando se presume de fatos do interessado, incompatíveis com a prescrição.

(E) A renúncia tácita não é reconhecida pelo ordenamento brasileiro, mas apenas para decadência.

A: incorreta, pois nem toda postura do devedor pode levar a ser considerada como uma renúncia tácita. Tácita é a renúncia quando se presume de fatos do interessado, incompatíveis com a prescrição (art. 191 CC, parte final); **B:** incorreta, pois nesse caso a renúncia será expressa (art. 191 CC, 1ª parte); **C:** incorreta, pois os prazos de prescrição não podem ser alterados por acordo das parte (art. 192 CC); **D:** correta (art. 191 CC, parte final); **E:** incorreta, pois a renúncia tácita à prescrição é reconhecida pela ordenamento jurídico (art. 191 CC). **GR**

Gabarito "D".

(Procurador do Município – S.J. Rio Preto/SP – 2019 – VUNESP) Fátima e Nanci celebraram um contrato de depósito, no qual Fátima receberia o valor de R$ 5.000,00 (cinco mil reais) para guardar, pelo prazo de 1 (um) ano, os móveis pertencentes ao apartamento de Nanci, que seria locado para fins comerciais. Ao final do prazo, Fátima se recusou a devolver os bens, alegando que os bens não pertenciam a Nanci. Passaram-se 4 (quatro) anos da recusa em devolver os móveis objeto do contrato.

Diante da situação hipotética, considerando a possibilidade de obter a reparação pelo inadimplemento contratual, assinale a alternativa correta.

(A) A ação está prescrita, considerando que o prazo estabelecido pelo Código Civil é de 3 (três) anos.

(B) A ação está prescrita, considerando que o prazo estabelecido pelo Código Civil é de 3 (três) anos, mas Fátima responde caso o prejuízo seja resultante de caso fortuito ou força maior.

(C) A ação não está prescrita, considerando que o prazo estabelecido pelo Código Civil é de 5 (cinco) anos, e respondem pelo inadimplemento todos os bens de Fátima.

(D) A ação não está prescrita, considerando que o prazo estabelecido pelo Código Civil é de 5 (cinco) anos, e Fátima responde pelas perdas e danos, mais juros e atualização monetária.

(E) A ação não está prescrita, considerando que o prazo estabelecido pelo Código Civil é de 10 (dez) anos para os casos de inadimplemento contratual.

A: incorreta, pois trata-se de caso de inadimplemento contratual. Todas as hipóteses que prescrevem em 3 anos estão expressamente previstas no art. 206, § 3º CC e esta hipótese não consta naquele rol; **B:** a primeira parte da alternativa está incorreta, nos termos da alternativa A (art. 206, §3º CC); **C:** incorreta, pois todas as hipóteses que prescrevem em 5 anos estão expressamente previstas no art. 206, §5º CC e esta hipótese não consta naquele rol; **D:** incorreta, pois embora a ação não esteja prescrita, o prazo não é de 5 anos, pois apenas prescreve nesse período a pretensão de cobrança de dívidas líquidas constantes de instrumento público ou particular; a pretensão dos profissionais liberais em geral, procuradores judiciais, curadores e professores pelos seus honorários, contado o prazo da conclusão dos serviços, da cessação dos respectivos contratos ou mandato e a pretensão do vencedor para haver do vencido o que despendeu em juízo; **E:** correta, pois trata-se de caso de inadimplemento contratual e como a lei não define prazo específico, aplica-se a regra geral de 10 anos (art. 205 CC). **GR**

Gabarito "E".

(Delegado - PC/BA - 2018 - VUNESP) A respeito da prescrição e decadência, assinale a alternativa correta.

(A) Violado o direito, nasce para o titular a pretensão, a qual se extingue pela prescrição; a exceção prescreve nos prazos processuais previstos em lei especial, não havendo coincidência com os prazos da pretensão, em razão da sua disciplina própria.

(B) A renúncia à prescrição pode ser expressa ou tácita, e só valerá, sendo feita, sem prejuízo de terceiro, antes a prescrição se consumar; tácita é a renúncia quando se presume de fatos do interessado, incompatíveis com a prescrição.

(C) Os prazos de prescrição podem ser alterados por acordo das partes; a prescrição pode ser alegada em qualquer grau de jurisdição pela parte a quem aproveita, e iniciada contra uma pessoa, continua a correr contra o seu sucessor.

(D) A interrupção da prescrição pode se dar por qualquer interessado, somente poderá ocorrer uma vez e, após interrompida, recomeça a correr da data do ato que a interrompeu, ou do último ato do processo para a interromper.

(E) Não corre a prescrição entre os cônjuges e/ou companheiros, na constância da sociedade conjugal, entre ascendentes e descendentes, durante o poder familiar, bem como contra os relativamente incapazes.

A: incorreta, pois de acordo com o art. 190, a exceção (o direito de se defender com base num crédito alegando, por exemplo, compensação) prescreve junto com a pretensão. Ou seja, no momento em que prescreve o prazo, o credor não só perde a pretensão (o ataque), como também a exceção (a defesa). Aquele crédito prescrito não vale nem para cobrar, nem para se defender (alegando compensação, por exemplo); **B:** incorreta, pois a renúncia da prescrição (seja expressa ou tácita) só poderá ser feita após a consumação da prescrição (CC, art. 191). Caso fosse permitida a renúncia da prescrição antes de sua consumação, isso se tornaria uma cláusula de estilo, contida em todos os contratos de mútuo, por exemplo, eliminando a segurança jurídica, que é justamente o objetivo maior do instituto da prescrição; **C:** incorreta, pois os prazos de prescrição não podem ser alterados por acordo entre as partes. Nem para aumentar, nem para diminuir. Trata-se de norma de ordem pública visando a segurança jurídica. Permitir a alteração geraria imensa insegurança jurídica nas relações privadas; **D:** correta, pois de pleno acordo com as regras estabelecidas pelo art. 202 e seu parágrafo único; **E:** incorreta, pois a proteção legal que impede ou suspende a prescrição beneficia apenas o absolutamente incapaz (CC, art. 198, I). **GN**

Gabarito "D".

(Juiz de Direito - TJ/RS - 2018 - VUNESP) Sobre a prescrição e a decadência, é correto afirmar:

(A) contra os ébrios habituais, os viciados em tóxico e aqueles que, por causa transitória ou permanente, não puderem exprimir sua vontade, a prescrição e a decadência correm normalmente.

(B) antes de sua consumação, a interrupção da prescrição pode ocorrer mais de uma vez; aplicam-se à decadência as normas que impedem, suspendem ou interrompem a prescrição, salvo disposição legal em contrário.

(C) a prescrição e a decadência legal e convencional podem ser alegadas em qualquer grau de jurisdição, podendo o juiz conhecê-las de ofício, não havendo necessidade de pedido das partes.

(D) é válida a renúncia à prescrição e à decadência fixada em lei, desde que não versem sobre direitos indisponíveis ou sobre questões de ordem pública ou interesse social.

(E) os relativamente incapazes e as pessoas jurídicas têm ação contra os seus assistentes ou representantes legais que derem causa à prescrição ou não a alegarem oportunamente; no que se refere à decadência, a lei não prevê a referida ação regressiva.

A: correta, pois os ébrios habituais, os viciados em tóxico e aqueles que – por causa transitória ou permanente –não puderem exprimir sua vontadesão considerados relativamente incapazes (CC, art. 4º, II). A proteção legal que impede ou suspende a prescrição beneficia apenas o absolutamente incapaz (CC, art. 198, I); **B:** incorreta, pois – ao menos pela letra fria da lei – a interrupção da prescrição, somente poderá ocorrer uma vez (CC, art. 202). Ademais, salvo disposição em contrário, as normas que impedem, suspendem ou interrompem a prescrição não se aplicam à decadência (CC, art. 207); **C:** incorreta, pois o juiz – de ofício – só pode conhecer da decadência legal (CC, art. 210). Ademais, "*Se a decadência for convencional, a parte a quem aproveita pode alegá-la em qualquer grau de jurisdição, mas o juiz não pode suprir a alegação*" (CC, art. 211); **D:** incorreta, pois "*É nula a renúncia*

à decadência fixada em lei" (CC, art. 209); **E:** incorreta, pois referido mandamento, previsto no art. 195, tem sua aplicação estendida para os casos de decadência (CC, art. 208). **GN**

Gabarito "A".

(Defensor Público – DPE/PR – 2017 – FCC) Sobre prescrição, é correto afirmar:

(A) Em se tratando de procedimento irregular de ligação direta de energia elétrica, o famigerado "gato", o prazo prescricional para a cobrança de dívida do período de irregularidade é de cinco anos, e não o prazo geral do Código Civil de dez anos, aplicando-se, em diálogo das fontes, aquele previsto no Código de Defesa do Consumidor, por ser mais favorável ao consumidor.

(B) Segundo o STJ, não há relação de consumo entre o condomínio e seus condôminos. Como consequência, é de dez anos o prazo para o exercício da pretensão de cobrança de dívida de condomínio edilício em face do condômino, ante a inexistência de disposição normativa específica, não se aplicando, deste modo, o prazo de cinco anos previsto no Código de Defesa do Consumidor.

(C) A hipoteca é garantia real sobre bem imóvel sujeita a prazo de até trinta anos, contados da data do contrato. Com efeito, a prescrição da pretensão de cobrança de dívida que lhe deu origem não extingue a hipoteca, pois ela persiste até o advento do termo final previsto no instrumento contratual, tendo em vista o princípio do *pacta sunt servanda*.

(D) Na hipótese de reconhecimento de paternidade *post mortem* em demanda ajuizada após o trânsito em julgado da sentença de partilha de bens deixados pelo de cujus, o termo inicial do prazo prescricional para o ajuizamento da ação de petição de herança é a data do trânsito em julgado da sentença proferida na ação de inventário.

(E) Segundo jurisprudência do STJ, é de dez anos o prazo prescricional para o reembolso de despesas alimentares do filho assumidas pelo genitor em virtude do inadimplemento de obrigação alimentar fixada judicialmente para o outro genitor. Isto porque o pagamento é realizado por terceiro não interessado, que intervém na gestão de negócio alheio.

A: Incorreta, conforme entendimento do STJ o prazo prescricional de procedimento irregular de ligação direta de energia elétrica é decenal, consoante prevê o artigo 205 do Código Civil: "Processual civil e administrativo. Agravo interno no recurso especial. Violação do art. 535 do CPC/1973. Fundamentação deficiente. Súmula 284/STF. Repetição de indébito. Cobrança indevida. Energia elétrica. Prazo prescricional. Decenal. Dever de informação. Verificação. Incidência da súmula 7/STJ. Consumidor. Teoria finalista mitigada. Devolução em dobro. Comprovação de má-fé. Súmula 7/STJ. 1. Quanto à tese de contrariedade ao art. 535 do CPC/1973, a parte recorrente não logrou êxito em demonstrar objetivamente os pontos omitidos pelo acórdão recorrido, individualizando o erro, a obscuridade, a contradição ou a omissão supostamente ocorridos, bem como sua relevância para a solução da controvérsia apresentada nos autos, o que atrai a incidência da Súmula 284/STF. 2. A Primeira Seção desta Corte, no julgamento do REsp 1.113.403/RJ, Rel. Ministro Teori Albino Zavascki, DJe 15/9/2009, submetido à sistemática do art. 543-C do CPC, firmou o entendimento de que se aplica o **prazo prescricional** estabelecido pela regra geral do Código Civil – a dizer, de vinte anos, na forma estabelecida no art. 177 do Código Civil de 1916, ou de dez anos, de acordo com o previsto no art. 205 do Código

1. DIREITO CIVIL

Civil de 2002 – às ações que tenham por objeto a repetição de indébito de tarifa ou preço público, na qual se enquadra o serviço de fornecimento de **energia elétrica** e água. 3. Desconstituir a assertiva do· Tribunal de origem de que a concessionária de **energia** não cumpriu com o seu dever de informação para com a empresa recorrida demanda o reexame do conjunto fático-probatório dos autos, o que é vedado na via eleita ante o óbice da Súmula 7/STJ. 4. A jurisprudência desta Corte entende que se aplica a teoria finalista de forma mitigada, permitindo-se a incidência do CDC nos casos em que a parte, embora não seja destinatária final do produto ou serviço, esteja em situação de vulnerabilidade técnica, jurídica ou econômica em relação ao fornecedor. 5. Consoante a jurisprudência do STJ, é cabível a devolução em dobro de valores indevidamente cobrados a título de tarifa de água e esgoto, nos termos do art. 42, parágrafo único, do CDC, salvo comprovação de engano justificável. Entretanto, a verificação da presença de tal requisito enseja o revolvimento de matéria fático-probatória, o que é inviável em recurso especial devido ao óbice da Súmula 7/STJ. 6. Agravo interno a que se nega provimento. (AgInt no REsp 1250347 / RS, Ministro Og Fernandes, Segunda Turma, DJe 21/08/2017). **B:** Incorreta, conforme sedimentado pela jurisprudência do STJ o prazo prescricional para cobrança de dívida de condomínio edilício em face do condômino é de cinco anos, nos termos do artigo 206, § 5º, do Codigo Civil, *in verbis*: "Agravo regimental em recurso especial – Ação condenatória (cobrança) – Cotas condominiais – Prazo prescricional aplicável – Incidência do 206, § 5º, I, do CC/02 – Decisão monocrática conhecendo do reclamo para, de pronto, dar provimento ao recurso especial. Insurgência recursal da autora. 1. Recurso especial fundamentado em ambas as alíneas do permissivo constitucional (art. 105, inc. III, "a" e "c", da CF/88). 2. A pretensão de cobrança de cotas condominiais, por serem líquidas desde sua definição em assembleia geral de condôminos, bem como lastreadas em documentos físicos, adequa-se com perfeição à previsão do art. 206, § 5º, inc. I, do CC/02, razão pela qual aplica-se o prazo prescricional quinquenal. Precedentes de ambas as Turmas de Direito Privado desta Corte Superior. 3. Agravo regimental desprovido (AgRg no REsp 1454743/ PR, Rel. Ministro Marco Buzzi, Quarta Turma, DJe 26.11.2014); **C:** Incorreta. Sobre o tema segue trecho de decisão do STJ: "Extinção de hipoteca. Procedência – Pretensão de reforma da sentença que declarou a extinção da hipoteca que recaía sobre o imóvel. Descabimento. Hipótese em que a dívida está prescrita e, portanto, de rigor a extinção da garantia hipotecária acessória. Sentença mantida – Recurso não provido. [...] A hipoteca é um ônus real e acessório da obrigação principal, que foi instituída como garantia do instrumento de confissão de dívida, portanto, se a obrigação principal está prescrita, restou correta a extinção da garantia hipotecária acessória. Desta forma, prescrita a obrigação principal, é consequência a extinção da hipoteca, direito real de garantia, de caráter acessório, devendo ser cancelada a hipoteca em questão, nos termos do disposto no artigo 1.499, inciso I do Código Civil. Entretanto, da leitura do recurso especial, observa-se que tal ponto (a apelante não recorreu da decisão que julgou extinta a reconvenção) não foi objeto de impugnação específica nas razões do recurso especial, de modo a atrair o óbice contido na Súmula 283 do STF. (AREsp 887322, Ministro Marco Buzzi, 16/10/2017). **D:** Incorreta. O termo inicial do prazo prescricional para a propositura da petição de herança, não será a data do trânsito em julgado da sentença que julgou o inventário, mas sim, a data do trânsito em julgado da sentença que reconheceu a paternidade, *in verbis*: processo civil. Recurso especial. Interposição sob a égide do CPC/1973. Direito sucessório. Ação de petição de herança. Anterior ajuizamento de ação de investigação de paternidade. Prescrição. Termo inicial. Falta de prequestionamento. Deficiência de fundamentação. 1. A petição de herança objeto dos arts. 1.824 a 1.828 do Código Civil é ação a ser proposta por herdeiro para o reconhecimento de direito sucessório ou a restituição da universalidade de bens ou de quota ideal da herança da qual não participou. 2. A teor do art. 189 do Código Civil, o termo inicial para o ajuizamento da ação de petição de herança é a data do trânsito em julgado da ação de investigação de paternidade, quando, em síntese, confirma-se a condição de herdeiro. 3. Aplicam-se as Súmulas n. 211/ STJ e 282/STF quando a questão suscitada no recurso especial não

tenha sido apreciada pela Corte de origem. 4. Incide o óbice previsto na Súmula n. 284/STF na hipótese em que a deficiência da fundamentação do recurso não permite a exata compreensão da controvérsia. 5. Recurso especial parcialmente conhecido e desprovido. (REsp 1475759/DF, Rel. Ministro João Otávio De Noronha, Terceira Turma, julgado em 17/05/2016, DJe 20/05/2016). **E:** Correta, conforme jurisprudência do STJ: Recurso especial. Direito de família. Alimentos. Inadimplemento. Genitora que assume os encargos que eram de responsabilidade do pai. Caracterização da gestaPo de negócios. Art. 871 do CC. Sub-rogaçaPo afastada. Reembolso do crédito. Natureza pessoal. PrescriçaPo. Prazo geral do art. 205 do CC. 1. Segundo o art. 871 do CC, "quando algueim, na ausência do indivíduo obrigado a alimentos, por ele os prestar a quem se devem, poder-lhes-aì reaver do devedor a importância, ainda que este naPo ratifique o ato". 2. A razão de ser do instituto, notadamente por afastar eventual necessidade de concordância do devedor, eì conferir a máxima proteçaPo ao alimentaìrio e, ao mesmo tempo, garantir aìqueles que prestam socorro o direito de reembolso pelas despesas despendidas, evitando o enriquecimento sem causa do devedor de alimentos. Nessas situações, naPo haì falar em sub-rogação, haja vista que o credor naPo pode ser considerado terceiro interessado, não podendo ser futuramente obrigado na quitação do débito. 3. Na hipoìtese, a recorrente ajuizou ação de cobrança pleiteando o reembolso dos valores despendidos para o custeio de despesas de primeira necessidade de seus filhos – plano de saúde, despesas dentaìrias, mensalidades e materiais escolares –, que eram de inteira responsabilidade do pai, conforme sentença revisional de alimentos. Reconhecida a incidência da gestão de negócios, deve-se ter, com relação ao reembolso de valores, o tratamento conferido ao terceiro não interessado, notadamente por não haver sub-rogação, nos termos do art. 305 do CC. 4. Assim, tendo-se em conta que a pretensão do terceiro ao reembolso de seu crédito tem natureza pessoal (não se sustião no âmbito do direito de família), de que se trata de terceiro não interessado – gestor de negócios *sui generis* –, bem como afastados eventuais argumentos de exoneração do devedor que poderiam elidir a pretensaPo material originária, naPo se tem como reconhecer a prescrição no presente caso. 5. Isso porque a prescriçaPo a incidir na espécie naPo eì a prevista no art. 206, § 2º, do Código Civil – 2 (dois) anos para a pretensaPo de cobrança de prestaçoPes alimentares –, mas a regra geral prevista no *caput* do dispositivo, segundo a qual a prescrição ocorre em 10 (dez) anos quando a lei naPo lhe haja fixado prazo menor. 6. Recurso especial provido. (Recurso Especial n. 1.453.838 – SP, Ministro Luis Felipe Salomão, Quarta Turma, DJe 07/12/2015). GN

Gabarito "E".

(Juiz – TJ-SC – FCC – 2017) O recebimento, pelo credor, de dívida prescrita:

(A) dá direito à repetição se o devedor for absoluta ou relativamente incapaz.

(B) dá direito à repetição em dobro, salvo se for restituído o valor recebido no prazo da contestação.

(C) dá direito à repetição fundada no enriquecimento sem causa.

(D) só não confere direito à repetição, se o credor houver agido de boa-fé.

(E) não dá direito à repetição por pagamento indevido ou enriquecimento sem causa, ainda que a prescrição seja considerada matéria de ordem pública.

A prescrição extingue apenas a pretensão de um direito (CC, art. 189). Em termos práticos, o credor perde a prerrogativa de cobrar seu créditojudicialmente, mas a dívida continua existindo. Assim, eventual pagamento realizado não dá direito a restituição pelo "pagamento do indébito", pelo simples fato de que – mesmo com a prescrição – ainda há débito. GN

Gabarito "E".

3. OBRIGAÇÕES

3.1. INTRODUÇÃO, CLASSIFICAÇÃO E MODALIDADES DAS OBRIGAÇÕES

(Juiz de Direito/AP – 2022 – FGV) A empreiteira Cosme Ltda. contratou a Flet Ltda. para que ela lhe desse a perfuratriz modelo SKS que tinha no seu galpão em Santana. Entretanto, outra cláusula do contrato previa a possibilidade acessória de a Flet Ltda. se desincumbir de sua obrigação, se quisesse, entregando à Cosme Ltda. a perfuratriz modelo 1190 que está em seu armazém nos arredores de Macapá. Ocorre que, antes da data marcada para a entrega, uma tempestade atinge Santana e destrói o galpão, inviabilizando a entrega da perfuratriz modelo SKS.

Diante disso, a Cosme Ltda. pode exigir:

(A) somente a entrega da perfuratriz modelo 1190, sem direito a perdas e danos;

(B) a entrega da perfuratriz modelo 1190, com direito a perdas e danos;

(C) o equivalente pecuniário da perfuratriz modelo SKS ou a entrega da perfuratriz modelo 1190;

(D) o equivalente pecuniário da perfuratriz modelo SKS ou a entrega da perfuratriz modelo 1190, com direito a perdas e danos;

(E) somente a resolução do contrato, com devolução de valores eventualmente pagos.

Comentário: **A:** incorreta, pois a empreiteira Cosme Ltda não pode exigir a entrega da perfuratriz 1190, uma vez que essa faculdade de escolha, conforme previsto no contrato era da Flet Ltda. Como a coisa pereceu sem culpa do devedor antes da tradição o contrato simplesmente se resolve com devolução de valores eventualmente pagos (art. 234 CC); **B:** incorreta, nos termos na alternativa A e não há que se falar em perdas e danos, pois a coisa pereceu sem culpa do devedor (art. 234 CC); **C:** incorreta, pois como a coisa pereceu sem culpa do devedor, a Cosme Ltda não pode exigir o equivalente pecuniário da perfuratriz modelo SKS, pois o contrato se resolve e deverá apenas haver a devolução de valores eventualmente pagos (art. 234 CC). Lembrando que ela não pode exigir a entrega da perfuratriz modelo 1190, pois esta faculdade de escolha é da Flet Ltda; **E:** correta (art. 234 CC). GR

Gabarito "E".

(Procurador Município – Santos/SP – VUNESP – 2021) A respeito das obrigações solidárias, assinale a alternativa correta.

(A) No silêncio do contrato e na ausência de disposição legal, presume-se a solidariedade dos devedores, podendo o credor exigir o pagamento integral do débito contra todos e cada um dos devedores.

(B) Falecendo um dos credores solidários e sendo a obrigação divisível, qualquer um dos herdeiros pode exigir o pagamento integral da cota pertencente ao credor falecido, procedendo em seguida ao rateio entre os demais herdeiros, se houver.

(C) Falecendo um dos devedores solidários e sendo a obrigação divisível, qualquer um de seus herdeiros pode ser chamado a responder pela cota do devedor falecido, ressalvado o direito de regresso contra os demais herdeiros, se houver.

(D) A proposição de ação pelo credor contra um ou alguns dos devedores implica renúncia à solidariedade quanto aos demais.

(E) O devedor solidário que pagar a dívida por inteiro tem direito de exigir a cota de cada um dos codevedores, individualmente.

A: incorreta, pois a solidariedade não se presume; resulta da lei ou da vontade das parte (art. 265 CC); **B:** incorreta, pois se a obrigação for divisível cada um dos herdeiros só terá direito a exigir e receber a quota do crédito que corresponder ao seu quinhão hereditário (art. 270 CC); **C:** incorreta, pois neste caso o herdeiro apenas estará obrigado a pagar a quota que corresponder ao seu quinhão hereditário (art. 276 CC); **D:** incorreta, pois não importará renúncia da solidariedade a proposição de ação pelo credor contra um ou alguns dos devedores (art. 275, parágrafo único CC); **E:** correta (art. 283 CC). GR

Gabarito "E".

(Juiz de Direito – TJ/RJ – 2019 – VUNESP) Uma dívida prescrita, o penhor oferecido por terceiro, uma dívida de jogo e a fiança representam, respectivamente, obrigação:

(A) com *Schuld* sem *Haftung*, com *Haftung* sem *Schuld* próprio, com *Schuld* sem *Haftung* e com *Haftung* sem *Schuld* atual.

(B) sem *Schuld* e sem *Haftung*, com *Haftung* sem *Schuld* próprio, com *Schuld* sem *Haftung* e com *Haftung* sem *Schuld* atual.

(C) com *Schuld* sem *Haftung*, com *Haftung* sem *Schuld* próprio, sem *Schuld* e sem *Haftung* e com *Haftung* sem *Schuld* atual.

(D) com *Haftung* sem *Schuld*, com *Haftung* sem *Schuld* atual, com *Schuld* sem *Haftung* e com *Haftung* sem *Schuld* próprio.

(E) com *Haftung* sem *Schuld*, com *Schuld* sem *Haftung*, com *Haftung* sem *Schuld* atual, e com *Haftung* sem *Schuld* próprio.

Primeiramente é importante definir os conceitos de Schuld e Haftung. O Schuld é o débito em si, a dívida. O Haftung é a responsabilização, a consequência pelo não cumprimento do Schuld.
A: correta, na dívida prescrita o débito (Schuld) ainda existe, mas não há obrigação de pagar (Haftung) – art. 882 CC; no penhor oferecido por terceiro existe a obrigação de pagar (Haftung), mas o débito (Schuld) não é do terceiro – art. 305 CC; na dívida de jogo existe o débito (Schuld), mas não há obrigação de pagar (Haftung) – art. 814 CC e na fiança há a obrigação de pagar (Haftung), mas sem débito (Schuld) atual – arts. 818 seguintes CC; **B:** incorreta, pois na dívida prescrita existe o Schuld (o débito); **C:** incorreta, pois na dívida de jogo existe o Schuld (débito); **D:** incorreta, no caso da dívida prescrita existe o débito (Schuld), mas não há a obrigação de pagar (Haftung); no penhor oferecido por terceiro existe a obrigação de pagar (Haftung) e existe o débito (Schuld), porém ele não é do terceiro e sim do devedor original e no caso da fiança o débito (Schuld) ele não é atual; **E:** incorreta, pois no caso de dívida prescrita não há obrigação de pagar (Haftung), mas o débito ainda existe (Schuld); no penhor oferecido por terceiro há obrigação de pagar (Haftung) e há débito (Schuld), mas ele não é próprio; na dívida de jogo há o débito (Schuld), mas não há a obrigação de pagar (Haftung), nem atual nem futura e na fiança há a obrigação de pagar (Haftung), há o débito (Haftung), mas ele não é atual. (GR)

Gabarito "A".

(Juiz de Direito - TJ/RS - 2018 - VUNESP) João emprestou a José, Joaquim e Manuel o valor de R$ 300.000,00 (trezentos mil reais); foi previsto no instrumento contratual a solidariedade passiva. Manuel faleceu, deixando dois herdeiros, Paulo e André. É possível afirmar que João poderá

(A) cobrar de Paulo e André, reunidos, somente até o valor da parte relativa a Manuel, ou seja, R$ 100.000,00

(cem mil reais), tendo em vista que o falecimento de um dos devedores extingue a solidariedade em relação aos herdeiros do falecido.

(B) cobrar a totalidade da dívida somente se acionar conjuntamente todos os devedores, tendo em vista que o falecimento de um dos devedores solidários ocasiona a extinção da solidariedade em relação a toda a obrigação.

(C) cobrar de Paulo e André a totalidade da dívida, tendo em vista que ambos, reunidos, são considerados como um devedor solidário em relação aos demais devedores; porém, isoladamente, somente podem ser demandados pelo valor correspondente ao seu quinhão hereditário.

(D) cobrar o valor da totalidade da dívida de José, Joaquim, Paulo ou André, isolada ou conjuntamente, tendo em vista que, após o falecimento de Manuel, resultou numa obrigação solidária passiva com 4 (quatro) devedores.

(E) cobrar de Paulo ou André, isoladamente, a importância de R$ 100.000,00 (cem mil reais) tendo em vista que o quinhão hereditário de Manuel é uma prestação indivisível em relação aos herdeiros.

A questão aborda um dos temas mais difíceis dentro da solidariedade passiva e que é solucionado pelo art. 276 do CC. Iniciemos com a regra básica e fundamental da solidariedade passiva, que é a possibilidade de o credor cobrar qualquer um dos vários devedores pela dívida toda, ainda que cada um deles seja devedor de apenas uma fração. Em outras palavras, o devedor pode dever 1/3 da dívida, mas ele é responsável pelo todo perante o credor. No caso apresentado, um dos devedores faleceu deixando herdeiros. Se o credor quiser cobrar os herdeiros isoladamente, ele deverá se limitar não somente à quota devida pelo finado devedor, mas também ao quinhão hereditário daquele específico herdeiro cobrado. Assim, por exemplo, imagine uma dívida cujo valor total da dívida seja de R$ 600, com três devedores solidários e um deles faleça deixando apenas dois filhos. Se o credor pretender cobrar um filho do falecido devedor, ele só poderá cobrar R$ 100 (pois a dívida do pai era R$ 200 e o quinhão do filho é metade disso).Se, contudo, o credor optar por cobrar conjuntamente de todos os herdeiros do falecido devedor, ele pode cobrar o valor integral da dívida, ou seja, R$ 600. Isso porque a lei entende que esses herdeiros cobrados conjuntamente são considerados como um devedor solidário em relação aos demais. **GN** Gabarito "C".

(Defensor Público – DPE/SC – 2017 – FCC) Sobre o direito das obrigações,

(A) se no contrato for estipulado o direito de arrependimento para qualquer das partes, as arras terão função indenizatória, cabendo ao prejudicado pleitear indenização suplementar caso comprove prejuízos superiores ao valor das arras.

(B) em caso de previsão expressa no contrato de solidariedade passiva, o devedor poderá se valer das exceções pessoais de qualquer dos coobrigados.

(C) para que ocorra a transmissão de crédito, não é necessário o consentimento do devedor, mas a sua notificação é exigida para a eficácia do negócio em relação a ele.

(D) para que a consignação tenha força de pagamento e surta eficácia liberatória, é exigida a anuência do consignatário.

(E) no caso de assunção de dívida, o novo devedor poderá opor ao credor as exceções pessoais referentes ao devedor primitivo.

A: Incorreta. Viola o disposto no artigo 420 do Código Civil "Se no contrato for estipulado o direito de arrependimento para qualquer das partes, as arras ou sinal terão função unicamente indenizatória. Neste caso, quem as deu perdê-las-á em benefício da outra parte; e quem as recebeu devolvê-las-á, mais o equivalente. Em ambos os casos não haverá direito a indenização suplementar". **B:** Incorreta, nos termos do artigo 281 do Código Civil "O devedor demandado pode opor ao credor as exceções que lhe forem pessoais e as comuns a todos; não lhe aproveitando as exceções pessoais a outro codevedor." **C:** Correta, de acordo com o disposto no artigo 290 do Código Civil: "A cessão do crédito não tem eficácia em relação ao devedor, senão quando a este notificada; mas por notificado se tem o devedor que, em escrito público ou particular, se declarou ciente da cessão feita". **D:** Incorreta, pois vai de encontro aos artigos 335 e 336 do Código Civil. **E:** Incorreta. Viola o artigo 302 do Código Civil "O novo devedor não pode opor ao credor as exceções pessoais que competiam ao devedor primitivo". **GN** Gabarito "C".

3.2. TRANSMISSÃO, ADIMPLEMENTO E EXTINÇÃO DAS OBRIGAÇÕES

(Delegado/RJ – 2022 – CESPE/CEBRASPE) Acerca de adimplemento e extinção das obrigações, assinale a opção correta.

(A) O credor não é obrigado a receber prestação diversa da que lhe é devida, salvo se mais valiosa.

(B) O pagamento deve ser efetuado no domicílio do credor, salvo se as partes convencionarem diversamente, ou se o contrário resultar da lei, da natureza da obrigação ou das circunstâncias.

(C) A entrega do título ao devedor firma a presunção do pagamento.

(D) Nos termos do Código Civil, a remissão de dívida pelo credor extingue a obrigação independentemente de aceitação do devedor.

(E) A obrigação se extingue por compensação quando na mesma pessoa se confundem as qualidades de credor e devedor.

A: incorreta, pois o credor não é obrigado a receber prestação diversa da que lhe é devida, ainda que mais valiosa (art. 313 do CC); **B:** incorreta, pois efetuar-se-á o pagamento no domicílio do devedor, salvo se as partes convencionarem diversamente, ou se o contrário resultar da lei, da natureza da obrigação ou das circunstâncias (art. 327, *caput* do CC); **C:** correta (art. 324, *caput* do CC); **D:** incorreta, pois é necessário a aceitação do devedor para que haja a extinção da obrigação e não poderá haver prejuízo de terceiro (art. 385 do CC); **E:** incorreta, pois esse é o conceito de extinção da obrigação por confusão, e não por compensação (art. 381 do CC). **GR** Gabarito "C".

(Delegado/RJ – 2022 – CESPE/CEBRASPE) Acerca da transmissão das obrigações, prevista no Código Civil Brasileiro, assinale a opção correta.

(A) A cessão de contrato, também chamada cessão de posição contratual, é vedada no direito brasileiro, mesmo se ambos os contratantes estiverem de acordo com a cessão.

(B) Salvo disposição em contrário, na cessão de um crédito abrangem-se todos os seus acessórios.

(C) Na cessão de crédito, salvo estipulação em contrário, o cedente responde pela solvência do devedor.

(D) Na cessão de crédito *pro solvendo*, o cedente responde apenas pela existência e validade do crédito cedido.

(E) Na assunção de dívida, o novo devedor pode opor ao credor todas as exceções pessoais que competiam ao devedor primitivo.

A: incorreta, pois é permitida a cessão da posição contratual no direito brasileiro se as partes estiverem de acordo. Neste sentido, é facultado a terceiro assumir a obrigação do devedor, com o consentimento expresso do credor, ficando exonerado o devedor primitivo, salvo se aquele, ao tempo da assunção, era insolvente e o credor o ignorava (art. 299 do CC); **B:** correta (art. 287 do CC); **C:** incorreta, pois salvo estipulação em contrário, o cedente não responde pela solvência do devedor (art. 296 do CC); **D:** incorreta, pois na cessão *pro solvendo* o cedente responde pela existência e validade do crédito e pela solvência do devedor (art. 297 do CC); **E:** incorreta, pois na assunção de dívida o novo devedor não pode opor ao credor as exceções pessoais que competiam ao devedor primitivo (art. 302 do CC). **GR**

Gabarito "B".

(Juiz de Direito – TJ/MS – 2020 – FCC) O pagamento

(A) feito de boa-fé ao credor putativo é válido, salvo se provado depois que ele não era credor.

(B) deve ser feito ao credor ou a quem de direito o represente, sob pena de só valer depois de por ele ratificado, ou tanto quanto reverter em seu proveito.

(C) não vale quando cientemente feito ao credor incapaz de quitar, em nenhuma hipótese.

(D) autoriza-se a recebê-lo o portador da quitação, fato que origina presunção absoluta.

(E) feito pelo devedor ao credor, apesar de intimado da penhora feita sobre o crédito, ou da impugnação a ele oposta por terceiros, não valerá contra estes, que poderão constranger o devedor a pagar de novo, prejudicado o direito de regresso contra o credor.

A: incorreta, pois o pagamento feito de boa-fé ao credor putativo é válido, *ainda* provado depois que não era credor (art. 309 CC); **B:** correta (art. 308 CC); **C:** incorreta, pois não vale se o devedor não provar que em benefício dele efetivamente reverteu (art. 310 CC); **D:** incorreta, pois considera-se autorizado a receber o pagamento o portador da quitação, salvo se as circunstâncias contrariarem a presunção daí resultante. Logo, a presunção é relativa (art. 311 CC); **E:** incorreta, pois fica ressalvado, isto é, não fica prejudicado o direito de regresso contra o credor (art. 312 CC). **GR**

Gabarito "B".

(Advogado – Pref. São Roque/SP – 2020 – VUNESP) Acerca do pagamento das obrigações, assinale a alternativa correta.

(A) O terceiro não interessado pode pagar a dívida se o fizer em nome e à conta do devedor, salvo oposição deste, e se pagar a dívida em seu próprio nome, tem direito a reembolsar-se do que pagar, mas não se sub-roga nos direitos do credor.

(B) O pagamento feito de boa-fé ao credor putativo é válido, salvo se provado depois que não era credor; se o devedor pagar ao credor, apesar de intimado da penhora feita sobre o crédito, ou da impugnação a ele oposta por terceiros, o pagamento não valerá contra estes, que poderão constranger o devedor a pagar

de novo, ficando-lhe ressalvado o regresso contra o credor.

(C) É ilícito convencionar o aumento progressivo de prestações sucessivas e são nulas as convenções de pagamento em ouro ou em moeda estrangeira, bem como para compensar a diferença entre o valor desta e o da moeda nacional, excetuados os casos previstos na legislação especial.

(D) Efetuar-se-á o pagamento no domicílio do devedor, salvo se as partes convencionarem diversamente, ou se o contrário resultar da lei, da natureza da obrigação ou das circunstâncias, e, se designados dois ou mais lugares, cabe ao devedor escolher entre eles.

(E) Ao credor assistirá o direito de cobrar a dívida antes de vencido o prazo estipulado no contrato, no caso de falência do devedor, recuperação judicial ou estado notório de insolvência.

A: correta (arts. 304, parágrafo único e art. 305 *caput* CC); **B:** incorreta, pois o pagamento feito de boa-fé ao credor putativo é válido, *ainda* provado depois que não era credor (art. 309 CC); **C:** incorreta, pois é lícito convencionar o aumento progressivo de prestações sucessivas (art. 316 CC); **D:** incorreta, pois se designados dois ou mais lugares cabe ao credor escolher entre eles (art. 327 parágrafo único CC); **E:** incorreta, pois a lei não autoriza a cobrança da dívida antes do prazo no caso de recuperação judicial do devedor ou notória insolvência. Ela autoriza apenas no caso de falência e em outras hipóteses previstas no art. 333 CC. **GR**

Gabarito "A".

(Promotor de Justiça/PR – 2019 – MPE/PR) Sobre pagamento, assinale a alternativa *correta:*

(A) O terceiro não interessado que paga a dívida em seu próprio nome se sub-roga nos direitos do credor.

(B) O pagamento feito de boa-fé ao credor putativo é sempre inválido.

(C) A entrega do título ao devedor firma a presunção do pagamento.

(D) O credor é obrigado a receber prestação diversa da que lhe é devida, se ela for mais valiosa.

(E) É ilícito convencionar o aumento progressivo de prestações sucessivas.

A: incorreta, pois o terceiro não interessado, que paga a dívida em seu próprio nome, tem direito a reembolsar-se do que pagar; mas *não* se sub-roga nos direitos do credor (art. 305, *caput* CC); **B:** incorreta, pois pagamento feito de boa-fé ao credor putativo é *válido*, ainda provado depois que não era credor (art. 309 CC); **C:** correta (art. 324 CC); **D:** incorreta, pois o credor *não* é obrigado a receber prestação diversa da que lhe é devida, ainda que mais valiosa (art. 313 CC); **E:** incorreta, pois é *lícito* convencionar o aumento progressivo de prestações sucessivas (art. 316 CC). **GR**

Gabarito "C".

(Promotor de Justiça/SP – 2019 – MPE/SP) Gabriel Vieira, Paulo Martins, Carlos Andrade e Marcelo Pereira emprestaram de Jorge Manuel a quantia de R$ 400.000,00 (quatrocentos mil reais) para a compra de um carro esportivo. As partes estabeleceram que o referido valor seria dividido em quatro parcelas iguais e sucessivas bem como que todos os devedores ficariam obrigados pelo valor integral da dívida.

Diante dessa situação, assinale a alternativa correta.

1. DIREITO CIVIL   25

(A) O pagamento parcial feito por Carlos e a remissão dele obtida pelo credor Jorge Manuel não aproveitam aos outros devedores, senão até a concorrência da quantia paga ou relevada.

(B) Se houver atraso injustificado no cumprimento da obrigação por culpa de Paulo, somente este responderá perante Jorge Manuel pelos juros da mora decorrentes do atraso.

(C) Se Gabriel falecer deixando herdeiros, o credor Jorge Manuel poderá cobrar de qualquer um dos herdeiros a integralidade da dívida.

(D) A propositura de ação pelo credor Jorge Manuel contra Paulo e Carlos importará na renúncia da solidariedade em relação a Gabriel e Marcelo.

(E) Sendo Paulo demandado judicialmente pelo total da dívida, pode ele opor ao credor Jorge Manuel as exceções que lhe forem pessoais, as comuns a todos, além das exceções pessoais dos demais codevedores, por se tratar de obrigação solidária.

A: correta (art. 277 CC); B: incorreta, pois todos os devedores respondem pelos juros da mora, ainda que a ação tenha sido proposta somente contra um; mas o culpado responde aos outros pela obrigação acrescida (art. 280 CC); C: incorreta, pois se um dos devedores solidários falecer deixando herdeiros, nenhum destes será obrigado a pagar senão a quota que corresponder ao seu quinhão hereditário, salvo se a obrigação for indivisível. No caso a obrigação é divisível, pois trata-se de empréstimo de dinheiro, então só pode cobrar a cota correspondente ao falecido (art. 276 CC); D: incorreta, pois não importará renúncia da solidariedade a propositura de ação pelo credor contra um ou alguns dos devedores (art. 275, parágrafo único CC); E: incorreta, pois o devedor demandado pode opor ao credor as exceções que lhe forem pessoais e as comuns a todos; não lhe aproveitando as exceções pessoais a outro codevedor (art. 281 CC). **GR**
Gabarito "A".

(Juiz de Direito – TJ/AL – 2019 – FCC) Por conta de mútuo oneroso, João devia a Teresa a importância de cem mil reais. No intuito de ajudar o amigo em dificuldade, Leopoldo assumiu para si a obrigação de João, para o que houve expressa anuência de Teresa. Nesse caso,

(A) João ficará exonerado da dívida, salvo se Leopoldo, ao tempo da assunção, fosse insolvente e Teresa ignorasse essa sua condição.

(B) Leopoldo poderá opor a Teresa as exceções pessoais que competiam a João.

(C) se a substituição do devedor vier a ser anulada, restaura-se o débito de João, sem nenhuma garantia, independentemente de quem a tenha prestado.

(D) preservam-se as garantias especiais originariamente dadas a Teresa por João, independentemente do assentimento dele.

(E) João responderá apenas pela metade da dívida, ainda que Leopoldo não cumpra a obrigação assumida perante Teresa.

A: correta, nos termos do art. 299, *caput* CC; B: incorreta, pois Leopoldo não poderá opor a Teresa as exceções pessoais que competiam a João (art. 302 CC); C: incorreta, pois se a substituição do devedor vier a ser anulada, restaura-se o débito, com todas as suas garantias, salvo as garantias prestadas por terceiros, exceto se este conhecia o vício que inquinava a obrigação (art. 301 CC); D: incorreta, pois salvo assentimento expresso de João, consideram-se extintas, a partir da assunção da dívida, as garantias especiais por ele originariamente

dadas a Teresa (art. 300 CC); **E:** incorreta, pois estando em termos de assunção de dívida, João ficará completamente exonerado da dívida (art. 299 *caput* CC). **GN**
Gabarito "A".

(Juiz de Direito - TJ/RS - 2018 - VUNESP) André devia a quantia de R$ 50.000,00 (cinquenta mil reais) em dinheiro a Mateus. Maria era fiadora de André. Mateus aceitou receber em pagamento pela dívida um imóvel urbano de propriedade de André, avaliado em R$ 60.000,00 (sessenta mil reais) com área de 200 m² e deu regular quitação. Entretanto, o imóvel estava ocupado por Pedro, que o habitava há mais de cinco anos, nele estabelecendo sua moradia. Pedro ajuizou ação de usucapião para obter a declaração de propriedade do imóvel que foi julgada procedente. Na época em que se evenceu, o imóvel foi avaliado em R$ 65.000,00 (sessenta e cinco mil reais). A respeito dos efeitos da evicção sobre a obrigação originária, é possível afirmar que a obrigação originária

(A) foi extinta com a dação em pagamento. André será responsável perante Mateus pelo valor correspondente ao bem imóvel perdido, na época em que se evenceu. Maria está liberada da fiança anteriormente prestada.

(B) foi extinta com a dação em pagamento. André será responsável perante Mateus pelo valor correspondente ao bem imóvel perdido, na época em que houve a dação em pagamento. Maria está liberada da fiança anteriormente prestada.

(C) é restabelecida, mas não contará mais com a garantia pessoal prestada por Maria. Em razão da evicção, a obrigação repristinada terá por objeto o valor equivalente ao bem na época em que se evenceu.

(D) é restabelecida, pelo seu valor original, em razão da evicção da coisa dada em pagamento, mas sem a garantia pessoal prestada por Maria, tendo em vista que o credor aceitou receber objeto diverso do constante na obrigação originária.

(E) é restabelecida, em razão da evicção da coisa dada em pagamento, inclusive com a garantia pessoal prestada por Maria. Contudo, em razão da evicção, a obrigação repristinada terá por objeto o valor equivalente ao bem na época em que se evenceu.

A questão envolve a extinção de uma obrigação pela dação em pagamento. Visando adimplir uma obrigação, o credor aceita coisa diversa da que foi combinada. No caso apresentado, contudo, a coisa dada em pagamento se perdeu pela evicção. Em termos simples, quem *deu em pagamento não tinha condições jurídicas para tanto*, pois o imóvel dado já pertencia a terceiro (no caso Pedro, que a adquiriu pela usucapião). Com isso, a obrigação original ressurge ficando sem efeito a quitação dada (CC, art. 359). Contudo, nesse caso, o fiador não "ressurge", ou seja, ele continuará desobrigado, por força do art. 838, III, do Código Civil. **GN**
Gabarito "D".

(Procurador Municipal – Prefeitura/BH – CESPE – 2017) João celebrou contrato de locação de imóvel residencial com determinada imobiliária, que realizou negócio jurídico de administração do bem com Júlio, proprietário do referido imóvel. Conforme convencionado entre João e a imobiliária, o aluguel deveria ser pago a Carlos, um dos sócios da imobiliária, o qual costumeiramente recebia os aluguéis e dava quitação. Em determinado momento, João foi surpreendido com uma ação de despejo, na qual se argumentava que alguns pagamentos efetuados a Carlos não extinguiram a obrigação locatícia, porquanto ele tinha se retirado da sociedade no curso do contrato e o locatário não havia observado a alteração societária.

De acordo com o Código Civil, nessa situação,

(A) João deverá demonstrar que o pagamento foi revertido em favor da sociedade, para se eximir das cobranças.

(B) os pagamentos efetuados por João são válidos, pois Carlos é considerado credor putativo.

(C) a validade dos pagamentos realizados por João depende de ratificação por Júlio, proprietário do imóvel.

(D) João terá de pagar novamente o valor cobrado.

Aplica-se ao caso a teoria da aparência. O Direito valoriza aquilo que "parece ser verdadeiro". O termo latino "putare" significa "que parece ser". Tal teoria aplica-se ao pagamento válido que é feito de boa-fé pelo devedor à pessoa que parecia ser credora, muito embora juridicamente não o fosse (CC, art. 309). A mesma teoria da aparência aplica-se também ao casamento putativo, o qual "embora anulável ou mesmo nulo" poderá produzir efeitos jurídicos (CC, art. 1.561) ao cônjuge de boa-fé. **GN**

Gabarito "B".

(Juiz – TJ-SC – FCC – 2017) Na transmissão das obrigações aplicam-se as seguintes regras:

I. Na cessão por título oneroso, o cedente, ainda que não se responsabilize, fica responsável ao cessionário pela existência do crédito ao tempo em que lhe cedeu; a mesma responsabilidade lhe cabe nas cessões por título gratuito, se tiver procedido de má-fé.

II. Na assunção de dívida, o novo devedor não pode opor ao credor as exceções pessoais que competiam ao devedor primitivo.

III. Salvo estipulação em contrário, o cedente responde pela solvência do devedor.

IV. O cessionário de crédito hipotecário só poderá averbar a cessão no registro de imóveis com o consentimento do cedente e do proprietário do imóvel.

V. Na assunção de dívida, se a substituição do devedor vier a ser anulada, restaura-se o débito, com todas as suas garantias, salvo as garantias prestadas por terceiro, exceto se este conhecia o vício que inquinava a obrigação.

Está correto o que se afirma APENAS em:

(A) III, IV e V.

(B) II, III e IV.

(C) I, II e IV.

(D) I, III e V.

(E) I, II e V.

I: correta. A responsabilidade pela existência do crédito ocorre de forma automática na cessão a título oneroso e somente se houver má-fé do cedente, quando a cessão foi a título gratuito (CC, art. 295); II: correta, pois em plena conformidade com o art. 302 do Código Civil. Assim, o novo devedor somente poderá opor as defesas que sejam relativas ao crédito (ex.: prescrição; pagamento; extinção); III: incorreta, pois – no Direito Civil – a responsabilidade pela solvência do devedor (*cessão pro solvendo*) só se verifica quando expressamente pactuada entre as partes (CC, art. 296). Vale registrar, todavia, que a regra é inversa se a cessão envolver um crédito documentado por título de crédito. Nesse caso a cessão chama-se endosso e a regra passa a ser a responsabilidade pela solvência do devedor; IV: incorreta, pois "*o cessionário de*

crédito hipotecário tem o direito de fazer averbar a cessão no registro do imóvel" (CC, art. 289); **V:** correta, pois em plena conformidade com o disposto no art. 301 do Código Civil.**GN**

Gabarito "E".

(Juiz – TRF 2ª Região – 2017) Assinale a opção correta:

(A) É nula a cessão de crédito celebrada de modo verbal.

(B) A cessão de crédito celebrada por escrito particular, para que seja oponível a terceiros, deve ser levada a registro, em regra no Cartório de Títulos e Documentos.

(C) A validade da cessão de crédito previdenciário, no plano federal, depende de escritura pública.

(D) A assunção de débito, realizada através de escritura pública, é oponível ao credor independentemente de seu assentimento.

(E) As exceções comuns, não pessoais, que o devedor tenha para impugnar o crédito cedido devem ser comunicadas ao cessionário imediatamente após o devedor ser notificado da cessão, sob pena de não mais poderem ser arguidas, sem prejuízo do regresso contra o cedente.

A: incorreta, pois a lei não exige – em regra – forma específica para a prática da cessão de crédito; **B:** correta, pois a lei de registros públicos (art. 129, 9°) exige o registro no Cartório de Títulos e Documentos para que a cessão tenha efeitos perante terceiros;**C:** incorreta, pois a lei não exige tal formalidade; **D:** incorreta, pois o consentimento do credor é requisito essencial para a validade da assunção de dívida (CC, art. 299); **E:** incorreta, pois tal entendimento conduziria à conclusão de que a não arguição imediata da prescrição, por exemplo, teria o condão de sanear a dívida o que, evidentemente, não ocorre (CC, art. 294).**GN**

Gabarito "B".

3.3. INADIMPLEMENTO DAS OBRIGAÇÕES

(Procurador/PA – CESPE – 2022) Julgue os próximos itens, relativos à cláusula penal no direito civil.

I. Segundo a doutrina, a cláusula penal exerce a tríplice função de pena convencional, compensação ou prefixação de indenização, e reforço ou garantia da obrigação.

II. Conforme a jurisprudência atual do Superior Tribunal de Justiça, é facultado ao órgão julgador, de ofício, reduzir o valor da cláusula penal, caso evidenciado o seu manifesto excesso, inclusive em sede de cumprimento de sentença, desde que o título executivo não se tenha pronunciado sobre o tema.

III. Dada a função de pena convencional, é permitido que o valor da cláusula penal exceda o valor da obrigação principal, de modo a desestimular o inadimplemento.

IV. A cláusula penal tem natureza de pena civil, de caráter convencional ou legal, acessória e de eficácia incondicional.

Estão certos apenas os itens

(A) I e II.

(B) II e III.

(C) III e IV.

(D) I, II e IV.

(E) I, III e IV.

I: correta. Segundo doutrina de Christiano Cassetari, próxima à teoria eclética: "(…) *entende-se que a cláusula penal possui tríplice função, de reforço, de prefixação a forfait das perdas e danos e de pena".* (CASSETARI, Christiano. Multa contratual: teoria e prática da cláusula penal. São Paulo: RT, 2013.) e arts. 408 a 416 CC; **II:** correta. Segundo magistrada Nancy Andrighi, diferentemente do Código Civil de 1916 – que previa a redução da cláusula penal como faculdade do magistrado –, o Código de 2002 trata essa diminuição como norma de ordem pública, obrigatória: é dever do juiz e direito do devedor, com base nos princípios da boa-fé contratual e da função social do contrato. A aplicação do art. 413 CC é matéria de ordem pública (REsp 1898738); **III:** incorreta, pois o valor da cominação imposta na cláusula penal não pode exceder o da obrigação principal (art. 412 CC); **IV:** incorreta, pois a eficácia não é incondicional. É necessário que haja o descumprimento culposo da obrigação ou o devedor se constitua em mora (art. 408 CC). A alternativa correta é a letra A. **GR**

Gabarito "A".

(Juiz de Direito – TJ/MS – 2020 – FCC) Quanto à mora e às perdas e danos, é correto afirmar:

(A) A mora do credor subtrai o devedor isento de dolo à responsabilidade pela conservação da coisa, obriga o credor a ressarcir as despesas empregadas em conservá-la e sujeita-o a recebê-la pela estimação mais favorável ao devedor, se o seu valor oscilar entre o dia estabelecido para o pagamento e o da sua efetivação.

(B) Havendo fato ou omissão imputável ao devedor, este não incorre em mora.

(C) Nas obrigações provenientes de ato ilícito, considera-se o devedor em mora a partir do ajuizamento da ação indenizatória correspondente.

(D) O devedor em mora responde pela impossibilidade da prestação, salvo, em qualquer caso, se essa impossibilidade resultar de caso fortuito ou força maior.

(E) Salvo se a inexecução resultar de dolo do devedor, as perdas e danos só incluem os prejuízos efetivos e os lucros cessantes por efeito dela direto e imediato, sem prejuízo do disposto na lei processual.

A: correta (art. 400 CC); **B:** incorreta, pois havendo fato ou omissão imputável ao devedor ele incorre em mora (art. 396 CC); **C:** incorreta, pois nas obrigações provenientes de ato ilícito, considera-se o devedor em mora, *desde que o praticou* (art. 398 CC); **D:** incorreta, pois o devedor em mora responde pela impossibilidade da prestação, *embora* essa impossibilidade resulte de caso fortuito ou de força maior, se estes ocorrerem durante o atraso. Apenas não responde se provar isenção de culpa, ou que o dano sobreviria ainda quando a obrigação fosse oportunamente desempenhada (art. 399 CC); **E:** incorreta, pois *ainda que* a inexecução resulte de dolo do devedor, as perdas e danos só incluem os prejuízos efetivos e os lucros cessantes por efeito dela direto e imediato, sem prejuízo do disposto na lei processual (art. 403 CC). **GR**

Gabarito "A".

(Procurador do Município – Valinhos/SP – 2019 – VUNESP) Não terá direito à repetição aquele que deu alguma coisa para obter fim ilícito, imoral, ou proibido por lei. Neste caso, o que se deu

(A) reverterá em favor de estabelecimento local de beneficência, a critério do juiz.

(B) terá que ser restituído com a atualização dos valores monetários a quem for devido.

(C) se a coisa não mais subsistir, se fará pelo valor do bem na época em que foi exigido a quem de direito.

(D) será restituído em dobro, com atualização monetária e juros de mora, se o caso.

(E) não caberá a ninguém a restituição por enriquecimento, se a lei permitir outro meio.

A: correta (art. 883, parágrafo único CC); **B:** incorreta, pois como o fim era ilícito, imoral, ou proibido por lei ele não tem o direito de ser restituído dos valores monetários, uma vez que o a coisa será destinada a local de beneficência (art. 883, parágrafo único CC). A hipótese de restituição com a atualização dos valores monetários a quem for devido aplica-se no caso de enriquecimento sem causa (art. 884, *caput* CC); **C:** incorreta, pois se a coisa não mais subsistir não há que se falar em restituição de nenhuma espécie, afinal, se a coisa existisse iria para associação local de beneficência, a critério do juiz (art. 883, parágrafo único CC). Logo, de qualquer forma, aquele que deu já não receberia nada. Essa hipótese da letra "c" se aplica apenas nos casos de enriquecimento sem causa (art. 884, parágrafo único CC); **D:** incorreta, pois a Lei não prevê restituição em dobro para esse caso. A restituição em dobro com atualização monetária e juros de mora, se aplica, por exemplo, no caso da parte que deu as arras e sofreu inexecução do contrato (art. 418 CC); **E:** incorreta, pois aquele que, sem justa causa, se enriquecer à custa de outrem, será obrigado a restituir o indevidamente auferido à pessoa lesada, feita a atualização dos valores monetários (art. 884, *caput* CC). **GR**

Gabarito "A".

(Juiz de Direito – TJ/SC – 2019 – CESPE/CEBRASPE) A multa estipulada em contrato que tenha por objeto evitar o inadimplemento da obrigação principal é denominada

(A) multa penitencial.

(B) cláusula penal.

(C) perdas e danos.

(D) arras penitenciais.

(E) multa pura e simples.

A: incorreta, pois a multa penitencial não tem relação com a inexecução do contrato. Consiste no preço definido pelas partes para o exercício do direito potestativo de arrependimento, cujo valor deve ser fixado pela liberdade contratual segundo a boa-fé objetiva e a função social do contrato. Esses limites da boa-fé objetiva e da função social do contrato são disciplinados de modo expresso no art. 473, parágrafo único, do CC, o qual versa sobre o direito de resilição unilateral decorrente de expressa ou implícita permissão legal, relacionado, via de regra, aos contratos de execução continuada firmados por tempo indeterminado; **B:** correta, pois a cláusula penal está diretamente ligada a inexecução do contrato e é aplicada desde que, culposamente, deixe de cumprir a obrigação ou se constitua em mora (art. 408 CC); **C:** incorreta, pois as perdas e danos têm caráter indenizatório e abrangem, além do que o credor efetivamente perdeu, o que razoavelmente deixou de lucrar (art. 402 CC); **D:** incorreta, pois as arras penitenciais possuem a finalidade de garantir o direito de arrependimento entre as partes, vedando indenização suplementar por perdas e danos aos contraentes. Têm condão puramente indenizatório (art. 420 CC); **E:** incorreta, pois a multa pura e simples não tem relação com inadimplemento contratual, sendo estipulada para casos de infração de certos deveres, como a imposta ao infrator de trânsito. Ex: art. 183 do Código de Trânsito Brasileiro: *Parar o veículo sobre a faixa de pedestres na mudança de sinal luminoso (Infração – média): Penalidade – multa.* **GR**

Gabarito "B".

(Procurador do Estado/SP - 2018 - VUNESP) Quanto à proteção aos direitos do consumidor em contratos bancários, assinale a alternativa correta.

(A) A estipulação de juros remuneratórios superiores a 12% ao ano, por si só, não indica exigência de vantagem econômica excessiva pela instituição financeira.

(B) Os juros moratórios nos contratos bancários não regulados por legislação especial poderão ser pactuados livremente pelas partes, não caracterizando exigência de vantagem econômica excessiva.

(C) Propositura de ação revisional de contrato bancário, a pretexto de conter cláusulas contratuais abusivas, suspende os efeitos da mora do devedor, por revelar exercício regular do direito básico do consumidor à facilitação da defesa dos seus direitos em juízo, inclusive com inversão do ônus da prova.

(D) Pode o magistrado, de ofício, reconhecer a nulidade de cláusulas contratuais abusivas inseridas em contrato de mútuo bancário submetido ao seu exame.

(E) Exigência de pagamento de comissão de permanência, calculada pela taxa média do mercado apurada pelo Banco Central do Brasil, limitada à taxa do contrato, caracteriza exigência de vantagem econômica excessiva.

A: correta, pois de acordo com o entendimento pacífico do Superior Tribunal de Justiça, segundo o qual: *"A estipulação de juros remuneratórios superiores a 12% ao ano por si só, não indica abusividade"* (Súmula 382 do STJ; tese julgada sob o rito do artigo 543-C do CPC — tema 25); **B:** incorreta, pois a Súmula 379 do STJ estabelece um limite para tais juros, ao preceituar que: *"Nos contratos bancários não regidos por legislação específica, os juros moratórios poderão ser convencionados até o limite de 1% ao mês"*;**C:** incorreta, pois o STJ entende que: *"Não descaracteriza a mora o ajuizamento isolado de ação revisional, nem mesmo quando o reconhecimento de abusividade incidir sobre os encargos inerentes ao período de inadimplência contratual"* (REsp 1061530 / RS RECURSO ESPECIAL 2008/0119992-4); **D:** incorreta, pois contrária ao enunciado da Súmula 381 do STJ que dispõe: *"Nos contratos bancários, é vedado ao julgador conhecer, de ofício, da abusividade das cláusulas"*;**E:** incorreta, pois o STJ entende que: *"É possível a cobrança de comissão de permanência durante o período de inadimplemento contratual, à taxa média dos juros de mercado, limitada ao percentual fixado no contrato (Súmula 294/STJ), desde que não cumulada com a correção monetária (Súmula 30/STJ), com os juros remuneratórios (Súmula 296/STJ) e moratórios e multa contratual"* (REsp n. 1.058.114/RS, recurso representativo de controvérsia, Relator p/ Acórdão Ministro João Otávio de Noronha, Segunda Seção, julgado em 12/8/2009, DJe 16/11/2010).**GN**

Gabarito "A".

(Juiz – TJ-SC – FCC – 2017) A cláusula penal:

(A) pode ter valor excedente ao da obrigação principal, ressalvado ao juiz reduzi-lo equitativamente.

(B) incide de pleno direito, se o devedor, ainda que isento de culpa, deixar de cumprir a obrigação ou se constituir-se em mora.

(C) incide de pleno direito, se o devedor, culposamente, deixar de cumprir a obrigação ou se constituir-se em mora.

(D) exclui, sob pena de invalidade, qualquer estipulação que estabeleça indenização suplementar.

(E) sendo indivisível a obrigação, implica que todos os devedores, caindo em falta um deles, serão responsáveis, podendo o valor integral ser demandado de qualquer deles.

A: incorreta, pois o valor da cominação imposta na cláusula penal não pode exceder o da obrigação principal (CC, art. 412); **B:** incorreta, pois a culpa do devedor inadimplente é requisito essencial para a aplicação da cláusula penal (CC, art. 408); **C:** correta, pois de pleno acordo com o disposto no art. 408 do CC;**D:** incorreta, pois a indenização suplementar é admitida, desde que expressamente convencionada (CC, art. 416, parágrafo único); **E:** incorreta, pois no caso de obrigação indivisível, a cláusula penal só se poderá demandar integralmente do culpado, respondendo cada um dos outros somente pela sua quota (CC, art. 414).**GN**

Gabarito "C".

4. CONTRATOS

4.1. CONCEITO, PRESSUPOSTOS, FORMAÇÃO E PRINCÍPIOS DOS CONTRATOS

(Procurador do Município – Valinhos/SP – 2019 – VUNESP) Sobre as condições gerais dos contratos, indique a alternativa correta.

(A) Nos contratos de adesão, são anuláveis as cláusulas que estipulem a renúncia antecipada do aderente a direito resultante da natureza do negócio.

(B) O estipulante pode reservar-se o direito de substituir o terceiro designado no contrato, independentemente da sua anuência e da do outro contratante.

(C) O contrato preliminar, e também quanto à forma, não necessita conter todos os requisitos essenciais ao contrato a ser celebrado.

(D) As cláusulas resolutivas expressa e tácita operam de pleno direito, independentemente de interpelação judicial.

(E) Pode o adquirente demandar pela evicção, mesmo sabendo que a coisa era alheia ou litigiosa.

A: incorreta, pois nos contratos de adesão, são *nulas* as cláusulas que estipulem a renúncia antecipada do aderente a direito resultante da natureza do negócio (art. 424 CC); **B:** correta (art. 438, *caput* CC); **C:** incorreta, pois o contrato preliminar, *exceto* quanto à forma, deve conter todos os requisitos essenciais ao contrato a ser celebrado (art. 462 CC); **D:** incorreta, pois a cláusula resolutiva expressa opera de pleno direito; a tácita depende de interpelação judicial (art. 474 CC); **E:** incorreta, pois não pode o adquirente demandar pela evicção, se sabia que a coisa era alheia ou litigiosa (art. 457 CC). **GR**

Gabarito "B".

(Juiz de Direito - TJ/RS - 2018 - VUNESP) Sobre os vícios redibitórios, assinale a alternativa correta.

(A) O adquirente que já estava na posse do bem decai do direito de obter a redibição ou abatimento no preço no prazo de trinta dias se a coisa for móvel, e de um ano se for imóvel.

(B) No caso de bens móveis, quando o vício, por sua natureza, só puder ser conhecido mais tarde, se ele aparecer em até 180 dias, terá o comprador mais 30 dias para requerer a redibição ou abatimento no preço.

(C) Somente existe o direito de obter a redibição se a coisa foi adquirida em razão de contrato comutativo, não se aplicando aos casos em que a aquisição decorreu de doação, mesmo onerosa.

(D) O prazo para postular a redibição ou abatimento no preço, quando o vício, por sua natureza, só puder ser conhecido mais tarde, somente começa a correr a partir do aparecimento do vício, o que pode ocorrer a qualquer tempo.

(E) No caso de bens imóveis, quando o vício, por sua natureza, só puder ser conhecido mais tarde, o prazo é de um ano para que o vício apareça, tendo o comprador, a partir disso, mais 180 dias para postular a redibição ou abatimento no preço.

A: incorreta, pois – quando o adquirente já está na posse do bem – o prazo mencionado na assertiva é reduzido à metade (CC, art. 445) e conta-se a partir da alienação. Vale adicionar que a hipótese é de *traditio brevi manus*, que se verifica quando a pessoa possuía em nome alheio e passa então a possuir em nome próprio (comodatário comprou o bem, por exemplo);**B**: correta, pois de pleno acordo com o disposto no art. 445, § 1º, do Código Civil; **C**: incorreta, pois as regras dos vícios redibitórios aplicam-se também às doações onerosas (CC, art. 441, parágrafo único); **D** e **E**: incorretas, pois – para os casos de vício que só se pode conhecer mais tarde – "*o prazo contar-se-á do momento em que dele tiver ciência, até o prazo máximo de cento e oitenta dias, em se tratando de bens móveis; e de um ano, para os imóveis*" (CC, art. 445, § 1º).**GN**

Gabarito "B".

4.2. CLASSIFICAÇÃO DOS CONTRATOS

(Juiz – TRF 2ª Região – 2017) Pessoa jurídica obteve empréstimo junto a certa instituição financeira, pelo qual recebeu determinada quantia, com a obrigação de devolvê-la com correção e juros de 12% ao ano. Exclusivamente à luz dos dados fornecidos e da visão dominante, classifique o contrato citado:

(A) Bilateral imperfeito, de adesão e feneratício.

(B) Unilateral, real e oneroso.

(C) Bilateral, oneroso, formal e de adesão.

(D) Bilateral, real, de adesão e oneroso.

(E) Unilateral, puramente consensual (não real), benéfico e oneroso.

A questão apresenta um contrato de mútuo fenerático, que nada mais é do que um empréstimo de dinheiro com obrigação de pagar juros remuneratórios. O contrato de mútuo é real, pois ele só nasce juridicamente após a entrega da *res*, que é o dinheiro. Após o nascimento do contrato, surgem obrigações apenas para o mutuário, a saber: devolver o valor emprestado e também pagar os juros. É por isso que ele é um contrato unilateral. Entretanto, há vantagens para ambos, visto que o mutuário disporá do valor que precisava, ao passo que o mutuante ganhará os juros. Por isso, é um contrato oneroso. O referido contrato de mútuo não é consensual (aquele que surge com o consenso entre as partes), não é de adesão (pois a questão não mencionou tal característica) e não é formal, pois não se exige forma prescrita em lei para sua prática.**GN**

Gabarito "B".

4.3. VÍCIOS REDIBITÓRIOS

(Procurador Município – Teresina/PI – FCC – 2022) Pedro Paulo adquire um Fiat Uno usado, ano 2015, com 60 mil quilômetros rodados, fundindo o motor 120 dias depois da tradição do bem, sem que houvesse qualquer indício prévio de que isso iria acontecer. O alienante, João Dirceu, conhecia o mau estado do motor, o que omitiu por ocasião da venda. Nessas circunstâncias, prevê o Código Civil:

(A) Pode-se pedir ou a redibição do contrato ou perdas e danos, pois não ocorreu a decadência, mas a cumulação dos pedidos é incompatível juridicamente.

(B) É possível pedir a redibição ou o abatimento no preço do veículo, correspondente ao valor do conserto do motor, sem prejuízo de eventuais perdas e danos, pela omissão dolosa, pois, por sua natureza, o vício só poderia ter sido conhecido mais tarde e, nessa hipótese, o prazo de decadência é de 180 dias para percebimento do vício, mais 30 dias para ajuizamento da ação a partir da verificação.

(C) Não é possível qualquer pedido, redibitório, indenizatório ou de abatimento de preço por se tratar de bem usado, em relação ao qual o prazo máximo de garantia é o de noventa dias da tradição, já transcorrido.

(D) Não é possível pedir seja a redibição, seja o abatimento do preço, pois o prazo decadencial é o de 30 dias para bens móveis, contado da entrega efetiva do veículo, já transcorrido de há muito.

(E) Não é possível pedir a redibição, pela ocorrência da decadência no prazo de 30 dias, contado da tradição, mas sim o abatimento ou perdas e danos, porque nesse caso o prazo é prescricional de cinco anos, por defeito do produto.

A: incorreta, pois Pedro pode pedir a redibição do contrato ou o abatimento do preço (art. 442 CC). Se ele pedir a redibição é possível cumular com perdas e danos, pois o alienante sabia do vício no momento da venda (art. 443 CC); **B**: correta (arts. 442, 443 e art. 445, § 1º CC); **C**: incorreta, pois é perfeitamente possível o pedido redibitório, indenizatório ou de abatimento do preço (art. 442 CC), ainda que se trate de bem usado. O prazo máximo de garantia neste caso é de cento e oitenta dias, pois o vício só poderia ter sido conhecido mais tarde (art. 445, §1º CC); **D**: incorreta, pois quando o vício, por sua natureza, só puder ser conhecido mais tarde, o prazo contar-se-á do momento em que dele tiver ciência, até o prazo máximo de cento e oitenta dias, em se tratando de bens móveis (art. 445, § 1º CC); **E**: incorreta, pois cabe a Pedro escolher se deseja a redibição, perdas e danos ou abatimento do preço (art. 442 e 443 CC), pois ainda está no prazo legal de 180 dias (art. 445, §1º CC).**GR**

Gabarito "B".

(Juiz de Direito/AP – 2022 – FGV) Renato, professor universitário, adquiriu um automóvel usado de seu vizinho, Adalberto, corretor de imóveis. Este lhe concedeu dois meses de garantia, iniciada a partir da entrega do bem. Entretanto, três dias depois de expirada a garantia, o veículo pifou na estrada, exigindo de Renato gastos com reboque e conserto.

Diante disso, é correto afirmar que:

(A) Renato nada mais pode pretender em face de Adalberto, pois, tendo em vista a natureza da relação, a garantia contratual afasta a garantia legal;

(B) para pretender a resolução do contrato ou o abatimento do preço, Renato deve provar que o defeito era preexistente ao término do prazo de garantia;

(C) ante a possibilidade de conserto do bem, não pode Renato resolver o contrato por falta do requisito da gravidade do vício, mas pode pleitear abatimento no preço pago;

(D) Renato somente pode pretender indenização dos gastos com reboque e conserto se comprovar que Adalberto agiu de má-fé, pois já sabia do defeito do veículo;

(E) Renato pode optar entre a substituição por outro automóvel, a restituição do preço pago, atualizado monetariamente, ou seu abatimento proporcional.

Comentário: **A**: incorreta, pois se Renato conseguir provar que o carro trazia vício oculto na data anterior a compra, poderá enjeitar a coisa ou pedir abatimento do preço (art. 441 e 442 CC). Ademais, a garantia contratual não afasta a legal, pois elas são complementares (por analogia art. 50 CDC); **B**: incorreta, pois para pretender a resolução do contrato ou o abatimento do preço Renato deverá provar que o vício era preexistente à compra, afinal ele tem que provar o fato constitutivo de seu direito (art. 373, I NCPC) e eliminar a possiblidade de que o vício tenha nascido em momento posterior. Se ficar comprovado que o vício era preexistente à compra e se Renato provar que Adalberto tinha conhecimento dele, este último deverá restituir o que recebeu com perdas e danos; se não ficar provado que Adalberto sabia deverá restituir tão somente o valor recebido, mais as despesas do contrato (art. 443 CC); **C:** incorreta, pois cabe a Renato escolher se quer resolver o contrato ou pedir abatimento do preço (art. 441 e 442). Não é porque a coisa tem conserto que necessariamente o adquirente tem que optar por consertá-la. A lei lhe faculta o direito de resolver o contrato. **D:** correta, pois esse gasto com reboque e conserto configura perdas e danos e Adalberto apenas terá de pagar se ficar comprovada sua má-fé (art. 443 CC); **E:** incorreta, pois a lei não prevê a substituição por outro automóvel. O que ela prevê é que a coisa pode ser enjeitada, portanto haverá a resolução do contrato ou poderá haver abatimento do preço (art. 441 e 442 CC). GR

Gabarito "D".

(Juiz de Direito – TJ/AL – 2019 – FCC) Renato emprestou seu automóvel a Paulo. Quinze dias depois, ainda na posse do veículo, Paulo o comprou de Renato, que realizou a venda sem revelar que o automóvel possuía grave defeito mecânico, vício oculto que só foi constatado por Paulo na própria data da alienação. Nesse caso, de acordo com o Código Civil, Paulo tem direito de obter a redibição do contrato de compra e venda, que se sujeita a prazo

(A) prescricional, de trinta dias, contado da data em que recebeu o automóvel.

(B) prescricional, de quinze dias, contado da data da alienação.

(C) decadencial, de trinta dias, contado da data em que recebeu o automóvel.

(D) decadencial, de quinze dias, contado da data da alienação.

(E) decadencial, de noventa dias, contado da data em que recebeu o automóvel.

A: incorreta, pois trata-se de prazo decadencial de 15 dias contados da data da alienação, uma vez que Paulo já estava na posse do bem (art. 445, *caput* CC); B: incorreta, pois trata-se de prazo decadencial (art. 445, *caput* CC); **C:** incorreta, pois o prazo é pela metade, uma vez que Paulo já estava na posse do bem. O prazo passará a contar da data da alienação (art. 445, *caput* CC); **D:** correta, nos termos do art. art. 445, *caput* CC; **E:** incorreta, pois não há que se falar em prazo de 90 dias. O prazo é de 15 dias a contar da data da alienação (art. 445, *caput* CC). GN

Gabarito "D".

4.4. COMPRA E VENDA E TROCA

(Procurador Município – Santos/SP – VUNESP – 2021) Considerando as disposições do Código Civil acerca do contrato de compra e venda, é correto afirmar:

(A) No caso de venda *ad corpus*, havendo diferença de área superior a 5%, o comprador pode exigir a complementação da área e, não sendo possível, a resolução do contrato ou o abatimento do preço.

(B) No caso de venda *ad mensuram*, havendo diferença de área superior a 5%, o comprador pode exigir a complementação da área e, não sendo possível, a resolução do contrato ou o abatimento do preço.

(C) No caso de venda por amostra, havendo divergência entre a amostra e a descrição contida no contrato, tem-se como válida a entrega da coisa conforme descrita no contrato.

(D) No caso de venda a contento, o negócio só se aperfeiçoa com a entrega integral da coisa pelo vendedor ao comprador.

(E) No caso da venda com reserva de domínio, a coisa é entregue desde logo ao comprador, mas o vendedor se reserva o direito de propriedade, correndo por sua conta o risco de perecimento da coisa.

A: incorreta, pois essa regra se aplica no caso de venda *ad mensuram* (art. 500, *caput* e § 1º CC); **B:** correta (art. 500, *caput* CC); **C:** incorreta, pois prevalece a amostra, o protótipo ou o modelo, se houver contradição ou diferença com a maneira pela qual se descreveu a coisa no contrato (art. 484, parágrafo único CC); **D:** incorreta, pois a venda apenas se reputará perfeita quando o adquirente manifestar seu agrado (art. 509 CC). Não basta a entrega integral; **E:** incorreta, pois neste caso o risco de perecimento da coisa recai sobre o comprador (art. 524 CC). GR

Gabarito "B".

(Juiz de Direito – TJ/MS – 2020 – FCC) A compra e venda

(A) transfere o domínio da coisa pelo só fato da celebração do contrato.

(B) pode ter por objeto coisa atual ou futura; neste caso, ficará sem efeito o contrato se esta não vier a existir, salvo se a intenção das partes era a de concluir contrato aleatório.

(C) deve ter a fixação do preço efetuada somente pelas partes, vedada a fixação por terceiros por sua potestividade.

(D) não pode ter o preço fixado por taxa de mercado ou de bolsa, por sua aleatoriedade e incerteza.

(E) é defesa entre cônjuges, em relação a bens excluídos da comunhão.

A: incorreta, pois a compra e venda é um contrato onde uma das partes *apenas se obriga a transferir* o domínio e a outra a pagar o preço (art. 481 CC). O domínio propriamente só é transferido no caso de bens imóveis pelo registro no cartório de registro de imóveis e no caso de bens móveis pela tradição; **B:** correta (art. 483 CC); **C:** incorreta, pois a fixação do preço pode ser deixada ao arbítrio de terceiro, que os contratantes logo designarem ou prometerem designar (art. 485, 1ª parte CC); **D:** incorreta, pois as partes poderão deixar a fixação do preço à taxa de mercado ou de bolsa, em certo e determinado dia e lugar (art. 486 CC); **E:** incorreta, pois é lícita a compra e venda entre cônjuges, com relação a bens excluídos da comunhão (art. 499 CC). GR

Gabarito "B".

O pacto de retrovenda é uma das modalidades de compra e venda mercantis previstas no Código Civil e tem como principal característica a reserva ao vendedor do direito de, em determinado prazo, recobrar o imóvel que tenha vendido.

(Juiz de Direito - TJ/BA - 2019 - CESPE/CEBRASPE) A respeito dessa modalidade contratual, a legislação vigente dispõe que

(A) não existe a possibilidade de cessão do direito de retrovenda.

(B) a cláusula somente será válida, sendo dois ou mais os beneficiários da retrovenda, se todos exercerem conjuntamente o pedido de retrato.

(C) somente as benfeitorias necessárias serão restituídas, além do valor integral recebido pela venda.

1. DIREITO CIVIL   31

(D) o vendedor, em caso de recusa do comprador em receber a quantia a que faz jus, depositará o valor judicialmente para exercer o direito de resgate.

(E) o prazo máximo para o exercício do direito da retrovenda é de cinco anos.

A: incorreta, pois o direito de retrovenda é cessível e transmissível a herdeiros e legatários (art. 507 CC); **B:** incorreta, pois é possível que só um exerça o direito de retrato. Neste caso poderá o comprador intimar as outras partes para entrarem num acordo, prevalecendo o pacto em favor de quem haja efetuado o depósito, contanto que seja integral (art. 508 CC); **C:** incorreta, pois também serão restituídas as despesas que se efetuarem com autorização escrita do vendedor (art. 505 CC); **D:** correta, nos termos do art. 506 *caput* CC; **E:** incorreta, pois o prazo máximo é de 3 anos (art. 505 CC). GR
Gabarito "D".

(Defensor Público – DPE/PR – 2017 – FCC) Sobre posse, é correto afirmar:

(A) O locatário, em que pese possuidor direto, não pode invocar proteção possessória contra terceiro esbulhador do imóvel por ele locado, pois lhe falta o *animus domini*.

(B) O defeito da posse injusta não pode ser invocado contra o herdeiro que desconhecia essa característica da posse exercida pelo falecido.

(C) O fato de o esbulhador ter adquirido sua posse mediante violência física inquina vício em sua posse mesmo que, posteriormente, compre o bem do esbulhado.

(D) O comodatário, devidamente notificado para sair do bem dado em comodato, e que não o faz no prazo assinalado, passa a exercer posse precária.

(E) A posse *ad usucapionem* é aquela que, além dos elementos essenciais à posse, deve sempre se revestir de boa-fé, decurso de tempo suficiente, ser mansa e pacífica, fundar-se em justo título e ter o possuidor a coisa como sua.

A: Incorreta, eis que viola o disposto do artigo 1.210 do Código Civil. É dizer, o contrato de locação confere ao locatário justo título à sua posse direta do imóvel locado. Assim, por ser legítimo possuidor, ele faz jus às ações possessórias para defesa de sua posse. **B:** Incorreta, pois viola o artigo 1.206 do Código Civil. É dizer, a natureza da posse mantém-se inalterada durante o período de permanência com seu titular, transmitindo-se, inclusive, aos herdeiros ou legatários, quando da continuidade da posse. **C:** Incorreta, visto que a posse violenta pode ser convalescida, quando cessado os atos de violência, não obstante continue sendo injusta em relação ao anterior possuidor. Como a questão mencionou em sua parte final que o próprio esbulhador comprou o bem esbulhado, houve uma transmudação da sua natureza, pois ela deixou de ser injusta quanto ao seu modo de aquisição. **D:** Correto, posse precária é aquela posse justa que se tornou injusta, leia-se, é adquirida mediante negócio jurídico onde o comodatário obriga-se a restituir a posse no fim do contrato e não a restitui, logo, há quebra do dever de confiança entre as partes. Com a notificação pela entrega do bem dado em comodato e o desrespeito do prazo para sua restituição, sua posse que era justa, tornou-se injusta, ou seja, precária. **E:** Incorreta, posse *usucapionem* é aquela que além dos elementos essenciais à posse, pode ser adquirida mediante usucapião, independentemente de boa-fé e justo título. Vale dizer, qualquer espécie de usucapião. Lembre-se na usucapião extraordinária basta a posse, em regra por quinze anos, mansa e pacífica, pública e notória, contínua e ininterrupta, além do *animus domini*, conforme dispõe o artigo 1.238 do Código Civil. O erro está no advérbio "sempre" resistir de boa-fé e justo título. Há

outras espécies de posse *ad usucapionem* que não possuem boa-fé e justo título. GN
Gabarito "D".

(Defensor Público – DPE/SC – 2017 – FCC) A modificação da posse, pela denominada "interversio possessionis", ocorre:

(A) quando há divisão no exercício da posse entre posse direta e indireta, cada qual exercida por pessoa distinta, excluídas as hipóteses de tença.

(B) quando a posse se converte em propriedade por meio da usucapião, em qualquer de suas modalidades.

(C) quando uma posse exercida licitamente de forma inicial, vem a ter modificada a sua natureza, se o possuidor direto manifestar oposição inequívoca ao possuidor indireto, tendo por efeito a caracterização do *animus dominum*.

(D) quando o possuidor lança mão dos interditos possessórios para assegurar o exercício de sua posse, dentro de ano e dia.

(E) nas hipóteses de autotutela da posse, ou seja: o desforço imediato ou a legítima defesa da posse, desde que exercida imediatamente e por meios moderados.

Denomina-se *interversio possessionis*, ou seja, interversão da posse a situação em que o possuidor a título precário afronta o antigo proprietário como se fosse dono, de acordo com o artigo 1.203 do Código Civil e o Enunciado 237 da III Jornada de Direito Civil: "É cabível a modificação do título da posse – *interversio possessionis* – na hipótese em que o até então possuidor direto demonstrar ato exterior e inequívoco de oposição ao antigo possuidor indireto, tendo por efeito a caracterização do *animus domini*". GN
Gabarito "C".

(Defensor Público – DPE/PR – 2017 – FCC) Considere as assertivas a seguir sobre os negócios jurídicos.

I. As arras confirmatórias têm natureza de direito real e, logo, pressupõem tradição para o aperfeiçoamento do negócio jurídico.

II. Sem previsão de cláusula de arrependimento expressa no contrato, não há possibilidade de indenização a título de arras penitenciais pela frustração do negócio jurídico.

III. Mesmo em contrato preliminar, o vício de forma é insuscetível de convalidação.

IV. O inadimplemento das arras confirmatórias implica a responsabilidade civil contratual do devedor.

Está correto o que se afirma APENAS em

(A) III.

(B) IV.

(C) III e IV.

(D) I, II e III.

(E) I e II.

I: Correta. As arras confirmatórias têm natureza acessória, pois não existem por si, dependem de um contrato principal. Assim como têm natureza real, eis que se aperfeiçoam pela entrega ou transferência da coisa, podendo ser dinheiro ou bem fungível, de uma parte a outra, nos termos dias artigos 417 a 419 do Código Civil. **II:** Correta, nos termos do artigo 420 do Código Civil: "Se no contrato for estipulado o direito de arrependimento para qualquer das partes, as arras ou sinal terão função unicamente indenizatória. Neste caso, quem as deu perdê-las-á em benefício da outra parte; e quem as recebeu devolvê-las-á, mais o equivalente. Em ambos os casos não haverá direito a indenização suplementar". Dessa forma, é imprescindível a expressa previsão contratual, acarretando

verdadeira penalidade para a parte que se arrepender. **III:** Errada, pois vai de encontro ao artigo 462 do Código Civil: "O contrato preliminar, exceto quanto à forma, deve conter todos os requisitos essenciais ao contrato a ser celebrado". **IV:** Errada, nos termos dos artigos 418 e 419 do Código Civil. O credor terá direito de reter as arras recebidas pelo devedor se este deu causa ao inadimplemento, contudo, sendo o próprio credor que deu causa ao inadimplemento, terá de devolvê-las, mais o valor equivalente, como garantia de indenização por perdas e danos, incidindo juros moratórios e atualização monetária. GN
Gabarito "E".

(Defensor Público – DPE/SC – 2017 – FCC) Luiz comparece à defensoria pública dizendo e comprovando com documentos que assinou contrato de promessa de compra de imóvel, por meio de instrumento público devidamente registrado no Cartório de Registro de Imóveis e sem previsão de cláusula de arrependimento, com empresa de habitação social. Ele reside no imóvel há três anos; o imóvel tem 150 m² e Luiz não é titular de qualquer outro bem imóvel. Diante desta situação, Luiz

(A) ainda não pode ser considerado proprietário, mas somente conseguirá obter a propriedade se continuar morando no imóvel por mais dois anos, ininterruptamente, quando adimplirá todos os requisitos para a usucapião especial urbana.

(B) tem direito meramente contratual, mas poderá opor perante terceiros, uma vez que o registro do contrato por meio instrumento público em cartório faz com que o direito obrigacional tenha eficácia erga omnes.

(C) é o verdadeiro proprietário do imóvel, uma vez que o contrato foi feito por instrumento público e devidamente registrado em cartório, circunstância suficiente para a transferência da titularidade do imóvel.

(D) ainda não pode ser considerado proprietário, mas terá direito real à aquisição do imóvel, inclusive mediante adjudicação compulsória.

(E) tem direito meramente contratual e inoponível perante terceiros, pois ainda não houve a outorga da escritura definitiva da compra e venda.

A: Incorreta, pois não preenche os requisitos do artigo 183 da Constituição Federal: "Aquele que possuir como sua área urbana de até duzentos e cinquenta metros quadrados, por cinco anos, ininterruptamente e sem oposição, utilizando-a para sua moradia ou de sua família, adquirir-lhe-á o domínio, desde que não seja proprietário de outro imóvel urbano ou rural". **B:** Incorreta, pois quando o contrato não contiver cláusula de arrependimento e for registrado, constitui direito real, vale dizer, a promessa de compra e venda devidamente registrada em cartório constitui eficácia de direito real, cujo objeto é o futuro contrato de compra e venda, nos termos dos artigos 1.417 conjugado com o artigo 1.225, inciso VII, ambos do Código Civil. **C:** Incorreta, pois se trata de um contrato preliminar nos moldes dos artigos 462 a 466 do Código Civil, uma vez que o instrumento assinado foi **promessa** de compra de imóvel e esta não se confunde com contrato de compra e venda de imóvel, que é definitivo. **D:** Correta, nos termos do artigo 1.418 do Código Civil: "O promitente comprador, titular de direito real, pode exigir do promitente vendedor, ou de terceiros, a quem os direitos deste forem cedidos, a outorga da escritura definitiva de compra e venda, conforme o disposto no instrumento preliminar; e, se houver recusa, requerer ao juiz a adjudicação do imóvel." **E:** Incorreta, vai de encontro ao disposto no artigo 1.417 do Código Civil: "Mediante promessa de compra e venda, em que se não pactuou arrependimento, celebrada por instrumento público ou particular, e registrada no Cartório de Registro de Imóveis, adquire o promitente comprador direito real à aquisição do imóvel". GN
Gabarito "D".

4.5. DOAÇÃO

(Promotor de Justiça/PR – 2019 – MPE/PR) Assinale a alternativa *incorreta:*

(A) A doação de um cônjuge a outro importa adiantamento do que lhe cabe por herança.

(B) O doador pode estipular que os bens doados voltem ao seu patrimônio, se sobreviver ao donatário.

(C) É anulável a doação de todos os bens sem reserva de parte, ou renda suficiente para a subsistência do doador.

(D) É nula é a doação quanto à parte que exceder à de que o doador, no momento da liberalidade, poderia dispor em testamento.

(E) A doação em comum a mais de uma pessoa entende-se distribuída entre elas por igual, salvo declaração em contrário.

A: a alternativa está certa, não devendo ser assinalada (art. 544 CC); **B:** a alternativa está certa, não devendo ser assinalada (art. 547, *caput* CC); **C:** a alternativa está errada, devendo ser assinalada, pois é *nula* a doação de todos os bens sem reserva de parte, ou renda suficiente para a subsistência do doador (art. 548 CC); **D:** a alternativa está certa, não devendo ser assinalada (art. 549 CC); **E:** a alternativa está certa, não devendo ser assinalada (art. 551, *caput* CC). GR
Gabarito "C".

(Juiz de Direito – TJ/SC – 2019 – CESPE/CEBRASPE) A doação de determinado bem a mais de uma pessoa é denominada

(A) contemplativa.

(B) mista.

(C) conjuntiva.

(D) divisível.

(E) híbrida.

A: incorreta, pois a doação contemplativa é aquela que é feita levando em consideração o merecimento do donatário. Também é chamada de meritória (art. 540, 1ª parte CC); **B:** incorreta, pois a doação mista é aquela em que se procura beneficiar por meio de um contrato de caráter oneroso. Decorre da inserção de liberalidade em alguma modalidade diversa de contrato. Embora haja a intenção de doar, há também um preço, um valor fixado, que caracteriza a venda (art. 540, 2ª parte CC); **C:** correta (art. 551 CC); **D:** incorreta, pois por tratar-se de um bem único a mais de uma pessoa entende-se que o bem não pode ser dividido . Na verdade, quanto a doação, entende-se distribuída entre os donatários por igual (art. 551, parte final CC); **E:** incorreta, pois a doação híbrida trata-se de uma doação mista (*negotium mixtum cum donatione*) com matiz de contrato oneroso. Ex: um sujeito paga, livremente, 500 reais por um bem que vale apenas 100 (art. 540, 2ª parte CC). GR
Gabarito "C".

4.6. MÚTUO, COMODATO E DEPÓSITO

(Procurador Município – Teresina/PI – FCC – 2022) O comodato

(A) só pode ser exercido por um comodatário por vez, não sendo possível o comodato por duas ou mais pessoas simultaneamente, dado seu caráter de empréstimo gratuito.

(B) necessita sempre ter prazo convencional; não o tendo, o uso ou gozo da coisa emprestada poderá ser suspenso de imediato pelo comodante.

(C) pressupõe que o comodatário, se constituído em mora, além de por ela responder, pague, até restituir a coisa emprestada, o aluguel da coisa que for arbitrado pelo comodante.

(D) é o empréstimo gratuito de coisas fungíveis, perfazendo-se com a tradição do objeto.

(E) implica a possibilidade de o comodatário recobrar do comodante as despesas feitas com o uso e gozo da coisa emprestada.

A: incorreta, pois é possível que duas ou mais pessoas seja comodatárias simultaneamente (art. 585 CC). **B:** incorreta, pois não necessita sempre ter prazo convencional. E caso não tenha presumir-se-lhe-á o necessário para o uso concedido. Ademais, não podendo o comodante, salvo necessidade imprevista e urgente, reconhecida pelo juiz, suspender o uso e gozo da coisa emprestada, antes de findo o prazo convencional, ou o que se determine pelo uso outorgado (art. 581 CC); **C:** correta (art. 582 CC); **D:** incorreta, pois comodato é o empréstimo gratuito de coisas não fungíveis (art. 579 CC); **E:** incorreta, pois o comodatário não poderá jamais recobrar do comodante as despesas feitas com o uso e gozo da coisa emprestada (art. 584 CC). GR

Gabarito "C".

4.7. LOCAÇÃO

(Juiz de Direito/AP – 2022 – FGV) Marcelo firmou com Reinaldo contrato de locação de imóvel urbano para fins residenciais pelo prazo de dois anos.

Na condição de locador, Marcelo poderá reaver o imóvel antes do término do prazo:

(A) se o pedir para uso próprio, de seu cônjuge ou companheiro, ou para uso residencial de ascendente ou descendente que não disponha, assim como seu cônjuge ou companheiro, de imóvel residencial próprio;

(B) em decorrência de extinção do contrato de trabalho, se a ocupação do imóvel pelo locatário estava relacionada com o seu emprego;

(C) se for pedido para demolição e edificação licenciada ou para a realização de obras aprovadas pelo poder público, que aumentem a área construída em, no mínimo, 20%;

(D) por mútuo acordo, em decorrência da prática de infração legal ou contratual, ou ainda em decorrência da falta de pagamento do aluguel e demais encargos;

(E) para a realização de reparações urgentes determinadas pelo poder público, ainda que possam ser executadas com a permanência do locatário no imóvel.

Comentário: **A:** incorreta, pois esta possibilidade apenas seria possível se os dois anos de prazo contratual fixado já tivessem se findado (art. 47, III da Lei 8.245/91), pois aí o contrato se prorrogaria por prazo indeterminado; **B:** incorreta, pela mesma razão da alternativa A, porém com fundamento legal no art. 47, II da Lei 8.245/91; **C:** incorreta, pela mesma razão da alternativa A, porém com fundamento legal no art. 47, IV da Lei 8.245/91; **D:** correta (art. 9º, I, II e III da Lei 8.245/91); E: incorreta, pois se as reparações puderem ser executadas com a permanência do locatário no imóvel e ele não se opor a isso, o locador não pode tirá-lo (art. 9º, IV da Lei 8.245/91). GR

Gabarito "D".

(Juiz de Direito – TJ/AL – 2019 – FCC) Em contrato de locação não residencial de imóvel urbano, no qual nada foi disposto acerca das benfeitorias,

(A) as benfeitorias necessárias e úteis introduzidas pelo locatário, ainda que não autorizadas pelo locador, serão indenizáveis.

(B) as benfeitorias introduzidas pelo locatário, sejam elas necessárias, úteis ou voluptuárias, ainda que autorizadas pelo locador, serão indenizáveis até o limite máximo de três alugueres.

(C) as benfeitorias voluptuárias só serão indenizáveis se não puderem ser levantadas pelo locatário, finda a locação, sem afetar a estrutura e substância do imóvel.

(D) as benfeitorias úteis introduzidas pelo locatário, desde que autorizadas pelo locador, serão indenizáveis e também permitem o exercício do direito de retenção.

(E) as benfeitorias necessárias introduzidas pelo locatário, se não autorizadas pelo locador, serão indenizáveis, mas não permitem o exercício do direito de retenção.

A: incorreta, pois as benfeitorias úteis apenas serão indenizáveis se forem autorizadas pelo locador (art. 35 da Lei 8.245/91); **B:** incorreta, pois as benfeitorias necessárias serão indenizáveis, ainda que não autorizadas pelo locador e a lei não estipula limite de valor. As benfeitorias úteis apenas serão indenizáveis com autorização do locador e as benfeitorias voluptuárias não são indenizáveis (art. 35 e 36 da Lei 8.245/91); **C:** incorreta, pois as benfeitorias voluptuárias não serão indenizáveis. O que a lei faculta é a sua retirada pelo locatário desde que não afete a estrutura e a substância do imóvel. Mas se afetar, o locatário não poderá retirá-las (art. 36 da Lei 8.245/91); **D:** correta, nos termos do art. 35 da Lei 8.245/91. O direito de retenção é permitido como uma forma de compensação, caso não haja o ressarcimento; **E:** incorreta, pois o não ressarcimento do valor das benfeitorias necessárias também permite o exercício do direito de retenção pelo locatário (art. 35 da Lei 8.245/91). GN

Gabarito "D".

(Procurador do Estado/SP - 2018 - VUNESP) O Estado de São Paulo celebrou contrato de locação de bem imóvel de propriedade de Marcos, casado sob o regime da comunhão universal de bens com Luiza, pelo prazo de 5 anos e com o escopo de ali instalar uma unidade policial. O contrato contém cláusula de vigência e foi averbado junto à matrícula do imóvel. A minuta do contrato indica como locador apenas Marcos, com menção ao fato de ser casado com Luiza, que não subscreveu o instrumento e vem a falecer doze meses após sua celebração, deixando dois filhos maiores e capazes. Nesse caso,

(A) por serem adquirentes *causa mortis*, os herdeiros de Luiza poderão denunciar o contrato no prazo de 90 dias, contados da abertura da sucessão.

(B) tratando-se de negócio jurídico que recai sobre patrimônio do casal, o prosseguimento válido da locação dependerá da inserção, via aditamento contratual, dos herdeiros de Luiza como locadores.

(C) o contrato deve ser declarado nulo por falta de legitimação originária, pois tratando-se de ato de alienação do uso e gozo de bem de propriedade do casal, imprescindível era a prévia autorização de Luiza.

(D) o contrato é válido, mas dependerá da ratificação expressa dos herdeiros de Luiza para conservar sua eficácia.

(E) é desnecessário, sob o prisma da validade, o aditamento do contrato para inserção dos herdeiros de Luiza como locadores.

A questão envolve dois conceitos do contrato de locação de imóvel urbano. O primeiro refere-se à necessidade de vênia conjugal. O art. 3º da Lei 8.245/1991 estabelece que: "*O contrato de locação pode ser ajustado por qualquer prazo, dependendo de vênia conjugal, se igual ou superior a dez anos"*. Ausente a vênia conjugal, *"o cônjuge não estará obrigado a observar o prazo excedente"*. Assim, em sua origem, o contrato de locação é válido. Ademais, não há necessidade de aditamento do contrato para inserir os herdeiros de Luiz como locadores. O referido bem será inventariado normalmente e – após a atribuição da meação para cada cônjuge – os direitos hereditários serão transferidos e assegurados. O art. 10 da Lei 8.245/91 ainda salienta que: *"Morrendo o locador, a locação transmite-se aos herdeiros"*.**GN**

Gabarito "E."

4.8. SEGURO

(Juiz de Direito/AP – 2022 – FGV) Sobre o contrato de seguro de vida, a jurisprudência do Superior Tribunal de Justiça permite afirmar que:

(A) a constituição em mora, de que trata o Art. 763 do Código Civil, exige prévia interpelação e, portanto, a mora no contrato de seguro de vida é *ex persona*;

(B) o pagamento de indenização prevista em contrato de seguro de vida é dispensado no caso de embriaguez do segurado;

(C) os contratos de seguro de vida cobrem a hipótese de suicídio desde o início da contratação;

(D) o atraso no pagamento do prêmio pelo segurado, independentemente da sua constituição em mora pela seguradora, implica a suspensão automática do contrato de seguro de vida;

(E) nos contratos de seguro regidos pelo Código Civil, a correção monetária sobre indenização securitária incide desde a ocorrência do sinistro até o efetivo pagamento.

Comentário: **A:** correta, nos termos no Enunciado 376 CJF "Para efeito de aplicação do art. 763 do Código Civil, a resolução do contrato depende de prévia interpelação" e Súmula 616 STJ que prevê: "A indenização securitária é devida quando ausente a comunicação prévia do segurado acerca do atraso no pagamento do prêmio, por constituir requisito essencial para a suspensão ou resolução do contrato de seguro." Logo, a mora é ex persona, pois exige a caracterização formal de sua ocorrência. Assim, tem o segurado de ser notificado pelo segurador, sob pena de não se configurar o estado de inadimplência; **B:** incorreta, pois prevê a Súmula 620 do STJ: "A embriaguez do segurado não exime a seguradora do pagamento da indenização prevista em contrato de seguro de vida"; **C:** incorreta, pois a Súmula 61 do STJ que previa que "O seguro de vida cobre o suicídio não premeditado" foi cancelada em sessão ordinária de 25 de abril de 2018 (Diário de Justiça Eletrônico Edição nº 2427 - Brasília, Disponibilização: Sexta--feira, 04 de Maio de 2018 Publicação: Segunda-feira, 07 de Maio de 2018). Em seu lugar temos a Súmula 610: "O suicídio não é coberto nos dois primeiros anos de vigência do contrato de seguro de vida, ressalvado o direito do beneficiário à devolução do montante da reserva técnica formada"; **D:** incorreta, pois não obstante a previsão do art. 763 CC, não há suspensão automática do contrato de seguro de vida em decorrência do inadimplemento do segurado nos termos da Súmula 616 STJ e Enunciado 376 CJF. Neste sentido colaciona-se o seguinte julgado: Civil e processual. Seguro. Automóvel. Atraso no pagamento de prestação. Ausência de prévia constituição em mora. Impossibilidade de automático cancelamento da avença pela seguradora. Dissídio jurisprudencial configurado. Cobertura devida. I. O mero atraso no pagamento de prestação do prêmio do seguro não importa em desfazimento automático do contrato, para o que se exige, ao menos, a prévia constituição em mora do contratante pela seguradora, mediante interpelação. II. Recurso *especial conhecido e provido (STJ, 2ª. S. RESP 316.552, Rel Min. Aldir Passarinho Junior, julg. 09.10.2002, publ. 12.04.2004);* **E:** incorreta, nos termos da Súmula

632 STJ *"Nos contratos de seguro regidos pelo Código Civil, a correção monetária sobre indenização securitária incide a partir da contratação até o efetivo pagamento".* **GR**

Gabarito "A."

(Advogado – Pref. São Roque/SP – 2020 – VUNESP) Considerando o entendimento da Jurisprudência sumulada do Superior Tribunal de Justiça sobre o contrato de seguro, pode-se corretamente afirmar:

(A) A embriaguez do segurado exime a seguradora do pagamento da indenização prevista em contrato de seguro de vida.

(B) O suicídio não é coberto nos dois primeiros anos de vigência do contrato de seguro de vida, não havendo o direito do beneficiário à devolução do montante da reserva técnica formada.

(C) Ressalvada a hipótese de efetivo agravamento do risco, a seguradora não se exime do dever de indenizar em razão da transferência do veículo sem a sua prévia comunicação.

(D) No seguro de responsabilidade civil facultativo, cabe o ajuizamento de ação pelo terceiro prejudicado direta e exclusivamente em face da seguradora do apontado causador do dano.

(E) Nas ações de indenização decorrente de seguro DPVAT, a ciência inequívoca do caráter permanente da invalidez, para fins de contagem do prazo prescricional, depende de laudo médico, mesmo nos casos em que o conhecimento anterior resulte comprovado na fase de instrução.

A: incorreta, pois a embriaguez do segurado *não* exime a seguradora do pagamento da indenização prevista em contrato de seguro de vida (Súmula 620 STJ); **B:** incorreta, pois o suicídio não é coberto nos dois primeiros anos de vigência do contrato de seguro de vida, *ressalvado* o direito do beneficiário à devolução do montante da reserva técnica formada (Súmula 610 STJ); **C:** correta (Súmula 465 STJ); **D:** incorreta, pois no seguro de responsabilidade civil facultativo, *não* cabe o ajuizamento de ação pelo terceiro prejudicado direta e exclusivamente em face da seguradora do apontado causador do dano (Súmula 529 STJ); **E:** incorreta, pois nas ações de indenização decorrente de seguro DPVAT, a ciência inequívoca do caráter permanente da invalidez, para fins de contagem do prazo prescricional, depende de laudo médico, *exceto* nos casos de invalidez permanente notória ou naqueles em que o conhecimento anterior resulte comprovado na fase de instrução (Súmula 573 STJ). **GR**

Gabarito "C."

4.9. FIANÇA

(Advogado – Pref. São Roque/SP – 2020 – VUNESP) Judas alugou uma casa de Pedro. José, casado sob o regime da comunhão universal de bens, foi o fiador do contrato de locação, sem a participação de sua esposa. Em razão de ter sido despedido de seu emprego, Judas deixou de pagar o aluguel. Após 12 meses sem pagamento, Judas e Pedro assinaram um aditamento do contrato, sem a participação de José, por meio do qual foram os valores em atraso perdoados e o aluguel aumentado em 50%. Judas continuou a não pagar o aluguel, e Pedro ajuizou uma ação de despejo contra Judas, cumulada com cobrança dos valores devidos. A ação foi julgada procedente e foi iniciado o cumprimento de sentença contra Judas e contra José, tendo sido penhorada a única casa deste, onde residia com sua família.

1. DIREITO CIVIL

Pode-se corretamente afirmar que

(A) a fiança prestada sem autorização de um dos cônjuges implica a ineficácia total da garantia, mesmo no regime da comunhão universal de bens.

(B) o fiador que não integrou a relação processual na ação de despejo responde pela execução do julgado, visto que sua responsabilidade decorre do contrato.

(C) o fiador, na locação, responde por obrigações resultantes de aditamento ao qual não anuiu, visto que o dever de pagar decorre do contrato aditado.

(D) a interrupção da prescrição para a cobrança dos aluguéis e acessórios atinge o fiador, que não participou da ação de despejo.

(E) não é válida a penhora de bem de família pertencente a fiador de contrato de locação.

A: correta, pois para que a fiança tenha efeito no caso do regime da comunhão universal de bens é indispensável a anuência do cônjuge (art. 1.647, III CC); **B:** incorreta, pois o fiador que não integrou a relação processual na ação de despejo por falta de pagamento não responde pela execução do julgado (Súmula 268 STJ); **C:** incorreta, pois o fiador na locação não responde por obrigações resultantes de aditamento ao qual não anuiu (Súmula 214 STJ); **D:** incorreta, pois se o fiador não participou da ação de despejo, a interrupção da prescrição para a cobrança dos aluguéis e acessórios não o atinge (edição 104 da Jurisprudência em Teses do STJ); **E:** incorreta, pois é válida a penhora de bem de família pertencente a fiador de contrato de locação (Súmula 549 STJ). GR

Gabarito "A".

4.10. OUTROS CONTRATOS E TEMAS COMBINADOS

(Juiz de Direito/AP – 2022 – FGV) Pedro (comodante) celebrou contrato de comodato com Maria (comodatária), tendo por objeto um imóvel de sua propriedade para que ela residisse com sua família pelo prazo de 12 meses. Findo esse prazo, Maria permaneceu no imóvel alegando não ter condições de realizar a sua mudança, que somente veio a se concretizar 6 meses depois.

Considerando o caso hipotético, é correto afirmar que:

(A) a negativa de Maria de sair do imóvel não gera automaticamente a mora *ex re* e depende de interpelação judicial ou extrajudicial por Pedro;

(B) a justificativa apresentada por Maria para permanecer no imóvel após o termo final do contrato de comodato descaracteriza a posse injusta e o esbulho possessório;

(C) Maria deverá pagar aluguel a Pedro após o termo final do contrato de comodato pelo prazo de 6 meses;

(D) o contrato de comodato passou a vigorar por prazo indeterminado, já que Pedro não realizou a interpelação judicial ou extrajudicial de Maria;

(E) após o termo final do contrato de comodato, como Maria permaneceu no imóvel, o contrato será considerado de locação e Pedro deverá ingressar com ação de despejo.

Comentário: A: incorreta, pois em se tratando de contrato de comodato com prazo determinado a mora é *ex re* e não precisa de interpelação extrajudicial ou judicial para notificar o comodatário (art. 397 CC); **B:** incorreta, pois a justificativa não torna a posse justa, visto que foi previamente acordado que o contrato se findaria após 12 meses. Assim, a partir do momento que ela permanece no imóvel se torna possuidora de má-fé (art. 1.202 cc) e a posse se torna injusta pela precariedade (art.

1200 CC); **C:** correta (art. 582 CC); **D:** incorreta, pois como o contrato já tinha prazo determinado a mora é *ex re*, então automaticamente Maria já deve ser considerada notificada (art. 397 CC), não havendo que se falar em prorrogação do contrato por prazo indeterminado; E: incorreta, pois Pedro, como possuidor indireto, deverá entrar com ação de reintegração de posse em face de Maria, uma vez que a posse se tornou precária (art. 1.196, 1.200 e 1.210 *caput* CC). Não há que se falar em ação de despejo. GR

Gabarito "C".

(Procurador do Município – Valinhos/SP – 2019 – VUNESP) Uma empresa de transporte aéreo teve problemas em uma de suas aeronaves e, por esse motivo, deslocou seus passageiros utilizando-se da locação de um ônibus, com uma alteração substancial e unilateral do contrato de transporte. No trajeto terrestre, os passageiros foram roubados e ameaçados com armas de fogo.

A título de responsabilidade civil, o contrato de transporte previsto no Código Civil e o tipo de transporte escolhido pelos passageiros, é correto dizer que

(A) não há indenização, pela existência de cláusula excludente.

(B) não há indenização, pela excludente de caso fortuito externo.

(C) há responsabilidade apenas da empresa de transporte rodoviário.

(D) há responsabilidade apenas da empresa de transporte aéreo.

(E) há responsabilidade concorrente entre as duas transportadoras.

A: incorreta, pois neste caso é nula qualquer cláusula excludente de responsabilidade (art. 734, *caput* CC); **B:** incorreta, pois o caso fortuito externo não exclui a responsabilidade. Apenas o que exclui a responsabilidade é a força maior (art. 734, *caput* CC); **C:** incorreta, pois não há responsabilidade da empresa de transporte rodoviário, uma vez que não houve contrato fechado entre ela e os passageiros. O contrato foi estabelecido entre as pessoas e a empresa de transporte aéreo, logo, tudo o que se passar durante a viagem é de responsabilidade desta última. É importante ressaltar que neste caso não há contrato cumulativo de transporte (art. 733 CC), por isso a responsabilidade será apenas da empresa aérea (art. 734, *caput* CC); **D:** correta, pois o contrato de transporte foi travado diretamente com ela, logo, ela responde pela boa prestação do serviço e também por todos os percalços que ocorrerem durante a prestação, salvo motivo de força maior (art. 734, *caput* CC); **E:** incorreta, pois não se trata de contrato cumulativo de transporte, logo, apenas a empresa aérea responde (art. 734, *caput* CC). GR

Gabarito "D".

(Juiz de Direito – TJ/AL – 2019 – FCC) Por força de contrato estimatório, Laura entregou certa quantidade de peças de vestuário a Isabela, que ficou autorizada a vender esses produtos a terceiros, pagando àquela o preço ajustado. Nesse caso, de acordo com o Código Civil,

(A) Isabela, se preferir, poderá restituir os produtos a Laura, no prazo estabelecido, caso em que ficará dispensada de pagar-lhe o preço ajustado.

(B) os produtos não poderão ser objeto de penhora ou sequestro pelos credores de Isabela, nem mesmo depois de pago integralmente o preço a Laura.

(C) Isabela se exonerará da obrigação de pagar o preço, se a restituição dos produtos, em sua integridade, se tornar impossível por fato não imputável a ela.

(D) Antes da concretização da venda por Isabela, Laura poderá dispor dos produtos, mesmo antes de lhe serem restituídos ou de lhe ser comunicada a restituição.

(E) Isabela atuará como mandatária de Laura, dado que ao contrato estimatório se aplicam, no que couber, as regras concernentes ao mandato.

A: correta, pois é facultado à consignatária vender os produtos, pagando à consignante o preço ajustado, ou se preferir, no prazo estabelecido, restituir-lhe a coisa consignada (art. 534 CC); **B:** incorreta, pois os produtos podem ser objeto de penhora ou sequestro pelos credores de Isabela depois de pago integralmente o preço a Laura (art. 536 CC); **C:** incorreta, pois ainda que a restituição se torne impossível por fato não imputável a ela, Isabela terá a obrigação de restituir o valor (art. 535 CC); **D:** incorreta, pois Laura não poderá dispor da coisa antes de lhe ser restituída ou de lhe ser comunicada a restituição (art. 537 CC); **E:** incorreta, pois não existe previsão legal neste sentido. Apenas aplicam-se as regras concernentes ao mandato aos contratos de agência e distribuição, no que couber (art. 721 CC). **GN**

Gabarito "A".

(Defensor Público Federal – DPU – 2017 – CESPE) Com relação a obrigações, contratos e responsabilidade civil, julgue os itens a seguir à luz do entendimento dos tribunais superiores.

(1) A Caixa Econômica Federal é agente-gestor do programa de arrendamento residencial, instituído pela Lei n.º10.188/2001, sendo responsável tanto pela aquisição quanto pela construção dos imóveis, os quais permanecerão em sua propriedade até que os particulares que firmaram contratos de arrendamento com opção de compra possam adquirir o bem ao final do contrato.

(2) A aplicação da teoria da perda da chance pressupõe uma possibilidade concreta, real e com alto grau de probabilidade de se garantir um benefício ou sofrer um prejuízo, bem como que a ação ou omissão do agente tenha nexo causal com a perda da oportunidade de exercer a chance.

(3) A correção monetária objetiva a manutenção do poder aquisitivo da moeda, corrigindo o valor nominal da obrigação. Por isso, essa atualização deve observar as oscilações inflacionárias positivas e desconsiderar as negativas.

(4) A recusa injustificada da operadora de plano de saúde em autorizar cobertura financeira de tratamento médico a que esteja contratualmente obrigada enseja indenização a título de danos morais.

(5) Nos contratos celebrados pelo SFH, admite-se a capitalização de juros em periodicidade inferior à anual, desde que pactuada de forma expressa.

1: Correta, nos moldes da Lei 10.188/2001, em seu artigo 1º, § 1º, que diz: "A gestão do Programa cabe ao Ministério das Cidades e sua operacionalização à Caixa Econômica Federal – CEF"o parágrafo único do artigo 4º: "As operações de aquisição, construção, recuperação, arrendamento e venda de imóveis obedecerão aos critérios estabelecidos pela CEF, respeitados os princípios da legalidade, finalidade, razoabilidade, moralidade administrativa, interesse público e eficiência, ficando dispensada da observância das disposições específicas da lei geral de licitação". **2:** Correta, em consonância com a jurisprudência do Superior Tribunal de Justiça: Recurso especial. Responsabilidade civil. Teoria da perda de uma chance. Hospital. Atuação negligente. Óbito. Indenização pela chance perdida. Valor da indenização. Razoabilidade. Súmula n. 7/STJ. 1. Recurso especial interposto contra acórdão publicado na vigência do Código de Processo Civil de 1973

(Enunciados Administrativos ns. 2 e 3/STJ). 2. A teoria da perda de uma chance comporta duplo viés, ora justificando o dever de indenizar em decorrência da frustração da expectativa de se obter uma vantagem ou um ganho futuro, desde que séria e real a possibilidade de êxito (perda da chance clássica), ora amparando a pretensão ressarcitória pela conduta omissiva que, se praticada a contento, poderia evitar o prejuízo suportado pela vítima (perda da chance atípica). 3. Hipótese em que a morte da paciente não resultou do posterior agravamento da enfermidade diagnosticada a destempo, mas de um traumatismo crânio-encefálico resultante da queda de uma escada em sua própria residência um dia depois da última consulta médica realizada, não se podendo afirmar com absoluta certeza que o acidente doméstico ocorreu em razão das tonturas que ela vinha sentindo e que a motivou a procurar auxílio médico. 4. À luz da teoria da perda de uma chance, o liame causal a ser demonstrado é aquele existente entre a conduta ilícita e a chance perdida, sendo desnecessário que esse nexo se estabeleça diretamente com o dano final. 5. Existência de laudo pericial conclusivo quanto à efetiva concorrência da enfermidade extemporaneamente diagnosticada para o resultado morte, tendo em vista que a baixa contagem de plaquetas foi determinante para que não fosse possível estancar a hemorragia intracraniana da paciente. 6. Atuação negligente dos profissionais médicos que retirou da paciente uma chance concreta e real de ter um diagnóstico correto e de alçar as consequências normais que dele se poderia esperar. 7. Na responsabilidade civil pela perda de uma chance, o valor da indenização não equivale ao prejuízo final, devendo ser obtido mediante valoração da chance perdida, como bem jurídico autônomo. 8. Ainda que estabelecidos os danos morais em R$ 50.000,00 (cinquenta mil reais) com base no sofrimento e na angústia do autor pela morte de sua esposa, não se mostra desarrazoada a quantia fixada a esse título, mesmo considerando que a indenização deve reparar apenas a chance perdida. 9. Recurso especial não provido. (REsp 1677083 SP, Terceira Turma, DJe 20/11/2017, Ministro Ricardo Villas Bôas Cueva). **3:** Errada, conforme posição do STJ, ratificada em julgamento de recurso repetitivo: Recurso especial representativo de controvérsia. Civil e processual civil. Planta comunitária de telefonia. Restituição do valor investido. Cumprimento de sentença. Aplicação de índices negativos de correção monetária. Cabimento. Rejeição da impugnação ao cumprimento de sentença. Honorários advocatícios. Descabimento. 1. Para fins do art. 543-C do CPC: Aplicam-se os índices de deflação na correção monetária de crédito oriundo de título executivo judicial, preservado o seu valor nominal. 2. Caso concreto: 2.1 Aplicação da tese à espécie. 2.2 "Não são cabíveis honorários advocatícios pela rejeição da impugnação ao cumprimento de sentença" (REsp 1.134.186/RS, rito do art. 543-C do CPC). 3. Recurso Especial Provido. (REsp 1.361.191/RS, Rel. Ministro Paulo De Tarso Sanseverino, Corte Especial, julgado em 19/3/2014, DJe 27/6/2014). **4.** Correta, "Agravo regimental no agravo (artigo 544 do CPC) – Demanda postulando indenização por dano moral em razão da indevida negativa de custeio de tratamento médico em unidade de terapia intensiva – Decisão monocrática negando provimento ao reclamo, mantida a inadmissão do recurso especial. Insurgência da operadora de plano de saúde. 1. Indenização por danos morais. A jurisprudência do STJ é no sentido de que a recusa indevida/injustificada, pela operadora de plano de saúde, em autorizar a cobertura financeira de tratamento médico, a que esteja legal ou contratualmente obrigada, enseja reparação a título de dano moral, por agravar a situação de aflição psicológica e de angústia no espírito do beneficiário. Caracterização de dano moral *in re ipsa*. Precedentes. Incidência da Súmula 83/STJ. 2. Alegado descabimento da multa por litigância de má-fé cominada na origem. Ausência de impugnação de fundamento autônomo apto à manutenção do acórdão estadual, qual seja: verificada a conduta de oferecer contestação alterando a verdade dos fatos. Aplicação da Súmula 283/STF. 3. Insurgências atinentes à inépcia da inicial da cautelar e aos honorários advocatícios. Muito embora tenha havido a indicação expressa dos dispositivos legais tido por violados (artigos 20, §§ 3º e 4º, e 801 do CPC), o recorrente não procedeu à devida fundamentação, pois não evidenciou como o acórdão recorrido teria desrespeitado as normas legais invocadas, o que não permite verificar se a legislação federal infraconstitucional restou, ou não, malferida. Incidência da Súmula 284/STF. 4. Agravo regimental desprovido. (AgRg no AREsp 424513 / SP, Ministro Marco Buzzi (1149), Quarta Turma, DJe 08/04/2014). **5.** Correta. O Superior Tribunal de Justiça reafirmou, nos julgados dos recursos repetitivos, o entendimento já havia sido firmado em 2015 coma educação da Súmula 539 do STJ: "É permitida a capitalização de juros com periodicidade inferior à anual em contratos celebrados com instituições integrantes do Sistema Financeiro Nacional a partir de 31/3/2000 (MP n. 1.963-17/2000, reeditada como MP n. 2.170-36/2001), desde que expressamente pactuada". GN

Gabarito 1C, 2C, 3E, 4C, 5C

(Promotor de Justiça – MPE/RS – 2017) Assinale a alternativa **INCORRETA** quanto aos Contratos.

(A) A boa-fé objetiva deve estar presente tanto na conclusão como na execução do contrato, ou seja, em todas as fases do negócio jurídico. Na fase negocial, a proposta vincula o proponente, deixando de ser obrigatória, se, feita sem prazo à pessoa presente, não for imediatamente aceita.

(B) O contrato de compra e venda será anulável no caso de a venda recair sobre bem de família instituído de forma convencional ou voluntária.

(C) Os contratos de transação e doação somente admitem interpretação restritiva.

(D) Para a configuração de sua legitimação, os curadores não poderão dar em comodato bens confiados à sua guarda, sem antes obterem autorização judicial, com a prévia oitiva do Ministério Público.

(E) Os fiadores exoneram-se da garantia prestada no contrato de locação, bem como da solidariedade em relação ao locatário, se não houve anuência em relação ao pacto moratório.

A: correta. O princípio da boa-fé objetiva (CC, art. 422) deve estar presente antes, durante e depois do contrato. Nessa esteira, segue o Enunciado 25 do CJF. Quanto à proposta feita a pessoa presente, de fato ela deixa de ser obrigatória se não foi imediatamente aceita (CC, art. 428, I); **B:** incorreta, pois a instituição do bem de família não impede a venda do bem. A grande consequência jurídica da instituição é torná-lo "*isento de execução por dívidas posteriores à sua instituição*" (CC, art. 1.715); **C:** correta, pois "*Os negócios jurídicos benéficos e a renúncia interpretam-se estritamente*" (CC, art. 114), ao passo que a transação "*interpreta-se restritivamente, e por ela não se transmitem, apenas se declaram ou reconhecem direitos*" (CC, art. 843); **D:** correta, pois a assertiva reproduz a proibição constante do art. 580 do Código Civil; **E:** correta, pois "*O fiador, ainda que solidário, ficará desobrigado: se, sem consentimento seu, o credor conceder moratória ao devedor*" (CC, art. 838, I). GN

Gabarito "B"

(Juiz – TJ-SC – FCC – 2017) Na incorporação imobiliária, a submissão ao regime de afetação é:

(A) facultativo ao incorporador e, por esse regime, o terreno e as acessões objeto de incorporação imobiliária, bem como os demais bens e direitos a ela vinculados, manter-se-ão apartados do patrimônio do incorporador e constituirão patrimônio de afetação, destinado à consecução da incorporação correspondente e à entrega das unidades imobiliárias aos respectivos adquirentes.

(B) obrigatório para os incorporadores e, por esse regime, o terreno e as acessões objeto de incorporação imo-biliária, bem como os demais bens e direitos a ela vinculados, manter-se-ão apartados do patrimônio do incorporador e constituirão patrimônio de afetação, destinado à consecução da incorporação correspondente e à entrega das unidades imobiliárias aos respectivos adquirentes.

(C) obrigatório e considera-se constituído mediante averbação, a qualquer tempo, no registro imobiliário, de termo firmado pelo incorporador e a averbação não será obstada pela existência de ônus reais sobre o imóvel objeto de incorporação para garantia de pagamento do preço de sua aquisição ou do cumprimento de obrigação de constituir o empreendimento.

(D) obrigatório e tem por finalidade exclusivamente excluir os efeitos da falência do incorporador.

(E) facultativo, só ficando atingido o empreendimento por dívidas destinadas à consecução da incorporação correspondente e à entrega das unidades imobiliárias aos respectivos adquirentes, exceto no caso de falência ou insolvência civil do incorporador, quando os adquirentes das unidades serão classificados como credores privilegiados, para recebimento de indenização por perdas e danos, caso o empreendimento não se concretize.

Pelo sistema da afetação, o terreno e acessões referentes ao projeto imobiliário ficam separados dos bens do incorporador e passam a constituir o chamado "patrimônio de afetação", o qual será destinado à consecução da incorporação e à entrega das unidades imobiliárias aos seus respectivos adquirentes. Trata-se de uma garantia adicional que é dada ao adquirente da unidade imobiliária, o que estimula novos compradores e aquece o mercado imobiliário. Tal sistema de afetação, todavia, não é obrigatório e fica ao critério do incorporador (art. 31-A da Lei 4.591/1964, com a redação dada pela Lei 10.931/2004). GN

Gabarito "A"

5. RESPONSABILIDADE CIVIL

(Delegado/RJ – 2022 – CESPE/CEBRASPE) Lauro abalroou o veículo de Túlio, causando-lhe lesões corporais, pelas quais foi absolvido na esfera criminal por não ter concorrido para a infração penal. Todavia, inconformado, Túlio deduziu pretensão condenatória contra o causador do dano na esfera civil, para se ressarcir dos danos materiais e morais decorrentes do acidente.

Nessa situação hipotética,

(A) Lauro não poderá ser condenado a ressarcir Túlio na esfera civil.

(B) Túlio poderá obter sentença favorável ao pagamento de danos morais.

(C) Lauro poderá ser condenado ao ressarcimento dos danos materiais causados ao veículo.

(D) Túlio poderá obter sentença favorável ao pagamento das despesas médico-hospitalares.

(E) Lauro poderá ser condenado ao pagamento dos lucros cessantes decorrentes do acidente.

A: correta, pois considerando que no juízo criminal ficou provado que Lauro não foi o autor causador das lesões, sendo portanto absolvido, Túlio não terá direito a indenização na esfera civil (art. 935 do CC); **B:** incorreta, pois ainda que a responsabilidade civil seja independente da criminal, quando restar provado na esfera criminal que o fato não existiu ou que o acusado não foi o seu autor, não há que se discutir direito à indenização de nenhuma natureza na esfera cível, seja dano moral seja dano material (art. 935 do CC); **C:** incorreta, nos termos da justificativa da alternativa B (art. 935 do CC); **D:** incorreta, pois não há que se falar em condenação ao pagamento de despesas-médico hospitalares, , nos termos da justificativa da alternativa B (art. 935 do CC); **E:** incorreta, pois Lauro não poderá ser condenado a pagar lucros cessantes, nos termos da justificativa da alternativa B (art. 935 do CC). **GR**

Gabarito "A".

(Delegado/MS – 2017 - FAPEMS) Sobre a responsabilidade civil, assinale a alternativa correta.

(A) A teoria da perda de uma chance pode ser utilizada como critério para a apuração de responsabilidade civil ocasionada por erro médico, na hipótese em que o erro tenha reduzido possibilidades concretas e reais de cura de paciente que venha a falecer em razão da doença tratada de maneira inadequada.

(B) Mesmo em situações normais, a instituição financeira pode ser responsabilizada por assalto sofrido por sua correntista em via pública, isto é, fora das dependências de sua agência bancária, após retirada, na agência, de valores em espécie. Estaria caracterizada uma falha na prestação de serviços, devido ao risco da atividade desenvolvida [artigo 927, parágrafo único, do Código Civil].

(C) Há entendimento sumulado do Superior Tribunal de Justiça no sentido de vedar a cumulação das indenizações por dano estético e dano moral.

(D) Para o Superior Tribunal de Justiça, a responsabilidade civil do Estado, nos casos de morte de pessoas custodiadas, é subjetiva, ficando caracterizada se provada a omissão estatal.

(E) De acordo com o Supremo Tribunal Federal, considerando que é dever do Estado, imposto pelo sistema normativo, manter em seus presídios os padrões mínimos de humanidade previstos no ordenamento jurídico, é de sua responsabilidade, nos termos do artigo 37, parágrafo 6º, da Constituição vigente, a obrigação de ressarcir os danos, inclusive morais, comprovadamente causados aos detentos em decorrência da falta ou insuficiência das condições legais de encarceramento. Nesse recente julgamento, prevaleceu a tese de que a indenização não deve ser em dinheiro, mas em dias remidos.

A: correta, pois a perda de uma chance envolve a ideia de se subtrair da vítima não um valor exato ou um dano certo, mas uma possibilidade de êxito, uma probabilidade de ganho futuro. Segundo o STJ é exatamente isso o que ocorre quando um erro médico reduz possibilidade futura e concreta de cura (e AgInt no AREsp 140.251/MS, Rel. Ministra Maria Isabel Gallotti, Quarta Turma, julgado em 03/08/2017, DJe 08/08/2017); **B:** incorreta, pois o STJ entende que – nesse tipo de situação – a responsabilidade é do Estado e não da instituição financeira. A ideia é que "*O risco inerente à atividade exercida pela instituição financeira não a torna responsável pelo assalto sofrido pela autora, fora das suas dependências*" (REsp 1284962/MG, Rel. Ministra Nancy Andrighi, Terceira Turma, julgado em 11/12/2012, DJe 04/02/2013); **C:** incorreta, pois a assertiva é oposta ao texto da Súmula n. 387 do STJ, segundo a qual: "*É lícita a cumulação das indenizações de dano estético e dano moral*"; **D:** incorreta, pois o STJ se posiciona no sentido de que: "*A responsabilidade civil do Estado nos casos de morte de pessoas custodiadas é objetiva*" (REsp 1054443/MT, Rel. Ministro Castro Meira, Segunda Turma, julgado em 04/08/2009, DJe 31/08/2009); **E:** incorreta. A assertiva refere-se ao RE 580252, julgado em 16 de fevereiro de 2017, no qual se estabeleceu a tese mencionada, com a ressalva de

que a indenização seria em dinheiro (no caso, o Estado deveria pagar R$ 2.000 ao autor da ação). RE 580252, Relator: Min. Teori Zavascki, Relator para o acórdão: Min. Gilmar Mendes, Tribunal Pleno, julgado em 16/02/2017, Acórdão Eletrônico DJe-204 Divulg 08-09-2017 Public 11-09-2017). **GN**

Gabarito "A".

5.1. OBRIGAÇÃO DE INDENIZAR

(Juiz de Direito/AP – 2022 – FGV) Jurema, ao conduzir o seu veículo por uma estrada de mão dupla, é surpreendida com um carro na contramão e em alta velocidade dirigido por Maurício. Para se esquivar de uma possível colisão, Jurema realiza manobra vindo a atropelar Bento, que estava na calçada e sofreu um corte no rosto, o que o impediu de realizar um ensaio fotográfico como modelo profissional.

Considerando a situação hipotética, é correto afirmar que Jurema:

(A) praticou ato ilícito e deverá indenizar Bento;

(B) agiu em estado de necessidade e não deverá indenizar Bento, pois o ato é lícito;

(C) agiu em estado de necessidade e deverá indenizar Bento, apesar do ato ser lícito;

(D) e Maurício devem indenizar Bento, pois praticaram atos ilícitos;

(E) praticou ato ilícito e deve indenizar Bento, mas não poderá ingressar com ação de regresso em face de Maurício.

Comentário: **A:** incorreta, pois na realidade o ato ilícito foi realizado por um terceiro, Maurício (art. 930 *caput* CC). Jurema agiu em estado de necessidade para salvar sua vida e acabou prejudicando Bento, mas o real causador de todo o dano foi Maurício; **B:** incorreta, pois apesar de Jurema não ser a causadora primária do dano, foi ela que atropelou Bento. Neste caso ela deverá de indenizá-lo e depois terá direito de ação regressiva contra Maurício (art. 930 *caput* CC); **C:** correta (art. 930 *caput* CC); **D:** incorreta, pois Jurema que deverá indenizá-lo e depois cobrar o valor de Maurício (art. 930 *caput* CC); **E:** incorreta, pois poderá entrar com ação de regresso contra Maurício (art. 930 *caput* CC). **GR**

Gabarito "C".

(Juiz de Direito/AP – 2022 – FGV) Adalberto está sendo acusado de, ao conduzir seu veículo embriagado, ter atropelado e causado danos a Lucélia. Ele está sendo acionado na esfera criminal por conta das lesões que teria causado a ela.

Sobre sua obrigação de indenizá-la na esfera cível pelos danos sofridos, é correto afirmar que:

(A) ainda que condenado na esfera criminal, a quantificação do dever de indenizar depende de procedimento cível, tendo em vista a diversidade de requisitos entre o ilícito penal e o civil;

(B) a absolvição no âmbito penal impede que ele seja condenado no âmbito cível, se a sentença for fundada na inexistência do fato ou da autoria;

(C) a sentença penal absolutória fundada em excludente de ilicitude vincula o juízo cível, inviabilizando qualquer pretensão da vítima à indenização em face dele;

(D) absolvido na seara criminal por falta de provas do fato, da culpa ou da autoria, fica Adalberto liberado de responsabilidade civil;

1. DIREITO CIVIL

(E) a sentença penal absolutória fundada em atipicidade do fato afasta a obrigação de indenizar na esfera cível, inviabilizando a investigação sobre ato ilícito nessa seara.

Comentário: **A:** incorreta, pois a Lei nº 11.719 de 20 de Junho de 2008 fez alteração no Código de Processo Penal, no tocante ao acréscimo do parágrafo único, do artigo 63 e o inciso IV, do artigo 387, que trata que o juiz criminal, ao pronunciar uma sentença penal condenatória, poderá, também, de imediato, determinar um o valor mínimo para que haja a reparação dos danos causados pelo ato ilícito, mas o ofendido tem a possibilidade de aumentar este valor (valor mínimo) no juízo cível, através de uma liquidação de sentença, sendo onde será determinado o real valor do dano.; **B:** correta (art. 935 CC); **C:** incorreta, pois a sentença penal absolutória fundada em excludente de ilicitude não impede a restauração no juízo cível, uma vez que o fato ocorreu e se sabe quem é o seu autor. Logo, o dano deve ser reparado (art. 935 CC); **D:** incorreta, pois Adalberto apenas ficará liberado do juízo cível se ficar provado que ele não foi o autor ou que o fato não existiu. Em todos os outros casos ele ainda pode ser acionado no juízo cível (art. 935 CC); **E:** incorreta, pois a atipicidade apenas mostra que o fato não era crime, mas se ficar provado que ele existiu e que Adalberto foi o seu autor, ele terá de indenizar (art. 935 CC). **GR**
Gabarito "B".

(Procurador/PA – CESPE – 2022) Julgue os itens que se seguem, acerca da responsabilidade civil.

I. Após um longo período de insegurança decorrente das teorias pautadas na chamada sociedade de risco, a responsabilidade civil, plasmada nos modelos clássicos oitocentistas de codificação civil, com foco central na culpa do agente causador do dano, tem sido resgatada pela doutrina e jurisprudência do Superior Tribunal de Justiça, que cada vez mais se afasta do modelo objetivo de responsabilidade e se apoia, para caracterizar o dever de indenizar, nos elementos dano certo, conduta culposa e nexo de causalidade.

II. A jurisprudência do Superior Tribunal de Justiça firmou-se no sentido de considerar objetiva a responsabilidade das instituições bancárias por danos causados por terceiro que abrir conta-corrente ou receber empréstimo mediante fraude, dado que tais práticas caracterizam-se como fortuito interno.

III. A jurisprudência do Superior Tribunal de Justiça consolidou o entendimento de que é indevido o pensionamento no caso de morte de filho menor. No caso de morte de filho maior, desde que comprovada a dependência econômica dos pais, estes têm direito a pensão, que deve ser fixada em 1/3 do salário percebido pelo falecido filho até o ano em que ele completaria 65 anos de idade.

IV. Em conformidade com a jurisprudência sumulada do Superior Tribunal de Justiça, o termo inicial da correção monetária incidente sobre a indenização por danos morais é a data do arbitramento, e os juros moratórios, em se tratando de responsabilidade extracontratual, incidem desde a data do evento danoso.

Estão certos apenas os itens

(A) I e II.

(B) II e IV.

(C) III e IV.

(D) I, II e III.

(E) I, III e IV.

I: incorreta, pois segundo a doutrina, a responsabilidade civil vem se fixando na objetiva, afastando-se da subjetiva, característica do CC/1916. **II:** correta (Súmula 479 STJ e Precedentes qualificados/Tema repetitivo 466 STJ); **III:** incorreta, pois "A jurisprudência do STJ consolidou-se no sentido de ser devido o pensionamento, mesmo no caso de morte de filho(a) menor. E, ainda, de que a pensão a que tem direito os pais deve ser fixada em 2/3 do salário percebido pela vítima (ou o salário mínimo caso não exerça trabalho remunerado) até 25 (vinte e cinco) anos e, a partir daí, reduzida para 1/3 do salário até a idade em que a vítima completaria 65 (sessenta e cinco) anos. (AgInt no REsp 1287225/SC, Rel. Ministro Marco Buzzi, Quarta Turma, julgado em 16/03/2017, DJe 22/03/2017)AgInt no AREsp 1867343/SP, Rel. Ministro Luis Felipe Salomão, Quarta Turma, julgado em 14/12/2021, DJe 01/02/2022; **IV:** correta (súmulas 362 e 54 STJ). **GR**
Gabarito "B".

(Procurador Município – Santos/SP – VUNESP – 2021) Ricardo, motorista da Prefeitura de Santos, perdeu o controle do veículo e atropelou Maurício, que se encontrava sobre a calçada, levando-o a óbito. Maurício era solteiro, desempregado, morador de rua, mas deixou dois filhos maiores e independentes, que moram em outra região do País e com os quais não mantinha contato desde a infância. Ricardo foi absolvido da acusação de homicídio porque não restou comprovada a alegação de embriaguez e apurou-se que o acidente se deu por defeito mecânico no veículo. No entanto, os filhos de Maurício pretendem receber indenização por danos morais decorrentes da morte do pai.

Assinale a alternativa correta.

(A) A sentença absolutória criminal faz coisa julgada no cível, de modo que, embora tenham direito a indenização, os filhos de Maurício não podem mais propor nenhuma ação.

(B) A sentença absolutória criminal faz coisa julgada no cível, mas os filhos de Maurício podem propor ação de indenização contra a Prefeitura, que tem responsabilidade objetiva.

(C) A sentença absolutória criminal faz coisa julgada no cível, de modo que os filhos de Maurício não têm direito a nenhuma indenização porque não restou comprovada a embriaguez do motorista da Prefeitura.

(D) A sentença absolutória criminal faz coisa julgada no cível, mas os filhos de Maurício podem propor ação de indenização contra a Prefeitura, que tem ação de regresso contra o motorista.

(E) A sentença absolutória criminal faz coisa julgada no cível, mas os filhos de Maurício podem propor ação de indenização contra a Prefeitura e o motorista, porque este tem responsabilidade subjetiva e aquela tem responsabilidade objetiva.

A: incorreta, pois a sentença absolutória criminal faz coisa julgada no cível apenas se no juízo criminal restar comprovada a inexistência do fato ou de que a pessoa acusada não era a autora. Sob outras justificativas não há coisa julgada no juízo cível. Logo, os filhos de Maurício podem propor nova ação para indenização (art. 935 CC); **B:** correta (art. 935 c.c 927 parágrafo único CC e art. 37, § 6º CF); **C:** incorreta, pois os filhos de Maurício podem pleitear indenização, pois não houve coisa julgada no juízo cível, uma vez que a sentença absolutória criminal faz coisa julgada no cível apenas se no juízo criminal restar comprovada a inexistência do fato ou de que a pessoa acusada não era a autora. Não é necessário que seja comprovada a embriaguez de Ricardo, pois a responsabilidade da prefeitura é objetiva (art. 927, parágrafo único cc. Art. 37, § 6º CF); **D:** incorreta, pois novamente neste caso a sentença absolutória não faz coisa julgada no cível (art. 935 CC) e a Prefeitura apenas terá direito de regresso contra Ricardo se ficar comprovado seu dolo ou culpa (art. 37, § 6º CF). No caso, porém, já ficou provado que o acidente se deu por falha mecânica no veículo, logo a Prefeitura não terá êxito no direito de regresso; **E**: incorreta, pois novamente neste caso a sentença absolutória não faz coisa julgada no cível (art. 935 CC) e os filhos de Maurício devem acionar judicialmente apenas a Prefeitura, pois o motorista trabalhava em nome desta, portanto ela que tem a responsabilidade (art. 932, III CC). GR

Gabarito "B".

(Advogado – Pref. São Roque/SP – 2020 – VUNESP) De acordo com a Jurisprudência sumulada, acerca do dano moral, pode-se corretamente afirmar que

(A) a simples devolução indevida de cheque caracteriza dano moral, mas não a apresentação antecipada de cheque pré-datado.

(B) são civilmente responsáveis pelo ressarcimento de dano, decorrente de publicação pela imprensa, o autor do escrito e subsidiariamente o proprietário do veículo de divulgação, caso demonstrada a existência de dolo ou culpa deste.

(C) a pessoa jurídica não pode sofrer dano moral.

(D) é lícita a cumulação das indenizações de dano estético e dano moral, mas não são cumuláveis as indenizações por dano moral e material oriundos do mesmo fato.

(E) da anotação irregular em cadastro de proteção ao crédito não cabe indenização por dano moral quando preexistente legítima inscrição, ressalvado o direito ao cancelamento.

A: incorreta, pois caracteriza dano moral a apresentação antecipada de cheque pré-datado (Súmula 370 STJ); **B**: incorreta, pois são civilmente responsáveis pelo ressarcimento de dano, decorrente de publicação pela imprensa, tanto o autor do escrito quanto o proprietário do veículo de divulgação (Súmula 221 STJ); **C**: incorreta, pois a pessoa jurídica pode sofrer dano moral (Súmula 227 STJ); **D**: incorreta, pois são cumuláveis as indenizações por dano material e dano moral oriundos do mesmo fato (Súmula 37 STJ); **E**: correta (Súmula 385 STJ). GR

Gabarito "E".

(Procurador do Município – Valinhos/SP – 2019 – VUNESP) Ocorrendo manifestações contra o aumento do valor da passagem de ônibus, grupo identificado danifica o prédio da prefeitura, quebrando seus vidros e um portal histórico e tombado por seu valor artístico. Diante desses fatos, é possível dizer que os responsáveis poderão responder por dano

(A) estético e moral.

(B) material e estético.

(C) coletivo e moral.

(D) material e social.

(E) cultural e moral coletivo.

A: incorreta, pois o dano estético é uma alteração corporal morfológica interna ou externa que cause desagrado e repulsa não só para a pessoa ofendida, como também para quem a observa (art. 949 CC). O dano moral é aquele que afeta a personalidade e, de alguma forma, ofende a moral e a dignidade da pessoa (arts. 186 e 927, *caput* CC). No caso em tela temos um prédio danificado e um portal histórico quebrado, logo, nenhum dos dois se enquadra nessas definições; **B**: incorreta, pois apesar de os vidros quebrados na prefeitura consistirem dano material, o portal histórico danificado não configura dano estético. A título de informação, os danos materiais constituem prejuízos ou perdas que atingem o patrimônio corpóreo de alguém. Nos termos do artigo 402 do Código Civil,

os danos materiais podem ser subclassificados em danos emergentes (o que efetivamente se perdeu) ou lucros cessantes (o que razoavelmente se deixou de lucrar); **C**: incorreta, pois o dano coletivo (chamado na verdade de "dano moral coletivo") é a injusta lesão da esfera moral de uma dada comunidade, ou seja, é a violação antijurídica de um determinado círculo de valores coletivos. Já o dano moral é aquele que afeta a personalidade e, de alguma forma, ofende a moral e a dignidade da pessoa (art. 186 e 927 *caput* CC). Nenhuma das duas definições se encaixa na hipótese do enunciado; **D**: correta, pois o apedrejamento ao prédio da prefeitura que causou a quebra dos vidros configura dano material, pois houve um prejuízo ao patrimônio corpóreo (art. 402 CC). De outra parte, temos que dano social são lesões à sociedade, no seu nível de vida, tanto por rebaixamento de seu patrimônio moral – principalmente a respeito da segurança – quanto por diminuição de sua qualidade de vida. Dessa maneira, para que ocorra o dano social, o ato deve ser lesivo não só ao patrimônio material e moral da vítima, mas também à coletividade. Trata-se de uma nova categoria de dano no âmbito da responsabilidade civil do Direto Brasileiro. A danificação do portal histórico configura dano social, uma vez que tratava-se de patrimônio tombado, fruto de grande apreço por aquela comunidade. O dano precisará ser reparado nos termos dos arts. 186 e 927, *caput* CC; **E**: incorreta, pois dano cultural é toda lesão causada por atividade humana positiva ou negativa, culposa ou não, que implique em perda, diminuição ou detrimento significativo, com repercussão negativa aos atributos de bens integrantes do patrimônio cultural brasileiro. A quebra dos vidros da prefeitura não se encaixa nessa categoria. Já o dano moral coletivo é a injusta lesão da esfera moral de uma dada comunidade, ou seja, é a violação antijurídica de um determinado círculo de valores coletivos. A quebra do portal tombado não se enquadra nesta definição. GR

Gabarito "D".

(Promotor de Justiça/PR – 2019 – MPE/PR) São responsáveis pela reparação civil:

I. Os pais, pelos filhos menores que estiverem sob sua autoridade e em sua companhia.

II. O empregador ou comitente, por seus empregados, serviçais e prepostos, no exercício do trabalho que lhes competir, ou em razão dele.

III. Os que, gratuita ou onerosamente, houverem participado nos produtos do crime, até a concorrente quantia.

(A) Apenas a I está correta.

(B) Apenas a II está correta.

(C) Apenas III está correta.

(D) Apenas I e II estão corretas.

(E) Apenas II e III estão corretas.

I: certa (art. 932, I CC); **II**: certa (art. 932, III CC); **III**: errada, pois são também responsáveis pela reparação civil apenas os que *gratuitamente* houverem participado nos produtos do crime, até a concorrente quantia (art. 932, V CC). Logo a alternativa correta é a letra D. GR

Gabarito "D".

João foi gravemente agredido por Pedro, de quinze anos de idade. Em razão do ocorrido, João pretende ajuizar ação de indenização por danos materiais e morais contra Pedro e os pais deste, Carlos e Maria. No momento da agressão, Carlos e Maria estavam divorciados e a guarda de Pedro era exclusiva de Maria.

(Promotor de Justiça/CE – 2020 – CESPE/CEBRASPE) Acerca dessa situação hipotética, assinale a opção correta, de acordo com o entendimento do STJ.

(A) A ação deve ser ajuizada exclusivamente em desfavor dos pais de Pedro, porque, conforme a legislação, ele, por ser menor, não possui responsabilidade civil por seus atos.

(B) A responsabilidade civil de Pedro pela reparação dos danos é subsidiária, em relação a seus pais/responsáveis, e mitigada.

(C) Há litisconsórcio necessário entre Pedro e seus pais, em razão da responsabilidade solidária entre o incapaz e seus genitores.

(D) A ação poderá ser ajuizada contra os pais de Pedro somente se for demonstrado que ele não possui patrimônio para reparar o dano.

(E) A condição de guardião do filho menor é requisito essencial para a responsabilização por ato praticado por incapaz, motivo pelo qual Carlos não possui legitimidade para figurar na ação de responsabilidade civil.

A: incorreta, pois a legislação atribuiu a responsabilidade ao menor quando os seus pais não tiverem condições de arcar com a indenização (art. 928, *caput* CC); **B:** correta, pois a responsabilidade civil do incapaz pela reparação dos danos é subsidiária e mitigada (art. 928, *caput* CC). É subsidiária porque apenas ocorrerá quando os seus genitores não tiverem meios para ressarcir as vítimas; é condicional e mitigada porque não poderá ultrapassar o limite humanitário do patrimônio mínimo do infante (art. 928, parágrafo único CC e Enunciado 39 CJF); e deve ser equitativa tendo em vista que a indenização deverá ser equânime sem a privação do mínimo necessário para a sobrevivência digna do casal (art. 928, parágrafo único CC e Enunciado 449 CJF) – Resp. 1436401-MG; **C:** incorreta, pois não há litisconsórcio passivo necessário, pois não há obrigação – nem legal, nem por força da relação jurídica (unitária) - da vítima lesada em litigar contra o responsável e o incapaz. É possível, no entanto, que o autor, por sua opção e liberalidade, tendo em conta que os direitos ou obrigações derivem do mesmo fundamento de fato ou de direito (CPC/73, art. 46, II) intente ação contra ambos – pai e filho –, formando-se um litisconsórcio facultativo e simples (Resp. 1436401-MG); **D:** incorreta, pois a ação num primeiro momento deve ser ajuizada contra os pais de Pedro. E só se os pais não tiverem condições de reparar o prejuízo é que Pedro poderá ser acionado e responderá com seu patrimônio. Porém, apenas arcará com o valor que não o prive do necessário para sobreviver nem às pessoas que dele dependam (art. 928 CC e Em. 39 e 449 CJF); **E:** essa alternativa é polêmica. Há informativo do STJ que diz que apenas o guardião tem responsabilidade. Neste passo, segue texto na íntegra que justifica que essa alternativa estaria correta e não incorreta:
DIREITO CIVIL. HIPÓTESE DE INEXISTÊNCIA DE RESPONSABILIDADE CIVIL DA MÃE DE MENOR DE IDADE CAUSADOR DE ACIDENTE. **A mãe que, à época de acidente provocado por seu filho menor de idade, residia permanentemente em local distinto daquele no qual morava o menor – sobre quem apenas o pai exercia autoridade de fato – não pode ser responsabilizada pela reparação civil advinda do ato ilícito, mesmo considerando que ela não deixou de deter o poder familiar sobre o filho.** A partir do advento do CC/2002, a responsabilidade dos pais por filho menor (responsabilidade por ato ou fato de terceiro) passou a embasar-se na teoria do risco, para efeitos de indenização. Dessa forma, as pessoas elencadas no art. 932 do CC/2002 respondem objetivamente (independentemente de culpa), devendo-se, para tanto, comprovar apenas a culpa na prática do ato ilícito daquele pelo qual os pais são legalmente responsáveis. Contudo, nos termos do inciso I do art. 932, são responsáveis pela reparação civil "os pais, pelos filhos menores que estiverem sob sua autoridade e em sua companhia". A melhor interpretação da norma se dá nos termos em que foi enunciada, caso contrário, bastaria ao legislador registrar que os pais são responsáveis pelos filhos menores no tocante à reparação civil, não havendo razão para acrescentar a expressão "que estiverem sob sua autoridade e em sua companhia". Frise-se que "autoridade" não é sinônimo de "poder familiar". Esse poder é um instrumento para que

se desenvolva, no seio familiar, a educação dos filhos, podendo os pais, titulares desse poder, tomar decisões às quais se submetem os filhos nesse desiderato. "Autoridade" é expressão mais restrita que "poder familiar" e pressupõe uma ordenação. Assim, pressupondo que aquele que é titular do poder familiar tem autoridade, do inverso não se cogita, visto que a autoridade também pode ser exercida por terceiros, tal como a escola. No momento em que o menor está na escola, os danos que vier a causar a outrem serão de responsabilidade dela, e não dos pais. Portanto, o legislador, ao traçar que a responsabilidade dos pais é objetiva, restringiu a obrigação de indenizar àqueles que efetivamente exercem autoridade e tenham o menor em sua companhia. Nessa medida, conclui-se que a mãe que não exerce autoridade de fato sobre o filho, embora ainda detenha o poder familiar, não deve responder pelos danos que ele causar. REsp 1.232.011-SC, **Rel. Min. João Otávio de Noronha, julgado em 17/12/2015, DJe 4/2/2016."** [grifo do autor] (Ver https://jus.com.br/artigos/53012/responsabilidade-civil-do--genitor-que-nao-detem-a-guarda-pelos-atos-cometidos-por-menor--nao-emancipado/3). Logo, diante desse entendimento Carlos não teria mesmo responsabilidade. Porém também há posição que entende que no caso de genitor separado ou divorciado, o genitor só ficará isento de responsabilidade se estiver impedido de dirigir sua autoridade sobre o filho, pode ser que este ainda esteja submetido à autoridade do pai/mãe, mesmo que ele (a) não possua a guarda, vai depender muito do caso em tela. Constata-se esse fato no teor do artigo 1.583, § 3º, do Código Civil de 2002: "A guarda unilateral obriga o pai ou a mãe que não a detenha a supervisionar os interesses dos filhos". Mesmo separados, os antigos cônjuges continuam sendo pai e mãe, acima de qualquer outra coisa, devendo zelar pelo bem-estar dos filhos e garantir a continuidade do poder familiar. (https://ferrazbar.jusbrasil.com.br/artigos/325854683/responsabilidade-civil-dos-pais-por-atos--praticados-pelos-filhos-menores). GR

Gabarito "B"

(Delegado - PC/BA - 2018 - VUNESP) A respeito da responsabilidade civil, assinale a alternativa correta.

(A) A indenização mede-se pela extensão do dano, não podendo ser reduzida pelo juiz, mesmo na existência de excessiva desproporção entre a gravidade da culpa e o dano; se a vítima tiver concorrido culposamente para o evento danoso, a sua indenização será fixada tendo-se em conta a gravidade de sua culpa em confronto com a do autor do dano;

(B) A indenização por ofensa à liberdade pessoal consistirá no pagamento das perdas e danos que sobrevierem ao ofendido; se o ofendido não puder provar prejuízo material, caberá ao juiz fixar, equitativamente, o valor da indenização, na conformidade das circunstâncias do caso; considera-se ofensiva da liberdade pessoal a denúncia falsa e de má-fé.

(C) No caso de homicídio, a indenização consiste, sem excluir outras reparações, no pagamento das despesas com o tratamento da vítima, seu funeral e o luto da família e na prestação de alimentos às pessoas a quem o morto os devia, levando-se em conta a duração provável da vida do alimentado.

(D) No caso de lesão ou outra ofensa à saúde, o ofensor indenizará o ofendido das despesas do tratamento e dos danos emergentes, além de algum outro prejuízo que o ofendido prove haver sofrido, não sendo devidos lucros cessantes.

(E) Se da ofensa resultar defeito pelo qual o ofendido não possa exercer o seu ofício ou profissão, a indenização, além das despesas do tratamento e lucros cessantes até ao fim da convalescença, incluirá pensão correspondente à importância do trabalho para que se inabilitou, não podendo a indenização ser arbitrada e paga de uma só vez.

A: incorreta, pois o Código Civil admite a redução da indenização em virtude da "desproporção entre a gravidade da culpa e o dano" (art. 944, parágrafo único); **B:** correta, pois de pleno acordo com o disposto nos arts. 953, parágrafo único e 954 do Código Civil; **C:** incorreta, pois a prestação de alimentos às pessoas a quem o morto os devia levará em conta a duração provável da vida da vítima e não do alimentado (CC, art. 948, II); **D:** incorreta, pois a indenização pelos lucros cessantes está expressamente estabelecida no art. 949 do Código Civil; **E:** incorreta. Apesar de o cálculo da indenização estar correto, o parágrafo único do art. 950 permite que o prejudicado, se preferir, exija *"que a indenização seja arbitrada e paga de uma só vez"*. GN

Gabarito "B".

(Procurador do Estado/SP - 2018 - VUNESP) Assinale a alternativa correta.

(A) Decisão criminal absolutória por insuficiência de provas impede rediscussão, em âmbito civil, de pretensão de reparação de danos.

(B) O incapaz responderá pelos danos que causar, se as pessoas por ele responsáveis não tiverem a obrigação de fazê-lo ou não dispuserem de meios suficientes.

(C) O magistrado, em caso de excessiva desproporção entre a gravidade da culpa e o dano, poderá reduzir o valor da indenização em até 2/3 do valor originalmente fixado.

(D) Pai que ressarce o dano causado por filho relativamente capaz pode buscar reembolso no prazo de 3 anos, contados da cessação da menoridade.

(E) Em caso de concurso de agentes causadores de dano, cada qual responde na medida da sua culpabilidade.

A: incorreta, pois a discussão no âmbito civil apenas é obstada quando a decisão criminal versar sobre existência do fato ou autoria (CC, art. 935). Assim, a decisão absolutória por falta de provas não impede a rediscussão no âmbito civil; **B:** correta, pois o enunciado repete a previsão do art. 928 do Código Civil, que estabelece a responsabilidade civil direta do incapaz; **C:** incorreta, pois – apesar de o Código Civil permitir a redução da indenização nesse caso – não existe a limitação de 2/3 na referida diminuição do valor indenizatório; **D:** incorreta, pois – na hipótese de responsabilização dos pais por atos ilícitos praticados pelos filhos incapazes – não haverá direito de regresso (CC, art. 934); **E:** incorreta, pois *"se a ofensa tiver mais de um autor, todos responderão solidariamente pela reparação"* (CC, art. 942). GN

Gabarito "B".

(Procurador Municipal – Prefeitura/BH – CESPE – 2017) À luz da legislação aplicável e do entendimento doutrinário prevalecente a respeito da responsabilidade civil, assinale a opção correta.

(A) O abuso do direito, ato ilícito, exige a comprovação do dolo ou da culpa para fins de responsabilização civil.

(B) No contrato de transporte de pessoas, a obrigação assumida pelo transportador é de resultado, e a responsabilidade é objetiva.

(C) O dever de indenizar pressupõe, necessariamente, a prática de ato ilícito.

(D) No que se refere ao nexo causal, elemento da responsabilidade civil, o Código Civil adota a teoria da equivalência das condições.

A: incorreta, pois já se pacificou o entendimento segundo o qual: *"A responsabilidade civil decorrente do abuso do direito independe de culpa e fundamenta-se somente no critério objetivo-finalístico"* (Enunciado 37 do Conselho da Justiça Federal); **B:** correta, pois o STJ já pacificou o entendimento segundo o qual: *"o contrato de transporte acarreta para o transportador a assunção de obrigação de resultado, impondo ao concessionário ou permissionário do serviço público o ônus de levar o passageiro incólume ao seu destino"* (EREsp 1318095/MG, Rel. Min. Raul Araújo, Segunda Seção, j. 22.02.2017, *DJe* 14.03.2017); **C:** incorreta, pois é possível que o dever de indenizar decorra de atos lícitos, como os previstos no art. 188 combinado com 929 do CC (legítima defesa que causa dano a terceiro e estado de necessidade que causa dano a quem não gerou o risco da situação); **D:** incorreta, pois o Código Civil adotou a teoria da causalidade adequada, considerando como causa apenas fatos relevantes para causar o dano. GN

Gabarito "B".

(Juiz – TJ-SC – FCC – 2017) Joaquim, transitando por uma rua, foi atingido por tijolos, que caíram de um prédio em ruína, cuja falta de reparos era manifesta, sofrendo graves lesões e ficando impedido de trabalhar, experimentando prejuízos materiais na ordem de R$ 100.000,00 (cem mil reais), deles fazendo prova. Ajuizada ação, defendeu-se o proprietário alegando que desconhecia a necessidade de reparos porque há muito tempo, já idoso, residia em uma casa de repouso, achando-se referido imóvel abandonado e sujeito a invasões. No curso do processo, Joaquim faleceu, requerendo seus herdeiros habilitação, pretendo receber o que fosse devido a Joaquim. No caso, a responsabilidade do proprietário é:

(A) objetiva e a alegação de abandono em razão de idade não aproveita ao réu, mas os direitos do autor não se transmitem a seus herdeiros, porque personalíssimos, devendo o processo ser extinto sem resolução de mérito.

(B) subjetiva, devendo ser provada a culpa do réu pela ruína do prédio, transmitindo-se o direito do autor a seus herdeiros, incidindo juros.

(C) objetiva e a alegação de abandono em razão da idade não aproveita ao réu, devendo a ação ser julgada procedente, incidindo juros e transmitindo-se os direitos do autor aos seus herdeiros.

(D) objetiva, mas o réu tem a seu favor suas alegações, que devem ser acolhidas como excludente de responsabilidade, julgando-se a ação improcedente, mas se for julgada procedente, por falta de prova das alegações do réu, o direito do autor se transmite a seus herdeiros, incidindo juros.

(E) subjetiva, porém, a manifesta necessidade de reforma implica presunção de culpa, que poderá ser infirmada pelo réu, mas os direitos do autor se transmitem aos seus herdeiros, vencendo juros, caso o pedido seja julgado procedente.

Na hipótese mencionada há responsabilidade objetiva do dono do prédio, aplicando-se o disposto no art. 937 do CC, que determina que: *"O dono de edifício ou construção responde pelos danos que resultarem de sua ruína, se esta provier de falta de reparos, cuja necessidade fosse manifesta"*. O falecimento da vítima transmite aos seus herdeiros o direito de prosseguir na demanda e cobrar o valor como se fosse um crédito do falecido. GN

Gabarito "C".

6. COISAS

(Delegado/GO – 2017 – CESPE) Em cada uma das opções seguintes, é apresentada uma situação hipotética, seguida de uma assertiva a ser julgada, a respeito de posse, propriedade e direitos reais sobre coisa alheia. Assinale a opção que apresenta assertiva correta conforme a legislação e a doutrina pertinentes.

(A) Durante o prazo de vigência de contrato de locação de imóvel urbano, o locatário viajou e, ao retornar, percebeu que o imóvel havia sido invadido pelo próprio proprietário. Nesse caso, o locatário não pode defender sua posse, uma vez que o possuidor direto não tem proteção possessória em face do indireto.

(B) Determinado indivíduo realizou, de boa-fé, construção em terreno que pertencia a seu vizinho. O valor da construção excede consideravelmente o valor do terreno. Nessa situação, não havendo acordo, o indivíduo que realizou a construção adquirirá a propriedade do solo mediante pagamento da indenização fixada pelo juiz.

(C) Caio realizou a doação de um bem para Fernando. No contrato celebrado entre ambos, consta cláusula que determina que o bem doado volte para o patrimônio do doador se ele sobreviver ao donatário. Nessa situação, a cláusula é nula, pois o direito brasileiro não admite a denominada propriedade resolúvel.

(D) Roberto possui direito real de superfície de bem imóvel e deseja hipotecar esse direito pelo prazo de vigência do direito real. Nesse caso, a estipulação de direito real de garantia é ilegal porque a hipoteca somente pode ser constituída pelo proprietário do bem.

(E) Determinado empregador cedeu bem imóvel de sua propriedade a seu empregado, em razão de relação de confiança decorrente de contrato de trabalho. Nesse caso, ainda que desfeito o vínculo trabalhista, é juridicamente impossível a conversão da detenção do empregado em posse.

A: incorreta, pois o desmembramento da posse em direta e indireta (CC, art. 1.197) permite que o possuidor direto proteja sua posse em relação ao indireto e vice-versa. Ademais, permite também que ambos protejam a posse em relação a terceiros; **B:** correta, pois a assertiva reproduz o disposto no parágrafo único do art. 1.255 do Código Civil; **C:** incorreta, pois a chamada "cláusula de reversão" é expressamente permitida pela lei no art. 547 do Código Civil; **D:** incorreta, pois a propriedade superficiária pode ser dada em hipoteca (CC, art. 1.473, X); **E:** incorreta, pois a detenção pode ser convertida em posse, nos termos do art. 1.208. **GN**
Gabarito "B".

6.1. POSSE

(Procurador Município – Teresina/PI – FCC – 2022) O administrador de uma fazenda, o locatário de uma residência e o proprietário de uma área arrendada para fins empresariais são, em relação à posse, respectivamente,

(A) detentor, detentor e possuidor indireto.

(B) detentor, possuidor direto e proprietário detentor indireto.

(C) possuidor indireto, possuidor direto e possuidor indireto.

(D) possuidor direto, possuidor direto e possuidor indireto.

(E) detentor, possuidor direto e possuidor indireto.

A resposta correta é a alternativa E. Considera-se detentor aquele que, achando-se em relação de dependência para com outro, conserva a posse em nome deste e em cumprimento de ordens ou instruções suas (art. 1.198, *caput* CC). Este conceito se aplica perfeitamente ao administrador da fazenda. Referente ao locatário, possui este a posse direta do bem, pois ele o ocupa imediatamente. Sobre o proprietário da área arrendada, possui este a posse indireta, pois embora seja o real proprietário do bem, ele não está em contato físico e direto com ele. **GR**
Gabarito "E".

(Procurador Município – Santos/SP – VUNESP – 2021) Considerando as disposições do Código Civil relativas à posse, assinale a alternativa correta.

(A) O detentor conserva a posse da coisa em cumprimento de ordens ou instruções de outra pessoa, com quem mantém relação de dependência.

(B) Posse direta é aquela exercida em nome próprio, enquanto a posse indireta é exercida em nome alheio.

(C) O possuidor tem direito de ser mantido ou reintegrado na posse, valendo-se, inclusive, de desforço próprio, salvo se a parte contrária comprovar que é a legítima proprietária do bem.

(D) O possuidor de boa-fé tem direito aos frutos percebidos, aos pendentes e aos colhidos por antecipação, até a data em que cessar a boa-fé.

(E) O possuidor de boa-fé tem direito de retenção pelas benfeitorias necessárias, úteis e voluptuárias; o possuidor de má-fé tem direito de retenção apenas pelas benfeitorias necessárias.

A: correta (art. 1.198, *caput* CC); **B:** incorreta, pois a posse direta ocorre com relação aquele que está no imediato uso da coisa. Na posse indireta o possuidor tem o direito de gozo, disposição e reivindicação da coisa, mas não de uso. O exemplo típico é o do locatário (posse direta) e do locador (posse indireta). Nestes casos A posse direta, de pessoa que tem a coisa em seu poder, temporariamente, em virtude de direito pessoal, ou real, não anula a indireta, de quem aquela foi havida, podendo o possuidor direto defender a sua posse contra o indireto (art. 1.197 CC); **C:** incorreta, pois ainda que a parte contrária prove que é legítima proprietária do bem, se a posse for justa, o possuidor pode defendê-la caso seja molestado pelo possuidor indireto, no caso o proprietário (art. 1.197 e 1.210, § 2º CC); **D:** incorreta, pois o possuidor de boa-fé tem direito, enquanto ela durar, aos frutos percebidos. Os frutos pendentes ao tempo em que cessar a boa-fé devem ser restituídos, depois de deduzidas as despesas da produção e custeio; devem ser também restituídos os frutos colhidos com antecipação (art. 1.214 CC); **E:** incorreta, pois o possuidor de boa-fé não tem o direito de retenção pelas benfeitorias voluptuárias, mas apenas pelas necessárias e úteis (art. 1.219 CC). O possuidor de má-fé não tem o direito de retenção pelas benfeitorias necessárias, mas somente tem o direito de ser ressarcido por elas (art. 1.220 CC). **GR**
Gabarito "A".

(Delegado - PC/BA - 2018 - VUNESP) Com relação à posse, assinale a alternativa correta.

(A) A posse direta, de pessoa que tem a coisa em seu poder, temporariamente, em virtude de direito pessoal, ou real, não anula a indireta, de quem aquela foi havida, podendo o possuidor direto defender a sua posse contra o possuidor indireto.

(B) Tendo em vista que a posse somente é defendida por ser um indício de propriedade, obsta à manutenção ou reintegração na posse a alegação de propriedade, ou de outro direito sobre a coisa.

(C) Não autorizam a aquisição da posse justa os atos violentos, senão depois de cessar a violência; entretanto, se a coisa obtida por violência for transferida, o adquirente terá posse justa e de boa-fé, mesmo ciente da violência anteriormente praticada.

(D) É de boa-fé a posse, se o possuidor ignora o vício, ou o obstáculo que impede a aquisição da coisa.O possuidor com justo título tem por si a presunção de boa-fé, mesmo após a ciência inequívoca que possui indevidamente.

(E) O possuidor turbado, ou esbulhado, poderá manter-se ou restituir-se por sua própria força, a qualquer tempo; os atos de defesa, ou de desforço, não podem ir além do indispensável à manutenção, ou restituição da posse.

A: correta, pois a alternativa reproduz o disposto no art. 1.197 do Código Civil. Esse desmembramento é muito comum e útil para o comércio jurídico. Assim, por exemplo, na locação, o locador mantém a posse indireta do bem, enquanto o locatário tem a posse direta, o mesmo ocorrendo respectivamente com o comodante e o comodatário. O desmembramento também ocorre nos direitos reais sobre coisa alheia. Assim, por exemplo, o nu-proprietário mantém a posse indireta do bem, enquanto o usufrutuário tem a posse direta. Vale lembrar que a proteção possessória (incluindo as ações possessórias) é conferida a ambos, tanto em face de terceiros, como um em relação ao outro; **B:** incorreta. A ação possessória foi concebida exatamente para ser uma ação rápida, dinâmica e de simples solução. Se fosse permitida a discussão sobre quem é o dono, as ações possessórias perderiam todo esse dinamismo. É por conta disso que o art. 557, parágrafo único, do Código de Processo Civil diz que: *"Não obsta à manutenção ou à reintegração de posse a alegação de propriedade ou de outro direito sobre a coisa".* O art. 1.210, § 1°, do CC repete o enunciado; **C:** incorreta, pois se o adquirente souber da violência com a qual a coisa foi obtida, ele é considerado um possuidor de má-fé, pois tem ciência do vício que macula a posse (CC, art. 1.201); **D:** incorreta, pois a presunção de boa-fé que o justo título cria é relativa, admitindo prova em contrário. É por isso que o parágrafo único do art. 1.201 preceitua: *"O possuidor com justo título tem por si a presunção de boa-fé, salvo prova em contrário, ou quando a lei expressamente não admite esta presunção";* **E:** incorreta, pois a vítima pode se defender desde que *"o faça logo"* (art. 1.210, § 1°). A ideia é que a defesa ocorra no *"calor dos acontecimentos".* **GN**

Gabarito "A."

(Juiz – TJ-SC – FCC – 2017) A posse de um imóvel:

(A) transmite-se aos herdeiros ou legatários do possuidor com os mesmos caracteres, sendo que o sucessor universal continua de direito a posse do seu antecessor e, ao sucessor singular, é facultado unir sua posse à do antecessor para os efeitos legais.

(B) não se transmite de pleno direito aos herdeiros ou legatários do possuidor, mas eles podem, assim como a qualquer sucessor a título singular é facultado, unir sua posse à do antecessor, para efeitos legais.

(C) transmite-se de pleno direito aos sucessores a título universal e a título singular, não se permitindo a este recusar a união de sua posse à do antecessor, para efeitos legais.

(D) não se transmite aos herdeiros ou legatários do possuidor com os mesmos caracteres, tendo, cada novo possuidor, de provar seus requisitos para os efeitos legais.

(E) só pode ser adquirida pela própria pessoa que a pretende, mas não por representante ou terceiro sem mandato, sendo vedada a ratificação posterior.

A: correta, pois o sucessor universal (ex.: herdeiro único) continua de direito a posse do seu antecessor. Já o sucessor singular (ex.: herdeiro legatário, a quem se deixou um terreno) tem a opção de unir sua posse à do antecessor (CC, art. 1.207); **B:** incorreta, pois a posse transmite-se aos herdeiros ou legatários do possuidor com os mesmos caracteres (CC, art. 1.206); **C:** incorreta, pois o sucessor a título singular pode se recusar a somar a sua posse com a do seu antecessor para os efeitos legais (CC, art. 1.207); **D:** incorreta, pois a posse transmite-se aos herdeiros ou legatários do possuidor com os mesmos caracteres (CC, art. 1.206); **E:** incorreta, pois a posse pode ser adquirida tanto pela própria pessoa, quanto pelo terceiro sem mandato, com confirmação posterior (CC, art. 1.205).**GN**

Gabarito "A."

(Delegado/MS – 2017 - FAPEMS) Sobre a posse e a propriedade, sua classificação, formas de aquisição, efeitos e perda, assinale a alternativa a correta.

(A) De acordo com a jurisprudência do Superior Tribunal de Justiça, a ocupação indevida de bem público não gera posse, mas mera detenção. Essa mesma jurisprudência estabelece que o Estado está obrigado a indenizar eventuais acessões e suportar o direito de retenção pelas benfeitorias eventualmente realizadas.

(B) O fâmulo da posse não pode fazer uso dos interditos possessórios, mas nada impede que ele utilize o desforço imediato para proteger o bem daquele que recebe ordens.

(C) O proprietário pode ser privado da coisa, no caso de requisição por perigo público iminente. Tal privação enseja indenização ulterior, independentemente da existência de dano.

(D) A usucapião especial urbana (*pro misero*) estará caracterizada somente se a área urbana construída corresponder a do terreno, ou seja, a duzentos e cinquenta metros quadrados.

(E) De acordo com os civilistas, o direito de propriedade deve ser exercido em consonância com as suas finalidades econômicas e sociais e de modo que sejam preservados a flora, a fauna, as belezas naturais, o equilíbrio ecológico e o patrimônio histórico e artístico, bem como evitada a poluição do ar e das águas. A posse, de sua feita, é um poder de fato sobre a coisa cuja configuração não exige o elemento "função social".

A: incorreta, pois o STJ já firmou entendimento no sentido de que "configurada a ocupação indevida de bem público, não há falar em posse, mas em mera detenção, de natureza precária, o que afasta o direito à indenização por benfeitorias" (STJ, REsp 1.310.458/DF, Rel. Ministro Herman Benjamin, Segunda Turma, DJe de 09/05/2013); **B:** correta, pois a ideia do fâmulo (caseiro, por exemplo) é justamente a de proteger a posse do bem em benefício do verdadeiro proprietário, ou mesmo possuidor). Ele não tem legitimidade ativa para propor as ações possessórias, mas pode se valer do desforço imediato; **C:** incorreta, pois tal instituto só gera indenização em caso de ocorrência de dano (CF, art. 5°, XXV); **D:** incorreta, pois o art. 1.240 do Código Civil não exige que a construção tenha o referido tamanho; **E:** incorreta, pois tem posse aquele "*que tem de fato o exercício, pleno ou não, dos poderes inerentes à propriedade"* (CC, art. 1.196). O possuidor é aquele que age como dono. Não haveria qualquer sentido de se exigir do proprietário a adequada utilização social do bem e não fazer o mesmo com o possuidor. **GN**

Gabarito "B."

1. DIREITO CIVIL

6.1.1. POSSE E SUA CLASSIFICAÇÃO

(Juiz de Direito – TJ/MS – 2020 – FCC) É característica da posse:

(A) que a coisa sobre a qual se exerce seja divisível e passível de aquisição do domínio por meio de usucapião.

(B) a detenção da coisa, por si ou em relação de dependência para com outro, em nome deste e em cumprimento de ordens ou instruções suas.

(C) o exercício, pelo possuidor, de modo pleno ou não, de algum dos poderes inerentes à propriedade, direta ou indiretamente.

(D) que seu exercício seja necessariamente justo e de boa-fé, não violento, clandestino ou precário.

(E) sua aquisição exclusivamente por quem a pretender, em nome próprio, por meio da apropriação física sobre a coisa.

A: incorreta, pois é possível exercício da posse sobre coisa indivisível. Ex: posse sobre uma máquina fotográfica. O art. 1.199 CC em sua primeira parte traz redação que admite a posse de coisa indivisível, *in verbis*: "*Se duas ou mais pessoas possuírem coisa indivisa (...)*"; **B:** incorreta, pois a detenção ocorre quando o detentor achando-se em relação de dependência para com outro, conserva a posse em nome deste e em cumprimento de ordens ou instruções suas (art. 1.198, *caput* CC). Logo, a detenção é uma forma de exercício da posse onde outra pessoa "toma conta" do bem do possuidor. O exemplo mais comum é o do caseiro em um sítio. O detentor não exerce a posse por si; **C:** correta (art. 1.196 CC); **D:** incorreta, pois o art. 1.208, segunda parte CC menciona que *não autorizam a aquisição da posse os atos violentos, ou clandestinos, senão depois de cessar a violência ou a clandestinidade*. Logo, cessada a violência ou clandestinidade a posse passará a ser exercida, porém de forma injusta e de má-fé. Isso traz algumas repercussões, tais como consequências na percepção de frutos, direito de indenização por benfeitorias, tempo de aquisição por usucapião; **E:** incorreta, pois a posse pode ser adquirida pela própria pessoa que a pretende ou por seu representante e também por terceiro sem mandato, dependendo de ratificação (art. 1.205, I e II CC). GR
Gabarito "C".

(Juiz de Direito – TJ/AL – 2019 – FCC) De acordo com o Código Civil, a posse

(A) adquire-se no momento da celebração do contrato, mesmo que não seja possível o exercício, em nome próprio, de quaisquer dos poderes inerentes à propriedade.

(B) justa é aquela adquirida de boa-fé.

(C) pode ser adquirida por terceiro sem mandato, dependendo, nesse caso, de ratificação.

(D) transmite-se aos herdeiros do possuidor com os mesmos caracteres, mas não aos seus legatários.

(E) do imóvel gera presunção absoluta da posse das coisas que nele estiverem.

A: incorreta, pois adquire-se a posse desde o momento em que se torna possível o exercício, em nome próprio, de qualquer dos poderes inerentes à propriedade (art. 1.204 CC); **B:** incorreta, pois posse justa é aquela que não for violenta, clandestina ou precária (art. 1.200 CC). A posse de boa-fé se dá quando o possuidor ignora o vício, ou o obstáculo que impede a aquisição da coisa (art. 1.201 CC). **C:** correta, nos termos do art. 1.205, II CC; **D:** incorreta, pois a posse transmite-se aos herdeiros ou legatários do possuidor com os mesmos caracteres (art. 1.206 CC); **E:** incorreta, pois a posse do imóvel gera presunção relativa da posse das coisas que nele estiverem (art. 1.209 CC). GN
Gabarito "C".

(Juiz de Direito – TJ/SC – 2019 – CESPE/CEBRASPE) Para que seja caracterizada a posse de boa-fé, o Código Civil determina que o possuidor

(A) apresente documento escrito de compra e venda.

(B) tenha a posse por mais de um ano e um dia sem conhecimento de vício.

(C) aja com ânimo de dono e sem oposição.

(D) tenha adquirido a posse de quem se encontrava na posse de fato.

(E) ignore o vício impedidor da aquisição do bem.

A: incorreta, pois para caracterizar a posse de boa-fé a lei não exige documento escrito de compra e venda. Caso ele exista presume-se a boa-fé (art. 1.201, 1ª parte CC), porém ele não é indispensável. A posse apenas perde o caráter de boa-fé no caso e desde o momento em que as circunstâncias façam presumir que o possuidor não ignora que possui indevidamente (art. 1.202 CC); **B:** incorreta, pois não é relevante o tanto de tempo que a pessoa fique sem conhecer o vício. Basta que ela simplesmente ignore o vício (art. 1.202 CC); **C:** incorreta, pois esses requisitos também se aplicam na posse de má-fé. O que importa saber é se o possuidor ignora o vício ou não (art. 1.202 CC); **D:** incorreta, pois não é relevante para fins de determinar a boa-fé se o possuidor recebeu a posse de alguém que possuía de fato a coisa ou exercia a posse indireta. O que importa saber é se ele tinha ciência do vício ou não (art. 1.202 CC); **E:** correta (art. 1.202 CC). GR
Gabarito "E".

6.1.2. EFEITOS DA POSSE

(Promotor de Justiça/PR – 2019 – MPE/PR) Assinale a alternativa *incorreta:*

(A) A posse pode ser adquirida por terceiro sem mandato, dependendo de ratificação.

(B) O sucessor universal continua de direito a posse do seu antecessor; e ao sucessor singular é facultado unir sua posse à do antecessor, para os efeitos legais.

(C) Não induzem posse os atos de mera permissão ou tolerância.

(D) A posse do imóvel gera presunção *jure et de jure* da posse das coisas móveis que nele estiverem.

(E) Não obsta à manutenção ou reintegração na posse a alegação de propriedade, ou de outro direito sobre a coisa.

A: a alternativa está certa, não devendo ser assinalada (art. 1.205, II CC); **B:** a alternativa está certa, não devendo ser assinalada (art. 1.207 CC); **C:** a alternativa está certa, não devendo ser assinalada (art. 1.208 CC); **D:** a alternativa está errada, devendo assinalada, pois a posse do imóvel faz presumir, *até prova contrária*, a das coisas móveis que nele estiverem (art. 1.209 CC); **E:** a alternativa está certa, não devendo ser assinalada (art. 1.210, §2º CC). GR
Gabarito "D".

(Procurador do Município – Prefeitura Fortaleza/CE – CESPE – 2017) Com base na legislação processual e no Código Civil, julgue o seguinte item, acerca de ações possessórias e servidão urbanística.

(1) No âmbito das ações possessórias, se houver pedido de reintegração de posse e a propriedade do imóvel for controvertida, o juiz deverá, em primeiro lugar, decidir quanto ao domínio do bem e, depois, conceder ou não a ordem de reintegração.

46 ANA PAULA DOMPIERI, GABRIELA RODRIGUES, GUSTAVO NICOLAU E WANDER GARCIA

1: incorreta: a ação possessória foi criada para ser um instrumento célere, cuja preocupação central do julgador seja apenas e tão somente a posse, ou seja, o exercício de fato de algum dos poderes inerentes à propriedade (CC, art. 1.196). A discussão de propriedade é proibida, pois atrapalharia o andamento do processo, tornando a possessória vagarosa. Daí a razão do art. 557 parágrafo único, segundo o qual: *"Não obsta à manutenção ou à reintegração de posse a alegação de propriedade ou de outro direito sobre a coisa".* GN

Gabarito "1E".

6.2. DIREITOS REAIS E PESSOAIS

(Juiz de Direito – TJ/SC – 2019 – CESPE/CEBRASPE) Se, mediante escritura pública, o proprietário de um terreno conceder a terceiro, por tempo determinado, o direito de plantar em seu terreno, então, nesse caso, estará configurado o

- **(A)** direito de superfície.
- **(B)** direito de uso.
- **(C)** usufruto resolutivo.
- **(D)** usufruto impróprio.
- **(E)** comodato impróprio.

A: correta (art. 1.369, *caput* CC); **B:** incorreta, pois no direito de uso o usuário usará da coisa e perceberá os seus frutos, quanto o exigirem as necessidades suas e de sua família (art. 1.412, CC). Esse direito não está relacionado a ceder a terra por tempo determinado para plantar; **C:** incorreta, pois o usufruto é um direito real que recai sobre coisa alheia, de caráter temporário, inalienável e impenhorável, concedido a outrem para que este possa usar e fruir coisa alheia como se fosse própria, sem alterar sua substância e zelando pela sua integridade e conservação. O usufrutuário poderá utilizar e perceber os frutos naturais, industriais e civis da coisa, enquanto o nu-proprietário possui a faculdade de dispor da mesma (art. 1.390 seguintes CC). É possível que se imponha uma condição resolutiva ao usufruto. Enquanto esta não realizar, vigorará o negócio jurídico (usufruto, no caso), podendo exercer-se desde a conclusão deste o direito por ele estabelecido (art. 127 CC); **D:** incorreta, pois o usufruto impróprio, chamado de quase usufruto, recai sobre bens fungíveis e/ou consumíveis. Assim dispõe o artigo 1.392 CC. Nessa situação, o usufrutuário adquire a propriedade e ao término do usufruto vai devolver bens do mesmo gênero quantidade e qualidade; **E:** incorreta, pois prevê o art. 579 CC que o comodato é o empréstimo gratuito de coisas não fungíveis. Perfaz-se com a tradição do objeto. O chamado comodato irregular ou impróprio tem como característica a infungibilidade limitada ao gênero, vale dizer, uma fungibilidade na espécie. Logo, o comodato irregular ou impróprio nada mais é do que um contrato de mútuo. GR

Gabarito "A".

6.3. PROPRIEDADE IMÓVEL

(Procurador Município – Teresina/PI – FCC – 2022) Em relação à aquisição e perda da propriedade imóvel:

- **(A)** O álveo abandonado de corrente pertence aos proprietários ribeirinhos das duas margens em igual proporção, indenizando-se os donos dos terrenos por onde as águas abrirem novo curso.
- **(B)** Os acréscimos formados, sucessiva e imperceptivelmente, por depósitos e aterros naturais ao longo das margens das correntes, ou pelo desvio das águas destas, pertencem aos donos dos terrenos marginais, sem indenização.
- **(C)** Perde-se a propriedade do imóvel situado em zona rural se o proprietário o abandonar, com a intenção de não mais conservar em seu patrimônio por cinco anos,

caso em que poderá passar à propriedade do Estado ou do Município, dependendo de sua localização.

- **(D)** A usucapião é meio de aquisição da propriedade, reconhecida por sentença constitutiva que servirá de título para o registro no Cartório de Registro de Imóveis.
- **(E)** Transfere-se entre vivos a propriedade mediante o registro do título translativo no Registro de Imóveis, cuja eficácia retroagirá à data da lavratura da escritura definitiva de compra e venda do imóvel.

A: incorreta, pois não há que se falar em indenização aos donos dos terrenos por onde as águas abrirem novo curso (art. 1.252 CC); **B:** correta (art. 1.250, *caput* CC); **C:** incorreta, pois o prazo estipulado por Lei é de três anos e não de cinco anos e a propriedade passará para a União, independentemente do local em que o imóvel esteja localizado (art. 1.275, III e 1.276, §1º CC"; **D:** incorreta, pois a sentença tem natureza declaratória, e não constitutiva (art. 1.241 CC); **E:** incorreta, pois enquanto não se registrar o título translativo, o alienante continua a ser havido como dono do imóvel (art. 1.245, § 1º CC). Logo, a eficácia não retroage à data da lavratura da escritura definitiva. GR

Gabarito "B".

(Procurador/PA – CESPE – 2022) Determinado imóvel urbano de 270 m² está sob posse mansa, pacífica, contínua, sem oposição e com *animus domini*, há cerca de vinte anos, em loteamento não regularizado. A área do imóvel, no entanto, é inferior ao módulo urbano descrito na legislação municipal.

Com relação a essa situação hipotética, assinale a opção correta, conforme precedente do Superior Tribunal de Justiça firmado em julgamento de recurso especial repetitivo.

- **(A)** Como o imóvel está situado em loteamento não regularizado, a usucapião apenas pode ocorrer pela via ordinária, devendo o interessado comprovar a boa-fé ou a existência de justo título.
- **(B)** O imóvel não poderá ser usucapido, pois a área é superior ao limite de 250 m² definido no Código Civil.
- **(C)** O fato de o imóvel estar situado em loteamento não regularizado obsta a aquisição da propriedade por usucapião.
- **(D)** Para a usucapião extraordinária, deve ser considerada apenas a posse do atual ocupante do imóvel, devendo ser descartada a posse do antecessor.
- **(E)** O imóvel poderá ser usucapido, a despeito de a área ser inferior ao módulo urbano definido na legislação municipal.

A: incorreta, pois é possível a usucapião extraordinária em imóvel situado em loteamento não regularizado. O fato de um imóvel estar inserido em um loteamento irregular não justifica a negativa do direito à usucapião. Isso porque o direito de propriedade declarado pela sentença é diferente da certificação e publicidade decorrente do registro, ou da regularidade urbanística da ocupação (REsp. 1.818.564); B: incorreta, pois essa limitação é apenas para a usucapião especial urbana. Em se tratando de usucapião extraordinária essa limitação não se aplica (art. 1.240 CC e 1.238 CC); C: incorreta, nos termos do REsp. 1.818.564; D: incorreta, pois é considerada a posse do antecessor (art. 1.243 CC); E: correta, pois a Segunda Seção do Superior Tribunal de Justiça (STJ), em julgamento sob o rito dos recursos especiais repetitivos (Tema 985), estabeleceu a tese de que o reconhecimento da usucapião extraordinária, mediante o preenchimento de seus requisitos específicos, não pode ser impedido em razão de a área discutida ser inferior ao módulo estabelecido em lei municipal. Além disso, o colegiado levou

1. DIREITO CIVIL

em consideração precedente do Supremo Tribunal Federal no RE 422.349, segundo o qual, preenchidos os requisitos do artigo 183 da Constituição, o reconhecimento do direito à usucapião especial urbana não pode ser impedido por legislação infraconstitucional que estabeleça módulos urbanos na área em que o imóvel está situado. GR

Gabarito "E".

(Delegado/RJ – 2022 – CESPE/CEBRASPE) Em se tratando da regra geral das construções e plantações estabelecidas no nosso Código Civil Brasileiro, aquele que semeia, planta ou edifica em terreno alheio

(A) ganha, em desfavor do proprietário, as sementes, plantas e construções.

(B) deverá pagar ao proprietário pelas benfeitorias realizadas no imóvel sem autorização.

(C) perde, em proveito do proprietário, as sementes, plantas e construções, mas tem direito à indenização, caso tenha procedido de boa-fé.

(D) perde, em proveito do proprietário, as sementes, plantas e construções, sem possibilidade de indenização.

(E) ganha, em desfavor do proprietário, somente as sementes e plantas.

A: incorreta, pois ele perde, em proveito do proprietário, as sementes, plantas e construções (art. 1.255, *caput*, 1ª parte do CC); **B:** incorreta, pois não há que se falar em indenização por benfeitorias. Haverá a perda em desfavor do proprietário, as sementes, plantas e construções (art. 1.255 do CC); **C:** correta (art. 1.255 do CC); **D:** incorreta, pois há o direito de indenização se procedeu de boa-fé (art. 1.255 do CC); **E:** incorreta, pois ele perde em desfavor do proprietário, as sementes, plantas e construções (art. 1.255 do CC). GR

Gabarito "C".

(Procurador Município – Santos/SP – VUNESP – 2021) Considerando as disposições do Código Civil relativas ao direito de vizinhança, assinale a alternativa correta.

(A) O proprietário ou possuidor tem direito de fazer cessar as interferências prejudiciais provocadas pela utilização da propriedade vizinha, mas é obrigado a indenizar o vizinho pelo prejuízo decorrente da cessação da atividade.

(B) O proprietário ou possuidor tem direito de recolher para si os frutos pendentes e os frutos caídos de árvore do terreno vizinho.

(C) O dono de prédio que não tiver passagem para via pública, nascente ou porto tem direito de constranger o vizinho a lhe dar passagem, mediante pagamento de indenização.

(D) O proprietário tem direito de cercar ou murar seu prédio, bem como pode obrigar o vizinho à demarcação entre os dois prédios, aviventando os rumos apagados e renovando os marcos destruídos, desde que suporte as despesas.

(E) O proprietário pode, a qualquer tempo, exigir que o vizinho desfaça obra que despeje goteira sobre seu prédio.

A: incorreta, pois não são obrigados a indenizar o vizinho pelo prejuízo decorrente da cessação da atividade (art. 1.277, *caput* CC); **B:** incorreta, pois os frutos caídos de árvore do terreno vizinho pertencem ao dono do solo onde caíram, se este for de propriedade particular (art. 1.284 CC). Logo, o proprietário ou possuidor pode recolher os frutos caídos, mas não os pendentes; **C:** correta (art. 1.285, *caput* CC); **D:** incorreta, pois

neste caso deve-se repartir proporcionalmente entre os interessados as respectivas despesas (art. 1.297, *caput* CC); **E:** incorreta, pois essa exigência não pode se dar a qualquer tempo, mas no prazo de um ano e dia após a conclusão da obra (art. 1.302, *caput* CC). GR

Gabarito "C".

(Procurador Município – Santos/SP – VUNESP – 2021) Em relação ao direito de laje, assinale a alternativa correta.

(A) O direito real de laje constitui unidade imobiliária autônoma que não se confunde com as demais áreas edificadas pertencentes ou não ao proprietário da construção-base.

(B) A instituição do direito real de laje implica a atribuição ao seu titular de uma fração ideal do terreno, em proporção às áreas edificadas.

(C) Cabe ao titular do direito real de laje suportar os encargos relativos à sua unidade imobiliária autônoma, devendo o proprietário da construção-base suportar as despesas relativas à conservação das partes que servem ao prédio todo, como alicerces, colunas, pilares, paredes e telhados.

(D) Ao titular do direito real de laje é assegurado o direito de ceder a superfície de sua construção para a instituição de um sucessivo direito de laje, desde que respeitadas as posturas edilícias e urbanísticas.

(E) É nula de pleno direito a alienação do direito real de laje, se não for dada oportunidade ao proprietário da construção-base para exercer seu direito de preferência.

A: correta (art. 1.510-A, § 1º CC); **B:** incorreta, pois a instituição do direito real de laje não implica a atribuição de fração ideal de terreno ao titular da laje ou a participação proporcional em áreas já edificadas (art. 1.510-A, § 4º CC); **C:** incorreta, pois sem prejuízo, no que couber, das normas aplicáveis aos condomínios edilícios, para fins do direito real de laje, as despesas necessárias à conservação e fruição das partes que sirvam a todo o edifício e ao pagamento de serviços de interesse comum serão partilhadas entre o proprietário da construção-base e o titular da laje, na proporção que venha a ser estipulada em contrato (art. 1.510-C CC); **D:** incorreta, pois o titular da laje poderá ceder a superfície de sua construção para a instituição de um sucessivo direito real de laje, desde que haja autorização expressa dos titulares da construção-base e das demais lajes, respeitadas as posturas edilícias e urbanísticas vigentes (art. 1.510-A, § 6º CC); **E:** incorreta, pois a Lei admite que as partes convencionem de modo contrário (art. 1.510-D parte final CC). Caso não seja convencionado de modo contrário, ao titular da construção-base ou da laje a quem não se der conhecimento da alienação poderá, mediante depósito do respectivo preço, haver para si a parte alienada a terceiros, se o requerer no prazo decadencial de cento e oitenta dias, contado da data de alienação (art. 1.510-D, § 1º CC). GR

Gabarito "A".

(Juiz de Direito – TJ/MS – 2020 – FCC) Examine o seguinte enunciado legal: *Aquele que, trabalhando em matéria-prima em parte alheia, obtiver espécie nova, desta será proprietário, se não se puder restituir à forma anterior.* Esta disposição refere-se à

(A) adjunção.

(B) ocupação.

(C) extinção.

(D) confusão.

(E) especificação.

A: incorreta, pois a adjunção é uma forma de aquisição da propriedade móvel quando ocorre a justaposição de coisa móvel à outra. Aplicam-se as regras dos arts. 1.272 a 1.274 do CC; **B:** incorreta, pois a ocupação é uma forma de aquisição da propriedade móvel quando uma pessoa se assenhora de uma coisa sem dono (art. 1.263 CC); **C:** incorreta, pois não existe o instituto da extinção no Direito Brasileiro; **D:** incorreta, pois a confusão é a forma de aquisição da propriedade móvel pela mistura de coisas líquidas. Aplicam-se as regras dos arts. 1.272 a 1.274 do CC **E:** correta (art. 1.269 CC). GR

Gabarito "E".

(Juiz de Direito – TJ/MS – 2020 – FCC) *O proprietário pode conceder a outrem o direito de construir ou de plantar em seu terreno, por tempo determinado, mediante escritura pública devidamente registrada no Cartório de Registro de Imóveis*. Este enunciado refere-se

(A) ao direito de superfície.

(B) à servidão.

(C) ao arrendamento.

(D) ao usufruto.

(E) à anticrese.

A: correta (art. 1.369, *caput* CC); **B:** incorreta, pois a servidão proporciona utilidade para o prédio dominante, e grava o prédio serviente, que pertence a diverso dono, e constitui-se mediante declaração expressa dos proprietários, ou por testamento, e subsequente registro no Cartório de Registro de Imóveis (art. 1.378 CC); **C:** incorreta, pois o arrendamento é o contrato que visa à obtenção de uma renda, por meio do qual uma pessoa (denominada arrendatário) cede a outra (arrendador), por determinado período de tempo e paga, o direito de uso e gozo de uma propriedade. O art. 1.399 CC traz um exemplo de como o arrendamento pode se dar; **D:** incorreta, pois usufruto é o desmembramento da propriedade, de caráter temporário, em que o titular tem o direito de usar e perceber os frutos da coisa, sem afetar-lhe a substância. Está previsto entre os arts. 1.390 a 1.411 CC; **E:** incorreta, pois a anticrese é um direito real de garantia estabelecido em favor do credor e com a finalidade de compensar a dívida do devedor, por meio do qual este entrega os frutos e rendimentos provenientes do imóvel. Está prevista entre os arts. 1.506 a 1.510 CC. GR

Gabarito "A".

(Promotor de Justiça/SP – 2019 – MPE/SP) Em relação à aquisição da propriedade imóvel, assinale a alternativa correta.

(A) Adquire-se propriedade por avulsão em decorrência de acréscimos formados, sucessiva e imperceptivelmente, por depósitos e aterros naturais ao longo das margens das correntes, ou pelo desvio das águas desta.

(B) Adquire a propriedade de área de terra em zona rural não superior a 50 hectares aquele que a possua como sua, por cinco anos ininterruptos, sem oposição, tornando-a produtiva por seu trabalho ou de sua família, tendo nela sua moradia, desde que não seja proprietário de imóvel rural ou urbano.

(C) Aquele que, por dez anos, sem interrupção nem oposição, possuir como seu um imóvel urbano adquire-lhe a propriedade, desde que tenha boa-fé, mesmo sem justo título.

(D) O aumento que o rio acresce às terras de modo vagaroso recebe o nome de aluvião, e estes acréscimos pertencem aos donos dos terrenos marginais, mediante indenização.

(E) Adquire-se a propriedade por abandono de álveo quando houver acréscimo de terras às margens de um rio, provocado pelo desvio de águas por força natural violenta, desde que sejam indenizados os donos dos terrenos por onde as águas abrirem novo curso.

A: incorreta, pois a avulsão é a forma de aquisição da propriedade imóvel que se dá quando, por força natural violenta, uma porção de terra se destacar de um prédio e se juntar a outro. Neste caso, o dono deste adquirirá a propriedade do acréscimo, se indenizar o dono do primeiro ou, sem indenização, se, em um ano, ninguém houver reclamado (art. 1.251, *caput* CC); **B:** correta, pois trata-se de usucapião rural (art. 1.239 CC); **C:** incorreta, pois para que esta modalidade de usucapião se concretize é necessário justo título (art. 1.242, *caput* CC); **D:** incorreta, pois esse acréscimo pertencerá aos donos das terras marginais mediante indenização (art. 1.250, *caput* CC); **E:** incorreta, pois a aquisição da propriedade ocorrerá sem que tenham indenização os donos dos terrenos por onde as águas abrirem novo curso (art. 1.252 CC). GR

Gabarito "B".

(Procurador do Estado/SP - 2018 - VUNESP) Desde novembro de 2007, Tício exerce posse mansa, pacífica, ininterrupta e com fim de moradia sobre imóvel urbano com área de 260 m², baseado em compromisso de compra e venda quitado, mas não registrado, celebrado com Caio.

Mévio, de boa-fé, adquiriu o mesmo imóvel de Caio em fevereiro de 2018, mediante pagamento à vista, seguido de posterior registro da escritura pública de compra e venda no Cartório de Imóveis.

Em seguida, Mévio move ação de imissão na posse em face de Tício. Nesse caso,

(A) mesmo ausentes os requisitos da usucapião ordinária, Tício poderá alegar a usucapião especial urbana como matéria de defesa, para impedir a procedência do pedido.

(B) se acolhida a usucapião como matéria de defesa, Tício deverá indenizar Mévio, pois este não teria adquirido o imóvel de Caio caso o compromisso de compra e venda tivesse sido levado a prévio registro.

(C) Tício não poderá invocar a usucapião como matéria de defesa, ante a vedação à *exceptio proprietatis* prescrita no art. 1.210, parágrafo 2º do Código Civil e o fato de Mévio ser adquirente de boa-fé.

(D) Tício poderá alegar a usucapião ordinária como matéria de defesa para impedir a procedência do pedido, mediante prova da existência de compromisso de compra e venda quitado, ainda que não registrado, e da posse prolongada exercida com boa-fé.

(E) a alegação de usucapião ordinária formulada por Tício, como matéria de defesa, não impedirá a procedência do pedido, por falta de prévio registro do compromisso de compra e venda, condição indispensável para torná-lo oponível *erga omnes*, em especial a Mévio, adquirente de boa-fé.

A questão trata da usucapião ordinária, prevista no art. 1.242 do Código Civil. Tício exerceu a posse sobre o imóvel de forma contínua, inconteste e de boa-fé. O prazo para a consumação de tal usucapião é de dez anos e o compromisso de compra e venda caracteriza a existência do justo título. O STJ já firmou entendimento segundo o qual: "*reconhece como justo título, hábil a demonstrar a posse, o instrumento particular de compromisso de comprae venda, ainda que desprovidode registro*" (AgInt no AREsp 202871/MS Agravo Interno no Agravo em Recurso Especial 2012/0144045-5). Desta forma, ele tornou-se legítimo proprietário do bem em novembro de 2017, quando o prazo se consumou e tal direito real de propriedade pode ser utilizado em sede de defesa (STF, súmula 237). No que se refere a Mévio, ele poderá se voltar contra Caio, que vendeu coisa que já não era sua. Para tanto, ele utilizará as regras legais da garantia contra a evicção (CC, arts. 447 e seguintes). GN

Gabarito "D".

1. DIREITO CIVIL

(Juiz de Direito - TJ/RS - 2018 - VUNESP) José era proprietário de uma extensa área urbana não edificada, com mais de 50.000 m². Essa área não era vigiada e nem utilizada para qualquer finalidade. O imóvel foi ocupado, no mês de janeiro de 2010, por um considerável número de pessoas, que construíram suas moradias. Os ocupantes, por sua própria conta, em mutirão, além de construírem suas casas, realizaram a abertura de viários posteriormente reconhecidos pelo poder público municipal, bem como construíram espaços destinados a escolas e creches que estão em pleno funcionamento. Cada moradia tem área superior a 350 m². Em março de 2016, José ajuizou uma ação reivindicatória que deverá ser julgada

(A) improcedente, tendo em vista que o juiz deverá declarar que o proprietário perdeu o imóvel reivindicado, em razão das obras de interesse social realizadas pelos moradores, fixando a justa indenização devida ao proprietário; pago o preço, valerá a sentença como título para o registro do imóvel em nome dos possuidores.

(B) procedente, tendo em vista que ainda não houve o prazo para a aquisição mediante usucapião. Dessa forma, os moradores deverão ser retirados, sem qualquer direito a indenizações por benfeitorias e acessões, tendo em vista a posse de má-fé.

(C) procedente, tendo em vista que ainda não houve o prazo para a aquisição mediante usucapião constitucional. Dessa forma, os moradores deverão ser retirados, mas terão direito à retenção do imóvel até serem indenizados pelas benfeitorias e acessões, tendo em vista a posse de boa-fé.

(D) improcedente, tendo em vista que o imóvel foi adquirido por usucapião especial coletivo; José, assim, foi penalizado pelo não cumprimento da função social da propriedade, bem como em razão da preponderância do direito social à moradia sobre o direito de propriedade.

(E) improcedente, tendo em vista que o juiz deverá declarar que o proprietário perdeu o imóvel reivindicado, em razão das obras de interesse social realizadas pelos moradores, não havendo qualquer direito à indenização, tendo em vista o não cumprimento da função social da propriedade e a preponderância do direito social à moradia sobre o direito de propriedade.

A questão versa sobre o art. 1.228,§§ 4º e 5º, que trouxe para o ordenamento jurídico brasileiro uma modalidade específica de perda da propriedade, totalmente alicerçada na função social da propriedade. A ideia é que a utilização prolongada do bem (durante cinco anos) por um "*considerável número de pessoas*" que ali realizaram "obras e serviços [...] de interesse social e econômico relevante"se sobrepõe ao direito individual de propriedade do terreno. Nesse caso, a lei permite que o juiz prive o proprietário do direito de propriedade, fixando o pagamento de "*justa indenização*".GN
Gabarito "A".

(Defensor Público – DPE/SC – 2017 – FCC) De acordo com as disposições do Código Civil, modificado pela Medida Provisória n. 759, o direito de laje

(A) permite a coexistência de unidade autônomas de titularidades distintas situadas em uma mesma área, dando ensejo à abertura de matrícula própria para cada uma das unidades.

(B) é aplicável às edificações e conjuntos de edificações construídos sob a forma de unidades isoladas entre si (condomínio edilício).

(C) pode ser alienado ou gravado livremente por seu titular, permitindo-se ao adquirente a inclusão de uma única sobrelevação sucessiva.

(D) se projeta mediante fração ideal sobre o terreno onde se situa ou sobre outras áreas anteriormente edificadas.

(E) é aplicável na hipótese de locação ou comodato de unidade edificada sobre a superfície da construção originalmente edificada sobre o solo.

A Medida Provisória n. 759 foi convertida na Lei 13.465/2017, cuida da regularização fundiária rural e urbana, do direito real de laje, dentre outros assuntos. Referida Lei acrescentou no rol dos direitos reais, art. 1.225 do Código Civil, dois incisos, quais sejam, inciso *XII a concessão de direito real de uso* e inciso *XIII a laje*. Diante disso, introduziu o artigo 1510-A do Código Civil que dispõe: "O proprietário de uma construção-base poderá ceder a superfície superior ou inferior de sua construção a fim de que o titular da laje mantenha unidade distinta daquela originalmente construída sobre o solo. § 1º O direito real de laje contempla o espaço aéreo ou o subsolo de terrenos públicos ou privados, tomados em projeção vertical, como unidade imobiliária autônoma, não contemplando as demais áreas edificadas ou não pertencentes ao proprietário da construção-base. § 2º O titular do direito real de laje responderá pelos encargos e tributos que incidirem sobre a sua unidade. § 3º Os titulares da laje, unidade imobiliária autônoma constituída em matrícula própria, poderão dela usar, gozar e dispor. § 4º A instituição do direito real de laje não implica a atribuição de fração ideal de terreno ao titular da laje ou a participação proporcional em áreas já edificadas. § 5º Os Municípios e o Distrito Federal poderão dispor sobre posturas edilícias e urbanísticas associadas ao direito real de laje. § 6º O titular da laje poderá ceder a superfície de sua construção para a instituição de um sucessivo direito real de laje, desde que haja autorização expressa dos titulares da construção-base e das demais lajes, respeitadas as posturas edilícias e urbanísticas vigentes".GN
Gabarito "A".

(Juiz – TRF 2ª Região – 2017) Em maio de 2015, Gaio intenta ação objetivando ver reconhecida a usucapião sobre imóvel de 150 m², localizado em terreno de marinha, com enfiteuse regularmente constituída em favor de Tício, em 1980.Gaio mostra que, diante do aparente abandono local, desde 1997 passou a exercer posse contínua e não incomodada sobre a área, com ânimo de proprietário, realizando melhorias e pagando as despesas, impostos e foro sobre o bem. Os autos revelam que Tício fora interditado em 2004, e afirmado, segundo a lei vigente, absolutamente incapaz. Desde então não ocorreu a mudança de seu quadro de interdição. Considerados corretos todos os dados acima, assinale a opção certa:

(A) No caso, é viável a usucapião extraordinária do domínio direto.

(B) Em tese, estão presentes e descritos os pressupostos para a usucapião especial urbana do domínio útil.

(C) Não é viável, nem em tese, reconhecer usucapião, seja do domínio direto, seja do domínio útil, já que o imóvel é público.

(D) A jurisprudência é assente ao admitir, em terreno de marinha objeto de aforamento, a possibilidade de usucapião extraordinária do domínio útil, mas no caso os pressupostos não estão presentes.

(E) Estão presentes os pressupostos para a declaração da usucapião extraordinária do domínio útil, mas não estão descritos os pressupostos necessários para a usucapião especial urbana.

O STJ consolidou entendimento no sentido da possibilidade de usucapião extraordinária do domínio útil de imóvel sob o regime da enfiteuse (com prazo de 15 anos). Nesse sentido foi o julgado no AgInt no AREsp 358.081/PE, Rel. Min.Benedito Gonçalves, 1ª Turma, j. 20.09.2016, *DJe* 05.10.2016).

No caso apresentado pela questão, todavia, é preciso recordar que os prazos de usucapião não correm contra o absolutamente incapaz (CC, art. 1.244 combinado com art. 198, I). No caso em tela, apenas sete anos se passaram entre o início da posse e a interdição de Tício, o que não é suficiente para lhe garantir a aquisição da propriedade.GN

Gabarito "D".

(Juiz – TJ-SC – FCC – 2017) João X é proprietário de um imóvel de 230 m², onde reside com sua família, e adquiriu, posteriormente, em 12.5.2010, o imóvel contíguo de 250 m² mediante escritura de venda e compra outorgada por José Y, registrada no serviço de registro de imóveis, e onde existe um casebre por ele totalmente reformado, no ano de 2011, inclusive executando benfeitorias necessárias, úteis e voluptuárias. Em 10.3.2016, João X foi citado em ação reivindicatória movida por Antônio Z que comprovou ser proprietário do imóvel adquirido de José Y por João X, conforme o registro imobiliário, porque a escritura anterior recebida por José Y era falsa e outorgada por Joaquim P condenado por estelionato. Não obstante isso, João X, depois da citação, realizou benfeitorias necessárias. Em defesa, o réu alegou que comprou esse imóvel de boa-fé e que, em razão do tempo decorrido, o adquiriu pela usucapião quinquenal. A ação deverá ser julgada:

(A) improcedente, porque a usucapião pode ser alegada como matéria de defesa, devendo o autor ser declarado proprietário desse imóvel.

(B) procedente, mas o autor terá direito à indenização das benfeitorias necessárias e úteis, podendo exercer o direito de retenção pelo valor dessas benfeitorias, realizadas antes da citação, bem como ao ressarcimento das benfeitorias necessárias pela importância delas, realizadas depois da citação, mas sem direito de retenção; quanto às voluptuárias, se não lhe forem pagas, permite-se o levantamento, quando o puder, sem detrimento da coisa.

(C) procedente, e o autor terá direito ao ressarcimento de todas as benfeitorias necessárias e úteis, podendo exercer quanto a elas direito de retenção e, quanto às voluptuárias, se não lhes forem pagas poderá levantá-las, desde que sem detrimento da coisa.

(D) procedente, mas o autor terá direito ao ressarcimento das benfeitorias necessárias e úteis, mas direito de retenção só relativamente às necessárias introduzidas antes da citação e, quanto às voluptuárias, poderá levantá-las se não forem ressarcidas.

(E) improcedente, porque autor é adquirente de boa-fé, ficando prejudicada a alegação de usucapião.

O primeiro aspecto dessa questão é afastar a incidência da usucapião tabular (CC, art. 1.242, parágrafo único), cujo prazo é de 5 anos. Tal usucapião ocorre quando o atual possuidor comprou o bem com base no registro do respectivo cartório, mas que posteriormente foi cancelado. Tal usucapião exige que o possuidor tenha ali estabelecido sua moradia ou realizado investimentos de interesse social e econômico, o que não ocorreu nos fatos mencionados na questão.

O segundo aspecto da questão é entender que a "fronteira" entre a boa-fé (ignorância do vício da posse) e a má-fé (ciência do vício) é a citação.

Diante disso, basta aplicar as regras dos arts. 1.219 e 1.220 do CC, que estipulam que o possuidor de boa-fé tem direito à indenização pelas benfeitorias necessárias e úteis (com direito de retenção), podendo apenas levantar as voluptuárias.

Já o possuidor de má-fé tem apenas direito à indenização pelas benfeitorias necessárias, sem retenção (CC, art. 1.220). GN

Gabarito "B".

6.4. USUCAPIÃO

Considere as situações a seguir.

I. Joana Dantas é possuidora de um terreno na cidade de Nova Horizontina por quinze anos, sem interrupção nem oposição, não possuindo título nem boa-fé.

II. Jaciara Ferreira exerce, por três anos ininterruptamente e sem oposição, posse direta, com exclusividade, sobre um apartamento de cento e cinquenta metros quadrados na cidade de Porto Feliz, o qual utiliza como sua moradia e cuja propriedade dividia com seu ex- cônjuge, Lindomar Silva, que abandonou o lar, não sendo ela proprietária de outro imóvel urbano ou rural.

III. Jandira é possuidora de área de terra em zona rural com cem hectares, por cinco anos ininterruptos, sem oposição, tornando-a produtiva pelo seu trabalho e tendo nela sua moradia, não sendo proprietária de imóvel rural ou urbano.

(Promotor de Justiça/SP – 2019 – MPE/SP) De acordo com o Código Civil brasileiro, em regra, o domínio integral do respectivo imóvel será adquirido apenas

(A) nas situações II e III.

(B) nas situações I e II.

(C) nas situações I e III.

(D) na situação I.

(E) na situação III.

I: correta, pois trata-se de usucapião extraordinário (art. 1.238, *caput* CC); II: correta, pois trata-se de usucapião familiar (art. 1;240-A); III: incorreta, pois Jandira não se tornará proprietária do imóvel, pois para que se concretize a modalidade de usucapião rural o limite do tamanho da terra é de até 50 hectares (art. 1.239 CC). Logo, a alternativa a ser assinalada é a letra B. GR

Gabarito "B".

6.5. LEI DE REGISTROS PÚBLICOS

(Advogado – Pref. São Roque/SP – 2020 – VUNESP) O Município ocupa um imóvel de propriedade particular, onde funciona, há mais de 50 anos, um posto de saúde municipal. Foi apresentado pelo Município um pedido de usucapião extrajudicial para que fosse reconhecida a aquisição da propriedade pela prescrição aquisitiva.

A respeito do caso hipotético que trata da usucapião extrajudicial, é possível afirmar que

(A) o pedido será processado diretamente no Tabelião de Notas da Comarca em que estiver situado o imóvel usucapiendo.

(B) se a planta do imóvel não contiver a assinatura de qualquer um dos titulares de direitos registrados ou averbados na matrícula do imóvel usucapiendo, o titular será notificado pelo registrador competente e seu silêncio será interpretado como discordância.

1. DIREITO CIVIL

(C) em caso de impugnação do pedido, o oficial de registro de imóveis remeterá os autos ao juízo competente da comarca da situação do imóvel, cabendo ao Município emendar a petição inicial para adequá-la ao procedimento comum.

(D) a rejeição do pedido extrajudicial impede o ajuizamento de ação de usucapião se for expressamente reconhecida a inexistência dos requisitos para a aquisição da propriedade pela prescrição aquisitiva.

(E) o oficial de registro de imóveis promoverá a publicação de edital em jornal de grande circulação, onde houver, para a ciência de terceiros eventualmente interessa- dos, que poderão se manifestar em 30 (trinta) dias.

A: incorreta, pois o pedido será processado diretamente no cartório de Registro de Imóveis em que estiver situado o imóvel usucapiendo (art. 216-A *caput* da Lei 6.015/73); **B:** incorreta, pois o silêncio será interpretado como concordância (art. 216-A, § 2º da Lei 6.015/73); **C:** correta (art. 216-A, § 10 da Lei 6.015/73); **D:** incorreta, pois a rejeição do pedido extrajudicial não impede o ajuizamento de ação de usucapião (art. 216-A, § 9º da Lei 6.015/73); **E:** incorreta, pois o prazo de manifestação é de 15 dias (art. 216-A, § 4º da Lei 6.015/73). **GR**

Gabarito "C".

(Juiz de Direito - TJ/BA - 2019 - CESPE/CEBRASPE) À luz da legislação pertinente, da jurisprudência e da doutrina, julgue os itens a seguir, a respeito de registro de imóveis.

I. De acordo com o STJ, o procedimento de dúvida registral previsto na Lei de Registros Públicos tem natureza administrativa, não constituindo prestação jurisdicional.

II. Para garantir o princípio da legalidade registral, o registrador deve fazer um prévio controle dos títulos apresentados para registro, via procedimento de qualificação registral, verificando a obediência aos requisitos legais e concluindo pela aptidão ou inaptidão dos títulos para registro.

III. O princípio da especialidade ou especialização registral é consagrado na Lei de Registros Públicos: caso o imóvel não esteja matriculado ou registrado em nome do outorgante, o oficial deverá exigir a prévia matrícula e o registro do título anterior.

Assinale a opção correta.

(A) Nenhum item está certo.

(B) Apenas os itens I e II estão certos.

(C) Apenas os itens I e III estão certos.

(D) Apenas os itens II e III estão certos.

(E) Todos os itens estão certos.

I: correta. Segue ementa de decisão com este entendimento: RECURSO ESPECIAL. DIREITO ADMINISTRATIVO. CIVIL. PROCESSUAL CIVIL. PROCEDIMENTO DE DÚVIDA REGISTRAL. NATUREZA ADMINISTRATIVA. IMPUGNAÇÃO POR TERCEIRO INTERESSADO. IRRELEVÂNCIA. CAUSA. AUSÊNCIA. ENTENDIMENTO CONSOLIDADO NA SEGUNDA SEÇÃO DO STJ. NÃO CABIMENTO DE RECURSO ESPECIAL. "O procedimento de dúvida registral, previsto no art. 198 e seguintes da Lei de Registros Públicos, tem, por força de expressa previsão legal (LRP, art. 204), natureza administrativa, não qualificando prestação jurisdicional." "Não cabe recurso especial contra decisão proferida em procedimento administrativo, afigurando-se irrelevantes a existência de litigiosidade ou o fato de o julgamento emanar de órgão do Poder Judiciário, em função atípica". (REsp 1570655/GO, Rel. Ministro ANTONIO CARLOS FERREIRA, SEGUNDA SEÇÃO, julgado em 23/11/2016, DJe

09/12/2016) 2. Recurso especial não conhecido RECURSO ESPECIAL Nº 1.396.421 - SC (2013/0252025-4) - (Ministro LUIS FELIPE SALOMÃO, 03/04/2018); **II:** correta, pois o procedimento de qualificação registral dá maior segurança e credibilidade para que o registrador afira a aptidão ou inaptidão para registro. Neste sentido, colaciona-se entendimento do Desembargador José Renato Nalini do TJ/SP na apelação (Ap. Cível nº 31881-0/1): É certo que os títulos judiciais submetem-se à qualificação registrária, conforme pacífico entendimento do E. Conselho Superior da Magistratura: Apesar de se tratar de título judicial, está ele sujeito à qualificação registrária. O fato de tratar-se o título de mandado judicial não o torna imune à qualificação registrária, sob o estrito ângulo da regularidade formal. O exame da legalidade não promove incursão sobre o mérito da decisão judicial, mas à apreciação das formalidades extrínsecas da ordem e à conexão de seus dados com o registro e a sua formalização instrumental". Ora, se os título judiciais estão sujeitos a esse procedimento, muito mais os extrajudiciais também estarão, haja vista que há maior possibilidade de fraude em sua elaboração; **III:** incorreta, pois o princípio da especialidade registral significa que tanto o objeto do negócio (o imóvel), como os contratantes devem estar perfeitamente determinados, identificados e particularizados, para que o registro reflita com exatidão o fato jurídico que o originou. A especialidade registral objetiva diz respeito ao imóvel. O artigo 176, § 1º, II, 3 da Lei 6.015/73 aponta como requisitos da matrícula, sua identificação, feita mediante a indicação de suas características e confrontações, localização, área e denominação, se rural, ou logradouro e número, se urbano, e sua designação cadastral, se houver. Já a especialidade subjetiva, diz respeito a importância de constar a qualificação completa do proprietário, número de identidade (RG), cadastro de contribuinte (CPF), e sendo casado, também do cônjuge. Igualmente necessário, dados do casamento, do regime de bens, e referência a ser ocorrido antes ou depois da Lei 6.515/77. Em havendo pacto antenupcial, deverá ser mencionado o número de seu registro junto ao Registro de Imóveis. Logo, a alternativa correta é a letra B. **GR**

Gabarito "B".

(Juiz de Direito – TJ/SC – 2019 – CESPE/CEBRASPE) O oficial de registro imobiliário, antes de registrar o título, deverá verificar se a pessoa que nele figura como alienante é a mesma cujo nome consta no registro como proprietária. Esse procedimento deve-se ao cumprimento do princípio da

(A) legalidade.

(B) especialidade.

(C) continuidade.

(D) força probante.

(E) territorialidade.

A: incorreta, pois pelo princípio da legalidade compete ao oficial do cartório avaliar a legalidade, validade e eficácia do título apresentado para registro (art. 198 da Lei 6.015/73); **B:** incorreta, pois o princípio da especialidade rege os dois pilares do registro imobiliário que são o objeto e as partes contratantes. O objeto do contrato deve ser perfeitamente identificado, descrito e indicar o título anterior; sendo especializado de tal forma que o torne heterogêneo, único e destacado. As partes contratantes devem ser identificadas e particularizadas, para que caso a situação jurídica de uma delas tenha se modificado, haja uma adequação do registro com a nova situação, para só então haver uma similaridade entre o título e o que consta no registro (arts. 176, § 1º, II, itens 3 e 4, 222 e 225 da Lei 6015/73); **C:** correta, pois o princípio da continuidade é aquele através do qual se garante a segurança dos registros imobiliários, devendo cada registro se apoiar no anterior, formando um encadeamento histórico de titularidade, o que caracteriza o imóvel (arts. 195 e 196 da Lei 6015/73); **D:** incorreta, pois pelo princípio da força probante também conhecido como princípio da fé pública, presume-se pertencer o direito real à pessoa em cujo nome se encontra registrado o imóvel. Induz a presunção de propriedade produzindo todos os efeitos legais enquanto existir e a partir do momento que se descobre que o documento não produz a verdade pode ele ser retificado ou anulado como elencado no art. 1.247 CC; **E:** incorreta, pois prevê o princípio da territorialidade que o imóvel deve ser localizado dentro do território previsto em lei para que determinada serventia torne o ato de registro válido, ou seja, exige-se que o registro seja feito na circunscrição imobiliária da situação do imóvel (art. 169 da Lei 6015/73). GR

Gabarito "C".

(Juiz de Direito – TJ/RJ – 2019 – VUNESP) O município tem um projeto de implantação de um conjunto habitacional popular que irá ocupar três áreas distintas e contíguas: i) matrícula X, de propriedade do Município; ii) matrícula Y, de propriedade particular, mas com imissão provisória na posse deferida em processo de desapropriação ajuizada pelo município e registrada a imissão na posse no Cartório de Registro de Imóveis; iii) área Z, destinada a edifícios públicos de um loteamento urbano. O município requereu a abertura de uma matrícula abrangendo as três áreas (X, Y e Z). Houve negativa do Cartório de Registro de Imóveis. Foi suscitada dúvida pelo Registrador de Imóveis que deverá ser julgada:

(A) procedente, pois poderia haver a unificação das glebas X e Y, mas não com a Gleba Z que deveria ser previamente discriminada, por não estar ainda registrada.

(B) improcedente, tendo em vista que não é possível a fusão de matrículas que não estão registradas em nome do mesmo proprietário, mesmo com o registro da imissão provisória na posse em nome do Município.

(C) improcedente, pois poderia haver a unificação das glebas Y e Z, mas não com a Gleba X, que somente poderia ser unificada àquelas após o registro da carta de adjudicação expedida na desapropriação referente à Gleba X.

(D) improcedente, tendo em vista que a unificação das matrículas poderá abranger um ou mais imóveis de domínio público que sejam contíguos à área objeto da imissão provisória na posse.

(E) procedente, tendo em vista que somente seria possível a abertura de uma matrícula única das três áreas após a finalização da desapropriação e o registro das áreas Y e Z no nome do Município.

A: incorreta, pois as três glebas podem ser unificadas (art. 235, III e §§ 2º e 3º da Lei 6.015/73); **B:** incorreta, pois a Lei apenas exige que os imóveis sejam de domínio público, mas não necessariamente da mesma pessoa (art. 235, III da Lei 6.015/73); **C:** incorreta, pois pode haver a unificação de um ou mais imóveis de domínio público que sejam contíguos a área de imissão na posse (art. 235, III e §§ 2º e 3º da Lei 6.015/73); **D:** correta (art. 235, § 3º da Lei 6.015/73); **E:** incorreta, não é necessária a finalização da desapropriação e o registro das áreas no nome do Município para a unificação (art. 235, III e §§ 2º e 3º da Lei 6.015/73). GR

Gabarito "D".

(Juiz de Direito - TJ/RS - 2018 - VUNESP) Sobre o registro de imóveis, assinale a alternativa correta.

(A) Apresentado título de segunda hipoteca, com referência expressa à existência de outra anterior, o oficial, depois deprenotá-lo, aguardará durante 15 (quinze) dias que os interessados na primeira promovam a inscrição.

(B) Se forem apresentadas no mesmo dia para registro duas escrituras públicas realizadas no mesmo dia, em

que conste a hora da sua lavratura, prevalecerá, para efeito de prioridade, a que foi apresentada ao registro em primeiro lugar.

(C) Se o imóvel não estiver matriculado ou registrado em nome do outorgante, o oficial exigirá a prévia matrícula e o registro do título anterior, qualquer que seja a sua natureza, para manter a continuidade do registro.

(D) São admitidos a registro escritos particulares autorizados em lei, assinados pelas partes e testemunhas, tais como os atos praticados por entidades vinculadas ao Sistema Financeiro da Habitação, desde que com as firmas reconhecidas.

(E) Para o desmembramento, parcelamento ou remembramento de imóveis rurais, bem como para qualquer ato de transferência, o georreferenciamento do imóvel rural é facultativo.

A: incorreta, pois – para essa hipótese - o art. 189 da Lei de Registros Públicos (Lei 6.015/1973) estabelece o prazo de 30 dias; **B:** incorreta, pois nessa situação, a lei proíbe o registro (art. 190 da Lei 6.015/1973); **C:** correta, pois o enunciado da alternativa repete o disposto no art. 195 da referida Lei; **D:** incorreta, pois – no caso das entidades vinculadas ao Sistema Financeiro da Habitação – o reconhecimento de firma é dispensado (art. 221, II, da Lei 6.015/1973); **E:** incorreta, pois nesses casos, o art. 176, § 3º, da Lei 6.015/1973 apenas garante: "*isenção de custos financeiros aos proprietários de imóveis rurais cuja somatória da área não exceda a quatro módulos fiscais*". Não há dispensa de georreferenciamento. GN

Gabarito "C".

(Promotor de Justiça – MPE/RS – 2017) Considerando a Lei dos Registros Públicos, assinale com **V** (verdadeiro) e com **F** (falso) as seguintes afirmações.

( ) Mesmo em procedimento de jurisdição voluntária, é necessária a intervenção do Ministério Público, em especial nas ações que visem, respectivamente, a alteração do nome e a retificação de registro civil. Todavia, falta-lhe interesse recursal.

( ) O princípio da verdade real norteia o registro público e tem por finalidade a segurança jurídica. Assim, o registro civil necessita espelhar a verdade existente e atual, e não apenas aquela que passou. Portanto, é admissível a alteração no registro de nascimento do filho para a averbação do nome de sua mãe que, após a separação judicial, voltou a usar o nome de solteira.

( ) A retificação administrativa deve ser feita diretamente no cartório de registro de imóveis, quando buscar a alteração de denominação de logradouro público, bem como alteração ou inserção que resulte de mero cálculo matemático feito a partir das medidas perimetrais constantes do registro.

( ) Filhos de mãe paraguaia e pai brasileiro, registrados no Paraguai, não no consulado brasileiro, que retornarem ao Brasil podem ter suas certidões de nascimento registradas no livro E. Este registro é provisório e será cancelado se não optarem pela nacionalidade brasileira no prazo de três anos, após atingirem a maioridade.

A sequência correta de preenchimento dos parênteses, de cima para baixo, é

(A) F – V – V – F.

(B) V – F – F – F.

1. DIREITO CIVIL

(C) F – F – V – V.
(D) V – V – F – V.
(E) V – F – V – V.

I: Falso, pois o STJ já se pronunciou no sentido de que há interesse recursal do Ministério Público nesses casos (REsp 1323677/MA, Rel. Ministra Nancy Andrighi, Terceira Turma, julgado em 05/02/2013, DJe 15/02/2013); **II**: Verdadeira, pois o STJ já consolidou o entendimento segundo o qual: *"O ordenamento jurídico prevê expressamente a possibilidade de averbação, no termo de nascimento do filho, da alteração do patronímico materno em decorrência do casamento, o que enseja a aplicação da mesma norma à hipótese inversa – princípio da simetria –, ou seja, quando a genitora, em decorrência de divórcio ou separação, deixa de utilizar o nome de casada"* (REsp 1072402/MG, Rel. Ministro Luis Felipe Salomão, Quarta Turma, julgado em 04/12/2012, DJe 01/02/2013); **III**: Verdadeira, pois de acordo com a Lei 6.015/1973, art. 213, c; **IV**: Falsa, pois os filhos de pais brasileiros que sejam nascidos no exterior e que não foram registrados no consulado brasileiro podem vir a residir no Brasil e optar a *"qualquer tempo, depois de atingida a maioridade, pela nacionalidade brasileira"* (CF, art. 12, I c). **GN**

Gabarito "A".

6.6. CONDOMÍNIO

(Juiz de Direito/AP – 2022 – FGV) Roberval tornou-se síndico do condomínio do edifício Castanheira. Buscando valorizar o imóvel e remediar alguns problemas inconvenientes do edifício, ele precisa realizar certas obras.

Quanto a elas, é correto afirmar que:

(A) as obras necessárias e urgentes que importem em despesas excessivas podem ser realizadas imediatamente pelo síndico, dispensada comunicação à assembleia;

(B) as obras que importarem em despesas excessivas dependem de aprovação em assembleia especial, cuja convocação compete exclusivamente ao síndico;

(C) o condômino que realizar obras não necessárias, mas de interesse comum, será reembolsado das despesas que efetuar;

(D) a realização de obras voluptuárias dependerá de autorização prévia da assembleia, mediante aprovação da maioria dos condôminos;

(E) não são permitidas construções, nas partes comuns, suscetíveis de prejudicar a utilização, por qualquer dos condôminos, das partes próprias ou comuns.

Comentário: **A**: incorreta, pois se as obras ou reparos necessários forem urgentes e importarem em despesas excessivas, determinada sua realização, o síndico ou o condômino que tomou a iniciativa delas dará ciência à assembleia, que deverá ser convocada imediatamente (art. 1.341, §2º CC); **B**: incorreta, pois se o síndico for omisso ou houver algum impedimento, a assembleia especial pode ser convocada por qualquer dos condôminos (art. 1.341, §3º CC); **C**: incorreta, pois neste caso não terá o direito de ser reembolsado (art. 1.341, § 4º CC); **D**: incorreta, pois a realização de obra voluptuária depende do voto de dois terços dos condôminos (art. 1.341, I CC); **E**: correta (art. 1.342 CC). **GR**

Gabarito "E".

(Juiz de Direito – TJ/RJ – 2019 – VUNESP) Assinale a alternativa correta, tendo em vista o entendimento sumulado vigente do Tribunal de Justiça do Rio de Janeiro sobre condomínios edilícios e incorporação imobiliária.

(A) O desconto por pagamento antecipado da cota condominial embute multa, que não admite aplicação de outra, e, muito menos, de percentual acima de 20% como previsto na Lei 4.591/64.

(B) Nas dívidas relativas a cotas condominiais, deliberadas em assembleia, incide o condômino em mora a partir da sua efetiva notificação, independentemente da utilização de meios de cobrança.

(C) O pagamento de despesas com decoração das áreas comuns, em incorporações imobiliárias, é de responsabilidade do incorporador, salvo se pactuada a transferência ao adquirente.

(D) Nos contratos de promessa de compra e venda decorrentes de incorporação imobiliária, é nula a cláusula de tolerância de prorrogação de 180 dias para a entrega do imóvel.

(E) A despesa pelo serviço de transporte coletivo prestado a condomínio pode ser objeto de rateio obrigatório entre os condôminos, desde que aprovado em assembleia, na forma da convenção.

A: incorreta, pois embora essa fosse a redação da Súmula 36 do TJRJ, ela foi cancelada em 15/04/2019 em acórdão do processo 0061605-49.2017.8.19.0000; **B**: incorreta, pois incide o condômino em mora a partir do seu *vencimento* (Súmula 372 TJRJ); **C**: incorreta, pois a responsabilidade é do incorporador sendo *vedada* sua transferência ao adquirente (Súmula 351 TJRJ); **D**: incorreta, pois nos contratos de promessa de compra e venda decorrentes de incorporação imobiliária, é *válida* a cláusula de tolerância de prorrogação de 180 dias para a entrega do imóvel (Súmula 350 TJRJ); **E**: correta (Súmula 346 TJRJ). **GR**

Gabarito "E".

(Juiz – TRF 2ª Região – 2017) Caio, Tício, Mévio e Sinfrônio são condôminos de um apartamento. Caio vende sua parte a Tício, sem consultar os outros comproprietários. Assinale a opção correta:

(A) Mévio, titular da maior fração ideal sobre o bem, pode obter a resolução da venda e adjudicar para si a parte vendida, depositando o preço pago por Tício dentro do prazo decadencial indicado em lei.

(B) Sinfrônio, titular de benfeitorias mais valiosas incorporadas ao bem, pode obter a resolução do negócio e adjudicar a parte vendida, depositando judicialmente o preço pago dentro do prazo decadencial indicado em lei.

(C) Mévio, titular da maior fração ideal sobre o bem, pode obter a resolução da venda e adjudicar para si a parte alienada, depositando o preço pago por Tício no prazo prescricional indicado em lei.

(D) Sinfrônio, titular de benfeitorias mais valiosas incorporadas ao bem, pode obter a resolução do negócio e adjudicar a parte vendida, depositando judicialmente o preço pago no prazo prescricional indicado em lei.

(E) Nem Mévio e nem Sinfrônio têm direito de preferência sobre a parte alienada.

Quando um dos condôminos de bem indivisível (ex.: apartamento) pretende alienar sua fração ideal a estranhos, ele deve preferir o seu condômino, sob pena de o preterido depositar o valor e haver para si a parte vendida (CC, art. 504). Trata-se de uma acentuada limitação no direito de alienação, entendendo a lei que é melhor um condômino ampliar sua participação do que um terceiro ingressar na propriedade. No caso apresentado, todavia, não se trata de uma alienação de fração ideal a estranhos, mas sim para um dos condôminos, hipótese na qual o direito de preferência simplesmente não existe. **GN**

Gabarito "E".

6.7. DIREITOS REAIS NA COISA ALHEIA – FRUIÇÃO

(Procurador Município – Santos/SP – VUNESP – 2021) Considerando as disposições relativas aos direitos reais de gozo ou fruição, é correto afirmar:

(A) Salvo disposição expressa em sentido contrário, em caso de extinção do direito de superfície por decurso de seu prazo, o proprietário assume a propriedade plena do imóvel mediante indenização das construções e/ou plantações introduzidas pelo superficiário.

(B) O usufrutuário tem direito aos frutos pendentes no início do usufruto, devendo, porém, pagar as despesas de produção desses frutos.

(C) No contrato de penhor, é nula a cláusula que autoriza o credor a ficar com o objeto empenhado, em caso de não pagamento da dívida.

(D) Salvo disposição expressa em sentido contrário, o dono de uma servidão predial pode realizar todas as obras de conservação, devendo as despesas ser rateadas entre os proprietários do prédio serviente e do prédio dominante.

(E) Havendo renúncia tácita do proprietário do prédio dominante, tem-se por extinta de pleno direito a servidão, podendo o proprietário do prédio serviente providenciar seu cancelamento junto ao Cartório do Registro de Imóveis.

A: incorreta, pois havendo extinção do direito de superfície por decurso do prazo o proprietário passará a ter a propriedade plena do imóvel independentemente de indenização, se as partes não houverem estipulado o contrário (art. 1.375 CC); **B:** incorreta, pois ele não precisa pagar as despesas de produção (art. 1.396, *caput* CC); **C:** correta (art. 1.428, *caput* CC); **D:** incorreta, pois o art. 1.380 CC define que o dono de uma servidão pode fazer todas as obras necessárias à sua conservação e uso, e, se a servidão pertencer a mais de um prédio, serão as despesas rateadas entre os respectivos donos. No texto não há a possibilidade de se colocar cláusula em sentido contrário; **E:** incorreta, pois para que isso ocorra a renúncia precisa ser expressa (art. 1.388, I CC). **GR**
Gabarito "C".

(Procurador do Município – Valinhos/SP – 2019 – VUNESP) João da Silva deixou joias em um banco como garantia de contrato de penhor, tendo estas sido roubadas. João não cumpriu com sua obrigação contratual, deixando de pagar o empréstimo. Diante desses fatos, assinale a alternativa correta.

(A) O perecimento por completo da coisa empenhada induz à extinção da obrigação principal.

(B) Nas dívidas garantidas por penhor, o perecimento do bem, desnatura e impossibilita o cumprimento da obrigação.

(C) O contrato de penhor perdeu a eficácia e não há que se falar em substituição da garantia.

(D) O credor deve ser constrangido a devolver a coisa empenhada, ou uma parte dela, antes de ser integralmente pago.

(E) O credor pignoratício deve pagar ao proprietário o valor das joias, descontando-se o valor do contrato de penhor.

A: incorreta, pois o perecimento por completo da coisa empenhada *não* induz à extinção da obrigação principal. O que é extinto na verdade é o penhor em si (art. 1.436, II CC); **B:** incorreta, pois o perecimento do bem

não desnatura nem impossibilita o cumprimento da obrigação. Nestes casos, o devedor será intimado a reforçar a garantia ou a substituir. Caso não o faça, a dívida se considerará vencida (art. 1.425, IV CC); **C:** incorreta, pois perecido o bem dado em garantia o contrato não perde a eficácia (quando falamos em eficácia nos referimos ao termo, condição e encargo – arts. 121 e seguintes CC. E esses institutos não se aplicam neste caso). O que acontece é que caso o bem não seja substituído haverá o vencimento antecipado da dívida (art. 1.425, IV CC); **D:** incorreta, pois o credor não pode ser constrangido a devolver a coisa empenhada, ou uma parte dela, antes de ser integralmente pago (art. 1.434 CC, 1ª parte); **E:** correta, pois o banco na figura de credor pignoratício era obrigado a custodiar as joias como depositário, e considerando que a coisa se perdeu por sua culpa, será obrigado a ressarcir ao dono, podendo ser compensada na dívida, até a concorrente quantia, a importância da responsabilidade (art. 1.435, I CC). **GR**
Gabarito "E".

(Procurador do Município – Boa Vista/RR – 2019 – CESPE/CEBRASPE) Em cada um dos itens a seguir é apresentada uma situação hipotética seguida de uma assertiva a ser julgada a respeito de direitos reais de garantia e da responsabilidade civil.

(1) João e Marcelo são coproprietários de um apartamento. João pretende obter um empréstimo e, para atender a uma exigência bancária, deseja dar o referido apartamento como garantia da dívida que será contraída. Nessa situação, mesmo sendo o apartamento um bem indivisível, João poderá, sem o consentimento de Marcelo, dar em garantia hipotecária a parte que lhe pertence no referido imóvel.

(2) Atendendo a um pedido de seu amigo Flávio, Gustavo lhe deu carona no percurso compreendido entre o local de trabalho e a faculdade onde ambos estudavam. Em determinado momento do percurso, Gustavo reduziu a velocidade do veículo por ter avistado um transeunte em uma faixa de pedestres, recebendo uma colisão violenta do carro que estava atrás com o seu veículo. Em decorrência desse acidente, Flávio ficou paraplégico. Nessa situação, de acordo com a jurisprudência do STJ, Gustavo poderá ser responsabilizado civilmente pelos danos materiais e morais suportados por Flávio.

1: Certa, pois referente à parte que lhe pertence João pode hipotecá-la sem a anuência de Marcelo. Neste sentido prevê o art. 1.420, § 2º CC que a coisa comum a dois ou mais proprietários não pode ser dada em garantia real, na sua totalidade, sem o consentimento de todos; *mas cada um pode individualmente dar em garantia real a parte que tiver.* **2:** Errada, pois nos termos da Súmula 145 STJ "No transporte desinteressado, de simples cortesia, o transportador só será civilmente responsável por danos causados ao transportado quando incorrer em dolo ou culpa grave." No caso em tela Gustavo não agiu nem com dolo nem com culpa, logo, não poderá ser responsabilizado por danos materiais nem morais. **GR**
Gabarito 1C, 2E

(Procurador do Estado/SP - 2018 - VUNESP) Sobre o direito real de laje, é correto afirmar:

(A) pressupõe a coexistência de unidades imobiliárias, autônomas ou não, de titularidades distintas e situadas na mesma área, de modo a permitir que o proprietário ceda a superfície de sua construção a outrem para que ali construa unidade distinta daquela originalmente construída sobre o solo.

(B) a ruína da construção-base não implica extinção do direito real de laje se houver sua reconstrução no prazo de 10 anos.

(C) as unidades autônomas constituídas em matrícula própria poderão ser alienadas por seu titular sem necessidade de prévia anuência do proprietário da construção-base.

(D) confere ao seu titular o direito de sobrelevações sucessivas, mediante autorização expressa ou tácita do proprietário da construção-base, desde que observadas as posturas edilícias e urbanísticas vigentes.

(E) contempla espaço aéreo e subsolo, tomados em projeção vertical, atribuindo ao seu titular fração ideal de terreno que comporte construção.

A: incorreta, pois a unidade deve ser autônoma (CC, art. 1.510-A, §1º); **B:** incorreta, pois – nesse caso – a ruína da construção base somente não implicará extinção do direito real de laje se houver sua reconstrução no prazo de 5 anos (CC, art. 1.510-E); **C:** correta, pois o Código Civil não exige anuência, mas apenas confere direito de preferência titular da construção base e, na sequência, ao titular de outra laje. A consequência da não concessão de tal preferência é a possibilidade de o preterido depositar o respectivo preço e haver para si a parte alienada, desde que o requeira no prazo decadencial de cento e oitenta dias, contado da data de alienação (CC, art. 1.510-D); **D:** incorreta, pois o Código exige *"autorização expressa dos titulares da construção-base e das demais lajes"* (CC, art. 1.510-A § 6º); **E:** incorreta, pois não se atribui ao titular de direito real de laje fração ideal do terreno (CC, art. 1.510-A, § 4º). GN

Gabarito "C".

6.8. DIREITOS REAIS NA COISA ALHEIA – GARANTIA

(Promotor de Justiça/PR – 2019 – MPE/PR) Podem ser objeto de hipoteca:

(A) Veículos empregados em qualquer espécie de transporte ou condução.

(B) Aeronaves.

(C) Colheitas pendentes, ou em via de formação.

(D) Animais do serviço ordinário de estabelecimento agrícola.

(E) Animais que integram a atividade pastoril, agrícola ou de lacticínios.

A: incorreta, pois os veículos empregados em qualquer espécie de transporte ou condução podem ser objeto de penhor, e não de hipoteca (art. 1.461 CC); **B:** correta (art. 1.473 VII CC); **C:** incorreta, pois as colheitas pendentes, ou em via de formação podem ser objeto de penhor e não de hipoteca (art. 1.442, II CC); **D:** incorreta, pois os animais do serviço ordinário de estabelecimento agrícola são objeto de penhor e não de hipoteca (art. 1.442, V CC); **E:** incorreta, pois esses animais estão sujeitos ao penhor pecuário (art. 1.444 CC). GR

Gabarito "B".

(Defensor Público – DPE/PR – 2017 – FCC) João firma contrato de alienação fiduciária com Banco X, tendo por objeto a aquisição de um automóvel. João, na época de pagamento da 52ªde um total de sessenta parcelas, vê-se desempregado e não consegue arcar com o débito restante. O Defensor Público deverá alegar, em defesa de João, visando afastar liminarmente a busca e apreensão do bem, a figura parcelar da boa-fé objetiva

(A) *duty to mitigate the own loss.*

(B) adimplemento substancial.

(C) *venire contra factum proprium.*

(D) *supressio.*

(E) *surrectio.*

A: Errada, pois, a *teoria duty to mitigate the own* loss ou Mitigação do prejuízo pelo próprio credor, desenvolvida pelo direito norte-americano, conforme o Enunciado 169 da III Jornada de Direito Civil, assim definiu: "O princípio da boa-fé objetiva deve levar o credor a evitar o agravamento do próprio prejuízo." **B:** Correto. O adimplemento substancial não está previsto no Código Civil de 2002, sua aplicação vem se realizando com base nos princípios da boa-fé objetiva (CC, art. 422), da função social dos contratos (CC, art. 421), da vedação ao abuso de direito (CC, art. 187) e ao enriquecimento sem causa (CC, art. 884). A teoria do adimplemento substancial encontra respaldo nos casos em que o devedor cumpre parte expressiva do contrato, impedindo a rescisão do contrato por parte do credor, entretanto, este poderá mover ação de cobrança com relação ao crédito remanescente. Essa teoria vem sendo adotada pelo STJ. **C:** Errada. De acordo com a teoria *venire contra factum proprium*, o agente não pode contrariar o próprio comportamento, ou seja, se uma das partes vem se comportando de uma determinada maneira, por um certo período de tempo, isso faz gerar para a outra parte uma expectativa de que seu comportamento continuará o mesmo. **D** e **E:** Erradas. *Supressio* na doutrina alemã equivale a "verwirkung", vale dizer, o não exercício no tempo revela a intenção de não mais exercê-lo, o direito se extingue, faz gerar uma renúncia presumida. Assim são necessários dois requisitos: não exercício + circunstâncias fáticas. Diante disso, faz nascer para a outra parte a *surrectio* aquisição do direito em razão de um comportamento continuado. GN

Gabarito "B".

7. FAMÍLIA

7.1. CASAMENTO

7.1.1. DISPOSIÇÕES GERAIS, CAPACIDADE, IMPEDIMENTOS, CAUSAS SUSPENSIVAS, HABILITAÇÃO, CELEBRAÇÃO E PROVA DO CASAMENTO

(Promotor de Justiça/PR – 2019 – MPE/PR) Não incide causa suspensiva no casamento entre:

(A) O cônjuge sobrevivente e o condenado por homicídio ou tentativa de homicídio contra o seu consorte.

(B) O viúvo ou a viúva que tiver filho do cônjuge falecido, enquanto não fizer inventário dos bens do casal e der partilha aos herdeiros.

(C) A viúva, ou a mulher cujo casamento se desfez por ser nulo ou ter sido anulado, até dez meses depois do começo da viuvez, ou da dissolução da sociedade conjugal.

(D) O divorciado, enquanto não houver sido homologada ou decidida a partilha dos bens do casal.

(E) O tutor e os seus descendentes, ascendentes, irmãos, cunhados ou sobrinhos, com a pessoa tutelada, enquanto não cessar a tutela, e não estiverem saldadas as respectivas contas.

A: correta, pois neste caso não incide causa suspensiva, mas impeditiva do casamento (art. 1.521, VII CC); **B:** incorreta, pois neste caso incide a causa suspensiva prevista do art. 1.523, I CC; **C:** incorreta, pois neste caso incide a causa suspensiva prevista do art. 1.523, II CC; **D:** incorreta, pois neste caso incide a causa suspensiva prevista do art.

1.523, III CC; **E:** incorreta, pois neste caso incide a causa suspensiva prevista do art. 1.523, IV CC. **GR**
Gabarito "A".

(Juiz de Direito – TJ/AL – 2019 – FCC) De acordo com o Código Civil, o casamento

(A) dispensa habilitação se ambos os cônjuges forem maiores e capazes.

(B) é civil e sua celebração gratuita.

(C) religioso não produz efeitos civis, em nenhuma hipótese.

(D) pode ser contraído entre colaterais, a partir do terceiro grau.

(E) pode ser celebrado mediante procuração, por instrumento público ou particular.

A: incorreta, pois a Lei prevê um processo formal de habilitação (art. 1.525 a 1.532 CC) e não a dispensa se os cônjuges forem maiores e capazes (art. 1.525 CC); **B:** correta (art. 1.512 *caput* CC); **C:** incorreta, pois o casamento religioso, celebrado sem as formalidades exigidas no Código Civil, terá efeitos civis se, a requerimento do casal, for registrado, a qualquer tempo, no registro civil, mediante prévia habilitação perante a autoridade competente e observado o prazo do art. 1.532 CC (art. 1.516, § 2º CC); **D:** incorreta, pois não podem casar os irmãos, unilaterais ou bilaterais, e demais colaterais, até o terceiro grau inclusive (art. 1.521, IV CC); **E:** incorreta, pois o casamento pode celebrar-se mediante procuração, por instrumento público, com poderes especiais (art. 1.542 *caput* CC). **GN**
Gabarito "B".

(Defensor Público – DPE/SC – 2017 – FCC) O casamento realizado por pessoa com deficiência mental ou intelectual em idade núbil mas expressando sua vontade diretamente e o casamento do incapaz de consentir ou manifestar de modo inequívoco o consentimento é, respectivamente,

(A) válido e inexistente.

(B) válido e anulável.

(C) anulável e inexistente.

(D) nulo e nulo.

(E) nulo e anulável.

O casamento será válido em razão da Lei 13.146/2015, Institui a Lei Brasileira de Inclusão da Pessoa com Deficiência (Estatuto da Pessoa com Deficiência), que acrescentou o § 2º, no artigo 1.550, do Código Civil: "A pessoa com deficiência mental ou intelectual em idade núbia poderá contrair matrimônio, expressando sua vontade diretamente ou por meio de seu responsável ou curador". E será anulável, nos termos do inciso IV, do artigo 1.550 do mesmo diploma legal, que dispõe: "do incapaz de consentir ou manifestar, de modo inequívoco, o consentimento". **GN**
Gabarito "B".

7.1.2. INVALIDADE

(Promotor de Justiça/CE – 2020 – CESPE/CEBRASPE) De acordo com o Código Civil, o casamento de quem ainda não atingiu dezesseis anos de idade é

(A) proibido, em qualquer hipótese.

(B) permitido, de forma excepcional, somente para a finalidade de evitar imposição ou cumprimento de pena criminal.

(C) permitido, de forma excepcional, somente na hipótese de gravidez.

(D) autorizado apenas na hipótese de gravidez ou na situação que tenha a finalidade de evitar imposição ou cumprimento de pena criminal, desde que haja expressa concordância de ambos os pais ou representantes legais do(a) menor.

(E) autorizado em qualquer hipótese em que haja expressa concordância de ambos os pais ou representantes legais do(a) menor.

A: correta, pois não será permitido, em qualquer caso, o casamento de quem não atingiu a idade núbil (dezesseis anos), nos termos do art. 1.520 CC; **B:** incorreta, pois essa permissão foi revogada pela Lei 13.811/2019, que deu nova redação ao art. 1.520 CC; **C:** incorreta, nos termos da justificativa da alternativa B; **D:** incorreta, pois ainda que haja autorização dos pais a Lei proíbe (art. 1.520 CC); **E:** incorreta, pois existe proibição legal expressa no art. 1.520 CC. **GR**
Gabarito "A".

(Juiz – TJ-SC – FCC – 2017) É nulo o casamento:

(A) de pessoa que não completou idade mínima para casar.

(B) de pessoa com deficiência mental ou intelectual, em idade núbil, mesmo expressando sua vontade diretamente.

(C) apenas se contraído com infringência de impedimento.

(D) de incapaz de consentir ou manifestar, de modo inequívoco, o consentimento.

(E) por infringência de impedimento ou de causa suspensiva.

O Código Civil (art. 1.548) só contempla uma única hipótese de nulidade absoluta de casamento, que é a infringência de impedimentos matrimoniais (CC, art. 1.521), como o casamento entre ascendentes e descendentes, entre irmãos, pessoas já casadas, etc. **GN**
Gabarito "C".

7.1.3. REGIME DE BENS

(Juiz de Direito – TJ/MS – 2020 – FCC) Em relação ao direito patrimonial entre os cônjuges:

(A) é obrigatório o regime da separação de bens no casamento da pessoa maior de sessenta anos.

(B) é admissível a livre alteração do regime de bens, independentemente de autorização judicial, ressalvados porém os direitos de terceiros.

(C) podem os cônjuges, independentemente de autorização um do outro, comprar, mesmo que a crédito, as coisas necessárias à economia doméstica, bem como obter, por empréstimo, as quantias que a aquisição dessas coisas exigir, situações que os obrigarão solidariamente.

(D) em nenhuma hipótese pode o cônjuge, sem autorização do outro, alienar ou gravar de ônus real os bens imóveis.

(E) é anulável o pacto antenupcial se não for feito por escritura pública, e nulo se não lhe seguir o casamento.

A: incorreta, pois a idade para ser obrigatório o regime de separação de bens é de setenta anos (art. 1.641, II CC); **B:** incorreta, pois é admissível alteração do regime de bens, *mediante autorização* judicial em pedido motivado de ambos os cônjuges, apurada a procedência das razões invocadas e ressalvados os direitos de terceiros (art. 1.639, § 2º CC);

C: correta (arts. 1.643 e 1.644 CC); **D:** incorreta, pois caso haja recusa injustificada do cônjuge ou ele por alguma razão não possa expressar seu consentimento, o juiz pode suprir essa manifestação e assim o cônjuge interessado poderá alienar ou gravar de ônus real os bens imóveis (art. 1.647 CC); **E:** incorreta, pois é *nulo* o pacto antenupcial se não for feito por escritura pública, e *ineficaz* se não lhe seguir o casamento (art. 1.653 CC). **GR**

Gabarito "C".

7.1.4. TEMAS COMBINADOS DE CASAMENTO

(Defensor Público – DPE/SC – 2017 – FCC) Considere as assertivas abaixo a respeito dos requisitos para a usucapião familiar, inserida no Código Civil pela Lei n. 12.424/2011.

I. boa-fé e justo título.

II. posse ininterrupta e sem oposição pelo prazo de dois anos.

III. posse direta e com exclusividade sobre imóvel urbano de até 250 m² (duzentos e cinquenta metros quadrados).

IV. usucapiente não seja proprietário de outro imóvel urbano ou rural.

V. o usucapiente seja proprietário de parte do imóvel juntamente com ex-cônjuge ou ex-companheiro que abandonou o lar.

Está correto o que se afirma APENAS em:

(A) II, IV e V.

(B) II, III e IV.

(C) II, III, IV e V.

(D) I, II, IV e V.

(E) I, II, III e IV.

A letra C está correta, nos termos do artigo 1240-A do Código Civil, dispõe que: "Aquele que exercer, por 2 (dois) anos ininterruptamente e sem oposição, posse direta, com exclusividade, sobre imóvel urbano de até 250m² (duzentos e cinquenta metros quadrados) cuja propriedade divida com ex-cônjuge ou ex-companheiro que abandonou o lar, utilizando-o para sua moradia ou de sua família, adquirir-lhe-á o domínio integral, desde que não seja proprietário de outro imóvel urbano ou rural. § 1º O direito previsto no *caput* não será reconhecido ao mesmo possuidor mais de uma vez". **GN**

Gabarito "C".

7.2. UNIÃO ESTÁVEL

(Defensor Público – DPE/SC – 2017 – FCC) Roberto viveu em união estável com Paula durante 10 (dez) anos, quando angariaram um patrimônio comum de 80 mil reais e tiveram quatro filhos. Não realizaram pacto de convivência, porque entendiam desnecessário, na medida que não tinham bens adquiridos antes do início da convivência. Roberto faleceu no dia 25 de junho de 2017 e a companheira supérstite procura a defensoria pública para saber qual o quinhão que lhe cabe. Para que responda corretamente e em consonância com o atual entendimento do Supremo Tribunal Federal a respeito da sucessão do companheiro, o defensor público deverá informá-la que ela tem direito

(A) a 16 mil reais a título de herança em concurso com os filhos comuns, mas não tem direito à meação.

(B) a 20 mil reais a título de herança em concurso com os filhos comuns, mas não tem direito à meação.

(C) a 40 mil reais a título de meação, além de 10 mil de herança em concurso com os filhos comuns.

(D) a 40 mil reais a título de meação, além de 8 mil de herança em concurso com os filhos comuns.

(E) a 40 mil reais a título de meação, mas não tem direito à herança em concurso com os filhos comuns.

O STF reconheceu a equiparação entre cônjuge e companheiro para fins de sucessão. A decisão foi proferida, com repercussão geral reconhecida, no julgamento dos Recursos Extraordinários (REs) 646721 e 878694, *in verbis*: "Ementa: Direito constitucional e civil. Recurso extraordinàrio. RepercussaPo geral. AplicaçaPo do artigo 1.790 do Còidigo Civil al sucessaPo em uniaPo estàivel homoafetiva. Inconstitucionalidade da distinçaPo de regime sucessoirio entre cônjuges e companheiros.
1. A ConstituiçaPo brasileira contempla diferentes formas de família legìtima, aleìm da que resulta do casamento. Nesse rol incluem-se as famìlias formadas mediante uniaPo estàivel, hétero ou homoafetivas. O STF jaì reconheceu a "inexistência de hierarquia ou diferença de qualidade jurìdica entre as duas formas de constituiçaPo de um novo e autonomizado nuìcleo domeìstico", aplicando-se a uniaPo estàivel entre pessoas do mesmo sexo as mesmas regras e mesmas consequências da uniaPo estàivel heteroafetiva (adi 4277 e ADPF 132, rel. Min. Ayres Britto, j. 05.05.2011) 2. NaPo eì legìtimo desequiparar, para fins sucessoìrios, os cônjuges e os companheiros, isto eì, a famìlia formada pelo casamento e a formada por uniaPo estàivel. Tal hierarquizaçaPo entre entidades familiares eì incompatìivel com a ConstituiçaPo de 1988. Assim sendo, o art. 1790 do Còidigo Civil, ao revogar as leis no 8.971/1994 e no 9.278/1996 e discriminar a companheira (ou o companheiro), dando-lhe direitos sucessoìrios bem inferiores aos conferidos aì esposa (ou ao marido), entra em contraste com os princìipios da igualdade, da dignidade humana, da proporcionalidade como vedaçaPo ao retrocesso. 3. Com a finalidade de preservar a segurança jurìidica, o entendimento ora firmado eì aplicaìvel apenas aos inventaìrios judiciais em que naPo tenha havido trânsito em julgado da sentença de partilha e aìs partilhas extrajudiciais em que ainda naPo haja escritura puìblica. 4. Provimento do recurso extraordinàirio. AfirmaçaPo, em repercussaPo geral, da seguinte tese: "no sistema constitucional vigente, eì inconstitucional a distinçaPo de regimes sucessoìrios entre cônjuges e companheiros, devendo ser aplicado, em ambos os casos, o regime estabelecido no art. 1.829 do CC/2002" (Recurso extraordinàirio 646.721 Rio Grande do Sul, Min. Marco Aureìlio, DJe 11/09/2017). **GN**

Gabarito "E".

7.3. PARENTESCO E FILIAÇÃO

(Procurador Município – Teresina/PI – FCC – 2022) Em relação ao parentesco em geral e à filiação:

(A) Entre outras situações previstas legalmente, presumem-se concebidos na constância do casamento os filhos havidos, a qualquer tempo, quando se tratar de embriões excedentários, decorrentes de concepção artificial homóloga.

(B) A prova da impotência do cônjuge para gerar, à época da concepção, não ilide a presunção da paternidade na constância do casamento.

(C) Os filhos, havidos ou não da relação de casamento, terão os mesmos direitos e qualificações, proibidas quaisquer designações discriminatórias relativas à filiação, salvo as concernentes à adoção.

(D) Na linha reta ou colateral, o parentesco por afinidade não se extingue com a dissolução do casamento ou da união estável.

(E) Cabe ao marido o direito de contestar a paternidade dos filhos nascidos de sua mulher, sendo tal ação prescritível em dez anos.

A: correta (art. 1.597, IV CC); **B:** incorreta, pois a prova da impotência do cônjuge para gerar, à época da concepção, ilide a presunção da paternidade (art. 1.599 CC); **C:** incorreta, pois os filhos, havidos ou não da relação de casamento, ou por adoção, terão os mesmos direitos e qualificações, proibidas quaisquer designações discriminatórias relativas à filiação, inclusive referente à adoção, porque a Lei não traz exceção (art. 1.596 CC); **D:** incorreta, pois apenas na linha reta, a afinidade não se extingue com a dissolução do casamento ou da união estável (art. 1.595, § 2º CC); **E:** incorreta, pois essa ação é imprescritível (art. 1.601, *caput* CC). **GR**

Gabarito "A".

(Juiz de Direito - TJ/BA - 2019 - CESPE/CEBRASPE) Com relação ao reconhecimento voluntário de filhos tidos fora do casamento, julgue os seguintes itens.

I. O Código Civil admite o reconhecimento voluntário de paternidade por declaração direta e expressa perante o juiz, desde que manifestada em ação própria, denominada ação declaratória de paternidade. Nesse caso, o ato jurídico é irrevogável.

II. De acordo com o Código Civil, o reconhecimento voluntário de paternidade por meio do testamento é revogável pelo testador, por constituir ato de última vontade, mutável a qualquer tempo antes do falecimento do testador.

III. O reconhecimento de filiação pode preceder o nascimento do filho e, até mesmo, ser posterior ao falecimento deste. Nesse último caso, admite-se o reconhecimento *post mortem* se o filho deixar descendentes.

Assinale a opção correta.

(A) Apenas o item II está certo.

(B) Apenas o item III está certo.

(C) Apenas os itens I e II estão certos.

(D) Apenas os itens I e III estão certos.

(E) Todos os itens estão certos.

I: incorreta, pois não precisa ser em ação própria (art. 1.609, *caput*, e inciso IV, CC); II: incorreta, pois o reconhecimento de paternidade por testamento também é irrevogável (art. 1609, III, CC); III: correta, nos termos do art. 1609, parágrafo único CC. Logo, a alternativa correta é a letra B. **GR**

Gabarito "B".

(Defensor Público Federal – DPU – 2017 – CESPE) No mundo contemporâneo (pós-moderno), a família perdeu o caráter natural, assumindo nova feição, forjada, agora, em fenômenos culturais. A família de hoje representa um "fenômeno humano em que se funda a sociedade, sendo impossível compreendê-la senão à luz da interdisciplinaridade, máxime na sociedade contemporânea, marcada por relações complexas, plurais, abertas, multifacetárias e (por que não?) globalizadas".

Cristiano Chaves de Farias e Nelson Rosenvald. Curso de direito civil: famílias. Vol. 6, 7.ª ed. São Paulo: Atlas, 2015, p. 3 (com adaptações).

A respeito do assunto objeto do texto precedente, julgue os itens que se seguem, tendo como referência o entendimento dos tribunais superiores.

(1) A existência de vínculo com o pai ou a mãe registral não impede que o filho exerça o direito de busca da ancestralidade e da origem genética, dado que o reconhecimento do estado de filiação configura direito personalíssimo, indisponível e imprescritível.

(2) Antes da regulamentação legal da união estável, era necessário, para futura partilha igualitária, comprovar o esforço comum dos companheiros na aquisição do patrimônio coletivo, o que não é mais necessário em razão da atual presunção de mútua assistência.

(3) A anulação de registro espontâneo de paternidade pelo pai socioafetivo é admitida na hipótese de "adoção à brasileira", ainda que esta seja fonte de vínculo socioafetivo entre as partes, haja vista tratar-se de negócio jurídico fundamentado na mera liberalidade e realizado à margem do ordenamento pátrio.

1: Correta de acordo com o entendimento do Superior Tribunal de Justiça, *in verbis*: Recurso especial. Direito de família. Filiação. Igualdade entre filhos. Art. 227, § 6º, da CF/1988. Ação de investigação de paternidade. Paternidade socioafetiva. Vínculo biológico. Coexistência. Descoberta posterior. Exame de DNA. Ancestralidade. Direitos sucessórios. Garantia. Repercussão geral. STF. No que se refere ao Direito de Família, a Carta Constitucional de 1988 inovou ao permitir a igualdade de filiação, afastando a odiosa distinção até então existente entre filhos legítimos, legitimados e ilegítimos (art. 227, § 6º, da Constituição Federal). O Supremo Tribunal Federal, ao julgar o Recurso Extraordinário n. 898.060, com repercussão geral reconhecida, admitiu a coexistência entre as paternidades biológica e a socioafetiva, afastando qualquer interpretação apta a ensejar a hierarquização dos vínculos. A existência de vínculo com o pai registral não é obstáculo ao exercício do direito de busca da origem genética ou do reconhecimento de paternidade biológica. Os direitos à ancestralidade, à origem genética e ao afeto são, portanto, compatíveis. O reconhecimento do estado de filiação configura direito personalíssimo, indisponível e imprescritível, que pode ser exercitado, portanto, sem nenhuma restrição, contra os pais ou seus herdeiros (REsp 1618230/RS, Rel. Ministro Ricardo Villas Bôas Cueva, Terceira Turma, julgado em 28/03/2017, DJe 10/05/2017)". **2:** Correto, "Direito civil e processual civil. União estável. Patrimônio em nome do companheiro. Prova do esforço comum. Lei 9.278/96. União dissolvida antes de sua vigência. Inaplicabilidade. Partilha proporcional à contribuição individual. Modificação do percentual estabelecido. Óbice da Súmula 07/STJ. A jurisprudência de ambas as Turmas que integram a Segunda Seção desta Corte é firme no sentido de que, existente a prova do esforço comum na aquisição ou incremento do patrimônio de qualquer dos companheiros, ainda que indireta a contribuição, abre-se ensejo à partilha dos bens (Súmula 380/STF). Não se aplicam às uniões livres dissolvidas antes de 13.05.96 (data da publicação) as disposições contidas na Lei 9.278/96, principalmente no concernente à presunção de se formar o patrimônio com o esforço comum igualitário, pois aquelas situações jurídicas já se achavam consolidadas antes da vigência do diploma normativo. A partilha do patrimônio deve, pois, observar a contribuição de cada um dos concubinos para a aquisição dos bens, não significando, necessariamente, meação (REsp 174.051/RJ, Rel. Ministro Castro Filho, Terceira Turma, julgado em 30/04/2002, DJ 01/07/2002, p. 335)". **3:** Errada, conforme jurisprudência do Superior Tribunal de Justiça, *in verbis*: "Recurso especial. Direito de família. Socioafetividade. Art. 1.593 do Código Civil. Possibilidade. Paternidade. Reconhecimento espontâneo. Registro. Art. 1.604 do Código Civil. Erro ou falsidade. Inexistência. Anulação. Impossibilidade. Princípio do melhor interesse da criança. A socioafetividade é contemplada pelo art. 1.593 do Código Civil, no sentido de que o parentesco é natural ou civil, conforme resulte da consanguinidade ou outra origem. Impossibilidade de retificação do registro de nascimento do menor por ausência dos requisitos para tanto, quais sejam: a configuração de erro ou falsidade (art. 1.604 do Código Civil). A paternidade socioafetiva realiza a própria dignidade da pessoa humana por permitir que um indivíduo tenha reconhecido seu histórico de vida e a condição social ostentada, valorizando, além dos aspectos formais, como a regular adoção, a verdade real dos fatos. A

1. DIREITO CIVIL 59

posse de estado de filho, que consiste no desfrute público e contínuo da condição de filho legítimo, restou atestada pelas instâncias ordinárias. A "adoção à brasileira", ainda que fundamentada na "piedade", e muito embora seja expediente à margem do ordenamento pátrio, quando se fizer fonte de vínculo socioafetivo entre o pai de registro e o filho registrado não consubstancia negócio jurídico sujeito a distrato por mera liberalidade, tampouco avença submetida a condição resolutiva, consistente no término do relacionamento com a genitora (Precedente). Aplicação do princípio do melhor interesse da criança, que não pode ter a manifesta filiação modificada pelo pai registral e socioafetivo, afigurando-se irrelevante, nesse caso, a verdade biológica (REsp 1613641/MG, Rel. Ministro Ricardo Villas Bôas Cueva, Terceira Turma, julgado em 23/05/2017, DJe 29/05/2017)". GN

Gabarito 1C, 2C, 3E

7.4. PODER FAMILIAR, ADOÇÃO, TUTELA E GUARDA

(Juiz de Direito – TJ/RJ – 2019 – VUNESP) Pedro, criança de 4 anos, com pais desconhecidos, vive em uma instituição de menores abandonados. Em razão de sua aparência física (branco e de olhos claros) despertou o interesse na adoção por um casal alemão. Entretanto, outro casal brasileiro, regularmente cadastrado para adoção na forma da lei, também manifestou interesse em adotar Pedro. Acerca do caso hipotético, assinale a alternativa correta.

(A) Deverá ser dada preferência ao casal estrangeiro, tendo em vista que a adoção irá representar a Pedro a possibilidade de ser cidadão da comunidade europeia, o que significa uma manifesta vantagem em seu interesse.

(B) Deverá ser deferida a adoção ao casal que melhor apresentar condições de satisfazer os interesses da criança.

(C) Deverá ser dada preferência ao casal brasileiro, se este apresentar perfil compatível com a criança.

(D) Pedro deverá previamente ser inserido no programa de apadrinhamento e, apenas no caso de insucesso deste, poderá ser deferida a adoção, com preferência ao casal brasileiro.

(E) Caso seja deferida a adoção ao casal alemão, a saída de Pedro do território nacional somente poderá ocorrer a partir da publicação da decisão proferida pelo juiz em primeira instância, mesmo sem o trânsito em julgado, vedada a concessão de tutela provisória.

A: incorreta, pois a preferência é de casais brasileiros (art. Art. 51, § 1º, II da Lei 8.069/90), independentemente deste tipo de vantagem; **B:** incorreta, pois o casal brasileiro terá preferência ao casal estrangeiro, sendo autorizada a adoção por este último apenas quando não houver possibilidade de colocar a criança ou adolescente em família adotiva brasileira. Portanto a adoção por estrangeiro é sempre em último caso (art. Art. 51, § 1º, II da Lei 8.069/90; **C:** correta, pois para colocar em família estrangeira devem ter sido esgotadas todas as possibilidades de colocação da criança ou adolescente em família adotiva brasileira (art. Art. 51, § 1º, II da Lei 8.069/90); **D:** incorreta, pois o apadrinhamento consiste em programa para estabelecer vínculos fora da instituição onde a criança está, mas não é permanente, não interferindo na adoção (art. 19-B, § 1º da Lei 8.069/90); **E:** incorreta, pois a adoção só produz efeito a partir do transito em julgado da sentença constitutiva (art. 47, § 7º da Lei 8.069/90). Ademais é necessário que o casal tenha passado pelo estágio de convivência, que para casais estrangeiros é de 30 a 45 dias no máximo (art. 46, § 3º da Lei 8.069/90). GR

Gabarito "C"

A respeito da guarda dos filhos após a separação do casal, julgue os itens a seguir.

I. De acordo com o STJ, o estabelecimento da guarda compartilhada não se sujeita à transigência dos genitores.

II. Na audiência de conciliação, o juiz deverá instar o Ministério Público a informar os pais do significado da guarda compartilhada, da sua importância, da similitude de deveres e dos direitos atribuídos aos genitores bem como das sanções pelo descumprimento de suas cláusulas.

III. O descumprimento imotivado de cláusula de guarda compartilhada acarretará a redução do número de horas de convivência com o filho.

IV. O pai ou a mãe, em cuja guarda não esteja o filho, poderá visitá-lo e tê-lo em sua companhia, segundo o que acordar com o outro cônjuge, bem como fiscalizar a sua manutenção e educação.

(Juiz de Direito – TJ/SC – 2019 – CESPE/CEBRASPE) Estão certos apenas os itens

(A) I e III.

(B) I e IV.

(C) II e IV.

(D) I, II e III.

(E) II, III e IV.

I: Certa: Recurso Especial. Civil e processual civil. Família. Guarda compartilhada. Consenso. Desnecessidade. Limites geográficos. Implementação. Impossibilidade. Melhor interesse dos menores. Súmula 7/STJ. 1. A implementação da guarda compartilhada não se sujeita à transigência dos genitores. 2. As peculiaridades do caso concreto inviabilizam a implementação da guarda compartilhada, tais como a dificuldade geográfica e a realização do princípio do melhor interesse dos menores, que obstaculizam, a princípio, sua efetivação. 3. Às partes é concedida a possibilidade de demonstrar a existência de impedimento insuperável ao exercício da guarda compartilhada, como por exemplo, limites geográficos. Precedentes. 4. A verificação da procedência dos argumentos expendidos no recurso especial exigiria, por parte desta Corte, o reexame de matéria fática, o que é vedado pela Súmula 7 deste Tribunal. 5. Recurso especial não provido. Recurso Especial 1.605.477 – RS (2016/0061190-9); **II:** errada, pois esse dever é do juiz, não do Ministério Público. O próprio juiz é que deve informar os pais (art. 1.584, § 1º CC); **III:** errada, pois o descumprimento imotivado de cláusula de guarda compartilhada acarretará a redução de prerrogativas atribuídas ao seu detentor (art. 1.584, § 4º CC); **IV:** certa (art. 1.589 *caput* CC). Portanto, a alternativa correta é a letra B. GR

Gabarito "B".

(Promotor de Justiça/PR – 2019 – MPE/PR) Perderá por ato judicial o poder familiar aquele que:

I. castigar imoderadamente o filho.

II. entregar de forma irregular o filho a terceiros para fins de adoção.

III. praticar contra outrem igualmente titular do mesmo poder familiar estupro ou outro crime contra a dignidade sexual sujeito à pena de reclusão.

IV. praticar contra filho, filha ou outro descendente, homicídio, feminicídio ou lesão corporal de natureza grave ou seguida de morte, quando se tratar de crime doloso envolvendo violência doméstica e familiar.

(A) Estão corretas apenas I e II.

(B) Estão corretas apenas III e IV.

ANA PAULA DOMPIERI, GABRIELA RODRIGUES, GUSTAVO NICOLAU E WANDER GARCIA

(C) Estão corretas apenas I, II e IV.

(D) Estão corretas apenas II, III e IV.

(E) Todas estão corretas.

I: certa (art. 1.638, I CC); **II:** certa (art. 1.638, V CC); **III:** certa (art. 1.638, parágrafo único, I, alínea *b* CC); **IV:** certa (art. 1.638, parágrafo único, I, alínea *a* CC). Logo a alternativa correta é letra E. GR

Gabarito "E."

(Defensor Público – DPE/SC – 2017 – FCC) Cláudio, adolescente de quinze anos, é filho de Marilda – que detém a sua guarda unilateral – e Gilberto – que exerce o direito de visitas de forma alternada aos fins de semana. Cláudio foi dormir na residência de seu genitor e aproveitou que este estava dormindo, apossou-se das chaves do veículo de seu genitor e saiu pelas ruas de Florianópolis. Em alta velocidade, perdeu o controle do veículo e acabou atropelando pedestres. A responsabilidade pelos danos causados

(A) é objetiva em relação a ambos os genitores em razão do exercício do poder familiar, não havendo cogitar-se de responsabilidade e submissão do patrimônio do incapaz em qualquer hipótese ou direito de regresso dos genitores contra o filho.

(B) recai exclusivamente sobre o patrimônio do genitor, uma vez que, a despeito de não ser o guardião, permanece com o poder familiar e tinha o incapaz em sua companhia, respondendo objetivamente pela conduta de seu filho incapaz.

(C) pode recair sobre o patrimônio do incapaz, desde que seus responsáveis não disponham de meios suficientes para indenizar os danos por ele causados.

(D) recai sobre o genitor que responde apenas se comprovada sua culpa in vigilando, relacionada ao zelo com a guarda das chaves do veículo e supervisão das atividades do filho, ao passo que a genitora responde de forma objetiva, por ser a guardiã do incapaz.

(E) é objetiva com relação a ambos os genitores, em razão do exercício do poder familiar, de modo que será o patrimônio de ambos os genitores alcançado, independentemente de prova de sua culpa, cabendo a eles o direito de regresso contra o filho.

Nos termos do artigo 928 do Código Civil. O patrimônio do incapaz será utilizado para a reparação do dano, caso os responsáveis não tiverem obrigações ou recurso suficiente. "Direito civil. Responsabilidade civil por fato de outrem – pais pelos atos praticados pelos filhos menores. Ato ilícito cometido por menor. Responsabilidade civil mitigada e subsidiária do incapaz pelos seus atos (CC, art. 928). Litisconsórcio necessário. Inocorrência. 1. A responsabilidade civil do incapaz pela reparação dos danos é subsidiária e mitigada (CC, art. 928). 2. É subsidiária porque apenas ocorrerá quando os seus genitores não tiverem meios para ressarcir a vítima; é condicional e mitigada porque não poderá ultrapassar o limite humanitário do patrimônio mínimo do infante (CC, art. 928, par. único e En. 39/CJF); e deve ser equitativa, tendo em vista que a indenização deverá ser equânime, sem a privação do mínimo necessário para a sobrevivência digna do incapaz (CC, art. 928, par. único e En. 449/CJF). 3. Não há litisconsórcio passivo necessário, pois não há obrigação – nem legal, nem por força da relação jurídica (unitária) – da vítima lesada em litigar contra o responsável e o incapaz. É possível, no entanto, que o autor, por sua opção e liberalidade, tendo em conta que os direitos ou obrigações derivem do mesmo fundamento de fato ou de direito (CPC,73, art. 46, II) intente ação contra ambos – pai e filho –, formando-se um litisconsórcio facultativo e simples. 4. O art. 932,

I do CC ao se referir a autoridade e companhia dos pais em relação aos filhos, quis explicitar o poder familiar (a autoridade parental não se esgota na guarda), compreendendo um plexo de deveres como, proteção, cuidado, educação, informação, afeto, dentre outros, independentemente da vigilância investigativa e diária, sendo irrelevante a proximidade física no momento em que os menores venham a causar danos. 5. Recurso especial não provido" (REsp 1436401 / MG, Ministro Luis Felipe Salomão, Quarta Turma, DJe 16/03/2017). GN

Gabarito "C."

(Defensor Público – DPE/SC – 2017 – FCC) Sobre tutela, curatela e tomada de decisão apoiada, é correto afirmar:

(A) caso algum ascendente do menor se recuse a exercer a sua tutela, o juiz sempre poderá nomeá-lo com ou sem a sua anuência.

(B) o tutor pode, com autorização judicial, dispor de bens do menor a título gratuito.

(C) a curatela é instituto social de proteção dos absolutamente incapazes para a prática de atos da vida civil.

(D) a tomada de decisão apoiada pode ser requerida pela pessoa com deficiência ou por qualquer das pessoas legitimadas para promover a interdição.

(E) para que o apoiador seja desligado a seu pedido do processo de tomada de decisão apoiada, é imprescindível a manifestação judicial sobre o pedido.

A: Incorreta, pois viola o disposto no 1.738 do Código Civil. **B:** Incorreta, vai de encontro ao disposto no inciso II, do artigo 1.749, do Código Civil. **C:** Incorreta. Nos termos do artigo 1.767 estão sujeitos a curatela: I: aqueles que, por causa transitória ou permanente, não puderem exprimir sua vontade; III: os ébrios habituais e os viciados em tóxico; e V: os pródigos. Assim, diante das alterações nos artigos 3º e 4º do Código Civil pelo Estatuto da Pessoa com Deficiência, todos os sujeitos a curatelas estão previstos no rol do relativamente incapazes. **D:** Incorreta, nos termos do artigo 1.783-A do Código Civil, somente pode ser requerida pela pessoa com deficiência. **E:** correta. Após a entrada em vigor da Lei 13.146/2015, Lei Brasileira de Inclusão da Pessoa com Deficiência, também nomeada de Estatuto da Pessoa com Deficiência, os deficientes, no que se incluem os portadores de transtorno mental, não são mais considerados incapazes, em razão das alterações nos artigos 3º e 4º do Código Civil. O Estatuto da Pessoa com Deficiência, inseriu ao lado da Tutela e Curatela um novo instituto, qual seja, a Tomada de Decisão Apoiada, previsto no artigo 1.783-A do Código Civil. Nesse novo sistema são nomeadas pelo menos duas pessoas idôneas por iniciativa da pessoa com deficiência, conforme segue: "A tomada de decisão apoiada é o processo pelo qual a pessoa com deficiência elege pelo menos 2 (duas) pessoas idôneas, com as quais mantenha vínculos e que gozem de sua confiança, para prestar-lhe apoio na tomada de decisão sobre atos da vida civil, fornecendo-lhes os elementos e informações necessários para que possa exercer sua capacidade. § 1º Para formular pedido de tomada de decisão apoiada, a pessoa com deficiência e os apoiadores devem apresentar termo em que constem os limites do apoio a ser oferecido e os compromissos dos apoiadores, inclusive o prazo de vigência do acordo e o respeito à vontade, aos direitos e aos interesses da pessoa que devem apoiar. § 2º O pedido de tomada de decisão apoiada será requerido pela pessoa a ser apoiada, com indicação expressa das pessoas aptas a prestarem o apoio previsto no *caput* deste artigo. § 3º Antes de se pronunciar sobre o pedido de tomada de decisão apoiada, o juiz, assistido por equipe multidisciplinar, após oitiva do Ministério Público, ouvirá pessoalmente o requerente e as pessoas que lhe prestarão apoio. § 4º A decisão tomada por pessoa apoiada terá validade e efeitos sobre terceiros, sem restrições, desde que esteja inserida nos limites do apoio acordado. § 5º Terceiro com quem a pessoa apoiada mantenha relação negocial pode solicitar que os apoiadores contra-assinem o contrato ou acordo, especificando, por escrito, sua função em relação ao apoiado. § 6º Em

1. DIREITO CIVIL

caso de negócio jurídico que possa trazer risco ou prejuízo relevante, havendo divergência de opiniões entre a pessoa apoiada e um dos apoiadores, deverá o juiz, ouvido o Ministério Público, decidir sobre a questão. § 7º Se o apoiador agir com negligência, exercer pressão indevida ou não adimplir as obrigações assumidas, poderá a pessoa apoiada ou qualquer pessoa apresentar denúncia ao Ministério Público ou ao juiz. § 8º Se procedente a denúncia, o juiz destituirá o apoiador e nomeará, ouvida a pessoa apoiada e se for de seu interesse, outra pessoa para prestação de apoio. § 9º A pessoa apoiada pode, a qualquer tempo, solicitar o término de acordo firmado em processo de tomada de decisão apoiada. § 10. O apoiador pode solicitar ao juiz a exclusão de sua participação do processo de tomada de decisão apoiada, sendo seu desligamento condicionado à manifestação do juiz sobre a matéria. § 11. Aplicam-se à tomada de decisão apoiada, no que couber, as disposições referentes à prestação de contas na curatela". **GN**

Gabarito "E".

7.5. ALIMENTOS

(Delegado/RJ – 2022 – CESPE/CEBRASPE) Jorge foi condenado por sentença transitada em julgado ao pagamento de dez salários-mínimos mensais a título de pensão alimentícia a seu filho Mauro.

Nessa situação hipotética,

(A) em razão do trânsito em julgado da sentença condenatória, pai e filho não poderão pedir majoração, redução ou exoneração do encargo.

(B) Jorge ou Mauro poderão pedir, conforme as circunstâncias, exoneração, redução ou majoração da pensão, se sobrevier mudança na situação financeira de quem a supre ou na de quem a recebe.

(C) apenas a alteração simultânea na situação financeira de Jorge e Mauro autorizará a revisão do valor da prestação alimentícia.

(D) a alteração do valor da pensão alimentícia só será possível se houver ação rescisória.

(E) apenas se ficar desempregado Jorge poderá pedir exoneração ou redução do encargo da pensão alimentícia.

A: incorreta, pois se fixados os alimentos, sobrevier mudança na situação financeira de quem os supre, ou na de quem os recebe, poderá o interessado reclamar ao juiz, conforme as circunstâncias, exoneração, redução ou majoração do encargo (art. 1.699 do CC); **B:** correta (art. 1.699 do CC); **C:** incorreta, pois não há necessidade da alteração simultânea da situação financeira de ambos (art. 1.699 do CC). Apenas a alteração da situação financeira de uma das partes já é suficiente para pedir a revisão; **D:** incorreta, pois a alteração não depende de ação rescisória. Basta pedir a revisão dos alimentos (art. 1.699 do CC); **E:** incorreta, pois o desemprego não é condição para Jorge pedir a redução ou exoneração do encargo. Basta que tenha alteração de sua situação financeira (art. 1.699 do CC). **GR**

Gabarito "B".

(Defensor Público – DPE/SC – 2017 – FCC) Cleber procura a defensoria pública porque no dia 13 de junho de 2017 recebeu uma intimação que lhe determinava o pagamento, sob pena de prisão de pensão alimentícia devida a seu filho Caio, fixada em um terço do salário mínimo, referente ao mês de dezembro de 2016 e os que se vencerem no curso da demanda. Cleber informou que deixou de pagar a pensão em dezembro de 2016, porque o seu filho alcançou a maioridade em novembro do mesmo ano e, desde então, cessou os pagamentos. Informou ainda que,

atualmente, está desempregado, mas só tem condições de pagar, no máximo, três parcelas vencidas. Diante desta situação hipotética, é correto afirmar que a cobrança é:

(A) devida e apenas a situação de desemprego ou a possiblidade do pagamento só das três últimas parcelas anteriores ao ajuizamento da ação não são suficientes para ilidir a possibilidade de prisão.

(B) devida, mas o fato de estar desempregado é justificativa suficiente para afastar a possibilidade de expedição de mandado de prisão.

(C) devida, mas o pagamento das três últimas parcelas ilide a possibilidade de expedição de mandado de prisão.

(D) indevida, uma vez que o alimentando alcançou a maioridade, cessando o dever de prestar alimentos.

(E) indevida, uma vez que o alimentante cobrou o pagamento de um único mês em atraso com pedido de prisão civil do alimentante.

Sobre esse tema, a Súmula 358 do STJ dispõe que "o cancelamento de pensão alimentícia de filho que atingiu a maioridade está sujeito à decisão judicial, mediante contraditório, ainda que nos próprios autos". **GN**

Gabarito "A".

(Promotor de Justiça – MPE/RS – 2017) Assinale a alternativa **INCORRETA** quanto à obrigação alimentar.

(A) Julgada procedente a investigação de paternidade, os alimentos são devidos a partir da citação, isso se os alimentos não forem fixados provisoriamente, por meio de tutela antecipada ou em cautelar de alimentos provisionais.

(B) Se o alimentando for absolutamente incapaz, contra ele não corre a prescrição. Os alimentos fixados na sentença e vencidos só terão a prescrição iniciada quando o alimentando se tornar relativamente capaz. Todavia, sendo o pai ou a mãe os devedores dos alimentos, a prescrição, de dois anos, só se inicia quando o menor se tornar capaz, salvo se emancipado.

(C) Paulo, com 52 anos de idade e necessitando de alimentos para viver, ingressou em juízo buscando alimentos de seus irmãos Maria e Sérgio. Não demandou contra seu outro irmão Marcos. Todavia, a cota de Marcos deve ser distribuída entre os outros dois irmãos. A cota de Sérgio pode ser superior à de Maria, se este dispuser de melhores condições econômicas para suportá-la.

(D) Considerando as modalidades de alimentos, cabe ser dito que nem todas ensejam a prisão civil, todavia, somente as três últimas prestações inadimplidas antes da execução e as que por ventura venham a vencer ensejam a decretação de prisão do devedor de alimentos.

(E) A cessação da obrigação alimentar no procedimento indigno do credor não se limita unicamente às relações entre cônjuges e companheiros.

A: correta, pois de acordo com a previsão do art. 7º da Lei 8.560/1992; **B:** correta, pois a assertiva reproduz com precisão as regras de prescrição de alimentos e também as regras sobre impedimento/suspensão de prescrição. Primeiramente é importante mencionar que o prazo geral de prescrição de alimentos é de dois anos a contar do vencimento de cada prestação (CC, art. 206, § 2º). Contudo, a prescrição não corre contra o absolutamente incapaz (CC, art. 198, I) nem corre entre ascendente

ANA PAULA DOMPIERI, GABRIELA RODRIGUES, GUSTAVO NICOLAU E WANDER GARCIA

e descendente durante o poder familiar (CC, art. 197, II), o qual se extingue com a emancipação (CC, art. 1.635, II); **C:** incorreta no que se refere à quota de Marcos. Isso porque, os irmãos que foram acionados podem forçar Marcos a integrar a lide (CC, art. 1.698); **D:** correta, pois de acordo com o entendimento firmado pelo STJ na Súmula 309; **E:** correta, pois a Lei não limita a hipótese de indignidade aos alimentos devidos entre cônjuges (CC, art. 1.708, parágrafo único). **GN**
Gabarito "C".

(Juiz–TJ-SC – FCC – 2017) A favor do idoso, a prestação alimentar, na forma de lei civil, é:

(A) devida pelos descendentes, ascendentes, cônjuge e colaterais até o quarto grau, nesta ordem.

(B) devida pelos filhos, não podendo o idoso demandar um deles excluindo os demais, que tiverem condições financeiras.

(C) devida apenas pelos filhos ou pelo cônjuge, excluindo-se os colaterais de qualquer grau.

(D) devida pelos filhos, exceto se provado abandono afetivo deles na infância.

(E) solidária, podendo ele optar entre os prestadores.

No que se refere à prestação de alimentos ao idoso, o art. 11 do Estatuto do Idoso (Lei 10.741/2003) manda aplicar as regras gerais do Código Civil. Isso significa que tal direito será *"recíproco entre pais e filhos, e extensivo a todos os ascendentes, recaindo a obrigação nos mais próximos em grau, uns em falta de outros"* (CC, art. 1.696). Não havendo ascendentes ou descendentes, a obrigação recai sobre irmãos (CC, art. 1.697). A regra específica para o idoso credor de alimentos é que os devedores são solidários e o idoso poderá optar entre os prestadores (Lei 10.741/2003, art. 12). **GN**
Gabarito "E".

7.6. BEM DE FAMÍLIA

(Promotor de Justiça/CE – 2020 – CESPE/CEBRASPE) De acordo com a jurisprudência do STJ, a proteção dada à impenhorabilidade do bem de família se aplica a

(A) imóvel único do devedor que esteja alugado a terceiros, se for demonstrado que a renda da locação é utilizada para subsistência ou moradia da família do devedor.

(B) vaga de garagem residencial que pertença ao executado e possua matrícula própria em registro de imóveis.

(C) bem dado em garantia hipotecária por cônjuges, caso eles sejam os únicos sócios de pessoa jurídica devedora que esteja sendo executada.

(D) imóvel único de fiador dado como garantia de locação residencial.

(E) bem imóvel do devedor em execução promovida para o pagamento de dívidas oriundas de despesas condominiais do próprio bem que originou o débito.

A: correta (Súmula 486 STJ); **B:** incorreta, pois as vagas de garagem que possuem matrícula própria podem ser penhoradas. O entendimento é da 4ª Turma do Tribunal Regional Federal da 3ª Região, que reformou decisão da primeira instância em um caso no qual a União incluiu o apartamento e duas vagas de garagem que constavam como propriedade de um réu em execução fiscal (STJ – AgRg no REsp 1554911/PR); **C:** incorreta, pois é possível penhorar imóvel bem de família nos casos em que ele for dado em garantia hipotecária de dívida contraída em favor de pessoa jurídica quando os únicos sócios da empresa devedora são proprietários do bem hipotecado, em virtude da presunção do

benefício gerado aos integrantes da família. O entendimento foi firmado em decisão unânime pela Segunda Seção do Superior Tribunal de Justiça (STJ) ao negar recurso de um casal – únicos sócios da empresa executada e proprietários de um imóvel hipotecado – que pretendia o reconhecimento da impenhorabilidade do bem dado em garantia, sem ter sido apresentada prova de que os integrantes da família não foram beneficiados (STJ – EAREsp 848498/PR); **D:** incorreta, pois a Súmula 549 prevê que é válida a penhora de bem de família pertencente a fiador de contrato de locação; **E:** incorreta, pois é possível a penhora do bem de família na hipótese de execução de dívida originária de despesas condominiais em que o devedor não indica outros bens à penhora ou não os possui. A decisão é da 2ª Turma do Superior Tribunal de Justiça (STJ –AR 5.931). **GR**
Gabarito "A".

(Procurador do Município – S.J. Rio Preto/SP – 2019 – VUNESP) Assinale a alternativa correta no que diz respeito ao entendimento legal e sumulado sobre bem de família.

(A) O conceito de impenhorabilidade de bem de família abrange também o imóvel pertencente a pessoas solteiras, mas não abrange o imóvel pertencente a pessoas separadas e viúvas.

(B) É penhorável o único imóvel residencial do devedor que esteja locado a terceiros, ainda que a renda obtida com a locação seja revertida para a subsistência ou a moradia da sua família.

(C) A vaga de garagem que possui matrícula própria no registro de imóveis não constitui bem de família para efeito de penhora.

(D) Não é válida a penhora de bem de família pertencente a fiador de contrato de locação.

(E) São impenhoráveis os veículos de transporte, as obras de arte e os adornos suntuosos.

A: incorreta, pois a Súmula 364 do STJ prevê que "o conceito de impenhorabilidade de bem de família abrange também o imóvel pertencente a pessoas solteiras, separadas e viúvas"; **B:** incorreta, pois de acordo com a Súmula 486 STJ "é impenhorável o único imóvel residencial do devedor que esteja locado a terceiros, desde que a renda obtida com a locação seja revertida para a subsistência ou a moradia da sua família"; **C:** correta (Súmula 449 STJ); **D:** incorreta, pois é constitucional a penhora de bem de família pertencente a fiador de contrato de locação, em virtude da compatibilidade da exceção prevista no art. 3º, VII, da Lei 8.009/1990 e Súmula 549 do STJ; **E:** incorreta, pois Excluem-se da impenhorabilidade os veículos de transporte, obras de arte e adornos suntuosos (art. 2º, caput da Lei 8.009/1990). **GR**
Gabarito "C".

7.7. CURATELA

(Juiz – TJ-SC – FCC – 2017) A curatela

(A) do pródigo priva-o, apenas, de, sem curador, transigir, dar quitação ou alienar bens móveis ou imóveis.

(B) de pessoa com deficiência é medida protetiva extraordinária e definitiva.

(C) da pessoa com deficiência não poderá ser compartilhada a mais de uma pessoa, porque não se confunde com a tomada de decisão apoiada.

(D) de pessoa com deficiência afetará tãosomente os atos relacionados aos direitos de natureza patrimonial e negociai, não alcançando o direito ao trabalho, nem ao voto.

(E) do pródigo priva-o do matrimônio ou de novo matrimônio sob o regime de comunhão universal

1. DIREITO CIVIL

ou parcial de bens, e de, sem curador, alienar bens imóveis, hipotecá-los e demandar ou ser demandado sobre esses bens.

A: incorreta, pois o pródigo interditado também não poderá emprestar, hipotecar, demandar ou ser demandado, e praticar, em geral, os atos que não sejam de mera administração (CC, art. 1.782); **B:** incorreta, pois trata-se de uma medida que deve durar o menor tempo possível (Lei 13.146/2015, art. 84, §3°); **C:** incorreta, pois o juiz pode estabelecer "*curatela compartilhada a mais de uma pessoa*" (CC, art. 1.775-A); **D:** correta, pois a curatela afetará tão somente os atos relacionados aos direitos de natureza patrimonial e negocial, não alcançando o direito ao próprio corpo, à sexualidade, ao matrimônio, à privacidade, à educação, à saúde, ao trabalho e ao voto (Lei 13.146/2015, art. 85); **E:** incorreta, pois a lei não prevê tal restrição na liberdade do pródigo. GN

Gabarito "D".

7.8. TEMAS COMBINADOS DE DIREITO DE FAMÍLIA

(Procurador do Município – S.J. Rio Preto/SP – 2019 – VUNESP) A sociedade conjugal termina

(A) pelo divórcio que só pode ser concedido desde que haja partilha prévia de bens.

(B) pela separação judicial que pode ou não pôr termo aos deveres de coabitação, fidelidade recíproca e ao regime de bens.

(C) pela morte de um dos cônjuges ou tentativa de morte.

(D) pela nulidade ou anulação do casamento.

(E) pelo abandono voluntário do lar conjugal, durante um ano contínuo.

A: incorreta, pois o divórcio pode ser concedido *sem* a prévia partilha prévia de bens (art. 1.581 CC); **B:** incorreta, pois a separação judicial *põe* termo aos deveres de coabitação, fidelidade recíproca e ao regime de bens (art. 1.576, *caput* CC); **C:** incorreta, pois a tentativa de morte não termina a sociedade conjugal, mas apena as morte de um dos cônjuges (art. 1.571, I CC); **D:** correta (art. 1;571, II CC); **E:** incorreta, pois esta causa não está prevista no rol taxativo do art. 1571 CC. GR

Gabarito "D".

(Promotor de Justiça/PR – 2019 – MPE/PR) *Não* é tese de repercussão geral do STF:

(A) A paternidade socioafetiva, declarada ou não em registro público, impede o reconhecimento do vínculo de filiação concomitante baseado na origem biológica, com os efeitos jurídicos próprios.

(B) O transgênero tem direito fundamental subjetivo à alteração de seu prenome e de sua classificação de gênero no registro civil, não se exigindo, para tanto, nada além da manifestação de vontade do indivíduo, o qual poderá exercer tal faculdade tanto pela via judicial como diretamente pela via administrativa.

(C) A alteração do prenome do transgênero deve ser averbada à margem do assento de nascimento, vedada a inclusão do termo 'transgênero'.

(D) É inconstitucional a distinção de regimes sucessórios entre cônjuges e companheiros prevista no art. 1.790 do CC/2002, devendo ser aplicado, tanto nas hipóteses de casamento quanto nas de união estável, o regime do art. 1.829 do CC/2002.

(E) É constitucional a penhora de bem de família pertencente a fiador de contrato de locação, em virtude da compatibilidade da exceção prevista no art. 3°, inciso VII, da Lei n. 8.009/1990 com o direito à moradia consagrado no art. 6° da Constituição Federal, com redação da EC 26/2000.

A: correta, pois essa afirmação não é tese de repercussão geral no STF. Neste passo, a paternidade socioafetiva, declarada ou não em registro público, ***não*** impede o reconhecimento do vínculo de filiação concomitante baseado na origem biológica, com os efeitos jurídicos próprios (RE) 898060/2016; **B:** incorreta, pois essa afirmação faz parte da tese de repercussão geral firmada no RE 670422; **C:** incorreta, nos termos da justificativa da alternativa B; **D:** incorreta, pois essa afirmação faz parte da tese de repercussão geral firmada no RE 878694; **E:** incorreta, pois essa afirmação faz parte da tese de repercussão geral firmada no RE 605709. GR

Gabarito "A".

(Promotor de Justiça/PR – 2019 – MPE/PR) Sobre *tomada de decisão apoiada*, assinale a alternativa ***incorreta:***

(A) Antes de se pronunciar sobre o pedido de tomada de decisão apoiada, o juiz, assistido por equipe multidisciplinar, após oitiva do Ministério Público, ouvirá pessoalmente o requerente e as pessoas que lhe prestarão apoio.

(B) A decisão tomada por pessoa apoiada terá validade e efeitos sobre terceiros, sem restrições, desde que esteja inserida nos limites do apoio acordado.

(C) Terceiro com quem a pessoa apoiada mantenha relação negocial pode solicitar que os apoiadores contra-assinem o contrato ou acordo, especificando, por escrito, sua função em relação ao apoiado.

(D) Em caso de negócio jurídico que possa trazer risco ou prejuízo relevante, se houver divergência de opiniões entre a pessoa apoiada e um dos apoiadores, prevalecerá a opinião do apoiador.

(E) O apoiador pode solicitar ao juiz a exclusão de sua participação do processo de tomada de decisão apoiada, sendo seu desligamento condicionado à manifestação do juiz sobre a matéria.

A: a alternativa está certa, não devendo ser assinalada (art. 1.783-A, § 3° CC); **B:** a alternativa está certa, não devendo ser assinalada (art. 1.783-A, § 4° CC); **C:** a alternativa está certa, não devendo ser assinalada (art. 1.783-A, § 5° CC); **D:** a alternativa está errada, devendo ser assinalada, pois se houver divergência de opiniões entre a pessoa apoiada e um dos apoiadores deverá o juiz, ouvido o Ministério Público, decidir sobre a questão (art. 1.783-A, § 6° CC); **E:** a alternativa está certa, não devendo ser assinalada (art. 1.783-A, § 10 CC). GR

Gabarito "D".

(Promotor de Justiça – MPE/RS – 2017) Assinale a alternativa correta quanto ao Direito de Família.

(A) As causas suspensivas do casamento, quando violadas, geram nulidade absoluta ou relativa, conforme o caso, e ainda impõem sanções patrimoniais aos cônjuges.

(B) O prazo decadencial para a ação anulatória por erro essencial do nubente é de dois anos, contados da celebração do casamento. Esta ação somente cabe ao cônjuge que incidiu em erro, sendo uma ação personalíssima.

(C) No regime da comunhão universal de bens, a comunicação dos bens é plena, mas não absoluta, pois existem bens incomunicáveis. Os frutos que forem retirados de bens incomunicáveis, que vençam ou sejam percebidos na constância do casamento, são também incomunicáveis.

(D) Haverá a suspensão do poder familiar da mãe condenada por sentença transitada em julgado a pena de três anos de reclusão por tráfico de entorpecentes. A perda do poder familiar ocorrerá se o pai adotivo deixar o filho adotado em abandono ou reiteradamente abusar de sua autoridade.

(E) A prática de ato de alienação parental, somente praticada pelo pai ou pela mãe, fere direito fundamental da criança ou do adolescente de convivência familiar saudável e prejudica a realização de afeto nas relações.

A: incorreta, pois o casamento que se verifica com violação de causa suspensiva (CC, art. 1.523) não é nulo, nem anulável. A única consequência é a imposição do regime de separação obrigatória de bens (CC, art. 1.641, I); **B:** incorreta, pois o prazo para anulação do casamento nessa hipótese é de três anos (CC, art. 1.560, III); **C:** incorreta, pois há comunicação dos frutos dos bens incomunicáveis, vencidos ou percebidos durante o casamento (CC, art. 1.669); **D:** correta, pois de acordo com a previsão dos artigos 1.637 e 1.638 do Código Civil; **E:** incorreta, pois a prática de alienação parental pode ser praticada "*por um dos genitores, pelos avós ou pelos que tenham a criança ou adolescente sob a sua autoridade, guarda ou vigilância*" (Lei 12.318/2010, art. 2º). **GN**
Gabarito "D".

8. SUCESSÕES

8.1. SUCESSÃO EM GERAL

(Juiz de Direito – TJ/MS – 2020 – FCC) No tocante à sucessão, é correto afirmar:

(A) morrendo a pessoa sem testamento, transmite a herança aos herdeiros legítimos; o mesmo ocorrerá quanto aos bens que não forem compreendidos no testamento, mas não subsiste a sucessão legítima se o testamento caducar, ou for julgado nulo.

(B) legitimam-se a suceder as pessoas já nascidas, somente, no momento da abertura da sucessão.

(C) na sucessão testamentária é possível chamar a suceder os filhos ainda não concebidos, mas não as pessoas jurídicas.

(D) a herança transmite-se aos herdeiros legítimos e testamentários com o pedido de abertura do inventário dos bens deixados pelo falecido.

(E) o herdeiro não responde por encargos superiores às forças da herança; incumbe-lhe, porém, a prova do excesso, salvo se houver inventário que a escuse, demonstrando o valor dos bens herdados.

A: incorreta, pois *subsiste* a sucessão legítima se o testamento caducar, ou for julgado nulo (art. 1.788 CC); **B:** incorreta, pois legitimam-se a suceder as pessoas nascidas *ou já concebidas* no momento da abertura da sucessão (art. 1.798 CC); **C:** incorreta, pois também é possível chamar para as pessoas jurídicas (art. 1.799, II CC); **D:** incorreta, pois a herança é transmitida desde logo no momento da sucessão (art. 1.784 CC); **E:** correta (art. 1.792 CC). **GR**
Gabarito "E".

(Promotor de Justiça/SP – 2019 – MPE/SP) Roberto Nascimento faleceu sem deixar testamento nem herdeiros notoriamente conhecidos.

Com relação à sua herança, é correto afirmar que

(A) praticadas as diligências de arrecadação e ultimado o inventário, serão expedidos editais na forma da lei processual, e, decorrido um ano de sua primeira publicação, sem que haja herdeiro habilitado, ou penda habilitação, será a herança declarada jacente.

(B) os credores de Roberto têm o direito de pedir o pagamento das dívidas, desde que reconhecidas judicialmente, nos limites das forças da herança.

(C) seus bens serão arrecadados, ficando sob a guarda e a administração de um curador, até a sua entrega ao sucessor devidamente habilitado ou à declaração de sua vacância.

(D) quando todos os chamados a suceder renunciarem à herança, será esta desde logo declarada jacente.

(E) a declaração de vacância da herança não prejudicará os herdeiros que legalmente se habilitarem; mas, decorridos cinco anos da abertura da sucessão, os bens arrecadados passarão ao domínio do Município ou do Distrito Federal, se localizados nas respectivas circunscrições, incorporando-se ao domínio da União quando situados em território federal. Não se habilitando até a declaração de jacência, os colaterais ficarão excluídos da sucessão.

A: incorreta, pois praticadas as diligências de arrecadação e ultimado o inventário, serão expedidos editais na forma da lei processual, e, decorrido um ano de sua primeira publicação, sem que haja herdeiro habilitado, ou penda habilitação, será a herança declarada *vacante* (art. 1.820 CC); **B:** incorreta, pois as dívidas não precisam ser reconhecidas judicialmente (art. 1.821 CC); **C:** correta (art. 1.819 CC); **D:** incorreta, pois neste caso a herança será desde logo declarada *vacante* (art. 1.823 CC); **E:** incorreta, pois não se habilitando até a declaração de *vacância*, os colaterais ficarão excluídos da sucessão (art. 1.822 CC). **GR**
Gabarito "C".

(Promotor de Justiça/SP – 2019 – MPE/SP) Assinale a alternativa correta.

(A) Aceita a herança, torna-se definitiva a sua transmissão ao herdeiro, desde a abertura da sucessão, sendo que a transmissão tem-se por não verificada quando o herdeiro renuncia à herança ou se retrata da aceitação antes da partilha.

(B) Aberta a sucessão e se ainda não estiver concebido o herdeiro esperado, os bens reservados em testamento, salvo disposição em contrário do testador, caberão aos herdeiros legítimos.

(C) O herdeiro pode, em ação de petição de herança, demandar o reconhecimento de seu direito sucessório, para obter a restituição da herança, ou de parte dela, contra quem, na qualidade de herdeiro, ou mesmo sem título, a possua.

(D) A responsabilidade do possuidor da herança afere-se pelas regras concernentes à posse de má-fé e a mora, no momento em que o ato foi praticado.

(E) Não são eficazes as alienações feitas, ainda que a título oneroso, pelo herdeiro aparente a terceiro de boa-fé.

A: incorreta, pois apenas tem-se por não verificada a transmissão quando o herdeiro renuncia à herança. Não se aplica a hipótese de retratação da aceitação antes da partilha (art. 1.804 CC); **B:** incorreta, pois a transmissão apenas ocorrerá aos herdeiros legítimos se decorridos

1. DIREITO CIVIL — 65

dois anos após a abertura da sucessão, não for concebido o herdeiro esperado (art. 1.800, § 4º CC); **C:** correta (art. 1.824 CC); **D:** incorreta, pois a responsabilidade do possuidor da herança afere-se pelas regras concernentes à posse de má-fé e a mora, a partir da citação (art. 1.826, parágrafo único CC); **E:** incorreta, pois são eficazes as alienações feitas, a título oneroso, pelo herdeiro aparente a terceiro de boa-fé (art. 1.827, parágrafo único CC). **GR**

Gabarito "C".

(Procurador do Estado/SP - 2018 - VUNESP) Em razão de morte de policial militar, o Estado de São Paulo, por força de lei estadual, inicia processo administrativo para pagamento de indenização, no valor de R$ 200.000,00, aos "herdeiros na forma da lei". O extinto, solteiro, foi morto por um de seus dois filhos, a mando do crime organizado. O homicida, que teve sua indignidade declarada por sentença transitada em julgado, tem 1 filho menor. Nesse caso, a indenização é devida

(A) ao filho inocente, na proporção da metade do valor da indenização, podendo a Administração reter a outra metade por ausência de credor legítimo.

(B) ao filho inocente do falecido e ao filho do indigno, que recebe por cabeça.

(C) exclusivamente ao filho inocente do falecido, pois a cota-parte do indigno acresce à do outro herdeiro de mesma classe.

(D) ao filho inocente do falecido e ao filho do indigno, que recebe por estirpe.

(E) aos dois filhos do falecido, depositando-se a cota-parte do indigno em conta judicial, para posterior levantamento por seu filho quando completar a maioridade.

A questão trata exclusivamente do direito de herança e do instituto da indignidade, que afasta da herança o herdeiro que praticar um dos atos previstos no art. 1.814 do Código Civil, dentre eles o homicídio do *de cujus*. Assim, o filho que matou o pai estaria afastado da sucessão. Contudo, o filho do homicida (neto do *de cujus*) tem o direito de representação assegurado pelo art. 1.816 do Código Civil. Logo, a quantia oferecida pelo Estado será dividida em dois. Uma parte ao filho inocente e outra parte ao neto (filho do homicida). Ainda que não mencionado na questão, vale a ressalva de que o homicida não tem usufruto sobre os bens do filho menor, nem o direito à sucessão eventual desse valor herdado. Significa, portanto, que se o filho menor falecer antes do pai homicida, o valor não será herdado por este (CC, art. 1.816, parágrafo único). **GN**

Gabarito "D".

(Defensor Público – DPE/PR – 2017 – FCC) Sobre o direito de família e o direito das sucessões, é correto afirmar:

(A) Mesmo que utilizados para a aquisição do imóvel do casal durante a relação conjugal, em caso de divórcio de cônjuges que viviam sob o regime parcial de bens, os valores percebidos por um antes do casamento em conta vinculada ao FGTS não integram o direito de meação do outro.

(B) É admitida a filiação decorrente de gestação em útero alheio (gestação de substituição), cuja autorização decorre da Resolução n. 1.957/2010, do Conselho Federal de Medicina – CFM. Contudo, não se admite a reprodução assistida *post mortem*.

(C) Não é considerado como bem de família o único imóvel comercial do devedor que esteja alugado quando o valor do aluguel é destinado unicamente ao pagamento de locação residencial por sua entidade familiar.

(D) Para o exercício da guarda compartilhada, mostra-se imprescindível que os genitores cheguem a um consenso em relação às suas atribuições, aos períodos de convivência e à cidade considerada base de moradia do filho.

(E) Na sucessão *ab intestato*, desde que haja justa causa, o testador pode estabelecer cláusula de inalienabilidade, de impenhorabilidade e de incomunicabilidade sobre os bens da legítima.

A: Correta, conforme entendimento do STJ: *Diante do divórcio de cônjuges que viviam sob o regime da comunhão parcial de bens, não deve ser reconhecido o direito à meação dos valores que foram depositados em conta vinculada ao FGTS em datas anteriores à constância do casamento e que tenham sido utilizados para aquisição de imóvel pelo casal durante a vigência da relação conjugal. Diverso é o entendimento em relação aos valores depositados em conta vinculada ao FGTS na constância do casamento sob o regime da comunhão parcial, os quais, ainda que não sejam sacados imediatamente à separação do casal, integram o patrimônio comum do casal, devendo a CEF ser comunicada para que providencie a reserva do montante referente à meação, a fim de que, num momento futuro, quando da realização de qualquer das hipóteses legais de saque, seja possível a retirada do numerário pelo ex-cônjuge.* Preliminarmente, frise-se que a cada doutrina pesquisada no campo do Direito do Trabalho, um conceito e uma natureza diferentes são atribuídos ao Fundo, não sendo raro alguns estudiosos que o analisam a partir de suas diversas facetas: a do empregador, quando, então sua natureza seria de obrigação; a do empregado, para quem o direito à contribuição seria um salário; e a da sociedade, cujo caráter seria de fundo social. Nesse contexto, entende-se o FGTS como o "conjunto de valores canalizados compulsoriamente para as instituições de Segurança Social, através de contribuições pagas pelas Empresas, pelo Estado, ou por ambos e que tem como destino final o patrimônio do empregado, que o recebe sem dar qualquer participação especial de sua parte, seja em trabalho, seja em dinheiro". No que diz respeito à jurisprudência, o Tribunal Pleno do STF (ARE 709.212-DF, DJe 19/2/2015, com repercussão geral reconhecida), ao debater a natureza jurídica do FGTS, afirmou que, desde que o art. 7º, III, da CF expressamente arrolou o FGTS como um direito dos trabalhadores urbanos e rurais, "tornaram-se desarrazoadas as teses anteriormente sustentadas, segundo as quais o FGTS teria natureza híbrida, tributária, previdenciária, de salário diferido, de indenização etc.", tratando-se, "em verdade, de direito dos trabalhadores brasileiros (não só dos empregados, portanto), consubstanciado na criação de um "pecúlio permanente", que pode ser sacado pelos seus titulares em diversas circunstâncias legalmente definidas (cf. art. 20 da Lei 8.036/1990)". Nesse mesmo julgado, ratificando entendimento doutrinário, afirmou-se, quanto à natureza do FGTS, que "não se trata mais, como em sua gênese, de uma alternativa à estabilidade (para essa finalidade, foi criado o seguro-desemprego), mas de um direito autônomo. "A Terceira Turma do STJ, por sua vez, já sustentou que "o FGTS integra o patrimônio jurídico do empregado desde o 1º mês em que é recolhido pelo empregador, ficando apenas o momento do saque condicionado ao que determina a lei" (REsp 758.548-MG, DJ 13/11/2006) e, em outro julgado, estabeleceu que esse mesmo Fundo, que é "direito social dos trabalhadores urbanos e rurais", constitui "fruto civil do trabalho" (REsp 848.660-RS, DJe 13/5/2011). No tocante à doutrina civilista, parte dela considera os valores recebidos a título de FGTS como ganhos do trabalho e pondera que, "no rastro do inciso VI do artigo 1.659 e do inciso V do artigo 1.668 do Código Civil, estão igualmente outras rubricas provenientes de verbas rescisórias trabalhistas, como o FGTS (Fundo de Garantia por Tempo de Serviço), pois como se referem aÌ pessoa do trabalhador devem ser tratadas como valores do provento do trabalho de cada cônjuge". Aduz-se, ainda, o "entendimento de que as verbas decorrentes do FGTS se incluem na rubrica proventos". Nesse contexto, deve-se concluir que o depòisito do FGTS representa "reserva personalìissima, derivada da relaçaPo de emprego, compreendida na expressaPo legal 'proventos do trabalho pessoal de cada cônjuge' (CC, art. 1559, VI)". De fato, pela regulamentaçaPo realizada pelo aludido art. 1.659, VI, do CC/2002 – segundo o qual "Excluem-se da comunhaPo: [...] "os proventos do trabalho pessoal de cada cônjuge" –, os proventos de cada um dos cônjuges naPo se comunicam no regime da comunhaPo parcial de bens. No entanto, apesar da determinaçaPo expressa do CC no sentido da incomunicabilidade, realçou-se, no julgamento do referido REsp 848.660-RS, que "o entendimento atual do Superior Tribunal de Justiça, reconhece que naPo se deve excluir da comunhaPo os proventos do trabalho recebidos ou pleiteados na constância do casamento, sob pena de se desvirtuar a proìpria natureza do regime", visto que a "comunhaPo parcial de bens, como eì cediço, funda-se na noçaPo de construçaPo de patrimônio comum durante a vigência do casamento, com separaçaPo, grosso modo, apenas dos bens adquiridos ou originados anteriormente". Ademais, entendimento doutrinàirio salienta que "NaPo haì como excluir da universalidade dos bens comuns os proventos do trabalho pessoal de cada cônjuge (CC, art. 1.659, VI) [...] sob pena de aniquilar-se o regime patrimonial, tanto no casamento como na uniaPo estaìvel, porquanto nesta tambeìm vigora o regime da comunhaPo parcial (CC, art. 1.725)", destacando-se ser "Flagrantemente injusto que o cônjuge que trabalha por contraprestaçaPo pecuniàiria, mas naPo converte suas economias em patrimônio, seja privilegiado e suas reservas consideradas creìdito pessoal e incomunicaìvel". Ante o exposto, tem-se que o dispositivo legal que prevê a incomunicabilidade dos proventos (isto eì, o art. 1.659, VI, do CC/2002) aceita apenas uma interpretaçaPo, qual seja, o reconhecimento da incomunicabilidade daquela rubrica apenas quando percebidos os valores em momento anterior ou posterior ao casamento. Portanto, os proventos recebidos na constância do casamento (e o que deles advier) reforçam o patrimônio comum, devendo ser divididos em eventual partilha de bens. Nessa linha de ideias, o marco temporal a ser observado deve ser a vigência da relaçaPo conjugal. Ou seja, os proventos recebidos, por um ou outro cônjuge, na vigência do casamento compoPem o patrimônio comum do casal, a ser partilhado na separaçaPo, tendo em vista a formaçaPo de sociedade de fato, configurada pelo esforço comum dos cônjuges, independentemente de ser financeira a contribuiçaPo de um dos consortes e do outro. Dessa forma, deve-se considerar o momento em que o titular adquiriu o direito aÌ recepçaPo dos proventos: se adquiridos durante o casamento, comunicam-se as verbas recebidas; se adquiridos anteriormente ao matrimônio ou apòis o desfazimento do viìnculo, os valores pertenceraPo ao patrimônio particular de quem tem o direito a seu recebimento. Aliaìs, foi esse o raciociìinio desenvolvido no julgamento do REsp 421.801-RS (Quarta Turma, DJ 15/12/2003): "NaPo me parece de maior relevo o fato de o pagamento da indenizaçaPo e das diferenças salariais ter acontecido depois da separaçaPo, uma vez que o periìodo aquisitivo de tais direitos transcorreu durante a vigência do matrimônio, constituindo-se creìdito que integrava o patrimônio do casal quando da separaçaPo. Portanto, deveria integrar a partilha". Na mesma linha, a Terceira Turma do STJ afirmou que, "No regime de comunhaPo universal de bens, admite-se a comunicaçaPo das verbas trabalhistas nascidas e pleiteadas na constância do matrimônio e percebidos apòis a ruptura da vida conjugal" (REsp 355.581-PR, DJ 23/6/2003). No mais, as verbas oriundas do trabalho referentes ao FGTS têm como fato gerador a contrataçaPo desse trabalho, regido pela legislaçaPo trabalhista. O creìdito advindo da realizaçaPo do fato gerador se efetiva mês a mês, juntamente com o pagamento dos salaìrios, devendo os depoìsitos serem feitos pelo empregador ateì o dia 7 de cada mês em contas abertas na CEF vinculadas ao contrato de trabalho, conforme dispoPe o art. 15 da Lei n. 8.036/1990. Assim, deve ser reconhecido o direito

aÌ meaçaPo dos valores do FGTS auferidos durante a constância do casamento, ainda que o saque daqueles valores naPo seja realizado imediatamente aÌ separaçaPo do casal. A fim de viabilizar a realizaçaPo daquele direito reconhecido, nos casos em que ocorrer, a CEF deveraì ser comunicada para que providencie a reserva do montante referente aÌ meaçaPo, para que, num momento futuro, quando da realizaçaPo de qualquer das hipoìteses legais de saque, seja possiìvel a retirada do numeraìrio. REsp 1.399.199-RS, Rel. Min. Maria Isabel Gallotti, Rel. para acoìrdaPo Min. Luis Felipe SalomaPo, julgado em 9/3/2016, DJe 22/4/2016. **B:** Incorreta, pois, nos termos da Resolução n 1.957/2010, Conselho Federal de Medicina, tanto a gestação de substituição quanto à reprodução assistida *post mortem* são admitidas, desde que observados os seguintes requisitos: VII – Sobre a gestação de substituição (doação temporária de útero). As clínicas, centros ou serviços de reprodução humana podem usar técnicas de RA para criarem a situação identificada como gestação de substituição, desde que exista um problema médico que impeça ou contraindique a gestação na doadora genética. **1** – As doadoras temporárias do útero devem pertencer à família da doadora genética, num parentesco até o segundo grau, sendo os demais casos sujeitos à autorização do Conselho Regional de Medicina. **2** – A doação temporária do útero não poderá ter caráter lucrativo ou comercial. VIII – Reprodução assistida *post mortem*. Não constitui ilícito ético a reprodução assistida *post mortem* desde que haja autorização prévia específica do(a) falecido(a) para o uso do material biológico criopreservado, de acordo com a legislação vigente. **C:** Incorreta, conforme jurisprudência do STJ "É impenhorável o único imóvel comercial do devedor que esteja alugado quando o valor do aluguel é destinado unicamente ao pagamento de locação residencial por sua entidade familiar" (STJ. 2ª Turma. REsp 1.616.475-PE, Rel. Min. Herman Benjamin, julgado em 15/9/2016 (Info 591)). Tal entendimento amplia a abrangência da Súmula 486 do STJ: É impenhorável o único imóvel residencial do devedor que esteja locado a terceiros, desde que a renda obtida com a locação seja revertida para a subsistência ou a moradia da sua família. **D:** Incorreta. O STJ vem decidindo pela possibilidade da guarda compartilhada ainda que existam graves desavenças entre os ex cônjuges, *in verbis:* "Recurso especial. Direito de família. Guarda compartilhada. Regra do sistema. Art. 1.584, § 2º, do Código Civil. Consenso dos genitores. Desnecessidade. Alternância de residência da criança. Possibilidade. Melhor interesse do menor. 1. A instituição da guarda compartilhada de filho não se sujeita à transigência dos genitores ou à existência de naturais desavenças entre cônjuges separados. 2. A guarda compartilhada é a regra no ordenamento jurídico brasileiro, conforme disposto no art. 1.584 do Código Civil, em face da redação estabelecida pelas Leis ns. 11.698/2008 e 13.058/2014, ressalvadas eventuais peculiaridades do caso concreto aptas a inviabilizar a sua implementação, porquanto às partes é concedida a possibilidade de demonstrar a existência de impedimento insuperável ao seu exercício, o que não ocorreu na hipótese dos autos. 3. Recurso especial provido. (REsp 1591161 / SE, Ministro Ricardo Villas Bôas Cueva, Terceira Turma, DJe 24/02/2017). **E:** Incorreta, pois, entende-se por sucessão *ab intestato*, aquela em que não há disposição de última vontade do *de cujus*, ou seja, falta de testamento ou codicilo. Nesta modalidade, a sucessão segue os artigos 1829 do Código Civil. **GN**

Gabarito "A".

(Defensor Público – DPE/SC – 2017 – FCC) Bruno se casou aos 20 anos com Luiza, em regime da comunhão parcial de bens; eles viveram maritalmente por aproximadamente quinze anos, mas vieram a se separar de fato, sem formalizar a separação e nunca se divorciaram. Há dois anos, Bruno estava convivendo com Maria Eduarda. Recentemente, Bruno, que nunca teve filhos e não deixou testamento, veio a falecer, deixando como ascendentes a sua mãe e seus avós paternos ainda vivos. Diante deste cenário hipotético, Luiza

(A) por não ser mais considerada cônjuge do falecido, não será a sua herdeira; Maria Eduarda tem direito à meação dos bens adquiridos onerosamente na vigência da união estável, e o restante ficará como herança para a genitora de Bruno, excluídos os avós paternos.

(B) embora seja cônjuge do falecido, não será sua herdeira; Maria Eduarda terá direito à meação dos bens adquiridos onerosamente na constância da união estável e concorrerá em partes iguais com a genitora do autor da herança e com os avós paternos, que herdarão por estirpe e em representação ao filho pré-morto.

(C) embora seja cônjuge do falecido, não será sua herdeira; Maria Eduarda terá direito à meação dos bens adquiridos onerosamente na constância da união estável, mas não poderá concorrer com a genitora do autor da herança com relação aos bens que teve meação.

(D) por ser cônjuge do falecido, será sua única herdeira, excluindo a genitora e os avós paternos de Bruno, além de Maria Eduardo, uma vez que não há constituição válida de união estável diante da existência impedimento matrimonial.

(E) embora seja cônjuge do falecido, não será sua herdeira; Maria Eduarda terá direito à meação dos bens adquiridos onerosamente na constância da união estável e concorrerá em partes iguais com a genitora do autor da herança, ficando metade para cada uma delas e excluídos os avós.

O STF reconheceu a equiparação entre cônjuge e companheiro para fins de sucessão, logo aplica-se o artigo 1.837 do Código Civil. A decisão foi proferida, com repercussão geral reconhecida, no julgamento dos Recursos Extraordinários (REs) 646721 e 878694, *in verbis*: "Ementa: direito constitucional e civil. Recurso extraordinário. Repercussão geral. Aplicação do artigo 1.790 do Código Civil à sucessão em união estável. Inconstitucionalidade da distinção de regime sucessório entre cônjuges e companheiros. 1. A Constituição brasileira contempla diferentes formas de família legítima, além da que resulta do casamento. Nesse rol incluem-se as famílias formadas mediante união estável, hétero ou homoafetivas. O STF já reconheceu a "inexistência de hierarquia ou diferença de qualidade jurídica entre as duas formas de constituição de um novo e autonomizado núcleo doméstico", aplicando-se a união estável entre pessoas do mesmo sexo as mesmas regras e mesas consequências da união estável heteroafetiva (ADI 4277 e ADPF 132, Rel. Min. Ayres Britto, j. 05.05.2011) 2. Não é legítimo desequiparar, para fins sucessórios, os cônjuges e os companheiros, isto é, a família formada pelo casamento e a formada por união estável. Tal hierarquização entre entidades familiares é incompatível com a Constituição de 1988. Assim sendo, o art. 1790 do Código Civil, ao revogar as Leis n. 8.971/1994 e n. 9.278/1996 e discriminar a companheira (ou o companheiro), dando-lhe direitos sucessórios bem inferiores aos conferidos à esposa (ou ao marido), entra em contraste com os princípios da igualdade, da dignidade humana, da proporcionalidade como vedação à proteção deficiente e da vedação do retrocesso. 3. Com a finalidade de preservar a segurança jurídica, o entendimento ora firmado é aplicável apenas aos inventários judiciais em que não tenha havido trânsito em julgado da sentença de partilha e às partilhas extrajudiciais em que ainda não haja escritura pública. 4. Provimento do recurso extraordinário. Afirmação, em repercussão geral, da seguinte tese: "No sistema constitucional vigente, é inconstitucional a distinção de regimes sucessórios entre cônjuges e companheiros, devendo ser aplicado, em ambos os casos, o regime estabelecido no art. 1.829 do CC/2002" (Recurso extraordinário 646.721 Rio Grande do Sul, Min. Marco aurélio, DJe 11/09/2017). GN

„Gabarito "E".

(Juiz – TJ-SC – FCC – 2017) A sucessão por morte ou ausência obedece à lei do país:

(A) em que nasceu o defunto ou o desaparecido, qualquer que seja a natureza e a situação dos bens, mas a sucessão de bens de estrangeiros, situados no Brasil, será regulada pela lei brasileira em benefício do cônjuge ou dos filhos brasileiros, ou de quem os represente, sempre que não lhes seja mais favorável a lei pessoal do *de cujus*.

(B) em que era domiciliado o defunto ou o desaparecido, qualquer que seja a natureza e a situação dos bens, mas a sucessão de bens de estrangeiros, situados no Brasil, será regulada pela lei brasileira em benefício do cônjuge ou dos filhos brasileiros, ou de quem os represente, sempre que não lhes seja mais favorável a lei pessoal do *de cujus*.

(C) de cuja nacionalidade tivesse o defunto ou o desaparecido, mas a sucessão de bens de estrangeiros, situados no Brasil, será regulada pela lei brasileira em benefício do cônjuge ou dos filhos brasileiros, ou de quem os represente, sempre que não lhes seja mais favorável a lei pessoal do *de cujus*.

(D) em que era domiciliado o defunto ou o desaparecido, qualquer que seja a natureza e a situação dos bens, mas a sucessão de bens de estrangeiros, situados no Brasil, será sempre regulada pela lei brasileira, se houver cônjuge ou filhos brasileiros.

(E) de cuja nacionalidade tivesse o defunto, ou desaparecido, qualquer que seja a natureza e a situação dos bens, mas a sucessão de bens de estrangeiros, situados no Brasil, será regulada pela lei brasileira em benefício do cônjuge ou dos filhos brasileiros, ou de quem os represente, em qualquer circunstância.

Há duas regras básicas para compreender qual lei será aplicada para regular uma determinada sucessão. A primeira é que deve se aplicar a lei do domicílio do *de cujus* (Lei de Introdução, art. 10). Assim, por exemplo, se uma pessoa deixou bens no Brasil mas teve seu último domicílio em Buenos Aires, a lei material que regulará a sucessão será o Código Civil argentino.
A segunda regra somente será aplicada caso existam cônjuge ou filhos herdeiros de nacionalidade brasileira. Nesse caso, a lei aplicável será a "mais benéfica" (CF, art. 5°, XXXI). Ou seja, o juiz deverá comparar a lei do domicílio do *de cujus* com o Código Civil brasileiro e aplicar a regra que seja mais benéfica para o cônjuge ou filhos de nacionalidade brasileira. GN

„Gabarito "B".

(Promotor de Justiça – MPE/RS – 2017) Considerando o Direito das Sucessões, assinale com **V** (verdadeiro) ou com **F** (falso) as seguintes afirmações.

( ) O coerdeiro tomou ciência da cessão de direito hereditário efetuado por outro coerdeiro quando foi apresentada nos autos do processo de inventário na data de 27/04/2015. Intentou ação declaratória de nulidade de ato jurídico em 10/11/2015 e efetuou o depósito necessário; no entanto, o ajuizamento da demanda ultrapassou o prazo legal para o reconhecimento do direito de preferência.

( ) O direito à sucessão aberta e o direito à herança constituem bens móveis por determinação legal, isso ocorre mesmo se a herança for composta apenas de bens imóveis.

68 ANA PAULA DOMPIERI, GABRIELA RODRIGUES, GUSTAVO NICOLAU E WANDER GARCIA

( ) Os atos de aceitação ou de renúncia da herança são irrevogáveis, todavia, viável alegação de erro, dolo e demais vícios do ato ou negócio jurídico visando sua invalidade.

( ) Pedro falece e tem um único filho, Marco, que renuncia a herança expressamente, por termo judicial. Este possui três filhos: Mário, Maria e Marlon, que poderão vir à sucessão, por direito próprio, não por representação, e receberão um terço da herança.

A sequência correta de preenchimento dos parênteses, de cima para baixo, é

(A) V – F – V – V.

(B) F – F – F – V.

(C) V – V – F – F.

(D) F – V – V – F.

(E) V – F – V – F.

I – Verdadeira, pois o prazo para ajuizamento desta ação é de 180 dias após a transmissão (CC, art. 1.795); II – Falsa, pois o direito à sucessão aberta é considerado bem imóvel (CC, art. 80, II), não importando os bens que compõe a herança; III – Verdadeira, pois a irrevogabilidade (CC, art. 1.812) não afasta a regra geral de anulação de atos jurídicos prevista na parte geral do Código Civil; IV – Verdadeira, pois a hipótese tem previsão e solução no art. 1.811 do Código Civil, o qual determina que os filhos do renunciante poderão vir à sucessão "direito próprio, e por cabeça". GN

Gabarito "A".

8.2. SUCESSÃO LEGÍTIMA

(Juiz de Direito/AP – 2022 – FGV) Cássia morreu intestada em 2019, deixando uma companheira, Ana, com quem vivia, de forma pública, contínua e duradoura, com objetivo de constituir família, há cerca de dez anos. Em um relacionamento anterior, durante sua juventude, Cássia teve três filhos: Roger, Alan e Juliana. Roger faleceu em 2008, deixando uma filha então recém-nascida, Ingrid, que é a única neta de Cássia. Alan, por não concordar com a orientação sexual assumida pela mãe, teve com ela uma discussão dura em 2017, com troca de grosserias e ofensas, e desde então não mais se falavam. Juliana abriu mão de sua parte na herança de Cássia em favor de sua sobrinha Ingrid.

Sobre a sucessão de Cássia, é correto afirmar que:

(A) a união homoafetiva com Cássia autoriza Ana a pretender a meação dos bens adquiridos onerosamente na sua constância, mas não lhe atribui direitos sucessórios;

(B) a parcela da herança que seria atribuída a Roger será dividida entre Alan e Juliana, em vista do direito de acrescer decorrente de serem herdeiros de mesma classe;

(C) Ingrid somente terá direitos sucessórios se, além de Juliana, também Alan renunciar à herança, pois os descendentes em grau mais próximo excluem os mais remotos;

(D) Alan somente será excluído da sucessão se caracterizada judicialmente a ocorrência de crime contra a honra de Cássia e declarada a indignidade por sentença;

(E) o ato de Juliana caracteriza renúncia à herança, de modo retroativo, produzindo efeitos como se ela jamais tivesse adquirido direito sobre o acervo hereditário.

Comentário: **A**: incorreta, pois a companheira Ana tem tanto direito à meação quanto a sucessão, e ainda se encaixará no art. 1.829 CC no que tange a concorrência com os parentes de Cássia, uma vez que o art. 1.790 CC foi declarado inconstitucional pelo STF (RE 646.721 e 878.694); **B**: incorreta, pois Ingrid herdará a cota do pai pré-morto Roger por direito de representação, logo sua parcela não será dividida entre Alan e Juliana (art. 1.851 CC); **C**: incorreta, pois Ingrid é herdeira legal por representação, nos termos do art. 1.851 CC. O fato de Juliana ter renunciado sua quota em seu favor só aumentará o valor que Ingrid irá receber, mas sua qualidade de herdeira é autônoma, não tem nada a ver com a renúncia de Juliana e muito menos depende da renúncia de Alan; **D**: correta (art. 1.814, II e 1.815 CC); **E**: incorreta, pois a renúncia não tem efeito retroativo não anulando os efeitos que um dia Juliana já adquiriu sobre o acervo hereditário. A renúncia terá efeito apenas a partir da data em que for manifestada após a abertura da sucessão e deve constar expressamente de instrumento público ou termo judicial (art. 1.804 e 1.806 CC). GR

Gabarito "D".

(Procurador Município – Teresina/PI – FCC – 2022) Em relação à sucessão legítima, considere:

I. Ao cônjuge sobrevivente, qualquer que seja o regime de bens, será assegurado, sem prejuízo da participação que lhe caiba na herança, o direito real de habitação relativamente ao imóvel destinado à residência da família, desde que seja o único daquela natureza a inventariar.

II. Concorrendo com ascendente em primeiro grau, ao cônjuge tocará um terço da herança; caber-lhe-á a metade desta se houver um só ascendente, ou se maior for aquele grau.

III. Em falta de descendentes e ascendentes, será deferida a sucessão aos irmãos e ao cônjuge sobrevivente, sem prejuízo de sua meação em igual proporção.

IV. Não sobrevivendo cônjuge, ou companheiro, nem parente algum sucessível, nem tendo eles renunciado à herança, esta se devolve ao Município ou ao Distrito Federal, se localizada nas respectivas circunscrições, ou à União, quando situada em território federal.

Está correto o que se afirma APENAS em

(A) I, II e III.

(B) II e IV.

(C) I, II e IV.

(D) III e IV.

(E) I, III e IV.

I: correta (art. 1.831 CC); II: correta (art. 1.837 CC); III: incorreta, pois em falta de descendentes e ascendentes, será deferida a sucessão por inteiro ao cônjuge sobrevivente (art. 1.838 CC); IV: correta (art. 1.844 CC). Alternativa correta é a letra C. GR

Gabarito "C".

(Juiz de Direito – TJ/RJ – 2019 – VUNESP) João e Maria viviam em união estável, formalizada mediante escritura pública, em que elegeram o regime da comunhão parcial de bens. Da relação entre João e Maria, resultaram duas filhas, Madalena e Sara. João também tinha outros dois filhos, Mateus e Paulo, decorrentes de relações eventuais que manteve. João faleceu. Na data da sua morte, João possuía um patrimônio adquirido totalmente antes da constituição da união estável com Maria.

1. DIREITO CIVIL

É correto afirmar que o patrimônio de João será dividido da seguinte forma:

(A) um quarto (1/4) para cada um dos filhos de João.

(B) um quarto (1/4) da herança para Maria e o restante dividido igualmente entre todos os filhos de João.

(C) Maria e todos os filhos de João receberão, cada um, um quinto (1/5) da herança.

(D) um terço (1/3) para Maria e o restante dividido igualmente entre todos os filhos de João.

(E) 10% para Maria e 15% para cada um dos filhos de João.

No caso em tela Maria não é meeira, mas apenas herdeira, tendo em vista que os bens de João foram adquiridos antes da constituição da união estável, portanto eram bens particulares, logo não se comunicam (art. 1.658 e art. 1.659, I primeira parte CC). Neste passo vale ressaltar a equiparação sucessória feita pelo Supremo Tribunal Federal, em julgamento encerrado no ano de 2017 que reconheceu a inconstitucionalidade do art. 1.790 do Código Civil (*decisum* publicado no Informativo n. 840 do STF), o que acarreta a aplicação dos mesmos direitos do cônjuge ao companheiro. Na hipótese em questão tem-se a sucessão híbrida, em que o *de cujus* deixou filhos com a companheira sobrevivente e filhos de outros relacionamentos. Neste caso entende-se que não se aplica a reserva da quarta parte prevista no art. 1.832 CC, nos termos do Enunciado 527 CJF: "na concorrência entre o cônjuge e os herdeiros do *de cujus*, não será reservada a quarta parte da herança para o sobrevivente no caso de filiação híbrida". Portanto, cada um receberá a mesma cota da herança, isto é 1/5. Logo, a alternativa correta é a letra C. **GR**

Gabarito "C".

(Procurador do Município – S.J. Rio Preto/SP – 2019 – VUNESP) Romeu, proprietário de 30 (trinta) imóveis, faleceu aos 78 (setenta e oito) anos sem deixar testamento nem herdeiro legítimo notoriamente conhecido.

Em relação ao fato hipotético, assinale a alternativa correta.

(A) Não se habilitando até a declaração de vacância, os colaterais ficarão excluídos da sucessão.

(B) Os bens da herança, depois de arrecadados, ficarão sob a guarda e administração do Município até a sua entrega ao sucessor devidamente habilitado.

(C) Realizado o inventário, serão expedidos editais na forma da lei processual, e, decorridos dois anos de sua primeira publicação, sem que haja herdeiro habilitado, será a herança declarada vacante.

(D) A declaração de vacância da herança não prejudicará os herdeiros que se habilitarem; mas, decorridos cinco anos da abertura da sucessão, os bens arrecadados passarão ao domínio do Estado.

(E) Quando todos os chamados a suceder renunciarem à herança, será esta desde logo declarada jacente.

A: correta (art. 1.822, parágrafo único CC); B: incorreta, pois os bens da herança, depois de arrecadados, ficarão sob a guarda e administração de um *curador*, até a sua entrega ao sucessor devidamente habilitado ou à declaração de sua vacância (art. 1.819 CC); C: incorreta, pois o prazo desse edital é de um ano e não dois (art. 1.820 CC); D: incorreta, pois neste caso os bens passarão ao domínio do Município ou do Distrito Federal, se localizados nas respectivas circunscrições (art. 1.822, *caput* CC); E: incorreta, pois quando todos os chamados a suceder renunciarem à herança, será esta desde logo declarada *vacante* (art. 1.823 CC). **GR**

Gabarito "A".

(Juiz de Direito – TJ/AL – 2019 – FCC) André, solteiro, não teve filhos e morreu sem deixar ascendentes vivos. Por testamento, deixou todos os seus bens para o seu melhor amigo, Antônio, com quem não tinha nenhum grau de parentesco. Sentindo-se injustamente preteridos, os três únicos irmãos de André ajuizaram ação visando à declaração da nulidade total do testamento, argumentando que, devido ao parentesco, não poderiam ter sido excluídos da sucessão. O pedido deduzido nessa ação é

(A) procedente, pois os irmãos de André são herdeiros necessários, devendo ser declarada a nulidade total do testamento.

(B) procedente em parte, pois os irmãos de André são herdeiros necessários, devendo ser declarada a nulidade parcial do testamento, apenas quanto a três quartos dos bens.

(C) procedente em parte, pois os irmãos de André são herdeiros necessários, devendo ser declarada a nulidade parcial do testamento, apenas quanto a metade dos bens.

(D) improcedente, pois os irmãos de André não são herdeiros necessários.

(E) improcedente, pois os irmãos de André, embora sejam herdeiros necessários, podem ser excluídos da sucessão mediante testamento.

A: incorreta, pois herdeiros necessários são apenas cônjuge, ascendente e descendente (art. 1.845 CC). Colaterais não entram nesta lista. Logo, a ação deve ser julgada improcedente; B: incorreta, pois os irmãos não são herdeiros necessários (art. 1.845 CC), logo a ação deve ser julgada improcedente; C: incorreta, pois os irmãos não são herdeiros necessários (art. 1.845 CC), logo a ação deve ser julgada improcedente; D: correta (art. 1.845 CC); E: incorreta, pois os irmãos não são herdeiros necessários (art. 1.845 CC). **GN**

Gabarito "D".

(Promotor de Justiça/SP – 2019 – MPE/SP) Os descendentes que concorrerem à sucessão do ascendente comum são obrigados, para igualar as legítimas, a conferir o valor das doações que dele em vida receberam.

Esse conceito corresponde ao instituto da

(A) colação.

(B) sonegação.

(C) conferência.

(D) colmatação.

(E) substituição.

A: correta (art. 2.002 *caput* CC); B: incorreta, pois a sonegação ocorre quando o herdeiro omite bens da herança, não os descrevendo no inventário quando estejam em seu poder, ou, com o seu conhecimento, no de outrem, ou que os omitir na colação, a que os deva levar, ou que deixar de restituí-los. Neste caso perderá o direito que sobre eles lhe cabia (art. 1.992 CC); C: incorreta, pois inexiste o instituto da *conferência* no Direito Civil; D: incorreta, pois a colmatação é um dos métodos de integração de lacunas normativas em decorrência princípio geral de vedação do *non liquet*, também chamado de indeclinabilidade da jurisdição (art. 4º da LINDB); E: incorreta, pois dentro do direito civil não há o conceito técnico de substituição. **GR**

Gabarito "A".

(Juiz de Direito - TJ/RS - 2018 - VUNESP) Maria vivia em união estável com José, sob o regime da comunhão parcial de bens. Este possuía dois filhos decorrentes de relacionamento anterior e três filhos com Maria. José faleceu.

Considerando a disciplina constante do Código Civil, bem como o entendimento do STF proferido em Repercussão Geral sobre o tema, podemos afirmar que caberá a Maria, na sucessão dos bens particulares de José,

(A) um sexto da herança.

(B) um terço da herança.

(C) metade do que couber a cada um dos filhos de José.

(D) um quarto da herança.

(E) metade da herança.

De acordo com a decisão proferida pelo STF no Recurso Extraordinário 878.694/MG, deve-se conceder à companheira de união estável os mesmos direitos previstos para a esposa no art. 1.829 e seguintes do Código Civil. Desta forma, os direitos sucessórios de Maria estão limitados aos bens particulares do seu marido (CC, art. 1.829, I), disputando com os filhos de José (cinco, no total). Aplicando a quota prevista no art. 1.832, Maria terá direito a 1/6 desse patrimônio. Vale mencionar que a hipótese é de filiação híbrida, pois há filhos comuns e filhos só do *de cujus*. Para essa situação, o Enunciado 527 do Conselho da Justiça Federal concluiu que: "Na concorrência entre o cônjuge e os herdeiros do de cujus, não será reservada a quarta parte da herança para o sobrevivente no caso de filiação híbrida".
Ainda que não abordado pela questão, vale mencionar que – devido ao regime de bens – Maria terá também direito de meação sobre os bens adquiridos onerosamente na vigência da união estável (direito denominado de meação).Terá ainda direito real de habitação sobre o *"imóvel destinado à residência da família"* (CC, art. 1.831).(GN)
„A" otirabaƆ

(Juiz de Direito - TJ/RS - 2018 - VUNESP) José e Maria (grávida de 9 meses) sofreram um acidente automobilístico. José faleceu no acidente. Maria foi levada com vida ao hospital e o filho que estava em seu ventre faleceu alguns minutos após o nascimento, tendo respirado.

Na manhã seguinte, Maria também faleceu em decorrência dos ferimentos causados pelo acidente. José e Maria não tinham outros filhos. O casal tinha uma fortuna de R$ 50.000.000,00 (cinquenta milhões de reais) em aplicações financeiras, numa conta conjunta, valores acumulados exclusivamente durante o período do casamento, sob o regime legal de bens (comunhão parcial). Os pais de José (Josefa e João) e os pais de Maria (Ana e Paulo) ingressaram em juízo postulando seus direitos hereditários. Assinale a alternativa correta.

(A) Os pais de Maria têm direito a 75% do valor da herança e os pais de José ao restante.

(B) Os pais de José têm direito a 75% do valor da herança e os pais de Maria ao restante.

(C) A herança deve ser atribuída totalmente aos pais de José, nada cabendo aos pais de Maria.

(D) A herança deve ser atribuída totalmente aos pais de Maria, nada cabendo aos pais de José.

(E) Os pais de José e os pais de Maria têm direito, cada um deles, à metade da herança.

Para a solução da questão sucessória em análise é imprescindível saber a sequência cronológica dos falecimentos. O primeiro a falecer foi o pai, seguido do filho e por último a mãe. É fundamental também separar patrimônios. O patrimônio do pai (25 milhões de reais) passou para o filho (quando casada em comunhão parcial a esposa não herda nos bens comuns) e – com a morte do filho – passou para sua mãe, Maria. Na manhã seguinte, Maria faleceu, passando o patrimônio para seus ascendentes (Ana e Paulo).O patrimônio de Maria passou diretamente para os seus ascendentes, porque – no momento que ela faleceu – ela

já não tinha marido, nem filho. Assim, toda a herança será atribuída aos pais de Maria.GN
„D" otirabaƆ

(Juiz – TJ-SC – FCC – 2017) Na sucessão legítima, aplicam-se as seguintes regras:

I. Havendo renúncia à herança, a parte do renunciante devolver-se-á sempre aos herdeiros da classe subsequente.

II. Quando o herdeiro prejudicar os seus credores, renunciando à herança, poderão eles, com autorização do juiz, aceitá-la em nome do renunciante, mas, pagas as dívidas do renunciante, prevalece a renúncia quanto ao remanescente, que será devolvido aos demais herdeiros da mesma classe, salvo se for o único, caso em que se devolve aos herdeiros da classe subsequente.

III. Na classe dos colaterais, os mais próximos excluem os mais remotos, salvo o direito de representação concedido aos filhos de irmãos.

IV. Na falta de irmãos herdarão igualmente os tios e sobrinhos, que são colaterais de terceiro grau.

V. Na linha descendente, os filhos sucedem por cabeça, e os outros descendentes por cabeça ou por estirpe, conforme se achem ou não no mesmo grau.

Está correto o que se afirma APENAS em:

(A) I, IV e V.

(B) I, II e III.

(C) III, IV e V.

(D) I, II e IV.

(E) II, III e V.

I: incorreta, pois há outras opções para o destino da parte do renunciante. Assim, por exemplo, numa herança que só tenha filhos, a renúncia de um deles faz acrescer aos demais a sua quota (CC, art. 1.810). A renúncia de um herdeiro que seja devedor pode acabar nas mãos do seu credor (CC, art. 1.813); II: correta, pois de acordo com a previsão estabelecida pelo CC, art. 1.813. A ideia da regra é evitar que um herdeiro possa fraudar seu credor mediante a renúncia da herança; III: correta, pois apenas o sobrinho tem direito de representação quando se trata de uma herança na qual só haja herdeiros legítimos colaterais (CC, art. 1.840); IV: incorreta, pois na falta de irmãos a lei chama os sobrinhos e – não os havendo – convoca os tios (CC, art. 1.843). Em outras palavras, apesar de serem colaterais do mesmo grau, o sobrinho do falecido tem preferência em relação ao tio do falecido; V: correta, pois de pleno acordo com o disposto no art. 1.835 do Código Civil.GN
„E" otirabaƆ

8.3. SUCESSÃO TESTAMENTÁRIA

(Juiz de Direito/AP – 2022 – FGV) Mário é viúvo e, após sérias desavenças com sua única parente e irmã, Adalberta, resolve deixar seus bens para o amigo de infância Roberto. Para tanto, elabora testamento público.

Considerando a situação hipotética, é correto afirmar que:

(A) Mário somente poderá revogar o testamento público por outro testamento público;

(B) apesar de o testamento de Mário ser público, é sigiloso;

(C) caso Mário tenha a sua incapacidade supervenientemente declarada, o testamento será inválido;

(D) a disposição testamentária é válida, pois os colaterais são herdeiros facultativos;

(E) o testamento de Mário poderá ser impugnado no prazo de dez anos contados da data do registro.

Comentário: **A:** incorreta, pois ele pode ser revogado por outro tipo de testamento, que não necessariamente o público (art. 1.969 CC); **B:** incorreta, pois o testamento público não é sigiloso (art. 1.864 a 1.867 CC); **C:** incorreta, pois a incapacidade superveniente do testador não invalida o testamento, nem o testamento do incapaz se valida com a superveniência da capacidade (art. 1.861 CC). **D:** correta (art. 1.845 CC). Os herdeiros necessários são apenas descendentes, ascendentes e cônjuge. Apenas na presença destes é que a cláusula seria inválida; **E:** incorreta, pois extingue-se em cinco anos o direito de impugnar a validade do testamento, contado o prazo da data do seu registro (art. 1.859 CC). GR

Gabarito "D".

(Juiz de Direito – TJ/AL – 2019 – FCC) Nos testamentos,

(A) é válida a disposição que deixe ao arbítrio de terceiro, desde que suficientemente identificado, fixar o valor do legado.

(B) é ilícita a deixa ao filho do concubino, quando também o for do testador.

(C) pode ser nomeada herdeira, mas não legatária, a pessoa que nele figurou como testemunha instrumentária.

(D) presume-se o prazo em favor do herdeiro.

(E) são inválidas as disposições de caráter não patrimonial, se o testador tiver se limitado somente a elas.

A: incorreta, pois é nula a disposição que deixe a arbítrio do herdeiro, ou de outrem, fixar o valor do legado (art. 1.900, IV CC); **B:** incorreta, pois é lícita a deixa ao filho do concubino, quando também o for do testador (art. 1.803 CC); **C:** incorreta, pois não pode ser admitida como herdeira, nos termos do art. 228, V CC : **D:** correta, nos termos do art. 133 CC; **E:** incorreta, pois são válidas as disposições testamentárias de caráter não patrimonial, ainda que o testador somente a elas se tenha limitado (art. 1.857, § 2° CC). GN

Gabarito "D".

Após a abertura de testamento público, foi verificado que havia sido deixado um terreno, no valor de sessenta salários mínimos, a uma das testemunhas signatárias do documento.

(Juiz de Direito – TJ/SC – 2019 – CESPE/CEBRASPE) Nesse caso, a disposição testamentária será

(A) válida, se for convalidada pelos demais herdeiros.

(B) válida, se não existirem herdeiros legítimos.

(C) anulável, se os herdeiros legítimos comprovarem vício de vontade.

(D) nula de pleno direito.

(E) considerada codicilo, se não representar mais de 1% do valor total do testamento.

A: incorreta, pois há proibição expressa no sentido de que testemunha signatária não pode der herdeira nem legatária no testamento (art. 1.801, II CC). Neste caso, a disposição é nula (art. 1.802, *caput* CC), não passível, portanto, nem de convalidação e nem de confirmação; **B:** incorreta, pois a disposição é nula nos termos do art. 1.802, *caput* CC; **C:** incorreta, pois trata-se de disposição nula e não anulável, conforme art. 1.802, *caput* CC, logo, não há que se falar em comprovação de vício de vontade; **D:** correta (arts. 1.801, II e 1.802, *caput* CC); **E:** incorreta, pois codicilo (também chamado de testamento anão) é um instrumento em que o testador faz disposições especiais sobre o seu enterro, sobre esmolas de pouca monta a certas e determinadas pessoas, ou, inde-

---

terminadamente, aos pobres de certo lugar, assim como legar móveis, roupas ou joias, de pouco valor, de seu uso pessoal (art. 1.881 CC). GR

Gabarito "D".

(Juiz de Direito - TJ/BA - 2019 - CESPE/CEBRASPE) À luz do Código Civil e da teoria das invalidades dos atos e negócios jurídicos, a elaboração de testamento conjuntivo nas modalidades simultânea, recíproca ou correspectiva é ato eivado de vício de

(A) anulabilidade em qualquer uma das três modalidades.

(B) nulidade em qualquer uma das três modalidades.

(C) ineficácia em qualquer uma das três modalidades.

(D) nulidade, nas modalidades recíproca e correspectiva, e anulabilidade na modalidade simultânea.

(E) anulabilidade, na modalidade correspectiva, e nulidade nas modalidades recíproca e simultânea.

A: incorreta, pois o art. 1.863 CC prevê que é proibido o testamento conjuntivo, seja simultâneo, recíproco ou correspectivo. De acordo com a teoria das invalidades dos atos e negócios jurídicos, considera-se nulo o ato sempre que a lei proibir-lhe a prática sem cominar sanção (art. 166, VII CC); **B:** correta, pois trata-se de ato jurídico nulo nos termos do art. 166, VII e art. 1.863 CC; **C:** incorreta, conforme justificativa da alternativa A; **D:** incorreta, pois em todos os casos temos hipótese de nulidade (art. 166, VII e art. 1.863 CC). Apenas para diferenciar, o testamento simultâneo se dá quando os dois testadores fazem disposições em favor de terceiro; o recíproco ocorre quando um testador favorece o outro, e vice-versa e no correspectivo, além da reciprocidade, cada testador beneficia o outro na mesma proporção em que este o tiver beneficiado, caso em que a interdependência, a relação causal entre as disposições, é mais intensa; **E:** incorreta, pois nos termos da alternativa D. GR

Gabarito "B".

9. REGISTROS PÚBLICOS

(Juiz de Direito – TJ/AL – 2019 – FCC) Leandro formulou, perante o Cartório de Registro de Imóveis competente, pedido de reconhecimento extrajudicial de usucapião de imóvel não residencial, onde funciona uma fábrica de chocolates. Nesse caso, de acordo com a Lei dos Registros Públicos (Lei n. 6.015/1.973),

(A) a posse poderá ser comprovada em procedimento de justificação administrativa, realizado perante a própria serventia extrajudicial.

(B) a rejeição do pedido extrajudicial impedirá o ajuizamento de ação de usucapião.

(C) o pedido deverá ser rejeitado de plano, pois só é admitido o reconhecimento extrajudicial de usucapião de imóvel residencial, destinado à moradia do próprio requerente.

(D) não será admitido ao interessado suscitar procedimento de dúvida.

(E) é facultativa a representação de Leandro por advogado.

A: correta, pois é possível que a posse seja comprovada em cartório, nos termos do art. 216-A da Lei 6.015/1.973 e do provimento 65/2017 do Conselho Nacional de Justiça que regulamenta a usucapião extrajudicial; **B:** incorreta, pois a rejeição do pedido extrajudicial não impede o ajuizamento de ação de usucapião (art. 216-A, § 9° LRP); **C:** incorreta, pois a Lei não faz restrição a imóvel apenas residencial. Logo, a omissão da Lei quanto a este ponto nos faz entender que pode ser tanto para imóvel residencial como não residencial (art. 216-A LRP); **D:** incorreta, pois em qualquer caso, é lícito ao interessado suscitar o procedimento de dúvida (art. 216-A, § 7º LRP); **E:** incorreta, pois a lei exige que Leandro esteja representado por advogado (art. 216-A, *caput* LRP). GN

Gabarito "A".

(Juiz – TJ-SC – FCC – 2017) Luís adquiriu um terreno, por escritura pública não levada ao Registro de Imóveis e onde, posteriormente, construiu uma casa que teve emplacamento com o respectivo número, bem como a rua, que não o tinha, recebeu o nome de rua das Flores. Executado por uma nota promissória, e pretendendo obter efeito suspensivo nos embargos que opôs, diligenciou para adquirir o domínio do imóvel, incluindo a construção, sendo o bem aceito à penhora. Acolhidos os embargos e lhe sendo restituído o título, providenciou o necessário para que não mais constasse contra ele a penhora no registro imobiliário. As providências tomadas foram:

(A) averbação *ex-officio* do nome da rua, matrícula da escritura, averbações da edificação e do número do emplacamento, registro da penhora e registro da decisão que determinou o cancelamento da penhora.

(B) registro da escritura, averbação *ex-officio* do nome da rua, averbação da edificação e do número do emplacamento, registro da penhora e averbação da decisão que determinou o cancelamento da penhora.

(C) registro da escritura e da edificação, averbação do número do emplacamento, do nome da rua, da penhora, e da decisão que determinou o cancelamento da penhora.

(D) averbações da escritura, da edificação e do número do emplacamento e, *ex-officio,* do nome da rua, registros da penhora e da decisão que a cancelou.

(E) matrícula da escritura e registros da edificação, *ex-officio* do nome da rua, da penhora e seu cancelamento.

Quem determina se a hipótese é de registro, averbação "exofficio" ou averbação é a Lei 6.015/1973, no Título V (Do Registro de Imóveis), Capítulo I (Das Atribuições). A escritura de compra e venda submete-se ao registro (art. 167, I, 18), enquanto o nome dos logradouros determinados pelo poder público devem ser averbados "ex officio" (art. 167, II, 13). Edificação e emplacamento são averbados (art. 167, II, 4). No que tange à penhora, ela é registrada quando instituída (art. 167, I, 5), mas averbada quando cancelada (art. 167, II, 2). GN

Gabarito "B".

10. QUESTÕES COMBINADAS

(Procurador/DF – CESPE – 2022) À luz do Código Civil e do Código de Processo Civil, e considerando a jurisprudência do STJ naquilo a que ela for pertinente, julgue os itens que se seguem.

(1) Abre-se a sucessão no local da última residência do falecido, sendo este o foro competente para o inventário.

(2) O valor da multa compensatória deve, necessariamente, guardar exata correspondência matemática entre o grau de inexecução do contrato e o abrandamento da cláusula penal, sob o risco de haver o desvirtuamento da função coercitiva atribuída à cláusula penal.

(3) Segundo o atual entendimento do STJ, aplica-se aos contratos de compromisso de compra e venda a

cláusula resolutiva expressa quando o compromissário comprador inadimplente tiver sido notificado/interpelado e houver transcorrido o prazo sem a purgação da mora, hipótese em que o promissário vendedor poderá exercer a faculdade de resolver a relação jurídica extrajudicialmente.

(4) Caso a inexecução contratual seja atribuída única e exclusivamente a quem recebeu as arras, estas deverão ser devolvidas acrescidas do equivalente, com atualização monetária, juros e honorários advocatícios.

(5) A procuração em causa própria opera, ela própria, a cessão ou transmissão do direito de propriedade, direito de posse ou direito de crédito objeto do negócio jurídico.

(6) As pessoas com enfermidade ou deficiência mental, quando excepcionalmente forem submetidas a curatela, não poderão ser declaradas como absolutamente incapazes.

(7) O negócio jurídico simulado é nulo e consequentemente ineficaz, exceto o que nele se dissimulou, se válido for na substância e na forma.

1: errada, pois o foro competente para a abertura da sucessão é o do último domicílio do falecido, e não da última residência (art. 1.785 CC). A mesma regra se aplica para o foro competente para o inventário (art. 48 CPC); **2:** errada, pois a Lei não traz esse critério rígido como valor. O que ela prevê é que o valor da cominação imposta na cláusula penal não pode exceder o da obrigação principal (art. 412 CC); **3:** certa (REsp 1789863); **4:** certa (art. 418 CC); **5:** errada, pois Procuração em causa própria não equivale a título translativo de propriedade (REsp 1.345.170); **6:** certa, pois a Lei 13.146/15 revogou os incisos II e III do art. 3º do CC; **7:** certa (art. 167 CC). GR

Gabarito 1E, 2E, 3C, 4C, 5E, 6C, 7C

(Procurador/DF – CESPE – 2022) Acerca do registro público e do usufruto, julgue os itens seguintes.

(1) No processo de registro de imóveis, não se admite o procedimento da dúvida quando a propriedade é transmitida de forma onerosa pelo particular ao poder público.

(2) No usufruto, não havendo ajuste em contrário, as despesas provenientes da conservação do bem e os tributos dele decorrentes serão atribuições do usufrutuário.

1: errada, pois o art. 198 e seguintes da Lei 6.015/73 tratam do procedimento de dúvida e ali não está prevista essa exceção. **2:** certa (art. 1.403, II CC). GR

Gabarito 1E, 2C

(Procurador/DF – CESPE – 2022) Em cada um dos itens a seguir, é apresentada uma situação hipotética seguida de uma assertiva a ser julgada a respeito de preferências, privilégios creditórios e atos unilaterais.

(1) Maria é devedora de obrigações decorrentes de garantia hipotecária pactuada com Roberto e de honorários advocatícios devidos a Francisco. Nessa situação, havendo o concurso de credores, o crédito de Roberto terá preferência sobre o crédito de Francisco.

(2) A Secretaria de Cultura do governo do DF prometeu recompensa para quem prestasse informações que levassem à localização de um quadro furtado de um museu público, e três pessoas, em momentos distintos, prestaram informações fidedignas que conduziram à apreensão da referida obra de arte. Nessa situação, a promessa de recompensa deverá ser dividida entre os três informantes, em partes iguais, independentemente do fato de as informações terem sido prestadas em momentos distintos.

1: errada, pois o crédito de garantia real prefere ao pessoal de qualquer espécie (art. 961 CC). Logo, o credor hipotecário tem preferência ao credor de honorários advocatícios; **2:** errada, pois tem direito à recompensa integral a primeira pessoa que achou o quadro (art. 857 CC). **GR**
Gabarito 1E, 2E

(Delegado/RJ – 2022 – CESPE/CEBRASPE) Com relação ao tratamento de dados pessoais de que trata a Lei n.º 13.709/2018, Lei Geral de Proteção de Dados, assinale a opção correta.

(A) O tratamento de dados pessoais poderá ser realizado mediante o fornecimento de consentimento pelo titular de forma verbal, desde que demonstre a manifestação de livre vontade e na presença de três testemunhas maiores e capazes.

(B) O tratamento de dados pessoais de crianças deverá ser realizado com o consentimento específico e em destaque dado por ambos os pais.

(C) O consentimento do tratamento de dados pelo titular deverá ter uma finalidade determinada, e as autorizações poderão ser genéricas quando formalizadas por meio de contrato.

(D) O tratamento de dados pessoais não poderá ser condição para o fornecimento de produto ou de serviço ou exercício de um direito.

(E) O consentimento do tratamento de dados poderá ser revogado mediante manifestação expressa do titular, ratificados os tratamentos já realizados sob amparo de consentimento anteriormente manifestado enquanto não houver requerimento de eliminação dos dados pessoais tratados.

A: incorreta, pois o consentimento deverá ser fornecido por escrito ou por outro meio que demonstre a manifestação de vontade do titular (art. 8º, *caput* da Lei 13.709/2018); **B:** incorreta, pois basta o consentimento específico de pelo menos um dos pais (art. 14, § 1º da Lei 13.709/2018); **C:** incorreta, pois as autorizações genéricas para o tratamento de dados pessoais serão nulas (art. 8º, § 4º da Lei 13.709/2018); **D:** incorreta, pois o tratamento de dados pessoais poderá ser condição para o fornecimento de produto ou de serviço ou exercício de um direito, sendo que neste caso o titular será informado sobre esse fato e sobre os meios pelos quais poderá exercer os direitos do titular elencados no art. 18 da Lei 13.709/2018 (art. 9º, § 3º da Lei 13.709/2018); **E:** correta (art. 8º, § 5º da Lei 13.709/2018). **GR**
Gabarito "E".

(Delegado/RJ – 2022 – CESPE/CEBRASPE) Quanto ao instituto da adoção tratado na Lei n.º 8.069/1990, Estatuto da Criança e do Adolescente, assinale a opção correta.

(A) Para adoção conjunta, é dispensável que os adotantes sejam casados civilmente ou mantenham união estável.

(B) A adoção não poderá ser deferida ao adotante que vier a falecer no curso do procedimento de adoção, antes de prolatada a sentença.

(C) A morte dos adotantes restabelece o poder familiar dos pais naturais.

(D) A adoção atribui a condição de filho ao adotado, com os mesmos direitos e deveres, inclusive sucessórios, desligando-o de qualquer vínculo com pais e parentes, salvo os impedimentos matrimoniais.

(E) A guarda de fato autoriza, por si só, a dispensa da realização do estágio de convivência.

A: incorreta, pois para adoção conjunta, é indispensável que os adotantes sejam casados civilmente ou mantenham união estável, comprovada a estabilidade da família (art. 42, § 2º da Lei 8.069/1990); **B:** incorreta, pois a adoção poderá ser deferida ao adotante que, após inequívoca manifestação de vontade, vier a falecer no curso do procedimento, antes de prolatada a sentença (art. 42, § 6º da Lei 8.069/1990); **C:** incorreta, pois a morte dos adotantes não restabelece o poder familiar dos pais naturais (art. 49 da Lei 8.069/1990); **D:** correta (art. 41, *caput* do CC); **E:** incorreta, pois a simples guarda de fato não autoriza, por si só, a dispensa da realização do estágio de convivência (art. 46, § 2º da Lei 8.069/1990). **GR**
Gabarito "D".

(Juiz de Direito/AP – 2022 – FGV) No que tange ao superendividamento, é correto afirmar que:

(A) a Lei nº 14.181/2021, também conhecida como Lei do Superendividamento, estabeleceu um percentual de inadimplência de 30% dos débitos para que o consumidor seja considerado superendividado;

(B) as normas protetivas em relação ao superendividamento dos artigos 54-A a 54-G do Código de Defesa do Consumidor (CDC) se aplicam em relação à aquisição ou à contratação de produtos e serviços de luxo de alto valor;

(C) a doutrina e a jurisprudência classificam o consumidor superendividado ativo como aquele que se endivida por questões alheias ao seu controle como, por exemplo, em razão de circunstâncias de desemprego;

(D) a Lei nº 14.181/2021 inseriu como nova proibição na oferta de crédito ao consumidor a indicação de que a operação de crédito poderá ser concluída sem consulta a serviços de proteção ao crédito ou sem avaliação da situação financeira do consumidor;

(E) o superendividamento é um fenômeno multidisciplinar que repercute na sociedade de consumo de massa. As dívidas alimentícias corroboram significativamente para o agravamento desse fenômeno, tendo em vista diminuírem a capacidade de adimplemento do consumidor.

Comentário: **A:** incorreta, pois a Lei prevê que se entende por superendividamento a impossibilidade manifesta de o consumidor pessoa natural, de boa-fé, pagar a totalidade de suas dívidas de consumo, exigíveis e vincendas, sem comprometer seu mínimo existencial, nos termos da regulamentação (art. 54-A, § 1º da Lei nº 14.181/2021). Não é mencionada uma porcentagem exata; **B:** incorreta, pois essa Lei não se aplica ao consumidor cujas dívidas tenham sido contraídas da aquisição ou contratação de produtos e serviços de luxo de alto valor (art. 54-A, § 3º); **C:** essa alternativa não está totalmente errada. Vide notícia no site do STJ: https://www.stj.jus.br/sites/portalp/Paginas/Comunicacao/Noticias/28022021-O-fenomeno-do-superendividamento-e-seu-reflexo-na-jurisprudencia2.aspx **D:** correta (art. 54-C, II da Lei nº 14.181/2021); **E:** incorreta, pois as dívidas que a lei menciona que abrangem o superendividamento são aquelas decorrentes de decorrentes de relação de consumo, inclusive operações de crédito, compras a prazo e serviços de prestação continuada (art. 54-A, §2º da Lei nº 14.181/2021). **GR**
Gabarito "D".

(Juiz de Direito – TJ/MS – 2020 – FCC) Na alienação fiduciária imobiliária, diz o artigo 26, *caput*, da Lei 9.514/1997: *Vencida e não paga, no todo ou em parte, a dívida e constituído em mora o fiduciante, consolidar-se-á, nos termos deste artigo, a propriedade do imóvel em nome do fiduciário.* O trâmite procedimental previsto para a intimação do devedor fiduciante dar-se-á do modo seguinte:

(A) a intimação far-se-á pessoalmente ao fiduciante, ou ao seu representante legal ou ao procurador regularmente constituído, podendo ser promovida, por solicitação do oficial do Registro de Imóveis, por oficial de Registro de Títulos e Documentos da comarca da situação do imóvel ou do domicílio de quem deva recebê-la, ou pelo correio, com aviso de recebimento, aplicando-se subsidiariamente as normas pertinentes à matéria estabelecidas no CPC.

(B) para os fins do disposto neste artigo, o fiduciante, ou seu representante legal ou procurador regularmente constituído, será intimado, a requerimento do fiduciário, pelo oficial do competente Registro de Imóveis, a satisfazer, no prazo de trinta dias, a prestação vencida e as que se vencerem até a data do pagamento, os juros convencionais, as penalidades e os demais encargos contratuais, os encargos legais, inclusive tributos, as contribuições condominiais imputáveis ao imóvel, além das despesas de cobrança e de intimação.

(C) a intimação far-se-á exclusivamente na pessoa do devedor fiduciante, pela drástica consequência da perda do imóvel, podendo ser promovida, por solicitação do oficial do Registro de Imóveis, por oficial de Registro de Títulos e Documentos da comarca da situação do imóvel ou do domicílio de quem deva recebê-la, ou pelo correio, com aviso de recebimento.

(D) o prazo de carência após o qual será expedida a intimação do fiduciante é sempre o de noventa dias.

(E) nos condomínios edilícios ou outras espécies de conjuntos imobiliários com controle de acesso, a intimação poderá ser feita na pessoa do síndico, defeso que se realize no funcionário da portaria responsável pelo recebimento da correspondência.

A: correta (art. 26, § 3º da Lei 9.514/1997); **B:** incorreta, pois o prazo é de quinze dias e não de trinta (art. 26, § 1º da Lei 9.514/1997); **C:** incorreta, pois a intimação não será feita exclusivamente na pessoa do devedor fiduciante, mas também pode ser feita ao seu representante legal ou ao procurador regularmente constituído (art. 26, § 3º da Lei 9.514/1997); **D:** incorreta, pois o contrato definirá o prazo de carência após o qual será expedida a intimação (art. art. 26, § 2º da Lei 9.514/1997); **E:** incorreta, pois a intimação poderá ser feita ao funcionário da portaria responsável pelo recebimento de correspondência (art. 26, § 3º-B da Lei 9.514/1997). GR

Gabarito "A".

(Juiz de Direito – TJ/MS – 2020 – FCC) Quanto à prova:

(A) Em nenhuma hipótese admitir-se-á depoimento de menores de dezesseis anos.

(B) A pessoa com deficiência poderá testemunhar em igualdade de condições com as demais pessoas, sendo-lhe assegurados todos os recursos de tecnologia assistiva.

(C) A recusa à perícia médica ordenada pelo juiz não poderá suprir a prova que se pretendia obter com o exame.

(D) As declarações constantes de documentos assinados são verdadeiras em relação aos signatários e terceiros, estes desde que partícipes do ato enunciado.

(E) O instrumento particular, feito e assinado, ou somente assinado por quem esteja na livre disposição e administração de seus bens, prova as obrigações convencionais de qualquer valor, bem como operam-se seus efeitos imediatamente em relação a terceiros, independentemente de outras formalidades legais.

A: incorreta, pois será admitido, por autorização judicial o depoimento de menores de dezesseis anos para a prova de fatos que só eles conheçam (art. 228, § 1º CC); **B:** correta (art. 228, § 2º CC); **C:** incorreta, pois a recusa à perícia médica ordenada pelo juiz *poderá* suprir a prova que se pretendia obter com o exame (art. 232 CC); **D:** incorreta, pois as declarações constantes de documentos assinados presumem-se verdadeiras em relação *apenas* aos signatários (art. 219, *caput* CC); **E:** incorreta, pois seus efeitos, bem como os da cessão, não se operam, a respeito de terceiros, antes de registrado no registro público (art. 221, *caput* CC). GR

Gabarito "B".

(Advogado – Pref. São Roque/SP – 2020 – VUNESP) Os espaços livres de uso comum, as ruas e praças

(A) são de propriedade do loteador até a venda de todos os lotes, quando então passarão a pertencer a todos os adquirentes, em condomínio indiviso.

(B) poderão ser de propriedade dos adquirentes ou do município, a depender da vontade do loteador.

(C) mesmo após a aprovação do loteamento, podem ser alterados e transformados em lotes, desde que sejam previstas medidas compensatórias.

(D) não poderão ter sua destinação alterada pelo loteador, desde a aprovação do loteamento, salvo as hipóteses de caducidade da licença ou desistência do loteador.

(E) não podem integrar patrimônio do município, nos casos em que decorrem de parcelamento do solo implantado e não registrado.

A: incorreta, pois são de propriedade de Município desde a data do registro do loteamento (art. 22 da Lei 6.766/79); **B:** incorreta, pois a lei não abre a possibilidade de essas áreas serem de propriedade do adquirente, mas afirma que a propriedade é apenas do Município (art. 22 da Lei 6.766/79); **C:** incorreta, pois desde a aprovação do loteamento, não é permitido que sua destinação seja alterada pelo loteador, salvo as hipóteses de caducidade da licença ou desistência do loteador; **D:** correta (art. 17 da Lei 6.766/79); **E:** incorreta, pois na hipótese de parcelamento do solo implantado e não registrado, o Município poderá requerer, por meio da apresentação de planta de parcelamento elaborada pelo loteador ou aprovada pelo Município e de declaração de que o parcelamento se encontra implantado, o registro das áreas destinadas a uso público, que passarão dessa forma a integrar o seu domínio (art. 22, parágrafo único da Lei 6.766/79). GR

Gabarito "D".

(Procurador Município – Santos/SP – VUNESP – 2021) Considerando a jurisprudência sumulada pelo Superior Tribunal de Justiça, é correto afirmar:

(A) O segurado em atraso com o pagamento do prêmio perde automaticamente o direito à indenização securitária.

1. DIREITO CIVIL

(B) No contrato de penhor civil, a instituição financeira não responde por danos decorrentes de roubo, furto ou extravio da coisa empenhada.

(C) A embriaguez do segurado não exonera por si só a seguradora de pagar indenização prevista no contrato de seguro de vida.

(D) O locatário possui legitimidade para questionar a cobrança do IPTU sobre o imóvel alugado, inclusive para pleitear repetição do indébito.

(E) A propositura de ação de revisão do contrato impede a caracterização da mora do autor.

A: incorreta, pois a indenização securitária é devida quando ausente a comunicação prévia do segurado acerca do atraso no pagamento do prêmio, por constituir requisito essencial para a suspensão ou resolução do contrato de seguro (Súmula 616 STJ). Logo, a suspensão do contrato não é automática, pois depende de comunicação prévia; **B:** incorreta, pois é abusiva a cláusula contratual que restringe a responsabilidade de instituição financeira pelos danos decorrentes de roubo, furto ou extravio de bem entregue em garantia no âmbito de contrato de penhor civil (Súmula 638 STJ); **C:** correta (Súmula 620 STJ); **D:** incorreta, pois o locatário não possui legitimidade ativa para discutir a relação jurídico-tributária de IPTU e de taxas referentes ao imóvel alugado nem para repetir indébito desses tributos (Súmula 614 STJ); **E:** incorreta, pois a simples propositura da ação de revisão de contrato não inibe a caracterização da mora do autor (Súmula 380 STJ). **GR**
Gabarito "C."

(Delegado de Polícia Federal – 2021 – CESPE) A respeito do domicílio, da responsabilidade civil e das sociedades comerciais, julgue os itens que se seguem.

(1) Se uma pessoa viver, de forma alternada, em diversas residências, qualquer uma delas poderá ser considerada seu domicílio.

(2) Se um terceiro aproximar-se de um autor de um crime que estiver imobilizado pela polícia e acertá-lo com um tiro letal, estará configurada a responsabilidade objetiva do Estado.

1: Certo. A alternativa está correta, nos termos do artigo 71 CC. Quando a pessoa natural tem várias residências onde, alternadamente, viva, considerar-se-á domicílio seu qualquer delas. **2.** Certo. A alternativa está correta, nos termos do art. 927, parágrafo único CC corroborado por entendimento jurisprudencial do STJ, conforme ementa: Civil e administrativo. Responsabilidade civil do estado por omissão. Obrigação de segurança. Pessoa imobilizada pela polícia militar. Morte após violenta agressão de terceiros. Dever especial do estado de assegurar a integridade e a dignidade daqueles que se encontram sob sua custódia. Responsabilidade civil objetiva. Art. 927, parágrafo único, do Código Civil. Cabimento de inversão do ônus da prova do nexo de causalidade. Art. 373, § 1º, do CPC/2015. Histórico da demanda (AREsp 1717869/MG, Rel. Ministro Herman Benjamin, Segunda Turma, julgado em 20.10.2020, DJe 01.12.2020). **GR**
Gabarito 1C, 2C

(Procurador do Município – Boa Vista/RR – 2019 – CESPE/CEBRASPE) Acerca de responsabilidade civil, de negócio jurídico e de transmissão e extinção de obrigações, julgue os itens seguintes.

(1) Tanto pessoas físicas quanto pessoas jurídicas podem sofrer danos morais.

(2) Em contratos de fiança, a declaração de vontade do fiador pode ser expressa ou presumida.

(3) Tanto no caso de assunção de dívida quanto no caso de novação de dívida, enquanto a obrigação original

não for totalmente adimplida, o devedor originário manterá sua responsabilidade com o credor e a obrigação permanecerá inalterada.

1: Certa, pois ambas possuem honra objetiva, podendo, portanto, sofrer ofensa à imagem. (Quanto às pessoas jurídicas, os danos morais exigem comprovação fática, ainda que seja possível a utilização de presunções e regras de experiência para configuração do dano (art. 186 CC e Súmula 227 STJ); **2:** Errada, pois a declaração de vontade do fiador só se admite por escrito, logo, não pode ser presumida, mas apenas expressa (art. 819 CC); **3:** Errada, pois no caso da assunção de dívida, quando terceiro assume a dívida com o consentimento do credor, em regra, o devedor primitivo fica exonerado, salvo se o terceiro, ao tempo da assunção, era insolvente e o credor o ignorava (art. 299, *caput* CC). Neste caso, é importante ressaltar que a obrigação se mantém a mesma, só o que altera é a parte devedora. No caso da novação, uma nova dívida surge em substituição à primeira. Quando o novo devedor sucede ao antigo, este fica quite com o credor (art. 360, II CC). Se o novo devedor for insolvente, não tem o credor, que o aceitou, ação regressiva contra o primeiro, salvo se este obteve por má-fé a substituição (art. 363 CC). **GR**
Gabarito 1C, 2E, 3E

(Procurador do Município – S.J. Rio Preto/SP – 2019 – VUNESP) O *Programa Minha Casa, Minha Vida* – PMCMV tem por finalidade criar mecanismos de incentivo à produção e aquisição de novas unidades habitacionais ou requalificação de imóveis urbanos e produção ou reforma de habitações rurais, para famílias com renda mensal de até R$ 4.650,00 (quatro mil, seiscentos e cinquenta reais).

Em relação à Lei 11.977, de 7 de julho de 2009, assinale a alternativa correta.

(A) O PMCMV compreende os seguintes programas: Programa Nacional de Habitação Urbana (PNHU), Programa Nacional de Habitação Rural (PNHR) e Programa Nacional de Habitação Coletiva (PNHC).

(B) Os contratos e registros efetivados no âmbito do PMCMV serão formalizados, preferencialmente, em nome de ambos os cônjuges.

(C) Nas hipóteses de dissolução de casamento ou união estável, o título de propriedade do imóvel adquirido, no âmbito do PMCMV, será registrado em nome da mulher ou a ela transferido, independentemente do regime de bens aplicável, ainda que envolvam recursos do FGTS.

(D) Os lotes destinados à construção de moradias no âmbito do PMCMV poderão ser objeto de remembramento, devendo tal permissão constar expressamente dos contratos celebrados.

(E) Para a indicação dos beneficiários do PMCMV, deverão, dentre outros requisitos, ser observada prioridade de atendimento às famílias com mulheres responsáveis pela unidade familiar.

A: incorreta, pois *não* se inclui o Programa Nacional de Habitação Coletiva (PNHC) (art. 1º, I e II da Lei 11.977/2009); **B:** incorreta, pois os contratos e registros efetivados no âmbito do PMCMV serão formalizados, preferencialmente, em nome da *mulher* (art. 35 da Lei 11.977/2009); **C:** incorreta, pois essa hipótese não se aplica se estiver envolvido recurso do FGTS (art. 35-A da Lei 11.977/2009); **D:** incorreta, pois os lotes destinados à construção de moradias no âmbito do PMCMV *não* poderão ser objeto de remembramento, devendo tal *proibição* constar expressamente dos contratos celebrados (art. 36, *caput* CC); **E:** correta (art. 3º, IV da Lei 11.977/2009). **GR**
Gabarito "E."

(Procurador do Município – S.J. Rio Preto/SP – 2019 – VUNESP) São nulas de pleno direito, entre outras, as cláusulas contratuais relativas ao fornecimento de produtos e serviços que

(A) estabeleçam inversão do ônus da prova sem prejuízo do consumidor.

(B) possibilitem a renúncia do direito de indenização por benfeitorias necessárias.

(C) determinem a utilização facultativa de arbitragem para a solução de litígios.

(D) autorizem o fornecedor a cancelar o contrato unilateralmente, conferindo igual direito ao consumidor.

(E) concedam ao consumidor a opção de reembolso da quantia já paga.

A: incorreta, pois são nulas as cláusulas contratuais relativas ao fornecimento de produtos e serviços que estabeleçam inversão do ônus da prova *em* prejuízo do consumidor (art. 51, VI CDC); **B:** correta (art. 51, XVI CDC); **C:** incorreta, pois são nulas as cláusulas contratuais relativas ao fornecimento de produtos e serviços que determinem a utilização *compulsória* de arbitragem (art. 51, VII CDC); **D:** incorreta, pois são nulas as cláusulas contratuais relativas ao fornecimento de produtos e serviços que autorizem o fornecedor a cancelar o contrato unilateralmente, *sem* que igual direito seja conferido ao consumidor (art. 51, XI CDC) ; **E:** incorreta, pois são nulas as cláusulas contratuais relativas ao fornecimento de produtos e serviços que *subtraiam* ao consumidor a opção de reembolso da quantia já paga (art. 51, II CDC). **GR**
Gabarito "B".

(Juiz de Direito – TJ/AL – 2019 – FCC) Acerca das preferências e privilégios creditórios, segundo o Código Civil, considere as seguintes proposições:

I. O credor por benfeitorias necessárias tem privilégio geral sobre a coisa beneficiada.

II. O crédito real prefere ao crédito pessoal privilegiado.

III. O crédito por despesas com a doença de que faleceu o devedor goza de privilégio especial.

IV. Os credores hipotecários conservam seu direito sobre o valor da indenização mesmo se a coisa hipotecada for desapropriada.

V. Direitos reais não são títulos legais de preferência, embora confiram prioridade sobre o produto da alienação.

É correto o que se afirma APENAS em

(A) I e II.

(B) I e III.

(C) II e IV.

(D) III e V.

(E) IV e V.

I: incorreta, pois credor por benfeitorias necessárias tem privilégio especial sobre a coisa beneficiada (art. 964, III CC); **II:** correta, pois o crédito real prefere ao pessoal de qualquer espécie; o crédito pessoal privilegiado, ao simples; e o privilégio especial, ao geral (art. 961 CC); **III:** incorreta, pois o crédito por despesas com a doença de que faleceu o devedor goza de privilégio geral (art. 965, IV CC); **IV:** correta, pois conservam seus respectivos direitos os credores hipotecários sobre o valor da indenização, se a coisa obrigada a hipoteca ou privilégio for desapropriada (art. 959, II CC); **V:** incorreta, pois os títulos legais de preferência são os privilégios e os direitos reais (art. 958 CC). **GN**
Gabarito "C".

Nos termos da lei especial que dispõe sobre a proteção da propriedade intelectual e comercialização de programas de computador no Brasil, as derivações autorizadas pelo titular dos direitos de programa de computador pertencerão à pessoa autorizada que as fizer, salvo estipulação contratual em contrário.

(Juiz de Direito - TJ/BA - 2019 - CESPE/CEBRASPE) Com relação a esse assunto, é correto afirmar que constitui ofensa aos direitos do titular de programa de computador a

(A) reprodução em um só exemplar que se destine à cópia de salvaguarda.

(B) ocorrência de semelhança de programa a outro preexistente, quando se der por força das características funcionais de sua aplicação ou da observância de preceitos normativos e técnicos.

(C) integração de um programa, mantendo-se suas características essenciais, a um sistema aplicativo, tecnicamente indispensável às necessidades do usuário, desde que para o uso exclusivo de quem tenha promovido tal integração.

(D) exploração econômica não pactuada e derivada do programa de computador.

(E) citação parcial do programa para fins didáticos, mesmo que com a identificação do programa e do titular dos direitos.

A: incorreta, pois não constitui ofensa aos direitos do titular de programa de computador a reprodução, em um só exemplar, de cópia legitimamente adquirida, desde que se destine à cópia de salvaguarda ou armazenamento eletrônico, hipótese em que o exemplar original servirá de salvaguarda (art. 6º, I CC da Lei 9.609/98); **B:** incorreta, pois não constitui ofensa aos direitos do titular de programa de computador a ocorrência de semelhança de programa a outro, preexistente, quando se der por força das características funcionais de sua aplicação, da observância de preceitos normativos e técnicos, ou de limitação de forma alternativa para a sua expressão (art. 6º, III, CC da Lei 9.609/98); **C:** incorreta, pois não constitui ofensa aos direitos do titular de programa de computador a integração de um programa, mantendo-se suas características essenciais, a um sistema aplicativo ou operacional, tecnicamente indispensável às necessidades do usuário, desde que para o uso exclusivo de quem a promoveu (art. 6º, IV, CC da Lei 9.609/98); **D:** correta, pois os direitos sobre as derivações autorizadas pelo titular dos direitos de programa de computador, inclusive sua exploração econômica, pertencerão à pessoa autorizada que as fizer, salvo estipulação contratual em contrário. Logo, a exploração econômica não pactuada ofende os direitos do titular de programa de computador (art. 5º da Lei 9.609/98); **E:** incorreta, pois não constitui ofensa aos direitos do titular de programa de computador a citação parcial do programa, para fins didáticos, desde que identificados o programa e o titular dos direitos respectivos (art. 6º, II CC da Lei 9609/98). **GR**
Gabarito "D".

(Juiz de Direito – TJ/SC – 2019 – CESPE/CEBRASPE) A aposição de cláusula proibitiva de endosso no título de crédito é considerada pelo Código Civil como

(A) nula de pleno direito.

(B) não escrita.

(C) anulável.

(D) válida, se aceita expressamente pelo tomador.

(E) inexistente, se dada no anverso do título.

A: incorreta, pois a cláusula proibitiva de endosso é considerada como não escrita (art. 890 CC); **B:** correta (art. 890 CC); **C:** incorreta, pois não se trata aposição anulável, mas tida como não escrita (art. 890 CC); **D:** incorreta, pois não se trata de aposição válida, se aceita expressamente pelo tomador, mas sim de aposição não escrita (art. 890

1. DIREITO CIVIL   77

CC); **E:** incorreta, pois não se trata de aposição inexistente, se dada no anverso do título, mas sim de aposição não escrita (art. 890 CC). **GR**

Gabarito "B".

(Defensor Público – DPE/SC – 2017 – FCC) A Lei de Registros Públicos – Lei n. 6.015/1973 permite expressamente a modificação do nome de uma pessoa natural, dentre outras, na hipótese de

(A) modificação do prenome mediante requerimento do interessado no primeiro ano após ter atingido a maioridade civil, mesmo que venha a prejudicar os apelidos de família.

(B) requerimento judicial de averbação do nome de família de seu padrasto ou de sua madrasta, desde que haja expressa concordância destes.

(C) requerimento extrajudicial de alteração de prenome suscetível de expor ao ridículo o seu portador.

(D) pessoa transexual, independentemente da realização de cirurgia de redesignação sexual.

(E) pessoa transexual, somente depois de comprovar a realização de cirurgia de redesignação sexual.

A: Incorreta. Viola o disposto do artigo 56 da Lei: "O interessado, no primeiro ano após ter atingido a maioridade civil, poderá, pessoalmente ou por procurador bastante, alterar o nome, desde que não prejudique os apelidos de família, averbando-se a alteração que será publicada pela imprensa". **B:** Correta, nos termos do § 8º do artigo 57 da Lei de Registro Públicos: "O enteado ou a enteada, havendo motivo ponderável e na forma dos §§ 2º e 7º deste artigo, poderá requerer ao juiz competente que, no registro de nascimento, seja averbado o nome de família de seu padrasto ou de sua madrasta, desde que haja expressa concordância destes, sem prejuízo de seus apelidos de família". **C:** Incorreta. Vai de encontro ao disposto no parágrafo único do artigo 58 da Lei que dispõe: "Art. 58. O prenome será definitivo, admitindo-se, todavia, a sua substituição por apelidos públicos notórios. Parágrafo único. A substituição do prenome será ainda admitida em razão de fundada coação ou ameaça decorrente da colaboração com a apuração de crime, por determinação, em sentença, de juiz competente, ouvido o Ministério Público". **D:** Incorreta, conforme jurisprudência do STJ: "Recurso Especial 876672 – RJ (2006/0175226-0) registro público. Mudança de sexo. Registro civil. Alteração do sexo. Decisão judicial. Averbação. Livro cartorário. 1. Impõe-se o deferimento de pedido relativo à mudança de sexo a indivíduo transexual com o objetivo de assegurar-lhe melhor integração na sociedade. 2. Apenas no livro cartorário, deve ficar averbado, à margem do sexo, que a modificação procedida decorreu de decisão judicial; devendo ser vedada qualquer menção nas certidões do registro público, sob pena de manter a situação constrangedora e discriminatória. 3. Recurso especial conhecido em parte e provido. (REsp 876672, Ministro João Otávio de Noronha, publicação 05/03/2010); **E:** Incorreta. Vide jurisprudência do STJ no comentário da alternativa anterior. **GN**

Gabarito "B".

(Procurador do Município – Prefeitura Fortaleza/CE – CESPE – 2017) A respeito da Lei de Introdução às Normas do Direito Brasileiro, das pessoas naturais e jurídicas e dos bens, julgue os itens a seguir.

(1) Por não se admitir a posse dos bens incorpóreos, tais bens são insuscetíveis de aquisição por usucapião.

(2) Utiliza a analogia o juiz que estende a companheiro(a) a legitimidade para ser curador conferida ao cônjuge da pessoa ausente.

(3) Conforme o modo como for feita, a divulgação de fato verdadeiro poderá gerar responsabilidade civil por ofensa à honra da pessoa natural.

(4) O registro do ato constitutivo da sociedade de fato produzirá efeitos *ex tunc* se presentes, desde o início, os requisitos legais para a constituição da pessoa jurídica.

1: correta. A posse recai sobre bens corpóreos, tangíveis e suscetíveis de apropriação. Daí, por exemplo, o entendimento do STJ, segundo o qual o direito autoral não pode ser protegido via ação possessória (Súmula 228). Tendo em vista que a posse é elemento essencial para a usucapião, não haveria como usucapir bens imateriais. Vale a ressalva, contudo, de que é possível usucapião sobre servidão, desde que essa seja aparente e contínua. É o caso, por exemplo de uma pessoa que exerce passagem em terreno vizinho e – pelo decurso do prazo necessário – ganha a titularidade desse direito real; **2:** incorreta, pois o juiz está – nesse caso – interpretando a lei de maneira extensiva. Não é hipótese de lacuna da lei, mas sim de ampliar o alcance de uma lei que já existe; **3:** correta, pois a exceção da verdade não é aplicada de forma irrestrita no Direito Civil. "Verdades" compõem o que há de mais íntimo e pessoal na vida de uma pessoa e sua divulgação – a depender da forma e modo – pode gerar responsabilidade civil. O STJ já se posicionou no sentido de que: "Tratando-se de mera curiosidade, ou de situação em que esse interesse possa ser satisfeito de forma menos prejudicial ao titular, então, não se deve, desnecessariamente, divulgar dados relacionados à intimidade de alguém". (REsp 1380701/PA, Rel. Min. Marco Aurélio Bellizze, Terceira Turma, j. 07.05.2015, *DJe* 14.05.2015); **4:** incorreta, pois a existência legal das pessoas jurídicas de direito privado começa "*com a inscrição do ato constitutivo no respectivo registro*" (CC, art. 45). **GN**

Gabarito "1C, 2E, 3C, 4E".

(Procurador do Município – Prefeitura Fortaleza/CE – CESPE – 2017) Acerca de ato e negócio jurídicos e de obrigações e contratos, julgue os itens que se seguem.

(1) O ato jurídico em sentido estrito tem consectários previstos em lei e afasta, em regra, a autonomia de vontade.

(2) Em se tratando de obrigações negativas, o devedor estará em mora a partir da data em que realizar a prestação que havia se comprometido a não efetivar.

(3) Tratando-se de contrato de mandato, o casamento do mandante não influenciará nos poderes já conferidos ao mandatário.

(4) Não constitui condição a cláusula que subordina os efeitos de um negócio jurídico à aquisição da maioridade da outra parte.

1: correta, pois no ato jurídico em sentido estrito a pessoa apenas anui com uma disposição genérica da lei que prevê o ato e quase todas as suas consequências jurídicas. Nesse caso resta pouca margem de autonomia para a pessoa. O melhor exemplo é o casamento no qual a lei já estabeleceu dezenas de efeitos jurídicos, dos quais as partes anuentes não podem se afastar, como os deveres conjugais, parentesco por afinidade, direitos sucessórios, etc. Aos nubentes resta apenas escolher o regime e utilização de sobrenome do outro.
Por sua vez, o negócio jurídico (ex.: contrato) permite às partes escolher, estipular e até criar novos efeitos jurídicos os quais nem precisam estar previstos em lei (desde que a lei na proíba, é claro). É por isso que se admite um contrato de compra e venda, com inúmeras cláusulas diferentes, como preferência, retrovenda, pagamento parcelado, financiamento, etc.; **2:** incorreta. A obrigação de não fazer é descumprida com a prática do ato ao qual se comprometeu abster. A mora do devedor (*mora solvendi*), todavia, é um conceito mais elaborado, tendo em vista que ela exige culpa para se configurar. Daí a redação do art. 396 do Código Civil, segundo o qual: "Não havendo fato ou omissão imputável ao devedor, não incorre este em mora". É por isso que nada impede – em tese – uma pessoa descumprir uma obrigação e não estar

em mora. Basta, por exemplo, estar atrasada com a prestação, mas devido ao fato de estar internada no hospital com doença grave. Vale a nota de que a mora do credor (*mora accipiendi*) independe de culpa"; **3:** incorreta, pois cessa o mandato pela "*mudança de estado que inabilite o mandante a conferir os poderes, ou o mandatário para os exercer*" (CC, art. 682, III). Assim, por exemplo, se o homem solteiro dá poderes para o mandatário vender a casa, o casamento do mandante (o qual exige vênia conjugal, em todos os regimes, salvo o da separação convencional de bens) extingue o mandato automaticamente; **4:** correta, pois uma característica essencial da condição é a incerteza de sua ocorrência. Daí porque se diz que a condição é o evento futuro e incerto (CC, art. 121). O exemplo dado na questão (maioridade) é um evento futuro e certo e, portanto, é considerado termo (CC, art. 131).**GN**

Gabarito "1C, 2E, 3E, 4C."

(Procurador do Município – Prefeitura Fortaleza/CE – CESPE – 2017)
Acerca de atos unilaterais, responsabilidade civil e preferências e privilégios creditórios, julgue os itens subsequentes.

(1) Na hipótese de enriquecimento sem causa, a restituição do valor incluirá atualização monetária, independentemente do ajuizamento de ação judicial.

(2) No que se refere às famílias de baixa renda, há presunção de dano material e moral em favor dos pais em caso de morte de filho menor de idade, ainda que este não estivesse trabalhando na data do óbito.

(3) Quanto aos títulos legais de preferência, declarada a insolvência de devedor capaz, o privilégio especial compreenderá todos os bens não sujeitos a crédito real.

1: correta, pois em conformidade com o disposto no art. 884 do CC, que estabelece: "*Aquele que, sem justa causa, se enriquecer à custa de outrem, será obrigado a restituir o indevidamente auferido, feita a atualização dos valores monetários*"; **2:** correta, pois o STJ entendeu que é possível presumir que – em famílias de baixa renda – a atividade laboral de filhos reverterá parcialmente para a manutenção do lar. Aplicou tal entendimento mesmo no caso de filhos portadores de deficiência. (REsp 1069288/PR, Rel. Min. Massami Uyeda, Terceira Turma, j. 14.12.2010, *DJe* 04.02.2011); **3:** incorreta. A ordem que deverá ser obedecida é a seguinte: o crédito real prefere ao pessoal de qualquer espécie; o crédito pessoal privilegiado, ao simples; e o privilégio especial, ao geral (CC, art. 961).**GN**

Gabarito "1C, 2C, 3E."

(Procurados do Município – Prefeitura Fortaleza/CE – CESPE – 2017) Com relação a direitos reais, parcelamento do solo urbano, locação e registros públicos, julgue os itens seguintes.

(1) Em se tratando de contrato de locação, se o fiador tiver se comprometido até a devolução do imóvel pelo locatário, a prorrogação do prazo contratual sem sua anuência o desobriga de responder por ausência de pagamento.

(2) O registrador não fará o registro de imóvel caso dependa da apresentação de título anterior, ainda que o imóvel já esteja matriculado.

(3) O imóvel objeto de contrato de promessa de compra e venda devidamente registrado pode ser objeto de hipoteca.

(4) Embora o município tenha o dever de fiscalizar para impedir a realização de loteamento irregular, ante a responsabilidade pelo uso e pela ocupação do solo urbano, a regularização está no âmbito da discricionariedade, conforme entendimento pacificado no STJ.

1: incorreta, visto que "*salvo disposição contratual em contrário, qualquer das garantias da locação se estende até a efetiva devolução do imóvel, ainda que prorrogada a locação por prazo indeterminado*" (Lei 8.245/1991, art. 39); **2:** correta, pois de acordo com o disposto no art. 237 da Lei de Registros Públicos (Lei 6.015/1973), que dispõe: "*Ainda que o imóvel esteja matriculado, não se fará registro que dependa da apresentação de título anterior, a fim de que se preserve a continuidade do registro*"; **3:** correta, pois o contrato de promessa de compra e venda devidamente registrado é considerado pela lei como direito real (CC, art. 1.225, VII) e sua hipoteca não geraria prejuízo para terceiros. Nesse sentido, o STJ definiu que: "*O ordenamento jurídico pátrio, há longa data, reconhece como direito real o contrato de **promessa** de **compra** e venda devidamente registrado, de modo que não há óbice para que sobre ele recaia **hipoteca**, a qual, no caso, garante o crédito decorrente da cédula de crédito industrial*". (REsp 1336059/SP, Rel. Min. Ricardo Villas Bôas Cueva, Terceira Turma, j. 18.08.2016, *DJe* 05.09.2016); **4:** incorreta, pois não se trata de discricionariedade. O STJ já se posicionou diversas vezes no sentido de que "o Município tem o poder-dever de agir para fiscalizar e regularizar loteamento irregular, pois é o responsável pelo parcelamento, uso e ocupação do solo urbano, atividade essa que é vinculada, e não discricionária." (REsp 447.433/SP, Rel. Min. Denise Arruda, Primeira Turma, *DJ* 22.06.2006, p. 178).**GN**

Gabarito "1E, 2C, 3C, 4E."

(Juiz – TRF 2ª Região – 2017) Analise as assertivas abaixo e, ao final, assinale a opção correta:

I. Em contrato paritário, em que as partes se apresentam em igualdade de condições, será lícita, como regra geral, a cláusula que aumente o prazo de prescrição relativamente às prestações avençadas;

II. Ao contrário da solidariedade passiva, a solidariedade ativa é raramente prevista de modo direto pela lei;

III. Proposta a ação de cobrança contra apenas um dos devedores solidários, que é citado, de modo a impossibilitar que ele, com êxito, sustente a prescrição, isso não afeta o reconhecimento da prescrição contra os codevedores solidários que não sãoréus.

(A) Apenas a I é falsa.

(B) Apenas a II é falsa.

(C) Apenas a III é falsa.

(D) Apenas a I e a III são falsas.

(E) Todas são verdadeiras.

I: incorreta, pois o art. 192 do Código Civil é claro: "*Os prazos de prescrição não podem ser alterados por acordo das partes*"; **II:** correta e com uma clara justificativa. A solidariedade ativa demanda extrema confiança entre as diversas partes credoras, visto que o pagamento integral a qualquer uma delas exonera o devedor (CC, art. 269); **III:** incorreta, pois a interrupção da prescrição contra um dos devedores solidários prejudica os demais. Deste modo, a citação contra um dos devedores "zera" o prazo prescricional em relação a todos os demais (CC, art. 204 § 1°).**GN**

Gabarito "D."

(Juiz – TRF 2ª Região – 2017) Leia as assertivas adiante e, a seguir, marque a opção correta:

I. O ato de renúncia à herança ou de remissão de dívida, praticado por quem tem muitos débitos vincendos, é considerado fraudulento independentemente de prova do dano (*eventusdamni*), que é presumido pelo legislador.

II. São anuláveis os contratos onerosos do devedor insolvente, gravosos ao seu patrimônio, quando a insolvência for notória, ainda que não haja prova de ser ela conhecida do outro contratante.

1. DIREITO CIVIL

III. A ação pauliana é a via para postular a invalidade do ato em fraude a credores, e está submetida ao prazo prescricional de cinco anos, contados da prática do ato.

IV. O pagamento antecipado, feito pelo devedor insolvente a um de seus credores quirografários, em relação a débito realmente existente, é apto a ser invalidado em benefício do acervo concursal.

(A) Apenas as assertivas I e II estão corretas.

(B) Apenas as assertivas I e III estão corretas.

(C) Apenas as assertivas II e IV estão corretas.

(D) Apenas a assertiva II está correta.

(E) Apenas as assertivas I e IV estão corretas.

I: incorreta, pois nos casos de transmissão gratuita de direitos, perdão de dívidas e renúncia à herança, a lei não exige a prova da má-fé (*consilium fraudis*). Contudo, permanece a necessidade de se provar o *eventus damni*, que é o prejuízo sofrido pelo credor com o ato fraudulento praticado pelo devedor (CC, art. 158); II: correta. No caso de transmissão onerosa de propriedade (ex.: devedor insolvente vende a casa na qual morava) o Código Civil exige o *consilium fraudis*, o qual fica caracterizado, por exemplo, pela notoriedade da insolvência (CC, art. 159); III: incorreta, pois o prazo é decadencial de quatro anos a contar da prática do negócio jurídico (CC, art. 178); IV: correta, pois de pleno acordo com o art.162, que dispõe: "O *credor quirografário, que receber do devedor insolvente o pagamento da dívida ainda não vencida, ficará obrigado a repor, em proveito do acervo sobre que se tenha de efetuar o concurso de credores, aquilo que recebeu*". **GN**
Gabarito "C".

(Promotor de Justiça – MPE/RS – 2017) Assinale a alternativa **INCORRETA** quanto ao Direito das Coisas.

(A) As leis extravagantes podem criar novos direitos reais, sem a sua descrição expressa no dispositivo civil que os prevê.

(B) João estaciona seu carro em um estacionamento e entrega a chave ao manobrista. A empresa de estacionamento nesta situação é a possuidora do veículo, o manobrista é mero detentor do mesmo, podendo defender a posse alheia do automotor por meio da autotutela.

(C) Posse injusta para efeito possessório é aquela que tem vícios de origem na violência, clandestinidade e precariedade. Mas para ação reivindicatória, posse injusta é aquela sem causa jurídica que possa justificá-la.

(D) O fideicomisso, a propriedade fiduciária e a doação com cláusula de reversão são casos de propriedade resolúvel, que produz efeitos *ex tunc*.

(E) Luís tem a posse de um terreno de 830 m² (oitocentos e trinta metros quadrados). Certo dia, a área de 310 m² (trezentos e dez metros quadrados) desse terreno foi invadida. A ação cabível no caso é a de manutenção de posse.

A: correta, pois a lei especial possui tal autonomia. Foi o que aconteceu, por exemplo, com a Medida Provisória 759/2016, que criou o direito de laje (CC, art. 1.510-A); B: correta, pois os atos de autotutela podem ser exercidos pelo fâmulo da posse; C: correta, pois a jurisprudência entende que: "*A posse injusta a que se refere o art. 524 do Código Civil [1916] é a que se insurge contra o exercício do domínio. Não se resume na posse violenta, clandestina ou precária. Tem acepção mais ampla e abrangente*" (TJRS AC 645112 PR 0064511-2, 5ª Câmara Cível); D: correta, pois a propriedade resolúvel é a propriedade que pode se

---

resolver com a ocorrência de um evento futuro e incerto. Os três casos mencionados pela assertiva são exemplos desse fenômeno (CC, art. 1.359). A herança vacante é outro bom exemplo, pois a chegada do herdeiro necessário dentro do prazo de cinco anos resolve a propriedade entregue ao Município (CC, art. 1.822); E: incorreta, pois nesse caso já ocorreu perda de uma parte da posse do terreno, o que configura turbação e não mera ameaça. **GN**
Gabarito "E".

(Promotor de Justiça – MPE/RS – 2017) Assinale a alternativa **INCORRETA** quanto ao Direito das Obrigações.

(A) Se o imóvel for alienado a título gratuito, em qualquer caso, ou a título oneroso, agindo de má-fé o terceiro adquirente, caberá ao que pagou por erro o direito de reivindicação por meio de ação petitória.

(B) A entrega de objeto empenhado dado em penhor, como garantia real, pelo credor ao devedor presume o perdão da dívida.

(C) A cláusula de venda com reserva de domínio, como formalidade, exige que sua estipulação seja por escrito e que o registro ocorra no Cartório de Títulos e Documentos do domicílio do comprador, como condição de validade perante terceiros de boa-fé.

(D) A doação inoficiosa é nula quando existirem herdeiros necessários e a doação ultrapassar o limite disponível, no momento da liberalidade.

(E) O mandatário que exceder os poderes outorgados, ou proceder contra eles, será considerado mero gestor de negócios, enquanto o mandante não ratificar ou confirmar o ato. A ratificação produz efeitos *ex tunc*.

A: correta, pois de acordo com a previsão do art. 879, parágrafo único do Código Civil, o qual regulamenta o pagamento indevido; B: incorreta, pois tal conduta prova apenas a renúncia do credor à garantia real, mas não o perdão da dívida (CC, art. 387); C: correta, pois de pleno acordo com a previsão do art. 522 do Código Civil; D: correta, pois a assertiva define com precisão a doação inoficiosa (CC, art. 549); E: correta, pois de pleno acordo com a previsão estabelecida pelo art. 665 do Código Civil. **GN**
Gabarito "B".

11. LEIS ESPARSAS

(Procurador/PA – CESPE – 2022) Assinale a opção correta, acerca do parcelamento do solo urbano, conforme a Lei n.º 6.766/1979.

(A) O parcelamento do solo urbano poderá ser feito apenas em forma de loteamento.

(B) O registro de loteamento somente poderá ser cancelado por decisão judicial.

(C) É permitido o parcelamento do solo em áreas de preservação ecológica.

(D) No caso de lotes integrantes de condomínio de lotes, é vedada a instituição de limitações administrativas e direitos reais sobre coisa alheia em benefício do poder público.

(E) Considera-se empreendedor, para fins de parcelamento do solo urbano, o responsável pela implantação do parcelamento, que, além daqueles indicados em regulamento, poderá ser o ente da administração pública, direta ou indireta, habilitado a promover a desapropriação com a finalidade de implantação de parcelamento habitacional ou de realização de regularização fundiária de interesse social, desde que tenha ocorrido a regular imissão na posse.

A: incorreta, pois o parcelamento do solo urbano poderá ser feito mediante loteamento ou desmembramento (art. 2º da Lei 6.766/1979); **B:** incorreta, pois é possível Oficial de Registro de Imóveis cancelar o registro de loteamento (art. 21 da Lei 6.766/1979); **C:** incorreta, pois não será permitido o parcelamento do solo em áreas de preservação ecológica ou naquelas onde a poluição impeça condições sanitárias suportáveis, até a sua correção (art. 3º, parágrafo único, V da Lei 6.766/1979); **D:** incorreta, pois no caso de lotes integrantes de condomínio de lotes, poderão ser instituídas limitações administrativas e direitos reais sobre coisa alheia em benefício do poder público (art. 4º, § 4º da Lei 6.766/1979); **E:** correta (art. 2º-A, alínea "c" da Lei 6.766/1979). GR "E".

(Procurador/PA – CESPE – 2022) Assinale a opção correta, de acordo com a Lei de Registros Públicos (Lei 6.015/1973).

(A) O art. 198 dessa lei, ao estabelecer que, se houver exigência a ser satisfeita, ela será indicada pelo oficial, por escrito, dentro do prazo legal e de uma só vez, articuladamente, de forma clara e objetiva, com data, identificação e assinatura do oficial ou preposto responsável, consagra o princípio da especialidade dos registros públicos.

(B) Pelo princípio da prioridade, o número de ordem determinará a prioridade do título, e esta, a preferência dos direitos reais, ainda que a mesma pessoa apresente mais de um título simultaneamente.

(C) Em razão do princípio da legalidade, é prescindível que os tabeliães, escrivães e juízes façam as partes indicarem, nas escrituras e nos autos judiciais, com precisão, os característicos, as confrontações e as

localizações dos imóveis, bem como mencionarem os nomes dos confrontantes, bastando que façam indicações genéricas, desde que permitam identificar o imóvel.

(D) Pelo princípio da fé pública, os atos registrais têm presunção absoluta de veracidade, a qual apenas pode ser ilidida por meio de suscitação de dúvida.

(E) De acordo com o princípio da fé pública, se o imóvel não estiver matriculado ou registrado em nome do outorgante, o oficial poderá deixar de exigir a prévia matrícula e o registro do título anterior, qualquer que seja a sua natureza, e efetuar o registro com base nas declarações do interessado.

A: incorreta, pois trata-se do princípio da suscitação de dúvida (art. 198 da Lei 6.015/73); **B:** correta (art. 186 da Lei 6.015/73); **C:** incorreta, pois é imprescindível que os tabeliães, escrivães e juízes façam com que, nas escrituras e nos autos judiciais, as partes indiquem, com precisão, os característicos, as confrontações e as localizações dos imóveis, mencionando os nomes dos confrontantes e, ainda, quando se tratar só de terreno, se esse fica do lado par ou do lado ímpar do logradouro, em que quadra e a que distância métrica da edificação ou da esquina mais próxima, exigindo dos interessados certidão do registro imobiliário (art. 225 da Lei 6.015/73); **D:** incorreta, pois trata-se de presunção relativa. No sistema brasileiro, a fé pública registral gera presunção relativa (*iuris tantum*) de veracidade, admitindo, por consequência, prova em sentido contrário. Em outras palavras, por haver força probante, fundada no princípio da fé pública registral, o conteúdo do assento é sempre tido por correspondente à realidade fática"; **E:** incorreta, pois se o imóvel não estiver matriculado ou registrado em nome do outorgante, o oficial exigirá a prévia matrícula e o registro do título anterior, qualquer que seja a sua natureza, para manter a continuidade do registro (art. 195 da Lei 6.015/73). GR "B".

2. Direito Processual Civil

Luiz Dellore

1. PRINCÍPIOS DO PROCESSO CIVIL

(Juiz de Direito – TJ/MS – 2020 – FCC) Em relação aos princípios constitucionais do processo civil, considere os enunciados seguintes:

I. A publicidade processual é a regra geral prevista tanto na Constituição Federal como no Código de Processo Civil; as exceções a esse princípio são estabelecidas por meio de rol taxativo em ambas as normas legais citadas.

II. O princípio da isonomia processual não deve ser entendido abstrata e sim concretamente, garantindo às partes manter paridade de armas, como forma de manter equilibrada a disputa judicial entre elas; assim, a isonomia entre partes desiguais só pode ser atingida por meio de um tratamento também desigual, na medida dessa desigualdade.

III. A razoável duração do processo abrange sua solução integral, incluindo-se a atividade satisfativa, assegurados os meios que garantam a celeridade da tramitação processual.

IV. O princípio do contraditório processual aplica-se apenas à matéria dispositiva, mas não às matérias de ordem pública, casos em que o juiz poderá agir de ofício prescindindo-se da oitiva prévia das partes.

Está correto o que se afirma APENAS em

(A) I e IV.

(B) I e II.

(C) III e IV.

(D) II e III.

(E) II, III e IV.

I: Errada, pois a lei não prevê rol taxativo para as exceções ao princípio da publicidade (CPC, arts. 8° e 11). II: Correta, pois havendo desigualdade entre as partes, o tratamento deve ser desigual para garantir o exercício de direitos e faculdades processuais (CPC, art. 7°). III: Correta, pois "As partes têm o direito de obter em prazo razoável a solução integral do mérito, incluída a atividade satisfativa." (CPC, art. 4°). IV: Errada, pois o princípio aplica-se inclusive para matérias de ordem pública. Assim, não será proferida decisão sem que a parte se manifeste previamente, mesmo que o juiz possa conhecer da matéria de ofício (CPC, arts. 9° e 10).
Gabarito "D".

(Juiz de Direito – TJ/SC – 2019 – CESPE/CEBRASPE) De acordo com os princípios constitucionais e infraconstitucionais do processo civil, assinale a opção correta.

(A) Segundo o princípio da igualdade processual, os litigantes devem receber do juiz tratamento idêntico, razão pela qual a doutrina, majoritariamente, posiciona-se pela inconstitucionalidade das regras do CPC, que estabelecem prazos diferenciados para o Ministério Público, a Advocacia Pública e a Defensoria Pública se manifestarem nos autos.

(B) O conteúdo do princípio do juiz natural é unidimensional, manifestando-se na garantia do cidadão a se submeter a um julgamento por juiz competente e pré-constituído na forma da lei.

(C) O novo CPC adotou o princípio do contraditório efetivo, eliminando o contraditório postecipado, previsto no sistema processual civil antigo.

(D) O paradigma cooperativo adotado pelo novo CPC traz como decorrência os deveres de esclarecimento, de prevenção e de assistência ou auxílio.

(E) O CPC prevê, expressamente, como princípios a serem observados pelo juiz na aplicação do ordenamento jurídico a proporcionalidade, moralidade, impessoalidade, razoabilidade, legalidade, publicidade e a eficiência.

A: incorreta, pois a doutrina (e jurisprudência) entendem como constitucionais as prerrogativas processuais do MP, Advocacia Pública e Defensoria, considerando a natureza dos interesses defendidos em juízo (CPC, arts. 7° e 139, I); **B:** incorreta, porque, conforme parte da doutrina, o conceito teria três enfoques ("tridimensional"), pois envolve: (i) vedação de instituição de juízo ou tribunal de exceção (ou seja, pós-fato); (ii) garantia de julgamento por juiz competente; e (iii) imparcialidade (CF, art. 5°, XXXVII); **C:** incorreta, já que há previsão de situações de contraditório postergado ou diferido no Código, como concessão de tutela de urgência e, em alguns casos, de tutela de evidência (CPC, art. 9°, p.u.); **D:** correta, pois para parte da doutrina, esses são os pilares do princípio da cooperação (CPC, art. 6°); **E:** incorreta, porque não foram expressamente previstos os princípios da moralidade e impessoalidade (CPC, art. 8°). **LD**
Gabarito "D".

(Promotor de Justiça/PR – 2019 – MPE/PR) Assinale a alternativa **correta** acerca das normas fundamentais do processo civil, de acordo com o Código de Processo Civil de 2015:

(A) A atividade satisfativa da tutela jurisdicional deve ser prestada com duração razoável.

(B) A exigência de comportamento com boa-fé, do Código de Processo Civil, aplica-se somente às partes.

(C) Há regra geral do Código de Processo Civil que permite que decisões sejam proferidas sem a oitiva da parte afetada.

(D) A cooperação processual é princípio que atinge apenas as partes, no Código de Processo Civil.

(E) A solução consensual dos conflitos é incentivada somente em momentos pré-processuais.

A: Correta, pois o princípio da duração razoável do processo, na redação do CPC, faz menção expressa à atividade satisfativa (CPC, art.4°); **B:** Incorreta, pois exige-se comportamento com boa-fé a aquele "que de qualquer forma" participar do processo (CPC, art. 5°); **C:** incorreta, pois pelo princípio do contraditório e da vedação de decisões surpresa, não se proferirá decisão contra uma das partes sem que a seja previamente ouvida (CPC, arts. 9° e 10) – só em casos excepcionais o contraditório é adiado para depois da decisão (CPC, art. 9°, parágrafo único); **D:** Incorreta, pois o princípio da cooperação aplica-se a todos os sujeitos do processo (CPC, art. 6º); **E:** Incorreta, porque a solução consensual deve ser sempre estimulada, inclusive no curso do processo (CPC, art. 3º, § 3º). Como exemplo, a previsão de audiência de conciliação e mediação (CPC, art. 334). [LD]

Gabarito "A".

(Delegado - PC/BA - 2018 - VUNESP) O Poder Judiciário é um dos poderes constituídos da República Federativa do Brasil, cujo regime jurídico vem tratado nos artigos 92 e seguintes da Constituição Federal e assevera que

(A) os servidores receberão delegação para a prática de atos de mero expediente sem caráter decisório.

(B) a atividade jurisdicional será ininterrupta, sendo vedadas férias coletivas nos juízos de duplo grau de jurisdição e tribunais superiores, funcionando, nos dias em que não houver expediente forense normal, juízes em plantão permanente.

(C) todos os julgamentos dos órgãos do Poder Judiciário serão públicos, e as decisões judiciais fundamentadas, quando necessário.

(D) a distribuição de processos será imediata, em todos os graus de jurisdição, salvo se o jurisdicionado assim não o requerer.

(E) pelo voto da maioria simples dos membros do respectivo órgão especial poderão os tribunais declarar a inconstitucionalidade de lei ou ato normativo do Poder Público.

A: correta (CF, art. 93, XIV e NCPC, art. 203, § 4º); **B:** incorreta, porque a vedação às férias coletivas aplica-se aos juízos e tribunais de segundo grau e não aos tribunais superiores (CF, art. 93, XII); **C:** incorreta, considerando que todas as decisões judiciais devem ser fundamentadas, sob pena de nulidade (CF, art. 93, IX e CPC, art. 11); **D:** incorreta, porque o jurisdicionado não possui o referido poder de decidir a distribuição dos processos (CF, art. 93, XV); **E:** incorreta, tendo em vista que a denominada "cláusula de reserva de plenário" exige a declaração da *maioria absoluta* dos membros do respectivo órgão especial (CF, art. 97 e Súmula Vinculante 10). [LD]

Gabarito "A".

(Defensor Público Federal – DPU – 2017 – CESPE) Um sistema processual civil que não proporcione à sociedade o reconhecimento e a realização dos direitos, ameaçados ou violados, que tem cada um dos jurisdicionados, não se harmoniza com as garantias constitucionais de um Estado democrático de direito.

Se é ineficiente o sistema processual, todo o ordenamento jurídico passa a carecer de real efetividade. De fato, as normas de direito material se transformam em pura ilusão, sem a garantia de sua correlata realização, no mundo empírico, por meio do processo. Exposição de motivos do Código de Processo Civil/2015, p. 248-53. Vade Mecum Acadêmico de Direito Rideel. 22.ª ed. São Paulo, 2016 (com adaptações).

Tendo o texto precedente como referência inicial, julgue os itens a seguir à luz do entendimento jurisprudencial e doutrinário acerca das normas fundamentais do processo civil.

(1) A ausência de contestação na ação rescisória faz presumir que são verdadeiras as alegações da petição inicial, haja vista que, nesse caso, a regra da revelia supera o princípio da preservação da coisa julgada.

(2) Para garantir os pressupostos mencionados em sua exposição de motivos, o CPC estabelece, de forma exaustiva, as normas fundamentais do processo civil.

(3) Voltado para a concepção democrática atual do processo justo, o CPC promoveu a evolução do contraditório, que passou a ser considerado efetivo apenas quando vai além da simples possibilidade formal de oitiva das partes.

(4) Apesar de o CPC garantir às partes a obtenção, em prazo razoável, da solução integral do mérito, esse direito já existia no ordenamento jurídico brasileiro até mesmo antes da Emenda Constitucional n. 45/2004.

1: Errado. É firme a jurisprudência do STJ no sentido de que: "Em observância ao princípio da preservação da coisa julgada não incidem sobre a rescisória os efeitos da revelia" (STJ, AR 3341). **2:** Errado. O próprio art. 1º do CPC aponta que o Código será interpretado conforme as normas fundamentais da CF. **3:** Correto. A doutrina aponta o contraditório efetivo como o trinômio "informação + manifestação + resposta do Judiciário" (antes era apenas "informação + manifestação"), tendo como exemplo a vedação de decisões surpresa (art. 10). **4:** Correto para a banca. Parte da doutrina defendia que a duração razoável do processo decorria do devido processo legal constitucional; parte da doutrina entendia necessário positivar isso – tanto que, com a EC 45/2004, a previsão foi inserida no art. 5º, LXXVIII. Sendo assim, questão polêmica, mas considerada correta pela banca. [LD]

Gabarito: 1E, 2E, 3C, 4C

(Juiz – TRF 2ª Região – 2017) Caio move ação em face de autarquia federal. O feito é contestado e, depois, o juiz federal verifica, de ofício, que o lapso de tempo prescricional previsto em lei foi ultrapassado, embora nada nos autos toque ou refira o assunto. O Juiz:

(A) Deve julgar o processo extinto sem resolução do mérito.

(B) Deve julgar o pedido improcedente, tendo em vista que a prescrição pode ser reconhecida de ofício.

(C) Deve ser dada às partes oportunidade de manifestação.

(D) A hipótese, no novo CPC, é de carência de ação.

(E) Não conhecerá da prescrição, diante da omissão da defesa.

A prescrição pode ser conhecida de ofício pelo juiz; contudo, se não houve nos autos esse debate, o juiz deve, antes de decidir, dar a oportunidade de as partes se manifestarem a respeito dessa questão. Trata-se do princípio da vedação de decisões surpresa, uma inovação do CPC (art. 10), de modo que a alternativa correta é a C. Vale acrescentar que, uma vez reconhecida a prescrição, a decisão será de mérito (CPC, art. 487, II). [LD]

Gabarito "C".

2. PARTES, PROCURADORES, MINISTÉRIO PÚBLICO E JUIZ

(Juiz de Direito/AP – 2022 – FGV) Intentada determinada demanda, o réu, no curso da fase de instrução probatória, percebeu que os elementos carreados aos autos não respaldavam os seus argumentos defensivos e, também, que realmente assistia ao autor o direito afirmado na petição inicial.

2. DIREITO PROCESSUAL CIVIL

No intuito de evitar a prolação de uma sentença de mérito em seu desfavor, o demandado revogou o mandato outorgado ao seu único advogado.

Percebendo o vício de representação processual, o juiz da causa determinou a intimação do réu para que o sanasse, sem que, todavia, este tivesse adotado qualquer providência.

Nesse cenário, deve o juiz:

(A) decretar a revelia do réu e determinar a abertura de vista dos autos ao curador especial para desempenhar a sua defesa;

(B) determinar a suspensão do processo, até que o vício de representação do réu seja regularizado;

(C) julgar extinto o feito, sem resolução do mérito, por ausência de pressuposto processual de validade;

(D) proferir sentença de mérito, acolhendo o pedido formulado pelo autor;

(E) ordenar a expedição de ofício à OAB, solicitando a disponibilização de advogado para exercer a defesa do réu.

Comentário: **A:** incorreta, pois a curadoria especial é destinada, dentre outras situações, ao réu revel citado de forma ficta (CPC, art. 72); **B:** incorreta, visto que o processo já foi suspenso quando fixado prazo para regularização da representação processual (CPC, art. 76); **C:** incorreta, já que o processo seria extinto se a regularização coubesse ao autor e não ao réu (CPC, art. 76, § 1º, I); **D:** correta, tendo em vista que o réu será considerado revel e não há indícios no enunciado de que não deveriam ser aplicados os efeitos da revelia (CPC, arts. 76, § 1º, II); **E:** incorreta, visto que a parte tinha advogado constituído, revogou o mandato, e deve arcar as consequências daí decorrentes – e não que o juiz fique buscando advogado para a parte. 🔲
Gabarito "D".

(Juiz de Direito/AP – 2022 – FGV) Intentou-se demanda em face de incapaz, na qual a parte autora deduziu pretensão de cobrança de uma obrigação contratual.

Validamente citado, o réu ofertou contestação, suscitando, entre outras matérias defensivas, a prescrição do direito de crédito.

Atuando no feito como fiscal da ordem jurídica, o Ministério Público lançou a sua promoção final, opinando pelo reconhecimento da prescrição.

Ao proferir a sentença, o juiz da causa, sem atentar para a arguição da prescrição na peça contestatória, tampouco para a opinativa ministerial, julgou procedente o pleito do autor.

Tomando ciência do ato decisório, o órgão ministerial, sete dias depois de sua intimação pessoal, interpôs embargos de declaração, nos quais, alegando que o órgão julgador havia se omitido quanto ao tema, requereu a apreciação e o consequente reconhecimento do fenômeno prescricional.

Ao tomar contato com os embargos declaratórios do Ministério Público, deve o juiz:

(A) deixar de _ecebe-los, em razão da falta de legitimidade do recorrente;

(B) deixar de _ecebe-los, em razão da intempestividade da peça recursal;

(C) determinar a remessa dos autos ao órgão de segunda instância;

(D) _ecebe-los e acolher de imediato a pretensão recursal, para reconhecer a prescrição e rejeitar o pedido do autor;

(E) _ecebe-los e determinar a intimação da parte autora para apresentar, caso queira, a sua resposta ao recurso.

Comentário: **A:** incorreta, pois, mesmo atuando como fiscal da ordem jurídica, o MP tem legitimidade para recorrer (CPC, art. 179, II); **B:** incorreta, visto que o MP tem prazo em dobro para apresentar suas manifestações, inclusive recursos (CPC, art. 180); **C:** incorreta, considerando que os EDs devem ser apreciados pelo juízo que proferiu a decisão (CPC, art. 1.024); **D:** incorreta, porque, ainda que a prescrição seja matéria passível de apreciação de ofício pelo juiz, deve ser oportunizada manifestação prévia pelo autor, para garantir o contraditório e evitar decisão surpresa (CPC, arts. 9º e 10 e 1.023, § 2º); **E:** correta, considerando a possibilidade de modificação da decisão embargada, o que demanda o contraditório (CPC, art. 1.023, § 2º). 🔲
Gabarito "E".

(Advogado – Pref. São Roque/SP – 2020 – VUNESP) Assinale a alternativa correta sobre a Advocacia Pública.

(A) O Município goza de prazo em dobro para todas as suas manifestações processuais, nos casos em que a lei estabelecer, de forma expressa, prazo próprio para o ente público, cuja contagem terá início a partir da intimação pessoal.

(B) A intimação do Município será realizada perante o órgão de Advocacia Pública responsável por sua representação judicial.

(C) O membro da Advocacia Pública será civil e regressivamente responsável quando agir com dolo, fraude ou culpa, em qualquer de suas modalidades, no exercício de suas funções.

(D) A intimação pessoal da Advocacia Pública far-se-á apenas por carga ou remessa.

(E) O instrumento de transação referendado pela Advocacia Pública é título executivo judicial.

A: incorreta, pois o Município goza de prazo em dobro para todas as suas manifestações, *salvo* quando a lei estabelecer, de forma expressa, prazo próprio para o ente público (CPC, art. 183, § 2º); **B:** correta, por expressa previsão legal (CPC, art. 269, § 3º); **C:** incorreta, porque não haverá responsabilização do membro da Advocacia Pública em caso de culpa (CPC, art. 184); **D:** incorreta, já que a afirmação está *incompleta* – a intimação pessoal será feita por carga, remessa ou meio eletrônico (CPC, art. 183, § 1º); **E:** incorreta, tendo em vista que o instrumento de transação referendado pela Advocacia Pública é título executivo *extrajudicial* (CPC, art. 784, IV). 🔲
Gabarito "B".

(Promotor de Justiça/CE – 2020 – CESPE/CEBRASPE) De acordo com a legislação processual civil em vigor, desde que não esteja atuando como parte ou requerente, o Ministério Público deve obrigatoriamente ser intimado para manifestação em qualquer hipótese de processo ou procedimento

(A) em que a fazenda pública seja parte.

(B) especial de jurisdição voluntária.

(C) de incidente de resolução de demandas repetitivas.

(D) especial contencioso previsto no CPC para as ações de família.

(E) em que surja incidente de desconsideração da personalidade jurídica.

A: Incorreta, considerando que a participação da Fazenda Pública não configura, por si só, hipótese de intervenção do MP (CPC, art. 178, p. único); **B:** Incorreta, o MP será intimado para se manifestar apenas nas hipóteses do art. 178, e não necessariamente em todos os procedimentos de jurisdição voluntária (CPC, art. 721); **C:** Correta, por expressa previsão legal (CPC, art. 976, § 2º); **D:** Incorreta, pois nas ações de família, o MP somente intervirá quando houver interesse de incapaz (CPC, art. 698); **E:** Incorreta, porque o MP só deverá intervir no processo quando lhe couber (CPC, art. 133) – ou seja, nos casos do art. 178 do CPC. **LD**

Gabarito "C".

(Promotor de Justiça/PR – 2019 – MPE/PR) Acerca dos deveres das partes e de seus procuradores, assinale a alternativa **correta**, nos termos do Código de Processo Civil de 2015:

(A) As partes têm o dever de expor os fatos conforme a verdade, mas este dever não atinge os demais participantes do processo.

(B) A formulação de pretensão destituída de fundamento constitui ato atentatório à dignidade da justiça, devendo o juiz, sem prejuízo das sanções criminais, civis e processuais cabíveis, aplicar ao responsável multa de até vinte por cento do valor da causa, de acordo com a gravidade da conduta.

(C) O representante judicial da parte pode ser compelido a cumprir decisão em seu lugar.

(D) A multa aplicada a quem litiga de má-fé é destinada ao Estado.

(E) As partes, seus procuradores e todos aqueles que de qualquer forma participem do processo têm o dever de cumprir com exatidão as decisões jurisdicionais, de natureza provisória ou final, e não criar embaraços à sua efetivação.

A: Incorreta, considerando que *todos* aqueles que de alguma forma participem do processo devem expor os fatos em juízo conforme a verdade (CPC, art. 77, inciso I); **B:** Incorreta, porque a lei apesar de prever isso como dever da parte (CPC, art. 77, II), não prevê isso como ato atentatório à dignidade da justiça (CPC, art. 77, § 1º); **C:** Incorreta, pois o representante judicial da parte não pode ser compelido a cumprir decisão em seu lugar (CPC, art. 77, § 8º); **D:** Incorreta, considerando que a multa é destinada à parte contrária (CPC, art. 81) – e, quando a multa é revertida ao Estado, isso é expressamente indicado (como no caso do art. 77, § 3º); **E:** Correta, por expressa previsão legal (CPC, art. 77, IV). **LD**

Gabarito "E".

(Promotor de Justiça/PR – 2019 – MPE/PR) Assinale a alternativa **correta** a respeito da conciliação e da mediação judicial, nos termos do Código de Processo Civil de 2015:

(A) Como o Ministério Público tem a função de fiscal da ordem jurídica, a legislação não lhe impõe a busca pela conciliação nem pela mediação.

(B) O princípio da confidencialidade da conciliação e da mediação não se estende para a tomada de decisão do magistrado, caso a tentativa de composição resulte infrutífera.

(C) O conciliador atuará preferencialmente nos casos em que não houver vínculo anterior entre as partes e pode sugerir soluções para o litígio, sendo vedada a utilização de qualquer tipo de constrangimento ou intimidação para que as partes conciliem.

(D) O Código de Processo restringe a atuação de um único conciliador ou mediador, por processo.

(E) A conciliação é indicada para casos em que houver vínculo anterior entre as partes.

A: Incorreta, considerando que a conciliação e a mediação deverão ser estimuladas por todos, inclusive MP (CPC, art. 3º, § 3º); **B:** Incorreta, porque a confidencialidade estende-se a todas as informações produzidas no curso do procedimento, independente do resultado obtido (CPC, art. 166, § 1º); **C:** Correta, sendo essa a previsão legal e a característica que diferencia o conciliador do mediador – "pode sugerir soluções para o litígio" (CPC, art. 165, § 2º); **D:** Incorreta, porque o CPC expressamente permite mais de um conciliador ou mediar (CPC, art. 168, § 3º); **E:** Incorreta, pois a conciliação é indicada para os casos em que *não houver* vínculo anterior entre as partes (CPC, art. 165, § 2º) – sendo recomendada a *mediação* para os que casos que houver vínculo anterior entre as partes (CPC, art. 165, § 3º). **LD**

Gabarito "C".

(Promotor de Justiça/SP – 2019 – MPE/SP) Ao se deparar com diversas demandas individuais repetitivas, deve o juiz

(A) promover a autocomposição, preferencialmente com o auxílio de conciliadores e mediadores judiciais, convocando, previamente, o Ministério Público, a Defensoria Pública e outros legitimados ao processo coletivo.

(B) oficiar o Ministério Público, a Defensoria Pública e, na medida do possível, outros legitimados ao processo coletivo, para, se for o caso, promover a propositura da ação coletiva respectiva.

(C) determinar o apensamento de todas as ações individuais e a remessa de todas elas ao Ministério Público, à Defensoria Pública e aos demais legitimados ao processo coletivo para manifestação.

(D) extinguir a ação individual por falta de interesse processual e determinar a extração de cópia para remessa ao Ministério Público, à Defensoria Pública e, na medida do possível, aos demais legitimados ao processo coletivo.

(E) converter a demanda individual em coletiva e intimar o Ministério Público, a Defensoria Pública e, na medida do possível, outros legitimados ao processo coletivo para assunção do polo ativo.

A resposta está no art. 139, X, que assim prevê: "X – quando se deparar com diversas demandas individuais repetitivas, oficiar o Ministério Público, a Defensoria Pública e, na medida do possível, outros legitimados (...), para, se for o caso, promover a propositura da ação coletiva respectiva." Assim, a resposta correta é a "B". Em relação à alternativa "E", o artigo que previa a conversão da ação individual em coletiva (art. 333) foi vetado, de maneira que nunca entrou em vigor. **LD**

Gabarito "B".

(Juiz de Direito - TJ/RS - 2018 - VUNESP) São devidos honorários advocatícios, nos termos do Código de Processo Civil:

(A) por quem deu causa à extinção, nos casos de perda de objeto.

(B) nos procedimentos de jurisdição voluntária.

(C) na apelação de sentença denegatória de mandado de segurança.

(D) pelo Fundo Público, no caso do vencido ser beneficiário da justiça gratuita.

(E) no cumprimento provisório de sentença.

A: Incorreta, porque nesse caso os honorários serão devidos por quem deu causa ao processo e não por quem deu causa à sua extinção (CPC,

2. DIREITO PROCESSUAL CIVIL

art. 85, § 10); **B:** Incorreta, visto que nos procedimentos não contenciosos (de jurisdição voluntária) as despesas processuais serão rateadas pelos interessados e não haverá condenação em honorários advocatícios, considerando a ausência de lide (CPC, art. 88); **C:** Incorreta, porque no mandado de segurança não há condenação ao pagamento de honorários advocatícios (Lei Federal n. 12.016/2009, art. 25); **D:** Incorreta. No caso de concessão de gratuidade de justiça, as obrigações decorrentes da sucumbência ficarão sob condição suspensiva de exigibilidade por 5 anos e findo este período serão extintas (CPC, art. 98, § 3º); **E:** Correta, sendo essa a previsão legal (CPC, art. 85, § 1º). LD

Gabarito "E".

(Escrevente - TJ/SP - 2018 - VUNESP) Legalmente, incumbe ao escrivão ou ao chefe de secretaria:

(A) efetuar avaliações, quando for o caso.

(B) certificar proposta de autocomposição apresentada por qualquer das partes, na ocasião de realização de ato de comunicação que lhe couber.

(C) manter sob sua guarda e responsabilidade os bens móveis de pequeno valor penhorados.

(D) auxiliar o juiz na manutenção da ordem.

(E) comparecer às audiências ou, não podendo fazê-lo, designar servidor para substituí-lo.

A: Incorreta, porque essa atribuição cabe ao oficial de justiça (CPC, art. 154, V); **B:** Incorreta, também sendo essa atividade do oficial de justiça (CPC, art. 154, VI); **C:** Incorreta, porque incumbe ao escrivão ou chefe de cartório a guarda dos autos (CPC, art. 152, IV). Já a guarda de bens e conservação de bens penhorados incumbe ao depositário ou ao administrador (CPC, art. 159); **D:** Incorreta, sendo essa atividade do oficial de justiça (CPC, art. 154, IV); **E:** Correta (CPC, art. 152, III). LD

Gabarito "E".

(Juiz de Direito - TJ/RS - 2018 - VUNESP) O ente sem personalidade jurídica

(A) poderá ingressar em juízo por possuir personalidade judiciária.

(B) não poderá ingressar em juízo sem representação especial.

(C) não poderá ingressar em juízo em nome próprio.

(D) não poderá ingressar em juízo por não responder patrimonialmente.

(E) poderá ingressar em juízo desde que autorizado em seus estatutos.

Existem entes – como o espólio, condomínio, massa falida – que não têm personalidade jurídica. Sendo assim, em regra, esses entes não poderiam ser parte em processo judicial – considerando que a capacidade de ser parte é conceito ligado à personalidade jurídica. Porém, para resolver problemas de ordem prática, o legislador excepciona a regra e permite que alguns desses entes ingressem em juízo, como se vê de alguns incisos do art. 75 do CPC (incisos V, VII, XI). Isso é denominado, por alguns, de personalidade judiciária. **A:** Correta, considerando o acima exposto; **B:** Incorreta, pois não há essa figura de "representação especial", mas simplesmente, no art. 75, a pessoa de quem representará a entidade sem personalidade; **C:** incorreta, pois há o ingresso em juízo pelo próprio ente; **D:** incorreta, pois há a responsabilidade com o patrimônio que existir; **E:** Incorreta, pois isso decorre da lei, não dos estatutos. LD

Gabarito "A".

(Procurador Municipal – Prefeitura/BH – CESPE – 2017) Em relação aos sujeitos do processo, à capacidade processual e aos deveres das partes e dos procuradores, assinale a opção correta.

(A) Caso, na sentença, não sejam arbitrados os honorários sucumbenciais, o advogado da parte vencedora poderá, após o trânsito em julgado, ajuizar ação autônoma para obter a fixação e a cobrança do valor.

(B) Aquele que, de acordo com a lei civil, é considerado absolutamente incapaz não possui legitimidade para figurar no polo passivo de uma relação processual.

(C) O indivíduo com idade entre dezesseis e dezoito anos, ainda que seja voluntariamente emancipado, dependerá da assistência dos seus pais para ingressar com ação no juízo civil.

(D) Será julgado deserto o recurso da parte que, no ato de sua interposição, deixar de comprovar o pagamento de multa imposta pela prática de ato atentatório à dignidade da justiça.

A: Correta, sendo que o CPC afastou entendimento anterior do STJ em sentido inverso (Art. 85, § 18. Caso a decisão transitada em julgado seja omissa quanto ao direito aos honorários ou ao seu valor, é cabível ação autônoma para sua definição e cobrança); **B:** Incorreta, pois não se deve confundir legitimidade (condição da ação – art. 485, VI) com capacidade processual (pressuposto processual – art. 485, IV); **C:** Incorreta, pois se a parte é emancipada, e, portanto, capaz, detém capacidade processual, não necessitando de assistência (CPC, arts. 70 e 71); **D:** Incorreta. Apesar de existirem algumas multas que são requisitos para o recurso (como a multa por reiteração por embargos de declaração protelatórios –CPC, art. 1.026, § 3º), a multa por ato atentatória não tem essa característica, por falta de previsão legal (a previsão é no sentido de ser inscrita na dívida ativa –CPC, art. 77, § 3º). LD

Gabarito "A".

(Procurador Municipal – Prefeitura/BH – CESPE – 2017) No que tange aos poderes, aos deveres e às responsabilidades do juiz, do MP, da advocacia pública e da defensoria pública, assinale a opção correta.

(A) No que se refere ao cumprimento dos prazos, o advogado privado que atuar *pro bono* gozará das mesmas garantias conferidas à defensoria pública e aos escritórios de práticas jurídicas dos cursos superiores de direito que prestem assistência jurídica gratuita.

(B) Dado o princípio da inércia da função jurisdicional, é vedado ao juiz condenar a parte sucumbente ao pagamento das custas processuais e dos honorários advocatícios sem que haja provocação da parte vencedora.

(C) O MP possui legitimidade ativa e passiva para as relações jurídicas processuais que envolvam interesses de pessoas incapazes.

(D) Nas relações processuais em que o município for parte, salvo quando houver prazo próprio previsto em lei, as suas procuradorias gozarão de prazo em dobro para todas as manifestações processuais, cuja contagem terá início a partir da intimação pessoal.

A: Incorreta, pois não há previsão nesse sentido (a prerrogativa é somente dos escritórios de prática das faculdades e de entidades conveniadas à Defensoria –CPC, art.186, § 3º); **B:** Incorreta, porque nesse caso trata-se de pedido implícito, em que a lei determina a condenação mesmo sem pedido da parte (CPC, art. 322, § 1º); **C:** Incorreta, pois no caso de demandas que envolvam incapazes, o MP atuará como fiscal da ordem jurídica (CPC, art. 178, II); **D:** Correta, considerando a existência de previsão legal exatamente nesse sentido (CPC, art. 183, *caput* e § 2º). LD

Gabarito "D".

(Promotor de Justiça – MPE/RS – 2017) Assinale com **V** (verdadeiro) ou com **F** (falso) as seguintes afirmações sobre os temas dos impedimentos e da suspeição, segundo o disposto no Código de Processo Civil.

( ) Há impedimento do juiz, sendo-lhe vedado exercer suas funções no processo em que figure como parte cliente do escritório de advocacia de seu cônjuge, companheiro ou parente, consanguíneo ou afim, em linha reta ou colateral, até o terceiro grau, inclusive, exceto se patrocinado por advogado de outro escritório.

( ) Há suspeição do juiz que receber presentes de pessoas que tiverem interesse na causa antes ou depois de iniciado o processo, que aconselhar alguma das partes acerca do objeto da causa ou que subministrar meios para atender às despesas do litígio.

( ) No prazo de 10 (dez) dias, a contar do conhecimento do fato, a parte alegará o impedimento ou a suspeição, em petição específica dirigida ao juiz do processo, na qual indicará o fundamento da recusa, podendo instruí-la com documentos em que se fundar a alegação e com rol de testemunhas.

( ) Considerar-se-á legítima a alegação de suspeição mesmo quando a parte que a alega houver praticado ato que signifique manifesta aceitação do arguido.

A sequência correta de preenchimento dos parênteses, de cima para baixo, é

(A) F – V – F – F.

(B) F – V – F – V.

(C) V – V – F – F.

(D) F – F – V – V.

(E) V – F – V – F.

1: A afirmativa é falsa, pois não há a total reprodução do art. 144, VIII, do CPC, o qual prevê que "*mesmo* que patrocinado por advogado de outro escritório". **2:** A afirmativa é verdadeira, vez que reproduz o CPC, art. 145, II. **3:** A afirmativa é falsa, pois o prazo legal para alegação de impedimento ou suspeição é de 15 dias conforme art. 146 do CPC. **4:** A afirmativa é falsa, por prever exatamente o oposto do que consta do art. 145, § 2º, II do CPC.
Gabarito "A"

3. PRAZOS PROCESSUAIS. ATOS PROCESSUAIS

(Juiz de Direito – TJ/MS – 2020 – FCC) Alberto Roberto tornou-se réu em uma ação de cobrança de nota promissória. Ficou sabendo por um escrevente do Cartório, procurou um advogado e, antes mesmo de ser citado, contestou o feito. Essa contestação

(A) será tida por intempestiva, pois o que define a tempestividade é o início da contagem do prazo, ainda não iniciado.

(B) será considerada tempestiva, sem necessidade de reiteração do ato após a citação de Alberto Roberto.

(C) será considerada um ato praticado condicionalmente, pois dependerá de ratificação por Alberto Roberto, necessariamente dentro do prazo legal de oferecimento da defesa.

(D) é intempestiva, porque praticado o ato fora do prazo, o que se dá tanto antes quanto depois de finalizada

sua contagem; no entanto, se o autor concordar, será a contestação tida por tempestiva, caracterizando a anuência um negócio jurídico- processual.

(E) será tida por inexistente, devendo ser praticado o ato novamente no prazo legal da contestação.

A: Incorreta, pois a contestação ofertada antes do início do prazo não é intempestiva (CPC, art. 239, 1º). **B:** Correta, por expressa previsão legal (CPC, art. 239, § 1º). **C:** Incorreta, considerando não ser necessária, como visto, qualquer retificação (CPC, art. 239, § 1º). **D:** Incorreta, porque é intempestiva apenas se for apresentada fora do prazo. E, nos termos da alternativa "B", independe da concordância do autor para ser tempestiva. **E:** Incorreta, é permitido ofertar contestação antes mesmo de ser citado (CPC, art.239, §1º).
Gabarito "B".

(Juiz de Direito – TJ/AL – 2019 – FCC) Quanto aos prazos,

(A) sendo a lei omissa, o prazo para a parte praticar o ato processual será sempre o de dez dias.

(B) a parte pode renunciar àqueles estabelecidos exclusivamente em seu favor, desde que o faça de maneira expressa.

(C) quando contados em dias, estabelecidos legal ou judicialmente, computar-se-ão os dias corridos.

(D) se processuais, interrompem-se nos dias compreendidos entre 20 de dezembro e 20 de janeiro, inclusive.

(E) será considerado intempestivo o ato praticado antes de seu termo inicial, por ainda não existir, processualmente.

A: incorreta, porque em caso de omissão da lei, o ato processual deve ser praticado em 5 dias (CPC, art. 218, § 3º); **B:** correta, conforme expressa previsão legal (CPC, art. 225); **C:** incorreta, considerando que os prazos processuais, contados em dias, serão computados em *dias úteis* (CPC, art. 219); **D:** incorreta, pois durante o recesso o curso dos prazos é *suspenso* e não interrompido (CPC, art. 220); **E:** incorreta, já que o CPC tem previsão expressa sobre a tempestividade do ato praticado antes de seu termo inicial (CPC, art. 218, §4º).
Gabarito "B".

(Juiz de Direito – TJ/AL – 2019 – FCC) Manoel oferece no quinto dia contestação em uma ação de cobrança contra ele proposta. Posteriormente, ainda dentro dos quinze dias para defesa, apresenta petição complementando suas razões, com argumentos outros que havia esquecido de exteriorizar. Essa conduta

(A) não é possível, tendo ocorrido preclusão consumativa.

(B) é possível por se ainda estar no prazo de defesa, não tendo ocorrido preclusão temporal.

(C) não é possível, tendo ocorrido preclusão-sanção ou punitiva.

(D) é possível pelo direito da parte ao contraditório amplo, não sujeito à preclusão.

(E) não é possível, tendo ocorrido preclusão lógica.

A: correta para a banca, pois não será possível praticar novamente o ato em razão da preclusão consumativa (CPC, art. 200). *Atenção: há uma corrente doutrinária que sustenta não haver mais a preclusão consumativa, considerando a atual redação do art. 223 do CPC; para essa corrente, até o final do prazo seria possível emendar o ato, mas não se trata de doutrina dominante; **B:** incorreta para a banca, porque embora não tenha ainda ocorrido a preclusão temporal, não é possível a complementação em virtude da preclusão consumativa (CPC, art. 223 – para a corrente minoritária apontada no * em "A", essa seria

2. DIREITO PROCESSUAL CIVIL

a alternativa correta); **C**: incorreta, tendo em vista que é hipótese de preclusão consumativa e não preclusão punitiva (defendida por alguns doutrinadores como aquela decorrente do descumprimento de um ônus processual – e.g. pena de confesso); **D**: incorreta, considerando que o direito da parte ao exercício do contraditório não é absoluto e esbarra no instituto da preclusão, que garante a prestação da tutela jurisdicional em tempo razoável (CPC, art. 4º); **E**: incorreta, já que não haveria preclusão lógica (a complementação da contestação não seria um ato incompatível com a contestação inicialmente apresentada). **LD**
Gabarito "A".

(Promotor de Justiça/SP – 2019 – MPE/SP) O prazo processual para o Ministério Público será contado

(A) de forma singular, em igualdade com as partes, a partir de sua intimação pessoal.

(B) em quádruplo para apresentação de contestação, a partir de sua citação pessoal.

(C) em dobro apenas quando houver disposição normativa expressa.

(D) de forma singular quando houver disposição normativa expressa.

(E) em dobro, em qualquer situação, a partir de sua intimação pessoal.

A resposta está no art. 180 do CPC, que prevê, como regra, o prazo em *dobro* para o MP, a partir de sua intimação pessoal (CPC, art. 180) – salvo se a lei estabelecer, de forma expressa, o prazo próprio (CPC, art. 180, § 2º). **LD**
Gabarito "D".

(Escrevente - TJ/SP - 2018 - VUNESP) Processa(m)-se durante as férias forenses, onde as houver, e não se suspendem pela superveniência delas:

(A) a homologação de desistência de ação.

(B) os procedimentos de jurisdição voluntária e os necessários à conservação de direitos, quando puderem ser prejudicados pelo adiamento.

(C) os processos que versem sobre arbitragem, inclusive sobre cumprimento de carta arbitral.

(D) o registro de ato processual eletrônico e a respectiva intimação eletrônica da parte.

(E) a realização de audiência cujas datas tiverem sido designadas.

A: Incorreta, porque a hipótese não se encontra no rol de atos processuais que são praticados durante as férias forenses (CPC, art. 215); **B**: Correta (CPC, art. 215, I); **C**: Incorreta, tendo em vista que os processos que versem sobre arbitragem correrão sob segredo de justiça, mas não se encontram no rol de atos processuais que são praticados durante as férias forenses (CPC, art. 189, IV e art. 215); **D**: Incorreta, porque a hipótese não se encontra no rol de atos processuais que são praticados durante as férias forenses (CPC, art. 215); **E**: Incorreta, porque, em regra, não serão designadas audiências durante o período de recesso forense (CPC, art. 215). **LD**
Gabarito "B".

(Procurador do Município – Prefeitura Fortaleza/CE – CESPE – 2017) Julgue os itens seguintes, com base no que dispõe o CPC sobre atos processuais, deveres das partes e dos procuradores e tutela provisória.

(1) A sucumbência recursal com majoração dos honorários já fixados na sentença pode ocorrer tanto no julgamento por decisão monocrática do relator como por decisão colegiada, mas, segundo entendimento

do STJ, não é possível majorar os honorários na interposição de recurso no mesmo grau de jurisdição.

(2) Com a consagração do modelo sincrético de processo, as tutelas provisórias de urgência e da evidência somente podem ser requeridas no curso do procedimento em que se pleiteia a providência principal.

(3) Conforme o STJ, em observância ao princípio da boa-fé objetiva, o reconhecimento, pelo juiz, de sua suspeição por motivo superveniente tem efeitos retroativos e acarreta nulidade dos atos processuais praticados em momento anterior ao fato que tiver dado ensejo à suspeição.

(4) De acordo com o STJ, a sentença declaratória que reconheça a exigibilidade de obrigação de pagar quantia, de fazer, de não fazer ou de entregar coisa constitui título executivo judicial.

(5) É dever do magistrado manifestar-se de ofício quanto ao inadimplemento de qualquer negócio jurídico processual válido celebrado pelas partes, já que, conforme expressa determinação legal, as convenções processuais devem ser objeto de controle pelo juiz.

(6) Situação hipotética: Em ação que tramita pelo procedimento comum, determinado município foi intimado de decisão por meio de publicação no diário de justiça eletrônico. Assertiva: Nessa situação, segundo o CPC, a intimação é válida, uma vez que é tida como pessoal por ter sido realizada por meio eletrônico.

1: Correta. O CPC prevê a sucumbência recursal (art. 85, § 11), ou seja, a majoração dos honorários a cada grau de jurisdição. Assim, imaginando uma sentença (em que houve fixação de 10% para o advogado do vencedor), se houver apelação e esse recurso não for provido, haverá majoração dos honorários – seja se isso ocorrer no âmbito de decisão monocrática do relator ou por decisão colegiada. Em relação à parte da afirmação, a questão ainda não está pacífica na jurisprudência, existindo divergência entre STF e STJ, mas o STJ de fato vem entendendo que não cabe majoração de honorários no mesmo grau de jurisdição – ou seja, não cabe majoração no agravo interno ou nos embargos de declaração (EDcl no REsp 1.573.573). **2**: Errada, pois o sistema prevê a concessão de tutela de urgência tanto de forma incidental (no curso do processo, como consta do enunciado), como também de forma antecedente (CPC, art. 294, parágrafo único). **3**: Errada, pois o entendimento do STJ é exatamente no sentido inverso, ficando mantidos os atos processuais anteriores, por força do princípio da conservação (CPC, art. 281, parte final). **4**: Correta, sendo inclusive a previsão legal (CPC, art. 515, I: "as decisões proferidas no processo civil que reconheçam a exigibilidade de obrigação de pagar quantia, de fazer, de não fazer ou de entregar coisa"). **5**: Errada, pois as convenções processuais (o NJP – negócio jurídico processual) devem ser revistas pelo juiz apenas no caso de nulidade (art. 190, parágrafo único), sendo que o enunciado aponta que o NJP é *válido*. **6**: Errada, pois o procurador do município (que é advogado público) deve ser intimado pessoalmente – ainda que por meio eletrônico, e não é isso que consta da assertiva (CPC, art. 183, *caput* e § 1º). **LD**
Gabarito 1C, 2E, 3E, 4C, 5E, 6E

(Procurador Municipal – Prefeitura/BH – CESPE – 2017) Acerca de atos processuais e distribuição, assinale a opção correta.

(A) O recurso interposto antes da publicação da sentença ou do acórdão será considerado intempestivo e não produzirá efeito jurídico, salvo se a parte ratificar as razões recursais dentro do prazo para a sua interposição após a publicação do ato.

(B) A citação de município e suas respectivas autarquias pode ser firmada pelo correio, com aviso de recebimento, caso em que a correspondência deverá ser enviada para o órgão da advocacia pública responsável pela representação judicial do referido ente público.

(C) Havendo, na localidade, mais de um juízo competente e estando demonstrada a continência entre uma ação em curso e nova ação a ser proposta, pode o demandante distribuir sua nova ação por dependência ao juízo processante da ação em curso.

(D) A legislação processual vigente não permite que as partes e o juiz estabeleçam calendário para a realização de determinados atos processuais, tais como prazo para manifestações das partes e data de realização de audiências, assim como a dispensa de intimação das partes para a prática de atos processuais estabelecidos.

A: Incorreta, tendo em vista que há previsão no CPC determinando exatamente a tempestividade de recurso interposto antes do prazo (art. 218, § 4º); **B:** Incorreta, pois a citação de ente público não pode ser feita por correio, mas somente por oficial de justiça (CPC, art. 247, III); **C:** Correta (CPC, art. 286, I); **D:** Incorreta, pois o NCPC prevê a possibilidade de criação de calendário (calendarização –CPC, art. 191), que vincula as partes e dispensa a intimação. **LD**
Gabarito "C".

(Procurador Municipal – Prefeitura/BH – CESPE – 2017) Em determinada demanda, não chegou a ser designada a audiência preliminar de conciliação ou mediação. O réu, citado pelo correio e patrocinado pela defensoria pública, apresentou sua defesa em 14/3/2017, no décimo sexto dia a partir da juntada aos autos do aviso de recebimento cumprido. Em sua defesa, ele sustentou prescrição e incompetência relativa do juízo e, ao final, requereu a improcedência do pedido.

Nessa situação hipotética,

(A) o juiz poderia conhecer de ofício tanto a prescrição quanto a incompetência relativa, ainda que não tivessem sido alegadas.

(B) a contestação poderia ter sido protocolada em foro diverso daquele em que foi ajuizada a demanda.

(C) a exceção de incompetência relativa deveria ter sido arguida em petição apartada da contestação.

(D) a contestação foi intempestiva.

A: Incorreta, pois a incompetência relativa não pode ser conhecida de ofício (CPC, art. 65 e 337, § 5º); **B:** Correta, existindo previsão legal nesse sentido (CPC, art. 340. Havendo alegação de incompetência relativa ou absoluta, a contestação poderá ser *protocolada no foro de domicílio do réu* (...); **C:** Incorreta, pois não mais existe exceção de incompetência no atual CPC, sendo a incompetência relativa alegada em preliminar de contestação (CPC, art. 64); **D:** Incorreta, porque há prazo em dobro para a Defensoria Pública (CPC, art. 186). **LD**
Gabarito "B".

(Juiz – TJ-SC – FCC – 2017) No que se refere à comunicação dos atos processuais, é correto que:

(A) para a eficácia e existência do processo é indispensável a citação do réu ou do executado, com a ressalva única de indeferimento da petição inicial.

(B) o comparecimento espontâneo do réu ou do executado supre a falta ou a nulidade da citação, fluindo a partir desta data o prazo para apresentação de contestação ou de embargos à execução.

(C) a citação válida, salvo se ordenada por juízo incompetente, induz litispendência, torna litigiosa a coisa e constitui em mora o devedor.

(D) a citação será sempre pessoal, por se tratar de ato personalíssimo e, portanto, intransferível.

(E) como regra geral, a citação será feita por meio de mandado a ser cumprido por oficial de justiça; frustrada esta, far-se-á pelo correio.

A: incorreta, pois na improcedência liminar (decisão com mérito) tampouco há citação (CPC, art. 332); **B:** correta (CPC, art. 239, § 1º); **C:** incorreta, pois a citação acarreta esses efeitos *ainda* que ordenada por juiz *incompetente* (CPC, art. 240); **D:** incorreta, pois cabe, por exemplo, citação no representante legal (CPC, art. 242 A citação será pessoal, podendo, *no entanto*, ser feita na pessoa do representante legal ou do procurador do réu, do executado ou do interessado); **E:** incorreta, pois a regra é a citação por correio (CPC, arts. 247 e 249). **LD**
Gabarito "B".

(Promotor de Justiça – MPE/RS – 2017) Assinale a alternativa **INCORRETA** sobre o tema dos atos processuais, segundo disposto no Código de Processo Civil.

(A) O terceiro que demonstrar interesse jurídico pode requerer ao juiz certidão do dispositivo da sentença, bem como de inventário e de partilha resultantes de divórcio ou separação.

(B) O registro de ato processual eletrônico deverá ser feito em padrões abertos, que atenderão aos requisitos de autenticidade, integridade, temporalidade, não repúdio, conservação e, nos casos que tramitem em segredo de justiça, confidencialidade, observada a infraestrutura de chaves públicas unificada nacionalmente, nos termos da lei.

(C) O juiz proferirá os despachos no prazo de 5 (cinco) dias, as decisões interlocutórias no prazo de 15 (quinze) dias e as sentenças no prazo de 30 (trinta) dias.

(D) Salvo para evitar o perecimento do direito, não se fará a citação de noivos nos 3 (três) primeiros dias seguintes ao casamento.

(E) Feita a citação com hora certa, o escrivão ou chefe de secretaria enviará ao réu, executado ou interessado, no prazo de 10 (dez) dias, contado da data da juntada do mandado aos autos, carta, telegrama ou correspondência eletrônica, dando-lhe de tudo ciência.

A: correta (CPC, art. 189, § 2º). **B:** correta (CPC, art. 195). **C:** incorreta, devendo esta ser assinalada. De acordo com o art. 226 do CPC, o juiz proferirá decisões interlocutórias no prazo de 10 dias. **D:** correta, art. 244, III, do CPC. **E:** correta (CPC, art. 254). Questão que, infelizmente, basicamente avalia a capacidade que o examinando tem de decorar o Código. **LD**
Gabarito "C".

4. LITISCONSÓRCIO E INTERVENÇÃO DE TERCEIROS

(Juiz de Direito/AP – 2022 – FGV) Em razão de um acidente de trânsito, Luiz, condutor de um dos veículos envolvidos, ajuizou ação de indenização em face de Carlos, o condutor do outro automóvel, a quem atribuiu a culpa no episódio.

2. DIREITO PROCESSUAL CIVIL

Regularmente citado, Carlos apresentou a sua contestação, alegando que a culpa no evento danoso fora apenas de um pedestre, não identificado, que surgira de inopino na via pública, assim obrigando-o a desviar e colidir com o veículo de Luiz.

Considerando que os elementos probatórios carreados aos autos confirmavam inteiramente a versão defensiva de Carlos, deve o juiz da causa:

(A) determinar-lhe que promova a denunciação da lide em relação ao pedestre responsável pelo acidente;

(B) determinar-lhe que promova o chamamento ao processo em relação ao pedestre responsável pelo acidente;

(C) reconhecer a sua ilegitimidade passiva ad causam, extinguindo o feito sem resolução do mérito;

(D) julgar improcedente o pedido do autor, visto que não foi configurada a responsabilidade civil atribuída ao réu;

(E) determinar a suspensão do feito, no aguardo de elementos que permitam a identificação do pedestre causador do acidente.

Comentário: **A:** incorreta, pois não seria hipótese de denunciação da lide (CPC, art. 125); **B:** incorreta, visto que não é hipótese de chamamento ao processo (CPC, art. 130); **C:** incorreta, já que houve a propositura da demanda contra quem provocou a batida – de modo que não se trata de hipótese de ilegitimidade, mas de discussão de mérito; **D:** correta para a banca (pois as outras alternativas estão erradas); em linha com o exposto no item anterior e considerando que a discussão é de direito material e, no mérito, não teria havido (para a banca) nexo de causalidade (CC, art. 186); **E:** incorreta, porque a suspensão para se buscar o pedestre não alteraria a solução do conflito em relação a Carlos (CPC, art. 488). Ⓛ

Gabarito "D".

(Juiz de Direito/GO – 2021 – FCC) XPTO Ltda. foi demandada por Y, que, pretendendo atingir bens dos sócios, por vislumbrar a ocorrência de confusão patrimonial, deverá instaurar incidente de desconsideração da personalidade jurídica, o qual

(A) é decidido por sentença.

(B) deve ser instaurado ainda que o pleito conste da petição inicial e suspende o processo até que seja decidido, por decisão interlocutória.

(C) implica, se acolhido, anulação das alienações havidas em fraude à execução.

(D) é cabível apenas no cumprimento de sentença e se infrutíferas as tentativas de penhora de bens da sociedade empresária.

(E) suspende o processo, salvo se a desconsideração houver sido pleiteada na petição inicial.

Comentário: A: incorreta, visto que o IDPJ, em regra, é decidido por decisão interlocutória (CPC, art. 136); B: incorreta, já que o incidente não será instaurado se a desconsideração for requerida na inicial, hipótese em que o processo não será suspenso (CPC, art. 133, §§ 2º e 3º); C: incorreta, pois, se acolhido, as alienações em fraude serão *ineficazes* em relação ao requerente (CPC, art. 137); D: incorreta, o IRDR é cabível em todas as fases do processo de conhecimento, cumprimento de sentença e execução (CPC, art. 134); E: correta, sendo essa a previsão legal – suspensão do que mais se debate, até decisão do IDPJ (CPC, art. 133, §§ 2º e 3º). Ⓛ

Gabarito "E".

(Juiz de Direito/SP – 2021 – Vunesp) Caio e Tício, em conjunto e solidariamente, firmaram compromisso de compra e venda para aquisição de um imóvel de Semprônio. Em razão da falta de pagamento, o vendedor pretende resolver o negócio, propondo demanda a esse fim em face dos compradores. A partir dessa narrativa, temos

(A) não é possível a identificação do tipo de litisconsórcio sem que se saiba qual o teor da sentença.

(B) litisconsórcio passivo, necessário e unitário.

(C) litisconsórcio passivo, facultativo e unitário.

(D) litisconsórcio passivo, facultativo e comum.

Comentário: **A:** incorreta, pois não é necessário considerar a sentença para se verificar o tipo de litisconsórcio; basta analisar a relação de direito material existente entre as partes (CPC, art. 113 e ss.); **B:** correta, pois (i) são dois vendedores, que devem ser réus; (ii) não há como discutir o contrato somente em relação a um deles (CPC, art. 114) e (iii) a decisão tem de ser a mesma, pois é inviável a resolução (de maneira menos técnica, mas mais usual, a "rescisão") em face de um e não do outro (CPC, art. 116); **C:** incorreta, visto que o litisconsórcio entre os promitentes compradores é necessário, pois se ambos venderam, ambos precisam estar no processo que busca desconstituir a venda (CPC, art. 114); **D:** incorreta, pois o litisconsórcio é unitário, já que a decisão de mérito será uniforme para ambos os promitentes compradores (CPC, art. 116). Ⓛ

Gabarito "B".

Em determinada seção do STJ, durante julgamento de recurso especial repetitivo acerca de discussão referente ao custeio de medicamento por plano de saúde, questão que se reflete em diversas demandas de consumidores economicamente vulneráveis, foi admitido o ingresso da Defensoria Pública da União na qualidade de guardião dos vulneráveis (*custos vulnerablis*).

(Promotor de Justiça/CE – 2020 – CESPE/CEBRASPE) Nessa hipótese, de acordo com a jurisprudência atual do STJ, a atuação como guardião dos vulneráveis

(A) não possui fundamento no ordenamento jurídico brasileiro, motivo pelo qual a decisão é nula e a Defensoria Pública deve ser excluída do feito.

(B) está eivada de nulidade relativa, por ausência de fundamento para essa forma de intervenção, e a participação da Defensoria Pública deve ser convertida em atuação como *amicus curiae*.

(C) é adequada desde que se restrinja ao mero acompanhamento do processo, sendo vedada a prática de atos processuais pela Defensoria Pública.

(D) representa uma forma interventiva da Defensoria Pública em nome próprio e em favor de seus interesses institucionais, sendo-lhe permitida a interposição de recurso.

(E) somente será legítima caso a decisão seja ratificada por maioria absoluta do órgão plenário do STJ.

O julgado mencionado no enunciado é o seguinte: "Admite-se a intervenção da Defensoria Pública da União no feito como *custos vulnerabilis* nas hipóteses em que há formação de precedentes em favor dos vulneráveis e dos direitos humanos". STJ. 2ª Seção. EDcl no REsp 1.712.163-SP, Rel. Min. Moura Ribeiro, julgado em 25/09/2019 (Info 657). Trata-se de uma intervenção típica da Defensoria, em algum grau semelhante com o *amicus curiae*, mas distinto por ser específico da Defensoria. **A:** Incorreta. De fato não tem previsão na lei, mas o STJ a admitiu – de modo que passa a fazer do sistema processual; **B:** Incorreta; em linha

com o exposto em "A" e na explicação introdutória, ainda que não haja previsão legal, o STJ a admite – e não se trata exatamente de *amicus curiae*, inclusive por ser algo específico da Defensoria; **C:** Incorreta, porque a intervenção como *custos vulnerabilis* é mais ampla que o *amicus curiae* e possibilita a interposição de qualquer recurso (vide decisão indicada acima); **D:** Correta, conforme entendimento firmado no julgado acima indicado; **E:** Incorreta, pois não há previsão legal de que as decisões das turmas e seções do STJ tenham de ser ratificadas pela Corte Especial para que sejam efetivas. **LD**
Gabarito "D".

(Juiz de Direito – TJ/AL – 2019 – FCC) É cabível denunciação da lide

(A) dos fiadores, na ação proposta contra um ou alguns deles.

(B) ao alienante imediato, no processo relativo à coisa cujo domínio foi transferido ao denunciante, a fim de que possa exercer os direitos que da evicção lhe resultam.

(C) quando alguém pretender, no todo ou em parte, a coisa ou o direito sobre que controvertem autor e réu.

(D) para instaurar o incidente de desconsideração da personalidade jurídica.

(E) para atuar como *amicus curiae* nas hipóteses legalmente previstas.

A: incorreta, porque no caso de fiadores a intervenção cabível seria o chamamento ao processo (CPC, art. 130, II); **B:** correta, conforme expressa previsão legal (CPC, art. 125, I); **C:** incorreta, considerando que a situação justifica a apresentação de oposição (agora prevista entre os procedimentos especiais – CPC, art. 682); **D:** incorreta, considerando que o IDPJ é uma outra modalidade de intervenção de terceiro, distinta da denunciação da lide (CPC, art. 133 e ss.); **E:** incorreta, considerando que o *amicus curiae* é uma modalidade de intervenção de terceiro, distinta da denunciação da lide (CPC, art. 138). **LD**
Gabarito "B".

(Promotor de Justiça/PR – 2019 – MPE/PR) Sobre a disciplina do litisconsórcio no Código de Processo Civil de 2015, assinale a alternativa *incorreta*:

(A) Uma das hipóteses para a formação do litisconsórcio é a ocorrência de afinidade de questões por ponto comum de fato ou de direito.

(B) A distribuição de petição inicial que não indica todos os réus em litisconsórcio passivo necessário é causa para a imediata extinção do processo.

(C) O juiz poderá limitar o litisconsórcio facultativo quanto ao número de litigantes na fase de conhecimento, na liquidação de sentença ou na execução, quando este comprometer a rápida solução do litígio ou dificultar a defesa ou o cumprimento da sentença.

(D) O litisconsórcio será unitário quando, pela natureza da relação jurídica, o juiz tiver de decidir o mérito de modo uniforme para todos os litisconsortes.

(E) Os litisconsortes serão considerados, em suas relações com a parte adversa, como litigantes distintos, exceto no litisconsórcio unitário, caso em que os atos e as omissões de um não prejudicarão os outros, mas os poderão beneficiar.

A: Correta (CPC, art. 113, III); **B:** Incorreta, devendo esta ser assinalada. Isso considerando que deverá o juiz determinar a emenda da inicial (CPC, art. 321) antes de extinguir o processo por falta de litisconsorte passivo necessário (CPC, art. 115, p. único) **C:** Correta, sendo esse o

chamado litisconsórcio "múltiplo, plúrimo ou multitudinário" (CPC, art.113, § 1º); **D:** Correta (CPC, art. 116); **E:** Correta (CPC, art. 117). **LD**
Gabarito "B".

(Promotor de Justiça/PR – 2019 – MPE/PR) Sobre a disciplina da intervenção de terceiros no Código de Processo Civil de 2015, assinale a alternativa *correta:*

(A) A admissão de assistente simples, pelo juízo, impede a transação sobre direitos controvertidos pelas partes.

(B) A decisão que admite o *amicus curie* no feito é irrecorrível.

(C) O Código de Processo Civil admite denunciações da lide sucessivas, hipótese que só encontra limites pelo número excessivo de partes.

(D) O chamamento ao processo é hipótese de intervenção de terceiros que pode ser promovida tanto pelo autor quanto pelo réu.

(E) Não pode o Ministério Público requerer a desconsideração da personalidade jurídica, ainda que o caso imponha sua atuação.

A: Incorreta, porque a assistência simples não obsta que a parte principal realize a transação sobre direitos (CPC, art. 122); **B:** Correta, por expressa previsão legal (CPC, art. 138); **C:** Incorreta, considerando que o CPC admite apenas *uma única* denunciação sucessiva (CPC, art. 125, § 2º); **D:** Incorreta, pois o chamamento ao processo pode ser requerido apenas pelo *réu* (CPC, art. 130); **E:** Incorreta, pois o incidente pode ser instaurado a pedido do Ministério Público, quando lhe couber intervir no processo (CPC, art. 133). **LD**
Gabarito "B".

(Promotor de Justiça/PR – 2019 – MPE/PR) Sobre a disciplina da intervenção de terceiros no Código de Processo Civil de 2015, assinale a alternativa *correta:*

(A) A admissão de assistente simples, pelo juízo, impede a transação sobre direitos controvertidos pelas partes.

(B) A decisão que admite o *amicus curie* no feito é irrecorrível.

(C) O Código de Processo Civil admite denunciações da lide sucessivas, hipótese que só encontra limites pelo número excessivo de partes.

(D) O chamamento ao processo é hipótese de intervenção de terceiros que pode ser promovida tanto pelo autor quanto pelo réu.

(E) Não pode o Ministério Público requerer a desconsideração da personalidade jurídica, ainda que o caso imponha sua atuação.

A: Incorreta, porque a assistência simples não obsta que a parte principal realize a transação sobre direitos (CPC, art. 122); **B:** Correta, por expressa previsão legal (CPC, art. 138); **C:** Incorreta, considerando que o CPC admite apenas *uma única* denunciação sucessiva (CPC, art. 125, § 2º); **D:** Incorreta, pois o chamamento ao processo pode ser requerido apenas pelo *réu* (CPC, art. 130); **E:** Incorreta, pois o incidente pode ser instaurado a pedido do Ministério Público, quando lhe couber intervir no processo (CPC, art. 133). **LD**
Gabarito "B".

(Juiz de Direito - TJ/RS - 2018 - VUNESP) Sobre o incidente de desconsideração da personalidade jurídica, é correto afirmar que

(A) como efeito do acolhimento do pedido de desconsideração, passarão a estar sujeitos à execução os bens do responsável limitado a sua cota social.

2. DIREITO PROCESSUAL CIVIL

(B) é uma forma de intervenção de terceiros, podendo criar-se um litisconsórcio passivo facultativo.

(C) instaurado na petição inicial, ocorrerá a suspensão do processo, independentemente do requerimento do interessado.

(D) resolvido o incidente em sentença, que julgar o mérito da demanda, caberá agravo de instrumento quanto a esta questão.

(E) o Ministério Público poderá requerer o incidente, podendo ser instaurado de ofício pelo juiz, se o caso.

A: Incorreta. O acolhimento do pedido de desconsideração da personalidade jurídica permite que sejam atingidos os bens em geral dos sócios (CPC, art. 133 e seguintes; CC, art. 50); **B:** Correta, pois se o sócio ingressar ele passa a ser parte (CPC, art. 133 e seguintes); **C:** Incorreta, porque quando o pedido é feito na própria petição inicial não acarretará a suspensão do processo (CPC, art. 134, §§ 2º e 3º); **D:** Incorreta, porque a decisão que resolve o incidente tem natureza interlocutória e é recorrível via agravo de instrumento (CPC, art. 136 e art. 1.015, IV); **E:** Incorreta, uma vez que o incidente não poderá ser instaurado de ofício pelo magistrado (CPC, art. 133). 🔲
Gabarito "B".

(Procurador Municipal – Prefeitura/BH – CESPE – 2017) No que concerne a substituição das partes, litisconsórcio e intervenção de terceiro, assinale a opção correta.

(A) O juiz só pode conhecer e declarar a falta de formação de litisconsórcio passivo necessário a partir de provocação da parte demandada; ou seja, ele não pode fazê-lo de ofício.

(B) No litisconsórcio multitudinário, havendo requerimento de limitação do número de litisconsortes, o prazo para resposta será suspenso e continuará a fluir a partir da decisão que analisar o pedido.

(C) Proposta ação cognitiva contra apenas um dos devedores solidários, este poderá, no prazo da contestação, promover a citação dos demais devedores para compor a relação processual na condição de litisconsortes passivos.

(D) Se, no curso do processo, ocorrer a morte de qualquer uma das partes, independentemente do objeto da lide, haverá a suspensão do processo e a consequente sucessão do falecido por seu espólio ou sucessor.

A: incorreta, pois a falta de litisconsórcio necessário pode ser reconhecida de ofício (cf. CPC, art. 115, parágrafo único, que não faz menção a "provocado pela parte": Nos casos de litisconsórcio passivo necessário, *o juiz determinará* ao autor que requeira a citação de todos que devam ser litisconsortes, dentro do prazo que assinar, sob pena de extinção do processo); **B:** correta, sendo essa a previsão legal acerca do litisconsórcio multitudinário, plúrimo ou múltiplo (CPC, art. 113, § 1º O juiz poderá limitar o litisconsórcio facultativo quanto ao número de litigantes na fase de conhecimento, na liquidação de sentença ou na execução, quando este comprometer a rápida solução do litígio ou dificultar a defesa ou o cumprimento da sentença; § 2º O requerimento de limitação interrompe o prazo para manifestação ou resposta, que recomeçará da intimação da decisão que o solucionar); **C:** incorreta, pois existindo devedores solidários, a forma processual de se buscar o terceiro é o *chamamento* ao processo (CPC, art. 130, III); **D:** incorreta, considerando que a morte pode acarretar duas consequências ao processo: (i) suspensão, para que haja a sucessão processual (CPC, art. 313, I) ou (ii) extinção, quando se tratar de ação intransmissível (CPC, art. 485, IX – como por exemplo no caso de divórcio, em que a morte acarreta a extinção do processo). 🔲
Gabarito "B".

(Juiz – TJSP – 2017) Haverá litisconsórcio necessário

(A) ativo, entre os cônjuges, na ação que verse sobre direito real imobiliário, salvo se casados sob regime de separação absoluta de bens.

(B) passivo, entre os cônjuges, na ação fundada em obrigação contraída por um deles, em proveito da família.

(C) entre alienante e adquirente quando ocorrer a alienação de coisa ou de direito litigioso.

(D) sempre que ele for unitário.

A: incorreta, porque nesse caso não há obrigatoriedade de litisconsórcio ativo, mas sim de autorização do cônjuge (CPC, art. 73); **B:** correta, pois obrigação em proveito da família acarreta litisconsórcio necessário (CPC, art. 73, § 1º); **C:** incorreta, pois no caso de alienação de bem litigioso, o que ocorre é a sucessão das partes, e não necessariamente litisconsórcio (CPC, art. 109, § 2º); **D:** incorreta, pois nem sempre o litisconsórcio necessário é unitário. 🔲
Gabarito "B".

(Juiz – TJ/SP – 2017) Considerando a denunciação da lide, assinale a alternativa correta.

(A) O direito regressivo poderá ser objeto de ação autônoma apenas no caso de não ser permitida pela lei ou no caso de ter sido indeferida pelo juiz.

(B) Pode ser determinada de ofício pelo juiz, nos casos em que a obrigação de indenizar decorra expressamente da lei.

(C) Considerando-se a cadeia dominial, a denunciação da lide sucessiva é admitida ao originariamente denunciado, mas vedada ao sucessivo denunciado, ressalvada a propositura de ação autônoma.

(D) Pode ser requerida e deferida originariamente em grau de apelação, nos casos em que seja dado ao tribunal examinar o mérito desde logo, por estar o processo em condições de julgamento.

A: incorreta, pois sempre será possível ação autônoma no lugar da denunciação (CPC, art. 125, § 1º); **B:** incorreta, porque descabe a denunciação de ofício (CPC, art. 125, *caput* – que menciona as partes); **C:** correta, pois a denunciação sucessiva é admitida, mas apenas uma única vez (CPC, art. 125, § 2º); **D:** incorreta, pois descabe denunciação no âmbito do tribunal. 🔲
Gabarito "C".

(Juiz – TJ-SC – FCC – 2017) Mário propõe ação reivindicatória contra João Roberto, a quem acusa de ter invadido ilicitamente área imóvel de sua propriedade. Após a citação de João Roberto e oferecimento de sua contestação, ingressa nos autos José Antônio, alegando que o imóvel não é de Mário nem de João Roberto e sim dele, juntando documentos e pedindo a retomada do imóvel para si. A intervenção processual de José Antônio denomina-se:

(A) litisconsórcio.

(B) chamamento ao processo.

(C) denunciação da lide.

(D) assistência litisconsorcial.

(E) oposição.

No caso, alguém que está fora do processo ingressa nos autos e se afirma o proprietário de determinado bem – trata-se da figura da oposição (CPC, art. 682). Importante destacar que a oposição não está mais no capítulo de intervenção de terceiros no atual CPC (estava nesse capítulo no Código anterior), mas segue sendo mencionada ao lado das demais formas de intervenção de terceiro. 🔲
Gabarito "E".

5. JURISDIÇÃO E COMPETÊNCIA

(Juiz de Direito/AP – 2022 – FGV) André, domiciliado em Macapá, ajuizou ação de reintegração de posse de imóvel de sua propriedade, situado em Laranjal do Jari, em face de Paulo, domiciliado em Santana.

Considerando que a demanda foi intentada perante juízo cível da Comarca de Macapá, o magistrado, tomando contato com a petição inicial, deve:

(A) declinar, de ofício, da competência em favor do juízo cível da Comarca de Laranjal do Jari;

(B) declinar, de ofício, da competência em favor do juízo cível da Comarca de Santana;

(C) determinar a citação de Paulo, já reconhecendo que a competência é do juízo cível da Comarca de Macapá;

(D) determinar a citação de Paulo e, caso este suscite a incompetência, ordenar a remessa dos autos ao juízo cível da Comarca de Santana;

(E) reconhecer a incompetência do juízo cível da Comarca de Macapá e extinguir o feito, sem resolução do mérito.

Comentário: **A:** correta, pois apesar de se tratar de competência territorial, no caso não se está diante de uma situação de competência que pode ser escolhida, pois o art. 47, § 2º do CPC não permite o ajuizamento em comarca que não a do local do bem; **B:** incorreta, pois o juízo competente será o da situação do imóvel, no caso, Laranjal do Jari (CPC, art. 47, § 2º); **C:** incorreta, visto que os autos devem ser remetidos ao juízo competente, no caso, Laranjal do Jari (CPC, art. 47, § 2º); **D:** incorreta, já que se trata de competência do juízo da Comarca de Laranjal do Jari (onde está o bem – CPC, art. 47, § 2º); **E:** incorreta, porque o processo deve ser remetido ao juízo competente e não extinto (CPC, art. 64, § 3º). 🔲
Gabarito "A."

(Juiz de Direito/AP – 2022 – FGV) Coexistem, em juízos cíveis de comarcas distintas, dois processos, ainda não sentenciados. Em um deles, o credor de uma obrigação contratual pleiteia a condenação do devedor a cumpri-la, ao passo que, no outro, o devedor persegue a declaração de nulidade do mesmo contrato.

Nesse cenário, é correto afirmar que os feitos:

(A) devem ser reunidos para julgamento conjunto pelo órgão judicial onde tiver ocorrido a primeira citação válida;

(B) devem ser reunidos para julgamento conjunto pelo órgão judicial onde tiver ocorrido a primeira distribuição;

(C) devem ser reunidos para julgamento conjunto pelo órgão judicial que tiver proferido o primeiro provimento liminar positivo;

(D) não devem ser reunidos, suspendendo-se o curso daquele que foi distribuído em segundo lugar, no aguardo do julgamento do primeiro;

(E) não devem ser reunidos, extinguindo-se aquele que foi distribuído em segundo lugar, em razão da litispendência.

Comentário: **A:** incorreta, visto que o critério para fixar a prevenção é a *distribuição* da inicial, e não pela citação (CPC, arts. 58 e 59); **B:** correta, pois a distribuição da inicial torna prevento o juízo (CPC, art. 59); **C:** incorreta, porque a prevenção é definida pelo critério da distribuição da

inicial (CPC, arts. 58 e 59); **D:** incorreta, considerando que, por serem conexas, as ações devem ser reunidas para julgamento conjunto (CPC, art. 55); **E:** incorreta, uma vez que não é caso de litispendência – repetição de ação que está em curso (CPC, art. 337, § 3º). 🔲
Gabarito "B."

(Juiz de Direito/GO – 2021 – FCC) De acordo com a legislação e princípios que regem a matéria,

(A) a competência em razão da matéria constitui pressuposto de constituição e de desenvolvimento válido e regular do processo e sua não observância acarreta sua extinção sem resolução do mérito.

(B) a competência em razão da matéria constitui pressuposto de constituição e de desenvolvimento válido e regular do processo e sua não observância acarreta sua extinção com resolução do mérito.

(C) a incompetência territorial, no âmbito dos Juizados Especiais Cíveis, implica extinção do processo sem resolução de mérito.

(D) a abusividade da cláusula de eleição de foro é matéria de ordem pública, e, independentemente da natureza da relação, não se sujeita à preclusão.

(E) os processos de ações conexas devem ser reunidos para decisão conjunta, ainda que um deles já tenha sido sentenciado.

Comentário: A: incorreta, visto que (exceto no JEC), a incompetência – ainda que absoluta – acarreta a remessa dos autos ao juízo competente e não a extinção do processo (CPC, art. 64, §3º); B: incorreta, vide alternativa A (CPC, art. 64, §3º); C: correta, sendo essa uma especificidade do JEC (Lei nº 9.099/95, art. 51, III), não prevista no CPC; D: incorreta, já que, se o juiz não a reconhecer de ofício (o que é possível), o réu deve alegar a abusividade da cláusula em contestação, sob pena de preclusão (CPC, art. 63, §4º); E: incorreta, pois as ações conexas *não* serão reunidas para decisão conjunta quando um deles já houver sido sentenciado (CPC, art. 55, §1º). 🔲
Gabarito "C."

(Juiz de Direito – TJ/MS – 2020 – FCC) No que tange à jurisdição, é correto afirmar:

(A) em obediência ao princípio da inafastabilidade da jurisdição, em nenhuma hipótese a parte precisará exaurir a via administrativa de solução de conflitos, podendo sempre, desde logo, buscar a solução pela via do Poder Judiciário.

(B) a integração obrigatória à relação jurídico-processual concerne ao princípio da inevitabilidade da jurisdição, gerando o estado de sujeição das partes às decisões jurisdicionais.

(C) o princípio segundo o qual ninguém será processado senão pela autoridade competente diz respeito à indelegabilidade da jurisdição.

(D) nos procedimentos especiais de jurisdição voluntária, a intervenção do Judiciário não é obrigatória para que se obtenha o bem da vida pretendido, mostrando-se sempre facultativa essa interferência.

(E) em obediência ao princípio do juiz natural, é defesa a criação de varas especializadas, câmaras especializadas nos tribunais ou foros distritais.

A: Incorreta, considerando que o princípio da inafastabilidade comporta exceção, na própria Constituição, ao exigir o esgotamento das vias da justiça desportiva para se pleitear a tutela jurisdicional (CF, art. 217, § 1º). B: Correta, pois apreciada a causa pelo judiciário, a decisão é

2. DIREITO PROCESSUAL CIVIL

inevitável, no sentido de que ambas as partes estão sujeitas a ela, independentemente da vontade ou opção dos litigantes. **C:** Incorreta, porque a alternativa descreve o princípio do juiz natural (CF, art. 5º, LIII). **D:** Incorreta, tendo em vista que nos procedimentos de jurisdição voluntária exige-se a intervenção do poder judiciário para a obtenção do bem da vida pretendido, mesmo que não haja conflito (CPC, art. 719 e ss.). **E:** Incorreta, pois as varas especializadas estão previstas em lei, de modo que são admitidas em nosso sistema. O juiz natural é o juiz competente para julgar a lide, previsto em abstrato, antes mesmo de sua ocorrência – ou o órgão previsto na Constituição e Códigos, para julgar um conflito, antes mesmo que ele ocorra (CF, art. 5º, LIII). 🗎 **Gabarito "B".**

(Juiz de Direito – TJ/AL – 2019 – FCC) Em relação à jurisdição, é correto afirmar que

(A) ao se dizer que a lei não excluirá da apreciação jurisdicional ameaça ou lesão a direito, o ordenamento jurídico processual refere-se ao princípio da indelegabilidade.

(B) à jurisdição voluntária não se aplicam as garantias fundamentais do processo, pela inexistência de lide e pela possibilidade de se julgar por equidade.

(C) viola o princípio do Juiz natural a instituição de Câmaras de Recesso nos tribunais, por julgarem em períodos nos quais, em regra, não deve haver atividade jurisdicional.

(D) só haverá atividade jurisdicional relativa à disciplina e às competições desportivas após esgotarem-se as instâncias da justiça desportiva reguladas em lei.

(E) por ter natureza jurisdicional, a arbitragem pode tutelar quaisquer direitos, patrimoniais ou imateriais, disponíveis ou não.

A: incorreta, pois essa alternativa traz a definição do princípio do acesso à justiça ou da inafastabilidade da jurisdição (CF, art. 5º, XXXV e CPC, art. 3º); **B:** incorreta, já que as normas fundamentais, previstas na parte geral do Código, aplicam-se a todos os processos e procedimentos (CPC, arts. 1 a 12); **C:** incorreta, porque as câmaras de recesso não configuram "tribunais de exceção", já que previstas por normas internas dos tribunais, bem como criadas para julgar quaisquer casos e não processos específicos (CF, art. 5º, XXXVII); **D:** correta, sendo um dos casos em que há necessidade de prévia atividade administrativa antes de se buscar o Judiciário, conforme expressa previsão constitucional (CF, art. 217, §1º); **E:** incorreta, considerando que a Lei de Arbitragem limita a matéria passível de ser solucionada pela arbitragem a direitos patrimoniais disponíveis (Lei 9.307, art. 1º). 🗎 **Gabarito "D".**

(Promotor de Justiça/PR – 2019 – MPE/PR) Assinale a alternativa **correta**, no que diz respeito à matéria de competência, de acordo com o Código de Processo Civil de 2015:

(A) A ação fundada em direito real sobre bem móvel tem como regra geral a distribuição no foro de domicílio da coisa.

(B) Havendo dois ou mais réus com diferentes domicílios, o autor pode distribuir a ação fundada em direito pessoal em qualquer foro do país.

(C) A ação em que o incapaz for réu será proposta no foro de seu domicílio e a ação em que o ausente for réu será proposta no foro de seu último domicílio.

(D) É competente o foro de domicílio do réu para as causas em que seja autor a União, Estado ou o Distrito Federal.

(E) As regras de competência territorial têm natureza absoluta.

A: Incorreta, pois a ação fundada em direito real sobre *bem imóvel* será ajuizada no foro de local da coisa (CPC, art. 47); a ação será fundada em direito real sobre *bem móvel* será ajuizada no foro de domicílio do réu (CPC, art. 46); **B:** Incorreta, porque havendo dois ou mais réus com diferentes domicílios, caberá ao autor demanda-los em *qualquer um desses domicílios* (CPC, art. 46, § 4º); **C:** Incorreta, na ação em que o incapaz for réu será proposta no foro do domicílio de seu *representante ou assistente* (CPC, art. 50). Já quando o ausente for réu, será proposta no foro de seu último domicílio (CPC, art. 49); **D:** Correta. Quando o Estado (em qualquer esfera) for autor, será competente o domicílio do réu (CPC, arts. 51 e 52); **E:** Incorreta, considerando que as regras de competência territorial têm natureza relativa (CPC, art. 63). 🗎 **Gabarito "D".**

(Procurador do Estado/SP - 2018 - VUNESP) Em relação aos diversos meios de solução de conflitos com a Administração Pública, é correto afirmar que

(A) é facultado aos Estados, ao Distrito Federal e aos Municípios suas autarquias e fundações públicas, bem como às empresas públicas e sociedade de economia mista federais, submeter seus litígios com órgãos ou entidades da Administração Pública federal à Advocacia-Geral da União, para fins de composição extrajudicial do conflito.

(B) mesmo as controvérsias que somente possam ser resolvidas por atos ou concessão de direitos sujeitos a autorização do Poder Legislativo estão incluídas na competência das câmaras de prevenção e resolução administrativa de conflitos.

(C) os conflitos que envolvem equilíbrio econômico-financeiro de contratos celebrados pela Administração Pública com particulares não podem ser submetidos às câmaras de prevenção e resolução administrativa de litígios, exceto quando versarem sobre valores inferiores a quinhentos salários-mínimos.

(D) a instauração de procedimento administrativo para resolução consensual de conflito no âmbito da Administração Pública interrompe a prescrição, exceto se se tratar de matéria tributária.

(E) o procedimento de mediação coletiva, para solução negociada de conflitos, no âmbito da Administração Pública estadual, não pode versar sobre conflitos que envolvem prestação de serviços públicos, salvo se esses serviços públicos forem relacionados a transporte urbano.

A: Correta (Lei 13.140/2015, art. 37); **B:** Incorreta, porque a Lei de Mediação dispõe expressamente o contrário (Lei 13.140/15, art. 32, § 4º); **C:** Incorreta, considerando que conflitos dessa natureza poderão ser submetidos às câmaras de prevenção, não havendo restrição quanto ao valor inicial envolvido (Lei 13.140/15, art. 32, § 5º); **D:** Incorreta, porque a instauração do procedimento administrativo tem o condão de suspender a prescrição (ou seja, de cessar a fluência do prazo prescricional) e não de interrompê-la (Lei 13.140/16, art. 34); **E:** Incorreta, porque a Lei de Mediação possibilita que os procedimentos de mediação coletiva envolvam conflitos relacionados à prestação de serviços públicos em geral, inclusive para a Administração Pública Estadual (Lei 13.140/15, art. 33, parágrafo único). 🗎 **Gabarito "A".**

(Delegado - PC/BA - 2018 - VUNESP) As causas cíveis serão processadas e decididas pelo juiz nos limites de sua competência, ressalvado às partes o direito de instituir juízo arbitral, na forma da lei. A respeito do instituto da competência, é correto afirmar que

(A) as suas regras são exclusivamente determinadas pelas normas previstas no Código de Processo Civil ou em legislação especial.

(B) tramitando o processo perante outro juízo, os autos serão remetidos ao juízo federal competente se nele intervier a União, excluindo-se dessa regra, dentre outras, as ações de insolvência civil.

(C) a ação possessória imobiliária será proposta no foro de situação da coisa, cujo juízo tem competência relativa para sua análise.

(D) se o autor da herança não possuía domicílio certo, é competente o foro do domicílio do inventariante para análise do inventário.

(E) a ação em que o incapaz for réu será proposta no foro de seu domicílio.

A: Incorreta, porque a competência é regida, além das normas mencionadas, também pela Constituição Federal, pelas normas de organização judiciária e pelas Constituições Estaduais, no que couber (CPC, art. 44); **B:** Correta, pois a regra é a competência da Justiça Federal para julgar as ações envolvendo a União, sendo que a presença desse ente acarreta a remessa dos autos para a JF (CPC, art. 45); mas existem algumas exceções na própria CF, em que mesmo presente a União não será da competência da JF – como no caso de falência ou trabalhista (CF, art. 109, I, parte final); **C:** Incorreta, uma vez que a competência para apreciação da ação possessória imobiliária, por força de exceção expressamente prevista em lei, não permite o foro de eleição (CPC, art. 47, § 2º); **D:** Incorreta, tendo em vista que, na hipótese, o foro competente será o da situação dos bens imóveis ou, não havendo bens imóveis, o foro do local de qualquer dos bens do espólio (CPC, art. 48, parágrafo único); **E:** Incorreta, porque, no caso de réu incapaz, a ação deve ser proposta no foro do domicílio de seu representante ou assistente (CPC, art. 50). [LD]
Gabarito "B".

(Delegado - PC/BA - 2018 - VUNESP) A respeito dos critérios para a modificação da competência do juízo cível, é correto afirmar que

(A) a competência absoluta poderá modificar-se pela conexão ou pela continência.

(B) reputam-se continentes 2 (duas) ou mais ações quando lhes for comum o pedido ou a causa de pedir.

(C) antes da citação, a cláusula de eleição de foro, se abusiva, pode ser reputada ineficaz de ofício pelo juiz, que determinará a remessa dos autos ao juízo do foro de domicílio do réu.

(D) se dá a conexão entre 2 (duas) ou mais ações quando houver identidade quanto às partes e à causa de pedir, mas o pedido de uma, por ser mais amplo, abrange o das demais.

(E) a citação do réu torna prevento o juízo.

A: Incorreta, considerando que apenas a competência *relativa* pode modificar-se pela conexão ou continência (CPC, art. 54); **B:** Incorreta, porque a definição trazida pela alternativa aplica-se à conexão (CPC, art. 55); **C:** Correta, sendo uma situação excepcional de incompetência relativa conhecida de ofício (CPC, art. 63, § 3º); **D:** Incorreta, tendo em vista que a definição trazida pela alternativa aplica-se à continência (CPC, art. 56); **E:** Incorreta, porque a prevenção do juízo é fixada pelo registro ou distribuição da petição inicial (CPC, art. 59). [LD]
Gabarito "C".

(Defensor Público Federal – DPU – 2017 – CESPE) A respeito da competência, julgue os itens

subsequentes com base no entendimento doutrinário e jurisprudencial sobre o assunto.

(1) Segundo o entendimento do STJ, ainda que possível o reconhecimento da conexão entre dois processos, será impossível a sua reunião quando isso puder implicar modificação de competência absoluta, devendo-se, nesse caso, reconhecer questão de prejudicialidade entre as demandas e suspender uma delas.

(2) O julgamento de ação contra o INSS que objetive o reconhecimento exclusivo do direito de receber pensão decorrente de morte de companheiro não será de competência da justiça federal caso seja necessário enfrentar questão prejudicial referente à existência da união estável.

(3) O CPC permite à parte a propositura de ação de execução de título extrajudicial simultaneamente à ação de conhecimento relativa ao mesmo ato jurídico, desde que haja conexão entre as demandas.

1: Correta, sendo a própria previsão da lei, que admite a conexão apenas em relação a competência relativa e não absoluta (CPC, art. 54, *caput*). **2:** Errada. Nesse caso, a competência é da JF para julgar a questão previdenciária (CF, art. 109, I), sendo que a questão prejudicial da união estável, se surgir o tema, terá de ser julgada pelo juiz federal (porém, nesse caso, não haverá a formação de coisa julgada na questão prejudicial –CPC, art. 503, § 1º, III). **3:** Errada. O objetivo de cada um dos processos é distinto; logo, incompatível que, do mesmo ato, ao mesmo tempo, haja execução e conhecimento. O que a lei permite é que, mesmo que haja título executivo, se a parte quiser, poderá optar pelo processo de conhecimento (CPC, art. 785). [LD]
Gabarito 1C, 2E, 3E

(Juiz – TJSP – VUNESP – 2017) Em matéria de competência, assinale a alternativa correta.

(A) A prevenção é efeito da citação válida.

(B) A competência determinada por critério territorial é sempre relativa.

(C) Compete à autoridade judiciária brasileira julgar as ações em que as partes se submetam à jurisdição nacional, desde que o façam expressamente.

(D) No caso de continência, as demandas devem ser reunidas para julgamento conjunto, salvo se a ação continente preceder a propositura da ação contida, caso em que essa última terá seu processo extinto sem resolução do mérito.

A: incorreta, pois a prevenção decorre da distribuição (CPC, art. 59); **B:** incorreta, pois a competência territorial no caso de alguns direitos reais imobiliários não pode ser alterada, de modo que não é relativa (CPC, art. 47, § 1º); **C:** incorreta (CPC, art. Art. 22. Compete, ainda, à autoridade judiciária brasileira processar e julgar as ações: (...) III – em que as partes, expressa ou *tacitamente*, se submeterem à jurisdição nacional); **D:** correta, sendo a previsão de extinção uma inovação do CPC (art. 57). [LD]
Gabarito "D".

(Juiz – TRF 2ª Região – 2017) Em sede de competência, é correto afirmar que:

(A) A intervenção de ente federal, a título de *amicus curiae*, não desloca a competência para a Justiça Federal.

(B) Argui-se, por meio de exceção, a incompetência relativa.

(C) A intervenção da União, de suas autarquias e empresas públicas em concurso de credores ou de preferência desloca a competência para a Justiça Federal.

(D) Compete ao Tribunal Regional Federal processar e julgar o mandado de segurança contra ato de Juizado Especial Federal.

(E) Compete ao Superior Tribunal de Justiça decidir os conflitos de competência entre Juizado Especial Federal e Juízo Federal.

A: correta, considerando existir expressa previsão legal nesse sentido (CPC, art. 138, § 1º); **B:** incorreta, pois quaisquer das incompetências é alegada por meio de preliminar de contestação (CPC, art. 64), não existindo mais exceção de incompetência no atual CPC; **C:** incorreta, a partir da interpretação fixada na Súmula 270 do STJ ("O protesto pela preferência de crédito, apresentado por ente federal em execução que tramita na Justiça Estadual, não desloca a competência para a Justiça Federal".); **D:** incorreta, pois compete ao Colégio Recursal julgar o MS de ato do Juizado (Súmula 376 do STJ: "Compete a turma recursal processar e julgar o mandado de segurança contra ato de juizado especial"); **E:** incorreta, porque nesse caso compete ao TRF julgar o CC (STF, RE 590.409, com repercussão geral). 🔲
Gabarito "A".

6. PRESSUPOSTOS PROCESSUAIS E CONDIÇÕES DA AÇÃO

(Procurador Municipal – Prefeitura/BH – CESPE – 2017) No que se refere a pressupostos processuais e condições da ação, assinale a opção correta.

(A) Na fase de cumprimento definitivo da sentença, o juiz poderá conhecer de ofício a falta de pressuposto de constituição ocorrido na fase cognitiva e declarar a nulidade da sentença exequenda.

(B) A falta de condição da ação, ainda que não tenha sido alegada em preliminar de contestação, poderá ser suscitada pelo réu nas razões ou em contrarrazões recursais.

(C) Constatada a carência do direito de ação, o juiz deverá determinar que o autor emende ou complemente a petição inicial e indique, com precisão, o objeto da correção ou da complementação.

(D) A inépcia da petição inicial por falta de pedido e a existência de litispendência são exemplos de defeitos processuais insanáveis que provocam o indeferimento *in limine* da petição inicial.

A: correta para a banca, considerando inexistir preclusão quanto aos pressupostos processuais (CPC, art. 485, § 3º. O juiz conhecerá de ofício da matéria constante dos incisos IV, V, VI e IX, em qualquer tempo e grau de jurisdição, enquanto não ocorrer o trânsito em julgado) – o problema é que o enunciado não deixa claro se houve ou não trânsito em julgado, de modo que a alternativa suscita dúvidas; **B:** incorreta para a banca, porém novamente há polêmica. O fato é que as condições da ação podem ser alegadas a qualquer tempo (em linha com o art. 485, § 3º acima reproduzido); porém, não há muita lógica em se alegar isso em contrarrazões (já que nesse caso houve vitória da parte), mas isso não é inviável; **C:** incorreta, pois se o vício não for sanável (como na ausência de condições da ação), cabe a extinção de plano (CPC, art. 330, II e III); **D:** incorreta, pois a litispendência não é um dos casos de indeferimento (não está no art. 330 do CPC). Considerando o exposto nas alternativas A e B, a questão merecia anulação. 🔲
Gabarito "A".

7. FORMAÇÃO, SUSPENSÃO E EXTINÇÃO DO PROCESSO. NULIDADES

(Juiz de Direito/GO – 2021 – FCC) A homologação da desistência da ação

(A) pode ser apresentada somente até a contestação.

(B) faz coisa julgada material.

(C) não resolve o mérito e impõe, ao desistente, o dever de arcar com as despesas.

(D) obsta o prosseguimento da reconvenção.

(E) deve ser precedida de anuência do réu, ainda que revel.

Comentário: A: incorreta, pois a parte pode desistir da ação até a sentença (CPC, art. 485, §5º); B: incorreta, visto que, tratando-se de decisão sem resolução de mérito, a homologação da desistência faz coisa julgada apenas formal (CPC, arts. 485, VIII e 502); C: correta, tratando-se de decisão sem mérito, a qual impõe ao desistente o dever pelas custas (CPC, arts. 90 e 485, VIII); D: incorreta, já que a desistência da ação não impede o prosseguimento da reconvenção (CPC, 343, §2º); E: incorreta, considerando que, apenas *após* o oferecimento da contestação, é que o autor dependerá do consentimento do réu para desistir da ação (CPC, art. 485, §4º). 🔲
Gabarito "C".

(Juiz de Direito – TJ/BA – 2019 – CESPE/CEBRASPE) O juiz proferirá sentença sem resolução de mérito quando

(A) acolher a alegação de existência de convenção de arbitragem.

(B) homologar a transação.

(C) homologar o reconhecimento da procedência do pedido formulado na ação.

(D) homologar a renúncia à pretensão formulada na ação.

(E) verificar a impossibilidade jurídica do pedido.

A: correta, conforme expressa previsão legal (CPC, art. 485, VII); **B, C e D:** erradas, pois todas essas alternativas tratam de situações nas quais haverá resolução do mérito, por homologação do juiz (CPC, art. 487, III, alíneas); **E:** errada, considerando que, a partir do CPC/15, a impossibilidade jurídica do pedido não mais integra as condições da ação, de modo que não é motivo para extinção sem mérito (CPC, art. 485, VI). 🔲
Gabarito "A".

(Juiz de Direito – TJ/AL – 2019 – FCC) O erro de forma do processo

(A) acarreta a ineficácia de todos os atos processuais, que deverão ser repetidos de acordo com a forma prescrita ou não defesa em lei.

(B) acarreta unicamente a anulação dos atos que não possam ser aproveitados, devendo ser praticados os que forem necessários a fim de se observarem as prescrições legais.

(C) não acarreta consequência processual alguma, devendo prevalecer os atos praticados em nome do exercício pleno e efetivo da atividade jurisdicional.

(D) acarreta a inexistência dos atos processuais cujo aproveitamento não seja possível, a serem novamente praticados em tempo razoável.

(E) é mera irregularidade, que só necessitará de ratificação ou convalidação se alguma das partes for menor ou incapaz.

A: incorreta, considerando que serão anulados apenas os atos que não possam ser aproveitados, ou seja, os atos dos quais resultem prejuízos à defesa das partes (CPC, art. 283); **B:** correta, conforme expressa previsão legal (CPC, art. 283); **C:** incorreta, já que haverá consequência processual: anulação dos atos que não possam ser aproveitados sem causar prejuízo às partes (CPC, art. 283); **D:** incorreta, tendo em vista que a consequência processual será a *anulação* e não a *inexistência* dos atos não passíveis de aproveitamento (CPC, art. 283); **E:** incorreta, pois o erro de forma em regra não é mera irregularidade formal – salvo quando for algo menos relevante e facilmente sanável, independentemente de a parte ser incapaz. LD

Gabarito "B".

(Promotor de Justiça/PR – 2019 – MPE/PR) Sobre as hipóteses de indeferimento da petição inicial e de improcedência liminar do pedido, assinale a alternativa *correta*, de acordo com o Código de Processo Civil de 2015:

(A) A inépcia da petição inicial, a manifesta ilegitimidade da parte e a ausência de interesse processual são hipóteses de indeferimento da petição inicial.

(B) A apelação interposta contra sentença que indefere a petição inicial não admite juízo de reconsideração.

(C) A apelação interposta contra sentença que indefere a petição inicial não será objeto de contraditório e será imediatamente remetida ao tribunal competente.

(D) A sentença que declara, liminarmente, prescrição ou decadência é decisão de indeferimento da petição inicial.

(E) Para que a improcedência liminar do pedido seja aplicada, basta que o magistrado verifique a incidência de precedente ao caso, não importando a natureza das alegações do autor na petição inicial.

A: Correta, por expressa previsão legal (CPC, art. 330, incisos I, II e III); **B:** Incorreta, considerando que o CPC prevê juízo de retratação em 3 situações – e uma delas é na apelação interposta contra a sentença que indefere a petição inicial (CPC, art. 331); **C:** Incorreta, pois interposta apelação, se não houver retratação, o juiz mandará citar o réu para responder ao recurso (CPC, art. 331, § 1º); **D:** Incorreta, pois a decisão é de improcedência liminar (CPC, art. 332, § 1º), lembrando que prescrição e decadência são matérias de mérito (CPC, art. 487, II); **E:** Incorreta, porque (i) a improcedência liminar só se aplica às causas que dispensem produção de prova (CPC, art. 332) – de modo que o debate dos fatos não deve ser considerado e (ii) há também improcedência liminar no caso de prescrição e decadência, que não leva em consideração um precedente (CPC, art. 332, § 1º). LD

Gabarito "A".

(Juiz – TRF 2ª Região – 2017) ATENÇÃO. O acerto da presente questão consiste em IDENTIFICAR A ASSERTIVA FALSA. Em tema de nulidade processual, é ERRADO afirmar:

(A) O CPC adota a concepção de instrumentalidade das formas.

(B) Com a restrição ao cabimento do agravo de instrumento, não há mais pena de preclusão caso a eventual nulidade dos atos não seja alegada na primeira oportunidade que couber à parte falar nos autos.

(C) Quando puder decidir o mérito em favor da parte a quem aproveite a nulidade, o Juiz não a pronunciará.

(D) Anulado o ato, consideram-se de nenhum efeito os subsequentes que dele dependam; todavia, a nulidade de uma parte do ato não prejudicará as outras que dela sejam independentes.

(E) O ato não será repetido nem sua falta será suprida quando não prejudicar a parte.

A: correta (CPC, art. 277); **B:** incorreta, devendo esta ser assinalada. A nulidade deve ser alegada no primeiro momento (CPC, art. 278), e isso não se relaciona ao agravo de instrumento, em que o *recurso* deve ser interposto no caso das decisões agraváveis de instrumento, ou então em preliminar de apelação (art. 1.009, § 1º); **C:** correta, sendo mais um reflexo do princípio da primazia do mérito (CPC, art. 282, § 2º); **D:** correta (CPC, art. 281); **E:** correta (CPC, art. 282, § 1º). LD

Gabarito "B".

(Juiz – TRF 2ª Região – 2017) Analise as assertivas e, ao final, assinale a opção correta:

I. A extinção do processo, sem resolução do mérito, por 3 (três) vezes, obsta a que o autor intente de novo a ação;

II. O autor pode desistir do mandado de segurança antes de proferida a sentença, independentemente do consentimento do réu;

III. Mesmo já contestado o feito, e independentemente de ouvir o réu, o juiz pode extinguir o processo por abandono da causa, desde que intime o autor, pessoalmente, para suprir a falta e este não o faça.

(A) Apenas as assertivas I e II estão corretas.

(B) Apenas as assertivas II e III estão corretas.

(C) Apenas a assertiva II está correta.

(D) Apenas as assertivas I e III estão corretas.

(E) Todas as assertivas estão corretas.

I: incorreta, pois somente a extinção por abandono, por 3 vezes, acarreta a perempção – e, com isso, a nova propositura fica proibida (CPC, art. 486, § 3º); **II:** correta para a banca, considerando existirem precedentes dos tribunais permitindo a desistência do MS mesmo após a sentença (sendo assim, se após a sentença é possível, também antes); **III:** incorreta, pois a extinção por abandono depende de requerimento do autor (CPC, art. 485, § 6º). LD

Gabarito "C".

8. TUTELA PROVISÓRIA

(Juiz de Direito/SP – 2021 – Vunesp) Proposta demanda em face de ente público para fornecimento de medicamento, foi concedida tutela de urgência em 02.09 para fornecimento imediato, tendo o réu sido intimado na mesma data. A liminar não foi cumprida. Diante desse fato, o juízo prolatou em 06.10 nova decisão fixando multa diária de R$ 5.000,00, retroativa a 02.09, até que a tutela de urgência fosse cumprida. Com base nesses fatos, pode-se afirmar que

(A) é cabível a fixação de multa diária nessas hipóteses contra o ente público, no entanto ela não pode retroagir.

(B) é cabível a fixação de multa diária nessas hipóteses contra o ente público, no entanto ela deve ficar limitada ao valor equivalente a doze meses de fornecimento do medicamento.

(C) é cabível a fixação de multa diária nessas hipóteses contra o ente público e ela pode retroagir com base no poder geral de cautela do juiz.

(D) não é cabível a fixação de multa diária nessas hipóteses contra o ente público e ela, por consequência, não poderia retroagir.

2. DIREITO PROCESSUAL CIVIL

Comentário: A: correta, pois (i) pacífico na jurisprudência o cabimento de multa contra ente público e (ii) a multa, porém, não pode retroagir, tanto pela segurança jurídica quanto pelo fato de que ela é devida desde o dia em que se configurar o descumprimento da decisão *que a houver fixado* (CPC, art. 537, § 4º); **B:** incorreta, pois não há previsão temporal de limitação de multa – e deverá indicar até o cumprimento da decisão que a tiver cominado (CPC, art. 537, § 4º); **C:** incorreta, pois como já visto em "A", não cabe cominação retroativa de multa diária (STJ, AgRg no AREsp 419485/RS); **D:** incorreta, porque, como visto em "A", é cabível a fixação de multa diária contra ente público (vide Informativo 606, STJ). 🔲
Gabarito "A".

(Advogado – Pref. São Roque/SP – 2020 – VUNESP) Foi decretada, liminarmente, a ordem de entrega do objeto custodiado, sob cominação de multa, em ação reipersecutória fundada em prova documental adequada de contrato de depósito. Essa decisão liminar tem natureza de

(A) tutela antecipada incidente.

(B) tutela antecipada antecedente.

(C) tutela de evidência.

(D) tutela cautelar antecedente.

(E) tutela cautelar incidente.

A questão trata das espécies de tutela provisória: urgência e evidência. O caso narrado é, literalmente, uma das hipóteses de concessão de tutela de evidência (CPC, art. 311, III). E se trata de tutela de evidência em ação de depósito (da qual não mais cabe prisão, conforme Súmula Vinculante 25/STF). Vale lembrar que a concessão da tutela de evidência independe da demonstração do perigo de dano ou risco ao resultado útil do processo. 🔲
Gabarito "C".

(Juiz de Direito – TJ/MS – 2020 – FCC) A tutela provisória

(A) da evidência será concedida sempre e unicamente quando caracterizado o abuso do direito de defesa ou o manifesto propósito protelatório da parte.

(B) observará o rol taxativo previsto na norma processual.

(C) conserva sua eficácia na pendência do processo, mas pode a qualquer tempo ser modificada, embora não revogada.

(D) de urgência de natureza antecipada só poderá ser concedida após justificação prévia.

(E) de urgência de natureza cautelar pode ser efetivada mediante arresto, sequestro, arrolamento de bens, registro de protesto contra alienação de bem e qualquer outra medida idônea para asseguração do direito.

A: Incorreta, pois existem quatro hipóteses de concessão de tutela de evidência (CPC, art. 311), e uma delas é o abuso de direito de defesa ou manifesto propósito protelatório. **B:** Incorreta, porque a lei processual não prevê um rol taxativo de situações em que cabível a tutela provisória, mas sim dois requisitos (CPC, art. 300). **C:** Incorreta, considerando que a tutela provisória poderá ser a qualquer tempo revogada ou modificada (CPC, art.296). **D:** Incorreta, pois também pode ser concedida liminarmente (CPC, art. 300, § 2º). **E:** Correta, sendo essa a previsão legal para tutela de urgência cautelar (CPC, art. 301). 🔲
Gabarito "E".

Alexandre possui contrato de plano de saúde com uma empresa e, em razão da negativa de autorização para realização de determinada cirurgia, ajuizou ação contra ela.

Em sua petição inicial, deduziu pedido único principal objetivando a referida autorização e requereu a con-

cessão de tutela provisória de urgência satisfativa, em caráter incidental. O juiz concedeu a tutela provisória, determinando seu cumprimento imediato.

Realizada a cirurgia, foi marcada audiência inicial de conciliação, oportunidade em que o autor apresentou pedido de desistência da ação, sob o argumento de que houvera perda de objeto. Por esse motivo, o magistrado prolatou sentença terminativa, sem resolução de mérito. Posteriormente, a empresa apresentou, no mesmo processo, pedido de ressarcimento referente ao valor gasto com a cirurgia.

(Promotor de Justiça/CE – 2020 – CESPE/CEBRASPE) Nessa situação hipotética, a empresa

(A) tem direito ao ressarcimento pleiteado: a responsabilidade do autor pelo prejuízo do réu é de natureza objetiva e, se possível, a indenização deverá ser liquidada no processo em que a medida havia sido concedida.

(B) tem direito ao ressarcimento pleiteado: a responsabilidade do autor pelo prejuízo do réu é de natureza subjetiva e, se possível, a indenização deverá ser liquidada no processo em que a medida havia sido concedida.

(C) tem direito ao ressarcimento pleiteado: a responsabilidade do autor pelo prejuízo do réu é de natureza objetiva, sendo vedada a cobrança da indenização no mesmo processo em que a medida havia sido concedida.

(D) tem direito ao ressarcimento pleiteado: a responsabilidade do autor pelo prejuízo do réu é de natureza subjetiva, sendo vedada a cobrança da indenização no mesmo processo em que a medida havia sido concedida.

(E) não tem direito ao ressarcimento, porque somente existiria responsabilidade do autor se tivesse sido prolatada sentença de mérito pela improcedência do pedido.

A questão trata da tutela provisória, tema com muitas polêmicas no Código. E o enunciado foi expresso ao apontar a situação de extinção *sem resolução do mérito*. Assim, a análise será feita com base nessa situação.
A: Correta. Como não houve o aditamento da inicial (CPC, art. 303, § 2º), o processo foi extinto sem mérito. Nesse caso, por expressa previsão legal, deve haver ressarcimento dos prejuízos (CPC, art. 302), a ser "liquidada nos autos em que a medida tiver sido concedida, sempre que possível" (CPC, art. 302, parágrafo único); **B:** Incorreta, porque a responsabilidade será objetiva (CPC, art. 302); **C:** Incorreta, porque a indenização, sempre que possível, será liquidada nos próprios autos em que a medida tiver sido concedida (CPC, art. 302, parágrafo único); **D:** Incorreta, pois a responsabilidade será objetiva (CPC, art. 302), e a indenização será liquidada nos próprios autos, sempre que possível (CPC, art.302, p. único); **E:** Incorreta, considerando que a parte terá direito ao ressarcimento não apenas no caso de improcedência, mas nas hipóteses previstas no art. 302 do CPC. 🔲
Gabarito "A".

(Juiz de Direito – TJ/AL – 2019 – FCC) A tutela da evidência

(A) em nenhuma hipótese admite concessão de liminar judicial.

(B) depende de demonstração de perigo de dano iminente.

(C) depende de demonstração de risco ao resultado útil do processo.

(D) não pode ser concedida se dependente de prova documental dos fatos constitutivos do direito do autor, ainda que o réu não oponha objeção capaz de gerar dúvida razoável.

(E) será concedida, entre outras hipóteses, se se tratar de pedido reipersecutório fundado em prova documental adequada do contrato de depósito, caso em que será decretada a ordem de entrega do objeto custodiado, sob cominação de multa.

A: incorreta, pois cabe liminar de tutela de evidência, salvo quando há, obrigatoriamente, necessidade de prévia manifestação da parte contrária, nos casos de (i) abuso do direito de defesa ou manifesto propósito protelatório, e (ii) inicial instruída com prova documental a que o réu não oponha prova capaz de gerar dúvida razoável (CPC, art. 311, parágrafo único); **B:** incorreta, pois a concessão da tutela de evidência independe da existência de perigo de dano – a ausência de urgência é exatamente o que diferencia a tutela de urgência da tutela de evidência (CPC, art. 311); **C:** incorreta, conforme exposto em "B" (perigo de dano e risco são os termos para urgência usados no Código); **D:** incorreta, já que essa é uma das hipóteses autorizadoras da concessão (CPC, art. 311, IV); **E:** correta, sendo essa a tutela de evidência fundada em contrato de depósito (CPC, art. 311, III). 🄛
Gabarito "E".

(Promotor de Justiça/SP – 2019 – MPE/SP) A tutela da evidência será concedida, independentemente da demonstração de perigo de dano ou de risco ao resultado útil do processo. Poderá ser concedida liminarmente quando

(A) ficar caracterizado o abuso do direito de defesa ou o manifesto propósito protelatório da parte.

(B) se tratar de pedido reipersecutório fundado em prova testemunhal adequada do contrato de depósito, caso em que será decretada a ordem de entrega do objeto custodiado, sob cominação de multa.

(C) as alegações de fato puderem ser comprovadas apenas documentalmente e houver tese firmada em julgamento de casos repetitivos ou em súmula vinculante.

(D) a petição inicial for instruída com prova documental suficiente dos fatos constitutivos do direito do autor, a que o réu não oponha prova capaz de gerar dúvida razoável.

(E) se tratar de pedido possessório fundado em prova documental adequada, caso em que será decretada a ordem de reintegração ou manutenção da posse, sob cominação de multa.

A: Incorreta, pois não há como se falar em abuso de direito de defesa (que depende de atuação do réu) em sede liminar (CPC, art. 311, p. único); **B:** Incorreta, pois cabe tutela de evidência em pedido reipersecutório fundado em prova *documental* (CPC, art. 311, III); **C:** Correta, pois esse é o caso do art. 311, II – hipótese em que cabe concessão liminar (CPC, art. 311, p. único); **D:** Incorreta, pois, tal qual no caso de "a", depende de atuação do réu, de modo que descabe a liminar (CPC, art. 311, p. único); **E:** Incorreta, pois essa nem é uma hipótese de cabimento da tutela de evidência – mas só as 4 anteriores (CPC, art. 311). 🄛
Gabarito "C".

(Delegado - PC/BA - 2018 - VUNESP) As tutelas requeridas ao Poder Judiciário podem ter caráter definitivo ou provisório. No que diz respeito à tutela provisória de urgência, é correto afirmar que

(A) a tutela antecipada e a de evidência são suas espécies.

(B) quando requerida em caráter incidental, exige o pagamento de custas.

(C) a sua efetivação observará as normas referentes ao cumprimento definitivo da sentença.

(D) pode ser concedida liminarmente ou após justificação prévia.

(E) quando antecedente, como regra, será requerida ao juiz do foro do domicílio do autor.

A: Incorreta, tendo em vista que (i) o gênero é a tutela provisória, que (ii) se subdivide em duas espécies: tutela de urgência e evidência (CPC, art. 294), sendo que (iii) a tutela de urgência da tutela divide nas subespécies tutela antecipada e a tutela cautelar (CPC, art. 294, parágrafo único); **B:** Incorreta, porque a tutela provisória, requerida em caráter incidental, independe do recolhimento de custas (CPC, art. 295); **C:** Incorreta, considerando o caráter precário da tutela provisória, sua efetivação observará as normas para cumprimento provisório de sentença (CPC, art. 297, parágrafo único); **D:** Correta (CPC, art. 300, § 2º); **E:** Incorreta, porque, quando antecedente, deve ser requerida perante o juízo competente para apreciação do pedido principal (CPC, art. 299). 🄛
Gabarito "D".

(Escrevente - TJ/SP - 2018 - VUNESP) Se a tutela antecipada for concedida nos casos em que a urgência for contemporânea à propositura da ação e a petição inicial limitar-se ao requerimento da tutela antecipada e à indicação do pedido de tutela final, com a exposição da lide, do direito que se busca realizar e do perigo de dano ou do risco ao resultado útil do processo, e a decisão se tornar estável, o juiz deverá

(A) mandar emendar a inicial.

(B) suspender a ação até seu efetivo cumprimento.

(C) julgar extinto o processo.

(D) determinar a contestação da ação.

(E) sanear o feito.

A: Incorreta, porque a estabilização da tutela pressupõe (i) que não haja a emenda da inicial para o pedido final e (ii) que o réu não tenha recorrido da decisão via agravo de instrumento (CPC, art. 304); **B:** Incorreta, considerando que a estabilização da tutela acarreta a extinção do feito e não sua suspensão (CPC, art. 304, § 1º); **C:** Correta, pois com a estabilização há a extinção do processo com acolhimento do pedido de tutela antecipada (CPC, art. 304, § 1º); **D:** Incorreta, porque, com a estabilização da tutela, não será oportunizado o oferecimento de contestação, pois o processo será extinto (CPC, art. 304); **E:** Incorreta, vide justificativa para a alternativa "B" (CPC, art. 304, § 1º). 🄛
Gabarito "C".

(Defensor Público – DPE/PR – 2017 – FCC) Com base no Código de Processo Civil de 2015, a respeito da tutela provisória, é correto afirmar:

(A) É vedada a exigência de recolhimento de custas para apreciar requerimento de tutela provisória incidental, cuja decisão, se assim subordiná-lo, é recorrível por meio de agravo de instrumento.

(B) A tutela provisória de urgência, assim como a tutela provisória de evidência, pode ser concedida em caráter antecedente ou incidente.

(C) É cabível ação rescisória no prazo decadencial de dois anos da decisão que estabiliza os efeitos da tutela antecipada.

(D) A tutela de evidência prescinde de risco ao resultado útil do processo e do perigo de dano, e poderá ser

2. DIREITO PROCESSUAL CIVIL

concedida de maneira liminar quando ficar caracterizado o abuso do direito de defesa.

(E) Na denunciação da lide, fica vedada a concessão de tutela provisória quando o denunciante for o réu.

A: Correta. A tutela provisória pleiteada durante processo que já tramita, independe de recolhimento de custas (CPC, art. 295). E da decisão relativa à tutela provisória (qualquer que seja o tema), cabível agravo de instrumento (CPC, art. 1.015, I); **B:** Incorreta pela letra da lei, pois o art. 294, parágrafo único do CPC aponta que a tutela provisória de *urgência* pode ser deferida em caráter antecedente ou incidental (de qualquer forma, há quem sustente que também possível a concessão de tutela de evidencia antecedente e incidental – mas, reitere-se, não é o que consta expressamente da legislação); **C:** Incorreta, pois a legislação não denomina de AR a ação que busca debater a tutela antecipada estabilizada (CPC, art. 304, § 6°); **D:** Incorreta, pois a tutela de evidência é, exatamente, a liminar *sem* a necessidade de urgência, mas fundada apenas no direito evidente (CPC, art. 311); **E:** Incorreta, por ausência de previsão legal nesse sentido. 🅛🅓
Gabarito "A".

(Procurador Municipal – Prefeitura/BH – CESPE – 2017) A respeito da tutela provisória, assinale a opção correta.

(A) Em caso de tutela provisória antecipada requerida em caráter antecedente, as despesas processuais de preparo serão comprovadas quando do aditamento do pedido de tutela definitiva, momento em que a parte deverá indicar o valor atribuído à causa.

(B) Estando o processo no tribunal para julgamento de recurso, a competência para analisar pedido de tutela provisória será do juízo que tiver julgado originariamente a causa.

(C) O juiz poderá exigir, para a concessão de liminar de tutela provisória de urgência, a prestação de caução a ser garantida pelo requerente, salvo no caso de hipossuficiência econômica, situação em que tal garantia poderá ser dispensada.

(D) Concedida a tutela provisória antecipada em caráter antecedente, caso o autor não promova o aditamento da petição inicial com o pedido de confirmação de tutela definitiva dentro do prazo legal, o processo será extinto sem resolução de mérito, e a liminar será revogada.

A: incorreta, pois o valor da causa e custas constarão da petição inicial que trouxer a tutela antecipada antecedente (CPC, art. 303, § 3°); **B:** incorreta, porque em regra, existindo recurso, a tutela de urgência é pleiteada ao órgão que julgará o recurso (CPC, art. 299, parágrafo único); **C:** correta, sendo esse a expressa previsão legal (CPC, art. 300, § 1° Para a concessão da tutela de urgência, o juiz pode, conforme o caso, exigir caução real ou fidejussória idônea para ressarcir os danos que a outra parte possa vir a sofrer, podendo a caução ser dispensada se a parte economicamente hipossuficiente não puder oferecê-la); **D:** incorreta, pois o aditamento não é só para a confirmação da tutela definitiva (CPC, art. 303, § 1°, I – o autor deverá aditar a petição inicial, com a complementação de sua argumentação, a juntada de novos documentos e a confirmação do pedido de tutela final, em 15 (quinze) dias ou em outro prazo maior que o juiz fixar) – porém, a alternativa não está efetivamente incorreta, mas sim incompleta, de modo que poderia se discutir se efetivamente errada. 🅛🅓
Gabarito "C".

(Juiz – TJSP – 2017) A tutela provisória de urgência:

(A) não pode ser concedida na sentença porque, do contrário, a tutela perderia a natureza de provisória.

(B) só pode ser determinada pelo juiz estatal e não pelo árbitro, uma vez que falta a esse último poder de coerção para efetivar a medida.

(C) exige, além do perigo da demora, prova pré-constituída das alegações de fato em que se funda o autor.

(D) quando requerida na forma de tutela cautelar antecedente, poderá ser apreciada como tutela antecipada, caso o juiz entenda que essa é sua verdadeira natureza.

A: incorreta, pois a tutela de urgência pode ser proferida a qualquer momento, desde que presentes seus requisitos (CPC, art. 300); **B:** incorreta, pois se entende que árbitro pode conceder tutela de urgência – mas a efetivação é realizada pelo juiz estatal; **C:** incorreta, pois é possível que haja audiência de justificação quanto à probabilidade do direito (CPC, art. 300, § 2°); **D:** correta, pois o sistema prevê a fungibilidade entre cautelar e tutela antecipada (CPC, art. 305, parágrafo único). 🅛🅓
Gabarito "D".

(Juiz – TRF 2ª Região – 2017) Marque a opção correta:

(A) O requerente de tutela de urgência, desde que esteja de boa-fé, não responde pela reparação de eventual prejuízo que a efetivação da medida, mais tarde revogada pela sentença definitiva, tenha causado à contraparte.

(B) Se ocorrer a cessação da eficácia da medida, a parte requerente responde pelo prejuízo que a efetivação da tutela de urgência cause à parte adversa.

(C) Os valores de benefício previdenciário recebido por força de tutela antecipada posteriormente revogada pela sentença (que transita em julgado) não devem ser devolvidos.

(D) Em hipótese na qual ocorreu, sem caução, o cumprimento provisório de sentença, e depois provimento do recurso – que não tinha efeito suspensivo –, o juiz deve verificar o caso concreto e, com equidade, distribuir os prejuízos entre as partes.

(E) Nas hipóteses nas quais, no cumprimento provisório, o CPC prevê a dispensa de caução, é vedado ao juiz exigi-la.

A: incorreta, pois há previsão legal em sentido inverso, no sentido de que a parte responde (CPC, art. 302, I); **B:** correta (CPC, art. 302, I); **C:** incorreta, pois revogada a tutela antecipada, a situação volta ao *status quo ante*; **D:** incorreta, considerando o exposto nas alternativas anteriores, sendo certo que compete ao autor arcar com esse prejuízo; **E:** incorreta, sempre sendo possível ao juiz, à luz do caso concreto, fixar caução. 🅛🅓
Gabarito "B".

(Juiz – TJ-SC – FCC – 2017) Em relação às tutelas provisórias, de urgência e da evidência, considere os enunciados seguintes:

I. A tutela provisória de urgência, se cautelar, só pode ser concedida em caráter antecedente, podendo a qualquer tempo ser revogada ou modificada.

II. A tutela de urgência de natureza cautelar pode ser efetivada mediante arresto, sequestro, arrolamento de bens, registro de protesto contra alienação de bem e qualquer outra medida idônea para asseguração do direito.

III. Entre outros motivos, a tutela da evidência será concedida, independentemente da demonstração de perigo de dano ou de risco ao resultado útil do processo, se se tratar de pedido reipersecutório fundado em prova documental adequada do contrato de depósito, caso em que será decretada a ordem de entrega do objeto custodiado, sob cominação de multa.

IV. Para a concessão da tutela de urgência, o juiz deve, conforme o caso, exigir caução real ou fidejussória idônea para ressarcir os danos que a outra parte possa vir a sofrer, só podendo a garantia ser dispensada se os requerentes da medida forem menores ou idosos com mais de sessenta anos.

Está correto o que se afirma APENAS em:

(A) II e III.

(B) I e II.

(C) I, II e IV.

(D) II, III e IV.

(E) I, II e III.

I: incorreta, pois a tutela cautelar (como a tutela antecipada) pode ser concedida de forma antecedente ou incidental (CPC, art. 294, parágrafo único.); II: correta, sendo essas as hipóteses mencionadas na lei (CPC, art. 301); III: correta, sendo essa uma das hipóteses mencionadas na lei (CPC, 311, III); IV: incorreta, porque a caução fica a critério do juiz conforme o caso concreto – não conforme a idade da parte (CPC, art. 300, § 1º, que também prevê que a caução pode ser "dispensada se a parte economicamente hipossuficiente não puder oferecê-la"). [LD]

Gabarito "A".

9. PROCESSO DE CONHECIMENTO

9.1. PETIÇÃO INICIAL

(Juiz de Direito/GO – 2021 – FCC) Mévio vendeu um carro a Tício, que se obrigou a pagá-lo em vinte e quatro prestações mensais sucessivas. No quarto mês, porém, Tício caiu em inadimplência, razão pela qual Mévio ajuizou ação de cobrança do débito vencido, a qual foi julgada procedente.

Na sentença, o juiz, além dos consectários compreendidos no pedido, deverá condenar Tício ao pagamento

(A) apenas do débito vencido, sobre pena de a sentença ser considerada *ultra petita*.

(B) do débito vencido e das prestações vincendas, enquanto durar a obrigação, ainda que Mévio não as tenha pedido expressamente, se, no curso do processo, não forem pagas nem consignadas.

(C) apenas do débito vencido, pois é vedado ao juiz proferir sentença genérica.

(D) apenas do débito vencido, sob pena de a sentença ser considerada *extra petita*.

(E) do débito vencido e das prestações que se vencerem até a citação, ainda que Mévio não as tenha pedido expressamente, se, no curso do processo, não forem pagas nem consignadas.

Comentário: A: incorreta, pois as prestações vincendas (que vencem durante a tramitação do processo) devem ser incluídas na condenação, mesmo que não haja pedido – trata-se de expressa previsão legal, sendo que as parcelas vincendas são consideradas como pedidos implícitos (CPC, arts. 323 e 492); B: correta, considerando o exposto em "A" (CPC, art. 323); C: incorreta, porque a inclusão das parcelas vincendas não faz a sentença genérica, considerando que o objeto da ação é o cumprimento de obrigação de pagar em parcelas sucessivas

(CPC, 323); D: incorreta, já que não se trata de condenação do réu em objeto diverso do pedido - as parcelas vincendas são consideradas como pedidos implícitos (CPC, arts. 323 e 492); E: incorreta, uma vez que as parcelas vincendas serão incluídas na condenação enquanto durar a obrigação (CPC, art. 323). [LD]

Gabarito "B".

(Juiz de Direito/GO – 2021 – FCC) O valor da causa

(A) é utilizado, qualquer que seja, como base de cálculo para fixação dos honorários advocatícios, nas causas em que impossível mensurar o proveito econômico.

(B) pode ser meramente estimado, e não o da condenação pretendida, nas ações nas quais se pede compensação por dano moral.

(C) constitui matéria dispositiva, não podendo ser alterado, a pedido da parte nem de ofício, se não constar de impugnação, em preliminar de contestação.

(D) corresponde à somatória dos pedidos principal e subsidiário, nas ações que contenham pedidos principal e subsidiário.

(E) deve levar em consideração o pedido de tutela final, no procedimento de tutela antecipada requerida em caráter antecedente.

Comentário: A: incorreta, porque sendo o valor do proveito econômico irrisório ou inestimável, ou quando o valor da causa for muito baixo, o juiz fixará honorários por apreciação equitativa (CPC, art. 85, §8º); B: questão polêmica e ainda aberta na jurisprudência do STJ é saber se possível pedido genérico de dano moral; de qualquer forma, pela letra da lei, a alternativa deve ser entendida como incorreta, tendo em vista que, nas ações de indenização por dano moral, o valor da causa será o valor pretendido (CPC, art. 292, V); C: incorreta, pois o valor da causa pode ser modificado, de ofício, pelo juiz, quando não corresponder ao conteúdo patrimonial em discussão ou ao proveito econômico (CPC, art. 292, §3º); D: incorreta, visto que, nas ações em que há pedido subsidiário, o valor da causa será o do pedido principal (CPC, art. 292, VIII); E: correta, sendo essa a expressa previsão legal (CPC, art. 303, §4º). [LD]

Gabarito "E".

(Juiz de Direito – TJ/MS – 2020 – FCC) No tocante à citação, é correto afirmar:

(A) a interrupção da prescrição, operada pelo despacho que ordena a citação, retroagirá à data da prática do fato que originou a demanda.

(B) quando frustrada a citação pessoal, por meio de oficial de justiça, esta far-se-á por via postal e, mostrando-se infrutífera, por edital.

(C) a citação válida, salvo se ordenada por juízo incompetente, induz litispendência, torna litigiosa a coisa e constitui em mora o devedor.

(D) não se fará citação quando se verificar que o citando é mentalmente incapaz ou está impossibilitado de recebê-la.

(E) a citação será sempre pessoal, salvo exclusivamente a feita na pessoa do curador do incapaz.

A: Incorreta, pois retroagirá à data de propositura da ação (CPC, art. 240, § 1º). B: Incorreta, porque o critério para citar por edital não é, apenas, a citação anterior infrutífera, mas sim o fato de o réu estar em local "ignorado, incerto ou inacessível" (CPC, art. 256, II). C: Incorreta, pois a citação, ainda que ordenada por *juízo incompetente*, induz litispendência, torna litigiosa a coisa e constitui em mora o devedor (CPC, art. 240). D: Correta, por expressa previsão legal, caso

2. DIREITO PROCESSUAL CIVIL   101

em que o "oficial de justiça descreverá e certificará minuciosamente a ocorrência" devolverá o mandado e o juiz determinará a realização de perícia médica (CPC, art. 245, *caput* e §§). **E:** Incorreta, considerando que a citação também não será pessoal, por exemplo, na hipótese do procurador habilitado a receber citação em nome da parte que assiste (CPC, art. 105, *caput*). ⬛

Gabarito "D".

(Juiz de Direito – TJ/AL – 2019 – FCC) Considere os enunciados seguintes, referentes à petição inicial:

I. Na ação que tiver por objeto cumprimento de obrigação em prestações sucessivas, essas serão consideradas incluídas no pedido, independentemente de declaração expressa do autor, e serão incluídas na condenação, enquanto durar a obrigação, se o devedor, no curso do processo, deixar de pagá-las ou de consigná-las.

II. O pedido deve ser determinado, sendo lícito porém formular pedido genérico somente se não for possível determinar, desde logo, as consequências do ato ou do fato, ou ainda, nas ações universais, se o autor não puder individuar os bens demandados.

III. É lícita a cumulação em um único processo, contra o mesmo réu, de vários pedidos, desde que entre eles haja conexão ou continência.

IV. Na obrigação indivisível com pluralidade de credores, aquele que não participou do processo receberá sua parte, deduzidas as despesas na proporção de seu crédito.

Está correto o que se afirma APENAS em

(A) II e III.

(B) II e IV.

(C) I, II e III.

(D) I e IV.

(E) I, III e IV.

I: correta, conforme expressa previsão legal (CPC, art. 323); **II:** incorreta, porque, além das hipóteses descritas, é lícito também formular pedido genérico quando a determinação do objeto ou do valor da condenação depender de ato que se deve ser praticado pelo réu (CPC, art. 324, §1º, III); **III:** incorreta, pois é possível a cumulação de pedidos, ainda que entre eles *não haja* conexão – contanto que os pedidos sejam compatíveis entre si, o mesmo juízo seja competente para julgar todos e o tipo de procedimento seja adequado para todos (CPC, art. 327, §1º); **IV:** correta, conforme expressa previsão legal (CPC, art. 328). ⬛

Gabarito "D".

(Juiz de Direito – TJ/BA – 2019 – CESPE/CEBRASPE) De acordo com o CPC, na ação em que houver pedido subsidiário, o valor da causa corresponderá

(A) à soma dos valores dos pedidos principal e subsidiário.

(B) ao pedido de maior valor, entre o principal e o subsidiário.

(C) à média dos valores dos pedidos principal e subsidiário.

(D) ao valor do pedido principal.

(E) ao valor de qualquer dos pedidos, principal ou subsidiário, desde que a diferença dos seus valores seja de até 5%.

A: errada, já que o valor da causa corresponderá à soma dos valores dos pedidos, no caso de *cumulação simples* (CPC, art. 292, VI); **B:** errada, pois o valor da causa corresponderá ao pedido de maior valor no caso de *pedido alternativo* (CPC, art. 292, VII); **C:** errada, porque,

na hipótese de pedido subsidiário, o valor da causa corresponderá ao valor do *pedido principal* (CPC, art. 292, VIII); **D:** certa, conforme expressa previsão legal (CPC, art. 292, VIII); **E:** errada, tendo em vista não existir essa previsão no CPC. ⬛

Gabarito "D".

(Juiz de Direito – TJ/BA – 2019 – CESPE/CEBRASPE) A respeito da petição inicial de ação civil, julgue os itens a seguir.

I. Ainda que, para atender os requisitos da petição inicial, o autor requeira uma diligência excessivamente onerosa, é vedado ao juiz indeferir a inicial sob esse fundamento.

II. Ao contrário da ausência da indicação dos fundamentos jurídicos do pedido, a falta de indicação dos fatos acarreta o indeferimento de plano da inicial.

III. Não lhe sendo possível obter o nome do réu, o autor poderá indicar as características físicas do demandado, o que, se viabilizar a citação deste, não será causa de indeferimento da inicial.

IV. Se a ação tiver por objeto a revisão de obrigação decorrente de empréstimo, o autor deverá, sob pena de inépcia, discriminar na inicial, entre as obrigações contratuais, aquelas que pretende controverter, além de quantificar o valor incontroverso do débito.

Estão certos apenas os itens

(A) I e II.

(B) I e IV.

(C) III e IV.

(D) I, II e III.

(E) II, III e IV.

I: errada, já que a possibilidade de autor requerer diligências se refere especificamente à qualificação das partes (CPC, art. 319, II e §§1º ao 3º), sendo em regra dever do autor buscar as informações para o ajuizamento da inicial – de modo que possível ao juiz indeferir a petição inicial caso não presentes os requisitos; **II:** errada, pois constitui requisito da petição inicial a apresentação dos fatos e do fundamento jurídico do pedido (causa de pedir), sob pena de indeferimento da inicial (CPC, arts. 319, III e 321); **III:** certa, conforme expressa previsão legal, considerando que a falta de informações sobre a qualificação do réu não será causa de indeferimento da inicial, se, ainda assim, for possível sua citação (CPC, art. 319, II, §2º); **IV:** certa, conforme expressa previsão legal (CPC, art. 330, §2º). ⬛

Gabarito "C".

(Juiz – TJSP – 2017) Quanto à petição inicial, no procedimento comum,

(A) o autor tem o ônus de alegar eventual desinteresse na designação de audiência de conciliação ou mediação, sob pena de ser presumido seu interesse na tentativa de autocomposição.

(B) ela será inepta e, como tal, deverá ser indeferida se o juiz verificar desde logo a ocorrência de prescrição ou decadência.

(C) o autor, depois da citação, poderá aditar ou alterar o pedido ou causa de pedir, hipótese em que, desde que assegurado o contraditório mediante a possibilidade de manifestação no prazo mínimo de quinze (15) dias, não será exigido consentimento do demandado.

(D) o autor poderá cumular pedidos, desde que haja conexão entre eles.

A: correta, pois existe a presunção de interesse na audiência, considerando que a lei prevê a não realização do ato apenas se "ambas as partes manifestarem expressamente" (CPC, art. 334, § 4º); **B:** incorreta, pois o CPC traz como consequência da prescrição a improcedência liminar (CPC, art. 332, § 1º), não a inépcia; **C:** incorreta, porque para alterar a causa de pedir, necessário o consentimento do réu (CPC, art. 329, II); **D:** incorreta, pois cabe cumulação de pedidos mesmo sem conexão entre eles (CPC, art. 327). LD

Gabarito "A".

9.2. DEFESA E REVELIA

(Juiz de Direito/GO – 2021 – FCC) A reconvenção

(A) prossegue mesmo que ocorra causa extintiva que impeça o exame de mérito da ação principal.

(B) dispensa a atribuição de valor à causa.

(C) pode ser proposta apenas pelo réu contra o próprio autor.

(D) não leva, se improcedente, à condenação em honorários advocatícios, os quais são devidos apenas pela procedência do pedido principal.

(E) só pode ser proposta se oferecida contestação.

Comentário: **A:** correta, por expressa previsão legal (CPC, art. 343, §2º); **B:** incorreta, pois deve ser atribuído valor da causa à reconvenção (CPC, art. 292); **C:** incorreta, já que se admite reconvenção proposta contra o autor e terceiro (CPC, art. 343, §3º); **D:** incorreta, porque são devidos honorários advocatícios na reconvenção (CPC, art. 85, §1º); **E:** incorreta, visto que – ainda que não seja comum no cotidiano forense – o réu pode propor reconvenção independentemente de contestação (CPC, art. 343, §6º). LD

Gabarito "A".

(Defensor Público – DPE/SC – 2017 – FCC) Na hipótese de ser concedida gratuidade da justiça quando do recebimento da petição inicial, o réu poderá impugnar esta decisão

(A) em preliminar de contestação, sem a instauração de incidente apartado.

(B) por agravo de instrumento, sob pena de preclusão.

(C) mediante petição própria que instaura incidente apartado de impugnação à concessão da gratuidade da justiça.

(D) por simples petição, no prazo de quinze dias a partir da data da citação, sob pena de preclusão.

(E) por simples petição e a qualquer tempo do processo, uma vez que o deferimento da gratuidade não gera preclusão.

A: Correta, sendo essa a forma prevista em lei para impugnar a gratuidade deferida (CPC, art. 100); **B:** Incorreta, pois pelo sistema processual, antes de agravar, a parte deve discutir perante o próprio juízo que deferiu a gratuidade; **C:** Incorreta, considerando o exposto em "A"; **D:** Incorreta, considerando o exposto em "A"; **E:** Incorreta, pois o prazo para impugnar é de 15 dias (CPC, art. 100). LD

Gabarito "A".

(Defensor Público – DPE/SC – 2017 – FCC) João Haroldo procura a defensoria pública com a finalidade de deduzir pretensão de danos materiais e morais em face de uma empresa de cartões de crédito e do banco que comercializa o cartão, em razão de cobranças indevidas. O defensor ajuíza, por meio eletrônico, petição inicial que segue o procedimento comum. A empresa de cartões foi citada, sendo a carta com aviso de recebimento juntada aos autos no dia 23 de janeiro de 2017 (segunda-feira). O banco, por seu turno, foi citado e houve juntada do comprovante postal no dia 02 de fevereiro de 2017 (quinta-feira). No dia 1º de março de 2017 (quarta-feira), a empresa de cartões protocolou petição manifestando desinteresse na realização de audiência de tentativa de conciliação. Em 12 de maio de 2017 (sexta-feira), ocorreu a audiência de tentativa de conciliação, que contou com a participação do autor e do banco, ausente a administradora de cartões, sendo ao final infrutífera a tentativa de autocomposição. Os demandados contam com advogados de escritórios distintos. Considerando os prazos previstos no atual CPC, considerando a situação hipotética de inexistência de qualquer feriado (nacional ou local) no decurso do prazo, é correto dizer que o último dia do prazo para a resposta da administradora de cartões foi

(A) 22 de março de 2017.

(B) 23 de junho de 2017.

(C) 13 de fevereiro de 2017.

(D) 2 de junho de 2017.

(E) 23 de fevereiro de 2017.

Tratando-se de processo eletrônico, não há prazo em dobro, ainda que litisconsortes com advogados distintos (CPC, art. 229). Assim, o prazo para contestar é de 15 dias após a audiência (CPC, art. 335, I). LD

Gabarito "D".

9.3. PROVA E INSTRUÇÃO PROBATÓRIA

(Juiz de Direito/AP – 2022 – FGV) Em uma demanda entre particulares na qual se discute a metragem de um imóvel para fins de acertamento de um direito, as partes somente protestaram por provas orais. O juiz, de ofício, determinou a produção de prova pericial e documental, para exercer seu juízo de mérito sobre a causa.

Nesse cenário, pode-se afirmar que o julgador agiu de forma:

(A) correta, uma vez que cabe ao juiz, de ofício ou a requerimento da parte, determinar as provas necessárias ao julgamento do mérito;

(B) incorreta, uma vez que viola o princípio da inércia, já que cabe às partes a iniciativa da produção probatória de seus direitos;

(C) incorreta, uma vez que o julgamento deve ser feito de acordo com as provas produzidas nos autos, não se admitindo ao juiz determinar as provas;

(D) correta, pois só cabe ao julgador verificar a quem ele deve atribuir o ônus da prova, não sendo mais ônus do autor a prova do seu direito;

(E) incorreta, uma vez que cabe ao réu a prova de que a afirmativa do autor sobre a metragem do imóvel não representa a veracidade dos fatos.

Comentário: **A:** correta, considerando os poderes instrutórios do juiz (CPC, art. 370); **B:** incorreta, pois é admitido que o juiz determine a produção de provas de ofício, caso as provas pleiteadas pelas partes não sejam suficientes para esclarecer os fatos, sem que isso viole os princípios da imparcialidade e da inércia do juízo (CPC, art. 370); **C:** incorreta, já que o juiz pode determinar a produção de outras provas que julgar necessárias ao julgamento do mérito (CPC, art. 370); **D:** incorreta, pois não estamos diante de uma situação de ônus da prova, mas de poderes instrutórios do juiz (CPC, art. 370); **E:** incorreta, independentemente do ônus probatório do réu, o juiz tem poderes instrutórios para buscar a verdade dos fatos (CPC, art. 370). LD

Gabarito "A".

2. DIREITO PROCESSUAL CIVIL

(Juiz de Direito/GO – 2021 – FCC) Acerca das provas, considere:

I. Para que seja aplicada, a pena de confesso demanda prévia intimação pessoal para o depoimento pessoal.

II. O juiz não pode indeferir a prova testemunhal ainda que os fatos hajam sido confessados.

III. O perito pode escusar-se da nomeação, caso em que o juiz nomeará novo perito.

IV. Findo o depoimento, a parte poderá contraditar a testemunha.

Está correto o que se afirma APENAS em

(A) I.

(B) I, II e III.

(C) II, III e IV.

(D) I e III.

(E) II e IV.

Comentário: I: correta, pois somente se a parte for intimada a comparecer à audiência é que possível se falar em pena de confesso (CPC, art. 385, §1º); II: incorreta, pois o juiz pode indeferir a prova testemunhal para prova de fatos já provados por confissão da parte (CPC, art. 443, I); III: correta, por expressa previsão legal (CPC, art. 467); IV: incorreta, visto que a parte poderá contraditar a testemunha *antes* do depoimento iniciar, sob pena de preclusão (CPC, art. 457, §1º). LD

Gabarito "D".

(Juiz de Direito – TJ/SC – 2019 – CESPE/CEBRASPE) No que se refere à arguição de falsidade como instrumento processual para impugnação de documentos, assinale a opção correta.

(A) A falsidade documental pode ser suscitada em contestação, na réplica ou no prazo de dez dias úteis, contado a partir da intimação da juntada do documento aos autos.

(B) O STJ pacificou o entendimento de que a arguição de falsidade é o meio adequado para impugnar a falsidade material do documento, mas não de falsidade ideológica.

(C) Após os momentos processuais da contestação e da réplica, se arguida a falsidade, esta será autuada como incidente em apartado e, nesse caso, o juiz suspenderá o processo principal.

(D) Após a instauração do procedimento de arguição de falsidade, a outra parte deverá ser ouvida em quinze dias e, então, não será admitida a extinção prematura do feito sem o exame pericial do documento, mesmo que a parte concorde em retirá-lo dos autos.

(E) Uma vez arguida, a falsidade documental será resolvida como questão incidental; contudo, é possível que a parte suscitante requeira ao juiz que a decida como questão principal, independentemente de concordância da parte contrária.

A: incorreta, pois o prazo para suscitar a falsidade é de 15 dias úteis (CPC, art. 430); B: incorreta, tendo em vista que o STJ admite a arguição de falsidade ideológica, desde que a declaração de falsidade não importe em desconstituição da situação jurídica discutida; C: incorreta, já que a falsidade será, em regra, resolvida como questão incidental (e não em incidente apartado), além disso, não haverá suspensão do processo (CPC, art. 430, p.u.); D: incorreta, porque se a parte que produziu o documento concordar em retirá-lo, não será realizado o exame pericial (CPC, art. 432, p.u.); E: correta (CPC, art. 430, p.u.) – e nesse caso haverá coisa julgada. LD

Gabarito "E".

(Promotor de Justiça/SP – 2019 – MPE/SP) Assinale a alternativa **INCORRETA.**

(A) A legislação processual civil, como regra, distribui estaticamente o ônus da prova entre as partes.

(B) A legislação processual civil adotou a possibilidade de aplicação da teoria da distribuição dinâmica do ônus da prova.

(C) O juiz não pode aplicar as regras de experiência comum subministradas pela observação do que ordinariamente acontece.

(D) As partes podem convencionar a distribuição diversa do ônus da prova, desde que não envolva direito indisponível e não torne excessivamente difícil o exercício do direito por uma delas.

(E) O juiz pode aplicar as regras de experiência técnica, ressalvado o exame pericial.

A: Correta. A teoria da distribuição estática da prova estabelece que, em regra, "quem alega, prova" (ou seja: recai ao autor o ônus de provar os fatos constitutivos de seu direito e ao réu o ônus de comprovar os fatos impeditivos, extintivos ou modificativos do direito dos autos – CPC, art. 373, I e II); B: Correta, a teoria da "distribuição dinâmica do ônus da prova" permite ao juiz alterar o ônus da prova (por isso não mais estático), diante das hipóteses previstas em lei ou peculiaridades da causa (CPC, art. 373, § 1º); C: Incorreta, devendo esta ser assinalada. O juiz *aplicará* as regras de experiência comum subministradas pela observação do que ordinariamente aconteceu (CPC, art. 375) – como, por exemplo, de ser o responsável pela batida de carro o veículo que bateu atrás; D: Correta (CPC, art. 373, § 3º, I e II); E: Correta (CPC, art. 375). LD

Gabarito "C".

(Procurador do Estado/SP - 2018 - VUNESP) No caso de recusa injustificada de exibição de documento, na fase de conhecimento de um processo, é correto afirmar que o juiz pode impor multa

(A) às partes, de ofício, mas, se o documento ou coisa estiver em poder de terceiros, o juiz poderá, também de ofício ou a requerimento das partes, ordenar a citação deles, com prazo de quinze dias para resposta, para que exibam o documento, sob pena de multa, dentre outras providências.

(B) de até 2% (dois por cento) do valor da causa apenas aos terceiros, quando verificar que eles não estão colaborando com o Poder Judiciário ao deixar de exibir determinado documento.

(C) às partes, aos terceiros e aos advogados privados, inclusive quando se tratar da Fazenda Pública, desde que assegure a todos ampla defesa e contraditório, mediante prévia intimação pessoal de todos, com prazo de cinco dias para resposta.

(D) às partes, aos terceiros e também aos advogados ou procuradores que estiverem atuando no processo, de ofício, salvo se uma das partes for a Fazenda Pública, porque o valor dessas multas processuais é sempre revertido para ela mesma.

(E) somente aos terceiros, de ofício, mediante intimação por mandado, com prazo de dez dias para a resposta, visto que, em relação às partes, o juiz deverá aplicar a "confissão" quanto aos fatos que o documento poderia provar.

A: Correta, pois todas essas condutas estão no Código (CPC, art. 401 e 403, parágrafo único); B: Incorreta, pois a multa não é apenas aos terceiros, como visto em "A" (CPC, art. 403, parágrafo único); **C:** Incorreta, considerando que não há previsão de multa ao advogado (CPC, art. 401); **D:** Incorreta, considerando o exposto em "C"; **E:** Incorreta, pois o CPC prevê expressamente multa às partes (CPC, art. 401), diferentemente do que estava sedimentado na jurisprudência anterior (a previsão legal está em sentido diverso do previsto na Súmula 372/STJ). **LD**

Gabarito "A".

(Defensor Público – DPE/SC – 2017 – FCC) De acordo com o entendimento do Superior Tribunal de Justiça, o consumidor pode exigir judicialmente a exibição de contrato bancário

(A) como forma de produção antecipada de provas, de modo que é imprescindível que demonstre a urgência do pedido, caracterizada pelo fundado receio de que venha a tornar-se impossível ou muito difícil a verificação de certos fatos na pendência da ação.

(B) desde que comprove de forma inequívoca a existência de relação jurídica com o fornecedor, fato que não é objeto de inversão legal do ônus da prova, mas não cabe ao consumidor o ônus de provar que houve recusa injustificada ou pagamento de taxa, em razão dos princípios protetivos consumeristas.

(C) com fundamento nas regras protetivas das relações consumeristas, de modo que não cabe ao consumidor a prova da existência de relação jurídica com o fornecedor, por se tratar de hipótese que impõe a inversão do ônus do prova.

(D) desde que demonstre interesse processual, caracterizado somente se o consumidor provar a existência da relação jurídica, o pedido administrativo válido, o pagamento da taxa correspondente, além da recusa injustificada por parte do fornecedor.

(E) desde que comprove a existência de relação jurídica com o fornecedor e a recusa injustificada por parte deste, mas é abusiva a exigência de pagamento de taxa, cabendo ao Poder Judiciário requisitar a apresentação do documento independentemente do pagamento de taxa.

A questão da exibição de contrato bancário é objeto de recurso repetitivo, cuja tese é a seguinte: "A propositura de ação cautelar de exibição de documentos bancários (cópias e segunda via de documentos) é cabível como medida preparatória a fim de instruir a ação principal, bastando a demonstração da existência de relação jurídica entre as partes, a comprovação de prévio pedido à instituição financeira não atendido em prazo razoável, e o pagamento do custo do serviço conforme previsão contratual e normatização da autoridade monetária" (REsp 1.349.453). Apenas vale destacar que não há mais processo cautelar autônomo no atual CPC, mas sim tutela de urgência cautelar, pleiteada no processo de conhecimento ou execução. **LD**

Gabarito "D".

(Defensor Público – DPE/SC – 2017 – FCC) A respeito do direito probatório à luz das disposições do Novo Código de Processo Civil, considere as assertivas abaixo.

I. É inadmissível a prova de negócios jurídicos de valor superior a 10 salários mínimos por meio de prova exclusivamente testemunhal.

II. Quando a lei exige expressamente forma escrita para a prova de um determinado negócio jurídico, é possível suprir a ausência deste documento por meio de prova testemunhal se houver início de prova escrita.

III. Quando a lei exige instrumento público como da essência do ato, outro meio de prova não poderá ser utilizado.

IV. Quando a perícia for solicitada por parte beneficiária da justiça gratuita, ela deverá ser custeada com recursos alocados no orçamento do ente público ou por meio de recursos do fundo de custeio da Defensoria Pública.

V. A parte que impugnar a autenticidade de um documento tem o ônus de comprovar a falsidade por ele arguida.

Está correto o que se afirma APENAS em

(A) II e V.

(B) II e III.

(C) II, III e V.

(D) I e II.

(E) III e IV.

I: Incorreta. Essa previsão constava do CC, art. 227, mas foi revogada pelo CPC. **II:** Correta, sendo essa a previsão do art. 444 do CPC. **III:** Correta, sendo essa a previsão do art. 406 do CPC. **IV:** Incorreta, porque o fundo de custeio da Defensoria *não* pode ser utilizado para isso (CPC, art. 95, § 5º). **V:** Incorreta. Tratando-se de impugnação da autenticidade, o ônus da prova é da parte que *produziu* o documento (CPC, art. 429, II). **LD**

Gabarito "B".

(Defensor Público – DPE/PR – 2017 – FCC) O Novo Código de Processo Civil

(A) exige do juiz, sempre que inverter o ônus da prova, que dê oportunidade à parte para se desincumbir do ônus que lhe tenha atribuído.

(B) prevê que a distribuição diversa do ônus da prova também pode ocorrer por convenção das partes, desde que celebrada durante o processo.

(C) extingue a ação cautelar de produção antecipada de provas, não sendo mais possível a dilação probatória em caráter antecedente.

(D) adota com exclusividade a distribuição dinâmica do ônus da prova.

(E) admite a utilização de prova produzida em outro processo, devendo o juiz, contudo, atribuir a ela o mesmo valor dado no processo originário.

A: Correto. A carga dinâmica do ônus da prova (fixação do ônus da prova conforme o caso concreto) prevê que o juiz permita à parte produzir a prova (CPC, art. 373, § 1º); **B:** Incorreta, pois a convenção das partes quanto à prova pode ocorrer *antes ou durante* o processo (CPC, art. 373, § 4º); **C:** Incorreta, pois há previsão de demanda para produção antecipada de provas (CPC, art. 381) – ainda que não se trate de processo cautelar, que deixou de existir no atual CPC; **D:** Incorreta, pois ainda há previsão de carga estática do ônus da prova (CPC, art. 373, *caput*), como regra; **E:** Incorreta. Ainda que se admita a prova produzida em outro processo, o juiz irá lhe atribuir "o valor que considerar adequado" (CPC, art. 372). **LD**

Gabarito "A".

(Juiz de Direito – TJ/SP – 2017) Em matéria de prova, é **incorreto** afirmar:

(A) na audiência de instrução, as perguntas serão formuladas pelas partes (por seus advogados) diretamente à testemunha, mas o juiz poderá inquirir a testemunha tanto antes quanto depois da inquirição feita pelas partes.

(B) a falsidade de documento será resolvida como questão incidental e sobre a decisão não incidirá a autoridade

2. DIREITO PROCESSUAL CIVIL 105

da coisa julgada, salvo se a parte requerer que o juiz decida a falsidade como questão principal.

(C) desde que sejam capazes, e que a controvérsia comporte autocomposição, as partes podem escolher o perito, e a perícia, assim produzida, substituirá, para todos os efeitos, a que seria realizada por perito nomeado pelo juiz, sem prejuízo do convencimento motivado do magistrado.

(D) a parte pode requerer o depoimento pessoal da parte adversária, do litisconsorte e eventualmente dela própria.

A: correta, considerando que são os advogados das partes que fazem as perguntas à testemunha (CPC, art. 459, *caput* e § 1º); **B:** correta, pois a falsidade incidental pode vir a ser coberta pela coisa julgada, se houver pedido da parte e for decidida como questão principal (CPC, art. 19, II e 430, parágrafo único); **C:** correta, trata-se de inovação, denominada no CPC de perícia consensual (art. 471); **D:** incorreta, devendo esta ser assinalada. Não se pode requerer o depoimento pessoal da própria parte, mas apenas da outra (CPC, art. 385). **LD**
Gabarito "D".

(Juiz – TJ-SC – FCC – 2017) Em relação à prova, é correto afirmar que:

(A) como regra, há hierarquia entre as provas previstas normativamente, embora não exista hierarquia entre as provas admitidas consuetudinariamente.

(B) os fatos ocorridos, sobre os quais se tenha estabelecido controvérsia, prescindem de prova.

(C) a existência e o modo de existir de algum fato podem ser atestados ou documentados, a requerimento do interessado, mediante ata lavrada por tabelião; dados representados por imagem ou som gravados em arquivos eletrônicos poderão constar da ata notarial.

(D) para que o juiz determine as provas necessárias ao julgamento do mérito é preciso sempre que a parte as requeira, tendo em vista o princípio da inércia jurisdicional.

(E) o ônus da prova não admite ser convencionado em sentido contrário ao da norma jurídica, salvo unicamente nas relações consumeristas, se em prol do consumidor.

A: incorreta, pois não há hierarquia entre as provas, mas sim convencimento motivado do juiz, que deverá expor suas conclusões quanto à valoração da prova (CPC, art. 371); **B:** incorreta, pois não dependem de provas os fatos incontroversos (CPC, art. 374, III); **C:** correta, sendo a previsão da ata notarial uma das inovações do Código quanto às provas (CPC, art. 384, "caput" e parágrafo único); **D:** incorreta, sendo possível ao juiz determinar a produção de provas de ofício (CPC, art. 370); **E:** incorreta, porque é possível convenção (acordo entre as partes) quanto ao ônus da prova (CPC, art. 373, § 3º, sendo que esse parágrafo prevê algumas hipóteses em que não cabe o acordo entre as partes quanto ao ônus). **LD**
Gabarito "C".

9.4. JULGAMENTO CONFORME O ESTADO DO PROCESSO E PROVIDÊNCIAS PRELIMINARES

(Juiz de Direito – TJ/RJ – 2019 – VUNESP) No que diz respeito ao julgamento antecipado parcial de mérito, é correto afirmar que o respectivo pronunciamento judicial

(A) deve ser objeto de confirmação quando da prolação da futura sentença, por se tratar de decisão de natureza provisória.

(B) configura-se em sentença, sendo, portanto, apelável.

(C) é passível de cumprimento provisório, mesmo que tenha sido julgado em definitivo o recurso dele interposto.

(D) pode ser executado, independentemente de caução, ainda que esteja pendente de julgamento recurso contra ele interposto.

(E) deve reconhecer a existência de obrigação líquida, não sendo cabível sua prévia liquidação.

A: incorreta, tendo em vista que a decisão é definitiva e proferida sob cognição exauriente, não se sujeitando a confirmação em futura sentença (CPC, art. 356); **B:** incorreta, considerando que, pelo Código, o julgamento antecipado do mérito tem natureza de decisão interlocutória, por ser impugnável por agravo de instrumento (CPC, art. 356, § 5º); **C:** incorreta, porque, se houver o trânsito em julgado da decisão, o cumprimento de sentença será *definitivo* (CPC, art. 356, § 3º); **D:** correta, por expressa previsão legal (CPC, art. 356, § 2º); **E:** incorreta, pois é possível que o julgamento antecipado parcial reconheça a existência de obrigação *ilíquida* (CPC, art. 356, § 1º). **LD**
Gabarito "D".

(Procurador Municipal – Prefeitura/BH – CESPE – 2017) Acerca do julgamento conforme o estado do processo, assinale a opção correta.

(A) O julgamento parcial de mérito só poderá ocorrer se a obrigação a ser reconhecida for líquida.

(B) O julgamento antecipado do mérito feito após providências preliminares de saneamento baseia-se em cognição sumária.

(C) A decisão parcial de mérito que se torna definitiva produz coisa julgada e pode ser objeto de ação rescisória.

(D) Caberá apelação contra a decisão que julgar antecipadamente parte do mérito.

A: Incorreta, pois a lei permite o julgamento parcial de mérito para obrigações líquidas ou ilíquidas (CPC, art. 356, § 1º); **B:** Incorreta, porque já se trata de decisão em julgamento antecipado de mérito (em relação a um dos pedidos), que é proferida em cognição exauriente – e não sumária; **C:** Correta, pois se há decisão de mérito não recorrida, tem-se coisa julgada – sendo que qualquer decisão de mérito (e não só sentença) é passível de ser coberta pela coisa julgada (CPC, art. 502) e, portanto, passível de rescisória; **D:** Incorreta, pois o recurso cabível é o agravo de instrumento (CPC, art. 356, § 5º). **LD**
Gabarito "C".

10. SENTENÇA. COISA JULGADA. AÇÃO RESCISÓRIA

(Promotor de Justiça/CE – 2020 – CESPE/CEBRASPE) De acordo com o CPC, não havendo recurso interposto pela parte interessada, incidirá a autoridade de coisa julgada material sobre

(A) a decisão interlocutória que conceda a tutela provisória antecipada requerida em caráter antecedente.

(B) a declaração de falsidade documental que for suscitada como questão principal e que conste da parte dispositiva da sentença.

(C) o capítulo de acórdão que, em mandado de segurança, aprecie questão prejudicial incidentalmente arguida pelo impetrante.

(D) a verdade dos fatos utilizada como fundamento principal da sentença de improcedência em ação desconstitutiva.

(E) o pronunciamento do magistrado que arbitre astreinte em execução de título extrajudicial, fixando multa pelo descumprimento de obrigação de fazer.

A: Incorreta, porque, pelo Código, a decisão que estabiliza a tutela antecipada antecedente não fará coisa julgada (CPC, art. 304, § 6º); **B:** Correta, por expressa previsão legal (CPC, art. 433); **C:** Incorreta, pois só há coisa julgada na prejudicial em processos nos quais não houver "restrições probatórias" (CPC, art. 503, § 2º) – e, no mandado de segurança, não há instrução (o que é uma restrição probatória), pois só se debate direito "líquido e certo", ou seja, mediante prova pré-constituída; **D:** Incorreta, pois a verdade dos fatos, estabelecida como fundamento da sentença, não é coberta pela coisa julgada (CPC, art. 504, II; **E:** Incorreta, considerando o entendimento do STJ de que a decisão que comina astreintes não é protegida pela coisa julgada (Tema 706/STJ, Recurso Especial 1333988/SP, entendimento mantido com o CPC/2015).

Gabarito "B".

(Promotor de Justiça/PR – 2019 – MPE/PR) Sobre a sentença e a coisa julgada, assinale a alternativa **correta**, nos termos do Código de Processo Civil de 2015:

(A) A perempção ocorre após três sentenças terminativas, independentemente do fundamento da decisão.

(B) A sentença que homologa a desistência da ação resolve o mérito da causa.

(C) O cabimento de ação autônoma de impugnação afasta a formação da coisa julgada.

(D) Na ação que tenha por objeto a emissão de declaração de vontade, a sentença que julgar procedente o pedido, uma vez transitada em julgado, produzirá todos os efeitos da declaração não emitida.

(E) Os motivos considerados importantes para determinar o alcance da parte dispositiva da sentença fazem coisa julgada.

A: Incorreta, porque só há perempção se houver 3 sentenças de *abandono da causa* (CPC, art. 486, § 3º); **B:** Incorreta, a sentença que homologa a desistência da ação não resolve o mérito (CPC, art. 485, VIII); **C:** Incorreta, pois o que afasta a formação da coisa julgada é o *recurso* (CPC, art. 502); vale lembrar que ação de impugnação autônoma (como MS ou reclamação) não se classifica como recurso; **D:** Correta, sendo essa a previsão legal (CPC, art. 501) – como exemplo, podemos pensar no caso de compromisso de compra e venda, em que se o vendedor não outorga a escritura, com a ação de adjudicação compulsória, a sentença é que será levada a registro para fins de transferência da propriedade ; **E:** incorreta, pois os motivos, ainda que importantes para determinar o alcance da parte dispositiva da sentença, não fazem coisa julgada (CPC, art. 504, I).

Gabarito "D".

(Juiz de Direito – TJ/RJ – 2019 – VUNESP) Denomina-se coisa julgada material a autoridade que torna imutável e indiscutível a decisão de mérito não mais sujeita a recurso.

No que pertine ao instituto da coisa julgada, segundo o regime estabelecido pelo diploma processual vigente, assinale a alternativa correta.

(A) O regime da formação de coisa julgada sobre questões prejudiciais somente é aplicável aos processos iniciados após a vigência do Código de Processo Civil de 2015.

(B) A sentença faz coisa julgada às partes entre as quais é dada, não prejudicando nem beneficiando terceiros.

(C) A tutela antecipada antecedente, se não for afastada por decisão que a revir, reformar ou invalidar, proferida em ação ajuizada por uma das partes no prazo de dois anos, faz coisa julgada, vez que se torna imutável e indiscutível.

(D) A coisa julgada aplica-se à resolução de questão preliminar, decidida expressa e incidentemente no processo, desde que a mesma conste do dispositivo da sentença.

(E) Fazem coisa julgada os motivos da sentença desde que importantes para determinar o alcance da parte dispositiva do pronunciamento judicial.

A: correta, por expressa previsão legal nas disposições finais e transitória do Código (CPC, arts. 1.054 e 503, § 1º); **B:** incorreta, pois pelo Código apenas há menção ao fato de a sentença não poder *prejudicar* terceiros (CPC, art. 506); **C:** incorreta, pois o Código expressamente afirma que a estabilização dos efeitos da tutela não equivale à coisa julgada (CPC, art. 304, § 6º) – o que é debatido por parte da doutrina; **D:** incorreta, porque o enunciado seria correto se houvesse a troca de *preliminar* por *prejudicial* – no que se se refere aos limites objetivos da coisa julgada (CPC, art. 503); **E:** incorreta, visto que *não* fazem coisa julgada os motivos, *ainda que* importantes para determinar o alcance da parte dispositiva da sentença (CPC, art. 504, I).

Gabarito "A".

(Juiz de Direito – TJ/AL – 2019 – FCC) Quanto aos requisitos e efeitos da sentença,

(A) uma vez publicada, só poderá ser alterada por meio de embargos de declaração.

(B) a decisão que condenar o réu ao pagamento de prestação pecuniária e em obrigação de fazer ou não fazer valerão como título constitutivo de hipoteca judiciária, salvo se a condenação for genérica.

(C) no caso de colisão entre normas, ao ser proferida decisão, o Juiz deve justificar o objeto e os critérios gerais da ponderação efetuada, enunciando as razões que autorizam a interferência na norma afastada e as premissas fáticas que fundamentam a conclusão.

(D) é defeso ao Juiz proferir decisão de natureza diversa da pedida, bem como condenar a parte em quantidade superior à pleiteada, podendo, porém, a condenação, referir-se a objeto diverso se ao Juiz parecer compatível e adequado à natureza da causa.

(E) a decisão deve ser certa, salvo se resolver relação jurídica condicional.

A: incorreta, considerando que, além da oposição de ED, a sentença pode ser alterada de ofício ou a requerimento da parte, após sua publicação, para a correção de erro material ou de cálculo (CPC, art. 494); **B:** incorreta, pois a decisão produzirá a hipoteca judiciária, ainda que sua condenação seja genérica (CPC, art. 495, §1º, I); **C:** correta, conforme expressa previsão legal (CPC, art. 489, §2º); **D:** incorreta na parte final, tendo em vista que se for objeto diverso, isso configuraria decisão *extra petita*, em violação ao princípio da adstrição (CPC, art. 492); **E:** incorreta, já que a decisão deve ser certa, ainda que resolva relação jurídica condicional (CPC, art. 492, parágrafo único). **LD**

Gabarito "C".

(Juiz de Direito - TJ/RS - 2018 - VUNESP) O juiz resolverá o mérito da ação quando:

(A) homologar a desistência da ação.

(B) indeferir a petição inicial.

(C) verificar a ausência de legitimidade de parte.

(D) verificar a impossibilidade jurídica do pedido.

(E) em caso de morte da parte, a ação for considerada intransmissível por lei.

A: Incorreta, porque a hipótese acarreta a extinção do processo sem resolução do mérito (CPC, art. 485, VIII); **B:** Incorreta, pois esse é caso de extinção sem mérito (CPC, art. 485, I); **C:** Incorreta, pois esse é caso de extinção sem mérito (CPC, art. 485, VI); **D:** Correta. Com o advento do CPC/2015, a possibilidade jurídica do pedido deixou de ser uma das condições da ação (art. 485, VI). Porém, há algum debate na doutrina de como seria tratada uma hipótese de pedido impossível (se seria improcedência ou extinção sem mérito). De qualquer forma, pela letra da lei não se pode mais falar em extinção sem mérito nesse caso – por isso, e também por as demais estarem erradas, esta a melhor alternativa; **E:** Incorreta, pois esse é caso de extinção sem mérito (CPC, art. 485, IX). 🔟

Gabarito "D".

(Procurador do Estado/SP - 2018 - VUNESP) A ampliação objetiva dos limites da coisa julgada à questão prejudicial pode ser feita de ofício pelo juiz, desde que

(A) da resolução dessa questão não dependa o julgamento de mérito, e que o contraditório, nesse caso, seja prévio e efetivo e o juiz seja competente em razão da matéria e do lugar, mas essa ampliação não pode ocorrer em processos que possuam limitação da cognição ou restrições probatórias.

(B) exista contraditório prévio e efetivo, mesmo que o juiz não seja competente em razão da pessoa. Se houver limitação da cognição que impeça o aprofundamento da análise dessa questão prejudicial, o juiz deverá adaptar o procedimento para que essa limitação desapareça, mediante prévia consulta às partes.

(C) da resolução dessa questão dependa o julgamento de mérito, mas o contraditório precisa ser prévio e efetivo e o juiz precisa ser competente em razão da matéria e da pessoa, porém, essa ampliação não pode ocorrer se o réu for revel ou em processos que possuam limitações da cognição que impeçam o aprofundamento da análise da questão prejudicial ou restrição probatória.

(D) exista contraditório prévio e efetivo, mesmo que o juiz não seja competente em razão da matéria ou em razão do lugar, no entanto, se houver limitação da cognição que impeça o aprofundamento da análise dessa questão prejudicial, essa ampliação não pode ocorrer.

(E) exista contraditório prévio e efetivo, mesmo que o juiz não seja competente em razão da matéria ou da pessoa, porém, se houver limitação da cognição que impeça o aprofundamento da análise dessa questão prejudicial, essa ampliação não pode ocorrer.

Uma das inovações do atual CPC quanto à coisa julgada foi a ampliação de seus limites objetivos, não mais existindo a ação declaratória incidental, que existia no Código anterior. A inovação está no art. 503, § 1º, e há uma série de requisitos para que a questão prejudicial seja coberta pela coisa julgada. **A:** Incorreta, pois necessário que "da resolução dessa questão *dependa* o julgamento de mérito" (CPC, art. 503, § 1º, I); **B:** Incorreta, porque é preciso que o juiz "*seja* competente em razão da pessoa" (CPC, art. 503, § 1º, III); **C:** Correta, pois estão presentes todos os requisitos existentes nos incisos do art. 503, § 1º e, também, no § 2º; **D:** Incorreta, considerando que o juiz *precisa* ser competente em razão da matéria (CPC, art. 503, § 1º, III); **E:** Incorreta, pois o juiz precisa ser competente de forma absoluta (matéria e pessoa, como já visto em alternativas anteriores). 🔟

Gabarito "C".

(Escrevente - TJ/SP - 2018 - VUNESP) Nas causas que dispensem a fase instrutória, o juiz, independentemente da citação do réu, poderá julgar liminarmente improcedente o pedido

(A) que tiver petição inicial inepta.

(B) cujo autor carecer de interesse processual.

(C) que tenha parte manifestamente ilegítima.

(D) que não indicar o fundamento legal.

(E) que contrariar enunciado de súmula de tribunal de justiça sobre direito local.

A: Incorreta, porque a referida hipótese acarreta o indeferimento da petição inicial, que resultará na extinção do processo sem resolução do mérito (CPC, art. 330, I e art. 485, I); **B:** Incorreta, vide justificativa para a alternativa "A" (CPC, art. 330, III e art. 485, I); **C:** Incorreta, vide justificativa para a alternativa "A" (CPC, art. 330, II e art. 485, I); **D:** Incorreta, porque a não indicação dos fundamentos jurídicos configura inépcia da inicial por ausência de causa de pedir (CPC, art. 330, I e § 1º, I e art. 485, I); **E:** Correta (CPC, art. 332, IV). 🔟

Gabarito "E".

(Procurador Municipal – Prefeitura/BH – CESPE – 2017) Considerando que determinado município, capital de estado brasileiro, tenha sido condenado em ação indenizatória ajuizada por sociedade empresária, assinale a opção correta à luz da jurisprudência do STJ e da legislação pertinente.

(A) Somente caberá remessa necessária se a decisão for de mérito.

(B) Não caberá remessa necessária se a condenação for determinada em valor ilíquido.

(C) Caso o valor da condenação seja líquido e certo, caberá remessa necessária se ele for superior a mil salários mínimos.

(D) As regras a respeito da remessa necessária aplicáveis à hipótese em apreço são as mesmas previstas para os casos de ação popular.

A: Correta, considerando que a ideia é confirmar, no Tribunal, a decisão que seja contra a Fazenda; sendo assim, uma decisão terminativa em ação contra a Fazenda Pública não é desfavorável (CPC, art. 496); **B:** Incorreta, sendo decisão ilíquida, sempre haverá remessa necessária (interpretação que decorre do art. 496, § 2º do CPC); **C:** Incorreta, pois há um escalonamento: 100 salários para Municípios, 500 salários para os Estados e 1000 salários para a União (CPC, art. 496, § 3º, incisos); **D:** Incorreta, pois o duplo grau na ação popular ocorre em qualquer improcedência ou extinção, não tendo as restrições de valor existentes para a remessa necessária prevista no CPC (Lei 4.717/1965, art. 19). 🔟

Gabarito "A".

(Juiz – TJSP – 2017) Sobre a coisa julgada material, é correto afirmar que

(A) se opera entre as partes entre as quais é dada, não podendo prejudicar ou beneficiar terceiros.

(B) pode abranger a resolução de questão prejudicial, desde que dessa resolução dependa o julgamento do pedido; que tenha sido facultado o contraditório; e que o órgão seja competente em razão da matéria e da pessoa para resolver a questão como se principal fosse.

(C) na ação de dissolução de sociedade, a coisa julgada se opera em relação à sociedade, ainda que a sociedade não tenha sido citada, desde que todos seus sócios o tenham sido.

(D) apenas decisões de mérito transitadas em julgado comportam ação rescisória.

A: incorreta, pois o artigo que trata dos limites subjetivos da coisa julgada só fala que esta *não pode prejudicar* terceiros (CPC, art. 506); **B:** incorreta para a banca. A pergunta trata da coisa julgada sobre a questão prejudicial (art. 503, § 1º), sendo que a única distinção entre o texto legal e a resposta é que o CPC aponta que tenha "havido contraditório prévio e efetivo", ao passo que o enunciado fala em "tenha sido facultado o contraditório"; **C:** correta, por expressa previsão legal (CPC, art. 601, Parágrafo único. A sociedade não será citada se todos os seus sócios o forem, mas ficará sujeita aos efeitos da decisão e à coisa julgada.); **D:** incorreta, pois cabe AR em alguns casos de decisão terminativa (CPC, art. 966, § 2º Nas hipóteses previstas nos incisos do *caput*, será rescindível a decisão transitada em julgado que, embora não seja de mérito, impeça: I – nova proposição da demanda; ou II – admissibilidade do recurso correspondente). 🔲

„Gabarito "C".

(Juiz – TJ-SC – FCC – 2017) No tocante à sentença e à coisa julgada, é correto afirmar que:

(A) publicada a sentença, o juiz só poderá alterá-la para correção de inexatidões materiais ou erros de cálculo, por meio de embargos de declaração ou para reexaminar matérias de ordem pública.

(B) a sentença faz coisa julgada às partes entre as quais é dada, não prejudicando terceiros, sendo vedado à parte discutir no curso do processo as questões já decididas a cujo respeito se operou a preclusão.

(C) a sentença deve ser certa, a não ser que resolva relação jurídica condicional.

(D) na ação que tenha por objeto a emissão de declaração de vontade, a sentença que julgar procedente o pedido produzirá de imediato todos os efeitos da declaração não emitida.

(E) denomina-se coisa julgada material a autoridade que torna imutável e indiscutível a decisão, de mérito ou não, que não mais se encontre sujeita a recurso.

A: incorreta, pois não há previsão legal de alteração da sentença no caso de reexame de matérias de ordem pública – existindo menção na lei às demais hipóteses (CPC, art. 494); **B:** correta, considerando que a alternativa reproduz a previsão legal quanto aos limites subjetivos da coisa julgada (CPC, art. 506) e preclusão (NCPC, art. 507); **C:** incorreta, pois a sentença deve ser certa, *ainda que* resolva relação jurídica condicional (CPC, art. 492, parágrafo único); **D:** incorreta, porque os efeitos da declaração dependerão do trânsito em julgado (CPC, art. 501); **E:** incorreta, pois a coisa julgada material atinge apenas decisão de mérito (CPC, art. 502). 🔲

„Gabarito "B".

(Juiz – TJ-SC – FCC – 2017) Em relação à ação rescisória,

(A) não é cabível, por violação manifesta à norma jurídica, contra decisão baseada em enunciado de súmula ou acórdão proferido em julgamento de casos repetitivos, que não tenha considerado a existência de distinção entre a questão discutida no processo e o padrão decisório que lhe deu fundamento.

(B) só se pode ajuizá-la de decisões que tenham resolvido o mérito e transitadas em julgado.

(C) há erro de fato quando a decisão rescindenda admitir fato inexistente ou quando considerar inexistente fato efetivamente ocorrido, sendo dispensável que o fato não represente ponto controvertido sobre o qual o juiz deveria ter-se pronunciado.

(D) pode ter por objeto apenas um capítulo da decisão.

(E) sua propositura impede como regra o cumprimento da decisão rescindenda, até seu final julgamento.

A: incorreta, pois há expressa previsão legal nesse sentido (CPC, art. 966, § 5º - na redação da Lei 13.256/2016); **B:** incorreta, pois o Código permite ação rescisória de decisões sem mérito, *desde que* impeçam a repropositura da demanda ou a admissibilidade do recurso (art. 966, § 2º); **C:** incorreta, pois na ação rescisória fundada em erro de fato é, "*indispensável* (...) que o fato não represente ponto controvertido" (art. 966, § 1º); **D:** correta, existindo expressa previsão nesse sentido no CPC (art. 966, § 3º); **E:** incorreta, tendo em vista que a ação rescisória em regra *não impede* o cumprimento da decisão, salvo se houver concessão de tutela provisória – ou seja, de "liminar" (art. 969). 🔲

„Gabarito "D".

11. TEMAS COMBINADOS DE PROCESSO DE CONHECIMENTO

(Delegado der Polícia Federal – 2021 – CESPE) A respeito da jurisdição, da competência e do poder geral de cautela no processo civil, julgue os itens subsequentes.

(1) As características da jurisdição incluem substituir, no caso concreto, a vontade das partes pela vontade do juiz, o que, por sua vez, resolve a lide e promove a pacificação social.

(2) No curso de processo de ação de acidente de trabalho que tramite na justiça estadual, se a União intervier como interessada, o juiz deverá efetuar a remessa dos autos para a justiça federal.

(3) Caso haja fundado receio de que no curso da lide uma parte cause ao direito do réu lesão grave e de difícil reparação, o juiz poderá determinar medida provisória que julgue adequada.

1: Errado. No exercício da jurisdição, o Estado substitui as partes. Assim, o Estado, com uma atividade sua, substitui as atividades dos litigantes. Contudo, não se trata de substituição pela *vontade do juiz*, mas sim por aquilo previsto no sistema jurídico (vontade do *Direito* ou da *lei*). **2:** Errado. A ação de acidente do trabalho pode ser (i) contra o empregador, com base na responsabilidade civil subjetiva (culpa) – de competência da justiça do trabalho; (ii) contra o INSS, com base na legislação acidentária, independentemente da existência de culpa – da competência da justiça Estadual e não da Federal (por força de previsão constitucional para facilitar o acesso à justiça – CF, art. 109, I, que exclui a competência da Federal). Sendo assim, se a causa está na estadual, trata-se da situação (ii), que já tem ente federal litigando. Assim, se União pedir seu ingresso, isso será por força da chamada intervenção anômala (Art. 5º, parágrafo único, da Lei 9.469/97), a qual não altera a competência para a Federal (STJ, AgInt no REsp 1535789). **3:** Errado. No caso de risco de lesão, cabe *tutela* provisória (CPC, art. 294), e não *medida* provisória, que é usada pelo Poder Executivo para editar normas legais (CF, art. 62). 🔲

„Gabarito 1E, 2E, 3E

(Procurador do Município – Prefeitura Fortaleza/CE – CESPE – 2017) No que tange à fazenda pública em juízo, julgue os itens subsecutivos.

(1) Mesmo já tendo havido condenação em honorários na fase de conhecimento, o juiz deve fixar nova verba honorária em cumprimento de sentença que tenha sido objeto de impugnação pela fazenda pública.

(2) Se, antes do trânsito em julgado, ocorrer a estabilização da tutela antecipada requerida contra a fazenda pública, decorrente da não interposição de recurso

2. DIREITO PROCESSUAL CIVIL   109

pelo ente público, será possível a imediata expedição de precatório.

(3) O benefício do prazo em dobro aplica-se à defesa do ente público em sede de ação popular porque as regras referentes à contagem de prazo do CPC se aplicam também aos procedimentos previstos na legislação extravagante.

1: Correta, pois há honorários tanto na fase de conhecimento como no cumprimento de sentença – seja contra particular, seja contra a fazenda (CPC, art. 85, § 1º). **2:** Errada, pois no entender da banca haveria a remessa necessária (CPC, art. 496). Contudo, o enunciado não deixa claro se os requisitos para a remessa, previstos nos §§ do artigo, estão presentes, de modo que a questão induz o candidato a erro, e deveria ter sido anulada. **3:** Errada, pois se a lei prevê prazo específico para o ente público, não se aplica o prazo em dobro (CPC, art. 183, § 2º Não se aplica o benefício da contagem em dobro *quando a lei estabelecer, de forma expressa, prazo próprio para o ente público.*). 🔲
Gabarito 1C, 2E, 3E

(Procurador Municipal – Prefeitura/BH – CESPE – 2017) Acerca de normas processuais e jurisdição, assinale a opção correta de acordo com as disposições do CPC.

(A) Os processos sujeitos a sentença terminativa sem resolução de mérito ficam excluídos da regra que determina a ordem cronológica de conclusão para a sentença.

(B) O novo CPC aboliu o processo cautelar como espécie de procedimento autônomo e as ações cognitivas meramente declaratórias.

(C) Sentença estrangeira que verse sobre sucessão hereditária e disposição testamentária de bens situados no Brasil poderá ser executada no Poder Judiciário brasileiro após homologação pelo STJ.

(D) As limitações e restrições aplicadas aos processos caracterizados como de segredo de justiça não se estendem aos feitos cujo curso se processe nos órgãos jurisdicionados superiores.

A: Correta, por expressa previsão legal (CPC, art. 12, § 2º: Estão excluídos da regra do *caput*: (...) IV – as decisões proferidas com base nos arts. 485 e 932 – sendo que o art. 485 trata exatamente das hipóteses de sentença sem resolução de mérito); **B:** Incorreta. O processo cautelar de fato foi extinto como processo autônomo no CPC/2015 (agora é tutela provisória – art. 294); porém, a ação declaratória segue existindo (Art. 20. É admissível a ação meramente declaratória, ainda que tenha ocorrido a violação do direito); **C:** Incorreta, considerando ser essa uma das hipóteses de competência exclusiva, em que somente o juiz brasileiro pode apreciar o assunto (CPC, art. 23. Compete à autoridade judiciária brasileira, com exclusão de qualquer outra: (...) II – em matéria de sucessão hereditária, proceder à confirmação de testamento particular e ao inventário e à partilha de bens situados no Brasil, ainda que o autor da herança seja de nacionalidade estrangeira ou tenha domicílio fora do território nacional); **D:** Incorreta, pois o segredo de justiça se aplica a todos os graus de jurisdição, pois o art. 189 do CPC (que prevê o segredo de justiça) não faz qualquer restrição a grau de jurisdição, mas sim ao tema debatido em juízo. 🔲
Gabarito "A".

(Procurador Municipal – Prefeitura/BH – CESPE – 2017) A respeito de ação e preclusão, assinale a opção correta.

(A) A consequência processual da inobservância dos prazos impróprios aplica-se a todos os atos processuais, incluído o efeito preclusivo.

(B) De acordo com a doutrina, constitui ação cognitiva de natureza constitutiva aquela que, além de apresentar um conteúdo declaratório, também cria, modifica ou extingue um estado ou uma relação jurídica.

(C) Em uma relação processual, a legitimidade ativa e a passiva são, exclusiva e respectivamente, daquele que sofre a ameaça ou lesão a um direito e daquele que ameaça ou pratica o ato ofensivo.

(D) Sempre que a parte deixar de praticar determinado ato processual dentro do prazo estipulado pelas partes, pelo juízo ou por lei, ficará caracterizada a preclusão consumativa.

A: Incorreta, pois a característica de um prazo impróprio (exemplo, os prazos para os juízes) é exatamente não existir preclusão, podendo ser realizado após o prazo; **B:** Correta, sendo esse o conceito da doutrina a respeito da tutela constitutiva (aquela que cria, modifica ou extingue uma relação jurídica – como no caso do divórcio, ação desconstitutiva negativa que extingue o casamento); **C:** Incorreta, pois a legitimidade leva em consideração aquele que *se afirma* titular do direito (aquele que afirma que sofreu lesão) em face de que se *afirma* ter causado a lesão (legitimidade está presente no art. 485, VI do CPC); **D:** Incorreta, pois essa é a preclusão *temporal*. 🔲
Gabarito "B".

(Procurador do Município – Prefeitura Fortaleza/CE – CESPE – 2017) Julgue os seguintes itens, relativos a ordem dos processos, incidentes e causas de competência originária dos tribunais.

(1) Situação hipotética: Ao ser intimado em cumprimento de sentença, o executado tomou conhecimento de que, após o trânsito em julgado da decisão condenatória executada, o STF considerou inconstitucional lei que amparava a obrigação reconhecida no título executivo judicial. Assertiva: Nesse caso, será cabível a utilização de ação rescisória, cujo prazo será contado do trânsito em julgado da decisão proferida pelo STF.

(2) Situação hipotética: Após distribuição de incidente de resolução de demandas repetitivas, o desembargador relator, por não identificar questão jurídica comum a diversos processos, rejeitou monocraticamente o incidente. Assertiva: Nessa situação, o relator agiu corretamente, pois estava ausente requisito legal para cabimento do incidente.

1: Correta, sendo essa uma das polêmicas inovações do CPC/2015 quanto à AR – a previsão de um prazo para rescisão que não tem termo inicial (art. 525, § 15. "Se a decisão referida no § 12 for proferida após o trânsito em julgado da decisão exequenda, caberá ação rescisória, *cujo prazo será contado do trânsito em julgado da decisão proferida pelo Supremo Tribunal Federal*"; sendo que o § 12 tem a seguinte redação: § 12. Para efeito do disposto no inciso III do § 1º deste artigo, considera-se também *inexigível a obrigação reconhecida em título executivo judicial fundado em lei ou ato normativo considerado inconstitucional pelo Supremo Tribunal Federal*, ou fundado em aplicação ou interpretação da lei ou do ato normativo tido pelo Supremo Tribunal Federal como incompatível com a Constituição Federal, em controle de constitucionalidade concentrado ou difuso). **2:** Errada, pois a admissibilidade do IRDR deve ser feita de forma *colegiada*, não apenas pelo relator (CPC, art. 981. Após a distribuição, o *órgão colegiado* competente para julgar o incidente *procederá ao seu juízo de admissibilidade*, considerando a presença dos pressupostos do art. 976). 🔲
Gabarito 1C, 2E

110   LUIZ DELLORE

(**Procurador do Município – Prefeitura Fortaleza/CE – CESPE – 2017**) Julgue os itens que se seguem, referentes ao procedimento comum no processo civil.

(1) Situação hipotética: Ao receber a petição inicial de determinada ação judicial, o magistrado deferiu pedido de tutela provisória e determinou que o município réu fosse comunicado para ciência e apresentação de defesa. Assertiva: Nessa situação, a apresentação de embargos de declaração pelo réu pode interromper o prazo para contestação.

(2) A decisão de saneamento e de organização do processo estabiliza-se caso não seja objeto de impugnação pelas partes no prazo de cinco dias, vinculando a atividade jurisdicional a partir desse momento processual.

(3) No polo ativo ou passivo da reconvenção poderão ser incluídos terceiros legitimados em litisconsórcio ativo ou passivo.

(4) Em julgamento antecipado parcial de mérito, o magistrado pode reconhecer a existência de obrigação líquida ou ilíquida, e, em qualquer dessas hipóteses, a interposição de recurso contra a decisão do juiz não obsta a liquidação ou execução da decisão interlocutória de mérito, independentemente do oferecimento de caução pelo autor.

1: Errada, considerando que os embargos de declaração interrompem o prazo para interposição de outro *recurso*, e não para apresentação de contestação (CPC, art. 1.026). **2:** Correta, sendo essa a expressa previsão constante do CPC (art. 357, § 1º Realizado o saneamento, as partes têm o direito de pedir esclarecimentos ou solicitar ajustes, no prazo comum de 5 (cinco) dias, findo o qual *a decisão se torna estável*). **3:** Correta, sendo essa a expressa previsão constante do CPC (art. 343, § 3º A reconvenção pode ser proposta *contra o autor e terceiro* e § 4º A reconvenção pode ser *proposta pelo réu em litisconsórcio com terceiro*). **4:** Correta, sendo essa a expressa previsão constante do CPC (art. 356, § 1º A decisão que julgar parcialmente o mérito poderá reconhecer a existência de *obrigação líquida ou ilíquida*. § 2º A parte *poderá liquidar ou executar*, desde logo, a obrigação reconhecida na decisão que julgar parcialmente o mérito, *independentemente de caução*, ainda que haja recurso contra essa interposto). [LD]

Gabarito: 1E, 2C, 3C, 4C.

(**Juiz – TRF 2ª Região – 2017**) Mévio ingressa com ação em face da Empresa de Correios e Telégrafos -ECT. Postula indenização, já que foi atropelado por veículo da ré. Marque a opção correta:

(A) A citação pode ser feita na pessoa do advogado geral da União.

(B) Considerando que a ré é o Correio, a citação não pode ser feita pelo correio e deve ser feita por Oficial de Justiça.

(C) Julgado procedente o pedido, a citação será, no caso, o termo inicial do fluxo dos juros de mora.

(D) A citação válida, ainda que ordenada por juiz incompetente, torna prevento do juízo.

(E) A citação válida, ainda que ordenada por juiz incompetente, produz litispendência.

A: incorreta, pois a AGU não atua em prol de empresa pública, sendo que há corpo jurídico próprio dessas empresas; **B:** incorreta, pois empresa pública pode ser citada pelo correio (não cabe citação por correio quando a ré for pessoa de direito público (CPC, art. 247, III) – o que não é o caso dos Correios; **C:** incorreta, pois, nesse caso (dano decorrente de responsabilidade extracontratual), o termo inicial é o evento danoso

(Súmula 54 do STJ: "Os juros moratórios fluem a partir do evento danoso, em caso de responsabilidade extracontratual."); **D:** incorreta, pois a prevenção se dá pela distribuição – mas perante juízo competente, por certo (CPC, art. 59); **E:** correta (CPC, art. 240 – sendo que a questão trocou a palavra "induz", constante da lei, por "produz"). [LD]

Gabarito "E".

12. TEORIA GERAL DOS RECURSOS

(**Juiz de Direito/AP – 2022 – FGV**) No curso do procedimento, o réu reconheceu a procedência do pedido de ressarcimento do dano material, que foi julgado procedente por meio de uma decisão interlocutória, que não foi objeto de recurso. Todavia, contestou o pedido de reparação de dano moral, uma vez que entendeu ser este inexistente. Após o regular prosseguimento do feito, sobreveio sentença, em que foi julgado procedente *in totum* o pedido de reparação do dano moral.

Nesse cenário, pretendendo o réu recorrer dessa sentença, é correto afirmar que:

(A) cabe apelação para rediscutir integralmente a lide, uma vez que a decisão interlocutória proferida no curso do processo não é coberta pela preclusão;

(B) cabe agravo de instrumento quanto à condenação em dano material e apelação quanto ao pedido de dano moral, que devem ser interpostos simultaneamente;

(C) há coisa julgada em relação ao pedido de ressarcimento de dano material, cabendo apenas apelação quanto à condenação em dano moral;

(D) o julgador incidiu em *error in procedendo*, uma vez que as questões de mérito devem ser decididas simultaneamente na sentença, que deve ser única;

(E) cabe agravo de instrumento quanto às duas manifestações judiciais, uma vez que este é a espécie recursal das decisões que versarem sobre o mérito do processo.

Comentário: **A:** incorreta, já que a discussão sobre o dano material já está coberta pela preclusão e coisa julgada, considerando a não interposição de agravo de instrumento no prazo de 15 dias (CPC, arts. 356, § 5º, 507 e 1.009); **B:** incorreta, porque a decisão parcial de mérito já transitou em julgado, sendo cabível apenas apelação para discutir a sentença (CPC, arts. 356, § 5º e 1.009); **C:** correta, pois a decisão parcial de mérito não foi objeto de agravo de instrumento (CPC, art. 356, § 5º) e, quanto ao dano material decidido em sentença, cabe apelação (CPC, art. 1.009); **D:** incorreta, visto que é possível o julgamento antecipado parcial do mérito, por meio de decisão interlocutória, quando o pedido se mostra incontroverso (CPC, art. 356); **E:** incorreta, pois a decisão parcial de mérito é interlocutória, recorrível via agravo de instrumento (CPC, art. 356, § 5º) e a sentença é recorrível via apelação (CPC, art. 1.009). [LD]

Gabarito "C".

(**Juiz de Direito/AP – 2022 – FGV**) Em uma demanda judicial proposta por um único autor em face de dois réus, em litisconsórcio passivo comum, apenas um deles ofereceu contestação, não obstante ter o revel constituído procurador distinto e de outro escritório de advocacia.

Tratando-se de autos eletrônicos, e sabendo-se que o juízo julgou procedente o pedido, é correto afirmar que:

(A) será contado em dobro o prazo para que qualquer um dos litisconsortes ofereça o recurso de apelação;

(B) não será admissível a apelação do réu revel, uma vez que a revelia gerou presunção de certeza do direito do autor;

2. DIREITO PROCESSUAL CIVIL   111

(C) o prazo para o réu contestante oferecer o recurso de apelação não será contado em dobro;

(D) o prazo para o réu contestante recorrer será contado em dobro, e para o réu revel será contado de forma simples;

(E) o prazo para o autor recorrer será contado em dobro, caso entenda existir interesse recursal.

Comentário: **A:** incorreta, visto que a contagem de prazo em dobro não se aplica para autos eletrônicos e se apenas um dos réus apresentou defesa (CPC, art. 229); **B:** incorreta, pois, além de o revel poder intervir no processo em qualquer fase, a revelia não necessariamente produziu seus efeitos, já que foi oferecida contestação pelo outro réu (CPC, arts. 345, I e 346, p.u.); **C:** correta, considerando o exposto em "A" (CPC, art. 229, § 1º); **D:** incorreta, já que a contagem de prazo em dobro não se aplica para autos eletrônicos (CPC, art. 229); **E:** incorreta, porque a contagem do prazo em dobro é prevista para os litisconsortes e não para o autor da ação (CPC, art. 229). [LD]

Gabarito "C".

(Juiz de Direito/AP – 2022 – FGV) Publicada sentença em que houve sucumbência recíproca, pois os pedidos de ressarcimento de dano material e reparação pelo dano moral foram parcialmente concedidos, ambas as partes apelaram de forma independente. O recurso da parte autora pretendia apenas a majoração da condenação fixada pelo juiz pelo dano material. Todavia, após ser surpreendido com o recurso da parte ré, que pretendia unicamente a redução da condenação fixada pelo dano moral, o autor interpõe, no prazo das contrarrazões, apelação pela via adesiva, buscando agora a integralidade também da verba pretendida a título de dano moral, que não fora objeto do recurso anterior.

Nesse cenário, esse recurso adesivo:

(A) deve ser admitido, pois a apelação interposta pela via independente foi parcial, não abrangendo a parte da sentença que se referia ao dano moral;

(B) não deve ser admitido, pois o recurso interposto pela via adesiva demandaria o prévio consentimento da parte contrária;

(C) deve ser admitido, uma vez que o autor foi intimado da apelação do réu após já ter interposto sua apelação pela via independente;

(D) não deve ser admitido, por não ser cabível em sede de recurso de apelação;

(E) não deve ser admitido, pois houve preclusão consumativa, uma vez que o recurso adesivo não serve para complementação de recurso já interposto.

Comentário: **A:** incorreta, pois se operou a preclusão consumativa, não se admitindo posterior recurso adesivo (CPC, art. 997 e STJ, REsp 1.197.761/RJ); **B:** incorreta, já que o recurso adesivo não demanda o prévio consentimento da parte contrária (CPC, art. 997); **C:** incorreta, considerando o exposto em "A"; **D:** incorreta, pois é cabível recurso adesivo em apelação (CPC, art. 997, § 2º, II); **E:** correta, pois nesse caso há preclusão – que, portanto, impede que haja novo debate quanto à apelação já interposta –, conforme entendimento do STJ (REsp 1.197.761/RJ). [LD]

Gabarito "E".

(Juiz de Direito/SP – 2021 – Vunesp) Interpostos embargos de declaração de natureza manifestamente protelatória e subvertendo a verdade dos fatos, o juízo de primeira instância

(A) poderá condenar o embargante a pagar a multa por embargos de declaração manifestamente protelató-

rios, que não pode ser cumulada com as penalidades da litigância de má-fé.

(B) poderá condenar o embargante como litigante de má fé a indenizar o embargado, condenação esta que não pode ser cumulada com a multa por embargos de declaração protelatórios.

(C) não poderá o juiz de primeiro grau aplicar nenhuma penalidade ou fixar indenização, pois estas somente são de competência do Tribunal.

(D) poderá condenar o embargante como litigante de má fé a indenizar o embargado, podendo ser cumulada a indenização com a multa por embargos de declaração manifestamente protelatórios.

Comentário: **A:** incorreta, pois é possível a cumulação das multas por litigância de má-fé e por recurso de embargos protelatórios (CPC, arts. 80, II, 81 e 1.026, § 2º e STJ, REsp 1.250.739/PA – Tema Repetitivo 507); **B:** incorreta, vide alternativa "A"; **C:** incorreta, já que os juízos de 1º grau têm competência para aplicar as sanções por litigância de má-fé e embargos protelatórios (CPC, arts. 80, II, 81 e 1.026, §2º); **D:** correta, conforme exposto na alternativa "A" (CPC, arts. 80, II, 81 e 1.026, §2º e STJ, Resp 1.250.739/PA – Tema Repetitivo 507). [LD]

Gabarito "D".

(Juiz de Direito – TJ/MS – 2020 – FCC) Indeferida a inicial, o autor

(A) poderá apelar, facultado ao juiz, no prazo de cinco dias, retratar-se; se não houver retratação, o juiz mandará citar o réu para responder ao recurso.

(B) poderá apelar, subindo os autos ao Tribunal imediatamente, sem citação do réu para resposta ao recurso.

(C) poderá impetrar mandado de segurança, pelo direito líquido e certo à prestação jurisdicional.

(D) deverá aguardar o trânsito em julgado, se quiser ajuizar nova demanda sobre a mesma matéria, não sendo possível o juízo de retratação.

(E) poderá apelar, com possibilidade de retratação do juiz em cinco dias; não havendo retratação, os autos subirão imediatamente, não havendo citação do réu porque não chegou a se constituir a relação jurídico--processual.

A: Correta, sendo essa a previsão legal (CPC, art. 331, *caput* e § 1º). **B:** Incorreta, pois se não houver retratação, os autos somente serão remetidos ao tribunal *após a citação do réu* e apresentação de sua resposta ao recurso (CPC, arts. 331 e 1.010, §3º). **C:** Incorreta, porque a decisão que indefere a inicial tem de ser impugnada por sentença (CPC, art. 1.009). Somente é cabível mandado de segurança (que não é recurso, mas sim ação autônoma) quando se estiver diante de decisão não passível de impugnação por recurso (Súmula 267/STF), **D:** Incorreta, considerando ser possível apelar dessa decisão, como já visto (CPC, art. 1009). **E:** Incorreta, pois a lei processual prevê que o juiz mande citar o réu para responder ao recurso (CPC, 331, § 1º). [LD]

Gabarito "A".

(Juiz de Direito – TJ/MS – 2020 – FCC) Quanto aos princípios recursais,

(A) o princípio da taxatividade recursal tem sido mitigado, admitindo-se a criação de recursos não previstos expressamente em lei, desde que as partes criem tais recursos de comum acordo, como negócio jurídico--processual.

(B) pelo princípio da singularidade ou unirrecorribilidade afirma-se que só se admite uma espécie recursal como meio de impugnação de cada decisão judicial, mostrando-se defeso interpor sucessiva ou concomitantemente duas espécies recursais contra a mesma decisão.

(C) o princípio da dialeticidade diz respeito ao elemento volitivo, ou seja, à vontade da parte em recorrer, expressa na interposição do recurso correspondente à situação jurídica dos autos.

(D) o princípio da fungibilidade não foi previsto normativamente no atual ordenamento jurídico processual, não mais se podendo receber um recurso por outro em situações de pretensa dúvida.

(E) o princípio da *reformatio in pejus*, ou seja, reforma para piorar a situação de quem recorre, não foi admitido em nenhuma hipótese no atual processo civil brasileiro.

A: Incorreta, pois são cabíveis apenas os recursos previstos em lei – princípio da taxatividade recursal (CPC, arts. 994 e 997 e Lei 9.099/90, art. 41), que não deve ser confundido com a tese da "taxatividade mitigada" do agravo, decidida pelo STJ. **B:** Correta para a banca. Essa é regra, pelo princípio mencionado no enunciado. Assim, usualmente, para cada decisão, somente será cabível um recurso (*porém, existem exceções, como REsp e RE, além de agravo interno e AREsp, conforme Enunciado 77/CJF; assim, eventualmente, a alternativa poderia ser errada – a depender das demais alternativas [mas todas as demais estão claramente erradas] e da banca). **C:** Incorreta, porque pelo princípio da dialeticidade deve-se argumentar, trazer as razões de reforma da decisão – ou seja, deve haver correlação entre a decisão recorrida e o recurso interposto (CPC, art. 932, III, parte final). **D:** Incorreta, considerando que há situações de fungibilidade no próprio Código (arts. 1.032 e 1.033, por exemplo), além de se admitir, na doutrina e jurisprudência, outras hipóteses de fungibilidade, no caso de "dúvida objetiva quanto ao recurso cabível". **E:** Incorreta, pois a *reformatio in pejus* (a reforma para pior, ou seja, em desfavor do recorrente), ainda que usualmente vedada (CPC, art. 1.013), é excepcionalmente admitida diante da existência de matéria de ordem pública. 🄻🄳

Gabarito "B".

(Promotor de Justiça/CE – 2020 – CESPE/CEBRASPE) Caso haja precedente judicial firmado por tribunal superior em julgamento de caso repetitivo, a distinção (*distinguishing*), técnica processual por meio da qual o Poder Judiciário deixa de aplicar o referido precedente a outro caso concreto por considerar que não há semelhança entre o paradigma e o novo caso examinado, poderá ser realizada

(A) por decisão de qualquer órgão jurisdicional.

(B) somente por decisão colegiada ou monocrática de tribunal.

(C) somente por decisão colegiada de tribunal.

(D) somente por decisão colegiada ou monocrática do tribunal superior que firmou o precedente.

(E) somente por decisão colegiada do tribunal superior que firmou o precedente.

A legislação processual permite que a distinção (*distinguishing*, no modelo do *common law*) seja feita por qualquer órgão jurisprudencial (CPC, art. 489, § 1º, VI – que não faz restrição a qualquer órgão julgador e, assim, se aplica a qualquer magistrado). 🄻🄳

Gabarito "A".

No julgamento de um recurso de apelação em órgão colegiado de tribunal de justiça, o relator votou no sentido de não conhecer do recurso por ausência de requisito de admissibilidade recursal. Posteriormente, houve divergência entre os outros dois desembargadores que participavam do julgamento: um deles acompanhou o voto do relator; o outro discordou quanto à admissibilidade porque entendeu pelo conhecimento da apelação.

(Promotor de Justiça/CE – 2020 – CESPE/CEBRASPE) Nessa situação hipotética, de acordo com o previsto no CPC e com a jurisprudência do STJ, a técnica de ampliação do colegiado com a participação de outros julgadores

(A) não deverá ser aplicada, porque o CPC expressamente veda a ampliação do colegiado para debater questão de natureza processual.

(B) não deverá ser aplicada, porque somente é cabível quando há divergência quanto ao mérito e quando a apelação é provida por maioria.

(C) somente será aplicada caso haja expressa manifestação do interessado pelo prosseguimento do julgamento com a convocação de novos julgadores.

(D) deverá ser aplicada de ofício, sendo possível o prosseguimento do julgamento, na mesma sessão do tribunal, caso estejam presentes outros julgadores do órgão colegiado aptos a votar.

(E) deverá ser aplicada de ofício, sendo vedado, em qualquer hipótese, o prosseguimento do julgamento na mesma sessão de julgamento do referido órgão do tribunal.

No Código anterior, no caso de voto vencido, era cabível recurso (embargos infringentes). No CPC atual, esse recurso foi extinto e, no caso de voto vencido, há o julgamento estendido, mesmo sem vontade da parte (art. 942). Existem algumas dúvidas quanto à técnica do julgamento estendido, de modo que a jurisprudência ainda está delimitando o tema. O STJ já decidiu que cabe o julgamento estendido seja em questão de mérito ou de admissibilidade recursal, seja para dar ou negar provimento ao recurso (REsp 1.798.705) **A:** Incorreta, pois não há essa vedação no Código; **B:** Incorreta, pois não há restrição quanto ao mérito, nem quanto à hipótese de provimento da apelação; **C:** Incorreta, pois o julgamento estendido ocorre de ofício, independente da vontade das partes (CPC, art. 942); **D:** Correta, sendo essa a expressa previsão legal (CPC, art. 942); **E:** Incorreta, porque sendo possível (ou seja, existindo 5 desembargadores no total), o prosseguimento do julgamento se dará na mesma sessão (CPC, art. 942, § 1º). 🄻🄳

Gabarito "D".

(Promotor de Justiça/SP – 2019 – MPE/SP) Está sujeita à remessa necessária, não produzindo efeito senão depois de confirmada pelo tribunal, a sentença proferida contra a União, os Estados, o Distrito Federal, os Municípios e suas respectivas autarquias e fundações de direito público, bem como a sentença que julgar procedentes, no todo ou em parte, os embargos à execução fiscal, fundada em

(A) acórdão proferido pelo Supremo Tribunal Federal ou pelo Superior Tribunal de Justiça em julgamento de recursos repetitivos.

(B) entendimento coincidente com a orientação emanada do respectivo tribunal com competência recursal.

(C) entendimento firmado em incidente de resolução de demandas repetitivas ou de assunção de competência.

(D) entendimento coincidente com orientação vinculante firmada no âmbito administrativo do próprio ente público, consolidada em manifestação, parecer ou súmula administrativa.

(E) súmula de tribunal superior.

A: Incorreta, desses julgados não haverá remessa necessária (CPC, art. 496, § 4º, II); **B:** Correta, pois essa sentença está sujeita ao duplo grau de jurisdição (CPC, art. 496) – não se enquadrando em nenhuma das exceções; **C:** Incorreta, sendo esses um dos casos em que a lei afasta a remessa necessária (CPC, art. 496, § 4º, III); **D:** Incorreta, porque se trata de uma exceção à remessa necessária (CPC, art. 496, § 4º, inciso IV); **E:** Incorreta, sendo essa outra hipótese de exceção à remessa necessária aplica (CPC, art. 496, § 4º, I). [LD]

Gabarito "B".

(Promotor de Justiça/PR – 2019 – MPE/PR) Assinale a alternativa *correta* no que diz respeito ao regime jurídico dos processos nos tribunais, nos termos do Código de Processo Civil de 2015:

(A) O julgamento de casos repetitivos terá lugar apenas para resolver questões de direito material.

(B) Ao editar o enunciado de súmula, os tribunais devem retirar qualquer elemento fático do texto do enunciado, preservando a regra jurídica geral e abstrata.

(C) A ampliação do quórum de julgamento aplica-se para o julgamento de qualquer recurso ou ação de competência originária do tribunal.

(D) O acórdão não unânime proferido pelo órgão especial de tribunal deverá ser ampliado pela convocação do tribunal pleno.

(E) Incumbe ao relator do feito decidir o incidente de desconsideração da personalidade jurídica, quando este for instaurado originariamente perante o tribunal.

A: Incorreta, porque o julgamento de casos repetitivos tem por objeto questão de direito material ou processual (CPC, art. 928, p. único); **B:** Incorreta, porque o CPC prevê que o Tribunal, ao editar enunciado de súmula, deve se atentar às circunstâncias fáticas dos precedentes que motivaram sua criação (CPC, art. 926, § 2º); **C:** Incorreta, pois o julgamento estendido aplica-se apenas ao (i) recurso de apelação, (ii) ação rescisória e (iii) agravo de instrumento que reforme decisão que julgar parcialmente o mérito (CPC, art. 942, *caput* e § 3º, I e II); **D:** Incorreta, considerando que o julgamento estendido não se aplica ao acórdão não unânime proferido, nos tribunais, pelo plenário ou pela corte especial (CPC, art. 942, § 4º, III); **E:** Correta, por expressa previsão legal (CPC, art. 932, VI). [LD]

Gabarito "E".

(Promotor de Justiça/SP – 2019 – MPE/SP) Em relação ao incidente de resolução de demandas repetitivas, assinale a alternativa **INCORRETA**.

(A) Não será examinado o mérito do incidente se houver desistência ou abandono do processo.

(B) A sua admissão provoca a suspensão dos processos pendentes, individuais ou coletivos, que tramitam no Estado ou na Região, conforme o caso.

(C) Autoriza o juiz, nas causas que dispensem a fase instrutória, a julgar liminarmente improcedente o pedido que contrarie o entendimento nele firmado.

(D) Admite-se recurso do *amicus curiae* contra a decisão que o julga.

(E) Deverá intervir obrigatoriamente o Ministério Público.

A: Incorreta, pois a desistência ou abandono do processo não impedem o exame do mérito do IRDR (CPC, art. 976, § 1º); **B:** Correta, sendo essa a previsão legal (CPC, 982, I); **C:** Correta (CPC, art. 332, III); **D:** Correta (CPC, art. 138, § 3º); **E:** Correta; se o MP não for o requerente, deverá obrigatoriamente intervir como fiscal da ordem jurídica (CPC, art. 976, § 2º). [LD]

Gabarito "A".

(Promotor de Justiça/SP – 2019 – MPE/SP) É cabível a instauração do incidente de resolução de demandas repetitivas

(A) mesmo quando um dos tribunais superiores, no âmbito de sua respectiva competência, já tiver afetado recurso para definição de tese sobre questão de direito material ou processual repetitiva.

(B) quando o julgamento de recurso, de remessa necessária ou de processo de competência originária envolver relevante questão de direito, com grande repercussão social.

(C) diante de efetiva repetição de processos que contenham controvérsia sobre a mesma questão unicamente de direito e risco de ofensa à isonomia e à segurança jurídica.

(D) para garantir a observância de enunciado de súmula vinculante e de decisão do Supremo Tribunal Federal em controle concentrado de constitucionalidade.

(E) quando ocorrer relevante questão de direito a respeito da qual seja conveniente a prevenção ou a composição de divergência entre câmaras ou turmas do tribunal.

A: Incorreta, porque não cabe IRDR se um dos tribunais superiores já tiver afetado recurso repetitivo (CPC, art. 976, § 4º); **B:** Incorreta, pois essa é hipótese de incidente de assunção de competência (IAC – CPC, art. 947); **C:** Correta, por expressa previsão legal (CPC, art. 976, I); **D:** Incorreta, pois essa situação é de cabimento da Reclamação (CPC, art. 988, III); **E:** Incorreta, pois esse é caso de utilização do incidente de assunção de competência (IAC – CPC, art. 947, § 4º) [LD]

Gabarito "C".

(Juiz de Direito – TJ/RJ – 2019 – VUNESP) A reclamação teve suas hipóteses de cabimento significativamente majoradas pelo Código de Processo Civil, inserindo-se de forma determinante no contexto de proteção aos precedentes judiciais.

Nesse sentido, é correto afirmar que cabe reclamação

(A) mesmo que proposta após o trânsito em julgado da decisão reclamada.

(B) para garantir a observância da orientação do plenário ou do órgão especial aos quais estiverem juízes e tribunais vinculados.

(C) para garantir a observância dos enunciados das súmulas do Supremo Tribunal Federal em matéria constitucional e do Superior Tribunal de Justiça em matéria infraconstitucional.

(D) tanto para corrigir a aplicação indevida da tese jurídica fixada em incidente de assunção de competência quanto para sanar a sua não aplicação aos casos que a ela correspondam.

(E) para garantir a observância de acórdão proferido em julgamento de recurso especial repetitivo, quando a inobservância tenha se dado por decisão proferida em primeira instância.

A: incorreta, pois a reclamação deve ser proposta antes do trânsito em julgado da decisão reclamada (CPC, art. 988, § 5º, I); **B:** incorreta, já que não há essa previsão no rol das hipóteses de cabimento da reclamação (CPC, art. 988) – apenas nos precedentes que devem ser observados (CPC, art. 927, V); **C:** incorreta, porque não há essa previsão no rol das hipóteses de cabimento da reclamação (CPC, art. 988) – apenas nos precedentes que devem ser observados (CPC, art. 927, IV); **D:** correta, por expressa previsão legal (CPC, art. 988, IV, § 4º); **E:** incorreta, visto que, pela previsão do Código, no caso de acórdão proferido em RE ou REsp repetitivo, é necessário esgotar as instâncias ordinárias (CPC, art. 988, § 5º, II) – sendo que o STJ acabou restringindo o cabimento da reclamação nessa hipótese (cf. Rcl 36476, fev/20). **LD**

Gabarito "D".

(Escrevente - TJ/SP - 2018 - VUNESP) Com relação ao direito de recorrer, assinale a alternativa correta.

(A) A renúncia ao direito de recorrer depende da aceitação da outra parte.

(B) A parte que aceitar tacitamente a decisão poderá recorrer, se ainda no prazo recursal.

(C) Dos despachos cabem os recursos de agravo de instrumento ou embargos de declaração.

(D) A desistência do recurso não impede a análise de questão cuja repercussão geral já tenha sido reconhecida.

(E) O recorrente, para desistir do recurso, necessitará da anuência de seus litisconsortes.

A questão trata do requisito de admissibilidade recursal negativo "fato impeditivo ao recurso", que engloba a desistência, renúncia e concordância. **A:** Incorreta, porque a renúncia é ato de disposição da parte que independe de aceitação da parte contrária (CPC, art. 999); **B:** Incorreta, visto que a aceitação, expressa ou tácita, impossibilita a interposição de recurso, em decorrência da preclusão lógica – sendo esse caso de concordância (CPC, art. 1.000); **C:** Incorreta, porque os despachos não possuem conteúdo decisório, razão pela qual contra eles não é possível a interposição de qualquer recurso (CPC, art. 1.001); **D:** Correta, por expressa previsão legal (CPC, art. 998, parágrafo único); **E:** Incorreta, pois a desistência independe de concordância dos demais (CPC, art. 998, "caput"). **LD**

Gabarito "D".

(Defensor Público – DPE/SC – 2017 – FCC) O autor de uma ação deixou de comparecer à audiência de tentativa de conciliação, razão pela qual o juiz impôs-lhe multa. Diante desta decisão,

(A) há previsão expressa de cabimento de apelação contra tal decisão, de modo que cabe ao interessado o ônus de recorrer no prazo de quinze dias a partir da intimação da decisão que impôs a multa, sob pena de preclusão.

(B) não há previsão expressa de recurso imediato, mas não haverá preclusão imediatamente, de modo que a questão poderá ser suscitada em preliminar de apelação contra a decisão final, ou nas contrarrazões.

(C) é irrecorrível e, assim, também não se submete a preclusão e pode ser revista em qualquer momento do processo, inclusive em recursos ordinários, por meio de simples petição.

(D) há previsão expressa de cabimento de agravo de instrumento, de modo que cabe ao interessado o ônus de recorrer no prazo de quinze dias a partir da intimação desta decisão, sob pena de preclusão.

(E) não há previsão expressa de recurso imediato, mas não haverá preclusão, de modo que a decisão poderá ser suscitada em preliminar de apelação contra a decisão final e desde que esta seja desfavorável ao autor.

Aplicada a multa em virtude da ausência à audiência (CPC, art. 334, § 8º), trata-se de decisão interlocutória. Essa decisão não está no rol do art. 1.015, de modo que pela lei não cabe agravo de instrumento (e, a princípio, não há urgência no caso, para se inserir na taxatividade

mitigada). Assim, será possível impugnar essa decisão em conjunto com a sentença, em preliminar de apelação (CPC, art. 1.009, § 1º). **LD**

Gabarito "B".

(Defensor Público – DPE/PR – 2017 – FCC) Acerca do incidente de resolução de demandas repetitivas e dos recursos, considere:

I. É admitida a revisão de tese jurídica firmada em incidente de resolução de demandas repetitivas – IRDR, cuja legitimidade de deflagrá-la é outorgada somente ao mesmo Tribunal, de ofício, ou ao Ministério Público e à Defensoria Pública.

II. Segundo a doutrina, o terceiro prejudicado pode interpor apelação em face da sentença deduzindo fatos novos e apresentando provas tendentes a comprová-los, inclusive com a possibilidade de pleitear outras provas em grau recursal.

III. Assim como a parte que sucumbiu parcialmente, o terceiro prejudicado e o Ministério Público podem interpor recurso adesivo quando intimados para apresentar contrarrazões de apelação.

IV. O legislador permite o exercício do juízo de retratação no recurso de apelação somente nos casos de sentença de indeferimento da inicial, de improcedência liminar do pedido e da que reconhecer a existência de perempção, de litispendência ou de coisa julgada.

V. Representa violação ao princípio do juízo natural a alteração da qualificação jurídica sobre os contornos fáticos informados na sentença, cuja apelação, se assim interposta, não deverá ser conhecida.

Está correto o que se afirma APENAS em

(A) III e IV.

(B) II e V.

(C) I e II.

(D) I, II, III e IV.

(E) I.

I: Correta, sendo essa a previsão legal (CPC, art. 986); **II:** Correta. A legislação admite o recurso de terceiro prejudicado (CPC, art. 996) e parte da doutrina admite a produção de prova por parte de terceiro (mas não se trata de entendimento unânime); **III:** Incorreta, não existindo previsão legal nesse sentido (CPC, art. 997, caput e seus parágrafos); **IV:** Incorreta, pois cabe reconsideração em qualquer decisão de extinção sem mérito (CPC, art. 485, § 7º); **V:** Incorreta. A mudança da qualificação jurídica não é sequer alteração da causa de pedir, de modo que está inserida no efeito devolutivo. **LD**

Gabarito "C".

(Juiz – TRF 2ª Região – 2017) Caio ajuíza demanda em face de empresa pública. Formula dois pedidos e lastreia o pedido "a" na tese "x", firmada em Incidente de Resolução de Demandas Repetitivas, julgada recentemente pelo TRF-2ª Região. Ao apreciar a petição inicial, o juiz profere decisão parcial de mérito, sem mencionar a tese "x", julgando improcedente o pedido "a", por considerar a matéria unicamente de direito e por já ter proferido anteriormente sentença sobre a mesma matéria. No mesmo ato, determina que o feito prossiga, em relação ao outro pedido, com a citação da ré. O caso é típico de cabimento do seguinte recurso:

(A) Apelação.

(B) Agravo interno.

(C) Reclamação perante o TRF.

(D) Embargos de declaração.

(E) Correição parcial.

O enunciado traz hipótese de julgamento antecipado parcial de mérito (decisão interlocutória), que é impugnável por agravo de instrumento (CPC, art. 356, § 5º),sendo que esse recurso *não é* mencionado na resposta. Sendo assim, a opção que resta é a utilização dos embargos de declaração, para apontar a omissão na não apreciação de uma das teses, fixada em IRDR (CPC, art. 1.022, parágrafo único, I), de modo que correta a alternativa "D". Vale destacar que nem reclamação nem correição são recursos, à luz do art. 994 do CPC (princípio da taxatividade). LD

Gabarito "D".

(Juiz – TJ-SC – FCC – 2017) Em uma ação de despejo por falta de pagamento julgada procedente, o locatário interpõe apelação, à qual se nega provimento por maioria de votos. Nesse caso:

(A) o julgamento terá prosseguimento em sessão a ser designada com a presença de outros julgadores, que serão convocados nos termos previamente definidos no regimento interno, em número suficiente para garantir a possibilidade de inversão do resultado inicial, assegurado às partes e a eventuais terceiros o direito de sustentar oralmente suas razões perante os novos julgadores, entretanto, sendo possível prosseguimento do julgamento dar-se-á na mesma sessão.

(B) não haverá prosseguimento do julgado, uma vez que a maioria negava provimento ao apelo; somente se fosse dado provimento ao apelo, por maioria, é que necessária e automaticamente ocorreria o prolongamento do julgamento.

(C) não haverá prosseguimento do julgado, uma vez que a maioria negava provimento ao apelo; somente se fosse provido o apelo, por maioria, e a requerimento expresso da parte, é que ocorreria o julgamento estendido do processo.

(D) haverá o prosseguimento do julgamento, pois atualmente não mais se exige o provimento majoritário do apelo; no entanto, será preciso requerimento expresso da parte a quem beneficiaria a reversão do julgado.

(E) não haverá o prosseguimento do julgamento, pois foram extintos os embargos infringentes, cabendo apenas a oposição de embargos de declaração e, julgados estes, a interposição de recursos especial e extraordinário.

No caso de decisão por maioria de votos, não há mais, no atual CPC, o recurso de embargos infringentes. Mas no lugar ingressou a técnica do julgamento estendido (art. 942), que independe da vontade das partes e acarreta a vinda de novos julgadores para proceder à sequência do julgamento do recurso. A alternativa "A" reproduz exatamente o art. 942, sendo que as demais alterativas não encontram base na lei. A "B" está errada pois não há essa previsão na lei (apesar de ser defendida por parte da doutrina); a "C" e "D" estão erradas pois fala em *requerimento da parte* e a "E" não trata do julgamento estendido. LD

Gabarito "A".

12.1. AGRAVOS

José ajuizou ação de despejo cumulada com cobrança de aluguéis atrasados em desfavor de Paulo, tendo o magistrado julgado procedentes os pedidos, declarando rescindido o contrato de locação, determinando a desocupação do imóvel e condenando Paulo ao pagamento dos valores atrasados. Paulo interpôs recurso de apelação, pedindo a reforma integral da sentença. Durante o trâmite recursal, José iniciou a execução provisória apenas em relação à cobrança dos aluguéis, pois Paulo, após interpor apelação, desocupou voluntariamente o imóvel. Intimado para pagamento da parte líquida da condenação, Paulo agravou da decisão, sustentando ser necessário aguardar o julgamento da apelação antes de se dar andamento à execução provisória.

(Juiz de Direito – TJ/SC – 2019 – CESPE/CEBRASPE) Nessa situação hipotética, assinale a opção correta à luz da jurisprudência do STJ.

(A) O recurso de agravo de instrumento deverá ser provido, uma vez que, ficando a ação limitada à cobrança dos aluguéis, seria autorizado o recebimento da apelação no efeito suspensivo, visto que a ação passaria a ter natureza exclusivamente condenatória.

(B) O recurso de agravo de instrumento deverá ser provido, pois a Lei 8.245/1991 não prevê regramento específico em relação aos efeitos do recebimento do recurso de apelação; portanto, o apelo deveria ter sido recebido nos efeitos devolutivo e suspensivo, atendendo à regra geral no CPC.

(C) O recurso de agravo de instrumento deverá ser denegado, porque a apelação que ataca sentença proferida em ação de despejo, ainda que cumulada com ação de cobrança de débitos atrasados, deve ser recebida somente no efeito devolutivo, em razão de regramento específico da Lei 8.245/1991 em relação aos efeitos do recebimento da apelação.

(D) O recurso de agravo de instrumento deverá ser denegado, já que, embora não haja regramento específico acerca dos efeitos do recebimento da apelação na Lei 8.245/1991, a desocupação voluntária implicou em desistência do recurso de apelação.

(E) O recurso de agravo de instrumento não deverá ser conhecido, por ausência de pressuposto objetivo de admissibilidade recursal, pois, além de existir regramento específico acerca dos efeitos do recebimento da apelação na Lei 8.245/1991, a desocupação voluntária implicou desistência do recurso de apelação.

A: incorreta, pois a posterior desocupação do imóvel não impede o cumprimento provisório da sentença em relação aos aluguéis (vide AgInt no AREsp 544.885/RS); **B:** incorreta, porque a Lei 8.245/91 prevê que nas ações de despejo os recursos interpostos contra a sentença terão efeito apenas devolutivo (Lei 8.245/91, art. 58, V); **C:** correta, por se tratar de expressa previsão legal (Lei 8.245/91, art. 58, V); **D:** incorreta, já que há regramento específico na Lei de Locações (Lei 8.245/91, art. 58, V); **E:** incorreta, considerando que o mérito do recurso não se limita à ordem de desocupação, logo, não há que se falar em desistência do recurso. LD

Gabarito "C".

(Promotor de Justiça/SP – 2019 – MPE/SP) O agravo interno **NÃO** tem cabimento contra a decisão que

(A) deixar de conhecer recurso extraordinário quando a questão constitucional nele versada não tiver repercussão geral.

(B) negar seguimento a recurso extraordinário ou a recurso especial interposto contra acórdão que esteja em conformidade com entendimento do Supremo

Tribunal Federal ou do Superior Tribunal de Justiça, respectivamente, exarado no regime de julgamento de recursos repetitivos.

(C) sobrestar o recurso que versar sobre controvérsia de caráter repetitivo ainda não decidida pelo Supremo Tribunal Federal ou pelo Superior Tribunal de Justiça, conforme se trate de matéria constitucional ou infraconstitucional.

(D) aplicar entendimento firmado em regime de repercussão geral ou em julgamento de recursos repetitivos.

(E) resolver incidente desconsideração da personalidade jurídica.

A: Correta, pois não cabe agravo interno nesse caso, mas sim agravo em recurso extraordinário (ARE – CPC, art. 1.042); **B:** Incorreta, pois o CPC prevê expressamente o cabimento de agravo interno nessa hipótese (CPC, art. 1030, I, "b" e § 2º); **C:** Incorreta, considerando que há previsão para o cabimento de agravo interno nessa hipótese (CPC, art. 1.030, III e § 2º); **D:** Incorreta, pois nessa hipótese o CPC prevê o cabimento do agravo interno (CPC, art. 1.035, § 7º); **E:**Incorreta – desde que se parta da premissa de que estamos diante de uma decisão de relator, no tribunal, que decidiu pelo IDPJ (CPC, art. 136, p. único) – mas o enunciado não deixa isso claro; sendo assim, não há certeza de que cabível o interno no caso concreto. Assim, a questão deveria ter sido anulada, mas não foi. **LD**

Gabarito "A".

(Procurador Municipal – Prefeitura/BH – CESPE – 2017) Um município brasileiro interpôs apelação contra sentença que havia confirmado tutela provisória que determinava a matrícula de criança em determinada creche. No mesmo processo, estava pendente o julgamento de agravo de instrumento interposto pelo autor, referente à gratuidade de justiça.

Nessa situação hipotética,

(A) diante do advento da sentença, o agravo de instrumento será julgado prejudicado.

(B) o juízo de admissibilidade da apelação caberá exclusivamente ao tribunal, e não ao juízo *a quo*.

(C) para que o agravo referente à gratuidade seja processado, o agravante terá de recolher as custas ou pedir dispensa ao relator do agravo de instrumento.

(D) a apelação terá efeito apenas devolutivo e deverá ser interposta no prazo de quinze dias, contados só os dias úteis.

A: Incorreta. De modo geral, a prolação da sentença de fato faz com que o agravo seja considerado prejudicado – mas isso quando a sentença substitui a decisão interlocutória antes proferida. Porém, no caso em que a sentença não tem relação com a decisão interlocutória anterior (como no caso narrado no enunciado), então o agravo deverá ser julgado, para garantir o duplo grau de jurisdição; **B:** Correta, sendo essa a previsão do CPC a respeito da apelação (art. 1.010, § 3º); **C:** Incorreta, sendo que não se recolhe custas até decisão do recurso que debata a gratuidade (CPC, art. 101, § 1º); **D:** Incorreta, pois a regra é a apelação ser recebida no duplo efeito (CPC, art. 1.012). **LD**

Gabarito "B".

12.2. EMBARGOS DE DECLARAÇÃO

(Promotor de Justiça – MPE/RS – 2017) Assinale com **V** (verdadeiro) ou com **F** (falso) as seguintes afirmações sobre o tema dos embargos de declaração, segundo o disposto no Código de Processo Civil.

( ) Os embargos serão opostos, no prazo de 5 (cinco) dias, em petição dirigida ao juiz, com indicação do erro, obscuridade, contradição ou omissão, e não se sujeitam a preparo.

( ) Caso o acolhimento dos embargos de declaração implique modificação da decisão embargada, o embargado que já tiver interposto outro recurso contra a decisão originária tem o direito de complementar ou alterar suas razões, nos exatos limites da modificação, no prazo de 30 (trinta) dias, contado da intimação da decisão dos embargos de declaração.

( ) Quando manifestamente protelatórios os embargos de declaração, o juiz ou o tribunal, em decisão fundamentada, condenará o embargante a pagar ao embargado multa não excedente a dez por cento sobre o valor atualizado da causa.

( ) Consideram-se incluídos no acórdão os elementos que o embargante suscitou, para fins de pré-questionamento, apenas quando os embargos de declaração sejam expressamente admitidos, e o tribunal superior considere existentes erro, omissão, contradição ou obscuridade.

A sequência correta de preenchimento dos parênteses, de cima para baixo, é

(A) F – V – F – F.

(B) V – F – F – F.

(C) V – V – F – F.

(D) F – F – V – V.

(E) V – F – V – V.

1: A alternativa é verdadeira, pois o prazo para oposição de embargos de declaração é de 5 dias (único recurso com esse prazo – CPC, arts. 1.003, § 5º e 1.023). **2:** A alternativa é falsa, pois o prazo da parte para complementação ou alteração das razões do recurso é de *15 dias*, e não 30 conforme descrito (art. 1.024, § 4º do CPC). **3:** A alternativa é falsa, tendo em vista que o limite legal para a multa pelos *primeiros* embargos de declaração protelatórios é de 2% por cento do valor da causa (art. 1.026, § 2º do CPC). **4:** A quarta alternativa é falsa, pois os elementos suscitados pelo embargante são considerados para fins de pré-questionamento, *mesmo quando inadmitidos ou rejeitados* (art. 1.025 do CPC). **LD**

Gabarito "B".

12.3. RECURSOS EM TRIBUNAIS SUPERIORES

(Advogado – Pref. São Roque/SP – 2020 – VUNESP) Considerando o entendimento do Superior Tribunal de Justiça a respeito de recursos, pode-se corretamente afirmar:

(A) É admissível recurso especial quanto à questão que, a despeito da oposição de embargos declaratórios, não foi apreciada pelo Tribunal *a quo*.

(B) Não é necessário ratificar o recurso especial interposto na pendência do julgamento dos embargos de declaração, quando inalterado o resultado anterior.

(C) Enseja recurso especial a simples interpretação de cláusula contratual, mas não o simples reexame de prova.

(D) É admissível recurso especial sempre que o acórdão recorrido assenta em fundamento constitucional e infraconstitucional, e a parte vencida não manifesta recurso extraordinário.

(E) Não cabe recurso especial contra decisão proferida, nos limites de sua competência, por órgão de segundo grau dos Juizados Especiais.

A: incorreta, à luz do entendimento do STJ (Súmula 211/STJ: Inadmissível recurso especial quanto à questão que, a despeito da oposição de embargos declaratórios, não foi apreciada pelo Tribunal *a quo*). Vale lembrar, contudo, que pela previsão do art. 1.025 do CPC, não prevaleceria essa súmula, considerando o prequestionamento ficto ou virtual; **B:** correta (CPC, art. 1.024, § 5º e Súmula 579/STJ); **C:** incorreta, sendo esse um dos fundamentos mais comuns de inadmissão de REsp (Súmula 5/STJ: A simples interpretação de cláusula contratual não enseja recurso especial); **D:** incorreta, pois o STJ entende que, nesse caso, o acórdão deve ser atacado simultaneamente por RE e REsp (Súmula 126/STJ: É inadmissível recurso especial, quando o acórdão recorrido assenta em fundamentos constitucional e infraconstitucional, qualquer deles suficiente, por si só, para mantê-lo, e a parte vencida não manifesta recurso extraordinário); **E:** incorreta, porque simplesmente não cabe REsp de acórdão de Colégio Recursal dos Juizados (Súmula 203/STJ: Não cabe recurso especial contra decisão proferida por órgão de segundo grau dos Juizados Especiais). **LD**

Gabarito "B".

(Juiz de Direito – TJ/RJ – 2019 – VUNESP) Com base no tratamento conferido pelo Código de Processo Civil de 2015 aos recursos direcionados para o Supremo Tribunal Federal e para o Superior Tribunal de Justiça, é correto afirmar:

(A) da decisão que inadmite recurso extraordinário ou recurso especial em decorrência da aplicação de entendimento firmado em regime de repercussão geral ou em julgamento de recursos repetitivos, cabe agravo em recurso extraordinário ou em recurso especial.

(B) nos processos promovidos perante a justiça federal de primeira instância em que forem partes organismo internacional e pessoa domiciliada no país, cabe agravo de instrumento dirigido ao Superior Tribunal de Justiça das decisões interlocutórias previstas no artigo 1.015 do diploma processual.

(C) se o Supremo Tribunal Federal considerar como reflexa a ofensa à Constituição afirmada no recurso extraordinário, por pressupor a revisão da interpretação de lei federal ou de tratado, inadmitirá o recurso interposto por se tratar de recurso exclusivamente cabível para corrigir ofensa direta ao texto constitucional.

(D) quando o recurso extraordinário ou especial fundar-se em dissídio jurisprudencial, o recorrente fará a prova da divergência com a certidão, cópia ou citação do repositório de jurisprudência, oficial ou credenciado em que houver sido publicado o acórdão divergente, bastando, nas razões recursais, transcrever a ementa do acórdão paradigma.

(E) na hipótese de interposição conjunta de recurso extraordinário e recurso especial, uma vez concluído o julgamento do recurso especial, os autos serão remetidos ao Supremo Tribunal Federal para apreciação do recurso extraordinário ainda que este estiver prejudicado, pois é da competência exclusiva do Supremo Tribunal Federal declarar a existência de prejudicialidade.

A: incorreta, pois nessa situação deve ser interposto agravo interno e não ARE ou AREsp (CPC, art. 1.030, I e § 2º); **B:** correta, sendo uma hipótese bem específica de agravo de instrumento prevista no capítulo de recurso ordinário (CPC, art. 1.027, II, "b" e § 1º) – para as hipóteses de ações envolvendo organismo internacional, com agravo para o STJ;

C: incorreta, já que nessa hipótese deve haver a *conversão* do RE em REsp, por expressa previsão legal (CPC, art. 1.033); **D:** incorreta, pois (i) não é hipótese de cabimento de RE a divergência jurisprudencial (CF, art. 102, III) e (ii) visto que devem ser especificadas as circunstâncias que assemelham os casos confrontados (CPC, art. 1.029, § 1º); **E:** incorreta, pois o RE só será remetido ao STF se o recurso extraordinário não estiver prejudicado pelo julgamento do REsp (CPC, art. 1.031, §§ 1º ao 3º). **LD**

Gabarito "B".

(Juiz de Direito - TJ/RS - 2018 - VUNESP) Recebida a petição do recurso extraordinário, o recorrido será intimado para apresentar contrarrazões no prazo de 15 (quinze) dias, findo o qual os autos serão conclusos ao presidente ou ao vice-presidente do tribunal recorrido, que deverá

(A) aplicar a súmula impeditiva de recurso, do tribunal local, se for o caso.

(B) remeter os autos ao STF, independentemente de juízo de admissibilidade.

(C) verificar se o recurso contraria súmula ou jurisprudência dominante do STF.

(D) reconhecer se há repercussão geral das questões constitucionais discutidas no caso, sob pena de não admiti-lo. **(E)** sobrestá-lo se versar sobre controvérsia de caráter repetitivo ainda não decidida pelo STF.

A: Incorreta, pois não existe, no direito processual brasileiro, uma "súmula impeditiva de recursos"; **B:** Incorreta, considerando que o Código prevê a admissibilidade do recurso pelo tribunal de origem (CPC, art. 1.030, V, com a redação da Lei 13.256/2016); **C:** Incorreta, considerando que esse não é requisito de admissibilidade do REsp/RE – sendo que a alternativa não fala em repercussão geral ou recurso repetitivo; **D:** Incorreta, pois a apreciação da repercussão geral é de competência exclusiva do STF, e não do tribunal de origem (CPC, art. 1.035, "caput"); **E:** Correta (CPC, art. 1.030, III), sendo relevante destacar que repercussão geral e repetitivo são categorias distintas de jurisprudência dominante (alternativa "C"). **LD**

Gabarito "E".

(Juiz de Direito - TJ/RS - 2018 - VUNESP) O pedido de suspensão ao recurso especial poderá ser formulado por requerimento dirigido

(A) ao presidente do tribunal local, no caso de prejuízo processual comprovado à parte recorrida.

(B) ao presidente ou ao vice-presidente do tribunal recorrido, no período compreendido entre a interposição do recurso e a publicação da decisão de admissão do recurso.

(C) ao relator original do acórdão recorrido, se já distribuído o recurso.

(D) ao tribunal superior respectivo, no período compreendido entre a interposição do recurso e sua distribuição, ficando o relator designado para seu exame prevento para julgá-lo.

(E) ao vice-presidente do tribunal local, após a admissão do recurso e antes de sua distribuição no STJ.

A: Incorreta, já que a situação narrada não encontra previsão no Código (CPC, art. 1.029, § 5º); **B:** Correta (CPC, art. 1.029, § 5º, III); **C:** Incorreta, pois se já distribuído o recurso, o pedido será direcionado ao relator do RE ou do REsp (CPC, art. 1.029, § 5º, II); **D:** Incorreta, já que, no caso, o pedido deve ser direcionado ao Presidente ou Vice-Presidente do Tribunal recorrido (CPC, art. 1.029, § 5º, III); **E:** Incorreta, porque, no caso, o pedido deve ser direcionado ao Tribunal Superior (CPC, art. 1.029, § 5º, I). **LD**

Gabarito "B".

(Procurador do Estado/SP - 2018 - VUNESP) Da decisão do Tribunal de Justiça de São Paulo, que nega seguimento a recurso especial sob o fundamento de que a decisão recorrida estaria de acordo com o posicionamento adotado pelo Superior Tribunal de Justiça, em julgamento de tema afetado ao sistema de recursos repetitivos, quando, na verdade, esse paradigma trata de assunto diverso daquele discutido no recurso especial mencionado, cabe, segundo a lei processual:

(A) embargos de declaração, com o exclusivo objetivo de prequestionar o tema veiculado no recurso especial.

(B) novo recurso especial, interposto diretamente no Superior Tribunal de Justiça.

(C) agravo interno, perante a Turma que proferiu o acórdão combatido.

(D) ação rescisória, após o trânsito em julgado.

(E) agravo em recurso especial.

A: Incorreta, pois na hipótese não se busca prequestionar, mas sim apontar o erro na decisão recorrida; **B:** Incorreta, considerando ser incabível a interposição de novo Recurso Especial por se tratar de decisão monocrática (CPC, art. 1.029 e seguintes); **C:** Incorreta para a banca. Da decisão monocrática cabe agravo – no caso, seria cabível o agravo interno, tendo em vista se tratar de aplicação de entendimento de repetitivo, sendo então hipótese de cabimento desse recurso, conforme previsto no Código (CPC, art. 1.030, § 1º). Porém, nesse caso, a competência para julgar esse agravo não é da turma, mas do órgão especial – por isso a banca apontou como incorreta a alternativa (detalhe bastante específico que possivelmente induziu muitos candidatos em erro); **D:** Correta, mais por exclusão (já que as demais estão erradas). Vale lembrar que a AR não é recurso, mas ação, a ser ajuizada após o trânsito em julgado (CPC, art. 966, § 5º); **E:** Incorreta, tendo em vista que a situação narrada configura hipótese de interposição de agravo interno e não agravo em recurso especial, como exposto em "C" (CPC, art. 1.030, § 1º). **LD**

Gabarito "D".

12.4. OUTROS RECURSOS E TEMAS COMBINADOS

(Promotor de Justiça/PR – 2019 – MPE/PR) Sobre os recursos em espécie, assinale a alternativa **incorreta**, nos termos do Código de Processo Civil de 2015:

(A) A decisão que julga antecipadamente parcela do mérito é recorrível por apelação.

(B) O recurso pode ser interposto pela parte vencida, pelo terceiro prejudicado e pelo Ministério Público, como parte ou como fiscal da ordem jurídica.

(C) O capítulo da sentença que confirma, concede ou revoga a tutela provisória é impugnável na apelação.

(D) Se os embargos de declaração forem rejeitados ou não alterarem a conclusão do julgamento anterior, o recurso interposto pela outra parte antes da publicação do julgamento dos embargos de declaração será processado e julgado independentemente de ratificação.

(E) É vedado ao relator limitar-se à reprodução dos fundamentos da decisão agravada para julgar improcedente o agravo interno.

A: Incorreta, devendo esta ser assinalada, pois em face da decisão de julgamento antecipado parcial do mérito é cabível agravo de instrumento (CPC, art. 356, § 5º); **B:** Correta (CPC, art. 996); **C:** Correta (CPC, art. 1.013, § 5º); **D:** Correta (CPC, art. 1.024, § 5º); **E:** Correta (CPC, art. 1.021, § 3º). **LD**

Gabarito "A".

(Promotor de Justiça/SP – 2019 – MPE/SP) Contra a decisão que resolve o incidente de desconsideração de personalidade jurídica, admite- se a

(A) interposição de recurso inominado.

(B) oposição de embargos de terceiro.

(C) interposição de recurso de apelação.

(D) impetração de mandado de segurança.

(E) interposição de recurso de agravo.

A: Incorreta, pois o recurso inominado é cabível da sentença proferida nos juizados especiais (Lei 9.099/95, art. 41) – ainda que o IDPJ seja cabível no JEC (CPC, art. 1.062), seria decidido por interlocutória, e não sentença; **B:** Incorreta, porque os embargos de terceiro são cabíveis em favor de quem, não sendo parte do processo, sofrer constrição (CPC, art. 674) – e não se usa essa medida para impugnar a decisão do IDPJ; **C:** Incorreta, pois apelação é o recurso cabível contra sentença (CPC, art. 1.009) e o incidente de desconsideração da personalidade jurídica é resolvido, em regra, por decisão interlocutória (CPC, art.136); **D:** Incorreta, considerando que o MS só é utilizado para impugnar decisão judicial não passível de recurso; **E:** Correta, pois o IDPJ será resolvido por decisão interlocutória (CPC, art. 136), que é recorrível por meio de agravo de instrumento (CPC 1.015, IV). **LD**

Gabarito "E".

(Procurador do Estado/SP - 2018 - VUNESP) A respeito do julgamento do mandado de segurança de competência originária de tribunais, assinale a alternativa correta.

(A) Quando a competência originária for do Superior Tribunal de Justiça e a decisão colegiada for denegatória da segurança pretendida, cabe recurso extraordinário para o Supremo Tribunal Federal.

(B) Não compete ao Superior Tribunal de Justiça julgar, em recurso ordinário, os mandados de segurança decididos em única instância pelos tribunais regionais federais e pelos tribunais de justiça estaduais e do Distrito Federal e Territórios, salvo quando concedida a segurança pretendida.

(C) Indeferido, liminarmente, mandado de segurança de competência originária do Tribunal de Justiça de São Paulo, deve o impetrante interpor recurso especial, para o Superior Tribunal de Justiça ou o extraordinário, para o Supremo Tribunal Federal, conforme o caso.

(D) Indeferido, liminarmente, mandado de segurança de competência originária do Tribunal de Justiça de São Paulo, deve o impetrante interpor recurso especial para o Superior Tribunal de Justiça. Se o mandado se segurança for admitido e houver julgamento de mérito por órgão colegiado desse Tribunal de Justiça denegando a segurança pretendida, o recurso cabível também é o especial.

(E) Indeferido, liminarmente, mandado de segurança de competência originária do Tribunal de Justiça de São Paulo, deve o impetrante interpor agravo para órgão competente desse mesmo tribunal. Contudo, se houver julgamento colegiado de mérito, denegando a segurança, o recurso cabível, pelo impetrante, é o

2. DIREITO PROCESSUAL CIVIL

ordinário, exclusivamente para o Superior Tribunal de Justiça.

A: Incorreta, pois nesse caso seria cabível recurso ordinário para o STF (CPC, art. 1.027, I); **B:** Incorreta, pois cabe recurso ordinário exatamente quando a decisão for *denegatória* do MS de competência originária de tribunal, e não *concessiva* (CPC, art. 1.027, I e II); **C:** Incorreta, pois de decisão monocrática cabe agravo interno, não especial (CPC, art. 1.021); **D:** Incorreta, considerando o exposto em "C" e tendo em vista que, quanto à 2ª parte da alternativa o recurso cabível seria o ordinário (CPC, art. 1.027, II); **E:** Correta. Sendo ação originária de tribunal, o indeferimento liminar será uma decisão monocrática, a qual será impugnada por meio de agravo interno, a ser julgado pelo órgão fracionário competente para julgar o MS de forma colegiada. Sendo decisão denegatória do MS originário, o recurso cabível será o ordinário. É o que está no CPC (art. 1.021 e art. 1.027, II, "a") e na lei do MS (Lei 12.016/2009, art. 10, § 1º; art. 16, parágrafo único e art. 18). Vale destacar que o cabimento do recurso ordinário é bem restrito e que na 2ª parte da alternativa encontram-se presentes todos esses requisitos. **LD**
Gabarito "E".

(Procurador do Estado/SP - 2018 - VUNESP) Em relação ao recurso de embargos de divergência, é correto afirmar:

(A) cabem embargos de divergência quando o acórdão paradigma for da mesma turma que proferiu a decisão embargada, desde que sua composição tenha sofrido alteração em, no mínimo, um terço dos seus membros.

(B) é cabível nos processos de competência originária do Supremo Tribunal Federal.

(C) é embargável o acórdão de órgão fracionário que, em recurso especial ou extraordinário, divergir do julgamento de qualquer outro órgão do mesmo tribunal, sendo um acórdão de mérito e outro que não tenha conhecido do recurso, embora tenha apreciado a controvérsia.

(D) não poderão ser confrontadas teses jurídicas contidas em julgamento de recursos e de ações de competência originária.

(E) se os embargos de divergência forem desprovidos, o recurso extraordinário interposto pela outra parte antes da publicação do julgamento dos embargos de divergência sempre deverá ser ratificado.

A: Incorreta, porque a alteração na composição exigida pelo Código para permitir os embargos de divergência em relação à mesma turma é de mais da metade dos membros do órgão fracionário (CPC, art. 1.043, § 3º); **B:** Incorreta, considerando que o dispositivo que autorizava o cabimento dos embargos de divergência, nos processos de competência originária, foi revogado pela Lei 13.256/16 (CPC, art. 1.043); **C:** Correta, por expressa previsão legal (CPC, art. 1.043, III); **D:** Incorreta, pois o Código permite isso (CPC, art. 1.043, § 1º); **E:** Incorreta, porque nesse caso não haverá necessidade de ratificação (CPC, art. 1.044, §2º). **LD**
Gabarito "C".

(Procurador do Estado/SP - 2018 - VUNESP) A sentença proferida em sede de ação civil pública, que acolhe integralmente o pedido do autor e autoriza a liberação de remédios de uso proibido por órgãos administrativos fiscalizadores, todos potencialmente lesivos à saúde da população, enseja

(A) apenas pedido de suspensão de segurança que, por evidente prejudicialidade, suspende o prazo do recurso de agravo, mas não o do recurso de apelação.

(B) apelação, cujo efeito suspensivo deve ser pleiteado diretamente no Tribunal, por meio de medida cautelar autônoma e inominada.

(C) apelação, cujo efeito suspensivo é automático e impede a execução definitiva da decisão.

(D) apelação, com pedido de efeito suspensivo. Depois disso, a Fazenda de São Paulo deverá protocolar, no Tribunal de Justiça, um pedido de análise imediata desse efeito suspensivo pleiteado. Ao mesmo tempo, a Fazenda poderá pedir suspensão dos efeitos da sentença ao Presidente do Tribunal competente.

(E) agravo de instrumento contra o capítulo da decisão que concedeu a ordem de liberação imediata das mercadorias, com pedido de efeito ativo, e apelação do capítulo que julgou o mérito.

A: Incorreta, porque, embora seja possível o pedido de suspensão de segurança pela Fazenda Pública, também será possível interpor o recurso cabível no caso – a apelação (Lei 8.437/1992, art. 4º, § 6º); **B:** Incorreta, pois o pedido de concessão de efeito suspensivo será dirigido ao Tribunal mediante simples requerimento/petição (Lei 7.347/1985, art. 19 e CPC, art. 1.012, § 3º), não existindo mais, no âmbito do atual Código, a figura de uma cautelar inominada; **C:** Incorreta, porque o recurso de apelação interposto em face de sentença proferida em sede de ação civil pública será recebido, como regra, apenas no efeito devolutivo. Poderá ser concedido, no entanto, o efeito suspensivo ao recurso, a fim de evitar dano irreparável à parte (Lei 7.347/1985, art. 14); **D:** Correta, sendo essa a conduta correta à luz da legislação específica e das previsões do CPC (Lei 7.347, arts. 14 e 19; CPC, art. 1.009; Lei 8.437/1992, art. 4º, § 6º); **E:** Incorreta, tendo em vista que a sentença será impugnada via apelação (Lei 7.347, art. 19; CPC, art. 1.009), sendo que não cabe agravo e apelação ao mesmo tempo, por força do princípio da unirrecorribilidade. **LD**
Gabarito "D".

(Procurador do Município – Prefeitura Fortaleza/CE – CESPE – 2017) No que concerne aos meios de impugnação das decisões judiciais, julgue os itens a seguir, de acordo com o CPC e com a jurisprudência dos tribunais superiores.

(1) Situação hipotética: Ao interpor recurso de agravo contra decisão monocrática no tribunal, o recorrente deixou de impugnar especificamente os fundamentos da decisão recorrida. Assertiva: Nesse caso, em observância ao princípio da primazia do julgamento do mérito, o relator deverá intimar o agravante para complementar seu recurso no prazo de cinco dias.

(2) Ainda que, em exame de embargos declaratórios, seja mantido o resultado do julgamento anterior, o recorrente deverá ratificar recurso especial que tenha sido interposto antes do julgamento dos embargos.

(3) A certidão de concessão de vistas dos autos ao ente público é elemento suficiente para a demonstração da tempestividade do agravo de instrumento e se equipara à certidão de intimação da decisão agravada para essa finalidade.

(4) Situação hipotética: Em outubro de 2016, determinada pessoa interpôs para o STJ agravo em recurso especial contra decisão que, na origem, inadmitiu recurso especial com base em entendimento firmado em recursos repetitivos. Assertiva: Nessa situação, o STJ entende que deve ser aplicado o princípio da fungibilidade e deve ser determinada a remessa do agravo ao tribunal *a quo*, convertendo-se o recurso de agravo em recurso especial no recurso de agravo interno.

1: Errada, tendo em vista que não existe previsão de emenda para essa situação na qual há violação ao princípio da dialeticidade – ou seja, quando o recurso não impugna a decisão (CPC, art. 932, III). **2:** Errada, porque esse era o entendimento jurisprudencial firmado no CPC/1973. Porém, no atual CPC, isso é expressamente afastado, se mantida a decisão anterior (art. 1.024, § 5º). **3:** Correta, independentemente de ser ente público, pois a certidão de intimação do agravo pode ser substituída por qualquer documento que comprove a data da ciência da decisão – e a vista às partes é uma das hipóteses em que há ciência inequívoca (CPC, art. 1.017, I). **4:** Errada. Da decisão que não admite o recurso especial, em regra, cabe o agravo em recurso especial (AREsp –CPC, art. 1.042). Porém, o próprio art. 1.042 aponta que não cabe o AREsp se a decisão for "fundada na aplicação de entendimento firmado em regime de repercussão geral ou em julgamento de recursos repetitivos". Nesse caso, o recurso cabível é o agravo interno (art. 1.030, § 2º). Não há previsão de fungibilidade para essa situação de interposição do AREsp no lugar de agravo interno, de modo que o recurso não será conhecido, por falta de cabimento. **LD**

Gabarito 1E, 2E, 3C, 4E

(Procurador Municipal – Prefeitura/BH – CESPE – 2017) Considerando a atual sistemática processual, assinale a opção correta, em relação a recursos nos processos de conhecimento e de execução.

(A) O recurso interposto sem a comprovação do devido preparo, quando for devido, não será de pronto considerado deserto, mas ensejará o pagamento de multa.

(B) O papel do revisor no julgamento de apelação foi ampliado com o advento do novo CPC.

(C) Tratando-se de processo de execução, o agravo de instrumento só é cabível contra as decisões interlocutórias listadas taxativamente no CPC.

(D) Cabem embargos infringentes contra acórdão não unânime, no prazo de quinze dias, para fazer prevalecer o voto vencido.

A: Correta: a falta de preparo permite a correção, com o pagamento em dobro (CPC, art. 1.007, § 4º) – porém, vale destacar que a lei não faz menção a "multa", mas pagamento em dobro; **B:** Incorreta, pois o revisor deixou de existir no atual CPC (há o relator, o 2º e o 3º magistrados); **C:** Incorreta, porque cabe agravo de quaisquer decisões interlocutórias proferidas na execução e cumprimento de sentença (CPC, art. 1.015, parágrafo único); **D:** Incorreta, pois os embargos infringentes deixaram de existir no atual CPC (em seu lugar, há agora o julgamento estendido previsto no art. 942). **LD**

Gabarito "A".

(Juiz – TJSP – 2017) Em matéria recursal, é correto afirmar que

(A) do pronunciamento que julgar parcial e antecipadamente o mérito, caberá apelação desprovida de efeito suspensivo.

(B) a resolução da questão relativa à desconsideração da personalidade jurídica será sempre impugnável por agravo de instrumento.

(C) a apelação devolverá ao tribunal todas as questões suscitadas e debatidas, ainda que não decididas, mas a devolução em profundidade ficará limitada ao capítulo impugnado.

(D) se os embargos de declaração forem acolhidos com modificação da decisão embargada, ficará automaticamente prejudicado o outro recurso que o embargado já tiver interposto contra a decisão originária, ressalvada a interposição de novo recurso.

A: incorreta, porque da decisão antecipada parcial de mérito cabe agravo (CPC, art. 356, § 5º); **B:** incorreta, pois o IDPJ pode ser decidido não apenas em 1º grau; logo, não é *sempre* agravo (CPC, art. 136, *caput*

e parágrafo único); **C:** correta, sendo essa uma das previsões legais quanto à devolutividade da apelação (CPC, art. *1013, § 1º Serão, porém, objeto de apreciação e julgamento pelo tribunal todas as questões suscitadas e discutidas no processo, ainda que não tenham sido solucionadas, desde que relativas ao capítulo impugnado*); **D:** incorreta, pois após declaratórios providos, pode a outra parte complementar seu recurso; assim, não é *sempre* recurso prejudicado. **LD**

Gabarito "C".

(Juiz – TJSP – 2017) Quanto ao incidente de resolução de demandas repetitivas,

(A) poderá ser instaurado quando houver risco de multiplicação de processos como decorrência de controvérsia sobre questão unicamente de direito, de que possa resultar prejuízo à isonomia e à segurança jurídica.

(B) tanto que seja admitido, a suspensão dos processos pendentes em que se discuta a questão controvertida poderá ser determinada pelo relator ou eventualmente pelo tribunal superior competente para conhecer do recurso extraordinário ou especial.

(C) o órgão colegiado incumbido de julgá-lo fixará a tese e, para preservar o juiz natural, devolverá o julgamento do recurso, da remessa necessária ou do processo de competência originária para que se complete o julgamento perante o órgão de onde se originou o incidente.

(D) pode tramitar, paralela e concorrentemente, com a afetação, perante tribunal superior, de recurso para definição de tese sobre questão material ou processual repetitiva.

A: incorreta, pois esses são requisitos *cumulativos* para o IRDR, de modo que um *não é* decorrente do outro (CPC, art. 976, I e II); **B:** correta. Admitido o IRDR, cabe a suspensão de todos os processos que debatam o mesmo tema – deferida no tribunal intermediário ou mesmo pelo tribunal superior (CPC, art. 982, I e § 3º); **C:** incorreta, porque não só a tese, mas a própria lide já é julgada – tanto que a parte tem direito a sustentação oral (CPC, art. 984, II, *a*); **D:** incorreta, pois não pode haver IRDR e repetitivo ao mesmo tempo, pelo risco de conflito entre as decisões (CPC, art. *976, § 4º É incabível o incidente de resolução de demandas repetitivas quando um dos tribunais superiores, no âmbito de sua respectiva competência, já tiver afetado recurso para definição de tese sobre questão de direito material ou processual repetitiva*). **LD**

Gabarito "B".

13. EXECUÇÃO E CUMPRIMENTO DE SENTENÇA

13.1. EXECUÇÃO

(Juiz de Direito/AP – 2022 – FGV) No que concerne ao processo de execução, é correto afirmar que:

(A) efetivadas a expropriação do bem do devedor, a sua alienação e a satisfação do crédito exequendo, o juiz deve proferir despacho ordenando o arquivamento do feito;

(B) a homologação de eventual desistência da ação depende da concordância do executado, se este já tiver sido citado;

(C) ainda que disponha de um título executivo extrajudicial, o credor pode optar pela via da ação de conhecimento;

2. DIREITO PROCESSUAL CIVIL

(D) a liquidez da obrigação constante do título executivo fica afastada se a apuração do crédito reclamar operações aritméticas simples;

(E) o credor pode cumular várias execuções em face do mesmo devedor, ainda que o procedimento seja distinto e desde que o juízo seja competente para processar ao menos uma delas.

Comentário: **A:** incorreta, uma vez satisfeita a obrigação, o processo de execução deve ser *extinto* por sentença (CPC, arts. 924, II e 925); **B:** incorreta, pois a execução dependerá da concordância do executado *apenas* se os embargos versarem sobre questões de mérito (CPC, art. 775, parágrafo único); **C:** correta, pois o exequente tem essa opção, se entender, por exemplo, que há uma fragilidade no título executivo (CPC, 785); **D:** incorreta, visto que a simples necessidade de operações aritméticas não afasta a liquidez da obrigação (CPC, art. 786, parágrafo único) – sendo já possível o cumprimento de sentença nesse caso, sem necessidade de liquidação; **E:** incorreta, porque a cumulação de execuções exige que o mesmo juízo seja competente para processar todas elas e que seja aplicável idêntico procedimento para todas (CPC, art. 780). 🔲
Gabarito "C".

(Juiz de Direito/AP – 2022 – FGV) Rafael possui três notas promissórias vencidas, nas quais Victor figura como devedor. Não obstante se tratar de dívidas distintas, o credor resolve demandar, em um único processo, a execução autônoma desses títulos em face do referido devedor, uma vez que consubstanciam obrigações certas, líquidas e exigíveis.

Ao receber essa inicial, percebendo que o juízo é competente para tais cobranças, e que todas buscam o mesmo tipo de obrigação, agirá corretamente o juiz se:

(A) determinar que o credor emende a inicial, indicando qual título pretende demandar, devendo os outros virem por via própria, uma vez que essa cumulação é inadmissível na execução;

(B) admitir a cumulação objetiva dessas execuções, pois, pelo princípio da economia processual, permite-se que o credor se utilize de um mesmo processo para execução desses títulos;

(C) inadmitir a inicial, uma vez que há necessidade de prévio processo de conhecimento para obter o necessário título executivo judicial, com o qual poderia posteriormente demandar a execução;

(D) intimar o devedor, para que manifeste sua concordância com a cumulação de execuções pretendida, sob pena do indeferimento da inicial, em caso de recusa do devedor;

(E) julgar, desde logo, procedentes os pedidos, uma vez que os referidos títulos executivos extrajudiciais consubstanciam obrigações certas, líquidas e exigíveis.

Comentário: **A:** incorreta, visto que é admitida a cumulação de execuções, ainda que fundadas em títulos diferentes (CPC, art. 780); **B:** correta, sendo essa a previsão legal (CPC, art. 780); **C:** incorreta, pois as notas promissórias são títulos executivos extrajudiciais (CPC, art. 784, I), e o enunciado aponta haver obrigação líquida, certa e exigível; **D:** incorreta, considerando que a cumulação de execuções não depende da prévia anuência do devedor (CPC, art. 780); **E:** incorreta, porque não se trata de processo de conhecimento (CPC, art. 784, I), de modo que não se fala em "julgar procedentes os pedidos". 🔲
Gabarito "B".

(Juiz de Direito/GO – 2021 – FCC) A penhora

(A) deve ser averbada no registro competente para que tenha efeito entre as partes do processo.

(B) incidente sobre quotas autoriza que o exequente passe a integrar a sociedade empresária, na qualidade de sócio, salvo se os demais exercerem direito de preferência na aquisição.

(C) não pode recair sobre os bens inalienáveis, seus frutos e rendimentos, mesmo que à falta de outros bens.

(D) será comunicada ao executado, em regra, por meio de intimação a seu advogado ou à sociedade de advogados a que pertença.

(E) que recaia sobre imóvel ou direito real sobre imóvel impõe a intimação do cônjuge do executado, qualquer que seja o regime de bens.

Comentário: **A:** incorreta, porque a averbação é exigida para presunção absoluta de conhecimento por *terceiros* e não para efeitos entre as partes (CPC, art. 844); **B:** incorreta, porque a penhora das quotas sociais não faz do exequente sócio, na verdade as quotas penhoradas serão liquidadas caso não haja interesse dos sócios em sua aquisição (CPC, art. 861); **C:** incorreta, visto que podem ser penhorados, na falta de outros bens, os *frutos e rendimentos* de bens inalienáveis (CPC, art. 834); **D:** correta, por expressa previsão legal (CPC, art. 841, §1º); **E:** incorreta, pois não haverá intimação do cônjuge do executado caso sejam casados em regime de *separação total* de bens (CPC, art. 842). 🔲
Gabarito "D".

(Juiz de Direito/SP – 2021 – Vunesp) Caio propôs processo de execução de cheque em face de Tício. Como não foram localizados bens, o processo permaneceu suspenso por mais de cinco anos. Considerando essa situação, deve o juiz

(A) intimar o exequente a se manifestar a respeito de eventual prescrição intercorrente e, posteriormente, se for o caso, extinguir o processo em razão de sua ocorrência.

(B) intimar o exequente para dar regular andamento ao processo sob pena de reconhecer a prescrição intercorrente, uma vez que configurada em concreto a inércia do credor.

(C) intimar o exequente para dar regular andamento ao processo sob pena de, não o fazendo, ter início o prazo de contagem para fins de prescrição intercorrente.

(D) desde logo, extinguir o processo em razão da prescrição intercorrente, na medida em que, por se tratar de questão de ordem pública, deve ser conhecida de ofício.

Comentário: **A:** correta, sendo essa a previsão legal. O CPC prevê a prescrição intercorrente para a hipótese em que não houver bens (CPC, art. 921, III e § 4º); mas, antes de reconhecê-la, deve existir o contraditório (CPC, arts. 10 e 921, § 5º); **B:** incorreta, pois se já tiver havido a prescrição intercorrente, não haverá essa oportunidade de tentar algo "sob pena de prescrição" (CPC, art. 921, § 5º); **C:** incorreta, porque o início da contagem do prazo de prescrição intercorrente é a ciência da 1ª tentativa infrutífera de localização do devedor ou de bens penhoráveis (CPC, art. 921, § 4º); **D:** incorreta, ainda que seja questão de ordem pública, apreciável de ofício pelo juiz, deve ser oportunizada manifestação prévia da parte exequente (CPC, arts. 10 e 921, § 5º), sob pena de violação do contraditório / decisão surpresa. 🔲
Gabarito "A".

(Advogado – Pref. São Roque/SP – 2020 – VUNESP) Com relação aos precatórios, pode-se corretamente afirmar:

(A) Os atos do presidente do tribunal que disponham sobre processamento e pagamento de precatório têm caráter jurisdicional, contra os quais cabe recurso especial e extraordinário, se houver, respectivamente, violação de norma federal ou constitucional.

(B) A Fazenda Pública não pode recusar a substituição do bem penhorado por precatório.

(C) Os honorários advocatícios incluídos na condenação ou destacados do montante principal devido ao credor não consubstanciam verba de natureza alimentar, e sua satisfação deverá ocorrer mediante a expedição de precatório ou requisição de pequeno valor.

(D) Se o precatório for apresentado até 1º de julho, e o pagamento for realizado no final do exercício seguinte, haverá a incidência de juros de mora.

(E) A cessão de precatórios realizada pelo credor a terceiros poderá ser realizada independentemente da concordância do devedor e produzirá efeitos após comunicação, por meio de petição protocolizada, ao tribunal de origem e à entidade devedora.

A: incorreta, pois os atos do presidente do tribunal referentes ao processamento e pagamento de precatórios têm caráter *administrativo*, logo não cabe recurso contra referidos atos, conforme jurisprudência dos Tribunais Superiores (STF, ADI 1.098/SP e Súmula 311/STJ: Os atos do presidente do tribunal que disponham sobre processamento e pagamento de precatório não têm caráter jurisdicional); **B:** incorreta, pois a Fazenda Pública *pode* recusar a substituição do bem penhorado por precatório, já que se trata de penhora de crédito e não de dinheiro (Lei 6.830/80, art. 15, I e Súmula 406/STJ); **C:** incorreta, tendo em vista ser pacífico o entendimento de que os honorários advocatícios têm natureza alimentar (SV 47/STF: Os honorários advocatícios incluídos na condenação ou destacados do montante principal devido ao credor consubstanciam verba de natureza alimentar cuja satisfação ocorrerá com a expedição de precatório ou requisição de pequeno valor, observada ordem especial restrita aos créditos dessa natureza); **D:** incorreta, pois nesse caso não haverá mora e, portanto, sobre o valor deverá incidir correção monetária, mas *não juros* (CF, art. 100, § 5º e SV 17/STF: Durante o período previsto no parágrafo 1º do artigo 100 da Constituição, não incidem juros de mora sobre os precatórios que nele sejam pagos); **E:** correta (CF, art. 100, §§ 13 e 14, na redação da EC 62/2009). **LD**
Gabarito "E."

O CPC considera título executivo extrajudicial

I. o instrumento de transação referendado por conciliador credenciado por tribunal, após homologação pelo juiz.

II. o contrato celebrado por instrumento particular, garantido por direito real de garantia, independentemente de ter sido assinado por duas testemunhas.

III. o contrato celebrado por instrumento particular, garantido por fiança, desde que assinado por duas testemunhas.

IV. o crédito de contribuição extraordinária de condomínio edilício, aprovada em assembleia geral e documentalmente comprovada.

(Juiz de Direito – TJ/SC – 2019 – CESPE/CEBRASPE) Estão certos apenas os itens

(A) I e III.

(B) I e IV.

(C) II e IV.

(D) I, II e III.

(E) II, III e IV.

I: incorreta, pois a decisão de autocomposição judicial ou extrajudicial, uma vez homologada pelo *juiz*, constitui título executivo *judicial* – o simples instrumento de transação referendado por conciliador é que constitui título executivo *extrajudicial* (CPC, arts. 515, II e III e 784, IV); **II:** correta (CPC, art. 784, V); **III:** incorreta, já que o contrato garantido por caução (seja garantia real ou fidejussória) constitui, por si só, título executivo extrajudicial, dispensando a assinatura das 2 testemunhas (CPC, art. 784, V); **IV:** correta (CPC, art. 784, X). **LD**
Gabarito "C."

(Juiz de Direito – TJ/BA – 2019 – CESPE/CEBRASPE) De acordo com o CPC, se, em processo de execução de contrato inadimplido, ocorrer a penhora judicial de dinheiro depositado em conta bancária do executado, o juiz poderá cancelar o ato de penhora caso acolha o pedido de impenhorabilidade sob o argumento de que a quantia bloqueada

(A) pertence a terceiro.

(B) decorreu de venda de imóvel.

(C) corresponde a salário do executado e não ultrapassa cinquenta salários mínimos.

(D) estava vinculada ao pagamento de conta exclusivamente em débito automático.

(E) acarretará enriquecimento ilícito.

A: errada, já que o executado não teria legitimidade para defender direito de terceiro em nome próprio (CPC, art. 18); **B:** errada, considerando que essa hipótese não encontra previsão no rol do art. 833, do CPC; **C:** certa, conforme expressa previsão legal (CPC, art. 833, IV e §2º); **D:** errada, tendo em vista que essa hipótese não encontra previsão no rol do art. 833, do CPC; **E:** errada, já que, a princípio, não haveria enriquecimento ilícito na penhora de bens para satisfação de obrigação contratual inadimplida. **LD**
Gabarito "C."

O Ministério Público ajuizou ação civil pública contra determinada empresa e seus sócios, visando tutelar direitos de consumidores lesados por contratos celebrados para a prática de esquema de pirâmide financeira. A sentença condenatória na ação coletiva foi publicada em 5/1/2003 e, após recurso, transitou em julgado em 2/6/2005. Em 6/7/2012, um consumidor beneficiário da referida demanda apresentou execução individual da sentença coletiva.

(Juiz de Direito – TJ/SC – 2019 – CESPE/CEBRASPE) Nessa situação hipotética, de acordo com o entendimento do STJ, é correto afirmar que, à época da propositura da execução individual pelo beneficiário, a sua pretensão

(A) estava prescrita desde o transcurso de cinco anos após o trânsito em julgado da sentença coletiva.

(B) não estava prescrita, e só será assim considerada após o transcurso de dez anos do trânsito em julgado da sentença coletiva.

(C) estava prescrita desde o transcurso de cinco anos após a publicação da sentença coletiva.

(D) não estava prescrita, e só será assim considerada após o transcurso de dez anos após a publicação da sentença coletiva.

(E) estava prescrita desde o transcuro de três anos após o trânsito em julgado da sentença coletiva.

2. DIREITO PROCESSUAL CIVIL 123

A: correta (vide STJ, Informativo 580); **B:** incorreta, já que, segundo o entendimento do STJ, o prazo prescricional para a execução individual de sentença coletiva proferida em ACP é de 5 anos (STJ, Informativo 515); **C:** incorreta, pois o prazo prescricional é contado do trânsito em julgado da sentença coletiva (STJ, Informativo 580); **D:** incorreta, porque o prazo prescricional é de 5 anos, contados do trânsito em julgado da sentença (STJ, Informativos 515 e 580); **E:** incorreta, uma vez que o prazo de prescrição é quinquenal (STJ, Informativo 515). Gabarito "A".

(Juiz de Direito - TJ/RS - 2018 - VUNESP) O executado por título executivo extrajudicial, independentemente de penhora, depósito ou caução, poderá se opor à execução por meio de embargos, cujo prazo será contado, no caso de execuções por carta, da juntada

(A) na carta, da certificação da citação, quando versarem unicamente sobre vícios ou defeitos da penhora, da avaliação ou da alienação dos bens.

(B) do último comprovante de citação, quando houver mais de um executado.

(C) do último comprovante de citação, que será contado em dobro no caso de litisconsortes com advogados diversos.

(D) das respectivas citações, no caso de companheiros, sem contrato de união estável.

(E) nos autos de origem, quando versarem sobre a nulidade da citação na ação de obrigação de pagar.

A: Correta (CPC, art. 915, § 2º, I); **B:** Incorreta, já que, quando houver mais de um executado, o prazo para oposição de embargos é contado a partir da juntada do respectivo comprovante de citação em relação a cada um dos executados, e não do último – exceto no caso de cônjuges (CPC, art. 915, § 1º); **C:** Incorreta, tendo em vista que para a contagem do prazo para oposição de embargos à execução não se aplica a disposição do prazo em dobro para litisconsortes com advogados diversos (CPC, art. 915, § 3º); **D:** Incorreta, porque, no caso de cônjuges ou companheiros, o prazo será contado a partir da juntada do último comprovante de citação (CPC, art. 915, § 1º) – em relação aos não cônjuges, vide "B"; **E:** Incorreta. O que o CPC prevê é a contagem a partir da "juntada, na carta, da certificação da citação, quando versarem unicamente sobre vícios ou defeitos da penhora, da avaliação ou da alienação dos bens" (CPC, art. 915, § 2º, I). Gabarito "A".

(Procurador do Estado/SP - 2018 - VUNESP) Em relação à fraude de execução, assinale a alternativa correta.

(A) O simples fato de alguém ter alienado seus bens após a citação, no processo de conhecimento, já caracteriza plenamente a fraude de execução, sejam os bens passíveis de registro ou não.

(B) Quanto aos bens imóveis, o ônus de provar sua existência pode ser satisfeito mediante averbação na matrícula do imóvel, prévia à alienação, da existência de uma ação, ainda que de natureza penal, dentre outras, que pode reduzir o devedor à insolvência.

(C) É sempre do exequente o ônus da prova da fraude de execução quando ocorrer a venda de bens não sujeitos a registro após a citação, na execução civil, ou após a intimação, no caso do cumprimento de sentença.

(D) Os atos praticados em fraude de execução são juridicamente inexistentes, independentemente de o executado ter ficado insolvente ou não.

(E) Caracteriza-se exclusivamente quando, após o início do cumprimento de sentença ou da execução civil, ocorre a alienação de bens por parte do executado, dispensados outros requisitos.

A: Incorreta, porque seria necessário que a ação ajuizada fosse capaz de reduzir o devedor à insolvência (CPC, art. 792, IV). No tocante ao registro, a caracterização da fraude à execução depende, ainda, do registro da penhora do bem alienado ou da prova da má-fé do terceiro adquirente (STJ, Súmula 375); **B:** Correta, sendo essa a previsão legal (CPC, art. 792, I, II e IV); **C:** Incorreta, considerando que, no caso de bens não sujeitos a registro, o ônus caberá ao terceiro adquirente e não ao exequente (CPC, art. 792, § 2º); **D:** Incorreta, porque os atos praticados em fraude à execução são *ineficazes* em relação ao exequente (CPC, art. 792, §1º); **E:** Incorreta, uma vez que a alienação de bem não caracteriza por si só fraude à execução (CPC, art. 792). Gabarito "B".

(Promotor de Justiça – MPE/RS – 2017) Assinale a alternativa **INCORRETA** sobre o tema da execução, segundo disposto no Código de Processo Civil.

(A) Considera-se atentatória à dignidade da justiça a conduta comissiva ou omissiva do executado que, intimado, não indica ao juiz quais são e onde estão os bens sujeitos à penhora e os respectivos valores, nem exibe prova de sua propriedade e, se for o caso, certidão negativa de ônus.

(B) A execução pode ser promovida contra o responsável titular do bem vinculado por garantia real ao pagamento do débito.

(C) Se a execução tiver por objeto obrigação de que seja sujeito passivo o proprietário de terreno submetido ao regime do direito de superfície, ou o superficiário, responderá pela dívida, exclusivamente, o direito real do qual é titular o executado, recaindo a penhora ou outros atos de constrição exclusivamente sobre o terreno, no primeiro caso, ou sobre a construção ou a plantação, no segundo caso.

(D) Na execução de obrigação de fazer ou de não fazer fundada em título extrajudicial, ao despachar a inicial, o juiz fixará multa por período de atraso no cumprimento da obrigação e a data a partir da qual será devida.

(E) A cobrança de multas ou de indenizações decorrentes de litigância de má-fé ou de prática de ato atentatório à dignidade da justiça será promovida em autos apartados.

A: Correta (CPC, art. 774, V – o artigo prevê os atos que praticados pelo executado são considerados atentatórios à dignidade da justiça). **B:** Correta, o titular do bem dado em garantia responde legalmente pelo débito (CPC, art. 779, V). **C:** Correta, o devedor responderá a execução com os bens que possui, quando estamos diante de um devedor que possui direitos sobre imóvel, tais direitos serão objeto de penhora (CPC, art. 791). **D:** Correta, o artigo 814 do CPC prevê a possibilidade de fixação de multa na execução de obrigação de fazer e não fazer. **E:** Incorreta, devendo esta ser assinalada. A cobrança decorrente de litigância de má-fé deverá ser promovida nos autos do processo que houver a condenação (CPC, art. 777). Gabarito "E".

13.2. CUMPRIMENTO DE SENTENÇA E IMPUGNAÇÃO

(Juiz de Direito/GO – 2021 – FCC) No cumprimento definitivo de sentença que haja imposto condenação em quantia certa, ou já fixada em liquidação,

(A) o executado, a requerimento do exequente, será intimado a pagar voluntariamente o débito no prazo de quinze dias, já acrescido de custas e honorários advocatícios, sob pena de multa de dez por cento.

(B) serão arbitrados honorários em benefício do executado no caso de acolhimento, ainda que parcial, de impugnação ou de exceção de pré-executividade.

(C) a incidência da multa demanda prévia intimação pessoal do executado.

(D) se o executado realizar o pagamento tempestivo, ainda que parcial, não incidirá em multa.

(E) não efetuado tempestivamente o pagamento voluntário, o juiz, a pedido do exequente, determinará a expedição de mandado de penhora e avaliação.

Comentário: A: incorreta, porque os honorários de 10% e a multa de 10% só serão acrescidos ao débito caso não haja o pagamento voluntário no prazo de 15 dias (CPC, art. 523, §1º); B: correta; há honorários na exceção de pré-executividade, mesmo que parcialmente acolhida (Tema Repetitivo 410, STJ - REsp 1134186/RS); C: incorreta, considerando não haver necessidade de intimação *pessoal*, sendo que a multa incidirá tão logo não ocorra o pagamento voluntário do débito (CPC, art. 523, §1º); D: incorreta, já que, em caso de pagamento parcial, a multa e os honorários incidirão sobre o valor restante (CPC, art. 523, §2º); E: incorreta, pois o mandado de penhora e avaliação será expedido independentemente de pedido do exequente (CPC, art. 523, §3º). **LD**
Gabarito "B".

(Juiz de Direito – TJ/MS – 2020 – FCC) No que tange ao procedimento concernente ao cumprimento da sentença, é correto afirmar:

(A) como regra, o devedor será intimado pessoalmente para cumprir a sentença espontaneamente em quinze dias, sob pena de multa.

(B) o cumprimento da sentença que reconhece o dever de pagar quantia, provisório ou definitivo, far-se-á de ofício ou a requerimento do credor.

(C) o cumprimento da sentença não poderá ser promovido em face do fiador, do coobrigado ou do corresponsável que não tiver participado da fase de conhecimento.

(D) quando o juiz decidir relação jurídica sujeita a condição ou termo, o cumprimento da sentença não dependerá de demonstração de que se realizou a condição ou de que ocorreu o termo.

(E) o cumprimento provisório da sentença impugnada por recurso desprovido de efeito suspensivo não poderá em nenhuma situação admitir o levantamento de depósito em dinheiro ou a prática de atos que importem transferência de posse ou domínio, pela possibilidade de irreversibilidade dos efeitos de tais atos.

A: Incorreta, pois o devedor será preferencialmente intimado pelo Diário da Justiça, na pessoa de seu advogado (CPC, art. 513, § 2º, I). B: Incorreta, considerando que o cumprimento da sentença não será feito de ofício (CPC, art. 513, § 1º). C: Correta, sendo essa a expressa previsão legal (CPC,513, §5º), em homenagem à coisa julgada. D: Incorreta, porque nesse caso o cumprimento de sentença dependerá de demonstração de que se realizou a condição ou de que o termo ocorreu (CPC, art. 514). E: Incorreta, pois no cumprimento provisório, o levantamento de depósito em dinheiro ou prática de atos que importem transferência de posse ou domínio, é possível desde que o exequente apresente caução (CPC, art. 520, IV). **LD**
Gabarito "C".

(Promotor de Justiça/CE – 2020 – CESPE/CEBRASPE) A respeito do cumprimento de sentença e do processo de execução, julgue os itens a seguir.

I. De acordo com a jurisprudência do STF, em sede de execução contra a fazenda pública não devem incidir os juros da mora no período compreendido entre a data de realização dos cálculos e a da expedição da requisição de pequeno valor ou do precatório.

II. O indivíduo que possua título executivo extrajudicial pode optar por ajuizar ação de conhecimento em detrimento do processo de execução e, dessa forma, obter título de natureza judicial.

III. Considere que João tenha requerido o cumprimento de sentença que condenou Marcela a lhe pagar a quantia de cem mil reais. Nesse caso, o Código de Processo Civil (CPC) permite que a devedora seja intimada na pessoa de seu advogado, devidamente constituído nos autos, por meio de publicação no Diário da Justiça, para cumprir a sentença.

IV. Em ação que contenha pedido de reconhecimento de paternidade cumulado com pedido de alimentos, ainda que já seja possível a execução provisória em razão do recurso do réu ter sido recebido apenas no efeito devolutivo, o prazo prescricional para o cumprimento da sentença que condene o réu ao pagamento de verba alimentícia retroativa não se iniciará antes do trânsito em julgado da sentença que reconheça a paternidade.

Estão certos apenas os itens

(A) I e II.

(B) I e IV.

(C) II e III.

(D) I, III e IV.

(E) II, III e IV.

I – Incorreta, conforme disposto pela Súmula Vinculante 17/STF *"Durante o período previsto no parágrafo 1º do artigo 100 da Constituição, não incidem juros de mora sobre os precatórios que nele sejam pagos"*. Ou seja, afasta-se a incidência de juros de mora no período compreendido entre a expedição do precatório e seu efetivo pagamento – e não entre o cálculo e a expedição; II – Correta, por expressa previsão legal (CPC, art. 785); III – Correta, sendo esse o início do cumprimento de sentença de obrigação de pagar (CPC, art.513, § 2º, inciso I); IV – Correta, sendo esse o entendimento do STJ (cf REsp 1634063/AC, DJ 30/06/2017). **LD**
Gabarito "E".

(Juiz de Direito – TJ/RJ – 2019 – VUNESP) Segundo os contornos traçados pelo Código de Processo Civil de 2015 à impugnação ao cumprimento de sentença, assinale a alternativa correta.

(A) O executado pode alegar a ilegitimidade de parte advinda da fase de conhecimento tanto no que concerne ao polo ativo quanto ao passivo da demanda.

(B) Por ter natureza jurídica de ação, não se aplica o benefício do prazo em dobro em processos de autos físicos para os executados que tiverem diferentes procuradores.

(C) Tal defesa típica é exclusiva do cumprimento definitivo de sentença, sendo que, quando de cumprimento provisório se tratar, o executado poderá defender-se por meio de simples petição.

2. DIREITO PROCESSUAL CIVIL · 125

(D) O rol de matérias arguíveis pelo executado limita-se a alegações posteriores ao trânsito em julgado do pronunciamento judicial executado.

(E) O executado poderá alegar nesta defesa típica a nulidade da sentença arbitral, se houver execução judicial.

A: incorreta, considerando que o executado poderá alegar ilegitimidade de parte, mas referente à fase de execução (cumprimento de sentença não correspondente ao previsto no título executivo – CPC, art. 525, § 1º, II e VII) e *não de conhecimento* – pois isso seria violação à coisa julgada; **B:** incorreta, pois (i) não tem natureza de ação e (ii) aplica-se o prazo em dobro em processos físicos com procuradores distintos, pois não há ressalva na lei (CPC, arts. 229) – diferente do que se verifica quanto aos embargos à execução (CPC, art. 915, § 3º); **C:** incorreta, porque no cumprimento provisório – como no definitivo – o executado se defende por meio de impugnação ao cumprimento de sentença (CPC, art. 520, § 1º); **D:** incorreta, tendo em vista que uma das matérias arguíveis diz respeito à nulidade ou falta de citação na fase de conhecimento (CPC, art. 525, § 1º, I); **E:** correta, por expressa previsão legal – não no CPC, mas na lei específica (Lei 9.307/96, art. 33, § 3º). **LD**
Gabarito "E"

(Juiz de Direito – TJ/AL – 2019 – FCC) Considere os enunciados quanto ao cumprimento da sentença:

I. O cumprimento da sentença que reconhece o dever de pagar quantia, provisório ou definitivo, far-se-á de ofício ou a requerimento do exequente.

II. Quando o Juiz decidir relação jurídica sujeita a condição ou termo, o cumprimento da sentença dependerá de demonstração de que se realizou a condição ou de que ocorreu o termo.

III. A autocomposição judicial, no cumprimento da sentença, pode envolver sujeito estranho ao processo e versar sobre relação jurídica que não tenha sido deduzida em juízo.

IV. A decisão judicial, desde que pendente de recurso recebido somente no efeito devolutivo, poderá ser levada a protesto nos termos da lei, depois de transcorrido o prazo para pagamento voluntário.

Está correto o que se afirma APENAS em

(A) II e III.

(B) I, II e IV.

(C) I e IV.

(D) III e IV.

(E) I, II e III.

I: incorreta, pois o cumprimento de sentença que reconhece a obrigação de pagar quantia certa se inicia apenas a partir do requerimento do exequente, e não de ofício (CPC, art. 513, §1º); **II:** correta, conforme expressa previsão legal (CPC, art. 514); **III:** correta, conforme expressa previsão legal (CPC, art. 515, § 2º); **IV:** incorreta, considerando que o protesto da decisão judicial em regra exige o seu trânsito em julgado (CPC, art. 517 – não há necessidade de trânsito no caso de protesto de decisão alimentar, conforme art. 528, § 1º). **LD**
Gabarito "A"

(Procurador do Estado/SP - 2018 - VUNESP) A decisão do Supremo Tribunal Federal que considera inconstitucional lei na qual se baseou, como único fundamento, uma sentença condenatória da Fazenda Pública proferida em outro processo, torna

(A) inexistente o título judicial que se formou, desde que a decisão tenha sido tomada em controle concentrado.

Esse argumento pode ser arguido nos embargos da Fazenda, durante a execução civil, se a decisão que se pretende rescindir ainda não transitou em julgado.

(B) inexigível a obrigação contida no título judicial que se formou, desde que a decisão do Supremo tenha sido proferida em sede de controle difuso. Esse argumento pode ser arguido na impugnação da Fazenda, durante o cumprimento de sentença, se a decisão que se pretende rever ainda não transitou em julgado, e em ação anulatória, se já ocorreu o trânsito.

(C) inválido o título judicial que se formou, mesmo que a decisão tenha sido tomada em controle difuso ou concentrado. Esse argumento pode ser arguido na impugnação, durante a fase de cumprimento de sentença ou no processo de execução, mas não em ação rescisória.

(D) inexigível a obrigação contida no título judicial que se formou, desde que a decisão tenha sido tomada em controle concentrado. Esse argumento pode ser utilizado na impugnação da Fazenda, durante a fase de cumprimento de sentença, mas, se a decisão que condenou a Fazenda transitou em julgado, não é cabível ação rescisória com esse fundamento.

(E) inexigível a obrigação contida no título judicial que se formou, mesmo que essa decisão tenha sido tomada em controle concentrado ou difuso de constitucionalidade. Esse argumento pode ser utilizado na impugnação da Fazenda, durante a fase de cumprimento de sentença, se ainda não ocorreu o trânsito em julgado, ou em ação rescisória, se isso já ocorreu.

A: Incorreta, considerando que, no caso, (i) a obrigação reconhecida no título executivo será inexigível, (ii) a decisão do Supremo pode ter sido tomada em controle de constitucionalidade concentrado ou difuso, (iii) esse argumento deve ser levantado na impugnação ao cumprimento de sentença, e (iv) é cabível na via da impugnação apenas se a decisão do Supremo for anterior ao trânsito em julgado da decisão que se pretende rescindir (CPC, art. 525, § 1º, III e §§ 12 e 14); **B:** Incorreta, porque é possível que a decisão do Supremo tenha sido proferida em controle de constitucionalidade concentrado ou difuso (CPC, art. 525, § 1º, III e § 12); **C:** Incorreta, porque (i) a obrigação reconhecida no título executivo será inexigível, e (ii) o argumento pode ser arguido em ação rescisória, caso já tenha ocorrido o trânsito em julgado da decisão exequenda (CPC, art. 525, § 1º, III e § 15); **D:** Incorreta, pois (i) é possível que a decisão do Supremo tenha sido proferida em controle de constitucionalidade concentrado ou difuso, e (ii) o argumento pode ser arguido em ação rescisória, caso já tenha ocorrido o trânsito em julgado da decisão exequenda (CPC, art. 525, § 1º, III e § 15); **E:** Correta, pois essa alternativa traz todos os requisitos previstos na legislação processual em relação ao tema (CPC, art. 525, § 1º, III e §§ 12 a 15). **LD**
Gabarito "E"

(Procurador do Município – Prefeitura Fortaleza/CE – CESPE – 2017) No que se refere ao cumprimento de sentença e ao processo de execução, julgue os itens subsequentes.

(1) De acordo com o entendimento atual nos tribunais superiores, o MP tem legitimidade extraordinária para promover ação de execução de título formado por decisão do tribunal de contas do estado ou do Tribunal de Contas da União que tenha finalidade de ressarcir o erário.

(2) Situação hipotética: Procurador de determinado município foi intimado em cumprimento de sentença e verificou que, no curso do processo de conhecimento, havia sido pago ao exequente determinado valor que deveria ser compensado. Assertiva: Nessa situação, o procurador deve, nos embargos à execução, alegar o direito à compensação como causa modificativa da obrigação.

(3) De acordo com o STJ, embora seja possível a penhora de precatório judicial, essa forma de pagamento não se iguala ao dinheiro, sendo, portanto, legítima a recusa da fazenda pública à garantia por meio de precatório em execução fiscal se, na nomeação de bens a penhora, o executado tiver preterido a ordem legal.

1: errada, pois essa legitimidade é do próprio ente que sofreu o prejuízo, não do MP (STF, RE 687756). **2:** Errada, pois a matéria é anterior à sentença, de modo que está coberta pela coisa julgada, não podendo ser alegado em sede de defesa na execução. No Código, prevê-se o cumprimento de sentença contra a Fazenda e, também, *impugnação* (CPC, art. 535: "A Fazenda Pública será intimada na pessoa de seu representante judicial, por carga, remessa ou meio eletrônico, para, querendo, no prazo de 30 (trinta) dias e nos próprios autos, *impugnar* a execução, podendo arguir:", sendo o inciso VI aponta: "qualquer causa modificativa ou extintiva da obrigação, como pagamento, novação, compensação, transação ou prescrição, desde que supervenientes ao trânsito em julgado da sentença"). **3:** Correta, conforme a jurisprudência (STJ, REsp 1.598.207). [LD]

Gabarito 1E, 2E, 3C

(Promotor de Justiça – MPE/RS – 2017) Assinale com **V** (verdadeiro) ou com **F** (falso) as seguintes afirmações sobre o tema da liquidação de sentença, segundo o disposto no Código de Processo Civil.

( ) Quando a sentença condenar ao pagamento de quantia ilíquida, proceder-se-á à sua liquidação, a requerimento do credor ou do devedor: por arbitramento, quando determinado pela sentença, convencionado pelas partes ou exigido pela natureza do objeto da liquidação; ou pelo procedimento comum, quando houver necessidade de alegar e provar fato novo.

( ) Na liquidação por arbitramento, o juiz intimará as partes para a apresentação de pareceres ou documentos elucidativos, no prazo máximo de 15 (quinze) dias, e, caso não possa decidir de plano, nomeará perito, observando-se, no que couber, o procedimento da prova pericial.

( ) A liquidação poderá ser realizada na pendência de recurso, processando-se em autos apartados no juízo de origem, cumprindo ao liquidante instruir o pedido com cópias das peças processuais pertinentes.

( ) Quando na sentença houver uma parte líquida e outra ilíquida, não é lícito ao credor promover simultaneamente a execução daquela e a liquidação desta.

A sequência correta de preenchimento dos parênteses, de cima para baixo, é

(A) F – V – F – F.

(B) F – V – F – V.

(C) V – V – F – F.

(D) F – F – V – V.

(E) V – F – V – F.

1: A afirmativa é verdadeira, pois reproduz o previsto no CPC a respeito de liquidação (art. 509, I e II). **2:** A segunda alternativa é falsa, vez que a previsão legal (art. 510 do CPC) determina que o *juiz fixará o prazo*

para as providências previstas. **3:** A alternativa é verdadeira, pois existe previsão legal nesse sentido (art. 512 do CPC). **4:** A última alternativa é falsa, em virtude da inserção da palavra "não": o Código *permite* ao credor a execução e liquidação simultâneas (CPC, art. 509, §1º). [LD]

Gabarito "E".

(Juiz – TJ/SP – VUNESP – 2017) Na impugnação ao cumprimento de sentença,

(A) quando se alegar excesso de execução, é ônus da parte, sob pena de não ser conhecida a alegação, indicar desde logo o valor que entenda correto, mediante demonstrativo, ainda que entenda que a apuração dependa de prova pericial.

(B) a respectiva apresentação impedirá a penhora, sua substituição, reforço ou redução, se concedido efeito suspensivo pelo juiz.

(C) poderá, ainda que já tenha se operado o trânsito em julgado da sentença, ser alegada inexigibilidade da obrigação reconhecida no título, se ele estiver fundado em lei ou ato normativo considerado inconstitucional pelo Supremo Tribunal Federal, ou fundado em aplicação ou interpretação da lei ou do ato normativo, tido pelo Supremo Tribunal Federal como incompatível com a Constituição Federal, em controle de constitucionalidade concentrado ou difuso.

(D) o prazo para a apresentação não será contado em dobro, mesmo que, sendo físicos os autos, haja litisconsortes com procuradores diferentes, de escritórios de advocacia distintos.

A: correta, considerando que, no caso de excesso, necessário apontar o valor devido, sob pena de indeferimento da impugnação (CPC, art. 525, §§ 4º e 5º); **B:** incorreta, pois mesmo que haja efeito suspensivo, não fica impedida a penhora (CPC, art. 525, § 7º); **C:** incorreta, pois apesar de a coisa julgada inconstitucional poder ser alegada na impugnação (CPC, art. 525, § 12), se já tiver havido o trânsito em julgado, necessário o ajuizamento de AR (§ 15); **D:** incorreta, porque sendo processo físico, há prazo em dobro para advogado distintos, exatamente como a regra geral (CPC, art. 229).[LD]

Gabarito "A".

14. PROCEDIMENTOS ESPECIAIS

(Juiz de Direito/AP – 2022 – FGV) Em um procedimento litigioso de separação judicial, em que as partes, não havendo nascituros ou filhos, após saneado o feito, manifestam ao juiz a pretensão de convolar o processo para divórcio consensual, é correto afirmar que:

(A) não é possível a alteração objetiva da demanda, uma vez operado o saneamento do processo;

(B) não é possível a alteração objetiva da demanda, uma vez já estabilizada com a citação;

(C) é possível a alteração subjetiva da demanda, uma vez que não há impedimento temporal na lei;

(D) é possível a alteração da demanda, uma vez que as partes estão impedidas de obter escritura pública para o divórcio;

(E) é possível a alteração da demanda, uma vez que, no caso, o juiz não é obrigado a observar critério de legalidade estrita.

Comentário: **A:** incorreta, pois as soluções consensuais devem ser estimuladas pelos juízes, especialmente nas demandas de família, a

2. DIREITO PROCESSUAL CIVIL

qualquer tempo (CPC, arts. 3º, §§ 2º e 3º e 694); **B:** incorreta, já que as soluções consensuais devem ser estimuladas pelos juízes, especialmente nas demandas de família, a qualquer tempo (CPC, arts. 3º, §§ 2º e 3º e 694); **C:** incorreta, visto que no caso não se trata de alteração subjetiva da demanda, ou seja, alteração das partes do processo; **D:** incorreta, visto que as partes preenchem os requisitos para realizar o divórcio consensual via escritura pública (CPC, art. 733); **E:** correta, pois o consenso é estimulado nas causas de família (CPC, arts. 3º, §§ 2º e 3º e 694) e, tratando-se de divórcio consensual, o caso é de jurisdição voluntária, com maior flexibilidade ao juiz – a desnecessidade de legalidade estrita (CPC, art. 723, p.u.). **LD**
Gabarito "E".

(Juiz de Direito/SP – 2021 – Vunesp) Cícero, menor impúbere, representado pela genitora, propõe ação de alimentos em face do pai. O autor não requereu a fixação de alimentos provisórios, sendo omissa a inicial a respeito do tema. Diante desse quadro, deve o juiz

(A) não fixar os alimentos provisórios e determinar a citação do réu.

(B) fixar os alimentos provisórios, de ofício, independentemente de requerimento.

(C) determinar a emenda da inicial, para que o autor esclareça se pretende ou não a fixação de alimentos provisórios.

(D) determinar o encaminhamento dos autos ao Ministério Público para que o mesmo, na condição de legitimado extraordinário, emende a inicial.

Comentário: **A:** incorreta, visto que a regra é que sejam fixados alimentos provisórios desde o despacho inicial (Lei 5.478/68, art. 4º); **B:** correta, sendo essa a previsão legal (Lei 5.478/68, art. 4º) – somente "se o credor expressamente declarar que deles não necessita" é que os provisórios não serão fixados; **C:** incorreta, pois, no procedimento especial das ações de alimentos, como já visto os provisórios serão em regra fixados (Lei 5.478/68, art. 4º); **D:** incorreta, os alimentos provisórios são considerados como um pedido implícito na inicial, não dependendo de pedido do autor ou do MP (Lei 5.478/68, art. 4º). **LD**
Gabarito "B".

(Juiz de Direito/SP – 2021 – Vunesp) Caio propõe ação de despejo por falta de pagamento em face de Tício, alegando a existência de um débito de R$ 20.000,00. Citado, Tício entende que deve, mas somente R$ 12.000,00. Diante desse quadro, o réu depositou em juízo R$ 12.000,00 para purgar a mora e ofereceu contestação em relação à diferença. Diante desse quadro, o Juízo deve

(A) liberar o valor depositado a favor do autor e determinar o prosseguimento da demanda para discussão a respeito da diferença.

(B) determinar a emenda da defesa para que o réu efetue o depósito como consignação em pagamento em reconvenção e após o prosseguimento da demanda para julgamento do mérito.

(C) rejeitar o depósito judicial como purgação da mora, liberar o valor a favor do réu e determinar o prosseguimento da demanda para análise do mérito.

(D) liberar o valor depositado a favor do autor e decretar o despejo na medida em que é incompatível o oferecimento de contestação com a purgação da mora.

Comentário: **A:** correta, sendo essa a previsão legal para ação de despejo em que se discuta valor do débito (Lei 8.245/91, art. 62, IV); **B:** incorreta, visto que o procedimento especial das ações de despejo

por falta de pagamento permite o depósito do valor cobrado em juízo (Lei 8.245/91, art. 62); **C:** incorreta, pois o juiz deve aceitar o depósito judicial como purgação parcial da mora e a ação deve prosseguir para discussão sobre a diferença entre o valor cobrado e o valor depositado, conforme exposto em "A" (Lei 8.245/91, art. 62); **D:** incorreta, já que o procedimento da lei de locação permite que o réu deposite os valores incontroversos e apresente contestação (Lei 8.245/91, art. 62). **LD**
Gabarito "A".

(Advogado – Pref. São Roque/SP – 2020 – VUNESP) A respeito da ação monitória, pode-se corretamente afirmar:

(A) O contrato de abertura de crédito em conta-corrente, mesmo acompanhado do demonstrativo de débito, não constitui documento hábil para o ajuizamento da ação monitória.

(B) Cabe a citação por edital em ação monitória, mas não é admissível a ação monitória fundada em cheque prescrito.

(C) A reconvenção é cabível na ação monitória, após a conversão do procedimento em ordinário, bem como o oferecimento de reconvenção à reconvenção.

(D) Cabe ação monitória para haver saldo remanescente oriundo de venda extrajudicial de bem alienado fiduciariamente em garantia.

(E) Não é cabível ação monitória contra a Fazenda Pública.

A: incorreta, pois o STJ já sumulou o entendimento de que os referidos documentos são suficientes para a propositura da ação monitória – mas não de execução (Súmula 247/STJ); **B:** incorreta, porque é admissível citação por edital em ação monitória (CPC, art. 700, § 7º e Súmula 282/STJ), bem como ação monitória fundada em cheque prescrito (Súmula 299/STJ); **C:** incorreta; apesar de caber reconvenção em ação monitória, não cabe reconvenção da reconvenção (CPC, art. 702, § 6º e Súmula 292/STJ); **D:** correta (Súmula 384/STJ); **E:** incorreta, pois a lei prevê exatamente o cabimento de monitória contra a Fazenda Pública (CPC, art. 700, § 6º e Súmula 339/STJ). **LD**
Gabarito "D".

(Juiz de Direito – TJ/MS – 2020 – FCC) Em relação às ações reguladas por procedimentos especiais, é correto afirmar:

(A) no caso de ação possessória em que figure no polo passivo grande número de pessoas, serão feitas a citação pessoal dos ocupantes que forem encontrados no local e a citação por edital dos demais, determinando-se, ainda, a intimação do Ministério Público e, se envolver pessoas em situação de hipossuficiência econômica, da Defensoria Pública.

(B) no tocante à ação de consignação em pagamento, será o depósito requerido no lugar do pagamento, cessando para o devedor, à data do depósito, os juros e os riscos da mora, ainda que a demanda seja ao depois julgada improcedente, por sua demonstração tempestiva de boa-fé objetiva.

(C) a ação de dissolução parcial de sociedade tem por objeto único a resolução da sociedade empresária contratual ou simples em relação ao sócio falecido, excluído ou que exerceu o direito de retirada ou recesso.

(D) a ação monitória será proposta por aquele que afirmar, com base em prova oral ou escrita sem exequibilidade, ter direito de exigir do devedor capaz o pagamento de valor em dinheiro ou a entrega de coisa fungível ou infungível, ou de bem móvel ou imóvel.

(E) a oposição é manifestada por aquele que, denunciado da lide ou chamado ao processo, impugna sua condição de responsável pela obrigação contratual ou extracontratual.

A: Correta, sendo essa a previsão legal (CPC, art. 554, § 1º). B: Incorreta, porque a alternativa é o oposto do previsto em lei. Caso a demanda seja julgada improcedente, o devedor terá que arcar com os juros e riscos do inadimplemento (CPC, art. 540). C: Incorreta, considerando que a ação de dissolução pode ter por objeto a resolução da sociedade empresária contratual ou simples e/ou a apuração dos haveres (CPC, art. 599). D: Incorreta, pois o uso da monitória demanda (i) prova escrita ou (ii) prova oral documentada antes do ajuizamento – e, portanto, descabe monitória com prova oral (CPC, art. 700, *caput* e § 1º). E: Incorreta, porque a oposição pode ser apresentada por aquele que pretender, no todo ou em parte, a coisa ou o direito sobre que controvertem autor e réu (CPC, art. 682). **LD**

Gabarito "A".

(Promotor de Justiça/CE – 2020 – CESPE/CEBRASPE) Com base nas regras que regulamentam os procedimentos especiais no CPC e na legislação extravagante, assinale a opção correta.

(A) Conforme o rito previsto para o mandado de injunção, é eivada de nulidade absoluta a decisão do relator que amplie os limites subjetivos da decisão individual transitada em julgado para aplicá-la a casos análogos.

(B) Conforme o rito previsto para a ação monitória, é vedado o oferecimento de reconvenção pelo réu, porque essa forma de resposta do réu é incompatível com a técnica de monitorização do procedimento.

(C) Conforme o rito previsto para o mandado de segurança, é facultada a interposição simultânea de agravo de instrumento e de pedido de suspensão, pela pessoa jurídica de direito público interessada, contra decisão interlocutória que, em primeiro grau, defira, liminar e provisoriamente, a segurança pleiteada.

(D) Conforme o rito previsto para a interdição judicial, caso o interditando não apresente advogado, algum membro do Ministério Público deverá ser nomeado como seu curador especial.

(E) Conforme o rito previsto para os embargos de terceiro, a competência para exame dessa medida será do juízo deprecante em qualquer hipótese de constrição de bem de terceiro realizada por carta precatória.

A: Incorreta, pois prevê a Lei que os efeitos da decisão transitada em julgado poderão ser estendidos aos *casos análogos*, por decisão do relator (Lei 13.300/2016, art. 9, § 2º); B: Incorreta, porque o CPC admite a reconvenção na ação monitória, sendo vedado apenas o oferecimento de reconvenção à reconvenção (CPC, art. 702, § 6º); C: Correta, pois o sistema processual prevê o agravo de instrumento (CPC, art. 1.015, I) e a lei especial prevê a figura da suspensão de segurança (Lei 12.016/2009, Art. 15, *caput*, § 1º e § 3º) – que, inclusive, não tem natureza recursal; D: Incorreta, pois o MP intervirá como fiscal da ordem jurídica (CPC, art. 752, § 1º); caso o interditado não constitua advogado, será nomeado curador especial – e não será o MP (CPC, art. 752, § 2º); E: Incorreta, pois nos casos de ato de constrição realizados por carta, os embargos serão oferecidos no juízo deprecado (CPC, art. 676, p. único). **LD**

Gabarito "C".

(Juiz de Direito – TJ/RJ – 2019 – VUNESP) A monitória é ação de procedimento especial que apresenta contornos que a assemelham por vezes à execução e, em outras, ao processo de conhecimento.

Sobre a ação monitória, assinale a alternativa correta.

(A) É admitida a reconvenção na ação monitória sendo igualmente permitido o oferecimento de reconvenção à reconvenção.

(B) Por ser ação cabível com base em prova escrita sem eficácia de título executivo, não é possível ao réu, reconhecendo o crédito do autor e comprovando o depósito de trinta por cento do valor, exigir o parcelamento do restante em até seis vezes mensais.

(C) Cabe apelação sem efeito suspensivo automático contra a sentença que rejeita os embargos.

(D) Pelo fato de que se constitui de pleno direito o título executivo judicial, se não realizado o pagamento e não apresentados os embargos monitórios, somente é admitida a citação do réu na modalidade pessoal.

(E) O réu, para que possa opor embargos, deverá apresentar caução suficiente e idônea, arbitrada de plano pelo juiz e prestada nos próprios autos.

A: incorreta; apesar de caber reconvenção em ação monitória, não cabe reconvenção da reconvenção (CPC, art. 702, § 6º e Súmula 292/ STJ); B: incorreta, pois o parcelamento é aplicável aos embargos monitórios (CPC, arts. 701, § 5º e 916); C: correta (CPC, arts. 702, § 4º e 1.012, § 1º, III); D: incorreta, porque na ação monitória admite-se qualquer dos meios de citação (CPC, art. 700, § 7º); E: incorreta, já que a oposição dos embargos monitórios independe do oferecimento de caução (CPC, art. 702). **LD**

Gabarito "C".

(Juiz de Direito – TJ/SC – 2019 – CESPE/CEBRASPE) De acordo com as disposições do CPC, assinale a opção correta relativa aos procedimentos especiais.

(A) Entre os legitimados para requerer a abertura de inventário, estão os credores dos herdeiros ou do autor da herança, mas não os credores do legatário.

(B) No caso da ação possessória multitudinária, o oficial de justiça procurará, por uma vez, os ocupantes no imóvel, sendo citados por edital os que não forem encontrados na ocasião, independentemente de outras diligências para citação por hora certa.

(C) Em razão da sumariedade do procedimento monitório, o CPC vedou a possibilidade da reconvenção em demandas dessa natureza.

(D) Falecendo qualquer uma das partes no curso do processo, a sucessão processual acontecerá por meio do procedimento de habilitação, que ocorrerá nos mesmos autos da demanda, independentemente de suspensão do processo.

(E) Em regra, o proprietário fiduciário do bem constrito ou ameaçado não detém legitimidade ativa para ajuizar embargos de terceiro.

A: incorreta, pois os credores do legatário têm legitimidade para requerer a abertura do inventário (CPC, art. 616, VI); B: correta, por expressa previsão legal (CPC, art. 554, §§1º e 2º); C: incorreta, porque é expressamente admitida reconvenção em ação monitória – sendo vedada a reconvenção à reconvenção (CPC, art. 702, §6º); D: incorreta, já que a morte de qualquer das partes é causa de suspensão do curso do processo (CPC, art. 313, I e §§ 1º e 2º) – sendo a habilitação realizada para que haja a sucessão no polo processual (CPC, art. 687); E: incorreta, considerando que os embargos podem ser opostos por terceiro proprietário, inclusive o proprietário fiduciário (CPC, art. 674, § 1º). **LD**

Gabarito "B".

2. DIREITO PROCESSUAL CIVIL   129

(Juiz de Direito – TJ/RJ – 2019 – VUNESP) O instrumento processual cabível para que o locador retome legitimamente a posse do imóvel locado é a ação de despejo.

No que diz respeito à referida ação locatícia, é correto afirmar:

(A) uma vez concedida a liminar de desocupação do imóvel, em decorrência da falta de pagamento do aluguel e de estar o contrato desprovido de garantias, o locatário pode purgar a mora, desde que não tenha se utilizado desse benefício há menos de 24 meses contados da propositura da ação.

(B) o rol de hipóteses para concessão de liminar de desocupação do imóvel locado previsto na lei de locações é taxativo, não podendo o juiz se valer das disposições gerais das tutelas provisórias do Código de Processo Civil para ordenar de plano a retomada do imóvel.

(C) a concessão de liminar é possível com fundamento na lei de locações apenas quando a infração contratual alegada for a falta de pagamento dos aluguéis.

(D) por se tratar de espécies de tutela de urgência, todas as hipóteses de liminar previstas na lei de locações pressupõem a comprovação do risco de dano ao locador, sendo que, se tal requisito não restar demonstrado, deverá o juiz indeferir o pedido antecipatório.

(E) na hipótese de término da locação em decorrência de desapropriação, o autor da ação de despejo terá liminar em seu favor, desde que preste caução no valor equivalente a três meses de aluguel.

A: correta, sendo essa a previsão legal (Lei 8.245/91, arts. 59, § 3º e 62, p.u.); **B:** incorreta, pois o STJ, ainda na vigência do CPC/73, já havia fixado orientação no sentido de que o rol do art. 59, §1º, da Lei de Locações não é taxativo, podendo o magistrado se valer dos requisitos para concessão da tutela provisória para deferir a liminar (STJ, REsp 1.207.161, j. em 08/02/11); **C:** incorreta, já que o art. 59, § 1º prevê um rol – como dito não exauriente – de situações que permitem a concessão da liminar (Lei 8.245/91, arts. 59, § 1º), e não está presente o caso de inadimplemento; **D:** incorreta, porque a demonstração do risco de dano será relevante apenas se a liminar for requerida com base nos requisitos da tutela provisória de urgência (CPC, art. 300); **E:** incorreta, visto que a ação de despejo não é medida adequada quando a locação termina em decorrência de desapropriação (Lei 8.245/91, art. 5º, p.u.). **LD**
Gabarito "A".

(Juiz de Direito – TJ/AL – 2019 – FCC) Os embargos de terceiro podem ser

(A) ajuizados pelo adquirente de bens cuja constrição decorreu de decisão que declara a ineficácia da alienação realizada em fraude à execução, dentre outras hipóteses.

(B) impugnados em dez dias, após o que seguirão procedimento comum.

(C) opostos até ser proferida a sentença nos autos em que ocorreu a constrição.

(D) ajuizados somente pelo terceiro proprietário, ainda que fiduciário.

(E) utilizados sempre para manutenção ou reintegração de posse, necessariamente em exame inicial e com prestação de caução pelo embargante.

A: correta, conforme expressa previsão legal (CPC, art. 674, § 2º, II); **B:** incorreta, pois o prazo para impugnação aos embargos de terceiro é de 15 dias (CPC, art. 679); **C:** incorreta, porque é possível a oposição

dos embargos até o *trânsito em julgado* da sentença (CPC, art. 675); **D:** incorreta, tendo em vista que os embargos podem ser opostos pelo terceiro proprietário *ou pelo possuidor* (CPC, art. 674, § 1º); **E:** incorreta, considerando que a prestação de caução pela parte embargante é algo *possível* (a ser determinado pelo juiz no caso), mas não algo obrigatório (CPC, art. 678, parágrafo único). **LD**
Gabarito "A".

(Juiz de Direito - TJ/RS - 2018 - VUNESP) Quanto à arbitragem em geral, assinale a alternativa correta.

(A) Terá efeito suspensivo a apelação contra sentença que julga procedente o pedido de instituição de arbitragem.

(B) O juiz poderá conhecer de ofício sua existência para extinguir a ação.

(C) Cabe agravo de instrumento contra decisão interlocutória que rejeita a alegação de convenção de arbitragem.

(D) Tramitam em segredo de justiça todos os processos que versem sobre arbitragem.

(E) Haverá julgamento de mérito quando o juiz colher a alegação de existência de convenção de arbitragem.

A: Incorreta, porque a sentença proferida nessa hipótese produz efeitos imediatamente após sua publicação, configurando exceção ao recebimento do recurso de apelação no duplo efeito (CPC, art. 1.012, § 1º, IV); **B:** Incorreta, pois o juiz não pode conhecer de ofício da existência de convenção de arbitragem. A ausência da alegação do réu, quando do oferecimento da contestação, acarreta a renúncia à arbitragem e aceitação da jurisdição estatal (CPC, art. 337, §§ 5º e 6º); **C:** Correta (CPC, art. 1.015, III); **D:** Incorreta, tendo em vista que os processos que versam sobre arbitragem apenas tramitarão em segredo de justiça caso seja comprovada perante o juízo a confidencialidade estipulada na arbitragem (CPC, art. 189, IV); **E:** Incorreta, pois, na hipótese, não haverá resolução do mérito da demanda (CPC, art. 485, VII). **LD**
Gabarito "C".

(Juiz de Direito - TJ/RS - 2018 - VUNESP) Quanto à ação revisional de aluguel, assinale a alternativa correta.

(A) Na ação o juiz poderá homologar acordo de desocupação, que será executado mediante expedição de mandado de despejo.

(B) O aluguel fixado na sentença retroage à data do reajuste anteriormente pactuado.

(C) A sentença não poderá estabelecer periodicidade de reajustamento do aluguel diversa daquela prevista no contrato revisando.

(D) No curso da ação, o aluguel provisório não será reajustado.

(E) Em ação proposta pelo locatário, o aluguel provisório não poderá ser inferior ao aluguel vigente.

A: Correta (Lei 8.245/1991, art. 70); **B:** Incorreta, porque o valor do aluguel fixado na sentença retroage à data da citação (Lei 8.245/1991, art. 69); **C:** Incorreta, pois é possível que a sentença reconheça periodicidade de reajustamento do aluguel diversa, contanto que tenha sido requerido pelo locador ou pelo sublocador (Lei 8.245/1991, art. 69, § 1º); **D:** Incorreta, tendo em vista que, no curso da demanda, o aluguel provisório será reajustado na periodicidade pactuada ou na fixada na lei (Lei 8.245/1991, art. 68, § 2º). **E:** Incorreta, pois, no caso das ações revisionais propostas pelo locatário, o aluguel provisório não poderá ser inferior a 80% do aluguel vigente (Lei 8.245/1991, art. 68, II, "b"). **LD**
Gabarito "A".

(Procurador do Estado/SP - 2018 - VUNESP) A Fazenda Pública, citada em sede de ação monitória, deixa, propositadamente, de se manifestar, porque o valor e o tema expostos na inicial encontram pleno amparo em orientação firmada em parecer administrativo vinculante. O valor exigido nessa ação é superior a seiscentos salários-mínimos e a prova documental apresentada pelo autor é constituída por depoimentos testemunhais escritos, colhidos antes do processo, e por simples início de provas documentais que apenas sugerem, indiretamente, a existência da dívida narrada na inicial. Nesse caso, ante a certidão do cartório de que decorreu o prazo para manifestação da Fazenda, o juiz deve

(A) intimar o autor para que este indique as provas que deseja produzir, tendo em vista que os direitos tutelados pela Fazenda não estão sujeitos à revelia.

(B) intimar o autor, para que ele, mediante apresentação de planilha da dívida atualizada, dê início ao cumprimento de sentença.

(C) acolher, por sentença, o pedido do autor, ante a revelia da Fazenda.

(D) rejeitar o pedido do autor e intimar as partes dessa decisão, tendo em vista que não se admite, na monitória, prova testemunhal colhida antes do início do processo, mas apenas prova documental.

(E) intimar o autor para que ele tome ciência do início do reexame necessário.

A: Incorreta. De modo geral, a ausência de oposição de embargos monitórios pelo réu (com exceção da Fazenda Pública) acarreta, de plano, a constituição de título executivo judicial. No caso da Fazenda Pública, a ausência de manifestação induz o reexame necessário pelo Tribunal (a não ser que a situação se enquadre em uma das hipóteses de não aplicação do instituto). Em ambas as situações não haverá produção de outras provas (CPC, art. 701, §§ 2º e 4º); **B:** Correta, porque no caso em apreço não haverá reexame necessário, tendo em vista que a causa de pedir da petição inicial encontra amparo em orientação firmada em parecer administrativo vinculante (CPC, art. 496, § 4º, IV); **C:** Incorreta, porque a formação do título executivo judicial ocorre de plano, independentemente de manifestação judicial (CPC, art. 701, § 2º); **D:** Incorreta, uma vez que a produção de prova testemunhal é expressamente permitida pelo diploma processual (CPC, art. 700, § 1º); **E:** Incorreta, porque, no caso analisado, não haverá reexame necessário (CPC, art. 701, § 4º e art. 496, § 4º, IV). **LD**
Gabarito "B".

(Juiz – TJ-SC – FCC – 2017) No tocante aos procedimentos especiais de jurisdição contenciosa,

(A) quando o cônjuge ou companheiro defendam a posse de bens, próprios ou de sua meação, não serão considerados terceiros para a finalidade de ajuizamento dos embargos correspondentes.

(B) a consignação em pagamento será requerida no domicílio do credor da obrigação, cessando para o devedor, por ocasião da aceitação do depósito, os juros e os riscos, salvo se a demanda for julgada improcedente.

(C) na ação de exigir contas, a sentença deverá apurar o saldo, se houver, mas só poderá constituir título executivo judicial em prol do autor da demanda.

(D) na pendência de ação possessória é permitido, tanto ao autor quanto ao réu, propor ação de reconhecimento do domínio, salvo se a pretensão for deduzida em face de terceira pessoa.

(E) entre outros fins, a ação de dissolução parcial de sociedade pode ter por objeto somente a resolução ou a apuração de haveres.

A: incorreta, pois cabem embargos de terceiro pelo cônjuge para defesa de seus bens ou da meação (CPC, art. 674, § 2º, I); **B:** incorreta, pois a consignação será proposta no local do pagamento – estando correta a parte final do enunciado (CPC, art. 540. Requerer-se-á a consignação *no lugar do pagamento*, cessando para o devedor, à data do depósito, os juros e os riscos, salvo se a demanda for julgada improcedente); **C:** incorreta, considerando que a ação de exigir contas é dúplice, de modo que pode também beneficiar o réu (CPC, art. 552. A sentença apurará o saldo e constituirá título executivo judicial); D: incorreta, pois pendente possessória não se pode debater a propriedade (CPC, art. 557); **E:** correta, sendo essa a previsão legal (CPC, art. 599, III). **LD**
Gabarito "E".

(Juiz – TJ-SC – FCC – 2017) No tocante aos procedimentos especiais de jurisdição voluntária:

(A) declarada a ausência nos casos previstos em lei, o juiz mandará arrecadar os bens do ausente, nomeando-lhe curador e determinando a publicação de editais na rede mundial de computadores; findo o prazo de um ano, poderão os interessados requerer a abertura da sucessão definitiva, observando-se as normas pertinentes.

(B) a interdição pode ser proposta privativamente pelo cônjuge ou companheiro do interditando ou, se estes não existirem ou não promoverem a interdição, pelo Ministério Público.

(C) na herança jacente, ultimada a arrecadação dos bens, o juiz mandará expedir edital, com os requisitos previstos em lei; passado um ano da primeira publicação do edital e não havendo herdeiro habilitado nem habilitação pendente, será a herança declarada vacante.

(D) processar-se-á como procedimento de jurisdição voluntária a homologação de autocomposição extrajudicial, desde que limitada a valor equivalente a quarenta salários mínimos.

(E) o divórcio consensual, a separação consensual e a extinção consensual de união estável, não havendo nascituro ou filhos incapazes e observados os requisitos legais, poderão ser realizados por escritura pública que deverá ser homologada judicialmente para constituir título hábil para atos de registro, bem como para levantamento de importância depositada em instituições financeiras.

A: incorreta, pois inicialmente há a abertura da sucessão *provisória* (CPC, art. 745, § 1º); **B:** incorreta, pois existem mais legitimados a pleitear a interdição (CPC, art. 747. A interdição pode ser promovida: I - pelo cônjuge ou companheiro; II - pelos parentes ou tutores; III - pelo representante da entidade em que se encontra abrigado o interditando; IV - pelo Ministério Público); **C:** correta, pois essa é a previsão legal (CPC, arts. 743 e 741); **D:** incorreta, porque pode haver a homologação de acordo extrajudicial de qualquer valor (CPC, art. 725, VIII); **E:** incorreta, pois não há necessidade de homologação judicial dessas medidas realizadas em cartório extrajudicial (CPC, art. 733, § 1º). **LD**
Gabarito "C".

(Defensor Público – DPE/SC – 2017 – FCC) De acordo com as disposições do novo Código de Processo Civil, quanto ao inventário,

(A) o juiz deve remeter às vias ordinárias a análise de questões que demandam qualquer outro meio de prova que não seja a documental.

2. DIREITO PROCESSUAL CIVIL

(B) é vedada a nomeação de herdeiro menor como inventariante.

(C) o foro da situação dos bens imóveis é estabelecido como regra geral de competência para promover o inventário.

(D) o juiz determinará, de ofício, que se inicie o inventário, se nenhum dos legitimados o requerer no prazo legal.

(E) na sucessão testamentária pode ser realizada extrajudicialmente o inventário, mesmo havendo herdeiros incapazes.

A: Correta, sendo essa a previsão legal, desde o Código anterior (CPC, art. 612); **B:** Incorreta, pois é possível que o herdeiro menor seja inventariante, representado por seu representante legal (CPC, art. 617, IV); **C:** Incorreta, considerando que a regra geral de competência é o último domicílio do falecido (CPC, art. 48); **D:** Incorreta, não existe essa previsão no atual CPC (que, por sua vez, existia no CPC 1973); **E:** Incorreta, pois – pela letra da lei – somente se admite o inventário extrajudicial se não houver incapazes (CPC, art. 610, § 1º). **LD**
Gabarito "A".

(Promotor de Justiça – MPE/RS – 2017) Assinale a alternativa **INCORRETA** sobre o tema da partilha, segundo disposto no Código de Processo Civil.

(A) Os bens insuscetíveis de divisão cômoda que não couberem na parte do cônjuge ou companheiro supérstite ou no quinhão de um só herdeiro serão licitados entre os interessados ou vendidos judicialmente, partilhando-se o valor apurado, sendo vedado acordo para adjudicação a todos.

(B) O juiz poderá, em decisão fundamentada, deferir antecipadamente a qualquer dos herdeiros o exercício dos direitos de usar e de fruir de determinado bem, com a condição de que, ao término do inventário, tal bem integre a cota desse herdeiro, cabendo a este, desde o deferimento, todos os ônus e bônus decorrentes do exercício daqueles direitos.

(C) A partilha, mesmo depois de transitada em julgado a sentença, pode ser emendada nos mesmos autos do inventário, convindo todas as partes, quando tenha havido erro de fato na descrição dos bens, podendo o juiz, de ofício ou a requerimento da parte, a qualquer tempo, corrigir-lhe as inexatidões materiais.

(D) É rescindível a partilha julgada por sentença se preteriu herdeiro ou incluiu quem não o seja.

(E) O formal de partilha poderá ser substituído por certidão de pagamento do quinhão hereditário quando esse não exceder a 5 (cinco) vezes o salário-mínimo, caso em que se transcreverá nela a sentença de partilha transitada em julgado.

A: incorreta, devendo esta ser assinalada. O art. 649 do CPC permite acordo para adjudicação dos bens. **B:** correta, pois há previsão legal nesse sentido (CPC, art. 647, p.u.) para antecipação de direitos sobre determinado bem que compõe a herança. **C:** correta, pois o at. 656 do CPC prevê a possibilidade de emenda da partilha nos autos do inventário por erro de fato na descrição dos bens. **D:** correta, pois há previsão legal nesse sentido (CPC, art. 658, III); **E:** correta, vez que é possível a substituição do formal de partilha pela certidão de pagamento do quinhão, desde que dentro do limite estabelecido no parágrafo único do art. 655 do CPC. **LD**
Gabarito "A".

(Promotor de Justiça – MPE/RS – 2017) Assinale com **V** (verdadeiro) ou com **F** (falso) as seguintes afirmações sobre o tema das ações de família, segundo o disposto no Código de Processo Civil.

( ) Nas ações de família, todos os esforços serão empreendidos para a solução consensual da controvérsia, devendo o juiz dispor do auxílio de profissionais de outras áreas de conhecimento para a mediação e conciliação.

( ) A citação ocorrerá com antecedência mínima de 30 (trinta) dias da data designada para a audiência.

( ) A citação será feita na pessoa do réu ou de seu advogado.

( ) Nas ações de família, o Ministério Público somente intervirá quando houver interesse de incapaz e deverá ser ouvido previamente à homologação de acordo.

A sequência correta de preenchimento dos parênteses, de cima para baixo, é

(A) F – V – F – F.

(B) V – F – F – V.

(C) V – V – F – F.

(D) F – F – V – V.

(E) V – F – V – F.

1: A afirmativa é verdadeira, pois o juiz dispõe do auxílio de outros profissionais para a tentativa de autocomposição nas ações de família (CPC, art. 694). **2:** A segunda afirmativa é falsa, vez que o prazo mínimo para citação é de 15 dias antes da audiência (art. 695, § 2º do CPC). **3:** A terceira afirmativa é falsa, pois a citação não é feita na pessoa do advogado do réu (CPC, art. 695, § 3º). **4:** A última afirmativa é verdadeira, pois o MP não atua como fiscal da lei em qualquer causa de família, mas somente quando houver incapaz (CPC, art. 178, II). **LD**
Gabarito "B".

(Promotor de Justiça – MPE/RS – 2017) Assinale a alternativa **INCORRETA** sobre o tema das ações possessórias, segundo disposto no Código de Processo Civil.

(A) Na pendência de ação possessória é vedado, tanto ao autor quanto ao réu, propor ação de reconhecimento do domínio, exceto se a pretensão for deduzida em face de terceira pessoa.

(B) A propositura de uma ação possessória em vez de outra não obstará a que o juiz conheça do pedido e outorgue a proteção legal correspondente àquela cujos pressupostos estejam provados.

(C) O possuidor direto ou indireto que tenha justo receio de ser molestado na posse poderá requerer ao juiz que o segure da turbação ou esbulho iminente, mediante mandado proibitório em que se comine ao réu determinada pena pecuniária caso transgrida o preceito.

(D) Se o réu provar, em qualquer tempo, que o autor provisoriamente mantido ou reintegrado na posse carece de idoneidade financeira para, no caso de sucumbência, responder por perdas e danos, o juiz designar-lhe-á o prazo de 15 (quinze) dias para requerer caução, real ou fidejussória, sob pena de ser depositada a coisa litigiosa, ressalvada a impossibilidade da parte economicamente hipossuficiente.

(E) Concedido ou não o mandado liminar de manutenção ou de reintegração, o autor promoverá, nos 5 (cinco) dias subsequentes, a citação do réu para, querendo, contestar a ação no prazo de 15 (quinze) dias.

A: Correta, sendo essa a previsão legal (CPC, art. 557). **B:** Correta, sendo essa a fungibilidade das possessórias (CPC, art. 554). **C:** Correta, sendo essa a previsão do interdito proibitório (CPC, art. 567). **D:** Incorreta, devendo essa ser assinalada, pois o prazo para requerer a caução é de *5 dias*, e não 15 dias (CPC, art. 559). **E:** Correta. Tratando-se de manutenção e reintegração de posse, o autor terá que promover a citação do réu em 5 dias, que terá 15 para contestar (CPC, art. 564). **LD**
Gabarito "D".

(Juiz de Direito - TJ/RS - 2018 - VUNESP) A respeito da ação individual ser convertida em coletiva, é correto que

(A) não será possível quando verificar-se sua ineficácia.

(B) será possível em razão da tutela de bem jurídico difuso ou coletivo.

(C) será possível a pedido do Ministério Público ou da Defensoria Pública.

(D) não será possível porque o tema exige disciplina própria.

(E) será possível quando atendidos os pressupostos da relevância social.

A questão trata do incidente de conversão de ação individual em ação coletiva, com previsão, originalmente, no art. 333 do CPC. O dispositivo foi vetado pela Presidência da República, de modo que não existe no país o instituto. Sendo assim, não há hoje a conversão da ação individual em coletiva, de modo que ela não é hoje cabível, e isso até que eventualmente venha a ser editada lei que traga "disciplina própria". Portanto, a assertiva **D** está correta. **LD**
Gabarito "D".

(Delegado - PC/BA - 2018 - VUNESP) A Lei no 7.347, de 24 de julho de 1985, trata da ação civil pública de responsabilidade por danos causados ao meio-ambiente, ao consumidor, a bens e direitos de valor artístico, estético, histórico, turístico e paisagístico, dentre outros direitos difusos, disciplinando que

(A) poderá ter por objeto a condenação em dinheiro; o cumprimento de obrigação de fazer, não fazer ou dar; ou ainda a constituição ou desconstituição de ato ou negócio jurídico.

(B) na hipótese de desistência do autor, o Ministério Público assumirá a titularidade ativa, apenas se determinado pelo juiz da causa.

(C) qualquer pessoa poderá e o servidor público deverá provocar a iniciativa do Ministério Público para o seu ajuizamento, ministrando-lhe informações sobre fatos que constituam seu objeto, indicando-lhe os elementos de convicção.

(D) será cabível para veicular pretensões que envolvam tributos ou contribuições previdenciárias.

(E) o Ministério Público e a Defensoria Pública poderão instaurar, sob sua presidência, inquérito civil para apurar fatos que possam dar ensejo a sua proposição.

Para essa questão a banca foi absolutamente na linha do texto legal, como se verá. **A:** Incorreta, uma vez que o objeto da ACP, pelo texto legal, é a condenação em dinheiro ou ao cumprimento de obrigação de fazer/não fazer (Lei Federal n. 7.347/1985, art. 3º) – mas nada impede que outros pedidos sejam formulados; **B:** Incorreta, porque a assunção do polo ativo pelo MP independerá de determinação judicial, por não configurar mera faculdade do *parquet*, em observância aos princípios da indisponibilidade e da obrigatoriedade das demandas coletivas (Lei Federal n. 7.347/1985, art. 5º, § 3º); **C:** Correta, sendo a reprodução do texto legal (Lei Federal n. 7.347/1985, art. 6º); **D:** Incorreta, consi-

derando vedação legal expressa em sentido contrário (Lei Federal n. 7.347/1985, art. 1º, parágrafo único) – ainda que, por vezes, sejam ajuizadas e processadas ACPs para discussão de questões tributárias; **E:** Incorreta. Segundo expressa previsão legal, apenas o MP tem competência para instaurar inquérito civil, embora a questão seja objeto de algum debate na doutrina (Lei Federal n. 7.347/1985, art. 8º, § 1º). **LD**
Gabarito "C".

(Delegado - PC/BA - 2018 - VUNESP) A ação popular, regulada pela Lei no 4.717, de 29 de junho de 1965, tem como objetivo a defesa do patrimônio público, assim entendido os bens e direitos de valor econômico, artístico, estético, histórico ou turístico. Acerca da ação popular, é correto afirmar que

(A) a prova da cidadania, para ingresso em juízo, será feita com a exibição de RG (Registro Geral de Identificação), ou com documento que a ele corresponda.

(B) é facultado a qualquer cidadão habilitar-se como litisconsorte ou assistente do autor, desde que o faça, até a citação do réu.

(C) o Ministério Público acompanhará a ação, podendo assumir a defesa do ato impugnado ou dos seus autores, se assim se convencer.

(D) as partes pagarão custas e preparo, quando da interposição de eventual recurso contra a sentença.

(E) a sentença incluirá sempre, na condenação dos réus, o pagamento, ao autor, das custas e demais despesas, judiciais e extrajudiciais, diretamente relacionadas com a ação e comprovadas, bem como o dos honorários de advogado.

A: Incorreta, porque a prova da cidadania deve ser feita por meio do título de eleitor ou de documento correspondente (Lei Federal n. 4.717/65, art. 1º, § 3º); **B:** Incorreta, tendo em vista que a lei não prevê a mencionada restrição temporal ao ingresso do litisconsorte ou do assistente (Lei Federal n. 4.717/65, art. 6º, § 5º); **C:** Incorreta, porque é expressamente vedado ao MP assumir a defesa do ato impugnado ou de seus autores (Lei Federal n. 4.717/65, art. 6º, § 4º); **D:** Incorreta, uma vez que as partes só deverão recolher as custas processuais e o preparo recursal ao final do processo (Lei Federal n. 4.717/65, art. 10); **E:** Correta, sendo essa a previsão legal (Lei Federal n. 4.717/65, art. 12). **LD**
Gabarito "E".

15. TEMAS COMBINADOS

(Juiz de Direito/AP – 2022 – FGV) João, pretendendo aviventar a linha divisória entre o terreno de sua propriedade e o de seu confinante José, uma vez que esta foi apagada por causa de uma enchente, propôs ação de demarcação de terras, cujo procedimento é bifásico, com o objetivo de restaurar a linha original entre os imóveis.

Caso o julgador entenda que assiste razão ao requerente, agirá corretamente se prolatar:

(A) sentença de procedência, sujeita ao recurso de apelação. Após, com o trânsito em julgado, se inicia a segunda fase do procedimento, que também se encerra com uma sentença;

(B) decisão interlocutória, sujeita ao recurso de agravo de instrumento. Após, se inicia a segunda fase do procedimento, que se encerra com a prolação de uma sentença;

(C) sentença de procedência, irrecorrível. Com o trânsito em julgado, se inicia a segunda fase do procedimento,

2. DIREITO PROCESSUAL CIVIL — 133

que se encerra com o cumprimento da sentença originária;

(D) sentença homologatória de demarcação, em face da qual caberá apelação. Após, o procedimento segue com prolação de sentença executiva, que será levada a registro;

(E) decisão interlocutória, da qual não desafia agravo de instrumento. Após, segue a segunda fase do procedimento, que se encerra por sentença, da qual caberá apelação.

Comentário: **A:** correta, sendo a previsão legal quanto à ação demarcatória (CPC, arts. 581, 582, 587 e 1.009); **B:** incorreta, pois a decisão que julgar procedente o pedido de demarcação será uma sentença, recorrível via apelação (CPC, arts. 581 e 1.009); **C:** incorreta, porque a sentença da demarcatória é recorrível via apelação (CPC, arts. 581, 582 e 1.009); **D:** incorreta, visto que a sentença homologatória da demarcação é proferida na 2ª fase do procedimento, na fase executiva (CPC, art. 587); **E:** incorreta, já que a decisão que julgar procedente o pedido de demarcação será uma sentença, recorrível via apelação (CPC, arts. 581 e 1.009). **LD**

Gabarito "A"

(Juiz de Direito/GO – 2021 – FCC) No regime da Lei nº 9.514, de 20 de novembro de 1997,

(A) a intimação para a purga da mora não dispensa a comunicação do devedor fiduciante acerca do processo de alienação extrajudicial.

(B) as controvérsias acerca de encargos contratuais e valor do imóvel impedem a alienação extrajudicial e a reintegração na posse.

(C) em não desocupando o imóvel, após a liminar de reintegração de posse, o devedor fiduciante pagará ao credor fiduciário taxa de ocupação de meio por cento do valor do imóvel, contada da data da alienação do bem.

(D) é assegurado ao fiduciário, seu cessionário e sucessores, assim como ao adquirente do imóvel no processo de alienação extrajudicial, a reintegração na posse do imóvel, que será concedida liminarmente, para desocupação em trinta dias, independentemente da consolidação da propriedade.

(E) a ausência de notificação do devedor fiduciante para o processo de alienação extrajudicial do imóvel resolve-se em perdas e danos, não obstando a consolidação da propriedade e a reintegração na posse do imóvel.

Comentário: essa lei trata do sistema financeiro imobiliário (crédito habitacional), especificamente da alienação fiduciária de bem imóvel. A: correta, de acordo com entendimento jurisprudencial: ou seja, se não houver tanto a intimação para purgar a mora como da alienação extrajudicial do bem imóvel, haverá nulidade (STJ, AgInt nos EDcl no AREsp 490.517/DF e Lei nº 9.514/97, art. 27, §2º-A); B: incorreta, pois as controvérsias sobre encargos contratuais serão resolvidas em perdas e danos e não obstam a reintegração de posse (Lei nº 9.514/97, art. 30); C: incorreta, porque a taxa de ocupação será de *1% do valor do imóvel*, devida desde a *data da consolidação da propriedade fiduciária* (Lei nº 9.514/97, art. 37-A); D: incorreta, visto que o prazo para desocupação do imóvel é de *60 dias* (Lei nº 9.514/97, art. 30); E: incorreta, pois a ausência de notificação do devedor não se resolve em perdas e danos (há nulidade do procedimento, como visto em "A") e obsta a reintegração na posse do imóvel (Lei nº 9.514/97, art. 30, parágrafo único). **LD**

Gabarito "A"

(Juiz de Direito/GO – 2021 – FCC) No caso de inadimplemento de obrigação garantida por alienação fiduciária em garantia, no regime do Decreto-lei nº 911, de 1o de outubro de 1969, o credor fiduciário,

(A) comprovando previamente a mora, por meio de carta registrada com aviso de recebimento, assinado necessariamente pelo próprio destinatário, requererá a busca e apreensão do bem contra o devedor fiduciante, que poderá apresentar resposta em até cinco dias da execução da liminar.

(B) comprovando previamente a mora, por meio de carta registrada com aviso de recebimento, assinado necessariamente pelo próprio destinatário, requererá a busca e apreensão do bem contra o devedor fiduciante, que, para se ver restituído do bem, livre de ônus, poderá realizar a purga da mora, depositando o valor das parcelas em atraso em até cinco dias da execução da liminar.

(C) comprovando previamente a mora, por meio de carta registrada com aviso de recebimento, assinado ou não pelo próprio destinatário, requererá busca e apreensão do bem contra o devedor fiduciante, que, para se ver restituído do bem, livre de ônus, deverá pagar a integralidade da dívida em até cinco dias da execução da liminar.

(D) depois do transcurso do prazo para a resposta, em ação de busca e apreensão, poderá apropriar-se da coisa alienada, dando ao devedor quitação da dívida mediante termo próprio.

(E) independentemente de comprovação da mora, requererá a busca e apreensão do bem contra o devedor fiduciante, que poderá apresentar resposta em até cinco dias da execução da liminar.

Comentário: A questão trata de alienação fiduciária de bem móvel (o mais frequente no cotidiano envolve carros). A: incorreta, pois não se exige a assinatura do próprio destinatário no AR e o prazo para resposta é de 15 dias após a execução da liminar (Decreto-lei 911/69, arts. 2º, §2º e 3º, §3º); B: incorreta, já que não se exige a assinatura do próprio destinatário no AR e, para purgar a mora, o devedor deve depositar a integralidade da dívida pendente, cf. valores apresentados pelo credor fiduciário (Decreto-lei 911/69, art. 3º, §§1º e 2º); C: correta, pois a alternativa traz todos os requisitos previstos no DL para que haja a retomada do bem ou se evite isso (Decreto-lei 911/69, art. 3º, §§1º e 2º); D: incorreta, pois o credor fiduciário poderá se apropriar do bem alienado antes do decurso do prazo para resposta (Decreto-lei 911/69, art. 3º, §1º); E: incorreta, porque a busca e apreensão do bem alienado depende da comprovação da mora do devedor e o prazo de resposta é de 15 dias da execução da liminar (Decreto-lei 911/69, art. 3º, §3º). **LD**

Gabarito "C"

(Juiz de Direito/SP – 2021 – Vunesp) Caio, Abel e Adão são os únicos sócios de uma sociedade anônima de capital fechado, detendo, respectivamente, 40%, 30% e 30% das ações. Por entender que a sociedade não pode mais preencher o seu fim, Caio propõe ação de dissolução parcial de sociedade cumulada com apuração de haveres em face de Abel e Adão, não incluindo a sociedade. A demanda é julgada procedente e apurados os haveres em R$ 1.000.000,00. Considerando essa situação, assinale a alternativa correta.

(A) A sociedade somente pode responder pelo débito se, em incidente processual, for obtida a desconsideração inversa da personalidade jurídica.

(B) A sentença é válida, mas ineficaz em relação à sociedade.

(C) Apesar de não incluída no polo passivo a sociedade sofre os efeitos da decisão e da autoridade da coisa julgada.

(D) O processo deve ser declarado nulo, pois a sociedade deve obrigatoriamente ser incluída no polo passivo.

Comentário: **A:** incorreta, não é o caso de desconsideração inversa da PJ (quando se vai atrás do patrimônio dos sócios), pois quem está discutindo é, exatamente, um dos sócios; **B:** incorreta, pois se trata de situação excepcional, em que a sentença é eficaz em relação a terceiro que não integrou a lide, por expressa previsão legal (CPC, art. 601, parágrafo único); **C:** correta, por se tratar de uma regra específica do procedimento especial de dissolução parcial de sociedade (CPC, art. 601, parágrafo único: "A sociedade não será citada se todos os seus sócios o forem, mas ficará sujeita aos efeitos da decisão e à coisa julgada."); **D:** incorreta, já que a sociedade, nesse caso, não tem qualidade de litisconsorte passivo necessário – e, ainda assim, estará sujeita a decisão e à coisa julgada (CPC, art. 601, parágrafo único). 🔲

Gabarito "C".

(Juiz de Direito/SP – 2021 – Vunesp) Após a prolação de sentença arbitral, por unanimidade dos três árbitros, em desfavor do requerido, este descobre fato que configura suspeição de um dos árbitros. Diante desse fato,

(A) não é cabível impugnação, na medida em que, ainda que um árbitro seja suspeito, os demais teriam decidido no mesmo sentido, mantendo incólume o resultado.

(B) não é cabível impugnação, na medida em que as decisões arbitrais não estão sujeitas a qualquer espécie de controle.

(C) é cabível ação rescisória, a ser interposta perante o próprio Tribunal Arbitral.

(D) é cabível a propositura de ação anulatória, a ser interposta perante a jurisdição estatal.

Comentário: **A:** incorreta, visto que a sentença arbitral é nula se proferida por árbitro suspeito – são aplicáveis, aos árbitros, as hipóteses de impedimento e suspeição dos juízes (Lei 9.307/96, arts. 14 e 32, II); **B:** incorreta, já que é possível, em situações específicas e delimitadas em lei, ao Poder Judiciário declarar a nulidade de sentença arbitral (Lei 9.307/96, art. 33); **C:** incorreta, pois ação rescisória cabe para decisão judicial transitada em julgado (CPC, art. 966), ao passo que para sentença arbitral cabe a ação anulatória (Lei 9.307/96, art. 33); **D:** correta, a ser ajuizada em 1º grau (Lei 9.307/96, arts. 32 e 33). 🔲

Gabarito "D".

Matheus e Isaac — o primeiro residente e domiciliado em São Paulo – SP, e o segundo em Recife – PE — resolveram adquirir, em condomínio, imóvel localizado na praia de Jurerê, em Florianópolis – SC, pertencente a Tarcísio, residente e domiciliado em Recife – PE. Após a celebração da promessa de compra e venda com caráter irrevogável e irretratável e depois do pagamento do preço ajustado, Tarcísio se recusou a lavrar a escritura pública definitiva do imóvel, sob a alegação de que o preço deveria ser reajustado, em razão da recente instalação de dois famosos *beach clubs* na região. Inconformados, Matheus e Isaac resolveram buscar tutela judicial, a fim de obrigar Tarcísio a cumprir o negócio jurídico.

(Juiz de Direito – TJ/SC – 2019 – CESPE/CEBRASPE) Nessa situação hipotética, é correto afirmar, à luz das regras do Código de Processo Civil (CPC) e da jurisprudência majoritária do STJ, que o mecanismo jurídico adequado para a tutela pretendida é

(A) a ação de adjudicação compulsória, que independerá do prévio registro do compromisso de compra e venda no cartório de imóveis competente e deverá ser ajuizada em Florianópolis – SC ou Recife – PE, mas não em São Paulo – SP.

(B) a ação reivindicatória, que independerá do prévio registro do compromisso de compra e venda no cartório de imóveis competente e deverá ser ajuizada necessariamente em Florianópolis – SC.

(C) a ação de adjudicação compulsória, que independerá de prévio registro do compromisso de compra e venda no cartório de imóveis competente e deverá ser ajuizada necessariamente em Florianópolis – SC.

(D) a ação reivindicatória, que dependerá do prévio registro do compromisso de compra e venda no cartório de imóveis competente e deverá ser ajuizada em Florianópolis – SC ou Recife – PE, mas não em São Paulo – SP.

(E) a ação de adjudicação compulsória, que dependerá do prévio registro do compromisso de compra e venda no cartório de imóveis e deverá ser ajuizada em Florianópolis – SC ou Recife – PE, mas não em São Paulo – SP.

A: incorreta, pois a ação deve ser ajuizada no foro de situação do bem imóvel, ou seja, Florianópolis/SC (CPC, art. 47); **B:** incorreta, porque a medida adequada é ação de adjudicação compulsória (CC, art. 1.418); **C:** correta, conforme entendimento sumulado do STJ (CPC, art. 47 e Súmula 239/STJ: O direito à adjudicação compulsória não se condiciona ao registro do compromisso de compra e venda no cartório de imóveis); **D:** incorreta, já que a medida adequada seria a ação de adjudicação compulsória, que independerá do registro do compromisso de compra e venda no registro de imóveis e a ação deve ser proposta em Florianópolis/SC (CPC, art. 47 e Súmula 239/STJ); **E:** incorreta, considerando que independe do registro do compromisso de compra e venda no registro de imóveis e a ação deve ser proposta em Florianópolis/SC (CPC, art. 47 e Súmula 239/STJ). 🔲

Gabarito "C".

(Juiz de Direito – TJ/BA – 2019 – CESPE/CEBRASPE) Caso o juiz julgue parcialmente o mérito, reconhecendo a existência de obrigação ilíquida, a parte vencedora

(A) poderá promover de pronto a liquidação, mediante o depósito de caução.

(B) poderá promover de pronto a liquidação, ainda que seja interposto recurso pela parte vencida.

(C) deverá aguardar a extinção do processo para promover a liquidação.

(D) deverá promover a liquidação nos mesmos autos, em vista do princípio da eficiência.

(E) poderá promover a liquidação somente após transcorrido o prazo para interposição de recurso pela parte vencida.

A: errada, porque não há exigência de caução para a liquidação da decisão (CPC, art. 356, §2º); **B:** certa, conforme expressa previsão legal (CPC, art. 356, §2º); **C:** errada, considerando que a extinção do processo é incompatível com o ato de liquidação (CPC, art. 924);

2. DIREITO PROCESSUAL CIVIL 135

D: errada, pois a liquidação poderá ser processada em autos suplementares, a requerimento da parte ou a critério do juiz (CPC, art. 356, §4º); **E:** errada, uma vez que a liquidação poderá ser promovida mesmo na pendência de recurso interposto pela parte vencedora (CPC, art. 356, §2º). [LD]

Gabarito "B".

(Juiz de Direito – TJ/AL – 2019 – FCC) Quanto aos princípios gerais e às modalidades de provas no Processo Civil,

(A) a existência e o modo de existir de algum fato podem ser atestados ou documentados mediante ata lavrada por tabelião, salvo em relação a dados relativos a imagem ou som gravados em arquivos eletrônicos.

(B) a produção antecipada da prova previne a competência do Juízo para a ação que venha a ser proposta.

(C) quando a lei exigir instrumento público como da substância do ato, somente prova pericial pode suprir-lhe a falta.

(D) a confissão judicial pode ser espontânea ou provocada; se espontânea, só pode ser feita pela própria parte.

(E) o documento feito por oficial público incompetente ou sem a observância das formalidades legais, sendo subscrito pelas partes, tem a mesma eficácia probatória do documento particular.

A: incorreta, pois dados gravados em arquivos eletrônicos também podem ser atestados por meio da lavratura de ata notarial por tabelião (CPC, art. 384, parágrafo único); **B:** incorreta, porque a produção antecipada de prova *não* previne a competência do juízo (CPC, art. 381, §3º); **C:** incorreta, já que, nesse caso, pelo Código, nenhuma outra prova poderá suprir a falta (CPC, art. 406); **D:** incorreta, considerando que a confissão espontânea pode ser feita também por representante com poderes especiais (CPC, art. 390, §1º); **E:** correta, conforme expressa previsão legal (CPC, art. 407). [LD]

Gabarito "E".

(Promotor de Justiça/PR – 2019 – MPE/PR) Sobre a jurisdição e a ação, assinale a alternativa **correta**, de acordo com o Código de Processo Civil:

(A) De acordo com o Código de Processo Civil, é necessário ter interesse, legitimidade e possibilidade jurídica do pedido para postular em juízo.

(B) A restrição para se pleitear direito alheio em nome próprio é absoluta e não possui exceções.

(C) É cabível ação declaratória do modo de ser da relação jurídica.

(D) A ação declaratória de autenticidade de documento não é admitida pelo ordenamento jurídico.

(E) Se houver afirmação de violação de um direito, não se admite a ação meramente declaratória.

A: Incorreta, pois atualmente só há interesse e legitimidade (CPC, art. 17) – não existindo mais a condição da ação possibilidade jurídica do pedido (que existia no Código anterior); **B:** Incorreta, porque excepcionalmente, a lei possibilita se pleitear "direito alheio em nome próprio" (CPC, art. 18) – no que é denominado de substituição processual; **C:** Correta, pois o CPC prevê expressamente a ação declaratória acerca do "modo de ser de uma relação jurídica" (CPC, art. 19, inciso I); **D:** Incorreta, pois o CPC regula a ação declaratória de autenticidade de documento (CPC, art. 19, inciso II); **E:** incorreta, pois a lei expressamente prevê essa possibilidade (CPC, art. 20). [LD]

Gabarito "C".

(Defensor Público – DPE/SC – 2017 – FCC) De acordo com o entendimento jurisprudencial consolidado em Súmula não revogada pelo Superior Tribunal de Justiça:

(A) é impenhorável o único imóvel residencial do devedor que esteja locado a terceiros, desde que a renda obtida com a locação seja revertida para a subsistência ou a moradia da sua família.

(B) para fins do art. 105, III, a, da Constituição Federal, é cabível recurso especial fundado em alegada violação de enunciado de súmula.

(C) em ação monitória fundada em cheque prescrito ajuizada contra o emitente, é indispensável a menção ao negócio jurídico subjacente à emissão da cártula.

(D) é inadmissível o recurso especial interposto antes da publicação do acórdão dos embargos de declaração, sem posterior ratificação.

(E) é nula a penhora de bem de família pertencente a fiador de contrato de locação.

A: Correto, Súmula 486/STJ: É impenhorável o único imóvel residencial do devedor que esteja locado a terceiros, desde que a renda obtida com a locação seja revertida para a subsistência ou a moradia da sua família; **B:** Incorreta, pois há súmula em sentido inverso (Súmula 518/STJ: Para fins do art. 105, III, *a*, da Constituição Federal, não é cabível recurso especial fundado em alegada violação de enunciado de súmula.); **C:** Incorreta, pois há súmula em sentido inverso (Súmula 531/STJ: Em ação monitória fundada em cheque prescrito ajuizada contra o emitente, é dispensável a menção ao negócio jurídico subjacente à emissão da cártula); **D:** Incorreta. Esse entendimento constava da Súmula 418/ STJ, mas foi superado pelo atual CPC (art. 1.024, § 5º), de modo que o STJ revogou a súmula 418 e editou a 579: "Não é necessário ratificar o recurso especial interposto na pendência do julgamento dos embargos de declaração quando inalterado o julgamento anterior"; **E:** Incorreta, existindo súmula em sentido inverso (Súmula 549/STJ: É válida a penhora de bem de família pertencente a fiador de contrato de locação). [LD]

Gabarito "A".

(Defensor Público – DPE/PR – 2017 – FCC) A respeito dos procedimentos especiais, do sistema de precedentes e do cumprimento de sentença, é correto:

(A) A ação monitória, inspirada no direito italiano, tem lugar para o exercício de direito subjetivo, vislumbrado a partir de prova escrita sem eficácia de título executivo, em desfavor de devedor capaz, cuja cognição judicial se limita ao pagamento de quantia em dinheiro e à entrega de coisa fungível ou infungível ou de bem móvel ou imóvel.

(B) Embora o STJ possua orientação de que constitui mera detenção a ocupação por particular de área pública sem autorização expressa e legítima do titular do domínio, entende cabível o manejo dos interditos possessórios em face de outros particulares para a defesa da posse.

(C) Quando versar sobre levantamento de dinheiro, o cumprimento provisório de sentença impugnada por recurso desprovido de efeito suspensivo se sujeita a caução suficiente e idônea. Contudo, até o limite de sessenta salários mínimos, a caução será dispensada quando o credor demonstrar sua necessidade e o crédito for de natureza alimentar.

(D) O incidente de resolução de demandas repetitivas – IRDR tem natureza jurídica de incidente processual

136 LUIZ DELLORE

e foi inspirado no sistema de common law norte-americano. Cuida-se de inovação no mecanismo de uniformização da jurisprudência brasileira e visa firmar entendimento sobre matéria de direito material ou processual.

(E) O débito alimentar que autoriza a prisão civil do devedor de alimentos é aquele que compreende até as três prestações anteriores ao ajuizamento da execução e as que se vencerem no curso do processo, sendo a única sanção admitida em decorrência do inadimplemento, enquanto forma de se evitar o bis in idem.

A: Incorreta, pois também cabe monitória para obrigação de fazer (CPC, art. 700, III); **B:** Correta. A alternativa reproduz o que foi decidido no REsp 1296964; **C:** Incorreta. No CPC, para que não seja prestada caução, os requisitos, *não cumulativos*, estão previstos no art. 521: crédito for de natureza alimentar, independentemente de sua origem (e valor) ou, dentre outras, o credor demonstrar situação de necessidade; **D:** Incorreta, pois a origem é no direito alemão; **E:** Incorreta, pois é possível tanto a prisão como outras medidas executivas e coercitivas, dentre as quais a penhora (CPC, art. 528). 🔲
Gabarito "B".

(Defensor Público – DPE/SC – 2017 – FCC) A respeito da sentença, da fundamentação das decisões judiciais e da coisa julgada na sistemática do atual Código de Processo Civil,

(A) o atual conceito de sentença é finalístico, pois leva em consideração exclusivamente o efeito do ato, ou seja, somente pode ser sentença o ato do juiz que coloca fim ao processo ou à fase cognitiva do procedimento comum.

(B) denomina-se coisa julgada material a eficácia, que torna imutável e indiscutível a sentença, não mais sujeita a recurso ordinário ou extraordinário.

(C) a autoridade da coisa julgada somente se estende às questões decididas no dispositivo de uma decisão de mérito, não alcançando os motivos que determinaram o julgamento.

(D) a decisão que concede tutela de urgência concedida em caráter antecedente, caso não seja impugnada tempestivamente, produz coisa julgada e só pode ser afastada por meio de ação rescisória, no prazo de dois anos.

(E) a fundamentação referenciada (*per relationem*) é autorizada expressamente pelo novo Código de Processo Civil, desde que emanada da mesma autoridade julgadora.

A: Incorreta, pois não é isso que decorre do dispositivo legal que conceitua sentença (CPC, art. 203, § 1º); **B:** Incorreta, pois não é essa a redação do art. 502 do CPC (não há menção a eficácia nem a recurso ordinário ou extraordinário); **C:** Correta, pois a coisa julgada não atinge os motivos (CPC, art. 504), ainda que possa atingir a questão prejudicial (CPC, art. 503, § 1º); **D:** Incorreta, pois o Código afirma que a estabilização da antecipação de tutela não é coisa julgada (CPC, art. 304, § 6º); **E:** Incorreta, porque não está prevista, na fundamentação da decisão (CPC, art. 489, § 1º), essa hipótese de fundamentação *per relationem*. 🔲
Gabarito "C".

(Defensor Público – DPE/PR – 2017 – FCC) Sobre a competência, o procedimento comum e a intervenção de terceiros, considere:

I. A reconvenção admite ampliação subjetiva, ou seja, o ingresso de terceiro. Porém, o Código de Pro-

cesso Civil veda a formação de litisconsórcio ativo, admitindo-o somente em relação ao polo passivo da demanda reconvencional.

II. Em demanda de saúde, por se tratar de obrigação solidária, segundo jurisprudência do STF, é admitido o chamamento ao processo de ente federativo para formar litisconsórcio passivo visando ao exercício do direito de regresso.

III. A intervenção de *amicus curiae* é admitida em qualquer processo, desde que se trate de causa relevante, de tema específico ou que tenha repercussão social, e exige representação adequada, a qual não pressupõe concordância unânime daqueles a quem representa.

IV. As testemunhas arroladas pela Defensoria Pública serão intimadas pela via judicial, não podendo exceder ao número de dez, e, dentro deste número, somente é admitido, no máximo, três para a prova de cada fato, podendo o juiz limitar este quantitativo em virtude da complexidade da causa e dos fatos individualmente considerados.

V. Segundo o STJ, mesmo que extinta a medida protetiva de urgência em virtude de homologação de acordo entre as partes, é de competência da Vara Especializada de Violência Doméstica ou Familiar contra a Mulher julgar ação de divórcio fundada na mesma situação de agressividade vivenciada pela vítima e que fora distribuída por dependência à medida extinta.

De acordo com a orientação jurisprudencial e doutrinária, está correto o que se afirma APENAS em

(A) III e IV.

(B) I e V.

(C) II, III e IV.

(D) III, IV e V.

(E) I e II.

I: Incorreta, pois o CPC permite que haja litisconsórcio, ativo ou passivo, na reconvenção (art. 343, §§ 3º e 4º). **II:** Incorreta. De fato, o STF entende que há solidariedade entre os entes federativos (RE 855178); contudo, a solidariedade não leva ao ressarcimento por direito de regresso, sendo isso típico de obrigação subsidiária. **III:** Correta, sendo essa a previsão do CPC a respeito do tema (art. 138). **IV:** Correta, considerando dispositivos legais relativos à prova testemunhal (CPC, arts. 357, §§ 6º e 7º – quanto ao número de testemunhas e 455, § 4º, IV – quanto à intimação da testemunha da defensoria). **V:** Correta, conforme decisão constante do informativo 572/STJ ("A extinção de medida protetiva de urgência diante da homologação de acordo entre as partes não afasta a competência da Vara Especializada de Violência Doméstica ou Familiar contra a Mulher para julgar ação de divórcio fundada na mesma situação de agressividade vivenciada pela vítima e que fora distribuída por dependência à medida extinta", REsp 1.496.030-MT, DJe 19/10/2015). 🔲
Gabarito "D".

(Defensor Público Federal – DPU – 2017 – CESPE) Tendo em vista que uma das funções primordiais do STJ é a sistematização e uniformização da jurisprudência relativa à legislação processual, julgue os próximos itens à luz do entendimento desse tribunal.

(1) Nos processos coletivos contra a União, o beneficiário de sentença coletiva procedente que for promover, individualmente, a execução da parte a que tiver direito deverá observar prazo prescricional de cinco anos, contado a partir do início da execução coletiva.

2. DIREITO PROCESSUAL CIVIL

137

(2) Nas ações civis públicas promovidas pela DPU, a legislação pertinente prevê a dispensa do adiantamento de custas, emolumentos, honorários periciais e outras despesas para a parte autora; entretanto, nessas ações, aquele que integrar o polo passivo da relação processual não desfrutará do mesmo benefício.

(3) A requerimento do credor, pode ser determinado prazo judicial para que o executado ou terceiro apresente documentos que estejam em seu poder, com o objetivo de acerto nos cálculos dos valores decorrentes da obrigação contida na sentença, para a fase de execução. Havendo descumprimento injustificado do prazo arbitrado, não fluirá o prazo prescricional para a execução ou o cumprimento de sentença.

(4) Julgado procedente o pedido de benefício previdenciário, em primeira e em segunda instância, caso ocorra reforma em instância especial, não poderá ser determinada a devolução de valores recebidos, tendo em vista a legítima expectativa de titularidade do direito, a possibilidade de execução da sentença após a confirmação da tese por acórdão e o fato de se tratar de recebimento de boa-fé.

(5) Sob pena de ser julgado extemporâneo, o recurso especial interposto antes do julgamento de embargos de declaração deve ser ratificado, ainda que o resultado do julgamento anterior não seja alterado.

1: Errado, pois o prazo prescricional é de 5 anos, mas contado do trânsito em julgado da sentença coletiva de conhecimento (STJ, REsp 1.273.643, 2ª Seção, 2013). **2:** Correto, pois a pessoa física que é litisconsorte não se confunde com a defensoria (ou o MP). **3:** Errado, considerando que há decisão em REsp repetitivo no sentido inverso (Tema 880: A partir da vigência da Lei n. 10.444/2002, que incluiu o parágrafo 1º ao artigo 604, dispositivo que foi sucedido, conforme Lei 11.232/2005, pelo artigo 475-B, parágrafos 1º e 2º, todos do CPC/1973, não é mais imprescindível, para acertamento de cálculos, a juntada de documentos pela parte executada ou por terceiros, reputando-se correta a conta apresentada pelo exequente, quando a requisição judicial de tais documentos deixar de ser atendida, injustificadamente, depois de transcorrido o prazo legal). **4:** Correto, conforme decisão da Corte Especial do STJ ("Não está sujeito à repetição o valor correspondente a benefício previdenciário recebido por determinação de sentença que, confirmada em segunda instância, vem a ser reformada apenas no julgamento de recurso especial", Informativo 536/STJ, EREsp 1.086.154-RS, julgado em 20/11/2013). **5:** Errado. Esse entendimento constava da Súmula 418/STJ, mas foi superado pelo CPC (art. 1.024, § 5º), de modo que o STJ revogou a súmula 418 e editou a 579: "Não é necessário ratificar o recurso especial interposto na pendência do julgamento dos embargos de declaração quando inalterado o julgamento anterior". **LD**
Gabarito: 1E, 2C, 3E, 4C, 5E

(Defensor Público – DPE/PR – 2017 – FCC) A Lei n. 11.419 de 2006, sobre a informatização do processo judicial, a Lei do Processo Eletrônico, dispõe que

(A) os advogados e defensores públicos devem providenciar a distribuição de petições em geral, em formato digital, quando se tratar de autos eletrônicos, não havendo que se exigir do Poder Judiciário o fornecimento de equipamentos de digitalização e de acesso à rede mundial de computadores.

(B) os autos de processos eletrônicos que tiverem de ser remetidos a outro juízo ou a instância superior que não disponham de sistema compatível deverão ser suspensos até que o juízo/instância providencie a informatização de seu sistema.

(C) se considera realizada a intimação no dia em que o intimado efetivar a consulta eletrônica ao teor da intimação, mas se a consulta se der em um domingo, por exemplo, a intimação será considerada como realizada na segunda-feira subsequente, se dia útil for, sendo também esse o primeiro dia do prazo.

(D) o prazo fica automaticamente prorrogado para o primeiro dia útil seguinte à resolução do problema, quando o ato processual tiver que ser praticado em determinado prazo, por meio de petição eletrônica, e o Sistema do Poder Judiciário se tornar indisponível por motivo técnico.

(E) os originais dos documentos digitalizados, e juntados aos autos pelas partes, deverão ser preservados pelo seu detentor até o trânsito em julgado da sentença, após o que poderão ser seguramente descartados, pois não terão mais qualquer finalidade.

A: Incorreta, pois o PJ deve providenciar os meios para tanto, de modo a garantir o acesso à justiça (Lei 11.419/2006, art. 10, § 3º); **B:** Incorreta, porque nesse caso deverá haver a impressão em papel (Lei 11.419/2006, art. 12, § 2º); **C:** Incorreta. A 1ª parte está correta, pois a intimação será considerada na 2ª; mas a 2ª parte está incorreta, pois o 1º dia do prazo será o dia seguinte (L. ei11.419/2006, art. 5º, §§ 2º e 3º); **D:** Correta, sendo essa a previsão legal (Lei 11.419/2006, art. 10, § 2º); **E:** Incorreta, pois os documentos devem ser mantidos até o término do prazo de eventual ação rescisória (Lei 11.419/2006, art. 11, § 3º). **LD**
Gabarito "D".

(Defensor Público – DPE/PR – 2017 – FCC) Vulnerabilidade processual é a suscetibilidade do litigante que o impede de praticar atos processuais em razão de uma limitação pessoal involuntária. Deste modo,

(A) para dirimir a suscetibilidade daquele que foi vulnerável na relação de direito material, o magistrado poderá em qualquer momento processual afastar de ofício a cláusula de eleição de foro.

(B) reconhecendo a vulnerabilidade da mulher em face do homem na relação conjugal, sendo ainda uma realidade brasileira a sua submissão a práticas familiares patriarcais, o novo CPC manteve a prerrogativa do foro da esposa para ações de divórcio.

(C) apesar de o novo CPC não conceituar o termo vulnerabilidade, tal vocábulo aparece no diploma em dispositivo que versa sobre a possibilidade de o juiz controlar a convenção das partes acerca de alteração em procedimento.

(D) verificada a suscetibilidade de umas das partes em face da outra, não poderá o magistrado dilatar os prazos processuais em benefício dela, pois deve assegurar às partes igualdade de tratamento.

(E) há regra específica para a superação da vulnerabilidade geográfica a qual prevê que na comarca, seção ou subseção judiciária, onde for difícil o transporte, o juiz poderá prorrogar os prazos por até um mês.

A: Incorreta, pois é possível esse reconhecimento de ofício somente antes da citação (CPC, art. 63, § 3º); **B:** Incorreta, já que essa previsão não mais consta do CPC, que agora prestigia o domicílio do guardião do menor / filho incapaz (CPC, art. 53, I); **C:** Correta, pois poderá ser afastado o negócio jurídico processual se a parte for vulnerável (CPC, art. 190, parágrafo único); **D:** Incorreta, pois o CPC permite a dilatação de prazo à luz das especificidades do caso concreto (CPC, art. 139, VI); **E:** Incorreta, pois nessas comarcas o juiz poderá dilatar os prazos por até 2 meses (CPC, art. 222). **LD**

Gabarito "C".

(Juiz – TRF 2ª Região – 2017) Analise as assertivas e, após, marque a opção correta:

I. Em regra, as questões resolvidas na fase de conhecimento, se a decisão a seu respeito não comportava agravo de instrumento, serão cobertas pela preclusão caso não sejam suscitadas em preliminar da apelação, eventualmente interposta contra a decisão final, ou nas contrarrazões.

II. É preclusivo o prazo para arguição de incompetência absoluta.

III. Das três hipóteses clássicas de preclusão, a temporal, a lógica e a consumativa, o Código de 2015 prestigiou as duas primeiras e aboliu a última.

(A) Estão corretas apenas as assertivas I e II.

(B) Estão corretas apenas as assertivas I e III.

(C) São falsas apenas as assertivas II e III.

(D) São falsas todas as assertivas.

(E) São falsas apenas as assertivas I e II.

I: correta, sendo essa a previsão do Código para a impugnação das interlocutórias não agraváveis de instrumento, já que não mais existe o agravo retido (CPC, art. 1.009, § 1º); **II:** incorreta, pois não preclui a possibilidade de alegar a incompetência absoluta (CPC, art. 64, § 1º); **III:** questão polêmica na doutrina. A banca considerou que a *preclusão consumativa segue existindo*. A divergência existe considerando a redação do art. 223, que faz menção ao direito de "emendar o ato processual", o que faz com que alguns autores entendam que não mais haveria a preclusão consumativa. De seu turno, o art. 200, ao destacar que o ato produz imediatamente a extinção dos direitos processuais, permite concluir pela existência da preclusão consumativa. Como exposto, a banca concluiu que a preclusão consumativa segue existindo, que é a posição majoritária. **LD**

Gabarito "C".

(Juiz – TRF 2ª Região – 2017) Sobre o direito intertemporal, considere as normas do Código de Processo Civil e o entendimento do Superior Tribunal de Justiça e assinale a opção correta:

(A) As disposições do CPC-2015 devem ser aplicadas imediatamente após a sua entrada em vigor a todos os processos em tramitação.

(B) São cabíveis honorários sucumbenciais recursais somente contra decisões publicadas a partir da entrada em vigor do novo código.

(C) As disposições de direito probatório adotadas no novo código somente serão aplicadas aos processos instaurados a partir da sua entrada em vigor.

(D) No tema intertemporal, o CPC adotou o sistema puro do isolamento dos atos processuais.

(E) No tema, o novo CPC adotou o sistema das fases processuais.

A: incorreta, pois ainda que as regras processuais sejam imediatamente aplicadas, há de se observar os atos jurídico processual perfeito e isolamento das fases processuais; **B:** correta para a banca, na linha do enunciado administrativo 7 do STJ ("Somente nos recursos interpostos contra decisão publicada a partir de 18 de março de 2016 será possível o arbitramento de honorários sucumbenciais recursais, na forma do art. 85, § 11, do novo CPC").; **C:** incorreta (CPC, art. 1.047. As dispo-

sições de direito probatório adotadas neste Código aplicam-se apenas às provas requeridas ou determinadas de ofício a partir da data de início de sua vigência); **D** e **E:** incorretas, pois o CPC adotou o sistema do isolamento dos atos (mas não o sistema "puro", pois, em alguns casos essa teoria é afastada – conforme exposto na alternativa B). **LD**

Gabarito "B".

(Juiz – TRF 2ª Região – 2017) Segundo orientação do Superior Tribunal de Justiça, em regra, benefício previdenciário indevidamente recebido e não devolvido ao INSS deve ser objeto de:

(A) Ação de cobrança.

(B) Inscrição em dívida ativa tributária, com posterior execução.

(C) Inscrição em dívida ativa não tributária, com posterior execução.

(D) Compensação com benefícios previdenciários vincendos.

(E) Dedução de benefícios previdenciários vincendos, até o limite legal e mensal de 10 % do benefício.

Se o INSS paga a alguém algo que não deveria ser pago, pode buscar a devolução dessa quantia – essa é a premissa da questão. Porém, como não há título executivo, há necessidade de se socorrer do Judiciário para isso. Inicialmente, o INSS fazia a inscrição em dívida ativa – até que o STJ vedou essa solução. Assim, resta ao INSS o ajuizamento de ação de cobrança, como já fixado em repetitivo (REsp 1.350.804, j. 12/06/2013). Portanto, a correta é a alternativa "A". **LD**

Gabarito "A".

(Procurador do Município – Prefeitura Fortaleza/CE – CESPE – 2017) Julgue os próximos itens, a respeito de litisconsórcio, intervenção de terceiros e procedimentos especiais previstos no CPC e na legislação extravagante.

(1) Caso seja convocado de forma superveniente a participar de processo judicial, o litisconsorte unitário ativo poderá optar por manter-se inerte ou por ingressar na relação processual como litisconsorte do autor ou assistente do réu.

(2) A presença de interesse econômico, ainda que indireto ou reflexo, da fazenda pública em determinado processo judicial é suficiente para justificar sua intervenção.

(3) Os embargos de terceiro somente podem ser utilizados no cumprimento de sentença ou no processo de execução. Por esse motivo, no processo de conhecimento, o terceiro deve defender seus interesses por intermédio de assistência ou oposição.

(4) Conforme o STJ, a pessoa jurídica de direito público ré de ação civil pública possui ampla liberdade para mudar de polo processual, ainda que haja pretensão direcionada contra ela.

(5) Situação hipotética: Determinado servidor público impetrou mandado de segurança com a finalidade de majorar seu vencimento. Após o devido trâmite, foi prolatada sentença concedendo a segurança pleiteada. Assertiva: Nesse caso, as parcelas devidas em razão de diferenças salariais entre a data de impetração e a de implementação da concessão da segurança deverão ser pagas por meio de precatórios.

(6) O despejo decorrente de decisão judicial conforme previsto na lei de locações de imóveis urbanos é irreversível, pois, reformada a decisão, o inquilino

2. DIREITO PROCESSUAL CIVIL

não terá o direito de recuperar a posse do imóvel, mas apenas de ser indenizado por perdas e danos, com base na caução existente.

(7) Situação hipotética: Em ação indenizatória, o réu denunciou à lide terceiro que estava obrigado, por contrato, a ressarci-lo de forma regressiva. Assertiva: Nessa situação, em caso de procedência das demandas originária e regressiva, o autor da ação originária pode requerer o cumprimento da sentença também contra o denunciado, observadas possíveis limitações da condenação deste último.

1: Correta. A legislação não prevê expressamente a figura do litisconsórcio ativo necessário, o que é admitido pela jurisprudência do STJ, no que é denominado de litisconsórcio *iussu iudicis* (REsp 1222822). Sendo convocado a figurar posteriormente no feito, a hipótese é de litisconsórcio necessário – unitário. E nesse caso, poderá a parte optar em qual polo figura (já que sem essa parte o processo será extinto sem mérito). Dessa forma, a afirmação é correta. **2:** Correta, sendo esse o caso da chamada "intervenção anômala" em que a União pode ingressar como assistente apenas com base em interesse econômico (Lei 9.469/1997, art. 5º), diferentemente da assistência usual, prevista no CPC, em que necessário interesse jurídico (art. 119). **3:** Errada, pois é possível usar embargos de terceiro diante de qualquer constrição judicial, seja proferida em execução ou cumprimento de sentença

(como no caso de penhora), seja em processo de conhecimento (uma constrição por força de uma antecipação de tutela). É o que se percebe do art. 674 do CPC. **4:** Errada. Existe essa possibilidade de mudança de polo no processo coletivo, prevista especificamente na ação popular (Lei 4.717/1965, art. 6º, § 3º) e ação civil pública (Lei 7.347/1985, art. 5º, § 2º). Contudo, se houver pedido contra a própria pessoa jurídica, então não é possível essa mudança (STJ, REsp 1581124). **5:** Correta. O MS é ação mandamental, de modo que a princípio não demanda cumprimento de sentença ou execução – mas sim tão somente no cumprimento da ordem. Contudo, o problema deixa claro que isso ocorre em relação ao futuro, ou seja, a partir do momento em que "implementada a concessão da segurança". Sendo assim, quanto ao período anterior, tem-se em verdade um valor devido – que, portanto, deverá seguir a forma usual de execução de quantia contra a Fazenda, portanto, via precatório (CPC, art. 534 e 535, § 3º, I). **6:** Correta, sendo essa a previsão legal (Lei 8.245/1991, art. 64, *caput* e § 2º – sendo que a redação do parágrafo é a seguinte: "Ocorrendo a reforma da sentença ou da decisão que concedeu liminarmente o despejo, o valor da caução reverterá em favor do réu, como indenização mínima das perdas e danos, podendo este reclamar, em ação própria, a diferença pelo que a exceder"). **7:** Correta, existindo expressa previsão legal nesse sentido (art. 128, parágrafo único. Procedente o pedido da ação principal, pode o autor, se for o caso, requerer o cumprimento da sentença também contra o denunciado, nos limites da condenação deste na ação regressiva). **LD**

Gabarito 1C, 2C, 3E, 4E, 5C, 6C, 7C

3. Legislação Processual Civil Extravagante

Luiz Dellore

1. JUIZADO ESPECIAL CÍVEL, FEDERAL E DA FAZENDA PÚBLICA

(Juiz de Direito/AP – 2022 – FGV) Menor, com 16 anos de idade, intentou, perante o Juizado Especial Cível, ação indenizatória em que pleiteava a condenação do réu a lhe pagar verba indenizatória correspondente a trinta vezes o salário mínimo.

Validamente citada, a parte ré, sem prejuízo das suas matérias defensivas de natureza meritória, suscitou, preliminarmente, a incompetência do foro e a irregularidade da representação processual do autor, que outorgara instrumento de mandato ao seu advogado sem que estivesse assistido por seu pai ou sua mãe.

Considerando que os vícios processuais arguidos efetivamente se configuraram, deve o juiz:

(A) determinar a intimação do autor para regularizar a representação processual e, após, declinar da competência em favor do juizado situado no foro competente;

(B) determinar a intimação do autor para manifestar renúncia ao valor que exceda o patamar de vinte vezes o salário mínimo, de modo a dispensar a presença de advogado;

(C) proferir sentença em que julgue extinto o feito sem resolução do mérito;

(D) designar audiência de conciliação, instrução e julgamento para a colheita da prova oral;

(E) declinar da competência em favor do juizado situado no foro competente, ao qual caberá aferir a regularidade, ou não, da representação processual do autor.

Comentário: **A:** incorreta, pois no caso a hipótese é de extinção do processo sem julgamento de mérito (Lei 9.099/95, arts. 8º e 51, IV); **B:** incorreta, visto que a competência do JEC abrange causas de até 40 salários-mínimos, com advogado (Lei 9.099/95, arts. 3º, I e 9º) – sendo que, sem advogado, o teto é 20 salários; **C:** correta, tanto pela impossibilidade de menor litigar no JEC, quanto pelo caso de incompetência acarretar a extinção sem mérito (Lei 9.099/95, arts. 8º e 51, IV); **D:** incorreta, já que, diante dos vícios processuais, pela economia e celeridade processuais, não deve haver a instrução do processo (Lei 9.099/95, arts. 8º e 51, IV); ademais, o procedimento do JEC não tem essa audiência com conciliação e instrução ao mesmo tempo; **E:** incorreta, porque, no JEC, a incompetência territorial é causa de extinção do processo sem resolução do mérito (Lei 9.099/95, art. 51, III). LD
Gabarito "C"

(Juiz de Direito/GO – 2021 – FCC) De acordo com a Lei no 9.099, de 26 de setembro de 1995, no âmbito dos Juizados Especiais Cíveis,

(A) dá-se a revelia na hipótese em que o réu não comparece à sessão de conciliação ou à audiência de instrução e julgamento, caso em que se reputam verdadeiros os fatos alegados na inicial, salvo se o contrário resultar da convicção do Juiz.

(B) não são cabíveis embargos de declaração contra a sentença, mas os erros materiais podem ser corrigidos de ofício.

(C) caberá, da sentença, recurso oral ou escrito, cujo preparo deverá ser realizado em quarenta e oito horas da intimação para o depósito, sob pena de deserção.

(D) não podem ser partes, ativa ou passiva, o incapaz, o preso, as pessoas jurídicas de direito público ou privado, as empresas públicas da União, a massa falida e o insolvente civil.

(E) é lícito ao réu, depois de citado, apresentar reconvenção e contestação, na qual deverão ser arguidas todas as exceções que lhe competirem.

Comentário: A: correta, sendo essa a previsão legal (Lei nº 9.099/95, art. 20); B: incorreta, pois são cabíveis embargos de declaração contra sentença e acórdão, nos mesmos casos previstos no CPC (Lei nº 9.099/95, art. 48); C: incorreta, visto que o recurso será interposto por petição *escrita* e o preparo deve ser realizado nas 48h seguintes à interposição do recurso, *independentemente* de intimação (Lei nº 9.099/95, art. 42); D: incorreta, uma vez que as pessoas jurídicas de direito *privado* podem figurar como parte passiva no JEC (Lei nº 9.099/95, art. 8º - é imensa a quantidade de processos no JEC com empresas no polo passivo); E: incorreta, porque não se admite reconvenção no JEC, mas pedido contraposto (Lei nº 9.099/95, arts. 30 e 31). LD
Gabarito "A"

(Juiz de Direito – TJ/MS – 2020 – FCC) Quanto aos Juizados Especiais Cíveis, examine os enunciados seguintes:

I. Caberão embargos de declaração contra sentença ou acórdão nos casos previstos no Código de Processo Civil, os quais interromperão o prazo para a interposição de recurso e serão interpostos por escrito ou oralmente, no prazo de cinco dias, contados da ciência da decisão.

II. A execução da sentença processar-se-á no próprio Juizado; não cumprida voluntariamente a sentença transitada em julgado, tendo havido solicitação do interessado, escrita ou oral, ou agindo o juiz de ofício, proceder-se-á desde logo à citação do executado para pagamento ou nomeação à penhora de bens suficientes à satisfação do crédito.

III. O acesso ao Juizado Especial independerá, em qualquer grau de jurisdição, do pagamento de custas, taxas ou despesas e do acompanhamento de advogado em primeiro grau de jurisdição, tendo porém a parte que constituir patrono para a interposição eventual de recurso, dirigido ao próprio Juizado.

IV. A sentença mencionará os elementos da convicção do juiz, com breve resumo dos fatos relevantes ocorridos em audiência, dispensado o relatório; não se admitirá sentença condenatória por quantia ilíquida, ainda que genérico o pedido.

142 LUIZ DELLORE

Está correto o que se afirma APENAS em

(A) I, III e IV.

(B) I, II e III.

(C) II, III e IV.

(D) I e IV.

(E) II e III.

I: Correta por ser essa a previsão legal (Lei 9.099/95, arts. 48 a 50). **II:** Errada, pois não pode o juiz de ofício instaurar a fase executiva e nem há necessidade de nova citação (Lei 9.099/95, art. 52, IV). **III:** Errada, pois o acesso ao Juizado Especial, independerá, apenas em primeiro grau de jurisdição, do pagamento de custas, taxas ou despesas (Lei 9.099/95, art. 54). Portanto, na fase recursal há custas. **IV:** Correta, sendo essa a previsão legal (Lei 9.099/95, art. 38, *caput* e p.u.). LD
.,"Ɒ" ołıɹɐqɐ⅁

(Juiz de Direito – TJ/AL – 2019 – FCC) Nos Juizados Especiais Cíveis

(A) cabem recursos de suas sentenças a serem recebidos no efeito devolutivo e suspensivo como regra geral, não havendo assim execução provisória do julgado.

(B) não se admite, em seus processos, qualquer forma de intervenção de terceiro, assistência ou litisconsórcio.

(C) só se admitem ações possessórias sobre bens móveis, mas não sobre bens imóveis.

(D) em seus processos o mandato ao advogado poderá ser verbal, inclusive quanto aos poderes especiais.

(E) a prova oral será produzida na audiência de instrução e julgamento, ainda que não requerida previamente, podendo o Juiz limitar ou excluir o que considerar excessivo, impertinente ou protelatório.

A: incorreta, pois o recurso "inominado" é recebido, em regra, *apenas* no efeito devolutivo (Lei 9.099/1995, art. 43); **B:** incorreta, já que se admite litisconsórcio e, com o advento do CPC/15, passa a ser expressa a possibilidade de aplicação do Incidente de Desconsideração da Personalidade Jurídica – modalidade de intervenção de 3º (Lei 9.099/1995, art. 10 e CPC, art. 1.062); **C:** incorreta, porque há competência do JEC para ações possessórias sobre bens imóveis, desde que de valor não superior ao teto dos Juizados (Lei 9.099/1995, art. 3º, IV); **D:** incorreta, tendo em vista a ressalva legal quanto aos poderes especiais, que necessariamente deve ser concedidos por escrito (Lei 9.099/1995, art. 9º, § 3º); **E:** correta, já que todas as provas serão produzidas em audiência de instrução e julgamento, inclusive a prova oral (Lei 9.099/1995, art. 33). LD
.,"Ǝ" ołıɹɐqɐ⅁

(Escrevente - TJ/SP - 2018 - VUNESP) Serão admitidos(as) a propor ação perante o Juizado Especial Cível regido pela Lei no 9.099/95:

(A) as sociedades de economia mista, por serem pessoas de direito privado.

(B) os insolventes civis, ante sua hipossuficiência devidamente comprovada.

(C) as pessoas jurídicas qualificadas como Organização da Sociedade Civil de Interesse Público.

(D) os incapazes, devidamente representados por procuração, por instrumento público.

(E) as pessoas enquadradas como microempreendedores individuais, cujo empreendedor individual tenha renunciado ao direito próprio.

A: Incorreta, porque as sociedades de economia mista não se encontram no restrito rol de pessoas jurídicas de direito privado admitidas como partes perante os Juizados Especiais Cíveis (Lei Federal n. 9.099/1995, art. 8º, § 1º); **B:** Incorreta, porque há vedação legal expressa à admissão do insolvente civil como parte perante o Juizado Especial (Lei Federal n. 9.099/1995, art. 8º); **C:** Correta, sendo esse um dos exemplos de PJ admitidas a ajuizar ação no JEC (Lei Federal n. 9.099/1995, art. 8º, § 1º, III); **D:** Incorreta, pois há vedação legal para incapaz ser parte (Lei Federal n. 9.099/1995, art. 8º); **E:** Incorreta, considerando que a lei não prevê essa condição de renúncia para ajuizamento no JEC (Lei Federal n. 9.099/1995, art. 8º, § 1º, II). LD
.,"Ɔ" ołıɹɐqɐ⅁

(Escrevente - TJ/SP - 2018 - VUNESP) Diante do que prevê a Lei que regulamenta o Juizado Especial da Fazenda Pública, é correto afirmar:

(A) Os representantes judiciais dos réus presentes à audiência não poderão conciliar ou transigir.

(B) O pagamento de obrigação de pequeno valor deverá ser feito no prazo máximo de 90 dias a contar da entrega da requisição do juiz.

(C) Sendo o caso, haverá reexame necessário.

(D) Da sentença caberá apelação, não se admitindo agravo de instrumento por vedação legal.

(E) O juiz poderá, de ofício, deferir providências cautelares e antecipatórias, para evitar dano de difícil ou de incerta reparação.

A: Incorreta, porque a alternativa é exatamente o oposto à previsão da lei (Lei Federal n. 12.153/2009, art. 8º); **B:** Incorreta, considerando que o prazo máximo para pagamento nessa situação será de 60 dias (Lei Federal n. 12.153/2009, art. 13, I); **C:** Incorreta, porque as sentenças proferidas no âmbito dos Juizados Especiais da Fazenda Pública não se submetem ao reexame necessário (Lei Federal n. 12.153/2009, art. 11); **D:** Incorreta, uma vez que, no âmbito dos Juizados Especiais da Fazenda Pública, caberá recurso inominado e não apelação. No mais, seria possível a interposição de agravo de instrumento em face da decisão que conceder a tutela provisória (Lei Federal n. 12.153/2009, arts. 3º e 4º); **E:** Correta (Lei Federal n. 12.153/2009, art. 3º). LD
.,"Ǝ" ołıɹɐqɐ⅁

(Juiz - TRF 2ª Região – 2017) Marque a opção correta:

(A) Ação objetivando rescindir sentença proferida por Juizado Especial Federal terá seu mérito apreciado por Juiz Federal de outro Juizado.

(B) Ação objetivando rescindir sentença proferida por Juizado Especial Federal terá seu mérito julgado por Turma Recursal dos Juizados.

(C) Ação objetivando rescindir sentença proferida por Juizado Especial Federal terá seu mérito apreciado pelo Tribunal Regional Federal.

(D) Ação objetivando rescindir sentença proferida por Juizado Especial Federal terá o rito da querela de nulidade e, dependendo do valor da causa, terá seu mérito apreciado ou por Juiz Federal ou por Turma Recursal.

(E) Ação objetivando rescindir sentença proferida por Juizado Especial Federal não terá seu mérito apreciado.

A questão trata de ação que busca rescindir sentença proferida nos Juizados – ou seja, ação rescisória. Mas não se admite a ação rescisória nos Juizados (Lei 9.099/95, art. 59). Assim, se por acaso alguma demanda nesse sentido for ajuizada, deverá ser extinta sem mérito, de modo que a alternativa correta é a "E". LD
.,"Ǝ" ołıɹɐqɐ⅁

3. LEGISLAÇÃO PROCESSUAL CIVIL EXTRAVAGANTE

(Juiz – TRF 3ª Região – 2016) Assinale a alternativa correta, acerca dos Juizados Especiais Federais.

(A) Podem ser partes no Juizado Especial Federal Cível, como autores, as pessoas físicas, as microempresas e as empresas de pequeno e médio porte e, como rés, a União, autarquias e fundações públicas, exclusivamente.

(B) Não haverá prazo diferenciado para a prática de qualquer ato processual pelas pessoas jurídicas de direito público.

(C) Tendo em vista a indisponibilidade do interesse público, inviável que representantes judiciais da União, autarquias e fundações públicas desistam nos processos da competência dos Juizados Especiais Federais.

(D) Há previsão legal expressa prevendo o reexame necessário em certas hipóteses, em causas submetidas ao Juizado Especial Federal.

A: incorreta, pois empresas públicas federais podem ser rés nos Juizados (Lei 10.259/2001, art. 6º, II); **B:** correta (Lei 10.259/2001, art. 9º); **C:** incorreta, pois a própria lei concede poderes para que os representantes judiciais desistam (Lei 10.259/2001, art. 10, parágrafo único); **D:** incorreta, pois a lei prevê exatamente o contrário, que *não haverá* reexame necessário no JEF (Lei 10.259/2001, art. 13). 🔲
Gabarito "B".

(Juiz – TRF 4ª Região – 2016) Dadas as assertivas abaixo, assinale a alternativa correta. Acerca dos Juizados Especiais Federais:

I. Compete ao Tribunal Regional Federal decidir os conflitos de competência entre juizado especial federal e juízo federal da mesma seção judiciária.

II. Compete à turma recursal processar e julgar o mandado de segurança contra ato de juizado especial, substitutivo de recurso.

III. O princípio da reserva de plenário não se aplica no âmbito dos juizados de pequenas causas e dos juizados especiais em geral.

(A) Estão corretas apenas as assertivas I e II.

(B) Estão corretas apenas as assertivas II e III.

(C) Estão corretas todas as assertivas.

(D) Está incorreta apenas a assertiva II.

(E) Estão incorretas apenas as assertivas II e III.

I: correta, pois compete ao TRF – e não ao STJ – julgar o CC nesse caso (STF, RE 590.409, com repercussão geral); **II:** correta (Súmula 376 do STJ: "Compete a turma recursal processar e julgar o mandado de segurança contra ato de juizado especial"); **III:** correta, conforme jurisprudência do STF ("A referência, portanto, não atinge (...) juizados especiais (art. 98, I), os quais, pela configuração atribuída pelo legislador, não funcionam, na esfera recursal, sob regime de plenário ou de órgão especial. ARE 792.562 AgR, DJE de 2-4-2014). 🔲
Gabarito "C".

(Defensor Público – DPE/MT – 2016 – UFMT) Considerando o Sistema dos Juizados Especiais, tendo como norte a legislação vigente, marque V para as assertivas verdadeiras e F para as falsas.

( ) No sistema do Juizado Especial da Lei 9.099/1995, os embargos de declaração interrompem o prazo para a interposição de recurso, nos termos dos artigos 50 e 83 do referido diploma legal.

( ) O Juizado Especial Cível (Lei 9.099/1995) apresenta-se como uma opção ao autor. Como regra, sua competência abarca as causas cujo valor não exceda a quarenta vezes o salário mínimo e as ações possessórias sobre bens imóveis de valor não excedente a também quarenta vezes o salário mínimo.

( ) O Juizado Especial da Fazenda Pública (Lei 12.153/2009) ostenta competência absoluta, não opcional e de curso obrigatório. Como regra é competente para processar, conciliar e julgar causas cíveis de interesse dos Estados, do Distrito Federal, dos Territórios e dos Municípios, até o valor de 60 (sessenta) salários mínimos.

( ) Não é cabível ação rescisória no sistema do Juizado Especial Cível (Lei 9.099/1995).

( ) No âmbito do Juizado Especial Cível, é possível atacar decisão proferida pela Turma Recursal por meio de reclamação dirigida ao Superior Tribunal de Justiça, o que não ocorre no âmbito do Juizado da Fazenda Pública.

Assinale a sequência correta.

(A) V, V, V, V, F

(B) F, V, V, F, V

(C) V, F, V, F, F

(D) V, V, F, V, V

(E) F, F, F, V, V

Assertiva 1: Verdadeira, pois o CPC alterou a Lei nº 9.099/1995, que, antes, previa a mera suspensão do prazo quando da interposição de embargos declaratórios. Agora, há a *interrupção*, conforme artigos citados no enunciado; **Assertiva 2:** Verdadeira, conforme art. 3º, I e IV, da Lei 9.099/1995; **Assertiva 3:** Verdadeira, nos termos do art. 2º, "caput" e § 4º, da Lei nº 12.153/2009; **Assertiva 4:** Verdadeira, conforme art. 59 da Lei 9.099/1995; **Assertiva 5:** Falsa. Antes, com base em julgado do STF que acarretou a edição da Resolução STJ 12/2009, era possível atacar decisão proferida pela Turma Recursal por meio de reclamação dirigida ao Superior Tribunal de Justiça. Contudo, com a vigência do atual CPC, o STJ editou a Resolução STJ 3/2016, pela qual a competência para processar e julgar tais reclamações passa a ser dos *tribunais de justiça*. Por sua vez, no âmbito do Juizado da Fazenda Pública, a Lei 12.153/2009 prevê o *incidente de uniformização* (arts. 18 e 19), de modo que descabe a reclamação. O mesmo se diga em relação ao JEF. Assim, só se fala em reclamação, e para o TJ, no âmbito do JEC. 🔲
Gabarito "A".

2. AÇÃO CIVIL PÚBLICA, AÇÃO POPULAR E AÇÃO DE IMPROBIDADE

(Juiz de Direito/SP – 2021 – Vunesp) O Ministério Público do Estado de São Paulo interpôs ação civil pública com o objetivo de obrigar a empresa ré a prestar serviços a consumidores na área de saúde. A demanda foi proposta na Comarca de Matão e julgada procedente, tendo a decisão sido mantida pelo Tribunal de Justiça do Estado de São Paulo. O recurso especial não foi conhecido pelo Superior Tribunal de Justiça. No tocante aos limites geográficos, por se tratar de ação coletiva na defesa de direito individuais homogêneos, pode-se afirmar que a coisa julgada material produzirá efeitos *erga omnes*:

(A) em todo o território nacional, na medida em que o derradeiro recurso foi julgado pelo Superior Tribunal de Justiça.

(B) no Estado de São Paulo, uma vez que a demanda foi proposta pelo Ministério Público do Estado de São Paulo.

(C) em todo o território nacional, independente do órgão julgador.

(D) na Comarca de Matão, uma vez que lá foi proposta a demanda.

Comentário: a questão aborda recente julgamento do STF pela inconstitucionalidade do art. 16 da Lei 7.347/85 (Lei da ACP), que restringia a eficácia das decisões aos limites da competência territorial do órgão prolator da decisão. **A:** incorreta, pois o REsp não foi sequer conhecido pelo STJ; **B:** incorreta, já que os limites da sentença não são determinados pelo órgão que propôs a ação; **C:** correta, considerando a natureza do direito (individuais homogêneos), e o fato de o STF ter dito que inconstitucional o art. 16 da LACP, conforme julgamento do STF (RE 1.101.937/SP – Tema 1075); **D:** incorreta, considerando a declaração de inconstitucionalidade do art. 16 da Lei da ACP – e, mesmo quando aplicável esse artigo, a limitação era pelo Tribunal que julgasse a apelação, e não apenas a comarca. LD
Gabarito "C".

(Juiz de Direito/SP – 2021 – Vunesp) Cidadão brasileiro propõe ação popular em face de diversos réus. Regularmente processada, a demanda é julgada parcialmente procedente para que os réus ressarçam o erário dos prejuízos causados, mas não na extensão pleiteada pelo autor. Regularmente intimadas, as partes não interpõem recurso de apelação. Diante desse quadro, deve o juiz

(A) determinar a remessa dos autos ao Tribunal para reexame necessário de todo o mérito.

(B) determinar a certificação do trânsito em julgado, uma vez que não há reexame necessário em ação popular.

(C) determinar a remessa dos autos ao Tribunal para reexame necessário da parcela da sentença que acolheu o pedido do autor.

(D) determinar a remessa dos autos ao Tribunal para o reexame necessário no que se refere à improcedência de parte do pedido.

Comentário: **A:** incorreta, pois está sujeito ao reexame necessário apenas o capítulo da sentença de *improcedência* dos pedidos do autor popular (Lei 4.717/65, art. 19); **B:** incorreta, já que há previsão legal de reexame necessário em ação popular, quando improcedente (Lei 4.717/65, art. 19); **C:** incorreta, porque o objetivo do reexame necessário em ação popular é garantir a tutela do interesse e patrimônio públicos, por isso o reexame é previsto para os casos de *improcedência* do pedido (Lei 4.717/65, art. 19); **D:** correta, sendo essa a previsão legal (Lei 4.717/65, art. 19), sendo que somente naquilo que é contra o autor popular é que existe o reexame / remessa necessária. LD
Gabarito "D".

(Procurador Distrital – 2014 – CESPE) Julgue o seguinte item.

(1) O DF possui legitimidade ativa para realizar compromisso de ajustamento de conduta com aquele que causar lesão a interesse coletivo. Uma vez celebrado, tal compromisso terá eficácia de título executivo extrajudicial.

1: Correta. Pela Lei 7.347/1985, art. 5º, § 6º, "Os órgãos públicos legitimados poderão tomar dos interessados compromisso de ajustamento de sua conduta às exigências legais, mediante cominações, que terá eficácia de título executivo extrajudicial". Sendo assim, como também há legitimidade ativa para a ACP da "União, os Estados, o Distrito

Federal e os Municípios", cabe ao DF a celebração de TAC (Termo de Ajustamento de Conduta). LD
Gabarito 1C

(Procurador do Estado/BA – 2014 – CESPE) Julgue o seguinte item.

(1) A ausência de citação do município supostamente lesado para integrar ação de improbidade administrativa ajuizada pelo Ministério Público (MP) não gera nulidade, visto que a integração do referido ente federado na relação processual é opcional.

1. Correta. Tratando-se de ação popular ou ação de improbidade, há uma regra curiosa envolvendo o entepúblico: possibilidade de não contestar ou figurar no processo ao lado do autor (Lei 4.717/1965, art. 6º, § 3º: "A pessoa jurídica de direito público ou de direito privado, cujo ato seja objeto de impugnação, poderá abster-se de contestar o pedido, ou poderá atuar ao lado do autor, desde que isso se afigure útil ao interesse público, a juízo do respectivo representante legal ou dirigente." Essa regra é aplicável à ação de improbidade considerando o previsto no art. 17, § 3º da Lei 8.429/1992. Sendo assim, o ente público não é litisconsorte passivo necessário (terminologia que seria mais adequada do que a utilizada no enunciado: "ausência de citação" – expressão que poderia levar à conclusão de nulidade do processo). LD
Gabarito 1C

(Cartório/DF – 2014 – CESPE) No que se refere as ações constitucionais, assinale a opção correta.

(A) De acordo com a jurisprudência do STF, a entidade de classe tem legitimidade ativa para impetrar mandado de segurança, mesmo que apenas parte da categoria tenha interesse no objeto da demanda.

(B) No rito da ACP, se o MP não intervier como parte, atuará facultativamente como fiscal da lei.

(C) Segundo entendimento sumulado do STJ, em mandado de segurança, são incabíveis os embargos infringentes, mas os honorários advocatícios serão devidos pela parte sucumbente.

(D) As coisas julgadas formadas na ACP e na ação popular tem as mesmas abrangências, com eficácias oponíveis contra todos *ergaomnes*, nos limites da competência territorial dos respectivos órgãos prolatores, exceto nos casos de julgamento de improcedência por insuficiência de provas.

A: correta (Súmula 630/STF: "A entidade de classe tem legitimação para o mandado de segurança ainda quando a pretensão veiculada interesse apenas a uma parte da respectiva categoria."); **B:** incorreta, pois se MP não for autor, será obrigatoriamente fiscal da lei (Lei 7.347/1985, art. 5º, § 1º) – fiscal da ordem jurídica, na nomenclatura do CPC (art. 178); **C:** incorreta. Descabem ambos (Súmula 169/STJ: "São inadmissíveis embargos infringentes no processo de mandado de segurança."e Súmula 105/STJ: "Na ação de mandado de segurança não se admite condenação em honorários advocatícios." – vale destacar que esses dois temas foram positivados na Lei 12.016/2009, art. 25); Além disso, no atual CPC deixa de existir o recurso de embargos infringentes (CPC, art. 942 trata da técnica de julgamento no caso de voto vencido)**D:** incorreta. Somente a coisa julgada na ação civil pública tem a limitação territorial (Lei 7.347/1985, art. 16); LD
Gabarito "A".

(Defensor Público – DPE/RN – 2016 – CESPE) No que se refere ao termo de ajustamento de conduta, à medida liminar e à sentença em ações coletivas, assinale a opção correta à luz da jurisprudência do STJ.

3. LEGISLAÇÃO PROCESSUAL CIVIL EXTRAVAGANTE

(A) Mesmo com a previsão de multa diária no termo de ajustamento de conduta para o caso de descumprimento de ajuste, o juiz estará autorizado a aumentar o valor pactuado, quando, no caso concreto, esse valor mostrar-se insuficiente para surtir o efeito esperado.

(B) O termo de ajustamento de conduta é título executivo extrajudicial, mas somente poderá embasar a execução quando for assinado por duas testemunhas.

(C) A superveniência de acórdão que julgue improcedente pedido veiculado em ACP implica a revogação da medida antecipatória conferida pelo juiz de primeiro grau, desde que haja manifestação judicial expressa a esse respeito.

(D) A realização de termo de ajustamento de conduta na esfera extrajudicial impede a propositura de demanda coletiva a respeito do objeto transigido.

(E) Em ACP, a ausência de publicação do edital destinado a possibilitar a intervenção de interessados como litisconsortes não impede, por si só, a produção de efeitos *erga omnes* de sentença de procedência relativa a direitos individuais homogêneos.

A: incorreto. Caso o valor da multa esteja previsto no título, o juiz pode reduzi-lo se entender que é excessivo, mas não está autorizado a aumentá-lo. É a posição do STJ: "quando o título contém valor predeterminado da multa cominatória, o CPC estabelece que ao juiz somente cabe a redução do valor, caso a considere excessiva, não lhe sendo permitido aumentar a multa estipulada expressamente no título extrajudicial" (REsp 859.857/PR, DJe 19.5.2010). Esse entendimento pode ser extraído do art. 814, parágrafo único, o NCPC. **B:** incorreto, o TAC é título executivo extrajudicial, mas não há exigência legal quanto à assinatura de duas testemunhas (CPC, art. 784, IV). **C:** incorreto. Nesse caso, a revogação é implícita, não sendo necessário que haja manifestação expressa. Nesse sentido: AgRg no AREsp 650161 / ES, j. 12.05.2015. **D:** incorreto. O que se poderia cogitar é de falta de interesse de agir nessa hipótese. Porém, o enunciado nada diz a respeito de qual seria o caso. Assim, por exemplo, poderia se cogitar de interesse de agir se o objeto da ACP for mais amplo do que o pactuado no ajustamento de conduta, ou com consequências distintas. **E:** correto, conforme a jurisprudência do STJ (Informativo STJ 536). 🔟
„Gabarito „E".

(Promotor de Justiça – MPE/AM – FMP – 2015) Considere as seguintes assertivas sobre a disciplina da ação civil pública, nos termos da Lei 7.347/1985, com as modificações posteriores:

I. Em caso de desistência fundamentada da ação civil pública por associação legitimada, o Ministério Público ou outro legitimado assumirá a titularidade ativa.

II. Admite-se o litisconsórcio facultativo entre os Ministérios Públicos da União, do Distrito Federal e dos Estados na defesa dos interesses e direitos tutelados pela via da ação civil pública.

III. Decorridos sessenta dias do trânsito em julgado da sentença condenatória proferida nos autos de ação civil pública, sem que a associação autora lhe promova a execução, deverá fazê-lo o Ministério Público, sendo facultada igual iniciativa aos demais legitimados.

IV. Os recursos interpostos em ação civil pública devem ser recebidos apenas no efeito devolutivo, não sendo possível ao juiz conferir efeito suspensivo.

Quais das assertivas acima estão corretas?

(A) Apenas a I e II.

(B) Apenas a II e IV.

(C) Apenas a II e III.

(D) Apenas a III e IV.

(E) Apenas a I, III e IV.

I: Incorreta. O MP ou outro legitimado somente assumirá a titularidade ativa da ação civil pública em caso de desistência infundada (art.5, § 3º da Lei 7.347/1985). **II:** Correta. Há permissão legal para litisconsórcio entre os MPs (art. 5º, § 5º da Lei 7.347/1985). **III:** Correta. Tanto o MP quando os demais legitimados poderão promover a execução da sentença proferida nos autos da ação civil pública após 60 dias de seu trânsito em julgado, caso a associação não o faça (art. 15 da Lei 7.347/1985). **IV:** Incorreta. Ainda que a regra seja a apelação apenas no efeito devolutivo, a legislação permite a concessão de efeito suspensivo aos recursos para evitar dano irreparável à parte (art. 14 da Lei 7.347/1985). 🔟
„Gabarito „C".

(Promotor de Justiça – MPE/AM – FMP – 2015) Considere as seguintes assertivas sobre o tema da defesa do consumidor em juízo, nos termos da Lei 8.078/1990, com as modificações posteriores:

I. Por interesses ou direitos difusos entendem-se os transindividuais, de natureza indivisível, de que sejam titulares pessoas indeterminadas e ligadas por circunstâncias de fato.

II. Na ação que tenha por objeto o cumprimento da obrigação de fazer ou não fazer, o juiz concederá a tutela específica da obrigação ou determinará providências que assegurem o resultado prático equivalente ao do adimplemento.

III. Nas ações coletivas para a defesa de interesses individuais homogêneos, ressalvada a competência da Justiça Federal, é competente para a causa a justiça local, no foro do lugar onde ocorreu ou deva ocorrer o dano, quando de âmbito regional.

IV. Proposta a ação coletiva para a defesa de interesses individuais homogêneos, será publicado edital no órgão oficial, a fim de que os interessados possam intervir no processo como litisconsortes, sem prejuízo de ampla divulgação pelos meios de comunicação social por parte dos órgãos de defesa do consumidor.

Quais das assertivas acima estão corretas?

(A) Apenas a I e II.

(B) Apenas a I, II e III.

(C) Apenas a II, III e IV.

(D) Apenas a I, II e IV.

(E) Apenas a I, III e IV.

I: Correta. O artigo 81, p.u., I do CDC define os interesses ou direitos difusos como aqueles transindividuais de natureza indivisível. **II:** Correta. Tal qual no Código de Processo, há previsão de tutela específica no CDC (art. 84 do CDC). **III:** Incorreta. A justiça local é competente para julgamento quando o dano ocorrido seja local (art. 93, I do CDC). **IV:** Correta. Será publicado edital permitindo que os interessados possam intervir no processo (art. 94 do CDC). 🔟
„Gabarito „D".

(Promotor de Justiça – MPE/AM – FMP – 2015) Considere as seguintes assertivas sobre a atuação extrajudicial do Ministério Público, nos termos da Lei 7.347/1985, com as modificações posteriores:

146 LUIZ DELLORE

I. O Ministério Público poderá requisitar, de qualquer organismo público ou particular, certidões, informações, exames ou perícias, no prazo que assinalar, o qual não poderá ser inferior a 10 (dez) dias úteis.

II. Os autos do inquérito civil arquivado serão remetidos, sob pena de se incorrer em falta grave, no prazo de 10 (dez) dias, ao Conselho Superior do Ministério Público.

III. Antes da sessão do Conselho Superior do Ministério Público que homologue ou rejeite a promoção de arquivamento, é vedado às associações legitimadas apresentar razões escritas ou documentos para inclusão nos autos do inquérito civil.

IV. Se o Conselho Superior do Ministério Público deixar de homologar a promoção de arquivamento, o Conselho Superior designará, desde logo, outro órgão do Ministério Público para o ajuizamento da ação civil pública.

Quais das assertivas acima estão corretas?

(A) Apenas a I e II.

(B) Apenas a II e III.

(C) Apenas a I e III.

(D) Apenas a II e IV.

(E) Apenas a I e IV.

I: Correta. Para instruir a inicial o MP poderá instaurar inquérito civil ou requisitar os documentos que necessita (Art. 8º, § 1º, da Lei 7.347/1985). II: Incorreta. O prazo para remessa dos autos do inquérito civil é de 3 dias (art. 9º, § 1º, da Lei 7.347/1985). III: Incorreta. As associações terão até a sessão do Conselho Superior do Ministério Público para apresentar razões escritas ou documentos para juntada nos autos do inquérito civil (art. 9º da Lei 7.347/1985). IV: Correta. O artigo 9º, § 4º da Lei 7.347/1985 estabelece a designação de outro órgão do MP para o ajuizamento da ação civil pública caso não haja homologação do arquivamento. [LD]
Gabarito "E".

(Procurador do Estado/AM – 2016 – CESPE) Julgue os itens subsequentes, relativos a ação civil pública, mandado de segurança e ação de improbidade administrativa.

(1) Conforme o entendimento do STJ, é cabível mandado de segurança para convalidar a compensação tributária realizada, por conta própria, por um contribuinte.

(2) Caso receba provas contundentes da prática de ato de improbidade por agente público, o MP poderá requerer tutela provisória de natureza cautelar determinando o sequestro dos bens do referido agente.

(3) Situação hipotética: O estado do Amazonas, por intermédio de sua procuradoria, ajuizou ação civil pública na justiça estadual do Amazonas, com o objetivo de prevenir danos ao meio ambiente. Paralelamente, o MPF ingressou com ação idêntica na justiça federal, seção judiciária do Amazonas. Assertiva: Nesse caso, as respectivas ações deverão ser reunidas na justiça federal da seção judiciária do Amazonas.

1: incorreta, pois o expediente é incabível, conforme Súmula 460, STJ: *"É incabível o mandado de segurança para convalidar a compensação tributária realizada pelo contribuinte.";* **2:** correta, conforme previsão no art. 301, NCPC. Ademais, e medida encontra respaldo legal no art. 16 da Lei 8.429/1992; **3:** correta (art. 45 do NCPC e Súmula 150/STJ:

"Compete à Justiça Federal decidir sobre a existência de interesse jurídico que justifique a presença, no processo, da União, suas autarquias ou empresas públicas"). [LD]
Gabarito 1E; 2C; 3C

3. MANDADO DE SEGURANÇA E *HABEAS DATA*

(Juiz de Direito – TJ/BA – 2019 – CESPE/CEBRASPE) De acordo com a Lei n.º 12.016/2009, que dispõe sobre o mandado de segurança, se, depois de deferido o pedido liminar, o impetrante criar obstáculos ao normal andamento do processo, o juiz deverá

(A) intimar imediatamente o MP para se manifestar sobre a protelação e notificar, posteriormente, a parte para praticar o ato necessário, sob pena de multa.

(B) notificar imediatamente a parte para praticar o ato necessário, sob pena de multa.

(C) cassar a medida liminar, desde que assim seja requerido pelo MP.

(D) revogar a decisão liminar, desde que assim seja requerido pela autoridade coatora ou pelo MP.

(E) decretar a perempção da medida liminar, de ofício ou por requerimento do MP.

A e B: erradas, pois a lei não prevê a fixação de multa coercitiva nessa situação (Lei 12.016, art. 8º); **C e D:** erradas, já que a liminar pode ser cassada/revogada, de ofício, pelo juiz (Lei 12.016, art. 8º); **E:** certa, conforme expressa previsão legal, tendo em vista que a situação narrada configura hipótese de perempção ou caducidade da liminar, que funciona como uma sanção ao impetrante por desídia na condução do processo (Lei 12.016, art. 8º). [LD]
Gabarito "E".

(Juiz de Direito – TJ/RJ – 2019 – VUNESP) O mandado de segurança é instrumento que goza de dignidade constitucional, configurando-se em forma de exercício da cidadania.

Quanto ao mencionado remédio processual, segundo o entendimento sumulado pelo Supremo Tribunal Federal e pelo Superior Tribunal de Justiça, é correto afirmar que

(A) não cabe mandado de segurança contra ato praticado em licitação promovida por sociedade de economia mista, vez que ausente a figura da autoridade coatora.

(B) pelo fato de ser pressuposto para a concessão da segurança a existência de direito líquido e certo do impetrante, a controvérsia sobre matéria de direito impede seja a segurança concedida.

(C) se aplica a fungibilidade no caso de interposição de recurso extraordinário quando seria hipótese de cabimento de recurso ordinário de decisão denegatória de mandado de segurança, em virtude da existência de dúvida objetiva entre as referidas espécies recursais.

(D) não é cabível a impetração de mandado de segurança para convalidar a compensação tributária realizada pelo contribuinte.

(E) a entidade de classe não apresenta legitimação para impetrar mandado de segurança quando a pretensão veiculada interesse apenas a uma parte da respectiva categoria.

3. LEGISLAÇÃO PROCESSUAL CIVIL EXTRAVAGANTE

A: incorreta, pois, embora a sociedade de economia mista se sujeite ao regime jurídico de direito privado, os atos praticados em procedimento licitatório têm natureza pública e, portanto, são passíveis de controle via MS (Súmula 333/STJ: Cabe mandado de segurança contra ato praticado em licitação promovida por sociedade de economia mista ou empresa pública); **B:** incorreta, porque a matéria de direito independe de prova – e, portanto, nada impede que seja deferida em sede de MS que, exatamente, tem restrições para dilação probatória (No mais, vide Súmula 625/STF: Controvérsia sobre matéria de direito não impede concessão de mandado de segurança); **C:** incorreta, já que são hipóteses bem distintas de cabimento, sendo caso de erro grosseiro (Súmula 272/STF: Não se admite como ordinário recurso extraordinário de decisão denegatória de mandado de segurança); **D:** correta (Súmula 460/STJ: É incabível o mandado de segurança para convalidar a compensação tributária realizada pelo contribuinte); **E:** incorreta, pois a jurisprudência fixou-se no sentido inverso (Súmula 630/STF: A entidade de classe tem legitimação para o mandado de segurança ainda quando a pretensão veiculada interesse apenas a uma parte da respectiva categoria). 🔲
Gabarito "D".

(Delegado - PC/BA - 2018 - VUNESP) A Lei no 9.507, de 12 de novembro de 1997, disciplina o rito processual do habeas data, nos seguintes termos:

(A) o seu pedido não poderá ser renovado, em caso de decisão denegatória.

(B) o seu processo terá prioridade sobre todos os atos judiciais, exceto mandado de segurança e injunção.

(C) o impetrante fará jus à gratuidade de Justiça, tendo ou não recursos financeiros para arcar com as custas e as despesas processuais.

(D) ao despachar a inicial, se o juiz verificar que não é caso de habeas data, intimará o impetrante para que adite o seu pedido, convertendo-o em mandado de segurança.

(E) quando for hipótese de sentença concessiva, o recurso de apelação interposto terá efeito devolutivo e suspensivo.

A: Incorreta, tendo em vista que o pedido poderá ser renovado, na hipótese da decisão denegatória não ter apreciado o mérito da demanda (Lei Federal n. 9.507/1997, art. 18); **B:** Incorreta, porque as exceções à prioridade do habeas data são: *habeas corpus* e mandado de segurança (Lei Federal n. 9.507/1997, art. 19); **C:** Correta, pois a lei prevê que o procedimento do *habeas data* será gratuito (Lei Federal n. 9.507/1997, art. 21); **D:** Incorreta, uma vez que, na situação narrada, a petição inicial seria desde logo indeferida (Lei Federal n. 9.507/1997, art. 10); **E:** Incorreta, porque o recurso de apelação interposto em face de sentença concessiva será recebido apenas no efeito devolutivo (Lei Federal n. 9.507/1997, art. 15, parágrafo único). 🔲
Gabarito "C".

(Delegado - PC/BA - 2018 - VUNESP) Conceder-se-á mandado de segurança para proteger direito líquido e certo, não amparado por habeas corpus ou habeas data, sempre que, ilegalmente ou com abuso de poder, qualquer pessoa física ou jurídica sofrer violação ou houver justo receio de sofrê-la por parte de autoridade, seja de que categoria for e sejam quais forem as funções que exerça. No que concerne ao procedimento do mandado de segurança individual, assinale a afirmativa correta.

(A) Concedida a segurança, a sentença estará sujeita obrigatoriamente ao duplo grau de jurisdição.

(B) É cabível a condenação do contestante ao pagamento de honorários advocatícios.

(C) O vencido pode interpor recurso de embargos infringentes, quando a decisão da apelação for tomada por maioria de votos.

(D) O ingresso de litisconsorte ativo não será admitido após a prolação da sentença.

(E) Da decisão do juiz de primeiro grau que denegar a liminar caberá agravo de instrumento, mas a que conceder será recorrível quando da apelação.

A: Correta, pois existe na lei do MS a previsão de remessa necessária (Lei Federal n. 12.016/09, art. 14, § 1º); **B:** Incorreta, porque não há condenação ao pagamento de honorários advocatícios em sede de MS (Lei Federal n. 12.016/09, art. 25); **C:** Incorreta, considerando que não é cabível a oposição de embargos infringentes em sede de MS (Lei Federal n. 12.016/09, art. 25). Vale recordar, além disso, que os embargos infringentes foram extintos com o advento do atual CPC, sendo substituídos pela técnica de ampliação do colegiado (CPC, art. 942); **D:** Incorreta, porque o ingresso de litisconsorte ativo não é admitido após o despacho da petição inicial (Lei Federal n. 12.016/09, art. 10, § 2º); **E:** Incorreta. O agravo de instrumento é o recurso adequado para combater a decisão que concede ou que nega a liminar (Lei Federal n. 12.016/09, art. 7º, § 1º). 🔲
Gabarito "A".

(Delegado - PC/BA - 2018 - VUNESP) Conceder-se-á mandado de segurança para proteger direito líquido e certo, não amparado por habeas corpus ou habeas data, sempre que, ilegalmente ou com abuso de poder, qualquer pessoa física ou jurídica sofrer violação ou houver justo receio de sofrê-la por parte de autoridade, seja de que categoria for e sejam quais forem as funções que exerça. No que concerne ao procedimento do mandado de segurança individual, assinale a afirmativa correta.

(A) Concedida a segurança, a sentença estará sujeita obrigatoriamente ao duplo grau de jurisdição.

(B) É cabível a condenação do contestante ao pagamento de honorários advocatícios.

(C) O vencido pode interpor recurso de embargos infringentes, quando a decisão da apelação for tomada por maioria de votos.

(D) O ingresso de litisconsorte ativo não será admitido após a prolação da sentença.

(E) Da decisão do juiz de primeiro grau que denegar a liminar caberá agravo de instrumento, mas a que conceder será recorrível quando da apelação.

A: Correta, pois existe na lei do MS a previsão de remessa necessária (Lei Federal n. 12.016/09, art. 14, § 1º); **B:** Incorreta, porque não há condenação ao pagamento de honorários advocatícios em sede de MS (Lei Federal n. 12.016/09, art. 25); **C:** Incorreta, considerando que não é cabível a oposição de embargos infringentes em sede de MS (Lei Federal n. 12.016/09, art. 25). Vale recordar, além disso, que os embargos infringentes foram extintos com o advento do atual CPC, sendo substituídos pela técnica de ampliação do colegiado (CPC, art. 942); **D:** Incorreta, porque o ingresso de litisconsorte ativo não é admitido após o despacho da petição inicial (Lei Federal n. 12.016/09, art. 10, § 2º); **E:** Incorreta. O agravo de instrumento é o recurso adequado para combater a decisão que concede ou que nega a liminar (Lei Federal n. 12.016/09, art. 7º, § 1º). 🔲
Gabarito "A".

(Promotor de Justiça – MPE/MS – FAPEC – 2015) Quanto ao mandado de segurança, é **correto** afirmar que:

(A) É cabível contra ato praticado em licitação promovida por sociedade de economia mista ou empresa pública.

(B) Os efeitos da medida liminar, salvo se revogada ou cassada, persistirão até o trânsito em julgado da sentença ou do acórdão que o decidirem.

(C) Pode ser impetrado coletivamente, induzindo litispendência para as ações individuais.

(D) Em determinadas situações, pode substituir a ação popular.

(E) O pedido de reconsideração do ato ilegal protocolado na via administrativa interrompe o prazo decadencial para impetração do mandado de segurança.

A: Correta. A Súmula 333 do STJ reconhece o cabimento do Mandado de Segurança contra ato praticado em licitação promovida por sociedade de economia mista ou empresa pública. **B:** Incorreta. Os efeitos da medida liminar persistirão até a prolação da sentença, salvo se revogada ou cassada (art. 7º, § 3º da Lei 12.016/2009). **C:** Incorreta. O MS coletivo não induz litispendência às ações individuais, mas caso não se requeira a desistência do MS individual após 30 dias da impetração do MS coletivo, os efeitos da coisa julgada deste não beneficiarão o impetrante individual (art. 22, § 1º da Lei 12.016/2009). **D:** Incorreta. O MS não substitui a ação popular (Súmula 101 do STF). **E:** Incorreta. O pedido de reconsideração na via administrativa não interrompe o prazo para o mandado de segurança (Súmula 430 do STF). [LD]

Gabarito "A"

4. OUTROS PROCEDIMENTOS DE LEGISLAÇÃO EXTRAVAGANTE

(Procurador – IPSMI/SP – VUNESP – 2016) Sobre o procedimento e regras que regulamentam a ação direta de inconstitucionalidade, é correto afirmar que

(A) pode ser proposta por entidade sindical ou órgão de classe no âmbito estadual.

(B) após sua propositura, é possível que o polo ativo requeira desistência, que poderá ou não ser acolhida pelo relator.

(C) não se admitirá, pelo texto normativo, intervenção de terceiros, salvo se houver autorização por decisão irrecorrível do relator para que se manifestem órgãos ou entidades.

(D) as informações, perícias e audiências a serem realizadas eventualmente nos autos da ação em referência, devem ser feitas no prazo máximo de sessenta dias contados da solicitação do relator.

(E) nessas ações, indeferida a petição inicial, é possível o manejo do recurso de apelação.

A: incorreta, deve ser órgão de âmbito nacional (CF, art. 103, IX); **B:** incorreta, descabe a desistência (Lei 9.868/1999, art. 5º); **C:** correta, sendo essa a previsão legal (Lei 9.868/1999, art. 7º) – e fica o debate, então, quanto ao *amicus curiae* no âmbito do controle concentrado ser considerado uma modalidade de intervenção de terceiro (já que o CPC assim prevê – art. 138); **D:** incorreta (Lei 9.868/1999, art. 9º, § 3º); **E:** incorreta, pois o recurso cabível de decisão monocrática de indeferimento é o agravo interno (CPC, art. 1.021). [LD]

Gabarito "C"

(Juiz – TJ-SC – FCC – 2017) Em relação às seguintes normas processuais civis, constantes do Estatuto da Criança e do Adolescente, é correto afirmar:

(A) a sentença que deferir a adoção produz efeitos imediatos, mesmo que sujeita apelação, que será recebida como regra geral nos efeitos devolutivo e suspensivo.

(B) na perda ou suspensão do poder familiar, se o pedido importar modificação da guarda do menor, este será necessariamente ouvido, em qualquer hipótese, sob pena de nulidade do procedimento.

(C) da decisão judicial que examine e discipline a participação de crianças e adolescentes em espetáculos públicos e seus ensaios, bem como em certames de beleza, cabe a interposição de agravo de instrumento.

(D) a sentença que destituir ambos ou qualquer dos genitores do poder familiar fica sujeita a apelação, que deverá ser recebida apenas no efeito devolutivo.

(E) nos procedimentos afetos à Justiça da Infância e da Juventude, proferida a decisão judicial a remessa dos autos à superior instância independerá de retratação pela autoridade judiciária que a proferiu.

A: incorreta, pois a apelação, na Lei 8.069/90, em regra terá somente efeito devolutivo, sendo que o juiz "poderá conferir efeito suspensivo aos recursos, para evitar dano irreparável à parte (art. 215); **B:** incorreta, porque "será obrigatória, *desde que possível e razoável*, a oitiva da criança ou adolescente" (art. 161, § 3º); **C:** incorreta, pois a previsão para participação em espetáculos em geral está no art. 149 do ECA, e das decisões embasadas neste artigo caberá apelação (art. 199. Contra as decisões proferidas com base no art. 149 caberá recurso de apelação); **D:** correta (art. 199-B. A sentença que destituir ambos ou qualquer dos genitores do poder familiar fica sujeita a apelação, que deverá ser recebida apenas no efeito devolutivo); **E:** incorreta, pois inicialmente sempre haverá a possibilidade de retratação por parte do juiz prolator da decisão (art. 198, VII - antes de determinar a remessa dos autos à superior instância, no caso de apelação, ou do instrumento, no caso de agravo, a autoridade judiciária proferirá despacho fundamentado, *mantendo ou reformando a decisão*, no prazo de cinco dias. * Atenção: desde metade da década de 1990, o agravo é interposto no Tribunal – mas o ECA não foi alterado, nesse ponto). [LD]

Gabarito "D"

(Procurador do Município – São Paulo/SP – 2014 – VUNESP) Segundo a jurisprudência do Tribunal de Justiça de São Paulo, nas desapropriações:

(A) é cabível sempre avaliação judicial prévia para imissão na posse do imóvel expropriado.

(B) a imissão na posse não pode ser condicionada a laudo prévio de avaliação, sendo considerado, em caso de alegada urgência, suficiente o depósito realizado pelo expropriante com base no valor cadastral fiscal do imóvel.

(C) a avaliação prévia somente é exigida como condição para a imissão provisória na posse quando se tratar de imóvel residencial.

(D) a avaliação prévia somente é exigida como condição para a imissão provisória na posse quando se tratar de imóvel rural.

(E) em caso de alegada urgência, a imissão provisória na posse do imóvel independe de avaliação judicial prévia, devendo ser depositado valor razoável judicialmente arbitrado para tal finalidade, segundo as regras de experiência comum.

A: correta (informativo 192/STJ: "Não é correta a decisão que não condicionou, nos autos de desapropriação de imóvel urbano, a imissão provisória na posse ao depósito integral do valor que deveria ter sido apurado em avaliação judicial prévia.", REsp 330.179-PR, j. 18.11.2003.); **B:** incorreta, considerando o exposto na alternativa anterior (as alternativas são excludentes); **C:** incorreta ("O disposto no Decreto-Lei 1.075/1970 –necessidade de avaliação provisória do imóvel antes da imissão na posse – só é aplicável à desapropriação de prédio residencial urbano, habitado pelo proprietário ou compromissário comprador, conforme prevê o art. 6º da citada norma: "O disposto neste Decreto-lei só se aplica à desapropriação de prédio residencial urbano, habitado pelo proprietário ou compromissário comprador, cuja promessa de compra esteja devidamente inscrita no Registro de Imóveis", AgRg no Ag 1349231/MG, *DJe* 25.04.2011); **D:** incorreta, considerando o exposto em "A" e "C"; **E:** incorreta, considerando o exposto nas alternativas anteriores. 🔲

Gabarito "A".

4. Direito Empresarial

Henrique Subi e Robinson Barreirinhas*

1. TEORIA GERAL

1.1. Empresa, empresário, caracterização e capacidade

(Juiz de Direito/AP – 2022 – FGV) No Livro II da Parte Especial do Código Civil estão dispostas regras quanto à caracterização e à capacidade do empresário individual. Com base nas prescrições legais, analise as afirmativas a seguir.

I. Nos casos em que a lei autoriza o prosseguimento da empresa por incapaz, ainda que seu representante ou assistente seja pessoa que possa exercer atividade de empresário, o juiz poderá nomear um ou mais gerentes, se entender ser conveniente.

II. Considera-se empresário a pessoa natural, com firma inscrita na Junta Comercial, que exerce profissionalmente atividade econômica organizada para a produção ou a circulação de bens ou de serviços.

III. Caso um servidor militar da ativa exerça atividade própria de empresário, todos os atos relacionados à empresa serão declarados nulos pelo juiz, porém ele responderá pelas obrigações contraídas até dois anos seguintes da data de sua prática.

Entre as alternativas de resposta apresentadas, está(ão) correta(s) somente:

(A) I;

(B) II;

(C) III;

(D) I e II;

(E) II e III.

Comentário: I: correta, nos termos do art. 975, §1º, do CC; II: **considerada incorreta pelo gabarito oficial, porém não concordamos.** A afirmativa contempla corretamente a descrição de empresário e a obrigação de inscrição na Junta Comercial, nos termos do art. 966 e 967 do CC; III: incorreta. O exercício de empresa por pessoa sobre a qual recai impedimento legal – como é o caso dos militares da ativa – não invalida os atos praticados, caso contrário não se poderia imputar a responsabilidade pelo cumprimento das obrigações ao empresário irregular (art. 973 do CC). Gabarito nosso: "D" HS

Gabarito "A".

(Juiz de Direito/GO – 2021 – FCC) Em relação às microempresas e empresas de pequeno porte, conforme a Lei complementar no 123, de 14 de dezembro de 2006,

(A) a solicitação de baixa do empresário ou da pessoa jurídica implica responsabilidade subsidiária dos empresários, dos titulares, dos sócios e dos administradores, no período da ocorrência dos respectivos fatos geradores, dentro do prazo prescricional concedido aos credores ou prejudicados.

(B) o arquivamento, nos órgãos de registro, dos atos constitutivos de empresários, de sociedades empresárias

e de demais equiparados que se enquadrarem como microempresa ou empresa de pequeno porte, bem como o arquivamento de suas alterações, exigem certidão de inexistência de condenação criminal e prova de quitação, regularidade ou inexistência de débito tributário federal ou estadual, dispensada a prova da quitação do débito municipal.

(C) a baixa do empresário ou da pessoa jurídica obsta que, posteriormente, sejam lançados ou cobrados tributos, contribuições e respectivas penalidades, decorrentes da falta do cumprimento de obrigações ou da prática comprovada e apurada em processo administrativo ou judicial de outras irregularidades praticadas pelos empresários, pelas pessoas jurídicas ou por seus titulares, sócios ou administradores.

(D) seus atos e contratos constitutivos só podem ser admitidos a registro, nos órgãos competentes, quando visados por advogados, economistas, contadores ou administradores de empresa devidamente inscritos em seus conselhos profissionais.

(E) o registro dos atos constitutivos, de suas alterações e extinções (baixas), referentes a empresários e pessoas jurídicas em qualquer órgão dos três âmbitos de governo ocorrerá independentemente da regularidade de obrigações tributárias, previdenciárias ou trabalhistas, principais ou acessórias, do empresário, da sociedade, dos sócios, dos administradores ou de empresas de que participem, sem prejuízo das responsabilidades do empresário, dos titulares, dos sócios ou dos administradores por tais obrigações, apuradas antes ou após o ato de extinção.

Comentário: A: incorreta, a responsabilidade é solidária (art. 9º, §5º, da Lei Complementar nº 123/2006); B: incorreta, tais documentos são expressamente dispensados pelo art. 9º, §1º, da Lei Complementar nº 123/2006; C: incorreta. É possível o lançamento posterior dos tributos (art. 9º, §4º, da LC 123); D: incorreta. O visto de advogado é dispensado para as ME's e EPP's (art. 9º, §2º, da LC 123); E: correta, nos termos do art. 9º, *caput*, da LC 123. HS

Gabarito "E".

(Juiz de Direito – TJ/SC – 2019 – CESPE/CEBRASPE) Um juiz de direito substituto que considerar as normas previstas no Código Civil e no Código de Processo Civil acerca de estabelecimento comercial procederá corretamente se

(A) decidir pela eficácia da alienação do estabelecimento, ocorrida sem anuência ou ciência dos credores, e determinar a divisão do valor, mesmo que insuficiente para solver o passivo do estabelecimento.

(B) indeferir pedido da defesa para nomeação de um administrador-depositário, determinando-lhe que apresente plano de administração sobre a penhora de um estabelecimento comercial.

(C) decidir que, após doze meses contados da data do negócio, o alienante poderá fazer concorrência ao

---

* **RB** Robinson Barreirinhas
HS Henrique Subi

adquirente de um estabelecimento comercial caso não exista disposição sobre esse ponto no contrato.

(D) reconhecer efeito da cessão dos créditos referentes ao estabelecimento transferido aos devedores, desde a publicação da transferência, porém o devedor será exonerado da obrigação se, de boa-fé, pagar ao cedente.

(E) indeferir o pedido de ineficácia dos efeitos do arrendamento do estabelecimento comercial quanto a terceiros, ainda que comprovado o fundamento do pedido sobre a falta de publicidade e do devido registro do ato de arrendamento.

A: incorreta. Não havendo bens suficientes para quitar o passivo após a alienação do estabelecimento, sua eficácia depende da concordância, expressa ou tácita, dos credores (art. 1.145 do CC); **B:** incorreta. A determinação de apresentação do plano de administração deve ocorrer após a nomeação do administrador-depositário (art. 862 do CPC); **C:** incorreta. No silêncio do contrato, a cláusula de não restabelecimento se presume pelo prazo de 5 anos (art. 1.147 do CC); **D:** correta, nos termos do art. 1.149 do CC; **E:** incorreta, dadas as formalidades essenciais à eficácia perante terceiros previstas no art. 1.144 do CC. HS

Gabarito "D".

(Juiz de Direito – TJ/RS – 2018 – VUNESP) O artigo 966 do Código Civil define como empresário aquele que exerce

(A) atividade profissional organizada com a finalidade de produção ou circulação de bens ou de serviços.

(B) atividade profissional econômica organizada com a finalidade de produção ou circulação de bens ou de serviços.

(C) atividade eventual econômica, organizada com a finalidade de circulação de bens ou serviços.

(D) atividade eventual econômica não organizada com a finalidade de produção e circulação de bens ou de serviços.

(E) atividade profissional econômica organizada com a finalidade de produção e circulação de bens ou de serviços.

Segundo o art. 966 do CC, considera-se empresário aquele que exerce profissionalmente atividade econômica organizada para produção ou circulação de bens ou serviços. HS

Gabarito "B".

(Juiz de Direito – TJ/RS – 2018 – VUNESP) Para os efeitos da Lei Complementar no 123/2006, consideram-se microempresas ou empresas de pequeno porte, a sociedade empresária, a sociedade simples, a empresa individual de responsabilidade limitada e o empresário a que se refere o artigo 966 do Código Civil em vigor, devidamente registrados no Registro de Empresas Mercantis ou no Registro Civil de Pessoas Jurídicas, conforme o caso, desde que:

(A) no caso da microempresa, aufira em cada ano-calendário, receita bruta igual ou inferior a R$ 400.000,00 (quatrocentos mil reais); no caso de empresa de pequeno porte, aufira receita bruta superior a R$ 400.000,00 (quatrocentos mil reais) e igual ou inferior a R$ 4.800.000,00 (quatro milhões e oitocentos mil reais).

(B) no caso da microempresa, aufira em cada ano-calendário, receita bruta igual ou inferior a R$ 360.000,00 (trezentos e sessenta mil reais); no caso de empresa de pequeno porte aufira receita bruta superior a R$

360.000,00 (trezentos e sessenta mil reais) e igual ou inferior a R$ 4.800.000,00 (quatro milhões e oitocentos mil reais).

(C) no caso da microempresa, aufira em cada ano-calendário, receita bruta igual ou inferior a R$ 380.000,00 (trezentos e oitenta mil reais); no caso de empresa de pequeno porte, aufira receita bruta superior a R$ 380.000,00 (trezentos e oitenta mil reais) e igual ou inferior a R$ 4.800.000,00 (quatro milhões e oitocentos mil reais).

(D) no caso da microempresa, aufira em cada ano-calendário, receita bruta igual ou inferior a R$ 360.000,00 (trezentos e sessenta mil reais); no caso de empresa de pequeno porte, aufira receita bruta superior a R$ 360.000,00 (trezentos e sessenta mil reais) e igual ou inferior a R$ 5.000.000,00 (cinco milhões de reais).

(E) no caso da microempresa, aufira em cada ano-calendário, receita bruta igual ou inferior a R$ 400.000,00 (quatrocentos mil reais); no caso de empresa de pequeno porte aufira receita bruta superior a R$ 400.000,00 (quatrocentos mil reais) e igual ou inferior a R$ 5.000.000,00 (cinco milhões de reais).

Considera-se microempresa a atividade que fatura até R$360.000,00 no ano e empresa de pequeno porte aquela cujo faturamento não ultrapassa R$4.800.000,00 no ano (art. 3º, I e II, da Lei Complementar nº 123/2006). HS

Gabarito "B".

(Juiz de Direito – TJ/RS – 2018 – VUNESP) A respeito do tema teoria da desconsideração da personalidade jurídica, o Superior Tribunal de Justiça em muitos de seus julgados faz menção à teoria maior e à teoria menor da desconsideração. Com base nessa informação, assinale a alternativa correta.

(A) Para aplicação da teoria maior da desconsideração, regra aplicada excepcionalmente em nosso sistema jurídico, basta a comprovação da prova da insolvência da pessoa jurídica, enquanto para incidência da teoria menor da desconsideração é preciso apenas a demonstração de confusão patrimonial.

(B) Considera-se correta a aplicação da teoria maior da desconsideração, regra excepcional em nosso sistema jurídico brasileiro, com a comprovação da prova da insolvência da pessoa jurídica juntamente com o desvio de finalidade ou confusão patrimonial. A teoria menor, por consequência, regra geral em nosso sistema jurídico, considera-se correta sua aplicação apenas diante da comprovação da insolvência da pessoa jurídica.

(C) Para incidência da teoria maior da desconsideração, regra geral do sistema jurídico brasileiro, exige-se para além da prova da insolvência, ou a demonstração de desvio de finalidade ou a demonstração de confusão patrimonial. Para caracterização da teoria menor, por sua vez, regra excepcional, basta a prova de insolvência da pessoa jurídica.

(D) Caracteriza-se a teoria maior da desconsideração, regra geral do sistema jurídico brasileiro, com a identificação apenas do desvio de finalidade da pessoa jurídica, ao passo que a teoria menor da desconsideração concretiza-se com a comprovação somente da insolvência da pessoa jurídica.

(E) Para devida incidência da aplicação da teoria maior da desconsideração, regra geral do sistema jurídico brasileiro, torna-se necessária a comprovação da insolvência da pessoa jurídica, a demonstração do desvio de finalidade e da demonstração de confusão patrimonial. Para a correta aplicação da teoria menor, por sua vez, regra excepcional em nosso sistema jurídico, basta a comprovação da insolvência da pessoa jurídica.

A dica para memorizar as teorias da desconsideração da personalidade jurídica é a seguinte: teoria **maior** é aquela que exige **mais** requisitos. Logo, a teoria maior é a regra no direito brasileiro, prevista no art. 50 do CC: é necessária prova da insolvência da pessoa jurídica e **também** de seu uso abusivo, consistente no desvio de finalidade ou confusão patrimonial. A teoria menor tem aplicação excepcional (art. 28 do CDC, por exemplo), bastando para sua caracterização a insolvência da pessoa jurídica. HS

Gabarito "C".

1.2. Nome empresarial

(Defensor Público Federal – DPU – 2017 – CESPE) Considerando que tenha sido decretada a falência de Roma & Cia. Ltda., sociedade de André Roma e Bruno Silva, administrada apenas por André, julgue o item seguinte.

(1) O nome empresarial Roma & Cia. Ltda. é classificado como denominação social.

1: incorreta, pois o nome empresarial composto pelo nome de um ou mais sócios pessoas físicas, de modo indicativo da relação social, é classificado como firma (não como denominação) – art. 1.158, § 1º, do CC; RB

Gabarito "1E".

1.3. Estabelecimento

(Juiz de Direito/AP – 2022 – FGV) O contrato de transferência ou trespasse do estabelecimento empresarial da sociedade Jari do Laranjal Lanifício Ltda. estabeleceu a sub-rogação do adquirente nos contratos firmados pela alienante para sua exploração, sem, contudo, fixar prazo para que terceiros pudessem pleitear a extinção, por justa causa, dos contratos que tinham com a sociedade. No dia 11 de agosto de 2021 foi publicado o contrato de transferência do estabelecimento na imprensa oficial e, no dia 19 de novembro do mesmo ano, Ana interpelou extrajudicialmente a alienante e o adquirente, apresentando razões relevantes para a extinção do contrato.

Considerando-se as informações e datas acima, é correto afirmar que:

(A) haverá sub-rogação para o adquirente das obrigações da alienante, inclusive em relação a Ana, pois não houve manifestação tempestiva por parte dela no prazo de noventa dias da data da publicação do contrato;

(B) não haverá sub-rogação para o adquirente das obrigações da alienante em relação a Ana, pois houve manifestação tempestiva por parte dela no prazo de cento e vinte dias da data da publicação do contrato;

(C) haverá sub-rogação para o adquirente das obrigações da alienante, inclusive em relação a Ana, pois houve a publicação do contrato na imprensa oficial, acarretando a eficácia erga omnes dos efeitos da trans-

ferência, ou seja, tanto entre os contratantes quanto perante terceiros;

(D) não haverá sub-rogação para o adquirente das obrigações da alienante, pois a estipulação contratual não pode produzir efeitos em relação a terceiros, sendo desnecessária qualquer manifestação formal de Ana, haja ou não publicação da transferência;

(E) haverá sub-rogação para o adquirente das obrigações da alienante, inclusive em relação a Ana, em razão da estipulação contratual e da eficácia erga omnes da publicação, sendo intempestiva qualquer oposição a partir da publicação.

Comentário: Nos termos do art. 1.148 do CC, na ausência de previsão contratual em sentido diverso, o prazo para terceiros rescindirem o contrato por força da sub-rogação decorrente do trespasse é de 90 dias contados da publicação da transferência. Logo, a manifestação de Ana é intempestiva e não impedirá a sub-rogação. HS

Gabarito "A".

(Juiz de Direito/SP – 2021 – Vunesp) Sobre o estabelecimento, é correto afirmar que

(A) sua alienação será ineficaz se não restarem ao alienante bens suficientes para solver seu passivo, independentemente do consentimento dos credores.

(B) salvo disposição expressa em contrário, é vedado ao titular do estabelecimento fazer concorrência ao arrendatário ou usufrutuário durante o prazo do contrato.

(C) no caso de sua alienação, em regra, o alienante não poderá fazer concorrência ao adquirente por 3 anos.

(D) no caso de sua alienação, o alienante permanece solidariamente obrigado pelo prazo de dois anos, a partir, quanto aos créditos vencidos, da publicação, e, quanto aos outros, da data do vencimento.

Comentário: A: incorreta. A eficácia é garantida se não houver oposição de qualquer credor no prazo de 30 dias contados da notificação feita pelo alienante (art. 1.145 do CC); B: correta, nos termos do art. 1.147, parágrafo único, do CC; C: incorreta. Na inexistência de disposição contratual diversa, o prazo é de 5 anos (art. 1.147, *caput*, do CC); D: incorreta. O prazo é de um ano (art. 1.146 do CC). HS

Gabarito "B".

(Delegado – PC/BA – 2018 – VUNESP) Com relação ao estabelecimento empresarial, assinale a alternativa correta.

(A) O contrato que tenha por objeto a alienação, o usufruto ou arrendamento do estabelecimento, só produzirá efeitos quanto às partes e a terceiros depois de averbado à margem da inscrição do empresário, ou da sociedade empresária, no Registro Público de Pessoas Jurídicas, e de publicado na imprensa local.

(B) O adquirente do estabelecimento responde pelo pagamento dos débitos anteriores à transferência, mesmo não contabilizados, continuando o devedor primitivo subsidiariamente obrigado, pelo prazo de três anos, a partir, quanto aos créditos vencidos, da publicação, e, quanto aos outros, da data do vencimento.

(C) A transferência do estabelecimento importa a sub-rogação do adquirente nos contratos estipulados para exploração do estabelecimento, se não tiverem caráter pessoal, podendo os terceiros rescindir o contrato em noventa dias a contar da publicação da transferência, se ocorrer justa causa, ressalvada, neste caso, a responsabilidade do alienante.

(D) Não havendo autorização expressa, o alienante do estabelecimento não pode fazer concorrência ao adquirente, nos dez anos subsequentes à transferência; no caso de arrendamento ou usufruto do estabelecimento, a proibição persistirá durante o prazo contratual, não podendo ser superior a cinco anos.

(E) A cessão dos créditos referentes ao estabelecimento transferido produzirá efeito em relação aos respectivos devedores, desde o momento da assinatura do contrato, e, a partir da publicação da transferência, o devedor que pagar ao cedente, mesmo de boa-fé, terá que pagar novamente ao adquirente.

A: incorreta. Os requisitos listados são indispensáveis somente para que os efeitos do contrato sejam oponíveis perante terceiros. Para as partes, o contrato é válido e eficaz desde sua assinatura (art. 1.144 do CC); B: incorreta. O adquirente do estabelecimento responde apenas pelos débitos regularmente contabilizados (art. 1.146 do CC); C: correta, nos termos do art. 1.148 do CC; D: incorreta. No silêncio do contrato, a cláusula de não restabelecimento vale por 5 (cinco) anos (art. 1.147 do CC); E: incorreta. O marco inicial dos efeitos da cessão de crédito é a publicação da transferência (art. 1.149 do CC). HS

Gabarito "C".

2. DIREITO SOCIETÁRIO

2.1. Sociedade simples

(Juiz de Direito/GO – 2021 – FCC) Concernentes à administração da sociedade simples, considere:

I. Quando, por lei ou pelo contrato social, competir aos sócios decidir sobre os negócios da sociedade, as deliberações serão tomadas por unanimidade dos sócios com direito a voto.

II. Para formação da maioria absoluta são necessários votos correspondentes a mais de metade do capital.

III. O administrador, nomeado por instrumento em separado, deve averbá-lo à margem da inscrição da sociedade e, pelos atos que praticar, antes de requerer a averbação, responde subsidiariamente com a sociedade.

IV. A administração da sociedade, nada dispondo o contrato social, compete separadamente a cada um dos sócios; se a administração competir separadamente a vários administradores, cada um pode impugnar operação pretendida por outro, cabendo a decisão aos sócios por maioria de votos.

Está correto o que se afirma APENAS em

(A) II e IV.

(B) I, III e IV.

(C) I e II.

(D) I, II e III.

(E) III e IV.

Comentário: I: incorreta. O quórum padrão é a maioria de votos, proporcionais à participação no capital (art. 1.010 do CC); II: correta, nos termos do art. 1.010, §1º, do CC); III: incorreta. A responsabilidade é solidária (art. 1.012 do CC); IV: correta, nos termos do art. 1.013, *caput* e §1º, do CC. HS

Gabarito "A".

(Juiz de Direito - TJ/BA - 2019 - CESPE/CEBRASPE) A resolução de uma sociedade simples pode ocorrer por

(A) decurso do prazo de duração ou por decisão majoritária dos sócios, quando a sociedade tiver prazo indeterminado.

(B) decisão unânime dos sócios e por perda da autorização legal para o funcionamento da sociedade.

(C) morte do sócio, se não houver disposição diferente no contrato social, ou por exclusão judicial do sócio devido a falta grave no cumprimento de obrigações societárias.

(D) falta de pluralidade de sócios por mais de cento e oitenta dias e por perda da autorização legal para o funcionamento da sociedade.

(E) morte do sócio, se não houver disposição diferente no contrato social, ou por decisão majoritária dos sócios, quando a sociedade tiver prazo indeterminado.

A: incorreta. Na sociedade por prazo indeterminado, é necessária maioria absoluta do capital social para a dissolução (art. 1.033, III, do CC); B: incorreta, nos termos do comentário anterior; C: correta, nos termos dos arts. 1.028, I, e art. 1.030 do CC; D: foi considerada incorreta pelo gabarito oficial, e está mesmo, porém merece críticas. Questões de múltipla escolha não podem deixar dúvidas no candidato sobre a abrangência do questionamento. Pelas demais alternativas, percebe-se que a intenção do examinador era cobrar conhecimento da letra da lei – e, sob esse aspecto, a alternativa está correta (art. 1.033, IV e V, do CC). Ocorre que a falta de pluralidade de sócios, não obstante a redação do artigo mencionado, não acarreta a dissolução da sociedade, pois ela pode ser convertida em EIRELI ou em sociedade unipessoal, caso adote o tipo jurídico da sociedade limitada; E: incorreta, conforme comentário à alternativa "A". HS

Gabarito "C".

(Defensor Público Federal – DPU – 2017 – CESPE) Uma senhora procurou a DP para ajuizar ação de alimentos contra o pai de seu filho menor de idade. Ela informou que o genitor não possuía bens em seu nome, mas exercia atividade empresarial em sociedade com um amigo: a venda de quentinhas. Apresentou cópia do contrato social, que, contudo, não era inscrito no órgão de registro próprio. Considerando essa situação hipotética e a necessidade de se obter o pagamento da pensão, julgue os itens a seguir.

(1) O maquinário utilizado para a produção das quentinhas é classificado como patrimônio especial, do qual os dois sócios são titulares em comum.

(2) Se o pai não pagar os alimentos espontaneamente e não forem encontrados bens de sua titularidade, caberá à DP invocar a teoria da desconsideração da personalidade jurídica contra a sociedade empresária.

(3) O contrato social apresentado, mesmo sem registro no órgão competente, servirá como prova da existência da sociedade, seja para a finalidade pretendida na ação de alimentos, seja para eventual discussão entre os sócios acerca da titularidade dos bens sociais.

1: correta, pois, enquanto não inscritos os atos constitutivos, trata-se de sociedade em comum, de modo que os bens e as dívidas sociais constituem patrimônio especial, do qual os sócios são titulares em comum – arts. 986 e 987 do CC; 2: incorreta, pois a sociedade em comum é não personificada, ou seja, não tem personalidade jurídica própria a ser judicialmente desconsiderada – art. 986 do CC; 3: correta, pois o contrato social, embora não possa ser oposto pelos sócios contra terceiros, obriga-os entre si. Ademais, os terceiros podem provar a existência da sociedade por qualquer modo – art. 987 do CC. **RB**

Gabarito 1C, 2E, 3C.

(Delegado/GO – 2017 – CESPE) Assinale a opção correta no que se refere ao direito societário.

(A) Compete ao poder público municipal do local da sede autorizar o funcionamento de sociedades cujo funcionamento dependa de autorização do Poder Executivo.

(B) É nulo todo o contrato social de sociedade limitada que contenha cláusula que exclua qualquer sócio da participação nos lucros e nas perdas.

(C) A sociedade em comum e a sociedade de fato ou irregular são não personificadas, conforme classificação do Código Civil.

(D) O sócio remisso pode ser excluído da sociedade pelos demais, caso em que deve ser-lhe devolvido, com os abatimentos cabíveis, o montante com o qual tenha contribuído para o capital social.

(E) Os tipos societários previstos no Código Civil são exemplificativos, podendo as sociedades organizar-se de formas distintas das expressamente listadas.

A: incorreta. A competência é do Poder Executivo federal (art. 1.123, parágrafo único, do CC); **B:** incorreta. Apenas a cláusula que assim determinar será nula, mantendo-se íntegro do restante do documento (art. 1.008 do CC); **C:** incorreta. Sociedade em comum, sociedade de fato e sociedade irregular são termos sinônimos. A alternativa está incorreta porque apenas o primeiro termo é adotado pelo Código Civil (art. 986 e seguintes do CC), que também elenca a sociedade em conta de participação como sociedade não personificada; **D:** correta, nos termos do art. 1.058 do CC; **E:** incorreta. Trata-se de rol taxativo (art. 983 do CC). **HS**

Gabarito "D".

2.2. Sociedade empresária

(Juiz de Direito/AP – 2022 – FGV) A incorporação de uma sociedade por outra segue regras legais que devem ser observadas tanto para a proteção dos sócios da incorporada quanto para os credores da pessoa jurídica. Nesse sentido, o Código Civil contém disposições aplicáveis a sociedades do tipo limitada que não tenham previsão em seus contratos de aplicação supletiva das normas da sociedade anônima.

Sobre o tema, analise as afirmativas a seguir.

I. Ocorrendo, no prazo de noventa dias após a publicação dos atos relativos à incorporação, a falência da sociedade incorporadora, qualquer credor anterior terá direito a pedir a separação dos patrimônios da incorporadora e da incorporada.

II. A deliberação dos sócios da sociedade incorporadora compreenderá a nomeação dos peritos para a avaliação do patrimônio líquido da sociedade que tenha de ser incorporada.

III. Até noventa dias após a publicação dos atos relativos à incorporação, o credor anterior, prejudicado pela operação, poderá promover judicialmente a anulação dos atos referentes a ela.

Está correto o que se afirma em:

(A) somente I;

(B) somente II;

(C) somente III;

(D) somente I e III;

(E) I, II e III.

Comentário: I: correta, nos termos do art. 1.122, §3º, do CC; II: correta, nos termos do art. 1.117, §2º, do CC; III: correta, nos termos do art. 1.122, *caput*, do CC. **HS**

Gabarito "E".

(Promotor de Justiça/SP – 2019 – MPE/SP) No tocante às sociedades empresárias, assinale a alternativa correta.

(A) Na omissão do contrato social, o sócio pode ceder total ou parcialmente suas quotas a quem seja sócio, independentemente da audiência dos outros, ou a estranho, se não houver oposição de titulares de mais de 1/4 do capital social.

(B) Nas sociedades limitadas, o capital social pode ser dividido em quotas iguais ou desiguais, pode ser formado por bens corpóreos ou incorpóreos, bem como serviços.

(C) Para a alteração do contrato social de uma sociedade limitada, a lei determina que as deliberações sejam tomadas pelos votos correspondentes a mais da metade do capital do social.

(D) O administrador da sociedade limitada pode ser nomeado no contrato social ou por ato separado, sendo que uma das consequências dessa distinção é que o administrador nomeado em contrato deve ser sócio.

(E) A inscrição do contrato social no órgão competente não confere personalidade jurídica às sociedades, exceto às sociedades em conta de participação.

A: correta, nos termos do art. 1.057 do CC; **B:** incorreta. É vedada, nas limitadas, a contribuição de sócio que consiste exclusivamente em prestação de serviços (art. 1.055 § 2º, do CC); **C:** incorreta. O quórum exigido é de 3/4 do capital (art. 1.076, I, do CC); **D:** incorreta. É permitida a designação de administrador não sócio no contrato social (art. 1.061 do CC); **E:** incorreta. A afirmação está invertida. O registro confere personalidade jurídica a todas as sociedades, exceto a sociedade em conta de participação (art. 45 e art. 993 do CC). **HS**

Gabarito "A".

(Delegado/GO – 2017 – CESPE) Depende do consentimento de todos os sócios ou acionistas – salvo em caso de previsão no ato constitutivo, hipótese em que o dissidente poderá retirar-se da sociedade – a operação societária denominada

(A) incorporação.

(B) fusão.

(C) cisão.

(D) liquidação.

(E) transformação.

Dentre as operações societárias, a única que obrigatoriamente se dá pela unanimidade dos sócios, salvo se prevista no contrato social ou estatuto, é a transformação (art. 1.114 do CC). **HS**

Gabarito "E".

2.3. Sociedade limitada

(Delegado der Polícia Federal – 2021 – CESPE) A respeito do domicílio, da responsabilidade civil e das sociedades comerciais, julgue o item que se segue.

(1) A dissolução de sociedade limitada constituída por prazo indeterminado deve ocorrer por consenso unânime dos sócios.

1: Errado. O quórum para aprovação da dissolução da sociedade por prazo indeterminado é a maioria simples, nos termos do art. 1.076, III, do Código Civil. HS

Gabarito "1E."

(Juiz de Direito/GO – 2021 – FCC) No tocante à sociedade limitada, a legislação vigente estabelece:

(A) A sociedade limitada pode ser constituída por uma ou mais pessoas; se for unipessoal, aplicar-se-ão ao documento de constituição do sócio único, no que couber, as disposições do contrato social.

(B) A designação de administradores não sócios dependerá de aprovação de dois terços dos sócios, enquanto o capital não estiver integralizado, e de metade mais um após a integralização.

(C) Tratando-se de sócio nomeado administrador no contrato, sua destituição só é possível pela aprovação de titulares de quotas correspondentes a mais da metade do capital social, não se admitindo disposição contratual diversa.

(D) O capital social das sociedades limitadas divide-se em cotas iguais e, pela exata estimação dos bens conferidos ao capital social, respondem subsidiariamente todos os sócios até o prazo de cinco anos da data do registro da sociedade.

(E) O contrato social poderá prever regência complementar da sociedade limitada pelas normas das sociedades cooperativas.

Comentário: A: correta, nos termos do art. 1.052, §§1º e 2º, do CC; B: incorreta. A nomeação de administrador não sócio deve contar com a unanimidade de sócios, se o capital não estiver integralizado, ou 2/3, se já estiver integralizado (art. 1.061 do CC); C: incorreta. É possível disposição contratual diversa (art. 1.063, §1º, parte final, do CC); D: incorreta. As quotas podem ser desiguais (art. 1.055, *caput*, do CC) e a responsabilidade dos sócios, nesse caso, é solidária (art. 1.055, §1º, do CC); E: incorreta. Está autorizada a opção somente pela Lei das Sociedades Anônimas (art. 1.053, parágrafo único, do CC). HS

Gabarito "A."

(Juiz de Direito/SP – 2021 – Vunesp) Sobre as sociedades limitadas, assinale a alternativa correta.

(A) É possível que as quotas possuam valores desiguais.

(B) As omissões do seu regime legal são, em qualquer hipótese, supridas pelas normas de sociedades anônimas.

(C) Por falta grave no cumprimento de suas obrigações, pode o sócio ser excluído judicialmente mediante iniciativa de titulares de, no mínimo, 75% do capital social.

(D) Qualquer sócio minoritário pode eleger, separadamente, um membro do conselho fiscal.

Comentário: A: correta, nos termos do art. 1.055, *caput*, do CC; B: incorreta. A regra é que sejam supridas pelas normas da sociedade simples, sendo possível a estipulação expressa no contrato social do uso da Lei das Sociedades Anônimas (art. 1.053 do CC); C: incorreta. O quórum é da maioria dos demais sócios (art. 1.030 do CC); D: incorreta. É necessário reunir sócios minoritários que representem, no mínimo, 20% do capital social (art. 1.066, §2º, do CC). HS

Gabarito "A."

(Juiz de Direito – TJ/MS – 2020 – FCC) Um grupo de amigos constituiu uma sociedade limitada para exploração da atividade de organização de festas de casamento. O capital social dessa espécie de sociedade

(A) divide-se em quotas, que poderão ser desiguais.

(B) divide-se em ações, que poderão ser ordinárias ou preferenciais.

(C) poderá ser integralizado mediante a prestação de serviços.

(D) divide-se em ações ou quotas.

(E) divide-se em quotas, que não admitem condomínio.

A sociedade limitada é sociedade contratual, de forma que seu capital se divide em quotas, iguais ou desiguais (art. 1.055 do CC). É vedada a contribuição de sócio que consiste em prestação de serviços (art. 1.055, § 2º, do CC). HS

Gabarito "A."

(Juiz de Direito – TJ/MS – 2020 – FCC) No dia 11 de março de 2019, Ricardo enviou telegrama à empresa "XPTO Construções Ltda.", a fim de comunicar sua renúncia ao cargo de administrador dessa sociedade. No dia 12 de março de 2019, o telegrama foi entregue na sede da sociedade, sendo recebido por Leandro, outro administrador. No dia 13 de março de 2019, a renúncia de Ricardo foi averbada no Registro de Empresas, sendo essa averbação publicada no dia 14 de março de 2019. Finalmente, no dia 15 de março de 2019, a sociedade realizou assembleia geral extraordinária para designar outro administrador para ocupar o cargo deixado por Ricardo. Nesse caso, a renúncia de Ricardo ao cargo de administrador tornou-se eficaz em relação à sociedade no dia

(A) 14 de março de 2019.

(B) 12 de março de 2019.

(C) 13 de março de 2019.

(D) 11 de março de 2019.

(E) 15 de março de 2019.

A renúncia do administrador torna-se eficaz, em relação à sociedade, desde o momento em que esta toma conhecimento da comunicação escrita do renunciante (art. 1.063, § 3º, do CC). No caso do enunciado, isso se deu com a entrega do telegrama na sede da sociedade, no dia 12 de março. HS

Gabarito "B."

2.4. Sociedade Anônima

2.4.1. *Constituição, Capital Social, Ações, Debêntures e Outros Valores Mobiliários*

(Juiz de Direito – TJ/RJ – 2019 – VUNESP) Assinale a alternativa que está de acordo com as normas aplicáveis ao capital social da sociedade anônima.

(A) O estatuto, ou a assembleia geral, fixará prazo de decadência não inferior a 20 (vinte) dias para o exercício do direito de preferência.

(B) Na companhia com ações sem valor nominal, a capitalização de lucros ou de reservas não poderá ser efetivada sem modificação do número de ações.

(C) Depois de realizados 2/3 (dois terços), no mínimo, do capital social, a companhia pode aumentá-lo mediante subscrição pública ou particular de ações.

(D) Os acionistas terão direito de preferência para subscrição das emissões de debêntures conversíveis em ações, bônus de subscrição, partes beneficiárias conversíveis em ações emitidas para alienação onerosa e no exercício de opção de compra de ações.

(E) O aumento mediante capitalização de lucros ou de reservas, na companhia com ações com valor nominal, importará alteração do valor nominal das ações ou distribuições das ações novas, correspondentes ao aumento, entre acionistas, na proporção do número de ações que possuírem.

A: incorreta. O prazo mínimo é de 30 dias (art. 171, § 4º, da LSA); **B:** incorreta. O art. 169, § 1º, autoriza a medida; **C:** incorreta. Devem estar realizados ¾ do capital (art. 170 da LSA); **D:** incorreta. O direito de preferência não existe na conversão de partes beneficiárias e no exercício de opção de compra de ações (art. 171, § 3º, da LSA); **E:** correta, nos termos do art. 169 da LSA. HS

Gabarito "E."

2.4.2. Assembleia Geral, Conselho de Administração, Diretoria, Administradores e Conselho Fiscal

(Juiz de Direito/AP – 2022 – FGV) João, acionista da Companhia de Minério Cutias, ajuizou ação para anular deliberação da assembleia geral, sob argumento de ilegalidade da aprovação de aquisição de debêntures de emissão da própria companhia e por valor inferior ao nominal. Também constou do pedido a invalidação de outra deliberação, tomada na mesma assembleia, em que foi aprovada nova emissão de debêntures cujo vencimento somente ocorra em caso de inadimplência da obrigação da companhia de pagar juros.

Provados os fatos narrados, cabe ao juiz da causa, observando a legislação pertinente, decidir, quanto ao mérito, que:

(A) o pedido de anulação da deliberação pela autorização de aquisição de debêntures pela companhia é procedente, pois somente as ações podem ser adquiridas pela companhia dessa forma; o pedido de emissão de debêntures sob condição suspensiva é improcedente, pois a companhia pode emitir debêntures perpétuas, ou seja, cujo vencimento somente ocorra em caso de inadimplemento do pagamento de juros;

(B) ambos os pedidos são improcedentes, pois é facultado à companhia adquirir debêntures de sua própria emissão, ainda que por valor inferior ao nominal, bem como emitir debêntures perpétuas, ou seja, cujo vencimento somente ocorra em caso de inadimplemento do pagamento de juros;

(C) o pedido de anulação da deliberação pela autorização de aquisição de debêntures pela companhia é improcedente, pois é facultado à companhia adquirir debêntures de sua própria emissão, ainda que por valor inferior ao nominal; o pedido de emissão de debêntures sob condição suspensiva é procedente,

pois a companhia não pode emitir debêntures perpétuas, devendo a data de vencimento ser certa;

(D) ambos os pedidos são procedentes, pois é vedado à companhia adquirir debêntures de sua própria emissão, seja por valor inferior ou superior ao nominal, bem como a companhia não pode emitir debêntures perpétuas, devendo a data de vencimento ser certa;

(E) ambos os pedidos são procedentes, pois a competência para aprovar a aquisição de debêntures pela própria companhia é do Conselho de Administração, cabendo à assembleia autorizar apenas a emissão; somente companhias autorizadas a funcionar como instituições financeiras ou seguradoras podem emitir debêntures perpétuas, não sendo o caso da Companhia de Minério Cutias.

Comentário: Ambos os pedidos são improcedentes. A companhia está autorizada a adquirir suas próprias debêntures por valor inferior ao nominal, bastando que tal fato conste dos relatórios da administração e das demonstrações financeiras (art. 55, §3º, II, da LSA); e é autorizada a emissão de debêntures cujo vencimento ocorra somente em caso de inadimplência da obrigação de pagar juros, dissolução da companhia ou quaisquer outras condições previstas no título (art. 55, §4º, da LSA). HS

Gabarito "B."

(Juiz de Direito/SP – 2021 – Vunesp) Assinale a alternativa correta.

(A) O conselho de administração é órgão obrigatório em todas as companhias.

(B) O exercício do direito a voto na companhia pode ser regulado em acordo de acionistas.

(C) Na sociedade por ações, a responsabilidade dos acionistas será limitada ao valor de emissão das ações subscritas, mas todos respondem solidariamente pela integralização do capital social.

(D) Em qualquer circunstância, os administradores respondem perante a companhia pelas perdas decorrentes de operações realizadas entre sociedades coligadas.

Comentário: A: incorreta. O conselho de administração é facultativo nas companhias fechadas (art. 138, §2º, da LSA); B: correta, nos termos do art. 118 da LSA; C: incorreta. Não há a responsabilidade solidária pela integralização do capital nas sociedades anônimas (art. 1º da LSA); D: incorreta. Haverá responsabilidade somente em caso de favorecimento da sociedade coligada, realizando-se negócio jurídico que não seja estritamente comutativo (art. 245 da LSA). HS

Gabarito "B."

(Juiz de Direito – TJ/AL – 2019 – FCC) Segundo a Lei das Sociedades por Ações (Lei n. 6.404/1976), a ação de responsabilidade civil contra o administrador, pelos prejuízos causados ao patrimônio da companhia, compete

(A) à própria companhia, podendo sua propositura ser deliberada em assembleia geral ordinária, mesmo que a matéria não esteja prevista na ordem do dia.

(B) a qualquer acionista, independentemente da sua participação no capital social, caso assembleia geral não aprove sua propositura pela companhia.

(C) aos acionistas, desde que representem, pelo menos, cinco por cento do capital social, se ela não for proposta no prazo de três meses da deliberação da assembleia geral que a houver aprovado.

(D) exclusivamente à própria companhia, só podendo ser deliberada em assembleia geral extraordinária convocada especificamente para essa finalidade.

(E) à própria companhia e aos acionistas, de forma concorrente, mediante prévia autorização do Conselho Fiscal, se houver.

A: correta, nos termos do art. 159, *caput* e §1º, da LSA; **B:** incorreta. O acionista isolado somente poderá propor a ação caso ela seja deliberada em assembleia, mas a companhia não a promova no prazo de 3 meses (art. 159, §3º, da LSA); **C:** incorreta. Os acionistas que representem 5% do capital social podem propor a ação somente se ela for negada pela assembleia (art. 159, §4º, da LSA); **D:** incorreta. Conforme comentários anteriores, não se trata de competência exclusiva e a ação pode ser deliberada em AGO ou AGE; **E:** incorreta. Não há competência concorrente, mas subsidiária, bem como não é necessária deliberação do Conselho Fiscal (art. 159 da LSA). **HS**
Gabarito: "A".

2.4.3. Questões combinadas sobre sociedade anônima

(Juiz – TJ-SC – FCC – 2017) As *holdings* se definem como sociedades:

(A) não operacionais, cujo patrimônio é constituído de participações em outras sociedades, podendo ter por objeto o exercício nestas do poder de controle ou participação relevante.

(B) coligadas de fato, sendo modalidade de concentração empresarial.

(C) nas quais a investidora tem influência significativa, qualquer que seja seu objeto ou finalidade.

(D) coligadas de cujo capital outras sociedades participam com 10% (dez porcento) ou mais.

(E) financeiras de investimento, sem objetivo de controle ou participação por coligação.

Denominam-se *holdings* as sociedades cujo objeto é exclusivamente a participação no capital de outras pessoas jurídicas, controlando-as ou não. Estão previstas no art. 2º, §3º, da Lei 6.404/76 (LSA). Dado seu objeto social específico, são espécie de sociedade **não operacional**, porque não exercem propriamente uma atividade econômica. **HS**
Gabarito: "A".

(Juiz – TJ-SC – FCC – 2017) A securitização de direitos creditórios do agronegócio é operação realizada por:

(A) companhia de seguros pela qual os direitos do segurado são garantidos por indenização caso haja inadimplemento dos adquirentes de produtos agrícolas, vendidos mediante emissão de títulos de crédito.

(B) companhia securitizadora, com qualificação de instituição financeira, pela qual tais direitos são expressamente vinculados à emissão de uma série de títulos de crédito, podendo sobre eles ser instituído regime fiduciário.

(C) companhia securitizadora, sem qualificação de instituição financeira, pela qual tais direitos são expressamente vinculados à emissão de uma série de títulos de crédito, não podendo sobre eles ser instituído regime fiduciário.

(D) companhia de seguros pela qual obrigações do segurado são garantidas por indenização, caso ocorra sinistro com a perda de safra ou oscilação negativa dos preços dos produtos agrícolas, vendidos mediante emissão de títulos de crédito.

(E) companhia securitizadora, sem qualificação de instituição financeira, pela qual tais direitos são expressamente vinculados à emissão de uma série de títulos de crédito, podendo sobre eles ser instituído regime fiduciário.

A securitização de direitos creditórios do agronegócio está regulamentada pela Lei 11.076/2004, que dispõe que tal atividade é realizada por uma companhia securitizadora, uma instituição não financeira constituída necessariamente sob a forma de sociedade anônima (art. 38), consistente na vinculação de tais direitos a uma série de títulos de crédito (art. 40), inclusive sob regime fiduciário (art. 39). **HS**
Gabarito: "E".

2.5. Questões combinadas sobre sociedades e outros temas

(Juiz de Direito/AP – 2022 – FGV) José, membro da Cooperativa Rio Araguari, do tipo singular, ingressou em juízo com ação de responsabilidade civil em face de um dos diretores da cooperativa, imputando-lhe a falta de constituição de Fundo de Reserva destinado a reparar perdas e atender ao desenvolvimento de suas atividades. As provas dos autos e depoimentos colhidos no processo mostram ser fato incontroverso que a cooperativa não tem Fundo de Reserva.

Diante dessa narrativa e das disposições pertinentes ao tipo societário, é correto afirmar que:

(A) não deve ser reconhecida a responsabilidade do diretor em razão da dispensa legal da constituição de Fundo de Reserva por qualquer sociedade cooperativa;

(B) deve ser reconhecida a responsabilidade do diretor em razão de ser obrigatório nas cooperativas o Fundo de Reserva, constituído com 25%, pelo menos, da receita operacional bruta;

(C) não deve ser reconhecida a responsabilidade do diretor, pois, ainda que o Fundo de Reserva seja obrigatório, a competência para sua constituição é privativa da Assembleia Geral;

(D) não deve ser reconhecida a responsabilidade do diretor, haja vista que a obrigatoriedade da constituição de Fundo de Reserva se aplica apenas às centrais ou às federações de cooperativas;

(E) deve ser reconhecida a responsabilidade do diretor em razão de ser obrigatório nas cooperativas o Fundo de Reserva, constituído com 10%, pelo menos, das sobras líquidas do exercício.

Comentário: Nos termos do art. 28, I, da Lei nº 5.764/1971, é obrigatória a constituição de fundo de reserva com 10%, pelo menos, das sobras líquidas do exercício em todas as cooperativas. Correta, portanto, a alternativa "E", que deve ser assinalada. **HS**
Gabarito: "E".

(Juiz de Direito - TJ/BA - 2019 - CESPE/CEBRASPE) De acordo com o Código Civil, é característica das sociedades cooperativas

(A) o concurso de sócios em número mínimo necessário para compor a administração da sociedade, sem limitação de número máximo.

(B) a intransferibilidade das quotas do capital a terceiros estranhos à sociedade, ressalvados os casos de transmissão por herança.

(C) a indivisibilidade do fundo de reserva entre os sócios, ressalvado o caso de dissolução da sociedade.

(D) a impossibilidade, aliada à invariabilidade, de dispensa do capital social.

(E) o quórum, para a assembleia geral funcionar e deliberar, fundado no percentual do capital social representado pelos sócios presentes à reunião.

A: correta, nos termos do art. 1.904, II, do CC; **B:** incorreta, a herança não constitui exceção à regra enunciada (art. 1.094, IV, do CC); **C:** incorreta, a dissolução da cooperativa não é exceção à regra enunciada (art. 1.094, VIII, do CC); **D:** incorreta. O capital social da cooperativa pode ser variável ou mesmo dispensado (art. 1.094, I, do CC); **E:** incorreta. O quórum de deliberação é baseado no número de sócios presentes (art. 1.094, V, do CC). HS
„A". Gabarito

(Promotor de Justiça/PR – 2019 – MPE/PR) *Não* é característica da sociedade cooperativa:

(A) Variabilidade ou dispensa do capital social.

(B) Não limitação de número máximo de sócios.

(C) Limitação do valor da soma de quotas do capital social que cada sócio poderá tomar.

(D) Intransferibilidade das quotas do capital a terceiros estranhos à sociedade, salvo por herança.

(E) Indivisibilidade do fundo de reserva entre os sócios, ainda que em caso de dissolução da sociedade.

Todas as alternativas estão contempladas no art. 1.094 do CC como características da sociedade cooperativa, com exceção da letra "D", que deve ser assinalada. Nem mesmo a herança permite a transmissibilidade das quotas do capital, nos termos do inciso IV do referido preceptivo legal. HS
„D". Gabarito

3. DIREITO CAMBIÁRIO

3.1. Teoria geral

(Juiz de Direito/GO – 2021 – FCC) Em relação ao protesto de títulos, a Lei no 9.492, de 10 de setembro de 1997, estabelece:

(A) O protesto será registrado dentro de dois dias úteis, contados da protocolização do título ou documento de dívida, incluindo-se tanto o dia da protocolização como o do vencimento.

(B) O protesto será tirado sempre após o vencimento, seja por falta de pagamento, de aceite ou de devolução, defesa a recusa da lavratura ou registro do protesto por motivo não previsto na lei cambial.

(C) Protesto é o ato registrário pelo qual se objetiva discutir o cumprimento ou não de obrigações originadas em títulos creditícios ou contratos em geral.

(D) Poderão ser protestados títulos e outros documentos de dívida em moeda estrangeira, emitidos fora do Brasil, desde que acompanhados de tradução efetuada por tradutor público juramentado, constando obrigatoriamente do registro do protesto a descrição do documento e sua tradução.

(E) Qualquer irregularidade formal observada pelo Tabelião de Protesto de Títulos, ou a ocorrência de prescrição ou caducidade por ele verificada, obstará o registro do protesto.

Comentário: A: incorreta. O prazo é de três dias úteis (art. 12 da Lei nº 9.492/1997); B: incorreta. O vencimento é marco apenas para o protesto por falta de pagamento (art. 21, §2º, da Lei nº 9.492/1997); C: incorreta. Protesto é o ato formal e solene pelo qual se prova a inadimplência e o descumprimento de obrigação originada em títulos e outros documentos de dívida (art. 1º da Lei nº 9.492/1997); D: correta, nos termos do art. 10, *caput* e §1º, da Lei nº 9.492/1997; E: incorreta. Não cabe ao tabelião apurar a ocorrência de prescrição ou decadência (art. 9º, *caput*, da Lei nº 9.492/1997). HS
„D". Gabarito

(Juiz de Direito – TJ/SC – 2019 – CESPE/CEBRASPE) Determinado título de crédito foi emitido com eficácia sujeita às normas previstas no Código Civil, não sendo aplicável, na espécie, nenhuma norma especial. A respeito desse título, é correto afirmar que será possível a realização do

(A) aval, que será válido com a simples assinatura do avalista no anverso do título.

(B) endosso, que deverá ser dado exclusivamente no anverso do título.

(C) endosso, na forma parcial.

(D) aval, na forma parcial.

(E) endosso condicional e o aval cancelado.

A: correta, nos termos do art. 898, § 1º, do Código Civil; **B:** incorreta. O endosso pode ser feito no verso ou no anverso do título (art. 910 do CC); **C:** incorreta. É nulo o endosso parcial (art. 912, parágrafo único, do CC); **D:** incorreta. É nulo o aval parcial nos títulos atípicos (art. 897, parágrafo único, do CC); **E:** incorreta. O endosso condicional é tratado como endosso comum, pois é condição considerada não escrita (art. 912 do CC), e o aval cancelado será também considerado como não escrito (art. 898, § 2º, do CC). HS
„A". Gabarito

(Juiz de Direito – TJ/RS – 2018 – VUNESP) Assinale a alternativa que corresponde ao conceito de título de crédito disposto no artigo 887 do Código Civil.

(A) O título de crédito é o documento necessário ao exercício do direito autônomo nele contido, que somente produz efeito se preenchidos os requisitos legais.

(B) O título de crédito, documento dispensável ao exercício do direito literal e autônomo nele contido, somente produz efeito quando preencha os requisitos da lei.

(C) O título de crédito, documento necessário ao exercício do direito nele contido, produz efeito independentemente de preenchidos os requisitos legais.

(D) O título de crédito, documento necessário ao exercício do direito literal e autônomo nele contido, somente produz efeito quando preencha os requisitos da lei.

(E) O título de crédito é o documento necessário ao exercício do direito literal e autônomo nele contido, que produz seus efeitos independentemente de preenchidos os requisitos legais.

Segundo o art. 887 do CC, título de crédito é todo documento necessário ao exercício do direito literal e autônomo nele contido, que só produz seus efeitos quando preencher todos os requisitos legais. HS
„D". Gabarito

(Juiz – TRF 2ª Região – 2017) Considere as proposições e, ao final, marque a opção correta:

I. É viável o aval parcial aposto em cheque;

II. O Código Civil veda expressamente o aval parcial;

III. É viável o aval parcial aposto em nota promissória;

IV. A cláusula proibitiva do endosso, aposta em nota promissória, não impede a transferência do crédito.

(A) Apenas a I é falsa.

(B) Apenas a II é falsa.

(C) Apenas a III é falsa.

(D) Apenas a IV é falsa.

(E) Todas são verdadeiras.

I: correta, nos termos do art. 29 da Lei 7.357/85; **II:** correta, nos termos do art. 897, parágrafo único, do CC; **III:** correta, nos termos dos arts. 30 e 77 da Lei Uniforme de Genebra (anexo ao Decreto 57.663/66); **IV:** correta, hipótese em que a transferência do crédito será considerada uma cessão civil, nos termos dos arts. 11 e 77 da Lei Uniforme de Genebra. HS

Gabarito "E".

(Juiz – TRF 2ª Região – 2017) Ícaro, casado, avaliza empréstimo que seu amigo, Petrus, contraiu perante a Caixa Econômica (CEF). O contrato o afirma avalista em várias cláusulas, e não fiador, embora não tenham sido emitidos títulos de crédito. Não houve outorga uxória, já que Ícaro se afirmou solteiro. Única opção se amolda à linha dominante. Assinale-a:

(A) Tanto o aval quanto a fiança dependem de outorga uxória, de modo que a garantia é nula, aspecto cognoscível de ofício.

(B) A esposa de Ícaro pode anular o contrato por falta de outorga, e o caso é de negócio anulável, e não nulo.

(C) Ícaro deve ser entendido como garantidor do contrato, independentemente de ser nominado avalista, e não é o caso de anulação do ajuste.

(D) Como o aval é próprio dos títulos de crédito, o empréstimo deve ser entendido como desprovido de garantia.

(E) Cabe a Ícaro, e não a sua esposa, pedir a anulação do aval.

A: incorreta. A jurisprudência do STJ consolidou-se no sentido de que a nulidade do aval ou da fiança somente pode ser requerida pelo cônjuge que não deu a outorga, não sendo cognoscível de ofício (REsp 772.419 e 749.999); **B:** incorreta. Não se anula o contrato todo, somente a garantia, porque é cláusula acessória que não macula o objeto principal da avença; **C:** alternativa dada como correta no gabarito oficial, porém cumpre assinalar que não é possível afirmar que tal seja a posição dominante da jurisprudência. Na verdade, o próprio STJ tem julgados conflitantes. No REsp 1.165.837, julgado pela 5ª Turma, entendeu que a garantia é válida (hipótese acatada pela alternativa). Contudo, no REsp 1.095.441, julgado pela 6ª Turma, referendou a tese de nulidade da garantia; **D:** incorreta. A garantia existe, mas seguirá as regras da fiança, segundo uníssona jurisprudência do STJ; **E:** incorreta, conforme comentário à alternativa "A". HS

Gabarito "C".

3.2. Títulos em Espécie

3.2.1. Letra de Câmbio

João era o sacado de uma letra de câmbio no valor de mil reais, com vencimento previsto para 31/12/2018. Em 1.º/11/2018, ao receber o título para aceite, ele discordou do valor e declarou no anverso que aceitaria pagar somente quinhentos reais.

(Juiz de Direito - TJ/BA - 2019 - CESPE/CEBRASPE) Nessa situação hipotética, o aceite foi parcial e

(A) modificativo, tendo desvinculado João dos termos da letra de câmbio.

(B) limitativo, tendo desvinculado João dos termos da letra de câmbio.

(C) limitativo, com a possibilidade de execução do título após a recusa parcial, com vencimento antecipado do título.

(D) modificativo, tendo ficado João vinculado ao pagamento do valor aceito, que não poderia ser executado antes do vencimento do título.

(E) limitativo, com a possibilidade de execução do título somente após o seu vencimento original, datado de 31/12/2018.

Trata-se de aceite parcial limitativo, porque reduziu o valor constante da letra. O aceite parcial opera o vencimento antecipado da dívida toda contra o sacador, já sendo, portanto, exequível (art. 43 da Lei Uniforme de Genebra). HS

Gabarito "C".

3.2.2. Cheque

(Juiz de Direito – TJ/AL – 2019 – FCC) Em pagamento de serviços que lhe foram prestados, Antônio emitiu cheque nominal em favor de Bianca, que o endossou a Carlos, que, por sua vez, o endossou a Débora. Após, Eduardo lançou aval no cheque, porém sem indicar quem seria o avalizado. Nesse caso, de acordo com a Lei do Cheque (Lei n. 7.357/1985),

(A) consideram-se avalizados Antônio, Bianca e Carlos.

(B) considera-se avalizado Antônio, somente.

(C) considera-se avalizado Carlos, somente.

(D) considera-se avalizada Bianca, somente.

(E) o aval é nulo, pois a indicação do avalizado é requisito essencial de validade.

Nos termos do art. 30, parágrafo único, da Lei do Cheque, o aval em branco é considerado dado ao emitente. HS

Gabarito "B".

(Procurador Municipal – Prefeitura/BH – CESPE – 2017) Paulo emitiu à sociedade empresária CT Ltda. cheque, com cláusula sem protesto, que não foi compensado por insuficiência de fundos disponíveis. A sociedade, então, ingressou com ação cambial contra Paulo e Fernanda, titulares de conta conjunta.

Nessa situação hipotética,

(A) a CT Ltda. deverá expor, na petição inicial, o negócio jurídico que deu origem ao cheque.

(B) a CT Ltda. poderá cobrar, na ação, as despesas efetuadas com o protesto do título.

(C) os juros legais devem incidir desde o dia da apresentação do cheque.

(D) houve solidariedade passiva entre Paulo e Fernanda em razão da inadimplência do título.

A: incorreta. O cheque é título não causal, ou seja, pode ser sacado qualquer que seja o negócio jurídico que lhe deu origem e a ele não se prende, razão pela qual não há obrigação de consignar tal informação na cártula; **B:** incorreta. Como foi aposta no título a cláusula "sem protesto", as custas do ato correm por conta do tomador (art. 50, § 3º, da Lei 7.357/1985); **C:** correta, nos termos do art. 52, II, da Lei 7.357/1985; **D:** incorreta. A cobrança deve ser realizada unicamente em face de Paulo, emitente do cheque (art. 47, I, da Lei 7.357/1985). HS

Gabarito "C".

3.2.3. Duplicata

(Juiz de Direito – TJ/MS – 2020 – FCC) De acordo com a Lei 5.474/1968, que dispõe sobre as duplicatas,

(A) é vedado ao comprador resgatar a duplicata antes de aceitá-la.

(B) o pagamento da duplicata poderá ser assegurado por aval, mas o aval dado posteriormente ao vencimento do título não produz efeitos.

(C) não se incluirão, no valor total da duplicata, os abatimentos de preços das mercadorias feitas pelo vendedor até o ato do faturamento, desde que constem da fatura.

(D) a duplicata não admite reforma ou prorrogação do prazo de vencimento.

(E) as fundações, mesmo que se dediquem à prestação de serviços, não podem emitir duplicata.

A: incorreta. É lícito ao devedor resgatar a duplicada antes do aceita ou do vencimento (art. 9º da Lei 5.474/1968); **B:** incorreta. O aval dado após o vencimento produz os mesmos efeitos daquele feito antes (art. 12, parágrafo único, da Lei 5.474/1968); **C:** correta, nos termos do art. 3º, § 1º, da Lei 5.474/1968; **D:** incorreta. É possível a reforma ou prorrogação do vencimento, nos termos do art. 11 da Lei 5.474/968; **E:** incorreta. É permitida a emissão de duplicata de prestação de serviços pelas fundações (art. 20 da Lei 5.474/1968). **HS**
Gabarito "C".

3.2.4. Outros Títulos e Questões Combinadas

(Juiz de Direito/AP – 2022 – FGV) Armazém Jari Ltda., credor de duplicata rural recebida por endosso translativo do primeiro beneficiário, ajuizou ação de execução por quantia certa em face do aceitante (pessoa jurídica) e de seu avalista (pessoa física, membro do quadro social da pessoa jurídica aceitante), bem como em face do endossante (sacador da duplicata). É fato incontroverso que a duplicata rural não foi submetida a protesto por falta de pagamento.

Ao avaliar a legitimidade passiva dos demandados (aceitante, avalista e endossante), o juiz concluiu que:

(A) o endossatário da duplicata rural não tem ação de regresso em face do primeiro endossante, portanto, deve ser proclamada sua ilegitimidade passiva;

(B) nenhum dos devedores tem legitimidade passiva na execução, em razão da ausência de protesto por falta de pagamento da duplicata rural;

(C) é nulo o aval dado em duplicata rural, portanto, deve ser proclamada a ilegitimidade passiva do avalista do aceitante;

(D) todos os arrolados na ação de execução como réus são partes legítimas no processo, em razão da dispensa do protesto por falta de pagamento e da solidariedade cambiária perante o endossatário;

(E) apenas o aceitante é parte legítima na ação de execução, pois o protesto é facultativo para os obrigados principais e necessário para os coobrigados (endossante e avalista).

Comentário: A: correta, nos termos do art. 60, §1º, do Decreto-lei nº 167/1967; B: incorreta. Na duplicata rural, o protesto é dispensado inclusive para os coobrigados (art. 60, *caput*, do Decreto-lei nº

167/1967); C: incorreta. O aval é válido se dado por pessoa física participante do quadro social da pessoa jurídica emitente (art. 60, §2º, do Decreto-lei nº 167/1967); D e E: incorreta, nos termos do comentário à alternativa "A". **HS**
Gabarito "A".

(Juiz de Direito/GO – 2021 – FCC) A Cédula de Crédito Bancário, regulada pela Lei no 10.931, de 02 de agosto de 2004,

I. é título de crédito emitido, por pessoa física ou jurídica, em favor de instituição financeira fiscalizada pelo Banco Central, representando promessa de pagamento em dinheiro ou em outros bens móveis ou imóveis, decorrente de operação de crédito, de qualquer modalidade, firmada exclusivamente em moeda nacional.

II. poderá ser emitida sob a forma escritural, por meio do lançamento em sistema eletrônico de escrituração.

III. será transferível mediante endosso em preto, ao qual se aplicarão, no que couberem, as normas do direito cambiário, caso em que o endossatário, mesmo não sendo instituição financeira ou entidade a ela equiparada, poderá exercer todos os direitos por ela conferidos, inclusive cobrar os juros e demais encargos na forma pactuada na Cédula.

IV. poderá ser protestada por indicação, desde que o credor apresente declaração de posse da sua única via negociável, inclusive no caso de protesto parcial.

Está correto o que se afirma APENAS em

(A) I, II e IV.

(B) II, III e IV.

(C) III e IV.

(D) I e II.

(E) I, II e III.

Comentário: I: incorreta. O pagamento deve ser previsto exclusivamente em dinheiro e é possível a emissão em moeda estrangeira (art. 26, *caput* e §2º, da Lei nº 10.931/2004); II: correta, nos termos do art. 27-A da Lei nº 10.931/2004; III: correta, nos termos do art. 29, §1º, da Lei nº 10.931/2004; IV: correta, nos termos do art. 41 da Lei nº 10.931/2004. **HS**
Gabarito "B".

(Juiz de Direito/SP – 2021 – Vunesp) Em pagamento a uma compra, João emitiu uma Nota Promissória em benefício de Pedro. Este, por sua vez, endossou em preto o título para Maria, que, posteriormente utilizou o título para pagar uma dívida com Carla. Carla, para aceitar o pagamento, exigiu que Luiza figurasse como avalista de Maria. Por fim, Carla endossou o título a Antônio, que era o portador na data do vencimento da Nota Promissória. Diante do cenário exposto, assinale a alternativa correta.

(A) Antônio pode realizar a cobrança de qualquer dos coobrigados cambiários, devendo, no entanto, respeitar o benefício de ordem da avalista.

(B) Apenas após realizar o devido protesto, poderá Antônio se valer de ação cambiária em face de João.

(C) Caso Antônio realize a cobrança de Luiza, esta terá direito de regresso em face de Maria, Pedro e João.

(D) Luiza, se eventualmente cobrada por Antônio, poderá se valer das exceções que contra ele possua sua avalizada.

Comentário: A: incorreta. O avalista da nota promissória não tem benefício de ordem; B: incorreta. João é o devedor principal da nota, sendo dispensável o protesto contra ele; C: correta. O coobrigado (ou seu avalista) que paga o título tem direito de regresso contra todos os coobrigados que forem anteriores a ele na cadeia de endossos e também contra o devedor principal; D: incorreta. O avalista não pode se valer de exceções pessoais que possua contra o avalizado, em face do princípio da autonomia das relações cambiais. **HS**
Gabarito "C".

(Juiz de Direito/SP – 2021 – Vunesp) Sobre os seguintes títulos de crédito, é correto afirmar que

(A) a Cédula de Crédito Bancário em favor de instituição domiciliada no exterior não pode ser emitida em moea estrangeira.

(B) na Cédula de Produto Rural física, o endossante não responde pela entrega do produto, mas tão somente pela existência da obrigação.

(C) no cheque, o endosso parcial é admitido, desde que aposto de maneira inequívoca no título.

(D) nos títulos atípicos, é vedado o pagamento parcial da soma constante do título.

Comentário: A: incorreta. Nesse caso, é possível a estipulação de pagamento em moeda estrangeira (art. 26, §2º, da Lei nº 10.931/2004); B: correta, nos termos do art. 10, II, da Lei nº 8.929/1994; C: incorreta. É nulo o endosso parcial (art. 18, §1º, da Lei nº 7.357/1985); D: incorreta. Nos títulos atípicos, o credor não pode recusar o pagamento, ainda que parcial (art. 902, §1º, do CC). **HS**
Gabarito "B".

4. DIREITO CONCURSAL – FALÊNCIA E RECUPERAÇÃO

4.1. Aspectos Gerais

(Promotor de Justiça/SP – 2019 – MPE/SP) No que diz respeito à Assembleia Geral de Credores, é correto afirmar que

(A) o voto do credor será sempre proporcional ao valor do seu crédito para deliberar sobre a aprovação do plano de recuperação judicial.

(B) a assembleia geral instalar-se-á em 1ª (primeira) convocação, com a presença de credores titulares de mais da metade dos créditos de cada classe, computados pelo valor, e, em 2ª (segunda) convocação, com qualquer número.

(C) a assembleia de credores será presidida pelo juiz, que designará um secretário dentre os credores presentes.

(D) para aprovação do plano de recuperação judicial é necessária a aprovação de credores que representem mais da metade do valor total dos créditos presentes à assembleia em cada uma das instâncias classistas.

(E) a assembleia geral será composta pelas seguintes classes de credores: I – titulares de créditos derivados da legislação do trabalho, II – titulares de créditos com garantia real, III – titulares de créditos quirografários, com privilégio especial ou subordinados, IV – titulares de créditos enquadrados como microempresa ou empresa de pequeno porte.

A: incorreta. Nas classes dos credores trabalhistas e das microempresas e empresas de pequeno porte, os credores votam por cabeça e não pelo valor do crédito (art. 45, § 2º, da Lei de Falências); B:

correta, nos termos do art. 37, § 2º, da Lei de Falências; **C:** incorreta. A assembleia é presidida pelo Administrador Judicial, que nomeará um secretário dentre os credores presentes (art. 37 da Lei de Falências); **D:** incorreta. Nas classes de credores trabalhistas e das microempresas e empresas de pequeno porte, o voto é contado por cabeça e não pelo valor do crédito (art. 45, § 2º, da Lei de Falências); **E:** incorreta. No item I, incluem-se também os créditos derivados de acidente de trabalho e no item III, os créditos com privilégio geral (art. 41 da Lei de Falências). **HS**
Gabarito "B".

(Procurador Municipal – Prefeitura/BH – CESPE – 2017) Marcos, advogado, prestava serviços advocatícios, sem vínculo empregatício, a determinada sociedade empresária que lhe pagava R$ 10 mil mensais. Tendo ficado sem receber a quantia relativa a um dos meses de prestação de serviços, o advogado tomou conhecimento de que a empresa havia decretado falência. Ainda assim, o administrador judicial decidiu, com a anuência do comitê de credores, pela continuidade do contrato em relação à massa falida, para evitar o aumento do passivo.

Acerca dessa situação hipotética, assinale a opção correta à luz da legislação aplicável.

(A) Após a decretação da falência, o crédito de Marcos é considerado extraconcursal.

(B) A decisão do administrador pela continuidade do contrato deve ser considerada inválida, pois depende de autorização judicial.

(C) O crédito de Marcos anterior à decretação da falência é quirografário.

(D) Como os honorários advocatícios não decorreram de vínculo empregatício, Marcos não poderá habilitar seu crédito.

A: correta. Créditos extraconcursais são aqueles constituídos em face da massa falida, ou seja, surgem após a decretação da quebra (art. 84, V, da Lei 11.101/2005); **B:** incorreta. Cabe ao próprio administrador, ouvido o comitê, decidir pelo cumprimento dos contratos (art. 117 da Lei 11.101/2005); **C:** incorreta. O crédito decorrente de honorários advocatícios possui privilégio geral (art. 24 da Lei 8.906/1994); **D:** incorreta. Todo e qualquer credor deve habilitar seu crédito na falência, o qual será classificado conforme sua origem e incluído no quadro-geral de credores (art. 7º e seguintes da Lei 11.101/2005). **HS**
Gabarito "A".

4.2. Falência

(Juiz de Direito/AP – 2022 – FGV) A sociedade Três Navios Supermercados Ltda. teve sua falência decretada com fundamento na impontualidade, sem anterior processo de recuperação. Banco Mazagão S/A, credor fiduciário na falência, pleiteou e teve deferida a restituição em dinheiro correspondente a bem que se encontrava na posse da falida na data da decretação da falência, mas não foi arrecadado.

Em que pese o reconhecimento do direito à restituição por decisão judicial e do requerimento de pagamento imediato feito pelo credor, o administrador judicial da massa falida informou ao juízo que não havia recursos disponíveis no momento, devendo o credor aguardar o pagamento, observadas as prioridades legais. Ciente do fato, o juiz da falência, observando as disposições da lei de regência:

(A) acolheu a pretensão do credor, pois o crédito decorrente de restituição em dinheiro, na falência, deve ser atendido antes de qualquer crédito;

(B) acatou o argumento do administrador judicial e determinou que o crédito seja pago após serem satisfeitas as remunerações devidas ao administrador judicial e a seus auxiliares;

(C) rejeitou a pretensão do credor, pois, para efeito de pagamento, precedem a seu crédito apenas as despesas cujo pagamento antecipado seja indispensável à administração da falência;

(D) indeferiu o requerimento do credor e determinou ao administrador judicial que o pagamento seja realizado após os reembolsos de quantias fornecidas à massa pelos credores e das despesas com a arrecadação;

(E) determinou que o pagamento seja feito após as despesas cujo pagamento antecipado seja indispensável à administração da falência e dos créditos trabalhistas de natureza estritamente salarial vencidos nos três meses anteriores à decretação da falência, até o limite de cinco salários mínimos por trabalhador.

Comentário: O enunciado trata de hipótese de restituição em dinheiro, prevista no art. 86 da Lei de Falências. Desde a edição da Lei nº 14.112/2020, tal crédito passou a ser expressamente elencado como extraconcursal (art. 84, I-C, da LF), que será adimplido após as despesas indispensáveis à administração da falência e a antecipação dos créditos salariais. Correta, portanto, a alternativa "E". **HS**
Gabarito "E."

(Juiz de Direito - TJ/BA - 2019 - CESPE/CEBRASPE) De acordo com a legislação pertinente, trabalhador que possua crédito remuneratório trabalhista com uma empresa em falência deverá recebê-lo

(A) logo após o pagamento de créditos com garantia real, sem nenhum limite quanto ao valor do bem gravado.

(B) logo após o pagamento de créditos com garantia real, até o limite do valor do bem gravado.

(C) logo após o crédito tributário, sem nenhum limite de valor.

(D) primeiramente, antes dos demais créditos, no limite de até cento e cinquenta salários-mínimos.

(E) primeiramente, sem nenhum limite de valor.

Nos termos do art. 83, I, da Lei de Falências, os créditos trabalhistas devem ser pagos com preferência sobre todos os demais créditos concursais, até o limite de 150 salários mínimos por trabalhador. **HS**
Gabarito "D."

(Promotor de Justiça/SP – 2019 – MPE/SP) Na alienação ordinária de bens ocorrida no processo falimentar, observa-se que

(A) o sócio da sociedade falida pode arrematar bens no processo falimentar, e referidos bens estarão livres de quaisquer ônus, não ocorrendo sucessão tributária e trabalhista.

(B) a presença do "parquet" é dispensável em qualquer modalidade de venda de bens na falência.

(C) empregados do devedor contratados pelo arrematante serão admitidos mediante novos contratos de trabalho, e o arrematante não responde por obrigações decorrentes do contrato anterior.

(D) o objeto da alienação estará livre de qualquer ônus e haverá sucessão do arrematante nas obrigações do devedor, inclusive as de natureza tributária, as derivadas da legislação do trabalho e as decorrentes de acidentes do trabalho.

(E) as modalidades de venda ordinária previstas na Lei 11.101/05 são: leilão, por lances orais, propostas fechadas e pregão, sendo este último composto por uma única fase que se inicia com lances no mínimo 20% maiores que o valor de avaliação do bem.

A: incorreta. Nessa hipótese, os ônus que recaírem sobre os bens permanecerão (art. 141, § 1º, I, da Lei de Falências); **B:** incorreta. O Ministério Público será intimado em todas as alienações, nos termos do art. 142, § 7º, da Lei de Falências; **C:** correta, nos termos do art. 141, § 2º, da Lei de Falências; **D:** incorreta. Como regra, não há sucessão nas obrigações (art. 141, II, da Lei de Falências); **E:** incorreta. O art. 142 da Lei de Falências, pela redação dada pela Lei 14.112/2020, prevê como meios ordinários de alienação o leilão, processo competitivo previsto no plano de realização de ativos ou no plano de recuperação judicial, ou qualquer outra modalidade aprovada nos termos da LF. **HS**
Gabarito "C."

(Defensor Público Federal – DPU – 2017 – CESPE) Considerando que tenha sido decretada a falência de Roma & Cia. Ltda., sociedade de André Roma e Bruno Silva, administrada apenas por André, julgue os itens seguintes.

(1) Na situação apresentada, os sócios deverão ser citados individualmente para apresentar contestação acerca dos termos da ação falimentar.

(2) Eventual responsabilidade pessoal de Bruno deverá ser apurada mediante ação própria, a ser proposta no próprio juízo da falência, no prazo prescricional de dois anos, contados do trânsito em julgado da sentença que encerrar a falência.

1: incorreta, pois a sociedade devedora é que será citada, na pessoa do seu representante – art. 98 da Lei 11.101/2005 e art. 75, VIII, do CPC; **2:** correta, nos termos do art. 82 da Lei 11.101/2005. **RB**
Gabarito: 1E, 2C

(Juiz – TRF 2ª Região – 2017) Considere a falência de sociedade empresária e assinale a opção correta:

(A) Uma vez decretada a quebra, as ações de cobrança que a falida move, na Justiça Federal, em face de empresa pública federal, devem ser remetidas ao juízo universal da falência.

(B) Perante o juízo falimentar, empresa pública federal (credora fiduciária) faz jus a pedir a restituição de bem objeto da alienação fiduciária, sendo o falido o devedor fiduciante.

(C) A União Federal pode exigir, na falência, o pagamento de multas e penalidades por infração à lei tributária, que terão os privilégios destinados aos créditos tributários.

(D) No sistema da atual Lei de Falências (Lei nº 11.101/05), o pagamento de multas e penalidades administrativas não mais pode ser exigido do falido.

(E) Credor com garantia real, titular de crédito ainda não vencido, não tem interesse em requerer a falência.

A: incorreta. Ações que tramitem conforme regra absoluta de competência (como a da Justiça Federal ou da Justiça do Trabalho) não são atraídas pelo juízo universal (art. 76 da Lei de Falências); **B:** correta, nos termos do art. 85 da Lei de Falências. Para tal pedido, é irrelevante a natureza jurídica do proprietário, bem como sua condição de empresa

pública federal não transfere a competência para a Justiça Federal; **C**: incorreta. As multas tributárias podem ser exigidas, mas serão pagas somente após os créditos quirografários (art. 83, VII, da Lei de Falências); **D**: incorreta, conforme comentário à alternativa anterior, que abrange também as multas e penalidades contratuais e administrativas; **E**: incorreta. Mesmo que o crédito não esteja vencido, é possível para qualquer credor requerer a falência com base em ato de falência praticado pelo empresário, definidos no art. 94, III, da Lei de Falências. **HS**
Gabarito "B".

(Juiz – TJ-SC – FCC – 2017) Na falência, são ineficazes:

I. os atos praticados com a intenção de prejudicar credores, provando-se o conluio fraudulento entre o devedor e o terceiro que com ele contratar e o prejuízo sofrido pela massa falida.

II. os pagamentos de dívidas não vencidas realizados pelo devedor dentro do termo legal, por qualquer meio extintivo do direito de crédito, ainda que pelo desconto do próprio título.

III. os registros de direitos reais e de transferência de propriedade entre vivos por título oneroso ou gratuito, ou a averbação relativa a imóveis realizados após a decretação da falência, mesmo se tiver havido prenotação anterior.

IV. os pagamentos de dívidas vencidas e exigíveis realizado dentro do termo legal, por outra forma que não seja a prevista pelo contrato.

V. a prática de atos a título gratuito ou a renúncia à herança ou legado, até 2 (dois) anos antes da decretação da falência.

Está correto o que se afirma APENAS em:

(A) II, IV e V.

(B) I, III e V.

(C) II, III e IV.

(D) I, IV e V.

(E) III, IV e V.

I: incorreta. A assertiva descreve os atos **revogáveis** previstos no art. 130 da Lei 11.101/2005, que não se confundem com os atos **ineficazes** do art. 129: os primeiros demandam ação revocatória para sua desconstituição e a prova do conluio fraudulento e o prejuízo à massa, ao passo que os segundos são declarados ineficazes perante a massa falida por simples petição; **II**: correta, nos termos do art. 129, I, da Lei de Falências; **III**: incorreta. A prenotação anterior afasta a presunção de ineficácia (art. 129, VII, parte final, da Lei de Falências); **IV**: correta, nos termos do art. 129, II, da Lei de Falências; **V**: correta, nos termos do art. 129, IV e V, da Lei de Falências. **HS**
Gabarito "A".

4.3. Recuperação Judicial e Extrajudicial

(Juiz de Direito/AP – 2022 – FGV) Os advogados de doze sociedades empresárias integrantes de grupo econômico, todas em recuperação judicial, pleitearam ao juiz da recuperação, em nome de suas representadas, que fosse autorizada a consolidação dos ativos e passivos das devedoras, em unidade patrimonial, de modo que fossem tratados como se pertencessem a um único devedor.

Considerando-se a existência de parâmetros legais para análise e eventual deferimento do pedido, é correto afirmar que:

(A) a consolidação pretendida pelas recuperandas poderá ser apreciada pelo juiz após a homologação do pedido pela assembleia de credores, que deverá ser convocada em até trinta dias para deliberar exclusivamente sobre essa matéria;

(B) a consolidação dos ativos e passivos para fins de votação do plano único de recuperação judicial é medida excepcional e exclusiva para devedores integrantes do mesmo grupo econômico que estejam em recuperação judicial sob consolidação processual;

(C) o juiz está autorizado a assentir no pedido de consolidação de ativos e passivos das recuperandas apenas quando constatar a ausência de conexão entre eles e a separação patrimonial, de modo que seja possível identificar sua titularidade em cada uma das devedoras;

(D) dentre as hipóteses legais a serem verificadas e que autorizam o deferimento da consolidação de patrimônios de sociedades em recuperação judicial para efeito de votação de plano único, estão a inexistência de garantias cruzadas e a relação de controle ou de dependência entre as sociedades;

(E) para que seja autorizada a consolidação de ativos e passivos de sociedades em recuperação judicial integrantes de grupos econômicos deve ficar constatada, necessariamente, a identidade total ou parcial do quadro societário das devedoras e a atuação conjunta delas no mercado.

Comentário: A: incorreta. A consolidação substancial pode ser deferida pelo juiz independentemente de oitiva da assembleia-geral (art. 69-J da Lei de Falências); B: correta, nos termos do art. 69-J, *caput*, da Lei de Falências; C: incorreta. A consolidação processual pressupõe confusão de ativo e passivo das entidades devedoras, nos termos do art. 69-J, *caput*, da Lei de Falências; D: incorreta. A condição que autoriza a consolidação substancial é a **existência** de garantias cruzadas (art. 69-J, I, da Lei de Falências); E: incorreta. Tais hipóteses são alternativas, que devem ser cumuladas com a confusão patrimonial (art. 69-J, III e IV, da Lei de Falências). **HS**
Gabarito "B".

(Juiz de Direito/SP – 2021 – Vunesp) Acerca da disciplina constante na Lei no 11.101/2005, assinale a alternativa correta.

(A) O credor empresário deve demonstrar a regularidade das suas atividades para pedir a falência de terceiro.

(B) Todos os créditos existentes na data do pedido sujeitam-se à recuperação judicial.

(C) Os titulares de créditos sujeitos à recuperação, mas não afetados pelo plano de recuperação judicial, têm direito de votar na deliberação assemblear sobre a proposta.

(D) O descumprimento de obrigação assumida no plano de recuperação judicial ao longo do processo e a aprovação da desistência do devedor quanto ao pedido de recuperação judicial geram efeitos jurídicos similares.

Comentário: A: correta, nos termos do art. 97, §1º, da Lei de Falências; B: incorreta. Os créditos previstos no art. 49, §3º, da LF e os créditos tributários não são alcançados pela recuperação judicial; C: incorreta. Não há direito a voto nessa hipótese (art. 45 §3º, da LF); D: incorreta. O descumprimento de obrigação contida no plano gera a convolação da recuperação judicial em falência (art. 61, §1º, da LF), enquanto que a desistência do devedor quanto ao pedido gerará exclusivamente a extinção do processo. **HS**
Gabarito "A".

4. DIREITO EMPRESARIAL

(Juiz de Direito – TJ/MS – 2020 – FCC) De acordo com a atual redação da Lei 11.101/2005, o pedido de recuperação judicial, com base em plano especial para microempresas e empresas de pequeno porte,

(A) abrange exclusivamente os créditos quirografários.

(B) é obrigatório para as microempresas e facultativo para as empresas de pequeno porte.

(C) acarreta a suspensão das execuções movidas contra o devedor, ainda que fundadas em créditos não abrangidos pelo plano.

(D) dispensa a convocação de assembleia geral de credores para deliberar sobre o plano.

(E) só será julgado procedente se houver a concordância expressa de mais da metade dos credores sujeitos ao plano.

A: incorreta. São abrangidas todas as classes de crédito (art. 70, I, da LF); **B:** incorreta. O plano específico das ME e EPP é facultativo (art. 70 da LF); **C:** incorreta. Créditos não abrangidos pelo plano não terão suas execuções suspensas (art. 71, parágrafo único, da LF); **D:** correta, nos termos do art. 72 da LF; **E:** incorreta. O pedido é julgado procedente se não houver **recusa** expressa de credores que representem mais da metade de qualquer das classes sujeitas ao plano (art. 72, parágrafo único, da LF). HS

Gabarito "D".

(Juiz de Direito – TJ/RJ – 2019 – VUNESP) No que se refere à recuperação judicial, assinale a alternativa correta.

(A) A substituição de bem objeto de garantia real por outro de valor semelhante prescinde de aprovação expressa do credor titular da respectiva garantia.

(B) Nos créditos em moeda estrangeira, a variação cambial será substituída por parâmetros de indexação nacionais, em vigor na data do pedido.

(C) Estão sujeitos à recuperação judicial os créditos existentes na data do pedido, desde que vencidos.

(D) O crédito de promitente vendedor de imóvel cujo contrato contenha cláusula de irretratabilidade não se submeterá aos efeitos da recuperação judicial.

(E) Não estão sujeitas à recuperação judicial as importâncias entregues ao devedor, em moeda corrente nacional, decorrentes de adiantamento a contrato de câmbio para importação.

A: incorreta. É necessária a aprovação do credor com garantia real caso o plano de recuperação pretenda suprimi-la ou substituí-la (art. 50, § 1º, da Lei de Falências); **B:** incorreta. A variação cambial será conservada como parâmetro de indexação do crédito (art. 50, § 2º, da Lei de Falências); **C:** incorreta. Mesmo os créditos não vencidos estão sujeitos à recuperação judicial (art. 49 da Lei de Falências); **D:** correta, nos termos do art. 49, § 3º, da Lei de Falências; **E:** incorreta. As verbas excluídas da recuperação judicial são aquelas entregues por adiantamento de contrato de câmbio para **exportação** (art. 49, § 4º, c. c. art. 86, II, da Lei de Falências). HS

Gabarito "D".

(Juiz de Direito – TJ/AL – 2019 – FCC) Acerca da recuperação judicial, é correto afirmar:

(A) Conforme entendimento sumulado do STJ, a recuperação judicial do devedor principal impede, durante o prazo de cento e oitenta dias contados do deferimento do seu processamento, o prosseguimento das execuções ajuizadas contra terceiros devedores solidários

ou coobrigados em geral, por garantia cambial, real ou fidejussória.

(B) Conforme entendimento sumulado do STJ, o Juízo da recuperação judicial é competente para decidir sobre a constrição de quaisquer bens do devedor, ainda que não abrangidos pelo plano de recuperação da empresa.

(C) Depois de deferido o processamento da recuperação judicial, a desistência do pedido pelo devedor dependerá de aprovação da Assembleia Geral de Credores.

(D) Obtida maioria absoluta em todas as classes de credores, o plano de recuperação apresentado pelo devedor poderá ser modificado, independentemente do consentimento deste, desde que as modificações não impliquem diminuição dos direitos exclusivamente dos credores ausentes.

(E) As objeções formuladas pelos credores ao plano de recuperação, independentemente da matéria que versarem, serão resolvidas pelo Juiz, por decisão fundamentada, sendo admitida a convocação da Assembleia Geral de Credores somente nos casos que envolverem alienação de ativos do devedor ou supressão de garantias reais.

A: incorreta. A Súmula 581 do STJ diz o inverso, ou seja, a recuperação judicial não impede o prosseguimento das ações mencionadas; **B:** incorreta. A Súmula 480 do STJ afirma que "o juízo da recuperação judicial não é competente para decidir sobre a constrição de bens não abrangidos pelo plano de recuperação da empresa"; **C:** correta, nos termos do art. 52, §4º, da Lei de Falências; **D:** incorreta. As alterações sempre dependem de concordância do devedor e nunca podem prejudicar exclusivamente credores ausentes (art. 56, §3º, da Lei de Falências); **E:** incorreta. Havendo qualquer objeção ao plano, deverá o juiz convocar a assembleia-geral de credores (art. 56 da Lei de Falências). HS

Gabarito "C".

(Juiz de Direito – TJ/SC – 2019 – CESPE/CEBRASPE) Para recuperação judicial nos termos legais, as microempresas e as empresas de pequeno porte, assim definidas em lei, poderão apresentar plano especial de recuperação judicial, o qual

(A) deverá abranger todos os credores, sendo possível em qualquer hipótese a inclusão posterior dos credores não habilitados na recuperação judicial.

(B) não deverá abranger os créditos vincendos na data do pedido de recuperação judicial.

(C) deverá prever o parcelamento em até sessenta parcelas, iguais e sucessivas, atualizadas monetariamente, mas sem acréscimo de juros.

(D) deverá prever o pagamento da primeira parcela no prazo máximo de sessenta dias, contado da distribuição do pedido de recuperação judicial.

(E) não deverá acarretar a suspensão do curso da prescrição nem das ações e execuções por créditos não abrangidos pelo plano de recuperação judicial.

A: incorreta. Ficam excluídos os créditos decorrentes de repasses oficiais, os fiscais e os previstos nos §§3º e 4º do art. 49 da Lei de Falências (art. 71, I, da LF); **B:** incorreta. Também os créditos não vencidos se sujeitam ao plano (art. 71, I, da LF); **C:** incorreta. O parcelamento autorizado por lei se fará em 36 parcelas (art. 71, II, da LF); **D:** incorreta. O prazo máximo para pagamento da primeira parcela é de 180 dias (art. 71, III, da LF); **E:** correta, nos termos do art. 71, parágrafo único, da LF. HS

Gabarito "E".

HENRIQUE SUBI E ROBINSON BARREIRINHAS

(Juiz de Direito – TJ/RS – 2018 – VUNESP) Caio é sócio proprietário de uma empresa que fabrica móveis. Nos últimos cinco anos houve uma importante queda em seu faturamento, resultado do cenário econômico vivenciado em nosso país. Infelizmente, hoje sua empresa se encontra devedora de débitos trabalhistas, tributários e bancários. Para avaliação acerca da viabilidade de uma recuperação extrajudicial, é preciso saber que tipos de credores poderão ser atingidos pelo seu plano de recuperação. Assim, de acordo com o texto legal, são credores que possuem seus direitos preservados do plano de recuperação extrajudicial:

(A) credor titular da posição de fiduciário de bens móveis e imóveis, proprietários em contrato de venda sem reserva de domínio, credores de débitos trabalhistas, credores de débitos tributários e instituição financeira.

(B) credor titular da posição de proprietário fiduciário de bens móveis ou imóveis, de arrendador mercantil, proprietário em contrato de venda com reserva de domínio, credores trabalhistas e credores tributários.

(C) credor titular da posição de proprietário fiduciário de bens móveis ou imóveis, de arrendador mercantil, proprietário em contrato de venda com reserva de domínio, credores de débitos tributários e instituição financeira credora por adiantamento ao exportador.

(D) credor titular da posição de proprietário fiduciário de bens móveis ou imóveis, de arrendador mercantil, proprietário em contrato de venda com reserva de domínio; credores de débitos trabalhistas; e instituição financeira credora por adiantamento ao exportador.

(E) credor titular da posição de proprietário fiduciário de bens móveis ou imóveis, de arrendador mercantil, proprietário em contrato de venda com reserva de domínio; credores de débitos trabalhistas; credores de débitos tributários e instituição financeira credora por adiantamento ao exportador.

Nos termos do art. 161, § 1º, da Lei 11.101/2005, ficam excluídos da recuperação extrajudicial os créditos trabalhistas e decorrentes de acidente de trabalho, os tributários, o credor titular da posição de proprietário fiduciário de bens móveis ou imóveis, de arrendador mercantil e o proprietário em contrato de venda com reserva de domínio e instituição financeira credora por adiantamento de contrato de câmbio ao exportador. HS

Gabarito "E".

(Delegado – PC/BA – 2018 – VUNESP) Poderá requerer a recuperação judicial o devedor

(A) que, no momento do pedido, exerça regularmente suas atividades empresariais pelo período mínimo de seis meses.

(B) que obteve recuperação judicial anterior, desde que decorridos ao menos 2 anos da publicação da sentença concessiva desta.

(C) condenado por crimes falimentares, desde que decorridos ao menos 3 anos, bem como pelo cumprimento da penalidade imposta.

(D) falido, desde que estejam declaradas extintas, por sentença transitada em julgado, as responsabilidades decorrentes da falência.

(E) empresa pública ou sociedade de economia mista exercente de atividade econômica não sujeita ao regime de monopólio.

A: incorreta. O prazo mínimo de atividade é de 2 (dois) anos (art. 48, *caput*, da Lei 11.101/2005); **B:** incorreta. O lapso entre o pedido anterior de recuperação e o atual deve ser de no mínimo 5 anos (art. 48, II, da Lei 11.101/2005); **C:** incorreta. O condenado por crime falimentar, ainda que reabilitado, não faz jus à recuperação judicial (art. 48, IV, da Lei 11.101/2005); **D:** correta, nos termos do art. 48, I, da Lei 11.101/2005; **E:** incorreta. Empresas públicas e sociedades de economia mista são excluídas do regime jurídico falimentar (art. 2º, I, da Lei nº 11.101/2005). HS

Gabarito "D".

5. CONTRATOS EMPRESARIAIS

5.1. Arrendamento Mercantil / *Leasing*

Determinada sociedade empresária realizou, na qualidade de arrendadora, contrato de arrendamento mercantil financeiro com um particular, tendo havido o pagamento de diversas prestações mensais que, além do principal, incluíam também valor adiantado a título de valor residual garantido (VRG). Posteriormente, em razão de inadimplemento do arrendatário, a sociedade ajuizou ação de reintegração de posse do bem objeto do contrato.

(Promotor de Justiça/CE – 2020 – CESPE/CEBRASPE) Acerca dessa situação hipotética, assinale a opção correta, de acordo com a jurisprudência do STJ.

(A) A cobrança antecipada do valor residual garantido descaracteriza o contrato de arrendamento mercantil, portanto se trata de compra e venda à prestação, não sendo possível a retomada da posse pela arrendadora.

(B) Caso haja a retomada de posse direta do bem pela arrendadora, o total já pago a título de VRG deverá ser impreterivelmente devolvido, de forma integral, ao arrendatário.

(C) Caso haja a retomada de posse direta do bem pela arrendadora, o total já pago a título de VRG deverá ser parcialmente devolvido, tendo o arrendatário a garantia legal de receber, no mínimo, metade do valor adiantado, devidamente corrigido.

(D) Deferida a reintegração de posse e alienado o bem a terceiro, se a soma da importância antecipada a título de VRG com o valor da venda do bem ultrapassar o total do VRG previsto contratualmente, o arrendatário deverá receber a respectiva diferença, cabendo o desconto de outras despesas que tenham sido pactuadas contratualmente.

(E) Deferida a reintegração de posse e alienado o bem a terceiro, se a soma da importância antecipada a título de VRG com o valor da venda do bem ultrapassar o total do VRG previsto contratualmente, o arrendatário deverá receber a respectiva diferença, sendo vedado o desconto de outras despesas, ainda que tenham sido pactuadas contratualmente.

A questão cobra do candidato conhecimento sobre as súmulas do STJ que tratam do contrato de arrendamento mercantil (*leasing*). A única alternativa que corresponde à jurisprudência consolidada do Tribunal Superior é a letra "D", que deve ser assinalada, transcrição literal que é da Súmula 564 do STJ. HS

Gabarito "D".

5.2. Outros contratos e Questões Combinadas

(Juiz de Direito/SP – 2021 – Vunesp) Sobre o regime de franquia empresarial, é correto afirmar que

(A) em caso de sublocação pelo franqueador ao franqueado do ponto comercial onde se acha instalada a franquia, o valor do aluguel pago pelo franqueado não pode ser, em nenhuma hipótese, superior àquele pago pelo franqueado pela locação original do imóvel.

(B) caso o franqueado não receba a Circular de Oferta de Franquia no prazo legalmente estabelecido, poderá exigir devolução de todas e quaisquer quantias pagas ao franqueador a título de filiação, mas não de royalties.

(C) o foro competente para a solução de controvérsias relativas aos contratos de franquia é obrigatoriamente aquele da sede do franqueador.

(D) pode ser adotado por empresa privada, empresa estatal ou entidade sem fins lucrativos.

Comentário: A: incorreta. Excepcionalmente, é possível o pagamento de valor superior ao valor do aluguel original, conforme as hipóteses previstas no art. 3º, parágrafo único, da Lei nº 13.966/2019; B: incorreta. Os *royalties* também integram o pedido de devolução de valores pagos (art. 2º, §2º, da Lei nº 13.966/2019); C: incorreta. Não há qualquer previsão legal nesse sentido; D: correta, nos termos do art. 1º, §2º, da Lei nº 13.966/2019. HS
Gabarito: "D".

(Juiz de Direito/SP – 2021 – Vunesp) Sobre os seguintes contratos empresariais, é correto afirmar que

(A) no caso de transporte de coisas o transportador responde isoladamente perante o remetente pelo dano ocasionado no percurso que efetuou.

(B) salvo disposição expressa em contrário, deve o proprietário fiduciário vender a coisa a terceiros por leilão, hasta pública ou qualquer outra medida judicial.

(C) nas locações em shopping centers, o locador pode recusar a renovação se o imóvel vier a ser utilizado por ele.

(D) a concessão de venda de automóveis inclui, necessariamente, o uso gratuito de marca do concedente, como identificação.

Comentário: A: incorreta. Perante o remetente, a responsabilidade é solidária de todos os transportadores, ficando ressalvada a apuração da responsabilidade entre eles posteriormente (art. 756 do CC); B: incorreta. É possível a alienação direta a terceiros, independentemente de leilão, hasta pública ou alienação judicial (art. 2º do Decreto-lei nº 911/1969); C: incorreta. Tal hipótese é vedada pelo art. 52, §2º, da Lei nº 8.245/1991; D: correta, nos termos do art. 3º, III, da Lei nº 6.729/1979. HS
Gabarito: "D".

(Juiz de Direito/SP – 2021 – Vunesp) Assinale a alternativa correta.

(A) É obrigatória a cessão fiduciária em garantia de direitos creditórios do agronegócio em favor dos adquirentes do Certificado de Recebíveis do Agronegócio.

(B) A desídia do representante no cumprimento das obrigações decorrentes do contrato de representação comercial não constitui motivo justo para sua rescisão.

(C) A cláusula de opção de compra não é obrigatória no contrato de arrendamento mercantil.

(D) No contrato de comissão, em regra, o comissário responde objetivamente pela insolvência das pessoas com quem tratar.

Comentário: A: incorreta. A cessão fiduciária é facultativa (art. 41 da Lei nº 11.076/2004); B: incorreta. A desídia está prevista como justa causa para rescisão do contrato no art. 35, "a", da Lei nº 4.886/1965; C: incorreta. A cláusula de opção de compra é ínsita ao contrato de arrendamento mercantil (art. 5º, "c", da Lei nº 6.099/1974); D: incorreta, nos termos do art. 697 do CC. HS
Gabarito: ANULADA.

6. PROPRIEDADE INDUSTRIAL

Veja a seguinte tabela, com os requisitos de patenteabilidade e de registrabilidade, para estudo e memorização:

Requisitos de patenteabilidade de invenção e modelo de utilidade	
Novidade	não pode estar compreendida no estado da técnica, ou seja, não pode ter sido tornada acessível ao público antes do depósito do pedido de patente – art. 11 da LPI
Atividade inventiva	não pode simplesmente decorrer, para um técnico no assunto, de maneira evidente ou óbvia, do estado da técnica – art. 13 da LPI
Aplicação industrial	deve ser suscetível de aplicação industrial – art. 15 da LPI
Desimpedimento	não é patenteável aquilo que está listado no art. 18 da LPI

Requisitos para registro de desenho industrial	
Novidade	não pode estar compreendido no estado da técnica, ou seja, não pode ter sido tornado acessível ao público antes do depósito do pedido de registro – art. 96 da LPI
Originalidade	dele deve resultar uma configuração visual distintiva, em relação a outros objetos anteriores – art. 97 da LPI
Desimpedimento	não é registrável aquilo que está listado nos arts. 98 e 100 da LPI

Requisitos para registro de marca	
Novidade relativa	não pode ter sido previamente registrada (princípio da novidade) para a classe do produto ou do serviço (princípio da especificidade)
Não violação de marca notoriamente conhecida	não pode violar marca de alto renome ou notoriamente conhecida – arts. 125 e 126 da LPI
Desimpedimento	Não é registrável aquilo que está listado no art. 124 da LPI

(Juiz de Direito/SP – 2021 – Vunesp) Sobre a legislação brasileira de propriedade industrial, é correto afirmar que

(A) a patente de invenção e a de modelo de utilidade têm prazos de 15 e 20 anos, respectivamente, prorrogáveis por igual período.

(B) constituem violação do direito do titular da patente quaisquer atos a ela relativos praticados por terceiros não autorizados.

(C) microorganismos transgênicos não são patenteáveis ainda que preencham os requisitos de novidade, atividade inventiva e aplicação industrial.

(D) a licença compulsória de patente por interesse público não afasta a remuneração ao seu titular.

Comentário: A: incorreta. O prazo das patentes é improrrogável; B: incorreta. O art. 43 da Lei de Propriedade Industrial autoriza determinados atos de terceiros sem que isso implique violação ao direito de patente; C: incorreta. A patenteabilidade dos microoganismos transgênicos está prevista no art. 18, III, da LPI; D: correta, nos termos do art. 71, §§12 e 13, da LPI. HS

Gabarito "D".

(Juiz de Direito – TJ/MS – 2020 – FCC) Considere as seguintes proposições acerca da propriedade industrial:

I. Não são patenteáveis o todo ou parte dos seres vivos, com exceção dos microrganismos transgênicos que atendam aos requisitos legais de patenteabilidade e que não sejam mera descoberta.

II. À pessoa de boa-fé que, antes da data de depósito ou de prioridade de pedido de patente, explorava seu objeto no País, será assegurado o direito de continuar a exploração, sem ônus, na forma e condição anteriores.

III. Se dois ou mais autores tiverem realizado a mesma invenção ou modelo de utilidade, de forma independente, o direito de obter patente será assegurado àquele cuja invenção ou criação for mais antiga, independentemente da data do depósito.

IV. Quando se tratar de invenção ou de modelo de utilidade realizado conjuntamente por duas ou mais pessoas, a patente somente poderá ser requerida por todas elas, em conjunto, vedado o requerimento individual.

V. É patenteável a invenção que atenda aos requisitos de novidade e atividade inventiva, ainda que desprovida de aplicação industrial.

De acordo com a atual redação da Lei 9.279/1996, está correto o que se afirma APENAS em

(A) I e II.

(B) I e III.

(C) II e IV.

(D) III e V.

(E) IV e V.

I: correta, nos termos do art. 10, IX, da Lei 9.279/1996; II: correta, nos termos do art. 45 da Lei 9.279/1996; III: incorreta. A prioridade é concedida conforme a data do depósito do pedido (art. 7º da Lei 9.279/1996); IV: incorreta. É possível o requerimento individual (art. 6º, § 3º, da Lei 9.279/1996); V: incorreta. A aplicação industrial é requisito de patenteabilidade (art. 8º da Lei 9.279/1996). HS

Gabarito "A".

(Juiz de Direito – TJ/RS – 2018 – VUNESP) De acordo com o artigo 11 da Lei no 9.279/96 (Lei de Propriedade Industrial), a invenção e o modelo de utilidade são considerados novos quando não compreendidos no estado da técnica.

Assinale a alternativa que corresponde ao conceito legal de estado da técnica.

(A) O estado da técnica é constituído por tudo aquilo tornado acessível ao público antes da data de depósito do pedido de patente, por descrição escrita ou oral, por

uso ou qualquer outro meio, no Brasil ou no exterior, ressalvado o disposto nos arts. 12, 16 e 17.

(B) O estado da técnica é constituído por tudo aquilo tornado acessível ao público antes da data de depósito do pedido de patente, por descrição escrita ou oral, por uso ou qualquer outro meio, no Brasil, ressalvado o disposto nos arts. 12, 16 e 17.

(C) O estado da técnica é constituído por tudo aquilo tornado acessível ao público antes da data de depósito do pedido de patente, por descrição escrita ou oral, por uso ou qualquer outro meio, no exterior, ressalvado o disposto nos arts. 12, 16 e 17.

(D) O estado da técnica é constituído por tudo aquilo tornado acessível ao público após a data de depósito do pedido de patente, por descrição escrita ou oral, por uso ou qualquer outro meio, no Brasil ou no exterior, ressalvado o disposto nos arts. 12, 16 e 17.

(E) O estado da técnica é constituído por tudo aquilo tornado acessível ao público antes da data de depósito do pedido de patente, por descrição escrita ou oral, no Brasil ou no exterior, ressalvado o disposto nos arts. 12, 16 e 17.

O conceito legal do estado da técnica está previsto no art. 11, § 1º, da Lei 9.279/1996: é constituído por tudo aquilo tornado acessível ao público antes da data de depósito do pedido de patente, por descrição escrita ou oral, por uso ou qualquer outro meio, no Brasil ou no exterior, ressalvado o disposto nos arts. 12, 16 e 17 HS

Gabarito "A".

(Juiz – TJ-SC – FCC – 2017) São patenteáveis:

(A) as descobertas, teorias científicas e métodos matemáticos.

(B) os microrganismos transgênicos que atendam aos requisitos de novidade, atividade inventiva e aplicação industrial, e que não sejam mera descoberta.

(C) as obras literárias, arquitetônicas, artísticas e científicas e qualquer criação estética.

(D) as técnicas cirúrgicas e métodos terapêuticos e de diagnóstico para aplicação no corpo animal, mas não no corpo humano.

(E) apenas as invenções que atendam os requisitos de novidade, atividade inventiva e aplicação industrial.

A, C e D: incorretas. Tais coisas não se consideram invenções, portanto não são patenteáveis (art. 10, I, IV e VIII, da Lei 9.279/96, respectivamente); B: correta, nos termos do art. 18, III, parte final, da Lei 9.279/96; E: incorreta. Os modelos de utilidade também são patenteáveis (art. 9º da Lei 9.279/96). HS

Gabarito "B".

(Juiz – TRF 2ª Região – 2017) Sociedade empresária obteve, em 2010, o registro da marca "*Lord Ello*", para assinalar produtos que, mais tarde, tencionava fabricar. Devido a critérios internos, a fabricação foi adiada e a marca não foi usada. Em 2017, outra pessoa jurídica estuda adotar idêntico designativo, para assinalar produtos da mesma classe e do mesmo segmento consumidor. Indique a opção correta:

(A) Como o registro foi deferido à anterior requerente, o uso legítimo da marca, por outrem, exige licença, certo que, dentro dos dez anos de proteção inicial, é indiferente a falta de uso.

(B) Em regra, a falta de uso implica, após o prazo previsto em lei, nulidade absoluta do registro.

(C) A falta de uso pode gerar a anulação do registro, se decorrente de capricho ou de intuito de especulação, mas a invalidade não ocorre quando a abstenção é oriunda de critérios lógicos, como, no caso, prioridades mercadológicas da fabricante.

(D) A falta de uso pode implicar caducidade do registro, decorrido o prazo previsto em lei, desde que as anuidades não sejam pagas.

(E) Em princípio, afigura-se presente, no caso, hipótese de caducidade da marca, apta a ser requerida pela sociedade que apresenta interesse em adotá-la e pronunciada pelo Instituto Nacional de Propriedade Industrial.

Correta a alternativa E, que deve ser assinalada. Trata-se de hipótese de caducidade do registro da marca, situação que determina a extinção do direito de propriedade intelectual caso a marca não seja explorada economicamente após 5 (cinco) anos de sua concessão (arts. 142, III, e 143 da Lei 9.279/1996). Anota-se que a caducidade é pronunciada ainda que as retribuições anuais estejam sendo pagas corretamente. **HS**

Gabarito "E".

7. TEMAS COMBINADOS E OUTROS TEMAS

(Juiz de Direito/AP – 2022 – FGV) Decretada a liquidação extrajudicial de cooperativa de crédito por ato da Presidência do Banco Central do Brasil, o liquidante verificou a prática de vários atos fraudulentos por parte de ex-diretores da cooperativa, com dano inequívoco ao acervo em liquidação e aos credores. Munido de vasta documentação e balanços patrimoniais atualizados, o liquidante ajuizou ação revocatória em face de ex-diretores perante o juízo da Vara Única da Comarca de Calçoene, lugar do principal estabelecimento.

Ao receber a petição inicial, o juiz do processo, corretamente:

(A) indeferiu de plano a petição, com fundamento na impossibilidade jurídica de falência de sociedade cooperativa, pois não seria possível ajuizamento de revocatória sem decretação prévia da falência;

(B) acatou a petição, porém determinou sua emenda para regularizar a representação no polo ativo da relação processual, que deveria ser ocupado exclusivamente pelo Banco Central;

(C) acatou a petição, dando seguimento ao processo, por considerar que tem competência para o julgamento e que estão presentes o interesse processual do liquidante e sua legitimidade *ad causam*;

(D) indeferiu a petição inicial e extinguiu o processo sem resolução de mérito, por entender que a anulação dos atos imputados aos ex-diretores deveria se dar em processo administrativo, cabendo seu julgamento ao Banco Central do Brasil, por estar a cooperativa em liquidação extrajudicial;

(E) determinou que fosse dado baixa na distribuição e os autos fossem remetidos à Justiça Federal de Macapá para redistribuição, pois a competência seria da Justiça Federal em razão da natureza jurídica de autarquia do Banco Central, que deveria ser litisconsorte ativo.

Comentário: A: incorreta. As cooperativas de crédito se equiparam a instituições financeiras, portanto é possível a decretação de sua falência se atendidos aos requisitos legais previstos na legislação especial (no caso, a Lei nº 6.024/1974). O art. 2º, inciso II, da Lei de Falências traz hipóteses de **exclusão relativa** do regime falimentar, ou seja, situações nas quais não se aplica a falência originariamente, mas ela pode ser invocada em situações específicas; B: incorreta. O Banco Central autoriza o liquidante a pedir a falência, logo não ocupará aquele o polo ativo da demanda (art. 21, "b", da Lei nº 6.024/1974); C: correta, nos termos do art. 34 da Lei nº 6.024/1974; D e E: incorretas, conforme comentários anteriores. **HS**

Gabarito "C".

(Delegado der Polícia Federal – 2021 – CESPE) Quatro amigos trabalham juntos há dez anos com a compra e a venda de carros usados. A sociedade não tem registro em junta comercial. Seu funcionamento ocorre em um imóvel de propriedade de Geraldo, sócio que assina todos os contratos da sociedade. A sede é mobiliada com itens de propriedade comum de todos e dispõe de espaço para a exposição de veículos, os quais são comprados pelos quatro sócios conjuntamente, para posterior venda a terceiros. Recentemente, eles passaram a enfrentar dificuldades negociais e problemas financeiros, razão por que os credores começaram a ajuizar ações e fazer cobranças.

Considerando essa situação hipotética, julgue os itens a seguir.

(1) Os sócios em questão respondem solidária e ilimitadamente com seu patrimônio pessoal pelas dívidas da sociedade.

(2) Nessa situação, para tentar superar a fase crítica, os sócios podem pedir a recuperação judicial da empresa.

(3) Geraldo poderá pleitear que a execução de seu imóvel particular por dívidas da sociedade ocorra somente após a execução dos bens sociais.

1: Certo. Trata-se de sociedade em comum, irregular porque não registrou seus atos constitutivos na Junta Comercial. Assim, uma das sanções previstas em lei para essa irregularidade é o fato de todos os sócios responderem solidária e ilimitadamente pelas obrigações sociais (art. 990 do Código Civil). **2:** Errado. A recuperação judicial só é acessível ao empresário ou à sociedade empresária regulares e com mais de 2 (dois) anos de registro na Junta Comercial, ao teor do art. 48, *caput*, da Lei 11.101/2005. **3.** Errado. Na situação hipotética apresentada, Geraldo é o sócio que contrata pela sociedade, pois assina os contratos que representam os negócios jurídicos celebrados por ela. Assim, não tem direito ao benefício de ordem e é executado juntamente com a pessoa jurídica, nos termos do art. 990, parte final, do Código Civil. **HS**

Gabarito 1C, 2E, 3E

(Promotor de Justiça/CE – 2020 – CESPE/CEBRASPE) Acerca de associações, habilitação de crédito na falência, recuperação judicial e títulos de crédito, julgue os itens a seguir, de acordo com a jurisprudência do STJ.

I. A regra do Código Civil que prevê a responsabilidade subsidiária dos sócios de sociedade simples, caso os bens da sociedade não lhe cubram as dívidas, aplica-se às associações civis.

II. Em razão de sua natureza alimentar, os créditos decorrentes de honorários advocatícios se equiparam aos trabalhistas para efeito de habilitação em falência.

III. É legítima a cláusula de plano de recuperação judicial que suspenda protesto apenas em relação à sociedade empresária em recuperação, sob a condição resolutiva do cumprimento do plano de recuperação, mas que mantenha ativo o protesto existente em relação a coobrigado.

IV. A mera vinculação de nota promissória a contrato de abertura de crédito não é apta a retirar a autonomia do referido título cambial.

Estão certos apenas os itens

(A) I e II.

(B) I e IV.

(C) II e III.

(D) I, III e IV.

(E) II, III e IV.

I: incorreta. Não há aplicação subsidiária das normas das sociedades simples às associações; **II:** correta, correta, nos termos da tese firmada pelo STJ no julgamento do Tema 637 dos Recursos Repetitivos; **III:** correta, nos termos da tese firmada pelo STJ no julgamento do Tema 885 dos Recursos Repetitivos; **IV:** incorreta. A jurisprudência consolidada do STJ, divulgada no Informativo Jurisprudência em Teses 56, entende que a vinculação de nota promissória a contrato de abertura de crédito retira sua autonomia, mas não a executoriedade. **HS**

Gabarito "C".

(Promotor de Justiça/SP – 2019 – MPE/SP) Assinale a alternativa correta.

(A) Se o alienante não permanecer com bens suficientes para pagamento dos credores, a eficácia do trespasse dependerá do pagamento dos credores ou do consentimento de todos eles de forma expressa.

(B) O endosso é um ato cambiário que transfere a titularidade do crédito e vincula o endossatário ao pagamento do valor contido no título, na qualidade de coobrigado.

(C) Aquele que pretende renovar seu contrato de locação empresarial deve propor ação renovatória no interregno de um ano, no máximo, até seis meses, no mínimo, anteriores à data de finalização do prazo do contrato em vigor, sob pena de prescrição da ação.

(D) Pelo contrato de distribuição, uma pessoa assume, em caráter não eventual e sem vínculos de dependência, a obrigação de promover, à conta de outra, mediante retribuição, a realização de certos negócios, em zona determinada, tendo à sua disposição a coisa a ser negociada.

(E) A duplicata mercantil é título de aceite obrigatório e somente poderá ser recusado em caso de desistência do negócio por parte do comprador, no prazo de 15 dias após a entrega das mercadorias.

A: incorreta. A concordância pode ser tácita (art. 1.145 do CC); **B:** incorreta. Quem se vincula como coobrigado é o endossante. Endossatário é novo credor do título, é quem recebe o endosso; **C:** incorreta. O prazo é decadencial (art. 51, § 5º, da Lei 8.245/1991); **D:** correta, nos termos do art. 710 do CC; **E:** incorreta. O aceite da duplicata pode ser recusado em caso de avaria ou não recebimento das mercadorias, quando não expedidas ou não entregues por sua conta e risco; vícios, defeitos e diferenças na qualidade ou quantidade das mercadorias, devidamente comprovados; ou divergência nos prazos ou nos preços ajustados (art. 8º da Lei 5.474/1968). **HS**

Gabarito "D".

(Juiz de Direito – TJ/AL – 2019 – FCC) Por conta do comprometimento da sua situação econômica, o Banco XPTO, instituição financeira que operava regularmente há mais de dez anos, teve decretada sua liquidação extrajudicial. Nesse caso, de acordo com a Lei n. 6.024/1974,

(A) em caso de dolo ou culpa grave, os administradores do banco responderão com seus bens, subsidiariamente à instituição financeira liquidanda, pelas obrigações por ela assumidas durante sua gestão, até que se cumpram.

(B) a decretação da liquidação extrajudicial não produzirá, de imediato, o vencimento antecipado das obrigações do banco; porém, em caso de falência, o valor das dívidas da instituição financeira será apurado retroativamente à data do decreto de liquidação.

(C) a liquidação extrajudicial será executada por liquidante nomeado pelo Presidente da República, que poderá cometer a indicação a um dos seus Ministros; não havendo nomeação do liquidante no prazo de trinta dias contado da data do decreto de liquidação, a nomeação deverá ser feita pelo Presidente do Banco Central do Brasil.

(D) o liquidante do banco somente poderá requerer a falência deste quando houver fundados indícios de crimes falimentares, mediante prévia consulta ao Banco Central do Brasil.

(E) os administradores do banco ficarão com todos os seus bens indisponíveis, ressalvadas as exceções legais, não podendo, por qualquer forma, direta ou indireta, aliená-los ou onerá-los, até apuração e liquidação final de suas responsabilidades.

A: incorreta. A responsabilidade independe de dolo ou culpa grave (art. 40 da Lei 6.024/1974); **B:** incorreta. Trata-se de efeito imediato da liquidação (art. 18, "b", da Lei 6.024/1974); **C:** incorreta. A nomeação compete ao Banco Central do Brasil (art. 16 da Lei 6.024/1974); **D:** incorreta. Também poderá pedir a falência quando o ativo da instituição liquidanda não for suficiente para cobrir pelo menos metade do valor dos créditos quirografários (art. 21, "b", da Lei 6.024/1974); **E:** correta, nos termos do art. 36 da Lei 6.024/1974. **HS**

Gabarito "E".

(Juiz de Direito – TJ/SC – 2019 – CESPE/CEBRASPE) Para os efeitos da Lei Complementar 123/2006, observados os limites de receita bruta e os demais requisitos legais, consideram-se como microempresas, além da sociedade empresária,

(A) a sociedade por ações, as cooperativas de consumo e o empresário.

(B) a sociedade simples, a empresa individual de responsabilidade limitada e o empresário.

(C) a sociedade simples, a empresa individual de responsabilidade limitada e as cooperativas que não sejam de consumo.

(D) a empresa individual de responsabilidade limitada, o empresário e as cooperativas que não sejam de consumo.

(E) a sociedade simples, a sociedade por ações e o empresário.

A sociedade por ações e as cooperativas, exceto as de consumo, não podem ser enquadradas como microempresa (art. 3º, § 4º, VI e X, da Lei Complementar 123/2006). **HS**

Gabarito "B".

4. DIREITO EMPRESARIAL 171

(Promotor de Justiça – MPE/RS – 2017) Assinale a alternativa correta quanto ao Direito de Empresa.

(A) Pedro cedeu as quotas que titularizava na sociedade simples que integrava, com a anuência dos demais sócios, em instrumento de alteração contratual datado de 10/05/2015 e averbado na junta comercial em 12/09/2015. No instrumento constou que o cedente responderia pelas obrigações sociais no prazo legal. Em 14/08/2016, a sociedade ajuizou ação de cobrança contra Pedro, buscando o ressarcimento da quantia de R$10.501,00 (dez mil quinhentos e um reais), relativa a uma dívida trabalhista. Pedro alegou haver decadência, tendo sido acolhida essa preliminar.

(B) O empresário individual casado precisa da outorga conjugal para alienar bens imóveis que integram o patrimônio da empresa.

(C) Podemos dizer que pelo menos duas características fundamentais das sociedades cooperativadas são: o capital social variável ou ausente e a ilimitação de um mínimo e limitação do máximo de membros da administração da pessoa jurídica.

(D) No título à ordem, o endossatário de endosso em branco não pode mudá-lo para endosso em preto. Mantida a omissão da nomeação do novo credor, o documento ganha as características de um título ao portador, transmissível por mera tradição.

(E) A empresa GAH Ltda. foi constituída em 25/05/2002 tendo como sócios G. Galvão, P. Andrade e E. Hamilton. A decretação da falência ocorreu em 23/02/2007. Pela prática dos crimes previstos na Lei de Falências, insculpidos nos artigos 168 e 173, os sócios foram denunciados, sem a instauração de inquérito judicial, tendo a inicial sido recebida em 10/03/2011. A defesa alegou haver prescrição da ação pelo decurso de mais de dois anos, fato que restou afastado.

A: incorreta, em relação especificamente à decadência, pois o alienante das cotas responde solidariamente com o cessionário, perante a sociedade e terceiros, pelas obrigações que tinha como sócio, pelo prazo de dois anos contados da averbação da modificação do contrato (no caso, até setembro de 2017) – art. 1.003, parágrafo único, do CC; **B:** incorreta, pois a outorga é inexigível, qualquer que seja o regime de bens, conforme o art. 978 do CC; **C:** incorreta, pois há um mínimo de sócios, que é o número necessário para compor a administração da cooperativa, mas não há número máximo – art. 1.094, I e II, do CC; **D:** incorreta, pois o endossatário de endosso em branco (i) pode mudá-lo para endosso em preto, completando-o com o seu nome ou de terceiro, (ii) pode endossar novamente o título, em branco ou em preto, ou (iii) pode transferi-lo sem novo endosso – art. 913 do CC; **E:** correta, pois, nos termos do art. 182 da LF, o prazo prescricional corre a partir do dia da decretação da falência (23/02/2007), sendo ele de 12 anos, no caso do crime previsto no art. 168 da LF (c/c art. 109, III, do CP) e de 8 anos, no caso do crime do art. 173 da LF(c/c art. 109, IV, do CP). RB

Gabarito "E".

(Delegado/GO – 2017 – CESPE) Durante a instrução de determinado processo judicial, foi comprovada falsificação da escrituração em um dos livros comerciais de uma sociedade limitada, em decorrência da criação do chamado "caixa dois". A sentença proferida condenou pelo crime apenas o sócio com poderes de gerência.

A respeito dessa situação hipotética, assinale a opção correta.

(A) A conduta praticada pelo sócio constitui crime falimentar.

(B) Na situação, configura-se crime de falsificação de documento público.

(C) Sendo o diário e o livro de registro de atas de assembleia livros obrigatórios da sociedade citada, a referida falsificação pode ter ocorrido em qualquer um deles.

(D) Em decorrência da condenação criminal, o sócio-gerente deverá ser excluído definitivamente da sociedade.

(E) O nome do condenado não pode ser excluído da firma social, que deve conter o nome de todos os sócios, seguido da palavra "limitada".

A: incorreta. A conduta não se encontra entre as figuras típicas da Lei 11.101/2005; **B:** correta, nos termos do art. 297, § 2°, do Código Penal; **C:** incorreta. Não se faz "caixa dois" pelo livro de registro de atas de assembleia, porque, como o nome sugere, ele se presta unicamente a consolidar as atas das deliberações dos sócios; **D:** incorreta. Não há qualquer obrigação legal nesse sentido. Somente não pode ser administrador de sociedade (art. 1.011, § 1°, do CC), mas poderá ser sócio; **E:** incorreta. Não há qualquer óbice à exclusão do nome da firma social, a qual, é bom lembrar, pode ser composta somente pelo nome de um ou alguns dos sócios, seguido da partícula "& Cia.". HS

Gabarito "B".

5. DIREITO AGRÁRIO

Henrique Subi e Paula Morishita*

1. CONTRATOS AGRÁRIOS

(Procurador/PA – CESPE – 2022) No que tange aos contratos agrários, julgue os seguintes itens.

I. Nos contratos agrários, o regime jurídico das benfeitorias é idêntico ao dos contratos de locação de prédio urbano.

II. A alienação ou a imposição de ônus real ao imóvel rural não interrompe a vigência dos contratos de parceria rural ou de arrendamento rural.

III. Em um contrato de arrendamento rural com pluralidade de arrendatários, o direito de perempção pode ser exercido por qualquer um deles relativamente à sua fração ideal, independentemente do exercício desse direito pelos demais arrendatários.

IV. Consoante os termos da Lei n.º 4.947/1966, os contratos agrários são regulados por princípios próprios, diferentes, portanto, daqueles que disciplinam os contratos de direito comum.

V. O arrendamento rural e a parceria rural são contratos agrários típicos.

Estão errados os itens

(A) I, II e III.

(B) III, IV e V.

(C) I, IV e V.

(D) II, III e IV.

(E) I, III e IV.

Item **I** correto, os regimes jurídicos previstos no Código Civil são os mesmos do Estatuto da Terra e no Decreto 59.566/66. Item **II** incorreto, pois não observa o previsto no art. 92, § 5º do ET: § 5º A alienação ou a imposição de ônus real ao imóvel rural não interrompe a vigência dos contratos de arrendamento ou de parceria ficando o adquirente sub-rogado nos direitos e obrigações do alienante. Item **III** incorreta, se o imóvel rural estiver sendo explorado por mais de um arrendatário, o direito de preempção só poderá ser exercido para aquisição da área total. Item **IV** incorreto, de acordo com o art. 13, da Lei 4.947/66: Os contratos agrários regulam-se pelos princípios gerais que regem os contratos de Direito comum, no que concerne ao acordo de vontade e ao objeto (...). Item **V** correto, como são regulados pela Lei 4.504/64, são típicos. **PM**
Gabarito "D".

(Procurador do Estado – PGE/MT – FCC – 2016) Os contratos agrários, segundo a Lei Federal nº 4.947, de 06 de abril de 1966,

(A) regulam-se pelos princípios gerais que regem os contratos administrativos.

(B) estabelecem proteção social e econômica aos arrendantes.

(C) regulam-se pelos princípios gerais que regem os contratos de direito comum no que concerne ao acordo de vontade e ao objeto.

(D) admitem a renúncia do arrendatário ou do parceiro não proprietário de direitos ou vantagens estabelecidos em leis ou regulamentos.

(E) são considerados, por si só, títulos executivos extrajudiciais dotados de preferência executória.

A: incorreta. Os princípios aplicáveis aos contratos agrários são os mesmos do direito privado (art. 13 da Lei 4.947/1966); **B:** incorreta. As normas visam a proteger os arrendatários (art. 13, V, da Lei 4.947/1966); **C:** correta, nos termos do art. 13, "caput", da Lei 4.947/1966; **D:** incorreta. A proibição à renúncia de direitos pelos arrendatários e parceiros está expressa no art. 13. IV, da Lei 4.947/1966; **E:** incorreta. Não há qualquer preferência prevista na legislação. (Complementando: - **STJ**: Os contratos de direito agrário são regidos tanto por elementos de direito privado como por normas de caráter público e social, de observação obrigatória e, por isso, irrenunciáveis, tendo como finalidade precípua a proteção daqueles que, pelo seu trabalho, tornam a terra produtiva e dela extraem riquezas, conferindo efetividade à função social da propriedade. -STJ: Nos contratos agrários, é proibida a cláusula de renúncia à indenização pelas benfeitorias necessárias e úteis, sendo nula qualquer disposição em sentido diverso). **PM**
Gabarito "C".

(Procurador do Estado – PGE/MT – FCC – 2016) O direito de propriedade de bem imóvel rural:

(A) é absoluto, não se submetendo a qualquer tipo de controle estatal.

(B) deve ser exercido de acordo com sua função social, que se traduz na obrigação de repartição do ganho auferido com a produção do imóvel rural.

(C) não se relaciona com a função social da propriedade rural.

(D) encontra seu contorno jurídico estabelecido pela função social da propriedade.

(E) deve priorizar a propriedade coletiva.

A: incorreta. Toda propriedade deve atender a sua função social (art. 5º, XXIII, da CF). No caso dos imóveis rurais, isso implica o atendimento de padrões mínimos, dentre outros, de produtividade e respeito ao meio ambiente (art. 186 da CF) e também está presente na ordem econômica (Art. 170, III, CF); **B:** incorreta. Tal preceito não se inclui dentre aqueles listados como parte da função social da propriedade rural no art. 186 da CF; **C:** incorreta, nos termos do comentário à alternativa "A"; **D:** correta, nos termos dos arts. 5º, XXIII, e 186 da CF; **E:** incorreta. Não há qualquer determinação legal ou constitucional nesse sentido. **PM**
Gabarito "D".

2. USUCAPIÃO ESPECIAL RURAL

(Magistratura/GO – 2015 – FCC) Antonio é proprietário de um imóvel urbano, mas ganha a vida como agricultor familiar em um imóvel rural de 30 hectares. Todos os dias, dirige-se, com sua família, a este imóvel rural para cultivá-lo

---

* **HS** Henrique Subi
  PM Paula Morishita

e com isto garantir o sustento de todos. Antonio ajuizou ação pretendendo adquirir a propriedade do imóvel rural comprovando que exerce posse, sem oposição, com *animus domini*, por cinco anos ininterruptos. A ação deverá ser

(A) extinta, sem resolução de mérito, diante da ilegitimidade de parte no polo ativo.

(B) julgada procedente.

(C) julgada improcedente.

(D) julgada parcialmente procedente.

(E) extinta, sem resolução de mérito, diante da impossibilidade jurídica do pedido.

A ação intentada por Antonio é **improcedente**, porque a usucapião especial rural somente será deferida a quem não for proprietário de nenhum outro imóvel, seja urbano ou rural (art. 191 da CF e art. 1.239 do CC). Perceba que, no caso proposto, haverá análise de mérito – a satisfação ou não dos requisitos da usucapião. Não se trata, pois, de extinção sem resolução do mérito por impossibilidade jurídica do pedido, porque este é possível de ser apresentado ao Judiciário (a usucapião especial urbana existe no ordenamento jurídico). PM
Gabarito "C."

3. AQUISIÇÃO E USO DA PROPRIEDADE E DA POSSE RURAL

(Procurador/PA – CESPE – 2022) João tem a posse e a propriedade de um imóvel rural devidamente titulado há 10 anos, demarcado e registrado no cartório de imóveis da comarca de Altamira – PA. Certo dia, seu vizinho, Silva, com a intenção de aumentar a própria propriedade, fazendo uso da força, destruiu as cercas que protegiam a propriedade de João e invadiu o imóvel deste, tomando posse de parte dessa propriedade. João, inconformado com atitude de Silva, ajuizou ação de interdito proibitório no juízo da Vara Agrária de Altamira – PA.

Tendo como referência essa situação hipotética, julgue os itens subsequentes.

I. A ação proposta por João está equivocada, pois, ao tempo do ajuizamento da demanda, havia ocorrido o esbulho possessório.

II. A escolha do juízo da Vara Agrária de Altamira para o ajuizamento da referida ação foi incorreta.

III. Silva usucapiu a área que invadiu e poderá alegar isso em sua contestação.

Assinale a opção correta.

(A) Nenhum item está certo.

(B) Apenas o item I está certo.

(C) Apenas o item II está certo.

(D) Apenas os itens I e III estão certos.

(E) Apenas os itens II e III estão certos.

Item **II** correto, como o caso não se trata de ação possessória coletiva ou de desapropriação para fins de reforma agrária, não é necessário que o ajuizamento seja feito em varas agrárias. PM
Gabarito "C."

(Procurador do Estado – PGE/PA – UEPA – 2015) A respeito das regras constitucionais sobre aquisição e arrendamento de imóvel rural, julgue as afirmativas abaixo.

I. A alienação ou a concessão, a qualquer título, de terras públicas com área superior a dois mil e quinhentos hectares a pessoa física ou jurídica, ainda que por interposta pessoa, dependerá de prévia aprovação do Congresso Nacional, exceto quando destinada a reforma agrária.

II. O título de domínio ou de concessão de uso referente a imóvel rural decorrente de reforma agrária será inegociável pelo prazo de dez anos.

III. O título de domínio e a concessão de uso será conferido ao homem ou à mulher, ou a ambos, independentemente do estado civil, nos termos e condições previstos em lei, demonstrada a convivência por prazo superior a doze meses.

IV. A aquisição ou o arrendamento de propriedade rural por pessoa física ou jurídica estrangeira será estabelecida em lei complementar e, em qualquer hipótese, dependerá de autorização do Congresso Nacional.

A alternativa que contém todas as afirmativas corretas é:

(A) I e III.

(B) II e III.

(C) III e IV.

(D) I e IV.

(E) I e II.

I: correta, nos termos do art. 188, § 1º, da CF; **II:** correta, nos termos do art. 189 da CF; **III:** incorreta. Não há exigência de prazo na convivência (art. 189, parágrafo único, da CF); **IV:** incorreta. Somente dependem de autorização do Congresso Nacional os casos estabelecidos na lei, que não precisa ser lei complementar (art. 190 da CF). HS
Gabarito "E."

(Defensor/PA – 2015 – FMP) Assinale a alternativa CORRETA.

(A) Nenhum imóvel rural, com área superior a 25 hectares, pode ser adquirido por usucapião, sem prova de que a sua posse foi produtiva e de boa-fé durante o tempo previsto para esse tipo de aquisição da propriedade.

(B) Para fins de reforma agrária, a possibilidade de vistoria de imóvel rural, seja ele de domínio público ou privado, para ser efetivada, tem de considerar se o mesmo foi, ou não, objeto de esbulho possessório anterior de caráter coletivo.

(C) De acordo com o ordenamento jurídico brasileiro sobre imóveis rurais, só é reconhecido como propriedade familiar, aquele cuja exploração econômica alcance renda suficiente apenas para a sobrevivência da família.

(D) Só é considerada média a propriedade rural aquela cuja área não seja inferior a 20 nem superior a 35 hectares.

(E) A Constituição do Estado do Pará, entre o Ministério Público do Estado e a Defensoria Pública, dá preferência a esta, para a defesa dos direitos dos índios.

A: incorreta. Imóveis rurais acima de 25ha estão sujeitos à usucapião ordinária e extraordinária, as quais não dependem da comprovação de produtividade (arts. 1.238 e 1.242 do CC); **B:** correta, nos termos do art. 2º, § 6º, da Lei 8.629/1993; **C:** incorreta. O conceito de propriedade familiar exige que a exploração do imóvel alcance a subsistência da família e seu progresso social e econômico (art. 4º, II, do Estatuto da Terra – Lei 4.504/1964); **D:** incorreta. A média propriedade rural é aquela compreendida entre 4 e 15 módulos fiscais (art. 4º, III, *a*, da Lei 8.629/1993); **E:** incorreta. A defesa dos direitos e interesses dos índios cabe ao Ministério Público (art. 300, § 5º, da Constituição do Estado do Pará). HS
Gabarito "B."

5. DIREITO AGRÁRIO

4. DESAPROPRIAÇÃO PARA A REFORMA AGRÁRIA

(Procurador/PA – CESPE – 2022) No que tange à desapropriação de imóvel rural para fins de reforma agrária, assinale a opção correta.

(A) É prescindível instruir a petição inicial em que se requer a desapropriação com o ato normativo declaratório de interesse social para fins de reforma agrária publicado no Diário Oficial da União.

(B) As transferências de imóveis desapropriados para fins de reforma agrária por interesse social são isentas apenas dos impostos federais.

(C) De acordo com a legislação de regência, no processo seletivo de indivíduos e famílias para projeto de assentamento pelo Programa Nacional de Reforma Agrária, terão primazia, na ordem de preferência do lote em que se situe a sede do imóvel, aqueles que trabalham como assalariados no imóvel desapropriado.

(D) Em caso de desapropriação amigável, é possível a anulação da sentença homologatória da avença, por meio de ação popular, quando caracterizada afronta ao princípio da moralidade pública.

(E) Compete aos estados-membros desapropriar, por interesse social, para fins de reforma agrária, o imóvel rural que não esteja cumprindo sua função social, por meio de prévia e justa indenização materializada em títulos da dívida agrária.

Alternativa **A** incorreta de acordo com a LC 76/93 que dispõe sobre o processo de desapropriação de imóvel rural e prevê em seu art. 5º, I: A petição inicial, além dos requisitos previstos no Código de Processo Civil, conterá a oferta do preço e será instruída com os seguintes documentos: I – texto do decreto declaratório de interesse social para fins de reforma agrária, publicado no Diário Oficial da União. Alternativa **B** incorreta, a Lei 8.629/93, art. 26, prevê que: "São isentas de impostos federais, estaduais e municipais, inclusive do Distrito Federal, as operações de transferência de imóveis desapropriados para fins de reforma agrária, bem como a transferência ao beneficiário do programa". Alternativa **C** incorreta, pois o art. 19, I, da Lei 8.629/93 observa uma ordem de preferência, e em primeiro lugar encontra-se o desapropriado e não assalariados, conforme segue: "Art. 19. O processo de seleção de indivíduos e famílias candidatos a beneficiários do Programa Nacional de Reforma Agrária será realizado por projeto de assentamento, observada a seguinte ordem de preferência na distribuição de lotes: I – ao desapropriado, ficando-lhe assegurada a preferência para a parcela na qual se situe a sede do imóvel, hipótese em que esta será excluída da indenização devida pela desapropriação". Alternativa **D** correta, conforme REsp n. 906.400/SP, relator Ministro Castro Meira, Segunda Turma, julgado em 22/5/2007, DJ de 1/6/2007, p. 370. 1. A ação popular é via própria para obstar acordo judicial transitado em julgado em que o cidadão entende ter havido dano ao erário. Precedentes da Primeira e Segunda Turma. 2. Recurso especial provido. Alternativa **E** incorreta, pois compete à União e não aos estados-membros, é o que prevê o art. 184 da CF. PM
Gabarito "D".

(Procurador do Estado – PGE/PA – UEPA – 2015) Sobre reforma agrária, é correto afirmar que:

(A) a legislação estadual pode estabelecer modelos próprios de assentamento rural, a serem criados com base na desapropriação por interesse social, para fins de reforma agrária, prevista no artigo 184 da Constituição Federal.

(B) a falta de identidade entre a área declarada de interesse social para fins de desapropriação para reforma agrária e a área onde residem as famílias a serem beneficiadas pelo assentamento impede a desapropriação.

(C) a vistoria prévia prevista no artigo 2º, § 2º, da Lei 8629/1993, decorrência do devido processo legal, incide em qualquer desapropriação que venha a ser intentada pela autarquia agrária, mesmo nos casos de desapropriação por necessidade ou utilidade pública.

(D) a invasão de imóvel rural de domínio particular, após regularmente realizada a vistoria prévia pela autarquia agrária, não impede a desapropriação para fins de reforma agrária.

(E) para fins do disposto no artigo 2º, § 2º, da Lei 8629/1993, entende-se regular e eficaz a notificação recebida diretamente pelo proprietário do imóvel, sendo mera irregularidade a ausência da indicação da data do recebimento.

A: incorreta. O STF, no julgamento do RE 496.861 AgR, afastou a competência dos Estados nesta hipótese; **B:** incorreta. No julgamento do MS 26.192, o STF assentou o entendimento que a falta de identidade entre a área declarada de interesse social e a área onde residem as famílias não impede a iniciativa estatal; **C:** incorreta. No mesmo julgamento mencionado no comentário à alternativa anterior, o STF atestou que a vistoria prévia é dispensada nas desapropriações por interesse, necessidade ou utilidade públicos; **D:** correta, nos termos do entendimento do STF: A invasão ou esbulho ocorrido em imóvel rural após a vistoria pelo INCRA não é causa que impede a desapropriação (STF, MS 24.984). Já o STJ na Súmula 354 entende que: A invasão do imóvel é causa de suspensão do processo expropriatório para fins de reforma agrária; **E:** incorreta. 1. As Cortes superiores têm entendido que a notificação prévia no procedimento de desapropriação por interesse social, exigida pela Lei n. 8.629/93 (art. 2º, § 2º), é formalidade essencial, configurando, a sua ausência, ofensa direta aos princípios do contraditório e da ampla defesa. *Precedentes.(...) (STJ - AgRg no REsp 1389365/PR, Rel. Ministro HUMBERTO MARTINS, SEGUNDA TURMA, julgado em 16/06/2015, DJe 25/06/2015).* PM
Gabarito "D".

(Promotor de Justiça/SC – 2016 – MPE)

(1) Prevê a Constituição da República que os beneficiários da distribuição de imóveis rurais pela reforma agrária receberão títulos de domínio ou de concessão de uso, inegociáveis pelo prazo de 15 (quinze) anos. A lei deverá regular e limitar a aquisição ou o arrendamento de propriedade rural por pessoa física ou jurídica estrangeira, devendo estabelecer os casos que dependerão de autorização do Congresso Nacional.

1: errada. Os títulos de domínio ou concessão de uso serão inegociáveis pelo prazo de 10 (dez) anos, nos termos do art. 189 da Constituição Federal. HS
Gabarito 1E

(Magistratura/GO – 2015 – FCC) Joaquim é proprietário de um imóvel rural cortado por diversos cursos d'água com 150 hectares integralmente utilizados para o plantio de soja. Joaquim ganhou prêmio de produtor rural do ano, diante da alta produtividade de seu imóvel rural. Segundo a Constituição da República, seu imóvel rural

(A) cumpre com sua função social, visto que contribui de forma expressiva para o desenvolvimento econômico da região.

(B) cumpre sua função social, diante de sua alta produtividade.

(C) cumpre sua função social, uma vez que se trata de uma propriedade com uso econômico.

(D) não cumpre com sua função social, diante da ausência de preservação do meio ambiente.

(E) não cumpre com sua função social, visto que seu aproveitamento, sob o ponto de vista econômico, não é racional e adequado.

A existência de cursos d'água na propriedade indica que devem ser respeitadas as áreas de preservação permanente compostas pelas matas ciliares (art. 4°, I, da Lei 12.651/2012). Ao dedicar a integralidade do imóvel ao cultivo de soja, portanto, a propriedade de Joaquim **não cumpre** sua função social por lhe faltar a proteção do meio ambiente como componente (art. 186, II, da CF). HS

Gabarito "D".

(DPE/PE – 2015 – CESPE) No que se refere ao direito agrário, julgue os itens que se seguem.

(1) Conforme a jurisprudência do STF, o conceito de propriedade rural equivale ao conceito de imóvel rural.

(2) De acordo com a jurisprudência do STJ, a presença da União na ação de usucapião especial, não afasta a competência do foro da situação do imóvel, de modo que, se não existir vara federal no referido foro, o processamento do feito caberá à justiça estadual.

1: incorreta. Com efeito, o Supremo Tribunal Federal já sedimentou entendimento de que o imóvel rural está associado à noção de unidade de exploração econômica voltada ao desenvolvimento de atividades agrárias, podendo ser formado por uma ou mais propriedades rurais. A propriedade rural é que está relacionada à matrícula única definida. O imóvel pode ser formado por mais de uma matrícula, inclusive de proprietários diferentes, desde que digam respeito a áreas contínuas e contíguas que estejam exploradas de forma singular (STF, MS 24.488, *DJ* 03.06.2005); **2:** incorreta de acordo com o gabarito, contudo, a Súmula 11 do STJ foi superada. O art. 4°, § 1° da Lei n° 6.969/81, que autorizava a competência da Justiça Estadual, perdeu fundamento constitucional com a nova redação do art. 109, § 3° da CF/88 que foi alterado pela EC 103/2019. Assim, se a União, entidade autárquica ou empresa pública federal intervir na ação de usucapião especial, essa demanda terá que ser julgada pela Justiça Federal. PM

Gabarito 1E, 2E

5. TERRAS DEVOLUTAS

(Magistratura/GO – 2015 – FCC) A destinação de terras devolutas

(A) com mais de 2.500 hectares será feita a qualquer pessoa, independentemente de prévia aprovação do Congresso Nacional.

(B) será compatibilizada com a política agrícola e com o plano nacional de reforma agrária.

(C) poderá ser compatibilizada com o plano municipal de reforma agrária.

(D) não necessita ser compatibilizada com a política agrícola, pois está vinculada ao plano nacional de reforma agrária.

(E) seguirá a ordem cronológica de inscrição dos Municípios.

A: incorreta. Terras públicas, onde se incluem as terras devolutas, com mais de 2.500ha dependem de aprovação prévia do Congresso Nacional para serem alienadas ou concedido seu uso, salvo se destinadas para

a reforma agrária, nos termos dos arts. 49, XVII, e 188, §§ 1° e 2°, da CF; **B:** correta, nos termos do art. 188 da CF; **C:** incorreta. As terras devolutas pertencem à União (art. 20, II, da CF) ou aos Estados (art. 26, IV, da CF); **D:** incorreta. As terras devolutas devem ser compatibilizadas com a política agrícola e não estão automaticamente vinculadas ao plano nacional de reforma agrária (art. 188 da CF); **E:** incorreta, nos termos do comentário à alternativa "C". As terras devolutas não estão compreendidas no patrimônio dos Municípios. HS

Gabarito "B".

6. TERRAS INDÍGENAS E QUILOMBOLAS

(Procurador/PA – CESPE – 2022) A respeito de terras indígenas, julgue os próximos itens.

I. A terra indígena não é apenas o espaço ocupado pelos índios, mas também todo o espaço necessário para a sobrevivência de sua cultura.

II. A Fundação Nacional do Índio é impedida de investigar e demarcar terras indígenas em área onde exista propriedade particular devidamente registrada no competente cartório de imóveis.

III. Conforme preceitua a Constituição Federal de 1988, aos estados-membros pertence a propriedade das terras indígenas não situadas em área de domínio da União.

IV. A demarcação de terras indígenas tem efeito constitutivo, por isso, somente a partir dela, é possível exigir da União o dever de proteger as terras indígenas da ação, por exemplo, de garimpeiros.

Assinale a opção correta.

(A) Apenas o item I está certo.

(B) Apenas o item II está certo.

(C) Apenas os itens I e III estão certos.

(D) Apenas os itens II e IV estão certos.

(E) Apenas os itens III e IV estão certos.

Item **I** correto, pois é o que prevê o art. 231, § 1°, CF. Item **II** errado, as terras indígenas são inalienáveis e indisponíveis, conforme art. 231, § 4°, CF. Item **III** errado, são bens da União de acordo com o art. 20, XI, CF. Item **IV** errado, a demarcação não é constitutiva, pois o reconhecimento do direito dos índios sobre as terras foi previsto pela Constituição Federal de acordo com a presença indígena nas terras. PM

Gabarito "A".

(Procurador/PA – CESPE – 2022) O art. 68 do Ato das Disposições Constitucionais Transitórias da Constituição Federal de 1988 assegura aos remanescentes das comunidades dos quilombos que estejam ocupando suas terras o reconhecimento à propriedade definitiva. Quanto aos direitos dos remanescentes das comunidades dos quilombos, julgue os itens subsecutivos.

I. O art. 68 do Ato das Disposições Constitucionais Transitórias introduziu, no plano político e jurídico nacional, um direito de propriedade a uma categoria coletiva.

II. A Constituição do Estado do Pará estabeleceu o prazo de um ano após sua promulgação para que o estado reconhecesse e emitisse o título de propriedade aos remanescentes das comunidades dos quilombos.

III. Em 2018, com o julgamento da Ação Direta de Inconstitucionalidade 3239/DF, o Supremo Tribunal Federal julgou constitucionalmente ilegítima a adoção da autoatribuição como critério de determinação da identidade quilombola.

Assinale a opção correta.

(A) Apenas o item I está certo.

(B) Apenas o item III está certo.

(C) Apenas os itens I e II estão certos.

(D) Apenas os itens II e III estão certos.

(E) Todos os itens estão certos.

Item I correto de acordo com o art. 68, ADCT. Item II correto: Art. 322, CE/PA: Aos remanescentes das comunidades dos quilombos que estejam ocupando suas terras, é reconhecida a propriedade definitiva, devendo o Estado emitir-lhes títulos respectivos no prazo de um ano, após promulgada esta Constituição. Item III incorreto: ADI 3239-DF 8. Constitucionalmente legítima, a adoção da autoatribuição como critério de determinação da identidade quilombola, além de consistir em método autorizado pela antropologia contemporânea, cumpre adequadamente a tarefa de trazer à luz os destinatários do art. 68 do ADCT, em absoluto se prestando a inventar novos destinatários ou ampliar indevidamente o universo daqueles a quem a norma é dirigida. O conceito vertido no art. 68 do ADCT não se aparta do fenômeno objetivo nele referido, a alcançar todas as comunidades historicamente vinculadas ao uso linguístico do vocábulo quilombo. Adequação do emprego do termo "quilombo" realizado pela Administração Pública às balizas linguísticas e hermenêuticas impostas pelo texto-norma do art. 68 do ADCT. Improcedência do pedido de declaração de inconstitucionalidade do art. 2º, § 1º, do Decreto 4.887/2003." PM
Gabarito "C".

(Procurador do Estado – PGE/MT – FCC – 2016) São terras tradicionalmente ocupadas pelos índios:

(A) as por eles habitadas em caráter permanente, as utilizadas para suas atividades produtivas, as imprescindíveis à preservação dos recursos ambientais necessários a seu bem-estar e as necessárias à sua reprodução física e cultural, segundo seus usos, costumes e tradições.

(B) as por eles habitadas em caráter permanente ou provisório, as utilizadas para suas atividades produtivas, as imprescindíveis à preservação dos recursos ambientais necessários a seu bem-estar e as necessárias à sua reprodução física e cultural, segundo seus usos, costumes e tradições.

(C) apenas aquelas por eles utilizadas para suas atividades produtivas e para moradia.

(D) as por eles habitadas em caráter provisório e as utilizadas para suas atividades produtivas.

(E) as terras declaradas por portaria da Fundação Nacional do Índio.

Nos termos do art. 231, § 1º, da CF, são terras tradicionalmente ocupadas pelos índios "as por eles habitadas em caráter permanente, as utilizadas para suas atividades produtivas, as imprescindíveis à preservação dos recursos ambientais necessários a seu bem-estar e as necessárias a sua reprodução física e cultural, segundo seus usos, costumes e tradições." HS
Gabarito "A".

(Procurador do Estado – PGE/MT – FCC – 2016) Aos remanescentes das comunidades dos quilombos que estejam ocupando suas terras é:

(A) reconhecida a posse definitiva, devendo o Estado emitir-lhes os títulos respectivos.

(B) reconhecida a propriedade definitiva, devendo o Estado emitir-lhes os títulos respectivos.

(C) reconhecida a propriedade individual de cada família, devendo o Estado criar programas de incentivo para a aquisição onerosa do título de propriedade.

(D) reconhecida a propriedade, impondo-se às famílias a criação de uma associação para promover a aquisição, a título oneroso, do território.

(E) assegurado o direito de preferência na aquisição do território.

O art. 68 do ADCT garante aos remanescentes dos antigos quilombos que estejam ocupando suas terras a propriedade definitiva, cabendo ao Estado emitir-lhes os respectivos títulos. HS
Gabarito "B".

(Procurador do Estado – PGE/PA – UEPA – 2015) A respeito de demarcação de terras indígenas, julgue as afirmativas abaixo.

I. O STF, quanto ao alcance da decisão proferida no julgamento do caso Raposa Serra do Sol e a aplicação das condicionantes ali fixadas, firmou o entendimento de que a decisão é dotada de força vinculante, em sentido técnico e, assim, os fundamentos adotados pela Corte se estendem, de forma automática, a outros processos em que se discuta matéria similar.

II. O STF entende que o marco temporal previsto no art. 67 do ADCT, ao estabelecer o prazo de cinco anos para demarcação das terras indígenas, é decadencial, por se tratar de um prazo programático para conclusão de demarcações de terras indígenas dentro de um período razoável.

III. No entendimento do STF, a demarcação administrativa, homologada pelo Presidente da República, é ato estatal que se reveste da presunção relativa de legitimidade e de veracidade, revestida de natureza declaratória e força autoexecutória

IV. Entende o STF que a atuação complementar de Estados e Municípios em terras já demarcadas como indígenas será feita em cooperação com a União, mas sob a liderança desta, coadjuvado pelos próprios índios, suas comunidades e organizações.

A alternativa que contém todas as afirmativas corretas é:

(A) I e III.

(B) II e III.

(C) III e IV.

(D) I e IV.

(E) I e II.

I: incorreta. O STF rechaçou a força vinculante da decisão adotada na Petição 3388 no julgamento de um dos embargos de declaração contra ela opostos; II: incorreta. Trata-se, segundo o STF, de "prazo programático para conclusão de demarcações de terras indígenas dentro de um período razoável" (RMS 26.212); III: correta, nos termos do item 3.3 do acórdão da Petição 3388 (Raposa Serra do Sol), replicando o antes já publicado aresto do RE 183.188); IV: correta, nos termos do item 6 do acórdão da Petição 3388. HS
Gabarito "C".

(Procurador do Estado – PGE/PA – UEPA – 2015) A respeito de demarcação de terras indígenas, julgue as afirmativas a seguir, segundo a jurisprudência do Supremo Tribunal Federal.

I. A data da promulgação da Constituição Federal é referencial do marco temporal para verificação da existência da comunidade indígena, bem como da efetiva e formal ocupação fundiária pelos índios e que não se perde onde, em 5 de outubro de 1988, a reocupação apenas não ocorreu por efeito de renitente esbulho por parte de não índios.

II. Há compatibilidade entre o usufruto de terras indígenas e faixa de fronteira, o que permite a instalação de equipamentos públicos, tais como postos de vigilância, batalhões, companhias e agentes da Polícia Federal ou das Forças Armadas, sem precisar de licença de quem quer que seja para fazê-lo.

III. A configuração de terras tradicionalmente ocupadas pelos índios, nos termos do art. 231, § 1º, da Constituição Federal, já foi pacificada pelo Supremo Tribunal Federal, com a edição da Súmula 650, que dispõe: os incisos I e XI do art. 20 da Constituição Federal não alcançam terras de aldeamentos extintos, ainda que ocupadas por indígenas em passado remoto.

IV. Pode a União, para ampliação de terra indígena, efetuar a desapropriação de imóveis particulares, com o pagamento de justa e prévia indenização ao seu legítimo proprietário.

V. A ampliação de área indígena já demarcada será possível, sem necessidade de desapropriação, desde que comprovado que o espaço geográfico objeto da ampliação constituía terra tradicionalmente ocupada pelos índios quando da promulgação da Constituição Federal de 1988.

A alternativa que contém todas as afirmativas corretas é:

(A) I, II, III, IV e V.

(B) II, III e IV.

(C) III, IV e V.

(D) I, II e IV.

(E) I, II e V.

I: correta, nos termos do item 11.2 do acórdão da Petição 3388 (Raposa Serra do Sol); II: correta, nos termos do item 17 do mesmo julgado; III: correta, nos termos da Súmula 650 do STF; IV: correta, nos termos do acórdão do RMS 29.087; V: correta, nos termos do item 12 do acórdão da ACO 312. HS

Gabarito "A".

7. OUTROS TEMAS E TEMAS COMBINADOS

(Procurador/PA – CESPE – 2022) Durante a colonização portuguesa no Brasil, teve início o processo histórico da legislação agrária brasileira. Inicialmente, por meio das capitanias hereditárias e das sesmarias, a coroa portuguesa, com maior preocupação em ocupar o território e assegurar a sua conquista, deixou de formular uma lei que melhor ordenasse a distribuição das terras, contribuindo, assim, decisivamente, para formação das grandes propriedades e, concomitantemente, para um sistema caótico de ordenamento espacial. Apenas em 1850 criou-se a Lei n.º 601, conhecida como Lei de Terras, que pretendia, entre outros objetivos, disciplinar o acesso à terra e apresentar critérios com relação aos direitos e deveres dos proprietários de terra. Essa lei

(A) vedou expressamente a reserva de terras devolutas para a colonização de povos indígenas, mesmo que estes, à época da promulgação da lei, ocupassem áreas assim definidas, fazendo ali sua morada habitual e cultivando lavouras.

(B) introduziu, no direito brasileiro, o princípio de acesso e distribuição de terra ao cultivador direto e pessoal que não tenha condições de adquiri-la onerosamente, princípio esse que, na Constituição Federal de 1988, é o vetor da política pública de reforma agrária nacional.

(C) classificou como terras devolutas, entre outras, aquelas dadas pelo governo ao particular, por sesmarias, e as que não se achassem sob domínio de particular por qualquer outro título legítimo.

(D) expressamente admitiu o leilão de terras devolutas situadas nos limites do Império Português com países estrangeiros em uma zona de dez léguas, com o fito de defender o território nacional.

(E) surgiu quando o tráfico negreiro passou a ser proibido em terras brasileiras. Assim, simultaneamente, ex-escravos e estrangeiros, diante das dificuldades para se tornarem senhores de terra, acabaram por formar uma mão de obra assalariada do campo, o que contribuiu para a manutenção da concentração fundiária.

Alternativa **A** incorreta, pois o Art. 12 da Lei de Terras prevê: "*O Governo reservará das terras devolutas as que julgar necessárias: 1º, para a colonisação dos indigenas; 2º, para a fundação de povoações, abertura de estradas, e quaesquer outras servidões, e assento de estabelecimentos publicos: 3º, para a construção naval.*" Alternativa **B** incorreta, com a Lei de Terras ficaram proibidas as aquisições de terras por outro título que não seja o de compra. Alternativa **C** incorreta, as terras dadas pelo governo ao particular por sesmarias não estão no conceito de terras devolutas de acordo com o que dispõe o art. 3º da Lei de Terras. Alternativa **D** incorreta, de acordo com o art. 1º da Lei de Terras, foi autorizada a concessão gratuita das terras devolutas nos limites do Império. Alternativa E correta, a Lei de Terras surgiu logo após o governo imperial criminalizar o tráfico negreiro no Brasil por meio da Lei Euzébio de Queiroz. Desta forma, com o fim da importação de escravos, incentivou-se a utilização da mão de obra assalariada dos imigrantes europeus, então, com a Lei de Terras, os lotes passaram a ser mercadoria de alto custo, não acessíveis aos ex-escravos, imigrantes ou trabalhadores livres. PM

Gabarito "E".

(Procurador/PA – CESPE – 2022) Quanto à regularização fundiária de imóveis rurais e não rurais em terras públicas no estado do Pará, regulamentada pela Lei estadual n.º 8.878/2019, julgue os itens a seguir.

I. Para ser considerada a existência de agricultura familiar ou empreendimento familiar, a área utilizada pelo detentor, a qualquer título, não poderá ter mais que 50 hectares de área útil.

II. As ocupações de terras públicas rurais no estado do Pará poderão ser regularizadas por pessoa física ou jurídica mediante compra, sempre precedida de licitação.

III. As ocupações de terras públicas rurais no estado do Pará poderão ser regularizadas mediante doação para agricultores familiares, desde que comprovada atividade agrária pelo prazo mínimo de um ano, além de atendidos os demais requisitos estabelecidos na Lei estadual n.º 8.878/2019.

Assinale a opção correta.

(A) Apenas o item II está certo.

(B) Apenas o item III está certo.

(C) Apenas os itens I e II estão certos.

5. DIREITO AGRÁRIO   179

(D) Apenas os itens I e III estão certos.

(E) Todos os itens estão certos.

Item I incorreto, Lei estadual 8.878/19, Art. 5º Para os efeitos desta Lei entende-se por: I – agricultor familiar ou empreendimento familiar rural: aquele que pratica atividades no meio rural, atendendo, simultaneamente, aos seguintes requisitos: a) não detenha, a qualquer título, área maior do que 100 (cem) hectares de área útil e ocupação consolidada. Item II incorreto, Lei estadual 8.878/19: Art. 10. As ocupações de terras públicas rurais poderão ser regularizadas por pessoa física ou jurídica mediante a compra direta, por dispensa de licitação. Item III correto, é o que prevê o art. 12 e seus incisos da Lei estadual n.º 8.878/2019. PM
Gabarito "B".

(Procurador do Estado – PGE/MT – FCC – 2016) A posse agrária originária:

(A) está presente nos contratos agrários de arrendamento.

(B) está presente nos contratos agrários de parceria.

(C) não se diferencia da posse civil.

(D) acarretará a perda da propriedade pela desapropriação para fins de reforma agrária, se exercida com um dos vícios da posse.

(E) gera a aquisição da propriedade por meio da usucapião especial rural.

A e B: incorretas. Posse agrária originária é aquela que não decorre de outra anterior, como na usucapião. Posses adquiridas por meio de contratos são classificadas como derivadas; **C**: incorreta. A posse civil tem caráter individual, bastando o exercício de qualquer dos poderes inerentes ao domínio (art. 1.196 do CC). Já a posse agrária tem caráter social e econômico, porque demanda o exercício de atividades agrárias na propriedade, assim entendidas como aquelas destinadas a aumentar seu aproveitamento econômico; **D**: incorreta. Como já dito, a posse agrária originária é aquela que não decorre de outra, pela qual o possuidor exerce atividade agrária na propriedade. Se há aproveitamento racional e adequado do imóvel rural, não há que se falar em desapropriação para fins de reforma agrária; **E**: correta, consoante todos os comentários anteriores. HS
Gabarito "E".

(Procurador da República –28º Concurso – 2015 – MPF) Identificada e reconhecida a área tradicionalmente ocupada por uma comunidade quilombola, verifica-se que parte da área compreende imóveis registrados em nome de particulares.

Qual das afirmativas e correta:

(A) São nulos e extintos, não produzindo efeitos jurídicos, os atos que tenham por objeto o domínio das terras ocupadas por povos e comunidades tradicionais.

(B) A identificação, reconhecimento, delimitação, demarcação e titulação da terra ocupada pelos remanescentes da comunidade quilombola cabem, em âmbito federal, a Fundação Cultural Palmares, vinculada ao Ministério da Cultura.

(C) A inscrição cadastral e a expedição de certidão dos remanescentes dessa comunidade como quilombolas cabem ao Instituto Nacional de Colonização e Reforma Agrária – INCRA, vinculado ao Ministério do Desenvolvimento Agrário.

(D) O procedimento para identificação, reconhecimento, delimitação, demarcação e titulação da propriedade definitiva da área prevê que inclusive para a medição das terras sejam levados em consideração critérios de territorialidade indicados pelos próprios remanescentes da comunidade.

A: incorreta. Não está de acordo com a CF/88, art. 231, § 6º: "São nulos e extintos, não produzindo efeitos jurídicos, os atos que tenham por objeto a ocupação, o domínio e a posse das terras a que se refere este artigo, ou a exploração das riquezas naturais do solo, dos rios e dos lagos nelas existentes, ressalvado relevante interesse público da União, segundo o que dispuser lei complementar, não gerando a nulidade e a extinção direito a indenização ou a ações contra a União, salvo, na forma da lei, quanto às benfeitorias derivadas da ocupação de boa fé."; **B**: incorreta. A atribuição é do INCRA, vinculado ao Ministério do Desenvolvimento Agrário (art. 3º do Decreto 4.887/2003); **C**: incorreta. A atribuição é da Fundação Cultural Palmares (art. 3º, § 4º, do Decreto 4.887/2003); **D**: correta, nos termos do art. 2º, § 3º, do Decreto 4.887/2003. PM
Gabarito "D".

(Defensor/PA – 2015 – FMP) Assinale a alternativa CORRETA.

(A) Pelo princípio constitucional de autonomia dos Estados da Federação brasileira, o Estado do Pará tem competência para desapropriar imóveis rurais para fins de reforma agrária.

(B) A transferência de domínio ao posseiro de terras devolutas federais só pode ser feita mediante concessão do direito real de uso.

(C) É suficiente para a desapropriação de latifúndio rural, visando à implementação da política de reforma agrária, perícia comprobatória de GEE (grau de eficiência na exploração da terra) inferior ao que ele pode e deveria produzir.

(D) Para a implementação da política pública de reforma agrária, a lei determina seja ela executada, preferentemente, sobre terras de domínio público.

(E) Antes da transferência de domínio registrada no Ofício de Imóveis, nenhum cadastrado beneficiário da política de reforma agrária, poderá se imitir na posse do imóvel rural à qual foi administrativamente reconhecido como habilitado.

A: incorreta. A competência para desapropriação de imóveis para fins de reforma agrária é exclusiva da União (art. 184 da CF); **B**: incorreta. Como o próprio nome sugere, a concessão de direito real de uso **não transfere** o domínio (propriedade) do imóvel, apenas o direito ao seu uso (Art. 99, ET); **C**: incorreta. Não perderá a classificação de propriedade produtiva o imóvel que, por razões de força maior, caso fortuito ou de renovação de pastagens tecnicamente conduzida, devidamente comprovados pelo órgão competente, deixar de apresentar, no ano respectivo, os graus de eficiência na exploração exigidos (art. 6º, § 7º, da Lei 8.629/1993); **D**: correta, nos termos do art. 13 da Lei 8.629/1993; **E**: incorreta. A imissão na posse se dará com o despacho do juiz que receber a petição inicial da ação de desapropriação (art. 6º da LC 76/1993). PM
Gabarito "D".

(Defensor/PA – 2015 – FMP) Assinale a alternativa CORRETA.

(A) A Constituição do Estado do Pará inclui as atividades pesqueiras no planejamento agrícola do Estado.

(B) A comprovada união estável entre homem e mulher não os legitima, mesmo que exerçam composse sobre imóvel rural por tempo e condições previstos em lei, a requerer, em conjunto, aquisição de imóvel rural por meio de usucapião.

(C) Pelo fato de o imóvel rural arrendado ter sido alienado, isso não confere direito ao adquirente de ficar sub-rogado nos direitos e obrigações do alienante.

(D) Florestas naturais e matas nativas não integram o valor da indenização devida ao proprietário do imóvel rural desapropriado para fins de reforma agrária.

(E) Os privilégios da Fazenda Pública, em matéria de cobrança de créditos, via execução judicial, não se estendem ao INCRA.

A: correta, nos termos do art. 239, § 2º, da Constituição do Estado do Pará; **B:** incorreta. O art. 183, §1º, CF/88 e o art. 1.240, § 1º, do CC garantem a concessão da usucapião ao homem, à mulher ou a ambos, independentemente do estado civil; **C:** incorreta. A alienação do imóvel não interrompe os efeitos do arrendamento rural, de forma que o adquirente se sub-roga nos direitos do alienante (art. 15 do Decreto 59.566/1966); **D:** incorreta. Tais áreas estão expressamente incluídas no preço da terra pelo art. 12, § 2º, da Lei 8.629/1993; **E:** incorreta. O STJ já pacificou a concessão ao INCRA dos privilégios processuais da Fazenda Pública (REsp 295.437/RR). PM

Gabarito "A".

(Defensor/PA – 2015 – FMP) Assinale a alternativa CORRETA.

(A) Sem legitimação de posse de imóvel rural do domínio público paraense, documentada previamente, não é possível ao Estado conceder o uso desse imóvel a qualquer interessado.

(B) Para se identificar o imóvel rural como pequena propriedade, basta a prova de que a sua área esteja compreendida entre um e quatro módulos fiscais.

(C) Em se tratando de aquisição de imóvel rural por meio de usucapião, a suspensão da posse tem o efeito de o prazo legalmente previsto para esse tipo de aquisição de propriedade ter de recomeçar a ser contado a partir da data em que cessou a suspensão.

(D) O ordenamento jurídico brasileiro não reconhece posse agrária situada no meio urbano.

(E) A política pública de reforma agrária pode ser implementada independentemente da política agrícola.

A: incorreta. O art. 241 da Constituição do Estado do Pará não traz qualquer exigência nesse sentido; **B:** correta de acordo com o gabarito, contudo, o art. 4º, II, *a*, da Lei 8.629/1993 foi alterado pela Lei 13.465/17 e a nova redação prevê: *de área* até *quatro módulos fiscais, respeitada a fração mínima de parcelamento*; **C:** incorreta. Se a posse não for contínua, o prazo deverá ser contado do zero a partir do restabelecimento daquela; **D:** incorreta. Há posse agrária no meio urbano quando o imóvel agrário, assim definido pelo critério da utilização (art. 4º, I, da Lei 8.629/1993), encontra-se na zona urbana do Município, definida pelo critério da localização; **E:** incorreta, porque afronta o disposto no art. 187, § 2º, da CF. PM

Gabarito "B".

6. DIREITO PENAL

Arthur Trigueiros e Eduardo Dompieri*

1. CONCEITO, FONTES E PRINCÍPIOS

(Delegado/RJ – 2022 – CESPE/CEBRASPE) Ao assumir a titularidade da Delegacia de certo município no interior do estado do Rio de Janeiro, o delegado Tibúrcio percebe a existência de um inquérito policial instaurado para a investigação de crime de sonegação tributária de imposto municipal. Verifica, ainda, que o valor sonegado é ínfimo, embora haja a incidência de multa e juros. Assim, o Delegado passa a deliberar sobre a possível incidência do princípio da insignificância.

Nessa situação hipotética, para chegar à conclusão correta, o delegado deverá considerar que, consoante a jurisprudência do STF e do STJ, o princípio da insignificância

(A) tem aplicabilidade restrita aos tributos federais, não alcançando os estaduais e municipais, pois não há regulamentação regional ou local possível sobre seus parâmetros, uma vez que só a União pode legislar sobre matéria penal.

(B) é aplicável aos tributos de todos os entes federativos, desde que haja norma estadual ou municipal estabelecendo os parâmetros de aferição, considerados os juros e a multa.

(C) é aplicável aos tributos de todos os entes federativos, tendo como parâmetro os limites em que a União não executa seus créditos fiscais, desconsiderados os juros e a multa.

(D) é aplicável aos tributos de todos os entes federativos, tendo como parâmetro os limites em que a União não executa seus créditos fiscais, considerados os juros e a multa.

(E) é aplicável aos tributos de todos os entes federativos, desde que haja norma estadual ou municipal estabelecendo os parâmetros de aferição, desconsiderados os juros e a multa.

Conferir: "1. Esta Corte Superior de Justiça consolidou-se pela aplicação do princípio da insignificância aos crimes tributários federais cujo débito não exceda R$ 10.000,00 (dez mil reais), com sustentáculo no disposto no art. 20 da Lei n. 10.522/2002 (precedentes). 2. A aplicação da bagatela aos tributos de competência estadual encontra-se subordinada à existência de norma do ente competente no mesmo sentido, porquanto a liberalidade da União não se estende aos demais entes federados (precedentes). 3. Caso em que o agravante foi condenado por eximir-se ao recolhimento da importância de R$ 5.300,00 a título de Imposto sobre Circulação de Mercadorias e Serviços (ICMS), de competência dos Estados (Constituição da República, art. 155, II). 4. A Lei n. 12.643/2003, do Estado de Santa Catarina, que preconiza o valor mínimo de R$ 5.000,00 para execuções fiscais inviabiliza a incidência da insignificância à hipótese. 5. Agravo regimental a que se nega provimento. (STJ, AgInt no HC n. 331.387/SC, relator Ministro Antonio Saldanha Palheiro, Sexta Turma, julgado em 14/2/2017, DJe de 21/2/2017). No que concerne à incidência de juros e multa para o fim de reconhecimento do postulado da insignificância, conferir: "O valor do crédito tributário objeto do crime tributário material é aquele apurado originalmente no procedimento de lançamento, para verificar a insignificância da conduta. Destarte, a fluência de juros moratórios, correção monetária e eventuais multas de ofício, que integram o crédito tributário inserido em dívida ativa, na seara da execução fiscal, não tem o condão de acrescer valor para a aferição do alcance do paradigma quantitativo de R$ 10.000,00. De fato, consoante as informações prestadas pela Procuradoria da Fazenda Nacional, o saldo devedor dos débitos nº 36.660.772-3 e nº 41.939.566-0, atualizados para novembro de 2015, totalizavam, respectivamente, R$ 24.630,30 e 15.278,73, entrementes, o valor a ser comparado com o paradigma jurisprudencial é de R$ 18.227,04. 8. Recurso desprovido." (STJ, RHC n. 74.756/PR, relator Ministro Ribeiro Dantas, Quinta Turma, julgado em 13/12/2016, DJe de 19/12/2016). 🔲

Gabarito "E".

(Delegado/MG – 2021 – FUMARC) Acerca dos princípios que limitam e informam o Direito Penal, é CORRETO afirmar:

(A) Em atenção ao princípio penal da lesividade, a Constituição Federal proíbe as penas de morte, salvo em caso de guerra declarada, e as consideradas cruéis.

(B) Em observância ao princípio da legalidade, a lei penal, na modalidade stricta, permite a analogia em in malam partem.

(C) O princípio da adequação social funciona como causa supralegal de exclusão da tipicidade, não podendo ser considerado criminoso o comportamento humano socialmente aceito e adequado, que, embora tipificado em lei, não afronte o sentimento social de justiça.

(D) O Superior Tribunal de Justiça, em decisão baseada no princípio da individualização das penas, firmou entendimento no sentido de que pena cumprida em condição indigna pode ser contada em dobro.

A: incorreta, visto que tal vedação, de índole constitucional, decorre dos princípios da humanidade e da dignidade da pessoa humana; **B:** incorreta, uma vez que não se admite, em matéria penal, a chamada analogia *in malam partem*. Conferir: "(...) No rol de incidência da causa especial de aumento de pena, entre os entes da Administração Pública indireta, não há menção às autarquias. Analogia para entender que os servidores ocupantes de cargos em comissão ou de função de direção ou de assessoramento das autarquias também estariam sujeitos à majorante. Pelo princípio da legalidade penal estrita, inadmissível o aproveitamento da analogia *in malam partem*. Recorrentes que não poderiam ter a pena majorada em um terço, na forma prevista no § 2º do art. 327 do Código Penal" (STF, AO 2093-RN, 2ª T., rel. Min. Cármen Lúcia, j. 3/9/2019); **C:** correta, já que a proposição contempla, de fato, o princípio da adequação social, segundo o qual não se pode reputar criminosa a conduta tolerada pela sociedade, ainda que corresponda a uma descrição típica. É dizer, embora formalmente típica, porque subsumida num tipo penal, carece de tipicidade material, em sintonia com a realidade social em vigor. A sociedade se mostra, nessas hipóteses, indiferente ante a prática da conduta, como é o caso da tatuagem. São exemplos: a circuncisão praticada na religião

---

* 🅰🅸 Arthur Trigueiros
🄴🄳 Eduardo Dompieri

judaica; o furo na orelha para colocação de brinco etc.; **D**: incorreta, já que o princípio de que se valeu o STJ, neste caso, é o da fraternidade. Conferir: "AGRAVO REGIMENTAL. MINISTÉRIO PÚBLICO ESTADUAL. LEGITIMIDADE. IPPSC (RIO DE JANEIRO). RESOLUÇÃO CORTE IDH 22/11/2018. PRESO EM CONDIÇÕES DEGRADANTES. CÔMPUTO EM DOBRO DO PERÍODO DE PRIVAÇÃO DE LIBERDADE. OBRIGAÇÃO DO ESTADO-PARTE. SENTENÇA DA CORTE. MEDIDA DE URGÊNCIA. EFICÁCIA TEMPORAL. EFETIVIDADE DOS DIREITOS HUMANOS. PRINCÍPIO *PRO PERSONAE*. CONTROLE DE CONVENCIONALIDADE. INTERPRETAÇÃO MAIS FAVORÁVEL AO INDIVÍDUO, EM SEDE DE APLICAÇÃO DOS DIREITOS HUMANOS EM ÂMBITO INTERNACIONAL (PRINCÍPIO DA FRATERNIDADE – DESDOBRAMENTO). SÚMULA 182 STJ. AGRAVO DESPROVIDO" (AgRg no RHC 136.961/RJ, Rel. Ministro REYNALDO SOARES DA FONSECA, QUINTA TURMA, julgado em 15/06/2021, DJe 21/06/2021). ED

Gabarito "C".

(Promotor de Justiça/CE – 2020 – CESPE/CEBRASPE) Com relação aos princípios e às garantias penais, assinale a opção correta.

(A) A proibição da previsão de tipos penais vagos decorre do princípio da reserva legal em matéria penal.

(B) Em nome da proibição do caráter perpétuo da pena, conforme entendimento do STJ, o cumprimento de medida de segurança se sujeita ao limite máximo de trinta anos.

(C) O princípio da culpabilidade afasta a responsabilização objetiva em matéria penal, de modo que a punição penal exige a demonstração de conduta dolosa ou culposa.

(D) O princípio da adequação social serve de parâmetro fundamental ao julgador, que, à luz das condutas formalmente típicas, deve decidir quais sejam merecedoras de punição criminal.

(E) Conforme o princípio da subsidiariedade, o direito penal somente tutela uma pequena fração dos bens jurídicos protegidos nas hipóteses em que se verifica uma lesão ou ameaça de lesão mais intensa aos bens de maior relevância.

A: incorreta. Isso porque a proibição da previsão de tipos penais vagos constitui uma das dimensões do princípio da legalidade, do qual, portanto, decorre. Nas palavras do saudoso jurista Luiz Flávio Gomes, "são contrárias à garantia da legalidade material as leis que descrevem os delitos de forma vaga e imprecisa, deixando nas mãos dos juízes a definição do delito (isso ocorria, por exemplo, com o crime de adultério, que acabou sendo revogado). Ofende também o princípio da certeza ou da taxatividade a lei penal fundada em requisitos normativos culturais (crime de ato obsceno, por exemplo). Tipo penal com essa forma aberta resulta em verdadeira loteria (porque a tipicidade passa a ficar vinculada ao que o juiz pensa). Tal imposição, no entanto, não impede que o legislador ordinário utilize-se, vez ou outra, após uma enumeração casuística, de uma formulação genérica que deve ser interpretada de acordo com os casos anteriormente elencados (...)" **(Direito penal – Parte Geral**. 2. ed. São Paulo: RT, 2009. vol. 2, p. 38); **B**: incorreta, pois não reflete o entendimento contido na Súmula 527, do STJ, segundo a qual "o tempo de duração da medida de segurança não deve ultrapassar o limite máximo da pena abstratamente cominada ao delito praticado". Quanto a este tema, valem algumas ponderações. Se levássemos em conta tão somente a redação do art. 97, § 1º, do CP, chegaríamos à conclusão de que a medida de segurança poderia ser eterna. Em vista da regra que veda as penas de caráter perpétuo, esta não é a melhor interpretação do dispositivo. Tanto que o STF firmou posicionamento no sentido de que o prazo máximo de duração da medida de segurança não pode ser superior a 30 anos (analogia ao art. 75 do CP). O STJ entende que a medida de segurança deve

ter por limite o máximo da pena em abstrato cominada para o crime (STJ, HC 125.342-RS, 6ª T., rel. Min. Maria Thereza de Assis Moura, j. 19.11.09), entendimento esse consolidado por meio da súmula acima transcrita. Nunca é demais lembrar que a Lei 13.964/2019, posterior à elaboração desta questão, alterou o art. 75 do CP, elevando o limite de cumprimento de pena, que até então era de 30 anos, para 40 anos. Tal mudança em nada altera o entendimento consagrado na Súmula 715, bastando substituir os 30 pelos 40 anos; **C**: correta. Pelo *princípio da culpabilidade* ou da *responsabilidade subjetiva*, ninguém pode ser punido se não houver agido com dolo ou culpa, sendo vedada, portanto, em direito penal, a responsabilidade objetiva; **D**: incorreta. Segundo o postulado da adequação social, cujo conteúdo é dirigido tanto ao aplicador/intérprete da norma quanto ao legislador, não se pode reputar criminosa a conduta tolerada pela sociedade, ainda que corresponda a uma descrição típica. É dizer, embora formalmente típica, porque subsumida num tipo penal, carece de tipicidade material, porquanto em sintonia com a realidade social em vigor. A sociedade se mostra, nessas hipóteses, indiferente ante a prática da conduta, como é o caso da tatuagem. Também são exemplos: a circuncisão praticada na religião judaica; o furo na orelha para colocação de brinco etc.; **E**: incorreta, já que esta assertiva se refere ao postulado da fragmentariedade, que preconiza que o Direito Penal deve sempre ser visto como a *ultima ratio*, isto é, somente deve ocupar-se das condutas mais graves, mais deletérias. Representa, por isso, um *fragmento*, uma pequena parcela do ordenamento jurídico. De outro lado, afirmar que o Direito Penal tem *caráter subsidiário* significa dizer que ele somente terá lugar na hipótese de outros ramos do direito se revelarem ineficazes no controle de conflitos gerados no meio social. ED

Gabarito "C".

(Promotor de Justiça/PR – 2019 – MPE/PR) A forma pela qual ocorreu a estruturação da teoria do delito nem sempre foi uniforme, sendo variável segundo um perfil de evolução de conceitos do que é o direito. Assim, na medida em que ocorreram mudanças nas teorias basilares que influenciaram a estruturação do Direito Penal, a forma de apresentação e de estudo do delito igualmente foram mudando. Tendo isto em mente, a afirmação de que *"o direito positivo não possui uma valoração intrínseca e objetiva, sendo que as normas jurídicas aparecem determinadas por valores prévios e que contaminam, além de sua edição, também os próprios autores de sua elaboração, sendo que uma pretensa 'verdade jurídica' vem influenciada pela cultura"*, se mostra ajustada à definição de:

(A) Causalismo.

(B) Neokantismo.

(C) Finalismo.

(D) Pós-finalismo.

(E) Funcionalismo.

Ensina o saudoso jurista Luiz Flávio Gomes, ao discorrer sobre o conceito neoclássico (neokantista) de delito, que "a preocupação central do neokantismo (primeiro terço do século XX) foi a de dotar cada um dos requisitos do delito de conteúdo material (valorativo). O Direito penal existe para a realização de valores, isto é, não é uma ciência neutra, meramente classificatória (como é a botânica, por exemplo). O mundo dos valores foi introduzido no Direito penal. Os valores estão presentes nos conceitos, inclusive e sobretudo nos conceitos penais. O conceito analítico de delito não se alterou (fato típico, antijurídico e culpável), mas cada uma dessas categorias passaram a estampar conteúdo diferente (é típico o fato valorado negativamente pelo legislador, a antijuridicidade não é só formal, visto que é também material e a culpabilidade não é só psicológica, posto que é também normativa)" **(Direito penal – Parte Geral**. 2. ed. São Paulo: RT, 2009. vol. 2, p. 133). ED

Gabarito "B".

6. DIREITO PENAL

(Juiz de Direito – TJ/RJ – 2019 – VUNESP) O princípio da insignificância, que defende a não intervenção do Direito Penal para coibir ações típicas que causem ínfima lesão ao bem jurídico tutelado é afastado pela jurisprudência do Superior Tribunal de Justiça, por sua Súmula 599, em relação aos crimes

(A) praticados contra as mulheres ou em condição de violência de gênero.

(B) contra o meio ambiente.

(C) contra a Administração Pública.

(D) contra a criança e o adolescente.

(E) de menor potencial ofensivo.

Antes de mais nada, façamos algumas considerações acerca do princípio da insignificância (ou da criminalidade de bagatela) para, depois, analisar, uma a uma, as assertivas propostas. Conforme é sabido, este postulado tem sua origem no Direito Romano, derivado do brocardo *de minimis non curat praetor*, que significa, *grosso modo*, que fatos totalmente insignificantes devem ficar fora do alcance do Direito Penal. Em outras palavras, o Direito Penal não deve atuar diante de fatos insignificantes, desprezíveis, de forma que somente se deve recorrer a esse ramo do direito em casos relevantes, isto é, não pode ser considerada típica a conduta causadora de lesão insignificante ao bem jurídico tutelado pela norma penal. De acordo com a doutrina e jurisprudência consolidadas, o postulado da insignificância atua como causa de exclusão da tipicidade material. Somente passou a ser incorporado e aplicado a partir dos estudos do jurista alemão Claus Roxin, na década de 70 do século passado, que modernizou e aperfeiçoou o postulado. Calcado em valores de política criminal e derivado do princípio da intervenção mínima, o princípio da insignificância funciona como causa excludente da tipicidade (material) do fato, constituindo-se em instrumento de interpretação restritiva do tipo penal. De acordo com a doutrina e jurisprudência hoje sedimentadas, a sua incidência está condicionada ao reconhecimento conjugado de quatro vetores, a saber: i) mínima ofensividade da conduta do agente; ii) nenhuma periculosidade social da ação; iii) reduzido grau de reprovabilidade do comportamento; iv) inexpressividade da lesão jurídica provocada. Feitas essas ponderações, passemos às alternativas. **A**: incorreta. O simples fato de a infração penal ter como vítima a mulher não elide a incidência do princípio da insignificância. O que fez a Súmula 589, do STJ, foi consolidar o entendimento segundo o qual é vedada a aplicação do princípio da insignificância no contexto das infrações penais praticadas contra a mulher no âmbito da Lei Maria da Penha; **B**: incorreta. Tanto o STF quanto o STJ acolhem a possibilidade de incidência do princípio da insignificância no contexto dos crimes ambientais. Conferir: "AÇÃO PENAL. Crime ambiental. Pescador flagrado com doze camarões e rede de pesca, em desacordo com a Portaria 84/02, do IBAMA. Art. 34, parágrafo único, II, da Lei nº 9.605/98. *Rei furtivae* de valor insignificante. Periculosidade não considerável do agente. Crime de bagatela. Caracterização. Aplicação do princípio da insignificância. Atipicidade reconhecida. Absolvição decretada. HC concedido para esse fim. Voto vencido. Verificada a objetiva insignificância jurídica do ato tido por delituoso, à luz das suas circunstâncias, deve o réu, em recurso ou *habeas corpus*, ser absolvido por atipicidade do comportamento" (STF, HC 112563, Relator: Min. RICARDO LEWANDOWSKI, Relator p/ Acórdão: Min. CEZAR PELUSO, Segunda Turma, julgado em 21.08.2012). No mesmo sentido, o STJ: "1. Esta Corte Superior de Justiça e o Supremo Tribunal Federal reconhecem a atipicidade material de determinadas condutas praticadas em detrimento do meio ambiente, desde que verificada a mínima ofensividade da conduta do agente, a ausência de periculosidade social da ação, o reduzido grau de reprovabilidade do comportamento e a inexpressividade da lesão jurídica provocada. Precedentes. 2. Hipótese em que os recorridos foram denunciados pela pesca em período proibido, com utilização de vara e molinete, tendo sido apreendidos com ínfima quantidade extraída da fauna aquática, de maneira que não causaram perturbação no ecossistema a ponto

de reclamar a incidência do Direito Penal, sendo, portanto, imperioso o reconhecimento da atipicidade da conduta perpetrada, devendo ser ressaltado que os recorridos não possuem antecedentes criminais. 3. Recurso desprovido" (REsp 1743980/MG, Rel. Ministro Jorge Mussi, Quinta Turma, julgado em 04/09/2018, DJe 12/09/2018); **C**: correta. É fato que, para o STJ, o princípio da insignificância é inaplicável aos crimes contra a Administração Pública. Tal entendimento, inclusive, está sedimentado na Súmula 599, do próprio STJ: *o princípio da insignificância é inaplicável aos crimes contra a Administração Pública*. Mas tal regra comporta uma exceção. Refiro-me ao delito de descaminho, em relação ao qual o STJ (e também o STF) entende pela aplicabilidade do mencionado postulado, desde que o tributo sonegado não ultrapasse R$ 20.000,00. Cuidado: a insignificância, embora se aplique ao descaminho, não tem incidência no crime de contrabando. Ademais, é importante que se diga que o STF tem precedentes no sentido de reconhecer a incidência de tal princípio aos crimes contra a Administração Pública. A conferir: "Delito de peculato-furto. Apropriação, por carcereiro, de farol de milha que guarnecia motocicleta apreendida. Coisa estimada em treze reais. *Res furtiva* de valor insignificante. Periculosidade não considerável do agente. Circunstâncias relevantes. Crime de bagatela. Caracterização. Dano à probidade da administração. Irrelevância no caso. Aplicação do princípio da insignificância. Atipicidade reconhecida. Absolvição decretada. HC concedido para esse fim. Voto vencido. Verificada a objetiva insignificância jurídica do ato tido por delituoso, à luz das suas circunstâncias, deve o réu, em recurso ou *habeas corpus*, ser absolvido por atipicidade do comportamento" (HC 112388, Relator(a): Min. Ricardo Lewandowski, Relator(a) p/ acórdão: Min. Cezar Peluso, Segunda Turma, julgado em 21/08/2012, Processo Eletrônico DJe-181 Divulg 13.09.2012 Public 14.09.2012); **D**: incorreta. Dada a relevância do bem jurídico sob tutela, aos crimes praticados contra a criança e o adolescente não incide o princípio da insignificância; **E**: incorreta. Não há óbice à incidência do princípio da insignificância nas infrações penais regidas por lei especial, como é o caso das infrações de menor potencial ofensivo (Lei 9.099/1995). **ED**

Gabarito "C".

(Juiz de Direito – TJ/AL – 2019 – FCC) Segundo entendimento sumulado do Superior Tribunal de Justiça, INAPLICÁVEL o princípio da insignificância

(A) aos crimes ambientais e aos crimes patrimoniais sem violência ou grave ameaça à pessoa, se reincidente o acusado.

(B) aos crimes praticados contra a criança e o adolescente e aos crimes contra a ordem tributária.

(C) às contravenções penais praticadas contra a mulher no âmbito das relações domésticas e aos crimes contra a Administração pública.

(D) aos crimes de licitações e às infrações de menor potencial ofensivo, já que regidas por lei especial.

(E) aos crimes de violação de direito autoral e aos crimes previstos no estatuto do desarmamento.

A: incorreta. Nos casos de delitos contra o patrimônio praticados sem violência ou grave ameaça à pessoa, a aplicação do princípio da insignificância é admitida tanto pelo Supremo Tribunal Federal quanto pelo Superior Tribunal de Justiça, mesmo que existam condições pessoais desfavoráveis, como maus antecedentes, reincidência ou ações penais em curso. Ou seja, o fato de o réu ser reincidente ou ainda portador de maus antecedentes criminais não obsta a aplicação do princípio da insignificância, cujo reconhecimento está condicionado à existência de outros requisitos. Nesse sentido: STF, RE 514.531/RS, 2.ª T., j. 21.10.2008, rel. Min. Joaquim Barbosa, *DJ* 06.03.2009; STJ, HC 221.913/SP, 6.ª T., j. 14.02.2012, rel. Min. Og Fernandes, *DJ* 21.03.2012. Mais recentemente, o plenário do STF, em julgamento conjunto de três HCs, adotou o entendimento no sentido de que a incidência ou não do postulado da insignificância em favor de agentes reincidentes ou com maus antecedentes autores de crimes patrimoniais desprovidos de violência ou grave ameaça deve ser aferida caso a caso. *Vide* HCs 123.108, 123.533 e 123.734. O mesmo se diga dos crimes ambientais, em relação aos quais é perfeitamente possível a incidência do postulado da insignificância, mesmo que o agente ostente condições desfavoráveis. No sentido de os crimes contra o meio ambiente comportarem o princípio da insignificância: "AÇÃO PENAL. Crime ambiental. Pescador flagrado com doze camarões e rede de pesca, em desacordo com a Portaria 84/02, do IBAMA. Art. 34, parágrafo único, II, da Lei nº 9.605/98. *Rei furtivae* de valor insignificante. Periculosidade não considerável do agente. Crime de bagatela. Caracterização. Aplicação do princípio da insignificância. Atipicidade reconhecida. Absolvição decretada. HC concedido para esse fim. Voto vencido. Verificada a objetiva insignificância jurídica do ato tido por delituoso, à luz das suas circunstâncias, deve o réu, em recurso ou *habeas corpus*, ser absolvido por atipicidade do comportamento" (STF, HC 112563, Relator: Min. RICARDO LEWANDOWSKI, Relator p/ Acórdão: Min. CEZAR PELUSO, Segunda Turma, julgado em 21.08.2012). No mesmo sentido, o STJ: "1. Esta Corte Superior de Justiça e o Supremo Tribunal Federal reconhecem a atipicidade material de determinadas condutas praticadas em detrimento do meio ambiente, desde que verificada a mínima ofensividade da conduta do agente, a ausência de periculosidade social da ação, o reduzido grau de reprovabilidade do comportamento e a inexpressividade da lesão jurídica provocada. Precedentes. 2. Hipótese em que os recorridos foram denunciados pela pesca em período proibido, com utilização de vara e molinete, tendo sido apreendidos com ínfima quantidade extraída da fauna aquática, de maneira que não causaram perturbação no ecossistema a ponto de reclamar a incidência do Direito Penal, sendo, portanto, imperioso o reconhecimento da atipicidade da conduta perpetrada, devendo ser ressaltado que os recorridos não possuem antecedentes criminais. 3. Recurso desprovido" (REsp 1743980/MG, Rel. Ministro Jorge Mussi, Quinta Turma, julgado em 04/09/2018, DJe 12/09/2018); **B**: incorreta. Dada a relevância do bem jurídico sob tutela, aos crimes praticados contra a criança e o adolescente não incide o princípio da insignificância. Já no que concerne aos crimes contra a ordem tributária, perfeitamente possível e amplamente reconhecida pela jurisprudência a aplicação do postulado da insignificância; **C**: correta. Em conformidade com o entendimento sufragado na Súmula 589, do STJ, é inaplicável o princípio da insignificância aos crimes e às contravenções penais praticados contra a mulher no âmbito das relações domésticas. De igual modo, não se admite a incidência deste postulado aos crimes contra a Administração pública, conforme entendimento firmado por meio da Súmula 599, do STJ. É importante se diga que o STF tem precedentes no sentido de reconhecer a incidência de tal princípio nos crimes contra a Administração Pública; **D**: incorreta. Não há óbice à incidência do princípio da insignificância nas infrações penais regidas por lei especial, como é o caso das infrações de menor potencial ofensivo (Lei 9.099/1995). No que toca aos crimes de licitações, a incidência do postulado da insignificância, em princípio, é vedada, uma vez que o bem jurídico a ser tutelado, tal como se dá no contexto dos crimes contra a Administração Pública, é a moralidade administrativa; **E**: incorreta. É verdade que aos crimes de violação de direito autoral não se aplica o princípio da insignificância. Conferir: "Não se aplica o princípio da adequação social, bem como o princípio da insignificância, ao crime de violação de direito autoral. 2. Em que pese a aceitação popular à pirataria de CDs e DVDs, com certa tolerância das autoridades públicas em relação à tal prática, a conduta, que causa sérios prejuízos à indústria fonográfica brasileira, aos comerciantes legalmente instituídos e ao Fisco, não escapa à sanção penal, mostrando-se formal e materialmente típica. 3. Agravo regimental a que se nega provimento" (AgRg no REsp 1380149/RS, Rel. Ministro OG FERNANDES, SEXTA TURMA, julgado em 27/08/2013, DJe 13/09/2013). No que se refere aos crimes do Estatuto do Desarmamento, todavia, o STJ admite a incidência do postulado da insignificância quando se tratar de pequena quantidade de munição. Nesse sentido: "1. Permanece hígida a jurisprudência do Superior Tribunal de Justiça, bem como do Supremo Tribunal Federal, no sentido de que a posse de munição, mesmo desacompanhada de arma apta a deflagrá-la, continua a preencher a tipicidade penal, não podendo ser considerada atípica a conduta. 2. Esta Corte, todavia, acompanhando entendimento do Supremo Tribunal Federal, passou a admitir a incidência do princípio da insignificância quando se tratar de posse de pequena quantidade de munição, desacompanhada de armamento capaz de deflagrá-la, uma vez que ambas as circunstâncias conjugadas denotam a inexpressividade da lesão jurídica provocada. 3. Assentada a possibilidade de incidência do princípio da insignificância, a situação concreta trazida nos autos autoriza sua aplicação, pois o acusado possuía em sua residência, apenas, três munições de uso permitido, calibre 38. 4. Agravo regimental a que se nega provimento" (AgRg no REsp 1828692/DF, Rel. Ministro REYNALDO SOARES DA FONSECA, QUINTA TURMA, julgado em 01/10/2019, DJe 08/10/2019). ED

Gabarito "C."

(Juiz de Direito – TJ/SC – 2019 – CESPE/CEBRASPE) O estudo das teorias relaciona-se intimamente com as finalidades da pena. Nesse sentido, a teoria que sustenta que a única função efetivamente desempenhada pela pena seria a neutralização do condenado, especialmente quando a prisão acarreta seu afastamento da sociedade, é a teoria

(A) das janelas quebradas.

(B) relativa.

(C) unificadora.

(D) absoluta.

(E) agnóstica.

A: incorreta. A chamada *teoria das janelas quebradas* tem como tônica a ideia de que, ao se quebrar uma janela, se nenhuma providência for adotada, logo a casa será destruída. Traduzindo: se acaso as pequenas desordens, em princípio inofensivas, não forem reprimidas, logo se caminhará para a ocorrência de delitos mais graves. Trata-se de uma política criminal preventiva, em que o controle social enérgico de condutas menos graves (como a quebra de uma janela) serve de exemplo para desestimular o cometimento dos delitos mais graves (a casa como um todo). Cuida-se, como se pode ver, de uma política de *tolerância zero* (com os delitos menos graves). Exemplo emblemático é o caso de Nova Iorque, que, nos idos da década de 90, diante de um recrudescimento vertiginoso da violência e desordem (tráfico, homicídio, gangues etc.), adotou a política da tolerância zero, reprimindo, de forma intensa e enérgica, por meio do aparato de segurança pública, os delitos menos graves, isso com vistas a prevenir os mais graves; **B**: incorreta. A finalidade da pena, para as *teorias relativas*, tem caráter preventivo, servindo ao objetivo de evitar a prática de novas infrações penais. A pena, para esta teoria, deve ser vista como um instrumento destinado a prevenir o crime. Não se trata, pois, de uma retribuição, uma compensação, tal como preconizado pelas *teorias absolutas*. No contexto das *teorias relativas*, temos a prevenção geral e a especial. A geral está associada à ideia de intimidação de toda a coletividade, que sabe que o cometimento de uma infração penal ensejará, como consequência, a imposição de sanção penal. É dirigida, pois, ao controle da violência; **C**: incorreta. Para as *teorias ecléticas, unificadoras* ou *mistas*, a pena deve unir justiça e utilidade. É dizer, a pena deve, a um só tempo, servir de castigo ao condenado que infringiu a lei penal e evitar a prática de novas infrações penais. Há, pois, a conjugação das teorias absolutas e relativas. Esta é a teoria por nós adotada de acordo com o art. 59, *caput*, do CP, que assim dispõe: "(...) conforme seja necessário e suficiente para reprovação e prevenção do crime"; **D**: incorreta. As chamadas *teorias absolutas*, que se contrapõem às relativas, consideram que a pena se esgota na ideia de pura retribuição. Sua finalidade consiste numa reação punitiva, isto é, uma resposta ao mal causado pela prática criminosa; **E**: correta. Também chamada de *teoria negativa*, a *teoria agnóstica*, como o próprio nome sugere, centra-se na ideia de que a única função desempenhada pela pena consiste na neutralização do reeducando, isso em razão da ineficácia dos modelos preconizados pelas teorias absolutas e relativas. ED

Gabarito "E."

6. DIREITO PENAL

(Juiz de Direito – TJ/SC – 2019 – CESPE/CEBRASPE) Constitui uma das características do direito penal do inimigo

(A) a legislação diferenciada.

(B) a punição a partir de atos executórios.

(C) a não utilização de medidas de segurança.

(D) a observância das garantias processuais penais.

(E) o abrandamento das penas na antecipação da tutela penal.

O denominado "direito penal do inimigo" foi concebido pelo jurista alemão Günther Jakobs. *Grosso modo*, esta teoria sustenta uma flexibilização ou até supressão de diversas garantias materiais e processuais. "Inimigo", para o penalista alemão, é o indivíduo que, ao violar de forma sistemática a ordem jurídica, desafia o Estado e a sociedade, de forma a desestabilizá-los. Em razão disso, o Estado, em reação, deve conferir-lhe tratamento diferenciado, flexibilizando e até suprimindo as garantias materiais e processuais, às quais somente devem fazer jus as pessoas consideradas "de bem". Dito de outro modo, as garantias conferidas às pessoas de bem (assim considerados "cidadãos") não podem ser estendidas aos inimigos, cujo objetivo consiste em afrontar o Estado. Para fazer frente a tal desafio, poderá o Estado adotar uma série de medidas, como a supressão dos direitos à ampla defesa e ao contraditório, o recrudescimento das penas e da execução penal e a criação, de forma indiscriminada, de tipos penais. Enfim, o direito penal do inimigo pressupõe um tratamento diferenciado a ser conferido ao "cidadão" e ao "não cidadão", o que exige a elaboração de uma legislação diferenciada (alternativa correta). O ataque terrorista às torres gêmeas, em Nova Iorque, ocorrido em 11 de setembro de 2000, representa um típico exemplo do chamado direito penal do inimigo. A partir dessa tragédia, o Estado passou a produzir uma legislação "antiterror", com a supressão de diversas garantias. ED

Gabarito "A".

(Juiz de Direito - TJ/BA - 2019 - CESPE/CEBRASPE) De acordo com a doutrina predominante no Brasil relativamente aos princípios aplicáveis ao direito penal, assinale a opção correta.

(A) O princípio da taxatividade, ou do mandado de certeza, preconiza que a lei penal seja concreta e determinada em seu conteúdo, sendo vedados os tipos penais abertos.

(B) O princípio da bagatela imprópria implica a atipicidade material de condutas causadoras de danos ou de perigos ínfimos.

(C) O princípio da subsidiariedade determina que o direito penal somente tutele uma pequena fração dos bens jurídicos protegidos, operando nas hipóteses em que se verificar lesão ou ameaça de lesão mais intensa aos bens de maior relevância.

(D) O princípio da ofensividade, segundo o qual não há crime sem lesão efetiva ou concreta ao bem jurídico tutelado, não permite que o ordenamento jurídico preveja crimes de perigo abstrato.

(E) O princípio da adequação social serve de parâmetro ao legislador, que deve buscar afastar a tipificação criminal de condutas consideradas socialmente adequadas.

A: incorreta. De fato, o *princípio da taxatividade*, que constitui um desdobramento do postulado da legalidade, impõe ao legislador o dever de descrever as condutas típicas de maneira pormenorizada e clara, de forma a não deixar dúvidas por parte do aplicador da norma. É incorreto, no entanto, afirmar-se que os chamados tipos penais abertos sejam vedados. *Tipo penal aberto*, que é admitido no Direito Penal, é aquele que exige do magistrado um juízo de valoração, por meio do qual se

procederá à individualização da conduta; *tipo fechado*, ao contrário, é o que não exige juízo de valoração algum do magistrado. Exemplo sempre lembrado pela doutrina de tipo penal aberto é o delito culposo, em que o magistrado, para saber se houve ou não crime, deve fazer um cotejo entre a conduta do réu e aquela que teria sido adotada, nas mesmas circunstâncias, por um homem diligente e prudente; **B:** incorreta. O princípio que conduz à exclusão da tipicidade material de condutas causadoras de danos insignificantes ou de perigos ínfimos é o da bagatela *própria*. Ensina o saudoso jurista Luiz Flávio Gomes que "o princípio da irrelevância penal do fato está contemplado (expressamente) no art. 59 do CP e apresenta-se como consequência da desnecessidade da pena, no caso concreto; já o princípio da insignificância, ressalvadas raras exceções, não está previsto expressamente no direito brasileiro (é pura criação jurisprudencial), fundamentado nos princípios gerais do Direito Penal" (**Direito penal – Parte Geral**. 2. ed. São Paulo: RT, 2009. vol. 2, p. 220). A propósito deste tema, cabem aqui alguns esclarecimentos acerca da distinção entre esses dois princípios. Ainda segundo o magistério de Luiz Flávio Gomes, "uma coisa é o princípio da irrelevância penal do fato, que conduz à sua não punição concreta e que serve como cláusula geral para um determinado grupo de infrações (para as infrações bagatelares impróprias) e, outra, muito distinta, é o princípio da insignificância *tout court*, que se aplica para as infrações bagatelares próprias e que dogmaticamente autoriza excluir do tipo penal as ofensas (lesões ou perigo concreto) de mínima magnitude, ou nímias, assim como as condutas que revelem exígua idoneidade ou potencialidade lesiva. As infrações bagatelares são próprias quando já nascem bagatelares (...)" (**Direito Penal – parte geral**. 2. ed. São Paulo: RT, 2009. vol. 2, p. 219). Devem ser consideradas impróprias, por seu turno, as infrações que, embora não nasçam insignificantes, assim se tornam posteriormente; **C:** incorreta. A assertiva contempla o princípio da fragmentariedade do direito penal, segundo o qual a lei penal constitui, por força do postulado da intervenção mínima, uma pequena parcela (fragmento) do ordenamento jurídico. Isso porque somente se deve lançar mão desse ramo do direito diante da ineficácia ou inexistência de outros instrumentos de controle social menos traumáticos (subsidiariedade); **D:** incorreta. A despeito de parte da doutrina sustentar a incompatibilidade dos crimes de perigo abstrato com a CF/88, já que haveria afronta ao princípio da ofensividade/lesividade, pois não seria concebível a existência de um crime que não cause efetiva lesão ao bem jurídico ou, ao menos, um risco efetivo de lesão, certo é que a jurisprudência aceita essa modalidade de crime de perigo, em relação aos quais a lei presume, de forma absoluta, a exposição do bem jurídico a situação de risco. Ou seja, basta à acusação provar que o agente realizou a conduta descrita no tipo penal. Exemplos típicos são os crimes de posse e porte de arma de fogo de uso permitido (arts. 12 e 14 do Estatuto do Desarmamento, respectivamente), em que a probabilidade de ocorrer dano pelo mau uso do armamento é presumido pelo tipo penal. Outro exemplo sempre lembrado pela doutrina é o tráfico de drogas (art. 33, Lei 11.343/2006), em que o perigo a que está exposta a saúde pública é presumido; **E:** correta. Segundo o postulado da adequação social, cujo conteúdo é dirigido tanto ao aplicador/intérprete da norma quanto ao legislador, não se pode reputar criminosa a conduta tolerada pela sociedade, ainda que corresponda a uma descrição típica. É dizer, embora formalmente típica, porque subsumida num tipo penal, carece de tipicidade material, porquanto em sintonia com a realidade social em vigor. A sociedade se mostra, nessas hipóteses, indiferente ante a prática da conduta, como é o caso, por exemplo, da tatuagem. Também são exemplos: a circuncisão praticada na religião judaica; o furo na orelha para colocação de brinco etc. ED

Gabarito "E".

(Investigador – PC/BA – 2018 – VUNESP) Acerca dos princípios da legalidade e da anterioridade insculpidos no art. 1º do Código Penal e no art. 5º, XXXIX, da Constituição Federal, analise as alternativas a seguir e assinale a correta.

(A) Uma das funções do princípio da legalidade é permitir a criação de crimes e penas pelos usos e costumes.

(B) No Brasil, em um primeiro momento, a União Federal pode legislar sobre matéria penal. No entanto, de forma indireta e urgente, leis estaduais podem impor regras e sanções de natureza criminal.

(C) A lei penal incriminadora somente pode ser aplicada a um fato concreto desde que tenha tido origem antes da prática da conduta. Em situações temporárias e excepcionais, no entanto, admite-se a mitigação do princípio da anterioridade.

(D) Desdobramento do princípio da legalidade é o da taxatividade, que impede a edição de tipos penais genéricos e indeterminados.

A: incorreta. É que, segundo é consenso na doutrina e na jurisprudência, os usos e costumes não podem servir de fonte para a criação de crimes (e também contravenções) e suas respectivas penas. Pode, no entanto, atuar como instrumento interpretativo. Isso porque, segundo enuncia o princípio da *legalidade, estrita legalidade* ou *reserva legal* (arts. 1º do CP e 5º, XXXIX, da CF), os tipos penais só podem ser concebidos por lei em sentido estrito, ficando afastada, assim, a possibilidade de a lei penal ser criada por outras formas que não a lei em sentido formal. É também por essa razão que é excluída a possibilidade de a lei penal ser criada por meio de *medida provisória* (art. 62, § 1º, I, *b*, da CF); **B:** incorreta, já que a União é a fonte de produção do Direito Penal no Brasil. Entretanto, segundo estabelece o art. 22, parágrafo único, da CF, lei complementar Federal poderá autorizar os Estados--Membros a legislar em matéria penal sobre questões específicas, de interesse local, o que não inclui a incriminação de condutas; **C:** incorreta. A lei penal, como bem sabemos, deve ser anterior ao fato que se pretende punir. Ou seja, tal como estabelece o art. 2º, *caput*, do CP, *ninguém pode ser punido por fato que lei posterior deixa de considerar crime*. Nessa esteira, a CF, em seu art. 5º, XL, estabelece que a lei penal somente retroagirá para beneficiar o acusado. Dessa forma, a lei penal incriminadora somente terá incidência aos fatos ocorridos a partir de sua entrada em vigor. Mas há uma exceção: para beneficiar o réu. É o caso da *abolitio criminis* (art. 2º, *caput*, do CP), em que a lei posterior deixa de considerar crime determinado fato até então considerado como tal. Neste caso, o fato, embora anterior à edição da lei, será por ela regido. No que toca às leis de vigência temporária (tanto as temporárias quanto as excepcionais), estas são consideradas *ultra-ativas* e *autorrevogáveis*. Quer-se com isso dizer que tudo o que ocorrer na vigência de uma lei temporária ou excepcional será por ela regido, mesmo que não mais esteja em vigor, pois, se assim não fosse, nenhuma eficácia teria. Não se aplica às leis de vigência temporária, assim, o princípio da retroatividade benéfica; **D:** correta. De fato, tal como afirmado na proposição, o *princípio da taxatividade*, que constitui um desdobramento do postulado da legalidade, impõe ao legislador o dever de descrever as condutas típicas de maneira pormenorizada e clara, de forma a não deixar dúvidas por parte do aplicador da norma. **ED**

Gabarito "D".

(Defensor Público – DPE/PR – 2017 – FCC) O princípio da intervenção mínima no Direito Penal encontra reflexo

(A) no princípio da fragmentariedade e na teoria da imputação objetiva.

(B) no princípio da subsidiariedade e na teoria da imputação objetiva.

(C) nos princípios da subsidiariedade e da fragmentariedade.

(D) no princípio da fragmentariedade e na proposta funcionalista sistêmica.

(E) na teoria da imputação objetiva e na proposta funcionalista sistêmica.

O *princípio da intervenção mínima* abrange os princípios da subsidiariedade e da fragmentariedade. É do princípio da intervenção mínima, ao qual se submete o Direito Penal, que este deve interferir o mínimo possível na vida do indivíduo. Com isso, deve-se, tão somente em último caso, recorrer a este ramo do direito com o fito de solucionar conflitos surgidos em sociedade. Desta feita, se determinadas condutas podem ser contidas por meio de outros mecanismos de controle, deve-se evitar o Direito Penal, reservando-o àqueles comportamentos efetivamente nocivos. Pelo princípio da fragmentariedade, a lei penal constitui, por força do postulado da intervenção mínima, uma pequena parcela (fragmento) do ordenamento jurídico. Isso porque somente se deve lançar mão desse ramo do direito diante da ineficácia ou inexistência de outros instrumentos de controle social menos traumáticos (subsidiariedade). A teoria da imputação objetiva corresponde ao conjunto de pressupostos jurídicos que condicionam a relação de imputação de um resultado jurídico a um determinado comportamento penalmente relevante. Sua implicação, portanto, se dá no campo do nexo de causalidade, cujo alcance visa limitar. **ED**

Gabarito "C".

(Delegado/MS – 2017 – FAPEMS) Com relação aos princípios aplicáveis ao Direito Penal, em especial no que se refere ao princípio da adequação social, assinale a alternativa correta.

(A) O Direito Penal deve tutelar bens jurídicos mais relevantes para a vida em sociedade, sem levar em consideração valores exclusivamente morais ou ideológicos.

(B) Só se deve recorrer ao Direito Penal se outros ramos do direito não forem suficientes.

(C) Deve-se analisar se houve uma mínima ofensividade ao bem jurídico tutelado, se houve periculosidade social da ação e se há reprovabilidade relevante no comportamento do agente.

(D) Não há crime se não há lesão ou perigo real de lesão a bem jurídico tutelado pelo Direito Penal.

(E) Apesar de uma conduta subsumir ao modelo legal, não será considerada típica se for historicamente aceita pela sociedade.

A: incorreta. A assertiva se refere ao princípio da intervenção mínima; **B:** incorreta, pois a alternativa diz respeito ao princípio da subsidiariedade; **C:** incorreta, pois a assertiva se refere ao princípio da insignificância, destacando os vetores para seu reconhecimento (mínima ofensividade da conduta, ausência de periculosidade social da ação, reduzido grau de reprovabilidade do comportamento e inexpressividade de lesão jurídica provocada pelo comportamento do agente); **D:** incorreta, pois a alternativa diz respeito ao princípio da lesividade; **E:** correta. De fato, de acordo com o princípio da adequação social, a despeito de determinado comportamento se amoldar ao preceito primário de determinado tipo penal, tal será insuficiente à responsabilização criminal do agente quando a conduta por ele praticada for aceita ordinariamente pela sociedade. Frise-se que no sistema penal brasileiro, um costume não poderá revogar uma lei, sob pena de ofensa ao princípio da legalidade. **AT**

Gabarito "E".

(Delegado/MS – 2017 – FAPEMS) No que diz respeito aos princípios aplicáveis ao Direito Penal, analise os textos a seguir.

A proteção de bens jurídicos não se realiza só mediante o Direito Penal, senão que nessa missão cooperam todo o instrumental do ordenamento jurídico.

ROXIN, Claus. Derecho penal- parte geral. Madrid: Civitas, 1997.1.1, p. 65.

A criminalização de uma conduta só se legitima se constituir meio necessário para a proteção de ataques contra bens jurídicos importantes.

BITENCOURT, Cezar Roberto. Tratada de direito penal: parte geral. 20. ed. São Paulo: Saraiva, 2014, p. 54.

Nesse sentido, é correto afirmar que os textos se referem ao

(A) princípio da intervenção mínima, imputando ao Direito Penal somente fatos que escapem aos meios extrapenais de controle social, em virtude da gravidade da agressão e da importância do bem jurídico para a convivência social.

(B) princípio da insignificância, que reserva ao Direito Penal a aplicação de pena somente aos crimes que produzirem ataques graves a bem jurídicos protegidos por esse Direito, sendo que agir de forma diferente causa afronta à tipicidade material.

(C) princípio da adequação social em que as condutas previstas como ilícitas não necessariamente revelam-se como relevantes para sofrerem a intervenção do Estado, em particular quando se tornarem socialmente permitidas ou toleradas.

(D) princípio da ofensividade, pois somente se justifica a intervenção do Estado para reprimir a infração com aplicação de pena, quando houver dano ou perigo concreto de dano a determinado interesse socialmente relevante e protegido pelo ordenamento jurídico.

(E) princípio da proporcionalidade, em que somente se reserva a intervenção do Estado, quando for estritamente necessária a aplicação de pena em quantidade e qualidade proporcionais à gravidade do dano produzido e a necessária prevenção futura.

A: correta. De fato, de acordo com o princípio da intervenção mínima, o Direito penal somente deve tutelar e punir aqueles fatos que trouxerem maior gravidade aos bens jurídicos e somente quando os demais meios extrapenais de controle social forem insuficientes (subsidiariedade); B: incorreta, pois o princípio da insignificância pressupõe inexpressividade de lesão jurídica provocada, além da mínima ofensividade da conduta, ausência de periculosidade social da ação e reduzidíssimo grau de reprovabilidade do comportamento; C, D e E: incorretas, pois os trechos descritos na questão em nada dizem respeito aos princípios da adequação social, ofensividade e proporcionalidade, mas, sim, à intervenção mínima. **AT**
Gabarito "A".

(Delegado/MT – 2017 – CESPE) De acordo com o entendimento do STF, a aplicação do princípio da insignificância pressupõe a constatação de certos vetores para se caracterizar a atipicidade material do delito. Tais vetores incluem o(a)

(A) reduzidíssimo grau de reprovabilidade do comportamento.

(B) desvalor relevante da conduta e do resultado.

(C) mínima periculosidade social da ação.

(D) relevante ofensividade da conduta do agente.

(E) expressiva lesão jurídica provocada.

De acordo com a jurisprudência já consolidada do STF, os quatro vetores para o reconhecimento e aplicação do princípio da insignificância são: (i) mínima ofensividade da conduta; (ii) ausência de periculosidade social da ação; (iii) reduzidíssimo grau de reprovabilidade do comportamento; e (iv) inexpressividade da lesão jurídica provocada. Assim, vamos às

alternativas! **A**: correta. De fato, um dos vetores para a aplicação da insignificância penal é o reduzidíssimo grau de reprovabilidade do comportamento praticado pelo agente; **B**: incorreta, pois o desvalor relevante da conduta e do resultado não se encontram entre aqueles identificados pelo STF para a aplicação do princípio da insignificância; **C**: incorreta, pois um dos vetores para a aplicação da insignificância é a ausência (e não mínima!) periculosidade social da ação; **D**: incorreta, pois, obviamente, a insignificância penal pressupõe mínima ofensividade da conduta, e não uma relevante ofensividade, tal como consta na assertiva; **E**: incorreta, pois a insignificância exige uma inexpressiva lesão jurídica provocada. **AT**
Gabarito "A".

2. APLICAÇÃO DA LEI NO TEMPO

(Juiz de Direito/AP – 2022 – FGV) Sobre o chamado "direito penal transitório", houve quebra do princípio da continuidade normativo-típica, com a consequente *abolitio criminis* por meio da revogação de um tipo penal no caso de:

(A) apropriação indébita previdenciária;

(B) crimes contra a honra praticados por meio da imprensa;

(C) rapto violento ou mediante fraude;

(D) crimes contra a propriedade industrial;

(E) roubo majorado pelo emprego de arma branca.

Com o advento da Lei 13.654/2018, o art. 157, § 2º, I, do CP, que impunha aumento de pena no caso de a violência ou ameaça, no crime de roubo, ser exercida com emprego de *arma*, foi revogado. Em relação à incidência desta causa de aumento, a jurisprudência havia consolidado o entendimento segundo o qual o termo *arma* tinha acepção ampla, ou seja, estavam inseridas no seu conceito tanto as armas *próprias*, como, por excelência, a de fogo, quanto as *impróprias* (faca, punhal, foice etc.). Além de revogar o dispositivo acima, a Lei 13.654/2018 promoveu a inclusão da mesma causa de aumento de pena (emprego de arma) no art. 157, § 2º-A, I, do CP. Até aí, nenhum problema. Como bem sabemos, o deslocamento de determinado comportamento típico de um para outro dispositivo, por força da regra da continuidade típico-normativa, não tem o condão de descriminalizar a conduta. Sucede que a Lei 13.654/2018, ao deslocar esta causa de aumento do art. 157, § 2º, I, do CP para o art. 157, § 2º-A, I, também do CP, limitou o alcance do termo *arma*, já que passou a referir-se tão somente à arma de *fogo*, do que se conclui que somente incorrerá nesta causa de aumento o agente que se valer, para a prática do roubo, de arma de fogo (revólver, pistola, fuzil etc.); a partir da entrada em vigor desta lei, portanto, se o agente utilizasse, para o cometimento deste delito, arma branca, o roubo seria simples, já que, repita-se, a nova redação do dispositivo especificou que tipo de arma é apta a configurar o aumento: arma de fogo. Como se pode ver, houve a quebra do princípio da continuidade normativo-típica no que toca ao roubo praticado com o emprego de arma branca. Outro detalhe: pela redação anterior, o agente que fizesse uso de arma (de fogo ou branca) estaria sujeito a um aumento de pena da ordem de um terço até metade; a partir de agora, se utilizar arma (necessariamente de fogo), sujeitar-se-á a um incremento da ordem de dois terços. Desnecessário dizer que tal inovação não poderá retroagir e atingir fatos ocorridos antes da entrada em vigor desta lei, já que constitui *lex gravior*. De outro lado, essa mesma norma que excluiu a arma que não seja de fogo deverá retroagir para beneficiar o agente (*novatio legis in mellius*) que praticou o crime de roubo com emprego de arma branca antes de ela entrar em vigor. Este quadro, que acima explicitamos, perdurou até o dia 23 de janeiro de 2020, data em que entrou em vigor a Lei 13.964/2019 (pacote anticrime). Duas modificações foram promovidas por esta lei nas majorantes do crime de roubo. Em primeiro lugar, foi reinserida a causa de aumento na hipótese de o agente se valer, para a prática do crime de roubo, de arma branca (inserção do inciso VII no § 2º do art. 157 do CP). Lembremos que, com a edição da Lei 13.654/2018, o emprego de arma branca, no roubo, deixou de configurar causa de aumento. Pois bem. Além disso, a Lei 13.964/2019 introduziu no art. 157 do CP o § 2º-B, que estabelece nova causa de aumento de pena para o roubo, quando a violência ou grave ameaça for exercida com emprego de arma de fogo de uso restrito ou proibido. Neste caso, a pena prevista no *caput* será aplicada em dobro. Em resumo, com a entrada em vigor da Lei Anticrime, passamos a ter o seguinte quadro: violência/grave ameaça exercida com emprego de arma branca (art. 157, § 2º, VII, CP): aumento de pena da ordem de um terço até metade; violência/grave ameaça exercida com emprego de arma de fogo, desde que não seja de uso restrito ou proibido (art. 157, § 2º-A, I, CP): a pena será aumentada de dois terços; violência/grave ameaça exercida com emprego de arma de fogo de uso restrito ou proibido (art. 157, § 2º-B, CP): a pena será aplicada em dobro. **ED**

Gabarito "E".

(Investigador – PC/BA – 2018 – VUNESP) Assinale a alternativa que indica a teoria adotada pela legislação quanto ao tempo do crime.

(A) Retroatividade.

(B) Atividade.

(C) Territorialidade.

(D) Ubiquidade.

(E) Extraterritorialidade.

No que se refere ao *tempo do crime*, o Código Penal, em seu art. 4º, adotou a *teoria da ação* ou *da atividade*, segundo a qual se reputa praticado o delito no momento da ação ou omissão, ainda que outro seja o momento do resultado. **ED**

Gabarito "B".

(Delegado/AP – 2017 – FCC) João decide agredir fisicamente Pedro, seu desafeto, provocando-lhe vários ferimentos. Porém, durante a luta corporal, João resolve matar Pedro, realizando um disparo de arma de fogo contra a vítima, sem contudo, conseguir atingi-lo. A polícia é acionada, separando os contendores. Diante do caso hipotético, João responderá

(A) apenas por lesões corporais.

(B) apenas por tentativa de homicídio.

(C) por rixa e disparo de arma de fogo.

(D) por lesões corporais consumadas e disparo de arma de fogo.

(E) por lesões corporais consumadas e homicídio tentado.

O enunciado retrata típico caso de progressão criminosa, vertente do princípio da consunção estudado no conflito aparente de normas. Verifica-se quando o agente, de início, pretende produzir resultado menos grave. Contudo, no decorrer da conduta, decide produzir resultado mais grave, alterando, portanto, o dolo. É exatamente o caso daquele que, primeiramente, pretendia lesionar a vítima, mas que, após a prática das lesões corporais, decide matá-la. Nesse caso, o resultado final (mais grave) absorve o resultado inicial (menos grave). Assim, vamos à análise das alternativas! **A:** incorreta, pois se a intenção do agente (João) era a de matar a vítima (Pedro), a despeito de ter-lhe causado, antes, lesões corporais, responderá pelo fato mais grave (homicídio tentado), ficando absorvidos os fatos menos graves (lesões corporais), aplicando-se, aqui, o princípio da consunção em sua vertente "progressão criminosa"; **B:** correta. Como já afirmamos, ao caso narrado no enunciado aplica-se o princípio da consunção na modalidade "progressão criminosa", respondendo o

agente apenas pelo fato mais grave (tentativa de homicídio), ficando absorvidas as lesões corporais; **C:** incorreta. De início, o crime de rixa (art. 137 do CP) é plurissubjetivo ou de concurso necessário, exigindo um mínimo de três agentes (contendores), o que não se verifica no enunciado. Quanto ao disparo de arma, trata-se de crime nitidamente subsidiário, conforme se extrai da redação do art. 15 do Estatuto do Desarmamento (Lei 10.826/2003), somente se aperfeiçoando se não cometido para a prática de crime mais grave (ex.: meio para matar a vítima); **D:** incorreta. Como mencionamos no comentário à alternativa "A", as lesões corporais ficarão absorvidas pela tentativa de homicídio, aplicando-se o princípio da consunção na modalidade "progressão criminosa". Quanto ao disparo de arma de fogo (art. 15 do Estatuto do Desarmamento), trata-se de crime subsidiário, que somente se caracteriza quando não praticado como meio para delito mais grave; **E:** incorreta. Por força do princípio da consunção, o crime mais grave (homicídio tentado) irá absorver o menos grave (lesões corporais consumadas). **AT**

Gabarito "B".

3. APLICAÇÃO DA LEI NO ESPAÇO

(Delegado/RJ – 2022 – CESPE/CEBRASPE) Em viagem ao Rio de Janeiro, Paolo, italiano, filho do embaixador da Itália no Brasil, registrado como dependente deste, com quem vive, foi à Lapa, onde se embriagou. Com a capacidade psicomotora comprometida, assumiu a direção de um veículo e, em seguida, devido à embriaguez, atropelou e matou uma pessoa.

Nessa situação hipotética,

(A) Paolo não possui imunidade diplomática, devendo a lei do Estado acreditante ser aplicada com primazia sobre a lei brasileira.

(B) Paolo não poderá ser punido pela lei brasileira, pois, salvo em caso de renúncia, possui imunidade diplomática, embora possa ser punido pelas leis do Estado acreditante.

(C) Paolo será isento de pena, seja no Brasil, seja no Estado acreditante, pois possui imunidade diplomática, salvo se renunciá-la.

(D) embora Paolo possua imunidade diplomática, excetuada a hipótese de renúncia, ela se restringe aos atos de ofício, razão pela qual ele poderá ser punido pela lei brasileira.

(E) como Paolo não fazia parte de missão diplomática, ele não possui nenhum tipo de imunidade penal, razão pela qual poderá ser punido pela lei brasileira.

É verdade que a lei penal, tal como a processual, será, em regra, aplicada às infrações penais praticadas em território nacional. É o chamado princípio da territorialidade, consagrado no art. 5º do CP. Sucede que tal princípio comporta exceções, dado que há situações em que, a despeito de o fato ter ocorrido em território nacional, não terá incidência a lei penal brasileira. É o caso do diplomata, aqui incluídos seus familiares, a serviço de seu país de origem que vem a praticar infração penal no Brasil. Será afastada, aqui, por força da Convenção de Viena, diploma ao qual o Brasil aderiu, a incidência da lei penal brasileira. No caso narrado no enunciado, embora Paolo tenha cometido, em território brasileiro, crime de homicídio culposo de trânsito estando sob o efeito de álcool (art. 302, § 3º, do CTB), não poderá ser aqui processado tampouco punido, já que a Convenção de Viena, em seu art. 37, 2, assegura à família de diplomata (que com ele reside e dele depende economicamente) imunidade. **ED**

Gabarito "B".

4. CONCEITO E CLASSIFICAÇÃO DOS CRIMES

(Juiz de Direito – TJ/SC – 2019 – CESPE/CEBRASPE) A respeito da classificação dos crimes, assinale a opção correta.

(A) O crime de associação criminosa configura-se como crime obstáculo; o de falsidade documental para cometimento de estelionato é crime de atitude pessoal.

(B) O crime de uso de documento falso configura-se como crime remetido; e o de uso de petrechos para falsificação de moeda, como crime obstáculo.

(C) O crime de tráfico de drogas configura-se como crime vago; o de extorsão mediante sequestro constitui crime profissional.

(D) O crime de falso testemunho configura-se como crime de tendência; e o de injúria, como crime de ação astuciosa.

(E) O crime de rufianismo configura-se como crime de intenção; o de curandeirismo constitui crime de olvido.

A: incorreta. Crime *obstáculo* é aquele que se constitui em atos preparatórios tipificados como delito autônomo. É o caso da associação criminosa (art. 288, CP). *Crimes de atitude pessoal* ou *de tendência* são aqueles cuja existência está condicionada a determinada intenção do agente, não sendo esse o caso da falsidade documental para cometimento de estelionato; **B:** correta. Delito *remetido* é aquele cuja descrição típica contém referência a outro dispositivo de lei que o integra. O uso de documento falso, previsto no art. 304 do CP, é típico exemplo, na medida em que o tipo penal faz menção aos crimes definidos nos art. 297 a 302 do CP. O delito de uso de petrechos para falsificação de moeda constitui crime *obstáculo*, já que a sua descrição típica traduz atos preparatórios do crime de falsificação de moeda; **C:** incorreta. *Vago* é o crime cujo sujeito passivo é desprovido de personalidade jurídica. É o que se dá no crime de tráfico de drogas, que tem como sujeito passivo a sociedade. São também exemplos: violação de sepultura (art. 210, CP) e aborto consentido (art. 124, CP), nos quais a vítima é ente destituído de personalidade jurídica. Crime *profissional* é o delito habitual levado a efeito com o propósito de lucro, não sendo este o caso da extorsão mediante sequestro, que não pode ser classificado como crime habitual; **D:** incorreta. *Crimes de tendência* são aqueles cuja existência está condicionada a determinada intenção do agente, não sendo este o caso do crime de falso testemunho. Crime *de ação astuciosa* é aquele praticado por meio de fraude, engodo, não sendo este o caso da injúria. Exemplo típico é o estelionato; **E:** incorreta. Crime *de intenção* é aquele em que o agente busca a produção de um resultado não exigido pelo tipo penal. Clássico exemplo é o da extorsão mediante sequestro, em que a obtenção do valor do resgate constitui desdobramento típico não exigido pelo tipo penal, já que a consumação é alcançada em momento anterior, ou seja, com a perda da liberdade de locomoção da vítima. Crime *de olvido* ou *esquecimento* é aquele em que a omissão se dá em razão da negligência referente ao dever de evitar o resultado (art. 13, § 2º, CP). ED

Gabarito "B".

(Juiz de Direito – TJ/AL – 2019 – FCC) No que toca à classificação doutrinária dos crimes,

(A) é imprescindível a ocorrência de resultado naturalístico para a consumação dos delitos materiais e formais.

(B) é normativa a relação de causalidade nos crimes omissivos impróprios ou comissivos por omissão, prescindindo de resultado naturalístico para a sua consumação.

(C) os crimes unissubsistentes são aqueles em que há *iter criminis* e o comportamento criminoso pode ser cindido.

(D) os crimes omissivos próprios dependem de resultado naturalístico para a sua consumação.

(E) os crimes comissivos são aqueles que requerem comportamento positivo, independendo de resultado naturalístico para a sua consumação, se formais.

A: incorreta, na medida em que a imprescindibilidade do resultado naturalístico, para a consumação do crime, somente se aplica aos delitos materiais, que são aqueles em que o tipo penal prevê uma conduta e um resultado, sendo de rigor a ocorrência deste para que a consumação seja alcançada; nos delitos formais, a despeito de o tipo penal contemplar tanto a conduta quanto o resultado, a produção deste não é condição para que o delito atinja a consumação; **B:** incorreta. É verdade que, nos chamados crimes omissivos impróprios, a relação de causalidade é *normativa* (e não física), na medida em que o resultado decorrente da omissão somente será imputado ao agente diante da ocorrência de uma das hipóteses previstas no art. 13, § 2º, do CP. Agora, é incorreto afirmar-se que os delitos omissivos impróprios prescindem de resultado naturalístico para alcançar a sua consumação. Ao contrário dos crimes omissivos próprios, em que não se exige a produção de resultado naturalístico, os delitos omissivos impróprios somente se consumam com a produção deste resultado. Tema comumente objeto de questionamento em provas de concursos em geral é justamente a distinção entre as modalidades de crime omissivo (omissão própria e imprópria). Vejamos. Um dos critérios adotados pela doutrina para diferenciar a chamada omissão própria da imprópria é o *tipológico*. Somente a omissão própria está albergada em tipos penais específicos, já que o legislador, neste caso, cuidou de descrever no que consiste a omissão. Em outras palavras, o tipo penal, na omissão própria, contém a descrição da conduta omissiva. É o caso do crime de omissão de socorro (art. 135, CP). Esta modalidade de crime se perfaz pela mera abstenção do agente, independente de qualquer resultado posterior. Já o *crime omissivo impróprio* (*comissivo por omissão* ou *impuro*), *grosso modo*, é aquele em que o sujeito ativo, por uma omissão inicial, gera um resultado posterior, que ele tinha o dever de evitar (art. 13, § 2º, do CP). A existência do crime comissivo por omissão pressupõe a conjugação de duas normas: uma norma proibitiva, que encerra um tipo penal comissivo e a todos é dirigido, e uma norma mandamental, que é endereçada a determinadas pessoas sobre as quais recai o dever de agir. Assim, a título de exemplo, a violação à regra contida no art. 121 do CP (não matar) pressupõe, via de regra, uma conduta positiva (um agir, um fazer); agora, a depender da qualidade do sujeito ativo (art. 13, § 2º), essa mesma norma pode ser violada por meio de uma omissão, o que se dá quando o agente, por força do que dispõe o art. 13, § 2º, do CP, tem o dever de agir para evitar o resultado. Perceba, dessa forma, que a conduta omissiva imprópria, diferentemente da própria, não está descrita em tipos penais específicos. A tipicidade decorre da conjugação do art. 13, § 2º, do CP com um tipo penal comissivo. O tipo penal, no crime de homicídio (doloso ou culposo), encerra uma conduta positiva (matar alguém); em determinadas situações, porém, este delito pode comportar a modalidade omissiva, desde que se esteja diante de uma das hipóteses do art. 13, § 2º, do CP. Exemplo sempre lembrado pela doutrina é o da mãe que propositadamente deixa de amamentar seu filho, que, em razão disso, vem a morrer. Será ela responsabilizada por homicídio doloso, na medida em que sobre o dever de agir está contemplado na regra inserta no art. 13, § 2º, do CP. Perceba que, neste último caso, a mãe, a quem incumbe o dever de cuidado e proteção, deixou de alimentar seu filho de forma intencional, causando-lhe a morte. Assim, deverá responder por homicídio doloso. O resultado naturalístico, que neste caso é a morte, como se pode ver, é imprescindível à consumação do delito; **C:** incorreta. A assertiva contém a definição de crime plurissubsistente, assim entendido aquele cuja ação é representada por vários atos, constituindo um processo executivo que pode ser cindido, fracionado. No caso do crime unissubsistente, tal fracionamento não é possível, já que a conduta é composta por um só ato. É o caso da injúria verbal. Veja que os delitos plurissubsistentes, pelo fato de a conduta comportar fracionamento, admitem a modalidade tentada; já os delitos unissubsistentes, porque se desenvolvem em um único ato, não comportam o *conatus*; **D:** incorreta. Conforme já sobejamente ponderado acima, os crimes omissivos próprios não dependem de resultado naturalístico para a sua consumação; **E:** correta. De fato, comissivos são os crimes praticados por meio de uma ação (uma conduta positiva, um fazer); já os delitos omissivos pressupõem um não fazer (uma conduta negativa). Os delitos comissivos serão formais quando o resultado previsto no tipo penal for prescindível à consumação do delito. **ED**

Gabarito "E".

(Promotor de Justiça/PR – 2019 – MPE/PR) A frase "O tipo de ação se constitui por meio da combinação entre uma norma incriminadora da parte especial e uma norma não incriminadora da parte geral do Código Penal", corresponde ao conceito de:

(A) Tipo penal aberto.

(B) Norma penal em branco.

(C) Tipicidade direta.

(D) Tipicidade indireta.

(E) Tipo penal de complementação heteróloga.

A: incorreta. *Tipo penal aberto*, que é admitido no Direito Penal, é aquele que exige do magistrado um juízo de valoração, por meio do qual se procederá à individualização da conduta; *tipo fechado*, ao contrário, é o que não exige juízo de valoração algum do magistrado. Exemplo sempre lembrado pela doutrina de tipo penal aberto é o delito culposo, em que o magistrado, para saber se houve ou não crime, deve fazer um cotejo entre a conduta do réu e aquela que teria sido adotada, nas mesmas circunstâncias, por um homem diligente; **B:** incorreta. *Norma penal em branco* é aquela cujo preceito primário, porque incompleto, necessita ser integralizado por outra norma, do mesmo nível ou de nível diferente. É o caso do tráfico de drogas, que configura hipótese de *norma penal em branco heterogênea* (em sentido estrito), na medida em que o seu complemento deve ser extraído de uma norma infralegal (portaria da Anvisa). De outro lado, *norma penal em branco em sentido lato* ou *amplo* (ou homogênea) é aquela em que a norma complementar consiste numa *lei* (mesma fonte legislativa da norma que há de ser complementada). É bom que se diga que a norma penal em branco não fere o postulado da reserva legal (legalidade), visto que o seu complemento pode ser encontrado em outra fonte, de todos conhecida; **C:** incorreta. Na tipicidade direta (adequação típica de subordinação imediata), temos que a conduta se enquadra de forma direta na lei penal, sem que seja necessária a interposição de outro dispositivo legal; **D:** correta. Na tipicidade indireta (adequação típica de subordinação mediata, ampliada ou por extensão), a conduta do agente não se amolda perfeitamente a um tipo penal, sendo necessário, para alcançar a tipicidade, recorrer a um dispositivo contido na Parte Geral do Código Penal (norma de extensão típica). É o caso da tentativa de homicídio, cuja tipicidade dá-se de forma mediata (ou indireta), visto que inexiste um tipo penal que se enquadre perfeitamente na conduta de tentar matar alguém, sendo necessária a combinação do tipo penal do crime com o que descreve a tentativa (art. 14, II, do CP); **E:** incorreta. Tipo penal de complementação heteróloga (norma penal em branco heterogênea) é aquele cujo complemento deriva de fonte diversa daquela que será complementada. É o caso do crime de tráfico de drogas, definido no art. 33 da Lei 11.343/2006. **ED**

Gabarito "D".

(Defensor Público – DPE/PR – 2017 – FCC) NÃO é contravenção penal:

(A) Importunação ofensiva ao pudor.

(B) Mendicância.

(C) Exercício ilegal da profissão.

(D) Jogo do bicho.

(E) Vadiagem.

A: incorreta, ao tempo em que foi elaborada esta questão, já que se tratava da contravenção penal descrita no art. 61 do Decreto-lei 3.688/1941. Explico. A Lei 13.718/2018 promoveu, no contexto dos crimes sexuais, relevantes mudanças. Uma das mais significativas, a nosso ver, é a introdução, no Código Penal, do crime de *importunação sexual*, disposto no art. 215-A, nos seguintes termos: *Praticar contra alguém e sem a sua anuência ato libidinoso com o objetivo de satisfazer a própria lascívia ou a de terceiro: Pena – reclusão, de 1 (um) a 5 (cinco) anos, se o ato não constitui crime mais grave*. A conduta de homens que, em ônibus e trens lotados, molestam mulheres e, em alguns casos, chegam a ejacular, se enquadra, doravante, neste novo tipo penal. Episódio amplamente divulgado pelos meios de comunicação é o de um homem que, dentro do transporte público, em São Paulo, ejaculou no pescoço de uma mulher. Antes, a responsabilização se dava pela contravenção penal de *importunação ofensiva ao pudor*, definida no art. 61 da LCP, cujo preceito secundário estabelecia exclusivamente pena de multa, dispositivo este que foi revogado, de forma expressa, pela Lei 13.718/2018, tendo a conduta ali descrita migrado para o novo art. 215-A do CP, em face da regra da continuidade típico-normativa. Evidente que a pena, agora mais grave, não poderá retroagir e atingir fatos anteriores à entrada em vigor da Lei 13.718/2018; **B:** correta. De fato, o art. 60 da Lei das Contravenções Penais, que previa a contravenção de *mendicância*, foi revogado pela Lei 11.983/2009. Cuida-se, portanto, de fato atípico; **C:** incorreta. Trata-se da contravenção penal descrita no art. 47 do Decreto-lei 3.688/1941; **D:** incorreta. Trata-se da contravenção penal descrita no art. 58 do Decreto-lei 3.688/1941; **E:** incorreta. Trata-se da contravenção penal descrita no art. 59 do Decreto-lei 3.688/1941. **ED**

Gabarito "B".

(Promotor de Justiça – MPE/RS – 2017) Assinale com **V** (verdadeiro) ou com **F** (falso) os enunciados abaixo.

( ) Pelo exame dos tipos incriminadores do Código Penal, verifica-se hipótese em que a corrupção é crime bilateral, ativa e passiva, quando a existência de uma modalidade depende da existência da outra.

( ) Nos crimes materiais, há distinção típica lógica e cronológica entre a conduta e o resultado, mas o mesmo não ocorre nos crimes formais, em que essa mesma distinção é somente lógica.

( ) No crime progressivo, o tipo penal, abstratamente considerado, contém explicitamente outro, o qual deve ser necessariamente realizado para alcançar o resultado.

( ) No crime putativo, a atipicidade é objetiva e subjetiva. No crime impossível, há atipicidade objetiva e tipicidade subjetiva. Já no erro de tipo, há tipicidade objetiva e atipicidade subjetiva.

A sequência correta de preenchimento dos parênteses, de cima para baixo, é

(A) V – F – F – F.

(B) V – F – V – V.

(C) V – V – F – V.

(D) F – V – V – F.

(E) F – F – V – F.

1ª assertiva: verdadeira. A bilateralidade, no contexto da corrupção, não é obrigatória (é, isto sim, ocasional). Isso porque o crime de corrupção (ativa ou passiva) não pressupõe, necessariamente, a existência de um crime bilateral (corrupção passiva de um lado e corrupção ativa de

6. DIREITO PENAL — 191

outro). Imaginemos a situação em que o funcionário solicita vantagem indevida de um particular. Neste caso, o crime funcional (corrupção passiva), porque formal, já restará consumado, pouco importando que o particular atenda ou não ao pleito formulado pelo *intraneus*. Temos, neste caso, tão somente o crime de corrupção passiva. De outro lado, se o particular oferece ao funcionário vantagem indevida e este a recusa, há somente o cometimento do crime de corrupção ativa por parte do particular. Agora, se o funcionário aceitar a promessa formulada pelo particular, haverá dois crimes: corrupção ativa pelo particular e passiva pelo funcionário (hipótese de bilateralidade); **2ª assertiva:** verdadeira. No crime material, a produção do resultado previsto no tipo penal é pressuposto para consumação do delito; sem isso, o crime fica na esfera da tentativa. Diz-se, assim, que o resultado, neste tipo de crime, se destaca de forma lógica e cronológica da conduta; já no caso do crime formal, o resultado, embora previsto no tipo penal, não constitui imperativo à consumação do delito, que ocorre de forma contemporânea à produção do resultado jurídico. Não há, portanto, neste caso, separação cronológica, mas somente lógica; **3ª assertiva:** falsa. No crime progressivo, que constitui uma das hipóteses de incidência da regra (ou princípio) da consunção, o crime que o agente, desde o início, deseja praticar contém, de forma *implícita*, outro crime, que representa uma violação menor ao bem jurídico; 4ª assertiva: verdadeira. 🄴🄳 Gabarito "C".

(Promotor de Justiça – MPE/RS – 2017) A respeito dos crimes omissivos impróprios, ou comissivos por omissão, assinale a alternativa **INCORRETA**.

(A) São de estrutura típica aberta e de adequação típica de subordinação mediata. Só podem ser praticados por determinadas pessoas, embora qualquer pessoa possa, eventualmente, estar no papel de garante. Neles, descumpre-se tão somente a norma preceptiva e não a norma proibitiva do tipo legal de crime ao qual corresponda o resultado não evitado.

(B) Se o médico se obriga a realizar determinado procedimento em um paciente, mas resolve viajar e deixa seu compromisso nas mãos de um colega, que assume esse tratamento, ele responde penalmente pelas lesões que resultem de erro de diagnóstico deste outro médico.

(C) Quem, sabendo nadar, por brincadeira de mau gosto, empurra o amigo para dentro da piscina, por sua ingerência, estará obrigado a salvá-lo, se necessário, para que o fato não se transforme em crime de homicídio, no caso de eventual morte por afogamento.

(D) Na forma dolosa, os crimes omissivos impróprios não exigem que o garante deseje o resultado típico.

(E) Se o garante, apesar de não haver conseguido impedir o resultado, seriamente esforçou-se para evitá-lo, não haverá fato típico, doloso e culposo. Nos omissivos impróprios, a relação de causalidade é normativa.

A: correta. *Crime omissivo impróprio* (*comissivo por omissão* ou *impuro*), *grosso modo*, é aquele em que o sujeito ativo, por uma omissão inicial, gera um resultado posterior, que ele tinha o dever de evitar (art. 13, § 2º, do CP). Os chamados crimes comissivos, que pressupõem uma conduta positiva, encerram normas proibitivas dirigidas, na maioria das vezes, à população em geral. Já nos crimes comissivos por omissão, a situação é bem outra. A existência do crime comissivo por omissão pressupõe a conjugação de duas normas: uma norma proibitiva, que encerra um tipo penal comissivo e a todos é dirigido, e uma norma mandamental, que é endereçada a determinadas pessoas sobre as quais recai o dever de agir. Assim, a título de exemplo, a violação à regra contida no art. 121 do CP (não matar) pressupõe, via de regra, uma conduta positiva (um agir, um fazer); agora, a depender

da qualidade do sujeito ativo (art. 13, § 2º), essa mesma norma pode ser violada por meio de uma omissão, o que se dá quando o agente, por força do que dispõe o art. 13, § 2º, do CP, tem o dever de agir para evitar o resultado. Exemplo sempre lembrado pela doutrina é o da mãe que propositadamente deixa de amamentar seu filho, que, em razão disso, vem a morrer. Será ela responsabilizada por homicídio doloso, na medida em que seu dever de agir está contemplado na regra inserta no art. 13, § 2º, do CP. No mais, esta modalidade de crime omissivo não deve ser confundida com o *crime omissivo próprio* ou *puro*. Neste, o tipo penal cuidou de descrever a omissão. É o caso do crime de omissão de socorro (art. 135, CP). Esta modalidade de crime se perfaz pela mera abstenção do agente, independente de qualquer resultado posterior. Não é admitida, ademais, a tentativa; o crime omissivo impróprio, ao contrário, comporta o *conatus*; **B:** incorreta. Não há qualquer relevância penal na conduta do médico que, depois de comprometer-se a realizar determinado procedimento em um paciente, vê-se obrigado a viajar e deixa no seu lugar outro profissional para realizar o procedimento em seu lugar. Não houve, por parte do médico, nenhuma conduta omissiva; **C:** correta. A responsabilidade neste caso incide porque o agente, com o seu comportamento, criou o risco da ocorrência do resultado (afogamento), nos termos do art. 13, § 2º, *c*, do CP; **D:** correta. É o caso do agente que joga a vítima na piscina por brincadeira; **E:** correta. Diz-se normativa porque prevista em lei (art. 13, § 2º, CP). Ademais, não se deve exigir uma atuação heroica por parte do agente. 🄴🄳 Gabarito "B".

(Delegado/MS – 2017 – FAPEMS) A partir da narrativa a seguir e considerando as classes de crimes omissivos, assinale a alternativa correta.

Artur, após subtrair aparelho celular no interior de um mercado, foi detido por populares que o amarraram em um poste de iluminação. Acabou agredido violentamente por Valdemar, vítima da subtração, que se valeu de uma barra de ferro encontrada na rua. Alice tentou intervir, porém foi ameaçada por Valdemar. Ato contínuo, Alice, verificando a grave situação, correu até um posto da Polícia Militar e relatou o fato ao soldado Pereira, que se recusou a ir até o local no qual estava o periclitante, alegando que a situação deveria ser resolvida unicamente pelos envolvidos. Francisco, segurança particular do mercado, gravou a agressão e postou as imagens em rede social com a seguinte legenda: "Aí mano, em primeira mão: outro pra vala". Artur morreu em decorrência de trauma craniano.

(A) Pereira poderá ser indiciado pela prática de crime omissivo impróprio.

(B) Pereira poderá ser indiciado pela prática de crime omissivo próprio.

(C) Alice poderá ser indiciada pela prática de crime omissivo próprio.

(D) Alice poderá ser indiciada pela prática de crime omissivo impróprio.

(E) Francisco poderá ser indiciado pela prática de crime comissivo por omissão.

A: correta. De fato, a omissão de Pereira, policial militar, é penalmente relevante, eis que, por se tratar de agente cujas atividades são circunscritas à segurança pública, tinha o dever jurídico de agir para impedir o resultado lesivo que vitimou Artur, morto em razão das agressões perpetradas por Valdemar. Assim, na forma do art. 13, § 2º, "a", do CP, que impõe o dever de agir àquele que tiver por lei obrigação de cuidado, proteção ou vigilância, o soldado Pereira deverá responder pelo homicídio de Artur por omissão. No caso, estamos diante de um crime comissivo por omissão, ou omissivo impróprio; **B:** incorreta. Dada a condição de policial militar de Pereira, sua omissão, na forma do art. 13, § 2º, do CP, é do tipo imprópria; **C:** incorreta. Alice não pode ser responsabilizada, por exemplo, por omissão de socorro (art. 135 do CP), eis que, embora tenha tentado intervir para a cessação das agressões perpetradas por Valdemar contra Artur, foi ameaçada pelo agente, situação que caracteriza o "risco pessoal" de que trata o precitado art. 135; **D** e **E:** incorretas, pois Alice, ainda que tivesse se mantido absolutamente inerte frente às agressões sofridas por Artur, não teria o dever jurídico de agir para impedir o resultado (art. 13, § 2º, do CP), razão por que não praticou crime omissivo impróprio. O mesmo se pode dizer com relação a Francisco, segurança particular do mercado, que, por não ter o dever jurídico de agir para impedir o resultado, não responderá por crime comissivo por omissão (ou omissivo impróprio). **AT**

Gabarito "A".

5. FATO TÍPICO E TIPO PENAL

(Juiz de Direito/AP – 2022 – FGV) Veículos autônomos são aqueles motorizados cujo movimento no trânsito é, de diversas formas, determinado por algoritmo pré-programado, e não por pessoa sentada ao volante. Por trás de uma máquina autônoma, há uma pessoa física que, de alguma forma, interferiu em seu funcionamento, normalmente pela programação e inserção de dados. Assim, em relação à imputação subjetiva do resultado, se reconhece a possibilidade de ocorrência de crime doloso ou culposo.

Nas hipóteses de punibilidade culposa, é correto afirmar que:

(A) quem introduz no mundo um agente inteligente, com capacidade de aprendizagem conforme as informações sejam inseridas, pode negar sua responsabilidade pelos danos causados por reações equivocadas não previsíveis;

(B) os robôs com inteligência artificial são agentes morais genuínos e sua programação interna funciona segundo um sistema de "méritos" e "deméritos" para certas decisões que eles tomam;

(C) os denominados "algoritmos de acidente", aqueles que selecionam vítimas em casos de inevitável colisão no tráfego dos carros autônomos, geram responsabilidade penal pela morte decorrente de atropelamento;

(D) os robôs com inteligência artificial são máquinas que completam suas tarefas conforme sua programação, que equivale à autodeterminação humana sobre razões morais;

(E) a possibilidade de programar o veículo para escolher uma vida para sacrificar, com o intuito de salvar outras, quando o acidente for inevitável, atrai a incidência do estado de necessidade, excluindo a responsabilidade do programador.

A: incorreta. Aquele que introduz uma máquina com inteligência artificial não pode negar sua responsabilidade pelos danos causados por reações equivocadas não previsíveis. Responderá o agente responsável pela introdução da máquina por crime culposo; **B:** incorreta. Diferentemente dos seres humanos, os robôs não são agentes morais genuínos e não tomam decisões; **C:** correta. Mesmo que haja programação para selecionar a "melhor" vítima, é de rigor, em caso de acidente (morte decorrente de atropelamento), a imputação de responsabilidade a título de culpa ao programador; **D:** incorreta. Robôs são desprovidos de autodeterminação, que é inerente ao ser humano; **E:** incorreta, na medida em que não se pode atribuir às máquinas a realização de um juízo moral de sacrifício de bens jurídicos. **ED**

Gabarito "C".

(Juiz de Direito – TJ/MS – 2020 – FCC) Em relação à tipicidade penal, correto afirmar que

(A) é excluída pelos chamados princípios da insignificância e adequação social, ausentes tipicidade formal e material, respectivamente.

(B) o consentimento do ofendido, às vezes, pode afastar a própria tipicidade da conduta e, em outras, constituir causa supralegal de exclusão da ilicitude, segundo entendimento doutrinário.

(C) o erro sobre elemento do tipo exclui o dolo e, por isso, incide sobre a ilicitude do comportamento, refletindo na culpabilidade, de modo a excluí-la ou atenuá-la.

(D) é afastada nas hipóteses de crime impossível e arrependimento posterior.

(E) o dolo, segundo a teoria finalista, constitui elemento normativo do tipo.

A: incorreta, uma vez que ambos os postulados levam à exclusão da tipicidade *material*, não havendo repercussão no campo da tipicidade *formal*. Vejamos. Enuncia o princípio da insignificância ou bagatela que o Direito Penal não deve atuar diante de fatos insignificantes, desprezíveis, de forma que somente se deve recorrer a esse ramo do direito em casos relevantes, isto é, não pode ser considerada típica a conduta causadora de lesão insignificante ao bem jurídico tutelado pela norma penal. De acordo com a doutrina e jurisprudência consolidadas, o postulado da insignificância atua como causa de exclusão da tipicidade material. Segundo o princípio da adequação social, não se pode reputar criminosa a conduta tolerada pela sociedade, ainda que corresponda a uma descrição típica. É dizer, embora formalmente típica, porque subsumida num tipo penal, carece de tipicidade material, porquanto em sintonia com a realidade social em vigor. A sociedade se mostra, nessas hipóteses, indiferente ante a prática da conduta, como é o caso da tatuagem. Também são exemplos: a circuncisão praticada na religião judaica; o furo na orelha para colocação de brinco etc.; **B:** correta. De fato, o consentimento do ofendido atuará como causa de exclusão da tipicidade do fato quando o elemento "vontade" do sujeito passivo se revele como requisito expresso ou tácito da conduta penalmente típica. É o que se verifica, por exemplo, no estupro (art. 213 do CP), que tem, como pressuposto, o dissenso da vítima no tocante à conjunção carnal ou à prática de atos libidinosos diversos. De outra borda, o consentimento do ofendido poderá atuar como causa de exclusão da ilicitude (causa supralegal), desde que satisfeitos alguns requisitos; **C:** incorreta. Conforme dispõe o art. 20 do CP, o erro sobre elemento do tipo exclui sempre o dolo, permitindo a punição a título de culpa, desde que haja previsão nesse sentido. A exclusão do dolo afasta a conduta e, por conseguinte, o fato típico, ou seja, não há crime, não havendo, portanto, nenhuma repercussão nos campos da ilicitude e da culpabilidade; **D:** incorreta. A assertiva está correta em relação ao crime impossível (art. 17, CP), que tem como natureza jurídica causa de exclusão da tipicidade, na medida em que o fato praticado pelo agente não se subsume a nenhum tipo legal; o mesmo não se diga em relação ao arrependimento posterior (art. 16, CP), que, como o próprio nome sugere, ocorre após a consumação do crime. Sua natureza jurídica é de causa pessoal e obrigatória de diminuição de pena, não havendo que se falar, portanto, em exclusão da tipicidade; **E:** incorreta. O dolo, para a teoria finalista, é classificado como *natural*, contendo apenas elementos cognitivo (consciência) e volitivo (vontade). Já para a teoria clássica, o dolo, que integrava a culpabilidade, era normativo. **ED**

Gabarito "B".

(Juiz de Direito – TJ/RJ – 2019 – VUNESP) João ministra veneno a Maria, em dose apta a causar-lhe a morte, pois ela iria informar à autoridade policial que João havia mantido relação sexual incestuosa e consentida com a filha dele, de 16 anos. Antes que o resultado se efetive, João socorre Maria, levando-a a um pronto-socorro. Lá, o médico de

6. DIREITO PENAL 193

plantão deixa de atender Maria, sob a única razão de estar almoçando. Maria, que seria salva caso o médico interviesse, morre.

Diante desse cenário, que admite múltiplas qualificações jurídicas, assinale a alternativa que melhor se adeque à espécie.

(A) João cometeu homicídio; o médico cometeu lesão corporal seguida de morte.

(B) João cometeu homicídio qualificado; o médico cometeu omissão de socorro com pena triplicada pelo resultado morte.

(C) João será beneficiado pelo arrependimento posterior e não sofrerá qualquer reprimenda penal; o médico cometeu homicídio culposo, na modalidade negligência.

(D) João cometeu lesão corporal seguida de morte; o médico cometeu omissão de socorro em concurso com homicídio culposo, na modalidade negligência.

(E) João cometeu homicídio duplamente qualificado; o médico cometeu omissão de socorro, com a pena duplicada pelo resultado morte.

Pelo enunciado proposto, João, depois de ministrar veneno a Maria, imbuído do propósito de matá-la, arrepende-se do que acabara de fazer e, de forma voluntária, socorre a vítima ao pronto-socorro, onde ela vem a falecer por falta de atendimento, uma vez que o médico que ali se encontrava de plantão, ao argumento de que estava almoçando, negara socorro. O arrependimento posterior deve, de plano, ser afastado, eliminando-se a alternativa "C". Isso porque, segundo enuncia o art. 16 do CP, é pressuposto do arrependimento posterior que o agente repare o dano ou restitua a coisa até o recebimento da denúncia, o que, à evidência, não é possível ocorrer em se tratando de crime contra a vida consumado (homicídio). Além disso, exige-se, à configuração da causa de diminuição de pena do art. 16 do CP, que o crime não tenha sido praticado mediante violência ou grave ameaça. Também é importante que se diga que tanto o arrependimento eficaz quanto a desistência voluntária (art. 15 do CP) somente têm lugar na hipótese de o resultado visado pelo agente não ser implementado. No caso narrado no enunciado, para o reconhecimento dos institutos previstos no art. 15 do CP, de rigor que Maria não tivesse morrido. Considerando que ela morreu, ainda que João tenha se arrependido e a socorrido ao hospital, ele será responsabilizado por homicídio doloso. Perceba que, na desistência voluntária, como o próprio nome sugere, o sujeito ativo, ainda dispondo de meios para alcançar o resultado, resolve, por ato voluntário, interromper a execução do delito (conduta negativa); no arrependimento eficaz, diferentemente, ele faz tudo o que pretendia para atingir o resultado, que não é alcançado porque ele (agente) agiu (conduta positiva) para evitá-lo. Quero, com isso, que fique bem clara a diferença entre a desistência voluntária e o arrependimento eficaz, tema sempre presente em provas de concursos públicos em geral. No caso narrado no enunciado, se a vítima não tivesse morrido, seria o caso de reconhecer o arrependimento eficaz, respondendo João somente pelos atos realizados, na medida em que praticou na íntegra todos os atos necessários para atingir a consumação. Dessa forma, ficam excluídos a desistência voluntária, o arrependimento eficaz e o arrependimento posterior. Até aqui, temos que João cometeu contra Maria o crime de homicídio doloso qualificado pelo emprego de veneno (art. 121, § 2º, III, do CP). A grande celeuma que aqui pode surgir refere-se à conduta do médico, que, conforme relatado no enunciado, negou atendimento a Maria, sob a justificativa de que estaria almoçando. Ao apontar como correta a assertiva "B", a organizadora considerou que o médico incorreu no crime de omissão de socorro, com pena triplicada pelo resultado morte. Embora se trate de uma solução plausível, não representa, a nosso ver, a melhor tipificação da conduta do médico. Pensamos que este deve ser responsabilizado por crime omissivo impróprio (homicídio

doloso). Com efeito, ao negar atendimento a pessoa que, em situação de risco de vida, dele necessitava, o médico, na condição de garante, deve ser responsabilizado pelo crime de homicídio doloso, já que sua omissão, que foi proposital, corresponde a uma ação, nos termos do art. 13, § 2º, CP. ED

Gabarito "B".

João, com a intenção de matar José, seu desafeto, efetuou disparos de arma de fogo contra ele. José foi atingido pelos projéteis e faleceu.

(Juiz de Direito - TJ/BA - 2019 - CESPE/CEBRASPE) Considere que, depois de feitos os exames necessários, se tenha constatado uma das seguintes hipóteses relativamente à causa da morte de José.

I. Apesar dos disparos sofridos pela vítima, a causa determinante da sua morte foi intoxicação devido ao fato de ela ter ingerido veneno minutos antes de ter sido alvejada.

II. A morte decorreu de ferimentos causados por disparos de arma de fogo efetuados por terceiro no mesmo momento em que João agiu e sem o conhecimento deste.

III. A vítima faleceu em razão dos ferimentos sofridos, os quais foram agravados por sua condição de hemofílica.

IV. A morte decorreu de uma infecção hospitalar que acometeu a vítima quando do tratamento dos ferimentos causados pelos tiros.

Nessa situação hipotética, conforme a teoria dos antecedentes causais adotada pelo CP, João responderá pela morte de seu desafeto caso se enquadre em uma das hipóteses previstas nos itens

(A) I e II.

(B) I e III.

(C) III e IV.

(D) I, II e IV.

(E) II, III e IV.

I: não há responsabilização pela morte. Vejamos. Segundo consta, José é vítima de disparos de arma de fogo efetuados por João, que deseja a sua morte, o que de fato vem a ocorrer. Depois disso, constata-se, no exame necroscópico, que o resultado naturalístico adveio não dos disparos que vitimaram José, mas de veneno neste aplicado antes da conduta levada a efeito por João (causa preexistente). Perceba que a morte teria ocorrido de qualquer forma. Neste caso, imputam-se ao agente tão somente os atos que praticou, e não o resultado naturalístico (morte). Há quebra, portanto, do nexo de causalidade. João, assim, responderá por tentativa de homicídio; II: não há responsabilização pelo evento morte. Esta assertiva descreve o fenômeno denominado *autoria colateral*, em que os agentes, sem que um conheça a intenção do outro, dirigem sua conduta, de forma simultânea, para a prática do mesmo crime. Por inexistir liame subjetivo entre eles, não há que se falar em *coautoria* ou *participação*. Apurando-se qual dos agentes deu causa ao resultado, este será responsabilizado pelo crime consumado; o outro, pelo crime na forma tentada (é o caso de João, já que a morte de seu desafeto decorreu dos disparos de arma de fogo efetuados por terceiro). Não sendo possível, na autoria colateral, identificar qual dos agentes deu causa ao resultado, estaremos diante, então, da chamada *autoria incerta* (não é esta a hipótese do enunciado). Neste caso, a melhor solução recomenda que ambos respondam pelo crime na forma tentada, já que não foi possível apurar-se quem foi o responsável pelo resultado; III: há responsabilização pela morte. Trata-se de hipótese de causa preexistente relativamente independente. Como o nome sugere, existe previamente à conduta do agente. João, agindo com *animus necandi* em relação a José, contra este desfere disparados de arma de fogo; no entanto, por ser portador de hemofilia, José tem seu quadro agravado e, por conta disso, vem a falecer. Neste caso, o resultado naturalístico (morte), porque querido por João, a este será imputado, respondendo por homicídio consumado. Veja que, se excluirmos a conduta de João (disparos de arma de fogo), o resultado morte não teria ocorrido. Daí falar-se em causa *relativamente independente*; **IV**: há responsabilização pela morte. Isso porque a infecção hospitalar constitui o que a doutrina convencionou chamar de linha de desdobramento natural, já que, não raras vezes, pacientes internados pelos mais variados motivos acabam por contrair infecções hospitalares, o que, muitas vezes, levam-nos a óbito. **ED**

Gabarito "C".

(Promotor de Justiça/PR – 2019 – MPE/PR) Para se determinar quando uma ação é causa de um resultado, foram elaboradas várias teorias. A respeito destas teorias, assinale a alternativa **incorreta**:

(A) Para a Teoria da equivalência das condições, causa é a condição sem a qual o resultado não teria ocorrido.

(B) Para a Teoria da causalidade adequada, causa é a condição mais adequada para produzir o resultado, fundando-se em um juízo de possibilidade ou de probabilidade à relação causal.

(C) Para a Teoria da qualidade do efeito, causa é a condição da qual depende a qualidade do resultado, havendo diferenciação entre condições estáticas e dinâmicas, sendo que somente estas últimas seriam causa decisiva ou eficiente para o efeito.

(D) Para a Teoria da imputação objetiva, não há diferenças entre níveis de admissibilidade de riscos permitidos, posto que o nível de proteção que cada tipo penal guarda é axiologicamente o mesmo.

A: correta. A teoria da equivalência das condições, também chamada *equivalência dos antecedentes* ou *conditio sine qua non*, adotada, como regra, no art. 13, "caput", do CP, estabelece que causa é toda ação ou omissão sem a qual o resultado não teria sido produzido; **B**: correta. Causalidade adequada é a teoria adotada em relação às causas supervenientes relativamente independentes (art. 13, § 1º, CP). Neste caso, somente haverá imputação do resultado se a causa superveniente não tiver produzido, por si só, o resultado; se houver produzido, por si só, o resultado, haverá exclusão da imputação do resultado. Como se pode ver, o art. 13 do CP adotou como regra a teoria da equivalência dos antecedentes e, como exceção, a teoria da causalidade adequada; **C**: correta. Para a teoria da qualidade do efeito, causa é condição da qual depende a qualidade do resultado; **D**: incorreta. Desenvolvida e difundida por Claus Roxin, a partir de 1970, no ensaio *Reflexões sobre a problemática da imputação no direito penal*, a teoria da imputação objetiva, cujo propósito é impor restrições à responsabilidade penal, enuncia, em síntese, que a atribuição do resultado ao agente não está a depender tão somente da relação de causalidade. É necessário ir além. Para esta teoria, deve haver a conjugação dos seguintes requisitos: criação ou aumento de um risco proibido; realização do risco no resultado; e resultado dentro do alcance do tipo. **ED**

Gabarito "D".

(Delegado – PC/BA – 2018 – VUNESP) Tendo em conta a teoria geral do crime, assinale a alternativa correta.

(A) Os partidários da teoria tripartida do delito consideram a culpabilidade como pressuposto da pena e não elemento do crime.

(B) Os partidários da teoria tripartida do delito consideram elementos do crime a tipicidade, a antijuricidade e a punibilidade.

(C) A tipicidade, elemento do crime, na concepção material, esgota-se na subsunção da conduta ao tipo penal.

(D) O dolo, na escola clássica, deixou de ser elemento integrante da culpabilidade, deslocando-se para a conduta, já que ação e intenção são indissociáveis.

(E) Os partidários da teoria funcionalista da culpabilidade entendem que a culpabilidade é limitada pela finalidade preventiva da pena; constatada a desnecessidade da pena, o agente não será punido.

A: incorreta. Ao contrário do que se afirma na alternativa, para os adeptos da teoria *tripartida*, a culpabilidade constitui um dos elementos do crime, ao lado do fato típico e da ilicitude; já para a teoria *bipartida*, a culpabilidade deve ser entendida como pressuposto para a aplicação da pena, ao passo que o fato típico e a ilicitude constituem os elementos do crime, na sua acepção analógica. Para esta última teoria, a culpabilidade deve ser excluída da composição do crime; **B**: incorreta, pois, como acima dito, os partidários da teoria tripartida do delito consideram elementos do crime o fato típico, a antijuridicidade (ilicitude) e a culpabilidade; **C**: incorreta, já que o critério material ou substancial diz respeito à intensidade do mal produzido aos interesses considerados dignos de tutela penal. A tipicidade, assim entendida como o enquadramento da conduta à norma penal descrita em abstrato (subsunção da conduta ao tipo penal), constitui um dos elementos do fato típico, a ser analisado no contexto do critério analítico de crime, que se funda nos elementos que compõem a estrutura do delito; **D**: incorreta. O fenômeno descrito na assertiva (deslocamento do dolo – e também da culpa – da culpabilidade para a conduta) deu-se a partir da adoção da teoria finalista, que é a teoria atualmente adotada em substituição à teoria clássica, para a qual o dolo e a culpa residiam na culpabilidade; **E**: correta. Para a teoria funcional ou funcionalista da culpabilidade, que tem como expoente Gunther Jakobs, a culpabilidade calcada em um juízo de reprovabilidade deve dar lugar à análise das reais necessidades de prevenção. Com isso, deve-se questionar, ao analisar a culpabilidade, se, em atenção às finalidades da pena, deve ou não o agente ser responsabilizado por seus atos. **ED**

Gabarito "E".

6. CRIMES DOLOSOS, CULPOSOS E PRETERDOLOSOS

(Juiz de Direito/SP – 2021 – Vunesp) A respeito do delito culposo, é correto afirmar que

(A) admite a coautoria e a participação.

(B) admite a compensação de culpas.

(C) a culpa pode ser presumida.

(D) é possível a concorrência de culpas.

A: incorreta. Nos crimes culposos não é admitida a participação, somente a coautoria. Isso porque o crime culposo tem o seu tipo aberto, razão pela qual não se afigura razoável afirmar-se que alguém auxiliou, instigou ou induziu uma pessoa a ser imprudente, sem também sê-lo. Conferir o magistério de Cleber Masson, ao tratar da coautoria no crime culposo: "A doutrina nacional é tranquila ao admitir a coautoria em crimes culposos, quando duas ou mais pessoas, conjuntamente, agindo por imprudência, negligência ou imperícia, violam o dever objetivo de cuidado a todos imposto, produzindo um resultado naturalístico" No que toca à participação no contexto dos crimes culposos, ensina que "firmou-se a doutrina pátria no sentido de rejeitar a possibilidade de participação em crimes culposos" (*Direito Penal esquematizado* – Parte Geral. 8. ed. São Paulo: Método, 2014. v. 1, p. 559). Na jurisprudência: "É perfeitamente admissível, segundo o entendimento doutrinário e jurisprudencial, a possibilidade de concurso de pessoas em crime culposo, que ocorre quando há um vínculo psicológico na cooperação consciente de alguém na conduta culposa de outrem. O que não se

admite nos tipos culposos, ressalve-se, é a participação" (HC 40.474/PR, Rel. Ministra Laurita Vaz, Quinta Turma, julgado em 06.12.2005, *DJ* 13.02.2006); **B:** incorreta, uma vez que inexiste, no direito penal, compensação de culpas, isto é, uma conduta culposa não anula a outra; **C:** incorreta. Sendo a responsabilidade penal de caráter subjetivo, não há que se falar em culpa presumida. Segundo Cleber Masson, ao discorrer sobre a culpa presumida, *também denominada de culpa "in re ipsa", tratava-se de espécie de culpa admitida pela legislação penal existente no Brasil antes da entrada em vigor do Código Penal de 1940, e consistia na simples inobservância de uma disposição regulamentar. Foi abolida do sistema penal pátrio, por constituir-se em verdadeira responsabilidade penal objetiva, retrocesso a tempos pretéritos em que o homem pagava pelo que fizera, sem nenhuma preocupação com o elemento subjetivo.* (*Direito Penal Esquematizado*, v. 1. Parte Geral, 8ª edição, Ed. Método, p. 303); **D:** correta. Na chamada concorrência de culpas, admitida pelo direito penal, duas ou mais pessoas contribuem, a título de culpa, para a produção de um mesmo resultado naturalístico. Natural que todos que assim agiram respondam pelo resultado que causaram, à luz do princípio da *conditio sine qua non* (art. 13, *caput*, do CP). **ED**
Gabarito "D".

(Delegado/MS – 2017 – FAPEMS) Analise o caso a seguir.

Com a desclassificação no torneio nacional, o presidente do clube AZ demite o jogador que perdeu o pênalti decisivo. Irresignado com a decisão, o futebolista decide matar o mandatário. Para tanto, aproveitando o dia da assinatura de sua rescisão, acopla bomba no carro do presidente que estava estacionado na sede social do clube. O jogador sabe que o motorista particular do dirigente será fatalmente atingido e tem a consciência que não pode evitar que torcedores ou funcionários da agremiação, próximos ao veículo, venham a falecer com a explosão. Como para ele nada mais importa, a bomba explode e, lamentavelmente, além das mortes dos dois ocupantes do veículo automotor, três torcedores e um funcionário morrem.

A partir da leitura desse caso, é correto afirmar que o indiciamento do jogador pelos crimes de homicídio sucederá

(A) por dolo direto de primeiro grau em relação ao presidente e ao motorista.

(B) por dolo eventual em relação ao motorista; aos torcedores e ao funcionário.

(C) por dolo direto de segundo grau em relação ao presidente e ao motorista.

(D) por dolo eventual apenas em relação aos torcedores.

(E) por dolo direto de segundo grau apenas em relação ao motorista.

Antes de analisarmos cada uma das alternativas, de rigor esclarecermos o seguinte: (i) com relação ao Presidente do clube AZ, o jogador, ao acoplar a bomba em seu veículo, que, efetivamente, explodiu, responderá por homicídio com dolo direto de primeiro grau, eis que havia a direta intenção de matar referida vítima; (ii) com relação ao motorista, também morto em razão da explosão, o jogador responderá por homicídio com dolo direto de segundo grau, também chamado de dolo de consequências necessárias, eis que, a partir do meio escolhido para a morte do Presidente do clube (colocação de uma bomba em seu veículo), os efeitos colaterais daí advindos inevitavelmente gerariam consequências a terceiros, no caso, ao motorista; (iii) com relação aos torcedores e um funcionário do clube, também mortos em razão da explosão, o jogador responderá por homicídio com dolo eventual, eis que, como proposto no enunciado, era sabedor de que terceiros (torcedores e funcionários que estivessem próximos ao carro) poderiam ser atingidos pela explosão, assumindo, portanto, o risco de resultados

lesivos a outrem. Estabelecidas essas premissas, analisemos cada uma das alternativas: **A:** incorreta, pois, como relatado, somente haverá dolo direto de primeiro grau com relação ao Presidente do clube, mas não com relação ao motorista; **B:** incorreta. Com relação ao motorista, a explosão da bomba traria como consequência necessária a sua morte, razão por que o agente agiu com dolo direto de segundo grau. Somente com relação a terceiros é que se vislumbra dolo eventual; **C:** incorreta, pois o dolo direto de segundo grau somente se caracterizou com relação ao motorista, já que, com relação ao Presidente do clube, o jogador agiu com dolo direto de primeiro grau; **D:** incorreta. O jogador agiu com dolo eventual em relação aos torcedores e funcionário do clube, atingidos pela explosão; **E:** correta. Somente se caracterizou o dolo direto de segundo grau com relação ao motorista. **AT**
Gabarito "E".

7. ERRO DE TIPO, DE PROIBIÇÃO E DEMAIS ERROS

José e João trabalhavam juntos. José, o rei da brincadeira. João, o rei da confusão. Certo dia, discutiram acirradamente. Diversos colegas viram a discussão e ouviram as ameaças de morte feitas por João a José. Ninguém soube o motivo da discussão. José não se importou com o fato e levou na brincadeira. Alguns dias depois, em um evento comemorativo na empresa, João bradou "eu te mato José" e efetuou disparo de arma de fogo contra José. Contudo o projétil não atingiu José e sim Juliana, matando a criança que chegara à festa naquele momento, correndo pelo salão.

(Promotor de Justiça/SP – 2019 – MPE/SP) Nesse caso, é correto afirmar que, presente a figura

(A) do erro sobre a pessoa, nos termos do artigo 20, § 3º, do Código Penal, João deve responder por homicídio doloso sem a agravante de crime cometido contra criança.

(B) do erro sobre a pessoa, nos termos do artigo 20, § 3º, do Código Penal, João deve responder por homicídio doloso, com a agravante de crime cometido contra criança.

(C) *aberratio criminis*, artigo 74 do Código Penal, João deve responder por tentativa de homicídio e homicídio culposo sem a agravante de crime cometido contra criança, em concurso formal de crimes.

(D) *aberratio ictus*, artigo 73 do Código Penal, João deve responder por homicídio doloso sem a agravante de crime cometido contra criança.

(E) *aberratio ictus*, artigo 73 do Código Penal, João deve responder por tentativa de homicídio e homicídio culposo, com a agravante de crime cometido contra criança, em concurso material de crimes.

O enunciado retrata típico exemplo de *aberratio ictus* (erro na execução). Senão vejamos. João, imbuído do propósito de matar José, em um evento comemorativo na empresa onde ambos trabalhavam, efetua disparo de arma de fogo, cujo projétil, no lugar de atingir seu colega de trabalho, acaba por atingir a criança Juliana, que acabara de chegar ao local da comemoração. Já José, que desde o início era o alvo de João, por este não é atingido. A criança atingida pelo disparo efetuado por João acaba por falecer. Pois bem. Temos, portanto, que João, por erro no uso dos meios de execução, no lugar de atingir a pessoa que pretendia, que neste caso é José, atinge pessoa diversa, ou seja, a criança Juliana. Neste caso, dado o que estabelece o art. 73 do CP, *serão levadas em consideração as características da pessoa contra a*

qual o agente queria investir, mas não conseguiu. Tratando-se de erro meramente acidental, responderá o agente como se houvesse matado a vítima pretendida (no caso, José). É por essa razão que João deverá ser responsabilizado como se de fato tivesse matado José, não incidindo, dessa forma, a agravante de crime cometido contra criança. Não se deve confundir a *aberratio ictus* com o *erro sobre a pessoa* (art. 20, § 3º, do CP), em que o agente, por uma falsa percepção da realidade, se equivoca quanto à própria vítima do crime, atingindo pessoa diversa da pretendida. Note que, na *aberratio ictus*, inexiste por parte do agente equívoco quanto à pessoa que deverá ser atingida; o que existe é erro na execução do crime: por exemplo, erro de pontaria. De qualquer forma, nos dois casos a consequência é a mesma: serão levadas em consideração as qualidades da pessoa que o agente queria atingir, e não as da pessoa que o agente efetivamente atingiu (vítima). Exemplo de erro sobre a pessoa é o da mãe que, sob influência do estado puerperal, mata o filho alheio pensando se tratar do próprio filho. Deverá ser responsabilizada, nos termos do art. 20, § 3º, do CP, como se tivesse investido contra quem ela queria praticar o crime (neste caso, o seu próprio filho recém-nascido). Por fim, *aberratio criminis* (resultado diverso do pretendido ou *aberratio delicti*), cuja previsão está no art. 74 do CP, consiste na hipótese em que o agente deseja cometer certo crime e, por erro de execução, acaba por cometer delito diverso. Como se pode ver, o erro na execução se estabelece entre pessoas (pessoa x pessoa); já o resultado diverso do pretendido envolve a relação crime x crime. **ED**
Gabarito "D".

(Juiz – TJ-SC – FCC – 2017) Um cidadão americano residente no Estado da Califórnia, onde o uso medicinal de *Cannabis* é permitido, vem ao Brasil para um período de férias em Santa Catarina e traz em sua bagagem uma certa quantidade da substância, conforme sua receita médica. Ao ser revistado no aeroporto é preso pelo delito de tráfico internacional de drogas. Neste caso, considerando-se que seja possível a não imputação do crime, seria possível alegar erro de:

(A) proibição indireto.

(B) tipo permissivo.

(C) proibição direto.

(D) tipo.

(E) subsunção.

Por erro de proibição indireto deve-se entender a situação em que o agente, a despeito de ter ciência do caráter ilícito do fato, acredita, equivocadamente, que age amparado por uma causa excludente de antijuridicidade, ou, ainda, age com erro quanto aos limites de uma causa justificante efetivamente existente. **ED**
Gabarito "A".

8. TENTATIVA, CONSUMAÇÃO, DESISTÊNCIA, ARREPENDIMENTO E CRIME IMPOSSÍVEL

(Juiz de Direito/AP – 2022 – FGV) Sobre os institutos da desistência voluntária, do arrependimento eficaz e do arrependimento posterior, é correto afirmar que:

(A) a não consumação, por circunstâncias alheias à vontade do agente, é compatível com a desistência voluntária;

(B) o reconhecimento da desistência voluntária dispensa o exame do *iter criminis*;

(C) as circunstâncias inerentes à vontade do agente são irrelevantes para a configuração da desistência voluntária;

(D) o arrependimento eficaz e a desistência voluntária somente são aplicáveis a delito que não tenha sido consumado;

(E) o reconhecimento da desistência voluntária dispensa o exame do elemento subjetivo da conduta.

A: incorreta, já que, havendo início de execução, a não consumação, por circunstâncias alheias à vontade do agente, é compatível com a tentativa. Na desistência voluntária (art. 15, primeira parte, do CP), temos que o agente, após dar início à execução do crime e antes de alcançar a consumação, interrompe, por ato voluntário, o processo executório, deixando de praticar os demais atos subsequentes necessários a atingir a consumação. Tema bastante cobrado em provas de concursos em geral é a distinção entre a desistência voluntária e o arrependimento eficaz, ambos institutos previstos no art. 15 do CP. Na desistência voluntária (art. 15, primeira parte, do CP), como dito antes, o agente, em crime já iniciado, embora disponha de meios para chegar à consumação, acha por bem interromper a execução. Ele, de forma voluntária, desiste de prosseguir no *iter criminis* (conduta negativa, omissão). No *arrependimento eficaz* (art. 15, segunda parte, do CP), a situação é diferente. O agente, em crime cuja execução também já se iniciou, esgotou os meios que reputou suficientes para atingir seu objetivo. Ainda assim, o crime não se consumou. Diante disso, ele, agente, por vontade própria, passa a agir para evitar o resultado (conduta positiva). Tanto na *desistência voluntária* quanto no *arrependimento eficaz* o agente responderá somente pelos atos que praticou; **B:** incorreta. Antes de mais nada, devemos entender o *iter criminis* como o caminho percorrido pelo agente na prática criminosa. Dito isso, forçoso concluir que o reconhecimento da desistência voluntária passa necessariamente pelo exame do *iter criminis*, já que é de rigor analisar, para o seu reconhecimento, se houve início de execução e ausência de consumação por vontade própria do agente (voluntariedade); **C:** incorreta. Somente fará jus ao reconhecimento da desistência voluntária o agente que tenha desistido (circunstância inerente à sua vontade), de forma voluntária (por vontade própria), de prosseguir na execução de crime; **D:** correta. De fato, a ausência de consumação é pressuposto à incidência da desistência voluntária e do arrependimento eficaz. Cuidado: no arrependimento posterior (art. 16, CP), diferentemente, há necessidade de o crime se consumar; **E:** incorreta, na medida em que o reconhecimento da desistência voluntária não dispensa o exame do elemento subjetivo da conduta. Conferir o seguinte julgado: "2. Para reconhecer a desistência voluntária, exige-se examinar o iter criminis e o elemento subjetivo da conduta, a fim de avaliar se os atos executórios foram iniciados e se a consumação não ocorreu por circunstância inerente à vontade do agente, tarefa indissociável do arcabouço probatório." (STJ, AgRg no AREsp 1214790/CE, Rel. Ministro RIBEIRO DANTAS, QUINTA TURMA, julgado em 17/05/2018, DJe 23/05/2018). **ED**
Gabarito "D".

(Juiz de Direito – TJ/MS – 2020 – FCC) No tocante à tentativa, acertado afirmar que

(A) é impunível nos casos de contravenção penal e de falta grave no curso da execução penal.

(B) o cálculo da prescrição em abstrato é regulado pelo máximo da pena cominada ao delito imputado, menos dois terços.

(C) não incide o respectivo redutor na fixação da quantidade de dias-multa.

(D) é aplicável o redutor mínimo de um terço para efeito de verificação de cabimento da suspensão condicional do processo.

(E) é possível nos crimes formais, se plurissubsistentes.

A: incorreta. O art. 4º da Lei das Contravenções Penais reza que a tentativa de contravenção não é punida. Até aqui a assertiva está correta. Já no que concerne à falta grave cometida no curso da execução penal, a sua tentativa será punida com a pena correspondente à falta consumada (art. 49, parágrafo único, LEP). Incorreto, portanto, afirmar-se que a tentativa de falta grave é impunível; **B:** incorreta. Isso porque, no cálculo da prescrição em abstrato, presente causa de diminuição de pena de quantidade variável, como é o caso da tentativa, deve-se utilizar o percentual de menor redução, ou seja, um terço (segundo o art. 14, parágrafo único, do CP, a tentativa é punida com a pena correspondente ao crime consumado, diminuída de um a dois terços); **C:** incorreta, uma vez que tem prevalecido na doutrina e na jurisprudência o entendimento segundo o qual o cálculo da quantidade de dias-multa levará em conta não somente as circunstâncias judiciais (art. 59, CP), mas também as agravantes e atenuantes, bem como as causas de aumento e diminuição, em conformidade com os parâmetros estabelecidos no art. 68 do CP; **D:** incorreta. Isso porque prevalece o entendimento no sentido de que, na apreciação da possibilidade da suspensão condicional do processo para crimes cuja pena mínima cominada é de um ano, deve-se levar em consideração para o cálculo da tentativa o redutor máximo, que corresponde a dois terços (art. 14, parágrafo único, CP); **E:** correta. Formais são os crimes em que o resultado, embora previsto no tipo penal, não é imprescindível à consumação do delito. São também chamados, bem por isso, de crimes de resultado cortado ou consumação antecipada. Exemplo sempre lembrado pela doutrina é o crime de *extorsão mediante sequestro* (art. 159 do CP), cujo momento consumativo é atingido com a privação de liberdade da vítima. A obtenção do resgate, resultado previsto no tipo penal, se ocorrer, constituirá mero exaurimento do delito (desdobramento típico). Crime plurissubsistente, por sua vez, é aquele cuja conduta do agente se exterioriza pela prática de dois ou mais atos, contrapondo-se aos crimes unissubsistentes, em que a conduta é representada por um único ato. Este último não admite a modalidade tentada; já os plurissubsistentes admitem. Dessa forma, a tentativa, nos delitos formais, somente será possível se estes forem plurissubsistentes, é dizer, se a conduta for passível de fracionamento. **ED**

Gabarito "E".

(Promotor de Justiça/PR – 2019 – MPE/PR) Quanto ao tema relativo à separação entre atos preparatórios e de execução, analise as assertivas abaixo e assinale a alternativa:

I. – A Teoria negativa propõe, em linhas gerais, a negação da possibilidade da limitação, em uma regra geral, entre o que seriam atos preparatórios e atos de execução, devendo tal definição ficar a cargo do julgador no momento da análise de cada caso.

II. – A Teoria objetivo-formal propõe que atos de execução são aqueles que demonstram o início da realização dos elementos do tipo penal, ou seja, para se poder falar em início de atos executórios, o agente teria que começar a realizar a ação descrita no verbo núcleo do tipo penal.

III. – A teoria objetivo-material afirma que para a definição do início dos atos executórios não se mostra suficiente a realização dos elementos do tipo penal, mas é necessário também que se tenha gerado e esteja presente efetivo perigo para o bem jurídico protegido pela norma.

IV. – A Teoria objetivo-individual propõe que a tentativa se iniciaria quando o autor, segundo o seu plano concreto, segundo seu plano delitivo, atua para a concretização do tipo penal pretendido.

(A) Todas as alternativas estão corretas.

(B) Apenas as alternativas I e III estão incorretas.

(C) Apenas as alternativas I, II e IV estão corretas.

(D) Apenas as alternativas II, III e IV estão corretas.

(E) Apenas as alternativas III e IV estão corretas.

Com o propósito de delimitar a transição dos atos preparatórios para os atos de execução, que constitui um dos maiores desafios do direito penal, foram formuladas diversas teorias, que se dividem, numa pri-

meira classificação, em *subjetiva* e *objetiva*. Para a primeira, inexiste transição dos atos preparatórios para os atos de execução. Isso porque o que importa é a vontade criminosa, que se faz presente tanto na fase de preparação quanto na de execução. Já para a *teoria objetiva*, só há que se falar em atos executórios a partir da concretização do tipo penal. Pressupõe, portanto, a exteriorização de atos idôneos e inequívocos para alcançar o resultado almejado. A *teoria objetiva* comporta as teorias da hostilidade ao bem jurídico, a objetivo-formal ou lógico-formal, a objetivo-material e a objetivo-individual. Para a *teoria da hostilidade ao bem jurídico*, atos executórios são aqueles que representam ataque, afronta ao bem jurídico tutelado pela norma. Se não há afronta ao bem jurídico, o agente ainda permanece na fase de atos preparatórios. A *teoria objetivo-formal* ou *lógico-formal*, adotada pelo Código Penal e mais aceita pela comunidade jurídica, sustenta que ato executório é aquele que representa o início da concretização dos elementos que integram o tipo penal, ou seja, tem início a realização da conduta descrita no tipo penal. Temos ainda a teoria *objetivo-material*, segundo a qual atos executórios não são somente aqueles que demonstram a concretização do núcleo do tipo penal, mas também aqueles imediatamente anteriores ao início da ação típica, segundo a ótica de uma terceira pessoa, um observador. Por fim, a teoria *objetivo-individual* sustenta que os atos executórios não são somente aqueles que dão início à ação típica, mas também os imediatamente anteriores, conforme o plano concreto do autor. Perceba que esta teoria se diferencia da objetivo-material em razão da ausência do critério do terceiro observador. **ED**

Gabarito "A".

(Investigador – PC/BA – 2018 – VUNESP) Adalberto decidiu matar seu cunhado em face das constantes desavenças, especialmente financeiras, pois eram sócios em uma empresa e estavam passando por dificuldades. Preparou seu revólver e se dirigiu até a sala que dividiam na empresa. Parou de frente ao inimigo e apontou a arma em sua direção, mas antes de acionar o gatilho foi impedido pela secretária que, ao ver a sombra pela porta, decidiu intervir e impedir o disparo. Em face do ocorrido, pode-se afirmar que Adalberto poderá responder por

(A) constrangimento ilegal.

(B) tentativa de homicídio.

(C) tentativa de lesão corporal.

(D) fato atípico.

(E) arrependimento eficaz.

A questão que se coloca é saber se a conduta de Adalberto, consistente em apontar a arma para o seu algoz, pode ser traduzida como início de execução do crime que ele pretendia praticar. Não há dúvidas de que a preparação, por Adalberto, de seu revólver não constitui ato de execução do delito (é ato de preparação!). Não há que se falar, de outro lado, em arrependimento eficaz, já que seria imprescindível, neste caso, que Adalberto, imbuído do propósito de matar seu cunhado, tivesse feito uso dos meios de que dispunha para atingir seu objetivo, ou seja, teria ele que efetuar os disparos que considerou necessários à produção do resultado morte e, ato contínuo, lograr, por sua iniciativa (voluntariedade), evitar a consumação do homicídio. Também é o caso de descartar a possibilidade de o crime em que incorreu Adalberto ser o de lesão corporal tentada, na medida em que seu propósito, desde o começo, era o de matar seu desafeto. Agiu, portanto, com *animus necandi*. Pois bem. É tema por demais complexo e, portanto, objeto de acalorados debates a definição do critério a ser empregado para delimitar em que momento tem fim a preparação e inicia a execução do crime. Prevalece, na doutrina e na jurisprudência, a tese segundo a qual tem fim a preparação e começa a execução com a prática do primeiro ato idôneo e inequívoco que tem o condão de levar à consumação do delito. Ou seja, para esta teoria (objetivo-formal ou lógico-formal), considera-se ato executório aquele em que o agente dá início à realização do verbo, neste caso, matar. É dizer, ao menos uma pequena parcela da conduta prevista no tipo deve estar concretizada. O examinador, aqui, considerou a conduta de Adalberto, consistente em apontar a arma de fogo, como apta a produzir o resultado almejado pelo agente: a morte de seu cunhado. A nosso ver, Adalberto, com a mera conduta de apontar a arma em direção à pessoa que queria ver morta, não ingressou na fase de execução do crime, não havendo que se falar, portanto, em tentativa. Ao que parece, a examinadora adotou a teoria objetivo-individual, segundo a qual os atos executórios pressupõem que haja início da conduta típica, mas também alcança aqueles atos que são imediatamente anteriores, desde que estejam em conformidade com o plano criminoso do autor, como é o caso da conduta de apontar a arma em direção à pessoa que se pretende matar. **ED**

Gabarito "B".

(Defensor Público – DPE/SC – 2017 – FCC) Sobre o *iter criminis*, é correto afirmar:

(A) A aferição do início do ato de execução do crime independe do elemento subjetivo do tipo.

(B) O Código Penal brasileiro adota a teoria subjetiva pura na aferição do início do ato de execução.

(C) A Lei Antiterrorismo (Lei n. 13.260/2016) prevê a punição de atos preparatórios de terrorismo quando realizado com o propósito inequívoco de consumar o delito.

(D) A punição da tentativa de crime culposo depende de expressa previsão legal.

(E) Em verdadeira regressão garantista, o Superior Tribunal de Justiça firmou entendimento de que a posse mansa e pacífica é necessária à consumação do roubo.

A: incorreta, já que a transição dos atos preparatórios para os atos executórios depende, sim, do elemento subjetivo do tipo; **B:** incorreta, uma vez que a teoria adotada é a objetivo-formal ou lógico-formal, segundo a qual somente haverá ato executório quando o agente iniciar a realização do verbo-núcleo do tipo (ação nuclear); **C:** correta (art. 5º da Lei 13.260/2016); **D:** incorreta. Com ou sem previsão legal, o crime culposo não comporta a modalidade tentada, já que não é concebível que alguém tente atingir determinado resultado que não deseje. Há, pois, incompatibilidade entre o delito culposo e o *conatus*; **E:** incorreta. Pelo contrário, em regressão garantista, os tribunais superiores consolidaram o entendimento segundo o qual o crime de roubo se consuma com a mera inversão da posse do bem mediante emprego de violência ou grave ameaça, independente da posse pacífica e desvigiada da coisa pelo agente. *Vide*, nesse sentido: STF, HC 96.696, Rel. Min. Ricardo Lewandowski. Confirmando esse entendimento, o STJ editou a Súmula 582: "Consuma-se o crime de roubo com a inversão da posse do bem mediante emprego de violência ou grave ameaça, ainda que por breve tempo e em seguida à perseguição imediata ao agente e recuperação da coisa roubada, sendo prescindível a posse mansa e pacífica ou desvigiada". **ED**

Gabarito "C".

(Juiz – TJ-SC – FCC – 2017) Conforme a redação do Código Penal,

(A) configurada a tentativa, pela falta de completude do injusto, a pena sempre deverá ser reduzida de um a dois terços.

(B) o crime impossível é tentativa impunível.

(C) a desistência voluntária permite a interrupção do nexo causal sem a consideração da vontade.

(D) o arrependimento eficaz, quando pleno, exclui a pena, e quando parcial permite a redução de um a dois terços.

(E) pelo resultado que agrava especialmente a pena, só responde o agente que o houver causado dolosamente.

A: incorreta. É fato que o Código Penal, no que concerne à tentativa, acolheu, como regra, a teoria objetiva (ou realística ou dualista), segundo a qual o autor de crime tentado receberá pena inferior à do autor de crime consumado, nos termos do art. 14, parágrafo único, do CP, que estabelece que, neste caso, a pena será reduzida de um a dois terços. Sucede que o Código Penal permite a aplicação (art. 14, parágrafo único, CP: (*salvo disposição em contrário*), em caráter excepcional, da teoria subjetiva, em que a pena do crime tentado será a mesma do crime consumado. Leva-se em conta, neste caso, a intenção do sujeito. Exemplo sempre lembrado pela doutrina é o crime do art. 352 do CP (evasão mediante violência contra a pessoa), em que a pena prevista para a modalidade tentada é idêntica àquela prevista para a modalidade consumada. São os chamados crimes de atentado. É incorreto afirmar-se, dessa forma, que a pena, uma vez configurada a tentativa, *sempre* será reduzida de um a dois terços; **B:** correta. De fato, o crime impossível, cuja definição está contemplada no art. 17 do CP, traduz hipótese de tentativa impunível, quer porque o agente se vale de meio absolutamente ineficaz, quer porque ele se volta contra objeto absolutamente impróprio; **C:** incorreta. Embora não se exija do agente, no contexto da desistência voluntária (art. 15, CP), espontaneidade, é de rigor que ele aja de forma *voluntária*, isto é, livre de qualquer coação. Assim, a interrupção do *iter criminis*, neste caso, deve decorrer da vontade do sujeito ativo. Em outras palavras, tanto na desistência voluntária quanto no arrependimento eficaz, a consumação do crime não é alcançada por vontade do agente; **D:** incorreta. No arrependimento eficaz (art. 15, C P), temos que o agente, depois de realizados todos os atos de execução do crime, age, de forma voluntária, com o propósito de impedir a sua consumação. Se obtiver sucesso, restará excluída a tipicidade em relação ao crime que ele, inicialmente, pretendia praticar, ou seja, não poderá ser responsabilizado pela tentativa, que pressupõe, como bem sabemos, que o resultado não seja produzido por circunstâncias *alheias* à vontade do sujeito; responderá, todavia, conforme estabelece o texto legal, pelos atos que praticou no curso do *iter criminis*. Dessa forma, não há que se falar em redução ou exclusão da pena que lhe seria imposta, mas, sim, em exclusão da tipicidade do delito que o agente, num primeiro momento, queria praticar; **E:** incorreta, na medida em que não corresponde ao que estabelece o art. 19 do CP: *(...) só responde o agente que o houver causado ao menos culposamente.* **ED**

Gabarito "B".

(Delegado/MS – 2017 – FAPEMS) Toda ação criminosa, advinda de conduta dolosa, é antecedida por uma ideação e resolução criminosa. O sujeito percorre um caminho que vai da concepção da ideia até a consumação. A esse caminho dá-se o nome de *iter criminis*, o qual é composto por fase interna (cogitação) e fases externas ao agente (atos preparatórios, executórios e consumação). Diversas situações podem ocorrer durante o desenvolvimento das ações dirigidas ao fim do crime. Assinale a alternativa que expressa de forma correta uma dessas situações, seja na fase interna ou externa.

(A) Na tentativa o sujeito dá início aos atos executórios da conduta, os quais deixa voluntariamente de praticar em virtude de circunstâncias alheias a sua vontade, recebendo, como consequência, diminuição na pena final aplicada.

(B) O arrependimento posterior ocorre após o término dos atos executórios, porém antes da consumação. Nesse caso, o sujeito responderá pelo crime, mas sua pena será reduzida se reparados os danos causados.

(C) A desistência voluntária caracteriza verdadeira ponte de ouro ao infrator que impede a consumação do crime após o término dos atos executórios, isentando-o de qualquer responsabilidade pelos danos causados.

(D) O crime impossível demanda o início dos atos executórios do crime pelo agente, eximindo-o de responsabilidade penal pelo crime almejado, respondendo, todavia, pelos atos anteriores que forem considerados ilícitos.

(E) Os atos preparatórios do crime não são punidos, mesmo que caracterize em si conduta tipificada, em virtude da teoria finalista da ação que direciona a punição para a finalidade do crime e não para os meios de sua prática.

A: incorreta. Na tentativa, o agente somente não prossegue com seu intento criminoso por circunstâncias alheias à sua vontade (art. 14, II, do CP). Caso houvesse voluntariedade na interrupção dos atos executórios, estaríamos diante de desistência voluntária (art. 15 do CP), situação retratada na assertiva em comento, mas cuja consequência não é a redução da pena, mas, sim, a atipicidade da tentativa do crime inicialmente visado pelo agente, respondendo apenas pelos atos praticados; **B:** incorreta. O arrependimento posterior (art. 16 do CP), como o próprio nome sugere, é posterior à consumação, razão por que o agente responderá pelo crime, mas com sua pena reduzida (de um a dois terços) caso repare integralmente o dano, ou restitua a coisa, até o recebimento da denúncia ou queixa. O que a assertiva em tela retrata, ao menos em seu início, é o instituto do arrependimento eficaz (art. 15 do CP). Neste sim o agente, após esgotados os atos executórios, arrepende-se e pratica comportamento impeditivo da consumação (portanto, após a execução, mas antes da consumação do delito), respondendo apenas pelos atos já praticados; **C:** incorreta. A desistência voluntária (art. 15, primeira figura, do CP) verifica-se antes do esgotamento dos atos executórios, diferentemente do arrependimento eficaz (art. 15, segunda figura, do CP), no qual, após esgotados os atos executórios, o agente pratica comportamento impeditivo da consumação. Em ambos os casos, a consequência será a atipicidade da tentativa do crime inicialmente visado pelo agente, que responderá apenas pelos atos já praticados, não se cogitando de isenção de responsabilidade penal, tal como constou na assertiva; **D:** correta. De fato, no crime impossível, o agente inicia a prática de atos executórios tendentes à consumação de um determinado crime. Contudo, pela ineficácia absoluta do meio, ou pela impropriedade absoluta do objeto, torna-se impossível a consumação do crime (art. 17 do CP), razão por que sequer a tentativa do crime visado pelo agente será punível; **E:** incorreta. Sabe-se que os atos preparatórios são impuníveis, salvo quando, por si sós, configurarem delitos autônomos. É o caso do agente que, pretendendo falsificar cédulas de real, adquire máquina destinada à falsificação de moeda, conduta que, por si só, constitui o crime do art. 291 do CP. **AT**

Gabarito "D".

9. ANTIJURIDICIDADE E CAUSAS EXCLUDENTES

(Delegado/MG – 2021 – FUMARC) Com relação à ilicitude e à culpabilidade é CORRETO afirmar:

(A) A prática de fato típico em razão de obediência à ordem não manifestamente ilegal de superior hierárquico é hipótese de inexigibilidade de conduta di- versa e pode excluir a culpabilidade do agente.

(B) Com relação à natureza jurídica do estado de necessidade, a doutrina destaca que para a teoria unitária, ou é o estado de necessidade justificante, funcionando como causa de exclusão da ilicitude da conduta do agente ou exculpante, excludente da culpabilidade.

(C) O Código Penal Brasileiro adota a teoria limitada da culpabilidade pela qual as descriminantes putativas sempre são consideradas erro de proibição.

(D) Segundo entendimento doutrinário e jurisprudencial, a ausência de lesividade seria causa supralegal de exclusão da tipicidade, enquanto a inexigibilidade de conduta diversa e o consentimento do ofendido, quando não integrante do tipo penal, excluem a culpabilidade da conduta do agente.

A: correta. De fato, neste caso, pune-se tão somente o autor da ordem – art. 22 do CP (opera-se, em relação ao subordinado, a exclusão da culpabilidade); se a ordem, no entanto, for manifestamente ilegal, responderão pelo crime o seu autor e o agente que agiu em obediência hierárquica; **B:** incorreta. O Código Penal adotou a teoria unitária, segundo a qual o estado de necessidade, como causa de exclusão da antijuridicidade, restará caracterizado se o bem jurídico sacrificado for de igual ou inferior valor ao bem preservado. Caso o bem sacrificado seja de valor superior, haverá tão somente a redução da pena. Para a teoria denominada de diferenciadora, o estado de necessidade pode ser justificante (excludente da ilicitude, quando o bem sacrificado for de valor menor ao bem protegido) ou exculpante (causa supralegal de excludente da culpabilidade, pela inexigibilidade de conduta diversa, quando o bem sacrificado for de igual ou valor superior). Está errada a assertiva porque o conceito nela descrito corresponde, como se pode ver, à teoria diferenciadora, e não à teoria unitária; **C:** incorreta, uma vez que, para a chamada teoria limitada da culpabilidade, acolhida pelo Código Penal, as descriminantes putativas podem constituir erro de tipo ou erro de proibição, a depender de o equívoco recair sobre a má compreensão da realidade (erro de tipo) ou sobre os limites de uma causa de justificação (erro de proibição); **D:** incorreta. O consentimento do ofendido, quando não integrante do tipo penal, será causa de exclusão da ilicitude, e não da culpabilidade. **ED**

Gabarito "A".

(Delegado/MG – 2021 – FUMARC) Alfredo, no dia 01 de abril de 2020, quando andava pelas ruas da região central do pequeno município em que vivia, cruzou o caminho de Luana, que também era moradora daquele lugar. Luana, por simples picardia – até porque o fato de Alfredo ser pessoa com deficiência, paciente de saúde mental, era de todos conhecido, inclusive dela - passou a agredi-lo com tapas violentos e empurrões, momento em que Alfredo, revidando, bateu em Luana, até fazer com que ela cessasse seus atos. À vista da confusão que se formou, a polícia foi chamada ao local e conduziu Alfredo à delegacia local.

Diante da situação hipotética narrada e, assumindo que a condição de saúde mental de Alfredo era capaz de afastar totalmente sua capacidade de discernimento, é CORRETO afirmar que deve ser

(A) aplicada a Alfredo medida de segurança detentiva, considerando sua condição de saúde mental e a sanção cabível para a conduta por ele praticada.

(B) aplicada a Alfredo medida de segurança restritiva, em razão da condição de Alfredo e da sanção cabível para a conduta por ele praticada.

(C) reconhecida a ausência de culpabilidade da conduta de Alfredo, em razão de sua condição de pessoa com deficiência, que lhe afasta a responsabilidade penal, sem aplicação de qualquer sanção jurídico-penal.

(D) reconhecida a falta das condições para a imposição de qualquer resposta penal a Alfredo, inexistindo injusto penal em seu comportamento.

Segundo consta do enunciado, Luana, ao encontrar Alfredo, passa, por mera pirraça, a agredi-lo, o que leva a vítima, neste caso Alfredo, num gesto instintivo de defesa, a reagir, batendo em Luana, até o momento em que ela cessou a agressão. Pela narrativa, não há dúvidas de que Alfredo agiu em legítima defesa própria, na medida em que, em face de injusta agressão a ele impingida por Luana, repele, de forma moderada e fazendo uso dos meios necessários (bateu até que a investida da agressora cessasse), a agressão. Ao narrar que a reação se deu até o momento em que a agressão cessou, fica evidente que não houve excesso por parte de Alfredo. A questão que aqui se coloca é em relação à possibilidade de a pessoa inimputável agir em legítima defesa. Em outras palavras, a exigência do elemento subjetivo (consciência de que atua sob o pálio de uma excludente de ilicitude) tem o condão de afastar a configuração da legítima defesa nos casos de inimputabilidade. Para Guilherme de Souza Nucci, ao discorrer sobre a legítima defesa praticada por inimputáveis e ébrios, sustenta tal possibilidade: *Além do que já expusemos na nota 108 supra, para a qual remetemos o leitor, acrescentamos que as pessoas deficientes mentais ou em crescimento, bem como embriagadas, podem ter perfeita noção de autopreservação. Em situações de perigo, como as desenhadas pela legítima defesa, têm elas noção suficiente, como regra, de que se encontram em situação delicada e precisam salvar-se* (*Código Penal Comentado*. 18. ed., São Paulo: Forense, 2017. p. 307). Dessa forma, forçoso concluir que Alfredo, que agiu em legítima defesa, crime nenhum praticou. Embora a sua conduta seja típica sob a ótica formal, ela é autorizada pelo direito (art. 25, CP). Ou seja, no caso narrado no enunciado, ausente a antijuridicidade no comportamento de Alfredo, não há que se falar no cometimento de infração penal. **ED**

Gabarito "D".

(Juiz de Direito/SP – 2021 – Vunesp) São excludentes de ilicitude,

(A) a coação irresistível e o aborto terapêutico.

(B) a obediência hierárquica e a legítima defesa.

(C) o estrito cumprimento do dever legal e o aborto terapêutico.

(D) a obediência hierárquica e o estrito cumprimento do dever legal.

A: incorreta. A coação irresistível pode ser física ou moral. Se for física, restará afastada a própria conduta e, portanto, o *fato típico;* já a coação moral irresistível constitui causa excludente da culpabilidade (e não da ilicitude) prevista no art. 22 do CP, relacionada à inexigibilidade de conduta diversa; já o chamado aborto *terapêutico ou necessário* (art. 128, I, CP), que é a modalidade de aborto legal em que a interrupção da gravidez se revela a única forma de salvar a vida da gestante, constitui causa excludente da ilicitude; **B:** incorreta. Embora a legítima defesa (art. 25, CP) constitua causa excludente da ilicitude, o mesmo não se pode dizer em relação à obediência hierárquica (art. 22, CP), que configura, ao lado da coação moral irresistível, causa de exclusão da culpabilidade; **C:** correta. De fato, o estrito cumprimento do dever legal (art. 23, III, do CP) e o aborto terapêutico, já abordado acima, são excludentes de ilicitude; **D:** incorreta. A obediência hierárquica (art. 22, CP) configura causa de exclusão da culpabilidade; o estrito cumprimento do dever legal (art. 23, III, do CP) constitui excludente de ilicitude. **ED**

Gabarito "C".

(Juiz de Direito – TJ/RJ – 2019 – VUNESP) "Espécie" de legítima defesa que a doutrina afirma ser inexistente, pois a situação fática não é reconhecida como legítima defesa e não exclui a ilicitude de ação:

(A) legítima defesa recíproca.

(B) legítima defesa própria.

(C) legítima defesa putativa.

(D) legítima defesa de terceiro.

(E) legítima defesa em proteção a quem consente com a agressão de terceiro a bem indisponível.

A: correta. De fato, não se reconhece como excludente de ilicitude a chamada *legítima defesa recíproca*, que nada mais é do que legítima

defesa real contra legítima defesa real. Isso porque constitui pressuposto da legítima defesa, conforme art. 25 do CP, a existência de uma agressão injusta. Assim, se um dos envolvidos agredir de forma injusta o outro, este, em atitude típica de defesa, reagirá, estando acobertado pela legítima defesa real, o que não se aplica àquele que agrediu, cuja conduta será, por isso, considerada, além de típica, também ilícita (leia-se: não acobertada pela excludente de antijuridicidade); **B:** incorreta. Legítima defesa própria é aquela em que o bem jurídico pertence àquele que se defende; de outro lado, na legítima defesa de terceiro, o bem jurídico, como o nome sugere, pertence a outrem; **C:** incorreta. Por legítima defesa putativa (art. 20, § 1º, CP) deve-se entender a situação em que o sujeito, em face das circunstâncias, supõe a presença dos requisitos contidos no art. 25 do CP, quando, na verdade, eles não existem. Ou seja, o sujeito imagina que age em legítima defesa quando, na verdade, sequer há situação de agressão; **D:** vide comentário à assertiva "B"; **E:** incorreta. Se se tratar de bem indisponível, o exercício da legítima defesa em favor de terceiro não está condicionado ao consentimento deste. Segundo Cleber Masson, ao discorrer sobre a necessidade de consentimento do terceiro em favor de quem a legítima defesa é empregada, *em se tratando de bem jurídico indisponível, será prescindível o consentimento do ofendido.* Prosseguindo, apresenta o seguinte exemplo: *um homem agride cruelmente sua esposa, com o propósito de matá-la. Aquele que presenciar o ataque poderá, sem a anuência da mulher, protegê-la, ainda que para isso tenha que lesionar ou mesmo eliminar a vida do covarde marido.* Adiante, ensina que *diversa será a conclusão quando tratar-se de bem jurídico disponível. Nessa hipótese, impõe-se o consentimento do ofendido, se for possível a sua obtenção. Exemplo: um homem ofende com impropérios a honra de sua mulher. Por mais inconformado que um terceiro possa ficar com a situação, não poderá protegê-la sem o seu consentimento* (*Direito Penal Esquematizado*, 8ª ed., vol. 1, Ed. Método, p. 430). **ED**

Gabarito "A".

(Promotor de Justiça/PR – 2019 – MPE/PR) Possidônio, orgulhoso do novo automóvel que acaba de comprar, dirige-se até o Bar Amizade para mostrar sua nova aquisição aos seus amigos. Ocorre que no local se encontrava, um tanto quanto embriagado, a pessoa de Típico. Este, tomado de intensa inveja de Possidônio, passa a desferir chutes em seu automóvel. Possidônio, a fim de fazer parar a ação de Típico, agarra uma das cadeiras de metal do bar e desfere um violento golpe contra as costas de Típico, fazendo com que este caia desmaiado no solo, com a clavícula quebrada. Neste caso é ***correto*** afirmar que Possidônio agiu em:

(A) Estado de necessidade justificante, segundo a teoria diferenciadora, excluindo a antijuridicidade.

(B) Estado de necessidade justificante, segundo a teoria diferenciadora, excluindo a culpabilidade.

(C) Estado de necessidade exculpante, segundo a teoria diferenciadora, excluindo a antijuridicidade.

(D) Estado de necessidade exculpante, segundo a teoria diferenciadora, excluindo a culpabilidade.

(E) Em exercício regular de um direito.

De conformidade com a teoria diferenciadora, se o bem jurídico sacrificado for de menor ou igual valor àquele preservado, caracterizado estará o estado de necessidade (art. 24 do CP). De outro lado, se o bem sacrificado for de maior valor que o preservado, haverá estado de necessidade exculpante, que não constitui causa excludente da ilicitude, e sim da culpabilidade, sendo esta a hipótese narrada no enunciado. O Código Penal acolheu, em oposição à *teoria diferenciadora*, a *teoria unitária*, segundo a qual esta excludente de ilicitude estará caracterizada na hipótese de o bem sacrificado ser de valor igual ou inferior ao do bem preservado. Se o bem sacrificado for de valor superior ao do bem preservado, aplica-se a diminuição do art. 24, § 2º, do CP. **ED**

Gabarito "D".

(Investigador – PC/BA – 2018 – VUNESP) O Código Penal, no art. 23, elenca as causas gerais ou genéricas de exclusão da ilicitude. Sobre tais excludentes, assinale a alternativa correta.

(A) Morador não aceita que funcionário público, cumprindo ordem de juiz competente, adentre em sua residência para realizar busca e apreensão. Se o funcionário autorizar o arrombamento da porta e a entrada forçada, responderá pelo crime de violação de domicílio.

(B) O estrito cumprimento do dever legal é perfeitamente compatível com os crimes dolosos e culposos.

(C) Para a configuração do estado de necessidade, o bem jurídico deve ser exposto a perigo atual ou iminente, não provocado voluntariamente pelo agente.

(D) O reconhecimento da legítima defesa pressupõe que seja demonstrado que o agente agiu contra agressão injusta atual ou iminente nos limites necessários para fazer cessar tal agressão.

(E) Deve responder pelo crime de constrangimento ilegal aquele que não sendo autoridade policial prender agente em flagrante delito.

A: incorreta. O funcionário que, durante o dia e em cumprimento de ordem judicial, ingressa à força em domicílio alheio não comete o crime de violação de domicílio tampouco abuso de autoridade, na medida em que estará agindo em escrito cumprimento do dever legal, que constitui causa de exclusão da ilicitude prevista no art. 23, III, do CP. Não há que se falar, portanto, no cometimento de crime por parte do funcionário; **B:** incorreta, já que o estrito cumprimento de dever legal não guarda compatibilidade com os crimes culposos. Isso porque não se pode obrigar o funcionário a adotar uma conduta negligente, imperita ou imprudente; **C:** incorreta, já que o art. 24 do CP exige que o perigo, no estado de necessidade, seja *atual*, ou seja, ele (perigo) deve estar ocorrendo no momento em que o fato é praticado. Agora, é digno de registro que a doutrina e a jurisprudência, de forma majoritária, admitem que o perigo *iminente*, que é aquele que está prestes a ocorrer, também configura o estado de necessidade, a despeito de o dispositivo legal não contemplar tal possibilidade. Afinal, não parece razoável que o agente cruze os braços e aguarde que o perigo, então iminente, se transforme em atual; **D:** correta, já que contempla os requisitos da legítima defesa (art. 25, CP); **E:** incorreta. Por expressa disposição contida no art. 301 do CPP, é dado a qualquer pessoa do povo prender quem quer que se encontre em situação de flagrante, sem que isso implique o cometimento do crime de constrangimento ilegal. Este é o chamado flagrante facultativo, que constitui hipótese de exercício regular de direito (art. 23, III, do CP). **ED**

Gabarito "D".

10. CONCURSO DE PESSOAS

(Juiz de Direito – TJ/MS – 2020 – FCC) Em matéria de concurso de pessoas, correto afirmar que

(A) inadmissível nos crimes monossubjetivos.

(B) haverá único crime para os coautores e partícipes, segundo a teoria monista adotada pelo Código Penal, todos por ele respondendo em absoluta igualdade de condições.

(C) admissível a coautoria nos crimes omissivos impróprios ou comissivos por omissão.

(D) inadmissível nos crimes próprios, embora possível nos delitos culposos.

(E) indispensável prévia combinação entre os agentes e adesão subjetiva à vontade do outro.

A: incorreta. Consideram-se crimes monossubjetivos (unissubjetivos ou de concurso eventual) aqueles que podem ser praticados por uma única pessoa, admitindo-se, neste caso, o concurso de pessoas; já os crimes plurissubjetivos (ou de concurso necessário), que são os que, para a própria tipicidade penal, exigem a concorrência de duas ou mais pessoas, não admitem o concurso de pessoas; **B:** incorreta. De fato, segundo o art. 29, *caput*, do CP, adotou-se, como regra, a teoria monista ou unitária, segundo a qual quem, de qualquer modo, concorrer para o crime, responderá pelo mesmo ilícito (crime único); entretanto, é incorreto afirmar-se que todos responderão em absoluta igualdade de condições, já que a responsabilidade de cada um será proporcional à sua participação (na medida de sua culpabilidade – art. 29, *caput*, CP). Em outras palavras, deve o juiz, ao fixar a pena, fazer um juízo de reprovação em relação a cada um dos agentes envolvidos na empreitada criminosa, de sorte a sopesar, de forma individualizada, cada conduta; **C:** correta. Os crimes omissivos impróprios (também chamados de impuros, espúrios ou comissivos por omissão), que são aqueles que derivam da inobservância, pelo agente, de um dever jurídico de agir para impedir o resultado (art. 13, § 2º, do CP), comportam a coautoria. É o caso dos pais que deixam de alimentar o filho que, em razão disso, vem a morrer por inanição. Pai e mãe, neste exemplo, respondem na qualidade de coautores; **D:** incorreta. *Crime próprio* é o que exige do agente uma característica especial. São exemplos o peculato (art. 312, CP), em que somente poderá figurar como sujeito ativo o funcionário público, e o infanticídio (art. 123 do CP), cujo sujeito ativo há de ser a mãe em estado puerperal. Nestes dois exemplos, são admitidas, a teor do art. 30 do CP, a coautoria e a participação, inclusive de pessoas desprovidas dessas qualidades. Nos crimes culposos não é admitida a participação, somente a coautoria. Isso porque o crime culposo tem o seu tipo aberto, razão pela qual não se afigura razoável afirmar-se que alguém auxiliou, instigou ou induziu uma pessoa a ser imprudente, sem também sê-lo. Conferir o magistério de Cleber Masson, ao tratar da coautoria no crime culposo: "A doutrina nacional é tranquila ao admitir a coautoria em crimes culposos, quando duas ou mais pessoas, conjuntamente, agindo por imprudência, negligência ou imperícia, violam o dever objetivo de cuidado a todos imposto, produzindo um resultado naturalístico". No que toca à participação no contexto dos crimes culposos, ensina que "firmou-se a doutrina pátria no sentido de rejeitar a possibilidade de participação em crimes culposos" (*Direito Penal esquematizado – parte geral*. 8. ed. São Paulo: Método, 2014. v. 1, p. 559). Na jurisprudência: "É perfeitamente admissível, segundo o entendimento doutrinário e jurisprudencial, a possibilidade de concurso de pessoas em crime culposo, que ocorre quando há um vínculo psicológico na cooperação consciente de alguém na conduta culposa de outrem. O que não se admite nos tipos culposos, ressalve-se, é a participação" (HC 40.474/PR, Rel. Ministra LAURITA VAZ, QUINTA TURMA, julgado em 06.12.2005, *DJ* 13.02.2006); **E:** incorreta, já que o chamado *ajuste prévio* não é necessário à configuração do concurso de pessoas; basta, aqui, que haja, entre os agentes, unidade de desígnios, isto é, que uma vontade adira à outra. **ED**

Gabarito "C".

(Investigador – PC/BA – 2018 – VUNESP) Sobre o concurso de pessoas e as previsões expressas da legislação penal, assinale a alternativa correta.

(A) Quem, de qualquer modo, concorre para o crime incide nas penas a este cominadas, na medida de sua culpabilidade.

(B) Se a participação for de menor importância, será aplicada atenuante genérica.

(C) Ao concorrente que quis participar de crime menos grave, será aplicada a mesma pena do concorrente, diminuída, no entanto, de 1/6 (um sexto) a 1/3 (um terço).

(D) As circunstâncias e as condições de caráter pessoal, mesmo quando elementares do crime, são incomunicáveis aos coautores.

(E) O ajuste, a determinação ou instigação e o auxílio são puníveis ainda que o crime não chegue a ser tentado.

A: correta, já que corresponde à redação do art. 29, *caput*, do CP; **B:** incorreta. Sendo a participação de menor importância, fará jus o agente a uma diminuição de pena da ordem de um sexto a um terço (art. 29, § 1º, CP). Não se trata, portanto, de uma atenuante genérica; **C:** incorreta. Embora adotada a teoria monista, segundo a qual todos os agentes respondem pelo mesmo crime, nada obsta que o sujeito que quis participar de crime menos grave por ele seja responsabilizado, e não pelo delito que, mais grave, foi de fato praticado. É a chamada *cooperação dolosamente distinta*, cuja previsão está no art. 29, § 2º, do CP; agora, se o resultado mais grave era previsível, a pena do crime em que quis incorrer o agente será aumentada de metade; **D:** incorreta. De acordo com o art. 30 do CP, não se comunicam as circunstâncias e as condições de caráter pessoal, *salvo quando elementares do crime*; **E:** incorreta, pois não reflete o disposto no art. 31 do CP. ED
Gabarito "A".

(Juiz – TJ-SC – FCC – 2017) A moderna teoria do domínio do fato de Claus Roxin procura solucionar alguns problemas de autoria e, expressamente, já foi adotada em nossos tribunais. Além das previsões legais sobre autoria mediata, existe a possibilidade de autoria no âmbito de uma organização. Para que esta seja configurada devem estar presentes alguns requisitos, EXCETO:

(A) poder efetivo de mando.

(B) fungibilidade do autor imediato.

(C) desvinculação do aparato organizado do ordenamento jurídico.

(D) o prévio acerto entre o comandante e os demais comandados.

(E) disponibilidade consideravelmente elevada por parte do executor.

Para a chamada *teoria do domínio do fato*, concebida, na década de 1930, por Hans Welzel e, depois disso, desenvolvida e aperfeiçoada por Claus Roxin, autor é quem realiza o verbo contido no tipo penal. Mas não é só. É também autor quem tem o domínio organizacional da ação típica (quem, embora não tenha realizado o núcleo do tipo, planeja, organiza etc.). Além disso, é considerado autor aquele que domina a vontade de outras pessoas ou ainda participa funcionalmente da execução do crime. Em outras palavras, o autor, para esta teoria, detém o controle final sobre o fato criminoso, exercendo, sobre ele, um poder de decisão. É importante que se diga que é insuficiente a mera posição de hierarquia superior entre comandante e comandado, sendo de rigor que reste comprovado que aquele que comanda a vontade dos demais determine a prática da ação, não sendo necessário, aqui, prévio acerto entre eles. Para esta teoria, a responsabilidade criminal incidirá sobre o executor do fato, assim considerado o autor imediato, e também sobre o autor mediato, assim considerado o homem que age *por trás*. Embora o Código Penal não tenha adotado tal teoria, é fato que tanto o STF quanto o STJ têm recorrido a ela em vários casos, sendo o mais emblemático no caso do julgamento do "Mensalão" (AP 470/STF). ED
Gabarito "D".

11. CULPABILIDADE E CAUSAS EXCLUDENTES

(Juiz de Direito – TJ/RS – 2018 – VUNESP) De acordo com o Código Penal, aquele que pratica o fato em estrita obediência a ordem não manifestamente ilegal de superior hierárquico

(A) responde criminalmente como partícipe de menor importância.

(B) não comete crime, pois tem a ilicitude de sua conduta afastada.

(C) não é punido criminalmente.

(D) responde criminalmente como partícipe.

(E) responde criminalmente como coautor.

Estabelece o art. 22 do CP que, sendo a ordem *não* manifestamente ilegal, a responsabilidade recairá sobre o *superior hierárquico*; o *subordinado*, neste caso, ficará isento de pena (sua culpabilidade ficará excluída). Agora, se a ordem for *manifestamente ilegal*, a responsabilidade recairá sobre ambos, superior hierárquico e subordinado. Importante que se diga que o reconhecimento desta causa de exclusão da culpabilidade está condicionado à coexistência dos seguintes requisitos: presença de uma ordem não manifestamente ilegal, conforme acima mencionamos; a ordem deve ser emanada de autoridade que detém atribuição para tanto; existência, em princípio, de três envolvidos: superior hierárquico, subordinado e vítima; vínculo hierárquico de direito público entre o superior de quem emanou a ordem e o subordinado que a executou. Ou seja, não há que se falar nesta causa de exclusão da culpabilidade no contexto das relações de natureza privada, sendo exemplo a relação existente entre o patrão e sua empregada doméstica. ED
Gabarito "C".

12. PENAS E SEUS EFEITOS

(Juiz de Direito/AP – 2022 – FGV) Sobre os delitos praticados durante a pandemia do coronavírus, no que concerne à dosimetria, é correto afirmar que a agravante prevista no Art. 61, inciso II, alínea "j", do Código Penal ("em ocasião de incêndio, naufrágio, inundação ou qualquer calamidade pública, ou de desgraça particular do ofendido"):

(A) incide durante todo o período em que for reconhecida a existência da pandemia, independentemente do nexo de causalidade;

(B) incide durante todo o período em que for reconhecida a existência da pandemia, dependendo do nexo de causalidade;

(C) incide enquanto for reconhecida a existência da pandemia, independentemente do nexo de causalidade;

(D) incide enquanto for reconhecida a existência da pandemia, dependendo do nexo de causalidade;

(E) não deve incidir, em razão da inconstitucionalidade das agravantes de perigo abstrato.

Conferir o seguinte julgado, que impõe como necessária, à incidência da agravante do art. 61, II, j, do CP, a existência de nexo de causalidade entre a pandemia e a conduta do agente: "HABEAS CORPUS IMPETRADO EM SUBSTITUIÇÃO A RECURSO PRÓPRIO. NÃO CABIMENTO. IMPROPRIEDADE DA VIA ELEITA. ROUBO MAJORADO TENTADO. DOSIMETRIA. SEGUNDA FASE. REINCIDÊNCIA ESPECÍFICA. FRAÇÃO DE AUMENTO SUPERIOR A 1/6. DESPROPORCIONALIDADE. PRECEDENTES. DECOTE DA INCIDÊNCIA DA AGRAVANTE DA CALAMIDADE PÚBLICA. POSSIBILIDADE. INEXISTÊNCIA DE NEXO DE CAUSALIDADE ENTRE A PANDEMIA E A CONDUTA DO PACIENTE. PRECEDENTES. NOVA DOSIMETRIA REALIZADA. AGRAVO REGIMENTAL NÃO PROVIDO. - O Código Penal não estabelece limites mínimo e máximo de aumento de pena a serem aplicados em razão de circunstâncias agravantes ou atenuantes, cabendo à prudência do magistrado fixar o patamar necessário, dentro de parâmetros razoáveis e proporcionais, com a devida fundamentação. - Ademais, a jurisprudência deste Superior Tribunal firmou entendimento no sentido de que o incremento da pena em fração superior a 1/6, em virtude da agravante da reincidência, demanda fundamentação específica. Precedentes. - As instâncias de origem apresentaram fundamentação peculiar para o incremento da pena em fração superior a 1/6, qual seja, o fato de a reincidência do paciente ser específica. Entretanto, no julgamento do HC n. 365.963/SP (Relator Ministro FELIX FISCHER, DJe 23/11/2017) a Terceira Seção desta Corte pacificou entendimento no sentido de que a reincidência, seja ela específica ou não, deve ser compensada integralmente com a atenuante da confissão, demonstrando, assim, que não foi ofertado maior desvalor à conduta do réu que ostente outra condenação pelo mesmo delito. Precedentes. Desse modo, revela-se excessiva e desproporcional a adoção da fração de 1/4 para agravar a sanção do paciente pela agravante da reincidência, pois lastreada apenas no fato de ela ser específica, razão pela qual o quantum de aumento deve ser reduzido para a usual fração de 1/6. Em relação à agravante prevista no art. 61, II, "j", do Código Penal, verifica-se que a sanção do paciente foi novamente exasperada em 1/6, porque os fatos foram cometidos durante a pandemia do coronavírus, estado esse de calamidade pública; Todavia, entendo que deve ser afastada a referida agravante, pois sua incidência pressupõe a existência de situação concreta dando conta de que o paciente se prevaleceu da pandemia para a prática delitiva. Precedentes. In casu, não ficou demonstrado o nexo de causalidade entre a pandemia e a conduta do paciente, razão pela qual essa agravante deve ser decotada. Agravo regimental não provido" (STJ, AgRg no HC 677.124/SP, Rel. Ministro REYNALDO SOARES DA FONSECA, QUINTA TURMA, julgado em 03/08/2021, DJe 10/08/2021). **ED**

Gabarito "B".

(Juiz de Direito/AP – 2022 – FGV) Quando o Tribunal de Justiça, em julgamento de apelação criminal exclusiva da defesa, afasta uma circunstância judicial negativa do Art. 59 do Código Penal, reconhecida no édito condenatório de primeiro grau, deve:

(A) manter a pena final inalterada;

(B) reduzir ao mínimo legal a pena-base;

(C) devolver ao primeiro grau para nova sentença;

(D) compensar o valor final nas demais fases;

(E) reduzir proporcionalmente a pena-base.

Na hipótese de o tribunal, ao julgar recurso exclusivo da defesa, excluir circunstância judicial (art. 59, CP) equivocadamente valorada na sentença de primeiro grau, deverá, por via de consequência, promover a redução proporcional da pena imposta. Na jurisprudência: "I - A Terceira Seção desta Corte Superior, no julgamento dos EDv nos EREsp n. 1826799/RS, firmou o entendimento de que "é imperiosa a redução proporcional da pena-base quando o Tribunal de origem, em recurso exclusivo da defesa, afastar uma circunstância judicial negativa do art. 59 do CP reconhecida no édito condenatório". II - No presente caso, as instâncias ordinárias fixaram a pena-base do crime de homicídio qualificado em 18 anos de reclusão em virtude da valoração negativa de cinco circunstâncias judiciais: circunstâncias do crime, consequências do crime, culpabilidade, personalidade e conduta social. Proporcionalmente, a pena-base foi aumentada, para cada um dos vetores, em 1 ano, 2 meses e 12 dias de reclusão. Desse modo, mantida somente a valoração negativa das circunstâncias do crime, é o caso de elevar a pena-base somente para 13 anos, 2 meses e 12 dias de reclusão, haja vista a pena mínima de 12 anos de reclusão cominada abstratamente ao delito de homicídio qualificado. III - Com relação à pena-base do crime de ocultação de cadáver, a decisão agravada deve ser mantida por seus próprios fundamentos. O excerto extraído do acórdão recorrido demonstrou que as instâncias ordinárias apresentaram elementos concretos não somente para a valoração negativa das circunstâncias do crime e da culpabilidade, senão também para a exasperação da pena-base em patamar superior a um sexto para cada vetorial. Agravo regimental parcialmente provido para redimensionar a pena do crime de homicídio qualificado para 13 anos, 2 meses e 12 dias de reclusão." (STJ, AgRg no HC 698.743/RJ, Rel. Ministro JESUÍNO RISSATO (DESEMBARGADOR CONVOCADO DO TJDFT), QUINTA TURMA, julgado em 08/02/2022, DJe 15/02/2022). **ED**

Gabarito "E".

(Juiz de Direito/AP – 2022 – FGV) A individualização da pena é submetida aos elementos de convicção judiciais acerca das circunstâncias do crime.

A jurisprudência e a doutrina passaram a reconhecer, como regra, como critério ideal para individualização da reprimenda-base o aumento:

(A) na fração de 1/4 por cada circunstância;

(B) na fração de 1/6 por cada circunstância;

(C) na fração de 1/8 por cada circunstância;

(D) no *quantum* determinado de seis meses;

(E) no *quantum* determinado de oito meses.

Sobre este tema, conferir o seguinte julgado do STJ: "PENAL. AGRAVO REGIMENTAL EM HABEAS CORPUS. ESTELIONATO. DOSIMETRIA. PENA-BASE ACIMA DO MÍNIMO LEGAL. DESPROPORCIONALIDADE DO AUMENTO NA PRIMEIRA FASE DA DOSIMETRIA. FLAGRANTE ILEGALIDADE NÃO EVIDENCIADA. AGRAVO REGIMENTAL NÃO PROVIDO. 1. A individualização da pena é submetida aos elementos de convicção judiciais acerca das circunstâncias do crime, cabendo às Cortes Superiores apenas o controle da legalidade e da constitucionalidade dos critérios empregados, a fim de evitar eventuais arbitrariedades. Assim, salvo flagrante ilegalidade, o reexame das circunstâncias judiciais e dos critérios concretos de individualização da pena mostram-se inadequados à estreita via do habeas corpus, por exigirem revolvimento probatório. 2. Diante do silêncio do legislador, a jurisprudência e a doutrina passaram a reconhecer como critério ideal para individualização da reprimenda-base o aumento na fração de 1/8 por cada circunstância judicial negativamente valorada, a incidir sobre o intervalo de pena abstratamente estabelecido no preceito secundário do tipo penal incriminador. 3. Tratando-se de patamar meramente norteador, que busca apenas garantir a segurança jurídica e a proporcionalidade do aumento da pena, é facultado ao juiz, no exercício de sua discricionariedade motivada, adotar quantum de incremento diverso diante das peculiaridades do caso concreto e do maior desvalor do agir do réu. 4. Considerando as penas mínima e máxima abstratamente cominadas ao delito do artigo 171, caput, do Código Penal (1 a 5 anos de reclusão), chega-se ao incremento de cerca de 6 meses por cada vetorial desabonadora. Na hipótese, tendo sido reconhecida uma circunstância judicial como desfavorável, tem-se que a pena-base, majorada em 6 meses acima do mínimo legal, foi fixada de acordo com o princípio da legalidade e pautada por critérios de proporcionalidade e razoabilidade, não merecendo, portanto, qualquer reparo, porquanto foi obedecido o critério de 1/8. 5. Agravo regimental não provido." (AgRg no HC 660.056/SC, Rel. Ministro RIBEIRO DANTAS, QUINTA TURMA, julgado em 28/09/2021, DJe 04/10/2021). **ED**

Gabarito "C".

(Delegado de Polícia Federal – 2021 – CESPE) Acerca da teoria da pena, julgue os itens que se seguem.

(1) Segundo o Superior Tribunal de Justiça, a determinação da fixação da medida de segurança de internação em hospital de custódia ou em tratamento ambulatorial deve ser vinculada à gravidade do delito perpetrado.

(2) O acórdão confirmatório da condenação interrompe a prescrição.

(3) O inadimplemento da pena de multa não obsta a extinção da punibilidade do apenado.

(4) Na hipótese da prática de furto a residência, se a vítima não se encontrava no local e os autores desconheciam o fato de que ela era idosa, não se aplica a agravante relativa à vítima ser idosa.

1: errado. Para o STJ, a determinação da fixação da medida de segurança de internação em hospital de custódia ou em tratamento ambulatorial deve ser vinculada à periculosidade do agente, e não à gravidade do delito que cometeu. Conferir: "2. A medida de segurança é utilizada pelo Estado na resposta ao comportamento humano voluntário violador da norma penal, pressupondo agente inimputável ou semi-imputável. 3. A Terceira Seção deste Superior Tribunal de Justiça, por ocasião do julgamento dos Embargos de Divergência 998.128/MG, firmou o entendimento de que, à luz dos princípios da adequação, da razoabilidade e da proporcionalidade, em se tratando de delito punível com reclusão, é facultado ao magistrado a escolha do tratamento mais adequado ao inimputável, nos termos do art. 97 do Código Penal, não devendo ser considerada a natureza da pena privativa de liberdade aplicável, mas sim a periculosidade do agente. 4. Considerando que a medida de internação foi aplicada ao paciente em razão da gravidade do delito praticado e do fato de a pena corporal a ele imposta ser de reclusão, sem que nada de concreto tenha sido explicitado acerca de sua eventual periculosidade social, sendo certo que se trata de agente primário, sem qualquer envolvimento anterior com a prática delitiva, ou notícia de que tenha reiterado no crime, é cabível o abrandamento da medida de segurança, sendo suficiente e adequado o tratamento ambulatorial. 5. Habeas corpus não conhecido. Ordem concedida, de ofício, para aplicar ao paciente a medida de segurança de tratamento ambulatorial, a ser implementada pelo Juízo da Execução" (HC 617.639/SP, Rel. Ministro RIBEIRO DANTAS, QUINTA TURMA, julgado em 09/02/2021, DJe 12/02/2021); **2**: certo. De fato, o acórdão condenatório sempre interrompe a prescrição, mesmo que se trate de decisão confirmatória da sentença de primeira instância. Nesse sentido, o Plenário do STF, ao julgar o HC 176.473-RR, decidiu, com base no art. 117, IV, do CP, que não há distinção entre acórdão condenatório inicial e acórdão condenatório confirmatório da decisão, constituindo marco interruptivo da prescrição punitiva estatal; **3**: errado. Em regra, o inadimplemento da pena de multa obsta, sim, a extinção da punibilidade do apenado. Sucede que a Terceira Seção do STJ, ao julgar o REsp 1.785.861/SP, da relatoria do Ministro Rogério Schietti Cruz, adotou o entendimento no sentido de que "Na hipótese de condenação concomitante a pena privativa de liberdade e multa, o inadimplemento da sanção pecuniária, pelo condenado que comprovar impossibilidade de fazê-lo, não obsta o reconhecimento da extinção da punibilidade". Essa tese foi fixada pela Terceira Seção do STJ ao revisar o entendimento anteriormente firmado pelo Tribunal no Tema 931. Com isso, ficou estabelecido, em relação a este tema, um tratamento diferenciado para os condenados que comprovadamente não têm condições de suportar o pagamento da multa; **4**: certo. Conferir: "3. Por se tratar de agravante de natureza objetiva, a incidência do art. 61, II, "h", do CP independe da prévia ciência pelo réu da idade da vítima, sendo, de igual modo, desnecessário perquirir se tal circunstância, de fato, facilitou ou concorreu para a prática delitiva, pois a maior vulnerabilidade do idoso é presumida. 4. Hipótese na qual não se verifica qualquer nexo entre a ação do paciente e a condição de vulnerabilidade da vítima, pois o furto qualificado pelo arrombamento à residência ocorreu quando os proprietários não se encontravam no imóvel, já que a residência foi escolhida de forma aleatória, sendo apenas um dos locais em que o agente praticou furto em continuidade delitiva. De fato, os bens subtraídos poderiam ser de propriedade de qualquer pessoa, nada indicando a condição de idoso do morador da casa invadida. 5. Configurada a excepcionalidade da situação, deve ser afastada a agravante relativa ao crime praticado contra idoso, prevista no art. 61, II, 'h', do Código Penal. 6. *Writ* não conhecido. Ordem concedida, de ofício, para, afastando a incidência da agravante prevista no art. 61, II, 'h', do Código Penal, reduzir a pena do paciente, fixando-a em 2 anos, 4 meses e 24 dias de reclusão, mais o pagamento de 12 dias-multa" (STJS, HC 593.219/SC, Rel. Ministro RIBEIRO DANTAS, QUINTA TURMA, julgado em 25/08/2020, DJe 03/09/2020). ED

Gabarito 1E, 2C, 3E, 4C

(Delegado/MG – 2021 – FUMARC) Com relação ao reconhecimento de circunstâncias atenuantes, agravantes ou causas de aumento de pena, é CORRETO afirmar:

(A) A delação premiada pode ser reconhecida como circunstância atenuante de pena para os crimes previstos na Lei nº 9.613/98 (Lei de Lavagem de Capitais).

(B) Em atendimento ao princípio da legalidade, não é possível a aplicação de circunstância agravante que não esteja expressamente tipificada no Código Penal.

(C) Não é possível a incidência de uma causa de aumento de pena sobre a pena de uma figura qualificada de crime.

(D) O planejamento prévio à prática de crime é circunstância agravante, no caso de concurso de pessoas, prevista no Código Penal.

A: incorreta, já que se trata de causa de diminuição de pena, conforme art. 1º, § 5º, da Lei 9.613/1998; **B**: correta. De fato, em obediência ao postulado da legalidade, o art. 61 do CP constitui rol taxativo, de forma que o elenco de agravantes ali previsto não pode ser ampliado. Cuidado: existem leis especiais que contemplam agravantes, que deverão incidir em situações específicas, de tal forma que o rol presente no art. 61 do CP é taxativo em relação aos crimes previstos no CP. Dessa forma, o fato de determinada lei conter circunstância agravante diversa das do Código Penal não implica ofensa ao princípio da legalidade; **C**: incorreta, na medida em que é perfeitamente possível a incidência de uma causa de aumento de pena sobre a pena de uma figura qualificada de crime. O que não se admite é a incidência de circunstância agravante que constitua qualificadora (art. 61, *caput*, do CP). Tal se dá em face da necessidade de evitar a dupla punição pelo mesmo fato (*bis in idem*); **D**: incorreta, já que não integra o rol do art. 62 do CP, que contém as agravantes em caso de concurso de pessoas. ED

Gabarito "B".

(Delegado/MG – 2021 – FUMARC) Conforme a legislação e o entendimento jurisprudencial dos tribunais superiores acerca da fixação e execução da pena, é CORRETO afirmar:

(A) A existência de circunstância atenuante pode conduzir à redução da pena abaixo do mínimo legal.

(B) A jurisprudência admite a fixação de regime inicial de cumprimento de pena semiaberto ao reincidente condenado a pena igual ou inferior a quatro anos.

(C) A pena unificada para atender ao limite de quarenta anos de cumprimento, determinado pelo art. 75 do Código Penal, é considerada para a concessão dos benefícios prisionais previstos na lei de execução penal, conforme consolidada jurisprudência do STF.

(D) Consoante expressa previsão legal, a embriaguez culposa é circunstância atenuante apta a reduzir a reprimenda nessa fase.

A: incorreta, dado que, segundo orientação jurisprudencial atualmente em vigor, consubstanciada na Súmula 231 do STJ, não se admite que a consideração das circunstâncias atenuantes leve a pena abaixo do mínimo legal. Bem por isso, se o magistrado, no primeiro estágio do sistema trifásico, estabelecer a pena-base no mínimo legal, não poderá, na segunda fase, ao levar em conta circunstância atenuante, reduzir a pena aquém do mínimo cominado. Tal somente poderá ocorrer na terceira etapa de fixação da pena, quando então o juiz levará em conta as causas de diminuição de pena; **B**: correta, pois em conformidade com o entendimento firmado na Súmula 269 do STJ: "É admissível a adoção do regime prisional semiaberto aos reincidentes condenados a pena igual ou inferior a quatro anos se favoráveis as circunstâncias judiciais"; **C**: incorreta, uma vez que, apesar de o art. 75, *caput*, do CP estabelecer que o tempo de cumprimento das penas privativas de liberdade não pode ser superior a quarenta anos, tal interregno, na verdade, refere-se ao efetivo cumprimento das penas, e não à sua aplicação. Dessa forma, nada impede que a determinado agente seja imposta uma condenação de 500 anos. Em tais casos, entretanto, é de rigor a unificação das penas, tal como estabelece o art. 75, § 1º, do

6. DIREITO PENAL

CP, dispositivo esse que não tem incidência para o fim de obtenção de benefícios, como é o caso do livramento condicional ou da progressão de regime, conforme entendimento sufragado na Súmula 715 do STF: "A pena unificada para atender ao limite de trinta anos de cumprimento, determinado pelo art. 75 do Código Penal, não é considerada para a concessão de outros benefícios, como o livramento condicional ou o regime mais favorável de execução". Cuidado: a Lei 13.964/2019 alterou a redação do art. 75 do CP, de modo a elevar o tempo máximo de cumprimento da pena privativa de liberdade de 30 para 40 anos. Dessa forma, a partir da entrada em vigor do Pacote Anticrime (23 de janeiro de 2020), o tempo de cumprimento das penas privativas de liberdade não poderá ser superior a 40 anos, e não mais a 30 anos, como constava da redação anterior do dispositivo; **D**: incorreta, pois se trata de hipótese não contemplada em lei como circunstância atenuante. **ED**

Gabarito "B".

(Juiz de Direito/GO – 2021 – FCC) No que se refere às penas restritivas de direitos,

(A) a prestação de serviços à comunidade é aplicável a qualquer condenação não superior a quatro anos, facultado ao condenado cumpri-la em menor tempo, nunca inferior à metade da pena privativa de liberdade, se a pena substituída foi superior a um ano.

(B) a prestação pecuniária, se não paga, não poderá ser convertida em pena privativa de liberdade e será considerada dívida de valor, aplicando-se as normas da legislação relativa à dívida ativa da Fazenda Pública.

(C) a correspondente execução independe do trânsito em julgado da condenação, mas poderá o juiz, motivadamente, alterar a forma de cumprimento da prestação de serviços à comunidade, ajustando-a às condições pessoais do condenado.

(D) o juiz poderá estabelecer condição especial para a concessão do regime aberto, sem prejuízo das gerais e obrigatórias, desde que não constitua pena substitutiva.

(E) o descumprimento injustificado da restrição, imposta em sentença condenatória ou acordada em sede de transação penal, conduz à conversão para pena privativa de liberdade.

A: incorreta. O erro incide sobre a primeira parte da assertiva, que está em desconformidade com o art. 46, *caput*, do CP; a segunda parte, que está correta, reflete o disposto no art. 46, § 4º, do CP; **B**: incorreta. A prestação pecuniária, que constitui modalidade de pena restritiva de direitos (art. 43, I, CP), uma vez descumprida de forma injustificada, será convolada em pena privativa de liberdade, nos termos do art. 44, § 4º, do CP. A regra contida na proposição se refere à *multa* (art. 51, CP); **C**: incorreta, uma vez que a execução da pena restritiva de direitos depende, sim, do trânsito em julgado da condenação (Súmula 643, STJ); **D**: correta (art. 115 da LEP e Súmula 493, do STJ); **E**: incorreta, pois não corresponde ao entendimento consolidado por meio da Súmula Vinculante 35. **ED**

Gabarito "D".

(Juiz de Direito/GO – 2021 – FCC) No cálculo da pena,

(A) o aumento pelo crime continuado comum, incidente na terceira etapa, decorrerá da culpabilidade, dos antecedentes, da conduta social e da personalidade do agente, bem como dos motivos e das circunstâncias, aplicando-se a pena de um só dos crimes, se idênticas, ou mais grave, se diversas, até o triplo.

(B) se reconhecido o concurso formal, próprio ou impróprio, as penas de multa são aplicadas distinta e integralmente.

(C) o juiz, havendo concurso de causas de aumento ou de diminuição previstas na parte geral do Código Penal, pode limitar-se a um só aumento ou a uma só diminuição, prevalecendo, todavia, a causa que mais aumente ou diminua.

(D) o acréscimo na pena privativa de liberdade pelo concurso formal impróprio, incidente na terceira etapa, deve considerar o número de vítimas.

(E) o arrependimento posterior como circunstância atenuante incide na segunda fase do cálculo, mas não pode conduzir a pena abaixo do mínimo legal.

A: incorreta, na medida em que o aumento, neste caso, será da ordem de um sexto a dois terços (art. 71, *caput*, CP); **B**: correta (art. 72, CP); **C**: incorreta. É que, em se tratando de causas de aumento ou diminuição previstas na parte geral do CP, deverá o juiz aplicar todas, ou seja, não se admite compensação entre elas; a regra prevista no art. 68, parágrafo único, do CP, segundo a qual o juiz aplicará um só aumento ou uma só diminuição, refere-se às causas contidas na parte especial do CP; **D**: incorreta (art. 70, *caput*, segunda parte, do CP); **E**: incorreta. Isso porque o arrependimento posterior (art. 16, CP), sendo causa de diminuição de pena, incidirá na terceira e derradeira fase de fixação da pena (art. 68, *caput*, do CP). **ED**

Gabarito "B".

(Juiz de Direito – TJ/RJ – 2019 – VUNESP) No que concerne à aplicação das penas restritivas de direitos dos arts. 43 a 48 do CP, é correto afirmar que

(A) ao reincidente é vedada a substituição da privativa de liberdade.

(B) o benefício não pode ser aplicado mais de uma vez no interregno de 5 (cinco) anos ao mesmo réu.

(C) a pena restritiva de direitos se converte em privativa de liberdade sempre que ocorrer o descumprimento da restrição imposta.

(D) os crimes culposos admitem sua aplicação em substituição às privativas de liberdade, independentemente da pena aplicada.

(E) penas privativas de até 2 (dois) anos em regime aberto podem ser substituídas por uma multa ou por uma pena restritiva de direitos.

A: incorreta. Apesar de a regra ser a de que o réu reincidente em crime doloso não faz jus à substituição da pena privativa de liberdade por restritiva de direitos (art. 44, II, do CP), se a reincidência não for específica e se a medida for socialmente recomendável, admitir-se-á, sim, a substituição da pena de prisão pela alternativa (art. 44, § 3º, do CP); **B**: incorreta. Os dispositivos que tratam da substituição da pena privativa de liberdade por restritivas de direitos não contêm tal limitação temporal. Ao que parece, o examinador quis induzir o candidato a erro, já que tal vedação se faz presente no art. 76, § 2º, II, da Lei 9.099/1995, que disciplina a transação penal, cuja incidência está restrita às infrações penais de menor potencial ofensivo; **C**: incorreta, na medida em que somente haverá a conversão da pena restritiva de direitos em privativa de liberdade na hipótese de o seu descumprimento for injustificado. Incorreto, portanto, afirmar que a reconversão (termo mais adequado) *sempre* se imporá; **D**: correta. De fato, qualquer que seja a pena imposta, todos os delitos culposos admitem a substituição (art. 44, I, parte final, CP); **E**: incorreta. Se a condenação for superior a um ano, a pena privativa de liberdade aplicada será substituída por uma pena restritiva de direitos e multa ou por duas restritivas de direitos (art. 44, § 2º, parte final, CP); a substituição por uma multa ou por uma restritiva de direitos dar-se-á se a condenação for igual ou inferior a um ano. **ED**

Gabarito "D".

(Juiz de Direito – TJ/AL – 2019 – FCC) Na aplicação da pena,

(A) a folha de antecedentes constitui documento suficiente para a comprovação de reincidência, não prevalecendo a condenação anterior, contudo, se entre a data do cumprimento ou extinção da pena e a infração posterior tiver decorrido período de tempo superior a cinco anos, computado o período de prova da suspensão ou do livramento condicional, se não ocorrer revogação.

(B) incidirá a atenuante da confissão espontânea quando for utilizada para a formação do convencimento do julgador, bastando, no crime de tráfico ilícito de entorpecentes, que o acusado admita a posse ou propriedade da substância, ainda que para uso próprio.

(C) se houver concurso de causas de aumento ou de diminuição previstas na parte geral do Código Penal, pode o Juiz limitar-se a um só aumento ou a uma só diminuição, prevalecendo, todavia, a causa que mais aumente ou diminua.

(D) sempre cabível a substituição da pena privativa de liberdade por prestação de serviços à comunidade, isolada ou cumulativamente com outra sanção alternativa ou multa, se aplicada pena corporal não superior a quatro anos e o crime não for cometido com violência ou grave ameaça à pessoa, tratando-se de réu não reincidente em crime doloso, além de favoráveis as circunstâncias judiciais.

(E) vedada a utilização de inquéritos policiais e ações penais em curso para agravar a pena-base, não se configurando a má antecedência se o acusado ostentar condenação por crime anterior, transitada em julgado após o novo fato.

A: correta. De fato, conforme Súmula editada pelo STJ, de número 636, *a folha de antecedentes criminais é documento suficiente a comprovar os maus antecedentes e a reincidência*. No mais, também está correto o que se afirma na segunda parte da assertiva, uma vez que corresponde ao teor do art. 64, I, do CP; **B:** incorreta. A primeira parte da assertiva está correta, pois em conformidade com o entendimento firmado por meio da Súmula 545, do STJ: *quando a confissão for utilizada para a formação do convencimento do julgador, o réu fará jus à atenuante prevista no art. 65, III, d, do Código Penal*. A segunda parte da proposição, no entanto, está incorreta, pois em desconformidade com a Súmula 630, do STJ: *a incidência da atenuante da confissão espontânea no crime de tráfico ilícito de entorpecentes exige o reconhecimento da traficância pelo acusado, não bastando a mera admissão da posse ou propriedade para uso próprio*; **C:** incorreta. É que, em se tratando de causas de aumento previstas na parte geral do CP, deverá o juiz aplicar todas, ou seja, não se admite compensação entre elas; a regra prevista no art. 68, parágrafo único, do CP, segundo a qual o juiz aplicará só um aumento, refere-se às causas contidas na parte especial do CP; **D:** incorreta, pois não reflete o que dispõem os arts. 44 e 46 do CP; **E:** incorreta. A primeira parte da assertiva está correta, pois em conformidade com a Súmula 444, do STJ: *É vedada a utilização de inquéritos policiais e ações penais em curso para agravar a pena-base*. No entanto, a segunda parte da alternativa está incorreta, na medida em que eventuais condenações com trânsito em julgado e não utilizadas para determinar a reincidência podem ser usadas para o reconhecimento de maus antecedentes. Nesse sentido: "A Terceira Seção deste Superior Tribunal decidiu que "eventuais condenações criminais do réu transitadas em julgado e não utilizadas para caracterizar a reincidência somente podem ser valoradas, na primeira fase da dosimetria, a título de antecedentes criminais, não admitindo sua utilização também para desvalorar a personalidade ou a conduta social do agente. Precedentes da Quinta e da Sexta Turmas desta Corte" (EAREsp n. 1.311.636/MS, Rel. Ministro Reynaldo Soares

da Fonseca, 3ª S., DJe 26/4/2019). 4. Agravo regimental não provido. (AgRg no REsp 1784955/MS, Rel. Ministro ROGERIO SCHIETTI CRUZ, SEXTA TURMA, julgado em 03/09/2019, DJe 09/09/2019). **ED**
Gabarito "A".

(Juiz de Direito – TJ/AL – 2019 – FCC) Quanto ao concurso formal,

(A) a pena poderá exceder a que seria cabível pela regra do concurso material, se a ação ou omissão é dolosa e os crimes concorrentes resultarem de desígnios autônomos.

(B) aplicável a suspensão condicional do processo em relação às infrações penais cometidas em concurso formal impróprio ou imperfeito, uma vez que se considera a pena de cada uma, isoladamente, ainda que a somatória ultrapasse o limite de um ano.

(C) as penas de multa são aplicadas distinta e integralmente no caso de concurso formal impróprio ou imperfeito, incidindo a extinção da punibilidade sobre a pena privativa de liberdade de cada crime, isoladamente.

(D) há concurso formal próprio quando o agente, mediante uma só ação ou omissão, pratica dois ou mais crimes da mesma espécie, aplicando-se a mais grave das penas cabíveis ou, se iguais, somente uma delas, mas aumentada, em qualquer caso, de um sexto a dois terços.

(E) a pena pode ser aumentada até o triplo no caso de concurso formal impróprio ou imperfeito, considerando o Juiz a culpabilidade, os antecedentes, a conduta social e a personalidade do agente, bem como os motivos e as circunstâncias dos crimes.

A: incorreta. Se a ação ou omissão é dolosa e os crimes concorrentes resultarem de desígnios autônomos (concurso formal impróprio ou imperfeito), as penas serão sempre aplicadas cumulativamente (são somadas), tal como estabelece o art. 70, *caput*, parte final, do CP. Não se aplica, portanto, neste caso, a regra do art. 70, parágrafo único, do CP (concurso material favorável ou benéfico), que somente terá incidência no concurso formal próprio ou perfeito, em que deverá ser aplicado o sistema da exasperação (se as penas previstas forem idênticas, aplica-se somente uma; se diferentes, aplica-se a maior, acrescida, em qualquer caso, de um sexto até metade); **B:** incorreta, uma vez que contraria o entendimento firmado por meio da Súmula 243, do STJ: *o benefício da suspensão do processo não é aplicável em relação às infrações penais cometidas em concurso material, concurso formal ou continuidade delitiva, quando a pena mínima cominada, seja pelo somatório, seja pela incidência da majorante, ultrapassar o limite de 1 (um) ano*; **C:** correta, pois reflete o que estabelecem os arts. 72 e 119 do CP; **D:** incorreta, já que a fração a ser aplicada, no concurso formal próprio, é de um sexto até *metade*, e não de um sexto a *um terço*, conforme art. 70, *caput*, primeira parte, do CP. Além disso, os crimes que compõem o concurso não precisam ser da mesma *espécie*; **E:** incorreta. Sendo o concurso formal impróprio ou imperfeito, em que a ação é dolosa e os crimes concorrentes resultam de desígnios autônomos, as penas devem ser somadas (aplicadas cumulativamente), tal como estabelece o art. 70, *caput*, parte final, do CP. **ED**
Gabarito "C".

(Juiz de Direito – TJ/AL – 2019 – FCC) No que se refere à execução das penas privativas de liberdade,

(A) imprescindível a instauração de procedimento administrativo pelo diretor do estabelecimento prisional, assegurado o direito de defesa, a ser realizado por advogado constituído ou defensor público nomeado, para o reconhecimento da prática de falta grave no

6. DIREITO PENAL   207

âmbito da execução penal, bem como necessário que se aguarde o trânsito em julgado da sentença penal condenatória no processo penal instaurado para apuração do fato, quando a infração disciplinar decorrer do cometimento de crime doloso no cumprimento da pena.

(B) admite-se a progressão de regime de cumprimento de pena ou a aplicação imediata de regime menos severo nela determinada, antes do trânsito em julgado da sentença condenatória, obstando a promoção, no entanto, o fato de o réu se encontrar em prisão especial, se ainda não definitiva a decisão condenatória.

(C) a prática de falta grave não interrompe a contagem do prazo para fim de comutação de pena ou indulto, extinguindo este tanto os efeitos primários da condenação como os secundários, penais ou extrapenais.

(D) possível a remição de parte do tempo de execução da pena quando o condenado, em regime fechado ou semiaberto, desempenha atividade laborativa, ainda que extramuros, considerando-se como pena cumprida, para todos os efeitos, o tempo remido.

(E) o benefício de saída temporária no âmbito da execução penal é ato jurisdicional insuscetível de delegação à autoridade administrativa do estabelecimento prisional, se o condenado cumprir pena em regime fechado, permitindo-se a delegação, porém, se em regime semiaberto.

A: incorreta. Embora a primeira parte da assertiva esteja correta, porquanto em consonância com o teor da Súmula 533, do STJ, a segunda parte está incorreta, uma vez que não condiz com o entendimento firmado por meio da Súmula 526, do STJ, segundo a qual é despiciendo o trânsito em julgado da sentença penal condenatória no processo penal instaurado para apuração do fato do qual decorre a configuração da falta grave; **B:** incorreta. Tal como afirmado na primeira parte da alternativa, admite-se a progressão de regime de cumprimento de pena ou a aplicação imediata de regime menos severo nela determinada, antes do trânsito em julgado da sentença condenatória (Súmula 716, STF), benefício este que se estende, sim, ao réu que se encontra em prisão especial (Súmula 717, STF); **C:** incorreta. É verdadeira a afirmação segundo a qual a prática de falta grave não interrompe a contagem do prazo para fim de comutação de pena ou indulto, segundo entendimento contido na Súmula 535, do STJ; entretanto, é incorreto afirmar-se que o indulto extingue os efeitos secundários da condenação, penais e extrapenais; sua extinção, segundo entendimento firmado por meio da Súmula 631, do STJ, somente alcança os efeitos primários (pretensão executória); **D:** correta, pois reflete tanto o disposto no art. 128 da LEP quanto o entendimento sufragado na Súmula 562, do STJ; **E:** incorreta, já que, conforme Súmula 520, do STJ, *o benefício da saída temporária no âmbito da execução penal é ato jurisdicional insuscetível de delegação à autoridade administrativa do estabelecimento prisional.* 🅴🅳

Gabarito "D".

(Juiz de Direito – TJ/SC – 2019 – CESPE/CEBRASPE) Em cada uma das opções a seguir, é apresentada uma situação hipotética seguida de uma assertiva a ser julgada, a respeito da substituição das penas privativas de liberdade por penas restritivas de direitos.

(A) Antônio, com anterior condenação transitada em julgado pelo delito de dano ao patrimônio público, foi processado e condenado à pena privativa de liberdade de um ano e dois meses de reclusão pelo cometimento do delito de receptação. Nessa situação, em razão da reincidência criminal em crime doloso, não é cabível

a substituição da pena corporal imposta a Antônio por pena restritiva de direitos.

(B) Manoel foi processado e condenado pela prática de violência física, de ameaça e de lesão corporal em contexto de violência doméstica contra a mulher, tendo-lhe sido impostas as penas privativas de liberdade de quinze dias de prisão simples e de três meses e um mês de detenção, em regime aberto. Nessa situação, somente é possível a substituição da pena privativa de liberdade por restritiva de direitos em relação à contravenção de violência física.

(C) Pedro, réu primário, foi processado e condenado pela prática de delito de roubo simples na modalidade tentada, tendo-lhe sido imposta pena privativa de liberdade de dois anos e oito meses de reclusão, em regime aberto. Nessa situação, a pena privativa de liberdade imposta a Pedro poderá ser substituída por uma pena restritiva de direitos e multa ou por duas penas restritivas de direitos.

(D) Alberto, réu primário e em circunstâncias judiciais favoráveis, praticou crime de homicídio culposo qualificado ao conduzir embriagado veículo automotor. Em razão dessa conduta, ele foi processado e condenado ao cumprimento de pena privativa de liberdade de cinco anos de reclusão, inicialmente em regime semiaberto. Nessa hipótese, o *quantum* de pena fixado não impede a substituição da pena privativa de liberdade por restritiva de direitos.

(E) João foi processado e condenado à pena privativa de liberdade de um ano e oito meses de reclusão, em regime aberto, pela prática de delito de tráfico de drogas na forma privilegiada. Nessa hipótese, haja vista a condenação por delito equiparável a hediondo, não é admitida a substituição da pena privativa de liberdade por restritiva de direitos.

A: incorreta. Somente a reincidência em crime doloso, nos termos do art. 44, II, CP, tem o condão de obstar a substituição. Ainda assim (reincidência em crime doloso), pode o magistrado proceder à substituição, desde que a medida revele-se socialmente recomendável e a reincidência não se tenha operado em virtude da prática do mesmo crime (reincidência específica), conforme estabelece o art. 44, § 3º, CP; **B:** incorreta, pois contraria o entendimento consagrado na Súmula 588 do STJ, que veda a substituição da pena privativa de liberdade por restritiva de direitos na hipótese narrada no enunciado: "A prática de crime ou contravenção penal contra a mulher com violência ou grave ameaça no ambiente doméstico impossibilita a substituição da pena privativa de liberdade por restritiva de direitos"; **C:** incorreta. Por força do que estabelece o art. 44, I, do CP, é vedada a substituição da pena privativa de liberdade por restritiva de direitos na hipótese de o crime ser cometido com violência ou grave ameaça contra a pessoa. No caso do roubo, como bem sabemos, a violência ou grave ameaça é ínsita ao tipo penal, o que impede a substituição, ainda que a pena estabelecida na sentença seja igual ou inferior a quatro anos. Em outras palavras, além do requisito "duração da pena" (igual ou inferior a 4 anos), é necessária a presença do requisito "espécie de crime" (crime desprovido de violência ou grave ameaça); **D:** correta. De fato, ao tempo em que foi aplicada esta prova, a substituição se impunha pelo fato de se tratar de crime culposo (art. 44, I, CP). A partir do advento da Lei 14.071/2020, publicada em 14/10/2020 e com *vacatio* de 180 dias, tal realidade mudou. Com efeito, segundo estabelece o art. 312-B da Lei 9.503/1997 (Código de Trânsito Brasileiro), introduzido pela Lei 14.071/2020, *aos crimes previstos no § 3º do art. 302 e no § 2º do art. 303 deste Código não se aplica o disposto no inciso I do caput do art. 44 do Decreto-Lei 2.848, de 7 de dezembro de 1940 (Código Penal).* Assim, veda-se a substituição da pena privativa de liberdade por restritiva

de direitos quando o crime praticado for: homicídio culposo de trânsito qualificado pela embriaguez (art. 302, § 3º, do CTB) e lesão corporal de trânsito qualificada pela embriaguez (art. 303, § 2º, do CTB). Apenas para registro, o legislador, no lugar de fazer referência ao *caput* do art. 44 do CP, o fez em relação ao seu inciso I, que corresponde a um dos requisitos para concessão da substituição; **E:** incorreta. O Plenário do STF, ao julgar o HC 118.533/MS, em 23.06.2016, cuja relatoria foi da Min. Cármen Lúcia, entendeu, em dissonância com o posicionamento então adotado pelo STJ, que o crime de tráfico de drogas privilegiado não tem natureza hedionda. Já o STJ, por meio da Súmula n. 512, não mais em vigor, de forma diversa da do STF, fixou o entendimento segundo o qual "A aplicação da causa de diminuição de pena prevista no art. 33, § 4º, da Lei 11.343/2006 não afasta a hediondez do crime de tráfico de drogas". Pois bem. Sucede que a Terceira Seção do STJ, na sessão realizada em 23 de novembro de 2016, ao julgar a QO na Pet 11.796-DF, determinou o cancelamento da referida Súmula n. 512, alinhando-se ao entendimento adotado pelo STF no sentido de que o delito de tráfico privilegiado não pode ser equiparado a crime hediondo. Atualmente, portanto, temos que tanto o STF quanto o STJ adotam o posicionamento no sentido de que o chamado tráfico privilegiado não constitui delito equiparado a hediondo. Mais recentemente, a Lei 13.964/2019 (Pacote Anticrime) inseriu no art. 112 da Lei de Execução Penal, que trata da progressão de regime, o § 5º, segundo o qual "não se considera hediondo ou equiparado, para os fins deste artigo, o crime de tráfico de drogas previsto no § 4º do art. 33 da Lei 11.343, de 23 de agosto de 2006". **ED**
"D."

(Juiz de Direito - TJ/BA - 2019 - CESPE/CEBRASPE) O benefício da suspensão condicional da pena — *sursis* penal —

(A) pode ser concedido a condenado a pena privativa de liberdade, desde que esta não seja superior a quatro anos e que aquele não seja reincidente em crime doloso.

(B) é cabível nos casos de crimes praticados com violência ou grave ameaça, desde que a pena privativa de liberdade aplicada não seja superior a dois anos.

(C) pode estender-se às penas restritivas de direitos e à de multa, casos em que se suspenderá, também, a execução dessas penas.

(D) deverá ser, obrigatoriamente, revogado no caso da superveniência de sentença condenatória irrecorrível por crime doloso, culposo ou contravenção contra o beneficiário.

(E) impõe que, após o cumprimento das condições impostas ao beneficiário, seja proferida sentença para declarar a extinção da punibilidade do agente.

A: incorreta, na medida em que a suspensão condicional da pena (*sursis*) pode ser concedida nos casos de condenação a pena privativa de liberdade não superior a dois anos, conforme estabelece o art. 77, *caput*, do CP. A não reincidência em crime doloso constitui um dos requisitos subjetivos para a concessão do *sursis* (art. 77, I, CP); **B:** correta. O fato de o crime ser praticado mediante violência ou grave ameaça não constitui impedimento à concessão do *sursis*, desde que presentes os requisitos do art. 77 do CP. Um desses requisitos é que não seja indicada ou cabível a substituição prevista no art. 44 do CP (art. 77, III, CP). O crime praticado com violência ou grave ameaça impede a substituição da pena privativa de liberdade por restritiva de direito (art. 44, I, CP), mas não impede que seja concedido o *sursis*; **C:** incorreta, uma vez que não reflete o disposto no art. 80 do CP, que assim dispõe: *a suspensão não se estende às penas restritivas de direito nem à multa;* **D:** incorreta. A revogação será de fato obrigatória diante de condenação definitiva por crime doloso (art. 81, I, CP); agora, se se tratar de condenação definitiva pelo cometimento de crime culposo

ou por contravenção penal, a revogação será facultativa, nos termos do art. 81, § 1º, do CP; **E:** incorreta (art. 82 do CP). **ED**
"B".

(Promotor de Justiça/PR – 2019 – MPE/PR) Considerando o entendimento sumulado dos Tribunais Superiores, analise as assertivas abaixo e assinale a alternativa:

I. – Fixada a pena-base no mínimo legal, é vedado o estabelecimento de regime prisional mais gravoso do que o cabível em razão da sanção imposta, com base apenas na gravidade abstrata do delito.

II. – O aumento na terceira fase de aplicação da pena no crime de roubo circunstanciado exige fundamentação concreta, não sendo suficiente para a sua exasperação a mera indicação do número de majorantes.

III. – É vedada a utilização de inquéritos policiais e ações penais em curso para agravar a pena-base.

IV. – É admissível a adoção do regime prisional semiaberto aos reincidentes condenados a pena igual ou inferior a quatro anos se favoráveis as circunstâncias judiciais.

(A) Todas as alternativas estão corretas.

(B) Apenas as alternativas I e II estão corretas.

(C) Apenas a alternativa II está incorreta.

(D) Apenas as alternativas III e IV estão corretas.

(E) Apenas a alternativa IV está incorreta.

I: correta, pois retrata o entendimento firmado na Súmula 440, do STJ: *Fixada a pena-base no mínimo legal, é vedado o estabelecimento de regime prisional mais gravoso do que o cabível em razão da sanção imposta, com base apenas na gravidade abstrata do delito;* **II:** correta, uma vez que reflete o entendimento consolidado na Súmula 443, do STJ: *O aumento na terceira fase de aplicação da pena no crime de roubo circunstanciado exige fundamentação concreta, não sendo suficiente para a sua exasperação a mera indicação do número de majorantes;* **III:** correta, pois reflete o entendimento consolidado na Súmula 444, do STJ: *É vedada a utilização de inquéritos policiais e ações penais em curso para agravar a pena-base;* **IV:** correta, pois reflete o entendimento firmado na Súmula n. 269 do STJ: *É admissível a adoção do regime prisional semiaberto aos reincidentes condenados a pena igual ou inferior a quatro anos se favoráveis as circunstâncias judiciais.* **ED**
"A".

(Promotor de Justiça/PR – 2019 – MPE/PR) Em relação aos efeitos da condenação dispostos no Código Penal, assinale a alternativa *incorreta*:

(A) Um dos efeitos da condenação é tornar certa a obrigação de indenizar o dano causado pelo crime.

(B) Um dos efeitos da condenação é a perda em favor da União, ressalvado o direito do lesado ou de terceiro de boa-fé, do produto do crime ou de qualquer bem ou valor que constitua proveito auferido pelo agente com a prática do fato criminoso.

(C) Um dos efeitos da condenação é a perda de cargo, função pública ou mandato eletivo quando aplicada pena privativa de liberdade por tempo igual ou superior a dois anos, nos crimes praticados com abuso de poder ou violação de dever para com a Administração Pública.

(D) Um dos efeitos da condenação é a incapacidade para o exercício do poder familiar, da tutela ou da curatela nos crimes dolosos sujeitos à pena de reclusão cometidos contra outrem igualmente titular do mesmo poder familiar, contra filho, filha ou outro descendente ou contra tutelado ou curatelado.

(E) Um dos efeitos da condenação é a inabilitação para dirigir veículo, quando utilizado como meio para a prática de crime doloso.

A: correta. A obrigação de indenizar o dano causado pelo crime constitui efeito genérico da condenação, nos termos do art. 91, I, do CP; B: correta (art. 91, II, b, do CP); C: incorreta, pois, conforme estabelecido no art. 92, I, a, do CP, para a perda do cargo, emprego público ou mandato eletivo, nos crimes praticados com abuso de poder ou violação de dever para com a Administração Pública, basta que a pena privativa de liberdade aplicada seja igual ou superior a um ano (e não a dois). Além disso, cuida-se de efeito específico da condenação, visto que contemplado no rol do art. 92 do CP; D: correta, pois reflete o disposto no art. 92, II, do CP, cuja redação foi alterada pela Lei 13.715/2018; E: correta, pois reflete o disposto no art. 92, III, do CP. **ED**
Gabarito "C."

Com relação ao tema "reincidência", considere as seguintes afirmações.

I. A prescrição intercorrente regula-se pela pena aplicada e verifica-se nos prazos fixados no artigo 109 do Código Penal, os quais se aumentam de 1/3 (um terço), se o condenado é reincidente.

II. Para efeito de reincidência, não prevalece a condenação anterior após decorrido o prazo depurador de cinco anos entre a data do trânsito em julgado da sentença condenatória do crime anterior e a data da prática do crime posterior.

III. A reincidência é causa interruptiva apenas da prescrição da pretensão executória.

IV. Consoante disposto no Código Penal, o agente reincidente em crime doloso pode ter sua pena privativa de liberdade substituída por pena restritiva de direitos.

V. Para efeito de reincidência, a reabilitação extingue a condenação anterior.

(Promotor de Justiça/SP – 2019 – MPE/SP) É correto o que se afirma somente em

(A) II, III e IV.

(B) I, II e III.

(C) II e V.

(D) IV e V.

(E) III e IV.

I: incorreta. A prescrição superveniente ou intercorrente, que é aquela que se verifica após a publicação da sentença ou acórdão condenatório recorríveis, baseando-se, portanto, na pena aplicada, é espécie de prescrição da pretensão *punitiva* (art. 110, § 1º, CP), razão pela qual não incide o aumento de um terço em razão da reincidência, o que somente ocorrerá se se tratar de prescrição da pretensão *executória*, conforme entendimento sufragado na Súmula 220, do STJ: "A reincidência não influi no prazo da prescrição da pretensão punitiva"; II: incorreta, já que não reflete o teor do art. 64, I, do CP, que estabelece como marcos a data do cumprimento ou extinção da pena e a do cometimento da infração posterior; III: correta, pois em consonância com o entendimento sufragado na Súmula 220, do STJ: "A reincidência não influi no prazo da prescrição da pretensão punitiva"; IV: correta, na medida em que o art. 44, § 3º, do CP estabelece que, ainda que se trate de réu *reincidente*, pode o magistrado proceder à substituição, desde que a medida revele-se socialmente recomendável e a reincidência não se tenha operado em virtude da prática do mesmo crime; V: incorreta. Trata-se de institutos diferentes (reabilitação e reincidência), de tal sorte que a reabilitação não tem o condão de extinguir a condenação anterior para fins de reincidência. **ED**
Gabarito "E."

(Juiz de Direito – TJ/RS – 2018 – VUNESP) Estritamente nos termos do quanto prescreve o art. 39 do CP, o trabalho do preso

(A) não é obrigatoriamente remunerado, mas se lhe garantem, facultativamente, os benefícios da Previdência Social.

(B) será sempre remunerado, sendo-lhe garantidos os benefícios da Previdência Social.

(C) não é obrigatoriamente remunerado, mas se lhe garantem os benefícios da Previdência Social.

(D) não é remunerado e não se lhe garantem os benefícios da Previdência Social.

(E) será sempre remunerado, contudo, não se lhe garantem os benefícios da Previdência Social.

Por força do que dispõe o art. 39 do CP, *o trabalho do preso será sempre remunerado, sendo-lhe garantidos os benefícios da Previdência Social.* **ED**
Dica: esta questão denota a importância de o candidato conhecer o texto de lei, já que a alternativa apontada como correta corresponde à transcrição literal do dispositivo legal.
Gabarito "B."

(Juiz de Direito – TJ/RS – 2018 – VUNESP) A pena restritiva de direitos (CP, arts. 43 a 48)

(A) na modalidade perda de bens e valores pertencentes ao condenado, dar-se-á em favor da vítima.

(B) na modalidade prestação de serviços, pode ser substitutiva de qualquer pena privativa de liberdade igual ou inferior a quatro anos.

(C) admite exclusivamente as modalidades de prestação pecuniária, perda de bens e valores, limitação de fim de semana e prestação de serviço à comunidade ou entidade pública.

(D) converte-se em privativa de liberdade quando ocorrer o descumprimento injustificado da restrição imposta.

(E) só pode ser aplicada a condenados primários.

A: incorreta. Tal como estabelece o art. 45, § 3º, do CP, a *perda de bens e valores*, modalidade que é de *pena restritiva de direitos* (art. 43, II, do CP), se dará em favor do Fundo Penitenciário Nacional, e não em benefício da vítima. Trata-se de uma sanção penal, de cunho confiscatório, que implica a perda em favor do Estado de bens e valores que integram o patrimônio do agente e a ele (patrimônio) foram incorporados de forma lícita; B: incorreta. A prestação de serviços à comunidade ou a entidades públicas, modalidade de pena restritiva de direitos que consiste na atribuição de tarefas gratuitas ao condenado, somente terá lugar nas condenações superiores a 6 meses de pena privativa de liberdade (art. 46, *caput*, do CP); C: incorreta, já que a assertiva não contemplou a *interdição temporária de direitos*, que constitui modalidade de pena restritiva de direitos (art. 43, V, do CP); D: correta, pois corresponde ao que estabelece o art. 44, § 4º, do CP; E: incorreta, na medida em que o art. 44, § 3º, do CP estabelece que, ainda que se trate de réu *reincidente*, pode o magistrado proceder à substituição, desde que a medida revele-se socialmente recomendável e a reincidência não se tenha operado em virtude da prática do mesmo crime. **ED**
Gabarito "D."

(Delegado – PC/BA – 2018 – VUNESP) A respeito da Teoria das Penas, assinale a alternativa correta.

(A) A finalidade da pena, na teoria relativa, é prevenir o crime. Na vertente preventiva-geral, o criminoso é punido a fim de impedir que ele volte a praticar novos crimes.

(B) A finalidade da pena, na teoria relativa, é prevenir o crime. Na vertente preventiva especial, de acentuado caráter intimatório, o criminoso é punido para servir de exemplo aos demais cidadãos.

(C) A finalidade da pena, na teoria absoluta, é castigar o criminoso, pelo mal praticado. O mérito dessa teoria foi introduzir, no Direito Penal, o princípio da proporcionalidade de pena ao delito praticado.

(D) A finalidade da pena, para a teoria eclética, é ressocializar o criminoso. O mérito dessa teoria foi humanizar as penas impostas, impedindo as cruéis e humilhantes.

(E) O ordenamento jurídico brasileiro adota a teoria absoluta, tendo a pena apenas o fim de ressocializar o criminoso.

A: incorreta. É fato que a finalidade da pena, para as teorias relativas, tem caráter preventivo, servindo ao objetivo de evitar a prática de novas infrações penais. A pena, para esta teoria, deve ser vista como um instrumento destinado a prevenir o crime. Não se trata, pois, de uma retribuição, uma compensação, tal como preconizado pelas *teorias absolutas.* No contexto das teorias relativas, temos a prevenção geral e a especial. A geral está associada à ideia de intimidação de toda a coletividade, que sabe que o cometimento de uma infração penal ensejará, como consequência, a imposição de sanção penal. É dirigida, pois, ao controle da violência. A segunda parte da assertiva está incorreta na medida em que se refere à prevenção especial, que, diferentemente da geral, que se destina ao corpo social, é dirigida ao indivíduo condenado; **B:** incorreta. A prevenção especial, como já dito, é dirigida exclusivamente à pessoa do condenado; **C:** correta. As chamadas teorias absolutas, que se contrapõem às relativas, consideram que a pena se esgota na ideia de pura retribuição. Sua finalidade consiste numa reação punitiva, isto é, uma resposta ao mal causado pela prática criminosa; **D:** incorreta. Para as teorias ecléticas, unificadoras ou mistas, a pena deve unir justiça e utilidade. É dizer, a pena deve, a um só tempo, servir de castigo ao condenado que infringiu a lei penal e evitar a prática de novas infrações penais. Há, pois, a conjugação das teorias absolutas e relativas; **E:** incorreta. Adotamos, de acordo com o art. 59, *caput,* do CP, a teoria mista, que assim dispõe: "(...) conforme seja necessário e suficiente para reprovação e prevenção do crime". **ED**
Gabarito "C".

(Defensor Público – DPE/PR – 2017 – FCC) A pena de prestação de serviços à comunidade

(A) deve ser cumprida à razão de duas horas de tarefa por dia de condenação, fixadas de modo a não prejudicar a jornada de trabalho.

(B) não é aplicável, em nenhuma hipótese, caso o condenado for reincidente.

(C) não pode ser cumprida em menor tempo pelo condenado, se a condenação for superior a um ano.

(D) aplica-se às condenações superiores a seis meses de privação de liberdade.

(E) não substitui a pena privativa de liberdade.

A: incorreta, já que a pena de prestação de serviços à comunidade, em conformidade com o que estabelece o art. 46, § 3º, do CP, será cumprida à razão de uma (e não duas) hora de tarefa por dia de condenação; **B:** incorreta. Muito embora, em regra, a reincidência em crime doloso afaste a substituição da pena privativa de liberdade por restritiva de direitos (art. 44, II, do CP), é certo que, se referida medida for socialmente recomendável e o réu não for reincidente específico, poderá o juiz aplicar a conversão (art. 44, § 3º, do CP); **C:** incorreta, pois não reflete a regra presente no art. 46, § 4º, do CP; **D:** correta (art. 46, *caput,* do CP); **E:** incorreta. Por expressa disposição contida no art. 44, *caput,* do CP, as penas restritivas de direitos, entre as quais

a prestação de serviços à comunidade, são autônomas e substituem as privativas de liberdade. **ED**
Gabarito "D".

(Juiz – TJ-SC – FCC – 2017) Sobre o trabalho externo do preso, é correto afirmar que:

(A) é possível na realização de serviços e obras públicas prestados por entidades privadas.

(B) só é possível em entidades públicas.

(C) a autorização será revogada com a prática de qualquer infração penal.

(D) somente poderá ser concedida após o cumprimento de 1/3 da pena.

(E) o limite máximo de presos será de 20% do total de empregados.

A (correta) e **B** (incorreta): segundo o art. 36 da LEP, o trabalho externo será admissível em serviço ou obras públicas realizadas por órgãos da Administração direta ou indireta, bem como em *entidades privadas,* desde que tomadas as cautelas contra a fuga e em favor da disciplina; **C:** incorreta. Em conformidade com o disposto no art. 37, parágrafo único, da LEP, não é o cometimento de qualquer infração penal que enseja a revogação do trabalho externo, mas tão somente a prática de fato definido como *crime;* além disso, também implicará a sua revogação: a punição por falta grave; e o fato de o apenado apresentar comportamento inadequado no trabalho para o qual foi designado; **D:** incorreta, na medida em que o art. 37, "caput", da LEP impõe ao condenado o cumprimento mínimo de 1/6 da pena, e não 1/3, tal como consta da assertiva; **E:** incorreta. Com o escopo de preservar a segurança, evitando-se, com isso, fugas, o legislador estabeleceu que o total de presos não poderá superar 10% do número de trabalhadores da obra (art. 36, §1º, da LEP). A assertiva, que está incorreta, fala em 20%. **ED**
Gabarito "A".

(Juiz – TJ/SC – FCC – 2017) Sobre a suspensão condicional da pena, é correto afirmar:

(A) Nos crimes previstos na Lei ambiental nº 9.605/98, a suspensão poderá ser aplicada em condenação a pena privativa de liberdade não superior a quatro anos.

(B) No primeiro ano do prazo, deverá o condenado cumprir uma das penas alternativas previstas no artigo 44 do Código Penal.

(C) A execução da pena privativa de liberdade, não superior a quatro anos, poderá ser suspensa, por quatro a seis anos, desde que o condenado seja maior de sessenta anos de idade.

(D) É causa de revogação obrigatória a condenação por crime doloso e culposo.

(E) É causa de revogação obrigatória a frustração da execução de pena de multa, embora solvente.

A: incorreta, uma vez que não corresponde ao teor do art. 16 da Lei 9.605/1998, que estabelece que, *nos crimes previstos neste lei, a suspensão condicional da pena pode ser aplicada nos casos de condenação a pena privativa de liberdade não superior a 3 (três) anos,* e não a 4 (quatro), tal como consta da assertiva; **B:** incorreta, na medida em que, dentre as penas restritivas de direitos elencadas no art. 43 do CP, o condenado sujeitar-se-á, no primeiro ano da suspensão condicional da pena, tão somente à prestação de serviços à comunidade (art. 46, CP) e à limitação de fim de semana (art. 48). Não poderá submeter-se, portanto, às demais modalidades de penas restritivas de direitos. É o que estabelece o art. 78, §1º, do CP; **C:** incorreta, uma vez que o chamado sursis etário, que vem definido no art. 77, §2º, do CP, somente será concedido ao condenado que for maior de 70 anos (e não 60); **D:** incorreta. Embora seja correto afirmar-se que a condenação

6. DIREITO PENAL

definitiva pela prática de crime doloso constitui hipótese de revogação obrigatória do *sursis* (art. 81, I, CP), tal não se dá com o beneficiário que é condenado, em definitivo, pelo cometimento de crime culposo. Neste último caso, a revogação do benefício será facultativa, tal como estabelece o art. 81, §1º, CP; **E:** correta, pois corresponde à regra prevista no art. 81, II, do CP. [ED]

Gabarito "E."

(Delegado/MS – 2017 – FAPEMS) Leia o conceito a seguir.

A pena é a consequência natural imposta pelo Estado, quando alguém pratica uma infração penal.

GRECO, Rogério. Curso de direito penal: parte geral (arts. 1º a 120 do Código Penal). 14. ed. Niterói: Impetus, 2012, p. 469.

O artigo 32 do Código Penal (CP) estabelece três espécies de penas, a saber: penas privativas de liberdade, restritivas de direito e multa. Conforme o artigo 59 do CP, as penas devem respeitar a necessidade e a suficiência à reprovação e à prevenção do crime. Esse mesmo artigo 59 também estabelece os critérios de fixação dessas penas. A partir dessa concepção, assinale a alternativa correta.

(A) As penas restritivas de direito são consideradas penas autônomas de caráter substitutivo, podendo ser aplicadas para crimes culposos independente da quantidade de pena privativa de liberdade fixada, se presentes os demais requisitos legais.

(B) A pena de multa, aplicada e dosada ao livre arbítrio do julgador, não pode ser substitutiva da pena privativa de liberdade ou substituída por esta no caso de não cumprimento, por ser considerada dívida de valor, constituindo título da dívida pública.

(C) A detração penal é instituto jurídico relacionado com a aplicação da pena, de observação obrigatória na sentença, consistindo na redução de um dia de prisão para cada dia trabalhado durante a prisão cautelar, seja ela preventiva ou temporária.

(D) A pena privativa de liberdade aplicada a crime hediondo praticado com violência ou grave ameaça é suscetível de substituição por restritiva de direito, se fixada em menos de 04 anos de reclusão.

(E) A pena privativa de liberdade – detenção – poderá ser iniciada em regime prisional mais severo, mesmo que inferior a 08 anos, se o julgador entender sua necessidade à reprovação e à prevenção do crime.

A: correta. De fato, as penas restritivas de direitos (PRD's) têm como características a autonomia e a substitutividade. À luz do art. 44, I, do CP, as PRD's sempre substituirão as penas privativas de liberdade, pouco importando o *quantum* fixado, em se tratando de crimes culposos; **B:** incorreta, pois de acordo com os arts. 49 e seguintes do CP, a pena de multa, que segue o sistema bifásico, diga-se de passagem, exige, por parte do julgador, a análise de critérios legalmente estipulados (por exemplo, os dias-multa são fixados entre 10 e 360; cada dia-multa é fixado em um trigésimo do salário mínimo, podendo chegar a cinco vezes o valor do salário mínimo). Assim, não se pode falar em livre arbítrio do julgador na fixação da multa; **C:** incorreta. A assertiva confunde os institutos da detração (art. 42 do CP) e da remição de penas (arts. 126 a 130 da LEP). Quanto à detração, computam-se, na pena privativa de liberdade e na medida de segurança, o tempo de prisão provisória, no Brasil ou no estrangeiro, o de prisão administrativa e o de internação em qualquer dos estabelecimentos referidos no artigo anterior. Pela remição, haverá o resgate, pelo condenado, de um dia de pena a cada três dias de trabalho e/ou estudo; **D:** incorreta, pois é inadmissível a substituição de pena privativa de liberdade por restritiva de direitos quando o crime for

praticado com violência ou grave ameaça; **E:** incorreta. Impossível, pela dicção do art. 33, *caput*, do CP, a fixação de regime inicial fechado para os crimes punidos com detenção, pouco importando a quantidade de pena imposta. Importante anotar que referida espécie de pena privativa de liberdade ensejará a fixação dos regimes iniciais semiaberto ou aberto, sendo cabível o fechado somente a título de regressão. [AT]

Gabarito "A."

(Delegado/MS – 2017 – FAPEMS) No que diz respeito ao sistema de aplicação da pena, assinale a alternativa correta.

(A) No caso de condenado reincidente em crime doloso, porém com as circunstâncias do artigo 59 do Código Penal inteiramente favoráveis, a pena-base pode ser aplicada no mínimo legal.

(B) A qualificadora da torpeza no crime de homicídio (CP, artigo 121, § 2º, inciso I) determina a majoração do *quantum* de pena privativa de liberdade na terceira fase da dosimetria.

(C) O início do cumprimento de pena privativa por condenação pelo crime de homicídio culposo na direção de veículo automotor (artigo 302 da Lei n. 9.503/1997) sempre será no regime fechado em razão da gravidade da conduta em relação ao bem jurídico protegido penalmente.

(D) Sendo as circunstâncias judiciais favoráveis, admite-se a fixação do regime inicial aberto para o condenado reincidente, quando a pena fixada na sentença é igual ou inferior a quatro anos.

(E) Na sentença condenatória por crime de estelionato (CP, artigo 171, *caput*), a pena aplicada em um ano de prisão pode ser substituída por duas penas restritivas de direitos, desde que presentes os requisitos previstos no artigo 44 do Código Penal.

A: correta. Se as circunstâncias judiciais do art. 59 do CP forem inteiramente favoráveis ao agente, a despeito de ser reincidente (circunstância agravante que influenciará na segunda fase da dosimetria da pena), a pena-base (primeira fase da dosimetria da pena) poderá ser fixada no mínimo legal. Lembre-se, uma vez mais, de que a pena-base levará em conta, exclusivamente, os vetores previstos no art. 59 do CP (culpabilidade, antecedentes, conduta social, personalidade do agente, motivos, circunstâncias e consequências do crime e comportamento da vítima), que, se forem integralmente favoráveis, conduzirão, por óbvio, à fixação da reprimenda no mínimo legal; **B:** incorreta. As qualificadoras, por elevarem as penas a novos patamares, diversos daqueles abstratamente cominados nas figuras simples ou fundamentais dos tipos penais, já incidirão logo na fixação da pena-base (primeira fase da dosimetria da pena), não se confundindo com causas de aumento, incidentes na terceira etapa do sistema trifásico adotado pelo art. 68 do CP; **C:** incorreta. O crime de homicídio culposo previsto no art. 302 do CTB (Lei 9.503/1997) é punido com detenção de dois a quatro anos. Ora, por se tratar de detenção, os regimes iniciais de cumprimento de pena, a teor do que dispõe o art. 33 do CP, poderão ser somente o semiaberto ou o aberto, jamais o fechado; **D:** incorreta. A assertiva retrata, quase que integralmente, o teor da Súmula 269 do STJ, segundo a qual é admissível a adoção do regime prisional semiaberto (e não o aberto, como consta na assertiva!) aos reincidentes condenados a pena igual ou inferior a quatro anos se favoráveis as circunstâncias judiciais; **E:** incorreta. Nos termos do art. 44, § 2º, na condenação igual ou inferior a um ano, a substituição pode ser feita por multa ou por uma pena restritiva de direitos. Apenas se a condenação for superior a um ano é que a pena privativa de liberdade será substituída, desde que preenchidos os demais requisitos do art. 44 do CP, por uma pena restritiva de direitos e multa ou por duas penas restritivas de direitos. [AT]

Gabarito "A."

(Delegado/MT – 2017 – CESPE) A respeito de crimes de mesma espécie, nas mesmas condições de tempo, lugar e forma de execução, com vínculo subjetivo entre os eventos, assinale a opção correta considerando a jurisprudência dos tribunais superiores.

(A) A lei penal mais grave aplicar-se-á ao crime continuado ou ao crime permanente, se a sua vigência for posterior à cessação da continuidade delitiva ou da permanência.

(B) Admite-se a continuidade delitiva entre os crimes de roubo e de latrocínio.

(C) A continuidade delitiva pode ser reconhecida quando se tratar de delitos de mesma espécie ocorridos em comarcas limítrofes ou próximas.

(D) Nos crimes dolosos contra vítimas diferentes cometidos com violência ou grave ameaça à pessoa, o aumento da pena pelo crime continuado encontra fundamento na gravidade do delito.

(E) O prazo prescricional será regulado pela pena imposta na sentença, com o acréscimo decorrente da continuidade delitiva.

A: incorreta, pois a assertiva colide com o teor da Súmula 711 do STF, que dispõe que a lei penal mais grave aplicar-se-á ao crime continuado ou ao crime permanente, se a sua vigência for anterior à cessação da continuidade ou da permanência; **B:** incorreta, pois os crimes de roubo e latrocínio, embora sejam do mesmo gênero (crimes contra o patrimônio), não são da mesma espécie, a despeito de estarem inseridos no mesmo tipo penal (art. 157 do CP). Basta ver que o crime de roubo ofende ao patrimônio da vítima, ao passo que o latrocínio, além de ofender o patrimônio, atinge a vida do ofendido; **C:** correta. O entendimento jurisprudencial é no sentido de que a continuidade delitiva, para ser reconhecida, exige tríplice semelhança: (i) de tempo (não mais do que trinta dias entre um crime e outro); (ii) lugar (crimes praticados na mesma comarca ou em comarcas contíguas) e (iii) modo de execução (*modos operandi*); **D:** incorreta. Nos crimes dolosos contra vítimas diferentes, cometidos com violência ou grave ameaça à pessoa, o aumento da pena, que poderá ser fixada até o triplo, decorre de preceito expressamente previsto no art. 71, parágrafo único, do CP, que consagra o crime continuado qualificado (ou específico); **E:** incorreto. Na continuidade delitiva, para fins de reconhecimento do prazo prescricional, será desprezado o aumento de pena decorrente da aplicação do concurso de crimes. Confira-se a Súmula 497 do STF: Quando se tratar de crime continuado, a prescrição regula-se pela pena imposta na sentença, não se computando o acréscimo decorrente da continuação. **AT**
„Gabarito "C".

13. APLICAÇÃO DA PENA

(Juiz de Direito/SP – 2021 – Vunesp) A respeito do crime praticado em continuidade delitiva, é correto afirmar que

(A) nosso Código Penal adotou a teoria da unidade real.

(B) não se admitirá a suspensão condicional da pena.

(C) as penas de multa devem ser aplicadas distinta e integralmente.

(D) sobrevindo nova lei mais grave, ela será aplicada, se sua vigência for anterior à cessação do fato criminoso.

A: incorreta. No que concerne à natureza jurídica do crime continuado, a doutrina concebeu duas teorias: da unidade real (realidade) e da ficção jurídica, sendo esta última acolhida pelo Código Penal. Nesse sentido, conferir: "O Direito Penal brasileiro encampou a teoria da ficção jurídica

para justificar a natureza do crime continuado (art. 71, do Código Penal). Por força de uma ficção criada por lei, justificada em virtude de razões de política criminal, a norma legal permite a atenuação da pena criminal, ao considerar que as várias ações praticadas pelo sujeito ativo são reunidas e consideradas fictamente como delito único" (STF, HC 91370, Rel. Min. Ellen Gracie, 2ª Turma, j. 20.05.2008); **B:** incorreta. Não há óbice para que seja concedida, no crime continuado, a suspensão condicional da pena, desde que preenchidos os requisitos do art. 77 do CP; **C:** incorreta. Divergem doutrina e jurisprudência quanto à extensão do art. 72 do CP, que estabelece que, no concurso de crimes, a pena de multa será aplicada distinta e integralmente. Quanto aos concursos material e formal, é consenso que este art. 72 do CP tem incidência. O ponto de divergência refere-se ao crime continuado. Para parte da comunidade jurídica, este dispositivo também tem incidência no crime continuado; afinal, o art. 72 do CP não excepcionou esta modalidade de concurso de crimes; no entanto, parte da doutrina e da jurisprudência entende, diferentemente, que, no crime continuado, que é considerado delito único (ficção jurídica), deverá ser aplicada uma única pena de multa, contrariando, portanto, a regra presente no art. 72 do CP. Seja como for, fato é que o STJ adota o posicionamento no sentido de que o art. 72 não tem incidência nos casos de continuidade delitiva. Conferir: "Conforme jurisprudência desta Corte, a regra do art. 72 do Código Penal - CP é aplicada às hipóteses de concurso formal ou material, não incidindo o referido dispositivo aos casos em que há reconhecimento da continuidade delitiva. 2. No caso dos autos, embora a Corte de origem tenha adotado fundamentação que contraria o entendimento desta Corte quanto à aplicabilidade do art. 72 do Código Penal, na parte dispositiva, deixou de aplicar a regra do dispositivo mencionado, reduzindo a pena de multa para patamar proporcional à pena privativa de liberdade. Assim, inexiste ilegalidade a ser corrigida no apelo nobre. 3. Agravo regimental desprovido" (STJ, AgRg no REsp 1843797/SP, Rel. Ministro Joel Ilan Paciornik, Quinta Turma, julgado em 05.03.2020, DJe 16.03.2020); **D:** correta, pois reflete o entendimento firmado na Súmula 711 do STF: "A lei penal mais grave aplica-se ao crime continuado ou ao crime permanente, se a sua vigência é anterior à cessação da continuidade ou da permanência". **ED**
„Gabarito "D".

(Juiz de Direito – TJ/MS – 2020 – FCC) Na aplicação da pena,

(A) incidindo as causas de diminuição da tentativa e do arrependimento posterior, pode o juiz limitar-se a uma só diminuição, prevalecendo, todavia, a causa que mais diminua.

(B) o juiz, na terceira fase do cálculo, ao fixar a fração de acréscimo pela causa de aumento identificada, sempre atentará à culpabilidade, aos antecedentes, à conduta social, à personalidade do agente, aos motivos, às circunstâncias e consequências do crime, bem como ao comportamento da vítima.

(C) as qualificadoras, representando fatores de acréscimo assinalados em quantidades fixas ou em limites, incidem na terceira fase do cálculo, não permitindo, contudo, a fixação da pena acima do máximo legal.

(D) se concorrerem duas qualificadoras em um mesmo crime, aceita a jurisprudência que só uma delas incida como tal, podendo a outra servir como circunstância agravante, se cabível.

(E) se reconhecido o crime continuado específico, aplica-se a pena de um só dos delitos, se idênticas, ou a mais grave, se diversas, aumentada, em qualquer caso, de um sexto a dois terços, considerado o número de infrações cometidas, incidindo a extinção da punibilidade sobre o total da pena imposta.

A: incorreta. É que, em se tratando de causas de diminuição previstas na parte geral do CP (como é o caso da tentativa e do arrependimento posterior), deverá o juiz aplicar todas, ou seja, não se admite compensação entre elas; a regra prevista no art. 68, parágrafo único, do CP, segundo a qual o juiz aplicará uma só diminuição, refere-se às causas contidas na parte especial do CP. O mesmo raciocínio se aplica às causas de aumento de pena; **B:** incorreta. A assertiva contém os vetores presentes no art. 59 do CP, que são as chamadas *circunstâncias judiciais*, a serem levadas em consideração na eleição do *quantum* da pena-base, que corresponde à primeira fase de fixação da pena, e não à terceira, como consta da proposição; **C:** incorreta. A assertiva se refere às causas de aumento e diminuição, que são sopesadas na terceira etapa de fixação da pena e que podem elevá-la além do limite máximo e aquém do limite mínimo. Não se confundem com as qualificadoras, que estão contidas no tipo penal incriminador, alterando os limites mínimo e máximo abstratamente cominados. Bem por isso, as qualificadoras não estão presentes na análise da dosimetria, diferentemente das causas de aumento e diminuição de pena, que, como já dito, integram a derradeira etapa de fixação da pena; **D:** correta. De fato, a jurisprudência consagrou o entendimento no sentido de que, havendo pluralidade de qualificadoras, apenas uma servirá como fundamento para deslocar a pena a novos patamares, sendo que as demais incidirão como circunstâncias agravantes, desde que haja correspondência na lei, ou, em caso negativo, como circunstância judicial do art. 59 do CP. Nesse sentido: "(...) Havendo mais de uma circunstância qualificadora reconhecida no decreto condenatório, apenas uma deve formar o tipo qualificado, enquanto as outras devem ser consideradas circunstâncias agravantes, quando expressamente previstas como tais, ou circunstâncias judiciais desfavoráveis, de forma residual" (STJ, HC 290.261/SP, Rel. Ministro GURGEL DE FARIA, QUINTA TURMA, julgado em 10/12/2015, DJe 17/02/2016); **E:** incorreta. O chamado *crime continuado específico* encontra previsão no art. 71, parágrafo único, do CP, que se verifica nos crimes dolosos, contra vítimas diferentes, cometidos mediante violência ou grave ameaça à pessoa. Neste caso, deverá ser aplicada a pena de qualquer dos crimes, se idênticas, ou a mais grave, se diversas, aumentada até o triplo. **ED**

Gabarito "D".

(Juiz de Direito – TJ/RJ – 2019 – VUNESP) No sistema brasileiro de aplicação de pena, o desconhecimento da lei

(A) é causa de diminuição da pena.

(B) não tem qualquer consequência para a pena.

(C) socorre como atenuante apenas aos menores de 21 (vinte e um) anos.

(D) isenta de pena por afastar a potencial consciência da ilicitude e, consequentemente, a culpabilidade.

(E) é circunstância atenuante da pena.

O art. 21, *caput*, do CP consagra o *princípio da inescusabilidade do desconhecimento da lei*, isto é, a ninguém é dado o direito de alegar que não conhece a lei. Assim que entra em vigor, a lei passa a vincular indistintamente a todos membros da sociedade, sendo defeso, a partir de então, invocar seu desconhecimento. Entretanto, o desconhecimento da lei, a depender das circunstâncias do caso concreto, pode figurar como circunstância atenuante, nos termos do art. 65, II, do CP. Dito de outro modo, o desconhecimento da lei não isenta o agente de pena, mas, conforme o caso, pode servir para que ela seja reduzida. **ED**

Gabarito "E".

(Juiz de Direito – TJ/SC – 2019 – CESPE/CEBRASPE) Conforme o Código Penal e a legislação aplicável, constitui efeito automático da condenação criminal, que independe de expressa motivação em sentença,

(A) nos casos de crime doloso sujeito à pena de reclusão cometido contra filho, tutelado ou curatelado, a incapacidade para o exercício do poder familiar, da tutela ou da curatela.

(B) nos casos de crimes praticados com violação de dever para com a administração pública, a perda de cargo ou função pública, quando aplicada pena privativa de liberdade igual ou superior a um ano.

(C) nos casos de servidor público condenado pela prática de crime resultante de discriminação ou preconceito de raça, cor, religião ou procedência nacional, a perda do cargo ou da função pública.

(D) nos casos de condenação pela prática de crime falimentar, a inabilitação para o exercício de atividade empresarial, pelo prazo de cinco anos após a extinção da punibilidade.

(E) no caso de servidor público condenado pela prática de crime de tortura, a perda do cargo ou da função pública e a interdição para seu exercício pelo dobro do prazo da pena aplicada.

A: incorreta, já que, por força do que dispõe o art. 92, parágrafo único, do CP, o efeito da condenação previsto no art. 92, II, do CP não é automático, sendo de rigor que o juiz assim se manifeste na sentença; **B:** incorreta. Trata-se de efeito específico da condenação (não automático), nos termos do art. 92, I, *a*, e parágrafo único, do CP; **C:** incorreta. Segundo dispõem os arts. 16 e 18 da Lei 7.716/1989, não constitui efeito automático da condenação a perda do cargo ou função pública nos crimes praticados por servidor público resultantes de discriminação ou preconceito de raça, cor, religião ou procedência nacional; **D:** incorreta. Cuida-se de efeito não automático, nos termos do art. 181, I e § 1º, da Lei 11.101/2005; **E:** correta, uma vez que, no caso de servidor público condenado pela prática de tortura, a perda do cargo ou da função pública e a interdição para seu exercício pelo dobro do prazo da pena aplicada constitui efeito automático da condenação, sendo prescindível, portanto, que o magistrado, na sentença, expressamente assim declare (art. 1º, § 5º, da Lei 9.455/1997). Na jurisprudência: "(...) A perda do cargo, função ou emprego público – que configura efeito extrapenal secundário – constitui consequência necessária que resulta, automaticamente, de pleno direito, da condenação penal imposta ao agente público pela prática do crime de tortura (...)" (STF, AI 769637 AgR-ED – MG, 2ª T., rel. Min. Celso de Melo, 25.06.2013). **ED**

Gabarito "E".

Mara, pretendendo tirar a vida de Ana, ao avistá-la na companhia da irmã, Sandra, em um restaurante, ainda que consciente da possibilidade de alvejar Sandra, efetuou um disparo, que alvejou letalmente Ana e feriu gravemente Sandra.

(Juiz de Direito – TJ/SC – 2019 – CESPE/CEBRASPE) Nessa situação hipotética, assinale a opção correta relativa ao instituto do erro.

(A) Devido à *aberratio ictus*, Mara responderá somente pelo homicídio de Ana, visto que o dolo estava direcionado a esta, havendo absorção do crime de lesão corporal cometido contra Sandra.

(B) Mara responderá por homicídio doloso consumado em relação à Ana e por tentativa de homicídio em relação à irmã desta.

(C) Em concurso formal imperfeito, Mara responderá pelo homicídio de Ana e pela lesão corporal de Sandra.

(D) Mara incidiu em delito putativo por erro de tipo em unidade complexa.

(E) Excluído o dolo e permitida a punição por crime culposo, se essa modalidade for prevista em lei, Mara terá incidido em erro de tipo essencial escusável contra a irmã de Ana.

O enunciado não é claro quanto ao propósito de Mara em relação ao resultado produzido em Sandra. Seja como for, considerou que se trata de hipótese de concurso formal *impróprio* ou *imperfeito*. Nos termos do art. 70 do CP, o concurso formal poderá ser *próprio* (perfeito) ou *impróprio* (imperfeito). No primeiro caso (primeira parte do *caput*), temos que o agente, por meio de uma única ação ou omissão (um só comportamento), pratica dois ou mais crimes, idênticos ou não, com *unidade de desígnio*; já no *concurso formal impróprio* ou *imperfeito* (segunda parte do *caput*), a situação é diferente. Aqui, a conduta única decorre de desígnios autônomos, vale dizer, o agente, no seu atuar, deseja os resultados produzidos. Como consequência, as penas serão somadas, aplicando-se o critério ou sistema do *cúmulo material*. No concurso formal perfeito, diferentemente, se as penas previstas forem idênticas, aplica-se somente uma; se diferentes, aplica-se a maior, acrescida, em qualquer caso, de um sexto até metade (sistema da exasperação). ED

Gabarito "C".

(Juiz de Direito - TJ/BA - 2019 - CESPE/CEBRASPE) À luz da jurisprudência do STJ a respeito das circunstâncias judiciais e legais que devem ser consideradas quando da aplicação da pena, assinale a opção correta.

(A) A confissão qualificada, na qual o réu alega em seu favor causa descriminante ou exculpante, não afasta a incidência da atenuante de confissão espontânea.

(B) A confissão espontânea em delegacia de polícia pode servir como circunstância atenuante, desde que o réu não se retrate sobre essa declaração em juízo.

(C) Uma condenação transitada em julgado de fato posterior ao narrado na denúncia, embora não sirva para fins de reincidência, pode servir para valorar negativamente a personalidade e a conduta social do agente.

(D) A reincidência penal pode ser utilizada simultaneamente como circunstância agravante e como circunstância judicial.

(E) A múltipla reincidência não afasta a necessidade de integral compensação entre a atenuante da confissão espontânea e a agravante da reincidência, haja vista a igual preponderância entre as referidas circunstâncias legais.

A: correta. Qualificada ou não a confissão, se contribuir para a formação do convencimento do magistrado, é de rigor o reconhecimento da atenuante do art. 65, III, *d*, do CP. É o que se extrai da Súmula 545, do STJ: "Quando a confissão for utilizada para a formação do convencimento do julgador, o réu fará jus à atenuante prevista no art. 65, III, *d*, do Código Penal". Nesse sentido: "Para o reconhecimento da atenuante da confissão espontânea é necessário que o réu admita a prática de fato criminoso, ainda que de maneira parcial, qualificada ou até mesmo extrajudicial" (AgRg no RHC 107.606/ES, Rel. Ministro NEFI CORDEIRO, SEXTA TURMA, julgado em 16/05/2019, DJe 24/05/2019); **B:** incorreta. Ainda que o réu se retrate, em juízo, de confissão feita em sede policial, mesmo assim fará jus à atenuante do art. 65, III, *d*, do CP, desde que, conforme já ponderado acima, isso contribua para a formação do convencimento do juiz (Súmula 545, STJ). Na jurisprudência: "Se a confissão do agente é utilizada como fundamento para embasar a conclusão condenatória, a atenuante prevista no art. 65, inciso III, alínea *d*, do CP, deve ser aplicada em seu favor, pouco importando se a admissão da prática do ilícito foi espontânea ou não, integral ou parcial, ou se houve retratação posterior em juízo" (HC 176.405/RO, Rel. Ministro JORGE MUSSI, QUINTA TURMA, julgado em 23/04/2013, DJe 03/05/2013); **C:** incorreta. Ações penais com trânsito em julgado por fatos posteriores ao crime em julgamento não podem ser usadas para agravar a pena-base, seja como maus antecedentes ou como

personalidade negativa do agente. Nesse sentido, conferir: "No cálculo da pena-base, é impossível a consideração de condenação transitada em julgado correspondente a fato posterior ao narrado na denúncia para valorar negativamente os maus antecedentes, a personalidade ou a conduta social do agente" (HC 210.787/RJ, Rel. Ministro MARCO AURÉLIO BELLIZZE, QUINTA TURMA, julgado em 10/09/2013, DJe 16/09/2013); **D:** incorreta, pois contraria o entendimento firmado na Súmula 241 do STJ: "A reincidência penal não pode ser considerada como circunstância agravante e, simultaneamente, como circunstância judicial"; **E:** incorreta. Conferir: "Reconhecida a atenuante, essa deve ser compensada integralmente com a agravante da reincidência, uma vez que, a Terceira Seção deste Superior Tribunal de Justiça, por ocasião do julgamento do habeas corpus n. 365.963/SP, em 11/10/2017, firmou entendimento no sentido da "possibilidade de se compensar a confissão com o gênero reincidência, irradiando seus efeitos para ambas espécies (genérica e específica), ressalvados os casos de multireincidência"." (HC 433.952/SP, Rel. Ministro FELIX FISCHER, QUINTA TURMA, julgado em 22/03/2018, DJe 27/03/2018). ED

Gabarito "A".

Considere as afirmações a seguir.

I. Segundo entendimentos doutrinário e jurisprudencial majoritários, levando-se em consideração o rol do artigo 61 do Código Penal, a reincidência é a única agravante que pode ser reconhecida tanto em crime doloso como em crime culposo.

II. Por ocasião da aplicação da pena, no concurso de circunstâncias agravantes e atenuantes, a compensação é possível, mas o juiz deve atentar para as circunstâncias preponderantes, entendendo-se como tais as que resultam dos motivos determinantes do crime, da personalidade do agente e da reincidência.

III. A pena de interdição temporária de direitos, prevista no inciso II do artigo 47 do Código Penal, não poderá ser aplicada se o crime não foi cometido com violação dos deveres inerentes à profissão, à atividade ou ao ofício que dependam de habilitação especial, de licença ou de autorização do poder público.

IV. Por ocasião da aplicação da pena, havendo causas de diminuição e causas de aumento, a compensação é possível, mas o juiz deve atentar para as circunstâncias preponderantes, entendendo-se como tais as que resultam dos motivos determinantes do crime, da personalidade do agente e da reincidência.

V. Considerando as causas de aumento de pena previstas nos artigos 19 e 20 do Estatuto do Desarmamento – Lei 10.826/2003, é facultado ao Juiz, ao aplicar a pena ao condenado pela prática do crime previsto no artigo 18 do Estatuto, aumentar a pena duas vezes ou apenas uma, conforme o caso concreto, desde que devidamente justificado.

(Promotor de Justiça/SP – 2019 – MPE/SP) Sobre essas afirmações, está correto apenas o contido em

(A) I, II e III.

(B) IV e V.

(C) I, II, III e V.

(D) I, III, IV e V.

(E) I e II.

I: correta. De fato, tal como afirmado na assertiva, dentre as agravantes presentes no rol do art. 61 do CP, somente aquela correspondente ao inciso I (reincidência) tem aplicação tanto aos crimes dolosos quanto aos culposos; as demais agravantes, que estão no inciso II, somente guardam compatibilidade, segundo doutrina e jurisprudências majoritárias, com os delitos dolosos; isso porque o resultado, nos crimes culposos, é involuntário (não querido). Se o resultado não é perseguido, não é possível cogitar a hipótese de o agente, por exemplo, cometer um crime de homicídio culposo fútil; **II:** correta, uma vez que reflete o disposto no art. 67 do CP; **III:** correta, pois em conformidade com o art. 56 do CP; **IV:** incorreta, já que se refere à regra de compensação aplicável ao concurso de circunstâncias agravantes e atenuantes (art. 67, CP). No que concerne às causas de aumento e diminuição, há duas situações possíveis: se se tratar de causas de aumento ou de diminuição previstas na parte especial do Código Penal, pode o juiz, em vista do que estabelece o art. 68, parágrafo único, do CP, limitar-se a um só aumento ou a uma só diminuição, prevalecendo, todavia, a causa que mais aumente ou diminua; agora, em se tratando de causas de aumento ou de diminuição previstas na parte geral do CP, deverá o juiz aplicar todas, ou seja, não se admite compensação entre elas; **V:** correta, pois em conformidade com a regra disposta no art. 68, parágrafo único, do CP, que autoriza o magistrado a, diante da existência de duas causas de aumento possíveis, aumentar a pena duas vezes ou apenas uma, a depender do caso concreto. ED

Gabarito "C".

(Investigador – PC/BA – 2018 – VUNESP) Quando o agente, mediante mais de 1 (uma) ação ou omissão, pratica 2 (dois) ou mais crimes, verifica-se o instituto do concurso de crimes, que pode ser formal ou material, a depender da unidade ou da pluralidade de condutas. Sobre o tema, o Código Penal estabelece que

(A) na hipótese de concurso material, quando ao agente tiver sido aplicada pena privativa de liberdade, não suspensa, por um dos crimes, para os demais crimes será cabível a substituição de pena privativa de liberdade por pena restritiva de direitos.

(B) na hipótese de concurso formal imperfeito ou impróprio, aplica-se o sistema de exasperação da pena, independentemente da quantidade de condenação.

(C) quando forem aplicadas penas restritivas de direitos, será possível ao condenado cumpri-las de forma simultânea, desde que compatíveis entre si.

(D) se entende por concurso formal próprio ou perfeito aquele em que o agente pratica mais de uma conduta, mas na presença de desígnios autônomos, ou seja, a vontade de atingir mais de um resultado.

(E) no caso de concurso material, sendo o agente condenado cumulativamente a pena de reclusão e detenção, executa-se primeiro a de detenção.

A: incorreta, já que contraria a regra presente no art. 69, § 1°, do CP, que veda, neste caso, a substituição de pena privativa de liberdade por pena restritiva de direitos; **B:** incorreta, já que o sistema da exasperação se aplica ao concurso formal *próprio* ou *perfeito*. Vejamos. Nos termos do art. 70 do CP, o concurso formal poderá ser *próprio* (perfeito) ou *impróprio* (imperfeito). No primeiro caso (primeira parte do *caput*), temos que o agente, por meio de uma única ação ou omissão (um só comportamento), pratica dois ou mais crimes, idênticos ou não, com *unidade de desígnio*; já no concurso formal *impróprio* ou *imperfeito* (segunda parte do *caput*), a situação é diferente. Aqui, a conduta única decorre de desígnios autônomos, vale dizer, o agente, ao atuar, deseja os resultados produzidos. Como consequência, as penas serão somadas, aplicando-se o critério ou sistema de *cúmulo material*. No concurso formal perfeito, diferentemente, se as penas previstas forem idênticas, aplica-se somente uma; se diferentes, aplica-se a maior, acrescida, em qualquer caso, de um sexto até metade (sistema da exasperação); **C:** correta, uma vez que reflete o disposto no art. 69, § 2°, do CP; **D:** incorreta. O concurso formal próprio ou perfeito pressupõe, por parte do agente, o cometimento de dois ou mais crimes por meio

de uma única ação ou omissão (um só comportamento), com *unidade de desígnio*; **E:** incorreta, já que será cumprida, em primeiro lugar, a pena de reclusão; após, a de detenção (art. 69, *caput*, parte final, CP). ED

Gabarito "C".

(Procurador Municipal – Prefeitura/BH – CESPE – 2017) Acerca da aplicação e da execução da pena, assinale a opção correta, conforme o entendimento do STJ.

(A) De acordo com o entendimento jurisprudencial, o tempo da internação para o cumprimento de medida de segurança é indeterminado, perdurando enquanto não for averiguada a cessação da periculosidade.

(B) No momento da aplicação da pena, o juiz pode compensar a atenuante da confissão espontânea com a agravante da promessa de recompensa.

(C) É vedada a concessão de trabalho externo a apenado em empresa familiar em que um dos sócios seja seu irmão.

(D) Confissão ocorrida na delegacia de polícia e não confirmada em juízo não pode ser utilizada como atenuante, mesmo que o juiz a utilize para fundamentar o seu convencimento.

A: incorreta, já que, segundo jurisprudência consolidada do STJ, a medida de segurança tem prazo determinado. Se levássemos em conta tão somente a redação do art. 97, § 1°, do CP, chegaríamos à conclusão de que a medida de segurança poderia ser eterna. Em vista da regra que veda as penas de caráter perpétuo, esta não é a melhor interpretação do dispositivo. Tanto que o STF firmou posicionamento no sentido de que o prazo máximo de duração da medida de segurança não pode ser superior a 30 anos (analogia ao art. 75 do CP). O STJ entende que a medida de segurança deve ter por limite o máximo da pena em abstrato cominada para o crime (STJ, HC 125.342-RS, 6ª T., Rel. Min. Maria Thereza de Assis Moura, j. 19.11.09). Consolidando tal entendimento, o STJ editou a Súmula 527, segundo a qual "o tempo de duração da medida de segurança não deve ultrapassar o limite máximo da pena abstratamente cominada ao delito praticado"; **B:** correta. Tal como ocorre com a reincidência e a confissão espontânea, em relação às quais pode haver, segundo o STJ, compensação, é perfeitamente possível que isso também ocorra em relação à confissão espontânea e à agravante da promessa de recompensa ou mesmo a paga, uma vez que se trata de circunstâncias igualmente preponderantes. Na jurisprudência do STJ: "(...) III – A col. Terceira Seção deste eg. Superior Tribunal de Justiça, por ocasião do julgamento do Recurso Especial Repetitivo n° 1.341.370/MT (Rel. Min. Sebastião Reis Júnior, DJe de 17/4/2013), firmou entendimento segundo o qual 'é possível, na segunda fase da dosimetria da pena, a compensação da atenuante da confissão espontânea com a agravante da reincidência', entendimento este que deve ser estendido à presente hipótese, pois cuida-se de compensação entre circunstâncias igualmente preponderantes, nos termos do art. 67, do Código Penal, quais sejam, motivos determinantes do crime (medida paga) e personalidade do agente (confissão espontânea)" (HC 318.594/SP, 5ª T., Rel. Min. Felix Fischer, j. 16.02.2016, *DJe* 24.02.2016); **C:** incorreta. Isso porque o STJ admite, sim, que o apenado seja, na execução do trabalho externo, empregado em empresa da qual seu irmão seja um dos sócios. Nesse sentido, conferir: "(...) *In casu*, o fato do irmão do apenado ser um dos sócios da empresa empregadora não constitui óbice à concessão do trabalho externo, sob o argumento de fragilidade na fiscalização, até porque inexiste vedação na Lei de Execução Penal (Precedente do STF)." (HC 310.515/RS, 5ª T., Rel. Min. Felix Fischer, j. 17.09.2015, *DJe* 25.09.2015); **D:** incorreta. Conferir: "O Superior Tribunal de Justiça tem entendimento de que a confissão é causa de atenuação da pena, ainda que tomada na fase inquisitorial, sendo irrelevante a sua retratação em juízo" (HC 144.165/SP, 5ª T., Rel. Min. Arnaldo Esteves Lima, j. 29.10.2009, *DJe* 30.11.2009). ED

Gabarito "B".

(Juiz – TRF 2ª Região – 2017) Assinale a opção correta:

(A) Fixada a pena em seu mínimo legal, é possível estipular regime prisional mais gravoso do que o previsto em razão da sanção imposta, desde que presente a gravidade abstrata do delito e a perturbação causada à ordem pública.

(B) Fixada a pena-base em seu mínimo legal, é possível compensar a atenuante da confissão espontânea e o aumento referente à continuidade delitiva.

(C) Reconhecida a incidência de duas ou mais causas de qualificação, ambas serão utilizadas para qualificar o delito, influenciando a fixação da pena-base que, nesse caso, será necessariamente definida acima do mínimo previsto no preceito secundário do tipo qualificado.

(D) É possível, na segunda fase da dosimetria da pena, a compensação da atenuante da confissão espontânea com a agravante da reincidência, não havendo preponderância.

(E) O tempo de prisão provisória, no Brasil ou no estrangeiro, não deverá ser computado para fins de determinação do regime inicial de pena privativa de liberdade.

A: incorreta, pois não retrata o entendimento firmado nas Súmulas 440 do STJ: *Fixada a pena-base no mínimo legal, é vedado o estabelecimento de regime prisional mais gravoso do que o cabível em razão da sanção imposta, com base apenas na gravidade abstrata do delito*; e 718 do STF: *A opinião do julgador sobre a gravidade em abstrato do crime não constitui motivação idônea para a imposição de regime mais severo do que o permitido segundo a pena aplicada*; **B**: incorreta, na medida em que não reflete o atual entendimento jurisprudencial e doutrinário acerca do tema. Conferir: "Nos termos da jurisprudência desta Corte, não se cogita a compensação entre a atenuante da confissão espontânea e o aumento referente à continuidade delitiva, por implicar subversão do critério trifásico de dosimetria, estabelecido no art. 68 do Código Penal" (HC 355.086/AC, Rel. Min. Ribeiro Dantas, 5ª Turma, j. 07.02.2017, *DJe* 15.02.2017); **C**: incorreta. No que toca à pluralidade de qualificadoras, conferir: "Consoante orientação sedimentada nessa Corte Superior, havendo pluralidade de qualificadoras, é possível a utilização de uma delas para qualificar o delito e das outras como circunstâncias negativas – agravantes, quando previstas legalmente, ou como circunstância judicial, residualmente" (HC 170.135/PE, Rel. Min. Jorge Mussi, 5ª Turma, j. 14.06.2011, DJe 28.06.2011). No mesmo sentido: "Esta Corte Superior de Justiça tem reiteradamente decidido no sentido de ser possível, existindo pluralidade de qualificadoras, a consideração de uma para justificar o tipo penal qualificado e das demais como circunstâncias judiciais ou agravantes da segunda fase da dosimetria da pena" (HC 173.608/RJ, Rel. Min. Sebastião Reis Júnior, 6ª Turma, j. 04.09.2012, *DJe* 17.09.2012); **D**: correta. Nessa esteira: "RECURSO ESPECIAL REPRESENTATIVO DA CONTROVÉRSIA (ART. 543-C DO CPC). PENAL. DOSIMETRIA. CONFISSÃO ESPONTÂNEA E REINCIDÊNCIA. COMPENSAÇÃO. POSSIBILIDADE. 1. É possível, na segunda fase da dosimetria da pena, a compensação da atenuante da confissão espontânea com a agravante da reincidência. 2. Recurso especial provido" (REsp 1341370/MT, Rel. Min. Sebastião Reis Júnior, 3ª Seção, j. 10.04.2013, *DJe* 17.04.2013); **E**: incorreta, uma vez que não reflete o que estabelece o art. 387, §2°, do CPP. ED

Gabarito "D".

(Promotor de Justiça – MPE/RS – 2017) Darlan, apaixonado por outra, decidiu matar sua mulher, Amélia. Mesmo sabendo que ela estava grávida de seis meses, não se deixou dissuadir do intuito homicida, até porque também não queria o nascimento do filho desta união. Com o uso de uma faca de churrasco, golpeou-a por várias vezes em seu abdômen. Pensando que a tivesse matado, imediatamente fugiu do local, o que permitiu aos vizinhos, alertados pelos gritos de Amélia, socorrê-la e levá-la a um hospital, pois, em que pese a violência do ataque, a mulher sobreviveu. Mas, infelizmente, ela não resistiu aos ferimentos e morreu pouco depois de ter entrado na sala de atendimento hospitalar. O médico que a atendeu, Dr. José, percebeu que o feto ainda vivia, apesar da morte da mãe, e imediatamente realizou cesariana. A criança foi retirada do claustro materno com vida, mas também não sobreviveu mais de cinco minutos.

Com base no caso descrito acima, assinale com V (verdadeiro) ou com F (falso) as seguintes afirmações.

( ) Ocorreram dois crimes dolosos contra a vida, homicídio e aborto consumados, aplicando-se as respectivas penas conforme a regra estabelecida pelo Código Penal para o concurso material de crimes.

( ) Ocorreram dois crimes dolosos contra a vida, homicídio consumado e aborto tentado, uma vez que o feto não foi expulso do ventre materno, aplicando-se as respectivas penas cumulativamente.

( ) Caso constatada a inobservância culposa de regra técnica da profissão pelo Dr. José, na realização da cesariana, que tivesse contribuído para a eliminação da vida do nascente, Darlan responderia por homicídio consumado, contra Amélia, e por aborto tentado, em relação ao feto, com a aplicação da mais grave das penas cabíveis, aumentada de um sexto até metade. O Dr. José seria responsabilizado por homicídio culposo, com aumento de um terço da pena.

( ) Se a gestante não tivesse morrido e o parto se desse a termo, vindo, porém, a criança a falecer dez dias depois, em consequência de também ter sido atingida pelas facadas, quando já titular de vida extrauterina, Darlan responderia por tentativa de homicídio, contra Amélia, e por homicídio consumado, contra a criança, aplicando-se a mais grave das penas cabíveis, aumentada de um sexto até metade.

A sequência correta de preenchimento dos parênteses, de cima para baixo, é

(A) V – F – F – F.

(B) V – F – V – V.

(C) F – V – F – V.

(D) F – V – V – F.

(E) V – F – V – F.

1ª assertiva: verdadeira. O enunciado retrata hipótese de concurso formal *impróprio* ou *imperfeito* (art. 70, *caput*, segunda parte, do CP), na medida em que Darlan, sabendo da gravidez de sua esposa e desejando tanto a sua morte quanto a do produto da concepção (desígnios autônomos), pratica, para tanto, mediante conduta única (facadas), dois crimes: homicídio contra a sua esposa e aborto contra o feto. Neste caso, aplicar-se-á o critério do cúmulo material, somando-se as penas dos crimes de homicídio e aborto, tal como estabelece o dispositivo acima referido; **2ª assertiva:** falsa. Pouco importa, para a configuração do crime de aborto, se o feto foi ou não expulso do ventre materno. A consumação se dá com a morte do produto da concepção, interrompendo a gravidez; **3ª assertiva:** falsa. Ainda que se considere que a inobservância culposa de regra técnica da profissão pelo Dr. José tenha dado causa à morte do produto da concepção e tal tenha o condão de romper o nexo causal (art. 13, § 1°, do CP), as penas, de qualquer forma, devem ser somadas; **4ª assertiva:** falsa. Ainda que o resultado morte do produto da concepção tenha se dado dias depois da conduta do agente, mesmo assim o crime por ele praticado é de aborto consumado, e não homicídio. **ED**

Gabarito "A".

14. *SURSIS*, LIVRAMENTO CONDICIONAL, REABILITAÇÃO E MEDIDAS DE SEGURANÇA

(Juiz de Direito/SP – 2021 – Vunesp) Sobre o instituto do livramento condicional, é correto afirmar que

(A) deverá ser revogado no caso de nova condenação à pena privativa de liberdade, ainda que a decisão esteja sujeita a recurso.

(B) para sua concessão, é de rigor que o condenado não tenha cometido falta grave nos últimos 12 meses.

(C) obriga o recolhimento do egresso ao seu local de moradia em horário determinado.

(D) é cabível para as penas restritivas de direitos e penas pecuniárias.

A: incorreta, na medida em que a revogação pressupõe o trânsito em julgado da sentença referente à nova condenação à pena privativa de liberdade (art. 86 do CP); **B:** correta. A Lei 13.964/2019 (pacote anticrime) introduziu novo requisito para a concessão do livramento condicional. Até então, tínhamos que o inciso III do art. 83 do CP continha os seguintes requisitos: comportamento satisfatório no curso da execução da pena; bom desempenho no trabalho atribuído ao reeducando; e aptidão para prover à própria subsistência por meio de trabalho honesto. O que fez a Lei 13.964/2019 foi inserir, neste inciso III, um quarto requisito. Doravante, além de preencher os requisitos contemplados no art. 83 do CP (nos seus cinco incisos), é de rigor que o reeducando, para fazer jus à concessão do livramento, não tenha cometido falta grave nos últimos 12 meses. O inciso III, que passou a abrigar esta modificação, foi fracionado em quatro alíneas ("a", "b", "c" e "d"), cada qual correspondente a um requisito (os três aos quais me refiri acima e este novo requisito introduzido pela *novel* lei); **C:** incorreta. Nos termos do art. 132, § 2º, *b*, da LEP, a condição consistente em recolher-se à habitação em horário determinado é de imposição facultativa pelo magistrado; **D:** incorreta. Por expressa disposição do art. 83, *caput*, do CP, o livramento condicional somente terá lugar nos casos de condenação a *pena privativa de liberdade* igual ou superior a dois anos. **ED**

Gabarito "B".

(Juiz de Direito/GO – 2021 – FCC) Quanto ao livramento condicional,

(A) a falta grave interrompe o prazo para a sua obtenção, da mesma forma que se verifica para a progressão de regime.

(B) a ausência de suspensão ou revogação antes do término do período de prova não dá ensejo à extinção da punibilidade pelo integral cumprimento da pena.

(C) é exigível o cumprimento de dois terços da pena para o condenado por associação para o tráfico, a despeito da não hediondez do delito, segundo entendimento do Superior Tribunal de Justiça.

(D) é cabível ao condenado a pena igual ou superior a dois anos, desde que comprovado o não cometimento de falta grave nos últimos vinte e quatro meses.

(E) a pena unificada para atender o limite de quarenta anos de cumprimento deve ser considerada para efeito de concessão do benefício.

A: incorreta, já que contraria o entendimento sedimentado na Súmula 441 do STJ: "A falta grave não interrompe o prazo para obtenção de livramento condicional"; **B:** incorreta, pois em desconformidade com o teor da Súmula 617, do STJ, *in verbis*: "A ausência de suspensão ou revogação do livramento condicional antes do término do período de prova enseja a extinção da punibilidade pelo integral cumprimento da pena"; **C:** correta, pois em conformidade com o que estabelece o art. 44, parágrafo único, da Lei 11.343/2006. O STJ, em edição de n. 131 da ferramenta *Jurisprudência em Teses*, publicou, sobre este tema, a seguinte tese (n. 53): "A despeito de não ser considerado hediondo, o crime de associação para o tráfico, no que se refere à concessão do livramento condicional, deve, em razão do princípio da especialidade, observar a regra estabelecida pelo art. 44, parágrafo único, da Lei n. 11.343/2006: cumprimento de 2/3 (dois terços) da pena e vedação do benefício ao reincidente específico"; **D:** incorreta, pois não reflete o disposto no art. 83, III, *b*, do CP, que estabelece que, para fazer jus ao livramento condicional, o agente não pode ter cometido falta grave nos últimos 12 meses (e não 24, tal como consta da assertiva). Quanto a este tema, é importante que se diga que a Lei 13.964/2019, com vigência a partir de 23 de janeiro de 2020, introduziu novo requisito para a concessão do livramento condicional. Até então, tínhamos que o inciso III do art. 83 do CP continha os seguintes requisitos: comportamento satisfatório no curso da execução da pena; bom desempenho no trabalho atribuído ao reeducando; e aptidão para prover à própria subsistência por meio de trabalho honesto. O que fez a Lei 13.964/2019 foi inserir, neste inciso III, um quarto requisito. Doravante, além de preencher os requisitos contemplados no art. 83 do CP (nos seus cinco incisos), é de rigor que o reeducando, para fazer jus à concessão do livramento, não tenha cometido falta grave nos últimos 12 meses. O inciso III, que passou a abrigar esta modificação, foi fracionado em quatro alíneas ("a", "b", "c" e "d"), cada qual correspondente a um requisito (os três aos quais me refiri acima e este novo requisito introduzido pela *novel* lei); **E:** incorreta, na medida em que contraria o entendimento sufragado na Súmula 715 do STF. A pena unificada não será considerada para efeito de concessão de benefícios penais, tais como o livramento condicional e a progressão de regime. Para estes, será utilizada a quantidade de pena aplicada (e não a unificada para fins de execução). Vale lembrar que, com a alteração promovida pela Lei 13.964/2019 na redação do art. 75 do CP (*caput* e § 1º), o tempo máximo de cumprimento da pena privativa de liberdade, que era de 30 anos, passou a ser de 40 anos. **ED**

Gabarito "C".

(Promotor de Justiça/CE – 2020 – CESPE/CEBRASPE) Cada um dos itens a seguir apresenta uma situação hipotética, seguida de uma assertiva a ser julgada, acerca da aplicação de pena e do livramento condicional, considerando-se o entendimento dos tribunais superiores.

I. Flávio, processado e condenado pela prática de delito de tráfico ilícito de entorpecentes, confessou, em interrogatório judicial, que possuía a droga para consumo próprio. Nesse caso, a confissão feita por Flávio em juízo, ainda que parcial, não deve servir como circunstância atenuante da confissão espontânea para fins de diminuição de pena.

II. Pela prática de delitos de vias de fato e ameaça em contexto de violência doméstica e familiar contra sua ex-esposa, Joana, José foi condenado às penas de vinte dias de prisão simples e um mês e cinco dias de detenção, ambas em regime aberto. Nesse caso, é cabível a substituição da pena restritiva de liberdade por restritiva de direitos apenas em relação à contravenção penal de vias de fato.

III. Pela prática de delito de homicídio culposo no trânsito, na forma qualificada, por conduzir veículo sob influência de bebida alcoólica, Marcos foi condenado à pena de cinco anos de reclusão, a ser cumprida

218 ARTHUR TRIGUEIROS E EDUARDO DOMPIERI

inicialmente em regime semiaberto. Nesse caso, em que pese o *quantum* da pena, é cabível a substituição da pena privativa de liberdade por restritiva de direitos.

IV. Pela prática de delito de porte ilegal de arma de fogo de uso restrito, Pedro, reincidente por crime de roubo simples, foi condenado à pena privativa de liberdade de quatro anos de reclusão, em regime fechado. Nesse caso, ante a prática de crime hediondo e a reincidência, Pedro não fará jus ao livramento condicional.

Estão certos apenas os itens

(A) I e III.

(B) I e IV.

(C) II e IV.

(D) I, II e III.

(E) II, III e IV.

I: correta, pois em conformidade com a Súmula 630, do STJ: "A incidência da atenuante da confissão espontânea no crime de tráfico ilícito de entorpecentes exige o reconhecimento da traficância pelo acusado, não bastando a mera admissão da posse ou propriedade para uso próprio"; **II:** incorreta, uma vez que contraria o entendimento sedimentado na Súmula 588 do STJ: "A prática de crime ou contravenção penal contra a mulher com violência ou grave ameaça no ambiente doméstico impossibilita a substituição da pena privativa de liberdade por restritiva de direitos". Como se pode ver, a vedação imposta pela súmula alcança tanto a prática de crime quanto de contravenção penal; **III:** correta, ao tempo em que aplicada esta prova, já que cabia a substituição da pena privativa de liberdade por restritiva de direitos no crime previsto no art. 302, § 3º, do CTB (homicídio culposo de trânsito qualificado pela embriaguez), conforme art. 44 do CP. Com o advento da Lei 14.071/2020, publicada em 14/10/2020 e com *vacatio* de 180 dias, posterior, portanto, à elaboração desta questão, foi introduzido o art. 312-B na Lei 9.503/1997 (Código de Trânsito Brasileiro), segundo o qual aos crimes previstos no § 3º do art. 302 e no § 2º do art. 303 deste Código não se aplica o disposto no inciso I do *caput* do art. 44 do Decreto-Lei 2.848, de 7 de dezembro de 1940 (Código Penal). Assim, veda-se a substituição da pena privativa de liberdade por restritiva de direitos quando o crime praticado for: homicídio culposo de trânsito qualificado pela embriaguez (art. 302, § 3º, do CTB) e lesão corporal de trânsito qualificada pela embriaguez (art. 303, § 2º, do CTB). Apenas para registro, o legislador, no lugar de fazer referência ao *caput* do art. 44 do CP, o fez em relação ao seu inciso I, que corresponde a um dos requisitos para concessão da substituição. Como se pode ver, se considerássemos a alteração legislativa em questão, esta assertiva estaria incorreta; **IV:** incorreta. Os crimes praticados por Pedro (roubo simples e porte ilegal de arma de fogo de uso restrito) não são, à luz da atual legislação penal, hediondos, razão pela qual o livramento condicional deve ser concedido nos moldes do art. 83, II, do CP (deve cumprir mais da metade da pena se o condenado for reincidente em crime doloso). Ainda que o crime de porte ilegal de arma de fogo de uso restrito fosse hediondo, Pedro faria jus ao livramento condicional, desde que cumprisse mais de dois terços da pena (art. 83, V, CP). Registre-se que a Lei 13.964/2019, que alterou o rol de crimes hediondos, passou a considerar como tal tão somente o crime de posse ou porte ilegal de arma de fogo de uso *proibido*, deixando de fazê-lo em relação à posse/porte de arma de fogo de uso *restrito*, que, portanto, deixa de ser delito hediondo. ED

Gabarito "A"

(Juiz de Direito – TJ/AL – 2019 – FCC) Em relação ao livramento condicional, correto afirmar que

(A) a prática de falta grave não interrompe o prazo para sua obtenção, mas o Juiz só poderá revogá-lo a requerimento do Ministério Público ou mediante representação do Conselho Penitenciário, ouvido o liberado.

(B) as penas correspondentes a infrações diversas não podem ser somadas para atingir o limite mínimo necessário para a sua concessão.

(C) condicionada a sua concessão à prévia progressão do condenado ao regime aberto, por expressa previsão legal.

(D) obrigatória a revogação se o liberado deixar de cumprir qualquer das obrigações constantes da sentença concessiva.

(E) a ausência de suspensão ou revogação antes do término do período de prova enseja extinção da punibilidade pelo integral cumprimento da pena.

A: incorreta. O primeiro trecho da alternativa está correto, na medida em que em conformidade com o entendimento sufragado na Súmula 441, do STJ: *A falta grave não interrompe o prazo para a obtenção de livramento condicional*; o erro da assertiva está, portanto, na sua segunda parte, que não reflete o disposto no art. 143 da LEP, segundo o qual a revogação será decretada a requerimento do MP, mediante representação do Conselho Penitenciário, ou *de ofício*, pelo magistrado, ouvido o liberado; **B:** incorreta, uma vez que em desacordo com a regra presente no art. 84 do CP; **C:** incorreta, uma vez que a legislação não contempla tal requisito (art. 83, CP); **D:** incorreta. Será facultativa a revogação na hipótese de o liberado deixar de cumprir qualquer das obrigações constantes da sentença concessiva. É o que estabelece o art. 87 do CP, que também dispõe ser facultativa a revogação do livramento quando o reeducando for condenado em definitivo, por crime ou contravenção, a pena que não seja privativa de liberdade; **E:** correta, porquanto em conformidade com a Súmula 617, do STJ: "*A ausência de suspensão ou revogação do livramento condicional antes do término do período de prova enseja a extinção da punibilidade pelo integral cumprimento da pena.*". Atenção: a Lei 13.964/2019, com vigência a partir de 23 de janeiro de 2020 e posterior, portanto, à aplicação desta prova, introduziu novo requisito para a concessão do livramento condicional. Até então, tínhamos que o inciso III do art. 83 do CP continha os seguintes requisitos: comportamento satisfatório no curso da execução da pena; bom desempenho no trabalho atribuído ao reeducando; e aptidão para prover à própria subsistência por meio de trabalho honesto. O que fez a Lei 13.964/2019 foi inserir, neste inciso III, um quarto requisito. Doravante, além de preencher os requisitos contemplados no art. 83 do CP (nos seus cinco incisos), é de rigor que o reeducando, para fazer jus à concessão do livramento, não tenha cometido falta grave nos últimos 12 meses. O inciso III, que passou a abrigar esta modificação, foi fracionado em quatro alíneas ("a", "b", "c" e "d"), cada qual correspondente a um requisito (os três aos quais me referi acima e este novo requisito introduzido pela *novel* lei). ED

Gabarito "E".

(Juiz – TJ-SC – FCC – 2017) Acerca da concessão da reabilitação, considere:

I. Ter domicílio no país pelo prazo de quatro anos.

II. No computo do prazo de *sursis* não ter havido revogação.

III. Ter demonstrado efetiva e constantemente bom comportamento público e privado.

IV. Condenação a pena superior a dois anos, no caso de pena privativa de liberdade.

V. Ter ressarcido o dano causado ou demonstrado a impossibilidade absoluta de fazê-lo.

Está correto o que se afirma APENAS em:

(A) III e IV.

(B) I, II, III e V.

(C) II, III, IV e V.

(D) II, III e V.

(E) I, II e IV.

Os requisitos da reabilitação, instituto de política criminal cujo escopo é estimular a regeneração do sentenciado, afastando alguns efeitos da condenação, estão contemplados no art. 94 do CP, a saber: requerimento formulado dois anos depois de extinta a pena; reparação do dano, salvo impossibilidade de fazê-lo; e domicílio no país e bom comportamento público e privado nos últimos dois anos (e não quatro, tal como constou da assertiva I, que está incorreta, portanto). Não há a restrição a que faz referência a proposição IV, já que o art. 93 do CP estabelece que *a reabilitação alcança quaisquer penas aplicadas em sentença definitiva*. Também é necessário, à concessão deste instituto, que não tenha havido revogação no cômputo do prazo do *sursis*. **ED**
Gabarito "D".

15. AÇÃO PENAL

(Juiz de Direito/GO – 2021 – FCC) A ação penal é pública condicionada

(A) no crime de dano cometido por motivo egoístico.

(B) no crime de exercício arbitrário das próprias razões, se não há emprego de violência.

(C) no crime contra a honra de servidor público em razão do exercício de suas funções, admitindo-se, porém, a legitimidade concorrente do ofendido para oferecimento de queixa.

(D) nos crimes contra a liberdade sexual, se a vítima é maior de quatorze e menor de dezoito anos.

(E) no crime de estelionato, salvo, entre outras situações, se a vítima for maior de sessenta anos.

A: incorreta, já que a ação penal, no crime de dano cometido por motivo egoístico (art. 163, parágrafo único, IV, do CP), é privativa do ofendido, à luz do que estabelece o art. 167 do CP; **B:** incorreta. No crime de exercício arbitrário das próprias razões, na hipótese de não haver emprego de violência, somente se procede mediante queixa (ação penal privativa do ofendido), conforme dispõe o art. 345, parágrafo único, do CP; **C:** correta. Segundo entendimento firmado na Súmula 714 do STF, se se tratar de ação penal por crime contra a honra de servidor público em razão do exercício de suas funções, será concorrente a legitimidade do ofendido, mediante queixa, e do Ministério Público, condicionada à representação da vítima; **D:** incorreta. Atualmente, a ação penal, nos crimes contra a liberdade sexual, será sempre pública incondicionada. Quanto a isso, valem alguns esclarecimentos. A Lei 13.718/2018 promoveu uma série de alterações no universo dos crimes sexuais, aqui incluída a natureza da ação penal. Senão vejamos. A ação penal, nos delitos sexuais, era, em regra, de iniciativa privada. Era o que estabelecia a norma contida no *caput* do art. 225 do Código Penal. As exceções ficavam por conta do § 1º do dispositivo. Com o advento da Lei 12.015/09, que introduziu uma série de modificações nos crimes sexuais, agora chamados *crimes contra a dignidade sexual*, nomenclatura, a nosso ver, mais adequada aos tempos atuais, a ação penal deixou de ser privativa do ofendido para ser pública condicionada à representação, exceção feita às hipóteses em que a vítima era menor de 18 anos ou pessoa vulnerável, caso em que a ação era pública incondicionada (art. 225, parágrafo único, do CP). Mais recentemente, entrou em vigor a Lei 13.718/2018, que, dentre várias inovações implementadas nos crimes contra a dignidade sexual, mudou, uma vez mais, a natureza da ação penal nesses delitos. Com isso, a ação penal, nos crimes sexuais, passa a ser pública incondicionada. Vale lembrar que, antes do advento desta Lei, a ação era, em regra, pública condicionada, salvo nas situações em que a vítima era vulnerável ou menor de 18 anos. Fazendo um breve histórico, temos o seguinte quadro: a ação penal, nos crimes sexuais, era, em regra, privativa do ofendido, a este cabendo a propositura da ação penal; posteriormente, a partir do advento da Lei 12.015/2009,

a ação penal, nesses crimes, deixou de ser privativa do ofendido para ser pública condicionada a representação, em regra; agora, com a entrada em vigor da Lei 13.718/2018, a ação penal, nos crimes contra a dignidade sexual, que antes era pública condicionada, passa a ser pública incondicionada. Com isso, o titular da ação penal, que é o MP, prescinde de manifestação de vontade da vítima para promover a ação penal; **E:** incorreta. A ação penal, no estelionato, sempre foi, via de regra, pública incondicionada. As exceções ficavam por conta das hipóteses elencadas no art. 182 do CP (imunidade relativa), que impunha que a vítima manifestasse seu desejo, por meio de representação, no sentido de ver processado o ofensor, legitimando o Ministério Público, dessa forma, a agir. Com o advento da Lei 13.964/2019, o que era exceção, no crime de estelionato, virou regra. Ou seja, o crime capitulado no art. 171 do CP passa a ser de ação penal pública condicionada à representação do ofendido, conforme impõe o art. 171, § 5º, do CP. Este mesmo dispositivo, no entanto, estabelece exceções (hipóteses em que a ação penal será pública incondicionada), a saber: quando a vítima for: a Administração Pública, direta ou indireta; criança ou adolescente; pessoa com deficiência mental; ou maior de 70 anos ou incapaz (e não de 60, como consta da assertiva). **ED**
Gabarito "C".

(Juiz de Direito – TJ/AL – 2019 – FCC) A ação penal é

(A) pública condicionada à representação no crime de estupro de vulnerável.

(B) privada no crime de dano qualificado por motivo egoístico.

(C) exclusiva do Ministério Público, embora condicionada à representação do ofendido, por crime contra a honra de servidor público em razão do exercício de suas funções.

(D) privada, em qualquer situação, no crime de exercício arbitrário das próprias razões.

(E) pública condicionada à representação no crime de furto cometido em prejuízo de irmão, legítimo ou ilegítimo, independentemente da idade deste.

A: incorreta. Atualmente, o crime de estupro, em qualquer de suas modalidades, e os demais delitos contra a dignidade sexual são processados, em qualquer caso, por meio de ação penal pública *incondicionada* (e não condicionada, como consta da assertiva). A propósito, no que se refere à natureza da ação penal nos crimes sexuais, importante fazer algumas ponderações, tendo em conta alteração legislativa promovida pela Lei 13.718/2018, que, além de ter realizado várias outras inovações nos crimes contra a dignidade sexual, mudou, uma vez mais, a natureza da ação penal nesses delitos. Com isso, a ação penal, nos crimes sexuais, passa a ser pública incondicionada. Vale lembrar que, antes do advento desta Lei, a ação era, em regra, pública condicionada, salvo nas situações em que a vítima era vulnerável ou menor de 18 anos. Fazendo um breve histórico, temos o seguinte quadro: a ação penal, nos crimes sexuais, era, em regra, privativa do ofendido, a este cabendo a propositura da ação penal; posteriormente, a partir do advento da Lei 12.015/2009, a ação penal, nesses crimes, deixou de ser privativa do ofendido para ser pública condicionada a representação, em regra; agora, com a entrada em vigor da Lei 13.718/2018, a ação penal, nos crimes contra a dignidade sexual, que antes era pública condicionada, passa a ser pública incondicionada. Com isso, o titular da ação penal, que é o MP, prescinde de manifestação de vontade da vítima para promover ação penal. Dessa forma, fica sepultado o debate que antes havia acerca da aplicação da Súmula 608, do STF. É importante que se diga que, além da alteração a que fizemos referência, a Lei 13.718/2018 promoveu, no contexto dos crimes sexuais, outras relevantes mudanças. Uma das mais significativas, a nosso ver, é a introdução, no Código Penal, do crime de *importunação sexual*, disposto no art. 215-A, nos seguintes termos: *Praticar contra alguém e sem a sua anuência ato libidinoso com o objetivo de satisfazer a própria lascívia ou a de terceiro:*

Pena – reclusão, de 1 (um) a 5 (cinco) anos, se o ato não constitui crime mais grave. A conduta de homens que, em ônibus e trens lotados, molestam mulheres e, em alguns casos, chegam a ejacular, se enquadra, doravante, neste novo tipo penal. Episódio amplamente divulgado pelos meios de comunicação é o de um homem que, dentro do transporte público, em São Paulo, ejaculou no pescoço de uma mulher. Antes, a responsabilização se dava pela contravenção penal de *importunação ofensiva ao pudor*, definida no art. 61 da LCP, cujo preceito secundário estabelecia exclusivamente pena de multa, dispositivo este que foi revogado, de forma expressa, pela Lei 13.718/2018, tendo a conduta ali descrita migrado para o novo art. 215-A do CP, em face da regra da continuidade típico-normativa. Evidente que a pena, agora mais grave, não poderá retroagir a atingir fatos anteriores à entrada em vigor da Lei 13.718/2018. Outra importante inovação refere-se à inclusão, no art. 218-C, do delito de *divulgação de cena de estupro ou de cena de estupro de vulnerável, de cena de sexo ou de pornografia.* O objetivo do legislador, com a tipificação desta conduta, foi o de coibir um fenômeno que, infelizmente, tem sido cada vez mais comum, que é a violação da intimidade com a exposição sexual não autorizada. Inclui-se, aqui, a chamada *pornografia da vingança*, em que fotografias e vídeos de conteúdo íntimo de alguém (normalmente mulher) são divulgados na internet pelo ex-esposo ou ex-namorado como forma de vingança. A partir daí, o conteúdo é disseminado, nas redes sociais e em grupos de *Whatsapp*, de forma exponencial. O art. 218-C contempla uma causa de aumento de pena, a configurar-se quando o crime é praticado por agente que mantém ou tenha mantido relação íntima de afeto com a vítima ou com o fim de vingança ou humilhação. No que concerne ao estupro de vulnerável, previsto no art. 217-A do CP, a Lei 13.718/2018, ao inserir o § 5º nesse dispositivo legal, consagra o entendimento adotado pela Súmula 593, do STJ, no sentido de que o consentimento e a experiência sexual anterior são irrelevantes à configuração do crime de estupro de vulnerável. Além disso, a Lei 13.718/2018 fez inserir, no art. 226 do CP, o inciso IV, estabelecendo que a pena será aumentada nos casos de *estupro coletivo* e *estupro corretivo*. Por fim, ainda dentro do tema "alterações nos crimes contra a dignidade sexual", a Lei 13.772/2018 inseriu no Código Penal o crime de *registro não autorizado da intimidade sexual*, definido no art. 216-B, que passa a integrar o novo Capítulo I-A do Título VI. Segundo a descrição típica, este novo crime restará configurado quando o agente *produzir, fotografar, filmar ou registrar, por qualquer meio, conteúdo com cena de nudez ou ato sexual ou libidinoso de caráter íntimo e privado sem autorização dos participantes.* A pena é de detenção, de 6 (seis) meses a 1 (um) ano, e multa. O que fez esta Lei, ao inserir no CP este novo crime, foi superar a lacuna em relação à conduta do agente que registrava a prática de atos sexuais entre terceiros, sem que estes, obviamente, tivessem conhecimento. Esta conduta, vale dizer, não é de rara ocorrência. Imaginemos a hipótese em que o proprietário de uma casa ou mesmo de um motel instale, de forma oculta e sorrateira, uma câmera com o fim de registrar a prática de atos sexuais entre pessoas que ali se encontram. Antes do advento desta Lei, tal conduta não configurava crime. Segundo estabelece o parágrafo único do art. 216-B, incorrerá na mesma pena aquele que *realiza montagem em fotografia, vídeo, áudio ou qualquer outro registro com o fim de incluir pessoa em cena de nudez ou ato sexual ou libidinoso de caráter íntimo.* No crime do *caput*, a cena de sexo registrada às escondidas é verdadeira, ou seja, ela de fato ocorreu na forma como foi registrada. No caso do parágrafo único, o agente realiza uma montagem, ou seja, cria o registro de uma cena de sexo envolvendo pessoas que dela não participaram. Basta, aqui, recordar da montagem envolvendo certo candidato ao Governo do Estado de São Paulo nas últimas eleições, que apareceu em cena de sexo explícito. Pelo que se constatou, o rosto do então candidato foi manipulado por meio de recursos gráficos. Como não poderia deixar de ser, esta montagem ganhou, rapidamente, as redes sociais e aplicativos de mensagem. Importante que se diga que as condutas, tanto a do *caput* quanto a do parágrafo único, constituem infração penal de menor potencial ofensivo, aplicando-se, bem por isso, os benefícios e o procedimento da Lei 9.099/1995; **B:** correta, pois em conformidade com o disposto no art.

167 do CP; **C:** incorreta, pois não corresponde ao teor da Súmula 714, do STF: *É concorrente a legitimidade do ofendido, mediante queixa, e do Ministério Público, condicionada à representação do ofendido, para a ação penal por crime contra a honra de servidor público em razão do exercício de suas funções;* **D:** incorreta. A ação penal, no crime de exercício arbitrário das próprias razões (art. 345, CP), somente será privativa do ofendido na hipótese de não haver emprego de violência no cometimento do delito, conforme reza o parágrafo único do dispositivo a que fizemos referência; se houver emprego de violência, a ação penal será pública; **E:** incorreta, pois em desconformidade com o teor do art. 183, III, do CP, que veda a incidência da imunidade relativa do art. 182, II, CP quando o crime for praticado contra pessoa com idade igual ou superior a 60 anos. ED

Gabarito "B".

(Investigador – PC/BA – 2018 – VUNESP) Acácio, no dia 19 de fevereiro de 2018 (segunda-feira), foi vítima do crime de difamação. O ofensor foi seu vizinho Firmino. Trata-se de crime de ação privada, cujo prazo decadencial (penal) para o oferecimento da petição inicial é de 6 meses a contar do conhecimento da autoria do crime. Sobre a contagem do prazo, qual seria o último dia para o oferecimento da queixa-crime?

(A) 17 de agosto de 2018 (sexta-feira).

(B) 18 de agosto de 2018 (sábado).

(C) 19 de agosto de 2018 (domingo).

(D) 20 de agosto de 2018 (segunda-feira).

(E) 21 de agosto de 2018 (terça-feira).

O prazo decadencial – que tem natureza penal – tem como termo inicial a data em que o ofendido tem conhecimento de quem é o autor do delito, na forma estabelecida no art. 38 do CPP. Na hipótese narrada no enunciado, corresponde ao dia em que se deram os fatos. Tendo natureza penal, a contagem do prazo decadencial se faz segundo as regras do art. 10 do CP, incluindo-se o primeiro dia e excluindo-se o derradeiro. Dessa forma, a queixa deve ser ajuizada até o dia 17 de agosto de 2018, uma sexta-feira. ED

Gabarito "A".

16. EXTINÇÃO DA PUNIBILIDADE EM GERAL

(Delegado/MG – 2021 – FUMARC) Com relação às causas de extinção da punibilidade, é CORRETO afirmar:

(A) A concessão do perdão judicial nos casos previstos em lei é causa extintiva da punibilidade do crime, subsistindo, porém, o efeito condenatório da reincidência.

(B) Havendo a extinção da punibilidade de um crime de furto, se estende ela ao consequente crime de receptação da coisa subtraída em razão do princípio da indivisibilidade da ação penal.

(C) Na hipótese de crime de peculato doloso, o ressarcimento do dano prece- dente à sentença irrecorrível exclui a punibilidade.

(D) Nos casos de continuidade delitiva, a extinção da punibilidade pela prescrição regula-se pela pena imposta a cada um dos crimes, isoladamente, afastando-se o acréscimo decorrente da continuação.

A: incorreta, já que, por força do que dispõe o art. 120 do CP, *a sentença que conceder perdão judicial não será considerada para efeitos de reincidência.* Significa que o perdão judicial afasta os possíveis efeitos da reincidência, de tal sorte que, se a pessoa agraciada com perdão judicial vier a cometer novo delito, mesmo que no prazo de 5 anos, será reputada primária; **B:** incorreta, pois contraria a regra presente

6. DIREITO PENAL   221

no art. 108 do CP, segundo o qual *a extinção da punibilidade de crime que é pressuposto, elemento constitutivo ou circunstância agravante de outro não se estende a este*; **C:** incorreta. Isso porque a reparação do dano promovida antes da sentença irrecorrível somente tem o condão de extinguir a punibilidade no crime de peculato culposo, nos termos do art. 312, § 3º, do CP. Segundo este mesmo dispositivo, se a reparação se der após a sentença transitada em julgado, a pena imposta será reduzida de metade, o que também tem aplicação exclusiva no peculato culposo, descrito no art. 312, § 2º, CP; **D:** correta. De fato, no concurso de crimes (material, formal ou continuado), a prescrição atingirá a pena de cada crime, isoladamente, nos termos do art. 119 do CP, não se levando em consideração o aumento imposto nos artigos 70 (concurso formal) e 71 (continuidade delitiva), ambos do CP. É o que enuncia, inclusive, a Súmula 497 do STF (*"quando se tratar de crime continuado, a prescrição regula-se pela pena imposta na sentença, não se computando o acréscimo decorrente da continuação"*). **ED**
Gabarito "D".

(Promotor de Justiça/CE – 2020 – CESPE/CEBRASPE) Com relação a causas extintivas de punibilidade, assinale a opção correta, de acordo com a jurisprudência dos tribunais superiores.

(A) O indulto extingue os efeitos penais primários e secundários, penais e não penais, da condenação, exceto para fins de reincidência penal.

(B) Dada sua natureza hedionda, o delito de tráfico de entorpecentes privilegiado não é passível de indulto.

(C) A reincidência penal implica o aumento, em um terço, do prazo da prescrição da pretensão punitiva.

(D) A extinção da punibilidade de crime antecedente não interfere na punibilidade do delito de lavagem de dinheiro.

(E) A sentença que concede o perdão judicial afasta os efeitos penais da sentença penal condenatória, exceto para fins de reincidência.

A: incorreta, dado que a *graça* ou *indulto individual* atinge tão somente a pena imposta, permanecendo os demais efeitos da condenação, tais como reincidência, antecedentes etc. Este é o entendimento consolidado na Súmula 631, do STJ: "O indulto extingue os efeitos primários da condenação (pretensão executória), mas não atinge os efeitos secundários, penais ou extrapenais"; **B:** incorreta. O Plenário do STF, ao julgar o HC 118.533/MS, em 23.06.2016, cuja relatoria foi da Min. Cármen Lúcia, entendeu, em dissonância com o posicionamento então adotado pelo STJ, que o crime de tráfico de drogas privilegiado não tem natureza hedionda. Já o STJ, por meio da Súmula n. 512, não mais em vigor, de forma diversa da do STF, fixou o entendimento segundo o qual "A aplicação da causa de diminuição de pena prevista no art. 33, § 4º, da Lei 11.343/2006 não afasta a hediondez do crime de tráfico de drogas". Pois bem. Sucede que a Terceira Seção do STJ, na sessão realizada em 23 de novembro de 2016, ao julgar a QO na Pet 11.796-DF, determinou o cancelamento da referida Súmula n. 512, alinhando-se ao entendimento adotado pelo STF no sentido de que o delito de tráfico privilegiado não pode ser equiparado a crime hediondo. Atualmente, portanto, temos que tanto o STF quanto o STJ adotam o posicionamento no sentido de que o chamado tráfico privilegiado não constitui delito equiparado a hediondo. Mais recentemente, a Lei 13.964/2019 (Pacote Anticrime) inseriu no art. 112 da Lei de Execução Penal, que trata da progressão de regime, o § 5º, segundo o qual "não se considera hediondo ou equiparado, para os fins deste artigo, o crime de tráfico de drogas previsto no § 4º do art. 33 da Lei 11.343, de 23 de agosto de 2006". Esta questão, portanto, que já foi objeto de celeuma e acalorados debates em sede doutrinária em jurisprudencial, encontra-se superada; **C:** incorreta. A reincidência, reconhecida em sentença, aumentará em um terço o prazo da prescrição da pretensão *executória* (art. 110, *caput*, do CP), não havendo nenhuma repercussão, portanto, na prescrição da pretensão *punitiva*, conforme

Súmula 220 do STJ: "*A reincidência não influi no prazo da prescrição da pretensão punitiva*"; **D:** correta, pois reflete o disposto no art. 2º, § 1º, da Lei 9.613/1998; **E:** incorreta, pois, sendo a sentença concessiva do perdão judicial de natureza declaratória da extinção da punibilidade, consoante dispõe a Súmula 18 do STJ, não subsistirá qualquer efeito condenatório (principal ou secundário). Ademais, o art. 120 do CP estabelece que *a sentença que conceder o perdão judicial não será considerada para efeitos de reincidência*. **ED**
Gabarito "D".

(Delegado/GO – 2017 – CESPE) Assinale a opção correta, acerca de extinção da punibilidade.

(A) Uma lei de anistia pode ser revogada por lei posterior, diante de mudança de opinião do Congresso Nacional a respeito da extinção de punibilidade concedida.

(B) Graça e indulto somente podem ser concedidos pelo presidente da República, uma vez que tais prerrogativas são insuscetíveis de delegação.

(C) A punibilidade de qualquer crime pode ser extinta por meio de graça e indulto.

(D) O instituto da prescrição atinge a pretensão de punir ou de executar a pena.

(E) A anistia ou *abolitio criminis* é causa extintiva de punibilidade discutida no âmbito do Poder Legislativo.

A: incorreta, pois a revogação de uma lei concessiva de anistia, que é causa de extinção da punibilidade (art. 107, II, do CP), equivaleria a restaurar a possibilidade de punição por fatos praticados pelos agentes que dela se beneficiassem, o que acarretaria em violação ao princípio da irretroatividade da lei penal prejudicial (art. 5º, XL, da CF e art. 2º, CP); **B:** incorreta. Embora a graça e o indulto sejam de competência privativa do Presidente da República (art. 84, XII, da CF), será possível que delegue sua concessão a Ministros de Estado, Procurador-Geral da República ou ao Advogado-Geral da União (art. 84, parágrafo único, da CF); **C:** incorreta. Determinados crimes são insuscetíveis de graça e indulto, tais como os hediondos (art. 5º, XLIII, da CF e art. 2º, I, da Lei 8.072/1990); **D:** correta. De fato, a prescrição, que é causa extintiva da punibilidade (art. 107, IV, do CP), é capaz de afetar – e afastar – a pretensão punitiva ou a pretensão executória do Estado. Respectivamente, estaremos diante da prescrição da pretensão punitiva e da prescrição da pretensão executória; **E:** incorreta, pois anistia e *abolitio criminis* não se confundem, tal como quer fazer parecer a assertiva, como se fossem expressões sinônimas. A anistia, de fato, é concedida pelo Poder Legislativo (Congresso Nacional), mediante a edição de uma lei federal (arts. 21, XVII e 48, VIII, da CF), conceder a anistia, após a necessária sanção presidencial. Não se confunde com a *abolitio criminis*, que é causa extintiva da punibilidade decorrente da revogação formal e material de um tipo penal incriminador, também por meio de lei. **AT**
Gabarito "D".

17. PRESCRIÇÃO

(Juiz de Direito – TJ/MS – 2020 – FCC) No tocante à prescrição, correto afirmar que

(A) cometido o homicídio qualificado para ocultar outro crime, a prescrição deste impede a qualificação daquele.

(B) os crimes mais leves prescrevem com os mais graves, se cometidos em concurso de delitos.

(C) é regulada pelo total da pena nos casos de evasão do condenado ou de revogação do livramento condicional.

(D) não se aplicam às penas restritivas de direito os mesmos prazos previstos para as privativas de liberdade.

(E) a sua ocorrência em relação ao crime de furto não alcança a receptação que o tinha como pressuposto.

A: incorreta, pois contraria o disposto no art. 108, parte final, do CP, segundo o qual, *nos crimes conexos, a extinção da punibilidade de um deles não impede, quanto aos outros, a agravação da pena resultante da conexão;* **B:** incorreta. De acordo com o art. 119 do CP, em caso de concurso de crimes, a extinção da punibilidade incidirá sobre a pena de cada um deles, isoladamente; **C:** incorreta, pois não corresponde ao que estabelece o art. 113 do CP, que assim dispõe: *no caso de evadir-se o condenado ou de revogar-se o livramento condicional, a prescrição é regulada pelo tempo que resta da pena;* **D:** incorreta, pois não reflete o disposto no art. 109, parágrafo único, do CP; **E:** correta, pois em consonância com o que dispõe o art. 108 do CP. **ED**
"Gabarito "E".

(Juiz de Direito – TJ/AL – 2019 – FCC) INCORRETO afirmar que, antes de passar em julgado a sentença final, a prescrição não ocorre enquanto

(A) o acusado, citado por edital, não comparecer, nem constituir advogado.

(B) o agente cumpre pena no estrangeiro.

(C) não resolvido incidente de insanidade mental do acusado.

(D) suspenso condicionalmente o processo.

(E) não resolvida, em outro processo, questão de que dependa o reconhecimento da existência do crime.

A: correta. De fato, se o réu, depois de citado por edital, não comparecer tampouco constituir defensor, o processo e o *prazo prescricional* ficarão, por imposição da regra estampada no art. 366 do CPP, *suspensos.* Poderá o juiz, neste caso, é importante que se diga, determinar a produção antecipada das provas que repute urgentes e, presentes os requisitos do art. 312 do CPP, decretar a prisão preventiva. *Vide,* a esse respeito, Súmulas n. 415 e 455 do STJ; **B:** correta, pois reflete o disposto no art. 116, II, do CP. Importante: a Lei 13.964/2019 (Pacote Anticrime) alterou diversos dispositivos do Código Penal, entre os quais o art. 116, ao qual foram introduzidas duas novas causas impeditivas da prescrição. Até o advento do Pacote Anticrime, o art. 116 do CP contava com dois incisos, que continham causas impeditivas ou suspensivas da prescrição da pretensão punitiva. O inciso III, acrescido pela Lei Anticrime, estabelece que a prescrição não corre *na pendência de embargos de declaração ou de recursos aos Tribunais Superiores, quando inadmissíveis.* Dessa forma, caso os recursos especial, ao STJ, e extraordinário, ao STF, forem considerados inadmissíveis, o recorrente não será beneficiado por eventual prescrição que venha a ocorrer neste período. Este dispositivo, como se pode ver, presta-se a evitar que manobras procrastinatórias levem o processo à prescrição. O inciso IV, por seu turno, também inserido por meio da Lei 13.964/2019, prevê que a prescrição também não correrá *enquanto não cumprido ou não rescindido o acordo de não persecução penal,* introduzido no art. 28-A do CPP pelo Pacote Anticrime. Outra mudança operada pela Lei 13.964/2019 neste dispositivo foi a troca do termo *estrangeiro,* presente no inciso II, por *exterior* (dispositivo utilizado na resolução desta assertiva); **C:** incorreta, já que, segundo estabelece o art. 149, § 2º, do CPP, determinado, pelo magistrado, que o agente seja submetido a exame de insanidade mental, somente ficará suspenso o processo. É a chamada crise de instância. O prazo prescricional segue o seu curso normalmente. Segundo o magistério de Guilherme de Souza Nucci, ao analisar o dispositivo acima referido: *suspensão do processo: não implica suspensão da prescrição, razão pela qual deve o exame ser feito com brevidade, caso o prazo prescricional esteja em vias de acontecer (Código Penal Comentado,* 17ª ed., p. 396); **D:** correta, pois em consonância com o que estabelece o art. 89, § 6º, da Lei 9.099/1995; **E:** correta, pois em conformidade com o teor do art. 116, I, do CP (dispositivo não alterado pela Lei 13.694/2019). **ED**
"Gabarito "C".

(Juiz de Direito - TJ/BA - 2019 - CESPE/CEBRASPE) Com relação a aspectos diversos pertinentes aos prazos prescricionais previstos no CP, assinale a opção correta.

(A) Tais prazos serão reduzidos pela metade nas situações em que, ao tempo do crime, o agente fosse menor de vinte e um anos de idade ou, na data do trânsito em julgado da sentença condenatória, fosse maior de setenta anos de idade.

(B) Em se tratando de criminoso reincidente, são aumentados em um terço os prazos da prescrição da pretensão punitiva.

(C) A prescrição é regulada pela pena total imposta nos casos de crimes continuados, sendo computado o acréscimo decorrente da continuação.

(D) A prescrição da pena de multa ocorrerá em dois anos, quando for a única pena cominada, ou no mesmo prazo de prescrição da pena privativa de liberdade, se tiver sido cominada alternativamente.

(E) Na hipótese de evasão do condenado, a prescrição da pretensão executória é regulada pelo total da pena privativa de liberdade imposta.

A: incorreta. É verdade que o prazo prescricional será reduzido de metade na hipótese de o agente ser, ao tempo do crime, menor de 21 anos. Até aqui a assertiva está correta. No entanto, é incorreto afirmar-se que tal redução também valerá na hipótese de o agente, à data do trânsito em julgado, ser maior de 70 anos. Isso porque o critério a ser empregado não é o da data do trânsito em julgado, mas, sim, o da data em que foi proferida a sentença. É o que estabelece o art. 115 do CP; **B:** incorreta. A reincidência, reconhecida em sentença, aumentará em um terço o prazo da prescrição da pretensão *executória* (art. 110, *caput,* do CP), não havendo nenhuma repercussão, portanto, na prescrição da pretensão *punitiva,* conforme Súmula 220 do STJ: "*A reincidência não influi no prazo da prescrição da pretensão punitiva*"; **C:** incorreta. Nas modalidades de concurso de crimes (material, formal ou continuado), a prescrição atingirá a pena de cada crime, de forma isolada, tal como estabelece o art. 119 do CP, ou seja, não se levará em conta o aumento a que se referem os artigos 70 (concurso formal) e 71 (continuidade delitiva), do CP. É o que consta da Súmula 497 do STF: *quando se tratar de crime continuado, a prescrição regula-se pela pena imposta na sentença, não se computando o acréscimo decorrente da continuação;* **D:** correta. Sendo a pena de multa a única aplicada ou cominada, a prescrição dar-se-á em 2 (dois) anos, segundo reza o art. 114, I, do CP; se, no entanto, ela for alternativa ou cumulativamente cominada ou cumulativamente aplicada com a pena privativa de liberdade, no mesmo prazo estabelecido para a prescrição desta, conforme dispõe o art. 114, II, do CP; **E:** incorreta, uma vez que, neste caso, a prescrição será regulada em razão do tempo que resta da pena (art. 113, CP). **ED**
"Gabarito "D".

(Juiz de Direito – TJ/RS – 2018 – VUNESP) João foi condenado por furto simples (CP, art. 155, *caput*) em sentença já transitada em julgado para a acusação. Na primeira fase de dosimetria, a pena foi fixada no mínimo legal. Reconhecidas circunstâncias agravantes, a pena foi majorada em 1/2 (metade). Por fim, em razão da continuidade delitiva, a pena foi novamente aumentada em 1/2 (metade). A prescrição da pretensão executória dar-se-á em

(A) 4 (quatro) anos.

(B) 3 (três) anos.

(C) 8 (oito) anos.

(D) 12 (doze) anos.

(E) 2 (dois) anos.

6. DIREITO PENAL 223

A pena cominada ao crime de furto simples é de 1 a 4 anos de reclusão, tal como consta do preceito secundário do art. 155 do CP. Pois bem. Pelo que consta do enunciado, o magistrado, na primeira etapa de fixação da pena, após o cotejo das circunstâncias judiciais (art. 59, CP), estabeleceu a pena no seu mínimo legal, ou seja, 1 ano. Já na segunda fase, em que o magistrado analisa as agravantes e atenuantes, a pena foi majorada em metade, chegando-se, assim, à pena de 1 ano e 6 meses. Ao final, já na terceira etapa, na qual incidem as causas de aumento e diminuição, o magistrado fez incidir um aumento da ordem de metade, o que se deu em razão do reconhecimento da continuidade delitiva. Chega-se, então, à pena final de 2 anos e 3 meses de reclusão. Levando-se em conta o que dispõem os arts. 109, IV, e 110, § 1º, ambos do CP, a prescrição dar-se-á em oito anos. Sucede que, segundo entendimento sufragado na Súmula 497, do STF, quando se tratar de crime continuado, não se levará em consideração, para o fim de calcular a prescrição, o aumento daí decorrente. Sendo assim, a pena que será levada em conta é aquela à qual o juiz chegou na segunda etapa da dosimetria, ou seja, 1 ano e 6 meses, o que leva o prazo prescricional ao patamar de 4 anos (art. 109, V, do CP).

Dica: esta questão exige do candidato o conhecimento da pena cominada aos crimes bem como da tabela do art. 109 do CP (a famigerada *decoreba*). Assim, recomenda-se, quando do estudo dos tipos penais, a análise e assimilação das penas. ED

Gabarito "A".

(Defensor Público – DPE/SC – 2017 – FCC) Sobre a prescrição, é correto afirmar:

(A) O prazo prescricional das contravenções penais é diminuído da metade.

(B) O prazo da prescrição da pretensão punitiva aumenta de um terço em caso de réu reincidente.

(C) O menor prazo prescricional do direito brasileiro é de três anos.

(D) A pronúncia e o acórdão confirmatório da pronúncia interrompem a prescrição.

(E) No estupro de vulnerável o termo inicial da prescrição da executória punitiva começa a correr da data em que a vítima completar dezoito anos.

A: Incorreta, já que não há essa previsão legal; **B:** incorreta, já que é pacífico o entendimento segundo o qual a reincidência somente influi na prescrição da pretensão executória (Súmula 220 do STJ); **C:** incorreta (art. 114, I, do CP: a pena de multa prescreve em 2 anos, quando for a única cominada ou aplicada; além disso, aplicando-se o art. 115 do CP ao prazo prescricional de 3 anos, chega-se ao interregno de um ano e meio); **D:** correta (art. 117, II e III, do CP); **E:** incorreta. Se o crime contra a dignidade sexual for praticado contra criança ou adolescente, a prescrição da pretensão punitiva (e não executória) começará a correr, a teor do art. 111, V, do CP, da data em que a vítima atingir 18 anos. ED

Gabarito "D".

18. CRIMES CONTRA A PESSOA

(Delegado/RJ – 2022 – CESPE/CEBRASPE) Ao analisar sob o prisma jurídico-penal um abortamento, o delegado de polícia deverá verificar se a interrupção da gravidez, nas circunstâncias em que ocorreu, era permitida. Acerca do abortamento permitido, assinale a opção correta.

(A) Conforme entendimento majoritário do STF, o abortamento de feto anencefálico é possível, haja vista a tese de que a gestante que opta pela interrupção da gravidez atua em estado de necessidade.

(B) Deve ser responsabilizado por aborto culposo o médico que, por erro vencível, diagnostique uma

gravidez com sério risco para a vida da gestante e realize a intervenção abortiva por equívoco.

(C) Consoante o STJ, a Síndrome de *Body Stalk* autoriza a intervenção abortiva porque, embora exista uma mínima chance de salvar o feto e garantir o nascimento com vida, determina a morte da gestante durante o parto, cuidando-se de abortamento terapêutico.

(D) Em discussão acerca da possibilidade de aborto no primeiro trimestre de gravidez, ministro do STF proferiu voto defendendo a inexistência de aborto criminoso nesse período, invocando para tanto, entre outros argumentos, o critério da proporcionalidade.

(E) No aborto sentimental ou humanitário, dado que a ocorrência de um estupro nem sempre será verificável de plano, exige-se ordem judicial, sem a qual a intervenção será criminosa.

A: incorreta. A ADPF 54, ajuizada pela CNTS (Confederação Nacional dos Trabalhadores na Saúde), patrocinada pelo então advogado (e Procurador do Estado do Rio de Janeiro) Luís Roberto Barroso, atualmente Ministro do STF, foi julgada procedente por aquela Corte, contando com a seguinte ementa: "*ESTADO – LAICIDADE. O Brasil é uma república laica, surgindo absolutamente neutro quanto às religiões. Considerações. FETO ANENCÉFALO – INTERRUPÇÃO DA GRAVIDEZ – MULHER – LIBERDADE SEXUAL E REPRODUTIVA – SAÚDE – DIGNIDADE – AUTODETERMINAÇÃO – DIREITOS FUNDAMENTAIS – CRIME – INEXISTÊNCIA. Mostra-se inconstitucional interpretação de a interrupção da gravidez de feto anencéfalo ser conduta tipificada nos artigos 124, 126 e 128, incisos I e II, do Código Penal*". Assentou-se o entendimento de que o feto anencéfalo, por não dispor de vida, sequer potencial, não pode ser tido como sujeito passivo do crime de aborto, já que não goza do direito à vida, assim considerada em consonância com a Lei 9.434/1997 (Lei de Remoção de Órgãos), que considera morte a cessação de atividade cerebral. Destarte, inexistindo vida em seu sentido jurídico, a antecipação do parto em caso de feto anencéfalo é fato atípico visto inexistir ofensa ao bem jurídico tutelado pelas normas incriminadoras (arts. 124 e 126, ambos do CP)". Como se pode ver, A Suprema Corte declarou que a ocorrência de anencefalia nos dispositivos invocados leva à atipicidade da conduta, não havendo que se falar em estado de necessidade, que configura causa de exclusão da antijuridicidade; **B:** incorreta, na medida em que não existe, em nosso ordenamento jurídico, a figura do aborto culposo; **C:** incorreta. Isso porque, segundo julgado do STJ, cuja ementa abaixo está transcrita, aplica-se a ADPF 54 aos casos de Síndrome de Body Stalk: "Controvérsia: dizer se o manejo de habeas corpus, pelo recorrido, com o fito de impedir a interrupção da gestação da primeira recorrente, que tinha sido judicialmente deferida, caracteriza-se como abuso do direito de ação e/ou ação passível de gerar responsabilidade civil de sua parte, pelo manejo indevido de tutela de urgência. Diploma legal aplicável à espécie: Código Civil – arts. 186, 187, 188 e 927. Inconteste a existência de dano aos recorrentes, na espécie, porquanto a interrupção da gestação do feto com síndrome de Body Stalk, que era uma decisão pensada e avalizada por médicos e pelo Poder Judiciário, e ainda assim, de impactos emocionais incalculáveis, foi sustada pela atuação do recorrido. Necessidade de perquirir sobre a ilicitude do ato praticado pelo recorrido, buscando, na existência ou não – de amparo legal ao procedimento de interrupção de gestação, na hipótese de ocorrência da síndrome de body stalk e na possibilidade de responsabilização, do recorrido, pelo exercício do direito de ação – dizer da existência do ilícito compensável; Reproduzidas, salvo pela patologia em si, todos efeitos deletérios da anencefalia, hipótese para qual o STF, no julgamento da ADPF 54, afastou a possibilidade de criminalização da interrupção da gestação, também na síndrome de body-stalk, impõe-se dizer que a interrupção da gravidez, nas circunstâncias que experimentou a recorrente, era direito próprio, do qual poderia fazer uso, sem risco de persecução penal posterior e, principalmente, sem possibilidade de interferências de terceiros, porquanto, *ubi eadem ratio, ibi eadem legis dispositio*. (Onde existe a mesma razão, deve haver a mesma regra de Direito) Nessa linha, e sob a égide da laicidade do Estado, aquele que se arrosta contra o direito à liberdade, à intimidade e a disposição do próprio corpo por parte de gestante, que busca a interrupção da gravidez de feto sem viabilidade de vida extrauterina, brandindo a garantia constitucional ao próprio direito de ação e à defesa da vida humana, mesmo que ainda em estágio fetal e mesmo com um diagnóstico de síndrome incompatível com a vida extrauterina, exercita, abusivamente, seu direito de ação. A sôfrega e imprudente busca por um direito, em tese, legítimo, que, no entanto, faz perecer no caminho, direito de outrem, ou mesmo uma toldada percepção do próprio direito, que impele alguém a avançar sobre direito alheio, são considerados abuso de direito, porque o exercício regular do direito, não pode se subverter, ele mesmo, em uma transgressão à lei, na modalidade abuso do direito, desvirtuando um interesse aparentemente legítimo, pelo excesso. A base axiológica de quem defende uma tese comportamental qualquer, só tem terreno fértil, dentro de um Estado de Direito laico, no campo das próprias ideias ou nos Órgãos legislativos competentes, podendo neles defender todo e qualquer conceito que reproduza seus postulados de fé, ou do seu imo, havendo aí, não apenas liberdade, mas garantia estatal de que poderá propagar o que entende por correto, não possibilitando contudo, essa faculdade, o ingresso no círculo íntimo de terceiro para lhe ditar, ou tentar ditar, seus conceitos ou preconceitos. Esse tipo de ação faz medrar, em seara imprópria, o corpo de valores que defende – e isso caracteriza o abuso de direito – pois a busca, mesmo que por via estatal, da imposição de particulares conceitos a terceiros, tem por escopo retirar de outrem, a mesma liberdade de ação que vigorosamente defende para si. Dessa forma, assentado que foi, anteriormente, que a interrupção da gestação da recorrente, no cenário apresentado, era lídimo, sendo opção do casal – notadamente da gestante – assumir ou descontinuar a gestação de feto sem viabilidade de vida extrauterina, há uma vinculada remissão à proteção constitucional aos valores da intimidade, da vida privada, da honra e da própria imagem dos recorrentes (art. 5º, X, da CF), fato que impõe, para aquele que invade esse círculo íntimo e inviolável, responsabilidade pelos danos daí decorrentes. Recurso especial conhecido e provido." (REsp n. 1.467.888/GO, relatora Ministra Nancy Andrighi, Terceira Turma, julgado em 20/10/2016, DJe de 25/10/2016); **D:** correta. Conferir: "(...) Em segundo lugar, é preciso conferir interpretação conforme a Constituição aos próprios arts. 124 a 126 do Código Penal – que tipificam o crime de aborto – para excluir do seu âmbito de incidência a interrupção voluntária da gestação efetivada no primeiro trimestre. A criminalização, nessa hipótese, viola diversos direitos fundamentais da mulher, bem como o princípio da proporcionalidade. 4. A criminalização é incompatível com os seguintes direitos fundamentais: os direitos sexuais e reprodutivos da mulher, que não pode ser obrigada pelo Estado a manter uma gestação indesejada; a autonomia da mulher, que deve conservar o direito de fazer suas escolhas existenciais; a integridade física e psíquica da gestante, que é quem sofre, no seu corpo e no seu psiquismo, os efeitos da gravidez; e a igualdade da mulher, já que homens não engravidam e, portanto, a equiparação plena de gênero depende de se respeitar a vontade da mulher nessa matéria. 5. A tudo isto se acrescenta o impacto da criminalização sobre as mulheres pobres. É que o tratamento como crime, dado pela lei penal brasileira, impede que estas mulheres, que não têm acesso a médicos e clínicas privadas, recorram ao sistema público de saúde para se submeterem aos procedimentos cabíveis. Como consequência, multiplicam-se os casos de automutilação, lesões graves e óbitos. 6. A tipificação penal viola, também, o princípio da proporcionalidade por motivos que se cumulam: (i) ela constitui medida de duvidosa adequação para proteger o bem jurídico que pretende tutelar (vida do nascituro), por não produzir impacto relevante sobre o número de abortos praticados no país, apenas impedindo que sejam feitos de modo seguro; (ii) é possível que o Estado evite a ocorrência de abortos por meios mais eficazes e menos lesivos do que a criminalização, tais como educação sexual, distribui-

ção de contraceptivos e amparo à mulher que deseja ter o filho, mas se encontra em condições adversas; (iii) a medida é desproporcional em sentido estrito, por gerar custos sociais (problemas de saúde pública e mortes) superiores aos seus benefícios. 7. Anote-se, por derradeiro, que praticamente nenhum país democrático e desenvolvido do mundo trata a interrupção da gestação durante o primeiro trimestre como crime, aí incluídos Estados Unidos, Alemanha, Reino Unido, Canadá, França, Itália, Espanha, Portugal, Holanda e Austrália. 8. Deferimento da ordem de ofício, para afastar a prisão preventiva dos pacientes, estendendo-se a decisão aos corréus." (STF, 1ª T, HC 124306, relator: Min. MARCO AURÉLIO; Redator(a) do acórdão: Min. ROBERTO BARROSO; Julgamento: 09/08/2016; Publicação: 17/03/2017); **E:** incorreta, uma vez que o chamado aborto sentimental ou humanitário (art. 128, II, do CP), que é aquele em que a gravidez resulta de estupro, prescinde, para a sua realização, de autorização judicial. Exige-se tão somente que a intervenção seja levada a efeito por médico e que haja consentimento prévio da gestante. ED

Gabarito "D".

(Delegado/RJ – 2022 – CESPE/CEBRASPE) Desolados após a morte dos pais em um acidente de trânsito, os irmãos Paulo e Roberto, com 21 anos e 19 anos de idade, respectivamente, fizeram um pacto de suicídio a dois em 20/2/2022: fecharam as portas e janelas do apartamento, e Paulo abriu a válvula de gás. Após poucos minutos, ambos desmaiaram. Os vizinhos sentiram o forte odor de gás e arrombaram o apartamento, evitando o óbito dos irmãos. Em decorrência da queda da própria altura, Paulo sofreu lesão corporal leve, e Roberto, lesão corporal gravíssima.

Acerca dessa situação hipotética, é correto afirmar que

(A) Paulo e Roberto não poderão ser responsabilizados criminalmente, por se tratar de autolesões.

(B) Paulo deverá responder pelo crime de homicídio na forma tentada (art. 121 c/c art. 14, inc. II, do Código Penal), e Roberto, pelo crime de induzimento, instigação ou auxílio a suicídio ou a automutilação na forma simples (art. 122, caput, do Código Penal).

(C) Paulo deverá responder pelo crime de induzimento, instigação ou auxílio a suicídio ou a automutilação na forma qualificada (art. 122, § 1.º, do Código Penal), e Roberto não poderá ser responsabilizado criminalmente.

(D) Paulo deverá responder pelo crime de induzimento, instigação ou auxílio a suicídio ou a automutilação na forma qualificada (art. 122, § 1.º, do Código Penal), e Roberto, pelo crime de induzimento, instigação ou auxílio a suicídio ou a automutilação na forma simples (art. 122, caput, do Código Penal).

(E) Paulo deverá responder pelo crime de homicídio na forma tentada (art. 121 c/c art. 14, inc. II, do Código Penal), e Roberto não poderá ser responsabilizado criminalmente.

No chamado *pacto de morte*, assim entendido o acordo firmado entre duas ou mais pessoas que desejam dar cabo da própria vida de forma simultânea, a apuração da responsabilidade de cada um deverá levar em conta a realização efetiva ou não de atos tidos como executórios. Melhor explicando: se um dos pactuantes pratica ato executório de homicídio, assim entendido o ato que tem o condão de levar o outro à morte, deverá ele ser responsabilizado, se sobreviver, pelo delito de homicídio, consumado ou tentado; aquele que não praticou ato de execução responderá, se sobreviver, pelo crime do art. 122 do CP. Dessa forma, Paulo, pelo fato de ter aberto a válvula de gás (ato executório), será responsabilizado por tentativa de homicídio; já Roberto, que não levou a efeito nenhum ato de execução de homicídio, será responsabi-

6. DIREITO PENAL

lizado pelo crime de induzimento, instigação ou auxílio a suicídio ou a automutilação na forma simples (art. 122, *caput*, do Código Penal). **ED**

Gabarito "B".

(Juiz de Direito/SP – 2021 – Vunesp) Na hipótese de réu condenado por crime de homicídio doloso, tendo sido reconhecidas duas qualificadoras, é correto afirmar que

(A) uma qualificará o delito e a outra poderá ser usada para elevar a pena como agravante, se prevista no rol legal (artigo 61, CP).

(B) uma qualificará o delito e a outra poderá ser usada para majorar a pena-base e também como agravante, se prevista no rol legal (artigo 61, do CP).

(C) uma qualificará o delito e a outra poderá ser usada como causa de aumento de pena.

(D) uma qualificará o delito e a outra poderá ser usada para elevar a pena como agravante em qualquer hipótese.

No que toca à pluralidade de qualificadoras, conferir: "Consoante orientação sedimentada nessa Corte Superior, havendo pluralidade de qualificadoras, é possível a utilização de uma delas para qualificar o delito e das outras como circunstâncias negativas – agravantes, quando previstas legalmente, ou como circunstância judicial, residualmente" (STJ, HC 170.135/PE, Rel. Ministro Jorge Mussi, Quinta Turma, julgado em 14.06.2011, *DJe* 28.06.2011). No mesmo sentido: "Nos moldes da jurisprudência desta Corte, "no delito de homicídio, havendo pluralidade de qualificadoras, uma delas indicará o tipo qualificado, enquanto as demais poderão indicar uma circunstância agravante, desde que prevista no artigo 61 do Código Penal, ou, residualmente, majorar a pena-base, como circunstância judicial" (AgRg no REsp 1.644.423/MG, relatora Ministra Maria Thereza De Assis Moura, Sexta Turma, julgado em 07.03.2017, Dje 17.03.2017)" (STJ, AgRg no HC 669.081/PE, Rel. Ministro Ribeiro Dantas, Quinta Turma, julgado em 17.08.2021, DJe 23.08.2021). **ED**

Gabarito "A".

(Juiz de Direito – TJ/MS – 2020 – FCC) Quanto aos crimes contra a honra, correto afirmar que

(A) não constitui difamação ou calúnia punível a ofensa irrogada em juízo, na discussão da causa, pela parte ou por seu procurador.

(B) cabível a exceção da verdade na difamação e na injúria.

(C) há isenção de pena se o querelado, antes da sentença, se retrata cabalmente da difamação ou da injúria.

(D) a ação penal é pública incondicionada na injúria com preconceito.

(E) possível a propositura de ação penal privada no caso de servidor público ofendido em razão do exercício de suas funções.

Antes de mais nada, façamos algumas considerações a respeito dos crimes contra a honra, diferenciando-os. No crime de *injúria*, temos que o agente, sem imputar fato criminoso ou desonroso ao ofendido, atribui-lhe qualidade negativa. É a adjetivação pejorativa, o xingamento, enfim a ofensa à honra subjetiva da vítima. Não deve, portanto, ser confundida com os crimes de calúnia e difamação, em que o agente imputa ao ofendido fato definido como crime (no caso da calúnia) ou ofensivo à sua reputação (no caso da difamação). Dito isso, passemos à análise das assertivas. **A:** incorreta. Isso porque o art. 142 do CP, que tem natureza jurídica de *causa de exclusão de crime*, não contempla a *calúnia*, tão somente a *injúria* e a *difamação*; **B:** incorreta. A exceção da verdade somente é admissível para o crime de calúnia (art. 138, § 3º, do CP) e difamação cometida contra funcionário público, desde que a

ofensa seja relativa ao exercício de suas funções (art. 139, parágrafo único, do CP). Portanto, o crime de injúria não comporta a exceção da verdade; **C:** incorreta, na medida em que a possibilidade de retratação, nos crimes contra a honra, somente alcança os crimes de calúnia e difamação (art. 143, *caput*, do CP); **D:** incorreta. Nos termos do art. 145, parágrafo único, parte final, do CP, a injúria discriminatória, também conhecida como injúria racial, processar-se-á mediante ação penal pública condicionada à representação do ofendido. Dentro do tema tratado nesta alternativa, valem algumas ponderações, tendo em conta inovações implementadas pela recente Lei 14.532/2023, posterior, portanto, à elaboração desta questão. O crime de racismo, previsto na Lei 7.716/1989, não se confunde com a figura até então capitulada no art. 140, § 3º, do CP, que definia o delito de injúria preconceituosa. Com efeito, segundo sempre sustentou doutrina e jurisprudência, o delito de racismo pressupõe a prática de conduta de natureza segregacionista, ao passo que a injúria racial, então prevista no art. 140, § 3º, do CP, tal como ocorre com o crime de injúria simples, pressupõe que a ofensa seja dirigida a pessoa determinada ou, ao menos, a um grupo determinado de pessoas. *Grosso modo*, é o xingamento envolvendo raça, cor, etnia, religião ou origem. Como consequência dessa distinção, tínhamos que o racismo era considerado crime inafiançável, imprescritível e de ação penal pública incondicionada; já a injúria racial era tida por afiançável, prescritível e de ação penal pública condicionada. Tal realidade começou a ser alterada pela ação da jurisprudência. O STF, em sintonia com precedente do STJ, por seu Plenário, ao julgar, em 28/10/2021, o HC 154.248, da relatoria do Ministro Edson Fachin, fixou o entendimento no sentido de que o crime de injúria racial deve ser inserido na seara do delito de racismo, passando a ser, com isso, imprescritível. Mais recentemente, a Lei 14.532/2023, imbuída desse mesmo espírito, alterou o teor do art. 140, § 3º, do CP, que passa a contar com a seguinte redação: *Se a injúria consiste na utilização de elementos referentes a religião ou à condição de pessoa idosa ou com deficiência*. Como se pode ver, o legislador, com isso, excluiu da forma qualificada da injúria ofensas contendo elementos referentes a raça, cor, etnia ou procedência nacional. Tais modalidades migraram para a Lei 7.716/1989, cujo art. 2º-A passa a ter a seguinte redação: *Injuriar alguém, ofendendo-lhe a dignidade ou o decoro, em razão de raça, cor, etnia ou procedência nacional*. Dessa forma, o crime de injúria racial foi tipificado como racismo. A consequência disso é que tal modalidade de injúria passa a ser, agora por força de lei, imprescritível, inafiançável e incondicionada a ação penal. Além disso, a pena, que até então era de reclusão de 1 a 3 anos e multa, passa a ser de 2 a 5 anos de reclusão; **E:** correta. Segundo entendimento firmado na Súmula 714 do STF, se se tratar de ação penal por crime contra honra de servidor público em razão do exercício de suas funções, será concorrente a legitimidade do ofendido, mediante queixa, e do Ministério Público, condicionada à representação da vítima. Dentro do tema *crimes contra a honra*, tratado aqui nesta questão, vale o registro de que o Projeto de Lei 6.341/2019, que deu origem ao pacote anticrime, previa a inclusão de nova causa de aumento de pena aos crimes contra a honra (calúnia, difamação e injúria), na hipótese de eles serem cometidos ou divulgados em redes sociais ou na rede mundial de computadores, o que foi feito por meio da inserção do § 2º ao art. 141 do CP. O texto original estabelecia que a pena, nesta hipótese, seria triplicada. Ao apreciar o PL, o presidente da República vetou o dispositivo. Posteriormente, o Congresso Nacional derrubou esse veto, de forma que o dispositivo (art. 141, § 2º) que, no projeto original, previa que a pena fosse triplicada nos crimes contra a honra praticados ou divulgados em redes sociais ou na rede mundial de computadores, foi reincorporado ao pacote anticrime, nos seguintes termos: *se o crime é cometido ou divulgado em quaisquer modalidades das redes sociais da rede mundial de computadores, aplica-se em triplo a pena*. O presidente da República, ao vetar este dispositivo, ponderou que a proposta legislativa, ao promover o incremento da pena no triplo quando o crime for cometido ou divulgado em quaisquer modalidades das redes da rede mundial de computadores, viola o princípio da proporcionalidade entre o tipo penal descrito e a pena cominada, notadamente se considerarmos a existência de legislação atual que já tutela suficientemente os interesses protegidos pelo Projeto, ao permitir o agravamento da pena em um terço na hipótese de qualquer dos crimes contra a honra ser cometido por meio que facilite a sua divulgação. Ademais, a substituição da lavratura de termo circunstanciado nesses crimes, em razão da pena máxima ser superior a dois anos, pela necessária abertura de inquérito policial, ensejaria, por conseguinte, superlotação das delegacias, e, com isso, redução do tempo e da força de trabalho para se dedicar ao combate de crimes graves, tais como homicídio e latrocínio. **ED**

Gabarito "E".

(Promotor de Justiça/CE – 2020 – CESPE/CEBRASPE) Acerca do delito de homicídio doloso, assinale a opção correta.

(A) Constitui forma privilegiada desse crime o seu cometimento por agente impelido por motivo de relevante valor social ou moral, ou sob influência de violenta emoção provocada por ato injusto da vítima.

(B) A qualificadora do feminicídio, caso envolva violência doméstica, menosprezo ou discriminação à condição de mulher, não é incompatível com a presença da qualificadora da motivação torpe.

(C) A prática desse crime contra autoridade ou agente das forças de segurança pública é causa de aumento de pena.

(D) É possível a aplicação do privilégio ao homicídio qualificado independentemente de as circunstâncias qualificadoras serem de ordem subjetiva ou objetiva.

(E) Constitui forma qualificada desse crime o seu cometimento por milícia privada, sob o pretexto de prestação de serviço de segurança, ou por grupo de extermínio.

A: incorreta. Há forma privilegiada de homicídio doloso quando o agente atua sob o domínio de violenta emoção (homicídio emocional), provocado por injusta provocação da vítima (art. 121, § 1º, CP). Não se confunde o agente que age sob o domínio de violenta emoção, que, como já ponderado, é causa de diminuição de pena, com aquele que atua sob influência de violenta emoção, que, tal como estabelece o art. 65, III, c, do CP, constitui circunstância atenuante genérica; **B:** correta. Segundo o STJ, não há se falar em bis in idem na coexistência das qualificadoras do feminicídio e da torpeza. Nesse sentido: "Nos termos do art. 121, § 2º-A, II, do CP, é devida a incidência da qualificadora do feminicídio nos casos em que o delito é praticado contra mulher em situação de violência doméstica e familiar, possuindo, portanto, natureza de ordem objetiva, o que dispensa a análise do animus do agente. Assim, não há se falar em ocorrência de bis in idem no reconhecimento das qualificadoras do motivo torpe e do feminicídio, porquanto a primeira tem natureza subjetiva e a segunda objetiva" (STJ, AgRg no HC 440.945/MG, Rel. Ministro NEFI CORDEIRO, SEXTA TURMA, julgado em 05/06/2018, DJe 11/06/2018); **C:** incorreta, uma vez que se trata de modalidade qualificada do crime de homicídio (art. 121, § 2º, VII, do CP). Dentro do tema homicídio qualificado, é importante que se diga que o Congresso Nacional, ao apreciar os vetos impostos pelo Presidente da República ao PL 6.341/2019 (que deu origem à Lei 13.964/2019), rejeitou (derrubou) vários deles (16 dos 24). Um dos vetos rejeitados é o que extraia do projeto de lei o inciso VIII do § 2º do art. 121 do CP, que criava nova figura qualificada do delito de homicídio, a saber: cometido com o emprego de arma de fogo de uso restrito ou proibido. Com a derrubada do veto, os homicídios praticados com arma de fogo de uso restrito ou proibido passam a ser qualificados. Segundo justificativa apresentada pelo Palácio do Planalto para a imposição do veto, a propositura legislativa, ao prever como qualificadora do crime de homicídio o emprego de arma de fogo de uso restrito ou proibido, sem qualquer ressalva, viola o princípio da proporcionalidade entre o tipo penal descrito e a pena cominada, além de gerar insegurança jurídica, notadamente aos agentes de segurança pública, tendo em vista que esses servidores poderão ser

severamente processados ou condenados criminalmente por utilizarem suas armas, que são de uso restrito, no exercício de suas funções para defesa pessoal ou de terceiros ou, ainda, em situações extremas para a garantia da ordem pública, a exemplo de conflito armado contra facções criminosas; **D:** incorreta. As causas de diminuição de pena previstas no art. 121, § 1º, do CP (homicídio privilegiado, entre os quais está aquele motivado por relevante valor moral), por serem de ordem subjetiva, ou seja, por estarem jungidas à motivação do crime, são compatíveis tão somente com as qualificadoras de ordem objetiva (aquelas não ligadas à motivação do crime). É o caso do homicídio privilegiado praticado por meio de veneno. Nesse caso, é perfeitamente possível a coexistência do privilégio contido no art. 121, § 1º, do CP com a qualificadora do art. 121, § 2º, III, do CP (veneno), já que esta é de ordem objetiva, isto é, não está ligada à motivação do crime, mas a sua forma de execução. É o chamado homicídio qualificado-privilegiado. Agora, se a qualificadora for de ordem subjetiva, como é, por exemplo, o motivo torpe, não há que se falar em compatibilidade entre esta e a figura privilegiada; **E:** incorreta, já que se trata de causa de aumento de pena, e não de forma qualificada (art. 121, § 6º, CP). **ED**

Gabarito "B".

Paulo, descontente com o término do namoro com Maria, livre e conscientemente invadiu o dispositivo informático do aparelho celular dela e capturou fotos íntimas e conversas privadas dela com seu novo namorado, João. Posteriormente, também livre e conscientemente, com intuito de vingança, divulgou, em redes sociais na Internet, os vídeos e as fotos de Maria, com cunho sexual, difamando-a e injuriando João com a utilização de elementos referentes à sua raça, cor e etnia. Em razão dessa conduta, Paulo foi indiciado pelos delitos de violação de dispositivo informático, divulgação de cenas de sexo ou pornografia, majorada pelo intuito de vingança, difamação contra Maria e injúria racial contra João.

(Promotor de Justiça/CE – 2020 – CESPE/CEBRASPE) Com relação à persecução penal nessa situação hipotética, é correto afirmar que os crimes citados se submetem, respectivamente, a ação penal

(A) pública condicionada a representação, pública condicionada a representação, privada, e pública incondicionada.

(B) pública condicionada a representação, pública incondicionada, privada, e pública condicionada a representação.

(C) pública condicionada a representação, pública condicionada a representação, privada, e pública condicionada a representação.

(D) pública incondicionada, pública incondicionada, privada, e pública condicionada a representação.

(E) pública incondicionada, pública incondicionada, pública condicionada a representação, e pública incondicionada.

Antes de mais nada, oportuno que façamos algumas considerações a respeito de mudanças promovidas pela Lei 14.155/2021, publicada em 28 de maio de 2021 e com vigência imediata, nos crimes de invasão de dispositivo informático (art. 154-A, CP), furto (art. 155, CP) e estelionato (art. 171, CP). No que toca ao delito do art. 154-A do CP, no qual incorreu Paulo, a primeira observação a fazer refere-se à alteração na redação do caput do dispositivo. Até então, tínhamos que o tipo penal era assim definido: invadir dispositivo informático alheio, conectado ou não à rede de computadores, mediante violação indevida de mecanismo de segurança e com o fim de obter, adulterar ou destruir dados ou informações sem autorização expressa ou tácita do titular do dispositivo ou instalar vulnerabilidades para obter vantagem ilícita. Com a mudança implementada pela Lei 14.155/2021, adotou-se a seguinte redação: *invadir dispositivo informático de uso alheio, conectado ou não à rede de computadores, com o fim de obter, adulterar ou destruir dados ou informações sem autorização expressa ou tácita do usuário do dispositivo ou de instalar vulnerabilidades para obter vantagem ilícita*. Como se pode ver, logo à primeira vista, eliminou-se o elemento normativo do tipo *mediante violação indevida de mecanismo de segurança*. Trata-se de alteração salutar, na medida em que este crime, de acordo com a redação original do *caput*, somente se aperfeiçoaria na hipótese de o agente, para alcançar seu intento (invadir dispositivo informático), se valer de violação indevida de mecanismo de segurança. Era necessário, portanto, que o sujeito ativo, antes de acessar o conteúdo do dispositivo, vencesse tal obstáculo (mecanismo de segurança). Significa que a invasão de dados contidos, por exemplo, em um computador que não contasse com mecanismo de proteção (senha, por exemplo) constituiria fato atípico. A partir de agora, dada a alteração promovida no tipo incriminador, tal exigência deixa de existir, ampliando, por certo, a incidência do tipo penal. Além disso, até a edição da Lei 14.155/2021, o dispositivo tinha de ser *alheio*. Com a mudança, basta que seja de *uso alheio*. Dessa forma, o crime se configura mesmo que o dispositivo invadido não seja alheio, mas esteja sob o uso de outra pessoa. Agora, a mudança mais significativa, a nosso ver, não se deu propriamente no preceito penal incriminador, mas na pena cominada, que era de detenção de 3 meses a 1 ano e multa e, com a mudança operada pela Lei 14.155/2021, passou para reclusão de 1 a 4 anos e multa. Com isso, este delito deixa de ser considerado de menor potencial ofensivo, o que afasta a incidência da transação penal. Doravante, o termo circunstanciado dará lugar ao inquérito policial. De outro lado, permanece a possibilidade de concessão do *sursis* processual, que, embora previsto e disciplinado na Lei 9.099/1995 (art. 89), sua incidência é mais ampla (infrações penais cuja pena mínima cominada não é superior a 1 ano). Também poderá o agente firmar acordo de não persecução penal, nos moldes do art. 28-A do CPP. Alterou-se o patamar da majorante aplicada na hipótese de a invasão resultar prejuízo econômico (§ 2º): antes era de 1/6 a 1/3 e, com a mudança implementada, passou para 1/3 a 2/3. Como não poderia deixar de ser, houve um incremento na pena cominada à modalidade qualificada, prevista no § 3º, que era de reclusão de 6 meses a 2 anos e multa e passou para 2 a 5 anos de reclusão e multa. Ademais, a qualificadora não faz mais referência expressa à subsidiariedade. Quanto aos crimes de furto e estelionato, a Lei 14.155/2021 contemplou novas qualificadoras e majorantes, de forma a tornar mais graves as condutas levadas a efeito de forma eletrônica ou pela internet. Feitas essas ponderações, falemos sobre a natureza da ação penal nos crimes cometidos por Paulo. O crime de invasão de dispositivo informático, a despeito das alterações promovidas, continua a se submeter à ação penal pública condicionada à representação do ofendido (art. 154-B, CP); o crime de divulgação de cenas de sexo ou pornografia, capitulado no art. 218-C do CP, submete-se à ação penal pública incondicionada (art. 225, CP); o delito de difamação, previsto no art. 139 do CP, é de ação penal privada (art. 145, *caput*, do CP); e o crime de injúria racial, capitulado no art. 140, § 3º, do CP, de ação penal pública condicionada à representação do ofendido (art. 145, parágrafo único, CP). Atenção: a Lei 14.532/2023, posterior à elaboração desta questão, alterou o teor do art. 140, § 3º, do CP, que passa a contar com a seguinte redação: *Se a injúria consiste na utilização de elementos referentes a religião ou à condição de pessoa idosa ou com deficiência*. Como se pode ver, o legislador, com isso, excluiu da forma qualificada da injúria ofensas contendo elementos referentes a raça, cor, etnia ou procedência nacional. Tais modalidades migraram para a Lei 7.716/1989, cujo art. 2º-A passa a ter a seguinte redação: *Injuriar alguém, ofendendo-lhe a dignidade ou o decoro, em razão de raça, cor, etnia ou procedência nacional*. Dessa forma, o crime de injúria racial foi tipificado como racismo. A consequência disso é que tal modalidade de injúria passa a ser, agora por força de lei, imprescritível, inafiançável e incondicionada a ação penal. Além disso, a pena, que até então era de reclusão de 1 a 3 anos e multa, passa a ser de 2 a 5 anos de reclusão. **ED** Gabarito "B".

(Juiz de Direito – TJ/SC – 2019 – CESPE/CEBRASPE) Com relação a crimes contra a honra, assinale a opção correta.

(A) O crime de calúnia se consuma no momento em que o ofendido toma conhecimento da imputação falsa contra si.

(B) Calúnia contra indivíduo falecido não se enquadra como crime contra a honra.

(C) A exceção da verdade é admitida em caso de delito de difamação contra funcionário público no exercício de suas funções.

(D) A retratação cabal do agente da calúnia ou da difamação após o recebimento da ação penal é causa de diminuição de pena.

(E) O delito de injúria racial se processa mediante ação penal pública incondicionada.

A: incorreta. O crime de calúnia (art. 138, CP), que consiste em atribuir a alguém fato capitulado como crime, atinge a chamada honra *objetiva*, que corresponde ao conceito que o sujeito tem diante do grupo no qual está inserido. Por essa razão, a consumação deste delito é alcançada no instante em que a falsa imputação de crime chega ao conhecimento de terceiro, que não a vítima. Tal também se aplica ao crime de difamação (art. 139, CP), na medida que, tal como na calúnia, a honra atingida é a objetiva. Diferentemente, o crime de injúria (art. 140, CP), em que a honra violada é a *subjetiva* (que corresponde ao que pensamos de nós mesmos, ou seja, autoestima), o momento consumativo é atingido no exato instante em que a ofensa chega ao conhecimento da vítima. Não é necessário, portanto, que terceiro dela tome conhecimento; **B:** incorreta, na medida em que, por expressa disposição contida no art. 138, § 2º, do CP, é punível, sim, a calúnia contra os mortos; **C:** correta. O crime de difamação, ante o que estabelece o art. 139, parágrafo único, do CP, admite a exceção da verdade, desde que a vítima seja funcionária pública e a ofensa seja relativa ao exercício de suas funções; **D:** incorreta, uma vez que a retratação, nas circunstâncias acima, constitui causa de isenção de pena (art. 143, *caput*, do CP); **E:** incorreta. A injúria discriminatória, definida no art. 140, § 3º, do CP, é crime de ação penal pública condicionada à representação (art. 145, parágrafo único, do CP, com a redação que lhe foi dada pela Lei 12.033/2009). Atenção: a partir do advento da Lei 14.532/2023, posterior à elaboração desta questão, o crime de injúria racial, até então previsto no art. 140, § 3º, do CP, migrou para a Lei 7.716/1989, cujo art. 2º-A passa a ter a seguinte redação: *Injuriar alguém, ofendendo-lhe a dignidade ou o decoro, em razão de raça, cor, etnia ou procedência nacional*. Dessa forma, o crime de injúria racial foi tipificado como racismo. A consequência disso é que tal modalidade de injúria passa a ser, agora por força de lei, imprescritível, inafiançável e incondicionada a ação penal. Além disso, a pena, que até então era de reclusão de 1 a 3 anos e multa, passa a ser de 2 a 5 anos de reclusão. **ED** Gabarito "C".

(Juiz de Direito – TJ/RS – 2018 – VUNESP) O feminicídio (CP, art. 121, § 2o, VI)

(A) está ausente do rol dos crimes hediondos (Lei nº 8.072/90).

(B) demanda, para seu reconhecimento, obrigatória relação doméstica ou familiar entre agressor e vítima.

(C) é o homicídio qualificado por condições do sexo feminino.

(D) foi introduzido em nosso ordenamento pela Lei Maria da Penha (Lei nº 11.340/06).

(E) admite a modalidade preterdolosa.

Antes de comentar as alternativas, tecerei comentários quanto à alteração promovida pela Lei 13.771/2018 nas hipóteses de causa de aumento de pena no delito de feminicídio. Esta Lei alterou o art. 121,

§ 7º, do Código Penal, que, como disse acima, trata das hipóteses de aumento de pena no caso do feminicídio (art. 121, § 2º, VI, CP). Foram modificados os incisos II e III e inserido o inciso IV. No que concerne ao inciso II, a redação dada pela Lei 13.771/2018 ampliou as hipóteses de incidência da causa de aumento de pena, que, a partir de agora, inclui a pessoa portadora de doenças degenerativas que acarretem condição limitante ou de vulnerabilidade física ou mental. A redação anterior somente contemplava a pessoa menor de 14 anos, a maior de 60 anos ou com deficiência. Já o inciso III passou a contemplar, com a nova redação que lhe foi conferida pela Lei 13.771/2108, a hipótese em que o feminicídio é praticado na presença virtual de descendente ou de ascendente da vítima. Antes disso, esta causa de aumento somente incidia se o cometimento do crime se desse na presença física de ascendente ou descendente da ofendida. Por fim, foi inserido no § 7º o inciso IV, estabelecendo nova modalidade de causa de aumento de pena aplicável ao feminicídio, a caracterizar-se na hipótese em que este crime é cometido em descumprimento das medidas protetivas de urgência previstas nos incisos I, II e III do art. 22, *caput*, da Lei 11.340/2006 (Lei Maria da Penha). Passemos, agora, aos comentários às alternativas. **A:** incorreta, uma vez que o *feminicídio*, modalidade de homicídio qualificado introduzida, pela Lei 13.104/2015, no Código Penal – art. 121, § 2º, VI, faz parte, sim, do rol dos crimes hediondos, conforme art. 1º, I, da Lei 8.072/1990 (Crimes Hediondos), dispositivo alterado por força da Lei 13.142/2015; **B:** incorreta, pois não reflete o disposto no art. 121, § 2º-A, II, do CP, que estabelece haver razões de condição de sexo feminino, além da violência doméstica e familiar, também no caso de manifestação de menosprezo ou discriminação à mulher; **C:** correta (art. 121, § 2º, VI, do CP); **D:** incorreta, dado o que foi afirmado no comentário à assertiva A; **E:** incorreta. O *feminicídio*, espécie de homicídio qualificado, somente comporta a modalidade dolosa. A competência para o julgamento, portanto, é do Tribunal do Júri. **ED**

Gabarito "C"

(Investigador – PC/BA – 2018 – VUNESP) Quanto aos crimes contra a vida, assinale a alternativa correta.

(A) Suponha que "A" seja instigado a suicidar-se e decida pular da janela do prédio em que reside. Ao dar cabo do plano suicida, "A" não morre e apenas sofre lesão corporal de natureza leve. Pode-se afirmar que o instigador deverá responder pelo crime de tentativa de instigação ao suicídio, previsto no art. 122 do Código Penal.

(B) Considera-se qualificado o homicídio praticado contra pessoa menor de 14 anos ou maior de 60 anos.

(C) O Código Penal permite o aborto praticado pela própria gestante quando existir risco de morte e não houver outro meio de se salvar.

(D) O feminicídio é espécie de homicídio qualificado e resta configurado quando a morte da mulher se dá em razão da condição do sexo feminino. Se o crime for presenciado por descendente da vítima, incidirá ainda causa de aumento de pena.

(E) O aborto provocado pela gestante, figura prevista no art. 124 do Código Penal, cuja pena é de detenção de 1 (um) a 3 (três) anos, admite coautoria.

A: incorreta. Conforme entendimento doutrinário e jurisprudencial pacificado, o crime do art. 122 do CP (participação em suicídio) não comporta a modalidade tentada, somente havendo punição diante dos eventos *morte* ou *lesão corporal de natureza grave*. Entenda bem: este crime comporta dois momentos consumativos possíveis, a saber: morte da vítima ou lesão corporal de natureza grave. Significa que, se a vítima, auxiliada, instigada ou induzida, tentar dar fim à própria vida e, com isso, sofrer lesão corporal de natureza leve, como é o caso narrado na assertiva, não haverá sequer tentativa do crime do art. 122 do CP. Este

comentário, como não poderia deixar de ser, leva em conta a redação do art. 122 anterior ao advento da Lei 13.968/2019, que promoveu profundas alterações no crime de participação em suicídio. A seguir, falaremos sobre tais mudanças. No dia 26 de dezembro de 2019, quando todos ainda estavam atônitos com a publicação do Pacote Anticrime, ocorrida em 24 de dezembro de 2019, surge no Diário Oficial a Lei 13.968, que conferiu nova redação ao art. 122 do CP, ali incluindo, além do delito que já existia (mas em outras bases), também o crime de induzimento, instigação ou auxílio à automutilação. Com isso, passamos a ter o seguinte *nomem juris*: induzimento, instigação ou auxílio a suicídio ou a automutilação. Antes de mais nada, não podemos deixar de registrar uma crítica ao legislador, que inseriu no catálogo *dos crimes contra a vida* delito que deveria ter sido incluído no capítulo *das lesões corporais*. Refiro-me ao induzimento, instigação ou auxílio à automutilação, que, à evidência, não constitui, nem de longe, crime contra a vida. Além da inserção deste novo crime (induzimento, instigação ou auxílio à automutilação), tratou o legislador de alterar o delito contra a vida já existente de *participação em suicídio*, conferindo nova redação ao tipo penal e inserindo qualificadoras e majorantes. Enfim, o art. 122, que até então contava com um parágrafo único, contém, agora, sete parágrafos. A primeira e mais significativa conclusão a que se chega por meio de uma breve leitura do *caput* deste artigo é que o crime do art. 122 do CP, que era, até então, *material*, passa a ser *formal*. Antes, conforme é sabido, o delito de participação em suicídio somente alcançava a consumação com a produção de resultado naturalístico, ora representado pela morte, ora pela lesão corporal de natureza grave. Ou seja, o crime comportava dois momentos consumativos possíveis. A tentativa não era admitida. Doravante, dada a nova redação conferida ao art. 122, *caput*, do CP, a consumação será alcançada com o mero ato de induzir, instigar ou auxiliar a vítima a suicidar-se ou a automutilar-se. A morte, se ocorrer, configurará a forma qualificada prevista no art. 122, § 2º; se sobrevier, da tentativa de suicídio ou da automutilação, lesão grave ou gravíssima, restará configurada a forma qualificada do art. 122, § 1º. Perceba que a morte e a lesão grave, na redação anterior, constituíam pressuposto à consumação da participação em suicídio; hoje, trata-se de circunstâncias que qualificam o crime de induzimento, instigação ou auxílio a suicídio ou a automutilação. O § 3º do dispositivo em análise estabelece causas de aumento de pena. Reza que a pena será duplicada: se o crime é praticado por motivo egoístico, torpe ou fútil; e se a vítima é menor ou tem diminuída, por qualquer causa, a capacidade de resistência. O § 4º, por sua vez, impõe um aumento de pena de até o dobro se a conduta é realizada por meio da internet ou rede social ou ainda transmitida em tempo real. Se o sujeito ativo for líder ou coordenador de grupo ou de rede virtual, sua pena será aumentada em metade (§ 5). O § 6º trata da hipótese em que o crime do § 1º deste artigo resulta em morte de natureza gravíssima e é cometido contra menor de 14 anos ou contra vítima que, por enfermidade ou deficiência mental, não tem o necessário discernimento para a prática do ato, ou que, por qualquer outra causa, está impedido de oferecer resistência, caso em que o agente responderá pelo delito do art. 129, § 2º, do CP; agora, se contra essas mesmas vítimas for cometido o crime do art. 122, § 2º, do CP (suicídio consumado por morte decorrente da automutilação), o crime em que que incorrerá o agente será o de homicídio (art. 121, CP). É o que estabelece o art. 122, § 7º, CP; **B:** não se trata de *qualificadora* e sim de *causa de aumento de pena*, aplicável, é importante que se diga, ao homicídio *doloso* (art. 121, § 4º, parte final, CP), sempre que a vítima for menor de 14 anos ou maior de 60; **C:** incorreta. O chamado aborto *necessário* ou *terapêutico* (art. 128, I, CP), que é a modalidade de aborto legal em que a interrupção da gravidez se revela a única forma de salvar a vida da gestante, pressupõe a sua realização por médico. De outra forma não poderia ser. É que somente este profissional está credenciado a interpretar os exames e concluir pela necessidade da manobra abortiva; **D:** correta, pois corresponde ao que estabelece o art. 121, § 2º, VI, e § 7º, III, do CP; **E:** incorreta. O crime de aborto definido no art. 124, *caput*, primeira parte, do CP, chamado *autoaborto*, embora seja considerado de *mão própria*, já que impõe ao sujeito ativo, neste caso a gestante que realiza aborto em si própria, uma atuação personalíssima, admite concurso de agentes somente na

6. DIREITO PENAL 229

modalidade *participação*, sendo inviável a *coautoria*. É a hipótese em que terceiro induz, instiga ou auxilia a gestante a provocar, nela própria, a interrupção da gravidez (hipótese de participação); agora, se o terceiro, com o consentimento da gestante, nela promover manobras abortivas, responderá na forma do art. 126 do CP (aborto com consentimento da gestante). Cuida-se, como se pode ver, de exceção à teoria monista. **ED**

Gabarito "D".

(Delegado – PC/BA – 2018 – VUNESP) Segundo o art. 140, do Código Penal Brasileiro (crime de injúria), é correto afirmar que

(A) o crime de injúria qualificado, previsto no parágrafo 3º do art. 140, do CP, que consiste na ofensa à honra com a utilização de elementos referentes à raça e à cor, é inafiançável e imprescritível.

(B) o crime de injúria qualificado, previsto no parágrafo 3º do art. 140, do CP, consiste na ofensa à honra com a utilização de elementos referentes exclusivamente à raça, cor, etnia e origem.

(C) o perdão judicial, previsto no parágrafo 1º do art. 140, do CP, aplicável quando o ofendido provoca diretamente a injúria, aplica-se ao crime de injúria qualificado, previsto no parágrafo 3º do art. 140, do CP.

(D) no crime de injúria, o objeto jurídico é a honra subjetiva do ofendido, podendo ser praticado mediante dolo ou culpa.

(E) na injúria real, prevista no parágrafo 2o do art. 140, do CP, a violência ou vias de fato são meios de execução do crime.

A: incorreta. De fato, se considerarmos o disposto no art. 140, § 3º, do CP, não se pode dizer que o crime de injúria racial é *inafiançável e imprescritível*. Esta foi a linha adotada pela organizadora. Agora, é importante que se diga que o STJ e alguns doutrinadores, entre eles Guilherme de Souza Nucci, entendem que a injúria racial nada mais é do que uma das manifestações de racismo, razão pela qual deve ser considerado como racista (gênero) tanto aquele que, com base em elementos preconceituosos e discriminatórios, pratica condutas segregacionistas, definidas na Lei 7.716/1989, quanto o que profere injúrias raciais (art. 140, § 3º, do CP). Adotando essa linha de pensamento, a injúria racial seria *imprescritível* e *inafiançável*, tal como estabelece o art. 5º, XLII, da CF. Assim decidiu o STJ: "Nos termos da orientação jurisprudencial desta Corte, com o advento da Lei n.9.459/97, introduzindo a denominada injúria racial, criou-se mais um delito no cenário do racismo, portanto, imprescritível, inafiançável e sujeito à pena de reclusão (AgRg no AREsp 686.965/DF, Rel. Ministro Ericson Maranho (Desembargador convocado do TJ/SP), Sexta Turma, julgado em 18/08/2015, DJe 31/08/2015). 3. A ofensa a dispositivo constitucional não pode ser examinada em recurso especial, uma vez que compete exclusivamente ao Supremo Tribunal Federal o exame de matéria constitucional, o qual já se manifestou, em caso análogo, refutando a violação do princípio da proporcionalidade da pena cominada ao delito de injúria racial. 4. Agravo regimental parcialmente provido para conhecer do agravo em recurso especial mas negar-lhe provimento e indeferir o pedido de extinção da punibilidade" (AgRg no AREsp 734.236/DF, Rel. Ministro Nefi Cordeiro, Sexta Turma, julgado em 27/02/2018, DJe 08/03/2018). Atenção: a Lei 14.532/2023, posterior, portanto, à elaboração desta questão, em sintonia com a tônica de introduzir a injúria racial no cenário do racismo, alterou o teor do art. 140, § 3º, do CP, que passa a contar com a seguinte redação: *Se a injúria consiste na utilização de elementos referentes a religião ou à condição de pessoa idosa ou com deficiência*. Como se pode ver, o legislador, com isso, excluiu da forma qualificada da injúria ofensas contendo elementos referentes a raça, cor, etnia ou procedência nacional. Tais modalidades migraram para a Lei 7.716/1989, cujo art. 2º-A passa a ter a seguinte redação: *Injuriar*

alguém, ofendendo-lhe a dignidade ou o decoro, em razão de raça, cor, etnia ou procedência nacional. Dessa forma, o crime de injúria racial foi tipificado como racismo. A consequência disso é que tal modalidade de injúria passa a ser, agora por força de lei, imprescritível, inafiançável e incondicionada a ação penal. Além disso, a pena, que até então era de reclusão de 1 a 3 anos e multa, passa a ser de 2 a 5 anos de reclusão; **B:** incorreta, já que o tipo penal do art. 140, § 3º, do CP contempla, além dos mencionados na assertiva, os elementos *religião* e *condição de pessoa idosa ou portadora de deficiência* (vide comentário à assertiva anterior); **C:** incorreta, já que não se aplica à injúria qualificada do art. 140, § 3º, do CP; **D:** incorreta. É verdade que, no crime de injúria, a honra atingida é a *subjetiva*, que corresponde àquilo que a pessoa pensa de si própria, sua autoestima. Agora, é incorreto afirmar-se que o elemento subjetivo no crime de injúria pode ser representado tanto pelo *dolo* quanto pela *culpa*. É que não há forma culposa; **E:** correta (art. 140, § 2º, CP). **ED**

Gabarito "E".

(Juiz – TRF 2ª Região – 2017) Leia as assertivas e, ao final, marque a opção correta:

I. Não constituem calúnia ou difamação punível a ofensa irrogada em juízo, na discussão da causa, pela parte ou por seu procurador;

II. No crime de calúnia, o querelado não pode ingressar com a exceção da verdade quando o fato imputado à vítima constitua crime de ação privada e não houver condenação definitiva sobre o assunto;

III. Os crimes de calúnia e difamação exigem afirmativa específica acerca de fato determinado. Já na injúria as assertivas não consideram fatos específicos, e se referem a afirmações vagas e gerais feitas à pessoa do ofendido.

IV. É isento de pena o querelado que, antes da sentença, se retrata cabalmente da injúria ou da difamação.

(A) Apenas as assertivas II e III estão corretas.

(B) Apenas as assertivas I, II e IV estão corretas.

(C) Apenas a assertiva II está correta.

(D) Apenas as assertivas I e III estão corretas.

(E) Todas as assertivas são falsas.

I: incorreta. Isso porque o art. 142 do CP, que tem natureza jurídica de *causa de exclusão de crime*, não contempla a *calúnia*, tão somente a *injúria* e a *difamação*; **II:** correta, pois em conformidade com o disposto no art. 138, § 3º, I, do CP; **III:** correta. No crime de *injúria*, temos que o agente, sem imputar fato criminoso ou desonroso ao ofendido, atribui-lhe qualidade negativa. É a adjetivação pejorativa, o xingamento, enfim a ofensa à honra subjetiva da vítima. Não deve, portanto, ser confundida com os crimes de calúnia e difamação, em que o agente imputa ao ofendido fato definido como crime (no caso da calúnia) ou ofensivo à sua reputação (no caso da difamação); **IV:** incorreta. A retratação, causa extintiva da punibilidade prevista no art. 143 do CP, somente alcança os crimes de *calúnia* e *difamação*. E de outra forma não poderia ser, já que não seria razoável que o ofensor, no contexto da injúria, voltasse atrás no xingamento que proferira em face do ofendido. Vale lembrar que, aqui, a honra atingida é a subjetiva, que concerne ao que o sujeito pensa de si mesmo, seu amor-próprio. **ED**

Gabarito "A".

(Delegado/MS – 2017 – FAPEMS) Segundo Busato (2014), "o homicídio é uma violação do bem jurídico vida como tal considerado a partir do nascimento". E para Hungria (1959), esse crime constitui "a mais chocante violação do senso moral médio da humanidade civilizada".

BUSATO. Paulo César. Direito Penal: parte especial, l.ed. São Paulo: Atlas, 2014, p. 19. HUNGRIA, Nelson. Comentários ao código penal. 4.ed. Rio de Janeiro: Forense, 1959, p. 25.

O Código Penal Brasileiro, em seu artigo 121, apresenta três modalidades de tipos penais de ação homicida, em que os elementos que o compõem podem ou não aparecer conjugados. Acerca das modalidades do crime de homicídio, variantes e caracterização, assinale a alternativa correta.

(A) É caracterizada como homicídio a morte de feto atingido por disparo de arma de fogo, quando ainda no ventre da mãe.

(B) O infanticídio é modalidade do homicídio qualificado pelo resultado, quando a mãe mata o próprio filho logo após o parto, sob a influência do estado puerperal, cuja pena é agravada.

(C) O latrocínio, por se tratar de espécie complexa de homicídio qualificado previsto no artigo 121 do Código Penal, não é julgado pelo Tribunal do Júri por envolver questões patrimoniais.

(D) A eutanásia, ou o homicídio piedoso, é reconhecida como conduta praticada por relevante valor moral, caracterizadora do homicídio privilegiado.

(E) O homicídio pode ser considerado qualificado /privilegiado quando praticado por relevante valor moral motivado por vingança.

A: incorreta. O crime de homicídio tutela a vida humana em sua forma extrauterina, assim considerada a partir do momento em que se inicia o parto. Antes disso, fala-se em vida humana intrauterina, que é protegida pelo crime de aborto. Portanto, a morte de um feto atingido por disparo de arma de fogo quando ainda no ventre da mãe, constitui crime de aborto (arts. 124 a 127, CP); **B:** incorreta. Nada obstante a doutrina afirme que o infanticídio é uma espécie de homicídio *sui generis*, o fato é que o legislador optou por tipificá-lo autonomamente, ou seja, criando um crime próprio (praticado pela mãe contra o próprio filho, durante o parto ou logo após, sob a influência do estado puerperal). Assim, não se pode afirmar que o infanticídio seja modalidade de homicídio qualificado, tendo tratamento específico no art. 123 do CP; **C:** incorreta, pois o latrocínio, que é espécie de roubo qualificado pela morte (art. 157, §3º, II, do CP), não é espécie de homicídio qualificado (crime contra a vida), como constou na assertiva, mas, sim, um crime contra o patrimônio; **D:** correta. De fato, a eutanásia, também conhecida como homicídio piedoso, é o clássico exemplo de homicídio privilegiado (art. 121, §1º, do CP), praticado pelo agente que age impelido por motivo de relevante valor moral (piedade, misericórdia, compaixão). Neste caso, sua pena será reduzida de um sexto a um terço; **E:** incorreta. A figura do homicídio qualificado-privilegiado, também conhecido como homicídio híbrido, somente será admitido quando a qualificadora for objetiva (art. 121, § 2º, III e IV, do CP), relacionada aos meios e modos de execução do crime. É incompatível a coexistência do privilégio com as qualificadoras de natureza subjetiva (art. 121, § 2º, I, II, V, VI e VII, do CP), tal como a vingança, que pode ser considerada motivo torpe. **AT**
„D.‟ oʇᴉɹɐqɐ⅁

19. CRIMES CONTRA O PATRIMÔNIO

(Delegado/RJ – 2022 – CESPE/CEBRASPE) Bráulio, policial civil em férias, estava na DP em que trabalha esperando um inspetor de polícia amigo, com o qual havia combinado de almoçar. Nesse momento, chegou ao local Patrícia, mãe de Gabriel, que fora preso em flagrante delito por furto no dia anterior. Patrícia se dirigiu a Bráulio e disse que estava ali para pagar a fiança do filho. Bráulio, a fim de agilizar o procedimento e sair logo para o almoço, acessou o sistema informatizado e verificou que Gabriel fora autuado por furto qualificado, insuscetível de fiança

(o que, inclusive, encontrava- se mencionado na decisão do delegado plantonista). Ainda assim, Bráulio disse que a fiança foi fixada no valor de um salário mínimo e recolheu para si a quantia entregue por Patrícia.

Nessa situação hipotética, Bráulio cometeu crime de

(A) apropriação indébita.

(B) apropriação de coisa havida por erro.

(C) peculato por erro de outrem.

(D) estelionato.

(E) peculato.

A: incorreta, já que o delito de apropriação indébita, definido no art. 168 do CP, pressupõe que o agente detenha a posse da coisa alheia móvel, o que não se dá na hipótese narrada no enunciado; **B:** incorreta. Não configura o crime do art. 169 do CP; **C:** incorreta, já que o crime de peculato mediante erro de outrem (art. 313, CP) pressupõe que o funcionário público receba os valores por erro espontâneo da vítima; **D:** correta. De fato, o crime praticado por Bráulio se enquadra na descrição típica do art. 171 do CP (estelionato), na medida em que induziu (levou) Patrícia em erro, levando-a a acreditar que fora fixada fiança em favor de seu filho, com o que o *intraneus* obteve vantagem indevida, recebendo o valor entregue pela vítima; **E:** incorreta, já que o dinheiro não estava sob a sua posse, não havendo que se falar em apropriação (peculato). **ED**
„D.‟ oʇᴉɹɐqɐ⅁

(Delegado/RJ – 2022 – CESPE/CEBRASPE) Depois de assistir a um filme na última sessão do cinema local, Renata dirigiu-se à sua casa. Durante o trajeto, ela notou que havia esquecido um equipamento eletrônico sobre a poltrona da sala de cinema, então retornou ao local. Lá, foi impedida pelo porteiro de entrar. Ela apresentou a ele o ingresso, no qual constava a poltrona que ocupava, pedindo-lhe que buscasse o equipamento deixado no local. Enquanto a conversa entre o porteiro e Renata ocorria, Estela, funcionária do cinema, encontrou o equipamento sobre a poltrona da sala de cinema e, percebendo que alguém o esquecera, levou-o consigo, com intenção de incorporação patrimonial. Logo em seguida, o porteiro entrou na sala, foi à poltrona indicada no ingresso apresentado por Renata, e nada encontrou. Disse, então, a Renata para retornar no dia seguinte, pois existia no local um setor de achados e perdidos, onde os empregados do cinema deviam deixar coisas alheias porventura localizadas no estabelecimento.

Chegando à sua casa com o equipamento, Estela mostrou-o ao seu marido, Alexandre, que descobriu seu valor: R$ 3.000. Visando ao lucro, Alexandre decidiu anunciá-lo à venda em um *site* da Internet, pelo valor de R$ 1.500.

No dia seguinte, Renata, após não encontrar o objeto no setor de achados e perdidos do cinema, resolveu pesquisar na Internet por produtos idênticos expostos à venda. Assim acabou localizando seu pertence. Como o equipamento apresentava características únicas, ela o identificou sem nenhuma dúvida. Passando-se por compradora, Renata marcou um encontro com Alexandre, para ver o equipamento. Em seguida, ela foi à delegacia de polícia local e pediu auxílio para recuperar a coisa, o que efetivamente ocorreu, sendo certo que Alexandre estava em seu poder. Alexandre foi conduzido à delegacia, aonde pouco depois chegou Estela. Ouvidos formalmente na presença de um advogado, ambos confessaram o ocorrido.

Com base nessa situação hipotética, é correto afirmar que

(A) Estela praticou furto, e Alexandre cometeu receptação.

(B) Estela praticou crime de apropriação de coisa achada, e Alexandre cometeu receptação qualificada.

(C) Estela praticou crime de furto, e Alexandre cometeu receptação qualificada.

(D) Estela praticou crime de furto, e Alexandre não cometeu crime.

(E) Estela praticou crime de apropriação de coisa achada, e Alexandre cometeu receptação.

Estela, ao subtrair bem que sabia pertencer a outrem, que ali o esquecera, imbuída do propósito de dele se apropriar (incorporar ao seu patrimônio), incorreu no crime de furto (art. 155, CP); já a conduta de Alexandre, que se limitou a anunciar o bem para venda, é atípica. **ED**

Gabarito "D".

(Juiz de Direito/AP – 2022 – FGV) Determinada investigação foi instaurada para apurar fraude, ocorrida em 02 de julho de 2020, em Macapá, na obtenção de auxílio emergencial concedido pelo Governo Federal, por meio da Caixa Econômica Federal, em decorrência da pandemia da Covid-19. Jack declarou na investigação que realizou depósito em sua conta do "ComércioRemunerado", no valor de R$ 600,00 e depois percebeu que aquela quantia foi transferida para Russel, sendo que não foi Jack quem realizou a operação financeira nem a autorizou. Russel assinalou que a aludida quantia foi realmente transferida para sua conta no "ComércioRemunerado" e foi declarada como pagamento de conserto de motocicleta, para enganar os órgãos competentes e conseguir a antecipação do auxílio emergencial. Disse que foi Fênix, proprietária de uma loja de manutenção de telefones celulares, quem lhe propôs a prática de tais condutas, acrescentando que seria um procedimento legal, e ainda ofereceu R$ 50,00 para cada antecipação passada em sua máquina do "ComércioRemunerado", sendo que Jack praticou a conduta quatro vezes. Disse ainda que o dinheiro entrava em sua conta no "ComércioRemunerado" e era transferido para a conta de Fênix. O auxílio emergencial era disponibilizado pela União, por meio da Caixa Econômica Federal. O crime supostamente praticado nesse caso é o de:

(A) estelionato;

(B) furto mediante fraude;

(C) apropriação indébita;

(D) apropriação indébita previdenciária;

(E) peculato.

De antemão, registre-se que a redação do enunciado é confusa e truncada. Segundo consta, o valor recebido por Jack em sua conta no "ComércioRemunerado" a título de auxílio emergencial foi transferido, à sua revelia (ele não realizou a transferência tampouco a autorizou), para a conta de titularidade de Russel, também no "ComércioRemunerado", o qual, por sua vez, admitiu haver realizado a transferência de forma fraudulenta, usando como justificativa o pagamento de conserto de uma motocicleta. Disse que o dinheiro entrava em sua conta no "Comércio-Remunerado" e era transferido para a conta de Fênix, pessoa que teria lhe proposto tal prática, o que lhe renderia a importância de R$ 50,00 para cada antecipação passada em sua máquina do "ComércioRemunerado". Esta questão, ao que parece, foi extraída de um precedente do STJ, no qual se discutia a competência para o julgamento do feito. Consta do julgado que, pelo fato de a vítima não haver sido induzida a erro tampouco haver entregado espontaneamente a importância, o

crime em que teria incorrido o agente é o de furto mediante fraude, e não estelionato. Senão vejamos: "1. O presente conflito de competência deve ser conhecido, por se tratar de incidente instaurado entre juízos vinculados a Tribunais distintos, nos termos do art. 105, inciso I, alínea d da Constituição Federal _ CF. 2. O núcleo da controvérsia consiste em definir o Juízo competente no âmbito de inquérito policial instaurado para investigar A suposta conduta de desvio de valores relativos ao auxílio emergencial pago durante a pandemia do Covid-19. 3. No caso concreto não se identifica ofensa direta à Caixa Econômica Federal _ CEF ou à União, uma vez que não há qualquer notícia de que a beneficiária tenha empregado fraude para o recebimento do seu auxílio. Em outras palavras, houve ingresso lícito no programa referente ao auxílio emergencial e transferência lícita da conta da Caixa Econômica Federal para a conta do Mercado Pago, ambas de titularidade da beneficiária do auxílio. 4. O procedimento investigatório revela transferência fraudulenta de valores entre contas do Mercado Pago de titularidade da vítima e do agente delituoso, ou seja, a vítima não foi induzida a erro e tampouco entregou espontaneamente o numerário, de tal forma que o atual estágio das investigações indica suposta prática de furto mediante fraude. "Para que se configure o delito de estelionato (art. 171 do Código Penal), é necessário que o Agente, induza ou mantenha a Vítima em erro, mediante artifício, ardil, ou qualquer outro meio fraudulento, de maneira que esta lhe entregue voluntariamente o bem ou a vantagem. Se não houve voluntariedade na entrega, o delito praticado é o do furto mediante fraude eletrônica (art. 155, § 4.º-B, do mesmo Estatuto)" (CC 181.538/SP, Rel. Ministra LAURITA VAZ, TERCEIRA SEÇÃO, DJe 1º/9/2021). 5. O agente delituoso ao transferir para si os valores pertencentes à vítima não fraudou eletronicamente o sistema de segurança da Caixa Econômica Federal, mas apenas o sistema de segurança do Mercado Pago, instituição privada para a qual o numerário foi transferido por livre vontade da vítima. Neste contexto, sem fraude ao sistema de segurança da instituição financeira federal não há de se falar em competência da Justiça Federal. Precedente: CC 149.752/PI, Rel. Ministro REYNALDO SOARES DA FONSECA, TERCEIRA SEÇÃO, DJe 1º/2/2017. 6. O ilustre Ministro Felix Fisher no julgamento do CC 177.398/RS (DJe 12/2/2021), em situação análoga ao caso concreto, firmou a competência da Justiça Estadual ao fundamento de que a vítima do delito patrimonial havia transferido valores provenientes de auxílio emergencial, por livre opção, ao sistema de pagamento virtual conhecido como PICPAY para somente depois sofrer o prejuízo advindo do crime. 7. No caso ora em análise, em que houve violação ao sistema de segurança de instituição privada, qual seja, o Mercado Pago, sem qualquer fraude ou violação de segurança direcionada à Caixa Econômica Federal, o prejuízo ficou adstrito à instituição privada e particulares, não se identificando situação prevista no art. 109, inciso I, da Constituição Federal. 8. Competência da Justiça Estadual." (STJ, CC 182.940/SP, Rel. Ministro JOEL ILAN PACIORNIK, TERCEIRA SEÇÃO, julgado em 27/10/2021, DJe 03/11/2021). **ED**

Gabarito "B".

(Juiz de Direito/GO – 2021 – FCC) No que se refere ao crime de roubo,

(A) passou a ser considerado hediondo, em qualquer modalidade, pela Lei no 13.964, de 24 de dezembro de 2019.

(B) se consuma com a inversão da posse do bem mediante emprego de violência ou grave ameaça, ainda que por breve tempo e em seguida à perseguição imediata ao agente e recuperação da coisa roubada, revelando-se imprescindível, porém, a posse mansa e pacífica ou desvigiada.

(C) configura-se na forma imprópria quando o agente, antes de subtraída a coisa, emprega violência ou grave ameaça, a fim de assegurar a impunidade do crime ou a detenção da coisa para si ou para outrem.

(D) já não constitui causa de aumento da pena o emprego de arma branca.

(E) a fração de aumento pela majorante do emprego de arma de fogo dependerá da natureza do instrumento.

A: incorreta. Com o advento da Lei 13.964/2019, foram inseridas três modalidades de roubo majorado (circunstanciado) no rol de crimes hediondos, a saber: roubo majorado pela restrição de liberdade da vítima (art. 157, § 2º, V); roubo majorado pelo emprego de arma de fogo (art. 157, § 2º-A, I); roubo majorado pelo emprego de arma de fogo de uso proibido ou restrito (art. 157, § 2º-B). Como se vê, o roubo, com a entrada em vigor do pacote anticrime, não passou a ser considerado hediondo em qualquer de suas modalidades, mas somente nas hipóteses a que fizemos referência; **B:** incorreta. Ainda que o agente não tenha tido a posse mansa e pacífica do objeto material do crime, o crime de roubo (e também o de furto), ainda assim, estará consumado. Isso porque a jurisprudência do STF e do STJ dispensa, para a consumação do roubo/furto, o critério da saída da coisa da *esfera de vigilância da vítima* e se contenta com a constatação de que, cessada a clandestinidade ou a violência, o agente tenha tido a posse da *res*, mesmo que retomada, em seguida, pela perseguição imediata: STF, HC 92450-DF, 1ª T., Rel. Min. Ricardo Lewandowski, 16.9.08; STJ, REsp 1059171-RS, 5ª T., Rel. Min. Felix Fischer, j. 2.12.08. Consagrando tal entendimento, o STJ editou a Súmula 582: *Consuma-se o crime de roubo com a inversão da posse do bem mediante emprego de violência ou grave ameaça, ainda que por breve tempo e em seguida à perseguição imediata ao agente e recuperação da coisa roubada, sendo prescindível a posse mansa e pacífica ou desvigiada*; **C:** incorreta. O reconhecimento do roubo impróprio (art. 157, § 1º, do CP) tem como pressuposto o fato de a violência contra a pessoa ou grave ameaça verificar-se após a subtração da *res* (e não antes, como consta da assertiva). É este o caso, por exemplo, do agente que, após efetuar a subtração de determinado bem (furto), ao deixar o local se depara com o proprietário da *res*, contra o qual o agente desfere um soco, que vem a ocasionar-lhe um desmaio e acaba por assegurar ao agente a detenção da coisa subtraída. O roubo próprio, por seu turno, que é a modalidade mais comum desse crime, se dá quando a violência ou grave ameaça é empregada com o fim de retirar os bens da vítima. Em outras palavras, a violência ou a grave ameaça, no roubo próprio, constitui meio para o agente chegar ao seu objetivo, que é o de efetuar a subtração. O roubo impróprio se consuma com o emprego da violência ou grave ameaça; já o roubo próprio alcança a sua consumação com a inversão da posse do bem mediante violência ou grave ameaça (Súmula 582, STJ); **D:** incorreta. Quanto ao emprego de arma como meio para o cometimento do crime de roubo, valem alguns esclarecimentos, em face de inovações legislativas ocorridas neste campo. Com o advento da Lei 13.654/2018, o art. 157, § 2º, I, do CP, que impunha aumento de pena no caso de a violência ou ameaça, no crime de roubo, ser exercida com emprego de *arma*, foi revogado. Em relação à incidência desta causa de aumento, a jurisprudência havia consolidado o entendimento segundo o qual o termo *arma* tinha acepção ampla, ou seja, estavam inseridas no seu conceito tanto as armas *próprias*, como, por excelência, a de fogo, quanto as *impróprias* (faca, punhal, foice etc.). Além de revogar o dispositivo acima, a Lei 13.654/2018 promoveu a inclusão da mesma causa de aumento de pena (emprego de arma) no § 2º-A, I, do CP. Até aí, nenhum problema. Como bem sabemos, o deslocamento de determinado comportamento típico de um para outro dispositivo, por força da regra da continuidade típico-normativa, não tem o condão de descriminalizar a conduta. Sucede que a Lei 13.654/2018, ao deslocar esta causa de aumento do art. 157, § 2º, I, do CP para o art. 157, § 2º-A, I, também do CP, limitou o alcance do termo *arma*, já que passou a referir-se tão somente à arma de *fogo*, do que se conclui que somente incorrerá nesta causa de aumento o agente que se valer, para a prática do roubo, de arma de fogo (revólver, pistola fuzil etc.); a partir da entrada em vigor desta lei, portanto, se o agente utilizar, para o cometimento deste delito, arma branca, o roubo será simples, já que, repita-se, a nova redação do dispositivo especificou que tipo de arma é

apta a configurar o aumento: arma de fogo. Outro detalhe: pela redação anterior, o agente que fizesse uso de arma (de fogo ou branca) estaria sujeito a um aumento de pena da ordem de um terço até metade; a partir de agora, se utilizar arma (necessariamente de fogo), sujeitar-se-á a um incremento da ordem de dois terços. Desnecessário dizer que tal inovação não poderá retroagir e atingir fatos ocorridos antes da entrada em vigor desta lei, já que constitui *lex gravior*. De outro lado, essa mesma norma que exclui a arma que não seja de fogo deverá retroagir para beneficiar o agente (*novatio legis in mellius*) que praticou o crime de roubo com emprego de arma branca antes de ela entrar em vigor. Este quadro, que acima explicitamos, perdurou até o dia 23 de janeiro de 2020, data em que entrou em vigor a Lei 13.964/2019 (pacote anticrime). Duas modificações foram promovidas por esta lei nas majorantes do crime de roubo. Em primeiro lugar, foi reinserida a causa de aumento na hipótese de o agente se valer, para a prática do crime de roubo, de arma branca (inserção do inciso VII no § 2º do art. 157 do CP). Lembremos que, com a edição da Lei 13.654/2018, o emprego de arma branca, no roubo, deixou de configurar causa de aumento. Pois bem. Além disso, a Lei 13.964/2019 introduziu no art. 157 do CP o § 2º-B, que estabelece nova causa de aumento de pena para o roubo, quando a violência ou grave ameaça for exercida com emprego de arma de fogo de uso restrito ou proibido. Neste caso, a pena prevista no *caput* será aplicada em dobro. Em resumo, com a entrada em vigor da Lei Anticrime, passamos a ter o seguinte quadro: violência/grave ameaça exercida com emprego de arma branca (art. 157, § 2º, VII, CP): aumento de pena da ordem de um terço até metade; violência/grave ameaça exercida com emprego de arma de fogo, desde que não seja de uso restrito ou proibido (art. 157, § 2º-A, I, CP): a pena será aumentada de dois terços; violência/grave ameaça exercida com emprego de arma de fogo de uso restrito ou proibido (art. 157, § 2º-B, CP): a pena será aplicada em dobro; **E:** correta. De fato, se a violência ou grave ameaça for exercida com emprego de arma de fogo (de uso permitido), a pena será aumentada de dois terços (art. 157, § 2º-A, I, CP); agora, sendo a arma de fogo de uso restrito ou proibido, a pena será aplicada em dobro, nos termos do art. 157, § 2º-B, CP. A fração de aumento, portanto, levará em conta a natureza do instrumento (se de uso permitido ou restrito/proibido). ED

Gabarito "E".

(Juiz de Direito/SP – 2021 – Vunesp) Durante a abordagem a três pessoas que se encontravam em um ponto de ônibus, mediante grave ameaça verbal de morte, Caio, que completara 18 anos naquela data e Tácio, que iria completar 18 anos no dia seguinte, subtraíram, para proveito comum, um aparelho de telefone celular da vítima A e a carteira da vítima B. Em razão de reação da vítima C, ambos a agrediram e, em seguida, dali se evadiram, sem nada subtrair de C.

A dupla foi localizada e identificada um mês após os fatos, sendo apreendido em poder de Caio um revólver, calibre 38, com numeração visível, desmuniciado, que trazia em sua cintura. O revólver foi periciado, constatando-se que a arma estava apta para efetuar disparos.

Nessa hipotética situação, é correto afirmar que

(A) Caio será processado criminalmente pelo delito de roubo com incidência da causa de aumento de pena pelo concurso de agentes, cometido contra três vítimas, observada a regra do cúmulo formal de infrações e pelo crime de porte irregular de arma de fogo de uso permitido.

(B) Caio será processado criminalmente pelo delito de roubo com incidência da causa de aumento de pena pelo concurso de agentes, contra três vítimas, observada a regra do cúmulo formal de infrações, não caracterizado o delito de porte ilegal de arma de fogo de uso permitido, dado que o revólver com ele apreendido estava desmuniciado.

(C) Caio e Tácio serão processados criminalmente pelo delito de roubo com incidência da causa de aumento de pena pelo concurso de agentes, cometido contra três vítimas, observada a regra do cúmulo material de infrações.

(D) Caio e Tácio serão processados criminalmente pelo delito de roubo com incidência da causa de aumento de pena pelo concurso de agentes, cometido contra três vítimas, observada a regra do cúmulo formal de infrações.

Segundo narrativa contida no enunciado, Caio e Tácio, agindo em concurso de pessoas e no mesmo contexto fático, subtraíram, mediante o emprego de grave ameaça, bens de duas vítimas que se encontravam em um ponto de ônibus. No mesmo local havia uma terceira vítima, que, tendo reagido à abordagem, não teve seus bens subtraídos, embora tenha sido subjugada e agredida. Em seguida, os roubadores se evadiram do local, levando um aparelho de telefone celular da vítima A e a carteira da vítima B. Depois de um mês do roubo, a dupla, em contexto fático diverso, é localizada e identificada, sendo apreendido em poder de Caio um revólver calibre 38, com numeração visível, desmuniciado, que trazia em sua cintura. O revólver foi periciado, constatando-se que a arma estava apta para efetuar disparos. Antes de mais nada, devemos analisar a questão pertinente à imputabilidade dos agentes. Não há dúvida de que Caio, por contar com 18 anos à data dos fatos, deve ser responsabilizado criminalmente. Em outras palavras, ele é imputável. Consta do enunciado que ele fizera aniversário na data do roubo. Aqui, pouco importa a hora de seu nascimento. Prevalece, isto sim, o dia do aniversário, ou seja, ele deve ser considerado imputável a partir da zero hora do dia em que alcançou a maioridade. Já em relação a Tácio, a situação é diferente. Isso porque, ao tempo em que as subtrações foram efetuadas (e consumadas), ele ainda não havia alcançado a maioridade, o que semente ocorreria no dia seguinte, data em que completou 18 anos. Em resumo, temos que Caio deverá ser responsabilizado criminalmente por seus atos, ao passo que Tácio, por conta de sua menoridade, o que o torna inimputável, responderá por ato infracional análogo ao crime de roubo, estando sujeito a medida socioeducativa a ser aplicada em processo na vara da infância e juventude. Dito isso, passemos à conduta levada a efeito por cada um. Caio, que, como dito, já era imputável à data dos fatos, será responsabilizado por roubo com incidência da causa de aumento de pena pelo concurso de crimes, contra três vítimas, em concurso formal de crimes (art. 157, § 2º, II, do CP). Perceba que, a despeito de a vítima "C" não ter sofrido desfalque patrimonial, já que nenhum bem seu foi subtraído, ainda assim ela foi vítima do roubo (tentado), na medida em que foi subjugada e, após, agredida. Outro ponto que merece destaque é que o fato de um dos agentes ser inimputável não afasta o reconhecimento do concurso de agentes, devendo o menor ser contabilizado para o fim de incidência da majorante. Ainda com relação a Caio, este deverá ser responsabilizado pelo crime de porte irregular de arma de fogo, pouco importando o fato de a arma encontrar-se desmuniciada. É que, segundo tem entendido a jurisprudência, o porte de arma de fogo sem autorização e em desacordo com determinação legal ou regulamentar configura crime do Estatuto do Desarmamento, ainda que a arma esteja desmuniciada. Conferir: "Em relação ao porte de arma de fogo desmuniciada, esta Corte Superior uniformizou o entendimento – alinhado à jurisprudência do Supremo Tribunal Federal – de que o tipo penal em apreço é de perigo abstrato. Precedentes. 2. Não há falar em atipicidade material da conduta atribuída à acusada Renata de Souza Garcia, porque o simples fato de possuir, sob sua guarda, arma (dois revólveres com numeração suprimida) à margem do controle estatal – artefato que mesmo desmuniciado possui potencial de intimidação e reduz o nível de segurança coletiva exigido pelo legislador – caracteriza o tipo penal previsto no art. 16, parágrafo único, I, do Estatuto do Desarmamento, principalmente porque o bem jurídico tutelado pela norma penal não é a incolumidade física de outrem, mas a segurança pública e a paz social, efetivamente violadas" (STJ, HC 447.071/MS, Rel. Ministro Rogerio Schietti Cruz, Sexta Turma, julgado em 14.08.2018, DJe 29.08.2018). No que toca à arma comprovadamente inapta a realizar disparos, a situação é diferente. Com efeito, portar uma arma desmuniciada (que é crime) é bem diferente de portar uma arma inapta para efetuar disparos, que configura crime impossível, já que a segurança pública, neste caso, não está em risco. Nesse sentido: "1. A Terceira Seção desta Corte pacificou entendimento no sentido de que o tipo penal de posse ou porte ilegal de arma de fogo cuida-se de delito de mera conduta ou de perigo abstrato, sendo irrelevante a demonstração de seu efetivo caráter ofensivo. 2. Na hipótese, contudo, em que demonstrada por laudo pericial a total ineficácia da arma de fogo (inapta a disparar) e das munições apreendidas (deflagradas e percutidas), deve ser reconhecida a atipicidade da conduta perpetrada, diante da ausência de afetação do bem jurídico incolumidade pública, tratando-se de crime impossível pela ineficácia absoluta do meio. 3. Recurso especial improvido" (STJ, REsp 1451397/MG, Rel. Ministra Maria Thereza de Assis Moura, Sexta Turma, julgado em 15.09.2015, DJe 01.10.2015). No mais, considerando que o roubo foi praticado mediante uma só ação contra vítimas distintas, no mesmo contexto fático, há de se reconhecer o concurso formal de crimes, conforme entendimento sedimentado na jurisprudência. Tácio, por sua vez, como já dito, será responsabilizado por ato infracional equiparado ao crime de roubo majorado em razão do concurso de pessoas. Cuidado: não há no enunciado nenhuma informação que permita inferir que a arma apreendida tenha sido utilizada no crime de roubo. Se assim fosse, os agentes incorreriam na majorante do inciso I do § 2º-A do art. 157 do CP. Não é o caso, já que os crimes de roubo e o de porte de arma se deram em contextos fáticos diversos. **ED**

Gabarito "A".

Joaquim, com o intuito de fornecer energia elétrica a seu pequeno ponto comercial situado em via pública, efetuou uma ligação clandestina no poste de energia elétrica próximo a seu estabelecimento. Durante dois anos, ele utilizou a energia elétrica dessa fonte, sem qualquer registro ou pagamento do real consumo. Em fiscalização, foi constatada a prática de crime, e, antes do recebimento da denúncia, Joaquim quitou o valor da dívida apurado pela companhia de energia elétrica.

(Promotor de Justiça/CE – 2020 – CESPE/CEBRASPE) Consoante a jurisprudência do STJ, nessa situação hipotética, Joaquim praticou o crime de

(A) furto mediante fraude, cuja punibilidade foi extinta com o pagamento do débito antes do oferecimento da denúncia.

(B) estelionato, cuja punibilidade foi extinta com o pagamento do débito antes do oferecimento da denúncia.

(C) furto simples, cuja punibilidade não foi extinta com o pagamento do débito, apesar de essa circunstância poder caracterizar arrependimento posterior.

(D) estelionato, cuja punibilidade não foi extinta com o pagamento do débito, apesar de essa circunstância poder caracterizar arrependimento posterior.

(E) furto mediante fraude, cuja punibilidade não foi extinta com o pagamento do débito, apesar de essa circunstância poder caracterizar arrependimento posterior.

Antes de qualquer coisa, é importante que se diga que, no que toca ao tema tratado no enunciado, há duas situações possíveis. Configura o crime de furto de energia mediante fraude quando o agente instala ou retira a fiação diretamente do poste de energia para a sua moradia ou comércio, sem passar pelo medidor. É este o caso narrado no enunciado. Agora, se a energia for desviada depois de instalado o medidor, com o emprego de algum tipo de dispositivo fraudulento que marca consumo inferior ao efetivamente verificado, o crime será o de estelionato (art. 171, CP). No caso do furto de energia mediante fraude, o STJ pacificou o entendimento no sentido de que o adimplemento do débito antes do recebimento da denúncia não tem o condão de promover a extinção da punibilidade. Pode, no entanto, desde que preenchidos os requisitos contidos no art. 16 do CP, configurar arrependimento posterior. Conferir o seguinte julgado, no qual constam as razões pelas quais não se pode conferir o mesmo tratamento aos crimes patrimoniais (furto mediante fraude) e contra a ordem tributária: "1. Tem-se por pretensão aplicar o instituto da extinção de punibilidade ao crime de furto de energia elétrica em razão do adimplemento do débito antes do recebimento da denúncia. 2. Este Tribunal já firmou posicionamento no sentido da sua possibilidade. Ocorre que no caso em exame, sob nova análise, se apresentam ao menos três causas impeditivas, quais sejam; a diversa política criminal aplicada aos crimes contra o patrimônio e contra a ordem tributária; a impossibilidade de aplicação analógica do art. 34 da Lei n. 9.249/95 aos crimes contra o patrimônio; e, a tarifa ou preço público tem tratamento legislativo diverso do imposto. 3. O crime de furto de energia elétrica mediante fraude praticado contra concessionária de serviço público situa-se no campo dos delitos patrimoniais. Neste âmbito, o Estado ainda detém tratamento mais rigoroso. O desejo de aplicar as benesses dos crimes tributários ao caso em apreço esbarra na tutela de proteção aos diversos bens jurídicos analisados, pois o delito em comento, além de atingir o patrimônio, ofende a outros bens jurídicos, tais como a saúde pública, considerados, principalmente, o desvalor do resultado e os danos futuros. 4. O papel do Estado nos casos de furto de energia elétrica não deve estar adstrito à intenção arrecadatória da tarifa, deve coibir ou prevenir eventual prejuízo ao próprio abastecimento elétrico do País. Não se pode olvidar que o caso em análise ainda traz uma particularidade, porquanto trata-se de empresa, com condições financeiras de cumprir com suas obrigações comerciais. A extinção da punibilidade neste caso estabeleceria tratamento desigual entre os que podem e os que não podem pagar, privilegiando determinada parcela da sociedade. 5. Nos crimes contra a ordem tributária, o legislador (Leis n. 9.249/95 e n. 10.684/03), ao consagrar a possibilidade da extinção da punibilidade pelo pagamento do débito, adota política que visa a garantir a higidez do patrimônio público, somente. A sanção penal é invocada pela norma tributária como forma de fortalecer a ideia de cumprimento da obrigação fiscal. 6. Nos crimes patrimoniais existe previsão legal específica de causa de diminuição da pena para os casos de pagamento da "dívida" antes do recebimento da denúncia. Em tais hipóteses, o Código Penal - CP, em seu art. 16, prevê o instituto do arrependimento posterior, que em nada afeta a pretensão punitiva, apenas constitui causa de diminuição da pena. 7. A jurisprudência se consolidou no sentido de que a natureza jurídica da remuneração pela prestação de serviço público, no caso de fornecimento de energia elétrica, prestado por concessionária, é de tarifa ou preço público, não possuindo caráter tributário. Não há como se atribuir o efeito pretendido aos diversos institutos legais, considerando que os dispostos no art. 34 da Lei n. 9.249/95 e no art. 9º da Lei n. 10. 684/03 fazem referência expressa e, por isso, taxativa, aos tributos e contribuições sociais, não dizendo respeito às tarifas ou preços públicos. 8. Recurso ordinário desprovido" (STJ, RHC 101.299/RS, Rel. Ministro NEFI CORDEIRO, Rel. p/ Acórdão Ministro JOEL ILAN PACIORNIK, TERCEIRA SEÇÃO, julgado em 13/03/2019, DJe 04/04/2019). **ED**

Gabarito "E".

(Promotor de Justiça/SP – 2019 – MPE/SP) Assinale a alternativa **INCORRETA**.

(A) A destruição ou o rompimento de obstáculo com explosivo ou artefato análogo que cause perigo comum é causa expressa de aumento de pena no crime de roubo.

(B) A conduta de fabricar, vender, transportar ou mesmo soltar balões que possam provocar incêndios nas florestas e demais formas de vegetação, em áreas urbanas ou qualquer tipo de assentamento humano é crime.

(C) Há latrocínio consumado, quando o homicídio se consuma, ainda que não realizada a subtração dos bens da vítima.

(D) A conduta de descumprir decisão judicial que defere medidas protetivas de urgência previstas na Lei 11.340/06 é crime previsto na denominada Lei Maria da Penha, independentemente de as medidas protetivas terem sido deferidas por juiz criminal ou civil.

(E) O crime de roubo do qual resulta lesão corporal grave, nos termos das alterações trazidas pela Lei 13.654/2018, só pode se verificar a título de preterdolo.

A: correta, pois corresponde ao disposto no art. 157, § 2º-A, II, do CP; **B:** correta. Cuida-se do crime definido no art. 42 da Lei 9.605/1998 (Crimes Ambientais); **C:** correta. Em consonância com a jurisprudência do STJ (e também do STF), o crime de latrocínio (art. 157, § 3º, II, do CP) se consuma com a morte da vítima, ainda que o agente não consiga dela subtrair coisa alheia móvel. É o teor da Súmula 610, do STF. No STJ: "(...) 3. O latrocínio (CP, art. 157, § 3º, *in fine*) é crime complexo, formado pela união dos crimes de roubo e homicídio, realizados em conexão consequencial ou teleológica e com *animus necandi*. Estes crimes perdem a autonomia quando compõem o crime complexo de latrocínio, cuja consumação exige a execução da totalidade do tipo. Nesse diapasão, em tese, para haver a consumação do crime complexo, necessitar-se-ia da consumação da subtração e da morte, contudo os bens jurídicos patrimônio e vida não possuem igual valoração, havendo prevalência deste último, conquanto o latrocínio seja classificado como crime patrimonial. Por conseguinte, nos termos da Súmula 610 do STF, o fator determinante para a consumação do latrocínio é a ocorrência do resultado morte, sendo despicienda a efetiva inversão da posse do bem (...)" (HC 226.359/DF, Rel. Min. Ribeiro Dantas, Quinta Turma, j. 02.08.2016, *DJe* 12.08.2016); **D:** correta. Com o advento da Lei 13.641/2018, foi inserido na Lei Maria da Penha o art. 24-A, que contempla, como crime, a conduta do agente que descumpre decisão judicial que defere medida protetiva de urgência prevista em lei, sujeitando-o à pena de detenção de 3 meses a 2 anos. Reza o § 1º desse dispositivo que "a configuração do crime independe da competência civil ou criminal do juiz que deferiu as medidas"; **E:** incorreta, uma vez que a lesão grave e a morte resultantes da violência empregada no crime de roubo (art. 157, § 3º, I e II, CP) podem advir tanto de culpa (preterdolo) quanto de dolo. **ED**

Gabarito "E".

(Juiz de Direito – TJ/RJ – 2019 – VUNESP) João invade um museu público disposto a furtar um quadro. Durante a ação, quando já estava tirando o quadro da parede, depara-se com um vigilante. Diante da ordem imperativa para largar o quadro, e temendo ser alvejado, vulnera o vigilante com um projétil de arma de fogo. O vigilante vem a óbito; e João, impressionado pelos acontecimentos, deixa a cena do crime sem carregar o quadro. De acordo com o entendimento sumulado pelo Supremo Tribunal Federal, praticou-se

(A) furto qualificado tentado em concurso com homicídio qualificado consumado.

(B) roubo próprio tentado em concurso com homicídio consumado.

(C) roubo impróprio tentado em concurso com homicídio consumado.

6. DIREITO PENAL — 235

(D) latrocínio tentado.

(E) latrocínio consumado.

Segundo o enunciado proposto, João, imbuído do propósito de subtrair um quadro, invade o museu no qual este se encontrava. Já no seu interior, quando tirava o quadro da parede, ele é surpreendido por um vigilante. Temendo ser alvejado, João atira no vigilante, que vem a óbito. Em seguida, ele deixa a cena do crime sem levar o bem. O enunciado não deixa dúvidas de que, desde o início, seu objetivo era furtar o quadro. Ocorre que, no curso da empreitada, quando estava prestes a concluir a subtração, João é abordado pelo vigilante do museu, contra o qual emprega violência. Neste momento, o crime de furto dá lugar ao delito de roubo na modalidade *imprópria* (art. 157, § 1º, do CP). O reconhecimento deste crime tem como pressuposto o fato de a violência contra a pessoa ou grave ameaça verificar-se após a subtração da *res*. É bem este o caso narrado no enunciado. Como da violência empregada por João resultou na morte do vigilante, o crime praticado é o roubo impróprio seguido de morte (latrocínio consumado), previsto no art. 157, § 3º, II, do CP. Com efeito, embora a subtração não tenha sido efetivada, a morte ocorreu. É este o entendimento sedimentado por meio da Súmula 610, do STF: *Há crime de latrocínio, quando o homicídio se consuma, ainda que não realize o agente a subtração de bens da vítima.* No STJ: "(...) 3. O latrocínio (CP, art. 157, § 3º, *in fine*) é crime complexo, formado pela união dos crimes de roubo e homicídio, realizados em conexão consequencial ou teleológica e com *animus necandi*. Estes crimes perdem a autonomia quando compõem o crime complexo de latrocínio, cuja consumação exige a execução da totalidade do tipo. Nesse diapasão, em tese, para haver a consumação do crime complexo, necessitar-se-ia da consumação da subtração e da morte, contudo os bens jurídicos patrimônio e vida não possuem igual valoração, havendo prevalência deste último, conquanto o latrocínio seja classificado como crime patrimonial. Por conseguinte, nos termos da Súmula 610 do STF, o fator determinante para a consumação do latrocínio é a ocorrência do resultado morte, sendo despicienda a efetiva inversão da posse do bem (...)" (HC 226.359/DF, Rel. Min. Ribeiro Dantas, Quinta Turma, j. 02.08.2016, *DJe* 12.08.2016). Quanto à diferença entre as modalidades própria e imprópria do roubo, valem alguns esclarecimentos. Roubo *impróprio*, conforme já ponderado acima, é aquele em que o agente, logo em seguida à subtração da coisa, é levado, para assegurar a sua impunidade ou a detenção da *res*, a empregar violência ou grave ameaça (art. 157, § 1º, do CP); o roubo *próprio*, que é a modalidade mais comum desse crime, se dá quando a violência ou grave ameaça é empregada com o fim de retirar os bens da vítima. Em outras palavras, a violência ou a grave ameaça, no roubo próprio, constitui meio para o agente chegar ao seu objetivo, que é o de efetuar a subtração. O roubo impróprio se consuma com o emprego da violência ou grave ameaça; já o roubo próprio alcança a sua consumação com a inversão da posse do bem mediante violência ou grave ameaça (Súmula 582, STJ). 🔲

Gabarito "E".

(Juiz de Direito – TJ/AL – 2019 – FCC) Segundo entendimento sedimentado dos Tribunais Superiores sobre crimes contra o patrimônio,

(A) há latrocínio tentado quando o homicídio se consuma, mas o agente não realiza a subtração de bens da vítima, não se admitindo o estabelecimento de regime prisional mais gravoso do que o cabível em razão da sanção imposta, com base na gravidade abstrata do delito, se fixada a pena-base no mínimo legal.

(B) é possível o reconhecimento da figura privilegiada nos casos de furto qualificado, se estiverem presentes a primariedade do agente, o pequeno valor da coisa e a qualificadora for de ordem subjetiva, não se admitindo, porém, a aplicação, no furto qualificado pelo concurso de agentes, da correspondente majorante do roubo.

(C) a intimidação feita com arma de brinquedo não autoriza, no crime de roubo, o reconhecimento da causa de aumento relativa ao emprego de arma de fogo, consumando-se o crime com a inversão da posse do bem mediante emprego de violência ou grave ameaça, ainda que por breve tempo e em seguida à perseguição imediata ao agente e recuperação da coisa roubada, imprescindível, porém, a posse mansa e pacífica ou desvigiada.

(D) o condenado por extorsão mediante sequestro, dependendo da data de cometimento da infração, poderá obter a progressão de regime após o cumprimento de um sexto da pena, independendo a consumação do crime de extorsão comum a obtenção de vantagem indevida.

(E) sistema de vigilância realizado por monitoramento eletrônico ou por existência de segurança no interior do estabelecimento comercial, por si só, não torna impossível a configuração do crime de furto, admitindo-se a indicação do número de majorantes como fundamentação concreta para o aumento na terceira fase de aplicação da pena no crime de roubo circunstanciado.

A: incorreta. A questão que se coloca na primeira parte da assertiva é saber se o roubo seguido de morte (latrocínio), na hipótese acima, se consumara ou não, já que, embora tenha havido morte, a subtração não ocorreu. Em consonância com a jurisprudência do STJ (e também do STF), o crime de latrocínio (art. 157, § 3º, II, do CP) se consuma com a morte da vítima, ainda que o agente não consiga dela subtrair coisa alheia móvel. É o teor da Súmula 610, do STF. No STJ: "(...) 3. O latrocínio (CP, art. 157, § 3º, *in fine*) é crime complexo, formado pela união dos crimes de roubo e homicídio, realizados em conexão consequencial ou teleológica e com *animus necandi*. Estes crimes perdem a autonomia quando compõem o crime complexo de latrocínio, cuja consumação exige a execução da totalidade do tipo. Nesse diapasão, em tese, para haver a consumação do crime complexo, necessitar-se-ia da consumação da subtração e da morte, contudo os bens jurídicos patrimônio e vida não possuem igual valoração, havendo prevalência deste último, conquanto o latrocínio seja classificado como crime patrimonial. Por conseguinte, nos termos da Súmula 610 do STF, o fator determinante para a consumação do latrocínio é a ocorrência do resultado morte, sendo despicienda a efetiva inversão da posse do bem (...)" (HC 226.359/DF, Rel. Min. Ribeiro Dantas, Quinta Turma, j. 02.08.2016, *DJe* 12.08.2016). A segunda parte da assertiva está correta, uma vez que reflete o entendimento consolidado na Súmula 440, do STJ: "Fixada a pena-base no mínimo legal, é vedado o estabelecimento de regime prisional mais gravoso do que o cabível em razão da sanção imposta, com base apenas na gravidade abstrata do delito"; **B:** incorreta. É pacífico o entendimento, tanto no STJ quanto no STF, de que é possível a coexistência do furto qualificado (art. 155, §4º, do CP) com a modalidade privilegiada do art. 155, § 2º, do CP, desde que a qualificadora seja de ordem *objetiva* (e não subjetiva, como consta da assertiva). Tanto é assim que o STJ, consolidando esse entendimento, editou a Súmula 511: "É possível o reconhecimento do privilégio previsto no §2º do art. 155 do CP nos casos de crime de furto qualificado, se estiverem presentes a primariedade do agente, o pequeno valor da coisa e a qualificadora for de ordem objetiva". A segunda parte da assertiva está correta, pois reflete o entendimento consolidado na Súmula 442, do STJ: "É inadmissível aplicar, no furto qualificado, pelo concurso de agentes, a majorante do roubo"; **C:** incorreta. Hodiernamente, é tranquilo o entendimento dos tribunais superiores no sentido de que o emprego de arma de brinquedo, no contexto do crime de roubo, não autoriza o reconhecimento da causa de aumento prevista no art. 157, § 2º-A, I, do CP. Lembremos que a Súmula 174 do STJ, que consolidava o entendimento pela incidência da majorante em casos assim, foi cancelada em 24 de outubro de 2001, apontando, portanto, mudança de posicionamento. Como se pode ver, até aqui a assertiva está correta. O erro está na sua parte final, em que afirma ser imprescindível à consumação do crime de roubo a posse mansa e pacífica ou desvigiada do objeto material. Como bem sabemos, a jurisprudência é pacífica no sentido de que o crime de roubo se consuma com a mera inversão da posse do bem mediante emprego de violência ou grave ameaça, independente da posse pacífica e desvigiada da coisa pelo agente. Tal entendimento encontra-se consolidado na Súmula 582, do STJ: "Consuma-se o crime de roubo com a inversão da posse do bem mediante emprego de violência ou grave ameaça, ainda que por breve tempo e em seguida à perseguição imediata ao agente e recuperação da coisa roubada, sendo prescindível a posse mansa e pacífica ou desvigiada"; **D**: correta. Se o crime é hediondo ou assemelhado, como é o caso da extorsão mediante sequestro (art. 159, CP), e foi praticado após a entrada em vigor da Lei 11.464/07, a progressão, por imposição do art. 2º, § 2º, da Lei 8.072/90, dar-se-á nos seguintes moldes: sendo o apenado primário, a progressão de regime ocorrerá após o cumprimento de dois quintos da pena; se reincidente, depois de cumpridos três quintos. Agora, se a prática do crime hediondo ou assemelhado for anterior à entrada em vigor da Lei 11.464/2007, que alterou, na Lei de Crimes Hediondos, o lapso exigido para a progressão de regime, deverá incidir, quanto aos condenados por crimes dessa natureza, a regência do art. 112 da LEP, que impõe, como condição para progressão de regime, o cumprimento de *um sexto* da pena no regime anterior, além de bom comportamento carcerário. Este entendimento está contemplado na Súmula 471 do STJ. Dessa forma, é correto afirmar-se que o condenado por extorsão mediante sequestro, dependendo da data de cometimento da infração (antes ou depois da Lei 11.464/2007), poderá obter a progressão de regime após o cumprimento de um sexto da pena. A segunda parte da assertiva, que se refere ao crime de extorsão comum (art. 158, CP), está também correta. Isso porque se trata de crime (formal) em que a consumação se opera no momento em que a vítima, constrangida, faz o que lhe foi imposto pelo agente ou ainda deixa de fazer o que este determinou que ela não fizesse. A obtenção, por parte do sujeito ativo, da vantagem exigida constitui mero exaurimento, isto é, desdobramento típico do delito previsto no art. 158 do CP. Este é o teor da Súmula 96 do STJ, que preceitua que "o crime de extorsão consuma-se independentemente da obtenção da vantagem indevida". Atenção: com as mudanças implementadas pela Lei 13.964/2019 no art. 112 da LEP, foram alteradas as frações de cumprimento de pena necessárias para que o reeducando obtenha o direito de progressão de regime; **E**: incorreta. A primeira parte da assertiva, que está correta, refere-se ao chamado *furto sob vigilância*, que pode, em determinadas situações, a depender do caso concreto, caracterizar *crime impossível* pela *ineficácia absoluta do meio* (art. 17 do CP). É o caso, por exemplo, do agente que, desde o momento em que ingressa no supermercado, passa a ser permanentemente vigiado por sistema de câmeras e também por seguranças, que ficam o tempo todo no seu encalço. Não há, neste caso, a menor possibilidade de o crime consumar-se. Isso não quer dizer que a existência, por si só, de sistema de segurança por câmeras elimine a possibilidade de o crime chegar à sua consumação. É perfeitamente plausível que o agente se aproveite de determinado ângulo de monitoramento em que a subtração não é visualizada pelo sistema de câmeras. Dessa forma, a ineficácia do meio deve ser avaliada caso a caso. Nesse sentido: STF, HC 110.975-RS, 1ª T., rel. Min. Carmen Lúcia, 22.05.2012. Consagrando esse entendimento, o STJ editou a Súmula 567: "Sistema de vigilância realizado por monitoramento eletrônico ou por existência de segurança no interior de estabelecimento comercial, por si só, não torna impossível a configuração do crime de furto". A segunda parte da assertiva está incorreta, porque em desconformidade com o entendimento firmado pela Súmula 443, do STJ: *O aumento na terceira fase de aplicação da pena no crime de roubo circunstanciado exige fundamentação concreta, não sendo suficiente para a sua exasperação a mera indicação do número de majorantes.* ED

Gabarito "D".

(Juiz de Direito - TJ/BA - 2019 - CESPE/CEBRASPE) Com relação aos crimes contra o patrimônio, julgue os itens que se seguem, com base no entendimento jurisprudencial.

I. A existência de sistema de vigilância por monitoramento, por impossibilitar a consumação do delito de furto, é suficiente para tornar impossível a configuração desse tipo de crime.

II. A presença de circunstância qualificadora de natureza objetiva ou subjetiva no delito de furto não afasta a possibilidade de reconhecimento do privilégio, se estiverem presentes a primariedade do agente e o pequeno valor da res furtiva.

III. Constatada a utilização de arma de fogo desmuniciada na perpetração de delito de roubo, não se aplica a circunstância majorante relacionada ao emprego de arma de fogo.

IV. No delito de estelionato na modalidade fraude mediante o pagamento em cheque, a realização do pagamento do valor relativo ao título até o recebimento da denúncia impede o prosseguimento da ação penal.

Estão certos apenas os itens

(A) I e II.

(B) I e III.

(C) III e IV.

(D) I, II e IV.

(E) II, III e IV.

I: incorreta. O chamado *furto sob vigilância* pode, em determinadas situações, a depender do caso concreto, caracterizar *crime impossível* pela *ineficácia absoluta do meio* (art. 17 do CP). É o caso, por exemplo, do agente que, desde o momento em que ingressa no supermercado, passa a ser permanentemente vigiado por sistema de câmeras e também por seguranças, que ficam o tempo todo no seu encalço. Não há, neste caso, a menor possibilidade de o crime consumar-se. Isso não quer dizer que a existência, por si só, de sistema de segurança por câmeras e de funcionários elimine a possibilidade de o crime chegar à sua consumação. É perfeitamente plausível que o agente se aproveite de determinado ângulo de monitoramento em que a subtração não é visualizada pelo sistema de câmeras. Dessa forma, a ineficácia do meio deve ser avaliada caso a caso. Nesse sentido: STF, HC 110.975-RS, 1ª T., rel. Min. Cármen Lúcia, 22.05.2012. Consagrando esse entendimento, o STJ editou a Súmula n. 567: "Sistema de vigilância realizado por monitoramento eletrônico ou por existência de segurança no interior de estabelecimento comercial, por si só, não torna impossível a configuração do crime de furto"; **II**: incorreta. É pacífico o entendimento, tanto no STJ quanto no STF, de que é possível a coexistência do furto qualificado (art. 155, § 4º, do CP) com a modalidade privilegiada do art. 155, § 2º, do CP, desde que – e aqui está o erro da assertiva – a qualificadora seja de ordem *objetiva*. Tanto é assim que o STJ, consolidando esse entendimento, editou a Súmula 511: "É possível o reconhecimento do privilégio previsto no § 2º do art. 155 do CP nos casos de crime de furto qualificado, se estiverem presentes a primariedade do agente, o pequeno valor da coisa e a qualificadora for de ordem objetiva"; **III**: correta. Trata-se de tema em relação ao qual não há consenso. Há julgados que reconhecem a incidência da majorante do art. 157, § 2º-A, I, do CP mesmo quando a arma não estiver municiada; outros julgados dão conta de que a arma desmuniciada, à míngua de potencialidade lesiva, não pode ensejar o reconhecimento da causa de aumento do art. 157, § 2º-A, I, do CP, embora tal circunstância seja apta a demonstrar o emprego de grave ameaça. No sentido de que a arma desmuniciada não pode levar ao reconhecimento da majorante em questão: "De acordo com a jurisprudência desta Corte Superior, a arma de fogo desmuniciada não pode ser considerada para o fim de caracterização da majorante do emprego de arma prevista no art. 157, § 2º, I, do Código Penal, porque presume-se

6. DIREITO PENAL

ausente a sua potencialidade lesiva" (AgRg no REsp 1526961/SP, Rel. Ministro REYNALDO SOARES DA FONSECA, QUINTA TURMA, julgado em 14/02/2017, DJe 17/02/2017). Em sentido contrário, o STF: "Ainda que a arma não tivesse sido apreendida, conforme jurisprudência desta Suprema Corte, seu emprego pode ser comprovado pela prova indireta, sendo irrelevante o fato de estar desmuniciada para configuração da majorante" (RHC 115077, Relator(a): Min. GILMAR MENDES, Segunda Turma, julgado em 06/08/2013, PROCESSO ELETRÔNICO DJe-176 DIVULG 06-09-2013 PUBLIC 09-09-2013). Seja como for, é importante que façamos algumas ponderações acerca do emprego de arma como majorante no cometimento do crime de roubo, tendo em vista recentes alterações legislativas. Antes de mais nada e com vistas a facilitar a compreensão, considero oportuno que façamos um breve histórico sobre tais modificações. Pois bem. Com o advento da Lei 13.654/2018, o art. 157, § 2º, I, do CP, que impunha aumento de pena no caso de a violência ou ameaça, no crime de roubo, ser exercida com emprego de *arma*, foi revogado. Em relação à incidência desta causa de aumento, a jurisprudência havia consolidado o entendimento segundo o qual o termo *arma* tinha acepção ampla, ou seja, estavam inseridas no seu conceito tanto as armas *próprias*, como, por excelência, a de fogo, quanto as *impróprias* (faca, punhal, foice etc.). Além de revogar o dispositivo acima, a Lei 13.654/2018 promoveu a inclusão da mesma causa de aumento de pena (emprego de arma) no § 2º-A, I, do CP. Até aí, nenhum problema. Como bem sabemos, o deslocamento de determinado comportamento típico de um para outro dispositivo, por força da regra da continuidade típico-normativa, não tem o condão de descriminalizar a conduta. Sucede que a Lei 13.654/2018, ao deslocar esta causa de aumento do art. 157, § 2º, I, do CP para o art. 157, § 2º-A, I, também do CP, limitou o alcance do termo *arma*, já que passou a referir-se tão somente à arma de *fogo*, do que se conclui que somente incorrerá nesta causa de aumento o agente que se valer, para a prática do roubo, de arma de fogo (revólver, pistola, fuzil etc.); a partir da entrada em vigor desta lei, portanto, se o agente utilizar, para o cometimento deste delito, arma branca, o roubo será simples, já que, repita-se, a nova redação do dispositivo especificou que tipo de arma é apta a configurar o aumento: arma de fogo. Outro detalhe: pela redação anterior, o agente que fizesse uso de arma (de fogo ou branca) estaria sujeito a um aumento de pena da ordem de um terço até metade; a partir de agora, se utilizar arma (necessariamente de fogo), sujeitar-se-á a um incremento da ordem de dois terços. Desnecessário dizer que tal inovação não poderá retroagir e atingir fatos ocorridos antes da entrada em vigor desta lei, já que constitui *lex gravior*. De outro lado, essa mesma norma que excluiu a arma que não seja de fogo deverá retroagir para beneficiar o agente (*novatio legis in mellius*) que praticou o crime de roubo com emprego de arma branca antes de ela entrar em vigor. Este quadro, que acima explicitamos, perdurou até o dia 23 de janeiro de 2020, data em que entrou em vigor a Lei 13.964/2019 (pacote anticrime). Duas modificações foram promovidas por esta lei nas majorantes do crime de roubo. Em primeiro lugar, foi reinserida a causa de aumento na hipótese de o agente se valer, para a prática do crime de roubo, de arma branca (inserção do inciso VII no § 2º do art. 157 do CP). Lembremos que, com a edição da Lei 13.654/2018, o emprego de arma branca, no roubo, deixou de configurar causa de aumento. Pois bem. Além disso, a Lei 13.964/2019 introduziu no art. 157 do CP o § 2º-B, que estabelece nova causa de aumento de pena para o roubo, quando a violência ou grave ameaça for exercida com emprego de arma de fogo de uso restrito ou proibido. Neste caso, a pena prevista no *caput* será aplicada em dobro. Em resumo, a partir de 23 de janeiro de 2020, teremos o seguinte: violência/grave ameaça exercida com emprego de arma branca (art. 157, § 2º, VII, CP): aumento de pena da ordem de um terço até metade; violência/grave ameaça exercida com emprego de arma de fogo, desde que não seja de uso restrito ou proibido (art. 157, § 2º-A, I, CP): a pena será aumentada de dois terços; violência/grave ameaça exercida com emprego de arma de fogo de uso restrito ou proibido (art. 157, § 2º-B, CP): a pena será aplicada em dobro; **IV**: correta, pois reflete o entendimento sufragado na Súmula 554, do STF. **ED**

Gabarito "C".

(Juiz de Direito – TJ/RS – 2018 – VUNESP) Utilizando-se de uma chave falsa, José invadiu um museu e amarrou o vigilante Marcos na cama em que este cochilava, a fim de efetivar a subtração de obras de arte que guarneciam o local. Durante a amarração, Marcos acorda, tenta impedir José, mas não consegue se desvencilhar das cordas e assiste, impotente, ao cometimento do crime. Praticada a subtração, José deixou o local, sem desamarrar Marcos. Horas depois, por conta de uma inesperada e forte chuva seguida de inundação, e em razão de estar amarrado, Marcos morreu por afogamento. Considere a inundação causa superveniente relativamente independente.

Diante desse quadro, José será responsabilizado por

(A) latrocínio (CP, art. 157, § 3º).

(B) roubo impróprio (CP, art. 157, § 1º).

(C) roubo (CP, art. 157) em concurso com homicídio culposo (CP, art. 121, § 3º).

(D) roubo próprio (CP, art. 157, caput).

(E) furto qualificado (CP, art. 155, § 4º, III) em concurso com homicídio culposo (CP, art. 121, § 3º).

Segundo consta do enunciado, José ingressou em um museu e, com o fim de viabilizar a subtração de obras de arte de seu acervo, imobilizou Marcos, funcionário responsável pela vigilância do local, que cochilava no momento da invasão. De se ver que não houve, por parte de José, emprego de violência tampouco grave ameaça. Ao amarrar Marcos, para que este não interferisse na sua ação, José nada mais fez do que reduzir a vítima à impossibilidade de resistência (denominada pela doutrina como violência *imprópria*). O crime em que incorreu José, assim, foi o de roubo. A questão que se coloca é saber se se trata de roubo *próprio* ou *impróprio*. Cuida-se de roubo próprio (art. 157, *caput*, do CP), na medida em que o meio de que se valeu José para reduzir Marcos à impossibilidade de resistência foi empregado antes da subtração das obras de arte. O reconhecimento do roubo impróprio (art. 157, § 1º, do CP) tem como pressuposto o fato de a violência contra a pessoa ou grave ameaça verificar-se após a subtração da *res*. É este o caso do agente que, após efetuar a subtração de determinado bem (furto), ao deixar o local se depara com o proprietário da *res*, contra o qual o agente desfere um soco, que vem a ocasionar-lhe um desmaio e acaba por assegurar ao agente a detenção da coisa subtraída. Pois bem. Ao deixar o local, de posse dos bens subtraídos, Marcos permaneceu amarrado. Algum tempo depois, em razão de uma inundação causada por uma forte chuva, Marcos vem a morrer por afogamento. Pelo enunciado, José deverá ser responsabilizado apenas pelo roubo próprio, na medida em que a morte de Marcos decorreu da inundação, que constitui um evento imprevisível, embora tenha origem na conduta de José. Assim, pode-se entender que a inundação é causa superveniente relativamente independente que, por ter sido só, produziu o resultado, excluindo-se, assim, a imputação do evento fatal a José, nos termos do art. 13, § 1º, do CP. Aplicando-se a teoria da causalidade adequada, pode-se concluir que este apenas deverá responder pelo roubo próprio, não se compreendendo na linha de desdobramento normal da conduta a morte da vítima por afogamento em decorrência da inundação. **ED**

Gabarito "D".

(Investigador – PC/BA – 2018 – VUNESP) Sobre as disposições gerais aplicáveis aos crimes contra o patrimônio, previstas nos artigos 181 a 183 do Código Penal, assinale a alternativa correta.

(A) Maria, apesar de divorciada de José, com este mantém amizade, e constantemente se encontram para jantar. Em um desses encontros, Maria furtou o relógio e as abotoaduras de ouro pertencentes a José. Nesse caso, por ter sido casada com José, Maria estará isenta de pena, nos temos do art. 181, I, do Código Penal.

(B) Se o crime for cometido em prejuízo de irmão, legítimo ou ilegítimo, a ação penal será pública incondicionada.

(C) Manoel, para sustentar o vício em jogos, furtou R$ 70.000,00 de seu pai, referente a todo o dinheiro economizado durante a vida do genitor, um senhor de 65 anos de idade à época do fato. Por ter praticado crime sem violência contra seu genitor, Manoel ficará isento de pena.

(D) As causas de isenção de pena previstas nos artigos 181 e 182 também se estendem ao estranho que participa do crime.

(E) Se o crime for cometido em prejuízo de tio ou sobrinho com quem o agente coabita, a ação penal será pública condicionada à representação.

A: incorreta. Para a incidência da escusa absolutória prevista no art. 181, I, do CP, é imprescindível que os sujeitos ativo e passivo do delito estejam casados. Não é o caso de Maria e José, que, segundo consta, estão divorciados. Assim, Maria responderá normalmente pelo furto dos bens do patrimônio de seu ex-marido; **B:** incorreta, dado que, sendo o crime cometido contra irmão, a ação penal será pública condicionada a representação (art. 182, II, do CP); **C:** incorreta. Manoel, neste caso, não será alcançado pela escusa absolutória, na medida em que seu pai, à data dos fatos, já contava com mais de 60 anos (tinha 65), tal como estabelece o art. 183, III, do CP, que afasta a incidência dos arts. 181 e 182 do CP nas situações ali descritas; **D:** incorreta. Por expressa previsão contida no art. 183, II, do CP, as causas de isenção presentes nos arts. 181 e 182 do CP não se estendem ao estranho que participa do crime; **E:** correta, pois reflete o disposto no art. 182, III, do CP. **ED**

Gabarito "E".

(Defensor Público Federal – DPU – 2017 – CESPE) Cada um dos itens a seguir, a respeito de crimes contra o patrimônio, apresenta uma situação hipotética seguida de uma assertiva a ser julgada à luz da doutrina e da jurisprudência pertinentes.

(1) Caio, com dezoito anos de idade, reside com seu pai, de cinquenta e oito anos de idade, e com seu tio, de sessenta e um anos de idade. Sem dinheiro para sair com os amigos, Caio subtraiu dinheiro de seu pai e, ainda, o aparelho celular do tio. Nessa situação, Caio será processado, mediante ação penal pública, por apenas um crime de furto.

(2) Maria não informou ao INSS o óbito de sua genitora e continuou a utilizar o cartão de benefício de titularidade da falecida pelo período de dez meses. Nessa situação, Maria praticou estelionato de natureza previdenciária, classificado, em decorrência de sua conduta, como crime permanente, de acordo com o entendimento do STJ.

1: correta. Caio será responsabilizado tão somente pelo crime de furto que praticou em detrimento do patrimônio de seu tio. A ação penal, aqui, seria pública condicionada a representação, em conformidade com o disposto no art. 182, III, do CP, se e somente se seu tio ainda não tivesse atingido os 60 anos de idade. Perceba que tal circunstância, de ele já ter alcançado os 60 anos (tem 61), elide a incidência da regra presente no art. 182, III, do CP, segundo a qual a ação penal é, pelo fato de o crime ter sido praticado contra tio, pública condicionada a representação. No que concerne ao crime de furto contra seu pai, que ainda não atingiu 60 anos (tem 58), Caio será beneficiado pela isenção de pena prevista no art. 181, II, do CP, pelo fato de o crime haver sido praticado contra ascendente; **2:** errada. Isso porque, segundo tem

entendido o STJ, cuida-se de hipótese de crime continuado, e não de delito permanente. Nesse sentido: "A orientação deste Superior Tribunal se firmou no mesmo sentido do acórdão recorrido: a cada oportunidade em que o agente faz uso de cartão magnético de terceiro para receber, de forma indevida, benefício de segurado já falecido, pratica nova fraude e lesão ao patrimônio da autarquia, em situação na qual deve ser reconhecida, se preenchidos os requisitos do art. 71 do CP, a continuidade delitiva, e não o crime único" (AgRg no REsp 1466641/SC, Rel. Ministro Rogerio Schietti Cruz, Sexta Turma, julgado em 25/04/2017, DJe 15/05/2017). **ED**

Gabarito: 1C, 2E

(Juiz – TRF 2ª Região – 2017) João falsificou cédulas de R$ 100,00, para o fim de utilizá-las na aquisição de computador pertencente a Fritz, alemão que passava férias no Brasil. Após vender o bem, Fritz foi preso em flagrante quando, sem perceber o engodo de que fora vítima, tentou pagar conta de restaurante com uma das cédulas recebidas. A falsificação era grosseira (fato depois atestado por laudo pericial) e foi facilmente detectada. Assinale a opção correta:

(A) João deve responder pelo crime de falsificação de moeda (artigo 289 do Código Penal), já que logrou êxito em ludibriar a vítima, ofendendo o bem jurídico tutelado na norma penal;

(B) João responde por dois crimes (artigo 289, *caput* e artigo 289, parágrafo 1º do Código Penal), por ter fabricado a moeda falsa e por tê-la introduzido em circulação;

(C) Fritz deve responder pelo delito culposo de usar moeda falsa, já que era fácil aferir a falsidade, e João por um crime de moeda falsa, já que a introdução em circulação da moeda, por quem a fabricou, constitui mero exaurimento do delito.

(D) João somente responde pelo crime de introduzir moeda falsa em circulação, uma vez que sua conduta era e foi eficiente a tanto.

(E) João deve responder pelo delito de estelionato.

A solução desta questão deve ser extraída da Súmula 73, do STJ, segundo a qual a falsificação grosseira, incapaz, por essa razão, de enganar o homem médio, configura, em princípio, o crime de estelionato, previsto no art. 171 do CP, cuja competência para o processamento e julgamento é da Justiça Estadual. **ED**

Gabarito "E".

(Juiz – TJ-SC – FCC – 2017) No crime de estelionato contra a previdência social, a devolução da vantagem indevida antes do recebimento da denúncia,

(A) segundo o STJ, pode ser considerada analogicamente ao pagamento do tributo nos crimes tributários e significará a extinção da punibilidade.

(B) segundo o STF, pode ser considerada analogicamente à condição prevista na súmula 554 e obstar a ação penal.

(C) segundo o STF, pode ser considerada como falta de justa causa, sem prejuízo da persecução administrativo-fiscal para a cobrança de eventuais juros e multa.

(D) não tem qualquer repercussão na esfera penal por ter o delito em questão natureza previdenciária e expressa previsão legal neste sentido.

(E) somente pode ser considerado como arrependimento posterior.

6. DIREITO PENAL

Conferir: "1. O estelionato previdenciário configura crime permanente quando o sujeito ativo do delito também é o próprio beneficiário, pois o benefício lhe é entregue mensalmente (Precedentes). 2. A reparação do dano à Previdência Social com a devolução dos valores recebidos indevidamente a título de benefício previdenciário não afasta a subsunção dos fatos à hipótese normativa prevista no art. 171, §3º, do CP. 3. Agravo regimental desprovido" (AgRg no AgRg no AREsp 992.285/RJ, Rel. Min. Joel Ilan Paciornik, 5ª Turma, j. 20.06.2017, *DJe* 30.06.2017). No mesmo sentido: "Uma vez tipificada a conduta da agente como estelionato, na sua forma qualificada, a circunstância de ter ocorrido devolução à previdência social, antes do recebimento da denúncia, da vantagem percebida ilicitamente, não ilide a validade da persecução penal, podendo a iniciativa, eventualmente, caracterizar arrependimento posterior, previsto no art. 16 do CP" (REsp 1380672/SC, Rel. Min. Rogerio Schietti Cruz, 6ª Turma, j. 24.03.2015, *DJe* 06.04.2015). ED

Gabarito "E".

(Juiz – TRF 2ª Região – 2017) Assinale a opção correta:

(A) Nos casos de estelionato em detrimento do patrimônio do INSS (art. 171, §3º do Código Penal), cometido pelo próprio beneficiário e renovado mensalmente, o crime assume a natureza permanente, dado que, para além de o delito se protrair no tempo, o agente tem o poder de, a qualquer tempo, fazer cessar a ação delitiva.

(B) O delito de apropriação indébita previdenciária (art. 168-A do Código Penal) constitui crime omissivo próprio e se perfaz com a mera omissão de recolhimento da contribuição previdenciária dentro do prazo e das formas legais, requerendo o dolo específico de querer incorporar a verba ao patrimônio do agente.

(C) Não ocorrida a violência real, não se considera crime o chamado roubo de uso, que se perfaz quando o agente apenas utiliza temporariamente o bem subtraído, sem qualquer intenção, prévia ou posterior, de tê-lo para si.

(D) Comete o crime de concussão o funcionário público que se utiliza de violência ou grave ameaça para obter vantagem indevida.

(E) A extorsão é crime formal e se consuma quando o agente efetivamente obtém a vantagem indevida.

A: correta. Nessa esteira: "O crime de estelionato previdenciário, quando praticado pelo próprio beneficiário das prestações, tem caráter permanente, cessando a atividade delitiva apenas com o fim da percepção das prestações. Precedentes Corte (HCs 102.774, 107.209, 102.491, 104.880 e RHC 105.183)" (HC 107385, Rel. Min. ROSA WEBER, 1ª Turma, j. 06.03.2012, Processo Eletrônico *DJe* 29.03.2012. Publ. 30.03.2012); **B:** incorreta. Isso porque a configuração do crime de apropriação indébita previdenciária (art. 168-A, CP), ao contrário do que se afirma na assertiva, prescinde do chamado dolo *específico*. Conferir: "O Superior Tribunal de Justiça firmou entendimento de que, para a caracterização do delito de apropriação indébita previdenciária, basta o dolo genérico, já que é crime omissivo próprio, não se exigindo, portanto, o dolo específico do agente de se beneficiar dos valores arrecadados dos empregados e não repassados à Previdência Social. Precedentes da corte" (HC 116.461/PE, Rel. Min. Vasco Della Giustina (desembargador convocado do TJ/RS), 6ª Turma, j. 07.02.2012, *DJe* 29.02.2012); **C:** incorreta. Quer praticado por meio de violência, quer por meio de grave ameaça, o fato é que não se admite a existência do chamado *roubo de uso*, uma vez que este crime, por ser complexo, atinge, a um só tempo, o patrimônio, a integridade física e também a liberdade do indivíduo. Tal entendimento é pacífico na jurisprudência. A conferir: "RECURSO ESPECIAL. ROUBO CIRCUNSTANCIADO PELO USO DE ARMA DE FOGO. DELITO COMPLEXO. OBJETOS JURÍDICOS. FIGURA DENOMINADA "ROUBO DE USO". CONDUTA TIPIFICADA

NO ART. 157 DO CÓDIGO PENAL BRASILEIRO. RECURSO ESPECIAL PROVIDO. 1. O crime de roubo é um delito complexo que possui como objeto jurídico tanto o patrimônio como também a integridade física e a liberdade do indivíduo. O art. 157 do Código Penal exige para a caracterização do crime, que exista a subtração de coisa móvel alheia, para si ou para outrem, mediante grave ameaça ou violência a pessoa ou reduzindo à impossibilidade de resistência. 2. O ânimo de apossamento – elementar do crime de roubo – não implica, necessariamente, o aspecto de definitividade. Ora, apossar-se de algo é ato de tomar posse, dominar ou assenhorar-se do bem subtraído, que pode trazer o intento de ter o bem para si, entregar para outrem ou apenas utilizá-lo por determinado período, como no caso em tela. 3. O agente que, mediante grave ameaça ou violência, subtrai coisa alheia para usá-la, sem intenção de tê-la como própria, incide no tipo previsto no art. 157 do Código Penal. 4. Recurso provido para, afastando a atipicidade da conduta, cassar o acórdão recorrido e a sentença de primeiro grau, e determinar que nova decisão seja proferida em primeira instância" (REsp 1323275/GO, Rel. Min. Laurita Vaz, 5ª Turma, j. 24.042014, *DJe* 08.05.2014); **D:** incorreta. A violência e a grave ameaça não constituem circunstância elementar do crime de concussão (art. 316, CP). Neste delito, que é classificado como próprio, já que exige seja praticado por pessoa determinada no tipo penal, o funcionário público, valendo-se do cargo que ocupa, exige da vítima ou impõe a ela a obtenção de determinada vantagem indevida. O funcionário público que se vale de violência ou grave ameaça para obter vantagem indevida comete o delito de extorsão, capitulado no art. 158 do CP, que, diferentemente da concussão, é crime comum (pode ser praticado por qualquer pessoa). Na jurisprudência: "Ainda que a conduta delituosa tenha sido praticada por funcionário público, o qual teria se valido dessa condição para a obtenção da vantagem indevida, o crime por ele cometido corresponde ao delito de extorsão e não ao de concussão, uma vez configurado o emprego de grave ameaça, circunstância elementar do delito de extorsão" (HC 54.776/SP, Rel. Min. Nefi Cordeiro, 6ª Turma, j. 18.09.2014, *DJe* 03.10.2014); **E:** incorreta. Justamente por se tratar de crime formal, a extorsão – art. 158 do CP – se consuma independentemente da obtenção da vantagem indevida, conforme entendimento esposado na Súmula 96 do STJ. ED

Gabarito "A".

(Promotor de Justiça – MPE/RS – 2017) Assinale a alternativa **INCORRETA**.

(A) De acordo com o noticiado pela mídia, recentemente a Força Tarefa de Combate ao Abigeato e Crimes Rurais da Polícia Civil do RS prendeu no interior do município de Cacequi o suspeito de ser um dos maiores abigeatários daquela cidade, quando localizou 11(onze) vacas furtadas em sua propriedade. No município de Ipê, a Força Tarefa apreendeu 13 (treze) bovinos subtraídos de uma fazenda local. E, numa operação em Vacaria, recuperou três ovelhas vivas e uma outra já carneada no local do furto, quando o ladrão preparava-se para consumi-la num churrasco. A subtração de animal semovente domesticável de produção é uma das hipóteses legais de furto qualificado, apenado com reclusão de dois a cinco anos, ainda que o animal tenha sido abatido ou dividido em partes no local da subtração.

(B) Tem sido frequente a subtração de dinheiro de caixas eletrônicos de agências bancárias com a utilização de dinamites ou explosivos de efeitos análogos. Sob o ponto de vista penal, a explosão de grandes proporções, que não raro destrói, além dos caixas, parte das instalações das agências, expondo a perigo concreto a integridade física e o patrimônio das pessoas dos prédios vizinhos, não pode ser considerada simples rompimento de obstáculo à subtração dos valores, mas crime autônomo de explosão em concurso formal com o delito patrimonial.

(C) Caracteriza concurso de roubo e extorsão, a conduta do agente que, após subtrair bens de propriedade da vítima no estacionamento do supermercado, obrigou-a, também mediante grave ameaça, a efetuar compras de outros bens em lojas do mesmo shopping, visando a obtenção indevida de vantagem econômica.

(D) É hediondo o crime de homicídio do soldado da Brigada Militar cometido em decorrência da sua função policial.

(E) O prefeito municipal que leva para sua casa de praia dois refrigeradores da prefeitura com o fito de usá-los na festa de seu aniversário, e o delegado de polícia que comparece nesta festa usando o relógio de pulso em ouro apreendido de um receptador, ambos sem a intenção de incorporarem tais bens ao patrimônio pessoal ou de terceiro, não cometem fato típico de peculato, diversamente do que ocorre com o estagiário do Departamento Estadual de Estradas que se apropria do combustível colocado à disposição da autarquia pela empresa contratada para o abastecimento exclusivo dos veículos de acompanhamento e fiscalização das obras na rodovia.

A: correta, pois corresponde à modalidade qualificada do crime de furto prevista no art. 155, § 6º, do CP, introduzido pela Lei 13.330/2016; **B:** correta (ao tempo em que foi elaborada esta questão). Embora se trate de tema em relação ao qual há divergência doutrinária, tem-se entendido que a subtração de valores de caixas eletrônicos por meio da utilização de explosivos, muitas vezes com a consequente destruição parcial da agência, configura concurso formal entre os crimes de furto e explosão. Para alguns, tratar-se-ia de hipótese de concurso formal próprio; para outros, concurso formal impróprio. Conferir: "Igualmente descabida a absorção porquanto os delitos cometidos apresentam objetividades jurídicas e sujeitos passivos diversos, visto que o furto é delito contra o patrimônio e o de explosão contra a incolumidade pública, e com vítimas diversas, ou seja, a instituição bancária e os moradores dos arredores. O mesmo se diga pelo fato de que é necessário que o crime-meio seja menos grave que o crime-fim, o que se verifica através da comparação das sanções respectivas. Ora, o crime de explosão tem apenação inicial de três anos, além de haver causa de aumento de 1/3 em seu § 2º, enquanto que a do furto qualificado inicia-se em dois anos. Cabe asseverar que o § 2º do artigo 251 traz causa de aumento, que penaliza a prática do delito, dentre outras situações, com a finalidade de obter vantagem pecuniária. Isso demonstra que o legislador, mesmo sabendo que existem tipos penais específicos para delitos contra o patrimônio, preocupou-se em punir mais severamente aquele que, ao menos objetivando ganho patrimonial, vale-se de meio que expõe a perigo a vida ou bens alheios". (TJSP, Apelação Criminal nº 0011705.91-2011.8.26.0201, julgado em 10/10/2013, DJe 21/10/2013). *Vide* a Tese Institucional n. 383, do Ministério Público do Estado de São Paulo. Esta alternativa e o seu respectivo comentário são anteriores à Lei 13.654/2018, que introduziu no CP duas novas modalidades de qualificadora do crime de furto, a saber: quando, para viabilizar a subtração, o agente empregar explosivo ou artefato análogo que cause perigo comum (art. 155, § 4º-A, CP), sendo esta a hipótese narrada no enunciado; e quando a subtração for de substâncias explosivas ou de acessórios que, conjunta ou isoladamente, possibilitem sua fabricação, montagem ou emprego (art. 155, § 7º, do CP). Desnecessário dizer que tal inovação legislativa teve como espoco viabilizar um combate mais efetivo a essa onda de crimes patrimoniais (furto e roubo) cometidos por meio da explosão de bancos e seus caixas eletrônicos; **C:** correta. A assertiva, tal como afirmado, narra hipótese de concurso *material*, em

que o agente, depois de subtrair, mediante violência ou grave ameaça, bens da vítima, a obriga a efetuar compras com o seu cartão do banco ou ainda a entregá-lo com a respectiva senha para que o agente o faça. Conferir: "*A jurisprudência desta Corte Superior e do Supremo Tribunal Federal é firme em assinalar que se configuram os crimes de roubo e extorsão, em concurso material, se o agente, após subtrair, mediante emprego de violência ou grave ameaça, bens da vítima, a constrange a entregar o cartão bancário e a respectiva senha, para sacar dinheiro de sua conta corrente"* (AgRg no AREsp 323.029/DF, Rel. Ministro Rogerio Schietti Cruz, Sexta Turma, julgado em 01.09.2016, DJe 12.09.2016); **D:** correta, já que reflete o disposto no art. 121, § 2º, VII, do CP (introduzido pela Lei 13.142/2015); **E:** incorreta. Predomina o entendimento segundo o qual não existe peculato de uso de bem fungível. O peculato de uso, portanto, pressupõe que a coisa seja infungível. Se o agente, por exemplo, usa dinheiro público para adquirir um veículo para si, responderá por peculato, uma vez que se trata de bem fungível. Agora, se se tratar de prefeito, seja o bem fungível ou infungível, ainda assim estará configurado o crime de peculato do art. 1º, II, do Decreto-Lei 201/1967. **ED**

Gabarito "E".

(Delegado/AP – 2017 – FCC) A respeito dos crimes contra o patrimônio, é correto afirmar:

(A) Somente se procede mediante representação, o furto praticado contra tio ou sobrinho.

(B) Para a consumação do crime de extorsão faz-se necessário o recebimento da vantagem indevida.

(C) É isento de pena quem comete qualquer crime contra o patrimônio contra ascendente maior de 65 anos.

(D) A receptação somente é punível se conhecido o autor do crime que originou a coisa receptada.

(E) No crime de roubo, caso o agente seja primário e tenha sido de pequeno valor a coisa subtraída, o juiz poderá substituir a pena de reclusão pela de detenção, diminuí-la de um a dois terços ou aplicar somente a pena de multa.

A: correta. De fato, o art. 182, III, do CP, dispõe que somente se procede mediante representação o crime contra o patrimônio (dentre os quais se inclui o furto – art. 155, CP) cometido em prejuízo de tio ou sobrinho, com quem o agente coabita (note o leitor que esta informação não foi indicada na assertiva, o que, decerto, foi falha da banca examinadora). Estamos, aqui, diante de imunidade penal relativa; **B:** incorreta. Pacífico o entendimento de que o crime de extorsão (art. 158, CP) é formal, na esteira do que dispõe a Súmula 96 do STJ: "O crime de extorsão consuma-se independentemente da obtenção da vantagem indevida". Assim, estamos diante de crime cuja consumação se verifica no momento em que o agente emprega meios capazes de constranger a vítima a fazer, deixar de fazer ou tolerar que se faça algo, visando, com isso, obter indevida vantagem econômica (elemento subjetivo do tipo). Se referida vantagem vier a ser alcançada pelo agente, o crime estará exaurido, embora consumado anteriormente ao recebimento da indevida vantagem econômica; **C:** incorreta. Nada obstante o art. 181 do CP, que é uma escusa absolutória (imunidade absoluta), preveja a isenção de pena do agente que cometer crimes patrimoniais em detrimento de ascendente ou descendente (inc. II do referido dispositivo legal), é certo que o art. 183 do CP, em seu inc. III, expressamente prevê a inaplicabilidade da imunidade penal se o crime for praticado contra pessoa com idade igual ou superior a 60 (sessenta) anos; **D:** incorreta. Nos exatos termos do art. 180, § 4º, do CP, a receptação é punível ainda que desconhecido ou isento de pena o autor do crime de que proveio a coisa. Será indispensável que tenha ocorrido um crime precedente ao da receptação, mas não se exige a punição por esse fato antecedente, nem mesmo a identificação de seu autor ou a punição deste; **E:** incorreta. A assertiva trata dos requisitos do furto privilegiado (art. 155, § 2º, CP), vale dizer, a primariedade do agente e que a coisa

6. DIREITO PENAL   241

subtraída seja de pequeno valor, figura inaplicável ao delito de roubo por falta de previsão legal. **AT**

Gabarito "A."

(Delegado/MS – 2017 – FAPEMS) O crime de extorsão mediante sequestro, previsto no artigo 159 do Código Penal, é um crime complexo que conjugando bens jurídicos como liberdade e patrimônio igualmente possui a preocupação com a ofensa, a incolumidade pessoal e a própria vida da vítima nas suas formas qualificadas. Diante da hediondez do crime, visando a garantir a liberdade e salvar a vida da vítima, o § 4º do artigo 159 prevê a possibilidade de delação premiada. Nesse sentido, assinale a alternativa correta.

(A) Para desfrutar do benefício da delação premiada, o sujeito não pode ser autor do delito, devendo figurar como mero partícipe.

(B) A delação de que trata o § 4º do artigo 159, do Código Penal pode ser realizada em crime de extorsão mediante sequestro praticado por uma única pessoa.

(C) A delação premiada prevista no artigo 159, § 4º, do Código Pedal, funciona como causa atenuante genérica de pena, com aplicação cogente.

(D) A diminuição de pena para o delator fica a cargo da discricionariedade do julgador, não sendo este obrigado a aplicá-la.

(E) A informação dada em delação deve levar à facilitação da liberdade da vítima sendo desnecessária prisão dos demais envolvidos.

A e B: incorretas. O instituto da delação premiada, aplicável ao delito de extorsão mediante sequestro, tem como premissa que, quando cometido em concurso, um dos concorrentes o denuncie à autoridade, facilitando a libertação do sequestrado (art. 159, § 4º, do CP). Assim, tanto faz se o delator for coautor ou partícipe do crime. Basta que seja um dos concorrentes para a sua prática. Logo, incompatível a delação premiada na extorsão mediante sequestro cometida por um só agente; **C:** incorreta. A delação premiada prevista no art. 159, § 4º, do CP, é causa obrigatória de diminuição de pena (um a dois terços), e não circunstância atenuante genérica, como constou na assertiva; **D:** incorreta. Se a delação facilitar a libertação do sequestrado, a redução da pena é medida cogente, vale dizer, não se inserindo no plano da discricionariedade do julgador. Pode-se dizer que se trata de um direito subjetivo do acusado, desde que preenchidos os requisitos para seu reconhecimento (crime cometido em concurso de agentes; que um dos concorrentes denuncie o crime à autoridade; que, com a delação, seja facilitada a libertação do sequestrado); **E:** correta. De fato, tal como consta no art. 159, § 4º, do CP, a informação dada pelo delator, concorrente da extorsão mediante sequestro, deve ser capaz de facilitar a libertação da vítima sequestrada, não sendo exigida, para a incidência da diminuição da pena do agente, que os demais coautores ou partícipes sejam presos. **AT**

Gabarito "E."

(Delegado/MT – 2017 – CESPE) José entrou em um ônibus de transporte público e, ameaçando os passageiros com uma arma de fogo, subtraiu de diversos deles determinadas quantias em dinheiro.

Nessa situação hipotética, de acordo com a jurisprudência dos tribunais superiores,

(A) a prática do delito contra vítimas diferentes em um mesmo contexto e mediante uma só ação configurou concurso material.

(B) a simples inversão da posse dos bens – dos passageiros para José – não consumou o crime de roubo;

para tal, seria necessária a posse mansa e pacífica ou desvigiada dos valores subtraídos por José.

(C) o fato de o delito ter sido praticado em ônibus de transporte público de passageiros será causa de aumento de pena.

(D) se a arma utilizada no crime fosse de brinquedo e, ainda assim, tivesse causado fundado temor nas vítimas, deveria ser aplicada majorante do crime de roubo.

(E) o crime de porte de arma será absorvido pelo crime de roubo, ante os fatos de haver nexo de dependência entre as duas condutas e de os delitos terem sido praticados em um mesmo contexto fático.

A: incorreta, pois, por evidente, a prática de roubo contra vítimas diferentes, em um mesmo contexto fático e mediante uma só ação, jamais poderia configurar concurso material, que, por definição (art. 69 do CP), exige pluralidade de comportamentos (prática de mais de uma ação ou omissão); **B:** incorreta, pois, de acordo com a Súmula 582 do STJ, consuma-se o crime de roubo com a inversão da posse do bem mediante emprego de violência ou grave ameaça, ainda que por breve tempo e em seguida à perseguição imediata ao agente e recuperação da coisa roubada, sendo prescindível a posse mansa e pacífica ou desvigiada; **C:** incorreta, pois inexiste no art. 157 do CP circunstância que influa na pena o fato de o roubo ser cometido em transporte público de passageiros; **D:** incorreta, pois pacífico o entendimento de que o emprego de arma de brinquedo para a prática de roubo não tem o condão de majorá-lo, tanto que cancelada a Súmula 174 do STJ, que disciplinava exatamente isso (emprego de arma de brinquedo majorava a pena do roubo). O temor imposto pelo emprego da arma de brinquedo constitui, apenas, a grave ameaça, caracterizadora, pois, de roubo simples; **E:** correta. Ao caso, aplicar-se-á o princípio da consunção, eis que o porte ilegal de arma de fogo estará dentro da linha de desdobramento causal do comportamento do agente (roubo com emprego de arma), ainda mais quando praticados nos mesmo contexto fático. Nesse sentido, STF – Recurso Ordinário em *Habeas Corpus* RHC 123399 RJ. **AT**

Gabarito "E."

20. CRIMES CONTRA A DIGNIDADE SEXUAL

(Delegado/RJ – 2022 – CESPE/CEBRASPE) Em 10/1/2022, Fernando, com 38 anos de idade, adicionou à sua rede social Caio, com 13 anos de idade, dizendo-lhe ter a mesma faixa etária e manifestando interesse por jogos eletrônicos. A partir de então, passaram a manter conversas diárias, que, com a conquista da confiança de Caio, ganharam conotação pessoal acerca da vida íntima do adolescente, como sua relação familiar, ambiente escolar e círculo de amizade. Em dado momento, Fernando pediu a Caio que ligasse a webcam, e assim o menino o fez. Então, Fernando, também com sua câmera ligada, se despiu e começou a se masturbar, exibindo-se para Caio, como forma de satisfazer a própria lascívia. Em seguida, Fernando convidou Caio para ir até sua casa. Contudo, Caio ficou assustado e contou para os pais, que bloquearam o perfil de Fernando e se dirigiram à delegacia de polícia, para comunicarem a ocorrência.

Nessa situação hipotética, Fernando praticou

(A) conduta atípica penalmente.

(B) o crime de estupro de vulnerável, na forma tentada, previsto no art. 217-A do Código Penal.

(C) o crime de corrupção de menores, previsto no art. 218 do Código Penal.

(D) o crime de assediar e constranger criança via meio de comunicação, com o fim de com ela praticar ato libidinoso, previsto no art. 241-D do Estatuto da Criança e do Adolescente.

(E) o crime de satisfação de lascívia mediante presença de criança ou adolescente, previsto no art. 218-A do Código Penal.

A conduta descrita o enunciado corresponde ao tipo penal do art. 218-A do CP (satisfação de lascívia mediante presença de criança ou adolescente), que consiste em praticar, na presença de menor de 14 anos, conjunção carnal ou outro ato libidinoso, a fim de satisfazer lascívia própria ou de outrem, ou, ainda, induzir o menor de 14 anos, a presenciar conjunção carnal ou outro ato libidinoso, a fim de satisfazer lascívia própria ou de outrem. No que toca à configuração deste delito na hipótese de o menor estar à distância, conferir a lição de Guilherme de Souza Nucci: "presença do menor: não é exigível a presença física no mesmo espaço onde se realize a conjunção carnal ou outro ato libidinoso. Basta que a relação sexual seja realizada à vista do menor. Este, no entanto, pode estar distante, visualizando tudo por meio de equipamentos eletrônicos (...)" (*Código Penal Comentado*, 18. ed., p. 1239). ED

Gabarito "E".

(Juiz de Direito/SP – 2021 – Vunesp) A conduta daquele que beija, bem como passa a mão no corpo e nas partes íntimas de uma criança de dez (10) anos de idade, não ocasionando lesões físicas à vítima, configura crime de

(A) estupro tentado.

(B) importunação sexual.

(C) estupro de vulnerável tentado.

(D) estupro de vulnerável.

A conduta consistente em beijar e passar a mão no corpo e nas partes íntimas de uma criança constitui ato libidinoso, pouco importando se isso tenha causado à vítima lesões físicas. Deve o agente que assim agir, portanto, responder pelo crime de estupro de vulneral na modalidade consumada (art. 217-A do CP). A conduta incriminada neste dispositivo é a de ter conjunção carnal ou praticar ato libidinoso diverso com pessoa menor de 14 anos, sendo este o caso do enunciado. Como se pode ver, é suficiente que a vítima seja menor de 14 anos, pouco importando que o ato tenha sido consentido, já que, neste caso, eventual anuência da ofendida nenhuma validade tem. Ou seja, o emprego de violência ou grave ameaça, no contexto do estupro de vulnerável, é dispensável. Na jurisprudência: "2. Considerar como ato libidinoso diverso da conjunção carnal somente as hipóteses em que há introdução do membro viril nas cavidades oral, vaginal ou anal da vítima não corresponde ao entendimento do legislador, tampouco ao da doutrina e da jurisprudência, acerca do tema. 3. Ficou consignado no acórdão recorrido que "o réu levou a vítima até um quarto, despiu-se e, enquanto retirava as roupas da adolescente, passou as mãos em seu corpo. Ato contínuo, deitou-se em uma cama, no contexto em que a menor vestiu-se rapidamente e fugiu do local". 4. Nega-se vigência ao art. 214, c/c o art. 224, "a" (redação anterior à Lei 12.015/2009), quando, diante de atos lascivos, diversos da conjunção carnal e atentatórios à liberdade sexual da criança, se reconhece a tentativa do delito, ao fundamento de que "o acusado deixou de praticar atos considerados mais invasivos por circunstâncias alheias à sua vontade". 5. A proteção integral à criança, em especial no que se refere às agressões sexuais, é preocupação constante de nosso Estado, constitucionalmente garantida (art. 227, caput, c/c o § 4º da Constituição da República), e de instrumentos internacionais. 6. Deve ser restabelecida a condenação do recorrido, concretizada no mínimo patamar legal então vigente, e ser determinado ao Juízo das Execuções, de ofício, que analise o eventual cabimento da fixação de regime inicial diverso do fechado para o cumprimento da reprimenda, porquanto ausente a vedação do § 1º do art. 2º da Lei 8.072/1990, na

redação da Lei 11.464/2007. 7. Recurso especial provido para reconhecer a consumação do crime e restabelecer a condenação penal. Ordem concedida, de ofício, para que o Juízo das Execuções analise a possibilidade de fixar ao recorrido regime prisional inicial diverso do fechado, à luz do disposto no art. 33 do Código Penal" (STJ, REsp 1309394/RS, Rel. Ministro Rogerio Schietti Cruz, Sexta Turma, julgado em 05.02.2015, DJe 20.02.2015). ED

Gabarito "D".

Julgue os itens a seguir com base no Código Penal e na jurisprudência do STJ.

I. Um indivíduo poderá responder criminalmente por violação sexual mediante fraude, caso pratique *frotteurismo* contra uma mulher em uma parada de ônibus coletivo lotada, sem o consentimento dela.

II. Nos casos de parcelamento de contribuições previdenciárias cujo valor seja superior ao estabelecido administrativamente como sendo o mínimo para ajuizamento de suas execuções fiscais, é vedado ao juiz aplicar somente a pena de multa ao agente, ainda que ele seja réu primário.

III. Tanto ao agente, maior e capaz, que praticar o crime de estupro coletivo quanto ao agente, maior e capaz, que praticar o crime de estupro corretivo será aplicada a mesma majorante de pena in abstrato.

IV. Situação hipotética: Um homem, em 31/12/2018, por volta das cinco horas da madrugada, com a intenção de obter vantagem pecuniária, explodiu um caixa eletrônico situado em um posto de combustível. Assertiva: De acordo com o STJ, ele responderá criminalmente por furto qualificado em concurso formal impróprio com o crime de explosão majorada.

(Juiz de Direito – TJ/SC – 2019 – CESPE/CEBRASPE) Estão certos apenas os itens

(A) I e II.

(B) II e III.

(C) III e IV.

(D) I, II e IV.

(E) I, III e IV.

I: incorreta. A expressão *frotteurismo*, derivada do francês, consiste na excitação sexual gerada pelo ato de tocar órgãos genitais/seios ou esfregar-se (genitais contra o corpo) em determinada pessoa sem o seu consentimento. Clássico exemplo é aquele em que homens, em ônibus e trens lotados, molestam mulheres e, em alguns casos, chegam a ejacular. Episódio amplamente divulgado pelos meios de comunicação é o de um homem que, dentro do transporte público, em São Paulo, ejaculou no pescoço de uma mulher. Atualmente, a partir do advento da Lei 13.718/2018, a conduta em questão configura o crime de *importunação sexual*, disposto no art. 215-A, nos seguintes termos: *Praticar contra alguém e sem a sua anuência ato libidinoso com o objetivo de satisfazer a própria lascívia ou a de terceiro: Pena – reclusão, de 1 (um) a 5 (cinco) anos, se o ato não constitui crime mais grave*. Antes, a responsabilização se dava pela contravenção penal de *importunação ofensiva ao pudor*, definida no art. 61 da LCP, cujo preceito secundário estabelecia exclusivamente pena de multa, dispositivo este que foi revogado, de forma expressa, pela Lei 13.718/2018, tendo a conduta ali descrita migrado para o novo art. 215-A do CP, em face da regra da continuidade típico-normativa. Evidente que a pena, agora mais grave, não poderá retroagir e atingir fatos anteriores à entrada em vigor da Lei 13.718/2018. O crime de violação sexual mediante fraude, definido no art. 215 do CP, pressupõe que o agente, utilizando-se de ardil, tenha conjunção carnal ou outro ato libidinoso com a vítima. Perceba que, neste delito, o resultado pretendido pelo

6. DIREITO PENAL

agente (conjunção carnal/ato libidinoso diverso) é alcançado por meio de uma fraude. Em conclusão, não é este o crime em que incorre o sujeito que pratica *frotteurismo*, e sim o de *importunação sexual*; **II**: correta, pois reflete o disposto no art. 168-A, § 4º, do CP, introduzido pela Lei 13.606/2018; **III**: correta. A Lei 13.718/2018 fez inserir, no art. 226 do CP, o inciso IV, estabelecendo que a pena será aumentada, em um terço a dois terços, nos casos de *estupro coletivo* e *estupro corretivo*; **IV**: incorreta. Prevalecia o entendimento de que a subtração de valores de caixas eletrônicos por meio da utilização de explosivos, muitas vezes com a consequente destruição parcial da agência, configurava concurso formal entre os crimes de furto e explosão. Para alguns, tratar-se-ia de hipótese de concurso formal próprio; para outros, concurso formal impróprio. Conferir: "Igualmente descabida a absorção porquanto os delitos cometidos apresentam objetividades jurídicas e sujeitos passivos diversos, visto que o furto é delito contra o patrimônio e o de explosão contra a incolumidade pública, e com vítimas diversas, ou seja, a instituição bancária e os moradores dos arredores. O mesmo se diga pelo fato de que é necessário que o crime--meio seja menos grave que o crime-fim, o que se verifica através da comparação das sanções respectivas. Ora, o crime de explosão tem apenação inicial de três anos, além de haver causa de aumento de 1/3 em seu § 2º, enquanto que a do furto qualificado inicia-se em dois anos. Cabe asseverar que o § 2º do artigo 251 traz causa de aumento, que penaliza a prática do delito, dentre outras situações, com a finalidade de obter vantagem pecuniária. Isso demonstra que o legislador, mesmo sabendo que existem tipos penais específicos para delitos contra o patrimônio, preocupou-se em punir mais severamente aquele que, ao menos objetivando ganho patrimonial, vale-se de meio que expõe a perigo a vida ou bens alheios". (TJSP, Apelação Criminal 0011705.91-2011.8.26.0201, julgado em 10/10/2013, DJe 21/10/2013). *Vide* a Tese Institucional n. 383, do Ministério Público do Estado de São Paulo. Com o advento da Lei 13.654/2018, foram introduzidas no CP duas novas modalidades de qualificadora do crime de furto, a saber: quando, para viabilizar a subtração, o agente empregar explosivo ou artefato análogo que cause perigo comum (art. 155, § 4º-A, CP), sendo esta a hipótese narrada na assertiva; e quando a subtração for de substâncias explosivas ou de acessórios que, conjunta ou isoladamente, possibilitem sua fabricação, montagem ou emprego (art. 155, § 7º, do CP). Desnecessário dizer que tal inovação legislativa teve como espoco viabilizar um combate mais efetivo a essa onda de crimes patrimoniais (furto e roubo) cometidos por meio da explosão de bancos e seus caixas eletrônicos. Mais recentemente, a Lei 13.964/2019, ao incluir o inciso IX ao art. 1º da Lei 8.072/1990, passou a considerar como hediondo o crime de *furto qualificado pelo emprego de explosivo ou de artefato análogo que cause perigo comum* (art. 155, § 4º-A, CP). Por mais estranho que possa parecer, o mesmo não ocorreu com o delito de roubo praticado nas mesmas condições (art. 157, § 2º-A, II, CP). 🔲

Gabarito "B".

(Promotor de Justiça/SP – 2019 – MPE/SP) Assinale a alternativa correta.

(A) O crime de importunação sexual, com elemento subjetivo específico, foi criado pela Lei 13.718/2018, que revogou expressamente o artigo 61 do Decreto-Lei 3.688/41, Lei das Contravenções Penais.

(B) O crime de importunação sexual, tipificado pela Lei 13.718/2018, exige que a conduta seja praticada em lugar público, ou aberto ou exposto ao público.

(C) A Lei 13.718/2018 tipificou o crime de importunação sexual, com dolo genérico e expressa subsidiariedade ao crime de estupro de vulnerável.

(D) O crime de importunação sexual, assim como o crime de estupro, é crime de ação penal pública condicionada à representação da pessoa contra a qual o ato foi praticado.

(E) A importunação sexual é crime contra a liberdade sexual, tal qual o crime de ato obsceno.

A: correta. A Lei 13.718/2018 promoveu, no contexto dos crimes sexuais, várias mudanças. Uma das mais significativas, a nosso ver, é a introdução, no Código Penal, do crime de *importunação sexual*, disposto no art. 215-A, nos seguintes termos: *Praticar contra alguém e sem a sua anuência ato libidinoso com o objetivo de satisfazer a própria lascívia ou a de terceiro: Pena – reclusão, de 1 (um) a 5 (cinco) anos, se o ato não constitui crime mais grave*. A conduta de homens que, em ônibus e trens lotados, molestam mulheres e, em alguns casos, chegam a ejacular, se enquadra, doravante, neste novo tipo penal. Episódio amplamente divulgado pelos meios de comunicação é o de um homem que, dentro do transporte público, em São Paulo, ejaculou no pescoço de uma mulher. Antes, a responsabilização se dava pela contravenção penal de *importunação ofensiva ao pudor*, definida no art. 61 da LCP, cujo preceito secundário estabelecia exclusivamente pena de multa, dispositivo este que foi revogado, de forma expressa, pela Lei 13.718/2018, tendo a conduta ali descrita migrado para o novo art. 215-A do CP, em face da regra da continuidade típico-normativa. Evidente que a pena, agora mais grave, não poderá retroagir e atingir fatos anteriores à entrada em vigor da Lei 13.718/2018. Este crime conta com elemento subjetivo específico: "(...) com o objetivo de satisfazer a própria lascívia ou a de terceiro "; **B:** incorreta, uma vez que se trata de exigência não contemplada no tipo penal do art. 215-A do CP; **C:** incorreta. Conforme já ponderado acima, o agente, no crime de importunação sexual, atua imbuído do propósito de satisfazer a própria lascívia ou a de terceiro. Cuida-se, portanto, de dolo específico. No mais, inexiste expressa subsidiariedade do crime de importunação sexual ao crime de estupro de vulnerável; **D:** incorreta. Atualmente, o crime de estupro, em qualquer de suas modalidades, e os demais delitos contra a dignidade sexual, aqui incluída a importunação sexual, são processados, em qualquer caso, por meio de ação penal pública *incondicionada* (e não condicionada, como consta da assertiva). A propósito, no que se refere à natureza da ação penal nos crimes sexuais, importante fazer algumas ponderações, tendo em conta a alteração legislativa promovida pela Lei 13.718/2018, que, além de ter realizado várias outras inovações nos crimes contra a dignidade sexual, mudou, uma vez mais, a natureza da ação penal nesses delitos. Com isso, a ação penal, nos crimes sexuais, passa a ser pública incondicionada. Vale lembrar que, antes do advento desta Lei, a ação era, em regra, pública condicionada, salvo nas situações em que a vítima era vulnerável ou menor de 18 anos. Fazendo um breve histórico, temos o seguinte quadro: a ação penal, nos crimes sexuais, era, em regra, privativa do ofendido, a este cabendo a propositura da ação penal; posteriormente, a partir do advento da Lei 12.015/2009, a ação penal, nesses crimes, deixou de ser privativa do ofendido para ser pública condicionada a representação, em regra; agora, com a entrada em vigor da Lei 13.718/2018, a ação penal, nos crimes contra a dignidade sexual, que antes era pública condicionada, passa a ser pública incondicionada. Com isso, o titular da ação penal, que é o MP, prescinde de manifestação de vontade da vítima para promover a ação penal. Dessa forma, fica sepultado o debate que antes havia acerca da aplicação da Súmula 608, do STF; **E:** incorreta. A importunação sexual é crime contra a liberdade sexual (Capítulo I), ao passo que o ato obsceno faz parte do Capítulo VI (do ultraje público ao pudor). Ambos integram o Título VI (dos crimes contra a dignidade sexual). 🔲

Gabarito "A".

(Promotor de Justiça/SP – 2019 – MPE/SP) O crime de divulgação de cena de estupro ou de cena de estupro de vulnerável, de cena de sexo ou de pornografia, previsto no artigo 218-C do Código Penal, pode ser classificado como

(A) comum, material, comissivo, unissubjetivo, culposo, principal.

(B) comum, formal, comissivo, unissubjetivo, doloso, subsidiário.

(C) especial, formal, comissivo, plurissubjetivo, admite as formas doloso e culposo, subsidiário.

(D) especial, material, comissivo ou omissivo, unissubjetivo, doloso, principal.

(E) comum, material, comissivo, plurissubjetivo, admite as formas doloso e culposo, subsidiário.

A Lei 13.718/2018 incluiu no CP o art. 218-C, que se refere ao delito de *divulgação de cena de estupro ou de cena de estupro de vulnerável, de cena de sexo ou de pornografia*. O objetivo do legislador, com a tipificação desta conduta, foi o de coibir um fenômeno que, infelizmente, tem sido cada vez mais comum, que é a violação da intimidade com a exposição sexual não autorizada. Inclui-se, aqui, a chamada *pornografia da vingança*, em que fotografias e vídeos de conteúdo íntimo de alguém (normalmente mulher) são divulgados na internet pelo ex-esposo ou ex-namorado como forma de vingança. A partir daí, o conteúdo é disseminado, nas redes sociais e em grupos de *WhatsApp*, de forma exponencial. O art. 218-C contempla uma causa de aumento de pena, a configurar-se quando o crime é praticado por agente que mantém ou tenha mantido relação íntima de afeto com a vítima ou com o fim de vingança ou humilhação. Quanto à classificação doutrinária deste crime, temos o seguinte: é delito comum, uma vez que a sua descrição típica não impõe ao sujeito ativo nenhuma qualidade ou característica específica. Em outras palavras, pode ser praticado por qualquer pessoa; é crime formal, na medida em que o tipo penal não impõe, para que seja alcançada a consumação do crime, a produção de resultado naturalístico; é crime comissivo, já que as condutas contidas no tipo penal encerram um comportamento positivo, um fazer; é unissubjetivo (ou monossubjetivo ou unilateral), porquanto pode ser cometido por uma só pessoa. É também conhecido como crime de concurso eventual, admitindo-se, pois, a coautoria e/ou a participação; é doloso, isto é, o elemento subjetivo é representado pelo dolo; inviável a punição a título de culpa ante a falta de previsão nesse sentido; é subsidiário: o agente somente incorrerá no crime do art. 218-C do CP se a sua conduta não constituir delito mais grave (subsidiariedade expressa contida no preceito secundário do dispositivo). **ED**

Gabarito "B".

(Delegado – PC/BA – 2018 – VUNESP) A respeito dos crimes sexuais, previstos no Título VI, do Código Penal, assinale a alternativa correta.

(A) Não se tipifica crime de estupro se o agente é cônjuge da vítima, já que o casamento impõe aos cônjuges o dever de prestação sexual.

(B) A prática de conjunção carnal ou outro ato libidinoso com menor de 18 (dezoito) anos é estupro de vulnerável, previsto no artigo 217-A do Código Penal.

(C) A prática de conjunção carnal ou qualquer outro ato libidinoso com adolescente de idade entre 14 (catorze) e 18 (dezoito) anos, em situação de prostituição, é atípica.

(D) Os crimes sexuais, com exceção do estupro de vulnerável, são processáveis mediante ação penal pública condicionada à representação.

(E) Haverá aumento de pena se o agente transmite à vítima doença sexualmente transmissível de que sabe ou deveria saber ser portador.

A: incorreta. Há tempos atrás, considerava-se que o homem tinha o direito de constranger sua esposa, com emprego de violência ou grave ameaça, a com ele praticar conjunção carnal. Ou seja, ao marido era dado o direito de estuprar a própria esposa. Tal concepção se fundava no fato de que a conjunção carnal constituía um dever imposto aos cônjuges pela lei civil, como decorrência da sociedade conjugal. Somente era dado à esposa recusar a relação sexual se houvesse

justificativa para tanto, como, por exemplo, no caso de o homem ser portador de doença venérea. Aí sim poderia, em princípio, configurar-se o crime de estupro. Sucede que este entendimento está superado. Atualmente, a mulher pode, sim, figurar como sujeito passivo do crime de estupro cometido pelo marido. Ainda que a lei imponha o dever de conjunção carnal aos cônjuges, não se revela razoável que o homem tenha o direito de fazer valer esse direito à força, dada a sua incompatibilidade com a dignidade da mulher, que poderá recusar o coito por motivos íntimos. Quanto a isso, conferir a lição de Guilherme de Souza Nucci: "O cônjuge como sujeito ativo: deve-se incluir o marido ou a esposa, uma vez que o cônjuge não é objeto sexual, cada qual possuindo iguais direitos no contexto da sociedade conjugal (...)". Prossegue afirmando que "antigamente, tinha o homem o direito de subjugar a mulher à conjunção carnal, com o emprego de violência ou grave ameaça, somente porque o direito civil assegura a ambos o débito conjugal. Alegava-se exercício regular de direito. Porém, tal situação não criava o direito de estuprar a esposa, mas sim o de exigir, se fosse o caso, o término da sociedade conjugal na esfera civil, por infração a um dos deveres do casamento" (*Código Penal Comentado*. 18. ed., São Paulo: Forense, 2017. p. 1199); **B:** incorreta. Isso porque o conceito de vulnerabilidade, decorrente da idade da vítima, para o fim de configurar o crime do art. 217-A do CP (estupro de vulnerável), somente alcança a pessoa menor de 14 anos. Se contar com 14 anos ou mais, somente restará configurado o crime do art. 217-A se se tratar de vítima que, por enfermidade ou deficiência mental, não dispõe do necessário discernimento para consentir na prática do ato sexual ou, por qualquer outra razão, não pode oferecer resistência (art. 217-A, § 1º, do CP); **C:** incorreta, pois constitui o crime definido no art. 218-B, § 2º, I, do CP; **D:** incorreta. A Lei 13.718/2018, bem posterior à elaboração desta questão, promoveu uma série de alterações no universo dos crimes sexuais, aqui incluída a natureza da ação penal. Senão vejamos. A ação penal, nos delitos sexuais, era, em regra, de iniciativa privada. Era o que estabelecia a norma contida no *caput* do art. 225 do Código Penal. As exceções ficavam por conta do § 1º do dispositivo. Com o advento da Lei 12.015/09, que introduziu uma série de modificações nos crimes sexuais, agora chamados *crimes contra a dignidade sexual*, nomenclatura, a nosso ver, mais adequada aos tempos atuais, a ação penal deixou de ser privativa do ofendido para ser pública condicionada à representação, exceção feita às hipóteses em que a vítima era menor de 18 anos ou pessoa vulnerável, caso em que a ação era pública incondicionada (art. 225, parágrafo único, do CP). Era esta a regra em vigor ao tempo em que esta questão foi elaborada. Pois bem. Bem recentemente, entrou em vigor a Lei 13.718/2018, que, dentre várias inovações implementadas nos crimes contra a dignidade sexual, mudou, uma vez mais, a natureza da ação penal nesses delitos. Com isso, a ação penal, nos crimes sexuais, passa a ser pública incondicionada. Vale lembrar que, antes do advento desta Lei, a ação era, em regra, pública condicionada, salvo nas situações em que a vítima era vulnerável ou menor de 18 anos. Fazendo um breve histórico, temos o seguinte quadro: a ação penal, nos crimes sexuais, era, em regra, privativa do ofendido, a este cabendo a propositura da ação penal; posteriormente, a partir do advento da Lei 12.015/2009, a ação penal, nesses crimes, deixou de ser privativa do ofendido para ser pública condicionada à representação, em regra; agora, com a entrada em vigor da Lei 13.718/2018, a ação penal, nos crimes contra a dignidade sexual, que antes era pública condicionada, passa a ser pública incondicionada. Com isso, o titular da ação penal, que é o MP, prescinde de manifestação de vontade da vítima para promover a ação penal. Dessa forma, fica sepultado o debate que antes havia acerca da aplicação da Súmula 608, do STF. É importante que se diga que, além da alteração a que fizemos referência, a Lei 13.718/2018 promoveu, no contexto dos crimes sexuais, outras relevantes mudanças. Uma das mais significativas, a nosso ver, é a introdução, no Código Penal, do crime de *importunação sexual*, disposto no art. 215-A, nos seguintes termos: *Praticar contra alguém e sem a sua anuência ato libidinoso com o objetivo de satisfazer a própria lascívia ou a de terceiro: Pena – reclusão, de 1 (um) a 5 (cinco) anos, se o ato não constitui crime mais grave*. A conduta de homens que, em ônibus e trens lotados, molestam mulheres e, em alguns casos, chegam a ejacular, se enquadra, doravante, neste novo tipo penal. Episódio amplamente divulgado pelos meios de comunicação é o de um homem que, dentro do transporte público, em São Paulo, ejaculou no pescoço de uma mulher. Antes, a responsabilização se dava pela contravenção penal de *importunação ofensiva ao pudor*, definida no art. 61 da LCP, cujo preceito secundário estabelecia exclusivamente pena de multa, dispositivo este que foi revogado, de forma expressa, pela Lei 13.718/2018, tendo a conduta ali descrita migrado para o novo art. 215-A do CP, em face da regra da continuidade típico-normativa. Evidente que a pena, agora mais grave, não poderá retroagir e atingir fatos anteriores à entrada em vigor da Lei 13.718/2018. Outra importante inovação refere-se à inclusão, no art. 218-C, do delito de *divulgação de cena de estupro ou de cena de estupro de vulnerável, de cena de sexo ou de pornografia*. O objetivo do legislador, com a tipificação desta conduta, foi o de coibir um fenômeno que, infelizmente, tem sido cada vez mais comum, que é a violação da intimidade com a exposição sexual não autorizada. Inclui-se, aqui, a chamada *pornografia da vingança*, em que fotografias e vídeos de conteúdo íntimo de alguém (normalmente mulher) são divulgados na internet pelo ex-esposo ou ex-namorado como forma de vingança. A partir daí, o conteúdo é disseminado, nas redes sociais e em grupos de whatsapp, de forma exponencial. O art. 218-C contempla uma causa de aumento de pena, a configurar-se quando o crime é praticado por agente que mantém ou tenha mantido relação íntima de afeto com a vítima ou com o fim de vingança ou humilhação. No que concerne ao estupro de vulnerável, previsto no art. 217-A do CP, a Lei 13.718/2018, ao inserir o § 5º nesse dispositivo legal, consagra o entendimento adotado pela Súmula 593, do STJ, no sentido de que o consentimento e a experiência sexual anterior são irrelevantes à configuração do crime de estupro de vulnerável. Por fim, a Lei 13.718/2018 fez inserir, no art. 226 do CP, o inciso IV, estabelecendo que a pena será aumentada nos casos de *estupro coletivo* e *estupro corretivo*. Mais recentemente, a Lei 13.772/2018, inseriu, nos crimes contra a dignidade sexual, do delito de *registro não autorizado da intimidade sexual*, definido no art. 216-A, que passa a integrar o novo Capítulo I-A do Título VI. Segundo a descrição típica, este novo crime restará configurado quando o agente *produzir, fotografar, filmar ou registrar, por qualquer meio, conteúdo com cena de nudez ou ato sexual ou libidinoso de caráter íntimo e privado sem autorização dos participantes*. A pena é de detenção, de 6 (seis) meses a 1 (um) ano, e multa. O que fez esta Lei, ao inserir no CP este novo crime, foi superar a lacuna em relação à conduta do agente que registrava a prática de atos sexuais entre terceiros, sem que estes, obviamente, tivessem conhecimento. Esta conduta, vale dizer, não é de rara ocorrência. Imaginemos a hipótese em que o proprietário de uma casa ou mesmo de um motel instale, de forma oculta e sorrateira, uma câmera com o fim de registrar a prática de atos sexuais entre pessoas que ali se encontram. Antes do advento desta Lei, tal conduta não configurava crime. Segundo estabelece o parágrafo único do art. 216-A, incorrerá na mesma pena aquele que *realiza montagem em fotografia, vídeo, áudio ou qualquer outro registro com o fim de incluir pessoa em cena de nudez ou ato sexual ou libidinoso de caráter íntimo*. No crime do *caput*, a cena de sexo registrada às escondidas é verdadeira, ou seja, ela de fato ocorreu na forma como foi registrada. No caso do parágrafo único, o agente realiza uma montagem, ou seja, cria o registro de uma cena de sexo envolvendo pessoas que dela não participaram. Basta, aqui, recordar da montagem envolvendo certo candidato ao Governo do Estado de São Paulo nas últimas eleições, que apareceu em cena de sexo explícito. Pelo que se constatou, o rosto do então candidato foi manipulado por meio de recursos gráficos. Como não poderia deixar de ser, esta montagem ganhou, rapidamente, as redes sociais e aplicativos de mensagem. Importante que se diga que as condutas, tanto a do *caput* quanto a do parágrafo único, constituem infração penal de menor potencial ofensivo, aplicando-se, bem por isso, os benefícios e o procedimento da Lei 9.099/1995; **E:** correta (art. 234-A, IV, do CP). ED

Gabarito "E".

(Delegado/AP – 2017 – FCC) Nas infrações contra a dignidade sexual:

I. Induzir ou atrair alguém à prostituição ou outra forma de exploração sexual, facilitá-la, impedir ou dificultar que alguém a abandone é crime punido com detenção.

II. O estupro de vulnerável é descrito como ter conjunção carnal ou praticar outro ato libidinoso com menor de 16 anos.

III. A pena é aumentada de quarta parte se o crime é cometido com o concurso de 2 ou mais pessoas.

IV. A pena é aumentada de metade, se o agente é ascendente, padrasto ou madrasta, tio, irmão, cônjuge, companheiro, tutor, curador, preceptor ou empregador da vítima ou por qualquer outro título tem autoridade sobre ela.

Está correto o que se afirma APENAS em

(A) I e II.

(B) II e III.

(C) I e IV.

(D) III.

(E) III e IV.

I: incorreta. A conduta descrita neste item corresponde ao crime de favorecimento da prostituição ou outra forma de exploração sexual (art. 228 do CP), punido com reclusão de 2 (dois) a 5 (cinco) anos, e multa; **II:** incorreta. Uma das modalidades de estupro de vulnerável (art. 217-A do CP) consistente no fato de o agente ter conjunção carnal ou praticar outro ato libidinoso com menor de 14 (quatorze) anos; **III:** correta. De fato, o art. 226, I, do CP, dispõe que os crimes contra a dignidade sexual terão a pena majorada de quarta parte se cometidos com o concurso de 2 (duas) ou mais pessoas; **IV:** correta. Nos termos do art. 226, II, do CP, cuja redação foi alterada por força da Lei 13.718/2018, nos crimes sexuais, a pena será aumentada de metade, se o agente é ascendente, padrasto ou madrasta, tio, irmão, cônjuge, companheiro, tutor, curador, preceptor ou empregador da vítima ou por qualquer outro título tem autoridade sobre ela. AT

Gabarito "E".

(Delegado/MS – 2017 – FAPEMS) A dignidade sexual integra o princípio maior da dignidade da pessoa humana e recebe do Estado proteção especial cujas normas penais e sanções passaram nos últimos tempos por grandes modificações, a fim de se adequarem à nova realidade, que envolve em particular a liberdade sexual das pessoas, garantindo a sua livre manifestação e reprimindo quem de alguma forma lhe cause limitação ou aflição. No que diz respeito aos crimes de estupro e estupro de vulnerável, assinale a alternativa correta.

(A) O ato de manter relações sexuais, mediante violência ou grave ameaça, com pessoa maior de quatorze e menor de dezoito anos de idade caracteriza estupro de vulnerável, em virtude dos efeitos mais gravosos aos adolescentes.

(B) No crime de estupro, exige-se da vítima retidão moral, não caracterizando constrangimento ilegal a prática do ato contra prostituta, ou pessoa que de qualquer modo utilize a relação sexual como modo de vida.

(C) A violência praticada no crime de estupro é uma imposição de ordem física direta, perpetrada contra a vítima. A violência indireta praticada contra terceiro que a vítima queira proteger não caracteriza a tipicidade formal.

(D) No estupro de vulnerável, o consentimento não opera como causa permissiva e sua aferição, seja na forma direta ou por equiparação, é obtida pela conjunção dos critérios biológicos e psicológicos da culpabilidade.

(E) O consentimento da vítima, maior e capaz, obtido por meio de constrangimento praticado em face de grave ameaça perpetrado pelo autor, não afasta a tipicidade formal do crime de estupro.

A: incorreta. A pessoa maior de quatorze e menor de dezoito anos não é considerada vulnerável para fins de caracterização do crime do art. 217-A do CP. Assim não seria se se tratasse de vítima menor de quatorze anos. A conduta contida na assertiva caracteriza estupro qualificado (art. 213, § 1º, do CP); **B:** incorreta. Inexiste, como elementar típica do estupro, o fato de a vítima ter retidão moral, que seria um conceito extremamente vago, diga-se de passagem. Também não se importa a lei com os hábitos sexuais da vítima, ou se se trata de "profissional do sexo" (prostituta). Violarão a dignidade sexual da pessoa os comportamentos descritos nos arts. 213 e 217-A, do CP. Prostituta pode ser vítima de estupro? E a resposta é positiva! Basta que seja constrangida, mediante grave ameaça ou violência, a ter conjunção carnal ou a praticar ou permitir que com ela se pratique outro ato libidinoso. O dissenso da vítima é o ponto fulcral no crime de estupro. Já para o estupro de vulnerável (art. 217-A, CP), sequer o consentimento importa para a caracterização do crime, a teor do que dispõe a Súmula 593 do STJ: *O crime de estupro de vulnerável configura com a conjunção carnal ou prática de ato libidinoso com menor de 14 anos, sendo irrelevante o eventual consentimento da vítima para a prática do ato, experiência sexual anterior ou existência de relacionamento amoroso com o agente;* **C:** incorreta. O crime de estupro (art. 213 do CP) se caracterizará quando empregada violência ou grave ameaça como meios de execução para que a vítima seja compelida a ter conjunção carnal ou a praticar ou permitir que com ela se pratique outro ato libidinoso. E referidos meios executórios não precisarão atingir, necessariamente, a vítima (violência direta), podendo ser perpetrados contra terceiros (violência indireta). É o que se vê, por exemplo, com a vítima "X", cujo filho tenha sido gravemente ameaçado ou fisicamente agredido como forma de constrangê-la à prática de conjunção carnal com o agente. Embora "X" não tenha sofrido qualquer violência física, terá havido estupro; **D:** incorreta. O consentimento da pessoa vulnerável não integra a estrutura típica do estupro tipificado pelo art. 217-A do CP. Em outras palavras, pouco importará o assentimento da vítima para o ato sexual, que, se considerada vulnerável (art. 217, *caput*, e § 1º, do CP), terá sido sujeito passivo do crime em comento. Essa *ratio* da Súmula 593 do STJ, já transcrita nos comentários à alternativa B; **E:** correta. Se o consentimento da vítima, pessoa maior e capaz, tiver sido obtido mediante o emprego de grave ameaça, equivalerá a um não consentimento e, portanto, caracterizado estará o crime de estupro (art. 213 do CP). **AT**

Gabarito "E".

21. CRIMES CONTRA A FÉ PÚBLICA

(Delegado/RJ – 2022 – CESPE/CEBRASPE) Atanagildo ofereceu ação indenizatória contra empresa concessionária de energia elétrica, sustentando, em sua petição inicial, a interrupção no fornecimento de eletricidade por diversos dias consecutivos. A fim de não realizar o pagamento de custas processuais, Atanagildo se declarou hipossuficiente. Contudo, logo restou demonstrado pela empresa que Atanagildo não era hipossuficiente, bem como que, embora realmente o fornecimento de energia tenha sido interrompido na região por problemas técnicos, a suposta casa de Atanagildo não passava de um terreno, no qual não havia construções nem sequer um medidor de consumo de energia. Assim, o magistrado encaminhou cópias dos documentos à Delegacia de Polícia da área, a fim de apurar a existência de crimes.

Considerando-se essa situação hipotética, é correto afirmar que Atanagildo praticou

(A) conduta atípica.

(B) tentativa de estelionato e uso de documento falso.

(C) tentativa de estelionato e falsidade ideológica.

(D) tentativa de estelionato.

(E) falsidade ideológica.

Tanto a jurisprudência do STF quanto a do STJ consagraram o entendimento no sentido de que a conduta consistente em firmar ou fazer uso de declaração de pobreza falsa em juízo, com a finalidade de obter os benefícios da justiça gratuita, não configura crime, na medida em que tal manifestação não pode ser considerada documento para fins penais, sendo passível de comprovação posterior. Conferir: "O entendimento do Superior Tribunal de Justiça é no sentido de que a mera declaração de estado de pobreza para fins de obtenção dos benefícios da justiça gratuita não é considerada conduta típica, diante da presunção relativa de tal documento, que comporta prova em contrário" (STJ, RHC 24.606/RS, Rel. Min. Nefi Cordeiro, 6ª Turma, DJe 02/06/2015). **ED**

Gabarito "A".

(Delegado de Polícia Federal – 2021 – CESPE) Com relação aos crimes contra a fé pública, julgue os itens que se seguem.

(1) O crime de moeda falsa é incompatível com o instituto do arrependimento posterior.

(2) O indivíduo foragido do sistema carcerário que utiliza carteira de identidade falsa perante a autoridade policial para evitar ser preso pratica o crime de falsa identidade.

(3) O advogado de réu pode vir a responder pelo crime de falso testemunho, na hipótese de induzir testemunha a prestar determinado depoimento.

1: certo. Para atender ao requisito da reparação do dano ou da restituição da coisa, contido no art. 16 do CP, é de rigor que se trate de crime patrimonial ou, ao menos, que o delito possua efeitos patrimoniais, não sendo este o caso do crime de moeda falsa, cuja consumação é alcançada com a falsificação da moeda, pouco importando se tal conduta acarretou prejuízos patrimoniais para terceiros. Ensina Guilherme de Souza Nucci que *a causa de diminuição de pena prevista neste artigo exige, para sua aplicação, que o crime seja patrimonial ou possua efeitos patrimoniais. Afinal, somente desse modo seria sustentável falar em reparação do dano ou restituição da coisa. Em uma hipótese de homicídio, por exemplo, não teria o menor cabimento aplicar o arrependimento posterior, uma vez que não há nada que possa ser restituído ou reparado. No furto, ao contrário, caso o agente devolva a coisa subtraída ou pague à vítima indenização correspondente ao seu valor, torna-se viável a diminuição da pena. Não descartamos, por certo, outras hipóteses que não sejam crimes patrimoniais, como ocorreria com o peculato doloso. Em caso de restituição da coisa ou reparação total do dano, parece-nos viável a aplicação da redução da pena (Código Penal Comentado, 18ª ed.* Forense, 2017. p. 197). Na jurisprudência: "1. No crime de moeda falsa – cuja consumação se dá com a falsificação da moeda, sendo irrelevante eventual dano patrimonial imposto a terceiros – a vítima é a coletividade como um todo e o bem jurídico tutelado é a fé pública, que não é passível de reparação. 2. Os crimes contra a fé pública, assim como nos demais crimes não patrimoniais em geral, são incompatíveis com o instituto do arrependimento posterior, dada a impossibilidade material de haver reparação do dano causado ou a restituição da coisa subtraída. 3. As instâncias ordinárias, ao afastar a aplicação da delação premiada, consignaram, fundamentalmente, que "não se elucidou nenhum esquema criminoso; pelo contrário, o réu somente alegou em

6. DIREITO PENAL

seu interrogatório a participação de outras pessoas na atuação criminosa, o que não é suficiente para a concessão do benefício da delação" (STJ, REsp 1242294/PR, Rel. Ministro SEBASTIÃO REIS JÚNIOR, Rel. p/ Acórdão Ministro ROGERIO SCHIETTI CRUZ, SEXTA TURMA, julgado em 18/11/2014, DJe 03/02/2015); **2**: errado. O foragido do sistema carcerário que faz uso (utiliza) de carteira de identidade falsa perante a autoridade policial com vistas a evitar sua prisão será responsabilizado pelo delito de uso de documento falso (art. 304, CP), e não pelo crime de falsa identidade (art. 307, CP), que pressupõe a mera imputação a si mesmo de identidade falsa. Seja como for, tanto é típica a conduta do agente que atribui a si falsa identidade para se ver livre de eventual responsabilização penal (Súmula 522 do STJ: "A conduta de atribuir-se falsa identidade perante autoridade policial é típica, ainda que em situação de alegada autodefesa"), quanto a conduta do agente que, imbuído do mesmo objetivo (evitar ser preso), faz uso de documento falso. Conferir: "Penal. Habeas Corpus. Uso de documento falso para ocultar condição de foragido. Exercício de autodefesa. Atipicidade. Inocorrência. Ordem denegada. I – A utilização de documento falso para ocultar a condição de foragido não descaracteriza o delito de uso de documento falso (art. 304 do CP). Precedentes. II – Ordem denegada" (STF, HC 119970, rel. Min. Ricardo Lewandowski, 2ª T, julgado em 04/02/2014, publicado em 17/02/2014); **3**: certo. O advogado que instrui testemunha a apresentar falsa versão favorável à causa que patrocina responde pelo crime de falso testemunho na condição de partícipe. A esse respeito: STF, RHC 81.327-SP, 1ª T., Rel. Min. Ellen Gracie, DJ 5.4.2002. **ED**

Gabarito 1C, 2E, 3C

(Juiz de Direito – TJ/AL – 2019 – FCC) Quanto aos crimes contra a fé pública,

(A) compete à Justiça Estadual comum processar e julgar civil denunciado pelos crimes de falsificação e de uso de documento público falso quando se tratar de Carteira de Habilitação de Amador, ainda que expedida pela Marinha do Brasil.

(B) há sempre concurso entre os crimes de falsificação de documento público e estelionato, segundo entendimento do sumulado do Superior Tribunal de Justiça.

(C) configura crime de falsificação de documento particular o ato de falsificar, no todo ou em parte, testamento particular, duplicata e cartão bancário de crédito ou débito.

(D) atípica a conduta de, em situação de autodefesa, atribuir-se falsa identidade perante autoridade policial.

(E) inadmissível proposta de suspensão condicional do processo no crime de falsidade ideológica de assentamento de registro civil.

A: incorreta, já que, em consonância com a Súmula Vinculante 36, o julgamento caberá à Justiça Federal; **B**: incorreta, uma vez que contraria o entendimento consolidado na Súmula 17, do STJ: *Quando o falso se exaure no estelionato, sem mais potencialidade lesiva, é por este absorvido*. Trata-se de hipótese de incidência do princípio da consunção; **C**: incorreta. O cartão de crédito ou débito, tal como consta da assertiva, equipara-se a documento particular, conforme dispõe o art. 298, parágrafo único, do CP; já o testamento particular e a duplicata são equiparados a documento público (art. 297, § 2º, do CP); **D**: incorreta. Segundo STF e STJ, aquele que atribui a si identidade falsa com o escopo de furtar-se à responsabilidade criminal deve, sim, responder pelo crime de falsa identidade (art. 307, CP). A propósito, o STJ, consolidando tal entendimento, editou a Súmula n. 522: "A conduta de atribuir-se falsa identidade perante autoridade policial é típica, ainda que em situação de alegada autodefesa". Também nesse sentido, o STF: "Direito penal. Agravo regimental em recurso extraordinário com agravo. Crime de falsa identidade. Art. 307 do Código Penal. Alegação de autodefesa. Impossibilidade. Tipicidade configurada. 1. O

Plenário Virtual do Supremo Tribunal Federal, no julgamento do RE 640.139, Rel. Min. Dias Toffoli, decidiu que o princípio constitucional da autodefesa não alcança aquele que atribui falsa identidade perante autoridade policial com o intuito de ocultar maus antecedentes. Na ocasião, reconheceu-se a existência de repercussão geral da questão constitucional suscitada e, no mérito, reafirmou a jurisprudência dominante sobre a matéria. 2. Agravo regimental a que se nega provimento." (ARE 870572 AgR, Relator(a): Min. Roberto Barroso, Primeira Turma, julgado em 23/06/2015, acórdão eletrônico DJe-154 DIVULG 05-08-2015 Publicado em 06-08-2015); **E**: correta. O crime de falsidade ideológica, capitulado no art. 299 do CP, tem pena mínima cominada correspondente a um ano, o que torna possível a incidência do *sursis* processual (art. 89, *caput*, da Lei 9.099/1995). Sucede que, no crime de falsidade ideológica de assentamento de registro civil, no art. 299, parágrafo único, do CP estabelece um aumento de pena da ordem de um sexto, o que afasta a aplicação do benefício da suspensão condicional do processo, que somente tem lugar nos delitos cuja pena mínima cominada não é superior a um ano. **ED**

Gabarito "E"

(Escrevente – TJ/SP – 2018 – VUNESP) A respeito dos crimes previstos nos artigos 293 a 305 do Código Penal, assinale a alternativa correta.

(A) A falsificação de livros mercantis caracteriza o crime de falsificação de documento particular (art. 298 do CP).

(B) O crime de falsidade ideológica (art. 299 do CP), em documento público, é próprio de funcionário público.

(C) No crime de falsidade de atestado médico (art. 302 do CP), independentemente da finalidade de lucro do agente, além da pena privativa de liberdade, aplica-se multa.

(D) O crime de supressão de documento (art. 305 do CP), para se caracterizar, exige que o documento seja verdadeiro.

(E) O crime de falsificação de documento público (art. 297 do CP) é próprio de funcionário público.

A: incorreta. Cuida-se do crime de falsificação de documento público (art. 297 do CP), haja vista que os *livros mercantis* equiparam-se, para os fins penais, a documento público, equiparação essa que também inclui, por força do art. 297, § 2º, do CP, o documento emanado de entidade paraestatal, o título ao portador ou transmissível por endosso, as ações de sociedade comercial e o testamento particular (hológrafo). São documentos que, embora particulares, são considerados, dada a sua relevância, público para fins penais; **B**: incorreta. Isso porque o crime de falsidade ideológica, quer seja o documento público, quer seja particular, é *comum*. Significa que o sujeito ativo pode ser qualquer pessoa, inclusive o funcionário público. A propósito, se este delito for cometido pelo *intraneus*, valendo-se este do cargo que ocupa, a pena é aumentada de sexta parte (art. 299, parágrafo único, CP); **C**: incorreta, uma vez que a pena de multa somente será aplicada na hipótese de o crime do art. 302 do CP ser praticado com o fim de lucro (art. 302, parágrafo único, CP); não havendo tal finalidade, o médico que expediu o atestado falso estará sujeito tão somente à pena de detenção de um mês a um ano; **D**: correta. De fato, o objeto material do crime de supressão de documento (art. 305, CP) é o documento público ou particular, em qualquer caso *verdadeiro*; **E**: incorreta, uma vez que poderão figurar como sujeito ativo do crime de falsificação de documento público (art. 297, CP) tanto o particular quanto o funcionário público. Trata-se, portanto, de crime comum, em que não se exige do agente nenhuma qualidade especial. Agora, se se tratar de funcionário público que se vale, para o cometimento deste crime, de seu cargo, incidirá a causa de aumento prevista no § 1º do art. 297 do CP. **ED**

Gabarito "D"

(Investigador – PC/BA – 2018 – VUNESP) Teodoro, 30 anos de idade, brasileiro, casado e sem antecedentes, falsificou 10 cédulas de R$ 10,00 (dez reais) com o intuito de introduzi-las em circulação, na conduta de pagar uma conta de TV a cabo atrasada. A caminho da casa lotérica, no entanto, foi abordado por policiais e, assustado, entregou as cédulas e confessou a falsificação. Considerando-se a situação hipotética, é correto afirmar que

(A) Teodoro praticou o crime de moeda falsa na modalidade tentada, pois não conseguiu consumar seu intento que era o de colocar as cédulas em circulação.

(B) tendo em vista o ínfimo valor das cédulas falsificadas, trata-se de fato atípico.

(C) Teodoro praticou o crime de moeda falsa na modalidade consumada e, se condenado, poderá receber uma pena de reclusão de 3 (três) a 12 (doze) anos, mais a imposição de multa.

(D) apesar de ter falsificado as cédulas, tendo em vista que as entregou à autoridade policial antes de introduzi-las na circulação, Teodoro poderá ter reconhecida em seu favor a figura privilegiada prevista no § 2o do art. 289 do Código Penal, que trata de figura privilegiada.

(E) por ter falsificado as cédulas visando pagar uma conta atrasada, Teodoro poderá alegar estado de necessidade e ter reconhecida a excludente de ilicitude.

A: incorreta. Aquele que falsifica moeda, fabricando-a, tal como fez Teodoro, será responsabilizado pelo crime definido no art. 289, *caput*, CP, na sua modalidade consumada, independente de sua circulação ou causação de prejuízo. Cuida-se, assim, de delito formal, haja vista que não exige, para a sua consumação, resultado naturalístico, consistente, neste caso, na efetiva circulação ou prejuízo. Dessa forma, o fato de o agente falsificador colocar a moeda em circulação é irrelevante à configuração do crime de moeda falsa; **B:** incorreta. Dada a relevância do bem jurídico tutelado, que é a fé pública, o princípio da insignificância (crime de bagatela), segundo entendimento hoje consolidado nos tribunais superiores, não tem incidência no crime de moeda falsa (art. 289, CP). Nesse sentido, conferir: "Moeda Falsa – Insignificância – Afastamento. Descabe cogitar da insignificância do ato praticado uma vez imputado o crime de circulação de moeda falsa" (STF, HC 126285, relator Min. Marco Aurélio, Primeira Turma, julgado em 13/09/2016, processo eletrônico Dje-206 divulg 26-09-2016 public 27-09-2016). No STJ: "A jurisprudência do Superior Tribunal de Justiça mostra-se consolidada e em harmonia com o entendimento do Supremo Tribunal Federal para afastar a incidência do princípio da insignificância ao delito de moeda falsa, independentemente do valor ou quantidade de cédulas apreendidas, uma vez que o bem jurídico tutelado por esta norma penal é a fé pública" (AgRg no AREsp 1012476/SP, Rel. Ministro Jorge Mussi, Quinta Turma, julgado em 18/04/2017, DJe 26/04/2017); **C:** correta. Vide comentário à assertiva "A"; **D:** incorreta, dado que a figura privilegiada prevista no art. 289, § 2º, do CP somente se aplica ao sujeito que recebe a moeda falsa de boa-fé e, depois de constatar a falsificação, a coloca em circulação. Não é este o caso de Teodoro, que, como dito no enunciado, falsificou as notas; **E:** incorreta, já que ausentes, neste caso, os requisitos do estado de necessidade. ED
"C" Gabarito

(Escrevente – TJ/SP – 2018 – VUNESP) No tocante às infrações previstas nos artigos 307, 308 e 311-A, do Código Penal, assinale a alternativa correta.

(A) A conduta de atribuir a terceiro falsa identidade é penalmente atípica, sendo crime apenas atribuir a si próprio identidade falsa.

(B) O crime de fraude em certames de interesse público configura-se pela divulgação de conteúdo de certame, ainda que não sigiloso.

(C) O crime de fraude em certames de interesse público prevê a figura qualificada, se dele resulta dano à administração pública.

(D) A conduta de ceder o documento de identidade a terceiro, para que dele se utilize, é penalmente atípica, sendo crime apenas o uso, como próprio, de documento alheio.

(E) O crime de fraude em certames de interesse público é próprio de funcionário público.

A: incorreta, já que o tipo penal do art. 307 do CP (falsa identidade) contém dois verbos nucleares (tipo misto alternativo ou de conteúdo variado), a saber: *atribuir-se* (imputar a si próprio) ou *atribuir a terceiro* (imputar a outrem) falsa identidade. São duas, portanto, as condutas típicas previstas no tipo penal; **B:** incorreta, dado que o objeto da divulgação, para a configuração deste crime, deve ter caráter *sigiloso*, na forma prevista no art. 311-A, *caput*, do CP; logo, se não houver sigilo, a divulgação constitui fato atípico; **C:** correta. Qualificadora prevista no art. 311-A, § 2º, do CP; **D:** incorreta. Trata-se do crime previsto no art. 308 do CP; **E:** incorreta. O crime de fraude em certames de interesse público, capitulado no art. 311-A do CP, é comum, podendo, portanto, ser praticado por qualquer pessoa. ED
"C" Gabarito

(Procurador Municipal – Prefeitura/BH – CESPE – 2017) Com relação aos crimes em espécie previstos no CP, assinale a opção correta, considerando o entendimento jurisprudencial do STJ.

(A) O indivíduo que, ao ser preso em flagrante, informa nome falso com o objetivo de esconder seus maus antecedentes pratica o crime de falsa identidade, não sendo cabível a alegação do direito à autodefesa e à não autoincriminação.

(B) Para a configuração do crime de descaminho, é necessária a constituição definitiva do crédito tributário por processo administrativo-fiscal.

(C) Em se tratando de crime de concussão, a situação de flagrante se configura com a entrega da vantagem indevida.

(D) O crime de sonegação fiscal não absorve o crime de falsidade ideológica, mesmo que seja praticado unicamente para assegurar a evasão fiscal.

A: correta. Parte da doutrina sustenta que não comete o crime do art. 307 do CP o agente que atribui a si falsa identidade com o propósito de escapar de ação policial e, dessa forma, evitar sua prisão. O indivíduo estaria, segundo essa corrente, procurando preservar sua liberdade. Sucede que, atualmente, este posicionamento não mais prevalece. Segundo STF e STJ, aquele que atribui a si identidade falsa com o escopo de furtar-se à responsabilidade criminal deve, sim, responder pelo crime de falsa identidade (art. 307, CP). A propósito, o STJ, consolidando tal entendimento, editou a Súmula 522: "A conduta de atribuir-se falsa identidade perante autoridade policial é típica, ainda que em situação de alegada autodefesa". Também nesse sentido, o STF: "Direito penal. Agravo regimental em recurso extraordinário com agravo. Crime de falsa identidade. Art. 307 do Código Penal. Alegação de autodefesa. Impossibilidade. Tipicidade configurada. 1. O Plenário Virtual do Supremo Tribunal Federal, no julgamento do RE 640.139, Rel. Min. Dias Toffoli, decidiu que o princípio constitucional da autodefesa não alcança aquele que atribui falsa identidade perante autoridade policial com o intuito de ocultar maus antecedentes. Na ocasião, reconheceu-se a existência de repercussão geral da questão constitucional suscitada

6. DIREITO PENAL 249

e, no mérito, reafirmou a jurisprudência dominante sobre a matéria. 2. Agravo regimental a que se nega provimento." (ARE 870572 AgR, 1ª T., Rel. Min. Roberto Barroso, j. 23.06.2015, *DJe* 05.08.2015, publ. 06.08.2015); **B:** incorreta, uma vez que não se aplica, no contexto do crime de descaminho, o entendimento firmado na Súmula Vinculante 24: "Não se tipifica crime material contra a ordem tributária, previsto no art. 1º, incisos I a IV, da Lei 8.137/1990, antes do lançamento definitivo do tributo". Nesse sentido, conferir: "A Quinta Turma deste Superior Tribunal de Justiça firmou entendimento no sentido de que o delito previsto no art. 334 do Código Penal se configura no ato da importação irregular de mercadorias, sendo desnecessário, portanto, o exaurimento das vias administrativas e constituição definitiva do crédito tributário para a sua apuração criminal" (AgRg no AREsp 1034891/ SP, 5ª T., Rel. Min. Jorge Mussi, j. 13.06.2017, *DJe* 23.06.2017); **C:** incorreta. A entrega da vantagem indevida, na concussão (art. 316, "caput", CP), corresponde ao que a doutrina convencionou chamar de *exaurimento*, que nada mais é do que o desdobramento típico ocorrido em momento posterior à consumação. Neste crime, classificado pela doutrina como *formal* (ou de consumação antecipada ou resultado cortado), a consumação se dá com a imposição, pelo funcionário público, da vantagem indevida, pouco importando se o particular, sentindo-se acuado, faz-lhe a entrega ou não. A prisão em flagrante, bem por isso, somente é possível no momento em que o funcionário exige a vantagem; a entrega desta, pelo particular, constitui, como já dito, exaurimento do crime, não cabendo, portanto, a prisão em flagrante do *intraneus*, desde que, é claro, isso se dê em outro contexto. Para que não reste nenhuma dúvida: se a entrega da vantagem se der vários dias depois da exigência desta, não caberá mais a prisão em flagrante, uma vez que a consumação ocorreu lá atrás (com a imposição do pagamento indevido); **D:** incorreta. Para o STJ, é caso de aplicação do princípio da consunção. Conferir: "A jurisprudência desta Corte Superior é firme no sentido de aplicação do princípio da consunção quando o delito de falso é praticado exclusivamente para êxito do crime de sonegação, motivo pelo qual é aplicável a súmula 83/STJ" (AgRg nos EAREsp 386.863/MG, 3ª Seção, Rel. Min. Felix Fischer, j. 22.03.2017, *DJe* 29.03.2017). **ED**

Gabarito "A".

22. CRIMES CONTRA A ADMINISTRAÇÃO PÚBLICA

(Delegado/RJ – 2022 – CESPE/CEBRASPE) A respeito dos crimes contra a administração pública, assinale a opção correta.

(A) A conduta de médico particular solicitar o pagamento de valor em dinheiro para atender paciente pelo Sistema Único de Saúde não configura crime funcional, pois o agente não se enquadra no conceito de funcionário público para fins penais.

(B) Comete o crime de prevaricação funcionário público que, por indulgência, deixa de responsabilizar subordinado que tenha cometido infração no exercício do cargo.

(C) Particular que aquiesce com a exigência de funcionário público, quando este comete o crime de concussão, entregando-lhe o valor pedido em razão do exercício de sua função, não comete nenhum crime nesse caso.

(D) O crime de corrupção passiva somente se configura com a efetiva prática ou omissão da conduta funcional do servidor, já que o chamado ato de ofício integra o tipo penal.

(E) Quem oferece dinheiro a perito para que este elabore laudo favorável à sua pretensão comete crime de corrupção ativa, definido no art. 333 do Código Penal.

A: incorreta. Se o médico particular, conveniado do SUS, e, portanto, considerado funcionário público, solicitar dinheiro (pagamento indevido) para realizar atendimento, cometerá o crime de corrupção passiva, que é delito funcional próprio do *intraneus*; **B:** incorreta. O funcionário público que, por indulgência, deixar de promover a responsabilização de funcionário subordinado que tenha praticado infração no exercício do cargo, ou, caso incompetente, deixar de levar ao conhecimento da autoridade com competência punitiva, responderá pelo crime de condescendência criminosa (art. 320 do CP), e não pelo delito de prevaricação, que será atribuído ao funcionário que retardar ou deixar de praticar, indevidamente, ato de ofício, ou praticá-lo contra disposição expressa de lei, para satisfazer interesse ou sentimento pessoal (319 do CP); **C:** correta. Pratica o delito de *concussão* – art. 316, *caput*, do CP – o funcionário público que, em razão da função que exerce, *impõe* vantagem indevida (ilícita). A conduta típica, neste crime, é representada pelo verbo *exigir*, que tem o sentido de *demandar, ordenar*. Essa exigência traz ínsita uma ameaça à vítima, que, sentindo-se intimidada, acuada, acaba por ceder, entregando ao agente a vantagem indevida por ele perseguida. Por essa razão, o particular deve ser considerado vítima do crime. Sua conduta de curva-se à exigência formulada pelo *intraneus*, portanto, é atípica; **D:** incorreta. Sendo crime formal, a corrupção passiva (art. 317, CP) se consuma com a mera solicitação/ recebimento/aceitação de promessa, sendo desnecessário que o funcionário público retarde ou deixe de praticar o ato de ofício, ou mesmo obtenha a vantagem por ele perseguida; **E:** incorreta. Aquele que oferece dinheiro a perito para que este elabore laudo favorável à sua pretensão comete o crime de corrupção ativa de testemunha, perito, contador, tradutor ou intérprete, definido no art. 343 do CP. **ED**

Gabarito "C".

(Delegado de Polícia Federal – 2021 – CESPE) No que se refere aos crimes contra a administração pública, julgue os próximos itens.

(1) Um médico de hospital particular conveniado ao Sistema Único de Saúde pode ser equiparado a funcionário público, para fins de responsabilização penal.

(2) Na hipótese de crime de peculato doloso, o ressarcimento do dano exclui a punibilidade.

(3) O crime de facilitação de contrabando e descaminho se consuma com a efetiva facilitação, não sendo necessária a consumação do contrabando ou descaminho.

(4) A fuga do réu após a ordem de parada dos policiais para abordagem configura crime de desobediência.

(5) O pagamento do tributo devido extingue a punibilidade do crime de descaminho.

1: certo. De fato, o médico conveniado do SUS é considerado, para os fins penais, funcionário público. Dessa forma, se ele, médico, por exemplo, exigir dinheiro (pagamento indevido) para realizar cirurgia, cometerá o crime de concussão (art. 316 do CP), delito próprio do *intraneus*; **2:** errado. A reparação do dano, desde que promovida antes da sentença irrecorrível, somente tem o condão de extinguir a punibilidade no crime de peculato culposo (não inclui a modalidade dolosa), nos termos do art. 312, § 3º, do CP. Segundo este mesmo dispositivo, se a reparação se der após a sentença transitada em julgado, a pena imposta será reduzida de metade, o que também tem aplicação exclusiva no peculato culposo, descrito no art. 312, § 2º, CP; **3:** certo. De fato, o crime de facilitação de contrabando ou descaminho, definido no art. 318 do CP, alcança a sua consumação com a concreção da conduta descrita no tipo, que corresponde à facilitação. Cuida-se, portanto, de delito formal, em que não se exige a produção de resultado naturalístico consistente na efetiva prática do contrabando ou descaminho; **4:** certo. É tranquilo o entendimento, tanto na doutrina quanto na jurisprudência, no sentido de que o crime de desobediência (art. 330, CP) não se configura na hipótese de haver como consequência para o ato de recalcitrância penalidade de natureza civil ou administrativa. Cuida-se, portanto, de tipo penal subsidiário. Nessa esteira, conferir: "1. O crime de desobediência é um delito subsidiário, que se caracteriza nos casos em que o descumprimento da ordem emitida pela autoridade não é objeto de sanção administrativa, civil ou processual" (AgRg no REsp 1476500/DF, Rel. Ministro Walter de Almeida Guilherme (desembargador convocado do TJ/SP), Quinta Turma, julgado em 11.11.2014, *DJe* 19.11.2014). O STJ, em edição de n. 114 da ferramenta *Jurisprudência em Teses*, publicou, sobre este tema, a seguinte tese: "Desobediência a ordem de parada dada pela autoridade de trânsito ou por seus agentes, ou por policiais ou por outros agentes públicos no exercício de atividades relacionadas ao trânsito, não constitui crime de desobediência, pois há previsão de sanção administrativa específica no art. 195 do CTB, o qual não estabelece a possibilidade de cumulação de punição penal"; **5:** errado. Em razão da natureza formal do delito de descaminho (art. 334, CP), o pagamento ou mesmo o parcelamento dos débitos tributários não tem o condão de extinguir a punibilidade. Nesse sentido, conferir: "Cuidando-se de crime formal, mostra-se irrelevante o parcelamento e pagamento do tributo, não se inserindo, ademais, o crime de descaminho entre as hipóteses de extinção da punibilidade listadas na Lei n. 10.684/2003" (STJ, AgRg no REsp 1810491/SP, Rel. Ministro NEFI CORDEIRO, SEXTA TURMA, julgado em 27/10/2020, REPDJe 12/11/2020, DJe 03/11/2020). **ED**

Gabarito 1C, 2E, 3C, 4C, 5E

(Juiz de Direito/SP – 2021 – Vunesp) Qual o tratamento penal a ser dispensado ao funcionário público que, ocupando cargo em comissão, solicita, para si, em razão da função, vantagem ilícita?

(A) Não poderá responder pelo delito de corrupção passiva, por não ocupar cargo efetivo.

(B) Responderá pelo crime de corrupção passiva, podendo ter a pena reduzida, eis que não ocupa cargo efetivo.

(C) Responderá pelo crime de corrupção passiva, devendo a pena ser aumentada da terça parte.

(D) Responderá pelo crime de corrupção passiva, podendo ter a pena aumentada em até 1/3.

A primeira observação a ser feita é no sentido de que o detentor de cargo em comissão é considerado funcionário público para feitos penais (art. 327, *caput*, do CP). E, pelo fato de exercer cargo em comissão, o agente será mais severamente punido, na forma do art. 327, § 2º, do CP, que estabelece causa de aumento de pena, *in verbis*: "A pena será aumentada da terça parte quando os autores dos crimes previstos neste Capítulo forem ocupantes de cargos em comissão ou de função de direção ou assessoramento de órgão da administração direta, sociedade de economia mista, empresa pública ou fundação instituída pelo poder público". Por fim, registre-se que o funcionário público (em comissão ou efetivo) que solicita, para si, em razão da função, vantagem ilícita incorre nas penas do crime de corrupção passiva, capitulado no art. 317 do CP. **ED**

Gabarito "C".

(Juiz de Direito – TJ/MS – 2020 – FCC) Constitui crime de

(A) tráfico de influência, delito contra a administração da justiça, solicitar ou receber dinheiro ou qualquer outra utilidade, a pretexto de influir em juiz, jurado, órgão do Ministério Público, funcionário da justiça, perito, tradutor, intérprete ou testemunha.

(B) tergiversação, delito contra a administração da justiça, o ato do advogado ou procurador judicial que defende na mesma causa, sucessivamente, partes contrárias.

(C) exploração de prestígio, delito praticado por particular contra a administração em geral, solicitar, exigir,

cobrar ou obter, para si ou para outrem, vantagem ou promessa de vantagem, a pretexto de influir em ato praticado por funcionário público no exercício da função.

(D) patrocínio infiel, delito praticado por funcionário púbico contra a administração em geral, patrocinar, direta ou indiretamente, interesse privado perante a administração pública, valendo-se da qualidade de funcionário.

(E) favorecimento real, delito contra a administração da justiça, auxiliar a subtrair-se à ação de autoridade pública autor de crime a que é cominada pena de reclusão.

A: incorreta. Tráfico de influência, crime praticado por particular contra a administração em geral, corresponde à conduta do agente que solicita, exige, cobra ou obtém, para si ou para outrem, vantagem ou promessa de vantagem, alegando gozar de prestígio junto à Administração para influir no comportamento de servidor público (art. 332 do CP); **B:** correta. De fato, comete o crime de tergiversação ou patrocínio simultâneo o advogado ou procurador judicial que defende, na mesma causa, simultânea ou sucessivamente, partes contrárias. É delito próprio (só pode ser praticado por advogado ou procurador judicial) praticado contra a Administração da Justiça; **C:** incorreta, já que a assertiva contém a descrição típica do crime de tráfico de influência, delito praticado por particular contra a administração em geral previsto no art. 332 do CP. A exploração de prestígio (art. 357 do CP) caracteriza-se quando o agente *solicitar ou receber dinheiro ou qualquer outra utilidade*, a pretexto de influir em *juiz, jurado, órgão do Ministério Público, funcionário de justiça, perito, tradutor, intérprete ou testemunha*. Perceba que as pessoas em relação às quais o agente alega gozar de prestígio estão especificadas no tipo penal: juiz, jurado, órgão do MP, funcionário de justiça, etc. É crime contra a administração da Justiça, ao passo que o tráfico de influência é delito contra a administração pública em geral; **D:** incorreta. A assertiva contém a descrição típica do crime de advocacia administrativa, tipificado no art. 321 do CP, que pressupõe que um funcionário público, valendo-se dessa qualidade, patrocine, direta ou indiretamente, interesse privado perante a Administração Pública. Apesar do nome, não se exige que o sujeito ativo seja *advogado*. Cuida-se, isto sim, como já dito, de delito praticado por funcionário público (é crime próprio) que, valendo-se do cargo que ocupa, defende interesse privado de terceiro perante a Administração. Patrocínio infiel (art. 355, CP) é o crime do advogado que trai o dever profissional, prejudicando interesse, cujo patrocínio, em juízo, lhe é conferido; **E:** incorreta. No favorecimento real (art. 349 do CP), o agente delitivo busca prestar a criminoso auxílio destinado a tornar seguro o proveito do crime, não se confundindo com o favorecimento pessoal (art. 348 do CP), este sim destinado a auxiliar autor de crime a subtrair-se à ação de autoridade pública (fuga, por exemplo). **ED**

Gabarito "B".

Joaquim, fiscal de vigilância sanitária de determinado município brasileiro, estava licenciado do seu cargo público quando exigiu de Paulo determinada vantagem econômica indevida para si, em função do seu cargo público, a fim de evitar a ação da fiscalização no estabelecimento comercial de Paulo.

(Juiz de Direito – TJ/SC – 2019 – CESPE/CEBRASPE) Nessa situação hipotética, Joaquim praticou o delito de

(A) constrangimento ilegal.

(B) extorsão.

(C) corrupção passiva.

(D) concussão.

(E) excesso de exação.

Joaquim, ao exigir de Paulo determinada quantia para evitar ação fiscalizatória no estabelecimento comercial deste, cometeu o crime de concussão. Tratando-se de crime próprio do funcionário público, a questão que aqui se coloca é saber se Joaquim, mesmo licenciado do cargo que ocupa, pode incorrer neste delito. A resposta deve ser afirmativa. A despeito de se encontrar afastado do cargo de fiscal de vigilância sanitária, é certo que Joaquim, ao impor a Paulo o pagamento de vantagem indevida, se valeu do cargo que ocupava. A descrição típica contida no art. 316, *caput*, do CP não deixa dúvidas de que o sujeito ativo abrange o *intraneus* que se encontra fora da função, quer porque está suspenso, quer porque está licenciado. O importante, como já ponderado, é que o agente, ainda que fora da função ou antes de assumi-la, se valha de sua função para o fim de demandar vantagem que não lhe é devida, invocando sua atividade. **ED**
Gabarito "D".

(Juiz de Direito - TJ/BA - 2019 - CESPE/CEBRASPE) Acerca dos delitos imputáveis aos agentes públicos, assinale a opção correta.

(A) Pratica peculato-desvio o prefeito municipal que utiliza verba pública para promoção pessoal.

(B) Pratica extorsão o funcionário público que, em razão de sua função, emprega grave ameaça no intuito de obter vantagem indevida.

(C) Pratica apropriação indébita agravada pela violação de dever inerente ao cargo ocupado o funcionário público que se apropria de valores que possui em razão do cargo.

(D) Pratica corrupção passiva na modalidade tentada o funcionário público que, ao solicitar vantagem indevida em razão da prática de ato de ofício, não a recebe por circunstâncias alheias à sua vontade.

(E) Pratica prevaricação o funcionário público que, em violação ao seu dever funcional, facilita a prática de crime de contrabando ou descaminho.

A: incorreta, uma vez que o prefeito que assim agir responderá pelo crime tipificado no art. 1º, II, do Decreto-lei 201/1967; **B:** correta, segundo o gabarito preliminar. Após, a banca examinadora anulou a questão, tendo apresentado como justificativa o fato de a assertiva estar incompleta, de forma a não contemplar todos os elementos integrantes do tipo penal da extorsão (art. 158, CP). Seja como for, o emprego de violência ou grave ameaça constitui elementar do crime de extorsão. Dessa forma, se o funcionário público, em razão de sua função, se valer de um desses meios para obter vantagem indevida, cometerá o crime de extorsão (art. 158, CP), e não o de concussão (art. 316, CP). Nesta, o funcionário público, valendo-se de sua condição, exige, para si ou para outrem, vantagem indevida, impondo à vítima, ainda que de forma velada, um temor decorrente da própria autoridade que possui (*metus publicae potestatis*); **C:** incorreta. O funcionário público que se apropria de valores que possui em razão do cargo incorrerá nas penas do crime de peculato (art. 312, *caput*, 1ª parte, do CP), na modalidade *apropriação*, que restará caracterizado quando o agente, funcionário público, apropriar-se de dinheiro, valor ou bem móvel público ou particular de que tenha a posse em razão do cargo. O art. 312, *caput*, 2ª parte, contém a figura do *peculato-desvio*, modalidade que pressupõe que o agente desencaminhe o bem de que tem a posse, alterando o seu destino. Há também outra modalidade de peculato doloso: *peculato-furto* ou *peculato impróprio* (art. 312, § 1º, do CP), em que o agente, embora não tendo a posse do objeto material, o subtrai ou concorre para que seja subtraído, valendo-se, para tanto, de facilidade proporcionada pelo fato de ser funcionário. Por sua vez, o art. 312, em seu § 2º, prevê a forma culposa de peculato, cuja conduta consiste no funcionário público concorrer, de forma culposa, para o delito de terceiro, que pode ou não ser funcionário público e age sempre de forma dolosa, praticando

crimes como, por exemplo, furto, peculato, apropriação indébita etc.; **D:** incorreta. Esta assertiva refere-se ao momento consumativo da corrupção passiva. Trata-se de delito *formal*, isto é, a consumação é alcançada com a mera solicitação formulada pelo funcionário ao particular. Aqui, pouco importa, para o fim de consumar o crime, se o particular aceitará ou não entregar a vantagem ao funcionário, bem como se a vantagem deixou de ser auferida por qualquer outra circunstância alheia à vontade do agente. Dessa forma, forçoso concluir que pratica corrupção passiva na modalidade *consumada* o funcionário público que, ao solicitar vantagem indevida em razão da prática de ato de ofício, não a recebe por circunstâncias alheias à sua vontade; **E:** incorreta. O funcionário que assim agir será responsabilizado pelo crime de facilitação de contrabando ou descaminho (art. 318, CP). **ED**
Gabarito ANULADA

(Escrevente – TJ/SP – 2018 – VUNESP) A respeito dos crimes praticados por funcionários públicos contra a administração pública, é correto afirmar que

(A) Caio, funcionário público, ao empregar verba própria da educação, destinada por lei, na saúde, em tese, incorre no crime de emprego irregular de verba pública (art. 315 do CP).

(B) Tícia, funcionária pública, ao exigir, em razão de sua função, que determinada empresa contrate o filho, em tese, incorre no crime de corrupção passiva (art. 317 do CP).

(C) Mévio, funcionário público, em razão de sua função, ao aceitar promessa de recebimento de passagens aéreas, para férias da família, não incorre no crime de corrupção passiva (art. 317 do CP), já que referido tipo penal exige o efetivo recebimento de vantagem indevida.

(D) Tício, funcionário público, ao se apropriar do dinheiro arrecadado pelos funcionários da repartição para comprar o bolo de comemoração dos aniversariantes do mês, em tese, pratica o crime de peculato (art. 312 do CP).

(E) Mévia, funcionária pública, não sendo advogada, não pode incorrer no crime de advocacia administrativa (art. 321 do CP), já que referido tipo penal exige a qualidade de advogado do sujeito ativo.

A: correta. Caio deverá ser responsabilizado pelo cometimento do crime de *emprego irregular de verbas ou rendas públicas* (art. 315, CP). Perceba que, neste crime, cuja objetividade jurídica é voltada à regularidade da Administração Pública, o agente não se apropria ou subtrai as verbas em proveito próprio ou de terceiro. O que se dá, aqui, é o emprego de verbas ou rendas públicas, pelo funcionário, em benefício da própria Administração, de forma diversa da prevista em lei. Assim, responderá por este crime aquele que desvia verba que, por lei, era da educação para a saúde. Não houve, como se pode notar, enriquecimento por parte do *intraneus* ou mesmo de terceiro; **B:** incorreta. Considerando que Tícia, valendo-se do cargo público que ocupa, *exigiu* a contratação de seu filho, deverá ser responsabilizada pelo crime de concussão (art. 316, *caput*, do CP). A conduta típica, na concussão, é representada, como dito, pelo verbo *exigir*, que tem o sentido de *demandar*, *ordenar*. Essa exigência traz ínsita uma ameaça à vítima, que, sentindo-se intimidada, acuada, acaba por ceder, entregando ao agente a vantagem indevida por ele perseguida. É aqui que este crime se distingue daquele previsto no art. 317 do CP – *corrupção passiva*. Neste, no lugar de *exigir*, o agente *solicita* (pede) vantagem indevida; **C:** incorreta. O crime de corrupção passiva (art. 317 do CP), como bem sabemos, é formal. Isso quer dizer que é prescindível, para que seja alcançada a sua consumação, que o agente receba a vantagem indevida. Na verdade, a consumação se opera em instante anterior, ou seja, o delito se aperfeiçoa, no caso narrado na assertiva, com a mera aceitação da promessa. Se de fato esta for auferida pelo agente, será considerada *exaurimento*, assim entendido o desdobramento típico posterior à consumação; **D:** incorreta, já que Tício não se valeu das facilidades que lhe proporciona o cargo que ocupa. Além disso, inexiste, neste caso, prejuízo para a Administração. Trata-se de questão privada que envolve colegas de trabalho. Pode-se falar, em princípio, de crime de apropriação indébita (art. 168, CP); **E:** incorreta. O crime de advocacia administrativa, tipificado no art. 321 do CP, pressupõe que um funcionário público, valendo-se dessa qualidade, patrocine, direta ou indiretamente, interesse privado perante a Administração Pública. Apesar do nome, não se exige que o sujeito ativo seja *advogado*. Cuida-se, isto sim, como já dito, de delito praticado por funcionário público (é crime próprio) que, valendo-se do cargo que ocupa, defende interesse privado de terceiro perante a Administração. **ED**

Gabarito "A".

(Escrevente – TJ/SP – 2018 – VUNESP) A respeito dos crimes praticados por particulares contra a administração, em geral (arts. 328; 329; 330; 331; 332; 333; 335; 336 e 337 do CP), assinale a alternativa correta.

(A) O crime de desacato não se configura se o funcionário público não estiver no exercício da função, ainda que o desacato seja em razão dela.

(B) Para se configurar, o crime de usurpação de função pública exige que o agente, enquanto na função, obtenha vantagem.

(C) Para se configurar, o crime de corrupção ativa exige o retardo ou a omissão do ato de ofício, pelo funcionário público, em razão do recebimento ou promessa de vantagem indevida.

(D) Aquele que se abstém de licitar em hasta pública, em razão de vantagem indevida, não é punido pelo crime de impedimento, perturbação ou fraude de concorrência, já que se trata de conduta atípica.

(E) Não há previsão de modalidade culposa.

A: incorreta. Isso porque o ato injurioso ou ofensivo, no desacato (art. 331, CP), pode ser dirigido ao funcionário que esteja no exercício de sua função ou em razão dela (por causa dela). Neste último caso, embora o funcionário não esteja, no momento da ofensa, no seu horário de expediente, o ato ofensivo lhe é dirigido em razão da qualidade de funcionário público; **B:** incorreta. Sendo crime formal, a usurpação de função pública prescinde, à sua consumação, de resultado naturalístico, consistente no prejuízo para a Administração ou obtenção de vantagem por parte do agente. Se este obtiver vantagem, incorrerá na forma qualificada (art. 328, parágrafo único, do CP); **C:** incorreta. O crime de corrupção ativa, capitulado no art. 333 do CP, a exemplo de tantos outros delitos contra a Administração Pública, prescinde de resultado naturalístico (é formal). Dessa forma, a consumação é alcançada no exato instante em que o agente, neste caso o particular, oferece ou promete vantagem indevida, pouco importando se houve o recebimento do suborno oferecido ou prometido ou mesmo se o ato, inerente às funções do *intraneus*, foi praticado, omitido ou retardado. Agora, se o funcionário omitir, retardar ou praticar o ato com infração a dever funcional, a pena impingida ao particular será aumentada em um terço (art. 333, parágrafo único, CP); **D:** incorreta. A conduta descrita no enunciado correspondia ao tipo penal do art. 335, parágrafo único, do CP, que foi revogado pela Lei 8.666/1993 (instituiu normas para licitações e contratos firmados pela Administração Pública), que, em seu art. 95, parágrafo único, estabelece ser crime a conduta do agente que *se abstém ou desiste de licitar, em razão da vantagem oferecida*. Trata-se, portanto, como se pode ver, de fato *típico*; **E:** correta. De fato, o Capítulo II do Título XI do CP (dos crimes praticados por particulares contra a administração em geral) não contempla crime cujo elemento subjetivo seja representado pela *culpa*. Há tão somente tipos penais dolosos. Cuidado: o Capítulo I desse

mesmo título (dos crimes praticados por funcionário público contra a administração em geral) contém o crime de peculato, que comporta a modalidade culposa (art. 312, § 2º, CP). **ED**

Gabarito "E".

(Escrevente – TJ/SP – 2018 – VUNESP) A respeito dos crimes contra a administração da justiça (arts. 339 a 347 do CP), assinale a alternativa correta.

(A) A autoacusação para acobertar ascendente ou descendente é atípica.

(B) Dar causa a inquérito civil contra alguém, imputando-lhe falsamente a prática de crime, em tese, caracteriza o crime de denunciação caluniosa.

(C) Provocar a ação de autoridade, comunicando a ocorrência de crime que sabe não ter se verificado, em tese, caracteriza o crime de denunciação caluniosa.

(D) O crime de falso testemunho exige, para configuração, que o agente receba vantagem econômica ou outra de qualquer natureza.

(E) O crime de exercício arbitrário das próprias razões procede-se mediante queixa, ainda que haja emprego de violência.

A: incorreta, uma vez que o art. 341 do CP, que define o crime de auto-acusação falsa, não contempla esta escusa absolutória, diferentemente do que se dá, por exemplo, no crime de favorecimento pessoal (art. 348, CP), em que não se pune o agente do favorecimento quando este for ascendente, descendente, cônjuge ou irmão. Dessa forma, se o pai imputar a si mesmo crime que sabe que foi praticado pelo filho, será responsabilizado pelo crime do art. 341 do CP; **B:** correta. O sujeito que provoca a instauração de inquérito civil contra alguém, sabendo-o inocente do crime que levou ao conhecimento da autoridade, comete o delito de *denunciação caluniosa*, capitulado no art. 339 do CP. Este crime não deve ser confundido com o do art. 340 do CP, *comunicação falsa de crime ou contravenção*, em que a comunicação que deflagra a ação da autoridade não recai sobre pessoa certa, determinada. Na *denunciação caluniosa*, como já dito, o agente atribui a autoria da infração penal por ele levada ao conhecimento da autoridade a pessoa determinada, fornecendo dados à sua identificação. Difere, também, do tipo prefigurado no art. 138 do CP – *calúnia*, na medida em que, neste delito, atribui-se falsamente a alguém fato definido como crime. Sua consumação se opera no momento em que o fato chega ao conhecimento de terceiro (a honra atingida é a objetiva). Aqui, o agente não dá causa à instauração de investigação ou processo; **C:** incorreta. O sujeito que provoca a ação de autoridade, a esta comunicando a ocorrência de crime que sabe não ter se verificado, comete o delito de comunicação falsa de crime ou contravenção (art. 340, CP); **D:** incorreta, já que o crime de falso testemunho (art. 342, CP) se aperfeiçoa ao final do depoimento (é crime formal), pouco importando se a inverdade teve influência na instrução processual bem como se houve suborno. A propósito, se o crime for praticado mediante suborno, deverá incidir a causa de aumento de pena do art. 342, § 1º, do CP, mas tal não é necessário à configuração do crime; **E:** incorreta. A ação penal, no crime de exercício arbitrário das próprias razões, somente será privativa do ofendido (procede-se mediante queixa) se não houver emprego de violência; se houver, a ação penal será pública, cabendo a sua iniciativa ao MP (art. 345, parágrafo único, CP). **ED**

Gabarito "B".

(Escrevente – TJ/SP – 2018 – VUNESP) A respeito do crime de exploração de prestígio (art. 357 do CP), é correto afirmar que

(A) prevê causa de aumento se o agente alega ou insinua que o dinheiro é também destinado a funcionário público estrangeiro.

(B) prevê modalidade culposa.

(C) se caracteriza pela conduta de receber dinheiro a pretexto de influir em ato praticado por qualquer funcionário público.

(D) se trata de crime comum, não se exigindo qualquer qualidade especial do autor.

(E) para se configurar, exige o efetivo recebimento de dinheiro pelo agente.

A: incorreta. A exploração de prestígio (art. 357 do CP), que com o delito tráfico de influência (art. 332 do CP) é frequentemente confundida, caracteriza-se quando o agente *solicitar ou receber dinheiro ou qualquer outra utilidade*, a pretexto de influir em *juiz, jurado, órgão do Ministério Público, funcionário de justiça, perito, tradutor, intérprete ou testemunha*. A causa de aumento de pena, prevista no art. 357, parágrafo único, do CP, por sua vez, incidirá sempre que o agente alegar ou insinuar que o dinheiro ou utilidade solicitado ou recebido também se destina às pessoas referidas no *caput*, que, como se pode ver, não inclui o funcionário público estrangeiro; **B:** incorreta, dado que o crime de exploração de prestígio não prevê modalidade culposa; o elemento subjetivo é representado pelo dolo; **C:** incorreta. O agente que obtém vantagem, alegando gozar de prestígio junto à Administração para influir no comportamento de servidor público, comete o crime de tráfico de influência (art. 332 do CP). Este crime muito se assemelha ao estelionato, ou melhor, constitui uma modalidade específica de estelionato, em que o sujeito ativo vende a falsa ideia de que fará uso da sua influência para obter, em favor da vítima, benefício junto à Administração. Levada a engano pelo ardil aplicado pelo sujeito, o ofendido, ludibriado, entrega-lhe a vantagem perseguida. É crime de ação múltipla ou de conteúdo variado, uma vez que o tipo penal contempla várias condutas (solicitar, exigir, cobrar e obter). Este crime não deve ser confundido com o delito do art. 357 do CP (exploração de prestígio). Neste, as pessoas em relação às quais o agente alega gozar de prestígio estão especificadas no tipo penal: juiz, jurado, órgão do MP, funcionário de justiça etc. É crime contra a administração da Justiça, ao passo que o tráfico de influência é delito contra a administração pública em geral; **D:** correta. Trata-se, de fato, de crime comum, na medida em que o tipo penal não contempla nenhuma qualidade especial que deve ter o sujeito ativo; **E:** incorreta. Cuida-se de crime formal, isto é, não se exige, à sua consumação, a produção de resultado naturalístico. ⬛
„Gabarito "D".

(Defensor Público – DPE/PR – 2017 – FCC) No que se refere aos crimes contra a Administração pública, é INCORRETO afirmar:

(A) Comete o denominado crime de peculato estelionato o agente público que apropria-se de dinheiro que, no exercício do cargo, recebeu por erro de outrem.

(B) Consoante posição do Supremo Tribunal Federal, é cabível a aplicação do princípio da insignificância aos crimes contra a Administração pública.

(C) Caso o agente público retarde qualquer ato de ofício, em consequência da vantagem indevida, terá cometido o crime de prevaricação.

(D) É cabível a extinção da punibilidade, no denominado peculato culposo, no caso da reparação do dano ser efetuado em momento anterior à sentença irrecorrível.

(E) Comete prevaricação imprópria o diretor de penitenciária que deixa de cumprir seu dever de vedar ao preso acesso a aparelho celular, que permita comunicação com outros presos ou com o ambiente externo.

A: correta. Trata-se do crime do art. 313 do CP – *peculato mediante erro de outrem*, também chamado de *peculato-estelionato* ou *peculato impróprio*. Neste, o terceiro, enganado quanto à pessoa do funcionário,

entrega-lhe dinheiro ou qualquer utilidade. O *intraneus*, em vez de restituir o bem, dele se apropria, aproveitando-se do erro em que incorreu o terceiro; **B:** correta. A conferir: "Delito de peculato-furto. Apropriação, por carcereiro, de farol de milha que guarnecia motocicleta apreendida. Coisa estimada em treze reais. *Res furtiva* de valor insignificante. Periculosidade não considerável do agente. Circunstâncias relevantes. Crime de bagatela. Caracterização. Dano à probidade da administração. Irrelevância no caso. Aplicação do princípio da insignificância. Atipicidade reconhecida. Absolvição decretada. HC concedido para esse fim. Voto vencido. Verificada a objetiva insignificância jurídica do ato tido por delituoso, à luz das suas circunstâncias, deve o réu, em recurso ou *habeas corpus*, ser absolvido por atipicidade do comportamento" (HC 112388, Relator(a): Min. Ricardo Lewandowski, Relator(a) p/ acórdão: Min. Cezar Peluso, Segunda Turma, julgado em 21/08/2012, Processo Eletrônico DJe-181 Divulg 13-09-2012 Public 14-09-2012). Vale, aqui, a observação de que o STJ, diferentemente do STF, entende pela inaplicabilidade do princípio da insignificância no contexto dos crimes contra a Administração Pública, ao argumento de que, para além do patrimônio, tutela-se a moralidade administrativa, cuja lesão é altamente nociva à sociedade. Nesse sentido, a Súmula 599, do STJ; **C:** incorreta. No crime de prevaricação, que vem definido no art. 319 do CP, o agente, imbuído do propósito de satisfazer interesse ou sentimento pessoal, retarda ou deixa de praticar ou ainda pratica em desconformidade com o que estabelece a lei ato de ofício. Como se vê, neste crime, o agente não age visando à vantagem indevida, mas, como dito, com o propósito de satisfazer interesse ou sentimento pessoal. Se agir (ou deixar de agir) com o propósito de auferir vantagem indevida, responderá por crime de corrupção passiva majorada (art. 317, § 1º, CP); **D:** correta. De fato, o agente que incorrer no peculato culposo fará jus, se reparar o dano antes da sentença irrecorrível, à extinção de sua punibilidade; se a reparação for posterior ao trânsito em julgado da sentença, terá sua pena reduzida de metade, à luz do que estabelece o art. 312, § 3º, do CP; **E:** correta. Conduta prevista no art. 319-A do CP. ⬛
„Gabarito "C".

(Juiz – TRF 2ª Região – 2017) Assinale a opção correta:

(A) Quando o falso se exaure no descaminho, sem mais potencialidade lesiva, é por este absorvido, como crime-fim, condição que não se altera por ser menor a pena a este cominada.

(B) Se JOÃO, médico particular, solicitar o pagamento de cem reais para atender paciente pelo Sistema Único de Saúde, ele não pratica crime funcional, já que não exerce atividade típica da Administração Pública.

(C) O particular que auxilia materialmente a prática de crime de peculato-desvio por seu amigo, que sabe ser servidor, responderá por apropriação indébita, tendo em vista lhe faltar a qualidade de funcionário público.

(D) O crime de corrupção passiva (art. 317 do Código Penal) somente se configura com a efetiva prática ou omissão da conduta funcional do servidor, já que o chamado "ato de ofício" integra o tipo penal.

(E) O particular que é vítima de crime de concussão (artigo 316 do Código Penal) comete o crime de corrupção ativa (artigo 333 do Código Penal) quando entrega ao funcionário público a vantagem exigida.

A: correta. Conferir: "O delito de uso de documento falso, cuja pena em abstrato é mais grave, pode ser absorvido pelo crime-fim de descaminho, com menor pena comparativamente cominada, desde que etapa preparatória ou executória deste, onde se exaure sua potencialidade lesiva" (REsp 1378053/PR, Rel. Min. Nefi Cordeiro, 3ª Seção, j. 10.08.2016, *DJe* 15.08.2016); **B:** incorreta. Se o médico, conveniado do SUS, e, portanto, considerado funcionário público, solicitar dinheiro (pagamento indevido) para realizar atendimento, cometerá o crime de corrupção passiva, que é delito funcional próprio do *intraneus*; **C**: incorreta. Embora o particular não seja funcionário público, qualidade exclusiva de seu amigo, pelo crime de peculato também deverá, junto com ele, responder, posto que tal qualidade (ser funcionário público), porque elementar do crime em questão, deve, por expressa disposição do art. 30 do CP, comunicar-se ao coautor/partícipe que, de alguma forma, haja contribuído; **D**: incorreta. Por se tratar de crime formal, a corrupção passiva (art. 317, CP) se consuma com a mera solicitação/recebimento/aceitação de promessa de vantagem indevida; **E**: incorreta. Se houver a prática de concussão (art. 316 do CP) pelo funcionário público, a exigência dirigida ao particular, se cumprida por ele, em virtude do temor de represália, não constituirá corrupção ativa (art. 333 do CP). Pode-se dizer, assim, que são incompossíveis, quando no mesmo contexto fático, os crimes de concussão, praticado pelo funcionário público, e o de corrupção ativa (art. 333, CP), pelo particular. **ED**

Gabarito "A".

23. OUTROS CRIMES E CRIMES COMBINADOS DO CÓDIGO PENAL

(Delegado/MG – 2021 – FUMARC) Sobre os crimes cibernéticos ou informáticos, é CORRETO afirmar:

(A) A simples disponibilização de imagens ou vídeos com conteúdo pornográfico, envolvendo criança ou adolescente, na Internet, não é suficiente para a caracterização do tipo penal do art. 241-A do ECA, sendo imprescindível o efetivo acesso de pelo menos um usuário.

(B) Agente que se aproveita da ausência momentânea de colega de trabalho para, no computador alheio, ligado sem nenhum tipo de dispositivo de segurança, acessar fotos íntimas, copiando-as para si, pratica o crime de in- vasão de dispositivo informático do art. 154-A do Código Penal.

(C) É fraude eletrônica, figura qualificada do crime de estelionato, a utilização de informações fornecidas pela vítima induzida a erro presencialmente, se o agente obtém a vantagem, em prejuízo da vítima, passando-se por ela em uma compra em ambiente virtual.

(D) Em razão da necessária segurança coletiva e proteção de dados, os crimes de invasão de dispositivos informáticos, definidos no art. 154-A do Código Penal, são de ação penal pública incondicionada.

A: incorreta, na medida em que a mera disponibilização, na internet, de imagens ou vídeos com conteúdo pornográfico envolvendo criança ou adolescente já basta a configurar o delito definido no art. 241-A do ECA; **B**: correta. De fato, o crime em que incorreu o agente é o do art. 154-A do CP. A propósito, no que toca a este delito (invasão de dispositivo informático), oportuno que façamos algumas considerações a respeito de mudanças nele promovidas pela Lei 14.155/2021, publicada em 28 de maio de 2021 e com vigência imediata. A primeira observação a fazer refere-se à alteração na redação do *caput* do dispositivo. Até então, tínhamos o tipo penal era assim definido: *invadir dispositivo informático alheio, conectado ou não à rede de computadores, mediante violação indevida de mecanismo de segurança e com o fim de obter, adulterar ou destruir dados ou informações sem autorização expressa ou tácita do titular do dispositivo ou instalar vulnerabilidades para obter vantagem ilícita*. Com a mudança implementada pela Lei 14.155/2021, adotou-se a seguinte redação: *invadir dispositivo informático de uso alheio, conectado ou não à rede de computadores, com o fim de obter, adulterar ou destruir*

dados ou informações sem autorização expressa ou tácita do usuário do dispositivo ou de instalar vulnerabilidades para obter vantagem ilícita*. Como se pode ver, logo à primeira vista, eliminou-se o elemento normativo do tipo *mediante violação indevida de mecanismo de segurança*. Trata-se de alteração salutar, na medida em que este crime, de acordo com a redação original do *caput*, somente se aperfeiçoaria na hipótese de o agente, para alcançar seu intento (invadir dispositivo informático), se valer de violação indevida de mecanismo de segurança. Era necessário, portanto, que o sujeito ativo, antes de acessar o conteúdo do dispositivo, vencesse tal obstáculo (mecanismo de segurança). Significa que a invasão de dados contidos, por exemplo, em um computador que não contasse com mecanismo de proteção (senha, por exemplo) constituiria fato atípico. A partir de agora, dada a alteração promovida no tipo incriminador, tal exigência deixa de existir, ampliando, por certo, a incidência do tipo penal. Além disso, até a edição da Lei 14.155/2021, o dispositivo tinha de ser *alheio*. Com a mudança, basta que seja de *uso alheio*. Dessa forma, o crime se configura mesmo que o dispositivo invadido não seja alheio, mas esteja sob o uso de outra pessoa. Agora, a mudança mais significativa, a nosso ver, não se deu propriamente no preceito penal incriminador, mas na pena cominada, que era de detenção de 3 meses a 1 ano e multa e, com a mudança operada pela Lei 14.155/2021, passou para reclusão de 1 a 4 anos e multa. Com isso, este delito deixa de ser considerado de menor potencial ofensivo, o que afasta a incidência da transação penal. Doravante, o termo circunstanciado dará lugar ao inquérito policial. De outro lado, permanece a possibilidade de concessão do *sursis* processual, que, embora previsto e disciplinado na Lei 9.099/1995 (art. 89), sua incidência é mais ampla (infrações penais cuja pena mínima cominada não é superior a 1 ano). Também poderá o agente firmar acordo de não persecução penal, nos moldes do art. 28-A do CPP. Alterou-se o patamar da majorante aplicada na hipótese de a invasão resultar prejuízo econômico (§ 2º): antes era de 1/6 a 1/3 e, com a mudança implementada, passou para 1/3 a 2/3. Como não poderia deixar de ser, houve um incremento na pena cominada à modalidade qualificada, prevista no § 3º, que era de reclusão de 6 meses a 2 anos e multa e passou para 2 a 5 anos de reclusão e multa. Ademais, a qualificadora não faz mais referência expressa à subsidiariedade. É importante que se diga que a Lei 14.155/2021, para além de implementar as mudanças que referimos no crime do art. 154-A, também promoveu mudanças nos crimes de furto e estelionato (como veremos a seguir), de forma a contemplar novas qualificadoras e majorantes, tornando mais graves as condutas levadas a efeito de forma eletrônica ou pela internet; **C**: incorreta, pois o crime de fraude eletrônica, definido no art. 171, § 2º-A, do CP, somente se configura se as informações utilizadas para o cometimento da fraude forem fornecidas pela vítima por meio de redes sociais, contatos telefônicos ou envio de correio eletrônico fraudulento ou por qualquer outro meio fraudulento análogo, o que, por óbvio, não inclui o fornecimento de informações, pela vítima, em compra presencial. É importante que se diga que este dispositivo (§ 2º-A do art. 171) foi introduzido pela Lei 14.155/2021, tornando qualificado, como acima pudemos ver, o estelionato na hipótese de a fraude ser realizada de forma eletrônica (fraude eletrônica). O novo dispositivo estabelece que a pena será de reclusão de 4 a 8 anos e multa *se a fraude é cometida com a utilização de informações fornecidas pela vítima ou por terceiro induzido a erro por meio de redes sociais, contatos telefônicos ou envio de correio eletrônico fraudulento, ou por qualquer outro meio fraudulento análogo*. O § 2º-B, também inserido no art. 171 pela Lei 14.155/2021, estabelece que *a pena prevista no § 2º-A deste artigo, considerada a relevância do resultado gravoso, aumenta-se de 1/3 (um terço) a 2/3 (dois terços), se o crime é praticado mediante a utilização de servidor mantido fora do território nacional*; **D**: incorreta, já que, por força do que estabelece o art. 154-B do CP, os crimes definidos no art. 154-A do CP são, em regra, de ação penal pública condicionada à representação do ofendido. **ED**

Gabarito "B".

(Defensor Público – DPE/PR – 2017 – FCC) Sobre os crimes em espécie, é correto afirmar:

(A) Segundo posição do Supremo Tribunal Federal, os crimes de estupro e atentado violento ao pudor, mesmo que cometidos antes da edição da Lei n. 12.015/2009, são considerados hediondos, ainda que praticados na forma simples.

(B) A escusa relativa prevista nas disposições gerais dos crimes contra o patrimônio extingue a punibilidade do sujeito ativo do crime.

(C) A extorsão é crime formal e se consuma quando o sujeito ativo recebe a vantagem exigida.

(D) A receptação na modalidade imprópria admite tentativa.

(E) O art. 28 da Lei n. 10.826/2003 veda, em qualquer hipótese, ao menor de 25 anos, a aquisição de arma de fogo.

A: correta. Antes de a Lei 12.015/2009 entrar em vigor, discutia-se se a forma simples dos crimes de estupro, definido no art. 213 do CP, e atentado violento ao pudor, então capitulado no revogado art. 214 do CP, constituía ou não crime hediondo (Lei 8.072/1990). Para o STF, cuidava-se de crimes hediondos, ainda que na forma simples. Atualmente, a partir do advento da Lei 12.015/2009, não resta mais dúvida de que o crime de estupro, em qualquer de suas modalidades (aí incluída a conduta antes descrita no art. 214 do CP), configura crime hediondo, em conformidade com o que estabelece o art. 1º, V, da Lei 8.072/1990, cuja redação foi modificada pela Lei 12.015/2009. Conferir "A jurisprudência deste Supremo Tribunal firmou entendimento no sentido de que, nos casos de estupro e atentado violento ao pudor, as lesões corporais graves ou morte traduzem resultados qualificados do tipo penal, não constituem elementos essenciais e necessários para o reconhecimento legal da natureza hedionda das infrações. 2. Em razão do bem jurídico tutelado, que é a liberdade sexual da mulher, esses crimes, mesmo em sua forma simples, dotam-se da condição hedionda com que os qualifica apenas o art. 1º da Lei n. 8.072/90" (HC 88245, Relator(a): Min. Marco Aurélio, Relator(a) p/ Acórdão: Min. Cármen Lúcia, Tribunal Pleno, julgado em 16/11/2006, DJ 20-04-2007 PP-00087 Ement vol-02272-02 PP-00229 LEXSTF v. 29, n. 343, 2007, p. 371-382); **B:** incorreta. Isso porque as hipóteses de escusa relativa (imunidade reletiva) elencadas no art. 182 do CP, incidente sobre os crimes patrimoniais não violentos, tornam a ação penal pública condicionada à representação do ofendido, permanecendo o fato punível; **C:** incorreta. Exatamente pelo fato de a extorsão ser classificada como delito formal, é prescindível, para que a sua consumação seja alcançada, a produção de resultado naturalístico consistente na obtenção de vantagem indevida. Opera-se a consumação, neste delito, com a prática da conduta típica, consistente em fazer, tolerar ou deixar de fazer algo. Tal entendimento está consagrado na Súmula 96, do STJ; **D:** incorreta, na medida em que a receptação dolosa imprópria, por se tratar de delito formal, consuma-se com o mero ato de influir para que terceiro de boa-fé adquira, receba ou oculte o bem, não sendo admitida, portanto, a modalidade tentada deste crime (art. 180, *caput*, 2ª parte, do CP); **E:** incorreta, uma vez que o art. 28 da Lei 10.826/2003 (Estatuto do Desarmamento) excepciona algumas das pessoas elencadas no art. 6º do mesmo estatuto, entre as quais, por exemplo, os policiais civis e militares. **ED**

Gabarito "A".

(Juiz – TRF 2ª Região – 2017) Assinale a opção correta:

(A) A doutrina dominante aponta que, em regra, o crime culposo admite tentativa, especialmente quando a culpa é própria.

(B) Se "A" determina que "B" aplique uma surra em "C", e este, ao executar a ação, excede-se, causando a morte de "C", o Código Penal Brasileiro determina que

ambos respondam por homicídio, em decorrência da adoção do sistema monista no concurso de pessoas.

(C) O erro de tipo exclui a ilicitude, mas permite a punição culposa do fato, quando vencível.

(D) No concurso de crimes, o cálculo da prescrição da pretensão punitiva considera o acréscimo decorrente do concurso formal, material ou da continuidade delitiva.

(E) Se vigorava lei mais benéfica, depois substituída por lei mais grave, hoje vigente, é a lei mais grave que será aplicada ao crime continuado ou ao crime permanente, se a sua vigência foi iniciada antes da cessação da continuidade.

A: incorreta. Em regra, o crime culposo não comporta o *conatus*, uma vez que, nesta modalidade de delito, o resultado antijurídico não é desejado pelo agente; agora, sendo a culpa imprópria, é possível, em princípio, a ocorrência de tentativa; **B:** incorreta. Cuida-se de hipótese de cooperação dolosamente distinta, prevista no art. 29, §2º, do CP, que, excepcionando a teoria monista, que constitui a regra no contexto do concurso de pessoas (art. 29, "caput", CP), estabelece que o concorrente que desejar participar de delito menos grave do que aquele que de fato foi praticado por ele (crime menos grave) deverá responder; **C:** incorreta. O erro de tipo, conforme expressa previsão contida no art. 20, "caput", do CP, exclui o dolo, que é elemento constitutivo do fato típico; logo, não há crime; não há repercussão, portanto, no campo da ilicitude (antijuridicidade); **D:** incorreta, pois contraria o que estabelece o art. 119 do CP; **E:** correta, pois reflete o entendimento firmado na Súmula 711 do STF: "A lei penal mais grave aplica-se ao crime continuado ou ao crime permanente, se a sua vigência é anterior à cessação da continuidade ou da permanência". **ED**

Gabarito "E".

(Delegado/MS – 2017 – FAPEMS) Com base no caso, assinale a alternativa correta.

Miriam, mãe de Rodrigo, e José, tutor de João, receberam convocação da Promotoria de Justiça da Infância e da Juventude da respectiva Comarca para comparecem à audiência pública destinada a tratar específico programa para prevenir a evasão escolar. Na carta, havia advertência, em negrito e sublinhado, que a presença seria obrigatória, sob pena de incorrerem pais e/ou responsáveis legais em apuração de responsabilização criminal por abandono intelectual (CP, artigo 246). Miriam não compareceu, pois, no horário da reunião, realizou procedimento cirúrgico de emergência em Maria, colega de escola de Rodrigo. Tampouco José se fez presente, porquanto decidiu acompanhar um jogo do time do colégio de João. Ciente das ausências, o Promotor de Justiça requisitou instauração de investigação para apurar a responsabilidade de ambos.

(A) Miriam e José poderão ser indiciados pelo crime de abandono material.

(B) Apenas Miriam poderá ser indiciada pelo crime de abandono intelectual.

(C) Miriam e José poderão ser indiciados pelo crime de abandono intelectual.

(D) Apenas José poderá ser indiciado pelo crime de abandono intelectual.

(E) Miriam e José não poderão ser indiciados pelo crime de abandono intelectual.

O crime de abandono material vem previsto no art. 244 do CP, que assim dispõe: *Deixar, sem justa causa, de prover a subsistência do cônjuge, ou de filho menor de 18 (dezoito) anos ou inapto para o trabalho, ou de ascendente inválido ou maior de 60 (sessenta) anos, não lhes proporcionando os recursos necessários ou faltando ao pagamento de pensão alimentícia judicialmente acordada, fixada ou majorada; deixar, sem justa causa, de socorrer descendente ou ascendente, gravemente enfermo.* Já o crime de abandono intelectual, tipificado pelo art. 246 do CP, assim prevê: *Deixar, sem justa causa, de prover à instrução primária de filho em idade escolar.* Vamos, pois, à análise das alternativas. **A**: incorreta, eis que o abandono material constitui crime omissivo praticado por aquele que deixar, sem justa causa, de prover a subsistência das pessoas indicadas no precitado art. 244 do CP, em nada se relacionando com o enunciado; **B**, **C** e **D**: incorretas. Com relação a José, tutor de João, sequer poderia ser sujeito ativo do crime de abandono intelectual (art. 246 do CP), que somente pode ser praticado pelo pai que, sem justa causa, deixar de prover à instrução primária do filho em idade escolar. No tocante a Miriam, esta somente deixou de comparecer à convocação do Ministério Público por ter realizado procedimento cirúrgico de emergência em terceira pessoa, o que, evidentemente, constitui justa causa, afastando-se, pois, o elemento normativo do tipo; **E**: correta. Como visto no comentário às alternativas antecedentes, Miriam e José não poderão ser indiciados pelo crime de abandono intelectual. Este último, por não ostentar a condição de pai e aquela por ter justa causa para ter deixado de comparecer à convocação ministerial. **AT**

Gabarito "E".

24. TEMAS COMBINADOS DE DIREITO PENAL

(Delegado de Polícia Federal – 2021 – CESPE) Com relação à teoria geral do direito penal, julgue os itens seguintes.

(1) A consciência atual da ilicitude é elemento do dolo, conforme a teoria finalista da ação.

(2) A conduta humana voluntária é irrelevante para a configuração do crime culposo.

(3) A imputabilidade é a possibilidade de se atribuir a alguém a responsabilidade pela prática de uma infração penal.

(4) O dolo eventual é incompatível com a tentativa.

(5) Conforme a autoria de escritório, tanto o agente que dá a ordem como o que cumpre respondem pelo tipo penal.

1: errado. Segundo a teoria finalista, incorporada ao direito pátrio com a reforma a que foi submetida a Parte Geral do Código Penal, de 1984, não se pode apartar a ação da vontade do agente. Conduta, assim, deve ser entendida como o comportamento humano, voluntário e consciente, voltado a uma finalidade. Daí a denominação teoria *finalista*. A partir dessa nova concepção, o dolo e a culpa, até então inseridos no campo da culpabilidade, passaram a integrar a conduta, que constitui o primeiro elemento do fato típico. Dessa forma, se não há dolo nem culpa, não há conduta; se não há conduta, não há fato típico; se não há fato típico, logo não haverá crime. O dolo, com isso, ganhou novos contornos, deixando de ser normativo para ser natural, isto é, deixou de conter a consciência da ilicitude, que migrou para a culpabilidade. Esta, por sua vez, até então real, passa a ser potencial (potencial consciência da ilicitude). Ou seja, não mais se exige o conhecimento efetivo do agente a respeito do caráter ilícito do fato típico, bastando que ele tenha a possibilidade de compreendê-lo como tal; **2:** errado. O delito culposo pressupõe uma *conduta humana voluntária*. Involuntário, nesta modalidade de crime, é o resultado, não a conduta, que, repita-se, deve, no crime culposo, ser voluntária. A propósito, são elementos do fato típico culposo: conduta humana voluntária (ação/omissão), inobservância do cuidado objetivo (imprudência/negligência/imperícia), previsibilidade objetiva (assim entendida a possibilidade de o homem médio prever

o resultado), ausência de previsão (significa que o agente, em regra, não prevê o resultado objetivamente previsível. É a chamada culpa inconsciente; agora, se o agente tiver a previsão do resultado, fala-se, então, em culpa consciente), resultado involuntário, nexo de causalidade e tipicidade. À falta de algum desses requisitos, o fato será atípico; **3:** certo. De fato, a assertiva contém o conceito de imputabilidade, que é um dos elementos da culpabilidade; **4:** errado. A despeito de haver divergência doutrinária acerca do tema, prevalece o entendimento no sentido de que é cabível a tentativa nos crimes cometidos com dolo eventual, que é equiparado pelo art. 18, I, do CP, no que concerne ao seu tratamento, ao dolo direto. Na jurisprudência: "II – Não se pode generalizar a exclusão do dolo eventual em delitos praticados no trânsito. Na hipótese, em se tratando de pronúncia, a desclassificação da modalidade dolosa de homicídio para a culposa deve ser calcada em prova por demais sólida. No *iudicium accusationis*, inclusive, a eventual dúvida não favorece o acusado, incidindo, aí, a regra exposta na velha parêmia *in dubio pro societate*. III – O dolo eventual, na prática, não é extraído da mente do autor mas, isto sim, das circunstâncias. Nele, não se exige que o resultado seja aceito como tal, o que seria adequado ao dolo direto, mas isto sim, que a aceitação se mostre no plano do possível, provável. IV – Na hipótese, o paciente foi pronunciado por homicídio doloso (dolo eventual), uma vez que, conduzindo veículo automotor com velocidade excessiva, sob o efeito de álcool e substância entorpecente, não parou em cruzamento no qual não tinha preferência e atingiu a vítima, que andava de motocicleta, a qual só não veio a óbito por rápida e eficiente intervenção médica. V – "Consoante reiterados pronunciamentos deste Tribunal de Uniformização Infraconstitucional, o deslinde da controvérsia sobre o elemento subjetivo do crime, especificamente, se o acusado atuou com dolo eventual ou culpa consciente, fica reservado ao Tribunal do Júri, juiz natural da causa, onde a defesa poderá desenvolver amplamente a tese contrária à imputação penal" (AgRg no REsp n. 1.240.226/SE, Quinta Turma, Rel. Min. Reynaldo Soares da Fonseca, DJe de 26/10/2015). Precedentes do STF e do STJ. VI - As instâncias ordinárias, com amparo nas provas constantes dos autos, inferiram que há indícios suficientes de autoria e materialidade a fundamentar a r. decisão de pronúncia do ora paciente, por homicídio tentado com dolo eventual, de modo que entender em sentido contrário demandaria, impreterivelmente, cotejo minucioso de matéria fático-probatória, o que é vedado em sede de *habeas corpus* (precedentes). VII – Não é incompatível o crime de homicídio tentado com o dolo eventual, neste sentido é iterativa a jurisprudência desta Corte: "No que concerne à alegada incompatibilidade entre o dolo eventual e o crime tentado, tem-se que o Superior Tribunal de Justiça possui jurisprudência no sentido de que "a tentativa é compatível com o delito de homicídio praticado com dolo eventual, na direção de veículo automotor" (AgRg no REsp 1322788/SC, Rel. Ministro Sebastião Reis Júnior, Sexta Turma, julgado em 18/06/2015, DJe 03/08/2015). VIII – Esta Corte firmou orientação no sentido de que, ao se prolatar a decisão de pronúncia, as qualificadoras somente podem ser excluídas quando se revelarem manifestamente improcedentes. *Habeas corpus* não conhecido" (STJ, HC 503.796/RS, Rel. Ministro LEOPOLDO DE ARRUDA RAPOSO (DESEMBARGADOR CONVOCADO DO TJ/PE), QUINTA TURMA, julgado em 01/10/2019, DJe 11/10/2019); **5:** certo. Ao tratar da chamada autoria de escritório, Cleber Masson define autor de escritório como sendo *o agente que transmite a ordem a ser executada por outro autor direto, dotado de culpabilidade e passível de ser substituído a qualquer momento por outra pessoa, no âmbito de uma organização ilícita de poder.* Em seguida, se vale do seguinte exemplo: *o líder do PCC (Primeiro Comando da Capital), em São Paulo, ou do CV (Comando Vermelho), no Rio de Janeiro, dá as ordens a serem seguidas por seus comandados. É ele o autor de escritório, com poder hierárquico sobre seus "soldados" (essa modalidade de autoria também é muito comum nos grupos terroristas).* (*Direito Penal Esquematizado – parte geral*, 8. ed. São Paulo: Método, 2014. p. 541). **ED**

Gabarito 1E, 2E, 3C, 4E, 5C

6. DIREITO PENAL

(Delegado de Polícia Federal – 2021 – CESPE) No que concerne aos crimes previstos na parte especial do Código Penal, julgue os itens subsequentes.

(1) Em se tratando do crime de falsidade ideológica, o prazo prescricional se reinicia com a eventual reiteração de seus efeitos.

(2) O furto qualificado impede o reconhecimento do princípio da insignificância.

(3) O crime de redução à condição análoga à de escravo pode ocorrer independentemente da restrição à liberdade de locomoção do trabalhador.

(4) A adoção de sistema de vigilância realizado por monitoramento eletrônico, por si só, não torna impossível a configuração do crime de furto.

(5) Em se tratando de crime de extorsão, não se admite tentativa.

1: errado. Conferir: "4. O delito de falsidade ideológica é de natureza formal e instantâneo, cujos efeitos podem vir a se protrair no tempo. Não obstante os efeitos que possam vir a ocorrer em momento futuro, a conduta se consuma no momento em o agente omite ou insere declaração falsa ou diversa da que deveria estar escrita em documento público ou particular. 5. Sobre esse tema, a Terceira Seção, ao julgar a Revisão Criminal n. 5.233/DF, decidiu que o termo inicial da contagem do prazo de prescrição da pretensão punitiva nos crimes de falsidade ideológica é o momento de sua consumação, e não da eventual reiteração de seus efeitos. 6. De mais a mais, é necessário ter cuidado ao interpretar extensivamente dispositivos da lei penal, sobretudo quando o resultado trouxer prejuízos ao réu. Neste caso, o art. 111, inciso IV, do Código Penal trata apenas dos crimes de bigamia e de falsificação ou alteração de assentamento do registro civil, previstos nos arts. 235 e art. 299, parágrafo único, do Código Penal, de modo que o entendimento adotado pelo Tribunal *a quo* deve ser tomado com reservas, por criar mais uma hipótese de postergação do prazo prescricional não expressa no citado dispositivo. 7. Agravo regimental provido" (STJ, AgRg no RHC 148.651/SP, Rel. Ministro REYNALDO SOARES DA FONSECA, QUINTA TURMA, julgado em 17/08/2021, DJe 20/08/2021); **2:** anulada. Conferir: "2. De acordo com a orientação traçada pelo Supremo Tribunal Federal, a aplicação do princípio da insignificância demanda a verificação da presença concomitante dos seguintes vetores (a) a mínima ofensividade da conduta do agente, (b) a nenhuma periculosidade social da ação, (c) o reduzidíssimo grau de reprovabilidade do comportamento e (d) a inexpressividade da lesão jurídica provocada. 3. O princípio da insignificância é verdadeiro benefício na esfera penal, razão pela qual não há como deixar de se analisar o passado criminoso do agente, sob pena de se instigar a multiplicação de pequenos crimes pelo mesmo autor, os quais se tornariam inatingíveis pelo ordenamento penal. Imprescindível, no caso concreto, porquanto, de plano, aquele que é contumaz na prática de crimes não faz jus a benesses jurídicas. 4. Na espécie, a conduta é referente a um furto qualificado pelo concurso de agentes de produtos alimentícios avaliados em R$ 62,29. 5. Assim, muito embora a presença da qualificadora possa, à primeira vista, impedir o reconhecimento da atipicidade material da conduta, a análise conjunta das circunstâncias demonstra a ausência de lesividade do fato imputado, recomendando a aplicação do princípio da insignificância" (STJ, HC 553.872/SP, Rel. Ministro REYNALDO SOARES DA FONSECA, QUINTA TURMA, julgado em 11/02/2020, DJe 17/02/2020). A anulação ocorreu sob a justificativa de que julgados posteriores a este adotam entendimento diverso; **3:** certo. De fato, a restrição à liberdade de locomoção do trabalhador constitui uma das formas de cometimento do crime art. 149 do CP. Significa dizer que a redução a condição análoga à de escravo pode se dar por outros meios, como, por exemplo, submeter a vítima a trabalhos forçados ou a jornada exaustiva ou sujeitá-la à situação degradante de trabalho; **4:** certo. O chamado *furto sob vigilância* pode, em determinadas situações, a depender do caso concreto, caracterizar

crime impossível pela *ineficácia absoluta do meio* (art. 17 do CP). É o caso, por exemplo, do agente que, desde o momento em que ingressa no supermercado, passa a ser permanentemente vigiado por sistema de câmeras e também por seguranças, que ficam o tempo todo no seu encalço. Não há, neste caso, a menor possibilidade de o crime consumar-se. Isso não quer dizer que a existência, por si só, de sistema de segurança por câmeras e de funcionários elimine a possibilidade de o crime chegar à sua consumação. É perfeitamente plausível que o agente se aproveite de determinado ângulo de monitoramento em que a subtração não é visualizada pelo sistema de câmeras. Dessa forma, a ineficácia do meio deve ser avaliada caso a caso. Nesse sentido: STF, HC 110.975-RS, 1ª T., rel. Min. Cármen Lúcia, 22.05.2012. Consagrando esse entendimento, o STJ editou a Súmula n. 567: "Sistema de vigilância realizado por monitoramento eletrônico ou por existência de segurança no interior de estabelecimento comercial, por si só, não torna impossível a configuração do crime de furto"; **5:** errado. Embora se trate de crime formal (Súmula 96, STJ), a tentativa é plenamente aceitável. Exemplo: a vítima é constrangida a entregar a carteira e, quando prestes a fazê-lo, recebe auxílio da polícia. ▣

Gabarito 1E, 2Anulada, 3C, 4C, 5E

(Promotor de Justiça/SP – 2019 – MPE/SP) Assinale a alternativa correta.

(A) Otelo e Rinaldo foram denunciados e pronunciados pela prática de homicídio. Otelo como autor da conduta e Rinaldo como partícipe. Se o Conselho de sentença decidir que Otelo, agente denunciado e pronunciado como autor do crime de homicídio, não praticou a conduta descrita no tipo, "matar alguém", ainda assim poderá decidir pela condenação de Rinaldo, partícipe que permaneceu "vigia", dando cobertura ao autor Otelo, pois, em relação ao concurso de pessoas, aplica-se a teoria da acessoriedade limitada.

(B) O juiz, na sentença condenatória, ao verificar evidenciada a hipossuficiência econômica do condenado e a inviabilidade de suportar o pagamento da pena de multa prevista no preceito secundário do tipo, ainda que aplicada em seu mínimo legal, pode excluir a sua aplicação e isentar o condenado do seu pagamento.

(C) Na sucessão de leis penais no tempo, deve ser aplicada a lei mais favorável ao réu, seja a lei contemporânea à prática da infração penal, seja a vigente na data da sentença.

(D) O arrependimento posterior, como causa de diminuição de pena entre determinados limites, tem como pressuposto para seu reconhecimento que o crime seja patrimonial, para atender ao requisito da reparação do dano ou da restituição da coisa.

(E) No crime de injúria cometido contra funcionário público, em razão de suas funções, é admitida a exceção da verdade.

A: incorreta. A conduta do partícipe tem natureza acessória. A sua punição pressupõe a existência de um crime. Em outras palavras, se não há conduta principal, levada a efeito pelo autor, não se pode falar em punição do partícipe. Mesmo porque a adequação típica da conduta do partícipe se dá por subordinação mediata, recorrendo-se à norma de extensão contida no art. 29, *caput*, do CP. O art. 31 do CP, por sua vez, prevê a acessoriedade da conduta do partícipe: sem início de execução não há como punir o partícipe. Adotamos, quanto à participação, a teoria da *acessoriedade limitada*, segundo a qual, para punir o partícipe, é suficiente apurar que o autor praticou um fato típico e antijurídico. Dessa forma, se Otelo, agente denunciado e pronunciado como autor do crime de homicídio, não praticou a conduta descrita no

tipo, inviável a punição de Rinaldo na qualidade de partícipe, ou seja, se não há a conduta principal (matar alguém), logo não há a acessória (contribuir para a morte de alguém); para a *acessoriedade mínima*, basta que o autor tenha praticado um fato típico; já para a *hiperacessoriedade*, mister que o fato principal seja típico, antijurídico, culpável e punível; há, por fim, a *acessoriedade máxima*, em que o fato principal precisa ser típico, antijurídico e culpável; **B:** incorreta, já que não há previsão legal de isenção do pagamento da pena de multa; **C:** correta. No que tange à aplicação da lei penal no tempo, a regra, como bem sabemos, é a aplicação da lei vigente à época dos fatos (*tempus regit actum*). Excepcionalmente, poderá ocorrer a chamada *extratividade*, fenômeno segundo o qual a lei opera efeitos fora de seu período de vigência. A *extratividade* é gênero, do qual são espécies a *ultratividade* e a *retroatividade*. Por *ultratividade* se deve entender o fenômeno em que a norma jurídica é aplicada a fato ocorrido depois de sua revogação (os efeitos da lei são projetados para o futuro); já pela *retroatividade*, a norma jurídica tem incidência a fato verificado antes de iniciada a sua vigência. Como já dito, a lei penal, em regra, não deve alcançar fatos verificados antes de ela entrar em vigor tampouco depois de ela ser revogada. Sucede que, em determinadas situações, a incidência da lei penal poderá se dar de forma retroativa ou ultrativa. Se a lei é posterior ao fato e puder ser considerada mais benéfica ao agente, a retroação (espécie do gênero ultratividade) é de rigor. Além da retroatividade, que, como já dissemos, constitui exceção à regra do *tempus regit actum*, também podemos nos deparar com a ultratividade, em que, por exemplo, o juiz, ao sentenciar, tem de aplicar lei penal já revogada, na medida em que esta se revelou mais favorável ao agente do que aquela em vigor ao tempo em que se deram os fatos. Por tudo isso, na sucessão de leis penais no tempo, deve ser aplicada a lei mais favorável ao réu, seja a lei contemporânea à prática da infração penal, seja a vigente na data da sentença; **D:** incorreta. Para atender ao requisito da reparação do dano ou da restituição da coisa, contido no art. 16 do CP, não é necessário que se trate de crime patrimonial, mas que o delito possua efeitos patrimoniais. Ensina Guilherme de Souza Nucci que *a causa de diminuição de pena prevista neste artigo exige, para sua aplicação, que o crime seja patrimonial ou possua efeitos patrimoniais. Afinal, somente desse modo seria sustentável falar em reparação do dano ou restituição da coisa. Em uma hipótese de homicídio, por exemplo, não teria o menor cabimento aplicar o arrependimento posterior, uma vez que não há nada que possa ser restituído ou reparado. No furto, ao contrário, caso o agente devolva a coisa subtraída ou pague à vítima indenização correspondente ao seu valor, torna-se viável a diminuição da pena. Não descartamos, por certo, outras hipóteses que não sejam crimes patrimoniais, como ocorreria com o peculato doloso. Em caso de restituição da coisa ou reparação total do dano, parece-nos viável a aplicação da redução da pena* (*Código Penal Comentado*, 18ª ed. Forense, 2017. p. 197); **E:** incorreta, pois o crime de injúria (art. 140 do CP), ainda que cometido contra funcionário público em razão de suas funções, não admite a *exceção da verdade*; a calúnia (art. 138 do CP) e a difamação (art. 139 do CP) comportam o instituto, previsto, respectivamente, nos arts. 138, § 3º, e 139, parágrafo único, ambos do Código Penal, com a ressalva de que, na difamação, somente há que se falar em exceção da verdade se o ofendido for funcionário público e a ofensa a ele impingida tiver relação com o exercício de suas funções. **ED**
Gabarito "C".

(Promotor de Justiça/SP – 2019 – MPE/SP) Assinale a alternativa **INCORRETA**.

(A) Conforme entendimento sumulado, a lei penal mais grave é aplicada ao crime continuado ou ao crime permanente, se sua vigência é anterior à cessação da continuidade ou da permanência.

(B) Consoante o Código Penal, a prescrição da pretensão punitiva pela pena *in abstrato* é regulada pelo máximo da pena privativa de liberdade cominada ao crime, verificando-se nos prazos previstos no artigo 109, podendo ter por termo inicial data anterior à da denúncia ou queixa, independentemente do que dispõe o § 1º do artigo 110, com a redação trazida pela Lei 12.234/2010.

(C) Tendo em vista que o artigo 117 do Código Penal, nos incisos I, II, III, IV, V e VI, elenca as causas interruptivas da prescrição, nesses casos, interrompida a prescrição, todo o prazo começa a correr, novamente, do dia da interrupção.

(D) Os princípios que resolvem o conflito aparente de normas são: especialidade, subsidiariedade, consunção e alternatividade.

(E) Na denominada cooperação dolosamente distinta, se algum dos concorrentes quis participar de crime menos grave, ser-lhe-á aplicada a pena deste; essa pena será aumentada até a metade, na hipótese de ter sido previsível o resultado mais grave.

A: correta. Segundo entendimento firmado na Súmula 711 do STF, "A lei penal mais grave aplica-se ao crime continuado ou ao crime permanente, se a sua vigência é anterior à cessação da continuidade ou da permanência". Cabe relembrar que *crime permanente* é aquele cuja consumação se protrai no tempo por vontade do agente. Exemplo sempre lembrado pela doutrina é o crime de *sequestro e cárcere privado*, capitulado no art. 148 do CP, em que a consumação se opera no momento em que a vítima é privada de sua liberdade. Essa consumação, que teve início com a privação da liberdade da vítima, prolongar-se-á no tempo. Por tudo isso, a lei aplicável para os crimes permanentes será aquela vigente ao tempo da cessação da permanência, e não por ocasião de seu início; **B:** correta (arts. 109 e 111, CP); **C:** incorreta, na medida em que a regra contida no art. 117, § 2º, do CP não se aplica à hipótese do inciso V deste dispositivo; **D:** correta. Dá-se o chamado *conflito aparente de normas* (ou concurso aparente de normas) quando, no plano da aparência, duas ou mais leis penais tenham incidência a um mesmo fato. Para dirimir este conflito e encontrar qual a lei que de fato irá reger o fato, devemos recorrer a quatro princípios, a saber: especialidade; subsidiariedade; consunção ou absorção; e alternatividade; **E:** correta. Se algum dos concorrentes quis participar de delito menos grave, a ele será aplicada a pena deste, conforme estabelece o art. 29, § 2º, primeira parte, do CP; se, entretanto, o resultado mais gravoso lhe era previsível, a pena então será aumentada até metade, nos termos do mesmo art. 29, § 2º, segunda parte, do CP. É a chamada *cooperação dolosamente distinta*. **ED**
Gabarito "C".

(Delegado/AP – 2017 – FCC) De acordo com os dispositivos da parte geral do Código Penal, é correto afirmar:

(A) Na hipótese de *abolitio criminis* a reincidência permanece como efeito secundário da prática do crime.

(B) O território nacional estende-se a embarcações e aeronaves brasileira de natureza pública, desde que se encontrem no espaço aéreo brasileiro ou em alto-mar.

(C) Crimes à distância são aqueles em que a ação ou omissão ocorre em um país e o resultado, em outro.

(D) O desconhecimento da lei é inescusável. O erro sobre a ilicitude do fato, se evitável, isenta de pena; se inevitável, poderá diminuí-la de um sexto a um terço.

(E) É isento de pena o agente que pratica crime sem violência ou grave ameaça à pessoa, desde que, voluntariamente, repare o dano ou restitua a coisa, até o recebimento da denúncia ou da queixa.

6. DIREITO PENAL 259

A: incorreta. A *abolitio criminis* é causa extintiva da punibilidade (art. 107, III, do CP) que se caracteriza pela superveniência de lei que deixa de considerar o fato como criminoso. Em outras palavras, haverá a supressão da figura criminosa, que depende de uma dupla revogação (formal – do tipo penal; material – do comportamento criminoso). Uma vez operada a *abolitio criminis*, todos os efeitos penais da condenação desaparecerão (tanto o principal – aplicação da sanção penal, quanto os secundários, tais como a reincidência), remanescendo apenas os de natureza extrapenal (ex.: obrigação de reparação do dano); **B:** incorreta. De acordo com o art. 5º, § 1º, do CP, consideram-se como extensão do território nacional, para fins de aplicação da lei penal brasileira, as embarcações e aeronaves brasileiras, de natureza pública ou a serviço do governo brasileiro onde quer que se encontrem. Apenas as aeronaves e embarcações brasileiras, mercantes ou de propriedade privada, é que serão consideradas extensão do território nacional quando se acharem no espaço aéreo correspondente ou em alto-mar; **C:** correta. Consideram-se crimes à distância, ou de espaço máximo, aqueles que tenham sido praticados em lugares diversos, passando pelo território de dois ou mais países soberanos. O CP, em seu art. 6º, consagrou a teoria da ubiquidade, ou mista, segundo a qual se considera praticado o crime no lugar em que ocorreu a ação ou omissão, no todo ou em parte, bem como onde se produziu ou deveria produzir-se o resultado; **D:** incorreta. De acordo com o art. 21, *caput*, do CP, o erro sobre a ilicitude do fato, se inevitável (ou invencível, ou escusável), isenta de pena; se evitável (ou vencível, ou inescusável), poderá diminui-la de um sexto a um terço. Perceba que o examinador inverteu as consequências do erro de proibição evitável (que é simples causa de diminuição de pena) e inevitável (que é causa de exclusão da culpabilidade); **E:** incorreta. O agente que voluntariamente reparar integralmente ou dano, ou restituir a coisa, nos crimes praticados sem violência ou grave ameaça à pessoa, até o recebimento da denúncia ou queixa, será beneficiado com a redução da pena de um a dois terços, nos termos do art. 16 do CP. Trata-se do instituto do arrependimento posterior, que, como dito, é causa obrigatória de diminuição de pena, mas não de sua isenção, tal como constou na assertiva. 🅰🆃

Gabarito "C"

(Delegado/MS – 2017 – FAPEMS) Com relação aos princípios de Direito Penal e à interpretação da lei penal, assinale a alternativa correta.

(A) A interpretação autêntica contextual visa a dirimir a incerteza ou obscuridade da lei anterior.

(B) Não se aplica o princípio da individualização da pena na fase da execução penal.

(C) A interpretação quanto ao resultado busca o significado legal de acordo com o progresso da ciência.

(D) O princípio da proporcionalidade tem apenas o judiciário como destinatário cujas penas impostas ao autor do delito devem ser proporcionais à concreta gravidade.

(E) A interpretação teleológica busca alcançar a finalidade da lei, aquilo que ela se destina a regular.

A: incorreta, pois a interpretação autêntica contextual é aquela que pode ser extraída do próprio texto legal, tal como se vê, por exemplo, na conceituação de funcionário público para efeitos penais (art. 327 do CP); **B:** incorreta. Amplamente difundido por doutrina e jurisprudência que o princípio da individualização da pena espraia seus efeitos em três fases, quais sejam, na da cominação da pena (fase legislativa), na sua fixação (fase judicial) e na etapa de cumprimento (fase administrativa ou execucional); **C:** incorreta. A assertiva trata da denominada interpretação progressiva (ou evolutiva), que é a que busca o significado legal de acordo com o progresso da ciência; **D:** incorreta, pois o princípio da proporcionalidade norteia, além do Poder Judiciário, a quem incumbe a análise da insuficiência protetiva dos bens jurídicos, ou o excesso punitivo, os atos do Poder Legislativo, especialmente, em matéria penal, no que diz respeito à cominação das penas; **E:** correta. De fato, por meio da interpretação teleológica, busca-se alcançar a finalidade da lei. 🅰🆃

Gabarito "E"

7. Direito Processual Penal

Eduardo Dompieri

1. FONTES, PRINCÍPIOS GERAIS, EFICÁCIA DA LEI PROCESSUAL NO TEMPO E NO ESPAÇO

(Delegado/RJ – 2022 – CESPE/CEBRASPE) Após o advento do neo-constitucionalismo e como seu consequente reflexo, os princípios adquiriram força normativa no ordenamento jurídico brasileiro, e a eficácia objetiva dos direitos fundamentais deu novos contornos ao direito processual penal. A respeito desse assunto, assinale a opção correta à luz do Código de Processo Penal.

(A) No Código de Processo Penal, admite-se, dado o princípio do *tempus regit actum*, a aplicação da interpretação extensiva, mas não a da interpretação analógica.

(B) No que diz respeito à interpretação extensiva, admitida no Código de Processo Penal, existe uma norma que regula o caso concreto, porém sua eficácia é limitada a outra hipótese, razão por que é necessário ampliar seu alcance, e sua aplicação não viola o princípio constitucional do devido processo legal.

(C) A analogia, assim como a interpretação analógica, não é admitida no Código de Processo Penal em razão do princípio da vedação à surpresa e para não violar o princípio constitucional do devido processo legal.

(D) Ante os princípios da proteção e da territorialidade temperada, não se admite a aplicação de normas de tratados e regras de direito internacional aos crimes cometidos em território brasileiro.

(E) No Código de Processo Penal, o princípio da proporcionalidade é expressamente consagrado, tanto no que se refere ao aspecto da proibição do excesso quanto ao aspecto da proibição da proteção ineficiente.

A: incorreta. Isso porque, no CPP, são admitidas tanto a aplicação da interpretação extensiva quanto a da interpretação analógica, conforme reza o art. 3º; **B:** correta. De fato, a chamada interpretação extensiva consiste na ampliação do conteúdo da lei, levada a efeito pelo aplicador da norma, sempre que esta disser menos do que deveria; **C:** incorreta. O CPP, em seu art. 3º, admite, de forma expressa, a analogia, o mesmo se dizendo em relação à interpretação extensiva e aos princípios gerais de direito; **D:** incorreta. É verdade que a lei processual penal será, em regra, aplicada a infrações penais praticadas em território nacional. É o chamado princípio da territorialidade, consagrado no art. 1º do CPP. Sucede que este mesmo dispositivo, em seus incisos, estabelece que este postulado não é absoluto, dado que há situações em que, a despeito de o fato ter ocorrido em território nacional, não terá incidência a lei processual penal brasileira. É o caso do diplomata a serviço de seu país de origem que vem a praticar infração penal no Brasil. Será afastada, aqui, por força da Convenção de Viena, diploma ao qual o Brasil aderiu, a incidência da lei processual penal brasileira; **E:** incorreta, dado que o princípio da proporcionalidade não está expresso no CPP. Cuida-se, pois, de postulado implícito. O princípio da proibição da proteção insuficiente representa, ao lado da proibição de excesso, uma das facetas do princípio da proporcionalidade. O Estado é considerado omisso, para esse postulado, quando deixa de adotar medidas necessárias à proteção de direitos fundamentais. *Vide*: ADC nº 19/DF, rel. Min. Marco Aurélio, 09.02.2012. ⏎

Gabarito "B".

(Juiz de Direito/GO – 2021 – FCC) No tocante às garantias constitucionais aplicáveis ao processo penal,

(A) todos os julgamentos dos órgãos do Poder Judiciário serão públicos, e fundamentadas todas as decisões, sob pena de nulidade, podendo a lei limitar a presença, em determinados atos, às próprias partes e a seus advogados, mas não somente a estes.

(B) o civilmente identificado jamais pode ser submetido a identificação criminal, sob pena de caracterização de constrangimento ilegal.

(C) o preso tem direito à identificação do responsável por sua prisão, mas nem sempre por seu interrogatório policial.

(D) a razoável duração do processo e os meios que garantam a celeridade de sua tramitação são garantias exclusivamente aplicáveis à ação penal.

(E) a garantia do juiz natural é contemplada, mas não só, na previsão de proibição de juízo ou tribunal de exceção.

A: incorreta, pois não corresponde ao teor do art. 93, IX, da CF, a seguir transcrito: "todos os julgamentos dos órgãos do Poder Judiciário serão públicos, e fundamentadas todas as decisões, sob pena de nulidade, podendo a lei limitar a presença, em determinados atos, às próprias partes e a seus advogados, ou somente a estes (...)" (destaque nosso); **B:** incorreta. Regra geral, o civilmente identificado não será submetido a identificação criminal (art. 5º, LVIII, CF; art. 1º da Lei 12.037/2009). Há situações, no entanto, que, mesmo tendo sido apresentado documento de identificação, a autoridade poderá proceder à identificação criminal. Estas situações, que constituem exceção, estão elencadas no art. 3º da Lei 12.037/2009, entre as quais está a hipótese em que o documento contém rasura ou indício de falsificação. Neste caso, a autoridade determinará a identificação criminal, aqui incluídos os processos datiloscópico e fotográfico (art. 5º, *caput*, Lei 12.037/2009); **C:** incorreta, já que o preso terá direito à identificação dos responsáveis por sua prisão ou por seu interrogatório policial (art. 5º, LXIV, CF); **D:** incorreta, na medida em que a garantia prevista no art. 5º, LXXVIII, da CF (razoável duração do processo) tem incidência tanto no âmbito judicial quanto no administrativo. É aplicável, portanto, a título de exemplo, no inquérito policial, procedimento de natureza administrativa que compõe a persecução penal; **E:** correta (art. 5º, XXXVII e LIII, da CF). ⏎

Gabarito "E".

(Investigador – PC/BA – 2018 – VUNESP) Em havendo conflito entre o Código de Processo Penal e uma lei especial que contenha normas processuais, a solução será a

(A) aplicação da norma que for mais recente, independentemente de eventual benefício ao réu.

(B) aplicação da lei especial e, quando omissa, subsidiariamente do Código de Processo Penal.

(C) aplicação do que for mais favorável ao acusado, independentemente da data de promulgação.

(D) conjugação de ambos os diplomas, aplicando-se as normas que forem mais benéficas ao acusado.

(E) prevalência da regra geral do Código de Processo Penal, em virtude da proibição constitucional dos juízos de exceção.

Deve-se recorrer, neste caso, ao princípio da especialidade, segundo o qual sempre que a lei especial regular determinado procedimento de forma diversa daquela prevista no CPP, deve-se aplicar a lei especial em detrimento do CPP, que somente terá incidência em caráter subsidiário. **ED**
Gabarito "B".

(Delegado – PC/BA – 2018 – VUNESP) Aplicar-se-á a lei processual penal, nos estritos termos dos arts. 1o, 2o e 3o do CPP,

(A) aos processos de competência da Justiça Militar.

(B) ultrativamente, mas apenas quando favorecer o acusado.

(C) retroativamente, mas apenas quando favorecer o acusado.

(D) desde logo, sem prejuízo da validade dos atos realizados sob a vigência da lei anterior.

(E) com o suplemento dos princípios gerais de direito sem admitir, contudo, interpretação extensiva e aplicação analógica.

A: incorreta, pois contraria o disposto no art. 1º, III, do CPP; **B, C** e **D:** a lei processual penal será aplicada desde logo (*princípio da aplicação imediata* ou *da imediatidade*), sem prejuízo dos atos realizados sob o império da lei anterior. É o que estabelece o art. 2º do CPP. A exceção a essa regra fica por conta da lei processual penal dotada de carga material (também chamada de norma mista ou híbrida), para a qual deverá ser aplicado o que estabelece o art. 2º, parágrafo único, do CP. Nesse caso, a exemplo do que se dá com as leis penais, a norma processual nova, se favorável ao réu, deverá retroagir; se prejudicial, aplica-se a lei já revogada (*lex mitior*). Com isso, está correto o que se afirma na alternativa "D"; **E:** incorreta, dado que, conforme art. 3º do CPP, *a lei processual penal admitirá interpretação extensiva e aplicação analógica, bem como o suplemento dos princípios gerais de direito*. **ED**
Gabarito "D".

(Defensor Público – DPE/PR – 2017 – FCC) Os princípios constitucionais aplicáveis ao processo penal incluem

(A) indisponibilidade.

(B) verdade real.

(C) razoável duração do processo.

(D) identidade física do juiz.

(E) favor rei.

Dos princípios acima elencados, o único que tem previsão expressa na CF é o da *razoável duração do processo*, inserto no art. 5º, LXXVIII, introduzido por meio da EC 45/2004. **ED**
Gabarito "C".

(Delegado/MT – 2017 – CESPE) Quando da entrada em vigor da Lei n. 9.099/1995, que dispõe sobre os juizados especiais cíveis e criminais, foi imposta como condição de procedibilidade a representação do ofendido nos casos de lesão corporal leve ou culposa. Nas ações em andamento à época, as vítimas foram notificadas a se manifestar quanto ao prosseguimento ou não dos feitos. Nesse caso, o critério adotado no que se refere às leis processuais no tempo foi o da

(A) interpretação extensiva.

(B) retroatividade.

(C) territorialidade.

(D) extraterritorialidade.

(E) irretroatividade.

Com o advento da Lei 9.099/1995, a ação penal, nos crimes de lesão corporal leve e culposa, que antes era pública incondicionada, passou a ser, por força do art. 88 dessa Lei, pública condicionada à representação do ofendido. Inegável que diversos institutos despenalizadores introduzidos na Lei 9.099/1995, como a representação nos crimes acima referidos, a transação penal e o *sursis* processual, entre outros, têm nítida repercussão no exercício do *jus puniendi*. São normas de direito processual que alcançam o direito de punir, ou seja, têm conteúdo de direito material. No caso da representação, o seu não oferecimento dentro do prazo estabelecido em lei leva ao reconhecimento da decadência, que por sua vez acarreta a extinção da punibilidade. É por essa razão que o STF já decidiu que, nesses casos, essas normas, que têm natureza mista, devem retroagir para beneficiar o réu. **ED**
Gabarito "B".

2. INQUÉRITO POLICIAL E OUTRAS FORMAS DE INVESTIGAÇÃO CRIMINAL

(Delegado/RJ – 2022 – CESPE/CEBRASPE) Assinale a opção correta, acerca de inquérito policial.

(A) A autoridade policial que preside o inquérito policial para apurar crime de ação penal pública pode, fundamentadamente, decidir sobre a conveniência e(ou) oportunidade de diligências requisitadas pelo Ministério Público.

(B) O inquérito policial, consoante o princípio da oficialidade, poderá ser instaurado apenas de ofício pela autoridade policial ou mediante requisição do Ministério Público.

(C) Com base em denúncia anônima de fato criminoso, a autoridade policial pode, independentemente de apuração prévia, instaurar inquérito policial com fundamento exclusivo naquela informação anônima.

(D) Não se permite ao indiciado qualquer tipo de intervenção probatória durante o inquérito policial.

(E) O investigado deve ter acesso a todos os elementos já documentados nos autos do inquérito policial, ressalvadas as diligências em andamento cuja eficácia dependa do sigilo.

A: incorreta. Isso porque constitui atribuição da autoridade policial presidente do inquérito policial atender à requisição de diligências tanto do juiz quanto do Ministério Público (art. 13, II, CPP). Importante que se diga que *requisitar* deve ser entendido como *imposição legal*, não cabendo ao seu destinatário deixar de dar-lhe cumprimento; **B:** incorreta. A teor do art. 5º do CPP, constituem formas de instauração do inquérito policial: de ofício pela autoridade policial (inciso I); requisição judicial ou do MP (inciso II, 1ª parte); requerimento da vítima (inciso II, 2ª parte); por força de auto de prisão em flagrante; representação do ofendido nos crimes de ação penal pública condicionada a representação (art. 5º, § 4º, CPP); denúncia da ocorrência de uma infração penal formulada por qualquer pessoa do povo (*delatio criminis* – art. 5º, § 3º, do CPP); e requerimento do ofendido na ação penal privada (art. 5º, § 5º, do CPP); **C:** incorreta. A denúncia anônima (também chamada de *apócrifa* ou *inqualificada*), segundo tem entendido a jurisprudência, não é apta, por si só, a autorizar a instauração de inquérito policial, dando início à persecução penal. Antes disso, a autoridade policial deverá fazer uma averiguação prévia a fim de verificar a procedência da denúncia apócrifa,

7. DIREITO PROCESSUAL PENAL 263

para, depois disso, determinar, se for o caso, a instauração de inquérito. Nesse sentido: "(...) *a autoridade policial, ao receber uma denúncia anônima, deve antes realizar diligências preliminares para averiguar se os fatos narrados nessa 'denúncia' são materialmente verdadeiros, para, só então, iniciar as investigações*" (STF, HC 95.244, 1ª T., rel. Min. Dias Toffoli, DJE de 29.04.2010). No mesmo sentido: "*1. Elementos dos autos que evidenciam não ter havido investigação preliminar para corroborar o que exposto em denúncia anônima. O Supremo Tribunal Federal assentou ser possível a deflagração da persecução penal pela chamada denúncia anônima, desde que esta seja seguida de diligências realizadas para averiguar os fatos nela noticiados antes da instauração do inquérito policial. Precedente. 2. A interceptação telefônica é subsidiária e excepcional, só podendo ser determinada quando não houver outro meio para se apurar os fatos tidos por criminosos, nos termos do art. 2º, inc. II, da Lei n. 9.296/1996. Precedente. 3. Ordem concedida para se declarar a ilicitude das provas produzidas pelas interceptações telefônicas, em razão da ilegalidade das autorizações, e a nulidade das decisões judiciais que as decretaram amparadas apenas na denúncia anônima, sem investigação preliminar*" (HC 108147, Relator(a): Min. Cármen Lúcia, Segunda Turma, julgado em 11.12.2012, Processo Eletrônico *DJe*-022 Divulg 31.01.2013 Public 01.02.2013); **D:** incorreta, na medida em que é dado ao indiciado, sim, requerer ao delegado de polícia presidente do inquérito policial a realização de diligência que, no seu entender, seja útil à busca da verdade real (art. 14, CPP); **E:** correta. O inquérito policial é, em vista do que estabelece o art. 20 do CPP, sigiloso. Ocorre que, a teor do art. 7º, XIV, da Lei 8.906/1994 (Estatuto da Advocacia), constitui direito do advogado, entre outros: "examinar, em qualquer instituição responsável por conduzir investigação, mesmo sem procuração, autos de flagrante e de investigações de qualquer natureza, findos ou em andamento, ainda que conclusos à autoridade, podendo copiar peças e tomar apontamentos, em meio físico ou digital". Sobre este tema, o STF editou a Súmula Vinculante 14, a seguir transcrita: "É direito do defensor, no interesse do representado, ter acesso amplo aos elementos de prova que, já documentados em procedimento investigatório realizado por órgão com competência de polícia judiciária, digam respeito ao exercício do direito de defesa". Bem por isso, caberá à autoridade policial franquear o acesso do investigado/advogado, constituído ou não, aos elementos de informação contidos no auto de prisão em flagrante/inquérito policial, desde que já documentados. 🄴🄳

Gabarito "E".

(Delegado/RJ – 2022 – CESPE/CEBRASPE) O inquérito policial é atividade investigatória realizada por órgãos oficiais, não podendo ficar a cargo do particular, ainda que a titularidade do exercício da ação penal pelo crime investigado seja atribuída ao ofendido.

Considerando-se as características do inquérito policial, é correto afirmar que o texto anterior discorre sobre

(A) o procedimento escrito do inquérito policial.

(B) a indisponibilidade do inquérito policial.

(C) a oficiosidade do inquérito policial.

(D) a oficialidade do inquérito policial.

(E) a dispensabilidade do inquérito policial.

Dentre as características do inquérito policial está a *oficialidade*, segundo a qual a atividade investigativa ali realizada deve ser atribuída a órgão oficial do Estado. Além disso, o inquérito é *escrito*, uma vez que todos os seus atos devem ser reduzidos a termo (art. 9º, CPP); diz-se, também, que o inquérito policial tem caráter *inquisitivo*, na medida em que nele não vigoram o contraditório e a ampla defesa; é *sigiloso*, nos termos do art. 20 do CPP; é dispensável, já que o inquérito policial constitui instrumento de investigação cuja presença, tanto nos delitos em que ação penal é pública quanto naqueles em que é privativa do ofendido, não é indispensável, essencial ao oferecimento da denúncia ou queixa, desde que a inicial contenha elementos suficientes (existência

do crime e indícios suficientes de autoria) ao exercício da ação penal. O inquérito, assim, não constitui fase obrigatória da persecução penal. A *oficiosidade* do inquérito policial significa que a autoridade policial, em regra, deve instaurar inquérito policial de ofício. Por fim, é *indisponível* porque é vedado à autoridade policial mandar arquivar autos de inquérito (art. 17 do CPP). Somente está credenciado a fazê-lo, a partir do advento da Lei 13.964/2019, que conferiu nova redação ao art. 28, *caput*, do CPP, o representante do Ministério Público. 🄴🄳

Gabarito "D".

(Delegado/MG – 2021 – FUMARC) Sobre o inquérito policial, é CORRETO afirmar:

(A) Não caberá qualquer recurso em face do despacho da autoridade policial que indeferir a abertura de inquérito policial.

(B) O acesso do advogado independe de procuração do investigado, mesmo que os autos do inquérito policial estejam conclusos à autoridade policial.

(C) O inquérito policial pode ser instaurado de ofício pela autoridade policial ou por requisição do Ministério Público, em casos de crime de ação penal pública condicionada à representação, desde que haja repercussão social do fato.

(D) O representante do Ministério Público, com atuação na área de investigação criminal, pode avocar a presidência do inquérito policial, em sede de controle difuso da atividade policial.

A: incorreta, uma vez que o art. 5º, § 2º, do CPP estabelece que, em face do despacho que indeferir o requerimento de abertura de inquérito, caberá recurso para o chefe de Polícia. Cuida-se de recurso, portanto, administrativo; **B:** correta. O sigilo, que é imanente ao inquérito policial (art. 20 do CPP), não pode, ao menos em regra, ser oposto ao advogado do investigado. Com efeito, por força do que estabelece o art. 7º, XIV, da Lei 8.906/1994 (Estatuto da Advocacia), constitui direito do advogado, entre outros: "examinar, em qualquer instituição responsável por conduzir investigação, <u>mesmo sem procuração</u>, autos de flagrante e de investigações de qualquer natureza, findos ou em andamento, <u>ainda que conclusos à autoridade</u>, podendo copiar peças e tomar apontamentos, em meio físico ou digital" (destacamos). Sobre este tema, a propósito, o STF editou a Súmula Vinculante 14, a seguir transcrita: "É direito do defensor, no interesse do representado, ter acesso amplo aos elementos de prova que, já documentados em procedimento investigatório realizado por órgão com competência de polícia judiciária, digam respeito ao exercício do direito de defesa". Registre-se, todavia, que determinados procedimentos de investigação, geralmente realizados em autos apartados, como a interceptação telefônica e a infiltração, somente serão acessados pelo patrono do investigado depois de concluídos e inseridos nos autos do inquérito. Ou seja, tais procedimentos permanecerão em sigilo, neste caso absoluto, enquanto não forem encerrados. Nesse sentido se manifestou o STJ: "1. Ao inquérito policial não se aplica o princípio do contraditório, porquanto é fase investigatória, preparatória da acusação, destinada a subsidiar a atuação do órgão ministerial na persecução penal. 2. Deve-se conciliar os interesses da investigação com o direito de informação do investigado e, consequentemente, de seu advogado, de ter acesso aos autos, a fim de salvaguardar suas garantias constitucionais. 3. Acolhendo a orientação jurisprudencial do Supremo Tribunal Federal, o Superior Tribunal de Justiça decidiu ser possível o acesso de advogado constituído aos autos de inquérito policial em observância ao direito de informação do indiciado e ao Estatuto da Advocacia, ressalvando os documentos relativos a terceiras pessoas, os procedimentos investigatórios em curso e os que, por sua própria natureza, não dispensam o sigilo, sob pena de ineficácia da diligência investigatória. 4. *Habeas corpus* denegado" (HC 65.303/PR, Rel. Ministro Arnaldo Esteves Lima, Quinta Turma, julgado em 20.05.2008, *DJe* 23.06.2008). Tal regra também está contemplada no art. 23 da Lei

264 EDUARDO DOMPIERI

12.850/2013 (Organização Criminosa); **C:** incorreta. Ainda que se trate de caso de grande repercussão, a instauração de inquérito policial, em crime de ação penal pública condicionada, somente poderá se dar diante da presença de manifestação de vontade do ofendido, materializada por meio da *representação* (art. 5º, § 4º, do CPP); **D:** incorreta, uma vez que não é dado ao membro do Ministério Público avocar a presidência do inquérito policial sob a responsabilidade da autoridade policial. Isso porque a presidência do inquérito policial cabe, com exclusividade, à autoridade policial (art. 2º, § 1º, da Lei 12.830/2013). Pode (leia-se: deve) o *parquet*, isto sim, fiscalizar e acompanhar, no exercício do controle externo da atividade policial, as investigações do inquérito policial, requisitando informações e diligências que entender pertinentes. Pode o MP, ademais, instaurar e conduzir investigações criminais por meio de procedimento investigatório criminal (PIC). De outro lado, o inquérito policial em curso poderá ser avocado por superior hierárquico nos casos previstos em lei (interesse público e quando não observado procedimento previsto em regulamento da corporação que comprometa a eficácia da investigação) e mediante despacho fundamentado (art. 2º, § 4º, da Lei 12.830/2013). ED

Gabarito "B".

(Delegado/MG – 2021 – FUMARC) Considerando as hipóteses de requerimento do ofendido para a abertura de inquérito policial em crimes de ação pública, é CORRETO afirmar:

(A) Na dicção expressa do art. 5º, §2º, do CPP, do despacho que indeferir o requerimento de abertura de inquérito, caberá recurso para o delegado regional; caso tal recurso seja indeferido, caberá novo recurso para o chefe de Polícia.

(B) No caso de morte do ofendido, têm qualidade para representá-lo para o fim de requerer a abertura de inquérito policial seu cônjuge, ascendente, descendente ou irmão.

(C) O inquérito, nos crimes em que a ação pública depender de representação, poderá sem ela ser iniciado.

(D) O requerimento do ofendido para a abertura de inquérito policial em crimes de ação pública deverá conter, sob pena de indeferimento, a narração do fato, com todas as circunstâncias, bem como a individualização do indiciado ou seus sinais característicos e as razões de convicção ou de presunção de ser ele o autor da infração, ou os motivos de impossibilidade de o fazer, além da nomeação das testemunhas, com indicação de sua profissão e residência.

A: incorreta. Segundo estabelece o art. 5º, § 2º, do CPP, do despacho que indeferir o requerimento de abertura de inquérito caberá recurso para o chefe de Polícia. Não há recurso ao delegado regional tampouco duas instâncias administrativas; **B:** correta, pois reflete o disposto no art. 24, § 1º, do CPP; **C:** incorreta, uma vez que, nos crimes em que a ação penal depender de representação, o inquérito não poderá sem ela ser iniciado (art. 5º, § 4º, CPP); **D:** incorreta (art. 5º, § 1º, CPP). ED

Gabarito "B".

(Delegado/MG – 2021 – FUMARC) Acerca dos prazos para encerramento de inquéritos policiais, considerando o disposto no Título II do CPP ("Do Inquérito Policial") e a legislação extravagante, é CORRETO afirmar:

(A) A extensão injustificada da investigação por parte da Autoridade Policial, que procrastina em prejuízo do investigado, não configura crime de abuso de autoridade.

(B) Caso o prazo para encerramento do inquérito seja superado, quando o fato for de difícil elucidação, e o indiciado estiver solto, a Autoridade Policial poderá

requerer ao magistrado a devolução dos autos, para ulteriores diligências, que serão realizadas no prazo máximo de 10 dias.

(C) Caso um dos investigados seja preso preventivamente no curso das investigações, a Autoridade Policial terá, como regra, o prazo de 10 dias após o cumprimento da ordem de prisão para finalizar o inquérito.

(D) Investigações de crimes de tráfico de drogas devem ser encerradas no prazo máximo de 30 dias, quando o investigado estiver solto.

A: incorreta. Trata-se do crime previsto no art. 31 Lei 13.869/2019 (Abuso de Autoridade); **B:** incorreta. Neste caso, o prazo suplementar será estabelecido pelo magistrado, nos termos do art. 10, § 3º, do CPP; **C:** correta (art. 10, *caput*, do CPP); **D:** incorreta. Segundo estabelece o art. 51 da Lei 11.343/2006 (Lei de Drogas), o inquérito deve terminar no prazo máximo de 90 dias, se <u>solto</u> estiver o investigado; se <u>preso</u> estiver, o prazo será de 30 dias. Nos dois casos (investigado preso ou solto), o prazo poderá ser duplicado, desde que em face de pedido justificado da autoridade policial. ED

Gabarito "C".

(Juiz de Direito/SP – 2021 – Vunesp) No curso de inquérito policial regularmente instaurado para apurar crime de ação penal pública condicionada, e antes de seu encerramento, o advogado regularmente constituído pelo ofendido nos autos efetua requerimento ao Delegado de Polícia que o preside, pleiteando a realização de várias diligências. Considerando findas as investigações, e sem a realização das diligências requeridas, a autoridade policial lança o relatório final e encaminha os autos ao Ministério Público. Diante desse cenário, é correto afirmar

(A) nos crimes de ação penal pública condicionada, competirá às partes a produção de provas, atuando a autoridade policial de forma subsidiária se, a seu critério, entender cabível a complementação.

(B) agiu a d. autoridade policial em desconformidade com a lei, pois é permitido ao ofendido, ou seu representante legal, requerer diligências para apuração ou esclarecimento dos fatos, somente podendo ser indeferidas tais providências, motivadamente, se impertinentes ou protelatórias.

(C) agiu com acerto a d. autoridade policial, pois, ao distinguir entre requerimento e requisição, incumbirá a ela apenas a realização de diligências requisitadas pelo Juiz ou pelo Ministério Público, nos termos da lei (artigo 13, II, CPP).

(D) nos crimes de ação penal pública condicionada, a autoridade policial tem o dever limitado à instauração do inquérito policial.

A organizadora considerou como correta a assertiva "B", segundo a qual impõe-se à autoridade policial o dever de apreciar as diligências pleiteadas pelo ofendido nos autos do inquérito policial, que somente serão indeferidas, sempre de forma motivada, na hipótese de se revelarem impertinentes ou protelatórias. Pelo que consta do enunciado, o delegado sequer se manifestou acerca da realização das diligências requeridas pelo advogado constituído pela vítima. Parte da doutrina entende que, embora o inquérito policial seja inquisitivo, o que faz com que a autoridade goze de discricionariedade para determinar os rumos da investigação de acordo com o que melhor lhe aprouver, é certo que não é dado ao delegado de polícia, diante de um pedido de diligências formulado pelo ofendido (ou mesmo pelo investigado), com base no art. 14 do CPP, simplesmente indeferi-lo sem uma justificação

7. DIREITO PROCESSUAL PENAL

plausível. Para que assim, ciente do motivo da recusa em realizar esta ou aquela diligência, possa a "parte" prejudicada levar o fato ao conhecimento do MP ou mesmo do magistrado. Já para Guilherme de Souza Nucci, a autoridade policial, à qual foi formulado pedido para realização de diligência, pode deferi-lo ou indeferi-lo, sem necessidade de fundamentação. Conferir: *a vítima, pessoalmente ou através de seu representante legal, bem como o indiciado – a pessoa oficialmente apontada como suspeita pela prática do crime – podem requerer ao presidente do inquérito, que é a autoridade policial, a realização de alguma diligência que considere útil à busca da verdade real (ouvida de alguma testemunha, realização de exame pericial etc.), podendo ser este pleito deferido ou indeferido, sem necessidade de qualquer fundamentação. O inquérito é um procedimento administrativo investigatório, não envolto pelo contraditório, nem abrangido pela ampla defesa, motivo pelo qual o indiciado não tem o direito de se envolver na colheita da prova, o mesmo valendo para a vítima. Entretanto, se a prova requerida for muito importante, pode a parte, cujo requerimento foi indeferido, dirigi-lo novamente ao promotor ou ao juiz que acompanham, necessariamente, o andamento do inquérito. (Código de Processo Penal Comentado,* 17ª ed., p. 106). **ED**

Gabarito "B".

(Juiz de Direito – TJ/RJ – 2019 – VUNESP) Nos literais e expressos termos do art. 13 do CPP, incumbe à autoridade policial, entre outras funções:

(A) providenciar o comparecimento do acusado preso, em Juízo, mediante prévia requisição.

(B) manter a guarda de bens apreendidos e objetos do crime até o trânsito em julgado da ação penal.

(C) fornecer às autoridades judiciárias as informações necessárias à instrução e julgamento dos processos.

(D) cumprir as ordens de busca e apreensão e demais decisões cautelares que tenha requisitado.

(E) servir como testemunha em ações penais quando arrolada por qualquer das partes.

A: incorreta. Tal incumbência, na dicção do art. 399, § 1º, do CPP, cabe ao poder público, e não à autoridade policial. A depender do Estado da Federação, este mister é exercido pela Polícia Militar ou ainda pela Secretaria de Administração Penitenciária (SAP), órgão integrante do Poder Executivo estadual, como é o caso de São Paulo; **B:** incorreta, na medida em que tal incumbência não está prevista no rol do art. 13 do CPP; **C:** correta, pois reflete o disposto no art. 13, I, do CPP; **D:** incorreta, pois não consta tal incumbência no rol do art. 13 do CPP; **E:** incorreta. Incumbência não contemplada no art. 13 do CPP. **ED**

Gabarito "C".

(Juiz de Direito – TJ/SC – 2019 – CESPE/CEBRASPE) Com relação às características do inquérito policial (IP), assinale a opção correta.

(A) O IP, por consistir em procedimento indispensável à formação da *opinio delicti,* deverá acompanhar a denúncia ou a queixa criminal.

(B) Não poderá haver restrição de acesso, com base em sigilo, ao defensor do investigado, que deve ter amplo acesso aos elementos de prova já documentados no IP, no que diga respeito ao exercício do direito de defesa.

(C) É viável a oposição de exceção de suspeição à autoridade policial responsável pelas investigações, embora o IP seja um procedimento de natureza inquisitorial.

(D) Não se admite a utilização de elementos colhidos no IP, salvo quando se tratar de provas irrepetíveis, como fundamento para a decisão condenatória.

(E) A autoridade policial não poderá determinar o arquivamento dos autos de IP, salvo na hipótese de manifesta atipicidade da conduta investigada.

A: incorreta, na medida em que o inquérito policial não é imprescindível à formação da *opinio delicti,* podendo o titular da ação penal, se dispuser de provas suficientes e idôneas para sustentar a peça acusatória, promover diretamente a ação penal. É o que se extrai do art. 12 do CPP: *o inquérito policial acompanhará a denúncia ou queixa sempre que servir de base a uma ou outra;* **B:** correta. O sigilo, que é imanente ao inquérito policial (art. 20 do CPP), não pode, ao menos em regra, ser oposto ao advogado do investigado. Com efeito, por força do que estabelece o art. 7º, XIV, da Lei 8.906/1994 (Estatuto da Advocacia), constitui direito do advogado, entre outros: "examinar, em qualquer instituição responsável por conduzir investigação, mesmo sem procuração, autos de flagrante e de investigações de qualquer natureza, findos ou em andamento, ainda que conclusos à autoridade, podendo copiar peças e tomar apontamentos, em meio físico ou digital" (redação determinada pela Lei 13.245/2016). Sobre este tema, o STF editou a Súmula Vinculante 14, a seguir transcrita: "É direito do defensor, no interesse do representado, ter acesso amplo aos elementos de prova que, já documentados em procedimento investigatório realizado por órgão com competência de polícia judiciária, digam respeito ao exercício do direito de defesa". Registre-se, todavia, que determinados procedimentos de investigação, geralmente realizados em autos apartados, como a interceptação telefônica e a infiltração, somente serão acessados pelo patrono do investigado depois de concluídos e inseridos nos autos do inquérito. Ou seja, tais procedimentos permanecerão em sigilo, neste caso absoluto, enquanto não forem encerrados. Nesse sentido já se manifestou o STJ: "1. Ao inquérito policial não se aplica o princípio do contraditório, porquanto é fase investigatória, preparatória da acusação, destinada a subsidiar a atuação do órgão ministerial na persecução penal. 2. Deve-se conciliar os interesses da investigação com o direito de informação do investigado e, consequentemente, de seu advogado, de ter acesso aos autos, a fim de salvaguardar suas garantias constitucionais. 3. Acolhendo a orientação jurisprudencial do Supremo Tribunal Federal, o Superior Tribunal de Justiça decidiu ser possível o acesso de advogado constituído aos autos de inquérito policial em observância ao direito de informação do indiciado e ao Estatuto da Advocacia, ressalvados os documentos relativos a terceiras pessoas, os procedimentos investigatórios em curso e os que, por sua própria natureza, não dispensam o sigilo, sob pena de ineficácia da diligência investigatória. 4. *Habeas corpus* denegado" (HC 65.303/PR, Rel. Ministro Arnaldo Esteves Lima, Quinta Turma, julgado em 20.05.2008, *DJe* 23.06.2008); **C:** incorreta, visto que não corresponde ao que estabelece o art. 107 do CPP, que assim dispõe: "Não se poderá opor suspeição às autoridades policiais nos atos do inquérito, mas deverão elas declarar-se suspeitas, quando ocorrer motivo legal"; **D:** incorreta. As partes e o juiz podem valer-se dos elementos informativos colhidos ao longo das investigações; o que não se admite, por imposição do art. 155, *caput,* do CPP, é que o juiz forme seu convencimento com base exclusiva nos elementos produzidos na investigação; dito de outra forma, o inquérito não pode servir de suporte único para uma condenação; **E:** incorreta. Ainda que diante de hipótese de manifesta atipicidade da conduta investigada, é defeso à autoridade policial proceder ao arquivamento dos autos de inquérito policial (art. 17, CPP). Vale aqui o registro de que a Lei 13.964/2019, ao conferir nova redação ao art. 28 do CPP, alterou todo o procedimento de arquivamento do inquérito policial. Com isso, o representante do *parquet* deixa de requerer o arquivamento e passa a, ele mesmo, determiná-lo, sem qualquer interferência do magistrado, cuja atuação, nesta etapa, em homenagem ao sistema acusatório, deixa de existir. No entanto, ao determinar o arquivamento do IP, o membro do MP deverá submeter sua decisão, segundo a nova redação conferida ao art. 28, *caput,* do CPP, à instância revisora dentro do próprio Ministério Público, para fins de homologação. Sem prejuízo disso, caberá ao promotor que determinou o arquivamento comunicar a sua decisão ao investigado, à autoridade policial e à vítima. Esta última, por sua vez, ou quem a represente, poderá, se assim entender, dentro do prazo de 30 dias a contar da comunicação de arquivamento, submeter a matéria à revisão da instância superior do órgão ministerial (art. 28, § 1º, CPP). Por fim, o § 2º deste art. 28, com a redação que lhe deu a Lei 13.964/2019, estabelece que, nas ações relativas a crimes praticados em detrimento da União, Estados e Municípios, a revisão do arquivamento do IP poderá ser provocada pela chefia do órgão a quem couber a sua representação judicial. Este novo art. 28 do CPP, que, como dissemos, alterou todo o procedimento que rege o arquivamento do IP, no entanto, teve suspensa, por força de decisão cautelar proferida pelo STF, a sua eficácia. O ministro Luiz Fux, relator, ponderou, em sua decisão, tomada na ADI 6.305, de 22.01.2020, que, embora se trate de inovação louvável, a sua implementação, no prazo de 30 dias (*vacatio legis*), revela-se inviável, dada a dimensão dos impactos sistêmicos e financeiros que por certo ensejarão a adoção do novo procedimento de arquivamento do inquérito policial.

Gabarito "B".

Aldo, delegado de polícia, recebeu em sua unidade policial denúncia anônima que imputava a Mauro a prática do crime de tráfico de drogas em um bairro da cidade. A denúncia veio acompanhada de imagens em que Mauro aparece entregando a terceira pessoa pacotes em plástico transparente com considerável quantidade de substância esbranquiçada e recebendo dessa pessoa quantia em dinheiro. Em diligências realizadas, Aldo confirmou a qualificação de Mauro e, a partir das informações obtidas, instaurou IP para apurar o crime descrito no art. 33, *caput*, da Lei n.º 11.343/2006 — Lei Antidrogas —, sem indiciamento. Na sequência, ele representou à autoridade judiciária pelo deferimento de medida de busca e apreensão na residência de Mauro, inclusive do telefone celular do investigado.

(Juiz de Direito - TJ/BA - 2019 - CESPE/CEBRASPE) Acerca dessa situação hipotética, assinale a opção correta.

(A) A instauração do IP constituiu medida ilegal, pois se fundou em denúncia anônima.

(B) Recebido o IP, verificados a completa qualificação de Mauro e os indícios suficientes de autoria, o juiz poderá determinar o indiciamento do investigado à autoridade policial.

(C) Em razão do caráter sigiloso dos autos do IP, nem Mauro nem seu defensor constituído terão o direito de acessá-los.

(D) Como não houve prisão, o prazo para a conclusão do IP será de noventa dias.

(E) Deferida a busca e apreensão, a realização de exame pericial em dados de telefone celular que eventualmente seja apreendido dependerá de nova decisão judicial.

A: incorreta. É fato que a denúncia anônima (também chamada de *apócrifa* ou *inqualificada*), segundo tem entendido a jurisprudência, não é apta, por si só, a autorizar a instauração de inquérito policial, dando início à persecução penal, ainda que tenha como objeto fato grave de necessária repressão imediata, como é o caso do tráfico de drogas, crime equiparado a hediondo. Antes disso, a autoridade policial deverá fazer uma averiguação prévia a fim de verificar a procedência da denúncia apócrifa, para, depois disso, determinar, se for o caso, a instauração de inquérito. Sucede que, na hipótese narrada no enunciado, fica claro que a autoridade policial, antes de proceder a inquérito, realizou diligências prévias, com vistas a confirmar a qualificação de Mauro. Além disso, a denúncia anônima veio acompanhada de imagens em que este aparece

entregando a terceira pessoa pacotes em plástico transparente com considerável quantidade de substância esbranquiçada e recebendo dessa pessoa quantia em dinheiro. Dessa forma, forçoso concluir que o delegado de polícia agiu em perfeita consonância com o entendimento jurisprudencial hoje sedimentado, já que realizou diligências preliminares a fim de verificar a verossimilhança da denúncia anônima que chegou ao seu conhecimento. Nesse sentido: "(...) *a autoridade policial, ao receber uma denúncia anônima, deve antes realizar diligências preliminares para averiguar se os fatos narrados nessa 'denúncia' são materialmente verdadeiros, para, só então, iniciar as investigações*" (STF, HC 95.244, 1ª T., rel. Min. Dias Toffoli, DJE de 29.04.2010). No mesmo sentido: "*1. Elementos dos autos que evidenciam não ter havido investigação preliminar para corroborar o que exposto em denúncia anônima. O Supremo Tribunal Federal assentou ser possível a deflagração da persecução penal pela chamada denúncia anônima, desde que esta seja seguida de diligências realizadas para averiguar os fatos nela noticiados antes da instauração do inquérito policial. Precedente. 2. A interceptação telefônica é subsidiária e excepcional, só podendo ser determinada quando não houver outro meio para se apurar os fatos tidos por criminosos, nos termos do art. 2º, inc. II, da Lei n. 9.296/1996. Precedente. 3. Ordem concedida para se declarar a ilicitude das provas produzidas pelas interceptações telefônicas, em razão da ilegalidade das autorizações, e a nulidade das decisões judiciais que as decretaram amparadas apenas na denúncia anônima, sem investigação preliminar*" (HC 108147, Relator(a): Min. Cármen Lúcia, Segunda Turma, julgado em 11.12.2012, Processo Eletrônico DJe-022 Divulg 31.01.2013 Public 01.02.2013); **B:** incorreta. O indiciamento constitui providência privativa da autoridade policial. É o que estabelece o art. 2º, § 6º, da Lei 12.830/2013, que contempla regras sobre a investigação criminal conduzida pelo delegado de polícia. Quanto a isso, conferir o magistério de Guilherme de Souza Nucci: "Requisição de indiciamento: cuida-se de procedimento equivocado, pois indiciamento é ato exclusivo da autoridade policial, que forma o seu convencimento sobre a autoria do crime, elegendo, formalmente, o suspeito de sua prática. Assim, não cabe ao promotor ou ao juiz exigir, através de requisição, que alguém seja indiciado pela autoridade policial, porque seria o mesmo que demandar à força que o presidente do inquérito conclua ser aquele o autor do delito (...)" (*Código de Processo Penal Comentado*, 12ªed., p. 101). Na jurisprudência: "Sendo o ato de indiciamento de atribuição exclusiva da autoridade policial, não existe fundamento jurídico que autorize o magistrado, após receber a denúncia, requisitar ao Delegado de Polícia o indiciamento de determinada pessoa. A rigor, requisição dessa natureza é incompatível com o sistema acusatório, que impõe a separação orgânica das funções concernentes à persecução penal, de modo a impedir que o juiz adote qualquer postura inerente à função investigatória. Doutrina. Lei 12.830/2013" (STJ, HC 115015, Relator(a): Min. TEORI ZAVASCKI, Segunda Turma, julgado em 27/08/2013, PROCESSO ELETRÔNICO DJe-179 DIVULG 11-09-2013 PUBLIC 12-09-2013); **C:** incorreta. É fato que o inquérito policial é, em vista do que dispõe o art. 20 do CPP, sigiloso. Ocorre que, a teor do art. 7º, XIV, da Lei 8.906/1994 (Estatuto da Advocacia), constitui direito do advogado, entre outros: "examinar, em qualquer instituição responsável por conduzir investigação, mesmo sem procuração, autos de flagrante e de investigações de qualquer natureza, findos ou em andamento, ainda que conclusos à autoridade, podendo copiar peças e tomar apontamentos, em meio físico ou digital". Sobre este tema, o STF editou a Súmula Vinculante nº 14, a seguir transcrita: "É direito do defensor, no interesse do representado, ter acesso amplo aos elementos de prova que, já documentados em procedimento investigatório realizado por órgão com competência de polícia judiciária, digam respeito ao exercício do direito de defesa"; **D:** correta. No crime de tráfico de drogas, o inquérito deverá ser ultimado no prazo de 30 dias, se preso estiver o indiciado; e em 90 dias, no caso de o indiciado encontrar-se solto (hipótese narrada no enunciado). De uma forma ou de outra, pode haver duplicação do prazo mediante pedido justificado da autoridade policial. É o teor do art. 51 da Lei 11.343/2006; **E:** incorreta. Isso porque a busca e apreensão realizada em domicílio com autorização judicial engloba o acesso aos dados contidos em telefone celular, sem que seja necessária nova autorização judicial para esse fim. Nesse sentido, conferir: "Esta

7. DIREITO PROCESSUAL PENAL

Corte possui pacífica orientação no sentido de que, não havendo ordem judicial, é ilícito o acesso aos dados armazenados em aparelho celular obtido pela polícia, no momento da prisão em flagrante. Contudo, no caso, o celular do Paciente foi apreendido pela autoridade policial no cumprimento de decisão judicial que deferiu medida cautelar de busca e apreensão, o que atrai, à espécie, o entendimento desta Corte, segundo o qual, "[s]e ocorreu a busca e apreensão dos aparelhos de telefone celular, não há óbice para se adentrar ao seu conteúdo já armazenado, porquanto necessário ao deslinde do feito, sendo prescindível nova autorização judicial para análise e utilização dos dados neles armazenados" (RHC 77.232/SC, Rel. Ministro FELIX FISCHER, QUINTA TURMA, DJe 16/10/2017) 6. Ordem de habeas corpus parcialmente conhecida e, nessa parte, denegada" (STJ, HC 428.369/PE, Rel. Ministra LAURITA VAZ, SEXTA TURMA, julgado em 17/09/2019, DJe 03/10/2019). ED
Gabarito "D".

(Promotor de Justiça/PR – 2019 – MPE/PR) Sobre o **inquérito policial, controle externo da atividade policial** e **poder investigatório do Ministério Público**, analise as assertivas abaixo e assinale a alternativa incorreta:

(A) O inquérito policial pode ser instaurado de ofício, por requisição do Ministério Público e a requerimento do ofendido em casos de crime de ação penal pública incondicionada.

(B) O membro do "Parquet", com atuação na área de investigação criminal, pode avocar a presidência do inquérito policial, em sede de controle difuso da atividade policial.

(C) No exercício do controle externo da atividade policial, o membro do "Parquet", pode requisitar informações, a serem prestadas pela autoridade, acerca de inquérito policial não concluído no prazo legal, bem assim requisitar sua imediata remessa ao Ministério Público ou Poder Judiciário, no estado em que se encontre.

(D) O membro do Ministério Público pode encaminhar peças de informação em seu poder diretamente ao Juizado Especial Criminal, caso a infração seja de menor potencial ofensivo.

(E) No inquérito policial, a autoridade policial assegurará o sigilo necessário à elucidação do fato ou exigido pelo interesse da sociedade e, no procedimento investigatório criminal, os atos e peças, em regra, são públicos.

A: correta. A teor do art. 5º do CPP, constituem formas de instauração do inquérito policial: de ofício pela autoridade policial (inciso I); requisição judicial ou do MP (inciso II, 1ª parte); requerimento da vítima (inciso II, 2ª parte); por força de auto de prisão em flagrante; representação do ofendido nos crimes de ação penal pública condicionada a representação (art. 5º, § 4º, CPP); denúncia da ocorrência de uma infração penal formulada por qualquer pessoa do povo (*delatio criminis* – art. 5º, § 3º, do CPP); e requerimento do ofendido na ação penal privada (art. 5º, § 5º, do CPP); **B**: incorreta, uma vez que não é dado ao membro do Ministério Público avocar a presidência do inquérito policial sob a responsabilidade da autoridade policial. Isso porque a presidência do inquérito policial cabe, com exclusividade, à autoridade policial (art. 2º, § 1º, da Lei 12.830/2013). Pode (leia-se: deve) o *parquet*, isto sim, fiscalizar e acompanhar, no exercício do controle externo da atividade policial, as investigações do inquérito policial, requisitando informações e diligências que entender pertinentes. Pode o MP, ademais, instaurar e conduzir investigações criminais por meio de procedimento investigatório criminal (PIC). De outro lado, o inquérito policial em curso poderá ser avocado por superior hierárquico nos casos previstos em lei (interesse público e quando não observado procedimento previsto em regulamento da corporação que comprometa a eficácia da investigação) e mediante

despacho fundamentado (art. 2º, § 4º, da Lei 12.830/2013); **C**: correta, uma vez que corresponde ao que estabelece o art. 5º, V, da Resolução 20/2007, do Conselho Nacional do Ministério Público (CNMP); **D**: correta, uma vez que corresponde ao que estabelece o art. 2º, III, da Resolução 181/2017, do Conselho Nacional do Ministério Público (CNMP); **E**: correta. De fato, o inquérito policial é, em vista do que dispõe o art. 20 do CPP, *sigiloso; já o procedimento investigatório criminal (PIC), conduzido pelo MP, é público, nos termos* do art. 15, *caput*, da Resolução 181/2017, do Conselho Nacional do Ministério Público (CNMP). ED
Gabarito "B".

(Investigador – PC/BA – 2018 – VUNESP) A obtenção de dados e informações cadastrais de vítimas ou de suspeitos junto a órgãos do poder público ou empresas da iniciativa privada, durante a investigação de crime de tráfico de pessoas, poderá ser requisitada

(A) pela Autoridade Judiciária, mediante representação do Ministério Público.

(B) pela Autoridade Judiciária, mediante representação do Delegado de Polícia.

(C) diretamente pelo Delegado de Polícia ou pelo Promotor de Justiça.

(D) apenas pela Autoridade Judiciária, de ofício.

(E) somente pelo Delegado de Polícia ou pelo Juiz de Direito.

A resposta a esta questão deve ser extraída do art. 13-A do CPP, introduzido pela Lei 13.344/2016, que assim dispõe: "Nos crimes previstos nos arts. 148, 149 e 149-A, no § 3º do art. 158 e no art. 159 do Decreto-lei nº 2.848, de 7 de dezembro de 1940 (Código Penal), e no art. 239 da Lei nº 8.069, de 13 de julho de 1990 (Estatuto da Criança e do Adolescente), o membro do Ministério Público ou o delegado de polícia poderá requisitar, de qualquer órgão do poder público ou de empresas da iniciativa privada, dados e informações cadastrais da vítima ou de suspeitos" ED
Gabarito "C".

(Delegado – PC/BA – 2018 – VUNESP) Nos termos da Lei no 13.431/2017, é correto afirmar que, constatado que a criança ou o adolescente está em risco, a autoridade policial

(A) requisitará à autoridade judicial responsável, em qualquer momento dos procedimentos de investigação e responsabilização dos suspeitos, as medidas de proteção pertinentes, entre as quais, requerer a prisão temporária do investigado.

(B) solicitará ao Ministério Público a propositura de ação judicial visando ao afastamento cautelar do investigado da residência ou local de convivência, em se tratando de pessoa que tenha contato com a criança ou o adolescente.

(C) solicitará à autoridade judicial responsável, em qualquer momento dos procedimentos de investigação e responsabilização dos suspeitos, as medidas de proteção pertinentes, entre as quais, a internação em estabelecimento educacional.

(D) solicitará à autoridade judicial responsável, em qualquer momento dos procedimentos de investigação e responsabilização dos suspeitos, as medidas de proteção pertinentes, entre as quais, a internação em abrigo.

(E) requisitará à autoridade judicial responsável, em qualquer momento dos procedimentos de investigação e responsabilização dos suspeitos, as medidas

EDUARDO DOMPIERI

de proteção pertinentes, entre as quais, solicitar aos órgãos socioassistenciais a inclusão da vítima e de sua família nos atendimentos a que têm direito.

A: incorreta, uma vez que, neste caso, a autoridade policial poderá representar ao magistrado pela decretação da prisão *preventiva*, tal como consta do art. 21, III, da Lei 13.431/2017; **B:** incorreta, na medida em que tal providência, consistente em afastar o investigado da residência ou local de convivência, quando este tiver contato com o menor, deve ser dirigida ao juiz de direito (art. 21, II, da Lei 13.431/2017); **C:** incorreta, já que a Lei 13.431/2017 (tampouco o ECA) não contempla a *internação em estabelecimento educacional* como medida de proteção; **D:** incorreta. De igual forma, não há previsão de medida de proteção consistente em *internação em abrigo*; **E:** correta (art. 21, IV, da Lei 13.431/2017). 🔲

Gabarito "E".

(Delegado – PC/BA – 2018 – VUNESP) Do despacho que indeferir o requerimento de abertura de inquérito (CPP, art. 5o, § 2o)

(A) caberá recurso para o chefe de Polícia.

(B) caberá recurso para o Promotor de Justiça Corregedor da Polícia Judiciária.

(C) caberá recurso para o Juiz Corregedor da Polícia Judiciária.

(D) caberá recurso para o Desembargador Corregedor Geral de Justiça.

(E) não caberá recurso.

Nos termos do art. 5º, § 2º, do CPP, do despacho da autoridade policial que indeferir o requerimento de abertura de inquérito formulado pela vítima, caberá recurso ao chefe de Polícia, que é o delegado-geral da Polícia Civil dos Estados, autoridade máxima dentro da hierarquia da polícia judiciária com atuação nos Estados. Para parte da doutrina, todavia, tal recurso deve ser dirigido ao secretário de Segurança Pública. De uma forma ou de outra, trata-se de recurso administrativo. 🔲

Gabarito "A".

(Defensor Público Federal – DPU – 2017 – CESPE) A respeito de coisa julgada e inquérito policial, julgue os itens a seguir.

(1) A homologação, pelo juízo criminal competente, do arquivamento de inquérito forma coisa julgada endoprocessual.

(2) Situação hipotética: Pedro, servidor público federal, foi indiciado pela Polícia Federal por suposta prática de corrupção passiva no exercício de suas atribuições. O inquérito policial, após remessa ao órgão do MPF, foi arquivado, por r equerimento do procurador da República, em razão da atipicidade da conduta, e o arquivamento foi homologado pelo juízo criminal competente. Assertiva: Nessa situação, o ato de arquivamento do inquérito fez exclusivamente coisa julgada formal, o que impossibilita posterior desarquivamento pelo *parquet*, ainda que diante da existência de novas provas.

(3) Situação hipotética: Lino foi indiciado por tentativa de homicídio. Após remessa dos autos ao órgão do MP, o promotor de justiça requereu o arquivamento do inquérito em razão da conduta de Lino ter sido praticada em legítima defesa, o que foi acatado pelo juízo criminal competente. Assertiva: Nessa situação, de acordo com o STF, o ato de arquivamento com fundamento em excludente de ilicitude fez coisa julgada formal e material, o que impossibilita posterior desarquivamento pelo *parquet*, ainda que diante da existência de novas provas.

1: correta. Uma vez ordenado o arquivamento do inquérito policial pelo juiz de direito, por falta de base para a denúncia, nada obsta que a autoridade policial proceda a novas pesquisas, desde que de outras provas tenha conhecimento – art. 18 do CPP. Isso porque a decisão que determina o arquivamento do inquérito policial gera, em regra, coisa julgada formal (endoprocessual). De se ver que as "outras provas" a que faz alusão o art. 18 do CPP devem ser entendidas como *provas substancialmente novas*, ou seja, aquelas que até então não eram de conhecimento das autoridades. Veja, a propósito, o teor da Súmula n. 524 do STF: "Arquivado o inquérito policial, por despacho do juiz, a requerimento do Promotor de Justiça, não pode a ação penal ser iniciada, sem novas provas". Agora, se o arquivamento do inquérito se der por ausência de tipicidade, a decisão, neste caso, tem efeito preclusivo, é dizer, produz coisa julgada material, impedindo, dessa forma, o desarquivamento do inquérito. A esse respeito, *Informativo STF 375*; **2:** errada. Conforme ponderado no comentário anterior, o arquivamento do inquérito policial em razão da atipicidade da conduta gera coisa julgada material, e não formal, tal como consta da assertiva; **3:** incorreta. Segundo posicionamento atual do STF, o arquivamento de inquérito policial em decorrência do reconhecimento de causa de exclusão de ilicitude produz tão somente coisa julgada formal, o que não impede que a questão seja rediscutida diante do surgimento de provas novas. Nesse sentido: "Tentativa de homicídio qualificado (CP, art. 121, § 2º, inciso IV, c/c o art. 14, inciso II). Arquivamento de Inquérito Policial Militar, a requerimento do *Parquet* Militar. Conduta acobertada pelo estrito cumprimento do dever legal. Excludente de ilicitude (CPM, art. 42, inciso III). Não configuração de coisa julgada material. Entendimento jurisprudencial da Corte. Surgimento de novos elementos de prova. Reabertura do inquérito na Justiça comum, a qual culmina na condenação do paciente e de corréu pelo Tribunal do Júri. Possibilidade. Enunciado da Súmula n. 524/STF. Ordem denegada. 1. O arquivamento do inquérito, a pedido do Ministério Público, em virtude da prática de conduta acobertada pela excludente de ilicitude do estrito cumprimento do dever legal (CPM, art. 42, inciso III), não obsta seu desarquivamento no surgimento de novas provas (Súmula n. 5241/STF). Precedente. 2. Inexistência de impedimento legal para a reabertura do inquérito na seara comum contra o paciente e o corréu, uma vez que subsidiada pelo surgimento de novos elementos de prova, não havendo que se falar, portanto, em invalidade da condenação perpetrada pelo Tribunal do Júri. 3. Ordem denegada" (HC 125101, Relator(a): Min. Teori Zavascki, Relator(a) p/ Acórdão: Min. Dias Toffoli, Segunda Turma, julgado em 25/08/2015, PROCESSO Eletrônico DJe-180 Divulg 10-09-2015 PUBLIC 11-09-2015). 🔲

Gabarito: 1C, 2E, 3E

(Juiz – TRF 2ª Região – 2017) Delegado da Polícia Federal recebe carta apócrifa, na qual é reportado esquema de fraude, consistente em produzir atestados falsos para obtenção, junto ao INSS, de benefícios de auxílio-doença. Após diligências preliminares destinadas a verificar a verossimilhança das informações da carta, o Delegado instaura inquérito policial para completa apuração dos fatos. Consideradas tal narrativa e a jurisprudência do STF, assinale a opção correta:

(A) O inquérito deve ser trancado, pois é ilegal a sua instauração a partir de denúncia anônima.

(B) É legal a instauração de inquérito policial em virtude de denúncia anônima, desde que realizadas diligências preliminares para verificar a verossimilhança das informações.

(C) O inquérito deve ser trancado. No caso de denúncia anônima, a jurisprudência do STF assinala que o inquérito policial só pode ser instaurado com autorização judicial prévia.

(D) Em virtude da regra constitucional que veda o anonimato, a jurisprudência dos Tribunais Superiores aponta que o inquérito policial só pode ser formalmente ins-

7. DIREITO PROCESSUAL PENAL   269

taurado após diligências prévias e após a autorização do juiz, que, em alguns casos, pode ser posterior.

(E) Independentemente da questão do anonimato, que depende de solução diversa das acima apontadas, o Delegado agiu de forma ilícita, pois é vedada a realização de diligências investigatórias antes da instauração formal de inquérito policial, já que subtrai da apreciação legal o eventual arquivamento das informações.

A denúncia anônima (também chamada de *apócrifa* ou *inqualificada*), segundo tem entendido a jurisprudência, não é apta, por si só, a autorizar a instauração de inquérito policial, dando início à persecução penal. Antes disso, a autoridade policial deverá fazer uma averiguação prévia a fim de verificar a procedência da denúncia apócrifa, para, depois disso, determinar, se for o caso, a instauração de inquérito. Nesse sentido: "(...) *a autoridade policial, ao receber uma denúncia anônima, deve antes realizar diligências preliminares para averiguar se os fatos narrados nessa 'denúncia' são materialmente verdadeiros, para, só então, iniciar as investigações*" (STF, HC 95.244, 1ª T., rel. Min. Dias Toffoli, *DJE* 29.04.2010). **ED**

Gabarito "B".

(Juiz – TJ-SC – FCC – 2017) Concluído o Inquérito Policial pela polícia judiciária, o órgão do Ministério Público requer o arquivamento do processado. O Juiz, por entender que o Ministério Público do Estado de Santa Catarina não fundamentou a manifestação de arquivamento, com base no Código de Processo Penal, deverá:

(A) encaminhar o Inquérito Policial à Corregedoria-Geral do Ministério Público.

(B) indeferir o arquivamento do Inquérito Policial.

(C) remeter o Inquérito Policial ao Procurador-Geral de Justiça.

(D) indeferir o pedido de arquivamento e remeter cópias ao Procurador-Geral de Justiça e ao Corregedor-Geral do Ministério Público.

(E) remeter o Inquérito Policial à polícia judiciária para prosseguir na investigação.

Em vista do que dispõe o art. 28 do CPP, o juiz, se rejeitar o pleito de arquivamento dos autos de inquérito policial formulado pelo Ministério Público, fará a sua remessa ao chefe do "parquet", o procurador-geral, que é quem tem atribuição para proceder a nova análise do pedido de arquivamento feito pelo promotor de justiça. A partir daí, pode o procurador-geral, em face da provocação do magistrado, insistir no pedido de *arquivamento do inquérito*, ratificando posicionamento firmado pelo promotor, caso em que o juiz ficará obrigado, por imposição do art. 28 do CPP, a determiná-lo. Se o chefe do *parquet*, de outro lado, entender que é caso de *oferecimento de denúncia*, poderá ele mesmo, o procurador-geral, fazê-lo ou designar outro membro do MP para ofertá-la. Tal incumbência, frise-se, não poderá recair sobre o mesmo promotor, o que implicaria violação à sua livre convicção. **ED**

Gabarito "C".

(Delegado/MS – 2017 – FAPEMS) Conforme disposição expressa no Código de Processo Penal vigente, o Delegado de Polícia que preside investigação policial sobre o crime previsto no artigo 149-A (Tráfico de Pessoas) do Código Penal-Decreto-Lei n. 2.848/1940, dentre as providências a serem adotadas, poderá

(A) requisitar dados e informações cadastrais da vítima ou dos suspeitos, diretamente de quaisquer órgãos do poder público ou representar junto à autoridade judicial, de empresas de iniciativa privada.

(B) requisitar, após o parecer obrigatório do Ministério Público, de quaisquer órgãos do poder público ou de empresas de iniciativa privada, dados e informações cadastrais da vítima ou dos suspeitos.

(C) requisitar, somente por meio de autorização judicial, de quaisquer órgãos do poder público ou de empresas de iniciativa privada, dados e informações cadastrais da vítima ou dos suspeitos.

(D) requisitar, de quaisquer órgãos do poder público ou de empresas de iniciativa privada, dados e informações cadastrais dos suspeitos, os quais deverão ser concedidos no prazo de 48 horas.

(E) requisitar, de quaisquer órgãos do poder público ou de empresas de iniciativa privada, dados e informações cadastrais da vítima ou dos suspeitos.

A solução desta questão deve ser extraída do art. 13-A do CPP, introduzido pela Lei 13.344/2016, que estabelece que, no curso das investigações para apuração do crime previsto no artigo 149-A (tráfico de pessoas) do Código Penal, entre outros, poderão o delegado de polícia e o membro do MP *requisitar, de quaisquer órgãos do poder público ou de empresas de iniciativa privada, dados e informações cadastrais da vítima ou dos suspeitos.* **ED**

Gabarito "E".

(Delegado/MS – 2017 – FAPEMS) Eurípedes, advogado contratado pela família de Haroldo, preso em flagrante, dirige-se até a Delegacia de Polícia para iniciar a defesa de seu cliente. Para tanto, solicita acesso aos autos do inquérito policial instaurado para a apuração do crime, o que é negado pelo escrivão de polícia sob o argumento de que o procedimento é sigiloso. O advogado, inconformado com a negativa, aguarda o atendimento pelo Delegado de Polícia, que

(A) não deve conceder vistas dos autos sem autorização judicial, caso a investigação seja referente à organização criminosa e tenha sido decretado o sigilo pela autoridade judicial competente, para garantia da celeridade e da eficácia das diligências investigatórias.

(B) deve verificar, inicialmente, se há nos autos diligências que não foram realizadas ou que estão em andamento, já que estas somente podem ser acessadas pelo advogado após documentadas e mediante a apresentação de procuração.

(C) deve conceder vistas ao advogado, ainda que este não tenha procuração e haja informações decretadas sigilosas nos autos do inquérito policial, uma vez que o sigilo da investigação não atinge de nenhuma forma o advogado da parte interessada.

(D) concederá, exigindo para tanto a cópia da carteira funcional, amplo acesso dos autos do inquérito policial ao advogado, mesmo havendo informações sigilosas, pois a Constituição Federal em vigor assegura ao preso a ampla defesa e assistência de advogado.

(E) deve confirmar a negativa de vistas dos autos ao advogado, pois o sigilo é uma das características natural do inquérito policial e exige-se a apresentação de requerimento, com procuração; para o acesso por advogado.

A: correta, uma vez que reflete o disposto no art. 23 da Lei 12.850/2013 (Organização Criminosa); **B:** incorreta, pois, a teor do art. 7º, XIV, da Lei 8.906/1994 (Estatuto da Advocacia), o acesso do advogado aos autos de flagrante e de investigações de qualquer natureza, aqui incluído, por óbvio, o inquérito policial, prescinde de procuração; **C** e **D**: incorreta, pois não reflete o disposto no art. 23 da Lei 12.850/2013 (Organização Criminosa); **E**: incorreta (art. 7º, XIV, da Lei 8.906/1994). ED

Gabarito "A".

(Delegado/MS – 2017 – FAPEMS) Sobre as diligências que podem ser realizadas pelo Delegado de Polícia, é correto afirmar que

(A) caso o ofendido ou seu representante legal apresente requerimento para instauração de inquérito policial, a autoridade policial deve atender ao pedido, em observância do princípio da obrigatoriedade.

(B) deparando-se com uma notícia na imprensa que relate um fato delituoso, a autoridade policial deve instaurar inquérito policial de ofício, elaborando, conforme determina o Código de Processo Penal vigente, um relatório sobre a forma como tomou conhecimento do crime.

(C) conforme disposição expressa no Código de Processo Penal vigente, o Delegado de Polícia não é obrigado a determinar a realização de perícia requerida pelo investigado, ofendido ou seu representante legal, quando não for necessária ao esclarecimento da verdade, ainda que se trate de exame de corpo de delito, pois a investigação é conduzida de forma discricionária.

(D) o inquérito policial é um procedimento discricionário, portanto, cabe ao Delegado de Polícia conduzir as diligências de acordo com as especificidades do caso concreto, não estando obrigado a seguir uma sequência predeterminada de atos.

(E) poderá a autoridade policial determinar em todas as espécies de crimes, atendidos os requisitos legais e suas peculiaridades, a reconstituição do fato delituoso, desde que não contrarie a moralidade ou a ordem pública, com a participação obrigatória do investigado.

A: incorreta. É que a autoridade policial não está obrigada a atender ao requerimento (solicitação, pedido) de abertura de inquérito formulado pelo ofendido ou por seu representante legal (art. 5º, II, segunda parte, do CPP), sendo tal pleito passível, portanto, de indeferimento, decisão contra a qual cabe recurso administrativo ao chefe de polícia (art. 5º, § 2º, do CPP); **B:** incorreta. A autoridade policial, diante da notícia da prática de fato aparentemente criminoso, tendo atribuição para tanto, procederá a inquérito, baixando a respectiva portaria, que é o seu ato inaugural, não havendo a necessidade de confeccionar relatório a tal respeito (art. 5º, I, do CPP). O relatório somente será produzido ao final das investigações, no qual a autoridade consignará tudo quanto foi apurado (art. 10, § 1º, do CP); **C:** incorreta, pois não reflete o disposto no art. 184 do CPP; **D:** correta. De fato, a legislação processual penal não estabelece uma sequência de atos à qual a autoridade policial deve obediência na condução das investigações do inquérito policial, de tal sorte que o delegado determinará a sequência de atos que melhor lhe aprouver, ou seja, aquela que seja mais eficiente do ponto de vista da elucidação dos fatos, que é o verdadeiro objetivo do inquérito policial; **E:** incorreta. Tendo em conta o fato de que ninguém poderá ser compelido a produzir prova contra si mesmo (princípio do *nemo tenetur se detegere*), a participação do investigado na reprodução simulada dos fatos (art. 7º do CPP) será facultativa. ED

Gabarito "D".

(Delegado/MS – 2017 – FAPEMS) Acerca da investigação criminal,

[...] a autoridade policial não é parte no processo penal, não tem interesse que possa deduzir em juízo e a investigação criminal não guarda autonomia, ela existe orientada ao exercício futuro da ação. A constatação de

comportamentos do indiciado prejudiciais à investigação deve ser compartilhada entre a autoridade policial e o Ministério Público (ou o querelante, conforme o caso), para que o autor da ação penal ajuíze seu real interesse em ver a prisão decretada.

> PRADO, Geraldo. Medidas cautelares no processo penal: prisões e suas alternativas. São Paulo: Revista dos Tribunais, 2011, p. 67.

As funções de polícia judiciária e a apuração de infrações penais exercidas pelo delegado de polícia são de natureza jurídica, essenciais e exclusivas de Estado.

> BRASIL. Lei n- 12.830. Dispõe sobre a investigação criminal conduzida pelo delegado de polícia. Art. 2$. 2013.

Isso considerado, assinale a alternativa correta.

(A) O indiciamento, privativo do delegado de polícia, dar-se-á por ato discricionário, mediante análise fática da ocorrência do fato, e deverá indicar a autoria, materialidade e suas circunstâncias.

(B) O inquérito policial em curso poderá ser avocado ou redistribuído por superior hierárquico, independentemente de despacho fundamentado.

(C) A participação de membro do Ministério Público na fase investigatória criminal acarreta o seu impedimento ou suspeição para o oferecimento da denúncia.

(D) Da decisão do delegado de polícia que nega o pedido de abertura de inquérito policial formulado pelo ofendido ou seu representante legal, caberá mandado de segurança.

(E) Durante a investigação criminal, cabe ao delegado de polícia a requisição de perícia, informações, documentos e dados que interessem à apuração dos fatos.

A: incorreta. Não se trata de ato discricionário, uma vez que, convencida de que há justa causa, outra alternativa não resta à autoridade policial senão proceder ao indiciamento do investigado, o que será feito mediante análise técnico-jurídica do fato, sempre fundamentando a sua decisão (art. 2º, § 6º, da Lei 12.830/2013); **B:** incorreta. A avocação ou redistribuição de inquérito policial por superior hierárquico somente será permitida nos casos previstos em lei (interesse público e quando não observado procedimento previsto em regulamento da corporação que comprometa a eficácia da investigação) e mediante despacho fundamentado (art. 2º, § 4º, da Lei 12.830/2013); **C:** incorreta, pois não reflete o entendimento firmado na Súmula 234, STJ: "A participação de membro do Ministério Público na fase investigatória criminal não acarreta seu impedimento ou suspeição para o oferecimento da denúncia"; **D:** incorreta, na medida em que, do despacho de indeferimento de abertura de inquérito, cabe recurso administrativo para o chefe de Polícia, na forma prevista no art. 5º, § 2º, do CPP; **E:** correta, pois corresponde ao teor do art. 2º, § 2º, da Lei 12.830/2013. ED

Gabarito "E".

(Delegado/MT – 2017 – CESPE) O inquérito policial instaurado por delegado de polícia para investigar determinado crime.

(A) não poderá ser avocado, nem mesmo por superior hierárquico.

(B) poderá ser avocado por superior hierárquico somente no caso de não cumprimento de algum procedimento regulamentar da corporação.

7. DIREITO PROCESSUAL PENAL

(C) poderá ser redistribuído por superior hierárquico, devido a motivo de interesse público.

(D) poderá ser avocado por superior hierárquico, independentemente de fundamentação em despacho.

(E) não poderá ser redistribuído, nem mesmo por superior hierárquico.

A: incorreta, uma vez que, nas situações referidas no art. 2º, § 4º, da Lei 12.830/2013, o inquérito policial poderá, sim, ser avocado por superior hierárquico; **B:** incorreta, na medida em que o inquérito policial poderá ser avocado por superior hierárquico também na hipótese em que se verificar motivo de interesse público, tal como estabelece o art. 2º, § 4º, da Lei 12.830/2013; **C:** correta. A redistribuição e a avocação de inquérito policial poderão ser motivadas por razões de interesse público e também no caso de não cumprimento de algum procedimento regulamentar da corporação, sempre por despacho fundamentado (art. 2º, § 4º, da Lei 12.830/2013); **D:** incorreta. A avocação ou redistribuição de inquérito somente poderá se dar por meio de despacho fundamentado (art. 2º, § 4º, da Lei 12.830/2013); **E:** incorreta, tendo em conta o que acima foi ponderado. **ED**

Gabarito "C".

(Delegado/MT – 2017 – CESPE) Se o titular de secretaria de determinado estado da Federação for sequestrado e o caso tiver repercussão interestadual ou internacional que exija repressão uniforme, então a investigação a ser feita pelo DPF

(A) dependerá de autorização do ministro de Estado da Justiça, se o crime tiver motivação política.

(B) dependerá de mandado do ministro de Estado da Justiça, se o crime acontecer por motivação política.

(C) independerá de autorização, se o crime for cometido em razão da função pública exercida ou por motivação política.

(D) dependerá de autorização do ministro de Estado da Justiça, se o crime ocorrer em razão da função pública exercida.

(E) dependerá de mandado do ministro de Estado da Justiça, se o crime se der em razão da função pública exercida.

A solução desta questão deve ser extraída do art. 1º, I, da Lei 10.446/2002, que dispõe a respeito das infrações penais de repercussão interestadual ou internacional que exijam repressão uniforme, na forma do art. 144, § 1º, I, da CF. **ED**

Gabarito "C".

(Delegado/MT – 2017 – CESPE) Conforme súmula do STF, é direito do advogado do investigado o acesso aos autos do inquérito policial. Nesse sentido, o advogado do investigado

(A) deverá obrigatoriamente participar do interrogatório policial do investigado, sob pena de nulidade absoluta do procedimento.

(B) terá acesso às informações concernentes à representação e decretação, ainda pendentes de conclusão, de medidas cautelares pessoais que digam respeito ao investigado, excluindo-se aquelas que alcancem terceiros eventualmente envolvidos.

(C) terá direito ao pleno conhecimento, sem restrições, de todas as peças e atos da investigação.

(D) deverá ser comunicado previamente de todas as intimações e diligências investigativas que digam

respeito ao exercício do direito de defesa no interesse do representado.

(E) terá acesso amplo aos elementos constantes em procedimento investigatório que digam respeito ao indiciado e que já se encontrem documentados nos autos.

O inquérito policial é, em vista do que dispõe o art. 20 do CPP, *sigiloso*. Ocorre que, a teor do art. 7º, XIV, da Lei 8.906/1994 (Estatuto da Advocacia), constitui direito do advogado, entre outros: "examinar, em qualquer instituição responsável por conduzir investigação, mesmo sem procuração, autos de flagrante e de investigações de qualquer natureza, findos ou em andamento, ainda que conclusos à autoridade, podendo copiar peças e tomar apontamentos, em meio físico ou digital" (redação determinada pela Lei 13.245/2016). Sobre este tema, a propósito, o STF editou a Súmula Vinculante 14, a seguir transcrita: "É direito do defensor, no interesse do representado, ter acesso amplo aos elementos de prova que, já documentados em procedimento investigatório realizado por órgão com competência de polícia judiciária, digam respeito ao exercício do direito de defesa". **ED**

Gabarito "E".

(Delegado/MT – 2017 – CESPE) O requerimento de arquivamento do inquérito policial formulado pelo MP

(A) está sujeito, exclusivamente, a controle interno do próprio MP, de ofício ou por provocação do ofendido.

(B) não poderá ser indeferido, em respeito aos princípios da independência funcional e do promotor natural.

(C) não está sujeito a controle jurisdicional nos casos de competência originária do STF ou do STJ.

(D) está sujeito a controle jurisdicional, devendo o juiz do feito, no caso de considerar improcedentes as razões invocadas, designar outro membro do MP para o oferecimento da denúncia.

(E) defere ao ofendido, quando acolhido pelo juiz, o direito de ingressar com ação penal subsidiária por via de queixa-crime.

É dado ao juiz discordar do pleito de arquivamento formulado pelo MP. Em casos assim, o magistrado deverá, ante o que estabelece o art. 28 do CPP, fazer a remessa dos autos ao procurador-geral, que é quem tem atribuição para proceder a nova análise do pedido de arquivamento feito pelo membro do *parquet*. A partir daí, pode o procurador-geral, em face da provocação do magistrado, *insistir no pedido de arquivamento do inquérito*, ratificando posicionamento firmado pelo promotor, caso em que o juiz ficará obrigado, por imposição do art. 28 do CPP, a determiná-lo. Se, de outro lado, o procurador-geral entender que é o caso de *oferecimento de denúncia*, poderá ele mesmo fazê-lo ou designar outro promotor para que o faça. Tal incumbência, frise-se, não poderá recair sobre o mesmo promotor, o que implicaria violação à sua livre convicção. A *ação penal privada subsidiária da pública* ou *substitutiva*, a que faz referência a alternativa "E" e que encontra previsão nos arts. 5º, LIX, da CF, 100, § 3º, do CP e 29 do CPP, somente terá lugar na hipótese de inércia, desídia do membro do Ministério Público. É unânime a jurisprudência ao afirmar que pedido de arquivamento de inquérito policial ou mesmo de peças de informação não pode ser interpretado como inércia. Por fim, é correta a afirmação de que o requerimento de arquivamento de inquérito policial, formulado pelo MP, nos casos de competência originária do STF e STJ, não enseja a incidência da regra contida no art. 28 do CPP. Assim, segundo têm entendido a jurisprudência, uma vez requerido o arquivamento dos autos de inquérito pelo procurador-geral da República, por exemplo, o atendimento ao seu pleito se impõe, não sendo o caso, assim, de aplicar o art. 28 do CPP. **ED**

Gabarito "C".

EDUARDO DOMPIERI

(Delegado/GO – 2017 – CESPE) O Código de Processo Penal prevê a requisição, às empresas prestadoras de serviço de telecomunicações, de disponibilização imediata de sinais que permitam a localização da vítima ou dos suspeitos de delito em curso, se isso for necessário à prevenção e à repressão de crimes relacionados ao tráfico de pessoas. Essa requisição pode ser realizada pelo

(A) delegado de polícia, independentemente de autorização judicial e por prazo indeterminado.

(B) Ministério Público, independentemente de autorização judicial, por prazo não superior a trinta dias, renovável por uma única vez, podendo incluir o acesso ao conteúdo da comunicação.

(C) delegado de polícia, mediante autorização judicial e por prazo indeterminado, podendo incluir o acesso ao conteúdo da comunicação.

(D) delegado de polícia, mediante autorização judicial, devendo o inquérito policial ser instaurado no prazo máximo de setenta e duas horas do registro da respectiva ocorrência policial.

(E) Ministério Público, independentemente de autorização judicial e por prazo indeterminado.

A solução desta questão deve ser extraída do art. 13-B, *caput* e § 3º, introduzido no CPP pela Lei 13.344/2016. **ED**

Gabarito "D".

3. AÇÃO PENAL

(Juiz de Direito/AP – 2022 – FGV) À luz do princípio da obrigatoriedade da ação penal pública, o Ministério Público tem o poder-dever de oferecer a denúncia, quando reunidos os requisitos e condições que determinem autoria, coautoria ou participação e existência de uma infração penal. Essa obrigatoriedade persiste mesmo com o exercício da ação penal. Assim, abre-se ao titular da ação penal pública um poder-dever de aditar a denúncia quando reunidos elementos de prova ou de informação que indiquem uma divergência com a proposição inicial.

No que concerne ao aditamento da denúncia, é correto afirmar que:

(A) o recebimento do aditamento da denúncia, que traz modificação fática substancial, enseja a interrupção da prescrição;

(B) o recebimento do aditamento da denúncia, para inclusão de corréu, constitui causa interruptiva da prescrição para os demais imputados;

(C) o recebimento da denúncia, na sua versão original, pode ser considerado termo inicial para efeito de contagem prescricional relativamente aos imputados incluídos posteriormente por aditamento;

(D) admite-se o aditamento da denúncia a qualquer tempo, enquanto não transitado em julgado o processo, desde que observados o contraditório e a ampla defesa;

(E) constitui requisito para o oferecimento de aditamento da denúncia a existência de novas provas, desde que até o final da instrução probatória.

A: correta. Conferir: "A decisão agravada deve ser mantida, em relação à alegada prescrição, uma vez que o recebimento do aditamento da denúncia que traz modificação fática substancial enseja a interrupção

da prescrição (AgRg no AREsp n. 1.350.483/RS, Ministro Rogerio Schietti Cruz, Sexta Turma, DJe 12/11/2020), isso porque, in casu, não houve apenas a alteração da capitulação jurídica, mas uma modificação substancial dos aspectos fáticos quanto à imputação do tipo penal (fl. 1.404)" (STJ, AgRg no HC 659.335/SC, Rel. Ministro SEBASTIÃO REIS JÚNIOR, SEXTA TURMA, julgado em 08/06/2021, DJe 16/06/2021); **B:** incorreta, já que somente alcança o corréu incluído; **C:** incorreta. Neste caso, será considerado, como termo inicial, o recebimento do aditamento; **D** e **E:** incorretas. A teor do art. 569 do CPP, o aditamento poderá ocorrer a qualquer tempo, antes da sentença final. **ED**

Gabarito "A".

(Juiz de Direito/GO – 2021 – FCC) Em relação ao acordo de não persecução penal, a legislação vigente estabelece:

(A) É cabível acordo de não persecução penal para infração penal praticada sem violência ou grave ameaça, com pena mínima igual ou inferior a quatro anos.

(B) A vítima será intimada da homologação do acordo de não persecução penal, mas não de seu descumprimento.

(C) É cabível acordo de não persecução penal, mesmo se o agente tiver se beneficiado, nos cinco anos anteriores ao cometimento da infração penal, em transação penal ou suspensão condicional do processo.

(D) Para aferição da pena mínima cominada ao delito, não devem ser consideradas as causas de aumento e diminuição aplicáveis ao caso.

(E) Se o juiz considerar inadequadas, insuficientes ou abusivas as condições dispostas no acordo de não persecução penal, devolverá os autos ao Ministério Público para que seja reformulada a proposta de acordo, com concordância do investigado e seu defensor.

Antes de analisar, uma a uma, as assertivas, importante que façamos algumas ponderações sobre o chamado acordo de não persecução penal. Pois bem. A Lei 13.964/2019 introduziu, no art. 28-A do CPP, o chamado acordo de não persecução penal, que consiste, em linhas gerais, no ajuste obrigacional firmado entre o Ministério Público e o investigado, em que este admite sua responsabilidade pela prática criminosa e aceita se submeter a determinadas condições menos severas do que a pena que porventura ser-lhe-ia aplicada em caso de condenação. Este instrumento de justiça penal consensual não é novidade no ordenamento jurídico brasileiro, uma vez que já contava com previsão na Resolução 181/2017, editada pelo CNMP, posteriormente modificada pela Resolução 183/2018. O art. 28-A do CPP impõe os seguintes requisitos à celebração do acordo de não persecução penal: a) que não seja caso de arquivamento da investigação; b) crime praticado sem violência ou grave ameaça à pessoa; c) crime punido com pena mínima inferior a 4 anos; d) confissão formal e circunstancial; e) que o acordo se mostre necessário e suficiente para reprovação e prevenção do crime; f) não ser o investigado reincidente; g) não haver elementos probatórios que indiquem conduta criminosa habitual, reiterada ou profissional; h) não ter o agente sido agraciado com outro acordo de não persecução, transação penal ou suspensão condicional do processo nos 5 anos anteriores ao cometimento do crime; i) não se tratar de crimes praticados no âmbito de violência doméstica ou familiar ou praticados contra a mulher por razões da condição de sexo feminino, em favor do agressor. Feitas essas considerações, passemos ao comentário das proposições. **A:** incorreta. Isso porque o art. 28-A, *caput*, do CPP estabelece como um dos requisitos para a celebração do acordo de não persecução penal que a pena mínima cominada seja inferior a quatro anos (e não igual); **B:** incorreta, na medida em que, por imposição do art. 28-A, § 9º, do CPP, a vítima será intimada tanto da homologação do acordo de não persecução penal quanto de seu descumprimento

7. DIREITO PROCESSUAL PENAL

pelo beneficiário; **C:** incorreta, pois contraria o disposto no art. 28-A, § 2º, III, do CPP, que impede que o acordo de não persecução penal seja firmado na hipótese de o agente houver se beneficiado, nos cinco anos anteriores ao cometimento da infração penal, em transação penal ou suspensão condicional do processo; **D:** incorreta, pois não reflete o art. 28-A, § 1º, do CPP, que estabelece que, para aferição da pena mínima cominada ao delito, serão consideradas as causas de aumento e diminuição aplicáveis ao caso; **E:** correta, pois em conformidade com o disposto no art. 28-A, § 5º, do CPP. **ED**

Gabarito "E".

(Juiz de Direito/SP – 2021 – Vunesp) O Ministério Público, nos termos da Constituição Federal (art. 129, I), possui atribuição constitucional privativa para o exercício da ação penal pública, possuindo também, como consequência, a iniciativa de classificar a conduta até então apurada e descrita na ação penal. Dispõe, ainda, a legislação vigente, que somente o Ministério Público poderá determinar o arquivamento do inquérito policial ou oferecer proposta de suspensão do processo. Tanto num caso como noutro, os interessados – vítima ou investigado – devem ser ouvidos, excluindo de qualquer participação, em consagração ao sistema acusatório, o Poder Judiciário, uma vez que a decisão final, em havendo discordância quanto à manifestação ministerial, caberá sempre ao Procurador Geral de Justiça. Nesse cenário jurídico, recusando-se o d. Promotor de Justiça a oferecer a proposta de suspensão do processo, por decisão fundamentada, e oferecendo de forma simultânea a denúncia, qual o procedimento a ser adotado pelo magistrado?

(A) Cabe ao magistrado analisar as razões de recusa da proposta e, se julgadas pertinentes ou procedentes, por decisão fundamentada, receber a denúncia, visando à celeridade processual.

(B) Observado o sistema acusatório, não poderá o magistrado se manifestar sobre a recusa apresentada pelo Ministério Público, e, se dela discordar, encaminhará os autos, de ofício, ao Procurador Geral de Justiça, para sua análise, nos moldes do artigo 28 do CPP, aplicado por analogia, e nos termos do entendimento contido na Súmula 696, do Supremo Tribunal Federal.

(C) A exclusão do Poder Judiciário do sistema acusatório não o torna inerte, autorizada sua intervenção pelo artigo V, XXXV, da CF, ao dispor que a lei não excluirá de sua apreciação lesão ou ameaça à direito e, uma vez provocado pelo oferecimento da denúncia, deve o magistrado oferecer o *sursis* processual *ex officio* – ou a requerimento da defesa – se entender presentes os requisitos legais.

(D) Oferecida a denúncia de forma simultânea com as razões de recusa da proposta de acordo, deve observar se presentes estão os pressupostos processuais para seu recebimento, com resolução já definida no âmbito administrativo do Ministério Público sobre as controvérsias prévias estabelecidas, para se evitar a submissão do denunciado a constrangimento ilegal diante de atos processuais antecipados e desnecessários.

A: a despeito de a banca examinadora considerar esta alternativa como incorreta, entendo que a mesma está correta. Se o magistrado entender que a recusa do promotor em oferecer a proposta de suspensão é pertinente e que estão presentes os requisitos legais, deverá a denúncia ser recebida, tendo início a marcha processual; **B:** correta, a nosso ver. De fato, deverá o juiz, neste caso, no lugar de ele próprio oferecer o

sursis processual, valendo-se, por analogia, do que estabelece o art. 28 do CPP, remeter os autos para apreciação do Procurador-geral de Justiça. É esse o entendimento firmado por meio da Súmula 696 do STF: "Reunidos os pressupostos legais permissivos da suspensão condicional do processo, mas se recusando o Promotor de Justiça a propô-la, o juiz, dissentindo, remeterá a questão ao Procurador-Geral, aplicando-se por analogia o art. 28 do Código de Processo Penal". Vale aqui lembrar que a nova redação do art. 28 do CPP, conferida pela Lei 13.964/2019, está com a sua eficácia suspensa; **C:** incorreta. De fato, não cabe ao magistrado propor a suspensão. Neste caso, em consonância com a Súmula 696 do STF, ele cuidará para que os autos sejam remetidos ao procurador-geral, a quem incumbe, nos termos do art. 28 do CPP, decidir se é ou não caso de propor o *sursis* processual; **D:** correta, segundo a organizadora. A nosso ver, a redação da assertiva é confusa, o que não autoriza dizer se está ou não correta. **ED**

Gabarito "D".

João sofreu calúnia, mas veio a falecer dentro do prazo decadencial de seis meses, antes de ajuizar ação contra o ofensor. Ele não tinha filhos e mantinha um relacionamento homoafetivo com Márcio, em união estável reconhecida. João era filho único e tinha como parente próximo sua mãe.

(Promotor de Justiça/CE – 2020 – CESPE/CEBRASPE) Nessa situação hipotética, o ajuizamento de ação pelo crime de calúnia

(A) somente poderá ser promovido pela mãe de João.

(B) poderá ser realizado pelo Ministério Público.

(C) poderá ser realizado por Márcio.

(D) não é cabível, haja vista a morte de João.

(E) deverá ser realizado por curador especial, a ser nomeado para essa finalidade.

O crime de calúnia, capitulado no art. 138 do CP, é de ação penal privada, nos termos do art. 145, *caput*, do CP. Na hipótese retratada no enunciado, temos que João, ainda em vida (não se trata, portanto, de calúnia contra os mortos), foi vítima do delito de calúnia. No curso do prazo decadencial, João, que até então não havia ajuizado queixa-crime contra o seu ofensor, vem a falecer. Segundo consta, ele mantinha um relacionamento homoafetivo com Márcio e tinha como parente mais próximo sua mãe. Diante disso, a questão que se coloca é saber se seu companheiro e sua mãe podem promover a ação penal em face do ofensor de João. Se sim, quem teria preferência? Muito bem. Antes de mais nada, é importante que se diga que o art. 31 do CPP assegura o direito de oferecer queixa ou de prosseguir na ação ao cônjuge, ascendente, descendente ou irmão (nesta ordem de preferência), em face da morte do ofendido ou ainda quando este for declarado ausente. No caso aqui em análise, a preferência para deflagrar a ação penal é de Márcio, já que a legitimidade ativa conferida ao cônjuge deve ser estendida ao companheiro, ainda que se trate de relacionamento homoafetivo. Dessa forma, a ação deverá ser ajuizada por Márcio; se este não propuser a ação, poderá a mãe de João fazê-lo. **ED**

Gabarito "C".

(Juiz de Direito – TJ/RJ – 2019 – VUNESP) Oferecendo o ofendido ação penal privada subsidiária da pública, o Ministério Público, nos exatos termos do art. 29 do CPP,

(A) perde interesse processual e deixa de intervir nos autos.

(B) pode intervir em todos os termos do processo, contudo, sem capacidade recursal.

(C) perde a possibilidade de representar pelo arquivamento do inquérito e não pode repudiar a queixa.

(D) pode aditar a queixa.

(E) deixa de ser parte e passa a atuar como *custos legis* e não pode, por exemplo, fornecer elementos de prova.

Uma vez ajuizada a ação penal privada subsidiária da pública, caberá ao Ministério Público, nos moldes do que prescreve o art. 29 do CPP, "(...) *aditar a queixa*, repudiá-la e oferecer denúncia substitutiva, intervir em todos os termos do processo, fornecer elementos de prova, interpor recurso e, a todo tempo, no caso de negligência do querelante, retomar a ação como parte principal" (destacamos). Quanto a este tema, valem alguns esclarecimentos, tendo em conta que se trata de um dos temas mais recorrentes em provas de concursos públicos, em especial o pressuposto ao seu ajuizamento. Segundo posicionamento doutrinário e jurisprudencial pacífico, a propositura da ação penal privada subsidiária da pública, à luz do que estabelecem os arts. 5º, LIX, da CF, 100, § 3º, do CP e 29 do CPP, tem como pressuposto a ocorrência de desídia do membro do Ministério Público, que deixa de promover a ação penal dentro do prazo estabelecido em lei. Bem por isso, não há que se falar nesta modalidade de ação privada, por exemplo, na hipótese de o representante do MP promover o arquivamento dos autos de inquérito policial, e bem assim quando requerer o retorno dos autos de inquérito à Delegacia de Polícia para a realização de diligências complementares. Não há, nestes casos, inércia por parte do representante do *parquet*. Quanto a isso, conferir o magistério de Guilherme de Souza Nucci: "(...) é inaceitável que o ofendido, porque o inquérito foi arquivado, a requerimento do Ministério Público, ingresse com ação penal privada subsidiária da pública. A titularidade da ação penal não é, nesse caso, da vítima e a ação privada, nos termos do art. 29, somente é admissível quando o órgão acusatório estatal deixa de intentar a ação penal, no prazo legal, mas não quando age, pedindo o arquivamento. Há, pois, diferença substancial entre não agir e manifestar-se pelo arquivamento, por crer inexistir fundamento para a ação penal" (*Código de Processo Penal Comentado*, 17ª ed., p. 146). Na jurisprudência: "1. A comprovação inequívoca da inércia do Ministério Público é requisito essencial para justificar o ajuizamento da ação penal privada subsidiária da pública. 2. O pedido de arquivamento do feito, formulado pelo Ministério Público, titular da ação penal, não pode ser discutido, senão acolhido. Precedentes do STF e do STJ. 3. Agravo regimental não provido" (STJ – AgRg na APn: 557 DF 2008/0269543-6, Relator: Ministra NANCY ANDRIGHI, Data de Julgamento: 06.10.2010, CE – CORTE ESPECIAL, Data de Publicação 09.11.2010). **ED**

Gabarito "D".

(Juiz de Direito - TJ/BA - 2019 - CESPE/CEBRASPE) Tendo como fundamento a jurisprudência dos tribunais superiores, assinale a opção correta, a respeito de ação penal.

(A) Em razão do princípio da indivisibilidade, o não ajuizamento de ação penal contra todos os coautores de crime de roubo implicará o arquivamento implícito em relação àqueles que não forem denunciados.

(B) A inexistência de poderes especiais na procuração outorgada pelo querelante não gerará a nulidade da queixa-crime quando o consequente substabelecimento atender às exigências expressas no art. 44 do CPP.

(C) Na queixa-crime, a omissão involuntária, pelo querelante, de algum coautor implicará o reconhecimento da renúncia tácita do direito de queixa pelo juiz e resultará na extinção da punibilidade.

(D) No caso de ação penal privada, eventual omissão de poderes especiais na procuração outorgada pelo querelante poderá ser sanada a qualquer tempo por iniciativa do querelante.

(E) No caso de crime praticado contra a honra de servidor público no exercício de suas funções, a vítima tem legitimação concorrente com o MP para ajuizar ação penal.

A: incorreta. O *princípio da indivisibilidade* está consagrado no art. 48 do CPP e se aplica, em princípio, à ação penal privada. Embora não haja disposição expressa de lei, tal postulado, segundo pensamos, é também aplicável à ação penal pública. Não nos parece razoável que o Ministério Público possa escolher contra quem a demanda será promovida. Entretanto, o STF (e também o STJ) não compartilha desse entendimento. Para a nossa Corte Suprema, a indivisibilidade não tem incidência no âmbito da ação penal pública (somente na ação privada). Sustenta o STF que a divisibilidade da ação penal pública reside no fato de o Ministério Público ter a liberdade de não ofertar a denúncia contra alguns autores de crime contra os quais ainda não haja elementos suficientes; assim que reunidos esses elementos, a denúncia será aditada. Assim, a ação deixa de ser indivisível pelo simples fato de a denúncia comportar aditamento posterior. Com a devida vênia, a indivisibilidade, a nosso ver, consiste na impossibilidade de o membro do Ministério Público escolher contra quem a denúncia será oferecida. Se houver elementos, a ação deverá ser promovida contra todos. Seja como for, o não ajuizamento de ação penal contra todos os coautores de crime de roubo, cuja ação é pública incondicionada, não implicará o arquivamento implícito em relação àqueles que não forem denunciados. Isso porque o chamado *arquivamento implícito* não é acolhido pela comunidade jurídica, inclusive pelo STF. Se o órgão acusador, sem expressa fundamentação, deixar de incluir na peça acusatória indiciado contra o qual há indícios de participação, deve o juiz, porque o sistema não admite o arquivamento implícito, cuidar para que a inicial seja aditada, recorrendo, se o caso, ao art. 28 do CPP. Além disso, poderá a vítima, ante a omissão do MP, ajuizar ação penal privada subsidiária em face do investigado não denunciado; **B:** incorreta. Conferir: "1. Para a validade da ação penal nos crimes de ação penal privada, é necessário que o instrumento de mandato seja conferido com poderes especiais expressos, além de fazer menção ao fato criminoso, nos termos do art. 44 do Código de Processo Penal. 2. O substabelecimento, enquanto meio de transferência de poderes anteriormente concedidos em procuração, deve obedecer integralmente ao que consta do instrumento do mandato, porquanto é dele totalmente dependente. Ainda que neste instrumento esteja inserida a cláusula *ad judicia*, há limites objetivos que devem ser observados quando da transmissão desses poderes, visto que o substabelecente lida com direitos de terceiros, e não próprios. 3. Na espécie, como a procuração firmada pela querelante somente conferiu aos advogados os poderes da cláusula *ad judicia et extra*, apenas estes foram objeto de transferência aos substabelecidos, razão pela qual deve ser tida por inexistente a inclusão de poderes especiais para a propositura de ação penal privada, uma vez que eles não constavam do mandato originário. 4. Nula é a queixa-crime, por vício de representação, se a procuração outorgada para a sua propositura não atende às exigências do art. 44 do Código de Processo Penal. 5. Recurso provido para conceder a ordem de *habeas corpus*, a fim de declarar a nulidade *ab initio* da queixa-crime, tendo como consequência a extinção da punibilidade do querelado, nos termos do art. 107, IV, do Código Penal." (STJ, RHC 33.790/SP, Rel. Ministra MARIA THEREZA DE ASSIS MOURA, Rel. p/ Acórdão Ministro SEBASTIÃO REIS JÚNIOR, SEXTA TURMA, julgado em 27/06/2014, DJe 05/08/2014); **C:** incorreta. Diante da omissão não deliberada do querelante, caberá ao MP requerer a sua intimação para que proceda ao aditamento da queixa-crime e inclua os demais coautores ou partícipes que ficaram de fora. Nesse sentido, conferir: "O reconhecimento da renúncia tácita ao direito de queixa exige a demonstração de que a não inclusão de determinados autores ou partícipes na queixa-crime se deu de forma deliberada pelo querelante" (STJ, HC 186.405/RJ, Quinta Turma, Rel. Min. Jorge Mussi, DJe de 11/12/2014); **D:** incorreta, na medida em que a omissão somente poderá ser sanada dentro do prazo decadencial; **E:** correta. A solução desta alternativa deve ser extraída da Súmula 714, do STF, segundo a qual, nos crimes praticados contra a honra de servidor público em razão do cargo por este exercido, a legitimidade para a ação penal é concorrente entre o ofendido (mediante queixa) e o Ministério Público (ação pública condicionada à representação do ofendido). **ED**

Gabarito "E".

7. DIREITO PROCESSUAL PENAL

(Promotor de Justiça/PR – 2019 – MPE/PR) Sobre o **acordo de não persecução penal**, segundo a Resolução 181/17, alterada pela Resolução 183/18, ambas do Conselho Nacional do Ministério Público, analise as assertivas abaixo e assinale a alternativa incorreta:

(A) Não sendo o caso de arquivamento, o Ministério Público poderá propor ao investigado acordo de não persecução penal quando, cominada pena mínima inferior a 4 (quatro) anos e o crime não for cometido com violência ou grave ameaça a pessoa, o investigado tiver confessado formal e circunstanciadamente a sua prática, mediante condições, ajustadas cumulativa ou alternativamente previstas na própria Resolução.

(B) O descumprimento do acordo de não persecução pelo investigado também poderá ser utilizado pelo membro do Ministério Público como justificativa para o eventual não oferecimento de suspensão condicional do processo.

(C) O acordo de não persecução não poderá ser celebrado na mesma oportunidade da audiência de custódia.

(D) Não se admitirá a proposta de acordo de não persecução nos casos em que for cabível a transação penal, nos termos da lei.

(E) Se o juiz considerar incabível o acordo de não persecução, bem como inadequadas ou insuficientes as condições celebradas, fará remessa dos autos ao procurador-geral ou órgão superior interno responsável por sua apreciação, nos termos da legislação vigente.

A Lei 13.964/2019, conhecida como Pacote Anticrime, promoveu diversas inovações nos campos penal e processual penal, sendo uma das mais relevantes a introdução, no art. 28-A do CPP, do chamado *acordo de não persecução penal*, que consiste, em linhas gerais, no ajuste obrigacional firmado entre o Ministério Público e o investigado, em que este admite sua responsabilidade pela prática criminosa e aceita se submeter a determinadas condições menos severas do que a pena que porventura ser-lhe-ia aplicada em caso de condenação. Este instrumento de justiça penal consensual não é novidade no ordenamento jurídico brasileiro, uma vez que já contava com previsão na Resolução 181/2017, editada pelo CNMP, posteriormente modificada pela Resolução 183/2018. O art. 28-A do CPP impõe os seguintes requisitos à celebração do acordo de não persecução penal: a) que não seja caso de arquivamento da investigação; b) crime praticado sem violência ou grave ameaça à pessoa; c) crime punido com pena mínima inferior a 4 anos; d) confissão formal e circunstanciada; e) que o acordo se mostre necessário e suficiente para reprovação e prevenção do crime; f) não ser o investigado reincidente; g) não haver elementos probatórios que indiquem conduta criminosa habitual, reiterada ou profissional; h) não ter o agente sido agraciado com outro acordo de não persecução, transação penal ou suspensão condicional do processo nos 5 anos anteriores ao cometimento do crime; i) não se tratar de crimes praticados no âmbito de violência doméstica ou familiar ou praticados contra a mulher por razões da condição de sexo feminino, em favor do agressor. Para a resolução desta questão, levaremos em consideração as resoluções que se faz referência no enunciado e também as disposições desta *novel* legislação, introduzida pelo pacote anticrime. **A:** correta, pois corresponde ao teor do art. 18, *caput*, da Resolução 181/2017, editada pelo Conselho Nacional do Ministério Público, reproduzida, com pequenas alterações na sua redação, mas conservando os requisitos, no art. 28-A, *caput*, do CPP; **B:** correta, uma vez que em conformidade com o art. 18, § 10, da Resolução 181/2017, editada pelo Conselho Nacional do Ministério Público, reproduzida no art. 28-A, § 11, do CPP; **C:** incorreta, na medida em que não reflete o teor do art. 18, § 7º, da Resolução 181/2017, editada pelo Conselho Nacional do Ministério Público, que autoriza que o acordo de não persecução penal seja celebrado por ocasião da audiência de custódia. Entretanto, é importante que se diga que o art. 28-A do CPP, introduzido pela Lei 13.964/2019, não previu a possibilidade de o acordo de não persecução penal ser firmado em sede de audiência de custódia. Se não previu, é correto dizer que não o vedou. A partir daí, surgiu a discussão acerca da possibilidade de celebração do ANPP por ocasião da audiência de custódia. Cremos ser isso possível, desde que o MP disponha de elementos para tanto; caso contrário, mostra-se prudente aguardar o término das investigações, quando então a possibilidade de celebração do ANPP poderá ser mais bem avaliada. Seja como for, certo é que o CNJ, ao editar a Resolução 357, de 26/11/2020, que alterou o art. 19 da Resolução 329/2020, previu a possibilidade de a audiência de custódia ser realizada por videoconferência e, no § 3º deste dispositivo, admite que, por ocasião da audiência de custódia, o MP possa propor acordo de não persecução penal; **D:** correta, pois em conformidade com o art. 18, § 1º, I, da Resolução 181/2017, editada pelo Conselho Nacional do Ministério Público, vedação também contida no art. 28-A, § 2º, I, do CPP; **E:** correta, pois corresponde ao teor do art. 18, § 6º, da Resolução 181/2017, editada pelo Conselho Nacional do Ministério Público. De forma diversa, o art. 28-A, § 5º, do CPP estabelece que se *o juiz considerar inadequadas, insuficientes ou abusivas as condições dispostas no acordo de não persecução penal, devolverá os autos ao Ministério Público para que seja reformulada a proposta de acordo, com concordância do investigado e seu defensor.* **ED**
Gabarito "C"

(Promotor de Justiça/SP – 2019 – MPE/SP) Nos crimes contra a honra, a ação penal,

(A) no crime contra chefe de governo estrangeiro, será pública condicionada à representação.

(B) no crime contra funcionário público, em razão de suas funções, será pública condicionada à representação.

(C) no crime de injúria real, será de iniciativa privada, ainda que resulte lesão corporal.

(D) no crime de injúria racial, será de iniciativa privada.

(E) no crime contra Presidente de República, será pública condicionada à representação.

A: incorreta. Quando o crime contra a honra for cometido contra chefe de governo estrangeiro, a ação penal será pública condicionada à *requisição* do Ministro da Justiça (art. 145, parágrafo único, CP), e não à *representação*, como consta da assertiva; **B:** correta, segundo o gabarito preliminar. Nos termos do disposto no art. 145, parágrafo único, do CP, se se tratar de crime perpetrado contra a honra de funcionário público em razão de suas funções, a ação penal será *pública condicionada à representação do ofendido*. Ocorre, no entanto, que o STF, por meio da Súmula 714, firmou entendimento no sentido de que, nesses casos, a legitimidade é concorrente entre o ofendido (mediante queixa) e o Ministério Público (ação pública condicionada à representação do ofendido). Por essa razão, a questão foi anulada; **C:** incorreta. É que o crime de injúria real, na hipótese em que da violência resulta lesão corporal, é de ação penal pública incondicionada, nos termos do art. 145, *caput*, do CP; **D:** incorreta. A ação penal, no crime de injúria racial (art. 140, § 3º, CP), é pública condicionada à representação. Antes, a ação penal, neste crime, era de iniciativa privativa do ofendido. Esta mudança se deu por força da Lei 12.033/2009, que modificou a redação do parágrafo único do art. 145 do CP. Bem por isso, é imprescindível que a ofendida exteriorize, por meio de representação, seu desejo em ver processado o ofensor, condição indispensável para que a autoridade policial proceda a inquérito e o Ministério Público promova a ação penal. Atenção: a Lei 14.532/2023, posterior à elaboração desta questão, alterou o teor do art. 140, § 3º, do CP, que passa a contar com a seguinte redação: *Se a injúria consiste na utilização de elementos referentes a religião ou à condição de pessoa idosa ou com deficiência.* Como se pode ver, o legislador,

EDUARDO DOMPIERI

com isso, excluiu da forma qualificada da injúria ofensas contendo elementos referentes a raça, cor, etnia ou procedência nacional. Tais modalidades migraram para a Lei 7.716/1989, cujo art. 2º-A passa a ter a seguinte redação: *Injuriar alguém, ofendendo-lhe a dignidade ou o decoro, em razão de raça, cor, etnia ou procedência nacional.* Dessa forma, o crime de injúria racial foi tipificado como racismo. A consequência disso é que tal modalidade de injúria passa a ser, agora por força de lei, imprescritível, inafiançável e incondicionada a ação penal. Além disso, a pena, que até então era de reclusão de 1 a 3 anos e multa, passa a ser de 2 a 5 anos de reclusão; **E:** incorreta. Quando o crime contra a honra for cometido contra o Presidente da República, a ação penal será pública condicionada à *requisição* do Ministro da Justiça (art. 145, parágrafo único, CP), e não à *representação*, como consta da assertiva. **ED**

Gabarito Anulada

(Promotor de Justiça/SP – 2019 – MPE/SP) Em relação aos crimes patrimoniais, a ação penal, no crime de

(A) furto contra o cônjuge separado judicialmente, será pública condicionada à representação.

(B) introdução de animais em propriedade alheia, será pública condicionada à representação.

(C) dano, será sempre pública incondicionada.

(D) apropriação indébita contra irmão maior de 60 (sessenta) anos, será pública condicionada à representação.

(E) furto contra tio com quem coabita, será pública condicionada à representação em relação ao estranho que participou do crime.

Dentro do tema *ação penal nos crimes patrimoniais*, é importante que se diga que a Lei 13.964/2019 alterou a natureza da ação penal no crime de estelionato, que passa a ser pública condicionada à representação do ofendido, conforme impõe o art. 171, § 5º, do CP (inserido pelo pacote anticrime). Este mesmo dispositivo, no entanto, estabelece exceções (hipóteses em que a ação penal será pública incondicionada), a saber: quando a vítima for: a Administração Pública, direta ou indireta; criança ou adolescente; pessoa com deficiência mental; ou maior de 70 anos ou incapaz. Dito isso, passemos à análise de cada alternativa. **A:** correta, pois corresponde ao que estabelece o art. 182, I, do CP; **B:** incorreta, já que o crime de introdução ou abandono de animais em propriedade alheia, definido no art. 164 do CP, é de ação penal privada, nos termos do art. 167 do CP; **C:** incorreta, pois, a teor do art. 167 do CP, serão de ação penal privada a modalidade simples do crime de dano (art. 163, *caput*, do CP) e a sua forma qualificada pelo motivo egoístico ou com prejuízo considerável para a vítima (art. 163, parágrafo único, IV, do CP). As demais modalidades deste crime são de ação penal pública incondicionada; **D:** incorreta, já que a imunidade relativa contemplada no art. 182, II, do CP não incide na hipótese de o crime ser praticado contra pessoa com idade igual ou superior a 60 anos (art. 183, III, do CP); **E:** incorreta, na medida em que as escusas previstas nos arts. 181 e 182 do CP não se aplicam ao estranho que participa do crime (art. 183, II, CP). **ED**

Gabarito "A".

(Investigador – PC/BA – 2018 – VUNESP) A regra de que a ação penal será sempre pública, independentemente da natureza do crime,

(A) vige quando o crime for praticado em detrimento de patrimônio ou interesse da União, Estado e Município.

(B) não se aplica quando se tratar de contravenção penal praticada contra os costumes.

(C) vigora para todas as infrações penais em obediência ao princípio constitucional da inafastabilidade da tutela jurisdicional.

(D) decorre do fundamento da República Federativa do Brasil consistente no respeito à dignidade da pessoa humana, por isso aplica-se a todos os tipos penais.

A: correta. Segundo dispõe o art. 24, § 2º, do CPP, *seja qual for o crime, quando praticado em detrimento do patrimônio ou interesse da União, Estado e Município, a ação penal será pública;* **B:** incorreta. Isso porque, tal como estabelece o art. 17 do Decreto-lei 3.688/1941 (Lei das Contravenções Penais), a ação penal, nas contravenções penais, será sempre pública incondicionada, isto é, o MP está credenciado a ingressar com a ação penal independentemente da manifestação de vontade do ofendido; **C:** incorreta. Como bem sabemos, a ação penal, em regra, será pública, salvo quando a lei dispuser ser privativa do ofendido (art. 100 do CP). Ou seja, se, no tipo penal, nada for dito acerca da natureza da ação penal, esta será considerada pública. De igual forma, a ação penal pública será, de regra, incondicionada; somente será condicionada (à representação do ofendido ou à requisição do ministro da Justiça) quando a lei assim estabelecer. Em conclusão, se, na lei penal incriminadora, nada for dito a respeito da ação penal, está será considerada pública incondicionada; **D:** incorreta. Vide comentário anterior. **ED**

Gabarito "A".

(Delegado – PC/BA – 2018 – VUNESP) A retratação da representação, de acordo com o art. 25 do CPP e do art. 16 da Lei no 11.340/06 (Lei Maria da Penha), respectivamente,

(A) é admitida até o recebimento da denúncia; não é admitida.

(B) é admitida até o recebimento da denúncia; só será admitida perante o juiz, antes do recebimento da denúncia.

(C) é inadmitida; só será admitida perante o juiz, antes do recebimento da denúncia.

(D) é inadmitida depois de oferecida a denúncia; não é admitida.

(E) é inadmitida depois de oferecida a denúncia; só será admitida perante o juiz, antes do recebimento da denúncia.

Pelo que estabelece o art. 25 do CPP, a representação poderá ser retratada somente até o *oferecimento* da denúncia. A Lei 11.340/2006 estabeleceu, no seu art. 16, regra própria, segundo a qual a retratação, no contexto da Lei Maria da Penha, poderá ser manifestada, perante o juiz de direito e em audiência designada especialmente para esse fim, até o recebimento da denúncia. **ED**

Gabarito "E".

(Promotor de Justiça – MPE/RS – 2017) Deoclécio foi vítima de furto de um par de tênis, em 15 de janeiro de 2016, data em que tomou conhecimento que o autor do crime era Hermenegildo. O Promotor de Justiça teve vista do inquérito policial em 1º de março de 2016, uma terça-feira. Tratando-se de indiciado solto, o prazo para o Promotor de Justiça manifestar-se encerrou em 16 de março de 2016, uma quarta-feira. Como o Promotor de Justiça permanecia sem manifestar-se nos autos do inquérito, em 08 de setembro de 2016, 6 meses e sete dias após o fato, Deoclécio ajuíza Queixa-Crime (ação penal privada subsidiária da pública) contra Hermenegildo, imputando-lhe a prática de furto. No curso da instrução são indiscutivelmente provadas a materialidade e a autoria do crime que recai sobre Hermenegildo. Em alegações finais, Deoclécio, por seu advogado munido de procuração com poderes especiais para tanto, concede perdão ao querelado, invocando o art. 58 do Código de Processo Penal que diz: "Concedido o perdão, mediante declaração expressa nos autos, o querelado será

7. DIREITO PROCESSUAL PENAL

intimado a dizer, dentro de três dias, se o aceita, devendo, ao mesmo tempo, ser cientificado de que o seu silêncio importará aceitação.". Também em alegações finais, Hermenegildo aceita o perdão oferecido.

Com base nesses dados fáticos, assinale a alternativa correta.

(A) Hermenegildo decaiu do direito de queixa, eis que entre a data do fato, momento que tomou conhecimento da autoria, e o oferecimento da queixa-crime transcorreram mais de 6 meses.

(B) Hermenegildo decaiu do direito de queixa, eis que entre a data da vista ao Promotor de Justiça e o oferecimento da queixa-crime transcorreram mais de 6 meses.

(C) Como a ação é privada, aceito o perdão o juiz julgará extinta a punibilidade.

(D) Não é admissível o perdão dada a natureza do crime.

(E) O perdão é ato personalíssimo e, portanto, não pode ser concedido através de advogado, mesmo com procuração.

Dada a ocorrência de omissão do membro do MP, que deixou de manifestar-se no prazo estabelecido em lei, Deoclécio, vítima de crime de furto, valendo-se do direito que lhe confere os arts. 5º, LIX, da CF, 100, § 3º, do CP e 29 do CPP, ajuizou ação penal privada subsidiária da pública. Sucede que essa modalidade de ação privada, diferentemente da ação penal privada exclusiva, não comporta o instituto do *perdão*, isso em razão da natureza do crime de furto, cuja ação penal, originalmente, é pública. Dessa forma, na hipótese de o querelante, neste caso Deoclécio, desistir de prosseguir na ação, deverá o MP retomar a sua condução. De todo modo, é importante a observação de que Deoclécio não mais poderia se valer da ação penal privada subsidiária, na medida em que deixou escoar o prazo de seis meses, a contar do término do interregno para o MP oferecer denúncia. Este prazo não atinge o Estado-acusação, que poderá oferecer denúncia a qualquer tempo enquanto não operada a prescrição. **ED**
Gabarito "D".

(Delegado/MS – 2017 – FAPEMS) De acordo com as disposições legais sobre ação penal, assinale a alternativa correta.

(A) Na ação penal pública condicionada, nada obsta que a retratação da representação seja realizada no inquérito policial, todavia essa manifestação não vincula o Ministério Público em virtude do princípio da indisponibilidade.

(B) A espécie de ação penal nos casos de estupro é sempre pública incondicionada em virtude da gravidade do delito. Dessa forma, a investigação criminal pode ser iniciada sem representação da vítima por meio de portaria ou, se for o caso, auto de prisão em flagrante.

(C) A perempção, uma das causas extintivas da punibilidade, pode ser reconhecida em qualquer momento processual, porém sanada a omissão do querelante, é possível a renovação da ação penal privada.

(D) Nos crimes de ação penal de iniciativa privada, o legislador exige para a instauração de inquérito policial requerimento de quem tenha qualidade para ajuizá-la e apresentação de queixa-crime do ofendido ou de seu representante legal.

(E) O perdão do ofendido, ato bilateral que exige aceitação, pode ser exercido tanto na fase inquisitorial como na judicial. Uma vez oferecido ainda no inquérito policial, cabe ao Delegado de Polícia proceder à homologação e encaminhar ao juiz competente.

A: incorreta. A retratação, desde que ainda não oferecida a denúncia, vincula, sim, o MP, que ficará impedido de ajuizar a ação penal (art. 25, CPP); **B:** incorreta. Com o advento da Lei 12.015/2009, a ação penal, nos crimes sexuais, que antes era privativa do ofendido, passou a ser, a partir de então, pública condicionada à representação, nos termos do art. 225, *caput*, do CP. Se se tratar, entretanto, de vítima menor de 18 anos ou de pessoa vulnerável, a ação penal será pública incondicionada, nos termos do parágrafo único do art. 225 do CP. Veja que, neste novo panorama, a ação penal, nos crimes sexuais, aqui incluído o estupro (art. 213, CP), era (ao tempo em que foi aplicada este prova), em regra, pública condicionada a representação. Tal panorama vigorou até a edição da Lei 13.718/2018, que implementou (uma vez mais) uma série de mudanças no universo dos crimes sexuais, aqui incluída a natureza da ação penal nesses delitos. Senão vejamos. A ação penal, nos delitos sexuais, era, em regra, de iniciativa privada. Era o que estabelecia a norma contida no *caput* do art. 225 do Código Penal. As exceções ficavam por conta do § 1º do dispositivo. Com o advento da Lei 12.015/09, que introduziu uma série de modificações nos crimes sexuais, agora chamados *crimes contra a dignidade sexual*, nomenclatura, a nosso ver, mais adequada aos tempos atuais, a ação penal deixou de ser privativa do ofendido para ser pública condicionada à representação, exceção feita às hipóteses em que a vítima era menor de 18 anos ou pessoa vulnerável, caso em que a ação era pública incondicionada (art. 225, parágrafo único, do CP). Pois bem. Mais recentemente, entrou em vigor a Lei 13.718/2018, que, dentre várias inovações implementadas nos crimes contra a dignidade sexual, mudou, uma vez mais, a natureza da ação penal nesses delitos. Com isso, a ação penal, nos crimes sexuais, passa a ser pública incondicionada. Vale lembrar que, antes do advento desta Lei, a ação era, em regra, pública condicionada, salvo nas situações em que a vítima era vulnerável ou menor de 18 anos. Fazendo um breve histórico, temos o seguinte quadro: a ação penal, nos crimes sexuais, era, em regra, privativa do ofendido, a este cabendo a propositura da ação penal; posteriormente, a partir do advento da Lei 12.015/2009, a ação penal, nesses crimes, deixou de ser privativa do ofendido para ser pública condicionada a representação, em regra; agora, com a entrada em vigor da Lei 13.718/2018, a ação penal, nos crimes contra a dignidade sexual, que antes era pública condicionada, passa a ser pública incondicionada. Com isso, o titular da ação penal, que é o MP, prescinde de manifestação de vontade da vítima para promover a ação penal. Dessa forma, fica sepultado o debate que antes havia acerca da aplicação da Súmula 608, do STF; **C:** incorreta. A perempção, que constitui uma sanção impingida ao querelante que se revela desidioso na condução da ação penal privada e cujas hipóteses estão elencadas no art. 60 do CPP, uma vez reconhecida, leva à extinção da punibilidade, não sendo possível, após isso, seja a omissão sanada; **D:** correta. De fato, sendo a ação penal privativa do ofendido, a autoridade policial somente poderá proceder a inquérito diante de requerimento nesse sentido formulado por quem tenha qualidade para ajuizar a ação penal (art. 5º, § 5º, CPP); **E:** incorreta. O perdão do ofendido somente tem lugar após o ajuizamento da ação penal; é inviável, portanto, que tal ocorra no curso do inquérito policial. **ED**
Gabarito "D".

(Delegado/AP – 2017 – FCC) No instituto da representação,

(A) a renúncia à representação é vedada no âmbito no Juizado de Violência Doméstica e Familiar contra a Mulher.

(B) a autoridade policial tem autonomia para instaurar inquérito policial mesmo na ausência de representação da vítima, nos crimes em que a ação pública dela depender.

(C) a representação tem caráter personalíssimo, de modo que a morte do ofendido implica na imediata extinção da punibilidade do autor do fato criminoso.

(D) o direito de representação poderá ser exercido, pessoalmente ou por procurador com poderes especiais, mediante declaração à autoridade policial.

(E) a retratação da representação pode ser feita a qualquer tempo, dado o caráter disponível do direito envolvido.

A: incorreta. A *representação*, no contexto da Lei Maria da Penha, é, sim, admitida, mas, por força do que estabelece o art. 16 da Lei 11.340/2006, isso somente poderá ocorrer perante o magistrado, em audiência especialmente designada para essa finalidade, o que não é exigido à retratação da representação nos crimes em geral (art. 25 do CPP). Além disso, na Lei Maria da Penha, a retratação poderá ser oferecida antes do *recebimento* da denúncia; no caso do art. 25 do CPP, que incide nos crimes em geral, o direito de retratação poderá ser exercido até o *oferecimento* da exordial acusatória; **B:** incorreta, dado que a representação é condição *sine qua non* à instauração do inquérito pelo delegado de Polícia, na forma estatuída no art. 5º, § 4º, do CPP; **C:** incorreta, uma vez que, no caso do o ofendido falecer ou mesmo ser declarado ausente por decisão judicial, o direito de representação poderá ser exercido, na forma do disposto no art. 24, § 1º, do CPP, pelo cônjuge, ascendente, descendente ou irmão, nesta ordem; **D:** correta (art. 39, *caput*, do CPP); **E:** incorreta, na medida em que, uma vez oferecida a denúncia, a representação torna-se irretratável (art. 25, CPP). Não pode, portanto, ser oferecida a qualquer tempo. **ED**
Gabarito "D".

(Delegado/MT – 2017 – CESPE) Assinale a opção correta no que se refere à ação penal.

(A) Aplica-se a perempção como forma extintiva da punibilidade às ações penais exclusivamente privadas e às ações privadas subsidiárias das públicas.

(B) O princípio da indivisibilidade, quando não observado, impõe ao juiz a rejeição da denúncia nas ações penais públicas.

(C) Há legitimidade concorrente do ofendido e do MP para a persecução de crimes contra a honra de funcionário público em razão de suas funções.

(D) Na ação penal privada, todas as manifestações de disponibilidade pelo ofendido serão extensivas a todos os réus e(ou) responsáveis pelo fato delituoso, independentemente de qualquer reserva ou condição apresentada por eles.

(E) Diante de concurso formal entre um delito de ação penal pública e outro de ação penal privada, caberá ao representante do MP oferecer denúncia em relação aos dois crimes.

A: incorreta. Diante da negligência do querelante, poderá o MP, no curso da ação penal privada subsidiária da pública, recobrar, a qualquer momento, a sua titularidade. Não há que se falar, assim, em perempção no âmbito dessa modalidade de ação privada, que, na sua essência, é pública. Terá cabimento a perempção, isto sim, na ação penal privada exclusiva (art. 60, CPP); **B:** incorreta. O *princípio da indivisibilidade* da ação penal privada está consagrado no art. 48 do CPP. Embora não haja disposição expressa de lei, tal *postulado, segundo pensamos*, é também aplicável à ação penal pública. Não nos parece razoável que o Ministério Público possa escolher contra quem a demanda será promovida. Entretanto, o STF não compartilha desse entendimento. Para a nossa Corte Suprema, a indivisibilidade não tem incidência no âmbito da ação penal pública (somente na ação privada). Sustenta o STF que a divisibilidade da ação penal pública reside no fato de o Ministério Público ter a liberdade de não ofertar a denúncia contra alguns autores de crime contra os quais ainda não haja elementos suficientes; assim que reunidos esses elementos, a denúncia será aditada. Assim, a ação deixa de ser indivisível pelo simples fato de a denúncia comportar aditamento posterior. Com a devida vênia, a indivisibilidade, a nosso ver, consiste na impossibilidade de o membro do Ministério Público escolher contra quem a denúncia será oferecida. Se houver elementos, a ação deverá ser promovida contra todos. Seja como for, na ação

penal privada, o oferecimento da queixa-crime contra um ou alguns dos autores do crime, com exclusão dos demais, configura hipótese de violação ao princípio da indivisibilidade, implicando renúncia ao direito de queixa contra todos (art. 49, CPP). É caso, portanto, de rejeição da inicial. Sendo pública a ação penal, a exclusão de determinado acusado não acarreta a rejeição da inicial; **C:** correta. Nos termos do disposto no art. 145, parágrafo único, do CP, se se tratar de crime perpetrado contra a honra de funcionário público em razão de suas funções, a ação penal será *pública condicionada à representação do ofendido*. Ocorre, no entanto, que o STF, por meio da Súmula 714, firmou entendimento no sentido de que, nesses casos, a legitimidade é concorrente entre o ofendido (mediante queixa) e o Ministério Público (ação pública condicionada à representação do ofendido); **D:** incorreta. A renúncia ao direito de queixa produzirá efeitos (de extinguir a punibilidade) independentemente da concordância do ofensor. Tal não ocorre com o perdão, que, quando exercido por si só, não tem o condão de extinguir a punibilidade. Isso porque a produção de tal efeito (extinguir a punibilidade) condiciona-se à aceitação do ofensor (art. 51 do CPP); **E:** incorreta. É hipótese de ação penal adesiva, em que haverá a formação de litisconsórcio entre o ofendido e o MP. **ED**
Gabarito "C".

4. SUSPENSÃO CONDICIONAL DO PROCESSO

(Promotor de Justiça/CE – 2020 – CESPE/CEBRASPE) Em ação penal privada, pedido de suspensão condicional do processo

(A) não é cabível, assim como a transação penal, porque tanto esse pedido quanto a transação penal são exclusivos de ações penais públicas.

(B) é cabível, desde que oferecido pelo Ministério Público, por ser um direito público subjetivo do acusado.

(C) não é cabível, diferentemente da transação penal, haja vista expressa disposição legal.

(D) é cabível, desde que oferecido pelo ofendido.

(E) é cabível somente em favor do réu, haja vista a possibilidade de ofensa ao princípio da indivisibilidade da ação penal privada.

É tranquilo o entendimento da doutrina e jurisprudência no sentido de que é cabível o *sursis* processual (art. 89, Lei 9.099/1995) em ação penal privada. Conferir: "O Superior Tribunal de Justiça, em remansosos julgados considera crível o *sursis* processual (art. 89 da Lei nº 9.099/95) nas ações penais privadas, cabendo sua propositura ao titular da queixa-crime" (STJ, HC 187.090/MG, Rel. Ministro ADILSON VIEIRA MACABU (DESEMBARGADOR CONVOCADO DO TJ/RJ), QUINTA TURMA, julgado em 01/03/2011, DJe 21/03/2011). Vide Enunciado 112 da FONAJE. Na doutrina, assim ensina Guilherme de Souza Nucci: "Suspensão condicional do processo em ação privada: parece-nos que é viável. A analogia *in bonam partem* novamente dever ser invocada. Se o querelante propuser, aceitando-a o réu, nenhum prejuízo a este ocorrerá. Ao contrário, somente pode beneficiar-se" (*Leis Penais e Processuais Penais Comentadas*, Volume 2. 8. ed. São Paulo: Forense, 2014. p. 505). **ED**
Gabarito "D".

(Promotor de Justiça/PR – 2019 – MPE/PR) Sobre o posicionamento sumular firmado pelo Superior Tribunal de Justiça, quanto ao tema da **suspensão condicional do processo**, analise as assertivas abaixo e assinale a correta:

(A) O benefício da suspensão do processo não é aplicável em relação às infrações penais cometidas em concurso material, concurso formal ou continuidade delitiva,

7. DIREITO PROCESSUAL PENAL   279

quando a pena mínima cominada, seja pelo somatório, seja pela incidência da majorante, ultrapassar o
limite de um (01) ano.

(B) Nas hipóteses em que a condenação anterior não gera
reincidência, é cabível a suspensão condicional do
processo.

(C) É possível a adequação das condições da suspensão do
processo no juízo deprecado ou no juízo da execução,
observadas as circunstâncias pessoais do beneficiário.

(D) Na ação penal de iniciativa privada, cabe a suspensão condicional do processo, mediante proposta do
Ministério Público.

(E) O mero decurso do prazo da suspensão condicional
do processo sem o cumprimento integral das condições impostas em juízo não redundará em extinção
automática da punibilidade do agente.

A: correta. Esta assertiva deve ser assinalada na medida em que corresponde ao posicionamento adotado pelo Superior Tribunal de Justiça na
Súmula 243: *O benefício da suspensão do processo não é aplicável em
relação às infrações penais cometidas em concurso material, concurso
formal ou continuidade delitiva, quando a pena mínima cominada, seja
pelo somatório, seja pela incidência da majorante, ultrapassar o limite
de 1 (um) ano*. As demais assertivas não correspondem a posicionamentos contidos em súmulas do STJ, mas em enunciados do Fórum
Nacional de Juizados Especiais (FONAJE). Vejamos: **B:** corresponde
ao Enunciado 16 do FONAJE; **C:** corresponde ao Enunciado 92 do
FONAJE; **D:** corresponde ao Enunciado 112 do FONAJE; **E:** corresponde
ao Enunciado 123 do FONAJE. **ED**

Gabarito "A".

(Promotor de Justiça/SP – 2019 – MPE/SP) É correto afirmar, em
relação à suspensão condicional do processo, que

(A) na ausência de proposta justificada do Ministério
Público, o juiz, dissentindo, remeterá a questão ao
Procurador-Geral.

(B) o juiz não poderá especificar, além daquelas previstas
na Lei 9.099/95, outras condições a que fica subordinada a suspensão.

(C) não se admite a proposta nas ações penais de iniciativa
privada, ante a ausência de previsão legal.

(D) na ausência de proposta do Ministério Público, poderá
o juiz criminal fazê-lo, pois se trata de direito público
subjetivo do acusado.

(E) nas ações penais de iniciativa privada, cabe ao
Ministério Público ofertar a proposta, a qual deve ser
ratificada pelo querelante.

A: correta, vez que a Súmula 696 do STF dispõe que, neste caso, o
magistrado (a quem não cabe propor a suspensão) cuidará para que
os autos sejam remetidos ao procurador-geral, a quem incumbe, nos
termos do art. 28 do CPP, decidir se é ou não caso de propor o *sursis*
processual; **B:** incorreta, pois contraria o disposto no art. 89, § 2º, da
Lei 9.099/1995; **C:** incorreta. É tranquilo o entendimento da doutrina
e jurisprudência no sentido de ser é cabível o *sursis* processual (art.
89, Lei 9.099/1995) em ação penal privada. Conferir: "O Superior
Tribunal de Justiça, em remansosos julgados considera crível o *sursis*
processual (art. 89 da Lei nº 9.099/95) nas ações penais privadas,
cabendo sua propositura ao titular da queixa-crime" (STJ, HC 187.090/
MG, Rel. Ministro ADILSON VIEIRA MACABU (DESEMBARGADOR
CONVOCADO DO TJ/RJ), QUINTA TURMA, julgado em 01/03/2011,
DJe 21/03/2011). Vide Enunciado 112 da FONAJE. Na doutrina, assim
ensina Guilherme de Souza Nucci: "Suspensão condicional do processo
em ação privada: parece-nos que é viável. A analogia *in bonam partem*

novamente dever ser invocada. Se o querelante propuser, aceitando-a
o réu, nenhum prejuízo a este ocorrerá. Ao contrário, somente pode
beneficiar-se" (*Leis Penais e Processuais Penais Comentadas*, Volume
2. 8. ed. São Paulo: Forense, 2014. p. 505); **D:** incorreta. Em face da
ausência de proposta do MP, é vedado ao magistrado substituir-se
ao órgão acusatório e ele mesmo fazê-lo. Se a omissão do *parquet*
for injustificada, deve o juiz lançar mão do art. 28 do CPP e remeter
os autos ao procurador-geral, a quem caberá decidir qual o caminho
a trilhar. É esse o entendimento firmado por meio da Súmula 696 do
STF; **E:** incorreta. A proposta cabe ao querelante, titular que é da ação
penal privada. Vide comentário à assertiva "C". **ED**

Gabarito "A".

(Juiz de Direito – TJ/AL – 2019 – FCC) Se o acusado, citado por
edital, não comparecer, nem constituir advogado, o

(A) Juiz deve decretar a prisão preventiva.

(B) curso do prazo prescricional ficará suspenso indeter-
minadamente.

(C) processo ficará suspenso pelo prazo correspondente
à pena mínima cominada para a infração.

(D) Juiz deverá decretar a revelia e, após a nomeação de
advogado dativo, determinar o prosseguimento do
feito.

(E) Juiz pode determinar a produção das provas concretamente consideradas urgentes.

Na hipótese de o réu não ser encontrado, deverá o juiz determinar
a sua citação por edital, depois de esgotados os meios disponíveis
para a sua localização. Se o acusado, depois de citado por edital,
não comparecer tampouco constituir defensor, o processo e o prazo
prescricional ficarão, em vista da disciplina estabelecida no art.
366 do CPP, suspensos. Quanto ao período durante o qual o prazo
prescricional deverá permanecer suspenso, prevalece o entendimento
de que tal deverá ocorrer pelo interregno correspondente ao prazo
máximo em abstrato previsto para o crime narrado na peça acusatória.
A esse respeito, *vide* Súmula 415 do STJ. A produção da prova considerada urgente deverá se dar em conformidade com o entendimento
firmado na Súmula 455 do STJ: "A decisão que determina a produção
antecipada de provas com base no art. 366 do CPP deve ser concretamente fundamentada, não a justificando unicamente o mero decurso
do tempo". Mais: a colheita desta prova somente poderá se dar na
presença de defensor público ou dativo, para o fim de que ao acusado
seja assegurado direito de defesa. No que toca à prisão preventiva, a
sua decretação, no âmbito do art. 366 do CPP, somente poderá se dar
diante da presença dos requisitos do art. 312 do CPP, sendo vedada,
portanto, a decretação automática da custódia. O mesmo há de ser
aplicado à produção antecipada de provas, que está condicionada à
demonstração de sua necessidade, não bastando, a autorizá-la, como
dissemos, o mero decurso do tempo. **ED**

Gabarito "E".

(Promotor de Justiça – MPE/RS – 2017) Petrônio, réu em processo
por furto simples, reúne todos os pressupostos legais
permissivos da suspensão condicional do processo. Ainda
assim, fundamentadamente, o Promotor de Justiça deixa
de oferecer-lhe o benefício. Nesse caso, dissentindo do
membro do Ministério público, deve o Juiz

(A) remeter os autos ao Procurador-Geral de Justiça
aplicando-se por analogia o art. 28 do Código de
Processo Penal.

(B) conceder o benefício de ofício, já que se trata de
direito subjetivo público do réu.

(C) comunicar a Corregedoria-Geral do Ministério Público
face o comportamento do Promotor de Justiça.

280 EDUARDO DOMPIERI

(D) solicitar ao Procurador-Geral de Justiça que designe outro membro do Ministério Público para reexaminar os autos.

(E) remeter os autos para as Turmas Recursais do Juizado Especial Criminal.

De fato, deverá o juiz, neste caso, no lugar de ele próprio oferecer o *sursis* processual, valendo-se, por analogia, do que estabelece o art. 28 do CPP, remeter os autos para apreciação do Procurador-geral de Justiça. É esse o entendimento firmado por meio da Súmula 696 do STF: "Reunidos os pressupostos legais permissivos da suspensão condicional do processo, mas se recusando o Promotor de Justiça a propô-la, o juiz, dissentindo, remeterá a questão ao Procurador-Geral, aplicando-se por analogia o art. 28 do Código de Processo Penal". ED

Gabarito "A".

(Promotor de Justiça/SC – 2016 – MPE)

(1) Sólida jurisprudência do Superior Tribunal de Justiça, inclusive sumulada, destaca que o benefício da suspensão do processo pode ser aplicado às infrações penais cometidas, em concurso material, concurso formal ou continuidade delitiva, mesmo quando a pena mínima cominada, seja pelo somatório, seja pela incidência da majorante, ultrapassar o limite de 1 (um) ano.

1: a proposição contraria o entendimento firmado nas Súmulas 243, do STJ, e 723, do STF. ED

Gabarito 1E

5. JURISDIÇÃO E COMPETÊNCIA. CONEXÃO E CONTINÊNCIA

(Juiz de Direito/AP – 2022 – FGV) Determinada investigação foi instaurada para apurar estelionato consistente em fraude, ocorrido em 02 de julho de 2020, em Macapá, na obtenção de auxílio emergencial concedido pelo Governo Federal, por meio da Caixa Econômica Federal, em decorrência da pandemia da Covid-19. Jack declarou na investigação que realizou depósito em sua conta do "ComércioRemunerado", no valor de R$ 600,00 e depois percebeu que aquela quantia foi transferida para Russel, sendo que não foi Jack quem realizou a operação financeira nem a autorizou. Russel assinalou que a aludida quantia foi realmente transferida para sua conta no "ComércioRemunerado" e foi declarada como pagamento de conserto de motocicleta, para enganar os órgãos competentes e conseguir a antecipação do auxílio emergencial. Disse que foi Fênix, proprietária de uma loja de manutenção de telefones celulares, quem lhe propôs a prática de tais condutas, acrescentando que seria um procedimento legal, e ainda ofereceu R$ 50,00 para cada antecipação passada em sua máquina do "ComércioRemunerado", sendo que Jack praticou a conduta quatro vezes. Disse ainda que o dinheiro entrava em sua conta no "ComércioRemunerado" e era transferido para a conta de Fênix. O auxílio emergencial era disponibilizado pela União, por meio da Caixa Econômica Federal. A competência para o processo e julgamento do presente caso é do(a):

(A) Justiça Federal em primeiro grau;

(B) Justiça Federal em segundo grau;

(C) Justiça Estadual em primeiro grau;

(D) Justiça Estadual em segundo grau;

(E) Superior Tribunal de Justiça.

Segundo consta, o valor recebido por Jack em sua conta no "Comércio-Remunerado" a título de auxílio emergencial foi transferido, à sua revelia (ele não realizou a transferência tampouco a autorizou), para a conta de titularidade de Russel, também no "ComércioRemunerado", o qual, por sua vez, admitiu haver realizado a transferência de forma fraudulenta, usando como justificativa o pagamento de conserto de uma motocicleta. Disse que o dinheiro entrava em sua conta no "ComércioRemunerado" e era transferido para a conta de Fênix, pessoa que teria lhe proposto tal prática, o que lhe renderia a importância de R$ 50,00 para cada antecipação passada em sua máquina do "ComércioRemunerado". Esta questão, ao que parece, foi extraída de um precedente do STJ, no qual se discutia a competência para o julgamento do feito. Consta do julgado que, pelo fato de a vítima não haver sido induzida a erro tampouco haver entregado espontaneamente a importância, o crime em que teria incorrido o agente é o de furto mediante fraude, e não estelionato. À míngua de lesão à Caixa Econômica Federal, a competência para o julgamento é da Justiça Estadual de primeira instância. Senão vejamos: "1. O presente conflito de competência deve ser conhecido, por se tratar de incidente instaurado entre juízos vinculados a Tribunais distintos, nos termos do art. 105, inciso I, alínea d da Constituição Federal _ CF. 2. O núcleo da controvérsia consiste em definir o Juízo competente no âmbito de inquérito policial instaurado para investigar A suposta conduta de desvio de valores relativos ao auxílio emergencial pago durante a pandemia do Covid-19. 3. No caso concreto não se identifica ofensa direta à Caixa Econômica Federal _ CEF ou à União, uma vez que não há qualquer notícia de que a beneficiária tenha empregado fraude para o recebimento do seu auxílio. Em outras palavras, houve ingresso lícito no programa referente ao auxílio emergencial e transferência lícita da conta da Caixa Econômica Federal para a conta do Mercado Pago, ambas de titularidade da beneficiária do auxílio. 4. O procedimento investigatório revela transferência fraudulenta de valores entre contas do Mercado Pago de titularidade da vítima e do agente delituoso, ou seja, a vítima não foi induzida a erro e tampouco entregou espontaneamente o numerário, de tal forma que o atual estágio das investigações indica suposta prática de furto mediante fraude. "Para que se configure o delito de estelionato (art. 171 do Código Penal), é necessário que o Agente, induza ou mantenha a Vítima em erro, mediante artifício, ardil, ou qualquer outro meio fraudulento, de maneira que esta lhe entregue voluntariamente o bem ou a vantagem. Se não houve voluntariedade na entrega, o delito praticado é o de furto mediante fraude eletrônica (art. 155, § 4.º-B, do mesmo Estatuto)" (CC 181.538/SP, Rel. Ministra LAURITA VAZ, TERCEIRA SEÇÃO, DJe 1º/9/2021). 5. O agente delituoso ao transferir para si os valores pertencentes à vítima não fraudou eletronicamente o sistema de segurança da Caixa Econômica Federal, mas apenas o sistema de segurança do Mercado Pago, instituição privada para a qual o numerário foi transferido por livre vontade da vítima. Neste contexto, sem fraude ao sistema de segurança da instituição financeira federal não há de se falar em competência da Justiça Federal. Precedente: CC 149.752/PI, Rel. Ministro REYNALDO SOARES DA FONSECA, TERCEIRA SEÇÃO, DJe 1º/2/2017. 6. O ilustre Ministro Felix Fisher no julgamento do CC 177.398/RS (DJe 12/2/2021), em situação análoga ao caso concreto, firmou a competência da Justiça Estadual ao fundamento de que a vítima do delito patrimonial havia transferido valores provenientes de auxílio emergencial, por livre opção, ao sistema de pagamento virtual conhecido como PICPAY para somente depois sofrer o prejuízo advindo do crime. 7. No caso ora em análise, em que houve violação ao sistema de segurança de instituição privada, qual seja, o Mercado Pago, sem qualquer fraude ou violação de segurança direcionada à Caixa Econômica Federal, o prejuízo ficou adstrito à instituição privada e particulares, não se identificando situação prevista no art. 109, inciso I, da Constituição Federal. 8. Competência da Justiça Estadual." (STJ, CC 182.940/SP, Rel. Ministro JOEL ILAN PACIORNIK, TERCEIRA SEÇÃO, julgado em 27/10/2021, DJe 03/11/2021). ED

Gabarito "C".

7. DIREITO PROCESSUAL PENAL

(Delegado de Polícia Federal – 2021 – CESPE) Considerando a posição dos tribunais superiores em relação à competência criminal, julgue os itens subsequentes.

(1) Compete à justiça federal processar e julgar o crime de redução à condição análoga à de escravo.

(2) Em regra, cabe à justiça federal processar e julgar os crimes contra o meio ambiente.

(3) Compete à justiça federal processar e julgar o crime de disponibilizar ou adquirir material pornográfico que envolva criança ou adolescente praticado por meio de troca de informações privadas, como, por exemplo, conversas via aplicativos de mensagens ou chat nas redes sociais.

1: Certo. Conferir: "Recurso extraordinário. Constitucional. Penal. Processual Penal. Competência. Redução a condição análoga à de escravo. Conduta tipificada no art. 149 do Código Penal. Crime contra a organização do trabalho. Competência da Justiça Federal. Artigo 109, inciso VI, da Constituição Federal. Conhecimento e provimento do recurso. 1. O bem jurídico objeto de tutela pelo art. 149 do Código Penal vai além da liberdade individual, já que a prática da conduta em questão acaba por vilipendiar outros bens jurídicos protegidos constitucionalmente como a dignidade da pessoa humana, os direitos trabalhistas e previdenciários, indistintamente considerados. 2. A referida conduta acaba por frustrar os direitos assegurados pela lei trabalhista, atingindo, sobremodo, a organização do trabalho, que visa exatamente a consubstanciar o sistema social trazido pela Constituição Federal em seus arts. 7º e 8º, em conjunto com os postulados do art. 5º, cujo escopo, evidentemente, é proteger o trabalhador em todos os sentidos, evitando a usurpação de sua força de trabalho de forma vil. 3. É dever do Estado (*lato sensu*) proteger a atividade laboral do trabalhador por meio de sua organização social e trabalhista, bem como zelar pelo respeito à dignidade da pessoa humana (CF, art. 1º, inciso III). 4. A conjugação harmoniosa dessas circunstâncias se mostra hábil para atrair para a competência da Justiça Federal (CF, art. 109, inciso VI) o processamento e o julgamento do feito. 5. Recurso extraordinário do qual se conhece e ao qual se dá provimento" (RE 459510, Relator(a): Min. CEZAR PELUSO, Relator(a) p/ Acórdão: Min. DIAS TOFFOLI, Tribunal Pleno, julgado em 26.11.2015, ACÓRDÃO ELETRÔNICO *DJe*-067 DIVULG 11.04.2016 PUBLIC 12.04.2016). No mesmo sentido, o STJ: "PROCESSUAL PENAL. DENÚNCIA. DESCRIÇÃO FÁTICA SUFICIENTE E CLARA. DEMONSTRAÇÃO DE INDÍCIOS DE AUTORIA E DA MATERIALIDADE. INÉPCIA. NÃO OCORRÊNCIA. REDUÇÃO À CONDIÇÃO ANÁLOGA À DE ESCRAVO. ART. 149 DO CÓDIGO PENAL. COMPETÊNCIA DA JUSTIÇA FEDERAL. DIREITOS HUMANOS. ORGANIZAÇÃO DO TRABALHO. OUTROS DELITOS CONEXOS. LIAME FÁTICO E PROBATÓRIO. MESMA COMPETÊNCIA FEDERAL. SÚMULA 122 DO STJ. 1. Devidamente descritos os fatos delituosos (indícios de autoria e materialidade), não há como trancar a ação penal, em sede de *habeas corpus*, por inépcia da denúncia. 2. Plausibilidade da acusação, em face do liame entre a pretensa atuação do paciente e os fatos. 3. Em tal caso, está plenamente assegurado o amplo exercício do direito de defesa, em face do cumprimento dos requisitos do art. 41 do Código de Processo Penal. 4. A Terceira Seção desta Corte já pacificou o entendimento de que compete à Justiça Federal processar e julgar os autores do delito previsto no art. 149 do Código Penal, haja vista a violação aos direitos humanos e à organização do trabalho. 5. No caso, os demais crimes, por conexão fática e probatória, também ficam sob a jurisdição federal. Súmula 122 deste Superior Tribunal de Justiça. 6. Recurso não provido" (RHC 25.583/MT, Rel. Ministra MARIA THEREZA DE ASSIS MOURA, SEXTA TURMA, julgado em 09/08/2012, DJe 20/08/2012). **2:** Errado. Ao contrário do que se afirma, é tranquilo o entendimento jurisprudencial segundo o qual a competência para o julgamento dos crimes contra o meio ambiente é, em regra, da Justiça Estadual, pois, na proteção ambiental, não há, em princípio, interesse direto da União, de autarquias ou empresas públicas federais. Agora, se os crimes contra o meio ambiente forem perpetrados em prejuízo de bens, serviços ou interesses da União, suas autarquias ou empresas públicas, a competência, neste caso, será da Justiça Federal (art. 109, IV, da CF). Nesse sentido: "CONFLITO NEGATIVO DE COMPETÊNCIA. CRIME AMBIENTAL. APREENSÃO DE ESPÉCIMES DA FAUNA SILVESTRE SEM A DEVIDA LICENÇA DO ÓRGÃO COMPETENTE. AUSÊNCIA DE INTERESSE DIRETO DA UNIÃO. COMPETÊNCIA DA JUSTIÇA ESTADUAL. 1. A preservação do meio ambiente é matéria de competência comum da União, dos Estados, do Distrito Federal e dos Municípios, nos termos do art. 23, incisos VI e VII, da Constituição Federal. 2. A Justiça Federal somente será competente para processar e julgar crimes ambientais quando caracterizada lesão a bens, serviços ou interesses da União, de suas autarquias ou empresas públicas, em conformidade com o art. 109, inciso IV, da Carta Magna. 3. Na hipótese, verifica-se que o Juízo Estadual declinou de sua competência tão somente pelo fato de o auto de infração ter sido lavrado pelo IBAMA, circunstância que se justifica em razão da competência comum da União para apurar possível crime ambiental, não sendo suficiente, todavia, por si só, para atrair a competência da Justiça Federal. 4. Conflito conhecido para declarar a competência do Juízo de Direito do Juizado Especial Adjunto Criminal de Rio das Ostras/RJ, o suscitado" (STJ, CC 113.345/RJ, Rel. Ministro MARCO AURÉLIO BELLIZZE, TERCEIRA SEÇÃO, julgado em 22/08/2012, DJe 13/09/2012). **3:** Errado. Conferir: "CONFLITO NEGATIVO DE COMPETÊNCIA. JUSTIÇA FEDERAL X JUSTIÇA ESTADUAL. INQUÉRITO POLICIAL. DIVULGAÇÃO DE IMAGEM PORNOGRÁFICA DE ADOLESCENTE VIA WHATSAPP E EM CHAT NO FACEBOOK. ART. 241-1 DA LEI 8.069/90. INEXISTÊNCIA DE EVIDÊNCIAS DE DIVULGAÇÃO DAS IMAGENS EM SÍTIOS VIRTUAIS DE AMPLO E FÁCIL ACESSO. COMPETÊNCIA DA JUSTIÇA ESTADUAL. 1. A Justiça Federal é competente, conforme disposição do inciso V do art. 109 da Constituição da República, quando se tratar de infrações previstas em tratados ou convenções internacionais, como é caso do racismo, previsto na Convenção Internacional sobre a Eliminação de todas as Formas de Discriminação Racial, da qual o Brasil é signatário, assim como nos crimes de guarda de moeda falsa, de tráfico internacional de entorpecentes, de tráfico de mulheres, de envio ilegal e tráfico de menores, de tortura, de pornografia infantil e pedofilia e corrupção ativa e tráfico de influência nas transações comerciais internacionais. 2. Deliberando sobre o tema, o Plenário do Supremo Tribunal Federal, no julgamento do Recurso Extraordinário n. 628.624/MG, em sede de repercussão geral, assentou que a fixação da competência da Justiça Federal para o julgamento do delito do art. 241-A do Estatuto da Criança e do Adolescente (divulgação e publicação de conteúdo pedófilo-pornográfico) pressupõe a possibilidade de identificação do atributo da internacionalidade do resultado obtido ou que se pretendia obter. Por sua vez, a constatação da internacionalidade do delito demandaria apenas que a publicação do material pornográfico tivesse sido feita em "ambiência virtual de sítios de amplo e fácil acesso a qualquer sujeito, em qualquer parte do planeta, que esteja conectado à internet" e que "o material pornográfico envolvendo crianças ou adolescentes tenha estado acessível por alguém no estrangeiro, ainda que não haja evidências de que esse acesso realmente ocorreu" (RE 628.624, Relator(a): Min. MARCO AURÉLIO, Relator(a) p/ Acórdão: Min. EDSON FACHIN, Tribunal Pleno, julgado em 29/10/2015, ACÓRDÃO ELETRÔNICO REPERCUSSÃO GERAL – MÉRITO DJe-062 DIVULG 05-04-2016 PUBLIC 06-04-2016) 3. Situação em que os indícios coletados até o momento revelam que as imagens da vítima foram trocadas por particulares via Whatsapp e por meio de chat na rede social Facebook. 4. Tanto no aplicativo WhatsApp quanto nos diálogos (chat) estabelecido na rede social Facebook, a comunicação se dá entre destinatários escolhidos pelo emissor da mensagem. Trata-se de troca de informação privada que não está acessível a qualquer pessoa. 5. Diante de tal contexto, no caso concreto, não foi preenchido o requisito estabelecido pela Corte Suprema de que postagem de conteúdo pedófilo-pornográfico tenha sido feita em cenário propício ao livre acesso. 6. A possibilidade de descoberta de outras provas e/ou evidências, no decorrer das investigações, levando a conclusões diferentes, demonstra não ser possível firmar peremptoriamente a competência definitiva para julgamento do presente inquérito policial. Isso não obstante, tendo em conta que a definição do Juízo competente em tais hipóteses se dá em razão dos indícios coletados até então, revela-se a competência do Juízo Estadual. 7. Conflito conhecido, para declarar a competência do Juízo de Direito da Vara Criminal e Execução Penal de São Sebastião do Paraíso/MG, o Suscitado" (STJ, CC 150.564/MG, Rel. Ministro REYNALDO SOARES DA FONSECA, TERCEIRA SEÇÃO, julgado em 26/04/2017, DJe 02/05/2017). ED

Gabarito 1C, 2E, 3E

(Delegado/MG – 2021 – FUMARC) Num crime de estelionato praticado em Belo Horizonte contra uma agência bancária do Banco do Brasil S.A, no qual o agente obteve vantagem financeira, é CORRETO afirmar que a competência para a ação penal é da

(A) Justiça Estadual ou da Justiça Federal, a depender da regra de prevenção.

(B) Justiça Estadual ou da Justiça Federal, o que será definido a partir da autoridade policial responsável pela condução do inquérito, respectivamente, Polícia Civil ou Polícia Federal.

(C) Justiça Estadual.

(D) Justiça Federal.

Os crimes praticados em detrimento de sociedades de economia mista controladas pela União, como é o caso do Banco do Brasil, à mingua de referência no texto constitucional, são processados e julgados pela Justiça Estadual, nos termos do entendimento firmado por meio da Súmula 42, do STJ: "Compete à Justiça comum estadual processar e julgar as causas cíveis em que é parte sociedade de economia mista e os crimes praticados em seu detrimento". ED

Gabarito "C".

(Juiz de Direito/GO – 2021 – FCC) No tocante à competência no processo penal, o Código de Processo Penal estabelece:

(A) Quando incerto o limite territorial entre duas ou mais jurisdições, ou quando incerta a jurisdição por ter sido a infração consumada ou tentada nas divisas de duas ou mais jurisdições, a competência firmar-se-á pelo domicílio ou residência do réu.

(B) Na determinação da competência por conexão ou continência, no concurso de jurisdições de mesma categoria, preponderará sempre a competência por prevenção.

(C) Nos casos de exclusiva ação de iniciativa privada, o querelante poderá preferir o foro de seu domicílio ou residência, ainda quando conhecido o lugar da infração.

(D) Em caso de estelionato praticado mediante depósito, a competência será definida pelo local de domicílio da vítima e, em caso de pluralidade de vítimas, a competência firmar-se-á pela prevenção.

(E) A competência será, de regra, determinada pelo lugar em que se consumar a infração, ou, no caso de tentativa, pelo lugar em que for praticado o primeiro ato de execução.

A: incorreta, já que, neste caso, a competência será firmada em razão da *prevenção*; **B:** incorreta. Na determinação da competência por conexão ou continência, no concurso de jurisdições de mesma categoria, preponderará a do lugar da infração à qual for cominada a pena mais grave (art. 78, II, *a*, do CPP); **C:** incorreta. Isso porque, nos termos do art. 73 do CPP, nos casos de exclusiva ação de iniciativa privada, o querelante poderá

preferir o foro de domicílio ou da residência do réu, ainda que conhecido o lugar da infração. Note que a proposição fala em foro do domicílio do próprio querelante, o que está incorreto; **D:** correta, pois em conformidade com a redação do novo art. 70, § 4º, do CPP, dispositivo inserido pela Lei 14.155/2021; **E:** incorreta. Por força do disposto no art. 70, *caput*, do CPP, a competência será determinada, em regra, pelo local em que se deu a consumação do delito; no caso de crime tentado, a competência firmar-se-á em razão do local em que foi praticado o derradeiro ato de execução (e não o primeiro, como consta da assertiva). ED

Gabarito "D".

(Promotor de Justiça/CE – 2020 – CESPE/CEBRASPE) Deputado federal eleito pelo estado do Ceará que praticar crime de estelionato em São Luís – MA antes de entrar em exercício no cargo eletivo deverá ser processado no(a)

(A) Supremo Tribunal Federal.

(B) Superior Tribunal de Justiça.

(C) justiça federal do Ceará, em razão do cargo ocupado.

(D) justiça estadual comum do Ceará, na comarca de Fortaleza.

(E) justiça estadual comum do Maranhão, na comarca de São Luís.

No dia 3 de maio de 2018, o Plenário do STF, por maioria de votos, decidiu que o foro por prerrogativa de função de que gozam parlamentares federais (senadores e deputados) se aplica tão somente a infrações penais cometidas no exercício do cargo e em razão das funções a ele relacionadas. Tal decisão foi tomada no julgamento de questão de ordem da ação penal 937, cujo relator foi o ministro Luís Roberto Barroso. Com isso, se o crime imputado a senador ou deputado federal é cometido antes da diplomação, como é o caso narrado no enunciado desta questão, o julgamento caberá ao juízo de primeira instância; se for cometido no curso do mandato mas nenhuma relação tiver com o seu exercício, o julgamento também caberá ao juiz de primeira instância (por exemplo: homicídio; roubo; embriaguez ao volante); agora, sendo o delito cometido durante o mandato e havendo relação entre ele e o desempenho da função parlamentar (corrupção passiva, por exemplo), o julgamento deverá realizar-se perante o STF. Perceba que, no caso aqui em testilha, há duas razões pelas quais o julgamento não poderá ocorrer no STF: o crime é anterior à diplomação e nenhuma pertinência tem com o exercício do mandato de deputado federal. Por tudo que foi dito, na hipótese retratada no enunciado, a competência para o processamento e julgamento do deputado federal será da justiça estadual comum do Maranhão, na comarca de São Luís, ante o que estabelece o art. 70, *caput*, do CPP. ED

Gabarito "E".

(Promotor de Justiça/PR – 2019 – MPE/PR) Sobre **competência**, nos termos do Código de Processo Penal, analise as assertivas abaixo e assinale a alternativa incorreta:

(A) A competência será, de regra, determinada pelo lugar em que se consumar a infração, ou, no caso de tentativa, pelo lugar em que for praticado o último ato de execução.

(B) Tratando-se de infração continuada ou permanente, praticada em território de duas ou mais jurisdições, a competência firmar-se-á pela prevenção.

(C) Não sendo conhecido o lugar da infração, a competência regular-se-á pelo juízo que primeiro praticou algum ato processual.

(D) Havendo conexão ou continência, no concurso de jurisdições da mesma categoria, prevalecerá a do lugar em que houver ocorrido o maior número de infrações, se as respectivas penas forem de igual gravidade.

7. DIREITO PROCESSUAL PENAL **283**

(E) Se reconhecida inicialmente ao júri a competência por conexão ou continência, o juiz, se vier a desclassificar a infração ou impronunciar ou absolver o acusado, de maneira que exclua a competência do júri, remeterá o processo ao juízo competente.

A: correta, uma vez que o CPP, em seu art. 70, adotou, quanto à competência territorial, a teoria do *resultado*, tendo em vista que é competente o foro do local em que se deu a consumação do crime; ou, se se tratar de tentativa, o foro do local em que ocorreu o derradeiro ato de execução; **B:** correta. Em vista do que dispõe o art. 71 do CPP, tratando-se de crime continuado ou permanente, em que a ação tenha se desenvolvido em território de mais de uma jurisdição, a competência para o processamento e julgamento firmar-se-á pela prevenção. Exemplo sempre lembrado pela doutrina de crime permanente é o sequestro ou cárcere privado, em que a consumação, que ocorre em momento certo e determinado, se prolonga no tempo por vontade do agente. Enquanto a vítima permanecer em poder do sequestrador, o crime está em plena consumação. Dessa forma, se, no curso deste delito, o sequestrador, com vistas a despistar a polícia, muda o local do cativeiro, o foro competente será o de qualquer dos locais por onde a vítima permaneceu sequestrada; **C:** incorreta. Não conhecido o local em que ocorreu a infração, competente será o foro do domicílio ou residência do réu (art. 72, *caput*, do CPP); **D:** correta. Havendo conexão ou continência e se tratando de jurisdições de igual categoria, o foro prevalente é aquele no qual foi cometido o crime cuja pena é mais grave; agora, se as penas forem de igual gravidade, o critério a ser utilizado para estabelecer o foro competente é o número de infrações, isto é, o julgamento deverá realizar-se no local em que ocorreu o maior número de infrações (art. 78, II, *a e b*, CPP); **E:** correta, pois em conformidade com o disposto no art. 81, parágrafo único, do CPP. **ED**
Gabarito "C".

(Juiz de Direito – TJ/RJ – 2019 – VUNESP) No que concerne à competência, o STF entende, por súmula, que

(A) o foro competente para o processo e o julgamento dos crimes de estelionato, sob a modalidade da emissão dolosa de cheque sem provisão de fundos, é o do local onde o título foi emitido (521).

(B) a competência do Tribunal de Justiça para julgar prefeitos se restringe aos crimes de competência da Justiça comum estadual; nos demais casos, a competência originária caberá ao respectivo tribunal de segundo grau (702).

(C) salvo ocorrência de tráfico para o exterior ou entre Estados da Federação, quando, então, a competência será da Justiça Federal, compete à Justiça dos Estados o processo e o julgamento dos crimes relativos a entorpecentes (522).

(D) o foro por prerrogativa de função estabelecido pela Constituição Estadual prevalece sobre a competência constitucional do Tribunal do Júri (721).

(E) é competente o Supremo Tribunal Federal para julgar conflito de jurisdição entre juiz de direito do Estado e a Justiça Militar local (555).

A: incorreta. Segundo entendimento sedimentado por meio das Súmulas 244, do STJ, e 521, do STF, compete ao foro do local da recusa processar o crime de estelionato mediante cheque sem provisão de fundos. Atenção: a Lei 14.155/2021, de 28/05/2021, posterior, portanto, à elaboração desta questão, inseriu no art. 70 do CPP o § 4º, segundo o qual *nos crimes previstos no* art. 171 do Decreto-Lei nº 2.848, de 7 de dezembro de 1940 *(Código Penal), quando praticados mediante depósito, mediante emissão de cheques sem suficiente provisão de fundos em poder do sacado ou com o pagamento*

frustrado ou mediante transferência de valores, a competência será definida pelo local do domicílio da vítima, e, em caso de pluralidade de vítimas, a competência firmar-se-á pela prevenção; **B:** correta, pois corresponde ao teor da Súmula 702, STF: "A competência do Tribunal de Justiça para julgar prefeitos restringe-se aos crimes de competência da Justiça comum estadual; nos demais casos, a competência originária caberá ao respectivo tribunal de segundo grau"; **C:** incorreta, uma vez que contraria o teor da Súmula 522, do STF: "Salvo ocorrência de tráfico para o exterior, quando, então, a competência será da justiça federal, compete à justiça dos estados o processo e julgamento dos crimes relativos a entorpecentes"; **D:** incorreta, pois não corresponde ao entendimento firmado na Súmula nº 721 do STF, cujo teor foi reproduzido na Súmula Vinculante 45: "A competência constitucional do Tribunal do Júri prevalece sobre o foro por prerrogativa de função estabelecido exclusivamente pela Constituição estadual"; **E:** incorreta, na medida em que não reflete o entendimento contido na Súmula 555, do STF: "É competente o Tribunal de Justiça para julgar conflito de jurisdição entre juiz de Direito do Estado e a Justiça Militar local". **ED**
Gabarito "B".

(Juiz de Direito – TJ/AL – 2019 – FCC) Em matéria de competência,

(A) cabe à Justiça Estadual do local da apreensão da droga remetida do exterior pela via postal processar e julgar o respectivo crime de tráfico.

(B) cabe à Justiça Comum Estadual processar e julgar crime em que indígena figure como vítima, mas não quando a ele for atribuída a autoria da infração.

(C) a conexão determina a reunião dos processos, ainda que um deles já tenha sido julgado.

(D) cabe ao Tribunal de Justiça do Estado processar e julgar o mandado de segurança contra ato do juizado especial.

(E) fica firmada em razão da entidade ou órgão ao qual apresentado o documento público falso, independentemente da qualificação do órgão expedidor.

A: incorreta, pois não reflete o entendimento contido na Súmula 528, do STJ; **B:** incorreta. Segundo entendimento firmado na Súmula 140, do STJ, "compete à Justiça Comum Estadual processar e julgar crime em que o indígena figure como autor ou vítima"; **C:** incorreta, pois contraria o entendimento contido na Súmula 235, do STJ; **D:** incorreta. Compete à turma recursal, e não ao Tribunal de Justiça, processar e julgar mandado de segurança contra ato de Juizado Especial. É o entendimento firmado na Súmula 376, do STJ; **E:** correta, pois reflete o teor da Súmula 546, do STJ: "A competência para processar e julgar o crime de uso de documento falso é firmada em razão da entidade ou órgão ao qual foi apresentado o documento público, não importando a qualificação do órgão expedidor". **ED**
Gabarito "E".

(Juiz de Direito – TJ/SC – 2019 – CESPE/CEBRASPE) Caso seja verificada conexão probatória entre fatos concernentes a crimes de competência da justiça estadual e a crimes de competência da justiça federal, é correto afirmar que

(A) o processamento e o julgamento dos crimes de forma unificada não é possível, em razão da impossibilidade de modificação da regra de competência material pela conexão.

(B) o juízo estadual é o competente para o processamento e o julgamento dos crimes conexos, com exceção da hipótese de posterior sentença absolutória em relação ao delito estadual.

(C) o juízo federal é o competente para o processamento e o julgamento dos crimes conexos, independentemente da pena prevista para cada um dos delitos.

(D) o juízo federal é o competente para o processamento e o julgamento dos crimes conexos, salvo o caso de ser prevista pena mais grave ao delito estadual.

(E) o juízo federal é o competente para o processamento e o julgamento unificado dos crimes, excluída a hipótese de posterior sentença absolutória em relação ao delito federal.

A solução desta questão deve ser extraída da Súmula 122 do STJ: "Compete à Justiça Federal o processo e julgamento unificado dos crimes conexos de competência federal e estadual, não se aplicando a regra do art. 78, II, *a*, do Código de Processo Penal". ED

Gabarito "C".

(Juiz de Direito – TJ/SC – 2019 – CESPE/CEBRASPE) Considerando-se exclusivamente o entendimento sumulado do STJ, é correto afirmar que o juiz de direito substituto agirá corretamente se

(A) não homologar a suspensão condicional do processo com base no argumento de que houve procedência parcial da pretensão punitiva.

(B) declinar a competência, em favor do foro do local da recusa, para o processamento e o julgamento de crime de estelionato mediante a apresentação de cheque sem provisão de fundos.

(C) exigir resposta preliminar, no prazo de quinze dias, em ação penal instruída por inquérito policial que apure crime inafiançável de responsabilidade de funcionário público.

(D) aceitar a retratação de vítima e extinguir o processo no caso de crime de lesão corporal resultante de violência doméstica contra mulher: essa ação penal é pública condicionada.

(E) fixar a competência da justiça estadual do local da apreensão para julgar crime de tráfico internacional de drogas, no caso de ter sido utilizada a via postal para remessa do exterior.

A: incorreta, pois contraria o entendimento consolidado por meio da Súmula 337, do STJ; **B:** correta. Segundo entendimento sedimentado por meio das Súmulas 244, do STJ, e 521, do STF, compete ao foro do local da recusa processar o crime de estelionato mediante cheque sem provisão de fundos; **C:** incorreta. A peculiaridade do procedimento referente aos crimes de responsabilidade dos funcionários públicos reside na impugnação ofertada pelo funcionário antes do recebimento da denúncia. É a chamada *resposta* ou *defesa preliminar*, prevista no art. 514 do CPP, que somente terá incidência nos crimes funcionais afiançáveis. Com a edição da Súmula 330 do STJ, esta defesa que antecede o recebimento da denúncia deixou de ser necessária na ação penal alicerçada em inquérito policial. Dessa forma, a formalidade imposta pelo art. 514 do CPP somente se imporá, segundo o STJ, quando a denúncia se basear em outras peças de informação que não o inquérito policial; **D:** incorreta. Em decisão tomada no julgamento da ADIn n. 4.424, de 09.02.2012, o STF estabeleceu a natureza *incondicionada* da ação penal nos crimes de lesão corporal, independente de sua extensão, praticados contra a mulher no ambiente doméstico. Tal entendimento encontra-se sedimentado na Súmula 542, do STJ; **E:** incorreta, uma vez que ao juiz federal com jurisdição sobre o local da apreensão da droga remetida do exterior pela via postal compete processar e julgar o crime de tráfico transnacional de substâncias entorpecentes, nos termos da Súmula 528, do STJ. ED

Gabarito "B".

(Juiz de Direito - TJ/BA - 2019 - CESPE/CEBRASPE) Acerca da competência no processo penal, assinale a opção correta, de acordo com o entendimento dos tribunais superiores.

(A) O julgamento de crime de roubo perpetrado contra agência franqueada da Empresa Brasileira de Correios e Telégrafos competirá à justiça federal.

(B) O julgamento de crime de uso de documento falso decorrente de apresentação de certificado de registro de veículo falso a policial rodoviário federal competirá à justiça estadual.

(C) Compete à justiça federal julgar crime de divulgação e publicação na rede mundial de computadores de imagens com conteúdo pornográfico envolvendo criança ou adolescente.

(D) Compete à justiça federal o julgamento de contravenções praticadas em detrimento de interesses da União, quando elas forem conexas aos crimes de sua competência.

(E) Compete à justiça estadual o julgamento de crime de redução de trabalhador a condição análoga à de escravo.

A: incorreta. A competência, segundo entendimento sedimentado no STJ, é da Justiça Estadual, já que, sendo o roubo praticado contra uma agência franqueada dos Correios, não há que se falar em prejuízo à empresa pública EBCT. Tanto é assim que, se a agência não fosse franqueada, e sim própria, a competência, aí sim, seria da Justiça Federal. Conferir: "Conflito de competência. Formação de quadrilha e roubo cometido contra agência franqueada da EBCT. Inexistência de prejuízo à EBCT. Inexistência de conexão. Competência da justiça estadual. I. Compete à Justiça Estadual o processo e julgamento de possível roubo de bens de agência franqueada da Empresa Brasileira de Correios e Telégrafos, tendo em vista que, nos termos do respectivo contrato de franquia, a franqueada responsabiliza-se por eventuais perdas, danos, roubos, furtos ou destruição de bens cedidos pela franqueadora, não se configurando, portanto, real prejuízo à Empresa Pública. II. Não evidenciado o cometimento de crime contra os bens da EBCT, não há que se falar em conexão de crimes de competência da Justiça Federal e da Justiça Estadual, a justificar o deslocamento da competência para a Justiça Federal. III. Conflito conhecido para declarar competente Juiz de Direito da Vara Criminal de Assu/RN, o Suscitante" (CC 116.386/RN, Rel. Ministro Gilson Dipp, Terceira Seção, julgado em 25/05/2011, DJe 07/06/2011); **B:** incorreta. A solução desta proposição deve ser extraída da Súmula 546, do STJ: "A competência para processar e julgar o crime de uso de documento falso é firmada em razão da entidade ou órgão ao qual foi apresentado o documento público, não importando a qualificação do órgão expedidor". Ou seja, pouco importa, aqui, o fato de o órgão expedidor do documento falso ser estadual ou federal, por exemplo. O critério a ser utilizado para o fim de determinar a Justiça competente é o da entidade ou órgão ao qual o documento foi apresentado; **C:** correta. Conferir: "1. À luz do preconizado no art. 109, V, da CF, a competência para processamento e julgamento de crime será da Justiça Federal quando preenchidos 03 (três) requisitos essenciais e cumulativos, quais sejam, que: a) o fato esteja previsto como crime no Brasil e no estrangeiro; b) o Brasil seja signatário de convenção ou tratado internacional por meio do qual assume o compromisso de reprimir criminalmente aquela espécie delitiva; e c) a conduta tenha ao menos se iniciado no Brasil e o resultado tenha ocorrido, ou devesse ter ocorrido no exterior, ou reciprocamente. 2. O Brasil pune a prática de divulgação e publicação de conteúdo pedófilo-pornográfico, conforme art. 241-A do Estatuto da Criança e do Adolescente. 3. Além de signatário da Convenção sobre Direitos da Criança, o Estado Brasileiro ratificou o respectivo Protocolo Facultativo. Em tais acordos internacionais se assentou a proteção à infância e se estabeleceu o compromisso de tipificação penal das condutas

7. DIREITO PROCESSUAL PENAL

relacionadas à pornografia infantil. 4. Para fins de preenchimento do terceiro requisito, é necessário que, do exame entre a conduta praticada e o resultado produzido, ou que deveria ser produzido, se extraia o atributo de internacionalidade dessa relação. 5. Quando a publicação de material contendo pornografia infanto-juvenil ocorre na ambiência virtual de sítios de amplo e fácil acesso a qualquer sujeito, em qualquer parte do planeta, que esteja conectado à internet, a constatação da internacionalidade se infere não apenas do fato de que a postagem se opera em cenário propício ao livre acesso, como também que, ao fazê-lo, o agente comete o delito justamente com o objetivo de atingir o maior número possível de pessoas, inclusive assumindo o risco de que indivíduos localizados no estrangeiro sejam, igualmente, destinatários do material. A potencialidade do dano não se extrai somente do resultado efetivamente produzido, mas também daquele que poderia ocorrer, conforme própria previsão constitucional. 6. Basta à configuração da competência da Justiça Federal que o material pornográfico envolvendo crianças ou adolescentes tenha estado acessível por alguém no estrangeiro, ainda que não haja evidências de que esse acesso realmente ocorreu. 7. A extração da potencial internacionalidade do resultado advém do nível de abrangência próprio de sítios virtuais de amplo acesso, bem como da reconhecida dispersão mundial preconizada no art. 2º, I, da Lei 12.965/14, que instituiu o Marco Civil da Internet no Brasil. 8. Não se constata o caráter de internacionalidade, ainda que potencial, quando o panorama fático envolve apenas a comunicação eletrônica havida entre particulares em canal de comunicação fechado, tal como ocorre na troca de e-mails ou conversas privadas entre pessoas situadas no Brasil. Evidenciado que o conteúdo permaneceu enclausurado entre os participantes da conversa virtual, bem como que os envolvidos se conectaram por meio de computadores instalados em território nacional, não há que se cogitar na internacionalidade do resultado. 9. Tese fixada: "Compete à Justiça Federal processar e julgar os crimes consistentes em disponibilizar ou adquirir material pornográfico envolvendo criança ou adolescente (arts. 241, 241-A e 241-B da Lei nº 8.069/1990) quando praticados por meio da rede mundial de computadores". 10. Recurso extraordinário desprovido" (RE 628624, Rel. Min. Marco Aurélio, Rel. p/ Acórdão: Min. Edson Fachin, Tribunal Pleno, j. 29.10.2015); **D:** incorreta, dado que, ainda assim, o julgamento da contravenção caberá à Justiça Estadual, não se aplicando o teor da Súmula 122 do STJ, que impõe o julgamento conjunto pela Justiça Federal. Conferir: "Agravo regimental no conflito negativo de competência. Contravenções penais. Ilícitos que devem ser processados e julgados perante o juízo comum estadual, ainda que ocorridos em face de bens, serviços ou interesse da união ou de suas entidades. Súmula 38 desta corte. Configuração de conexão probatória entre contravenção e crime, este de competência da justiça comum federal. Impossibilidade, até nesse caso, de atração da jurisdição federal. Regras processuais infraconstitucionais que não se sobrepõem ao dispositivo de extração constitucional que veda o julgamento de contravenções pela justiça federal (art. 109, IV, da constituição da república). Declaração da competência do juízo de direito do juizado especial cível da comarca de Florianópolis/SC para o julgamento da contravenção penal prevista no art. 68, do Decreto-lei 3.688, de 3 de outubro de 1941. Agravo desprovido. 1. É entendimento pacificado por esta Corte o de que as contravenções penais são julgadas pela Justiça Comum Estadual, mesmo se cometidas em detrimento de bens, serviços ou interesses da União ou de suas entidades. Súmula 38 desta Corte. 2. Até mesmo no caso de conexão probatória entre contravenção penal e crime de competência da Justiça Comum Federal, aquela deverá ser julgada na Justiça Comum Estadual. Nessa hipótese, não incide o entendimento de que compete à Justiça Federal processar e julgar, unificadamente, os crimes conexos de competência federal e estadual (súmula 122 desta Corte), pois tal determinação, de índole legal, não pode se sobrepor ao dispositivo de extração constitucional que veda o julgamento de contravenções por Juiz Federal (art. 109, IV, da Constituição da República). Precedentes. 3. Agravo regimental desprovido. Mantida a decisão em que declarada a competência do Juízo de Direito do Juizado Especial Cível da Comarca de Florianópolis/SC para o jul-

gamento da contravenção penal prevista no art. 68, do Decreto-Lei 3.688, de 3 de outubro de 1941" (AGRCC 201102172177, Laurita Vaz, STJ, 3ª Seção, *DJE* 07.03.2012); **E:** incorreta. Conferir: "Recurso extraordinário. Constitucional. Penal. Processual Penal. Competência. Redução a condição análoga à de escravo. Conduta tipificada no art. 149 do Código Penal. Crime contra a organização do trabalho. Competência da Justiça Federal. Artigo 109, inciso VI, da Constituição Federal. Conhecimento e provimento do recurso. 1. O bem jurídico objeto de tutela pelo art. 149 do Código Penal vai além da liberdade individual, já que a prática da conduta em questão acaba por vilipendiar outros bens jurídicos protegidos constitucionalmente como a dignidade da pessoa humana, os direitos trabalhistas e previdenciários, indistintamente considerados. 2. A referida conduta acaba por frustrar os direitos assegurados pela lei trabalhista, atingindo, sobremodo, a organização do trabalho, que visa exatamente a consubstanciar o sistema social trazido pela Constituição Federal em seus arts. 7º e 8º, em conjunto com os postulados do art. 5º, cujo escopo, evidentemente, é proteger o trabalhador em todos os sentidos, evitando a usurpação de sua força de trabalho de forma vil. 3. É dever do Estado (*lato sensu*) proteger a atividade laboral do trabalhador por meio de sua organização social e trabalhista, bem como zelar pelo respeito à dignidade da pessoa humana (CF, art. 1º, inciso III). 4. A conjugação harmoniosa dessas circunstâncias se mostra hábil para atrair para a competência da Justiça Federal (CF, art. 109, inciso VI) o processamento e o julgamento do feito. 5. Recurso extraordinário do qual se conhece e ao qual se dá provimento" (RE 459510, Relator(a): Min. CEZAR PELUSO, Relator(a) p/ Acórdão: Min. DIAS TOFFOLI, Tribunal Pleno, julgado em 26.11.2015, ACÓRDÃO ELETRÔNICO *DJe*-067 DIVULG 11.04.2016 PUBLIC 12.04.2016). Gabarito "C".

(Defensor Público Federal – DPU – 2017 – CESPE) Em cada um dos itens seguintes é apresentada uma situação hipotética, seguida de uma assertiva a ser julgada à luz das disposições constitucionais e legais a respeito de competência.

(1) Auditoria do TCU indicou que o prefeito do município X desviou, para benefício próprio, valores oriundos da União ainda sujeitos a prestação de contas perante órgão federal. Nessa situação, conforme o entendimento do STF, a competência para julgamento do prefeito será do tribunal de justiça do respectivo estado por expressa previsão constitucional.

(2) Ricardo foi denunciado pela prática do crime de lavagem de capitais provenientes do tráfico internacional de drogas. Nessa situação, o crime de lavagem de capitais será processado e julgado pela justiça federal, haja vista a competência constitucional do crime antecedente.

1: errada. De acordo com a Súmula 702 do STF, "a competência do Tribunal de Justiça para julgar Prefeitos restringe-se aos crimes de competência da Justiça comum estadual; nos demais casos, a competência originária caberá ao respectivo tribunal de segundo grau". Desse modo, se o crime praticado pelo prefeito for federal (como é o caso de "X"), o julgamento caberá ao TRF da respectiva região; de igual forma, se for eleitoral o delito cometido pelo prefeito, a competência para julgá-lo será do Tribunal Regional Eleitoral do respectivo Estado. Há ainda a Súmula 208, do STJ: "Compete à Justiça Federal processar e julgar prefeito municipal por desvio de verba sujeita à prestação de contas perante órgão federal". Ante recente decisão do STF, cabem algumas observações a respeito do foro por prerrogativa de função. No dia 3 de maio de 2018, o Plenário do STF, por maioria de votos, decidiu que o foro por prerrogativa de função de que gozam parlamentares federais (senadores e deputados) se aplica tão somente às infrações penais cometidas no exercício do cargo e em razão das funções a ele relacionadas. Tal decisão foi tomada no julgamento de questão de ordem da ação

penal 937, cujo relator é o ministro Luís Roberto Barroso. Com isso, se o crime imputado a senador ou deputado federal é cometido antes da diplomação, o julgamento caberá ao juízo de primeira instância; se for cometido no curso do mandado mas nenhuma relação tiver com o seu exercício, o julgamento também caberá ao juiz de primeira instância (por exemplo: homicídio; roubo; embriaguez ao volante); agora, sendo o delito cometido durante o mandato e havendo relação entre ele e o desempenho da função parlamentar (corrupção passiva, por exemplo), o julgamento deverá realizar-se perante o STF. Uma das primeiras questões que surgiu, entre tantas outras, é se este entendimento que restringe o foro por prerrogativa de função se aplica para outras hipóteses de foro privilegiado ou apenas para os deputados federais e senadores. Segundo o STF, em decisão tomada no julgamento do Inq 4703 QO/DF, ocorrido em 12/06/2018 e da relatoria do ministro Luiz Fux, tal restrição imposta ao foro privilegiado vale também para ministros de Estado. O STJ, por sua vez, ao enfrentar a questão, tendo por base a decisão do STF na AP 937, decidiu que a restrição do foro deve alcançar governadores e conselheiros dos Tribunais de Contas estaduais (AP 866 e AP 857). Lembremos que o art. 105, I, "a", da CF/88 estabelece que compete ao STJ julgar os crimes praticados por governadores de Estado e por conselheiros dos Tribunais de Contas dos Estados. No que concerne aos prefeitos, ainda não há consenso. Há tribunais que, em face da nova interpretação conferida pelo STF ao foro por prerrogativa de função, remeteram os processos contra o chefe do executivo municipal para julgamento pela 1ª instância. Outra questão que está em aberto é se o julgamento de magistrados (juízes, desembargadores e ministros de tribunais superiores) deve se dar pela primeira instância ou não, na hipótese o crime não ter qualquer conexão com o exercício do cargo; **2:** correta, pois em conformidade com o que estabelece o art. 2º, III, *b*, da Lei 9.613/1998. Na jurisprudência: "A competência para a apreciação das infrações penais de lavagem de capitais somente será da Justiça Federal quando praticadas contra o sistema financeiro e a ordem econômico-financeira, ou em detrimento de bens, serviços ou interesses da União, ou de suas entidades autárquicas ou empresas públicas; ou quando o crime antecedente for de competência da Justiça Federal. *In casu*, não se apura afetação de qualquer interesse da União e o crime antecedente – tráfico de drogas – no caso é da competência estadual" (CC 96.678/MG, Rel. Ministra Maria Thereza de Assis Moura, Terceira Seção, julgado em 11/02/2009, DJe 20/02/2009). **ED**
Gabarito: 1E, 2C

(Juiz – TRF 2ª Região – 2017) Sobre a figura do foro por prerrogativa de função, leia as proposições e, ao final, assinale a opção correta:

I. Os juízes federais de 1º grau possuem foro por prerrogativa de função junto aos Tribunais (TRFs) em que exercem jurisdição, foro que abrange também os juízes do trabalho de 1º grau.

II. Na eventualidade de Procurador da República cometer crime comum durante o exercício funcional, prevalecerá a competência originária por prerrogativa de função ainda que o inquérito ou a ação penal sejam iniciados após a sua aposentadoria.

III. A jurisprudência do STF admite que a competência especial por prerrogativa de função, em relação a crimes comuns, seja aplicável tanto na fase de inquérito quanto na de instauração da ação penal, estendendo-se aos demais investigados originalmente sem prerrogativa de foro, quando seus atos sejam indivisíveis em relação aos atos praticados pelos detentores de foro.

(A) Apenas a assertiva I é correta.

(B) Apenas a assertiva II é correta.

(C) Apenas a assertiva III é correta.

(D) Apenas as assertivas I e III estão corretas.

(E) Todas as assertivas estão corretas.

I: correta, já que reflete o disposto no art. 108, I, *a*, da CF; **II:** incorreta, na medida em que, cessado o exercício funcional ou o mandato, cessa também a competência por prerrogativa de função. *Vide* Súmula 451 do STF; **III:** correta, pois reflete o entendimento firmado na Súmula 704 do STF: "Não viola as garantias do juiz natural, da ampla defesa e do devido processo legal a atração por continência ou conexão do processo do corréu ao foro por prerrogativa de função de um dos denunciados". **ED**
Gabarito: "D".

(Juiz – TRF 2ª Região – 2017) Analise as assertivas sobre a competência penal e, depois, marque a opção correta:

I. A conexão entre crimes da competência da Justiça Federal e da Estadual não enseja a reunião dos feitos;

II. São requisitos para o deferimento do incidente de deslocamento de competência para a Justiça Federal a grave violação de direitos humanos, a necessidade de assegurar o cumprimento, pelo Brasil, de obrigações decorrentes de tratados internacionais e a incapacidade de o estado membro, por suas instituições e autoridades, levar a cabo, em toda a sua extensão, a persecução penal.

III. Se cometidos durante o horário de expediente, compete à Justiça Federal julgar os delitos praticados por funcionário público federal.

(A) Apenas a assertiva I está correta.

(B) Apenas a assertiva II está correta.

(C) Apenas a assertiva III está correta.

(D) Todas as assertivas estão corretas.

(E) Apenas as assertivas II e III estão corretas.

I: incorreta, pois em desconformidade com o entendimento firmado na Súmula 122, do STJ: *Compete à Justiça Federal o processo e julgamento unificado dos crimes conexos de competência federal e estadual, não se aplicando a regra do art. 78, II, a, do Código de Processo Penal*; **II:** correta. Conferir: *A teor do § 5.º do art. 109 da Constituição Federal, introduzido pela Emenda Constitucional 45/2004, o incidente de deslocamento de competência para a Justiça Federal fundamenta-se, essencialmente, em três pressupostos: a existência de grave violação a direitos humanos; o risco de responsabilização internacional decorrente do descumprimento de obrigações jurídicas assumidas em tratados internacionais; e a incapacidade das autoridades e autoridades locais em oferecer respostas efetivas* (IDC 2/DF, Rel. Min. Laurita Vaz, 3ª Seção, j. 27.10.2010, *DJe* 22.11.2010); **III:** incorreta. A competência será da Justiça Federal somente se o crime for praticado pelo funcionário no exercício de suas atribuições legais, pouco importando se tal se deu no horário de expediente. Nesse sentido: *Compete à Justiça Federal processar e julgar crime praticado por funcionário público federal no exercício de suas atribuições funcionais. Conflito de competência conhecido. Competência da Justiça Federal* (CC 20.779/RO, Rel. Min. Vicente Leal, 3ª Seção, j. 16.12.1998, *DJ* 22.02.1999). **ED**
Gabarito: "B".

(Juiz – TJ-SC – FCC – 2017) Considere os Casos 1 e 2 abaixo.

Caso 1: Iniciada a prática de homicídio em Florianópolis, a morte da vítima ocorreu em Itajaí e a prisão do acusado em Blumenau.

Caso 2: Delito de menor potencial ofensivo foi praticado em Itajaí e se consumou no Balneário de Camboriú, não sendo possível a transação penal.

É competente para julgar as ações penais,

(A) o Tribunal do Júri da Comarca de Itajaí (Caso 1) e o juiz singular, segundo a organização judiciária da Comarca do Balneário de Camboriú (Caso 2).

(B) em ambos os casos, segundo a regra de distribuição, o juiz criminal da Comarca de Itajaí.

7. DIREITO PROCESSUAL PENAL

(C) o Tribunal do Júri da Comarca de Florianópolis (Caso 1) e o juiz singular, segundo a organização judiciária da Comarca de Itajaí (Caso 2).

(D) o Tribunal do Júri (Caso 1) e o juiz singular (Caso 2), segundo a organização judiciária da Comarca de Itajaí.

(E) em ambos os casos, segundo a regra de prevenção, o juiz criminal da Comarca de Itajaí.

Caso 1: como bem sabemos, a competência será determinada em razão do lugar em que se deu a consumação do crime (art. 70, "caput", CPP). Acolheu-se, assim, a teoria do resultado. Dessa forma, nos chamados *crimes plurilocais*, em que a conduta (ação ou omissão) ocorre num determinado local e o resultado acaba por ser produzido em outro, competente será o foro do local onde se deu a consumação. Pois bem. Sucede que, no contexto dos crimes contra a vida, tanto os culposos quanto os dolosos, a jurisprudência construiu a tese segundo a qual, contrariando o texto legal, deve-se adotar, tendo em conta a conveniência na colheita de provas, a teoria da atividade. Com isso, a competência firmar-se-á, nos crimes contra a vida cujo resultado ocorra em local diverso do da conduta, pelo foro do local da ação ou omissão, e não o do resultado, tal como estabelece o art. 70, "caput", do CPP. É o caso da vítima que, alvejada a tiros em determinada cidade, vem a falecer em outra. Parece lógico e producente que a prova seja colhida e o processamento se dê na comarca onde foi praticada a conduta, e não no local em que o crime se consumou. Como se pode ver, a banca examinadora adotou a literalidade do art. 70 do CPP, segundo o qual o julgamento deverá ocorrer no Tribunal do Júri do município de Itajaí, local no qual se deu a morte da vítima. Conferir: "Recurso ordinário em habeas corpus. Processual Penal. Crime de homicídio culposo (CP, art. 121, §§ 3° e 4°). Competência. Consumação do delito em local distinto daquele onde foram praticados os atos executórios. Crime plurilocal. Possibilidade excepcional de deslocamento da competência para foro diverso do local onde se deu a consumação do delito (CPP, art. 70). Facilitação da instrução probatória. Precedente. Recurso não provido. 1. A recorrente foi denunciada pela prática do crime de homicídio culposo (art. 121, § 3°, c/c § 4° do Código Penal), porque "deixando de observar dever objetivo de cuidado que lhe competia em razão de sua profissão de médica e agindo de forma negligente durante o pós-operatório de sua paciente Fernanda de Alcântara de Araújo, ocasionou a morte desta, cinco dias após tê-la operado, decorrendo o óbito de uma embolia gordurosa não diagnosticada pela denunciada, a qual sequer chegou a examinar a vítima após a alta hospitalar, limitando-se a prescrever remédios pelo telefone, em total afronta ao Código de Ética Médica (artigo 62 do CEM)". 2. Embora se possa afirmar que a responsabilidade imputada à recorrente possa derivar de negligência decorrente da falta do exame pessoal da vítima e do seu correto diagnóstico após a alta hospitalar, é inconteste que esse fato deriva do ato cirúrgico e dos cuidados pós-operatórios de responsabilidade da paciente, de modo que se está diante de crime plurilocal, o que justifica a eleição como foro do local onde os atos foram praticados e onde a recorrente se encontrava por ocasião da imputada omissão (por ocasião da prescrição de remédios por telefone à vítima). 3. Recurso não provido" (RHC 116200, Rel. Min. Dias Toffoli, 1ª Turma, j. 13.08.2013, Processo Eletrônico *DJe* 06.09.2013 Publ. 09.09.2013); **Caso 2:** o art. 63 da Lei 9.099/1995 estabelece que a competência do Juizado Especial Criminal será determinada em razão do lugar em que foi *praticada* a infração penal. Surgiram, assim, três teorias a respeito do juiz competente para o julgamento da causa: (i) teoria da atividade: é competente o juiz do local onde se verificou a ação ou omissão; (ii) teoria do resultado: a ação deve ser julgada no local onde se produziu o resultado; (iii) e teoria da ubiquidade: são considerados competentes tanto o juiz do local em que se deu a ação ou omissão quanto aquele do lugar em que se produziu o resultado. Na doutrina e na jurisprudência, predominam as teorias da atividade e da ubiquidade. O examinador adotou a teoria da atividade. 🔳

Gabarito "D".

(Juiz – TJ/SC – FCC – 2017) Nas ações penais de competência originária do Supremo Tribunal Federal, estabelece a Lei n° 8.038/90:

Art. 7° – Recebida a denúncia ou a queixa, o relator designará dia e hora para o interrogatório, mandando citar o acusado ou querelado e intimar o órgão do Ministério Público, bem como o querelante ou o assistente, se for o caso.

No que tange ao interrogatório do acusado,

(A) deve ser o ato derradeiro da instrução penal, nos termos do art. 400, do Código de Processo Penal, exceto quanto às ações penais onde o interrogatório tenha ocorrido antes da reforma de 2008.

(B) será sempre o ato derradeiro da instrução penal, nos termos do art. 400, do Código de Processo Penal, pois mais favorável à defesa do acusado.

(C) prevalecerá a regra procedimental da Lei n° 8.038/90 (art. 7°), em detrimento da regra geral e subsidiária do Código de Processo Penal.

(D) é irrelevante a ordem da realização do interrogatório, pois o acusado não está obrigado a responder às indagações do relator.

(E) o Plenário do Supremo Tribunal Federal não tem posição pacífica sobre o tema, prevalecendo ora a regra da Lei n° 8.038/90, ora a regra do art. 400, do Código de Processo Penal.

Em homenagem aos princípios do contraditório e da ampla defesa, o STF consolidou o entendimento segundo o qual, nas ações penais de competência originária do Supremo Tribunal Federal, deve incidir a regra contida no art. 400 do CPP, que estabelece que o interrogatório realizar-se-á ao final da instrução, em detrimento da regra presente no art. 7° da Lei 8.038/1990, para o qual o interrogatório deverá realizar-se no início da instrução. A exceção fica por conta das ações penais em que o interrogatório tenha ocorrido antes do advento da Lei 11.719/2008, que promoveu diversas alterações no CPP, entre as quais estabeleceu que, a partir de então, o interrogatório seria realizado ao final da instrução. Conferir: "O Plenário desta Suprema Corte, em homenagem aos princípios da ampla defesa e contraditório, firmou entendimento no sentido de que, mesmo nas ações penais originárias do Supremo Tribunal Federal, o interrogatório do réu deve ser o último ato da instrução processual (AP 528 AgR, Rel. Min. Ricardo Lewandowski, Tribunal Pleno, *DJe* 08.06.02011)". (AP 988 AgR, Rel. Min. Marco Aurélio, Rel. p/ Acórdão: Min. Alexandre De Moraes, 1ª Turma, j. 04.04.2017. No mesmo sentido: "I – O art. 400 do Código de Processo Penal, com a redação dada pela Lei 11.719/2008, fixou o interrogatório do réu como ato derradeiro da instrução penal. II – Sendo tal prática benéfica à defesa, deve prevalecer nas ações penais originárias perante o Supremo Tribunal Federal, em detrimento do previsto no art. 7° da Lei 8.038/90 nesse aspecto. Exceção apenas quanto às ações nas quais o interrogatório já se ultimou. III – Interpretação sistemática e teleológica do direito" (AP 528 AgR, Rel. Min. Ricardo Lewandowski, Tribunal Pleno, j. 24.03.2011). 🔳

Gabarito "A".

(Promotor de Justiça – MPE/RS – 2017) Cacilda, mulher policial rodoviária federal, e Posidônio, homem policial rodoviário federal, são casados e trabalham no mesmo posto da Polícia Rodoviária Federal de Porto Alegre. Ambos fardados, em horário de expediente e em seu local de trabalho iniciam acalorada discussão acerca de assuntos domésticos e familiares. Exaltada, Cacilda agride Posidônio causando-lhe lesões corporais de natureza leve, consistente em duas equimoses de 2x2cm de área.

288 EDUARDO DOMPIERI

Considerando os dados apresentados, a competência para apreciar o delito de lesões corporais deverá ocorrer

(A) no Juizado da Violência Doméstica.

(B) na Vara Criminal da Justiça Estadual.

(C) no Juizado Especial Criminal Estadual.

(D) na Vara Criminal da Justiça Federal.

(E) no Juizado Especial Criminal Federal.

Antes de mais nada, deve-se afastar a competência da Justiça Federal para o julgamento do caso acima narrado. É que os crimes praticados contra funcionário público federal somente são julgados pela Justiça Federal quando relacionados ao exercício da função (Súmula 147 do STJ), não sendo este o caso em questão, já que se trata, isto sim, de uma discussão envolvendo assuntos domésticos e familiares. No mais, sendo certo que o crime em que incorreu Cacilda é o do art. 129, § 9º, do CP, cuja pena máxima cominada corresponde a 3 anos (o que extrapola a competência do Juizado Especial Criminal: 2 anos), o caso deverá ser julgado por uma vara criminal da Justiça Estadual. `ED`

Gabarito "B".

(Delegado/MT – 2017 – CESPE) A polícia civil instaurou e concluiu o inquérito policial relativo a roubo havido em uma agência franqueada dos Correios. Encaminhados os autos à justiça estadual, o órgão do MP ofereceu denúncia contra os autores, a qual foi recebida pelo juízo competente.

Nessa situação hipotética, conforme o posicionamento dos tribunais superiores acerca dos aspectos processuais que definem a competência para processar e julgar delitos,

(A) por ser o sujeito passivo do delito uma empresa pública federal franqueada, a competência para o processo e o julgamento do crime será da justiça federal.

(B) por se tratar de uma agência franqueada de uma empresa pública, a competência para o processo e o julgamento do crime será da justiça estadual.

(C) a competência para o processo e o julgamento do crime será concorrente, tornando-se prevento o juízo que receber a peça inaugural.

(D) o critério balizador para determinar a competência do juízo será exclusivamente territorial.

(E) a polícia civil e o MP estadual não têm competência para a persecução pré-processual e processual do delito, respectivamente.

A competência, segundo entendimento sedimentado no STJ, é da Justiça Estadual, já que, sendo o roubo praticado contra uma agência franqueada dos Correios, não há que se falar em prejuízo à empresa pública EBCT. Tanto é assim que, se a agência não fosse franqueada, e sim própria, a competência, aí sim, seria da Justiça Federal. Conferir: "Conflito de competência. Formação de quadrilha e roubo cometido contra agência franqueada da EBCT. Inexistência de prejuízo à EBCT. Inexistência de conexão. Competência da justiça estadual. I. Compete à Justiça Estadual o processo e julgamento de possível roubo de bens de agência franqueada da Empresa Brasileira de Correios e Telégrafos, tendo em vista que, nos termos do respectivo contrato de franquia, a franqueada responsabiliza-se por eventuais perdas, danos, roubos, furtos ou destruição de bens cedidos pela franqueadora, não se configurando, portanto, real prejuízo à Empresa Pública. II. Não evidenciado o cometimento de crime contra os bens da EBCT, não há que se falar em conexão de crimes de competência da Justiça Federal e da Justiça Estadual, a justificar o deslocamento da competência para a Justiça Federal. III. Conflito conhecido para declarar competente Juiz de Direito da Vara Criminal de Assu/RN, o Suscitante" (CC 116.386/

RN, Rel. Ministro Gilson Dipp, Terceira Seção, julgado em 25/05/2011, DJe 07/06/2011). `ED`

Gabarito "B".

(Delegado/GO – 2017 – CESPE) Cláudio, maior e capaz, residente e domiciliado em Goiânia – GO, praticou determinado crime, para o qual é prevista ação penal privada, em Anápolis – GO. A vítima do crime, Artur, maior e capaz, é residente e domiciliada em Mineiros – GO.

Nessa situação hipotética, considerando-se o disposto no Código de Processo Penal, o foro competente para processar e julgar eventual ação privada proposta por Artur contra Cláudio será

(A) Anápolis – GO ou Goiânia – GO.

(B) Goiânia – GO ou Mineiros – GO.

(C) Goiânia – GO, exclusivamente.

(D) Anápolis – GO, exclusivamente.

(E) Mineiros – GO, exclusivamente.

Temos que, na ação penal privada, mesmo que conhecido o lugar da infração, que, neste caso, é Anápolis-GO, o querelante (Artur) poderá preferir o foro de domicílio ou da residência do querelado (Cláudio), tal como autoriza o art. 73 do CPP. Dessa forma, a ação, que é privativa do ofendido, poderá ser proposta na cidade de Anápolis-GO, onde os fatos se deram, ou em Goiânia-GO, local em que reside Cláudio. `ED`

Gabarito "A".

(Delegado/GO – 2017 – CESPE) Acerca de jurisdição e competência em matéria criminal, assinale a opção correta.

(A) Segundo entendimento do STJ, é de competência da justiça estadual processar e julgar crime contra funcionário público federal, estando ou não este no exercício da função.

(B) A competência para julgar prefeito municipal por desvio de verba sujeita a prestação de contas perante o órgão federal será dos juízes federais da seção judiciária da localidade em que o prefeito exercer ou tiver exercido o mandato.

(C) A competência para julgar governador de estado que, no exercício do mandato, cometa crime doloso contra a vida será do tribunal do júri da unidade da Federação na qual aquela autoridade tenha sido eleita para o exercício do cargo público.

(D) A competência para processar e julgar crime de roubo que resulte em morte da vítima será do tribunal do júri da localidade em que ocorrer o fato criminoso.

(E) No Estado brasileiro, a jurisdição penal pode ser exercida pelo STF, e em todos os graus de jurisdição das justiças militar e eleitoral, e das justiças comuns estadual e federal, dentro do limite da competência fixada por lei.

A: incorreta, uma vez que não reflete o entendimento firmado na Súmula n. 147 do STJ, que a seguir se transcreve: "Compete à Justiça Federal processar e julgar os crimes praticados contra funcionário público federal, quando relacionados com o exercício da função"; **B:** incorreta. De acordo com a Súmula 702 do STF, "a competência do Tribunal de Justiça para julgar Prefeitos restringe-se aos crimes de competência da Justiça comum estadual; nos demais casos, a competência originária caberá ao respectivo tribunal de segundo grau". Desse modo, se o crime praticado pelo prefeito for federal (como é o caso narrado na assertiva), o julgamento caberá ao TRF da respectiva região; de igual forma, se for eleitoral o delito cometido pelo prefeito, a competência para julgá-lo será do Tribunal Regional Eleitoral do respectivo Estado.

7. DIREITO PROCESSUAL PENAL 289

Há ainda a Súmula 208, do STJ: "Compete à Justiça Federal processar e julgar prefeito municipal por desvio de verba sujeita à prestação de contas perante órgão federal", que tem aplicação específica neste caso; **C:** incorreta. É que a jurisprudência consolidou o entendimento segundo o qual, na hipótese de ambas as competências (no caso, Júri e prerrogativa de função) estarem contempladas na Constituição Federal, deverá prevalecer a competência em razão da prerrogativa de função. É o que se infere da leitura da Súmula 721, do STF (Súmula Vinculante 45). O governador, dessa forma, será julgado pelo seu juízo natural, que é o STJ (art. 105, I, *a*, da CF). Se considerarmos que o crime praticado pelo governador (doloso contra a vida) nenhuma pertinência tem com o exercício do mandato, o julgamento deve se dar pela primeira instância (tribunal do júri), isso em razão da decisão do STJ, que, tendo por base a decisão do STF na AP 937, decidiu que a restrição do foro deve alcançar governadores e conselheiros dos Tribunais de Contas estaduais (AP 866 e AP 857); **D:** incorreta. A competência para o julgamento do crime de roubo seguido de morte (art. 157, § 3º, segunda parte, do CP), que é o latrocínio, é do juízo singular, e não do Tribunal do Júri, ao qual cabe o julgamento dos crimes dolosos contra a vida (que não é o caso do latrocínio, que é delito contra o patrimônio). Vide Súmula 603, do STF; **E:** correta. **ED**

Gabarito "E".

6. QUESTÕES E PROCESSOS INCIDENTES

(Delegado/RJ – 2022 – CESPE/CEBRASPE) Tício está sendo processado criminalmente pela prática de crime de apropriação indébita. Em sua resposta à acusação, Tício alega ser improcedente a imputação, tendo em vista que discute, em ação civil por ele proposta, a legitimidade da posse da coisa móvel.

Acerca dessa situação, assinale a opção correta.

(A) O juiz poderá suspender a ação penal a depender tão somente da prévia propositura da ação cível pelo acusado.

(B) A resolução da questão prejudicial pelo juiz criminal faz coisa julgada.

(C) Não há possibilidade de suspensão da ação penal movida contra Tício.

(D) O juiz criminal pode resolver, *incidenter tantum*, a questão da posse sem que seja necessária a suspensão da ação penal.

(E) O juiz deverá suspender a ação penal até que se dirima no juízo cível a questão da legitimidade da posse.

A: incorreta, já que o art. 93 do CPP, que trata da chamada questão prejudicial facultativa, contempla outros requisitos, não se limitando ao mencionado na assertiva; **B:** incorreta, uma vez que não faz coisa julgada; **C:** incorreta. O enunciado descreve hipótese de questão prejudicial *facultativa*. Conforme o disposto no art. 93 do CPP, o magistrado, como a própria classificação sugere, tem a faculdade, não a obrigação, de suspender o processo. São questões que não envolvem o estado das pessoas, como é o caso da discussão acerca da propriedade de determinado bem. Neste caso (prejudicial facultativa), o juiz, depois de transcorrido o prazo por ele estabelecido, poderá fazer prosseguir o processo, retomando sua competência para resolver a matéria da acusação ou da defesa. Diferentemente, a chamada questão prejudicial *obrigatória*, prevista no art. 92 do CPP, é aquela que necessariamente enseja a suspensão do processo, sendo tão somente suficiente que se trate de questão atinente ao estado civil das pessoas que o magistrado do juízo criminal repute séria e fundada. Aqui, o juiz deverá determinar a paralisação do feito até que o juízo cível emita sua manifestação. O legislador não estabeleceu prazo durante o qual o curso da ação penal permanecerá suspenso. Envolve questões atinentes à própria

existência do crime; **D:** correta, pois em conformidade com o art. 93, § 1º, do CPP; **E:** incorreta. Conforme já ponderado, cuida-se de questão prejudicial *facultativa*. **ED**

Gabarito "D".

(Juiz de Direito - TJ/BA - 2019 - CESPE/CEBRASPE) A respeito de questões prejudiciais e processos incidentes, assinale a opção correta.

(A) Subsistindo questão prejudicial sobre o estado civil do réu, o juiz criminal deverá continuar o trâmite processual e decidir a questão como preliminar de mérito por ocasião da prolação da sentença.

(B) As causas de suspeição do juiz serão arguidas em exceção própria, por petição assinada por advogado, independentemente de esse poder especial constar na procuração.

(C) No caso de bem imóvel adquirido com o provento de crime, poderá ser determinado o sequestro do bem, ressalvada a hipótese de sua transferência a terceiro de boa-fé.

(D) O sequestro é medida cautelar de indisponibilidade de bens em que o exercício do contraditório poderá ser postergado para evitar a dissipação do patrimônio.

(E) O exame médico-legal realizado no incidente de insanidade mental é prova constituída em favor da defesa, podendo o juiz, de ofício, determinar a sua realização compulsória quando o réu recusar submeter-se a ele.

A: incorreta. Se a questão prejudicial atinente ao estado civil do réu for considerada, pelo juiz, séria e fundada, será de rigor, a teor do art. 92 do CPP, a suspensão do processo. Aqui, o juiz deverá determinar a paralisação do feito até que o juízo cível emita sua manifestação. Envolve questões atinentes à própria existência do crime. Preleciona o art. 116, I, do CP que, em casos assim, o curso da prescrição ficará suspenso. Já na questão prejudicial *facultativa*, contida no art. 93 do CPP, o magistrado tem a faculdade, não a obrigação, de suspender o processo. São questões que não envolvem o estado das pessoas; **B:** incorreta. As causas de suspeição do juiz serão arguidas por meio de petição específica assinada pela parte ou por seu procurador com poderes especiais (art. 98, CPP); **C:** incorreta, pois contraria o disposto no art. 125 do CPP, que estabelece que terá lugar o sequestro dos bens imóveis adquiridos pelo indiciado com os proventos de infração, *ainda que já tenham sido transferidos a terceiro*; **D:** correta. Conferir: "A medida cautelar de sequestro, presentes os requisitos essenciais, pode ser deferida sem a prévia oitiva da parte contrária. Precedente." (AgInt no AREsp 1110340/SC, Rel. Ministro ROGERIO SCHIETTI CRUZ, SEXTA TURMA, julgado em 21/11/2017, DJe 28/11/2017); **E:** incorreta. Conferir: "O incidente de insanidade mental, que subsidiará o juiz na decisão sobre a culpabilidade ou não do réu, é prova pericial constituída em favor da defesa, não sendo possível determiná-la compulsoriamente quando a defesa se opõe." (HC 133078, Relator(a): Min. CÁRMEN LÚCIA, Segunda Turma, julgado em 06/09/2016, PROCESSO ELETRÔNICO DJe-202 DIVULG 21-09-2016 PUBLIC 22-09-2016). **ED**

Gabarito "D".

(Defensor Público – DPE/PR – 2017 – FCC) Em relação à insanidade mental do acusado,

(A) o rito de insanidade mental será processado nos autos principais.

(B) o juiz nomeará curador ao acusado, quando determinar o exame, sem estabelecer a suspensão do processo, se já iniciada a ação penal.

(C) o exame não poderá ser ordenado na fase do inquérito policial.

(D) a suspensão processual continua até que o acusado se restabeleça, se a doença mental sobrevier à infração.

(E) o exame não durará mais de trinta dias, salvo se os peritos demonstrarem a necessidade de maior prazo.

A: incorreta, uma vez que, a teor do que estabelece o art. 153 do CPP, o incidente de insanidade mental será processado em autos apartados, sendo certo que, após a juntada do laudo, será o incidente apensado aos autos principais; **B:** incorreta. Se já iniciada a ação penal, o juiz, ao nomear curador ao acusado e determinar a realização do exame, promoverá a suspensão do processo (art. 149, § 2º, CPP); **C:** incorreta, na medida em que, por expressa previsão contida no art. 149, § 1º, do CPP, o exame de insanidade mental poderá, sim, realizar-se no curso das investigações do inquérito policial, mediante representação do delegado ao juiz de direito; **D:** correta, pois reflete o disposto no art. 152, *caput*, do CPP; **E:** incorreta, já que o laudo deve ser ultimado no prazo de 45 dias (e não 30), salvo se os peritos demonstrarem a necessidade de prazo suplementar (art. 150, § 1º, CPP). ED

Gabarito "D".

(Juiz – TJ-SC – FCC – 2017) A sentença penal condenatória foi proferida por juiz de direito que, posteriormente, foi promovido ao Tribunal de Justiça e, como desembargador, não pode participar do julgamento da apelação interposta pelo condenado. A razão processual de tal vedação é:

(A) Suspeição, em razão de foro íntimo.

(B) Suspeição, por haver julgado a causa em outra instância.

(C) Impedimento, por haver julgado a causa em outra instância.

(D) Incompetência, por haver julgado a causa em outra instância.

(E) Perda de imparcialidade por haver julgado a causa em outra instância, mas não havia vedação processual para participar do julgamento.

A solução desta questão deve ser extraída da regra presente no art. 252, III, do CPP, que constitui hipótese de impedimento segundo a qual é vedado ao magistrado promovido para atuar em segunda instância, como desembargador, julgar decisão proferida por ele próprio enquanto juiz de primeira instância. Em outras palavras, é-lhe defeso integrar colegiado de instância superior para proceder ao julgamento de decisão que ele mesmo tenha proferido em instância inferior. É importante que se diga que a prática de atos de mero expediente e de impulso procedimental, porque não têm carga decisória, não têm o condão de configurar esta modalidade de impedimento. ED

Gabarito "C".

(Delegado/GO – 2017 – CESPE) Com relação a questões e processos incidentes, assinale a opção correta.

(A) Não poderá ser arguida a suspeição dos intérpretes.

(B) Não poderá ser arguida a suspeição dos funcionários da justiça.

(C) Não poderá ser arguida a suspeição do órgão do Ministério Público.

(D) Não poderá ser arguida a suspeição das autoridades policiais nos atos do inquérito.

(E) Não poderá ser arguida a suspeição dos peritos.

A: incorreta. Estabelece o art. 105 do CPP que as partes poderão, sim, arguir a suspeição dos intérpretes; **B:** incorreta. Estabelece o art. 105 do CPP que as partes poderão, sim, arguir a suspeição dos funcionários da Justiça; **C:** incorreta. Estabelece o art. 104 do CPP que as partes poderão, sim, arguir a suspeição do órgão do MP; **D:**

correta. Tal como estabelece o art. 107 do CPP, não se poderá opor suspeição às autoridades policiais nos atos do inquérito; **E:** incorreta. Estabelece o art. 105 do CPP que as partes poderão, sim, arguir a suspeição dos peritos. ED

Gabarito "D".

7. PROVAS

(Juiz de Direito/AP – 2022 – FGV) O Superior Tribunal de Justiça tem entendido, quanto ao ingresso forçado em domicílio, que não é suficiente apenas a ocorrência de crime permanente, sendo necessárias fundadas razões de que um delito está sendo cometido, para assim justificar a entrada na residência do agente, ou, ainda, a autorização para que os policiais entrem no domicílio.

Segundo a nova orientação jurisprudencial, a comprovação dessa autorização, com prova da voluntariedade do consentimento, constitui:

(A) interesse processual do acusado;

(B) interesse processual da acusação;

(C) faculdade da acusação;

(D) faculdade do acusado;

(E) ônus da acusação.

Conferir o seguinte julgado, que retrata o atual posicionamento do STJ quanto ao ônus, que recai sobre a acusação, de comprovar a higidez da autorização concedida pelo morador para que policiais ingressem no seu domicílio em caso de cometimento de crime permanente, a exemplo o tráfico de drogas: "HABEAS CORPUS. TRÁFICO DE DROGAS. SENTENÇA. NULIDADE. INGRESSO DE POLICIAIS NO DOMICÍLIO DO ACUSADO. AUSÊNCIA DE JUSTA CAUSA OU DE AUTORIZAÇÃO JUDICIAL. COMPROMETIMENTO DA MATERIALIDADE DELITIVA. APREENSÃO DE GRANDE QUANTIDADE DE DROGA (37,717 KG DE MACONHA, 2,268 KG DE COCAÍNA E 10,532 KG DE CRACK). ÔNUS DA PROVA. ESTADO ACUSADOR. PROVAS OBTIDAS EIVADAS DE VÍCIO. CONSTRANGIMENTO ILEGAL MANIFESTO. 1. Esta Corte Superior tem entendido, quanto ao ingresso forçado em domicílio, que não é suficiente apenas a ocorrência de crime permanente, sendo necessárias fundadas razões de que um delito está sendo cometido, para assim justificar a entrada na residência do agente, ou, ainda, autorização para que os policiais entrem no domicílio. 2. Segundo a nova orientação jurisprudencial, o ônus de comprovar a higidez dessa autorização, com prova da voluntariedade do consentimento, recai sobre o estado acusador. 3. Ao que se observa, o fato de o indivíduo correr com uma mochila nas costas, mesmo após evadir-se da presença policial, não configura a fundada razão da ocorrência de crime (estado de flagrância) que justifique afastar a garantia da inviolabilidade do domicílio, estabelecida no art. 5º, XI, da Constituição Federal. 4. Ordem concedida para reconhecer a nulidade do flagrante em razão da invasão de domicílio e, por conseguinte, das provas obtidas em decorrência do ato." (HC 668.062/RS, Rel. Ministro SEBASTIÃO REIS JÚNIOR, SEXTA TURMA, julgado em 21/09/2021, DJe 27/09/2021). ED

Gabarito "E".

(Delegado/RJ – 2022 – CESPE/CEBRASPE) Etelvina foi vítima do crime de roubo com emprego de arma de fogo, numa rua com pouca iluminação em um bairro da Zona Norte do Rio de janeiro. Desesperada, após o assalto, ela saiu pela rua, gritando por socorro. Cerca de 500 m adiante do local do fato, encontrou Osvaldo, policial civil que havia saído da delegacia para jantar. Ele socorreu Etelvina, ouviu o relato dela com a descrição do agente do crime e a levou à delegacia de polícia. Em seguida, com autorização da autoridade policial de plantão, Osvaldo, acompanhado de um colega policial civil de plantão, saiu numa viatura policial, em perseguição do indivíduo com as características mencionadas por Etelvina. Depois de percorrer as proximidades do local do fato durante cerca de uma hora, não logrou êxito em localizá-lo.

A autoridade policial encaminhou todos ao cartório e ouviu o relato de Etelvina em detalhes, embora ela tivesse dito que tudo havia sido muito rápido. Não havia testemunhas do fato, somente o relato de Osvaldo, que disse ter ouvido Etelvina na rua, apavorada. A autoridade policial perguntou a Etelvina se ela teria condições de reconhecer o elemento pelo álbum fotográfico da delegacia, e ela respondeu que sim. Desse modo, o delegado entregou-lhe o álbum, para que ela identificasse o indivíduo. Etelvina olhou todo o álbum fotográfico da delegacia e apontou um indivíduo como o autor do roubo: era Túlio, autor de diversos roubos na circunscrição da delegacia.

Nessa situação hipotética, de posse do termo de reconhecimento fotográfico, a autoridade policial deverá, segundo jurisprudência do STJ,

(A) instaurar inquérito policial, sem indiciar Túlio, a fim de colher maiores elementos de convicção sobre a autoria e circunstâncias do fato.

(B) instaurar inquérito policial, chamar Túlio, para ele dizer se conhece Etelvina, e realizar a acareação do depoimento de ambos, em busca de possíveis divergências.

(C) instaurar inquérito policial, indiciando Túlio com base no reconhecimento fotográfico feito por Etelvina, e requerer sua prisão preventiva ao juízo competente, a fim de colher maiores elementos de convicção sobre a autoria e circunstâncias do fato.

(D) instaurar inquérito policial, indiciando Túlio com base no reconhecimento fotográfico feito por Etelvina, e requerer sua prisão temporária ao juízo competente, a fim de que o Ministério Público ofereça denúncia contra Túlio.

(E) instaurar inquérito policial e requerer a prisão temporária de Túlio, para posterior requerimento de prisão preventiva e oferecimento de denúncia, diante da insofismável certeza da autoria obtida pelo reconhecimento fotográfico.

Conferir: "1. Os réus foram absolvidos, porque não há nos autos prova da autoria delitiva, pois, ainda que as vítimas tenham confirmado que reconheceram os acusados por meio de foto, não há outros elementos de prova de autoria do roubo. Conforme afirma a sentença, não houve a apreensão da arma de fogo ou de outros objetos de origem ilícita na posse dos acusados, tampouco estavam próximos ao veículo subtraído, haja vista que foram presos em pracinha localizada na Avenida Ivo Silveira, enquanto que o veículo foi abandonado na rua Álvaro Tolentino, próximo à passarela da via expressa, e nem, ao menos, foi realizada prova pericial para investigar a existência de digitais dos réus no veículo subtraído. 2. O Tribunal de origem reformou a sentença e condenou os réus, única e exclusivamente, com base no reconhecimento fotográfico realizado a partir das fotografias registradas pelo aparelho celular de um dos agentes policiais. 3. Esta Corte Superior formou a recente jurisprudência, segundo a qual, o reconhecimento de pessoa, presencialmente ou por fotografia, realizado na fase do inquérito policial, apenas é apto, para identificar o réu e fixar a autoria delitiva, quando observadas as formalidades previstas no art. 226 do Código de Processo Penal e quando corroborado por outras provas colhidas na fase judicial, sob o crivo do contraditório e da ampla defesa. 4. Considerando que o corréu

encontra-se na mesma situação fático-processual do agravante, deve ser-lhe aplicada a regra do art. 580 do CPP. 5. Agravo regimental provido. Recurso especial conhecido e provido. Sentença reestabelecida. Efeitos estendidos ao corréu." (STJ, AgRg no AREsp n. 1.887.844/SC, relator Ministro Olindo Menezes (Desembargador Convocado do TRF 1ª Região), Sexta Turma, julgado em 22/11/2022, DJe de 25/11/2022). **ED** Gabarito: "A".

(Delegado/RJ – 2022 – CESPE/CEBRASPE) Uma operação policial foi deflagrada para coibir a atividade ilícita de determinados ferros-velhos na região da Baixada Fluminense, onde, segundo as investigações, carros, produtos de furto e roubos, eram cortados e suas peças eram vendidas no mercado paralelo em todo o estado. Atuaram na operação 80 agentes de polícia e 10 delegados, que, munidos de mandados de busca e apreensão e mandados de prisão, prenderam 40 pessoas, recuperaram 120 automóveis furtados e roubados e centenas de peças diversas de automóveis, além de terem efetuado a prisão em flagrante de 60 pessoas. Na operação, também foram apreendidos telefones celulares, *chips*, documentos de propriedade de veículos e diversas placas de identificação veicular.

Em um desses ferros-velhos, Orozimbo, advogado, encontrava-se ao lado de um automóvel produto de crime. Conforme filmagens apreendidas pela polícia, ele havia chegado ao local nesse automóvel, minutos antes da chegada dos policiais. Ainda, um dos presos em flagrante disse, no momento da prisão, que grande parte dos documentos dos carros furtados e roubados apreendidos estava no escritório do advogado Orozimbo, guardados para serem negociados com integrantes de quadrilha que vendia carros no Paraguai.

Os celulares apreendidos com quatro dos presos foram desbloqueados pelos titulares das linhas, espontânea e consentidamente, e mostravam conversas em grupos de aplicativos de mensagem com o chefe de quadrilha, nominado de Thief. Fotos e vídeos de integrantes da quadrilha, agindo nas ruas da cidade, também foram encontrados nos celulares. Os documentos pessoais de Thief (passaporte, identidade e CPF) ficavam no escritório de Orozimbo, guardados num cofre.

Considerando essa situação hipotética, assinale a opção correta.

(A) Eventual procedimento de busca e apreensão no escritório do advogado Orozimbo será protegido pela inviolabilidade relativa, por existirem indícios da sua participação nos crimes objeto da operação.

(B) A realização de busca e apreensão no escritório do advogado Orozimbo não é admissível, por ser assegurada pela lei a inviolabilidade absoluta de seu escritório ou local de trabalho.

(C) É admissível a realização de busca e apreensão no escritório do advogado Orozimbo, para apreensão de todo e qualquer material que lá estiver, inclusive os de eventuais sócios dele, considerando-se a prática do crime investigado.

(D) A realização de busca e apreensão no escritório do advogado Orozimbo somente poderá ocorrer se se tratar da prática de crime inafiançável cuja pena seja superior a oito anos de reclusão.

(E) Orozimbo não poderá ser preso em flagrante delito, porque, sendo advogado, possui imunidade profissional que impede sua prisão.

O art. 7º, II, da Lei 8.906/1994 confere ao advogado inviolabilidade de seu escritório ou local de trabalho, bem como de seus instrumentos de trabalho, de sua correspondência escrita, eletrônica, telefônica e telemática, desde que relativas ao exercício da advocacia, inviolabilidade esta que é, em verdade, relativa, na medida em que, diante da existência de indícios de sua participação em crime, será possível a realização de busca e apreensão. **ED**

Gabarito "A".

(Delegado de Polícia Federal – 2021 – CESPE) Quanto à prova criminal, julgue os itens que se seguem.

(1) A confissão do acusado não dispensa a realização do exame de corpo de delito nos casos de crimes não transeuntes.

(2) Na ausência de um perito oficial, a perícia pode ser feita por duas pessoas idôneas portadoras de curso superior, preferencialmente com habilitação técnica relacionada à natureza do exame.

(3) No que se refere ao procedimento de reconhecimento, a pessoa que será reconhecida deverá, se possível, ser posicionada ao lado de outras pessoas com semelhanças físicas, sem número definido de indivíduos, para que, em seguida, a pessoa que tiver de fazer o reconhecimento seja convidada a apontá-la.

(4) É nula a decisão judicial que indefere a oitiva das vítimas do crime arroladas pela defesa.

(5) A ordem judicial de busca domiciliar autoriza o acesso aos dados armazenados no celular apreendido pela autoridade policial.

1: Certo. Uma vez inviabilizada a realização do exame de corpo de delito (direto ou indireto) nas infrações que deixam vestígios (chamados *delitos não transeuntes*), em razão do desaparecimento destes, a prova testemunhal poderá suprir-lhe a falta, na forma estatuída no art. 167 do CPP. Mas atenção: em hipótese alguma a confissão do réu poderá suprir a falta do exame de corpo de delito – art. 158, CPP. **2:** Certo. Com a nova redação dada ao art. 159 do CPP pela Lei de Reforma 11.690/08, a perícia será levada a efeito por um perito oficial portador de diploma de curso superior (antes eram dois). À falta deste, determina o § 1º do art. 159 que o exame seja feito por duas pessoas idôneas, detentoras de diploma de curso superior preferencialmente na área específica, dentre aquelas que tiverem habilitação técnica relacionada com a natureza do exame. **3:** Certo. O reconhecimento de pessoas está disciplinado no art. 226 do CPP, que adotou o chamado *sistema simultâneo* (art. 226, II, do CPP), em que todos são exibidos de forma simultânea (ao mesmo tempo) a quem tiver de fazer o reconhecimento. Como primeira providência, aquele que tiver de fazer o reconhecimento deverá fornecer a descrição da pessoa a ser reconhecida. Após, aquele a ser reconhecido será colocado lado a lado com pessoas que com ele guardem alguma semelhança. Feito isso, a pessoa que tiver de fazer o reconhecimento será convidada a apontar a pessoa a ser reconhecida. **4:** Errado. Conferir o seguinte julgado: "A obrigatoriedade de oitiva da vítima deve ser compreendida à luz da razoabilidade e da utilidade prática da colheita da referida prova. Hipótese de imputação da prática de 638 (seiscentos e trinta e oito) homicídios tentados, a revelar que a inquirição da integralidade dos ofendidos constitui medida impraticável. Indicação motivada da dispensabilidade das inquirições para informar o convencimento do Juízo, forte em critérios de persuasão racional, que, a teor do artigo 400, § 1º, CPP, alcançam a fase de admissão da prova. Ausência de cerceamento de defesa. 3. A inclusão de novas vítimas, ainda que de expressão reduzida no amplo contexto da apuração em Juízo, importa alteração do resultado jurídico da conduta imputada e, por conseguinte, interfere na própria constituição do fato típico. Daí que, por não se tratar de erro material,

exige-se a complementação da acusação que, contudo, não se submete a formalidades excessivas. A petição do Ministério Público que esclarece referidas circunstâncias e as atribuem aos denunciados atende ao figurino constitucional do devido processo legal. 4. O rito especial do Tribunal do Júri limita o número de testemunhas a serem inquiridas e, ao contrário do procedimento comum, não exclui dessa contagem as testemunhas que não prestam compromisso legal. Ausência de lacuna a ensejar a aplicação de norma geral, preservando-se, bem por isso, a imperatividade da regra especial. 5. A inobservância do prazo para oferecimento da denúncia não contamina o direito de apresentação do rol de testemunhas, cuja exibição associa-se ao ato processual acusatório, ainda que extemporâneo. Assim, o apontamento de testemunhas pela acusação submete-se à preclusão consumativa, e não a critérios de ordem temporal, já que o prazo para formalização da peça acusatória é de natureza imprópria. 6. Impetração não conhecida" (STF, HC 131.158, rel. Min. Edson Fachin, Primeira Turma, Julgamento: 26/04/2016, Publicação: 14/09/2016). **5:** Certo. É firme a jurisprudência no sentido de que devem ser consideradas nulas as "provas" obtidas pela polícia sem autorização judicial por meio da extração de dados e conversações registradas no aparelho celular e *whatsapp* do investigado, mesmo que o aparelho tenha sido apreendido no momento da prisão em flagrante. Sucede que, segundo entende o STJ, a ordem judicial de busca domiciliar permite o acesso aos dados armazenados no celular apreendido pela autoridade policial. Conferir: "PROCESSUAL PENAL. RECURSO ORDINÁRIO EM *HABEAS CORPUS*. TRÁFICO DE DROGAS E ASSOCIAÇÃO AO TRÁFICO. DADOS ARMAZENADOS NO APARELHO CELULAR. INAPLICABILIDADE DO ART. 5º, XII, DA CONSTITUIÇÃO FEDERAL E DA LEI N. 9.296/96. PROTEÇÃO DAS COMUNICAÇÕES EM FLUXO. DADOS ARMAZENADOS. INFORMAÇÕES RELACIONADAS À VIDA PRIVADA E À INTIMIDADE. INVIOLABILIDADE. ART. 5º, X, DA CARTA MAGNA. ACESSO E UTILIZAÇÃO. NECESSIDADE DE AUTORIZAÇÃO JUDICIAL. INTELIGÊNCIA DO ART. 3º DA LEI N. 9.472/97 E DO ART. 7º DA LEI N. 12.965/14. TELEFONE CELULAR APREENDIDO EM CUMPRIMENTO A ORDEM JUDICIAL DE BUSCA E APREENSÃO. DESNECESSIDADE DE NOVA AUTORIZAÇÃO JUDICIAL PARA ANÁLISE E UTILIZAÇÃO DOS DADOS NELES ARMAZENADOS. RECURSO NÃO PROVIDO. I - O sigilo a que se refere o art. 5º, XII, da Constituição da República está em relação à interceptação telefônica ou telemática propriamente dita, ou seja, é da comunicação de dados, e não dos dados em si mesmos. Desta forma, a obtenção do conteúdo de conversas e mensagens armazenadas em aparelho de telefone celular ou smartphones não se subordina aos ditames da Lei n. 9.296/96. II - Contudo, os dados armazenados nos aparelhos celulares decorrentes de envio ou recebimento de dados via mensagens SMS, programas ou aplicativos de troca de mensagens (dentre eles o "WhatsApp"), ou mesmo por correio eletrônico, dizem respeito à intimidade e à vida privada do indivíduo, sendo, portanto, invioláveis, nos termos do art. 5º, X, da Constituição Federal. Assim, somente podem ser acessados e utilizados mediante prévia autorização judicial, nos termos do art. 3º da Lei n. 9.472/97 e do art. 7º da Lei n. 12.965/14. III – A jurisprudência das duas Turmas da Terceira Seção deste Tribunal Superior firmou-se no sentido de ser ilícita a prova obtida diretamente dos dados constantes de aparelho celular, decorrentes de mensagens de textos SMS, conversas por meio de programa ou aplicativo ("WhatsApp"), mensagens enviadas ou recebidas por meio de correio eletrônico, obtidos diretamente pela polícia no momento do flagrante, sem prévia autorização judicial para análise dos dados armazenados no telefone móvel. IV – No presente caso, contudo, o aparelho celular foi apreendido em cumprimento a ordem judicial que autorizou a busca e apreensão nos endereços ligados aos corréus, tendo a recorrente sido presa em flagrante na ocasião, na posse de uma mochila contendo tabletes de maconha. V – Se ocorreu a busca e apreensão dos aparelhos de telefone celular, não há óbice para se adentrar ao seu conteúdo já armazenado, porquanto necessário ao deslinde do feito, sendo prescindível nova autorização judicial para análise e utilização dos dados neles armazenados. Recurso ordinário não provido" (STJ, RHC 77.232/SC, Rel. Ministro FELIX FISCHER, QUINTA TURMA, julgado em 03/10/2017, DJe 16/10/2017). **ED**

Gabarito: 1C, 2C, 3C, 4E, 5C

7. DIREITO PROCESSUAL PENAL

(Delegado/MG – 2021 – FUMARC) Em relação às características do sistema acusatório, analise as afirmativas:

I. Gestão da prova na mão das partes e não do juiz, clara distinção entre as atividades de acusar e julgar, juiz como terceiro imparcial e publicidade dos atos processuais.

II. Ausência de uma tarifa probatória, igualdade de oportunidades às partes no processo e procedimento é, em regra, oral.

III. O processo é um fim em si mesmo e o acusado é tratado como mero objeto, imparcialidade do juiz e prevalência da confissão do réu como meio de prova.

IV. Celeridade do processo e busca da verdade real, o que faculta ao juiz de- terminar de ofício a produção de prova.

São VERDADEIRAS apenas as afirmativas:

(A) I e II.

(B) I e IV.

(C) I, III e IV.

(D) II e III.

São características do *sistema acusatório*: nítida separação nas funções de acusar, julgar e defender, o que torna imprescindível que essas funções sejam desempenhadas por pessoas distintas; o processo é público e contraditório; há imparcialidade do órgão julgador e a ampla defesa é assegurada. No *sistema inquisitivo*, que deve ser entendido como a antítese do acusatório, as funções de acusar, defender e julgar reúnem-se em uma única pessoa. É possível, nesse sistema, portanto, que o juiz investigue, acuse e julgue. Além disso, o processo é sigiloso e nele não vige o contraditório. No *sistema misto*, por fim, há uma fase inicial inquisitiva, ao final da qual tem início uma etapa em que são asseguradas todas as garantias inerentes ao acusatório. Quanto à faculdade de o juiz determinar, de ofício, a produção da prova, valem algumas ponderações. Como bem sabemos, a atividade instrutória do juiz está expressamente contemplada no art. 156 do CPP. Com efeito, as modificações implementadas pela Lei 11.690/2008 no dispositivo acima mencionado ampliaram sobremaneira os poderes do juiz de determinar de ofício a produção da prova. Dessa forma, nada impede que o magistrado, com fulcro no art. 156, II, do CPP, com o propósito de esclarecer dúvida acerca de ponto relevante, determine, em caráter supletivo, diligências com o objetivo de se atingir a verdade real. Sucede que, com o advento do chamado *pacote anticrime* (Lei 13.964/2019), foram promovidas diversas inovações nos campos penal, processual penal e legislação extravagante, com destaque para a Lei de Execução Penal. No Código de Processo Penal, uma das alterações a nosso ver mais relevantes, ao lado do juiz de garantias, é a inserção do art. 3º-A, que consagra e explicita a opção pelo sistema acusatório. Segundo este dispositivo, cuja eficácia está suspensa por decisão liminar do STF, já que faz parte do regramento que compõe o chamado "juiz de garantias" (arts. 3º-A a 3º-F, do CPP), "o processo penal terá estrutura acusatória, vedadas a iniciativa do juiz na fase de investigação e a substituição da atuação probatória do órgão de acusação". Até então, o sistema acusatório, embora amplamente acolhido pela comunidade jurídica, já que em perfeita harmonia com a CF/88, não era contemplado em lei. Nessa esteira, com vistas a fortalecer o sistema acusatório, o *pacote anticrime* cria a figura do juiz de garantias (arts. 3º-A a 3º-F, do CPP, com eficácia atualmente suspensa), ao qual cabe promover o controle da legalidade da investigação criminal e salvaguardar os direitos individuais cuja franquia tenha sido reservada ao Poder Judiciário. Também dentro desse mesmo espírito, a Lei 13.964/2019 alterou os arts. 282, § 2º, e 311, ambos do CPP, que agora vedam a atuação de ofício do juiz na decretação de medidas cautelares de natureza pessoal, como a prisão processual, ainda que no curso da ação penal. Como não poderia deixar de ser, surgiu (ou ressurgiu) a discussão acerca da compatibilidade do art. 156 do CPP com a adoção, agora explícita, do sistema acusatório feita pela inserção do art. 3º-A no CPP. Como bem sabemos, não houve a revogação expressa do art. 156 do CPP pela Lei 13.964/2019, dispositivo que autoriza a atuação do juiz de ofício na produção da prova (inclusive na fase investigativa). A questão que se coloca é: houve revogação tácita do art. 156 do CPP pelo novo art. 3º-A? Somente o tempo dirá como os tribunais atuarão diante de tal impasse. Pensamos que a inserção do art. 3º-A no CPP, aliada à implementação do juiz de garantias, à vedação imposta à atuação de ofício do juiz (como a proibição de o magistrado decretar a custódia preventiva de ofício no curso da ação penal) e também à inovação promovida no procedimento de arquivamento do IP, que retira o protagonismo que até então tinha o juiz de decidir se era ou não caso de arquivamento, leva-nos a crer que o art. 156 do CPP, porque incompatível com o sistema acusatório, foi tacitamente revogado pelo art. 3º-A. **ED**

Gabarito "A."

(Juiz de Direito/GO – 2021 – FCC) Em relação à prova no processo penal,

(A) o Supremo Tribunal Federal, por maioria de votos, entende legítimo o compartilhamento, com o Ministério Público e as autoridades policiais, para fins de investigação criminal, da integralidade dos dados bancários e fiscais do contribuinte obtidos pela Receita Federal e pelo Conselho de Controle de Atividade Financeira, sem a necessidade de autorização prévia do Poder Judiciário.

(B) as perguntas serão formuladas pelas partes diretamente à testemunha, não admitindo o juiz apenas aquelas que puderem induzir a resposta.

(C) a captação ambiental de sinais eletromagnéticos, ópticos ou acústicos poderá ser autorizada pelo juiz, para investigação ou instrução criminal, quando houver elementos probatórios razoáveis de autoria e participação em infrações criminais cujas penas máximas sejam iguais ou superiores a quatro anos e a prova não puder ser feita por outros meios disponíveis e igualmente eficazes.

(D) a infiltração de agentes de polícia em tarefas de investigação depende de circunstanciada, motivada e sigilosa autorização do juiz competente, e poderá ser autorizada pelo prazo de até seis meses, vedada renovação.

(E) será admitida a interceptação de comunicações telefônicas quando o fato investigado constituir infração penal punida com pena de detenção, desde que a pena máxima seja superior a dois anos.

A: correta. *Vide* RE 1055941, da relatoria do ministro Dias Toffoli, julgado pelo Pleno do STF em 04/12/2019, com publicação no dia 18/03/2021; **B:** incorreta. As perguntas serão formuladas pelas partes diretamente à testemunha, não admitindo o juiz, além daquelas que puderem induzir a resposta, também as que não tiverem relação com a causa ou importarem na repetição de outra pergunta já respondida (art. 212, *caput*, CPP); **C:** incorreta. É que, segundo estabelece o art. 8º-A, II, da Lei 9.296/1996, introduzido pela Lei 13.964/2019, a pena máxima cominada ao crime sob investigação, para a captação ambiental de sinais eletromagnéticos, ópticos ou acústicos, deve ser *superior* a quatro anos, não bastando que seja *igual* (a 4 anos); **D:** incorreta, uma vez que a infiltração de agentes, que será concedida pelo prazo de até seis meses, poderá ser renovada, desde que comprovada a sua necessidade (art. 10, § 3º, da Lei 12.850/2013); **E:** incorreta, visto que a interceptação telefônica somente será deferida se o fato investigado constituir infração penal punida com pena de reclusão – art. 2º, III, da Lei 9.296/96. **ED**

Gabarito "A."

(Juiz de Direito – TJ/MS – 2020 – FCC) O interrogatório do acusado

(A) pode ser realizado por sistema de videoconferência, desde que necessária a medida para prevenir risco à segurança pública e intimadas as partes da decisão que o determinar com 05 (cinco) dias de antecedência.

(B) em processo por tráfico de entorpecentes deve ocorrer após a inquirição das testemunhas arroladas pela acusação e pela defesa, nesta ordem, sob pena de nulidade do feito, independentemente da data de encerramento da instrução criminal.

(C) deve ser realizado novamente nas hipóteses de *emendatio libelli* e *mutatio libelli*.

(D) pode ser procedido novamente a todo tempo a pedido fundamentado de qualquer das partes, vedada, no entanto, a repetição do ato por determinação de ofício do juiz.

(E) pode ser novamente realizado por tribunal, câmara ou turma no julgamento de recurso de apelação

A: incorreta. Em primeiro lugar, o interrogatório por sistema de videoconferência somente é possível na hipótese de o acusado encontrar-se preso, tal como estabelece o art. 185, § 2º, do CPP. Este é o primeiro erro da assertiva. Além disso – e aqui está o segundo erro, da decisão que determinar a realização do interrogatório por sistema de videoconferência, as partes serão intimadas com *dez* dias de antecedência, e não *cinco*, como constou da assertiva. É o que dispõe o art. 185, § 3º, do CPP. Nunca é demais lembrar que o interrogatório por sistema de videoconferência constitui exceção, somente podendo ser realizado nas hipóteses listadas no art. 185, § 2º, do CPP. A regra, portanto, é que o interrogatório seja realizado no estabelecimento em que o réu estiver preso; não sendo isso possível, por falta de estrutura do presídio, o interrogatório realizar-se-á no fórum, com requisição, pelo juiz, do acusado (art. 185, § 7º, do CPP); **B:** incorreta. Segundo jurisprudência consolidada nos tribunais superiores, o rito processual para o interrogatório, previsto no art. 400 do CPP, deve alcançar todos os procedimentos disciplinados por leis especiais, aqui incluído o rito previsto na Lei de Drogas, cujo art. 57 estabelece que o interrogatório realizar-se-á no começo da instrução. Significa que o interrogatório, mesmo nos procedimentos regidos por leis especiais, passa a ser o derradeiro ato da instrução. No entanto, com o fito de não abalar a segurança jurídica dos feitos em que já fora proferida sentença, tal entendimento somente deve ser aplicável aos processos com instrução ainda não ultimada até o dia 11.03.2016, que corresponde à data em que se deu a publicação da ata do julgamento, pelo STF, do HC 127.900. Conferir: "1. Por ocasião do julgamento do HC n. 127.900/AM, ocorrido em 3/3/2016 (DJe 3/8/2016), o Pleno do Supremo Tribunal Federal firmou o entendimento de que o rito processual para o interrogatório, previsto no art. 400 do Código de Processo Penal, deve ser aplicado a todos os procedimentos regidos por leis especiais. Isso porque a Lei n. 11.719/2008 (que deu nova redação ao referido art. 400) preponderar sobre as disposições em sentido contrário previstas em legislação especial, por se tratar de lei posterior mais benéfica ao acusado (*lex mitior*). 2. De modo a não comprometer o princípio da segurança jurídica dos feitos já sentenciados (CR, art. 5º, XXXVI), houve modulação dos efeitos da decisão: a Corte Suprema estabeleceu que essa nova orientação somente deve ser aplicada aos processos cuja instrução ainda não se haja encerrado. 3. Se nem a doutrina nem a jurisprudência ignoram a importância de que se reveste o interrogatório judicial – cuja natureza jurídica permite qualificá-lo como ato essencialmente de defesa –, não é necessária para o reconhecimento da nulidade processual, nos casos em que o interrogatório do réu tenha sido realizado no início da instrução, a comprovação de efetivo prejuízo à defesa, se do processo resultou condenação. Precedente. 4. O interrogatório é, em verdade, o momento ótimo do acusado, o seu "dia na Corte" (day in Court), a única oportunidade, ao longo de todo o processo, em que ele tem voz ativa e

livre para, se assim o desejar, dar sua versão dos fatos, rebater os argumentos, as narrativas e as provas do órgão acusador, apresentar álibis, indicar provas, justificar atitudes, dizer, enfim, tudo o que lhe pareça importante para a sua defesa, além, é claro, de responder às perguntas que quiser responder, de modo livre, desimpedido e voluntário. 5. Não há como se imputar à defesa do acusado o ônus de comprovar eventual prejuízo em decorrência de uma ilegalidade, para a qual não deu causa e em processo que já lhe enseja sentença condenatória. Isso porque não há, num processo penal, prejuízo maior do que uma condenação resultante de um procedimento que não respeitou as diretrizes legais e tampouco observou determinadas garantias constitucionais do réu (no caso, a do contraditório e a da ampla defesa). 6. Uma vez fixada a compreensão pela desnecessidade de a defesa ter de demonstrar eventual prejuízo decorrente da inversão da ordem do interrogatório do réu, em processo do qual resultou a condenação, também não se mostra imprescindível, para o reconhecimento da nulidade, que a defesa tenha alegado o vício processual já na própria audiência de instrução. 7. Porque reconhecida a nulidade do interrogatório do recorrente, com a determinação de que o Juízo de primeiro grau proceda à nova realização do ato, fica prejudicada a análise das demais matérias suscitadas neste recurso (reconhecimento da minorante prevista no § 4º do art. 33 da Lei de Drogas, fixação do regime aberto e substituição da reprimenda privativa de liberdade por restritivas de direitos). 8. Recurso especial provido, para anular o interrogatório do recorrente e determinar que o Juízo de primeiro grau proceda à nova realização do ato (Processo n. 0000079-90.2016.8.26.0592, da Vara Criminal da Comarca de Tupã – SP)" (STJ, REsp 1825622/SP, Rel. Ministro ROGERIO SCHIETTI CRUZ, SEXTA TURMA, julgado em 20/10/2020, DJe 28/10/2020); **C:** incorreta. No campo da *emendatio libelli*, o fato descrito pela acusação na peça inicial permanece inalterado, sem prejuízo, por isso mesmo, para a defesa. A mudança, aqui, incide na classificação da conduta, levada a efeito pela acusação, no ato da propositura da ação, e retificada pelo juiz, de ofício, no momento da sentença, sendo desnecessário, em vista disso, ouvir a esse respeito o defensor ou mesmo proceder-se a novo interrogatório do acusado. Na *mutatio libelli*, diferentemente, temos que a prova colhida na instrução aponta para uma nova definição jurídica do fato, diversa daquela contida na inicial. Por força do que estabelece o art. 384, *caput*, do CPP, impõe-se o aditamento da exordial pelo órgão acusatório, com a designação de audiência na qual se procederá à inquirição de testemunhas e realizar-se-á novo interrogatório do acusado, seguido de debates de julgamento (art. 384, § 2º, CPP); **D:** incorreta, na medida em que é dado ao juiz, a todo tempo, proceder a novo interrogatório, de ofício ou a pedido fundamentado das partes (art. 196, CPP); **E:** correta, pois corresponde ao que estabelece o art. 616 do CPP. **ED**

Gabarito "E"

Felipe foi denunciado por furto qualificado pelo rompimento de obstáculo. Durante a instrução processual, verificou-se que, sem nenhuma justificativa, embora fosse possível, o laudo pericial não havia sido realizado; entretanto, a vítima e uma testemunha local confirmaram que uma porta havia sido arrombada no local quando do momento do furto.

(Promotor de Justiça/CE – 2020 – CESPE/CEBRASPE) Considerando essa situação hipotética, assinale a opção correta.

(A) O juiz deve reconhecer a qualificadora, pois, nesse caso, existe um exame de corpo de delito indireto.

(B) O juiz não deve reconhecer a qualificadora, tendo em vista que foi injustificada a não realização de laudo pericial, que era viável.

(C) Caso Felipe confessasse o arrombamento, tal confissão já seria prova suficiente da ocorrência da qualificadora.

(D) O fato de as vítimas terem confirmado o arrombamento supre a falta de exame pericial.

(E) Caso o furto tivesse sido filmado por câmeras de segurança, tal prova não seria suficiente para caracterizar a qualificadora de arrombamento.

Por imposição dos arts. 158 e 171 do CPP, é indispensável o exame de corpo de delito, direito ou indireto, nas infrações que deixam vestígios e, em especial nos crimes cometidos com destruição ou rompimento de obstáculo à subtração da coisa, devem os peritos, além de constatar e descrever os vestígios, indicar com que instrumentos, por que meios e em que época presumem ter sido o fato praticado. O art. 167 do CPP, por sua vez, estabelece que, em face da impossibilidade de se proceder ao exame de corpo de delito, por haverem os vestígios desaparecido, é possível o seu suprimento por meio do depoimento de testemunhas. Em outras palavras, uma vez desaparecidos os vestígios deixados pela prática criminosa, os elementos de convicção que seriam obtidos por intermédio da perícia deverão ser apurados mediante prova testemunhal. Sucede que este suprimento a que se refere o art. 167 do CPP somente poderá ocorrer na hipótese de a não realização da perícia mostrar-se justificável. No caso narrado no enunciado, sequer houve justificativa para a ausência do exame pericial, o que impede o juiz de reconhecer a qualificadora. Também impede o suprimento da perícia pela prova testemunhal a hipótese em que o desaparecimento dos vestígios ocorre pela desídia dos agentes estatais incumbidos da sua preservação. De outro lado, o suprimento mostra-se possível quando o desaparecimento dos vestígios se der de forma natural ou por ação do próprio acusado. Seja como for, é importante que se diga que, a despeito de a prova testemunhal ter o condão de suprir a ausência de exame de corpo de delito, a confissão do acusado não se presta à mesma finalidade (art. 158, CPP). Na jurisprudência: "1. O reconhecimento da qualificadora de rompimento de obstáculo exige a realização de exame pericial, o qual somente pode ser substituído por outros meios probatórios quando inexistirem vestígios, o corpo de delito houver desaparecido ou as circunstâncias do crime não permitirem a confecção do laudo. 2. Sendo apontado fundamento capaz de justificar a não realização da perícia, impõe-se a manutenção da qualificadora. 3. Agravo regimental improvido, e deferida a execução provisória da pena, determinando o imediato cumprimento da condenação, delegando-se ao Tribunal local a execução de todos os atos preparatórios" (STJ, AgRg no REsp 1705450/RO, Rel. Ministro NEFI CORDEIRO, SEXTA TURMA, julgado em 13/03/2018, DJe 26/03/2018). **ED**
Gabarito "B".

(Promotor de Justiça/PR – 2019 – MPE/PR) Sobre a **prova,** nos termos do Código de Processo Penal e Leis Especiais, analise as assertivas abaixo e assinale a alternativa incorreta:

(A) Quando a infração deixar vestígios, será indispensável o exame de corpo de delito, direto ou indireto, não podendo supri-lo a confissão do acusado.

(B) Em crimes abrangidos pelas Leis do Juizado Especial Criminal (Lei n. 9.099/95) e de Violência Doméstica (Lei n. 11.340/06) é possível oferecer denúncia provando-se a materialidade do crime por meio do prontuário médico.

(C) É possível o juiz determinar, de ofício, busca domiciliar para prender criminosos, apreender pessoas vítimas de crimes e colher qualquer elemento de convicção.

(D) Os menores de 18 (dezoito) anos, o ascendente e o descendente do acusado quando arrolados para serem ouvidos na instrução processual não são considerados testemunhas numerárias (que integram o limite máximo), tal como acontece com as testemunhas referidas.

(E) Se o juiz verificar que a presença do réu poderá causar humilhação, temor, ou sério constrangimento à testemunha ou ao ofendido, de modo que prejudique a verdade do depoimento, fará a inquirição por videoconferência e, somente na impossibilidade dessa forma, determinará a retirada do réu, prosseguindo na inquirição, com a presença do seu defensor.

A: correta, uma vez que corresponde à redação do art. 158 do CPP; **B:** correta, pois reflete o que estabelecem os arts. 12, § 3º, da Lei 11.340/2006 (Maria da Penha) e 77, § 1º, da Lei 9.099/1995 (Juizados Especiais); **C:** correta (art. 242, CPP); **D:** incorreta. Não integrarão o limite máximo as testemunhas que não prestam compromisso (doentes mentais, menores de 14 anos – e não de 18 – e aqueles indicados no art. 206, CPP), as referidas e as que nada sabem (art. 209, § 2º, CPP); **E:** correta. Se o magistrado constatar que a presença do réu poderá causar temor à testemunha, deverá, em primeiro lugar, cuidar para que a inquirição seja feita por meio de videoconferência; não sendo isso possível, determinará, aí sim, a retirada do acusado da sala de audiência (art. 217, CPP). **ED**
Gabarito "D".

(Promotor de Justiça/SP – 2019 – MPE/SP) Com base na orientação jurisprudencial assentada no STJ, em relação à prova, é correto afirmar que, no crime de

(A) embriaguez na condução de veículo automotor, a prova sobre a alteração da capacidade psicomotora do condutor não admite prova testemunhal.

(B) tráfico de drogas, é necessário prova de que a venda vise aos frequentadores do estabelecimento de ensino, para o reconhecimento da respectiva majorante.

(C) furto, a comprovação da causa de aumento do rompimento de obstáculo, quando desaparecerem os vestígios, não admite prova testemunhal.

(D) receptação, uma vez apreendida a *res furtiva* em poder do réu, cabe à defesa apresentar prova acerca da origem lícita do bem.

(E) roubo, é imprescindível a apreensão e perícia da arma de fogo, para a comprovação da respectiva causa de aumento.

A: incorreta. A prova da alteração da capacidade psicomotora pode ser feita por meio de exame laboratorial (alcoolemia ou toxicológico), como também por intermédio de exame clínico, perícia, vídeo, prova testemunhal ou qualquer outro meio admitido por lei (art. 306, § 2º, do Código de Trânsito Brasileiro, cuja redação foi conferida pela Lei 12.791/2014). Nesse sentido, conferir: "A Lei n. 12.760/2012, que alterou o art. 306 do CTB, ampliou os meios de prova, pois permite, agora, que, na ausência de exames de alcoolemia - sangue ou bafômetro -, outros elementos possam ser utilizados para atestar a embriaguez e a alteração da capacidade psicomotora do motorista, como vídeos, testemunhas ou quaisquer meios de prova em direito admitidos, respeitada a contraprova" (STJ, AgInt no REsp 1675592/RO, Sexta Turma, Rel. Ministro Rogerio Schietti Cruz, DJe 06/11/2017); **B:** incorreta. É pacífico o entendimento, na jurisprudência, no sentido de que a incidência da causa de aumento de pena do art. 40, III, da Lei de Drogas dispensa a comprovação de que o crime visava a atingir os frequentadores dos locais mencionados nesse dispositivo. Conferir: "O crime praticado nas imediações de estabelecimento de ensino. Tal fundamento, por si só, justifica a imposição da majorante prevista no art. 40, inciso III, da Lei 11.343/2006, sendo prescindível a prova de que o acusado tinha como "público-alvo" os frequentadores desses locais" (STJ, HC 480.887/SP, Rel. Ministro FELIX FISCHER, QUINTA TURMA, julgado em 07/02/2019, DJe 19/02/2019); **C:** incorreta. É certo que o exame de corpo de delito, nas infrações que deixam vestígios, é indispensável – art. 158 do CPP.

Agora, se estes vestígios, por qualquer razão, se perderem, nosso ordenamento jurídico admite que a prova testemunhal supra essa ausência – art. 167 do CPP. A confissão, no entanto, por expressa disposição do art. 158 do CPP, não poderá ser utilizada para esse fim. Conferir: "Consoante a jurisprudência desta Corte, para o reconhecimento da qualificadora de rompimento de obstáculo, prevista no art. 155, § 4º, I, do Código Penal, é imprescindível a realização de exame pericial, sendo possível a sua substituição por outros meios probatórios somente se não existirem vestígios ou tenham esses desaparecido, ou quando as circunstâncias do crime não permitirem a confecção do laudo" (STJ, HC 254.645/MT, Rel. Ministro NEFI CORDEIRO, SEXTA TURMA, julgado em 13/10/2015, DJe 03/11/2015); **D:** correta. O STJ, em edição de n. 87 da ferramenta *Jurisprudência em Teses*, publicou, sobre este tema, a seguinte tese (n. 13): *No crime de receptação, se o bem houver sido apreendido em poder do acusado, caberá à defesa apresentar prova acerca da origem lícita da "res" ou de sua conduta culposa (art. 156 do CPP), sem que se possa falar em inversão do ônus da prova*; **E:** incorreta. A jurisprudência do STJ (e também do STF) aponta pela desnecessidade de apreensão da arma e respectiva perícia para a configuração da majorante no crime de roubo, podendo tal falta ser suprida por outros meios de prova, tais como as declarações do ofendido e depoimentos de testemunhas. Nesse sentido: "Nos termos da jurisprudência desta Corte, são prescindíveis a apreensão e a perícia na arma de fogo para a incidência da majorante do § 2º, I, do art. 157 do CP, quando existirem nos autos outros elementos de prova que comprovem a sua utilização no roubo, como na hipótese, em que há relato da vítima sobre o emprego do artefato" (STJ, HC 211.787/SP, Rel. Ministro ROGERIO SCHIETTI CRUZ, SEXTA TURMA, julgado em 03/12/2015, DJe 15/12/2015). [ED]

Gabarito "D"

(Promotor de Justiça/SP – 2019 – MPE/SP) Com base na orientação jurisprudencial assentada no STJ quanto à ilicitude da prova, é considerada ilícita a prova

(A) obtida por meio de revista íntima em estabelecimentos prisionais, por violar o direito à intimidade, quando realizada conforme as normas administrativas e houver fundada suspeita de tráfico.

(B) obtida diretamente dos dados constantes de aparelho celular, decorrentes de mensagens de textos SMS ou conversas por meio de WhatsApp, quando ausente prévia autorização judicial.

(C) obtida através de busca pessoal em mulher realizada por policial masculino, por violar o direito à intimidade, quando comprovado que a presença de uma policial feminina para a realização do ato importará retardamento da diligência.

(D) resultante de escuta ambiental realizada por um dos interlocutores, sem o conhecimento do outro, por violar o direito à intimidade.

(E) decorrente de busca domiciliar e apreensão de droga, desprovida do respectivo mandado, ante a inviolabilidade do domicílio, quando houver fundadas razões de prática da traficância.

A: incorreta. Conferir: "PROCESSO PENAL. AGRAVO REGIMENTAL NO RECURSO ESPECIAL. TRÁFICO DE DROGAS. INGRESSO EM UNIDADE PRISIONAL. REVISTA ÍNTIMA. LEGALIDADE. AGRAVO IMPROVIDO. 1. Nos termos da orientação jurisprudencial desta Corte, havendo fundada suspeita de que o visitante do presídio esteja portando drogas, armas, telefones ou outros objetos proibidos, é possível a revista íntima que, por si só, não ofende a dignidade da pessoa humana, notadamente quando realizada dentro dos ditames legais, sem qualquer procedimento invasivo (AgRg no REsp 1.686.767/RS, Rel. Min. REYNALDO SOARES DA FONSECA, Quinta Turma, DJe 27/10/2017). 2. Opera-se a preclusão

consumativa da matéria não deduzida nas contrarrazões do recurso especial. 3. Agravo regimental improvido" (STJ, AgRg no REsp 1696487/RS, Rel. Ministro NEFI CORDEIRO, SEXTA TURMA, julgado em 13/03/2018, DJe 26/03/2018); **B:** correta. É firme a jurisprudência no sentido de que devem ser consideradas nulas as "provas" obtidas pela polícia sem autorização judicial por meio da extração de dados e conversações registradas no aparelho celular e whatsapp do investigado, mesmo que o aparelho tenha sido apreendido no momento da prisão em flagrante. Nesse sentido, conferir: "1. A Constituição Federal de 1988 prevê como garantias ao cidadão a inviolabilidade da intimidade, do sigilo de correspondência, dados e comunicações telefônicas, salvo ordem judicial. 2. A Lei n. 12.965/2014, conhecida como Marco Civil da Internet, em seu art. 7º, assegura aos usuários os direitos para o uso da internet no Brasil, entre eles, o da inviolabilidade da intimidade e da vida privada, do sigilo do fluxo de suas comunicações pela internet, bem como de suas comunicações privadas armazenadas. 3. Com o avanço tecnológico, o aparelho celular deixou de ser apenas um instrumento de comunicação interpessoal. Hoje, é possível ter acesso a diversas funções, entre elas, a verificação de mensagens escritas ou audível, de correspondência eletrônica, e de outros aplicativos que possibilitam a comunicação por meio de troca de dados de forma similar à telefonia convencional. 4. A quebra do sigilo do correio eletrônico somente pode ser decretada, elidindo a proteção ao direito, diante dos requisitos próprios de cautelaridade que a justifiquem idoneamente, desaguando em um quadro de imprescindibilidade da providência. (HC 315.220/RS, Rel. Ministra MARIA THEREZA DE ASSIS MOURA, SEXTA TURMA, julgado em 15/09/2015, DJe 09/10/2015). 5. Por se encontrar em situação similar às conversas mantidas por e-mail, cujo acesso exige prévia ordem judicial, a obtenção de conversas mantidas por redes sociais, tais como o whatsapp, sem a devida autorização judicial, revela-se ilegal. 6. Hipótese que foi deferido judicialmente na busca e apreensão o acesso aos dados contidos no aparelho celular, inexistindo, destarte, a alegada inobservância dos preceitos de estatura constitucional que conferem tutela à intimidade e à vida privada. 7. Não se olvida, outrossim, que a ponderação de valores constitucionalmente protegidos é o trajeto delineado na deflagração de procedimentos penais, porquanto, como instrumento de controle social, o Direito Penal e, por consequência, o Direito Processual Penal, reforçam garantias constitucionais de inviolabilidade do direito à vida, à liberdade, à igualdade, à segurança e à propriedade. 8. No caso, a autorização judicial prévia de acesso aos dados do aparelho celular apreendido não fere, porquanto observados os ditames do devido processo legal, preceitos relativos à vida privada e à intimidade, não restando configurado o alegado constrangimento ilegal. 9. Recurso não provido" (RHC 101.929/PR, Rel. Ministro RIBEIRO DANTAS, QUINTA TURMA, julgado em 04/06/2019, DJe 11/06/2019); **C:** incorreta, pois contraria o disposto no art. 249 do CPP, que permite, em caráter excepcional, que a mulher sobre a qual recaia suspeita de crime seja revistada por policial do sexo masculino; **D:** incorreta. A gravação ambiental clandestina (sem a ciência de um dos interlocutores), não contemplada na Lei 9.296/1996, prescinde de autorização judicial. A sua utilização como prova está a depender do caso concreto. Por se tratar de gravação de diálogo que envolve a prática de crime por servidor (caráter, em princípio, não sigiloso), nada obsta que seja utilizada como prova lícita. Esse entendimento é adotado tanto no STF quanto no STJ. Conferir o seguinte julgado do STF: "Prova. Criminal. Conversa telefônica. Gravação clandestina, feita por um dos interlocutores, sem conhecimento do outro. Juntada da transcrição em inquérito policial, onde o interlocutor requerente era investigado ou tido por suspeito. Admissibilidade. Fonte lícita de prova. Inexistência de interceptação, objeto de vedação constitucional. Ausência de causa legal de sigilo ou de reserva da conversação. Meio, ademais, de prova da alegada inocência de quem a gravou. Improvimento ao recurso. Inexistência de ofensa ao art. 5º, incs. X, XII e LVI, da CF. Precedentes. Como gravação meramente clandestina, que se não confunde com interceptação, objeto de vedação constitucional, é lícita a prova consistente no teor de gravação de conversa telefônica realizada por um dos interlocutores, sem

7. DIREITO PROCESSUAL PENAL

conhecimento do outro, se não há causa legal específica de sigilo nem de reserva da conversação, sobretudo quando se predestine a fazer prova, em juízo ou inquérito, a favor de quem agravou" (RE 402717, Cezar Peluso, STF). Posteriormente à elaboração desta questão, a Lei 13.964/2019 (Pacote Anticrime) inseriu o art. 8º-A na Lei 9.296/1996, e finalmente previu a possibilidade de ser autorizada pelo juiz, para fins de investigação ou instrução criminal, a captação ambiental de sinais eletromagnéticos, ópticos ou acústicos, quando preenchidos determinados requisitos contidos na lei. O art. 10-A, também inserido pela Lei 13.964/2019, estabelece ser crime a conduta consistente em realizar captação ambiental de sinais eletromagnéticos, ópticos ou acústicos para investigação ou instrução criminal sem autorização judicial, quando esta for exigida. O § 1º deste dispositivo dispõe que não há crime se a captação é realizada por um dos interlocutores. Mais recentemente, já com os dispositivos do pacote anticrime em vigor, o Congresso Nacional, ao analisar os vetos impostos pelo presidente da República à Lei 13.964/2019, achou por bem rejeitar nada menos do que 16 dos 24 vetos. No que concerne à captação ambiental, a derrubada do veto presidencial fez restabelecer os §§ 2º e 4º do art. 8º-A da Lei 9.296/1996. Segundo o § 2º, que passou a produzir efeitos a partir da promulgação pelo presidente da República, a instalação do dispositivo de captação ambiental poderá ser realizada, quando necessária, por meio de operação policial disfarçada ou no período noturno, exceto na casa, nos termos do inciso XI da caput do art. 5º da Constituição Federal. Nas razões de veto, o chefe do Executivo ponderou que a propositura legislativa gera insegurança jurídica, haja vista que, ao mesmo tempo em que admite a instalação de dispositivo de captação ambiental, esvazia o dispositivo ao retirar do seu alcance a 'casa', nos termos do inciso XI do art. 5º da Lei Maior. Segundo a doutrina e a jurisprudência do Supremo Tribunal Federal, o conceito de 'casa' deve ser entendido como qualquer compartimento habitado, até mesmo um aposento que não seja aberto ao público, utilizado para moradia, progressão ou atividades, nos termos do art. 150, § 4º, do Código Penal (v. g. HC 82788, Relator: Min. CELSO DE MELLO, Segunda Turma, julgado em 12/04/2005). Além do § 2º deste dispositivo, o Congresso Nacional derrubou o veto imposto pelo PR ao § 4º, que conta com a seguinte redação: A captação ambiental feita por um dos interlocutores sem o prévio conhecimento da autoridade policial ou do Ministério Público poderá ser utilizada, em matéria de defesa, quando demonstrada a integridade da gravação. Segundo o presidente da República, o veto se justifica na medida em que a propositura legislativa, ao limitar o uso da prova obtida mediante a captação ambiental apenas pela defesa, contraria o interesse público uma vez que uma prova não deve ser considerada lícita ou ilícita unicamente em razão da parte que beneficiará, sob pena de ofensa ao princípio da lealdade, da boa-fé objetiva e da cooperação entre os sujeitos processuais, além de se representar um retrocesso legislativo no combate ao crime. Ademais, o dispositivo vai de encontro à jurisprudência do Supremo Tribunal Federal, que admite utilização como prova da infração criminal a captação ambiental feita por um dos interlocutores, sem o prévio conhecimento da autoridade policial ou do Ministério Público, quando demonstrada a integridade da gravação (v. g. Inq-QO 2116, Relator: Min. Marco Aurélio, Relator p/ Acórdão: Min. Ayres Britto, publicado em 29/02/2012, Tribunal Pleno); **E:** incorreta. STF e STJ compartilham o entendimento de que o ingresso em moradia alheia, sem respaldo em ordem judicial, somente será legítimo quando as circunstâncias do caso concreto indicarem, com razoável segurança, a ocorrência de situação flagrancial. Conferir: "O Supremo Tribunal Federal definiu, em repercussão geral, que o ingresso forçado em domicílio sem mandado judicial apenas se revela legítimo - a qualquer hora do dia, inclusive durante o período noturno - quando amparado em fundadas razões, devidamente justificadas pelas circunstâncias do caso concreto, que indiquem estar ocorrendo, no interior da casa, situação de flagrante delito (RE n. 603.616/RO, Rel. Ministro Gilmar Mendes) DJe 8/10/2010). Nessa linha de raciocínio, o ingresso em moradia alheia depende, para sua validade e sua regularidade, da existência de fundadas razões (justa causa) que sinalizem para a possibilidade de mitigação do direito fundamental em questão. É dizer, somente quando o contexto fático anterior à invasão permitir a conclusão acerca da ocorrência de crime no interior da residência é que se mostra possível sacrificar o direito à inviolabilidade do domicílio. Precedentes desta Corte" (STJ, HC 588.445/SC, Rel. Ministro REYNALDO SOARES DA FONSECA, QUINTA TURMA, julgado em 25/08/2020, DJe 31/08/2020). 🔲

Gabarito "B".

(Juiz de Direito – TJ/RJ – 2019 – VUNESP) Nos termos do art. 158, parágrafo único, do CPP, dar-se-á prioridade à realização do exame de corpo de delito quando se tratar de crime

(A) cometido por idoso.

(B) cometido por réu preso temporariamente.

(C) cometido por réu preso preventivamente.

(D) hediondo.

(E) que envolva violência doméstica e familiar contra mulher.

O art. 158, parágrafo único, do CPP, introduzido pela Lei 13.721/2018, assim dispõe: "Dar-se-á prioridade à realização do exame de corpo de delito quando se tratar de crime que envolva: I – violência doméstica e familiar contra mulher; II – violência contra criança, adolescente, idoso ou pessoa com deficiência". 🔲

Gabarito "E".

(Juiz de Direito – TJ/RJ – 2019 – VUNESP) A doutrina denomina "confissão qualificada" aquela em que o acusado

(A) admite a prática criminosa, mas alega, em sua defesa, alguma causa que o beneficia, como uma excludente de ilicitude.

(B) não só confessa os fatos cometidos por si, mas também aponta os demais coautores ou partícipes da empreitada criminosa.

(C) fica em silêncio; contudo, tal modalidade não fora recepcionada pela Constituição de 1988, que garante nenhum prejuízo ao acusado nesses casos.

(D) colabora ativamente com a apuração do crime, inclusive interrompendo ou impedindo que os fatos se consumem.

(E) se retrata da negativa dos fatos ocorrida perante a autoridade policial e admite-os espontaneamente perante o magistrado.

Confissão *qualificada*, assim denominada pela doutrina, é aquela em que o acusado, depois de se declarar culpado em relação ao fato principal, invoca, em sua defesa, a ocorrência de fato apto a excluir sua responsabilidade ou diminuir sua pena, tal como a excludente de ilicitude ou de culpabilidade; *simples*, de outro lado, é a confissão em que o réu admite a prática do fato criminoso sem invocar qualquer fato que possa excluir ou diminuir sua responsabilidade penal. 🔲

Gabarito "A".

(Juiz de Direito – TJ/SC – 2019 – CESPE/CEBRASPE) De acordo com o Código de Processo Penal, na audiência de instrução para a colheita de depoimento de testemunha, o juiz

(A) poderá vedar à testemunha consulta a apontamentos, mesmo que seja breve.

(B) deixará de colher depoimento de pessoa não identificada, designando nova data com imediata intimação e determinando diligências para a sua perfeita identificação.

(C) poderá colher, de ofício ou a pedido das partes, o depoimento antecipado de testemunha que, por velhice ou doença, possa vir a falecer antes de realizada a instrução criminal.

(D) suspenderá a instrução criminal sempre que for emitida carta precatória para oitiva de testemunha em comarca diversa.

(E) efetuará primeiro suas perguntas, depois as perguntas de quem arrolou a testemunha, e, por fim, os questionamentos da parte contrária.

A: incorreta. O testemunho somente pode ser dado de forma oral, sendo vedado à testemunha apresentá-lo por escrito (art. 204, CPP); agora, nada impede que a testemunha, no ato de seu depoimento, faça breve consulta a informações contidas em anotações (art. 204, parágrafo único, CPP); **B:** incorreta, uma vez que é dado ao juiz, diante da existência de dúvida acerca da identidade da testemunha, tomar o seu depoimento desde logo; antes, porém, deverá o magistrado proceder à verificação pelos meios de que dispõe, com vistas a esclarecer a identidade do depoente. É o que estabelece o art. 205 do CPP; **C:** correta, pois corresponde ao que estabelece o art. 225 do CPP; **D:** incorreta, uma vez que o art. 222, § 1º, do CPP é claro ao afirmar que a expedição de carta precatória para oitiva de testemunha que resida fora da jurisdição do juiz processante não autoriza a suspensão da instrução criminal; **E:** incorreta. Antes de o Código de Processo Penal ser alterado pela Lei de Reforma 11.690/2008, vigia, entre nós, o *sistema presidencialista*, pelo qual a testemunha, depois de inquirida pelo juiz, respondia, por intermédio deste, às perguntas formuladas pelas partes. Por este sistema, não podiam acusação e defesa formular seus questionamentos diretamente à testemunha, o que somente era feito por meio do juiz. Com a alteração promovida pela Lei 11.690/2008 na redação do art. 212 do CPP, o *sistema presidencialista*, até então em vigor, deu lugar ao chamado sistema *cross examination*, segundo o qual as partes passam a dirigir suas indagações às testemunhas sem a intermediação do magistrado, de forma direta, vedados os questionamentos que puderem induzir a resposta, não tiverem relação com a causa ou importarem na resposta de outra já respondida. Ao final do depoimento, se ainda restar algum ponto não esclarecido, poderá o magistrado complementar, formulando à testemunha novas perguntas (art. 212, parágrafo único, do CPP). É por essa razão que se diz que a atividade do juiz é complementar à das partes. **ED**

Gabarito "C".

(Juiz de Direito - TJ/BA - 2019 - CESPE/CEBRASPE) Acerca dos meios de prova no processo penal, assinale a opção correta, de acordo com o entendimento dos tribunais superiores.

(A) A colaboração premiada é meio de obtenção de prova e, como tal, submete-se ao princípio de reserva de jurisdição, sendo obrigatória a participação do juiz na celebração do ajuste entre os envolvidos.

(B) O compartilhamento com o MP de dados bancários obtidos legitimamente pela Receita Federal, pela via administrativa fiscalizatória já esgotada, em caso de constatação de possível crime, não ofende o princípio de reserva de jurisdição.

(C) O deferimento de interceptação telefônica para investigação de crime com fundamento somente em denúncia anônima será lícito, desde que essa medida seja necessária para a elucidação da infração penal.

(D) Independerá de decisão judicial o acesso a conversas armazenadas em aplicativo de mensagens existente em telefone celular de pessoa investigada apreendido durante a prisão desta em flagrante.

(E) O reconhecimento pessoal de acusado realizado sem a observância das formalidades previstas no CPP é nulo.

A: incorreta. Por força do que estabelece o art. 4º, § 6º, da Lei 12.850/2013, é defeso ao juiz participar do acordo de colaboração premiada, que deverá ser realizado entre o delegado de polícia e o colaborador ou entre este e o Ministério Público, com a presença, em qualquer caso, do defensor; o papel do magistrado, no cenário da colaboração premiada instituída pela Lei 12.850/2013, se limita a homologar o acordo firmado entre as partes citadas, desde que não eivado de ilegalidade ou irregularidade (art. 4º, § 8º, da Lei 12.850/2013, com redação alterada pela Lei 13.964/2019). Entre outras coisas, o juiz analisará se o colaborador agiu, quanto ao acordo firmado, de forma voluntária; **B:** correta. Quanto a este tema, é importante que se diga que o STF sobre ele se debruçou e, depois de longa e acalorada discussão, fixou, por maioria, aderindo à proposta formulada pelo Ministro Alexandre de Moraes, a seguinte tese de repercussão geral: "1. É constitucional o compartilhamento dos relatórios de inteligência financeira da UIF e da íntegra do procedimento fiscalizatório da Receita Federal do Brasil, que define o lançamento do tributo, com os órgãos de persecução penal para fins criminais, sem a obrigatoriedade de prévia autorização judicial, devendo ser resguardado o sigilo das informações em procedimentos formalmente instaurados e sujeitos a posterior controle jurisdicional. 2. O compartilhamento pela UIF e pela RFB, referente ao item anterior, deve ser feito unicamente por meio de comunicações formais, com garantia de sigilo, certificação do destinatário e estabelecimento de instrumentos efetivos de apuração e correção de eventuais desvios." (RE 1055941 RG, Relator(a): Min. DIAS TOFFOLI, julgado em 12/04/2018, DJe-083 DIVULG 27-04-2018 PUBLIC 30-04-2018); **C:** incorreta. Conferir: "1. Esta Corte já decidiu que a denúncia anônima pode justificar a necessidade de quebra do sigilo das comunicações como forma de aprofundamento das investigações policiais, desde que acompanhada de outros elementos que confirmem a necessidade da medida excepcional, o que, na espécie, ocorreu 2. O deferimento da quebra do sigilo de dados telefônicos e de interceptação telefônica foi precedido de adequado procedimento prévio de investigação das informações e notícias de prática de delitos pelo paciente e outros investigados, o que torna legítima a prova colhida por meio da medida." (STJ, HC 443.331/SP, Rel. Ministro SEBASTIÃO REIS JÚNIOR, SEXTA TURMA, julgado em 18/09/2018, DJe 02/10/2018); **D:** incorreta. Segundo têm entendido os Tribunais, somente são considerados como prova lícita os dados e as conversas registrados por meio de mensagem de texto obtidos de aparelho celular apreendido no ato da prisão em flagrante se houver prévia autorização judicial. Nesse sentido: "I – A jurisprudência deste Tribunal Superior firmou-se no sentido de ser ilícita a prova oriunda do acesso aos dados armazenados no aparelho celular, relativos a mensagens de texto, SMS, conversas por meio de aplicativo (WhatsApp), obtidos diretamente pela polícia no momento da prisão em flagrante, sem prévia autorização judicial. II – *In casu*, os policiais civis obtiveram acesso aos dados (mensagens do aplicativo WhatsApp) armazenados no aparelho celular do corréu, no momento da prisão em flagrante, sem autorização judicial, o que torna a prova obtida ilícita, e impõe o seu desentranhamento dos autos, bem como dos demais elementos probatórios dela diretamente derivados (...) Recurso ordinário provido para determinar o desentranhamento dos autos das provas obtidas por meio de acesso indevido aos dados armazenados no aparelho celular, sem autorização judicial, bem como as delas diretamente derivadas, e para conceder a liberdade provisória ao recorrente, salvo se por outro motivo estiver preso, e sem prejuízo da decretação de nova prisão preventiva, desde que fundamentada em indícios de autoria válidos" (STJ, RHC 92.009/RS, Rel. Ministro Felix Fischer, Quinta Turma, julgado em 10.04.2018, DJe 16.04.2018); **E:** incorreta. Conferir: "É pacífico o entendimento do Superior Tribunal de Justiça no sentido de que é legítimo o reconhecimento pessoal ainda quando realizado de modo diverso do previsto no art. 226 do Código de Processo Penal, servindo o paradigma legal como mera recomendação." (STJ, HC 474.655/PR, Rel. Ministro REYNALDO SOARES DA FONSECA, QUINTA TURMA, julgado em 21/05/2019, DJe 03/06/2019). **ED**

Gabarito "B".

7. DIREITO PROCESSUAL PENAL 299

(Juiz de Direito – TJ/RS – 2018 – VUNESP) A respeito das provas, assinale a alternativa correta.

(A) São inadmissíveis, devendo ser desentranhadas do processo, as provas ilegítimas, assim entendidas as obtidas em violação a normas constitucionais ou legais.

(B) A pessoa que nada souber que interesse à decisão da causa será computada como testemunha.

(C) O exame para o reconhecimento de escritos, tal como o reconhecimento fotográfico, não tem previsão legal.

(D) O juiz não tem iniciativa probatória.

(E) A falta de exame complementar, em caso de lesões corporais, poderá ser suprida pela prova testemunhal.

A: incorreta. Segundo dispõe o art. 157, *caput*, do CPP, são inadmissíveis as provas *ilícitas*, gênero do qual as espécies são as provas *ilegais* e as *ilegítimas*. Consideram-se *ilícitas* as provas que violam normas de direito material (substantivo) e *ilegítimas* as obtidas com desrespeito à norma de direito processual (adjetivo). Tanto uma quanto a outra é inadmissível, devendo, por força do disposto no art. 157, *caput*, do CPP, ser desentranhada dos autos; **B:** incorreta, pois contraria o disposto no art. 209, § 2º, CPP; **C:** incorreta, já que o exame para o reconhecimento de escritos acha-se previsto e disciplinado no art. 174 do CPP; **D:** incorreta. Embora não se trate de tema pacífico na doutrina, prevalece o entendimento segundo o qual é lícito ao juiz determinar, no curso da ação penal, a produção de prova com o fito de dirimir dúvida sobre pontos relevantes e obscuros (art. 156, II, CPP), não necessariamente circunscritos às provas apresentadas pela acusação e pela defesa. Há quem entenda que tal iniciativa é inconstitucional na medida em que ao juiz não é dado agir sem provocação das partes ("*ne procedat judex ex officio*"). Para a maioria da comunidade jurídica, no entanto, tal prerrogativa constitui decorrência natural do princípio da busca da verdade real. O propósito do magistrado, assim, não é beneficiar quem quer que seja, mas, sim, atingir a verdade que mais se aproxime da realidade. Dito de outro modo, não deve o juiz conformar-se com a verdade trazida pelas partes; se restar ponto não esclarecido, é imperioso, em homenagem ao postulado da busca da verdade real, que o juiz atue nessa busca incessante; afinal, ao contrário do que se dá no âmbito do processo civil, está aqui em jogo a liberdade do acusado. De toda sorte, tal atividade (iniciativa probatória) do juiz deve ser supletiva em relação à das partes; **E:** correta, pois em conformidade com o que estabelece o art. 168, § 3º, CPP. ⊞
„Gabarito "E".

(Investigador – PC/BA – 2018 – VUNESP) Os crimes materiais exigem que a ação penal seja instruída com o respectivo exame de corpo de delito cujo laudo, para ter validade, deve ser assinado por

(A) 2 (dois) peritos oficiais, independentemente do grau de instrução, ou por 2 (duas) pessoas idôneas, preferencialmente portadoras de diploma de curso superior.

(B) 1 (um) perito oficial, preferencialmente portador de diploma de curso superior, ou por 2 (duas) pessoas idôneas, com atuação na área da perícia.

(C) 2 (dois) peritos oficiais, com formação superior na área específica da perícia, sendo vedada a assinatura por leigos.

(D) 1 (um) perito oficial, obrigatoriamente portador de diploma de curso superior, ou por 2 (duas) pessoas idôneas, que também possuam o mesmo grau de instrução.

(E) 1 (um) perito oficial, portador de diploma de curso superior preferencialmente na área específica, vedada a assinatura por leigos.

A redação anterior do art. 159 do CPP estabelecia que a perícia fosse realizada por *dois* profissionais. Atualmente, com a modificação implementada na redação do dispositivo pela Lei 11.690/2008, a perícia será levada a efeito por *um* perito oficial portador de diploma de curso superior. À falta deste, determina o § 1º do art. 159 que o exame seja feito por duas pessoas idôneas, detentoras de diploma de curso superior preferencialmente na área específica, dentre aquelas que tiverem habilitação técnica relacionada com a natureza do exame. ⊞
„Gabarito "D".

(Investigador – PC/BA – 2018 – VUNESP) A respeito do interrogatório de réu preso por videoconferência, de acordo com a sistemática adotada pelo Código de Processo Penal, assinale a alternativa correta.

(A) Desde que haja estrutura e meios suficientes para assegurar os direitos do acusado, pode ser realizado em todos os processos.

(B) As partes deverão ser cientificadas da sua realização com antecedência mínima de 5 (cinco) dias.

(C) Apenas poderá ser realizado na hipótese de prevenir risco à segurança pública ou se houver suspeita de o preso integrar organização criminosa.

(D) Justifica-se sua realização apenas no interesse da defesa, quando o acusado sofrer de grave enfermidade ou outra circunstância especial.

(E) Trata-se de medida excepcional e só poderá ser realizado após prévia decisão judicial fundamentada.

A: incorreta. Ao contrário do afirmado, o interrogatório por sistema de videoconferência constitui exceção, somente podendo ser realizado nas hipóteses listadas no art. 185, § 2º, do CPP. A regra é que o interrogatório seja realizado no estabelecimento em que o réu estiver preso; não sendo isso possível, por falta de estrutura do presídio, o interrogatório realizar-se-á no fórum, com requisição, pelo juiz, do acusado (art. 185, § 7º, do CPP); **B:** incorreta, uma vez que, da decisão que determinar a realização do interrogatório por sistema de videoconferência, as partes deverão ser cientificadas com 10 dias de antecedência (art. 185, § 3º, do CPP); **C:** incorreta, pois não retrata o disposto no art. 185, § 2º, I, II, III e IV, do CPP, que estabelece em que hipóteses tem lugar o interrogatório por meio de videoconferência; **D:** incorreta. Vide comentário anterior; **E:** correta. Além de ser medida de natureza excepcional, o interrogatório por sistema de videoconferência somente poderá ser determinado pelo juiz, sempre de forma fundamentada (art. 185, § 2º, do CPP). ⊞
„Gabarito "E".

(Investigador – PC/BA – 2018 – VUNESP) A afirmação de que "a confissão é a rainha das provas", em Direito Processual Penal, é

(A) inaceitável, porque ela contraria o princípio de que ninguém pode oferecer provas contra si.

(B) pertinente, pois, se o acusado admite a imputação, o Estado fica desincumbido de produzir a prova.

(C) válida apenas para os crimes contra o patrimônio, desde que haja a indenização do valor do prejuízo.

(D) inaplicável, salvo se a confissão for espontânea e prestada em presença de advogado constituído pelo réu.

(E) incabível, uma vez que ela deverá ser confrontada com os demais elementos do processo.

Atualmente, não mais se confere à confissão o *status* de rainha das provas, como outrora já foi considerada. Hoje, temos que a confissão, sendo meio de prova com valor equivalente às demais, deve ser valo-

300 EDUARDO DOMPIERI

rada em conjunto com os outros elementos probatórios produzidos no processo (art. 197, CPP). **ED**

Gabarito "E".

(Investigador – PC/BA – 2018 – VUNESP) Iniciada uma diligência visando a apreender, com urgência, objeto cujo possuidor ou detentor evade-se para Estado limítrofe, é correto afirmar que

(A) os agentes da autoridade deverão interromper a diligência, elaborar relatório minucioso, para que ela seja concluída mediante carta precatória.

(B) apenas se a diligência for comandada pela autoridade policial, os agentes da autoridade poderão ingressar no território do outro Estado e realizar a apreensão.

(C) os agentes da autoridade poderão ingressar no território do outro Estado e, encontrando o objeto, apreendê-lo imediatamente.

(D) ainda que haja urgência na apreensão, os agentes da autoridade deverão apresentar-se à autoridade policial da respectiva área.

(E) os agentes da autoridade poderão ingressar em outro Estado se houver ordem judicial para a transposição.

A resposta a esta questão deve ser extraída o art. 250 do CPP, que estabelece que a autoridade ou seus agentes poderão ingressar em território alheio, mesmo que de outro estado da Federação, a fim de proceder à apreensão de pessoa ou coisa. Impõe-se, no entanto, como cautela, a obrigação de que esses agentes se apresentem à autoridade local, antes ou depois da apreensão, a fim de dar ciência do ocorrido. Havendo urgência na diligência, como é o caso narrado no enunciado, a apresentação à autoridade local pode se dar após a apreensão; não havendo urgência, a apresentação deverá anteceder a diligência de apreensão. **ED**

Gabarito "C".

(Delegado – PC/BA – 2018 – VUNESP) No que concerne aos sistemas de avaliação das provas, o julgamento realizado pelos Juízes leigos (jurados) no Tribunal do Júri é exemplo do que a doutrina classifica como sistema

(A) da prova livre.

(B) legal ou tarifado.

(C) da íntima convicção.

(D) da persuasão racional.

(E) da livre convicção motivada.

Quanto aos sistemas de avaliação da prova, adotamos, como regra, o chamado *sistema da persuasão racional* ou *livre convencimento motivado*, em que o magistrado decidirá com base no seu livre convencimento, fundamentando, sempre, a sua decisão (art. 155, *caput*, do CPP e art. 93, IX, da CF). Pelo *sistema da prova legal*, o juiz fica adstrito ao valor atribuído à prova pelo legislador. É o que se dá com a prova relativa ao estado das pessoas (estado civil, grau de parentesco, idade etc.), que se sujeita às restrições estabelecidas na lei civil (art. 155, parágrafo único, do CPP). Temos ainda o *sistema da íntima convicção*, que é o que vige no Tribunal do Júri, em que o jurado julga guiado por sua íntima convicção a respeito dos fatos, sem a necessidade de revelar e fundamentar sua decisão. Este último é o sistema referido no enunciado da questão. **ED**

Gabarito "C".

(Defensor Público Federal – DPU – 2017 – CESPE) Acerca dos sistemas de apreciação de provas e da licitude dos meios de prova, julgue os itens subsequentes.

(1) Situação hipotética: Arnaldo, empresário, gravou, com seu telefone celular, uma ligação recebida de

fiscal ligado a uma autarquia a respeito da liberação de empreendimento da sociedade empresária da qual Arnaldo era sócio. Na conversa gravada, o fiscal exigiu para si vantagem financeira como condição para a liberação do empreendimento. Assertiva: Nessa situação, de acordo com o STF, o referido meio de prova é ilícito por violar o direito à privacidade, não servindo, portanto, para embasar ação penal contra o fiscal.

(2) Embora o ordenamento jurídico brasileiro tenha adotado o sistema da persuasão racional para a apreciação de provas judiciais, o CPP remete ao sistema da prova tarifada, como, por exemplo, quando da necessidade de se provar o estado das pessoas por meio de documentos indicados pela lei civil.

1: errada. A gravação ambiental clandestina (sem a ciência de um dos interlocutores), não contemplada na Lei 9.296/1996, prescinde de autorização judicial. A sua utilização como prova está a depender do caso concreto. Por se tratar de gravação de diálogo que envolve a prática de crime por servidor (caráter, em princípio, não sigiloso), nada obsta que seja utilizada como prova lícita. Esse entendimento é adotado tanto no STF quanto no STJ. Conferir o seguinte julgado do STF: "Prova. Criminal. Conversa telefônica. Gravação clandestina, feita por um dos interlocutores, sem conhecimento do outro. Juntada da transcrição em inquérito policial, onde o interlocutor requerente era investigado ou tido por suspeito. Admissibilidade. Fonte lícita de prova. Inexistência de interceptação, objeto de vedação constitucional. Ausência de causa legal de sigilo ou de reserva da conversação. Meio, ademais, de prova da alegada inocência de quem a gravou. Improvimento ao recurso. Inexistência de ofensa ao art. 5°, incs. X, XII e LVI, da CF. Precedentes. Como gravação meramente clandestina, que se não confunde com interceptação, objeto de vedação constitucional, é lícita a prova consistente no teor de gravação de conversa telefônica realizada por um dos interlocutores, sem conhecimento do outro, se não há causa legal específica de sigilo nem de reserva da conversação, sobretudo quando se predestine a fazer prova, em juízo ou inquérito, a favor de quem agravou" (RE 402717, Cezar Peluso, STF); **2**: correta. De fato, adotamos, como regra, o *sistema da persuasão racional* ou *livre convencimento motivado*, em que o magistrado decidirá com base no seu livre convencimento, fundamentando, sempre, a sua decisão (art. 155, *caput*, do CPP e art. 93, IX, da CF). Pelo *sistema da prova legal*, o juiz fica adstrito ao valor atribuído à prova pelo legislador. É o que se dá com a prova relativa ao estado das pessoas (estado civil, grau de parentesco, idade etc.), que se sujeita às restrições estabelecidas na lei civil (art. 155, parágrafo único, do CPP). Temos ainda o *sistema da íntima convicção*, que é o que vige no Tribunal do Júri, em que o jurado julga guiado por sua íntima convicção a respeito dos fatos, sem a necessidade de revelar e fundamentar sua decisão. **ED**

Gabarito: 1E, 2C.

(Promotor de Justiça – MPE/RS – 2017) Em uma ação penal o Ministério Público, durante a instrução, junta documento em língua estrangeira. Intimada a defesa especificamente sobre o documento, esta silencia. No momento de requerer diligências do art. 402 do Código de Processo Penal, Ministério Público e defesa nada requerem. Oferecidas alegações finais orais, o Ministério Público vale-se do documento em língua estrangeira para pedir a condenação. A defesa, por sua vez, produz eficiente defesa sem fazer referência ao documento em língua estrangeira. Concluso para sentença, considerando o documento em língua estrangeira, o juiz deverá

(A) determinar a conversão do julgamento em diligência para que seja providenciada a tradução do documento por tradutor público, ou, na falta, por pessoa idônea a ser nomeada pelo juízo, independentemente da solução ser condenatória ou absolutória, ou ainda do uso do documento nesta solução.

(B) ordenar o desentranhamento do documento já que em todos os atos e termos do processo é obrigatório o uso da língua portuguesa e não foi providenciada a sua tradução em momento oportuno.

(C) decidir pela conversão do julgamento em diligência para que seja providenciada a tradução do documento por tradutor público, ou, na falta, por pessoa idônea a ser nomeada pelo juízo, apenas se for condenar o acusado e valer-se do documento para tanto.

(D) apreciar livremente a prova produzida, inclusive quanto ao documento em língua estrangeira, uma vez que a sua tradução não é obrigatória.

(E) resolver pela conversão do julgamento em diligência para que o Ministério Público e a defesa juntem cada um a sua versão em língua portuguesa do documento em língua estrangeira.

Tal como estabelece o art. 236 do CPP, a tradução dos documentos em idioma estrangeiro somente será realizada quando se revelar *necessária*. 🖭

Gabarito "D".

(Delegado/AP – 2017 – FCC) O exame de corpo de delito

(A) é dispensável nos crimes que deixam vestígios.

(B) deve ser feito imediatamente para que não se percam os vestígios do crime, o que veda a indicação de assistente técnico pelas partes.

(C) deve ser feito, em regra, pelo menos 2 horas após o óbito.

(D) realiza-se sobre vestígios do corpo humano, havendo regime diverso para o exame sobre objetos e sobre reconhecimento de escritos.

(E) pode ser rejeitado pelo juiz, no todo ou em parte.

Antes de mais nada, é importante que se diga que a Lei 13.721/2018 inseriu um parágrafo único ao art. 158 do CPP, segundo o qual passarão a ter prioridade, na elaboração do exame de corpo de delito, os crimes que envolvam: violência doméstica e familiar contra a mulher; e violência contra criança, adolescente, idoso ou pessoa com deficiência. Dito isso, passemos às alternativas. **A:** incorreta. Ao contrário do afirmado, é justamente nos crimes que deixam vestígios, chamados *não transeuntes*, que o exame de corpo de delito se impõe (art. 158, CPP); **B:** incorreta. É fato que o exame de corpo de delito deve ser realizado o quanto antes, assim que o fato chegar ao conhecimento da autoridade policial (art. 6º, VII, do CPP), mas é incorreto afirmar que é vedado às partes indicar assistente técnico (art. 159, § 3º, do CPP); **C:** incorreta, já que o exame necroscópico deve ser realizado pelo menos 6 horas depois do óbito, ressalvada a hipótese em que os peritos, em razão da evidência dos sinais de morte, chegarem à conclusão de que o exame pode ser realizado em prazo menor (art. 162, *caput*, do CPP); **D:** incorreta. O exame de corpo de delito poderá recair sobre o corpo humano, um documento, o instrumento do crime etc.; **E:** correta (art. 182, CPP). 🖭

Gabarito "E".

(Delegado/MS – 2017 – FAPEMS) A busca e apreensão está prevista no Código de Processo Penal vigente como um meio de prova possível de ser realizada antes e durante a investigação preliminar, no curso da instrução criminal e, ainda, na fase recursal. A esse respeito, assinale a alternativa correta.

(A) A busca pessoal será realizada pela autoridade policial, independentemente de mandado, no caso de prisão, quando houver fundada suspeita de que a pessoa esteja na posse de arma proibida, no decorrer da busca domiciliar nas pessoas que se encontrem no interior da casa.

(B) A autoridade policial, assim que tomar conhecimento da prática da infração penal, deverá colher todas as provas e determinar a imediata busca e apreensão de objetos, o que prescinde de autorização judicial, pois é, um ato administrativo autoexecutável.

(C) Autoridade policial não poderá penetrar no território de jurisdição alheia para o fim de apreensão, quando for no seguimento de pessoa ou coisa, sem antes se apresentar obrigatoriamente e sempre antes da diligência à competente autoridade local.

(D) Dispõe do Código de Processo Penal vigente que a busca pessoal em mulher será sempre realizada por outra mulher, o que se estende às transexuais e às travestis, uma vez reconhecido o direito de se identificarem como do gênero feminino, devendo a autoridade policial observar de maneira fidedigna essa regra.

(E) Não será permitida a apreensão de documento em poder do defensor do acusado pela autoridade policial, mesmo que constituir elemento do corpo de delito, haja vista a probabilidade de servir de prova de tese defensiva.

A: correta (art. 244, CPP); **B:** incorreta. A autoridade policial, assim que informada da prática de fato com aparência de crime, deverá dirigir-se ao local em que estes se deram e, ali estando, adotar as providências elencadas no art. 6º do CPP, entre as quais colher todas as provas que sejam pertinentes para a elucidação dos fatos e apreender os objetos que tiverem relação com eles, o que somente poderá ocorrer após a liberação pelos peritos (art. 6º, II e III, do CPP); **C:** incorreta, uma vez que não reflete o disposto no art. 250, *caput*, do CPP; **D:** incorreta (art. 249, CPP); **E:** incorreta (art. 243, § 2º, CPP). 🖭

Gabarito "A".

(Delegado/MS – 2017 – FAPEMS) Sobre os documentos no processo penal, de acordo com o Código de Processo Penal vigente, assinale a alternativa correta.

(A) Caso o juiz obtenha notícia da existência de documento relativo a ponto relevante da acusação ou da defesa, somente poderá determinar a juntada aos autos mediante requerimento da parte interessada.

(B) Os documentos podem ser apresentados em qualquer fase do processo, salvo em grau de recurso quando os autos estiverem conclusos para julgamento.

(C) Considera-se documento quaisquer escritos, instrumentos ou papéis públicos ou particulares, possuindo o mesmo valor a fotografia atual do documento.

(D) Os documentos originais, juntos a processo findo, quando inexistir motivo relevante que justifique a sua conservação nos autos, poderão, mediante requerimento, e ouvido o Ministério Público, ser entregues à parte que os produziu.

(E) Documentos em língua estrangeira serão necessariamente traduzidos por tradutor oficial ou pessoa idônea nomeada pela autoridade para serem juntados aos autos, exceto quando os sujeitos processuais dominarem o idioma.

A: incorreta, uma vez que, neste caso, tal providência independerá de iniciativa das partes, devendo o juiz determinar a juntada do documento de ofício (art. 234, CPP); **B:** incorreta (art. 231, CPP); **C:** incorreta, já que somente se conferirá o mesmo valor se se tratar de fotografia *autenticada* (art. 232, parágrafo único, CPP); **D:** correta (art. 238, CPP); **E:** incorreta (art. 236, CPP). **ED**

Gabarito "D".

(Delegado/MS – 2017 – FAPEMS) A possibilidade de o juiz condenar ou não o réu com base nos elementos de informação contidos no inquérito policial, sem o crivo no contraditório na fase judicial, é tema de antiga discussão no processo penal brasileiro. Nesse contexto, assinale a alternativa correta.

(A) Apesar de o inquérito policial ser um procedimento administrativo, os elementos informativos não necessitam ser corroborados em juízo, em virtude da oficialidade com que agem as autoridades policiais.

(B) No Tribunal do Júri, vigora o sistema do livre convencimento motivado do julgador, por isso os jurados podem julgar com base em qualquer elemento de informação exposto ou lido em plenário, sem fundamentar a sua decisão.

(C) A condenação do réu deve sempre ser fundamentada em provas colhidas com respeito ao direito do contraditório judicial, ainda que o magistrado utilize elementos informativos na formação de seu convencimento.

(D) Os elementos de informações colhidos no inquérito policial podem fundamentar sentença condenatória, quando não há prova judicial para sustentar a condenação, haja vista o princípio da verdade real.

(E) Com a reforma introduzida em 2008 no Código de Processo Penal, restou definido que o juiz não pode condenar o réu com base nos elementos informativos e provas não repetíveis colhidos na investigação

A: incorreta. Embora o inquérito policial seja conduzido por autoridade oficial, que é o delegado de polícia, é incorreto afirmar que os elementos de informação nele produzidos não devam ser submetidos ao contraditório. Tal como estabelece o art. 155, *caput*, do CPP, o magistrado *formará sua convicção pela livre apreciação da prova produzida em contraditório judicial* (...); **B:** incorreta. Isso porque, no Tribunal do Júri, prevalece o sistema da *íntima convicção*, na medida em que os jurados não podem declarar o voto; **C:** correta. Ao proferir sentença, é dado ao juiz, ao externar a sua convicção, fazê-lo com base nas provas colhidas sob o crivo do contraditório e também em elementos de informação colhidos no inquérito policial; **D:** incorreta. Ainda que inexista prova judicial para sustentar a condenação, não poderá o juiz proferir sentença condenatória com base exclusiva nas informações colhidas no inquérito policial (art. 155, *caput*, do CPP); **E:** incorreta. O art. 155, *caput*, do CPP excepciona as chamadas provas cautelares, não repetíveis e as antecipadas. **ED**

Gabarito "C".

(Delegado/GO – 2017 – CESPE) Suponha que o réu em determinado processo criminal tenha indicado como testemunhas o presidente da República, o presidente do Senado Federal, o prefeito de Goiânia – GO, um desembargador estadual aposentado, um vereador e um militar das Forças Armadas. Nessa situação hipotética, conforme o Código de Processo Penal, poderão optar pela prestação de depoimento por escrito

(A) o presidente do Senado Federal e o desembargador estadual.

(B) o prefeito de Goiânia – GO e o militar das Forças Armadas.

(C) o desembargador estadual e o vereador.

(D) o presidente da República e o presidente do Senado Federal.

(E) o presidente da República e o vereador.

Estabelece o art. 221, § 1º, do CPP que o presidente e o vice-presidente da República e os presidentes do Senado Federal, da Câmara dos Deputados e do Supremo Tribunal Federal têm a prerrogativa, quando ouvidos na condição de testemunha, de ajustar, com o juiz da causa, local, dia e hora para que lhes seja tomado o depoimento. **ED**

Gabarito "D".

8. SUJEITOS PROCESSUAIS

(Delegado/MG – 2021 – FUMARC) De acordo com o Código de Processo Penal, é CORRETO afirmar:

(A) A lei prevê a extensão das hipóteses de impedimentos e suspeição dos juízes aos membros do Ministério Público, naquilo que for aplicável.

(B) As causas de impedimento descritas no CPP têm natureza exemplificativa.

(C) Da decisão que não admitir o assistente do Ministério Público caberá recurso em sentido estrito.

(D) O assistente do Ministério Público, nos casos da ação pública, poderá ser admitido antes do recebimento da denúncia.

A: correta, pois em conformidade com o disposto no art. 258 do CPP; **B:** incorreta, já que a enumeração das situações que configuram impedimento tem natureza *taxativa*, e não *exemplificativa*; **C:** incorreta. Isso porque, da decisão que não admitir o assistente do Ministério Público, não caberá recurso (art. 273, CPP); **D:** incorreta. O assistente poderá ser admitido em qualquer fase do processo, desde o recebimento da denúncia até o trânsito em julgado da sentença. **ED**

Gabarito "A".

(Investigador – PC/BA – 2018 – VUNESP) Quanto aos assistentes de acusação, o Código de Processo Penal estabelece que

(A) o assistente é aquele que oferece a denúncia, na hipótese de inércia do Ministério Público nos crimes de ação penal pública.

(B) a morte do ofendido obsta que outrem atue ao lado do Ministério Público, no polo ativo.

(C) na hipótese de ação penal privada, poderá haver assistência de acusação tão somente se houver pluralidade de ofendidos.

(D) na hipótese de morte do ofendido, poderão habilitar-se como assistente seu cônjuge, ascendente, descendente ou irmão.

(E) a assistência inicia-se com a denúncia e conclui-se, em havendo interesse do ofendido, com o término da execução da pena.

A: incorreta. É que o assistente somente será admitido a partir do recebimento da denúncia, permanecendo nessa condição até o trânsito em julgado (art. 269, CPP). Sendo a ação penal pública, o ofendido, diante da inércia do MP em promover a ação penal dentro do prazo legal, poderá ajuizar ação penal privada subsidiária da pública, conforme arts. 29 do CPP e 100, § 3º, do CP; **B:** incorreta, na medida em que contraria o teor do art. 268 do CPP, que estabelece que, na falta do ofendido ou de seu representante legal, a intervenção, na qualidade de assistente, poderá realizar-se pelas pessoas mencionadas no art. 31

do CPP; **C**: incorreta. Isso porque, por expressa disposição do art. 268 do CPP, a assistência poderá se dar, exclusivamente, na ação penal *pública*, já que, se se tratar de ação privada, exclusiva ou subsidiária da pública, o ofendido funcionará como querelante, isto é, como parte necessária; **D**: correta, pois corresponde ao que estabelece o art. 31 do CPP; **E**: incorreta, já que a admissão do assistente terá lugar a partir do recebimento da denúncia e poderá ocorrer até o trânsito em julgado da sentença, ou seja, não há que se falar em assistência no inquérito policial e na execução penal. ED

Gabarito "D".

(Escrevente – TJ/SP – 2018 – VUNESP) A respeito das causas de impedimento e suspeição do juiz, de acordo com o Código de Processo Penal, assinale a alternativa correta.

(A) Nos juízos coletivos, não poderão servir no mesmo processo os juízes que forem entre si parentes, consanguíneos ou afins, em linha reta ou colateral, até o quarto grau.

(B) O juiz será suspeito, podendo ser recusado por qualquer das partes, se já tiver funcionado como juiz de outra instância, pronunciando-se de fato ou de direito sobre a questão.

(C) Ainda que dissolvido o casamento, sem descendentes, que ensejava impedimento ou suspeição, não funcionará como juiz o sogro, o padrasto, o cunhado, o genro ou enteado de quem for parte no processo.

(D) O juiz será impedido se for credor ou devedor de qualquer das partes.

(E) A suspeição poderá ser reconhecida ou declarada ainda que a parte injurie, de propósito, o juiz.

A: incorreta, pois o *impedimento* do art. 253 do CPP, que se refere a órgãos colegiados, vai até o *terceiro* grau (e não até o *quarto*, como consta da assertiva); **B**: incorreta. Cuida-se de hipótese de *impedimento* (art. 252, III, CPP), e não de *suspeição*, cujas causas estão elencadas no art. 254, CPP; **C**: correta, pois reflete o disposto no art. 255 do CPP; **D**: incorreta. Se o juiz for credor ou devedor de qualquer das partes, ele será considerado *suspeito* para o julgamento da causa (art. 254, VI, do CPP), e não *impedido*; **E**: incorreta. Nesta hipótese, a suspeição não será declarada tampouco reconhecida, tal como estabelece o art. 256 do CPP. ED

Gabarito "C".

(Escrevente – TJ/SP – 2018 – VUNESP) A respeito do acusado e do defensor, é correto afirmar que

(A) o acusado, ainda que tenha habilitação, não poderá a si mesmo defender, sendo-lhe nomeado defensor, pelo juiz, caso não o tenha.

(B) a constituição de defensor dependerá de instrumento de mandato, ainda que a nomeação se der por ocasião do interrogatório.

(C) o acusado ausente não poderá ser processado sem defensor. Já o foragido, existindo sentença condenatória, ainda que não transitada em julgado, sim.

(D) se o defensor constituído pelo acusado não puder comparecer à audiência, por motivo justificado, provado até a abertura da audiência, nomear-se-á defensor dativo, para a realização do ato, que não será adiado.

(E) o acusado, ainda que possua defensor nomeado pelo Juiz, poderá, a todo tempo, nomear outro, de sua confiança.

A: incorreta, uma vez que, embora não seja recomendável, é dado ao acusado, desde que tenha habilitação para tanto (deve ser advo-

gado), promover a sua defesa técnica, faculdade essa contemplada no art. 263, *caput*, do CPP; **B**: incorreta. É do art. 266 do CPP que a constituição de defensor independerá de instrumento de mandato se a indicação, feita pelo réu, se der por ocasião do interrogatório; **C**: incorreta. A rigor, não há que se falar em revelia no âmbito do processo penal, ao menos tal como verificado no processo civil, em que, como sabemos, a não contestação da ação pelo réu citado implica o reconhecimento, como verdadeiros, dos fatos articulados na inicial. No processo penal, diferentemente, a inação do réu, que foi regularmente citado para contestar a ação, não pode acarretar o mesmo efeito produzido no processo civil. É dizer, o juiz, diante do não comparecimento do réu, providenciará para que lhe seja nomeado um defensor, a quem incumbirá, a partir de então, a defesa do acusado (art. 261, CPP); **D**: incorreta, uma vez que, por força do que estabelece o art. 265, §§ 1º e 2º, do CPP, a audiência poderá, neste caso, ser adiada; **E**: correta (art. 263, *caput*, do CPP). ED

Gabarito "E".

9. CITAÇÃO, INTIMAÇÃO E PRAZOS

(Juiz de Direito/AP – 2022 – FGV) A intimação de réu solto assistido pela Defensoria Pública ou patrocinado por advogado dativo, quanto à sentença penal condenatória, deve ocorrer:

(A) por publicação no órgão da imprensa oficial;

(B) por meio eletrônico;

(C) pessoalmente;

(D) na pessoa do seu patrono;

(E) em audiência.

Se preso estiver o réu, sua intimação será pessoal; se solto, basta a intimação do defensor, desde que constituído; agora, se se tratar de defesa patrocinada pela Defensoria Pública ou por defensor dativo (é este o caso aqui tratado), o réu solto será intimado pessoalmente (art. 392, CPP). ED

Gabarito "C".

(Juiz de Direito/SP – 2021 – Vunesp) Constata-se a aplicação, por analogia, das normas de processo civil ao Código de Processo Penal não só de forma subsidiária, mas também de forma expressa. Como exemplo de aplicação da forma expressa, afirma-se como correta

(A) a citação por hora certa.

(B) a instauração dos incidentes de resolução de demandas repetitivas.

(C) o processamento dos embargos infringentes.

(D) as medidas assecuratórias do sequestro e a hipoteca legal.

A solução desta questão deve ser extraída do art. 362, *caput*, do CPP, que manda adotar, no que toca à forma de se proceder à citação por hora certa no âmbito criminal, as regras estabelecidas na legislação processual civil. ED

Gabarito "A".

(Escrevente – TJ/SP – 2018 – VUNESP) Com relação à citação do acusado, assinale a alternativa correta.

(A) A citação inicial do acusado far-se-á pessoalmente, por intermédio de mandado judicial, carta precatória ou hora certa.

(B) Ao acusado, citado por edital, que não comparecer ou constituir advogado, será nomeado defensor, prosseguindo o processo.

304 EDUARDO DOMPIERI

(C) Estando o acusado no estrangeiro, suspende-se o processo e o prazo prescricional até que retorne ao País.

(D) Completada a citação por hora certa, não comparecendo o réu, ser-lhe-á nomeado defensor dativo.

(E) A citação do réu preso far-se-á na pessoa do Diretor do estabelecimento prisional.

A: incorreta. Segundo dispõe o art. 351 do CPP, a citação inicial far-se-á por mandado, que constitui modalidade de citação pessoal. O acusado será citado por carta precatória se estiver fora do território da jurisdição do juiz processante (art. 353, CPP). Já a citação por hora certa, que é modalidade de citação presumida (ficta) e foi incorporada ao processo penal com o advento da Lei 11.719/2008, que a inseriu no art. 362 do CPP, somente terá lugar diante da existência de indícios de ocultação do réu; **B:** incorreta. Se o réu, depois de citado por edital, não comparecer tampouco constituir defensor, o processo e o prazo prescricional ficarão, por imposição da regra estampada no art. 366 do CPP, *suspensos*. Poderá o juiz, neste caso, determinar a produção antecipada das provas que repute urgentes e, presentes os requisitos do art. 312 do CPP, decretar a prisão preventiva. *Vide*, a esse respeito, Súmulas n. 415 e 455 do STJ; **C:** incorreta. Se o acusado estiver no estrangeiro, em lugar sabido, sua citação far-se-á por meio de carta rogatória, com a suspensão do prazo prescricional até o seu cumprimento (art. 368, CPP); **D:** correta, pois reflete o disposto no art. 362, parágrafo único, CPP; **E:** incorreta, uma vez que a citação da pessoa que estiver presa será feita pessoalmente (por mandado), conforme art. 360, CPP. **ED**
Gabarito "D".

(Defensor Público – DPE/PR – 2017 – FCC) Sobre as citações e intimações, é INCORRETO afirmar:

(A) Consoante posição do Supremo Tribunal Federal, a intimação pessoal da Defensoria Pública quanto à data de julgamento de *habeas corpus* não é necessária, exceto se houver pedido expresso para a realização de sustentação oral.

(B) Estando o acusado no estrangeiro, em lugar sabido, será citado mediante carta rogatória, suspendendo-se o curso do prazo de prescrição até o seu cumprimento.

(C) Se o réu estiver solto, será citado por hora certa se estiver em local incerto e não sabido.

(D) É constitucional a citação com hora certa no âmbito do processo penal, consoante jurisprudência majoritária.

(E) O processo seguirá sem a presença do acusado que, citado ou intimado pessoalmente para qualquer ato, deixar de comparecer sem motivo justificado, ou, no caso de mudança de residência, não comunicar o novo endereço ao juízo.

A: correta. Conferir: "*Habeas corpus*. Processual Penal. Associação para o tráfico internacional de drogas (art. 35 c/c art. 40, inciso I, da Lei n. 11.343/06). Prisão preventiva. Intimação da Defensoria para a sessão de julgamento do recurso ordinário perante o Superior Tribunal de Justiça. Não ocorrência. Feito que independe de pauta para ser julgado (art. 91, I, do RISTJ). Ausência de manifestação expressa sobre o interesse de realizar sustentação. Alegado cerceamento de defesa não caracterizado. Precedentes. Excesso de prazo na formação da culpa. Inexistência. Complexidade do feito demonstrada. Precedentes. Ordem denegada. 1. Consoante entendimento da Corte, não havendo pedido de sustentação oral da Defensoria Pública, a falta de intimação para a sessão de julgamento não suprime o direito da defesa do recorrente de comparecer para efetivar essa sustentação (RHC n. 116.173/RS, Segunda Turma, Relatora a Ministra Cármen Lúcia, DJe de 10/9/13). 2.

A situação retratada nos autos não encerra situação de constrangimento ilegal por excesso de prazo na formação da culpa, tendo em conta a complexidade do feito, evidenciada pela pluralidade de réus, vale dizer, 12 (doze) nacionais e estrangeiros, com defensores distintos. 3. É pacífica a jurisprudência da Corte no sentido de que "a duração razoável do processo deve ser aferida à luz da complexidade dos fatos e do procedimento, bem como a pluralidade de réus e testemunha" (HC n. 126.356/SC-AgR, Primeira Turma, Relator o Ministro Luiz Fux, DJe de 25/8/16). 4. Ordem denegada" (HC 134904, Relator(a): Min. Dias Toffoli, Segunda Turma, julgado em 13/09/2016, Processo Eletrônico DJe-212 Divulg 04-10-2016 Public 05-10-2016). No mais, vide Súmula 431, do STF; **B:** correta, pois corresponde ao teor do art. 368 do CPP; **C:** incorreta. Se o réu estiver solto e em lugar incerto e não sabido, depois de esgotados todos os recursos para a sua localização, proceder-se-á à sua citação por edital, na forma estatuída no art. 361 do CPP. A citação por hora certa, tal como estabelece o art. 362 do CPP, pressupõe que o réu, que tem endereço certo, se oculte para inviabilizar a sua citação, o que será constatado pelo oficial de Justiça; **D:** correta. O STF, ao julgar o RE 635.145, reconheceu, em votação unânime, a constitucionalidade da citação por hora certa, rechaçando a tese segundo a qual esta modalidade de citação ficta ofende os postulados da ampla defesa e do contraditório; **E:** correta (art. 367, CPP). **ED**
Gabarito "C".

(Delegado/GO – 2017 – CESPE) Com referência a citação e intimação no processo penal, assinale a opção correta.

(A) A citação do réu preso poderá ser cumprida na pessoa do procurador por ele constituído na fase policial.

(B) As intimações dos defensores públicos nomeados pelo juízo devem ser realizadas mediante publicação nos órgãos incumbidos da publicidade dos atos judiciais da comarca, e não os havendo, pelo escrivão, por mandado ou via postal.

(C) Os prazos para a prática de atos processuais contam-se da data da intimação e não da juntada aos autos do mandado ou da carta precatória ou de ordem.

(D) Em função dos princípios da simplicidade, informalidade e economia processual, é admissível a citação por edital e por hora certa nos procedimentos sumaríssimos perante juizado especial criminal.

(E) No procedimento comum, não se admite a citação ficta.

A: incorreta. Se preso estiver o acusado, sua citação deverá ser feita pessoalmente (art. 360, CPP), com a entrega, pelo oficial de Justiça, do respectivo mandado citatório; **B:** incorreta. A intimação do defensor público, do dativo e do representante do MP será sempre feita *pessoalmente* (art. 370, § 4º, CPP). Realizar-se-á mediante a publicação nos órgãos incumbidos da publicidade dos atos judiciais da comarca a intimação do defensor constituído, do advogado do querelante e do assistente (art. 370, § 1º, CPP); **C:** correta, pois em conformidade com o entendimento consolidado na Súmula n. 710, do STF: "No processo penal, contam-se os prazos da data da intimação, e não da juntada aos autos do mandado ou da carta precatória ou de ordem"; **D:** incorreta. O art. 66, parágrafo único, da Lei 9.099/1995 estabelece que, no âmbito do procedimento sumaríssimo, não localizado o acusado para ser citado pessoalmente, as peças serão encaminhadas ao juízo comum para prosseguimento, no qual se procederá, se necessário for, à citação por hora certa ou por edital, dada a incompatibilidade dessas modalidades de citação ficta com a celeridade imanente ao procedimento adotado na Lei 9.099/1995; **E:** incorreta. O procedimento comum, tanto o ordinário quanto o sumário, admite, sim, as modalidades de citação ficta ou presumida, que são a citação por edital (art. 361, CPP) e por hora certa (art. 362, CPP). A propósito, o STF, ao julgar o RE 635.145, reconheceu, em votação unânime, a constitucionalidade da citação por

7. DIREITO PROCESSUAL PENAL

hora certa, rechaçando a tese segundo a qual esta modalidade de citação ficta ofende os postulados da ampla defesa e do contraditório. ED

Gabarito "C".

10. PRISÃO, MEDIDAS CAUTELARES E LIBERDADE PROVISÓRIA

(Delegado/RJ – 2022 – CESPE/CEBRASPE) Assinale a opção correta no que concerne a prisão e medidas cautelares.

(A) Por ser a prisão medida urgente, admite-se que ela seja efetuada em qualquer lugar e dia, e a qualquer hora.

(B) Dispensa-se a assinatura no mandado de prisão quando a autoridade judiciária responsável por sua expedição se fizer presente em seu cumprimento.

(C) A falta de exibição de mandado não obsta a prisão se a infração for inafiançável.

(D) Tanto o ato de prisão quanto a aplicação de medidas cautelares requerem que sejam observados a necessidade, a adequação, a regulamentação, os usos e costumes e os princípios gerais de direito.

(E) Ao juiz é proibido dispensar a manifestação da parte contrária antes de decidir sobre o pedido de medida cautelar.

A: incorreta. Embora seja fato que a prisão poderá ocorrer em qualquer dia e a qualquer hora, também é verdade que a sua execução deverá se subordinar às restrições relativas à inviolabilidade de domicílio (art. 283, § 2°, do CPP). Dessa forma, não sendo hipótese de flagrante, a polícia somente poderá invadir o domicílio do morador recalcitrante, para dar cumprimento à ordem de prisão expedida por magistrado (mandado), durante o dia (art. 5°, XI, CF); **B:** incorreta. Trata-se de previsão não contemplada em lei. Por força do que dispõe o art. 285, parágrafo único, *a*, do CPP, é de rigor que o mandado de prisão seja assinado pela autoridade que o expediu; **C:** correta, pois em conformidade com o disposto no art. 287 do CPP, cuja redação foi alterada pela Lei 13.964/2019, que impôs a realização de audiência de custódia; **D:** incorreta, uma vez que não corresponde ao que estabelece o art. 282 do CPP; **E:** incorreta, na medida em que poderá o juiz, ante a hipótese de urgência ou de perigo de ineficácia da medida, dispensar a manifestação da parte contrária (art. 282, § 3°, CPP). Cuidado: com a modificação a que foi submetida a redação desse dispositivo (art. 282, § 3°) pela Lei 13.964/2019, a parte contrária, ao ser intimada, contará com o prazo de cinco dias para manifestar-se (antes não havia prazo). ED

Gabarito "C".

(Delegado/RJ – 2022 – CESPE/CEBRASPE) Em relação à prisão domiciliar, medidas cautelares, fiança e execução penal, assinale a opção correta.

(A) A medida cautelar de suspensão do exercício de função pública para os que pratiquem crimes no exercício da referida função ou atividade de natureza econômica ou financeira que guarde relação com crimes de caráter econômico ou financeiro não pode ser reconhecida porque é incompatível com o direito constitucional do livre exercício do trabalho.

(B) A medida cautelar de internação provisória do acusado só poderá ser deferida se o crime for praticado mediante violência ou grave ameaça e desde que os peritos concluam ser o acusado inimputável ou semi-imputável, com risco de reiteração do crime.

(C) É cabível a substituição da prisão preventiva pela prisão domiciliar aos acusados primários e de bons antecedentes e que sejam responsáveis pelos cuidados de filho de até seis anos de idade incompletos, desde que utilizem aparelho de monitoração eletrônica a distância.

(D) É cabível a substituição da execução da prisão em regime aberto pelo recolhimento em residência particular quando o condenado tiver mais de 80 anos de idade.

(E) Para que haja a possibilidade de quebramento da fiança na hipótese de nova infração penal dolosa, é necessário o trânsito em julgado do crime posteriormente verificado, perdendo o acusado o valor integralmente recolhido da caução processual.

A: incorreta, dado que a medida cautelar disposta no art. 319, VI, do CPP não padece de inconstitucionalidade, sendo lícita, nas hipóteses ali contidas, a suspensão de função ou atividade; **B:** correta, pois reflete o que estabelece o art. 319, VII, do CPP; **C:** incorreta, uma vez a prisão preventiva cumprida em domicílio, na hipótese do art. 318, III, do CPP, não está condicionada ao fato de o acusado/investigado ser primário e portador de bons antecedentes. Além disso, o uso de aparelho de monitoração eletrônica não é obrigatório; **D:** incorreta. Segundo dispõe o art. 117, I, da LEP, "somente se admitirá o recolhimento do beneficiário de regime aberto em residência particular quando se tratar de: I – condenado maior de 70 (setenta) anos (...)"; **E:** incorreta, pois não corresponde ao que estabelece o art. 343 do CPP, segundo o qual haverá a perda de *metade* do valor da fiança. Ademais, não se exige o trânsito em julgado do delito posteriormente verificado. ED

Gabarito "B".

(Delegado/RJ – 2022 – CESPE/CEBRASPE) Juvenal e Gisele são inspetores de polícia lotados em delegacia de repressão a entorpecentes. Por determinação da autoridade policial titular da unidade, iniciaram uma investigação a fim de identificar uma rede de distribuição de drogas em festas *rave* na região da Zona Oeste do Rio de Janeiro. Vestidos com trajes esportivos e da moda, eles se misturaram aos frequentadores da festa e passaram a observar todo o ambiente, enquanto dançavam e bebiam para disfarçar qualquer conotação policial dos seus atos. Assim, identificaram um local onde grande quantidade de drogas era armazenada. Identificaram os indivíduos que distribuíam as drogas e o *modus operandi* que usavam para chegar até ali com as drogas: usavam falsos caminhões de lixo. Levantadas essas informações, Juvenal e Gisele acionaram seus colegas de profissão pelo rádio. O local foi cercado, e todos os envolvidos foram presos, tendo sido apreendida grande quantidade de drogas.

Nessa situação hipotética, houve

(A) flagrante próprio, que autoriza a prisão em flagrante de todos os envolvidos, nos exatos limites do art. 302 do Código de Processo Penal.

(B) flagrante provocado, disciplinado pela Súmula n.º 145 do STF, o que impede a prisão em flagrante de todos os envolvidos.

(C) flagrante esperado, nos exatos limites da Súmula n.º 145 do STF.

(D) flagrante diferido, em decorrência da ação controlada desenvolvida pela equipe de policiais que se infiltrou no local.

(E) flagrante presumido, porque os envolvidos foram encontrados no momento da ação criminosa.

O enunciado descreve típica situação de flagrante próprio. Vale lembrar que o crime de tráfico, na modalidade *guardar* (art. 33, "caput", Lei 11.343/2006), tem natureza permanente, o que permite a prisão em flagrante a qualquer tempo. E foi isso que aconteceu. Após obterem informações concretas e seguras quanto à traficância, sua autoria e o *modus operandi*, policiais ingressaram no local e, ali estando, apreenderam significativa quantidade de droga. Note que, por se tratar de situação de flagrante, o ingresso pode se dar a qualquer hora do dia, inclusive à noite, sendo dispensável a anuência de quem quer que seja. Cuida-se, portanto, de flagrante válido (art. 302, CPP). **ED**

Gabarito "A".

(Delegado/RJ – 2022 – CESPE/CEBRASPE) Juvenal é gerente de um supermercado e coloca, intencionalmente, nas prateleiras do estabelecimento, produtos e mercadorias impróprias ao consumo, fora da validade, sem o peso correspondente ou com a especificação errada, tudo visando desfazer-se de um grande estoque de mercadorias.

Ao tomar conhecimento dessa prática, a autoridade policial, titular da Delegacia do Consumidor (DECON), determinou que seus agentes comparecessem ao supermercado para verificar a veracidade dos fatos juntamente com agentes da vigilância sanitária. No supermercado, constatada a ilicitude dos fatos, toda a mercadoria foi apreendida e foi dada voz de prisão em flagrante ao gerente Juvenal, encaminhado à delegacia do consumidor.

A autoridade policial autuou Juvenal no art. 7.º, II e IX, da Lei n.º 8.137/90, in verbis:

Art. 7.º Constitui crime contra as relações de consumo:

[...]

II – vender ou expor à venda mercadoria cuja embalagem, tipo, especificação, peso ou composição esteja em desacordo com as prescrições legais, ou que não corresponda à respectiva classificação oficial;

[...]

IX – vender, ter em depósito para vender ou expor à venda ou, de qualquer forma, entregar matéria-prima ou mercadoria, em condições impróprias ao consumo;

Pena – detenção, de 2 (dois) a 5 (cinco) anos, ou multa.

Nessa situação hipotética,

(A) a autoridade policial poderá conceder fiança, por se tratar de crime punido com detenção.

(B) a autoridade policial poderá conceder fiança a Juvenal se ele se comprometer a reparar o prejuízo aos consumidores já que se trata de crime apenado com detenção.

(C) a autoridade policial não poderá conceder fiança, por se tratar de crime punido com pena máxima superior a 4 anos e por Juvenal ter sido preso em flagrante delito por crime contra o consumo.

(D) a autoridade policial deverá prender Juvenal em flagrante delito, por se tratar de flagrante preparado, nos exatos limites da Súmula 145 do STF.

(E) a autoridade policial poderá conceder a Juvenal medida cautelar diversa da prisão, como o comparecimento periódico em juízo, no prazo e nas condições fixadas pelo juiz, para informar e justificar atividades, desde que não haja risco a ordem pública.

A: incorreta, a nosso ver. Explico. A Lei 12.403/2011 mudou sobremaneira o panorama da fiança. Antes da reforma por ela implementada, a autoridade policial, em vista da revogada redação do art. 322 do CPP, somente estava credenciada a concedê-la nas hipóteses de infração punida com *detenção* ou *prisão simples*. Bem por isso, não podia o delegado de polícia arbitrar fiança nos crimes punidos com *reclusão*, tarefa exclusiva do magistrado. Pela nova redação dada ao art. 322 do CPP, a autoridade policial passou a conceder fiança nos casos de infração cuja pena privativa de liberdade máxima não seja superior a quatro anos, independentemente de ser o crime apenado com reclusão ou detenção (qualidade da pena). Naqueles casos em que a pena máxima superar os quatro anos, somente o magistrado poderá estabelecer a fiança. Como a pena máxima cominada ao crime pelo qual foi Juvenal autuado em flagrante corresponde a 5 anos, somente ao juiz é dado fixar fiança; **B:** incorreta, dado o que acima foi explanado; **C:** incorreta. O fato de Juvenal ter sido preso em flagrante pela prática de crime contra as relações de consumo não impede que o delegado lhe conceda fiança; no caso narrado, o fator impeditivo é a quantidade da pena máxima cominada (superior a quatro anos); **D:** incorreta. *Flagrante preparado* é aquele em que o agente provocador leva alguém a praticar uma infração penal. Está-se aqui diante de uma modalidade de crime impossível (art. 17 do CP), consubstanciada na Súmula n. 145 do STF. Nem de longe é este o caso descrito no enunciado, já que a prisão em flagrante ocorreu após a autoridade policial ser comunicada dos fatos e determinar que seus agentes comparecessem ao local a fim de confirmar a veracidade da denúncia; **E:** incorreta, já que a autoridade policial não tem atribuição para tanto. **ED**

Gabarito "A".

(Delegado/RJ – 2022 – CESPE/CEBRASPE) Rosmênio ingressou no estacionamento de um grande supermercado com a intenção de subtrair um automóvel. De posse do material necessário, abriu um veículo, fez ligação direta, mas foi impedido de sair do local pela ação dos seguranças. Levado à delegacia de polícia da circunscrição, a autoridade policial o autuou no crime de furto qualificado tentado, cuja pena privativa de liberdade é de 2 a 8 anos de reclusão.

Considerando-se o instituto da fiança, é correto afirmar que, nessa situação hipotética,

(A) a autoridade judicial somente poderá conceder fiança nos crimes patrimoniais sem violência e grave ameaça.

(B) é admissível a concessão de fiança pela autoridade policial, por se tratar de crime tentado.

(C) é inadmissível a concessão de fiança pela autoridade judicial, dada a gravidade do crime.

(D) a fiança nos crimes patrimoniais exige que o investigado ou acusado indenize o lesado, antes de ser colocado em liberdade.

(E) a autoridade policial não poderá conceder fiança, por se tratar de crime qualificado, ainda que tentado.

A solução dada pela banca não representa o entendimento doutrinário e jurisprudencial prevalente sobre o tema. Vejamos. A pena máxima cominada ao furto qualificado, crime pelo qual foi autuado Rosmênio, corresponde a 8 anos. Sucede que, segundo a autoridade policial, o delito permaneceu na esfera da tentativa, causa que leva a uma diminuição de pena da ordem de um a dois terços (art. 14, parágrafo único, CP). O entendimento que prevalece é no sentido de que, neste caso, deve incidir a fração de 1/3 (mínimo possível), o que levaria a pena máxima a 5 anos e 4 meses e impediria que a autoridade policial concedesse fiança (art. 322, CPP – pena máxima superior a quatro anos). A examinadora, contrariando tal entendimento, adotou a incidência da fração de 2/3 (máximo possível), chegando, com isso, à pena de 2 anos e 8 meses, dentro, portanto, do patamar estabelecido no art. 322 do CPP, o que autoriza a autoridade policial a conceder fiança. **ED**

Gabarito "B".

7. DIREITO PROCESSUAL PENAL

(Delegado de Polícia Federal – 2021 – CESPE) José, réu primário, foi preso em flagrante acusado de ter praticado crime doloso punível com reclusão de no máximo quatro anos. Na audiência de custódia, o juiz decretou a prisão preventiva de ofício. No entanto, a defesa de José solicitou, em seguida, a reconsideração da decisão, com base no argumento de que a conduta do preso era atípica. O juiz acatou a tese e relaxou a prisão.

Considerando essa situação hipotética, julgue os itens subsequentes.

(1) Em se tratando do crime praticado por José, admite-se a decretação de prisão preventiva.

(2) Nessa situação, a primeira decisão do juiz foi regular, já que os tribunais superiores têm admitido, de ofício, a conversão da prisão em flagrante em prisão preventiva durante a audiência de custódia.

(3) A decisão do juiz, que relaxou a prisão por entender que a conduta de José havia sido atípica, não faz coisa julgada.

(4) Devido à pena prevista para o crime praticado por José, delegados ficam vedados a arbitrar a fiança.

1: errado. Considerando que José é primário e a sua prisão em flagrante se deu pelo cometimento de crime cuja pena máxima cominada não é superior a quatro anos, contra ele não poderá ser decretada a custódia preventiva, nos termos do art. 313 do CPP, que contém as hipóteses de cabimento dessa modalidade de prisão processual. **2:** errado. Pela redação conferida ao art. 311 do CPP pela Lei 12.403/2011, a prisão preventiva, decretada nas duas fases que compõem a persecução penal (inquérito e ação penal), podia ser decretada de ofício pelo juiz no curso da ação penal; durante as investigações, somente a requerimento do MP, do querelante ou do assistente, ou por representação da autoridade policial. Esta realidade perdurou até a edição da Lei 13.964/2019, que, em homenagem à adoção da estrutura acusatória que reveste o processo penal brasileiro (art. 3º-A do CPP) e atendendo aos anseios da comunidade jurídica, vedou, de uma vez por todas, a possibilidade de o juiz decretar de ofício a prisão preventiva, quer no curso das investigações (o que já era vedado no regime anterior), quer no decorrer da ação penal (art. 311 do CPP, com redação dada pela Lei 13.964/2019). Doravante, portanto, é de rigor, à decretação da prisão preventiva, tal como se dá na custódia temporária, que haja provocação da autoridade policial ou do MP. Até então, discutia-se a possibilidade de o juiz converter de ofício a prisão em flagrante em preventiva. A partir do advento do pacote anticrime, é afastada tal possibilidade, sendo de rigor a provocação da autoridade policial, do MP, do assistente ou do querelante, mesmo nas situações em que não é realizada a audiência de custódia. No STJ, tal entendimento foi fixado por maioria de votos pela Terceira Seção, quando da concessão de *habeas corpus* a um homem preso em flagrante acusado de tráfico de entorpecentes. Conferir: "1. Em razão do advento da Lei n. 13.964/2019 não é mais possível a conversão *ex officio* da prisão em flagrante em prisão preventiva. Interpretação conjunta do disposto nos arts. 3º-A, 282, § 2º, e 311, *caput*, todos do CPP. 2. IMPOSSIBILIDADE, DE OUTRO LADO, DA DECRETAÇÃO "EX OFFICIO" DE PRISÃO PREVENTIVA EM QUAL-QUER SITUAÇÃO (EM JUÍZO OU NO CURSO DE INVESTIGAÇÃO PENAL) INCLUSIVE NO CONTEXTO DE AUDIÊNCIA DE CUSTÓDIA (OU DE APRESENTAÇÃO), SEM QUE SE REGISTRE, MESMO NA HIPÓTESE DA CONVERSÃO A QUE SE REFERE O ART. 310, II, DO CPP, PRÉVIA, NECESSÁRIA E INDISPENSÁVEL PROVOCAÇÃO DO MINISTÉRIO PÚBLICO OU DA AUTORIDADE POLICIAL – RECENTE INOVAÇÃO LEGISLATIVA INTRODUZIDA PELA LEI N. 13.964/2019 ("LEI ANTI-CRIME"), QUE ALTEROU OS ARTS. 282, §§ 2º e 4º, E 311 DO CÓDIGO DE PROCESSO PENAL, SUPRIMINDO AO MAGISTRADO A POSSIBI-LIDADE DE ORDENAR, "SPONTE SUA", A IMPOSIÇÃO DE PRISÃO PREVENTIVA – NÃO REALIZAÇÃO, NO CASO, DA AUDIÊNCIA DE

CUSTÓDIA (OU DE APRESENTAÇÃO) – INADMISSIBILIDADE DE PRESUMIR-SE IMPLÍCITA, NO AUTO DE PRISÃO EM FLAGRANTE, A EXISTÊNCIA DE PEDIDO DE CONVERSÃO EM PRISÃO PREVENTIVA – CONVERSÃO, DE OFÍCIO, MESMO ASSIM, DA PRISÃO EM FLA-GRANTE DO ORA PACIENTE EM PRISÃO PREVENTIVA – IMPOSSIBI-LIDADE DE TAL ATO, QUER EM FACE DA ILEGALIDADE DESSA DECISÃO. [...] – A reforma introduzida pela Lei n. 13.964/2019 ("Lei Anticrime") modificou a disciplina referente às medidas de índole cautelar, notadamente aquelas de caráter pessoal, estabelecendo um modelo mais consentâneo com as novas exigências definidas pelo moderno processo penal de perfil democrático e assim preservando, em consequência, de modo mais expressivo, as características essen-ciais inerentes à estrutura acusatória do processo penal brasileiro. – A Lei n. 13.964/2019, ao suprimir a expressão "de ofício" que constava do art. 282, §§ 2º e 4º, e do art. 311, todos do Código de Processo Penal, vedou, de forma absoluta, a decretação da prisão preventiva sem o prévio "requerimento das partes ou, quando no curso da investigação criminal, por representação da autoridade policial ou mediante reque-rimento do Ministério Público", não mais sendo lícita, portanto, com base no ordenamento jurídico vigente, a atuação "ex officio" do Juízo processante em tema de privação cautelar da liberdade. – A interpre-tação do art. 310, II, do CPP deve ser realizada à luz dos arts. 282, §§ 2º e 4º, e 311, do mesmo estatuto processual penal, a significar que se tornou inviável, mesmo no contexto da audiência de custódia, a con-versão, de ofício, da prisão em flagrante de qualquer pessoa em prisão preventiva, sendo necessária, por isso mesmo, para tal efeito, anterior e formal provocação do Ministério Público, da autoridade policial ou, quando for o caso, do querelante ou do assistente do MP. Magistério doutrinário. Jurisprudência. [...] – A conversão da prisão em flagrante em prisão preventiva, no contexto da audiência de custódia, somente se legitima se e quando houver, por parte do Ministério Público ou da autoridade policial (ou do querelante, quando for o caso), pedido expresso e inequívoco dirigido ao Juízo competente, pois não se pre-sume – independentemente da gravidade em abstrato do crime – a configuração dos pressupostos e dos fundamentos a que se refere o art. 312 do Código de Processo Penal, que hão de ser adequada e motivadamente comprovados em cada situação ocorrente. Doutrina. PROCESSO PENAL – PODER GERAL DE CAUTELA – INCOMPATIBILI-DADE COM OS PRINCÍPIOS DA LEGALIDADE ESTRITA E DA TIPICI-DADE PROCESSUAL – CONSEQUENTE INADMISSIBILIDADE DA ADOÇÃO, PELO MAGISTRADO, DE MEDIDAS CAUTELARES ATÍPICAS, INESPECÍFICAS OU INOMINADAS EM DETRIMENTO DO "STATUS LIBERTATIS" E DA ESFERA JURÍDICA DO INVESTIGADO, DO ACUSADO OU DO RÉU – O PROCESSO PENAL COMO INSTRUMENTO DE SAL-VAGUARDA DA LIBERDADE JURÍDICA DAS PESSOAS SOB PERSECU-ÇÃO CRIMINAL. – Inexiste, em nosso sistema jurídico, em matéria processual penal, o poder geral de cautela dos Juízes, notadamente em tema de privação e/ou de restrição da liberdade das pessoas, vedada, em consequência, em face dos postulados constitucionais da tipicidade processual e da legalidade estrita, a adoção, em detrimento do inves-tigado, do acusado ou do réu, de provimentos cautelares inominados ou atípicos. O processo penal como instrumento de salvaguarda da liberdade jurídica das pessoas sob persecução criminal. Doutrina. Precedentes: HC n. 173.791/MG, Ministro Celso de Mello – HC n. 173.800/MG, Ministro Celso de Mello – HC n. 186.209 – MC/SP, Ministro Celso de Mello, v.g. (HC n. 188.888/MG, Ministro Celso de Mello, Segunda Turma, julgado em 6/10/2020). 3. Da análise do auto de prisão é possível se concluir que houve ilegalidade no ingresso pela polícia no domicílio do paciente e, por conseguinte, que são inadmis-síveis as provas daí derivadas e, consequentemente, sua própria prisão. Tal conclusão autoriza a concessão de ordem de ofício. 4. Recurso em *habeas corpus* provido para invalidar, por ilegal, a conversão *ex officio* da prisão em flagrante do ora recorrente em prisão preventiva. Ordem concedida de ofício, para anular o processo, *ab initio*, por ilegalidade da prova de que resultou sua prisão, a qual, por conseguinte, deve ser imediatamente relaxada também por essa razão" (STJ, RHC 131.263/GO, Rel. Ministro SEBASTIÃO REIS JÚNIOR, TERCEIRA SEÇÃO, julgado em 24/02/2021, DJe 15/04/2021). No STF: "Agravo regimental em *habeas corpus*. 2. Direito Processual Penal. 3. Tráfico de drogas (art. 33, *caput*, da Lei 11.343/2006). 4. *Habeas corpus* impetrado contra decisão que indeferiu liminar no STJ. Súmula 691. Superação do entendimento diante de manifesta ilegalidade. 5. Prisão Preventiva decretada com base em fundamentos abstratos. Impossibilidade. Precedentes. 6. Conversão, de ofício, da prisão em flagrante em preventiva. Violação ao sistema acusatório no processo penal brasileiro. Sistemática de decretação de prisão preventiva e as alterações aportadas pela Lei 13.964/2019. A recente Lei 13.964/2019 avançou em tal consolidação da separação entre as funções de acusar, julgar e defender. Para tanto, modificou-se a redação do art. 311 do CPP, que regula a prisão preventiva, suprimindo do texto a possibilidade de decretação da medida de ofício pelo juiz. 7. Inexistência de argumentos capazes de infirmar a decisão agravada. 8. Agravo regimental desprovido" (HC 192532 AgR, Rel. Min. Gilmar Mendes, Segunda Turma, julgado em 24/02/2021, publicado em 02/03/2021). **3:** certo. A decisão que, em sede de audiência de custódia, determina o relaxamento da prisão em flagrante ao argumento de que o fato imputado ao investigado é atípico não gera coisa julgada, razão pela qual não estará o titular da ação penal a ela vinculado, podendo, se assim entender, oferecer denúncia em face do agente, com narração dos mesmos fatos. Não se deve confundir arquivamento de inquérito policial por atipicidade da conduta, que faz coisa julgada material, com investigação de fato atípico, que não gera coisa julgada. Nesse sentido, conferir: "(...) *In casu*, o juízo plantonista apontou a atipicidade da conduta em sede de audiência de apresentação, tendo o Tribunal de origem assentado que "a pretensa atipicidade foi apenas utilizada como fundamento opinativo para o relaxamento da prisão do paciente e de seus comparsas, uma vez que o MM. Juiz de Direito que presidiu a audiência de custódia sequer possuía competência jurisdicional para determinar o arquivamento dos autos. Por se tratar de mero juízo de garantia, deveria ter se limitado à regularidade da prisão e mais nada, porquanto absolutamente incompetente para o mérito da causa. Em função disso, toda e qualquer consideração feita a tal respeito – mérito da infração penal em tese cometida – não produz os efeitos da coisa julgada, mesmo porque de sentença sequer se trata" (STF, HC 157.306, rel. Min. Luiz Fux, Primeira Turma, julgado em 25/09/2018, publicado em 01/03/2019). **4:** errado. Por força do que dispõe o art. 322, *caput*, do CPP, poderá a autoridade policial conceder fiança nos casos de infração penal cuja pena privativa de liberdade máxima não seja superior a quatro anos. Disso se conclui que, no caso narrado no enunciado, o delegado de polícia poderá, sim, arbitrar fiança em favor de José, já que a pena máxima cominada ao crime a ele imputado não é superior a quatro anos. **ED**

Gabarito 1E, 2E, 3C, 4E

(Delegado/MG – 2021 – FUMARC) A respeito da prisão em flagrante, é INCORRETO afirmar:

(A) A realização de audiência de custódia se restringe aos casos de prisão em flagrante delito.

(B) Nos crimes permanentes, a prisão em flagrante pode ser efetuada enquanto não cessar a permanência.

(C) O presidente da república não pode ser preso em flagrante delito por mais grave que seja o crime praticado.

(D) Se o autor do delito não foi preso no local da infração e não está sendo perseguido, sua apresentação espontânea perante a autoridade policial impede a prisão em flagrante.

A: incorreta. Quanto à audiência de custódia, importante tecer alguns comentários, dada não somente a complexidade do tema, mas também – e principalmente – a sua relevância. Embora ela (audiência de custódia) não tenha sido contemplada, de forma expressa, na CF/1988, a Convenção Americana sobre Direitos Humanos (Pacto de San José

da Costa Rica), incorporada ao ordenamento jurídico brasileiro, em seu art. 7º (5), assim estabelece: "Toda pessoa presa, detida ou retida deve ser conduzida, sem demora, à presença de um juiz ou outra autoridade autorizada por lei a exercer funções judiciais (...)". O Conselho Nacional de Justiça, em parceria com o Tribunal de Justiça de São Paulo e também com o Ministério da Justiça, lançou e implementou o projeto "audiência de custódia", cujo propósito é assegurar ao preso o direito de ser apresentado, de forma rápida, a um juiz de direito, ao qual caberá analisar, entre outros aspectos, a legalidade da prisão em flagrante e também a necessidade de a mesma ser convertida em prisão preventiva. Para tanto, o CNJ editou a Resolução 213/2015, cujo art. 1º assim estabelece: *Determinar que toda pessoa presa em flagrante delito, independentemente da motivação ou natureza do ato, seja obrigatoriamente apresentada, em até 24 horas da comunicação do flagrante, à autoridade judicial competente, e ouvida sobre as circunstâncias em que se realizou sua prisão ou apreensão*. Mais recentemente, a Lei 13.964/2019, conhecida como Pacote Anticrime, contemplou a audiência de custódia, inserindo-a no art. 310 do CPP. Pela primeira vez, portanto, a audiência de custódia, objeto de tantos debates na comunidade jurídica, tem previsão legal. Como dissemos acima, até então esta matéria estava prevista tão somente na Resolução CNJ 213/2015. Segundo estabelece a nova redação do *caput* do art. 310 do CPP, "após receber o auto de prisão em flagrante, no prazo máximo de 24 (vinte e quatro) horas após a realização da prisão, o juiz deverá promover audiência de custódia com a presença do acusado, seu advogado constituído ou membro da Defensoria Pública e o membro do Ministério Público, e, nessa audiência, o juiz deverá, fundamentadamente: (...)". O § 4º deste dispositivo, também inserido pela Lei 13.964/2019 e cuja eficácia está suspensa por decisão cautelar do STF (ADI 6305), impõe a liberalização da prisão do autuado em flagrante em razão da não realização da audiência de custódia no prazo de 24 horas. Posteriormente a isso, o Congresso Nacional, ao apreciar os vetos impostos pelo presidente da República ao PL 6.341/2019 (que deu origem à Lei 13.964/2019), rejeitou (derrubou) vários deles (na verdade, 16 dos 24 vetos). No que toca à audiência de custódia, com a rejeição ao veto imposto pelo PR ao art. 3º-B, § 1º, do CPP (contido no PL 6341/2019), fica vedada a possibilidade de se proceder à audiência de custódia por meio de sistema de videoconferência (ressalvado o período de pandemia). Doravante, pois, as audiências de custódia deverão ser realizadas presencialmente. O art. 3º-B, § 1º, do CPP conta com a seguinte redação (agora restabelecida com a derrubada do veto): *O preso em flagrante ou por força de mandado de prisão provisória será encaminhado à presença do juiz de garantias no prazo de 24 (vinte e quatro) horas, momento em que se realizará audiência com a presença do Ministério Público e da Defensoria Pública ou de advogado constituído, vedado o emprego de videoconferência* (destacamos). Ponderou o presidente da República, por ocasião de seu veto, que *suprimir a possibilidade da realização da audiência por videoconferência gera insegurança jurídica*. Além disso, segundo também justificou, *o dispositivo pode acarretar em aumento de despesa, notadamente nos casos de juiz em vara única, com apenas um magistrado, seja pela necessidade de pagamento de diárias e passagens a outros magistrados para a realização de uma única audiência, seja pela necessidade premente de realização de concurso para a contratação de novos magistrados*. Perceba que, além de vedar a audiência de custódia por videoconferência, o dispositivo não deixa dúvidas acerca de sua imprescindibilidade em todas as modalidades de prisão. Não bastasse isso, ao julgar, em sede de liminar, a Reclamação 29.303, da qual é relator, o ministro Edson Fachin impôs a realização de audiência de custódia para todas as modalidades prisionais, inclusive prisões preventivas, temporárias e definitivas, e não somente para os casos de prisão em flagrante. Vide também art. 287 do CPP; **B:** correta. De fato, a teor do que dispõe o art. 303 do CPP, a situação flagrancial, nos crimes permanentes, perdura enquanto não cessada a permanência; **C:** correta. Por força do que dispõe o art. 86, § 3º, da CF, *enquanto não sobrevier sentença condenatória, nas infrações comuns, o presidente da República não estará sujeito a prisão*. Ou seja, o presidente não poderá ser submetido a qualquer modalidade de prisão processual, aqui incluída a prisão em flagrante; **D:** correta. Se o agente, que acabara de cometer um crime, não foi preso no local em que este foi praticado e não está sendo perseguido, sua apresentação espontânea à autoridade policial obsta sua prisão em flagrante, na medida em que não se enquadra em nenhuma das situações descritas no art. 302 do CPP, dispositivo que contém as hipóteses em que se pode considerar alguém em situação flagrancial. Cuidado: embora não se possa prender o autor do delito em flagrante, nada impede que em seu desfavor seja decretada a custódia preventiva. [ED]

Gabarito "A".

(Juiz de Direito/GO – 2021 – FCC) Em relação à prisão preventiva e às medidas cautelares alternativas à prisão, o Código de Processo Penal estabelece:

(A) A decisão que decretar, substituir ou denegar a prisão preventiva será motivada e fundamentada, admitindo-se, no caso de denegação da prisão, que haja simples indicação do ato normativo aplicável ao caso.

(B) O juiz pode revogar a prisão preventiva se, no correr da investigação ou do processo, verificar a falta de motivo para que ela subsista, mas o mesmo juiz já não pode depois novamente decretá-la.

(C) A decisão que decretar a prisão preventiva deve ser motivada e fundamentada em receio de perigo e existência concreta de fatos novos ou contemporâneos que justifiquem a aplicação da medida adotada.

(D) O juiz somente pode substituir a prisão preventiva pela domiciliar quando o agente for maior de oitenta anos e extremamente debilitado por motivo de doença grave.

(E) A suspensão do exercício de função pública ou de atividade de natureza econômica ou financeira é medida cautelar diversa da prisão, cabível independentemente de haver receio de utilização da função ou atividade para a prática de infrações penais.

A: incorreta, na medida em que a decisão que decretar, substituir ou denegar a prisão preventiva será sempre motivada e fundamentada (art. 315, *caput*, do CPP), não se admitindo, mesmo no caso de denegação da prisão, que haja simples indicação do ato normativo aplicável ao caso (art. 315, § 2°, I, do CPP); **B:** incorreta. À luz do disposto no art. 316, *caput*, do CPP, é dado ao juiz, de ofício ou mediante provocação das partes, revogar a custódia preventiva quando, no decorrer da investigação ou do processo, constatar a sua desnecessidade, podendo novamente decretá-la, se sobrevierem razões que a justifiquem; **C:** correta, pois corresponde à redação do art. 312, § 2°, do CPP, introduzido pela Lei 13.964/2019; **D:** incorreta, já que a substituição poderá ser implementada em outras hipóteses, além das mencionadas na assertiva, que estão previstas, respectivamente, no art. 318, I e II, do CPP. É importante que se diga que a prisão domiciliar não está inserida no âmbito das medidas cautelares diversas da prisão (art. 319, CPP). Cuida-se, isto sim, de prisão preventiva que deverá ser cumprida no domicílio do investigado/acusado, desde que, é claro, este esteja em uma das situações previstas no art. 318 do CPP: maior de 80 anos; extremamente debilitado por motivo de doença grave; imprescindível aos cuidados especiais de pessoa menor de 6 anos de idade ou com deficiência; gestante; mulher com filho de até 12 (doze) anos de idade incompletos; homem, caso seja o único responsável pelos cuidados do filho de até 12 (doze) anos de idade incompletos. Atenção: a Lei 13.769/2018 inseriu no CPP o art. 318-A, que prevê a substituição da prisão preventiva por prisão domiciliar da mulher gestante, mãe ou responsável por crianças ou pessoas com deficiência. Além disso, esta mesma Lei disciplina o regime de cumprimento de pena privativa de liberdade de condenadas na mesma situação, com alteração da Lei de Crimes Hediondos e da Lei de Execução Penal. Como bem sabemos, a 2ª turma do STF, ao julgar o HC coletivo 143.641, assegurou a conversão da prisão preventiva em domiciliar a todas as presas provisórias do país que sejam gestantes, puérperas ou mães de crianças e deficientes sob sua guarda. Perceba, dessa forma, que o legislador, ao inserir o art. 318-A do CPP, nada mais fez do que contemplar, no texto legal, o entendimento consolidado no *habeas corpus* coletivo a que fizemos referência. Também em consonância com o que ficou decidido no julgamento do HC, o legislador impôs dois requisitos: que não tenha sido cometido crime com grave ameaça ou violência contra a pessoa; que não tenha sido cometido contra o filho ou dependente. O art. 318-B, também inserido por meio da Lei 13.769/2018, prevê a possibilidade de aplicação concomitante da prisão domiciliar e das medidas alternativas previstas no art. 319 do CPP, na esteira do decidido no HC 143.641. Vale ainda o registro de que, para além da inserção desses dois dispositivos legais no CPP, a Lei 13.769/2018 promoveu alterações na LEP. De ver-se que os arts. 318, 318-A e 318-B tratam da concessão da prisão domiciliar no contexto da prisão preventiva, que constitui modalidade de prisão provisória. Pressupõe-se, aqui, portanto, ausência de condenação definitiva. Após o trânsito em julgado da condenação, a prisão domiciliar passa a ser disciplinada, como não poderia deixar de ser, pela LEP. Neste caso, temos que a Lei 13.769/2018 inseriu no art. 112 da LEP o § 3°, que estabelece fração diferenciada de cumprimento de pena para que a mulher, nas condições a que fizemos referência, possa alcançar o regime mais brando (a fração necessária, que antes era um sexto, passou para um oitavo). Para tanto, a reeducanda deve reunir quatro requisitos cumulativos, além de ter cumprido um oitavo da pena que lhe foi imposta. Também incluído pela Lei 13.769/2018, o § 4° do art. 112 da LEP estabelece que a prática de novo crime doloso ou falta grave acarretará a revogação do benefício; **E:** incorreta, já que o art. 319, VI, do CPP, que prevê medida cautelar consistente em suspender o exercício de função pública ou de atividade de natureza econômica ou financeira, estabelece a necessidade de haver receio de utilização da função ou atividade para a prática de infrações penais. [ED]

Gabarito "C".

(Juiz de Direito/SP – 2021 – Vunesp) Surpreendido na posse e na guarda de substância entorpecente ilícita, José da Silva foi preso em flagrante delito, por incurso no artigo 33 da Lei de Drogas. Acolhendo representação do d. representante do Ministério Público, a prisão em flagrante foi convertida em prisão preventiva ao fundamento de que "o crime de tráfico de drogas é grave e vem causando temor à população obreira, em razão de estar relacionado ao aumento da violência e da criminalidade, estando, muitas vezes, ligado ao crime organizado. Além disso, é fonte de desestabilização das relações familiares e sociais, gerando, ainda, grande problema de ordem de saúde pública em razão do crescente número de dependentes químicos. O efeito destrutivo e desagregador do tráfico de drogas, este associado a um mundo de violência, desespero e morte para as suas vítimas e para as comunidades afetadas, justifica tratamento jurídico mais rigoroso em relação aos agentes envolvidos na sua prática." Diante desse quadro, é correto afirmar que

(A) presentes os requisitos da prisão preventiva, como exigido pelo artigo 312 do CPP, a efetivação da prisão processual se insere na discricionariedade e na convicção íntima do magistrado, como evidenciado na fundamentação da decisão lançada, e, por isso, deve subsistir pelos próprios fundamentos.

(B) o crime de tráfico de drogas, por disposição legal, é equiparado a hediondo, pelo que prevalece a prisão preventiva do réu, formalmente perfeita, ficando sua liberdade condicionada à análise do mérito da imputação por ocasião da sentença definitiva.

(C) os fundamentos contidos no decreto de prisão preventiva são verdadeiros e decorrem de assertivas sobejamente conhecidas, razão pela qual, aliados à comprovada materialidade do crime e à sua autoria, justificam a prisão preventiva, cumprindo, assim, o Poder Judiciário sua função conjunta com os demais Poderes no combate à criminalidade e na proteção à sociedade.

(D) não subsiste a prisão preventiva, como decretada, pois o d. magistrado utilizou-se de assertivas genéricas, sem estabelecer nexo com a conduta ou a personalidade do flagrado a justificar sua prisão em detrimento de outras cautelares, o que é expressamente vedado por lei processual, uma vez que, pela abstração do texto ou pelos fundamentos utilizados, podem ser eles utilizados em qualquer processo em que seja descrito o crime de tráfico.

A prisão preventiva, na forma como foi decretada, não pode subsistir. Pelo enunciado, fica claro que o magistrado, ao proceder à conversão da prisão em flagrante em preventiva, se valeu de considerações genéricas, tecendo apreciações à nocividade (o que não se nega) do tráfico de drogas bem como às suas nefastas consequências (o que também não se nega). Em nenhum momento o decreto de prisão faz considerações a respeito do caso concreto. Em momento algum justifica por que razão a imposição da medida extrema se impõe. Fazendo dessa forma, seria o caso de converter a prisão em flagrante em preventiva em todos os processos de tráfico de drogas, o que traduz um automatismo na decretação da custódia, incompatível com a natureza das medidas de cunho cautelar em geral, que somente devem ser decretadas quando indispensáveis ao processo. Dito de outra forma, a decretação ou manutenção da prisão cautelar (provisória ou processual), assim entendida aquela que antecede a condenação definitiva, deve sempre estar condicionada à demonstração concreta de sua imperiosa necessidade, ainda que se trate da prática de crimes graves, como é o caso do tráfico de drogas, delito equiparado a hediondo. Bem por isso, deve o magistrado apontar as razões, no seu entender, que a tornam indispensável (art. 312 do CPP). Deve ser vista, portanto, como um *instrumento* do processo a ser utilizado em situações *excepcionais*. A prisão desnecessária decretada ou mantida antes de a sentença passar em julgado constitui antecipação da pena que porventura seria aplicada em caso de condenação, o que representa patente violação ao princípio da presunção de inocência, postulado esse de índole constitucional – art. 5°, LVII. De se ver ainda que, tendo em conta as mudanças implementadas pela Lei 12.403/2011, que instituiu as *medidas cautelares alternativas à prisão provisória*, esta somente terá lugar diante da impossibilidade de se recorrer às medidas cautelares. Dessa forma, a prisão, como medida excepcional que é, deve também ser vista como instrumento subsidiário, supletivo. A tudo isso deve ser somado o fato de que a Lei 13.964/2019 alterou, entre outros, o art. 315 do CPP, de forma a não deixar dúvida quanto à necessidade imperiosa de o juiz motivar de forma concreta a decretação da custódia preventiva ou de qualquer outra medida cautelar, indicando a existência de fatos novos e contemporâneos que justifiquem a adoção da medida. No sentido do que expusemos, a jurisprudência é farta. Com efeito, o STJ, em edição de n. 32 da ferramenta *Jurisprudência em Teses*, publicou, sobre este tema, a seguinte tese (n. 9): *A alusão genérica sobre a gravidade do delito, o clamor público ou a comoção social não constituem fundamentação idônea a autorizar a prisão preventiva.* **ED**
„D". „D".

(Juiz de Direito – TJ/RJ – 2019 – VUNESP) A prisão preventiva imposta à mulher gestante ou que for mãe ou responsável por crianças ou pessoas com deficiência será substituída por prisão domiciliar, desde que

(A) não se trate a gestante de reincidente ou portadora de maus antecedentes.

(B) não seja a gestante líder de organização criminosa ou participante de associação criminosa.

(C) não se trate de acusada por crime hediondo ou equiparado.

(D) não tenha cometido crime com violência ou grave ameaça à pessoa e não tenha cometido o crime contra seu filho ou dependente.

(E) tenha havido prévia reparação do dano e as circunstâncias do fato e a personalidade da gestante indicarem se tratar de medida suficiente à prevenção e reprovação do crime.

Quanto ao tema "cumprimento da prisão preventiva em domicílio", importante tecer algumas ponderações, tendo em vista o advento da Lei 13.769/2018, que, entre outras coisas, inseriu no CPP o art. 318-A, que estabelece a substituição da prisão preventiva por prisão domiciliar da mulher gestante, mãe ou responsável por crianças ou pessoas com deficiência. Além disso, disciplina o regime de cumprimento de pena privativa de liberdade de condenadas na mesma situação, com alteração da Lei de Crimes Hediondos e da Lei de Execução Penal. Como bem sabemos, a 2ª turma do STF, ao julgar o HC coletivo 143.641, assegurou a conversão da prisão preventiva em domiciliar a todas as presas provisórias do país que sejam gestantes, puérperas ou mães de crianças e deficientes sob sua guarda. Perceba, dessa forma, que o legislador, ao inserir o art. 318-A do CPP, nada mais fez do que contemplar, no texto legal, o entendimento consolidado no *habeas corpus* coletivo a que fizemos referência. Também em consonância com o que ficou decidido no julgamento do HC, o legislador impôs dois requisitos: que não tenha sido cometido crime com grave ameaça ou violência contra a pessoa; que não tenha sido cometido contra o filho ou dependente. O art. 318-B, também inserido por meio da Lei 13.769/2018, prevê a possibilidade de aplicação concomitante da prisão domiciliar e das medidas alternativas previstas no art. 319 do CPP, na esteira do decidido no HC 143.641. Para além da inserção desses dois dispositivos legais no CPP, a Lei 13.769/2018 promoveu alterações na LEP. Perceba, pois, que os arts. 318, 318-A e 318-B tratam da concessão da prisão domiciliar no contexto da prisão preventiva, que constitui modalidade de prisão provisória. Pressupõe-se, aqui, portanto, ausência de condenação definitiva. Após o trânsito em julgado da condenação, a prisão domiciliar passa a ser disciplinada, como não poderia deixar de ser, pela LEP. Neste caso, temos que a Lei 13.769/2018 inseriu no art. 112 da LEP o § 3º, que estabelece fração diferenciada de cumprimento de pena para que a mulher, nas condições a que fizemos referência, possa alcançar o regime mais brando (a fração necessária, que antes era um sexto, passou para um oitavo). Para tanto, a reeducanda deve reunir quatro requisitos cumulativos, além de ter cumprido um oitavo da pena que lhe foi imposta. Também incluído pela Lei 13.769/2018, o § 4º do art. 112 da LEP estabelece que a prática de novo crime doloso ou falta grave acarretará a revogação do benefício. Destarte, das alternativas acima, deve ser assinalada a "D", já que em conformidade com o art. 318-A do CPP. **ED**
„D". „D".

(Juiz de Direito – TJ/SC – 2019 – CESPE/CEBRASPE) Com referência à aplicação das medidas cautelares e à concessão da liberdade provisória, assinale a opção correta.

(A) As medidas cautelares podem ser decretadas no curso da investigação criminal, de ofício, pelo magistrado, ou por representação da autoridade policial ou do Ministério Público.

(B) O descumprimento de qualquer das obrigações impostas a título de medida cautelar é causa suficiente para a decretação imediata de prisão preventiva.

(C) A concessão de liberdade provisória por meio de pagamento de fiança, quando cabível, não impede a cumulação da fiança com outras medidas cautelares.

(D) Ausentes os requisitos para a decretação da prisão preventiva, é admissível a concessão de liberdade provisória aos crimes hediondos mediante o arbitramento de fiança.

(E) O não comparecimento aos atos do processo, quando regularmente intimado e sem motivo justo, é causa de quebra da fiança, cuja declaração independe de decisão judicial.

A: incorreta. Ao tempo em que foi aplicada esta prova, as medidas cautelares somente podiam ser decretadas de ofício pelo juiz no curso da instrução criminal; se no curso das investigações, a decretação somente poderia se dar em razão de requerimento do MP ou de representação da autoridade policial (art. 282, § 2º, do CPP). A Lei 13.964/2019, ao modificar o art. 282, § 2º, do CP, afastou a possibilidade, até então existente, de o magistrado decretar medidas cautelares de ofício no curso da ação penal. Atualmente, temos que é defeso ao juiz agir de ofício na decretação de medidas cautelares de natureza pessoal, como a prisão processual, inclusive no curso da ação penal. Seja como for, a assertiva está incorreta, pois, ao afirmar que o juiz pode decretar medidas cautelares de ofício no curso da investigação criminal, está em desconformidade com a redação anterior e atual do art. 282, § 2º, do CPP; **B:** incorreta. Diante do descumprimento de medida cautelar imposta ao acusado, poderá o juiz, considerando as particularidades do caso concreto, substituir a medida anteriormente imposta, impor outra em cumulação ou, somente em último caso, decretar a prisão preventiva, que, como se pode ver, tem caráter subsidiário (art. 282, § 4º, CPP, cuja redação foi determinada pela Lei 13.964/2019). Mesmo antes da modificação operada neste dispositivo, a prisão preventiva somente poderia ser decretada em último caso; **C:** correta, pois corresponde ao que estabelece o art. 321 do CPP; **D:** incorreta. Nos crimes hediondos e assemelhados, o art. 5º, XLIII, da Constituição Federal veda a concessão de *fiança*. Com o advento da Lei 11.464/2007, que modificou a redação do art. 2º da Lei de Crimes Hediondos, cuja redação original vedava a concessão de fiança e liberdade provisória, passou a ser possível a sua concessão sem fiança, já que foi extraída do dispositivo (art. 2º, II, da Lei 8.072/1990). Após, a Lei 12.403/2011 promoveu uma série de inovações no âmbito da prisão e da liberdade provisória, entre elas altera a redação do art. 323 do CPP, que passou a prever que os crimes hediondos e os delitos a eles equiparados são *inafiançáveis*. Em resumo: os crimes hediondos e equiparados, embora não comportem a concessão de fiança, admitem a liberdade provisória (desde que sem fiança); **E:** incorreta, já que a declaração de quebra de fiança pressupõe decisão judicial. ☑️
Gabarito "C".

(Juiz de Direito - TJ/BA - 2019 - CESPE/CEBRASPE) Acerca de prisão, de liberdade provisória e de medidas cautelares, assinale a opção correta, com base no entendimento dos tribunais superiores.

(A) A gravidade específica do ato infracional e o tempo transcorrido desde a sua prática não devem ser considerados pelo juiz para análise e deferimento de prisão preventiva.

(B) A decisão sobre o pedido de prisão preventiva formulado durante audiência dispensa a oitiva da defesa, por se tratar de medida cautelar.

(C) A presença do defensor técnico é dispensável por ocasião da formalização do auto de prisão em flagrante, desde que a autoridade policial informe ao preso os seus direitos constitucionalmente garantidos.

(D) A decretação de prisão preventiva fundada na garantia da ordem pública dispensa a prévia análise do cabimento das medidas cautelares diversas da prisão previstas no CPP.

(E) Quando o MP representar por prisão temporária, não será possível que se decrete a prisão preventiva, uma vez que isso representaria ofensa ao princípio da inércia da jurisdição.

A: incorreta. Antes de mais nada, é importante que se diga que, conforme entendimento hoje sedimentado na jurisprudência, os atos infracionais anteriormente praticados pelo réu podem servir como fundamento a justificar a decretação da custódia preventiva. Para tanto, devem ser levados em consideração a gravidade específica do ato infracional e o tempo transcorrido desde a sua prática. Nesse sentido: "Consoante entendimento firmado pela Terceira Seção do Superior Tribunal de Justiça no julgamento do RHC n. 63.855/MG, não constitui constrangimento ilegal a manutenção da custódia *ante tempus* com fulcro em anotações registradas durante a menoridade do agente se a prática de atos infracionais graves, reconhecidos judicialmente e não distantes da conduta em apuração, é apta a demonstrar a periculosidade do custodiado" (STF, HC 408.969/DF, Rel. Ministro Rogerio Schietti Cruz, Sexta Turma, julgado em 26/09/2017, DJe 02.10.2017). No mesmo sentido: "3. Os registros sobre o passado de uma pessoa, seja ela quem for, não podem ser desconsiderados para fins cautelares. A avaliação sobre a periculosidade de alguém impõe que se perscrute todo o seu histórico de vida, em especial o seu comportamento perante a comunidade, em atos exteriores, cujas consequências tenham sido sentidas no âmbito social. Se os atos infracionais não servem, por óbvio, como antecedentes penais e muito menos para firmar reincidência (porque tais conceitos implicam a ideia de "crime" anterior), não podem ser ignorados para aferir a personalidade e eventual risco que sua liberdade plena representa para terceiros. 4. É de lembrar, outrossim, que a proteção estatal prevista no ECA, em seu art. 143, é voltada ao adolescente (e à criança), condição que o réu deixou de ostentar ao tornar-se imputável. Com efeito, se, durante a infância e a adolescência do ser humano, é imperiosa a maior proteção estatal, a justificar todas as cautelas e peculiaridades inerentes ao processo na justiça juvenil, inclusive com a imposição do sigilo sobre os atos judiciais, policiais e administrativos que digam respeito a crianças e, em especial, aos adolescentes aos quais se atribua autoria de ato infracional (art. 143 da Lei n. 8.069/1990), tal dever de proteção cessa com a maioridade penal, como bem destacado no referido precedente. 5. A toda evidência, isso não equivale a sustentar a possibilidade de decretar-se a prisão preventiva, para garantia da ordem pública, simplesmente porque o réu cometeu um ato infracional anterior. O raciocínio é o mesmo que se utiliza para desconsiderar antecedente penal que, por dizer respeito a fato sem maior gravidade, ou já longínquo no tempo, não deve, automaticamente, supedanear o decreto preventivo. 6. Seria, pois, indispensável que a autoridade judiciária competente, para a consideração dos atos infracionais do então adolescente, averiguasse: a) A particular gravidade concreta do ato ou dos atos infracionais, não bastando mencionar sua equivalência a crime abstratamente considerado grave; b) A distância temporal entre os atos infracionais e o crime que deu origem ao processo (ou inquérito policial) no curso do qual se há de decidir sobre a prisão preventiva; c) A comprovação desses atos infracionais anteriores, de sorte a não pairar dúvidas sobre o reconhecimento judicial de sua ocorrência. 7. Na espécie, a par de ausente documentação a respeito, o Juiz natural deixou de apontar, concretamente, quais atos infracionais foram cometidos pelo então adolescente e em que momento e em que circunstâncias eles ocorreram, de sorte a permitir, pelas singularidades do caso concreto, aferir o comportamento passado do réu, sua personalidade e, por conseguinte, elaborar um prognóstico de recidiva delitiva e de periculosidade do acusado. 8. No entanto, há outras razões invocadas pelo Juízo singular que se mostram suficientes para dar ares de legalidade à ordem de prisão do ora paciente, ao ressaltar "que o crime foi praticado com grave violência, demonstrando conduta perigosa que não aconselha a liberdade", bem como o fato de o delito ter sido cometido em razão de dívida de drogas, em concurso de pessoas, por determinação do paciente, "que comanda uma das quadrilhas de tráfico de entorpecentes da região".

312 EDUARDO DOMPIERI

9. Recurso em *habeas corpus* desprovido." (STJ, RHC 63.855/MG, Rel. Ministro NEFI CORDEIRO, Rel. p/ Acórdão Ministro ROGERIO SCHIETTI CRUZ, TERCEIRA SEÇÃO, julgado em 11/05/2016, DJe 13/06/2016); **B**: incorreta. É que, como regra, antes de decretar a medida cautelar, aqui incluída a prisão preventiva, incumbe ao juiz proceder à oitiva do indiciado ou réu (art. 282, § 3º, do CPP). A exceção fica por conta dos casos em que há urgência ou perigo de ineficácia da medida, hipótese em que será exercido o chamado contraditório diferido, em seguida à decretação da medida cautelar. Na jurisprudência: "A reforma do Código de Processo Penal ocorrida em 2011, por meio da Lei nº 12. 403/11, deu nova redação ao art. 282, § 3º, do Código, o qual passou a prever que, "ressalvados os casos de urgência ou de perigo de ineficácia da medida, o juiz, ao receber o pedido de medida cautelar, determinará a intimação da parte contrária, acompanhada de cópia do requerimento e das peças necessárias, permanecendo os autos em juízo." 2. A providência se mostra salutar em situações excepcionais, porquanto, "[...] ouvir as razões do acusado pode levar o juiz a não adotar o provimento limitativo da liberdade, não só no caso macroscópico de erro de pessoa, mas também na hipótese em que a versão dos fatos fornecida pelo interessado se revele convincente, ou quando ele consiga demonstrar a insubsistência das exigências cautelares" (AIMONETTO, M. G. *Le recenti riforme della procedura penale francese* - analisi, riflessioni e spunti di comparazione. Torino: G. Giappichelli, 2002, p. 140). 3. Injustificável a decisão do magistrado que, em audiência, não permite à defesa se pronunciar oralmente sobre o pedido de prisão preventiva formulado pelo agente do Ministério Público, pois não é plausível obstruir o pronunciamento da defesa do acusado, frente à postulação da parte acusadora, ante a ausência de prejuízo ou risco, para o processo ou para terceiros, na adoção do procedimento previsto em lei. 4. Ao menos por prudência, deveria o juiz ouvir a defesa, para dar-lhe a chance de contrapor-se ao requerimento, o que não foi feito, mesmo não havendo, neste caso específico, uma urgência tal a inviabilizar a adoção dessa providência, que traduz uma regra básica do direito, o contraditório, a bilateralidade da audiência. 5. Mesmo partindo do princípio de que o decreto preventivo esteja motivado idoneamente, o caso de o Superior Tribunal de Justiça afirmar a necessidade de que, em casos excepcionais, pelo menos quando decretada em audiência, com a presença do advogado do acusado, seja ele autorizado a falar, concretizando o direito de interferir na decisão judicial que poderá implicar a perda da liberdade do acusado. 6. Recurso provido, para assegurar ao recorrente o direito de responder à ação penal em liberdade, ressalvada a possibilidade de nova decretação da custódia cautelar, nos termos da lei." (STJ, RHC 75.716/MG, Rel. Ministra MARIA THEREZA DE ASSIS MOURA, Rel. p/ Acórdão Ministro ROGERIO SCHIETTI CRUZ, SEXTA TURMA, julgado em 13/12/2016, DJe 11/05/2017). Cuidado: com a modificação a que foi submetida a redação desse dispositivo (art. 282, § 3º) pela Lei 13.964/2019, a parte contrária, ao ser intimada, contará com o prazo de cinco dias para manifestar-se (antes não havia prazo); **C**: correta. A despeito do caráter inquisitivo do inquérito policial, o conduzido poderá, se assim desejar, fazer-se acompanhar de advogado de sua confiança no ato da lavratura do auto de prisão em flagrante. Dessa forma, constitui dever da autoridade policial oportunizar ao interrogando o direito de contatar advogado para acompanhá-lo no ato do interrogatório, informando-lhe os direitos constitucionalmente garantidos de que é titular. O STJ, em edição de n. 120 da ferramenta *Jurisprudência em Teses*, publicou, sobre este tema, a seguinte tese: "Eventual nulidade no auto de prisão em flagrante devido à ausência de assistência por advogado somente se verifica caso não seja oportunizado ao conduzido o direito de ser assistido por defensor técnico, sendo suficiente a lembrança, pela autoridade policial, dos direitos do preso previstos no art. 5º, LXIII, da Constituição Federal"; **D**: incorreta. Tendo em conta as mudanças implementadas pela Lei 12.403/2011, que instituiu as *medidas cautelares alternativas à prisão*, esta somente terá lugar diante da impossibilidade de se recorrer às medidas cautelares. Dessa forma, a prisão, como medida excepcional que é, deve também ser vista como instrumento subsidiário, supletivo, pouco importando sob que fundamento a prisão preventiva foi decretada (art.

312, CPP). Segundo dispõe o art. 282, § 6º, do CPP, com a redação que lhe conferiu a Lei 13.964/2019, *a prisão preventiva somente será determinada quando não for cabível a sua substituição por outra medida cautelar (art. 319). O não cabimento da substituição por outra medida cautelar deverá ser justificado de forma fundamentada nos elementos presentes no caso concreto, de forma individualizada*; **E**: incorreta. Conferir: "1. Pode o Magistrado decretar a prisão preventiva, mesmo que a representação da autoridade policial ou do Ministério Público seja pela decretação de prisão temporária, visto que, provocado, cabe ao juiz ofertar o melhor direito aplicável à espécie." (STJ, HC 362.962/RN, Rel. Ministro ROGERIO SCHIETTI CRUZ, SEXTA TURMA, julgado em 01/09/2016, DJe 12/09/2016). **ED**
Gabarito "C".

(Promotor de Justiça/CE – 2020 – CESPE/CEBRASPE) De acordo com o Código de Processo Penal, é cabível ao juiz substituir a prisão preventiva pela domiciliar a

(A) pessoa de setenta e cinco anos de idade condenada pela prática do crime de estelionato.

(B) gestante condenada pelo crime de furto qualificado, desde que já tenha ultrapassado o sétimo mês de gravidez.

(C) mulher que, condenada pelo crime de roubo, tenha filho de um ano de idade.

(D) homem que, condenado pelo crime de corrupção passiva, seja o único responsável pelos cuidados do seu filho de dez anos de idade.

(E) mulher que tenha praticado o crime de abandono de incapaz contra seu filho de cinco anos de idade.

A: incorreta, pois somente fará jus à substituição a pessoa maior de 80 anos, independente do crime em que incorreu (art. 318, I, CPP); **B**: incorreta, já que a substituição da prisão preventiva pela domiciliar será concedida à mulher grávida, independente do mês de gestação em que ela se encontrar (art. 318, IV, CPP), desde que não tenha cometido crime com violência ou grave ameaça ou contra seu filho ou dependente (art. 318-A, I e II, CPP); **C**: incorreta. A prática de crime com violência ou grave ameaça, como é o caso do roubo, afasta a possibilidade de substituição, nos termos do art. 318-A, I, do CPP; **D**: correta (art. 318, VI, do CPP); **E**: incorreta. A prática de crime contra o próprio filho exclui a possibilidade de substituição da custódia preventiva pela domiciliar (art. 318-A, II, CPP). **ED**
Gabarito "D".

(Promotor de Justiça/PR – 2019 – MPE/PR) Sobre a **prisão, medidas cautelares diversas da prisão, fiança** e **procedimento em geral**, nos termos do Código de Processo Penal, analise as assertivas abaixo e assinale a alternativa incorreta:

(A) O juiz pode substituir a prisão preventiva por prisão domiciliar quando se tratar de mulher com filho de até 12 (doze) anos de idade incompletos.

(B) Pode ser imposta medida cautelar cumulativamente com a fiança e o descumprimento daquela pode gerar o quebramento desta.

(C) Se o autor do fato criminoso, sendo perseguido, passar ao território de outro município ou comarca, o executor da prisão em flagrante poderá efetuar-lhe a prisão no lugar onde o alcançar, apresentando-o imediatamente à autoridade local, que, depois de lavrado, se for o caso, o auto de flagrante, providenciará para a remoção do preso.

(D) A expedição da precatória não suspenderá a instrução criminal e, assim, findo o prazo marcado, poderá

7. DIREITO PROCESSUAL PENAL — 313

realizar-se o julgamento, mas, a todo tempo, a precatória, uma vez devolvida, será juntada aos autos.

(E) Se o acusado, citado por edital ou por hora certa, não comparecer, nem constituir advogado, ficarão suspensos o processo e o curso do prazo prescricional.

A: correta, uma vez que reflete o disposto no art. 318, V, do CPP. A prisão domiciliar, é bom que se diga, não está inserida no âmbito das medidas cautelares diversas da prisão (art. 319, CPP). Cuida-se, isto sim, de prisão preventiva que deverá ser cumprida no domicílio do investigado/acusado (e não em casa do albergado), desde que, é claro, este esteja em uma das situações previstas no art. 318 do CPP (com redação alterada por força da Lei 13.257/2016): maior de 80 anos; extremamente debilitado por motivo de doença grave; imprescindível aos cuidados especiais de pessoa menor de 6 anos de idade ou com deficiência; gestante; mulher com filho de até 12 (doze) anos de idade incompletos; homem, caso seja o único responsável pelos cuidados do filho de até 12 (doze) anos de idade incompletos. Atenção: a Lei 13.769/2018 inseriu no CPP o art. 318-A, que prevê a substituição da prisão preventiva por prisão domiciliar da mulher gestante, mãe ou responsável por crianças ou pessoas com deficiência. Além disso, esta mesma Lei disciplina o regime de cumprimento de pena privativa de liberdade de condenadas na mesma situação, com alteração da Lei de Crimes Hediondos e da Lei de Execução Penal. Como bem sabemos, a 2ª turma do STF, ao julgar o HC coletivo 143.641, assegurou a conversão da prisão preventiva em domiciliar a todas as presas provisórias do país que sejam gestantes, puérperas ou mães de crianças e deficientes sob sua guarda. Perceba, dessa forma, que o legislador, ao inserir o art. 318-A do CPP, nada mais fez do que contemplar, no texto legal, o entendimento consolidado no *habeas corpus* coletivo a que fizemos referência. Também em consonância com o que ficou decidido no julgamento do HC, o legislador impôs dois requisitos: que não tenha sido cometido crime com grave ameaça ou violência contra a pessoa; que não tenha sido cometido contra o filho ou dependente. O art. 318-B, também inserido por meio da Lei 13.769/2018, prevê a possibilidade de aplicação concomitante da prisão domiciliar e das medidas alternativas previstas no art. 319 do CPP, na esteira do decidido no HC 143.641. Vale ainda o registro de que, para além da inserção desses dois dispositivos legais no CPP, a Lei 13.769/2018 promoveu alterações na LEP. De ver-se que os arts. 318, 318-A e 318-B tratam da concessão da prisão domiciliar no contexto da prisão preventiva, que constitui modalidade de prisão provisória. Pressupõe-se, aqui, portanto, ausência de condenação definitiva. Após o trânsito em julgado da condenação, a prisão domiciliar passa a ser disciplinada, como não poderia deixar de ser, pela LEP. Neste caso, temos que a Lei 13.769/2018 inseriu no art. 112 da LEP o § 3º, que estabelece fração diferenciada de cumprimento de pena para que a mulher, nas condições a que fizemos referência, possa alcançar o regime mais brando (a fração necessária, que antes era um sexto, passou para um oitavo). Para tanto, a reeducanda deve reunir quatro requisitos cumulativos, além de ter cumprido um oitavo da pena que lhe foi imposta. Também incluído pela Lei 13.769/2018, o § 4º do art. 112 da LEP estabelece que a prática de novo crime doloso ou falta grave acarretará a revogação do benefício; **B:** correta, pois em consonância com o que estabelece o art. 341, III, do CPP; **C:** correta. Estabelece o art. 290, *caput*, do CPP que, tendo o agente (investigado, indiciado ou acusado), em fuga, passado para o território de outra comarca, aquele que o persegue poderá prendê-lo no local em que o alcançar, apresentando-o, neste caso, à autoridade local, que cuidará da formalização da prisão e a sua comunicação ao juízo do local em que a medida foi cumprida (art. 289-A, § 3º, do CPP), que, por sua vez, informará o juízo que a decretou, a quem caberá providenciar a remoção do preso (art. 289, § 3º, do CPP). No mais, o preso deverá, no ato da prisão, por imposição do art. 289-A, § 4º, do CPP, ser informado de seus direitos, sendo-lhe assegurado, caso não informe o nome de seu advogado, que sua detenção seja comunicada à Defensoria Pública; **D:** correta, porquanto em conformidade com o art. 222, §§ 1º e 2º, do CPP; **E:** incorreta. A suspensão do processo e do curso do prazo

prescricional somente ocorrerá na hipótese de o denunciado ausente haver sido citado por edital (art. 366, CPP); se citado por hora certa e não apresentar defesa dentro do prazo de 10 dias, ser-lhe-á nomeado defensor dativo para prosseguir em sua defesa, ou seja, a ação penal não será suspensa. Registre-se que há entendimento na doutrina e jurisprudência no sentido de que, tal como ocorre na citação por edital, a ausência de resposta do réu citado por hora certa enseja a suspensão do processo (mas não do prazo prescricional). **ED**

Gabarito "E".

(Juiz de Direito – TJ/RS – 2018 – VUNESP) Sobre prisão e medidas cautelares, é correto afirmar:

(A) por se tratar de medida urgente, a prisão deverá ser efetuada em qualquer lugar e dia e a qualquer hora.

(B) a falta de exibição do mandado não obsta a prisão se a infração for inafiançável.

(C) deverão ser aplicadas, observando-se a necessidade, adequação, regulamentação, usos e costumes e os princípios gerais de direito.

(D) o juiz não pode dispensar a manifestação da parte contrária antes de decidir sobre o pedido de medida cautelar.

(E) dispensa-se a assinatura no mandado de prisão quando a autoridade judiciária responsável pela sua expedição se fizer presente em seu cumprimento.

A: incorreta. O art. 283, § 2º, do CPP, que estabelece a prisão será efetuada em qualquer dia e a qualquer hora, impõe uma restrição: que seja respeitada a regra presente no art. 5º, XI, da CF, que trata da inviolabilidade de domicílio. É dizer, embora a lei não fixe dia e hora para que alguém, contra o qual haja expedição de ordem de prisão, seja preso, o ingresso em domicílio, com esse objetivo, somente pode ocorrer, caso haja recalcitrância do morador, durante o dia. Cuidado: se se tratar de situação de flagrante, o ingresso em domicílio alheio pode se dar durante a noite, ainda que haja recusa do morador em franquear a entrada dos policiais. Tal situação é excepcionada pelo art. 5º, XI, da CF; **B:** correta, pois em conformidade com o que estabelece o art. 287 do CPP, cuja redação foi alterada pela Lei 13.964/2019: "Se a infração for inafiançável, a falta de exibição do mandado não obstará à prisão, e o preso, em tal caso, será imediatamente apresentado ao juiz que tiver expedido o mandado, para realização da audiência de custódia". A alteração legislativa impôs a obrigação de realização de audiência de custódia.; **C:** incorreta, já que inexiste tal previsão legal; **D:** incorreta, na medida em que poderá o juiz, ante a hipótese de urgência ou de perigo de ineficácia da medida, dispensar a manifestação da parte contrária (art. 282, § 3º, CPP). Cuidado: com a modificação a que foi submetida a redação desse dispositivo (art. 282, § 3º) pela Lei 13.964/2019, a parte contrária, ao ser intimada, contará com o prazo de cinco dias para manifestar-se (antes não havia prazo); **E:** incorreta, pois contraria o disposto no art. 285, parágrafo único, *a*, do CPP. **ED**

Gabarito "B".

(Investigador – PC/BA – 2018 – VUNESP) A respeito do cumprimento de mandado de prisão, de acordo com o Código de Processo Penal, é correto afirmar que

(A) durante a diligência respectiva, são admitidas tão somente as restrições relativas à inviolabilidade do domicílio.

(B) o emprego da força física será admitido apenas na hipótese de tentativa de fuga do preso.

(C) devem ser observadas as restrições referentes à inviolabilidade de domicílio, à liberdade de culto e ao respeito aos mortos.

EDUARDO DOMPIERI

(D) somente poderá ser realizado durante o dia, independentemente do local.

(E) o emprego de força será admitido exclusivamente contra obstáculo físico, visando a prender o procurado.

A: correta, pois reflete o disposto no art. 283, § 2º, do CPP; **B:** incorreta, já que será admitido o emprego da força na hipótese de tentativa de fuga e também no caso de resistência (art. 284, CPP); **C:** incorreta, pois contraria o disposto no art. 283, § 2º, do CPP; **D:** incorreta. O mandado de prisão poderá ser cumprido a qualquer dia e a qualquer hora (durante o dia e também durante a noite), respeitando-se, todavia, as restrições relativas à inviolabilidade do domicílio (art. 283, § 2º, CPP). Significa que, durante o dia, a prisão poderá realizar-se em domicílio alheio, ainda que haja resistência do morador; se à noite, o ingresso em domicílio alheio somente poderá se dar diante do consentimento do morador; diante de sua recusa, o executor da ordem de prisão fará guardar todas as saídas do imóvel até o amanhecer, quando então poderá ingressar no imóvel onde se encontra a pessoa a ser presa, independente da anuência do morador. É o que estabelece o art. 293 do CPP. Em conclusão, se a pessoa contra a qual houver ordem de prisão não estiver abrigada em domicílio (próprio ou alheio), o mandado poderá ser cumprido tanto de dia quanto à noite; **E:** incorreta, pois não reflete o disposto no art. 284 do CPP. **ED**

Gabarito "A".

(Investigador – PC/BA – 2018 – VUNESP) De acordo com o Código de Processo Penal, é vedada a decretação da prisão preventiva se a autoridade judiciária constatar que o agente

(A) não se encontrava em nenhuma das hipóteses legais que justificam a lavratura do auto de flagrante delito.

(B) praticou a ação ou omissão que lhe é atribuída acobertado por alguma das excludentes de ilicitude.

(C) era menor de 21 (vinte e um) anos de idade por ocasião do crime ou maior de 70 (setenta) anos de idade por ocasião da decisão.

(D) tiver condenação anterior por crime doloso, independentemente da data do cumprimento da pena ou da extinção da punibilidade.

(E) não fornecer, no momento da prisão, dados de sua identidade, mesmo que esta tenha sido apurada em momento posterior.

A: incorreta. É que as hipóteses legais que autorizam a prisão em flagrante (art. 302, CPP) são diversas daquelas que permitem a decretação da custódia preventiva (art. 312, CPP). Tanto é assim que o relaxamento da prisão em flagrante porque ausente alguma das hipóteses do art. 302 do CPP não impede a decretação da prisão preventiva, desde que presentes os requisitos contemplados nos arts. 312 e 313 do CPP; **B:** correta, visto que a prisão preventiva em hipótese nenhuma será decretada no caso de o agente ter agido sob o pálio de alguma excludente de ilicitude (art. 314, CPP); **C:** incorreta, pois tal circunstância não constitui óbice à decretação da custódia preventiva. Ao que parece, o examinador quis induzir o candidato a erro, fazendo referência à hipótese contida no art. 115 do CP, que trata dos casos em que tem lugar a redução dos prazos de prescrição; **D:** incorreta, uma vez que contraria o disposto no art. 313, II, do CPP; **E:** incorreta (art. 313, parágrafo único, CPP). **ED**

Gabarito "B".

(Delegado – PC/BA – 2018 – VUNESP) No que concerne à prisão em flagrante, à prisão temporária e à prisão preventiva, assinale a alternativa correta, nos estritos termos legais e constitucionais.

(A) Nenhuma delas tem prazo máximo estabelecido em lei.

(B) A primeira pode ser realizada pela autoridade policial, violando domicílio e sem ordem judicial, a qualquer horário do dia ou da noite.

(C) A segunda somente é cabível em crimes hediondos ou assemelhados, podendo durar 30 (trinta) ou 60 (sessenta) dias.

(D) A segunda demanda ordem judicial e prévio parecer favorável do Ministério Público.

(E) A terceira pode ser decretada de ofício pelo Juiz durante o inquérito policial.

A: incorreta. Isso porque o legislador estabeleceu o prazo máximo durante o qual deve durar a custódia temporária. Vejamos. Com efeito, a *prisão temporária*, a ser decretada tão somente pelo juiz de direito, terá o prazo de 5 (*cinco*) *dias*, prorrogável por igual período em caso de extrema e comprovada necessidade, nos termos do art. 2º da Lei 7.960/1989. Em se tratando, no entanto, de crime hediondo ou delito a ele equiparado (tortura, tráfico de drogas e terrorismo), a *custódia temporária* será decretada por *até* 30 (trinta) dias, prorrogável por igual período em caso de extrema e comprovada necessidade, em consonância com o disposto no art. 2º, § 4º, da Lei 8.072/1990 (Lei de Crimes Hediondos); **B:** correta. A prisão em flagrante pode ser realizada tanto pela autoridade policial e seus agentes (flagrante obrigatório – art. 301, 2ª parte, do CPP) quanto por qualquer pessoa do povo (flagrante facultativo – art. 301, 1ª parte, do CPP). De uma forma ou de outra, é lícito que, para viabilizar a prisão em flagrante, o agente ingresse em domicílio alheio, independentemente do consentimento do morador e de ordem judicial, a qualquer hora do dia ou da noite (art. 5º, XI, da CF); **C:** incorreta. A prisão temporária será decretada para viabilizar a apuração de diversos crimes, entre os quais os delitos hediondos e equiparados, tal como consta do rol do art. 1º, III, da Lei 7.960/1989; **D:** incorreta. De fato, a decretação da prisão temporária (sempre pelo juiz de direito) não está condicionada a parecer favorável do MP; é dizer, diante da representação formulada pela autoridade policial para a decretação da custódia temporária, deverá o juiz, antes de decidir, ouvir o MP, cujo parecer não tem caráter vinculativo, podendo o magistrado, portanto, decidir de forma contrária à opinião externada pelo MP (art. 2º, § 1º, Lei 7.960/1989); **E:** incorreta. Diferentemente do que se dá com a prisão temporária, pode o juiz decretar a prisão preventiva de ofício, mas somente poderá fazê-lo no curso da ação penal; significa dizer que, no decorrer das investigações do inquérito policial, a custódia preventiva somente pode ser decretada pelo juiz a requerimento do MP ou mediante representação da autoridade policial (art. 311, CPP); se já se inaugurou a instrução processual, conforme já ponderado, poderá o juiz decretar a prisão preventiva independentemente de provocação. Atenção: esta realidade perdurou até a edição da Lei 13.964/2019, publicada em 24/12/2019 e com entrada em vigor aos 23/01/2020, que, em homenagem à adoção da estrutura acusatória que reveste o processo penal brasileiro (art. 3º-A do CPP) e atendendo aos anseios da comunidade jurídica, vedou, de uma vez por todas, a possibilidade de o juiz decretar de ofício a prisão preventiva, quer no curso das investigações (o que já era vedado no regime anterior), quer no decorrer da ação penal (art. 311 do CPP, com redação dada pela Lei 13.964/2019). Doravante, portanto, é de rigor, à decretação da prisão preventiva, tal como se dá na custódia temporária, que haja provocação da autoridade policial ou do MP. **ED**

Gabarito "B".

(Defensor Público Federal – DPU – 2017 – CESPE) A respeito do *habeas corpus* e da prisão preventiva, julgue os itens seguintes, considerando, no que for pertinente, o entendimento dos tribunais superiores.

(1) Situação hipotética: Determinado DP, inconformado com a prisão preventiva de um de seus assistidos, impetrou *habeas corpus* no STJ com pedido liminar de soltura. O ministro relator negou a medida antecipatória, em decisão monocrática fundamentada. Assertiva: Nessa situação, contra a decisão monocrática que indeferiu a liminar não cabe novo *habeas corpus* para o STF.

(2) O STJ consolidou entendimento no sentido de que os atos infracionais anteriormente praticados pelo réu não servem como argumento para embasar a decretação de prisão preventiva.

1: correta. A assertiva retrata posicionamento hoje consolidado no STF, no sentido de que descabe a impetração no STF em face de decisão monocrática de ministro do STJ que não conhece ou mesmo denega ordem de HC impetrada neste Tribunal superior, sendo de rigor que o impetrante esgote, no STJ, os recursos de que pode se valer para ver impugnada a decisão que lhe foi desfavorável, o que está em consonância com o teor da Súmula 691, do STF. No entanto, e isso é importante que se diga, segundo o próprio STF, tal entendimento comporta exceção, nos casos em que a decisão recorrida revelar-se flagrantemente ilegal. Nesse sentido: "Ementa: Habeas *corpus* contra decisão monocrática de ministro de tribunal superior. Recorribilidade. Supressão de instância. Inexistência de ilegalidade. Precedentes. 1. Incidência de óbice ao conhecimento da ordem impetrada neste Supremo Tribunal Federal, uma vez que se impugna decisão monocrática de Ministro do Superior de Tribunal de Justiça (HC 122.718/SP, Rel. Min. ROSA WEBER; HC 121.684-AgR/SP, Rel. Min. Teori Zavascki; Ag. Reg. no HC 138.687, Segunda Turma, j. 13.12.2016, Rel. Min. Celso de Mello; HC 116.875/AC, Rel. Min. Cármen Lúcia; HC 117.346/SP, Rel. Min. Cármen Lúcia; HC 117.798/SP, Rel. Min. Ricardo Lewandowski; HC 118.189/MG, Rel. Min. Ricardo Lewandowski; HC 119.821/TO, Rel. Min. Gilmar Mendes; HC 122.381-AgR/SP, Rel. Min. Dias Toffoli; RHC 114.737/RN, Rel. Min. Cármen Lúcia; RHC 114.961/SP, Rel. Min. Dias Toffoli). 2. O exaurimento da instância recorrida é, como regra, pressuposto para ensejar a competência do Supremo Tribunal Federal, conforme vem sendo reiteradamente proclamado por esta Corte (RHC 111.935, Primeira Turma, j. 10.9.2013, rel. Min. Luiz Fux; HC 97.009, Tribunal Pleno, j. 25.4.2013, rel. p/ Acórdão Min. Teori Zavascki; HC 118.189, j. 19.11.2013, Segunda Turma, rel. Min. Ricardo Lewandowski). 3. Inexistência de teratologia ou caso excepcional que caracterizem flagrante constrangimento ilegal. 4. *Habeas corpus* não conhecido" (HC 127628, Relator(a): Min. Marco Aurélio, Relator(a) p/ Acórdão: Min. Alexandre de Moraes, Primeira Turma, julgado em 06/06/2017, Processo Eletrônico DJe-140 Divulg 26-06-2017 Public 27-06-2017); **2:** errada, na medida em que, ao contrário do que afirmado, os atos infracionais anteriormente praticados pelo réu podem, sim, servir como fundamento a justificar a decretação de custódia preventiva. Nesse sentido, conferir: "Consoante entendimento firmado pela Terceira Seção do Superior Tribunal de Justiça no julgamento do RHC n. 63.855/MG, não constitui constrangimento ilegal a manutenção da custódia *ante tempus* com fulcro em anotações registradas durante a menoridade do agente se a prática de atos infracionais graves, reconhecidos judicialmente e não distantes da conduta em apuração, é apta a demonstrar a periculosidade do custodiado" (HC 408.969/DF, Rel. Ministro Rogerio Schietti Cruz, Sexta Turma, julgado em 26/09/2017, DJe 02.10.2017). ED

Gabarito: 1C, 2E

(Defensor Público – DPE/PR – 2017 – FCC) A respeito da audiência de custódia, prevista na Resolução n 213/2015, do Conselho Nacional de Justiça, é INCORRETO afirmar:

(A) Além dos presos em flagrante, têm direito à audiência de custódia pessoas presas em decorrência de cumprimento de mandados de prisão cautelar ou definitiva.

(B) O Defensor Público poderá conversar com o custodiado antes da apresentação da pessoa presa ao juiz, sendo assegurado seu atendimento prévio e reservado sem a presença de agentes policiais.

(C) A audiência de custódia será realizada até 24 horas da comunicação em flagrante. Porém, quando a pessoa presa estiver acometida de grave enfermidade, ou havendo circunstância comprovadamente excepcional que a impossibilite de ser apresentada ao juiz no prazo legal, deverá ser assegurada a realização da audiência no local em que ela se encontre e, nos casos em que o deslocamento se mostre inviável, deverá ser providenciada a condução para a audiência de custódia imediatamente após restabelecida sua condição de saúde ou de apresentação.

(D) É permitida, excepcionalmente, a presença dos agentes policiais responsáveis pela prisão ou pela investigação durante a audiência de custódia.

(E) A ata da audiência conterá, apenas e resumidamente, a deliberação fundamentada do magistrado quanto à legalidade e manutenção da prisão, cabimento de liberdade provisória sem ou com a imposição de medidas cautelares diversas da prisão, considerando-se o pedido de cada parte, como também as providências tomadas, em caso da constatação de indícios de tortura e maus tratos.

Quanto à audiência de custódia, importante tecer alguns comentários, dada não somente a complexidade do tema, mas também – e principalmente – a sua relevância. Embora ela (audiência de custódia) não tenha sido contemplada, de forma expressa, na CF/1988, a Convenção Americana sobre Direitos Humanos (Pacto de San José da Costa Rica), incorporada ao ordenamento jurídico brasileiro, em seu art. 7º (5), assim estabelece: "Toda pessoa presa, detida ou retida deve ser conduzida, sem demora, à presença de um juiz ou outra autoridade autorizada por lei a exercer funções judiciais (...)". O Conselho Nacional de Justiça, em parceria com o Tribunal de Justiça de São Paulo e também com o Ministério da Justiça, lançou e implementou o projeto "audiência de custódia", cujo propósito é assegurar ao preso o direito de ser apresentado, de forma rápida, a um juiz de direito, ao qual caberá analisar, entre outros aspectos, a legalidade da prisão em flagrante e também a necessidade de a mesma ser convertida em prisão preventiva. Para tanto, o CNJ editou a Resolução 213/2015, cujo art. 1º assim estabelece: *Determinar que toda pessoa presa em flagrante delito, independentemente da motivação ou natureza do ato, seja obrigatoriamente apresentada, em até 24 horas da comunicação do flagrante, à autoridade judicial competente, e ouvida sobre as circunstâncias em que se realizou sua prisão ou apreensão.* Mais recentemente, a Lei 13.964/2019, conhecida como Pacote Anticrime, contemplou a audiência de custódia, inserindo-a no art. 310 do CPP. Pela primeira vez, portanto, a audiência de custódia, objeto de tantos debates na comunidade jurídica, tem previsão legal. Como dissemos acima, até então esta matéria estava prevista tão somente na Resolução CNJ 213/2015. Segundo estabelece a nova redação do *caput* do art. 310 do CPP, "após receber o auto de prisão em flagrante, no prazo máximo de 24 (vinte e quatro) horas após a realização da prisão, o juiz deverá promover audiência de custódia com a presença do acusado, seu advogado constituído ou membro da Defensoria Pública e o membro do Ministério Público, e, nessa audiência, o juiz deverá, fundamentadamente: (...)". O § 4º deste dispositivo, também inserido pela Lei 13.964/2019 e cuja eficácia está suspensa por decisão cautelar do STF (ADI 6305), impõe a liberalização da prisão do autuado em flagrante em razão da não realização da audiência de custódia no prazo de 24 horas. Posteriormente a isso, o Congresso Nacional, ao apreciar os vetos impostos pelo presidente da República ao PL 6.341/2019 (que deu origem à Lei 13.964/2019), rejeitou (derrubou) vários deles (na verdade, 16 dos 24 vetos). No que toca à audiência de custódia, com a rejeição ao veto imposto pelo PR ao art. 3º-B, § 1º, do CPP (contido no PL 6341/2019), fica vedada a possibilidade de se proceder à audiência de custódia por meio de sistema de videoconferência (ressalvado o período de pandemia).

EDUARDO DOMPIERI

Doravante, pois, as audiências de custódia deverão ser realizadas presencialmente. O art. 3º-B, § 1º, do CPP conta com a seguinte redação (agora restabelecida com a derrubada do veto): *O preso em flagrante ou por força de mandado de prisão provisória será encaminhado à presença do juiz de garantias no prazo de 24 (vinte e quatro) horas, momento em que se realizará audiência com a presença do Ministério Público e da Defensoria Pública ou de advogado constituído, vedado o emprego de videoconferência* (destacamos). Ponderou o presidente da República, por ocasião de seu veto, que *suprimir a possibilidade da realização da audiência por videoconferência gera insegurança jurídica.* Além disso, segundo também justificou, *o dispositivo pode acarretar em aumento de despesa, notadamente nos casos de juiz em vara única, com apenas um magistrado, seja pela necessidade de pagamento de diárias e passagens a outros magistrados para a realização de uma única audiência, seja pela necessidade premente de realização de concurso para a contratação de novos magistrados.* Perceba que, além de vedar a audiência de custódia por videoconferência, o dispositivo não deixa dúvidas acerca de sua imprescindibilidade em todas as modalidades de prisão, o que já foi confirmado pela por decisão do STF. Dito isso, passemos aos comentários às assertivas: **A:** correta (art. 13 da Resolução n. 213/2015, do Conselho Nacional de Justiça); **B:** correta (art. 6º da Resolução n. 213/2015, do Conselho Nacional de Justiça); **C:** correta (art. 1º, § 4º, da Resolução n. 213/2015, do Conselho Nacional de Justiça); **D:** incorreta. Previsão não contemplada na Resolução n. 213/2015, do Conselho Nacional de Justiça; **E:** correta (art. 8º, § 3º, da Resolução n. 213/2015, do Conselho Nacional de Justiça). ED

"Gabarito "D".

(Defensor Público – DPE/PR – 2017 – FCC) Poderá o juiz substituir a prisão preventiva pela domiciliar quando o agente for

(A) imprescindível aos cuidados especiais de pessoa menor de cinco anos de idade ou com deficiência.

(B) gestante a partir do sétimo mês de gestação ou se sua gravidez for de alto risco.

(C) homem, caso seja o único responsável pelos cuidados do filho de até doze anos de idade incompletos.

(D) maior de setenta anos.

(E) portador de doença grave.

A *prisão preventiva* poderá ser substituída pela *prisão domiciliar* nas hipóteses elencadas no art. 318 do CPP, a saber: agente maior de 80 anos (inciso I), e não de 70, como consta da assertiva "D"; agente extremamente debilitado por motivo de doença grave (inciso II). Não basta, assim, que o agente seja portador de doença grave, sendo necessário que, por conta dela, ele esteja extremamente debilitado, o que torna incorreta a alternativa "E"; quando o agente for imprescindível aos cuidados de pessoa com menos de 6 (seis) anos (e não de 5 anos, tal como consta da assertiva "A") ou com deficiência (inciso III); quando se tratar de gestante, pouco importando em que mês da gestação a gravidez se encontre (inciso IV – cuja redação foi alterada pela Lei 13.257/2016); quando se tratar de mulher com filho de até 12 anos de idade incompletos (inciso V – cuja redação foi determinada pela Lei 13.257/2016); homem, caso seja o único responsável pelos cuidados do filho de até 12 anos de idade incompletos, o que torna correta a alternativa "C" (inciso VI – cuja redação foi determinada pela Lei 13.257/2016). Cabem, aqui, alguns esclarecimento quanto à recente edição da Lei da Lei 13.769/2018, que, entre outras alterações, inseriu no CPP o art. 318-A, que estabelece a substituição da prisão preventiva por prisão domiciliar da mulher gestante, mãe ou responsável por crianças ou pessoas com deficiência. Além disso, esta mesma Lei disciplina o regime de cumprimento de pena privativa de liberdade de condenadas na mesma situação, com alteração da Lei de Crimes Hediondos e da Lei de Execução Penal. Como bem sabemos, a 2ª turma do STF, ao julgar o HC coletivo 143.641, assegurou a conversão da prisão preventiva em domiciliar a todas as presas provisórias do país que sejam gestantes, puérperas ou mães de crianças e deficientes

sob sua guarda. Perceba, dessa forma, que o legislador, ao inserir o art. 318-A do CPP, nada mais fez do que contemplar, no texto legal, o entendimento consolidado no *habeas corpus* coletivo a que fizemos referência. Também em consonância com o que ficou decidido no julgamento do HC, o legislador impôs dois requisitos: que não tenha sido cometido crime com grave ameaça ou violência contra a pessoa; que não tenha sido cometido contra o filho ou dependente. O art. 318-B, também inserido por meio da Lei 13.769/2018, prevê a possibilidade de aplicação concomitante da prisão domiciliar e das medidas alternativas previstas no art. 319 do CPP, na esteira do decidido no HC 143.641. Vale ainda o registro de que, para além da inserção desses dois dispositivos legais no CPP, a Lei 13.769/2018 promoveu alterações na LEP. De ver-se que os arts. 318, 318-A e 318-B tratam da concessão da prisão domiciliar no contexto da prisão preventiva, que constitui modalidade de prisão provisória. Pressupõe-se, aqui, portanto, ausência de condenação definitiva. Após o trânsito em julgado da condenação, a prisão domiciliar passa a ser disciplinada, como não poderia deixar de ser, pela LEP. Neste caso, temos que a Lei 13.769/2018 inseriu no art. 112 da LEP o § 3º, que estabelece fração diferenciada de cumprimento de pena para que a mulher, nas condições a que fizemos referência, possa alcançar o regime mais brando (a fração necessária, que antes era um sexto, passou para um oitavo). Para tanto, a reeducanda deve reunir quatro requisitos cumulativos, além de ter cumprido um oitavo da pena que lhe foi imposta. Também incluído pela Lei 13.769/2018, o § 4º do art. 112 da LEP estabelece que a prática de novo crime doloso ou falta grave acarretará a revogação do benefício. Por fim, também sofreu alteração a Lei de Crimes Hediondos, com a alteração, pela Lei 13.769/2018, do art. 2º, § 2º, que agora estabelece que a progressão, nesses crimes, se o réu se tratar de mulher grávida, mãe ou responsável por criança ou pessoa com deficiência, obedecerá ao que estabelecem os §§ 3º e 4º do art. 112 da LEP. Em outras palavras, institui-se, no que concerne aos crimes hediondos e equiparados, regra específica de progressão no caso de o beneficiário encontrar-se em uma das condições acima. ED

"Gabarito "C".

(Defensor Público – DPE/SC – 2017 – FCC) A prisão domiciliar, regulada no Código de Processo Penal,

(A) teve suas hipóteses alteradas pelo Estatuto da Primeira Infância, passando a permitir sua concessão em qualquer tempo de gravidez, desde que comprovada a inadequação concreta do estabelecimento prisional.

(B) depende, a sua aplicação, da ausência dos requisitos de cautelaridade da prisão preventiva para ser aplicada.

(C) é cabível para todas as pessoas idosas, pois as condições de aprisionamento são notoriamente prejudiciais à saúde dessas pessoas.

(D) é cumprida em Casa de Albergado e apenas na falta de vagas é cumprida na residência do acusado.

(E) é substitutiva da prisão preventiva e seu tempo de cumprimento será detraído do tempo de pena imposta na sentença.

A: incorreta. É verdade que a Lei 13.257/2016 (Estatuto da Primeira Infância) promoveu diversas alterações no rol que estabelece as hipóteses de cabimento da prisão domiciliar, entre as quais ampliou a possibilidade de tal benefício ser concedido a toda gestante, independente da fase em que se encontre a gravidez. Antes do advento do Estatuto da Primeira Infância, somente fazia jus à prisão preventiva domiciliar a gestante a partir do sétimo mês de gestação. O erro da alternativa está na sua última parte, em que se afirma que a concessão da prisão domiciliar está condicionada à inadequação concreta do estabelecimento prisional, uma vez que a lei não estabeleceu tal condição; **B:** incorreta. A prisão domiciliar do art. 318 do CPP não constitui medida cautelar diversa, mas, sim, forma de cumprimento da prisão preventiva, razão pela qual

7. DIREITO PROCESSUAL PENAL   317

devem estar presentes os requistos impostos à decretação da custódia preventiva (art. 312, CPP); **C:** incorreta. A prisão preventiva domiciliar será deferida aos idosos que contem com mais de 80 anos (art. 318, I, do CPP). Cabem, aqui, alguns esclarecimento quanto à recente edição da Lei da Lei 13.769/2018, que, entre outras alterações, inseriu no CPP o art. 318-A, que estabelece a substituição da prisão preventiva por prisão domiciliar da mulher gestante, mãe ou responsável por crianças ou pessoas com deficiência. Além disso, esta mesma Lei disciplina o regime de cumprimento de pena privativa de liberdade de condenadas na mesma situação, com alteração da Lei de Crimes Hediondos e da Lei de Execução Penal. Como bem sabemos, a 2ª turma do STF, ao julgar o HC coletivo 143.641, assegurou a conversão da prisão preventiva em domiciliar a todas as presas provisórias do país que sejam gestantes, puérperas ou mães de crianças e deficientes sob sua guarda. Perceba, dessa forma, que o legislador, ao inserir o art. 318-A do CPP, nada mais fez do que contemplar, no texto legal, o entendimento consolidado no *habeas corpus* coletivo a que fizemos referência. Também em consonância com o que ficou decidido no julgamento do HC, o legislador impôs dois requisitos: que não tenha sido cometido crime com grave ameaça ou violência contra a pessoa; que não tenha sido cometido contra o filho ou dependente. O art. 318-B, também inserido por meio da Lei 13.769/2018, prevê a possibilidade de aplicação concomitante da prisão domiciliar e das medidas alternativas previstas no art. 319 do CPP, na esteira do decidido no HC 143.641. Vale ainda o registro de que, para além da inserção desses dois dispositivos legais no CPP, a Lei 13.769/2018 promoveu alterações na LEP. De ver-se que os arts. 318, 318-A e 318-B tratam da concessão da prisão domiciliar no contexto da prisão preventiva, que constitui modalidade de prisão provisória. Pressupõe-se, aqui, portanto, ausência de condenação definitiva. Após o trânsito em julgado da condenação, a prisão domiciliar passa a ser disciplinada, como não poderia deixar de ser, pela LEP. Neste caso, temos que a Lei 13.769/2018 inseriu no art. 112 da LEP o § 3º, que estabelece fração diferenciada de cumprimento de pena para que a mulher, nas condições a que fizemos referência, possa alcançar o regime mais brando (a fração necessária, que antes era um sexto, passou para um oitavo). Para tanto, a reeducanda deve reunir quatro requisitos cumulativos, além de ter cumprido um oitavo da pena que lhe foi imposta. Também incluído pela Lei 13.769/2018, o § 4º do art. 112 da LEP estabelece que a prática de novo crime doloso ou falta grave acarretará a revogação do benefício. Por fim, também sofreu alteração a Lei de Crimes Hediondos, com a alteração, pela Lei 13.769/2018, do art. 2º, § 2º, que agora estabelece que a progressão, nesses crimes, se se tratar de mulher grávida, mãe ou responsável por criança ou pessoa com deficiência, obedecerá ao que estabelecem os §§ 3º e 4º do art. 112 da LEP. Em outras palavras, institui-se, no que concerne aos crimes hediondos e equiparados, regra específica de progressão no caso de o beneficiário encontrar-se em uma das condições acima; **D:** incorreta. A prisão preventiva domiciliar será sempre cumprida na residência do investigado/acusado; **E:** correta. Como se trata de forma de cumprimento da prisão preventiva, o tempo de duração da custódia domiciliar será abatido da pena aplicada na sentença (detração). **ED**

Gabarito "E".

(Juiz – TRF 2ª Região – 2017) Maria foi presa em flagrante em aeroporto ao tentar embarcar cocaína para outro país. No momento da lavratura do auto de prisão em flagrante, Maria afirmou não ter condições de constituir advogado e optou por permanecer calada. Assinale a opção correta:

(A) Maria deve ser levada, em regra em até 24 horas, à presença do juiz federal competente para a audiência de custódia, com a presença de defensor público. Na audiência, o juiz decidirá fundamentadamente se relaxa a prisão, se decreta a prisão cautelar ou outras cautelares penais em desfavor de Maria, ou se concede a liberdade provisória. Não é cabível o arbitramento de fiança.

(B) Maria deve ser levada, em regra em até 24 horas, à presença do juiz federal competente para a audiência de custódia, com a presença do MP e de defensor público. Na audiência, o juiz analisará se relaxa a prisão e, não sendo o caso, deve convertê-la em prisão preventiva, já que o crime de tráfico internacional de entorpecentes não é passível de concessão de liberdade provisória ou de fiança.

(C) O auto de prisão em flagrante deve ser encaminhado ao juiz federal, com cópia ao MP e à defensoria pública. Examinando o flagrante, o juiz deve decidir fundamentadamente se relaxa a prisão, se decreta a prisão cautelar ou outras medidas cautelares penais em desfavor de Maria, ou se concede a liberdade provisória. Apenas se houver necessidade será realizada audiência de custódia, na qual não é cabível o arbitramento de fiança.

(D) O auto de prisão em flagrante deve ser encaminhado ao juiz federal, com cópia ao MP e à defensoria pública. O juiz analisará a legalidade da prisão. A defensoria pode requerer a audiência de custódia, que será realizada preferencialmente em 24 horas, a contar do requerimento. O tráfico internacional não admite concessão de liberdade provisória ou de fiança.

(E) Desde que haja requerimento, é imperativo que Maria seja conduzida à presença do juiz, que verificará suas condições de integridade física. O auto de prisão em flagrante será analisado pelo juiz federal e, ainda que seja o caso de relaxamento, o tipo de crime permite a decretação da prisão temporária, que terá duração 15 dias, prorrogável por igual período.

Embora não contemplada, de forma expressa, na CF/1988, a Convenção Americana sobre Direitos Humanos (Pacto de San José da Costa Rica), incorporada ao ordenamento jurídico brasileiro, em seu art. 7º (5), assim estabelece: "Toda pessoa presa, detida ou retida deve ser conduzida, sem demora, à presença de um juiz ou outra autoridade autorizada por lei a exercer funções judiciais (...)". O Conselho Nacional de Justiça, em parceria com o Tribunal de Justiça de São Paulo e também com o Ministério da Justiça, lançou e implementou o projeto "audiência de custódia", cujo propósito é assegurar ao preso o direito de ser apresentado, de forma rápida, a um juiz de direito, ao qual caberá analisar, entre outros aspectos, a legalidade da prisão em flagrante e também a necessidade de a mesma ser convertida em prisão preventiva. Para tanto, o CNJ editou a Resolução 213/2015, cujo art. 1º assim estabelece: Determinar que toda pessoa presa em flagrante delito, independentemente da motivação ou natureza do ato, seja obrigatoriamente apresentada, em até 24 horas da comunicação do flagrante, à autoridade judicial competente, e ouvida sobre as circunstâncias em que se realizou sua prisão ou apreensão. Mais recentemente, a Lei 13.964/2019, conhecida como Pacote Anticrime, contemplou a audiência de custódia, inserindo-a no art. 310 do CPP. Pela primeira vez, portanto, a audiência de custódia, objeto de tantos debates na comunidade jurídica, tem previsão legal. Como dissemos acima, até então esta matéria estava prevista tão somente na Resolução CNJ 213/2015. Segundo estabelece a nova redação do caput do art. 310 do CPP, "após receber o auto de prisão em flagrante, no prazo máximo de 24 (vinte e quatro) horas após a realização da prisão, o juiz deverá promover audiência de custódia com a presença do acusado, seu advogado constituído ou membro da Defensoria Pública e o membro do Ministério Público, e, nessa audiência, o juiz deverá, fundamentadamente: (...)". O § 4º deste dispositivo, também inserido pela Lei 13.964/2019 e cuja eficácia está suspensa por decisão cautelar do STF (ADI 6305), impõe a liberalização da prisão do autuado em flagrante em razão da não realização da audiência de custódia no prazo de 24 horas. Posteriormente a isso, o Congresso Nacional, ao apreciar os vetos impostos pelo presidente da República ao PL 6341/2019 (que deu origem à Lei 13.964/2019), rejeitou (derrubou) vários deles (na verdade, 16 dos 24 vetos). No que toca à audiência de custódia, com a rejeição ao veto imposto pelo PR ao art. 3º-B, § 1º, do CPP (contido no PL 6341/2019), fica vedada a possibilidade de se proceder à audiência de custódia por meio de sistema de videoconferência (ressalvado o período de pandemia). Doravante, pois, as audiências de custódia deverão ser realizadas presencialmente. O art. 3º-B, § 1º, do CPP conta com a seguinte redação (agora restabelecida com a derrubada do veto): *O preso em flagrante ou por força de mandado de prisão provisória será encaminhado à presença do juiz de garantias no prazo de 24 (vinte e quatro) horas, momento em que se realizará audiência com a presença do Ministério Público e da Defensoria Pública ou de advogado constituído, vedado o emprego de videoconferência.* Ponderou o presidente da República, por ocasião de seu veto, que suprimir a possibilidade de realização da audiência por videoconferência gera insegurança jurídica. Além disso, segundo também justificou, o dispositivo pode acarretar em aumento de despesa, notadamente nos casos de juiz em vara única, com apenas um magistrado, seja pela necessidade de pagamento de diárias e passagens a outros magistrados para a realização de uma única audiência, seja pela necessidade premente de realização de concurso para a contratação de novos magistrados. **ED**

Gabarito "A".

(Juiz – TJ/SC – FCC – 2017) A Lei nº 11.343/2006 – Lei de Drogas, estabelece em seu art. 59 – *Nos crimes previstos nos arts. 33, caput e § 1º, e 34 a 37 desta Lei, o réu não poderá apelar sem recolher-se à prisão, salvo se for primário e de bons antecedentes, assim reconhecido na sentença condenatória.*

Este dispositivo legal:

(A) foi declarado inconstitucional pelo Supremo Tribunal Federal.

(B) estabeleceu modalidade de prisão preventiva visando a garantia da ordem pública e assegurar a aplicação da lei penal.

(C) é incompatível com a regra do Código de Processo Penal que determina que o juiz, ao proferir a sentença condenatória, decidirá, fundamentadamente, sobre a manutenção ou a imposição de prisão preventiva.

(D) somente poderá ser aplicado no caso de sentença penal condenatória que impuser o regime inicial de cumprimento da pena fechado.

(E) é modalidade de execução provisória da pena privativa de liberdade aplicada ao réu.

A decretação ou manutenção da prisão cautelar (provisória ou processual), assim entendida aquela que antecede a condenação definitiva, deve sempre estar condicionada à demonstração concreta de sua imperiosa necessidade, ainda que se trate da prática de crimes graves, como é o caso do tráfico de drogas, delito equiparado a hediondo. Bem por isso, deve o magistrado apontar as razões, no seu entender, que a tornam indispensável (art. 312 do CPP). Colocado de outra forma, a prisão provisória ou cautelar somente se justifica dentro do ordenamento jurídico quando necessária ao processo. Deve ser vista, portanto, como um *instrumento* do processo a ser utilizado em situações *excepcionais.* É por essa razão que a prisão decorrente de sentença penal condenatória recorrível deixou de constituir modalidade de prisão cautelar. Era uma prisão automática, já que, com a prolação da sentença condenatória, o réu era recolhido ao cárcere (independentemente de a prisão ser necessária). Nesse contexto, o acusado era considerado presumidamente culpado. Com as modificações introduzidas pela Lei 11.719/2008 e também em razão da atuação dos tribunais, esta modalidade de prisão cautelar deixou de existir, consagrando, assim, o *postulado da presunção de inocência.* Em vista dessa nova realidade,

se o acusado permanecer preso durante toda a instrução, a manutenção dessa prisão somente terá lugar se indispensável for ao processo, pouco importando se, uma vez condenado em definitivo, permanecerá ou não preso (art. 387, § 1º, CPP). A prisão desnecessária decretada ou mantida antes de a sentença passar em julgado constitui antecipação da pena que porventura seria aplicada em caso de condenação, o que representa patente violação ao princípio da presunção de inocência, postulado esse de índole constitucional – art. 5º, LVII. De se ver ainda que, tendo em conta as mudanças implementadas pela Lei 12.403/2011, que instituiu as *medidas cautelares alternativas à prisão provisória*, esta somente terá lugar diante da impossibilidade de se recorrer às medidas cautelares. Dessa forma, a prisão, como medida excepcional que é, deve também ser vista como instrumento subsidiário, supletivo. Pois bem. É importante registrar que essa tônica (de somente dar-se início ao cumprimento da pena depois do trânsito em julgado da sentença penal condenatória) sofreu um revés. Explico. O STF, em julgamento histórico realizado em 17 de fevereiro de 2016, mudou, à revelia de grande parte da comunidade jurídica, seu entendimento acerca da possibilidade de prisão antes do trânsito em julgado da sentença penal condenatória. A Corte, ao julgar o HC 126.292, passou a admitir a execução da pena após decisão condenatória proferida em segunda instância. Com isso, passou a ser desnecessário, para dar início ao cumprimento da pena, aguardar o trânsito em julgado da decisão condenatória. Flexibilizou-se, pois, o postulado da presunção de inocência. Naquela ocasião, votaram pela mudança de paradigma sete ministros, enquanto quatro mantiveram o entendimento até então prevalente. Cuidava-se, é bem verdade, de uma decisão tomada em processo subjetivo, sem eficácia vinculante, portanto. Tal decisão, conquanto tomada em processo subjetivo, passou a ser vista como uma mudança de entendimento acerca de tema que há vários anos havia se sedimentado. Mais recentemente, nossa Suprema Corte foi chamada a se manifestar, em ações declaratórias de constitucionalidade impetradas pelo Conselho Federal da OAB e pelo Partido Ecológico Nacional, sobre a constitucionalidade do art. 283 do CPP. Existia a expectativa de que algum ou alguns dos ministros mudassem o posicionamento adotado no julgamento realizado em fevereiro de 2016. Afinal, a decisão, agora, teria uma repercussão muito maior, na medida em que tomada em ADC. Pois bem. Depois de muita especulação e grande expectativa, o STF, em julgamento realizado em 5 de outubro do mesmo ano, desta vez por maioria mais apertada (6 a 5), já que houve mudança de posicionamento do ministro Dias Toffoli, indeferiu as medidas cautelares pleiteadas nessas ADCs (43 e 44), mantendo, assim, o posicionamento que autoriza a prisão depois de decisão condenatória confirmada em segunda instância. O julgamento do mérito dessas ações permaneceu pendente até 7 de novembro de 2019, quando, finalmente, depois de muita expectativa, o STF, em novo julgamento histórico, referente às ADCs 43,44 e 54, mudou o entendimento adotado em 2016, até então em vigor, que permitia a execução (provisória) da pena de prisão após condenação em segunda instância. Reconheceu-se a constitucionalidade do art. 283 do CPP, com a redação que lhe foi dada pela Lei 12.403/2011. Por 6 x 5, ficou decidido que é vedada a execução provisória da pena. Cumprimento de pena, a partir de agora, portanto, somente quando esgotados todos os recursos. Atualmente, essa discussão acerca da possibilidade de prisão em segunda instância, que suscitou debates tão acalorados, chegando, inclusive, a ganhar as ruas, saiu do STF, onde até então se encontrava, e passou para o Parlamento. Hoje se discute qual o melhor caminho para inserir, no nosso ordenamento jurídico, a prisão após condenação em segunda instância. Aguardemos. De toda forma e em suma, o art. 59 da Lei de Drogas, que contempla hipótese de prisão processual obrigatória e automática, é incompatível com a atual ordem constitucional e com o que estabelece o art. 387, § 1º, do CPP, para o qual a prisão preventiva, independentemente da gravidade do crime pelo qual foi o agente condenado em primeiro grau, só poderá ser decretada, sempre de forma fundamentada, se presentes estiverem os fundamentos contidos no art. 312 do CPP. **ED**

Gabarito "C".

7. DIREITO PROCESSUAL PENAL

(Juiz – TJ-SC – FCC – 2017) Recebendo o juiz os autos do inquérito policial com pedido de prazo para conclusão, sem provocação da autoridade policial ou do Ministério Público,

(A) poderá o juiz decretar a prisão temporária do investigado por cinco dias, ainda que não haja representação da autoridade policial ou requerimento do Ministério Público.

(B) não poderá decretar a prisão temporária do investigado, pois não há previsão legal de prisão temporária decretada de ofício pelo Juiz.

(C) não poderá decretar a prisão temporária do investigado, pois a prisão temporária somente poderá ser decretada após a conclusão do inquérito policial.

(D) poderá decretar a prisão temporária do investigado, desde que tenha por fundamento a garantia da ordem pública, da ordem econômica, por conveniência da instrução criminal ou para assegurar a aplicação da lei penal e haja prova do crime e indício suficiente de autoria.

(E) poderá o juiz determinar a produção antecipada das provas consideradas urgentes e decretar a prisão do investigado.

A: incorreta. Tema bastante recorrente em concursos públicos, é defeso ao juiz decretar a prisão temporária de ofício, isto é, sem provocação do MP ou da autoridade policial. É o que estabelecem os arts. 1º, I, e 2º, "*caput*", da Lei 7.960/1989; **B:** correta (vide comentário anterior); **C:** incorreta. Ao contrário do que se afirma, a prisão temporária, na medida em que se presta a viabilizar as investigações do inquérito policial, somente pode ser decretada no curso deste; é vedada, pois, a decretação da prisão temporário depois da conclusão do inquérito policial; **D:** incorreta, já que contempla os fundamentos e requisitos da prisão preventiva (art. 312, "caput", CPP), e não da temporária; **E:** incorreta. Embora seja correto afirmar-se que ao juiz é dado, mesmo antes de iniciada a ação penal, determinar, de ofício, a produção antecipada das provas consideradas urgentes (art. 156, I, CPP), é-lhe vedado, no contexto narrado no enunciado, decretar de ofício tanto a prisão temporária quanto a preventiva. **ED**

Gabarito "B".

(Promotor de Justiça – MPE/RS – 2017) Assinale a alternativa **INCORRETA**.

(A) É vedado ao delegado de polícia arbitrar fiança em crimes cuja pena máxima ultrapasse 4 anos.

(B) Admite-se prisão preventiva quando há dúvida sobre a identidade civil da pessoa.

(C) Admite-se prisão preventiva em crimes apenados com detenção.

(D) Admite-se concessão de liberdade provisória mediante fiança consistente em hipoteca.

(E) A prisão preventiva pode ser substituída pela prisão domiciliar quando o agente for maior de 70 anos.

A: correta. A Lei 12.403/2011 mudou sobremaneira o panorama da fiança. Antes da reforma por ela implementada, a autoridade policial, em vista da revogada redação do art. 322 do CPP, somente estava credenciada a concedê-la nas hipóteses de infração punida com *detenção* ou *prisão simples*. Bem por isso, não podia o delegado de polícia arbitrar fiança nos crimes punidos com *reclusão*, tarefa exclusiva do magistrado. Pela nova redação dada ao art. 322 do CPP, a autoridade policial passou a conceder fiança nos casos de infração cuja pena privativa de liberdade máxima não seja superior a quatro anos, independentemente de ser o crime apenado com reclusão ou detenção (qualidade da pena). Naqueles

casos em que a pena máxima superar os quatro anos, somente o magistrado poderá estabelecer a fiança; **B:** correta, pois reflete a regra presente no art. 313, parágrafo único, do CPP; **C:** correta. De fato, nada impede que se decrete a custódia preventiva em crimes apenados com detenção; **D:** correta (art. 330, *caput*, do CPP); **E:** incorreta, dado que o art. 318, I, do CPP estabelece como idade mínima à obtenção deste benefício oitenta anos, e não setenta, tal como constou da assertiva. Além dessa hipótese, o juiz poderá substituir a prisão preventiva pela domiciliar nos seguintes casos: agente extremamente debilitado por motivo de doença grave (inciso II); quando o agente for imprescindível aos cuidados de pessoa com menos de 6 (seis) anos ou com deficiência (inciso III); quando se tratar de gestante (inciso IV – cuja redação foi alterada pela Lei 13.257/2016); quando se tratar de mulher com filho de até 12 anos de idade incompletos (inciso V – cuja redação foi determinada pela Lei 13.257/2016); homem, caso seja o único responsável pelos cuidados do filho de até 12 anos de idade incompletos (inciso VI – cuja redação foi determinada pela Lei 13.257/2016). Atenção: a Lei 13.769/2018, editada recentemente, inseriu no CPP o art. 318-A, que prevê a substituição da prisão preventiva por prisão domiciliar da mulher gestante, mãe ou responsável por crianças ou pessoas com deficiência. Além disso, esta mesma Lei disciplina o regime de cumprimento de pena privativa de liberdade de condenadas na mesma situação, com alteração da Lei de Crimes Hediondos e da Lei de Execução Penal. Como bem sabemos, a 2ª turma do STF, ao julgar o HC coletivo 143.641, assegurou a conversão da prisão preventiva em domiciliar a todas as presas provisórias do país que sejam gestantes, puérperas ou mães de crianças e deficientes sob sua guarda. Perceba, dessa forma, que o legislador, ao inserir o art. 318-A do CPP, nada mais fez do que contemplar, no texto legal, o entendimento consolidado no *habeas corpus* coletivo a que fizemos referência. Também em consonância com o que ficou decidido no julgamento do HC, o legislador impôs dois requisitos: que não tenha sido cometido crime com grave ameaça ou violência contra a pessoa; que não tenha sido cometido contra o filho ou dependente. O art. 318-B, também inserido por meio da Lei 13.769/2018, prevê a possibilidade de aplicação concomitante da prisão domiciliar e das medidas alternativas previstas no art. 319 do CPP, na esteira do decidido no HC 143.641. Vale ainda o registro de que, para além da inserção desses dois dispositivos legais no CPP, a Lei 13.769/2018 promoveu alterações na LEP. De ver-se que os arts. 318, 318-A e 318-B tratam da concessão da prisão domiciliar no contexto da prisão preventiva, que constitui modalidade de prisão provisória. Pressupõe-se, aqui, portanto, ausência de condenação definitiva. Após o trânsito em julgado da condenação, a prisão domiciliar passa a ser disciplinada, como não poderia deixar de ser, pela LEP. Neste caso, temos que a Lei 13.769/2018 inseriu no art. 112 da LEP o § 3º, que estabelece fração diferenciada de cumprimento de pena para que a mulher, nas condições a que fizemos referência, possa alcançar o regime mais brando (a fração necessária, que antes era um sexto, passou para um oitavo). Para tanto, a reeducanda deve reunir quatro requisitos cumulativos, além de ter cumprido um oitavo da pena que lhe foi imposta. Também incluído pela Lei 13.769/2018, o § 4º do art. 112 da LEP estabelece que a prática de novo crime doloso ou falta grave acarretará a revogação do benefício. Por fim, também sofreu alteração a Lei de Crimes Hediondos, com a alteração, pela Lei 13.769/2018, do art. 2º, § 2º, que agora estabelece a progressão, nesses crimes, se se tratar de mulher grávida, mãe ou responsável por criança ou pessoa com deficiência, obedecerá ao que estabelecem os §§ 3º e 4º do art. 112 da LEP. Em outras palavras, institui-se, no que concerne aos crimes hediondos e equiparados, regra específica de progressão no caso de o beneficiário encontrar-se em uma das condições acima. **ED**

Gabarito "E".

(Delegado/AP – 2017 – FCC) Sobre a prisão em flagrante, é correto afirmar que

(A) é ato exclusivo da autoridade policial nos casos de perseguição logo após a prática do delito.

(B) deve o delegado de polícia representar pela prisão preventiva, quando o agente é encontrado, logo depois, com instrumentos ou papéis que façam presumir ser ele autor da infração, dada a impossibilidade de prisão em flagrante.

(C) é vedada pelo Código de Processo Penal, em caso de crime permanente, diante da possibilidade de prisão temporária.

(D) a falta de testemunhas do crime impede a lavratura do auto de prisão em flagrante, devendo a autoridade policial instaurar inquérito policial para apuração do fato.

(E) o auto de prisão em flagrante será encaminhado ao juiz em até 24 horas após a realização da prisão, e, caso não seja indicado o nome de seu advogado pela pessoa presa, cópia integral para a Defensoria Pública.

A: incorreta. A autoridade policial e seus agentes, a teor do que dispõe o art. 301 do CPP, *devem* prender quem quer que se encontre em situação de flagrante. Este é o chamado *flagrante obrigatório*. Agora, qualquer pessoa do povo *poderá* fazer o mesmo, isto é, proceder à prisão em flagrante daquele que se encontre nessa situação. Este é o chamado *flagrante facultativo*. Assim, a prisão (em flagrante, qualquer que seja a sua modalidade) não constitui ato privativo da autoridade policial e de seus agentes; **B:** incorreta. A hipótese narrada no enunciado constitui o chamado flagrante presumido ou ficto, podendo a prisão (em flagrante) realizar-se nessas circunstâncias, sendo prescindível, portanto, que a autoridade policial dirija representação ao juiz de direito nesse sentido (art. 302, IV, do CPP); **C:** incorreta, dado que, nas chamadas infrações permanentes, assim entendidas aquelas cuja consumação se protrai no tempo por vontade do agente, este pode ser preso em flagrante a qualquer momento, enquanto não cessada a permanência (art. 303, CPP); **D:** incorreta. A falta de testemunhas do crime não impede a lavratura do auto de prisão em flagrante, mas, neste caso, a autoridade policial cuidará para que, além do condutor, o auto seja assinado por duas pessoas que hajam presenciado a apresentação do conduzido ao delegado (art. 304, § 2º, CPP); **E:** correta, Depois de efetuada a prisão em flagrante de alguém, incumbe à autoridade policial que presidiu o auto respectivo providenciar, no prazo máximo de 24 horas, o encaminhamento do auto e das demais peças ao juiz de direito competente. Além do magistrado, devem ser comunicados o MP e a família do preso ou outra pessoa que ele indicar. Não é só. Por imposição da Lei 12.403/2012, que alterou o art. 306, § 1º, do CPP, também deve ser comunicada, caso o autuado não informe o nome de seu advogado, a Defensoria Pública, com remessa de cópia integral das peças (todas as oitivas). **ED**
Gabarito "E."

(Delegado/AP – 2017 – FCC) O Código de Processo Penal dispõe que no regime da prisão preventiva

(A) é vedada a decretação da prisão preventiva antes do início do processo criminal.

(B) a decretação da prisão preventiva como garantia da ordem pública requer indício suficiente da existência do crime.

(C) a prisão preventiva decretada por conveniência da instrução criminal ou para assegurar a aplicação da lei penal possuem relação de cautelaridade com o processo penal.

(D) a reincidência é irrelevante para a admissão da prisão preventiva.

(E) a gravidade do delito dispensa a motivação da decisão que decreta a prisão preventiva.

A: incorreta. A prisão preventiva pode ser decretada em qualquer fase da persecução penal, o que inclui a fase investigativa e a instrução criminal, conforme estabelece o art. 311 do CPP, cuja redação foi alterada pela Lei 13.964/2019; **B:** incorreta. Sem prejuízo dos fundamentos da prisão preventiva (garantia da ordem pública, por exemplo), que devem se fazer presentes (ao menos um deles – art. 312, CPP), é de rigor a coexistência de indícios suficientes de autoria e prova da existência do crime (materialidade). Não bastam, portanto, indícios de que o crime ocorreu; **C:** correta. Trata-se de fundamentos da prisão preventiva cujo propósito é conferir proteção ao processo para que, dessa forma, se atinja a verdade dos fatos (art. 312, CPP); **D:** incorreta. A reincidência, por si só, não pode servir de fundamento para a decretação da custódia preventiva; no entanto, tal circunstância poderá ser levada em conta pelo juiz quando da decretação dessa medida; **E:** incorreta. Por mais grave que seja o delito, circunstância que sempre deve ser analisada no caso concreto, é de rigor, ainda assim, a motivação da decisão que decreta a custódia preventiva (art. 315, *caput*, CPP). **ED**
Gabarito "C."

(Delegado/AP – 2017 – FCC) A prisão domiciliar no processo penal

(A) deve ser cumprida em Casa de Albergado ou, em sua falta, em outro estabelecimento prisional similar.

(B) pode ser concedida à mulher grávida, desde que comprovada a situação de risco da gestação.

(C) é medida cautelar diversa da prisão que pode beneficiar mulheres de qualquer idade, mas o homem apenas se for idoso.

(D) pode ser concedida à mulher que tenha filho de até 16 anos de idade incompletos.

(E) é cabível em caso de pessoa presa que esteja extremamente debilitada em razão de doença grave.

A prisão domiciliar, é bom que se diga, não está inserida no âmbito das medidas cautelares diversas da prisão (art. 319, CPP). Cuida-se, isto sim, de prisão preventiva que deverá ser cumprida no domicílio do investigado/acusado (e não em casa do albergado), desde que, é claro, este esteja em uma das situações previstas no art. 318 do CPP (com redação alterada por força da Lei 13.257/2016): maior de 80 anos (seja homem, seja mulher); extremamente debilitado por motivo de doença grave (o que torna correta a assertiva "E"); imprescindível aos cuidados especiais de pessoa menor de 6 anos de idade (e não de 16) ou com deficiência; gestante (em qualquer mês da gravidez e independente de a gestação ser de risco); mulher com filho de até 12 (doze) anos de idade incompletos; homem, caso seja o único responsável pelos cuidados do filho de até 12 (doze) anos de idade incompletos. Atenção: a Lei 13.769/2018, editada recentemente, inseriu no CPP o art. 318-A, que prevê a substituição da prisão preventiva por prisão domiciliar da mulher gestante, mãe ou responsável por crianças ou pessoas com deficiência. Além disso, esta mesma Lei disciplina o regime de cumprimento de pena privativa de liberdade de condenadas na mesma situação, com alteração da Lei de Crimes Hediondos e da Lei de Execução Penal. Como bem sabemos, a 2ª turma do STF, ao julgar o HC coletivo 143.641, assegurou a conversão da prisão preventiva em domiciliar a todas as presas provisórias do país que sejam gestantes, puérperas ou mães de crianças e deficientes sob sua guarda. Perceba, dessa forma, que o legislador, ao inserir o art. 318-A do CPP, nada mais fez do que contemplar, no texto legal, o entendimento consolidado no *habeas corpus* coletivo a que fizemos referência. Também em consonância com o que ficou decidido no julgamento do HC, o legislador impôs dois requisitos: que não tenha sido cometido crime com grave ameaça ou violência contra a pessoa; que não tenha sido cometido contra o filho ou dependente. O art. 318-B, também inserido por meio da Lei 13.769/2018, prevê a possibilidade de aplicação concomitante da prisão domiciliar e das medidas alternativas previstas no art. 319 do CPP, na esteira do decidido no HC 143.641. Vale ainda o registro de que, para além da inserção desses dois

7. DIREITO PROCESSUAL PENAL

dispositivos legais no CPP, a Lei 13.769/2018 promoveu alterações na LEP. De ver-se que os arts. 318, 318-A e 318-B tratam da concessão da prisão domiciliar no contexto da prisão preventiva, que constitui modalidade de prisão provisória. Pressupõe-se, aqui, portanto, ausência de condenação definitiva. Após o trânsito em julgado da condenação, a prisão domiciliar passa a ser disciplinada, como não poderia deixar de ser, pela LEP. Neste caso, temos que a Lei 13.769/2018 inseriu no art. 112 da LEP o § 3º, que estabelece fração diferenciada de cumprimento de pena para que a mulher, nas condições a que fizemos referência, possa alcançar o regime mais brando (a fração necessária, que antes era um sexto, passou para um oitavo). Para tanto, a reeducanda deve reunir quatro requisitos cumulativos, além de ter cumprido um oitavo da pena que lhe foi imposta. Também incluído pela Lei 13.769/2018, o § 4º do art. 112 da LEP estabelece que a prática de novo crime doloso ou falta grave acarretará a revogação do benefício. Por fim, também sofreu alteração a Lei de Crimes Hediondos, com a alteração, pela Lei 13.769/2018, do art. 2º, § 2º, que agora estabelece que a progressão, nesses crimes, se se tratar de mulher grávida, mãe ou responsável por criança ou pessoa com deficiência, obedecerá ao que estabelecem os §§ 3º e 4º do art. 112 da LEP. Em outras palavras, institui-se, no que concerne aos crimes hediondos e equiparados, regra específica de progressão no caso de o beneficiário encontrar-se em uma das condições acima. **ED**

Gabarito "E".

(Delegado/AP – 2017 – FCC) O regime da fiança no Código de Processo Penal, dispõe que

(A) o descumprimento de medida cautelar diversa da prisão aplicada cumulativamente com a fiança pode gerar o quebramento da fiança.

(B) é vedada a aplicação da fiança em crimes cometidos com violência ou grave ameaça contra a pessoa.

(C) a situação econômica da pessoa presa é irrelevante para a fixação do valor da fiança, que deve ter relação com a gravidade do crime e os antecedentes criminais.

(D) a fiança será prestada em dinheiro, sendo vedada a prestação por meio de pedras preciosas.

(E) a concessão de fiança é ato exclusivo da autoridade judicial, visto que implica em decisão sobre a liberdade da pessoa.

A: correta (art. 341, III, do CPP); **B:** incorreta. O fato de o crime ser cometido com violência ou grave ameaça contra a pessoa, por si só, não impede a possibilidade de concessão de fiança. Com a modificação a que foi submetido o art. 323 do CPP, operada pela Lei 12.403/2011, somente são inafiançáveis os crimes ali listados e também aqueles contidos em leis especiais, como o art. 31 da Lei 7.492/1986 (Sistema Financeiro); **C:** incorreta, já que não reflete o disposto no art. 350 do CPP, que estabelece que, nos casos em que couber fiança, o juiz, levando em conta a situação econômica do preso, poderá conceder-lhe liberdade provisória, sujeitando-o às obrigações contempladas nos arts. 327 e 328 do CPP; vide, também, art. 325, § 1º, CP; **D:** incorreta, na medida em que, por força do que dispõe o art. 330, *caput*, do CPP, a fiança consistirá em dinheiro, pedras, objetos e metais preciosos, entre outros; **E:** incorreta. Isso porque, além do juiz de direito, é dado à autoridade policial a concessão de fiança, que será arbitrada nos casos de infração penal cuja pena máxima cominada não seja superior a quatro anos (reclusão ou detenção). É o que estabelece o art. 322 do CPP. **ED**

Gabarito "A".

(Delegado/MS – 2017 – FAPEMS) Dentre as atribuições da autoridade policial, está a análise sobre a concessão ou não de fiança e o respectivo valor nos casos expressos em lei. Dessa forma, consoante às disposições do Código de Processo Penal vigente, assinale a alternativa correta.

(A) A autoridade policial, para determinar o valor da fiança, terá em consideração a natureza da infração, as condições pessoais de fortuna e vida pregressa do acusado e as circunstâncias indicativas de sua culpabilidade.

(B) A autoridade policial somente poderá conceder fiança nos casos de infração cuja pena privativa de liberdade não seja superior a 4 (quatro) anos.

(C) A autoridade policial poderá dispensar a fiança, a depender da situação econômica do réu ou reduzi-la até o máximo de 1/3 (um terço).

(D) Caso a autoridade policial retarde a concessão da fiança, o preso, ou alguém por ele, poderá prestá-la mediante simples petição, perante o juiz competente, que decidirá em 48 (quarenta e oito) horas.

(E) O valor da fiança que será fixado pela autoridade policial será nos limites de 1 (um) a 200 (duzentos) salários- mínimos.

A: incorreta, uma vez que o art. 326 do CPP se refere, como um dos critérios a ser observado pela autoridade na determinação do valor da fiança, a circunstâncias indicativas da *periculosidade* do agente, e não *culpabilidade*, tal como consta da assertiva; **B:** incorreta. Pelo que se observa, a organizadora lançou mão, nesta questão, da famigerada *pegadinha*; nesta alternativa, o texto reproduz a redação do art. 322, *caput*, do CPP, exceção feita à palavra *máxima*, que consta do dispositivo legal e foi omitida na proposição; **C:** incorreta, pois não reflete o disposto no art. 325, § 1º, II, do CPP; **D:** correta, pois corresponde ao que estabelece o art. 335 do CPP; **E:** incorreta (art. 325, I, do CPP). **ED**

Gabarito "D".

(Delegado/MT – 2017 – CESPE) Tendo como referência o entendimento dos tribunais superiores e o posicionamento doutrinário dominante a respeito de prisão, medidas cautelares e liberdade provisória, julgue os seguintes itens.

I. A gravidade em abstrato do crime justifica a prisão preventiva com base na garantia da ordem pública, representando, por si só, fundamento idôneo para a segregação cautelar do réu.

II. As medidas cautelares pessoais são decretadas pelo juiz, de ofício ou a requerimento das partes, no curso da ação penal, ou, no curso da investigação criminal, somente por representação da autoridade policial ou a requerimento do MP.

III. Em razão do sistema processual brasileiro, não é possível ao magistrado determinar, de ofício, a prisão preventiva do indiciado na fase de investigação criminal ou pré-processual.

IV. A inafiançabilidade dos crimes hediondos e daqueles que lhes são assemelhados não impede a concessão judicial da liberdade provisória sem fiança.

V. A fiança somente pode ser fixada como contracautela, ou seja, como substituição da prisão em flagrante ou da prisão preventiva anteriormente decretada.

Estão certos apenas os itens

(A) I, II e V.

(B) I, III e IV.

(C) I, IV e V.

(D) II, III e IV.

(E) II, III e V.

I: errado. De fato, a jurisprudência dos tribunais sedimentou entendimento no sentido de que a prisão cautelar exige motivação idônea e concreta, sendo vedado ao juiz se valer de motivação relacionada à gravidade abstrata do crime. Conferir: "*Habeas corpus*. Corrupção passiva e formação de quadrilha. Fraudes em benefícios previdenciários. Condenação. Manutenção da custódia cautelar. Pressupostos do art. 312 do Código de Processo Penal. Demonstração. Gravidade em abstrato in suficiente para justificá-la. Precedentes da Corte. Ordem parcialmente concedida. 1. Segundo a jurisprudência consolidada do Supremo Tribunal Federal, para que o decreto de custódia cautelar seja idôneo, é necessário que o ato judicial constritivo da liberdade traga, fundamentadamente, elementos concretos aptos a justificar tal medida. 2. Está sedimentado na Corte o entendimento de que a gravidade em abstrato do delito não basta para justificar, por si só, a privação cautelar da liberdade individual do agente. 3. As recentes alterações promovidas pela Lei 12.403/2011 no Código de Processo Penal trouxeram alterações que aditaram uma exceção à regra da prisão. 4. Não mais subsistente a situação fática que ensejou a decretação da prisão preventiva, é o caso de concessão parcial da ordem de *habeas corpus*, para que o Juiz de piso substitua a segregação cautelar pelas medidas cautelares diversas da prisão elencadas no art. 319, incisos I, II III e VI, do Código de Processo Penal". (HC 109709, Dias Toffoli, STF). Em consonância com tal entendimento, a Lei 13.964/2019 inseriu o § 2º ao art. 312 do CPP, que assim dispõe: *a decisão que decretar a prisão preventiva deve ser motivada e fundamentada em receio de perigo e existência concreta de fatos novos ou contemporâneos que justifiquem a aplicação da medida adotada.* Dentro desse mesmo espírito, esta mesma Lei incluiu o § 1º ao art. 315 do CPP, com a seguinte redação: *na motivação da decretação da prisão preventiva ou de qualquer outra cautelar, o juiz deverá indicar concretamente a existência de fatos novos ou contemporâneos que justifiquem a aplicação da medida adotada.* O § 2º deste dispositivo elenca as situações em que se deve considerar a decisão como não fundamentada; **II**: correta, pois corresponde ao que estabelecia a redação do art. 282, § 2º, do CPP em vigor à época em que aplicada esta prova. Esta alternativa e seu respectivo comentário, portanto, são levarem em conta (a que alterações podiam) as alterações promovidas pela Lei 13.964/2019 nos arts. 282, § 2º, do CPP e art. 311 do CPP, que agora vedam a atuação de ofício do juiz na decretação de medidas cautelares de natureza pessoal, como a prisão processual, ainda que no curso da ação penal; **III**: correta. Com a edição da Lei 12.403/2011, a redação do art. 311 do CPP foi modificada. A prisão preventiva continua a ser decretada em qualquer fase da investigação policial ou do processo penal, mas o juiz, que antes podia determiná-la de ofício também na fase investigatória, somente poderá fazê-lo, a partir de agora, no curso da ação penal. É dizer, para que a custódia preventiva seja decretada no curso da investigação, somente mediante representação da autoridade policial ou a requerimento do Ministério Público. Ao tempo em que esta questão foi elaborada, ao juiz somente era dado decretar de ofício a custódia preventiva no curso da ação penal, conforme dispunha o art. 311 do CPP, com a redação dada pela Lei 12.403/2011. Pois bem. Prestigiando o sistema acusatório, a Lei 13.964/2019 (Pacote Anticrime) alterou a redação do art. 311 do CPP, desta vez para vedar a decretação de ofício, pelo juiz, da custódia preventiva, quer na fase investigativa, como antes já ocorria, quer na etapa instrutória, o que até a edição do pacote anticrime era permitido. É dizer, para que a custódia preventiva, atualmente, seja decretada no curso da investigação ou no decorrer da ação penal, somente mediante provocação da autoridade policial, se no curso do inquérito, ou a requerimento do Ministério Público, se no curso da ação penal ou das investigações; **IV**: correta. Nos crimes hediondos e assemelhados, o art. 5º, XLIII da Constituição Federal veda tão somente a concessão de *fiança*. Com o advento da Lei 11.464/2007, que modificou a redação do art. 2º da Lei de Crimes Hediondos, cuja redação original vedava a concessão de fiança e liberdade provisória, passou a ser possível a sua concessão sem fiança, já que foi extraída do dispositivo (art. 2º, II, da Lei 8.072/1990). Após, a Lei 12.403/2011 promoveu uma série de inovações no âmbito da prisão e da liberdade provisória, entre elas alterou a redação do art. 323 do CPP, que passou a prever que os crimes hediondos e os delitos a eles equiparados são *inafiançáveis*. Pois

bem, tal prescrição é inquestionável, já que em perfeita harmonia com o texto da CF/1988 (art. 5º, XLIII). A questão que se coloca, todavia, é saber se a liberdade provisória *sem fiança* pode ser aplicada aos crimes hediondos e assemelhados. A despeito de haver divergências, notadamente na jurisprudência, entendemos, s.m.j., que a CF/88 proibiu tão somente a liberdade provisória com fiança. Se quisesse de fato proibir a liberdade provisória sem fiança, teria por certo feito menção a ela. Não o fez. Logo, a liberdade provisória vedada pelo constituinte nos crimes hediondos e equiparados é somente a com fiança. Assim entende a 2ª T., do STF: HC 100.185-PA, rel. Min. Gilmar Mendes, *DJ* 6.8.10; STJ, HC 109.451-SP, 6ª T, *DJ* de 11.11.08; **V**: incorreta. Além de ser fixada como sucedâneo da prisão em flagrante ou da prisão preventiva, nada obsta que a custódia preventiva seja decretada como medida cautelar autônoma (art. 319, VIII, do CPP), independente de prisão anterior. **ED**

Gabarito "D".

(Delegado/GO – 2017 – CESPE) Com relação à prisão temporária, assinale a opção correta.

(A) A prisão temporária poderá ser decretada pelo juiz de ofício ou mediante representação da autoridade policial ou requerimento do Ministério Público.

(B) Conforme o STJ, a prisão temporária não pode ser mantida após o recebimento da denúncia pelo juiz.

(C) São três os requisitos indispensáveis para a decretação da prisão temporária, conforme a doutrina majoritária: imprescindibilidade para as investigações; existência de indícios de autoria ou participação; e indiciado sem residência fixa ou identificação duvidosa.

(D) É cabível a prisão temporária para a oitiva do indiciado acerca do delito sob apuração, desde que a liberdade seja restituída logo após a ultimação do ato.

(E) A prisão temporária poderá ser decretada tanto no curso da investigação quanto no decorrer da fase instrutória do competente processo criminal.

A: incorreta. A prisão temporária deve ser decretada pelo juiz, após representação da autoridade policial ou de requerimento do MP, não sendo permitida a sua decretação de ofício. Em caso de representação da autoridade policial, o juiz, antes de decidir, deve ouvir o MP e, em qualquer caso, deve decidir fundamentadamente sobre o decreto de prisão temporária dentro do prazo de 24 horas, contadas a partir do recebimento da representação ou do requerimento. É o que estabelece o art. 2º, *caput*, da Lei 7.960/1989; **B**: correta. Justamente pelo fato de a prisão temporária se prestar a viabilizar as investigações do inquérito policial, não há sentido em mantê-la após a conclusão das investigações. Conferir: "Uma vez oferecida e recebida a denúncia, desnecessária a preservação da custódia temporária do paciente, cuja finalidade é resguardar a integridade das investigações criminais. 2. *Habeas corpus* concedido a fim de, confirmando a liminar anteriormente deferida, revogar a custódia temporária do paciente" (HC 158.060/PA, Rel. Ministro Jorge Mussi, Quinta Turma, julgado em 02/09/2010, DJe 20/09/2010); **C**: incorreta. Segundo a melhor doutrina, a decretação da prisão temporária, modalidade de prisão cautelar, está condicionada à existência de fundadas razões de autoria ou participação do indiciado na prática dos crimes listados no art. 1º, III, da Lei 7.960/1989 e também ao fato de ser ela, a prisão temporária, imprescindível para as investigações do inquérito policial. Devem coexistir, portanto, os requisitos previstos nos incisos I e III do art. 1º da Lei 7.960/1989; a coexistência das condições presentes nos incisos II e III também pode dar azo à decretação da custódia temporária. É dizer: o inciso III deve combinar com o inciso I ou com o II. É a posição adotada por Guilherme de Souza Nucci e Maurício Zanoide de Moraes; **D**: incorreta. Hipótese não prevista em lei; **E**: incorreta, na medida em que a prisão temporária, cuja finalidade é conferir eficiência à investigação policial, somente tem lugar no inquérito policial. Atenção: o Plenário do STF, ao julgar as Ações Diretas de Inconstitucionalidade n.º 4.109 e n.º 3.360, com

7. DIREITO PROCESSUAL PENAL

vistas a dar ao art. 1.º da Lei n.º 7.960/1989 interpretação conforme a Constituição Federal de 1988, estabeleceu o entendimento no sentido de que a decretação de custódia temporária pressupõe a coexistência dos seguintes requisitos: i) for imprescindível para as investigações do inquérito policial; (ii) houver fundadas razões de autoria ou participação do indiciado; (iii) for justificada em fatos novos ou contemporâneos; (iv) for adequada à gravidade concreta do crime, às circunstâncias do fato e às condições pessoais do indiciado; e (v) não for suficiente a imposição de medidas cautelares diversas. ED

Gabarito "B".

(Delegado/GO – 2017 – CESPE) Pedro, Joaquim e Sandra foram presos em flagrante delito. Pedro, por ter ofendido a integridade corporal de Lucas, do que resultou debilidade permanente de um de seus membros; Joaquim, por ter subtraído a bicicleta de Lúcio, de vinte e cinco anos de idade, no período matutino – Lúcio a havia deixado em frente a uma padaria; e Sandra, por ter subtraído o carro de Tomás mediante grave ameaça.

Considerando-se os crimes cometidos pelos presos, a autoridade policial poderá conceder fiança a

(A) Joaquim somente.

(B) Pedro somente.

(C) Pedro, Joaquim e Sandra.

(D) Pedro e Sandra somente.

(E) Joaquim e Sandra somente.

A Lei 12.403/2011 mudou sobremaneira o panorama da fiança. Antes da reforma por ela implementada, a autoridade policial, em vista da revogada redação do art. 322 do CPP, somente estava credenciada a concedê-la nas hipóteses de infração punida com *detenção* ou *prisão simples*. Bem por isso, não podia o delegado de polícia arbitrar fiança nos crimes punidos com *reclusão*, tarefa exclusiva do magistrado. Pela nova redação dada ao art. 322 do CPP, a autoridade policial passou a conceder fiança nos casos de infração cuja pena privativa de liberdade máxima não seja superior a quatro anos, independentemente de ser o crime apenado com reclusão ou detenção (qualidade da pena). Naqueles casos em que a pena máxima superar os quatro anos, somente o magistrado poderá estabelecer a fiança. Dito isso, temos as seguintes situações: no caso de Pedro, o crime que lhe é imputado, lesão corporal de natureza grave (art. 129, § 1º, III, do CP), tem como pena máxima cominada 5 anos de reclusão, o que impede que a autoridade policial fixe fiança em seu favor, já que, como ponderado acima, o delegado somente está credenciado a conceder fiança na infrações penais cuja pena máxima cominada não seja superior a 4 anos; Joaquim, que, segundo consta do enunciado, teria cometido o crime de furto simples (o enunciado não faz referência a nenhuma qualificadora tampouco a causa de aumento de pena), está sujeito a uma pena de 1 a 4 anos de reclusão (art. 155, *caput*, do CP), razão pela qual poderá a autoridade policial, pela razões que acima expusemos, arbitrar fiança; já em relação a Sandra, que cometeu crime de roubo (art. 157, CP), já que subtraiu, mediante o emprego de grave ameaça, um veículo, pelo fato de a pena máxima cominada corresponder a 10 anos, somente ao juiz é dado conceder-lhe liberdade provisória com fiança. ED

Gabarito "A".

(Delegado/GO – 2017 – CESPE) No que tange ao procedimento criminal e seus princípios e ao instituto da liberdade provisória, assinale a opção correta.

(A) O descumprimento de medida cautelar imposta ao acusado para não manter contato com pessoa determinada é motivo suficiente para o juiz determinar a substituição da medida por prisão preventiva, já que a aplicação de outra medida representaria ofensa ao poder imperativo do Estado além de ser incompatível com o instituto das medidas cautelares.

(B) Concedida ao acusado a liberdade provisória mediante fiança, será inaplicável a sua cumulação com outra medida cautelar tal como a proibição de ausentar-se da comarca ou o monitoramento eletrônico.

(C) Compete ao juiz e não ao delegado a concessão de liberdade provisória, mediante pagamento de fiança, a acusado de crime hediondo ou tráfico ilícito de entorpecente.

(D) Caso, após sentença condenatória, advenha a prescrição da pretensão punitiva e seja declarada extinta a punibilidade por essa razão, os valores recolhidos a título de fiança serão integralmente restituídos àquele que a prestou.

(E) Ofenderá o princípio constitucional da ampla defesa e do contraditório a defesa que, firmada por advogado dativo, se apresentar deficiente e resultar em prejuízo comprovado para o acusado.

A: incorreta. Diante do descumprimento de medida cautelar imposta ao acusado, poderá o juiz, considerando as particularidades do caso concreto, substituir a medida anteriormente imposta, impor outra em cumulação ou, somente em último caso, decretar a prisão preventiva, que, como se pode ver, tem caráter subsidiário (art. 282, § 4º, CPP, cuja redação foi determinada pela Lei 13.964/2019); **B:** incorreta, uma vez que contraria o que estabelece o art. 319, § 4º, do CPP; **C:** incorreta. Os crimes hediondos e os a eles assemelhados (tráfico de drogas, tortura e terrorismo), embora admitam a liberdade provisória, não comportam a concessão de fiança. Ou seja, são, por força do disposto nos arts. 5º, XLIII, da CF e 323, II, do CPP, inafiançáveis, tanto para o delegado de polícia quanto para o juiz de direito; **D:** incorreta (art. 336, parágrafo único, do CPP); **E:** correta, pois reflete o posicionamento firmado na Súmula n. 523 do STF: "No processo penal, a falta de defesa constitui nulidade absoluta, mas a sua deficiência só o anulará se houver prova de prejuízo para o réu".ED

Gabarito "E".

(Delegado/GO – 2017 – CESPE) Será cabível a concessão de liberdade provisória ao indivíduo que for preso em flagrante devido ao cometimento do crime de

I. estelionato;

II. latrocínio;

III. estupro de vulnerável.

Assinale a opção correta.

(A) Apenas os itens I e III estão certos.

(B) Apenas os itens II e III estão certos.

(C) Todos os itens estão certos.

(D) Apenas o item I está certo.

(E) Apenas os itens I e II estão certos.

Não há crime em relação ao qual não caiba liberdade provisória. Nos crimes hediondos e assemelhados, como é o caso do latrocínio e do estupro de vulnerável, o art. 5º, XLIII da Constituição Federal veda tão somente a concessão de *fiança*. Com o advento da Lei 11.464/2007, que modificou a redação do art. 2º da Lei de Crimes Hediondos, cuja redação original vedava a concessão de fiança e liberdade provisória, passou a ser possível a sua concessão sem fiança, já que foi extraída do dispositivo (art. 2º, II, da Lei 8.072/1990). Após, a Lei 12.403/2011 promoveu uma série de inovações no âmbito da prisão e da liberdade provisória, entre elas alterou a redação do art. 323 do CPP, que passou a prever que os crimes hediondos e os delitos a eles equiparados são *inafiançáveis*. Pois bem, tal prescrição é inquestionável, já que em

EDUARDO DOMPIERI

perfeita harmonia com o texto da CF/1988 (art. 5º, XLIII). A questão que se coloca, todavia, é saber se a liberdade provisória *sem fiança* pode ser aplicada aos crimes hediondos e assemelhados. A despeito de haver divergências, notadamente na jurisprudência, entendemos, s.m.j., que a CF/88 proibiu tão somente a liberdade provisória com fiança. Se quisesse de fato proibir a liberdade provisória sem fiança, teria por certo feito menção a ela. Não o fez. Logo, a liberdade provisória vedada pelo constituinte nos crimes hediondos e equiparados é somente a *com fiança*. Assim entende a 2ª T., do STF: HC 100.185-PA, rel. Min. Gilmar Mendes, *DJ* 6.8.10; STJ, HC 109.451-SP, 6ª T, *DJ* de 11.11.08. Quanto ao delito de estelionato, que não é hediondo nem assemelhado, é perfeitamente possível a concessão de liberdade provisória com fiança ao agente preso em flagrante por essa razão. **ED**

Gabarito "C".

11. PROCESSO E PROCEDIMENTOS

(Juiz de Direito/AP – 2022 – FGV) No que tange à oitiva das testemunhas arroladas pela acusação em audiência de instrução e julgamento, na forma do Art. 212 do Código de Processo Penal, é correto afirmar que:

(A) a nulidade pela alteração da ordem de inquirição deve indicar o prejuízo gerado;

(B) é possível ao juiz formular perguntas de forma detalhada, após as partes;

(C) a ordem de inquirição pode ser alterada no caso de ausência momentânea de uma das partes;

(D) havendo atuação comedida, o juiz pode iniciar a inquirição da testemunha;

(E) o juiz pode intervir, a qualquer momento, diante de ilegalidade na condução do depoimento.

A: incorreta, segundo a organizadora. A nosso ver, a assertiva retrata a atual jurisprudência do STJ. Senão vejamos. Com as mudanças implementadas no art. 212 do CPP pela Lei de Reforma 11.690/2008, o *sistema presidencialista*, pelo qual a testemunha, depois de inquirida pelo juiz, respondia, por intermédio deste, às perguntas formuladas pelas partes, deu lugar ao chamado sistema *cross examination*, atualmente em vigor, segundo o qual as partes passam a dirigir suas indagações às testemunhas sem a intermediação do magistrado, de forma direta, vedados os questionamentos que puderem induzir a resposta, não tiverem relação com a causa ou importarem na resposta de outra já respondida. Ao final da inquirição, se ainda remanescer algum ponto não esclarecido, poderá o juiz complementá-la, formulando à testemunha novas perguntas (art. 212, parágrafo único, do CPP). É por essa razão que se diz que a atividade do juiz é complementar, remanescente à das partes. Pois bem. Surgiu então a questão atinente à consequência que poderia advir da inversão desta ordem. Prevalece hoje o entendimento no sentido de que é relativa a nulidade decorrente do fato de o juiz, no lugar de formular seus questionamentos ao término da oitiva da testemunha, fazê-lo no começo do depoimento, antes, portanto, das perguntas elaboradas pelas partes. E sendo relativa esta nulidade, seu reconhecimento somente se dará com a arguição oportuna pelo interessado (não pode o juiz decretá-la de ofício), que, se assim não fizer, sujeitar-se-á à preclusão. No STJ: *Conforme a orientação deste Superior Tribunal de Justiça, a inquirição das testemunhas pelo juiz antes que seja oportunizada a formulação das perguntas às partes, com a inversão da ordem prevista no art. 212 do Código de Processo Penal, constitui nulidade relativa* (HC 237.782, Rel. Min. Laurita Vaz, *DJe* de 21.08.2014). No mesmo sentido: "AGRAVO REGIMENTAL NO HABEAS CORPUS. PROCESSUAL PENAL. HOMICÍDIO QUALIFICADO. PRONÚNCIA. SUPOSTAS NULIDADES NÃO CONFIGURADAS. AUSÊNCIA DE COMPROVAÇÃO DE PREJUÍZO. PRINCÍPIO PAS DE NULLITÉ SANS GRIEF. AGRAVO DESPROVIDO. 1. A "declaração de nulidade exige a comprovação de prejuízo, em consonância com o

princípio pas de nullité sans grief, consagrado no art. 563 do CPP e no enunciado n. 523 da Súmula do STF" (AgRg no HC 613.170/SC, Rel. Ministro FELIX FISCHER, QUINTA TURMA, julgado em 27/10/2020, DJe 12/11/2020), o que não ocorreu na presente hipótese. 2. Ao contrário do que alega a Defesa, o entendimento do Tribunal de origem está de acordo com a jurisprudência desta Corte, no sentido de que "[n]ão é possível anular o processo, por ofensa ao art. 212 do Código de Processo Penal, quando não verificado prejuízo concreto advindo da forma como foi realizada a inquirição das testemunhas" (AgRg no HC 465.846/SP, Rel. Ministro NEFI CORDEIRO, SEXTA TURMA, julgado em 14/05/2019, DJe 23/05/2019). 3. Agravo regimental desprovido." (STJ, AgRg no HC 524.283/MG, Rel. Ministra LAURITA VAZ, SEXTA TURMA, julgado em 09/02/2021, DJe 22/02/2021); **B:** incorreta. A partir da Reforma Processual de 2008, que alterou substancialmente o art. 212 do CPP, o juiz perdeu o protagonismo na inquirição das testemunhas; deverá adotar, isto sim, uma postura mais comedida, limitando-se a complementar a inquirição. Ou seja, caberá às partes produzir a prova testemunhal, questionando, de forma direta, o depoente, sempre sob a supervisão do magistrado; somente ao final é que o juiz poderá formular perguntas pertinentes a pontos relevantes não esclarecidos. Trata-se, como se pode ver, de função complementar às partes; **C e D:** incorretas. Hipóteses não contempladas em lei; **E:** correta. A despeito de a atividade probatória do juiz ter caráter complementar, como acima já dissemos, é fato que cabe ao magistrado controlar e fiscalizar a atuação das partes, impondo-lhes os limites estabelecidos em lei, de forma a resguardar a higidez da prova. Dessa forma, o juiz deverá intervir ante a ilegalidade na condução do depoimento. **ED**

Gabarito "E".

(Juiz de Direito – TJ/MS – 2020 – FCC) Cabível a absolvição sumária

(A) se demonstrada a existência de causa de exclusão do crime, mas unicamente no procedimento do júri.

(B) se provado, no procedimento comum, não ser o acusado autor ou partícipe do fato.

(C) por inimputabilidade, em determinada situação, no procedimento do júri.

(D) se demonstrada, no procedimento comum, a manifesta existência de qualquer causa excludente da culpabilidade.

(E) sempre que demonstrada, no procedimento do júri, a existência de causa de isenção de pena.

A: incorreta. A expressão *exclusão do crime*, empregada no inciso IV do art. 415 do CPP (absolvição sumária no júri), conquanto não contemplada no rol do art. 397 do CPP (absolvição sumária no procedimento comum), equivale às causas excludentes de ilicitude a que faz referência o art. 397, I, do CPP. Desta forma, é incorreto afirmar-se que a existência de causa de exclusão do crime somente autoriza a absolvição sumária no procedimento do júri; **B:** incorreta, já que se trata de hipótese de absolvição do art. 386, IV, do CPP, com sentença proferida ao final da instrução. Não se está diante, portanto, de hipótese de absolvição sumária (art. 397, CPP); **C:** correta. É defeso ao juiz absolver sumariamente o réu com fulcro na inimputabilidade (doença mental – art. 26, CP), salvo se esta constituir a única tese defensiva. É o que estabelece o art. 415, parágrafo único, do CPP. Como bem sabemos, a inimputabilidade leva à aplicação de medida de segurança, razão pela qual, caso haja tese defensiva subsidiária, é mais vantajoso ao acusado ser julgado pelo Tribunal Popular, pois pode ser ali absolvido; **D:** incorreta, uma vez que o art. 397, II, do CPP exclui a possibilidade de proceder-se à absolvição sumária em caso de *inimputabilidade*, dado que tal circunstância deverá ser apurada no curso da instrução processual; **E:** incorreta, pois contraria o disposto no art. 415, parágrafo único, do CPP. **ED**

Gabarito "C".

7. DIREITO PROCESSUAL PENAL

João foi denunciado, tendo sido arroladas pelo Ministério Público as testemunhas Antônio, Paula e Carla, esta última residente em outro estado da Federação. Outra testemunha, Diana, foi arrolada pela defesa. Designada a audiência de instrução, compareceram Antônio, Paula, Diana e João, sem que ainda houvesse resposta do cumprimento da carta precatória de Carla. O juiz ouviu todas as testemunhas presentes e realizou o interrogatório.

(Promotor de Justiça/CE – 2020 – CESPE/CEBRASPE) Nessa situação hipotética,

- **(A)** não ocorreu nulidade processual, ainda que tenha havido, no mesmo momento processual, a oitiva de testemunhas e o interrogatório.
- **(B)** o juiz não agiu corretamente, pois a oitiva da testemunha de defesa somente pode ocorrer antecipadamente com expressa autorização das partes.
- **(C)** o juiz não agiu corretamente, pois o interrogatório deveria ter sido realizado somente após o retorno da carta precatória.
- **(D)** ocorreu nulidade processual, pois o juiz não poderia ter ouvido a testemunha de defesa antes do retorno da carta precatória.
- **(E)** ocorreu nulidade processual, visto que o feito estava suspenso; o juiz deveria ter marcado a audiência apenas após o retorno da carta precatória.

Após a aplicação desta prova, houve mudança de entendimento do STJ. Explico. Até então, a sua 6ª Turma tinha como pacificado o entendimento segundo o qual a expedição de carta precatória, em obediência ao art. 222, § 1º, do CPP e também ao princípio da celeridade processual, não tem o condão de suspender a instrução processual, razão por que se deve proceder à oitiva das testemunhas e ao interrogatório do réu e, também, ao julgamento da causa, mesmo que pendente a devolução de carta precatória. Em outras palavras, o interrogatório do réu não precisa aguardar a vinda da carta precatória expedida para a oitiva de testemunha. Recentemente, quando já aplicada esta prova, a 3ª Seção do STJ, que reúne as 5ª e 6ª Turmas Criminais, adotou o entendimento, ao qual já aderira a 5ª Turma, de que, nos termos do art. 400 do CPP, o interrogatório do réu deve ser o derradeiro ato da instrução, ainda que haja a expedição de carta precatória para a oitiva de testemunhas. Ou seja, o juiz do feito, antes de proceder ao interrogatório do acusado, deve aguardar o retorno da carta precatória expedida para o fim de ouvir testemunhas, em obediência aos princípios do contraditório e ampla defesa. Conferir o julgado que marcou a mudança de entendimento do STJ: "1. Existem precedentes nesta Corte Superior, partindo da interpretação dos arts. 400 e 222 do Código de Processo Penal, que consideram válido o interrogatório do acusado quando pendente de cumprimento carta precatória expedida para oitiva de testemunhas e do ofendido. 2. Essa compreensão, no entanto, não está em harmonia com os princípios do contraditório e da ampla defesa, bem como com a jurisprudência consolidada na Suprema Corte, firme no sentido de que, com o advento da Lei n. 11.719/2008, que deu nova redação ao art. 400 do Código de Processo Penal, o interrogatório do réu deve ser o último ato de instrução. 3. Importante ressaltar a orientação fixada pelo Supremo Tribunal Federal no HC n. 127.900/AM, de que a norma inscrita no art. 400 do Código de Processo Penal comum aplica-se, a partir da publicação da ata do presente julgamento, aos processos penais militares, aos processos penais eleitorais e a todos os procedimentos penais regidos por legislação especial incidindo somente naquelas ações penais cuja instrução não se tenha encerrado. 4. Atualmente é assente o entendimento de que o interrogatório do acusado é instrumento de defesa, o que, em uma perspectiva garantista, pautada na observância dos direitos fundamentais, proporciona máxima efetividade se realizado

ao final da instrução. De fato, a concretização do interrogatório antes da oitiva de testemunhas e da vítima priva o acusado de acesso pleno à informação, já que se manifestará antes da produção de parcela importante de provas. Além disso, reflete diretamente na eficácia de sua reação e na possibilidade de influenciar o julgamento, não lhe permitindo refutar, ao menos diretamente (autodefesa), questões apresentadas com a oitiva de testemunhas e do ofendido. A inversão do interrogatório, portanto, promove nítido enfraquecimento dos princípios constitucionais do contraditório e da ampla defesa, indevido, a meu ver, no âmbito da persecução penal. 5. Nessa perspectiva, ao dispor que a expedição da precatória não suspenderá a instrução criminal, o § 1º do art. 222 do CPP não autorizou, no meu sentir, a realização de interrogatório do réu em momento diverso do disposto no art. 400 do CPP, vale dizer, ao final da instrução. Oportuno ressaltar que o art. 222 do CPP está inserido em capítulo do Código de Processo Penal voltado ao procedimento relacionado às testemunhas (Capítulo VI do Código de Processo Penal Das Testemunhas), e não com o interrogatório do acusado. 6. Outrossim, a redação do art. 400 do CPP elenca, claramente, a ordem a ser observada na audiência de instrução e julgamento, de forma que a alusão expressa ao art. 222, em seu texto, apenas indica a possibilidade de inquirição de testemunhas, por carta precatória, fora da ordem estabelecida, não permitindo o interrogatório do acusado antes da inquirição de testemunhas. 7. Na hipótese dos autos, o acusado foi interrogado antes da oitiva de testemunhas, por carta precatória. No entanto, conforme informações prestadas pelo Magistrado singular, a defesa técnica do réu somente arguiu suposta nulidade em seu último pedido, protocolizado em 19/3/2020, ou seja, após a realização de todas as oitivas supracitadas, o que reverbera na nulidade de algibeira. Assim, em consonância com a jurisprudência desta Corte Superior, não se mostra viável acolher o pedido de nulidade, especialmente quando não aventado no momento oportuno. 8. Conquanto indevido o requerimento de nulidade, considerando o entendimento do Supremo Tribunal Federal, o fato de que a instrução ainda não encerrou, a necessidade de observar os princípios do contraditório e da ampla defesa, bem como o disposto no art. 196 do Código de Processo Penal, que autoriza a realização de novo interrogatório, entende-se que a ordem deve ser parcialmente concedida para determinar que se proceda a novo interrogatório do acusado ao final da instrução. 9. Quanto à alegação de excesso de prazo, não é o caso de ser reconhecido, pois, conforme informação do Juízo processante, a própria defesa contribuiu para o atraso na instrução, na medida em que não aventou a irregularidade do interrogatório no momento oportuno. Além disso, conforme exposto na decisão liminar, não houve desídia do Magistrado na condução do feito e eventual retardamento na conclusão da ação penal decorre de sua complexidade e da necessidade de expedição de diversas cartas precatórias. 10. Ordem parcialmente concedida para determinar a realização de novo interrogatório ao acusado ao final da instrução" (HC 585.942/MT, Rel. Ministro SEBASTIÃO REIS JÚNIOR, TERCEIRA SEÇÃO, julgado em 09/12/2020, DJe 14/12/2020). Por tudo que foi acima ponderado, a assertiva correta, se considerarmos o entendimento hoje prevalente, é a "C". 🆔

Gabarito "A".

(Promotor de Justiça/PR – 2019 – MPE/PR) Sobre **absolvição sumária no procedimento comum**, segundo o Código de Processo Penal, esta é possível:

- **(A)** Se a denúncia for inepta ou houver existência manifesta de causa excludente da ilicitude do fato.
- **(B)** Se o fato narrado evidentemente não constitui crime ou estiver extinta a punibilidade do agente.
- **(C)** Se existir manifesta causa excludente de ilicitude ou de culpabilidade do agente, salvo inimputabilidade penal decorrente de ser o agente menor de dezoito anos, quando deverá o feito ser remetido ao juizado competente.

(D) Se faltar pressuposto processual ou condição para o exercício da ação penal.

(E) Se existir dúvida sobre a materialidade do fato ou autoria do réu (*"in dubio pro reo"*).

A: incorreta. A despeito de a *existência manifesta de causa excludente de ilicitude do fato* dar azo à absolvição sumária (art. 397, I, do CPP), a inépcia da denúncia implica a sua rejeição (art. 395, I, CPP); **B:** correta. Hipóteses previstas no art. 397, III e IV, do CPP, que, portanto, ensejam a absolvição sumária; **C:** incorreta. É certo que a existência manifesta de causa excludente de ilicitude implica a absolvição sumária (art. 397, I, CPP), o que não ocorre na segunda parte da assertiva, já que não reflete o disposto no art. 397, II, do CPP, em que a exceção ali referida diz respeito aos doentes mentais, sendo certo que os menores de 18 anos sequer podem figurar como parte no processo penal; **D:** incorreta. A ausência de pressuposto processual ou condição para o exercício da ação penal dá azo à rejeição da denúncia (art. 395, II, CPP); **E:** incorreta. A dúvida quanto à materialidade do fato (existência do crime) enseja a rejeição da denúncia por falta de justa causa (art. 395, III, CPP); já a dúvida quanto à autoria, desde que haja indícios suficientes quanto à sua existência, não impede o recebimento da inicial acusatória. Se, ao final da instrução, tal dúvida persistir, aí sim o acusado deve ser absolvido. ED

Gabarito "B".

(Juiz de Direito – TJ/AL – 2019 – FCC) No procedimento comum,

(A) o Juiz, se não rejeitar liminarmente a denúncia ou a queixa, recebê-la-á e ordenará a citação do acusado para responder à acusação, por escrito, no prazo de dez dias, se ordinário, ou de cinco, se sumário.

(B) produzidas as provas, ao final da audiência, o Ministério Público, o querelante e o assistente e, a seguir, o acusado poderão requerer diligências cuja necessidade se origine de circunstâncias ou fatos apurados na instrução e, realizada a diligência determinada, as partes apresentarão, no prazo sucessivo de cinco dias, suas alegações finais, por memorial, e, no prazo de dez dias, o Juiz proferirá a sentença.

(C) apresentada ou não a resposta no prazo legal, o Juiz, de imediato, ratificando o recebimento da denúncia ou da queixa, designará dia e hora para a audiência, ordenando a intimação do acusado, de seu defensor, do Ministério Público e, se for o caso, do querelante e do assistente.

(D) a audiência de instrução e julgamento deve ser realizada no prazo máximo de noventa dias, se ordinário, ou sessenta dias, se sumário, procedendo-se à tomada de declarações do ofendido, à inquirição das testemunhas arroladas pela acusação e pela defesa, nesta ordem, ressalvado as ouvidas por carta precatória, bem como aos esclarecimentos dos peritos, às acareações e ao reconhecimento de pessoas e coisas, interrogando-se, em seguida, o acusado.

(E) a acusação e a defesa poderão arrolar até oito testemunhas, se ordinário o procedimento, não se compreendendo nesse número as que não prestem compromisso e as referidas, defeso ao Juiz, por expressa previsão legal, ouvir aquela que a parte houver manifestado desistência de inquirição.

A: incorreta, já que o prazo para resposta à acusação de que dispõe o denunciado corresponde a 10 dias, nas duas modalidades do procedimento comum (ordinário e sumário), conforme estabelece o art. 396, *caput*, do CPP. Não há, portanto, que se falar em interregno diferenciado na hipótese de o procedimento ser o sumário; **B:** correta,

pois em conformidade com o disposto nos arts. 402 e 404, parágrafo único, do CPP; **C:** incorreta. Se o réu, citado pessoalmente, deixar de oferecer a resposta à acusação dentro do prazo estabelecido em lei, que é de dez dias, caberá ao juiz nomear-lhe defensor para patrocinar a sua defesa, oferecendo a petição de resposta escrita (art. 396-A, § 2º, CPP); **D:** incorreta, já que a audiência de instrução e julgamento, no procedimento sumário, deverá realizar-se no prazo máximo de 30 dias (e não de 60 dias), conforme estabelece o art. 531 do CPP; **E:** incorreta. Pode a parte, é verdade, desistir da testemunha que haja arrolado, mas nada obsta que o juiz, com vistas à busca da verdade real e a fim de formar o seu convencimento, insista na oitiva da testemunha (art. 209, *caput*, e art. 401, § 2º, ambos do CPP). ED

Gabarito "B".

Davi, servidor público comissionado municipal sem vínculo efetivo com a prefeitura do respectivo município, foi denunciado pelo suposto cometimento do delito de peculato — art. 312 do CP. Durante o IP, Davi foi interrogado na presença de seu advogado. Na fase judicial da persecução penal, ao chefe de sua repartição foi encaminhada notificação, que não foi considerada cumprida em razão da exoneração do servidor; no local, noticiaram que ele continuava residindo no endereço mencionado no inquérito. Após o recebimento da denúncia, considerando-se que o servidor estava em local incerto, foi determinada sua citação por edital. O advogado constituído pelo réu, após tomar conhecimento da tramitação da ação penal, apresentou resposta à acusação, nos termos do art. 396 do CPP. Posteriormente, ainda que não intimado pessoalmente, Davi compareceu à audiência designada.

(Juiz de Direito - TJ/BA - 2019 - CESPE/CEBRASPE) Com referência a essa situação hipotética, assinale a opção correta.

(A) Por se tratar de crime funcional, a desobediência ao procedimento especial — não oportunizar a defesa preliminar, nos termos do art. 514 do CPP — gerou a nulidade do processo.

(B) A apresentação de resposta à acusação por advogado constituído por Davi durante o IP supre eventual nulidade da citação.

(C) No caso de o réu continuar atuando como servidor público, a notificação encaminhada ao chefe da repartição, nos termos do art. 359 do CPP, dispensaria o mandado de citação.

(D) A obrigação de esgotamento dos meios de localização para a validade da citação por edital não alcança as diligências em todos os endereços constantes no IP.

(E) Citado por edital, o réu poderá, a qualquer tempo, integrar a relação processual, e o prazo para resposta à acusação começará a fluir a partir do referido ato de ingresso no processo.

A: incorreta. A peculiaridade do procedimento referente aos crimes de responsabilidade dos funcionários públicos reside na impugnação ofertada pelo funcionário antes do recebimento da denúncia. É a chamada *resposta* ou *defesa preliminar*, prevista no art. 514 do CPP, que somente terá incidência nos crimes funcionais afiançáveis, não se estendendo ao particular que, na qualidade de coautor ou partícipe, tomar parte no crime. Com a edição da Súmula 330 do STJ, esta defesa que antecede o recebimento da denúncia deixou de ser necessária na ação penal alicerçada em inquérito policial. Dessa forma, a formalidade imposta pelo art. 514 do CPP somente se fará necessária, segundo o STJ, quando a denúncia se basear em outras peças de informação que não o inquérito policial. Em outras palavras, a resposta preliminar é necessária, sim, na

7. DIREITO PROCESSUAL PENAL 327

hipótese de a ação penal não ser calcada em inquérito policial. No caso narrado no enunciado, não há dúvida de que a denúncia ofertada em face de Davi foi baseada em informações colhidas em inquérito policial, o que afasta a necessidade de defesa preliminar, não havendo, portanto, que se falar em nulidade; **B**: incorreta. Isso porque a falta de citação constitui causa de nulidade absoluta (art. 564, III, *e*, do CPP), salvo se o denunciado comparecer em juízo. O fato de Davi haver constituído, durante as investigações do inquérito policial, advogado, o qual, após, ofereceu resposta à acusação, não elide a necessidade de citação. Conferir: "4. A citação é pressuposto de existência da relação processual e sua obrigatoriedade não pode ser relativizada somente porque o réu constituiu advogado particular quando foi preso em flagrante. O fato de o Juiz ter determinado a juntada, nos autos da ação penal, de cópia da procuração outorgada ao advogado no processo apenso, relacionado ao pedido de liberdade provisória, bem como que o causídico apresentasse resposta à acusação, não supre a falta de citação e nem demonstra, sem o comparecimento espontâneo do réu a nenhum ato do processo, sua ciência inequívoca da denúncia e nem que renunciou à autodefesa. 5. O prejuízo para a ampla defesa foi registrado no acórdão estadual, não havendo falar em violação do art. 563 do CPP. A ampla defesa desdobra-se na defesa técnica e na autodefesa, esta última suprimida do réu, pois não lhe foram oportunizadas diversas possibilidades, tais como a presença em juízo, o conhecimento dos argumentos e conclusões da parte contrária, a exteriorização de sua própria argumentação em interrogatório etc. 6. Recurso especial não provido." (STJ, REsp 1580435/GO, Rel. Ministro ROGERIO SCHIETTI CRUZ, SEXTA TURMA, julgado em 17/03/2016, DJe 31/03/2016); **C**: incorreta. A citação do funcionário público será feita pessoalmente, devendo o juiz apenas notificar o chefe da repartição em que o funcionário exerce suas funções, dando-lhe conta do dia e horário em que o acusado deverá comparecer em juízo (art. 359, CPP). Com isso, a repartição disporá de tempo para, se for o caso, cuidar para que o funcionário, naquele dia e horário, seja substituído. Em outras palavras, a notificação ao chefe da repartição, providência prevista no art. 359 do CPP, não supre a necessidade de citação (pessoal) do funcionário público denunciado; **D**: incorreta. Por se tratar de modalidade de citação ficta, em que se presume que o réu tenha tomado conhecimento da acusação que contra ele foi formulada, a realização da citação por edital pressupõe o esgotamento de todos os meios disponíveis para a localização do denunciado, o que engloba todos os seus endereços de que se tem notícia, inclusive aqueles informados no inquérito policial. Somente após isso é que poderá se recorrer à citação por edital. Na jurisprudência: "é nulo o processo a partir da citação na hipótese de citação por edital determinada antes de serem esgotados todos os meios disponíveis para a citação pessoal do réu" (STJ, HC 213.600, *DJe* 09.10.2012); **E**: correta, pois reflete o disposto no art. 396, parágrafo único, do CPP. **ED**

Gabarito "E."

(Juiz de Direito - TJ/BA - 2019 - CESPE/CEBRASPE) Acerca dos procedimentos processuais penais no Brasil, julgue os itens a seguir.

I. Nos crimes contra a propriedade imaterial que deixem vestígios, o exame do corpo de delito será condição de procedibilidade para o exercício da ação penal.

II. No procedimento sumário, o prazo para resposta à acusação é de cinco dias.

III. Registro de depoimento tomado na audiência de instrução por meio audiovisual terá de ser encaminhado às partes, sendo obrigatória a transcrição.

IV. No procedimento por crime funcional, em caso de ilícito afiançável, o réu será notificado para apresentar defesa preliminar por escrito no prazo de quinze dias.

Estão certos apenas os itens

(A) I e IV.

(B) II e III.

(C) III e IV.

(D) I, II e III.

(E) I, II e IV.

I: correta, uma vez que reflete o disposto no art. 525 do CPP. Por força desse dispositivo, o exame de corpo de delito constitui condição especial de procedibilidade ao ajuizamento da ação penal. A sua ausência, portanto, implica rejeição da inicial acusatória; **II**: incorreta. O art. 396, *caput*, do CPP, que se aplica tanto ao procedimento ordinário quanto ao sumário, estabelece o prazo de dez dias para resposta à acusação; **III**: incorreta, pois em desconformidade com o art. 405, § 2º, do CPP, segundo o qual, *no caso de registro por meio audiovisual, será encaminhado às partes cópia do registro original, sem necessidade de transcrição*; **IV**: correta. A defesa preliminar de que trata o art. 514 do CPP, a ser ofertada no prazo de 15 dias, confere ao funcionário público denunciado pela prática de crime funcional afiançável a oportunidade de rebater o teor da denúncia antes de ela ser apreciada pelo magistrado. É a antecipação do contraditório, que, no procedimento comum, será exercido após o recebimento da denúncia, em sede de resposta à acusação. Sempre é bom lembrar que o STJ, por meio da Súmula 330 do STJ, fixou o entendimento de que esta defesa que antecede o recebimento da denúncia é desnecessária na ação penal alicerçada em inquérito policial. Dessa forma, a formalidade imposta pelo art. 514 do CPP somente se fará necessária, segundo o STJ, quando a denúncia se basear em outras peças de informação que não o inquérito policial. **ED**

Gabarito "A."

(Juiz de Direito – TJ/RS – 2018 – VUNESP) Assinale a alternativa correta.

(A) O procedimento comum será ordinário, sumário ou especial.

(B) Os processos que apuram a prática de crime hediondo terão prioridade de tramitação em todas as instâncias apenas se houver réu preso.

(C) O juiz terá o prazo de 5 dias para proferir a sentença caso conceda às partes prazo para a apresentação de memoriais.

(D) No mandado de segurança impetrado pelo Ministério Público contra decisão proferida em processo penal, é facultativa a citação do réu como litisconsorte passivo.

(E) Não cabe *habeas corpus* contra decisão condenatória a pena de multa, ainda que seja patente o constrangimento ilegal causado.

A: incorreta. Segundo a atual redação do art. 394 do CPP, o procedimento se divide em *comum* e *especial*. O comum é subdividido em *ordinário*, *sumário* e *sumaríssimo*. O procedimento comum sumário será adotado quando se tratar de crime cuja sanção máxima seja inferior a quatro anos e superior a dois (art. 394, § 1º, II, CPP); o rito ordinário, por sua vez, terá lugar sempre que se tratar de crime cuja sanção máxima cominada for igual ou superior a quatro anos de pena privativa de liberdade (art. 394, § 1º, I, CPP); já o sumaríssimo é aplicado ao processamento e julgamento das infrações penais de menor potencial ofensivo (aquelas em que a pena máxima cominada não exceda dois anos – art. 61 da Lei 9.099/1995). Como se pode ver, o procedimento especial não constitui modalidade de procedimento comum, tal como consta da assertiva; **B**: incorreta. Com a inserção do art. 394-A, no CPP, pela Lei 13.285/2016, os processos que apuram a prática de crime hediondo terão prioridade de tramitação em todas as instâncias, não importando se se trata de réu preso ou solto; **C**: incorreta, já que o art. 403, § 3º, do CPP estabelece o prazo de 10 dias para o juiz proferir sentença; **D**: incorreta, porque em desconformidade com o entendimento firmado na Súmula 701 do STF: *No mandado de segurança impetrado pelo Ministério Público contra decisão proferida em processo penal, é obrigatória a citação do réu como litisconsorte*

328 EDUARDO DOMPIERI

passivo; **E:** correta, uma vez que reflete o entendimento sufragado na Súmula 693, do STF: *Não cabe habeas corpus contra decisão condenatória a pena de multa, ou relativo a processo em curso por infração penal a que a pena pecuniária seja a única cominada.* **ED**
Gabarito "E".

(Juiz de Direito – TJ/RS – 2018 – VUNESP) A respeito dos prazos previstos no CPP e em leis especiais, assinale a alternativa correta.

(A) No procedimento relativo aos processos da competência do Tribunal do Júri, se houver indícios de autoria ou de participação de outras pessoas não incluídas na acusação, o juiz, ao pronunciar ou impronunciar o acusado, determinará o retorno dos autos ao Ministério Público, por 15 dias, aplicável, no que couber, o art. 80, do CPP.

(B) A audiência de instrução e julgamento no procedimento ordinário será realizada no prazo máximo de 45 dias.

(C) O procedimento relativo aos processos da competência do Tribunal do Júri será concluído no prazo máximo de 120 dias.

(D) Os juízes singulares darão seus despachos e decisões dentro do prazo de 5 dias, se a decisão for definitiva ou interlocutória mista.

(E) Em crime de tráfico de entorpecentes, recebida cópia do auto de prisão em flagrante, o juiz, no prazo de 5 dias, certificará a regularidade formal do laudo de constatação e determinará a destruição das drogas apreendidas, guardando-se amostra necessária à realização do laudo definitivo.

A: correta, já que reproduz o teor do art. 417 do CPP; **B:** incorreta. No procedimento comum ordinário, a audiência será realizada no prazo de 60 dias, tal como consta do art. 400, *caput*, do CPP, e não de 45; já se se tratar do procedimento comum sumário, o art. 531 do CPP estabelece o prazo de 30 dias; **C:** incorreta. Isso porque, no procedimento especial do Júri, o prazo estabelecido pelo art. 412 do CPP corresponde a 90 dias, e não 120, tal como consta da assertiva; **D:** incorreta. Sendo a decisão definitiva ou interlocutória mista, o prazo de que dispõe o juiz singular para proferi-la é de 10 dias (art. 800, I, CPP); sendo interlocutória simples, a decisão será proferida dentro do prazo de 5 dias (art. 800, II, CPP); sendo despacho de mero expediente, o prazo estabelecido pelo art. 800, III, do CPP corresponde a 1 dia (art. 800, III, CPP); **E:** incorreta, na medida em que o prazo de que dispõe o juiz para a adoção da providência acima é de 10 dias (art. 50, § 3°, da Lei 11.343/2006 – Lei de Drogas). **ED**
Gabarito "A".

(Escrevente – TJ/SP – 2018 – VUNESP) Segundo o Código de Processo Penal, a respeito do processo comum, é correto dizer que

(A) aceita a denúncia ou a queixa, o Juiz não poderá absolver sumariamente o réu, após a apresentação da resposta à acusação.

(B) a parte, no procedimento ordinário, não poderá desistir de testemunha, anteriormente arrolada.

(C) o procedimento será ordinário, sumário ou sumaríssimo; o procedimento sumaríssimo será o aplicado quando se tem por objeto crime sancionado com pena privativa de liberdade de até 04 (quatro) anos.

(D) são causas de rejeição da denúncia ou queixa a inépcia, a falta de pressuposto processual ou condição para o exercício da ação penal e a falta de justa causa.

(E) no procedimento ordinário, poderão ser ouvidas até 08 (oito) testemunhas, de acusação e defesa, compreendidas, nesse número, as que não prestam compromisso.

A: incorreta. Citado o réu e por ele oferecida a resposta à acusação, poderá o juiz, verificando a ocorrência de alguma das hipóteses do art. 397 do CPP, proceder à absolvição sumária do acusado; **B:** incorreta, dado que poderá a parte desistir da inquirição de qualquer das testemunhas que haja arrolado (art. 401, § 2°, CPP); **C:** incorreta. Como bem sabemos, o critério utilizado para se identificar o rito processual a ser adotado é a *pena máxima* cominada ao crime, conforme estabelece o art. 394 do CPP. O *rito ordinário* terá lugar sempre que se tratar de crime cuja sanção máxima cominada for igual ou superior a quatro anos de pena privativa de liberdade (art. 394, § 1°, I, CPP). O *rito sumário*, por sua vez, será adotado quando se tratar de crime cuja sanção máxima seja inferior a quatro anos e superior a dois (art. 394, § 1°, II, CPP). Já o *rito sumaríssimo* terá incidência nas infrações penais de menor potencial ofensivo (crimes cuja pena máxima não seja superior a dois anos bem como as contravenções penais), na forma estatuída no art. 394, § 1°, III, CPP; **D:** correta, pois corresponde ao teor do art. 395 do CPP; **E:** incorreta, já que não serão computadas no número máximo de testemunhas aquelas que não prestaram compromisso (art. 401, § 1°, CPP). **ED**
Gabarito "D".

(Juiz – TRF 2ª Região – 2017) Analise as afirmativas abaixo e, a seguir, assinale a opção correta.

I. Oferecida a denúncia ou queixa, o juiz deverá citar o réu para a apresentação de resposta escrita em dez dias. Após tal manifestação da defesa, o juiz proferirá decisão de recebimento ou de rejeição da denúncia ou queixa apresentada.

II. O réu preso só deve ser interrogado por videoconferência quando presentes razões excepcionais previstas no Código de Processo Penal, devendo ser garantido, durante o ato, o acesso a canais telefônicos reservados para comunicação entre o defensor que esteja no presídio e o advogado presente na sala de audiência do fórum, e entre este e o preso.

III. Se o réu, citado pessoalmente, não apresentar a resposta no prazo legal, o juiz decretará sua revelia e proferirá decisão de saneamento do processo. A petição de resposta escrita não é termo essencial do processo e sua falta não enseja nulidade.

(A) Apenas a assertiva I está correta.

(B) Apenas a assertiva II está correta.

(C) Apenas a assertiva III está correta.

(D) Apenas as assertivas II e III estão corretas.

(E) Todas as assertivas são falsas.

I: incorreta. Nos procedimentos *ordinário* e *sumário*, o juiz, depois de oferecida a denúncia ou queixa, receberá a peça acusatória e, ato contínuo, mandará citar o réu, que, assim que tomar conhecimento da ação contra ele ajuizada, disporá do prazo de dez dias para apresentar resposta escrita (art. 396, CPP). O recebimento da denúncia ou queixa, como se pode ver, antecede a citação e o oferecimento da resposta escrita. Discutia-se se o art. 399 do CPP, com a redação que lhe deu a Lei 11.719/2008, estabelecia um segundo recebimento da denúncia. Hoje é pacífico o entendimento segundo o qual a denúncia é recebida uma única vez (art. 396, CPP); **II:** correta, porquanto em conformidade com o que estabelece o art. 185, §§ 2° e 5°, do CPP; **III:** incorreta. Primeiro porque a petição de resposta escrita constitui peça essencial do processo. Segundo porque se o réu, citado pessoalmente, deixar de oferecer a resposta à acusação dentro do prazo estabelecido em lei,

7. DIREITO PROCESSUAL PENAL

que é de dez dias, caberá ao juiz nomear-lhe defensor para patrocinar a sua defesa, oferecendo a petição de resposta escrita (art. 396-A, § 2º, CPP). **ED**

Gabarito "B".

(Delegado/MS – 2017 – FAPEMS) Assinale a alternativa correta, acerca do procedimento penal.

(A) O não comparecimento do ofendido à audiência, tendo sido regularmente notificado para tanto, configura preclusão quando se tratar de crime de iniciativa privada, devendo o processo ser extinto.

(B) Se o acusado, citado por edital, não comparecer, nem constituir advogado, ficarão suspensos o processo e o curso do prazo prescricional, sendo consequência lógica a proibição de se realizar qualquer medida processual.

(C) Constituem regras do rito sumaríssimo previstas na Lei n. 9.099/1995 a possibilidade de oferecimento de denúncia oral a desnecessidade de relatório na sentença e impossibilidade de oposição de embargos de declaração.

(D) O processo criminal ou inquérito em que figure indiciado, acusado, vítima ou réu colaboradores, terá prioridade na tramitação e, além disso, o juiz, após a citação, tomará antecipadamente o depoimento das pessoas incluídas nos programas de proteção, salvo impossibilidade justificada de fazê-lo.

(E) É possível o juiz absolver sumariamente o réu quando verificar a existência manifesta de qualquer causa excludente da culpabilidade, decisão que faz coisa julgada formal e material.

A: incorreta. Cuida-se de hipótese de *perempção* (art. 60, III, do CPP), e não de *preclusão*; **B:** incorreta. Se o réu, depois de citado por edital, não comparecer tampouco constituir defensor, o processo e o prazo prescricional ficarão, por imposição da regra estampada no art. 366 do CPP, *suspensos*. Poderá o juiz, neste caso, determinar a produção antecipada das provas se repute urgentes e, presentes os requisitos do art. 312 do CPP, decretar a prisão preventiva. *Vide*, a esse respeito, Súmulas n. 415 e 455 do STJ; **C:** incorreta. É verdade que, dentre as regras que disciplinam o procedimento sumaríssimo, voltado ao processamento e julgamento das infrações penais de menor potencial ofensivo, estão a possibilidade de a denúncia ser oferecida de forma oral (art. 77, *caput*, da Lei 9.099/1995) e a prescindibilidade do relatório na sentença (art. 81, § 3º, da Lei 9.099/1995). Entretanto, é incorreto afirmar que o procedimento sumaríssimo não contempla a possibilidade de oposição de embargos de declaração, haja vista que tal recurso está previsto, de forma expressa, no art. 83 da Lei 9.099/1995, com a redação que lhe conferiu a Lei 13.105/2015; **D:** correta (art. 19-A da Lei 9.807/1999); **E:** incorreta, uma vez que contraria o disposto no art. 397, II, do CPP. **ED**

Gabarito "D".

(Delegado/MS – 2017 – FAPEMS) Leia o trecho a seguir.

"[...] não é propriamente a qualidade de funcionário público que caracteriza o crime funcional, mas o fato de que é praticado por quem se acha no exercício de função pública, seja esta permanente ou temporária, remunerada ou gratuita, exercida profissionalmente ou não, efetiva ou interinamente, ou *per accidens* [...]".

HUNGRIA, Nelson. Comentários ao Código Penal. 12. ed. Rio de Janeiro: Forense, 1991.

Acerca do processo e julgamento dos crimes praticados por funcionário público, assinale a alternativa correta.

(A) Estando a denúncia ou a queixa em devida forma, o juiz mandará autuá-la e ordenará a notificação do acusado, para responder por escrito, no prazo de dez dias.

(B) O juiz deverá rejeitar a denúncia, em despacho genérico, se estiver convencido, após a resposta do acusado ou de seu defensor, da inexistência do crime ou da improcedência da ação.

(C) Caso o acusado esteja fora da jurisdição do juiz do processo, a resposta preliminar poderá ser apresentada por defensor nomeado, no prazo de dez dias.

(D) Se não for conhecida a residência do acusado ser-lhe-á nomeado defensor, a quem caberá apresentar a resposta preliminar, no prazo de dez dias.

(E) A lei processual penal antecipa o contraditório, pois, antes de inaugurada ação penal, permite a apresentação da defesa preliminar.

A: incorreta, uma vez que o prazo de que dispõe o denunciado para oferecer a defesa preliminar corresponde a 15 dias (e não a 10), tal como estabelece o art. 514, *caput*, do CPP; **B:** incorreta. Se o juiz reconhecer, pela resposta do acusado, a inexistência do crime a ele imputado ou a improcedência da ação, deverá, por despacho *fundamentado*, rejeitar a denúncia ou queixa (art. 516 do CPP); **C:** incorreta. Na hipótese de o acusado residir em comarca diversa daquela em que tramita o processo, deverá o magistrado nomear-lhe defensor, que apresentará a defesa preliminar no prazo de 15 dias (e não 10), a teor do art. 514, parágrafo único, do CPP; **D:** incorreta. Também na hipótese de a residência do acusado não ser conhecida, ser-lhe-á nomeado defensor, que apresentará sua defesa preliminar no prazo de 15 dias (art. 514, parágrafo único, do CPP); **E:** correta. De fato, a defesa preliminar de que trata o art. 514 do CPP confere ao funcionário público denunciado pela prática de crime funcional afiançável a oportunidade de rebater o teor da denúncia antes de ela ser apreciada pelo magistrado. É a antecipação do contraditório, que, no procedimento comum, será exercido após o recebimento da denúncia, em sede de resposta à acusação. **ED**

Gabarito "E".

12. PROCESSO DE COMPETÊNCIA DO JÚRI

(Juiz de Direito/AP – 2022 – FGV) Em relação ao procedimento dos crimes dolosos contra a vida, é correto afirmar que é:

(A) inadmissível a pronúncia do réu, sem qualquer lastro probatório produzido em juízo, fundamentada exclusivamente em elementos informativos colhidos na fase inquisitorial;

(B) admissível a pronúncia do réu, sem qualquer lastro probatório produzido em juízo, fundamentada exclusivamente em elementos informativos colhidos na fase inquisitorial;

(C) inadmissível a pronúncia do réu, com lastro probatório produzido em juízo, fundamentada supletivamente em elementos informativos colhidos na fase inquisitorial;

(D) admissível a pronúncia do réu, sem qualquer lastro probatório produzido em juízo, desde que haja pedido de produção de provas em plenário;

(E) inadmissível a pronúncia do réu, com lastro probatório produzido em juízo, sem que haja a reprodução perante o Conselho de Sentença.

Prevalece na jurisprudência o entendimento no sentido de que os elementos de informação colhidos na fase investigativa não podem

EDUARDO DOMPIERI

subsidiar, de forma exclusiva, a decisão de pronúncia, que deverá, dessa forma, conter lastro probatório produzido em juízo, sob o crivo do contraditório. Nada impede, é importante que se diga, que a pronúncia seja baseada em elementos produzidos na fase extrajudicial; o que não se admite é que tais elementos funcionem como suporte único da decisão, que deverá basear-se, como já dito, em provas colhidas em juízo. Nesse sentido: "AGRAVO REGIMENTAL NO HABEAS CORPUS. JÚRI. PRONÚNCIA. PROVAS PRODUZIDAS NO INQUÉRITO POLICIAL. INVIABILIDADE. DISPOSITIVO CONSTITUCIONAL. PREQUESTIONA-MENTO. IMPOSSIBILIDADE. AGRAVO REGIMENTAL DESPROVIDO. 1. "[...] consoante recente orientação jurisprudencial desta Corte Superior, é ilegal a sentença de pronúncia baseada, exclusivamente, em informações coletadas na fase extrajudicial" (AgRg no HC 644.971/RS, Rel. Ministro REYNALDO SOARES DA FONSECA, QUINTA TURMA, DJe 29/3/2021). 2. "Não cabe a esta Corte Superior manifestar-se, ainda que para fins de prequestionamento, sobre suposta afronta a dispositivos da Constituição Federal, sob pena de usurpação da competência do Supremo Tribunal Federal. Precedentes" (EDcl no AgRg nos EDcl nos EDv nos EREsp 1.746.600/SC, Rel. Ministro JORGE MUSSI, TERCEIRA SEÇÃO, DJe 21/2/2020). 3. Agravo regimental desprovido." (STJ, AgRg no HC 692.308/RS, Rel. Ministro JOEL ILAN PACIORNIK, QUINTA TURMA, julgado em 15/02/2022, DJe 18/02/2022). No STF: "O sistema jurídico-constitucional brasileiro não admite nem tolera a possibilidade de prolação de decisão de pronúncia com apoio exclusivo em elementos de informação produzidos, única e unilateralmente, na fase de inquérito policial ou de procedimento de investigação criminal instaurado pelo Ministério Público, sob pena de frontal violação aos postulados fundamentais que asseguram a qualquer acusado o direito ao contraditório e à plenitude de defesa. Doutrina. Precedentes. – Os subsídios ministrados pelos procedimentos inquisitivos estatais não bastam, enquanto isoladamente considerados, para legitimar a decisão de pronúncia e a consequente submissão do acusado ao Plenário do Tribunal do Júri. – O processo penal qualifica-se como instrumento de salvaguarda da liberdade jurídica das pessoas sob persecução criminal. Doutrina. Precedentes. – A regra "in dubio pro societate" – repelida pelo modelo constitucional que consagra o processo penal de perfil democrático – revela-se incompatível com a presunção de inocência, que, ao longo de seu virtuoso itinerário histórico, tem prevalecido no contexto das sociedades civilizadas como valor fundamental e exigência básica de respeito à dignidade da pessoa humana". (HC 180.144, 2ª T, rel. Min. Celso de Mello, julgado em 10/10/2020, publicado em 22/10/2020). **ED**
Gabarito "A".

(Juiz de Direito/SP – 2021 – Vunesp) Em julgamento realizado pelo Tribunal do Júri, é correto afirmar que

(A) a entrega, aos jurados, de cópia da pronúncia é feita após a formação do Conselho de Sentença e dispensa comunicação ou aviso prévio ao defensor ou ao representante do Ministério Público.

(B) o julgamento será nulo se disponibilizadas aos jurados cópias da decisão de pronúncia e do acórdão que negou provimento ao recurso.

(C) é válida a utilização de decisão processual confirmada pelo Tribunal de Justiça em grau de recurso.

(D) o julgamento será nulo caso o representante do Ministério Público não comunique, com antecedência mínima de 03 (três) dias, a apresentação da decisão de pronúncia aos jurados.

A: correta. De fato, a teor do que estabelece o art. 472, parágrafo único, do CPP, em seguida à formação do Conselho de Sentença, aos jurados será entregue a cópia da pronúncia, não se exigindo que disso sejam comunicados o defensor e o representante do MP; **B:** incorreta. Pelo contrário. Conforme já expusemos acima, é de suma importância que aos jurados sejam disponibilizadas cópias da decisão de pronúncia ou, sendo este o caso, do acórdão que negou provimento ao recurso. Tal se dá à

fim de que os jurados possam melhor se inteirar do processo, dirigindo perguntas às testemunhas e aos acusados; **C:** incorreta, pois contraria o art. 478, I, do CPP, que veda que se faça referência, durante os debates, à decisão de pronúncia, às decisões posteriores que julgaram admissível a acusação ou à determinação do uso de algemas como argumento de autoridade que beneficie ou prejudique o réu. Veja que a assertiva não faz menção *ao argumento de autoridade*, o que poderia ensejar o seu questionamento; **D:** incorreta, já que não há tal previsão na lei. **ED**
Gabarito "A".

(Juiz de Direito – TJ/RJ – 2019 – VUNESP) De acordo com as previsões legalmente estabelecidas (CPP, art. 427 e 428), é correto afirmar que o desaforamento

(A) pode ser determinado, se houver dúvida quanto à imparcialidade do Júri.

(B) deve ser indeferido de pronto, se motivado unicamente por excesso de serviço do órgão judicial.

(C) pode ocorrer, a fim de preservar a segurança pessoal da vítima e de seus familiares.

(D) pode ser determinado de ofício pelo Juiz Presidente do Tribunal do Júri.

(E) quando deferido, deve levar o julgamento para Comarca de outra região do Estado.

A: correta. De fato, a dúvida sobre a imparcialidade do júri é um dos motivos a ensejar o desaforamento (art. 427, *caput*, do CPP); **B:** incorreta. Na dicção do art. 428 do CPP, em se tratando de demora na realização do julgamento ocasionada por excesso de serviço, ultrapassado o prazo de seis meses, contado do trânsito da decisão de pronúncia, poderá ser pleiteado o desaforamento; **C:** incorreta, já que o desaforamento ocorrerá, dentre outras razões, para o fim de preservar a segurança pessoal do *acusado*, e não da *vítima e seus familiares* (art. 427, *caput*, do CPP); **D:** incorreta. Não cabe ao juiz determinar de ofício o desaforamento. Tal incumbência é do Tribunal de Justiça/TRF, por meio de uma de suas Câmaras ou Turmas criminais. Se o juiz do feito reputar presente motivo que possa ensejar o desaforamento, deverá representar nesse sentido (art. 427, *caput*, CPP); **E:** incorreta. Isso porque, segundo estabelece o art. 427, *caput*, do CPP, o júri deverá ocorrer na comarca mais próxima daquela onde o julgamento deveria ter-se realizado. **ED**
Gabarito "A".

(Juiz de Direito – TJ/AL – 2019 – FCC) Ao final da primeira fase do procedimento do júri,

(A) o Juiz, ao pronunciar o réu, não pode reconhecer em seu favor a existência de causa especial de diminuição da pena.

(B) o Juiz deve sempre absolver o acusado desde logo no caso de inimputabilidade decorrente de doença mental ou desenvolvimento mental incompleto ou retardado.

(C) não se convencendo da materialidade do fato ou da existência de indícios suficientes de autoria ou de participação, o Juiz, fundamentadamente, impronunciará o acusado, mas sempre será possível a formulação de nova denúncia ou queixa se houver prova nova.

(D) quando o Juiz se convencer da existência de crime diverso, em discordância com a acusação, deve sentenciar o feito, independentemente da natureza da infração reconhecida.

(E) o Juiz deve impronunciar o réu se ficar comprovado não ser ele autor ou partícipe do fato.

A: correta. Ao pronunciar o acusado, levando-o a julgamento perante o Tribunal do Júri, não deve o juiz aprofundar-se na prova; limitar-se-

7. DIREITO PROCESSUAL PENAL

-á, isto sim, ao exame, sempre em linguagem moderada e prudente, quanto à *existência do crime* (materialidade) e dos *indícios suficientes de autoria*, apontando, ainda, o dispositivo legal em que se acha incurso o acusado, bem assim as circunstâncias qualificadoras e as causas de aumento de pena. É o que estabelece o art. 413, § 1º, do CPP. É vedado ao juiz, portanto, proceder à classificação das agravantes e atenuantes genéricas bem como das causas de diminuição de pena; **B:** incorreta. É defeso ao juiz absolver sumariamente o réu com fulcro na inimputabilidade (doença mental – art. 26, CP), salvo se esta constituir a única tese defensiva. É o que estabelece o art. 415, parágrafo único, do CPP. Como bem sabemos, a inimputabilidade leva à aplicação de medida de segurança, razão pela qual, caso haja tese defensiva subsidiária, é mais vantajoso ao acusado ser julgado pelo Tribunal Popular, pois pode ser ali ser absolvido; **C:** incorreta. É verdade que, se o juiz não se convencer da materialidade do fato ou da existência de indícios suficientes de autoria ou de participação, deverá, sempre de forma fundamentada, proferir decisão de impronúncia do acusado (art. 414, *caput*, do CPP). Também é verdade que a decisão de impronúncia não faz coisa julgada material (art. 414, parágrafo único, CPP), na medida em que, diante do surgimento de prova substancialmente nova, poderá ser formulada nova denúncia. O erro da assertiva está em afirmar que *sempre* será possível a formulação de nova denúncia. É que isso somente poderá acontecer enquanto não ocorrer a extinção da punibilidade; **D:** incorreta. Trata-se de hipótese de desclassificação do crime imputado ao réu (art. 419, CPP). Neste caso, caberá ao juiz remeter o feito ao magistrado que tenha competência para o julgamento; **E:** incorreta. Cuida-se de hipótese de absolvição sumária (art. 415, II, CPP). **ED**

Gabarito "A".

(Juiz de Direito – TJ/SC – 2019 – CESPE/CEBRASPE) De acordo com o Código de Processo Penal, assinale a opção correta acerca do instituto do desaforamento do tribunal do júri.

(A) O pedido de desaforamento será distribuído imediatamente e terá preferência de tramitação somente quando for referente a réu preso.

(B) O relator poderá determinar, fundamentadamente, a suspensão do julgamento pelo júri quando os motivos alegados forem relevantes.

(C) O pedido de desaforamento não será cabível em nenhuma hipótese caso já tenha sido realizado um primeiro julgamento anulado.

(D) A pendência de julgamento de recurso interposto contra a decisão de pronúncia não impede que seja realizado pedido de desaforamento.

(E) O desaforamento poderá ser determinado caso o júri não possa ser realizado, por excesso de serviço, no prazo de três meses após o trânsito em julgado da sentença de pronúncia.

A: incorreta, já que não corresponde ao que estabelece o art. 427, § 1º, do CPP, segundo o qual o pedido de desaforamento será distribuído imediatamente e terá preferência de julgamento na Câmara ou Turma competente, esteja o réu preso ou solto; **B:** correta, pois reflete o disposto no art. 427, § 2º, do CPP; **C:** incorreta, pois em desconformidade com o art. 427, § 4º, do CPP; **D:** incorreta, uma vez que contraria o que dispõe o art. 427, § 4º, do CPP; **E:** incorreta, na medida em que o art. 428, *caput*, do CPP estabelece o prazo de seis meses (e não de três). **ED**

Gabarito "B".

De acordo com a jurisprudência do STF, julgue os itens que se seguem, a respeito do procedimento do tribunal do júri.

I. Caso a inimputabilidade seja a única tese defensiva, não sendo o caso de impronúncia ou de absolvição sumária sem imposição de medida de segurança, o juiz poderá, desde logo, proferir absolvição sumária

imprópria, impondo ao acusado o cumprimento de medida de segurança.

II. Havendo dúvida sobre a imparcialidade do júri ou a segurança pessoal do acusado, o tribunal poderá determinar o desaforamento do julgado do tribunal do júri para outra comarca da mesma região, onde não existam aqueles motivos, devendo, para tanto, ser ouvida a defesa.

III. Em razão do efeito devolutivo amplo e inerente à apelação criminal, o julgamento pelo tribunal não se restringe aos fundamentos invocados no apelo interposto contra decisão do tribunal do júri.

IV. O princípio da soberania dos veredictos não impede que o tribunal competente, em sede de revisão criminal, desconstitua decisão do tribunal do júri, e, reexaminando a causa, prolate provimento absolutório.

(Juiz de Direito – TJ/SC – 2019 – CESPE/CEBRASPE) Estão certos apenas os itens

(A) I e II.

(B) I e III.

(C) III e IV.

(D) I, II e IV.

(E) II, III e IV.

I: correta. De acordo com o art. 415, parágrafo único, do CPP, cabe absolvição sumária imprópria quando a inimputabilidade do réu por doença mental for a única tese defensiva; **II:** correta, pois em conformidade com o art. 427, *caput*, do CPP e a Súmula 712, do STF: "É nula a decisão que determina o desaforamento de processo da competência do júri sem audiência da defesa"; **III:** incorreta, pois contraria o entendimento sedimentado por meio da Súmula 713, do STF: "O efeito devolutivo da apelação contra decisões do júri é adstrito aos fundamentos da sua interposição"; **IV:** correta. Atualmente, prevalece na doutrina e na jurisprudência o entendimento segundo o qual a soberania dos veredictos, no Tribunal do Júri, não é absoluta, podendo a decisão do Conselho de Sentença ser modificada por meio da revisão criminal. Na jurisprudência: "I. Transitada em julgado a sentença condenatória, proferida com fundamento em decisão do Tribunal do Júri, o Tribunal *a quo* julgou procedente a Revisão Criminal, ajuizada pela defesa, absolvendo, desde logo, o réu, por ocorrência de erro judiciário, em face de contrariedade à prova dos autos, bem como pela existência de novas provas de sua inocência, a teor dos arts. 621, I e III, e 626 do CPP (...) V. Uma vez que o Tribunal de origem admitiu o erro judiciário, não por nulidade no processo, mas em face de contrariedade à prova dos autos e de existência de provas da inocência do réu, não há ofensa à soberania do veredicto do Tribunal do Júri se, em juízo revisional, absolve-se, desde logo, o réu, desconstituindo-se a injusta condenação. Precedente da 6ª Turma do STJ. VI. "A obrigação do Poder Judiciário, em caso de erro grave, como uma condenação que contrarie manifestamente as provas dos autos, é reparar de imediato esse erro. Por essa razão é que a absolvição do ora paciente (e peticionário, na revisão criminal) é perfeitamente aceitável, segundo considerável corrente jurisprudencial e doutrinária (STJ, REsp 1304155/MT, Rel. Ministro Sebastião Reis Júnior, Rel. p/ Acórdão Ministra Assusete Magalhães, Sexta Turma, julgado em 20.06.2013, *DJe* 01.07.2014). **ED**

Gabarito "D".

(Juiz de Direito - TJ/BA - 2019 - CESPE/CEBRASPE) Acerca dos procedimentos relativos aos processos de competência do tribunal do júri, assinale a opção correta.

(A) Em decorrência do princípio do *in dubio pro societate*, o testemunho por ouvir dizer produzido na fase inquisitorial é suficiente para a decisão de pronúncia.

(B) É possível a exclusão, na decisão de pronúncia, de qualificadoras descritas na denúncia, quando elas forem manifestamente incabíveis.

(C) Em caso de inimputabilidade do réu, ainda que a tese da defesa seja de negativa da autoria, deve o juiz absolvê-lo sumariamente.

(D) É cabível recurso em sentido estrito contra decisão que tenha absolvido sumariamente o réu.

(E) Não é cabível excluir da lista geral de jurados o jurado que tiver integrado o conselho de sentença nos doze meses que antecederam a publicação da referida lista.

A: incorreta. O chamado testemunho por ouvir dizer ("hearsay rule"), produzido na fase investigatória, é insuficiente para, por si só, autorizar a prolação da decisão de pronúncia. Nesse sentido, conferir: "Muito embora a análise aprofundada dos elementos probatórios seja feita somente pelo Tribunal Popular, não se pode admitir, em um Estado Democrático de Direito, a pronúncia baseada, exclusivamente, em testemunho indireto (por ouvir dizer) como prova idônea, de per si, para submeter alguém a julgamento pelo Tribunal Popular." (REsp n. 1674198/MG, relator Ministro ROGERIO SCHIETTI CRUZ, SEXTA TURMA, julgado em 5/12/2017, DJe 12/12/2017, grifei)." (AgRg no REsp 1838513/RS, Rel. Ministro ANTONIO SALDANHA PALHEIRO, SEXTA TURMA, julgado em 19/11/2019, DJe 21/11/2019); **B:** correta. De fato, a exclusão de qualificados contidas na denúncia somente pode ocorrer, na fase de pronúncia, quando se revelarem manifestamente incabíveis. Conferir: "I - As qualificadoras somente podem ser excluídas na fase do *iudicium accusationis*, se manifestamente improcedentes. II - Se a r. decisão de pronúncia demonstrou de forma expressa as razões pelas quais deveria ser o recorrido pronunciado em relação à qualificadora do art. 121, § 2º, inciso II, do Código Penal, não poderia o eg. Tribunal a quo excluí-la sem a devida fundamentação. A devida fundamentação aqui deve ser entendida como a convergência de todos elementos de prova para a total inadmissibilidade da qualificadora ou para a hipótese de flagrante *error iuris*, sob pena de afronta à soberania do Tribunal do Júri." (REsp 1415502/MG, Rel. Ministro FELIX FISCHER, QUINTA TURMA, julgado em 15/12/2016, DJe 17/02/2017); **C:** incorreta. É defeso ao juiz absolver sumariamente o réu com fulcro na inimputabilidade (doença mental – art. 26, CP), salvo se esta constituir a única tese defensiva. É o que estabelece o art. 415, parágrafo único, do CPP. Como bem sabemos, a inimputabilidade leva à aplicação de medida de segurança, razão pela qual, caso haja tese defensiva subsidiária, é mais vantajoso ao acusado ser julgado pelo Tribunal Popular, pois pode ali ser absolvido; **D:** incorreta. Com o advento da Lei 11.689/2008, que modificou os arts. 416 e 581, IV e VI, do CPP, as decisões de *absolvição sumária* e de *impronúncia*, que antes comportavam *recurso em sentido estrito*, passaram a ser combatidas por meio de *recurso de apelação*. A pronúncia, por sua vez, continua a ser impugnada por meio de *recurso em sentido estrito*, nos termos do art. 581, IV, do CPP; **E:** incorreta, já que contraria o disposto no art. 426, § 4º, do CPP. ᴱᴰ
„.B" otinabaϭ

(Juiz de Direito – TJ/RS – 2018 – VUNESP) Assinale a alternativa correta sobre o Tribunal do Júri.

(A) O exercício efetivo da função de jurado constitui serviço público relevante, mas não estabelece presunção de idoneidade moral.

(B) O Tribunal do Júri é composto por 1 (um) juiz togado, seu presidente e por 7 (sete) jurados que serão sorteados dentre os alistados.

(C) O juiz presidente será ouvido nos pedidos de desaforamento quando não for ele o solicitante.

(D) O serviço do júri é facultativo às gestantes e aos cidadãos maiores de 70 anos.

(E) Se forem dois ou mais os acusados, as recusas deverão ser feitas por um só defensor.

A: incorreta. Segundo estabelece o art. 439 do CPP, o exercício efetivo da função de jurado constitui serviço público relevante e estabelece presunção de idoneidade moral; **B:** incorreta, já que o Tribunal do Júri é composto pelo juiz togado, que o preside, e por 25 jurados sorteados para a sessão, dos quais 7 formarão o Conselho de Sentença (art. 447, CPP); **C:** correta, pois reflete a regra presente no art. 427, § 3º, do CPP, segundo a qual, nas hipóteses de desaforamento em que o pedido não é formulado pelo juiz, ele será sempre ouvido; **D:** incorreta. O serviço do júri, dada a sua relevância, tal como estabelece o art. 436 do CPP, é *obrigatório*. Há situações, no entanto, que podem ensejar a isenção do serviço do júri, entre as quais ter maior de 70 anos, desde que formule requerimento de dispensa, e a demonstração, também por meio de requerimento, de justo impedimento (art. 437, IX e X, do CPP); **E:** incorreta, pois não corresponde ao que estabelece o art. 469, *caput*, do CPP: sendo 2 ou mais acusados, as recusas *poderão* (e não *deverão*) ser feitas por um só defensor. ᴱᴰ
„.C" otinabaϭ

(Escrevente – TJ/SP – 2018 – VUNESP) Com relação ao procedimento relativo aos processos de competência do tribunal do júri, assinale a alternativa correta.

(A) Pronunciado o acusado, remetidos os autos ao tribunal do júri, será a defesa intimada para apresentar o rol de testemunhas que irão depor, em plenário, até o máximo de 08 (oito).

(B) Constituirão o Conselho de Sentença, em cada sessão de julgamento, 07 (sete) jurados, sorteados dentre os alistados, aplicando-se a eles o disposto sobre os impedimentos, a suspeição e as incompatibilidades dos juízes togados.

(C) Encerrada a instrução preliminar, o juiz, fundamentadamente, pronunciará ou impronunciará o acusado, não cabendo, nessa fase, a absolvição sumária.

(D) Contra a sentença de impronúncia do acusado caberá recurso em sentido estrito.

(E) O risco à segurança pessoal do acusado não enseja desaforamento do julgamento para outra comarca, sendo motivo justificante a dúvida razoável sobre a imparcialidade do júri.

A: incorreta (art. 422, CPP); **B:** correta (arts. 447 e 448, § 2º, CPP); **C:** incorreta, dado que cabe, nesta fase, desde que presente alguma das hipóteses do art. 415, CPP, *absolvição sumária*; **D:** incorreta. Com o advento da Lei 11.689/2008, que modificou os arts 416 e 581, IV, do CPP, a decisão de impronúncia, que antes comportava *recurso em sentido estrito*, passou a ser combatida por meio de *recurso de apelação*; **E:** incorreta (art. 427, CPP). ᴱᴰ
„.B" otinabaϭ

(Defensor Público – DPE/PR – 2017 – FCC) No que diz respeito ao Tribunal do Júri, é INCORRETO afirmar:

(A) Os jurados poderão formular perguntas ao ofendido e às testemunhas, por intermédio do juiz presidente.

(B) Verificando que se encontram na urna as cédulas relativas aos jurados presentes, o juiz presidente sorteará sete dentre eles para a formação do Conselho de Sentença. À medida que as cédulas forem sendo retiradas da urna, o juiz presidente as lerá, e o Ministério Público e, depois dele, a defesa poderão recusar os jurados sorteados, até três cada parte, sem motivar a recusa.

7. DIREITO PROCESSUAL PENAL   333

(C) O tempo destinado à acusação e à defesa será de uma hora e meia para cada, e de uma hora para a réplica e outro tanto para a tréplica.

(D) O julgamento não será adiado pelo não comparecimento do acusado solto, do assistente ou do advogado do querelante, que tiver sido regularmente intimado.

(E) O julgamento não será adiado se a testemunha deixar de comparecer, salvo se uma das partes tiver requerido a sua intimação por Mandado, na oportunidade de que trata o art. 422 do Código de Direito Penal, declarando não prescindir do depoimento e indicando a sua localização.

A: correta, nos termos dos arts. 473, § 2º, e 474, § 2º, do CPP. Cuidado: tal regra não se aplica no âmbito do procedimento comum, em relação ao qual, dado o que dispõe o art. 212, *caput*, do CPP, as partes formularão suas perguntas diretamente às testemunhas. Antes de o Código de Processo Penal ser alterado pela Lei de Reforma n. 11.690/2008, vigia, entre nós, o *sistema presidencialista*, pelo qual a testemunha, depois de inquirida pelo juiz, respondia, por intermédio deste, às perguntas formuladas pelas partes. Por este sistema, não podiam acusação e defesa formular seus questionamentos diretamente à testemunha, o que somente era feito por meio do juiz. Pois bem. Com a alteração promovida pela Lei 11.690/2008 na redação do art. 212 do CPP, o *sistema presidencialista*, até então em vigor, deu lugar ao chamado sistema *cross examination*, segundo o qual as partes passam a dirigir suas indagações às testemunhas sem a intermediação do magistrado, de forma direta; **B:** incorreta, na medida em que não reflete o disposto no art. 468 do CPP (a oportunidade de recusa será exercida, em primeiro lugar, pela defesa; após, pelo MP); **C:** correta, pois em conformidade com o art. 477, *caput*, do CPP; **D:** correta, uma vez que corresponde ao teor do art. 457, *caput*, do CPP; **E:** correta (art. 461, *caput*, do CPP). ⊞
Gabarito "B".

(Juiz – TRF 2ª Região – 2017) Réu é pronunciado por homicídio qualificado e, após regular julgamento perante o tribunal de júri, no âmbito da Justiça Federal, é condenado e tem a sua pena fixada em 15 anos de reclusão, em regime fechado. A defesa apela sustentando que o veredicto é manifestamente contrário à prova dos autos. O Ministério Público apela requerendo o aumento da pena. Assinale a opção correta.

(A) Diante do sistema de júri federal, é cabível ao TRF prover o recurso, reexaminar a prova e, entendendo que ela é insuficiente, absolver o réu.

(B) Se o TRF der provimento ao recurso da defesa, deverá determinar a realização de novo julgamento pelo júri, sendo que o novo júri não pode levar à majoração da pena aplicada no primeiro julgamento, em razão da vedação da *reformatio in pejus* indireta.

(C) Se o tribunal *ad quem* der provimento apenas ao recurso do Ministério Público, deverá determinar a realização de novo julgamento pelo júri, não sendo possível ao TRF diretamente majorar a pena, pois o princípio da soberania dos veredictos é aplicável ao júri federal.

(D) Se o TRF considerar que a condenação do réu encontra respaldo na prova dos autos, mas que a pena aplicada é excessiva, não poderá reduzir a pena, pois tal pedido não foi formulado nas apelações interpostas.

(E) Se o TRF der provimento ao recurso da defesa, deverá determinar a realização de novo julgamento pelo júri, no qual será possível a majoração da pena aplicada ao réu no primeiro julgamento, não havendo que se falar em *reformatio in pejus*.

A: incorreta. Se o TRF der provimento ao recurso interposto pela defesa, entendendo que a decisão proferida pelo conselho de sentença é manifestamente contrária à prova dos autos, determinará a realização de novo julgamento, a teor do art. 593, III, *d* e § 3º, do CPP. É a consagração do princípio da soberania dos veredictos, que tem índole constitucional (art. 5º, XXXVIII, *c*, da CF). Perceba que há regra específica para o julgamento perante o Tribunal do Júri no âmbito da Justiça Federal; **B:** incorreta, uma vez que nada impede que a pena a ser aplicada no novo julgamento seja maior do que a que foi impingida no primeiro. Isso porque a acusação também recorreu, pugnando justamente pelo aumento da pena fixada no primeiro julgamento. Não há que se falar, portanto, em *reformatio in pejus*, que somente tem lugar na hipótese de o recurso ser exclusivo da defesa; **C:** incorreta. Se o TRF somente der provimento ao recurso interposto pela acusação, poderá ele próprio, o Tribunal, proceder à retificação da pena, aumentando-a tal como pleiteado pelo MP (art. 593, III, *c* e § 2º, do CPP). Não há que se falar, aqui, em violação ao postulado da soberania dos veredictos, na medida em que a fixação da pena, no Tribunal do Júri, cabe ao juiz togado, e não aos jurados leigos; **D:** incorreta. Segundo tem entendido a jurisprudência, é amplo o efeito devolutivo da apelação manejada pela defesa, razão pela qual nada obsta que o Tribunal, considerando excessiva a pena aplicada, a modifique em benefício do réu; **E:** correta. Vide comentário à alternativa "B". ⊞
Gabarito "E".

13. JUIZADOS ESPECIAIS

(Juiz de Direito – TJ/MS – 2020 – FCC) Em relação aos Juizados Especiais Criminais, correto afirmar que

(A) a competência será determinada pelo lugar em que foi praticada a infração penal ou pelo domicílio da vítima, a critério desta.

(B) cabível a interposição de recurso em sentido estrito, no prazo de 05 (cinco) dias, contra a decisão de rejeição da denúncia ou queixa, com abertura de vista para apresentação das razões em 08 (oito) dias.

(C) não cabe recurso especial contra decisão proferida por turma recursal, competindo a esta, porém, processar e julgar mandado de segurança contra ato de juizado especial.

(D) cabem embargos de declaração, no prazo de 05 (cinco) dias, quando, em sentença ou acórdão, houver obscuridade, contradição ou omissão, sem interrupção, contudo, do prazo para a interposição de recurso.

(E) os atos processuais serão públicos e poderão realizar-se em horário noturno e em qualquer dia da semana, incabível, porém, a prática em outras comarcas.

A: incorreta. Isso porque a competência, no âmbito do Juizado Especial Criminal, será determinada, a teor do art. 63 da Lei 9.099/1995, em razão do lugar em que foi *praticada* a infração penal (e não em função do domicílio da vítima); **B:** incorreta. O art. 82, *caput* e § 1º, da Lei 9.099/1995 estabelece que da decisão que rejeitar a denúncia ou a queixa caberá recurso de apelação (e não em sentido estrito), a ser interposto, por petição escrita, no prazo de dez dias, da qual deverão constar as razões e o pedido. O julgamento deste recurso caberá a uma turma composta de três juízes em exercício no primeiro grau de jurisdição, reunidos na sede do Juizado; **C:** correta, porquanto em consonância com o entendimento consolidado nas Súmulas 203 e 376, ambas do STJ; **D:** incorreta, uma vez que os embargos de declaração interrompem, sim, o prazo para a interposição de recurso, conforme art. 83, § 2º, da Lei 9.099/1995, cuja redação foi alterada pela Lei 13.105/2015; **E:** incorreta, já que a prática de atos processuais em outra

EDUARDO DOMPIERI

comarca poderá ser solicitada por qualquer meio hábil de comunicação (art. 65, § 2º, da Lei 9.099/1995). **ED**
Gabarito "C".

(Juiz de Direito – TJ/RJ – 2019 – VUNESP) A aplicação imediata da pena restritiva de direitos ou multa, conhecida como "transação penal", tal qual prevista no art. 76, parágrafo 2º da Lei 9.099/95, não será admitida se ficar comprovado

(A) que o crime foi praticado com violência ou grave ameaça à pessoa.

(B) ter sido o agente beneficiado anteriormente pela aplicação de pena restritiva ou multa na mesma modalidade de "transação penal".

(C) ter sido o autor da infração condenado, pela prática de crime ou contravenção, à pena privativa de liberdade transitada em julgado.

(D) ter sido o autor da infração condenado, pela prática de crime ou contravenção, a pena privativa de liberdade, por sentença definitiva.

(E) não indicarem os antecedentes, a conduta social e a personalidade do agente, bem como os motivos e as circunstâncias, ser necessária e suficiente a adoção da medida.

A: incorreta, já que tal circunstância não constitui óbice à incidência da transação penal (art. 76 da Lei 9.099/1995); **B:** incorreta, pois contraria o disposto no art. 76, § 2º, II, da Lei 9.099/1995, que estabelece o prazo de cinco anos; **C:** incorreta, já que o art. 76, § 2º, I, da Lei 9.099/1995 não contemplou a contravenção penal; **D:** vide comentário anterior; **E:** correta, pois reflete o disposto no art. 76, § 2º, III, da Lei 9.099/1995. **ED**
Gabarito "E".

(Juiz de Direito – TJ/SC – 2019 – CESPE/CEBRASPE) Acerca do benefício do *sursis* processual previsto na Lei 9.099/1995, é correto afirmar que

(A) é cabível o benefício na desclassificação do crime e na procedência parcial da pretensão punitiva, ainda que ocorrida em grau recursal.

(B) é aplicável o benefício no caso de crimes cuja pena mínima não seja superior a um ano, ainda que, em razão da continuidade delitiva, a soma das penas mínimas cominadas aos delitos supere um ano.

(C) o juiz poderá oferecer diretamente o benefício ao acusado, caso o promotor de justiça se recuse a oferecê--lo; isso porque o benefício é um direito subjetivo do réu, desde que preenchidos requisitos objetivos e subjetivos.

(D) deverá ser considerada extinta a punibilidade do crime, caso, após a aceitação do benefício pelo réu, sejam cumpridas as condições impostas e expire o período de prova sem que o benefício tenha sido revogado.

(E) o benefício deverá ser obrigatoriamente revogado, caso o réu, no curso do período de prova, venha a ser processado por contravenção.

A: assertiva correta, porque corresponde ao entendimento firmado na Súmula 337 do STJ: "É cabível a suspensão condicional do processo na desclassificação do crime e na procedência parcial da pretensão punitiva"; **B:** incorreta. A solução desta alternativa deve ser extraída das Súmulas: 243, do STJ: *O benefício da suspensão do processo não é aplicável em relação às infrações penais cometidas em concurso material, concurso formal ou continuidade delitiva, quando a pena mínima cominada, seja pelo somatório, seja pela incidência da majorante, ultrapassar o limite de 1 (um) ano*; e 723, do STF: *Não se admite*

a suspensão condicional do processo por crime continuado, se a soma da pena mínima da infração mais grave com o aumento mínimo de um sexto for superior a um ano; **C:** incorreta. Se o membro do MP se recusar a propor a suspensão condicional do processo, cabe ao magistrado, se discordar, aplicar, por analogia, o comando contido no art. 28 do CPP, remetendo a questão para apreciação do procurador-geral de Justiça. É esse o entendimento firmado na Súmula 696 do STF; **D:** a nosso ver, esta assertiva está correta, pois em conformidade com o art. 89, § 5º, da Lei 9.099/1995; **E:** incorreta, já que se trata de revogação *facultativa*, nos termos do art. 89, § 4º, da Lei 9.099/1995. **ED**
Gabarito "A".

(Juiz de Direito - TJ/BA - 2019 - CESPE/CEBRASPE) Tendo como referência a Lei n.º 9.099/1995 — Lei dos Juizados Especiais Cíveis e Criminais —, assinale a opção correta, acerca da suspensão condicional do processo.

(A) A existência de ações penais em curso contra o denunciado não impede a concessão da suspensão condicional do processo.

(B) A causa de aumento de pena decorrente de crime continuado será desconsiderada para fins de concessão da suspensão condicional do processo.

(C) Presentes os pressupostos legais para a suspensão condicional do processo, havendo recusa do promotor natural em propor o benefício, este poderá ser oferecido pelo juiz, de ofício.

(D) Para a suspensão condicional do processo, além das condições legalmente obrigatórias, o juiz não poderá fixar quaisquer outras condições, pois todas estas serão consideradas ilegítimas.

(E) Em caso de procedência parcial da pretensão punitiva, será cabível a aplicação da suspensão condicional do processo, cuja proposta será apresentada pelo MP.

A: incorreta, já que é vedada a concessão do *sursis* processual ao agente que responde a processo pela prática de outro delito (art. 89, *caput*, da Lei 9.099/1995); **B:** incorreta. A solução desta alternativa deve ser extraída das Súmulas: 243, do STJ: *O benefício da suspensão do processo não é aplicável em relação às infrações penais cometidas em concurso material, concurso formal ou continuidade delitiva, quando a pena mínima cominada , seja pelo somatório, seja pela incidência da majorante, ultrapassar o limite de 1 (um) ano*; e 723, do STF: *Não se admite a suspensão condicional do processo por crime continuado, se a soma da pena mínima da infração mais grave com o aumento mínimo de um sexto for superior a um ano*; **C:** incorreta. Deverá o juiz, neste caso, no lugar de ele próprio oferecer o *sursis* processual, remeter os autos para apreciação do procurador-geral de Justiça, valendo-se, por analogia, do que estabelece o art. 28 do CPP. É esse o entendimento firmado por meio da Súmula 696 do STF: "Reunidos os pressupostos legais permissivos da suspensão condicional do processo, mas se recusando o Promotor de Justiça a propô-la, o juiz, dissentindo, remeterá a questão ao Procurador-Geral, aplicando-se por analogia o art. 28 do Código de Processo Penal"; **D:** incorreta. Isso porque nada obsta que o magistrado estabeleça outras condições, além daquelas previstas em lei, a que fica subordinada a concessão do *sursis* processual (art. 89, § 2º, da Lei 9.099/1995); **E:** correta, porque corresponde ao entendimento firmado na Súmula 337 do STJ: "É cabível a suspensão condicional do processo na desclassificação do crime e na procedência parcial da pretensão punitiva". **ED**
Gabarito "E".

(Promotor de Justiça/SP – 2019 – MPE/SP) Sobre a transação penal, assinale a alternativa correta.

(A) Não cumprido o acordo homologado, que faz coisa julgada material, deverá o Ministério Público executá--lo no juízo de execução.

7. DIREITO PROCESSUAL PENAL

(B) Na ausência de proposta do Ministério Público, poderá o juiz criminal fazê-lo, pois se trata de direito público subjetivo do autor do fato.

(C) No crime de porte de entorpecente para consumo pessoal, é vedado ao Ministério Público propor a aplicação imediata de sanção prevista no art. 28 da Lei no 11.343/06.

(D) No crime de lesão corporal leve (art. 129, *caput*, do CP), a homologação do acordo de transação civil não impede a posterior proposta de transação penal.

(E) No crime de lesão corporal leve decorrente de violência doméstica contra a mulher, não poderá o Ministério Público oferecer a proposta.

A: incorreta, pois em desconformidade com o teor da Súmula Vinculante 35: "A homologação da transação penal prevista no artigo 76 da Lei 9.099/1995 não faz coisa julgada material e, descumpridas suas cláusulas, retoma-se a situação anterior, possibilitando-se ao Ministério Público a continuidade da persecução penal mediante oferecimento de denúncia ou requisição de inquérito policial"; **B:** incorreta. Prevalece o entendimento segundo o qual é vedado ao magistrado substituir-se ao membro do MP e, ele próprio, de ofício, ofertar a transação penal. Se o promotor se recusar a oferecer a transação penal (veja que ele não pode ser obrigado a tanto), o juiz, discordando, fará com que os autos sejam remetidos ao procurador-geral, aplicando-se, por analogia, o art. 28 do CPP; a Súmula 696, do STF, embora se refira à suspensão condicional do processo, reforça esse posicionamento, que, repita-se, não é unânime. Nesse sentido: "O oferecimento da proposta de transação é ato privativo do Ministério Público. Havendo recusa por parte do representante do *Parquet*, cabe ao Magistrado, entendendo ser caso de aplicação do benefício, remeter os autos ao Procurador-Geral, a teor do que estabelece o art. 28 do Código de Processo Penal" (STJ, HC 59.776/SP, Rel. Ministro OG FERNANDES, SEXTA TURMA, julgado em 17/03/2009, DJe 03/08/2009); **C:** incorreta, pois não corresponde ao que estabelece o art. 48, § 5º, da Lei 11.343/2006; **D:** incorreta, uma vez que contraria o disposto no art. 74, parágrafo único, da Lei 9.099/1995, que estabelece que o acordo homologado, neste caso, acarreta a renúncia ao direito de queixa, se privada a ação penal, ou representação, sendo a ação pública condicionada. Vale lembrar que os crimes de lesão corporal dolosa leve e culposa são de ação penal pública condicionada à representação (art. 88 da Lei 9.099/1995; **E:** correta, dado que o art. 41 da Lei Maria da Penha, cuja constitucionalidade foi reconhecida pelo STF (ADC 19, de 09.02.2012), veda a aplicação, no contexto dos crimes praticados com violência doméstica e familiar contra a mulher, das medidas despenalizadoras contempladas na Lei 9.099/1995, entre as quais a *suspensão condicional do processo* e a *transação penal*. Consolidando tal entendimento, editou-se a Súmula 536, do STJ: "A suspensão condicional do processo e a transação penal não se aplicam na hipótese de delitos sujeitos ao rito da Lei Maria da Penha". **ED**
Gabarito "E".

(Delegado – PC/BA – 2018 – VUNESP) Nos termos do art. 69, parágrafo único, da Lei no 9.099/95, ao autor do fato típico definido como crime de menor potencial ofensivo, após a lavratura do termo circunstanciado, caso se comprometa a comparecer junto ao Juizado Especial Criminal, não se imporá prisão em flagrante,

(A) desde que primário.

(B) desde que imediatamente restitua o prejuízo da vítima.

(C) a menos que se trate de reincidente específico.

(D) mas a liberdade pode ser condicionada, pela autoridade policial, ao estabelecimento e à aceitação de imediata pena restritiva de direito.

(E) nem se exigirá fiança.

Reza o art. 69, parágrafo único, da Lei 9.099/1995 que, após a lavratura do termo circunstanciado (art. 69, *caput*, da Lei 9.099/1995), autor e vítima serão encaminhados ao Juizado; não sendo isso possível, tal como ocorre na grande maioria das vezes, o autor dos fatos deverá firmar compromisso de, assim que intimado para tanto, comparecer à sede do Juizado, no dia e na hora estabelecidos na convocação, hipótese em que não se imporá ao autor prisão em flagrante, tampouco dele se exigirá o pagamento de fiança. Agora, se houver, por parte do autor, recusa em assumir tal compromisso, a prisão em flagrante será de rigor, com a fixação, se for o caso, de fiança. **ED**
Gabarito "E".

(Escrevente – TJ/SP – 2018 – VUNESP) A respeito da Lei no 9.099/95 (arts. 60 a 83; 88 e 89), assinale a alternativa correta.

(A) Reunidos os processos, por força de conexão ou continência, perante o juízo comum ou tribunal do júri, observar-se-ão os institutos da transação penal e da composição dos danos civis.

(B) São consideradas infrações de menor potencial ofensivo as contravenções e os crimes a que a lei comine pena máxima não superior a 03 (três) anos, cumulada ou não com multa.

(C) Não sendo encontrado o acusado, o feito permanecerá no Juizado Especial Criminal, mas ficará suspenso, até que seja localizado.

(D) O acordo de composição civil entre o acusado e a vítima, nos casos de ação penal pública, condicionada e incondicionada, implica extinção da punibilidade ao autor do fato.

(E) Nos crimes em que a pena mínima cominada for inferior a 02 (dois) anos, o Ministério Público, ao oferecer denúncia, poderá propor a suspensão condicional do processo ao acusado que não esteja sendo processado ou não tenha sido condenado por outro crime.

A: correta (art. 60, parágrafo único, da Lei 9.099/1995); **B:** incorreta. São consideradas infrações penais de menor potencial ofensivo, estando, portanto, sob a égide do Juizado Especial Criminal, as contravenções penais e os crimes cuja pena máxima cominada não seja superior a *dois* anos, cumulada ou não com multa, conforme dispõe o art. 61 da Lei 9.099/1995; **C:** incorreta. No procedimento sumaríssimo, voltado ao processamento e julgamento das infrações penais de menor potencial ofensivo, na hipótese de o autor não ser encontrado para citação pessoal, o juiz encaminhará as peças ao juízo comum para adoção do procedimento previsto em lei – art. 66, parágrafo único, da Lei 9.099/1995; **D:** incorreta (art. 74, Lei 9.099/1995); **E:** incorreta, uma vez que a suspensão condicional do processo (*sursis* processual), prevista no art. 89 da Lei 9.099/1995, tem incidência nos crimes cuja pena mínima cominada é igual ou inferior a *um* ano (e não *dois*). **ED**
Gabarito "A".

(Investigador – PC/BA – 2018 – VUNESP) A Lei no 9.099/95, relativa aos Juizados Especiais Cíveis e Criminais, prevê que,

(A) no caso de lesão corporal dolosa leve ou culposa, a ação penal será pública e condicionada à representação.

(B) no caso de lesão corporal dolosa leve ou culposa, a ação penal será privada.

(C) apenas no caso de lesão corporal culposa, a ação penal será pública e condicionada à representação.

(D) no caso de lesão corporal dolosa leve, grave, gravíssima ou culposa, a ação penal será pública e condicionada à representação.

(E) no caso de lesão corporal dolosa leve, a ação penal será pública e incondicionada.

Com o advento da Lei 9.099/1995, que instituiu os Juizados Especiais Cíveis e Criminais, a ação penal, nos crimes de lesão corporal leve e culposa, que antes era pública incondicionada, passou a ser, por força do art. 88 dessa Lei, pública condicionada à representação do ofendido. Cuidado: o STF, no julgamento da ADIn n. 4.424, de 09.02.2012, estabeleceu a natureza *incondicionada* da ação penal nos crimes de lesão corporal, independente de sua extensão, praticados contra a mulher no ambiente doméstico. Tal entendimento encontra-se consagrado na Súmula 542, do STJ. **ED**

Gabarito "A".

(Defensor Público – DPE/SC – 2017 – FCC) Sobre a suspensão condicional do processo, é correto afirmar:

(A) É cabível a suspensão condicional do processo em caso de desclassificação pelo juiz que resulte em tipificação de crime cuja pena mínima cominada seja igual ou inferior a um ano.

(B) Os Tribunais Superiores divergem quanto ao cabimento da suspensão condicional do processo nos crimes submetidos à Lei Maria da Penha.

(C) As condições a que fica submetido o acusado estão expressamente previstas em lei, sendo vedada a imposição de outras sob pena de violação ao princípio da legalidade processual penal.

(D) A revogação da suspensão condicional do processo só é possível em virtude de condenação definitiva por crime cometido durante o período de prova, sob pena de violação ao estado constitucional de inocência.

(E) Conforme a jurisprudência do Superior Tribunal de Justiça, em caso de concurso de crimes, a pena deve ser considerada separadamente para fins de aplicação da suspensão condicional do processo, sendo vedada a soma das penas mínimas para tanto.

A: correta, pois reflete o entendimento firmado na Súmula 337 do STJ: "É cabível a suspensão condicional do processo na desclassificação do crime e na procedência parcial da pretensão punitiva"; **B:** incorreta, uma vez que inexiste divergência quanto a isso. De fato, o art. 41 da Lei Maria da Penha, cuja constitucionalidade foi reconhecida pelo STF (ADC 19, de 09.02.2012), veda a aplicação, no contexto dos crimes praticados com violência doméstica e familiar contra a mulher, das medidas despenalizadoras contempladas na Lei 9.099/1995, entre as quais a *suspensão condicional do processo* e a *transação penal*. Consolidando tal entendimento, editou-se a Súmula 536, do STJ: "A suspensão condicional do processo e a transação penal não se aplicam na hipótese de delitos sujeitos ao rito da Lei Maria da Penha"; **C:** incorreta. Nada obsta que o magistrado estabeleça outras condições, além daquelas previstas em lei, a que fica subordinada a concessão do *sursis* processual (art. 89, § 2º, da Lei 9.099/1995); **D:** incorreta, dado que ocorrerá a revogação do *sursis* processual na hipótese de o beneficiário vier a ser processado, no curso do período de prova, por outro crime (art. 89, § 3º, da Lei 9.099/1995); **E:** incorreta, uma vez que contraria o entendimento firmado nas Súmulas 243, do STJ, e 723, do STF. **ED**

Gabarito "A".

(Promotor de Justiça – MPE/RS – 2017) Assinale a alternativa **INCORRETA.**

(A) Não se admite oferta de proposta de transação se ficar comprovado ter sido o autor da infração condenado, pela prática de crime, à pena restritiva de direitos, por sentença definitiva.

(B) Os conciliadores no Juizado Especial Criminal são recrutados preferencialmente entre bacharéis em Direito (art. 73, parágrafo único, da Lei 9099/1995).

(C) Da decisão que homologa proposta de transação (art. 76 da Lei 9099/1995) oferecida pelo Ministério Público e aceita pelo autor do fato, cabe recurso de apelação.

(D) Da decisão que rejeita a denúncia no Juizado Especial Criminal, cabe recurso de apelação.

(E) A não reparação do dano causado pelo crime, injustificada, é causa de revogação da suspensão condicional do processo.

A: incorreta, uma vez que contraria o disposto no art. 76, § 2º, I, da Lei 9.099/1995 (Juizados Especiais), que estabelece que será vedada a transação penal somente na hipótese de o autor da infração haver sido condenado, definitivamente, pela prática de crime, à pena *privativa de liberdade*; ou seja, a condenação definitiva pelo cometimento de crime à pena *restritiva de direitos* não impede a formulação de oferta de transação penal; **B:** correta, pois reflete o que estabelece o dispositivo a que faz referência a alternativa; **C:** correta, nos termos do art. 76, § 5º, da Lei 9.099/1995; **D:** correta, na medida em que a decisão que rejeita a denúncia (e também a queixa), no âmbito do juizado especial criminal, desafia recurso de *apelação*, na forma prevista no art. 82, *caput*, da Lei 9.099/1995, a ser interposto, por petição escrita, no prazo de dez dias, da qual deverão constar as razões e o pedido. O julgamento deste recurso caberá a uma turma composta de três juízes em exercício no primeiro grau de jurisdição, reunidos na sede do Juizado; **E:** correta (art. 89, § 3º, da Lei 9.099/1995). **ED**

Gabarito "A".

(Delegado/MS – 2017 – FAPEMS) Considerando o artigo 60, da Lei n. 9.099/1995, que dispõe:

O Juizado Especial Criminal, provido por juízes togados ou togados e leigos, tem competência para a conciliação, o julgamento e a execução das infrações penais de menor potencial ofensivo, respeitadas as regras de conexão e continência.

Assinale a alternativa correta no que concerne ao procedimento dos Juizados Especiais Criminais.

(A) Os conciliadores são auxiliares da Justiça, recrutados entre bacharéis em Direito, excluídos os que exerçam funções na administração da Justiça Criminal.

(B) Ao autor do fato que, após a lavratura do termo circunstanciado de ocorrência, for imediatamente encaminhado ao juizado ou assumir o compromisso de a ele comparecer, não se imporá prisão em flagrante, mas a autoridade policial poderá exigir-lhe fiança.

(C) Nos crimes de ação penal pública incondicionada, não sendo caso de arquivamento, o Ministério Público deverá propor a aplicação imediata de pena restritiva de direitos ou multa, a ser especificada na proposta de transação penal.

(D) Na reunião de processos, perante o juízo comum ou o tribunal do júri, decorrentes da aplicação das regras de conexão e continência, dispensar-se-ão os institutos da transação penal e da composição dos danos civis.

(E) No caso de concurso material de crimes, a pena considerada para fins de fixação da competência do Juizado Especial Criminal será o resultado da soma das penas máximas cominadas aos delitos.

A: incorreta, uma vez que o art. 7º da Lei 9.099/1995 não contempla a restrição apontada na assertiva; **B:** incorreta, tendo em vista que, neste

7. DIREITO PROCESSUAL PENAL

caso, além de o autor do fato não ser submetido a prisão em flagrante, não lhe será imposta fiança, tal como estabelece o art. 69, parágrafo único, da Lei 9.099/1995; **C:** incorreta, tendo em conta que não corresponde à redação do art. 76, *caput*, da Lei 9.099/1995, segundo o qual o MP *poderá* (e não *deverá*) formular proposta de transação penal; **D:** incorreta, pois não reflete a regra presente no art. 60, parágrafo único, da Lei 9.099/1995; **E:** correta. De fato, no concurso material de crimes, o critério a ser empregado para se estabelecer se a competência para o julgamento é do Juizado Especial Criminal é a somatória das penas correspondentes a cada delito, de tal sorte que, se se chegar, pela somatória, a uma pena superior a dois anos, restará afastada a competência do Juizado. Na jurisprudência do STJ: "Pacificou-se a jurisprudência desta Corte no sentido de que, no concurso de infrações de menor potencial ofensivo, a pena considerada para fins de fixação da competência do Juizado Especial Criminal será o resultado da soma, no caso de concurso material, ou da exasperação, na hipótese de concurso formal ou crime continuado, das penas máximas cominadas aos delitos. Se desse somatório resultar um apenamento superior a 02 (dois) anos, fica afastada a competência do Juizado Especial. Precedentes" (Rcl 27.315/SP, Rel. Ministro Reynaldo Soares da Fonseca, Terceira Seção, julgado em 09/12/2015, DJe 15/12/2015). **ED**

Gabarito "E".

(Delegado/MS – 2017 – FAPEMS) Leia o caso a seguir.

Na Avenida Afonso Pena, localizada em Campo Grande-MS, Ulisses atropelou Ramon logo após sair de um bar. Submetido à exame pericial, constatou-se a influência de álcool. Metros depois, na mesma via de trânsito, Arnaldo perdeu o controle de seu veículo, atropelando Marcel. Testemunhas afirmaram que outro veículo não identificado disputava um racha com Arnaldo. Devido aos acidentes, Ramon e Marcel sofreram pequenas lesões corporais. Encaminhados à Delegacia, a autoridade de plantão, de ofício, instaurou os inquéritos, cumprindo as diligências necessárias. Ao final, relatou que os condutores agiram com culpa, indiciando-os pelo crime de lesão corporal culposa de trânsito, cuja pena privativa de liberdade é detenção, de 6 meses a 2 anos (artigo 303 da Lei n. 9.503/1997).

Com base no caso proposto, assinale a alternativa correta.

(A) Recebendo os inquéritos, o Promotor de Justiça avaliará a possibilidade de ofertar transação penal aos infratores, salvo se os envolvidos alcançarem a composição dos danos civis.

(B) A instauração dos inquéritos policiais dependia de representação dos ofendidos, pois o crime de lesão corporal culposa é de ação penal pública condicionada.

(C) Nenhuma medida preliminar à instauração dos inquéritos policiais fazia-se necessária, pois, em ambos os casos, trata-se de crime de ação penal pública incondicionada.

(D) A instauração dos inquéritos policiais dependia de requerimento das vítimas, pois o crime de lesão corporal culposa é de ação penal privada.

(E) Tratando-se de infrações de menor potencial ofensivo, o Delegado não deveria ter instaurado os inquéritos policiais, senão lavrado os respectivos termos circunstanciados.

A: incorreta. Em regra, a transação penal tem incidência no crime de lesão corporal culposa de trânsito, definido no art. 303 da Lei 9.503/1997, mas os casos narrados no enunciado constituem exceção. No caso de Ulisses, não terá lugar a transação penal (art. 76, Lei

9.099/1995) porque o crime de lesão corporal, que em regra comporta tal instituto, foi praticado sob a influência de álcool. Tal exceção está contemplada no art. 291, § 1º, I, da Lei 9.503/1997. Tal vedação também se aplica ao crime de lesão corporal do qual foi vítima Marcel, mas, neste caso, em razão de o delito haver sido praticado quando Arnaldo participava de racha (competição automobilística não autorizada), nos termos do art. 291, § 1º, II, da Lei 9.503/1997; **B:** incorreta. A exemplo da transação penal, também a representação (art. 88, Lei 9.099/1995) tem incidência no crime de lesão corporal culposa de trânsito, mas tal não se aplica às hipóteses acima narradas, tendo em conta as mesmas razões: crime praticado sob a influência de álcool e quando da participação em racha; **C:** correta. De fato, como acima foi ponderado, a autoridade policial prescinde de qualquer manifestação de vontade do ofendido para proceder à instauração de inquérito policial; **D:** incorreta, já que a ação penal, nos dois casos, é pública incondicionada; **E:** incorreta. A despeito de a pena máxima cominada ao crime de lesão corporal de trânsito corresponder a *dois* anos (dentro, portanto, do limite estabelecido no art. 61 da Lei 9.099/1995 para definição dos crimes de menor potencial ofensivo), o art. 291, § 2º, da Lei 9.503/1997 estabelece que, nas hipóteses de o condutor praticar o crime sob a influência de álcool ou quando da participação em racha, os fatos serão apurados por meio de inquérito policial, e não por termo circunstanciado. É importante que se diga que, dada a inclusão do § 2º no art. 303 do CTB, promovida pela Lei 13.546/2017, se o condutor estiver sob a influência de álcool ou de outra substância que determine dependência e do fato resultar lesão corporal de natureza grave ou gravíssima, a pena será de reclusão de 2 a 5 anos, sem prejuízo de outras sanções. Quanto ao homicídio culposo na direção de veículo automotor, estando o condutor sob a influência de álcool ou de outra substância que determine dependência, a pena passa a ser, também por força da Lei 13.546/2017, de 5 a 8 anos de reclusão, além de outras sanções previstas. **ED**

Gabarito "C".

14. SENTENÇA, PRECLUSÃO E COISA JULGADA

(Juiz de Direito/GO – 2021 – FCC) Quanto à sentença penal, o Código de Processo Penal dispõe:

(A) O juiz, ao proferir sentença condenatória, fixará valores mínimo e máximo para reparação dos danos causados pela infração, considerando os prejuízos sofridos pelo ofendido que tiverem sido apurados na instrução processual.

(B) Ao proferir sentença condenatória, o juiz decidirá, fundamentadamente, sobre a manutenção ou, se for o caso, a imposição de prisão preventiva ou de outra medida cautelar, sem prejuízo do conhecimento de apelação que vier a ser interposta.

(C) Na sentença absolutória, o juiz ordenará a cessação das medidas cautelares e provisoriamente aplicadas, salvo se devidamente justificada a necessidade de sua manutenção para fins de reparação do dano na esfera cível.

(D) O juiz, sem modificar a descrição do fato contida na denúncia, poderá atribuir-lhe definição jurídica diversa, apenas se a pena aplicada for menos grave.

(E) Se existirem circunstâncias que excluam o crime ou isentem o réu de pena, o juiz absolverá o réu por inexistência de prova suficiente para a condenação.

A: incorreta, na medida em que o juiz, ao proferir sentença condenatória, fixará tão somente valor *mínimo* (e não *máximo*) para reparação dos danos causados pela infração, considerando os prejuízos sofridos pelo ofendido (art. 387, IV, do CPP); **B:** correta, pois reflete o disposto no art.

387, § 1º, do CPP; **C:** incorreta, já que, sobrevindo sentença absolutória, o juiz ordenará a cessação das medidas cautelares e provisoriamente aplicadas, não havendo que se falar na sua manutenção para o fim de reparação do dano na esfera cível (art. 386, parágrafo único, CPP); **D:** incorreta. Se o juiz constatar, no momento da sentença, que a descrição do fato delituoso foi correta, porém com equívoco do titular da ação penal na respectiva capitulação legal (tipificação incorreta), deverá, por força da *emendatio libelli*, atribuir-lhe a adequada definição (leia-se: capitulação legal), ainda que isso implique a imposição de pena mais grave (art. 383, CPP); **E:** incorreta. Trata-se de excludentes de ilicitude e de culpabilidade (art. 386, VI, do CPP). ED

Gabarito "B".

(Juiz de Direito – TJ/MS – 2020 – FCC) Quanto à sentença, correto afirmar que o juiz

(A) poderá declarar a sentença, sempre que nela houver obscuridade, ambiguidade, contradição ou omissão, se qualquer das partes o requerer no prazo de 5 (cinco) dias.

(B) poderá, sem modificar a descrição contida na denúncia ou queixa, atribuir ao fato definição jurídica diversa e, havendo possibilidade de proposta de suspensão condicional do processo, procederá de acordo com o disposto na lei, ainda que, por força do crime continuado, a soma da pena mínima da infração mais grave com o aumento mínimo de um sexto for superior a um ano.

(C) poderá proferir sentença condenatória, ainda que requerida a absolvição pela acusação, independentemente da natureza da ação.

(D) não fica adstrito aos termos do aditamento, se procedido após encerrada a instrução probatória em consequência de prova existente nos autos de elemento ou circunstância da infração penal não contida na acusação.

(E) poderá reconhecer circunstância agravante não alegada pela acusação, segundo previsto na legislação processual penal.

A: incorreta. É fato que podem as partes opor embargos de declaração com o fim de aclarar o conteúdo da sentença que se mostra obscura, ambígua, contraditória ou omissa, mas deverão fazê-lo, segundo estabelece o art. 382 do CPP, no prazo de *dois* dias, e não de *cinco*, como constou da assertiva; **B:** incorreta. Como bem sabemos, o acusado, no processo penal, defende-se dos fatos que lhe são imputados, e não da capitulação que é atribuída ao crime na peça acusatória, denúncia ou queixa. Pouco importa, pois, a classificação operada pelo titular da ação penal na exordial. É isso que estabelece o art. 383 do CPP (*emendatio libelli*). Note que o fato, na *emendatio libelli*, permanece inalterado, sem prejuízo, por isso mesmo, para a defesa. A mudança, aqui, incide na classificação da conduta, levada a efeito pela acusação, no ato da propositura da ação, e retificada pelo juiz, de ofício, no momento da sentença, sendo desnecessário, em vista disso, ouvir a esse respeito o defensor, ainda que a pena correspondente ao novo tipo penal seja mais grave. Pois bem. Este é o fenômeno descrito na alternativa. Estabelece o § 1º do art. 383 do CPP que, sendo possível, como consequência da nova classificação atribuída ao fato, aplicar a suspensão condicional do processo, caberá ao juiz proceder de acordo com a lei, determinando abertura de vista ao MP, a fim de que este ofereça a proposta, se for o caso, conforme art. 89 da Lei 9.099/1995, que autoriza a concessão deste benefício aos crimes em que a pena mínima cominada for igual ou inferior a um ano. Agora, no contexto do crime continuado, se a soma da pena mínima da infração mais grave com o aumento mínimo de um sexto for superior a um ano, o agente não fará jus ao benefício da suspensão condicional do processo (aqui

está o erro da assertiva). É este o entendimento consagrado na Súmula 723 do STF: *Não se admite a suspensão condicional do processo por crime continuado, se a soma da pena mínima da infração mais grave com o aumento mínimo de um sexto for superior a um ano*; **C:** incorreta, uma vez que a regra presente no art. 385 do CPP, que autoriza o juiz a proferir sentença condenatória ainda que o MP pugne pela absolvição, somente tem incidência no contexto da ação penal pública; na ação penal privada, caso o querelante, em alegações finais, não formule pedido de condenação do querelado, operar-se-á a perempção (art. 60, III, do CPP), com a consequente extinção da punibilidade. Isso porque a ação penal privada é regida, ao contrário da pública, pelo princípio da oportunidade, que confere ao seu titular a prerrogativa de manifestar o desinteresse em punir o querelado; **D:** incorreta, na medida em que contraria o disposto no art. 384, § 4º, do CPP, segundo o qual, *havendo aditamento, cada parte poderá arrolar até 3 (três) testemunhas, no prazo de 5 (cinco) dias, ficando o juiz, na sentença, adstrito aos termos do aditamento*; **E:** correta, pois em conformidade com o que estabelece o art. 385 do CPP, que autoriza o magistrado a reconhecer, de ofício, agravantes não suscitadas. ED

Gabarito "E".

(Promotor de Justiça/CE – 2020 – CESPE/CEBRASPE) Na hipótese de haver duplo julgamento do mesmo fato, deve prevalecer o processo em que

(A) a sentença transitar em julgado primeiro.

(B) a sentença for prolatada primeiro.

(C) o inquérito tiver sido instaurado primeiro.

(D) a denúncia tiver sido ofertada primeiro.

(E) a sentença for mais favorável ao acusado.

Conferir o seguinte julgado: "1. No caso, foram distribuídas duas ações penais contra os recorrentes, ambas na Comarca de Santarém - PA, para a apuração dos mesmos fatos – prática de conjunção carnal com a vítima, menor de 14 anos à época dos fatos. 2. A primeira ação penal foi distribuída ao Juízo da Vara do Juizado de Violência Doméstica e Familiar Contra a Mulher e a sentença foi proferida em 21/11/2013 para condenar os réus como incursos no art. 217-A do Código Penal. A condenação transitou em julgado em 18/12/2014. 3. A segunda persecução criminal foi distribuída ao Juízo da 2ª Vara Criminal. Em 22/5/2015, foi proferida sentença absolutória, que transitou em julgado em 29/10/2015. 4. No que atine ao conflito de coisas julgadas, a Terceira Seção desta Corte Superior afirmou que "a primeira decisão é a que deve preponderar" (AgRg nos EmbExeMS n. 3.901/DF, Rel. Ministro Rogerio Schietti, DJe 21/11/2018). Ainda que a análise haja sido realizada no âmbito do processo civil, os apontamentos feitos podem ser aplicados, também, ao processo penal. 5. A solução é consentânea com a jurisprudência do Supremo Tribunal Federal, afirmada em mais de uma oportunidade. Nesse sentido: HC n. 101.131/DF (Rel. Ministro Luiz Fux, Rel. p/ acórdão Ministro Marco Aurélio, 1ª T., DJe 10/2/2012); HC n. 77.909/DF (Rel. Ministro Moreira Alves, 1ª T., DJ 12/3/1999); HC n. 69.615/SP (Rel. Ministro Carlos Velloso, 2ª T., DJ 19/2/1993). 6. A prevalência da primeira decisão imutável impõe-se pela quebra do dever de lealdade processual por parte da defesa. A leitura da segunda sentença - proferida após o trânsito em julgado da condenação - permite concluir que a duplicidade não foi mencionada sequer nas alegações finais. 7. Ainda, a hipótese em exame guarda outra peculiaridade, a justificar a manutenção do primeiro decisum proferido: a absolvição dos réus, na segunda sentença, contraria jurisprudência – consolidada à época – do Superior Tribunal de Justiça. 8. Ainda que o julgamento do Recurso Especial Repetitivo n. 1.480.881/PI pela Terceira Seção do STJ seja posterior à prolação da sentença mencionada (26/8/2015), o entendimento já estava uniformizado na jurisprudência e, em abril de 2014, a matéria foi pacificada por força do julgamento dos Embargos de Divergência em Recurso Especial n. 1.152.864/SC (Rel. Ministra Laurita Vaz, 3ª S., DJe 1/4/2014). 9. Recurso não provido" (STJ, RHC 69.586/PA, Rel. Ministro SEBASTIÃO REIS JÚNIOR, Rel. p/ Acórdão Ministro

7. DIREITO PROCESSUAL PENAL

339

ROGERIO SCHIETTI CRUZ, SEXTA TURMA, julgado em 27/11/2018, DJe 04/02/2019). **ED**

Gabarito "A".

(Promotor de Justiça/PR – 2019 – MPE/PR) Sobre **"emendatio libelli", "mutatio libelli" e nulidades processuais**, analise as assertivas abaixo e assinale a alternativa incorreta:

(A) Não há correlação entre o instituto da "emendatio libelli" e o princípio da complementariedade.

(B) Não é aplicável a "mutatio libelli" em segundo grau de jurisdição.

(C) Para decretação de nulidade, seja absoluta ou relativa, há necessidade de ter ocorrido prejuízo para a acusação ou para a defesa.

(D) A preclusão temporal é uma das formas de convalidação da nulidade relativa, ao lado de outras formas de preclusão.

(E) A ausência de citação não pode ser sanada, em nenhuma hipótese, por tratar-se de nulidade absoluta.

A: correta. Princípio da complementariedade diz respeito à impossibilidade (em regra) de a parte complementar os argumentos contidos nas razões já apresentadas, o que se dá em razão da ocorrência do fenômeno da preclusão consumativa, que nenhuma correlação tem com o instituto da "emendatio libelli", que consiste na retificação, realizada pelo juiz, da classificação jurídica da conduta atribuída pela acusação ao réu (art. 383, CPP); B: correta, pois em conformidade com o entendimento sufragado na Súmula 453, do STF, que veda a incidência da "mutatio libelli" em segundo grau de jurisdição; C: correta. Embora o art. 563 do CPP, que enuncia o princípio do prejuízo, tenha mais incidência no campo das nulidades relativas, em que o prejuízo não é presumido, o STF (e também o STJ) tem se posicionado no sentido de que tal dispositivo também se aplica às nulidades absolutas, de sorte que, seja a nulidade relativa, seja absoluta, é imperiosa a demonstração de prejuízo. Nesse sentido: "O acórdão recorrido está alinhado à jurisprudência do Supremo Tribunal Federal no sentido de que a demonstração de prejuízo, "a teor do art. 563 do CPP, é essencial à alegação de nulidade, seja ela relativa ou absoluta, eis que (…) o âmbito normativo do dogma fundamental da disciplina das nulidades – *pas de nullité sans grief* – compreende as nulidades absolutas" (HC 85.155/SP, Rel.ª Min. Ellen Gracie). 2. Para chegar a conclusão diversa do acórdão recorrido, seriam necessárias a análise da legislação infraconstitucional pertinente e a reapreciação dos fatos e do material probatório constante dos autos (Súmula 279/STF), procedimentos inviáveis em recurso extraordinário. 3. Agravo interno a que se nega provimento" (ARE 984373 AgR, Relator(a): Min. Roberto Barroso, Primeira Turma, julgado em 14.10.2016, processo eletrônico *DJe*-234 divulg 03.11.2016 public 04.11.2016). No STJ: "A inobservância do rito retromencionado configura nulidade relativa, sendo necessária a demonstração do prejuízo suportado pela parte, já que o art. 563 do CPP consagra o princípio pas de nullité sans grief. Foi, desse modo, editado pelo Supremo Tribunal Federal o enunciado sumular n. 523, que assim dispõe: No processo penal, a falta de defesa constitui nulidade absoluta, mas a sua deficiência só o anulará se houver prova de prejuízo para o réu. Nessa linha, a demonstração do prejuízo sofrido pela defesa é reconhecida pela jurisprudência atual como imprescindível tanto para a nulidade relativa quanto para a absoluta" (AgRg no REsp 1708255/RJ, Rel. Ministro REYNALDO SOARES DA FONSECA, QUINTA TURMA, julgado em 06/02/2018, DJe 19/02/2018); D: correta. No contexto das nulidades relativas, temos a chamada *preclusão temporal*, que constitui uma das modalidades de convalidação, aperfeiçoando-se quando a parte deixa transcorrer o interregno fixado em lei para invocar a invalidade do ato; E: incorreta, pois não reflete a regra presente no art. 570 do CPP. **ED**

Gabarito "E".

(Promotor de Justiça/SP – 2019 – MPE/SP) Sobre a correlação entre acusação e sentença, é correto afirmar que

(A) não se aplica a regra da *emendatio libelli* em grau de recurso, sob pena de supressão de um grau de jurisdição e surpresa para a defesa.

(B) ao aplicar a regra da *emendatio libelli*, o juiz poderá condenar o acusado, sem manifestação das partes, aplicando-lhe, se for o caso, pena mais grave.

(C) ao aplicar a regra da *mutatio libelli*, o juiz deve apenas colher a manifestação das partes, ouvir eventuais testemunhas indicadas e sentenciar.

(D) ao aplicar a regra da *mutatio libelli*, o juiz deve provocar o aditamento da denúncia, colher a manifestação das partes, ouvir eventuais testemunhas indicadas e, após debates, sentenciar.

(E) ao aplicar a regra da *emendatio libelli*, o juiz deve colher a manifestação das partes antes de sentenciar, podendo, se for o caso, aplicar pena mais grave.

A: incorreta. Inexiste vedação à incidência da regra da *emendatio libelli* em grau de recurso. A vedação contida na Súmula 453, do STF, refere-se à aplicação da *mutatio libelli*, que não terá lugar em segundo grau de jurisdição. E por falar nisso, é importante que apontemos a diferença entre esses dois institutos. No campo da *emendatio libelli*, o fato descrito pela acusação na peça inicial permanece inalterado, sem prejuízo, por isso mesmo, para a defesa. A mudança, aqui, incide na classificação da conduta, levada a efeito pela acusação, no ato da propositura da ação, e retificada pelo juiz, de ofício, no momento da sentença, sendo desnecessário, em vista disso, ouvir a esse respeito o defensor. Na *mutatio libelli*, diferentemente, temos que a prova colhida na instrução aponta para uma nova definição jurídica do fato, diversa daquela contida na inicial. Por força do que estabelece o art. 383 do CPP, com a redação que lhe conferiu a Lei de Reforma 11.719/2008, impõe-se o aditamento da exordial pelo órgão acusatório, ainda que a nova capitulação jurídica implique aplicação de pena igual ou menos grave; B: correta. O réu, no processo penal, defende-se do fato criminoso a ele atribuído, e não da classificação jurídica contida na exordial. Em outras palavras, no processo-crime, a definição jurídica atribuída ao fato, na inicial acusatória, em consonância com o disposto no art. 383 do CPP, não tem o condão de vincular o magistrado, que poderá, na sentença, atribuir a capitulação que bem entender, ainda que isso implique a incidência de pena mais grave; C: incorreta, já que deverá o magistrado, também, proceder a novo interrogatório do acusado, conforme dispõe o art. 384, § 2º, do CPP; D: incorreta, pois em desconformidade com o art. 384, § 2º, do CPP; E: incorreta. Na *emendatio libelli* (art. 383, CPP), a manifestação das partes é desnecessária. **ED**

Gabarito "B".

(Juiz de Direito – TJ/RS – 2018 – VUNESP) O juiz, ao proferir sentença condenatória,

(A) poderá deixar de indicar os motivos de fato e de direito em que se funda a decisão, caso não haja divergência entre as partes.

(B) se aditada a denúncia e, em sendo recebido referido aditamento, está adstrito na sua sentença aos termos do aditamento, não podendo considerar a definição jurídica anterior contida na denúncia.

(C) estabelecerá valor máximo para reparação dos danos causados pela infração, considerando os prejuízos sofridos pelo ofendido.

(D) mencionará as circunstâncias agravantes, desde que tenham sido estas requeridas na denúncia ou mesmo em alegações finais.

(E) decidirá de forma resumida sobre a manutenção da prisão preventiva.

A: incorreta, uma vez que ao juiz não é dado, quando da prolação de sentença condenatória, deixar de indicar os motivos de fato e de direito que serviram de fundamento para sua decisão, pouco importando o fato de inexistir divergência entre as partes, conforme estabelecem os arts. 381, III, do CPP e 93, IX, da CF; **B:** correta, porquanto em conformidade com o disposto no art. 384, § 4º, do CPP; **C:** incorreta. A teor do art. 387, IV, do CPP, o juiz, ao proferir sentença condenatória, estabelecerá valor *mínimo* (e não *máximo*) para reparação dos danos causados pela infração, considerando os prejuízos sofridos pelo ofendido; **D:** incorreta, pois, neste caso, o juiz, independentemente de requerimento, mencionará as circunstâncias agravantes (ou atenuantes), na forma estatuída no art. 387, I, CPP; **E:** incorreta. O magistrado, ao prolatar a sentença condenatória, deverá manifestar-se, sempre de *forma fundamentada*, se preso estiver o réu, acerca da necessidade de sua manutenção no cárcere, sempre levando em conta os requisitos do art. 312 do CPP. Ausentes estes, deverá o juiz, ante a desnecessidade da prisão, revogá-la, permitindo ao acusado que aguarde o trânsito em julgado da sentença em liberdade. É o teor do art. 387, § 1º, do CPP, introduzido pela Lei 12.736/2012. 🔲
Gabarito "B".

15. NULIDADES

(Juiz de Direito/GO – 2021 – FCC) Segundo entendimento sumulado,

(A) é nulo o julgamento da apelação após a manifestação nos autos da renúncia do único defensor, ainda que o réu tenha sido previamente intimado para constituir outro.

(B) salvo quando nula a decisão de primeiro grau, o acórdão que provê o recurso contra a rejeição da denúncia vale, desde logo, pelo recebimento dela.

(C) a renúncia do réu ao direito de apelação, manifestada sem a assistência do defensor, impede o conhecimento da apelação por este interposta.

(D) constitui nulidade a falta de intimação do denunciado para oferecer contrarrazões ao recurso interposto da rejeição da denúncia, mas a nomeação de defensor dativo a supre.

(E) é cabível apelação da decisão que determina o sequestro de bens no processo penal.

A: incorreta, uma vez que não corresponde ao entendimento sufragado na Súmula 708, do STF: *É nulo o julgamento da apelação se, após a manifestação nos autos da renúncia do único defensor, o réu não foi previamente intimado para constituir outro*; **B:** correta, pois reflete o entendimento contido na Súmula 709, do STF: *Salvo quando nula a decisão de primeiro grau, o acórdão que provê o recurso contra a rejeição da denúncia vale, desde logo, pelo recebimento dela*; **C:** incorreta, pois em desconformidade com o entendimento presente na Súmula 705, do STF: *A renúncia do réu ao direito de apelação, manifestada sem a assistência do defensor, não impede o conhecimento da apelação por este interposta*; **D:** incorreta, pois não reflete a Súmula 707, do STF: *Constitui nulidade a falta de intimação do denunciado para oferecer contrarrazões ao recurso interposto da rejeição da denúncia, não a suprindo a nomeação de defensor dativo*; **E:** incorreta. É que, embora a assertiva esteja correta, à luz da atual jurisprudência do STJ, trata-se de tema não sumulado. 🔲
Gabarito "B".

(Promotor de Justiça/CE – 2020 – CESPE/CEBRASPE) A ausência da assinatura das testemunhas em relatório circunstanciado de busca e apreensão legalmente realizada pela polícia consiste em

(A) causa de nulidade absoluta da diligência realizada em qualquer tipo de procedimento penal.

(B) causa de nulidade relativa da diligência realizada, que será validada somente se as testemunhas forem ouvidas em juízo posteriormente.

(C) mera irregularidade formal na diligência realizada, não sendo causa de nulidade.

(D) causa de nulidade relativa da diligência realizada, que será validada somente se o advogado de defesa tiver comparecido na delegacia após a realização do ato.

(E) nulidade absoluta, desde que a diligência tenha sido realizada para atender procedimento da Lei de Combate às Organizações Criminosas.

Segundo doutrina e jurisprudência majoritárias, trata-se de mera irregularidade, que não tem o condão, portanto, de macular a diligência e as provas ali coletadas. Conferir: "HABEAS CORPUS. IMPETRAÇÃO ORIGINÁRIA. SUBSTITUIÇÃO AO RECURSO ORDINÁRIO. IMPOSSIBILIDADE. RESPEITO AO SISTEMA RECURSAL PREVISTO NA CARTA MAGNA. NÃO CONHECIMENTO. 1. A Primeira Turma do Supremo Tribunal Federal, buscando dar efetividade às normas previstas na Constituição Federal e na Lei 8.038/1990, passou a não mais admitir o manejo do habeas corpus originário em substituição ao recurso ordinário cabível, entendimento que deve ser adotado por este Superior Tribunal de Justiça, a fim de que seja restabelecida a organicidade da prestação jurisdicional que envolve a tutela do direito de locomoção. 2. O constrangimento apontado na inicial será analisado, a fim de que se verifique a existência de flagrante ilegalidade que justifique a atuação de ofício por este Superior Tribunal de Justiça. FURTO QUALIFICADO, RECEPTAÇÃO QUALIFICADA, FORMAÇÃO DE QUADRILHA E CORRUPÇÃO DE MENORES (ARTIGOS 155, § 4º, INCISOS III E IV, 180, §§ 1º E 2º, E 288, TODOS DO CÓDIGO PENAL, E ARTIGO 244-B DO ESTATUTO DA CRIANÇA E DO ADOLESCENTE). NULIDADE DA PROVA OBTIDA COM A BUSCA E APREENSÃO REALIZADA NO ESTABELECIMENTO COMERCIAL E NA RESIDÊNCIA DO ACUSADO. CRIME PERMANENTE. DESNECESSIDADE DE MANDADO. MÁCULA NÃO CARACTERIZADA. 1. É dispensável o mandado de busca e apreensão quando se trata de flagrante de crime permanente, sendo possível a realização das medidas sem que se fale em ilicitude das provas obtidas (Doutrina e jurisprudência). 2. Tratando-se de paciente acusado do crime de receptação qualificada, na modalidade de expor à venda coisa que sabia ser produto de crime, não se vislumbra ilegalidade na apreensão de objetos relacionados com a infração penal e localizados em seu estabelecimento comercial e na sua residência, notadamente quando existem nos autos indícios de que teria autorizado, na presença de seu advogado, o ingresso dos policiais nos referidos locais. AUSÊNCIA DE ASSINATURA DAS TESTEMUNHAS NO RELATÓRIO CIRCUNSTANCIADO. FORMALIDADE PREVISTA NO ARTIGO 245, § 7º, DO CÓDIGO DE PROCESSO PENAL. MERA IRREGULARIDADE. POSSIBILIDADE DE CONFIRMAÇÃO DA LEGALIDADE DA DILIGÊNCIA MEDIANTE A OITIVA DAS PESSOAS INDICADAS NO RELATÓRIO. EIVA INEXISTENTE. 1. Conquanto as testemunhas que acompanharam a busca e apreensão não tenham assinado o relatório policial, o certo é que a inobservância de tal formalidade não tem o condão de macular a diligência realizada, tampouco as provas com ela obtidas, até mesmo porque a sua legalidade pode ser facilmente verificada mediante a oitiva das pessoas citadas. Precedente do STJ. 2. Habeas corpus não conhecido" (STJ, HC 296.417/MT, Rel. Ministro JORGE MUSSI, QUINTA TURMA, julgado em 21/08/2014, DJe 27/08/2014). 🔲
Gabarito "C".

(Juiz de Direito – TJ/AL – 2019 – FCC) Em tema de nulidades, correto afirmar que

(A) a deficiência da defesa, no processo penal, constitui nulidade absoluta, independentemente de prova de prejuízo para o réu.

(B) não é nula a citação por edital que indica o dispositivo da lei penal, embora não transcreva a denúncia ou queixa, ou não resuma os fatos em que se baseia.

(C) não é nula a decisão que determina o desaforamento de processo da competência do júri sem audiência da defesa.

(D) é absoluta a nulidade do processo criminal por falta de intimação da expedição de precatória para inquirição de testemunha.

(E) não é nulo o julgamento ulterior pelo júri com a participação de jurado que funcionou em julgamento anterior do mesmo processo.

A: incorreta, pois não reflete o entendimento sufragado na Súmula 523 do STF, *in verbis*: "No processo penal, a falta da defesa constitui nulidade absoluta, mas a sua deficiência só o anulará se houver prova de prejuízo para o réu"; **B**: correta, pois reflete o entendimento consolidado na Súmula 366, do STF: "Não é nula a citação por edital que indica o dispositivo da lei penal, embora não transcreva a denúncia ou queixa, ou não resuma os fatos em que se baseia"; **C**: incorreta, pois não corresponde ao entendimento firmado na Súmula 712, do STF: "É nula a decisão que determina o desaforamento de processo da competência do júri sem audiência da defesa"; **D**: incorreta, pois em desacordo com a Súmula 155 do STF: "É relativa a nulidade do processo criminal por falta de intimação da expedição de precatória para inquirição de testemunha"; **E**: incorreta, uma vez que contraria o entendimento firmado por meio da Súmula 206, do STF: "É nulo o julgamento ulterior pelo júri com a participação de jurado que funcionou em julgamento anterior do mesmo processo". ED

Gabarito "B".

(Promotor de Justiça/SP – 2019 – MPE/SP) Em relação às causas de convalidação do ato processual, assinale a alternativa correta.

(A) A nulidade por ilegitimidade do representante da parte não poderá ser sanada, ainda que haja ratificação dos atos processuais.

(B) A falta ou a nulidade da intimação ou notificação não poderá ser sanada se o interessado comparecer em juízo, antes de o ato consumar-se e declarar que o faz para o único fim de argui-la.

(C) Quando puder decidir o mérito a favor da parte a quem aproveite a decretação da nulidade, o juiz não a pronunciará.

(D) A incompetência territorial ou relativa do juízo anula todos os atos instrutórios, devendo o processo, quando for declarada a nulidade, ser remetido ao juiz competente.

(E) As omissões da denúncia ou da queixa poderão ser supridas a todo o tempo, até antes do encerramento da instrução criminal.

A: incorreta. Segundo reza o art. 568 do CPP, a nulidade decorrente de ilegitimidade do representante da parte pode a todo tempo sanada, mediante ratificação dos atos processuais; **B**: incorreta. Art. 570 do CPP: "A falta ou a nulidade da citação, da intimação ou notificação estará sanada, desde que o interessado compareça, antes de o ato consumar-se, embora declare que o faz para o único fim de argui--la"; **C**: correta, pois reflete o disposto no art. 282, § 2º, do NCPC; **D**: incorreta. A incompetência do juízo somente tem o condão de anular os atos *decisórios*; os *ordinatórios* serão mantidos. É o que estabelece o art. 567 do CPP; **E**: incorreta, uma vez que contraria o disposto no art. 569 do CPP. ED

Gabarito "C".

(Defensor Público Federal – DPU – 2017 – CESPE) A respeito dos atos processuais, das nulidades e da atuação do DP no processo penal, julgue os itens que se seguem.

(1) juntada de procuração com poderes especiais é indispensável para que o DP oponha exceção de suspeição do magistrado.

(2) Situação hipotética: Osvaldo, investigado pela Polícia Federal por falsificação de moeda, constituiu um DP para acompanhar o andamento do seu inquérito policial. Remetido o inquérito ao MPF, Osvaldo foi denunciado. O juiz que recebeu a denúncia dispensou o ato citatório, sob o fundamento de que o ora réu já havia constituído representante legal, e determinou a intimação do DP, que compareceu à audiência de instrução e firmou os demais atos processuais até a sentença condenatória, mesmo sem a presença do acusado. Assertiva: Nessa situação, de acordo com o STJ, o magistrado agiu corretamente, na medida em que o réu constituiu patrono antes do recebimento da denúncia e que todos os atos processuais contaram com a presença do DP, o que afasta a necessidade de citação e a exigência da presença do réu no decurso do processo.

1: correta. De fato, ante o que estabelece o art. 98 do CPP, a exceção de suspeição do magistrado somente poderá ser oposta pelo mandatário da parte se a este forem conferidos poderes especiais para tanto. Se assim não for, a arguição somente poderá ser realizada pela parte; **2**: errada. Isso porque, como é sabido, a ausência de citação do acusado gera nulidade absoluta (art. 564, III, *e*, do CPP). Conferir: "A citação é pressuposto de existência da relação processual e sua obrigatoriedade não pode ser relativizada somente porque o réu constituiu advogado particular quando foi preso em flagrante. O fato de o Juiz ter determinado a juntada, nos autos da ação penal, de cópia da procuração outorgada ao advogado no processo apenso, relacionado ao pedido de liberdade provisória, bem como que o causídico apresentasse resposta à acusação, não supre a falta de citação e nem demonstra, sem o comparecimento espontâneo do réu a nenhum ato do processo, sua ciência inequívoca da denúncia e nem que renunciou à autodefesa. 5. O prejuízo para a ampla defesa foi registrado no acórdão estadual, não havendo falar em violação do art. 563 do CPP. A ampla defesa desdobra-se na defesa técnica e na autodefesa, esta última suprimida do réu, pois não lhe foram oportunizadas diversas possibilidades, tais como a presença em juízo, o conhecimento dos argumentos e conclusões da parte contrária, a exteriorização de sua própria argumentação em interrogatório etc." (REsp 1580435/GO, Rel. Ministro Rogerio Schietti Cruz, Sexta Turma, julgado em 17/03/2016, DJe 31/03/2016). ED

Gabarito 1C, 2E

(Delegado/MS – 2017 – FAPEMS) Considere que

[...] há na nulidade duplo significado: um indicando o motivo que torna o ato imperfeito, outro que deriva da imperfeição jurídica do ato ou sua inviabilidade jurídica. A nulidade portanto, é, sob um aspecto, vício, sob outro, sanção.

> *MIRABETE, Júlio Fabbrini. Código de Processo Penal Interpretado. 9. ed. São Paulo: Saraiva, 2015, p. 629.*

Sobre as nulidades no processo penal, assinale a alternativa correta.

(A) A ausência de intimação do acusado e do seu defensor acerca da data da audiência realizada no juízo deprecado gera nulidade, mesmo que tenha havido intimação da expedição da carta precatória.

(B) É absoluta a nulidade decorrente da inobservância da competência penal por prevenção.

(C) A nulidade por falta de intimação do denunciado para oferecer contrarrazões ao recurso interposto da rejeição da denúncia pode ser suprida com a nomeação de defensor dativo.

(D) A nulidade por ilegitimidade do representante é insanável.

(E) Alegações genéricas de nulidade processual, desprovidas de demonstração da existência de prejuízo à parte, não podem dar ensejo à invalidação da ação penal.

A: incorreta, pois não corresponde ao entendimento firmado na Súmula 273, do STJ; **B:** incorreta, uma vez que não reflete o entendimento sufragado na Súmula 706, do STF; **C:** incorreta, pois em desconformidade com o entendimento firmado por meio da Súmula 707, do STF; **D:** incorreta, pois não reflete o disposto no art. 568 do CPP; **E:** correta. O art. 563 do CPP enuncia o *princípio do prejuízo* (*pas de nullité sans grief*), *segundo o qual*, em se tratando de *nulidade relativa*, em que o prejuízo não é presumido, é necessário, para se decretar a nulidade do ato, verificar se o mesmo gerou efeitos prejudiciais. **ED**
Gabarito "E".

16. RECURSOS

(Juiz de Direito/AP – 2022 – FGV) Nos processos envolvendo pluralidade de réus ou de fatos imputados, o juízo progressivo de admissibilidade da imputação pode resultar no acolhimento parcial da pretensão acusatória, comportando uma única demanda múltiplos resultados: recebimento da denúncia em relação à parte dos réus ou dos fatos, rejeição da denúncia em relação à parte dos réus ou dos fatos e/ou absolvição sumária em relação à parte dos réus ou dos fatos.

No caso de absolvição sumária parcial, seja em relação a um crime, seja em relação a um acusado, com base no Art. 397, inciso III, do Código de Processo Penal, será cabível:

(A) apelação, com interposição em primeiro grau e apresentação das razões diretamente no tribunal;

(B) recurso em sentido estrito, com interposição em primeiro grau e apresentação das razões diretamente no tribunal;

(C) apelação, com a formação de instrumento por meio da extração de traslado dos autos;

(D) recurso em sentido estrito, com a formação de instrumento por meio da extração de traslado dos autos;

(E) correição parcial, com reprodução integral dos autos para instruir o recurso.

A solução desta questão deve ser extraída dos arts. 593, § 4º, e 601, § 1º, do CPP. **ED**
Gabarito "C".

(Juiz de Direito/SP – 2021 – Vunesp) No texto da lei processual (artigo 609, parágrafo único, CPP), "quando não for unânime a decisão de segunda instância, desfavorável ao réu, admitem-se embargos infringentes e de nulidade, que poderão ser opostos dentro de 10 (dez) dias, a contar da publicação de acórdão, na forma do art. 613." Diante desse cenário legal, é correto afirmar que

(A) estando o acórdão desfavorável ao réu devidamente fundamentado, em observância ao princípio constitucional (artigo 93, IX, CF), dispensável é a apresentação do voto vencido.

(B) a apresentação do voto divergente somente será obrigatória quando a decisão contida no v. acórdão for desfavorável ao réu e estar o voto vencido fundamentado em tese que contrarie a íntegra da posição vencedora.

(C) a lei penal processual é omissa e, por isso, a apresentação do voto divergente é mera faculdade do julgador.

(D) o voto divergente integra o acórdão e é obrigatória a sua apresentação, sob pena de nulidade, desde a vigência do atual Código de Processo Civil (Lei no 13.105/2015).

A solução desta questão deve ser extraída do art. 941, § 3º, do CPC: *O voto vencido será necessariamente declarado e considerado parte integrante do acórdão para todos os fins legais, inclusive de pré-questionamento.* Na jurisprudência: "1. [...] "'o acórdão, para o CPC/2015, compõe-se da totalidade dos votos, vencedores e vencidos'. Nesse sentido, a inobservância da regra do § 3º do art. 941 do CPC/2015 constitui vício de atividade ou erro de procedimento (error in procedendo), porquanto não diz respeito ao teor do julgamento em si, mas à condução do procedimento de lavratura e publicação do acórdão, já que este representa a materialização do respectivo julgamento. Assim, há nulidade do acórdão, por não conter a totalidade dos votos declarados, mas não do julgamento, pois o resultado proclamado reflete, com exatidão, a conjunção dos votos proferidos pelos membros do colegiado. Cabe ao tribunal de origem providenciar a juntada do(s) voto(s) vencido(s) declarado(s), observando, para tanto, as normas de seu regimento interno, e, em seguida, promover a sua republicação, nos termos do § 3º do art. 941 do CPC/2015, abrindo-se, em consequência, novo prazo para eventual interposição de recurso pelas partes" (REsp n. 1.729.143-PR, Relª. Ministra Nancy Andrighi, julgado em 12/2/2019, DJe 15/2/2019, noticiado no Informativo 642/STJ). 2. Em matéria de nulidades, essas devem ser alegadas oportunamente, sob pena de serem alcançadas pelo instituto da preclusão, além de ser necessária a demonstração do prejuízo sofrido pela parte. 3. Na hipótese, após a publicação do acórdão do julgamento da apelação, a defesa não requereu a juntada do voto vencido proferido ou a disponibilização das notas taquigráficas nem opôs embargos de declaração para sanar a omissão. Além disso, não ficou demonstrado o prejuízo, reforçado pela devida interposição dos embargos infringentes sem nenhum indicativo de cerceamento de defesa pela ausência de juntada do voto divergente. Por fim, da decisão que não conheceu dos embargos infringentes por intempestividade foi formulado pedido de reconsideração, em que a defesa tampouco fez qualquer menção à nulidade ora apontada" (STJ, HC 494.792/BA, Rel. Ministro ANTONIO SALDANHA PALHEIRO, SEXTA TURMA, julgado em 18/06/2019, DJe 27/06/2019). **ED**
Gabarito "D".

(Juiz de Direito/SP – 2021 – Vunesp) Não prevalece de forma absoluta, no processo penal, o princípio *tantum devolutum quantum appellatum*, razão pela qual, de forma dominante na jurisprudência, o tribu- nal não fica impedido de reformar a decisão em decorrência da análise plena do julgado, mesmo constatado recurso exclusivo da acusação, desde que verificado e fundamentado equívoco nela apontado, e que beneficie o réu, o que é feito por força do artigo 617 do CPP, a *contrario sensu*, que permite concluir ser vedada somente a *reformatio in pejus* e não a *reformatio in mellius*. A exceção a essa regra, por decisão de entendimento consolidado pela Corte Suprema, diz respeito

7. DIREITO PROCESSUAL PENAL · 343

(A) às apelações contra as decisões definitivas, se interpostas por acusação e defesa, sobre a mesma questão.

(B) às apelações contra as decisões do Júri.

(C) aos recursos interpostos pela acusação e pelos quais se questiona a classificação jurídica do fato reconhecido como crime.

(D) aos recursos interpostos de forma parcial pela defesa, conforme autoriza o artigo 593 do Código de Processo Penal.

A solução desta questão deve ser extraída da Súmula 713 do STF: "O efeito devolutivo da apelação contra decisões do júri é adstrito aos fundamentos da sua interposição". **ED**

Gabarito "B".

(Juiz de Direito – TJ/AL – 2019 – FCC) No julgamento da apelação, o Tribunal

(A) pode proceder a nova definição jurídica ao fato delituoso, em virtude de circunstância elementar não contida explícita ou implicitamente na denúncia ou queixa.

(B) não fica adstrito aos fundamentos da sua interposição, ainda que se trate de recurso contra decisões do Júri.

(C) pode impor medida de segurança, ainda que só o réu tenha recorrido, desde que o tempo de sua duração não ultrapasse o limite máximo da pena abstratamente cominada ao delito praticado.

(D) deve determinar a prévia intimação do réu para constituir outro defensor, se aquele que o representava com exclusividade manifestar renúncia nos autos, ainda que já apresentadas as razões recursais.

(E) não pode acolher, contra o réu, nulidade não arguida no recurso da acusação, dispensada, porém, prévia intimação do defensor ou publicação da pauta.

A: incorreta. A assertiva descreve hipótese de *mutatio libelli*, cuja incidência, conforme entendimento firmado na Súmula 453 do STF, é vedada em segundo grau de jurisdição. Vale observar que tal vedação não se aplica no campo da *emendatio libelli*. E por falar nisso, é importante que apontemos a diferença entre esses dois institutos. No campo da *emendatio libelli*, o fato descrito pela acusação na peça inicial permanece inalterado, sem prejuízo, por isso mesmo, para a defesa. A mudança, aqui, incide na classificação da conduta, levada a efeito pela acusação, no ato da propositura da ação, e retificada pelo juiz, de ofício, no momento da sentença, sendo desnecessário, em vista disso, ouvir a esse respeito o defensor. Na *mutatio libelli*, diferentemente, temos que a prova colhida na instrução aponta para uma nova definição jurídica do fato, diversa daquela contida na inicial. Por força do que estabelece o art. 383 do CPP, com a redação que lhe conferiu a Lei de Reforma 11.719/2008, impõe-se o aditamento da exordial pelo órgão acusatório, ainda que a nova capitulação jurídica implique aplicação de pena igual ou menos grave; **B:** incorreta, conforme se depreende do teor da Súmula 713 do STF: "O efeito devolutivo da apelação contra decisões do júri é adstrito aos fundamentos da sua interposição"; **C:** incorreta, pois não corresponde ao entendimento firmado na Súmula 525, do STF; **D:** correta, pois nos termos da Súmula 708, do STF: "É nulo o julgamento da apelação se, após a manifestação nos autos da renúncia do único defensor, o réu não foi previamente intimado para constituir outro"; **E:** incorreta. A primeira parte da assertiva está correta, pois em conformidade com o entendimento firmado na Súmula 160, do STF: "É nula a decisão do Tribunal que acolhe, contra o réu, nulidade não arguida no recurso da acusação, ressalvados os casos de recurso de ofício". A segunda parte, no entanto, está incorreta, pois não corresponde ao entendimento firmado na Súmula 431 do STF. **ED**

Gabarito "D".

(Juiz de Direito – TJ/SC – 2019 – CESPE/CEBRASPE) De acordo com a legislação vigente acerca de recursos em geral no processo penal, assinale a opção correta.

(A) Decisão proferida em sede de recurso interposto por um dos réus em concurso de agentes que reconheça a atipicidade do fato a eles atribuído aproveitará ao outro réu por força do efeito extensivo.

(B) É viável que, no curso da tramitação, o Ministério Público desista de recurso que tenha interposto, desde que o assistente de acusação também desista do ato processual.

(C) É viável a interposição de recurso por um réu que pleiteie a condenação de outro que tenha sido absolvido.

(D) O recurso deverá ser feito por meio de petição escrita caso o réu não saiba assinar o nome, não sendo viável que o recurso seja apresentado por termo nos autos.

(E) O princípio da fungibilidade deverá ser aplicado a todos os recursos que forem apresentados de forma indevida.

A: correta. O chamado efeito *extensivo* diz respeito à ampliação do alcance do recurso ao corréu que, embora não haja recorrido, também foi beneficiado pelo resultado do recurso interposto por outro corréu. Em outras palavras, o corréu que não recorreu será beneficiado por recurso que não haja interposto. É o que se extrai do art. 580 do CPP. A restrição à aplicação deste dispositivo diz respeito às situações em que o recurso se fundar em motivo de caráter exclusivamente pessoal, não sendo este o caso em que é dado provimento ao recurso de forma a reconhecer-se a atipicidade do fato. Se o fato é atípico para um corréu, será também para o outro, sendo este alcançado pelos efeitos do recurso interposto por aquele; **B:** incorreta. Nada obsta que o MP renuncie ao direito de recorrer; o que não se admite é que o órgão acusador, depois de interpor o recurso, desista de dar-lhe seguimento. É o que estabelece o art. 576 do CPP, que enuncia o princípio da indisponibilidade. De igual forma e com base nesse mesmo princípio, não é dado ao MP desistir da ação que haja proposto (art. 42, CPP); **C:** incorreta, já que não será admitida a interposição de recurso da parte que não tiver interesse na reforma ou modificação da decisão (art. 577, parágrafo único, CPP); **D:** incorreta. Se o recorrente não souber assinar o nome, o termo será assinado por alguém a seu rogo na presença de duas testemunhas (art. 578, § 1º, CPP); **E:** incorreta, na medida em que não se aplicará o princípio da fungibilidade na hipótese de má-fé ou erro grosseiro (art. 579, *caput*, do CPP). **ED**

Gabarito "A".

(Juiz de Direito - TJ/BA - 2019 - CESPE/CEBRASPE) Assinale a opção correta, acerca de recursos no processo penal.

(A) Em razão do princípio da voluntariedade, havendo conflito entre a manifestação do acusado e a de seu defensor a respeito da interposição de recurso, deverá prevalecer a vontade do réu.

(B) Em caso de inércia do MP, o assistente de acusação não terá legitimidade para interpor recurso de apelação.

(C) Em razão do princípio da voluntariedade dos recursos, o defensor dativo regularmente intimado não estará obrigado a recorrer.

(D) O termo inicial para a interposição de recurso pelo MP é a data de prolação da sentença em audiência em que haja promotor de justiça presente.

A: incorreta. Neste caso, deve-se processar o recurso interposto pelo defensor, em obediência ao entendimento firmado na Súmula 705, do STF: "A renúncia do réu ao direito de apelação, manifestada sem a assis-

344 EDUARDO DOMPIERI

tência de defensor, não impede o conhecimento da apelação por este interposta"; **B:** incorreta. Conferir: "Embora o assistente de acusação receba o processo no estado em que se encontra, o fato de o órgão ministerial não haver recorrido da decisão que absolveu o recorrente não impede a que o ofendido o faça, ainda que não esteja habilitado nos autos." (STJ, RHC 85.526/DF, Rel. Ministro JORGE MUSSI, QUINTA TURMA, julgado em 26/02/2019, DJe 08/03/2019); **C:** correta. Nesse sentido: "Defensor dativo e o réu intimados pessoalmente da sentença condenatória e não manifestaram a pretensão de recorrer. Aplicação da regra processual da voluntariedade dos recursos, insculpida no art. 574, *caput*, do Código de Processo Penal, segundo a qual não está obrigado o defensor público ou dativo, devidamente intimado, a recorrer." (HC 121.050/SP, Rel. Ministro OG FERNANDES, SEXTA TURMA, julgado em 27/11/2012, DJe 08/02/2013); **D:** incorreta. A intimação do MP, ainda que realizada em audiência, somente se aperfeiçoará com o ingresso dos autos na Secretaria Administrativa da Instituição, data a partir da qual terá início a contagem de prazo. Nesse sentido: "1. No julgamento do REsp 1.349.935/SE, submetido ao rito dos recursos repetitivos, a 3ª Seção deste Superior Tribunal de Justiça firmou o entendimento de que o termo inicial da contagem do prazo para impugnar decisão judicial é, para o Ministério Público, a data da entrega dos autos na repartição administrativa do órgão, sendo irrelevante que a intimação pessoal tenha se dado em audiência, em cartório ou por mandado" (AgRg no AREsp 1460381/BA, Rel. Ministro JORGE MUSSI, QUINTA TURMA, julgado em 19/09/2019, DJe 30/09/2019). ED

Gabarito "C".

(Promotor de Justiça/PR – 2019 – MPE/PR) Sobre o recurso de **apelação**, nos termos da Legislação Processual Penal e Súmulas dos Supremo Tribunal Federal e Superior Tribunal de Justiça, analise as assertivas abaixo e assinale a alternativa incorreta:

(A) É cabível contra a sentença de impronúncia e absolvição sumária no procedimento nos processos de competência do Tribunal do Júri.

(B) É cabível da decisão de rejeição de denúncia no procedimento sumaríssimo.

(C) É cabível ao ofendido, não estando habilitado como assistente, interpô-la contra a decisão do tribunal do júri, após o transcurso do prazo recursal para o Ministério Público.

(D) É cabível contra decisão do Tribunal do Júri em hipóteses restritas legalmente previstas e o efeito devolutivo é adstrito aos fundamentos da sua interposição.

(E) É cabível se de parte da sentença definitiva ou com força de definitiva proferida pelo juiz singular não for previsto recurso em sentido estrito.

A: correta. Com o advento da Lei 11.689/2008, que modificou os arts. 416 e 581, IV e VI, do CPP, as decisões de *absolvição sumária* e de *impronúncia*, que antes comportavam *recurso em sentido estrito*, passaram a ser combatidas por meio de *recurso de apelação*. A pronúncia, por sua vez, continua a ser impugnada por meio de *recurso em sentido estrito*, nos termos do art. 581, IV, do CPP; **B:** correta. O art. 82, *caput* e § 1º, da Lei 9.099/1995 estabelece que, no procedimento sumaríssimo (voltado ao processamento das infrações penais de menor potencial ofensivo), da decisão que rejeitar a denúncia ou a queixa caberá recurso de apelação, a ser interposto, por petição escrita, no prazo de dez dias, da qual deverão constar as razões e o pedido. O julgamento deste recurso caberá a uma turma composta de três juízes em exercício no primeiro grau de jurisdição, reunidos na sede do Juizado; **C:** correta. É ampla a legitimidade recursal do assistente. Na hipótese de o MP permanecer inerte, conformando-se com a sentença proferida, tem o ofendido, ainda que não tenha se habilitado como assistente, a prerrogativa de, ele mesmo, recorrer (art. 598, CPP). Nesse sentido, a

Súmula 210, STF; **D:** correta, pois reflete o entendimento sufragado na Súmula 713 do STF: "O efeito devolutivo da apelação contra decisões do júri é adstrito aos fundamentos da sua interposição"; **E:** incorreta, pois contraria o art. 593, II e § 4º, do CPP. ED

Gabarito "E".

(Juiz de Direito – TJ/RS – 2018 – VUNESP) Assinale a alternativa correta em relação às assertivas a seguir.

(A) Caberá recurso em sentido estrito da decisão que julgar o incidente de falsidade.

(B) A revisão criminal não poderá ser requerida após a extinção da pena.

(C) Nos crimes de competência do Tribunal do Júri, ou do juiz singular, se da sentença não for interposta apelação pelo Ministério Público no prazo legal, o ofendido ou qualquer das pessoas enumeradas no art. 31, do CPP, ainda que não se tenha habilitado como assistente, poderá interpor apelação com efeito suspensivo.

(D) Não há mais previsão legal do recurso então chamado "Carta Testemunhável".

(E) No julgamento das apelações, não poderá o tribunal, câmara ou turma proceder a novo interrogatório do acusado.

A: correta, uma vez que retrata hipótese em que tem lugar a interposição de recurso em sentido estrito (art. 581, XVIII, do CPP); **B:** incorreta, na medida em que a revisão poderá ser requerida a qualquer tempo, antes ou mesmo depois de extinta a pena (art. 622, *caput*, do CPP); **C:** incorreta, já que a apelação, neste caso, não terá efeito suspensivo (art. 598, *caput*, do CPP); **D:** incorreta. A chamada *carta testemunhável*, que se presta a provocar o conhecimento ou o processamento de outro recurso para tribunal de instância superior, permanece em vigor nos arts. 639 e seguintes do CPP. Possivelmente o examinador quis confundir com o *protesto por novo júri*, recurso que deixou de existir a partir da revogação dos arts. 607 e 608 do CPP pela Lei 11.689/2008; **E:** incorreta, dado que, nos julgamentos das apelações, poderá, sim, o tribunal, câmara ou turma, se assim entender necessário, proceder a novo interrogatório, reinquirir testemunhas ou ainda determinar outras diligências (art. 616, CPP). ED

Gabarito "A".

(Defensor Público – DPE/PR – 2017 – FCC) Da decisão que indeferir prisão preventiva caberá

(A) correição parcial.

(B) carta testemunhável.

(C) agravo em execução.

(D) *habeas corpus*.

(E) recurso em sentido estrito.

Uma vez indeferido o pedido de prisão preventiva, formulado pelo MP ou por ele endossado, deverá a acusação valer-se, para combater esta decisão, do recurso em sentido estrito, conforme prevê o art. 581, V, do CPP. Cuidado: da decisão que decreta a prisão preventiva do investigado/acusado não cabe recurso, mas tão somente a impetração de HC, desde que evidenciada a ofensa à liberdade de locomoção. ED

Gabarito "E".

(Defensor Público – DPE/PR – 2017 – FCC) O recurso cabível da decisão que indeferir o pedido de restituição de coisa apreendida é

(A) Mandado de Segurança.

(B) recurso em sentido estrito.

(C) correição parcial.

(D) agravo em execução.

(E) apelação.

7. DIREITO PROCESSUAL PENAL — 345

A decisão judicial que resolve (com procedência ou improcedência) questão incidental de restituição de coisa apreendida tem natureza definitiva, o que desafia recurso de apelação, nos termos do art. 593, II, do CPP. Nesse sentido, conferir: "A decisão agravada encontra-se em consonância com o entendimento deste Tribunal Superior, no sentido de ser incabível o manejo de Mandado de Segurança contra ato jurisdicional que manteve decisão de bloqueio de valores da conta do recorrente, por tratar-se de decisão definitiva que, apesar de não julgar o mérito da ação, coloca fim ao procedimento incidente. 2. O procedimento adequado para a restituição de bens é o incidente legalmente previsto para este fim, com final apelação, recurso inclusive já interposto pelo recorrente, sendo incabível a utilização de Mandado de Segurança como sucedâneo do recurso legalmente previsto" 3. Agravo regimental improvido" (AgRg no RMS 51.299/DF, Rel. Ministro Nefi Cordeiro, Sexta Turma, julgado em 15/09/2016, DJe 26/09/2016). **ED**
Gabarito "E".

(Defensor Público – DPE/SC – 2017 – FCC) É cabível a interposição de embargos infringentes e de nulidade em face de

(A) decisão que denega pedido de revisão criminal por maioria.

(B) acórdão não unânime que julga improcedente recurso em sentido estrito interposto pela defesa para reconhecer a extinção da punibilidade do réu.

(C) acórdão que julga improcedente agravo em execução interposto pelo Ministério Público contra decisão que concedeu indulto ao sentenciado.

(D) decisão não unânime que julga apelação em processo de competência do Juizado Especial Criminal.

(E) decisão não unânime do Tribunal de Justiça que denega *habeas corpus*.

Os embargos infringentes, recurso exclusivos da *defesa*, somente podem ser opostos quando a decisão desfavorável ao réu, em segunda instância, não for unânime (decisão plurânime) – art. 609, parágrafo único, CPP; só podem ser opostos em sede de apelação, recurso em sentido estrito e agravo em execução (não cabe no *habeas corpus*). De ver-se que não é consenso na doutrina e na jurisprudência o emprego dos embargos no âmbito do agravo em execução. **ED**
Gabarito "B".

(Defensor Público – DPE/SC – 2017 – FCC) Sobre os recursos no processo penal:

(A) A apresentação de razões de apelação pela defesa fora do prazo legal impede o conhecimento do recurso, ainda que tempestivamente interposto.

(B) O órgão do Ministério Público pode renunciar ao recurso de apelação, a despeito da indisponibilidade da ação penal pública.

(C) É cabível mandado de segurança para conferir efeito suspensivo a recurso em sentido estrito interposto contra decisão que concede prisão domiciliar à acusada.

(D) Com o advento do Novo Código de Processo Civil entende-se que não mais existe o juízo de retratação no recurso em sentido estrito.

(E) Conforme a jurisprudência do Superior Tribunal de Justiça é cabível a interposição de recurso ordinário em *habeas corpus* em face de acórdão que julga procedente recurso em sentido estrito da acusação.

A: incorreta. Conferir: "Pacificou-se nesta Corte Superior de Justiça e no Supremo Tribunal Federal o entendimento de que a apresentação tardia das razões recursais configura simples irregularidade, que não tem o condão de tornar intempestivo o apelo oportunamente inter-

posto. 2. No caso dos autos, conquanto a defesa tenha interposto o recurso de apelação dentro do prazo legal, verifica-se que o reclamo não foi conhecido pelo Tribunal de origem sob o argumento de que as respectivas razões teriam sido apresentadas extemporaneamente, o que revela a coação ilegal a que está sendo submetido o paciente, cuja insurgência deixou de ser examinada em decorrência de uma mera irregularidade" (HC 358.217/RS, Rel. Ministro Jorge Mussi, Quinta Turma, julgado em 23/08/2016, DJe 31/08/2016); **B:** correta. Nada obsta que o MP renuncie ao direito de recorrer; o que não se admite é que o órgão acusador, depois de interpor o recurso, desista de dar-lhe seguimento. É o que estabelece o art. 576 do CPP, que enuncia o princípio da indisponibilidade. De igual forma e com base nesse mesmo princípio, não é dado ao MP desistir da ação que haja proposto (art. 42, CPP); **C:** incorreta. Conferir: "No sistema recursal processual penal, a destinação de efeito suspensivo obedece a uma lógica que presta reverência aos direitos e garantias fundamentais, iluminada pelo devido processo legal. Nesse contexto, segundo a jurisprudência desta Corte, revela constrangimento ilegal o manejo de mandado de segurança para se restabelecer constrição em desfavor do indivíduo, na pendência de irresignação interposta, qual seja, recurso em sentido estrito" (HC 348.486/SP, Rel. Ministra Maria Thereza de Assis Moura, Sexta Turma, julgado em 17/03/2016, DJe 31/03/2016); **D:** incorreta, dado que o NCPC em nada alterou a possibilidade de o juiz retratar-se da decisão combatida em sede de recurso em sentido estrito (art. 589, CPP); **E:** incorreta. Conferir: "É inadequada a interposição de recurso ordinário em *habeas corpus* contra acórdão que julga o recurso em sentido estrito interposto na origem, tendo em vista que o ordenamento jurídico estabelece via recursal própria para a insurgência manifestada na hipótese, nos termos do artigo 105, inciso III, da Constituição Federal" (RHC 45.899/SP, Rel. Ministro Jorge Mussi, Quinta Turma, julgado em 16/12/2014, DJe 03/02/2015). **ED**
Gabarito "B".

(Delegado/AP – 2017 – FCC) Sobre os recursos no processo penal, é correto afirmar:

(A) Por falta de capacidade postulatória, é vedada a interposição de recurso pelo réu.

(B) Em caso de indeferimento de representação por prisão preventiva feita por autoridade policial, o Delegado de Polícia poderá interpor recurso em sentido estrito.

(C) É cabível protesto por novo júri em caso de condenação superior a 20 anos.

(D) Os embargos infringentes e de nulidade são exclusivos da defesa.

(E) O regime de celeridade e informalidade do Juizado Especial Criminal é compatível com a impossibilidade de embargos de declaração nos casos submetidos à sua jurisdição.

A: incorreta, pois não reflete o disposto no art. 577, *caput*, do CPP; **B:** incorreta. Uma vez não acolhida a representação, formulada pela autoridade policial, para decretação da prisão preventiva, nada há a ser feito pelo delegado, que carece de legitimidade para se insurgir contra a decisão judicial, com a interposição de recurso em sentido estrito; **C:** incorreta. Os arts. 607 e 608 do CPP, que disciplinavam o *protesto por novo júri*, foram revogados pela Lei 11.689/2008, de tal sorte que tal recurso não mais existe previsto no nosso ordenamento jurídico; **D:** correta. De fato, os embargos infringentes e de nulidade são recursos exclusivos da *defesa* que serão opostos quando a decisão desfavorável ao réu, em segunda instância, não for unânime (decisão plurânime) – art. 609, parágrafo único, CPP; **E:** incorreta, já que os embargos de declaração são admitidos, sim, no procedimento sumaríssimo do Juizado Especial Criminal (art. 83, Lei 9.099/1995, cuja redação foi alterada por força da Lei 13.105/2015). **ED**
Gabarito "D".

17. *HABEAS CORPUS*, MANDADO DE SEGURANÇA E REVISÃO CRIMINAL

(Juiz de Direito – TJ/MS – 2020 – FCC) No tocante à revisão criminal, correto afirmar que

(A) será processada e julgada em primeira instância, por juízo diverso da condenação, se a decisão condenatória transitou em julgado sem a interposição de recurso.

(B) será julgada extinta se o condenado falecer em seu curso e requerida a absolvição por contrariedade à evidência dos autos.

(C) inadmissível, em qualquer situação, a reiteração de pedido já apreciado em revisão anterior.

(D) possível, no julgamento de procedência, a absolvição do réu, a alteração da classificação da infração, a modificação da pena ou a anulação do processo.

(E) inadmissível sem recolhimento do condenado à prisão, se imposta pena privativa de liberdade em regime fechado.

A: incorreta. O julgamento da revisão criminal é de competência originária dos tribunais, não podendo, em hipótese alguma, ser apreciada por juiz de primeira instância (art. 624, CPP); **B:** incorreta, pois não reflete o que dispõem os arts. 623 e 631 do CPP; **C:** incorreta, na medida em que será admitida a reiteração do pedido quando fundado em novas provas (art. 622, parágrafo único, CPP); **D:** correta, pois em conformidade com o art. 626, *caput*, do CPP; **E:** incorreta, pois contraria o entendimento sufragado na Súmula 393, do STF: *para requerer revisão criminal, o condenado não é obrigado a recolher-se à prisão.* 🅴🅳
Gabarito "D".

(Juiz de Direito – TJ/AL – 2019 – FCC) Cabível *habeas corpus* quando

(A) o processo for manifestamente nulo, mas não para o reconhecimento de extinção da punibilidade do paciente.

(B) não houver justa causa para o inquérito policial, mas não quando já extinta a pena privativa de liberdade.

(C) relativo a processo em curso por infração penal a que a pena pecuniária seja a única cominada, mas não quando já proferida decisão condenatória exclusivamente a pena de multa.

(D) imposta pena de exclusão de militar ou de perda de patente ou de função pública.

(E) não for admitida a prestação de fiança e quando seu objeto consistir em resolução sobre o ônus das custas.

A: incorreta. Isso porque o *habeas corpus* poderá ser impetrado tanto na hipótese de o processo ser manifestamente nulo quanto no caso de a punibilidade estar extinta (art. 648, VI e VII, do CPP); **B:** correta. De fato, ante a ausência de justa causa para o exercício da ação penal ou mesmo para sustentar as investigações do inquérito policial, cabível a impetração de *habeas corpus* (art. 648, I, CPP). De outro lado, descabe a impetração de *habeas corpus* quando já extinta a pena privativa de liberdade, conforme entendimento sedimentado na Súmula 695, do STF; **C:** incorreta, pois em desconformidade com a Súmula 693, do STF; **D:** incorreta, uma vez que contraria o entendimento firmado por meio da Súmula 694, do STF; **E:** incorreta (Súmula 395, do STF). 🅴🅳
Gabarito "B".

(Investigador – PC/BA – 2018 – VUNESP) O cumprimento de um alvará de soltura clausulado expedido pela autoridade judiciária em sede de *habeas corpus* significa que

(A) o paciente deverá ser imediatamente solto, independentemente de qualquer outra cláusula ou condição.

(B) a soltura do paciente apenas poderá ocorrer depois de autorizada pelo juízo que havia determinado a prisão objeto da impetração.

(C) somente poderá ocorrer a soltura do paciente se ele aceitar submeter-se a medida cautelar diversa da prisão.

(D) o paciente deverá ser solto imediatamente, desde que não haja outro motivo legal para mantê-lo preso.

(E) o paciente será solto tão logo haja demonstração da justeza dos motivos alegados na impetração.

A resposta a esta questão deve ser extraída do art. 660, § 1º, do CPP. Diz-se que o alvará de soltura é *clausulado* porque a libertação do paciente, no caso de concessão de ordem de *habeas corpus*, está condicionada à inexistência de outras causas que possam impedir a liberdade do paciente, como, por exemplo, a decretação de prisão preventiva/temporária em processo diverso. A propósito, tal ressalva (cláusula) deverá está inserida em qualquer ordem de soltura. 🅴🅳
Gabarito "D".

(Investigador – PC/BA – 2018 – VUNESP) O Código de Processo Penal exige que a petição que visa a impetrar ordem de *habeas corpus* indique os seguintes requisitos:

(A) quem sofre a violência ou se encontra na iminência de sofrê-la e a descrição do constrangimento que se alega, sendo facultativa a qualificação de quem propõe a medida.

(B) a descrição da violência ou da ameaça de violência que se acredita existir, a identificação nominal da autoridade que pratica ou irá praticar essa violência e os nomes de testemunhas que a comprovem.

(C) a pessoa que está sofrendo o constrangimento, a autoridade coatora, a especificação da modalidade de violência ou ameaça que justifique a medida e a assinatura e a identificação do impetrante.

(D) o ato ou fato que cause o constrangimento que justifique a impetração, o nome e o cargo da autoridade que pratique a ilegalidade e o nome e a qualificação do impetrante, sendo vedada a impetração por analfabeto.

(E) a qualificação completa de quem sofre a violência ou a ameaça de coação e da autoridade que a pratique, a descrição da ação arbitrária e os nomes de testemunhas que a comprovem.

Os requisitos que devem estar presentes na petição de *habeas corpus* estão contemplados no art. 654, § 1º, do CPP. 🅴🅳
Gabarito "C".

(Escrevente – TJ/SP – 2018 – VUNESP) Com relação aos recursos e revisão, de acordo com o Código de Processo Penal, é correto dizer que

(A) no caso de concurso de agentes, a decisão do recurso interposto por um dos réus, ainda que fundado em motivos pessoais, aproveitará aos outros.

(B) a revisão criminal só poderá ser requerida no prazo de até 02 (dois) anos da sentença condenatória, transitada em julgado.

(C) interposta a Apelação somente pelo acusado, não pode o Tribunal reinquirir testemunhas ou determinar diligências.

(D) nos processos de contravenção, interposta a apelação, o prazo para arrazoar será de 03 (três) dias.

(E) na apelação e no recurso em sentido estrito, há previsão de juízo de retratação.

A: incorreta, já que somente aproveitará aos outros se se fundar em motivos que não sejam de ordem pessoal (art. 580, CPP); **B:** incorreta, na medida em que a revisão criminal poderá ser requerida a qualquer tempo, antes ou mesmo depois de extinta a pena (art. 622, *caput*, do CPP), isto é, o ajuizamento da revisão criminal não está sujeito a prazo; **C:** incorreta, pois contraria o disposto no art. 616 do CPP; **D:** correta (art. 600, *caput*, CPP); **E:** incorreta. Somente o recurso em sentido estrito tem previsão de juízo de retratação (art. 589, CPP). ED

Gabarito "D"

(Defensor Público – DPE/SC – 2017 – FCC) Sobre a revisão criminal, é correto afirmar:

(A) Em caso de necessidade de produção de nova prova testemunhal para subsidiar a revisão criminal, o ajuizamento de justificação criminal é o meio adequado.

(B) Conforme a jurisprudência do Superior Tribunal de Justiça, falta capacidade postulatória ao réu que cumpre pena em regime aberto para propositura de revisão criminal.

(C) Conforme a jurisprudência do Superior Tribunal de Justiça, a vedação à sustentação oral constitui mera irregularidade, incapaz de anular o julgamento da revisão criminal.

(D) A competência para julgamento de revisão criminal em face de decisão do Juizado Especial Criminal é do Tribunal de Justiça.

(E) A soberania do veredicto do Tribunal do Júri impede a desconstituição da sentença por meio de revisão criminal.

A: correta. Não prevista no CPP, constitui o instrumento apto a produzir, no juízo que proferiu a condenação, a justificação para instruir futuro pedido de revisão criminal. Presta-se, por exemplo, a produzir prova pericial ou testemunhal, que servirá de suporte para que o condenado possa ingressar com pedido revisional no tribunal. Na jurisprudência: "A justificação criminal serve para colher prova nova a fim de instruir ação revisional. 2. No caso, configura constrangimento ilegal o indeferimento de pedido de justificação criminal para reinquirição da vítima, porquanto sua retratação – já declarada – é prova substancialmente nova. Diante do princípio da verdade real, não há por que não garantir ao condenado a possibilidade de confrontar essa retratação – se confirmada em Juízo –, na revisão, com os demais elementos de convicção colagidos na instrução criminal" (RHC 58.442/SP, Rel. Ministro Sebastião Reis Júnior, Sexta Turma, julgado em 25/08/2015, DJe 15/09/2015); **B:** incorreta, pois contraria o disposto no art. 623 do CPP, que estabelece que a revisão poderá ser pedida pelo próprio réu; **C:** incorreta, dado que, conforme entendimento sedimentado no STJ, é assegurada à defesa a sustentação oral em sessão de julgamento de revisão criminal. Nesse sentido, conferir: "É assegurada à Defensoria Pública o direito de sustentação oral em sessão de julgamento de ação revisional, na qual foi devidamente intimada, e manifestou pedido escrito nesse sentido. 3. *Habeas corpus* não conhecido. Ordem concedida de ofício para anular o julgamento da Revisão Criminal n. 0030007-58.2012.8.26.0000, para que outro seja realizado, permitindo-se a sustentação oral por parte da Defensoria Pública" (HC 274.473/SP, Rel. Ministro Nefi Cordeiro, Sexta Turma, julgado em 19/05/2015, DJe 28/05/2015); **D:** incorreta. Tal julgamento deverá ocorrer perante a Turma Recursal. Conferir: STJ, CC 047718/

RS, Rel. Ministra Jane Silva (Desembargadora Convocada do TJ/MG), Terceira Seção, Julgado em 13/08/2008, DJE 26/08/2008; **E:** incorreta. Atualmente, prevalece na doutrina e na jurisprudência o entendimento segundo o qual a soberania dos veredictos, no Tribunal do Júri, não é absoluta, podendo a decisão do Conselho de Sentença ser modificada por meio da revisão criminal. Na jurisprudência: "I. Transitada em julgado a sentença condenatória, proferida com fundamento em decisão do Tribunal do Júri, o Tribunal *a quo* julgou procedente a Revisão Criminal, ajuizada pela defesa, absolvendo, desde logo, o réu, por ocorrência de erro judiciário, em face de contrariedade à prova dos autos, bem como pela existência de novas provas de sua inocência, a teor dos arts. 621, I e III, e 626 do CPP (...) V. Uma vez que o Tribunal de origem admitiu o erro judiciário, não por nulidade no processo, mas em face de contrariedade à prova dos autos e de existência de provas da inocência do réu, não há ofensa à soberania do veredicto do Tribunal do Júri se, em juízo revisional, absolve-se, desde logo, o réu, desconstituindo-se a injusta condenação. Precedente da 6ª Turma do STJ. VI. "A obrigação do Poder Judiciário, em caso de erro grave, como uma condenação que contrarie manifestamente as provas dos autos, é reparar de imediato esse erro. Por essa razão é que a absolvição do ora paciente (e peticionário, na revisão criminal) é perfeitamente aceitável, segundo considerável corrente jurisprudencial e doutrinária (STJ, REsp 1304155/MT, Rel. Ministro Sebastião Reis Júnior, Rel. p/ Acórdão Ministra Assusete Magalhães, Sexta Turma, julgado em 20.06.2013, *DJe* 01.07.2014). ED

Gabarito "A"

18. LEGISLAÇÃO EXTRAVAGANTE

(Juiz de Direito/AP – 2022 – FGV) Nas hipóteses de colaboração premiada, a combinação das Leis nº 9.807/1999 e 11.343/2006, permite a concessão da seguinte sanção premial não originariamente prevista na Lei de Drogas:

(A) diminuição de pena;

(B) progressão de regime;

(C) fixação de regime inicial mais benéfico;

(D) improcessabilidade;

(E) perdão judicial.

Segundo entendimento firmado no STJ, é possível a concessão do perdão judicial no tráfico de drogas (apesar de não previsto nesta legislação), desde que presentes os requisitos contemplados no art. 13 da Lei 9.807/1999. Conferir: "A jurisprudência deste Sodalício firmou o entendimento de que é cabível o instituto do perdão judicial no tráfico de drogas, desde que preenchidos os requisitos do artigo 13 da Lei n. 9.807/99, o que não se deu na hipótese, bem como de que afastar a conclusão a que chegou o Tribunal recorrido na hipótese implicaria em revolver matéria fática, descabida na seara do Recurso Especial." (AgRg nos EDcl no REsp 1873472/PR, Rel. Ministro REYNALDO SOARES DA FONSECA, QUINTA TURMA, julgado em 26/10/2021, DJe 03/11/2021). ED

Gabarito "E"

(Delegado/RJ – 2022 – CESPE/CEBRASPE) Considerando o disposto na Lei n.º 11.343/2006 (Lei de Drogas), assinale a opção correta.

(A) Tratando-se da conduta prevista no art. 28 dessa lei, não se imporá prisão em flagrante, devendo o autor do fato ser imediatamente encaminhado ao juízo competente, que lavrará o termo circunstanciado e providenciará as requisições dos exames e perícias necessárias; se ausente o juiz, as providências deverão ser tomadas de imediato pela autoridade policial, no local em que se encontrar, vedada a detenção do agente.

(B) A audiência de instrução e julgamento será realizada dentro dos sessenta dias seguintes ao recebimento da denúncia, salvo se determinada a realização de avaliação para atestar dependência de drogas, quando a referida audiência se realizará em noventa dias.

(C) Prescrevem em dois anos a imposição e a execução das penas, observado, no tocante à interrupção do prazo, o disposto no art. 107 e seguintes do Código Penal e, quando houver concurso material com outro delito específico previsto nessa lei, deverão ser observados os ditames do art. 109 do Código Penal.

(D) Nos crimes previstos nessa lei, o indiciado ou acusado que colaborar voluntariamente com a investigação policial e com o processo criminal na identificação dos demais coautores ou partícipes do crime e na recuperação total ou parcial do produto do crime, terá, no caso de condenação, pena reduzida de um sexto a dois terços.

(E) No que se refere ao crime previsto no art. 33, *caput* dessa lei, recebidos em juízo os autos do inquérito policial, dar-se-á vista ao Ministério Público para que este, no prazo de cinco dias, ofereça denúncia e arrole até cinco testemunhas, requerendo as demais provas que entender pertinentes.

A: correta. Quando surpreendido na posse de substância entorpecente destinada a uso próprio, o agente deverá ser encaminhado incontinenti ao juízo competente (JECRIM) ou, não sendo isso possível, será conduzido à presença da autoridade policial, que providenciará, depois de constatada a prática do delito do art. 28 da Lei de Drogas, a lavratura de termo circunstanciado (é vedada, tal como consta do art. 48, § 2º, da Lei 11.343/2006, a lavratura de auto de prisão em flagrante) e o encaminhamento do autor dos fatos ao juízo competente (Juizado Especial Criminal); não sendo isso possível (e é o que de fato ocorre na grande maioria das vezes), o conduzido firmará compromisso, perante a autoridade policial, de comparecer ao juízo tão logo seja convocado para tanto. Não poderá, em hipótese nenhuma, permanecer preso, devendo ser de imediato liberado assim que formalizada a ocorrência por meio do termo circunstanciado (art. 48, § 3º, da Lei 11.343/2006). Quanto a este tema, é importante que se diga que o STF, ao julgar a ação direta de inconstitucionalidade n. 3807, reputou constitucional o art. 48, § 2º, da Lei 11.343/2006, afirmando que o termo circunstanciado, por não ser procedimento investigativo, mas peça informativa, pode ser lavrado por órgão judiciário, não havendo que se falar em ofensa aos §§ 1º e 4º do art. 144 da CF; **B:** incorreta. Isso porque, em consonância com o disposto no art. 56, § 2º, da Lei 11.343/2006, a audiência de instrução e julgamento será realizada dentro dos 30 dias (e não 60) seguintes ao recebimento da denúncia, salvo se determinada a realização de avaliação para atestar dependência de drogas, quando a referida audiência se realizará em noventa dias; **C:** incorreta (art. 30, Lei 11.343/2006); **D:** incorreta, na medida em que a colaboração prevista no art. 41 da Lei 11.343/2006 acarretará a redução da pena da ordem de um terço a dois terços, e não um sexto a dois terços, tal como consta da assertiva; **E:** incorreta. Uma vez recebidos em juízo os autos do inquérito policial, dar-se-á vista ao Ministério Público para que este, no prazo de dez dias (e não cinco), ofereça denúncia, requeira o arquivamento ou requisite diligências que entender pertinentes. **ED**

Gabarito "A".

(Delegado/RJ – 2022 – CESPE/CEBRASPE) Segundo o que dispõe a Lei n.º 12.850/2013 (Organização Criminosa) e sua interpretação no Supremo Tribunal Federal, assinale a opção correta.

(A) A infiltração de agentes de polícia em tarefas de investigação dependerá de representação do delegado

de polícia, que deverá descrever indícios seguros da necessidade de obter as informações por meio dessa operação ao juiz competente, que poderá autorizar a medida, de forma circunstanciada, motivada e sigilosa e, tendo em vista a urgência da medida, ouvirá, em seguida à sua decisão, o Ministério Público para o devido acompanhamento.

(B) O delegado de polícia pode formalizar acordos de colaboração premiada somente na fase de inquérito policial e desde que ouvido o membro do Ministério Público, o qual deverá se manifestar, sem caráter vinculante, previamente à decisão judicial. Os dispositivos da Lei n.º 12.850/2013, que preveem essa possibilidade, são constitucionais e não ofendem a titularidade da ação penal pública conferida ao Ministério Público pela Constituição.

(C) A ação controlada de que trata essa lei consiste em retardar a intervenção policial relativa à ação praticada por organização criminosa ou a ela vinculada, desde que mantida sob observação e acompanhamento para que a medida legal se concretize no momento mais eficaz à formação de provas e obtenção de informações, não sendo necessária a comunicação prévia da referida ação.

(D) O acordo de colaboração premiada, além de meio de obtenção de prova, constitui-se em um negócio jurídico processual personalíssimo, cuja conveniência e oportunidade estão submetidas à discricionariedade regrada do Ministério Público, submetendo-se ao escrutínio do Estado-juiz. Trata-se de ato voluntário, insuscetível de imposição judicial, e se o membro do Ministério Público se negar à realização do acordo, deve fazê-lo motivadamente, podendo essa recusa ser objeto de controle por órgão superior no âmbito do Ministério Público.

(E) Mesmo sem ter assinado o acordo de colaboração premiada, o acusado pode colaborar fornecendo as informações e provas que possuir e, ao final, na sentença, o juiz irá analisar esse comportamento processual e poderá conceder benefício ao acusado mesmo sem ter havido a prévia celebração e homologação do acordo de colaboração premiada, ou seja, o acusado pode receber a sanção premiada mesmo sem a celebração do acordo, caso o magistrado entenda que sua colaboração tenha sido eficaz.

A: incorreta, dado que a decisão judicial, quando a infiltração de agentes for representada pela autoridade policial, deve ser precedida da manifestação do MP, tal como estabelece o art. 10, § 1º, da Lei 12.850/2013; **B:** incorreta. Além do Ministério Público, a autoridade policial também está credenciada a firmar, nos autos do inquérito, acordo de colaboração premiada, hipótese em que o MP, na qualidade de titular da ação penal, deverá ser ouvido (art. 4º, § 2º, da Lei 12.850/2013). A propósito disso, o Plenário do STF, ao julgar a ADI 5.508, considerou constitucional a possibilidade de a autoridade policial firmar acordos de colaboração premiada na fase de inquérito policial. A ação fora ajuizada pela Procuradoria Geral da República, que questionava dispositivos da Lei 12.850/2013, entre os quais aqueles que conferiam ao delegado de polícia a prerrogativa de promover acordos de colaboração premiada. Ademais, para o STF, a anuência do MP constitui condição de eficácia do acordo de colaboração premiada firmado pelo delegado de polícia. Conferir: "*2. Matéria novamente suscitada, em menor extensão, pela PGR. Considerada a estrutura acusatória dada ao processo penal conformado à Constituição Federal, a anuência do Ministério Público deve*

7. DIREITO PROCESSUAL PENAL

ser posta como condição de eficácia do acordo de colaboração premiada celebrado pela autoridade policial. (...) 3. Questão preliminar suscitada pela Procuradoria-Geral da República acolhida para dar parcial provimento ao agravo regimental e tornar sem efeito, desde então, a decisão homologatória do acordo de colaboração premiada celebrado nestes autos, ante a desconformidade manifestada pelo Ministério Público e aqui acolhida. *Eficácia ex tunc.* (STF. Plenário. Pet 8482 AgR/DF, Rel. Min. Edson Fachin, julgado em 31/05/2021); **C:** incorreta. O art. 8º, § 1º, da Lei 12.850/2013 (Organização Criminosa) reza que a ação controlada será *comunicada* ao juiz competente, que estabelecerá, conforme o caso, os limites da medida e comunicará o MP. Perceba que, neste caso, o legislador não impôs a necessidade de o magistrado autorizar o retardamento da intervenção policial; exigiu tão somente a comunicação, providência esta não tomada no caso narrado no enunciado; **D:** incorreta. Conferir: "*O acordo de colaboração premiada, além de meio de obtenção de prova, constitui-se em um negócio jurídico processual personalíssimo, cuja conveniência e oportunidade estão submetidos à discricionariedade regrada do Ministério Público e não se submetem ao escrutínio do Estado-juiz. Em outras palavras, trata-se de ato voluntário, insuscetível de imposição judicial.*" (STF, 2ª Turma, MS 35693 AgR/DF, Rel. Min. Edson Fachin, julgado em 28/5/2019); **E:** correta. Conferir: "1. A jurisprudência do Supremo Tribunal Federal assentou que o acordo de colaboração premiada consubstancia negócio jurídico processual, de modo que seu aperfeiçoamento pressupõe voluntariedade de ambas as partes celebrantes. Precedentes. 2. Não cabe ao Poder Judiciário, que não detém atribuição para participar de negociações na seara investigatória, impor ao Ministério Público a celebração de acordo de colaboração premiada, notadamente, como ocorre na hipótese, em que há motivada indicação das razões que, na visão do titular da ação penal, não recomendariam a formalização do discricionário negócio jurídico processual. 3. A realização de tratativas dirigidas a avaliar a conveniência do Ministério Público quanto à celebração do acordo de colaboração premiada não resulta na necessária obrigatoriedade de efetiva formação de ajuste processual. 4. A negativa de celebração de acordo de colaboração premiada, quando explicitada pelo Procurador-Geral da República em feito de competência originária desta Suprema Corte, não se subordina ao escrutínio no âmbito das respectivas Câmaras de Coordenação e Revisão do Ministério Público. 5. Nada obstante a ausência de demonstração de direito líquido e certo à imposição de celebração de acordo de colaboração premiada, assegura-se ao impetrante, por óbvio, insurgência na seara processual própria, inclusive quanto à eventual possibilidade de concessão de sanção premial em sede sentenciante, independentemente de anuência do Ministério Público. Isso porque a colaboração premiada configura realidade jurídica, em si, mais ampla do que o acordo de colaboração premiada. 6. Agravo regimental desprovido." (MS 35693 AgR, Relator(a): EDSON FACHIN, Segunda Turma, julgado em 28/05/2019, ACÓRDÃO ELETRÔNICO DJe-184 DIVULG 23-07-2020 PUBLIC 24-07-2020). 🅴🅳

Gabarito "E".

(Delegado/RJ – 2022 – CESPE/CEBRASPE) Durante investigações promovidas em inquérito policial instaurado para apurar a atuação de organização criminosa dedicada à prática de crimes de tráfico de pessoas, a autoridade policial tomou conhecimento, a partir de informações de um agente infiltrado, de que um dos integrantes da organização criminosa havia reservado, pagado e emitido dois bilhetes aéreos: um para o transporte de uma vítima e outro para que integrante da organização criminosa, cujo nome foi identificado pelo agente infiltrado, a acompanhasse. Segundo as informações, o embarque ocorrerá dentro de 24 horas em um dos dois aeroportos da cidade. Com o fim de monitorar o embarque e libertar a vítima, a autoridade policial decidiu deflagrar operação. Para isso, necessita obter das empresas aéreas que operam naqueles dois aeroportos dados relativos aos nomes dos passageiros que haviam emitido bilhetes para voos que partirão daqueles dois aeroportos nas próximas 24 horas.

A respeito dessa situação hipotética, assinale a opção correta.

(A) O delegado de polícia pode requisitar diretamente às empresas de transporte aéreo que disponibilizem, imediatamente, os bancos de dados de reservas que permitam a localização da vítima ou dos suspeitos do delito em curso.

(B) O delegado de polícia deve representar ao Ministério Público, para que este, destinatário da investigação, requisite às empresas de transporte aéreo que disponibilizem imediatamente os bancos de dados de reservas que permitam a localização da vítima ou dos suspeitos do delito em curso.

(C) O delegado de polícia, somente com anuência do Ministério Público, destinatário final da prova, pode requisitar diretamente às empresas de transporte aéreo que disponibilizem imediatamente os bancos de dados de reservas que permitam a localização da vítima ou dos suspeitos do delito em curso.

(D) O delegado de polícia, somente mediante autorização judicial, pode requisitar diretamente às empresas de transporte aéreo que disponibilizem imediatamente os bancos de dados de reservas que permitam a localização da vítima ou dos suspeitos do delito em curso.

(E) O delegado de polícia, somente mediante prévia comunicação à autoridade judiciária competente, pode requisitar diretamente às empresas de transporte aéreo que disponibilizem imediatamente os bancos de dados de reservas que permitam a localização da vítima ou dos suspeitos do delito em curso.

A solução desta questão deve ser extraída do art. 16 da Lei 12.850/2013, que assim dispõe: *As empresas de transporte possibilitarão, pelo prazo de 5 (cinco) anos, acesso direto e permanente do juiz, do Ministério Público ou do delegado de polícia aos bancos de dados de reservas e registro de viagens.* Dessa forma, é lícito ao juiz, ao MP e ao delegado de polícia, este último independente de autorização judicial, requisitar diretamente às empresas de transporte aéreo informações referentes a bancos de dados de reservas e registros de viagens. 🅴🅳

Gabarito "A".

(Delegado/RJ – 2022 – CESPE/CEBRASPE) Com relação à investigação e aos meios de obtenção de prova, julgue os itens a seguir.

I. A infiltração virtual de agentes de polícia será autorizada pelo prazo de até seis meses, sem prejuízo de eventuais renovações, mediante ordem judicial fundamentada, desde que o total não exceda a 720 dias e seja comprovada sua necessidade.

II. A ação de agentes de polícia infiltrados virtuais somente é admitida com o fim de investigar os crimes previstos na Lei N.º 12.850/2013 e outros a eles conexos.

III. Para a apuração do crime de lavagem ou ocultação de bens, direitos e valores, admite-se a utilização da ação controlada e da infiltração de agentes.

Assinale a opção correta.

(A) Nenhum item está certo.

(B) Apenas o item I está certo.

(C) Apenas o item II está certo.

(D) Apenas os itens I e III estão certos.

(E) Apenas os itens II e III estão certos.

I: correto, pois em conformidade com o disposto no art. 10-A, § 4º, da Lei 12.850/2013; **II:** incorreto, dado o que dispõe o art. 190-A do ECA (Lei 8.069/1990); **III:** correto (art. 1º, § 6º, da Lei 9.613/1998). ED

„D". oʇɪɹɐqɐ⅁

(Delegado/RJ – 2022 – CESPE/CEBRASPE) Quanto à colaboração premiada, assinale a opção correta.

(A) O marco de confidencialidade do acordo de colaboração premiada é o momento em que as partes firmam termo de confidencialidade para prosseguimento das tratativas.

(B) O acordo de colaboração premiada é negócio jurídico processual e meio de prova, que pressupõe utilidade e interesse públicos.

(C) A proposta de acordo de colaboração premiada não poderá ser sumariamente indeferida.

(D) A proposta de colaboração premiada deve estar instruída com procuração do interessado com poderes específicos para iniciar o procedimento de colaboração e suas tratativas, ou firmada pessoalmente pela parte que pretende a colaboração e seu advogado ou defensor público. Nenhuma tratativa sobre colaboração premiada deve ser realizada sem a presença de advogado constituído ou defensor público.

(E) O acordo de colaboração premiada e os depoimentos do colaborador serão mantidos em sigilo até o recebimento da denúncia ou da queixa-crime, sendo facultado ao magistrado decidir por sua publicidade no caso de relevante interesse público.

A: incorreta. O marco de confidencialidade do acordo de colaboração premiada é representado pelo recebimento da respectiva proposta, nos termos do art. 3º-B, *caput*, da Lei 12.850/2013, cuja redação foi determinada pela Lei 13.964/2019; **B:** incorreta, uma vez que se trata de meio de *obtenção* de prova, e não meio de prova (art. 3º-A da Lei 12.850/2013); **C:** incorreta, dado que a proposta de acordo de colaboração premiada poderá, sim, ser sumariamente indeferida, conforme estabelece o art. 3º-B, § 1º, da Lei 12.850/2013; **D:** correta, pois reflete o disposto no art. 3º-C, *caput* e § 1º, da Lei 12.850/2013; **E:** incorreta, pois em desconformidade com o que estabelece o art. 7º, § 3º, da Lei 12.850/2013, que veda ao magistrado decidir pela publicidade do acordo em qualquer hipótese, antes do recebimento da denúncia ou da queixa. ED

„D". oʇɪɹɐqɐ⅁

(Delegado/RJ – 2022 – CESPE/CEBRASPE) Em relação à colaboração premiada, assinale a opção correta.

(A) A colaboração premiada é benefício de natureza personalíssima cujos efeitos, no entanto, são extensíveis a corréus.

(B) Em caso de conflito de interesses entre a parte que pretende a colaboração e seu advogado ou defensor público, ou em se tratando de colaborador hipossuficiente, deve prevalecer o interesse manifestado pela defesa técnica (advogado constituído ou defensor público), porquanto esta é a mais habilitada para avaliar a conveniência e oportunidade do prosseguimento da proposta.

(C) A homologação do acordo de colaboração premiada determina, necessariamente, a efetivação dos benefícios nele acertados.

(D) Cabe ao órgão julgador da ação penal que vier a ser deflagrada sobre fatos objeto da colaboração decidir sobre a extensão e a aplicabilidade dos benefícios pactuados no acordo de colaboração homologado.

(E) Apesar de ser um negócio jurídico processual personalíssimo, o acordo de colaboração premiada, conforme entendimento unânime do Pleno do STF, pode ser impugnado por coautores ou partícipes do colaborador na organização criminosa e nas infrações penais por ela praticadas.

A: incorreta. Vide: STF, Plenário, HC 127483/PR, Rel. Min. Dias Toffoli, julgado em 27/8/2015; **B:** incorreta, Nesta hipótese, o celebrando do acordo de colaboração deverá solicitar a presença de outro advogado constituído ou defensor público (art. 3º-C, § 2º, da Lei 12.850/2013); **C:** incorreta. Conferir: "QUESTÃO DE ORDEM EM PETIÇÃO. COLABORAÇÃO PREMIADA. I. DECISÃO INICIAL DE HOMOLOGAÇÃO JUDICIAL: LIMITES E ATRIBUIÇÃO. REGULARIDADE, LEGALIDADE E VOLUNTARIEDADE DO ACORDO. MEIO DE OBTENÇÃO DE PROVA. PODERES INSTRUTÓRIOS DO RELATOR. RISTF. PRECEDENTES. II. DECISÃO FINAL DE MÉRITO. AFERIÇÃO DOS TERMOS E DA EFICÁCIA DA COLABORAÇÃO. CONTROLE JURISDICIONAL DIFERIDO. COMPETÊNCIA COLEGIADA NO SUPREMO TRIBUNAL FEDERAL. 1. Nos moldes do decidido no HC 127.483, Rel. Min. DIAS TOFFOLI, Tribunal Pleno, DJe de 3.2.2016, reafirma-se a atribuição ao Relator, como corolário dos poderes instrutórios que lhe são conferidos pelo Regimento Interno do STF, para ordenar a realização de meios de obtenção de prova (art. 21, I e II do RISTF), a fim de, monocraticamente, homologar acordos de colaboração premiada, oportunidade na qual se restringe ao juízo de regularidade, legalidade e voluntariedade da avença, nos limites do art. 4º, § 7º, da Lei n. 12.850/2013. 2. O juízo sobre os termos do acordo de colaboração, seu cumprimento e sua eficácia, conforme preceitua o art. 4º, § 11, da Lei n. 12.850/2013, dá-se por ocasião da prolação da sentença (e no Supremo Tribunal Federal, em decisão colegiada), não se impondo na fase homologatória tal exame previsto pela lei como controle jurisdicional diferido, sob pena de malferir a norma prevista no § 6º do art. 4º da referida Lei n. 12.850/2013, que veda a participação do juiz nas negociações, conferindo, assim, concretude ao princípio acusatório que rege o processo penal no Estado Democrático de Direito. 3. Questão de ordem que se desdobra em três pontos para: (i) resguardar a competência do Tribunal Pleno para o julgamento de mérito sobre os termos e a eficácia da colaboração, (ii) reafirmar, dentre os poderes instrutórios do Relator (art. 21 do RISTF), a atribuição para homologar acordo de colaboração premiada; (iii) salvo ilegalidade superveniente apta a justificar nulidade ou anulação do negócio jurídico, acordo homologado como regular, voluntário e legal, em regra, deve ser observado mediante o cumprimento dos deveres assumidos pelo colaborador, sendo, nos termos do art. 966, § 4º, do Código de Processo Civil, possível ao Plenário analisar sua legalidade." (STF, Pet 7074 QO, Relator(a): EDSON FACHIN, Tribunal Pleno, julgado em 29/06/2017, ACÓRDÃO ELETRÔNICO DJe-085 DIVULG 02-05-2018 PUBLIC 03-05-2018); **D:** correta (art. 4º, *caput* e § 7º-A, da Lei 12.850/2013); **E:** incorreta. Vide: STF, Plenário, HC 127483/PR, Rel. Min. Dias Toffoli, julgado em 27/8/2015. ED

„D". oʇɪɹɐqɐ⅁

(Delegado de Polícia Federal – 2021 – CESPE) Após ligação anônima, a polícia realizou busca em determinada casa, onde encontrou pessoas preparando pequenos pacotes de determinada substância – aparentemente entorpecente –, os quais foram apreendidos, além de armas de fogo de alto calibre. Durante a diligência, o delegado, informalmente, realizou entrevistas com as pessoas que estavam no domicílio. Durante essas entrevistas, um dos indivíduos confessou a prática do delito e, posteriormente, colaborou com a identificação dos demais membros

7. DIREITO PROCESSUAL PENAL

da organização criminosa. A partir das informações do colaborador, foi realizada uma ação controlada.

A partir dessa situação hipotética, julgue os próximos itens.

(1) A substância apreendida deve ser submetida à perícia para a elaboração do laudo de constatação provisório da natureza e da quantidade da droga, análise que deve ser realizada por perito, o qual, por sua vez, ficará impedido de elaborar o laudo definitivo.

(2) A ação controlada na investigação da organização criminosa independe de prévia autorização judicial e parecer ministerial.

(3) De acordo com o Supremo Tribunal Federal, a entrevista informalmente conduzida pelo delegado durante a realização da busca domiciliar viola as garantias individuais dos presos.

(4) A busca domiciliar fundamentada em notícia anônima foi válida em razão da descoberta da situação que culminou em flagrante delito.

(5) Devido à colaboração relevante do preso para a identificação da organização criminosa nos autos do inquérito policial, o delegado, com a manifestação do Ministério Público, poderá representar ao juiz pela concessão de perdão judicial.

1: errado. O erro da assertiva está na sua parte final, em que afirma que o perito que confeccionar o laudo de constatação ficará impedido de elaborar o laudo definitivo (art. 50, § 2º, da Lei 11.343/2006: *O perito que subscrever o laudo a que se refere o § 1º deste artigo não ficará impedido de participar da elaboração do laudo definitivo*). **2:** certo. O art. 8º, § 1º, da Lei 12.850/2013 (Organização Criminosa) reza que a ação controlada será *comunicada* ao juiz competente, que estabelecerá, conforme o caso, os limites da medida e comunicará o MP. De ver-se que, neste caso, o legislador não impôs a necessidade de o magistrado autorizar o retardamento da intervenção policial; exigiu tão somente a comunicação da medida. **3:** certo. Conferir a seguinte ementa: "Reclamação. 2. Alegação de violação ao entendimento firmado nas Arguições de Descumprimento de Preceitos Fundamentais 395 e 444. Cabimento. A jurisprudência do Supremo Tribunal Federal deu sinais de grande evolução no que se refere à utilização do instituto da reclamação em sede de controle concentrado de normas. No julgamento da questão de ordem em agravo regimental na Rcl 1.880, em 23 de maio de 2002, o Tribunal assentou o cabimento da reclamação para todos aqueles que comprovarem prejuízos resultantes de decisões contrárias às teses do STF, em reconhecimento à eficácia vinculante *erga omnes* das decisões de mérito proferidas em sede de controle concentrado 3. Reclamante submetido a "entrevista" durante o cumprimento de mandado de busca e apreensão. Direito ao silêncio e à não autoincriminação. Há a violação do direito ao silêncio e à não autoincriminação, estabelecidos nas decisões proferidas nas ADPFs 395 e 444, com a realização de interrogatório forçado, travestido de "entrevista", formalmente documentado durante o cumprimento de mandado de busca e apreensão, no qual não se oportunizou ao sujeito da diligência o direito à prévia consulta a seu advogado e nem se certificou, no referido auto, o direito ao silêncio e a não produzir provas contra si mesmo, nos termos da legislação e dos precedentes transcritos 4. A realização de interrogatório em ambiente intimidatório representa uma diminuição da garantia contra a autoincriminação. O fato de o interrogado responder a determinadas perguntas não significa que ele abriu mão do seu direito. As provas obtidas através de busca e apreensão realizada com violação à Constituição não devem ser admitidas. Precedentes dos casos Miranda v. Arizona e Mapp v. Ohio, julgados pela Suprema Corte dos Estados Unidos. Necessidade de consolidação de uma jurisprudência brasileira em favor das pessoas investigadas. 5. Reclamação julgada procedente para declarar a nulidade da "entrevista" realizada e das provas derivadas, nos termos do art.

5º, LVI, da CF/88 e do art. 157, § 1º, do CPP, determinando ao juízo de origem que proceda ao desentranhamento das peças" (STF, Rcl 33711, rel. Min. Gilmar Mendes, Segunda Turma, Julgamento: 11/06/2019, Publicação: 23/08/2019. **4:** errado. Conferir: "1. O simples fato de o tráfico de drogas configurar crime permanente não autoriza, por si só, o ingresso em domicílio sem o necessário mandado judicial. Exige-se, para que se configure a legítima flagrância, a demonstração posterior da justa causa ou, em outros termos, de fundadas razões quanto à suspeita de ocorrência de crime no interior da residência. 2. Na hipótese, o ingresso dos policiais na residência do paciente ocorreu, em síntese, em razão da denúncia anônima da ocorrência de tráfico de drogas no imóvel, não tendo havido investigação prévia, monitoramento ou campana para a averiguação da veracidade das informações. 3. Nesse panorama, o Superior Tribunal de Justiça possui entendimento pacífico no sentido de que "a mera denúncia anônima, desacompanhada de outros elementos preliminares indicativos de crime, não legitima o ingresso de policiais no domicílio indicado, estando, ausente, assim, nessas situações, justa causa para a medida" (HC 512.418/RJ, Rel. Ministro NEFI CORDEIRO, Sexta Turma, julgado em 26/11/2019, DJe de 3/12/2019). 4. "Ante a ausência de normatização que oriente e regule o ingresso em domicílio alheio, nas hipóteses excepcionais previstas no Texto Maior, há de se aceitar com muita reserva a usual afirmação – como ocorreu na espécie – de que o morador anuiu livremente ao ingresso dos policiais para a busca domiciliar, máxime quando a diligência não é acompanhada de qualquer preocupação em documentar e tornar imune a dúvidas a voluntariedade do consentimento" (RHC 118.817/MG, Rel. Ministro ROGERIO SCHIETTI CRUZ, SEXTA TURMA, julgado em 10/12/2019, DJe 13/12/2019). 5. *In casu*, foi considerada ausente a comprovação de que a autorização da moradora (esposa do acusado) tenha sido livre e sem vício de consentimento. 6. Agravo regimental desprovido" (STJ, AgRg no HC 688.218/AL, Rel. Ministro RIBEIRO DANTAS, QUINTA TURMA, julgado em 09/11/2021, DJe 16/11/2021). No mesmo sentido: "1. Elementos dos autos que evidenciam não ter havido investigação preliminar para corroborar o que exposto em denúncia anônima. O Supremo Tribunal Federal assentou ser possível a deflagração da persecução penal pela chamada denúncia anônima, desde que esta seja seguida de diligências realizadas para averiguar os fatos nela noticiados antes da instauração do inquérito policial. Precedente. 2. A interceptação telefônica é subsidiária e excepcional, só podendo ser determinada quando não houver outro meio para se apurar os fatos tidos por criminosos, nos termos do art. 2º, inc. II, da Lei n. 9.296/1996. Precedente. 3. Ordem concedida para se declarar a ilicitude das provas produzidas pelas interceptações telefônicas, em razão da ilegalidade das autorizações, e a nulidade das decisões judiciais que as decretaram amparadas apenas na denúncia anônima, sem investigação preliminar" (STF, HC 108147, Relator(a): Min. Cármen Lúcia, Segunda Turma, julgado em 11.12.2012, Processo Eletrônico *DJe*-022 Divulg 31.01.2013 Public 01.02.2013). **5:** certo, pois em conformidade com o art. 4º, § 2º, da Lei 12.850/2013. ⬛ED

Gabarito: 1E, 2C, 3C, 4E, 5C

(Delegado/MG – 2021 – FUMARC) Sobre as disposições processuais especiais da Lei nº 9.613/1998 (que dispõe sobre os crimes de "lavagem" ou ocultação de bens, direitos e valores, e dá outras providências), é INCORRETO afirmar:

(A) No curso das investigações de crimes de lavagem de bens, direitos ou valores, ordens de prisão ou medidas assecuratórias de bens, direitos ou valores poderão ser suspensas pelo juiz, ouvido o Ministério Público, quando a sua execução imediata puder comprometer as investigações.

(B) No processo por crime previsto na Lei nº 9.613/1998, não se aplica o disposto no art. 366 do CPP, devendo o acusado que não comparecer nem constituir advogado ser citado por edital, prosseguindo o feito até o julga- mento, com a nomeação de defensor dativo.

(C) O processo e o julgamento dos crimes previstos na Lei nº 9.613/1998 independem do processo e julgamento das infrações penais antecedentes, ainda que praticados em outro país, cabendo ao juiz competente para os crimes previstos nesta Lei a decisão sobre a unidade de processo e julga- mento.

(D) O processo e o julgamento dos crimes previstos na Lei nº 9.613/1998 não são da competência da Justiça Federal nas hipóteses em que a infração penal antecedente for de competência da Justiça Federal, tendo em vista serem crimes autônomos.

A: correta, pois reflete o disposto no art. 4º-B da Lei 9.613/1998; **B:** correta. De fato, não se aplica, no processo por crime de lavagem de dinheiro, o disposto no art. 366 do Código de Processo Penal, que estabelece que o processo e o curso do prazo prescricional ficarão suspensos na hipótese de o acusado, citado por edital, não comparecer tampouco constituir advogado, situação em que o processo seguirá à sua revelia (art. 2º, § 2º, da Lei 9.613/1998); **C:** correta, uma vez que em consonância com o que dispõe o art. 2º, II, da Lei 9.613/1998; **D:** incorreta, pois contraria o que estabelece o art. 2º, III, *b*, da Lei 9.613/1998. 🔲

Gabarito "D".

(Delegado/MG – 2021 – FUMARC) Acerca da possibilidade de obtenção de dados e informações cadastrais da vítima ou de suspeitos junto aos órgãos do poder público ou a empresas da iniciativa privada, no curso das investigações, é INCORRETO afirmar:

(A) Em investigações relacionadas a organizações criminosas, a Autoridade Policial terá acesso, independentemente de autorização judicial, apenas aos dados cadastrais do investigado que informem, exclusivamente, a qualificação pessoal, a filiação e o endereço mantidos pela Justiça Eleitoral, empresas telefônicas, instituições financeiras, provedores de internet e administradoras de cartão de crédito.

(B) Em investigações relacionadas a organizações criminosas, as empresas de transporte possibilitarão, pelo prazo de 5 (cinco) anos, acesso direto e per- manente do delegado de polícia aos bancos de dados de reservas e registro de viagens.

(C) Nos termos do art. 13-A do CPP, no curso da investigação de crime de tráfico de drogas (art. 33 da Lei nº 11.343/2006), o delegado de polícia poderá diretamente requisitar, de quaisquer órgãos do poder público ou de empresas da iniciativa privada, dados e informações cadastrais de suspeitos.

(D) Se necessário à prevenção e à repressão dos crimes relacionados ao tráfico de pessoas, o delegado de polícia poderá requisitar, mediante autorização judicial, às empresas prestadoras de serviço de telecomunicações e/ou telemática, que disponibilizem, imediatamente, os meios técnicos adequados – como sinais, informações e outros – que permitam a localização da vítima ou dos suspeitos do delito em curso.

A: correta (art. 15 da Lei 12.850/2013); **B:** correta (art. 16 da Lei 12.850/2013); **C:** incorreta, já que o art. 13-A do CPP não contemplou o crime de tráfico de drogas (art. 33 da Lei nº 11.343/2006); **D:** correta (13-B, *caput*, do CPP). 🔲

Gabarito "C".

(Juiz de Direito/SP – 2021 – Vunesp) A Constituição Federal, em seu artigo 5o, inciso XLII, define a prática do racismo como crime, dispondo ainda ser ele inafiançável e imprescritível, sujeito à pena de reclusão, nos termos da lei. E a lei infraconstitucional vigente, no avanço das disposições anteriores à Constituição, mas em observância ao que nela expresso, definiu condutas que se caracterizam como crimes de racismo, vetado, porém, o dispositivo em que considerados os crimes nela definidos inafiançáveis e insuscetíveis de suspensão condicional da pena. Na mensagem do veto, fez-se constar que o "julgador deve saber dosar de forma judiciosa que se espera de todos aqueles que devem aplicar a lei", o que delegou ao seu intérprete final a definição e a forma de cumprimento da sanção do crime, firmando base para as divergências de interpretação quanto à caracterização do ato tido como criminoso. Com o advento de novas leis, alterações foram introduzidas na norma definidora das condutas racistas, sendo também modificado o Código Penal, com a introdução do crime de injúria racial, observada a igualdade da pena básica para os crimes de racismo, não afastando, porém, a divergência sobre o tema, não havendo posição consolidada ou sedimentada na jurisprudência dos Tribunais Superiores e nem manifestação da Corte Suprema sobre o tema, embora já instada a tanto, com julgamento pendente de finalização. Diante desse quadro apresentado, abstraído o debate jurisprudencial e observada a literalidade da legislação vigente, com relação à injúria racial, pode-se afirmar que

(A) é afiançável e prescritível, admite suspensão condicional da pena e retratação e é apurado mediante ação penal pública incondicionada.

(B) é crime inafiançável, imprescritível, de ação pública incondicionada e não admite retratação.

(C) difere do racismo por ser crime afiançável, prescritível e de ação penal pública condicionada, não cabendo retratação.

(D) por ser crime contra a honra e a dignidade de pessoa determinada, é prescritível e apurável mediante ação penal privada a ser proposta no prazo decadencial, cabendo retratação.

De acordo com o art. 5º, XLII, a CF, a prática de racismo constitui crime inafiançável e imprescritível. Recentemente, mais especificamente no dia 28/10/2021, o Plenário do STF, ao julgar o HC 154.248, da relatoria do Ministro Edson Fachin, fixou o entendimento no sentido de que o crime de injúria racial, a exemplo do racismo, é também imprescritível. Conferir: "HABEAS CORPUS. MATÉRIA CRIMINAL. INJÚRIA RACIAL (ART. 140, § 3º, DO CÓDIGO PENAL). ESPÉCIE DO GÊNERO RACISMO. IMPRESCRITIBILIDADE. DENEGAÇÃO DA ORDEM. 1. Depreende-se das normas do texto constitucional, de compromissos internacionais e de julgados do Supremo Tribunal Federal o reconhecimento objetivo do racismo estrutural como dado da realidade brasileira ainda a ser superado por meio da soma de esforços do Poder Público e de todo o conjunto da sociedade. 2. O crime de injúria racial reúne todos os elementos necessários à sua caracterização como uma das espécies de racismo, seja diante da definição constante do voto condutor do julgamento do HC 82.424/RS, seja diante do conceito de discriminação racial previsto na Convenção Internacional Sobre a Eliminação de Todas as Formas de Discriminação Racial. 3. A simples distinção topológica entre os crimes previstos na Lei 7.716/1989 e o art. 140, § 3º, do Código Penal não tem o condão de fazer deste uma conduta delituosa diversa do racismo, até porque o rol previsto na legislação extravagante não é exaustivo. 4. Por ser espécie do gênero racismo, o crime de injúria racial

7. DIREITO PROCESSUAL PENAL

é imprescritível. 5. Ordem de habeas corpus denegada" (HC 154248, Relator(a): EDSON FACHIN, Tribunal Pleno, julgado em 28/10/2021, PROCESSO ELETRÔNICO DJe-036 DIVULG 22-02-2022 PUBLIC 23-02-2022). Além disso, a ação penal, no crime de injúria racial, é pública condicionada à representação do ofendido, conforme art. 145, parágrafo único, do CP. Por fim, não admite retratação, o que somente é aplicável aos crimes de calúnia e difamação (art. 143, CP). Atenção: a Lei 14.532/2023, posterior à elaboração desta questão, alterou o teor do art. 140, § 3º, do CP, que passa a contar com a seguinte redação: *Se a injúria consiste na utilização de elementos referentes a religião ou à condição de pessoa idosa ou com deficiência.* Como se pode ver, o legislador, com isso, excluiu da forma qualificada da injúria ofensas contendo elementos referentes a raça, cor, etnia ou procedência nacional. Tais modalidades migraram para a Lei 7.716/1989, cujo art. 2º-A passa a ter a seguinte redação: *Injuriar alguém, ofendendo-lhe a dignidade ou o decoro, em razão de raça, cor, etnia ou procedência nacional.* Dessa forma, o crime de injúria racial foi tipificado como racismo. A consequência disso é que tal modalidade de injúria passa a ser, agora por força de lei, imprescritível, inafiançável e incondicionada a ação penal. Além disso, a pena, que até então era de reclusão de 1 a 3 anos e multa, passa a ser de 2 a 5 anos de reclusão. ED
Gabarito: ANULADA.

(Juiz de Direito/GO – 2021 – FCC) Em relação ao acordo de colaboração premiada, a Lei de Organização Criminosa, Lei no 12.850, de 02 de agosto de 2013, estabelece:

(A) Configura violação de sigilo e quebra de confiança e da boa-fé a divulgação das tratativas iniciais acerca do acordo de colaboração premiada, assim como de documento que formalize tais tratativas, até o levantamento de sigilo por decisão judicial.

(B) Medidas cautelares reais ou pessoais podem ser decretadas com fundamento apenas nas declarações do colaborador, as quais, porém, são insuficientes, como fundamento único, para decisão de recebimento de denúncia e sentença condenatória.

(C) Dado o sigilo, o registro das tratativas e dos atos de colaboração não deve ser feito por meios ou recursos de gravação magnética, estenotipia ou técnica similar.

(D) Caso não haja indeferimento sumário de acordo de colaboração premiada, as partes deverão firmar termo de confidencialidade para prosseguimento das tratativas, mas isso não vincula os órgãos envolvidos na negociação, nem impede o indeferimento posterior sem justa causa.

(E) Se beneficiado por perdão judicial ou não denunciado, o colaborador não poderá ser ouvido em juízo, mas apenas na fase de investigação.

A: correta, pois em consonância com o disposto no art. 3º-B da Lei 12.850/2013, incluído pela Lei 13.964/2019 (pacote anticrime); **B:** incorreta. A Lei 13.964/2019, ao inserir o § 16 no art. 4º da Lei 12.850/2013, eliminou a possibilidade, que antes havia, de determinadas medidas serem adotadas ou certas decisões serem proferidas com base exclusiva nas declarações do colaborador, entre as quais estão as medidas cautelares reais ou pessoais e o ato de recebimento de denúncia ou queixa; **C:** incorreta, uma vez que, em que pese o sigilo, o registro das tratativas e dos atos de colaboração deverá, sim, ser feito por meios ou recursos de gravação magnética, estenotipia ou técnica similar (art. 4º, § 13, da Lei 12.850/2013); **D:** incorreta. Por força do que dispõe o art. 3º-B, § 2º, da Lei 12.850/2013, caso não haja indeferimento sumário do acordo de colaboração premiada, as partes deverão firmar termo de confidencialidade para prosseguimento das tratativas, o que vinculará os órgãos envolvidos na negociação bem como impedirá o indeferimento posterior sem justa causa; **E:** incorreta, pois não reflete

o disposto no art. 4º, § 12, da Lei 12.850/2013, que estabelece que, mesmo que beneficiado por perdão judicial ou não denunciado, o colaborador poderá, sim, ser ouvido em juízo, e não apenas na fase de investigação. ED
Gabarito: "A".

(Promotor de Justiça/CE – 2020 – CESPE/CEBRASPE) No que se refere a organização criminosa, assinale a opção correta, com base na Lei 12.850/2013.

(A) Organização criminosa não configura um tipo penal incriminador autônomo, mas meramente a forma de praticar crimes.

(B) A associação estável e permanente de três ou mais pessoas para a prática de crimes é requisito para a configuração de organização criminosa.

(C) É circunstância elementar da organização criminosa a finalidade de obtenção de vantagem de qualquer natureza mediante a prática de infrações penais, consumando-se com a prática, pelos membros da organização, de quaisquer ilícitos com penas máximas superiores a quatro anos.

(D) É circunstância elementar da organização criminosa a estrutura ordenada, caracterizada pela divisão formal de tarefas entre os membros da sociedade criminosa.

(E) Organização criminosa é crime comum, não exigindo qualidade ou condição especial do agente, mas terá pena aumentada se houver concurso de funcionário público e a organização valer-se dessa condição para a prática de infrações penais.

A: incorreta. Isso porque o art. 2º, *caput*, da Lei 12.850/2013 contém a descrição típica do crime de organização criminosa, que consiste na conduta do agente que promove, constitui, financia ou integra, pessoalmente ou por interposta pessoa, organização criminosa. Cuida-se de crime formal, uma vez que o tipo penal não exige a produção de resultado naturalístico consistente no cometimento dos delitos pretendidos pela organização. A propósito, adotou-se, quanto a isso, o critério da acumulação material, de tal sorte que o integrante da organização criminosa responderá pelo crime deste art. 2º em concurso material com aqueles eventualmente praticados para a obtenção da vantagem ilícita (vide preceito secundário do art. 2º, *caput*, da Lei 12.850/2013); **B:** incorreta. A configuração de organização criminosa exige o número mínimo de 4 pessoas (art. 1º, § 1º, da Lei 12.850/2013); **C:** incorreta, já que a consumação do crime de organização criminosa (art. 2º, *caput*, da Lei 12.850/2013) prescinde da produção de resultado naturalístico consistente no cometimento dos delitos pretendidos pela organização (delito formal); **D:** incorreta. A divisão de tarefas entre os membros da sociedade criminosa pode ser formal ou informal (art. 1º, § 1º, da Lei 12.850/2013); **E:** correta. De fato, trata-se de crime comum, já que o tipo penal não confere nenhuma qualidade especial ao sujeito ativo. Também é verdade que a pena será aumentada de um sexto a dois terços na hipótese de haver concurso de funcionário público, valendo-se a organização criminosa dessa condição para a prática de infração penal (art. 2º, § 4º, II, da Lei 12.850/2013).
Gabarito: "E".

(Juiz de Direito – TJ/MS – 2020 – FCC) Quanto aos aspectos processuais da Lei de Drogas, correto afirmar que

(A) o agente surpreendido na posse de droga para consumo pessoal será processado e julgado perante o Juizado Especial Criminal, permitida a transação penal, ainda que haja concurso com o delito de tráfico de entorpecentes, a ser apurado no juízo comum.

(B) o inquérito policial será concluído no prazo de 30 (trinta) dias, se o indiciado estiver preso, e de 90

EDUARDO DOMPIERI

(noventa) dias, quando solto, podendo haver duplicação de tais prazos pelo juiz, ouvido o Ministério Público, mediante pedido justificado da autoridade de polícia judiciária.

(C) o juiz, oferecida a denúncia, ordenará a notificação do acusado para oferecer defesa prévia, por escrito, no prazo de 10 (dez) dias, decidindo a seguir em 05 (cinco) dias, apresentada ou não a resposta.

(D) suficiente o laudo de constatação da natureza e quantidade da droga, firmado por perito oficial ou, na falta deste, por pessoa idônea, para efeito da lavratura do auto de prisão em flagrante e estabelecimento da materialidade do delito, ficando impedido, porém, o perito que o subscrever de participar do laudo definitivo.

(E) o Ministério Público, recebidos os autos do inquérito policial, poderá, no prazo de 10 (dez) dias, requerer o arquivamento, requisitar diligências que entender necessárias ou oferecer denúncia arrolando até 08 (oito) testemunhas.

A: incorreta, já que o art. 48, § 1º, da Lei 11.343/2006 excepciona da incidência do procedimento previsto na Lei 9.099/1995 a hipótese de concurso com os crimes definidos nos arts. 33 a 37 da Lei de Drogas; **B:** correta. A Lei de Drogas estabelece, em seu art. 51, o prazo de trinta dias para a conclusão das investigações na hipótese de o investigado encontrar-se preso e noventa se estiver solto. Esses dois prazos comportam dilação (duplicação), nos moldes do que prevê o art. 51, parágrafo único, da Lei 11.343/06; **C:** incorreta, na medida em que, não sendo apresentada a resposta no prazo legal, incumbe ao juiz nomear defensor para oferecê-la em 10 dias, após o que decidirá em cinco dias (art. 55, §§ 3º e 4º, da Lei de Drogas); **D:** incorreta, uma vez que o perito que subscrever o laudo de constatação da natureza e quantidade da droga não ficará impedido de participar da elaboração do laudo definitivo (art. 50, § 2º, Lei 11.343/2006); **E:** incorreta, já que o MP poderá arrolar, na denúncia, até *cinco* testemunhas (e não *oito*), conforme estabelece o art. 54, III, da Lei de Drogas.
Gabarito "B".

(Juiz de Direito – TJ/MS – 2020 – FCC) Quanto às medidas protetivas de urgência, correto afirmar que

(A) indispensável prévia manifestação do Ministério Público para a sua concessão, se requeridas pela ofendida.

(B) serão aplicadas isolada ou cumulativamente, vedada posterior substituição por outras, embora possível a decretação da prisão preventiva para garantir a execução das impostas.

(C) podem consistir na restrição ou suspensão de visitas aos dependentes menores, dispensada manifestação de equipe de atendimento multidisciplinar ou serviço similar.

(D) a ofendida, salvo se defendida por advogado constituído, deverá ser notificada dos atos processuais relativos ao agressor, especialmente dos pertinentes ao ingresso e à saída da prisão.

(E) podem consistir na suspensão da posse ou restrição do porte de armas, com comunicação ao órgão competente.

A: incorreta. Isso porque o art. 19, § 1º, da Lei 11.340/2006 (Maria da Penha) estabelece que *as medidas protetivas de urgência poderão ser concedidas de imediato, independentemente de audiência das partes e de manifestação do Ministério Público, devendo este ser prontamente*

comunicado; **B:** incorreta, uma vez que as medidas protetivas de urgência podem, a qualquer tempo, ser substituídas por outras mais eficazes (art. 19, § 2º, da Lei 11.340/2006); **C:** incorreta, já que a aplicação da medida protetiva consistente na restrição ou suspensão de visitas aos dependentes menores está condicionada à manifestação de equipe de atendimento multidisciplinar ou serviço similar. É o que estabelece o art. 22, IV, da Lei 11.340/2006; **D:** incorreta. A notificação de que trata o art. 21 da Lei Maria da Penha é de rigor ainda que a ofendida seja defendida por advogado constituído; **E:** correta, pois reflete o disposto no art. 22, I, da Lei 11.340/2006. Atentar à inclusão do inciso IV ao art. 18 da Lei Maria da Penha promovida pela Lei 13.880/2019, segundo o qual caberá ao juiz, depois de recebido o expediente com o pedido da ofendida, no prazo de 48 horas, determinar a apreensão imediata da arma de fogo sob a posse do agressor.
Gabarito "E".

(Juiz de Direito – TJ/SC – 2019 – CESPE/CEBRASPE) Ao receber ação penal para o processamento de crime de lavagem de valores, de acordo com a legislação especial que trata do assunto, o juiz de direito substituto atuará corretamente no caso de

(A) suspender o processo, mas determinar a produção antecipada de provas, caso o réu, citado por edital, não compareça aos autos nem constitua advogado.

(B) indeferir eventual pedido de declinação de competência do feito para a justiça federal quando somente a infração penal antecedente for de competência da justiça federal.

(C) emitir ordem, após o trânsito em julgado de ação de competência da justiça federal ou estadual, para que o valor constante da sentença penal condenatória e depositado judicialmente como medida assecuratória seja incorporado definitivamente ao patrimônio da União.

(D) suspender, após ouvir o Ministério Público, medida assecuratória de bens e valores sob o fundamento de que a execução imediata poderá comprometer as investigações.

(E) não receber a denúncia sob o fundamento de que a peça foi instruída com infração penal antecedente cuja punibilidade foi extinta.

A: incorreta, uma vez que, a teor do art. 2º, § 2º, da Lei 9.613/1998, a suspensão do processo, instituto previsto no art. 366 do CPP, não tem incidência no âmbito dos crimes de lavagem de capitais; **B:** incorreta, pois contraria o disposto no art. 2º, III, *b*, da Lei 9.613/1998; **C:** incorreta, pois contraria o disposto no art. 4º, § 5º, I, da Lei 9.613/1998; **D:** correta, pois em conformidade com o art. 4º-B da 9.613/1998; **E:** incorreta, uma vez que não reflete o disposto no art. 2º, § 1º, da Lei 9.613/1998. **ED**
Gabarito "D".

(Juiz de Direito – TJ/SC – 2019 – CESPE/CEBRASPE) No que tange a interceptação das comunicações telefônicas e a disposições relativas a esse meio de prova, previstas na Lei 9.296/1996, assinale a opção correta.

(A) A referida medida poderá ser determinada no curso da investigação criminal ou da instrução processual destinada à apuração de infração penal punida, ao menos, com pena de detenção.

(B) A existência de outros meios para obtenção da prova não impedirá o deferimento da referida medida.

(C) O deferimento da referida medida exige a clara descrição do objeto da investigação, com indicação e

7. DIREITO PROCESSUAL PENAL 355

qualificação dos investigados, salvo impossibilidade manifesta justificada.

(D) A utilização de prova obtida a partir da referida medida para fins de investigação de fato delituoso diverso imputado a terceiro não é admitida.

(E) A decisão judicial autorizadora da referida medida não poderá exceder o prazo máximo de quinze dias, prorrogável uma única vez pelo mesmo período.

A: incorreta, já que, a teor do art. 2º, III, da Lei 9.296/1996, somente será autorizada a interceptação de comunicações telefônicas na hipótese de o fato objetivo da investigação constituir infração penal punida com reclusão; **B:** incorreta, uma vez que, segundo estabelece o art. 2º, II, da Lei 9.296/1996, não será admitida a interceptação de comunicações telefônicas quando a prova puder ser feita por outros meios disponíveis; **C:** correta, pois reflete o disposto no art. 2º, parágrafo único, da Lei 9.296/1996; **D:** incorreta. A assertiva contempla o fenômeno denominado *encontro fortuito de provas*, em que, no curso de investigação de determinada infração penal, termina-se por identificar outros crimes, diversos daquele investigado. É o caso da interceptação telefônica, no curso da qual, deferida para elucidar crime apenado com reclusão, acaba-se por elucidar delito conexo apenado com detenção. A jurisprudência reconhece a licitude da prova assim produzida, desde que estabelecida conexão ou continência com a investigação original. Não se trata, portanto, de *prova ilícita* (art. 157, § 1º, do CPP). **E:** incorreta. Segundo entendimento consolidado pelos tribunais superiores, as interceptações telefônicas podem ser prorrogadas sucessivas vezes, desde que tal providência seja devidamente fundamentada pela autoridade judiciária (art. 5º da Lei 9.296/1996). Conferir: "De acordo com a jurisprudência há muito consolidada deste Tribunal Superior, as autorizações subsequentes de interceptações telefônicas, uma vez evidenciada a necessidade das medidas e a devida motivação, podem ultrapassar o prazo previsto em lei, considerado o tempo necessário e razoável para o fim da persecução penal" (AgRg no REsp 1620209/RS, Rel. Ministra Maria Thereza De Assis Moura, Sexta Turma, julgado em 09.03.2017, DJe 16.03.2017). No STF: "(...) Nesse contexto, considerando o entendimento jurisprudencial e doutrinário acerca da possibilidade de se prorrogar o prazo de autorização para a interceptação telefônica por períodos sucessivos quando a intensidade e a complexidade das condutas delitivas investigadas assim o demandarem, não há que se falar, na espécie, em nulidade da referida escuta e de suas prorrogações, uma vez que autorizada pelo Juízo de piso com a observância das exigências previstas na lei de regência (Lei 9.296/1996, art. 5º) (...)" (STF, 1ª T., RHC 120.111, rel. Min. Dias Toffoli, j. 11.03.2014). **ED**

Gabarito "C".

(Juiz de Direito - TJ/BA - 2019 - CESPE/CEBRASPE) De acordo com a jurisprudência do STJ acerca da Lei Maria da Penha — Lei n.º 11.340/2006 —, o delito de descumprimento de medida protetiva de urgência constitui crime

(A) cujo sujeito ativo deve ser sempre um homem.

(B) que não admite a concessão de fiança.

(C) cuja caracterização será afastada se tiver sido prevista a aplicação de multa na decisão que tiver determinado a medida protetiva.

(D) mesmo que a determinação da medida protetiva tenha partido do juízo cível.

(E) cuja caracterização admite a modalidade culposa.

A: incorreta. O STJ, em edição de n. 41 da ferramenta *Jurisprudência em Teses*, publicou, sobre este tema, a seguinte tese: "O sujeito passivo da violência doméstica objeto da Lei Maria da Penha é a mulher, já o sujeito ativo pode ser tanto o homem quanto a mulher, desde que fique caracterizado o vínculo de relação doméstica, familiar ou de afetividade,

além da convivência, com ou sem coabitação". Disso é possível inferir que o sujeito ativo do crime definido no art. 24-A da Lei Maria da Penha pode ser tanto o homem quanto a mulher; **B:** incorreta, tendo em conta o disposto no art. 24-A, § 2º, da Lei 11.340/2006, que estabelece que o crime em questão admite a concessão de fiança, desde que pelo juiz de direito. Ou seja, a despeito de a pena máxima corresponder a dois anos, é vedado à autoridade policial conceder fiança em favor do agente autuado em flagrante pela prática do crime de descumprimento de medida protetiva de urgência; **C:** incorreta, pois contraria o que dispõe o art. 24-A, § 3º, da Lei 11.340/2006; **D:** correta. Por força do que dispõe o art. 24-A, § 1º, da Lei Maria da Penha, pouco importa se o juiz de quem partiu a determinação de medida protetiva de urgência é do juízo cível ou criminal, isto é, cometerá o crime do art. 24-A da Lei Maria da Penha tanto o agente que descumpre medida protetiva decretada em processo de natureza civil quanto aquele que descumpre medida protetiva imposta no bojo de processo criminal; **E:** incorreta, já que não há previsão de modalidade culposa. **ED**

Gabarito "D".

(Juiz de Direito - TJ/BA - 2019 - CESPE/CEBRASPE) Assinale a opção correta, a respeito do crime de organização criminosa previsto na Lei n.º 12.850/2013.

(A) Para que se configure o referido crime, tem de se comprovar a ocorrência de associação estável e permanente de três ou mais pessoas para a prática criminosa.

(B) Constitui circunstância elementar desse delito a finalidade de obtenção de vantagem de qualquer natureza mediante a prática de infrações penais cujas penas máximas sejam superiores a quatro anos ou que sejam de caráter transnacional.

(C) A estruturação organizada e ordenada de pessoas, com a necessária divisão formal de tarefas entre elas, é circunstância elementar objetiva do crime em apreço.

(D) A prática de pelo menos um ato executório das infrações penais para as quais os agentes se tenham organizado constitui condição para a consumação do referido delito.

(E) Ao agente que exercer o comando, individual ou coletivo, de organização criminosa, ainda que não pratique pessoalmente atos de execução, será aplicada causa de aumento de pena de um sexto a dois terços.

A: incorreta. A configuração do crime de associação criminosa, definido no art. 2º, *caput*, da Lei 12.850/2013, pressupõe a associação de pelo menos *quatro* pessoas, conforme estabelece o art. 1º, § 1º, da Lei 12.850/2013, que contempla o conceito de organização criminosa; **B:** correta (art. 1º, § 1º, Lei 12.850/2013); **C:** incorreta, já que não se exige, à configuração do crime em questão, a divisão formal de tarefas (art. 1º, § 1º, Lei 12.850/2013); **D:** incorreta. Cuida-se de crime formal, na medida em que não se exige, à sua consumação, qualquer resultado naturalístico consistente no cometimento dos crimes pretendidos pela associação; **E:** incorreta, já que se trata de agravante, a ensejar a elevação da pena-base (art. 2º, § 3º, Lei 12.850/2013). **ED**

Gabarito "B".

(Promotor de Justiça/SP - 2019 – MPE/SP) Sobre a colaboração premiada, é correto afirmar que

(A) apenas o Ministério Público, como órgão titular da ação penal, está legitimado para promover o acordo.

(B) o juiz participará das negociações realizadas entre as partes para a formalização do acordo.

(C) o juiz poderá homologar o acordo ou recusá-lo, caso não atenda aos requisitos legais, mas não poderá adequá-lo ao caso concreto.

(D) pratica crime o colaborador que imputar falsamente, sob pretexto de colaboração, a prática de infração penal a pessoa que sabe ser inocente.

(E) rescindido o acordo, as provas colhidas contra terceiros não poderão ser introduzidas no processo.

A: incorreta. Isso porque o acordo de colaboração premiada poderá ser firmado tanto pelo Ministério Público quanto pela autoridade policial, tal como estabelece o art. 4º, §§ 2º e 6º, da Lei 12.850/2013. A propósito disso, o Plenário do STF, ao julgar a ADI 5.508, considerou constitucional a possibilidade de a autoridade policial firmar acordos de colaboração premiada na fase de inquérito policial. A ação fora ajuizada pela Procuradoria Geral da República, que questionava dispositivos da Lei 12.850/2013, entre os quais aqueles que conferiam ao delegado de polícia a prerrogativa de promover acordos de colaboração premiada; **B:** incorreta. Nos termos do art. 4º, § 6º, da Lei 12.850/2013, é vedado ao magistrado participar do acordo de colaboração premiada, cujas negociações devem ser realizadas entre o MP e o acusado/investigado ou entre este e o delegado de polícia, se no curso do inquérito policial; **C:** incorreta. A redação original do art. 4º, § 8º, da Lei 12.850/2013 estabelecia que o juiz, ao recusar homologar a proposta de acordo, poderia, ele mesmo, proceder à sua adequação ao caso concreto. A Lei 13.964/2019 (pacote anticrime), ao alterar a redação desse dispositivo, passou a estabelecer que a proposta de acordo recusada pelo magistrado será devolvida às partes para que estas promovam a adequação necessária; **D:** correta. Trata-se do crime previsto no art. 19 da Lei 12.850/2013; **E:** incorreta. Por força do que estabelece o art. 4º, § 10, da Lei 12.850/2013, havendo retratação, o que é perfeitamente possível, as provas até então produzidas somente não poderão ser utilizadas contra os interesses do delator que voltou atrás. Significa dizer que o órgão acusador poderá se valer dessas provas em desfavor dos demais investigados/corréus.

Gabarito "D".

(Promotor de Justiça/PR – 2019 – MPE/PR) Analise as assertivas abaixo e assinale a alternativa correta:

(A) Nos termos da Resolução 213/15 do Conselho Nacional de Justiça (que dispõe sobre a apresentação de toda pessoa presa à autoridade judicial no prazo de 24 horas), iniciada a audiência de custódia, após o juiz esclarecer ao preso os motivos de sua prisão em flagrante, o Ministério Público poderá requer sua prisão preventiva ou aplicação de medida diversa desta, oportunizando-se ao preso se manifestar sobre o pedido em autodefesa, após a defesa técnica.

(B) Nos termos da Lei n. 13.431/17 (que estabelece o sistema de garantia de direitos da criança e do adolescente vítima ou testemunha de violência), o depoimento especial seguirá o rito cautelar de antecipação de prova quando se tratar de criança ou adolescente menor de 14 (quatorze) anos e, em caso, de violência sexual.

(C) Nos termos da Lei n. 9.807/99 (que estabelece normas para a organização e a manutenção de programas especiais de proteção a vítimas e a testemunhas ameaçadas), o representante do Ministério Público não poderá compor o Conselho Deliberativo, sendo-lhe, porém, facultado apresentar solicitação para que a pessoa a ser protegida possa ingressar no programa.

(D) Nos termos da Lei n. 13.344/16 (que dispõe sobre prevenção e repressão ao tráfico interno e internacional de pessoas e sobre medidas de atenção às vítimas), tanto o delegado de polícia como o Ministério Público podem provocar o juízo para que decrete, em havendo indícios suficientes de infração penal,

medidas assecuratórias relacionadas a bens, direitos ou valores pertencentes ao investigado ou acusado, ou existentes em nome de interpostas pessoas, que sejam instrumento, produto ou proveito do crime de tráfico de pessoas.

(E) Nos termos da Lei n. 9.296/06 (que regulamenta a garantia do sigilo das comunicações), o incidente de inutilização de gravação que não interessar como prova deverá ser assistido pelo Ministério Público e pela Defensoria Pública quando a interceptação se der durante o inquérito policial e não restar comprovada a autoria.

A: incorreta, pois em desconformidade com o art. 8º, § 1º, da Resolução 213/15, do CNJ. Embora não contemplada, de forma expressa, na CF/1988, a Convenção Americana sobre Direitos Humanos (Pacto de San José da Costa Rica), incorporada ao ordenamento jurídico brasileiro, em seu art. 7º (5), assim estabelece: "Toda pessoa presa, detida ou retida deve ser conduzida, sem demora, à presença de um juiz ou outra autoridade autorizada por lei a exercer funções judiciais (...)". O Conselho Nacional de Justiça, em parceria com o Tribunal de Justiça de São Paulo e também com o Ministério da Justiça, lançou e implementou o projeto "audiência de custódia", cujo propósito é assegurar ao preso o direito de ser apresentado, de forma rápida, a um juiz de direito, ao qual caberá analisar, entre outros aspectos, a legalidade da prisão em flagrante e também a necessidade de a mesma ser convertida em prisão preventiva. Para tanto, o CNJ editou a Resolução 213/2015, cujo art. 1º assim estabelece: *Determinar que toda pessoa presa em flagrante delito, independentemente da motivação ou natureza do ato, seja obrigatoriamente apresentada, em até 24 horas da comunicação do flagrante, à autoridade judicial competente, e ouvida sobre as circunstâncias em que se realizou sua prisão ou apreensão.* Mais recentemente, a Lei 13.964/2019, conhecida como Pacote Anticrime, contemplou a audiência de custódia, inserindo-a no art. 310 do CPP. Pela primeira vez, portanto, a audiência de custódia, objeto de tantos debates na comunidade jurídica, tem previsão legal. Como dissemos acima, até então esta matéria estava prevista tão somente na Resolução CNJ 213/2015. Segundo estabelece a nova redação do *caput* do art. 310 do CPP, "após receber o auto de prisão em flagrante, no prazo máximo de 24 (vinte e quatro) horas após a realização da prisão, o juiz deverá promover audiência de custódia com a presença do acusado, seu advogado constituído ou membro da Defensoria Pública e o membro do Ministério Público, e, nessa audiência, o juiz deverá, fundamentadamente: (...)"; **B:** incorreta, pois contraria o teor do art. 11, § 1º, da Lei 13.431/2017, que estabelece que o depoimento especial seguirá o rito cautelar de antecipação de prova quando se tratar de criança menor de 7 (sete) anos e em caso de violência sexual; **C:** incorreta, na medida em que não reflete o disposto no art. 4º, *caput*, da Lei 9.807/1999, segundo o qual integrarão o conselho deliberativo representantes do Ministério Público e do Poder Judiciário, entre outros; **D:** correta, pois em conformidade com o art. 8º, *caput*, da Lei 13.344/2016; **E:** incorreta, pois em desconformidade com o art. 9º, parágrafo único, da Lei 9.296/06, que assim dispõe: *o incidente de inutilização será assistido pelo Ministério Público, sendo facultada a presença do acusado ou de seu representante legal.*

Gabarito "D".

(Promotor de Justiça/PR – 2019 – MPE/PR) Analise as assertivas abaixo e assinale a alternativa correta:

(A) Nos termos da Lei n. 9.099/95 (Lei dos Juizados Especiais Cíveis e Criminais), no juízo comum ou no Tribunal do Júri, havendo reunião de processos decorrente da aplicação das regras de conexão e continência, deverão ser observados os institutos da transação penal e da composição civil.

7. DIREITO PROCESSUAL PENAL

(B) Nos termos da Lei n. 11.340/96 (Lei Maria da Penha), as medidas protetivas de urgência que obrigam o agressor, dada sua natureza cautelar, têm validade de 6 (seis) meses, podendo ser prorrogada a pedido da vítima, seu defensor ou do Ministério Público enquanto perdurar o processo.

(C) Nos termos da Lei n. 12.850/13 (que define organização criminosa e dispõe sobre a investigação criminal, os meios de obtenção da prova, infrações penais correlatas e o procedimento criminal), é vedado que a autoridade policial, o investigado e o defensor promovam negociações para formalização de colaboração premiada por não serem partes processuais.

(D) Nos termos da Lei n. 8.072/90 (Lei dos Crimes Hediondos), a prisão temporária terá o prazo de 15 (quinze) dias, prorrogável por igual período em caso de extrema e comprovada necessidade, tanto nos crimes hediondos como nos de prática da tortura, de tráfico ilícito de entorpecentes e drogas afins e o terrorismo.

(E) Nos termos da Lei n. 11.343/06 (Lei Antidrogas), decorrido o prazo para conclusão do inquérito policial a autoridade de polícia judiciária deverá remeter os autos ao juízo, sem prejuízo de diligências complementares necessárias ou úteis à plena elucidação do fato, cujo resultado deverá ser posteriormente encaminhado ao juízo competente até a apresentação da resposta escrita, sob pena de preclusão.

A: correta, pois reflete o que dispõe o art. 60, parágrafo único, da Lei 9.099/1995 (Juizados Especiais); **B:** incorreta. O legislador não estabeleceu prazo de duração das medidas protetivas de urgência que obrigam o agressor (art. 22 da Lei 11.340/2006 – Maria da Penha); **C:** incorreta. Isso porque o acordo de colaboração premiada poderá ser firmado pelo Ministério Público quanto pela autoridade policial, tal como estabelece o art. 4º, §§ 2º e 6º, da Lei 12.850/2013 (Organização Criminosa). A propósito disso, o Plenário do STF, ao julgar a ADI 5.508, considerou constitucional a possibilidade de a autoridade policial firmar acordos de colaboração premiada na fase de inquérito policial. A ação fora ajuizada pela Procuradoria Geral da República, que questionava dispositivos da Lei 12.850/2013, entre os quais aqueles que conferiam ao delegado de polícia a prerrogativa de promover acordos de colaboração premiada; **D:** incorreta. A prisão temporária será decretada, a teor do art. 2º, "*caput*", da Lei 7.960/1989, pelo prazo de cinco dias, prorrogável por igual período em caso de extrema e comprovada necessidade. Em se tratando, no entanto, de crime hediondo ou a ele equiparado (tortura, tráfico de drogas e terrorismo), a custódia temporária será decretada por *até* trinta dias, prorrogável por igual período em caso de extrema e comprovada necessidade, em consonância com o disposto no art. 2º, § 4º, da Lei 8.072/1990 (Crimes Hediondos); **E:** incorreta, já que o encaminhamento das diligências complementares deverá ocorrer até 3 dias antes da audiência de instrução e julgamento (art. 52, parágrafo único, I, da Lei 11.343/2006).
Gabarito "A".

(Juiz de Direito – TJ/RS – 2018 – VUNESP) Assinale a alternativa correta.

(A) A interceptação das comunicações telefônicas não poderá ser determinada *ex officio* pelo juiz.

(B) Não pode o juiz, havendo indícios suficientes, decretar *ex officio*, no curso do inquérito ou da ação penal, a apreensão e outras medidas assecuratórias relacionadas aos bens móveis e imóveis ou valores consistentes em produtos dos crimes previstos na Lei no 11.343/06.

(C) As medidas protetivas de urgência, previstas na Lei no 11.340/06, não poderão ser concedidas *ex officio* pelo juiz, dependendo sempre de requerimento da parte interessada ou mesmo da autoridade policial ou do Ministério Público.

(D) Em relação à proteção aos réus colaboradores, prevista na Lei no 9.807/99, não pode o juiz conceder o perdão judicial *ex officio*.

(E) No caso de morte do acusado, o juiz somente à vista da certidão de óbito, e depois de ouvido o Ministério Público, declarará a extinção da punibilidade.

A: incorreta. Isso porque, segundo estabelece o art. 3º da Lei 9.296/1996, a interceptação das comunicações telefônicas poderá ser determinada pelo juiz (sempre): de ofício; ou mediante representação da autoridade policial, no curso das investigações do inquérito policial, ou a pedido do MP, tanto no curso do IP quanto no da ação penal; **B:** incorreta, uma vez que tal providência poderá, sim, ser determinada de ofício pelo juiz, conforme consta do art. 60, *caput*, da Lei 11.343/2006; **C:** errada. A incorreção da assertiva está em afirmar que a decretação das medidas protetivas de urgência contidas na Lei Maria da Penha poderá se dar a requerimento da autoridade policial. Na verdade, tais medidas serão requeridas pelo MP ou pela própria ofendida (art. 19, *caput*, Lei 11.340/2006). Quanto à possibilidade de o juiz decretar essas medidas de ofício, mesmo a lei não a tendo contemplado, conferir a lição de Guilherme de Souza Nucci: "(...) a nova lei, que busca avanço e celeridade na solução dos problemas da mulher agredida, olvidou que o magistrado possa decretar medidas de urgência de ofício, conforme o caso e de acordo com a finalidade da proteção. Cremos que tal situação pode ser sanada pelo poder geral de cautela do juiz, contornando-se a omissão legislativa. Em outras palavras, conforme a situação concreta, parece-nos viável a decretação de medidas de urgência pertinentes de ofício. Afinal, *quem pode o mais, pode o menos*" (*Leis Penais e Processuais Penais Comentadas*, Volume 1. 8. ed. São Paulo: Forense, 2014. p. 707); **D:** incorreta, pois não reflete o disposto no art. 13, *caput*, da Lei 9.807/1999, que estabelece que o juiz, neste caso, pode atuar de ofício; **E:** correta, pois constitui reprodução do teor do art. 62 do CPP. **ED**
Gabarito "E".

(Investigador – PC/BA – 2018 – VUNESP) Diante do previsto na Lei no 9.296/96 – Lei de Interceptação Telefônica, assinale a alternativa correta.

(A) A interceptação telefônica será admitida mesmo que a prova possa ser feita por outros meios disponíveis.

(B) A interceptação telefônica poderá ser determinada pelo representante do Ministério Público, de ofício, mediante idônea fundamentação durante a instrução criminal.

(C) O juiz deverá decidir, no prazo máximo de 24 (vinte e quatro) horas, sobre o pedido de interceptação.

(D) Somente será admitido o pedido de interceptação telefônica feito por escrito.

(E) Não é necessária a presença de indícios razoáveis da autoria ou participação em infração penal para que seja determinada a interceptação telefônica.

A: incorreta. Por se tratar de meio de prova sobremaneira invasivo, a interceptação telefônica somente poderá se dar diante da impossibilidade de se produzir a prova por outros meios disponíveis (art. 2º, II, da Lei 9.296/1996). Ou seja, a interceptação telefônica deve ser utilizada de forma subsidiária, recorrendo-se, por primeiro, a outros meios disponíveis; **B:** incorreta, dado que a interceptação telefônica somente poderá ser determinada pelo juiz de direito, que o fará de ofício ou a requerimento da autoridade policial, no curso das investigações, ou do MP, no decorrer tanto das investigações quanto da ação penal (arts. 1º, *caput*, e 3º, da Lei 9.296/1996); **C:** correta (art. 4º, § 2º, da Lei 9.296/1996); **D:** incorreta, na medida em que o pedido poderá, de forma excepcional, ser formulado *verbalmente* (art. 4º, § 1º, da Lei 9.296/1996); **E:** incorreta, dado que a interceptação somente será admitida diante da presença de indícios razoáveis da autoria ou participação em infração penal, tal como dispõe o art. 2º, I, da Lei 9.296/1996. **ED**

Gabarito "C".

(Investigador – PC/BA – 2018 – VUNESP) Em procedimento legal de interceptação de conversas telefônicas visando a apurar tráfico de drogas, durante o inquérito policial, foram transcritas conversas que tratavam de assuntos diversos daqueles sob a investigação. A respeito destes últimos, de acordo com a Lei Federal no 9.296/1996, que trata da matéria, a providência a ser adotada será

(A) a exclusão de ofício, pela Autoridade Policial que presidir às investigações e sob pena de responsabilidade, dos trechos irrelevantes.

(B) a representação, pela Autoridade Policial, para inutilização dos trechos irrelevantes, o que poderá ser autorizado apenas pela Autoridade Judiciária competente.

(C) a manutenção dos trechos considerados irrelevantes em autos apartados, uma vez que estes têm caráter sigiloso.

(D) o aguardamento até o trânsito da sentença para excluir os trechos havidos por irrelevantes, uma vez que estes poderão ser avaliados novamente no curso do processo.

(E) o refazimento da interceptação, já que a transcrição de trechos irrelevantes à apuração contamina toda a prova, conforme estabelece a "teoria dos frutos envenenados".

Tal como dispõe o art. 9º da Lei 9.296/1996, se, no decorrer da interceptação, forem colhidas informações que não têm pertinência com a apuração em curso, é de rigor que tais dados, que são irrelevantes, sejam inutilizados, cabendo à autoridade policial, neste caso, representar ao magistrado competente para que este determine tal providência. Tal iniciativa também cabe ao representante do MP e à parte interessada, e poderá ser determinada, sempre pelo juiz competente, tanto no curso das investigações do inquérito policial quanto no da ação penal ou até depois desta. **ED**

Gabarito "B".

(Delegado – PC/BA – 2018 – VUNESP) Considere o seguinte caso hipotético.

O criminoso "X", integrante de uma determinada organização criminosa, após a sentença que o condenou pela prática do crime, decide voluntariamente e na presença de seu defensor, colaborar com as investigações. Nas suas declarações, "X" revela toda a estrutura hierárquica e a divisão de tarefas da organização. Alguns dias após, arrepende-se e decide retratar-se das declarações prestadas. Diante do exposto e nos termos da Lei no 12.850/2013, é correto afirmar que

(A) na hipótese de retratação, as provas produzidas pelo colaborador não poderão ser utilizadas em seu desfavor, mas apenas em detrimento dos interesses dos coautores e partícipes.

(B) a colaboração premiada é retratável a qualquer tempo, sendo necessário colher a retratação por escrito e desconsiderar integralmente as provas produzidas.

(C) após a prolação da sentença, é vedada a retratação, portanto, no presente caso, não há possibilidade de se reconhecer o pedido do criminoso.

(D) a colaboração premiada implica em renúncia ao direito ao silêncio, ficando o criminoso sujeito ao compromisso de dizer a verdade; assim sendo, a retratação implicará o cometimento de outro crime.

(E) a colaboração premiada, antes ou após a sentença, é irretratável, portanto as provas autoincriminatórias produzidas pelo colaborador poderão ser utilizadas em seu desfavor.

A: correta. De fato, podem as partes, depois de firmar acordo de colaboração premiada, retratar-se (tanto o MP quanto o investigado/réu colaborador). As razões que podem dar ensejo a isso são variadas. Pode o MP, por exemplo, voltar atrás no pacto firmado porque o colaborador não logrou provar o alegado em sua delação. Este, por sua vez, pode, por exemplo, manifestar o desejo de retratar-se por temer represálias dos investigados/acusados delatados. As provas que foram produzidas pela delação, tal como prescreve o art. 4º, § 10, da Lei 12.850/2013, não poderão ser utilizadas em prejuízo do colaborador que se retratou, mas poderão ser usadas contra os demais investigados ou acusados; **B:** incorreta. Como dito acima, as provas produzidas por ocasião da colaboração somente serão desconsideradas em relação ao delator que se retratou; serão, todavia, levadas em consideração contra os demais investigados/acusados; **C:** considerada incorreta. Há divergência na doutrina quanto à possibilidade de a retratação operar-se após a prolação da sentença. Para Guilherme de Souza Nucci, a retratação deve ocorrer depois da homologação do juiz e antes da sentença condenatória (*Leis Penais e Processuais Penais Comentadas*, Volume 2. 8. ed. São Paulo: Forense, 2014. p. 699); **D:** incorreta, já que a retratação não implica o cometimento de crime por parte do colaborador que voltou atrás na sua delação; a primeira parte da assertiva, segundo a qual a colaboração premiada implica renúncia ao direito ao silêncio, ficando o criminoso sujeito ao compromisso de dizer a verdade, está correta (art. 4º,§ 14, Lei 12.850/2013); **E:** incorreta. Vide comentário à alternativa "A". **ED**

Gabarito "A".

(Delegado/MT – 2017 – CESPE) Acerca dos procedimentos e pressupostos legais da interceptação telefônica, assinale a opção correta.

(A) É possível a interceptação telefônica em investigação criminal destinada a apuração de delito de ameaça ocorrido em âmbito doméstico e abrangido pela Lei Maria da Penha.

(B) Pode o juiz, excepcionalmente, admitir o pedido de interceptação telefônica feito pela autoridade policial de forma verbal, condicionada a sua concessão à redução do pedido a termo.

(C) No curso das investigações e no decorrer da instrução criminal, a interceptação telefônica poderá ser determinada de ofício pelo juiz.

(D) Decisão judicial que indefira pedido de interceptação telefônica formulado por autoridade policial será irrecorrível; aquela decisão que indeferir requerimento formulado pelo MP poderá ser impugnada por recurso em sentido estrito.

(E) A interceptação telefônica inicialmente realizada sem autorização judicial poderá, mediante consentimento dos interlocutores, ser validada posteriormente pelo juiz da causa.

A: incorreta, na medida em que o crime de ameaça prevê pena de *detenção*, e o art. 2º, III, da Lei 9.296/1996 somente admite a interceptação

7. DIREITO PROCESSUAL PENAL

telefônica se o fato constituir infração penal punida com *reclusão*; **B:** correta, pois reflete a regra disposta no art. 4°, § 1°, da Lei 9.296/1996; **C:** incorreta. Em razão da adoção do sistema acusatório, o juiz somente poderá determinar, de ofício, a interceptação telefônica no curso da ação penal; durante as investigações do inquérito, somente por meio de representação da autoridade policial ou a requerimento do MP (art. 3° da Lei 9.296/1996); **D:** incorreta: hipótese não prevista no art. 581 do CPP, que estabelece em que casos pode ser manejado o recurso em sentido estrito; **E:** incorreta. Ainda que haja a posterior anuência dos interlocutores, mesmo assim a interceptação sem autorização judicial será considerada prova ilícita. Nesse sentido: "Na hipótese, embora as gravações tenham sido implementadas pelo esposo da cliente do paciente com a intenção de provar a sua inocência, é certo que não obteve a indispensável prévia autorização judicial, razão pela qual se tem como configurada a interceptação de comunicação telefônica ilegal. 4. O fato da esposa do autor das interceptações – que era uma interlocutora dos diálogos gravados de forma clandestina – ter consentido posteriormente com a divulgação dos seus conteúdos não tem o condão de legitimar o ato, pois no momento da gravação não tinha ciência do artifício que foi implementado pelo seu marido, não se podendo afirmar, portanto, que, caso soubesse, manteria tais conversas com o seu advogado pelo telefone interceptado. 5. Aplicação da norma contida no artigo 157, *caput*, do Código de Processo Penal, com a redação que lhe foi dada pela Lei n. 11.690/08. 6. *Habeas corpus* não conhecido. Ordem concedida de ofício para declarar a nulidade das escutas telefônicas realizadas em detrimento do paciente, determinando-se o seu desentranhamento dos autos" (HC 161.053/SP, Rel. Ministro Jorge Mussi, Quinta Turma, julgado em 27/11/2012, DJe 03/12/2012). **ED**

Gabarito "B".

(Delegado/GO – 2017 – CESPE) Vantuir e Lúcio cometeram, em momentos distintos e sem associação, crimes previstos na Lei de Drogas (Lei n. 11.343/2006). No momento da ação, Vantuir, em razão de dependência química e de estar sob influência de entorpecentes, era inteiramente incapaz de entender o caráter ilícito do fato. Lúcio, ao agir, estava sob efeito de droga, proveniente de caso fortuito, sendo também incapaz de entender o caráter ilícito do fato.

Nessas situações hipotéticas, qualquer que tenha sido a infração penal praticada,

(A) Vantuir terá direito à redução de pena de um a dois terços e Lúcio será isento de pena.

(B) somente Vantuir será isento de pena.

(C) Lúcio e Vantuir serão isentos de pena.

(D) somente Lúcio terá direito à redução de pena de um a dois terços.

(E) Lúcio e Vantuir terão direito à redução de pena de um a dois terços.

A solução desta questão deve ser extraída do art. 45, *caput*, da Lei 11.343/2006, a seguir transcrito: "É isento de pena o agente que, em razão da dependência, ou sob o efeito, proveniente de caso fortuito ou força maior, de droga, era, ao tempo da ação ou da omissão, qualquer que tenha sido a infração penal praticada, inteiramente incapaz de entender o caráter ilícito do fato ou de determinar-se de acordo com esse entendimento". **ED**

Gabarito "C".

(Delegado/GO – 2017 – CESPE) Júlio, durante discussão familiar com sua mulher no local onde ambos residem, sem justo motivo, agrediu-a, causando-lhe lesão corporal leve.

Nessa situação hipotética, conforme a Lei n. 11.340/2006 e o entendimento do STJ,

(A) a ofendida poderá renunciar à representação, desde que o faça perante o juiz.

(B) a ação penal proposta pelo Ministério Público será pública incondicionada.

(C) a autoridade policial, independentemente de haver necessidade, deverá acompanhar a vítima para assegurar a retirada de seus pertences do domicílio familiar.

(D) Júlio poderá ser beneficiado com a suspensão condicional do processo, se presentes todos os requisitos que autorizam o referido ato.

(E) Júlio poderá receber proposta de transação penal do Ministério Público, se houver anuência da vítima.

A: incorreta. Não há que se falar em representação, já que a ação penal, neste caso, é pública incondicionada; **B:** correta. O STF, no julgamento da ADIn n. 4.424, de 09.02.2012, estabeleceu a natureza *incondicionada* da ação penal nos crimes de lesão corporal, independente de sua extensão, praticados contra a mulher no ambiente doméstico. Tal entendimento encontra-se consagrado na Súmula 542, do STJ; **C:** incorreta, uma vez que tal providência somente será adotada se se revelar necessária (art. 11, IV, da Lei 11.340/2006); **D e E:** incorretas, dado que o art. 41 da Lei Maria da Penha, cuja constitucionalidade foi reconhecida pelo STF (ADC 19, de 09.02.2012), veda a aplicação, no âmbito dos crimes praticados com violência doméstica e familiar contra a mulher, das medidas despenalizadoras contempladas na Lei 9.099/1995, entre as quais a suspensão condicional do processo e a transação penal. Consolidando tal entendimento, editou-se a Súmula 536 do STJ: "A suspensão condicional do processo e a transação penal não se aplicam na hipótese de delitos sujeitos ao rito da Lei Maria da Penha". **ED**

Gabarito "B".

(Delegado/GO – 2017 – CESPE) O líder de determinada organização criminosa foi preso e, no curso do inquérito policial, se prontificou a contribuir para coleta de provas mediante a prestação de colaboração com o objetivo de, oportunamente, ser premiado por tal conduta.

Nessa situação hipotética, conforme a Lei n. 12.850/2013, que dispõe sobre o instituto da colaboração premiada,

(A) o Ministério Público poderá deixar de oferecer denúncia contra o colaborador.

(B) o prazo para o oferecimento de denúncia contra o colaborador poderá ser suspenso pelo prazo máximo de seis meses.

(C) o delegado de polícia, nos autos do inquérito policial e com a manifestação do Ministério Público, poderá requerer ao juiz a concessão de perdão judicial.

(D) será obrigatória a participação de um juiz nas negociações entre as partes para a formalização de acordo de colaboração.

(E) será vedado ao juiz recusar a homologação da proposta de colaboração.

A proposição considerada como correta ("C"), pela banca, está, na verdade, errada, tal como reconhecido pela organizadora. Analisemos cada alternativa. **A:** incorreta, na medida em que somente seria dado ao MP deixar de ofertar denúncia em face do colaborador se este não for líder da organização criminosa (art. 4°, § 4°, I, da Lei 12.850/2013). Segundo consta do enunciado, o candidato a colaborador é o líder da organização criminosa da qual faz parte; **B:** incorreta, já que o interregno de suspensão, que é de 6 meses, poderá ser prorrogado por igual período. É o que estabelece o art. 4°, § 3°, da Lei 12.850/2013; **C:** incorreta. Isso porque é vedado, ante o que estabelece o art. 4°, § 4°, I, da Lei

12.850/2013, a concessão de perdão judicial ao líder da organização criminosa; **D:** incorreta. É vedada a participação do magistrado nas negociações realizadas entre as partes para a formalização do acordo (art. 4º, § 6º, da Lei 12.850/2013), cabendo-lhe tão somente analisar o acordo sob a ótica formal, homologando-o, se o caso (art. 4º, § 7º, da Lei 12.850/2013); **E:** incorreta. Se não estiverem preenchidos os requisitos formais do acordo (regularidade, legalidade e voluntariedade), poderá o juiz recusar a sua homologação (art. 4º, § 8º, da Lei 12.850/2013). **ED**

Gabarito: Anulada

(Delegado/AP – 2017 – FCC) Segundo o regime do livramento condicional,

(A) a notícia da prática de infração penal implica imediata revogação do livramento condicional.

(B) será julgada extinta a pena privativa de liberdade, se expirar o prazo do livramento sem revogação.

(C) é vedada a concessão do livramento condicional para o preso que não gozou de 5 saídas temporárias ao longo da execução da pena.

(D) é incabível para pessoas condenadas por crime hediondo ou cometidos com violência ou grave ameaça contra a pessoa.

(E) o livramento condicional é direito subjetivo do sentenciado que cumprir um sexto da pena e apresentar bom comportamento carcerário.

A: incorreta, pois não reflete o disposto nos arts. 86, *caput*, e 87 do CP; **B:** correta (art. 90 do CP); **C:** incorreta, por falta de previsão legal nesse sentido; **D:** incorreta (art. 83, V, do CP); **E:** incorreta, já que a assertiva faz referência aos requisitos objetivo (1/6 da pena imposta na sentença) e subjetivo (bom comportamento carcerário) da progressão de regime prisional (art. 112, *caput*, da LEP). **ED**

Gabarito "B"

(Delegado/MS – 2017 – FAPEMS) Considerando as teses sumuladas pelo Supremo Tribunal Federal atinentes às regras de fixação e progressão de regime de execução da pena, assinale a alternativa correta.

(A) Não impede a progressão de regime de execução de pena, fixada em sentença não transitada em julgado, o fato de o réu se encontrar em prisão especial.

(B) A pena unificada para atender ao limite de trinta anos de cumprimento é considerada para a concessão de regime mais favorável de execução penal.

(C) A opinião do julgador sobre a gravidade em abstrato do crime constitui motivação idônea para a imposição de regime mais severo do que o permitido segundo a pena aplicada.

(D) A imposição do regime de cumprimento mais severo do que a pena aplicada permitir não exige motivação idônea por parte do magistrado.

(E) Não se admite a progressão de regime de cumprimento de pena antes do trânsito em julgado da sentença condenatória.

A: correta, pois em conformidade com o entendimento estabelecido na Súmula 717, do STF; **B:** incorreta, pois em desconformidade com o entendimento estabelecido na Súmula 715, do STF; **C:** incorreta, pois em desconformidade com o entendimento estabelecido na Súmula 718, do STF; **D:** incorreta, pois em desconformidade com o entendimento estabelecido na Súmula 719, do STF; **E:** incorreta, pois em desconformidade com o entendimento estabelecido na Súmula 716, do STF. **ED**

Gabarito "A"

19. TEMAS COMBINADOS E OUTROS TEMAS

(Delegado/MG – 2021 – FUMARC) Está CORRETO ao se afirmar que:

(A) É defeso ao juiz dar prosseguimento ao julgamento do feito, estando pendente o cumprimento de carta precatória expedida para inquirição de testemunhas arroladas pela defesa.

(B) No do rito dos crimes funcionais, não se admite manifestação da defesa antes do juízo prelibação da inicial acusatória.

(C) Nos casos afetos à lei antitóxicos, o interrogatório do réu deve ser realizado ao final da instrução criminal.

(D) O advogado deverá ser intimado da data da audiência designada perante o juízo deprecado.

A: incorreta. Em princípio, a expedição de carta precatória não tem o condão de suspender a instrução criminal (art. 222, § 1º, CPP). Registre-se, todavia, que, quanto a este tema, houve mudança de entendimento do STJ. Explico. A 6ª Turma tinha como pacificado o entendimento segundo o qual a expedição de carta precatória, em obediência ao art. 222, § 1º, do CPP e também ao princípio da celeridade processual, não tem o condão de suspender a instrução processual, razão por que se deve proceder à oitiva das testemunhas e ao interrogatório do réu e, também, ao julgamento da causa, mesmo que pendente a devolução de carta precatória. Em outras palavras, o interrogatório do réu não precisa aguardar a vinda da carta precatória expedida para a oitiva de testemunha. Mais recentemente, a 3ª Seção do STJ, que reúne as 5ª e 6ª Turmas Criminais, adotou o entendimento, ao qual já aderira a 5ª Turma, de que, nos termos do art. 400 do CPP, o interrogatório do réu deve ser o derradeiro ato da instrução, ainda que haja a expedição de carta precatória para a oitiva de testemunhas. Ou seja, o juiz do feito, antes de proceder ao interrogatório do acusado, deve aguardar o retorno da carta precatória expedida para o fim de ouvir testemunhas, em obediência aos princípios do contraditório e ampla defesa. Conferir o julgado que marcou a mudança de entendimento do STJ: "1. Existem precedentes nesta Corte Superior, partindo da interpretação dos arts. 400 e 222 do Código de Processo Penal, que consideram válido o interrogatório do acusado quando pendente de cumprimento carta precatória expedida para oitiva de testemunha e do ofendido. 2. Essa compreensão, no entanto, não está em harmonia com os princípios do contraditório e da ampla defesa, bem como com a jurisprudência consolidada na Suprema Corte, firme no sentido de que, com o advento da Lei n. 11.719/2008, que deu nova redação ao art. 400 do Código de Processo Penal, o interrogatório do réu deve ser o último ato de instrução. 3. Importante ressaltar a orientação fixada pelo Supremo Tribunal Federal no HC n. 127.900/AM, de que a norma inscrita no art. 400 do Código de Processo Penal comum aplica-se, a partir da publicação da ata do presente julgamento, aos processos penais militares, aos processos penais eleitorais e a todos os procedimentos penais regidos por legislação especial incidindo somente naquelas ações penais cuja instrução não se tenha encerrado. 4. Atualmente é assente o entendimento de que o interrogatório do acusado é instrumento de defesa, o que, em uma perspectiva garantista, pautada na observância dos direitos fundamentais, proporciona máxima efetividade se realizado ao final da instrução. De fato, a concretização do interrogatório antes da oitiva de testemunhas e da vítima priva o acusado de acesso pleno à informação, já que se manifestará antes da produção de parcela importante de provas. Além disso, reflete diretamente na eficácia de sua reação e na possibilidade de influenciar o julgamento, não lhe permitindo refutar, ao menos diretamente (autodefesa), questões apresentadas com a oitiva de testemunhas e do ofendido. A inversão do interrogatório, portanto, promove nítido enfraquecimento dos princípios constitucionais do contraditório e da ampla defesa, indevido, a meu ver, no âmbito da persecução penal. 5. Nessa perspectiva, ao dispor que a expedição da

7. DIREITO PROCESSUAL PENAL 361

precatória não suspenderá a instrução criminal, o § 1º do art. 222 do CPP não autorizou, no meu sentir, a realização de interrogatório do réu em momento diverso do disposto no art. 400 do CPP, vale dizer, ao final da instrução. Oportuno ressaltar que o art. 222 do CPP está inserido em capítulo do Código de Processo Penal voltado ao procedimento relacionado às testemunhas (Capítulo VI do Código de Processo Penal Das Testemunhas), e não com o interrogatório do acusado. 6. Outrossim, a redação do art. 400 do CPP elenca, claramente, a ordem a ser observada na audiência de instrução e julgamento, de forma que a alusão expressa ao art. 222, em seu texto, apenas indica a possibilidade de inquirição de testemunhas, por carta precatória, fora da ordem estabelecida, não permitindo o interrogatório do acusado antes da inquirição de testemunhas. 7. Na hipótese dos autos, o acusado foi interrogado antes da oitiva de testemunhas, por carta precatória. No entanto, conforme informações prestadas pelo Magistrado singular, a defesa técnica do réu somente arguiu suposta nulidade em seu último pedido, protocolizado em 19/3/2020, ou seja, após a realização de todas as oitivas supracitadas, o que reverbera na nulidade de algibeira. Assim, em consonância com a jurisprudência desta Corte Superior, não se mostra viável acolher o pedido de nulidade, especialmente quando não aventado no momento oportuno. 8. Conquanto indevido o requerimento de nulidade, considerando o entendimento do Supremo Tribunal Federal, o fato de que a instrução ainda não encerrou, a necessidade de observar os princípios do contraditório e da ampla defesa, bem como o disposto no art. 196 do Código de Processo Penal, que autoriza a realização de novo interrogatório, entende-se que a ordem deve ser parcialmente concedida para determinar que se proceda a novo interrogatório do acusado ao final da instrução. 9. Quanto à alegação de excesso de prazo, não é o caso de ser reconhecido, pois, conforme informação do Juízo processante, a própria defesa contribuiu para o atraso na instrução, na medida em que não aventou a irregularidade do interrogatório no momento oportuno. Além disso, conforme exposto na decisão liminar, não houve desídia do Magistrado na condução do feito e eventual retardamento na conclusão da ação penal decorre de sua complexidade e da necessidade de expedição de diversas cartas precatórias. 10. Ordem parcialmente concedida para determinar a realização de novo interrogatório do acusado ao final da instrução" (HC 585.942/MT, Rel. Ministro SEBASTIÃO REIS JÚNIOR, TERCEIRA SEÇÃO, julgado em 09/12/2020, DJe 14/12/2020); **B:** incorreta. A peculiaridade do procedimento referente aos crimes funcionais reside na impugnação ofertada pelo funcionário antes do recebimento da denúncia. É a chamada *resposta* ou *defesa preliminar*, prevista no art. 514 do CPP, que somente terá incidência nos crimes funcionais afiançáveis, não se estendendo ao particular que, na qualidade de coautor ou partícipe, tomar parte no crime. Com a edição da Súmula 330 do STJ, esta defesa que antecede o recebimento da denúncia deixou de ser necessária na ação penal alicerçada em inquérito policial. Dessa forma, a formalidade imposta pelo art. 514 do CPP somente se fará necessária, segundo o STJ, quando a denúncia se basear em outras peças de informação que não o inquérito policial. Em outras palavras, a resposta preliminar é necessária, sim, na hipótese de a ação penal não ser calcada em inquérito policial; **C:** correta. Segundo jurisprudência consolidada nos tribunais superiores, o rito processual para o interrogatório, previsto no art. 400 do CPP, deve alcançar todos os procedimentos disciplinados por leis especiais, aqui incluído o rito previsto na Lei de Drogas, cujo art. 57 estabelece que o interrogatório realizar-se-á no começo da instrução. Significa que o interrogatório, mesmo nos procedimentos regidos por leis especiais, passa a ser o derradeiro ato da instrução. No entanto, com o fito de não abalar a segurança jurídica dos feitos em que já fora proferida sentença, tal entendimento somente deve ser aplicável aos processos com instrução ainda não ultimada até o dia 11.03.2016, que corresponde à data em que se deu a publicação da ata do julgamento, pelo STF, do HC 127.900. Conferir: "1. Por ocasião do julgamento do HC n. 127.900/AM, ocorrido em 3/3/2016 (DJe 3/8/2016), o Pleno do Supremo Tribunal Federal firmou o entendimento de que o rito processual para o interrogatório, previsto no art. 400 do Código de Processo Penal, deve ser aplicado a todos os procedimentos regidos por leis especiais. Isso porque a Lei n.

11.719/2008 (que deu nova redação ao referido art. 400) preponderar sobre as disposições em sentido contrário previstas em legislação especial, por se tratar de lei posterior mais benéfica ao acusado (*lex mitior*). 2. De modo a não comprometer o princípio da segurança jurídica dos feitos já sentenciados (CR, art. 5º, XXXVI), houve modulação dos efeitos da decisão: a Corte Suprema estabeleceu que essa nova orientação somente deve ser aplicada aos processos cuja instrução ainda não se haja encerrado. 3. Se nem a doutrina nem a jurisprudência ignoram a importância de que se reveste o interrogatório judicial – cuja natureza jurídica permite qualificá-lo como ato essencialmente de defesa –, não é necessária para o reconhecimento da nulidade processual, nos casos em que o interrogatório do réu tenha sido realizado no início da instrução, a comprovação de efetivo prejuízo à defesa, se do processo resultou condenação. Precedente. 4. O interrogatório é, em verdade, o momento ótimo do acusado, o seu "dia na Corte" (day in Court), a única oportunidade, ao longo de todo o processo, em que ele tem voz ativa e livre para, se assim o desejar, dar sua versão dos fatos, rebater os argumentos, as narrativas e as provas do órgão acusador, apresentar álibis, indicar provas, justificar atitudes, dizer, enfim, tudo o que lhe pareça importante para a sua defesa, além, é claro, de responder às perguntas que quiser responder, de modo livre, desimpedido e voluntário. 5. Não há como se imputar à defesa do acusado o ônus de comprovar eventual prejuízo em decorrência de uma ilegalidade, para a qual não deu causa e em processo que já lhe ensejou sentença condenatória. Isso porque não há, num processo penal, prejuízo maior do que uma condenação resultante de um procedimento que não respeitou as diretrizes legais e tampouco observou determinadas garantias constitucionais do réu (no caso, a do contraditório e a da ampla defesa). 6. Uma vez fixada a compreensão pela desnecessidade de a defesa ter de demonstrar eventual prejuízo decorrente da inversão da ordem do interrogatório do réu, em processo do qual resultou a condenação, também não se mostra imprescindível, para o reconhecimento da nulidade, que a defesa tenha alegado o vício processual já na própria audiência de instrução. 7. Porque reconhecida a nulidade do interrogatório do recorrente, com a determinação de que o Juízo de primeiro grau proceda à nova realização do ato, fica prejudicada a análise das demais matérias suscitadas neste recurso (reconhecimento da minorante prevista no § 4º do art. 33 da Lei de Drogas, fixação do regime aberto e substituição da reprimenda privativa de liberdade por restritivas de direitos). 8. Recurso especial provido, para anular o interrogatório do recorrente e determinar que o Juízo de primeiro grau proceda à nova realização do ato (Processo n. 0000079-90.2016.8.26.0592, da Vara Criminal da Comarca de Tupã – SP)" (STJ, REsp 1825622/SP, Rel. Ministro ROGERIO SCHIETTI CRUZ, SEXTA TURMA, julgado em 20/10/2020, DJe 28/10/2020); **D:** incorreta, pois contraria o entendimento firmado na Súmula 273 do STJ: "Intimada a defesa da expedição da carta precatória, torna-se desnecessária intimação da data da audiência no juízo deprecado". **ED**

Gabarito "C"

(Juiz de Direito/SP – 2021 – Vunesp) O incidente de resolução de demandas repetitivas tem como objetivo a uniformização de jurisprudência, com vistas à submissão das decisões de primeiro grau e, também, pelos tribunais de segunda instância, à jurisprudência dominante, com a finalidade de fortificar a segurança jurídica, aplicando-se, em notória integração, normas do Código de Processo Civil ao Processo Penal, por analogia. Diante desse quadro, e nos termos da legislação vigente, é correto afirmar que

(A) o exame prévio de admissibilidade prescinde da comprovação de divergência quanto à questão de direito, mostrando-se suficiente ao seu desenvolvimento a divergência interpretativa dos fatos na jurisprudência, através da colação de julgados a indicar conflito de decisões.

362 EDUARDO DOMPIERI

(B) os requisitos para a instauração do incidente, pressupostos de sua admissibilidade, são aqueles formais e objetivos, indicados pelo artigo 976 do Código de Processo Civil.

(C) o incidente de resolução de demandas repetitivas é previsto no ordenamento processual civil e as normas próprias desse procedimento não podem ser utilizadas, por analogia, no processo penal, uma vez que o artigo 15 do CPP somente autoriza, expressamente, a sua aplicação de forma supletiva ou subsidiária nos processos eleitorais, trabalhistas ou administrativos.

(D) os pressupostos relativos aos requisitos formais e objetivos, indicados no artigo 976 do CPP, envolvem o chamamento de interessados na lide, apontados na inicial pelo requerente, facultada a participação do amicus curiae e a intervenção obrigatória do Ministério Público, como fiscal da ordem jurídica.

A: incorreta, pois contraria o disposto no art. 976, I, do CPC; **B:** correta (art. 976, CPC); **C:** incorreta, já que o instituto tem aplicação no âmbito do processo penal. No mais, o art. 15 do CPP, que trata da nomeação de curador ao menor de 21 anos, foi derrogado pelo CC de 2002, que, em seu art. 5º, *caput*, previu que a maioridade civil é alcançada aos 18 anos; **D:** incorreta. Previsão não contida no art. 976 do CPC. **ED**

Gabarito "B".

(Procurador Municipal – Prefeitura/BH – CESPE – 2017) Com base no entendimento do STJ, assinale a opção correta.

(A) Somente se houver prévia autorização judicial, serão considerados prova lícita os dados e as conversas registrados no aplicativo WhatsApp colhidos de aparelho celular apreendido quando da prisão em flagrante.

(B) O MP estadual não tem legitimidade para atuar diretamente como parte em recurso submetido a julgamento no STJ.

(C) Tratando-se de demandas que sigam o rito dos processos de competência originária dos tribunais superiores, considera-se intempestiva a apresentação de exceção da verdade no prazo da defesa prévia, se, tendo havido defesa preliminar, o acusado não tiver nesse momento se manifestado a esse respeito.

(D) É ilegal portaria que, editada por juiz federal, estabelece a tramitação direta de inquérito policial entre a Polícia Federal e o MPF.

A: correta. Conferir: "Ilícita é a devassa de dados, bem como das conversas de whatsapp, obtidas diretamente pela polícia em celular apreendido no flagrante, sem prévia autorização judicial" (STJ, RHC 76.510/RR, 6ª T., Rel. Min. Nefi Cordeiro, j. 04.04.2017, *DJe* 17.04.2017); **B:** incorreta. A conferir: "A Corte Especial do Superior Tribunal de Justiça, no julgamento do EREsp 1.327.573/RJ, pacificou o entendimento no sentido de que os Ministérios Públicos Estaduais e do Distrito Federal possuem legitimidade para atuar no Superior Tribunal de Justiça" (STJ, EDcl no AgRg nos EDcl no REsp 1152715/RS, 6ª T., Rel. Min. Nefi Cordeiro, j. 19.11.2015, *DJe* 03.12.2015); **C:** incorreta. "A exceção da verdade é meio processual de defesa, é instituto de defesa indireta do réu, podendo ser apresentada nos processos em que se apuram crimes de calúnia e de difamação, quando praticado em detrimento de funcionário público no exercício de suas funções. Tem-se entendido que referido instituto defensivo deve ser apresentado na primeira oportunidade em que a defesa se manifesta nos autos. No entanto, o rito dos processos que tramitam em tribunais superiores prevê a apresentação de defesa preliminar antes mesmo do recebimento da denúncia, no prazo de 15 (quinze) dias, conforme dispõe o art. 4º da Lei n. 8.038/1990. Prevê,

ademais, após o recebimento da denúncia, o prazo de 5 (cinco) dias para a defesa prévia, contado do interrogatório ou da intimação do defensor dativo, nos termos do art. 8º da referida Lei. 3. Um exame superficial poderia levar a crer que a primeira oportunidade para a defesa se manifestar nos autos, de fato, é no prazo de 15 (quinze) dias, antes mesmo do recebimento da denúncia. Contudo, sem o recebimento da inicial acusatória, nem ao menos é possível processar a exceção da verdade, que tramita simultaneamente com a ação penal, devendo ser resolvida antes da sentença de mérito. Outrossim, diante da natureza jurídica do instituto, que é verdadeira ação declaratória incidental, tem-se como pressuposto lógico a prévia instauração da ação penal. Assim, conclui-se que o prazo para apresentação da exceção da verdade, independentemente do rito procedimental adotado, deve ser o primeiro momento para a defesa se manifestar nos autos, após o efetivo início da ação penal, o que de fato ocorreu no presente caso. 4. O ordenamento jurídico não dispõe sobre a possibilidade de sustentação oral em exceção da verdade, não havendo previsão nesse sentido no Regimento Interno do TJMG nem do STF, que pode ser aplicado subsidiariamente. Ademais, a própria Lei n. 8.038/1990, cujo rito está sendo observado no caso dos autos, faculta a sustentação oral apenas na deliberação acerca do recebimento da denúncia (art. 6º, § 1º, da Lei n. 8.038/1990) e no julgamento do mérito da ação (art. 12 da Lei n. 8.038/1990). Dessarte, tem-se que não é franqueada a utilização da sustentação oral para questão processual incidental" (STJ, HC 202.548/MG, 5ª T., Rel. Min. Reynaldo Soares da Fonseca, j. 24.11.2015, *DJe* 01.12.2015); **D:** incorreta. Nesse sentido: "3. A tramitação direta de inquéritos entre a polícia judiciária e o órgão de persecução criminal traduz expediente que, longe de violar preceitos constitucionais, atende à garantia da duração razoável do processo, assegurando célere tramitação, bem como aos postulados da economia processual e da eficiência. Essa constatação não afasta a necessidade de observância, no bojo de feitos investigativos, da chamada cláusula de reserva de jurisdição. 4. Não se mostra ilegal a portaria que determina o trâmite do inquérito policial diretamente entre polícia e órgão da acusação, encontrando o ato indicado como coator fundamento na Resolução n. 63/2009 do Conselho da Justiça Federal" (RMS 46.165/SP, 5ª T., Rel. Min. Gurgel de Faria, j. 19.11.2015, *DJe* 04.12.2015). **ED**

Gabarito "A".

(Procurador Municipal – Prefeitura/BH – CESPE – 2017) Considerando a legislação processual penal e o entendimento jurisprudencial pátrio, assinale a opção correta.

(A) Em matéria penal, o MP não goza da prerrogativa da contagem dos prazos recursais em dobro.

(B) Interrompe-se a prescrição ainda que a denúncia seja recebida por juiz absolutamente incompetente.

(C) Havendo mais de um autor, ocorrerá renúncia tácita com relação àqueles cujos nomes tenham sido omitidos da queixa-crime, ainda que de forma não intencional.

(D) A CF prevê expressamente a retroatividade da lei processual penal quando esta for mais benéfica ao acusado.

A: correta. O art. 180, "caput", do NCPC, que concede o prazo em dobro para o MP manifestar-se nos autos, não tem aplicação no âmbito do processo penal. Na jurisprudência do STJ: "Em matéria penal, o Ministério Público não goza da prerrogativa da contagem do prazo recursal em dobro" (EDcl no AgRg na MC 23.498/RS, 6ª T., Rel. Min. Nefi Cordeiro, j. 24.02.2015, *DJe* 04.03.2015); **B:** incorreta. Conferir: "Conforme precedentes deste Tribunal Superior, o recebimento da queixa-crime por juízo incompetente é considerado nulo, não se constituindo em marco interruptivo do prazo prescricional" (HC 88.210/RO, 5ª T., Rel. Min. Napoleão Nunes Maia Filho, j. 25.09.2008, *DJe* 28.10.2008); **C:** incorreta. Nesse sentido: "O reconhecimento da renúncia tácita ao direito de queixa exige a demonstração de que a não inclusão de determinados

7. DIREITO PROCESSUAL PENAL

autores ou partícipes na queixa-crime se deu de forma deliberada pelo querelante" (v.g.: HC 186.405/RJ, 5ª T.,, Rel. Min. Jorge Mussi, *DJe* 11.12.2014); **D:** incorreta, na medida em que o art. 5º, XL, da CF, que enuncia o postulado da irretroatividade, somente faz referência à lei penal, e não à processual penal, em relação à qual se aplica o princípio da *aplicação imediata* ou *da imediatidade*, segundo o qual a lei processual penal aplicar-se-á desde logo, sem prejuízo dos atos realizados sob o império da lei anterior. É o que estabelece o art. 2º do CPP. A exceção a essa regra, é importante que se diga, fica por conta da lei processual penal dotada de carga material (também chamada de norma mista ou híbrida), em que deverá ser aplicado o que estabelece o art. 2º, parágrafo único, do CP. Nesse caso, a exemplo do que se dá com as leis penais, a norma processual nova, se favorável ao réu, deverá retroagir; se prejudicial, aplica-se a lei já revogada (*lex mitior*). 🄴🄳

Gabarito "A".

(Promotor de Justiça – MPE/RS – 2017) Assinale a alternativa **INCORRETA**.

(A) No processo penal, a falta da defesa constitui nulidade absoluta, mas a sua deficiência só o anulará se houver prova de prejuízo para o réu.

(B) A transação penal prevista no artigo 76 da Lei n. 9.099/1995, homologada e descumprida, não faz coisa julgada material e possibilita ao Ministério Público a continuidade da persecução penal.

(C) No mandado de segurança impetrado pelo Ministério Público contra decisão proferida em processo penal, é obrigatória a citação do réu como litisconsorte passivo.

(D) Não viola as garantias do juiz natural, da ampla defesa e do devido processo legal a atração por continência ou conexão do processo do corréu ao foro por prerrogativa de função de um dos denunciados.

(E) É absoluta a nulidade decorrente da inobservância da competência penal por prevenção.

A: correta, pois reflete o entendimento sufragado na Súmula 523 do STF, *in verbis*: "No processo penal, a falta da defesa constitui nulidade absoluta, mas a sua deficiência só o anulará se houver prova de prejuízo para o réu"; **B:** correta, pois em conformidade com o disposto na Súmula Vinculante 35: "A homologação da transação penal prevista no artigo 76 da Lei 9.099/1995 não faz coisa julgada material e, descumpridas suas cláusulas, retoma-se a situação anterior, possibilitando-se ao Ministério Público a continuidade da persecução penal mediante oferecimento de denúncia ou requisição de inquérito policial"; **C:** correta: Súmula 701 do STF: "No mandado de segurança impetrado pelo Ministério Público contra decisão proferida em processo penal, é obrigatória a citação do réu como litisconsorte passivo"; **D:** correta. É o entendimento firmado na Súmula 704 do STF: "Não viola as garantias do juiz natural, da ampla defesa e do devido processo legal a atração por continência ou conexão do processo do corréu ao foro por prerrogativa de função

de um dos denunciados"; **E:** incorreta, pois contraria o entendimento consolidado na Súmula 706 do STF: "É relativa a nulidade decorrente da inobservância da competência penal por prevenção". 🄴🄳

Gabarito "E".

(Promotor de Justiça – MPE/RS – 2017) Assinale a alternativa **INCORRETA**.

(A) A carta rogatória para citação de réu que se encontra em lugar sabido, no estrangeiro, suspende o curso do prazo de prescrição até seu cumprimento.

(B) A arguição de suspeição de jurado formulada por advogado exige procuração com poderes especiais.

(C) A arguição de suspeição do juiz formulada por defensor público prescinde de procuração.

(D) Transitada em julgado a sentença condenatória, compete ao juízo das execuções a aplicação de lei mais benigna.

(E) Não cabe *habeas corpus* contra decisão condenatória a pena de multa.

A: correta. De fato, ante o que estabelece o art. 368 do CPP, estando o acusado no estrangeiro, em local conhecido, será citado por carta rogatória, devendo ser suspenso o curso do prazo prescricional até o seu cumprimento; **B:** correta (arts. 98 e 448, § 2º, do CPP); **C:** incorreta. Embora a atuação do defensor público prescinda, em regra, de procuração, tal será imprescindível nos casos em que a lei impuser a necessidade de poderes especiais. Nesse sentido, conferir: "A jurisprudência desta Corte Superior de Justiça é no sentido de que o artigo 98 do CPP exige manifestação da vontade da parte interessada na recusa do magistrado por suspeição por meio da subscrição da petição pela própria parte interessada ou, quando representada em juízo, por meio de procuração com poderes especiais. Com efeito, ainda que independa de mandato para o foro em geral, o defensor público não atua na qualidade de substituto processual, mas de representante processual, devendo juntar procuração sempre que a lei exigir poderes especiais, como no presente caso, não havendo falar em violação qualquer do direito de acesso ao Poder Judiciário" (REsp 1431043/MG, Rel. Ministra Maria Thereza De Assis Moura, Sexta Turma, julgado em 16.4.2015, *DJe* 27.4.2015); **D:** correta, pois em conformidade com o entendimento sufragado na Súmula 611 do STF, a seguir transcrita: "Transitada em julgado a sentença condenatória, compete ao juízo das execuções a aplicação da lei mais benigna"; **E:** correta. Tendo em conta que o *habeas corpus* é medida autônoma de impugnação de índole constitucional específica para tutelar o direito de locomoção, não havendo risco direto ou reflexo de perda desse direito, não é possível a utilização do remédio. É o entendimento presente na Súmula 693, STF: "Não cabe habeas corpus contra decisão condenatória a pena de multa, ou relativo a processo em curso por infração penal a que a pena pecuniária seja a única cominada". 🄴🄳

Gabarito "C".

8. LEGISLAÇÃO PENAL EXTRAVAGANTE

Arthur Trigueiros e Eduardo Dompieri*

1. CRIMES DA LEI ANTIDROGAS

(Delegado/RJ – 2022 – CESPE/CEBRASPE) Soraia possui doença neurológica para a qual existe indicação terapêutica do uso de canabidiol. A fim de controlar os sintomas da doença, ela importou medicamentos à base de canabidiol, amparada em decisão judicial, embora sem autorização da Agência Nacional de Vigilância Sanitária (ANVISA). Como os medicamentos são caros, Soraia requereu, judicialmente, autorização para plantio de *Cannabis sativa* e consectária extração do óleo necessário ao tratamento. O magistrado, ao se pronunciar, negou a liminar pleiteada, sustentando que a autorização para plantio só poderia ser concedida pela ANVISA. Irresignada, Soraia viajou ao exterior, para a aquisição de algumas poucas sementes de *Cannabis*, com as quais pretendia iniciar o cultivo clandestino para utilização própria. Ao retornar ao Brasil, o carro de Soraia foi parado em uma *blitz*, tendo os policiais encontrado as sementes em seu poder. Para se defender, Soraia decidiu demonstrar o propósito terapêutico de sua iniciativa, levando os policiais espontaneamente à sua casa, onde estavam cópias de prontuários, receitas e atestados médicos. Lá os policiais encontraram diversos utensílios destinados ao cultivo das plantas psicotrópicas, além de frascos do medicamento outrora adquirido mediante decisão judicial autorizativa.

A respeito dessa situação hipotética, assinale a opção correta.

(A) Soraia praticou comportamento penalmente típico, mas estava amparada pelo estado de necessidade.

(B) A manutenção dos utensílios para cultivo de drogas destinadas a consumo pessoal é crime autônomo expressamente previsto na Lei n.º 11.343/2006.

(C) A aquisição dos medicamentos, a importação das sementes e a posse dos utensílios mencionados não constituem infrações penais previstas na Lei n.º 11.343/2006.

(D) A aquisição dos medicamentos à base de canabidiol foi criminosa, já que foi realizada sem autorização da ANVISA.

(E) A importação de sementes de *Cannabis sativa* constitui crime previsto na Lei n.º 11.343/2006, salvo se for autorizada, pois as sementes são matéria-prima para a produção de drogas.

Conferir: "1. A recorrente busca salvo-conduto para viabilizar o plantio de maconha para fins medicinais, após ter obtido, perante o Tribunal Regional Federal da 4ª Região, permissão para importar pequenas quantidades de semente de Cannabis sativa L. 2. Os Tribunais Superiores já possuem jurisprudência firmada no sentido de considerar que a conduta de importar pequenas quantidades de sementes de maconha não se adequa à forma prevista no art. 33 da Lei de Drogas, subsumindo-se, formalmente, ao tipo penal descrito no art. 334-A do Código Penal, mas cuja tipicidade material é afastada pela aplicação do princípio da insignificância. 3. O controle do cultivo e da manipulação da maconha deve ser limitado aos conhecidos efeitos deletérios atribuídos a algumas substâncias contidas na planta, sendo certo que a própria Lei n. 11.343/2006 permite o manejo de vegetais dos quais possam ser extraídas ou produzidas drogas para fins medicinais ou científicos, desde que autorizado pela União. 3. No atual estágio do debate acerca da regulamentação dos produtos baseados na Cannabis e de desenvolvimento das pesquisas a respeito da eficácia dos medicamentos obtidos a partir da planta, não parece razoável desautorizar a produção artesanal do óleo à base de maconha apenas sob o pretexto da falta de regulamentação. De mais a mais, a própria agência de vigilância sanitária federal já permite a importação de medicamentos à base de maconha, produzidos industrial ou artesanalmente no exterior, como, aliás, comprovam os documentos juntados a estes autos. 4. Entretanto, a autorização buscada pela recorrente depende de análise de critérios técnicos que não cabem ao juízo criminal, especialmente em sede de habeas corpus. Essa incumbência está a cargo da própria Agência Nacional de Vigilância Sanitária que, diante das peculiaridades do caso concreto, poderá autorizar ou não o cultivo e colheita de plantas das quais se possam extrair as substâncias necessárias para a produção artesanal de medicamentos. 5. Recurso ordinário em *habeas corpus* não provido, recomendando à Agência Nacional de Vigilância Sanitária que analise o caso e decida se é viável autorizar a recorrente a cultivar e ter a posse de plantas de Cannabis sativa L. para fins medicinais, suprindo a exigência contida no art. 33 da Lei n. 11.343/2006" (STJ, RHC n. 123.402/RS, relator Ministro Reynaldo Soares da Fonseca, Quinta Turma, julgado em 23/3/2021, DJe de 29/3/2021). **ED**

Gabarito "C".

(Juiz de Direito/AP – 2022 – FGV) A prisão do agente em local conhecido por venda de drogas:

(A) faz incidir causa de aumento de pena;

(B) faz incidir agravante genérica;

(C) faz incidir agravante específica;

(D) impõe a exasperação da pena-base;

(E) não afasta a possibilidade de aplicação de tráfico privilegiado.

Conferir o seguinte julgado, segundo o qual a prisão em flagrante do agente em local conhecido por venda de drogas não leva necessariamente à conclusão de que haveria dedicação a atividades criminosas e, por conseguinte, impediria o reconhecimento da modalidade privilegiada de tráfico: "6. Diante da não expressiva quantidade de drogas apreendidas, o fato de que a prisão do Agravante ocorreu em local conhecido como ponto de tráfico, também não autoriza, por si só, a conclusão no sentido de que haveria dedicação às atividades criminosas." (STJ, HC 803.750/PR, Rel. Ministra LAURITA VAZ, SEXTA TURMA, julgado em 16/03/2021, DJe 25/03/2021). **ED**

Gabarito "E".

---

*   **AT** Arthur Trigueiros
    ED Eduardo Domipieri

(Juiz de Direito/GO – 2021 – FCC) Segundo entendimento do Superior Tribunal de Justiça quanto aos crimes previstos na Lei no 11.343, de 23 de agosto de 2006,

(A) é inviável a aplicação da causa especial de diminuição da pena do art. 33, § 4o, da Lei 11.343/2006, quando há condenação simultânea do agente nos crimes de tráfico de drogas e de associação para o tráfico, mas possível que a fração de redução, em caso de exclusiva condenação por tráfico, seja modulada em razão da qualidade e da quantidade de droga apreendida, além das demais circunstâncias do delito, não obstando a aplicação da minorante, por si só, a condição de "mula".

(B) para a incidência da majorante do art. 40, V, da Lei no 11.343/2006, é desnecessária a efetiva transposição de fronteiras, bastando a demonstração inequívoca da intenção de realizar o tráfico interestadual, e, se além dela, houver a incidência de outra circunstância elencada no mesmo artigo, possível a aplicação de acréscimo acima da fração mínima com base apenas no número de causas de aumento identificadas.

(C) é desproporcional que condenações anteriores pelo delito do art. 28 da Lei no 11.343/2006 configurem reincidência e, por isso, quando cometido no interior de estabelecimento prisional, não constitui falta grave.

(D) o agente que atua diretamente na traficância e que também financia ou custeia a aquisição de drogas deve responder pela conduta autônoma prevista no art. 36 da Lei no 11.343/2006, e não pelo crime do art. 33, caput, com a causa de aumento do art. 40, VII, admitindo-se, porém, a aplicação do princípio da consunção entre os delitos do art. 33, § 1o, e do art. 34, desde que não caracterizada a existência de contextos autônomos e coexistentes, aptos a vulnerar o bem jurídico tutelado de forma distinta.

(E) acarreta *bis in idem* a incidência simultânea das majorantes previstas no art. 40 da Lei no 11.343/2006 aos crimes e tráfico de drogas e de associação para fins de tráfico, bem como a consideração da natureza e a quantidade da droga para justificar o aumento da pena-base e para afastar a redução prevista no art. 33, § 4o.

***

A: correta. *Vide* Teses 23, 24 e 25 da edição de n. 131 da ferramenta *Jurisprudência em Teses*, do STJ; **B:** incorreta. A primeira parte da assertiva está correta, pois em conformidade com o entendimento consolidado nos tribunais superiores, segundo o qual é prescindível, para a incidência desta causa de aumento, a transposição das divisas dos Estados, sendo suficiente que fique demonstrado que a droga se destinava a outro Estado da Federação. Nesse sentido, conferir: "(...) Esta Corte possui entendimento jurisprudencial, no sentido de que a incidência da causa de aumento, conforme prevista no art. 40, V, da Lei n. 11.343/2006, não exige a efetiva transposição da divisa interestadual, sendo suficientes as evidências de que a substância entorpecente tem como destino qualquer ponto além das linhas da respectiva Unidade da Federação (...)" (AGRESP 201103088503, Campos Marques (Desembargador convocado do TJ/PR), STJ, Quinta Turma, *DJe* 01.07.2013). Consolidando tal entendimento, o STJ editou a Súmula 587: "Para a incidência da majorante prevista no art. 40, V, da Lei 11.343/2006, é desnecessária a efetiva transposição de fronteiras entre estados da Federação, sendo suficiente a demonstração inequívoca da intenção de realizar o tráfico interestadual". A segunda parte da assertiva, no entanto, está incorreta, já que em desconformidade com a jurisprudência do STJ, que publicou, na ferramenta *Jurisprudência em Teses*, Edição n. 131,

a seguinte tese sobre este tema (n. 43): "A aplicação das majorantes previstas no art. 40 da Lei de Drogas exige motivação concreta, quando estabelecida acima da fração mínima, não sendo suficiente a mera indicação do número de causas de aumento"; **C:** incorreta. Conferir Tese n. 10 da Edição n. 131 da ferramenta *Jurisprudência em Teses*, do STJ: "A posse de substância entorpecente para uso próprio configura crime doloso e quando cometido no interior do estabelecimento prisional constitui falta grave, nos termos do art. 52 da Lei de Execução Penal - LEP (Lei n. 7.210/1984)"; **D:** incorreta. A incorreção está na primeira parte da proposição, já que em desconformidade com a Tese n. 17 da Edição n. 131 da ferramenta *Jurisprudência em Teses*, do STJ; a segunda parte está em consonância com a Tese n. 18 da Edição n. 131 da ferramenta *Jurisprudência em Teses*, do STJ; **E:** incorreta. *Vide* Teses n. 36 e 45 da Edição n. 131 da ferramenta *Jurisprudência em Teses*, do STJ. **ED**

Gabarito "A"

***

(Juiz de Direito/SP – 2021 – Vunesp) A respeito do tráfico ilícito de drogas na sua forma privilegiada (artigo 33, parágrafo 4o, da Lei no 11.343/06), é correto afirmar que

(A) impede a substituição da pena privativa de liberdade por restritiva de direitos.

(B) não se aplica a réus reincidentes.

(C) trata-se de crime equiparado a hediondo.

(D) apenas a reincidência específica impede o reconhecimento da causa de redução de pena.

***

A: incorreta. A substituição da pena privativa de liberdade por restritiva de direitos era vedada, a teor do art. 33, § 4º, da Lei de Drogas, para o crime de tráfico. Sucede que o STF, no julgamento do HC 97.256/RS, declarou, incidentalmente, a inconstitucionalidade dessa vedação. Posteriormente, o Senado Federal, por meio da Resolução 5/2012, suspendeu a execução da expressão "vedada a conversão em penas restritivas de direito", presente no art. 33, § 4º, da Lei 11.343/2006. Portanto, nada impede, atualmente, que o juiz autorize a substituição da pena privativa de liberdade por restritiva de direitos no crime de tráfico bem assim a fixação de regime aberto, desde que preenchidos os requisitos legais; **B:** correta. De fato, um dos requisitos impostos pelo art. 33, § 4º, da Lei de Drogas para o reconhecimento do tráfico privilegiado é que o agente seja primário (não reincidente); **C:** incorreta. Atualmente, é consenso que o tráfico privilegiado não é equiparado a delito hediondo. Vejamos. O Plenário do STF, ao julgar o HC 118.533/MS, em 23.06.2016, cuja relatoria foi da Min. Cármen Lúcia, entendeu, em dissonância com o posicionamento então adotado pelo STJ, que o crime de tráfico de drogas privilegiado não tem natureza hedionda. Já o STJ, por meio da Súmula n. 512, não mais em vigor, de forma diversa da do STF, fixou o entendimento segundo o qual "A aplicação da causa de diminuição de pena prevista no art. 33, § 4º, da Lei 11.343/2006 não afasta a hediondez do crime de tráfico de drogas". Pois bem. Sucede que a Terceira Seção do STJ, na sessão realizada em 23 de novembro de 2016, ao julgar a QO na Pet 11.796-DF, determinou o cancelamento da referida Súmula 512, alinhando-se ao entendimento adotado pelo STF no sentido de que o delito de tráfico privilegiado não pode ser equiparado a crime hediondo. Atualmente, portanto, temos que tanto o STF quanto o STJ adotam o posicionamento no sentido de que o chamado tráfico privilegiado não constitui delito equiparado a hediondo. Mais recentemente, a Lei 13.964/2019 (Pacote Anticrime) inseriu no art. 112 da Lei de Execução Penal, que trata da progressão de regime, o § 5º, segundo o qual "não se considera hediondo ou equiparado, para os fins deste artigo, o crime de tráfico de drogas previsto no § 4º do art. 33 da Lei 11.343, de 23 de agosto de 2006"; **D:** incorreta, já que basta a reincidência para impedir o reconhecimento da causa de redução de pena, não sendo necessário que seja específica. **ED**

Gabarito "B"

8. LEGISLAÇÃO PENAL EXTRAVAGANTE

(Juiz de Direito – TJ/MS – 2020 – FCC) No que concerne à lei de drogas, correto afirmar:

(A) cabível a redução da pena de um sexto a dois terços para o agente que tem em depósito, sem autorização ou em desacordo com determinação legal ou regulamentar, matéria-prima, insumo ou produto químico destinado à preparação de drogas, desde que primário, de bons antecedentes, não se dedique às atividades criminosas nem integre organização criminosa.

(B) o juiz, na fixação das penas, em igualdade de condições com todas as circunstâncias previstas no Código Penal para estabelecimento das sanções básicas, considerará a natureza e a quantidade da substância ou do produto.

(C) a pena de multa pode ser aumentada até o limite do triplo se, em virtude da situação econômica do acusado, considerá-la o juiz ineficaz, ainda que aplicada no máximo.

(D) para a caracterização da majorante do tráfico entre Estados da Federação ou entre este e o Distrito Federal, necessária a efetiva transposição das respectivas fronteiras, não bastando a demonstração inequívoca da intenção de realizar o tráfico interestadual.

(E) é de dois anos o prazo de prescrição no crime de posse de droga para consumo pessoal, não se aplicando, contudo, as causas de interrupção previstas no Código Penal.

A: correta (art. 33, §§ 1º, I, e 4º, da Lei 11.343/2006); **B:** incorreta. Isso porque, de acordo com o art. 42 da Lei 11.343/2006, o juiz, na fixação das penas, considerará, com preponderância sobre o previsto no art. 59 do Código Penal, *a natureza e a quantidade da substância ou do produto, a personalidade e a conduta social do agente*; **C:** incorreta, pois não corresponde ao que estabelece o art. 43, parágrafo único, da Lei 11.343/2006; **D:** incorreta. É que, segundo entendimento consolidado nos tribunais superiores, é prescindível, para a incidência desta causa de aumento, a transposição das divisas dos Estados, sendo suficiente que fique demonstrado que a droga se destinava a outro Estado da Federação. Nesse sentido, conferir: "(...) Esta Corte possui entendimento jurisprudencial, no sentido de que a incidência da causa de aumento, conforme prevista no art. 40, V, da Lei 11.343/2006, não exige a efetiva transposição da divisa interestadual, sendo suficientes as evidências de que a substância entorpecente tem como destino qualquer ponto além das linhas da respectiva Unidade da Federação (...)" (AGRESP 201103088503, Campos Marques (Desembargador convocado do TJ/PR), STJ, Quinta Turma, *DJe* 01.07.2013). Consolidado tal entendimento, o STJ editou a Súmula 587: "Para a incidência da majorante prevista no art. 40, V, da Lei 11.343/2006, é desnecessária a efetiva transposição de fronteiras entre estados da Federação, sendo suficiente a demonstração inequívoca da intenção de realizar o tráfico interestadual"; **E:** incorreta, na medida em que contraria o disposto no art. 30 da Lei 11.343/2006. ED

Gabarito "A".

(Juiz de Direito - TJ/BA - 2019 - CESPE/CEBRASPE) À luz do entendimento jurisprudencial do STF, assinale a opção correta, acerca do delito de tráfico privilegiado, previsto na Lei n.º 11.343/2006.

(A) Trata-se de crime inafiançável e insuscetível de graça, anistia e indulto.

(B) O condenado pela prática de tráfico privilegiado deve iniciar o cumprimento da pena em regime fechado.

(C) A progressão de regime prisional do réu condenado pelo crime em apreço somente será admitida mediante a realização de exame criminológico.

(D) O condenado pela prática do crime de tráfico privilegiado poderá alcançar a progressão de regime prisional depois de ter cumprido pelo menos um sexto da pena no regime anterior, se ostentar bom comportamento carcerário.

(E) O livramento condicional somente será concedido aos condenados pelo crime em apreço que tenham cumprido mais de dois terços da pena, exceto aqueles reincidentes específicos em crimes hediondos ou equiparados.

A: incorreta. O Plenário do STF, ao julgar o HC 118.533/MS, em 23.06.2016, cuja relatoria foi da Min. Cármen Lúcia, entendeu, em dissonância com o posicionamento então adotado pelo STJ, que o crime de tráfico de drogas privilegiado não tem natureza hedionda. Já o STJ, por meio da Súmula n. 512, não mais em vigor, de forma diversa da do STF, fixou o entendimento segundo o qual "A aplicação da causa de diminuição de pena prevista no art. 33, § 4º, da Lei 11.343/2006 não afasta a hediondez do crime de tráfico de drogas". Pois bem. Sucede que a Terceira Seção do STJ, na sessão realizada em 23 de novembro de 2016, ao julgar a QO na Pet 11.796-DF, determinou o cancelamento da referida Súmula n. 512, alinhando-se ao entendimento adotado pelo STF no sentido de que o delito de tráfico privilegiado não pode ser equiparado a crime hediondo. Atualmente, portanto, temos que tanto o STF quanto o STJ adotam o posicionamento no sentido de que o chamado tráfico privilegiado não constitui delito equiparado a hediondo. Bem recentemente, a Lei 13.964/2019 (Pacote Anticrime) inseriu no art. 112 da Lei de Execução Penal, que trata da progressão de regime, o § 5º, segundo o qual "não se considera hediondo ou equiparado, para os fins deste artigo, o crime de tráfico de drogas previsto no § 4º do art. 33 da Lei 11.343, de 23 de agosto de 2006"; **B:** incorreta. Ainda que o tráfico privilegiado fosse equiparado a hediondo, mesmo assim não haveria que se falar em fixação de regime fechado obrigatório. Se a pena aplicada for de até 8 anos, é possível, sim, ainda que se trate de crime hediondo ou assemelhado, que o agente inicie o cumprimento de sua pena no regime semiaberto ou, conforme o caso, no aberto. Mesmo porque, como bem sabemos, o art. 2º, § 1º, da Lei 8.072/1990 (Crimes Hediondos), que estabelece o regime inicial fechado aos condenados por crimes hediondos e equiparados, foi declarado pelo STF, no julgamento do HC 111.840, inconstitucional, não havendo mais, portanto, a obrigatoriedade de fixar-se o regime inicial fechado nos crimes hediondos; **C:** incorreta. Por força das alterações promovidas pela Lei 10.792/2003 no art. 112 da LEP, o exame criminológico deixou de ser obrigatório para o deferimento da progressão de regime. A despeito disso, o STJ e o STF têm entendido que o magistrado pode, sempre que entender necessário e conveniente, determinar a realização de exame criminológico no condenado, como condição para aferir se preenche o requisito subjetivo para progressão de regime. Em outras palavras, não está o juiz impedido de determinar tal providência. *Vide* Súmula Vinculante 26 e Súmula 439 do STJ; **D:** correta. Considerando que o tráfico privilegiado não constitui delito equiparado a hediondo, a progressão de regime obedecerá às regras do art. 112 da LEP, ou seja, a progressão dar-se-á após o cumprimento de um sexto da pena no regime anterior, sem prejuízo, é importante que se diga, do requisito subjetivo. Cuidado: com o advento da Lei 13.964/2019 (Pacote Anticrime), alterou-se a redação do art. 112 da LEP, com a inclusão de novas faixas de fração de cumprimento de pena a possibilitar a progressão do reeducando a regime menos rigoroso. No caso do tráfico privilegiado, por se tratar de crime não equiparado a hediondo e desprovido de violência/grave ameaça, a progressão dar-se-á, de acordo com as novas regras implementadas pelo Pacote Anticrime, com o cumprimento de 16% da pena, sendo o reeducando primário; se for reincidente, deverá cumprir, para fazer jus à progressão, 20% da pena que lhe foi imposta; **E:** incorreta, pois contraria o disposto no art. 83 do CP. ED

Gabarito "D".

Considere as afirmações a seguir, relativas à Lei 11.343/2006.

I. Ao infrator condenado pelo crime previsto no artigo 28, o juiz deve aplicar, isoladamente, as penas de advertência sobre os efeitos das drogas; prestação de serviços à comunidade ou medida educativa de comparecimento a programa ou curso educativo.

II. Ao usuário e ao dependente de drogas em cumprimento de pena privativa de liberdade ou submetido à medida de segurança, em razão da prática de infração penal, a lei assegura oferta de atenção de saúde definida pelo respectivo sistema penitenciário.

III. Ao proferir sentença condenatória, é permitido ao juiz determinar que seja assegurada ao infrator atenção de saúde definida pelo respectivo sistema penitenciário com base em avaliação, realizada por profissional de saúde com competência específica na forma da lei e que ateste a necessidade de o infrator receber encaminhamento para tratamento.

IV. É vedado ao juiz encaminhar para tratamento médico adequado o agente considerado isento de pena em razão da dependência, ou sob o efeito, proveniente de caso fortuito ou força maior, de droga, que ao tempo da ação ou da omissão, qualquer que tenha sido a infração penal praticada, era inteiramente incapaz de entender o caráter ilícito do fato ou de determinar-se de acordo com esse entendimento.

(Promotor de Justiça/SP – 2019 – MPE/SP) É correto o que se afirma em

(A) I e III, apenas.

(B) II e III, apenas.

(C) II, apenas.

(D) I e IV, apenas.

(E) I, II, III e IV.

I: incorreta. Isso porque as penas previstas no preceito secundário do art. 28 da Lei 11.343/2006 poderão ser aplicadas isolada ou cumulativamente, nos termos do que estabelece o art. 27 desta mesma Lei; **II:** correta, uma vez que em conformidade com o disposto no art. 26 da Lei 11.343/2006. Atenção: a Lei 13.840/2019 inseriu na Lei de Drogas o art. 26-A, prevendo e disciplinando o instituto do *acolhimento em comunidade terapêutica acolhedora*; **III:** correta, já que em conformidade com o art. 47 da Lei de Drogas; **IV:** incorreta, uma vez que contraria o disposto no art. 45, parágrafo único, da Lei 11.343/2006. ED

Gabarito "B".

(Promotor de Justiça/PR – 2019 – MPE/PR) Considerando o entendimento sumulado dos Tribunais Superiores, analise as assertivas abaixo e assinale a alternativa:

I. – A majorante do tráfico transnacional de drogas (art. 40, inciso I, da Lei n. 11.343/2006) configura-se com a prova da destinação internacional das drogas, ainda que não consumada a transposição de fronteiras.

II. – Para a incidência da majorante prevista no art. 40, inciso V, da Lei n. 11.343/2006, é desnecessária a efetiva transposição de fronteiras entre estados da Federação, sendo suficiente a demonstração inequívoca da intenção de realizar o tráfico interestadual.

III. – É cabível a aplicação retroativa da Lei n. 11.343/2006, desde que o resultado da incidência das suas disposições, na íntegra, seja mais favorável ao réu do que o advindo da aplicação da Lei n. 6.368/1976, sendo vedada a combinação de leis.

IV. – A causa de aumento de pena prevista no art. 40, inciso III, da Lei n. 11.343/2006 tem natureza objetiva, devendo haver portanto comprovação de mercancia a menos de duzentos metros da respectiva entidade de ensino.

(A) Todas as alternativas estão corretas.

(B) Apenas a alternativa I está correta.

(C) Apenas a alternativa II está incorreta.

(D) Apenas a alternativa III está correta.

(E) Apenas a alternativa IV está incorreta.

I: correta. Isso porque, conforme tem entendido a jurisprudência, é desnecessário, à configuração da majorante prevista no art. 40, I, da Lei 11.343/2006, que se dê o efetivo transporte da droga para o interior ou exterior do país, sendo suficiente que se demonstre a intenção do agente em assim proceder. Conferir: "Para a incidência da causa especial de aumento de pena prevista no inciso I do art. 40 da Lei de Drogas, é irrelevante a efetiva transposição das fronteiras nacionais, sendo suficiente, para a configuração da transnacionalidade do delito, a comprovação de que a substância tinha como destino/origem localidade em outro país" (STJ, REsp 1395927/SP, Rel. Min. Rogerio Schietti Cruz, 6ª Turma, j. 13.09.2016, *DJe* 20/09/2016). Consolidando esse entendimento, o STJ editou a Súmula 607: *A majorante do tráfico transnacional de drogas (art. 40, I, da Lei n. 11.343/2006) configura-se com a prova da destinação internacional das drogas, ainda que não consumada a transposição de fronteiras*; **II:** correta. Segundo entendimento consolidado nos tribunais superiores, é prescindível, para a incidência desta causa de aumento, a transposição das divisas dos Estados, sendo suficiente que fique demonstrado que a droga se destinava a outro Estado da Federação. Nesse sentido: "(...) Esta Corte possui entendimento jurisprudencial, no sentido de que a incidência da causa de aumento, conforme prevista no art. 40, V, da Lei n. 11.343/2006, não exige a efetiva transposição da divisa interestadual, sendo suficientes as evidências de que a substância entorpecente tem como destino qualquer ponto além das linhas da respectiva Unidade da Federação (...)" (AGRESP 201103088503, Campos Marques (Desembargador convocado do TJ/PR), STJ, Quinta Turma, *DJe* 01.07.2013). Consolidando tal entendimento, o STJ editou a Súmula 587: "Para a incidência da majorante prevista no art. 40, V, da Lei 11.343/2006, é desnecessária a efetiva transposição de fronteiras entre estados da Federação, sendo suficiente a demonstração inequívoca da intenção de realizar o tráfico interestadual"; **III:** correta, pois corresponde ao entendimento firmado na Súmula 501 do STJ: "É cabível a aplicação retroativa da Lei 11.343/2006, desde que o resultado da incidência das suas disposições, na íntegra, seja mais favorável ao réu do que o advindo da aplicação da Lei 6.368/1976, sendo vedada a combinação de leis"; **IV:** incorreta. É pacífico o entendimento, na jurisprudência, no sentido de que a incidência da causa de aumento de pena do art. 40, III, da Lei de Drogas dispensa a comprovação de que o crime visava a atingir os frequentadores dos locais mencionados nesse dispositivo. Conferir: "O crime praticado nas imediações de estabelecimento de ensino. Tal fundamento, por si só, justifica a imposição da majorante prevista no art. 40, inciso III, da Lei 11.343/2006, sendo prescindível a prova de que o acusado tinha como "público-alvo" os frequentadores desses locais" (STJ, HC 480.887/SP, Rel. Ministro FELIX FISCHER, QUINTA TURMA, julgado em 07/02/2019, DJe 19/02/2019). No mesmo sentido: (...) Inexiste constrangimento ilegal em relação ao reconhecimento da causa especial de aumento prevista no art. 40, III, da Lei 11.343/2006, uma vez que restou devidamente comprovado que o paciente atuava

8. LEGISLAÇÃO PENAL EXTRAVAGANTE

próximo a estabelecimentos de ensino, pouco importando se ele estava ou não visando especialmente atingir estudantes desse estabelecimento ou efetivamente comercializando entorpecentes diretamente com os alunos das escolas" (AgRg no HC 283.816/SP, Rel. Ministro Sebastião Reis Júnior, Sexta Turma, julgado em 20.09.2016, *DJe* 06.10.2016). **ED** Gabarito "E".

(Promotor de Justiça/PR – 2019 – MPE/PR) Considerando os crimes previstos na Lei Antidrogas (Lei n. 11.343/06), analise as assertivas abaixo e assinale a alternativa:

I. – Dentre as penas previstas para quem adquirir, guardar, tiver em depósito, transportar ou trouxer consigo, para consumo pessoal, drogas sem autorização ou em desacordo com determinação legal ou regulamentar está a pena de prestação pecuniária.

II. – Quem adquirir, guardar, tiver em depósito, transportar ou trouxer consigo, para consumo pessoal, drogas sem autorização ou em desacordo com determinação legal ou regulamentar poderá ser submetido à pena de prestação de serviços comunitários pelo prazo máximo de seis meses.

III. – Em caso de reincidência, a pena de prestação de serviços comunitários e de medida educativa de comparecimento a programa ou curso educativo, para quem adquirir, guardar, tiver em depósito, transportar ou trouxer consigo, para consumo pessoal, drogas sem autorização ou em desacordo com determinação legal ou regulamentar poderão ser aplicadas pelo prazo máximo de dez meses.

IV. – Prescrevem em dois anos a imposição e a execução das penas previstas para quem adquirir, guardar, tiver em depósito, transportar ou trouxer consigo, para consumo pessoal, drogas sem autorização ou em desacordo com determinação legal ou regulamentar.

(A) Todas as alternativas estão corretas.

(B) Todas as alternativas estão incorretas.

(C) Apenas a alternativa II está incorreta.

(D) Apenas as alternativas III e IV estão incorretas.

(E) Apenas as alternativas I e II estão incorretas.

I: incorreta. A teor do art. 28 da Lei 11.343/2006, aquele que *adquire, guarda, tem em depósito, transporta* ou *traz consigo*, para consumo pessoal, drogas sem autorização ou em desacordo com determinação legal ou regulamentar será submetido às seguintes penas: advertência sobre os efeitos das drogas; prestação de serviços à comunidade; e medida educativa de comparecimento a programa ou curso educativo; **II:** incorreta. Nos termos do art. 28, § 3º, da Lei de Drogas, a pena de prestação de serviços comunitários será aplicada pelo prazo máximo de cinco meses (e não seis); **III:** correta, pois reflete o que estabelece o art. 28, § 4º, da Lei 11.343/2006; **IV:** correta (art. 30 da Lei de Drogas). **ED** Gabarito "E".

(Defensor Público – DPE/PR – 2017 – FCC) Sobre o procedimento relativo aos processos por crimes definidos na Lei Anti-drogas, Lei n. 11.343/2006, é correto afirmar:

(A) Consoante aos recentes julgados do Supremo Tribunal Federal, não gera nulidade o fato do interrogatório do acusado ser realizado no início da instrução criminal, em momento anterior à oitiva das testemunhas, em conformidade com o estabelecido no art. 57 da Lei n. 11.343/2006.

(B) Oferecida a denúncia, o juiz ordenará a notificação do acusado para oferecer defesa prévia, por escrito,

no prazo de quinze dias, contando-se o prazo em dobro para a Defensoria Pública.

(C) O perito que subscrever o laudo de constatação da natureza e quantidade da droga, ficará impedido de participar da elaboração do laudo definitivo.

(D) O inquérito policial será concluído no prazo de quarenta e cinco dias, se o indiciado estiver preso, e de noventa dias, quando solto, com a possibilidade de serem duplicados pelo juiz, ouvido o Ministério Público, mediante pedido justificado da autoridade de polícia judiciária.

(E) Na resposta, consistente em defesa preliminar e exceções, o acusado poderá arguir preliminares e invocar todas as razões de defesa, oferecer documentos e justificações, especificar as provas que pretende produzir e, até o número de oito, arrolar testemunhas.

A: correta. De acordo com o art. 57 da Lei 11.343/2006, o interrogatório, no âmbito do crime de tráfico, constitui o primeiro ato da instrução. É importante que se diga que a aplicação desta norma, que determina que o interrogatório seja a primeira providência a ser tomada na instrução, não constitui consenso nos tribunais superiores. Há entendimento no sentido de que, em homenagem ao princípio da ampla defesa, o interrogatório deve ser o último ato da instrução, conforme estabelece o art. 400 do CPP. No sentido de que deve prevalecer, em detrimento da lei geral, a norma especial: "Se a paciente foi processada pela prática do delito de tráfico ilícito de drogas, sob a égide da Lei 11.343/2006, o procedimento a ser adotado é o especial, estabelecido nos arts. 54 a 59 do referido diploma legal. II – O art. 57 da Lei de Drogas dispõe que o interrogatório ocorrerá em momento anterior à oitiva das testemunhas, diferentemente do que prevê o art. 400 do Código de Processo Penal. III – Este Tribunal assentou o entendimento de que a demonstração de prejuízo, "a teor do art. 563 do CPP, é essencial à alegação de nulidade, seja ela relativa ou absoluta, eis que (…) o âmbito normativo do dogma fundamental da disciplina das nulidades *pas de nullité sans grief* compreende as nulidades absolutas" (HC 85.155/SP, Rel. Min. Ellen Gracie). IV – Recurso ordinário improvido" (RHC 116713, Relator(a): Min. Ricardo Lewandowski, Segunda Turma, julgado em 11/06/2013, Processo Eletrônico DJe-120 Divulg 21-06-2013 Public 24-06-2013). No STJ: "Se a Lei 11.343 determina que o interrogatório do acusado será o primeiro ato da audiência de instrução e julgamento, ao passo que o art. 400 do Código de Processo Penal prevê a realização de tal ato somente ao final, não há dúvidas de que deve ser aplicada a legislação específica, pois, como visto, as regras do procedimento comum ordinário só tem lugar no procedimento especial quando nele houver omissões ou lacunas" (STJ, HC 180033-SP, Quinta Turma, rel. Min. Jorge Mussi, 16.02.2002). Para Guilherme de Souza Nucci, cujo entendimento é no sentido de que deve ser aplicado o rito especial previsto na Lei de Drogas, seria recomendável, para evitar futura alegação de nulidade, que o juiz indague o defensor se o acusado pretende ser ouvido logo no início da instrução ou ao final desta (*Leis Penais e Processuais Penais Comentadas*, 8. ed. São Paulo: Revista dos Tribunais, 2014. p. 405). É importante que se diga que, mais recentemente, a jurisprudência consolidou-se no sentido de que o rito processual para o interrogatório, previsto no art. 400 do CPP, deve alcançar todos os procedimentos disciplinados por leis especiais, aqui incluído o rito previsto na Lei de Drogas, cujo art. 57 estabelece que o interrogatório realizar-se-á no começo da instrução. Significa que o interrogatório, mesmo nos procedimentos regidos por leis especiais, passa a ser o derradeiro ato da instrução; **B:** incorreta, pois não reflete o disposto no art. 55 da Lei 11.343/2006; **C:** incorreta (art. 50, § 2º, da Lei 11.343/2006); **D:** incorreta. O prazo de conclusão do inquérito policial nos crimes de tráfico de drogas está disciplinado no art. 51 da Lei 11.343/2006. Se preso estiver o indiciado, o inquérito deverá ser concluído no prazo de 30 dias; se solto, no prazo de 90 dias. Esses prazos comportam dilação (podem ser duplicados por decisão judicial), correspondendo, respectivamente, a 60 e 180 dias; **E**: incorreta. Diferentemente do rito comum ordinário, cujo número de testemunhas que podem ser arroladas corresponde a 8, no procedimento a que se submetem os crimes de tráfico, o número máximo de testemunhas é de 5, tal como estabelece o art. 55, § 1º, da Lei 11.343/2006. **ED**

Gabarito "A".

(Defensor Público – DPE/SC – 2017 – FCC) Sobre o regime da Lei de Drogas (Lei n 11.343/2006), é correto afirmar:

(A) A natureza e a quantidade da droga não podem ser utilizadas simultaneamente para justificar o aumento da pena-base e afastar a redução prevista no § 4º do art. 33 da Lei nº 11.343/2006, sob pena de caracterizar *bis in idem*.

(B) A natureza da pena do crime de posse de drogas para uso pessoal dispensa a realização de laudo de constatação da substância para aferir a tipicidade da conduta.

(C) A despeito do recente entendimento do Supremo Tribunal Federal com relação ao tráfico privilegiado, os crimes de tráfico de drogas (art. 33, *caput*) e de associação para o tráfico (art. 35) continuam equiparados aos hediondos.

(D) A tipo de tráfico de drogas (art. 33, *caput*) só se consuma com a efetiva venda da substância entorpecente.

(E) A proximidade de presídio, escola e hospital configura circunstância agravante a ser considerada na segunda fase de aplicação da pena.

A: correta. Nesse sentido: "A natureza e a quantidade dos entorpecentes foram utilizadas na primeira fase da dosimetria, para a fixação da pena-base, e na terceira fase, para a definição do patamar da causa de diminuição do § 4º do art. 33 da Lei n. 11.343/2006 em um sexto. *Bis in idem*. Patamar de dois terços a ser observado" (RHC 122684, Relator(a): Min. Cármen Lúcia, Segunda Turma, julgado em 16/09/2014, Processo Eletrônico DJe-190 divulg 29-09-2014 Public 30-09-2014); **B:** incorreta. Ainda que se trate da conduta capitulada no art. 28 da Lei de Drogas, que, diga-se de passagem, tem natureza de crime, tal como reconhecido pelo STF, é indispensável, a fim de constituir a materialidade do delito, a realização do laudo de constatação da substância; **C:** incorreta. Segundo entendimento firmado na Súmula n. 512, do STJ, não mais em vigor, "A aplicação da causa de diminuição de pena prevista no art. 33, § 4º, da Lei 11.343/2006 não afasta a hediondez do crime de tráfico de drogas". O Plenário do STF, ao julgar o HC 118.533/MS, em 23.06.2016, cuja relatoria foi da Min. Cármen Lúcia, entendeu, em dissonância com o posicionamento então adotado pelo STJ, que o crime de tráfico de drogas privilegiado não tem natureza hedionda. Pois bem. Posteriormente, a Terceira Seção do STJ, na sessão realizada em 23 de novembro de 2016, ao julgar a QO na Pet 11.796-DF, determinou o cancelamento da referida Súmula n. 512, alinhando-se ao entendimento adotado pelo STF no sentido de que o delito de tráfico privilegiado não pode ser equiparado a crime hediondo. Até aqui a assertiva está correta. Também está correta quando afirma que o crime de tráfico de drogas do art. 33, *caput*, da Lei 11.343/2006 é equiparado a hediondo. O erro da alternativa está em afirmar que o crime de associação para o tráfico é delito equiparado a hediondo. Não é porque não foi contemplado, de forma expressa, no rol do art. 2.º da Lei n. 8.072/1990. Nesse sentido: "O crime de associação para o tráfico não é equiparado a hediondo, uma vez que não está expressamente previsto no rol do art. 2º da Lei 8.072/1990" **(STJ**, HC 123.945/RJ, 5ª Turma, j. 06.09.2011, rel. Min. Jorge Mussi, *DJe* 04.10.2011); **D:** incorreta. É que o crime de tráfico, como é sabido, por ser de ação múltipla ou de conteúdo variado, alcança a sua consumação com o cometimento de qualquer dos núcleos contidos no tipo penal. Assim, o agente que, pretendendo vender substância entorpecente, a adquire, já terá consumado o crime. Incide, aqui, o

princípio da alternatividade; **E**: incorreta. Trata-se de causa de aumento de pena (art. 40, III, Lei 11.343/206), que incidirá, portanto, na terceira fase de fixação da pena. **ED**

Gabarito "A".

(Defensor Público Federal – DPU – 2017 – CESPE) Tendo como referência as disposições da Lei de Drogas (Lei n.º 11.343/2006) e a jurisprudência pertinente, julgue os itens subsecutivos.

(1) Situação hipotética: Com o intuito de vender maconha em bairro nobre da cidade onde mora, Mário utilizou o transporte público para transportar 3 kg dessa droga. Antes de chegar ao destino, Mário foi abordado por policiais militares, que o prenderam em flagrante. Assertiva: Nessa situação, Mário responderá por tentativa de tráfico, já que não chegou a comercializar a droga.

(2) Segundo o entendimento do STJ, em eventual condenação, o juiz sentenciante não poderá aplicar ao réu a causa de aumento de pena relativa ao tráfico de entorpecentes em transporte público, se o acusado tiver feito uso desse transporte apenas para conduzir, de forma oculta, droga para comercialização em outro ambiente, diverso do transporte público.

1: errada. A assertiva retrata típica hipótese de incidência do princípio (ou regra) da alternatividade, segundo o qual ficará caracterizado o crime pela só prática de uma das diversas formas de realização da figura típica. É o que se dá nos denominados crimes de ação múltipla ou de conteúdo variado, em que o tipo penal abriga diversos comportamentos ilícitos, cada qual representado por um verbo, uma ação nuclear. É bem isso que ocorre com o delito de tráfico de entorpecentes (art. 33, *caput*, da Lei 11.343/2006), cujo tipo penal contém dezoito possibilidades (verbos) de cometimento desse crime. No caso narrado na assertiva, temos que Mário, antes de vender a droga, tal como pretendia, a transportou, quando então teve a sua ação frustrada pela abordagem de policiais militares, que o prenderam em flagrante pela prática do crime de tráfico de drogas *consumado*, pois que ele, antes de comercializar a droga, incorreu no comportamento *transportar*; **2:** correta. De fato, para configurar a causa de aumento de pena prevista no art. 40, III, da Lei de Drogas (transporte público), não basta que o agente faça uso de transporte público de posse da droga que, após, será comercializada em local diverso; é necessário que a mercancia do entorpecente ocorra no interior do próprio transporte público. Conferir: "O entendimento de ambas as Turmas do STF é no sentido de que a causa de aumento de pena para o delito de tráfico de droga cometido em transporte público (art. 40, III, da Lei 11.343/2006) somente incidirá quando demonstrada a intenção de o agente praticar a mercancia do entorpecente em seu interior. Fica afastada, portanto, na hipótese em que o veículo público é utilizado unicamente para transportar a droga" (HC 119811, Relator(a): Min. Teori Zavascki, Segunda Turma, julgado em 10/06/2014, Processo Eletrônico DJE-125 Divulg 27-06-2014 Public 01-07-2014). **ED**

Gabarito: 1E, 2C

(Juiz – TRF 2ª Região – 2017) Abaixo há três afirmações: duas sobre a Lei nº 11.343/2006 (Lei Antidrogas) e uma sobre crimes contra o sistema tributário. Leia-as e, depois, marque a opção correta:

I. A incidência do aumento de pena em razão da transnacionalidade do delito de tráfico (art. 40, inc. I, da Lei 11.343/2006) pressupõe o efetivo transporte da droga para o exterior.

II. Presente a causa de diminuição de pena prevista no § 4º do art. 33 da Lei 11.343/2006, por ser o agente primário, de bons antecedentes, não dedicado a ati-

8. LEGISLAÇÃO PENAL EXTRAVAGANTE

vidades criminosas e não integrante de organização criminosa, ainda assim é hediondo o crime de tráfico por ele praticado.

III. Nos termos da Súmula Vinculante 24 do STF, os crimes contra a ordem tributária previstos no art. 1º, incisos I a IV, da Lei nº 8.137/90 não se tipificam antes do lançamento definitivo do tributo. Contudo, o delito do art. 1º, inciso V, da Lei nº 8.137/90 (*"negar ou deixar de fornecer, quando obrigatório, nota fiscal ou documento equivalente, relativa a venda de mercadoria ou prestação de serviço, efetivamente realizada, ou fornecê-la em desacordo com a legislação"*), sendo formal, independe do lançamento tributário.

(A) Apenas a assertiva I está correta.

(B) Apenas a assertiva II está correta.

(C) Apenas a assertiva III está correta.

(D) Todas são falsas.

(E) Todas estão corretas.

I: incorreta. É que, conforme tem entendido a jurisprudência, é desnecessário, à configuração da majorante prevista no art. 40, I, da Lei 11.343/2006, que se dê o efetivo transporte da droga para o exterior, sendo suficiente que se demonstre a intenção do agente em assim proceder. Conferir: "A incidência da majorante, que tem como objetivo apenar com maior severidade a atuação do traficante direcionada para além das fronteiras do País, não exige o transporte efetivo para o exterior, basta que se identifique a intenção" (HC 127221, Rel. Min. Teori Zavascki, 2ª Turma, j. 25.08.2015). Nesse sentido, a Súmula 607, do STJ; **II:** incorreta. Segundo entendimento firmado na Súmula 512, do STJ, não mais em vigor, "A aplicação da causa de diminuição de pena prevista no art. 33, §4º, da Lei 11.343/2006 não afasta a hediondez do crime de tráfico de drogas". O Plenário do STF, ao julgar o HC 118.533/MS, em 23.06.2016, cuja relatoria foi da Min. Cármen Lúcia, entendeu, em dissonância com o posicionamento então adotado pelo STJ, que o crime de tráfico de drogas privilegiado não tem natureza hedionda. Pois bem. Sucede que a Terceira Seção do STJ, na sessão realizada em 23 de novembro de 2016, ao julgar a QO na Pet 11.796-DF, determinou o cancelamento da referida Súmula 512, alinhando-se ao entendimento adotado pelo STF no sentido de que o delito de tráfico privilegiado não pode ser equiparado a crime hediondo. Mais recentemente, a Lei 13.964/2019 (Pacote Anticrime) inseriu no art. 112 da Lei de Execuções Penais, que trata da progressão de regime, o § 5º, segundo o qual "não se considera hediondo ou equiparado, para os fins deste artigo, o crime de tráfico de drogas previsto no § 4º do art. 33 da Lei 11.343, de 23 de agosto de 2006"; **III:** correta. Conferir: "Cinge-se a controvérsia à análise da necessidade de esgotamento da instância administrativo-fiscal para o desencadeamento da persecução penal na hipótese do inciso V do art. 1º da Lei n. 8.137/1990, considerando que o Supremo Tribunal Federal, na Súmula Vinculante n. 24, reconheceu tão somente que 'não se tipifica crime material contra a ordem tributária, previsto no art. 1º, incisos I a IV, da Lei n. 8.137/90, antes do lançamento definitivo do tributo'. 3. Nos termos da jurisprudência desta Corte, o crime descrito no art. 1º, V, da Lei n. 8.137/1990 ostenta natureza formal, ao contrário das condutas elencadas nos incisos I e IV do referido dispositivo, e a sua consumação prescinde da constituição definitiva do crédito tributário. Por conseguinte, o prévio exaurimento da via administrativa não configura condição objetiva de punibilidade" (RHC 31.062/DF, Rel. Min. Ribeiro Dantas, 5ª Turma, j. 02.08.2016, *DJe* 12.08.2016). 🄴🄳

Gabarito "C"

(Juiz – TJ-SC – FCC – 2017) "A" praticou o crime de tráfico de drogas (art. 33 da Lei nº 11.343/06) depois de haver sido condenado, com trânsito em julgado, pelo delito previsto no artigo 28 do mesmo estatuto. Na sentença, a condenação anterior:

(A) não poderá ser considerada para fins de reincidência, porquanto tal delito não possui cominada a pena de prisão.

(B) poderá ser considerada para fins de reincidência, mesmo não tendo o réu recebido pena privativa de liberdade.

(C) somente poderá ser considerada como maus antecedentes.

(D) não poderá gerar qualquer efeito por não ser crime nos termos da lei de introdução ao código penal.

(E) somente poderá ser considerada como circunstância judicial na primeira fase do cálculo da pena.

A natureza jurídica do art. 28 da Lei 11.343/2006 gerou, num primeiro momento, polêmica na doutrina, uma vez que, para uns, teria havido descriminalização da conduta ali descrita. Atualmente, esta discussão encontra-se superada. Não há mais dúvida de que o comportamento descrito neste art. 28 continua a ser crime, isso porque inserido no Capítulo III da atual Lei de Drogas. Nesse sentido, a 1ª Turma do STF, no julgamento do RE 430.105-9-RJ, considerou o dispositivo em questão tem natureza de crime, e o usuário é um "tóxico delinquente" (Rel. Min. Sepúlveda Pertence, j. 13.2.2007), entendimento este, até então, compartilhado pelo STJ. Com isso, a condenação pelo cometimento do crime do art. 28 da Lei de Drogas, embora não imponha ao condenado pena de prisão, tem o condão de gerar reincidência. Mais recentemente, a 6ª Turma do STJ, que até então compartilhava do posicionamento do STF e da 5ª Turma do STJ, apontou para uma mudança de entendimento. Para a 6ª Turma, o art. 28 da Lei de Drogas não constitui crime tampouco contravenção. Trata-se de uma infração penal *sui generis*, razão penal qual o seu cometimento não gera futura reincidência. Há, como se pode ver, divergência entre a 5ª e a 6ª Turmas do STJ. Conferir o julgado da 5ª Turma: "A conduta prevista no art. 28 da Lei n. 11.343/06 conta para efeitos de reincidência, de acordo com o entendimento desta Quinta Turma no sentido de que, *"revela-se adequada a incidência da agravante da reincidência em razão de condenação anterior por uso de droga, prevista no artigo 28 da Lei n. 11.343/06, pois a jurisprudência desta Corte Superior, acompanhando o entendimento do col. Supremo Tribunal Federal, entende que não houve abolitio criminis com o advento da Lei n. 11.343/06, mas mera "despenalização" da conduta de porte de drogas"* (HC 314594/SP, rel. Min. FELIX FISCHER, QUINTA TURMA, DJe 1/3/2016)" (HC 354.997/SP, j. 28/03/2017). Conferir o julgado da 6ª Turma que inaugurou a divergência à qual fizemos referência: "1. À luz do posicionamento firmado pelo Supremo Tribunal Federal na questão de ordem no RE nº 430.105/RJ, julgado em 13/02/2007, de que o porte de droga para consumo próprio, previsto no artigo 28 da Lei nº 11.343/2006, foi apenas despenalizado pela nova Lei de Drogas, mas não descriminalizado, esta Corte Superior vem decidindo que a condenação anterior pelo crime de porte de droga para uso próprio configura reincidência, o que impõe a aplicação da agravante genérica do artigo 61, inciso I, do Código Penal e o afastamento da aplicação da causa especial de diminuição de pena do parágrafo 4º do artigo 33 da Lei nº 11.343/06. 2. Todavia, se a contravenção penal, punível com pena de prisão simples, não configura reincidência, resta inequivocamente desproporcional a consideração, para fins de reincidência, da posse de droga para consumo próprio, que conquanto seja crime, é punida apenas com "advertência sobre os efeitos das drogas", "prestação de serviços à comunidade" e "medida educativa de comparecimento a programa ou curso educativo", mormente se se considerar que em casos tais não há qualquer possibilidade de conversão em pena privativa de liberdade pelo descumprimento, como no caso das penas substitutivas. 3. Há se considerar, ainda, que a própria constitucionalidade do artigo 28 da Lei de Drogas, que está cercado de acirrados debates acerca da legitimidade da tutela do direito penal em contraposição às garantias constitucionais da intimidade e da vida privada, está em discussão perante o Supremo Tribunal Federal, que admitiu Repercussão Geral no Recurso Extraordinário nº 635.659

para decidir sobre a tipicidade do porte de droga para consumo pessoal. 4. E, em face dos questionamentos acerca da proporcionalidade do direito penal para o controle do consumo de drogas em prejuízo de outras medidas de natureza extrapenal relacionadas às políticas de redução de danos, eventualmente até mais severas para a contenção do consumo do que aquelas previstas atualmente, o prévio apenamento por porte de droga para consumo próprio, nos termos do artigo 28 da Lei de Drogas, não deve constituir causa geradora de reincidência. 5. Recurso improvido" (REsp 1672654/SP, Rel. Ministra MARIA THEREZA DE ASSIS MOURA, SEXTA TURMA, julgado em 21/08/2018, DJe 30/08/2018). Em seguida, a 5ª Turma aderiu ao entendimento adotado pela 6ª Turma, no sentido de que a condenação pelo cometimento do crime descrito no art. 28 da Lei 11.343/2006 não tem o condão de gerar reincidência. A conferir: "Esta Corte Superior, ao analisar a questão, posicionou-se de forma clara, adequada e suficiente ao concluir que a condenação pelo crime do artigo 28 da Lei n. 11.343/2006 não é apta a gerar os efeitos da reincidência." (EDcl no AgRg nos EDcl no REsp 1774124/SP, Rel. Ministro REYNALDO SOARES DA FONSECA, QUINTA TURMA, julgado em 02/04/2019, DJe 16/04/2019). O STJ, em edição de n. 131 da ferramenta *Jurisprudência em Teses*, publicou, sobre este tema, a seguinte tese (n. 7): *As contravenções penais, puníveis com pena de prisão simples, não geram reincidência, mostrando-se, portanto, desproporcional que condenações anteriores pelo delito do art. 28 da Lei n. 11.343/2006 configurem reincidência, uma vez que não são puníveis com pena privativa de liberdade.* ED

Gabarito "B".

(Juiz – TRF 3ª Região – 2016) Pensando nas pessoas que se dispõem a transportar drogas, no próprio corpo, durante viagens internacionais, é possível dizer:

(A) Se forem primárias, ostentarem bons antecedentes e não integrarem organização criminosa, terão a pena reduzida de um sexto a dois terços;

(B) Mesmo se forem primárias, ostentarem bons antecedentes e não integrarem organização criminosa, não farão jus à redução de pena, haja vista tratar-se de tráfico internacional;

(C) São isentas de pena, haja vista o fato de estarem submetidas a organizações criminosas que as obrigam a cometer o crime;

(D) Mesmo quando obrigadas a proceder dessa forma, devem ser punidas, pois, em Direito Penal, o que importa é o resultado.

É certo que, no tráfico de drogas, se o condenado for primário, de bons antecedentes, não se dedicar a atividades criminosas nem integrar organizações criminosas, sua pena será reduzida de um sexto a dois terços (art. 33, §4º, da Lei 11.343/2006). A questão que se coloca é saber se o transporte de drogas, no próprio corpo, em viagens internacionais, que é a conduta da chamada "mula", pode ou não ensejar o reconhecimento desta causa de diminuição de pena, desde que, é claro, se façam presentes, de forma cumulativa, os requisitos acima mencionados. O STF, ao enfrentar este tema, entendeu que é possível, sim, a incidência deste art. 33, §4º, da Lei de Drogas ao transporte de entorpecentes realizado por mula. Nesse sentido: "A jurisprudência desta Suprema Corte é no sentido de que 'o exercício da função de mula, embora indispensável para o tráfico internacional, não traduz, por si só, adesão, em caráter estável e permanente, à estrutura de organização criminosa, até porque esse recrutamento pode ter por finalidade um único transporte de droga', porquanto 'descabe afastar a incidência da causa de diminuição de pena do art. 33, §4º, da Lei nº 11.343/06 com base em mera conjectura ou ilação de que os réus integrariam organização criminosa' (HC 124.107/SP, Rel. Min. Dias Toffoli, 1ª Turma, DJe 24.11.2014)" (HC 129449, Rel. Min. Rosa Weber, 1ª Turma, j. 14.03.2017, Processo Eletrônico *DJe* 27.04.2017. Publ. 28.04.2017). Importante que se diga que a assertiva "A", embora

apontada como correta, deixou de contemplar um dos requisitos contidos no art. 33, §4º, da Lei 11.343/2006, qual seja, *não se dedicar a atividades criminosas.* ED

Gabarito "A".

(Juiz – TJ/RJ – VUNESP – 2016) X, flagrado portando maconha para uso próprio, pode

(A) ser preso, em flagrante delito.

(B) ser conduzido ao CAPS – Centro de Atenção Psicossocial –, para ser submetido a tratamento compulsório, dado que a lei prevê medidas alternativas à prisão.

(C) ignorar a determinação policial no sentido de que se conduza ao Distrito Policial, uma vez que esta conduta não prevê pena privativa de liberdade.

(D) ser liberado, mediante pagamento de fiança.

(E) ser conduzido ao Distrito Policial, livrando-se solto, haja vista tratar-se de infração de menor potencial ofensivo.

A conduta descrita no enunciado se amolda ao tipo penal do art. 28 da Lei 11.343/2006, consistente no verbo *trazer consigo* (transportar junto ao corpo). Quando surpreendido na posse de substância entorpecente destinada a uso próprio, o agente deverá ser conduzido à presença da autoridade policial, que providenciará, depois de constatada a prática do delito do art. 28 da Lei de Drogas, a lavratura de termo circunstanciado (é vedada, tal como consta do art. 48, § 2º, da Lei 11.343/2006, a lavratura de auto de prisão em flagrante) e o encaminhamento do autor dos fatos ao juízo competente (Juizado Especial Criminal); não sendo isso possível (e é o que de fato ocorre na grande maioria das vezes), o conduzido firmará compromisso, perante a autoridade policial, de comparecer ao juízo tão logo seja convocado para tanto. Não poderá, em hipótese nenhuma, permanecer preso, devendo ser de imediato liberado assim que formalizada a ocorrência por meio do termo circunstanciado (art. 48, § 3º, da Lei 11.343/2006). ED

Gabarito "E".

(Promotor de Justiça/SC – 2016 – MPE)

(1) No delito de tráfico ilícito de drogas, artigo 33, *caput* e § 1º, as penas poderão ser reduzidas de um sexto a dois terços, desde que o agente somente não se dedique às atividades criminosas e nem integre organização criminosa.

1: assertiva falsa, na medida em que, além de o agente não se dedicar a atividades criminosas e não integrar organizações criminosas, a benesse contida no art. 33, § 4º, da Lei 11.343/2006 somente será concedida ao traficante, levando, com isso, à redução de sua pena de um sexto a dois terços, se o mesmo ostentar primariedade e bons antecedentes. ED

Gabarito 1E

(Promotor de Justiça/SC – 2016 - MPE)

(1) Segundo a Lei Antitóxicos (Lei 11.343/2006), para os crimes de tráfico, o prazo para conclusão do inquérito policial será de 30 dias, se o indiciado estiver preso, e de 90 dias, se estiver solto. Tais prazos, ademais, poderão ser duplicados pelo juiz mediante pedido justificado da autoridade policial, ouvido o Ministério Público.

1: Conforme reza o art. 51, parágrafo único, da Lei 11.343/2006 (Lei de Drogas), o prazo para conclusão do inquérito – relativo a réu preso, que é de 30 dias, e a réu solto, que é de 90 dias –, pode ser duplicado pelo juiz, desde que ouvido o MP e mediante pedido justificado da autoridade policial. ED

Gabarito 1C

8. LEGISLAÇÃO PENAL EXTRAVAGANTE

(Delegado/AP – 2017 – FCC) Sobre o crime de associação para fins de tráfico de drogas,

(A) é necessária a estabilidade do vínculo entre 3 ou mais pessoas.

(B) deverá se verificar, necessariamente, a finalidade de praticar uma série indeterminada de crimes.

(C) nas mesmas penas deste crime incorre quem se associa para a prática reiterada do financiamento de tráfico de drogas.

(D) incidirá na hipótese de concurso formal de crimes, a prática da associação em conjunto com a do tráfico de drogas.

(E) deverão os agentes, para sua configuração, praticar as infrações para as quais se associaram.

A: incorreta, pois o art. 35 da Lei de Drogas (Lei 11.343/2006) tipifica como crime o fato de duas ou mais pessoas associarem-se para o fim de praticar, reiteradamente ou não, tráfico de drogas (arts. 33, *caput* e §1º, e 34, da referida lei); **B:** incorreta, pois o art. 35 da Lei 11.343/2006 pressupõe a estabilidade dos agentes para a prática, reiterada ou não, de crimes de tráfico; **C:** correta, nos exatos termos do art. 35, parágrafo único, da Lei 11.343/2006, que remete ao crime de financiamento para o tráfico (art. 36 da mesma lei); **D:** incorreta. Haverá concurso material de crimes (art. 69 do CP), até porque cada uma das infrações (associação para o tráfico e tráfico de drogas) terá sido praticada mediante mais de uma conduta, e em contextos distintos, não se podendo cogitar de concurso formal (art. 70 do CP); **E:** incorreta. Basta que os agentes tenham o ânimo associativo para o fim da prática de tráfico de drogas, pouco importando, para a configuração do crime tipificado pelo art. 35 da Lei de Drogas, a efetiva prática dos delitos. Estamos diante de crime formal, que se consuma com a formação da associação criminosa. **AT**
Gabarito "C".

(Delegado/MS – 2017 - FAPEMS) Analise o caso a seguir.

Cumprindo mandados judiciais, o Delegado Alcimor efetuou a prisão de Alceu, conhecido como "Nariz" e considerado o líder de uma associação criminosa voltada à prática de tráfico de drogas na região sul do país, e a apreensão de seu primo Daniel, de dezessete anos, em quarto de hotel em que se hospedavam. Ambos, aliás, velhos conhecidos da polícia pela prática de infrações pretéritas. No local, a equipe tática encontrou drogas, dinheiro e celulares. Com autorização judicial, o Delegado Alcimor acessou o conteúdo de conversas, via WhatsApp, alcançando mais nomes e os pontos da prática comercial ilícita. No total, seis pessoas foram presas.

Com respaldo no caso e considerando o entendimento do Superior Tribunal de Justiça quanto ao crime do artigo 35 da Lei n. 11.343/2006, assinale a alternativa correta.

(A) Por vedação expressa na Lei de Drogas, para o presente crime não se admite a incidência de penas alternativas à prisão, não obstante preenchidos os requisitos legais.

(B) A associação para fins de tráfico de drogas é considerada crime hediondo.

(C) A prática criminosa pretendida não precisa ser reiterada, mas associação não pode ser eventual.

(D) O envolvimento de um menor é indiferente para fins de tipificação delitiva e não influencia no tocante à dosimetria da pena do crime de associação criminosa.

(E) Para a configuração do crime; exige-se efetivamente a prática do tráfico de drogas.

A: incorreta. Nada obstante o art. 44 da Lei 11.343/2006 traga uma série de vedações no tocante a benefícios penais e processuais para os condenados pelos crimes previstos nos arts. 33, *caput* e § 1º, 34 a 37, dentre os quais se identifica a associação para o tráfico (art. 35), é certo que, com a declaração de inconstitucionalidade do predito art. 44, exarada no julgamento do HC 97.256/RS pelo STF, passou-se a admitir a convolação de penas privativas de liberdade por restritivas de direitos, desde que satisfeitos os requisitos legais, sob pena de ofensa à individualização da pena e tripartição de poderes (o Legislativo não pode impedir o Judiciário de analisar, no caso concreto, a possibilidade de substituição de pena de prisão por medidas mais benignas); **B:** incorreta. O entendimento do STJ, e também do STF, é no sentido de que a associação para o tráfico (art. 35 da Lei 11.343/2006) não é considerada crime equiparado a hediondo, seja por não constituir, propriamente, em conduta que se subsuma a tráfico de drogas (este sim considerado equiparado a hediondo!), seja, em razão do critério legal, não consta no rol dos crimes indicados na Lei 8.072/1990 (Lei dos Crimes Hediondos); **C:** correta. O ânimo associativo estável e permanente é essencial para a caracterização da associação para o tráfico, à semelhança de uma associação criminosa (art. 288 do CP), sem o que estaremos diante de mero concurso de agentes. O que não se exige, para a configuração do crime previsto no art. 35 da Lei de Drogas, é a reiteração do tráfico, conforme se extrai da própria redação típica: "Associarem-se duas ou mais pessoas para o fim de praticar, *reiteradamente ou não*, qualquer dos crimes previstos nos arts. 33, *caput* e § 1º, e 34 desta Lei"; **D:** incorreta, pois o envolvimento de criança ou adolescente, além de ser computado para o número legalmente exigido (associarem-se *duas ou mais pessoas*), constitui causa de aumento de pena, nos termos do art. 40, VI, da Lei 11.343/2006; **E:** incorreta. O crime do art. 35 da Lei de Drogas é formal, consumando-se com a constituição da associação criminosa, independentemente da prática dos crimes para as quais tiver sido formada. **AT**
Gabarito "C".

(Delegado/MT – 2017 – CESPE) Com referência aos parâmetros legais da dosimetria da pena para os crimes elencados na Lei n. 11.343/2006 – Lei Antidrogas – e ao entendimento dos tribunais superiores sobre essa matéria, assinale a opção correta.

(A) A personalidade e a conduta social do agente não preponderam sobre outras circunstâncias judiciais da parte geral do CP quando da dosimetria da pena.

(B) A natureza e a quantidade da droga são circunstâncias judiciais previstas na parte geral do CP.

(C) A natureza e a quantidade da droga não preponderam sobre outras circunstâncias judiciais da parte geral do CP quando da dosimetria da pena.

(D) A natureza e a quantidade da droga apreendida não podem ser utilizadas, concomitantemente, na primeira e na terceira fase da dosimetria da pena, sob pena de *bis in idem*.

(E) As circunstâncias judiciais previstas na parte geral do CP podem ser utilizadas para aumentar a pena base, mas a natureza e a quantidade da droga não podem ser utilizadas na primeira fase da dosimetria da pena.

Nos termos do art. 42 da Lei 11.343/2006, o juiz, na fixação das penas, considerará, com preponderância sobre o previsto no art. 59 do Código Penal, a natureza e a quantidade da substância ou do produto, a personalidade e a conduta social do agente. Assim, analisemos as alternativas! **A, B e C:** incorretas. Optou o legislador por prever circunstâncias judiciais específicas para os crimes definidos na Lei de Drogas, preponderando sobre aquelas definidas no art. 59 do CP. Assim, na fixação da pena-base, serão levadas em conta a natureza e quantidade da substância ou produto, bem como a personalidade e a conduta social do agente delitivo; **D:** correta. Se a natureza e a quantidade da droga serão levadas em consideração na primeira fase da dosimetria da pena (circunstâncias judiciais do art. 42 da Lei de Drogas), não poderão ser novamente consideradas como majorantes na terceira fase (incidência das causas de aumento e diminuição de pena), caso em que haveria violação ao *ne bis in idem*; **E:** incorreta. As circunstâncias judiciais do art. 59 do CP, embora possam ser utilizadas supletivamente, não afastarão aquelas previstas no art. 42 da Lei 11.343/2006, dentre elas, a natureza e a quantidade da droga. **AT**

Gabarito "D".

(Defensor Público – DPE/ES – 2016 – FCC) Quanto aos crimes previstos na Lei de Drogas, é correto afirmar que

(A) a pena de multa pode ser aumentada até o limite do triplo se, em virtude da condição econômica do acusado, o juiz considerá-la ineficaz, ainda que aplicada no máximo.

(B) não se tipifica o delito de associação para o tráfico se ausentes os requisitos de estabilidade e permanência, configurando-se apenas a causa de aumento da pena do concurso de pessoas.

(C) constitui causa de aumento da pena a promoção do tráfico de drogas nas imediações de estabelecimento de ensino e, consoante expressa previsão legal, a circunstância independe de comprovação de se destinar aos respectivos estudantes.

(D) o condenado por tráfico privilegiado poderá ser promovido de regime prisional após o cumprimento de um sexto da pena, segundo entendimento do Supremo Tribunal Federal.

(E) cabível a aplicação retroativa da figura do tráfico privilegiado, desde que o redutor incida sobre a pena prevista na lei anterior, pois vedada a combinação de leis.

A: incorreta, pois não corresponde ao teor do art. 43, parágrafo único, da Lei 11.343/2006, segundo o qual, em casos assim, as multas podem ser aumentadas até o *décuplo*; **B:** incorreta. É fato que, para a configuração do crime do art. 35 da Lei 11.343/2006 (associação para o tráfico), é indispensável que a associação se dê de forma estável e duradoura, tal como ocorre com o crime de associação criminosa (art. 288, CP). Até aqui a assertiva está correta. O erro da alternativa está em afirmar que o concurso de pessoas constitui causa de aumento de pena. Isso porque tal circunstância não está contemplada no art. 40 da Lei 11.343/2006; **C:** incorreta, já que a lei não prevê a desnecessidade de comprovação de que o entorpecente se destina aos alunos da escola em torno da qual ele é comercializado. De toda forma, é bom que se diga que, a despeito de a lei nada dizer sobre tal circunstância, é certo que a jurisprudência tem entendido que a configuração da causa de aumento de pena em questão (art. 40, III, da Lei 11.343/2006) independe da comprovação de o comércio de drogas se destinar especificamente aos alunos da escola. Conferir: "(…) Inexiste constrangimento ilegal em relação ao reconhecimento da causa especial de aumento prevista no art. 40, III, da Lei 11.343/2006, uma vez que restou devidamente comprovado que o paciente atuava próximo a estabelecimentos de ensino, pouco importando se ele estava ou não visando especialmente atingir estudantes desse estabelecimento ou efetivamente comercializando entorpecentes diretamente com os alunos das escolas" (AgRg no HC 283.816/SP, Rel. Ministro Sebastião Reis Júnior, Sexta Turma, julgado em 20.09.2016, *DJe* 06.10.2016); **D:** correta. Segundo entendimento firmado na Súmula n. 512, do STJ, não mais em vigor, "A aplicação da causa de diminuição de pena prevista no art. 33, § 4º, da Lei 11.343/2006 não afasta a hediondez do crime de tráfico de drogas". O Plenário do STF, ao julgar o HC 118.533/MS, em 23.06.2016, cuja relatoria foi da Min. Cármen Lúcia, entendeu, em dissonância com o posicionamento

então adotado pelo STJ, que o crime de tráfico de drogas privilegiado não tem natureza hedionda. Pois bem. Sucede que a Terceira Seção do STJ, na sessão realizada em 23 de novembro de 2016, ao julgar a QO na Pet 11.796-DF, determinou o cancelamento da referida Súmula n. 512, alinhando-se ao entendimento adotado pelo STF no sentido de que o delito de tráfico privilegiado não pode ser equiparado a crime hediondo. Portanto, não se tratando de crime hediondo, o condenado pela prática de tráfico privilegiado progredirá no cumprimento de sua pena segundo as regras do art. 112 da LEP, que estabelece, como requisito objetivo, o cumprimento de um sexto da pena no regime anterior. Mais recentemente, a Lei 13.964/2019 (Pacote Anticrime) inseriu no art. 112 da Lei de Execução Penal, que trata da progressão de regime, o § 5º, segundo o qual "não se considera hediondo ou equiparado, para os fins deste artigo, o crime de tráfico de drogas previsto no § 4º do art. 33 da Lei 11.343, de 23 de agosto de 2006"; **E:** incorreta, pois contraria o entendimento firmado na Súmula 501 do STJ: "É cabível a aplicação retroativa da Lei 11.343/2006, desde que o resultado da incidência das suas disposições, na íntegra, seja mais favorável ao réu do que o advindo da aplicação da Lei 6.368/1976, sendo vedada a combinação de leis". **ED**

Gabarito "D".

(Delegado/PE – 2016 – CESPE) Se determinada pessoa, maior e capaz, estiver portando certa quantidade de droga para consumo pessoal e for abordada por um agente de polícia, ela

(A) estará sujeita à pena privativa de liberdade, se for reincidente por este mesmo fato.

(B) estará sujeita à pena privativa de liberdade, se for condenada a prestar serviços à comunidade e, injustificadamente, recusar a cumprir a referida medida educativa.

(C) estará sujeita à pena, imprescritível, de comparecimento a programa ou curso educativo.

(D) poderá ser submetida à pena de advertência sobre os efeitos da droga, de prestação de serviço à comunidade ou de medida educativa de comparecimento a programa ou curso educativo.

(E) deverá ser presa em flagrante pela autoridade policial.

A: incorreta. A teor do art. 28 da Lei 11.343/2006, aquele que *adquire, guarda, tem em depósito, transporta* ou *traz consigo*, para consumo pessoal, drogas sem autorização ou em desacordo com determinação legal ou regulamentar será submetido às seguintes penas: advertência sobre os efeitos das drogas; prestação de serviços à comunidade; e medida educativa de comparecimento a programa ou curso educativo. Não será mais aplicável ao usuário (mesmo que reincidente), como se pode ver, a pena de prisão. É importante que se diga que a natureza jurídica do art. 28 da Lei 11.343/2006 gerou, num primeiro momento, polêmica na doutrina, uma vez que, para uns, teria havido descriminalização da conduta ali descrita. O STF, ao enfrentar a questão, decidiu que o comportamento descrito neste art. 28 continua a ser crime, isso porque inserido no Capítulo III da atual Lei de Drogas. Nesse sentido, a 1ª Turma do STF, no julgamento do RE 430.105-9-RJ, considerou que o dispositivo em questão tem natureza de crime, e o usuário é um "tóxico delinquente" (Rel. Min. Sepúlveda Pertence, j. 13.2.2007), entendimento este, até então, compartilhado pelo STJ. Com isso, a condenação pelo cometimento do crime do art. 28 da Lei de Drogas, embora não imponha ao condenado pena de prisão, tem o condão de gerar reincidência. Mais recentemente, a 6ª Turma do STJ, que até então compartilhava do posicionamento do STF e da 5ª Turma do STJ, apontou para uma mudança de entendimento. Para a 6ª Turma, o art. 28 da Lei de Drogas não constitui crime tampouco contravenção. Trata-se de uma infração penal *sui generis*, razão penal qual o seu cometimento não gera futura reincidência. Havia, como se pode ver, divergência entre a 5ª e a 6º Turmas do STJ. Conferir o julgado da 5º Turma, de acordo com o entendimento até então prevalente: "A conduta prevista no art. 28 da Lei n. 11.343/06 conta para efeitos de reincidência, de acordo com o entendimento desta Quinta Turma no sentido de que, *revela-se adequada a incidência da agravante da reincidência em razão de condenação anterior por uso de droga, prevista no artigo 28 da Lei n. 11.343/06, pois a jurisprudência desta Corte Superior, acompanhando o entendimento do col. Supremo Tribunal Federal, entende que não houve abolitio criminis com o advento da Lei n. 11.343/06, mas mera "despenalização" da conduta de porte de drogas"* (HC 314594/SP, rel. Min. FELIX FISCHER, QUINTA TURMA, DJe 1/3/2016)" (HC 354.997/SP, j. 28/03/2017. julgado em 21/08/2018, DJe 30/08/2018). Conferir o julgado da 6ª Turma que inaugurou a divergência à qual fizemos referência: "1. À luz do posicionamento firmado pelo Supremo Tribunal Federal na questão de ordem no RE nº 430.105/RJ, julgado em 13/02/2007, de que o porte de droga para consumo próprio, previsto no artigo 28 da Lei nº 11.343/06, foi apenas despenalizado pela nova Lei de Drogas, mas não descriminalizado, esta Corte Superior vem decidindo que a condenação anterior pelo crime de porte de droga para uso próprio configura reincidência, o que impõe a aplicação da agravante genérica do artigo 61, inciso I, do Código Penal e o afastamento da aplicação da causa especial de diminuição de pena do parágrafo 4º do artigo 33 da Lei nº 11.343/06. 2. Todavia, se a contravenção penal, punível com pena de prisão simples, não configura reincidência, resta inequivocamente desproporcional a consideração, para fins de reincidência, da posse de droga para consumo próprio, que conquanto seja crime, é punida apenas com "advertência sobre os efeitos das drogas", "prestação de serviços à comunidade" e "medida educativa de comparecimento a programa ou curso educativo", mormente se se considerar que em casos tais não há qualquer possibilidade de conversão em pena privativa de liberdade pelo descumprimento, como no caso das penas substitutivas. 3. Há de se considerar, ainda, que a própria constitucionalidade do artigo 28 da Lei de Drogas, que está cercado de acirrados debates acerca da legitimidade da tutela do direito penal em contraposição às garantias constitucionais da intimidade e da vida privada, está em discussão perante o Supremo Tribunal Federal, que admitiu Repercussão Geral no Recurso Extraordinário nº 635.659 para decidir sobre a tipicidade do porte de droga para consumo pessoal. 4. E, em face dos questionamentos acerca da proporcionalidade do direito penal para o controle do consumo de drogas em prejuízo de outras medidas de natureza extrapenal relacionadas às políticas de redução de danos, eventualmente até mais severas para a contenção do consumo do que aquelas previstas atualmente, o prévio apenamento por porte de droga para consumo próprio, nos termos do artigo 28 da Lei de Drogas, não deve constituir causa geradora de reincidência. 5. Recurso improvido" (REsp 1672654/SP, Rel. Ministra MARIA THEREZA DE ASSIS MOURA, SEXTA TURMA, julgado em 21/08/2018, DJe 30/08/2018). Em seguida, a 5ª Turma aderiu ao entendimento adotado pela 6ª Turma, no sentido de que a condenação pelo cometimento do crime descrito no art. 28 da Lei 11.343/2006 não tem o condão de gerar reincidência. A conferir: "Esta Corte Superior, ao analisar a questão, posicionou-se de forma clara, adequada e suficiente ao concluir que a condenação pelo crime do artigo 28 da Lei n. 11.343/2006 não é apta a gerar os efeitos da reincidência." (EDcl no AgRg nos EDcl no REsp 1774124/SP, Rel. Ministro REYNALDO SOARES DA FONSECA, QUINTA TURMA, julgado em 02/04/2019, DJe 16/04/2019); **B:** incorreta. Pelo descumprimento das medidas restritivas de direitos impostas pelo juiz na sentença, *caberão admoestação verbal* e *multa*, conforme determina o art. 28, § 6º, da Lei de Drogas. Não caberá, neste caso, pena privativa de liberdade; **C:** incorreta, na medida em que somente são imprescritíveis o crime de racismo (Lei 7.716/1989) e a ação de grupos armados, civis e militares, contra a ordem constitucional e o Estado Democrático; **D:** correta, pois reflete o que dispõe o art. 28, I, II e III, da Lei de Drogas; **E:** incorreta, porque em desacordo com o que estabelece o art. 48, § 2º, da Lei 11.343/2006, que veda a prisão em flagrante no contexto do crime do art. 28 da Lei de Drogas. ᴱᴰ

Gabarito "D".

2. CRIMES CONTRA O MEIO AMBIENTE

(Delegado/MG – 2021 – FUMARC) Michel ordena a Alexandre, caseiro de sua fazenda, que corte árvores de uma porção lateral da propriedade, situada na zona rural do Município de Itabirito – MG, entendendo que elas atrapalhavam a construção de uma cerca. Por se tratar de área de preservação permanente, seria necessária autorização do órgão competente para o corte, a qual, no entanto, não foi ao menos cogitada por Michel. Em- bora ambos tivessem conhecimento desse fato e da ilicitude de seu comporta- mento, Alexandre obedece à ordem de seu patrão Michel, e realiza a conduta.

Tendo em vista o disposto no art. 40, da Lei n.º 9.605/98 (Art. 40. Causar dano direto ou indireto às Unidades de Conservação e às áreas de que trata o art. 27 do Decreto nº 99.274, de 6 de junho de 1990, independentemente de sua localização: Pena - reclusão, de um a cinco anos.) e as teorias atinentes ao concurso de pessoas, é CORRETO afirmar:

(A) Michel, levando em conta a legislação penal brasileira em vigor, deve ter em seu favor reconhecida a cooperação dolosamente distinta.

(B) Pela teoria objetivo-formal, Michel é considerado autor do fato criminoso.

(C) Pela teoria objetivo-formal, Michel seria considerado partícipe do fato criminoso, mas a aplicação da teoria do domínio do fato lhe atrairia para a posição de autor da conduta.

(D) Pela teoria objetivo-formal, Michel seria considerado partícipe do fato criminoso e a aplicação da teoria do domínio do fato não lhe atrairia para a posição de autor da conduta.

A: incorreta, uma vez que os agentes, tanto o que ordenou (Michel) quanto o que executou o crime (Alexandre), agiram, desde o começo, com unidade de desígnios, isto é, atuaram com o propósito de cometer o delito que de fato foi concretizado (art. 40 da Lei 9.605/1998). Somente haveria que se falar em cooperação dolosamente distinta (art. 29, § 2º, do CP) se acaso um dos agentes quisesse participar de crime menos grave e outro mais grave fosse ao final cometido. Neste caso, em relação ao cometimento do crime mais grave, não haveria entre os agentes unidade de propósitos, cabendo àquele que intentou a prática do delito menos grave por ele responder. Perceba que, no caso narrado no enunciado, em nenhum momento os concorrentes manifestaram o desejo de realizar crime diverso do que efetivamente foi concretizado. Devem ambos, portanto, responder pelo mesmo delito; **B:** incorreta. Pela teoria objetivo-formal (restritiva), por nós adotada, autor é aquele que executa o verbo-núcleo do tipo penal. Michel, de acordo com as informações contidas no enunciado, se limitou a ordenar a Alexandre que cortasse as árvores existentes em área de preservação ambiental. O corte, determinado por Michel, foi realizado por Alexandre, este sim, autor da conduta criminosa; **C:** incorreta. De fato, pela teoria objetivo-formal, Michel seria considerado partícipe do fato criminoso, já que, não tendo concretizado a ação nuclear do tipo penal, determinou que tal ocorresse, sendo considerado, à luz da teoria restritiva, partícipe. A aplicação da teoria do domínio do fato não colocaria Michel na posição de autor da conduta, já que, ainda que dele tenha emanado a ordem para cortar as árvores, não é possível afirmar que ele detinha pleno controle da situação, pressuposto para a incidência da teoria do domínio do fato; **D:** correta, pelas razões expostas no comentário anterior. ᴱᴰ

Gabarito "D".

(Juiz – TJ-SC – FCC – 2017) São agravantes expressamente previstas na Lei ambiental nº 9.605/98 cometer a infração:

I. concorrendo para danos à propriedade alheia.

II. em domingos ou feriados.

III. mediante fraude ou abuso de confiança.

IV. com abuso de poder ou violação de dever inerente a cargo, ofício, ministério ou profissão.

V. à noite.

Está correto o que se afirma APENAS em

(A) II e III.

(B) I, III e IV.

(C) I, III e V.

(D) I, II, III e V.

(E) II, IV e V.

I: correta: agravante prevista no art. 15, II, *d*, da Lei 9.605/1998 (Crimes contra o Meio Ambiente); **II:** correta: agravante prevista no art. 15, II, *h*, da Lei 9.605/1998 (Crimes contra o Meio Ambiente); **III:** correta: agravante prevista no art. 15, II, *n*, da Lei 9.605/1998 (Crimes contra o Meio Ambiente); **IV:** incorreta. Hipótese não prevista como agravante na Lei 9.605/1998; **V:** correta: agravante prevista no art. 15, II, *i*, da Lei 9.605/1998 (Crimes contra o Meio Ambiente). ED
„D. ojµɐqɐ⅁

(Juiz – TRF 2ª Região – 2017) PEDRO, pai de cinco filhos menores, responde a ação penal como incurso no artigo 34 da Lei n. 9.605/98 (*"Pescar em período no qual a pesca seja proibida ou em lugares interditados por órgão competente"*). Ele foi flagrado na posse de 28 kg de camarão e, em seu interrogatório, admitiu ter sido o responsável pela pesca do crustáceo, já que tem por hábito aproveitar o período da proibição para lucrar com o valor elevado e que a quantidade apreendida decorreu do somatório das ações praticadas ao longo de 60 dias. Provou que cada dia de pesca não lhe rendeu mais do que 500 gramas do crustáceo. Assinale a opção correta:

(A) De acordo com a orientação predominante no STJ, não é possível aplicar o princípio da insignificância aos crimes contra o meio ambiente.

(B) Nos delitos de acumulação, que são aqueles que resultam do acúmulo de condutas individualmente inofensivas, a aplicação da teoria da bagatela não leva em conta o resultado do somatório das condutas, mas sim cada uma delas isoladamente.

(C) O entendimento dominante aponta que o princípio da insignificância afasta a culpabilidade penal e pressupõe a primariedade do agente, além da mínima ofensividade da conduta, a nenhuma periculosidade social da ação e a inexpressividade da lesão jurídica provocada.

(D) A reconhecida habitualidade na prática da conduta criminosa constitui obstáculo para o reconhecimento da insignificância.

A: incorreta. É que tanto o STF quanto o STJ acolhem a possibilidade de incidência do princípio da insignificância no contexto dos crimes ambientais. Conferir: "AÇÃO PENAL. Crime ambiental. Pescador flagrado com doze camarões e rede de pesca, em desacordo com a Portaria 84/02, do IBAMA. Art. 34, parágrafo único, II, da Lei nº 9.605/98. *Rei furtivae* de valor insignificante. Periculosidade não considerável do agente. Crime de bagatela. Caracterização. Aplicação do princípio da insignificância. Atipicidade reconhecida. Absolvição decretada. HC concedido para esse fim. Voto vencido. Verificada a objetiva insignificância

jurídica do ato tido por delituoso, à luz das suas circunstâncias, deve o réu, em recurso ou *habeas corpus*, ser absolvido por atipicidade do comportamento" (STF, HC 112563, Rel. Min. Ricardo Lewandowski, Rel. p/ Acórdão: Min. Cezar Peluso, 2ª Turma, j. 21.08.2012); **B:** incorreta. Deve-se levar em conta, sim, o resultado do somatório das condutas, não se aplicando, bem por isso, o princípio da insignificância; **C:** incorreta. O princípio da insignificância não afasta a culpabilidade penal, mas, sim, a tipicidade material; é dizer: não há conduta; ademais, prevalece hoje o entendimento no sentido de que a primariedade não constitui pressuposto à incidência do princípio da insignificância. O plenário do STF, em julgamento conjunto de três HCs, adotou o entendimento no sentido de que a incidência ou não do postulado da insignificância em favor de agentes reincidentes ou com maus antecedentes autores de crimes patrimoniais desprovidos de violência ou grave ameaça deve ser aferida caso a caso. Vide HCs 123.108, 123.533 e 123.734; **D:** correta. Conferir: "No mérito, ao contrário do afirmado pelo recorrente, a decisão agravada está em absoluta conformidade com a massiva jurisprudência desta Corte e do Supremo Tribunal Federal, assentada no sentido de que a existência de outras ações penais, inquéritos policiais em curso ou procedimentos administrativos fiscais é suficiente para caracterizar a habitualidade delitiva e, consequentemente, afastar a incidência do princípio da insignificância no delito de descaminho" (AgRg no REsp 1603590/SC, Rel. Min. Reynaldo Soares da Fonseca, 5ª Turma, j. 22.11.2016, *DJe* 05.12.2016). ED
„D. ojµɐqɐ⅁

(Juiz – TRF 3ª Região – 2016) Relativamente à responsabilidade penal da pessoa jurídica, é possível afirmar que:

(A) É cabível quando praticados crimes ambientais e contrários à administração pública;

(B) É inconstitucional, haja vista o princípio da responsabilidade penal objetiva;

(C) Independe da responsabilidade das pessoas físicas envolvidas, conforme decidiu o Supremo Tribunal Federal, ao julgar o RE 548181/PR, de relatoria da Ministra Rosa Weber;

(D) Depende da responsabilização das pessoas físicas envolvidas, conforme decidiu o Supremo Tribunal Federal, ao julgar o RE 548181/PR.

A: incorreta. Somente é admitida a responsabilização criminal da pessoa jurídica pela prática dos crimes contra o meio ambiente (art. 225, §3º) e contra a ordem econômica e financeira e contra a economia popular (art. 173, §5º). Entretanto, somente o dispositivo constitucional atinente ao meio ambiente foi regulamentado, o que se deu por meio da Lei 9.605/1998; **B:** incorreta. O STF (e também o STJ), em diversos julgados, reconheceu a constitucionalidade da responsabilização criminal da pessoa jurídica; **C:** correta. Com efeito, quebrando o paradigma em relação à anterior interpretação conferida ao art. 3º da Lei 9.605/1998, a responsabilização penal da pessoa jurídica, segundo entendimento que hoje prevalece no Supremo Tribunal Federal, é autônoma e independe da responsabilização da pessoa natural. Conferir: "1. O art. 225, §3º, da Constituição Federal não condiciona a responsabilização penal da pessoa jurídica por crimes ambientais à simultânea persecução penal da pessoa física em tese responsável no âmbito da empresa. A norma constitucional não impõe a necessária dupla imputação. 2. As organizações corporativas complexas da atualidade se caracterizam pela descentralização e distribuição de atribuições e responsabilidades, sendo inerentes, a esta realidade, as dificuldades para imputar o fato ilícito a uma pessoa concreta. 3. Condicionar a aplicação do art. 225, §3º, da Carta Política a uma concreta imputação também a pessoa física implica indevida restrição da norma constitucional, expressa a intenção do constituinte originário não apenas de ampliar o alcance das sanções penais, mas também de evitar a impunidade pelos crimes ambientais frente às imensas dificuldades de individualização dos responsáveis internamente às corporações, além de reforçar a tutela do bem jurídico

8. LEGISLAÇÃO PENAL EXTRAVAGANTE

ambiental. 4. A identificação dos setores e agentes internos da empresa determinantes da produção do fato ilícito tem relevância e deve ser buscada no caso concreto como forma de esclarecer se esses indivíduos ou órgãos atuaram ou deliberaram no exercício regular de suas atribuições internas à sociedade, e ainda para verificar se a atuação se deu no interesse ou em benefício da entidade coletiva. Tal esclarecimento, relevante para fins de imputar determinado delito à pessoa jurídica, não se confunde, todavia, com subordinar a responsabilização da pessoa jurídica à responsabilização conjunta e cumulativa das pessoas físicas envolvidas. Em não raras oportunidades, as responsabilidades internas pelo fato estarão diluídas ou parcializadas de tal modo que não permitirão a imputação de responsabilidade penal individual. 5. Recurso Extraordinário parcialmente conhecido e, na parte conhecida, provido" (RE 548181, Rel. Min. Rosa Weber, 1ª Turma, j. 06.08.2013, Acórdão Eletrônico *DJe* 29.10.2014. Publ. 30.10.2014). Na mesma esteira, o STJ: "1. Conforme orientação da 1ª Turma do STF, "O art. 225, §3º, da Constituição Federal não condiciona a responsabilização penal da pessoa jurídica por crimes ambientais à simultânea persecução penal da pessoa física em tese responsável no âmbito da empresa. A norma constitucional não impõe a necessária dupla imputação (RE 548181, Rel. Min. Rosa Weber, 1ª Turma, j. 06.08.2013, Acórdão Eletrônico *DJe* 29.10.2014. Publ. 30.10.2014). 2. Tem-se, assim, que é possível a responsabilização penal da pessoa jurídica por delitos ambientais independentemente da responsabilização concomitante da pessoa física que agia em seu nome. Precedentes desta Corte. 3. A personalidade fictícia atribuída à pessoa jurídica não pode servir de artifício para a prática de condutas espúrias por parte das pessoas naturais responsáveis pela sua condução. 4. Recurso ordinário a que se nega provimento" (RMS 39.173/BA, Rel. Min. Reynaldo Soares da Fonseca, 5ª Turma, j. 06.08.2015, *DJe* 13.08.2015); **D:** incorreta, pelas razões expostas no comentário à alternativa "C". ED

Gabarito "C".

(Promotor de Justiça/SC – 2016 – MPE)

(1) Segundo dispõe a Lei 9.605/1998, o baixo grau de instrução ou escolaridade do agente não é circunstância que atenua a pena do infrator ambiental, não podendo ser levada em consideração quando da condenação.

1: errada, baixo grau de instrução ou escolaridade do agente é, sim, circunstância atenuante genérica (art. 14, I, da Lei 9.605/1998), que deverá, ao contrário do que afirma o enunciado, ser levada em conta quando da condenação. ED

Gabarito 1E

(Delegado/AP – 2017 – FCC) De acordo com a Lei no 9.605/98, considere:

I. Poderá ser desconsiderada a pessoa jurídica sempre que sua personalidade for obstáculo ao ressarcimento de prejuízos causados à qualidade do meio ambiente.

II. É circunstância que agrava a pena o fato de o agente ter cometido crime ambiental em domingos ou feriados.

III. O crime de introduzir espécime animal no país, sem parecer técnico oficial favorável e licença expedida por autoridade competente, deve ser apurada e julgada pela justiça comum estadual, já que não há ofensa de bem, serviço ou interesse da União, de suas entidades autárquicas ou empresas públicas.

IV. Para os efeitos da lei ambiental, considera-se pesca todo ato tendente a retirar, extrair, coletar, apanhar, apreender ou capturar espécimes dos grupos dos peixes, crustáceos, moluscos e vegetais hidróbios, suscetíveis ou não de aproveitamento econômico, ressalvadas as espécies ameaçadas de extinção, constantes nas listas oficiais da fauna e da flora.

Está correto o que se afirma em

(A) I e III, apenas.

(B) I e IV, apenas.

(C) I, III e IV, apenas.

(D) II, III e IV, apenas.

(E) I, II, III e IV.

I: correta, nos exatos termos do art. 4º da Lei 9.605/1998; **II:** correta, conforme preconiza o art. 15, II, "h", da Lei 9.605/1998; **III:** correta. Esse é o entendimento do STJ. Confira-se (AgRg no REsp 704.209/PA): "1. Em sendo a proteção ao meio ambiente matéria de competência comum da União, dos Estados, do Distrito Federal e dos Municípios, e inexistindo, quanto aos crimes ambientais, dispositivo constitucional ou legal expresso sobre qual a Justiça competente para o seu julgamento, tem-se que, em regra, o processo e o julgamento dos crimes ambientais é de competência da Justiça Comum Estadual. 2. Inexistindo, em princípio, qualquer lesão a bens, serviços ou interesses da União (artigo 109 da CF), afasta-se a competência da Justiça Federal para o processo e o julgamento de crimes cometidos contra o meio ambiente, aí compreendidos os delitos praticados contra a fauna e a flora. (...)"; **IV:** correta, nos precisos termos do art. 36 da Lei 9.605/1998. AT

Gabarito "E".

(Delegado/AP – 2017 – FCC) Sobre as penas previstas na Lei n. 9.605/1998, considere:

I. A prestação de serviços à comunidade consiste na atribuição ao condenado de tarefas gratuitas junto a parques e jardins públicos e unidades de conservação, e, no caso de dano da coisa particular, pública ou tombada, na restauração desta, se possível.

II. As penas de interdição temporária de direito são a proibição do condenado contratar com o Poder Público, de receber incentivos fiscais ou quaisquer outros benefícios, bem como de participar de licitações, pelo prazo de 10 anos, no caso de crimes dolosos, e de 5 anos, no de crimes culposos.

III. A prestação pecuniária consiste no pagamento em dinheiro à vítima ou à entidade pública ou privada com fim social, de importância, fixada pelo juiz, não inferior a um salário mínimo nem superior a 360 salários mínimos. O valor pago não poderá ser deduzido do montante de eventual reparação civil a que for condenado o infrator.

IV. O recolhimento domiciliar baseia-se na autodisciplina e senso de responsabilidade do condenado, que deverá, sem vigilância, trabalhar, frequentar curso ou exercer atividade autorizada, permanecendo recolhido nos dias e horários de folga em residência ou em qualquer local destinado a sua moradia habitual, conforme estabelecido na sentença condenatória.

Está correto o que se afirma APENAS em

(A) I e II.

(B) I e IV.

(C) III e IV.

(D) II, III.

(E) I e III.

I: correta, nos exatos termos do art. 9º da Lei 9.605/1998; **II:** incorreta. Conforme dispõe o art. 10 da Lei 9.605/1998, as penas de interdição temporária de direito são a proibição de o condenado contratar com o Poder Público, de receber incentivos fiscais ou quaisquer outros benefícios, bem como de participar de licitações, pelo prazo de cinco anos, no caso de crimes dolosos, e de três anos, no de crimes culposos; **III:** incorreta. Confira-se a redação do art. 12 da Lei 9.605/1998: "A prestação pecuniária consiste no pagamento em dinheiro à vítima ou

ARTHUR TRIGUEIROS E EDUARDO DOMPIERI

à entidade pública ou privada com fim social, de importância, fixada pelo juiz, não inferior a um salário mínimo nem superior a trezentos e sessenta salários mínimos. O valor pago será deduzido do montante de eventual reparação civil a que for condenado o infrator"; **IV**: correta, nos estritos termos do art. 13 da Lei 9.605/1998. **AT**

Gabarito "B".

3. CRIMES CONTRA A ORDEM TRIBUTÁRIA

(Delegado de Polícia Federal – 2021 – CESPE) Com base na Lei 7.492/1986, que diz respeito aos crimes contra o Sistema Financeiro Nacional, e na Lei 8.137/1990, que se refere aos crimes contra a ordem econômica, tributária e as relações de consumo, julgue os itens que se seguem.

(1) É vedada a intercepção de comunicações telefônicas no caso de crime de operação de câmbio não autorizada com o objetivo de promover a evasão de divisas, em decorrência das penas cominadas para o crime.

(2) Todos os crimes cometidos contra o sistema financeiro nacional que estiverem previstos na Lei 7.492/1986 são de competência da justiça federal.

(3) A gestão fraudulenta e a gestão temerária de instituição financeira são crimes afiançáveis.

(4) Os crimes contra a ordem tributária, a ordem econômica e as relações de consumo previstos na Lei 8.137/1990 submetem-se à ação penal pública incondicionada.

(5) A Súmula Vinculante 24 do STF – que dispõe que não se tipifica crime material contra a ordem tributária, conforme previsto no art. 1º, incisos I a IV, da Lei 8.137/1990, antes do lançamento definitivo do tributo – não pode ser aplicada a fatos anteriores a sua edição.

(6) A jurisprudência dos tribunais superiores não admite mitigação da Súmula Vinculante 24 do STF.

1: Errado. O crime de operação de câmbio não autorizada com o objetivo de promover a evasão de divisas está tipificado no art. 22, *caput*, da Lei 7.492/1986, cujo preceito secundário estabelece como pena cominada *reclusão* de 2 a 6 anos e multa. Pois bem. Considerando que, a teor do art. 2º, III, da Lei 9.296/1996, a interceptação de comunicações telefônicas somente é permitida na hipótese de o fato objeto da investigação constituir infração penal punido com reclusão, é incorreto afirmar-se que tal medida é vedada nesta hipótese. Dito de outro modo, pelo fato de a pena aqui prevista ser de reclusão, preenchido o requisito que se refere à pena para a decretação da interceptação telefônica. **2**: Certo. De fato, os crimes contra o Sistema Financeiro Nacional, definidos na Lei 7.492/1986, são de competência da Justiça Federal, tal como estabelecem os arts. 26, *caput*, da lei de regência e 109, VI, da CF, regra em relação à qual a jurisprudência é pacífica. Nesse sentido, conferir o seguinte julgado proferido pelo STF: RE 93.733-RJ, 1ª T., rel. Carlos Brito, 17.06.2008. **3**: Certo. Segundo estabelece o art. 31 da Lei 7.492/1986, nos crimes contra o sistema financeiro nacional apenados com reclusão, desde que presentes os requisitos autorizadores da custódia preventiva, o réu não poderá prestar fiança tampouco apelar em liberdade, ainda que primário e de bons antecedentes. **4**: Certo. Segundo estabelece o art. 15 da Lei 8.137/1990, os delitos nela previstos são de ação penal pública incondicionada. **5**: Errado. Conferir: "O Supremo Tribunal Federal tem admitido a aplicação da Súmula Vinculante 24 a fatos anteriores a sua edição, porquanto o respectivo enunciado apenas sintetiza a jurisprudência dominante desta Corte e, dessa forma, não pode ser considerada como retroação de norma mais gravosa ao réu" (STF, ARE 1053709 AgR, Relator(a): Min. RICARDO LEWANDOWSKI, Segunda Turma, Julgamento: 16/03/2018, Publicação: 27/03/2018). **6**: Errado. "Não obstante a jurisprudência pacífica quanto ao termo inicial

dos crimes contra a ordem tributária, o Supremo Tribunal Federal tem decidido que a regra contida na Súmula Vinculante 24 pode ser mitigada de acordo com as peculiaridades do caso concreto, sendo possível dar início à persecução penal antes de encerrado o procedimento administrativo, nos casos de embaraço à fiscalização tributária ou diante de indícios da prática de outros delitos, de natureza não fiscal" (STF, ARE 936653 AgR, Relator Min. ROBERTO BARROSO, Primeira Turma, Julgamento: 24/05/2016, Publicação: 14/06/2016). **ED**

Gabarito 1E, 2C, 3C, 4C, 5E, 6E

(Promotor de Justiça/SP – 2019 – MPE/SP) Assinale a alternativa **INCORRETA**.

(A) O crime de vender mercadoria em condições impróprias ao consumo, previsto no artigo 7º, inciso IX, da Lei 8.137/90, é punido a título de dolo e de culpa.

(B) Nos crimes contra a ordem econômica e as relações de consumo previstos na Lei 8.137/90, constitui causa de aumento de pena ser o crime praticado em relação à prestação de serviços ou ao comércio de bens essenciais à vida ou à saúde.

(C) Nos crimes ambientais, previstos na Lei 9.605/98, o arrependimento do infrator, desde que manifestado pela espontânea reparação do dano, ou limitação significativa da degradação ambiental causada, constitui circunstância atenuante genérica.

(D) Nos crimes funcionais contra a ordem tributária previstos na Lei 8.137/90, constitui causa de aumento de pena ser o crime cometido por servidor público no exercício de suas funções.

(E) Somente há justa causa para a persecução penal pela prática de crime material previsto no artigo 1º da Lei 8.137/90 com o advento do lançamento definitivo do crédito tributário.

A: correta. O elemento subjetivo do crime definido no art. 7º, IX, da Lei 8.137/1990 é representado pelo *dolo*, havendo previsão expressa de punição na forma *culposa* (art. 7º, parágrafo único, da Lei 8.137/1990); **B**: correta. De fato, o art. 12, III, da Lei 8.137/1990 estabelece causa de aumento de pena, da ordem de um terço até metade, na hipótese de os crimes ali definidos serem praticados em relação à prestação de serviços ou ao comércio de bens essenciais à vida ou à saúde; **C**: correta, pois reflete o disposto no art. 14, II, da Lei 9.605/1998; **D**: incorreta, uma vez que o art. 12, II, da Lei 8.137/1990, que determina aumento de pena na hipótese de o crime ser cometido por servidor público no exercício de suas funções, não tem incidência (nem poderia ter) nos crimes funcionais contra a ordem tributária (art. 3º da Lei 8.137/1990). O art. 12, *caput*, da Lei 8.137/1990, como não poderia deixar de ser, não fez referência ao art. 3º da Lei 8.137/1990; e o fizesse, configurado estaria o *bis in idem*, na medida em que ser funcionário público constitui elementar dos crimes definidos no art. 3º da Lei 8.137/1990; **E**: correta, já que reflete o entendimento consolidado na Súmula Vinculante 24: "Não se tipifica crime material contra a ordem tributária, previsto no art. 1º, I a IV, da Lei 8.137/1990, antes do lançamento definitivo do tributo". **ED**

Gabarito "D".

(Juiz – TRF 3ª Região – 2016) Sabendo-se que os presidentes de empresas, que dominam o mercado em um determinado setor, se unem para fixar preços e dividir territórios de atuação, é possível afirmar que tais presidentes:

(A) Devem ser responsabilizados por crimes contra as relações de consumo, especialmente o previsto no artigo 7º, inciso IV, da Lei 8.137/90;

(B) Devem responder por crime contra a ordem econômica em sentido estrito;

(C) Não podem sofrer qualquer tipo de procedimento penal, haja vista o princípio da responsabilidade penal subjetiva;

(D) Não podem sofrer qualquer punição, como pessoas físicas; as empresas, entretanto, poderão ser punidas nos termos da Lei 12.529/11;

A conduta descrita no enunciado se amolda ao tipo penal do art. 4º, II, *a* e *b*, da Lei 8.137/1990, que constitui delito contra a ordem econômica. ED

Gabarito "B".

(Promotor de Justiça/SC – 2016 – MPE)

(1) Vender ou expor à venda mercadoria cuja embalagem, tipo, especificação, peso ou composição esteja em desacordo com as prescrições legais, ou que não corresponda à respectiva classificação oficial, não constitui crime contra as relações de consumo, mas, sim, infração administrativa, punida com multa de 10 a 200 salários mínimos, aplicada pelo órgão fiscalizador competente.

1: assertiva falsa. Isso porque o enunciado corresponde, com exatidão, à redação do art. 7º, II, da Lei 8.137/1990, que constitui crime contra as relações de consumo cuja pena cominada é de detenção de 2 a 5 anos ou multa. ED

Gabarito 1E

(Delegado/GO – 2017 – CESPE) Considere os seguintes atos, praticados com o objetivo de suprimir tributo:

1) Marcelo prestou declaração falsa às autoridades fazendárias;

2) Hélio negou-se a emitir, quando isso era obrigatório, nota fiscal relativa a venda de determinada mercadoria;

3) Joel deixou de fornecer nota fiscal relativa a prestação de serviço efetivamente realizado.

Nessas situações, conforme a Lei n. 8.137/1990 e o entendimento do STF, para que o ato praticado tipifique crime material contra a ordem tributária, será necessário o prévio lançamento definitivo do tributo em relação a

(A) Hélio e Joel.

(B) Marcelo apenas.

(C) Hélio apenas.

(D) Joel apenas.

(E) Hélio, Marcelo e Joel.

A conduta praticada por Marcelo se subsume ao crime tipificado no art. 1º, I, da Lei 8.137/1990, consistente no comportamento de omitir informação ou prestar declaração falsa às autoridades fazendárias, objetivando, com isso, a supressão ou redução de tributo. Já os comportamentos de Hélio e Joel se amoldam ao art. 1º, V, da precitada Lei. De acordo com a Súmula vinculante 24, não se tipifica crime material contra a ordem tributária, previsto no art. 1º, incisos I a IV, da Lei n. 8.137/1990, antes do lançamento definitivo do tributo. Portanto, correta a alternativa B, eis que somente se considera condição de procedibilidade da ação penal o lançamento definitivo do tributo no tocante aos crimes materiais contra a ordem tributária expressos nos incisos I a IV, do art. 1º da Lei 8.137/1990. AT

Gabarito "B".

(Juiz de Direito/AM – 2016 – CESPE) Com relação ao direito penal econômico, assinale a opção correta.

(A) Para a configuração do crime de lavagem de capitais não se exige a existência de delito antecedente.

(B) Constitui crime contra as relações de consumo favorecer ou preferir, com ou sem justa causa, comprador ou freguês, ressalvados os sistemas de entrega ao consumo por intermédio de distribuidores ou revendedores.

(C) Em se tratando dos crimes previstos na Lei 8.137/1990, havendo quadrilha ou coautoria, deve ser reduzida de um sexto a um terço a pena do coautor ou partícipe que, em confissão espontânea, revelar à autoridade policial ou judicial toda a trama delituosa.

(D) Ainda que se trate de crimes contra as relações de consumo, o consentimento do ofendido pode ser considerado excludente da tipicidade.

(E) Tanto pode ser doloso quanto culposo o crime de aumento de despesa com pessoal no último ano do mandato ou legislatura, prevista a mesma pena para ambos os casos.

A: incorreta, uma vez que, tratando-se de delito acessório, a configuração do crime de lavagem de dinheiro tem como pressuposto a ocorrência (existência) de infração penal antecedente (art. 1º, *caput*, da Lei 9.613/1998); B: incorreta, na medida em que, se houver *justa causa*, não se configura o crime a que faz referência a assertiva (art. 7º, I, da Lei 8.137/1990); C: incorreta, já que a diminuição prevista no art. 16, parágrafo único, da Lei 8.137/1990 é da ordem de 1 a 2/3, e não de 1/6 a 1/3, como constou na assertiva; D: correta. Se se tratar de bem disponível e vítima capaz, o consentimento será considerado *causa supralegal de exclusão da antijuridicidade*; de outro lado, há crimes cuja tipificação somente é possível diante do dissenso da vítima. Neste caso, opera-se a exclusão da tipicidade; E: incorreta. O crime definido no art. 359-G do CP somente comporta a modalidade dolosa. ED

Gabarito "D".

4. CRIMES DE TRÂNSITO

(Juiz de Direito/SP – 2021 – Vunesp) Ao levar sua namorada para casa, Tácio atropela uma pessoa e foge, sem prestar-lhe socorro. Em razão do ocorrido, a vítima morre algumas semanas depois.

Nessa hipotética situação, é correto afirmar que

(A) Tácio responderá pelo delito de homicídio culposo no trânsito, em concurso material com o delito de omissão de socorro, ambos previstos no Código de Trânsito.

(B) Tácio e sua namorada responderão pelo delito de homicídio culposo no trânsito, com a incidência da causa de aumento em razão da omissão de socorro prevista no Código de Trânsito.

(C) Tácio e sua namorada responderão pelo delito de homicídio culposo no trânsito, em concurso material com o delito de omissão de socorro, este último previsto no Código Penal.

(D) Tácio responderá pelo delito de homicídio culposo no trânsito, com a incidência da causa de aumento em razão da omissão de socorro prevista no Código de Trânsito.

O enunciado não deixa claro se o atropelamento decorreu de culpa de Tácio. De duas uma: se o atropelamento decorreu de negligência ou imprudência de Tácio, este deverá ser responsabilizado pelo crime de homicídio culposo de trânsito (art. 302, CTB); se, ao atropelar e matar a vítima, Tácio não incorreu em culpa, em qualquer de suas modalidades, não é o caso de imputar-lhe o crime do art. 302 do

CTB. Seja como for, tendo atuado com culpa ou não, a fuga de Tácio do local do acidente acarretar-lhe-á responsabilidade criminal, que está a depender do fato de ele ter ou não agido com culpa no evento. Explico. Se consideramos que Tácio foi o causador do acidente (agiu com culpa), deverá ele responder pelo crime de homicídio de trânsito com a incidência da causa de aumento prevista no art. 302, § 1º, III, do CTB. Perceba que a organizadora considerou que ele foi o culpado pelo acidente; agora, se Tácio, embora tenha atropelado e matado a vítima, não agiu com culpa no evento, deverá ele somente responder pelo crime previsto no art. 304 do CTB (omissão de socorro). Somente incorrerá nas penas do crime do art. 135 do CP (omissão de socorro) aquele que não se envolveu no acidente de trânsito e deixou de prestar socorro imediato às vítimas ou de solicitar auxílio de autoridades públicas. A alternativa dada como correta considera que Tácio foi o culpado pelo acidente do qual decorreu a morte da vítima, devendo ser responsabilizado pelo crime de homicídio culposo no trânsito, com a incidência da causa de aumento em razão da omissão de socorro prevista no Código de Trânsito. **ED**

Gabarito "D".

(Juiz de Direito – TJ/RJ – 2019 – VUNESP) Aquele que conduz veículo automotor sob a influência de álcool ou de qualquer outra substância psicoativa que determine dependência e, nessas condições, causa morte de terceiro por imprudência responde por

(A) homicídio culposo na direção de veículo automotor e embriaguez ao volante, em concurso formal.

(B) homicídio culposo na direção de veículo automotor, qualificado.

(C) homicídio culposo na direção de veículo automotor e embriaguez ao volante, em concurso material.

(D) homicídio doloso, na modalidade dolo eventual e embriaguez ao volante, em concurso formal.

(E) homicídio doloso, na modalidade dolo eventual e embriaguez ao volante, em concurso material.

O agente que, no homicídio culposo cometido na direção de veículo automotor, estiver sob a influência de álcool ou de qualquer outra substância psicoativa que determine dependência, incorrerá na forma qualificada prevista no art. 302, § 3º, do CTB (dispositivo incluído pela Lei 13.546/2017). Embora não tenha repercussão na resolução desta questão, é importante o registro de que, com o advento da Lei 14.071/2020, publicada em 14/10/2020, foi introduzido o art. 312-B na Lei 9.503/1997 (Código de Trânsito Brasileiro), segundo o qual aos crimes previstos no § 3º do art. 302 e no § 2º do art. 303 deste Código não se aplica o disposto no inciso I do caput do art. 44 do Decreto-Lei nº 2.848, de 7 de dezembro de 1940 (Código Penal). Assim, veda-se a substituição da pena privativa de liberdade por restritiva de direitos quando o crime praticado for: homicídio culposo de trânsito qualificado pela embriaguez (art. 302, § 3º, do CTB) e lesão corporal de trânsito qualificada pela embriaguez (art. 303, § 2º, do CTB). **ED**

Gabarito "B".

(Promotor de Justiça/PR – 2019 – MPE/PR) Assinale das alternativas abaixo a única que não é considerada causa de aumento de pena para o autor do crime de homicídio culposo na direção de veículo automotor:

(A) Não possuir Carteira de Habilitação.

(B) Praticar o crime em faixa de pedestres.

(C) Deixar de prestar socorro, quando possível fazê-lo sem risco pessoal, à vítima do acidente.

(D) Estar com sua Carteira de Habilitação suspensa.

(E) No exercício de sua profissão ou atividade, estiver conduzindo veículo de transporte de passageiros.

A: causa de aumento de pena prevista no art. 302, § 1º, I, da Lei 9.503/1995; **B:** causa de aumento de pena prevista no art. 302, § 1º, II, da Lei 9.503/1995; **C:** causa de aumento de pena prevista no art. 302, § 1º, III, da Lei 9.503/1995; **D:** correta. Hipótese não contemplada no art. 302, § 1º, do CTB como causa de aumento de pena para o autor do crime de homicídio culposo na direção de veículo automotor; **E:** causa de aumento de pena prevista no art. 302, § 1º, IV, da Lei 9.503/1995. **ED**

Gabarito "D".

(Juiz de Direito – TJM/SP – VUNESP – 2016) O Código de Trânsito Brasileiro preceitua que o Juiz, como medida cautelar, poderá decretar, em decisão motivada, a proibição da obtenção da habilitação para dirigir veículo automotor

(A) e dessa decisão caberá recurso em sentido estrito, com efeito suspensivo.

(B) quando o réu será intimado a entregar à autoridade judiciária, em cinco dias, a carteira de habilitação.

(C) com prejuízo das demais sanções penais cabíveis.

(D) durante a ação penal, se a penalidade administrativa de suspensão do direito de dirigir tiver duração superior a um ano.

(E) em qualquer fase da investigação ou da ação penal, havendo necessidade para a garantia da ordem pública.

A solução da questão deve ser extraída do art. 294 do CTB – Lei 9.503/1997, que assim dispõe: *em qualquer fase da investigação ou da ação penal, havendo necessidade para a garantia da ordem pública, poderá o juiz, como medida cautelar, de ofício, ou a requerimento do Ministério Público ou ainda mediante representação da autoridade policial, decretar, em decisão motivada, a suspensão da permissão ou da habilitação para dirigir veículo automotor, ou a proibição de sua obtenção,* decisão essa contra a qual cabe recurso em sentido estrito sem efeito suspensivo (art. 294, parágrafo único, do CTB). **ED**

Gabarito "E".

(Promotor de Justiça/SC – 2016 – MPE)

(1) Violar a suspensão ou a proibição de se obter a permissão ou a habilitação para dirigir veículo automotor imposta com fundamento no Código de Trânsito Brasileiro (Lei 9.503/1997) é conduta atípica, punível exclusivamente na esfera administrativa, com multa, aplicada pelo órgão de trânsito competente.

1: a conduta consistente em violar a suspensão ou a proibição de se obter a permissão ou a habilitação para dirigir veículo automotor imposta com fundamento no Código de Trânsito Brasileiro (Lei 9.503/1997) constitui, ao contrário do afirmado, o crime previsto no art. 307 do CTB, sujeitando o agente em que nele incorrer à pena de detenção de seis meses a um ano, e multa, com nova imposição adicional de idêntico prazo de suspensão ou de proibição. **ED**

Gabarito 1E

5. ESTATUTO DO DESARMAMENTO

(Delegado/MT – 2017 – CESPE) João, ao trafegar com sua moto, foi surpreendido por policiais que encontraram em seu poder arma de fogo – revólver – de uso permitido. João trafegava com a arma sem autorização e em desacordo com determinação legal ou regulamentar.

A partir dessa situação hipotética, assinale a opção correta de acordo com o Estatuto do Desarmamento e com o entendimento jurisprudencial dos tribunais superiores.

8. LEGISLAÇÃO PENAL EXTRAVAGANTE 381

(A) O simples fato de João carregar consigo o revólver, por si só, não caracteriza crime, uma vez que o perigo de dano não é presumido pelo tipo penal.

(B) Se o revólver estiver com a numeração raspada, João estará sujeito à sanção prevista para o delito de posse ou porte ilegal de arma de fogo de uso proibido ou restrito.

(C) O crime de porte ilegal de arma de fogo de uso permitido é inafiançável.

(D) O simples fato de João carregar consigo o revólver caracteriza o crime de posse ilegal de arma de fogo de uso permitido.

(E) Se o revólver estiver desmuniciado, o fato será atípico.

A: incorreta. Vigora o entendimento de que o crime de porte ilegal de arma de fogo é de mera conduta ou de perigo abstrato, vale dizer, presumido. Nesse sentido o STJ (5ª Turma. AgRg no REsp 1294551/GO, Rel. Min. Jorge Mussi, julgado em 07/08/2014); **B:** correta. Nada obstante o agente porte arma de fogo de uso permitido, caso a sua numeração, marca ou qualquer outro sinal de identificação estiver raspado, suprimido ou adulterado, responderá na forma do art. 16, parágrafo único, IV, do Estatuto do Desarmamento (Lei 10.826/2003), que trata da posse ou do porte ilegal de arma de fogo de uso restrito ou proibido; **C:** incorreta. O art. 14, parágrafo único, do Estatuto do Desarmamento, embora previsse expressamente a inafiançabilidade do porte ilegal de arma de fogo de uso permitido, foi declarado inconstitucional pelo STF no julgamento da ADI 3.112-1. Portanto, expurgada a vedação, o crime sob enfoque é afiançável, aplicando-se as diretrizes do CPP para a concessão da benesse; **D:** incorreta. Pelo fato de João ter sido flagrado trafegando, em sua moto, com uma arma de fogo de uso permitido, sem autorização e em desacordo com determinação legal ou regulamentar, seu comportamento amolda-se ao crime previsto no art. 14 do Estatuto do Desarmamento, e não em seu art. 12, que trata da posse ilegal de arma de fogo de uso permitido; **E:** incorreta. O fato de a arma estar desmuniciada não afasta a criminalidade da conduta, eis que a posse ou o porte ilegal de arma de fogo são crimes de perigo abstrato, tutelando-se a segurança pública e a paz social, postas em risco por referidos comportamentos típicos. Nesse sentido: STJ. 3ª Seção. AgRg nos EAREsp 260.556/SC, Rel. Min. Sebastião Reis Júnior, julgado em 26/03/2014. STF. 2ª Turma. HC 95073/MS, red. p/ o acórdão Min. Teori Zavascki, 19/3/2013 (Info 699). **AT**

Gabarito "B".

6. CRIME ORGANIZADO

(Juiz – TRF 2ª Região – 2017) Tício era Diretor do Banco Reco S.A., instituição regularmente constituída e autorizada a funcionar. Entre 2011 e 2012, Tício, juntamente com outros diretores, praticou gestão fraudulenta e fraudes que simulavam empréstimos milionários não pagos, inventando a existência de créditos, lançados no balanço e demonstrativos do Banco. Todavia, Tício decide revelar os crimes praticados e procura Delegado de Polícia Federal. Instaurado inquérito, Tício identifica os coautores e partícipes, indicando a conduta e a divisão de tarefas entre os fraudadores. Afirmando-se a inexistência de valores produzidos pela fraude, não houve reparação financeira. O Delegado de Polícia lavra acordo de colaboração premiada (Lei nº 12.850/2013) e, diante da colaboração de Tício, assistido todo o tempo por advogado, insere cláusula prevendo o perdão judicial, de modo que Tício não sofra pena. O acordo é enviado ao juiz natural que, ouvido o Ministério Público, o homologa. Ajuizada a ação penal, um dos corréus argui a nulidade do acordo

de colaboração. Entre as opções abaixo, apenas uma mostra, corretamente, vício de legalidade existente no acordo. Assinale-a:

(A) Somente o Ministério Público possui a iniciativa de propor a colaboração premiada.

(B) A Lei nº 12.850/2013 não prevê a possibilidade de que o criminoso colaborador deixe de receber punição.

(C) A Lei nº 12.850/2013 não se aplica aos crimes praticados antes de sua entrada em vigor.

(D) A Lei nº 12.850/2013 não se aplica aos crimes praticados por Tício.

(E) Não houve recuperação financeira.

A: incorreta. Além do Ministério Público, a autoridade policial também está credenciada a firmar, nos autos do inquérito, acordo de colaboração premiada, hipótese em que o MP, na qualidade de titular da ação penal, deverá ser ouvido (art. 4º, § 2º, da Lei 12.850/2013), dispositivo este reconhecido como constitucional pelo STF; **B:** incorreta. O art. 4º, § 2º, da Lei 12.850/2013 contempla a hipótese em que ao colaborador é concedido o perdão judicial, não havendo que se falar, neste caso, em punição; **C:** incorreta. Isso porque as medidas de natureza processual penal contempladas na Lei 12.850/2013 (colaboração premiada, ação controlada, infiltração etc.) podem, sim, ser aplicadas a crimes praticados antes de essa lei entrar em vigor. Exemplo emblemático é a chamada Operação *Lava-Jato*, em que tais instrumentos de investigação vêm sendo aplicados a fatos ocorridos antes do advento da Lei 12.850/2013; **D:** correta. Não se aplica porque, ao tempo em que foram praticados os crimes narrados no enunciado, inexistia o tipo *organização criminosa*. Esse foi o entendimento adotado pela banca examinadora; **E:** incorreta. Não há tal previsão legal. **ED**

Gabarito "D".

(Juiz de Direito/DF – 2016 – CESPE) A respeito da colaboração premiada prevista na Lei n.º 12.850/2013, que trata das organizações criminosas, é correto afirmar que

(A) o juiz não participará das negociações realizadas entre as partes para a formalização do acordo de colaboração, mas, se esse for realizado, o respectivo termo, com as declarações do colaborador e a cópia da investigação, será remetido, para homologação, ao magistrado, que poderá recusá-la, em caso de não atendimento dos requisitos legais, ou adequá-la ao caso concreto.

(B) o juiz poderá homologar a proposta de acordo de colaboração premiada, mas não poderá alterá-la por ser essa decorrente de ato negocial entre as partes, devendo, em caso de necessidade de adequação, remetê-la ao procurador-geral do MP, para suprimento dos requisitos legais e ajuste ao caso concreto.

(C) as partes não podem mais se retratar da proposta no caso de o acordo de colaboração já ter sido homologado pelo juiz, sob pena de se ferir o princípio da estabilidade das decisões judiciais e as preclusões consumativas e pro judicato.

(D) o juiz não participará das negociações realizadas entre as partes para a formalização do acordo de colaboração, mas, se esse for realizado, o respectivo termo, com as declarações do colaborador e a cópia da investigação, será remetido ao magistrado para homologação, que não poderá recusá-la.

(E) o juiz participará da fase das negociações realizadas entre as partes para formalização do acordo de colaboração, dada a previsão constitucional de que a lei não excluirá da apreciação do Poder Judiciário lesão ou ameaça a direito, e, sendo o magistrado imparcial, incumbe-lhe zelar para que o colaborador não seja pressionado.

A: correta, pois em conformidade com as regras presentes no art. 4º, §§ 6º, 7º e 8º, da Lei 12.850/2013; **B:** incorreta. Havendo necessidade de adequação, o próprio juiz, em obediência ao que estabelece o art. 4º, § 8º, da Lei 12.850/2013, poderá fazê-lo, sendo-lhe vedado, no entanto, imiscuir-se no conteúdo da proposta; **C:** incorreta, dado que o art. 4º, § 10, da Lei 12.850/2013 confere às partes (delator e MP) a prerrogativa de retratar-se da proposta formulada e já homologada; **D:** incorreta, visto que o magistrado, a quem cabe a homologação da proposta, poderá recusá-la (art. 4º, § 8º, da Lei 12.850/2013); **E:** incorreta. Por expressa disposição do art. 4º, § 6º, da Lei 12.850/2013, é vedado ao juiz participar (tomar parte) das negociações para a formalização do acordo de colaboração premiada. **ED**
Gabarito "A".

7. CRIME DE TORTURA

(Juiz de Direito – TJM/SP – VUNESP – 2016) Considere a seguinte situação hipotética: João, agente público, foi processado e, ao final, condenado à pena de reclusão, por dezenove anos, iniciada em regime fechado, pela prática do crime de tortura, com resultado morte, contra Raimundo. Nos termos da Lei 9.455, de 7 de abril de 1997, essa condenação acarretará a perda do cargo, função ou emprego público

(A) e a interdição para seu exercício pelo dobro do prazo da pena aplicada.

(B) e a interdição para seu exercício pelo triplo do prazo da pena aplicada.

(C) e a interdição para seu exercício pelo tempo da pena aplicada.

(D) desde que o juiz proceda à fundamentação específica.

(E) como efeito necessário, mas não automático.

À luz do que estabelece o art. 1º, § 5º, da Lei 9.455/1997 (Lei de Tortura), além de acarretar a perda do cargo, função ou emprego público, a condenação implicará ainda a interdição para seu exercício pelo dobro do prazo da pena aplicada. Outrossim, a perda, dado que fundada diretamente em lei, é *automática*, sendo desnecessário, pois, que o juiz expressamente a ela faça menção na sentença condenatória. Assim, uma vez operado o trânsito em julgado da decisão, deverá a Administração promover a exclusão do servidor condenado. **ED**
Gabarito "A".

(Promotor de Justiça/GO – 2016 – MPE) De acordo com a Lei de Tortura, assinale a alternativa correta:

(A) Há crime de tortura quando o constrangimento, exercido mediante violência que causa intenso sofrimento físico, se opera em razão de discriminação pela orientação sexual (art. 1º, inc. I, alínea c).

(B) Movido por instinto de vingança e sadismo, Josef K., funcionário de um banco, constrangeu, com o emprego de violência, o juiz que outrora havia decretado sua injusta prisão e causou-lhe intenso sofrimento físico. A conduta de Josef K. não constitui crime de tortura.

(C) Conforme o § 5º do art. 1º da Lei de Tortura, a condenação criminal transitada em julgado, acarretará, automaticamente, a perda do cargo, função ou

emprego público, a cassação da aposentadoria e a interdição para seu exercício pelo dobro do prazo da pena aplicada.

(D) Compete à Justiça Castrense o processo e o julgamento do crime de tortura praticado por policial militar em serviço.

A: incorreta, já que o dispositivo a que faz referência a assertiva não contemplou a discriminação em razão da orientação sexual; **B:** correta, já que a conduta levada a efeito por Josef K. não se enquadra em nenhum dos tipos penais de tortura previstos na Lei 9.455/1997; **C:** incorreta. É que a cassação da aposentadoria não foi incluída no rol do dispositivo citado na assertiva; **D:** incorreta. A competência é da Justiça Comum. Conferir: "Configurado o crime de tortura, não há que se falar em nulidade do feito por incompetência da Justiça comum, pois a jurisprudência do Superior Tribunal de Justiça já firmou o entendimento de que "o crime de tortura é crime comum, sem correspondência no Código Penal Militar. Portanto, não cabe ser julgado perante a Justiça especializada, mas sim na Justiça Comum" (STJ, AgRg no AREsp 17.620/DF, Rel. Ministro Rogerio Schietti Cruz, Sexta Turma, julgado em 24.05.2016, *DJe* 06.06.2016). **ED**
Gabarito "B".

(Promotor de Justiça/SC – 2016 – MPE)

(1) Conforme doutrina majoritária, a tortura qualificada pelo resultado morte, prevista no artigo 1º, § 3º, da Lei 9.455/97, é classificada como de resultado preterdoloso. Entretanto, se o agressor, em sua ação, deseja ou assume o risco de produzir o resultado morte, não responde pelo tipo acima, mas por homicídio qualificado.

1: Temos que podem ocorrer, no contexto da tortura com morte, duas situações: homicídio qualificado pela tortura (art. 121, § 2º, III, do CP). Neste caso, a tortura é empregada como meio para causar a morte, que é desejada, querida ou, ao menos, embora não seja o objetivo do agente, ele, com a sua conduta, assume o risco de ela, morte, ocorrer; pode acontecer, entretanto, de o agente, ao torturar a vítima, exceder-se e causar, de forma culposa, sua morte (art. 1º, § 3º, da Lei 9.455/1997). Trata-se de figura preterdolosa, tal como afirmado no enunciado. Este é o entendimento doutrinário e jurisprudencial prevalente. **ED**
Gabarito 1C

8. CRIMES DO ESTATUTO DA CRIANÇA E DO ADOLESCENTE

(Delegado/GO – 2017 – CESPE) Com base no disposto no ECA, assinale a opção correta.

(A) Cabe à autoridade judiciária ou policial competente a aplicação das medidas específicas de proteção relacionadas no ECA, mediante prévia notificação do conselho tutelar.

(B) É cabível a aplicação de medida socioeducativa de internação ao penalmente imputável com idade entre dezoito e vinte e um anos e que era menor à época da prática do ato infracional.

(C) Não há prazo mínimo para o cumprimento da liberdade assistida fixada pelo ECA, sendo o limite fixado de acordo com a gravidade do ato infracional e as circunstâncias de vida do adolescente.

(D) O crime de corrupção de menores se consuma quando o infrator pratica infração penal com o menor ou o induz a praticá-la, sendo imprescindível, para sua configuração, a prova da efetiva corrupção do menor.

8. LEGISLAÇÃO PENAL EXTRAVAGANTE 383

(E) O ECA prevê expressamente os prazos de prescrição das medidas socioeducativas.

A: incorreta. De acordo com o art. 136, I, do ECA, caberá ao Conselho Tutelar a aplicação das medidas protetivas indicadas nos incisos I a VII do art. 101. A autoridade policial não poderá aplicar medidas de proteção a crianças e adolescentes; **B:** correta. Perfeitamente possível a aplicação de medidas socioeducativas a adolescentes que tenham cometido ato infracional equiparado a crime ou contravenção. Especificamente no tocante à medida de internação, o art. 121, § 5º, do ECA é textual ao prever a liberação compulsória do agente aos vinte e um anos de idade. Portanto, se o ato infracional houver sido praticado por adolescente (doze anos completos a dezoito anos incompletos), eventual decretação da medida socioeducativa de internação poderá ocorrer quando já atingida a maioridade. A inimputabilidade pela menoridade será aferida no momento da prática do ato infracional, e não quando da aplicação da medida socioeducativa (art. 27 do CP e art. 104, parágrafo único, do ECA). Nesse sentido, a Súmula 605, do STJ; **C:** incorreta, pois o art. 118, § 2º, do ECA, prevê o prazo mínimo de duração de seis meses para a liberdade assistida; **D:** incorreta. De acordo com a Súmula 500 do STJ, "*A configuração do crime previsto no artigo 244-B do* Estatuto da Criança e do Adolescente *independe da prova da efetiva corrupção do menor, por se tratar de delito formal.*; **E:** incorreta. O ECA não prevê o prazo de prescrição das medidas socioeducativas, regulada, portanto, pelo Código Penal. Esse é o teor da Súmula 338 do STJ: *A prescrição penal é aplicável nas medidas socioeducativas.* AT

Gabarito "B".

9. CRIMES DE ABUSO DE AUTORIDADE

(Juiz de Direito – TJM/SP – VUNESP – 2016) Analisando em conjunto as Leis 4.898, de 9 de dezembro de 1965 e 7.960, de 21 de dezembro de 1989, é correto afirmar que constitui abuso de autoridade

(A) decretar a prisão temporária em despacho prolatado dentro do prazo de 24 (vinte e quatro) horas, contadas a partir do recebimento da representação.

(B) prolongar a execução de prisão temporária, de pena ou de medida de segurança, deixando de expedir em tempo oportuno ordem de liberdade.

(C) executar a prisão temporária somente depois da expedição de mandado judicial.

(D) decretar a prisão temporária pelo prazo de 5 (cinco) dias, e prorrogá-la por igual período em caso de comprovada necessidade.

(E) determinar a apresentação do preso temporário, solicitar informações e esclarecimentos da autoridade policial e submetê-lo a exame pericial.

A: incorreta. É que, por força do que dispõe o art. 2º, § 2º, da lei que disciplina a prisão temporária (Lei 7.960/1989), é lícito ao juiz decretar a custódia temporária em despacho prolatado dentro do prazo de 24 (vinte e quatro) horas, contadas a partir do recebimento da representação, não havendo que se falar, portanto, no cometimento de abuso de autoridade; **B:** correta. Cuida-se de hipótese de abuso de autoridade prevista no art. 4º, *i*, da Lei 4.898/1965 (Abuso de Autoridade). Atualmente, os crimes de abuso de autoridade estão previstos na Lei 13.869/2019, que revogou a Lei 4.898/1965. A conduta descrita na alternativa encontra previsão no art. 12, parágrafo único, IV, da Lei 13.869/2019; **C:** incorreta, já que constitui imposição legal contida no art. 2º, § 5º, da Lei 7.960/1989; **D:** incorreta. A assertiva contempla a hipótese descrita no art. 2º, *caput*, da Lei 7.960/1989. Não há que se falar, portanto, em abuso de autoridade; **E:** incorreta. Prerrogativa conferida ao magistrado prevista no art. 2º, § 3º, da Lei 7.960/1989. ED

Gabarito "B".

10. VIOLÊNCIA DOMÉSTICA

(Delegado/RJ – 2022 – CESPE/CEBRASPE) No dia 16 de janeiro de 2021, por volta das 03:45 h, no interior de uma boate situada na Zona Sul do Rio de Janeiro, João ofendeu a integridade física de Simone, tendo-lhe desferido um soco no rosto, o que causou lesões corporais nela. A vítima e o agressor haviam mantido um relacionamento amoroso no passado, cerca de dois anos antes da data da agressão, a qual fora motivada por questões ligadas ao término do relacionamento.

Com relação a essa situação hipotética, assinale a opção correta.

(A) Houve crime de lesão corporal, sem o reconhecimento da violência doméstica, porquanto agressor e vítima já não mais tinham envolvimento amoroso.

(B) Caso Simone e João reatem o relacionamento, ocorrerá a extinção da punibilidade do crime praticado por ele.

(C) A agressão citada, por ter ocorrido em decorrência do relacionamento entre vítima e agressor, apesar de tal vínculo ter cessado, caracteriza violência doméstica, conforme hipótese prevista no inciso III do art. 5.º da Lei n.º 11.340/2006.

(D) O agressor cometeu crime de injúria real.

(E) João cometeu os crimes de lesão corporal e de tentativa de feminicídio, em concurso de crimes.

A: incorreta, já que, por força do art. 5º, III, da Lei Maria da Penha, configura violência doméstica a agressão praticada por agente que conviva ou ainda *tenha convivido* com o vítima; **B:** incorreta. Trata-se de previsão não contida em lei. A propósito, a ação penal, neste caso, é pública incondicionada, de forma que o MP não depende da manifestação de vontade da vítima para processar o seu agressor (Súmula 542, STJ); **C:** correta (art. 5º, III, da Lei Maria da Penha); **D:** incorreta. Pelo que consta do enunciado, a vítima sofreu lesões corporais, devendo ser imputado ao seu agressor o crime do art. 129 do CP; **E:** incorreta. Não há, no enunciado, nenhuma informação que permita concluir pelo cometimento do crime de tentativa de feminicídio. ED

Gabarito "C".

(Delegado/RJ – 2022 – CESPE/CEBRASPE) Em 5/11/2017, Renata, com 25 anos de idade, foi agredida por seu companheiro, Jefferson, de 30 anos de idade, pai de sua filha, de 2 anos de idade. Em razão dessa conduta, foi aplicada, judicialmente, a medida protetiva de urgência de afastamento do lar e de proibição de aproximação da ofendida.

Em 10/12/2017, Jefferson foi ao domicílio de Renata, a fim de reatar o relacionamento. Consternado por não ter tido seu ingresso autorizado, permaneceu diante da casa dela, gritando e batendo no portão, para que ela abrisse. Então, Renata acionou a polícia militar, e Jefferson foi conduzido à delegacia de polícia. O juizado de violência doméstica e familiar contra a mulher foi comunicado da violação, tendo sido acrescida a medida protetiva de proibição de contato com a ofendida por qualquer meio de comunicação.

Em 15/7/2018, Renata telefonou para Jefferson e disse que a filha estava doente, pedindo para ver o pai, e perguntou se ele poderia ir até sua residência para vê-la, o que foi atendido por Jefferson. Ao chegar à casa e observar que a filha estava com febre alta, Jefferson acusou Renata de não estar cuidando corretamente da criança. Iniciou-se, então, uma discussão entre eles. Finalmente, Renata pediu que Jefferson se retirasse do local e cumprisse a ordem judicial de afastamento, o que foi acatado por ele.

Tendo como referência essa situação hipotética e a jurisprudência do STJ acerca da violação de medida protetiva de urgência prevista na Lei n.º 11.340/2006, assinale a opção correta.

(A) Jefferson deverá responder pelo crime de desobediência (art. 330 do Código Penal).

(B) Jefferson não poderá ser responsabilizado pela violação da medida protetiva de urgência, devido à extinção da punibilidade pela prescrição da pretensão penal.

(C) Jefferson deverá responder pelo crime de desobediência à decisão judicial sobre perda ou suspensão de direito (art. 359 do Código Penal).

(D) Jefferson deverá ser responsabilizado pelo crime de descumprir decisão judicial que defere medidas protetivas de urgência (art. 24-A da Lei n.º 11.340/2006).

(E) Jefferson não poderá ser responsabilizado pela violação da medida protetiva de urgência, devido à atipicidade penal.

Em 10/12/2017, quando descumpriu medida protetiva de urgência que lhe foi imposta, a conduta de Jefferson não configurava crime algum, nem o de desobediência, segundo entendiam os tribunais, já que havia, na hipótese de recalcitrância do agente em cumprir a medida protetiva, consequências de outra ordem, como a possibilidade de decretação de prisão preventiva e requisição de força policial para fazer valer a decisão judicial. A conduta levada a efeito por Jefferson somente passou a ser crime com o advento da Lei 13.641/2018, que inseriu na Lei Maria da Penha o art. 24-A, que contempla, como crime, a conduta do agente que descumpre decisão judicial que defere medida protetiva de urgência prevista em lei, sujeitando-o à pena de detenção de 3 meses a 2 anos. Tendo em conta que o fato é anterior à mencionada Lei, este não pode ser por ela alcançado. **ED**
Gabarito "E".

(Juiz de Direito – TJ/MS – 2020 – FCC) No tocante ao crime de lesão corporal praticado no ambiente doméstico, correto afirmar que

(A) inaplicável a suspensão condicional do processo, independentemente da condição da vítima, ainda que de natureza leve.

(B) a pena será aumentada de 1/3 (um terço), se de natureza grave, mas apenas se a vítima for mulher.

(C) não é vedada por entendimento sumulado a aplicação, em tese e para algumas situações, do chamado princípio da insignificância.

(D) a ação penal é sempre pública condicionada.

(E) incabível a suspensão condicional da pena.

A: incorreta. É fato que a suspensão condicional do processo não tem incidência no âmbito dos crimes sujeitos ao rito da Lei Maria da Penha (Súmula 536, STJ), desde que, é claro, a vítima seja mulher. O erro da alternativa está em afirmar que tal entendimento se aplica independentemente da condição da vítima; **B:** incorreta, pois o aumento de 1/3, previsto no art. 129, § 10, do CP, também incidirá quando a vítima for ascendente, descendente, irmão, cônjuge ou companheiro do agente (art. 129, § 9º, CP); **C:** correta. A Súmula 589, do STJ, veda a aplicação do princípio da insignificância nos crimes ou contravenções penais praticados contra a mulher no âmbito das relações domésticas. O

enunciado, por sua vez, se refere à lesão corporal praticada no ambiente doméstico, sem especificar se se trata de vítima homem ou mulher. Se a vítima for mulher, aplica-se a Súmula 589; se for homem, não se aplica, não sendo vedada, portanto, a incidência do princípio da insignificância; **D:** incorreta. O STF, no julgamento da ADIn nº 4.424, de 09.02.2012, estabeleceu a natureza incondicionada da ação penal nos crimes de lesão corporal, independente de sua extensão, praticados contra mulher no ambiente doméstico, entendimento esse atualmente consagrado na Súmula 542, do STJ; **E:** incorreta, já que não há tal vedação. **ED**
Gabarito "C".

(Promotor de Justiça/CE – 2020 – CESPE/CEBRASPE) Conforme a Lei Maria da Penha, caracteriza forma específica de violência doméstica e familiar contra a mulher

(A) a retenção de seus documentos pessoais, o que constitui violência patrimonial.

(B) conduta que a impeça de usar método contraceptivo, o que constitui violência moral.

(C) a destruição de seus objetos e instrumentos de trabalho, o que constitui violência física.

(D) conduta que limite o exercício de seus direitos sexuais, o que constitui violência psicológica.

(E) conduta que a faça participar de relação sexual não desejada, mediante intimidação ou ameaça, o que constitui violência moral.

A: correta (art. 7º, IV, da Lei 11.340/2006); **B:** incorreta, já que se trata de violência sexual (art. 7º, III, da Lei 11.340/2006); **C:** incorreta, já que se trata de violência patrimonial (art. 7º, IV, da Lei 11.340/2006); **D:** incorreta, já que se trata de violência sexual (art. 7º, III, da Lei 11.340/2006); **E:** incorreta, já que se trata de violência sexual (art. 7º, III, da Lei 11.340/2006). **ED**
Gabarito "A".

(Promotor de Justiça/CE – 2020 – CESPE/CEBRASPE) No que diz respeito à assistência à mulher em situação de violência doméstica e familiar, a Lei Maria da Penha prevê

(A) a inclusão da mulher no cadastro de programas assistenciais governamentais, por prazo indeterminado.

(B) o acesso prioritário à remoção caso a vítima seja servidora pública ou funcionária de empresa privada com filiais em outras localidades.

(C) o não cabimento de fiança ao agressor preso em flagrante descumprindo medidas protetivas de urgência.

(D) a manutenção do vínculo trabalhista por até seis meses quando necessário o afastamento da vítima do seu local de trabalho.

(E) a obrigação do agressor de ressarcir custos de tratamento de saúde da vítima, inclusive ao Sistema Único de Saúde (SUS), hipótese em que fará jus à circunstância atenuante.

A: incorreta, na medida em que contraria o disposto no art. 9º, § 1º, da Lei 11.340/2006 (Maria da Penha); **B:** incorreta (art. 9º, § 2º, da Lei 11.340/2006); **C:** incorreta (art. 24-A, § 2º, da Lei 11.340/2006); **D:** correta (art. 9º, § 2º, II, da Lei 11.340/2006); **E:** incorreta (art. 9º, § 6º, da Lei 11.340/2006). **ED**
Gabarito "D".

(Promotor de Justiça/CE – 2020 – CESPE/CEBRASPE) Com base nas disposições da Lei Maria da Penha, é correto afirmar que

(A) os juizados de violência doméstica e familiar não têm competência para julgar ação de dissolução de união estável.

8. LEGISLAÇÃO PENAL EXTRAVAGANTE — 385

(B) os juizados de violência doméstica e familiar não têm competência para processar pretensão relacionada à partilha de bens.

(C) o juizado do domicílio ou da residência da ofendida tem competência absoluta para os processos cíveis regidos pela lei em questão.

(D) a ofendida, havendo concordância, poderá entregar intimação ao agressor, no intuito de promover maior celeridade ao ato.

(E) a competência da ação de divórcio deve ser declinada para o juízo competente em caso de violência doméstica e familiar ocorrida após o ajuizamento dessa ação.

A: incorreta, pois contraria o disposto no art. 14-A, *caput*, da Lei 11.340/2006, introduzido pela Lei 13.894/2019; **B:** correta, pois em consonância com o art. 14-A, § 1º, da Lei 11.340/2006, introduzido pela Lei 13.894/2019; **C:** incorreta, pois não reflete o disposto no art. 15 da Lei 11.340/2006; **D:** incorreta (art. 21, parágrafo único, da Lei 11.340/2006); **E:** incorreta (art. 14-A, § 2º, da Lei 11.340/2006, introduzido pela Lei 13.894/2019). **ED**
Gabarito "B".

(Promotor de Justiça/CE – 2020 – CESPE/CEBRASPE) Aos crimes praticados com violência doméstica e familiar contra a mulher, admite-se

(A) transação penal.

(B) pena de prestação pecuniária.

(C) suspensão condicional da pena.

(D) suspensão condicional do processo.

(E) pagamento isolado de pena de multa.

A e D: incorretas. O art. 41 da Lei Maria da Penha, cuja constitucionalidade foi reconhecida pelo STF (ADC 19, de 09.02.2012), veda a aplicação, no contexto dos crimes praticados com violência doméstica e familiar contra a mulher, das medidas despenalizadoras contempladas na Lei 9.099/1995, entre as quais a *suspensão condicional do processo* e a *transação penal*. Consolidando tal entendimento, editou-se a Súmula 536, do STJ: "A suspensão condicional do processo e a transação penal não se aplicam na hipótese de delitos sujeitos ao rito da Lei Maria da Penha"; **B e E:** incorretas. Em caso de violência doméstica e familiar contra a mulher, incabível a aplicação de penas de cesta básica ou outras de prestação pecuniária, bem como a substituição de pena que implique o pagamento isolado de multa (art. 17 da Lei 11.340/2006); **C:** correta, já que não há impedimento para a incidência da suspensão condicional da pena (*sursis*) no contexto dos crimes praticados com violência doméstica e familiar contra a mulher. Nesse sentido: "Consoante a jurisprudência desta Corte Superior, é incabível em crimes ou contravenções penais praticados em contexto de violência doméstica a aplicação de pena de cesta básica ou outra de prestação pecuniária, ainda que os delitos pelos quais o réu haja sido condenado tenham previsão alternativa de pena de multa. 3. A jurisprudência desta Corte é firme em assinalar ser possível a concessão de suspensão condicional da pena aos crimes e às contravenções penais praticados em contexto de violência doméstica, desde que preenchidos os requisitos previstos no art. 77 do Código Penal, nos termos reconhecidos na sentença condenatória restabelecida. 4. Agravo regimental não provido" (STJ, AgRg no REsp 1691667/RJ, Rel. Ministro ROGERIO SCHIETTI CRUZ, SEXTA TURMA, julgado em 02/08/2018, DJe 09/08/2018). **ED**
Gabarito "C".

(Juiz – TJ/RJ – VUNESP – 2016) A, casada com B, durante uma discussão de casal, levou um soco, sendo ameaçada de morte. Diante dos gritos e ameaças, os vizinhos acionaram a Polícia que, ao chegar ao local, conduziu todos

à Delegacia. A, inicialmente, prestou depoimento na Delegacia e manifestou o desejo de que o marido fosse processado criminalmente pelos crimes de lesão corporal leve e ameaça. Entretanto, encerradas as investigações policiais e remetidos os autos ao Fórum, em sede de audiência preliminar, A informou o Juízo que havia se reconciliado com B, não desejando que o marido fosse processado por ambos os crimes. Diante da nova manifestação de vontade de A, é correto afirmar que o procedimento

(A) será arquivado quanto ao crime de ameaça, já que a ação é condicionada à representação da vítima. Quanto ao crime de lesão corporal, ocorrida em âmbito doméstico, o procedimento terá seguimento, por tratar-se de ação penal pública incondicionada. Todavia, é possível ao órgão de acusação, desde logo, ofertar a transação penal.

(B) terá seguimento, tanto para o crime de ameaça quanto para o crime de lesão corporal. Todavia, é possível ao órgão de acusação, desde logo, ofertar a transação penal.

(C) terá seguimento quanto ao crime de lesão corporal, visto que a ação penal é pública incondicionada, por ter se dado em âmbito doméstico. Já quanto ao crime de ameaça, a retratação de A obsta o prosseguimento, visto que a ação penal continua condicionada à representação, ainda que praticada em âmbito doméstico.

(D) deverá ser arquivado, vez que a ação penal, seja para o crime de ameaça, seja para o de lesão corporal de natureza leve, é condicionada à representação da vítima, e a retratação de A obsta o prosseguimento do feito.

(E) terá seguimento, tanto para o crime de ameaça quanto para o crime de lesão corporal, pois em se tratando de crimes ocorridos no âmbito doméstico, a ação penal é pública incondicionada, pouco importando a retratação de A.

O entendimento do STF que estabeleceu a natureza incondicionada da ação penal, tomado em controle concentrado de constitucionalidade (ADIn 4.424), somente se aplica aos crimes de lesão corporal, independente de sua extensão, praticados contra a mulher no ambiente doméstico. Tal entendimento encontra-se consagrado na Súmula 542, do STJ: "A ação penal relativa ao crime de lesão corporal resultante de violência doméstica contra a mulher é pública incondicionada". Bem por isso, o processo, no caso retratado no enunciado, terá continuidade em relação ao crime de lesão corporal, já que, nesta hipótese, o MP, titular da ação penal, não depende de autorização da ofendida para processar o ofensor. Tal não se aplica, todavia, ao crime de ameaça, na medida em que o MP, para ajuizar a ação penal, depende da manifestação de vontade da ofendida, materializada por meio da representação. Neste caso, poderá a ofendida, desde que em audiência especialmente designada para esse fim e até o recebimento da denúncia, renunciar à representação formulada (art. 16 da Lei 11.340/2006). No mais, o art. 41 da Lei Maria da Penha, cuja constitucionalidade foi reconhecida pelo STF (ADC 19, de 09.02.2012), veda a aplicação, no contexto dos crimes praticados com violência doméstica e familiar contra a mulher, das medidas despenalizadoras contempladas na Lei 9.099/1995, entre as quais a *suspensão condicional do processo* e a *transação penal*. Consolidando tal entendimento, editou-se a Súmula 536, do STJ: "A suspensão condicional do processo e a transação penal não se aplicam na hipótese de delitos sujeitos ao rito da Lei Maria da Penha". **ED**
Gabarito "C".

(Juiz de Direito/AM – 2016 – CESPE) Com relação às disposições da Lei n.o 11.340/2006 — Lei Maria da Penha —, assinale a opção correta.

(A) Para os efeitos da referida lei, a configuração da violência doméstica e familiar contra a mulher depende da demonstração de coabitação da ofendida e do agressor.

(B) Os juizados especiais de violência doméstica e familiar contra a mulher têm competência exclusivamente criminal.

(C) É tido como o âmbito da unidade doméstica o espaço de convívio permanente de pessoas, com ou sem vínculo familiar, salvo as esporadicamente agregadas.

(D) A ofendida poderá entregar intimação ou notificação ao agressor se não houver outro meio de realizar a comunicação.

(E) Considera-se violência sexual a conduta de forçar a mulher ao matrimônio mediante coação, chantagem, suborno ou manipulação, assim como a conduta de limitar ou anular o exercício de seus direitos sexuais e reprodutivos.

A: incorreta, uma vez que a configuração da violência doméstica e familiar contra a mulher *independe* da demonstração de coabitação da ofendida e do agressor, conforme estabelece o art. 5º, III, da Lei 11.340/2006 (Maria da Penha). Consagrando tal entendimento, o STJ editou a Súmula 600; **B:** incorreta, pois contraria o que reza o art. 14, *caput*, da Lei 11.340/2006 (Maria da Penha), que estabelece que os juizados especiais de violência doméstica e familiar contra a mulher têm competência tanto para o julgamento de matéria criminal quanto cível; **C:** incorreta, pois não corresponde ao teor do art. 5º, I, da Lei 11.340/2006 (Maria da Penha): "(…) inclusive as esporadicamente agregadas"; **D:** incorreta. Ao contrário do afirmado na assertiva, a ofendida, por razões óbvias, não poderá entregar intimação ou notificação ao agressor. Assim estabelece o art. 21, parágrafo único, da Lei 11.340/2006 (Maria da Penha); **E:** correta, pois em conformidade com o disposto no art. 7º, III, da Lei 11.340/2006 (Maria da Penha). ED

Gabarito "E".

11. ESTATUTO DA PESSOA IDOSA

(Delegado/RJ – 2022 – CESPE/CEBRASPE) Em 15/2/2022, Ernesto, com 78 anos de idade, correntista de uma instituição financeira privada, dirigiu-se à agência bancária para realizar uma transferência bancária. No local, solicitou auxílio do estagiário Carlos, de 21 anos de idade, para realizar a operação. Todavia, de posse do cartão magnético e da senha do cliente, Carlos transferiu, indevidamente, a quantia de R$ 5 mil da conta bancária de Ernesto para sua conta pessoal.

Nessa situação hipotética, segundo a jurisprudência do STJ, Carlos cometeu

(A) o crime de apropriação indébita (art. 168, § 1.º, III, do Código Penal).

(B) o crime de furto (art. 155 do Código Penal).

(C) o crime de estelionato (art. 171 do Código Penal).

(D) o crime de peculato (art. 312 do Código Penal).

(E) o crime previsto no art. 102 do Estatuto do Idoso.

Pela conduta que praticou, o estagiário Carlos deverá ser responsabilizado pelo crime do art. 102 da Lei 10.741/2003, cuja redação, a seguir transcrita, foi alterada pela Lei 14.423/2022: *Apropriar-se de ou desviar bens, proventos, pensão ou qualquer outro rendimento da pessoa idosa,*

dando-lhes aplicação diversa da de sua finalidade. Na jurisprudência: "1. Para a conduta de desviar bens do idoso, prevista no art. 102 da Lei n. 10.741/2003, não há necessidade de prévia posse por parte do agente, restrita à hipótese de apropriação. 2. É evidente que a transferência dos valores da conta bancária da vítima para a conta pessoal do recorrido, mediante ardil, desviou os bens de sua finalidade. Não importa aqui perquirir qual era a real destinação desses valores, pois, independente de qual fosse, foram eles dela desviados, ao serem, por meio de fraude, transferidos para a conta do recorrido. 3. Recurso especial provido para cassar o acórdão proferido nos embargos infringentes e restabelecer a condenação, nos termos do julgado proferido na apelação" (STJ, REsp n. 1.358.865/RS, relator Ministro Sebastião Reis Júnior, Sexta Turma, julgado em 4/9/2014, DJe de 23/9/2014). ED

Gabarito "E".

12. CRIMES HEDIONDOS

(Delegado/GO – 2017 – CESPE) A respeito de crimes hediondos, assinale a opção correta.

(A) Embora tortura, tráfico de drogas e terrorismo não sejam crimes hediondos, também são insuscetíveis de fiança, anistia, graça e indulto.

(B) Para que se considere o crime de homicídio hediondo, ele deve ser qualificado.

(C) Considera-se hediondo o homicídio praticado em ação típica de grupo de extermínio ou em ação de milícia privada.

(D) O crime de roubo qualificado é tratado pela lei como hediondo.

(E) Aquele que tiver cometido o crime de favorecimento da prostituição ou outra forma de exploração sexual no período entre 2011 e 2015 não responderá pela prática de crime hediondo.

A: correta. De início, cumpre destacar que a tortura, o tráfico de drogas e o terrorismo, embora não sejam crimes hediondos, assim enunciados no rol do art. 1º da Lei 8.072/1990, são considerados equiparados (ou assemelhados) a hediondos, em conformidade com o que se extrai do art. 5º, XLIII, da CF. Ademais, o art. 2º, I e II, da precitada Lei 8.072/1990, expressamente dispõe que os crimes hediondos, a tortura, o tráfico de drogas e o terrorismo são insuscetíveis de anistia, graça e indulto, bem como de fiança; **B:** incorreta. Além do homicídio qualificado, que sempre será crime hediondo (art. 1º, I, segunda parte, da Lei 8.072/1990), também o será o homicídio simples, desde que praticado em atividade típica de grupo de extermínio, ainda que por uma só pessoa (art. 1º, I, primeira parte, da Lei 8.072/1990); **C:** incorreta. Embora seja hediondo o homicídio praticado em ação típica de grupo de extermínio (art. 1º, I, primeira parte, da Lei 8.072/1990), quando cometido em ação de milícia privada configurará apenas forma majorada (art. 121, § 6º, do CP); **D:** incorreta. O roubo poderá ser qualificado em duas situações: (i) se da violência resultar lesão corporal grave (art. 157, § 3º, I, do CP); (ii) se resultar morte (art. 157, II, do CP). Assim, somente o roubo qualificado pelo resultado morte (latrocínio) é considerado crime hediondo (art. 1º, II, da Lei 8.072/1990); **E:** incorreta. Com o advento da Lei 12.978, de 2014, foi inserido no rol do art. 1º da Lei 8.072/1990 o crime de favorecimento da prostituição ou de outra forma de exploração sexual de criança ou adolescente ou de vulnerável (art. 218-B, caput, e §§ 1º e 2º, do CP). Portanto, a partir de 2014, o crime em comento tornou-se hediondo. AT

Gabarito "A".

(Juiz de Direito/DF – 2016 – CESPE) Com fundamento na Lei n.º 11.464/2007, que modificou a Lei n.º 8.072/1990 (Lei dos Crimes Hediondos), assinale a opção correta

8. LEGISLAÇÃO PENAL EXTRAVAGANTE

acerca dos requisitos objetivos para fins de progressão de regime prisional.

(A) O regime integral fechado poderá ser aplicado no caso de prática de crime de tráfico internacional de drogas, em que, devido à hediondez da conduta, que atinge população de mais de um país, o réu não poderá ser beneficiado com a progressão de regime prisional.

(B) Como exceção à regra prevista na legislação de regência, a progressão de regime prisional é vedada ao condenado, que deve cumprir regime integral fechado, pela prática de crime de epidemia de que resulte morte de vítimas.

(C) Os condenados por crimes hediondos ou assemelhados cometidos antes da vigência da Lei n.º 11.464/2007 sujeitam-se ao disposto no artigo 112 da Lei de Execução Penal para a progressão de regime, que estabelece o cumprimento de um sexto da pena no regime anterior.

(D) A Lei dos Crimes Hediondos é especial e possui regra própria quanto aos requisitos objetivos para a progressão de regime prisional, devendo seus atuais parâmetros ser aplicados, independentemente de o crime ter sido praticado antes ou depois da vigência da Lei n.º 11.464/2007, com base no princípio da especialidade.

(E) Os requisitos objetivos da Lei n.º 11.464/2007 devem ser aplicados para fins de progressão de regime prisional, pelo fato de essa lei ser mais benéfica que a lei anterior, que vedava a progressão de regime.

A: incorreta, uma vez que, hodiernamente, não há crime cuja prática impõe ao agente o cumprimento da pena em regime *integralmente* fechado. Tal possibilidade, que antes existia em relação aos crimes hediondos e equiparados, foi eliminada com a modificação, promovida pela Lei 11.464/2007, na redação do art. 2º, § 1º, da Lei 8.072/1990 (Crimes Hediondos), que passou a exigir tão somente que o cumprimento da pena, nesses crimes, se desse no regime *inicial* fechado. Essa mudança, sempre é bom lembrar, representava antigo anseio da jurisprudência. A propósito, esse art. 2º, § 1º, da Lei 8.072/1990 (Crimes Hediondos), que estabelece o regime inicial fechado aos condenados por crimes hediondos e equiparados, foi declarado pelo STF, no julgamento do HC 111.840, inconstitucional, não havendo mais, portanto, a obrigatoriedade de fixar-se o regime inicial fechado nesses crimes; **B:** incorreta, pelas razões expostas no comentário anterior; **C:** correta. Se a prática do crime hediondo ou assemelhado for anterior à entrada em vigor da Lei 11.464/2007, que alterou, na Lei de Crimes Hediondos, o lapso exigido para a progressão de regime, deverá incidir, quanto aos condenados por crimes dessa natureza, a regência do art. 112 da LEP, que impõe, como condição para progressão de regime, o cumprimento de *um sexto* da pena no regime anterior, além de bom comportamento carcerário. Este entendimento está contemplado na Súmula 471 do STJ. De outro lado, se o cometimento desses crimes se der após a entrada em vigor da Lei 11.464/07, por imposição do art. 2o, § 2o, da Lei 8.072/90, a progressão dar-se-á nos seguintes moldes: se se tratar de apenado primário, a progressão de regime dar-se-á após o cumprimento de dois quintos da pena; se reincidente, depois de cumpridos três quintos; **D** e **E:** incorretas, pelas razões expostas no comentário anterior. Atenção: com o advento da Lei 13.964/2019 (Pacote Anticrime), posterior, portanto, à elaboração desta questão, alterou-se a redação do art. 112 da LEP, com a inclusão de novas faixas de fração de cumprimento de pena a possibilitar a progressão do reeducando a regime menos rigoroso, inclusive no que tange aos crimes hediondos e equiparados. 📩

Gabarito "C"

13. TEMAS COMBINADOS DA LEGISLAÇÃO EXTRAVAGANTE

(Juiz de Direito/AP – 2022 – FGV) Quanto à valorização artificial de bens ou falsa especulação com ativos (*reverse flips*), no crime de lavagem de capitais, é correto afirmar que:

(A) o lavador adquire o bem por valor bastante inferior ao valor de mercado, registrando no instrumento do negócio jurídico um valor nominal igual ao da aquisição, pagando a diferença informalmente;

(B) após a compra, o lavador deve realizar benfeitorias no bem, o revender a terceiro, registrando no instrumento do negócio jurídico valor fictício, atenuando o valor do tributo correspondente devido;

(C) o lavador adquire o bem por valor bastante superior ao valor de mercado, registrando no instrumento do negócio jurídico um valor nominal igual ao da aquisição, recebendo a diferença em relação ao valor real informalmente;

(D) após a compra, o lavador, realizando ou não benfeitorias no bem, o revende a terceiro, registrando no instrumento do negócio jurídico seu valor superior, visando regularizar o valor negociado informalmente;

(E) o lavador adquire o bem pelo seu valor de mercado, registrando no instrumento do negócio jurídico um valor nominal inferior ao da aquisição, pagando a diferença informalmente.

Reverse flips constitui uma técnica empregada para a prática do crime de lavagem de dinheiro consistente na simulação de valorização ou de lucro obtido com a venda de bens, que podem ser móveis ou imóveis. O bem é adquirido pelo seu valor de mercado, mas, no instrumento do negócio jurídico (contrato ou escritura), é registrado um valor nominal inferior, para, posteriormente, o agente vender esse bem pelo mesmo valor que o adquiriu (de mercado), com a declaração do valor real, de forma a gerar um "lucro" com a diferença entre o que foi declarado na compra e o que obteve posteriormente com a venda. Trata-se, como se pode ver, de uma valorização artificial de bens. 📩

Gabarito "E".

(Delegado/RJ – 2022 – CESPE/CEBRASPE) Cada uma das opções a seguir apresenta uma situação hipotética a ser julgada com base nas incriminações contidas nos artigos 14 e 16, caput e §§ 1.º e 2.º, da Lei n.º 10.826/2003. Assinale a opção cuja situação hipotética contempla uma conduta que — formal e materialmente — encontra adequação típica em um dos mencionados dispositivos.

(A) Sem contar com expressa autorização do secretário de estado responsável pela administração penitenciária, Paulo César, policial penal do Estado do Rio de Janeiro, porta em via pública, junto à cintura, uma pistola calibre .380 municiada, devidamente registrada em seu nome.

(B) Leonardo, guarda municipal de um município mineiro com 4.000 habitantes, autorizado pelo poder público local e satisfeitas as disposições regulamentares, porta em serviço um revólver calibre .38, de propriedade do município; ao ser escalado para um curso de aperfeiçoamento no Rio de Janeiro, leva a arma municiada no porta-luvas de seu carro.

(C) Gustavo, policial civil aposentado, com teste de aptidão psicológica em dia, contratado para trabalhar em

388 ARTHUR TRIGUEIROS E EDUARDO DOMPIERI

uma segurança privada, mantém consigo, de forma velada, uma arma de fogo de uso permitido, municiada e registrada em seu nome.

(D) Bernardo compra regularmente uma pistola calibre .40 e, por razões estéticas, desejando ostentar sua capacidade patrimonial, banha a arma em ouro, o que modifica suas características físicas, mas não prejudica os caracteres alfanuméricos de identificação.

(E) Victor possui em sua casa uma prensa para recarga de munições recém-adquirida, pois tem o objetivo de vender munições recarregadas informalmente; todavia, antes que possa fazer uso do equipamento, a prensa é apreendida durante o cumprimento de mandado de busca domiciliar pela Polícia Civil.

A: incorreta. Cuida-se de conduta atípica, já que o porte, neste caso, está amparado no art. 6º, § 1º-B, da Lei 10.826/2003, não sendo necessário, para tanto, autorização do secretário de estado responsável pela administração penitenciária; **B:** correta, na medida em que se trata de conduta típica, nos termos do art. 6º, III, IV e § 1º, da Lei 10.826/2003. Vide, quanto a este tema, a Adin 5.538; **C:** incorreta. Conduta atípica, já que autorizada pelo art. 30 do Decreto 9.847/2019; **D:** incorreta. Trata-se de conduta que não encontra adequação típica no art. 16, § 1º, II, da Lei 10.826/2003, que impõe que a modificação operada nas características da arma a torne equivalente a uma arma de fogo de uso restrito ou proibido ou então que tenha como propósito dificultar ou induzir a erro autoridade policial, perito ou juiz. Não é este o caso de uma modificação meramente estética; **E:** incorreta, já que se trata de ato preparatório para o crime definido no art. 16, § 1º, VI, da Lei 10.826/2003. 🔲

Gabarito "B".

(Delegado/RJ – 2022 – CESPE/CEBRASPE) Conforme relatório final de inquérito policial, Mário, policial civil, praticou obstrução de justiça ao embaraçar a investigação de crime praticado por uma organização criminosa.

Nessa situação hipotética, Mário

(A) praticou ilícito puramente administrativo.

(B) violou uma regra processual, mas não cometeu nenhum crime.

(C) cometeu crime previsto na Lei n.º 12.850/2013.

(D) cometeu contravenção penal.

(E) cometeu crime previsto no Código Penal.

Com a sua conduta, Mário cometeu o crime definido no art. 2º, § 1º, da Lei 12.850/2013, *in verbis: nas mesmas penas incorre quem impede ou, de qualquer forma, embaraça a investigação de infração penal que envolva organização criminosa.* 🔲

Gabarito "C".

Delegado/RJ – 2022 – CESPE/CEBRASPE) A bilheteria oficial disponibilizou sessenta mil ingressos para a final de determinado campeonato de futebol, os quais se esgotaram em menos de 24 horas. João, cambista conhecido, conseguiu comprar dez ingressos, ao preço de R$ 100,00 a unidade, e os vendeu no dia do jogo por R$ 250,00 cada. Por essa conduta, ele foi preso em flagrante.

Nessa situação hipotética, João praticou

(A) crime definido no Estatuto do Torcedor.

(B) o crime de fraude ao comércio.

(C) fato atípico.

(D) o crime de estelionato.

(E) crime contra a economia popular.

João deverá ser responsabilizado pelo crime definido no art. 41-F da Lei 10.671/2003 (Estatuto do Torcedor), que consiste na conduta do agente que negocia ingressos com valores maiores do que os estampados no bilhete (cambismo). 🔲

Gabarito "A".

(Delegado/RJ – 2022 – CESPE/CEBRASPE) Maria, de 35 anos de idade, compareceu a uma delegacia de polícia noticiando ao policial plantonista que havia sido abusada sexualmente por um médico-cirurgião renomado, o qual teria manipulado o órgão genital dela enquanto ela ainda se encontrava sob efeito de anestésico após ter realizado mamoplastia. Diante da gravidade da denúncia, o policial verificou se havia anotações criminais contra o noticiado e não localizou nenhum registro de ocorrência nesse sentido. Então, indagou à noticiante se ela tinha certeza do que estava afirmando, pois se tratava de uma acusação muito séria e ela poderia ter-se confundido em função do efeito anestésico. Desconfortável com a indagação feita, a noticiante pediu que fosse chamada uma policial do sexo feminino para atendê-la. Assim feito, Maria narrou o fato vivenciado à policial, a qual, por sua vez, considerou conveniente chamar a autoridade policial para avaliar se o fato deveria ser efetivamente registrado, diante de quem, mais uma vez, a noticiante relatou o abuso sofrido.

Com relação a essa situação hipotética, assinale a opção correta, considerando as normas de direito penal e os estudos críticos criminológicos.

(A) Os policiais foram diligentes, a fim de evitar eventual denunciação caluniosa em desfavor do médico.

(B) Os policiais agiram corretamente, uma vez que a Lei n.º 13.869/2019 tipifica como crime de abuso de autoridade a conduta de dar início à persecução penal sem justa causa fundamentada.

(C) Os policiais foram diligentes, porque, em sua atuação funcional, levaram em consideração a figura criminológica da síndrome da mulher de Potifar.

(D) Os policiais foram diligentes ao terem levado em consideração, no exercício funcional, a possibilidade de falsas memórias da vítima.

(E) A noticiante foi submetida a um processo de revitimização ao ter sido questionada sobre a credibilidade da *notitia criminis* e ao ter que relatar o abuso sofrido a diferentes profissionais da delegacia.

Revitimização (vitimização secundária ou violência institucional) deve ser entendida, *grosso modo*, como o fenômeno em que a vítima sofre os efeitos da violência que lhe foi impingida repetidas vezes. Fala-se em violência institucional porquanto os órgãos encarregados de acolhê-la e zelar por sua segurança acabam por fazer com que o trauma seja revivido de forma desnecessária, como, por exemplo, quando a vítima, após a violência original, passa a ser inquirida, na delegacia de polícia, por diversos policiais, para os quais tem que relatar, um a um, os fatos ocorridos, o que a obriga a rememorar, de forma desnecessária, tudo pelo qual passou. Dito isso, fica evidente que os policiais envolvidos na ocorrência submeteram Maria a um processo de revitimização, dado que foi por diversas vezes instada a relatar os mesmos fatos, obrigando-a, com isso, a relembrar a violência que sofrera. Recentemente, a Lei 14.321/2022 alterou a nova Lei de Abuso de Autoridade (13.869/2019), ali introduzindo o art. 15-A, tipificando o crime de violência institucional, nos seguintes termos: *submeter a vítima de infração penal ou a testemunha de crimes violentos a procedimentos desnecessários, repetitivos ou invasivos, que a leve a reviver, sem estrita necessidade: I – a situação de violência; ou II – outras situações potencialmente*

8. LEGISLAÇÃO PENAL EXTRAVAGANTE

geradoras de sofrimento ou estigmatização: Pena – detenção, de 3 (três) meses a 1 (um) ano, e multa. § 1º Se o agente público permitir que terceiro intimide a vítima de crimes violentos, gerando indevida revitimização, aplica-se a pena aumentada de 2/3 (dois terços). § 2º Se o agente público intimidar a vítima de crimes violentos, gerando indevida revitimização, aplica-se a pena em dobro. ⬛ED
Gabarito "E".

(Delegado de Polícia Federal – 2021 – CESPE) Com relação aos crimes previstos em legislação especial, julgue os itens a seguir.

(1) A importação de sementes de maconha em pequena quantidade é considerada conduta atípica.

(2) A teoria do domínio do fato permite, isoladamente, que se faça uma acusação pela prática de crimes complexos, como o de sonegação fiscal, sem a descrição da conduta.

(3) É conduta atípica o porte ilegal de arma de fogo de uso permitido com registro de cautela vencido.

(4) A conduta de impedir ou dificultar a regeneração natural de florestas e demais formas de vegetação é delito de natureza permanente.

(5) A antecipação, por delegado da Polícia Federal, por meio de rede social, da atribuição de culpa, antes de concluídas as apurações e formalizada a acusação, caracteriza crime previsto na Lei de Abuso de Autoridade.

1: correta. Para o STF, e também para o STJ, a importação de sementes de maconha em pequena quantidade, ante a ausência do princípio ativo THC, deve ser considerada conduta atípica. Nesse sentido, conferir: "I - No julgamento conjunto do HC 144.161/SP e HC 142.987/SP, ambos da relatoria do Ministro Gilmar Mendes, a Segunda Turma desta Suprema Corte firmou orientação jurisprudencial no sentido de que deve ser rejeitada a denúncia ou trancada a ação penal por ausência de justa causa nos casos em que o réu importa pequena quantidade de sementes de cannabis sativa (maconha). II – Agravo a que se nega provimento." (HC 173346 AgR, Relator(a): Ricardo Lewandowski, Segunda Turma, julgado em 04/10/2019, Processo Eletrônico DJe-225 Divulg 15-10-2019 Public 16-10-2019). No STJ: "1. O conceito de "droga", para fins penais, é aquele estabelecido no art. 1.º, parágrafo único, c.c. o art. 66, ambos da Lei n.º 11.343/2006, norma penal em branco complementada pela Portaria SVS/MS n.º 344, de 12 de maio de 1998. Compulsando a lista do referido ato administrativo, do que se pode denominar "droga", vê-se que dela não consta referência a sementes da planta Cannabis Sativum. 2. O Tetrahidrocanabinol - THC é a substância psicoativa encontrada na planta Cannabis Sativum, mas ausente na semente, razão pela qual esta não pode ser considerada "droga", para fins penais, o que afasta a subsunção do caso a qualquer uma das hipóteses do art. 33, caput, da Lei n.º 11.343/2006. 3. Dos incisos I e II do § 1.º do art. 33 da mesma Lei, infere-se que "matéria-prima" ou "insumo" é a substância utilizada "para a preparação de drogas". A semente não se presta a tal finalidade, porque não possui o princípio ativo (THC), tampouco serve de reagente para a produção de droga. 4. No mais, a Lei de regência prevê como conduta delituosa o semeio, o cultivo ou a colheita da planta proibida (art. 33, § 1.º, inciso II; e art. 28, § 1.º). Embora a semente seja um pressuposto necessário para a primeira ação, e a planta para as demais, a importação (ou qualquer dos demais núcleos verbais) da semente não está descrita como conduta típica na Lei de Drogas. 5. A conduta de importar pequena quantidade de sementes de maconha é atípica, consoante precedentes do STF: HC 144161, Rel. Ministro Gilmar Mendes, Segunda Turma, julgado em 11/09/2018, Processo Eletrônico DJe-268 Divulg 13-12-2018 Public 14-12-2018; HC 142987, Relator Min. Gilmar Mendes, Segunda Turma, julgado em 11/09/2018, Processo Eletrônico DJe-256

Divulg 29-11-2018 Public 30-11-2018; no mesmo sentido, a decisão monocrática nos autos do HC 143.798/SP, Relator Min. Roberto Barroso, publicada no DJe de 03/02/2020, concedendo a ordem "para determinar o trancamento da ação penal, em razão da ausência de justa causa". Na mesma ocasião, indicou Sua Excelência, "ainda nesse sentido, as seguintes decisões monocráticas: HC 173.346, Rel. Min. Ricardo Lewandowski; HC 148.503, Min. Celso de Mello; HC 143.890, Rel. Min. Celso de Mello; HC 140.478, Rel. Min. Ricardo Lewadowski; HC 149.575, Min. Edson Fachin; HC 163.730, Relª. Minª. Cármen Lúcia." 6. Embargos de divergência acolhidos, para determinar o trancamento da ação penal em tela, em razão da atipicidade da conduta." (EREsp 1624564/SP, Rel. Ministra Laurita Vaz, Terceira Seção, julgado em 14/10/2020, DJe 21/10/2020). **2:** errada. Ao contrário do que se afirma, a teoria do domínio do fato não autoriza, isoladamente, que se faça uma acusação pela prática de crimes complexos, como o de sonegação fiscal, sem a descrição da conduta. Nesse sentido: "1. A teoria do domínio do fato funciona como uma ratio, a qual é insuficiente, por si mesma para aferir a existência do nexo de causalidade entre o crime e o agente. É equivocado afirmar que um indivíduo é autor porque detém o domínio do fato se, no plano intermediário ligado à realidade, não há nenhuma circunstância que estabeleça o nexo entre sua conduta e o resultado lesivo. 2. Não há, portanto, como considerar, com base na teoria do domínio do fato, que a posição de gestor, diretor ou sócio administrador de uma empresa implica a presunção de que houve a participação no delito, se não houver, no plano fático-probatório, alguma circunstância que o vincule à prática delitiva. 3. Na espécie, a acusada assumiu a propriedade da empresa de composição gráfica personalizada, em virtude do súbito falecimento de seu cônjuge. Movida pela pouca experiência para a condução da empresa, delegou as questões tributárias aos gerentes com conhecimento técnico especializado, bem como a empresas de consultoria. Tal constatação, longe de representar incursão no plano fático, é reconhecida, de modo incontroverso, pelas instâncias ordinárias, que concluíram pela ação equivocada na contratação e na delegação da condução fiscal da empresa. 4. Diante desse quadro, não há como imputar-lhe o delito de sonegação de tributo com base, única e exclusivamente, na teoria do domínio do fato, máxime porque não houve descrição de nenhuma circunstância que indique o nexo de causalidade, o qual não pode ser presumido. 5. O delito de sonegação fiscal, previsto no art. 1º, II, da Lei n. 8.137/1990, exige, para sua configuração, que a conduta do agente seja dolosa, consistente na utilização de procedimentos (fraude) que violem de forma direta a lei ou o regulamento fiscal, com objetivo de favorecer a si ou terceiros, por meio da sonegação. Há uma diferença inquestionável entre aquele que não paga tributo por circunstâncias alheias à sua vontade de pagar (dificuldades financeiras, equívocos no preenchimento de guias etc.) e quem, dolosamente, sonega o tributo com a utilização de expedientes espúrios e motivado por interesses pessoais. 6. Na hipótese, o quadro fático descrito na imputação é mais indicativo de conduta negligente ou imprudente. A constatação disso é reforçada pela delegação das operações contábeis a uma necessária fiscalização, situação que não se coaduna com o dolo, mas se aproxima da culpa em sentido estrito, não prevista no tipo penal em questão. 7. Recurso especial provido para absolver a acusada." (STJ, REsp 1854893/SP, Rel. Ministro Rogerio Schietti Cruz, Sexta Turma, julgado em 08/09/2020, DJe 14/09/2020). **3:** errada. A atipicidade somente será verificada, na hipótese de o registro encontrar-se vencido, se se tratar de *posse* de arma de fogo, não abrangendo, portanto, o *porte*. Conferir: "1. O entendimento firmado pelo Superior Tribunal de Justiça no julgamento da APn n. 686/AP (Rel. Ministro João Otávio De Noronha, Corte Especial, DJe 29/10/2015) é restrito ao delito de posse ilegal de arma de fogo de uso permitido (art. 12 da Lei 10.826/2003), não se aplicando ao crime de porte ilegal de arma de fogo (art. 14 da Lei 10.826/2003), muito menos ao delito de porte ilegal de arma de fogo de uso restrito (art. 16 da Lei 10.826/2003), cujas elementares são diversas e a reprovabilidade mais intensa" (RHC n. 63.686/DF, Relator Ministro Reynaldo Soares Da Fonseca, Quinta Turma, DJe 22/2/2017). 2. Agravo regimental a que se nega provimento." "(STJ, AgRg no AREsp 885.281/

ES, Rel. Ministro Antonio Saldanha Palheiro, Sexta Turma, julgado em 28/04/2020, DJe 08/05/2020). **4:** certa. Diz-se que o crime do art. 48 da Lei 9.605/1998 é de natureza permanente porquanto a sua consumação se prolonga no tempo por vontade do agente. Na jurisprudência: "Agravo regimental no recurso extraordinário com agravo. 2. Penal e Processual Penal. Art. 48 da Lei 9605/1998 (impedir ou dificultar a regeneração natural de florestas e demais formas de vegetação). Denúncia. 3. Ausência de prequestionamento. Incidência dos enunciados 282 e 356 da Súmula do STF. 4. Alegação de violação ao artigo 93, inciso IX, da CF. Não ocorrência. Acórdão recorrido suficientemente motivado. 5. Prescrição. Pleito que demanda reexame do conjunto fático-probatório dos autos (Súmula 279/STF) e da interpretação da legislação infraconstitucional. 6. O crime previsto no art. 48 da Lei n. 9.605/1998 é de natureza permanente, de modo que o prazo prescricional inicia-se com a cessação da conduta delitiva. Precedentes. 7. Ausência de argumentos capazes de infirmar a decisão agravada. 8. Agravo regimental a que se nega provimento." (STF, ARE 923296 AgR, Relator(a): Gilmar Mendes, Segunda Turma, julgado em 10/11/2015, Acórdão eletrônico DJe-236 Divulg 23-11-2015 Public 24-11-2015). **5:** certa. A conduta consistente na autoridade policial responsável pelas investigações antecipar, por meio de comunicação, inclusive rede social, atribuição de culpa, antes de concluídas as apurações e formalizada a acusação, configura o crime do art. 38 da Lei 13.869/2019 (nova Lei de Abuso de Autoridade). **ED**

Gabarito: 1C, 2E, 3E, 4C, 5C

(Delegado/MG – 2021 – FUMARC) Sobre a legislação penal especial, é CORRETO afirmar:

(A) As organizações terroristas, em razão do princípio da especialidade, não podem ser consideradas organizações criminosas, para fins da aplicação da Lei nº 12.850/13.

(B) Deve ser reconhecida atípica, por ausência de lesividade, a conduta de agente que possui em sua residência arma de fogo sem autorização e em desacordo com a determinação legal ou regulamentar desmuniciada.

(C) Josefa, primária e de bons antecedentes, desempregada e em dificuldades financeiras que aceita proposta de traficante de guardar em sua residência, por 15 dias, 1 kg de maconha em troca de R$ 500,00 (quinhentos reais), não poderá ter em seu favor reconhecido os benefícios do §4º do art. 33 da Lei nº 11.343/06 (tráfico privilegiado), em razão da reduzida quantidade de entorpecente ser uma das condições expressas na lei para tal concessão.

(D) Na atualidade, o crime de maus-tratos, especificamente praticado contra cães e gatos, é uma figura qualificada do crime de maus-tratos a animais inserido no art. 32 da Lei nº 9.605/98.

A: incorreta, pois contraria o disposto no art. 1º, § 2º, II, da Lei 12.850/2013, que estabelece que essa legislação se aplica *às organizações terroristas, entendidas como aquelas voltadas para a prática dos atos de terrorismo legalmente definidos*; **B:** incorreta. É tranquilo o entendimento dos Tribunais Superiores no sentido de que, por se tratar de crime de perigo abstrato, a conduta do agente consistente em possuir em sua residência arma de fogo sem autorização e em desacordo com a determinação legal ou regulamentar, ainda que desmuniciada, é típica. Conferir: "Firme a jurisprudência desta Corte Superior no sentido de que a posse irregular de arma de fogo de uso permitido, ainda que desmuniciada, configura o delito do art. 12 da Lei n. 10.826/2003, de perigo abstrato, que presume a ocorrência de risco à segurança pública e prescinde de resultado naturalístico à integridade de outrem para ficar caracterizado (AgRg no HC 650.615/

PE, Rel. Ministro ROGERIO SCHIETTI CRUZ, Sexta Turma, julgado em 1º/6/2021, DJe 10/6/2021). 2. No caso, a Corte de origem, em decisão devidamente motivada, analisando os elementos probatórios colhidos nos autos, sob o crivo do contraditório, concluiu pela condenação do acusado, rever tais fundamentos, para concluir pela atipicidade de sua conduta, como requer a parte recorrente, importa revolvimento de matéria fático-probatória, vedado em recurso especial, segundo óbice da Súmula 7/STJ. Precedentes. 3. Em relação a tese de insignificância da conduta, também denota-se óbice ao conhecimento do Recurso Especial, inclusive por ausência de prequestionamento, o que atrai a aplicação das Súmulas 282 e 356 da Súmula do STF. 4. Ainda que assim não fosse, observa-se que o entendimento firmado pelo Tribunal de origem encontra-se em harmonia com a jurisprudência desta Corte de Justiça, no sentido de que basta o simples porte ou posse de arma de fogo, munição ou acessório, de uso permitido ou restrito, em desacordo com determinação legal ou regulamentar para a incidência do tipo penal, uma vez que a impossibilidade de uso imediato da munição, ainda que em pequena quantidade, não descaracteriza a natureza criminosa da conduta (REsp n. 1.644.771/RJ, Ministro JORGE MUSSI, Quinta Turma, julgado em 10/2/2017, DJe 10/2/2017). 5. Incidência, portanto à espécie, da Súmula n. 83/STJ, que também é aplicável aos recursos interpostos somente com base na alínea "a" do permissivo constitucional. 6. Agravo regimental não provido" (STJ, AgRg no AREsp 1923971/SP, Rel. Ministro REYNALDO SOARES DA FONSECA, QUINTA TURMA, julgado em 13/12/2021, DJe 16/12/2021); **C:** incorreta, na medida em que a quantidade de entorpecente não constitui requisito legal para impedir o reconhecimento do privilégio contido no art. 33, § 4º, da Lei 11.343/2006. Ademais, segundo entendimento consolidado nos Tribunais Superiores, a quantidade de entorpecente, por si só, não afasta a incidência da minorante do art. 33, § 4º, da Lei 11.343/2006. Nesse sentido: "I – A grande quantidade de entorpecente, apesar de não ter sido o único fundamento utilizado para afastar a aplicação do redutor do art. 33, § 4º, da Lei 11.343/2006, foi, isoladamente, utilizado como elemento para presumir-se a participação da paciente em uma organização criminosa e, assim, negar-lhe o direito à minorante. II – A quantidade de drogas não poderia, automaticamente, proporcionar o entendimento de que a paciente faria do tráfico seu meio de vida ou integraria uma organização criminosa. Ausência de fundamentação idônea, apta a justificar o afastamento da aplicação da causa especial de diminuição de pena prevista no art. 33, § 4º, da Lei 11.343/2006. Precedentes. III – É patente a contradição entre os fundamentos expendidos para absolver a paciente da acusação da prática do delito tipificado pelo art. 35 da Lei 11.343/2006 e aqueles utilizados para negar-lhe o direito à minorante constante do art. 33, § 4º, do mesmo diploma legal. Precedentes. IV – Recurso ordinário ao qual se dá provimento, em parte, para reconhecer a incidência da causa de diminuição da pena prevista no art. 33, § 4º, da Lei 11.343/2006, e determinar que o juízo *a quo*, após definir o patamar de redução, recalcule a pena e proceda ao reexame do regime inicial do cumprimento da sanção e da substituição da pena privativa de liberdade por sanções restritivas de direitos, se preenchidos os requisitos do art. 44 do Código Penal" (STF, HC 138.715, Rel. Ministro RICARDO LEWANDOWSKI, Segunda Turma, julgado em 23/05/2017, publicado em 09/06/2017; **D:** correta, De fato, a Lei 14.064/2020 incluiu no art. 32 da Lei 9.605/1998 o § 1º-A, que estabelece forma qualificada deste crime na hipótese de as condutas descritas no *caput* serem perpetradas contra cão ou gato. Neste caso, a pena será de reclusão de 2 a 5 anos, multa e proibição de guarda. **ED**

Gabarito "D".

(Delegado de Polícia Federal – 2021 – CESPE) Em relação ao disposto na Lei 9.613/1998, que se refere à lavagem de dinheiro, julgue os itens a seguir.

(1) Ficarão suspensos o processo e o curso do prazo prescricional do acusado citado por edital que não comparecer nem constituir advogado.

8. LEGISLAÇÃO PENAL EXTRAVAGANTE

(2) É requisito específico da denúncia a existência de indícios suficientes da ocorrência do crime antecedente cuja punibilidade não esteja extinta.

(3) No que se refere ao investigado, a autoridade policial terá acesso a dados cadastrais relativos à qualificação pessoal, à filiação e ao endereço mantidos nos bancos de dados da justiça eleitoral, de empresas telefônicas, de instituições financeiras, de provedores de Internet e de administradoras de cartão de crédito, independentemente de autorização judicial.

(4) Ouvido o Ministério Público, ordens de prisão ou medidas assecuratórias de bens poderão ser suspensas pelo juiz quando a execução imediata dessas ações puder comprometer as investigações.

(5) O crime de lavagem de dinheiro está, consoante a lei, equiparado ao crime hediondo.

1: Errado. Não se aplica, no processo por crime de lavagem de dinheiro, o disposto no art. 366 do Código de Processo Penal, que estabelece que o processo e o curso do prazo prescricional ficarão suspensos na hipótese de o acusado, citado por edital, não comparecer tampouco constituir advogado, situação em que o processo seguirá à sua revelia (art. 2º, § 2º, da Lei 9.613/1998). **2:** Errado. A extinção da punibilidade de crime antecedente não interfere na punibilidade do delito de lavagem de dinheiro, nos termos do disposto no art. 2º, § 1º, da Lei 9.613/1998. **3:** Certo. É o que estabelece o art. 17-B da Lei 9.613/1998. **4:** Certo. Proposição em consonância com o disposto no art. 4º-B da Lei 9.613/1998. **5:** Errado. Por imposição de índole constitucional (art. 5º, XLIII), somente são considerados *equiparados* ou *assemelhados* a hediondo os crimes de tortura, tráfico de entorpecentes e terrorismo. Também não é o caso de considerar o crime de lavagem de capitais como hediondo, já que não faz parte do rol do art. 1º da Lei 8.072/1990 (Crimes Hediondos). ED

Gabarito 1E, 2E, 3C, 4C, 5E

(Juiz de Direito/GO – 2021 – FCC) No tocante às faltas graves na execução penal, a jurisprudência do Superior Tribunal de Justiça considera:

(A) O reconhecimento da falta grave no curso da execução penal justifica a perda de até 1/3 do total de dias trabalhados pelo apenado até a data do ato de indisciplina carcerária, desde que haja declaração judicial da remição.

(B) A falta disciplinar de natureza grave praticada no período estabelecido pelos decretos presidenciais que tratam de benefícios executórios impede a concessão de indulto ou de comutação da pena, desde que a penalidade tenha sido homologada antes da data de publicação das normas.

(C) A imposição da falta grave ao executado em razão de conduta praticada por terceiro, não viola, em qualquer hipótese, o princípio constitucional da intranscendência.

(D) A data da fuga é o marco inicial da prescrição para apuração da falta grave correspondente.

(E) O cometimento de falta disciplinar de natureza grave no curso da execução penal justifica a exigência de exame criminológico para fins de progressão de regime.

A: incorreta. Conferir: "O reconhecimento de falta grave no curso da execução penal justifica a perda de até 1/3 do total de dias trabalhados pelo apenado até a data do ato de indisciplina carcerária, ainda que não haja declaração judicial da remição, consoante a interpretação sistemá-

tica e teleológica do art. 127 da LEP" (STJ, AgRg no HC 630.013/SP, Rel. Ministro Ribeiro Dantas, Quinta Turma, julgado em 07/12/2021, DJe 13/12/2021); **B:** incorreta. Conferir: "Este Superior Tribunal firmou entendimento no sentido de que o óbice à concessão de indulto ocorrerá se a falta grave tiver sido cometida dentro do prazo previsto no Decreto, mesmo que sua homologação aconteça depois do ato presidencial" (STJ, AgRg no AREsp 1374816/ES, Rel. Ministro Ribeiro Dantas, Quinta Turma, julgado em 07/02/2019, DJe 15/02/2019); **C:** incorreta. Conferir: "O reconhecimento da prática de falta grave em razão da conduta praticada por terceiro que enviou a encomenda via SEDEX viola o princípio constitucional da intranscendência (art. 5.º, inciso XLV, da Constituição da República), o qual preconiza que ninguém pode ser responsabilizado por ato praticado por terceira pessoa." (STJ, AgRg no HC 642.504/SP, Rel. Ministra Laurita Vaz, Sexta Turma, julgado em 09/03/2021, DJe 19/03/2021); **D:** incorreta. Conferir: "2. As Turmas que compõem a Terceira Seção desta Corte firmaram o entendimento de que, em razão da ausência de legislação específica, a prescrição da pretensão de se apurar falta disciplinar, cometida no curso da execução penal, deve ser regulada, por analogia, pelo prazo do art. 109 do Código Penal, com a incidência do menor lapso previsto, atualmente de três anos, conforme dispõe o inciso VI do aludido artigo. 3. In casu, conforme consta do voto condutor do acórdão impugnado, a falta grave foi cometida em 4/4/2017 (fuga em 26/12/2013, com recaptura do sentenciado em 4/4/2017), tendo sido determinada a instauração de procedimento administrativo disciplinar para a respectiva apuração. 4. O termo inicial do prazo prescricional, no caso de fuga, é a data da recaptura, por ser uma infração disciplinar de natureza permanente (HC n. 362.895/RS, Rel. Ministro FELIX FISCHER, Quinta Turma, julgado em 14/2/2017, DJe 22/2/2017) 5. A conduta foi praticada após a edição da Lei n. 12.234/2010, cujo menor lapso prescricional é de 3 anos, prazo ainda não implementado. 6. Habeas corpus não conhecido." (STJ, HC 527.625/SP, Rel. Ministro Reynaldo Soares Da Fonseca, Quinta Turma, julgado em 12/11/2019, DJe 26/11/2019); **E:** correta. Conferir Tese n. 11 da Edição de n. 146 da ferramenta *Jurisprudência em teses*, do STJ: "O cometimento de falta disciplinar de natureza grave no curso da execução penal justifica a exigência de exame criminológico para fins de progressão de regime." ED

Gabarito "E."

(Juiz de Direito/GO – 2021 – FCC) Segundo tese fixada pelo Superior Tribunal de Justiça, os apenados que, embora tenham cometido crime hediondo ou equiparado sem resultado morte, e que não sejam reincidentes em delito de natureza semelhante, poderão progredir de regime prisional quando tiverem cumprido ao menos

(A) sessenta por cento da pena.

(B) oitenta por cento da pena.

(C) cinquenta por cento da pena.

(D) quarenta por cento da pena.

(E) setenta por cento da pena.

Tal entendimento encontra-se sedimentada na Tese n. 1, da Edição de n. 184 (Pacote Anticrime), da ferramenta *Jurisprudência em Teses*, do STJ: "Após a entrada em vigor do Pacote Anticrime, reconhece-se a retroatividade do patamar estabelecido no art. 112, V, da Lei n. 7.210/1984, àqueles apenados que, embora tenham cometido crime hediondo ou equiparado sem resultado morte, não sejam reincidentes em delito de natureza semelhante." Quanto ao tema *progressão de regime*, valem algumas ponderações, tendo em conta o advento da Lei 13.964/2019 (Pacote Anticrime), que, ao alterar a redação do art. 112 da LEP, promoveu a inclusão de novas faixas de fração de cumprimento de pena a possibilitar a progressão do reeducando a regime menos rigoroso, aqui incluídos os crimes hediondos e equiparados. Com isso, a nova tabela de progressão ficou mais detalhada, já que, até então, contávamos com o percentual único de 1/6 para os crimes comuns e 2/5 e 3/5 para os crimes hediondos e equiparados. Doravante, passamos a ter novas faixas, agora expressas em porcentagem, que levam em conta, no seu enquadramento, fatores como primariedade e o fato de o delito haver sido praticado com violência/grave ameaça. A primeira faixa corresponde a 16%, a que estão sujeitos os condenados que forem primários e cujo crime praticado for desprovido de violência ou grave ameaça (art. 112, I, LEP); em seguida, passa-se à faixa de 20%, destinada ao sentenciado reincidente em crime praticado sem violência à pessoa ou grave ameaça (art. 112, II, LEP); a faixa seguinte, de 25%, é aplicada ao apenado primário que tiver cometido crime com violência à pessoa ou grave ameaça (art. 112, III, LEP); à faixa de 30% ficará sujeito o condenado reincidente em crime cometido com violência contra a pessoa ou grave ameaça (art. 112, IV, LEP); deverá cumprir 40% da pena o condenado pelo cometimento de crime hediondo ou equiparado, se primário (art. 112, V, LEP); estão sujeitos ao cumprimento de 50% da pena imposta o condenado pela prática de crime hediondo ou equiparado, com resultado morte, se for primário; o condenado por exercer o comando, individual ou coletivo, de organização criminosa estruturada para a prática de crime hediondo ou equiparado; e o condenado pela prática do crime de constituição de milícia privada (art. 112, VI, LEP); deverá cumprir 60% da pena o condenado reincidente na prática de crime hediondo ou equiparado (art. 112, VII, LEP); e 70%, que corresponde à última faixa, o sentenciado reincidente em crime hediondo ou equiparado com resultado morte (art. 112, VIII, LEP). O art. 2º, § 2º, da Lei 8.072/1990, como não poderia deixar de ser, foi revogado, na medida em que a progressão, nos crimes hediondos e equiparados, passou a ser disciplinada no art. 112 da LEP. Além disso, o art. 112, § 1º, da LEP, com a nova redação determinada pela Lei 13.964/2019, impõe que somente fará jus à progressão de regime, nos novos patamares, o apenado que ostentar boa conduta carcerária, a ser atestada pelo diretor do estabelecimento. Por sua vez, o art. 112, § 5º, da LEP, incluído pela Lei 13.964/2019, consagrando entendimento jurisprudencial, estabelece que não se considera hediondo ou equiparado o crime de tráfico de drogas previsto no art. 33, § 4º, da Lei 11.343/2006. Registre-se que, mais recentemente, quando já em vigor as alterações implementadas pelo pacote anticrime, o Congresso Nacional, ao apreciar os vetos impostos pelo presidente da República ao PL 6341/2019 (que deu origem à Lei 13.964/2019), rejeitou (derrubou) vários deles (na verdade, 16 dos 24 vetos). No que toca ao tema *bom comportamento como condicionante à progressão de regime*, o texto original do projeto de lei previa a inclusão ao art. 112 da LEP do § 7º, segundo o qual *o bom comportamento é readquirido após 1 (um) anos da ocorrência do fato, ou antes, após o cumprimento do requisito temporal exigível para a obtenção do direito*. Pois bem. Este dispositivo, entre tantos outros, foi objeto de rejeição ao veto imposto pelo PR, de sorte que ele passa a integrar o pacote anticrime. O Palácio do Planalto assim justificou a imposição do veto: *a propositura legislativa, ao dispor que o bom comportamento, para fins de progressão de regime, é readquirido após um ano da ocorrência do fato, ou antes, após o cumprimento do requisito temporal exigível para a obtenção do direito, contraria o interesse público, tendo em vista que a concessão da progressão de regime depende da satisfação de requisitos não apenas objetivos, mas, sobretudo de aspectos subjetivos, consistindo este em bom comportamento carcerário, a ser comprovado, a partir da análise de todo o período da execução da pena, pelo diretor do estabelecimento prisional. Assim, eventual pretensão de objetivação do requisito vai de encontro à própria natureza do instituto, já pré-concebida pela Lei 7.210, de 1984, além de poder gerar a percepção de impunidade com relação às faltas e ocasionar, em alguns casos, o cometimento de injustiças em relação à concessão de benesses aos custodiados.* **ED**

Gabarito "D".

(**Juiz de Direito – TJ/RJ – 2019 – VUNESP**) As penas do crime de promover, constituir, financiar ou integrar organização criminosa, do art. 2º da Lei 12.850/13, são aumentadas de 1/6 a 2/3, nos termos do parágrafo 4º, se

(**A**) houver impedimento ou, de qualquer forma, embaraçar-se a investigação de infração penal cometida no seio da organização criminosa.

(**B**) na atuação da organização criminosa houver emprego de arma de fogo.

(**C**) houver concurso de funcionário público, valendo-se a organização criminosa dessa condição para a prática de infração penal.

(**D**) o acusado exercer o comando, individual ou coletivo, da organização criminosa, ainda que não pratique pessoalmente atos de execução.

(**E**) das ações diretas ou indiretas da organização criminosa resultar morte.

A: incorreta. Esta alternativa contém a forma equiparada (e não aumentada) do crime de organização criminosa (art. 2º, § 1º, da Lei 12.850/2013); **B:** incorreta. O emprego de arma de fogo, na atuação da organização criminosa, constitui causa de aumento de pena até a metade (art. 2º, § 2º, da Lei 12.850/2013); **C:** correta (art. 2º, § 4º, II, da Lei 12.850/2013); **D:** incorreta, já que se trata da agravante prevista no art. 2º, § 3º, da Lei 12.850/2013; **E:** incorreta (hipótese sem previsão legal). **ED**

Gabarito "C".

(**Juiz de Direito – TJ/SC – 2019 – CESPE/CEBRASPE**) De acordo com a Lei de Execução Penal, caso seja verificada a exigência de que o sentenciado cumpra medida além dos limites fixados na sentença, deverá ser instaurado o incidente

(**A**) de conversão da pena, que poderá ser provocado pelo Ministério Público.

(**B**) administrativo, que poderá ser suscitado por qualquer um dos órgãos que atuam na execução penal.

(**C**) de indulto individual, que poderá ser provocado pela autoridade administrativa.

(**D**) de excesso ou desvio, que poderá ser suscitado pelo sentenciado.

(**E**) de chamamento da execução à ordem, que poderá ser provocado pelo Ministério Público.

Excesso ou desvio de execução ocorre quando, durante a execução da pena, algum ato for praticado além dos limites fixados na sentença, em normas legais ou regulamentos (art. 185, LEP). Nas palavras de Guilherme de Souza Nucci, "instaura-se um incidente próprio, que correrá em apenso ao processo de execução, quando houver *desvio* (destinação diversa da finalidade da pena) ou *excesso* (aplicação abusiva do previsto em lei) em relação ao cumprimento da pena, seja ela de que espécie for." (*Leis penais e processuais penais comentadas*. 8. ed. São Paulo: Editora Forense, 2014. p. 366). **ED**

Gabarito "D".

(**Promotor de Justiça/SP – 2019 – MPE/SP**) A Lei 12.850, de 2 de agosto de 2013, dentre outras disposições, definiu organização criminosa e dispôs sobre a investigação criminal, os meios de obtenção da prova, infrações penais correlatas e o procedimento criminal. A seu respeito, é correto afirmar que

(**A**) tanto aquele que promove organização criminosa quanto o que, de qualquer forma, embaraça a investigação de infração penal que envolva organização criminosa serão apenados com pena de reclusão, de 3 (três) a 8 (oito) anos, e multa, sem prejuízo das penas correspondentes às demais infrações penais praticadas.

(**B**) por expressa disposição legal, não existirá organização criminosa típica voltada a obter vantagem, de qualquer natureza, mediante a prática de contravenções penais.

8. LEGISLAÇÃO PENAL EXTRAVAGANTE

(C) se houver participação de criança ou adolescente na organização ou na associação criminosa, a pena será aumentada de 1/6 (um sexto) a 2/3 (dois terços).

(D) quando a medida se fizer necessária à investigação ou instrução processual, se houver indícios suficientes de que o funcionário público integra organização criminosa, poderá o juiz determinar seu afastamento cautelar do cargo, emprego ou função, sem remuneração.

(E) ao tratar da colaboração premiada, em seu artigo 4º, a lei restringe expressamente a concessão do perdão judicial à hipótese da localização de eventual vítima com a sua integridade física preservada.

A: correta (art. 2º, *caput* e § 1º, da Lei 12.850/2013); **B:** incorreta, já que inexiste previsão legal que vede a existência de organização criminosa voltada a obter vantagem, de qualquer natureza, mediante a prática de contravenções penais. Com efeito, o art. 1º, § 1º, da Lei 12.850/2013 faz referência a *infração penal*, que inclui, em princípio, as espécies *crime* e *contravenção penal*; **C:** incorreta. O aumento de um sexto a dois terços decorrente da participação de criança ou adolescente somente incidirá no crime de *organização criminosa*, conforme art. 2º, § 4º, I, da Lei 12.850/2013; no delito de *associação criminosa*, previsto no art. 288 do CP, o aumento pela participação de criança ou adolescente será de até a metade (parágrafo único). Não nos esqueçamos de que o crime de organização criminosa exige a associação de quatro ou mais pessoas (art. 1º, § 1º, Lei 12.850/2013), ao passo que o delito de associação criminosa exige, à sua tipificação, o número mínimo de três pessoas (art. 288, CP); **D:** incorreta, uma vez que o afastamento cautelar previsto no art. 2º, § 5º, da Lei 12.850/2013 dar-se-á *sem* prejuízo da remuneração do servidor público; **E:** incorreta, já que não há tal restrição expressa (art. 4º, V, da Lei 12.850/2013). Gabarito "A".

(Promotor de Justiça/PR – 2019 – MPE/PR) Considerando os crimes previstos na Lei de Planejamento Familiar (Lei n. 9.263/96), analise as assertivas abaixo e assinale a alternativa:

I. – Não será considerado crime realizar esterilização cirúrgica em homens e mulheres, que optaram voluntariamente pelo procedimento, quando estes possuírem capacidade civil plena e forem maiores de vinte e cinco anos de idade ou, pelo menos, com dois filhos vivos, desde que observado o prazo mínimo de sessenta dias entre a manifestação da vontade e o ato cirúrgico, período no qual será propiciado à pessoa interessada acesso a serviço de regulação da fecundidade, incluindo aconselhamento por equipe multidisciplinar, visando desencorajar a esterilização precoce.

II. – Não será considerado crime realizar esterilização cirúrgica em homens e mulheres, que optaram voluntariamente pelo procedimento, quando estes possuírem capacidade civil plena e forem maiores de vinte anos de idade ou, pelo menos, com três filhos vivos, desde que observado o prazo mínimo de trinta dias entre a manifestação da vontade e o ato cirúrgico, período no qual será propiciado à pessoa interessada acesso a serviço de regulação da fecundidade, incluindo aconselhamento por equipe multidisciplinar, visando desencorajar a esterilização precoce.

III. – É crime o médico deixar de notificar à autoridade sanitária as esterilizações cirúrgicas que realizar.

IV. – Não será considerado crime realizar esterilização cirúrgica se esta for realizada em razão de risco à vida ou à saúde da mulher ou do futuro concepto, testemunhado em relatório escrito e assinado por dois médicos.

(A) Todas as alternativas estão corretas.

(B) Apenas a alternativa I está correta.

(C) Apenas a alternativa II está incorreta.

(D) Apenas as alternativas III e IV estão corretas.

(E) Apenas as alternativas II e IV estão incorretas.

I: correta (art. 10, I, da Lei 9.263/1996); **II:** incorreta, uma vez que contraria o disposto no art. 10, I, da Lei 9.263/1996; **III:** correta (crime previsto no art. 16 da Lei 9.263/1996); **IV:** correta (art. 10, II, da Lei 9.263/1996). Gabarito "C".

(Promotor de Justiça/PR – 2019 – MPE/PR) Assinale a alternativa *correta*:

(A) O Estatuto do Idoso alterou o prazo prescricional constante do Código Penal, reduzindo pela metade a sua contagem para os maiores de 60 anos na data da sentença.

(B) Na hipótese de cometimento de crime de lesão corporal contra pessoa idosa, incidirá tipo penal específico previsto na Lei n. 10.741/03 (Estatuto do Idoso) e não as disposições do art. 129 do Código Penal.

(C) O crime de reter o cartão magnético de conta bancária relativa a benefícios, proventos ou pensão de idoso, bem como qualquer outro documento com objetivo de assegurar recebimento ou ressarcimento de dívida é de ação pública condicionada à representação.

(D) O Estatuto do Idoso considera crime impedir ou embaraçar ato do representante do Ministério Público ou de qualquer outro agente fiscalizador.

(D) Abandonar o idoso em hospitais, casas de saúde, entidades de longa permanência, ou congêneres, ou não prover suas necessidades básicas, quando obrigado por lei ou mandado é considerado crime de menor potencial ofensivo.

A: incorreta, na medida em que o art. 115 do CP, que determina a redução de metade do lapso prescricional na hipótese de o agente ser maior de 70 anos à época da sentença, não foi alterado pelo Estatuto do Idoso; **B:** incorreta. O Estatuto do Idoso não contempla tipo penal específico de lesão corporal contra idoso. Os arts. 97 e 99 do Estatuto da Pessoa Idosa contêm a lesão corporal grave como resultado preterdoloso das figuras típicas previstas no *caput*, respectivamente como causa de aumento e modalidade qualificada. Dessa forma, na hipótese de cometimento de crime de lesão corporal contra pessoa idosa, incidirá o art. 129 do CP; **C:** incorreta. Trata-se do crime definido no art. 104 do Estatuto do Idoso, que é de ação penal pública incondicionada. A propósito, todos os delitos previstos no Estatuto do Idoso são de ação penal pública incondicionada, conforme art. 95; **D:** correta, pois corresponde ao crime definido no art. 109 do Estatuto do Idoso. Curiosidade: este delito foi inserido no Título VII do Estatuto, que contém as disposições finais e transitórias. Por certo, houve equívoco do legislador, que deveria tê-lo incluído no título anterior, que, no capítulo II, trata dos crimes em espécie; **E:** incorreta, já que o crime do art. 98 do Estatuto do Idoso, em razão de a sua pena máxima cominada ser superior a dois anos, não pode ser considerado de menor potencial ofensivo (art. 61, Lei 9.099/1995). Gabarito "D".

(Promotor de Justiça/SP – 2019 – MPE/SP) Assinale a alternativa **INCORRETA**.

(A) O benefício da suspensão condicional do processo não é aplicável em relação às infrações penais cometidas em concurso material, concurso formal ou continuidade delitiva, quando a pena mínima cominada, seja pelo somatório, seja pela incidência da majorante, ultrapassar o limite de 01 (um) ano.

(B) Para efeitos da Lei 9.099/95, são consideradas infrações de menor potencial ofensivo as contravenções penais e os crimes a que a lei comine pena máxima não superior a 2 (dois) anos, cumulada ou não com multa, nos termos da redação dada pela Lei 11.313/06.

(C) Para fins de aplicação do artigo 89 da Lei 9.099/95, devem ser levadas em consideração as qualificadoras, os privilégios, as causas de diminuição e as causas de aumento, observando-se que, em se tratando de causas de diminuição ou de aumento de pena entre determinados limites ou com *quantum* variável, deve-se utilizar, nas causas de aumento, o patamar de maior aumento e, nas causas de diminuição, o patamar de menor redução.

(D) Nos termos do artigo 76, da Lei 9.099/95, é defeso proposta de transação penal se comprovado que o agente foi beneficiado anteriormente, no prazo de 5 (cinco) anos, por outra transação penal.

(E) Em caso de o Promotor de Justiça recusar-se a apresentar a proposta de transação penal, não poderá o Juiz formulá-la de ofício, sob pena de violação ao artigo 129, inciso I, da Constituição Federal. Compete ao Juiz utilizar-se do disposto no artigo 28 do Código de Processo Penal.

A: correta. Nos termos da Súmula 243 do STJ, "o benefício da suspensão condicional do processo não é aplicável em relação às infrações penais cometidas em concurso material, concurso formal ou continuidade delitiva, quando a pena mínima cominada, seja pelo somatório, seja pela incidência da majorante, ultrapassar o limite de 01 ano". No mesmo sentido o STF, que, na Súmula 723, dispõe que "não se admite a suspensão condicional do processo por crime continuado, se a soma da pena mínima da infração mais grave com o aumento mínimo de 1/6 for superior a um ano"; **B:** correta (art. 61, Lei 9.099/1995); **C:** incorreta, na medida em que, para fins de aplicação do *sursis* processual (art. 89 da Lei 9.099/1995), se houver causas de diminuição ou de aumento de pena entre determinados limites ou com *quantum* variável, deve-se utilizar, nas causas de aumento, o patamar de *menor* aumento (e não o de maior, como consta da assertiva) e, nas causas de diminuição, o patamar de *maior* redução (e não o de menor, como consta da assertiva); **D:** correta (art. 76, § 2°, II, da Lei 9.099/1995); **E:** correta. Prevalece o entendimento segundo o qual é vedado ao magistrado substituir-se ao membro do MP e, ele próprio, de ofício, ofertar a transação penal. Se o promotor se recusar a oferecer a transação penal (veja que ele não pode ser obrigado a tanto), o juiz, discordando, fará com que os autos sejam remetidos ao procurador-geral, aplicando-se, por analogia, o art. 28 do CPP; a Súmula 696, do STF, embora se refira à suspensão condicional do processo, reforça esse posicionamento, que, repita-se, não é unânime. Nesse sentido: "O oferecimento da proposta de transação é ato privativo do Ministério Público. Havendo recusa por parte do representante do *Parquet*, cabe ao Magistrado, entendendo ser caso de aplicação do benefício, remeter os autos ao Procurador-Geral, a teor do que estabelece o art. 28 do Código de Processo Penal" (STJ, HC 59.776/SP, Rel. Ministro OG FERNANDES, SEXTA TURMA, julgado em 17/03/2009, DJe 03/08/2009). **ED**

Gabarito "C"

(Defensor Público Federal – DPU – 2017 – CESPE) Acerca da aplicação da lei penal militar, dos crimes militares e da aplicação da pena no âmbito militar, cada um dos itens que se seguem apresenta uma situação hipotética, seguida de uma assertiva a ser julgada.

(1) Em uma festa de confraternização nas dependências de um quartel, alguns militares, conscientemente, ingeriram bebida alcoólica. Lá mesmo, apresentando sintomas de embriaguez, um deles cometeu crime militar e foi preso, o que o tornou réu em ação penal militar. Nessa situação, o estado de embriaguez do militar será considerado circunstância para atenuar a pena.

(2) Hélio, que é soldado, desertou e, antes de ele se apresentar ou ser capturado, o CPM foi alterado para aumentar a pena do crime de deserção. Nessa situação, caso seja capturado futuramente, Hélio estará sujeito à nova pena.

(3) Um oficial foi preso em flagrante delito pelo cometimento de crime militar que não se consumou por circunstâncias alheias à sua vontade, tendo sido denunciado e se tornado réu em ação penal militar. Nessa situação, a depender da gravidade, o juiz poderá aplicar a pena do crime consumado, sem diminuí-la.

1: errada, uma vez que, na situação descrita no enunciado da questão, o fato de o militar haver se embriagado, conscientemente, antes de cometer o delito, constitui circunstância agravante (art. 70, II, *c*, doCPM); **2:** correta. Considerando que o crime de deserção é classificado como permanente (vide decisão abaixo transcrita), assim reputado aquele cuja consumação se protrai no tempo por vontade do agente, deverá ser aplicada a norma em vigor antes de cessada a permanência, que, no caso aqui tratado, estabelece pena mais grave (Súmula 711, STF). No sentido de o crime de deserção ter natureza permanente, conferir: "O Supremo Tribunal Federal assentou que o crime de deserção é permanente. Prazo prescricional que começou a fluir do momento em que cessada a permanência pela apresentação voluntária do Paciente (art. 125, § 2°, alínea *c*, do Código Penal Militar)" (HC 113891, Relator(a): Min. Cármen Lúcia, Segunda Turma, julgado em 18/12/2012, Processo Eletrônico DJe-030 Divulg 14-02-2013 Public 15-02-2013); **3:** correta, pois corresponde ao que estabelece o art. 30, II e parágrafo único, do CPM. **ED**

Gabarito: 1E, 2C, 3C

(Defensor Público Federal – DPU – 2017 – CESPE) À luz do direito penal militar, julgue os itens a seguir, relativos a suspensão condicional da pena, livramento condicional, penas acessórias e extinção da punibilidade.

(1) O cometimento de crime de traição, espionagem ou cobardia, ou outros elencados no CPM, sujeita o oficial infrator, independentemente da pena aplicada, a declaração de indignidade para o oficialato.

(2) Situação hipotética: Em tempo de paz, durante uma instrução e na presença de outros militares, um soldado desrespeitou o sargento responsável pela atividade, tendo sido processado, julgado e condenado a um ano de detenção, por desrespeito a superior. Assertiva: Nessa situação, a execução da pena poderá ser suspensa pelo período de dois anos, a depender dos antecedentes do infrator.

(3) O livramento condicional de sargento, primário, condenado por crime militar contra o patrimônio estará condicionado ao cumprimento de metade da pena, à

8. LEGISLAÇÃO PENAL EXTRAVAGANTE   395

reparação do dano, salvo impossibilidade de fazê-lo, e a outros requisitos previstos na lei penal militar.

1: correta, pois corresponde ao que estabelece o art. 100 do CPM; **2:** errada (art. 88, II, *a*, do CPM); **3:** correta, nos termos do art. 89, I, *a*, II e III, do CPM. ⬛
Gabarito: 1C, 2E, 3C

(Defensor Público Federal – DPU – 2017 – CESPE) No que se refere aos crimes militares e às medidas de segurança adotadas nesses casos, julgue os itens subsecutivos.

(1) O CPM não admite medida de segurança patrimonial, como, por exemplo, a interdição de sede de associação e o confisco.

(2) Situação hipotética: Enquanto assumia posto de sentinela de determinado quartel, um soldado foi encontrado portando certa quantidade de substância entorpecente. Assertiva: Nessa situação, dependendo da quantidade de droga encontrada com o soldado, o princípio da insignificância poderá ser aplicado e o militar poderá não ser denunciado pela posse do entorpecente.

1: errada, pois contraria o disposto no art. 110, parte final, do CPM, que admite, sim, a imposição de medida de segurança de natureza patrimonial, como, por exemplo, a interdição de sede de associação e o confisco; **2:** errada. É amplamente dominante no STF o posicionamento segundo o qual não se aplica o princípio da insignificância ao delito de porte de ínfima quantidade de substância entorpecente em recinto sob administração castrense. Conferir: "Princípio da insignificância. Não aplicabilidade no âmbito castrense. Precedentes. Regimental não provido. 1. O Plenário do Supremo Tribunal Federal já assentou a inaplicabilidade do princípio da insignificância à posse de quantidade reduzida de substância entorpecente em lugar sujeito à administração militar (art. 290 do Código Penal Militar)" (ARE 856183 AgR, Relator(a): Min. Dias Toffoli, Segunda Turma, julgado em 30/06/2015, Acórdão Eletrônico Dje-165 Divulg 21-08-2015 Public 24-08-2015) ⬛
Gabarito: 1E, 2E

(Defensor Público Federal – DPU – 2017 – CESPE) Cada um dos itens a seguir, que tratam de IPM e(ou) ação penal militar, apresenta uma situação hipotética seguida de uma assertiva a ser julgada.

(1) Um general, ao ser informado da prática de crime militar em uma organização militar a ele subordinada, sediada em outro estado da Federação, determinou ao comandante da unidade, por via radiotelefônica, a instauração de IPM. Nessa situação, mesmo considerando o caráter de urgência que a medida exigia, a ordem foi indevida em razão do meio de transmissão empregado e também pelo fato de que a única autoridade competente para determinar a instauração do IPM seria o próprio comandante da unidade onde ocorreu o crime militar.

(2) Em determinada organização militar, um major cometeu crime militar e o comandante da unidade, dada a indisponibilidade de oficial de posto superior ao do indiciado, designou outro major, o mais antigo da unidade, para apurar os fatos por meio de IPM. Nessa situação, o ato de designação deverá ser considerado nulo: o IPM só poderá ser conduzido por oficial de posto superior ao do indiciado.

1: errada, pois não reflete o disposto no art. 10, *b*, do CPPM; **2:** errada (art. 7º, § 3º, do CPPM). ⬛
Gabarito: 1E, 2E

(Defensor Público Federal – DPU – 2017 – CESPE) No que diz respeito ao juiz, aos auxiliares da justiça e às partes do processo militar, à organização da justiça militar da União e sua competência e à prisão preventiva, julgue os itens que se seguem.

(1) Se um tenente que sirva em organização militar sediada no Rio de Janeiro – RJ cometer crime militar em Manaus – AM, à auditoria da circunscrição judiciária do Rio de Janeiro competirá processá-lo e julgá-lo.

(2) O capitão que, por designação, conduzir IPM para apurar suposto crime militar praticado por um soldado poderá, no curso do inquérito, representar à autoridade judiciária militar para que seja decretada a prisão preventiva do indiciado.

(3) Em ação penal militar na qual o réu seja um sargento, eventual nomeação de perito, preferencialmente oficial da ativa, será procedida pelo juiz, sem intervenção das partes.

1: errada. Segundo estabelece o art. 88 do CPPM, a competência será determinada, em regra, pelo lugar em que ocorreu a infração; se se tratar de tentativa, pelo lugar em que foi praticado o derradeiro ato de execução; **2:** correta (art. 18, parágrafo único, CPPM); **3:** correta, pois corresponde ao que estabelece o art. 47 do CPPM. ⬛
Gabarito: 1E, 2C, 3C

(Defensor Público Federal – DPU – 2017 – CESPE) No que se refere a interrogatório, deserção e recursos no âmbito do processo penal militar, julgue os itens subsequentes.

(1) O cabo condenado por crime militar, em cuja sentença sejam reconhecidos sua primariedade e os seus bons antecedentes, poderá apelar em liberdade.

(2) Se um subtenente for denunciado por crime militar perante a autoridade competente e se a denúncia for recebida, então, de acordo com o STF, o seu interrogatório deverá ocorrer ao final da instrução criminal, a despeito de o CPPM prever que esse ato seja realizado antes da oitiva das testemunhas.

1: correta (art. 527 do CPPM); **2:** correta. Conferir: "Ementa: *Habeas corpus.* Penal e processual penal militar. Posse de substância entorpecente em local sujeito à administração militar (CPM, art. 290). Crime praticado por militares em situação de atividade em lugar sujeito à administração militar. Competência da Justiça Castrense configurada (CF, art. 124 c/c CPM, art. 9º, I, *b*). Pacientes que não integram mais as fileiras das Forças Armadas. Irrelevância para fins de fixação da competência. Interrogatório. Realização ao final da instrução (art. 400, CPP). Obrigatoriedade. Aplicação às ações penais em trâmite na Justiça Militar dessa alteração introduzida pela Lei nº 11.719/08, em detrimento do art. 302 do Decreto-Lei nº 1.002/69. Precedentes. Adequação do sistema acusatório democrático aos preceitos constitucionais da Carta de República de 1988. Máxima efetividade dos princípios do contraditório e da ampla defesa (art. 5º, inciso LV). Incidência da norma inscrita no art. 400 do Código de Processo Penal comum aos processos penais militares cuja instrução não se tenha encerrado, o que não é o caso. Ordem denegada. Fixada orientação quanto à incidência da norma inscrita no art. 400 do Código de Processo Penal comum a partir da publicação da ata do presente julgamento, aos processos penais militares, aos processos penais eleitorais e a todos os procedimentos penais regidos por legislação especial, incidindo somente naquelas ações penais cuja instrução não se tenha encerrado. 1. Os pacientes, quando soldados da ativa, foram surpreendidos na posse de substância entorpecente (CPM, art. 290) no interior do 1º Batalhão de Infantaria da Selva em Manaus/AM. Cuida-se, portanto, de crime praticado por militares em situação de atividade em lugar sujeito à administração militar, o que atrai a competência da Justiça Castrense para processá-los e julgá-los (CF, art. 124 c/c CPM, art. 9º, I, *b*). 2. O fato de os pacientes não mais integrarem as fileiras das Forças Armadas em nada repercute na esfera de competência da Justiça especializada, já que, no tempo do crime, eles eram soldados da ativa. 3. Nulidade do interrogatório dos pacientes como primeiro ato da instrução processual (CPPM, art. 302). 4. A Lei nº 11.719/08 adequou o sistema acusatório democrático, integrando-o de forma mais harmoniosa aos preceitos constitucionais da Carta de República de 1988, assegurando-se maior efetividade a seus princípios, notadamente, os do contraditório e da ampla defesa (art. 5º, inciso LV). 5. Por ser mais benéfica (*lex mitior*) e harmoniosa com a Constituição Federal, há de preponderar, no processo penal militar (Decreto-Lei nº 1.002/69), a regra do art. 400 do Código de Processo Penal. 6. De modo a não comprometer o princípio da segurança jurídica (CF, art. 5º, XXXVI) nos feitos já sentenciados, essa orientação deve ser aplicada somente aos processos penais militares cuja instrução não se tenha encerrado, o que não é o caso dos autos, já que há sentença condenatória proferida em desfavor dos pacientes desde 29/7/14. 7. Ordem denegada, com a fixação da seguinte orientação: a norma inscrita no art. 400 do Código de Processo Penal comum aplica-se, a partir da publicação da ata do presente julgamento, aos processos penais militares, aos processos penais eleitorais e a todos os procedimentos penais regidos por legislação especial incidindo somente naquelas ações penais cuja instrução não se tenha encerrado" (HC 127900, Relator(a): Min. Dias Toffoli, Tribunal Pleno, Julgado em 03/03/2016, Processo Eletrônico DJE-161 Divulg 02-08-2016 Public 03-08-2016). **ED**

Gabarito: 1C, 2C

(Defensor Público Federal – DPU – 2017 – CESPE) Em assalto a uma agência bancária, Lúcio conseguiu alta monta financeira. Com parte do dinheiro, ele comprou imóvel em nome próprio, tendo declarado na escritura de compra e venda valor inferior ao que foi efetivamente pago pelo imóvel. Em seguida, Lúcio vendeu o bem pelo valor de mercado, o que tornou lícito o proveito econômico do crime praticado.

Acerca dessa situação hipotética, julgue os itens seguintes à luz da legislação e da doutrina pertinentes à lavagem de dinheiro e à extinção de punibilidade.

(1) De acordo com o STF, Lúcio somente poderá ser processado e julgado pelo crime de roubo, pois o direito penal brasileiro não admite o crime de autolavagem — quando o autor do crime antecedente pratica também a lavagem de capitais —, por entender que esse seria um caso de mero exaurimento do fato antecedente.

(2) Conforme a legislação específica, para que Lúcio seja condenado pelo crime de lavagem de dinheiro, é necessário que haja condenação, ao menos em primeiro grau, pelo crime de roubo à agência bancária.

1: errada, na medida em que a jurisprudência, tanto do STF quanto do STJ, admite, de forma pacífica, que o delito antecedente, neste caso o roubo, e a lavagem subsequente tenham um mesmo autor. Em casos assim, em que o autor da lavagem também é autor do crime antecedente, pelos dois delitos, em concurso material, ele deverá responder (art. 69, CP); **2:** errada. É despicienda, para a tipificação do crime de lavagem de dinheiro, a condenação do agente pelo cometimento da infração penal (crime e contravenção penal) antecedente. Segundo reza o art. 2º, II, da Lei 9.613/1998, "o processo e julgamento dos crimes previstos nesta Lei: II – independem do processo e julgamento das infrações penais antecedentes, ainda que praticados em outro país (...)". Basta, pois, a existência de prova de que a infração penal antecedente ocorreu (materialidade da infração). **ED**

Gabarito: 1E, 2E

(Defensor Público – DPE/SC – 2017 – FCC) Sobre a determinação do regime inicial de cumprimento de pena, é correto afirmar:

(A) A hediondez do crime não permite a determinação do regime inicial fechado para todos os casos, mas deve ser observada na determinação do regime inicial.

(B) Os crimes cometidos com violência contra a pessoa impedem a determinação do regime inicial aberto.

(C) A análise judicial das consequências do crime é irrelevante para a determinação do regime inicial de cumprimento de pena, pois é circunstância que já pode aumentar a pena-base.

(D) Os crimes contra a honra, por serem punidos com detenção, impedem a aplicação do regime inicial fechado, mesmo em caso de reincidência.

(E) É possível a aplicação do regime inicial semiaberto para pena superior a quatro anos no caso de réu reincidente, a depender do tempo de prisão provisória cumprida por ele até a sentença.

A: incorreta. Hodiernamente, não há crime cuja prática impõe ao agente o cumprimento da pena em regime *integralmente* fechado. Tal possibilidade, que antes existia em relação aos crimes hediondos e equiparados, foi eliminada com a modificação, promovida pela Lei 11.464/2007, na redação do art. 2º, § 1º, da Lei 8.072/1990 (Crimes Hediondos), que passou a exigir tão somente que o cumprimento da pena, nesses crimes, se desse no regime *inicial* fechado. Essa mudança, sempre é bom lembrar, representava antigo anseio da jurisprudência. Sucede que esse art. 2º, § 1º, da Lei 8.072/1990 (Crimes Hediondos), que estabelece o regime inicial fechado aos condenados por crimes hediondos e equiparados, foi declarado, pelo STF, no julgamento do HC 111.840, inconstitucional, não havendo mais, portanto, a obrigatoriedade de fixar-se o regime inicial fechado nesses crimes. A hediondez, portanto, não é mais observada na fixação do regime inicial de cumprimento de pena. Assim, a pena estabelecida ao condenado pela prática de crime hediondo ou equiparado pode ser cumprida em qualquer regime inicial, desde que fundamentado pelo juiz no art. 59 do CP; **B:** incorreta. Poderá iniciar o cumprimento da pena privativa de liberdade no regime aberto o agente não reincidente cuja pena aplicada seja igual ou inferior a quatro anos, pouco importando se o crime pelo qual foi condenado foi praticado com violência contra a pessoa (art. 33, § 2º, *c*, do CP); **C:** incorreta, uma vez que as consequências do crime serão levadas em consideração tanto na fixação da pena-base quanto no regime inicial de cumprimento de pena (art. 59, I e III, do CP); **D:** incorreta, tendo em vista que a pena prevista para o crime de injúria preconceituosa, que vem definido no art. 140, § 3º, do CP, é de reclusão de 1 a 3 anos. Dentro do tema tratado nesta alternativa, valem algumas ponderações, tendo em conta inovações implementadas pela recente Lei 14.532/2023, posterior, portanto, à elaboração desta questão. O crime de racismo, previsto na Lei 7.716/1989, não se confunde com a figura até então capitulada no art. 140, § 3º, do CP, que definia o delito de injúria preconceituosa. Com efeito, segundo sempre sustentou doutrina e jurisprudência, o delito de racismo pressupõe a prática de conduta de natureza segregacionista, ao passo que a injúria racial, então prevista no art. 140, § 3º, do CP, tal como ocorre com o crime de injúria simples, pressupõe que a ofensa seja dirigida a pessoa determinada ou, ao menos, a um grupo determinado de pessoas. *Grosso modo*, o xingamento envolvendo raça, cor, etnia, religião ou origem. Como consequência desta distinção, tínhamos que o racismo era considerado crime inafiançável, imprescritível e de ação penal pública incondicionada; já a injúria racial era tida por afiançável, prescritível e de ação penal pública condicionada. Tal realidade começou a ser alterada pela ação da jurisprudência. O STF, em sintonia com precedente do STJ, por seu Plenário, ao julgar, em 28/10/2021, o HC 154.248, da relatoria do Ministro Edson Fachin, fixou o entendimento no sentido de que o crime de injúria racial deve ser inserido na seara no delito de racismo,

8. LEGISLAÇÃO PENAL EXTRAVAGANTE

passando a ser, com isso, imprescritível. Mais recentemente, a Lei 14.532/2023, imbuída desse mesmo espírito, alterou o teor do art. 140, § 3º, do CP, que passa a contar com a seguinte redação: *Se a injúria consiste na utilização de elementos referentes a religião ou à condição de pessoa idosa ou com deficiência.* Como se pode ver, o legislador, com isso, excluiu da forma qualificada da injúria ofensas contendo elementos referentes a raça, cor, etnia ou procedência nacional. Tais modalidades migraram para a Lei 7.716/1989, cujo art. 2º-A passa a ter a seguinte redação: *Injuriar alguém, ofendendo-lhe a dignidade ou o decoro, em razão de raça, cor, etnia ou procedência nacional.* Dessa forma, o crime de injúria racial foi tipificado como racismo. A consequência disso é que tal modalidade de injúria passa a ser, agora por força de lei, imprescritível, inafiançável e incondicionada a ação penal. Além disso, a pena, que até então era de reclusão de 1 a 3 anos e multa, passa a ser de 2 a 5 anos de reclusão; **E:** correta (Súmula 269 do STJ e art. 387, § 2º, do CPP). **ED**

Gabarito "E".

(Defensor Público – DPE/PR – 2017 – FCC) Elvira foi condenada pelo Juízo da 7ª Vara Criminal de Curitiba/PR, em 21/01/2016, à pena de três anos de reclusão, em regime inicial aberto, pelo crime de porte de arma de uso restrito ocorrido em 18/04/2015. Em 01/12/2015, Elvira foi presa em flagrante pelo crime de roubo majorado. Ela ficou custodiada por ordem do juízo da 1ª Vara Criminal de Curitiba/PR até 10/02/2016, data em que foi absolvida pelo roubo.

Considerando o caso concreto, em relação ao direito à detração penal, Elvira

(A) tem direito à detração porque o crime pelo qual foi condenada ocorreu antes da sua prisão provisória.

(B) não tem direito à detração porque o crime por qual foi condenada ocorreu antes da sua prisão provisória.

(C) não tem direito à detração porque a condenação ocorreu depois de sua prisão em flagrante.

(D) não tem direito à detração porque se trata de processos distintos, não podendo ser computado o período de prisão provisória do segundo feito no cumprimento da pena.

(E) tem direito à detração porque a condenação ocorreu depois de sua prisão em flagrante.

Segundo entendimento pacificado no STJ, a detração em processos distintos, nas circunstâncias narradas no enunciado, é admitida. Nesse sentido, conferir: "Esta Corte Superior de Justiça firmou posicionamento no sentido de ser cabível a aplicação da detração em processos distintos, desde que o delito pelo qual o sentenciado cumpre pena tenha sido cometido antes de sua segregação cautelar, situação não ocorrente na hipótese. Precedentes" (HC 178.894/RS, Rel. Ministra Laurita Vaz, Quinta Turma, julgado em 13/11/2012, DJe 23/11/2012). **ED**

Gabarito "A".

(Procurador Municipal – Sertãozinho/SP – VUNESP – 2016) Acerca dos crimes contra a incolumidade pública, assinale a alternativa correta.

(A) A ação conhecida como "surf ferroviário", segundo a jurisprudência, configura o crime de perigo de desastre ferroviário.

(B) O crime de incêndio é de perigo concreto. Da conduta deve resultar a efetiva exposição da coletividade a uma concreta situação de perigo.

(C) Para a configuração do crime de explosão, é indispensável que o artefato exploda, causando a situação de perigo à incolumidade pública.

(D) O crime de desabamento ou desmoronamento não possui previsão da modalidade culposa.

(E) O crime de omissão de notificação de doença é material, ou seja, se consuma com o risco causado para a incolumidade pública em razão da omissão do médico.

A: incorreta, já que, conforme vem entendendo a jurisprudência, falta, ao chamado *surfista ferroviário*, que é aquele que se equilibra sobre a composição do trem em andamento, a intenção de gerar situação concreta de perigo de desastre ferroviário, elemento subjetivo do crime definido no art. 260 do CP; **B:** correta. De fato, tal como afirmado, o crime de incêndio, previsto no art. 250 do CP, por ser de perigo concreto, somente atinge a consumação com a efetiva exposição a perigo de vida, da integridade física ou do patrimônio de um número indeterminado de pessoas; **C:** incorreta. A explosão não é indispensável à consumação do crime do art. 251 do CP. A consumação se opera no exato instante em que se verifica uma situação de perigo, seja por meio de uma explosão, seja pelo arremesso de um artefato, seja por meio da colocação deste (armar o explosivo em determinado local); **D:** incorreta, já que o crime a que se refere a alternativa comporta, sim, a modalidade culposa, prevista, de forma expressa, no art. 256, parágrafo único, do CP; **E:** incorreta. A consumação do crime de omissão de notificação de doença (art. 269, CP) ocorre no momento em que o médico deixa de observar o prazo estabelecido em lei, decreto ou regulamento para a comunicação de doença cuja notificação é obrigatória, não sendo necessário demonstrar que a omissão gerou risco à incolumidade pública. Trata-se de crime de mera conduta. **ED**

Gabarito "B".

(Procurador – IPSMI/SP – VUNESP – 2016) A respeito da Lei 12.850/2013 (Lei de Organização Criminosa), assinale a alternativa correta.

(A) Quem impede ou embaraça a investigação de infração que envolve organização criminosa está sujeito a punição idêntica à de quem integra organização criminosa.

(B) Havendo indício de que o funcionário público integra organização criminosa, o Juiz poderá determinar o afastamento cautelar do cargo, com suspensão da remuneração.

(C) Quem exerce o comando da organização criminosa, ainda que não pratique pessoalmente nenhum ato de execução, está sujeito a punição idêntica à de quem apenas integra organização criminosa.

(D) A infiltração policial, a ação controlada e a captação ambiental são meios de prova permitidos apenas na fase investigativa.

(E) A colaboração premiada é admitida apenas até a sentença.

A: correta (art. 2º, § 1º, da Lei 12.850/2013); **B:** incorreta, pois, embora seja lícito o afastamento cautelar do funcionário, não é dado ao magistrado determinar a suspensão da remuneração do servidor sobre o qual recaem indícios de envolvimento em organização criminosa (art. 2º, § 5º, da Lei 12.850/2013); **C:** incorreta, uma vez que o art. 2º, § 3º, da Lei 12.850/2013 estabelece que a pena daquele que exerce o comando da organização criminosa deve ser agravada; **D:** incorreta. Tais meios de prova podem ser utilizados tanto na fase investigativa quanto no curso da ação penal (qualquer fase da persecução penal), a teor do que dispõe o art. 3º, *caput*, da Lei 12.850/2013; **E:** incorreta. O acordo de colaboração premiada pode ser firmado após a sentença. É o que estabelece o art. 4º, § 5º, da Lei 12.850/2013. **ED**

Gabarito "A".

398 ARTHUR TRIGUEIROS E EDUARDO DOMPIERI

(Procurador – IPSMI/SP – VUNESP – 2016) A Lei 12.846/2013, também conhecida por Lei Anticorrupção,

(A) aplica-se tanto a pessoas físicas quanto pessoas jurídicas, por atos lesivos à Administração Pública, nacional ou estrangeira.

(B) prevê responsabilização administrativa, civil e penal, por atos lesivos à Administração Pública, nacional ou estrangeira.

(C) prevê que a responsabilização da pessoa jurídica exclui a responsabilidade individual de seus dirigentes ou administradores, por atos lesivos à Administração Pública, nacional ou estrangeira.

(D) prevê a possibilidade de celebração de acordo de leniência que, uma vez integralmente cumprido, exime da obrigação de reparar o dano causado.

(E) equipara organização pública internacional à administração pública estrangeira.

A: incorreta, já que o campo de incidência da Lei Anticorrupção é restrito às pessoas jurídicas (art. 1º da Lei 12.846/2013); **B:** incorreta. A responsabilização contemplada nesta lei é restrita aos âmbitos *administrativo* e *civil* (art. 2º da Lei 12.846/2013); **C:** incorreta. Bem ao contrário, a Lei Anticorrupção prevê, em seu art. 3º, *caput*, que a responsabilização da pessoa jurídica *não* exclui a responsabilidade individual de seus dirigentes ou administradores; **D:** incorreta. O cumprimento integral do acordo de leniência não exime a pessoa jurídica da obrigação de reparar integralmente o dano causado (art. 16, § 3º, da Lei 12.846/2013); **E:** correta (art. 5º, § 2º, da Lei 12.846/2013). **ED**
Gabarito "E".

(Procurador Municipal – Prefeitura/BH – CESPE – 2017) À luz do CP e da legislação penal extravagante, assinale a opção correta.

(A) É crime impossível o peculato praticado por servidor público que subtrai bens da administração pública municipal aos quais tenha acesso em razão do cargo, quando há sistema de vigilância por monitoramento eletrônico.

(B) Poderá ser reduzida até a metade a pena de membro de organização criminosa que realizar colaboração premiada após a prolação da sentença.

(C) É atípica a conduta de fotografar criança em poses sensuais, com enfoque em seus órgãos genitais, quando estiverem cobertos por peças de roupas.

(D) O crime de racismo restringe-se aos atos discriminatórios em função de cor da pele — fator biológico —, em razão do princípio da necessidade da lei estrita do direito penal.

A: incorreta, pois não retrata o entendimento firmado na Súmula 567, do STJ, que, embora faça menção ao crime de furto, também pode ser aplicada ao delito de peculato: "Sistema de vigilância realizado por monitoramento eletrônico ou por existência de segurança no interior de estabelecimento comercial, por si só, não torna impossível a configuração do crime de furto". O fato é que o chamado *furto sob vigilância* (neste caso, o peculato) pode, em determinadas situações, a depender do caso concreto, caracterizar *crime impossível* pela *ineficácia absoluta do meio* (art. 17 do CP). É o caso, por exemplo, do agente que, desde o momento em que ingressa no supermercado, passa a ser permanentemente vigiado por sistema de câmeras e também por seguranças, que ficam o tempo todo no seu encalço. Não há, neste caso, a menor possibilidade de o crime consumar-se. Isso não quer dizer que a existência, por si só, de sistema de segurança por câmeras elimine a possibilidade de o crime chegar à sua consumação. É perfeitamente plausível que

o agente se aproveite de determinado ângulo de monitoramento em que a subtração não é visualizada pelo sistema de câmeras. Dessa forma, a ineficácia do meio deve ser avaliada caso a caso; **B:** correta, pois retrata o disposto no art. 4º, § 5º, da Lei 12.850/2013, segundo o qual, uma vez prolatada a sentença, o colaborador poderá fazer jus à redução de sua pena até a metade ou ainda poderá ser beneficiado com a progressão de regime prisional, mesmo que ausentes os requisitos objetivos; **C:** incorreta. Trata-se do crime capitulado no art. 240, "caput", do ECA. Na jurisprudência do STJ: "É típica a conduta de fotografar cena pornográfica (art. 241-B do ECA) e de armazenar fotografias de conteúdo pornográfico envolvendo criança ou adolescente (art. 240 do ECA) na hipótese em que restar incontroversa a finalidade sexual e libidinosa das fotografias, com enfoque nos órgãos genitais das vítimas – ainda que cobertos por peças de roupas –, e de poses nitidamente sensuais, em que explorada sua sexualidade com conotação obscena e pornográfica" (REsp 1543267/SC, 6ª T., Rel. Min. Maria Thereza de Assis Moura, j. 03.12.2015, *DJe* 16.02.2016); **D:** incorreta, uma vez que os crimes definidos na Lei 7.716/1989 (Lei de Racismo) envolvem atos de discriminação que levam em conta não somente a cor da pele, mas também raça, etnia, religião e procedência nacional. **ED**
Gabarito "B".

(Juiz – TRF 2ª Região – 2017) Sobre a "Lavagem de Dinheiro" (Lei nº 9.613/98), é correto dizer:

(A) Somente haverá crime quando o agente ocultar ou dissimular a natureza, origem, localização, disposição, movimentação ou propriedade de bens, direitos ou valores provenientes, direta ou indiretamente, de um dos crimes antecedentes listados na Lei.

(B) A lavagem de dinheiro é considerada crime derivado ou acessório, pois pressupõe a ocorrência de delito anterior. Não se admite a sua existência quando o ativo financeiro é proveniente de infração penal cometida posteriormente aos atos acoimados como sendo de lavagem.

(C) A participação no cometimento da infração antecedente é condição para que o agente possa ser sujeito ativo da lavagem.

(D) Comete o delito de lavagem de dinheiro o funcionário público que recebe valor de suborno e o utiliza para comprar imóvel, cuja propriedade registra em seu próprio nome, depositando o restante em aplicação financeira de sua titularidade.

(E) Dá-se a forma culposa do delito nos casos de "cegueira" ou "ignorância" deliberada, ou seja, quando há prova de que o agente tinha conhecimento da elevada probabilidade de que os bens ou valores envolvidos eram provenientes de infração penal e tenha agido de modo indiferente a esse conhecimento.

A: incorreta. Até o advento da Lei 12.683/2012, tínhamos que a configuração do crime de lavagem de dinheiro pressupunha a prática de um dos delitos antecedentes previstos no art. 1º da Lei 9.613/1998. Havia, portanto, um rol taxativo, que não incluía, por exemplo, as contravenções penais, mas tão somente os delitos ali listados. Pois bem. A partir da edição da referida Lei, que alterou diversos dispositivos da Lei 9.613/1998, passou a configurar crime de lavagem de dinheiro o fato de o agente ocultar ou dissimular a natureza, origem, localização, disposição, movimentação ou propriedade de bens, direitos ou valores provenientes, direta ou indiretamente, de *infração penal*, aqui incluídos crimes e *contravenções penais*. Deixou de existir, pois, um rol taxativo, de forma que a lavagem de dinheiro, atualmente, pode ter como fato antecedente qualquer infração penal; **B:** correta. Diz-se que o crime de lavagem de dinheiro é derivado ou acessório porquanto a sua configuração está condicionada ao cometimento de infração penal

8. LEGISLAÇÃO PENAL EXTRAVAGANTE

pretérita, como antecedente penal necessário; **C:** incorreta. Nesse sentido: "A participação no crime antecedente não é indispensável à adequação da conduta de quem oculta ou dissimula a natureza, origem, localização, disposição, movimentação ou propriedade de bens, direitos ou valores provenientes, direta ou indiretamente, de crime, ao tipo do art. 1.º, da Lei 9.613/98" (RMS 16.813/SP, Rel. Min. Gilson Dipp, 5ª Turma, j. 23.06.2004, *DJ* 02.08.2004, p. 433); **D:** incorreta, na medida em que não há que se falar, neste caso, em ocultação ou dissimulação (STJ, AP 458, rel. Min. Gilson Dipp); **E:** incorreta. A lei não contemplou modalidade culposa do crime de lavagem de dinheiro. ED
Gabarito "B".

(Juiz – TJ-SC – FCC – 2017) Conforme a lei e a interpretação dos tribunais superiores, é INCORRETO afirmar:

(A) Constranger alguém mediante ameaça em razão de discriminação racial configura crime de tortura.

(B) Exportar bens com valores não correspondentes aos verdadeiros configura crime de lavagem de bens.

(C) A lei de crime organizado se aplica às infrações penais previstas em convenção internacional quando iniciada a execução no país devesse ter ocorrido no estrangeiro.

(D) Tratando-se de falência de microempresa e não se constatando prática habitual de condutas fraudulentas por parte do falido, o juiz poderá substituir a pena de prisão pela de perda de bens e valores.

(E) Possuir arma de fogo com o registro vencido configura crime previsto no artigo 12 do Estatuto do desarmamento.

A: correta: crime previsto no art. 1º, I, *c*, da Lei 9.455/1997 (Tortura); correta: crime previsto no art. 1º, §1º, III, da Lei 9.613/1998 (Lavagem de Bens e Capitais); **C:** correta: art. 1º, §2º, I, da Lei 12.850/2013 (Organização Criminosa); **D:** correta: art. 168, §4º, da Lei 11.101/2005 (Falência e Recuperação Judicial e Extrajudicial); **E:** incorreta. É tranquilo o entendimento, no STJ, no sentido de que o ato de possuir arma de fogo com registro vencido não configura infração penal, mas tão somente ilícito administrativo. Nesse sentido: "Em recente acórdão da Corte Especial do Superior Tribunal de Justiça, no julgamento da Ação Penal n. 686/AP, assentou-se que 'se o agente já procedeu ao registro da arma, a expiração do prazo é mera irregularidade administrativa que autoriza a apreensão do artefato e aplicação de multa. A conduta, no entanto, não caracteriza ilícito penal'" (HC 339.762/SP, Rel. Min. Reynaldo Soares da Fonseca, 5ª Turma, j. 02.02.2016, *DJe* 10.02.2016). ED
Gabarito "E".

(Juiz – TJ-SC – FCC – 2017) Configura crime de preconceito de raça ou cor:

I. obstar promoção funcional em razão de procedência nacional.

II. veicular símbolos que utilizem a cruz suástica para fins de divulgação do nazismo.

III. negar o holocausto para fins de divulgação do nazismo.

IV. incitar a discriminação por procedência nacional.

V. impedir a convivência familiar.

Está correto o que se afirma APENAS em:

(A) I, II e III.

(B) I, II, IV e V.

(C) II, III e IV.

(D) III, IV e V.

(E) I, III e V.

I: correta, uma vez que corresponde ao delito previsto no art. 3º, parágrafo único, da Lei 7.716/1989; **II:** correta, uma vez que corresponde ao delito previsto no art. 20, §1º, da Lei 7.716/1989; **III:** incorreta, na medida em que se trata de conduta não prevista como infração penal no ordenamento jurídico brasileiro; **IV:** correta, uma vez que corresponde ao delito previsto no art. 20, "caput", da Lei 7.716/1989; **V:** correta, uma vez que corresponde ao delito previsto no art. 14 da Lei 7.716/1989. ED
Gabarito "B".

(Juiz – TRF 3ª Região – 2016) Pode-se dizer que a Lei 12.850/13 quebrou paradigmas; dentre os fundamentos para tal afirmação, encontra-se:

(A) O fato de tal diploma legal ter definido o que sejam organizações terroristas internacionais;

(B) O fato de tal diploma legal ter possibilitado a quebra dos sigilos fiscal e telefônico de maneira irrestrita;

(C) O fato de tal diploma legal ter conferido ao magistrado poder para aplicar a pena, em desconformidade com o previsto nos artigos 33 e 44 do Código Penal;

(D) O fato de a colaboração premiada não mais poder beneficiar pessoas definitivamente condenadas;

A: incorreta, uma vez que a Lei 12.850/2013 não contemplou a definição de *organização terrorista internacional*, mas tão somente de *organização criminosa* (art. 1º, §2º). O art. 1º, §2º, II, desta lei, cuja redação foi alterada por força da Lei 13.260/2016, embora faça referência às organizações terroristas (o termo *internacionais* foi extraído), não traz, segundo pensamos, a sua definição; **B:** incorreta, já que, por expressa previsão contida no art. 3º, V e VI, da Lei 12.850/2013, a quebra dos sigilos fiscal e telefônico deverá obedecer à legislação de regência; **C:** correta, pois reflete o disposto no art. 4º, "caput" e §5º, da Lei 12.850/2013; **D:** incorreta, uma vez que contraria o que estabelece o art. 4º, §5º, da Lei 12.850/2013. ED
Gabarito "C".

(Juiz – TJ/RJ – VUNESP – 2016) O Soldado Stive, da Polícia Militar do Estado do Rio de Janeiro, de serviço, juntamente com sua companheira de serviço, Soldado Julieta, durante abordagem a uma civil conhecida como Chapinha, por imprudência e sem intenção, efetuou um disparo de arma de fogo que veio a atingir fatalmente Chapinha. Diante da conduta praticada pelo Soldado Stive, é correto afirmar que o policial militar cometeu

(A) crime comum de lesão corporal seguida de morte.

(B) crime militar de feminicídio.

(C) crime militar de homicídio culposo.

(D) crime comum de feminicídio.

(E) crime comum de homicídio culposo.

Não há dúvidas de que a morte de Chapinha decorreu de conduta imprudente do soldado Stive, que agiu, portanto, com culpa. Assim, deverá ser responsabilizado pelo crime militar de homicídio culposo, previsto no art. 206 do CPM. Conferir: "Conflito de competência. Penal e processual penal. Morte de criança depois de atendimento em hospital militar por médicos militares do exército. Ações penais instauradas na justiça militar (homicídio culposo) e na justiça comum estadual (homicídio com dolo eventual). Fundada dúvida quanto ao elemento subjetivo da conduta. Aferição possível somente após a instrução probatória, observado o devido processo legal, o contraditório e a ampla defesa. Prevalência do princípio do *in dubio pro societate*. Conflito conhecido para declarar a competência da justiça comum estadual. 1. Hipótese em que dois médicos militares do Exército, depois de atenderem em hospital militar uma criança enferma que veio a óbito em seguida, foram denunciados, de um lado, pelo Ministério Público Militar, acusados do delito do art. 206, § 1.º, do CPM (homicídio culposo) perante o Juízo

da 3.ª Auditoria da 3.ª CJM; e, de outro lado, pelo Ministério Público do Estado do Rio Grande do Sul, acusados do delito do art. 121, *caput*, do CP (homicídio com dolo eventual) perante o Juízo da 1.ª Vara Criminal da Comarca de Santa Maria – RS. 2. A teor do art. 9.º, inciso II, alínea b, c.c. o parágrafo único do mesmo artigo, do Código Penal Militar, o crime doloso contra a vida praticado por militar contra civil é da competência da Justiça Comum. 3. Para se eliminar a fundada dúvida quanto ao elemento subjetivo da conduta, de modo a afirmar se o agente agiu com dolo eventual ou culpa, é necessário o exame acurado do conjunto probatório, a ser coletado durante a instrução criminal, observados o devido processo legal, o contraditório e a ampla defesa. 4. Deve o feito tramitar na Justiça Comum Estadual, pois, havendo dúvida quanto à existência do dolo na conduta, prevalece o princípio do *in dubio pro societate*, que leva o julgamento para o Tribunal do Júri, caso seja admitida a acusação em eventual sentença de pronúncia. Se, no entanto, o juiz se convencer de que não houve crime doloso contra a vida, remeterá os autos ao juízo competente, em conformidade com o disposto no art. 419 do Código de Processo Penal. 5. Conflito conhecido para declarar competente o Juízo de Direito da 1.ª Vara Criminal Santa Maria – RS" (CC 130.779/RS, Rel. Ministra Laurita Vaz, Terceira Seção, julgado em 11.06.2014, *DJe* 04.09.2014). ED
Gabarito "C".

(Juiz – TJ/RJ – VUNESP – 2016) No que tange às infrações penais relativas ao Direito Penal Econômico, nos termos previstos no Edital, assinale a alternativa correta.

(A) Ocultar ou dissimular a natureza, origem, localização, disposição, movimentação ou propriedade de bens, direitos ou valores provenientes, direta ou indiretamente, de contravenção penal não caracteriza o crime de lavagem de bens, direitos e valores.

(B) Com base na jurisprudência do Superior Tribunal de Justiça e do Supremo Tribunal Federal, para a caracterização dos crimes materiais contra a ordem tributária não basta a omissão ou a falsa informação prestada, sendo necessário que impliquem na supressão ou redução tributária.

(C) Caracteriza-se como crime contra a ordem econômica formar acordo, convênio, ajuste ou aliança entre ofertantes, visando a variação natural de preços ou quantidades vendidas ou produzidas.

(D) Aquele que participa de grupo, associação ou escritório tendo conhecimento de que sua atividade principal ou secundária é dirigida à prática de crimes previstos na Lei de lavagem ou ocultação de bens, direitos e valores, somente será responsabilizado pela prática destes crimes se, efetivamente, participar das condutas ilícitas desenvolvidas pela organização.

(E) Fazer declaração falsa ou omitir declaração sobre rendas, bens ou fatos, ou empregar outra fraude para eximir-se, total ou parcialmente, de pagamento de tributo só será considerado crime tributário se implicar na efetiva supressão ou redução tributária.

A: incorreta. Até o advento da Lei 12.683/2012, tínhamos que a configuração do crime de lavagem de dinheiro pressupunha a prática de um dos delitos antecedentes previstos no art. 1º da Lei 9.613/1998. Havia, portanto, um rol taxativo, que não incluía as contravenções penais, apenas alguns delitos. Pois bem. A partir da edição da referida Lei, que alterou diversos dispositivos da Lei 9.613/1998, passou a configurar crime de lavagem de dinheiro o fato de o agente ocultar ou dissimular a natureza, origem, localização, disposição, movimentação ou propriedade de bens, direitos ou valores provenientes, direta ou indiretamente, de *infração penal*, aqui incluídos crimes e *contravenções penais*. Deixou de existir, pois, um rol taxativo, de forma que a lavagem de dinheiro,

atualmente, pode ter como fato antecedente qualquer infração penal, inclusive, repito, as contravenções; correta, pois, segundo doutrina e jurisprudências pacíficas, a supressão ou redução de tributo é condição indispensável para a caracterização dos crimes materiais tipificados no art. 1º da Lei 8.137/1990, o que não se exige para a configuração dos crimes definidos no art. 2º da mesma lei. Nesse sentido, conferir: "1. Esta Corte firmou entendimento de que o delito de supressão ou redução de tributo capitulado no art. 1º da Lei nº 8.137/90 é material, consumando-se apenas no momento da efetiva supressão ou redução de tributo. 2. Na espécie, a conduta praticada pelo recorrente descrita no acórdão recorrido não se amolda à figura descrita no parágrafo único do art. 1º da Lei nº 8.137/90. 3. O delito previsto no parágrafo único do referido artigo deve ser interpretado em conjunto com o seu *caput*, pois é de natureza material, consumando-se apenas com a supressão ou omissão de tributo. 4. Recurso especial provido, para restabelecer a sentença de primeiro grau" (REsp 1113460/SP, Rel. Ministro Celso Limongi (Desembargador Convocado do TJ/SP), Sexta Turma, julgado em 24.11.2009, *DJe* 14.12.2009); C: incorreta, no que toca ao trecho *visando à variação natural de preços*, quando o correto seria *visando à fixação artificial de preços*, tal como previsto no art. 4º, II, *a*, da Lei 8.137/1990; D: incorreta, já que a *efetiva participação*, que consiste na conduta de *tomar parte*, não é indispensável à configuração deste crime, que restará praticado pelo simples fato de o agente ter conhecimento de que exerce sua profissão em local que serve à lavagem de dinheiro (art. 1º, § 2º, II, da Lei 9.613/1998); E: incorreta. Diferentemente do que se dá nos crimes definidos no art. 1º da Lei 8.137/1990, que são materiais e pressupõem, bem por isso, a produção de resultado naturalístico consistente na efetiva supressão ou redução de tributo, os crimes previstos no art. 2º dessa mesma Lei são *formais*, ou seja, não é necessário, para a sua consumação, o efetivo prejuízo para o Estado, representado pela supressão ou redução do tributo. ED
Gabarito "B".

(Juiz – TJ/RJ – VUNESP – 2016) A respeito da infiltração de agentes de polícia em tarefas de investigação, é correto afirmar que

(A) não possui prazo determinado de duração, podendo ser sustada, a qualquer tempo, havendo indícios seguros de risco iminente ao agente infiltrado.

(B) pode ser determinada diretamente pela autoridade policial, em decisão fundamentada, contendo todas as circunstâncias e limites da atuação.

(C) pode ser determinada de ofício pela autoridade judicial, cabendo à autoridade policial designar os agentes que atuarão na tarefa.

(D) os agentes de polícia que participam da infiltração têm direito à alteração da identidade, bem como a usufruir das medidas de proteção à testemunha.

(E) é admitida para todas as infrações penais, inclusive as de menor potencial ofensivo.

A: incorreta. Embora seja correto afirmar-se que a infiltração de agentes pode, a qualquer tempo, ser sustada na hipótese de haver indícios seguros de risco iminente ao agente infiltrado (art. 12, § 3º, da Lei 12.850/2013), não é verdadeira a afirmação de que este meio de obtenção de prova não possui prazo determinado. Com efeito, por força do que dispõe o art. 10, § 3º, da Lei 12.850/2013, a infiltração será autorizada pelo prazo de seis meses, podendo este interrogo ser prorrogado, desde que demonstrada a sua necessidade (art. 10, § 3º, da Lei 12.850/2013); **B:** incorreta, uma vez que a infiltração de agentes somente pode ser determinada, de forma fundamentada, circunstanciada e sigilosa, pelo juiz de direito, que o fará mediante representação da autoridade policial ou a requerimento do MP (art. 10, *caput*, da Lei 12.850/2013); **C:** incorreta, uma vez que não é dado ao juiz determinar, de ofício, a infiltração de agentes; somente o fará mediante representação do delegado de polícia ou a requerimento do

8. LEGISLAÇÃO PENAL EXTRAVAGANTE

MP; **D:** correta, pois reflete o disposto no art. 14, II, da Lei 12.850/2013; **E:** incorreta, pois não corresponde ao que estabelece o art. 10, § 2º, da Lei 12.850/2013. 🔲

Gabarito "D".

(Juiz – TJ/RJ – VUNESP – 2016) Analise o caso a seguir e assinale a alternativa correta.

X, empresário do ramo alimentício, teve decretada a falência de sua empresa, em 20 de outubro de 2009. Tendo o administrador judicial, em relatório circunstanciado, apontado indícios de desvio e venda das mercadorias da massa falida, o Ministério Público requisitou a instauração de inquérito, a fim de apurar a prática de crime falimentar por X, sócio-gerente da empresa. Encerradas as investigações, o Ministério Público ofereceu denúncia, junto ao Juízo Criminal da Jurisdição em que foi decretada a falência, sendo a exordial recebida, iniciando-se o processo. Citado, X apresenta resposta à acusação, postulando por sua absolvição sumária, alegando faltar justa causa para a ação penal, uma vez que, por força de agravo interposto junto ao Tribunal, a falência da empresa foi revertida. O Juízo não absolve sumariamente X, dando prosseguimento ao processo. X então impetra *habeas corpus*, junto ao Tribunal de Justiça.

(A) O Tribunal de Justiça haveria de conceder a ordem, para trancar a ação penal, por ausência de condição de punibilidade do crime falimentar.

(B) O Ministério Público não poderia ter oferecido denúncia em face de X, por crime falimentar, por faltar condição de procedibilidade, já que a ação é pública condicionada à representação dos credores.

(C) O Tribunal de Justiça haveria de denegar a ordem, haja vista a independência das esferas.

(D) A ação penal é nula, por incompetência do Juízo, pois, nos termos da Lei 11.101/2005, é competente para julgar crime falimentar o Juízo que decretou a falência.

(E) Tendo a Lei 11.101/2005 previsto o procedimento sumário para o processo e julgamento de crime falimentar, não é possível ao acusado apresentar resposta à acusação, prevista no artigo 396-A, do CPP.

A: correta, pois reflete o disposto no art. 180 da Lei 11.101/2005; **B:** incorreta, já que a ação penal, nos crimes previstos na Lei 11.101/2005, é pública *incondicionada* (art. 184 da Lei 11.101/2005); **C:** incorreta, já que não há que se falar em independência de esferas neste caso; **D:** incorreta, pois não corresponde ao disposto no art. 183 da Lei 11.101/2005; **E:** incorreta. Embora seja verdade que o procedimento a ser adotado no julgamento dos crimes falimentares é o comum sumário (art. 185 da Lei 11.101/2005), é incorreto afirmar-se que a *resposta à acusação* (art. 396-A, CPP) não tem incidência no procedimento sumário (art. 394, § 4º, do CPP). 🔲

Gabarito "A".

(Juiz de Direito – TJM/SP – VUNESP – 2016) A definição de crime militar, no ordenamento jurídico brasileiro, é estabelecida de modo exclusivo em razão

(A) da lei (*ratione legis*).

(B) do lugar em que a conduta foi praticada (*ratione loci*).

(C) da pessoa que praticou a conduta (*ratione personae*).

(D) da pessoa contra a qual a conduta foi praticada (*ratione personae*).

(E) do tempo em que a conduta foi praticada (*ratione temporis*).

De fato, tal como se afirma na alternativa "A", o Brasil adotou, como critério geral para definição dos crimes militares, a *lei* (aspecto meramente formal). Isto é, o legislador enumera, de forma taxativa e por meio de lei, as condutas que devem ser consideradas como crime militar. Dessa forma, é crime militar a conduta assim tratada no Código Penal Militar. É aquele que a lei considera como tal. 🔲

Gabarito "A".

(Juiz de Direito – TJM/SP – VUNESP – 2016) O autor que, ao praticar o crime, supõe, por erro plenamente escusável, a inexistência de circunstância de fato que o constitui:

(A) poderá ter a pena atenuada ou substituída por outra menos grave, nos termos do Código Penal Militar, e terá sua conduta considerada como atípica, nos termos do Código Penal Comum.

(B) poderá ter a pena atenuada ou substituída por outra menos grave, nos termos do Código Penal Comum, e terá sua conduta considerada como atípica, nos termos do Código Penal Militar.

(C) será isento de pena, nos termos do Código Penal Militar, e terá excluído o dolo, nos termos do Código Penal Comum.

(D) será isento de pena, nos termos do Código Penal Comum, e terá excluído o dolo, nos termos do Código Penal Militar.

(E) poderá ter a pena atenuada ou substituída por outra menos grave, salvo em se tratando de crime que atente contra o dever militar, nos termos do Código Penal Militar, e será isento de pena, nos termos do Código Penal Comum.

A situação descrita no enunciado corresponde ao *erro de fato*, do art. 36 do CPM, e ao *erro de tipo*, do art. 20 do CP. 🔲

Gabarito "C".

(Juiz de Direito – TJM/SP – VUNESP – 2016) Quando o agente, mediante uma só ação ou omissão, pratica dois ou mais crimes, idênticos ou não, sendo as penas para eles previstas, da mesma espécie,

(A) nos termos do Código Penal Militar, aplica-se-lhe a pena de um só dos crimes.

(B) nos termos do Código Penal Comum, deverá ter as penas privativas de liberdade unificadas e a pena única será a soma de todas.

(C) nos termos do Código Penal Comum, deverá ter aplicada cumulativamente as penas privativas de liberdade em que haja incorrido.

(D) nos termos do Código Penal Militar, deverá ter as penas privativas de liberdade unificadas, sendo a pena única a mais grave, mas com aumento correspondente à metade do tempo das menos graves.

(E) nos termos do Código Penal Militar, deverá ter as penas privativas de liberdade unificadas e a pena única será a soma de todas.

A resposta deve ser extraída do art. 79 do CPM: *Quando o agente, mediante uma só ou mais de uma ação ou omissão, pratica dois ou mais crimes, idênticos ou não, as penas privativas de liberdade devem ser unificadas. Se as penas são da mesma espécie, a pena única é a soma de todas; se, de espécies diferentes, a pena única e a mais grave, mas com aumento correspondente à metade do tempo das menos graves, ressalvado o disposto no art. 58.* ED

Gabarito "E".

(Juiz de Direito – TJM/SP – VUNESP – 2016) Com relação aos crimes contra a Autoridade ou Disciplina Militar, é correto afirmar:

(A) o simples concerto de militares para a prática do crime de motim não é punível, nos termos da lei penal militar, se estes não iniciarem, ao menos, os atos executórios do crime de motim.

(B) militares que apenas se utilizam de viatura militar para ação militar, em detrimento da ordem ou disciplina militar, mas sem ocupar quartel, cometem o crime de motim.

(C) o militar que, estando presente no momento da prática do crime de motim, não usar de todos os meios ao seu alcance para impedi-lo, será responsabilizado como partícipe deste.

(D) o militar que, antes da execução do crime de motim e quando era ainda possível evitar-lhe as consequências, denuncia o ajuste de que participou terá a pena diminuída pela metade com relação ao referido crime militar.

(E) a reunião de dois ou mais militares com armamento ou material bélico, de propriedade militar, para a prática de violência contra coisa particular, só caracterizará o crime de organização de grupo para a prática de violência se a coisa se encontrar em lugar sujeito à administração militar.

A: incorreta, já que o simples concerto de militares para a prática do crime de motim (art. 149 do CPM) configura o delito de *conspiração*, definido no art. 152 do CPM; correta (art. 149, IV, do CPM); **C:** incorreta. O militar que assim proceder responderá pelo crime de *omissão de lealdade militar*, previsto no art. 151 do CPM; **D:** incorreta. É hipótese de isenção de pena (art. 152, parágrafo único, do CPM); **E:** incorreta, pois contraria o disposto no art. 150 do CPM, que estabelece que o crime ali definido (*organização de grupo para a prática de violência*) restará configurado quando praticado em lugar sujeito *ou não* a administração militar. ED

Gabarito "B".

(Juiz de Direito – TJM/SP – VUNESP – 2016) Consoante o previsto no Código Penal Militar e na jurisprudência majoritária do Tribunal de Justiça Militar do Estado de São Paulo, assinale a alternativa correta no que diz respeito aos crimes contra o serviço militar e o dever militar.

(A) Um Capitão da Polícia Militar, da ativa, que, por imprudência, deixa de desempenhar a função que lhe foi confiada não poderá ser punido pelo crime de descumprimento de missão por atipicidade da conduta.

(B) O Comandante que, por negligência, deixa de manter a força sob seu comando em estado de eficiência incorre no crime de omissão de eficiência de força.

(C) Um Soldado da Polícia Militar, da ativa, que, por negligência, dorme durante o serviço de dia em uma Companhia Policial Militar comete o crime militar de "dormir em serviço".

(D) Um Major da Polícia Militar, da ativa, que participa e exerce atividade de administração na empresa proprietária de uma rede de "autoescolas", que fornece cursos de formação de condutores em várias cidades

do seu estado, comete o crime de "exercício de comércio por oficial".

(E) Um Cabo da Polícia Militar, da ativa, que se apresenta embriagado para prestar um serviço administrativo de protocolista não comete o crime militar de embriaguez em serviço.

A: incorreta, já que o crime em que incorreu o oficial (art. 196, CPM) comporta a modalidade *culposa* (§ 3º), tratando-se, assim, de conduta típica; incorreta, uma vez que o crime definido no art. 198 do CPM (omissão de eficiência da força) não comporta a modalidade culposa; **C:** incorreta. O art. 203 do CPM, que define o delito de *dormir em serviço*, não prevê modalidade culposa; o elemento subjetivo, segundo jurisprudência pacífica, é representando tão somente pelo *dolo*; **D:** correta. O oficial deverá ser responsabilizado pelo crime do art. 204 do CPM (exercício de comércio por oficial); **E:** incorreta. Se assim agir, terá cometido o crime de *embriaguez em serviço*, definido no art. 202 do CPM. ED

Gabarito "D".

(Juiz de Direito – TJM/SP – VUNESP – 2016) Com relação aos crimes militares contra a pessoa, nos termos do Código Penal Militar e da jurisprudência majoritária do Tribunal de Justiça Militar do Estado de São Paulo, assinale a alternativa correta.

(A) Um Tenente da Polícia Militar que, de serviço, e durante abordagem policial, por imprudência, dispara sua arma de fogo e atinge fatalmente um civil terá praticado o crime comum de homicídio culposo.

(B) Um Soldado da Polícia Militar que, em serviço de policiamento, dolosamente ofende a integridade corporal de um civil terá praticado o crime comum de lesão corporal.

(C) O Sargento reformado da Polícia Militar que, mediante processo técnico, viola o direito à intimidade pessoal de uma Soldado da Polícia Militar, da ativa, filmando-a nua no interior da residência desta comete o crime de "violação de recato".

(D) Um policial militar, da ativa, que, durante deslocamento de uma viatura ônibus, retira seu órgão genital para fora da farda, exibindo-o aos demais militares presentes no ônibus, pratica o crime militar de "ato obsceno" por encontrar-se em lugar sujeito à administração militar.

(E) Um Cabo da Polícia Militar, da ativa, que mata sua esposa, também Cabo da Polícia Militar, da ativa, não incorrerá no crime militar de homicídio em virtude da existência de vínculo conjugal entre eles.

A: incorreta. O oficial será responsabilizado pelo crime militar de homicídio culposo (art. 206, CPM);**B:** incorreta. O praça será responsabilizado pelo crime militar de lesão corporal (art. 209, CPM); **C:** incorreta. O crime de *violação de recato*, previsto no art. 229 do CPM, somente pode ser praticado por militar que se encontra na ativa; **D:** correta. O policial militar, de fato, cometeu o crime do art. 238 do CPM (ato obsceno); **E:** incorreta. Deverá o cabo ser responsabilizado pelo crime militar de homicídio doloso (art. 205, CPM). ED

Gabarito "D".

(Juiz de Direito – TJM/SP – VUNESP – 2016) Assinale a alternativa correta no que diz respeito aos crimes militares contra administração da Justiça Militar.

(A) Acusar-se, perante a autoridade, de crime sujeito à jurisdição militar, praticado por outrem, é fato atípico no âmbito penal militar.

(B) O militar que se acusar, perante a autoridade, de crime sujeito à jurisdição militar, inexistente, não incorre em crime em virtude da atipicidade da sua conduta.

(C) Provocar a ação da autoridade, comunicando-lhe a ocorrência de crime sujeito à jurisdição militar, só caracterizará o crime militar de "comunicação falsa de crime" se o autor da conduta sabe que o crime comunicado não se verificou.

(D) O crime militar de "falso testemunho ou falsa perícia" deixa de ser punível se, antes de iniciada a execução da pena, o agente se retrata ou declara a verdade.

(E) O Soldado da Polícia Militar, da ativa, que durante o serviço, inovar artificiosamente, na pendência de processo civil ou administrativo, o estado de lugar, de coisa ou de pessoa, com o fim de induzir a erro o juiz ou o perito, incorrerá no crime militar de fraude processual.

A: incorreta (crime previsto no art. 345 do CPM – autoacusação falsa); B: incorreta (crime previsto no art. 345 do CPM – autoacusação falsa); C: correta (crime previsto no art. 344 do CPM – comunicação falsa de crime); D: incorreta, já que o fato somente deixará de ser punível se a retratação ou a declaração de verdade se der *antes da sentença* (art. 346, § 2º, do CPM); E: incorreta. Isso porque o Código Penal Militar, diferentemente do Código Penal comum, não contempla o crime de *fraude processual.* ED
Gabarito "C".

(Juiz de Direito – TJM/SP – VUNESP – 2016) Nos termos da Lei 12.850, de 2 de agosto de 2013, se houver indícios suficientes de que funcionário público integra organização criminosa, poderá o Juiz determinar

(A) a perda do cargo ou mandato eletivo e a interdição para o exercício do cargo público pelo prazo de 4 anos, contado a partir do cumprimento da pena.

(B) a perda do cargo ou mandato eletivo e a interdição para o exercício do cargo público pelo prazo de 8 anos, contado a partir do cumprimento da pena.

(C) a perda do cargo ou mandato eletivo e a interdição para o exercício do cargo público pelo prazo da sentença penal condenatória, subsequente ao cumprimento da pena.

(D) seu afastamento cautelar do cargo, sem prejuízo da remuneração, quando a medida se fizer necessária à instrução processual.

(E) seu afastamento cautelar do cargo, com prejuízo da remuneração, quando a medida se fizer necessária à instrução processual.

Segundo previsão contida no art. 2º, § 5º, da Lei 12.850/2013, havendo indícios de que o funcionário público faz parte de organização criminosa, *poderá o juiz determinar seu afastamento cautelar do cargo, emprego ou função, sem prejuízo da remuneração, quando a medida se fizer necessária à investigação ou instrução processual.* ED
Gabarito "D".

(Promotor de Justiça – MPE/RS – 2017) Relativamente à Lei Federal 12.846, de 1º de agosto de 2013, chamada de Lei Anticorrupção, assinale a alternativa correta.

(A) Aquele que transitoriamente e sem remuneração exerça função pública em representação diplomática de país estrangeiro não é considerado agente público estrangeiro, para fins de aplicação da Lei Anticorrupção.

(B) A personalidade jurídica poderá ser desconsiderada sempre que utilizada com abuso do direito para facilitar, encobrir ou dissimular a prática dos atos ilícitos previstos na Lei Anticorrupção, dispensada a defesa em casos considerados gravíssimos.

(C) Na aplicação das sanções será levada em consideração a existência de mecanismos e procedimentos internos de integridade, auditoria e incentivo à denúncia de irregularidades e a aplicação efetiva de códigos de ética e de conduta no âmbito da pessoa jurídica.

(D) A celebração de acordo de leniência não exime a pessoa jurídica de reparar integralmente o dano causado, mas afasta integralmente a multa que seria imputada caso o referido acordo não fosse firmado.

(E) A celebração do acordo de leniência interrompe o prazo prescricional dos atos ilícitos previstos na Lei Anticorrupção e, se descumprido, impede a nova celebração de acordo pelo prazo de 1 (um) ano, contado do conhecimento pela Administração Pública do descumprimento.

A: incorreta, na medida em que não reflete o disposto no art. 5º, § 3º, da Lei 12.846/2013, que estabelece que, nas condições mencionadas nesta proposição, será, sim, considerado agente público estrangeiro; B: incorreta, pois não corresponde ao teor do art. 14 da Lei 12.846/2013, segundo o qual serão assegurados, em qualquer caso, ainda que considerado gravíssimo, o contraditório e a ampla defesa; C: correta, pois em consonância com a regra presente no art. art. 7º, VIII, da Lei 12.846/2013; D: incorreta, pois em desconformidade com o teor do art. 16, §§ 2º e 3º, da Lei 12.846/2013, que estabelece que, no caso de celebração de acordo de leniência, não haverá isenção integral da multa, mas redução do seu valor em até dois terços; E: incorreta. A primeira parte da assertiva, que diz respeito à interrupção do prazo prescricional quando da celebração do acordo de leniência, está correta, uma vez que em conformidade com a regra contida no art. art. 16, § 9º, da Lei 12.846/2013; o erro da proposição está na sua segunda parte, em que se afirma que o descumprimento do acordo de leniência impede nova celebração do acordo pelo prazo de um ano, quando, na realidade, por força do que dispõe o art. 16, § 8º, da Lei 12.846/2013, esse prazo corresponde a 3 anos. ED
Gabarito "C".

(Promotor de Justiça – MPE/RS – 2017) Assinale a alternativa **INCORRETA**.

(A) A lei penal brasileira, com o objetivo de proteger a pessoa idosa, erigiu em crimes, dentre outras, as condutas de (1) negar o acolhimento ou a permanência do idoso, como abrigado, por recusa deste em outorgar procuração à entidade de atendimento, e de (2) reter o cartão magnético de conta bancária relativa a benefícios, proventos ou pensão do idoso, ou qualquer outro documento com objetivo de assegurar recebimento ou ressarcimento de dívida. Com o mesmo objetivo protetivo, estabeleceu uma causa especial de aumento da pena, em dobro, ao agente de estelionato contra pessoa idosa.

(B) Independentemente da ocorrência de lesão ou de perigo de dano concreto na condução do veículo, constitui crime a conduta de entregar a direção de um automóvel à pessoa com o direito de dirigir suspenso.

(C) A aplicação da causa de diminuição da pena de um sexto a dois terços, prevista na Lei de Drogas, em favor do traficante primário, de bons antecedentes e que não se dedique a atividades criminosas nem integre organização criminosa, afasta a hediondez ou a equiparação à hediondez do crime de tráfico de entorpecentes.

(D) Do art. 1º, da Lei 9.455/1997, que incrimina a tortura, extraem-se, as espécies delitivas doutrinariamente designadas tortura-prova, tortura-crime, tortura-discriminação, tortura-castigo, tortura-própria e tortura omissão, equiparadas aos crimes hediondos, previstas na modalidade dolosa e com apenamento carcerário para cumprimento inicial em regime fechado.

(E) Configura crime ambiental a conduta de destruir ou danificar vegetação primária ou secundária, em estágio avançado ou médio de regeneração, do Bioma Mata Atlântica, ou de simplesmente utilizá-la com infringência das normas de proteção.

A: correta, pois em consonância com as figuras típicas previstas, respectivamente, nos arts. 103 e 104 da Lei 10.741/2003 – Estatuto da Pessoa Idosa, e com a causa de aumento contida no art. 171, § 4º, do CP; **B:** correta, uma vez que se trata de delito formal, cuja consumação, bem por isso, não está condicionada à produção de resultado naturalístico consistente na existência de lesão a alguém. Nesse sentido a Súmula 575 do STJ: *Constitui crime a conduta de permitir, confiar ou entregar a direção de veículo automotor a pessoa que não seja habilitada, ou que se encontre em qualquer das situações previstas no art. 310 do CTB, independentemente da ocorrência de lesão ou de perigo de dano concreto na condução do veículo;* **C:** correta. Segundo entendimento firmado na Súmula n. 512, do STJ, não mais em vigor, "A aplicação da causa de diminuição de pena prevista no art. 33, § 4º, da Lei 11.343/2006 não afasta a hediondez do crime de tráfico de drogas". O Plenário do STF, ao julgar o HC 118.533/MS, em 23.06.2016, cuja relatoria foi da Min. Cármen Lúcia, entendeu, em dissonância com o posicionamento então adotado pelo STJ, que o crime de tráfico de drogas privilegiado não tem natureza hedionda. Pois bem. Sucede que a Terceira Seção do STJ, na sessão realizada em 23 de novembro de 2016, ao julgar a QO na Pet 11.796-DF, determinou o cancelamento da referida Súmula n. 512, alinhando-se ao entendimento adotado pelo STF no sentido de que o delito de tráfico privilegiado não pode ser equiparado a crime hediondo; **D:** incorreta. É errado afirmar-se que o condenado por crime de tortura, em qualquer modalidade, deverá iniciar o cumprimento da pena em regime fechado. Isso porque o art. 1º, § 7º, da Lei 9.455/1997 faz uma ressalva. Dessa forma, não estará sujeito ao regime mais rígido de cumprimento da reprimenda aquele que incorrer nas penas do crime omissivo previsto no art. 1º, § 2º, desta Lei (tortura imprópria), visto que o preceito secundário da norma incriminadora estabelece a pena de 1 a 4 anos de detenção, bem inferior às outras penas previstas para o crime de tortura na forma comissiva; **E:** correta (crime previsto no art. 38-A da Lei 9.605/1998). **ED**
„Gabarito „D".

(Promotor de Justiça/GO – 2016 – MPE) Sobre a infiltração de agentes, é correto dizer:

(A) A Lei 12.850/2013 previu expressamente o *plano operacional da infiltração* como *conditio sine qua non* para o deferimento da medida.

(B) Faz-se necessário, para que ocorra a chamada *flexibilização operativa da infiltração policial*, que o Ministério Público obtenha em juízo, em caráter de extrema urgência, autorização judicial para a sustação da operação, sempre que existirem indícios seguros de que o agente infiltrado sofre risco iminente.

(C) A Lei 12.850/2013, no afã de aumentar os mecanismos de repressão à criminalidade organizada, alargou o rol dos sujeitos que podem atuar na qualidade de *agente*

infiltrado e, com isso, legalizou a infiltração por meio dos chamados *gansos* ou *informantes*.

(D) Doutrinariamente, chama-se *deep cover* a espécie de infiltração que tem duração superior a seis meses e reclama do agente imersão profunda no seio da organização criminosa, utilização de identidade falsa e perda de contato significativo com a família.

A: incorreta, já que a Lei 12.850/2013 não previu tal exigência. O conteúdo do requerimento ou representação para a infiltração de agentes está previsto no art. 11 da Lei 12.850/2013: **B:** incorreta. Em conformidade com o que dispõe o art. 12, § 3º da Lei 12.850/2013, havendo indícios seguros de que o agente infiltrado corre risco iminente, a operação será sustada mediante requisição do MP ou pelo delegado de polícia, dando-se imediata ciência ao MP e à autoridade judicial. É desnecessária, portanto, a autorização judicial para que se promova a sustação da operação, sempre que existirem indícios seguros de risco ao agente infiltrado; **C:** incorreta. Somente poderá atuar como infiltrado o agente *policial*, *ex vi* do art. 10, *caput*, da Lei 12.850/2013; **D:** correta. A doutrina aponta duas modalidades de infiltração de agentes: *light cover* (infiltração leve), que, como o próprio nome sugere, é aquela que não passa do prazo de seis meses e não exige do agente um engajamento tão profundo e intenso; *deep cover* (imersão profunda), que corresponde à modalidade de infiltração em que o agente, por prazo superior a 6 meses, ingressa de forma mais profunda no seio da organização. **ED**
„D".

(Promotor de Justiça/GO – 2016 – MPE) Em relação à Lei Federal 12.846/2013, conhecida como "Lei Anticorrupção", é correto afirmar que:

(A) nas hipóteses de fusão e incorporação, a responsabilidade da sucessora será restrita à obrigação de pagamento de multa e reparação integral do dano causado, até o limite do patrimônio transferido, não lhe sendo aplicáveis, em hipótese alguma, as demais sanções previstas nesta Lei decorrentes de atos e fatos ocorridos antes da data da fusão ou incorporação.

(B) na esfera administrativa, será aplicada à pessoa jurídica considerada responsável pelo ato lesivo previsto a sanção de multa, no valor de 0,1% (um décimo por cento) a 20% (vinte por cento) do faturamento líquido do último exercício anterior ao da instauração do processo administrativo, excluídos os tributos, a qual nunca será inferior à vantagem auferida, quando for possível sua estimação.

(C) em caso de descumprimento do acordo de leniência, a pessoa jurídica ficará impedida de celebrar novo acordo pelo prazo de 2 (dois) anos contados do conhecimento pela administração pública do referido descumprimento.

(D) a competência para a instauração e o julgamento do processo administrativo de apuração de responsabilidade da pessoa jurídica poderá ser delegada. (art. 8º, § 1º)

A: incorreta, uma vez que o art. 4º, § 1º, da Lei 12.846/2013 estabelece uma exceção à não aplicação das demais sanções previstas nesta Lei decorrentes de atos e fatos ocorridos antes da data da fusão ou incorporação, que é a hipótese de simulação ou evidente intuito de fraude, devidamente comprovados; **B:** incorreta. É que a sanção de multa a ser aplicada, na hipótese descrita, deverá incidir sobre o faturamento *bruto*, e não *líquido*, tal como afirmado na alternativa. É o que estabelece o art. 6º, I, da Lei 12.846/2013; **C:** incorreta, na medida em que o prazo durante o qual a pessoa jurídica que descumpriu o acordo de leniência firmado ficará impedida de celebrar no acordo corresponde a 3 anos,

8. LEGISLAÇÃO PENAL EXTRAVAGANTE

e não a 2, a teor do art. 16, § 8º, da Lei 12.846/2013; **D**: correta, pois reflete o disposto no art. 8º, § 1º, da Lei 12.846/2013. ED

Gabarito "D".

(Promotor de Justiça/GO – 2016 – MPE) Em conformidade com a Lei do Terrorismo (Lei 13.260/2016), marque a alternativa incorreta:

(A) É ato de terrorismo a conduta de apenas uma pessoa que, movida por preconceito religioso, ameaça usar gases tóxicos capazes de promover destruição em massa com a finalidade de provocar terror generalizado mediante a exposição da paz pública a perigo.

(B) A prisão temporária daquele que pratica qualquer dos crimes previstos na Lei do Terrorismo terá o prazo de 30 (trinta) dias, prorrogável por igual período em caso de extrema e comprovada necessidade.

(C) É penalmente típica a conduta de realizar atos preparatórios de terrorismo com o propósito inequívoco de consumar tal delito. Essa hipótese configura um crime obstáculo que não se compraz, segundo a Lei 13.260/2016, com a resipiscência.

(D) A Lei do Terrorismo considerou que os crimes nela previstos são praticados contra o interesse da União, cabendo à Polícia Federal a investigação criminal, em sede de inquérito policial, e à Justiça Federal o seu processamento e julgamento, nos termos do inciso IV do art. 109 da Constituição da República.

A: correta (conduta prevista no art. 2º, I, da Lei 13.260/2016); **B**: correta, pois corresponde ao que estabelecem os arts. 17 da Lei 13.260/2016 e 2º, § 4º, da Lei 8.072/1990 (Crimes Hediondos); **C**: incorreta, já que não reflete o que dispõe o art. 10 da Lei 13.260/2016; **D**: correta, pois em consonância com o disposto no art. 11 da Lei 13.260/2016. ED

Gabarito "C".

(Promotor de Justiça/SC – 2016 - MPE)

(1) A Lei 12.850/2013, ao tratar da investigação e dos meios de obtenção da prova, dispõe que a infiltração de agentes de polícia ou de inteligência em tarefas de investigação, representada pelo delegado de polícia ou requerida pelo Ministério Público, após manifestação técnica do delegado de polícia quando solicitada no curso de inquérito policial, será precedida de circunstanciada, motivada e sigilosa autorização judicial, que estabelecerá seus limites.

1: O erro da assertiva está na parte em que afirma que a infiltração pode ser feita por agentes de *inteligência*. Isso porque um dos requisitos deste meio de obtenção de prova é que a infiltração seja feita por agente *policial*, nos termos do art. 10, *caput*, da Lei 12.850/2013. Vale lembrar que a anterior Lei 9.034/1995 permitia a infiltração fosse feita por agentes de inteligência, além, é claro, de policiais. ED

Gabarito 1E.

(Promotor de Justiça/SC – 2016 - MPE)

(1) Considera-se organização criminosa a associação de 4 (quatro) ou mais pessoas estruturalmente ordenada e caracterizada pela divisão de tarefas, ainda que informalmente, com objetivo de obter, direta ou indiretamente, vantagem de qualquer natureza, mediante a prática de infrações penais cujas penas máximas sejam superiores a 4 (quatro) anos, ou que sejam de caráter transnacional. Esta é a definição prevista na Lei 12.850/2013.

1: Verdadeira, uma vez que corresponde à redação do art. 1º, § 1º, da Lei 12.850/2013. ED

Gabarito 1C.

(Promotor de Justiça/SC – 2016 - MPE)

(1) Ao dispor sobre a investigação criminal conduzida pelo delegado de polícia, a Lei 12.830/2013 determinou que o inquérito policial ou outro procedimento previsto em lei em curso somente poderá ser avocado ou redistribuído por superior hierárquico, mediante despacho fundamentado, por motivo de interesse público ou nas hipóteses de inobservância dos procedimentos previstos em regulamento da corporação que prejudique a eficácia da investigação.

1: A proposição, que está correta, reflete o que estabelece o art. 2º, § 4º, da Lei 12.846/2013. ED

Gabarito 1C.

(Promotor de Justiça/SC – 2016 - MPE)

(1) Prevê a Lei 12.694/2012 que, nos processos ou procedimentos que tenham por objeto crimes praticados por organizações criminosas, o juiz poderá decidir pela formação de colegiado para a prática de qualquer ato processual. Neste caso, o juiz poderá instaurar o colegiado, indicando os motivos e as circunstâncias que acarretam risco à sua integridade física em decisão fundamentada, da qual será dado conhecimento ao órgão correcional. O colegiado será formado pelo juiz do processo e por 3 (três) outros juízes em exercício no primeiro grau de jurisdição, escolhidos por sorteio eletrônico.

1: O enunciado contém um erro, a saber: o colegiado a que se refere o art. 1º, § 2º, da Lei 12.694/2012 será formado pelo juiz cuja integridade física está sob ameaça mais dois (e não três) magistrados com competência criminal em exercício no primeiro grau de jurisdição, escolhidos por sorteio eletrônico. ED

Gabarito 1E.

(Promotor de Justiça/SC – 2016 – MPE)

(1) A Lei n. 10.741/2003 (Estatuto do Idoso) possui tipo penal específico para punir tabelião que lavrar ato notarial que envolva pessoa idosa sem discernimento de seus atos e sem a devida representação legal.

1: o enunciado se refere ao crime capitulado no art. 108 da Lei 10.741/2003 (Estatuto da Pessoa Idosa), que assim dispõe: *Lavrar ato notarial que envolva pessoa idosa sem discernimento de seus atos, sem a devida representação legal*. A pena é de reclusão de 2 a 4 anos. ED

Gabarito 1C.

(Promotor de Justiça/SC – 2016 – MPE)

(1) Prometer ou efetivar a entrega de filho ou pupilo a terceiro, mediante paga ou recompensa, é crime previsto no artigo 238 do Estatuto da Criança e do Adolescente – ECA, classificado como próprio, sendo admissível a suspensão condicional do processo, prevista no artigo 89 Lei 9.099/95.

1: De fato, a conduta acima descrita corresponde ao crime do art. 238 da Lei 8.069/1990 (Estatuto da Criança e do Adolescente), que é considerado, tal como acima se afirma, *próprio*, na medida em que o sujeito ativo somente pode ser o pai, a mãe, o tutor ou ainda o guardião. Ademais, é também correto afirmar-se que é admitida a suspensão condicional do processo (*sursis* processual), já que a pena mínima cominada a este crime não é superior a um ano (o preceito secundário do tipo penal estabelece a pena de 1 a 4 anos de reclusão), dentro, portanto, do limite estabelecido no art. 89, *caput*, da Lei 9.099/1995, que assim dispõe: *Nos crimes em que a pena mínima cominada for igual ou inferior a um ano (...).* Como se pode ver, o âmbito de incidência do *sursis* processual é mais amplo do que a competência do Jecrim (art. 61 da Lei 9.099/1995), podendo, dessa forma, ser aplicado, também, a crimes de médio potencial ofensivo. **ED**

Gabarito 1C

(Promotor de Justiça/SC – 2016 – MPE)

(1) Conforme expressamente determina a Lei 9.296/1996, quando todos os fatos investigados constituem infração penal punida com pena de detenção, não será admitida a interceptação de comunicações telefônicas.

1: assertiva verdadeira, haja vista que, a teor do art. 2º, III, da Lei 9.296/1996, somente será autorizada a interceptação de comunicações telefônicas na hipótese de o fato objetivo da investigação constituir infração penal punida com reclusão. Em outras palavras, não será admitida a interceptação de comunicações telefônicas se a pena cominada ao crime sob investigação for de detenção. **ED**

Gabarito 1C

(Delegado/MS – 2017 - FAPEMS) Considerando os tipos penais previstos em diversas leis especiais, assinale a alternativa correta.

(A) O condutor que, metros antes da blitz, para evitar multa, trocar de posição com outra pessoa, responderá pela fraude processual de trânsito prevista no artigo 312 da Lei n. 9.503/1997.

(B) O funcionário público que constrange fisicamente o estagiário a praticar contravenção penal poderá ser responsabilizado pelo crime de tortura do artigo 1º da Lei n. 9.455/1997.

(C) A pichação de edifício público não é considerada crime ambiental pela Lei n. 9.605/1998.

(D) No âmbito do tráfico de drogas previsto no artigo 33 da Lei n. 11.343/2006 considera-se causa de aumento de pena o fato de a conduta realizar-se em concurso eventual de pessoas.

(E) A exposição à venda de mercadoria em condições impróprias é considerada crime contra as relações de consumo por meio da Lei n. 8.137/1990, ainda quando praticada culposamente.

A: incorreta. O crime de fraude processual previsto no art. 312 do CTB (Lei 9.503/1997) somente se caracteriza quando o agente inovar artificiosamente, *em caso de acidente automobilístico com vítima,* na pendência do respectivo procedimento policial preparatório, inquérito policial ou processo penal, o estado de lugar, de coisa ou de pessoa, a fim de induzir a erro o agente policial, o perito, ou juiz. Assim, a troca de posição do condutor com outra pessoa, a fim de evitar multa, não configura o crime em comento, caracterizado apenas diante de um cenário de acidente automobilístico; **B:** incorreta. Configura tortura, nos termos do art. 1º, I, "b", da Lei 9.455/1997, a conduta do agente que constranger alguém, mediante violência ou grave ameaça, causando-lhe sofrimento físico ou mental, para provocar ação ou omissão de *natureza criminosa* (não abrange, portanto, as contravenções); **C:** incorreta. De acordo com o art. 65 da Lei 9.605/1998, constitui crime ambiental o fato de o agente pichar ou por outro meio conspurcar edificação ou monumento urbano. Repare que o legislador não fez distinção entre edifício público ou privado, abrangendo, pois, ambos; **D:** incorreta, pois o concurso de agentes não é causa de aumento de pena prevista no rol

do art. 40 da Lei 11.343/2006; **E:** correta. Nos termos do art. 7º, IX, da Lei 8.137/1990, constitui crime contra as relações de consumo o fato de o agente vender, ter em depósito para vender ou *expor à venda* ou, de qualquer forma, entregar *matéria-prima ou mercadoria, em condições impróprias ao consumo.* **AT**

Gabarito "E".

(Delegado/GO – 2017 – CESPE) Considerando o disposto na legislação referente às licitações e contratos da administração pública e aos crimes contra a economia popular, bem como na Lei n. 12.846/2013, assinale a opção correta.

(A) O servidor responsável que negligencia dispensa processo licitatório exigido por lei na contratação de obra ou serviço pela administração pública pratica crime na modalidade culposa.

(B) O acordo de leniência, previsto na Lei Anticorrupção, assegura à pessoa jurídica que praticar atos lesivos à administração pública a redução de sanções pecuniárias no âmbito administrativo e afasta a aplicação de sanções judiciais como, por exemplo, perdimento de bens.

(C) A Lei Anticorrupção aplica-se às condutas das pessoas jurídicas de direito privado, abrangendo sociedades, associações, fundações, organizações religiosas, partidos políticos e empresas individuais de responsabilidade limitada.

(D) Aquele que, não sendo instituição financeira ou pessoa a esta equiparada, pratica contrato de mútuo cobrando taxas de juros remuneratórios superiores àquelas legalmente permitidas comete crime contra a economia popular, e não contra o Sistema Financeiro Nacional.

(E) Tratando-se dos crimes previstos na Lei de Licitações, equipara-se a servidor público quem exerce mandato, cargo, emprego ou função em entidade privada que receba subvenção, benefício ou incentivo fiscal ou creditício de órgão público.

A: incorreta. Por primeiro, importante lembrar que os crimes culposos são excepcionais, devendo constar expressamente em lei (art. 18, parágrafo único, do CP). No tocante ao crime de dispensa de licitação (art. 89 da Lei 8.666/1993), de há muito a doutrina e jurisprudência atestam tratar-se de infração dolosa. Nesse sentido o STJ, na AP 214, sob a relatoria do então ministro Luiz Fux (hoje, ministro do STF), em cuja ementa se afirma que o *"tipo previsto no artigo 89 e seu parágrafo único reclama dolo específico, inadmitindo culpa ou dolo eventual, uma vez que tem como destinatário o administrador e adjudicatários desonestos e não aos supostamente inábeis. É que a intenção de ignorar os pressupostos para a contratação direta ou simular a presença dos mesmos são elementos do tipo";* **B:** incorreta. De acordo com o art. 16, § 2º, da Lei Anticorrupção (Lei 12.846/2013, a celebração do acordo de leniência isentará a pessoa jurídica das sanções previstas no inciso II do art. 6º (publicação extraordinária da decisão condenatória na esfera administrativa) e no inciso IV do art. 19 (proibição de receber incentivos, subsídios, subvenções, doações ou empréstimos de órgãos ou entidades públicas e de instituições financeiras públicas ou controladas pelo poder público, pelo prazo mínimo de 1 (um) e máximo de 5 (cinco) anos), bem como reduzirá em até 2/3 (dois terços) o valor da multa aplicável; **C:** incorreta. De acordo com o art. 1º, parágrafo único, da Lei Anticorrupção, aplica-se o disposto nesta Lei às sociedades empresárias e às sociedades simples, personificadas ou não, independentemente da forma de organização ou modelo societário adotado, bem como a quaisquer fundações, associações de entidades ou pessoas, ou sociedades estrangeiras, que

8. LEGISLAÇÃO PENAL EXTRAVAGANTE — 407

tenham sede, filial ou representação no território brasileiro, constituídas de fato ou de direito, ainda que temporariamente; **D:** correta. A conduta do agente que, não sendo instituição financeira ou equiparada, praticar contrato de mútuo (empréstimo) cobrando juros superiores àqueles legalmente permitidos, comete crime de usura, definido no art. 4º, letra "a", da Lei 1.521/1951; **E:** incorreta. O conceito de servidor público por equiparação consta no art. 84, §1º, da Lei 8.666/1993, não abrangendo detentores de mandatos, cargos ou funções em entidades privadas. Confira-se: *"Equipara-se a servidor público, para os fins desta Lei, quem exerce cargo, emprego ou função em entidade paraestatal, assim consideradas, além das fundações, empresas públicas e sociedades de economia mista, as demais entidades sob controle, direto ou indireto, do Poder Público."* **AT**
Gabarito "D".

(Delegado/GO – 2017 – CESPE) Em relação às disposições expressas nas legislações referentes aos crimes de trânsito, contra o meio ambiente e de lavagem de dinheiro, assinale a opção correta.

(A) Em relação aos delitos ambientais, constitui crime omissivo impróprio a conduta de terceiro que, conhecedor da conduta delituosa de outrem, se abstém de impedir a sua prática.

(B) Para a caracterização do delito de lavagem de dinheiro, a legislação de regência prevê um rol taxativo de crimes antecedentes, geradores de ativos de origem ilícita, sem os quais o crime não subsiste.

(C) A colaboração premiada de que trata a Lei de Lavagem de Dinheiro poderá operar a qualquer momento da persecução penal, até mesmo após o trânsito em julgado da sentença.

(D) É vedada a imposição de multa por infração administrativa ambiental cominada com multa a título de sanção penal pelo mesmo fato motivador, por violação ao princípio do *non bis in idem*.

(E) A prática de homicídio culposo descrita no Código de Trânsito enseja a aplicação da penalidade de suspensão da permissão para dirigir, pelo órgão administrativo competente, mesmo antes do trânsito em julgado de eventual condenação.

A: incorreta. Configurará crime omissivo impróprio não a simples conduta de "terceiro" que, conhecedor da conduta delituosa de outrem, se abstiver de impedir a sua prática, mas sim o diretor, o administrador, o membro de conselho e de órgão técnico, o auditor, o gerente, o preposto ou mandatário de pessoa jurídica, que, sabendo da conduta criminosa de outrem, deixar de impedir a sua prática, quando podia agir para evitá-la (art. 2º da Lei 9.605/1998); **B:** incorreta. Até o advento da Lei 12.683/2012, o art. 1º da Lei 9.613/1998 continha um rol taxativo dos delitos antecedentes à lavagem de dinheiro, que deixou de existir. Portanto, atualmente, a prática de qualquer infração penal (crime ou contravenção) poderá anteceder a ocultação ou a dissimulação de ativos de origem ilícita; **C:** correta, conforme se depreende do art. 1º, § 5º, da Lei 9.613/1998: "A pena poderá ser reduzida de um a dois terços e ser cumprida em regime aberto ou semiaberto, facultando-se ao juiz deixar de aplicá-la ou substituí-la, a qualquer tempo, por pena restritiva de direitos, se o autor, coautor ou partícipe colaborar espontaneamente com as autoridades, prestando esclarecimentos que conduzam à apuração das infrações penais, à identificação dos autores, coautores e partícipes, ou à localização dos bens, direitos ou valores objeto do crime"; **D:** incorreta, pois as instâncias penal e administrativa são independentes, nada obstante ambas possam atuar diante de um mesmo fato motivador; **E:** incorreta, pois a suspensão do direito de obter a permissão ou a habilitação para dirigir veículo automotor, no caso do art. 302 do CTB (Lei 9.503/1997), por ter natureza de pena, somente

poderá ser executada após o trânsito em julgado. Podemos invocar até mesmo o art. 147 da LEP (Lei 7.210/1984), que, tratando da execução das penas restritivas de direitos, somente a permite após o trânsito em julgado, sendo inadmissível, portanto, a execução provisória. **AT**
Gabarito "C".

(Delegado/GO – 2017 – CESPE) Uma jovem de vinte e um anos de idade, moradora da região Sudeste, inconformada com o resultado das eleições presidenciais de 2014, proferiu, em redes sociais na Internet, diversas ofensas contra nordestinos. Alertada de que estava cometendo um crime, a jovem apagou as mensagens e desculpou-se, tendo afirmado estar arrependida. Suas mensagens, porém, têm sido veiculadas por um sítio eletrônico que promove discurso de ódio contra nordestinos.

No que se refere à situação hipotética precedente, assinale a opção correta, com base no disposto na Lei n. 7.716/1989, que define os crimes resultantes de preconceito de raça e cor.

(A) Independentemente de autorização judicial, a autoridade policial poderá determinar a interdição das mensagens ou do sítio eletrônico que as veicula.

(B) Configura-se o concurso de pessoas nessa situação, visto que o material produzido pela jovem foi utilizado por outra pessoa no sítio eletrônico mencionado.

(C) O crime praticado pela jovem não se confunde com o de injúria racial.

(D) Como se arrependeu e apagou as mensagens, a jovem não responderá por nenhum crime.

(E) A conduta da jovem não configura crime tipificado na Lei n. 7.716/1989.

A: incorreta. Nos termos do art. 20, § 3º, da Lei 7.716/1989, somente por determinação judicial será possível a interdição de mensagens ou páginas de informação na rede mundial de computadores que veiculem a prática, o induzimento ou a incitação à discriminação ou preconceito de raça, cor, etnia, religião ou procedência nacional; **B:** incorreta, pois o concurso de pessoas (art. 29 do CP) somente se caracteriza antes ou durante a execução da infração penal, e não após o cometimento dela, tal como consta no enunciado; **C:** correta. De fato, o crime praticado pela jovem, que se subsume à figura prevista no art. 20 da Lei 7.716/1989, não se confunde com a injúria racial (art. 140, § 3º, do CP). No racismo, o dolo do agente é voltado a uma pluralidade ou grupo de pessoas de uma mesma raça, cor, etnia, religião ou procedência nacional. Portanto, ofende-se a uma coletividade de indivíduos, diversamente do que ocorre na injúria racial, que é crime contra a honra de pessoa determinada, valendo-se o agente de elementos referentes a raça, cor, etnia, religião ou origem. Aqui, ofende-se a dignidade ou o decoro de um indivíduo; **D:** incorreta. O fato de a jovem, após seu comportamento discriminatório dirigido aos nordestinos por meio de redes sociais, haver apagado as mensagens não afasta o crime, caracterizado – e consumado – no momento da veiculação de referidas mensagens; **E:** incorreta. A conduta da jovem se amolda ao crime tipificado pelo art. 20 da Lei 7.716/1989. **AT**
Gabarito "C".

(Defensor Público – DPE/RN – 2016 – CESPE) Vanessa foi presa em flagrante enquanto vendia e expunha à venda cerca de duzentos DVDs piratas, falsificados, de filmes e séries de televisão. Realizada a devida perícia, foi confirmada a falsidade dos objetos. Incapaz de apresentar autorização para a comercialização dos produtos, Vanessa alegou em sua defesa que desconhecia a ilicitude de sua conduta. Com relação a essa situação hipotética, assinale a opção correta à luz da jurisprudência dominante dos tribunais superiores.

(A) Vanessa é isenta de culpabilidade, pois incidiu em erro de proibição.

(B) O MP deve comprovar que os detentores dos direitos autorais das obras falsificadas sofreram real prejuízo para que a conduta de Vanessa seja criminosa.

(C) A conduta de Vanessa ofende o direito constitucional que protege a autoria de obras intelectuais e configura crime de violação de direito autoral.

(D) A conduta de vender e expor à venda DVDs falsificados é atípica em razão da incidência do princípio da adequação social.

(E) A conduta de vender e expor à venda DVDs falsificados é atípica em razão da incidência do princípio da insignificância.

Segundo enuncia o princípio da *adequação social*, não se pode reputar criminosa a conduta tolerada pela sociedade, ainda que corresponda a uma descrição típica. É dizer, embora formalmente típica, porque subsumida num tipo penal, carece de tipicidade material, porquanto em sintonia com a realidade social em vigor. A aplicação deste postulado no contexto da conduta descrita na assertiva foi rechaçada pelo STJ, quando da edição da Súmula 502: "Presentes a materialidade e a autoria, afigura-se típica, em relação ao crime previsto no art. 184, § 2º, do CP, a conduta de expor à venda CDs e DVDs piratas". **ED**

Gabarito "C".

(Defensor Público – DPE/BA – 2016 – FCC) Segundo a jurisprudência dominante do STF, é correto:

(A) a hediondez do tráfico de drogas em todas as suas modalidades impede a aplicação do indulto.

(B) o delito previsto no artigo 33 da Lei de Drogas, por ser crime de ação múltipla, faz com que o agente que, no mesmo contexto fático e sucessivamente, pratique mais de uma ação típica, responda por crime único em função do princípio da alternatividade.

(C) o porte de munição de arma de fogo de uso restrito constitui crime de perigo concreto, necessitando da presença da arma de fogo para sua tipificação.

(D) a circunstância judicial da personalidade do agente, por ser própria do direito penal do autor, não foi recepcionada pela Constituição de 1988.

(E) não configura constrangimento ilegal o cumprimento de pena em regime mais gravoso do que o fixado na sentença em virtude da falta de vagas, pois se aplica o princípio da reserva do possível.

A: incorreta, já que a modalidade de tráfico prevista no art. 33, § 4º, da Lei 11.343/2006 (tráfico privilegiado), porque não tem natureza hedionda, comporta o indulto. Com efeito, a Terceira Seção do STJ, em votação unânime, com o propósito de se alinhar ao entendimento do STF, cancelou a Súmula 512 (que atribuía ao tráfico privilegiado a natureza de crime hediondo), adotando a tese, em vigor no STF, de que o tráfico do art. 33, § 4º, da Lei 11.343/2006 não tem natureza hedionda; **B:** correta. De fato, o tráfico de drogas, capitulado no art. 33 da Lei 11.343/2006, é classificado como *crime de ação múltipla* (conteúdo variado ou plurinuclear), isto é, ainda que o agente pratique, no mesmo contexto fático, mais de uma ação típica (cada qual representada por um núcleo), responderá por um único crime (incidência do *princípio da alternatividade*); **C:** incorreta. Segundo tem entendido a jurisprudência e também a doutrina, os crimes do art. 16 da Lei 10.826/2003 (aqui incluído o porte de munição de arma de fogo de uso restrito) são de perigo abstrato; **D:** incorreta. A circunstância judicial denominada

personalidade do agente, contida no art. 59 do CP, se presta, tal como as demais, a concretizar, na primeira fase de fixação da pena, o postulado da individualização; **E:** incorreta, pois contraria o teor da Súmula Vinculante 56: "A falta de estabelecimento penal adequado não autoriza a manutenção do condenado em regime prisional mais gravoso, devendo-se observar, nessa hipótese, os parâmetros fixados no RE 641.320/RS". **ED**

Gabarito "B".

(Delegado/PE – 2016 – CESPE) Se uma pessoa física e uma pessoa jurídica cometerem, em conjunto, infrações previstas na Lei 9.605/1998 – que dispõe sobre as sanções penais e administrativas derivadas de condutas e atividades lesivas ao meio ambiente, e dá outras providências,

(A) as atividades da pessoa jurídica poderão ser totalmente suspensas.

(B) a responsabilidade da pessoa física poderá ser excluída, caso ela tenha sido a coautora das infrações.

(C) a pena será agravada, se as infrações tiverem sido cometidas em sábados, domingos ou feriados.

(D) a pena será agravada, se ambas forem reincidentes de crimes de qualquer natureza.

(E) será vedada a suspensão condicional da pena aplicada.

A: correta, pois reflete o disposto no art. 22, I, da Lei 9.605/1998; **B:** incorreta, já que tal assertiva não encontra respaldo na legislação aplicável à espécie; **C:** incorreta, já que contraria o disposto no art. 15, II, *h*, da Lei 9.605/1998, que estabelece que a agravante somente incidirá na hipótese de o crime ser cometido aos *domingos* ou *feriados*; o *sábado*, portanto, não foi contemplado; **D:** incorreta, na medida em que a pena somente será agravada, em conformidade com o que estabelece o art. 15, I, da Lei 9.605/1998, se a reincidência se der pela prática de crimes ambientais; **E:** incorreta. Isso porque o art. 16 da Lei 9.605/1998 prevê a possibilidade de concessão da suspensão condicional da pena (*sursis*) nos casos de condenação a pena privativa de liberdade não superior a *três* anos. Cuidado: o Código Penal, em seu art. 77, *caput*, estabelece prazo diferente (dois anos). **ED**

Gabarito "A".

(Delegado/PE – 2016 – CESPE) Lucas, delegado de polícia de determinado estado da Federação, em dia de folga, colidiu seu veículo contra outro veículo que estava parado em um sinal de trânsito. Sem motivo justo, o delegado sacou sua arma de fogo e executou um disparo para o alto. Imediatamente, Lucas foi abordado por autoridade policial que estava próxima ao local onde ocorrera o fato.

Nessa situação hipotética, a conduta de Lucas poderá ser enquadrada como

(A) crime inafiançável.

(B) contravenção penal.

(C) crime, com possibilidade de aumento de pena, devido ao fato de ele ser delegado de polícia.

(D) crime insuscetível de liberdade provisória.

(E) atípica, devido ao fato de ele ser delegado de polícia.

Ao efetuar disparo de arma de fogo para o alto, em via pública, sem motivo plausível, Lucas, delegado de polícia, deverá ser responsabilizado pelo crime do art. 15 da Lei 10.826/2003 (Estatuto do Desarmamento), com incidência da causa de aumento prevista no art. 20 do mesmo diploma. De ver-se que este crime, a despeito da previsão contida no art. 15, parágrafo único, do Estatuto do Desarmamento, não é inafiançável. Isso porque o STF considerou tal dispositivo

8. LEGISLAÇÃO PENAL EXTRAVAGANTE

inconstitucional (ADI 3.112-DF, Pleno, rel. Min. Ricardo Lewandowski, 02.05.2007). ED
Gabarito "C".

(Delegado/PE – 2016 – CESPE) Sebastião, Júlia, Caio e Marcela foram indiciados por, supostamente, terem se organizado para cometer crimes contra o Sistema Financeiro Nacional. No curso do inquérito, Sebastião e Júlia, sucessivamente com intervalo de quinze dias, fizeram acordo de colaboração premiada.

Nessa situação hipotética, no que se refere à colaboração premiada,

(A) nos depoimentos que prestarem, Sebastião e Júlia terão direito ao silêncio e à presença de seus defensores.

(B) o MP poderá não oferecer denúncia contra Sebastião, caso ele não seja o líder da organização criminosa.

(C) o MP poderá não oferecer denúncia contra Júlia, ainda que a delação de Sebastião tenha sido a primeira a prestar efetiva colaboração.

(D) Sebastião e Júlia poderão ter o benefício do perdão judicial, independentemente do fato de as colaborações terem ocorrido depois de sentença judicial.

(E) o prazo para o oferecimento da denúncia em relação aos delatores poderá ser suspenso pelo período, improrrogável, de até seis meses.

A: incorreta, uma vez que contraria o disposto no art. 4º, § 14º, da Lei 12.850/2013 (Organização Criminosa), que estabelece que, nos depoimentos que prestar, o colaborador renunciará, na presença de seu defensor, ao direito ao silêncio e estará sujeito ao compromisso legal de dizer a verdade. Afinal, que sentido teria conceder àquele que deseja colaborar o direito de permanecer calado? Ou uma coisa ou outra: ou colabora e fala ou não colabora, neste caso podendo invocar seu direito ao silêncio; B: correta, nos termos do art. 4º, § 4º, I, da Lei 12.850/2013; C: incorreta, pois contraria o disposto no art. 4º, § 4º, II, da Lei 12.850/2013; D: incorreta, já que, neste caso, a pena poderá ser reduzida até a metade ou será admitida a progressão de regime ainda que ausentes os requisitos legais (art. 4º, § 5º, da Lei 12.850/2013); E: incorreta, já que em desacordo com o art. 4º, § 3º, da Lei 12.850/2013, que permite, neste caso, uma prorrogação por igual período. ED
Gabarito "B".

(Delegado/PE – 2016 – CESPE) A respeito da legislação penal extravagante brasileira, assinale a opção correta.

(A) Não constitui crime de abuso de autoridade a conduta, consumada ou tentada, de violação de domicílio, fora das hipóteses constitucionais e legais de ingresso em casa alheia, quando praticada por delegado de polícia, uma vez que este está amparado pelo estrito cumprimento do dever legal, como causa legal de exclusão de ilicitude da conduta típica.

(B) O direito penal econômico visa tutelar os bens jurídicos de interesse coletivo e difuso, coibindo condutas que lesem ou que coloquem em risco o regular funcionamento do sistema econômico-financeiro, podendo estabelecer como crime ações contra o meio ambiente sustentável.

(C) Agente absolvido de crime antecedente de tráfico de drogas, em razão de o fato não constituir infração penal, ainda poderá ser punido pelo crime de branqueamento de capitais, uma vez que a absolvição daquele crime precedente pela atipicidade não tem

o condão de afastar a tipicidade do crime de lavagem de dinheiro.

(D) Segundo entendimento do STJ, o crime de porte ilegal de arma de fogo é delito de perigo abstrato, considerando-se típica a conduta de porte de arma de fogo completamente inapta a realizar disparos e desmuniciada, ainda que comprovada a inaptidão por laudo pericial.

(E) Para o STF, haverá crime contra a ordem tributária, ainda que esteja pendente de recurso administrativo que discuta o débito tributário em procedimento fazendário específico, haja vista independência dos poderes.

A: incorreta, uma vez que, fora das hipóteses constitucionais e legais de ingresso em domicílio alheio (art. 5º, XI, da CF e art. 150 do CP), a conduta, praticada por delegado de polícia, consistente em violar domicílio alheio configura, sim, o delito de abuso de autoridade, na modalidade prevista no art. 3º, b, da Lei 4.898/1965. Não há que se cogitar, dessa forma, a ocorrência de estrito cumprimento de dever legal; falar-se-ia dessa modalidade de causa de exclusão da ilicitude na hipótese, por exemplo, de prisão em flagrante feita por delegado de polícia ou agentes policiais (neste caso, a lei impõe à autoridade policial e seus agentes que, diante de situação de flagrante, efetue a prisão). Outro exemplo é a violação de domicílio levada a efeito pela polícia ou por oficial de Justiça, desde que, é claro, tal se dê por força de ordem de busca e apreensão; B: correta, pois faz referência, de forma sucinta, ao objeto de proteção das normas de direito penal econômico; C: incorreta, uma vez que a configuração do crime de lavagem de dinheiro tem como pressuposto a ocorrência de infração penal antecedente (art. 1º, caput, da Lei 9.613/1998); à evidência, na hipótese de o agente ao qual se imputa o delito de lavagem de dinheiro ser absolvido da prática do crime antecedente, a imputação do delito de lavagem de dinheiro restará, por óbvio, esvaziada. Em outros termos, a ausência da infração penal antecedente afasta a tipicidade do crime de lavagem de dinheiro; D: incorreta. Conferir: "1. A Terceira Seção desta Corte pacificou entendimento no sentido de que o tipo penal de posse ou porte ilegal de arma de fogo cuida-se de delito de mera conduta ou de perigo abstrato, sendo irrelevante a demonstração de seu efetivo caráter ofensivo. 2. Na hipótese, contudo, em que demonstrada por laudo pericial a total ineficácia da arma de fogo (inapta a disparar) e das munições apreendidas (deflagradas e percutidas), deve ser reconhecida a atipicidade da conduta perpetrada, diante da ausência de afetação do bem jurídico incolumidade pública, tratando-se de crime impossível pela ineficácia absoluta do meio. 3. Recurso especial improvido" (REsp 1451397/MG, Rel. Ministra Maria Thereza de Assis Moura, Sexta Turma, julgado em 15.09.2015, DJe 01.10.2015); E: incorreta, já que contraria o entendimento consolidado na Súmula Vinculante 24: "Não se tipifica crime material contra a ordem tributária, previsto no art. 1º, I a IV, da Lei 8.137/1990, antes do lançamento definitivo do tributo. ED
Gabarito "B".

(Delegado/BA – 2016.2 – Inaz do Pará) A Lei 9.296/1996 versa sobre Transcrição das conversas gravadas. Contudo, precedentes lógicos e legais admitem que os áudios possam ser Degravados. Sendo assim, sobre degravação é possível afirmar:

(A) É uma descrição integral do diálogo.

(B) O analista pode colocar qualquer informação que ache conveniente para investigação em uma degravação.

(C) É um resumo, uma narrativa do diálogo interceptado, é um breve histórico dos acontecimentos e fatos acontecidos. Pode conter partes integrais da conversa e trazer uma análise da conjuntura da operação.

(D) Não é realizada qualquer análise ou contextualização das informações colhidas no áudio.

(E) NRA.

Segundo vem entendendo o STJ, não é necessária a transcrição na íntegra dos diálogos travados entre os interlocutores. Verificar: HC 112.993-ES, 6ª T., rel. Min. Maria Thereza de Assis Moura, 16.03.2010. Também nesse sentido: "Recurso ordinário em *habeas corpus*. Associação para o tráfico. Disponibilização integral das mídias das escutas telefônicas. Alegada ausência de acesso às interceptações telefônicas. Transcrição parcial constante nos autos desde o oferecimento da denúncia. Transcrição integral. Desnecessidade. Constrangimento ilegal. Não ocorrência. Nulidade. Inexistência. Recurso a que se nega provimento. 1. As mídias das interceptações telefônicas foram disponibilizadas, na íntegra, à Defesa, razão pela qual não há falar em nulidade, inexistindo, portanto, constrangimento ilegal a ser sanado. 2. A cópia das transcrições parciais das interceptações telefônicas constantes dos relatórios da autoridade policial foram disponibilizadas à Defesa desde o oferecimento da exordial acusatória. 3. É pacífico o entendimento nos tribunais superiores no sentido de que é prescindível a transcrição integral do conteúdo da quebra do sigilo das comunicações telefônicas, somente sendo necessária, a fim de se assegurar o exercício da garantia constitucional da ampla defesa, a transcrição dos excertos das escutas que serviram de substrato para o oferecimento da denúncia. 4. Recurso ordinário a que se nega provimento" (STJ, RHC 27.997, 6ª T., rel. Min. Maria Thereza de Assis Moura, *DJ* 19.09.2013). **ED**

Gabarito "C".

(Delegado/BA – 2016.2 – Inaz do Pará) Das afirmativas a seguir, qual não faz parte da Lei 9.296/1996?

(A) "Prescreve que a Interceptação Telefônica, de Informática e Telemática, somente poderão ser utilizadas em casos de Investigação Criminal e em Instrução Processual Penal e dependerá de ordem de um Juiz competente da ação principal e correrá sobre segredo de justiça".

(B) "O Juiz deverá Decidir de forma fundamentada, sob pena de nulidade; prazo limite de 15 dias, podendo ser prorrogado por igual período se comprovada a indispensabilidade do meio de prova".

(C) "Constitui crime realizar interceptação de comunicações telefônicas, de informática ou telemática, ou quebrar segredo da Justiça, sem autorização judicial ou com objetivos não autorizados em lei".

(D) "Não será permitido Interceptação Telefônica quando: a prova puder ser feita por outros meios disponíveis".

(E) "é inviolável o sigilo da correspondência e das comunicações telegráficas, de dados e das comunicações telefônicas, salvo, no último caso, por ordem judicial, nas hipóteses e na forma que a lei estabelecer para fins de investigação criminal ou instrução processual penal".

A: correta (art. 1º, *caput*, da Lei 9.296/1996); **B:** correta (art. 5º da Lei 9.296/1996); **C:** correta (art. 10 da Lei 9.296/1996); **D:** (art. 2º, II, da Lei 9.296/1996); **E:** incorreta (deve ser assinalada), já que se trata de dispositivo contido na Constituição Federal, em seu o art. 5º, XII. **ED**

Gabarito "E".

(Delegado/BA – 2016.2 – Inaz do Pará) No tocante as interceptações telefônicas, telemática e de imagem para prova em investigação criminal, na forma da Lei 9.296/1996 e da Instrução Normativa 01/2013 GDG, pode-se afirmar, excetuando-se.

(A) Precedem de decisão judicial e correrão em autos apartados, não devendo constar nos autos principais, em virtude da exigência legal de sigilo.

(B) Deverá conter a demonstração de que sua realização é necessária à apuração da infração penal investigada.

(C) As interceptações solicitadas pelas unidades da Polícia Civil serão operacionalizadas pelo Departamento de Inteligência da Polícia Civil- DIP.

(D) Deverá constar a qualificação dos investigados ou justificar a impossibilidade de fazê-lo.

(E) Deferida a medida, deverá Autoridade Policial dar ciência ao representante do Ministério Público, juntando aos Autos pelo Escrivão de Polícia, cópia autenticada do respectivo ofício de ciência.

A: correta, uma vez que em conformidade com o disposto nos arts. 1º e 8º da Lei 9.296/1996 e 86 da Instrução Normativa 1, de 17 de abril de 2013, editada pelo Delegado-Geral da Polícia Civil do Estado da Bahia; **B:** correta, pois em conformidade com o disposto nos arts. 4º, *caput*, da Lei 9.296/1996 e 87 da Instrução Normativa 1, de 17 de abril de 2013, editada pelo Delegado-Geral da Polícia Civil do Estado da Bahia; **C:** incorreta, devendo ser assinalada, já que não corresponde ao que estabelece o 88 da Instrução Normativa 1, de 17 de abril de 2013, editada pelo Delegado-Geral da Polícia Civil do Estado da Bahia; **D:** correta, já que em conformidade com o disposto nos arts. 2º, parágrafo único, da Lei 9.296/1996 e 87, II, da Instrução Normativa 1, de 17 de abril de 2013, editada pelo Delegado-Geral da Polícia Civil do Estado da Bahia; **E:** correta, uma vez que em conformidade com o disposto nos arts. 6º da Lei 9.296/1996 e 88.1, IV, da Instrução Normativa 1, de 17 de abril de 2013, editada pelo Delegado-Geral da Polícia Civil do Estado da Bahia. **ED**

Gabarito "C".

(Delegado/PE – 2016 – CESPE) O brasileiro nato, maior e capaz, que pratica vias de fato contra outro brasileiro nato

(A) será considerado reincidente, caso tenha sido condenado, em território estrangeiro, por contravenção penal.

(B) poderá ser condenado a penas de reclusão, de detenção e de multa.

(C) responderá por contravenção penal no Brasil, ainda que a conduta tenha sido praticada em território estrangeiro.

(D) responderá por contravenção, na forma tentada, se tiver deixado de praticar o ato por circunstâncias alheias a sua vontade.

(E) responderá por contravenção penal e, nesse caso, a ação penal é pública incondicionada.

A: incorreta, pois não reflete a regra presente no art. 7º do Decreto-lei 3.688/1941 (Lei das Contravenções Penais); **B:** incorreta, já que as penas previstas ao agente que pratica contravenção penal são *prisão simples* e *multa*; **C:** incorreta. À luz do que estabelece o art. 2º do Decreto-lei 3.688/1941 (Lei das Contravenções Penais), a lei brasileira somente incidirá à contravenção praticada em território nacional. Em outras palavras, às contravenções penais não se aplica a extraterritorialidade, regra que, como bem sabemos, não se aplica aos crimes, em relação aos tem lugar a extraterritorialidade (art. 7º, CP); **D:** incorreta, vez que a tentativa de contravenção, por força do que dispõe o art. 4º da LCP, não é punível; **E:** correta, nos termos do art. 17 da LCP. **ED**

Gabarito "E".

(Analista Jurídico –TCE/PA – 2016 – CESPE) Com base no disposto na Lei n.º 1.079/1950, no Decreto-lei n.º 201/1967 e

8. LEGISLAÇÃO PENAL EXTRAVAGANTE

na jurisprudência dos tribunais superiores, julgue os seguintes itens.

(1) É coautor de crime de responsabilidade praticado por prefeitos o vereador que se utiliza indevidamente de veículo do município cedido pelo prefeito e se envolve em sinistro, causando considerável prejuízo ao erário público.

(2) O cometimento de crime de responsabilidade de prefeito consistente em deixar de cumprir ordem judicial individualizada e diretamente a ele dirigida depende da presença de dolo preordenado revelador de desprezo institucional para com a administração da justiça.

(3) Inexiste crime de responsabilidade se o acusado, no momento do oferecimento da denúncia, não mais exerce o cargo que exercia quando cometeu ilícito previsto na Lei n.º 1.079/1950, mesmo que permaneça no exercício de outra função pública.

1: incorreta. Quanto à possibilidade de o vereador figurar como coautor nos crimes definidos no art. 1º do Decreto-lei 201/1967, conferir o julgado do STF: "(...) 3. *In casu*, o paciente, prefeito municipal, foi denunciado pela suposta prática do crime de responsabilidade descrito no art. 1º, inc. II, do decreto-lei 201/1967, por ceder, para uso indevido de vereador de sua base de sustentação, veículo do município, que restou sinistrado, causando considerável prejuízo ao erário. 4. A alegação de ausência de autoria, objetivando o trancamento da ação penal, demanda aprofundado reexame de fatos e provas, insuscetível em *habeas corpus*. 5. A ausência de denúncia de suposto coautor, matéria inerente à prova, não revela *prima facie* violação do princípio da indisponibilidade da ação penal. 6. O princípio da indisponibilidade da ação penal não se aplica na hipótese de crime próprio, por isso que o sujeito ativo do crime de responsabilidade é o prefeito ou quem, em virtude de substituição, nomeação ou indicação, esteja no exercício das funções de chefe do Executivo Municipal. Os delitos referidos no art. 1º do Dec.-lei 201/67 só podem ser cometidos por prefeito, em razão do exercício do cargo ou por quem, temporária ou definitivamente, lhe faça as vezes. Assim, o presidente da Câmara Municipal, ou os vereadores, ou qualquer servidor do Município não podem ser sujeito ativo de nenhum daqueles crimes, a não ser como copartícipe (Leis Penais Especiais e sua Interpretação Jurisprudencial, coordenação Alberto Silva Franco e Rui Stocco, 7ª ed. revista, atualizada e ampliada, São Paulo: Ed. Revista dos Tribunais, 2002, p. 2.690)" (RHC 107675, Relator(a): Min. LUIZ FUX, Primeira Turma, julgado em 27.09.2011); **2:** correta. Segundo o STF, "para a perfectibilização do tipo penal do artigo 1º, XIV, segunda parte, do Decreto-Lei 201/67 exige-se dolo preordenado em descumprir uma ordem judicial individualizada e diretamente dirigida ao Prefeito, a revelar menoscabo e desprezo institucional para com a administração da justiça. 2. Conduta dolosa que não se configura no caso concreto, uma vez inexistente prova da cientificação do Prefeito quanto à ordem alegadamente descumprida, seja pessoalmente ou por outros meios inequívocos (...)" (AP 555, Relator(a): Min. ROSA WEBER, Primeira Turma, julgado em 06.10.2015); **3:** correta, pois reflete o que estabelece o art. 15 da Lei 1.079/1950. **ED**

Gabarito 1E, 2C, 3C

(Analista Jurídico – TCE/PR – 2016 – CESPE) No que se refere ao acordo de leniência no caso de prática de atos ilícitos previstos na Lei n.º 12.846/2013, assinale a opção correta.

(A) A celebração do acordo de leniência interrompe o prazo prescricional dos atos ilícitos previstos na Lei n.º 12.846/2013.

(B) A celebração do acordo de leniência poderá reduzir em até dois terços o valor a ser pago a título de reparação dos danos causados pela pessoa jurídica responsável pelo ato ilícito.

(C) A propositura e a celebração desse tipo de acordo são de competência exclusiva do Ministério Público no âmbito do inquérito civil ou durante o processamento de ação civil pública.

(D) Tal acordo poderá ser celebrado com a pessoa jurídica que aceitar cooperar plenamente com a apuração do ato ilícito, ainda que ela não tenha admitido a sua participação na infração investigada.

(E) A rejeição da proposta de acordo de leniência pela pessoa jurídica investigada implicará a confissão e o reconhecimento da prática do ato ilícito em apuração.

A: correta, pois em conformidade com o teor do art. 16, § 9º, da Lei 12.846/2013; **B:** incorreta, pois não reflete o que estabelece o art. 16, §§ 2º e 3º, da Lei 12.846/2013; **C:** incorreta, pois não reflete o que estabelece o art. 16, § 10, da Lei 12.846/2013; **D:** incorreta, pois não reflete o que estabelece o art. 16, § 1º, III, da Lei 12.846/2013; **E:** incorreta, pois não reflete o que estabelece o art. 16, § 7º, da Lei 12.846/2013.

Gabarito "A"

(Analista Jurídico – TCE/PR – 2016 – CESPE) De acordo com o Decreto-lei n.º 201/1967 e a jurisprudência dos tribunais superiores, assinale a opção correta.

(A) O prazo prescricional referente à pena de perda do cargo decorrente de condenação definitiva de prefeito por crime de responsabilidade previsto no Decreto-lei n.º 201/1967 é distinto do prazo prescricional previsto para a pena privativa de liberdade aplicada ao condenado pelo mesmo crime.

(B) Para a configuração de crime de responsabilidade previsto no Decreto-lei n.º 201/1967, é imprescindível que o desvio de rendas públicas tenha ocorrido em proveito do próprio prefeito.

(C) É imprescindível a autorização da respectiva câmara municipal para o julgamento, perante o Poder Judiciário, dos acusados da prática dos crimes de responsabilidade previstos no Decreto-lei n.º 201/1967.

(D) O prefeito que emprega rendas públicas em proveito próprio para a realização de propagandas autopromocionais comete o crime de peculato-uso.

A: correta. Na jurisprudência do STJ: "(...) As penas de perda do cargo e de inabilitação para o exercício de cargo ou função pública, previstas no art. 1.º, § 2.º, do Decreto-Lei n.º 201/67, são autônomas em relação à pena privativa de liberdade, sendo distintos os prazos prescricionais" (REsp 945.828/PR, Rel. Ministra LAURITA VAZ, QUINTA TURMA, julgado em 28.09.2010, DJe 18.10.2010); **B:** incorreta, uma vez que o crime de responsabilidade consistente em desviar bens ou rendas públicas, previsto no art. 1º, I, do Decreto-lei 201/1967, configura-se ainda que a conduta praticada seja *em proveito alheio*; **C:** incorreta, pois não retrata o que estabelece o art. 1º, *caput*, do Decreto-lei 201/1967: o julgamento, perante o Poder Judiciário, dos acusados da prática dos crimes de responsabilidade previstos no Decreto-lei 201/1967 não está condicionado à autorização da respectiva câmara municipal; **D:** incorreta. Segundo o STF, "o emprego de rendas públicas em proveito próprio, com realização de propagandas autopromocionais, não caracteriza o peculato-uso, cuja atipicidade é reconhecida pela doutrina e pela jurisprudência, mas no qual não há intuito de apropriação que somente se caracteriza quando estão envolvidos bens fungíveis (...)" (AP 432, Relator(a): Min. LUIZ FUX, Tribunal Pleno, julgado em 10.10.2013). **ED**

Gabarito "A"

(Juiz de Direito/DF – 2016 – CESPE) No tocante à jurisprudência sumulada pelo STJ quanto ao direito penal, assinale a opção correta.

(A) A extinção da punibilidade pela prescrição da pretensão punitiva, com fundamento em pena hipotética, é admitida, independentemente da existência ou do resultado do processo penal.

(B) Fixada a pena-base no mínimo legal, a decisão, fundamentada na gravidade abstrata do delito, poderá estabelecer ao sentenciado regime prisional mais gravoso do que o cabível em razão da sanção imposta.

(C) A contagem do prazo para a progressão de regime de cumprimento de pena será interrompida pela prática de falta grave e se reiniciará a partir do cometimento dessa infração.

(D) A falta grave interrompe o prazo para a obtenção de livramento condicional.

(E) A prática de falta grave interrompe o prazo para o fim de comutação de pena ou indulto.

A: incorreta. A proposição refere-se à chamada prescrição *antecipada* ou *virtual*, *assim considerada* aquela baseada na pena que seria, em tese, aplicada ao réu em caso de condenação. Grande parte da jurisprudência rechaça tal modalidade de prescrição, na medida em que implica verdadeiro prejulgamento (o juiz estaria se utilizando de uma pena ainda não aplicada). Consolidando tal entendimento, o STJ editou a Súmula 438, segundo a qual não se admite a prescrição baseada em pena hipotética; **B:** incorreta, uma vez que não reflete o entendimento consolidado na Súmula 440, do STJ: *Fixada a pena-base no mínimo legal, é vedado o estabelecimento de regime prisional mais gravoso do que o cabível em razão da sanção imposta, com base apenas na gravidade abstrata do delito*; **C:** correta, pois em conformidade com o entendimento constante da Súmula 534, do STJ: *A prática de falta grave interrompe a contagem do prazo para a progressão de regime de cumprimento de pena, o qual se reinicia a partir do cometimento dessa infração*; **D:** incorreta. Súmula 441, do STJ: *A falta grave não interrompe o prazo para a obtenção de livramento condicional*; **E:** incorreta. Súmula 535, do STJ: *A prática de falta grave não interrompe o prazo para o fim de comutação de pena ou indulto.* **ED**

„Gabarito "C".

(Analista Judiciário – TRT/8ª – 2016 – CESPE) Considerando a jurisprudência do Superior Tribunal de Justiça relativamente a crimes contra a administração pública e de lavagem de dinheiro, assinale a opção correta.

(A) A conduta pautada no oferecimento de propina a policiais militares com o objetivo de safar-se de prisão em flagrante insere-se no âmbito da autodefesa, de modo que não deve ser tipificada como crime de corrupção ativa.

(B) No crime de lavagem ou ocultação de bens, direitos e valores, para se tipificar a conduta praticada, é necessário que os bens, direitos ou valores provenham de crime anterior e que o agente já tenha sido condenado judicialmente pelo crime previamente cometido.

(C) O agente não integrante dos quadros da administração pública não pode ser sujeito ativo do crime de concussão.

(D) A perda do cargo público, quando a pena privativa de liberdade for estabelecida em tempo inferior a quatro anos, apenas pode ser decretada como efeito da condenação quando o crime for cometido com abuso de poder ou com violação de dever para com a administração pública.

(E) A conduta no crime de corrupção ativa, por se tratar de crime material, apenas deve ser tipificada caso haja o efetivo pagamento de propina ao servidor público, mesmo que o agente não tenha obtido a vantagem pretendida.

A: incorreta. Aquele que oferece vantagem indevida a policiais militares para se ver livre de prisão em flagrante incorre nas penas do crime de corrupção ativa (art. 333, CP), não havendo que se falar, aqui, no exercício de autodefesa. Conferir o seguinte julgado do STF, do qual, ao que parece, foi extraída a proposição: "(…) Revela-se totalmente inconcebível a tese sustentada na impetração, no sentido de que o oferecimento de propina a policiais militares, com vistas a evitar a prisão em flagrante, caracterizaria autodefesa, excluindo a prática do delito de corrupção ativa, uma vez que tal garantia não pode ser invocada para fins de legitimar práticas criminosas. Precedente do STF (…)" (HC 249.086/SP, Rel. Ministro JORGE MUSSI, QUINTA TURMA, julgado em 09.09.2014, *DJe* 15.09.2014); **B:** incorreta. É despicienda, para a tipificação do crime de lavagem de dinheiro, a condenação do agente pelo cometimento da infração penal (crime e contravenção penal) antecedente. Segundo reza o art. 2º, II, da Lei 9.613/1998, "o processo e julgamento dos crimes previstos nesta Lei: II – independem do processo e julgamento das infrações penais antecedentes, ainda que praticados em outro país (…)". Basta, pois, a existência de prova de que a infração penal antecedente ocorreu (materialidade da infração); **C:** incorreta. A qualidade de "funcionário público" constitui elementar do crime de concussão. Estabelece o art. 30 do CP que as elementares se comunicam aos partícipes, desde que sejam de conhecimento destes. Assim, se o crime de concussão é praticado por um funcionário em concurso com quem não integra os quadros do funcionalismo, ambos responderão pelo crime do art. 316, *caput*, do CP. É dizer, a condição de caráter pessoal, por ser elementar do crime, comunica-se ao coautor e ao partícipe; **D:** correta. No que toca à perda do cargo, função pública ou mandato eletivo como efeito secundário de natureza extrapenal da condenação, há duas situações a considerar: se a pena privativa de liberdade aplicada for superior a quatro anos, é de rigor a perda do cargo, função ou mandato eletivo, pouco importando, neste caso, se a conduta do funcionário foi praticada com abuso de poder ou com violação de dever inerente à função pública (art. 92, I, "b", do CP); agora, se a pena privativa de liberdade aplicada for inferior a quatro (é o caso desta assertiva), a perda do cargo, função pública ou mandato eletivo do agente somente se dará se este houver agido, na prática criminosa, com abuso de poder ou violação de deveres para com a Administração Pública (art. 92, I, "a", do CP). Nas duas hipóteses, cuida-se de efeito não automático da condenação, exigindo, portanto, declaração motivada na sentença (art. 92, parágrafo único, do CP); **E:** incorreta, na medida em que se trata de crime *formal* (e não *material*), em que a consumação se opera no momento em que a oferta ou promessa chega ao conhecimento do funcionário público; a entrega da propina, portanto, se houver, não é necessária à concretização do tipo penal. **ED**

„Gabarito "D".

9. EXECUÇÃO PENAL

Eduardo Dompieri

1. TRABALHO DO PRESO

(Promotor de Justiça/PR – 2019 – MPE/PR) Sobre o trabalho do preso, analise as assertivas abaixo e assinale a alternativa **correta:**

(A) O condenado à pena privativa de liberdade e o preso provisório estão obrigados ao trabalho, na medida de suas aptidões e capacidades.

(B) O trabalho do preso, como dever social e condição de dignidade humana, terá finalidade educativa e produtiva, será remunerado e está sujeito à Consolidação das Leis Trabalhistas.

(C) É possível a execução indireta das atividades desenvolvidas nos estabelecimentos prisionais, relacionadas à realização de trabalho pelo preso.

(D) Não será computado para fins de remição da pena o tempo em que o preso ficou impossibilitado de prosseguir no trabalho, por motivo de acidente.

(E) A realização de trabalho externo depende da autorização da direção do estabelecimento penal, além do cumprimento mínimo de 1/6 (um sexto da pena), considerando o tempo da prisão preventiva e da pena no regime fechado.

A: incorreta, dado que o trabalho obrigatório somente alcança o preso condenado à pena privativa de liberdade; para o preso provisório, portanto, o trabalho é facultativo (art. 31, LEP); **B:** incorreta, já que o trabalho do preso, a despeito de ser remunerado, não se sujeita, a teor do art. 28, § 2º, da LEP, ao regime da Consolidação das Leis do Trabalho; **C:** correta (art. 83-A, II, da LEP); **D:** incorreta, uma vez que contraria o disposto no art. 126, § 4º, da LEP; **E:** incorreta, já que não reflete o disposto no art. 37, *caput*, da LEP. **ED**
Gabarito "C".

(Investigador – PC/BA – 2018 – VUNESP) A Lei de Execução Penal adotou o instituto da remição, que é o desconto de 1 (um) dia da pena por 3 (três) dias trabalhados pelo condenado. Diante das normas legais a respeito do assunto, constata-se que

(A) uma vez realizado o trabalho, não pode fato posterior suprimir o direito à remição.

(B) o cometimento de falta grave pode acarretar a revogação de até 1/6 (um sexto) dos dias remidos.

(C) o cometimento de falta média ou grave pode acarretar a revogação total dos dias remidos.

(D) o cometimento de falta grave pode acarretar a revogação de até 1/2 (metade) dos dias remidos.

(E) o cometimento de falta grave pode acarretar a revogação de até 1/3 (um terço) dos dias remidos.

Em vista das alterações implementadas na LEP pela Lei 12.433/2011, estabeleceu-se, no caso de cometimento de falta grave, uma proporção máxima em relação à qual poderá se dar a perda dos dias remidos. Assim, diante da prática de falta grave, poderá o juiz, em vista da nova redação do art. 127 da LEP, revogar no máximo 1/3 do tempo remido, devendo a contagem recomeçar a partir da data da infração disciplinar. Antes disso, o condenado perdia os dias remidos na sua totalidade. **ED**
Gabarito "E".

(Defensor Público – DPE/PR – 2017 – FCC) Irany, que trabalha como motorista de táxi, cumpre pena em regime aberto. Neste caso,

(A) os horários do trabalho de Irany não precisam ser levados em consideração na fixação das condições do regime.

(B) o exercício do trabalho lícito, devidamente comprovado, garante a Irany o direito à remição, ainda que seja como trabalhadora autônoma.

(C) há hipóteses legais em que Irany pode ser dispensada da comprovação do exercício do trabalho.

(D) pode ser-lhe imposta como condição especial a prestação de serviço comunitário.

(E) cumprindo pena na modalidade domiciliar, Irany não depende de autorização judicial para se ausentar da cidade onde reside.

A: incorreta, dado que o juiz, ao conceder o regime aberto, estabelecerá em que horários o albergado deverá sair para o trabalho e retornar à Casa do Albergado (art. 115, II, LEP); **B:** incorreta, uma vez que a remição pelo trabalho somente é possível nos regimes fechado e semiaberto (art. 126, *caput*, da LEP); no regime aberto, a remição pelo trabalho, portanto, não é possível, já que a atividade laborativa é condição imposta ao condenado para que permaneça nesse regime; agora, embora não caiba, no regime aberto, a remição pelo trabalho, é possível a remição pelo estudo (art. 126, § 6º, da LEP); **C:** correta, pois reflete o disposto no art. 114, parágrafo único, da LEP; **D:** incorreta. A Súmula n. 493 do Superior Tribunal de Justiça consagrou o entendimento no sentido de que não podem ser aplicadas as penas substitutivas do art. 44 do CP como condição para a ida do condenado ao regime aberto. Conferir: "É inadmissível a fixação de pena substitutiva (art. 44 do CP) como condição especial ao regime aberto". Nesse sentido: "*Habeas corpus*. Execução penal. Furto qualificado. Conversão das penas restritivas de direitos em privativa de liberdade. Imposição de condições especiais para a concessão do regime inicial aberto. Observância da Súmula 493 desta corte. Medidas previstas no art. 115 da Lei 7.210/1984. Possibilidade. *Habeas corpus* parcialmente concedida. 1. Nos termos da Súmula 493 desta Corte, "[é] inadmissível a fixação de pena substitutiva (art. 44 do CP) como condição especial ao regime aberto." É permitida, todavia, a imposição de medidas especiais constantes do art. 115 da Lei 7.210/1984. 2. Ordem de *habeas corpus* parcialmente concedida para que sejam afastadas, como condições especiais ao regime aberto, quaisquer das penas restritivas de direitos previstas no art. 43 do Código Penal" (HC 201101288995, Laurita Vaz – Quinta Turma, *DJE* 30.04.2013); **E:** incorreta (art. 115, III, LEP). **ED**
Gabarito "C".

(Defensor Público – DPE/BA – 2016 – FCC) Sobre o trabalho e o estudo dos apenados, bem como acerca da remição, é correto afirmar:

(A) O condenado que usufrui liberdade condicional poderá remir, pela frequência a curso de ensino

EDUARDO DOMPIERI

regular ou de educação profissional, parte do tempo do período de prova.

(B) Se o preso restar impossibilitado de prosseguir no trabalho, por acidente no local do labor, não poderá continuar a se beneficiar com a remição enquanto perdurar o afastamento.

(C) O trabalho externo, segundo a Lei de Execuções Penais, é permitido apenas aos presos dos regimes semiaberto e aberto.

(D) O trabalho interno é obrigatório para os presos definitivos e provisórios.

(E) O tempo a remir pelas horas de estudo será acrescido de 1/2 no caso de conclusão do ensino fundamental durante o cumprimento da pena, desde que a conclusão seja certificada pelo órgão competente do sistema de educação.

A: correta (art. 126, § 6º, da LEP); **B:** incorreta. Ao contrário do que se afirma na alternativa, *o preso impossibilitado, por acidente, de prosseguir no trabalho ou nos estudos continuará a beneficiar-se com a remição;* **C:** incorreta, já que o trabalho externo, por expressa disposição do art. 36, *caput*, da LEP, também é permitido ao preso que se encontra em cumprimento de pena no regime fechado, desde que em serviço ou obras públicas; **D:** incorreta. Segundo o art. 31, parágrafo único, da LEP, *para o preso provisório, o trabalho não é obrigatório e só poderá ser executado no interior do estabelecimento;* **E:** incorreta, uma vez que deverá incidir, neste caso, a fração correspondente a *um terço*, e não *metade*, tal como reza o art. 126, § 5º, da LEP. **ED**
Gabarito "A".

(Defensor Público – DPE/RN – 2016 – CESPE) Acerca do trabalho do condenado e da remição, assinale a opção correta segundo a LEP e o entendimento do STJ.

(A) O STJ sedimentou o entendimento de que é vedado o trabalho extramuros ao condenado em regime fechado, mesmo mediante escolta.

(B) Aquele que estiver cumprindo pena privativa de liberdade ou que estiver preso provisoriamente será obrigado a trabalhar na medida de suas aptidões e capacidade.

(C) A decisão que concede a remição na execução penal tem caráter meramente declaratório. Assim, o abatimento dos dias trabalhados do restante da pena a cumprir fica subordinado à ausência de posterior punição pela prática de falta grave.

(D) A remição, cuja aplicação restringe-se exclusivamente ao trabalho interno, é uma recompensa àqueles que procedem corretamente e uma forma de abreviar o tempo de condenação, estimulando o próprio apenado a buscar atividades laboratiais lícitas e educacionais durante o seu período de encarceramento.

(E) O condenado que executar tarefas como prestação de serviço à comunidade deverá ser remunerado mediante prévia tabela, não podendo sua remuneração ser inferior a um salário mínimo.

A: incorreta. A teor dos arts. 34, § 3º, do CP e 36, *caput*, da LEP (Lei 7.210/1984), o trabalho externo é permitido, sim, ao condenado que cumpre pena em regime fechado, ao condenado que em serviço ou obras públicas; **B:** incorreta. Segundo o art. 31 parágrafo único, da LEP, *para o preso provisório, o trabalho não é obrigatório e só poderá ser executado no interior do estabelecimento;* **C:** correta. De fato, a decisão que concede a remição pelos dias trabalhados é meramente declaratória: o juiz declara remidos os dias de pena (art. 126, § 8º, da LEP); na hipótese de

cometimento de falta grave, o condenado perderá até um terço do tempo remido (art. 127, LEP); **D:** incorreta. O STJ pacificou o entendimento segundo o qual é possível a remição pelo trabalho externo. Consultar: REsp 1381315/RJ, Rel. Ministro Rogerio Schietti Cruz, Terceira Seção, julgado em 13.05.2015, *DJe* 19.05.2015; **E:** incorreta, pois contraria o disposto no art. 30 da LEP: "As tarefas executadas como prestação de serviço à comunidade não serão remuneradas". **ED**
Gabarito "C".

2. DEVERES, DIREITOS E DISCIPLINA DO CONDENADO

(Promotor de Justiça/SP – 2019 – MPE/SP) Quanto aos efeitos da falta grave na execução da pena, interrompe a contagem

(A) do prazo para obtenção de livramento condicional, o qual se reinicia a partir do cometimento dessa infração, a teor da Súmula 441 do STJ.

(B) do prazo para a progressão de regime de cumprimento de pena, o qual se reinicia a partir do cometimento dessa infração, a teor da Súmula 534 do STJ.

(C) do prazo para fim de comutação de pena ou indulto, a teor da Súmula 535 do STJ.

(D) dos prazos para a obtenção de livramento condicional e para fim de comutação de pena ou indulto, a teor das Súmulas 441 e 535 do STJ.

(E) dos prazos para a obtenção de livramento condicional e progressão de regime de cumprimento de pena, os quais se reiniciam a partir do cometimento dessa infração, assim como para fim de comutação de pena ou indulto, a teor das Súmulas 441, 534 e 535 do STJ.

A: incorreta, pois não corresponde ao entendimento firmado na Súmula n. 441 do STJ, *in verbis:* "A falta grave não interrompe o prazo para obtenção de livramento condicional". Atenção: a Lei 13.964/2019, com vigência a partir de 23 de janeiro de 2020 e posterior, portanto, à aplicação desta prova, introduziu novo requisito para a concessão do livramento condicional. Até então, tínhamos que o inciso III do art. 83 do CP continha os seguintes requisitos: comportamento satisfatório no curso da execução da pena; bom desempenho no trabalho atribuído ao reeducando; e aptidão para prover à própria subsistência por meio de trabalho honesto. O que fez a Lei 13.964/2019 foi inserir, neste inciso III, um quarto requisito. Doravante, além de preencher os requisitos contemplados no art. 83 do CP (nos seus cinco incisos), é de rigor que o reeducando, para fazer jus à concessão do livramento, não tenha cometido falta grave nos últimos 12 meses. O inciso III, que passou a abrigar esta modificação, foi fracionado em quatro alíneas ("a", "b", "c" e "d"), cada qual correspondente a um requisito (os três aos quais me referi acima e este novo requisito introduzido pela *novel* lei); **B:** correta, uma vez que em conformidade com o entendimento contido na Súmula 534, do STJ: "A prática de falta grave interrompe a contagem do prazo para a progressão de regime de cumprimento de pena, o qual se reinicia a partir do cometimento dessa infração; **C:** incorreta. Isso porque, segundo a Súmula 535, do STJ, "a prática de falta grave não interrompe o prazo para fim de comutação de pena ou indulto"; **D:** incorreta. Vide comentários acima; **E:** incorreta. Vide comentários acima. **ED**
Gabarito "B".

(Juiz – TJ-SC – FCC – 2017) O regime disciplinar diferenciado, de cumprimento da pena, apresenta as seguintes características:

I. duração máxima de trezentos e sessenta dias, até o limite de um sexto da pena aplicada.

II. recolhimento em cela individual.

9. EXECUÇÃO PENAL   415

III. visitas semanais de duas pessoas, sem contar as crianças, com duração de duas horas.

IV. o preso terá direito à saída da cela por 2 horas diárias para banho de sol.

V. não poderá abrigar presos provisórios.

Está correto o que se afirma APENAS em:

(A) II, III, IV e V.

(B) I, II, III e IV.

(C) III e IV.

(D) I, II e V.

(E) I, III e V.

I: correta, ao tempo em que esta questão foi elaborada, já que em conformidade com o disposto, à época, no art. 52, I, da LEP. A Lei 13.964/2019 alterou o art. 52 da LEP e modificou substancialmente as regras que disciplinam o regime disciplinar diferenciado, a começar pelo prazo de duração, que era de até 360 dias e passou para até dois anos, sem prejuízo de repetição da sanção diante do cometimento de nova falta grave da mesma espécie (art. 52, I, LEP); **II:** correta (art. 52, II, da LEP). Neste caso, a lei nova nada mudou; **III:** correta, pois de acordo com a redação original do art. 52, III, da LEP, que permitia o recebimento de visitas semanais de duas pessoas, sem contar as crianças, com duração de duas horas. Doravante, dada a alteração legislativa promovida neste dispositivo pela Lei 13.964/2019, as visitas, que antes eram semanais, passam a ser quinzenais. Se o interessado for alguém sem vínculo familiar, a visita dependerá de autorização judicial. Segundo o § 6º deste art. 52, a visita será gravada e fiscalizada por agente penitenciário, mediante autorização judicial; **IV:** correta (art. 52, IV, da LEP). Este dispositivo foi alterado pela Lei 13.964/2019, que passou a exigir que a saída para o banho de sol seja feita em grupos de até quatro presos, desde que não haja contato com presos do mesmo grupo criminoso; **V:** incorreta, na medida em que, por expressa previsão contida no art. 52, "caput", da LEP, o regime disciplinar diferenciado alcança tanto o preso condenado em definitivo quanto o provisório. ⬛
Gabarito "B".

(Defensor Público – DPE/ES – 2016 – FCC) Segundo as inspeções em unidades prisionais nas Regras de Mandela, é correto afirmar que

(A) é dispensável a elaboração de relatório escrito após a inspeção em virtude da informalidade que deve reger a atividade.

(B) as inspeções nas unidades prisionais feitas pela própria administração prisional não devem ser realizadas, pois tendem a encobrir irregularidades da própria administração penitenciária.

(C) as inspeções prisionais feitas por órgãos independentes da administração prisional devem contar com profissionais de saúde e buscar uma representação paritária de gênero.

(D) as inspeções devem ser previamente informadas à administração prisional para garantia da segurança dos inspetores.

(E) nas inspeções prisionais não devem ser entrevistados funcionários prisionais, dada a possibilidade de deturpação de informações, que devem ser colhidas por inspetores independentes.

As chamadas *Regras de Mandela* constituem regras mínimas das Nações Unidas para o tratamento de presos. Elaboradas em 1955, foram atualizadas em 22 de maio de 2015, com a incorporação de novas doutrinas de direitos humanos. O objetivo, *grosso modo*, é fornecer subsídios e orientações para transformar o paradigma de encarceramento e reestruturar o modelo hoje em vigor, conferindo

maior efetividade aos direitos dos encarcerados e à sua dignidade. Passemos a analisar o conteúdo de cada alternativa. **A:** incorreta, pois em desacordo com a regra 85, item 1: *Toda inspeção será seguida de um relatório escrito a ser submetido à autoridade competente. Esforços devem ser empreendidos para tornar os relatórios de inspeções externas de acesso público, excluindo se qualquer dado pessoal dos presos, a menos que tenham fornecido seu consentimento explícito*; **B:** incorreta, pois em desacordo com a regra 83, item 1: *Deve haver um sistema duplo de inspeções regulares nas unidades prisionais e nos serviços penais: (a) Inspeções internas ou administrativas conduzidas pela administração prisional central; (b) Inspeções externas conduzidas por órgão independente da administração prisional, que pode incluir órgãos internacionais ou regionais competentes*; **C:** correta, pois reflete a regra 84, item 2: *Equipes de inspeção externa devem ser compostas por inspetores qualificados e experientes, indicados por uma autoridade competente, e devem contar com profissionais de saúde. Deve se buscar uma representação paritária de gênero*; **D:** incorreta, pois contraria o disposto na regra 84, item 1: *Os inspetores devem ter a autoridade para: (...) (b) Escolher livremente qual estabelecimento prisional deve ser inspecionado, inclusive fazendo visitas de iniciativa própria sem prévio aviso, e quais presos devem ser entrevistados*; **E:** incorreta, uma vez que corresponde ao que estabelece a regra 84, item 1: *Os inspetores devem ter a autoridade para: (...) (c) Conduzir entrevistas com os presos e com os funcionários prisionais, em total privacidade e confidencialidade, durante suas visitas.* ⬛
Gabarito "C".

(Defensor Público – DPE/BA – 2016 – FCC) No que toca à disciplina carcerária,

(A) são vedadas, pela Lei de Execuções Penais, as sanções coletivas.

(B) depois da Constituição Federal de 1988, qualquer sanção disciplinar deve contar com homologação judicial, tendo em conta a atuação fiscalizatória do juiz.

(C) a Lei de Execuções Penais especifica de forma taxativa as faltas de natureza grave e média, sendo que remete ao legislador local a especificação das faltas de caráter leve.

(D) a autoridade administrativa poderá decretar o isolamento preventivo do faltoso pelo prazo de até vinte dias.

(E) a submissão de preso ao regime disciplinar diferenciado poderá ser determinada pelo diretor da casa prisional, em caráter emergencial e excepcional, sendo que a decisão deverá ser ratificada pelo juiz no prazo máximo de vinte e quatro horas, contadas da efetivação da medida.

A: correta (art. 45, § 3º, da LEP – Lei 7.210/1984); **B:** incorreta, pois contraria o disposto no art. 54, *caput*, da LEP – Lei 7.210/1984, segundo o qual *as sanções dos incisos I a IV do art. 53 serão aplicadas por ato motivado do diretor do estabelecimento e a do inciso V, por prévio e fundamentado despacho do juiz competente*; **C:** incorreta, já que, por força do que dispõe o art. 49, *caput*, da LEP – Lei 7.210/1984, tanto as faltas disciplinares leves quanto as médias serão especificadas por legislação local; as graves estão elencadas nos arts. 50 e 51, *caput*, da LEP – Lei 7.210/1984; **D:** incorreta. O prazo máximo durante o qual o faltoso poderá permanecer em isolamento preventivo corresponde a 10 dias (e não a 20 dias), conforme estabelece o art. 60, *caput*, da LEP – Lei 7.210/1984; **E:** incorreta, já que a inclusão do preso em regime disciplinar diferenciado (RDD) somente se poderá dar por decisão *prévia* e fundamentada do juiz competente, tal como estabelece o art. 54, *caput*, da LEP – Lei 7.210/1984. ⬛
Gabarito "A".

(Defensor Público – DPE/RN – 2016 – CESPE) Conforme previsto na LEP, constitui incumbência da DP

(A) diligenciar a obtenção de recursos materiais e humanos para melhor assistência ao preso ou internado, em harmonia com a direção do estabelecimento.

(B) requerer a emissão anual do atestado de pena a cumprir.

(C) colaborar na fiscalização do cumprimento das condições da suspensão e do livramento condicional.

(D) fiscalizar a regularidade formal das guias de recolhimento e de internamento.

(E) contribuir na elaboração de planos nacionais de desenvolvimento, sugerindo as metas e prioridades da política criminal e penitenciária.

As atribuições da Defensoria Pública, no campo da execução penal, estão contempladas nos arts. 81-A e 81-B da LEP (Lei 7.210/1984). A alternativa "B" (correta) corresponde à incumbência prevista no art. 81-B, II, da LEP. **ED**

Gabarito "B".

3. EXECUÇÃO DA PENA PRIVATIVA DE LIBERDADE

3.1. REGIMES DE CUMPRIMENTO DE PENA

(Delegado/MG – 2021 – FUMARC) Maria, primária, mãe de uma criança de 6 (seis) anos, que cria sem qualquer ajuda, foi condenada à pena de 5 (cinco) anos de reclusão pela prática do art. 33, caput, da Lei nº 11.343/06, e à pena de 1 (um) ano de reclusão pela prática do art. 180, caput, do Código Penal. Fixado o regime inicialmente fechado, encontra-se Maria cumprindo as penas impostas sem qualquer intercorrência, apresentando bom comportamento carcerário.

Diante deste cenário, Maria fará jus a progressão de regime prisional quando cumprir

(A) 40% (quarenta por cento) da pena relativa à condenação pelo tráfico de drogas, uma vez que não lhe foram reconhecidos os benefícios do §4º do art. 33 da Lei nº 11.343/06 e 16% (dezesseis por cento) da pena relativa à condenação pelo crime de receptação.

(B) 40% (quarenta por cento) da pena relativa à condenação pelo tráfico de drogas, uma vez que não lhe foram reconhecidos os benefícios do §4º do art. 33 da Lei nº 11.343/06 e 1/6 (um sexto) da pena relativa à condenação pelo crime de receptação.

(C) 1/6 (um sexto) do total da pena a ela imposta

(D) 1/8 (um oitavo) do total da pena a ela imposta.

Pelo que consta do enunciado, a situação de Maria se enquadra na hipótese contida no art. 112, § 3º, da Lei 7.210/1984 (LEP), dispositivo que, introduzido pela Lei 13.769/2018, autoriza a progressão de regime prisional após o cumprimento de 1/8 da pena imposta. Senão vejamos. Segundo estabelece tal dispositivo, sendo a mulher gestante ou mãe/responsável por criança (é o caso de Maria) ou pessoa com deficiência, os requisitos para progressão são os seguintes: crime cometido sem violência ou grave ameaça a pessoa; que o crime não tenha sido cometido contra filho ou dependente; ter cumprido a fração de 1/8 da pena no regime anterior; e não ser integrante de organização criminosa. Como se pode ver, Maria preenche os requisitos acima elencados, fazendo jus, portanto, à progressão nos termos do art. 112, § 3º, da Lei 7.210/1984, que estabelece, como já dito, a fração diferenciada de 1/8 da pena imposta. Importante que se diga que, não

estivesse a situação de Maria subsumida no dispositivo em questão, a progressão de regime obedeceria ao disposto no art. 112, I e V, da LEP, o que significa dizer que Maria teria de cumprir 40% (quarenta por cento) da pena relativa à condenação pelo tráfico de drogas e 16% (dezesseis por cento) da pena relativa à condenação pelo crime de receptação. A propósito disso, vale o registro de que, com o advento da Lei 13.964/2019 (Pacote Anticrime), alterou-se a redação do art. 112 da LEP, com a inclusão de novas faixas de fração de cumprimento de pena a possibilitar a progressão do reeducando a regime menos rigoroso, aqui incluídos os crimes hediondos e equiparados (caso do tráfico). Com isso, a nova tabela de progressão ficou mais detalhada, já que, até então, contávamos com o percentual único de 1/6 para os crimes comuns e 2/5 e 3/5 para os crimes hediondos e equiparados. Doravante, passamos a ter novas faixas, agora expressas em porcentagem, que levam em conta, no seu enquadramento, fatores como primariedade e o fato de o delito haver sido praticado com violência/grave ameaça. A primeira faixa corresponde a 16%, a que estão sujeitos os condenados que forem primários e cujo crime praticado for desprovido de violência ou grave ameaça (art. 112, I, LEP); em seguida, passa-se à faixa de 20%, destinada ao sentenciado reincidente em crime praticado sem violência à pessoa ou grave ameaça (art. 112, II, LEP); a faixa seguinte, de 25%, é aplicada ao apenado primário que tiver cometido crime com violência à pessoa ou grave ameaça (art. 112, III, LEP); à faixa de 30% ficará sujeito o condenado reincidente em crime cometido com violência contra a pessoa ou grave ameaça (art. 112, IV, LEP); deverá cumprir 40% da pena o condenado pelo cometimento de crime hediondo ou equiparado, se primário (art. 112, V, LEP); estão sujeitos ao cumprimento de 50% da pena imposta os condenados pela prática de crime hediondo ou equiparado, com resultado morte, se for primário; o condenado por exercer o comando, individual ou coletivo, de organização criminosa estruturada para a prática de crime hediondo ou equiparado; e o condenado pela prática do crime de constituição de milícia privada (art. 112, VI, LEP); deverá cumprir 60% da pena o condenado reincidente na prática de crime hediondo ou equiparado (art. 112, VII, LEP); e 70%, que corresponde à última faixa, o sentenciado reincidente em crime hediondo ou equiparado com resultado morte (art. 112, VIII, LEP). O art. 2º, § 2º, da Lei 8.072/1990, como não poderia deixar de ser, foi revogado, na medida em que a progressão, nos crimes hediondos e equiparados, passou a ser disciplinada no art. 112 da LEP. **ED**

Gabarito "D".

Mário e Tiago estão em regime semiaberto, têm bom comportamento e já cumpriram mais da metade da pena. Mário foi comunicado do falecimento de sua irmã e deseja ir ao funeral dela. Tiago deseja visitar a família e participar do casamento de uma prima. Ambos preenchem os demais requisitos legais para a saída.

(Promotor de Justiça/CE – 2020 – CESPE/CEBRASPE) Nessa situação, deve-se

(A) negar a ambos os condenados os pedidos, porque não cabe autorização de saída nas hipóteses indicadas.

(B) permitir a saída temporária, sem escolta, de ambos os condenados.

(C) permitir a saída, com escolta, de ambos os condenados.

(D) permitir a saída, sem escolta, de Mário; e a saída temporária, com escolta, de Tiago.

(E) permitir a saída, com escolta, de Mário; e a saída temporária, sem escolta, de Tiago.

Mário, cuja irmã faleceu, poderá obter *permissão de saída* (espécie do gênero *autorização de saída*), mediante escolta, para o fim de comparecer ao funeral dela, nos termos do art. 120, I, da LEP. Tal benesse é concedida, pelo diretor do estabelecimento prisional, aos presos

9. EXECUÇÃO PENAL · 417

provisórios e aos condenados que cumprem pena em regime fechado ou semiaberto, sendo este último o caso de Mário. Já a Tiago será concedida saída temporária (espécie do gênero *autorização de saída*), nos termos do art. 122, I e III, da LEP, à qual fazem jus os condenados que cumprem pena em regime semiaberto. Em conformidade com o que estabelece o § 1º deste dispositivo, o fato de o preso não contar com vigilância direta não impede a utilização de equipamento de monitoração eletrônica. Registre-se que a Lei 13.964/2019 (pacote anticrime) inseriu neste art. 122 da LEP o § 2º, segundo o qual *não terá direito à saída temporária a que se refere o **caput** deste artigo o condenado que cumpre pena por praticar crime hediondo com resultado morte.* ED

Gabarito "E".

(Promotor de Justiça/PR – 2019 – MPE/PR) Conforme o entendimento sumulado pelos tribunais superiores, analise as assertivas abaixo e assinale a alternativa **correta:**

I. – Admite-se a progressão de regime de cumprimento da pena ou a aplicação imediata de regime menos severo nela determinada, antes do trânsito em julgado da sentença condenatória.

II. – O reconhecimento de falta grave decorrente do cometimento de fato definido como crime doloso no cumprimento de pena exige prévio procedimento administrativo disciplinar e trânsito em julgado de sentença penal condenatória no processo penal instaurado para apuração do fato.

III. – A prática de falta grave interrompe a contagem do prazo para a obtenção de livramento condicional e progressão de regime de cumprimento de pena, o qual se reinicia a partir do cometimento dessa infração.

IV. – A prática de falta grave interrompe o prazo para o fim de comutação de pena ou indulto.

V. – A pena unificada para atender ao limite de trinta anos de cumprimento, determinado pelo art. 75 do Código Penal, não é considerada para a concessão de outros benefícios, como o livramento condicional ou regime mais favorável de execução.

(A) Somente as assertivas I e II estão corretas.

(B) Somente as assertivas II e III estão corretas.

(C) Somente as assertivas III e IV estão corretas.

(D) Somente as assertivas I e IV estão corretas.

(E) Somente as assertivas I e V estão corretas.

I: correta, porquanto corresponde ao entendimento sedimentado na Súmula 716, do STF, que assim dispõe: *Admite-se a progressão de regime de cumprimento da pena ou a aplicação imediata de regime menos severo nela determinada, antes do trânsito em julgado da sentença condenatória*; **II:** incorreta, pois contraria o entendimento sufragado na Súmula 526, do STJ: *O reconhecimento de falta grave decorrente do cometimento de fato definido como crime doloso no cumprimento da pena prescinde do trânsito em julgado de sentença penal condenatória no processo penal instaurado para apuração do fato*; **III:** incorreta, na medida em que, no que concerne ao livramento condicional, não condiz com o entendimento sufragado na Súmula 441, do STJ: *A falta grave não interrompe o prazo para obtenção de livramento condicional*; entretanto, está correta no que tange à progressão de regime, segundo a Súmula 534, do STJ: *A prática de falta grave interrompe a contagem do prazo para a progressão de regime de cumprimento de pena, o qual se reinicia a partir do cometimento dessa infração*; **IV:** incorreta, pois em desconformidade com o teor da Súmula 535, do STJ: *A prática de falta grave não interrompe o prazo para o fim de comutação de pena ou indulto*; **V:** correta, pois em conformidade com o entendimento estabelecido na Súmula 715, do STF. Cuidado: com a alteração promovida pela Lei 13.964/2019 na redação do art. 75 do CP (*caput* e § 1º), o tempo máximo de cumprimento da pena

privativa de liberdade, que era de 30 anos, passou a ser de 40 anos, o que é compreensível em face do aumento da expectativa de vida verificado nas últimas décadas. Duas observações devem ser feitas. A primeira é que tal alteração em nada muda a vigência da Súmula 715 do STF, segundo a qual o limite contido no art. 75 do CP, que passou a ser de 40 anos, não se presta ao cálculo para obtenção da progressão de regime prisional. O parâmetro a ser empregado é a pena fixada na sentença. A segunda observação refere-se à medida de segurança. Como bem sabemos, o STF, à luz da regra de que são vedadas penas de caráter perpétuo, adotou o posicionamento no sentido de que o prazo máximo de duração da medida de segurança corresponde a 30 anos, em analogia ao art. 75 do CP. Com isso, forçoso concluir que este prazo máximo de cumprimento da medida de segurança, com a modificação operada na redação do art. 75 do CP, passe para 40 anos. Já o STJ, cujo entendimento acerca deste tema difere do adotado pelo STF, entende que o tempo máximo de cumprimento de medida de segurança não pode ultrapassar o limite máximo da pena abstratamente cominada ao delito (Súmula 527). Neste caso, a alteração promovida no art. 75 do CP não trará qualquer repercussão. Ademais, importante o registro de que tal modificação constitui hipótese de *novatio legis in pejus*, razão pela qual somente terá incidência aos crimes cometidos a partir de 23 de janeiro de 2020, quando a Lei 13.964/2019 entrou em vigor. ED

Gabarito "E".

(Promotor de Justiça/SP – 2019 – MPE/SP) Em relação à progressão de regime de pena, é correto afirmar que

(A) é admissível a chamada progressão *per saltum* de regime prisional se o condenado já descontou tempo de pena suficiente para tanto.

(B) a falta de estabelecimento penal adequado autoriza a manutenção do condenado em regime prisional mais gravoso, devendo-se observar, nessa hipótese, os parâmetros fixados no RE 641.320/RS.

(C) com a edição da Lei 10.792/03, que alterou a redação do artigo 112 da Lei de Execução Penal, não mais se admite o exame criminológico.

(D) se a colaboração premiada for posterior à sentença, a pena poderá ser reduzida até a metade, e somente será admitida a progressão de regime se presente o requisito objetivo.

(E) o condenado por crime contra a administração pública terá a progressão de regime do cumprimento da pena condicionada à reparação do dano que causou.

A: incorreta, na medida em que não se admite a chamada progressão *per saltum*. É esse o entendimento sedimentado na Súmula 491, STJ; **B:** incorreta, pois contraria o teor da Súmula Vinculante 56: *a falta de estabelecimento penal adequado não autoriza a manutenção do condenado em regime prisional mais gravoso, devendo-se observar, nessa hipótese, os parâmetros fixados no RE 641.320/RS*; **C:** incorreta. Com a edição da Lei 10.792/03, que de fato alterou a redação do art. 112 da LEP, deixou de existir a obrigatoriedade da realização de exame criminológico para fins de obtenção da progressão de regime ou do livramento condicional. A despeito disso, nada obsta que, a depender das peculiaridades do caso concreto, entenda o magistrado pela necessidade de sua realização. O que se exige é que a decisão que determinar tal providência seja fundamentada, levando-se em conta as particularidades da hipótese concreta, conforme entendimento sedimentado pela Súmula 439, do STJ; **D:** incorreta. A Lei de Organização Criminosa permite que o acordo de colaboração seja firmado depois de proferida a sentença, caso em que a pena poderá ser reduzida até a metade ou será admitida a progressão de regime independente da presença dos requisitos objetivos (art. 4º, § 5º, da Lei 12.850/2013); **E:** correta, uma vez que reflete o disposto no art. 33, § 4º, do CP. ED

Gabarito "E".

(Promotor de Justiça/SP – 2019 – MPE/SP) Quanto ao livramento condicional, assinale a alternativa correta.

(A) Para os condenados pelo crime previsto no artigo 35 da Lei 11.343/06, dar-se-á após o cumprimento de dois terços da pena, vedada sua concessão ao reincidente específico.

(B) A gravidade abstrata dos delitos praticados e a longevidade da pena a cumprir podem servir, por si sós, como fundamento para a determinação de prévia submissão do apenado a exame criminológico.

(C) A ausência de suspensão ou revogação do livramento condicional antes do término do período de prova não enseja a extinção da punibilidade pelo integral cumprimento da pena.

(D) A pena unificada para atender ao limite de trinta anos de cumprimento, determinado pelo art. 75 do Código Penal, deve ser considerada para a concessão de outros benefícios, como o livramento condicional.

(E) Não se admite a realização do exame criminológico pelas peculiaridades do caso.

A: correta, pois reflete o disposto no art. 44, parágrafo único, da Lei 11.343/2006 (Lei de Drogas), segundo o qual "nos crimes previstos no *caput* deste artigo, dar-se-á o livramento condicional após o cumprimento de 2/3 (dois terços) da pena, vedada sua concessão ao reincidente específico"; B: incorreta. A partir do advento da Lei 10.792/03, não mais se impõe a realização obrigatória do exame criminológico para o fim de obter o livramento condicional ou mesmo a progressão de regime, sendo suficiente o atestado de bom comportamento carcerário, comprovado pelo diretor do estabelecimento. Também é fato que não existe vedação à determinação de prévia submissão do apenado a exame criminológico para análise de eventual progressão de regime ou livramento condicional. Em outras palavras, a nova legislação não obriga nem proíbe a realização do exame. Entretanto, é importante que se diga que a justificativa para se proceder ao exame criminológico deverá estar calcada em fundamentos sólidos, em conformidade com o caso concreto, não sendo suficiente a mera alegação da gravidade em abstrato do delito ou mesmo a longevidade da pena a cumprir, conforme entendimento sedimentado pela Súmula 439, do Superior Tribunal de Justiça, e Súmula Vinculante 26, do Supremo Tribunal Federal. Nesse sentido, conferir: "Para fins de progressão de regime, a determinação de prévio exame criminológico, para avaliação do requisito subjetivo do apenado, não foi abolida pelo art. 112 da Lei de Execução Penal – LEP, alterado pela Lei n. 10.792/2003, sendo permitida sua realização, desde que haja fundamentação concreta a demonstrar a efetiva necessidade da perícia. Entendimento da Súmula n. 439 do Superior Tribunal de Justiça - STJ. 2. No caso em tela, o Tribunal de origem manteve a decisão que dispensou o exame criminológico em razão da pandemia, contudo, concluiu que sem esse não é possível analisar o mérito da agravante para a progressão de regime, considerando, para tanto, a gravidade do delito. 3. Os fundamentos utilizados, portanto, não se mostram idôneos para afastar a presença do requisito subjetivo. Para tanto, o Julgador deve indicar elementos concretos extraídos da execução da pena, consoante entendimento firmado por esta Corte Superior de Justiça no sentido de que a gravidade dos delitos pelos quais o paciente foi condenado, bem como a longa pena a cumprir não são fundamentos idôneos para indeferir os benefícios da execução penal, pois devem ser levados em consideração, para a análise do requisito subjetivo, eventuais fatos ocorridos durante o cumprimento da pena" (STJ, AgRg no HC 611.509/SP, Rel. Ministro REYNALDO SOARES DA FONSECA, QUINTA TURMA, julgado em 01/12/2020, DJe 07/12/2020); C: incorreta, na medida em que contraria o entendimento firmado por meio da Súmula 617, do STJ: *A ausência de suspensão ou revogação do livramento condicional antes do término do período de prova enseja a extinção da punibilidade pelo*

integral cumprimento da pena; D: incorreta, pois em desconformidade com o entendimento estabelecido na Súmula 715, do STF. Cuidado: com a alteração promovida pela Lei 13.964/2019 na redação do art. 75 do CP (*caput* e § 1º), o tempo máximo de cumprimento da pena privativa de liberdade, que era de 30 anos, passou a ser de 40 anos, o que é compreensível em face do aumento da expectativa de vida verificado nas últimas décadas. Duas observações devem ser feitas. A primeira é que tal alteração em nada muda a vigência da Súmula 715 do STF, segundo a qual o limite contido no art. 75 do CP, que passou a ser de 40 anos, não se presta ao cálculo para obtenção da progressão de regime prisional. O parâmetro a ser empregado é a pena fixada na sentença. A segunda observação refere-se à medida de segurança. Como bem sabemos, o STF, à luz da regra de que são vedadas penas de caráter perpétuo, adotou o posicionamento no sentido de que o prazo máximo de duração da medida de segurança corresponde a 30 anos, em analogia ao art. 75 do CP. Com isso, forçoso concluir que este prazo máximo de cumprimento da medida de segurança, com a modificação operada na redação do art. 75 do CP, passe para 40 anos. Já o STJ, cujo entendimento acerca deste tema difere do adotado pelo STF, entende que o tempo máximo de cumprimento de medida de segurança não pode ultrapassar o limite máximo da pena abstratamente cominada ao delito (Súmula 527). Neste caso, a alteração promovida no art. 75 do CP trará qualquer repercussão. Ademais, importante o registro de que tal modificação constitui hipótese de *novatio legis in pejus*, razão pela qual somente terá incidência aos crimes cometidos a partir de 23 de janeiro de 2020, quando a Lei 13.964/2019 entrou em vigor; E: incorreta, pois em desconformidade com a Súmula 439, do STJ. Vide comentário à alternativa "B". **ED**
Gabarito "A".

(Defensor Público – DPE/PR – 2017 – FCC) Taís foi condenada à pena de cinco anos e quatro meses de reclusão, em regime inicial semiaberto, pela prática de roubo majorado, tendo progredido ao regime aberto. No curso da execução, porém, foi novamente presa em flagrante pela prática, em tese, do crime de furto simples. Em razão disso, foi regredida ao regime fechado, sendo determinada, ainda, a alteração da data-base para o reconhecimento do direito à progressão de regime e do direito ao livramento condicional.

Considerando o caso concreto e o entendimento jurisprudencial predominante, é

(A) lícito o julgamento procedente do incidente disciplinar de falta grave sem prévia oitiva do sentenciado se a falta grave consistir na suspeita da prática de novo crime, já com denúncia recebida pelo juízo criminal.

(B) lícita a alteração da data-base para o cálculo do livramento condicional e da progressão de regime se julgado procedente o incidente disciplinar de falta grave.

(C) ilícita a alteração da data-base para o cálculo do livramento condicional, mesmo que reconhecida a prática de falta grave.

(D) ilícita a alteração da data-base para o cálculo da progressão de regime quando a falta grave corresponde à suspeita da prática de novo crime.

A: incorreta, pois contraria o entendimento sufragado na Súmula 533, do STJ; B (incorreta) e C (correta): Súmula 441, do STJ: "A falta grave não interrompe o prazo para obtenção de livramento condicional"; D: incorreta, na medida em que contraria o entendimento firmado na Súmula 534, do STJ. **ED**
Gabarito "C".

(Defensor Público – DPE/PR – 2017 – FCC) Lucila cumpria regularmente pena restritiva de direito, consistente em prestação pecuniária equivalente a dois salários mínimos, quando sobreveio, aos autos da execução penal, condenação definitiva à pena privativa de liberdade cujo regime inicial era fechado. Diante disso, o juízo da execução decidiu pela conversão da pena restritiva de direitos em privativa de liberdade.

A decisão judicial

(A) está correta porque há incompatibilidade de cumprimento simultâneo das penas restritiva de direitos e privativa de liberdade, sendo válida a conversão da pena alternativa.

(B) merece reforma porque há compatibilidade de cumprimento simultâneo das penas restritiva de direitos e privativa de liberdade, sendo inválida a conversão da pena alternativa.

(C) está correta porque a pena privativa de liberdade em regime inicial fechado deve prevalecer sobre a pena restritiva de direitos.

(D) merece reforma porque o Juízo da execução deveria promover a suspensão da pena restritiva de direitos, cujo cumprimento seria exigível quando Lucila estivesse no regime aberto.

(E) está correta porque qualquer condenação superveniente torna obrigatória a conversão da pena restritiva de direitos em privativa de liberdade.

A conversão da pena anteriormente substituída em pena privativa de liberdade está a depender da existência de compatibilidade de cumprimento. Em outras palavras, havendo possibilidade de coexistência entre as penas impostas, devem ser cumpridas simultaneamente, sem a necessidade de conversão da pena anteriormente substituída em privativa de liberdade; de outro lado, diante da impossibilidade de coexistência entre elas, impõe-se a conversão (art. 44, § 5°, do CP). No caso narrado no enunciado, não resta dúvida de que há compatibilidade entre o cumprimento de uma pena pecuniária anteriormente substituída e a pena de prisão, a ser cumprida em regime fechado, decorrente da prática de outro crime. Na jurisprudência: "A jurisprudência desta Corte adota o posicionamento de que, em caso de superveniente condenação, a pena restritiva de direitos será convertida em privativa de liberdade caso não haja a possibilidade de cumprimento simultâneo das penas. Apenas as penas restritivas de direitos consistentes em prestação pecuniária e perda de bens são passíveis de cumprimento simultâneo com penas privativas de liberdade, independentemente do regime destas. Precedentes" (HC 223.190/SP, Rel. Ministro ERICSON Maranho (Desembargador Convocado do TJ/SP), Sexta Turma, julgado em 20/08/2015, DJe 10/09/2015). **ED**

Gabarito "B".

(Juiz – TRF 3ª Região – 2016) Se o defensor de um condenado preso entender que ele faz jus ao livramento condicional, deverá:

(A) Solicitar ao Tribunal, mediante a impetração de habeas corpus;

(B) Solicitar ao Tribunal, mediante a propositura de Revisão Criminal;

(C) Solicitar ao Juiz da Execução, mediante Agravo em Execução;

(D) Solicitar ao Juiz da Execução, mediante petição.

Na hipótese de o defensor (público ou constituído) entender que o condenado faz jus ao benefício do livramento condicional, deverá requerer a sua concessão ao juiz da execução, a quem caberá analisar

se o reeducando preenche os requisitos contidos no art. 83 do CP (conforme art. 131, LEP). Agora, se o juiz da execução denegar a concessão do livramento condicional, aí sim poderá ser interposto agravo em execução ao Tribunal (art. 197, LEP). **ED**

Gabarito "D".

(Juiz de Direito – TJM/SP – VUNESP – 2016) Nos termos da Lei 7.210, de 11 de julho de 1984, os condenados por crime praticado, dolosamente, com violência de natureza grave contra a pessoa, ou por qualquer dos crimes previstos no art. 1° da Lei 8.072, de 25 de julho de 1990,

(A) serão submetidos, obrigatoriamente, à identificação do perfil genético mediante extração de DNA.

(B) somente poderão ter a identificação de perfil genético verificada pelo Juiz do processo, vedado o acesso às autoridades policiais mesmo mediante requerimento.

(C) não terão a identificação de perfil genético incluído em banco de dados sigiloso, mas de livre acesso às autoridades policiais, independentemente de requerimento.

(D) não terão extraído o DNA, se submetidos à Justiça Militar, em razão da excepcionalidade da lei de execução.

(E) não poderão ser submetidos à identificação do perfil genético, mediante extração de DNA, por falta de permissivo legal.

Com a alteração promovida pela Lei 12.654/2012 na Lei de Execução Penal, que nela introduziu o art. 9°-A, criou-se mais uma hipótese de identificação criminal, por meio da qual os condenados pelo cometimento de crime doloso com violência ou grave ameaça contra a pessoa bem como por delito hediondo serão submetidos, compulsoriamente, à identificação do perfil genético, o que se fará por meio da extração de DNA. **ED**

Gabarito "A".

(Juiz de Direito – TJM/SP – VUNESP – 2016) A respeito da execução das penas em espécie e incidentes de execução, assinale a alternativa correta.

(A) Compete ao Juízo da Execução Penal do Estado a execução da pena imposta a sentenciado pela Justiça Federal, quando recolhido a estabelecimento sujeito à administração estadual.

(B) O livramento condicional poderá ser requerido pelo Ministério Público, em favor do sentenciado, sendo certo que as condições de admissibilidade, conveniência e oportunidade serão verificadas pelo Conselho Penitenciário, a cujo relatório ficará adstrito o Juiz.

(C) A pena de multa, não paga pelo sentenciado, será convertida em título executivo de dívida, ficando a cargo do Ministério Público propor a execução no Juízo da Execução Criminal do local em que tramitou o processo.

(D) A suspensão condicional da pena compreende, além da privativa de liberdade, as penas acessórias.

(E) A concessão do livramento condicional da pena competirá ao Juiz que proferiu a sentença condenatória.

A: correta, pois retrata o entendimento sedimentado na Súmula 192, do STJ: "Compete ao Juízo das Execuções Penais do Estado a execução das penas impostas a sentenciados pela Justiça Federal, Militar ou Eleitoral, quando recolhidos a estabelecimentos sujeitos à administração estadual"; **B:** incorreta. Embora seja de rigor, à concessão do livramento condicional, o parecer do Conselho Penitenciário (art. 131

EDUARDO DOMPIERI

da LEP), é incorreto afirmar-se que o magistrado ficará a ele vinculado, podendo decidir de acordo com o seu livre convencimento motivado. Agora, quanto à legitimidade para requerer a concessão do livramento condicional, figura entre eles o Ministério Público, que poderá, além de requerer a suspensão do livramento, também pugnar pela sua concessão. Conferir a lição de Guilherme de Souza Nucci ao lançar comentário sobre as incumbências do *parquet* em sede de execução penal (art. 68, LEP): "(...) como se mencionou na nota anterior, se cabe ao Ministério Público fiscalizar a execução penal, oficiando no processo e nos incidentes, é mais do que óbvio poder requerer todas as providências enumeradas neste artigo. Desnecessário, pois, elencá-las. Diga-se mais: além das possibilidades previstas no art. 68, que é rol exemplificativo, muito mais pode competir ao membro da Instituição, como, por exemplo, requerer, em favor do condenado, a concessão de livramento condicional, quando julgar cabível" (*Leis penais e processuais penais comentadas*, volume I, Ed. Forense, p. 247, 2014); **C:** incorreta, uma vez que contraria o entendimento firmado na Súmula 521, do STJ; **D:** incorreta (art. 700, CPP); **E:** incorreta, já que a concessão do livramento condicional compete ao juiz da execução (art. 66, III, *e*, da LEP). **ED**

Gabarito "A".

(Defensor Público – DPE/BA – 2016 – FCC) Paulo, reincidente em crime não específico, iniciou o cumprimento de pena privativa de liberdade pelo delito de tráfico, no regime fechado, em 10/09/2010. Cumpridas as condições legais, conquistou o livramento condicional. Já no primeiro mês do período de prova, aportou aos autos nova condenação pelo delito de tentativa de homicídio simples, na qual foi fixado o regime semiaberto, sendo que o fato foi cometido em 03/02/2008. Somadas as penas, que atingiram um total de 10 anos, foi novamente fixado o regime fechado pelo juiz para o cumprimento do restante da pena total. Sobre o instituto do livramento condicional,

(A) Paulo não terá mais direito a um segundo livramento condicional, por ter aportado aos autos nova condenação durante o período de prova.

(B) por ser reincidente, não poderá ser deferido a Paulo, novamente, o livramento condicional.

(C) Paulo terá que cumprir a primeira pena (por tráfico) na íntegra, para, então, cumprir metade da pena remanescente e somente depois reconquistar o livramento condicional.

(D) Paulo terá direito a um segundo livramento condicional, desde que cumpridos os requisitos legais, já que o fato que ocasionou a condenação por tentativa de homicídio simples é anterior ao período de prova do primeiro livramento condicional.

(E) deveria o juiz ter mantido Paulo no livramento condicional, sendo que a nova condenação por tentativa de homicídio simples deveria ser cumprida após o término do período de prova do livramento.

Considerando que a prática do crime de tentativa de homicídio simples é precedente ao período de prova do livramento condicional concedido em razão da condenação pelo crime de tráfico de drogas, é inaplicável a hipótese de revogação do livramento contida no art. 86, I, do CP. No caso narrado no enunciado, incide o art. 86, II, do CP, que estabelece que, se a condenação por crime é anterior ao período de prova, deve-se observar o disposto no art. 84 do CP, que estabelece que as penas devem ser somadas para o fim de calcular o novo livramento a ser concedido. Aplicam-se também os arts. 88 do CP e 728 do CPP. **ED**

Gabarito "D".

(Defensor Público – DPE/ES – 2016 – FCC) Sobre o livramento condicional,

(A) é vedada a concessão do livramento condicional para o preso que cumpre pena em regime fechado, sob pena de incorrer em progressão por salto.

(B) o lapso temporal para o livramento condicional no caso de reincidente é de dois terços da pena.

(C) é vedada a revogação do livramento condicional por crime cometido antes do período de prova.

(D) é vedada a concessão de livramento condicional ao reincidente específico em crime hediondo.

A: incorreta. A concessão do livramento condicional ao condenado que se acha em cumprimento de pena no regime fechado não implica progressão *per saltum*, que se configura com a ida do condenado do regime fechado diretamente ao aberto, o que é vedado (Súmula 491, STJ: "É inadmissível a chamada progressão *per saltum* de regime prisional"). Nada impede que o livramento condicional seja concedido ao condenado que se encontra no regime fechado; **B:** incorreta. O reincidente em crime doloso somente fará jus ao livramento condicional depois de cumprir mais da metade da pena; se não for reincidente em crime doloso e tiver bons antecedentes, deverá cumprir, para obter o livramento condicional, mais de um terço da pena. É o que estabelece o art. 83, I e II, do CP; **C:** incorreta. É hipótese de revogação obrigatória (art. 86, II, do CP); **D:** correta (art. 83, V, parte final, do CP). **ED**

Gabarito "D".

(Juiz de Direito/DF – 2016 – CESPE) Transitada em julgado a sentença penal condenatória, no caso de ser editada lei de natureza penal mais benéfica, competirá ao juiz da vara de execução penal

(A) devolver a carta de guia ao juízo de origem, a fim de que o juiz do processo de conhecimento aplique a pena mais benéfica ou remeta o feito diretamente ao tribunal local ou ao tribunal superior que porventura tenha aplicado, em grau de recurso, a condenação que até então vinha sendo executada.

(B) aplicá-la em benefício do condenado, independentemente de a condenação ter sido estabelecida pelo juízo singular, pelo tribunal ou pelos tribunais superiores.

(C) aplicá-la em benefício do condenado, salvo se a condenação tiver sido estabelecida pelo STF em ação penal originária, hipótese em que competirá aos ministros modificar seus julgados e ao juiz, remeter carta de guia ao ministro relator.

(D) aplicá-la em benefício do condenado, salvo se a condenação tiver sido aplicada pelo STJ, hipótese em que deverá remeter a carta de guia ao ministro relator.

(E) intimar o réu e seu defensor para lhes dar conhecimento da lei, a fim de que eles, se desejarem, ajuízem ação de revisão criminal, medida apta a desconstituir o título penal até então executado, dado o princípio da segurança das relações judiciais, conforme o qual a coisa julgada faz lei entre as partes.

A solução da questão deve ser extraída do art. 66, I, da LEP e da Súmula 611, do STF: *Transitada em julgado a sentença condenatória, compete ao juízo das execuções a aplicação de lei mais benigna.* **ED**

Gabarito "B".

9. EXECUÇÃO PENAL — 421

(Juiz de Direito/AM – 2016 – CESPE) Condenado definitivamente pela justiça federal brasileira por crime de tráfico internacional de drogas e cumprindo pena, no regime fechado, em presídio estadual na cidade de Manaus – AM, Pablo, cidadão boliviano, após cumprir mais de dois terços da pena aplicada, pleiteou progressão ao regime aberto. Ele apresenta bom comportamento na prisão e não possui residência fixa no Brasil. O pedido foi indeferido pelo juiz da Vara de Execuções Penais da comarca de Manaus. Inconformado, Pablo, de próprio punho, impetrou *habeas corpus* no Tribunal de Justiça do Amazonas, pleiteando a reforma da decisão de primeiro grau e a obtenção da progressão ao regime aberto.

Nessa situação hipotética, de acordo com a jurisprudência dos tribunais superiores, deve-se

(A) denegar o *habeas corpus*, pois não é permitida a concessão de progressão de regime a estrangeiro que não comprovar residência fixa no Brasil.

(B) negar seguimento ao *habeas corpus*, pois a competência para o seu julgamento é do TRF da respectiva região, por se tratar de condenação por crime de tráfico internacional de drogas.

(C) negar seguimento ao *habeas corpus*, dada a existência na legislação de recurso próprio contra a decisão de indeferimento de progressão de regime, ou seja, o recurso em sentido estrito.

(D) denegar o *habeas corpus*, pois não é permitida a progressão *per saltum* no ordenamento jurídico nacional.

(E) negar seguimento ao *habeas corpus*, que não pode ser impetrado por estrangeiro em situação irregular no Brasil.

A: incorreta, dado que não se pode denegar a progressão de regime de cumprimento de pena a estrangeiro ao argumento de que o mesmo não tem, no Brasil, residência fixa. Na jurisprudência: "(…) I – A exclusão do estrangeiro do sistema progressivo de cumprimento de pena conflita com diversos princípios constitucionais, especialmente o da prevalência dos direitos humanos (art. 4º, II) e o da isonomia (art. 5º), que veda qualquer discriminação em razão da raça, cor, credo, religião, sexo, idade, origem e nacionalidade. Precedente. II – Ordem concedida para afastar a vedação de progressão de regime à paciente, remetendo-se os autos ao juízo da execução para que verifique a presença dos requisitos do art. 112 da LEP" (STF, HC 117878, Relator(a): Min. RICARDO LEWANDOWSKI, Segunda Turma, julgado em 19.11.2013, PROCESSO ELETRÔNICO *DJe*-237 DIVULG 02.12.2013 PUBLIC 03.12.2013); **B:** incorreta, pois contraria o entendimento firmado na Súmula 192, do STJ; **C:** incorreta. O recurso cabível contra a decisão de indeferimento de progressão de regime é o agravo em execução, previsto no art. 197 da LEP, e não o recurso em sentido estrito, cujas hipóteses estão listadas no art. 581 do CPP; **D:** correta, uma vez que corresponde ao entendimento firmado na Súmula 491, STJ, a seguir transcrita: "É inadmissível a chamada progressão *per saltum* de regime prisional"; **E:** incorreta, dado que nada obsta que o *habeas corpus* seja concedido em favor de estrangeiro. Conferir: "É inquestionável o direito de súditos estrangeiros ajuizarem, em causa própria, a ação de *habes corpus*, eis que esse remédio constitucional – por qualificar-se como verdadeira ação popular – pode ser utilizado por qualquer pessoa, independentemente da condição jurídica resultante de sua origem nacional (...)" (HC 72391 QO, Relator(a): Min. CELSO DE MELLO, Tribunal Pleno, julgado em 08.03.1995, *DJ* 17.03.1995). ED

Gabarito "D".

3.2. PERMISSÃO DE SAÍDA E SAÍDA TEMPORÁRIA

(Defensor Público –DPE/BA – 2016 – FCC) Considerando as disposições constantes na Lei de Execuções Penais, no que toca às saídas dos condenados do estabelecimento prisional,

(A) para que o condenado conquiste o direito às saídas temporárias, é necessário que atinja 1/6 da pena, se primário, e 1/2, se reincidente.

(B) as saídas temporárias poderão ser deferidas aos presos do regime fechado, mediante escolta, caso exista efetivo de servidores na comarca, para frequência a curso supletivo e profissionalizante.

(C) as saídas temporárias serão deferidas pelo diretor da casa prisional.

(D) a permissão de saída não pode ser concedida pelo diretor do estabelecimento prisional para os condenados do regime fechado, pois nesse caso deverá haver autorização judicial.

(E) a permissão de saída pode ser deferida para os condenados dos regimes fechado e semiaberto, bem como aos presos provisórios.

A: incorreta, na medida em que a autorização para saída temporária será concedida, a teor do art. 123, II, da LEP, ao condenado que tenha cumprido no mínimo *um sexto* da pena, se primário, e *um quarto* (e não *metade*), se reincidente for; **B:** incorreta. É requisito à concessão da saída temporária o fato de o condenado encontrar-se em cumprimento de pena no regime *semiaberto* (art. 122, *caput*, da LEP); **C:** incorreta. A saída temporária, diferentemente da permissão de saída (art. 120, parágrafo único, da LEP), somente poderá ser concedida mediante autorização do juízo da execução, ouvidos o MP e a administração penitenciária (art. 123, *caput*, da LEP); **D:** incorreta. Isso porque a permissão de saída será concedida, pelo diretor do estabelecimento prisional, aos condenados que cumprem pena nos regimes fechado e semiaberto, e também aos presos provisórios (art. 120, *caput*, LEP); **E:** correta, pois em conformidade com o art. 120, *caput*, LEP. ED

Gabarito "E".

(Defensor Público –DPE/ES – 2016 – FCC) Sobre as autorizações de saída,

(A) somente poderão ser concedidas com prazo mínimo de quarenta e cinco dias de intervalo entre uma e outra.

(B) são cabíveis apenas no regime semiaberto.

(C) a saída temporária será concedida pelo diretor do estabelecimento prisional.

(D) o lapso temporal para deferimento da saída temporária ao reincidente é de um quarto.

(E) o Decreto natalino de saída temporária é de competência exclusiva do Presidente da República.

A: incorreta. *Autorização de saída*, a que faz referência o enunciado, é gênero do qual são espécies a *permissão de saída* e a *saída temporária*, cada qual com regramento próprio. O intervalo de 45 dias somente tem incidência no contexto da *saída temporária* (art. 124, § 3º, da LEP); a *permissão de saída*, que tem finalidade e disciplina diversas da *saída temporária*, não se sujeita a intervalo mínimo entre uma concessão e outra; ou seja, será concedida sempre que estiverem presentes os requisitos contidos no art. 120 da LEP; **B:** incorreta. É verdade que a *saída temporária*, espécie do gênero *autorização de saída*, somente será concedida aos condenados que cumprem pena no regime semiaberto (art. 122, *caput*, da LEP); no entanto, a *permissão de saída*, que

EDUARDO DOMPIERI

também é modalidade de *autorização de saída*, poderá beneficiar tanto o condenado que cumpre a pena nos regimes fechado ou semiaberto quanto os presos provisórios (art. 120, *caput*, da LEP); **C:** incorreta. A *saída temporária*, diferentemente da *permissão de saída* (art. 120, parágrafo único, da LEP), somente poderá ser concedida mediante autorização do juízo da execução, ouvidos o MP e a administração penitenciária (art. 123, *caput*, da LEP). Acrescente-se que, segundo entendimento consolidado na Súmula 520, do STJ, a concessão de saída temporária constitui ato jurisdicional insuscetível de delegação à autoridade administrativa do estabelecimento prisional; **D:** correta. De fato, a autorização para saída temporária será concedida, a teor do art. 123, II, da LEP, ao condenado reincidente que tenha cumprido no mínimo *um quarto* da pena; se primário, *um sexto*; **E:** incorreta. A *saída temporária*, como acima dissemos, somente pode ser concedida pelo juízo da execução, tal como estabelece o art. 123, *caput*, da LEP; caberá ao presidente da República conceder o indulto (art. 84, XII, da CF). **ED**

Gabarito "D".

3.3. REMIÇÃO

(Defensor Público – DPE/PR – 2017 – FCC) Considerando a Lei de Execução Penal e a jurisprudência dos tribunais superiores sobre a remição, é correto afirmar:

(A) O trabalho do preso cautelar não pode ser computado para fins de remição.

(B) É impossível a cumulação da remição por estudo e por trabalho.

(C) O trabalho intramuros é o único passível de remição.

(D) Não há previsão legal de remição para o sentenciado em regime aberto.

(E) O aproveitamento escolar insatisfatório não impede a remição por estudo.

A: incorreta. Embora o trabalho não seja obrigatório ao preso provisório, é certo que a atividade laborativa (e também o estudo) que realizar no cárcere será considerada para fins de remição da pena que lhe será eventualmente imposta (art. 126, § 7º, da LEP); **B:** incorreta. Por força do que dispõe o art. 126, § 3º, da LEP, é possível, sim, a compatibilização, para fins de remição, do *trabalho* com *estudo*. Ou seja, nada impede que o reeducando obtenha a remição de sua pena pelo trabalho e pelo estudo, concomitantemente, desde que não haja coincidência, é óbvio, entre as horas dedicadas ao estudo e aquelas utilizadas para o trabalho. Assim, se o preso dedicar o tempo mínimo ao trabalho, que é de 6 horas, e também ao estudo, que, neste caso, é de 4 horas, poderá abater dois de cada três dias de sua pena; **C:** incorreta, uma vez que contraria o entendimento firmado na Súmula 562, do STJ: "É possível a remição de parte do tempo de execução da pena quando o condenado, em regime fechado ou semiaberto, desempenha atividade laborativa, ainda que extramuros"; **D:** incorreta, pois contraria o disposto no art. 126, § 6º, da LEP; **E:** correta. De fato, os dispositivos da LEP que regem a remição não impuseram o aproveitamento escolar satisfatório como requisito necessário ao reconhecimento da remição pelo estudo. Na jurisprudência: "A jurisprudência deste Superior Tribunal de Justiça possui entendimento de que, para a concessão da remição da pena pelos estudos ao sentenciado, não se exige aproveitamento escolar satisfatório ou frequência mínima no curso, por ausência de previsão legal. Precedentes" (HC 304.959/SP, Rel. Ministro Ribeiro Dantas, Quinta Turma, julgado em 19/04/2016, DJe 26/04/2016). **ED**

Gabarito "E".

(Defensor Público –DPE/ES – 2016 – FCC) Sobre a remição, é correto afirmar:

(A) Para o cômputo da remição, os dias remidos devem ser considerados como pena cumprida pelo sentenciado.

(B) A remição por estudo é concedida na mesma proporção da remição pelo trabalho, ou seja, a cada dezoito horas de estudo, deve ser remido um dia de pena.

(C) É vedada a cumulação de remição por trabalho e por estudo dada a incompatibilidade resultante da quantidade de horas diárias necessárias para remir por cada atividade.

(D) A remição por estudo é cabível nos três regimes de cumprimento de pena, sendo vedado apenas no livramento condicional.

(E) Em caso de falta grave, o juiz deverá revogar um terço do tempo remido, sendo vedada nova concessão de remição durante o período de cumprimento da sanção.

A: correta, pois em consonância com o que estabelece o art. 128 da LEP; **B:** incorreta. Por força do que dispõe o art. 126, § 1º, I e II, da LEP, a remição pelo estudo será concedida na proporção de um dia de pena para cada 12 horas de estudo, que deverão ser divididas, no mínimo, em 3 dias; pelo trabalho, na proporção de um dia de pena para cada 3 dias de labor; **C:** incorreta. Por força do que dispõe o art. 126, § 3º, da LEP, é possível, sim, a compatibilização, para fins de remição, do *trabalho* com *estudo*. Ou seja, nada impede que o reeducando obtenha a remição de sua pena pelo trabalho e pelo estudo, concomitantemente, desde que não haja coincidência, é óbvio, entre as horas dedicadas ao estudo e aquelas utilizadas para o trabalho. Assim, se o preso dedicar o tempo mínimo ao trabalho, que é de 6 horas, e também ao estudo, que, neste caso, é de 4 horas, poderá abater dois de cada três dias de sua pena; **D:** incorreta, pois contraria o que dispõe o art. 126, § 6º, da LEP: "O condenado que cumpre pena em regime aberto ou semiaberto e o que usufrui liberdade condicional poderão remir, pela frequência a curso de ensino regular ou de educação profissional (…)"; **E:** incorreta (art. 127 da LEP). **ED**

Gabarito "A".

3.4. MONITORAÇÃO ELETRÔNICA

(Juiz – TJ-SC – FCC – 2017) Segundo a Lei de Execução Penal, o preso, condenado com trânsito em julgado, poderá ter a execução da sua pena fiscalizada por meio da monitoração eletrônica, quando o juiz:

(A) fixar o regime aberto para cumprimento da pena e o dispensar do recolhimento ao estabelecimento penal no período noturno e nos dias de folga.

(B) aplicar pena restritiva de liberdade a ser cumprida nos regimes aberto ou semiaberto, ou conceder progressão para tais regimes.

(C) aplicar pena restritiva de direitos que estabeleça limitação de horários ou de frequência a determinados lugares.

(D) conceder o livramento condicional ou a suspensão condicional da pena.

(E) autorizar a saída temporária no regime semiaberto ou determinar a prisão domiciliar.

A monitoração eletrônica terá lugar nas seguintes hipóteses: i) quando da concessão de saída temporária (arts. 122, parágrafo único, e 146-B, II, da LEP); ii) quando da imposição de prisão domiciliar (art. 146-B, IV, da LEP); iii) e como modalidade de medida cautelar diversa da prisão preventiva (art. 319, IX, do CPP), antes, portanto, do trânsito em julgado, possibilidade inserida pela Lei 12.403/2011, que alterou sobremaneira a prisão processual e introduziu as chamadas medidas cautelares a ela alternativas. **ED**

Gabarito "E".

9. EXECUÇÃO PENAL 423

(Defensor Público – DPE/ES – 2016 – FCC) O juiz poderá definir a fiscalização por meio da monitoração eletrônica quando conceder

(A) indulto.

(B) comutação.

(C) livramento condicional.

(D) prisão domiciliar.

(E) progressão ao regime semiaberto.

A monitoração eletrônica terá lugar nas seguintes hipóteses: i) quando da concessão de saída temporária (arts. 122, parágrafo único, e 146-B, II, da LEP); ii) quando da imposição de prisão domiciliar (art. 146-B, IV, da LEP); iii) e como modalidade de medida cautelar diversa da prisão preventiva (art. 319, IX, do CPP), possibilidade inserida pela Lei 12.403/2011, que alterou sobremaneira a prisão processual e introduziu as chamadas medidas cautelares a ela alternativas. ED

Gabarito "D".

4. EXECUÇÃO DAS MEDIDAS DE SEGURANÇA

(Defensor Público – DPE/PR – 2017 – FCC) Sobre as medidas de segurança e sua execução, é correto afirmar que

(A) não é possível a realização de exame de cessação de periculosidade no curso do prazo mínimo de duração da medida de segurança.

(B) as condições da liberação condicional são as mesmas da desinternação condicional.

(C) é prescindível a característica hospitalar do estabelecimento em que se executa a medida de segurança detentiva.

(D) a execução das medidas de segurança independe de trânsito em julgado da sentença absolutória imprópria.

(E) não há prazo legal para que seja retomado o tratamento ambulatorial caso o liberado condicional apresente fato indicativo de persistência da chamada periculosidade.

A: incorreta, na medida em que não reflete o disposto no art. 176 da LEP; **B:** correta (arts. 97, § 3º, do CP e 178 da LEP); **C:** incorreta, pois não corresponde ao que estabelece o art. 99 do CP; **D:** incorreta, pois contraria o disposto nos arts. 171 e 172 da LEP. Na jurisprudência: "A medida de segurança se insere no gênero sanção penal, do qual figura como espécie, ao lado da pena. Se assim o é, não é cabível no ordenamento jurídico a execução provisória da medida de segurança, à semelhança do que ocorre com a pena aplicada aos imputáveis, conforme definiu o Plenário do Supremo Tribunal Federal, por ocasião do julgamento do HC n. 84.078/MG, Rel. Min. Eros Grau. 3. Rememore-se, ainda, que há regra específica sobre a hipótese, prevista no art. 171, da Lei de Execuções Penais, segundo a qual a execução iniciar-se-á após a expedição da competente guia, o que só se mostra possível depois de "transitada em julgado a sentença que aplicar a medida de segurança". Precedente do Supremo Tribunal Federal" (HC 226.014/SP, Rel. Ministra Laurita Vaz, Quinta Turma, julgado em 19/04/2012, DJe 30/04/2012); **E:** incorreta (art. 97, § 3º, do CP). ED

Gabarito "B".

5. INCIDENTES DE EXECUÇÃO

(Defensor Público – DPE/BA – 2016 – FCC) Sobre os incidentes de execução previstos na Lei de Execuções Penais,

(A) é possível, para apenados do regime aberto e com penas não superiores a três anos, desde que cumpridos

os requisitos legais, a conversão da pena privativa de liberdade em pena restritiva de direito.

(B) na hipótese de sobrevir doença mental no curso da execução da pena privativa de liberdade, não poderá ser convertido referido apenamento em medida de segurança, posto se tratar de providência gravosa ao apenado, portanto impossível de ser formalizada por força da coisa julgada.

(C) o próprio sentenciado poderá suscitar o incidente de desvio de execução.

(D) o excesso de execução ocorre quando o ato for praticado além dos limites fixados na sentença, mas não se caracteriza quando a ilegalidade decorrer de inobservância de normas regulamentares, pois nesses casos a apuração das responsabilidades ficará a cargo da autoridade administrativa.

(E) sobrevindo condenação à pena privativa de liberdade no regime semiaberto, estando em curso a execução de penas restritivas de direito, deverá o juiz automaticamente reconverter as penas alternativas em prisão, dada a natureza distinta das duas espécies de sanção.

A: incorreta, pois em desconformidade com a regra presente no art. 180, *caput*, da LEP, que assim dispõe: "a pena privativa de liberdade, não superior a 2 anos, poderá ser convertida em restritiva de direitos, desde que: I – o condenado a esteja cumprindo em regime aberto (...)"; **B:** incorreta. Há que se distinguir, aqui, duas situações. Em se tratando de doença mental de caráter transitório, com perspectiva, portanto, de cura, não há por que converter a pena privativa de liberdade em medida de segurança. Aplica-se, neste caso, o art. 41 do CP, que estabelece que o sentenciado será transferido para hospital de custódia e tratamento e ali permanecerá até o seu restabelecimento. De outro lado, se se tratar de doença mental de caráter permanente, que parece ser o caso narrado na assertiva, deverá o juiz, em obediência ao que estabelece o art. 183 da LEP, converter a pena privativa de liberdade em medida de segurança, já que não existe, ao menos naquele momento, perspectiva de melhora da saúde mental do condenado. Neste caso, a duração da medida de segurança está limitada ao tempo de resta para o cumprimento da pena estabelecida na sentença; **C:** correta, uma vez que reflete a regra contida no art. 186, III, da LEP, que concede ao sentenciado a prerrogativa de, ele mesmo, suscitar o incidente de excesso ou desvio de execução, que também poderá ser suscitado pelo MP, pelo Conselho Penitenciário e por qualquer dos demais órgãos da execução penal; **D:** incorreta, pois não corresponde ao que estabelece o art. 185 da LEP; **E:** incorreta (art. 44, § 5º, do Código Penal). ED

Gabarito "C".

6. PROCEDIMENTO JUDICIAL

(Juiz de Direito/AP – 2022 – FGV) Na hipótese de agente que tem contra si condenação definitiva a cinco anos de reclusão em regime fechado e mandado de prisão pendente de cumprimento, o pedido de antecipação da expedição da sua guia de recolhimento ou expedição de carta de execução de sentença deve ser:

(A) deferido, visando possibilitar a análise de pedido de progressão de regime ou de prisão domiciliar pelo Juízo competente;

(B) indeferido, pois a expedição tem como pressuposto o cumprimento do mandado de prisão;

(C) indeferido, pois a expedição tem como pressuposto o início do cumprimento da pena privativa de liberdade;

(D) indeferido, por permitir a administração, à distância, da execução da própria pena;

(E) deferido, permitindo o cômputo de prazos aquisitivos de benefícios executórios a seu favor.

Sobre este tema, conferir o seguinte julgado: "HABEAS CORPUS. TRÁFICO DE DROGAS. SÚMULA 691 DO STF NÃO SUPERADA. PRISÃO DOMICILIAR. SUPRESSÃO DE INSTÂNCIA. CONDENAÇÃO DEFINITIVA. IMPOSSIBILIDADE DE RECEBER ASSISTÊNCIA MÉDICA ADEQUADA NO ESTABELECIMENTO PRISIONAL. NÃO DEMONSTRADA. NÃO RECOLHIMENTO DA PACIENTE AO CÁRCERE. ÓBICE AO INÍCIO DA EXECUÇÃO PENAL. IMPOSSIBILIDADE DE ACESSO AO JUDICIÁRIO. EMISSÃO DA GUIA DE EXECUÇÃO JUSTIFICADA. EXTENSÃO DO BENEFÍCIO. AÇÕES PENAIS DISTINTAS. RELATORIA DE OUTRO JULGADOR. INVIABILIDADE. ORDEM DENEGADA. CONCESSÃO DO HABEAS CORPUS, DE OFÍCIO. 1. Admite-se a superação do enunciado n. 691 da Súmula do STF em casos excepcionais, quando, sob a perspectiva da jurisprudência desta Corte Superior, num exame superficial, a ilegalidade do ato apontado como coator é inquestionável e cognoscível de plano - o que não ocorre na espécie. 2. Não obstante a atual crise mundial trazida pela pandemia do novo coronavírus, a apenada ainda não se recolheu à prisão, tampouco comprovou o padecimento pelas enfermidades apontadas no writ. Não são bastantes, por si sós, os documentos colacionados aos autos para evidenciar que, quando segregada, a paciente não receberá medicamentos, ou lhe será negado tratamento médico intramuros, ou que será submetida a iminente risco de contágio pela COVID-19, ou que, atualmente, apresente sintomas correspondentes a comorbidades severas. 3. Essas circunstâncias afastam, por ora, a aplicação da Recomendação n. 62/2020 do CNJ à sentenciada, sem prejuízo de ulterior decisão do Juízo da Vara de Execuções Criminais, competente para dirimir o incidente, à luz dos interesses em conflito. 4. Nos termos dos arts. 105 da Lei n. 7.210/1984 e 674 do Código de Processo Penal, a expedição da guia de recolhimento - e consequente início da competência do juízo das execuções - demanda prévia custódia do réu. 5. No entanto, estabelece o art. 5º, XXXV, da Constituição da República, que a lei não excluirá da apreciação do Poder Judiciário lesão ou ameaça a direito. 6. Justifica-se a expedição da guia de execução, independentemente do cumprimento do mandado de prisão, a fim de possibilitar a análise do pedido de progressão de regime ou de prisão domiciliar pelo Juízo competente (Precedentes do STJ e do STF). 7. Impossível avaliar se há ou não similitude fática, aos ditames do art. 580 do CPP, entre as condutas atribuídas à ré e à beneficiada do proveito de segregação domiciliar, mormente porque abordadas cada qual em um processo distinto. Não há falar em estender efeitos de decisão proclamada em outro feito, à acusada em demanda diversa (não existe concurso de pessoas), sobretudo de relatoria de outro julgador. 8. Ordem denegada. Concessão de habeas corpus, de ofício, para determinar, independentemente do recolhimento da paciente à prisão, se instaure o processo de execução, com observância do art. 65 da Lei n. 7.214/1984, e se submeta à análise do juízo competente o pleito de progressão de regime ou prisão domiciliar." (STJ, HC 599.475/SP, Rel. Ministro ROGERIO SCHIETTI CRUZ, SEXTA TURMA, julgado em 22/09/2020, DJe 29/09/2020). **ED**

Gabarito "A".

(Juiz de Direito/SP – 2021 – Vunesp) Em apuração de falta disciplinar atribuída a recluso no interior do estabelecimento penal, instaurada sindicância para esse fim, em observância aos termos do Regimento Interno Padrão dos Estabelecimentos Penais, é correto afirmar que

(A) garantida a defesa ao sentenciado, em observância à norma que regulamenta a matéria, válido é o procedimento.

(B) a presença do advogado na oitiva do sindicado, quando o sentenciado tem defensor constituído, é obrigatória.

(C) é nulo o procedimento se o sentenciado não teve a assistência de defensor durante a sua oitiva.

(D) o procedimento disciplinar tem caráter inquisitivo e, por isso, não é exigida a atuação do defensor.

A solução desta questão deve ser extraída da Súmula 533, do STJ: *Para o reconhecimento da prática de falta disciplinar no âmbito da execução penal, é imprescindível a instauração de procedimento administrativo pelo diretor do estabelecimento prisional, assegurado o direito de defesa, a ser realizado por advogado constituído ou defensor público nomeado;* B, C e D: incorretas. **ED**

Gabarito "A".

(Juiz de Direito – TJ/AL – 2019 – FCC) Quanto aos aspectos processuais da Lei de Execução Penal,

(A) é de cinco dias o prazo ordinário para interposição de agravo contra a decisão do Juiz da execução penal, descabendo intimação do defensor nomeado por publicação no órgão incumbido da publicidade dos atos judiciais da comarca.

(B) compete ao Juízo das Execuções Federal a execução das penas impostas a sentenciados pela Justiça Federal, Militar ou Eleitoral, ainda que recolhidos a estabelecimentos sujeitos à Administração estadual.

(C) a aplicação das sanções disciplinares de isolamento e de inclusão no regime disciplinar diferenciado é de competência, respectivamente, do diretor do estabelecimento prisional e do Juiz da execução, não podendo a primeira exceder a sessenta dias.

(D) a regressão do condenado a regime mais rigoroso depende de sua prévia oitiva se a falta grave imputada consistir em incitar ou participar de movimento para subverter a ordem ou a disciplina, mas não no caso de possuir, indevidamente, instrumento capaz de ofender a integridade física de outrem.

(E) das decisões proferidas pelo Juiz caberá recurso de agravo, sem efeito suspensivo, podendo o Ministério Público obtê-lo por meio da interposição de mandado de segurança.

A: correta. O agravo de execução segue o rito do recurso em sentido estrito. O prazo para a sua interposição é de cinco dias, nos termos da Súmula 700 do STF: "É de cinco dias o prazo para interposição de agravo contra decisão do juiz da execução penal". Ademais, tendo em conta o que estabelece o art. 370, § 4º, do CPP, a intimação do defensor nomeado e também do MP será *pessoal;* **B:** incorreta, pois não reflete o entendimento sedimentado na Súmula 192, do STJ: "Compete ao Juízo das Execuções Penais do Estado a execução das penas impostas a sentenciados pela Justiça Federal, Militar ou Eleitoral, quando recolhidos a estabelecimentos sujeitos à administração estadual"; **C:** incorreta. A aplicação do isolamento preventivo do condenado faltoso pode ser dar por até dez dias (e não sessenta), conforme estabelece o art. 60, *caput*, da LEP, dispositivo que também prevê que a inclusão do preso no regime disciplinar diferenciado é de competência exclusiva do juiz da execução; **D:** incorreta, já que a oitiva prévia se imporá nas duas hipóteses acima referidas, já que ambas configuram falta grave (art. 50, I e III, da LEP). É o que estabelece o art. 118, § 2º, da LEP; **E:** incorreta, uma vez que contraria o entendimento firmado por meio da Súmula 604, do STJ, segundo a qual *o mandado de segurança não se presta para atribuir efeito suspensivo a recurso criminal interposto pelo Ministério Público.* **ED**

Gabarito "A".

9. EXECUÇÃO PENAL 425

7. TEMAS COMBINADOS

(Juiz de Direito – TJ/MS – 2020 – FCC) No que toca às sanções disciplinares na fase de execução penal, correto afirmar que

(A) a advertência verbal e a repreensão serão aplicadas por ato do diretor do estabelecimento, desnecessárias motivação e comunicação ao juiz da execução.

(B) compete ao juiz da execução a aplicação da suspensão ou restrição de direitos.

(C) a autorização para inclusão de preso em regime disciplinar diferenciado dependerá de requerimento circunstanciado elaborado pelo diretor do estabelecimento, decidindo o juiz no prazo máximo de quinze dias, ouvida apenas a defesa.

(D) o isolamento na própria cela, ou em local adequado, nos estabelecimentos que possuam alojamento coletivo, será determinado pelo diretor do presídio e comunicado ao juiz da execução.

(E) cabe exclusivamente ao juiz da execução decretar o isolamento preventivo do faltoso pelo prazo de até dez dias.

A: incorreta, pois, na dicção do art. 54, *caput*, da Lei 7.210/1984, a *advertência verbal* e a *repreensão* somente serão aplicadas mediante ato *motivado* do diretor do estabelecimento prisional; **B:** incorreta, na medida em que a suspensão ou restrição de direitos (art. 53, III, LEP) será aplicada por ato motivado do diretor do estabelecimento (art. 54, *caput*, LEP); **C:** incorreta. A autorização para inclusão de preso em regime disciplinar diferenciado dependerá de requerimento circunstanciado elaborado pelo diretor do estabelecimento (ou outra autoridade administrativa), devendo o juiz, após manifestação do Ministério Público e da defesa, decidir no prazo máximo de quinze dias, tal como estabelece o art. 54, §§ 1º e 2º, da LEP; **D:** correta, pois reflete o disposto nos arts. 53, IV, e 58, parágrafo único, da LEP; **E:** incorreta, uma vez que a inserção do faltoso em isolamento preventivo (pelo prazo de até 10 dias) será decretada por autoridade administrativa (art. 60, *caput*, LEP). Dependerá de decisão judicial a inclusão do preso no regime disciplinar diferenciado. ED
Gabarito "D".

(Promotor de Justiça/CE – 2020 – CESPE/CEBRASPE) Em relação ao que dispõe a LEP, assinale a opção correta.

(A) Das decisões proferidas pelo juiz da execução caberá recurso de agravo, com efeito suspensivo.

(B) O procedimento judicial pode ser iniciado de ofício, a requerimento do Ministério Público, do interessado, de seu representante ou parente, ou da autoridade administrativa.

(C) A petição do indulto individual será entregue ao Ministério Público para a elaboração de parecer e posterior encaminhamento ao juiz da execução.

(D) A pena privativa de liberdade poderá ser convertida em restritiva de direitos, desde que o condenado esteja em regime aberto ou semiaberto e tenha cumprido um sexto da pena.

(E) O órgão do Ministério Público deve visitar anualmente os estabelecimentos penais, registrando a sua presença em livro próprio.

A: incorreta, já que o agravo em execução, previsto no art. 197 da LEP, não comporta, em regra, efeito suspensivo. Este recurso obedece ao rito estabelecido para o recurso em sentido estrito (arts. 582 a 592 do CPP), que tem como prazo para interposição *cinco* dias; **B:** correta (art.

195, LEP); **C:** incorreta (art. 189, LEP); **D:** incorreta (art. 180, LEP); **E:** incorreta (art. 68, parágrafo único, LEP). ED
Gabarito "B".

(Promotor de Justiça/CE – 2020 – CESPE/CEBRASPE) De acordo com a Lei de Execução Penal (LEP), o órgão da execução penal destinado especificamente a prestar assistência aos albergados e aos egressos é

(A) o patronato.

(B) a casa de albergado.

(C) o conselho penitenciário.

(D) o conselho da comunidade.

(E) o departamento penitenciário.

A solução desta questão deve ser extraída do art. 78 da LEP, que assim dispõe: *O Patronato público ou particular destina-se a prestar assistência aos albergados e aos egressos (art. 26).* ED
Gabarito "A".

(Promotor de Justiça/PR – 2019 – MPE/PR) Analise as assertivas abaixo e assinale a ***incorreta:***

(A) Incumbe à Defensoria Pública visitar os estabelecimentos penais, tomando providências para o adequado funcionamento, e requerer, quando for o caso, a apuração de responsabilidade.

(B) Incumbe ao Conselho da Comunidade, visitar, pelo menos mensalmente, os estabelecimentos penais existentes na comarca.

(C) Incumbe ao Patronato visitar os estabelecimentos penais, tomando providências para o adequado funcionamento, e requerer, quando for o caso, a apuração de responsabilidade.

(D) Incumbe ao Ministério Público visitar mensalmente os estabelecimentos penais, registrando sua presença em livro próprio.

(E) Compete ao Juiz da Execução inspecionar, mensalmente, os estabelecimentos penais, tomando providências para o adequado funcionamento e promovendo, quando for o caso, a apuração de responsabilidade.

A: correta (art. 81-B, V, da Lei 7.210/1984 – Lei de Execução Penal); **B:** correta (art. 81, I, da Lei 7.210/1984); **C:** incorreta, já que tal incumbência cabe à Defensoria Pública, conforme estabelece o art. 81-B, V, da Lei 7.210/1984. As incumbências do Patronato estão definidas nos arts. 78 e 79 da LEP; **D:** correta (art. 68, parágrafo único, da Lei 7.210/1984 – Lei de Execução Penal); **E:** correta (art. 66, VII, da LEP). ED
Gabarito "C".

(Investigador – PC/BA – 2018 – VUNESP) De acordo com a Lei de Execução Penal, é correto afirmar que

(A) o regime disciplinar diferenciado pode ser imposto tanto ao condenado quanto ao preso provisório, tendo como fundamento a prática de qualquer crime doloso.

(B) a permissão de saída é cabível apenas para pessoas presas em regime semiaberto.

(C) a saída temporária é permitida para visita à família e é concedida por prazo não superior a 7 (sete) dias, podendo ser renovada por mais 5 (cinco) vezes durante o ano.

(D) a regressão de regime pode ser imposta ao apenado que, no curso da execução, seja condenado, por sentença transitada em julgado, pela prática de crime doloso ou, nos termos do regulamento da penitenciária, incorra na prática de falta média.

(E) a inclusão do apenado no regime aberto depende da comprovação de que ele já está trabalhando, porque deve comprovar a capacidade prévia de sustentar-se por meios lícitos.

A: correta, pois reflete o disposto no art. 52, *caput*, da LEP (Lei 7.210/1984); **B:** incorreta. Antes de mais nada, é importante que se proceda à distinção entre *permissão de saída* e *saída temporária*, que são espécies do gênero *autorização de saída*. A *permissão de saída* (referida nesta assertiva), a ser concedida, pelo diretor do estabelecimento prisional, aos condenados que cumprem pena nos regimes fechado e semiaberto, e também aos presos provisórios (art. 120, *caput*, LEP), pressupõe que o preso esteja sob escolta permanente (art. 120, LEP); já a *saída temporária*, que será concedida ao condenado que se encontra em cumprimento de pena no regime *semiaberto* (art. 122, *caput*, da LEP) e somente mediante autorização do juízo da execução, ouvidos o MP e a administração penitenciária (art. 123, *caput*, da LEP), prescinde de escolta, podendo o juiz, neste caso, determinar a utilização de equipamento de monitoração eletrônica; **C:** incorreta, pois não corresponde ao teor do art. 124, *caput*, da LEP, que estabelece que a saída temporária será renovada por mais *quatro* vezes durante o ano (e não *cinco*); **D:** incorreta, uma vez que não reflete o disposto no art. 118 da LEP; **E:** incorreta, pois em desconformidade com o que estabelece o art. 114, I, da LEP. ED

Gabarito "A".

(Juiz de Direito – TJ/RS – 2018 – VUNESP) Em relação aos enunciados a seguir, assinale o que representa entendimento já sumulado pelo STJ.

(A) O excesso de prazo na instrução, independentemente de quem o produz, gera constrangimento ilegal a ensejar o relaxamento da prisão.

(B) É admissível a fixação de pena substitutiva (art. 44 do CP) como condição especial ao regime aberto.

(C) Para obtenção dos benefícios de saída temporária e trabalho externo, considera-se o tempo de cumprimento da pena no regime fechado, salvo se houver falta grave.

(D) A falta grave não interrompe o prazo para obtenção de livramento condicional.

(E) É desnecessária a resposta preliminar de que trata o art. 514 do Código de Processo Penal.

A: incorreta, pois não corresponde ao entendimento firmado por meio da Súmula 64, do STJ; **B:** incorreta, pois não retrata o posicionamento firmado na Súmula 493, do STJ: "É inadmissível a fixação de pena substitutiva (art. 44 do CP) como condição especial ao regime aberto"; **C:** incorreta, pois contraria o entendimento firmado na Súmula 40, do STJ; **D:** correta, pois reflete o entendimento constante da Súmula 441, STJ; **E:** incorreta. A peculiaridade do procedimento referente aos crimes de responsabilidade dos funcionários públicos reside na impugnação ofertada pelo funcionário antes do recebimento da denúncia. É a chamada *resposta* ou *defesa preliminar*, prevista no art. 514 do CPP, que somente terá incidência nos crimes funcionais afiançáveis, não se estendendo ao particular que, na qualidade de coautor ou partícipe, tomar parte no crime. Com a edição da Súmula 330 do STJ, esta defesa que antecede o recebimento da denúncia deixou de ser necessária na ação penal alicerçada em inquérito policial. Dessa forma, a formalidade

imposta pelo art. 514 do CPP somente se fará necessária, segundo o STJ, quando a denúncia se basear em outras peças de informação que não o inquérito policial. Em outras palavras, a resposta preliminar é necessária, sim, na hipótese de a ação penal não ser calcada em inquérito policial. ED

Gabarito "D".

(Delegado/MS – 2017 – FAPEMS) Conforme a Lei n. 7.210, de 11 de julho de 1984, que institui a Lei de Execução Penal, e entendimento dos Tribunais Superiores, a respeito da execução penal, é correto afirmar que

(A) de acordo com o entendimento sumulado do Superior Tribunal de Justiça, a falta grave interrompe o prazo para a obtenção de livramento condicional.

(B) a remição é instituto que se aplica a presos em regime fechado ou semiaberto, não havendo autorização legal para ser concedida aos condenados em regime aberto.

(C) nas duas espécies de autorizações de saída, previstas na Lei de Execução Penal vigente, é medida obrigatória a vigilância direta do preso, podendo o juiz determinar a fiscalização por meio de monitoramento eletrônico.

(D) o regime disciplinar diferenciado, conforme previsão na Lei de Execução Penal vigente, será aplicado por prévio e fundamentado despacho do juiz competente, e dependerá de requerimento circunstanciado elaborado pelo diretor do estabelecimento prisional, delegado de polícia ou Ministério Público.

(E) a pena unificada para atender ao limite de trinta anos de cumprimento, determinado pelo artigo 75 do Código Penal vigente, não é considerada para a concessão do livramento condicional ou regime mais favorável de execução.

A: incorreta, pois não corresponde ao entendimento firmado na Súmula n. 441 do STJ, *in verbis*: "A falta grave não interrompe o prazo para obtenção de livramento condicional"; **B:** incorreta. É que a remição pelo trabalho somente é possível nos regimes fechado e semiaberto (art. 126, *caput*, do LEP); no regime aberto, somente poderá o condenado obter a remição pelo estudo, tal como autorizado pelo art. 126, § 6º, da LEP; **C:** incorreta. A autorização de saída comporta duas espécies, a saber: *permissão de saída* e *saída temporária*. A *permissão de saída*, a ser concedida, pelo diretor do estabelecimento prisional, aos condenados que cumprem pena nos regimes fechado e semiaberto, e também aos presos provisórios (art. 120, *caput*, LEP), pressupõe que o preso esteja sob escolta permanente (art. 120, LEP); já a *saída temporária*, que será concedida ao condenado que se encontra em cumprimento de pena no regime *semiaberto* (art. 122, *caput*, da LEP) e somente mediante autorização do juízo da execução, ouvidos o MP e a administração penitenciária (art. 123, *caput*, da LEP), prescinde de escolta, podendo o juiz, neste caso, determinar a utilização de equipamento de monitoração eletrônica; **D:** incorreta. O delegado de polícia e o membro do MP não têm legitimidade para formular requerimento de inclusão de preso em regime disciplinar diferenciado. Ao MP cabe tão somente emitir parecer a esse respeito, sempre que houver requerimento formulado pelo diretor do estabelecimento prisional nesse sentido (art. 54, §§ 1º e 2º, da LEP); **E:** correta, na medida em que reflete o entendimento sedimentado na Súmula 715, do STF. ED

Gabarito "E".

10. Medicina Legal

Leni Mouzinho Soares

1. TANATOLOGIA

(Promotor de Justiça/PR – 2019 – MPE/PR) Relativamente à morte causada por asfixia, suas modalidades e sinais cadavéricos, analise as assertivas abaixo e assinale a *correta*:

(A) São sinais internos observados em todas as necropsias: sangue fluído de cor escura, congestão polivisceral, equimoses viscerais com forma de petéquias, mais frequentes nas regiões subpleural, subcárdica e subepicárdia.

(B) Estrangulamento é a contrição cervical realizada diretamente por qualquer parte do corpo do agressor, como mãos, pernas, braços.

(C) Esganadura caracteriza-se pela constrição do pescoço por laço acionado por força mecânica ativa, como o garrote.

(D) A presença de sulco horizontalizado, contínuo, com profundidade uniforme pode indicar enforcamento.

(E) A presença de sulco único, oblíquo e ascendente, com profundidade desigual pode indicar enforcamento.

A: Incorreta. Os sinais internos descritos na alternativa serão observados na necropsia de cadáveres em que a vítima tenha sofrido algum tipo de lesão; **B:** Incorreta. Estrangulamento tem como característica principal a interrupção da circulação sanguínea por meio da constrição do pescoço por um baraço mecânico, que tem como propulsor força diversa do próprio corpo. A descrição contida na alternativa refere-se à esganadura; **C:** Incorreta. Esganadura é a constrição do pescoço da vítima pelas próprias mãos do homicida; **D:** Incorreta. A lesão causada no pescoço da vítima de estrangulamento tem sulco contínuo e uniforme; **E:** Correta. No enforcamento, o sulco no pescoço da vítima apresenta-se de forma oblíqua e descontínua, além de desigualmente profundo, assumindo a característica do meio utilizado. **LM**
Gabarito "E."

(Delegado/MS – 2017 – FAPEMS) A Cronotanatognose é a parte da Tanatologia que estuda a data aproximada da morte. Para tanto, analisa-se a sequência dos fenômenos cadavéricos que podem sofrer alteração de acordo com a *causa mortis* e demais fatores externos presentes no meio ambiente em que o cadáver foi encontrado. Assim, no que diz respeito aos fenômenos relevantes à Cronotanatognose, é correto afirmar que

(A) para a determinação da morte a partir da análise da perda de peso, faz-se necessário saber, com a maior precisão possível, o peso do corpo no momento do óbito, o que inviabiliza a utilização de tal parâmetro na maioria dos casos para estimativa do tempo de morte.

(B) a mancha verde abdominal não se altera de acordo com a temperatura do meio ambiente.

(C) o resfriamento do corpo é elemento sempre preciso para estipular a data da morte.

(D) a circulação póstuma de Brouardel costuma anteceder a mancha verde abdominal.

(E) a rigidez cadavérica desaparece progressivamente e em sentido contrário de seu aparecimento.

A: correta – A quantidade de peso perdido pelo cadáver é muito variável, de acordo com o meio em que se encontra e até mesmo as características do próprio corpo. Portanto, dificulta consideravelmente a estimação do tempo de morte, porque pouco precisa; **B:** incorreta – A mancha verde abdominal sofre influência direta da temperatura do meio ambiente; **C:** incorreta – O resfriamento do corpo não é uma característica precisa para definir o momento da morte. O corpo pode resfriar mais rapidamente ou lentamente conforme o meio em que se encontra, a compleição física (gordo ou magro), a quantidade de vestimenta quando do óbito e, inclusive, a idade do morto; **D:** incorreta – A circulação póstuma de Brouardel é uma das etapas da putrefação, sendo assim, é posterior ao aparecimento da mancha verde abdominal; **E:** incorreta – A rigidez cadavérica desaparece no mesmo sentido de seu surgimento. **LM**
Gabarito "A."

(Delegado/PE – 2016 – CESPE) Determinada delegacia de polícia, comunicada da existência de um cadáver em estado de putrefação jogado em um canavial de sua circunscrição, deve tomar providências para levantar informações – como, por exemplo, a certificação de tratar-se de pessoa, e não de animal, e o estabelecimento da causa da morte –, além de realizar diligências diversas.

Assinale a opção correta acerca das atividades médico-legais nesse caso.

(A) O método de identificação do cadáver de primeira escolha, para o caso, é a identificação por material genético, o DNA, que pode ser extraído mesmo de material putrefeito.

(B) Mesmo estando o cadáver em adiantado estado de putrefação, é possível, conforme a especificidade, estabelecer, pelo exame médico-legal, a causa jurídica da morte – suicídio, homicídio, acidente ou morte natural.

(C) A análise do aspecto macroscópico do fígado do cadáver em questão é suficiente para que o médico-legista determine se ocorreu morte súbita ou se morte com suspeita de ocorrência criminal.

(D) Deve-se proceder à exumação do cadáver, que deve ser realizada por equipe da delegacia de polícia acompanhada de médico-legista.

(E) Caso o cadáver encontrado seja de material humano, a identificação deverá ser feita por reconhecimento.

A: Incorreta - Realmente o exame de DNA tem índices de acerto melhores que os demais. No entanto, não é a primeira escolha, em razão do seu alto valor e da complexidade técnica para sua feitura. A técnica mais escolhida é o exame necropapiloscópico. **B:** Correta - Apesar de o corpo não se encontrar nas melhores condições, ainda podem existir elementos possíveis de análise. Portanto, a vítima de esquartejamento pode vir a ser reconhecida mesmo que o corpo esteja em estado de putrefação. **C:** Incorreta - O estudo mencionado na alternativa demanda uma análise bioquímica e não somente macroscópica. **D:** Incorreta - Só é possível a exumação de cadáver que foi sepultado. **E:** Incorreta - Esta identificação pode ser feita por diversos modos, dentre eles, por meio de reconhecimento. **LM**

Gabarito "B".

(**Delegado/PE – 2016 – CESPE**) No que se refere à perícia em ossada recolhida ao instituto médico-legal por determinação da autoridade policial, assinale a opção correta.

(**A**) Por meio da análise do esqueleto, é possível determinar o tipo de asfixia, que é o estado de privação de oxigênio, que eventualmente tenha causado a morte do indivíduo.

(**B**) A análise química de amostra da ossada determina a ocorrência de intoxicação alcoólica.

(**C**) A cronotanatognose determina o tempo de evolução da ossada; havendo ossadas de duas pessoas, é possível estabelecer a precedência da morte de uma em relação à outra verificando-se a comoriência.

(**D**) Para chegar à fase de esqueleto, o corpo deve ter passado por fases ou estados em que ocorrem fenômenos cadavéricos, entre eles: imobilidade, abolição do tônus, ocorrência de livores, rigidez e putrefação, nessa ordem.

(**E**) Tendo sido observado que a ossada sofreu queimadura, deve-se concluir que houve lesão e morte por ação térmica, assim como se deve concluir que houve lesão e morte por eletricidade no caso de a ossada estar envolta em fios elétricos.

Alternativa **A** é incorreta pois a análise da asfixia se dá por meio de exame do corpo da vítima, especialmente no tocante às sequelas deixadas na região do pescoço da mesma. Alternativa **B** é incorreta pois o estudo acerca de eventual intoxicação alcoólica é feita por meio das vísceras do corpo humano. Alternativa **C** é incorreta visto que tal estudo, por meio da cronotanatognose, pode evitar a comoriência, ou seja, ao se determinar que uma pessoa morreu em momento diverso da outra, teremos a premoriência e não a comoriência. Alternativa **D** é incorreta em virtude de que a rigidez cadavérica não necessariamente ocorre depois dos livores. Alternativa **E** é incorreta porque a ação da eletricidade também gera queimaduras. **LM**

Gabarito: Anulada.

2. SEXOLOGIA

(**Delegado/GO – 2017 – CESPE**) Em relação aos aspectos médico-legais dos crimes contra a liberdade sexual, assinale a opção correta.

(**A**) A presença de escoriação em cotovelo e de esperma na cavidade vaginal são suficientes para caracterizar o estupro.

(**B**) Equimoses da margem do ânus, hemorragias por esgarçamento das paredes anorretais e edemas das regiões circunvizinhas são características de coito anal violento.

(**C**) Em crianças com mudanças de comportamento, a presença de eritemas confirma o diagnóstico de abuso sexual.

(**D**) A vasectomia feita no indivíduo antes de ele cometer um crime de estupro impede a obtenção de dados objetivos desse crime.

(**E**) A integridade do hímen invalida o diagnóstico de conjunção carnal.

A: incorreta – Com base apenas em tais características, não é possível afirmar que houve estupro; **B:** correta; **C:** incorreta – O eritema, que é o rubor da pele, pode surgir pela ação de fatores diversos, como por exemplo a exposição ao calor. Sendo assim, não pode ser tido como indicativo de abuso sexual por si só; **D:** incorreta – A vasectomia não impede a ejaculação, apenas a produção de espermatozoides. Sendo assim, pode ser utilizada para a obtenção de dados objetivos sobre o crime, como em exame de DNA; **E:** incorreta – é possível que mesmo após a conjunção carnal o hímen mantenha-se íntegro, devido à sua complacência. **LM**

Gabarito "B".

(**Delegado/PE – 2016 – CESPE**) Sexologia forense é o ramo da medicina legal que trata dos exames referentes aos crimes contra a liberdade sexual, além de tratar de aspectos relacionados à reprodução. Acerca do exame médico-legal e dos crimes nessa área, assinale a opção correta.

(**A**) Para a configuração do infanticídio, são necessários dois aspectos: o estado puerperal e a mãe matar o próprio filho.

(**B**) O crime de aborto configura-se com a expulsão prematura do feto, independentemente de sua viabilidade e das causas da eliminação.

(**C**) O crime de abandono de recém-nascidos, que consiste na ausência de cuidados mínimos necessários à manutenção das condições de sobrevivência ou exposição à vulnerabilidade, só estará caracterizado se for cometido pela mãe.

(**D**) Para se determinar um estupro, é necessário que respostas aos quesitos sobre a ocorrência de conjunção carnal ou ato libidinoso sejam afirmativas: essas ocorrências sempre deixam vestígios.

(**E**) Para a resposta ao quesito sobre virgindade da paciente, a integridade do hímen pode não ser necessária, desde que outros elementos indiquem que a periciada nunca manteve relação sexual.

A: correta – São pressupostos do crime de infanticídio que a morte tenha sido provocada pela genitora do infante e que a aja em razão de seu estado puerperal, que é aquele causado por alteração de seu estado emocional pós-parto. No caso de um desses aspectos não se verificar, poderá se configurar outro delito, tal como o homicídio; **B: incorreta** - O crime de aborto estará configurado somente se a interrupção da gravidez, com a consequente morte do produto da concepção, for provocada intencionalmente pela gestante ou por terceiro e desde que tal conduta não tenha como objetivo salvaguardar a vida da gestante, ou que a gravidez seja decorrente de estupro ou, ainda, se trate de feto anencéfalo; **C: incorreta** - O crime de exposição ou abandono de recém-nascido está tipificado no art. 134 do Código Penal. O elemento subjetivo é a exposição do recém-nascido a perigo com o intuito de ocultar desonra da mãe, podendo, no entanto, ser praticado para ocultar, também, desonra do genitor; **D: incorreta** - Para a ocorrência do crime de estupro não se exige a efetiva conjunção carnal, logo, trata-se de crime que não necessariamente deixa vestígios; **E: incorreta** - A constatação de não ruptura do hímen não implica necessariamente que a examinanda seja virgem, em razão de existirem hímens complacentes, que são aqueles que não se rompem com a conjunção carnal. **LM**

Gabarito "A".

3. TRAUMATOLOGIA

(**Delegado/GO – 2017 – CESPE**) Um cadáver jovem, do sexo masculino, encontrado por moradores de uma região ribeirinha, estava nas seguintes condições: vestido com calção de banho; corpo apresentando dois orifícios, o primeiro deles medindo cerca de 1 cm, ligeiramente elíptico, na parte posterior do tórax, na altura da região escapular direita; o segundo, de mesmo tamanho que o primeiro, circular, no pescoço, logo abaixo da nuca. O primeiro orifício apresentava orla de enxugo, orla de escoriação e orla de contusão; em torno do segundo orifício, foram observadas zonas de esfumaçamento e de tatuagem.

Nessa situação hipotética, as lesões descritas

(A) foram causadas por instrumentos perfurocontundentes empregados a longa distância e a curta distância, respectivamente.

(B) decorreram de ação cortocontundente produzida a curta distância.

(C) foram causadas por instrumentos perfurocortantes, e o instrumento que produziu o segundo orifício foi usado a curta distância.

(D) foram, ambas, causadas por instrumentos perfurocontundentes empregados a curta distância.

(E) são compatíveis com a ação de projéteis de alta energia disparados a longa distância.

A: correta – As características descritas são encontradas em lesões causadas por arma de fogo, que são as denominadas perfurocontundentes. As orlas de contusão, enxugo e escoriação são encontradas em quase todos os ferimentos provocados por disparos de arma de fogo, independentemente da distância do tiro, enquanto que as lesões por tiros a curta distância apresentam zonas de esfumaçamento e de tatuagem; **B:** incorreta – Lesões cortocontusas, que são as causadas por instrumentos cortocontundentes, tais como facão, machado etc. Assim, os ferimentos causados apresentam zona de contusão, em razão da pressão do instrumento em determinado ponto do corpo; **C:** incorreta – As lesões causadas por instrumentos perfurocortantes são denominadas de perfuroincisas. Um exemplo de objeto perfurocortante é a faca, que possui uma lâmina com ponta; **D** e **E:** incorretas – De fato, ambas foram causadas por objeto perfurocontundente. Porém, a primeira a longa distância e, a segunda, a curta distância, chegando-se a tal conclusão pela existência de zona de esfumaçamento e de tatuagem. ◨ LM

Gabarito "A"

(Delegado/GO – 2017 – CESPE) Em relação às asfixias, assinale a opção correta.

(A) A projeção da língua e a exoftalmia são achados suficientes para concluir que houve morte não natural.

(B) As equimoses das conjuntivas somente são encontradas nos casos de afogamento.

(C) Nas asfixias, as ocorrências de manchas de hipóstase são raras.

(D) Na sufocação por compressão do tórax, observam-se pulmões congestos e com hemorragias.

(E) O cogumelo de espuma é uma característica exclusiva do afogamento.

A: incorreta – Apenas com base nessas características não é possível determinar que a morte não se deu por causa natural; B: correta; **C:** incorreta – As manchas de hipóstase são verificadas nas asfixias causadas por monóxido de carbono; **D:** incorreta – A sufocação indireta é a causada pela compressão do tórax apenas ou do tórax em conjunto com o abdome. As características principais da sufocação indireta no cadáver são a congestão dos pulmões, fraturas na região torácica e derramamento de sangue debaixo a pele; **E:** incorreta – O cogumelo de espuma pode ser encontrado em casos

de submersão, podendo não aparecer em outros tipos de asfixia. Ele se forma nos casos em que as vias aéreas foram obstruídas por líquido e por expulsão de ar e muco nas vítimas que reagiram à aproximação da morte. ◨ LM

Gabarito "B"

(Delegado/MS – 2017 - FAPEMS) Leia o seguinte excerto.

A traumatologia forense estuda aspectos médico-jurídicos das lesões, dentre as quais a lesão ou espectro equimótico. Segundo CROCE (2012), "a equimose é definida como a infiltração e coagulação do sangue extravasado nas malhas dos tecidos, sem efração deles. O sangue hemorrágico infiltra-se nos interstícios íntegros, sem alinhamento, originando a equimose".

CROCE, Delton. CROCE JR. Manual de medicina legal. São Paulo: Saraiva, 2012, p. 306.

A respeito dessas lesões, assinale a alternativa correta.

(A) As formas de equimose são variadas, por isso as chamadas víbices são aquelas ocorrentes em ampla área de efusão sanguínea.

(B) Sugilação é o termo que define um aglomerado de petéquias.

(C) O estudo das equimoses não é considerado para análise das contusões.

(D) Em medicina legal, pode-se afirmar que hematoma é sinônimo de equimose.

(E) Com base no espectro equimótico de Legrand du Saulle, uma lesão ocorrida há 8 dias apresenta coloração vermelha.

A: incorreta – De fato, as formas de equimose são muito variáveis. As víbices, no entanto, têm formas alongadas, de estrias, enquanto que a sufusão é aquela que ocupa uma área ampla de efusão sanguínea; **C:** incorreta – Ao contrário, de acordo com a espécie de equimose, é possível identificar a sede da contusão; **D:** incorreta – O hematoma, ao contrário da equimose, também de acordo com Delton Croce (Manual de Medicina legal, 7ª edição revista, editora Saraiva, pág. 307), "é uma coleção hemática, um *thrombos traumatikos* produzido pelo sangue extravasado de vasos mais calibrosos, não capilares, que descola a pele e afasta a trama dos tecidos formando uma cavidade circunscrita, onde se aninha. Causa elevação na pele e é absorvido de forma mais lenta que a equimose; **E:** incorreta – De acordo com o espectro equimótico de Legrand du Saulle, no 8º dia, a lesão apresenta uma cor esverdeada. ◨ LM

Gabarito "B"

4. PSICOPATOLOGIA FORENSE

(Delegado/PE – 2016 – CESPE) Psiquiatria forense é o ramo da medicina legal que trata de questões relacionadas ao funcionamento da mente e sua interface com a área jurídica. O estabelecimento do estado psíquico no momento do cometimento do delito e a capacidade de entendimento desse ato são dependentes das condições de sanidade psíquica e desenvolvimento mental, que também influenciam na forma de percepção e no relato do evento, com importância direta para o operador do direito, na tomada a termo e na análise dos depoimentos. A respeito de psiquiatria forense e dos múltiplos aspectos ligados a essa área, assinale a opção correta.

(A) A surdo-mudez é motivo de desqualificação do testemunho, da confissão e da acareação, pois, sendo causa de desenvolvimento mental incompleto, impede a comunicação.

(B) Nos atos cometidos, pode haver variação na capacidade de entendimento, por doente mental ou por indivíduo sob efeito de substâncias psicotrópicas ou entorpecentes, do caráter ilícito do ato por ele cometido; cabe ao perito buscar determinar, e assinalar no laudo pericial, o estado mental no momento do delito.

(C) A perturbação mental, por ser de grau leve quando comparada a doença mental, não reflete na capacidade cível nem na imputabilidade penal.

(D) Em indivíduos com intoxicação aguda pelo álcool, observam-se estados de automatismos e estados crepusculares.

(E) O desenvolvimento mental incompleto ou retardado, tecnicamente denominado oligofrenia, está diretamente relacionado à ocorrência de epilepsia.

A: incorreta – O surdo-mudo não é impedido de testemunhar, ao contrário disso, o art. 192 c. c. o art. 223, parágrafo único, ambos do CPP traz previsão da forma como deverá ser procedida a sua oitiva; **B: correta** - pois é diante desta análise que eventualmente a inimputabilidade ou a semi-imputabilidade poderá ser aferida com melhor clareza; **C: incorreta** - A perturbação mental, a depender das suas condicionantes, pode sim influenciar na culpabilidade do agente no tocante ao ato praticado; **D: incorreta** - pois elucida sintomas da epilepsia; **E: incorreta** - A oligofrenia é relacionada ao desenvolvimento mental da pessoa. LM

Gabarito "B".

5. ANTROPOLOGIA

(Delegado/GO – 2017 – CESPE) De acordo com Ottolenghi, um indivíduo de pele branca ou trigueira, com íris azuis ou castanhas, cabelos lisos ou crespos, louros ou castanhos, com perfil de face ortognata ou ligeiramente prognata e contorno anterior da cabeça ovoide é classificado como

(A) indiano.

(B) australoide.

(C) caucásico.

(D) negroide.

(E) mongólico.

Existem diversas classificações das raças, com base em características físicas. A classificação de Ottolenghi é uma delas. De acordo com tal classificação: **A: incorreta** – O indiano apresenta pele morena, escura, mais avermelhada, íris castanha, cabelos lisos e pretos, com ossos zigomáticos (bochecha) em proeminência; **B: incorreta** – O indivíduo australoide, de acordo com a referida classificação, é aquele que apresenta pele trigueira (morena), cabelos pretos, ondulados, bochecha proeminente, testa (região frontal) estreita, nariz curto etc.; **C: correta** – O caucásico apresenta as características descritas no enunciado; **D: incorreta** – Negroide é aquele que possui a pele negra, com cabelos crespos, testa mais saliente, íris castanha, narinas largas e distantes etc.; **E: incorreta** – O mongólico tem pele amarela, cabelos lisos, região frontal mais larga e baixa, face achatada. LM

Gabarito "C".

6. PERÍCIAS MÉDICO-LEGAIS E PROCEDIMENTO NO INQUÉRITO POLICIAL

(Delegado/GO – 2017 – CESPE) No que se refere às perícias e aos laudos médicos em medicina legal, assinale a opção correta.

(A) As perícias podem consistir em exames da vítima, do indiciado, de testemunhas ou de jurado.

(B) A perícia em antropologia forense permite estabelecer a identidade de criminosos e de vítimas, por meio de exames de DNA, sem, no entanto, determinar a data e a circunstância da morte.

(C) A opção pela perícia antropológica deve ser conduta de rotina nos casos em que a família da vítima manifestar suspeita de morte por envenenamento.

(D) As perícias médico-legais são restritas aos processos penais e civis.

(E) Laudo médico-legal consiste em narração ditada a um escrivão durante o exame.

A: correta – Os exames periciais podem ser realizados em vítimas, indiciados, testemunhas, jurados, no local e/ou objeto do crime; **B:** incorreta – Pelo sistema de DNA, é possível determinar a raça, a idade, o sexo; **C:** incorreta – Em casos de envenenamento, deverá ser realizado exame toxicológico; **D:** incorreta – As perícias médico-legais podem ser solicitadas, inclusive, no foro de acidente de trabalho; **E:** incorreta – O relatório ditado pelo perito ao escrivão de polícia é denominado auto, enquanto que o laudo é o relatório apresentado por escrito pelo perito. LM

Gabarito "A".

(Delegado/PE – 2016 – CESPE) Com relação aos conhecimentos sobre corpo de delito, perito e perícia em medicina legal e aos documentos médico-legais, assinale a opção correta.

(A) Perícia é o exame determinado por autoridade policial ou judiciária com a finalidade de elucidar fato, estado ou situação no interesse da investigação e da justiça.

(B) O atestado médico equipara-se ao laudo pericial, para serventia nos autos de inquéritos e processos judiciais, devendo ambos ser emitidos por perito oficial.

(C) Perito oficial é todo indivíduo com expertise técnica na área de sua competência incumbido de realizar o exame.

(D) É inválido o laudo pericial que não foi assinado por dois peritos oficiais.

(E) Define-se corpo de delito como o conjunto de vestígios comprobatórios da prática de um crime evidenciado no corpo de uma pessoa.

A: correta - (artigos 6º, VII e 149, ambos do Código de Processo Penal); **B: incorreta** - O laudo médico, como o próprio nome diz, é elaborado por médico, enquanto que o laudo pericial é produzido por perito; **C: incorreta** - Nem toda pessoa com expertise técnica em sua área é considerada perito. Para tanto, se faz necessário preencher outros requisitos legais, como prestar compromisso com a lei;**D: incorreta** - Laudos periciais podem ser feitos, a depender do caso, por dois ou por somente um perito (artigo 159 do Código de Processo Penal); **E: incorreta** - O corpo de delito é o conjunto de vestígios produzidos pela prática delitiva, podendo ser tanto as lesões causadas no corpo da vítima, como uma impressão digital deixada em objetos na cena do crime ou, ainda, uma marca de frenagem produzida por um veículo envolvido em acidente automobilístico, entre outros. LM

Gabarito "A".

11. Direito Constitucional

Adolfo Mamoru Nishiyama, André Nascimento, André Barbieri, Bruna Vieira, Licínia Rossi e Teresa Melo*

1. PODER CONSTITUINTE

(Procurador/PA – CESPE – 2022) A respeito do poder constituinte, é correto afirmar que

(A) a atualização de uma Constituição pode ser feita tanto pelo poder constituinte originário quanto pelo poder constituinte derivado, por meio da chamada mutação constitucional e da reforma constitucional.

(B) o poder constituinte originário é extraordinário, uma vez que pode surgir a qualquer momento, devido à sua excepcionalidade.

(C) o poder constituinte originário, cujo titular é o povo, não tem limites e, por isso, pode atualizar amplamente a Constituição.

(D) o poder constituinte derivado decorrente é aquele que objetiva atualizar a Constituição por intermédio de emenda constitucional.

(E) o poder constituinte derivado, quando da criação de Constituição estadual, assemelha-se ao poder constituinte originário, sendo, nesse caso específico, um poder ilimitado.

A: Incorreta. A atualização de uma Constituição não é feita pelo poder constituinte originário, uma vez que ele cria uma nova Constituição. A atualização é realizada pelo poder constituinte derivado reformador ou por meio de mutação constitucional. **B:** Correta. O poder constituinte originário é um poder de fato, inicial, incondicionado e autônomo e cria uma nova Constituição. **C:** Incorreto. Conforme pondera a doutrina: "Não há dúvida, também, de que o constituinte está limitado pelas forças materiais que o levaram à manifestação inauguradora do Estado. Fatores ideológicos, econômicos, o pensamento dominante da comunidade, enfim, é que acabam por determinar a atuação do constituinte" (TEMER, Michel. *Elementos de direito constitucional*. 10. ed. São Paulo: Malheiros, 1993, p. 34). Além disso, a atualização de uma Constituição não é realizada pelo poder constituinte originário. **D:** Incorreta. O poder constituinte derivado decorrente é aquele que possibilita a criação de uma Constituição pelo Estado-membro, observando-se as regras impostas pelo poder constituinte originário. **E:** Incorreta. O poder constituinte derivado não se assemelha ao poder constituinte originário, pois aquele é condicionado, subordinado e decorrente deste último. **AMN**
Gabarito "B".

(Delegado/MG – 2021 – FUMARC) Cláusulas pétreas são:

(A) aquelas que não podem ser modificadas no texto constitucional.

(B) consideradas limites materiais para emendas à Constituição, pois constituem conteúdo que não pode ser modificado no texto constitucional no sentido de o abolir (extinguir) ou tender a tanto.

(C) dispositivos constitucionais que só podem ser alterados, por meio de emendas ao texto constitucional.

(D) impedimentos à atuação do Poder Constituinte Originário.

A: incorreta. As cláusulas pétreas (forma federativa de Estado; o voto secreto, direto, universal e periódico; a separação dos Poderes; e os direitos e garantias individuais) não podem ser abolidas, (suprimidas), mas é possível que sejam modificadas no sentido de ampliá-las. É o que ocorreu, por exemplo, com a inclusão, por meio de emenda constitucional, dos incisos LXXVIII e LXXIX ao art. 5º da Constituição Federal. **B:** correta. De fato, as cláusulas pétreas são consideradas limites materiais para emendas constitucionais. Tratam de conteúdos essencialmente constitucionais (relacionados ao poder) e não admitem emendas que tendam a aboli-los; **C:** incorreta. Ao contrário, as cláusulas pétreas não podem ser suprimidas por emendas. Até podem ser modificadas, como mencionado, mas sempre no sentido de ampliá-las. **D:** incorreta. As cláusulas pétreas foram criadas pelo Poder Constituinte Originário, de modo que não constituem impedimentos a sua atuação. **BV**
Gabarito "B".

(Promotor de Justiça/CE – 2020 – CESPE/CEBRASPE) Acerca da teoria do poder constituinte, julgue os seguintes itens.

I. Constituição superveniente torna inconstitucionais leis anteriores com ela conflitantes.

II. Uma vez aprovada proposta de emenda constitucional pelo Congresso Nacional em exercício do seu poder constituinte derivado reformador, não haverá sanção ou veto pelo presidente da República.

III. Norma anterior não será recepcionada se sua forma não for mais admitida pela Constituição superveniente, ainda que seu conteúdo seja compatível com esta.

Assinale a opção correta.

(A) Apenas o item I está certo.

(B) Apenas o item II está certo.

(C) Apenas os itens I e III estão certos.

(D) Apenas os itens II e III estão certos.

(E) Todos os itens estão certos.

Correta é a letra B, conforme artigo 60, 3º, da CF, logo, item **II** está correto. O item **I** está incorreto, pois o Brasil não adota a Teoria da Inconstitucionalidade Superveniente. Assim, as leis anteriores materialmente incompatíveis não serão recepcionadas pela nova Constituição. O item **III** está errado, porque a compatibilidade deve ocorrer apenas do ponto de vista material e não formal. Sendo assim, apenas a letra B está correta. **AB**
Gabarito "B".

Quando o termo "povo" aparece em textos de normas, sobretudo em documentos constitucionais, deve ser compreendido como parte integrante plenamente vigente da formulação da prescrição jurídica (do tipo legal); deve ser levado a sério como conceito jurídico a ser interpretado *lege artis*.

---

* **AMN/ANH** Adolfo Mamoru Nishiyama
AN André Nascimento
AB André Barbieri
BV Bruna Vieira
LR Licínia Rossi
TM Teresa Melo
BV/TM Bruna Vieira e Teresa Melo

Friedrich Müller. Quem é o povo? A questão fundamental da democracia. São Paulo: Revista dos Tribunais, 2009, p. 67 (com adaptações).

(Juiz de Direito – TJ/BA – 2019 – CESPE/CEBRASPE) Tendo o texto anterior como referência inicial, assinale a opção correta, relativamente ao poder constituinte originário, ao poder constituinte derivado e ao poder derivado estadual.

(A) O poder constituinte originário é uma categoria pré-constitucional que fundamenta a validade da nova ordem constitucional.

(B) Para resguardar os interesses do povo, cabe à jurisdição constitucional fiscalizar a ação do poder constituinte originário com base no direito suprapositivo.

(C) Como titular passivo do poder constituinte originário, o povo delega o seu exercício a representantes e, em seguida, exerce a soberania apenas de forma indireta.

(D) Os direitos adquiridos são oponíveis ao poder constituinte originário para evitar óbice ao retrocesso social.

(E) A limitação material negativa ao poder constituinte dos estados federados se manifesta no dever de concretizar, no nível estadual, os preceitos da CF.

A: correta, porque o poder constituinte originário é um poder político que antecede o Direito, inaugurando a ordem jurídica pela elaboração da nova Constituição. Assim, o poder constituinte originário é o fundamento de validade da nova ordem constitucional; **B:** incorreta, pois o poder constituinte originário é ilimitado, não sendo regido pela ordem jurídica precedente e não sendo limitado por ela. A esse respeito, o STF já decidiu: "*Na atual Carta Magna 'compete ao Supremo Tribunal Federal, precipuamente, a guarda da Constituição' (artigo 102, "caput"), o que implica dizer que essa jurisdição lhe é atribuída para impedir que se desrespeite a Constituição como um todo, e não para, com relação a ela, exercer o papel de fiscal do Poder Constituinte originário, a fim de verificar se este teria, ou não, violado os princípios de direito suprapositivo que ele próprio havia incluído no texto da mesma Constituição.*" (ADI 815, Relator: Min. Moreira Alves, Tribunal Pleno, julgado em 28/03/1996); **C:** incorreta, pois a soberania popular é exercida de forma indireta (por representantes eleitos pelo voto popular) e de forma direta (mediante plebiscito, referendo e iniciativa popular); **D:** incorreta, pois os direitos adquiridos anteriormente ao surgimento de uma nova constituição não estão protegidos contra ela, salvo se o próprio poder constituinte originário assim o desejar. Nesse sentido, o STF já decidiu que "*a supremacia jurídica das normas inscritas na Carta Federal não permite, ressalvadas as eventuais exceções proclamadas no próprio Texto Constitucional, que contra elas seja invocado o direito adquirido*" (ADI 248, Rel. Min. Celso de Mello, Tribunal Pleno, julgado em 18/11/1993); **E:** incorreta, pois a limitação material **positiva** ao poder constituinte decorrente dos estados federados se manifesta no dever de a Constituição Estadual concretizar os preceitos e os fins da Constituição Federal, ao passo que a limitação material **negativa** se manifesta no dever de a Constituição Estadual não contrariar a Constituição Federal. **AN**

Gabarito "A".

(Procurador do Município – Valinhos/SP – 2019 – VUNESP) A respeito da supremacia constitucional, é correto afirmar que

(A) todas as normas constitucionais são equivalentes em termos de hierarquia e dotadas de supremacia formal em relação às demais normas infraconstitucionais.

(B) para assegurar essa supremacia, basta um sistema jurídico escalonado, não sendo necessário um controle de constitucionalidade sobre as leis e os atos normativos.

(C) no Estado que adota uma Constituição do tipo flexível, existe supremacia formal da Constituição, por- que há distinção entre os processos legislativos de elaboração das normas.

(D) a constituição não se coloca no vértice do sistema jurídico do país e os poderes estatais são legítimos independentemente de quem os estruture.

(E) só há supremacia formal na Constituição costumeira quando for a regra da rigidez constitucional que esteja em vigor.

Correta é a letra A, pois a todas as normas que formam o bloco de constitucionalidade estão no mesmo plano hierárquico, no mesmo *status*. Tanto que, para as normas constitucionais originárias não se admite eventual inconstitucionalidade. Errada a letra B, pois o controle de constitucionalidade pressupõe a existência de hierarquia entre as normas constitucionais e o restante. A letra C está errada, pois não existe tal supremacia. A letra D também equivocada, pois a Constituição é o topo do sistema jurídico, bem como todas as "criaturas" deverão respeitar o "criador". Por fim, letra E incorreta, pois não há tal supremacia, mas é possível, diga-se de passagem, a supremacia material. **AB**

Gabarito "A".

(Procurador do Município – Valinhos/SP – 2019 – VUNESP) A Constituição Federal poderá ser emendada

(A) mediante proposta de menos da metade das Assembleias Legislativas das unidades da Federação.

(B) mediante proposta do Vice-Presidente da República.

(C) na vigência de estado de defesa ou de estado de sítio, mas não na vigência de intervenção federal.

(D) e a matéria constante de proposta de emenda rejeitada ou havida por prejudicada pode ser objeto de nova proposta na mesma sessão legislativa.

(E) mediante proposta de um terço, no mínimo, dos membros da Câmara dos Deputados ou do Senado Federal.

Correta é a letra E, tendo em vista o artigo 60, da CF: "Art. 60. A Constituição poderá ser emendada mediante proposta: I – de um terço, no mínimo, dos membros da Câmara dos Deputados ou do Senado Federal; II – do Presidente da República; III – de mais da metade das Assembleias Legislativas das unidades da Federação, manifestando-se, cada uma delas, pela maioria relativa de seus membros. § 1º A Constituição não poderá ser emendada na vigência de intervenção federal, de estado de defesa ou de estado de sítio. § 2º A proposta será discutida e votada em cada Casa do Congresso Nacional, em dois turnos, considerando-se aprovada se obtiver, em ambos, três quintos dos votos dos respectivos membros. § 3º A emenda à Constituição será promulgada pelas Mesas da Câmara dos Deputados e do Senado Federal, com o respectivo número de ordem. § 4º Não será objeto de deliberação a proposta de emenda tendente a abolir: I – a forma federativa de Estado; II – o voto direto, secreto, universal e periódico; III – a separação dos Poderes; IV – os direitos e garantias individuais. § 5º A matéria constante de proposta de emenda rejeitada ou havida por prejudicada não poderá ser objeto de nova proposta na mesma sessão legislativa.". Logo, a única correta é a letra E (artigo 60, I, da CF). Letra A incorreta, porque a proposta deve ser de mais da metade das Assembleias Legislativas. Letra B errada, pois a proposta seria do Presidente da República. Letra C errada, porque não cabe emenda em qualquer um dos estados excepcionais. Letra D incorreta, pois não pode ser objeto de nova proposta na mesma sessão legislativa. **AB**

Gabarito "E".

11. DIREITO CONSTITUCIONAL   433

(Delegado – PC/BA – 2018 – VUNESP) O poder que enseja a elaboração da Constituição de um Estado-membro da federação, organizando o arcabouço constitucional daquela unidade federada, é denominado

(A) poder constituinte derivado decorrente reformador normal.

(B) poder constituinte derivado decorrente institucionalizador.

(C) poder constituinte derivado decorrente revisional anômalo.

(D) poder constituinte derivado decorrente reformador anômalo.

(E) poder constituinte derivado decorrente revisional normal.

Poder constituinte derivado decorrente é o poder de criar ou modificar a Constituição dos Estado-membros, permitindo a auto-organização desses entes federados dotados de autonomia. É um poder derivado, subordinado e condicionado, estando sujeito aos parâmetros e princípios estabelecidos pelo poder constituinte originário. Alguns autores – como Kildare Gonçalves Carvalho e Anna Cândida da Cunha Ferraz – subdividem esse poder em: **poder constituinte decorrente inicial (instituidor, institucionalizador)**, que é responsável por elaborar/criar a Constituição do Estado-Membro, estabelecendo a organização fundamental dos Estados Federados; e **poder constituinte decorrente de revisão estadual (poder decorrente de segundo grau)**, que tem a finalidade de rever/modificar a Constituição do Estado-Membro, respeitando os limites previstos na própria constituição estadual.
Logo, o poder que enseja a elaboração da Constituição de um Estado-membro da federação, organizando o arcabouço constitucional daquela unidade federada, é denominado poder constituinte derivado decorrente institucionalizador. **AN**
Gabarito "B".

(Investigador – PC/BA – 2018 – VUNESP) Imagine que 1/3 (um terço) dos membros da Câmara dos Deputados apresentou proposta de Emenda Constitucional com o objetivo de alterar o voto popular de secreto para aberto. Nesse caso, é correto afirmar que a proposta é

(A) inconstitucional sob o prisma formal, pois a legitimidade para apresentação de proposta de emenda constitucional só pode ser apresentada por 1/3 (um terço) dos membros do Congresso Nacional, e não apenas de uma das casas.

(B) inconstitucional sob o prisma formal, pois a legitimidade para apresentação de proposta de Emenda Constitucional é reservada ao Senado, na qualidade de representante dos Estados Membros.

(C) inconstitucional sob o prisma material, pois a Constituição não poderá ser emendada para abolição do voto secreto.

(D) constitucional, tanto sob o prisma formal como o material, já que a Constituição assegura apenas o voto direto, universal e periódico.

(E) constitucional, tanto sob o prisma formal como o material, já que a Constituição não assegura o voto e a forma de seu exercício como cláusula imutável.

A proposta de emenda à Constituição (PEC) poderá ser apresentada pelo Presidente da República; por 1/3 (um terço), no mínimo, dos membros da Câmara dos Deputados ou do Senado Federal; ou por mais da metade das Assembleias Legislativas, manifestando-se, cada uma delas, pela maioria relativa de seus membros. Não será objeto de deliberação a proposta de emenda tendente a abolir as cláusulas pétreas da Cons-

tituição: forma federativa de Estado; voto direto, secreto, universal e periódico; separação dos Poderes; e direitos e garantias individuais. Na hipótese da questão, a proposta de emenda constitucional é constitucional sob o prisma formal, tendo em vista ter respeitado a legitimidade para a sua propositura (art. 60, I, da CF). No entanto, é inconstitucional sob o prisma material, na medida em que desrespeitou uma limitação material ao abolir o voto secreto (art. 60, § 4º, II, da CF). **AN**
Gabarito "C".

(Juiz de Direito – TJ/RS – 2018 – VUNESP) A iniciativa popular no processo de reforma da Constituição Federal de 1988

(A) não é contemplada pelo texto constitucional vigente, posto que este prevê que todo poder emana do povo, que o exercerá exclusivamente por meio de representantes eleitos.

(B) é vedada pelo texto constitucional vigente, que prevê que a participação popular se dará exclusivamente por meio do voto, do plebiscito e do referendo.

(C) é prevista expressamente pelo texto constitucional, podendo ser exercida pela apresentação de proposta subscrita por, no mínimo, cinco por cento do eleitorado nacional.

(D) não é prevista expressamente pelo texto constitucional, muito embora seja admitida por alguns autores, com fundamento em uma interpretação sistemática da Constituição Federal.

(E) é prevista expressamente pelo texto constitucional, podendo ser exercida pela apresentação de proposta subscrita por, no mínimo, um por cento do eleitorado nacional.

A: incorreta, visto que a Constituição prevê que todo o poder emana do povo, que o exercerá por meio de representantes eleitos ou diretamente (art. 1º, parágrafo único, da CF); B: incorreta, pois a iniciativa popular no processo de reforma da Constituição não é vedada pelo texto constitucional, que prevê que a participação popular será exercida por meio do voto, do plebiscito, do referendo e da iniciativa popular em projetos de lei (art. 14 da CF); C: incorreta, pois a iniciativa popular no processo de reforma da Constituição não é prevista expressamente pelo texto constitucional, sendo prevista apenas a iniciativa popular para apresentar projeto de lei (art. 61, § 2º, da CF); D: correta. José Afonso da Silva defende a possibilidade de iniciativa popular para a propositura de emendas com fundamento em uma interpretação sistemática da Constituição, aplicando-se, por analogia, o procedimento previsto para a iniciativa popular de leis; E: incorreta, pois a iniciativa popular no processo de reforma da Constituição não é prevista expressamente pelo texto constitucional, sendo admitida por alguns autores, como José Afonso da Silva, aplicando-se, por analogia, o procedimento previsto para a iniciativa popular de leis. **AN**
Gabarito "D".

(Procurador do Município – Prefeitura Fortaleza/CE – CESPE – 2017) A respeito do poder constituinte, julgue os itens a seguir.

(1) Não foram recepcionadas pela atual ordem jurídica leis ordinárias que regulavam temas para os quais a CF passou a exigir regramento por lei complementar.

(2) De acordo com o STF, cabe ação direta de inconstitucionalidade para sustentar incompatibilidade de diploma infraconstitucional anterior em relação a Constituição superveniente.

(3) Os direitos adquiridos sob a égide de Constituição anterior, ainda que sejam incompatíveis com a Constituição atual, devem ser respeitados, dada a previsão do respeito ao direito adquirido no próprio texto da CF.

(4) O poder constituinte derivado reformador manifesta-se por meio de emendas à CF, ao passo que o poder constituinte derivado decorrente manifesta-se quando da elaboração das Constituições estaduais.

(5) Com a promulgação da CF, foram recepcionadas, de forma implícita, as normas infraconstitucionais anteriores de conteúdo compatível com o novo texto constitucional.

---

1. Incorreta. As normas anteriores à CF de 1988 que estivessem *materialmente* de acordo com a nova ordem constitucional foram recepcionadas, ainda que sua forma tenha sido alterada pela CF/88; **2.** Incorreta. Para a verificação da compatibilidade de normas pré-constitucionais (ou anteriores à Constituição) com a CF/88 cabe ADPF, não ADIn; **3.** Incorreta. As normas da constituição anterior, ainda que sobre direito adquirido, não são oponíveis ao Poder Constituinte Originário. Assim, não há falar em direito adquirido sob a égide da Constituição anterior, contra a Constituição atual; **4.** Correta. O poder constituinte derivado reformador manifesta-se por meio de emendas constitucionais ou de emendas de revisão. O Poder constituinte derivado decorrente manifesta-se tanto para a elaboração de constituições estaduais, quanto para a revisão dessas mesmas normas; **5.** Correta. Todas as normas infraconstitucionais que não confrontassem materialmente com a nova CF foram recepcionadas. **TM**

Gabarito 1E, 2E, 3E, 4C, 5C.

(Procurador Municipal – Prefeitura/BH – CESPE – 2017) Assinale a opção correta, com relação ao direito constitucional.

(A) Expresso na CF, o direito à educação, que possui aplicabilidade imediata, é de eficácia contida.

(B) De acordo com a doutrina dominante, a possibilidade de o município de Belo Horizonte editar a sua própria lei orgânica provém do poder constituinte derivado decorrente.

(C) Conforme entendimento do STF, é vedada a aplicação de multa ao poder público nas situações em que este se negar a cumprir obrigação imposta por decisão judicial, sob o risco de violação do princípio da separação dos poderes.

(D) O poder constituinte difuso manifesta-se quando uma decisão do STF altera o sentido de um dispositivo constitucional, sem, no entanto, alterar seu texto.

A: incorreta. O STF tem jurisprudência no sentido de que se trata de norma constitucional de eficácia plena; **B:** incorreta. O Poder Constituinte Derivado Decorrente é atribuído aos Estados e ao DF, para organizar suas Constituições Estaduais e a Lei Orgânica do DF (não existe, para a maioria dos doutrinadores, para os Municípios e Territórios). Além disso, condiciona-se ao Poder Constituinte Originário, relacionando-se diretamente com ele; **C:** incorreta. O respeito às decisões do Poder Judiciário é garantia para a continuidade de seu funcionamento, conforme previsto pelo próprio princípio da separação dos Poderes; **D:** correta. Trata-se do fenômeno da mutação constitucional, sendo um poder de fato, não ilimitado, já que deve observar os limites impostos pela própria Constituição. **TM**

Gabarito "D".

2. TEORIA DA CONSTITUIÇÃO E PRINCÍPIOS FUNDAMENTAIS

(Delegado/RJ – 2022 – CESPE/CEBRASPE) O triunfo do liberalismo, movimento econômico, político e filosófico surgido durante o século XVIII, inspirado no Iluminismo, levou a uma significativa alteração nas feições do modelo estatal absolutista até então em vigor. Em especial no campo econômico, passou-se a difundir a não intervenção do Estado (*laissez-faire*), além de, na seara política, considerá-la como necessária, devendo o poder ser repartido e limitado com o objetivo de evitar quaisquer abusos em seu exercício. A respeito das diversas fases na evolução do constitucionalismo, assinale a opção correta.

(A) O constitucionalismo clássico não teve nenhuma vinculação com os ideais liberais, em especial no que se refere ao poder estatal, já que defendia as pautas impostas pelo Estado, adotando o modelo clássico greco-romano. Nessa fase inicial, chamada de constitucionalismo clássico, pregava-se a concentração do poder político com o objetivo de atender a nobreza detentora do poder econômico.

(B) Uma análise mais aprofundada dos movimentos sociais ocorridos no século XV, que deram sustentação política ao constitucionalismo, permite afirmar que o Estado decidiu assumir uma postura mais permissiva na fase de produção e distribuição de bens, buscando intervir nas relações laborais, econômicas e sociais, o que fez surgir a noção de Estado social.

(C) As chamadas revoluções burguesas se identificavam com o Estado absolutista, refutando a ideia de constituições escritas, que acabariam por comprometer suas pretensões, sintonizadas com a intervenção do Estado na economia.

(D) A Revolução Francesa pode ser considerada uma referência para o surgimento das constituições escritas, ao ter defendido, de maneira expressa, que o Estado estivesse formalizado em um documento escrito que previsse a separação do poder estatal e uma declaração de direitos do homem.

(E) A partir do século XX, em especial no pós-guerra, o constitucionalismo estabeleceu uma vinculação mais estreita como a ideologia absolutista, consolidando os postulados iluministas e resgatando ideais ainda mais conservadores.

A: incorreta. Pelo contrário, o constitucionalismo clássico estava baseado nos ideais liberais. É o que os franceses chamavam de liberdades públicas negativas e pregavam a ideia do Estado mínimo, ou seja, o Estado não intervencionista. Constitui-se na primeira geração ou dimensão dos direitos fundamentais. Assim, o liberalismo era a base desta teoria; **B:** incorreta. O Estado do bem-estar social é um movimento que se iniciou no final do século XIX e ganhou força no século XX e está relacionado com a segunda geração ou dimensão dos direitos fundamentais. **C:** incorreta. Pelo contrário, as revoluções burguesas surgiram para combater o Estado absolutista e não pregavam a intervenção do Estado na economia, pois a sua base era o liberalismo clássico; **D:** correta. A Revolução Francesa foi o marco para o surgimento das constituições escritas, formalizando-se o Estado com documento escrito fazendo-se prever a separação do poder estatal e uma declaração de direitos do homem com o objetivo de limitar o poder absoluto dos monarcas; **E:** incorreta. A partir do século XX, em especial no pós-guerra, houve fortalecimento das constituições, em especial no tocante à consagração dos direitos fundamentais. **AMN**

Gabarito "D".

(Delegado/RJ – 2022 – CESPE/CEBRASPE) Conforme expressamente previsto no art. 1.º da Constituição Federal de 1988, "A República Federativa do Brasil, formada pela união indissolúvel dos Estados e Municípios e do Distrito Federal, constitui-se em Estado Democrático de Direito". Além de elencar os princípios republicano e federativo, o referido

11. DIREITO CONSTITUCIONAL

dispositivo constitucional aponta como um dos princípios fundamentais da Lei Maior o denominado princípio do Estado democrático de direito. Considerando os princípios que fundamentam o Estado brasileiro e aspectos relacionados a esse assunto, assinale a opção correta.

(A) Com o surgimento do liberalismo, os Estados passaram a ser criados por meio de constituições escritas, com fixação de mecanismos de repartição e limitação do poder estatal, dando-se especial atenção à proteção do indivíduo contra eventuais arbitrariedades; passou a ser comum aos Estados modernos a edição de normas estabelecidas tanto pela constituição quanto pelos diplomas infraconstitucionais, não apenas para reger as relações entre os particulares, mas também para vincular a atuação dos agentes públicos. Assim, é correto afirmar que o Estado de direito pode ser conceituado, sinteticamente, como aquele que se mantém baseado no império das leis.

(B) O Brasil é uma Federação, mas, em razão de dispor de soberania, pela classificação dada pela doutrina, é considerado um Estado unitário. Nesse modelo de classificação, compreende-se a existência de um único ente estatal, com centralização política, conforme se depreende do dispositivo constitucional que prevê que Brasília é a capital federal, onde está situado o Congresso Nacional, órgão responsável por centralizar as decisões políticas.

(C) A democracia direta pode ser considerada como aquela em que os representantes do povo tomam diretamente as decisões que consideram adequadas para consubstanciar o interesse público. Era o sistema de democracia adotado na Grécia antiga, em que os representantes dos cidadãos reuniam-se em assembleia com o objetivo de decidir sobre temas de interesse da *polis*.

(D) A democracia indireta pode ser considerada como aquela em que o povo exerce sua soberania por meio do plebiscito, do referendo e da iniciativa popular, conforme previsto no art. 14 da Constituição Federal de 1988. A participação popular, nesse caso, é de fundamental importância para que o Estado legitime suas decisões, efetivadas posteriormente pela administração pública, por intermédio de seus agentes.

(E) A democracia semidireta é considerada pela doutrina pátria como aquela que surge da atuação do Supremo Tribunal Federal, tendo como base o art. 102 da Constituição Federal de 1988, quando seus ministros adotam decisões diante de um caso concreto no chamado ativismo judicial. Nessas condições, o STF passa a ter protagonismo com o escopo de buscar efetividade para as normas constitucionais, pois seus ministros são os principais responsáveis pela guarda da Constituição.

A: correta. A primeira geração ou dimensão dos direitos fundamentais está relacionada com o liberalismo e a proteção da pessoa em face do Estado por meio de um documento escrito que é a Constituição. Essa geração dos direitos fundamentais é pautada pelo princípio da legalidade ou estado de direito; **B**: incorreta. Se o Brasil é uma Federação, não pode ser um Estado unitário, este último é caracterizado pela concentração política e a primeira pela descentralização, com autonomia de cada ente federado e divisão de competências, sem haver hierarquia; **C**: incorreta. O direito brasileiro não adotou esse sistema. O art. 14,

incisos I a III, da CF, estabelece a possibilidade de participação popular por meio do plebiscito, referendo e iniciativa popular; **D**: incorreta. A segunda parte da resposta está incorreta, pois está se referindo apenas ao plebiscito quando afirma: "(...) para que o Estado legitime suas decisões, efetivadas posteriormente pela administração pública (...)", não fazendo menção ao referendo. O art. 2º da Lei nº 9.709, de 18 de novembro de 1998, diferencia o plebiscito do referendo, nos seguintes termos: "Art. 2º Plebiscito e referendo são consultas formuladas ao povo para que delibere sobre matéria de acentuada relevância, de natureza constitucional, legislativa ou administrativa. § 1º O plebiscito é convocado com anterioridade a ato legislativo ou administrativo, cabendo ao povo, pelo voto, aprovar ou denegar o que lhe tenha sido submetido. § 2º O referendo é convocado com posterioridade a ato legislativo ou administrativo, cumprindo ao povo a respectiva ratificação ou rejeição."; **E**: incorreta. Na democracia semidireta "o povo não só elege, como legisla" (BONAVIDES, Paulo. *Ciência política*. 17. ed. São Paulo: Malheiros, 2010, p. 296). Assim, "a soberania está com o povo, e o governo, mediante o qual essa soberania se comunica ou exerce, pertence por igual ao elemento popular nas matérias mais importantes da vida pública. Determinadas instituições, como o *referendum*, a iniciativa, o veto e o direito de revogação, fazem efetiva a intervenção do povo, garantem-lhe um poder de decisão de última instância, supremo, definitivo, incontrastável" (BONAVIDES, Paulo. *Ciência política*. 17. ed. São Paulo: Malheiros, 2010, p. 296). **AMN**

Gabarito "A".

(Procurador Município – Teresina/PI – FCC – 2022) Segundo a Constituição Federal, no plano das relações internacionais, a República Federativa do Brasil

(A) tratará as relações com Estados considerados desenvolvidos de maneira privilegiada.

(B) não concederá asilo político a cidadãos originários de Estados com os quais não mantém relação diplomática.

(C) buscará a integração econômica, política, social e cultural dos povos da América Latina, visando à formação de uma comunidade latino-americana de nações.

(D) defenderá a ação bélica para solução dos conflitos quando determinada por organismo internacional do qual reconhece a jurisdição.

(E) defenderá a intervenção em outros países para garantir a prevalência dos valores da civilização ocidental judaico-cristã.

C: correta. É o que determina expressamente o parágrafo único do art. 4º da CF. **AMN**

Gabarito "C".

(Delegado de Polícia Federal – 2021 – CESPE) Acerca dos sentidos e das concepções de constituição e da posição clássica e majoritária da doutrina constitucionalista, julgue os itens que se seguem.

(1) A Constituição Federal brasileira pode ser considerada uma constituição-garantia, pois regulamenta, de forma analítica, os assuntos mais relevantes à formação, à destinação e ao funcionamento do Estado.

(2) Quanto ao objeto das constituições, são exemplos tradicionais o estabelecimento do modo de aquisição do poder e a forma de seu exercício.

(3) Sob a ótica da constituição política, um Estado pode ter uma constituição material sem que tenha uma constituição escrita que descreva a sua organização de poder.

1: Errado. Segundo Vicente Paulo e Marcelo Alexandrino, em Direito Constitucional Descomplicado, 20ª Ed, p. 16, a "Constituição-garantia, de texto reduzido (sintética), é Constituição negativa, que tem como principal preocupação a limitação dos poderes estatais, isto é, a imposição de limites à ingerência do Estado na esfera individual. Daí a denominação "garantia", indicando que o texto constitucional preocupa-se em garantir a liberdade, limitando o poder. Desse modo, ao contrário do mencionado na questão, a Constituição brasileira traz conteúdo extenso e em relação a sua finalidade é classificada como Constituição dirigente. Mais uma vez, os mencionados autores definem a dirigente como "aquela que define fins, programas, planos e diretrizes para a atuação futura dos órgãos estatais. É a Constituição que estabelece, ela própria, um programa para dirigir a evolução política do Estado, um ideal social a ser futuramente concretizado pelos órgãos estatais". **2: Certo.** De fato, o objeto das Constituições tradicionais gira em torno do poder, o que inclui, por exemplo, o modo de aquisição, a forma de seu exercício e os limites de atuação do poder do Estado. **3: Certo.** A ótica da constituição política foi defendida por Carl Schmitt e, de fato, essa concepção admite que um Estado tenha uma constituição material sem a existência de uma constituição escrita que descreva a sua organização de poder. Para Schmitt, a Constituição é a decisão política fundamental de um povo, visando sempre a dois focos estruturais básicos – organização do Estado e efetiva proteção dos direitos fundamentais. **BV**

Gabarito 1E, 2C, 3C

(Procurador Município – Santos/SP – VUNESP – 2021) A doutrina, ao tratar das espécies de inconstitucionalidades, assinala que

(A) o vício formal objetivo acontece na fase de iniciativa, quando as leis de iniciativa exclusiva têm a reserva violada, ou não observada.

(B) a inconstitucionalidade formal é também conhecida como nomoestática, e uma lei pode padecer de vício formal ou somente de vício material.

(C) o vício formal subjetivo é verificado nas demais fases do processo legislativo, posteriores à fase de iniciativa, como, por exemplo, no caso de uma lei complementar sendo votada por um *quorum* de maioria relativa.

(D) a inconstitucionalidade material expressa uma incompatibilidade de conteúdo, substantiva entre a lei ou ato normativo e a Constituição.

(E) a inconstitucionalidade material, também conhecida como nomodinâmica, ocorre no processo legislativo de elaboração das leis por autoridade incompetente.

A: Incorreta. O vício formal subjetivo ocorre na fase de iniciativa e o vício formal objetivo é verificado nas demais fases do processo legislativo, posteriores à fase da iniciativa. **B:** Incorreta. Segundo a doutrina, o parâmetro formal diz respeito às regras constitucionais do processo legislativo e a inobservância dessas regras procedimentais gera a inconstitucionalidade formal ou nomodinâmica. Já o parâmetro material, refere-se ao conteúdo das normas constitucionais. Dessa forma, o conteúdo de uma norma infraconstitucional não pode ser antagônico ao de sua matriz constitucional, sob pena de incorrer em uma inconstitucionalidade material ou nomoestática (ARAUJO, Luiz Alberto David; NUNES JÚNIOR, Vidal Serrano. *Curso de direito constitucional.* 21. ed. São Paulo: Verbatim, 2017, p. 60-61). **C:** Incorreta. Ver o comentário da alternativa "A", retro. **D:** Correta. A inconstitucionalidade material se refere ao conteúdo da lei ou ato normativo que não pode contrariar o conteúdo da Constituição. A inconstitucionalidade material é chamada também de nomoestática. **E:** Incorreta. Ver comentário da alternativa "B", retro. **AMN**

Gabarito "D".

(Promotor de Justiça/CE – 2020 – CESPE/CEBRASPE) Ao tratar dos princípios fundamentais, a CF estabelece, em seu art. 1º,

(A) a forma republicana de Estado, cláusula pétrea expressa, caracterizada pela eletividade, temporariedade e responsabilidade do governante.

(B) a forma republicana de governo, caracterizada pela eletividade, temporariedade e responsabilidade do governante.

(C) a forma federativa de Estado, cláusula pétrea implícita, caracterizada pela tripartição dos poderes da União.

(D) a forma federativa de Estado e o sistema presidencialista de governo.

(E) a forma republicana de governo e a forma federativa de Estado, cláusulas pétreas expressas.

A: errada, pois é cláusula pétrea expressa refere-se à forma federativa. **C:** errada, porque não é cláusula pétrea implícita. **D:** equivocada, pois o sistema presidencialista não é mencionado no artigo 1º, da CF. **E:** errada, uma vez que a forma republicana de governo não é cláusula pétrea expressa. **AB**

Gabarito "B".

(Juiz de Direito – TJ/BA – 2019 – CESPE/CEBRASPE) A concepção que compreende o texto da Constituição como não acabado nem findo, mas como um conjunto de materiais de construção a partir dos quais a política constitucional viabiliza a realização de princípios e valores da vida comunitária de uma sociedade plural, caracteriza o conceito de Constituição

(A) em branco.

(B) semântica.

(C) simbólica.

(D) dúctil.

(E) dirigente.

A: incorreta, pois constituição em branco é aquela que não traz limitações expressas ao Poder Constituinte reformador, de modo que as reformas ficam susceptíveis a uma margem de discricionariedade do Poder Constituinte Derivado de Reforma; **B:** incorreta, pois constituição semântica é aquela que visa formalizar a situação daqueles que detêm o poder no momento, servindo apenas para estabilizar e manter a intervenção da classe dominante em seu benefício exclusivo; **C:** incorreta, pois constituição simbólica, na acepção de Marcelo Neves, é aquela que dá maior importância à função simbólica (funções ideológicas, morais e culturais) do que a função jurídico-instrumental (força normativa), gerando um déficit de concretização das normas constitucionais em razão da maior importância dada ao simbolismo do que à efetivação da norma; **D:** correta, pois constituição dúctil ou suave, na acepção do jurista italiano Gustavo Zagrebelsky, é aquela cuja tarefa básica é assegurar as condições possíveis para a vida comum nas sociedades plurais atuais, dotadas de certo grau de relativismo e caracterizadas pela diversidade de interesses, ideologias e projetos. O adjetivo *dúctil* ou *suave* é utilizado com o intuito de expressar a necessidade de a constituição acompanhar a descentralização do Estado e refletir o pluralismo social, político e econômico; **E:** incorreta, pois constituição dirigente, na acepção de J. J. Canotilho, é aquela que estabelece fins, programas, planos e diretrizes para a atuação futura dos órgãos estatais, de modo que o legislador constituinte dirige a futura atuação do Estado por meio de programas e metas a serem perseguidos. **AN**

Gabarito "D".

11. DIREITO CONSTITUCIONAL 437

O Estado constitucional, para ser um Estado com as qualidades identificadas com o constitucionalismo moderno, deve ser um Estado de direito democrático. Eis aqui as duas grandes qualidades do Estado constitucional: Estado de direito e Estado democrático. Estas duas qualidades surgem muitas vezes separadas. Fala-se em Estado de direito, omitindo-se a dimensão democrática, e alude-se a Estado democrático, silenciando-se a dimensão do Estado de direito. Essa dissociação corresponde, por vezes, à realidade das coisas: existem formas de domínio político em que esse domínio não está domesticado do ponto de vista de Estado de direito, e existem Estados de direito sem qualquer legitimação democrática. O Estado constitucional democrático de direito procura estabelecer uma conexão interna entre democracia e Estado de direito.

> J. J. Gomes Canotilho. Direito constitucional e teoria da Constituição. 7.ª ed., Coimbra: Almedina, 2003, p. 93 (com adaptações).

(Juiz de Direito – TJ/BA – 2019 – CESPE/CEBRASPE) Tendo o texto precedente como referência inicial, assinale a opção correta, a respeito do Estado democrático de direito.

(A) A domesticação do domínio político pelo Estado de direito referida no texto não implica a sujeição dos atos do Poder Executivo ao Poder Legislativo.

(B) A existência do controle judicial de constitucionalidade das leis é garantia inerente ao Estado de direito.

(C) Por legitimação democrática entendem-se a eleição dos representantes do povo e a obrigatoriedade de participação deste na deliberação pública das questões políticas.

(D) No Brasil, as exceções ao princípio da legalidade no Estado de direito admitidas incluem o estado de defesa, o estado de sítio e a intervenção federal.

(E) No Estado constitucional, os direitos políticos implicam limites à maioria parlamentar.

A: incorreta. De acordo com José Joaquim Gomes Canotilho, a ideia de um Estado domesticado pelo direito alicerçou-se paulatinamente nos Estados ocidentais de acordo com as circunstâncias e condições concretas existentes nos vários países. Na Inglaterra, emergiu a ideia de *rule of law* (regra do direito ou império do direito); na França, surgiu o Estado de legalidade (*État légal*); nos Estados Unidos, o Estado Constitucional; e na Alemanha, o princípio do Estado de direito (*Rechtsstaat*). A sujeição de todos os atos do Poder Executivo à soberania dos representantes do povo (Parlamento) é uma das características da regra do direito; **B:** incorreta, pois a existência do **controle judicial** de constitucionalidade depende do arranjo institucional e normativo adotado pelo Estado, sendo possível que haja Estado de Direito sem controle judicial da atividade legislativa, como na Inglaterra. Há modelos de Estados de Direito em que o controle judicial é submetido à revisão parlamentar (ex. Canadá), ou que não possuem um controle judicial de constitucionalidade (ex. Inglaterra), ou que o possuem de forma mitigada e sujeito à fiscalização de órgão do próprio parlamento (ex. França); **C:** incorreta, porque a legitimação democrática também compreende a participação do povo por vias diretas (lei de iniciativa popular, referendo, plebiscito, ação popular), bem como a representatividade das minorias e o exercício do papel contramajoritário pelo Judiciário na defesa das regras da democracia e dos direitos fundamentais; **D:** incorreta, pois as exceções ao princípio da legalidade previstas na Constituição são a **medida provisória**, o estado de defesa e o estado de sítio. Vale esclarecer que o estado de defesa, o estado de sítio e a intervenção federal são mecanismos extraordinários previstos na Constituição Federal de 1988 para o gerenciamento de crises, não constituindo exceções ao Estado de Direito; **E:** correta, pois os direitos políticos, na condição de direitos fundamentais, implicam limites à maioria parlamentar, uma vez que a vontade da maioria, ainda que legitimada, não pode suprimir ou negligenciar o direito das minorias. Segundo Ingo Wolfgang Sarlet: *"Assim, os direitos políticos, ainda mais quando assumem a condição de direitos fundamentais (vinculando os órgãos estatais, incluindo o Poder Legislativo), exercem, nesse contexto, dúplice função, pois se por um lado são elementos essenciais (e garantes) da democracia no Estado Constitucional – aqui se destaca a função democrática dos direitos fundamentais –, por outro representam limites à própria maioria parlamentar, já que esta, no campo de suas opções políticas, há de respeitar os direitos fundamentais e os parâmetros estabelecidos pelos direitos políticos, de tal sorte que entre os direitos políticos e os direitos fundamentais em geral e a democracia se verifica uma relação de reciprocidade e interdependência, caracterizada por uma permanente e recíproca implicação e tensão"* (Ingo Wolfgang Sarlet, Luiz Guilherme Marinoni e Daniel Mitidiero. *Curso de Direito Constitucional*, 6. ed., São Paulo: Saraiva, 2017, p. 743). **AN**

Gabarito "E".

(Juiz de Direito – TJ/BA – 2019 – CESPE/CEBRASPE) Assinale a opção que indica o instrumento da democracia direta ou participativa que constitui consulta popular ao eleitorado sobre a manutenção ou revogação de um mandato político.

(A) *impeachment*

(B) referendo

(C) plebiscito

(D) *recall*

(E) moção de desconfiança

A: incorreta, porque *impeachment* é o instrumento do sistema presidencialista pelo qual o Parlamento pode destituir o presidente em razão do cometimento de crime de responsabilidade (infrações político-administrativas). Trata-se de um processo jurídico-político conduzido pelo Poder Legislativo com o intuito de julgar irregularidades jurídicas nas condutas do presidente e de outras autoridades; **B:** incorreta, pois referendo é o instrumento da democracia direta que consiste na consulta aos cidadãos convocada posteriormente a ato legislativo ou administrativo, cumprindo ao povo a respectiva ratificação ou rejeição (art. 2º, § 2º, da Lei 9.709/1998); **C:** incorreta, pois plebiscito é o instrumento da democracia direta que consiste na consulta aos cidadãos convocada anteriormente a ato legislativo ou administrativo, cabendo ao povo aprovar ou denegar o que lhe tenha sido submetido (art. 2º, § 1º, da Lei 9.709/1998; **D:** correta, visto que *recall* é o instrumento da democracia direta pelo qual os eleitores podem revogar mandatos eletivos. Segundo Paulo Bonavides, o *recall* é um instrumento por meio do qual o eleitorado fica autorizado a destituir agentes políticos cujo comportamento, por qualquer motivo, não lhe esteja agradando (*Ciência Política*. 17. ed. São Paulo: Malheiros, 2010, p. 313-316); **E:** incorreta, porque moção de desconfiança (ou moção de censura) é o instrumento do sistema parlamentarista pelo qual o Parlamento pode destituir o primeiro-ministro em razão da perda de confiança ou de apoio político. Trata-se de uma votação em que a maioria do Parlamento demonstra desconfiança em relação ao governo – não há necessidade de apontar irregularidades jurídicas nas condutas do chefe de governo – para que esse caia em uma crise de legitimidade, sendo forçado a abandonar seu gabinete. **AN**

Gabarito "D".

(Investigador – PC/BA – 2018 – VUNESP) Tendo em vista a Constituição Federal, artigos 1º, 3º, 4º e 5º, assinale a alternativa correta.

(A) A República Federativa do Brasil tem por fundamento a dignidade da pessoa humana, constituindo objetivo fundamental promover o bem de todos, sem preconceito, de qualquer natureza, regendo-se, nas suas relações internacionais, pelo princípio de repúdio ao racismo.

(B) A República Federativa do Brasil tem por fundamento reduzir as desigualdades regionais e sociais, constituindo objetivo fundamental erradicar o racismo, regendo-se, nas suas relações internacionais, pelo princípio da garantia do desenvolvimento nacional.

(C) Todos são iguais perante a lei, garantindo-se aos brasileiros e aos estrangeiros naturalizados a inviolabilidade do direito à vida, à liberdade, à igualdade e à propriedade.

(D) Os tratados e convenções internacionais sobre direitos humanos aprovados no Congresso Nacional serão equivalentes a Lei Complementar.

(E) As normas definidoras de direitos e garantias fundamentais têm aplicação 45 (quarenta e cinco) dias depois de oficialmente publicadas.

A: correta, de acordo com os arts. 1º, III; 3º, IV; 4º, VIII, todos da CF; B: incorreta, pois constituem objetivos fundamentais da República Federativa do Brasil, entre outros, garantir o desenvolvimento nacional; erradicar a pobreza e a marginalização e reduzir as desigualdades sociais e regionais (art. 3º da CF); C: incorreta, pois todos são iguais perante a lei, sem distinção de qualquer natureza, garantindo-se aos brasileiros e aos estrangeiros residentes no País a inviolabilidade do direito à vida, à liberdade, à igualdade, à segurança e à propriedade (art. 5º, *caput*, da CF); D: incorreta, já que os tratados e convenções internacionais sobre direitos humanos que forem aprovados, em cada Casa do Congresso Nacional, em dois turnos, por três quintos dos votos dos respectivos membros, serão equivalentes às emendas constitucionais (art. 5º, § 3º, da CF); E: incorreta, haja vista que as normas definidoras dos direitos e garantias fundamentais têm aplicação imediata (art. 5º, § 1º, da CF). AN
Gabarito "A".

(Procurador do Estado/SP – 2018 – VUNESP) Assinale a alternativa correta que justifica a classificação da atual Constituição Federal brasileira como rígida.

(A) A matéria constante de proposta de emenda rejeitada ou havida por prejudicada não pode ser objeto de nova proposta na mesma legislatura.

(B) A Constituição Federal poderá ser emendada mediante proposta exclusiva do Presidente da República; de um terço, no mínimo, dos membros do Congresso Nacional, ou das Assembleias Legislativas das unidades de Federação, manifestando-se, cada uma delas, pela maioria absoluta de seus membros.

(C) A proposta de emenda à Constituição deverá ser discutida e votada em cada Casa do Congresso Nacional, em dois turnos, considerando-se aprovada se obtiver, em ambos, três quintos dos votos dos respectivos membros. Será então promulgada pelas Mesas da Câmara dos Deputados e do Senado Federal, com o respectivo número, não estando sujeita à sanção ou ao veto do Presidente da República.

(D) Os tratados e convenções internacionais que forem aprovados, via decreto legislativo especial, com o respectivo número, em cada Casa do Congresso Nacional, em dois turnos, por três quintos dos votos dos respectivos membros, serão equivalentes às emendas constitucionais, após a devida sanção ou veto do Presidente da República.

(E) A garantia de que somente as normas materialmente constitucionais possam ser submetidas ao processo de reforma via emenda constitucional.

A: incorreta, pois a matéria constante de proposta de emenda rejeitada ou havida por prejudicada não pode ser objeto de nova proposta na mesma **sessão legislativa** (art. 60, § 5º, da CF). A sessão legislativa ordinária é o período de atividade normal do Congresso a cada ano (de 2 de fevereiro a 17 de julho e de 1º de agosto a 22 de dezembro). Já a *legislatura* é o período de cada quatro sessões legislativas, a contar do ano seguinte ao das eleições parlamentares; B: incorreta, pois a Constituição poderá ser emendada mediante proposta: do Presidente da República; de um terço, no mínimo, dos membros da **Câmara dos Deputados ou do Senado Federal**; de mais da metade das Assembleias Legislativas das unidades da Federação, manifestando-se, cada uma delas, pela **maioria relativa** de seus membros (art. 60 da CF); C: correta, pois Constituição rígida é aquela que somente pode ser modificada mediante processo legislativo especial e qualificado, mais dificultoso do que o da lei, tal como aquele previsto para as emendas constitucionais (art. 60, §§ 2º e 3º, da CF); D: incorreta, porque **(i)** apenas os tratados e convenções internacionais sobre **direitos humanos** serão equivalentes às emendas constitucionais, caso aprovados pela maioria qualificada do § 3º do art. 5º da CF; e **(ii)** compete exclusivamente ao Congresso Nacional resolver definitivamente sobre tratados, acordos ou atos internacionais (art. 49, I, da CF), o que o faz por meio de decreto legislativo promulgado pelo presidente do Senado Federal (sem sanção ou veto do presidente da República); E: incorreta, pois a Constituição somente pode ser alterada por emenda constitucional (art. 60 da CF), independentemente de serem normas materialmente constitucionais ou formalmente constitucionais. AN
Gabarito "C".

(Defensor Público – DPE/PR – 2017 – FCC) Quanto às classificações das constituições, é correto afirmar que

(A) as constituições-garantia se caracterizam por conterem em seu corpo um conjunto de normas que visam garantir aos cidadãos direitos econômicos, sociais e culturais, estabelecendo metas de ações para o Estado.

(B) a Constituição Brasileira de 1988 é democrática, rígida (ou super-rígida), prolixa e ortodoxa.

(C) as constituições cesaristas, normalmente autoritárias, partem de teorias preconcebidas, de planos e sistemas prévios e de ideologias bem declaradas.

(D) as constituições escritas são caracterizadas por um conjunto de normas de direito positivo.

(E) as constituições históricas são concebidas a partir de evento determinado no tempo, esvaziando a influência dos demais períodos e costumes de determinado povo.

A: Errado. As Constituições Garantia têm o objetivo de proteger os direitos dos cidadãos (individuais e coletivos) e limitar a atuação estatal e não estabelecer metas de atuação. B: Errado. A CF de 1988, de fato, é democrática em razão de ter sido discutida e aprovada por representantes do povo. É rígida por exigir um procedimento solene e complexo de emenda. É prolixa em razão de prever uma imensa quantidade de preceitos, e não é ortodoxa pelo fato de apresentar uma conjunção de ideologias. C: Errado. As constituições cesaristas ainda que outorgadas, deverão se submeter à ratificação popular por meio de plebiscito ou referendo. E: Errado. As Constituições históricas são resultado de uma lenta formação de valores e princípios, não havendo dissociação à determinados períodos. TM
Gabarito "D".

11. DIREITO CONSTITUCIONAL

439

(Defensor Público Federal – DPU – 2017 – CESPE) A respeito da evolução histórica do constitucionalismo no Brasil, das concepções e teorias sobre a Constituição e do sistema constitucional brasileiro, julgue os itens a seguir.

(1) A CF goza de supremacia tanto do ponto de vista material quanto do formal.

(2) Em relação ao exercício do controle de constitucionalidade pelo Poder Judiciário, o rol de órgãos competentes para o exercício do controle abstrato é mais restrito que o de órgãos aptos ao exercício do controle difuso.

(3) Somente após o advento da República a Constituição brasileira passou a prever um sistema de garantia de direitos individuais e coletivos.

(4) O poder constituinte originário e o poder constituinte derivado se submetem ao mesmo sistema de limitações jurídicas e políticas, embora os efeitos dessas limitações ocorram em momentos distintos.

1: Correto. Importante destacar que a Supremacia da Constituição traduz-se em uma vinculação permanente e irrestrita de todos os poderes do estado e de suas normas de maneira absoluta, tanto no aspecto formal como no aspecto material. **2:** Sim. Enquanto no controle difuso (caso em concreto) a CF assegura a plena possibilidade de qualquer juiz ou tribunal realizar o controle de constitucionalidade (RE 117.805/PR), no controle abstrato será feito originaria e exclusivamente pelo STF. **3:** Errado. A Constituição de 1824, ainda que timidamente já previa em seu título VIII, no art. 179, trinta e cinco incisos que contemplavam um importante rol de direitos civis e políticos, que embora tímido, influenciou com certeza as declarações de direitos e garantias das constituições posteriores. Entre os direitos, encontravam-se: a legalidade, a irretroatividade da lei, a igualdade, a liberdade de pensamento, a inviolabilidade de domicílio, a propriedade, o sigilo de correspondência, a proibição dos açoites, da tortura, a marca de ferro quente a outras penas cruéis, entre outros direitos e garantias. **4:** Errado. O poder constituinte originário e o derivado não se submetem ao mesmo sistema de limitações jurídicas e políticas. Isso porque, o poder originário, caracteriza-se por inaugurar um novo texto constitucional por completo (ou o primeiro texto), de maneira ilimitada quanto à matéria, incondicionado quanto à forma e autônoma. Por sua vez, o poder derivado encontra restrições de reforma e é criado pelo originário. Há limitações neste caso materiais (cláusulas pétreas), formais (quanto à iniciativa e procedimento) e circunstanciais (vedação de emendar a Constituição em estado de sitio, defesa e intervenção federal). TM
Gabarito: 1C, 2C, 3E, 4E

(Procurador Municipal – Prefeitura/BH – CESPE – 2017) Acerca das Constituições, assinale a opção correta.

(A) De acordo com a doutrina, derrotabilidade das regras refere-se ao ato de se retirar determinada norma do ordenamento jurídico, declarando-a inconstitucional, em razão das peculiaridades do caso concreto.

(B) O neoconstitucionalismo, que buscou, no pós-guerra, a segurança jurídica por meio de cartas constitucionais mais rígidas a fim de evitar os abusos dos três poderes constituídos, entrou em crise com a intensificação do ativismo judicial.

(C) A concepção de Constituição aberta está relacionada à participação da sociedade quando da proposição de alterações politicamente relevantes no texto da Constituição do país.

(D) Devido às características do poder constituinte originário, as normas de uma nova Constituição prevalecem sobre o direito adquirido.

A: incorreta. A derrotabilidade das normas jurídicas (*defeasibility*, de Herbert Hart) refere-se à possibilidade de uma norma que preencha todas as condições para sua aplicação ao caso concreto seja, entretanto, afastada, por conta de uma exceção relevante não prevista de forma exaustiva. Dá-se como exemplo a decisão do STF sobre possibilidade de antecipação terapêutica do parto (aborto) em casos de gravidezes de fetos anencefálicos, exceção não prevista no Código Penal, mas relevante o suficiente para afastar a aplicação da sanção penal; **B:** incorreta. De acordo com Pedro Lenza, busca-se, dentro da realidade do neoconstitucionalismo, "não mais atrelar o constitucionalismo à ideia de limitação do poder político mas, acima de tudo, buscar a eficácia da Constituição, deixando o texto de ter um caráter meramente retórico e passando a ser mais efetivo, especialmente diante da expectativa de concretização dos direitos fundamentais"; **C:** incorreta. A sociedade aberta dos intérpretes da Constituição opera não apenas quando da proposição de alterações politicamente relevantes, mas se dá a partir de uma participação mais ativa da população na interpretação da Constituição, independentemente da sua forma ou conteúdo; **D:** correta. Não há direito adquirido em face da nova Constituição, já que o Poder Constituinte Originário é inicial, autônomo, ilimitado e incondicionado. TM
Gabarito "D".

(Juiz – TRF 2ª Região – 2017) Assinale a opção que, corretamente, classifica a Constituição Federal em vigor:

(A) Dogmática, promulgada, rígida e analítica.

(B) Rígida, popular, não dogmática e originalista.

(C) Flexível, popular, histórica e formal.

(D) Democrática, formal, semi-flexível e originalista.

(E) Semi-flexível, promulgada, dirigente e nominalista.

A: correta, uma vez que a Constituição Federal é escrita, logo dogmática, pois exterioriza o trabalho escrito e sistematizado da Assembleia Constituinte, promulgada, porque popular, democrática, rígida, ao passo que para que ocorra alteração da Constituição temos um processo legislativo mais difícil, solene, do que o processo de alteração da legislação infraconstitucional e analítica, na medida em que o texto constitucional aborda os mais diversos temas e não apenas um rol de direito e garantias fundamentais e as estruturais essenciais do Estado. Logo, por lógica, as afirmativas B, C, D e E, estão incorretas. AB
Gabarito "A".

(Juiz – TRF 2ª Região – 2017) Marque a opção correta:

(A) O direito fundamental à isonomia não é ferido pelos certames públicos para cargos de carreira policial, de escrivão, de agente de segurança e de carcereiro, entre outros, que exigem altura mínima de 1 metro e 60 cm como condição para o ingresso.

(B) A proteção constitucional à liberdade de consciência e de crença assegura o direito de não ter religião, e impede que o Poder Público embarace o funcionamento de qualquer culto, sendo inconstitucional exigência de que instituições religiosas se submetam a limites sonoros em suas reuniões.

(C) Todos os brasileiros têm assegurado o direito de receber dos órgãos públicos informações de seu interesse ou interesse geral, salvo nos casos em que decretado o segredo de justiça.

(D) O direito constitucional de petição pode ser condicionado ao pagamento de custas módicas ou no máximo razoáveis, daí ser inconstitucional, como já decidiu o STF, o estabelecimento de taxa judiciária cobrada sobre o valor da causa, sem limitação expressa.

(E) O fato de ser livre a expressão de atividade intelectual, artística, científica e de comunicação não impede que tal direito seja limitado pelo legislador, permitindo-se, por exemplo, a proteção da reputação das demais pessoas, da segurança nacional, da ordem pública e da saúde.

A: incorreta, pois as discriminações em editais somente serão constitucionais se proporcionais com as atribuições do cargo. Nesse sentido, RMS 31781/STJ: "ADMINISTRATIVO. RECURSO ORDINÁRIO EM MANDADO DE SEGURANÇA. CONCURSO PÚBLICO. POLICIAL MILITAR. ALTURA MÍNIMA. PREVISÃO EM LEI LOCAL. COMPATIBILIDADE DO DISCRÍMEN COM AS ATRIBUIÇÕES DO CARGO PLEITEADO. VALIDADE DA RESTRIÇÃO. 1. Pacífica a jurisprudência do Superior Tribunal de Justiça e do Supremo Tribunal Federal pela validade de cláusula editalícia que impõe condições psicológicas, biológicas e físicas para o acesso a determinado cargo público, desde que (i) tais restrições tenham previsão em lei e (ii) o discrímen legalmente escolhido seja compatível com as atribuições a serem desempenhadas. Precedentes. 2. Na espécie, a altura mínima para homens (1,65m) está prevista no art. 1º da Lei estadual n. 1.353/04, cujo teor foi reproduzido no edital do certame, daí porque preenchida a primeira exigência jurisprudencialmente construída. 3. Por se tratar de concurso público para o cargo de policial militar, revela-se adequada a eleição da altura como fator de corte, levando-se em conta as peculiaridades das atribuições a serem desenvolvidas. 4. Não há que se falar em violação à impessoalidade pois as condições de seleção foram veiculadas previamente, em caráter geral, abarcando toda a universalidade de concorrentes às vagas oferecidas.". No mesmo sentido, o STF já pacificou que: "CONSTITUCIONAL. ADMINISTRATIVO. SERVIDOR PÚBLICO. CONCURSO PÚBLICO. ESCRIVÃO DE POLÍCIA. REQUISITO. ALTURA MÍNIMA. I. – Em se tratando de concurso público para escrivão de polícia, é irrelevante a exigência de altura mínima, em virtude das atribuições do cargo. Precedentes. II. – Não se admite o exame de cláusulas de edital em sede extraordinária. Precedentes. III. – Agravo não provido." (AI 384050/MS; **B:** incorreta, pois a limitação sonora é exigência constitucional, não podendo a lei desobrigar os templos e cultos a procederem o isolamento acústico quando ultrapassado o limite legal de emissão de ruídos. Ainda, temos que ressaltar que os direitos fundamentais possuem, dentre suas características, a limitabilidade/relatividade, ou seja, não há direitos, em regra, absolutos; **C:** incorreta, pois afronta o disposto no art. 5º, XXXIII, da CF: " todos têm direito a receber dos órgãos públicos informações de seu interesse particular, ou de interesse coletivo ou geral, que serão prestadas no prazo da lei, sob pena de responsabilidade, ressalvadas aquelas cujo sigilo seja imprescindível à segurança da sociedade e do Estado."; **D:** incorreta, pois o direito de petição independe do pagamento de taxa. Nesse sentido é o art. 5º, XXXIV, da CF: "são a todos assegurados, independentemente do pagamento de taxas: a) o direito de petição aos Poderes Públicos em defesa de direitos ou contra ilegalidade ou abuso de poder; b) a obtenção de certidões em repartições públicas, para defesa de direitos e esclarecimento de situações de interesse pessoal."; **E:** correta. A liberdade de expressão, como todos os outros direitos fundamentais, tem como uma de suas características a limitabilidade, porque há que se limitar um direito em face a outro. Assim, o STF, no julgamento da ADI 4815/DF, decidiu que: "Para a coexistência das normas constitucionais dos incs. IV, IX e X do art. 5º, há de se acolher o balanceamento de direitos, conjugando-se o direito às liberdades com a inviolabilidade da intimidade, da privacidade, da honra e da imagem da pessoa biografada e daqueles que pretendem elaborar as biografias. 9. Ação direta julgada procedente para dar interpretação conforme à Constituição aos arts. 20 e 21 do Código Civil, sem redução de texto, para, em consonância com os direitos fundamentais à liberdade de pensamento e de sua expressão, de criação artística, produção científica, declarar inexigível autorização de pessoa biografada relativamente a obras biográficas literárias ou audiovisuais, sendo também desnecessária autorização

de pessoas retratadas como coadjuvantes (ou de seus familiares, em caso de pessoas falecidas ou ausentes)". **AB**

Gabarito "E".

3. HERMENÊUTICA CONSTITUCIONAL E EFICÁCIA DAS NORMAS CONSTITUCIONAIS

(Delegado/RJ – 2022 – CESPE/CEBRASPE) O estudo dos princípios que regem a interpretação constitucional, em especial os da razoabilidade e da proporcionalidade, estabelece que as normas da Constituição Federal de 1988 devem ser analisadas e aplicadas de modo a permitir que os meios utilizados estejam adequados aos fins pretendidos, devendo o intérprete buscar conceder aos bens jurídicos tutelados uma aplicação justa. Considerando isso, assinale a opção correta.

(A) Com base nos princípios que dão sustentação a uma interpretação sistemática do texto constitucional, é correto afirmar que os direitos e garantias constitucionais devem ser considerados absolutos, sendo possível invocar a norma de maneira irrestrita, em razão do que dispõe a dignidade da pessoa humana, um dos fundamentos da República Federativa do Brasil.

(B) O princípio da harmonização tem por objetivo promover a harmonia entre os Poderes Legislativo, Executivo e Judiciário. Apesar dos Poderes serem independentes, a harmonia entre eles é de fundamental importância para que o Estado brasileiro realize seus objetivos, na forma do que estabelece o art. 3.º da Constituição Federal de 1988.

(C) Em razão do que preceitua o princípio da concordância prática, pode-se dizer que, na ocorrência de conflito entre bens jurídicos garantidos por normas constitucionais, o intérprete deve priorizar a decisão que melhor os harmonize, de forma a conceder a cada um dos direitos a maior amplitude possível, sem que um deles acabe por impor a supressão do outro.

(D) O princípio da harmonização permite afirmar que, em razão dos axiomas que fundamentam a República Federativa do Brasil, o intérprete da Constituição deverá sempre observar a supremacia do interesse público, evidenciado, nesse caso específico, o caráter absoluto dos direitos e garantias fundamentais.

(E) Em se tratando de conflito entre a liberdade de expressão na atividade de comunicação e a inviolabilidade da intimidade da vida privada, da honra e da imagem das pessoas, como quando um jornal impresso publica notícias que são de interesse público, mas que acabam por invadir a esfera privada de alguém, o intérprete do texto constitucional deverá sempre optar pelo interesse público, descartando o interesse privado.

A: incorreta. Nenhum direito e garantia constitucional é absoluto. Nesse sentido: "direitos fundamentais não são absolutos e, como consequência, seu exercício está sujeito a limites; e, por serem geralmente estruturados como princípios, os direitos fundamentais, em múltiplas situações, são aplicados mediante ponderação. Os limites dos direitos fundamentais, quando não constem diretamente da Constituição, são demarcados em abstrato pelo legislador ou em concreto pelo juiz constitucional." (BARROSO, Luís Roberto. Curso de direito constitucional contemporâneo. 2. ed. São Paulo: Saraiva, 2010, p. 333); **B:** incorreta. O princípio da harmonização ou da concordância

11. DIREITO CONSTITUCIONAL — 441

prática prega a cedência recíproca e conduz à ideia de harmonização dos direitos em confronto. Esse princípio estabelece que: "os bens jurídicos constitucionalmente protegidos devem estar ordenados de tal forma **que a realização de uns não deve se sobrepor a outros**. Assim, buscam-se conformar as diversas normas em conflito no texto constitucional, de forma que se evite o sacrifício total de um ou alguns deles." (NISHIYAMA, Adolfo Mamoru; PINHEIRO, Flavia de Campos; LAZARI, Rafael. Manual de hermenêutica constitucional. 2. ed. Belo Horizonte: D'Plácido, 2020, p. 174, grifos no original); **C**: correta. Ver o comentário B; **D**: incorreta. Ver os comentários A e B; **E**: incorreta. Ver os comentários A e B. AMN

Gabarito "C"

(Delegado/RJ – 2022 – CESPE/CEBRASPE) O direito constitucional reclama a existência de princípios específicos, que compõem a denominada metodologia constitucional, para que a Constituição Federal de 1988 seja interpretada. Um dos referidos princípios prevê que, sempre que possível, deve o intérprete buscar a interpretação menos óbvia do enunciado normativo, fixando-a como norma, de modo a salvar a sua constitucionalidade. Trata-se do princípio de

(A) concordância prática.

(B) proporcionalidade.

(C) interpretação conforme a Constituição.

(D) ponderação de interesses.

(E) supremacia constitucional.

A: incorreta. O princípio da harmonização ou da concordância prática prega a cedência recíproca e conduz à ideia de harmonização dos direitos em confronto. Esse princípio estabelece que: "os bens jurídicos constitucionalmente protegidos devem estar ordenados de tal forma **que a realização de uns não deve se sobrepor a outros**. Assim, buscam-se conformar as diversas normas em conflito no texto constitucional, de forma que se evite o sacrifício total de um ou alguns deles." (NISHIYAMA, Adolfo Mamoru; PINHEIRO, Flavia de Campos; LAZARI, Rafael. Manual de hermenêutica constitucional. 2. ed. Belo Horizonte: D'Plácido, 2020, p. 174, grifos no original); **B**: incorreta. A doutrina ensina que: "O princípio da proporcionalidade é aquele que orienta o intérprete na busca da justa medida de cada instituto jurídico. Objetiva a ponderação entre os meios utilizados e os fins perseguidos, indicando que a interpretação deve pautar o menor sacrifício ao cidadão ao escolher dentre os vários possíveis significados da norma." (ARAUJO, Luiz Alberto David; NUNES JÚNIOR, Vidal Serrano. Curso de direito constitucional. 21. ed. São Paulo: Verbatim, 2016, p. 130); **C**: correta. Segundo a doutrina: "A supremacia das normas constitucionais no ordenamento jurídico e a presunção de constitucionalidade das leis e atos normativos editados pelo poder público competente exigem que, na função hermenêutica de interpretação do ordenamento jurídico, seja sempre concedida preferência ao sentido da norma que seja adequando à Constituição Federal. Assim sendo, no caso de normas com várias significações possíveis, deverá ser encontrada a significação que apresente *conformidade com as normas constitucionais*, evitando sua declaração de inconstitucionalidade e consequente retirada do ordenamento jurídico." (MORAES, Alexandre. Direito constitucional. 22. ed. São Paulo: Atlas, 2007, p. 11); **D**: incorreta. A ponderação de interesses é utilizada quando há conflito entre princípios constitucionais. A atividade do intérprete será mais complexa em relação à solução do conflito entre duas regras. O intérprete afere o peso de cada princípio, em face de um caso concreto, fazendo concessões recíprocas e valorações adequadas, de forma a preservar o máximo de cada um dos valores que estão em conflito, e fazendo escolhas sobre qual interesse deverá prevalecer naquele caso concreto; **E**: incorreta: Sobre esse princípio, a doutrina explica que: "O princípio da supremacia da Constituição, também denominado princípio da premência normativa, nada mais faz do que identificar a Constituição Federal como o plexo de normas de mais alta hierarquia no interior de nosso sistema normativo."

(ARAUJO, Luiz Alberto David; NUNES JÚNIOR, Vidal Serrano. Curso de direito constitucional. 21. ed. São Paulo: Verbatim, 2016, p. 124). AMN

Gabarito "C"

(Procurador Município – Teresina/PI – FCC – 2022) Em "Marbury vs. Madison" (1803), a Suprema Corte estadunidense proferiu uma decisão que é considerada um marco histórico para o direito constitucional. Tal decisão consagrou

(A) a teoria de Hans Kelsen acerca do controle concentrado de constitucionalidade a ser exercido por um tribunal exclusivamente constitucional, topograficamente localizado fora do quadro estrutural do poder judiciário.

(B) o princípio da legalidade e a relevância do *writ of mandamus* para o controle judicial dos atos ilegais de agentes públicos.

(C) o princípio da supremacia da constituição e a teoria do desvio de poder.

(D) o princípio da supremacia da constituição e o controle judicial de constitucionalidade das leis.

(E) o princípio do controle judicial concentrado de constitucionalidade das leis e a teoria do desvio de poder.

A doutrina ensina que: "O direito norte-americano – em 1803, no célebre caso Marbury v. Madison, relatado pelo *Chief Justice* da Corte Suprema John Marshall – afirmou a supremacia jurisdicional sobre todos os atos dos poderes constituídos, inclusive sobre o Congresso dos Estados Unidos da América, permitindo-se ao Poder Judiciário, mediante casos concretos postos em julgamento, interpretar a Carta Magna, adequando e compatibilizando os demais atos normativos com suas superiores normas" (MORAES, Alexandre. Direito constitucional. 22. ed. São Paulo: Atlas, 2007, p. 694). AMN

Gabarito "D"

(Procurador Município – Teresina/PI – FCC – 2022) Ao restringir o uso de produtos derivados do tabaco (cigarros, cachimbos, charutos etc.), por exemplo, em recinto coletivo fechado, de acesso público, destinado a permanente utilização simultânea de várias pessoas, o legislador federal estabeleceu uma

(A) norma geral e especial e nela, em vista do exemplo do enunciado, uma ponderação desproporcional na medida em que contempla a proteção integral à saúde em detrimento da liberdade dos fumantes, razão pela qual não deve ser aplicada pelos destinatários da norma, independentemente de pronunciamento judicial.

(B) norma geral e nela a ponderação entre um princípio e uma regra de menor envergadura axiológica, respectivamente, a cláusula geral da liberdade e o direito à saúde, passível de controle jurisdicional à luz dos princípios da supremacia e da unidade da constituição.

(C) norma geral e nela uma ponderação entre dois direitos fundamentais, quais sejam, a liberdade de fumar e a proteção à saúde, passível de controle jurisdicional à luz do princípio da proporcionalidade.

(D) norma geral e nela uma ponderação entre dois direitos fundamentais, quais sejam, o direito à livre-iniciativa e a liberdade de não fumar, passível de controle jurisdicional à luz do princípio da estrita legalidade.

(E) norma geral e especial e nela uma ponderação entre dois direitos fundamentais, quais sejam, a liberdade de fumar e a proteção à saúde, insuscetível de controle jurisdicional, pois derivada da discricionariedade outorgada pela Constituição ao legislador ordinário.

O princípio da proporcionalidade vem sendo utilizado na jurisprudência do Supremo Tribunal Federal, muitas vezes, como "regra de ponderação" entre os direitos fundamentais em conflito. Neste sentido: MENDES, Gilmar Ferreira; BRANCO, Paulo Gustavo Gonet. *Curso de direito constitucional.* 8. ed. São Paulo: Saraiva, 2013, p. 230. AMN

Gabarito "C".

(Procurador/PA – CESPE – 2022) No que se refere à aplicabilidade das normas constitucionais, assinale a opção correta.

(A) Normas constitucionais de eficácia contida ou limitada são aquelas que dependem de posterior atuação legislativa para gerarem efeitos; desse modo, são normas que não têm aplicação imediata.

(B) Normas constitucionais de eficácia limitada são aquelas que dependem de integração infraconstitucional para que se opere a plenitude de seus efeitos; assim, elas têm aplicabilidade mediata.

(C) Normas constitucionais de eficácia contida são aquelas que dependem de outros meios normativos (por exemplo, leis) para que possam ser aplicadas imediatamente.

(D) Normas constitucionais de eficácia redutível ou restringível são aquelas que não têm força suficiente para reger os interesses de que tratam, necessitando, portanto, de outros meios normativos para serem aplicadas imediatamente.

(E) Normas constitucionais de eficácia plena são aquelas que receberam do constituinte normatividade suficiente para incidência direta, ou seja, têm aplicabilidade imediata, mas dependem de regulamentação posterior para produzirem efeitos.

Segundo José Afonso da Silva (*Aplicabilidade das normas constitucionais.* 3. ed. São Paulo: Malheiros, 1998, p. 82-83), as normas constitucionais de eficácia plena são "todas as normas que, desde a entrada em vigor da constituição, produzem todos os seus efeitos essenciais (ou têm a possibilidade de produzi-los), todos os objetivos visados pelo legislador constituinte, porque este criou, desde logo, uma normatividade para isso suficiente, incidindo direta e imediatamente sobre a matéria que lhes constitui objeto". As normas constitucionais de eficácia contida (redutível ou restringível) também se constituem "de normas que incidem imediatamente e produzem (ou podem produzir) todos os efeitos queridos, mas preveem meios ou conceitos que permitem manter sua eficácia contida em certos limites, dadas certas circunstâncias". As normas constitucionais de eficácia limitada "são todas as que não produzem, com a simples entrada em vigor, todos os seus efeitos essenciais, porque o legislador constituinte, por qualquer motivo, não estabeleceu, sobre a matéria, uma normatividade para isso bastante, deixando essa tarefa ao legislador ordinário ou a outro órgão do Estado". AMN

Gabarito "B".

Art. 5º (...) LVIII – o civilmente identificado não será submetido a identificação criminal, salvo nas hipóteses previstas em lei;

Art. 18. (...) § 1º Brasília é a Capital Federal.

Art. 153. Compete à União instituir impostos sobre: (...) VII – grandes fortunas, nos termos de lei complementar.

Brasil. Constituição (1988). Constituição da República Federativa do Brasil. Brasília – DF: Senado Federal, 1988.

(Promotor de Justiça/CE – 2020 – CESPE/CEBRASPE) Quanto ao grau de eficácia, as normas constitucionais precedentes classificam-se, respectivamente, como de eficácia

(A) programática, plena e contida.

(B) limitada, plena e contida.

(C) contida, limitada e plena.

(D) plena, contida e limitada.

(E) contida, plena e limitada.

Correta é a letra **E**, pois O artigo 5º, inciso LVIII, da CF, é autoaplicável, mas permite a restrição via lei ordinária, logo, norma constitucional de eficácia contida. Além disso, o artigo 18, § 1º, da CF, é norma de eficácia plena porque é autoaplicável, não necessitando de uma lei regulamentadora, e, por fim, o artigo 153, inciso VII, da CF, é uma norma de eficácia limitada, pois depende da lei complementar e, assim, enquanto não existir tal lei não teremos o citado imposto. AB

Gabarito "E".

(Juiz de Direito – TJ/SC – 2019 – CESPE/CEBRASPE) A respeito da eficácia mediata dos direitos fundamentais, assinale a opção correta segundo a doutrina e a jurisprudência do STF.

(A) A eficácia mediata dos direitos fundamentais independe da atuação do Estado.

(B) De acordo com o STF, as normas de direitos fundamentais que instituem procedimentos têm eficácia mediata.

(C) Nas relações privadas, a eficácia dos direitos fundamentais é necessariamente mediata.

(D) A eficácia mediata desobriga o juiz de observar o efeito irradiante dos direitos fundamentais no caso concreto.

(E) A eficácia mediata dos direitos fundamentais dirige-se, primeiramente, ao legislador.

Correta é a letra **E**, uma vez que o legislador não poderá editar lei que viole tais direitos, bem como deverá editar leis que implemente tais direitos. A letra **A** está errada, pois requer sim uma atuação positiva do Estado (legislador). A letra **B** está incorreta, porque a eficácia é imediata (MI 107. Rel. Min. Moreira Alves. STF). A letra **C** também está errada, pois a eficácia é imediata. Por último, a letra **D** está errada uma vez que o Poder Judiciário deve sim observar o efeito irradiante dos direitos fundamentais ao caso concreto. AB

Gabarito "E".

(Juiz de Direito – TJ/BA – 2019 – CESPE/CEBRASPE) A respeito de hermenêutica constitucional e de métodos empregados na prática dessa hermenêutica, assinale a opção correta.

(A) A noção de filtragem constitucional da hermenêutica jurídica contemporânea torna dispensável a distinção entre regras e princípios.

(B) De acordo com o método tópico, o texto constitucional é ponto de partida da atividade do intérprete, mas nunca limitador da interpretação.

(C) Segundo a metódica jurídica normativo-estruturante, a aplicação de uma norma constitucional deve ser condicionada às estruturas sociais que delimitem o seu alcance normativo.

(D) O princípio da unidade da Constituição orienta o intérprete a conferir maior peso aos critérios que beneficiem a integração política e social.

(E) Os princípios são mandamentos de otimização, como critério hermenêutico, e implicam o ideal regulativo que deve ser buscado pelas diversas respostas constitucionais possíveis.

A: incorreta, pois a noção de filtragem constitucional pressupõe a pree-minência normativa da Constituição enquanto sistema aberto de regras e princípios. A filtragem constitucional consiste no fenômeno segundo o qual toda ordem jurídica deve ser lida e aprendida sob as lentes da Constituição, de modo a realizar os valores nela consagrados; **B:** incorreta, pois, de acordo com o **método hermenêutico-concretizador**, o texto constitucional é o ponto de partida da atividade do intérprete, sendo também limitador da interpretação (para solucionar um problema o aplicador está vinculado ao texto constitucional). No método da tópica, por sua vez, o problema é o ponto de partida, servindo as normas constitucionais de catálogo de variados princípios, onde se busca argumento para a solução de uma questão prática; **C:** incorreta, porque, segundo o **método científico-espiritual**, a interpretação de uma norma constitucional deve ser condicionada aos elementos da realidade social que delimitem o seu alcance normativo. No método normativo-estruturante, entende-se que a norma jurídica é resultado do conjunto formado pelo texto (programa normativo) pela realidade social (domínio normativo), sendo este elemento indispensável para a extração do significado da norma por fazer parte da sua estrutura; **D:** incorreta, pois o **princípio do efeito integrador** orienta o intérprete a conferir maior peso aos critérios que beneficiem a integração política e social e o reforço da unidade política. Já o princípio da unidade da Constituição postula que a Constituição seja interpretada como um todo harmônico, evitando contradições entre as suas normas. O intérprete deve considerar a Constituição como um todo unitário, harmonizando as tensões existentes entre as normas constitucionais; **E:** correta, já que os princípios, na concepção de Robert Alexy, são mandamentos de otimização, ou seja, normas que ordenam que algo seja realizado na maior medida possível, dentro das possibilidades jurídicas e fáticas do caso concreto. **AN**

Gabarito "E".

(Juiz de Direito – TJ/SC – 2019 – CESPE/CEBRASPE) A respeito das constituições classificadas como semânticas, assinale a opção correta.

(A) São aquelas que se estruturam a partir da generalização congruente de expectativas de comportamento.

(B) São aquelas cujas normas dominam o processo político; e nelas ocorrem adaptação e submissão do poder político à constituição escrita.

(C) Funcionam como pressupostos da autonomia do direito; e nelas a normatividade serve essencialmente à formação da constituição como instância reflexiva do sistema jurídico.

(D) São aquelas cujas normas são instrumentos para a estabilização e perpetuação do controle do poder político pelos detentores do poder fático.

(E) São aquelas cujo sentido das normas se reflete na realidade constitucional.

Correta é a letra **D**, pois a Constituição semântica é aquela que busca eternizar no poder o dominador, comum para os regimes ditatoriais. A minha dica é lembrar desse "macete": "SEMANTica é para SE MANTER no poder". As demais alternativas abordam conceitos não relativos para com uma Constituição semântica, logo, equivocadas. **AB**

Gabarito "D".

(Juiz de Direito – TJ/SC – 2019 – CESPE/CEBRASPE) A respeito de métodos de interpretação constitucional e do critério da interpretação conforme a constituição, assinale a opção correta.

(A) A busca das pré-compreensões do intérprete para definir o sentido da norma caracteriza a metódica normativo-estruturante.

(B) O método de interpretação científico-espiritual é aquele que orienta o intérprete a identificar tópicos para a discussão dos problemas constitucionais.

(C) A interpretação conforme a constituição não pode ser aplicada em decisões sobre constitucionalidade de emendas constitucionais.

(D) A interpretação conforme a constituição e a declaração parcial de inconstitucionalidade sem redução de texto são exemplos de situações constitucionais imperfeitas.

(E) A interpretação conforme a constituição é admitida ainda que o sentido da norma seja unívoco, pois cabe ao STF fazer incidir o conteúdo normativo adequado ao texto constitucional.

Correta é a letra **D**, pois atenua-se uma declaração de nulidade, utilizando-se de uma interpretação possível para com o texto constitucional, logo, uma situação constitucional imperfeita, pois deveria ter sido declarada a norma inconstitucional como um todo. A letra **A** está errada, porque não aponta para o método normativo-estruturante (a norma jurídica é o resultado de um processo de concretização). A letra **B** está errada, pois seria o método tópico-problemático. A letra **C** está errada, pois não existem tais óbices. Por fim, a letra **E** é incorreta, pois o sentido da norma deverá ser plural, plurívoco. **AB**

Gabarito "D".

(Promotor de Justiça/PR – 2019 – MPE/PR) Assinale a alternativa *incorreta*:

(A) A corrente interpretativista defende que as dúvidas interpretativas sobre a Constituição devem ser solucionadas apenas dentro do texto constitucional (os juízes devem se limitar a cumprir normas explícitas ou claramente implícitas na Constituição), enquanto a corrente não interpretativista afirma que só é possível definir o sentido controvertido das cláusulas abertas da Constituição com amparo em princípios e valores que transcendem o próprio texto.

(B) Segundo a concepção dualista de democracia, há dois tipos de decisão que podem ser tomadas nesse regime: o primeiro tipo são as decisões do povo, que estabelecem a norma constitucional; o segundo tipo são as decisões dos governantes, que ocorrem pelas leis, decretos e demais atos regulares do governo.

(C) Embora se costume afirmar que a norma é o produto da interpretação do texto, não existe correspondência necessária entre norma e um dispositivo, pois há normas que não encontram suporte físico em um dispositivo específico, e há dispositivos a partir dos quais não se constrói norma alguma.

(D) O liberalismo igualitário supera a noção de individualismo, pois seu foco se centra em entidades supraindividuais como o Estado, a Nação, a Sociedade, os grupos étnicos e outros conjuntos de pessoas.

(E) Atribui-se viés antidemocrático à panconstitucionalização – excesso de constitucionalização do Direito –, porque, se o papel do legislador se resumir ao de mero executor de medidas já impostas pelo constituinte, nega-se autonomia política ao povo para, em cada momento de sua história, realizar suas escolhas.

Verifica-se que a questão requer a resposta incorreta e, por essa razão, a única incorreta é a letra **D**, pois o liberalismo igualitário reconhece um amplo pluralismo na sociedade, ao contrário do que foi afirmado na mencionada afirmativa. As demais alternativas estão corretas. **AB**

Gabarito "D".

"O intérprete não pode chegar a um resultado que subverta ou perturbe o esquema organizatório-funcional estabelecido pelo constituinte. Assim, a aplicação das normas constitucionais propostas pelo intérprete não pode implicar alteração na estrutura de repartição de poderes e exercício das competências constitucionais estabelecidas pelo constituinte originário".

(Procurador do Município – S.J. Rio Preto/SP – 2019 – VUNESP) Esse aspecto de interpretação das normas constitucionais diz respeito ao princípio

(A) da harmonização.

(B) da justeza.

(C) da força normativa da Constituição.

(D) do efeito integrador.

(E) do normativo-estruturante.

Correta é a letra B, pois o princípio da justeza limita o intérprete e não permite que este altere a repartição de funções constitucionalmente estabelecidas, por exemplo. Em relação ao enunciado, o princípio da justeza é p única que se encaixa perfeitamente, pois o princípio da harmonização fala da combinação de bens jurídicos na busca por se evitar o sacrifício total de um deles, diante um conflito, por isso letra A errada. A força normativa da Constituição determina ao intérprete a prevalência da eficácia da Constituição, logo, letra C errada por não encaixar no que diz o enunciado. A letra D também está errada, pois o efeito integrador busca solucionar os conflitos com integração política e social. Por fim, a letra E está errada porque a normatividade-estruturante determina que o texto da norma deve ser uma espécie de ponto de partida. **AB**
Gabarito "B".

(Delegado – PC/BA – 2018 – VUNESP) Em suas decisões, o Supremo Tribunal Federal afirma que as normas constitucionais originárias não possuem hierarquia entre si, assentando a premissa fundamental de que o sistema positivo constitucional constitui um complexo de normas que deve manter entre si um vínculo de coerência; em síntese, em caso de confronto entre as normas constitucionais, devem ser apaziguados os dispositivos constitucionais aparentemente conflitantes. Tal interpretação decorre de um princípio específico de interpretação constitucional, denominado princípio da

(A) conformidade ou justeza constitucional.

(B) eficácia integradora.

(C) força normativa.

(D) máxima efetividade.

(E) unidade da constituição.

A: incorreta, pois o **princípio da justeza ou da conformidade funcional** afirma que o intérprete não pode deturpar o esquema organizatório-funcional estabelecido na Constituição, de forma a violar o sistema de repartição de funções e competências; **B:** incorreta, pois o **princípio da eficácia integradora** sustenta que o intérprete deve dar primazia aos critérios que favoreçam a integração política e social e o reforço da unidade política; **C:** incorreta, pois o **princípio da força normativa** aduz que o intérprete deve dar preferência aos pontos de vista que tornem a norma constitucional mais adequada ao momento histórico, conferindo-lhe máxima eficácia e força normativa; **D:** incorreta, pois o **princípio da máxima efetividade** declara que o intérprete deve atribuir à norma constitucional o sentido que lhe dê maior eficácia, para que produza o máximo de efeitos possível; **E:** correta, pois o **princípio da unidade da Constituição** sustenta que a Constituição é um todo

unitário, cabendo ao intérprete harmonizar as tensões existentes entre as várias normas constitucionais, evitando, assim, contradições entre elas. Com base nesse princípio, o STF entendeu que não há hierarquia entre normas constitucionais originárias (ADI 815, Rel. Min. Moreira Alves, j. 28-3-1996). **AN**
Gabarito "E".

(Investigador – PC/BA – 2018 – VUNESP) Sob a ótica da classificação doutrinária e com base na Constituição Federal brasileira, assinale a alternativa que representa uma norma constitucional de natureza programática.

(A) É garantido o direto de propriedade.

(B) É plena a liberdade de associação para fins lícitos, vedada a de caráter militar.

(C) É garantido o direito de herança.

(D) A lei penal não retroagirá, salvo para beneficiar o réu.

(E) A ordem social tem como base o primado do trabalho, e como objetivo o bem-estar e a justiça sociais.

A: incorreta, pois o direito de propriedade previsto no inciso XXII do art. 5º da CF é norma de **eficácia contida** – possui aplicabilidade direta e imediata, mas não integral, pois tem sua eficácia restringida por outra norma constitucional, como o inciso XXIV do art. 5º da CF; **B:** incorreta, pois a liberdade de associação prevista no inciso XVII do art. 5º da CF é norma de **eficácia contida** – possui aplicabilidade direta e imediata, mas não integral, pois tem sua eficácia restringida por conceito jurídico indeterminado, como a expressão "fins lícitos"; **C e D:** incorreta, pois o direito de herança e a irretroatividade da lei penal previstos, respectivamente, nos incisos XXX e XL do art. 5º da CF são normas de **eficácia plena** – possuem aplicabilidade direta, imediata e integral, produzindo todos os efeitos de imediato, independentemente de lei posterior que complete seus alcances e sentidos; **E:** correta, pois o art. 193 da CF é norma de **eficácia limitada de princípio programático** – estabelece diretrizes, princípios e fins a serem atingidos pelo Estado; possui aplicabilidade mediata e indireta, dependendo de regulamentação ulterior para adquirir aplicabilidade. **AN**
Gabarito "E".

(Procurador do Estado/SP – 2018 – VUNESP) O jurista alemão Konrad Hesse, ao analisar a interpretação constitucional como concretização, afirmou que "bens jurídicos protegidos jurídico-constitucionalmente devem, na resolução do problema, ser coordenados um ao outro de tal modo que cada um deles ganhe realidade.", ou seja, pode-se dizer que em determinados momentos o intérprete terá de buscar uma função útil a cada um dos bens constitucionalmente protegidos, sem que a aplicação de um imprima a supressão do outro. A definição exposta refere-se ao Princípio

(A) da Comparação Constitucional.

(B) Hermenêutico-Concretizador.

(C) da Forma Justeza ou da conformidade funcional.

(D) da Concordância Prática ou da Harmonização.

(E) da Proporcionalidade.

A: incorreta, pois o **método da comparação constitucional** é aquele em que o intérprete recorre ao Direito Comparado para buscar a melhor direção interpretativa das normas constitucionais do seu país; **B:** incorreta, pois o **método hermenêutico-concretizador** é aquele em que o intérprete, partindo da norma constitucional para a resolução de um problema, utiliza a sua pré-compreensão do significado da norma e leva em conta as circunstâncias históricas para obter o sentido da norma no caso concreto; **C:** incorreta, pois o **princípio da justeza ou da conformidade funcional** afirma que o intérprete não pode deturpar o esquema organizatório-funcional estabelecido na Constituição, de

11. DIREITO CONSTITUCIONAL 445

forma a violar o sistema de repartição de funções e competências; **D:** correta, pois o **princípio da concordância prática ou da harmonização** estabelece que o intérprete deve sopesar normas constitucionais conflitantes de modo a harmonizá-las, evitando o sacrifício total (supressão) de uma em relação a outra; em outras palavras, no conflito de normas constitucionais, o alcance delas deve ser reduzido até que se encontre o ponto de equilíbrio de acordo com o caso concreto; **E:** incorreta, pois o **princípio da proporcionalidade ou da razoabilidade** consubstancia a ideia de justiça, equidade, bom senso, moderação e proibição de excesso que deve pautar a interpretação e aplicação das normas, aferindo se os meios utilizados são adequados e necessários à consecução dos fins visados. AN

Gabarito "D".

(Juiz de Direito – TJ/RS – 2018 – VUNESP) No ano de 2017, o Ministro Relator Luís Roberto Barroso suscitou, no âmbito do Supremo Tribunal Federal, uma questão de ordem na Ação Penal (AP) 937, defendendo a tese de que o foro de prerrogativa de função deve ser aplicado somente aos delitos cometidos por um deputado federal no exercício do cargo público ou em razão dele. O julgamento se encontra suspenso por um pedido de vistas, mas, se prevalecer o entendimento do Ministro Relator, haverá uma mudança de posicionamento do Supremo Tribunal Federal em relação ao instituto do foro de prerrogativa de função, que ocorrerá independentemente da edição de uma Emenda Constitucional. A hermenêutica constitucional denomina esse fenômeno de

(A) força normativa da Constituição.

(B) princípio da concordância prática.

(C) mutação informal da Constituição.

(D) maximização das normas constitucionais.

(E) interpretação sistêmica.

A: incorreta, pois o **princípio da força normativa** aduz que o intérprete deve dar preferência aos pontos de vista que tornem a norma constitucional mais adequada ao momento histórico, conferindo-lhe máxima eficácia e força normativa; **B:** incorreta, pois o **princípio da concordância prática ou da harmonização** estabelece que o intérprete deve sopesar normas constitucionais conflitantes de modo a harmonizá-las, evitando o sacrifício total (supressão) de uma em relação a outra; em outras palavras, no conflito de normas constitucionais, o alcance delas deve ser reduzido até que se encontre o ponto de equilíbrio de acordo com o caso concreto; **C:** correta, pois **mutação constitucional ou mutação informal da Constituição** é a alteração do significado da norma constitucional por via informal (interpretação, usos e costumes constitucionais), sem que haja a alteração por via formal (processo legislativo) do seu texto. De acordo com Uadi Lammêgo Bulos, mutação constitucional é o processo informal de mudança da Constituição, por meio do qual são atribuídos novos sentidos ou conteúdos à letra da Constituição, por intermédio da interpretação, da construção (*construction*) ou usos e dos costumes constitucionais; **D:** incorreta, pois o **princípio da máxima efetividade ou da interpretação efetiva** afirma que deve ser atribuído às normas constitucionais o sentido que maior eficácia lhe dê, maximizando a norma para extrair todas as suas potencialidades; **E:** incorreta, pois a **interpretação sistemática** ensina que uma norma não deve ser interpretada de forma isolada, mas em conjunto com as demais normas que compõem o ordenamento jurídico, o qual é um sistema dotado de unidade, harmonia e hierarquia. AN

Gabarito "C".

(Delegado/MS – 2017 – FAPEMS) Sobre a interpretação das normas constitucionais, um dos temas que há vários anos permanece em discussão é o da diferença entre regras e princípios, indo desde a proposta de Ronald Dworkin

em 1967, passando pela ponderação de valores proposta por Robert Alexy na década de 1980, e alcançando as práticas judiciais atuais no Brasil. Consoante aos autores NEY JR. e ABBOUD (2017),

[...] de forma concomitante com o crescimento da importância da Constituição, a consolidação de sua força normativa e a criação da jurisdição constitucional especializada (após a 2ª Guerra Mundial), consagrou-se, principalmente, pela revalorização dos princípios constitucionais [...].

NERY JR, Nelson; ABBOUD, Georges. Direito Constitucional Brasileiro: Curso Completo. São Paulo: RT, 2017, p. 124.

Diante disso, afirma-se que

(A) o Supremo Tribunal Federal tem adotado a máxima da proporcionalidade, ainda que não rigorosamente, para a solução de colisão de princípios (por exemplo, voto do Ministro Luís Roberto Barroso no Habeas Corpus 126.292 de 17/02/2016).

(B) a ponderação de valores não tem sido adotada pelo Poder Judiciário brasileiro.

(C) não há diferença entre regras e princípios.

(D) princípios são aplicáveis à maneira do "ou-tudo-ou--nada"

(E) o positivismo jurídico aceita a distinção entre regras e princípios.

Correta a alternativa **A**, consoante o próprio precedente citado. O Judiciário tem sim adotado a ponderação de valores, logo errada a **B**. A doutrina atual aponta diferenças entra as regras e princípios. As regras são Comandos objetivos, expressando uma proibição ou uma permissão, são descritivas de comportamentos, na modalidade "tudo ou nada", ocorrendo o fato deve incidir. Já os princípios expressam decisões políticas fundamentais, valores, fins públicos, apontam para estados ideais a serem buscados, são normas finalísticas, indicam uma direção, valor ou fim, mas numa ordem pluralista a Constituição abriga princípios que apontam em direções diversas e a prevalência de um sobre o outro é determinada à luz do caso concreto por ponderação. Assim, erradas as alternativas C e **D**. Para os positivistas as normas são apenas as regras – errada a alternativa E. LR

Gabarito "A".

(Delegado/MS – 2017 – FAPEMS) Considere o seguinte texto.

Eis os métodos clássicos, tradicionais ou ortodoxos, pelos quais as constituições têm sido interpretadas ao longo do tempo: o método gramatical observa a pontuação, a etimologia e a colocação das palavras; o método lógico procura a coerência e a harmonia das normas em si, ou em conjunto; o método histórico investiga os fatores que resultaram no trabalho de elaboração normativa; o método sistemático examina o contexto constitucional; o método teleológico busca os fins da norma constitucional; o método popular realiza-se pelo plebiscito, referendum, recall, iniciativa e veto populares; o método doutrinário equivale à doutrina dos juristas; e o método evolutivo propicia mutação constitucional.

BULOS, Uadi Lammego. Curso de direito constitucional. 4. ed. São Paulo: Saraiva, 2009, p. 358.

Além desses métodos clássicos de interpretação jurídica, a atual hermenêutica descreve, estuda e aplica princípios interpretativos, especificamente voltados à interpretação da Constituição. Sobre os princípios da hermenêutica constitucional, assinale a alternativa correta.

(A) O Princípio da Conformidade Funcional impede que o intérprete subverta o esquema organizatório-funcional estabelecido pela Constituição.

(B) De acordo com o Princípio do Efeito Integrador, as normas constitucionais devem ser vistas como preceitos integrados em um sistema unitário de regras e princípios, de modo que a Constituição só pode ser compreendida e interpretada se entendida como unidade.

(C) De acordo com o Princípio da Convivência das Liberdades Públicas, o aplicador da Constituição, ao construir soluções para os problemas jurídico-constitucionais, dever preferir os critérios ou pontos de vista que favoreçam a integração social e a unidade política.

(D) O Princípio da Unidade da Constituição determina que nenhum direito é absoluto, pois todos encontram limites em outros direitos consagrados pela própria Constituição.

(E) O Princípio da Presunção da Constitucionalidade das Leis impede a declaração de inconstitucionalidade dos atos normativos.

Perfeita a alternativa **A** nos termos da doutrina de Jose Gomes Canotilho. As demais estão erradas – vejamos. O princípio da Unidade da Constituição estabelece que a Constituição deve ser interpretada como um sistema, um conjunto coeso de normas que devem ser interpretadas de modo a evitar contradições, já que todas as normas constitucionais são dotadas da mesma natureza e grau hierárquico (deve ser considerada como um todo e não isoladamente) e conforme o princípio do Efeito Integrador deve-se sempre privilegiar os critérios que favoreçam a integração político-social e o reforço da unidade política (ambos tratados por Canotilho). Assim a alternativa B traz o princípio da unidade, por isso está errada. A alternativa **C** refere-se ao princípio do efeito integrador, logo está errada. A alternativa **D**, também errada, tem mais relação com o estudo dos direitos fundamentais, mas em termos de princípios de interpretação estaria mais relacionada ao princípio da concordância prática ou harmonização e não com o da unidade. Errada a alternativa **E**, pois, quanto à presunção de constitucionalidade esta é relativa, razão pela qual possível o controle de sua constitucionalidade. **LR**

Gabarito "A".

(Delegado/MT – 2017 – CESPE) O método de interpretação da Constituição que, por considerá-la um sistema aberto de regras e princípios, propõe que se deva encontrar a solução mais razoável para determinado caso jurídico partindo-se da situação concreta para a norma, é denominado método

(A) hermenêutico clássico.

(B) científico-espiritual.

(C) tópico-problemático.

(D) normativo-estruturante.

(E) hermenêutico concretizador.

De acordo com o método de interpretação da Constituição tópico-problemático a solução de um caso deve sempre partir da situação concreta para a norma, por isso ele é tópico (topos/lugar – parte do caso concreto) – problemático (discute o problema, para depois buscar a norma). Sendo assim, correta a alternativa C. **LR**

Gabarito "C".

4. DO CONTROLE DE CONSTITUCIONALIDADE

4.1. CONTROLE DE CONSTITUCIONALIDADE EM GERAL

(Procurador/PA – CESPE – 2022) No que diz respeito ao sistema de controle de constitucionalidade brasileiro, assinale a opção correta, com base na Constituição Federal de 1988 e no entendimento do Supremo Tribunal Federal.

(A) Os tribunais de justiça podem exercer controle abstrato de constitucionalidade de leis municipais, utilizando como parâmetro normas da CF, desde que as normas utilizadas sejam as de reprodução obrigatória pelos estados.

(B) Os tribunais poderão declarar a inconstitucionalidade de lei ou ato normativo do poder público somente pelo voto de 2/3 de seus membros ou dos membros do respectivo órgão especial.

(C) Podem propor ação direta de inconstitucionalidade o presidente da República, o presidente do Senado Federal, o presidente da Câmara dos Deputados, os presidentes das assembleias legislativas dos estados e o da Câmara Legislativa do Distrito Federal, os governadores dos estados e o do Distrito Federal, o procurador-geral da República, o Conselho Federal da Ordem dos Advogados do Brasil, partido político com representação no Congresso Nacional e confederação sindical ou entidade de classe de âmbito nacional.

(D) A decisão que julgar procedente ou improcedente o pedido em arguição de descumprimento de preceito fundamental é irrecorrível, mas está sujeita a ação rescisória eventualmente proposta por alguém que tenha sido atingido pelo seu resultado.

(E) Ao declarar a inconstitucionalidade de lei ou ato normativo em processo de arguição de descumprimento de preceito fundamental, tendo em vista razões de segurança jurídica ou de excepcional interesse social, o Supremo Tribunal Federal, por maioria absoluta de seus membros, poderá restringir os efeitos daquela declaração ou decidir que ela só tenha eficácia a partir de seu trânsito em julgado ou de outro momento que venha a ser fixado.

A: Correta. A doutrina aponta que "se a lei ou ato normativo municipal, além de contrariar dispositivos da Constituição Federal, contrariar, da mesma forma, previsões expressas do texto da Constituição Estadual, mesmo que de *repetição obrigatória e redação idêntica*, teremos a aplicação do citado art. 125, § 2º, da CF, ou seja, competência do Tribunal de Justiça do respectivo Estado-membro" (MORAES, Alexandre. *Direito constitucional*. 22. ed. São Paulo: Atlas, 2007, p. 725). **B:** Incorreta. A inconstitucionalidade deve ser declarada pelo voto da **maioria absoluta** e não de 2/3 de seus membros (CF, art. 97). **C:** Incorreta. As legitimidades ativas são das **mesas** e não dos presidentes do Senado Federal, da Câmara dos Deputados, das assembleias legislativas dos estados e o da Câmara Legislativa do Distrito Federal (CF, art. 103). **D:** Incorreta. A ADPF não pode ser objeto de ação rescisória (art. 12 da Lei nº 9.882/1999). **E:** Incorreta. A modulação dos efeitos da decisão é realizada por **maioria de dois terços** dos membros do STF e não por maioria absoluta (art. 11 da Lei nº 9.882/1999). **AMN**

Gabarito "A".

11. DIREITO CONSTITUCIONAL

(Procurador/PA – CESPE – 2022) Julgue os itens a seguir, acerca do controle de constitucionalidade.

I. Uma vez proposta a ação direta de inconstitucionalidade, é cabível o pedido de desistência.

II. Cabe aos estados a instituição de representação de inconstitucionalidade de leis ou atos normativos estaduais, federais ou municipais em face da Constituição Federal de 1988, vedada a atribuição da legitimação para agir a um único órgão.

III. As decisões definitivas de mérito proferidas pelo Supremo Tribunal Federal nas ações diretas de inconstitucionalidade e nas ações declaratórias de constitucionalidade produzirão eficácia contra todos e efeito vinculante, relativamente aos demais órgãos do Poder Judiciário e à administração pública direta e indireta, nas esferas federal, estadual e municipal.

IV. Compete ao Supremo Tribunal Federal, precipuamente, a guarda da Constituição Federal, cabendo-lhe processar e julgar, originariamente, ação direta de inconstitucionalidade de lei ou ato normativo federal ou estadual e ação declaratória de constitucionalidade de lei ou ato normativo federal ou estadual.

A quantidade de itens certos é igual a

(A) 0.

(B) 1.

(C) 2.

(D) 3.

(E) 4.

I: Errado. Uma vez proposta a ação direta de inconstitucionalidade, não se admite desistência (art. 5º da Lei nº 9.868/1999). II: Errado. Cabe aos estados a instituição de representação de inconstitucionalidade de leis ou atos normativos estaduais ou municipais em face da Constituição Estadual (CF, art. 125, § 2º). III: Certo. É o que dispõe o parágrafo único do art. 28 da Lei nº 9.868/1999). IV: Errado. É cabível a ação declaratória de constitucionalidade apenas em face das leis ou atos normativos federais (CF, art. 102, I, a). **AMN**
Gabarito "B".

(Juiz de Direito/AP – 2022 – FGV) O Tribunal de Justiça do Estado Alfa foi instado a realizar o controle concentrado de constitucionalidade de três normas do Município Beta: (1) a primeira norma tratava do processo legislativo no âmbito da Câmara Municipal, temática sobre a qual a Constituição do Estado Alfa não versava; (2) a segunda dispunha sobre temática que a Constituição do Estado Alfa disciplinava de modo literalmente idêntico à Constituição da República de 1988; e (3) a terceira, sobre temática somente prevista na Constituição do Estado Alfa, não na Constituição da República de 1988.

O Tribunal de Justiça do Estado Alfa, preenchidos os demais requisitos exigidos:

(A) deve realizar o controle das normas descritas em 1, 2 e 3;

(B) não deve realizar o controle das normas descritas em 1, 2 e 3;

(C) apenas deve realizar o controle das normas descritas em 2 e 3;

(D) apenas deve realizar o controle da norma descrita em 1;

(E) apenas deve realizar o controle da norma descrita em 3.

A: correta, TJ do Estado Alfa pode realizar o controle concentrado de constitucionalidade da norma municipal neste caso porque normas sobre processo legislativo são de repetição obrigatória. Esse assunto foi discutido no STF quando do julgamento da ADI n. 5646. **B, C, D** e **E:** incorretas, pois cabe aos estados as representações de inconstitucionalidade de leis municipais em face de leis Estaduais. Assim, o TJ pode fazer o controle concentrado da constitucionalidade das três leis municipais. **AMN**
Gabarito "A".

(Delegado de Polícia Federal – 2021 – CESPE) A respeito do controle de constitucionalidade no sistema constitucional brasileiro, julgue os itens subsequentes.

(1) Conforme o conceito de bloco de constitucionalidade, há normas constitucionais não expressamente incluídas no texto da CF que podem servir como paradigma para o exercício de controle de constitucionalidade.

(2) Para o efeito do conhecimento da reclamação constitucional, o STF admite o uso da teoria da transcendência dos motivos determinantes das ações julgadas em sede de controle concentrado.

(3) É vedado ao Poder Legislativo efetuar o controle de constitucionalidade repressivo de normas em abstrato.

1: Certo. O bloco de constitucionalidade é um instituto que tem por finalidade ampliar o padrão de controle de constitucionalidade. Em sentido amplo, o bloco abrange, por exemplo, princípios, normas, além de direitos humanos reconhecidos em tratados e convenções internacionais incorporados no ordenamento jurídico. **2:** Errado. Ao contrário do mencionado, o STF *não* admite o uso da teoria da transcendência dos motivos determinantes das ações julgadas em sede de controle concentrado. A teoria adotada pela Suprema Corte foi a restritiva e, portanto, somente a parte dispositiva da decisão vincula. A fundamentação não produz efeito vinculante. **3:** Errado. Excepcionalmente, ao contrário do mencionado, é possível que o Poder Legislativo efetue o controle de constitucionalidade repressivo de normas em abstrato, por exemplo, quando ele rejeita medida provisória por considerá-la inconstitucional (art. 62, § 5º, da CF) ou quando o Congresso Nacional susta, por meio de decreto legislativo, atos normativos do Poder Executivo que excederam os limites da delegação legislativa (art. 49, V, da CF). **BV**
Gabarito 1C, 2E, 3E.

(Delegado/MG – 2021 – FUMARC) Lei do Município "Alpha" dispôs sobre o aumento da remuneração apenas dos Delegados do sexo masculino que atuam na Delegacia local. No que tange ao controle de constitucionalidade desta lei, no Supremo Tribunal Federal, é CORRETO afirmar:

(A) Apenas por meio do Recurso Extraordinário, a constitucionalidade desta lei poderá ser alçada àquela jurisdição.

(B) É cabível, neste caso, representação de inconstitucionalidade interventiva, proposta pelo Presidente da República, para promoção de intervenção federal naquele município.

(C) É possível a análise originária de constitucionalidade desta lei, caso seja questionada e reconhecida pela Suprema Corte, a ofensa a preceito fundamental da Constituição federal.

(D) Somente por meio de Ação Direta de Inconstitucionalidade Genérica, poderá ser verificada a constitucionalidade desta lei.

A: incorreta. Não é apenas por meio de recurso extraordinário (controle difuso) que a constitucionalidade da lei poderá ser questionada. No âmbito do controle concentrado será possível a proposição de Arguição

de Descumprimento de Preceito Fundamental (ADPF); **B**: incorreta. A intervenção (federal ou estadual) é medida excepcional, de modo que só pode ser proposta nos casos taxativamente previstos no Texto Constitucional. E a regra é a de que, excepcionalmente, a União intervenha nos estados (art. 34 da CF) ou os estados intervenham, excepcionalmente, em seus municípios (art. 35 da CF). Não há intervenção federal em município, exceto se forem criados territórios federais e neles houver municípios, pois os territórios federais pertencem à União; **C**: correta. De acordo com o STF, "(...) 1. A Arguição de Descumprimento de Preceito Fundamental é cabível em face de lei municipal, adotando-se como parâmetro de controle preceito fundamental contido na Carta da República, ainda que também cabível em tese o controle à luz da Constituição Estadual perante o Tribunal de Justiça competente. (...)" (ADPF 449/DF - Rel. Min. Luiz Fux, Plenário. j. 08 maio 2019); **D**: incorreta. Leis municipais *não* podem ser impugnadas por meio de Ação Direta de Inconstitucionalidade (ADI). Determina o art. 102, I, "a", da CF que ao STF compete processar e julgar, originariamente, a ação direta de inconstitucionalidade *de lei ou ato normativo federal ou estadual*. BV
Gabarito "C".

(Juiz de Direito/GO – 2021 – FCC) Considerando o sistema de controle de constitucionalidade previsto na Constituição Federal, mostra-se

(A) incabível, no exercício do controle jurisdicional abstrato e principal de constitucionalidade por omissão, que seja fixado prazo para que o órgão administrativo supra a omissão inconstitucional.

(B) incabível a produção de efeitos repristinatórios à decisão judicial que declara a inconstitucionalidade de lei ou de ato normativo em sede de controle abstrato de constitucionalidade.

(C) cabível o exercício do controle concreto e incidental, bem como do controle abstrato e principal de constitucionalidade, em face da Constituição Federal, de tratados internacionais que tenham sido incorporados ao direito brasileiro.

(D) cabível o exercício do controle de constitucionalidade de lei municipal em face da Constituição Federal, realizado originariamente pelo Supremo Tribunal Federal em sede de ação direta de inconstitucionalidade.

(E) cabível o exercício do controle jurisdicional abstrato e principal de constitucionalidade de decreto regulamentar que contrarie os limites que lhe foram impostos pela lei regulamentada, por violação ao princípio constitucional da legalidade.

A: errada, está previsto prazo de 30 dias na CF, portanto, não há esse objetivo de ser fixado prazo; **B**: errada, em regra, haverá a reprodução de efeitos repristinatórios, o que descarta totalmente a alternativa; **C**: correta, tendo sido aprovado da devida maneira, tem caráter constitucional , sujeito ao controle de constitucionalidade; **D**: Não é cabível o controle constitucional de lei municipal frente a CF, até por não se tratar de lei de repetição obrigatória; **E**: errada, não é cabível controle de constitucionalidade em decreto regulamentar. ANH
Gabarito "C".

(Advogado – Pref. São Roque/SP – 2020 – VUNESP) A respeito do controle concentrado de constitucionalidade, assinale a alternativa correta.

(A) O Chefe do Poder Executivo não possui legitimidade para figurar no polo passivo de ação direta de inconstitucionalidade por omissão.

(B) Por serem legitimados para ajuizar ações de controle concentrado de constitucionalidade, os partidos políticos e as entidades de classe possuem capacidade postulatória especial para propositura da ação.

(C) Os Tribunais de Contas podem exercer o controle de constitucionalidade abstrato relativamente às normas que lhe sejam submetidas à apreciação.

(D) A declaração de inconstitucionalidade por arrastamento, em respeito ao princípio da adstrição, somente pode albergar os dispositivos legais expressamente indicados na petição inicial.

(E) O princípio da fungibilidade pode ser aplicado ao processo constitucional objetivo nos casos em que, apesar da impropriedade da via escolhida, estiverem presentes os requisitos para outra ação.

A: errada, pois pode sim estar no polo passivo, bastando para tal que possua competência para editar a norma regulamentadora para dar efetividade à norma constitucional. **B**: errada, pois não há capacidade postulatória especial nestes casos, devendo fazer representar por advogados. **C**: errada, porque somente é cabível no controle concentrado (Súmula 347, do STF). **D**: errada, pois não há necessidade de menção expressa dos dispositivos legais, cabendo ao STF decidir quais dispositivos foram atingidos por arrastamento. **E**: correta, pois o STF permite que o princípio da fungibilidade seja aplicado ao processo constitucional. AB
Gabarito "E".

(Promotor de Justiça/CE – 2020 – CESPE/CEBRASPE) Conforme a jurisprudência do STF, a decisão de órgão fracionário de tribunal que, embora não declare expressamente a inconstitucionalidade de lei, afaste sua incidência, no todo ou em parte, viola, especificamente,

(A) a cláusula de reserva de plenário.

(B) a presunção de constitucionalidade da lei.

(C) a sistemática do controle difuso de constitucionalidade.

(D) o princípio da motivação adequada das decisões judiciais.

(E) o princípio da segurança jurídica.

Correta é a letra **A**, com base expressamente na Súmula Vinculante 10: "Viola a cláusula de reserva de plenário (CF, artigo 97) a decisão de órgão fracionário de Tribunal que embora não declare expressamente a inconstitucionalidade de lei ou ato normativo do poder público, afasta sua incidência, no todo ou em parte". Por consequência, todas as demais alternativas estão erradas. AB
Gabarito "A".

(Promotor de Justiça/PR – 2019 – MPE/PR) Assinale a alternativa *incorreta*:

(A) A instituição do controle jurisdicional de constitucionalidade não é consequência lógica inexorável da atribuição de supremacia à Constituição.

(B) Não cabe a aplicação da técnica da interpretação conforme a Constituição quando o sentido da norma é unívoco.

(C) A interpretação conforme exclui a interpretação proposta e impõe outra, conforme a Constituição, enquanto a declaração parcial de nulidade revela a ilegitimidade da aplicação da norma na situação proposta, ressalvando sua aplicabilidade em outras.

(D) A declaração de constitucionalidade ou de inconstitucionalidade, inclusive a interpretação conforme a Constituição e a declaração parcial de inconstitucio-

11. DIREITO CONSTITUCIONAL · 449

nalidade sem redução de texto, têm eficácia contra todos e efeito vinculante em relação aos órgãos do Poder Judiciário e à Administração Pública federal, estadual e municipal.

(E) No caso de lei que atende determinado grupo olvidar-se de outras pessoas que mereceriam igual benefício, a solução adequada é a declaração de sua inconstitucionalidade, por transgressão ao princípio da isonomia.

Letra E está incorreta, pois o STF não declarará sua inconstitucionalidade, ao contrário, dará interpretação conforme à Constituição e ampliará os efeitos desta norma para tutelar o grupo marginalizado. Todas as demais alternativas estão corretas. **AB**

Gabarito "E".

(Promotor de Justiça/PR – 2019 – MPE/PR) Assinale a alternativa **correta**:

(A) Ocorre usurpação da competência do Supremo Tribunal Federal quando o Tribunal de Justiça do Estado, no julgamento de ação direta de inconstitucionalidade, reconhece incidentalmente a inconstitucionalidade da norma da Constituição Estadual usada como parâmetro do controle de constitucionalidade de lei municipal.

(B) Normas remissivas de Constituição Estadual (compreendidas como aquelas cujo conteúdo é tomado de empréstimo de norma constitucional federal) não servem como parâmetro para controle abstrato de constitucionalidade pelos Tribunais de Justiça, haja vista que têm caráter dependente e incompleto, somente se integrando a partir da combinação com o componente externo à Constituição Estadual.

(C) Não é exigível o quórum de maioria absoluta no julgamento de recurso extraordinário interposto contra decisão proferida em representação de inconstitucionalidade por Tribunal de Justiça estadual.

(D) Quando tramitam paralelamente duas ações diretas de inconstitucionalidade, uma no Tribunal de Justiça local e outra no Supremo Tribunal Federal, contra a mesma lei estadual impugnada em face de princípios constitucionais estaduais que são reprodução de princípios da Constituição Federal, suspende-se o curso da ação direta proposta perante o Supremo Tribunal Federal até o julgamento final da ação direta proposta perante o Tribunal Estadual.

(E) Tribunais de Justiça podem exercer controle abstrato de constitucionalidade de leis municipais utilizando como parâmetro normas da Constituição Federal, desde que se trate de normas de reprodução obrigatória pelos Estados, e que estejam expressamente replicadas no texto da Constituição Estadual.

A: errada, porque não há tal usurpação de competência. B: incorreta, pois servem de parâmetro. D: é equivocada, porque o controle estadual ficará suspenso aguardando o controle realizado pelo STF. A letra **E**, por fim, também está errada, pois não há o segundo requisito, basta que a norma seja de reprodução obrigatória. **AB**

Gabarito "C".

(Promotor de Justiça/PR – 2019 – MPE/PR) Sobre o sistema de controle de constitucionalidade brasileiro, é **correto** afirmar:

(A) O Supremo Tribunal Federal admite o controle judicial do processo legislativo em nome do direito subjetivo do parlamentar de impedir que a elaboração dos atos normativos incida em desvios constitucionais, exercendo, então, controle preventivo de constitucionalidade.

(B) O controle incidental é sempre de natureza concreta.

(C) O controle principal é sempre de natureza abstrata.

(D) Os órgãos legislativos de qualquer dos níveis de poder têm competência para anular ou declarar a nulidade de atos normativos por eles expedidos, atribuindo caráter retroativo à sua manifestação.

(E) O Superior Tribunal de Justiça, a exemplo dos demais órgãos jurisdicionais de qualquer instância, pode declarar incidentalmente a inconstitucionalidade de lei no julgamento de recurso especial, desde que a questão tenha sido suscitada e resolvida pela instância ordinária.

A: incorreta, porque o controle recai sobre o PL ou a PEC. **C:** incorreta, porque a regra não é absoluta, uma vez que podemos ter controle concentrado e incidental como, por exemplo, no julgamento de mandado de segurança contra ao do Presidente da República. **D:** incorreta, pois tal competência é do Poder Judiciário. **E:** incorreta, sob pena de violar o artigo 102, III, da CF. **AB**

Gabarito "B".

(Promotor de Justiça/SP – 2019 – MPE/SP) Assinale a alternativa **INCORRETA**.

(A) A controvérsia em torno da incidência, ou não, do postulado da recepção, por não envolver qualquer juízo de inconstitucionalidade, mas, sim, quando for o caso, o de simples revogação de diploma pré-constitucional, dispensa a aplicação do princípio da reserva de plenário, legitimando a possibilidade de reconhecimento, por órgão fracionário do Tribunal, de que determinado ato estatal não foi recebido pela nova ordem constitucional, além de inviabilizar, porque incabível, a instauração do processo de fiscalização normativa abstrata.

(B) A declaração de inconstitucionalidade de qualquer ato estatal, considerando a presunção de constitucionalidade das leis, só pode ser declarada pelo voto da maioria absoluta dos membros do Tribunal ou, onde houver, dos integrantes do respectivo órgão especial, sob pena de nulidade da decisão judicial que venha a ser proferida.

(C) A causa de pedir aberta das ações do controle concentrado de constitucionalidade torna desnecessário o ajuizamento de nova ação direta para a impugnação de norma cuja constitucionalidade já é discutida em ação direta em trâmite, proposta pela mesma parte processual.

(D) O processo de controle normativo abstrato rege-se pelo princípio da indisponibilidade, o que impede a desistência da ação direta já ajuizada. A ação subsiste mesmo diante de revogação superveniente do ato estatal impugnado.

(E) A declaração final de inconstitucionalidade, quando proferida em sede de fiscalização normativa abstrata, considerado o efeito repristinatório que lhe é inerente, importa em restauração das normas estatais anteriormente revogadas pelo diploma normativo objeto do juízo de inconstitucionalidade.

Letra **D** é a única incorreta, pois em caso de revogação superveniente o ato estatal impugnado estaríamos diante de uma exceção (ADI 3371, STF). Por outro lado, caso a revogação tenha ocorrido por fraude processual, segundo a jurisprudência do STF, não obstaria o julgamento da ação de controle. **AB**

Gabarito "D".

(Juiz de Direito – TJ/RJ – 2019 – VUNESP) Assinale a alternativa correta no que se refere aos efeitos da decisão judicial no controle abstrato de constitucionalidade.

(A) A impugnação judicial a respeito da inconstitucionalidade da norma ou do ato impugnado, por se constituir na causa de pedir da ação judicial, é apenas o fundamento de validade para o dispositivo da decisão.

(B) A decisão liminar em controle de constitucionalidade abstrato, em regra, produz efeitos *ex tunc*, salvo se o Supremo Tribunal Federal reconhecer expressamente efeitos *ex nunc* à decisão por maioria absoluta dos seus membros.

(C) No direito brasileiro, no tocante ao controle abstrato, o entendimento adotado é de que a lei inconstitucional é existente, porém nula, e a decisão que a reconhece tem natureza declaratória, com efeitos, em regra, retroativos.

(D) O direito brasileiro adota a teoria da lei inconstitucional como ato inexistente, e a decisão no controle de constitucionalidade não declara nem constitucionalidade, mas reconhece a sua inexistência.

(E) Tendo em vista a norma ou ato impugnado judicialmente ser considerado apenas anulável, em face da presunção de constitucionalidade, a decisão que reconhece a sua inconstitucionalidade tem caráter constitutivo.

A: errada, pois é o pedido e não a causa de pedir. **B:** errada, pois a regra é a produção de efeitos *ex nunc*. **C:** correta, pois esta é a regra no nosso ordenamento jurídico. **D:** errada, porque adotamos a teoria da nulidade. **E:** errada, pois a teoria adotada é da nulidade, não da anulabilidade. **AB**

Gabarito "C".

(Juiz de Direito – TJ/BA – 2019 – CESPE/CEBRASPE) A respeito da situação conhecida como estado de coisas inconstitucional, assinale a opção correta.

(A) Tal situação resulta sempre de má vontade de autoridade pública em modificar uma conjuntura de violação a direitos fundamentais.

(B) Constatada a ocorrência dessa situação, verifica-se, em consequência, violação pontual de direito social a prestação material pelo Estado.

(C) No plano dos remédios estruturais para saneamento do estado de coisas inconstitucional, estão a superação dos bloqueios institucionais e políticos e o aumento da deliberação de soluções sobre a demanda.

(D) Em função do caráter estrutural e complexo do litígio causador do estado de coisas inconstitucional, não é admitido ao Poder Judiciário impor medidas concretas ao Poder Executivo.

(E) De modo tácito, o reconhecimento do estado de coisas inconstitucional autoriza o Poder Judiciário a assumir tarefas do Poder Legislativo na coordenação de medidas com o objetivo de assegurar direitos.

Concebida em julgados da Corte Constitucional da Colômbia (Sentencia de Unificação (SU) 559, de 1997), a técnica da declaração do "estado de coisas inconstitucional" permite ao juiz constitucional impor aos Poderes Públicos a tomada de ações urgentes e necessárias ao afastamento das violações massivas de direitos fundamentais, assim como supervisionar a efetiva implementação. Essa prática pode ser levada a efeito em casos excepcionais, quando presente transgressão grave e sistemática a direitos humanos e constatada a imprescindibilidade da atuação do Tribunal em razão de "bloqueios institucionais" nos outros Poderes. O estado de coisas inconstitucional possui três pressupostos principais: situação de violação generalizada de direitos fundamentais; inércia ou incapacidade reiterada e persistente das autoridades públicas em modificar a situação; superação das transgressões que exige a atuação não apenas de um órgão, mas sim de uma pluralidade de autoridades. O STF reconheceu que o sistema penitenciário nacional deve ser caracterizado como "estado de coisas inconstitucional" em razão do presente quadro de violação massiva e persistente de direitos fundamentais, decorrente de falhas estruturais e falência de políticas públicas e cuja modificação depende de medidas abrangentes de natureza normativa, administrativa e orçamentária (ADPF 347 MC, Relator: Min. Marco Aurélio, Tribunal Pleno, julgado em 09/09/2015).
A: incorreta, pois o estado de coisas inconstitucional é causado pela inércia ou incapacidade das autoridades em modificar a conjuntura de violação a direitos fundamentais; **B:** incorreta, porque o estado de coisas inconstitucional é caracterizado pela violação generalizada e sistêmica de direitos fundamentais; **C:** correta; visto que a Corte Constitucional deve adotar remédios estruturais com os objetivos de superar bloqueios políticos e institucionais e de aumentar a deliberação e o diálogo sobre causas e soluções do estado de coisas inconstitucional; **D:** incorreta, pois, ante a gravidade excepcional do quadro, a Corte Constitucional pode interferir na formulação e implementação de políticas públicas e em alocações de recursos orçamentários, bem como coordenar as medidas concretas necessárias para superação do estado de inconstitucionalidades; **E:** incorreta, pois o Poder Judiciário não pode substituir o Legislativo e o Executivo na consecução de tarefas próprias. O Judiciário deve superar bloqueios políticos e institucionais sem afastar os outros Poderes dos processos de formulação e implementação das soluções necessárias. Cabe ao Judiciário catalisar ações e políticas públicas, coordenar a atuação dos órgãos do Estado na adoção dessas medidas e monitorar a eficiência das soluções. **AN**

Gabarito "C".

(Procurador do Município – Boa Vista/RR – 2019 – CESPE/CEBRASPE) A respeito de controle de constitucionalidade, julgue o próximo item.

(1) Os tribunais de justiça possuem competência para julgar ação direta de inconstitucionalidade movida em desfavor de lei orgânica municipal, desde que o parâmetro para a fundamentação dessa ação seja a Constituição Federal.

Errado, pois a lei orgânica municipal seria caso de ADPF, bem como o STF fixou que tal competência somente em face da Constituição Estadual (ADI 347, STF): "É pacífica a jurisprudência do Supremo Tribunal Federal, antes e depois de 1988, no sentido de que não cabe a tribunais de justiça estaduais exercer o controle de constitucionalidade de leis e demais atos normativos municipais em face da Constituição federal.". **AB**

Gabarito "1E".

(Delegado – PC/BA – 2018 – VUNESP) Considere a seguinte situação hipotética.

Cidadão Argentino comete crime em seu país e empreende fuga para o Brasil. A República Federativa da Argentina solicita sua extradição perante o Supremo Tribunal Federal. Em sua defesa, o Cidadão Argentino afirma que a lei penal que lhe incrimina é inconstitucional perante a Constituição Federal Brasileira. Neste caso, o Supremo Tribunal Federal

11. DIREITO CONSTITUCIONAL | 451

(A) pode apreciar a inconstitucionalidade arguida porque as normas constitucionais logram uma amplitude internacional, impedindo a eficácia dos atos legislativos, executivos e jurisprudenciais que as contrariarem.

(B) não pode apreciar a inconstitucionalidade arguida porque as normas constitucionais são originadas da ideia de Estado-Nação, vigentes, portanto, somente nos estreitos limites territoriais daquele país.

(C) pode apreciar a inconstitucionalidade arguida, desde que haja reciprocidade, ou seja, que a autoridade argentina competente possa declarar a inconstitucionalidade de lei brasileira em face da Constituição Argentina.

(D) não pode apreciar a inconstitucionalidade arguida, pois a Constituição Federal do Brasil, como as demais constituições, não possui a característica de supranacionalidade, típica dos tratados e convenções internacionais.

(E) pode apreciar a inconstitucionalidade arguida, pois ao analisar a lei internacional perante a Constituição Brasileira, os efeitos da decisão serão sentidos somente no Brasil, o que não afeta a esfera de competência da Corte estrangeira.

De acordo com o art. 17 da Lei de Introdução às Normas do Direito Brasileiro, as leis estrangeiras não terão eficácia no Brasil quando ofenderem a soberania nacional, a ordem pública e os bons costumes. Assim, o juiz, ao aplicar a norma estrangeira, deve verificar se ela está de acordo com a ordem pública, bem como se é compatível com os preceitos constitucionais nacionais. Para alguns doutrinadores – como Uadi Lammêgo Bulos –, o juiz deve negar, no caso concreto, a aplicação de lei estrangeira nos casos em que ela for incompatível com a Constituição brasileira, declarando, assim, a inconstitucionalidade *in concreto* da lei estrangeira. **AN**

Gabarito "A".

(Juiz de Direito – TJ/RS – 2018 – VUNESP) Conforme já decidido pelo Supremo Tribunal Federal, em matéria de controle de constitucionalidade,

(A) se os órgãos fracionários dos tribunais não submeterem ao plenário, ou ao órgão especial, a arguição de inconstitucionalidade, quando já houver pronunciamentos destes ou do plenário do Supremo Tribunal Federal sobre a questão, haverá violação da cláusula de reserva de plenário.

(B) aqueles que integram o processo em primeira instância na qualidade de terceiros – como assistentes, denunciados à lide ou chamados ao processo – não podem suscitar, pela via difusa, questão prejudicial de constitucionalidade.

(C) a ação civil pública ajuizada para resguardar direitos difusos ou coletivos pode substituir a ação direta, própria do controle concentrado das normas, não cabendo, no entanto, tal substituição se a ação civil pública versar sobre direitos individuais homogêneos.

(D) tanto as normas constitucionais originárias quanto as normas constitucionais derivadas podem ser objeto de controle difuso, pela via de defesa, e de controle concentrado, a ser exercido pelo próprio Supremo Tribunal Federal.

(E) inexiste usurpação de competência do STF quando os Tribunais de Justiça analisam, em controle concentrado, a constitucionalidade de leis municipais ante

normas constitucionais estaduais que reproduzam regras da Constituição Federal que sejam de observância obrigatória.

A: incorreta, pois os órgãos fracionários dos tribunais não submeterão ao plenário ou ao órgão especial a arguição de inconstitucionalidade quando já houver pronunciamento destes ou do plenário do Supremo Tribunal Federal sobre a questão (art. 949, parágrafo único, do CPC). Assim, não se exige a cláusula de reserva prevista no art. 97 da CF quando o plenário, ou órgão equivalente de tribunal, já tiver decidido sobre a questão (STF, RE 876.067 AgR, voto da Rel. Min. Cármen Lúcia, 2ª T, j. 12-5-2015). Nessa linha, o STJ também entende que os órgãos fracionários estão dispensados de suscitar o referido incidente quando a respeito da questão constitucional nele debatida já houver pronunciamento do órgão competente do Tribunal ou do Supremo Tribunal Federal (REsp 1019774/MG, Rel. Ministro Teori Albino Zavascki, 1ª T, j. em 17/04/2008); **B:** incorreta, já que os terceiros intervenientes têm legitimidade para arguir, em controle difuso ou incidental, questão prejudicial de inconstitucionalidade de lei ou de ato normativo; **C:** incorreta, pois a jurisprudência do Supremo Tribunal Federal firmou o entendimento de que se pode pleitear a inconstitucionalidade de determinado ato normativo na ação civil pública, desde que *incidenter tantum*, vedando-se, no entanto, o uso da ação civil pública para alcançar a declaração de inconstitucionalidade com efeitos *erga omnes* (RE 424993, Rel. Min. Joaquim Barbosa, Tribunal Pleno, j. em 12-09-2007). No mesmo sentido, o STJ entende ser possível a declaração incidental de inconstitucionalidade, na ação civil pública, de quaisquer leis ou atos normativos do Poder Público, desde que a controvérsia constitucional não figure como pedido, mas sim como causa de pedir, fundamento ou simples questão prejudicial, indispensável à resolução do litígio principal, em torno da tutela do interesse público (REsp 557.646/DF, Rel. Min. Eliana Calmon, 2ª T, j. em 13-04-2004); **D:** incorreta, pois o STF entende que não há hierarquia entre normas constitucionais originárias dando azo à declaração de inconstitucionalidade de umas em face de outras. Desse modo, as cláusulas pétreas não podem ser invocadas para sustentação da tese da inconstitucionalidade de normas constitucionais inferiores em face de normas constitucionais superiores, porquanto a Constituição as prevê apenas como limites ao Poder Constituinte derivado ao rever ou ao emendar a Constituição elaborada pelo Poder Constituinte originário (STF, ADI 815, Rel. Min. Moreira Alves, Tribunal Pleno, j. em 28-03-1996). Logo, apenas as normas constitucionais derivadas podem ser objeto de controle de constitucionalidade; **E:** correta, pois os Tribunais de Justiça podem exercer controle abstrato de constitucionalidade de leis municipais utilizando como parâmetro normas da Constituição Federal, desde que se trate de normas de reprodução obrigatória pelos Estados (STF, RE 650898, Rel. Min. Marco Aurélio, Rel. p/ acórdão: Min. Roberto Barroso, Tribunal Pleno, j. em 01-02-2017, repercussão geral). **AN**

Gabarito "E".

(Juiz de Direito – TJ/RS – 2018 – VUNESP) No atual sistema normativo brasileiro, à luz do posicionamento assumido pelo Supremo Tribunal Federal, os tratados que possuem status normativo supralegal

(A) estão submetidos ao controle de convencionalidade concentrado, independentemente da forma como foram incorporados ao ordenamento interno, cabendo admitir o uso de todos os instrumentos desse controle perante o Supremo Tribunal Federal.

(B) são sujeitos a um controle concentrado, realizado pelo Supremo Tribunal Federal, por meio da Arguição de Descumprimento de Preceito Fundamental, quando for relevante o fundamento da controvérsia entre o tratado internacional e o direito interno.

(C) são sujeitos a um controle de convencionalidade difuso, sendo dever do juiz nacional examinar a compatibilidade das normas internas com as convencionais, mediante provocação da parte ou de ofício.

(D) foram incorporados pelo processo legislativo de emendas constitucionais e podem ser objeto de controle de constitucionalidade e convencionalidade, tanto pela via concentrada quanto pela via difusa.

(E) foram incorporados pelo processo legislativo comum e não podem ser objeto de controle de constitucionalidade ou de convencionalidade, este reservado aos tratados que possuem status normativo supraconstitucional.

A: incorreta, visto que somente os tratados de direitos humanos com *equivalência de emenda constitucional* – isto é, aprovados pela maioria qualificada do § 3º do art. 5º da CF – servem de *paradigma* para o controle de convencionalidade concentrado, admitindo-se o uso de todos os instrumentos desse controle perante o STF; **B:** incorreta, pois os tratados de direitos humanos com status normativo supralegal – isto é, não aprovados pela maioria qualificada do § 3º do art. 5º da CF – não servem de *paradigma* para a proposição da Arguição de Descumprimento de Preceito Fundamental perante o STF, por faltar-lhes um requisito indispensável à sua propositura, qual seja, a equivalência de emenda constitucional; **C:** correta, porque os tratados de direitos humanos com *status normativo supralegal* servem de *paradigma* apenas para o controle difuso de convencionalidade (ou de supralegalidade), cabendo ao juiz examinar essa preliminar, mediante provocação da parte ou de ofício; **D:** incorreta, pois os tratados de direitos humanos com *status normativo supralegal* **não** foram incorporados pelo processo legislativo de emendas constitucionais (quórum qualificado do art. 5º, § 3º, da CF) e, por isso, não podem servir de *paradigma* para o controle de constitucionalidade e de convencionalidade pela via concentrada, mas, tão somente, para o controle difuso de convencionalidade (ou de supralegalidade); **E:** incorreta, pois os tratados de direitos humanos com *status normativo supralegal* podem servir de *paradigma* para o controle difuso de convencionalidade, e o STF não reconhece o status supraconstitucional dos tratados de direitos humanos. **AN**

Gabarito "C".

(Defensor Público – DPE/PR – 2017 – FCC) Sobre a aplicação da cláusula de reserva de plenário, é correto afirmar:

(A) Caso um órgão fracionário se depare com alegação de inconstitucionalidade de lei pertinente ao caso discutido nos autos, deve sempre remeter a questão ao plenário do respectivo tribunal ou órgão que lhe faça as vezes para decidir sobre a questão, mesmo que entenda que a lei questionada pela parte é constitucional.

(B) Conforme o Supremo Tribunal Federal, a análise da recepção de ato normativo anterior à Constituição ou emenda constitucional se submete à cláusula de reserva de plenário.

(C) Viola a cláusula de reserva de plenário decisão de órgão fracionário de Tribunal que declare inconstitucional decreto legislativo, ainda que se refira a uma situação individual e concreta.

(D) Há precedente do Supremo Tribunal Federal afirmando que, mesmo sendo órgãos fracionários, as Turmas do Supremo Tribunal Federal não se submetem à cláusula de reserva de plenário.

(E) Viola cláusula de reserva de plenário a decisão do órgão fracionário do Tribunal que deixe de aplicar a norma infraconstitucional por entender não haver subsunção aos fatos ou, ainda, que a incidência normativa

seja resolvida mediante a sua mesma interpretação, sem potencial ofensa direta à Constituição.

A: Errado. Afastando o órgão fracionário a alegação de inconstitucionalidade, não será necessário que se leve a matéria ao plenário (RE-AgR 636.359). B: Errado. Manifestou-se o STF: "(...) A cláusula de reserva de plenário (full bench) é aplicável somente aos textos normativos erigidos sob a égide da atual Constituição. As normas editadas quando da vigência das Constituições anteriores se submetem somente ao juízo de recepção ou não pela atual ordem constitucional, o que pode ser realizado por órgão fracionário dos Tribunais sem que se tenha por violado o art. 97 da CF. (ARE 705316 AgR, Relator(a): Min. Luiz Fux, Primeira Turma, Public 17-04-2013). C: Não viola a cláusula de reserva de plenário decisão de órgão fracionário de Tribunal que declare inconstitucional decreto legislativo, em razão deste ato não constituir lei em sentido formal ou material, nem possuir caráter de ato normativo (Rcl 18165 AgR/RR, rel. Min. Teori Zavascki, 18.10.2016). D: Correto. RE 361.829-ED/RJ. E: Errado. A situação posta não viola cláusula de reserva de plenário (Rcl 24284 AgR, Relator(a): Min. Edson Fachin, Publ. 11.05.2017). **TM**

Gabarito "D".

(Procurador do Município – Prefeitura Fortaleza/CE – CESPE – 2017) No que concerne a controle de constitucionalidade, julgue o item a seguir.

(1) Se a demanda versar exclusivamente sobre direitos disponíveis, é vedado ao juiz declarar de ofício a inconstitucionalidade de lei, sob pena de violação do princípio da inércia processual.

1. incorreta. Qualquer juiz ou tribunal pode conhecer questões de inconstitucionalidade de ofício, ainda que se trate apenas de direitos disponíveis. **TM**

Gabarito "1E".

(Procurador Municipal – Prefeitura/BH – CESPE – 2017) O STF declarou a inconstitucionalidade da interpretação da norma que proíbe a realização de aborto na hipótese de gravidez de feto anencefálico, diante da omissão de dispositivos penais quanto àquela situação. Essa decisão visou a garantir a compatibilidade da lei com os princípios e direitos fundamentais previstos na CF.

De acordo com a doutrina pertinente, nesse caso, o julgamento do STF constituiu sentença ou decisão:

(A) interpretativa de aceitação.

(B) aditiva.

(C) substitutiva.

(D) interpretativa de rechaço.

A: incorreta. No âmbito da intepretação constitucional, mais propriamente dentro da intepretação conforme a Constituição, existem as chamadas sentenças meramente interpretativas e as sentenças normativas ou manipuladoras. As sentenças de intepretação conforme *interpretativas*, por sua vez, podem ser divididas em interpretativas de aceitação e de rechaço (ou repúdio). As interpretativas de aceitação anulam as decisões que estejam contrárias à Constituição, por conterem interpretações da Constituição que não são válidas. Assim, a norma permanece no ordenamento, mas a intepretação que lhe foi conferida é declarada inconstitucional; **B:** correta. Já as decisões *manipuladoras ou normativas*, podem ser aditivas ou substitutivas. Nas aditivas, a Corte declara a existência de uma omissão inconstitucional na norma, como no caso do direito de greve do servidor público. Diante da omissão do legislador em regulamentá-lo, o STF garantiu seu exercício a partir da aplicação por analogia da lei de greve da iniciativa privada; **C:** incorreta. Nas decisões manipulativas substitutivas, ao contrário, a Corte declara

11. DIREITO CONSTITUCIONAL   453

a inconstitucionalidade da norma atacada substituindo-a por outra, criada pelo próprio tribunal; **D:** incorreta. Nas sentenças interpretativas de repúdio ou rechaço, o enunciado da norma permanece válido, mas a Corte adota a interpretação da norma que está de acordo com a Constituição, repudiando todas as demais. **TM**

Gabarito "B".

(Procurador Municipal – Prefeitura/BH – CESPE – 2017) À luz do entendimento do STF, assinale a opção correta, a respeito do controle de constitucionalidade.

(A) Admite-se reclamação para o STF contra decisão relativa à ação direta que, proposta em tribunal estadual, reconheça a inconstitucionalidade do parâmetro de controle estadual em face da CF.

(B) Lei municipal poderá ser objeto de pedido de representação de inconstitucionalidade, mas não de arguição de descumprimento de preceito fundamental.

(C) Ato normativo editado por governo de estado da Federação que proíba algum tipo de serviço de transporte poderá ser questionado mediante ação declaratória de constitucionalidade no STF.

(D) Súmula vinculante poderá ser cancelada ou revista se demonstradas modificação substantiva do contexto político, econômico ou social, alteração evidente da jurisprudência do STF ou alteração legislativa sobre o tema.

A: incorreta. Nesse caso cabe recurso extraordinário, já que o tribunal estadual declarou a inconstitucionalidade de lei estadual em face da Constituição Federal; **B:** incorreta. Cabe ADPF em face de leis municipais, por expressa previsão no art. 1º da Lei 9.882/1999; **C:** incorreta. Só cabe ação declaratória de constitucionalidade em face de lei ou ato normativo federal (art. 102, I, *a*, CF); **D:** correta. Entendimento do STF consagrado ao julgar a PSV 13. **TM**

Gabarito "D".

(Procurador Municipal – Prefeitura/BH – CESPE – 2017) De acordo com o previsto na CF e considerando a jurisprudência do STF, assinale a opção correta, a respeito do controle de constitucionalidade.

(A) Em relação à ADI interventiva, a intervenção estadual em município será possível quando o Poder Judiciário verificar que ato normativo municipal viola princípio constitucional sensível previsto na Constituição estadual.

(B) Turma do STF poderá deliberar sobre revisão de súmula vinculante pelo quórum qualificado de dois terços de seus membros.

(C) O CNJ, como órgão do Poder Judiciário, tem competência para apreciar a constitucionalidade de atos administrativos.

(D) O ingresso como *amicus curiae* em ADI independe da demonstração da pertinência temática entre os objetivos estatutários da entidade requerente e o conteúdo material da norma questionada.

A: correta. Art. 35, IV, da CF; **B:** incorreta. A competência é do Pleno do STF, por quórum de 2/3 (art. 2º, § 3º, Lei 11.417/2006); **C:** incorreta. O CNJ é órgão do Poder Judiciário, mas não possui competências judicantes; **D:** incorreta. Para ser aceito como *amicus curiae*, a pessoa ou entidade deve demonstrar a relevância da matéria e a representatividade do postulante. A pertinência temática está ligada à demonstração do segundo requisito. **TM**

Gabarito "A".

(Juiz – TJ-SC – FCC – 2017) Lei estadual, de iniciativa parlamentar, determinou que o limite máximo de remuneração dos ocupantes de cargos, funções e empregos públicos da administração direta, autárquica e fundacional dos membros dos poderes estaduais passará a ser o valor correspondente a noventa inteiros e vinte e cinco centésimos por cento do subsídio mensal dos Ministros do Supremo Tribunal Federal, não se aplicando o referido limite remuneratório, todavia, aos magistrados e deputados estaduais, para os quais se previu como teto, respectivamente, o subsídio mensal dos Ministros do Supremo Tribunal Federal e o valor equivalente a setenta e cinco por cento daquele estabelecido para os Deputados Federais. À luz da Constituição Federal e da jurisprudência do Supremo Tribunal Federal a referida lei estadual é:

(A) formalmente inconstitucional, uma vez que, em razão do princípio da simetria, apenas lei de iniciativa conjunta dos Chefes dos Poderes Executivo, Legislativo e Judiciário do Estado poderia estabelecer o limite máximo remuneratório, mas a lei é materialmente compatível com a Constituição Federal, na medida em que os limites se adequam às normas constitucionais.

(B) formalmente constitucional, uma vez que a matéria pode ser objeto de projeto de lei de iniciativa parlamentar, mas materialmente inconstitucional, na medida em que não se poderia adotar limite distinto para os magistrados e deputados estaduais.

(C) formal e materialmente inconstitucional, uma vez que apenas emenda à Constituição do Estado poderia estabelecer o limite máximo remuneratório, que, ademais, apenas poderia ser equivalente ao valor do subsídio pago aos Deputados estaduais.

(D) formalmente inconstitucional, uma vez que apenas emenda à Constituição do Estado poderia estabelecer o limite máximo remuneratório, mas materialmente compatível com a Constituição Federal, na medida em que os limites se adequam às normas constitucionais.

(E) formal e materialmente inconstitucional, uma vez que, em razão do princípio da simetria e das normas que regem a elaboração das leis orçamentárias, apenas lei de iniciativa do Chefe do Poder Executivo poderia estabelecer o limite máximo remuneratório, que, ademais, não poderia ser o valor correspondente a noventa inteiros e vinte e cinco centésimos por cento do subsídio mensal dos Ministros do Supremo Tribunal Federal.

A: incorreta, pois apenas emenda à Constituição do Estado poderia estabelecer o limite máximo (art. 37, §12, da CF); **B:** incorreta, pois somente seria viável mediante emenda à Constituição estadual. Ainda, perfeitamente possível seria adotar limites remuneratórios distintos para magistrados e deputados (art. 27, §2º, da CF); **C:** incorreta. Não ocorre inconstitucionalidade material, conforme arts. 37 e 27, ambos da CF; **D:** correta. Somente por emenda constitucional seria possível tal alteração, ainda que citada lei estadual seja materialmente constitucional. Sobre esse tema é importante ressaltar a ADI 3854/DF: "Remuneração. Limite ou teto remuneratório constitucional. Fixação diferenciada para os membros da magistratura federal e estadual. Inadmissibilidade. Caráter nacional do Poder Judiciário. Distinção arbitrária. Ofensa à regra constitucional da igualdade ou isonomia. Interpretação conforme dada ao art. 37, inc. XI, e § 12, da CF. Aparência de inconstitucionalidade do art. 2º da Resolução nº 13/2006 e do art. 1º, § único, da Resolução nº 14/2006, ambas do Conselho Nacional de Justiça. Ação direta de inconstitucionalidade. Liminar deferida. Voto vencido em parte. Em

454 ADOLFO MAMORU NISHIYAMA, ANDRÉ NASCIMENTO, ANDRÉ BARBIERI, BRUNA VIEIRA, LICÍNIA ROSSI E TERESA MELO

sede liminar de ação direta, aparentam inconstitucionalidade normas que, editadas pelo Conselho Nacional da Magistratura, estabelecem tetos remuneratórios diferenciados para os membros da magistratura estadual e os da federal."; **E:** incorreta, pois, conforme já explicado, trata-se de inconstitucionalidade do ponto de vista formal. **AB**

Gabarito "D".

(Delegado/MS – 2017 – FAPEMS) Leia o seguinte excerto.

A prematura intervenção do Judiciário em domínio jurídico e político de formação dos atos normativos em curso no Parlamento, além de universalizar um sistema de controle preventivo não admitido pela Constituição, subtrairia dos outros Poderes da República, sem justificação plausível, a prerrogativa constitucional que detém de debater e aperfeiçoar os projetos, inclusive para sanar seus eventuais vícios de inconstitucionalidade.

> *BRASIL. Supremo Tribunal Federal. Mandado de Segurança 32.033-DF. Relator: Ministro Gilmar Mendes, 2013;*

O controle de constitucionalidade preventivo pode dar-se durante o processo legislativo por meio do veto por inconstitucionalidade, também denominado

(A) veto jurídico, e pela impetração de mandado de segurança, por parlamentar, voltado a preservar o decoro parlamentar.

(B) veto jurídico, e pela impetração de mandado de segurança, por partido político, voltado a preservar o decoro parlamentar.

(C) veto jurídico, e pela impetração de mandado de segurança, pelo Procurador-Geral da República, voltado a preservar o devido processo legislativo.

(D) veto político, é pela impetração de mandado de segurança, por parlamentar, voltado a preservar o devido processo legislativo.

(E) veto jurídico, e pela impetração de mandado de segurança, por parlamentar, voltado a preservar o devido processo legislativo.

O veto por inconstitucionalidade é denominado pela doutrina de veto jurídico. A jurisprudência do STF tem admitido de modo excepcional interferir durante o processo legislativo, apenas quando houver a impetração de mandado de segurança, exclusivamente por parlamentar (deputado federal ou senador), voltado a preservar o devido processo legislativo. Trata-se, em verdade, de um controle repressivo do ato ofensivo ao devido processo legislativo, mas com reflexo preventivo, pois impede o prosseguimento da aprovação de norma que estaria eivada de vício de inconstitucionalidade. Assim, a única correta é a alternativa E. **LR**

Gabarito "E".

(Delegado/MS – 2017 – FAPEMS) Sobre o controle de constitucionalidade exercido pelo Supremo Tribunal Federal, afirma-se que o Supremo tem recorrido a diversas técnicas de decisão chamadas de sentenças intermediárias. A expressão sentença intermediária "compreende uma diversidade de tipologia de decisões utilizadas pelos Tribunais Constitucionais e/ou Cortes Constitucionais em sede de controle de constitucionalidade, com o objetivo de relativizar o padrão binário do direito (constitucionalidade/inconstitucionalidade)".

> *FERNANDES, Bernardo. Curso de Direito Constitucional. 9a. ed. Salvador: Juspodivm. 2017, p. 1.578.*

Sobre tais técnicas, verifica-se que

(A) a modulação temporal foi amplamente utilizada no julgamento das Ações Diretas de Inconstitucionalidade 4.357 e 4.425 (25/3/2015), referentes ao sistema de precatórios da Emenda Constitucional n. 62 de 2009.

(B) a "declaração de inconstitucionalidade sem pronúncia de nulidade" é equivalente ao "apelo ao Legislador".

(C) o Supremo Tribunal Federal faz uma distinção rigorosa entre as sentenças interpretativas de "interpretação conforme a Constituição" e "declaração de inconstitucionalidade sem redução de texto".

(D) o Supremo Tribunal Federal rejeita a utilização de sentenças transitivas.

(E) as sentenças aditivas produzem os mesmos efeitos das sentenças substitutivas.

Está perfeita a alternativa **A**. A modulação está disciplinada no artigo 27, da Lei 9.868/1999 e foi amplamente utilizada nas decisões referidas. Errada a **B**. Vejamos, a declaração de inconstitucionalidade sem pronúncia de nulidade não se confunde com o apelo ao Legislador. Na primeira há uma declaração de inconstitucionalidade, mas por razões de segurança jurídica não é proclamada a nulidade – nesse sentido a ADI 2240. Há assim um caráter mandamental para que o legislador supra a situação inconstitucional. Já o apelo ao legislador é uma sentença de rejeição da inconstitucionalidade, com conteúdo preventivo (Vide "Apelo ao legislador na Corte Constitucional Federal Alemã – Gilmar Ferreira Mendes – Revista Trimestral de Direito Público – 10. Errada a alternativa **C**. Não há uma distinção rigorosa entre as sentenças interpretativas de "interpretação conforme a Constituição" e "declaração de inconstitucionalidade sem redução de texto", disciplinadas na lei 9.868/1999, seja no STF seja na doutrina. Errada a alternativa **D**. O STF adota sentenças transitivas, que são espécies das sentenças intermediárias ou manipulativas (ou seja, que não ficam na decisão binária: constitucional ou inconstitucional). Conforme José Adércio Leite Sampaio (in https://denisevargas.jusbrasil. com.br/artigos/121936165/as-decisoes-manipulativas-ou-intermedias- -na-jurisdicao-constitucional – acesso em 30/11/2017) as transitivas podem ser divididas em: b1) sentença transitiva sem efeito ablativo: a declaração de inconstitucionalidade não se faz acompanhar da extirpação da norma do ordenamento jurídico, se houve possibilidade de se criar uma situação jurídica insuportável ou de grave perigoso orçamentário. b2) sentença transitiva com efeito ablativo. Nesse caso, a decisão que declara a inconstitucionalidade com possibilidade extirpar a norma ou seus efeitos do ordenamento jurídico, mas efetuando a modulação temporal dos efeitos da decisão. b3) sentença transitiva apelativa. Trata-se de declarar a constitucionalidade da norma, mas assentando um apelo ao legislador para que adote providências necessárias destinadas que a situação venha a se adequar, com a mudança de fatos, aos parâmetros constitucionais. b4) sentença transitiva de aviso. Nesse tipo de decisão há um prenúncio de uma mudança de orientação jurisprudencial que não será aplicado ao caso em análise. Errada a alternativa **E**. Conforme o mesmo autor (José Adércio Leite Sampaio): as sentenças normativas podem ser: a1) sentença normativa aditiva. Nestas, há um alargamento da abrangência do texto legal em virtude da criação de uma regra pela própria decisão. a2) sentença normativa aditiva de princípios. O tribunal adiciona um princípio deixando a criação da regra pelo legislador. a3) sentença normativa substitutiva. O tribunal declara a inconstitucionalidade de uma norma na parte em que contém uma prescrição em vez de outra ou profere uma decisão que implica em substituição de uma disciplina contida no preceito constitucional. **LR**

Gabarito "A".

(Delegado/MS – 2017 – FAPEMS) Leia o excerto a seguir.

É interessante que a doutrina convencional que trabalha o controle de constitucionalidade sempre se preocupou com o estudo dos sistemas de controle (se jurisdicional ou político, por exemplo), com os critérios (se difuso

11. DIREITO CONSTITUCIONAL   455

ou concentrado) ou mesmo se o controle é concreto ou abstrato ou se pela via incidental ou principal. [...] Entretanto, muito pouco se estuda sobre o processo de deliberação nos Tribunais (Cortes) Constitucionais. Talvez, esse seja o estudo mais importante da atualidade sobre o controle de constitucionalidade.

FERNANDES, Bernardo Gonçalves, Curso de Direito Constitucional, p. 1713, Ed. Juspodivm, 9° Edição, 2017.

Nesses termos, sobre a moderna Jurisdição Constitucional, sua jurisprudência e inovações, assinale a alternativa correta.

(A) A atual prática do STF apresenta uma deliberação pública que adota o modelo de decisão intitulado de *per curiam*. Esse modelo se caracteriza pela produção de um agregado das posições individuais de cada membro do colegiado, cujos votos são expostos "em série" em um texto composto. Cada um dos ministros apresenta seu voto até se ter um somatório e chegar a um resultado final.

(B) No âmbito do controle difuso-concreto de constitucionalidade brasileiro, tem-se que a inconstitucionalidade da norma objeto do caso concreto não pode ser reconhecida de ofício pelo magistrado.

(C) A jurisprudência do STF na ação direta de inconstitucionalidade tem admitido a legitimidade ativa de associação que representa apenas fração ou parcela da categoria profissional, quando o ato impugnado repercute sobre a esfera jurídica de toda classe.

(D) As sentenças de aviso são sentenças intermediárias que sinalizam uma mudança na jurisprudência para o futuro, embora tal mudança não venha a surtir efeitos para o caso *sub judice*.

(E) Segundo o STF, não é cabível o ajuizamento de embargos de declaração para fins de modulação dos efeitos de decisão proferida em Ação Direta de inconstitucionalidade.

Errada a alternativa **A**. "As práticas de deliberação das Cortes Constitucionais variam conforme os distintos desenhos institucionais que cada sistema pode assumir e que estão primordialmente relacionados, entre outros fatores, (1) ao ambiente institucional onde ocorrem as deliberações, que podem ser fechados ou secretos, por um lado, e abertos ou públicos, por outro; e à (2) apresentação institucional dos resultados da deliberação, as quais podem ocorrer em texto único, conforme o modelo de decisão *per curiam*, ou por meio de texto composto, que corresponde ao modelo de decisão *seriatim*. A atual prática do STF conforma um modelo bastante peculiar de deliberação aberta ou pública que adota o modelo de decisão *seriatim*." Observatório Constitucional – "É preciso repensar a deliberação no Supremo Tribunal Federal" André Rufino do Vale. In: https://www.conjur.com.br/2014-fev-01/observatorio-constitucional-preciso-repensar-deliberacao-stf#_ftnref2_4182 – acesso em 01/12/2017. Errada a alternativa **B**. No âmbito do controle difuso-concreto de constitucionalidade brasileiro admite-se que a inconstitucionalidade da norma seja reconhecida de ofício pelo magistrado. Errada a alternativa **C**. O Supremo Tribunal Federal não tem admitido a legitimidade ativa de associação que representa apenas fração ou parcela da categoria profissional, quando o ato impugnado repercute sobre a esfera jurídica de toda uma classe (Ver ADI 5448). Correta a alternativa **D**. As sentenças transitivas de aviso são sentenças intermediárias que sinalizam uma mudança na jurisprudência para o futuro, mas não irá surtir efeitos no caso em análise. Errada a alternativa **E**. É cabível a oposição de embargos de declaração para fins de modulação dos efeitos de decisão proferida em ação direta de incons-

titucionalidade, ficando seu acolhimento condicionado, entretanto, à existência de pedido formulado nesse sentido na petição inicial. (ADI 2791 ED/PR, rel. orig. Min. Gilmar Mendes, rel. p/ o acórdão Min. Menezes Direito, 22.4.2009.) **LR**

Gabarito "D".

(Delegado/MT – 2017 – CESPE) Uma proposta de emenda constitucional tramita em uma das casas do Congresso Nacional, mas determinados atos do seu processo de tramitação estão incompatíveis com as disposições constitucionais que disciplinam o processo legislativo.

Nessa situação hipotética, segundo o entendimento do STF, terá legitimidade para impetrar mandado de segurança a fim de coibir os referidos atos

(A) partido político.

(B) governador de qualquer estado da Federação, desde que este seja afetado pela matéria da referida emenda.

(C) o Conselho Federal da OAB.

(D) o procurador-geral da República.

(E) parlamentar federal.

Conforme entendimento do STF "Os membros do Congresso Nacional têm legitimidade ativa para impetrar mandado de segurança com o objetivo de ver observado o devido processo legislativo constitucional." (MS-24041/DF). Logo, correta a alternativa E. **LR**

Gabarito "E".

4.2. AÇÃO DIRETA DE INCONSTITUCIONALIDADE

(Procurador Município – Santos/SP – VUNESP – 2021) A Constituição Federal prevê dois instrumentos distintos para garantir efetividade às normas constitucionais de eficácia limitada, quando houver injustificada omissão do legislador ou do Poder Público na tarefa de complementar aquela espécie normativa. São eles:

(A) ação direta de inconstitucionalidade por omissão e mandado de injunção.

(B) ação declaratória de constitucionalidade e mandado de segurança.

(C) arguição de descumprimento de preceito fundamental e mandado de injunção.

(D) incidente de arguição de inconstitucionalidade e mandado de segurança.

(E) ação direta de inconstitucionalidade e mandado de segurança.

A alternativa **A** está correta. A ação direta de inconstitucionalidade por omissão está prevista no art. 103, § 2°, da CF, (controle concentrado de constitucionalidade) e o mandado de injunção no art. 5°, inciso LXXI, da CF, (controle difuso de constitucionalidade). **AMN**

Gabarito "A".

(Magistratura/SP – 2021) Quanto aos efeitos da declaração de inconstitucionalidade pelo Supremo Tribunal Federal, é correto afirmar:

(A) A ação direta de inconstitucionalidade ou declaratória de inconstitucionalidade tem natureza dúplice: a procedência do pedido na ação direta de inconstitucionalidade resulta na declaração de inconstitucionalidade do ato impugnado, o que também é válido para a hipótese contrária, ou seja, o julgamento de improcedência equivale à declaração da constitucionalidade do ato impugnado.

(B) Somente a decisão propriamente dita – dispositivo – proferida em ação direta de inconstitucionalidade produzirá efeitos vinculantes, jamais a *"ratio decidendi"*.

(C) É incontroverso que o princípio da interpretação conforme a Constituição se situa no âmbito do controle de constitucionalidade, não apenas regra de interpretação, e tem aplicação plena, sem qualquer limitação, na medida em que o STF, em sua função de corte constitucional, atua não só como legislador negativo.

(D) A decisão proferida em julgamento de ação direta de inconstitucionalidade e ação declaratória de constitucionalidade têm efeito vinculante e *erga omnes*, o que não ocorre no julgamento de arguição de descumprimento de preceito fundamental.

A: correta. É o que se extrai da dicção do art. 24, da Lei 9.868/99, a qual dispõe sobre o processo e julgamento da ação direta de inconstitucionalidade e da ação declaratória de constitucionalidade perante o Supremo Tribunal Federal. Segundo art. 24. Proclamada a constitucionalidade, julgar-se-á improcedente a ação direta ou procedente eventual ação declaratória; e, proclamada a inconstitucionalidade, julgar-se-á procedente a ação direta ou improcedente eventual ação declaratória. **ANH** Gabarito "A".

(Juiz de Direito/GO – 2021 – FCC) Em ação direta de inconstitucionalidade por omissão proposta perante o Supremo Tribunal Federal, com fundamento na ausência de lei específica tipificando criminalmente a prática de discriminação decorrente de orientação sexual ou de identidade de gênero, o autor pleiteou:

I. o reconhecimento do estado de mora inconstitucional do Poder Legislativo federal na implementação da prestação legislativa exigida pela Constituição Federal, bem como a cientificação do Congresso Nacional para as providências necessárias.

II. a fixação de prazo para que o Poder Legislativo federal edite a lei demandada pelo texto constitucional, sob pena de o crime e a respectiva pena serem definidos pelo Supremo Tribunal Federal.

III. a condenação do Estado brasileiro ao pagamento de indenização às vítimas de todas as formas de homofobia e transfobia, caso a lei não venha a ser editada no prazo fixado judicialmente.

De acordo com a Constituição Federal e a jurisprudência do Supremo Tribunal Federal, mostra-se cabível APENAS o requerimento expresso em

(A) II e III.

(B) III.

(C) I.

(D) I e II.

(E) I e III.

I: correto. Em conclusão de julgamento, o Plenário, por maioria, julgou procedentes os pedidos formulados em ação direta de inconstitucionalidade por omissão (ADO nº 26, de relatoria do ministro Celso de Mello) e em mandado de injunção (MI nº 4733, relatado pelo ministro Edson Fachin) para reconhecer a mora do Congresso Nacional em editar lei que criminalize os atos de homofobia e transfobia; **II**: incorreto, não está definido na ADO nº 26 e no MI nº 4733 que a pena será decidida pelo STF; **III**: incorreto, não houve condenação do Estado brasileiro na ADO nº 26 e no MI nº 4733.. **ANH** Gabarito "C".

(Juiz de Direito/GO – 2021 – FCC) Lei estadual de Goiás, ao disciplinar a contratação temporária de excepcional interesse público, fixou o prazo máximo de vigência do contrato, determinando que não poderá ser realizada a contratação para a prestação de serviços ordinários permanentes do Estado que estejam sob o espectro das contingências normais da Administração, cabendo ao decreto regulamentar dispor sobre os casos excepcionais que poderão ensejar a contratação temporária. À luz da Constituição Federal, da Constituição do Estado de Goiás e da jurisprudência do Supremo Tribunal Federal, a lei estadual mostra-se

(A) compatível com a Constituição Estadual, mas incompatível com a Constituição Federal, podendo ser impugnada mediante ação direta de inconstitucionalidade perante o Supremo Tribunal Federal, proposta, dentre outros legitimados, pela Mesa da Assembleia Legislativa do Estado e por partido político com representação na Assembleia Legislativa do Estado.

(B) incompatível com a Constituição Federal e com a Constituição Estadual, podendo ser impugnada mediante ação direta de inconstitucionalidade perante o Supremo Tribunal Federal, mas não perante o Tribunal de Justiça do Estado, sob pena de ser usurpada a competência do Supremo Tribunal Federal.

(C) incompatível com a Constituição Federal e com a Constituição Estadual, podendo ser impugnada mediante ação direta de inconstitucionalidade proposta tanto perante o Supremo Tribunal Federal, quanto perante o Tribunal de Justiça do Estado, cabendo a suspensão do processo em trâmite no Tribunal de Justiça caso o controle concentrado e principal de constitucionalidade da mesma norma seja também instaurado perante o Supremo Tribunal Federal.

(D) compatível com a Constituição Federal, mas incompatível com a Constituição Estadual, podendo ser impugnada mediante ação direta de inconstitucionalidade perante o Tribunal de Justiça do Estado, proposta, dentre outros legitimados, pelo Procurador-Geral de Justiça do Estado.

(E) compatível com a Constituição Federal e com a Constituição do Estado, podendo ser objeto de ação declaratória de constitucionalidade perante o Supremo Tribunal Federal, proposta, dentre outros legitimados, pelo Governador do Estado, sendo incabível o ajuizamento da ação perante o Tribunal de Justiça do Estado.

A: errada, é incompatível tanto com a Constituição Estadual, quanto com a Constituição Federal, além de ser necessária a representação por partido político no congresso nacional e não na assembleia legislativa do estado. **B**: errada, poderia perfeitamente ser atribuída perante o Tribunal de Justiça do Estado; **C**: correta, o STF já decidiu anteriormente que: "(...) 1. A Constituição Federal é intransigente em relação ao princípio do concurso público como requisito para o provimento de cargos públicos (art. 37, II, da CF). A exceção prevista no inciso IX do art. 37 da CF deve ser interpretada restritivamente, cabendo ao legislador infraconstitucional a observância dos requisitos da reserva legal, da atualidade do excepcional interesse público justificador da contratação temporária e da temporariedade e precariedade dos vínculos contratuais. 2. A Lei Complementar 12/1992 do Estado do Mato Grosso valeu-se de termos vagos e indeterminados para deixar ao livre arbítrio do administrador a indicação da presença de excepcional interesse público sobre virtual-

11. DIREITO CONSTITUCIONAL

mente qualquer atividade, admitindo ainda a prorrogação dos vínculos temporários por tempo indeterminado, em franca violação ao art. 37, IX, da CF (...)" (STF – ADI 3662/MT – Tribunal Pleno – Relator Min. Marco Aurélio – Redator do Acórdão Min. Alexandre de Moraes – Julgado em 23/03/2017 – Dje 25/04/2018). Assim, a lei não pode deixar para que o decreto regulamentar venha a dispor sobre os casos excepcionais que poderão ensejar a contratação temporária. Destaque-se também que os Tribunais de Justiça poderão exercer o controle abstrato de constitucionalidade de leis ou atos normativos estaduais ou municipais em face da Constituição Estadual (CF, art. 125, § 2º). O STF entende que: "(...) A ocorrência de coexistência de jurisdições constitucionais estadual e nacional configura a hipótese de suspensão prejudicial do processo de controle normativo abstrato instaurado perante o Tribunal de Justiça local (...)" (STF – ADPF 190/SP – Tribunal Pleno – Relator Ministro Edson Fachin – Julgado em 29/09/2016). **D:** errada, ela não é compatível com a Constituição Federal; **E:** errada, é incompatível tanto com a CF, quanto com a Constituição Estadual. **ANH**

Gabarito "C".

(Juiz de Direito - TJ/AL - 2019 – FCC) Quanto ao controle concentrado de constitucionalidade exercido por via da ação direta de inconstitucionalidade de competência originária do Supremo Tribunal Federal,

(A) será admitida a desistência, desde que ouvido o Advogado-Geral da União, a quem compete defender o ato ou texto impugnado.

(B) será admitida a intervenção de terceiros, desde que devidamente justificada.

(C) foram estendidos o efeito vinculante e a legitimidade ativa à ação declaratória de constitucionalidade, em âmbito constitucional, por meio da Emenda Constitucional nº 45/2004.

(D) requer o quórum mínimo de sete Ministros para possibilitar o início do julgamento da ação direta de inconstitucionalidade.

(E) não admite a concessão de medida cautelar.

A: incorreta, já que não se admitirá desistência da ação direta de inconstitucionalidade (art. 5º da Lei 9.868/1999); **B:** incorreta, porque não se admitirá intervenção de terceiros no processo de ação direta de inconstitucionalidade (art. 7º da Lei 9.868/1999); **C:** incorreta, pois o efeito vinculante foi introduzido no texto constitucional pela EC nº 3/1993, que acrescentou o § 2º ao art. 102 prevendo esse efeito para as ações declaratórias de constitucionalidade (ADC). Já a EC nº 45/04 revogou o § 4º do art. 103 da Constituição e deu nova redação ao *caput* desse dispositivo para estender a legitimidade ativa da ADC a todos os sujeitos legitimados para propor a ADI; **D:** incorreta, visto que a decisão sobre a constitucionalidade ou a inconstitucionalidade da lei ou do ato normativo somente será tomada se presentes na sessão pelo menos **oito Ministros** (art. 22 da Lei 9.868/1999); **E:** incorreta, uma vez que é admitida a concessão de medida cautelar na ADI, por decisão da maioria absoluta dos membros do Tribunal, conforme previsão dos arts. 10 a 12 da Lei 9.868/1999. **AMN**

Gabarito Anulada

(Juiz de Direito – TJ/BA – 2019 – CESPE/CEBRASPE) Em relação à ADI e aos efeitos da declaração de inconstitucionalidade no Brasil, assinale a opção correta.

(A) Não se admitem embargos de declaração opostos por *amicus curiae* nas ADIs, exceto para impugnar decisão de inadmissibilidade da sua intervenção nos autos.

(B) Não perderá seu objeto a ADI que for proposta com fundamento em disposição constitucional alterada por emenda superveniente.

(C) Não se podem cumular pedidos de declaração de inconstitucionalidade de normas de natureza federal e estadual em uma única ADI.

(D) A declaração de inconstitucionalidade de norma estadual por tribunal de justiça com efeito *erga omnes* não causa a perda de objeto de ADI contra a mesma norma no STF.

(E) Não se admite conhecer ADI como arguição de preceito fundamental, ainda que os requisitos desta estejam presentes naquela.

A: incorreta, pois o Plenário do STF decidiu que não cabe a interposição de agravo regimental para reverter decisão de relator que tenha inadmitido no processo o ingresso de determinada pessoa ou entidade como *amicus curiae* (RE 602584 AgR/DF, Rel. orig. Min. Marco Aurélio, Red. p/ o ac. Min. Luiz Fux, 17.10.2018, Informativo STF 920). Logo, o entendimento mais recente do STF afirma que é irrecorrível a decisão do relator para admitir ingresso como *amicus curiae*, ressalvada a interposição de embargos de declaração para prestar esclarecimentos (art. 138, § 1º, do CPC); **B:** a jurisprudência mais recente do STF entende que a alteração do parâmetro constitucional, quando o processo ainda está em curso, não prejudica a ação direta de inconstitucionalidade (Informativo STF 907, ADI 145/CE, Rel. Min. Dias Toffoli, julgamento em 20/6/2018; ADI 239, Rel. Min. Dias Toffoli, Tribunal Pleno, julgamento em 19/2/2014; ADI 94, Rel. Min. Gilmar Mendes, Tribunal Pleno, julgamento em 7/12/2011; ADI 2158 e 2189, Rel. Min. Dias Toffoli, Tribunal Pleno, julgamento em 15/9/2010). De acordo com a justificativa da banca examinadora para alteração do gabarito, essa alternativa incide em dubiedade, pois a ADI que for proposta com fundamento em disposição constitucional alterada por emenda superveniente, conforme a jurisprudência do STF, perderá ou não seu objeto a depender das circunstâncias do caso; **C:** incorreta, pois o STF admite a cumulação de pedidos de declaração de inconstitucionalidade de normas de natureza federal e estadual em duas hipóteses excepcionais: quando houver imbricação substancial entre a norma federal e a estadual, sendo a cumulação indispensável para viabilizar a eficácia do provimento judicial; e quando houver relação material entre as normas cuja inconstitucionalidade de uma possa tornar-se questão prejudicial da invalidez da outra. Nesse sentido, confira o seguinte julgado: "*I. Em princípio, não é de admitir, no mesmo processo de ação direta, a cumulação de arguições de inconstitucionalidade de atos normativos emanados de diferentes entes da Federação, ainda quando lhes seja comum o fundamento jurídico invocado. II. Há, no entanto, duas hipóteses pelo menos em que a cumulação objetiva considerada, mais que facultada, é necessária: a) a primeira é aquela em que, dada a imbricação substancial entre a norma federal e a estadual, a cumulação é indispensável para viabilizar a eficácia do provimento judicial visado: assim, por exemplo, quando, na área da competência concorrente da União e dos Estados, a lei federal de normas gerais e a lei local contiverem preceitos normativos idênticos ou similares cuja eventual inconstitucionalidade haja de ser simultaneamente declarada, sob pena de fazer-se inócua a decisão que só a um deles alcançasse; b) a segunda é aquela em que da relação material entre os dois diplomas resulta que a inconstitucionalidade de um possa tornar-se questão prejudicial da invalidez do outro, como sucede na espécie.*" (ADI 2844 QO, Relator: Min. Sepúlveda Pertence, Tribunal Pleno, julgado em 24/04/2003); **D:** incorreta, porque o STF decidiu que a declaração de inconstitucionalidade de norma estadual por tribunal de justiça em ADI estadual causa a perda de objeto de ADI contra a mesma norma no STF quando a inconstitucionalidade for por incompatibilidade com dispositivo da Constituição do Estado sem correspondência na Constituição Federal. Nesse sentido, confira o seguinte julgado: "*1. Coexistindo ações diretas de inconstitucionalidade de um mesmo preceito normativo estadual, a decisão proferida pelo Tribunal de Justiça somente prejudicará a que está em curso perante o STF se for pela procedência e desde que a inconstitucionalidade seja por incompatibilidade com dispositivo constitucional estadual tipicamente* *estadual (= sem similar na Constituição Federal). 2. Havendo declaração de inconstitucionalidade de preceito normativo estadual pelo Tribunal de Justiça com base em norma constitucional estadual que constitua reprodução (obrigatória ou não) de dispositivo da Constituição Federal, subsiste a jurisdição do STF para o controle abstrato tendo por parâmetro de confronto o dispositivo da Constituição Federal reproduzido."* (ADI 3659, Relator: Min. Alexandre de Moraes, Tribunal Pleno, julgado em 13/12/2018); **E:** incorreta, pois o STF entende ser lícito conhecer ação direta de inconstitucionalidade como arguição de descumprimento de preceito fundamental, quando coexistentes todos os requisitos de admissibilidade desta, em caso de inadmissibilidade daquela (ADI 4163, Relator: Min. Cezar Peluso, Tribunal Pleno, julgado em 29/02/2012). **AN**

Gabarito Anulada

(Defensor Público – DPE/PR – 2017 – FCC) Suponha que o Supremo Tribunal Federal – STF, em decisão de Ação Direta de Inconstitucionalidade, tenha proferido decisão em determinado sentido. Algum tempo depois, em decisão de Recurso Extraordinário, o plenário do STF, analisando a mesma questão constitucional, pronuncia-se em sentido diametralmente oposto ao anterior, com os Ministros asseverando que estavam revendo a posição da Corte. Conforme o posicionamento do STF, como consequência jurídica decorrente destes acontecimentos:

(A) Nesse caso específico de revisão pelo plenário de uma decisão proferida em controle concentrado, mesmo com a segunda decisão proferida em controle difuso esta teria efeitos *erga omnes*, cabendo, inclusive, reclamação no caso de algum magistrado decidir em sentido contrário.

(B) Quando é o plenário do Supremo Tribunal Federal que decide a questão constitucional esta decisão sempre terá efeitos *erga omnes*, uma vez que não há controle difuso feito pelo plenário.

(C) A segunda decisão terá efeitos *erga omnes*, uma vez que prevalece no Supremo Tribunal Federal a teoria da transcendência dos motivos determinantes.

(D) Porque a primeira decisão foi proferida em controle concentrado e a segunda em controle difuso, prevalecerá a primeira decisão para aqueles que não são parte no processo em que se interpôs o Recurso Extraordinário, até que algum legitimado provoque o STF em alguma ação que permita o controle concentrado.

(E) O Senado Federal deverá ser informado da decisão para, em caráter de urgência, conferir efeitos *erga omnes* à decisão do Recurso Extraordinário.

No caso em exame, atribui-se o efeito vinculante em via difusa em razão de ter havido uma reinterpretação e modificação de uma decisão proferida em controle abstrato, que neste caso possuiria automaticamente tais atributos. Esse posicionamento foi esposado no julgamento dos seguintes recursos: RE 567.985/MT, RE 580963/PR e Rcl 4374/PE. Evidentemente, quando se atribui efeito vinculante às decisões judiciais, cabível será reclamação em eventual descumprimento. **TM**

Gabarito "A".

(Delegado/AP – 2017 – FCC) De acordo com o sistema brasileiro de controle de constitucionalidade de leis e atos normativos,

(A) lei federal que condiciona a criação de associações à prévia autorização da Administração pública, editada anteriormente à Constituição Federal, é com ela incompatível, podendo ser objeto de ação direta de inconstitucionalidade.

(B) tratado internacional proibindo a prisão civil por dívida, que for aprovado em cada Casa do Congresso Nacional, em dois turnos, por três quintos dos votos dos respectivos membros, não tem hierarquia equivalente às emendas constitucionais, ingressando no ordenamento jurídico como norma infraconstitucional, mas supralegal, podendo ser objeto de controle abstrato de constitucionalidade.

(C) lei federal que determine o uso de algemas em todos os réus presos que compareçam a audiências judiciais é inconstitucional, podendo ser objeto de reclamação constitucional por violar súmula vinculante editada pelo STF.

(D) o ajuizamento de ação direta de inconstitucionalidade em face de lei estadual, perante o Tribunal de Justiça do Estado, não impede que a mesma lei seja impugnada perante o Supremo Tribunal Federal, mediante a propositura de ação direta de inconstitucionalidade.

(E) acórdão do Tribunal de Justiça do Estado que julgue, por maioria simples de seus membros, improcedente ação direta de inconstitucionalidade contra ato normativo estadual, resulta na declaração de inconstitucionalidade da norma, com efeitos vinculantes e contra todos.

A alternativa **A** está errada, pois não cabe ADI em face de norma anterior à Constituição, por não ser admitida a tese da inconstitucionalidade superveniente, assim a norma é tida por não recepcionada, havendo sua revogação tácita/hierárquica. Caberia, em caso de controvérsia e lesão a preceito fundamental, ADPF (artigo 102, § 1º, CF c.c. Lei 9.882/1999). Também errada a B, pois conforme artigo 5º, § 3º, CF "Os tratados e convenções internacionais sobre direitos humanos que forem aprovados, em cada Casa do Congresso Nacional, em dois turnos, por três quintos dos votos dos respectivos membros, serão equivalentes às emendas constitucionais". Errada, do mesmo modo, a alternativa **C**, pois a Súmula Vinculante não vincula a função legislativa, conforme artigo 103-A, CF "O Supremo Tribunal Federal poderá, de ofício ou por provocação, mediante decisão de dois terços dos seus membros, após reiteradas decisões sobre matéria constitucional, aprovar súmula que, a partir de sua publicação na imprensa oficial, terá efeito vinculante em relação aos demais órgãos do Poder Judiciário e à administração pública direta e indireta, nas esferas federal, estadual e municipal". Logo, não cabe a reclamação perante o STF (prevista no mesmo artigo, § 3º), que seria possível se um ato administrativo ou decisão judicial contrariasse a súmula vinculante. Correta a alternativa **D**, pois além da ADI no STF (artigo 102, inciso I, "a", CF), quando a lei estadual ofender a Constituição Federal, também é cabível a representação de inconstitucionalidade da lei estadual que seja contrária à Constituição Estadual no Tribunal de Justiça (artigo 125, § 2º, CF). A alternativa **E** está errada por dois motivos – 1) porque o quórum é de maioria absoluta (artigo 97, CF); 2) porque quando a ADI é julgada improcedente ocorre a declaração de constitucionalidade. **LR**

Gabarito "D".

4.3. AÇÃO DECLARATÓRIA DE CONSTITUCIONALIDADE

(Procurador do Estado/SP – 2018 – VUNESP) Na Ação Declaratória de Constitucionalidade com pedido cautelar nº 19, ajuizada pelo Presidente da República, o Plenário do Supremo Tribunal Federal (STF), por votação unânime, declarou a constitucionalidade dos artigos 1º, 33 e 41 da Lei Federal nº 11.340/2006, conhecida como 'Lei Maria da Penha', que cria mecanismos para coibir a violência doméstica e familiar contra a mulher, em consonância

11. DIREITO CONSTITUCIONAL 459

ao artigo 226, § 8º da Constituição Federal. A decisão analisou em conjunto a Ação Declaratória de Constitucionalidade (ADC) nº 19 e a Ação Direta de Inconstitucionalidade (ADI) nº 4.424. Considerando este cenário, é correto afirmar sobre o controle de constitucionalidade:

(A) as decisões definitivas de mérito, proferidas pelo STF nas ADCs, produzirão eficácia erga omnes e efeito vinculante, relativamente aos demais órgãos do Poder Judiciário e à Administração Pública direta e indireta, nas esferas federal, estadual, porém, não admitem, em nenhuma hipótese, reclamação constitucional, intervenção de terceiros ou *amicus curiae* e realização de qualquer tipo de prova.

(B) quanto ao procedimento da ADC, prevalece o entendimento no Supremo Tribunal Federal de que se aplica o princípio da causa petendi aberta, ou seja, a Corte poderá basear-se em outros fundamentos que não aqueles trazidos pela petição inicial para fundamentar a sua decisão, motivo pelo qual é garantido ao autor optar pela desistência da ação a qualquer momento.

(C) o Supremo Tribunal Federal, por decisão da maioria absoluta de seus membros, poderá deferir pedido de medida cautelar na ação declaratória de constitucionalidade, consistente na determinação de que os juízes e os Tribunais suspendam o julgamento dos processos que envolvam a aplicação da lei ou do ato normativo objeto da ação até seu julgamento definitivo, devendo, nesse caso, publicar em seção especial do Diário Oficial da União, no prazo de dez dias, a parte dispositiva da decisão e proceder ao julgamento da ação no prazo de cento e oitenta dias, sob pena de perda de sua eficácia.

(D) a legitimidade ativa para propor a ADC inclui, além do Presidente da República, o Congresso Nacional, os Deputados Estaduais ou Distritais, o Governador de Estado ou do Distrito Federal; o Procurador-Geral da República; o Conselho Federal da Ordem dos Advogados do Brasil; partido político com representação no Congresso Nacional e sindicatos.

(E) para a admissibilidade da ação declaratória de constitucionalidade é dispensável a comprovação de controvérsia ou dúvida relevante quanto à legitimidade da norma, uma vez que, proclamada a constitucionalidade, julgar-se-á improcedente a ação direta ou procedente eventual ação declaratória; e, proclamada a inconstitucionalidade, julgar-se-á procedente a ação direta ou improcedente eventual ação declaratória.

A: incorreta, pois a declaração de constitucionalidade tem eficácia contra todos e efeito vinculante em relação aos órgãos do Poder Judiciário e à Administração Pública federal, estadual e municipal (art. 28, parágrafo único, da Lei 9.868/1999), não se admitindo intervenção de terceiros (art. 18 da Lei 9.868/1999), mas se admite *amicus curiae* (aplicação, por analogia, do art. 7º, § 2º, da Lei 9.868/1999), produção de provas (art. 20, § 1º, da Lei 9.868/1999) e reclamação constitucional para a garantia da autoridade da decisão (art. 102, I, *l*, da CF); **B:** incorreta, visto que, proposta a ação declaratória, **não** se admitirá desistência (art. 16 da Lei 9.868/1999); **C:** correta, nos termos do art. 21 da Lei 9.868/1999; **D:** incorreta, já que a legitimidade ativa para propor a ADC inclui o Presidente da República; a Mesa do Senado Federal; a Mesa da Câmara dos Deputados; a Mesa de Assembleia Legislativa ou da Câmara Legislativa do Distrito Federal; o Governador de Estado ou do Distrito Federal; o Procurador-Geral da República; o Conselho Federal da Ordem dos Advogados do Brasil; partido político com representação

no Congresso Nacional; e confederação sindical ou entidade de classe de âmbito nacional (art. 103 da CF); **E:** incorreta, tendo em vista que a petição inicial deverá indicar a existência de controvérsia judicial relevante sobre a aplicação da disposição objeto da ação declaratória (art. 14, III, da CF). **AN**

Gabarito "C"

4.4. ARGUIÇÃO DE DESCUMPRIMENTO DE PRECEITO FUNDAMENTAL

(Procurador Município – Teresina/PI – FCC – 2022) Lei do Município de Teresina poderá ser objeto de controle

(A) concentrado de constitucionalidade perante o Supremo Tribunal Federal em face da Constituição Federal por meio de arguição de descumprimento de preceito fundamental.

(B) concentrado de constitucionalidade perante o Tribunal de Justiça em face da Constituição Estadual por meio de arguição de descumprimento de preceito fundamental.

(C) concentrado de constitucionalidade perante o Tribunal de Justiça em face da Constituição Estadual por meio de ação declaratória de constitucionalidade.

(D) difuso de constitucionalidade perante o Tribunal de Justiça em face da Constituição Estadual por meio de ação direta de inconstitucionalidade.

(E) concentrado de constitucionalidade perante o Supremo Tribunal Federal em face da Constituição Federal por meio de ação direta de inconstitucionalidade.

A arguição de descumprimento de preceito fundamental, como controle concentrado de constitucionalidade, é cabível, entre outras hipóteses, "quando for relevante o fundamento da controvérsia constitucional sobre lei ou ato normativo federal, estadual ou municipal, incluídos os anteriores à Constituição" (art. 1º, parágrafo único, I, da Lei nº 9.882/1999). **AMN**

Gabarito "A"

(Juiz de Direito – TJ/MS – 2020 – FCC) A Constituição Federal estabelece que a Arguição de Descumprimento de Preceito Fundamental (ADPF), dela decorrente, será apreciada pelo Supremo Tribunal Federal (STF), na forma da lei. A esse propósito, considerada a regulamentação da matéria à luz da jurisprudência da referida Corte,

(A) em sede de medida liminar, pode ser determinada a suspensão dos efeitos de decisões judiciais relacionadas com a matéria objeto da ADPF, admitida a relativização dos decorrentes de coisa julgada, por decisão de maioria qualificada do STF, diante de circunstâncias de excepcional interesse social.

(B) admite-se o ingresso de *amici curiae* na ADPF, pela aplicação, por analogia, do estabelecido em lei relativamente à ação direta de inconstitucionalidade, desde que demonstradas a relevância da matéria e a representatividade dos postulantes.

(C) considerado seu caráter subsidiário, não pode a ADPF ser conhecida como ação direta de inconstitucionalidade, acaso manejada em hipótese de cabimento desta, sendo inaplicável o princípio da fungibilidade entre ações de controle concentrado.

(D) não se admite a modulação dos efeitos da declaração de inconstitucionalidade em sede de ADPF, por ausência de previsão legal, diferentemente do que ocorre em relação às ações direta de inconstitucionalidade e declaratória de constitucionalidade.

(E) as normas processuais destinadas a resguardar os interesses da Fazenda Pública, a exemplo da exigência de intimação pessoal dos entes públicos para início da contagem de prazos, são aplicáveis no âmbito da ADPF, embora não o sejam nos demais processos de controle concentrado, por sua natureza objetiva.

A: incorreta, pois o STF, por decisão da **maioria absoluta** de seus membros, pode deferir pedido de medida liminar, que poderá consistir na determinação de que juízes e tribunais suspendam o andamento de processo ou os efeitos de decisões judiciais, ou de qualquer outra medida que apresente relação com a matéria objeto da arguição de descumprimento de preceito fundamental, salvo se decorrentes da coisa julgada (art. 5º, *caput* e § 3º, da Lei 9.882/1999). Segundo o STF: *"A Lei 9.882, de 1999, prevê a possibilidade de concessão de medida liminar na arguição de descumprimento, mediante decisão da maioria absoluta dos membros do Tribunal. (...) Além da possibilidade de decretar a suspensão direta do ato impugnado, admite-se na cautelar prevista para a arguição de descumprimento a determinação de que os juízes e tribunais suspendam o andamento de processo ou os efeitos de decisões judiciais ou de qualquer outra medida que guarde relação com a matéria discutida na ação (art. 5º, § 3º), tal como requerido. Confere-se, assim, ao Tribunal um poder cautelar expressivo, impeditivo da consolidação de situações contra a possível decisão definitiva que venha a tomar. Nesse aspecto, a cautelar da ação de descumprimento de preceito fundamental assemelha-se à disciplina conferida pela Lei 9.868, de 1999, à medida liminar na ação declaratória de constitucionalidade (art. 21). Dessa forma, a liminar passa a ser também um instrumento de economia processual e de uniformização da orientação jurisprudencial."* (ADPF 33 MC, voto do rel. min. Gilmar Mendes, j. 29-10-2003, P, DJ de 6-8-2004); **B:** correta, conforme a jurisprudência do STF: *"a Lei 9.882, de 3 de dezembro de 1999, que dispõe sobre o processo e julgamento da arguição de descumprimento de preceito fundamental, não traz dispositivo explícito acerca da figura do amicus curiae. No entanto, vem entendendo este STF cabível a aplicação analógica do art. 7º da Lei 9.868, de 10 de novembro de 1999 (ADPF 33, rel. min. Gilmar Mendes; ADPF 46, rel. min. Marco Aurélio; e ADPF 73, rel. min. Eros Grau). E o fato é que esse dispositivo legal, após vedar a intervenção de terceiros no processo de ação direta de inconstitucionalidade, diz, em seu § 2º, que "o relator, considerando a relevância da matéria e a representatividade dos postulantes, poderá, por despacho irrecorrível, admitir, observado o prazo fixado no parágrafo anterior, a manifestação de outros órgãos ou entidades"."* (ADPF 183, rel. min. Carlos Britto, j. 1º-12-2009, dec. monocrática, DJE de 7-12-2009); **C:** incorreta, pois a jurisprudência do STF admite a aplicação do princípio da fungibilidade entre ações de controle concentrado de constitucionalidade. Confira os seguintes julgados: *"Aplicação do princípio da fungibilidade. (...) É lícito conhecer de ação direta de inconstitucionalidade como arguição de descumprimento de preceito fundamental, quando coexistentes todos os requisitos de admissibilidade desta, em caso de inadmissibilidade daquela."* (ADI 4.180 REF-MC, rel. min. Cezar Peluso, j. 10-3-2010, P, DJE de 27-8-2010); *"1. O ato normativo impugnado é passível de controle concentrado de constitucionalidade pela via da ação direta. Precedente: ADI 349, rel. Min. Marco Aurélio. Incidência, no caso, do disposto no art. 4º, § 1º, da Lei nº 9.882/99; 2. Questão de ordem resolvida com o aproveitamento do feito como ação direta de inconstitucionalidade, ante a perfeita satisfação dos requisitos exigidos à sua propositura (legitimidade ativa, objeto, fundamentação e pedido), bem como a relevância da situação trazida aos autos, relativa a conflito entre dois Estados da Federação."* (ADPF 72 QO, Relatora: ELLEN GRACIE, Tribunal Pleno, julgado em 01/06/2005); **D:** incorreta, porque o art. 11 da Lei 9.882/1999 prevê que ao declarar a inconstitucionalidade de lei ou ato normativo, no processo de arguição de descumprimento de preceito fundamental, e tendo em vista razões de segurança jurídica

ou de excepcional interesse social, poderá o Supremo Tribunal Federal, por maioria de dois terços de seus membros, restringir os efeitos daquela declaração ou decidir que ela só tenha eficácia a partir de seu trânsito em julgado ou de outro momento que venha a ser fixado; **E:** incorreta, pois o STF entende que as normas processuais destinadas a resguardar os interesses da Fazenda Pública não são aplicáveis a ações de índole objetiva (ADI 1797 MC-AgR-ED, Relator: ILMAR GALVÃO, Tribunal Pleno, julgado em 18/04/2001). Em decisão mais recente, o STF reiterou seu entendimento de que *"as prerrogativas processuais dos entes públicos, tal como prazo recursal em dobro e intimação pessoal, não se aplicam aos processos em sede de controle abstrato"* (ADI 5814 MC-AgR-AgR, Relator: ROBERTO BARROSO, Tribunal Pleno, julgado em 06/02/2019). **AN**

Gabarito "B".

(Juiz de Direito - TJ/AL - 2019 – FCC) A arguição de descumprimento de preceito fundamental, como típico instrumento do modelo concentrado de controle de constitucionalidade,

(A) somente pode provocar a impugnação ou questionamento de lei ou ato normativo federal, estadual ou municipal a partir de situações concretas.

(B) admite a extensão da legitimidade ativa a tantos quantos forem os cidadãos que tiverem seus direitos individuais afetados por ato do Poder Público lesivo a preceito fundamental.

(C) pode ter os efeitos da declaração de inconstitucionalidade de lei ou ato normativo restringidos, por razões de segurança jurídica e excepcional interesse social, desde que atingido o quórum de dois terços do Supremo Tribunal Federal.

(D) pode ser admitida, ainda que haja outro meio eficaz de sanar a lesividade.

(E) exige o quórum mínimo de oito Ministros do Supremo Tribunal Federal para deferir pedido de liminar.

A: incorreta, porque a arguição de descumprimento de preceito fundamental (ADPF) é instrumento típico do controle abstrato de constitucionalidade. Segundo o STF, *"a arguição de descumprimento de preceito fundamental foi concebida pela Lei 9.882/1999 para servir como um instrumento de integração entre os modelos difuso e concentrado de controle de constitucionalidade, viabilizando que atos estatais antes insuscetíveis de apreciação direta pelo STF, tais como normas pré-constitucionais ou mesmo decisões judiciais atentatórias a cláusulas fundamentais da ordem constitucional, viessem a figurar como objeto de controle em processo objetivo."* (ADPF 127, Rel. Min. Teori Zavascki, j. 25-2-2014, dec. monocrática, DJE de 28-2-2014); **B:** incorreta, porque *"os legitimados para propor arguição de descumprimento de preceito fundamental se encontram definidos, em numerus clausus, no art. 103 da Constituição da República, nos termos do disposto no art. 2º, I, da Lei 9.882/1999"*, não sendo possível a ampliação do rol exaustivo inscrito na CF (ADPF 75 AgR, rel. min. Ricardo Lewandowski, j. 3-5-2006, Pleno, DJ de 2-6-2006); **C:** correta, pois é admitida, na ADPF, a modulação dos efeitos da declaração de inconstitucionalidade, conforme previsão do art. 11 da Lei 9.882/1999; **D:** incorreta, visto que não será admitida a ADPF quando houver qualquer outro meio eficaz de sanar a lesividade (art. 4º, § 1º, da Lei 9.882/2019). *"A arguição de descumprimento de preceito fundamental é regida pelo princípio da subsidiariedade a significar que a admissibilidade desta ação constitucional pressupõe a inexistência de qualquer outro meio juridicamente apto a sanar, com efetividade real, o estado de lesividade do ato impugnado"* (STF, ADPF 134 AgR-terceiro, Rel. Min. Ricardo Lewandowski, j. 3-6-2009, Pleno, DJE de 7-8-2009); **E:** incorreta, pois é exigido o quórum mínimo de seis Ministros (maioria absoluta dos membros do STF) para deferir pedido de medida liminar, sendo que, em caso de extrema urgência ou perigo de lesão grave, ou ainda, em período de recesso, poderá o relator conceder a liminar, *ad referendum* do Tribunal Pleno (art. 5º, *caput* e § 1º, da Lei 9.882/1999). **AMN**

Gabarito "C".

(Delegado/GO – 2017 – CESPE) Tendo em vista que a petição inicial de arguição de descumprimento de preceito fundamental (ADPF) dirigida ao STF deverá conter, entre outros requisitos, a indicação do ato questionado, assinale a opção correta acerca do cabimento dessa ação constitucional.

(A) Não cabe ADPF sobre atos normativos já revogados.

(B) Cabe ADPF sobre decisão judicial transitada em julgado.

(C) Se uma norma pré-constitucional já fosse inconstitucional no regime constitucional anterior e existisse um precedente do STF que reconhecesse essa inconstitucionalidade, caberia ADPF contra essa norma pré-constitucional.

(D) Não cabe ADPF sobre ato normativo municipal.

(E) Cabe ADPF sobre ato de efeitos concretos como decisões judiciais.

A alternativa **A** está errada. Isso porque a ADPF cabe em face de normas anteriores à Constituição justamente para verificação de sua recepção ou não. Caso seja considerada não recepcionada é porque revogada tacitamente. Nesse sentido a decisão do STF na ADPF 33 "(...) Revogação da lei ou ato normativo não impede o exame da matéria em sede de ADPF, porque o que se postula nessa ação é a declaração de ilegitimidade ou de não recepção da norma pela ordem constitucional superveniente." Errada a alternativa **B**. Nesse sentido o decidido pelo STF na ADPF 243 – AgR/PB "A arguição de descumprimento de preceito fundamental não é meio apto à desconstrução de decisões judiciais transitadas em julgado". Errada a alternativa **C**, pois se uma norma pré-constitucional já fosse inconstitucional no regime constitucional anterior e existisse um precedente do STF que reconhecesse essa inconstitucionalidade nesse caso não caberia ADPF, mas reclamação (STF – ADPF 53). Errada a alternativa **D**. A Lei 9.882/1999 dispõe que a arguição terá por objeto evitar ou reparar lesão a preceito fundamental, resultante de ato do Poder Público e caberá também quando for relevante o fundamento da controvérsia constitucional sobre lei ou ato normativo federal, estadual ou municipal, incluídos os anteriores à Constituição. Veja, por exemplo a ADPF 273/MT. Logo, cabe sim em face de norma municipal. Correta a alternativa **E**, conforme precedente do STF (ADPF 101 "Ementa: Arguição de Descumprimento de Preceito Fundamental: Adequação. Observância do princípio da subsidiariedade. (...) decisões judiciais com conteúdo indeterminado no tempo: proibição de novos efeitos a partir do julgamento." **LR**

Gabarito "E".

5. DOS DIREITOS E GARANTIAS FUNDAMENTAIS

5.1. Direitos e deveres em espécie

(Delegado/RJ – 2022 – CESPE/CEBRASPE) Em operação conjunta das polícias civil e militar, Xisto foi preso em flagrante pela prática do crime de tráfico de entorpecentes. A prisão foi noticiada nos maiores jornais do país, além de haver repercutido nas redes sociais. Após o transcurso do processo criminal, Xisto foi absolvido por ausência de provas. Em sequência, Xisto ajuizou ação objetivando (i) retirar dos provedores de busca os resultados que levassem a matérias divulgadas pelos jornais, (ii) retirar as próprias matérias divulgadas, indicando, para isso, as empresas jornalísticas. Considerando essa situação, assinale a opção correta acerca do que foi solicitado por Xisto.

(A) Os pedidos devem ser julgados improcedentes, apenas porque, nesse caso, a sentença absolutória fundamentou-se na ausência de provas. Se, contudo, a sentença tivesse sido fundada na negativa de autoria, haveria o direito ao esquecimento do fato em questão.

(B) Os pedidos devem ser julgados integralmente procedentes, tendo-se em vista que o direito constitucional à imagem e à privacidade garante a qualquer indivíduo o direito subjetivo de não ser ligado a crime do qual foi posteriormente absolvido.

(C) Deve ser julgado procedente apenas o pedido referente aos provedores de busca, na medida em que amplificam desproporcionalmente o fato pretérito, mas deve ser julgado improcedente a solicitação relativa às empresas jornalísticas, que estão cobertas pela liberdade de imprensa.

(D) Os pedidos devem ser julgados improcedentes, tendo-se em vista que o direito constitucional brasileiro não consagra um "direito ao esquecimento", desde que os fatos tenham sido noticiados sem excessos e não haja dolo.

(E) O pedido deve ser julgado procedente em face das empresas jornalísticas, visto que foram responsáveis diretas pela divulgação dos fatos, mas improcedente em face dos provedores de busca, que não respondem pela informação meramente indexada.

A tese firmada no Tema 786 do STF é a seguinte: "É incompatível com a Constituição a ideia de um direito ao esquecimento, assim entendido como o poder de obstar, em razão da passagem do tempo, a divulgação de fatos ou dados verídicos e licitamente obtidos e publicados em meios de comunicação social analógicos ou digitais. Eventuais excessos ou abusos no exercício da liberdade de expressão e de informação devem ser analisados caso a caso, a partir dos parâmetros constitucionais – especialmente os relativos à proteção da honra, da imagem, da privacidade e da personalidade em geral – e as expressas e específicas previsões legais nos âmbitos penal e cível.". **AMN**

Gabarito "D".

(Delegado/RJ – 2022 – CESPE/CEBRASPE) A autoridade policial, no curso de uma investigação de crime de organização criminosa do art. 2.º da Lei n.º 12.850/2013, formula requisição direta a provedor de conexão, com fundamento no art. 15 dessa mesma lei, para o fornecimento de dados cadastrais vinculados a determinado endereço de Internet Protocol e da porta lógica, em datas e horários especificados, sobretudo de informações sobre o nome completo do usuário, a filiação, as contas de *email* associadas e demais dados existentes. Considerando essa situação hipotética, assinale a opção correta.

(A) O direito à proteção dos dados pessoais nos meios digitais não está expressamente previsto na Constituição da República Federativa do Brasil de 1988.

(B) As contas do *email* são abrangidas pela definição de dados cadastrais que não são protegidos pelo direito à privacidade.

(C) O pedido final de "demais dados existentes" não ofende o direito à privacidade.

(D) A obtenção de dados pessoais do investigado por meio de fontes abertas se sujeita sempre ao princípio da reserva da jurisdição.

(E) A integridade da prova digital diz respeito à garantia da não alteração do dado coletado durante o tratamento e assegura a possibilidade do exercício da ampla defesa e do contraditório por parte do investigado na persecução criminal.

O inciso X do art. 5º da Lei nº 13.709, de 14 de agosto de 2018 (Lei Geral de Proteção de Dados Pessoais – LGPD), conceitua tratamento como: "toda operação realizada com dados pessoais, como as que se referem a coleta, produção, recepção, classificação, utilização, acesso, reprodução, transmissão, distribuição, processamento, arquivamento, armazenamento, eliminação, avaliação ou controle da informação, modificação, comunicação, transferência, difusão ou extração". Assim, deve-se manter a integridade da prova digital do dado coletado, sem alteração, durante o tratamento para se assegurar a ampla defesa e o contraditório do investigado. **AMN**

„Gabarito "E".

(Delegado/RJ – 2022 – CESPE/CEBRASPE) Em relação aos direitos e garantias fundamentais da defesa técnica do investigado e do preso em flagrante, assinale a opção correta.

(A) O advogado do investigado pode sempre acessar todos os depoimentos prestados por testemunhas desde que documentados nos autos, mesmo sem a devida procuração nos autos.

(B) O advogado do investigado não pode sempre acessar todos os depoimentos prestados por testemunhas, mesmo que documentados nos autos, mas apenas as provas que digam respeito do seu assistido.

(C) O advogado do investigado pode sempre acessar todos os depoimentos prestados por testemunhas, desde que documentados nos autos e munido da devida procuração.

(D) O advogado do investigado não pode acessar os depoimentos prestados por testemunhas, mesmo que documentados nos autos, porque a súmula vinculante 14 é mitigada na fase pré-processual da investigação.

(E) O advogado do investigado não pode acessar os depoimentos prestados por testemunhas, mesmo que documentados nos autos, porque o sigilo do inquérito do art. 20 do CPP é oponível a ele.

Entendemos, s.m.j., que o gabarito não está de acordo com o que estabelece a Súmula Vinculante 14 do STF: "É direito do defensor, no interesse do representado, ter acesso amplo aos elementos de prova que, já documentados em procedimento investigatório realizado por órgão com competência de polícia judiciária, digam respeito ao exercício do direito de defesa.". Nesse sentido, destaque-se o seguinte julgado: "O direito ao 'acesso amplo', descrito pelo verbete mencionado, engloba a possibilidade de obtenção de cópias, por quaisquer meios, de todos os elementos de prova já documentados, inclusive mídias que contenham gravação de depoimentos em formato audiovisual. II — A simples autorização de ter vista dos autos, nas dependências do *Parquet*, e transcrever trechos dos depoimentos de interesse da defesa, não atende ao enunciado da Súmula Vinculante 14. III — A jurisprudência do Supremo Tribunal Federal entende ser desnecessária a degravação da audiência realizada por meio audiovisual, sendo obrigatória apenas a disponibilização da cópia do que registrado nesse ato." (STF – Rcl 23.101 – 2ª T. – Rel. Ministro Ricardo Lewandowski – DJe 06/12/2016). **AMN**

„Gabarito "B".

(Delegado/RJ – 2022 – CESPE/CEBRASPE) De acordo com o entendimento do STF, salvo em caso de flagrante delito ou desastre, ou para prestar socorro, a polícia judiciária só pode invadir domicílio alheio sem consentimento do morador, a fim de apreender quaisquer objetos que possam interessar à investigação criminal, se atendidos dois requisitos constitucionais que respeitam o princípio do(a)

(A) sigilo.

(B) legalidade.

(C) ampla defesa.

(D) reserva da jurisdição.

(E) privacidade.

Alternativa D é a correta. É o que estabelece o art. 5º, inciso XI, que prevê: "a casa é asilo inviolável do indivíduo, ninguém nela podendo penetrar sem consentimento do morador, salvo em caso de flagrante delito ou desastre, ou para prestar socorro, ou, durante o dia, por **determinação judicial**" (os grifos não estão no original). **AMN**

„Gabarito "D".

(Procurador/PA – CESPE – 2022) Art. 5.º [...]

LXIII – o preso será informado de seus direitos, entre os quais o de permanecer calado, sendo-lhe assegurada a assistência da família e de advogado;

Brasil. Constituição Federal de 1988.

Consagrado no dispositivo constitucional reproduzido anteriormente, o direito do preso ao silêncio

(A) inclui o direito a não responder perguntas, mas esse silêncio em relação às perguntas formuladas pelo juiz competente poderá ser valorado em prejuízo da defesa, conforme o caso concreto em julgamento.

(B) inclui o direito a não responder perguntas formuladas pela autoridade policial, salvo aquelas relacionadas a crimes contra criança e adolescente.

(C) não inclui a vedação de exames de ingerência corporal, tais como o exame de alcoolemia, o fornecimento de padrões gráficos, o soro da verdade e a ingestão de substância química para descoberta da verdade.

(D) inclui a exigência legal de o acusado ser informado pela autoridade do direito de permanecer calado, sendo, entretanto, advertido de que o seu silêncio importará em confissão da matéria de fato.

(E) inclui o direito a não participar na formação da culpa, não produzindo o acusado provas contra si; nesse sentido, o silêncio atua no controle da qualidade e idoneidade do material probatório.

Sobre esse dispositivo constitucional, a doutrina ensina que: "O direito do preso – a rigor o direito do acusado – de permanecer em silêncio é expressão do princípio da não autoincriminação, que outorga ao preso e ao acusado em geral o direito de não produzir provas contra si mesmo (art. 5º, LXIII)" (MENDES, Gilmar Ferreira; BRANCO, Paulo Gustavo Gonet. *Curso de direito constitucional*. 8. ed. São Paulo: Saraiva, 2013, p. 573). **AMN**

„Gabarito "E".

(Procurador Município – Teresina/PI – FCC – 2022) A política de cotas raciais adotada por universidade pública, segundo o entendimento do STF, é

(A) constitucional na medida em que transforma o judiciário em árbitro, segundo um critério absolutamente

11. DIREITO CONSTITUCIONAL   463

artificial, o fenótipo, para conceder direitos, o que atende o princípio da reserva de jurisdição.

(B) constitucional, também chamada de discriminação reversa, apenas se a sua manutenção estiver condicionada à persistência, no tempo, do quadro de exclusão social que lhe deu origem.

(C) inconstitucional em vista de que são objetivos fundamentais da República Federativa do Brasil promover o bem de todos, sem preconceito de origem, raça, sexo, cor, idade e quaisquer outras formas de discriminação.

(D) inconstitucional porque constitui uma forma de racismo reverso, o que é vedado pelo princípio da isonomia e da igualdade, ambos previstos no artigo 5º da Constituição Federal.

(E) uma ação afirmativa constitucionalmente válida, desde que prevista em lei complementar nacional.

Alternativa B é a correta. É o que decidiu o plenário do STF ao julgar a ADC 41/DF, Rel. Min. Roberto Barroso, j. 08/06/2017, DJe 17/08/2017. **AMN**

Gabarito "B".

(Delegado/MG – 2021 – FUMARC) O delegado de polícia requisitou para o Juiz de Direito competente a violação do sigilo da correspondência, das comunicações telegráficas, de dados e das comunicações telefônicas de um sujeito que está sendo investigado criminalmente pela prática de determinado delito.

Nos termos da Constituição Federal, este pedido poderá ser deferido apenas para

(A) a quebra do sigilo de comunicações telefônicas.

(B) os casos de quebra de sigilo de correspondência, comunicações telegráficas, de dados e das comunicações telefônicas.

(C) os casos de quebra de sigilo de dados, comunicações telefônicas e comunicações telegráficas.

(D) os casos de quebra do sigilo de correspondência e comunicações telefônicas.

Questão polêmica. O gabarito dado pela banca examinadora foi a alternativa "b". Ocorre que o enunciado da questão solicitou que a resposta fosse dada "nos termos da Constituição Federal". De acordo com o art. 5º, XII, da CF, é garantida a inviolabilidade do sigilo da correspondência e das comunicações telegráficas, de dados e das comunicações, *salvo, no último caso,* por ordem judicial, nas hipóteses e na forma que a lei estabelecer para fins de investigação criminal ou instrução processual penal. Assim, pela literalidade do texto constitucional, a alternativa correta seria a "a", não a "b", conforme apontado pela banca examinadora. **BV**

Gabarito "B".

(Delegado/MG – 2021 – FUMARC) Em virtude do crime que cometeu onze meses atrás no Estado do XZ, "Beta" estava morando num quarto de hotel. A autoridade policial, avisada do local do seu esconderijo, invadiu o quarto e efetuou a prisão de "Beta" durante o dia, conforme prevê a Constituição Federal, porque

(A) "Beta" encontrava-se em flagrante delito e, assim, a polícia podia ingressar no quarto, mesmo sem autorização judicial para efetuar a prisão.

(B) a polícia tem poder suficiente para ingressar e efetuar a prisão no interior de quarto de hotel, por não

se enquadrar no conceito constitucional de "casa", portanto, inviolável.

(C) dada a prática de crime, podia ingressar no local, mesmo sem autorização judicial para efetuar a prisão.

(D) estava amparada por determinação judicial fundamentada, que permitia seu ingresso na casa para efetuar a prisão.

Questão polêmica. O gabarito dado pela banca examinadora foi a alternativa "d". Ocorre que a questão não trouxe dados suficientes para que essa alternativa tivesse sido assinalada. Não há, por exemplo, a informação sobre a existência de determinação judicial fundamentada, o que autorizaria o ingresso no quarto de hotel para efetuar a prisão. As demais alternativas também não possuem informações necessárias para que se enquadrem nas hipóteses previstas no texto constitucional. De acordo com o art. 5º, XI, da CF, "a casa é asilo inviolável do indivíduo, ninguém nela podendo penetrar sem consentimento do morador, salvo em caso de flagrante delito ou desastre, ou para prestar socorro, ou, durante o dia, por determinação judicial." **BV**

Gabarito "D".

(Procurador Município – Santos/SP – VUNESP – 2021) A Constituição Federal, no art. 5º, inciso XXXV, determina que a lei não excluirá da apreciação do Poder Judiciário lesão ou ameaça a direito. Nesses termos, é correto afirmar que

(A) configura o princípio da inafastabilidade da jurisdição, também conhecido como princípio do devido processo legal e da proibição do juízo ou tribunal de exceção.

(B) a tutela jurisdicional pode ser invocada imediatamente nos casos e questões relativas à disciplina e às competições desportivas, não ficando condicionadas ao anterior esgotamento das instâncias da Justiça Desportiva.

(C) há órgãos administrativos com função de julgamento, como se dá, por exemplo, com os Tribunais de Contas da União e dos Estados, e as decisões desses órgãos não poderão ser revistas pelo Poder Judiciário.

(D) o Brasil adota o sistema da chamada jurisdição dúplice, entregando a atividade jurisdicional ao Poder Judiciário e também aos órgãos de contencioso administrativo, criados de acordo com a lei.

(E) não se traduz em garantia do mero ingresso em juízo, ou somente do julgamento das pretensões trazidas a juízo, mas na garantia da própria tutela jurisdicional, a quem tiver razão.

A: Incorreta. Os princípios do devido processo legal (CF, art. 5º, LIV) e a proibição do juízo ou tribunal de exceção (CF, art. 5º, XXXVII) são princípios autônomos previstos na Constituição Federal. **B:** Incorreta. O § 1º do art. 217 da CF, dispõe de forma contrária: "O Poder Judiciário só admitirá ações relativas à disciplina e às competições desportivas após esgotarem-se as instâncias da justiça desportiva, regulada em lei". **C:** Incorreta. Segundo Celso Antônio Bandeira de Mello, as decisões de órgãos administrativos com função de julgamento poderão ser revisadas pelo Poder Judiciário (BANDEIRA DE MELLO, Celso Antônio. *Curso de direito administrativo.* 27. ed. São Paulo: Malheiros, 2010, p. 946-957). **D:** Incorreta. O Brasil não adota o sistema da chamada jurisdição dúplice (BANDEIRA DE MELLO, Celso Antônio. *Curso de direito administrativo.* 27. ed. São Paulo: Malheiros, 2010, p. 952). **E:** Correta. Esse conceito é trazido literalmente por Cândido Rangel Dinamarco (*In Instituições de Direito Processual Civil.* São Paulo: Malheiros, 2004, p. 198). **AMN**

Gabarito "E".

(Juiz de Direito/GO – 2021 – FCC) Tratado internacional que venha a ser celebrado pela República Federativa do Brasil em matéria de proteção da igualdade será incorporado ao direito nacional e deverá ser cumprido em território brasileiro

(A) após sua aprovação pelo Congresso Nacional e posterior promulgação pelo Presidente do Senado, sendo equivalente à emenda constitucional desde que seja aprovado, em cada Casa do Congresso Nacional, em dois turnos, por três quintos dos votos dos respectivos membros.

(B) após sua aprovação pelo Congresso Nacional e posterior promulgação pelo Presidente da República, sendo equivalente à emenda constitucional desde que seja aprovado, em cada Casa do Congresso Nacional, em dois turnos, por três quintos dos votos dos respectivos membros.

(C) imediatamente após sua celebração, por dispor em matéria de direitos humanos, sob condição de ser ratificado pelo Congresso Nacional no prazo legal, sendo equivalente, nesse caso, à lei ordinária.

(D) após sua aprovação pelo Congresso Nacional e posterior promulgação pelo Presidente do Senado, sendo equivalente à emenda constitucional desde que seja aprovado, em sessão conjunta das Casas do Congresso Nacional, em dois turnos, por três quintos dos votos de seus membros.

(E) após sua aprovação pelo Congresso Nacional e posterior promulgação pelo Presidente da República, sendo equivalente à emenda constitucional desde que seja aprovado em sessão conjunta das Casas do Congresso Nacional, em dois turnos, por três quintos dos votos de seus membros.

Dispõe expressamente o art. 5º, § 3º, da Constituição Federal, que:"§ 3º Os tratados e convenções internacionais sobre direitos humanos que forem aprovados, em cada Casa do Congresso Nacional, em dois turnos, por três quintos dos votos dos respectivos membros, serão equivalentes às emendas constitucionais". Observação importante: Se os tratados internacionais sobre Direitos Humanos não forem aprovados com o quórum previsto no art. 5º, § 3º, da CF/88, terão *status* de norma supralegal. **ANH**

Gabarito "B".

(Magistratura/SP – 2021) O estudo do artigo 5º da Constituição Federal e do Título em que inserido permite concluir:

(A) é inconstitucional o compartilhamento dos relatórios de inteligência financeira da UIF e da íntegra do procedimento fiscalizatório da Receita Federal do Brasil, que define o lançamento do tributo, com os órgãos de persecução penal para fins criminais, sem prévia autorização judicial, por ofensa ao direito ao sigilo fiscal e financeiro.

(B) é compatível com a Constituição Federal o reconhecimento às entidades paraestatais dos privilégios processuais concedidos à Fazenda Pública, em execução de pagamento de quantia.

(C) não ofende o princípio da igualdade o estabelecimento de grupos excluídos da possibilidade de doação de sangue, considerando o risco decorrente da orientação sexual para a saúde dos possíveis receptores.

(D) a isonomia formal assegurada pelo artigo 5º, I, CRFB, exige tratamento equitativo entre homens e mulheres.

Revela-se inconstitucional, por ofensa ao princípio da isonomia, cláusula de contrato de previdência complementar que, ao prever regras distintas entre homens e mulheres para cálculo e concessão da complementação de aposentadoria, estabelece valor inferior do benefício para as mulheres, tendo em conta seu menor tempo de contribuição.

A: incorreta. Foi objeto do tema 990 de repercussão geral do STF, com a seguinte tese: "1. É constitucional o compartilhamento dos relatórios de inteligência financeira da UIF e da íntegra do procedimento fiscalizatório da Receita Federal do Brasil, que define o lançamento do tributo, com os órgãos de persecução penal para fins criminais, sem a obrigatoriedade de prévia autorização judicial, devendo ser resguardado o sigilo das informações em procedimentos formalmente instaurados e sujeitos a posterior controle jurisdicional (...)" (os grifos não estão no original). **B:** incorreta. Foi objeto do tema 411 de repercussão geral do STF, com a seguinte tese: "É incompatível com a Constituição o reconhecimento às entidades paraestatais dos privilégios processuais concedidos à Fazenda Pública em execução de pagamento de quantia em dinheiro" (os grifos não estão no original). **C:** incorreta. Pelo contrário, o STF entende que essa discriminação fere o princípio da igualdade. Neste sentido, destaque-se: "(...) 3. A política restritiva prevista na Portaria e na Resolução da Diretoria Colegiada, ainda que de forma desintencional, viola a igualdade, pois impacta desproporcionalmente sobre os homens homossexuais e bissexuais e/ou seus parceiros ou parceiras ao injungir-lhes a proibição da fruição livre e segura da própria sexualidade para exercício do ato empático de doar sangue. Trata-se de discriminação injustificável, tanto do ponto de vista do direito interno, quanto do ponto de vista da proteção internacional dos direitos humanos, à medida que pressupõem serem os homens homossexuais e bissexuais, por si só, um grupo de risco, sem se debruçar sobre as condutas que verdadeiramente os expõem a uma maior probabilidade de contágio de AIDS ou outras enfermidades a impossibilitar a doação de sangue (...)" (STF – ADI 5543/DF – Tribunal Pleno – Relator Min. Edson Fachin – Julgamento 11/05/2020). **D:** correta. Foi objeto do tema 452 de repercussão geral do STF, com a seguinte tese: "É inconstitucional, por violação ao princípio da isonomia (art. 5º, I, da Constituição da República), cláusula de contrato de previdência complementar que, ao prever regras distintas entre homens e mulheres para cálculo e concessão de complementação de aposentadoria, estabelece valor inferior do benefício para as mulheres, tendo em conta o seu menor tempo de contribuição". **ANH**

Gabarito "D".

(Magistratura/SP – 2021) A garantia, aos litigantes, em processos judicial ou administrativo, e aos acusados em geral, do direito ao contraditório e ampla defesa, com os meios e recursos a ele inerentes, leva ao reconhecimento:

(A) admite-se a utilização de informações obtidas com quebra de sigilo, no processo administrativo, independente de autorização judicial, desde que haja a devida motivação para a prática do ato.

(B) o protesto de certidão de dívida ativa constitui meio coercitivo indevido para o pagamento de tributos.

(C) é sempre legítima cláusula do edital de concurso que restrinja participação do candidato em razão de responder a inquérito ou ação penal.

(D) é inconstitucional a exigência de depósito ou arrolamento prévios de dinheiro ou bens para a admissibilidade de recurso administrativo.

A alternativa **D** está de acordo com o conteúdo da Súmula Vinculante 21 do STF. **ANH**

Gabarito "D".

11. DIREITO CONSTITUCIONAL 465

(Advogado – Pref. São Roque/SP – 2020 – VUNESP) A respeito dos direitos fundamentais, com base na Constituição Federal e na jurisprudência do Supremo Tribunal Federal, assinale a alternativa correta.

(A) A adoção de ações afirmativas não é incompatível com o princípio da igualdade.

(B) A interceptação telefônica pode ser determinada pelo Ministério Público, sempre que a defesa da probidade administrativa recomende a adoção da medida.

(C) As associações poderão ter as suas atividades suspensas por decisão administrativa ou judicial.

(D) O direito à habitação garante ao indivíduo que ocupe imóvel público e nele exerça atividade econômica produtiva o direito à usucapião.

(E) A autoridade competente, em caso de iminente perigo público, poderá utilizar a propriedade particular, assegurada ao proprietário a indenização prévia, justa e em dinheiro.

A: correta, uma vez que o princípio da igualdade determina tratamento igual aos iguais e, por sua vez, desigual para aqueles que estejam em situações distintas, na medida da desigualdade. **B:** errada, pois é determinada pelo juiz (artigo 3º, da Lei 9.296/96). **C:** errada, porque apenas poderá ocorrer por decisão judicial (artigo 5º, inciso XIX, da CF). Por fim, a letra **D:** errada, uma vez que os imóveis públicos não serão adquiridos via usucapião e, na letra **E** o erro está na indenização ser posterior, nunca prévia. **AB**
Gabarito "A".

Durante prisão em flagrante de Paulo pelo cometimento de crime de homicídio, policiais analisaram os registros telefônicos das últimas ligações no aparelho celular dele e identificaram o número de outro envolvido, Pablo, que foi acusado de ser o possível mandante. Após a prisão de ambos, a defesa de Pablo impetrou *habeas corpus*, sob o argumento de que os policiais haviam violado o direito fundamental de sigilo das comunicações de dados, estabelecido no inciso XII do art. 5º da Constituição Federal de 1988 (CF) — "XII é inviolável o sigilo da correspondência e das comunicações telegráficas, de dados e das comunicações telefônicas, salvo, no último caso, por ordem judicial, nas hipóteses e na forma que a lei estabelecer para fins de investigação criminal ou instrução processual penal".

(Promotor de Justiça/CE – 2020 – CESPE/CEBRASPE) Quanto à extensão da proteção conferida pelo referido dispositivo constitucional na situação hipotética em apreço, assinale a opção correta, à luz da jurisprudência do STF.

(A) Houve violação do direito fundamental ao sigilo das comunicações telefônicas.

(B) A apreensão dos dados armazenados caracteriza violação do sigilo de comunicação de dados.

(C) Não houve violação do direito ao sigilo das comunicações telefônicas.

(D) As provas decorrentes da análise policial são inadmissíveis, segundo a teoria do *fruit of the poisonous tree*.

(E) A análise empreendida pelos policiais caracteriza interceptação telefônica, logo dependia de prévia autorização judicial.

A e B: incorretas, pois o acesso aos dados é constitucional. **C:** correta, pois existe uma diferença entre comunicação telefônica e registros

telefônicos. A proteção constitucional incide sobre a comunicação telefônica, não dos dados do aparelho (agenda telefônica, por exemplo), nesse sentido o REsp 1.782.386/RJ: "foi apreendido o telefone celular de um acusado e analisados os dados constantes da sua agenda telefônica, a qual não tem a garantia de proteção do sigilo telefônico ou de dados telemáticos, pois a agenda é uma das facilidades oferecidas pelos modernos aparelhos de smartphones a seus usuários. Assim, deve ser reconhecida como válida a prova produzida com o acesso à agenda telefônica do recorrido, com o restabelecimento da sentença condenatória.". **D:** incorreta, pois não há correlação com a teoria dos frutos da árvore envenenada. **E:** incorreta, pois nada tem de interceptação telefônica, pois o acesso ocorreu apenas quanto aos dados. **AB**
Gabarito "C".

(Juiz de Direito – TJ/MS – 2020 – FCC) À luz da jurisprudência do Supremo Tribunal Federal, em matéria de direitos e garantias fundamentais e aspectos correlatos,

(A) o uso de células-tronco embrionárias, ainda que em pesquisas científicas para fins terapêuticos, autorizadas em lei federal, viola o direito à vida, pela potencialidade de formação de pessoa humana, cuja dignidade recebe proteção máxima constitucional.

(B) é compatível com a Constituição Federal a interpretação segundo a qual a interrupção da gravidez de feto anencéfalo viola o direito à vida, recaindo na esfera de proteção que a legislação penal outorga a esse bem jurídico, vedando sua prática.

(C) a obrigatoriedade de aceitação de transferência de alunos entre universidades, ainda que instituída por lei e observada a identidade de natureza jurídica das instituições de ensino superior envolvidas, é incompatível com a Constituição, segundo a qual o acesso aos níveis mais elevados do ensino é assegurado segundo a capacidade de cada um.

(D) admitem-se limitações ao livre exercício de atividade econômica, ainda que sob a forma de cobrança indireta de tributos, desde que estabelecidas por lei e com vistas à tutela de outros princípios constitucionais da ordem econômica, como a livre concorrência e a redução das desigualdades regionais e sociais.

(E) admitem-se limitações por lei ao livre exercício das profissões, sendo consideradas legítimas quando o inadequado exercício de determinada atividade possa vir a causar danos a terceiros e desde que obedeçam a critérios de adequação e razoabilidade.

A: incorreta, pois o STF, ao julgar a ADI 3510, entendeu que o uso de células-tronco embrionárias em pesquisas científicas para fins terapêuticos não viola o direito à vida. Segundo o STF, não há *"ofensas ao direito à vida e da dignidade da pessoa humana, pois a pesquisa com células-tronco embrionárias (inviáveis biologicamente ou para os fins a que se destinam) significa a celebração solidária da vida e alento aos que se acham à margem do exercício concreto e inalienável dos direitos à felicidade e do viver com dignidade (Ministro Celso de Mello)".* Veja a ementa do julgado: *"CONSTITUCIONAL. AÇÃO DIRETA DE INCONSTITUCIONALIDADE. LEI DE BIOSSEGURANÇA. IMPUGNAÇÃO EM BLOCO DO ART. 5º DA LEI Nº 11.105, DE 24 DE MARÇO DE 2005 (LEI DE BIOSSEGURANÇA). PESQUISAS COM CÉLULAS-TRONCO EMBRIONÁRIAS. INEXISTÊNCIA DE VIOLAÇÃO DO DIREITO À VIDA. CONSITUCIONALIDADE DO USO DE CÉLULAS-TRONCO EMBRIONÁRIAS EM PESQUISAS CIENTÍFICAS PARA FINS TERAPÊUTICOS. DESCARACTERIZAÇÃO DO ABORTO. NORMAS CONSTITUCIONAIS CONFORMADORAS DO DIREITO FUNDAMENTAL A UMA VIDA DIGNA, QUE PASSA PELO DIREITO À SAÚDE E AO PLANEJAMENTO FAMILIAR. DESCABIMENTO DE UTILIZAÇÃO DA TÉCNICA DE INTERPRETAÇÃO*

CONFORME PARA ADITAR À LEI DE BIOSSEGURANÇA CONTROLES DESNECESSÁRIOS QUE IMPLICAM RESTRIÇÕES ÀS PESQUISAS E TERAPIAS POR ELA VISADAS. IMPROCEDÊNCIA TOTAL DA AÇÃO. I - O CONHECIMENTO CIENTÍFICO, A CONCEITUAÇÃO JURÍDICA DE CÉLULAS-TRONCO EMBRIONÁRIAS E SEUS REFLEXOS NO CONTROLE DE CONSTITUCIONALIDADE DA LEI DE BIOSSEGURANÇA. (...) II - LEGITIMIDADE DAS PESQUISAS COM CÉLULAS-TRONCO EMBRIONÁRIAS PARA FINS TERAPÊUTICOS E O CONSTITUCIONALISMO FRATERNAL." (ADI 3510, Relator: AYRES BRITTO, Tribunal Pleno, julgado em 29/05/2008); **B:** incorreta, pois o STF, ao julgar a ADPF 54, declarou a inconstitucionalidade da interpretação segundo a qual a interrupção da gravidez de feto anencéfalo é conduta tipificada nos artigos 124, 126 e 128, incisos I e II, do Código Penal. Segundo o STF, *"a interrupção da gestação de feto anencefálico não configura crime contra a vida – revela-se conduta atípica."* (ADPF 54, Relator: MARCO AURÉLIO, Tribunal Pleno, julgado em 12/04/2012); **C:** incorreta, visto que o STF entende que *"a transferência de alunos entre universidades congêneres é instituto que integra o sistema geral de ensino, não transgredindo a autonomia universitária, e é disciplina a ser realizada de modo abrangente, não em vista de cada uma das universidades existentes no País, como decorreria da conclusão sobre tratar-se de questão própria ao estatuto de cada qual. Precedente: RE 134.795, rel. min. Marco Aurélio, RTJ 144/644."* (RE 362.074 AgR, rel. min. Eros Grau, j. 29-3-2005, 1ª T, DJ de 22-4-2005); **D:** incorreta, já que *"o STF tem reiteradamente entendido que é inconstitucional restrição imposta pelo Estado ao livre exercício de atividade econômica ou profissional, quanto aquelas forem utilizadas como meio de cobrança indireta de tributos."* (ARE 914.045 RG, rel. min. Edson Fachin, j. 15-10-2015, P, DJE de 19-11-2015, Tema 856). Em sede de repercussão geral, o STF a seguinte tese: *"I – É desnecessária a submissão à regra da reserva de plenário quando a decisão judicial estiver fundada em jurisprudência do Plenário ou em Súmula deste Supremo Tribunal Federal; II – É inconstitucional a restrição ilegítima ao livre exercício de atividade econômica ou profissional, quando imposta como meio de cobrança indireta de tributos."* (Tema 856); **E:** correta, de acordo com a jurisprudência do STF: *"As limitações ao livre exercício das profissões serão legítimas apenas quando o inadequado exercício de determinada atividade possa vir a causar danos a terceiros e desde que obedeçam a critérios de adequação e razoabilidade, o que não ocorre em relação ao exercício da profissão de músico, ausente qualquer interesse público na sua restrição. A existência de um conselho profissional com competências para selecionar, disciplinar e fiscalizar o exercício da profissão de músico (art. 1º), para proceder a registros profissionais obrigatórios, para expedir carteiras profissionais obrigatórias (arts. 16 e 17) e para exercer poder de polícia, aplicando penalidades pelo exercício ilegal da profissão (arts. 18, 19, 54 e 55), afronta as garantias da liberdade de profissão e de expressão artística."* (ADPF 183, rel. min. Alexandre de Moraes, j. 27-9-2019, P, DJE de 18-11-2019). **AN**

Gabarito "E."

(Juiz de Direito – TJ/RJ – 2019 – VUNESP) No tocante à extradição de brasileiros, a Carta Magna estabelece que

(A) é vedada para os natos e permitida para os naturalizados, independentemente do crime, desde que praticado antes da naturalização.

(B) é vedada para os natos e naturalizados, independentemente do crime praticado.

(C) é permitida para os natos, por comprovado envolvimento em tráfico ilícito de entorpecentes e drogas afins, na forma da lei, e para os naturalizados, por crimes comuns praticados antes da naturalização.

(D) é vedada para os natos e permitida para os naturalizados por crimes comuns, praticados antes da naturalização ou por comprovado envolvimento em tráfico ilícito de entorpecentes e drogas afins, na forma da lei.

(E) é vedada para os natos e permitida para os naturalizados por crimes comuns e por comprovado envolvimento em tráfico ilícito de entorpecentes e drogas afins, na forma da lei, desde que praticados antes da naturalização.

A: errada, pois no crime comum o brasileiro naturalizado poderá sim ser extraditado, desde que praticado o crime antes da naturalização. **B** e **E:** erradas, conforme artigo 5º, LI, da CF. **C:** incorreta, pois o brasileiro nato jamais será extraditado. **D:** correta, uma vez que o brasileiro nato jamais será extraditado e, quanto ao naturalizado, nos termos do artigo 5º, LI, da CF. **AB**

Gabarito "D."

(Juiz de Direito – TJ/BA – 2019 – CESPE/CEBRASPE) De acordo com a doutrina e com a jurisprudência do STF, assinale a opção correta, acerca da proteção ao princípio constitucional da dignidade da pessoa humana e da prática do crime de tortura.

(A) Em tempo de paz, a vedação da prática de tortura está sujeita a regulamentação ou restrição do legislador.

(B) A norma constitucional que veda a concessão de fiança, graça e anistia ao crime de tortura é de eficácia limitada.

(C) A Lei de Anistia não se estende aos crimes de tortura praticados pelos agentes do Estado que atuaram na repressão durante os governos militares.

(D) Segundo sua estrutura, a norma constitucional que veda a prática de tortura tem caráter de princípio, e não de regra.

(E) É da justiça militar a competência para decretar a perda do oficialato de policial militar que for condenado pela prática do crime de tortura.

A: incorreta, visto que a vedação da prática de tortura **não** está sujeita a regulamentação ou restrição do legislador, em qualquer tempo (art. 5º, III, da CF); **B:** correta, pois o inciso XLIII do art. 5º depende da atuação do legislador infraconstitucional para ter eficácia (a lei considerará crimes inafiançáveis e insuscetíveis de graça ou anistia a prática da tortura , o tráfico ilícito de entorpecentes e drogas afins, o terrorismo e os definidos como crimes hediondos...); **C:** incorreta, porque a Lei de Anistia se estende aos crimes de tortura praticados pelos agentes do Estado que atuaram na repressão durante os governos militares (art. 1º, § 1º, da Lei 6.683/1979). Essa interpretação foi ratificada pelo STF, nos seguintes termos: *"(..) 3. Conceito e definição de "crime político" pela Lei n. 6.683/79. São crimes conexos aos crimes políticos "os crimes de qualquer natureza relacionados com os crimes políticos ou praticados por motivação política"; podem ser de "qualquer natureza", mas [i] hão de terem estado relacionados com os crimes políticos ou [ii] hão de terem sido praticados por motivação política; são crimes outros que não políticos; são crimes comuns, porém [i] relacionados com os crimes políticos ou [ii] praticados por motivação política. A expressão crimes conexos a crimes políticos conota sentido a ser sindicado no momento histórico da sanção da lei. A chamada Lei de anistia diz com uma conexão sui generis, própria ao momento histórico da transição para a democracia. Ignora, no contexto da Lei n. 6.683/79, o sentido ou os sentidos correntes, na doutrina, da chamada conexão criminal; refere o que "se procurou", segundo a inicial, vale dizer, estender a anistia criminal de natureza política aos agentes do Estado encarregados da repressão. 4. A lei estendeu a conexão aos crimes praticados pelos agentes do Estado contra os que lutavam contra o Estado de exceção; daí o caráter bilateral da anistia, ampla e geral, que somente não foi irrestrita porque não abrangia os já condenados – e com sentença transitada em julgado, qual o Supremo assentou – pela prática de crimes de terrorismo, assalto, sequestro e atentado pessoal. (...)"* (ADPF 153, Relator: Min.

Eros Grau, Tribunal Pleno, julgado em 29/04/2010); **D:** incorreta, já que a norma de direito fundamental que veda a prática de tortura tem estrutura de regra, pois se trata de norma proibitiva de determinada conduta; **E:** correta, de acordo com a justificativa do CEBRASPE para alteração do gabarito. A jurisprudência do STF era firme no seguinte sentido: "*Em se tratando de condenação de oficial da polícia militar pela prática do crime de tortura, sendo crime comum, a competência para decretar a perda do oficialato, como efeito da condenação, é da Justiça comum. O disposto no art. 125, § 4º, da CF refere-se à competência da Justiça Militar para decidir sobre a perda do posto e da patente dos oficiais e da graduação das praças quando se tratar de crimes militares definidos em lei.*" (AI 769.637 AgR, Rel. Min. Joaquim Barbosa, j. 20/03/2012, 2ª T, DJE de 22/05/2012; AI 769.637 AgR-ED-ED, Rel. Min. Celso de Mello, j. 25/06/2013, 2ª T, DJE de 16/10/2013). Contudo, com o advento da Lei 13.491/2017, tal entendimento não pode mais ser considerado como adotado pelas atuais doutrina e jurisprudência do STF, conforme a justificativa do CEBRASPE. A Lei nº 13.491/17 alterou o Código Penal Militar para considerar como crimes militares, em tempo de paz, os delitos previstos na legislação penal, quando praticados, entre outras situações, por militar em situação de atividade ou assemelhado, em lugar sujeito à administração militar, contra militar da reserva, ou reformado, ou assemelhado, ou civil (art. 9º, II, "b", do CPM). Em assim sendo, a lei passou a considerar como crime militar e, portanto, subordinado à jurisdição militar, por exemplo, a conduta do policial militar que, em serviço, pratica tortura contra o civil no interior do quartel, fato que, entre outras hipóteses possíveis, se amolda à alternativa. **AN**
Gabarito Anulado

(Juiz de Direito – TJ/BA – 2019 – CESPE/CEBRASPE) No que se refere à liberdade de expressão, à liberdade de imprensa e aos seus limites, assinale a opção correta.

(A) De acordo com o STF, o consumo de droga ilícita em passeata que reivindique a descriminalização do uso dessa substância é assegurado pela liberdade de expressão.

(B) A legislação pertinente determina que os comentários de usuários da Internet nas páginas eletrônicas dos veículos de comunicação social se sujeitem ao direito de resposta do ofendido.

(C) A publicação de informações falsas em veículos de comunicação social não está assegurada pela liberdade de imprensa.

(D) A retratação ou retificação espontânea de mensagem de conteúdo ofensivo à honra ou imagem de outrem impede eventual direito de resposta do ofendido.

(E) Além do direito de resposta, a liberdade de expressão garante o direito de acesso e exposição de ideias em veículos de comunicação social.

A: incorreta, pois o STF liberou a realização dos eventos chamados "marcha da maconha", que reúnem manifestantes favoráveis à descriminalização da droga, com fundamento nos direitos constitucionais de reunião (liberdade-meio) e de livre expressão do pensamento (liberdade-fim), todavia não liberou o consumo de droga ilícita na ocasião do evento. Para o STF, o debate sobre abolição penal de determinadas condutas puníveis é um legítimo debate que não se confunde com incitação à prática de delito nem se identifica com apologia de fato criminoso, podendo ser realizado de forma racional, com respeito entre interlocutores, ainda que a ideia, para a maioria, possa ser eventualmente considerada estranha, extravagante, inaceitável ou perigosa (ADPF 187, Relator: Min. Celso de Mello, Tribunal Pleno, julgado em 15/06/2011); **B:** incorreta, porque os comentários realizados por usuários da internet nas páginas eletrônicas dos veículos de comunicação social não se sujeitam ao direito de resposta do ofendido (art. 2º, § 2º, da Lei 13.188/2015). A Lei 13.188/2015 prevê, *in verbis*: "*Art. 2º Ao ofendido em matéria divulgada, publicada ou transmitida por veículo de comunicação social é assegurado o direito de resposta ou retificação, gratuito e proporcional ao agravo. § 1º Para os efeitos desta Lei, considera-se matéria qualquer reportagem, nota ou notícia divulgada por veículo de comunicação social, independentemente do meio ou da plataforma de distribuição, publicação ou transmissão que utilize, cujo conteúdo atente, ainda que por equívoco de informação, contra a honra, a intimidade, a reputação, o conceito, o nome, a marca ou a imagem de pessoa física ou jurídica identificada ou passível de identificação. § 2º São excluídos da definição de matéria estabelecida no § 1º deste artigo os comentários realizados por usuários da internet nas páginas eletrônicas dos veículos de comunicação social.*"; **C:** correta, pois a liberdade de expressão e de imprensa não asseguram a divulgação de fato sabidamente falso, o que pode ser objeto de restrição judicial. A respeito, Mendes e Branco ensinam que "*a informação falsa não seria protegida pela Constituição, porque conduziria a uma pseudo operação da formação da opinião*" (MENDES, Gilmar e BRANCO, Paulo. *Curso de Direito Constitucional*. São Paulo: Saraiva, 2015, p. 274). De acordo com o STJ, a liberdade de imprensa – embora amplamente assegurada e com proibição de controle prévio – acarreta responsabilidade *a posteriori* pelo eventual excesso e não compreende a divulgação de especulação falsa (REsp 1582069/RJ, Rel. Ministro Marco Buzzi, Rel. p/ Acórdão Ministra Maria Isabel Gallotti, Quarta Turma, julgado em 16/02/2017, DJe 29/03/2017); **D:** incorreta, visto que a retratação ou retificação espontânea, ainda a elas sejam conferidos os mesmos destaque, publicidade, periodicidade e dimensão do agravo, não impedem o exercício do direito de resposta pelo ofendido nem prejudicam a ação de reparação por dano moral (art. 2º, § 3º, da Lei 13.188/2015); **E:** incorreta, pois o direito à liberdade de expressão não garante o direito de expor ideias em veículos de comunicação social, visto que violaria a livre-iniciativa e o direito de propriedade desses veículos. De acordo com Mendes e Branco: "*Vem prevalecendo uma interpretação mais restrita da garantia constitucional da liberdade de expressão. Não se vê suporte nesse direito fundamental para exigir que terceiros veiculem as ideias de uma dada pessoa. A liberdade se dirige, antes, a vedar que o Estado interfira no conteúdo da expressão. O direito não teria por sujeito passivo outros particulares, nem geraria uma obrigação de fazer para o Estado. O princípio constitucional da livre-iniciativa e mesmo o direito de propriedade desaconselhariam que se atribuísse tamanha latitude a essa liberdade*" (MENDES, Gilmar e BRANCO, Paulo. Curso de Direito Constitucional. São Paulo: Saraiva, 2015, p. 267). **AN**
Gabarito "C"

(Escrevente – TJ/SP – 2018 – VUNESP) De acordo com texto expresso na Constituição da República Federativa do Brasil (CRFB/88), é correto afirmar que a lei

(A) assegurará aos autores de inventos industriais privilégio permanente para sua utilização.

(B) penal sempre retroagirá, seja para beneficiar ou não o réu.

(C) regulará a individualização da pena e adotará, entre outras, a perda de bens.

(D) poderá excluir da apreciação do Poder Judiciário lesão ou ameaça a direito.

(E) deverá punir ato atentatório a liberdades com penas restritivas de direito.

A: incorreta, pois a lei assegurará aos autores de inventos industriais privilégio **temporário** para sua utilização (art. 5º, XXIX, da CF); **B:** incorreta, visto que a lei penal não retroagirá, salvo para beneficiar o réu (art. 5º, XL, da CF); **C:** correta, de acordo com o art. 5º, XLVI, *b*, da CF; **D:** incorreta, já que a lei não excluirá da apreciação do Poder Judiciário lesão ou ameaça a direito (art. 5º, XXXV, da CF); **E:** incorreta, uma vez que a lei punirá qualquer discriminação atentatória dos direitos e liberdades fundamentais (art. 5º, XLI, da CF). **AN**
Gabarito "C"

(Escrevente – TJ/SP – 2018 – VUNESP) Salvo em caso de guerra declarada, nos termos expressos da Constituição da República Federativa do Brasil (CRFB/88), não haverá pena

(A) de morte.

(B) de banimento.

(C) de caráter perpétuo.

(D) de trabalhos forçados.

(E) de expulsão.

Segundo o art. 5º, XLVII, *a*, da CF, não haverá pena de morte, salvo em caso de guerra declarada. AN

Gabarito "A".

(Delegado – PC/BA – 2018 – VUNESP) A Constituição Federal de 1988 garantiu a inviolabilidade do direito ao sigilo, sendo possível, contudo, a quebra do sigilo bancário

(A) mediante requisição de informações bancárias, efetuada no âmbito de procedimento administrativo-fiscal.

(B) desde que haja a oitiva do investigado em contraditório, ou seja, não sendo cabível na fase inquisitorial do processo.

(C) mediante ordem judicial, amparada em elementos probatórios que permitam individualizar o investigado e o objeto da investigação.

(D) excepcionalmente, nas hipóteses previstas no Código Civil e no Código Tributário Nacional.

(E) no âmbito da justiça federal, tão somente, excluída a competência da justiça comum estadual, face à natureza dos estabelecimentos bancários.

A quebra de sigilo poderá ser decretada, mediante ordem judicial, quando necessária para apuração de ocorrência de qualquer ilícito, em qualquer fase do inquérito ou do processo judicial (art. 1º, § 4º, art. 3º, da Lei Complementar 105/2001). A jurisprudência estabeleceu que a quebra do sigilo deve atender ao interesse público, respeitar o princípio da proporcionalidade e observar alguns requisitos, como a motivação da decisão, pertinência temática com o que se investiga, necessidade absoluta da medida, individualização do investigado e existência de limitação temporal do objeto da medida. De acordo com entendimento do STF, *"para que a medida excepcional da quebra de sigilo bancário não se descaracterize em sua finalidade legítima, torna-se imprescindível que o ato estatal que a decrete, além de adequadamente fundamentado, também indique, de modo preciso, dentre outros dados essenciais, os elementos de identificação do correntista (notadamente o número de sua inscrição no CPF) e o lapso temporal abrangido pela ordem de ruptura dos registros sigilosos mantidos por instituição financeira"* (HC 84.758, Rel. Min. Celso de Mello, P., j. 25-5-2006).

No que tange à solicitação de informações bancárias no âmbito de procedimento administrativo-fiscal (art. 5º da LC 105/2001; art. 198, § 1º, II, e § 2º, do CTN), o STF entendeu que não se trata de quebra de sigilo, mas, sim, de transferência de informações sigilosas no âmbito da Administração Pública, pois os dados sigilosos são transferidos de um determinado portador, que tem o dever de sigilo, para outro, que mantém a obrigação de sigilo, permanecendo resguardadas a intimidade e a vida privada do correntista (ADI 2859, Rel. Min. Dias Toffoli, Tribunal Pleno, julgado em 24-02-2016). AN

Gabarito "C".

(Soldado – PM/SP – 2018 – VUNESP) A Constituição Federal de 1988 prevê, entre seus direitos e garantias fundamentais, que

(A) são admissíveis, no processo criminal, as provas obtidas por meios ilícitos, se comprovada a boa-fé da autoridade policial.

(B) a prática do racismo constitui crime inafiançável e imprescritível, sujeito à pena de reclusão, nos termos da lei.

(C) constituem crimes inafiançáveis e imprescritíveis a prática de tortura, o tráfico ilícito de entorpecentes e drogas afins e o terrorismo.

(D) a lei considerará crimes inafiançáveis e insuscetíveis de graça ou anistia os crimes contra a Administração Pública.

(E) é reconhecida a instituição do júri, com a organização que lhe der a lei, sendo-lhe assegurada a competência para o julgamento dos crimes hediondos.

A: incorreta, pois são inadmissíveis, no processo, as provas obtidas por meios ilícitos, independentemente da boa-fé da autoridade policial (art. 5º, LVI, da CF); **B:** correta, nos termos do art. 5º, XLII, da CF; **C:** incorreta, pois constitui crime inafiançável e imprescritível a ação de grupos armados, civis ou militares, contra a ordem constitucional e o Estado Democrático (art. 5º, XLIV, da CF); **D:** incorreta, porque a lei considerará crimes inafiançáveis e insuscetíveis de graça ou anistia a prática da tortura, o tráfico ilícito de entorpecentes e drogas afins, o terrorismo e os definidos como crimes hediondos (art. 5º, XLIII, da CF); **E:** incorreta, pois a Constituição assegura ao Tribunal do Júri a competência para o julgamento dos crimes dolosos contra a vida (art. 5º, XXXVIII, *d*, da CF). AN

Gabarito "B".

(Defensor Público – DPE/SC – 2017 – FCC) No julgamento do Recurso Extraordinário. n 201.819/RJ, a Segunda Turma do Supremo Tribunal Federal, sob a relatoria para o acórdão do Ministro Gilmar Mendes, decidiu acerca da impossibilidade de exclusão de sócio, por parte da União Brasileira de Compositores, sem garantia da ampla defesa e do contraditório. O caso em questão representa um *leading* case inovador da nossa Corte Constitucional atinente ao seguinte ponto da Teoria Geral dos Direitos Fundamentais:

(A) Princípio da proibição de excesso.

(B) Núcleo essencial dos direitos fundamentais.

(C) Limites e restrições aos direitos fundamentais.

(D) Princípio da proibição de proteção insuficiente.

(E) Eficácia dos direitos fundamentais nas relações privadas.

O caso posto consubstancia-se na importância de estender-se, ao plano das relações de direito privado estabelecidas entre particulares, a cláusula de proteção das liberdades e garantias constitucionais e direitos fundamentais, cuja incidência demonstrou não se resumir, apenas, ao âmbito das relações verticais entre os indivíduos, de um lado, e o Estado, de outro. TM

Gabarito "E".

(Defensor Público – DPE/SC – 2017 – FCC) A respeito do princípio da proibição de retrocesso, considere:

I. É considerado pela doutrina um princípio constitucional implícito.

II. A sua aplicação está restrita ao âmbito dos direitos sociais, não alcançando outros direitos fundamentais.

III. A vinculação ao referido princípio é restrita à figura do legislador, não alcançando outros poderes ou entes estatais.

IV. A sua fundamentação constitucional pode ser extraída, entre outros, dos princípios da dignidade da pessoa humana e da segurança jurídica, bem como das

11. DIREITO CONSTITUCIONAL 469

garantias constitucionais da propriedade, do direito adquirido, do ato jurídico perfeito e da coisa julgada. Está correto o que se afirma APENAS em

(A) I, III e IV.

(B) II e III.

(C) I, II e III.

(D) II, III e IV.

(E) I e IV.

I: Correto. O constituinte não estabeleceu expressamente nenhum dispositivo de proteção do núcleo essencial dos direitos fundamentais, mas apenas de maneira implícita. Ingo Sarlet conclui que com base no direito constitucional brasileiro e de quase totalidade da doutrina pátria, a proibição de retrocesso é um princípio implícito, baseado no sistema constitucional, e que, para além dos institutos a que se vincula, também se fundamenta nos princípios da dignidade humana; do Estado Democrático e Social de Direito; da segurança jurídica; da proteção da confiança, razão pela qual não admite a fórmula do "tudo ou nada", sustentada por Dworkin, mas do "mais ou menos", devendo ser protegido ao menos o núcleo essencial legislativo dos direitos fundamentais sociais, para a hipótese de medidas estatais restritivas dos mesmos, de tal sorte que, ainda que o legislador disponha de uma indispensável autonomia legislativa, contudo, fica interdito a vedação legislativa absoluta, aniquilatória, sob pena de incorrer em inconstitucionalidade por omissão (SARLET, Ingo Wolfgang. A Eficácia dos Direitos Fundamentais. 8ª ed. Porto Alegre: Livraria do Advogado Editora, 2007). **II:** Errado. Os direitos sociais são autênticos direitos fundamentais, não havendo que se fazer uma distinção objetiva a respeito deles. **III.** Errado. A vinculação a respeito do princípio da proibição do retrocesso não se restringe unicamente à figura do legislador, mas à todos os poderes do estado, seja vinculando o Poder Legislativo, para que o legislador infraconstitucional atue positivamente, mediante a criação de leis necessárias à concretização dos direitos fundamentais; seja pela vinculação do Poder Executivo, mediante a proposição e realização de políticas públicas necessárias à realização dos direitos fundamentais; seja ainda pela vinculação do Poder Judiciário para decidir segundo as leis e preceitos constitucionais, em especial realizando o desiderato expresso nas normas de direitos fundamentais (SARLET, Ingo Wolfgang. Op., cit.,). **IV:** Correto. Significa dizer que o princípio da proibição do retrocesso, visa garantir a preservação de que determinados direitos, quando obtidos, constituem-se em verdadeira garantia constitucional. Sintetizando sua aplicação, o STF assim se posicionou: *"Em consequência desse princípio, o Estado, após haver reconhecido os direitos prestacionais, assume o dever não só de torná-los efetivos, mas, também, se obriga, sob pena de transgressão ao texto constitucional, a preservá-los, abstendo-se de frustrar – mediante supressão total ou parcial – os direitos sociais já concretizados.'- (ARE 639337 AgR, Relator(a): Min. CELSO DE MELLO, Segunda Turma, julgado em 23/08/2011, DJe-177 DIVULG 14-09-2011 PUBLIC 15-09-2011 EMENT VOL-02587-01 PP-00125).* 🅣🅜

Gabarito "E".

(Defensor Público Federal – DPU – 2017 – CESPE) A respeito do instituto da extradição, julgue os itens subsequentes de acordo com o entendimento do STF.

(1) Constitui óbice ao deferimento do pedido de extradição a inexistência, no ordenamento jurídico do Estado requerente, de sistema de progressão de regime de cumprimento de pena privativa de liberdade.

(2) A existência de vínculos conjugais e(ou) familiares do extraditando estrangeiro com pessoas de nacionalidade brasileira não se qualifica como causa obstativa da extradição.

(3) Será excluído da detração o período em que o extraditando tiver ficado preso cautelarmente no Brasil

por crimes cometidos em território nacional que não estiverem elencados no pedido de extradição.

(4) Se o estrangeiro manifestar de modo inequívoco o seu desejo de ser extraditado, ficarão dispensadas as formalidades inerentes ao processo de extradição.

1: Errado. Não constitui óbice à extradição a ausência do regime de progressão de pena no ordenamento jurídico do Estado Requerente. A República Federativa do Brasil não pode exigir, para o deferimento do pedido extradicional, a aplicação de institutos próprios do direito penal e processual brasileiros (Ext 1454, Relator(a): Min. Luiz Fux, Primeira Turma, julgado em 18/04/2017, DJe 30-05-2017 Public. 31-05-2017). **2:** Certo. Súmula 421 do STF: Não impede a extradição a circunstância de ser o extraditando casado com brasileira ou ter filho brasileiro". Ademais, os termos da Súmula foi reafirmado em novo julgamento sendo considerado compatível com a CF (Ext 1343, Relator Ministro Celso de Mello, Segunda Turma, julgamento em 21.10.2014, *DJe* de 19.2.2015). **3:** Certo. (EXT 1.434/Espanha, rel. min. Celso de Mello, Segunda Turma, julgada em 6.12.2016 e Ext 1288, Relator(a): Min. Gilmar Mendes, Segunda Turma, julgado em 21/03/2017, acórdão eletrônico DJe-066 Divulg 31-03-2017 Public 03-04-2017). **4:** Errado. A jurisprudência do STF tem entendido que a mera circunstância de o extraditando estar de acordo com o pedido extradicional e de declarar que deseja retornar ao Estado requerente, a fim de submeter-se, naquele País, aos atos da persecução penal lá instaurada, não exonera, em princípio, o STF, do dever de efetuar rígido controle de legalidade sobre a postulação formulada pelo Estado requerente. Foram essas as palavras do decano Celso de Mello ao redigir seu voto em recente julgamento ocorrido no STF. Concluiu arrematando que a jurisprudência desta Corte tem proclamado a irrenunciabilidade, em face de nosso ordenamento positivo, das garantias jurídicas que se revelam inerentes ao processo extradicional, Mostrando-se irrelevante a mera declaração do extraditando de que deseja ser entregue à Justiça do Estado requerente. (Ext 1476 QO, Relator(a): Min. Celso de Mello, Segunda Turma, julgado em 09/05/2017, Acórdão Eletrônico DJe-239 Divulg 19-10-2017 Public 20-10-2017). 🅣🅜

Gabarito: 1E, 2C, 3C, 4E.

(Delegado/AP – 2017 – FCC) De acordo com o regime constitucional de proteção dos direitos fundamentais,

(A) o direito à inviolabilidade de domicílio abrange a casa em que o indivíduo mantém residência, mas não impede que a autoridade policial ingresse em estabelecimento profissional de acesso privativo, contra a vontade de seu proprietário, sendo desnecessária ordem judicial nesse caso.

(B) o sigilo bancário e o sigilo fiscal não podem ser afastados por ato de comissões parlamentares de inquérito, mas apenas por atos praticados por autoridades judiciais.

(C) as comissões parlamentares de inquérito podem determinar a interceptação telefônica de conversas mantidas entre pessoas por elas investigadas, desde que seja demonstrada a existência concreta de causa provável que legitime a medida excepcional, justificando a necessidade de sua efetivação, sem prejuízo de ulterior controle jurisdicional.

(D) é constitucional lei que autorize as autoridades e os agentes fiscais tributários examinar documentos, livros e registros de instituições financeiras, quando houver processo administrativo instaurado ou procedimento fiscal em curso, se tais exames forem considerados indispensáveis pela autoridade administrativa competente.

(E) a omissão do dever de informar o preso, no momento oportuno, do direito de ficar calado, gera mera irregularidade, não se impondo a decretação de nulidade e a desconsideração das informações incriminatórias dele obtidas.

De acordo com o entendimento doutrinário e jurisprudencial dominante a expressão "casa" prevista no artigo 5º, inciso XI, CF abrange todo compartimento habitado – a casa em que o indivíduo mantém residência, a parte não aberta ao público dos estabelecimentos comerciais, os escritórios profissionais e até um quarto de hotel que esteja hospedado. Por essa razão incorreta a alternativa **A**.

Entende o STF que a CPI pode quebrar alguns sigilos, desde que por ato motivado e quando tal prova for imprescindível – são eles o sigilo fiscal, o bancário, o financeiro e o telefônico (acesso aos dados das ligações telefônicas), logo errada a alternativa **B**. Já o sigilo das comunicações telefônicas, disciplinado no artigo 5º, inciso XII, CF está vinculado a uma cláusula de reserva jurisdicional – ou seja – a interceptação telefônica só pode ser determinada por uma autoridade judicial. Ademais, só pode ser determinada nas hipóteses e na forma que a lei estabelecer para fins de investigação criminal ou instrução processual penal. Sendo a CPI uma investigação parlamentar nem mesmo com ordem judicial poderia ser determinada a interceptação para atender a um pedido da CPI. A única forma de utilização pela CPI de uma interceptação telefônica seria como prova emprestada, após ter sido produzida num processo criminal, nos termos da lei e por ordem judicial. Assim, errada a alternativa **C**. A letra **D** está correta – quanto a isso houve apreciação pelo STF nas ADI's 2390, 2386, 2397 e 2859. Errada a alternativa **E**, pois conforme entendimento do STF (HC 78708, Relator(a): Min. Sepúlveda Pertence) "O direito à informação da faculdade de manter-se silente ganhou dignidade constitucional, porque instrumento insubstituível da eficácia real da vetusta garantia contra a autoincriminação que a persistência planetária dos abusos policiais não deixa perder atualidade. II. Em princípio, ao invés de constituir desprezível irregularidade, a omissão do dever de informação ao preso dos seus direitos, no momento adequado, gera efetivamente a nulidade e impõe a desconsideração de todas as informações incriminatórias dele anteriormente obtidas, assim como das provas delas derivadas". **LR**

"Gabarito "D".

(Delegado/MS – 2017 – FAPEMS) Com base na jurisprudência do Supremo Tribunal Federal sobre direitos e garantias fundamentais, assinale a alternativa correta.

(A) O fato de o réu estar sendo processado por outros crimes e respondendo a outros inquéritos policiais é suficiente para justificar a manutenção da constrição cautelar.

(B) A entrada forçada em domicílio sem mandado judicial só é lícita, mesmo em período noturno, quando amparada em fundadas razões, devidamente justificadas a posteriori, que indiquem que dentro da casa ocorre situação de flagrante delito.

(C) É nulo o inquérito policial instaurado a partir da prisão em flagrante dos acusados, quando a autoridade policial tenha tomado conhecimento prévio dos fatos por meio de denúncia anônima.

(D) Ante o princípio constitucional da não culpabilidade, existência de inquéritos policiais ou de ações penais sem trânsito em julgado pode ser considerada como maus antecedentes criminais para fins de dosimetria da pena.

(E) A constatação de situação de flagrância, posterior ao ingresso, justifica a entrada forçada em domicílio sem determinação judicial, sendo desnecessário o controle judicial posterior à execução da medida.

A alternativa **A** está errada. Nesse sentido a decisão proferida no HC 100.091, rel. min. Celso de Mello, DJE 186, de 01.10.2009 "o fato de o réu estar sendo processado por outros crimes e respondendo a outros inquéritos policiais não é suficiente para justificar a manutenção da constrição cautelar". No mesmo sentido, Min. Gilmar Mendes em Medida Cautelar no *Habeas Corpus* 95324 MC / Es – Espírito Santo: "Como afirmei no julgamento do HC 86.186 (DJ 17.8.2007), do qual fui relator, o simples fato de o réu estar sendo processado por outros crimes e respondendo a outros inquéritos policiais não é suficiente para justificar a manutenção da prisão cautelar, sob pena de violação do princípio constitucional da não culpabilidade (CF, art. 5º, LVII)." Correta a alternativa B, pois conforme artigo 5º, inciso XI é possível o ingresso na casa a qualquer hora se houver flagrante. A alternativa C está errada. O Ministro do STF Dias Toffoli ressaltou o entendimento já firmado em jurisprudência da Corte de que "não é nulo o inquérito policial instaurado a partir da prisão em flagrante dos acusados, ainda que a autoridade policial tenha tomado conhecimento prévio dos fatos por meio de denúncia anônima". (Habeas Corpus 108892). A alternativa D está errada. "A existência de inquéritos policiais ou de ações penais sem trânsito em julgado não podem ser consideradas como maus antecedentes para fins de dosimetria da pena". Essa foi a tese firmada pelo Plenário do Supremo Tribunal Federal no julgamento do Recurso Extraordinário 591054, com repercussão geral reconhecida. A alternativa E está errada. Como referido no RE 603616, Relator Ministro Gilmar Mendes, "A entrada forçada em domicílio, sem uma justificativa prévia conforme o direito, é arbitrária. Não será a constatação de situação de flagrância, posterior ao ingresso, que justificará a medida. Os agentes estatais devem demonstrar que havia elementos mínimos a caracterizar fundadas razões (justa causa) para a medida." **LR**

"Gabarito "B".

5.2. Remédios constitucionais

(Procurador/PA – CESPE – 2022) No que diz respeito aos denominados remédios constitucionais, assinale a opção correta.

(A) Uma vez impetrado *habeas corpus* para cessar violência ou coação à liberdade de locomoção de alguém, não pode o impetrante desistir da ação, pois isso representaria violação de direitos fundamentais consagrados constitucionalmente.

(B) O mandado de segurança pode ser proposto por qualquer cidadão e tem por finalidade a anulação ou declaração de nulidade de atos lesivos ao patrimônio público, seja tal patrimônio da União, de estado, do Distrito Federal, de município, de empresa pública, de sociedade de economia mista ou de entidade autárquica.

(C) O *habeas corpus* preventivo é aquele utilizado para afastar ameaça à liberdade de locomoção, ao passo que o *habeas corpus* repressivo é impetrado quando a pessoa pensa que está sofrendo violência ou coação em sua liberdade de locomoção. Por isso, o *habeas corpus* preventivo é chamado, também, de *habeas corpus* real, enquanto o *habeas corpus* repressivo é designado como *habeas corpus* putativo.

(D) O mandado de segurança coletivo e o mandado de injunção coletivo são institutos análogos, pois ambos objetivam a proteção de direito líquido e certo não amparado por *habeas corpus* ou *habeas data*, mas se diferenciam na ordem constitucional, uma vez que o mandado de injunção coletivo é utilizado, entre outras finalidades, para afastar ou corrigir abuso de poder ou ilegalidade contra direito líquido e certo que sejam

11. DIREITO CONSTITUCIONAL   471

praticados por autoridade ou agentes no exercício de função pública.

(E) O *habeas data*, além de assegurar o acesso a informações relativas à pessoa do impetrante que constem de registros ou bancos de dados de entidades governamentais ou que sejam de caráter público, serve, ainda, para retificar dados, quando não se preferir fazê-lo por processo sigiloso, de cunho administrativo ou judicial.

E: correta. Essas finalidades do *habeas data* estão previstas no art. 5º, LXXII, da CF, sendo que a Lei nº 9.507/1997, que regula e disciplina rito processual desse remédio constitucional as ampliou prescrevendo que é cabível também para a anotação nos assentamentos do interessado, de contestação ou explicação sobre dado verdadeiro, mas justificável e que esteja sob pendência judicial ou amigável (art. 7º, III). **AMN**
Gabarito "E."

(Delegado/MG – 2021 – FUMARC) Centenas de delegados civis do Estado ZW reuniram-se na sede do Sindicato dos Delegados local, representante dos interesses dessa categoria. O sindicato está legalmente constituído e em funcionamento há três anos.

Depois de longo período sem reajustes na sua remuneração, em assembleia geral convocada especialmente para deliberar a respeito das medidas a serem adotadas pelos sindicalizados, decidiram adotar providências concernentes a manifestações de rua, em frente à Assembleia Legislativa, de maneira pacífica e organizada.

Ao ser comunicado sobre as reuniões acima, o Governador de Estado respondeu ao Sindicato dos Delegados que as estava indeferindo, dando ordem expressa para que elas não fossem realizadas.

Dentre os remédios constitucionais abaixo, o adequado à iniciativa do Sindicato, para assegurar os direitos dos filiados, sem necessidade de dilação e instrução probatórias, é:

(A) Ação Popular.

(B) Mandado de Injunção coletivo.

(C) Mandado de Segurança coletivo.

(D) Mandado de Segurança individual.

A: incorreta. A *ação popular* tem por objetivo anular ato lesivo ao patrimônio público ou de entidade de que o Estado participe, à moralidade administrativa, ao meio ambiente e ao patrimônio histórico e cultural (art. 5º, LXXIII, da CF). Por meio dessa ação o exercício da cidadania é promovido. Nessa ação há dilação e instrução probatória; **B:** incorreta. *O mandado de injunção* tem como objetivo atuar na inércia do legislador, ou seja, visa combater a omissão normativa que inviabiliza o exercício dos direitos e liberdades constitucionais e das prerrogativas inerentes à nacionalidade, à soberania e à cidadania; **C:** correta. De fato, o *mandado de segurança coletivo é o remédio adequado* à iniciativa do Sindicato, para assegurar os direitos dos filiados, sem necessidade de dilação e instrução probatórias. Sua finalidade é resguardar direito líquido e certo contra abuso de poder ou ilegalidade, praticado por autoridade pública ou por quem lhe faça as vezes, desde que tal direito não esteja protegido por *habeas corpus* ou *habeas data*. As manifestações de rua, em frente à Assembleia Legislativa, de maneira pacífica e organizada, podem ser realizadas (5º, XVI, da CF - direito de reunião). Como há ordem expressa para não realização (prova pré-constituída) e o sindicato legalmente constituído tem legitimidade para assegurar os direitos dos filiados, o remédio a ser impetrado é o mandado de segurança coletivo (art. 5º, LXX, "b"). **BV**
Gabarito "C."

(Procurador Município – Santos/SP – VUNESP – 2021) Considerando a doutrina e jurisprudência a respeito do Mandado de Segurança, é correto afirmar que

(A) é admitido contra lei ou decreto de efeitos concretos, assim entendidos aqueles que trazem em si mesmos o resultado específico pretendido, tais como as leis que criam municípios ou desmembram distritos.

(B) não está previsto para a defesa de direitos individuais subjetivos, mas deverá ser impetrado na defesa de interesse de uma categoria, classe ou grupo, independentemente da autorização dos associados.

(C) o Estado membro dispõe de legitimação para propor mandado de segurança coletivo contra a União em defesa de supostos interesses da população residente na unidade federada.

(D) não pode ser interposto por parlamentar com a finalidade específica de coibir atos praticados no processo de aprovação de emendas constitucionais que não se compatibilizam com o processo legislativo constitucional.

(E) não pode ser proposto por diferentes órgãos públicos despersonalizados, tais como as Presidências das Mesas dos Legislativos, ainda que tenham prerrogativas ou direitos próprios a defender.

A: Correta. Conforme pondera a doutrina: "pela **Súmula 266 do STF**, 'não cabe mandado de segurança contra lei em tese'; mas esta proibição não atinge norma que veicule autênticos atos administrativos, os quais estejam produzindo efeitos concretos individualizados" (BULOS, Uadi Lammêgo. *Curso de direito constitucional*. São Paulo: Saraiva, 2007, p. 579. Grifos no original). **B:** Incorreta. O mandado de segurança está previsto para a defesa de direitos individuais (CF, art. 5º, LXIX) e para a defesa de direito coletivo (CF, art. 5º LXX). **C:** Incorreta. A legitimidade ativa do mandado de segurança coletivo é de partido político com representação no Congresso Nacional, organização sindical, entidade de classe ou associação legalmente constituída e em funcionamento há pelo menos um ano em defesa dos interesses de seus membros ou associados (CF, art. 5º LXX). **D:** Incorreta. Segundo a doutrina: "O Supremo Tribunal Federal admite a legitimidade do parlamentar para impetrar mandado de segurança com a finalidade de coibir atos praticados no processo de aprovação de lei ou emenda constitucional incompatíveis com disposições constitucionais que disciplinam o processo legislativo. Se trata de hipótese excepcional de apreciação de constitucionalidade de modo preventivo pelo guardião da Constituição Federal" (LAZARI, Rafael et al. *Direito constitucional*. 6. ed. Belo Horizonte: D'Plácido, 2022, p. 632). **E:** Incorreta. A doutrina aponta que: "Além das pessoas física ou jurídicas, nacionais ou estrangeiras, os **órgãos públicos despersonalizados** são dotados de capacidade processual e podem impetrar o mandado de segurança individual, como as chefias dos Executivos federal, estadual, distrital ou municipal, as Presidências das Mesas dos Legislativos, Presidência dos Tribunais, a Presidência do Tribunal de Contas, o Ministério Público e os demais órgãos da Administração Pública que tenham direitos a defender fundamentados no *writ* constitucional" (LAZARI, Rafael; NISHIYAMA, Adolfo Mamoru. *Processo constitucional*. 4. ed. Belo Horizonte: D'Plácido, 2022, p. 213. Grifos no original). **AMN**
Gabarito "A."

(Magistratura/SP – 2021) A respeito do Mandado de Segurança, ação constitucional assegurada contra ato ilegal ou abusivo praticado por autoridade, restou sumulado:

(A) compete à turma recursal processar e julgar o mandado de segurança contra ato de juizado especial.

(B) a entidade de classe tem legitimidade para o mandado de segurança apenas quando a pretensão veiculada interesse a toda a respectiva categoria.

(C) pedido de reconsideração na esfera administrativa interrompe o prazo para o mandado de segurança.

(D) compete ao Supremo Tribunal Federal conhecer originalmente de mandados de segurança contra atos de outros Tribunais.

***

A: correta. A turma recursal é que tem competência para processar e julgar Mandado de Segurança contra ato de juizado especial, conforme previsto na Súmula 376 do STJ. **AN**

Gabarito "A".

(Juiz de Direito - TJ/AL - 2019 – FCC) Quanto ao remédio constitucional mandado de segurança,

(A) permite-se a fungibilidade com a ação civil pública ou como sucedâneo da ação popular, na proteção de direitos coletivos.

(B) não admite o litisconsórcio ativo, sendo o litisconsórcio passivo causa de extinção da ação mandamental.

(C) o pedido de reconsideração na esfera administrativa interrompe o prazo decadencial para sua impetração.

(D) os representantes ou órgãos de partidos políticos e os dirigentes de estabelecimento de ensino superior são considerados autoridade coatora para o fim de legitimidade passiva do mandado de segurança.

(E) denegada a segurança, é descabido o uso de ação própria pelo requerente.

***

A: incorreta, visto que o mandado de segurança segue rito sumário e possui legitimados, prazo e objeto diferentes da ação civil pública e da ação popular, não se podendo falar em fungibilidade ou substituição entre essas ações. De acordo com a jurisprudência reiterada do STF, o mandado de segurança não pode ser utilizado como sucedâneo da ação popular (MS 33844 MC-AgR, Relator: Min. Celso de Mello, Tribunal Pleno, julgado em 28/10/2015), entendimento que se encontra consubstanciado na Súmula 101 do STF: "*O mandado de segurança não substitui a ação popular*"; **B**: incorreta, porque o mandado de segurança admite o litisconsórcio ativo, conforme previsão contida no art. 10, § 2º, da Lei 12.016/2009 ("*O ingresso de litisconsorte ativo não será admitido após o despacho da petição inicial*"). Também não há vedação ao litisconsórcio passivo, sendo, inclusive, obrigatório em algumas hipóteses, conforme prevê a Súmula 631 do STF: "*Extingue-se o processo de mandado de segurança se o impetrante não promove, no prazo assinado, a citação do litisconsorte passivo necessário*"; **C**: incorreta, haja vista que o pedido de reconsideração na via administrativa não interrompe o prazo para o mandado de segurança (Súmula 430 do STF). Nesse sentido, é firme a jurisprudência do STJ no sentido de que "*os recursos administrativos não possuem o condão de impedir o início do prazo decadencial para manejo do mandado de segurança, tampouco o suspende ou interrompe*" (AgInt no RMS 54.552/SP, Rel. Ministro Francisco Falcão, Segunda Turma, julgado em 13/11/2018); **D**: correta, de acordo com a previsão do art. 1º, § 1º, da Lei 12.016/2009; **E**: incorreta, pois a sentença ou o acórdão que denegar mandado de segurança, sem decidir o mérito, não impedirá que o requerente, por ação própria, pleiteie os seus direitos e os respectivos efeitos patrimoniais (art. 19 da Lei 12.016/2009). **AMN**

Gabarito "D".

(Juiz de Direito - TJ/RJ - 2019 – VUNESP) Com relação ao instituto do mandado de segurança, é correto afirmar que

(A) Do indeferimento da inicial pelo juiz de primeiro grau caberá agravo e, quando a competência para o julgamento do mandado de segurança couber originariamente a um dos tribunais, do ato do relator caberá agravo para o órgão competente do tribunal que integre.

(B) A decisão denegatória do *writ* em primeira instância, ainda que tenha apreciado o mérito da demanda, não impede que um novo pedido de mandado de segurança seja renovado, desde que dentro do prazo decadencial.

(C) O pagamento de vencimentos e vantagens pecuniárias assegurados em sentença concessiva de mandado de segurança a servidor público da administração direta ou autárquica federal, estadual e municipal somente será efetuado relativamente às prestações que se vencerem a contar da data da sentença.

(D) Das decisões em mandado de segurança proferidas em única instância pelos tribunais cabe recurso especial e extraordinário, nos casos legalmente previstos, e recurso ordinário, quando a ordem for concedida.

(E) Não será concedida medida liminar que tenha por objeto a compensação de créditos tributários, a entrega de mercadorias e bens provenientes do exterior, a reclassificação ou equiparação de servidores públicos e a concessão de aumento ou a extensão de vantagens ou pagamento de qualquer natureza.

***

A: incorreta, pois é caso de apelação. **B**: incorreta, porque impede sim, caso tenha sido apreciado o mérito (artigo 6º, § 6º, da Lei do Mandado de Segurança). **C**: errada, pois serão das prestações a partir do ajuizamento da inicial (Artigo 14, § 4º, da Lei do MS). **D**: errada, porque será hipótese de quando a ordem for denegada. **E**: correta, artigo 7º, § 2º, da Lei 12.016/09. **AB**

Gabarito "E".

(Procurador do Município – S.J. Rio Preto/SP – 2019 – VUNESP) O Chefe do Departamento de Recursos Humanos da Prefeitura Municipal de São José do Rio Preto, sem qualquer motivo legal, recusou-se a fornecer para João, funcionário público municipal, a sua certidão de tempo de serviço que é necessária para pedir a sua aposentadoria. Nesse caso, e a fim de garantir seus direitos, João poderá

(A) recorrer ao Ministério Público.

(B) propor ação civil pública.

(C) propor ação popular.

(D) impetrar o mandado de injunção.

(E) impetrar o mandado de segurança individual.

***

Correta é a letra E, pois trata-se de direito líquido e certo da pessoa do impetrante. A obtenção de certidões para a defesa de direitos é um direito líquido e certo, tanto que não seria caso de *habeas data*, ainda que não tenha tal alternativa. Letras A, B e D desconexas com o enunciado, logo, erradas. Letra C equivocada, pois não é caso de ofensa à moralidade administrativa. **AB**

Gabarito "E".

(Promotor de Justiça/PR – 2019 – MPE/PR) Sobre o mandado de segurança, é **correto** afirmar:

(A) O pagamento de vencimentos e vantagens pecuniárias assegurados em sentença concessiva de mandado de segurança a servidor público da administração direta ou autárquica federal, estadual e municipal somente será efetuado relativamente às prestações que se vencerem a contar do trânsito em julgado, não produzindo efeitos patrimoniais em relação a período pretérito, os quais devem ser reclamados administrativamente ou pela via judicial própria.

11. DIREITO CONSTITUCIONAL — 473

(B) O mandado de segurança não constitui ação adequada para a declaração do direito à compensação tributária.

(C) O mandado de segurança coletivo pode ser impetrado por partido político com representação no Congresso Nacional, na defesa de seus interesses legítimos relativos a seus integrantes ou à finalidade partidária, ou por organização sindical, entidade de classe ou associação legalmente constituída e em funcionamento há, pelo menos, 1 (um) ano, em defesa de direitos líquidos e certos da totalidade dos seus membros ou associados, na forma dos seus estatutos e desde que pertinentes às suas finalidades, dispensada, para tanto, autorização especial.

(D) A errônea indicação da autoridade coatora pode ser corrigida mediante utilização da teoria da encampação, quando presentes, cumulativamente, os seguintes requisitos: a) existência de vínculo hierárquico entre a autoridade que prestou informações e a que ordenou a prática do ato impugnado; b) manifestação a respeito do mérito nas informações prestadas; e c) ausência de modificação de competência estabelecida na Constituição Federal.

(E) É de 5 (cinco) dias o prazo para interposição de agravo contra decisão do Presidente do Tribunal de Justiça, que defere pedido de suspensão de liminar, a requerimento de pessoa jurídica de direito público interessada ou do Ministério Público e para evitar grave lesão à ordem, à saúde, à segurança e à economia públicas.

A: incorreta, porque os efeitos patrimoniais serão a partir da data da impetração do mandado de segurança. **B:** incorreta, conforme Súmula 213, do STJ, logo, sendo ação adequada para a declaração do direito à compensação tributária. **C:** incorreta, pois não apenas em face da totalidade dos seus membros. **E:** incorreta, uma vez que o prazo é de 15 dias. **AB**
„Gabarito "D".

(Escrevente – TJ/SP – 2018 – VUNESP) Conforme dispõe expressamente o texto constitucional, são gratuitas as ações de

(A) mandado de segurança e mandado de segurança coletivo.

(B) mandado de segurança e habeas corpus.

(C) mandado de segurança e habeas data.

(D) habeas corpus e mandado de injunção.

(E) habeas corpus e habeas data.

De acordo com o art. 5º, LXXVII, da CF, são gratuitas as ações de *habeas corpus* e *habeas data*. **AN**
„Gabarito "E".

(Escrevente – TJ/SP – 2018 – VUNESP) Em relação à Ação Popular, é correto afirmar que

(A) haverá pagamento de custas pelo autor no caso de nova ação.

(B) serão devidas as custas, desde que comprovada a má-fé do autor.

(C) a improcedência por carência de provas evidencia a má-fé do autor da ação popular.

(D) a improcedência torna devidos os honorários de sucumbência.

(E) serão devidas as custas judiciais e ônus de sucumbência.

De acordo com o art. 5º, LXXIII, da CF, qualquer cidadão é parte legítima para propor ação popular que vise a anular ato lesivo ao patrimônio público ou de entidade de que o Estado participe, à moralidade administrativa, ao meio ambiente e ao patrimônio histórico e cultural, ficando o autor, **salvo comprovada má-fé**, isento de custas judiciais e do ônus da sucumbência. **AN**
„Gabarito "B".

(Defensor Público – DPE/PR – 2017 – FCC) Em determinada decisão de sua relatoria no Supremo Tribunal Federal, Ministro da referida casa assim se pronunciou: o Tribunal não chega a ser um "elaborador" de políticas públicas, e sim um coordenador institucional, produzindo um "efeito desbloqueador". Na mesma decisão disse, ainda, que naquele caso caberia ao Judiciário catalisar ações e políticas públicas, coordenar a atuação dos órgãos do Estado na adoção dessas medidas e monitorar a eficiência das soluções. Os efeitos mencionados pelo Ministro são característicos da decisão

(A) de *Habeas Data*.

(B) que reconhece o Estado de Coisas Inconstitucional.

(C) que utiliza a técnica do *judicial review*.

(D) de Mandado de Injunção.

(E) de Ação Direta de Inconstitucionalidade por Omissão.

Fala-se que o Estado seria um desbloqueador de políticas públicas em razão de contextualizar em situações em que se faz presente um quadro de violação massiva e persistente de direitos fundamentais, decorrente de falhas estruturais e falência de políticas públicas e cuja modificação depende de medidas abrangentes de natureza normativa, administrativa e orçamentária. **TM**
„Gabarito "B".

(Defensor Público – DPE/PR – 2017 – FCC) Sobre o Mandado de Injunção, é correto afirmar:

(A) Diferencia-se o Mandado de Injunção da Ação Direta de Inconstitucionalidade por omissão pois aquele retrata processo subjetivo de controle de constitucionalidade, ao passo que este é processo objetivo; mas se assemelham pois ambos preveem a medida liminar para suspender processos judiciais ou procedimentos administrativos, ou ainda em outra providência a ser fixada pelo Poder Judiciário.

(B) Como remédio constitucional previsto em todas as Constituições republicanas, mas suspensa durante a vigência do Ato Institucional n. 5, é cabível sempre que a falta total ou parcial de norma regulamentadora torne inviável o exercício dos direitos e liberdades constitucionais e das prerrogativas inerentes à nacionalidade, à soberania e à cidadania.

(C) A sentença proferida nele poderá estabelecer as condições em que se dará o exercício dos direitos, das liberdades ou das prerrogativas reclamados, caso haja mora do órgão impetrado. Se editada a norma faltante em momento posterior, esta não retroagirá, exceto se for benéfica ao impetrante.

(D) A lei que o regulamenta, em contrariedade à jurisprudência do Supremo Tribunal Federal, não permite a extensão dos efeitos da decisão para além das partes, já que se trata de processo constitucional subjetivo que visa assegurar o exercício de direitos do impetrante.

(E) Caberá recurso ordinário ao Superior Tribunal de Justiça quando denegatória a decisão no julgamento de Mandado de Injunção em única instância pelos Tribunais Regionais Federais ou pelos Tribunais dos Estados, do Distrito Federal e Territórios.

A: Não é cabível em Mandado de Injunção a concessão de medida liminar em razão dos efeitos jurídicos que dela podem emanar (MI 4060 STF). **B:** Errado. O Mandado de Injunção foi positivado no ordenamento brasileiro na Constituição de 1988. **C:** Correto. Art. 8º e seguintes da Lei 13.300/2016. **D:** Errado. Poderá ser conferida eficácia *erga omnes* à decisão (art. 9º, §§ 1º e 2,º da Lei 13.300/2016). **E:** Errado. O STF é incompetente para conhecer e julgar recurso em mandado de injunção oriundo de Tribunal de Justiça Estadual (interpretação extensiva do art. 102, inc. II, alínea "a" da CF). Tem competência para julgar, em recurso ordinário, o mandado de injunção quando este tiver sido decidido em única instância pelos Tribunais Superiores, se denegatória a decisão. (STF, RMI 902 Pub. 2.2.2009). **TM**
Gabarito "C".

(Defensor Público – DPE/PR – 2017 – FCC) Sobre o Mandado de Segurança, é INCORRETO afirmar:

(A) Compete à turma recursal processar e julgar o Mandado de Segurança contra ato de juizado especial.

(B) A impetração de Mandado de Segurança por terceiro, contra ato judicial, não se condiciona a interposição de recurso, ainda que o impetrante tenha ciência da decisão que lhe prejudicou e não tenha utilizado o recurso cabível.

(C) Equiparam-se às autoridades coatoras os representantes ou órgãos de partidos políticos e os administradores de entidades autárquicas, bem como os dirigentes de pessoas jurídicas ou as pessoas naturais no exercício de atribuições do poder público, somente no que disser respeito a essas atribuições.

(D) Segundo a jurisprudência do Superior Tribunal de Justiça, a teoria da encampação no Mandado de Segurança tem aplicabilidade nas hipóteses em que atendidos os seguintes pressupostos: subordinação hierárquica entre a autoridade efetivamente coatora e a apontada na petição inicial, discussão do mérito nas informações e ausência de modificação da competência.

(E) Segundo jurisprudência do Supremo Tribunal Federal, no Mandado de Segurança impetrado pelo Ministério Público contra decisão proferida em processo penal, é obrigatória a citação do réu como litisconsorte passivo.

A: Alternativa correta, portanto não deverá ser assinalada. Matéria sumulada pelo STJ (Súmula n. 376). **B:** Errada, portanto deverá ser assinalada. A matéria é sumulada pelo STJ no ponto que define que a impetração de segurança por terceiro, contra ato judicial, não condiciona à interposição de recurso. Entretanto, na hipótese do impetrante ter ciência da decisão que lhe prejudicou e não utiliza recurso cabível, a Súmula não será aplicada (Precedente STJ – RMS n. 42.593 – RJ). **C:** Alternativa correta, portanto não deverá ser assinalada. Disposição idêntica no texto da lei (art. 1º, § 1º, da Lei 12.016/2009). **D:** Alternativa correta, portanto, não deverá ser assinalada. (Precedente STJ, MS 15114 / DF). **E:** Alternativa correta, portanto não deverá ser assinalada. Matéria sumulada pelo STF (Súmula n. 701). **TM**
Gabarito "B".

(Procurador do Município – Prefeitura Fortaleza/CE – CESPE – 2017) Acerca dos remédios constitucionais, julgue os próximos itens.

(1) Pessoa jurídica pode impetrar *habeas corpus*.

(2) Embora não tenham personalidade jurídica própria, os órgãos públicos titulares de prerrogativas e atribuições emanadas de suas funções públicas — como, por exemplo, as câmaras de vereadores, os tribunais de contas e o MP — têm personalidade judiciária e, por conseguinte, capacidade ativa de ser parte em mandado de segurança para defender suas atribuições constitucionais e legais.

1. correta. Pessoas jurídicas podem impetrar HC, mas em favor de pessoa física, ou seja, embora possam impetrar o remédio, não podem ser beneficiárias (haja vista a ausência de direito de locomoção); **2.** correta. Os entes despersonalizados não podem ajuizar ações pelo procedimento comum, mas podem impetrar mandado de segurança. Veja-se o teor da Súmula 525 do STJ: "A Câmara de Vereadores não possui personalidade jurídica, apenas personalidade judiciária, somente podendo demandar em juízo para defender os seus direitos institucionais" **TM**
Gabarito 1C, 2C

(Delegado/MS – 2017 – FAPEMS) O *habeas corpus* é uma ação constitucional de grande importância na história jurídico-constitucional do Brasil. Sob a vigência da Constituição de 1891, por exemplo, segundo MENDES e BRANCO (2017), [...] a formulação ampla do texto constitucional deu ensejo a uma interpretação que permitia o uso do *habeas corpus* para anular até mesmo ato administrativo que determinara o cancelamento de matrícula de aluno em escola pública, para garantir a realização de comícios eleitorais, o exercício da profissão, dentre outras possibilidades.

MENDES, Gilmar; BRANCO, Paulo. Curso de Direito Constitucional. 12a. ed. São Paulo: Saraiva, 2017, p. 431

Hoje, o Supremo Tribunal Federal detém importante papel na definição do seu cabimento. Assim, afirma-se que

(A) o Supremo Tribunal Federal não admite *habeas corpus* para questionamento de razoável duração do processo.

(B) é cabível mesmo que não haja, nem por via reflexa, constrangimento à liberdade de locomoção.

(C) cabe *habeas corpus* contra a aplicação de pena de multa.

(D) segundo o Supremo Tribunal Federal, cabe *habeas corpus* contra pena pecuniária passível de conversão em privativa de liberdade.

(E) segundo a Súmula 691 do Supremo Tribunal Federal, aplicada rigorosamente pela Corte, o *habeas corpus* não é cabível contra decisão de relator em tribunal superior que indefere a liminar.

Errada a alternativa **A**, pois o STF admite sim – HC-136435. O *habeas corpus* só pode ser usado quando haja algum risco ainda que potencial à liberdade de locomoção. Mas se não houver esse risco é inadmissível, por isso erradas as alternativas **B** e **C**. Correta a **D**, pois se há possibilidade de conversão em privativa de liberdade há risco à liberdade de locomoção. Na página do STF é possível observar na publicação "Aplicação das Súmulas no STF" decisões de "Hipóteses excepcionais de afastamento da Súmula 691". Logo, errada a alternativa E. **LR**
Gabarito "D".

(Delegado/MT – 2017 – CESPE) Com referência ao *habeas corpus* e ao mandado de segurança, julgue os itens seguintes, de acordo com o entendimento do STF.

11. DIREITO CONSTITUCIONAL

475

I. Não caberá *habeas corpus* nem contra decisão que condene a multa nem em processo penal em curso no qual a pena pecuniária seja a única imposta ao infrator.

II. O *habeas corpus* é o remédio processual adequado para garantir a proteção do direito de visita a menor cuja guarda se encontre sob disputa judicial.

III. Nos casos em que a pena privativa de liberdade já estiver extinta, não será possível ajuizar ação de *habeas corpus*.

IV. O mandado de segurança impetrado por entidade de classe não terá legitimidade se a pretensão nele veiculada interessar a apenas parte dos membros da categoria profissional representada por essa entidade.

Estão certos apenas os itens

(A) I e II.

(B) I e III.

(C) II e IV.

(D) I, III e IV.

(E) II, III e IV.

O item **I** reproduz a súmula 693 do STF "Não cabe *habeas corpus* contra decisão condenatória a pena de multa, ou relativo a processo em curso por infração penal a que a pena pecuniária seja a única cominada", logo – correto. O item **II** contraria a decisão proferida pela STF no HC 99369 AgR/DF "*Habeas corpus*. Não cabimento. Remédio constitucional destinado à tutela da liberdade de locomoção (liberdade de ir, vir e ficar). Agravo regimental não provido. *Habeas corpus* não é remédio processual adequado para tutela do direito de visita de menor cuja guarda se disputa judicialmente". Assim está errado. O item **III** está conforme a Súmula no 695 do STF "Não cabe *habeas corpus* quando já extinta a pena privativa de liberdade". Portanto correto. O item **IV** contraria o artigo 21 da Lei 12.016/2009 "O mandado de segurança coletivo pode ser impetrado por partido político com representação no Congresso Nacional, na defesa de seus interesses legítimos relativos a seus integrantes ou à finalidade partidária, ou por organização sindical, entidade de classe ou associação legalmente constituída e em funcionamento há, pelo menos, 1 (um) ano, em defesa de direitos líquidos e certos da totalidade, ou de parte, dos seus membros ou associados, na forma dos seus estatutos e desde que pertinentes às suas finalidades, dispensada, para tanto, autorização especial. Há ainda a Súmula 630 do STF "A entidade de classe tem legitimação para o mandado de segurança ainda quando a pretensão veiculada interesse apenas a uma parte da respectiva categoria". Assim está errado. Logo, a alternativa correta é a **B**, pois estão corretos os itens I e III. 🅛🅡

Gabarito "B".

(Delegado/GO – 2017 – CESPE) Considerando a jurisprudência do STF, assinale a opção correta com relação aos remédios do direito constitucional.

(A) É cabível *habeas corpus* contra decisão monocrática de ministro de tribunal.

(B) Em *habeas corpus* é inadmissível a alegação do princípio da insignificância no caso de delito de lesão corporal cometido em âmbito de violência doméstica contra a mulher.

(C) No mandado de segurança coletivo, o fato de haver o envolvimento de direito apenas de certa parte do quadro social afasta a legitimação da associação.

(D) O prazo para impetração do mandado de segurança é de cento e vinte dias, a contar da data em que o interessado tiver conhecimento oficial do ato a ser impugnado, havendo decadência se o mandado tiver sido protocolado a tempo perante juízo incompetente.

(E) O *habeas corpus* é o instrumento adequado para pleitear trancamento de processo de *impeachment*.

Errada a alternativa **A**, pois conforme decidido pelo STF no *Habeas Corpus* 105959/DF: "Impetração contra Ato de Ministro Relator do Supremo Tribunal Federal. Descabimento. Não Conhecimento. 1. Não cabe pedido de *habeas corpus* originário para o Tribunal Pleno contra ato de ministro ou outro órgão fracionário da Corte. 2. *Writ* não conhecido." Atenção, contudo, pois com a mudança da composição do STF esse entendimento pode ser alterado. Correta a alternativa **B**. Nesse sentido a Súmula 589 do STJ: É inaplicável o princípio da insignificância nos crimes ou contravenções penais praticados contra a mulher no âmbito das relações domésticas. No mesmo sentido a decisão do STF no RHC 133043 / MS "*Habeas Corpus*. Constitucional. Lesão corporal. Violência doméstica. Pretensão de aplicação do princípio da insignificância: Impossibilidade. Ordem denegada". Errada a alternativa **C**. Nesse sentido o artigo 21 da Lei 12.016/2009 "O mandado de segurança coletivo pode ser impetrado por partido político com representação no Congresso Nacional, na defesa de seus interesses legítimos relativos a seus integrantes ou à finalidade partidária, ou por organização sindical, entidade de classe ou associação legalmente constituída e em funcionamento há, pelo menos, 1 (um) ano, em defesa de direitos líquidos e certos da totalidade, ou de parte, dos seus membros ou associados, na forma dos seus estatutos e desde que pertinentes às suas finalidades, dispensada, para tanto, autorização especial. Há ainda a Súmula 630 do STF "A entidade de classe tem legitimação para o mandado de segurança ainda quando a pretensão veiculada interesse apenas a uma parte da respectiva categoria". Errada a alternativa **D**, pois conforme decidido pelo STF no AG. REG. em Mandado de Segurança 26.792 – Paraná "Impetração em juízo incompetente dentro do prazo decadencial de 120 dias. Não ocorrência da consumação da decadência. Agravo não provido". Também errada a alternativa **E**. Nesse sentido o decidido pelo STF no HC 136067 "Inviável uso de *habeas corpus* para trancar processo de *impeachment*". Isso porque não há previsão de pena privativa de liberdade. 🅛🅡

Gabarito "B".

5.3. Teoria geral dos diretos fundamentais

(Delegado/RJ – 2022 – CESPE/CEBRASPE) O *caput* do art. 5.º, iniciando o Título II da Constituição Federal de 1988, referente aos direitos e garantias fundamentais, estabelece, de forma expressa, que todos são iguais perante a lei, sem distinção de qualquer natureza, garantindo-se aos brasileiros e aos estrangeiros residentes no Brasil determinados direitos. A respeito desse assunto, assinale a opção correta.

(A) Embora o ordenamento jurídico estabeleça que as pessoas jurídicas são detentoras de personalidade jurídica, o texto constitucional garante a plenitude de direitos apenas às pessoas físicas. Sendo assim, as pessoas jurídicas têm seus direitos garantidos apenas com base na legislação infraconstitucional.

(B) O texto constitucional é claro ao prever que apenas os estrangeiros residentes no Brasil dispõem de todos os direitos garantidos aos brasileiros. Assim, os estrangeiros não residentes no Brasil estarão submetidos apenas ao ordenamento jurídico de seu país de origem.

(C) Os direitos e garantias fundamentais destinam-se à proteção do ser humano em sua totalidade. Assim, uma interpretação teleológica e lógico-sistemática permite afirmar que os direitos e garantias fundamentais têm como destinatários não apenas os brasileiros, mas também os estrangeiros, residentes ou não no Brasil, e apátridas, caso se encontrem dentro do território nacional.

(D) Decisão recente do Supremo Tribunal Federal reconhece como beneficiários dos direitos e garantias fundamentais acolhidos pela Constituição Federal de 1988 não somente os brasileiros e estrangeiros residentes no Brasil, mas também os estrangeiros de passagem pelo território brasileiro, desde que haja, nesse caso, tratado internacional entre o Brasil e o país de origem do estrangeiro, para que ele tenha preservados seus direitos.

(E) Uma análise sistematizada do texto constitucional permite afirmar que os estrangeiros não residentes no Brasil são detentores de direitos, limitados, no entanto, àqueles que dizem respeito à vida e à integridade física, em razão do que dispõe o inciso III do art. 1.º da Carta Política, ao tratar da dignidade da pessoa humana como princípio fundamental da República Federativa do Brasil.

A: incorreta. A doutrina aponta que: "Não há, em princípio, impedimento insuperável a que pessoas jurídicas venham, também, a ser consideradas titulares de direitos fundamentais, não obstante estes, originalmente, terem por referência a pessoa física. Acha-se superada a doutrina de que os direitos fundamentais se dirigem apenas às pessoas humanas. Os direitos fundamentais suscetíveis, por sua natureza, de serem exercidos por pessoas jurídicas podem tê-las por titular. Assim, não haveria por que recusar às pessoas jurídicas as consequências do princípio da igualdade, nem o direito de resposta, o direito de propriedade, o sigilo de correspondência, a inviolabilidade de domicílio, as garantias do direito adquirido, do ato jurídico perfeito e da coisa julgada." (MENDES, Gilmar Ferreira; BRANCO, Paulo Gustavo Gonet. *Curso de direito constitucional*. 8 ed. São Paulo: Saraiva, 2013, p. 171-172); **B**: incorreta. Os estrangeiros não-residentes no Brasil também estão protegidos pelos direitos fundamentais. Nesse sentido: "a interpretação do art. 5º, *caput*, da CF, deve ser feita pelo método sistemático e finalístico. Assim, um estrangeiro em trânsito no país (portanto, não-residente) também poderá invocar as liberdades constitucionais, desde que entre em contato com o direito brasileiro. Os direitos fundamentais visam à ampla proteção do ser humano (nacional ou estrangeiro), tanto é que referida norma prega que 'todos são iguais perante a lei, sem distinção de qualquer natureza'. Assim, os estrangeiros que estão em passagem pelo território nacional são também destinatários dos direitos fundamentais, uma vez que entram em contato com o ordenamento jurídico brasileiro." (NISHIYAMA, Adolfo Mamoru. Remédios constitucionais. Barueri: Manole, 2004, p. 81-82); **C**: correta. É o que aponta a doutrina: "Os direitos fundamentais têm um forte sentido de proteção do ser humano, e mesmo o próprio *caput* do art. 5º faz advertência de que essa proteção realiza-se 'sem distinção de qualquer natureza'. Logo, a interpretação sistemática e finalística do texto constitucional não deixa dúvidas de que os direitos fundamentais destinam-se a todos os indivíduos, independentemente de sua nacionalidade ou situação no Brasil. Assim, um turista (estrangeiro não residente) que seja vítima de uma arbitrariedade policial, por evidente, poderá utilizar-se do *habeas corpus* para proteger o seu direito de locomoção." (ARAUJO, Luiz Alberto David; NUNES JÚNIOR, Vidal Serrano. Curso de direito constitucional. 21. ed. São Paulo: Verbatim, 2016, p. 171); **D**: incorreta. Não há necessidade de tratado internacional entre o Brasil e o país de origem do estrangeiro, para que ele tenha preservados seus direitos. Nesse sentido: STF – HC nº 74.051-3 – Rel. Min. Marco Aurélio, *Informativo STF* nº 45; **E**: incorreta. Ver os comentários B e C. AMN
"Gabarito "C".

(Delegado/RJ – 2022 – CESPE/CEBRASPE) Com relação ao direito à igualdade, expressamente previsto no art. 5.º da Constituição Federal de 1988, assinale a opção correta.

(A) Para garantir a efetividade do princípio da igualdade, a Constituição Federal de 1988 não prevê nenhuma norma que trate homens e mulheres de maneira dife-

renciada. O mencionado princípio da igualdade deve ser considerado de forma absoluta, não se admitindo, em nenhuma hipótese, qualquer forma de diferenciação entre os sexos.

(B) O princípio constitucional da igualdade está direcionado exclusivamente ao legislador, pois o Poder Legislativo é o responsável pela formatação do ordenamento jurídico a partir das regras estabelecidas no art. 59 e seguintes da Constituição Federal de 1988.

(C) O princípio da igualdade está direcionado exclusivamente aos órgãos da administração pública, considerando-se ser ela a responsável por aplicar o ordenamento jurídico no caso concreto, mediante atos administrativos, visando à realização do interesse público.

(D) Embora o princípio da igualdade esteja direcionado a toda a administração pública, é possível que, em determinadas situações, mesmo que não haja um motivo legitimador, ocorram certas diferenciações na seleção de candidatos a ocuparem cargos públicos. Nesse caso específico, a administração pública disporá de discricionariedade ilimitada para escolher os candidatos mais aptos, observando que os agentes públicos que ocupam cargos na estrutura do Estado são os responsáveis pela realização do interesse público.

(E) Analisando-se o princípio da igualdade com relação ao particular, verifica-se que este não poderá tratar os demais membros da sociedade de maneira discriminatória, atingindo direitos fundamentais por meio de condutas preconceituosas, sob pena de responsabilização civil e até mesmo criminal, quando o ato for tipificado como crime. Assim, é vedado ao particular, na contratação de empregados, por exemplo, utilizar qualquer critério discriminatório com relação a sexo, idade, origem, raça, cor, religião ou estado civil.

A: incorreta. Pelo contrário, para a efetivação do princípio da isonomia há a necessidade, muitas vezes, de se fazer a diferenciação entre os direitos dos homens e das mulheres. É o que ocorre, por exemplo, com o art. 201, § 7º, inciso I, da CF, que assegura aposentadoria no regime geral de previdência social, nos termos da lei, obedecidas certas condições, entre as quais: 65 (sessenta e cinco) anos de idade, se homem, e 62 (sessenta e dois) anos de idade, se mulher, observado tempo mínimo de contribuição; **B**: incorreta. O princípio constitucional da isonomia não está direcionado exclusivamente ao legislador, mas também à administração pública e ao particular; **C**: incorreta. Ver o comentário anterior; **D**: incorreta. Essa alternativa é totalmente ilógica, pois diz que "é possível que, em determinadas situações, mesmo que não haja um motivo legitimador, ocorram certas diferenciações na seleção de candidatos a ocuparem cargos públicos". Pelo contrário, deve haver motivo legitimador para que ocorram certas diferenciações, como, por exemplo, o art. 37, inciso VIII, da CF, que prevê a reserva legal de percentual dos cargos e empregos públicos para as pessoas com deficiência. Além disso, não há a "discricionariedade ilimitada para escolher os candidatos mais aptos"; **E**: correta. A doutrina aponta que: "A Lei n.9.029, de 13 de abril de 1995, proíbe a exigência de atestados de gravidez e esterilização, e outras práticas discriminatórias, para efeitos admissionais ou de permanência de relação jurídica de trabalho. Veda, também, a adoção de qualquer prática discriminatória e limitativa para efeito de acesso a relação de emprego, ou sua manutenção, por motivo de sexo, origem, raça, cor, estado civil, situação familiar ou idade." (BULOS, Uadi Lammêgo. *Curso de direito constitucional*. São Paulo: Saraiva, 2007, p. 421). AMN
"Gabarito "E".

(Delegado/RJ – 2022 – CESPE/CEBRASPE) A respeito da figura denominada Estado de coisas inconstitucional, é correto afirmar que

(A) não se trata de medida reconhecida pela jurisprudência do Supremo Tribunal Federal, que apenas admite o controle judicial de políticas públicas por meio de ações individuais ou coletivas, mas não controle por controle concentrado de constitucionalidade.

(B) encontra fundamento nos casos de inadimplemento reiterado de direitos fundamentais pelos poderes do Estado, sem que haja possibilidade de remédio para vias tradicionais, ocasião em que o tribunal assume o papel de coordenador de políticas públicas por meio da denominada tutela estruturante.

(C) é um dos mecanismos do sistema constitucional de crises, figurando ao lado do Estado de Defesa e do Estado de Sítio, que somente pode ser instaurado após a convocação do Conselho da República, e permite a suspensão de certos direitos fundamentais, como o da liberdade de locomoção.

(D) é medida importada do Tribunal Constitucional da Colômbia, por meio do qual o Supremo Tribunal Federal declara a existência de uma violação massiva a direitos fundamentais, mas que se restringe a papel exclusivamente simbólico.

(E) a declaração do Estado de coisas inconstitucional é inviável em sede de controle concentrado de constitucionalidade, tendo-se em vista que, nesse modelo, somente se aprecia o conteúdo da lei em tese em face do parâmetro constitucional.

A jurisprudência do STF reconhece o estado de coisas inconstitucional. Nesse sentido, destaque-se o seguinte trecho do voto-vista proferido pelo Ministro Luís Roberto Barroso no RE 580252/MS: "Na mesma linha das experiências da Corte Europeia de Direitos Humanos e do Judiciário norte-americano, a Corte Constitucional da Colômbia produziu um mecanismo de intervenção jurisdicional para lidar com falhas estruturais de políticas públicas que impliquem violações massivas e contínuas de direitos e que decorram de omissões prolongadas das autoridades estatais. Trata-se da categoria do 'estado de coisas inconstitucional'. Quando a Corte colombiana reconhece e declara a existência de um estado de coisas contrário à Constituição, ela passa a atuar diretamente na formulação de políticas públicas, definindo metas e linhas de ação a serem implementadas por diferentes instâncias de poder. Nesses casos, em geral, a Corte designa uma autoridade para fiscalizar a execução da decisão, de modo que a atuação judicial não se encerra com a prolação da decisão, mas se protrai até que as diversas autoridades levem a cabo as determinações da Corte." (STF – RE 580252/MS – Pleno – Redator do acórdão Min. Gilmar Mendes – DJe 11/09/2017). Por outro turno, a doutrina assevera que se trata "de instrumento que credencia o Poder Judiciário como 'coordenador institucional' de uma reforma estrutural que implica na articulação de uma pluralidade de órgãos estatais para superação de bloqueios institucionais ou políticos. Nesse sentido, o Judiciário torna-se um incentivador que, por meio de sua atuação, busca a efetivação substancial de políticas públicas, mantendo a jurisdição sobre o caso, mesmo após a decisão judicial, oportunidade em que, através de monitoramento, permite a ampliação do diálogo, prestação de contas, audiências públicas, tudo para garantir a superação do 'Estado de Coisas Inconstitucionais' declarado." (ANDRÉA, Gianfranco Faggin Mastro. Estado de coisas inconstitucional no Brasil. Rio de Janeiro: Lumen Juris, 2019, p. 85). **AMN**
Gabarito "B".

(Delegado/RJ – 2022 – CESPE/CEBRASPE) Com relação à teoria dos direitos fundamentais e à sua aplicação no direito constitucional brasileiro, assinale a opção correta.

(A) Segundo a jurisprudência, os direitos fundamentais são absolutos, inalienáveis e imprescritíveis, cabendo ao intérprete o dever de concordância prática para acomodar os eventuais conflitos entre eles.

(B) A superproteção conferida pelo art. 60, § 4.º, IV (direitos e garantias individuais), aos direitos fundamentais limita-se ao disposto no art. 5.º, da Constituição, em deferência ao princípio democrático.

(C) Os tratados internacionais de direitos humanos, após a EC n.º 45/2004, devem seguir o mesmo procedimento de emenda à Constituição para que possam ser incorporados ao direito brasileiro.

(D) Os direitos fundamentais de primeira geração (ou dimensão) são denominados de direitos sociais, que demandam um *fazer* por parte do Estado, e foram inaugurados com as revoluções burguesas do século XVIII.

(E) O método de solução de conflitos entre direitos fundamentais constitucionalmente previstos, em caso de colisão, é a ponderação de interesses; o legislador, contudo, por força do princípio democrático, pode resolver conflitos por meio da lei, efetuando a ponderação em abstrato.

A: incorreta. Os direitos fundamentais são inalienáveis e imprescritíveis, mas não são absolutos; **B**: incorreta. O § 1º do art. 5º da CF prevê que: "Os direitos e garantias expressos nesta Constituição não excluem outros decorrentes do regime e dos princípios por ela adotados, ou dos tratados internacionais em que a República Federativa do Brasil seja parte."; **C**: incorreta. Nem todos os tratados internacionais de direitos humanos precisam seguir o procedimento previsto no § 3º do art. 5º da CF. Aqueles tratados de direitos humanos que não seguirem esse procedimento terão *status* de normas supralegais; **D**: incorreta. Os direitos fundamentais de primeira geração ou dimensão são os direitos civis e políticos. Já os direitos sociais são de segunda geração ou dimensão; **E**: correta. É possível a resolução de conflitos entre direitos fundamentais por meio de ponderações, razoabilidade ou proporcionalidade. **AMN**
Gabarito "E".

(Delegado/RJ – 2022 – CESPE/CEBRASPE) Acerca dos direitos fundamentais, assinale a opção correta.

(A) A fundamentalidade material dos direitos fundamentais decorre da circunstância de serem os direitos fundamentais elemento constitutivo da Constituição material, contendo decisões fundamentais sobre a estrutura básica do Estado e da sociedade.

(B) A noção da fundamentalidade material não permite a abertura da Constituição a outros direitos fundamentais não constantes do seu texto.

(C) A noção da fundamentalidade formal não permite a abertura da Constituição a outros direitos fundamentais não constantes do seu texto.

(D) A fundamentalidade material não possui aplicabilidade imediata.

(E) A noção da fundamentalidade formal dos direitos fundamentais não os submete aos limites formais e materiais do poder de reforma constitucional.

A constituição material é aquela que possui apenas as normas com conteúdo e substância tipicamente constitucional, como a estrutura do Estado, forma de governo, separação de Poderes e direitos fundamentais. A constituição formal, por sua vez, "é o conjunto de normas que se situa num plano hierarquicamente superior a outras normas. Dessa forma, pouco importa o conteúdo, mas a formalização (em posição hierárquica superior) desse conjunto de normas." (ARAUJO, Luiz Alberto David; NUNES JÚNIOR, Vidal Serrano. *Curso de direito constitucional*. 21. ed. São Paulo: Verbatim, 2016, p. 33). **AMN**

Gabarito "A".

(Procurador/PA – CESPE – 2022) Acerca dos direitos fundamentais individuais expressos na Constituição Federal de 1988 (CF), assinale a opção correta.

(A) Uma das dimensões dos direitos fundamentais individuais é a sua concepção como direitos de defesa, ou seja, esses direitos asseguram uma esfera de liberdade individual contra qualquer interferência estatal vinda do Poder Executivo, do Poder Legislativo ou do Poder Judiciário.

(B) A concepção dos direitos fundamentais como direitos de defesa limita o poder estatal, assegurando ao indivíduo uma esfera de liberdade e, concomitantemente, um direito subjetivo para evitar interferência indevida ou eliminar agressão no âmbito de proteção do direito fundamental.

(C) No que diz respeito ao dever de proteção, não se pode impor ao Estado uma obrigação de proibir determinadas condutas de agressão a direitos fundamentais, pois isso representaria uma inadmissível ingerência estatal na esfera de liberdade das pessoas.

(D) Uma vez assegurada sua dimensão de direitos de defesa, os direitos fundamentais individuais podem ser considerados efetivamente protegidos, não se exigindo mais nenhuma obrigação estatal para criar as condições necessárias ao exercício concreto daqueles direitos constitucionalmente garantidos.

(E) Os direitos fundamentais asseguram a liberdade individual contra intervenção ilegítima do poder público; por conseguinte, a falta de lei não pode ser considerada afrontosa aos direitos fundamentais.

A doutrina ensina que: "Os direitos de defesa caracterizam-se por impor ao Estado um dever de abstenção, um dever de não interferência, de não intromissão no espaço de autodeterminação do indivíduo. Esses direitos objetivam a limitação da ação do Estado. Destinam-se a evitar ingerência do Estado sobre os bens protegidos (liberdade, propriedade...) e fundamentam pretensão de reparo pelas agressões eventualmente consumadas" (MENDES, Gilmar Ferreira; BRANCO, Paulo Gustavo Gonet. *Curso de direito constitucional*. 8. ed. São Paulo: Saraiva, 2013, p. 158). **AMN**

Gabarito "B".

(Promotor de Justiça/PR – 2019 – MPE/PR) Sobre direitos fundamentais, é *correta* a afirmação:

(A) A caracterização de um direito como fundamental não é determinada apenas pela relevância do bem jurídico tutelado por seus predicados intrínsecos, mas também pela relevância que é dada a esse bem jurídico pelo constituinte, mediante atribuição da hierarquia correspondente (expressa ou implicitamente) e do regime jurídico-constitucional assegurado às normas de direitos fundamentais.

(B) O princípio da universalidade significa que todas as pessoas, pelo fato de serem pessoas, são titulares dos direitos fundamentais consagrados na Constituição, sendo ilegítima qualquer distinção entre nacionais e estrangeiros.

(C) O desfrute dos direitos fundamentais por parte dos brasileiros depende da efetiva residência em território brasileiro, pois a titularidade não depende exclusivamente do vínculo jurídico da nacionalidade.

(D) As pessoas jurídicas de direito público são titulares de direitos fundamentais apenas de cunho processual (por exemplo, o contraditório e a ampla defesa), sendo incompatíveis com sua natureza direitos de natureza estritamente material.

(E) Por serem dotadas de eficácia plena e de aplicabilidade direta, as normas de direitos fundamentais não estão sujeitas à regulamentação, sendo imunes à imposição de restrições e limitações.

B: incorreta, porque a própria CF faz distinção entre brasileiro nato e naturalizado, entre brasileiro e estrangeiro. **C:** incorreta, pois não requer a efetiva residência em território brasileiro (interpretação sistemática aplicada pelo STF). **D:** incorreta, pois não há tal restrição como, por exemplo, o direito de propriedade, direito a impetrar um remédio constitucional etc. **E:** incorreta, pois admite-se restrição na incidência como, por exemplo, a liberdade de ofício/profissão que admite regramento em lei. **AB**

Gabarito "A".

(Promotor de Justiça/PR – 2019 – MPE/PR) Ainda sobre direitos fundamentais, assinale a alternativa *incorreta*:

(A) Viola o princípio da isonomia a norma que veda o exercício da atividade de advocacia por aqueles que desempenham, direta ou indiretamente, serviço de caráter policial.

(B) Os cidadãos transgêneros têm direito à alteração de prenome e gênero diretamente no registro civil, cujos pedidos podem ser baseados unicamente no consentimento livre e informado pelo solicitante, independentemente da cirurgia de transgenitalização ou da realização de tratamentos hormonais ou patologizantes, sendo desnecessário qualquer requisito atinente à maioridade, ou outros que limitem a adequada e integral proteção da identidade de gênero autopercebida, constituindo a exigência da via jurisdicional limitante incompatível com essa proteção.

(C) É legítima a solicitação de informações pelo Ministério Público diretamente ao Conselho de Atividades Financeiras – COAF para instruir procedimento investigatório criminal, para apuração de crimes de lavagem, ocultação de bens, direitos e valores, prescindindo-se de autorização judicial.

(D) Dados obtidos em interceptação de comunicações telefônicas e em escutas ambientais, judicialmente autorizadas para produção de prova em investigação criminal ou em instrução processual penal, podem ser usados em procedimento administrativo disciplinar, contra a mesma ou as mesmas pessoas em relação às quais foram colhidos, ou contra outros servidores cujos supostos ilícitos teriam despontado à colheita dessa prova.

(E) A liberdade de expressão autoriza que os meios de comunicação optem por determinados posicionamentos e exteriorizem seu juízo de valor, bem como autoriza programas humorísticos, "charges" e sátiras realizados a partir de trucagem, montagem ou outro recurso de áudio e vídeo, como costumeiramente se realiza, não havendo nenhuma justificativa constitucional razoável para a interrupção durante o período eleitoral.

11. DIREITO CONSTITUCIONAL 479

A é a única incorreta, conforme Informativo 735, do STF, uma vez que a vedação do exercício da advocacia por quem desempenha atividade policial (direta ou indireta) não afronta o princípio da isonomia. **AB**

Gabarito "A".

(Juiz de Direito – TJ/RS – 2018 – VUNESP) Assinale a alternativa que corretamente contempla um exemplo de aplicação do conceito de dimensão objetiva dos direitos fundamentais.

(A) Decisão do Supremo Tribunal Federal em que foi firmado o entendimento de que a revista íntima em mulheres em fábrica de lingerie, ou seja, empresa privada, constitui constrangimento ilegal.

(B) Habeas Corpus que se fundamenta no argumento de que a liberdade de um indivíduo suspeito da prática de infração penal somente pode sofrer restrições se houver decisão judicial devidamente fundamentada.

(C) A previsão da Constituição Federal que afirma que "é livre a expressão da atividade intelectual, artística, científica e de comunicação, independentemente de censura ou licença".

(D) Propositura de ação, com pedido de tutela de urgência, por indivíduo que pleiteia que o Poder Público forneça medicamentos dos quais necessita e não possui condições de adquirir.

(E) Mandado de injunção em que é questionada omissão normativa que inviabiliza o exercício de prerrogativas inerentes à nacionalidade, pleiteando-se decisão judicial que afaste as consequências da inércia do legislador.

A: correta. A decisão contempla a aplicação da **dimensão objetiva** dos direitos fundamentais, na medida em que reconhece o direito à intimidade como um valor essencial de natureza objetiva da Constituição, com eficácia em todo o ordenamento jurídico e que estabelece diretrizes para a atuação do Estado e para as relações entre particulares; **B:** incorreta. A hipótese contempla a aplicação da **dimensão subjetiva** dos direitos fundamentais, tendo em vista a possibilidade do titular garantir judicialmente a sua liberdade de locomoção em face da atuação do Estado; **C:** incorreta, pois traz a previsão abstrata de um direito fundamental, não havendo a sua aplicação (subjetiva ou objetiva) em um caso concreto; **D:** incorreta. A hipótese contempla a aplicação da **dimensão subjetiva** dos direitos fundamentais, tendo em vista a possibilidade do titular exigir judicialmente uma ação positiva do Estado para garantir o seu direito à saúde; **E:** incorreta. A hipótese contempla a aplicação da **dimensão subjetiva** dos direitos fundamentais, tendo em vista a possibilidade do titular exigir judicialmente uma ação do Estado para tornar viável o exercício de prerrogativas inerentes à nacionalidade. **AN**

Gabarito "A".

(Defensor Público Federal – DPU – 2017 – CESPE) A respeito da teoria e do regime jurídico dos direitos fundamentais, julgue os itens que se seguem à luz das disposições da CF.

(1) Legislação infraconstitucional pode condicionar o exercício de direitos políticos à idade.

(2) Sob o aspecto da legitimidade ativa, por meio de *habeas data* é possível obter informações relativas a qualquer pessoa, desde que as informações sejam classificadas como públicas.

(3) Os direitos fundamentais individuais incluem o direito à intimidade, o direito ao devido processo legal e o direito de greve.

1: Errado. O exercício dos direitos políticos está estampado no Texto Constitucional como um Direito Fundamental do cidadão, de modo que qualquer alteração relacionada a este tema deverá ser realizada mediante Emenda Constitucional. Eventual diploma legislativo infraconstitucional que seja contrário ao já previsto na Constituição, será inconstitucional. **2:** Errado. *O habeas data* é um remédio constitucional de aplicação personalíssima para assegurar o conhecimento de informações relativas à pessoa do impetrante e para retificação de dados (art. 5º, inc. LXXII, da CF). **3:** Errado. De fato, o direito à intimidade (art. 5º, X da CF) e o direito ao devido processo legal (art. 5º, LIV da CF) figuram como garantias individuais. Diferentemente, o direito à greve está inserido como um direito coletivo assegurado aos trabalhadores (art. 9º da CF). **TM**

Gabarito 1E, 2E, 3E.

(Defensor Público – DPE/PR – 2017 – FCC) O preâmbulo da Constituição dispõe que um dos propósitos da Assembleia Constituinte foi o de instituir um Estado Democrático, destinado a assegurar o exercício dos direitos sociais e individuais, a liberdade e a segurança. Tal avanço se deve, em certa medida, à afirmação dos direitos fundamentais como núcleo de proteção da dignidade da pessoa humana.

Considere:

I. No campo das posições filosóficas justificadoras dos direitos fundamentais, destaca-se a corrente jusnaturalista, para quem os direitos do homem são imperativos do direito natural, anteriores e superiores à vontade do Estado.

II. Uma das principais características dos direitos fundamentais é a inalienabilidade. Diante disso, haveria nulidade absoluta por ilicitude do objeto de um contrato em que uma das partes se comprometesse a submeter à esterilização irreversível.

III. A dimensão subjetiva dos direitos fundamentais resulta de seu significado como princípios básicos da ordem constitucional, fazendo com que os direitos fundamentais influam sobre todo o ordenamento jurídico e servindo como norte de ação para os poderes constituídos.

IV. A jurisprudência do Supremo Tribunal Federal se vale do preceito fundamental da liberdade de expressão para garantir a manifestação que contenha discurso racista, desde que observada a vedação ao anonimato e não seja direcionado a um indivíduo específico.

V. O Supremo Tribunal Federal considera violadora do direito fundamental da intimidade ato normativo que permita que bancos privados repassem informações sigilosas sobre a movimentação financeira de seus correntistas ao fisco.

Está correto o que se afirma APENAS em

(A) I, III e IV.

(B) II e V.

(C) IV e V.

(D) I, II e III.

(E) I e II.

I: Correto. E não é só. Podem ser caracterizados como direitos que decorrem da própria natureza humana, e que existem antes mesmo do seu reconhecimento pelo Estado. **II:** Correto. Alienar significa transferir a propriedade. Via de regra, os direitos fundamentais não podem ser vendidos, nem doados, nem emprestados, possuindo uma eficácia objetiva, isto é, não são meros direitos pessoais (subjetivos), são de interesse da coletividade. **III:** Errado. A conceituação traçada traduz na chamada dimensão objetiva dos direitos fundamentais. **IV:** Errado. O preceito fundamental de liberdade de expressão não consagra o 'direito à incitação ao racismo', dado que um direito individual não pode constituir-se em salvaguarda de condutas ilícitas, como sucede com os delitos contra a honra. Prevalência dos princípios da dignidade da pessoa humana e da igualdade jurídica. (HC 82.424, Rel. p/ o ac. Min. Presidente Maurício Corrêa, julgamento em 17-9-2003, Plenário, DJ de 19-3-2004). **V:** Errado. O STF, no julgamento da ADI 2390/DF, assentou que não há propriamente quebra de sigilo, mas sim transferência de informações sigilosas no âmbito da Administração Pública e por não ser acessível a terceiros, não poderia ser considerado violação do sigilo. **TM**

Gabarito "E".

(Procurador Municipal – Prefeitura/BH – CESPE – 2017) Acerca dos direitos e garantias fundamentais, assinale a opção correta.

(A) Após a condenação criminal transitada em julgado, os direitos políticos do infrator ficarão suspensos enquanto durarem os efeitos da referida condenação.

(B) Nas situações em que se fizer necessário, o cidadão poderá impetrar *habeas data* para obter vistas dos autos de processo administrativo de seu interesse.

(C) O *habeas corpus* é o instrumento adequado para impedir o prosseguimento de processo administrativo.

(D) Os direitos fundamentais são personalíssimos, razão por que somente o seu titular tem o direito de renunciá-los.

A: correta. Art. 15, III, CF; **B:** incorreta. De acordo com o art. 5º, LXXII, CF, o habeas data somente pode ser proposto: a) para assegurar o conhecimento de informações relativas à pessoa do impetrante, constantes de registros ou bancos de dados de entidades governamentais ou de caráter público; ou b) para a retificação de dados, quando não se prefira fazê-lo por processo sigiloso, judicial ou administrativo; **C:** incorreta. A hipótese é de impetração de mandado de segurança, haja vista não estar em jogo o direito de locomoção; **D:** incorreta. A doutrina clássica defende a irrenunciabilidade dos direitos fundamentais. **TM**

Gabarito "A".

(Procurador Municipal – Prefeitura/BH – CESPE – 2017) À luz do entendimento do STF, assinale a opção correta, a respeito dos direitos e garantias fundamentais.

(A) A licença-maternidade não é garantida à mulher adotante.

(B) Lei para alteração de processo eleitoral pode ser aplicada no mesmo ano das eleições, desde que seja editada cento e oitenta dias antes do pleito.

(C) O direito de reunião e o direito à livre expressão do pensamento legitimam a realização de passeatas em favor da descriminalização de determinada droga.

(D) As prerrogativas constitucionais de investigação das CPIs possibilitam a quebra de sigilo imposto a processo sujeito ao segredo de justiça.

A: incorreta. O STF estendeu a licença-maternidade também à adotante, por igual prazo. Ver RE 778889, Rel. Min. Roberto Barroso; **B:** incorreta. De acordo com o art. 16 da CF, a lei que alterar o processo eleitoral entrará em vigor na data de sua publicação, não se aplicando à eleição que ocorra até um ano da data de sua vigência; **C:** correta. Ao julgar a ADPF 197, o STF conferiu interpretação conforme a Constituição ao art. 287 do Código Penal, para não considerar as manifestações em defesa da legalização das drogas como apologia de "fato criminoso"; **D:** incorreta. CPI não pode quebrar sigilo judicial, conforme decido pelo STF no MS 27.483: "Comissão Parlamentar de Inquérito não tem poder jurídico de, mediante requisição, a operadoras de telefonia, de cópias de decisão nem de mandado judicial de interceptação telefônica, quebrar sigilo imposto a processo sujeito ao segredo de justiça. Este é oponível a

Comissão Parlamentar de Inquérito, representando expressiva limitação aos seus poderes constitucionais". **TM**

Gabarito "C".

(Delegado/GO – 2017 – CESPE) Com relação aos tratados e convenções internacionais, assinale a opção correta à luz do direito constitucional brasileiro e da jurisprudência do Supremo Tribunal Federal (STF).

(A) Segundo o entendimento do STF, respaldado na teoria da supralegalidade, a ratificação do Pacto de São José da Costa Rica revogou o inciso LXVII do art. 5º da CF, que prevê a prisão do depositário infiel.

(B) O sistema constitucional brasileiro adotou, para efeito da executoriedade doméstica de um tratado internacional, a teoria dualista extremada, pois exige a edição de lei formal distinta para tal executoriedade.

(C) O Pacto de São José da Costa Rica influenciou diretamente a edição da súmula vinculante proferida pelo STF, a qual veda a prisão do depositário infiel.

(D) A Convenção de Palermo tem como objetivo a cooperação para a prevenção e o combate do crime de feminicídio no âmbito das nações participantes.

(E) Elaborada pelas Nações Unidas, a Convenção de Mérida, que trata da cooperação internacional contra a corrupção, ainda não foi ratificada pelo Brasil.

A alternativa **A** está errada. Isso porque o entendimento do STF é no sentido de que os tratados internacionais de direitos humanos, incorporados antes da Emenda Constitucional 45/2004, têm eficácia supralegal, o que tem a seguinte consequência – são infraconstitucionais (ou seja, estão abaixo da CF), mas supralegais (acimas das normas infraconstitucionais, com eficácia paralisante destas). Errada a alternativa **B**. No sistema constitucional brasileiro não há exigência de edição de lei para efeito de incorporação do ato internacional ao direito interno (visão dualista extremada). Para a executoriedade doméstica dos tratados internacionais exige-se a aprovação do Congresso Nacional e a promulgação executiva do texto convencional (visão dualista moderada). Nesse sentido ver a decisão do STF na Carta Rogatória – CR 8279 / AT – Argentina. Correta a alternativa **C**. O Pacto de São José da Costa Rica só admite a prisão civil do devedor de alimentos, sendo, portanto, vedada a prisão do depositário infiel. Por considerar o STF que esse Tratado é hierarquicamente supralegal, a consequência é a sua eficácia paralisante da legislação infraconstitucional que regula a prisão do depositário infiel (admitida pela Constituição Federal de 1988). Errada a alternativa **D**. A Convenção de Palermo é a Convenção das Nações Unidas contra o Crime Organizado Transnacional, incorporada em nosso ordenamento jurídico pelo Decreto 5.015/2004. Errada a alternativa **E**. A Convenção de Mérida, Convenção das Nações Unidas contra a Corrupção, adotada pela Assembleia-Geral das Nações Unidas em 31 de outubro de 2003 foi assinada pelo Brasil em 9 de dezembro de 2003. Sua incorporação ao ordenamento jurídico pátrio se deu pelo Decreto 5.687/2006. **LR**

Gabarito "C".

6. DIREITOS SOCIAIS

(Procurador do Município – Valinhos/SP – 2019 – VUNESP) Ao tratar dos Direitos Sociais, a Constituição Federal determina que

(A) nas empresas de mais de duzentos empregados, é assegurada a eleição de três representantes destes para, entre outras finalidades, promover o entendimento direto com os empregadores.

(B) a lei poderá exigir autorização do Estado para a fundação de sindicato, bem como o registro no órgão

11. DIREITO CONSTITUCIONAL 481

competente, vedada ao poder público a interferência, e permitida a intervenção na organização sindical.

(C) não é obrigatória a participação dos sindicatos nas negociações coletivas de trabalho.

(D) é vedada a criação de mais de uma organização sindical, em qualquer grau, representativa de categoria profissional ou econômica, na mesma base territorial, que será definida pelos trabalhadores ou em- pregadores interessados, não podendo ser inferior à área de um Município.

(E) não é vedada a dispensa do empregado sindicalizado a partir do registro da candidatura a cargo de direção ou representação sindical.

Correta é a letra D, nos termos do artigo 62, § 9º, da CF: "§ 9º Caberá à comissão mista de Deputados e Senadores examinar as medidas provisórias e sobre elas emitir parecer, antes de serem apreciadas, em sessão separada, pelo plenário de cada uma das Casas do Congresso Nacional. A letra A está errada (11, da CF). A letra B está incorreta (artigo 8º, inciso I, da CF). A letra C está incorreta (artigo 8º, inciso VI, da CF). A letra E está equivocada (artigo 8º, inciso VIII, da CF). **AB**
Gabarito "D".

(Promotor de Justiça/SP – 2019 – MPE/SP) Assinale a alternativa **INCORRETA**.

(A) É constitucional a regra que veda, no âmbito do SUS, a internação em acomodações superiores, bem como o atendimento diferenciado por médico do próprio SUS, ou por médico conveniado, mediante o pagamento da diferença dos valores correspondentes.

(B) Ao enunciar o direito à saúde, o art. 196 da Constituição de 1988 traz norma de caráter programático pertinente à realização de políticas públicas. Traça para o futuro um programa ao legislador, um programa de Governo, passível de ser ou não cumprido, cuja efetividade dependeria de uma instrumentalização infraconstitucional.

(C) Pela interpretação sistemática dos dispositivos da Constituição Federal, os serviços de assistência à saúde, financiados pelo SUS, deverão ser prestados diretamente pelo Poder Público, podendo este, excepcionalmente, e de forma complementar, apenas, contar com a ajuda da iniciativa privada, sendo vedada a destinação de recursos públicos para auxílios ou subvenções às instituições privadas com fins lucrativos.

(D) O direito à saúde, consequência do direito à vida, constitui direito fundamental, direito individual indisponível, que legitima o Ministério Público para a propositura de ação em defesa desse direito por meio da ação civil pública, que lhe permite invocar a tutela jurisdicional do Estado com o objetivo de fazer com que os Poderes Públicos respeitem, em favor da coletividade, os serviços de relevância pública.

(E) Ao disciplinar o sistema público de saúde, a Constituição Federal fincou o princípio da universalidade, no sentido de que os serviços públicos de saúde são destinados a todos, independentemente de situação jurídica, econômica, ou social, e o princípio da igualdade, segundo o qual situações clínicas iguais reclamam tratamentos iguais, expurgando a possibilidade de tratamento diferenciado com critério no pagamento.

Letra **B** é a única incorreta, pois não se trata de uma promessa vazia, uma vez que o STF consolidou entendimento no sentido da saúde compor o mínimo existencial necessário a uma vida digna ao cidadão: "O direito à saúde é prerrogativa constitucional indisponível, garantido mediante a implementação de políticas públicas, impondo ao Estado a obrigação de criar condições objetivas que possibilitem o efetivo acesso a tal serviço." (AI 734.487, STF). Todas as demais alternativas estão corretas. **AB**
Gabarito "B".

(Escrevente – TJ/SP – 2018 – VUNESP) São assegurados, nos termos da Constituição da República Federativa do Brasil, (CRFB/88) à categoria dos trabalhadores domésticos os seguintes direitos:

(A) proteção em face da automação, na forma da lei.

(B) reconhecimento das convenções e acordos coletivos de trabalho.

(C) jornada de seis horas para trabalho realizado em turnos ininterruptos de revezamento.

(D) participação nos lucros, ou resultados, desvinculada da remuneração, conforme definido em lei.

(E) piso salarial proporcional à extensão e à complexidade do trabalho.

A: incorreta, pois a proteção em face da automação não é um direito assegurado aos trabalhadores domésticos (art. 7º, parágrafo único c/c inciso XXVII, da CF); **B:** correta, conforme art. 7º, parágrafo único combinado com o inciso XXVI, da CF; **C:** incorreta, pois a jornada de seis horas para o trabalho realizado em turnos ininterruptos de revezamento não é um direito assegurado aos trabalhadores domésticos (art. 7º, parágrafo único c/c inciso XIV, da CF); **D:** incorreta, pois a participação nos lucros, ou resultados, desvinculada da remuneração não é um direito assegurado aos trabalhadores domésticos (art. 7º, parágrafo único c/c inciso XI, da CF); **E:** incorreta, pois o piso salarial proporcional à extensão e à complexidade do trabalho não é um direito assegurado aos trabalhadores domésticos (art. 7º, parágrafo único c/c inciso V, da CF). **AN**
Gabarito "B".

(Defensor Público – DPE/SC – 2017 – FCC) A Constituição Federal de 1988 inovou na consolidação de um Estado Social e Democrático de Direito, positivando inúmeros direitos sociais no seu texto. Sobre o tema, é correto afirmar:

(A) Não é possível o reconhecimento de outros direitos sociais em sede constitucional para além daqueles expressamente arrolados no artigo 6º da Constituição Federal de 1988.

(B) As normas constitucionais que consagram direitos sociais possuem natureza estritamente programática.

(C) Não obstante os direitos sociais possuam natureza de direito fundamental, não é possível atribuir eficácia imediata aos mesmos a partir da norma constitucional, dependendo da intermediação do legislador infraconstitucional.

(D) Muito embora os direitos sociais não tenham sido consagrados expressamente no rol das cláusulas pétreas do nosso sistema constitucional, a doutrina majoritária sustenta que os mesmos estão incluídos neste rol.

(E) O direito à alimentação foi o último direito social a ser inserido no *caput* do artigo 6º da Constituição Federal de 1988, por meio da Emenda Constitucional n. 90/2015.

482 ADOLFO MAMORU NISHIYAMA, ANDRÉ NASCIMENTO, ANDRÉ BARBIERI, BRUNA VIEIRA, LICÍNIA ROSSI E TERESA MELO

A: Errado. Trata-se de um rol exemplificativo. Os direitos sociais não se limitam aos previstos no Texto Constitucional. **B:** Errado. As normas que consagram os direitos sociais têm aplicação imediata. **C:** Errado. Os direitos sociais possuem aplicação imediata, de modo que não dependem de uma interposição legislativa, cabendo ao Poder Judiciário o dever de aplicar imediatamente as normas definidoras de direitos sociais, assegurando-lhes sua plena eficácia (art. 5º, § 1º, da CF). **E:** Errado. O direito ao transporte foi o último direito social a ser inserido no caput do art. 6º da CF. **TM**

Gabarito "D".

7. NACIONALIDADE

(Investigador – PC/BA – 2018 – VUNESP) Imagine que Marieta, brasileira nata, e Roger, americano nato, estejam residindo atualmente nos Estados Unidos, período em que ocorre o nascimento de Lucas, filho deles. Nessa situação, nos termos da disposição da Constituição acerca da nacionalidade, é correto afirmar que

(A) caso Marieta esteja nos Estados Unidos a serviço da República Federativa do Brasil, o seu filho será considerado como brasileiro nato.

(B) ainda que Lucas seja registrado perante o Consulado Brasileiro, não será considerado como brasileiro nato ou naturalizado, já que o Brasil adota como único critério o jus soli.

(C) para ser considerado brasileiro naturalizado, Lucas deverá passar a residir no Brasil por pelo menos 1 (um) ano ininterrupto e possuir idoneidade moral.

(D) Lucas poderá ser considerado brasileiro nato desde que venha a residir no Brasil e, depois de 10 (dez) anos ininterruptos de residência, opte pela nacionalidade brasileira.

(E) para ser considerado brasileiro nato, basta que Lucas, a qualquer tempo, depois de atingir a idade mínima de 16 (dezesseis) anos, venha a residir no Brasil e opte pela nacionalidade brasileira.

A: correta, porque são brasileiros **natos** os nascidos no estrangeiro, de pai brasileiro ou mãe brasileira, desde que qualquer deles esteja a serviço da República Federativa do Brasil (art. 12, I, *b*, da CF); **B:** incorreta, pois são brasileiros **natos** os nascidos no estrangeiro de pai brasileiro ou de mãe brasileira, desde que sejam registrados em repartição brasileira competente (art. 12, I, *c*, da CF); **C:** incorreta, porque a exigência de residência por um ano ininterrupto e idoneidade moral é condição para a naturalização dos estrangeiros originários de países de língua portuguesa (art. 12, II, *a*, da CF), sendo que Lucas poderá ser considerado **brasileiro nato** caso venha a residir no Brasil e opte, em qualquer tempo, depois de atingida a maioridade, pela nacionalidade brasileira (art. 12, I, *c*, da CF); **D e E:** incorretas, pois são brasileiros **natos** os nascidos no estrangeiro de pai brasileiro ou de mãe brasileira, desde que venham a residir na República Federativa do Brasil e optem, em qualquer tempo, depois de atingida a maioridade, pela nacionalidade brasileira (art. 12, I, *c*, da CF). **AN**

Gabarito "A".

(Defensor Público Federal – DPU – 2017 – CESPE) A respeito de nacionalidade, julgue os itens a seguir.

(1) Situação hipotética: Laura, filha de mãe brasileira e pai argentino, nasceu no estrangeiro e, depois de ter atingido a maioridade, veio residir no Brasil, tendo optado pela nacionalidade brasileira. Assertiva: Nessa situação, a homologação da opção pela nacionalidade

brasileira terá efeitos *ex tunc* e Laura será considerada brasileira desde o seu nascimento.

(2) Brasileiro nato que, tendo perdido a nacionalidade brasileira em razão da aquisição de outra nacionalidade, readquiri-la mediante o atendimento dos requisitos necessários terá o *status* de brasileiro naturalizado.

1: Correto. Nos termos do art. 12, inc. I, alínea "c" da CF. Precedente do STF [AC 70 QO, rel. min. Sepúlveda Pertence, j. 25-9-2003, P, *DJ* de 12-3-2004.]; **2:** Errado. O brasileiro, ainda que tenha perdido a nacionalidade brasileira em razão das hipóteses previstas na Constituição (art. 12, § 4º, da CF), caso venha a readquiri-la (art. 76 da Lei 13.445/2017) não figurará na condição de naturalizado. Oswaldo Bandeira de Mello ao articular o tema, ensina que: "Improcede, ao nosso ver, a opinião dos que consideram como brasileiro naturalizado os anteriormente natos, ao readquirirem a nacionalidade perdida. Ora, só se readquire, como dissemos, os que se tinham. Quem, por conseguinte, possuía a nacionalidade brasileira de origem, não pode readquiri-la em forma secundária" (MELO, Osvaldo Aranha Bandeira de. A nacionalidade no direito constitucional brasileiro. Revista de Direito Administrativo, Rio de Janeiro, v. 15, p. 1-19, jan. 1949.) Esse também é o posicionamento que se consolidou no STF: '(...) Na espécie, o extraditando é brasileiro nato (Constituição Federal, art. 145, I, letra 'a'). A Reaquisição da nacionalidade, por brasileiro nato, implica manter esse *status* e não o de naturalizado. (...)" (Ext 441, Relator(a): Min. Néri da Silveira, Tribunal Pleno, julgado em 18/06/1986, DJ 10-06-1988 PP-14400 ement vol-01505-01 PP-00018). **TM**

Gabarito:1C, 2E

(Defensor Público – DPE/SC – 2017 – FCC) Sobre o tema da nacionalidade na Constituição Federal de 1988, é correto afirmar:

(A) Aos portugueses com residência permanente no País, ainda que não houver reciprocidade em favor de brasileiros, serão atribuídos os direitos inerentes ao brasileiro, salvo os casos previstos na Constituição.

(B) São brasileiros naturalizados os estrangeiros de qualquer nacionalidade, residentes na República Federativa do Brasil há mais de cinco anos ininterruptos e sem condenação penal, desde que requeiram a nacionalidade brasileira.

(C) É privativo de brasileiro nato o cargo de Ministro do Superior Tribunal de Justiça.

(D) Será declarada a perda da nacionalidade do brasileiro que tiver cancelada sua naturalização, por sentença judicial, em virtude de atividade nociva ao interesse nacional.

(E) São brasileiros natos nascidos na República Federativa do Brasil, ainda que de pais estrangeiros, mesmo que estes estejam a serviço de seu país.

A: Errado. Serão atribuídos aos portugueses, os direitos inerentes aos brasileiros, somente se houver reciprocidade em favor destes (art. 12, § 1º, da CF). **B:** Errado. Necessário que sejam residentes há mais de 15 (quinze) anos (art. 12, II, alínea "b"). **C:** Errado. As únicas hipóteses de distinção entre brasileiros natos e naturalizados são aquelas taxativamente previstas no art. 12, § 3º, da CF, são eles: I – de Presidente e Vice-Presidente da República; II – de Presidente da Câmara dos Deputados; III – de Presidente do Senado Federal; IV – de Ministro do Supremo Tribunal Federal; V: – da carreira diplomática; VI – de oficial das Forças Armadas. VII – de Ministro de Estado da Defesa. **D:** Correto. Art. 12, § 4º, da CF. **E:** Errado. São brasileiros natos os nascidos na República Federativa do Brasil, ainda que de pais estrangeiros, desde que estes não estejam a serviço de seus país. Caso contrário, não serão

11. DIREITO CONSTITUCIONAL — 483

considerados brasileiros natos, ainda que o Brasil adote também o instituto do *ius solis.* **TM**
"Gabarito "D".

(Delegado/MT – 2017 – CESPE) O boliviano Juan e a argentina Margarita são casados e residiram, por alguns anos, em território brasileiro. Durante esse período, nasceu, em território nacional, Pablo, o filho deles.

Nessa situação hipotética, de acordo com a CF, Pablo será considerado brasileiro

(A) naturalizado, não podendo vir a ser ministro de Estado da Justiça.

(B) nato e poderá vir a ser ministro de Estado da Defesa.

(C) nato, mas não poderá vir a ser presidente do Senado Federal.

(D) naturalizado, não podendo vir a ser presidente da Câmara dos Deputados.

(E) naturalizado e poderá vir a ocupar cargo da carreira diplomática.

De acordo com o artigo 12, inciso I, alínea "a" da CF/1998, são brasileiros natos os nascidos na República Federativa do Brasil, ainda que de pais estrangeiros, desde que estes não estejam a serviço de seu país. No caso descrito Pablo nasceu no Brasil, e mesmo sendo filho de estrangeiros será brasileiro nato, pois nenhum de seus pais estrangeiros estava a serviço de seu país. Por essa razão ele pode exercer os cargos privativos de brasileiro nato (artigo 12, § 3º, CF), dentre os quais o de Ministro de Estado da Defesa. Por ser brasileiro nato estão erradas as alternativas **A**, **D** e **E**. A alternativa **C** está errada pois como brasileiro nato pode sim ser Presidente do Senado (artigo 12, § 3º, CF). Correta a alternativa **B**, pois sendo nato pode ser Ministro de Estado da Defesa. **LR**
"Gabarito "B".

8. DIREITOS POLÍTICOS

(Procurador Município – Teresina/PI – FCC – 2022) Quanto aos direitos políticos no Brasil, a legislação vigente estabelece:

(A) A idade mínima exigida para Prefeito e Vice-Prefeito é, respectivamente, de 21 anos e 18 anos.

(B) Para concorrerem a outros cargos, os prefeitos, exceto os das capitais de Estados, devem renunciar aos respectivos mandatos até seis meses antes do pleito.

(C) São condições de elegibilidade, na forma da lei, a nacionalidade brasileira e a filiação partidária, entre outras.

(D) A soberania popular será exercida mediante sufrágio universal e pelo voto direto e secreto, com peso distinto conforme a região do país, nos termos da lei complementar.

(E) O alistamento eleitoral e o voto são obrigatórios para os maiores de 18 anos e facultativos aos maiores de 60 anos.

A: Incorreta. A idade mínima exigida para Prefeito e Vice-Prefeito é vinte e um anos (CF, art. 14, § 3º, VI, c). B: Incorreta. Para concorrerem a outros cargos, os prefeitos devem renunciar aos respectivos mandatos até seis meses antes do pleito, sendo capital de Estados ou não (CF, art. 14, § 6º). C: Correta. É o que dispõe o art. 14, § 3º, da CF. D: Incorreta. O art. 14, *caput*, da CF, prescreve que a soberania popular é exercida pelo sufrágio universal e pelo voto direto e secreto, com valor igual para todos. E: Incorreta. O alistamento eleitoral e o voto são obrigatórios para os maiores de dezoito anos e facultativos para os analfabetos,

os maiores de setenta anos e os maiores de dezesseis e menores de dezoito anos (CF, art. 14, § 1º). **AMN**
"Gabarito "C".

(Procurador Município – Santos/SP – VUNESP – 2021) A respeito dos Partidos Políticos, a Constituição Federal assegura que

(A) é livre sua criação, fusão, incorporação e extinção, resguardados a soberania nacional, o pluripartidarismo, os direitos fundamentais da pessoa humana e observado o caráter regional.

(B) antes de adquirirem personalidade jurídica, na forma da lei civil, registrarão seus estatutos no Tribunal Superior Eleitoral.

(C) estão proibidos de receber recursos financeiros de entidade ou governo estrangeiro e de se subordinar a estes, devem prestar contas à Justiça Eleitoral e ter funcionamento parlamentar de acordo com a lei.

(D) podem adotar os critérios de escolha e o regime de suas coligações nas eleições majoritárias e nas proporcionais, com obrigatoriedade de vinculação entre as candidaturas em âmbito nacional, estadual, distrital ou municipal.

(E) terão direito a recursos do fundo partidário e acesso gratuito ao rádio e à televisão, na forma da lei, os que tiverem elegido pelo menos treze Deputados Federais distribuídos em pelo menos dois terços das unidades da Federação.

A: Incorreta. Deve ser observado o **caráter nacional** (CF, art. 17, I). B: Incorreta. O registro deve ser feito **após** adquirirem personalidade jurídica (CF, art. 17, § 2º). C: Correta. Conforme disposto no art. 17, II a IV, da CF. D: Incorreta. Segundo o art. 17, § 1º, da CF, os Partidos Políticos podem adotar os critérios de escolha e o regime de suas coligações nas eleições majoritárias, **vedada a sua celebração nas eleições proporcionais**, **sem obrigatoriedade** de vinculação entre as candidaturas em âmbito nacional, estadual, distrital ou municipal. E: Incorreta. terão direito a recursos do fundo partidário e acesso gratuito ao rádio e à televisão, na forma da lei, os que tiverem elegido pelo menos **quinze** Deputados Federais distribuídos em pelo menos **um terço** das unidades da Federação (CF, art. 17, § 3º, II). **AMN**
"Gabarito "C".

(Advogado – Pref. São Roque/SP – 2020 – VUNESP) Com base na jurisprudência do Supremo Tribunal Federal, é correto afirmar que não podem perder o mandato por infidelidade partidária em razão da transferência voluntária de agremiação os ocupantes dos cargos de

(A) Vereador e Deputado Federal.

(B) Prefeito e Senador.

(C) Deputado Estadual e Governador.

(D) Presidente da República e Deputado Federal.

(E) Senador e Deputado Estadual.

A letra B é a única correta, conforme jurisprudência do STF (ADI 5081), uma vez que os cargos do sistema majoritário de eleição (Prefeito, Governador, Senador e Presidente da República) não estão suscetíveis a perder o mandato por infidelidade partidária. Por óbvio, as demais alternativas estão incorretas. **AB**
"Gabarito "B".

(Promotor de Justiça/SP – 2019 – MPE/SP) Ao decidir que pessoas do mesmo grupo familiar, dentro das hipóteses do § 7º do art. 14 da CF/1988, não podem exercer três mandatos subsequentes na chefia de um mesmo Poder Executivo, independentemente da ocorrência de separação conjugal, falecimento, ou outras tantas possibilidades que possam ocorrer; que a Constituição Federal não tolera privilégios e discriminações, impedindo que se estabeleçam tratamentos seletivos em favor de determinadas pessoas, proibindo que se imponham restrições gravosas em detrimento de outras em razão de condição social, de nascimento, de gênero, de origem étnica, de orientação sexual ou de posição estamental; que é essencial ao fortalecimento da democracia que o seu financiamento seja feito em bases essenciais e absolutamente transparentes; o Supremo Tribunal Federal decidiu fundamentalmente com base no

(A) princípio da proporcionalidade.

(B) princípio da razoabilidade.

(C) princípio da eficiência.

(D) princípio da segurança jurídica.

(E) princípio republicano.

Letra **E**: correta. Uma vez que a transitoriedade de mandatos eletivos impede a perpetuação da mesma família no poder, razão pela qual respeita a noção básica do republicanismo. Todas as demais alternativas não guardam relação com o enunciado da questão. **AB**

Gabarito "E".

(Juiz de Direito – TJ/RJ – 2019 – VUNESP) Narciso, 19 anos de idade, que está em pleno gozo dos seus direitos políticos, pretende candidatar-se ao mandato de Vereador em seu Município nas próximas eleições, que ocorrerão em outubro de 2020. Poliana, que é sua cunhada, ocupava o cargo de Presidente da Câmara de Vereadores, no mesmo Município, mas, atualmente, veio a assumir o cargo de Prefeito em razão da perda de mandato dos seus ocupantes anteriores. Segundo o disposto na Constituição Federal, nessa situação hipotética, é correto afirmar que Narciso

(A) poderia se candidatar, não havendo incompatibilidade eleitoral para o exercício do mandato, mas não poderá fazê-lo por não ter a idade mínima para se candidatar.

(B) não poderá se candidatar, tendo em vista a sua condição de inelegibilidade por ser cunhado de Poliana, salvo se já titular de mandato eletivo e candidato à reeleição.

(C) poderá se candidatar, pois a relação com Poliana não é condição que o impeça de concorrer, salvo se já titular de mandato eletivo e candidato à reeleição.

(D) poderá se candidatar, desde que tenha se tornado cunhado de Poliana somente após esta ter assumido o mandato eletivo.

(E) não está impedido de se candidatar ao mandato de Vereador, desde que não seja para reeleição, uma vez que Poliana assumiu o cargo de Prefeito em substituição aos titulares.

A letra B está correta, conforme artigo 14, § 7º, da CF. Como todas as demais alternativas estão diretamente ligadas à inelegibilidade reflexa, logo, equivocadas, nos mesmos termos do artigo 14, § 7º, da CF. **AB**

Gabarito "B".

(Investigador – PC/BA – 2018 – VUNESP) Imagine a seguinte situação hipotética: o Prefeito do Município X foi eleito no ano de 2016. Nessa situação, é correto afirmar que

(A) caso queira se candidatar ao cargo de Governador de Estado nas próximas eleições, deverá possuir a idade mínima de 35 (trinta e cinco) anos e renunciar

ao respectivo mandato de Prefeito até 3 (três) meses antes do pleito.

(B) caso decida se candidatar ao cargo de Senador, deverá possuir a idade mínima de 30 (trinta) anos e renunciar ao respectivo mandato de Prefeito até 5 (cinco) meses antes do pleito.

(C) caso decida se candidatar ao cargo de Presidente ou Vice-Presidente da República, deverá possuir a idade mínima de 35 (trinta e cinco) anos e renunciar ao respectivo mandato de Prefeito até 6 (seis) meses antes do pleito.

(D) caso o cônjuge do Prefeito, por exemplo, queira se candidatar ao cargo de Vereadora do Município X pela primeira vez, ela será considerada elegível, ainda que o Prefeito não renuncie ao pleito.

(E) caso a sogra do Prefeito, por exemplo, queira se candidatar ao cargo de Prefeita do Município pela primeira vez, ela será considerada elegível, uma vez que somente há inelegibilidade ao cônjuge ou filhos do mandatário.

A: incorreta, pois a idade mínima é de **30 anos** para o cargo de Governador de Estado (art. 14, § 3º, VI, *b*, da CF), e ele deverá renunciar ao mandato de Prefeito até **6 meses** antes do pleito (art. 14, § 6º, da CF); **B:** incorreta, pois a idade mínima é de **35 anos** para o cargo de Senador (art. 14, § 3º, VI, *a*, da CF), e ele deverá renunciar ao mandato de Prefeito até **6 meses** antes do pleito (art. 14, § 6º, da CF); **C:** correta, pois a idade mínima é de **35 anos** para o cargo de Presidente e Vice-Presidente da República (art. 14, § 3º, VI, *a*, da CF), e ele deverá renunciar ao mandato de Prefeito até **6 meses** antes do pleito (art. 14, § 6º, da CF); **D:** incorreta, pois o cônjuge do Prefeito é inelegível no território de jurisdição do titular, salvo se já titular de mandato eletivo e candidato à reeleição (art. 14, § 7º, da CF) ou se o Prefeito se afastar definitivamente até seis meses antes da eleição (Resolução TSE 22.599/2007); **E:** incorreta, pois os parentes consanguíneos ou afins (como a sogra), até o segundo grau ou por adoção, do Prefeito são inelegíveis no território de jurisdição do titular (art. 14, § 7º, da CF). **AN**

Gabarito "C".

(Investigador – PC/BA – 2018 – VUNESP) Suponha que, nas Eleições de 2018, candidataram-se ao cargo de Presidente da República X, Y e Z, respectivamente com 40 (quarenta), 45 (quarenta e cinco) e 50 (cinquenta) anos. Nesse caso, é correto afirmar que

(A) será considerado eleito Presidente o candidato que, registrado por partido político, obtiver a maioria dos votos válidos, computando-se os votos em branco, mas não os nulos.

(B) se na primeira votação nenhum candidato alcançar maioria absoluta, será realizada nova eleição em até 30 (trinta) dias após a proclamação do resultado, concorrendo os 2 (dois) candidatos mais votados.

(C) havendo nova votação no caso de não se ter alcançado maioria absoluta de votos, e, antes da realização do segundo turno, ocorrer a morte, desistência ou impedimento legal de candidato, será convocado, dentre os remanescentes, o mais idoso.

(D) se, por exemplo, o candidato X tiver obtido a maior votação, mas desistido do cargo antes do segundo turno, e os candidatos Y e Z obtiveram a mesma votação, será qualificado como Presidente o candidato Z.

(E) se decorridos 5 (cinco) dias para a posse, o Presidente ou o Vice-Presidente, salvo por motivo de força maior, não tiver assumido o cargo, este será declarado como vago.

11. DIREITO CONSTITUCIONAL   485

A: incorreta, porque será considerado eleito Presidente o candidato que, registrado por partido político, obtiver a maioria absoluta de votos, não computados os votos em branco e os nulos (art. 77, § 2º, da CF); **B:** incorreta, já que se nenhum candidato alcançar maioria absoluta na primeira votação, far-se-á nova eleição em até **vinte dias** após a proclamação do resultado, concorrendo os dois candidatos mais votados e considerando-se eleito aquele que obtiver a maioria dos votos válidos (art. 77, § 3º, da CF); **C:** incorreta, pois, se antes de realizado o segundo turno ocorrer morte, desistência ou impedimento legal de candidato, convocar-se-á, dentre os remanescentes, o de maior votação (art. 77, § 4º, da CF); **D:** correta, conforme inteligência do art. 77, §§ 4º e 5º, da CF. Na hipótese da questão, o candidato X, mais votado, desistiu do cargo antes do segundo turno, remanescendo apenas os candidatos Y e Z com a mesma votação, sendo, portanto, qualificado o mais idoso (Z) como vencedor da eleição; **E:** incorreta, porque se, decorridos **dez** dias da data fixada para a posse, o Presidente ou o Vice-Presidente, salvo motivo de força maior, não tiver assumido o cargo, este será declarado vago (art. 78, parágrafo único, da CF). AN
Gabarito "D".

(Investigador – PC/BA – 2018 – VUNESP) De acordo com a Constituição, assinale a alternativa correta sobre os partidos políticos.

(A) É livre a criação, a fusão e a incorporação de partidos políticos, mas a extinção, em função de sua importância na democracia, exige a aprovação do Poder Público.

(B) Poderão possuir caráter regional nos Estados cuja população seja superior a 1 (um) milhão de habitantes.

(C) É defeso aos partidos políticos o recebimento de recursos financeiros de entidade ou governo estrangeiro ou de subordinação a estes.

(D) Os partidos políticos, após adquirirem personalidade jurídica, na forma da lei civil, registrarão seus estatutos perante o Tribunal Regional Eleitoral da respectiva entidade da federação de sua sede.

(E) O acesso aos recursos do fundo partidário e ao rádio e à televisão será destinado a todos os partidos políticos, indiscriminadamente, para garantia da isonomia na representação política.

A: incorreta, pois é livre a criação, a fusão, a incorporação e a extinção de partidos políticos (art. 17, *caput*, da CF); **B:** incorreta, na medida em que os partidos políticos deverão ter **caráter nacional** (art. 17, I, da CF); **C:** correta, de acordo com o art. 17, II, da CF; **D:** incorreta, porque os partidos políticos, após adquirirem personalidade jurídica, na forma da lei civil, registrarão seus estatutos no **Tribunal Superior Eleitoral** (art. 17, § 2º, da CF); **E:** incorreta, pois a Emenda Constitucional 97/2017 instituiu cláusula de barreira ou cláusula de desempenho eleitoral para os partidos políticos poderem ter acesso ao fundo partidário e ao tempo gratuito de rádio e televisão. Nesse contexto, somente terão direito a recursos do fundo partidário e acesso gratuito ao rádio e à televisão os partidos políticos que, alternativamente, **(i)** obtiverem, nas eleições para a Câmara dos Deputados, no mínimo, 3% dos votos válidos, distribuídos em pelo menos 1/3 das unidades da Federação, com um mínimo de 2% dos votos válidos em cada uma delas; ou **(ii)** tiverem elegido pelo menos quinze Deputados Federais distribuídos em pelo menos 1/3 das unidades da Federação (art. 17, § 3º, da CF). AN
Gabarito "C".

(Procurador do Estado/SP – 2018 – VUNESP) Acerca dos partidos políticos, assinale a alternativa correta.

(A) A filiação partidária é condição de elegibilidade, cabendo aos partidos políticos, após adquirirem personalidade jurídica de direito público interno no cartório de registro civil do respectivo ente federativo ao qual é vinculado, promover o registro de seus estatutos no Tribunal Regional Eleitoral, ato conhecido como "notícia de criação de partido político".

(B) É assegurada aos partidos políticos autonomia para definir o regime de suas coligações nas eleições proporcionais, uma vez que há o vínculo de obrigatoriedade entre as candidaturas em âmbito nacional, estadual, distrital ou municipal.

(C) O direito a recursos do fundo partidário e acesso gratuito ao rádio e à televisão, na forma da lei, é garantido aos partidos políticos que tiverem elegido pelo menos quinze Deputados Federais distribuídos em pelo menos um terço das unidades da Federação.

(D) Ao eleito por partido que não preencher os requisitos constitucionais que asseguram o direito ao fundo partidário é vetado filiar-se a outro partido que os tenha atingido, uma vez que a lei procura assegurar a igualdade na distribuição dos recursos e de acesso gratuito ao tempo de rádio e de televisão.

(E) Os partidos políticos não podem estabelecer normas de disciplina e fidelidade partidária, assim como são proibidos de receber recursos financeiros de entidade ou governo estrangeiros ou de subordinação a estes.

A: incorreta, pois os partidos políticos, após adquirirem personalidade jurídica, na forma da lei civil, registrarão seus estatutos no **Tribunal Superior Eleitoral** (art. 17, § 2º, da CF), sendo que os partidos políticos são **pessoas jurídicas de direito privado**, de acordo com o art. 44, V, do Código Civil; **B:** incorreta, visto que é assegurada aos partidos políticos autonomia para definir o regime de suas coligações nas eleições majoritárias, vedada a sua celebração nas eleições proporcionais, sem obrigatoriedade de vinculação entre as candidaturas em âmbito nacional, estadual, distrital ou municipal (art. 17, § 1º, da CF); **C:** correta, conforme art. 17, § 3º, II, da CF; **D:** incorreta, já que ao eleito por partido que não preencher os requisitos constitucionais que asseguram o direito ao fundo partidário é assegurado o mandato e facultada a filiação, sem perda do mandato, a outro partido que os tenha atingido, não sendo essa filiação considerada para fins de distribuição dos recursos do fundo partidário e de acesso gratuito ao tempo de rádio e de televisão (art. 17, § 5º, da CF); **E:** incorreta, pois os partidos políticos devem estabelecer normas de disciplina e fidelidade partidária (art. 17, § 1º, *in fine*, da CF), sendo proibidos de receber recursos financeiros de entidade ou governo estrangeiros ou de subordinação a estes (art. 17, II, da CF). AN
Gabarito "C".

(Procurador do Estado/SP – 2018 – VUNESP) No julgamento da ADI no 5.081/DF, o Supremo Tribunal Federal fixou a seguinte tese: [...] por unanimidade de votos, em conhecer da ação e julgar procedente o pedido formulado para declarar a inconstitucionalidade, quanto à Resolução nº 22.610/2007, do Tribunal Superior Eleitoral, do termo "ou o vice", constante do art. 10; da expressão "e, após 16 (dezesseis) de outubro corrente, quanto a eleitos pelo sistema majoritário", constante do art. 13, e para "conferir interpretação conforme a Constituição ao termo "suplente", constante do art. 10, com a finalidade de excluir do seu alcance os cargos do sistema majoritário. Fixada a tese com o seguinte teor: "A perda do mandato em razão da mudança de partido não se aplica aos candidatos eleitos pelo sistema majoritário, sob pena de violação da soberania popular e das escolhas feitas pelo eleitor", nos termos do voto do Relator.

Considerando as regras constitucionais do sistema eleitoral brasileiro e os fundamentos utilizados para construir a jurisprudência aqui reproduzida, assinale a alternativa correta.

(A) Dentre as causas expressas de perda do mandato de Deputados Federais ou Estaduais estão as hipóteses de ser investido no cargo de Ministro de Estado, Governador de Território, Secretário de Estado, do Distrito Federal, de Território, de Prefeitura de Capital ou chefe de missão diplomática temporária.

(B) A interpretação conforme é uma regra hermenêutica que visa consagrar a força normativa da constituição ao retirar do ordenamento jurídico normas infraconstitucionais que sejam incompatíveis com a ordem jurídica, de modo a dar prevalência a soluções que favoreçam a integração social e a unidade política.

(C) O sistema eleitoral brasileiro adota o sistema majoritário para eleição do Prefeito e do Vice-Prefeito. No caso dos Municípios com mais de 200 mil eleitores, se nenhum candidato alcançar maioria absoluta na primeira votação, far-se-á nova eleição em até vinte dias após a proclamação do resultado, concorrendo os dois candidatos mais votados e considerando-se eleito aquele que obtiver a maioria dos votos válidos.

(D) O sistema proporcional adotado para a eleição dos senadores caracteriza-se pela ênfase nos votos obtidos pelos partidos, motivo pelo qual a Corte fixou entendimento de que a fidelidade partidária é essencial nesse caso.

(E) A soberania popular é exercida por meio da participação direta na organização político-administrativa quando se permite que os Estados possam se incorporar entre si, subdividir-se ou desmembrar-se para se anexarem a outros, ou formarem novos Estados ou Territórios Federais, mediante aprovação da população diretamente interessada, por plebiscito ou referendo.

A: incorreta, pois não é causa de perda do mandato de Deputado ou Senador a hipótese de ser investido no cargo de Ministro de Estado, Governador de Território, Secretário de Estado, do Distrito Federal, de Território, de Prefeitura de Capital ou chefe de missão diplomática temporária (art. 56, I, da CF); **B**: incorreta, visto que a interpretação conforme a Constituição é um método de interpretação hermenêutico – ou uma técnica de controle de constitucionalidade – pelo qual o intérprete ou aplicador do direito, ao se deparar com normas polissêmicas ou plurissignificativas (isto é, que possuam mais de uma interpretação), deverá adotar aquela interpretação que mais se compatibilize com o texto constitucional, excluindo determinadas hipóteses de interpretação da norma inconstitucionais; **C**: correta, conforme art. 29, II, combinado com art. 77, § 3º, da CF; **D**: incorreta, visto que o STF entende que *"o sistema majoritário, adotado para a eleição de presidente, governador, prefeito e senador, tem lógica e dinâmica diversas da do sistema proporcional. As características do sistema majoritário, com sua ênfase na figura do candidato, fazem com que a perda do mandato, no caso de mudança de partido, frustre a vontade do eleitor e vulnere a soberania popular"* (ADI 5081, Rel. Min. Roberto Barroso, Tribunal Pleno, j. em 27-05-2015); **E**: incorreta, na medida em que os estados podem incorporar-se entre si, subdividir-se ou desmembrar-se para se anexarem a outros, ou formarem novos estados ou territórios federais, mediante aprovação da população diretamente interessada, por meio de **plebiscito**, e do Congresso Nacional, por lei complementar (art. 18, § 3º, da CF). **AN**
Gabarito "C"

(Defensor Público – DPE/SC – 2017 – FCC) No que tange aos direitos políticos na Constituição Federal de 1988, é correto afirmar:

(A) É vedada a cassação de direitos políticos, cuja perda ou suspensão só se dará, entre outros casos, na hipótese de condenação criminal em segundo grau de jurisdição, enquanto durarem seus efeitos.

(B) A ação de impugnação de mandato tramitará sem segredo de justiça, respondendo o autor, na forma da lei, se temerária ou de manifesta má-fé.

(C) É condição de legibilidade a idade mínima de trinta anos para Presidente e Vice-Presidente da República e Senador.

(D) Não podem alistar-se como eleitores os estrangeiros e, durante o período do serviço militar obrigatório, os conscritos.

(E) A lei que alterar o processo eleitoral entrará em vigor na data de sua publicação, aplicando-se imediatamente a todas as eleições futuras.

A: Errado. A perda ou suspensão dos direitos políticos só se dará, dentre outros casos, por condenação criminal transitada em julgado, enquanto durarem seus efeitos (art. 15, inc. III da CF). **B**: Errado. A ação de impugnação ao mandato tramitará em segredo de justiça (art. 14, § 11, da CF). **C**: Errado. A idade mínima para Presidente e Vice-Presidente da República e Senador é de 35 (trinta e cinco anos) (art. 14, § 3º, inc. VI, alínea "a" da CF). **D**: Correto, nos termos do art. 14, § 2º, da CF. **E**: Errado. A lei que alterar o processo eleitoral entrará em vigor na data de sua publicação, mas não se aplicará imediatamente a todas as eleições futuras, terá, no mínimo, que ter sido aprovada em espaço superior a um ano para que tenha validade na eleição seguinte. Caso contrário, só terá eficácia na eleição seguinte (art. 16 da CF). **TM**
Gabarito "D".

9. ORGANIZAÇÃO DO ESTADO

9.1. Da União, Estados, Municípios e Territórios

(Delegado/RJ – 2022 – CESPE/CEBRASPE) No que diz respeito à intervenção de um ente federado em outro, assinale a opção correta.

(A) A Constituição Federal de 1988 permite que a União, baseada sempre em decisão do Supremo Tribunal Federal, intervenha discricionariamente em estados-membros, no Distrito Federal e em municípios, exigindo-se, para isso, o cumprimento de certas formalidades previstas em decreto-lei que estabeleça as diretrizes e os limites da intervenção.

(B) A intervenção somente será efetivada por meio de decreto — do presidente da República, em caso de intervenção federal, ou de governador, em caso de intervenção de estado em município —, conforme disposto no § 1.º do art. 36 da Constituição Federal de 1988, observando-se que a intervenção é ato de natureza política, não sendo admissível, em regra, o controle jurisdicional de sua decretação.

(C) O controle político da intervenção será realizado pelo Supremo Tribunal Federal, sendo de sua competência exclusiva suspendê-la quando entender pela ausência dos motivos que a inicialmente justificassem.

(D) Havendo requisição do Supremo Tribunal Federal, em razão de coação exercida contra o Poder Judiciário, o

11. DIREITO CONSTITUCIONAL 487

presidente da República não ficará obrigado a editar decreto de intervenção, cabendo ao chefe do Poder Executivo federal analisar o tema com base em critérios de conveniência política.

(E) Embora alguns doutrinadores afirmem que a intervenção somente será realizada por um ente mais amplo da Federação sobre outro imediatamente menos amplo, levando à conclusão de que a União somente poderá intervir no Distrito Federal e nos estados, o Supremo Tribunal Federal entende que, em razão de a soberania ser princípio fundamental da República Federativa do Brasil, reconhecido constitucionalmente, a União poderá, discricionariamente, intervir em qualquer ente da Federação.

A: incorreta. A União excepcionalmente só poderá intervir nos Estados e no Distrito Federal (CF, art. 34) e a intervenção não é baseada sempre em decisão do Supremo Tribunal Federal. Além disso, não há previsão constitucional de edição de decreto-lei; **B**: correta. O decreto de intervenção especificará a sua amplitude, o prazo e as condições de execução e, se couber, nomeará o interventor, submetendo-se à apreciação do Congresso Nacional ou da Assembleia Legislativa do Estado, no prazo de vinte e quatro horas (CF, art. 36, § 1º). Portanto, há o controle político da medida pelo Congresso Nacional ou pela Assembleia Legislativa, não cabendo, em regra, o controle jurisdicional; **C**: incorreta. Conforme visto no comentário B, o controle político é realizado pelo Congresso Nacional ou pela Assembleia Legislativa; **D**: incorreta. Nesta hipótese o ato não é discricionário do Presidente da República, mas sim vinculado; **E**: incorreta. Por força dos arts. 34 e 35 da CF, a União, excepcionalmente, poderá intervir apenas nos Estados, no Distrito Federal e nos **Municípios localizados em Território Federal**. AMN

Gabarito "B".

(Procurador Município – Teresina/PI – FCC – 2022) O Prefeito de Teresina pretende editar decreto disciplinando o horário de funcionamento de estabelecimentos de comércio varejista de alimentos e bebidas, sem que a lei tenha regulado o tema. Considerando as normas da Constituição Federal, trata-se de matéria que se insere no âmbito da competência

(A) do Estado, devendo, no caso, ser regida por lei estadual, e não por decreto, à luz do princípio da legalidade.

(B) do Estado, podendo, no caso, ser objeto de decreto do Chefe do Poder Executivo estadual, já que lhe compete dispor sobre organização e funcionamento do comércio.

(C) concorrente da União, Estado e Município, podendo, no caso, ser objeto de decreto do Chefe do Poder Executivo municipal apenas na ausência de normas federais e estaduais.

(D) do Município, podendo, no caso, ser objeto de decreto do Chefe do Poder Executivo municipal, já que lhe compete dispor sobre organização e funcionamento do comércio.

(E) do Município, devendo, no caso, ser regida por lei, e não por decreto, à luz do princípio da legalidade.

Compete aos Municípios legislar sobre assuntos de interesse local (CF, art. 30, I), que é o caso do enunciado apresentado. No entanto, pressupõe-se a edição de lei para tanto, em razão do princípio da legalidade. Posteriormente, é até possível a edição de decreto para regulamentar a lei, mas não é possível decreto autônomo sobre a matéria. AMN

Gabarito "E".

(Procurador Município – Teresina/PI – FCC – 2022) Compete ao Município

(A) legislar sobre regime de portos e navegação lacustre.

(B) instituir, mediante lei complementar, regiões metropolitanas, aglomerações urbanas e microrregiões.

(C) explorar diretamente, ou mediante concessão, os serviços locais de gás canalizado.

(D) fixar o horário de funcionamento de estabelecimento comercial.

(E) legislar sobre imposto sobre serviços de qualquer natureza e transmissão *causa mortis*.

A: Incorreta. Competência da União (CF, art. 21, XII, *f*). **B**: Incorreta. Competência dos Estados-membros (CF, art. 25, § 3º). **C**: Incorreta. Competência dos Estados-membros (CF, art. 25, § 2º). **D**: Correta. Trata-se de interesse local (CF, art. 30, I). **E**: Incorreta. Competência dos Estados-membros e do Distrito Federal (CF, art. 155, I). AMN

Gabarito "D".

(Procurador/PA – CESPE – 2022) A respeito da organização do Estado brasileiro, assinale a opção correta.

(A) O princípio da divisão dos poderes não é absoluto, havendo, por conseguinte, exceções, tal como a possibilidade de delegação, pelo Senado Federal, de atribuições legislativas ao presidente da República.

(B) Os estados-membros poderão intervir em seus municípios para reorganizar suas finanças.

(C) Lei complementar estadual pode criar região metropolitana, constituída por aglomeração de municípios limítrofes, para integrar a organização, o planejamento e a execução de funções públicas de interesse comum.

(D) Ao Distrito Federal são atribuídas todas as competências legislativas reservadas aos estados e municípios.

(E) O texto constitucional permite a divisão do Distrito Federal em municípios.

A: Incorreta. A possibilidade de delegação de atribuições legislativas ao Presidente da República é realizada pelo Congresso Nacional (CF, art. 68). **B**: Incorreta. Não há essa hipótese prevista no art. 35 da CF. **C**: Correta. Está previsto expressamente no art. 25, § 3º, da CF. **D**: Incorreta. Ao Distrito Federal **não** são atribuídas **todas** as competências legislativas reservadas aos estados e municípios. Por exemplo, compete privativamente à União legislar sobre organização judiciária, do Ministério Público do Distrito Federal e dos Territórios e da Defensoria Pública dos Territórios, bem como organização administrativa destes (CF, art. 22, XVII). **E**: Incorreta. A CF prevê expressamente que o Distrito Federal não poderá ser dividido em municípios (art. 32). AMN

Gabarito "C".

(Procurador/PA – CESPE – 2022) Cada um dos próximos itens apresenta uma situação hipotética seguida de assertiva, a ser julgada conforme as disposições da Constituição Federal de 1988 referentes à intervenção federal.

I. No ano de 2021, o estado C sofreu queda brusca na sua arrecadação, razão pela qual, pela primeira vez em sua história, suspendeu o pagamento de dívida fundada cujo credor era a União. Nessa situação hipotética, a União poderá intervir no estado C, para garantir o pagamento da dívida fundada.

II. O estado V é recalcitrante no descumprimento de ordens judiciais provenientes de sentenças com trânsito em julgado. Nessa situação hipotética, a União poderá intervir no estado V, para garantir o cumprimento das ordens e decisões do Poder Judiciário, independentemente de requisição do Supremo Tribunal Federal, do Superior Tribunal de Justiça ou do Tribunal Superior Eleitoral.

III. Visando à conclusão do maior número de obras públicas em seu primeiro mandato e, consequentemente, a sua futura reeleição, o governador do estado S deixou de entregar, dentro dos prazos estabelecidos em lei, aos municípios localizados em seu território as receitas tributárias fixadas constitucionalmente. Nessa situação hipotética, a União poderá intervir no estado S, para garantir os devidos repasses.

IV. O estado Z, sob a justificativa de que é imperativo constitucional uma administração pública eficiente e, assim, célere na construção de obras de interesse público, tem, reiteradamente, realizado contratações diretas, afastando a aplicação da legislação federal que rege as licitações e os contratos na administração pública. Nessa situação hipotética, a União poderá intervir no estado Z, para prover a execução da legislação federal.

V. O município W, que não está localizado em nenhum dos territórios federais, tem deixado de aplicar o mínimo exigido da receita municipal na manutenção e no desenvolvimento das ações e dos serviços públicos de saúde. Nessa situação hipotética, a União, por iniciativa concorrente, poderá intervir no município W.

A quantidade de itens certos é igual a

(A) 1.

(B) 2.

(C) 3.

(D) 4.

(E) 5.

I: Errado. O art. 34, V, *a*, da CF, prevê que cabe a intervenção federal no Estado para reorganizar as finanças da unidade da Federação que suspender o pagamento da dívida fundada por mais de dois anos consecutivos, salvo motivo de força maior. II: Errado. Há a necessidade de requisição do Supremo Tribunal Federal, do Superior Tribunal de Justiça ou do Tribunal Superior Eleitoral (CF, art. 36, II). III: Certo. É o que estabelece o art. 34, V, *b*, da CF. IV: Certo. Está disposto no art. 34, VI, da CF. V: Errado. A União só poderá intervir nos Municípios localizados em Território Federal (CF, art. 35). AMN

Gabarito "B".

(Procurador/DF – CESPE – 2022) Com base na Lei Orgânica do Distrito Federal, julgue o próximo item.

(1) Combater as causas da pobreza, promovendo-se a integração social dos segmentos desfavorecidos, é competência do DF em comum com a União.

1: Certo. Art. 23, X, da CF, e art. 16, VIII, da Lei Orgânica do Distrito Federal. AMN

Gabarito 1C

(Delegado/RJ – 2022 – CESPE/CEBRASPE) Em conformidade com a CF e a jurisprudência do Supremo Tribunal Federal, uma constituição estadual que estabelecesse: (i) novas hipóteses de foro por prerrogativa de função para o cargo de delegado, (ii) previsão de lei orgânica da polícia civil ser veiculada por lei complementar, (iii) determinação ao legislador de observância de isonomia remuneratória entre policiais civis e policiais militares, seria considerada

(A) constitucional em relação à instituição de prerrogativa de foro, mas inconstitucional quanto à determinação

ao legislador de observância de isonomia remuneratória entre policiais civis e policiais militares e à previsão de lei complementar para a lei orgânica da polícia civil, por violar a simetria.

(B) completamente constitucional.

(C) constitucional em relação à previsão de lei complementar para regência da polícia civil e inconstitucional em relação às demais previsões.

(D) constitucional tão somente em relação à determinação ao legislador de observância de isonomia remuneratória entre policiais civis e policiais militares, considerando-se a necessária igualdade entre servidores estabelecida no art. 37 da CF.

(E) completamente inconstitucional.

(i) A ADI 6504 decidiu que: "Ementa Ação direta de inconstitucionalidade. Constituição do Estado do Piauí. Foro por prerrogativa de função ao Defensor Público-Geral do Estado, ao Delegado-Geral da Polícia Civil e aos integrantes das carreiras de Procurador do Estado e de Defensor Público do Estado. Interpretação restritiva do foro por prerrogativa de função. Inadmissibilidade de extensão das hipóteses definidas na própria Constituição da República. Simetria direta. Precedentes. Procedência. 1. A regra é que todos os cidadãos sejam julgados inicialmente perante juízes de primeiro grau, em consonância com o princípio republicano (art. 1º, caput , CF), o princípio da isonomia (art. 5º, caput , CF) e o princípio do juiz natural (art. 5º, LIII, CF). Somente em hipóteses extraordinárias e de modo excepcional se admite o estabelecimento de normas diversas, com a fixação de foro por prerrogativa de função. 2. O foro por prerrogativa de função só encontra razão de ser na proteção à dignidade do cargo, e não à pessoa que o ocupa, o que impele à interpretação restritiva do instituto, tendo em vista sua excepcionalidade e em prestígio aos princípios republicano (art. 1º, caput, CF) e da isonomia (art. 5º, caput, CF). 3. A Constituição da República já disciplinou de forma minudente e detalhada as hipóteses de prerrogativa de foro, a evidenciar sua exaustão e, em consequência, a impossibilidade de ampliação de seu alcance pelo poder constituinte decorrente, Apenas quando a própria Carta Política estabelece simetria direta mostra-se legítimo à Constituição estadual conceder prerrogativa de foro. 4. Ação direta inconstitucionalidade conhecida. Pedido julgado procedente com efeitos *ex nunc*." (STF – ADI 6504/PI – Pleno – Relatora Rosa Weber – DJe 05/11/2021); **(ii)** Este item é polêmico. Há um julgado do STF admitindo a previsão de lei complementar e um outro não admitindo. O julgado admitindo tem a seguinte ementa: "POLÍCIA CIVIL – REGÊNCIA – LEI – NATUREZA. A previsão, na Carta estadual, da regência, quanto à polícia civil, mediante lei complementar não conflita com a Constituição Federal." (STF – ADI 2314/RJ – Redator do acórdão Ministro Marco Aurélio – DJe 07/10/2015). O outro acórdão é mais recente e **não admite**: "Ementa: AÇÃO DIRETA DE INCONSTITUCIONALIDADE. DIREITO CONSTITUCIONAL. ARTIGO 57, PARÁGRAFO ÚNICO, IV, V, VII E VIII, DA CONSTITUIÇÃO DO ESTADO DE SANTA CATARINA. HIPÓTESES DE RESERVA DE LEI COMPLEMENTAR NÃO CONTIDAS NA CONSTITUIÇÃO FEDERAL. VIOLAÇÃO AO PRINCÍPIO DEMOCRÁTICO, À SEPARAÇÃO DE PODERES E À SIMETRIA. PRECEDENTES. AÇÃO DIRETA DE INCONSTITUCIONALIDADE CONHECIDA E JULGADO PROCEDENTE O PEDIDO. 1. A lei complementar, conquanto não goze, no ordenamento jurídico nacional, de posição hierárquica superior àquela ocupada pela lei ordinária, pressupõe a adoção de processo legislativo qualificado, cujo quórum para a aprovação demanda maioria absoluta, *ex vi* do artigo 69 da CRFB. 2. A criação de reserva de lei complementar, com o fito de mitigar a influência das maiorias parlamentares circunstanciais no processo legislativo referente a determinadas matérias, decorre de juízo de ponderação específico realizado pelo texto constitucional, fruto do sopesamento entre o princípio democrático, de um lado, e a previsibilidade e confiabilidade necessárias à adequada normatização de questões de especial relevância econômica, social ou política, de outro. 3. A aprovação de leis complementares depende de mobilização parlamentar

11. DIREITO CONSTITUCIONAL

489

mais intensa para a criação de maiorias consolidadas no âmbito do Poder Legislativo, bem como do dispêndio de capital político e institucional que propicie tal articulação, processo esse que nem sempre será factível ou mesmo desejável para a atividade legislativa ordinária, diante da realidade que marca a sociedade brasileira – plural e dinâmica por excelência – e da necessidade de tutela das minorias, que nem sempre contam com representação política expressiva. 4. A ampliação da reserva de lei complementar, para além daquelas hipóteses demandadas no texto constitucional, portanto, restringe indevidamente o arranjo democrático-representativo desenhado pela Constituição Federal, ao permitir que Legislador estadual crie, por meio do exercício do seu poder constituinte decorrente, óbices procedimentais – como é o quórum qualificado – para a discussão de matérias estranhas ao seu interesse ou cujo processo legislativo, pelo seu objeto, deva ser mais célere ou responsivo aos ânimos populares. 5. *In casu*, são inconstitucionais os dispositivos ora impugnados, que demandam edição de lei complementar para o tratamento (i) do regime jurídico único dos servidores estaduais e diretrizes para a elaboração de planos de carreira; (ii) da organização da Polícia Militar e do Corpo de Bombeiros Militar e do regime jurídico de seus servidores; (iii) da organização do sistema estadual de educação; e (iv) do plebiscito e do referendo – matérias para as quais a Constituição Federal não demandou tal espécie normativa. Precedente: ADI 2872, Relator Min. EROS GRAU, Redator p/ Acórdão Min. RICARDO LEWANDOWSKI, Tribunal Pleno, julgado em 1º/8/2011, Dj*e* 5/9/2011. 6. Ação direta conhecida e julgado procedente o pedido, para declarar inconstitucional o artigo 57, parágrafo único, IV, V, VII e VIII, da Constituição do Estado de Santa Catarina." (STF – ADI 5003/SC – Pleno – Relator Ministro Luiz Fux – DJ*e* 19/12/2019); (iii) O STF decidiu no seguinte sentido: "EMENTA: AÇÃO DIRETA DE INCONSTITUCIONALIDADE. JULGAMENTO CONJUNTO DAS ADI'S 4.009 E 4.001. LEGITIMIDADE AD CAUSAM DA REQUERENTE --- ADEPOL. LEI COMPLEMENTAR N. 254, DE 15 DE DEZEMBRO DE 2003, COM A REDAÇÃO QUE LHE FOI CONFERIDA PELA LEI COMPLEMENTAR N. 374, DE 30 DE JANEIRO DE 2007, AMBAS DO ESTADO DE SANTA CATARINA. ESTRUTURA ADMINISTRATIVA E REMUNERAÇÃO DOS PROFISSIONAIS DO SISTEMA DE SEGURANÇA PÚBLICA ESTADUAL. ARTIGO 106, § 3º, DA CONSTITUIÇÃO CATARINENSE. LEIS COMPLEMENTARES NS. 55 E 99, DE 29 DE MAIO DE 1.992 E 29 DE NOVEMBRO DE 1.993, RESPECTIVAMENTE. VINCULAÇÃO OU EQUIPARAÇÃO DE ESPÉCIES REMUNERATÓRIAS DOS POLICIAIS CIVIS E MILITARES À REMUNERAÇÃO DOS DELEGADOS. ISONOMIA, PARIDADE E EQUIPARAÇÃO DE VENCIMENTOS. JURISPRUDÊNCIA DO STF: VIOLAÇÃO DO DISPOSTO NOS ARTIGOS 37, INCISO XIII; 61, § 1º, INCISO II, ALÍNEA 'A', E 63, INCISO I, DA CONSTITUIÇÃO DO BRASIL. PROIBIÇÃO DE VINCULAÇÃO E EQUIPARAÇÃO ENTRE REMUNERAÇÕES DE SERVIDORES PÚBLICOS. PEDIDO JULGADO PARCIALMENTE PROCEDENTE. MODULAÇÃO DOS EFEITOS DA DECISÃO DE INCONSTITUCIONALIDADE. 1. A legitimidade *ad causam* da requerente foi reconhecida por esta Corte em oportunidade anterior – entidade de classe de âmbito nacional, com homogeneidade em sua representação, que congrega Delegados de Carreira das Polícias Federal, Estaduais e do Distrito Federal. 2. O objeto desta ação direta diz com a possibilidade de equiparação ou vinculação de remunerações de servidores públicos estaduais integrados em carreiras distintas. 3. A jurisprudência desta Corte é pacífica no que tange ao não-cabimento de qualquer espécie de vinculação entre remunerações de servidores públicos [artigo 37, XIII, da CB/88]. Precedentes. 4. Violação do disposto no artigo 61, § 1º, inciso II, alínea a, da Constituição do Brasil --- 'são de iniciativa privativa do presidente da República as leis que: [...]; II – disponham sobre: a) criação de cargos, funções ou empregos públicos na administração direta e autárquica ou aumento de sua remuneração'. 5. Afronta ao disposto no artigo 63, inciso I, da Constituição do Brasil --- 'não será admitido aumento de despesa prevista: I - nos projetos de iniciativa exclusiva do Presidente da República, ressalvados o disposto no art. 166, §§ 3º e 4º'. 6. É expressamente vedado pela Constituição do Brasil o atrelamento da remuneração de uns servidores públicos à de outros, de forma que a majoração dos vencimentos do grupo paradigma consubstancie aumento direto dos valores da remuneração do

grupo vinculado. 7. Afrontam o texto da Constituição do Brasil os preceitos da legislação estadual que instituem a equiparação e vinculação de remuneração. 8. Ação direta julgada parcialmente procedente para declarar a inconstitucionalidade: [i] do trecho final do § 3º do artigo 106 da Constituição do Estado de Santa Catarina: 'de forma a assegurar adequada proporcionalidade de remuneração das diversas carreiras com a de delegado de polícia'; [ii] do seguinte trecho do artigo 4º da LC n. 55/92 '[...], assegurada a adequada proporcionalidade das diversas carreiras com a do Delegado Especial'; [iii] do seguinte trecho do artigo 1º da LC 99: 'mantida a proporcionalidade estabelecida em lei que as demais classes da carreira e para os cargos integrantes do Grupo Segurança Pública - Polícia Civil'; e, [iv] por arrastamento, do § 1º do artigo 10 e os artigos 11 e 12 da LC 254/03, com a redação que lhe foi conferida pela LC 374, todas do Estado de Santa Catarina. 9. Modulação dos efeitos da decisão de inconstitucionalidade. Efeitos prospectivos, a partir da publicação do acórdão. 10. Aplicam-se à ADI n. 4.001 as razões de decidir referentes à ADI n. 4.009." (STF – ADI 4009/SC – Pleno – Relator Ministro Eros Grau – DJ*e* 29/05/2009). **AMN**

Gabarito "E".

(Delegado/MG – 2021 – FUMARC) O professor Kildare Gonçalves Carvalho, em clássica obra de Direito Constitucional, leciona: "Prevê, ainda, a Constituição a iniciativa reservada ou exclusiva, pela qual determinadas matérias somente poderão ser objeto de projeto de lei, se apresentado por um único proponente legislativo. A iniciativa reservada se revela assim pela matéria que determina o órgão competente para o depósito do projeto de lei" [...]

Observado o princípio da simetria constitucional, são de iniciativa privativa do Governador de Estado as leis que disponham sobre

(A) criação, transformação ou extinção dos cargos, empregos e funções de ser- viços na Assembleia Legislativa.

(B) iniciativa de lei para fixação da remuneração dos servidores públicos do Legislativo Estadual, observados os parâmetros estabelecidos na lei de diretrizes orçamentárias.

(C) o regime jurídico dos Delegados Civis.

(D) organização do Ministério Público e da Defensoria Pública da União.

A: incorreta. A criação, transformação ou extinção dos cargos, empregos e funções de serviços *na Assembleia Legislativa* são de competência do próprio Poder Legislativo Estadual, sob pena de violação ao princípio da separação dos poderes (art. 2º, *caput*, e 60, § 4º, III, ambos da CF); **B:** incorreta. Mais uma vez, valendo-se do princípio da separação dos poderes, a iniciativa de lei para fixação da remuneração dos *servidores públicos do Legislativo Estadual* é de competência do Poder Legislativo Estadual, não do Poder Executivo Estadual – Governador; **C:** correta. De fato, a polícia civil deve submissão ao Executivo, portanto as leis que disponham sobre o regime jurídico dos Delegados Civis são de iniciativa privativa do Governador de Estado (art. 61, § 1º, "c", da CF, por simetria); **D:** incorreta. A organização do Ministério Público e da Defensoria Pública *da União* é da *competência privativa do Presidente da República* (art. 61, § 1º, "d", CF). **BV**

Gabarito "C".

(Juiz de Direito/GO – 2021 – FCC) Ao dispor em matéria de servidores públicos titulares de cargos efetivos e de policiais militares, a Constituição Federal

(A) determina que a aposentadoria compulsória no âmbito de ambas as categorias dá-se aos setenta anos de idade, ou aos setenta e cinco anos de idade, na forma da lei complementar editada pela União.

(B) veda aos policiais militares a acumulação remunerada de cargos públicos, ainda que haja compatibilidade de horários, embora permita aos servidores públicos efetivos acumular o exercício do cargo público nas hipóteses previstas na Constituição Federal, incidindo o limite remuneratório máximo sobre a somatória da remuneração percebida em todos os cargos.

(C) assegura a ambas as categorias os direitos de sindicalização e de greve, na forma da lei, devendo, no último caso, ser garantida a continuidade da prestação de serviços públicos.

(D) atribui à União competência para editar normas gerais tanto em matéria de inatividade e pensão das polícias militares, como sobre previdência social dos servidores públicos efetivos dos Estados.

(E) determina que deverá ser aplicada a pena de demissão ao policial militar que, contando com menos de dez anos de serviço, candidatar-se a cargo eletivo federal ou estadual, não se aplicando a mesma regra aos servidores públicos efetivos, que poderão acumular o exercício do mandato eletivo federal ou estadual com o cargo público, caso haja compatibilidade de horário.

A: incorreta. A aposentadoria compulsória aos setenta anos de idade, ou aos setenta e cinco anos de idade, na forma da lei complementar editada pela União se aplica aos servidores públicos de cargos efetivos (CF, art. 40, § 1, II). Já em relação aos policiais militares, a aposentadoria compulsória, com proventos proporcionais ao tempo de contribuição, ocorre aos sessenta e cinco anos de idade, qualquer que seja a natureza dos serviços prestados (art. 2º da Lei Complementar nº 144/2014). **B:** incorreta. A Constituição Federal permite, excepcionalmente, ao servidor público efetivo acumular cargos públicos remunerados, desde que haja compatibilidade de horários, nas hipóteses previstas no art. 37, XVI, da CF. O § 3º do art. 42 prescreve que o disposto no art. 37, inciso XVI, da CF, se aplica aos militares dos Estados, do Distrito Federal e dos Territórios, com prevalência da atividade militar. Portanto, os policiais militares podem, excepcionalmente, acumular cargos públicos remunerados. **C:** incorreta. Aos militares são proibidos a sindicalização e a greve (CF, art. 42, § 1º, combinado com o art. 142, § 3º, IV). **D:** correta. O art. 22, XXI, da CF, atribui à União competência privativa para editar normas gerais em matéria de inatividade e pensão das polícias militares. O § 22 do art. 40 da CF prevê que a União elaborará normas gerais sobre previdência social dos servidores públicos efetivos. **E:** incorreta. O art. 14, § 8º, I, da CF, dispõe que "O militar alistável é elegível, atendidas as seguintes condições: I – se contar menos de dez anos de serviço, deverá afastar-se da atividade (...)". O inciso I do art. 38 da CF determina que: "Ao servidor público da administração direta, autárquica e fundacional, no exercício de mandato eletivo, aplicam-se as seguintes disposições: I – tratando-se de mandato federal, estadual ou distrital, ficará afastado de seu cargo, emprego ou função (...)". **ANH**

Gabarito "D".

(Magistratura/SP – 2021) Diante da autonomia das entidades federativas, a Constituição repartiu entre elas as competências, estabelecendo ainda as hipóteses de serem comum e privativa. Analisando a previsão constitucional e a doutrina e jurisprudência sobre a matéria, podemos afirmar:

(A) é constitucional norma da Constituição Estadual que caracterize como crime de responsabilidade a ausência injustificada de secretário de Estado à convocação da Assembleia Legislativa, bem como a não atendimento pelo governador, secretário, ou titular de entidade da administração pública, a pedido de

informações da mesma Assembleia. Trata-se, na verdade, de medida de interesse local que visa conferir efetividade aos meios de controle.

(B) compete privativamente à União legislar sobre diretrizes e bases da educação nacional (CF, artigo 22, XXIV), admitida a suplementação da legislação federal, com vistas à regulamentação de interesse local, como nas hipóteses de currículos e conteúdos programáticos ou vedação de conteúdo considerado impróprio.

(C) a superveniência de lei federal sobre normas gerais suspende a lei estadual que entre em conflito, no que for contrária. Assim, a lei estadual que entre em conflito com superveniente lei federal com normas gerais, em matéria de legislação concorrente, não é, por esse fato, inconstitucional, havendo apenas suspensão de sua eficácia.

(D) é constitucional lei ou ato normativo estadual que disponha sobre sistemas de consórcios e sorteios, inclusive bingos e loterias, respeitadas as regras gerais, e nos limites das peculiaridades locais.

A: incorreta. O STF tem o entendimento de que é inconstitucional. Nesse sentido: "INCONSTITUCIONALIDADE. Ação direta. Art. 41, *caput* e § 2º, da Constituição do Estado de Santa Catarina, com a redação das ECs nº 28/2002 e nº 53/2010. Competência legislativa. Caracterização de hipóteses de crime de responsabilidade. Ausência injustificada de secretário de Estado a convocação da Assembleia Legislativa. Não atendimento, pelo governador, secretário de Estado ou titular de fundação, empresa pública ou sociedade de economias mista, a pedido de informações da Assembleia. Cominação de tipificação criminosa. Inadmissibilidade. Violação a competência legislativa exclusiva da União. Inobservância, ademais, dos limites do modelo constitucional federal. Confusão entre agentes políticos e titulares de entidades da administração pública indireta. Ofensa aos arts. 2º, 22, I, 25, 50, caput e § 2º, da CF. Ação julgada procedente, com pronúncia de inconstitucionalidade do art. 83, XI, 'b', da Constituição estadual, por arrastamento. Precedentes. É inconstitucional a norma de Constituição do Estado que, como pena cominada, caracterize como crimes de responsabilidade a ausência injustificada de secretário de Estado a convocação da Assembleia Legislativa, bem como o não atendimento, pelo governador, secretário de estado ou titular de entidade da administração pública indireta, a pedido de informações da mesma Assembleia." (STF – ADI nº 3279/SC – Tribunal Pleno – Relator Min. Cezar Peluzo – julgamento 16/11/2011). **B:** incorreta. Nesta hipótese, haveria invasão da competência privativa da União para legislar sobre diretrizes e bases da educação nacional (STF – ADPF nº 526/PR – Tribunal Pleno – Relatora Ministra Cármen Lúcia – julgamento 11/05/2020). **C:** correta. É o que estabelece o art. 24, §§ 1º a 4º, da CF. **D:** incorreta. É competência privativa da União (CF, art. 22, XX). Portanto, seria inconstitucional a lei ou o ato normativo estadual. **ANH**

Gabarito "C".

(Procurador Município – Santos/SP – VUNESP – 2021) Compete à União explorar, diretamente ou mediante autorização, concessão ou permissão,

(A) os serviços de transporte rodoviário municipal, interestadual e internacional de passageiros.

(B) os serviços de telecomunicações, nos termos da lei que disporá sobre a organização dos serviços, entre outros aspectos.

(C) a produção, comercialização e utilização de radioisótopos de meia-vida igual ou inferior a duas horas.

(D) a comercialização de radioisótopos para a pesquisa e usos medicinais, agrícolas e industriais, excetuada a utilização.

(E) os serviços locais de gás canalizado, na forma da lei, vedada a edição de medida provisória para a sua regulamentação.

A: Incorreta. São só os serviços de transporte rodoviário interestadual e internacional de passageiros (CF, art. 21, inciso XII, alínea *e*). **B:** Correta. Conforme art. 21, inciso XI, da CF. **C:** Incorreta. Essa era a antiga redação do art. 21, inciso XXIII, alínea *c*, da CF, dada pela EC nº 49/2006. A EC nº 118/2022 deu nova redação ao dispositivo: "sob regime de permissão, são autorizadas a produção, a comercialização e a utilização de radioisótopos para pesquisa e uso médicos". **D:** Incorreta. A redação original do art. 21, inciso XXIII, alínea *b*, da CF, previa: "sob regime de concessão ou permissão, é autorizada a utilização de radioisótopos para a pesquisa e usos medicinais, agrícolas, industriais e atividades análogas". Ocorreu uma alteração redacional com a EC 49/2006 e, finalmente, a EC 118/2022 deu a atual redação: "sob regime de permissão, são autorizadas a comercialização e a utilização de radioisótopos para pesquisa e uso agrícolas e industriais". **E:** Incorreta. Essa competência é do Estado-membro e não da União (CF, art. 25, § 2º). **AMN**

Gabarito "B".

(Advogado – Pref. São Roque/SP – 2020 – VUNESP) Suponha que um Estado, tendo em vista a necessidade de se tornar mais eficaz na gestão dos serviços de competência privativa do Município, instituiu, por meio de Lei Complementar, uma região metropolitana e uma microrregião para áreas distintas.

Tendo por base a situação hipotética, a Constituição Federal e a jurisprudência do Supremo Tribunal Federal, assinale a alternativa correta.

(A) A instituição de microrregião por Estado-Membro com a constituição da obrigação de gestão compartilhada do serviço não importa em ofensa ao princípio da autonomia federativa.

(B) Com a constituição da região metropolitana ocorre a transferência da titularidade da competência dos Municípios para o Estado-Membro, sempre que comprovado o ganho de eficiência na gestão do serviço.

(C) A instituição de região metropolitana por lei complementar é inconstitucional, pois é necessário que haja autorização da respectiva constituição estadual para a sua criação.

(D) A região metropolitana, após a aprovação da norma responsável pela sua criação, será elevada à condição de entidade federativa, cuja administração será realizada por órgão paritário composto por membros dos municípios nela inseridos.

(E) Os serviços de gás canalizado poderão ser delegados dos Municípios para serem geridos pela microrregião e a sua regulação poderá ocorrer por meio de medida provisória.

A: correta (artigo 25, § 3º, da CF). **B:** errada, pois não há a transferência da titularidade. **C:** errada, porque não existe tal obrigatoriedade, bem como não tem inconstitucionalidade. **D:** errada, uma vez que não existe a criação de nova entidade federativa. **E:** incorreta, pois a competência é do Estado, sem delegação. **AB**

Gabarito "A".

(Juiz de Direito – TJ/MS – 2020 – FCC) O Governador do Estado do Mato Grosso do Sul pretende instituir região metropolitana, constituída por Municípios limítrofes do mesmo complexo geoeconômico e social, a fim de integrar a organização, o planejamento e a execução de funções públicas de interesse comum. Considerando os limites e requisitos impostos pelas Constituições Federal e Estadual em relação ao tema, bem como a jurisprudência do Supremo Tribunal Federal, a criação da região metropolitana

I. dependerá de edição de lei complementar estadual, não sendo exigível consulta prévia, mediante plebiscito, às populações dos municípios envolvidos.

II. poderá ter por objetivo integrar a organização, o planejamento e a execução de funções públicas de competência material comum entre Estado e Municípios, não podendo abranger as funções que se inserem entre as atribuições privativas municipais, como, por exemplo, o saneamento básico.

III. implicará o exercício, pelo Estado, de competência exclusiva para disciplinar a concessão e a prestação dos serviços públicos para os quais se voltará a região metropolitana.

IV. não impedirá o exercício, pelos Municípios que a integrarem, da competência para promover o adequado ordenamento territorial, mediante planejamento e controle do uso, do parcelamento e da ocupação do solo urbano.

Está correto o que se afirma APENAS em

(A) I e IV.

(B) I e II.

(C) II e IV.

(D) II e III.

(E) III e IV.

I: correto, pois o art. 25, § 3º, da CF prevê que os Estados poderão, mediante lei complementar, instituir regiões metropolitanas, aglomerações urbanas e microrregiões, constituídas por agrupamentos de municípios limítrofes, para integrar a organização, o planejamento e a execução de funções públicas de interesse comum, não exigindo consulta prévia às populações dos municípios envolvidos. Nesse sentido, o STF já decidiu que "*a instituição de regiões metropolitanas, aglomerações urbanas e microrregiões, constituídas por agrupamentos de Municípios limítrofes, depende, apenas, de lei complementar estadual.*" (ADI 1.841, rel. min. Carlos Velloso, j. 1º-8-2002, P, DJ de 20-9-2002; ADI 1.842, rel. p/ o ac. min. Gilmar Mendes, j. 6-3-2013, P, DJE de 16-9-2013); **II:** incorreto, pois é competência comum da União, dos Estados, do Distrito Federal e dos Municípios promover programas de construção de moradias e a melhoria das condições habitacionais e de saneamento básico (art. 23, IX, da CF). Segundo o STF, "*o interesse comum inclui funções públicas e serviços que atendam a mais de um Município, assim como os que, restritos ao território de um deles, sejam de algum modo dependentes, concorrentes, confluentes ou integrados de funções públicas, bem como serviços supramunicipais. (...) A função pública do saneamento básico frequentemente extrapola o interesse local e passa a ter natureza de interesse comum no caso de instituição de regiões metropolitanas, aglomerações urbanas e microrregiões, nos termos do art. 25, § 3º, da CF. Para o adequado atendimento do interesse comum, a integração municipal do serviço de saneamento básico pode ocorrer tanto voluntariamente, por meio de gestão associada, empregando convênios de cooperação ou consórcios públicos, consoante o arts. 3º, II, e 24 da Lei federal 11.445/2007 e o art. 241 da CF, como compulsoriamente, nos termos em que prevista na lei complementar estadual que institui as aglomerações urbanas. A instituição de regiões metropolitanas, aglomerações urbanas ou microrregiões pode vincular a participação de Municípios limítrofes, com o objetivo de executar e planejar a função pública do saneamento básico, seja para atender adequadamente às exigências de higiene e saúde pública, seja para dar viabilidade econômica e técnica aos Municípios* *menos favorecidos.*" (ADI 1.842, rel. p/ o ac. min. Gilmar Mendes, j. 6-3-2013, P, DJE de 16-9-2013); **III:** incorreto, pois o STF já assinalou que "*o interesse comum é muito mais que a soma de cada interesse local envolvido, pois a má condução da função de saneamento básico por apenas um Município pode colocar em risco todo o esforço do conjunto, além das consequências para a saúde pública de toda a região. O parâmetro para aferição da constitucionalidade reside no respeito à divisão de responsabilidades entre Municípios e Estado. É necessário evitar que o poder decisório e o poder concedente se concentrem nas mãos de um único ente para preservação do autogoverno e da autoadministração dos Municípios. Reconhecimento do poder concedente e da titularidade do serviço ao colegiado formado pelos Municípios e pelo Estado federado.*" (ADI 1.842, rel. p/ o ac. min. Gilmar Mendes, j. 6-3-2013, P, DJE de 16-9-2013); **IV:** correto, visto que a criação da região metropolitana não impede o exercício, pelos municípios que a integram, das competências constitucionais, como promover o ordenamento territorial, mediante planejamento e controle do uso, do parcelamento e da ocupação do solo urbano (art. 30, VIII, da CF). **AN**

Gabarito "A".

(Procurador do Município – Boa Vista/RR – 2019 – CESPE/CEBRASPE) Considerando as disposições constitucionais aplicáveis ao regime federativo brasileiro, julgue o item seguinte.

(1) A Constituição Federal de 1988 assegura aos municípios a participação no resultado da exploração de petróleo ou gás natural, de recursos hídricos para fins de geração de energia elétrica e de outros recursos minerais no respectivo território, ou a compensação financeira por essa exploração.

Certo, conforme artigo 20, §1°, da CF: "Art. 20. São bens da União: (...) § 1° É assegurada, nos termos da lei, à União, aos Estados, ao Distrito Federal e aos Municípios a participação no resultado da exploração de petróleo ou gás natural, de recursos hídricos para fins de geração de energia elétrica e de outros recursos minerais no respectivo território, plataforma continental, mar territorial ou zona econômica exclusiva, ou compensação financeira por essa exploração. ". **AB**

Gabarito "1C".

(Procurador do Município – Boa Vista/RR – 2019 – CESPE/CEBRASPE) Considerando as disposições constitucionais aplicáveis ao regime federativo brasileiro, julgue os itens seguintes.

(1) Compete aos municípios explorar diretamente, ou mediante concessão, os serviços de gás canalizado.

Errado, pois a competência é do Estado (artigo 25, §2°, da CF). **AB**

Gabarito "1E".

(Procurador do Município – Valinhos/SP – 2019 – VUNESP) Nos termos da Constituição Federal, compete à União explorar, diretamente ou mediante autorização, concessão ou permissão,

(A) os serviços de transporte rodoviário estadual e interestadual de passageiros.

(B) os serviços de radiodifusão sonora, e de sons e imagens.

(C) o serviço postal e o correio aéreo nacional.

(D) a ordenação do território e de desenvolvimento econômico e social.

(E) a produção e o comércio de material bélico.

Correta é a letra B, com base na literalidade do artigo 21, inciso XI, da CF: "Art. 21. Compete à União: (...) XII – explorar, diretamente ou mediante autorização, concessão ou permissão: a) os serviços de radiodifusão sonora, e de sons e imagens.". A letra A está errada, pois

"os serviços de transporte rodoviário interestadual e internacional de passageiros." (Artigo 21, XII, e, da CF). A letra C é incorreta, conforme artigo 21, X, da CF. A letra D, também errada, com base no artigo 21, IX, da CF e, por fim, a letra E está no artigo 21, VI, da CF. Perceba que o enunciado exige "compete à União explorar, diretamente ou mediante autorização, concessão ou permissão", por isso a única possível é a letra B. **AB**

Gabarito "B".

(Promotor de Justiça/PR – 2019 – MPE/PR) Sobre a intervenção é **incorreto** afirmar:

(A) No sistema constitucional brasileiro, a intervenção é excepcional, limitada e taxativa.

(B) Garantir o livre exercício do Poder Legislativo é hipótese que autoriza de intervenção dos Estados nos Municípios.

(C) Não cabe recurso extraordinário contra acórdão de Tribunal de Justiça que defere pedido de intervenção estadual em Município.

(D) É inconstitucional a atribuição conferida por Constituição Estadual ao Tribunal de Contas, para requerer ao Governador do Estado a intervenção em Município.

(E) A União pode intervir nos Estados para reorganizar suas finanças, quando a unidade da federação deixar de entregar aos Municípios receitas tributárias fixadas na Constituição, dentro dos prazos estabelecidos em lei, assim como se o Estado estabelecer condições para sua liberação.

Letra B está incorreta, pois trata-se de hipótese de intervenção federal (artigo 34, inciso IV, da CF). Todas as demais alternativas estão corretas. **AB**

Gabarito "B".

(Promotor de Justiça/SP – 2019 – MPE/SP) Considere as afirmações seguintes:

I. Os Municípios, com autonomia política, legislativa, administrativa e financeira se auto-organizarão por lei orgânica, atendidos os princípios estabelecidos na Constituição Federal e na Constituição Estadual.

II. O Município reger-se-á por lei orgânica, votada em dois turnos, com o interstício mínimo de dez dias, aprovada por dois terços dos membros da Câmara Municipal e promulgada pelo Chefe do Poder Executivo.

III. A Constituição Federal estabelece competência suplementar dos Municípios, consistente na autorização de regulamentar as normas estaduais para ajustar sua execução a peculiaridades locais, sempre em concordância com aquelas.

IV. Cabe aos Estados a instituição de representação de inconstitucionalidade de leis ou atos normativos estaduais ou municipais em face da Constituição Estadual.

V. Os tribunais de justiça não podem exercer controle abstrato de constitucionalidade de leis municipais utilizando como parâmetro normas da Constituição Federal, ainda que se trate de normas de reprodução obrigatória pelos Estados.

Estão corretas apenas as assertivas

(A) I, II e III.

(B) I, III e IV.

(C) II, IV e V.

(D) II, III e IV.

11. DIREITO CONSTITUCIONAL   493

(E) II, III e V.

Os itens **II** e **V** estão errados. No item II a promulgação é feita pela própria Casa Legislativa (artigo 29, da CF). O item **V** está errado, pois é perfeitamente cabível tal controle (RE 650.898/RS). Os itens **I, III** e **IV** estão corretos. **AB**

Gabarito "B".

(Juiz de Direito - TJ/AL - 2019 – FCC) A Câmara Legislativa do Município TXP aprovou uma lei regulamentando a proteção ao meio ambiente daquela localidade. Em ação movida por empresa de construção, pretendendo anular penalidade que lhe foi imposta pela municipalidade por suposto desrespeito à legislação ambiental, é alegada a inconstitucionalidade daquela lei municipal, pela via incidental, sob o fundamento de já existirem norma federal e estadual disciplinando a matéria. No controle difuso de constitucionalidade, a questão deve ser decidida pela

(A) inconstitucionalidade da lei, uma vez que se tratando de competência concorrente, a existência de lei federal veda a elaboração de diplomas legislativos de outros entes federativos.

(B) constitucionalidade, porquanto a lei municipal estaria legislando sobre matéria de interesse local, tendo plena liberdade sobre o assunto.

(C) inconstitucionalidade, porquanto, embora se trate de matéria de interesse local, já está disciplinada por lei federal, descabendo a repetitividade legislativa.

(D) constitucionalidade, desde que o Município exerça a competência para legislar sobre meio ambiente com a União e o Estado no limite de seu interesse local, e desde que tal regramento seja harmônico com a disciplina estabelecida pelos demais entes federados.

(E) constitucionalidade da lei por tratar-se de competência comum, no sistema horizontal, estabelecendo a competência da União, dos Estados, do Distrito Federal e dos Municípios para legislar sobre a matéria.

A: incorreta, porque, em se tratando de competência concorrente, a competência da União para legislar sobre normas gerais não exclui a competência suplementar dos estados, conforme previsão expressa do art. 24, § 2º, da CF, bem como não exclui a competência dos municípios para legislar sobre assuntos de interesse local e para suplementar a legislação federal e a estadual no que couber (art. 30, I e II, da CF); **B:** incorreta, porque os municípios não possuem plena liberdade para legislar, devendo a sua atuação legislativa ficar restrita a assuntos de interesse local e a suplementar a legislação federal e a estadual no que couber (art. 30, I e II, da CF); **C:** incorreta, conforme justificativa apontada na alternativa "D"; **D:** correta, nos termos da tese com repercussão geral fixada pelo STF: "*O município é competente para legislar sobre o meio ambiente com a União e o Estado, no limite do seu interesse local e desde que tal regramento seja harmônico com a disciplina estabelecida pelos demais entes federados (art. 24, VI, c/c 30, I e II, da Constituição Federal)*" (RE 586224, Relator: Min. Luiz Fux, Tribunal Pleno, julgado em 05/03/2015, Tema 145); **E:** incorreta, visto que a competência comum se refere à competência administrativa ou material dos entes federados, e não à sua atividade legislativa (art. 23, VI, da CF). **AMN**

Gabarito "D".

A lei estadual X estabeleceu a obrigatoriedade da realização de adaptações nos veículos de transporte coletivo intermunicipal de propriedade das empresas concessionárias do serviço, com a finalidade de facilitar o acesso de pessoas com deficiência física ou com dificuldades de locomoção.

(Juiz de Direito – TJ/BA – 2019 – CESPE/CEBRASPE) Conforme as disposições do texto constitucional, a legislação, a doutrina e a jurisprudência do STF, a lei estadual X é

(A) inconstitucional por ofensa à competência privativa da União para legislar sobre trânsito e transporte.

(B) inconstitucional por ofensa à competência concorrente dos entes federados, ainda que inexistente lei geral nacional.

(C) inconstitucional por ofensa à livre-iniciativa e ao caráter competitivo das licitações públicas para a área de transportes.

(D) constitucional, pois está compatível com a CF e com a Convenção Internacional sobre os Direitos das Pessoas com Deficiência, incorporada ao direito nacional como norma de caráter supralegal.

(E) constitucional, pois está compatível com a CF e com a Convenção Internacional sobre os Direitos das Pessoas com Deficiência, incorporada ao direito nacional como norma constitucional.

O Plenário do STF julgou improcedente pedido formulado em ação direta de inconstitucionalidade proposta contra a Lei 10.820/92, do Estado de Minas Gerais, que dispõe sobre a obrigatoriedade de empresas concessionárias de transporte coletivo intermunicipal promoverem adaptações em seus veículos, a fim de facilitar o acesso e a permanência de pessoas com deficiência física ou com dificuldade de locomoção. Salientou-se que a Constituição dera destaque à necessidade de proteção às pessoas com deficiência, ao instituir políticas e diretrizes de acessibilidade física (CF, artigos 227, § 2º; e 244), bem como de inserção nas diversas áreas sociais e econômicas da comunidade. Enfatizou-se a incorporação, ao ordenamento constitucional, da Convenção Internacional sobre os Direitos das Pessoas com Deficiência — primeiro tratado internacional aprovado pelo rito legislativo previsto no art. 5º, § 3º, da CF —, internalizado por meio do Decreto 6.949/2009. Aduziu-se que prevaleceria, no caso, a densidade do direito à acessibilidade das pessoas com deficiência (CF, art. 24, XIV), não obstante pronunciamentos da Corte no sentido da competência privativa da União (CF, art. 22, XI) para legislar sobre trânsito e transporte. Consignou-se que a situação deveria ser enquadrada no rol de competências legislativas concorrentes dos entes federados. Observou-se que, à época da edição da norma questionada, não haveria lei geral nacional sobre o tema. Desse modo, possível aos estados-membros exercerem a competência legislativa plena, suprindo o espaço normativo com suas legislações locais (CF, art. 24, § 3º). (Informativo STF 707, ADI 903/MG, Rel. Min. Dias Toffoli, julgamento em 22/05/2013). **AN**

Gabarito "E".

(Investigador – PC/BA – 2018 – VUNESP) Imagine que a Câmara Municipal da Cidade X aprovou projeto de lei dispondo sobre interesses das comunidades indígenas localizadas em seu território. Nesse caso, partindo das regras constitucionais sobre a repartição de competências, é correto afirmar que a lei é

(A) inconstitucional sob o prisma formal, já que se trata de competência legislativa concorrente entre União, Estados e Distrito Federal a regulamentação de qualquer matéria relativa às populações indígenas.

(B) inconstitucional sob o prisma formal, já que se trata de competência legislativa privativa da União tratar sobre as populações indígenas.

(C) inconstitucional sob o prisma formal, já que a matéria é de competência exclusiva dos Estados membros e Distrito Federal.

(D) constitucional, uma vez que, por se tratar de nítido interesse local, a competência é privativa dos Municípios.

(E) constitucional, já que se trata de interesse local e regional, de modo que compete aos Estados membros, Distrito Federal e Municípios, de forma comum, legislar sobre a questão.

De acordo com o art. 22, XIV, da CF, compete **privativamente** à União legislar sobre populações indígenas. Logo, lei municipal que versa sobre comunidades indígenas padece de inconstitucionalidade formal, por invadir esfera de competência legislativa privativa da União. **AN**

Gabarito "B".

(Procurador do Estado/SP – 2018 – VUNESP) Ao julgar a ADI nº 2.699/PE, que tinha por objeto a análise da competência para legislar sobre direito processual, o Supremo Tribunal Federal destacou ser importante compreender que a Constituição Federal proclama, na complexa estrutura política que dá configuração ao modelo federal de Estado, a coexistência de comunidades jurídicas responsáveis pela pluralização de ordens normativas próprias, que se distribuem segundo critérios de discriminação material de competências fixadas pelo texto constitucional. Nesse contexto, a respeito do tema competência constitucional para legislar sobre a matéria de direito processual, assinale a alternativa correta.

(A) A União poderá delegar aos Estados a competência para legislar integralmente sobre o tema, considerando as reiteradas críticas à excessiva centralização normativa no âmbito federativo.

(B) Os Estados-membros e o Distrito Federal não dispõem de competência para legislar sobre direito processual. Com fundamento no sistema de poderes enumerados e de repartição constitucional de competências legislativas, somente a União possui atribuição para legitimamente estabelecer, em caráter privativo, a regulação normativa, inclusive a disciplina dos recursos em geral, conforme posição consolidada do Supremo Tribunal Federal.

(C) Estabelecida a lide com fundamento em conflito de competência legislativa entre a União e os Estados-Membros ou o Distrito Federal, a ação judicial deverá ser julgada de forma originária pelo Superior Tribunal de Justiça, uma vez configurada a instabilidade no equilíbrio federativo.

(D) A competência é comum da União, dos Estados, do Distrito Federal e dos Municípios, podendo lei complementar autorizar cada ente federal a legislar sobre questões específicas das matérias relacionadas na Constituição Federal.

(E) A competência para legislar sobre direito processual é concorrente, de modo que cabe à União fixar normas gerais e aos Estados-Membros e ao Distrito Federal normas suplementares, em concordância com a jurisprudência pacífica sobre o tema.

A: incorreta, visto que a União, por meio de lei complementar, poderá autorizar os Estados a legislar sobre **questões específicas** das matérias relacionadas à sua competência privativa, tal como direito processual (art. 22, I e parágrafo único, da CF); **B**: correta, pois, conforme jurisprudência do STF, "*os Estados-membros e o Distrito Federal não dispõem de competência para legislar sobre direito processual, eis que, nesse tema, que compreende a disciplina dos recursos em geral, somente a*

União Federal – considerado o sistema de poderes enumerados e de repartição constitucional de competências legislativas – possui atribuição para legitimamente estabelecer, em caráter de absoluta privatividade (CF, art. 22, n. I), a regulação normativa a propósito de referida matéria" (ADI 2699, Rel. Min. Celso de Mello, Tribunal Pleno, j. em 20-05-2015); **C**: incorreta, pois o Supremo Tribunal Federal tem competência originária para processar e julgar as causas e os conflitos entre a União e os estados, a União e o Distrito Federal, ou entre uns e outros, inclusive as respectivas entidades da administração indireta (art. 102, I, *f*, da CF), desde que tais litígios tenham potencialidade para desestabilizar o pacto federativo. A jurisprudência do STF distingue **conflito entre entes federados** e **conflito federativo**, sustentando que, no primeiro caso, observa-se apenas a litigância judicial promovida pelos membros da Federação, ao passo que, no segundo, além da participação desses na lide, a conflituosidade da causa importa em potencial desestabilização do próprio pacto federativo, sendo que o legislador constitucional restringiu a atuação da STF à última hipótese (ACO 1.295 AgR-segundo, Rel. Min. Dias Toffoli, j. 14-10-2010); **D e E**: incorretas, pois a competência para legislar sobre direito processual é **privativa** da União (art. 22, I, da CF) – vale destacar que competência comum diz respeito à competência material. **AN**

Gabarito "B".

(Juiz de Direito – TJ/RS – 2018 – VUNESP) Considere a seguinte situação hipotética:

Na ausência de lei federal sobre um determinado tema, de competência legislativa concorrente, em 1995, o Estado do Rio Grande do Sul exerceu sua competência legislativa em matéria de proteção e defesa da saúde, nos termos da Constituição Federal, editando lei estadual que proibiu o uso de determinada substância no território estadual. Em 2007, a União editou lei federal que regulou o uso dessa mesma substância, permitindo-o, ainda que de forma restrita. No entanto, a lei federal foi objeto de Ação Direta de Inconstitucionalidade perante o Supremo Tribunal Federal. Não foi suspensa a aplicação da norma federal, no entanto, ela foi declarada inconstitucional, em 2017. Com isso, a lei estadual deve ser considerada

(A) inválida, pois no âmbito da competência legislativa concorrente, caberia ao Município – e não ao Estado – legislar sobre proteção e defesa da saúde, sobretudo se o uso da substância for relacionado ao interesse local.

(B) válida, pois a superveniência de lei federal apenas suspende a eficácia da lei estadual no âmbito da competência concorrente, de modo que, com a declaração de inconstitucionalidade da lei federal, a norma estadual teve sua eficácia restabelecida.

(C) inválida, pois a declaração de inconstitucionalidade da lei federal não restabelece a eficácia da lei estadual, tendo como efeito apenas a devolução da competência ao Estado para legislar sobre normas gerais enquanto não for editada nova lei federal.

(D) válida, pois a lei federal não revoga nem suspende a eficácia da lei estadual; em casos em que as normas federal e estadual forem incompatíveis, caberá ao Supremo Tribunal Federal decidir qual delas é aplicável.

(E) inválida, pois a competência legislativa concorrente permite que o Estado exerça sua competência suplementar somente após a União exercer plenamente sua competência de legislar sobre normas gerais.

A: incorreta, pois os Municípios não possuem competência legislativa concorrente (art. 24, *caput*, da CF), sendo competência concorrente

da União, dos Estados e do Distrito Federal legislar sobre proteção e defesa da saúde (art. 24, XII, da CF); **B:** correta, pois a superveniência de lei federal sobre normas gerais **suspende a eficácia** da lei estadual, de modo que, com a declaração de inconstitucionalidade da lei federal – que não pode gerar quaisquer efeitos no plano do Direito por sua nulidade –, a norma estadual terá sua eficácia restabelecida em razão da inexistência de lei federal sobre normas gerais (art. 24, §§ 3º e 4º, da CF); **C:** incorreta, porque a declaração de inconstitucionalidade da lei federal **restabelece a eficácia** da lei estadual, cuja eficácia estava suspensa em razão da superveniência de lei federal sobre normas gerais (art. 24, §§ 3º e 4º, da CF); **D:** incorreta, haja vista que a superveniência de lei federal sobre normas gerais **suspende a eficácia** da lei estadual no que lhe for contrário (art. 24, § 4º, da CF); **E:** incorreta, pois, no âmbito da competência legislativa concorrente, a competência da União para legislar sobre normas gerais não exclui a competência suplementar dos Estados e, inexistindo lei federal sobre normas gerais, os Estados exercerão a competência legislativa plena (art. 24, §§ 2º e 3º, da CF). **AN**
Gabarito "B".

(Defensor Público – DPE/PR – 2017 – FCC) Em relação à repartição de competências na Constituição:

(A) É inconstitucional lei estadual que garante meia entrada aos doadores de sangue, por tratar-se de indevida regulamentação de contraprestação em contratos privados, matéria contida no ramo do direito civil, ou seja, de competência legislativa privativa da União.

(B) A competência legislativa suplementar dos Estados, em relação à competência legislativa concorrente, permite que estes preencham lacunas na lei geral para sua adequação às peculiaridades locais; ao passo que a competência legislativa plena é aquela em que os Estados disciplinam matérias já compreendidas na lei geral, por expressa autorização do Congresso Nacional.

(C) É constitucional lei estadual que regule serviços de assistência médico-hospitalar regidos por contratos de natureza privada, desde que discipline a ampliação dos direitos do contratado, pois a competência para legislar sobre proteção ao consumidor é concorrente.

(D) Segundo o entendimento do Supremo Tribunal Federal, por se tratar de infração político-administrativa e não propriamente de crime, o chamado crime de responsabilidade pode ser definido pela União, Estados e Distrito Federal, eis que a competência legislativa é concorrente.

(E) É consagrada a possibilidade de delegação de certas competências legislativas privativas da União aos Estados, através da edição de lei complementar especificando a matéria, não podendo ser desigual entre os Estados.

A: Errado. O STF se posicionou sobre o tema entendendo (ADI 2.198 rel. Min. Dias Toffoli, j. 11-4-2013, P, *DJE* de 19-8-2013) que a instituição de um lei que garanta meia entrada aos doadores regulares de sangue é matéria de competência concorrente entre União, estados-membros e DF, em razão de se tratar de legislação que versa sobre direito econômico (art. 24, inc. I, da CF). **B:** Errado. No primeiro trecho, a assertiva está correta. A competência legislativa suplementar, conforme a própria acepção do termo aduz, suplementa a norma, complementa o que já existe adequando à realidade local. Já no segundo trecho, a assertiva dispõe equivocadamente que a competência legislativa plena é aquela em que os Estados disciplinam matérias já compreendidas na lei geral em razão de autorização concedida pelo Congresso Nacional. Correto seria dizer que a competência legislativa plena é aquela em que o Estado disciplina matérias de seu interesse em razão da ausência de uma norma

geral (federal), devendo, para tanto, respeitar os limites e fundamentos impostos pelo texto constitucional. Ela é plena em razão de não existir um limite material de norma federal, apenas constitucional. Ato contínuo, a assunção de uma lei federal geral que regula o tema revogará automaticamente a lei do Estado se essa for contrária (art. 24, §§ 3º e 4º da CF). **C:** Errado. Vício Formal. Trata-se de competência privativa da União, órgão competente para legislar sobre direito civil, comercial e política de seguros nos termos do art. 22, I e VII, da CF. (ADI 1.595/SP; e ADI 1.646-6/PE). **D:** Errado. Súmula Vinculante 46: "A definição dos crimes de responsabilidade e o estabelecimento das respectivas normas de processo e julgamento são da competência legislativa privativa da União". **E:** Correto (art. 22, parágrafo único, da CF). **TM**
Gabarito "E".

(Defensor Público Federal – DPU – 2017 – CESPE) A respeito da organização do Estado e do Poder Judiciário, julgue os itens subsequentes com base no texto constitucional.

(1) No que se refere à defesa dos interesses dos necessitados, cabe à DP a defesa de direitos individuais e coletivos, mesmo no âmbito da esfera extrajudicial.

(2) Compete exclusivamente ao STF o julgamento de *habeas corpus* impetrado por ministro de Estado.

(3) Os estados e os municípios podem legislar sobre responsabilidade por dano ao meio ambiente.

1: Correto. Nos termos do art. 134 da CF. **2:** Errado. Compete ao STF precipuamente e não exclusivamente o julgamento. Art. 102, inc. I, alínea "d" da CF. Não obstante, para que se defina a competência do Supremo, o Ministro de Estado deverá ser paciente e não o impetrante. Este, impetrante, pouco importa para a definição da competência do STF. **3:** Correto. De fato, os estados podem legislar sobre responsabilidade por dano ao meio ambiente, de maneira concorrente com a União e DF (art. 24, inc. VIII, da CF). Por sua vez, aos Municípios caberia tão somente a proteção e o combate a poluição em qualquer de suas formas (art. 23, inc. VI da CF), não lhe sendo assegurado o direito de legislar sobre matéria ambiental. Entretanto, após mais de 10 anos o STF, ao julgar o RE 194.704 reconheceu que a atuação dos municípios para suplementar as legislações estadual e federal sobre o tema não representa conflito de competência com as outras esferas da federação. Segundo ele, embora cumpra à União estabelecer planos nacionais e regionais de proteção ambiental, na eventualidade de surgirem conflitos de competência, a resolução deve se dar pelos princípios da preponderância de interesses e da cooperação entre as unidades da federação. **TM**
Gabarito: 1C, 2E, 3C

(Defensor Público Federal – DPU – 2017 – CESPE) A respeito das imunidades de jurisdição e de execução, julgue os itens que se seguem.

(1) Estado soberano estrangeiro possui imunidade de jurisdição em matéria tributária, situação que impede a cobrança de imposto sobre a importação de bebidas alcoólicas para consumo na respectiva embaixada.

(2) A execução forçada de eventual sentença condenatória trabalhista contra Estado estrangeiro somente será possível se existirem, no território brasileiro, bens do executado estranhos à representação diplomática ou consular.

(3) Imunidade de jurisdição é atributo inerente aos organismos internacionais decorrente do fato de estes serem considerados pessoas jurídicas de direito internacional.

1: Certo. A Jurisprudência consolidada do STF sobre o tema, é no sentido da observância da imunidade de jurisdição, tendo em consideração as Convenções de Viena de 1961 e 1963. (ACO 633 AgR, Relator(a):

Min. Ellen Gracie, Tribunal Pleno, julgado em 11/04/2007, DJe-042 Divulg 21-06-2007 public 22-06-2007 DJ 22-06-2007 PP-00016 Ement vol-02281-01 PP-00001 *LEXSTF* v. 29, n. 343, 2007, p. 5-31 *RDDT* n. 143, 2007, p. 219-220 *RDDP* n. 55, 2007, p. 141-152)"; **2:** Certo. "É bem verdade que o Supremo Tribunal Federal, tratando-se da questão pertinente à imunidade de execução (matéria que não se confunde com o tema concernente à imunidade de jurisdição ora em exame), continua, quanto a ela (imunidade de execução), a entendê-la como prerrogativa institucional de caráter mais abrangente, ressalvadas as hipóteses excepcionais (a) de renúncia, por parte do Estado estrangeiro, à prerrogativa da intangibilidade dos seus próprios bens (RTJ 167/761, Rel. Min. Ilmar Galvão – ACO 543/SP, Rel. Min. Sepúlveda Pertence) ou (b) de existência, em território brasileiro, de bens, que, embora pertencentes ao Estado estrangeiro, não tenham qualquer vinculação com as finalidades essenciais inerentes às legações diplomáticas ou representações consulares mantidas em nosso País." (STF, 2ª Turma, RE 222.368-Agr/PE, fl. 17, Rel. Min. Celso de Melo, DJ de 14.02.2003); **3:** Errado. O fato de os organismos internacionais serem considerados pessoas jurídicas de direito internacional, não lhes garante automaticamente imunidade de jurisdição, inclusive, aqueles, serão criados mediante Tratados Internacionais de modo que as imunidades deverão ser concedidas mediante acordos pactuados (STF, RE 1.034.840). **TM**

Gabarito: 1C, 2C, 3E

(Defensor Público – DPE/PR – 2017 – FCC) Acerca da organização do Estado, considere as assertivas abaixo.

I. A soberania é atributo exclusivo do Estado Federal, restando aos Estados-membros a autonomia, na forma da descentralização da atividade administrativa e do poder político. A autonomia política dos Estados-membros compreende o poder de editar suas próprias Constituições, sujeitas a certos limites impostos pela Constituição Federal.

II. O Estado Unitário é conduzido por uma única entidade política, que centraliza o poder político; o Estado Federal é composto por mais de um governo, todos autônomos em consonância com a Constituição; e a Confederação é a união de Estados soberanos com lastro em um tratado internacional.

III. O pacto federativo é indissolúvel. Excepcionalmente, é possível a regulamentação da secessão desde que atendidos os seguintes requisitos: edição de Lei Complementar específica; consulta direta, através de plebiscito, aos moradores do Estado; e comprovação de viabilidade financeira e orçamentária da proposta.

IV. A repartição horizontal de competências se dá quando, observada a inexistência de hierarquia e respeitada a autonomia dos entes federados, outorgam-se competências concorrentes entre a União, os Estados, o Distrito Federal e Municípios.

V. A aplicação do mínimo exigido da receita resultante de impostos estaduais, compreendida a proveniente de transferências, na manutenção e desenvolvimento do ensino e nas ações e serviços públicos de saúde é considerado princípio constitucional sensível, e seu descumprimento pode ensejar a intervenção federal.

Está correto o que se afirma APENAS em

(A) II e IV.

(B) III, IV e V.

(C) I, II e V.

(D) III e IV.

(E) I.

I: Correto. A soberania é atributo exclusivo do Estado Federal, melhor dizendo, da República Federativa do Brasil (art. 1º, inc. I da CF). A autonomia concretiza-se no que fora entabulado, por exemplo, no art. 34 da CF que garante a não intervenção da União nos Estados nem no DF, salvo expressas exceções. **II:** Correto. Há de se dizer, a fim de contextualizar que o Brasil já se organizou como um Estado Unitário (Brasil Império) em que há uma unidade central detentora de poderes políticos absolutos. Por sua vez, o Estado Federal é composto por estados-membros (Brasil atual), dotados de autonomia, respeitados os limites previstos na Constituição. Aqui, é importante fixar que autonomia e soberania são institutos distintos. **III:** Errado. A secessão é um instituto vedado no Brasil exatamente por tratar de uma República Federativa formada pela união indissolúvel dos Estados, Municípios e DF. Mais do que isso, a forma federativa de Estado (união indissolúvel) é cláusula pétrea. Os requisitos trazidos na assertiva referem-se à criação, incorporação, fusão e desmembramento dos Municípios e não dos Estados-membros. **IV:** Errado. Na repartição horizontal de competências ocorre uma separação radical de competências entre os entes federativos, por meio da atribuição a cada um deles de maneira exclusiva ou privativa e não concorrente. **V:** Correto (art. 34, inc. VII, alínea "e" da CF). **TM**

Gabarito "C".

(Defensor Público – DPE/SC – 2017 – FCC) A respeito da distribuição de competência legislativa na Constituição Federal de 1988, compete

(A) privativamente à União legislar sobre procedimentos em matéria processual.

(B) ao Município legislar concorrentemente sobre assistência jurídica e Defensoria Pública.

(C) privativamente à União legislar sobre produção e consumo.

(D) à União, aos Estados e ao Distrito Federal legislar concorrentemente sobre desapropriação.

(E) à União, aos Estados e ao Distrito Federal legislar concorrentemente sobre proteção à infância e à juventude.

A: Errado. Compete concorrentemente à União, Estados e DF (art. 24, inc. XI, da CF). **B:** Errado. Compete concorrentemente à União, Estados e DF (art. 24, inc. XIII da CF). **C:** Errado. Compete concorrentemente à União, Estados e DF (art. 24, inc. V, da CF). **D:** Errado. Compete privativamente à União (art. 22, inc. II, da CF). **E:** Correto (art. 24, inc. XV, da CF). **TM**

Gabarito "E".

(Defensor Público – DPE/SC – 2017 – FCC) São bens da União, conforme dispõe expressamente a Constituição Federal de 1988:

I. Os recursos minerais, inclusive os do subsolo.

II. As ilhas oceânicas e costeiras, mesmo que estiverem no domínio dos Estados, Municípios ou terceiros.

III. As terras tradicionalmente ocupadas pelas comunidades quilombolas.

IV. As cavidades naturais subterrâneas e os sítios arqueológicos e pré-históricos.

Está correto o que se afirma APENAS em

(A) I, III e IV.

(B) I e IV.

(C) I, II e III.

(D) II, III e IV.

(E) II e III.

I: Correto. Art. 20, IX, da CF. **II:** Errado. As ilhas oceânicas e costeiras que contenham a sede de municípios, são excluídas dos bens da União. Art. 20, inc. IV, da CF. **III:** Errado. Pertence à União a terra tradicionalmente ocupada pelos índios e não pelos quilombolas (art. 20, inc. XI, da CF). **IV:** Certo. Art. 20, X, da CF. **TM**

Gabarito "B".

(Procurador Municipal – Prefeitura/BH – CESPE – 2017) Acerca da organização político-administrativa, assinale a opção correta.

(A) A fim de fazer cumprir ordem legal, a União poderá decretar intervenção federal nos municípios que se recusarem a cumprir lei federal que tenha sido recentemente sancionada, em razão de discordarem de seu conteúdo.

(B) Conforme o entendimento do STF, para realizar o desmembramento de determinado município, é necessário consultar, por meio de plebiscito, a população pertencente à área a ser desmembrada, mas não a população da área remanescente.

(C) De acordo com o entendimento do STF, as terras indígenas recebem tratamento peculiar no direito nacional devido ao fato de, juridicamente, serem equiparadas a unidades federativas.

(D) O parecer técnico elaborado pelo tribunal de contas tem natureza meramente opinativa, competindo à câmara municipal o julgamento anual das contas do prefeito.

A: incorreta. A União só pode decretar intervenção nos estados (ou no DF). A intervenção em municípios é realizada pelos estados, nas hipóteses constitucionais (arts. 34 e 35, CF); **B:** incorreta. Ver ADI 2650, Rel. Min. Dias Toffoli: "Após a alteração promovida pela EC 15/1996, a Constituição explicitou o alcance do âmbito de consulta para o caso de reformulação territorial de Municípios e, portanto, o significado da expressão 'populações diretamente interessadas', contida na redação originária do § 4º do art. 18 da Constituição, no sentido de ser necessária a consulta a toda a população afetada pela modificação territorial, o que, no caso de desmembramento, deve envolver tanto a população do território a ser desmembrado, quanto a do território remanescente. Esse sempre foi o real sentido da exigência constitucional – a nova redação conferida pela emenda, do mesmo modo que o art. 7º da Lei 9.709/1998, apenas tornou explícito um conteúdo já presente na norma originária. A utilização de termos distintos para as hipóteses de desmembramento de Estados-membros e de Municípios não pode resultar na conclusão de que cada um teria um significado diverso, sob pena de se admitir maior facilidade para o desmembramento de um Estado do que para o desmembramento de um Município"; **C:** incorreta. Ver Pet 3388, Rel. Min. Carlos Britto: "Todas as 'terras indígenas' são um bem público federal (inciso XI do art. 20 da CF), o que não significa dizer que o ato em si da demarcação extinga ou amesquinhe qualquer unidade federada. Primeiro, porque as unidades federadas pós-Constituição de 1988 já nascem com seu território jungido ao regime constitucional de preexistência dos direitos originários dos índios sobre as terras por eles 'tradicionalmente ocupadas'. Segundo, porque a titularidade de bens não se confunde com o senhorio de um território político. Nenhuma terra indígena se eleva ao patamar de território político, assim como nenhuma etnia ou comunidade indígena se constitui em unidade federada. Cuida-se, cada etnia indígena, de realidade sociocultural, e não de natureza político-territorial"; **D:** correta. Tese de repercussão geral estabelecida no RE 729744: ""Parecer técnico elaborado pelo Tribunal de Contas tem natureza meramente opinativa, competindo exclusivamente à Câmara de Vereadores o julgamento das contas anuais do chefe do Poder Executivo local, sendo incabível o julgamento ficto das contas por decurso de prazo". **TM**

Gabarito "D".

(Promotor de Justiça – MPE/RS – 2017) Nos moldes fixados pelo artigo 24 da Constituição Federal, é **INCORRETO** afirmar que compete à União, aos Estados e ao Distrito Federal legislar concorrentemente sobre:

(A) orçamento.

(B) normas gerais de organização, efetivos, material bélico, garantias, convocação e mobilização das polícias militares e corpos de bombeiros militares.

(C) produção e consumo.

(D) proteção à infância e à juventude.

(E) florestas, caça, pesca, fauna, conservação da natureza, defesa do solo e dos recursos naturais, proteção do meio ambiente e controle da poluição.

A: correta. Art. 24, II, CF; **B:** incorreta. A competência legislativa, nesse caso, é privativa da União. Art. 22, XXI, CF; **C:** correta. Art. 24, V, CF; **D:** correta. Art. 24, XV, CF; **E:** correta. Art. 24, VI, CF. **TM**

Gabarito "B".

(Delegado/MS – 2017 – FAPEMS) Sobre a organização do Estado e o Federalismo, assinale a alternativa correta.

(A) A definição dos crimes de responsabilidade e o estabelecimento das respectivas normas de processo e julgamento são da competência legislativa concorrente da União, Estados e Distrito Federal. Portanto, é possível legislação estadual sobre crime de responsabilidade.

(B) Segundo o STF é inconstitucional lei estadual que disponha sobre bloqueadores de sinal de celular em presídio, pois tal legislação invade a competência da União para legislar sobre telecomunicações.

(C) Segundo o STF, é competente o Município para fixar o horário de funcionamento de estabelecimento comercial, em virtude disso não ofende o princípio da livre concorrência lei municipal que impede a instalação de estabelecimentos comerciais do mesmo ramo em determinada área.

(D) A repartição vertical de competências é a técnica na qual dois ou mais entes vão atuar conjunta ou concorrentemente para uma mesma matéria (tema). A repartição vertical surge na Constituição Alemã de Weimar de 1919. No Brasil, aparece pela primeira vez na Constituição da República de 1988.

(E) Compete à União, aos Estados e ao Distrito Federal legislar concorrentemente sobre custas forenses, registros públicos, educação, cultura, ciência e tecnologia, bem como sobre organização, garantias, direitos e deveres das polícias civis.

Errada a alternativa **A**. A competência para legislar sobre direito penal é privativa da União, conforme artigo 22, inciso I, CF. Correta a alternativa **B**. Conforme decidido pelo STF "lei estadual que disponha sobre bloqueadores de sinal de celular em presídio invade a competência da União para legislar sobre telecomunicações. Com base nesse entendimento, em apreciação conjunta e por maioria, o STF declarou a inconstitucionalidade da Lei 3.153/2005 do Estado do Mato Grosso do Sul e da Lei 15.829/2012 do Estado de Santa Catarina. ADI 3835/MS, rel. Min. Marco Aurélio, 3.8.2016. (ADI-3835); ADI 5356/MS, rel. orig. Min. Edson Fachin, red. p/ o acórdão Min. Marco Aurélio, 3.8.2016. (ADI-5356); ADI 5253 /BA, rel. Min. Dias Toffoli, 3.8.2016. (ADI-5253); ADI 5327/PR, rel. Min Dias Toffoli, 3.8.2016. (ADI-5327); ADI 4861/SC, rel. Min. Gilmar Mendes, 3.8.2016. (ADI-4861). Errada a alternativa **C**. Nesse sentido as Súmulas vinculantes 38 "É competente o Município para fixar o horário de funcionamento de estabelecimento comercial." e 49 "Ofende o princípio da livre concorrência lei municipal que impede a instalação de estabelecimentos comerciais do mesmo ramo em determinada área". Errada a alternativa **D**. A repartição vertical, que advém do federalismo cooperativo, aparece pela primeira vez no Brasil na Constituição de 1934 (e existe na atual Constituição). Errada a alternativa **E**. Compete à União, aos Estados e ao Distrito Federal legislar concorrentemente sobre custas forenses, educação, cultura, ciência e tecnologia, bem como sobre organização, garantias, direitos e deveres das polícias civis (artigo 24, CF). Mas legislar sobre registros públicos é competência privativa da União, conforme artigo 22, inciso XXV, CF. LR

Gabarito "B".

(Delegado/MT – 2017 – CESPE) De acordo com o entendimento dos tribunais superiores, lei municipal que impedir a instalação de mais de um estabelecimento comercial do mesmo ramo em determinada área do município será considerada

(A) inconstitucional, por ofender o princípio da livre concorrência.

(B) inconstitucional, por ofender o princípio da busca do pleno emprego.

(C) constitucional, por versar sobre assunto de interesse exclusivamente local.

(D) constitucional, por não ofender o princípio da defesa do consumidor.

(E) inconstitucional, por ofender o princípio da propriedade privada.

Dispõe a Súmula Vinculante 49 que "Ofende o princípio da livre concorrência lei municipal que impede a instalação de estabelecimentos comerciais do mesmo ramo em determinada área." Logo correta a alternativa A, pois tal lei seria inconstitucional por violar o princípio da livre concorrência. LR

Gabarito "A".

(Delegado/MT – 2017 – CESPE) Aprovada pela assembleia legislativa de um estado da Federação, determinada lei conferiu aos delegados de polícia desse estado a prerrogativa de ajustar com o juiz ou a autoridade competente a data, a hora e o local em que estes serão ouvidos como testemunha ou ofendido em processos e inquéritos.

Nessa situação hipotética, a lei é

(A) constitucional, pois, apesar de tratar de matéria de competência privativa da União, o estado legislou sobre procedimentos de âmbito estadual.

(B) constitucional, pois trata de matéria de competência comum da União, dos estados, do DF e dos municípios.

(C) constitucional, pois trata de matéria de competência concorrente da União, dos estados e do DF.

(D) inconstitucional, pois o estado legislou sobre direito processual, que é matéria de competência privativa da União.

(E) inconstitucional, pois o estado legislou sobre normas gerais de matéria de competência concorrente da União, dos estados e do DF.

O Supremo Tribunal Federal, na ADI 3896, por unanimidade, declarou a inconstitucionalidade de lei do estado de Sergipe, que conferiu a delegado de polícia a prerrogativa de "ser ouvido, como testemunha ou ofendido, em qualquer processo ou inquérito, em dia, hora e local previamente ajustados com o juiz ou autoridade competente". O fundamento foi de que o dispositivo impugnado afronta o artigo 22, inciso I, da Constituição Federal (CF), que atribui exclusivamente à União a competência para legislar em matéria de direito processual.

Sendo assim, a lei é inconstitucional, pois o estado legislou sobre direito processual, que é matéria de competência privativa da União – alternativa D. LR

Gabarito "D".

(Delegado/GO – 2017 – CESPE) A respeito dos estados-membros da Federação brasileira, assinale a opção correta.

(A) Denomina-se cisão o processo em que dois ou mais estados se unem geograficamente, formando um terceiro e novo estado, distinto dos estados anteriores, que perdem a personalidade originária.

(B) Para o STF, a consulta a ser feita em caso de desmembramento de estado-membro deve envolver a população de todo o estado-membro e não só a do território a ser desmembrado.

(C) A CF dá ao estado-membro competência para instituir regiões metropolitanas e microrregiões, mas não aglomerações urbanas: a competência de instituição destas é dos municípios.

(D) Conforme a CF, a incorporação, a subdivisão, o desmembramento ou a formação de novos estados dependerá de referendo. Assim, o referendo é condição prévia, essencial ou prejudicial à fase seguinte: a propositura de lei complementar.

(E) Segundo o STF, os mecanismos de freios e contrapesos previstos em constituição estadual não precisam guardar estreita similaridade com aqueles previstos na CF.

A alternativa **A** está errada. Isso porque a cisão é a subdivisão de um estado em dois novos, com o desaparecimento da personalidade do estado original. Correta a alternativa **B**. Conforme decidido pelo STF na ADI 2650/DF "A expressão "população diretamente interessada" constante do § 3° do artigo 18 da Constituição ("Os Estados podem incorporar-se entre si, subdividir-se ou desmembrar-se para se anexarem a outros, ou formarem novos Estados ou Territórios Federais, mediante aprovação da população diretamente interessada, através de plebiscito, e do Congresso Nacional, por lei complementar") deve ser entendida como a população tanto da área desmembranda do Estado-membro como a da área remanescente". Errada a alternativa **C**. Nos termos do artigo 25, § 3°, CF "Os Estados poderão, mediante lei complementar, instituir regiões metropolitanas, aglomerações urbanas e microrregiões, constituídas por agrupamentos de municípios limítrofes, para integrar a organização, o planejamento e a execução de funções públicas de interesse comum". A alternativa **D** está errada. Como citado na alternativa A, é por plebiscito a consulta popular e não por referendo. Errada a alternativa **E**. Nesse sentido a decisão do STF proferida na ADI 1905/MC: "Separação e independência dos Poderes: freios e contrapesos: parâmetros federais impostos ao Estado-membro. Os mecanismos de controle recíproco entre os Poderes, os "freios e contrapesos" admissíveis na estruturação das unidades federadas, sobre constituírem matéria constitucional local, só se legitimam na medida em que guardem estreita similaridade com os previstos na Constituição da República: precedentes". LR

Gabarito "B".

(Delegado/GO – 2017 – CESPE) A respeito da administração pública, assinale a opção correta de acordo com a CF.

(A) Desde a promulgação da CF, não houve, até o presente, inovação a respeito dos princípios constitucionais da administração pública por meio de emenda constitucional.

(B) A previsão constitucional de que a investidura em cargo ou emprego público depende de aprovação prévia em concurso público decorre exclusivamente do princípio da razoabilidade administrativa.

(C) Em oposição ao que diz o texto constitucional, o STF já se posicionou contrário à cobrança de contribuição previdenciária dos servidores públicos aposentados e pensionistas.

(D) Caso um deputado estadual nomeie sua tia materna como assessora de seu gabinete, não haverá violação à súmula vinculante que trata do nepotismo, pois esta veda a nomeação de colaterais de até o segundo grau.

(E) Segundo o STF, candidato aprovado em concurso público dentro do número de vagas previsto no edital e dentro do prazo de validade do certame terá direito subjetivo à nomeação.

A alternativa **A** está errada. O artigo 37, CF em sua redação original não tinha o princípio da eficiência, acrescentado pelo EC 19/1998, mas apenas os princípios da legalidade, impessoalidade, moralidade, publicidade. Errada a alternativa **B**. A previsão constitucional de que a investidura em cargo ou emprego público depende de aprovação prévia em concurso público é por si um princípio e também assegura os princípios da impessoalidade, da publicidade, da moralidade e da eficiência. Errada a alternativa **C**. O STF na ADI 3.105 entendeu que "Não viola as garantias e direitos fundamentais a exigência de contribuição previdenciária dos pensionistas e aposentados porque a medida apoia-se no princípio da solidariedade e no princípio de equilíbrio financeiro e atuarial do sistema previdenciário. (...) a extensão da contribuição previdenciária é uma imposição de natureza tributária e, portanto, deve ser analisada à luz dos princípios constitucionais relativos aos tributos. Assim, não se pode opor-lhe a garantia constitucional do direito adquirido para eximir-se do pagamento, pois não há norma no ordenamento jurídico brasileiro que imunize, de forma absoluta, os proventos de tributação, nem mesmo o princípio da irredutibilidade de vencimentos". A alternativa **D** está errada, pois conforme a súmula vinculante 13 "a nomeação de cônjuge, companheiro ou parente em linha reta, colateral ou por afinidade, até o terceiro grau, inclusive, da autoridade nomeante ou de servidor da mesma pessoa jurídica investido em cargo de direção, chefia ou assessoramento, para o exercício de cargo em comissão ou de confiança ou, ainda, de função gratificada na administração pública direta e indireta em qualquer dos poderes da União, dos Estados, do Distrito Federal e dos Municípios, compreendido o ajuste mediante designações recíprocas, viola a Constituição Federal." Tia é parente de terceiro grau, logo ao caso se aplica a SV 13 pois as hipóteses de nepotismo alcançam o terceiro grau. Correta a alternativa **E**. Conforme decidido pelo STF no RE 598.099, com repercussão geral, "Direito Administrativo. Concurso Público. 2. Direito líquido e certo à nomeação do candidato aprovado entre as vagas previstas no edital de concurso público. 3. Oposição ao poder discricionário da Administração Pública. 4. Alegação de violação dos arts. 5º, inciso LXIX e 37, *caput* e inciso IV, da Constituição Federal. 5. Repercussão Geral reconhecida." **LR**

Gabarito "E".

9.2. Da Administração Pública

(Procurador Município – Teresina/PI – FCC – 2022) Na condição de Procurador do Município, lhe foi demandado emitir parecer jurídico sobre a seguinte situação: a Administração, com base em lei municipal, exige depósito em espécie para o munícipe recorrer de decisão administrativa da qual foi sucumbente. Nesse caso,

(A) a lei local não pode ser aplicada pela Administração porque existe súmula sobre a matéria com efeito vinculante para a Administração pública municipal, a qual declara inconstitucional a exigência de

depósito ou arrolamento prévios de dinheiro ou bens para admissibilidade de recurso administrativo.

(B) a lei local pode ser aplicada a critério do administrador competente para a apreciação do recurso, o qual pode decidir discricionariamente, no caso concreto, se é cabível ou não a exigência de depósito em espécie, em face da hipossuficiência econômica do munícipe, devidamente comprovada nos autos do processo administrativo.

(C) é juridicamente válida e aplicável a lei local, uma vez que a Administração se submete ao princípio da legalidade não lhe competindo exercer o controle de constitucionalidade sobre as leis, de modo que o depósito em espécie deve ser considerado condição para o conhecimento do recurso.

(D) a lei local deve ser aplicada pela Administração, cabendo ao prefeito representar a sua inconstitucionalidade ou ao munícipe recorrer ao Judiciário, em homenagem ao princípio da inafastabilidade da jurisdição.

(E) a lei local não pode ser aplicada pela Administração, uma vez que, acima da legalidade, deve prevalecer a força vinculante das disposições constitucionais, especialmente o direito constitucional de petição e o da ampla defesa.

É o que dispõe a Súmula Vinculante 21 do STF: "É inconstitucional a exigência de depósito ou arrolamento prévios de dinheiro ou bens para admissibilidade de recurso administrativo". **AMN**

Gabarito "A".

(Procurador/PA – CESPE – 2022) Com base no entendimento do Supremo Tribunal Federal acerca das diretrizes firmadas na Constituição Federal de 1988 a respeito da administração pública, julgue os itens a seguir.

I. Tanto as funções de confiança quanto os cargos em comissão destinam-se apenas às atribuições de direção, chefia e assessoramento, não sendo autorizada a criação de cargos em comissão e funções de confiança para atribuições meramente executivas ou operacionais, sob pena de burla à obrigatoriedade de concurso público.

II. O inc. X do art. 37 da Constituição Federal de 1988 estabelece o dever específico de que a remuneração dos servidores públicos seja objeto de aumentos anuais, mas o Poder Executivo pode deixar de encaminhar o projeto de lei de revisão anual do vencimentos dos servidores públicos se houver, para tanto, razões de interesse público, a serem devidamente motivadas.

III. Nos casos de lícita acumulação remunerada de cargos, empregos e funções públicas, cada vínculo funcional deverá ser considerado isoladamente para a aplicação do teto remuneratório, afastada a observância do teto remuneratório quanto ao somatório dos ganhos do agente público.

IV. No caso dos ocupantes de cargo de professor, a idade mínima para fins de aposentadoria especial será reduzida em cinco anos para aqueles que comprovem tempo de efetivo exercício não apenas na docência, mas também nas atividades de direção de unidade escolar e de coordenação e assessoramento pedagógico, desde que desempenhadas exclusivamente em estabelecimentos de educação infantil e ensino fundamental, conforme fixado em lei complementar do respectivo ente federativo.

V. É inconstitucional lei que, de forma vaga, admite a contratação temporária para as atividades de educação pública, saúde pública, sistema penitenciário e assistência à infância e à adolescência, sem que haja demonstração da necessidade temporária subjacente.

A quantidade de itens certos é igual a

(A) 1.

(B) 2.

(C) 3.

(D) 4.

(E) 5.

I: Certo. Foi objeto do Tema 1010 de Repercussão Geral do STF. **II:** Errado. O Informativo 953 do STF trouxe o julgado do RE 565089, Relator p/Acórdão: Min. Roberto Barroso, Tribunal Pleno, julgado em 25/09/2019, DJe 28/04/2020, onde se decidiu que: "O art. 37, X, da CF/1988 não estabelece um dever específico de que a remuneração dos servidores seja objeto de aumentos anuais, menos ainda em percentual que corresponda, obrigatoriamente, à inflação apurada no período. Isso não significa, porém, que a norma constitucional não tenha eficácia. Ela impõe ao Chefe do Poder Executivo o dever de se pronunciar, anualmente e de forma fundamentada, sobre a conveniência e possibilidade de reajuste ao funcionalismo". **III:** Certo. Conforme Informativo 862 do STF: RE 612975/MT e RE 602043/MT, Rel. Min. Marco Aurélio, julgados em 26 e 27/04/2017 (Repercussão Geral). **IV:** Errado. Não só em estabelecimentos de educação infantil e ensino fundamental, mas também no médio. Nesse sentido: "Para a concessão da aposentadoria especial de que trata o art. 40, § 5º, da Constituição, conta-se o tempo de efetivo exercício, pelo professor, da docência e das atividades de direção de unidade escolar e de coordenação e assessoramento pedagógico, desde que em estabelecimentos de educação infantil ou de ensino fundamental e médio" (RE 1.039.644/SC, Rel. Min. Alexandre de Moraes, j. 12/10/2017, DJe 13/11/2017, Tema 965). **V:** Certo. É o que se decidiu na ADI 3.649/RJ, Rel. Min. Luiz Fux, j. 28/05/2014. AMN

Gabarito "C".

(Juiz de Direito/AP – 2022 – FGV) Maria, servidora ocupante de cargo em comissão no Município Delta, adotou João Pedro, de 11 anos de idade. Ato contínuo, consultou o regime jurídico único dos servidores públicos municipais e constatou que a licença parental básica, reconhecida aos servidores adotantes, era de noventa dias, período reduzido para trinta dias quando o adotado tivesse mais de 10 anos de idade, isso sem qualquer consideração em relação a possíveis períodos de prorrogação. No entanto, somente faziam jus a essa licença os servidores ocupantes de cargos de provimento efetivo, não aqueles livremente demissíveis pela autoridade competente. À luz da sistemática constitucional, o regime jurídico único dos servidores públicos do Município Delta:

(A) é inconstitucional na parte que restringe a fruição da licença aos ocupantes de cargos de provimento efetivo e estabelece períodos de fruição inferiores ao da licença gestante;

(B) é inconstitucional apenas na parte em que estabelece o período de fruição de trinta dias quando o adotado tiver mais de 10 anos de idade;

(C) não apresenta qualquer vício de inconstitucionalidade em relação aos servidores que podem fruir a licença e aos respectivos períodos de fruição;

(D) é inconstitucional apenas na parte que restringe a fruição da licença aos servidores ocupantes de cargos de provimento efetivo;

(E) é inconstitucional apenas na parte em que estabelece períodos de fruição inferiores ao da licença gestante.

A questão é tratada pelo Tema 782 de repercussão geral do STF, com a seguinte tese: "Os prazos da licença adotante não podem ser inferiores aos prazos da licença gestante, o mesmo valendo para as respectivas prorrogações. Em relação à licença adotante, não é possível fixar prazos diversos em função da idade da criança adotada" (STF – RE 778889 – Tribunal Pleno – Relator Ministro Roberto Barroso – DJe 18/03/2016). ANH

Gabarito "A".

(Delegado de Polícia Federal – 2021 – CESPE) No que concerne a controle da administração pública, julgue os itens subsequentes.

(1). Apenas a Constituição Federal de 1988 pode prever modalidades de controle externo.

(2). O Poder Judiciário pode revogar atos praticados pelo Poder Executivo eivados de ilegalidade.

(3). A reclamação para anular ato administrativo que confronte súmula vinculante é uma modalidade de controle externo da atividade administrativa.

(4). Embora as comissões parlamentares de inquérito estejam, como uma modalidade de controle legislativo, aptas a investigar fatos determinados em prazos determinados, elas são desprovidas de poder condenatório.

1: Certo. As normas infraconstitucionais não podem criar novas modalidades de controle externo, pois isso violaria o princípio da separação dos poderes (art. 2º da CF). **2:** Errado. O Poder Judiciário pode *anular* (não revogar) atos praticados pelo Poder Executivo eivados de *ilegalidade*. **3:** Certo. A reclamação para anular ato administrativo que confronte súmula vinculante, de fato, é uma modalidade de controle externo da atividade administrativa. Quem exerce esse controle não é a própria Administração Pública (Poder Executivo), mas o Judiciário. Por outro lado, o controle interno é aquele realizado dentro do próprio poder em se originou a conduta administrativa e decorre do princípio da autotutela. **4:** Certo. De fato, as CPIs não têm poder condenatório, apenas investigam. Determina o art. 58, § 3º, da CF que as comissões parlamentares de inquérito, que terão poderes de investigação próprios das autoridades judiciais encaminharão *suas conclusões, se for o caso, ao Ministério Público, para que promova a responsabilidade civil ou criminal dos infratores.* BV

Gabarito 1C, 2E, 3C, 4C

(Magistratura/SP – 2021) A respeito da eficiência administrativa, podemos afirmar que

(A) o caráter vinculante do direito fundamental à boa administração encontra limite no princípio da discricionariedade administrativa.

(B) os atos administrativos devem ser realizados de forma a alcançar o melhor resultado possível com os meios disponíveis, garantindo não apenas respeito à lei e à moral administrativa, mas também o máximo de satisfação, atendendo de forma célere as demandas dos administrados.

(C) o princípio da eficiência não gera a possibilidade de o cidadão exigir e questionar, frente ao Estado e entes terceirizados, a qualidade em obras, serviços e decisões, e sua compatibilidade com o bem comum, dependendo de previsão legal específica.

11. DIREITO CONSTITUCIONAL 501

(D) a ineficiência do administrador implica ato de improbidade administrativa.

Comentário: A alternativa **B**, descreve a eficiência e a agilidade necessária para a administração pública. A Professora Maria Sylvia Di Pietro descreve o princípio da eficiência em duas vertentes: a) relativamente à forma de atuação do agente público, espera-se o melhor desempenho possível de suas atribuições, a fim de obter os melhores resultados; b) quanto ao modo de organizar, estruturar e disciplinar a administração pública, exige-se que este seja o mais racional possível, no intuito de alcançar melhores resultados na prestação dos serviços públicos. **ANH**
Gabarito "B".

(Magistratura/SP – 2021) A respeito de admissão ao serviço público, está consolidado que

(A) é inconstitucional, por ofensa ao princípio da isonomia, a remarcação de teste de aptidão física de candidata grávida à época da realização, sem que haja expressa previsão no edital.

(B) o surgimento de novas vagas ou a abertura de novo concurso para o mesmo cargo, durante o prazo de validade do certame, gera automaticamente o direito à nomeação dos candidatos aprovados fora das vagas previstas no edital.

(C) nas situações jurídicas em que a Constituição Federal autoriza a acumulação de cargos, o teto remuneratório é considerado em relação a cada um deles, e não ao somatório recebido.

(D) na hipótese de posse em cargo público determinada por decisão judicial, o servidor faz jus à indenização, sob o fundamento que deveria ter sido investido em momento anterior.

A: incorreta. O STF já decidiu que candidatas grávidas inscritas em concurso público têm o direito de fazer a prova de aptidão física em outra data, mesmo que não haja previsão expressa em edital (STF – RE 1058333 – Tribunal Pleno – Relator Ministro Luiz Fux – julgamento 21/11/2018 – Tema 973 de repercussão geral). **B**: incorreta. Segundo o STF: "O surgimento de novas vagas ou a abertura de novo concurso para o mesmo cargo, durante o prazo de validade do certame anterior, não gera automaticamente o direito à nomeação dos candidatos aprovados fora das vagas previstas no edital, ressalvadas as hipóteses de preterição arbitrária e imotivada por parte da administração, caracterizada por comportamento tácito ou expresso do Poder Público capaz de revelar a inequívoca necessidade de nomeação do aprovado durante o período de validade do certame, a ser demonstrada de forma cabal pelo candidato. Assim, o direito subjetivo à nomeação do candidato aprovado em concurso público exsurge nas seguintes hipóteses: I – Quando a aprovação ocorrer dentro do número de vagas dentro do edital; II – Quando houver preterição na nomeação por não observância da ordem de classificação; III – Quando surgirem novas vagas, ou for aberto novo concurso durante a validade do certame anterior, e ocorrer a preterição de candidatos de forma arbitrária e imotivada por parte da administração nos termos acima." [Tese definida no RE 837.311, rel. min. **Luiz Fux**, j. 9-12-2015, DJE 18-4-2016, Tema 784.] **C**: correta. O STF decidiu neste sentido: "TETO CONSTITUCIONAL – ACUMULAÇÃO DE CARGOS – ALCANCE. **Nas situações jurídicas em que a Constituição Federal autoriza a acumulação de cargos, o teto remuneratório é considerado em relação à remuneração de cada um deles, e não ao somatório do que recebido.**" (STF – RE 602043 – Tribunal Pleno – Rel. Min. Marco Aurélio – Julgamento em 27/04/2017 – DJe 08/09/2017 – Tema 384 de repercussão geral – os grifos não estão no original). A situação é diferente se ocorrer a morte do instituidor da pensão, segundo a tese firmada no tema 359 de repercussão geral: "Ocorrida a morte do instituidor da pensão em momento posterior ao da Emenda Constitucional nº 19/1988, o teto constitucional previsto no inciso XI do artigo 37 da

Constituição Federal **incide sobre o somatório de remuneração ou provento e pensão percebida por servidor**" (STF – RE 602584 – Tribunal Pleno – Relator Ministro Marco Aurélio – julgamento em 06/08/2020 – DJe 23/11/2020 – os grifos não estão no original). **D**: incorreta. A tese firmada pelo STF no tema 671 de repercussão geral foi essa: "Na hipótese de posse em cargo público determinada por decisão judicial, o servidor não faz jus a indenização, sob fundamento de que deveria ter sido investido em momento anterior, salvo situação de arbitrariedade flagrante." (STF – RE 724347 – Tribunal Pleno – Relator Ministro Marco Aurélio – julgamento 26/02/2015 – DJe 13/05/2015) **ANH**
Gabarito "C".

(Procurador Município – Santos/SP – VUNESP – 2021) Ao tratar dos servidores públicos, a Constituição Federal determina que

(A) poderão ser estabelecidos por lei ordinária do respectivo ente federativo idade e tempo de contribuição diferenciados para aposentadoria de servidores com deficiência, independentemente de avaliação biopsicossocial a ser realizada por equipe médica instituída para esse fim.

(B) ressalvadas as aposentadorias decorrentes dos cargos acumuláveis, é vedada a percepção de mais de uma aposentadoria à conta de regime próprio de previdência social, aplicando-se outras vedações, regras e condições para a acumulação de benefícios previdenciários estabelecidas no Regime Geral de Previdência Social.

(C) serão aposentados, no âmbito da União, aos 62 (sessenta e dois) anos de idade, se mulher, e aos 65 (sessenta e cinco) anos de idade, se homem, e, no âmbito dos Estados, do Distrito Federal e dos Municípios, na idade mínima estabelecida mediante emenda às respectivas Constituições Estaduais, observados os requisitos estabelecidos em lei complementar do respectivo Estado.

(D) a aposentadoria por incapacidade permanente para o trabalho, no cargo em que estiver investido, ainda que suscetível de readaptação, pode ensejar a realização de avaliações semestrais para verificação da continuidade das condições que ensejaram a concessão da aposentadoria, na forma de lei complementar federal para todos os entes federativos.

(E) aplica-se ao agente público ocupante, exclusivamente, de cargo em comissão declarado em lei de livre nomeação e exoneração, de outro cargo temporário, ou de emprego público, o Regime Geral de Previdência Social, exceto àqueles com mandato eletivo.

A: Incorreta. O art. 40, § 4º-A, prescreve: "Poderão ser estabelecidos por lei complementar do respectivo ente federativo idade e tempo de contribuição diferenciados para aposentadoria de servidores com deficiência, previamente submetidos a avaliação biopsicossocial realizada por equipe multiprofissional e interdisciplinar". **B**: Correta. Conforme o art. 40, § 6º, da CF. **C**: Incorreta. O art. 40, § 1º, III, da CF, estabelece que serão aposentados: "no âmbito da União, aos 62 (sessenta e dois) anos de idade, se mulher, e aos 65 (sessenta e cinco) anos de idade, se homem, e no âmbito dos Estados, do Distrito Federal e dos Municípios, na idade mínima estabelecida mediante emenda às respectivas Constituições e Leis Orgânicas, observados o tempo de contribuição e os demais requisitos estabelecidos em lei complementar do respectivo ente federativo". **D**: Incorreta. O art. 40, § 1º, I, da CF, estabelece a aposentadoria: "por incapacidade permanente para o trabalho, no cargo em que estiver investido, quando insuscetível de readaptação, hipótese em que será obrigatória a realização de avaliações periódicas para verificação da continuidade das condições que ensejaram a con

cessão da aposentadoria, na forma de lei do respectivo ente federativo".
E: Incorreta. Dispõe o art. 40, § 13, da CF, que: "Aplica-se ao agente público ocupante, exclusivamente, de cargo em comissão declarado em lei de livre nomeação e exoneração, de outro cargo temporário, inclusive mandato eletivo, ou de emprego público, o Regime Geral de Previdência Social". **AMN**
Gabarito "B".

(Procurador Município – Santos/SP – VUNESP – 2021) A Constituição Federal, ao tratar da Administração Pública, estabelece que

(A) os vencimentos dos cargos do Poder Legislativo não poderão ser superiores aos pagos pelo Poder Executivo, exceção feita ao Poder Judiciário, nos termos da lei.

(B) é vedada a acumulação remunerada de cargos públicos, exceto a de dois cargos ou empregos privativos de profissionais de saúde, independentemente da regulamentação das profissões.

(C) a administração fazendária e seus servidores fiscais terão, dentro de suas áreas de competência e jurisdição, precedência sobre os demais setores administrativos, na forma da lei.

(D) o Poder Executivo municipal poderá, mediante decreto, estabelecer os casos de contratação por tempo determinado para atender a necessidade local temporária de excepcional interesse público.

(E) a lei reservará percentual dos cargos e empregos públicos para as pessoas portadoras de deficiência, respeitados os critérios de admissão discriminados na Constituição Federal.

A: Incorreta. O art. 37, XII, da CF, dispõe que: "os vencimentos dos cargos do Poder Legislativo e do Poder Judiciário não poderão ser superiores aos pagos pelo Poder Executivo". **B: Incorreta.** O art. 37, XVI, *a a c*, da CF, prescreve que: "é vedada a acumulação remunerada de cargos públicos, exceto, quando houver compatibilidade de horários, observado em qualquer caso o disposto no inciso XI: a) de dois cargos de professor; b) a de um cargo de professor com outro técnico ou científico; c) a de dois cargos ou empregos privativos de profissionais de saúde, com profissões regulamentadas". **C: Correta.** Conforme disposto no art. 37, XVIII, da CF. **D: Incorreta.** O art. 37, IX, da CF, prescreve: "a lei estabelecerá os casos de contratação por tempo determinado para atender a necessidade temporária de excepcional interesse público". **E: Incorreta.** O art. 37, VIII, determina: "a lei reservará percentual dos cargos e empregos públicos para as pessoas portadoras de deficiência e definirá os critérios de sua admissão". **AMN**
Gabarito "C".

(Juiz de Direito – TJ/MS – 2020 – FCC) Ao dispor sobre a criação de cargos em comissão, o legislador deve observar as normas constitucionais e a jurisprudência do Supremo Tribunal Federal nessa matéria, segundo as quais

(A) a criação de cargos em comissão somente se justifica para o exercício de funções de direção, chefia e assessoramento, não se prestando ao desempenho de atividades burocráticas, técnicas ou operacionais, pressupondo necessária relação de confiança entre a autoridade nomeante e o servidor nomeado.

(B) cabe à lei que os instituir definir, objetivamente, suas atribuições, podendo, todavia, delegar essa competência ao administrador, para que discipline a matéria por meio de ato regulamentar, uma vez que a Constituição Federal não veda a delegação de competências entre os Poderes.

(C) pode a lei do ente federativo facultar aos servidores públicos ocupantes exclusivamente de cargo público em comissão a opção entre aderir ao Regime Geral de Previdência Social ou ao Regime Próprio de Previdência Social.

(D) os servidores públicos ocupantes exclusivamente de cargo público em comissão devem aposentar-se compulsoriamente aos 70 (setenta) anos de idade ou, na forma da lei complementar federal, aos 75 (setenta e cinco) anos de idade.

(E) é inconstitucional, por violação à norma constitucional que permite a livre nomeação pelo administrador público, norma estadual que estabeleça requisito de formação, em curso de nível superior, para o preenchimento de cargo em comissão.

A: correta, de acordo com o entendimento do STF. Em sede de repercussão geral, o STF reafirmou sua jurisprudência sobre os requisitos estabelecidos pela Constituição Federal para a criação de cargos em comissão de livre nomeação e exoneração, fixando a seguinte tese: *"a) A criação de cargos em comissão somente se justifica para o exercício de funções de direção, chefia e assessoramento, não se prestando ao desempenho de atividades burocráticas, técnicas ou operacionais; b) tal criação deve pressupor a necessária relação de confiança entre a autoridade nomeante e o servidor nomeado; c) o número de cargos comissionados criados deve guardar proporcionalidade com a necessidade que eles visam suprir e o número de servidores ocupantes de cargos efetivos no ente federativo que os criar; e d) as atribuições dos cargos em comissão devem estar descritas, de forma clara e objetiva, na própria lei que os instituir."* (RE 1.041.210 RG, rel. min. Dias Toffoli, j. 27-9-2018, P, DJE de 22-5-2019, Tema 1.010); **B: incorreta,** pois o STF entende que as atribuições dos cargos em comissão devem estar descritas, de forma clara e objetiva, na própria lei que os instituir (RE 1.041.210 RG, rel. min. Dias Toffoli, j. 27-9-2018, P, DJE de 22-5-2019, Tema 1.010), considerando inconstitucional a delegação ao chefe do Poder Executivo para dispor, mediante decreto, sobre as competências, as atribuições e as especificações de cargos públicos. Nesse sentido, o STF fixou o seguinte entendimento: "A delegação de poderes ao Governador para, mediante decreto, dispor sobre "as competências, as atribuições, as denominações das unidades setoriais e as especificações dos cargos, bem como a organização e reorganização administrativa do Estado", é inconstitucional porque permite, em última análise, sejam criados novos cargos sem a aprovação de lei." (ADI 4125, Relator(a): min. CÁRMEN LÚCIA, Tribunal Pleno, julgado em 10/06/2010); **C: incorreta,** visto que o Regime Próprio de Previdência Social não se aplica para os ocupantes exclusivamente de cargo em comissão. Segundo o art. 40, § 13, da Constituição, aplica-se ao agente público ocupante, exclusivamente, de cargo em comissão declarado em lei de livre nomeação e exoneração, de outro cargo temporário, inclusive mandato eletivo, ou de emprego público, o Regime Geral de Previdência Social; **D: incorreta,** porque o STF fixou entendimento, em sede de repercussão geral, no sentido de que *"os servidores ocupantes de cargo exclusivamente em comissão não se submetem à regra da aposentadoria compulsória prevista no art. 40, § 1º, II, da CF, a qual atinge apenas os ocupantes de cargo de provimento efetivo, inexistindo, também, qualquer idade limite para fins de nomeação a cargo em comissão."* (RE 786.540, rel. min. Dias Toffoli, j. 15-12-2016, P, DJE de 15-12-2017, Tema 763); **E: incorreta,** porque, no julgamento da ADI 3.174, o Ministro Relator asseverou que *"o art. 37, V, da Constituição não restringe as atividades de assessoramento aos cargos de nível superior e ou às funções estritamente técnico-científicas. O dispositivo exige apenas que o cargo em comissão tenha natureza de diretoria, chefia ou assessoramento, que pode exigir níveis educacionais diferenciados a depender do cargo, cabendo à lei de criação específica-los caso a caso."* (ADI 3174, Relator: Roberto Barroso, Tribunal Pleno, julgado em 23/08/2019). **AN**
Gabarito "A".

11. DIREITO CONSTITUCIONAL 503

(Juiz de Direito - TJ/AL - 2019 – FCC) Dentre as medidas excepcionais de controle do pacto federativo, encontra-se a intervenção, que, à luz da Constituição Federal, cabe ser decretada

(A) para garantir o livre exercício do Poder Legislativo Estadual, após solicitação dele.

(B) independentemente de apreciação pelo Congresso Nacional, se assim entender conveniente o Presidente da República.

(C) em razão de instabilidade institucional.

(D) após aprovação do Congresso Nacional, por decreto legislativo.

(E) deixando de haver prisão durante a vigência do estado excepcional.

A: correta, de acordo com o art. 34, IV, c/c art. 36, I, da CF; **B:** incorreta, porque o decreto de intervenção será submetido à apreciação do Congresso Nacional ou da Assembleia Legislativa do Estado, no prazo de vinte e quatro horas (art. 36, § 1º, da CF); **C:** incorreta, pois o Presidente da República pode decretar **estado de defesa** para preservar ou prontamente restabelecer a ordem pública ou a paz social ameaçadas por grave e iminente instabilidade institucional ou atingidas por calamidades de grandes proporções na natureza (art. 136 da CF); **D:** incorreta, já que compete **privativamente** ao Presidente da República decretar e executar a intervenção federal (art. 84, X, da CF), devendo o decreto de intervenção ser submetido à apreciação do Congresso Nacional, no prazo de vinte e quatro horas (art. 36, § 1º, da CF); **E:** incorreta, já que não há previsão, no texto constitucional, de restrição à possibilidade de prisão durante a vigência da intervenção. **AMN**
Gabarito "A".

(Escrevente – TJ/SP – 2018 – VUNESP) Nos termos da Constituição da República Federativa do Brasil (CRFB/88), é correto afirmar que

(A) é vedada a acumulação remunerada de dois cargos públicos de professor, independentemente de haver compatibilidade de horário.

(B) os vencimentos dos cargos do Poder Legislativo e do Poder Executivo não poderão ser superiores aos pagos pelo Poder Judiciário.

(C) o servidor público da administração direta, autárquica e fundacional, investido no mandato de Prefeito, será afastado do cargo, emprego ou função, sendo-lhe vedado optar pela sua remuneração.

(D) os proventos de aposentadoria e as pensões, por ocasião de sua concessão, não poderão exceder a remuneração do respectivo servidor, no cargo efetivo em que se deu a aposentadoria ou que serviu de referência para a concessão da pensão.

(E) o servidor público estável perderá o cargo em virtude de sentença judicial ou administrativa, que prescindem de processo prévio em contraditório.

A: incorreta, pois é **permitida** a acumulação remunerada de dois cargos de professor quando houver compatibilidade de horários (art. 37, XVI, *a*, da CF); **B:** incorreta, pois os vencimentos dos cargos do Poder Legislativo e do Poder Judiciário não poderão ser superiores aos pagos pelo **Poder Executivo** (art. 37, XII, da CF); **C:** incorreta, já que o servidor público da administração direta, autárquica e fundacional investido no mandato de Prefeito será afastado do cargo, emprego ou função, sendo-lhe **facultado** optar pela sua remuneração (art. 38, II, da CF); **D:** correta, nos termos do art. 40, § 2º, da CF; **E:** incorreta, pois o servidor público estável só perderá o cargo em virtude de sentença judicial transitada em julgado; processo administrativo em

que lhe seja assegurada ampla defesa; e procedimento de avaliação periódica de desempenho, assegurada ampla defesa (art. 41, § 1º, I a III, da CF). **AN**
Gabarito "D".

(Investigador – PC/BA – 2018 – VUNESP) Com base na Constituição Federal, assinale a alternativa correta sobre as disposições gerais da Administração Pública.

(A) O prazo de validade dos concursos públicos será de até 2 (dois) anos, prorrogável, por no máximo 2 (duas) vezes, por igual período.

(B) A lei reservará percentual dos cargos e empregos públicos para as pessoas portadoras de deficiência e definirá os critérios de sua admissão.

(C) Por decreto da Administração Pública, serão estabelecidos os casos de contratação por tempo determinado para atender a necessidade temporária de excepcional interesse público.

(D) Os vencimentos dos cargos do Poder Executivo e Judiciário não poderão ser superiores aos pagos pelo Poder Legislativo.

(E) Os acréscimos pecuniários percebidos por servidor público serão computados e acumulados para fins de concessão de acréscimos ulteriores.

A: incorreta, visto que o prazo de validade do concurso público será de até dois anos, prorrogável **uma vez**, por igual período (art. 37, III, da CF); **B:** correta, de acordo com o art. 37, inciso VIII, da CF; **C:** incorreta, pois a **lei** estabelecerá os casos de contratação por tempo determinado para atender à necessidade temporária de excepcional interesse público (art. 37, IX, da CF); **D:** incorreta, porque os vencimentos dos cargos do Poder Legislativo e do Poder Judiciário não poderão ser superiores aos pagos pelo Poder Executivo (art. 37, XII, da CF); **E:** incorreta, pois os acréscimos pecuniários percebidos por servidor público **não** serão computados nem acumulados para fins de concessão de acréscimos ulteriores (art. 37, XIV, da CF). **AN**
Gabarito "B".

(Procurador do Município – Prefeitura Fortaleza/CE – CESPE – 2017) De acordo com a jurisprudência dos tribunais superiores, julgue os itens subsecutivos, relativos a servidores públicos.

(1) Os reajustes de vencimentos de servidores municipais podem ser vinculados a índices federais de correção monetária.

(2) Caso um procurador municipal assuma mandato de deputado estadual, ele deve, obrigatoriamente, se afastar de seu cargo efetivo, devendo seu tempo de serviço ser contado para todos os efeitos legais durante o afastamento, exceto para promoção por merecimento.

(3) Havendo previsão no edital que regulamenta o concurso, é legítima a exigência de exame psicotécnico para a habilitação de candidato a cargo público.

(4) É inconstitucional a supressão do auxílio-alimentação em decorrência da aposentadoria do servidor.

1. incorreta. Ver Súmula Vinculante 42/STF: "É inconstitucional a vinculação do reajuste de vencimentos de servidores estaduais ou municipais a índices federais de correção monetária"; **2.** correta. Art. 38, IV, CF; **3.** incorreta. Ver Súmula Vinculante 44/STF: Só por lei se pode sujeitar a exame psicotécnico a habilitação de candidato a cargo público; **4.** incorreta. Súmula Vinculante 55/STF: O direito ao auxílio-alimentação não se estende aos servidores inativos. **TM**
Gabarito 1E, 2C, 3E, 4E

(Procurador Municipal – Prefeitura/BH – CESPE – 2017) No que diz respeito à responsabilidade civil do Estado, assinale a opção incorreta.

(A) Como o direito brasileiro adota a teoria do risco integral, a responsabilidade extracontratual do Estado converte-o em segurador universal no caso de danos causados a particulares.

(B) Cabe indenização em decorrência da morte de preso dentro da própria cela, em razão da responsabilidade objetiva do Estado.

(C) O regime publicístico de responsabilidade objetiva, instituído pela CF, não é aplicável subsidiariamente aos danos decorrentes de atos notariais e de registro causados por particulares delegatários do serviço público.

(D) As pessoas jurídicas de direito público e as de direito privado, nas hipóteses de responsabilidade aquiliana, responderão pelo dano causado, desde que exista prova prévia de ter havido culpa ou dolo de seus agentes em atos que atinjam terceiros.

A: incorreta. O direito brasileiro não adota a teoria do risco integral, que não admite excludentes de responsabilidade do Estado. No Brasil vige a Teoria do Risco Administrativo, segundo a qual o Estado responde por atos causados a terceiros, salvo por caso fortuito ou força maior, ou por culpa exclusiva da vítima; **B:** correta. O STF, ao julgar com repercussão geral o RE 580252, fixou a seguinte tese: "Considerando que é dever do Estado, imposto pelo sistema normativo, manter em seus presídios os padrões mínimos de humanidade previstos no ordenamento jurídico, é de sua responsabilidade, nos termos do artigo 37, § 6º, da Constituição, a obrigação de ressarcir os danos, inclusive morais, comprovadamente causados aos detentos em decorrência da falta ou insuficiência das condições legais de encarceramento"; **C:** correta. A Lei 13.286/2016 alterou o art. 22 da Lei 8.935/1994, alterando a responsabilidade antes objetiva para subjetiva. Hoje, notários e oficiais de registro somente respondem quando houver dolo ou culpa, tendo a prescrição sido reduzida para 3 anos; **D:** correta. A responsabilidade civil aquiliana é a extracontratual. Nesse caso, a responsabilidade civil do Estado é subjetiva. De acordo com magistério de Hely Lopes Meirelles, "o que a Constituição distingue é o dano causado pelos agentes da Administração (servidores) dos danos ocasionados por atos de terceiros ou por fenômenos da natureza. Observe-se que o art. 37, § 6º, só atribui responsabilidade objetiva à Administração pelos danos que seus agentes, nessa qualidade, causem a terceiros. Portanto o legislador constituinte só cobriu o risco administrativo da atuação ou inação dos servidores públicos; não responsabilizou objetivamente a Administração por atos predatórios de terceiros, nem por fenômenos naturais que causem danos aos particulares". **TM**
Gabarito "A"

(Procurador Municipal – Prefeitura/BH – CESPE – 2017) A respeito da administração pública, assinale a opção correta.

(A) Um assessor da PGM/BH que, após ocupar exclusivamente cargo em comissão por toda a sua carreira, alcançar os requisitos necessários para se aposentar voluntariamente terá direito a aposentadoria estatutária.

(B) A paridade plena entre servidores ativos e inativos constitui garantia constitucional, de forma que quaisquer vantagens pecuniárias concedidas àqueles se estendem a estes.

(C) De acordo com o STF, apesar da ausência de regulamentação, o direito de greve do servidor público constitui norma autoaplicável, de forma que é proi-

bido qualquer desconto na remuneração do servidor pelos dias não trabalhados.

(D) No Brasil, de acordo com o STF, a regra é a observância do princípio da publicidade, razão pela qual, em *impeachment* de presidente da República, o sigilo do escrutínio é incompatível com a natureza e a gravidade do processo.

A: incorreta. A aposentadoria seguirá as regras do Regime Geral de Previdência; **B:** incorreta. O art. 40, § 8º, foi alterado pela EC 41/2003, que acabou com a paridade entre ativos e inativos; **C:** incorreta. O direito de greve depende de lei regulamentadora, mas o STF entendeu que, na sua ausência, deve-se aplicar a lei de greve da iniciativa privada. Entretanto, não há vedação para o desconto de dias não trabalhados, tendo a hipótese sido considerada legítima pelo STF. Segundo o Supremo, em repercussão geral, o desconto dos dias não trabalhados é possível, desde que não tenha havido acordo para a compensação das horas ou que não tenha sido causada por conduta abusiva do Poder Público (ver RE 693456); **D:** correta. Ao julgar a ADPF 378, Rel. para acórdão Min. Roberto Barroso, o STF entendeu que: "Em uma democracia, a regra é a publicidade das votações. O escrutínio secreto somente pode ter lugar em hipóteses excepcionais e especificamente previstas. Além disso, o sigilo do escrutínio é incompatível com a natureza e a gravidade do processo por crime de responsabilidade. Em processo de tamanha magnitude, que pode levar o Presidente a ser afastado e perder o mandato, é preciso garantir o maior grau de transparência e publicidade possível. Nesse caso, não se pode invocar como justificativa para o voto secreto a necessidade de garantir a liberdade e independência dos congressistas, afastando a possibilidade de ingerências indevidas. Se a votação secreta pode ser capaz de afastar determinadas pressões, ao mesmo tempo, ela enfraquece o controle popular sobre os representantes, em violação aos princípios democrático, representativo e republicano. Por fim, a votação aberta (simbólica) foi adotada para a composição da Comissão Especial no processo de impeachment de Collor, de modo que a manutenção do mesmo rito seguido em 1992 contribui para a segurança jurídica e a previsibilidade do procedimento". **TM**
Gabarito "D"

(Promotor de Justiça – MPE/RS – 2017) Assinale a alternativa **INCORRETA**, considerando tão somente o que dispõe o artigo 38 da Constituição Federal no que tange ao servidor público da administração direta, autárquica e fundacional, no exercício de mandato eletivo.

(A) Tratando-se de mandato eletivo federal, estadual ou distrital, ficará afastado de seu cargo, emprego ou função, sendo-lhe facultado optar pela remuneração de maior valor.

(B) Investido no mandato de Prefeito, será afastado do cargo, emprego ou função, sendo-lhe facultado optar pela sua remuneração.

(C) Investido no mandato de Vereador, havendo compatibilidade de horários, perceberá as vantagens de seu cargo, emprego ou função, sem prejuízo da remuneração do cargo eletivo, e, não havendo compatibilidade, será aplicada a norma do inciso II do artigo 38.

(D) Em qualquer caso que exija o afastamento para o exercício de mandato eletivo, seu tempo de serviço será contado para todos os efeitos legais, exceto para promoção por merecimento.

(E) Para efeito de benefício previdenciário, no caso de afastamento, os valores serão determinados como se no exercício estivesse.

11. DIREITO CONSTITUCIONAL

505

A: incorreta. O art. 38, I, CF não menciona a opção pela remuneração do cargo público; **B:** correta. Redação do art. 38, II, CF; **C:** correta. Redação do art. 38, III, CF; **D:** correta. Redação do art. 38, IV, CF; **E:** correta. Redação do art. 38, V, CF. **TM**

Gabarito "A".

10. ORGANIZAÇÃO DO PODER EXECUTIVO

(Juiz de Direito/AP – 2022 – FGV) Um grupo de deputados da Assembleia Legislativa do Estado Beta apresentou projeto de lei dispondo sobre a obrigatoriedade de instalação de duas câmeras de segurança em cada unidade escolar mantida pelo Estado. O projeto foi aprovado no âmbito da Casa legislativa e sancionado pelo governador do Estado, daí resultando a promulgação da Lei estadual nº XX.

À luz dos aspectos do processo legislativo descrito na narrativa e da sistemática constitucional, a Lei estadual nº XX:

(A) apresenta vício ao dispor sobre o funcionamento dos órgãos da rede educacional estadual, matéria de iniciativa privativa do chefe do Poder Executivo, vício não convalidado pela sanção;

(B) ao acarretar aumento de despesa, sem indicação da respectiva fonte de custeio, apresenta vício de inconstitucionalidade material;

(C) ao acarretar aumento de despesa, apresenta vício de iniciativa, o qual foi convalidado pela posterior sanção do chefe do Poder Executivo;

(D) não apresenta vício de iniciativa, pois a criação de atribuições e de obrigações, para o Poder Executivo, configura atividade regular do Legislativo;

(E) não apresenta vício de iniciativa, pois, embora tenha criado obrigação para o Poder Executivo, não instituiu nova atribuição para os seus órgãos.

A: errada, a determinação de colocação de câmeras, não constitui uma interferência na esfera de competências, Sobre o tema, o STF já entendeu, no julgamento do ARE 878911, que "Não usurpa a competência privativa do chefe do Poder Executivo lei que, embora crie despesa para a Administração Pública, não trata da sua estrutura ou da atribuição de seus órgãos nem do regime jurídico de servidores públicos"; **B:** errada, se aplica apenas a criação de novos benefícios, o STF já tem o entendimento de que não apresenta inconstitucionalidade; **C:** errada, Só haveria vício de iniciativa se a lei em questão tratasse de temas abrangidos pelo art. 61, § 1º da CF/88 ou que alterasse a competência de órgãos da administração estadual, o que não aconteceu; **D:** errada, para haver possibilidade de mudança das obrigações dos órgãos, a proposta deverá ser apresentada pelo chefe do poder executivo legal; **E:** correta, o texto aplica exatamente o entendimento do STF, sobre o assunto mencionado. **ANH**

Gabarito "E".

(Procurador Município – Santos/SP – VUNESP – 2021) Compete ao Conselho da República

(A) opinar sobre as hipóteses de declaração de guerra e de celebração da paz, nos termos da Constituição.

(B) pronunciar-se sobre as questões relevantes para a estabilidade das instituições democráticas.

(C) estudar, propor e acompanhar o desenvolvimento de iniciativas necessárias a garantir a independência nacional.

(D) propor os critérios e condições de utilização de áreas indispensáveis à segurança do território nacional.

(E) opinar sobre o uso, a preservação e a exploração dos recursos naturais de qualquer tipo, especialmente na faixa de fronteira.

Conforme dispõe o art. 90 da CF, compete ao Conselho da República pronunciar-se sobre: (a) intervenção federal, estado de defesa e estado de sítio; (b) as questões relevantes para a estabilidade das instituições democráticas. **AMN**

Gabarito "B".

(Procurador do Município – S.J. Rio Preto/SP – 2019 – VUNESP) Em relação ao tema Intervenção Estadual nos Municípios, assinale a alternativa correta.

(A) A intervenção estadual nos municípios é um ato administrativo, atemporal e personalíssimo.

(B) A intervenção estadual, em qualquer hipótese, não se submete ao controle político, por parte da Assembleia Legislativa.

(C) Conforme Súmula do STF, não cabe recurso extraordinário contra acórdão de Tribunal de Justiça que defere pedido de intervenção estadual em município.

(D) Como o ato é de natureza administrativa, somente poderá ser decretada a intervenção pelo Chefe do Poder Executivo.

(E) O Município que já sofreu intervenção estadual não poderá sofrer, novamente, a mesma medida, por motivos idênticos aos que ocasionaram o primeiro ato interventivo.

Correta é a letra C, conforme Súmula 637, do STF: "Não cabe recurso extraordinário contra acórdão de Tribunal de Justiça que defere pedido de intervenção estadual em Município.". A letra A está errada, pois o ato é temporal (artigo 36, §1º, da CF). Letra B errada, pois ocorre sim apreciação pelo Poder Legislativo, nos moldes do citado §1º, do artigo 36, da CF. Letra D incorreta, conforme artigo 36, I, da CF, bem como é um ato político. A letra E está incorreta, porque não há tal vedação no texto constitucional. **AB**

Gabarito "C".

(Procurador do Município – S.J. Rio Preto/SP – 2019 – VUNESP) De acordo com a Constituição Federal, compete privativamente ao Presidente da República, sem qualquer possibilidade de delegação,

(A) conceder indulto e comutar penas.

(B) fixar os subsídios dos Ministros de Estado.

(C) decretar e executar a intervenção federal.

(D) prover cargos públicos federais.

(E) autorizar referendo e convocar plebiscito.

Correta é a letra C, pois é a redação do artigo 84, X, da CF: "Art. 84. Compete privativamente ao Presidente da República: (...) X – decretar e executar a intervenção federal; (...) Parágrafo único. O Presidente da República poderá delegar as atribuições mencionadas nos incisos VI, XII e XXV, primeira parte, aos Ministros de Estado, ao Procurador-Geral da República ou ao Advogado-Geral da União, que observarão os limites traçados nas respectivas delegações.". Logo, a competência do inciso X é indelegável. A letra A está errada, pois é delegável (artigo 84, XII, da CF). A letra B está errada, pois a competência é do Congresso Nacional (artigo 49, VIII, da CF). A letra D também está errada, pois é caso de competência delegável (artigo 84, XXV, da CF). A letra E está equivocada, pois é competência do Congresso nacional (artigo 49, XV, da CF). **AB**

Gabarito "C".

11. ORGANIZAÇÃO DO PODER LEGISLATIVO. PROCESSO LEGISLATIVO

(Juiz de Direito/AP – 2022 – FGV) Ao disciplinar o procedimento a ser observado no julgamento das contas do chefe do Poder Executivo, o Regimento Interno da Câmara dos Vereadores do Município Alfa, situado na Região Norte do país, dispôs o seguinte: (1) a Câmara somente julga as contas de governo, não as de gestão, prevalecendo, em relação às últimas, o juízo de valor do Tribunal de Contas do respectivo Estado; (2) as contas não impugnadas por qualquer vereador, partido político ou cidadão, no prazo de sessenta dias, a contar do recebimento do parecer prévio do Tribunal de Contas, são tidas como aprovadas; (3) o parecer prévio do Tribunal de Contas somente deixará de prevalecer pelo voto da maioria de dois terços dos membros da Câmara Municipal.

Considerando a disciplina estabelecida na Constituição da República de 1988 a respeito da matéria, é correto afirmar que:

(A) apenas o comando 1 é constitucional;

(B) apenas o comando 3 é constitucional;

(C) apenas os comandos 1 e 2 são constitucionais;

(D) os comandos 1, 2 e 3 são constitucionais;

(E) os comandos 1, 2 e 3 são inconstitucionais.

Comentário: O dispositivo 1 é inconstitucional, pois a câmara vai julgar tanto as contas de governo, quanto as contas de gestão. A questão foi objeto do tema 835 de repercussão geral do STF e a tese firmada foi a seguinte: "Para os fins do art. 1º, inciso I, alínea 'g', da Lei Complementar 64, de 18 de maio de 1990, alterado pela Lei Complementar 135, de 4 de junho de 2010, a apreciação das contas de prefeitos, **tanto as de governo quanto as de gestão**, será exercida pelas Câmaras Municipais, com o auxílio dos Tribunais de Contas competentes, cujo parecer prévio somente deixará de prevalecer por decisão de 2/3 dos vereadores" (STF – RE 848826 – Tribunal Pleno – Relator Ministro Roberto Barroso – julgamento 10/08/2016 – DJe 24/08/2017 – os grifos não estão no original). O dispositivo 2 é inconstitucional, por entendimento do Supremo Tribunal Federal, **não é possível o julgamento ficto de contas por meio de decurso de prazo**. Além disso, a competência para o julgamento das contas é **exclusiva** da Câmara Municipal. Nesse sentido, a tese firmada no tema 157 de repercussão geral do STF foi: "O parecer técnico elaborado pelo Tribunal de Contas tem natureza meramente opinativa, competindo exclusivamente à Câmara de Vereadores o julgamento das contas anuais do Chefe do Poder Executivo local, sendo incabível o julgamento ficto das contas por decurso de prazo" (STF – RE 729744 – Tribunal Pleno – Relator Ministro Gilmar Mendes – julgamento em 10/08/2016 – DJe 23/08/2017). O dispositivo 3 está correto, conforme dispõe o artigo 31, § 2º da CF. **ANH**

Gabarito "B".

(Procurador Município – Teresina/PI – FCC – 2022) Quanto às emendas à Constituição Federal, é correto afirmar:

(A) A proposta será discutida e votada em cada Casa do Congresso Nacional, em dois turnos, considerando-se aprovada se obtiver, em ambos, dois terços dos votos dos respectivos membros.

(B) A Constituição não poderá ser emendada na vigência de estado de defesa.

(C) A Constituição Federal poderá ser emendada mediante proposta de um terço, no mínimo, das Assembleias Legislativas das unidades da federação, manifestando-se, cada uma delas, pela maioria relativa de seus membros.

(D) Trata-se do exercício do poder constituinte originário, que encontra limites em disposições específicas da própria Constituição Federal.

(E) Não será objeto de deliberação a proposta de emenda constitucional tendente a abolir o voto proporcional.

A: Incorreta. A proposta de emenda constitucional é aprovada se obtiver **três quintos** dos votos e não dois terços (CF, art. 60, § 2º). **B:** Correta. Conforme disposto no art. 60, § 1º, da CF. **C:** Incorreta. A Constituição Federal poderá ser emendada mediante proposta de **mais da metade** das Assembleias Legislativas e não um terço (CF, art. 60, III). **D:** Incorreta. Trata-se do exercício do **poder constituinte derivado reformador** e não originário. **E:** Incorreta. Não será objeto de deliberação a proposta de emenda constitucional tendente a abolir: I – a forma federativa de Estado; II – o voto direto, secreto, universal e periódico; III – a separação dos Poderes; IV – os direitos e garantias individuais (CF, art. 60, § 4º, I a IV). **AMN**

Gabarito "B".

(Procurador Município – Teresina/PI – FCC – 2022) São de iniciativa privativa do Presidente da República, EXCETO as leis que versarem sobre

(A) modificação do efetivo das forças armadas.

(B) normas gerais para organização da Defensoria e do Ministério Público dos Estados.

(C) matéria tributária da competência da União.

(D) servidores públicos da União e dos Territórios, seu regime jurídico, provimento de cargos, estabilidade e aposentadoria.

(E) organização administrativa e judiciária dos Territórios.

O art. 61, § 1º, da CF, prevê que são de iniciativa privativa do Presidente da República as leis que: I – fixem ou modifiquem os efetivos das Forças Armadas, II – disponham sobre: a) criação de cargos, funções ou empregos públicos na administração direta e autárquica ou aumento de sua remuneração, b) organização administrativa e judiciária, matéria tributária e orçamentária, serviços públicos e pessoal da administração dos Territórios, c) servidores públicos da União e Territórios, seu regime jurídico, provimento de cargos, estabilidade a aposentadoria, d) organização do Ministério Público e da Defensoria Pública da União, bem como normas gerais para a organização do Ministério Público e da Defensoria Pública dos Estados, do Distrito Federal e dos Territórios, e) criação e extinção de Ministérios e órgãos da administração pública, observado o disposto no art. 84, VI, da CF, f) militares das Forças Armadas, seu regime jurídico, provimento de cargos, promoções, estabilidade, remuneração, reforma e transferência para a reserva. Segundo o STF, a iniciativa reservada ao chefe do Poder Executivo não se presume nem comporta interpretação ampliativa (ADI 2.672, Rel. p/acórdão Min. Ayres Britto, Tribunal Pleno, DJ 10/11/2006; ADI 2.072, Rel. Min. Cármen Lúcia, Tribunal Pleno, DJe 02/03/2015; e ADI 3.394, Rel. Min. Eros Grau, DJe 15/08/2008). Assim, o STF entende que inexiste reserva de iniciativa em matéria tributária ao chefe do poder executivo (ARE 743.480, Rel. Min. Gilmar Mendes, j. 10/10/2013, DJe 20/11/2013, com Repercussão Geral, Tema 682). **AMN**

Gabarito "C".

(Procurador Município – Teresina/PI – FCC – 2022) No que se refere ao Poder Legislativo nacional, compete

(A) concorrentemente à Câmara dos Deputados e ao Senado Federal aprovar, após arguição pública, a escolha de diretores do Banco Central.

(B) exclusivamente ao Congresso Nacional apreciar os atos de concessão e renovação de concessão de emissoras de rádio e televisão.

(C) privativamente à Câmara dos Deputados estabelecer limites globais e condições para o montante da dívida mobiliária dos Municípios.

(D) privativamente ao Senado Federal eleger os membros do Conselho da República.

(E) exclusivamente ao Congresso Nacional suspender a execução, no todo ou em parte, de lei declarada inconstitucional por decisão definitiva do Supremo Tribunal Federal.

A: Incorreta. Compete privativamente ao Senado Federal aprovar, após arguição pública, a escolha de diretores do Banco Central e de seu Presidente (CF, art. 52, III, *d*). **B:** Correta. É o que está prescrito no art. 49, XII, da CF. **C:** Incorreta. É competência privativa do Senado Federal (CF, art. 52, IX). **D:** Incorreta. É competência privativa da Câmara dos Deputados (CF, art. 51, V). **E:** Incorreta. É competência privativa do Senado Federal (CF, art. 52, X). **AMN**

Gabarito "B".

(Procurador Município – Teresina/PI – FCC – 2022) As medidas provisórias

(A) deverão ser examinadas por comissão mista de Deputados e Senadores e sobre elas emitir parecer antes de serem apreciadas em sessão conjunta do Congresso Nacional.

(B) poderão ter a vigência prorrogada uma única vez, por igual período, no prazo de trinta dias, contado de sua publicação, se não tiver a sua votação encerrada no Congresso Nacional.

(C) não podem ser editadas para tratar de matéria atinente ao estatuto dos servidores públicos federais.

(D) podem ser editadas para tratar de matéria reservada à lei complementar.

(E) podem ser editadas por governador de Estado desde que haja previsão na constituição local, respeitado o modelo adotado pela Constituição Federal.

A doutrina aponta que "O Supremo Tribunal Federal considera as regras básicas de processo legislativo previstas na Constituição Federal como modelos obrigatórios às Constituições Estaduais. Tal entendimento, que igualmente se aplica às Leis Orgânicas dos Municípios, acaba por permitir que no âmbito estadual e municipal haja previsão de medidas provisórias a serem editadas, respectivamente, pelo Governador do Estado ou Prefeito Municipal e analisadas pelo Poder Legislativo local, desde que, no primeiro caso, exista previsão expressa na Constituição Estadual e no segundo, previsão nessa e na respectiva Lei Orgânica do Município. Além disso, será obrigatória a observância do modelo básico da Constituição Federal" (MORAES, Alexandre. *Direito constitucional*. 22. ed. São Paulo: Atlas, 2007, p. 669- 670). **AMN**

Gabarito "E".

(Procurador Município – Santos/SP – VUNESP – 2021) Cabe ao Congresso Nacional, com a sanção do Presidente da República, entre outras matérias,

(A) dispor sobre a incorporação, subdivisão ou desmembramento de áreas de Territórios ou Estados, ouvidas as respectivas Assembleias Legislativas.

(B) autorizar operações externas de natureza financeira, de interesse da União, dos Estados, do Distrito Federal, dos Territórios e dos Municípios.

(C) aprovar previamente, por voto secreto, após arguição em sessão secreta, a escolha dos chefes de missão diplomática de caráter permanente.

(D) apreciar os atos de concessão e renovação de concessão de emissoras de rádio e televisão.

(E) estabelecer limites globais e condições para o montante da dívida mobiliária dos Estados, do Distrito Federal e dos Municípios.

A: Correta. Conforme dispõe o art. 48, inciso VI, da CF. **B:** Incorreta. Essa competência é privativa do Senado Federal (CF, art. 52, V). **C:** Incorreta. Essa competência é privativa do Senado Federal (CF, art. 52, IV). **D:** Incorreta. Essa competência é exclusiva do Congresso Nacional (CF, art. 49, XII). **E:** Incorreta. Essa competência é privativa do Senado Federal (CF, art. 52, IX). **AMN**

Gabarito "A".

(Procurador Município – Santos/SP – VUNESP – 2021) A Constituição Federal, ao tratar dos poderes, composição, características e atribuições dos Tribunais de Contas, estabelece que

(A) os Ministros do Tribunal de Contas da União serão nomeados dentre brasileiros que, entre outros, satisfaçam o requisito de contar com mais de vinte e cinco e menos de sessenta anos de idade.

(B) os Ministros do Tribunal de Contas da União terão as mesmas garantias, prerrogativas, impedimentos, vencimentos e vantagens dos Ministros de Estado.

(C) as Constituições estaduais poderão dispor sobre os Tribunais de Contas respectivos, que serão integrados por nove conselheiros.

(D) são partes legítimas para, na forma da lei, denunciar irregularidades ou ilegalidades, perante o Tribunal de Contas da União, os partidos políticos, as associações, os sindicatos e demais órgãos coletivos, afastada a legitimação individual.

(E) o Tribunal de Contas da União encaminhará ao Congresso Nacional, trimestral e anualmente, relatório de suas atividades.

A: Incorreta. Os Ministros do Tribunal de Contas da União serão nomeados dentre brasileiros que, entre outros, satisfaçam o requisito de contar com mais de trinta e cinco e menos de setenta anos de idade, conforme nova redação dada pela EC 122/2022, ao art. 73, § 1º, I, da CF. **B:** Incorreta. Os Ministros do Tribunal de Contas da União terão as mesmas garantias, prerrogativas, impedimentos, vencimentos e vantagens dos Ministros do Superior Tribunal de Justiça (CF, art. 73, § 3º). **C:** Incorreta. Os Tribunais de Contas das unidades federadas devem obedecer na sua composição o arquétipo constitucional, conforme o modelo delineado pelo art. 73, § 2º, da CF. Assim, a Súmula 653 do STF, dispõe: "No Tribunal de Contas Estadual, composto por sete conselheiros, quatro devem ser escolhidos pela Assembleia Legislativa e três pelo chefe do Poder Executivo estadual, cabendo a este indicar um dentre auditores e outro dentre membros do Ministério Público, e um terceiro a sua livre escolha". **D:** Incorreta. Conforme dispõe o art. 74, § 2º, da CF: "Qualquer cidadão, partido político, associação ou sindicato é parte legítima para, na forma da lei, denunciar irregularidades ou ilegalidades perante o Tribunal de Contas da União". **E:** Correta. Conforme prescrito no art. 71, § 4º, da CF. **AMN**

Gabarito "E".

(Promotor de Justiça/CE – 2020 – CESPE/CEBRASPE) Conforme as previsões constitucionais e a jurisprudência do STF sobre segurança pública, em especial sua estrutura e organização, admite-se que

(A) lei estadual crie órgãos diversos de segurança pública, de forma diferente da estabelecida constitucionalmente para os órgãos federais.

(B) lei municipal constitua guardas municipais destinadas à proteção dos bens, dos serviços e das instalações do município.

(C) lei municipal subordine excepcionalmente as polícias militares e a reserva do Exército aos prefeitos, em caso de calamidade pública.

(D) lei estadual atribua às polícias civis funções de apuração de infrações penais militares.

(E) lei federal transfira temporariamente aos corpos de bombeiros militares a execução de atividades de defesa civil.

Correta é a letra B, nesse sentido é o Informativo 802, do STF: "É constitucional a atribuição às guardas municipais do exercício de poder de polícia de trânsito, inclusive para imposição de sanções administrativas legalmente previstas". Além disso, é a determinação do artigo 144, § 8°, da CF. Por evidente, as demais alternativas estão erradas porque não guardam compatibilidade com o citado artigo. **AB**

Gabarito "B".

(Promotor de Justiça/CE – 2020 – CESPE/CEBRASPE) Mudança no regime de imunidade parlamentar no plano federal

(A) é aplicável imediatamente aos deputados estaduais.

(B) será aplicável aos deputados estaduais depois de implementada a adaptação formal das constituições estaduais.

(C) não repercute nas imunidades de parlamentares estaduais, que são definidas nas constituições estaduais.

(D) repercute imediatamente nos deputados estaduais se for mais benéfica que o regime da respectiva constituição estadual.

(E) repercute nos deputados estaduais se for mais restritiva que o regime da respectiva constituição estadual, após adaptação formal desta.

Correta é a letra A, conforme informativo 939, do STF, uma vez que os Deputados Estaduais gozam das mesmas imunidades formais previstas pelo artigo 53, da CF. Logo, as demais alternativas estão equivocadas. **AB**

Gabarito "A".

(Juiz de Direito – TJ/MS – 2020 – FCC) A Câmara Municipal de uma Capital estadual pretende instalar Comissão Parlamentar de Inquérito (CPI) para investigar possível ilicitude na conduta de empresas que, embora prestem serviço na Capital, recolhem o Imposto sobre Serviços em Município vizinho, onde tais empresas têm filiais, e no qual a alíquota incidente sobre a base de cálculo do imposto é menor, prática que, entendem os Vereadores, tem redundado em sonegação fiscal vultosa, causadora de prejuízos à Prefeitura da Capital. Nesse caso, considerada a disciplina da matéria na Constituição Federal e a jurisprudência pertinente do Supremo Tribunal Federal,

(A) se instalada, a CPI estará impedida de exigir informações contábeis das empresas investigadas, por não dispor de poderes para determinar a quebra do sigilo bancário e fiscal das empresas contribuintes investigadas, ambas matérias sujeitas à reserva jurisdicional.

(B) os atos de investigação da CPI estarão sujeitos a controle jurisdicional, mediante provocação dos interessados, inclusive por meio de mandado de segurança, em defesa de direito líquido e certo próprio, não se aplicando, nessa hipótese, a regra da prejudicialidade

por perda de objeto, ainda que haja a extinção da CPI em virtude da conclusão dos trabalhos investigatórios.

(C) para ser instalada, a CPI dependerá do requerimento de, no mínimo, um terço dos membros da Câmara dos Vereadores, sujeitando-se ainda a eventual aprovação do Plenário, caso assim previsto na Lei Orgânica municipal ou Regimento Interno do órgão legislativo respectivo.

(D) para seu funcionamento, a CPI estará sujeita ao prazo determinado em seu ato de instalação, admitidas prorrogações, igualmente determinadas e devidamente justificadas, dentro da legislatura respectiva, cabendo-lhe, se for o caso, o encaminhamento de suas conclusões ao Ministério Público, para promoção da responsabilidade civil ou criminal dos infratores.

(E) a CPI não poderá ser instalada, uma vez que o objeto de investigação não se insere dentro das competências do Município, mas sim do Estado, seja por recair sobre conduta que extrapola os limites territoriais municipais, seja por existir suspeita da prática de crime, sujeita, portanto, à investigação e persecução penal.

A: incorreta, pois a CPI pode requisitar documentos e buscar todos os meios de prova legalmente admitidos, podendo exigir informações contábeis das empresas investigadas. No julgamento da Ação Cível Originária 730, Relator o Ministro Joaquim Barbosa, o Plenário do Supremo Tribunal Federal entendeu que, ainda que seja omissa a Lei Complementar n. 105/2001, podem as comissões parlamentares de inquérito estaduais requerer quebra de sigilo de dados bancários com base no art. 58, § 3°, da Constituição da República: "*Observância obrigatória, pelos Estados-Membros, de aspectos fundamentais decorrentes do princípio da separação de poderes previsto na Constituição Federal de 1988. Função fiscalizadora exercida pelo Poder Legislativo. Mecanismo essencial do sistema de checks-and-counterchecks adotado pela Constituição Federal de 1988. Vedação da utilização desse mecanismo de controle pelos órgãos legislativos dos Estados-Membros. Impossibilidade. Violação do equilíbrio federativo e da separação de Poderes. Poderes de CPI estadual: ainda que seja omissa a Lei Complementar 105/2001, podem essas comissões estaduais requerer quebra de sigilo de dados bancários, com base no art. 58, § 3°, da Constituição.*" (ACO 730, rel. min. Joaquim Barbosa, julgamento em 22-9-2004, Plenário, DJ de 11-11-2005). No julgamento da ACO 730 e da ACO 1.217, foi discutido em *obiter dictum* que as CPIs municipais não teriam o poder de quebrar os sigilos fiscal, bancário e telefônico, pois os municípios não foram dotados pela Constituição de Poder Judiciário e, por conseguinte, não detêm poderes inerentes a esse; **B:** incorreta, pois "*a jurisprudência do STF entende prejudicadas as ações de mandado de segurança e de habeas corpus, sempre que – impetrados tais writs constitucionais contra CPIs – vierem estas a extinguir-se, em virtude da conclusão de seus trabalhos investigatórios da aprovação, ou não, de seu relatório final.*" (MS 23.852 QO, rel. min. Celso de Mello, j. 28-6-2001, P, DJ de 24-8-2001; MS 25.459 AgR, rel. min. Cezar Peluso, j. 4-2-2010, P, DJE de 12-3-2010; HC 95.277, rel. min. Cármen Lúcia, j. 19-12-2008, P, DJE de 20-2-2009); **C:** incorreta, porque o STF entende que "*a prerrogativa institucional de investigar, deferida ao Parlamento (especialmente aos grupos minoritários que atuam no âmbito dos corpos legislativos), não pode ser comprometida pelo bloco majoritário existente no Congresso Nacional, que não dispõe de qualquer parcela de poder para deslocar, para o Plenário das Casas Legislativas, a decisão final sobre a efetiva criação de determinada CPI, sob pena de frustrar e nulificar, de modo inaceitável e arbitrário, o exercício, pelo Legislativo (e pelas minorias que o integram), do poder constitucional de fiscalizar e de investigar o comportamento dos órgãos, agentes e instituições do Estado, notadamente daqueles que se estruturam na esfera orgânica do Poder Executivo.*" (MS 26.441, rel. min. Celso de Mello, j. 25-4-2007,

11. DIREITO CONSTITUCIONAL 509

P, DJE de 18-12-2009). Nesse sentido, pode-se destacar o seguinte julgado: "*A Constituição do Brasil assegura a 1/3 dos membros da Câmara dos Deputados e a 1/3 dos membros do Senado Federal a criação da CPI, deixando, porém, ao próprio parlamento o seu destino. A garantia assegurada a 1/3 dos membros da Câmara ou do Senado estende-se aos membros das assembleias legislativas estaduais – garantia das minorias. O modelo federal de criação e instauração das CPIs constitui matéria a ser compulsoriamente observada pelas casas legislativas estaduais. A garantia da instalação da CPI independe de deliberação plenária, seja da Câmara, do Senado ou da assembleia legislativa. (...) Não há razão para a submissão do requerimento de constituição de CPI a qualquer órgão da assembleia legislativa. Os requisitos indispensáveis à criação das CPIs estão dispostos, estritamente, no art. 58 da Constituição do Brasil/1988.*" (ADI 3.619, rel. min. Eros Grau, j. 1º-8-2006, P, DJ de 20-4-2007); **D:** correta, de acordo com a jurisprudência do STF, *in verbis*: "*A duração do inquérito parlamentar – com o poder coercitivo sobre particulares, inerentes à sua atividade instrutória e à exposição da honra e da imagem das pessoas a desconfianças e conjecturas injuriosas – e um dos pontos de tensão dialética entre a CPI e os direitos individuais, cuja solução, pela limitação temporal do funcionamento do órgão, antes se deve entender matéria apropriada à lei do que aos regimentos: donde, a recepção do art. 5º, § 2º, da Lei 1.579/1952, que situa, no termo final de legislatura em que constituída, o limite intransponível de duração, ao qual, com ou sem prorrogação do prazo inicialmente fixado, se há de restringir a atividade de qualquer CPI.*" (HC 71.261, rel. min. Sepúlveda Pertence, j. 11-5-1994, P, DJ de 24-6-1994); **E:** incorreta, pois podem ser objeto de investigação todos os assuntos que estejam na competência legislativa ou fiscalizatória do Casa Legislativa. Logo, a CPI poderá ser instalada, uma vez que o objeto de investigação – sonegação fiscal relativa ao Imposto sobre Serviços – insere-se dentro das competências do Município. De acordo com o STF: "*A possibilidade de criação de CPI se não duvida, nem discute; é tranquila; sobre todo e qualquer assunto? Evidentemente, não; mas sobre todos os assuntos de competência da Assembleia; assim, Câmara e Senado podem investigar questões relacionadas com a esfera federal de governo; tudo quanto o Congresso pode regular, cabe-lhe investigar; segundo Bernard Schwartz, o poder investigatório do Congresso se estende a toda a gama dos interesses nacionais a respeito dos quais ele pode legislar, 'it may be employed over the Whole range of the national interests concerning which the Congress may legislate or decide', A Commentary on the Constitution of the United Station, 1963, I, n. 42, p. 126. O mesmo vale dizer em relação às CPI's estaduais; seu raio de ação é circunscrito aos interesses do estado; da mesma forma quanto às comissões municipais, que hão de limitar-se às questões de competência do município.*" (HC 71.039, voto do rel. min. Paulo Brossard, julgamento em 7-4-1994, Plenário, DJ 6-12-1996.). **AN**
Gabarito "D".

(Juiz de Direito – TJ/RJ – 2019 – VUNESP) Considerando a disciplina constitucional acerca do tema da fiscalização contábil, financeira e orçamentária, bem como a distinção entre prestação de contas de gestão e de contas de governo, é correto afirmar que

(A) ambas são apreciadas e julgadas pelo Tribunal de Contas, mas este somente pode impor sanção ao administrador no tocante às ilegalidades das contas de gestão, não podendo impor sanção quanto às contas de governo.

(B) o Tribunal de Contas aprecia e julga as contas de gestão, podendo aplicar sanção diretamente ao administrador, mas não julga as contas de governo, as quais são apreciadas e julgadas pelo Poder Legislativo.

(C) ambas são apreciadas e julgadas pelo Poder Legislativo, com base em parecer do Tribunal de Contas, e este não pode impor sanção diretamente ao adminis-

trador, mas faz apenas recomendações por meio de parecer.

(D) o Poder Legislativo aprecia e julga as contas de governo, com base em parecer do Tribunal de Contas, enquanto este aprecia as contas de gestão para posterior julgamento do Poder Legislativo, não podendo impor sanções ao administrador.

(E) o Poder Legislativo aprecia e julga as contas de gestão, impondo as sanções cabíveis, enquanto o Tribunal de Contas aprecia e julga as contas de governo, emitindo o competente parecer e impondo ao administrador as sanções previstas na Constituição Federal.

A, C e E: erradas, pois o Tribunal de Contas julga as contas de gestão e o Poder Legislativo julga as contas de Governo. A exceção fica para as contas do Prefeito, pois, segundo o STF, as contas serão julgadas pela Câmara Municipal. **B:** correta, conforme jurisprudência do STF (RE 848.826). **D:** errada, pois cabe sim aplicação de sanção. **AB**
Gabarito "B".

(Juiz de Direito – TJ/SC – 2019 – CESPE/CEBRASPE) Com relação à disciplina constitucional das comissões parlamentares de inquérito (CPI), assinale a opção correta de acordo com a doutrina e a jurisprudência do STF.

(A) Para o STF, é nula a intimação de indígena não aculturado para oitiva em CPI, na condição de testemunha, fora de sua comunidade.

(B) É constitucional a criação de CPI por assembleia legislativa de estado federado ficar condicionada à aprovação de seu requerimento no plenário do referido órgão.

(C) À CPI não é oponível o sigilo imposto a processos judiciais que tramitem sob o segredo de justiça.

(D) Diferentemente do que ocorre com as investigações policiais, o procedimento das CPI não é caracterizado pela unilateralidade.

(E) É inconstitucional norma regimental da Câmara dos Deputados que limite o número de CPI em funcionamento simultâneo.

Correta é a letra **A**, uma vez que o STF decidiu que: "A intimação de indígena para prestar depoimento na condição de testemunha, fora do seu habitat é uma violação às normas constitucionais que conferem proteção específica aos povos indígenas." (HC 80.240. Pleno. STF). A letra **B** está errada, pois não há a necessidade de aprovação do requerimento no plenário, em razão do princípio da simetria (ADI 3.619. Pleno. STF). Letra **C** errada, pois é sim oponível o sigilo (MS 27.483. Pleno. STF). A letra **D** está incorreta, pois a unilateralidade ocorre tanto na investigação policial quanto na CPI, sempre respeitadas as garantias constitucionais por parte da autoridade competente que conduz o procedimento. Letra **E** errada, pois o STF decidiu pela constitucionalidade (ADI 1.635. Pleno. STF). **AB**
Gabarito "A".

(Promotor de Justiça/PR – 2019 – MPE/PR) Assinale a alternativa *incorreta*:

(A) O processo legislativo compreende a elaboração de emendas à Constituição, leis complementares, leis ordinárias, leis delegadas, medidas provisórias, decretos legislativos e resoluções.

(B) Os Deputados e Senadores não poderão, desde a posse, ser proprietários, controladores ou diretores de empresa que goze de favor decorrente de contrato com pessoa jurídica de direito público, ou nela exercer função remunerada.

(C) Os subsídios do Prefeito, do Vice-Prefeito e dos Secretários Municipais são fixados por lei de iniciativa do Chefe do Executivo.

(D) A Câmara Municipal não gastará mais de setenta por cento de sua receita com folha de pagamento, incluído o gasto com o subsídio de seus Vereadores.

(E) É vedada a reedição, na mesma sessão legislativa, de medida provisória que tenha sido rejeitada ou que tenha perdido sua eficácia por decurso de prazo.

Letra C está incorreta, porque a lei é de iniciativa da Câmara Municipal (Artigo 29, V, da CF). Todas as demais alternativas estão corretas. **AB**
Gabarito "C".

(Promotor de Justiça/SP – 2019 – MPE/SP) Assinale a alternativa **INCORRETA**.

(A) Compete à Câmara Municipal o julgamento das contas do chefe do Poder Executivo municipal, tanto as de governo quanto as de gestão, com o auxílio dos tribunais de contas, que emitirão parecer prévio, cuja eficácia impositiva subsiste e somente deixará de prevalecer por decisão de 2/3 dos membros da Casa Legislativa.

(B) O foro especial por prerrogativa de função previsto na Constituição Federal em relação às infrações penais comuns não é extensível às ações de improbidade administrativa.

(C) A decisão irrecorrível da Câmara Municipal que rejeite por irregularidade insanável que configure ato doloso de improbidade administrativa, salvo se esta houver sido suspensa ou anulada pelo Poder Judiciário, torna o Prefeito inelegível, para qualquer cargo, às eleições que se realizarem nos oito anos seguintes, contados a partir da data da decisão.

(D) Os responsáveis pelo controle interno, ao tomarem conhecimento de qualquer irregularidade ou ilegalidade, dela darão ciência ao Tribunal de Contas, sob pena de responsabilidade solidária.

(E) A gravidade das sanções previstas no art. 37, § 4º, da Constituição Federal, reveste a ação de improbidade administrativa de natureza penal, justificando o foro especial por prerrogativa de função previsto na Constituição Federal em relação às infrações penais.

Letra E é a única incorreta, porque tal ação tem natureza jurídica civil (Pet. 3.240/DF, STF). Todas as demais alternativas estão corretas. **AB**
Gabarito "E".

(Promotor de Justiça/SP – 2019 – MPE/SP) Assinale a alternativa correta.

(A) A Constituição Federal assegura aos Vereadores, com o objetivo de garantir ampla independência e liberdade de ação para o exercício do mandato representativo, a imunidade material, mitigada porque relativa a opiniões, palavras e votos, no exercício do mandato e na circunscrição do Município, desde que haja relação de pertinência entre a declaração e as atividades do parlamentar.

(B) As leis que proíbem o nepotismo na Administração Pública, cujo conteúdo normativo dão concretude aos princípios da moralidade, da impessoalidade e

da eficiência do art. 37, *caput*, da Constituição da República, por se tratar do regime jurídico dos servidores públicos, são de iniciativa reservada ao chefe do Poder Executivo.

(C) A Constituição Federal impede a fixação, pelos vereadores, de sua remuneração, para viger na própria legislatura, mas permite que possam ser reajustáveis na mesma data e no mesmo percentual fixado aos Deputados Estaduais.

(D) É da competência exclusiva da Câmara Municipal fixar os subsídios dos Vereadores, por lei, em cada legislatura para a subsequente.

(E) O total da despesa com a remuneração dos Vereadores não poderá ultrapassar o montante de dez por cento da receita do Município.

B: incorreta, pois não são de iniciativa reservada ao chefe do Poder Executivo. **C:** incorreta, porque não impede a fixação (artigo 29, VI, da CF). **D:** incorreta, pois deverá ser por Decreto Legislativo (RE 494.253, STF). **E:** incorreta, pois o limite é de 5% (artigo 29, inciso VII, da CF). **AB**
Gabarito "A".

(Promotor de Justiça/SP – 2019 – MPE/SP) Assinale a alternativa **INCORRETA**.

(A) A superveniência de lei federal sobre normas gerais suspende a eficácia da lei estadual, no que lhe for contrária.

(B) Enquanto não for editada lei federal sobre normas gerais, os Estados exercerão a competência legislativa plena, para atender a suas peculiaridades.

(C) A superveniência de lei federal sobre normas gerais revoga a eficácia da lei estadual, no que lhe for contrária.

(D) No âmbito da legislação concorrente, a competência da União limitar-se-á a estabelecer normas gerais.

(E) O Município é competente para legislar sobre meio ambiente com União e Estado, no limite de seu interesse local e desde que tal regramento seja harmônico com a disciplina estabelecida pelos demais entes federados.

Letra C é a única incorreta, pois não ocorre a revogação, mas a suspensão da eficácia da lei estadual, no que lhe for contrário (artigo 24, § 4º, da CF). **AB**
Gabarito "C".

(Procurador do Município – Valinhos/SP – 2019 – VUNESP) Ao tratar das medidas provisórias, a Constituição Federal estabelece que

(A) a deliberação do Congresso Nacional sobre o mérito das medidas provisórias não dependerá de juízo prévio sobre o atendimento de seus pressupostos constitucionais.

(B) é permitida a reedição, na mesma sessão legislativa, de medida provisória que tenha sido rejeitada ou que tenha perdido sua eficácia por decurso de prazo.

(C) caberá à comissão mista de Deputados e Senadores examinar as medidas provisórias e sobre elas emitir parecer, antes de serem apreciadas, em sessão separada, pelo plenário de cada uma das Casas do Congresso Nacional.

(D) será prorrogado o período de vigência de medida provisória, que no prazo de noventa dias, contado da

11. DIREITO CONSTITUCIONAL   511

data da publicação, não tiver sua votação encerrada nas duas Casas do Congresso Nacional.

(E) as medidas provisórias terão sua votação iniciada no Senado Federal.

Correta é a letra C, nos termos do artigo 62, §9º, da CF: "§ 9º Caberá à comissão mista de Deputados e Senadores examinar as medidas provisórias e sobre elas emitir parecer, antes de serem apreciadas, em sessão separada, pelo plenário de cada uma das Casas do Congresso Nacional. A letra A está errada (artigo 62, §5º, da CF), uma vez que dependerá de juízo prévio. A letra B está incorreta (artigo 62, §10º, da CF), pois não é permitida. A letra D está equivocada (artigo 62, §7º, da CF), na medida em que o prazo será de 60 dias e, a letra E, errada porque a votação começa na Câmara dos Deputados (artigo 62, §8º, da CF). **AB**
Gabarito "C".

(Procurador do Município – S.J. Rio Preto/SP – 2019 – VUNESP) As matérias de competência exclusiva do Congresso Nacional, sendo dispensada a intervenção do Poder Executivo, muito menos a do Poder Judiciário, são materializadas por

(A) decreto legislativo.

(B) portarias.

(C) leis complementares.

(D) resoluções.

(E) normas específicas.

Correta é a letra A, conforme artigos 48, 49, 50 e 51, todos da Constituição Federal. **AB**
Gabarito "A".

(Procurador do Município – S.J. Rio Preto/SP – 2019 – VUNESP) A emenda parlamentar aos projetos legislativos que propicia a fusão de emendas parlamentares, ou, também, permite fundir essas emendas a projetos de lei, é denominada de

(A) aditiva.

(B) redacional.

(C) supressiva.

(D) aglutinativa.

(E) modificativa.

Correta é a letra D, pois emenda aglutinativa que ocorre da fusão com outras emendas, ou destas com o texto. Emenda aditiva seria no caso de um acréscimo, emenda redacional sana um vício de linguagem. Emenda supressiva retira qualquer parte de outra proposição. Emenda modificativa altera a proposição sem que ocorra modificação substancial. Portanto, apenas a letra D está correta. Sugiro a leitura do Artigo 118, do Regimento Interno da Câmara dos Deputados. **AB**
Gabarito "D".

(Defensor Público – DPE/PR – 2017 – FCC) Considerando os vícios no processo legislativo e a inconstitucionalidade decorrente, é correto afirmar:

(A) Embora haja vício formal, quando houver aprovação de lei orçamentária anual com redução unilateral da proposta enviada pela Defensoria Pública em consonância com a Lei de Diretrizes Orçamentária, descabe a pronúncia de inconstitucionalidade da norma pois se trata de lei de efeitos concretos.

(B) Admite-se o controle judicial preventivo de constitucionalidade, quando parlamentar impetra Mandado de Segurança em defesa de suas prerrogativas em decorrência de proposta de emenda à Constituição Federal ou projeto de lei, quando houver vício de

inconstitucionalidade formal e material, já que é direito líquido e certo do congressista impedir a tramitação de projetos inconstitucionais.

(C) Segundo entendimento do Supremo Tribunal Federal, é possível a iniciativa parlamentar de proposta de emenda à Constituição Estadual que tenha por objeto a alteração do teto remuneratório naquela unidade da federação, tendo por fundamento o princípio da simetria.

(D) Não há inconstitucionalidade formal por vício de iniciativa de proposta de emenda à Constituição Federal inaugurada por parlamentar que estenda aos profissionais de saúde das Forças Armadas a possibilidade de cumulação de cargo, pois a reserva de iniciativa do Chefe do Poder executivo em dispor sobre regime jurídico de servidores públicos não alcança a emenda constitucional.

(E) Haverá inconstitucionalidade formal por vício de iniciativa sempre que for promulgada emenda à Constituição Federal tratando da organização da Defensoria Pública, de iniciativa parlamentar, quando não houver participação desta instituição na gênese do processo legislativo-constitucional.

A: Errado. O STF fixou tese a respeito do tema no seguinte sentido: "É inconstitucional a redução unilateral pelo Poder Executivo dos orçamentos propostos pelos outros Poderes e por órgãos constitucionalmente autônomos, como o Ministério Público e a Defensoria Pública, na fase de consolidação do projeto de lei orçamentária anual, quando tenham sido elaborados em obediência às leis de diretrizes orçamentárias e enviados conforme o art. 99, § 2º, da CRFB/88, cabendo-lhe apenas pleitear ao Poder Legislativo a redução pretendida, visto que a fase de apreciação legislativa é o momento constitucionalmente correto para o debate de possíveis alterações no Projeto de Lei Orçamentária" (ADI 5287, Relator(a): Min. Luiz Fux, Tribunal Pleno, julgado em 18/05/2016, DJe-194 Divulg 09-09-2016 Public 12-09-2016). **B:** Não se admite, no sistema brasileiro, o controle jurisdicional de constitucionalidade material de projetos de lei. O que se tem admitido é o controle preventivo formal, porque vislumbra a correção de vício concretizado no processo de formação da norma, antes de sua aprovação ou não (MS 34328, Relator(a): Min. Teori Zavascki, julgado em 24/11/2016, publicado em DJe-253 Divulg 28/11/2016 Public 29/11/2016). **C:** Errado. Inicialmente há que se destacar a exigência expressa prevista no art. 25 da CF que determina aos Estados que observem os princípios ali contidos. Adiante, os arts. 61, § 1º e 63, preveem que serão inadmitidos o aumento de despesa nos projetos de iniciativa do Presidente da República, no presente caso, iniciativa do chefe do Executivo. Assim, restou proclamada a vinculação dos Estados-membros ao modelo federal. (ADI 5087 MC, Relator(a): Min. Teori Zavascki, Tribunal Pleno, julgado em 27/08/2014 DJe-223 Divulg 12-11-2014 Public 13-11-2014). **D:** Correto. A reserva de iniciativa do Chefe do Executivo para tratar de regime jurídico de servidores públicos relaciona-se às Leis Ordinárias e Complementares, não havendo restrição às Emendas Constitucionais. **E:** incorreta. Na hipótese ventilada fala-se de Emenda Constitucional. A participação do órgão se dará no caso de Lei Complementar ou Ordinária. **TM**
Gabarito "D".

(Defensor Público – DPE/PR – 2017 – FCC) Acerca da participação do Poder Executivo no Processo Legislativo,

(A) a medida provisória tem prazo de vigência de sessenta dias, contado da data de sua publicação, o qual pode ser prorrogado automaticamente por igual período caso sua votação não tenha sido finalizada nas duas casas legislativas. Superado o prazo de prorrogação sem a conversão da medida provisória em lei, as relações jurídicas dela decorrentes serão disciplinadas por decreto legislativo editado pelo Congresso Nacional.

(B) o Congresso Nacional pode exercer dois tipos de controle da delegação legislativa: previamente à edição da lei, quando haverá aprovação após análise de emendas parlamentares; e posteriormente, quando poderá sustar a lei se o Presidente da República exorbitar os limites da delegação.

(C) as emendas parlamentares, que são proposições apresentadas como acessórios a projetos e propostas, devem ser apresentadas na fase constitutiva do processo legislativo, havendo retorno para a outra Casa quando ocorrer alteração substancial no projeto de lei, devendo-se respeitar, apenas, a pertinência temática quando se tratar de projetos de iniciativa do Poder Executivo.

(D) segundo a jurisprudência recente do Supremo Tribunal Federal, o processo legislativo de lei de iniciativa exclusiva do Presidente da República, inaugurado pelo Congresso Nacional, poderá ser aproveitado, caso haja sanção.

(E) a promulgação é o ato pelo qual se atesta a existência da lei. O Chefe do Poder Executivo, por meio da promulgação, ordena a aplicação e o cumprimento da lei, exceto nos casos onde houve rejeição do veto, quando a promulgação é tácita pelo Congresso Nacional.

A: Correto. Art. 62, §§ 7º e 11 da CF; **B:** Errado. O Congresso poderá exercer em três ocasiões o controle da atribuição delegada. A primeira delas será na ocasião do exame da solicitação do Executivo quando este identifica a matéria sobre a qual pretende legislar. A segunda ocorrerá após a Resolução autorizadora que terá condições ainda de exigir a "apreciação do projeto pelo Congresso Nacional, que poderá aprová-la ou rejeitá-la. Por fim, após a edição da norma, se julgar que o Executivo extrapolou os limites da delegação (art. 68, § 3º, e art. 49, inc. V, da CF). **C:** incorreta. Tratando de projetos de iniciativa do Poder Executivo, além da necessidade de pertinência temática, não será admitido aumento da despesa prevista (art. 63, I, da CF). **D:** Errado. A legislação brasileira não admite a aplicação do instit4o da convalidação. O vício da origem anula todo processo legislativo, ainda que haja ulterior concordância do legitimado a apresentar o projeto. **E:** incorreta. A Promulgação é o ato pelo qual se atesta a vigência da lei, garantindo sua executoriedade. Já a publicação é o ato que confere obrigatoriedade à lei. (art. 66, § 5º, da CF). **TM**

Gabarito "A".

(Defensor Público – DPE/PR – 2017 – FCC) Considere a seguinte situação hipotética:

Senador da República foi condenado definitivamente a uma pena total de 1 ano e 8 meses de reclusão, em regime inicial aberto, pela prática do crime de tráfico de drogas.

Considere as seguintes assertivas:

I. A atual jurisprudência do Supremo Tribunal Federal é no sentido que a perda do mandato do Senador da República condenado depende de deliberação do Senado Federal, ainda que a decisão condenatória tenha imposto, como consequência da pena, a perda do mandato.

II. O foro por prerrogativa de função só alcança os titulares após a diplomação, não se aplicando aos suplentes. Contudo, caso o suplente assuma interinamente o cargo parlamentar, haverá extensão da prerrogativa de foro, ainda que haja retorno do titular.

III. Em obediência ao princípio da simetria, a regra para a perda do mandato de membro do Poder Legislativo Estadual ou Municipal é a mesma aplicável para Senadores da República.

IV. Por se tratar de processo instaurado pela prática de crime comum, é incabível a sustação do processo pela maioria dos membros do Senado Federal, já que a imunidade formal é adstrita à prática de crimes de responsabilidade.

V. Caso o parlamentar se licencie para ocupar outro cargo, haverá afastamento do foro por prerrogativa de função, sem prejuízo dos atos decisórios já praticados.

Está correto o que se afirma APENAS em

(A) II e III.

(B) IV e V.

(C) III e V.

(D) I e II.

(E) I.

I: Correto. Art. 55 § 2º, da CF (≠ AP 694, rel. Min. Rosa Weber, DJE de 31-8-2017); **II:** Errado. Primeiro trecho, correto (art. 53 e parágrafos da CF). Quanto ao suplente, nesta posição ele possui mera expectativa de direito. As prerrogativas inerentes ao cargo (imunidades) estão vinculadas unicamente ao exercício do cargo. **III:** Errado. A regra é aplicável ao legislador estadual (art. 27, § 1º). Quanto ao vereador, caberá apenas a inviolabilidade por suas opiniões, palavras e votos no exercício do mandato (art. 29, VIII). **IV:** Errado. A casa poderá sustar o andamento da ação pelo voto da maioria de seus membros (art. 53 da CF e parágrafos). Quanto à imunidade formal, a restrição se dá em razão dos crimes cometidos após a diplomação. **V:** Errado. Depende do cargo que exercerá e se para tanto deverá renunciar ao seu mandato. Se for necessário renunciar e o novo cargo não possua as mesmas prerrogativas, naturalmente ele passará a responder por seus atos na instância ordinária (1º grau). **TM**

Gabarito "E".

(Juiz – TRF 2ª Região – 2017) Assinale a opção correta:

(A) A antinomia entre e lei complementar e lei ordinária se resolve ou com a inconstitucionalidade ou com a inaplicabilidade desta última.

(B) Quando o Presidente da República sanciona o projeto de lei, convalida-se o vício derivado da usurpação de iniciativa, se esta cabia ao executivo.

(C) Cargos públicos do executivo federal apenas podem ser criados e extintos por lei de iniciativa do Presidente da República, mas isso não impede que, sem aumento de despesa, o regime jurídico desses servidores seja disciplinado por lei de iniciativa parlamentar.

(D) No sistema pátrio, não há empecilho constitucional à edição de leis sem caráter geral e abstrato, providas apenas de efeitos concretos e individualizados.

(E) As Comissões Parlamentares de Inquérito podem, no seu mister constitucional e preenchidos os pressupostos, determinar a busca e apreensão domiciliar.

A: incorreta, pois não há hierarquia entre lei ordinária e lei complementar; **B:** incorreta, pois a Súmula 5, do STF, há muito, foi superada pela Corte: "O desrespeito à prerrogativa de iniciar o processo de positivação formal do Direito, gerado pela usurpação do poder sujeito à cláusula de reversa, traduz vício jurídico de gravidade inquestionável, cuja ocorrência reflete típica hipótese de inconstitucionalidade formal, apta a infirmar, de modo irremissível, a própria integridade jurídica do ato legislativo eventualmente editado. Dentro desse contexto – em que se ressalta a imperatividade da vontade subordinante do poder constituinte –, nem mesmo a aquiescência do Chefe do Executivo mediante sanção ao projeto de lei, ainda quando dele seja a prerrogativa usurpada, tem o condão de sanar esse defeito jurídico radical. Por isso mesmo, a tese da convalidação das leis resultantes do procedimento inconstitucional de usurpação – ainda que admitida por esta Corte sob a égide da Constituição de 1946 (Súmula n.º 5) – não mais prevalece, repudiada que foi seja em face do magistério da doutrina (...), seja, ainda, em razão da jurisprudência dos Tribunais, inclusive a desta Corte (...).″ (ADI 1197); **C:** incorreta, nos termos do art. 61, §1º, II, *c*, da CF; **D:** correta. Em que pese a lei, em regra, seja geral e abstrata, perfeitamente possível é a edição de lei de efeitos concretos e individualizados, tal qual a lei no processo de desapropriação, uma medida provisória que trate de créditos extraordinários etc.; **E:** incorreta. CPI não pode expedir mandado de busca e apreensão domiciliar, somente sendo cabível por ordem do Poder Judiciário. Gabarito "D".

(Juiz – TRF 2ª Região – 2017) Leia as assertivas e, ao final, marque a opção correta:

I. A utilização de Medida Provisória para fins de abertura de crédito extraordinário é medida excepcionalíssima, somente admitida pela Constituição para fazer frente a despesas decorrentes de guerra ou comoção interna, observadas as demais regras aplicáveis a tal espécie legislativa.

II. As Medidas Provisórias possuem força de lei e eficácia imediata desde a sua publicação. Após editadas, o Presidente da República não pode meramente cancelá-las e, assim, retirá-las da apreciação do Poder Legislativo, impedindo que este examine plena e integralmente seus efeitos, o que não impede que uma MP revogue outra ainda não convertida em lei.

III. Embora ato normativo provisório, cuja finalidade é ser convertido em lei, a Medida Provisória pode ser objeto de Ação Direta de Inconstitucionalidade ou de Ação Declaratória de Constitucionalidade, sendo certo que, se convertida em lei, é imprescindível o aditamento da inicial, sob pena de extinção do processo de controle abstrato.

(A) Apenas a assertiva I está correta.

(B) Apenas a assertiva II está correta.

(C) Apenas a assertiva III está correta.

(D) Apenas as assertivas II e III estão corretas.

(E) Apenas as assertivas I e II estão corretas.

I: incorreta, pois afronta o art. 167, §3º, da CF, "(...) guerra, comoção interna ou calamidade pública (...)"; **II:** correta. Inclusive assim já julgou o STF na ADI 2984/DF: " Porque possui força de lei e eficácia imediata a partir de sua publicação, a Medida Provisória não pode ser 'retirada' pelo Presidente da República à apreciação do Congresso Nacional. Precedentes. 2. Como qualquer outro ato legislativo, a Medida Provisória é passível de ab-rogação mediante diploma de igual ou superior hierarquia. Precedentes. 3. A revogação da MP por outra MP apenas suspende a eficácia da norma ab-rogada, que voltará a vigorar pelo tempo que lhe reste para apreciação, caso caduque ou seja rejeitada a MP ab-rogante. 4. Consequentemente, o ato revocatório não subtrai ao Congresso Nacional o exame da matéria contida na MP revogada."; **III:** correta, inclusive tendo sido tema da ADI 1588/DF, nos seguintes termos: "A ausência de aditamento da petição inicial, em sede de controle normativo abstrato, gera a extinção anômala do respectivo processo, eis que se revela imprescindível, no caso de reedição da medida provisória impugnada ou na hipótese de sua conversão em lei, que o autor formalmente adite o pedido inicial, em ordem a permitir que se estenda à medida provisória reeditada ou à lei de conversão dela resultante a impugnação originariamente deduzida. Precedentes.". Gabarito "D".

(Juiz – TRF 2ª Região – 2017) Quanto ao Legislativo no Brasil, marque a opção correta:

(A) Salvo as hipóteses de votação de Emendas Constitucionais, as deliberações de cada uma das Casas do Congresso Nacional e de suas respectivas Comissões devem ser tomadas pela maioria de votos, desde que presente a maioria de seus membros.

(B) As Propostas de Emendas à Constituição encaminhadas ao Congresso Nacional pelo Presidente da República devem ter sua tramitação iniciada na Câmara dos Deputados, sob pena de incidir em inconstitucionalidade formal.

(C) Às comissões parlamentares de inquérito regularmente criadas são asseguradas, preenchidos os pressupostos, competências para realização de diligências, para requerimento de informações e para afastamento de sigilo fiscal, telefônico e de correspondência dos investigados.

(D) O instituto da iniciativa popular pode ser exercido pela apresentação ao Poder Legislativo Federal de projeto de lei subscrito por não menos do que 2% (dois por cento) do eleitorado nacional, distribuído pelo menos por dez dos Estados, com não menos de 0,3% (três décimos por cento) dos eleitores de cada um deles.

(E) A Constituição prevê como únicos legitimados para a proposição de Emendas à Constituição Federal o Presidente da República, ao menos 1/3 (um terço) de Deputados Federais e ao menos 1/3 (um terço) de Senadores.

A: incorreta, pois a regra é a maioria absoluta dos membros, conforme art. 47, da CF; **B:** incorreta. Na verdade não se trata de Proposta à Emenda Constitucional, mas da Medida Provisória, nos termos do art. 62, §8º, da CF; **C:** correta. Ver art. 58, §3º, da CF, bem como o MS 23452/RJ, do STF. Muito cuidado para não confunda sigilo de dados telefônico com a interceptação telefônica, por exemplo; **D:** incorreta, pois o art. 61, §2º, da CF, determina um por cento do eleitorado nacional, distribuído por cinco Estados (no mínimo), com não menos de três décimos por cento dos eleitores de cada um deles; **E:** incorreta, pois o texto constitucional, art. 60, III, também, faz menção às Assembleias Legislativas. Gabarito "C".

(Juiz – TJ-SC – FCC – 2017) De acordo com a jurisprudência do Supremo Tribunal Federal e com as normas da Constituição Federal a respeito das limitações ao Poder Constituinte dos Estados-membros, é admissível que emenda à Constituição estadual:

I. crie Tribunal de Alçada Civil, cuja competência será definida em Lei, desde que a proposta de emenda seja apresentada pelo Tribunal de Justiça do Estado.

II. estabeleça a competência do órgão especial do Tribunal de Justiça para o julgamento de crimes contra a vida praticados por Secretário de Estado.

III. estabeleça a competência do Tribunal de Justiça do Estado para julgar ações diretas de inconstitucionalidade de leis municipais em face da Constituição estadual, ainda que a norma constitucional violada também conste da Constituição Federal e seja de observância obrigatória por todos os entes federados.

IV. preveja a possibilidade de lei estadual complementar autorizar os Municípios a legislar sobre questões específicas das matérias de competência estadual, uma vez que essa disposição encontra simetria com a norma da

Constituição Federal que autoriza a União a delegar competências suas aos Estados e Distrito Federal.

V. vede, ressalvada a hipótese de lei delegada, a delegação de competências de um Poder para o outro, uma vez que essa disposição, ainda que não esteja amparada em regra expressa na Constituição Federal, decorre do modelo de separação de poderes nela previsto, que deve ser seguido pelos Estados-membros.

Está correto o que se afirma APENAS em:

(A) I e V.

(B) II, III e V.

(C) III e V.

(D) I e IV.

(E) I, III e IV.

I: incorreta, pois afronta o art. 96, II, *c*, da CF; II: incorreta. A súmula vinculante 45 do STF, determina que: "A competência constitucional do Tribunal do Júri prevalece sobre o foro por prerrogativa de função estabelecido exclusivamente pela Constituição Estadual."; III: correta, em respeito ao art. 125, §2º, da CF. Em complemento, ver RE 650898/RS; IV: incorreta, pois compete ao Município suplementar a legislação estadual e federal no que couber (art. 30, II, da CF); V: correta, pois a construção e manutenção da independência e harmonia entre os poderes deve ser também respeitada na Constituição Estadual, ressalvado, por evidente, o caso da lei delegada. `AB`

Gabarito "C".

(Juiz – TJ-SC – FCC – 2017) A União editou Lei federal estabelecendo normas de segurança e mecanismos de fiscalização de atividades que envolvam organismos geneticamente modificados, tendo também prescrito que:

Na comercialização de alimentos e ingredientes alimentares destinados ao consumo humano ou animal que contenham ou sejam produzidos a partir de organismos geneticamente modificados, com presença acima do limite de um por cento do produto, o consumidor deverá ser informado da natureza transgênica desse produto, podendo esse percentual ser reduzido por decisão da Comissão Técnica Nacional de Biossegurança – CTNBio.

O direito do consumidor à informação sobre produto geneticamente modificado foi, posteriormente, disciplinado por Lei estadual que assim dispôs:

Na comercialização de alimentos e ingredientes alimentares destinados ao consumo humano ou animal que contenham ou sejam produzidos a partir de organismos geneticamente modificados, o consumidor deverá ser informado da natureza transgênica desse produto, qualquer que seja sua representação quantitativa nos alimentos e ingredientes alimentares.

Nesse contexto, e considerando o disposto na Constituição Federal e a jurisprudência do Supremo Tribunal Federal, o Estado:

(A) não poderia ter legislado na matéria, visto que compete privativamente à União dispor sobre consumo, ainda que esteja no âmbito da competência legislativa concorrente da União, Estados e Distrito Federal matéria relativa à responsabilidade por dano ao consumidor, podendo a norma estadual inconstitucional ser objeto de ação direta de inconstitucionalidade perante o Supremo Tribunal Federal.

(B) não poderia ter editado norma específica na matéria, que se insere no âmbito da competência dos Muni-

cípios para suplementar a legislação federal para atender ao interesse local, podendo a norma estadual inconstitucional ser objeto de ação direta de inconstitucionalidade perante o Supremo Tribunal Federal.

(C) poderia ter legislado na matéria, que se insere dentre as competências legislativas concorrentes entre União, Estados e Distrito Federal, cabendo à União a edição de normas gerais e aos Estados e Distrito Federal a edição de normas específicas. No entanto, ainda que se entendesse que o Estado extrapolou sua competência e dispôs indevidamente sobre normas gerais, a norma estadual não poderia ser objeto de ação direta de inconstitucionalidade perante o Supremo Tribunal Federal, uma vez que o ato normativo estadual ofenderia apenas indiretamente a Constituição Federal.

(D) poderia ter legislado na matéria, que se insere dentre as competências legislativas concorrentes entre União, Estados e Distrito Federal, cabendo à União a edição de normas gerais e aos Estados e Distrito Federal a edição de normas específicas. Caso se entenda que o Estado extrapolou sua competência e dispôs indevidamente sobre normas gerais, a norma estadual poderia ser objeto de ação direta de inconstitucionalidade perante o Supremo Tribunal Federal, uma vez que o ato normativo estadual, nessa hipótese, violaria as normas constitucionais que dispõem sobre a repartição de competências entre os entes federados.

(E) poderia ter legislado na matéria, que se insere dentre as competências legislativas concorrentes entre União, Estados e Distrito Federal, cabendo à União a edição de normas gerais e aos Estados e Distrito Federal a edição de normas específicas. No entanto, ainda que se entendesse que o Estado extrapolou sua competência e dispôs indevidamente sobre normas gerais, a norma estadual não poderia ser objeto de ação direta de inconstitucionalidade perante o Supremo Tribunal Federal, mas apenas de arguição de descumprimento de preceito fundamental, por ofensa ao pacto federativo.

A: incorreta, pois compete à União, aos Estados-membros e ao Distrito Federal legislar concorrentemente sobre consumo (art. 24, V, da CF); B: incorreta, pois poderia ter legislado uma vez que se insere na competência estadual a edição de norma específica; C: incorreta, uma vez que seria plenamente cabível o questionamento perante o STF, via ação direta de inconstitucionalidade, porque o ato normativo estadual afrontaria a repartição de competências constitucionais; D: correta. Uma que a competência concorrente determina a competência da União em legislar sobre normas gerais, sem excluir a competência suplementar do Estado (art. 24, §§1º e 2º, da CF). Ainda, caso o Estado extrapolasse seu limite para tratar do tema, seria sim perfeitamente cabível uma ação direta de inconstitucionalidade com o fundamento de afronta direta à repartição de competência entre os entes federados; E: incorreta, pois a norma estadual poderia ser objeto de controle por ação direta de inconstitucionalidade, tanto que assim já ocorreu no STF, nos termos da ADI 3645/PR: "Seja dispondo sobre consumo (CF, art. 24, V), seja sobre proteção e defesa da saúde (CF, art. 24, XII), busca o Diploma estadual impugnado inaugurar regulamentação paralela e explicitamente contraposta à legislação federal vigente. 3. Ocorrência de substituição – e não suplementação – da regras que cuidam das exigências, procedimentos e penalidades relativos à rotulagem informativa de produtos transgênicos por norma estadual que dispôs sobre o tema de maneira igualmente abrangente. Extrapolação, pelo legislador estadual, da autorização constitucional voltada para o preenchimento de lacunas acaso verificadas na legislação federal." `AB`

Gabarito "D".

11. DIREITO CONSTITUCIONAL — 515

(Juiz – TJ-SC – FCC – 2017) De acordo com o sistema de imunidades parlamentares previsto na Constituição Federal,

(A) os deputados federais e estaduais, apesar de gozarem de imunidade processual, podem ser processados penalmente por crime cometido antes da diplomação, não sendo cabível, nesse caso, a sustação do andamento do processo pela respectiva casa legislativa.

(B) os deputados federais, estaduais e os vereadores gozam de imunidade material e de imunidade processual. Em razão da primeira, não podem, desde a expedição do diploma, ser responsabilizados por suas opiniões, palavras e votos proferidos no exercício do mandato e, em razão da segunda, não podem, desde a expedição do diploma, ser presos, salvo em flagrante delito.

(C) os deputados federais e os vereadores são invioláveis por suas opiniões, palavras e votos, desde que proferidos no exercício do mandato. No entanto, os deputados estaduais e os vereadores gozam dessa garantia apenas na circunscrição do respectivo ente federativo.

(D) no curso de processo penal os deputados federais, estaduais e vereadores não poderão ser obrigados a depor na qualidade de testemunhas, ainda que a respeito de informações que tenham recebido fora do exercício do mandato.

(E) os deputados federais e estaduais poderão ser presos em razão de pena imposta por sentença transitada em julgado, desde que por prática de crime cometido antes da diplomação, devendo, nesse caso, os autos ser remetidos dentro de vinte e quatro horas à Casa respectiva, para que, pelo voto da maioria de seus membros, resolva sobre a prisão.

A: correto, pois a imunidade processual parlamentar lhe concede a prerrogativa para os crimes cometidos depois da diplomação, não quanto aos anteriores à diplomação (art. 53, §§1º e 3º, da CF); **B:** incorreta, pois os vereadores não gozam da imunidade processual; **C:** incorreta, pois quanto aos vereadores é que a inviolabilidade fica limitada à circunscrição do Município (art. 29, VIII, da CF); **D:** incorreta, pois o texto constitucional menciona os Deputados e Senadores (art. 53, §6º, da CF); **E:** incorreta, pois, caso o crime tenha sido cometido antes da diplomação não há que se falar em imunidade. Ainda, com a sentença transitada em julgado caberá a prisão do parlamentar. **AB**
„A". oʇᴉɹɐqɐƆ

(Promotor de Justiça – MPE/RS – 2017) Atento ao que preceitua o artigo 51 da Constituição Federal, é **INCORRETO** afirmar que compete privativamente à Câmara dos Deputados

(A) proceder à tomada de contas do Presidente da República, quando não apresentadas ao Congresso Nacional dentro de sessenta dias após a abertura da sessão legislativa.

(B) elaborar seu regimento interno.

(C) eleger membros do Conselho da República, nos termos do artigo 89, inciso VII, da Constituição Federal.

(D) dispor sobre sua organização, funcionamento, polícia, criação, transformação ou extinção dos cargos, empregos e funções de seus serviços, e a iniciativa de lei para fixação da respectiva remuneração, observados os parâmetros estabelecidos na lei de diretrizes orçamentárias.

(E) autorizar, por dois terços de seus membros, a instauração de processo contra o Presidente e o Vice-Presidente da República e os Ministros de Estado, julgando-os nos crimes de responsabilidade.

A: correta. Art. 51, II, CF; **B:** correta. Art. 51, III, CF; **C:** correta. Art. 51, V, CF; **D:** correta. Art. 51, IV, CF; **E:** incorreta. A primeira parte está correta (art. 51, I, CF), mas a competência para julgamento do Presidente da República e do Vice-Presidente, por crimes de responsabilidade, é do Senado Federal (art. 52, I, CF). **TM**
„E". oʇᴉɹɐqɐƆ

(Delegado/GO – 2017 – CESPE) Assinale a opção correta a respeito da organização dos poderes e do sistema de freios e contrapesos no direito constitucional pátrio.

(A) Adotada por diversos países, entre eles o Brasil, a ideia de tripartição dos poderes do Estado em segmentos distintos e autônomos entre si – Legislativo, Executivo e Judiciário – foi concebida por Aristóteles.

(B) A atividade legislativa e a de julgar o presidente da República nos crimes de responsabilidade são funções típicas do Poder Legislativo.

(C) Constitui exemplo de mecanismo de freios e contrapesos a possibilidade de rejeição, pelo Congresso Nacional, de medida provisória editada pelo presidente da República.

(D) As expressões poder, função e órgão são sinônimas.

(E) A CF adotou o princípio da indelegabilidade de atribuições de forma absoluta, inexistindo qualquer exceção a essa regra.

Errada a alternativa **A**. Embora Aristóteles tenha vislumbrado o exercício de três funções distintas, a de fazer normas gerais, a de aplicá-las e a de solucionar conflitos quanto sua aplicação, a ideia de tripartição dos poderes do Estado em segmentos distintos e autônomos entre si é de Montesquieu. A alternativa **B** está errada. A atividade legislativa é uma função típica do Poder Legislativo, as a de julgar o presidente da República nos crimes de responsabilidade é atípica (por ser função jurisdicional, típica do Poder Judiciário). Correta a alternativa **C**. Trata-se realmente de um exemplo do mecanismo de freios e contrapesos. Trata-se dos controles recíprocos entre os Poderes e a necessidade de atuação conjunta para a prática de determinados atos. Errada a alternativa **D**. Poder, função e órgão não são expressões sinônimas. O Poder do Estado em verdade é um só, o poder soberano que pertence ao povo e que o exerce diretamente e por seus representantes. Ocorre que para evitar a concentração do poder do Estado nas mãos de uma única pessoa, foram criadas estruturas de Poder, cada qual com uma função típica que a identifica, sem prejuízo do exercício da função do outro Poder, de modo atípico, sempre conforme previsto na Constituição. Cada Poder tem seus órgãos próprios para o exercício das suas funções, exercendo assim as competências que lhes foram atribuídas constitucionalmente. A alternativa **E** está errada. A CF não adotou o princípio da indelegabilidade de atribuições de forma absoluta. Isso porque o próprio constituinte previu hipóteses em que um Poder exerce a função que seria típica do outro, de modo atípico. **LR**
„C". oʇᴉɹɐqɐƆ

11.1. Organização e competências do Senado, da Câmara dos Deputados e do Congresso Nacional

(Procurador do Estado/SP – 2018 – VUNESP) Ao escrever sobre a relação entre liberdade política, democracia e poder, no Livro XI da obra clássica "O Espírito das Leis", Montesquieu já afirmava: 'Para que não se possa abusar do poder, é preciso que, pela disposição das coisas, o poder limite o poder.". A ideia foi incorporada pela Constituição brasileira de 1988, sendo correto afirmar sobre a independência e harmonia dos Poderes:

(A) a Comissão Parlamentar de Inquérito, enquanto projeção orgânica do Poder Legislativo da União, nada mais é senão a longa manus do próprio Congresso Nacional ou das Casas que o compõem. Assim, as suas decisões que respeitarem aos princípios da colegialidade e da motivação não estarão sujeitas ao controle jurisdicional ou revisão por parte do Poder Judiciário.

(B) compete privativamente à Câmara dos Deputados processar e julgar o Presidente e o Vice-Presidente da República nos crimes de responsabilidade, bem como os Ministros de Estado e os Comandantes da Marinha, do Exército e da Aeronáutica nos crimes da mesma natureza conexos com aqueles.

(C) a decretação da intervenção federal dependerá sempre de prévia solicitação do Poder Legislativo ou do Poder Executivo coacto ou impedido, ou de requisição do Supremo Tribunal Federal, se a coação for exercida contra o Poder Judiciário.

(D) a discussão e votação dos projetos de lei de iniciativa do Presidente da República, do Supremo Tribunal Federal e dos Tribunais Superiores terão início no Senado Federal e cada parte interessada poderá solicitar urgência para apreciação de projetos de sua iniciativa.

(E) cabe ao Congresso Nacional, mediante controle externo, fiscalizar a aplicação de quaisquer recursos repassados pela União mediante convênio, acordo, ajuste a outros instrumentos congêneres, a Estado, ao Distrito Federal ou a Município.

A: incorreta, pois a Comissão Parlamentar de Inquérito, enquanto projeção orgânica do Poder Legislativo da União, nada mais é senão a *longa manus* do próprio Congresso Nacional ou das Casas que o compõem, sujeitando-se, em consequência, em tema de mandado de segurança ou de *habeas corpus*, ao controle jurisdicional originário do Supremo Tribunal Federal. O controle jurisdicional de abusos praticados por comissão parlamentar de inquérito não ofende o princípio da separação de poderes. (MS 23452, Rel. Min. Celso de Mello, Tribunal Pleno, j. em 16-09-1999); **B:** incorreta, visto que compete privativamente ao **Senado Federal** processar e julgar o Presidente e o Vice-Presidente da República nos crimes de responsabilidade e os Ministros de Estado nos crimes da mesma natureza conexos com aqueles (art. 52, I, da CF); **C:** incorreta, porque a decretação da intervenção federal somente dependerá de solicitação do Poder Legislativo ou do Poder Executivo coacto ou impedido, ou de requisição do Supremo Tribunal Federal, para garantir o livre exercício de qualquer dos Poderes nas unidades da Federação (art. 36, I, c/c art. 34, IV, da CF); **D:** incorreta, tendo em vista que a discussão e votação dos projetos de lei de iniciativa do Presidente da República, do Supremo Tribunal Federal e dos Tribunais Superiores terão início na **Câmara dos Deputados** e apenas o Presidente da República poderá solicitar urgência para apreciação de projetos de sua iniciativa (art. 64, *caput* e § 1º, da CF); **E:** correta, pois o controle externo é exercido pelo Congresso Nacional com o auxílio do Tribunal de Contas da União, cabendo-lhe fiscalizar a aplicação de quaisquer recursos repassados pela União mediante convênio, acordo, ajuste ou outros instrumentos congêneres, a Estado, ao Distrito Federal ou a Município (art. 71, *caput* e inciso VI, da CF). **AN**

Gabarito "E".

(Delegado/MS – 2017 – FAPEMS) Sobre o Poder Legislativo, assinale a alternativa correta.

(A) O STF entende ser constitucional a legislação Federal e Estadual que dispõe sobre a prioridade nos procedimentos e providências posteriores a aprovação de relatório de Comissão Parlamentar de Inquérito Federal ou Estadual.

(B) Segundo o STF, Deputado ou Senador quando assume o cargo de Ministro de Estado não carrega o bônus das imunidades parlamentares, mas carrega o ônus de poder perder o mandato por quebra de decoro parlamentar, ainda que tenha praticado atos apenas enquanto Ministro de Estado.

(C) Segundo o STF, a garantia da imunidade material se estende ao congressista, quando, na condição de candidato a qualquer cargo eletivo, vem a ofender, moralmente, a honra de terceira pessoa, inclusive a de outros candidatos, em pronunciamento motivado por finalidade exclusivamente eleitoral, que não guarda nenhuma relação com o exercício das funções congressistas.

(D) Os poderes investigatórios das CPIs compreendem a possibilidade direta de quebra de sigilo bancário, fiscal e de dados, a oitiva de testemunhas, a possibilidade de interceptação telefônica, bem como a realização de perícias necessárias a dilação probatória, sendo vedada a busca e apreensão domiciliar que deve ser obtida através de determinação judicial.

(E) Em discurso na tribuna da Câmara dos Deputados, um deputado federal afirmou que determinado empresário ofereceu vantagem indevida a servidor público, a fim de ser beneficiado em licitação pública. Nessa situação, com o término do mandato, o parlamentar, caso não seja reeleito, poderá ser responsabilizado penalmente em razão do seu discurso.

Errada a alternativa **A**. Por unanimidade, o Plenário do Supremo Tribunal Federal (STF) ao julgar a ADI 3041 declarou a inconstitucionalidade de artigos de Lei gaúcha, que dispõe sobre a prioridade dos procedimentos a serem adotados pelo Ministério Público do Rio Grande do Sul, Tribunal de Contas estadual e por outros órgãos a respeito das conclusões das Comissões Parlamentares de Inquérito (CPI). Correta a alternativa **B**. Nesse sentido o voto do Ministro Celso de Mello na Med. Caut. em Mandado de Segurança 25.579-0 – Distrito Federal – "O Supremo Tribunal Federal, (...), firmou orientação no sentido de que o congressista, quando licenciado para exercer cargo no âmbito do Poder Executivo, perde, temporariamente, durante o período de afastamento do Poder Legislativo, a garantia constitucional da imunidade parlamentar material e formal (…) o fato de os Deputados ou Senadores estarem licenciados não os exonera da necessária observância dos deveres constitucionais (tanto os de caráter ético quanto os de natureza jurídica) inerentes ao próprio estatuto constitucional dos congressistas, que representa um complexo de normas disciplinadoras do regime jurídico a que estão submetidos os membros do Poder Legislativo, nele compreendidas (...) as incompatibilidades negociais (ou contratuais), funcionais, políticas e profissionais definidas no art. 54 da Constituição. Examinada a questão sob tal perspectiva, torna-se lícito reconhecer a possibilidade de perda do mandato legislativo, se e quando o parlamentar, embora exercendo cargo de Ministro de Estado, vier a incidir nas situações de incompatibilidade (CF, art. 54) e naquelas referidas no art. 55 da Lei Fundamental..." Errada a alternativa **C**. "A garantia constitucional da imunidade parlamentar em sentido material (CF, art. 53, *caput*) – destinada a viabilizar a prática independente, pelo membro do Congresso Nacional, do mandato

11. DIREITO CONSTITUCIONAL 517

legislativo de que é titular – não se estende ao congressista, quando, na condição de candidato a qualquer cargo eletivo, vem a ofender, moralmente, a honra de terceira pessoa, inclusive a de outros candidatos, em pronunciamento motivado por finalidade exclusivamente eleitoral, que não guarda qualquer conexão com o exercício das funções congressuais." [STF – Inq 1.400 QO, rel. min. Celso de Mello, j. 4-12-2002, P, DJ de 10-10-2003.] = ARE 674.093, rel. min. Gilmar Mendes, decisão monocrática, j. 20-3-2012, DJE de 26-3-2012. Errada a alternativa **D**. Tudo que se afirma está correto com exceção da possibilidade de determinar a interceptação telefônica. Entende o STF que a CPI pode ouvir testemunhas, quebrar alguns sigilos, desde que por ato motivado e quando tal prova for imprescindível – são eles o sigilo fiscal, o bancário, o financeiro e o telefônico (acesso aos dados das ligações telefônicas). Já o sigilo das comunicações telefônicas, disciplinado no artigo 5º, inciso XII, CF está vinculado a uma cláusula de reserva jurisdicional – ou seja – a interceptação telefônica só pode ser determinada por uma autoridade judicial. Ademais, só pode ser determinada nas hipóteses e na forma que a lei estabelecer para fins de investigação criminal ou instrução processual penal. Sendo a CPI uma investigação parlamentar nem mesmo com ordem judicial poderia ser determinada a interceptação para atender a um pedido da CPI. A única forma de utilização pela CPI de uma interceptação telefônica seria como prova emprestada, após ter sido produzida num processo criminal, nos termos da lei e por ordem judicial. Errada a alternativa **E**. A imunidade material significa que pelas opiniões palavras e votos expressos, enquanto a pessoa ocupava o cargo parlamentar, não haverá responsabilização penal ou civil. Trata-se de uma imunidade eterna, ou seja, o parlamentar não responderá por aquilo nestas esferas, podendo apenas sofrer sanção política com a perda do cargo por falta de decoro parlamentar. **LR**

Gabarito "B".

11.2. Prerrogativas e imunidades parlamentares

(Delegado/MT – 2017 – CESPE) De acordo com o entendimento dos tribunais superiores, a condenação criminal de um parlamentar federal em sua sentença transitada em julgado resultará na

(A) perda de seus direitos políticos, cabendo à casa legislativa a decisão acerca da manutenção de seu mandato legislativo.

(B) suspensão de seus direitos políticos, mas a perda de seu mandato legislativo dependerá de decisão da Câmara dos Deputados.

(C) suspensão de seus direitos políticos, com a consequente perda automática de seu mandato.

(D) cassação de seus direitos políticos, o que levará também à perda automática de seu mandato legislativo.

(E) perda de seus direitos políticos, o que acarretará a perda automática de seu mandato legislativo.

A condenação criminal transitada em julgado, enquanto durarem seus efeitos é uma hipótese de suspensão dos direitos políticos prevista no artigo 15, CF, o qual veda expressamente a cassação de direitos políticos. Por essa razão estão erradas as alternativas **A**, **D** e **E**. Nos termos do artigo 55, inciso VI, CF, "Perderá o mandato o Deputado ou Senador: (...) VI – que sofrer condenação criminal em sentença transitada em julgado." Dispõe o § 2º deste artigo 55 que "Nos casos dos incisos I, II e VI, a perda do mandato será decidida pela Câmara dos Deputados ou pelo Senado Federal, por maioria absoluta, mediante provocação da respectiva Mesa ou de partido político representado no Congresso Nacional, assegurada ampla defesa.". Embora o STF tenha num determinado momento entendido que a condenação criminal levaria à perda do mantado

por declaração da mesa, depois voltou ao seu entendimento original, no sentido de seguir o que está expresso na Constituição Federal. Logo, não sendo a perda automática, errada a alternativa **C**. Correta a **B**, pois a condenação criminal de um parlamentar federal em sua sentença transitada em julgado resultará na suspensão de seus direitos políticos, mas a perda de seu mandato legislativo dependerá de decisão da Câmara dos Deputados. **LR**

Gabarito "B".

(Delegado/AP – 2017 – FCC) Prefeito e Vereador de determinado Município participaram de congresso nacional sobre reforma política realizado em Município vizinho, no qual manifestaram opiniões divergentes a respeito da conveniência da reeleição para o cargo de Prefeito, ocasião em que se ofenderam mutuamente em público. Se a conduta moralmente ofensiva praticada por eles caracterizar crime comum,

(A) poderá ser responsabilizado penalmente o Prefeito, cabendo ao Tribunal de Justiça processá-lo e julgá-lo, sendo que o Vereador não poderá ser responsabilizado penalmente, por gozar de imunidade parlamentar.

(B) poderá ser responsabilizado penalmente o Prefeito, cabendo ao Tribunal de Justiça processá-lo e julgá-lo durante vigência do mandato, sendo que o Vereador também poderá ser responsabilizado penalmente, uma vez que vereadores, diferentemente de deputados federais, senadores e deputados estaduais, não gozam de imunidade.

(C) poderá ser responsabilizado penalmente o Prefeito, cabendo ao Tribunal de Justiça processá-lo e julgá-lo durante vigência do mandato, sendo que o Vereador também poderá ser responsabilizado penalmente, uma vez que Vereadores não gozam de imunidade parlamentar fora da circunscrição do Município.

(D) poderá ser responsabilizado penalmente o Prefeito apenas após o término do mandato, sendo competente para processá-lo e julgá-lo o órgão judiciário estadual previsto na Constituição do Estado, que não necessariamente deve ser o Tribunal de Justiça, podendo o Vereador também ser responsabilizado penalmente, uma vez que vereadores não gozam de imunidade parlamentar fora da circunscrição do Município.

(E) poderão ser responsabilizados penalmente o Prefeito e o Vereador apenas após o término dos respectivos mandatos, sendo possível, todavia, a responsabilização política de ambos durante o exercício dos mandatos eletivos.

A única correta é a alternativa **C**, conforme estabelecido no artigo 29, incisos VIII e X, CF: "Art. 29. O Município reger-se-á por lei orgânica, votada em dois turnos, com o interstício mínimo de dez dias, e aprovada por dois terços dos membros da Câmara Municipal, que a promulgará, atendidos os princípios estabelecidos nesta Constituição, na Constituição do respectivo Estado e os seguintes preceitos: VIII – inviolabilidade dos Vereadores por suas opiniões, palavras e votos no exercício do mandato e na circunscrição do Município; (...) X – julgamento do Prefeito perante o Tribunal de Justiça". Ao Prefeito, além do foro por prerrogativa de função não é conferida qualquer outra imunidade, razão pela qual poderá ser responsabilizado penalmente. Quanto aos vereadores possuem a imunidade material (não respondem por suas opiniões, palavras e votos no exercício do mandato), mas apenas na circunscrição do Município. **LR**

Gabarito "C".

11.3. Comissões Parlamentares de Inquérito – CPI

(Investigador – PC/BA – 2018 – VUNESP) Suponha que o Senado Federal decida criar uma Comissão Parlamentar de Inquérito (CPI) para investigação da corrupção no Futebol. Nessa hipótese, é correto afirmar que

(A) se exige, para a criação da CPI, que pelo menos 1/6 (um sexto) dos membros do Senado tenham subscrito o requerimento de instauração.

(B) no âmbito da investigação, se verificada a possibilidade de que o investigado fuja do país, a CPI poderá impor a proibição de ausentar-se do país.

(C) havendo suspeita de que o(s) investigado(s) mantém contato contínuo com organizações criminosas, a CPI poderá determinar interceptação telefônica.

(D) em regra, referida CPI poderá ser criada por prazo indeterminado, em função da necessidade de investigação apropriada da corrupção.

(E) a CPI será inconstitucional, pois o comando constitucional exige a instauração para apuração de fato determinado e não genérico.

A: incorreta, pois o requerimento de instalação da CPI deve conter a assinatura de **1/3 (um terço)** dos membros da Câmara dos Deputados ou Senado Federal (art. 58, § 3°, da CF); **B:** incorreta, pois a CPI não pode impedir que o cidadão deixe o território nacional e nem determinar apreensão de passaporte; **C:** incorreta, visto que a CPI não pode determinar interceptação telefônica; **D:** incorreta, pois a CPI deve ser criada por **prazo certo** (art. 58, § 3°, da CF); **E:** correta, pois a CPI deve ser criada para apurar **fato determinado**, e não fato genérico (art. 58, § 3°, da CF). AN
Gabarito "E".

11.4. Processo legislativo

(Delegado – PC/BA – 2018 – VUNESP) A Casa na qual tenha sido concluída a votação de projeto de lei deverá enviá-lo ao Presidente da República que, ao considerar o projeto

(A) no todo ou em parte, inconstitucional ou contrário ao interesse público, vetá-lo-á total ou parcialmente, no prazo de quinze dias úteis, contados da data do recebimento.

(B) inconstitucional, em parte, poderá apor veto parcial, no prazo de quinze dias úteis, abrangendo artigo, parágrafo, inciso, alínea ou expressão verbal.

(C) no todo ou em parte, inconstitucional ou contrário ao interesse público, vetá-lo-á total ou parcialmente, no prazo de trinta dias contados da data do recebimento.

(D) contrário ao interesse público, vetá-lo-á totalmente, não podendo fazê-lo, neste caso, de forma parcial, já que não há como cindir o interesse público.

(E) no todo ou em parte, inconstitucional, vetá-lo-á total ou parcialmente, no prazo de vinte dias contados da data do recebimento.

Segundo o art. 66, § 1°, da CF, se o Presidente da República considerar o projeto, no todo ou em parte, inconstitucional ou contrário ao interesse público, vetá-lo-á total ou parcialmente, no prazo de **quinze dias úteis**, contados da data do recebimento, e comunicará, dentro de **quarenta e oito horas**, ao Presidente do Senado Federal os motivos do veto. Vale ressaltar que o veto parcial somente abrangerá texto integral de artigo, de parágrafo, de inciso ou de alínea (art. 66, § 2°, da CF). AN
Gabarito "A".

(Delegado/AP – 2017 – FCC) O Presidente da República encaminhou à Câmara dos Deputados projeto de lei fixando o quadro de cargos da Polícia Federal e a respectiva remuneração. A proposta, todavia, foi aprovada com emenda parlamentar que aumentou o número de cargos previsto inicialmente. Descontente com a redação final do projeto, o Presidente da República deixou de sancioná-lo, restituindo-o ao Poder Legislativo. Considerando as disposições da Constituição Federal,

I. a emenda parlamentar foi validamente proposta e aprovada, uma vez que versou sobre a mesma matéria do projeto de lei encaminhado pelo Presidente, titular de iniciativa privativa de leis que criem cargos públicos de policiais federais e que disponham sobre sua remuneração.

II. ao deixar de ser expressamente sancionado pelo Presidente da República, o projeto de lei será tacitamente sancionado decorridos 15 dias úteis.

III. havendo sanção tácita, descabe o ato de promulgação da lei pelo Chefe do Poder Executivo, devendo a lei ser promulgada pelo Presidente do Senado em 48 horas, sendo que se este não o fizer em igual prazo, caberá ao Vice-Presidente do Senado fazê-lo.

Está correto o que se afirma em

(A) I, II e III.

(B) II, apenas.

(C) I e III, apenas.

(D) I, apenas.

(E) II e III, apenas.

A afirmação **I** está incorreta, pois embora o tema seja pertinente, a criação de cargos aumenta despesa – o que é vedado nos termos do artigo 63, I, CF. Como destacado na ADI 3942, "a iniciativa legislativa reservada não impede que o projeto de lei encaminhado ao parlamento seja objeto de emendas pois, caso isso ocorresse, o legislativo perderia, na prática, a capacidade de legislar. Mas ressaltou que a possibilidade de alterações não é ilimitada, pois há a proibição constitucional em relação ao aumento de despesa e também a exigência de que a emenda parlamentar tenha pertinência com o projeto apresentado". A **II** está correta, pois se o presidente não sanciona expressamente ocorre a sanção tácita, conforme artigo 66, § 3°, CF. Errada a **III**, como se observa no artigo 66, § 7°, CF "Se a lei não for promulgada dentro de quarenta e oito horas pelo Presidente da República, nos casos dos § 3° e § 5°, o Presidente do Senado a promulgará, e, se este não o fizer em igual prazo, caberá ao Vice-Presidente do Senado fazê-lo". Assim a alternativa correta é a B. LR
Gabarito "B".

11.5. Fiscalização contábil, financeira e orçamentária. Tribunais de Contas

(Advogado – Pref. São Roque/SP – 2020 – VUNESP) A respeito dos Tribunais de Contas, de acordo com a Constituição Federal e com a jurisprudência dos Tribunais Superiores, assinale a alternativa correta.

(A) O Tribunal de Contas da União não possui competência para fiscalizar a aplicação de recursos repassados pela União mediante convênio a Município.

(B) O Tribunal de Contas possui competência para direta e imediatamente suspender a execução de contrato administrativo, sempre que verificada ilegalidade capaz de gerar prejuízo ao interesse público.

(C) O Tribunal de Contas possui competência para realizar, por iniciativa própria, inspeções e auditorias de

11. DIREITO CONSTITUCIONAL 519

natureza contábil, financeira, orçamentária, operacional e patrimonial, nas unidades administrativas do Poder Executivo.

(D) Deverão ser obedecidos os princípios do contraditório e da ampla defesa pelo Tribunal de Contas na apreciação da legalidade do ato de concessão de aposentadoria.

(E) O Ministério Público de Contas possui competência privativa para executar multa resultante de sanção aplicada pelo Tribunal de Contas.

A: errada (artigo 71, VI, da CF), pois o TCU tem tal competência. **B:** errada, pois a suspensão ocorrerá diretamente pelo Congresso Nacional (artigo 71, § 1º, da CF). **C:** correta (artigo 71, inciso IV, da CF). **D:** errada, conforme a Súmula Vinculante 3, do STF. **E:** errada, porque o Ministério Público não tem legitimidade para tal execução (jurisprudência do STJ e do STF). **AB**
Gabarito „C".

12. DA ORGANIZAÇÃO DO PODER JUDICIÁRIO

(Delegado/RJ – 2022 – CESPE/CEBRASPE) O Tribunal de Justiça decretou medida cautelar de suspensão de mandato eletivo de deputado estadual investigado por organização criminosa prevista no art. 2.º da Lei n.º 12.850/2013. Considerando essa situação hipotética, assinale a opção correta.

(A) Submetida essa decisão judicial do Tribunal de Justiça à Assembleia Legislativa, se a Casa Parlamentar revoga a decisão judicial, cabe reclamação constitucional ao Supremo Tribunal Federal para garantir a autoridade de suas decisões e precedentes.

(B) O Poder Judiciário pode suspender mandato eletivo de parlamentar federal sem precisar submeter a decisão judicial à respectiva Casa do Congresso Nacional, conforme jurisprudência pacífica do Supremo Tribunal Federal.

(C) Essa decisão judicial do Tribunal de Justiça não precisa ser submetida à Assembleia Legislativa por inexistir norma de simetria e de extensão na Constituição da República Federativa do Brasil de 1988.

(D) Submetida essa decisão judicial do Tribunal de Justiça à Assembleia Legislativa, se a Casa Parlamentar revoga a decisão judicial, não cabe reclamação constitucional ao Supremo Tribunal Federal, porque não há decisões e precedentes para garantir a autoridade do parlamentar.

(E) O Poder Judiciário não pode suspender mandato eletivo de parlamentar federal, conforme jurisprudência pacífica do Supremo Tribunal Federal.

Não caberia reclamação ao Supremo Tribunal Federal porque a decisão tomada pela Assembleia Legislativa não está contra os precedentes daquela Corte. **AMN**
Gabarito „D".

(Delegado/MG – 2021 – FUMARC) O delegado local, durante investigação de crime de corrupção, peticionou ao juiz de direito da Comarca. Esse magistrado é titular há 5 anos na Vara Única local e, ao atender os pedidos de busca e apreensão do delegado, acabou desagradando os interesses de diversos empresários poderosos. Estes, por

sua vez, ameaçaram que usariam de sua influência para promover a retirada forçada do juiz daquela Comarca.

Sobre a remoção involuntária desse magistrado da Comarca, é CORRETO afirmar:

(A) Apenas com decisão judicial transitada em julgado poderia ser efetivada;

(B) Atualmente, só pode ocorrer por decisão do Conselho Nacional de Justiça;

(C) Pode ocorrer, por motivo de interesse público, fundado em decisão por voto da maioria absoluta do respectivo Tribunal de Justiça daquele Estado ou do Conselho Nacional de Justiça, assegurada ampla defesa;

(D) Tendo em vista a garantia constitucional da inamovibilidade, não poderá ocorrer em hipótese alguma, como forma de proteção à liberdade de decidir.

A e **B**: incorretas. Aos juízes são dadas garantias, dentre as quais a *inamovibilidade* (art. 95, II, da CF). Sendo assim, os juízes possuem a prerrogativa de não serem removidos de um lugar para outro, sem prévio consentimento, exceto por motivo de interesse público, desde que pelo voto da maioria absoluta do tribunal ou Conselho Nacional de Justiça, assegurando-se a ampla defesa, conforme dispõe o art. 93, VIII, da CF; **C**: correta. É o que determina o mencionado art. 95, II, da CF; **D**: incorreta. Há exceção (motivo de interesse público) em que poderá ocorrer a remoção do juiz, desde que sejam preenchidos os requisitos constitucionais, conforme já explicado. **BV**
Gabarito „C".

(Juiz de Direito/AP – 2022 – FGV) Maria teve uma série de produtos apreendidos em seu estabelecimento sob o argumento de a comercialização ser proibida no território brasileiro. Ato contínuo, ao receber o respectivo auto de apreensão, apresentou sua defesa, argumentando, com provas documentais, que a lista de produtos proibidos, na qual se baseara a autoridade administrativa, fora alterada em momento pretérito. Sua defesa, no entanto, não foi acolhida. Ao ser notificada da decisão, interpôs recurso administrativo endereçado à autoridade superior, que ocupava o último grau do escalonamento hierárquico. O recurso, todavia, não foi conhecido por esta última autoridade, já que Maria não atendera a um dos pressupostos de admissibilidade previstos na legislação municipal, consistente na realização de depósito prévio correspondente a 50% do valor das mercadorias. Esse quadro permaneceu inalterado em juízo de retratação.

À luz da sistemática afeta à súmula vinculante, Maria:

(A) deve submeter a decisão às instâncias ordinárias do Judiciário e, somente em um segundo momento, caso não seja anulada, ingressar com reclamação no Supremo Tribunal Federal;

(B) pode submeter a decisão, via reclamação, ao Supremo Tribunal Federal, cabendo ao Tribunal anulá-la e determinar a prolação de outra, com aplicação da súmula vinculante;

(C) somente poderá impetrar mandado de segurança, em razão da violação de direito líquido e certo, o qual tem precedência em razão do caráter subsidiário da reclamação;

(D) não pode submeter a decisão à apreciação do Supremo Tribunal Federal, já que a reclamação não é cabível contra atos lastreados na lei, como é o caso;

(E) não pode submeter a decisão à apreciação do Supremo Tribunal Federal, considerando que a narrativa não indica violação de súmula vinculante.

Neste caso é cabível a reclamação ao STF. O art. 7º da Lei 11.417/2006, prescreve que: "Art. 7º. Da decisão judicial ou do ato administrativo que contrariar enunciado de súmula vinculante, negar-lhe vigência ou aplicá-lo indevidamente caberá reclamação ao Supremo Tribunal Federal, sem prejuízo dos recursos ou outro meios admissíveis de impugnação. § 1º. Contra omissão ou ato da administração pública, o uso da reclamação só será admitido após esgotamento das vias administrativas. § 2. ,Ao julgar procedente a reclamação, o Supremo Tribunal Federal anulará o ato administrativo ou cassará a decisão judicial impugnada, determinando que outra seja proferida com ou sem aplicação da súmula, conforme o caso". No caso houve violação à Súmula Vinculante 21 do STF: "É inconstitucional a exigência de depósito ou arrolamento prévios de dinheiro ou bens para admissibilidade de recurso administrativo". **ANH**
Gabarito "B".

(Juiz de Direito/AP – 2022 – FGV) Joana, vereadora no Município Alfa, alugou imóvel de sua propriedade, situado no mesmo município, para o Estado estrangeiro XX, que ali instalou um serviço assistencial para pessoas carentes. Após alguns anos, momento em que o contrato de locação, nos termos da lei brasileira, se encontrava vigendo por prazo indeterminado, o Estado estrangeiro XX "comunicou" a Joana que ele, consoante a sua legislação, se tornara proprietário do imóvel, fazendo cessar o pagamento de aluguéis. Joana, sentindo-se esbulhada em sua propriedade, decidiu ajuizar ação em face do Estado estrangeiro XX.

Consoante a ordem constitucional brasileira, a referida ação deve ser ajuizada perante:

(A) a primeira instância da Justiça comum federal, com recurso ordinário para o Superior Tribunal de Justiça;

(B) a primeira instância da Justiça comum estadual, com recurso ordinário para o Supremo Tribunal Federal;

(C) a primeira instância da Justiça comum estadual, com recurso de apelação para o Tribunal de Justiça;

(D) o Superior Tribunal de Justiça, com recurso ordinário para o Supremo Tribunal Federal;

(E) o Supremo Tribunal Federal.

A questão trata sobre o poder judiciário, o objetivo é entendimento de qual órgão é competente para processar e julgar o estado estrangeiro, contra uma residente brasileira, a Constituição Federal brasileira determina que a ação em primeira instância deve ser na justiça comum federal, conforme o art. 109, II, da CF. **ANH**
Gabarito "A".

(Juiz de Direito/AP – 2022 – FGV) João respondia a processo criminal em determinada Comarca do Amapá, sob a acusação de ser o autor do homicídio de Pedro. Após a apreciação dos recursos interpostos contra a sentença de pronúncia, o juízo competente decidiu representar pelo desaforamento do julgamento para outra comarca da região, pois entendia existir fundada dúvida sobre a imparcialidade do júri.

Nesse caso, conforme o Regimento Interno do Tribunal de Justiça do Estado do Amapá, a representação será processada e julgada pelo(a):

(A) Tribunal Pleno;

(B) Órgão Especial;

(C) Câmara Única;

(D) Grupo Único;

(E) Seção Única.

Conforme prevê o art. 17, II, "e" do Regimento Interno do Tribunal de Justiça do Estado do Amapá: À Secção Única compete processar e julgar, originariamente pedido de desaforamento. **ANH**
Gabarito "E".

(Procurador Município – Teresina/PI – FCC – 2022) Quanto à súmula vinculante, é correto afirmar:

(A) A proposta de edição, revisão ou cancelamento de enunciado de súmula vinculante importa na suspensão dos processos em que se discuta a mesma questão.

(B) Tem eficácia imediata, m as o Supremo Tribunal Federal, por decisão da maioria absoluta de seus membros, poderá restringir os efeitos vinculantes ou decidir que só tenha eficácia a partir de outro momento, tendo em vista razões de segurança jurídica ou de excepcional interesse público.

(C) A sua aprovação, revisão ou cancelamento poderá ser provocada por aqueles que podem propor a ação direta de inconstitucionalidade, além de outros previstos em lei.

(D) Com vistas a prestigiar o princípio da segurança jurídica, encontra-se prevista no texto constitucional por obra do constituinte originário. A sua edição pode ser proposta pelo município incidentalmente ao curso de processo em que seja parte, o que não autoriza a suspensão do processo.

(E) Pode ser editada pelo Superior Tribunal de Justiça, mediante decisão de dois terços de seus ministros, após reiteradas decisões sobre a matéria, *ad referendum* do Supremo Tribunal Federal, para cessar divergência quanto à aplicação da lei federal, conforme emenda constitucional aprovada na atual legislatura.

C: correta. É o que está previsto no art. 103-A, § 2º, da CF. **AMN**
Gabarito "C".

(Procurador Município – Santos/SP – VUNESP – 2021) Ao disciplinar o Poder Judiciário, a Constituição Federal determina

(A) que as decisões administrativas dos tribunais serão motivadas e em sessão pública, sendo as disciplinares tomadas pelo voto da maioria relativa de seus membros.

(B) a não promoção do juiz que, injustificadamente, retiver autos em seu poder além do prazo legal, mas, poderá devolvê-los ao cartório sem despacho ou decisão.

(C) que na apuração de antiguidade, o tribunal somente poderá recusar o juiz mais antigo pelo voto fundamentado de um terço de seus membros, conforme procedimento próprio, assegurada ampla defesa.

(D) a previsão de cursos oficiais de preparação, aperfeiçoamento e promoção de magistrados, constituindo etapa obrigatória do processo de vitaliciamento a participação em curso oficial ou reconhecido por escola nacional de formação e aperfeiçoamento de magistrados.

(E) que o ato de remoção ou de disponibilidade do magistrado, por interesse público, será decidido, obrigato-

11. DIREITO CONSTITUCIONAL   521

riamente, por voto da maioria relativa do Conselho Nacional de Justiça, assegurada ampla defesa.

A: Incorreta. O art. 93, X, da CF, prevê que: "as decisões administrativas dos tribunais serão motivadas e em sessão pública, sendo as disciplinas tomadas pelo voto da maioria absoluta de seus membros". **B**: Incorreta. O art. 93, II, *e*, da CF, estabelece que: "não será promovido o juiz que, injustificadamente, retiver autos em seu poder além do prazo legal, não podendo devolvê-los ao cartório sem o devido despacho ou decisão". **C**: Incorreta. O art. 93, II, *d*, da CF, prescreve que: "na apuração de antiguidade, o tribunal somente poderá recusar o juiz mais antigo pelo voto fundamentado de dois terços de seus membros, conforme procedimento próprio e assegurada ampla defesa, repetindo-se a votação até fixar-se a indicação". **D**: Correta. A redação está conforme o art. 93, IV, da CF. **E**: Incorreta. O art. 93, VIII, da CF, determina que: "o ato de remoção ou de disponibilidade do magistrado, por interesse público, fundar-se-á em decisão por voto da maioria absoluta do respectivo tribunal ou do Conselho Nacional de Justiça, assegurada ampla defesa". **AMN**

Gabarito "D".

(Magistratura/SP – 2021) No que diz respeito a repercussão geral, deve ser observado que

(A) Eventual prejuízo parcial do caso concreto subjacente ao recurso extraordinário, ou extinção por outra causa como falecimento da parte, constitui óbice ao prosseguimento para exame da tese, em sede de repercussão geral.

(B) Determinado o sobrestamento de processos de natureza penal, opera-se automaticamente a suspensão da prescrição da pretensão punitiva, daí porque o sobrestamento abrange necessariamente inquéritos policiais ou procedimento investigatórios conduzidos pelo Ministério Público, além de não se admitir a produção de qualquer tipo de prova no processo eventualmente iniciado.

(C) A despeito de não constar do Código de 2015, a exigência de preliminar formal de repercussão geral, diferentemente do que previa o CPC/1973, a jurisprudência do STF continua exigindo-a, o que não afasta nem se confunde com a possibilidade de reconhecimento de ofício.

(D) Reconhecida a repercussão geral de questão constitucional, há preclusão a respeito.

C: correta. A questão trata da repercussão geral criada pela EC 45/04 que inseriu o § 3º ao artigo 102 da CF: No recurso extraordinário o recorrente deverá demonstrar a repercussão geral das questões constitucionais discutidas no caso, nos termos da lei, a fim de que o Tribunal examine a admissão do recurso, somente podendo recusá-lo pela manifestação de dois terços de seus membros. Já o artigo 1035 parágrafo 3º do CPC dispõe: Haverá repercussão geral sempre que o recurso impugnar acórdão que: I – contrarie súmula ou jurisprudência dominante do Supremo Tribunal Federal; III – tenha reconhecido a inconstitucionalidade de tratado ou de lei federal, nos termos do art. 97 da Constituição Federal. O STF entende que a repercussão geral, mesmo após o advento do CPC/2015, deve ser apresentada como preliminar ao recurso extraordinário (STF – ARE 1249097 AgR – Segunda Turma – Relator Ministro Edson Fachin – julgamento em 27/03/2020 – DJe 04/05/2020), embora haja presunção de sua existência nas causas elencadas no artigo 1.035, § 3º, do CPC (critério objetivo). **ANH**

Gabarito "C".

(Juiz de Direito – TJ/MS – 2020 – FCC) A cláusula de reserva de plenário (regra do *full bench*), nos termos da Constituição Federal e da jurisprudência do Supremo Tribunal Federal (STF), tem aplicabilidade à decisão

I. das Turmas Recursais dos Juizados Especiais, consideradas como tribunais para o propósito de reconhecimento da inconstitucionalidade de preceitos normativos.

II. fundada em jurisprudência das Turmas ou Plenário do STF, não se aplicando, contudo, na hipótese de se fundar em entendimento sumulado do órgão de guarda constitucional.

III. que declara a inconstitucionalidade de lei, ainda que parcial, inexistindo violação à referida cláusula na decisão de órgão fracionário quando houver declaração anterior proferida pela maioria absoluta do órgão especial ou Plenário do Tribunal respectivo.

IV. que deixa de aplicar lei ou ato normativo a caso concreto, ainda que não fundada em sua incompatibilidade com norma constitucional, uma vez que a negativa de vigência equivale à declaração de inconstitucionalidade.

Está correto o que se afirma APENAS em

(A) I, II e III.

(B) I, II e IV.

(C) III.

(D) IV.

(E) II, III e IV.

I: incorreta, porque o STF entende que a regra da chamada reserva do plenário para declaração de inconstitucionalidade (art. 97 da CF) não se aplica às turmas recursais de juizado especial (RE 453.744 AgR, voto do rel. min. Cezar Peluso, j. 13-6-2006, 1ª T, DJ de 25-8-2006). Segundo o STF, "*o art. 97 da Constituição, ao subordinar o reconhecimento da inconstitucionalidade de preceito normativo a decisão nesse sentido da "maioria absoluta de seus membros ou dos membros dos respectivos órgãos especiais", está se dirigindo aos tribunais indicados no art. 92 e aos respectivos órgãos especiais de que trata o art. 93, XI. A referência, portanto, não atinge juizados de pequenas causas (art. 24, X) e juizados especiais (art. 98, I), os quais, pela configuração atribuída pelo legislador, não funcionam, na esfera recursal, sob regime de plenário ou de órgão especial.*" (ARE 792.562 AgR, rel. min. Teori Zavascki, j. 18-3-2014, 2ª T, DJE de 2-4-2014); **II**: incorreta, pois a jurisprudência pacífica do STF, reafirmada em sede de repercussão geral, entende que "*é desnecessária a submissão de demanda judicial à regra da reserva de plenário na hipótese em que a decisão judicial estiver fundada em jurisprudência do Plenário do STF ou em súmula deste Tribunal, nos termos dos arts. 97 da CF e 481, parágrafo único, do CPC.*" (ARE 914.045 RG, rel. min. Edson Fachin, j. 15-10-2015, P, DJE de 19-11-2015, Tema 856); **III**: correta, de acordo com a Súmula Vinculante 10 e o seguinte julgado do STF: "*Controle incidente de constitucionalidade de normas: reserva de plenário (CF, art. 97): viola o dispositivo constitucional o acórdão proferido por órgão fracionário, que declara a inconstitucionalidade de lei, ainda que parcial, sem que haja declaração anterior proferida por órgão especial ou plenário.*" (RE 544.246, rel. min. Sepúlveda Pertence, j. 15-5-2007, 1ª T, DJ de 8-6-2007). Logo, inexiste violação à cláusula de reserva de plenário na decisão de órgão fracionário quando houver declaração anterior proferida pela maioria absoluta do órgão especial ou Plenário do Tribunal respectivo, conforme o art. 949, parágrafo único, do CPC; **IV**: incorreta, pois o entendimento prevalecente no STF é o de que não afronta o comando da Súmula Vinculante 10, nem a regra do art. 97 da Constituição Federal, o ato da autoridade judiciária que deixa de aplicar a norma infraconstitucional por entender que não há subsunção aos fatos ou, ainda, que a incidência normativa seja resolvida mediante a sua mesma interpretação, sem potencial ofensa direta à Constituição (Rcl 24.284 AgR, rel. min. Edson Fachin, j. 22-11-2016, 1ª T, DJE de 11-5-2017; Informativo STF nº 848). Nesse sentido, os seguintes julgados: "*A simples ausência de aplicação de uma dada norma jurídica ao caso sob exame não caracteriza, apenas* *por isso, violação da orientação firmada pelo STF. Para caracterização da contrariedade à Súmula Vinculante 10, do STF, é necessário que a decisão fundamente-se na incompatibilidade entre a norma legal tomada como base dos argumentos expostos na ação e a Constituição." (Rcl 6.944, rel. min. Cármen Lúcia, j. 23-6-2010, P, DJE de 13-8-2010); "O Verbete Vinculante nº 10 da Súmula do Supremo não guarda pertinência quando o pronunciamento judicial formalizado na origem está assentado em interpretação de norma legal e não em reconhecimento do conflito com a Carta da República." (Rcl 14.953 AgR, rel. min. Marco Aurélio, j. 24-10-2013, P, DJE de 14-11-2013).* **AN**

Gabarito "C".

(Juiz de Direito - TJ/AL - 2019 – FCC) Com relação à súmula vinculante, é correto afirmar que

(A) é dotada de caráter geral e abstrato, produzindo eficácia *erga omnes* e efeito vinculante, o qual autoriza a condenação por litigância de má-fé de particular que tenha ajuizado ação contrária ao teor de súmula editada.

(B) somente após o esgotamento das vias administrativas será admitido o uso da reclamação constitucional contra omissão ou ato da Administração Pública contrários ao teor de enunciado de súmula vinculante.

(C) opera-se a sua caducidade automática, se a lei em que se fundou a edição de enunciado de súmula vinculante for revogada ou modificada.

(D) o efeito vinculante não atinge o Poder Legislativo, em razão do que não cabe questionar perante o Judiciário a validade de lei que seja contrária ao teor de súmula vinculante.

(E) a súmula vinculante se caracteriza por ser súmula impeditiva de recursos.

A: incorreta, pois ajuizar demanda contrária ao teor de súmula vinculante não está elencada como hipótese de litigância de má-fé no rol taxativo do art. 80 do CPC. Ademais, é possível ao autor discutir a existência de distinção no caso em julgamento (*distinguishing*) ou a superação do entendimento sumulado (*overruling*). Por fim, o STF entende que a litigância de má-fé necessita da comprovação da intenção dolosa da parte, a configurar uma conduta desleal por abuso de direito (AgInt no AREsp 1427716/PR, Rel. Ministro Marco Buzzi, Quarta Turma, julgado em 29/04/2019); **B:** correta, de acordo com a previsão do art. 7º, § 1º, da Lei 11.417/2006; **C:** incorreta, porque não se opera a sua caducidade automática. Se a lei em que se fundou a edição de enunciado de súmula vinculante for revogada ou modificada, o Supremo Tribunal Federal, de ofício ou por provocação, procederá à sua revisão ou cancelamento (art. 5º da Lei 11.417/2006); **D:** incorreta, porque, embora a súmula vinculante não produza efeitos em face do Poder Legislativo na sua função típica de legislar (art. 103-A da CF), é possível questionar perante o Judiciário a validade de lei que seja contrária ao teor de súmula vinculante, já que ela nasce com uma presunção relativa de inconstitucionalidade; **E:** incorreta, pois a súmula vinculante não se confunde com a súmula impeditiva de recursos, a qual foi extinta com o CPC/2015. Criada pela Lei nº 11.276/2006, a súmula impeditiva de recursos previa que o juiz não recebesse o recurso de apelação quando a sentença estivesse em conformidade com súmula do Superior Tribunal de Justiça ou do Supremo Tribunal Federal (art. 518, § 1º, do CPC/1973); o Código de Processo Civil/2015 não prevê a súmula impeditiva de recursos como requisito específico de admissibilidade da apelação, até porque o juízo de primeiro grau não faz mais juízo de admissibilidade da apelação. Já a súmula vinculante, com previsão constitucional trazida pela EC 45/2004, submete todos os demais órgãos do Poder Judiciário e a administração pública direta e indireta ao entendimento sumulado pelo STF, tendo um papel análogo àquele exercido pelos atos normativos (art. 103-A da CF). **AMN**

Gabarito "B".

(Promotor de Justiça/PR – 2019 – MPE/PR) Sobre o Poder Judiciário, é **correto** afirmar:

(A) Não havendo lei municipal que defina obrigação de pequeno valor para efeito de não submissão ao regime de pagamento por precatório, os Tribunais de Justiça poderão regulamentar o tema por meio de resolução.

(B) É compatível com o Estatuto Constitucional da Magistratura lei estadual que assegura a membro do Poder Judicante a participação em Conselho de Defesa de Direitos da Criança e do Adolescente.

(C) A competência disciplinar do Conselho Nacional de Justiça é subsidiária, e seu exercício fica condicionado à inércia na apuração de infrações disciplinares pelos órgãos correicionais dos Tribunais.

(D) A competência e funcionamento dos órgãos jurisdicionais e administrativos é matéria reservada à lei, de iniciativa do Tribunal de Justiça.

(E) Os juízes integrantes de vara especializada criada por lei estadual devem ser designados com observância dos parâmetros constitucionais de antiguidade e merecimento previstos no art. 93, II e VIII-A, da Constituição da República, sendo inconstitucional, em vista da necessidade de preservação da independência do julgador, previsão normativa segundo a qual a indicação e nomeação dos magistrados que ocuparão a referida vara será feita pelo presidente do tribunal de justiça, com a aprovação do tribunal.

A: errada (artigo 97, § 12, do ADCT). **B:** incorreta, pois quebraria a imparcialidade do julgador (ADI 3.463, STF). **C:** incorreta, porque a competência é concorrente e, não, subsidiária. **D:** incorreta, pois não há reserva à lei, podendo dispor pelo Regimento Interno do Tribunal. **AB**

Gabarito "E".

(Promotor de Justiça/SP – 2019 – MPE/SP) Assinale a alternativa **INCORRETA**.

(A) De acordo com a jurisprudência do Supremo Tribunal Federal, a superveniência de uma nova Constituição não torna inconstitucionais os atos estatais a ela anteriores e que, com ela, sejam materialmente incompatíveis: revoga-as. Trata-se de juízo negativo de recepção, inviabilizando, assim, a ação direta de inconstitucionalidade.

(B) A jurisprudência do Egrégio Supremo Tribunal Federal é firme no sentido de que não há violação ao princípio da reserva de plenário quando o acórdão recorrido apenas interpreta norma local, sem declará-la inconstitucional.

(C) Não ofende a cláusula de reserva de plenário a decisão de órgão fracionário de tribunal que, embora não declare expressamente a inconstitucionalidade de lei ou ato normativo do poder público, afasta sua incidência, no todo ou em parte.

(D) A jurisprudência do Egrégio Supremo Tribunal Federal se consolidou no sentido de ser incabível reclamação fundada na teoria da transcendência dos motivos determinantes de acórdão com efeito vinculante.

(E) Inexiste controle concentrado de lei ou ato normativo municipal frente à Constituição Federal, quer perante os Tribunais de Justiça dos Estados, quer perante o Supremo Tribunal Federal.

11. DIREITO CONSTITUCIONAL

Letra C é a única incorreta, pois ofende a Súmula Vinculante 10, do STF: "Viola a cláusula de reserva de plenário (CF, artigo 97) a decisão de órgão fracionário de Tribunal que embora não declare expressamente a inconstitucionalidade de lei ou ato normativo do poder público, afasta sua incidência, no todo ou em parte". Todas as demais alternativas estão corretas. **AB**

Gabarito "C".

(Investigador – PC/BA – 2018 – VUNESP) Partindo das previsões constantes na Constituição Federal brasileira, assinale a alternativa correta acerca da organização, das competências e dos órgãos do Poder Judiciário.

(A) Compete ao Supremo Tribunal Federal homologar sentenças estrangeiras e conceder exequatur às cartas rogatórias.

(B) Na promoção de entrância para entrância, será obrigatória a promoção do juiz que figure por 3 (três) vezes consecutivas ou 5 (cinco) alternadas em lista de merecimento.

(C) As decisões administrativas dos tribunais serão motivadas e em sessão pública, sendo as disciplinares tomadas pelo voto de 2/3 (dois terços) de seus membros.

(D) É vedado aos magistrados exercer a advocacia no juízo ou tribunal do qual se afastou, antes de decorridos 4 (quatro) anos do afastamento do cargo por aposentadoria ou exoneração.

(E) O Poder Executivo poderá reduzir unilateralmente o orçamento proposto pelo Poder Judiciário, ainda que esse tenha sido elaborado e enviado com observância aos limites, forma e prazo da Lei de Diretrizes Orçamentárias, quando constatada insuficiência de recursos.

A: incorreta, pois compete ao Superior Tribunal de Justiça processar e julgar, originariamente, a homologação de sentenças estrangeiras e a concessão de exequatur às cartas rogatórias (art. 105, I, *i*, da CF); **B:** correta, nos termos do art. 93, II, *a*, da CF; **C:** incorreta, visto que as decisões administrativas dos tribunais serão motivadas e em sessão pública, sendo as disciplinares tomadas pelo voto da **maioria absoluta** de seus membros (art. 93, X, da CF); **D:** incorreta, porque é vedado aos juízes exercer a advocacia no juízo ou tribunal do qual se afastou, antes de decorridos **três anos** do afastamento do cargo por aposentadoria ou exoneração (art. 95, parágrafo único, V, da CF); **E:** incorreta, pois o Poder Executivo somente poderá proceder aos ajustes necessários nas propostas orçamentárias do Poder Judiciário se forem encaminhadas em desacordo com os limites estipulados na lei de diretrizes orçamentárias (art. 99, §§ 1º e 4º, da CF). **AN**

Gabarito "B".

(Investigador – PC/BA – 2018 – VUNESP) Segundo o disposto pela Constituição Federal, é correto afirmar, sobre o Conselho Nacional de Justiça, que

(A) é composto de 15 (quinze) membros com mandato de 2 (dois) anos, sendo admitida uma única recondução.

(B) deve elaborar, anualmente, relatório estatístico sobre processos e sentenças prolatadas, por unidade da Federação, nos diferentes órgãos do Poder Judiciário.

(C) o Conselho será presidido pelo Vice-Presidente do Supremo Tribunal Federal, e, nas suas ausências e impedimentos, pelo Ministro mais antigo da Corte.

(D) o Ministro mais antigo do Supremo Tribunal Federal exercerá a função de Ministro Corregedor do Conselho Nacional de Justiça e ficará excluído da distribuição de processos no Tribunal.

(E) deve rever, de ofício ou mediante provocação, os processos disciplinares de juízes e membros de tribunais julgados há menos de 5 (cinco) anos.

A: correta, nos termos do art. 103-B, *caput*, da CF; **B:** incorreta, pois o CNJ deve elaborar **semestralmente** relatório estatístico sobre processos e sentenças prolatadas, por unidade da Federação, nos diferentes órgãos do Poder Judiciário (art. 103-B, § 4º, VI, da CF); **C:** incorreta, pois o Conselho será presidido pelo Presidente do Supremo Tribunal Federal e, nas suas ausências e impedimentos, pelo Vice-Presidente do Supremo Tribunal Federal (art. 103-B, § 1º, da CF); **D:** incorreta, porque o Ministro do Superior Tribunal de Justiça exercerá a função de Ministro-Corregedor e ficará excluído da distribuição de processos no Tribunal (art. 103-B, § 5º, da CF); **E:** incorreta, visto que cabe ao CNJ rever, de ofício ou mediante provocação, os processos disciplinares de juízes e membros de tribunais julgados há menos de **um ano** (art. 103-B, § 4º, V, da CF). **AN**

Gabarito "A".

(Juiz de Direito – TJ/RS – 2018 – VUNESP) Assinale a alternativa que corretamente discorre sobre o Conselho Nacional de Justiça.

(A) O Conselho Nacional de Justiça poderá exercer o controle abstrato de constitucionalidade, declarando, em tese e como questão principal de eventual procedimento de controle administrativo, a inconstitucionalidade de lei ou ato normativo.

(B) Sem prejuízo da competência disciplinar e correicional dos Tribunais, o Conselho Nacional de Justiça pode avocar processos disciplinares e determinar, dentre outras sanções cabíveis, a perda do cargo de membro do Poder Judiciário.

(C) O fato de o Conselho Nacional de Justiça ser composto por algumas pessoas estranhas ao Poder Judiciário fere a independência desse poder, tanto que o Supremo Tribunal Federal já declarou inconstitucionais os dispositivos que versam sobre a composição do Conselho.

(D) A Constituição Federal determina que a União crie ouvidorias de justiça, que serão competentes para receber reclamações e denúncias contra membros do Poder Judiciário e encaminhá-las aos respectivos Tribunais, mas não diretamente ao Conselho Nacional de Justiça.

(E) O Conselho Nacional de Justiça não tem nenhuma competência sobre o Supremo Tribunal Federal e seus ministros, sendo esse o órgão máximo do Poder Judiciário nacional, a que aquele está sujeito.

A: incorreta, já que o Conselho Nacional de Justiça não possui competência para declarar a inconstitucionalidade de atos estatais (atribuição sujeita à reserva de jurisdição), podendo, todavia, recusar-se a conferir aplicabilidade a normas inconstitucionais, eis que "*há que [se] distinguir entre declaração de inconstitucionalidade e não aplicação de leis inconstitucionais, pois esta é obrigação de qualquer tribunal ou órgão de qualquer dos Poderes do Estado*" (RMS 8.372/CE, Rel. Min. Pedro Chaves, Tribunal Pleno). Insere-se entre as competências constitucionalmente atribuídas ao Conselho Nacional de Justiça a possibilidade de afastar, por inconstitucionalidade, a aplicação de lei aproveitada como base de ato administrativo objeto de controle, determinando aos órgãos submetidos a seu espaço de influência a observância desse entendimento, por ato expresso e formal tomado pela maioria absoluta dos seus membros (Pet 4656/PB, Rel. Min. Cármen Lúcia, Tribunal Pleno, j. em 19.12.2016); **B:** incorreta, já que o CNJ pode avocar processos disciplinares em curso e determinar a remoção, a disponibilidade ou a aposentadoria com subsídios ou proventos proporcionais ao tempo de serviço e aplicar outras sanções administrativas, exceto a perda do cargo de membro do Poder Judiciário (art. 103-B, § 4°, III, da CF); **C:** incorreta, pois o STF já declarou constitucionais os dispositivos que versam sobre a composição do Conselho, asseverando que "*se o instituto que atende pelo nome de quinto constitucional, enquanto integração de membros não pertencentes à carreira da magistratura em órgãos jurisdicionais, encarregados do exercício da função típica do Judiciário, não ofende o princípio da separação e independência dos Poderes, então não pode ofendê-la **a fortiori** a mera incorporação de terceiros em órgão judiciário carente de competência jurisdicional*" (ADI 3.367, Rel. Min. Cezar Peluso, j. 13-4-2005); **D:** incorreta, uma vez que a Constituição determina que a União crie ouvidorias de justiça com competência para receber reclamações e denúncias de qualquer interessado contra membros ou órgãos do Poder Judiciário, ou contra seus serviços auxiliares, representando diretamente ao Conselho Nacional de Justiça (art. 103-B, § 7°, da CF); **E:** correta, conforme os termos do entendimento firmado pelo STF na ADI 3.367, Rel. Min. Cezar Peluso, j. 13-4-2005. AN

Gabarito "E".

(Defensor Público Federal – DPU – 2017 – CESPE) De acordo com o entendimento do STJ acerca da homologação de sentenças estrangeiras, julgue os itens seguintes.

(1) Pode ser homologada sentença penal estrangeira que determine o perdimento de imóvel situado no Brasil reconhecido como produto de crime de lavagem de dinheiro.

(2) A existência de sentença estrangeira transitada em julgado que verse sobre guarda ou obrigação de alimentos impede a propositura de nova ação de guarda ou de alimentos na justiça brasileira.

(3) O caráter laico do Estado brasileiro impede a homologação de sentenças estrangeiras eclesiásticas de anulação de matrimônio confirmadas pela Santa Sé.

1: Correto. Consta do Informativo n. 586 do STJ de 1 a 31 de julho de 2016. Merece destaque: "a Convenção das Nações Unidas contra o Crime Organizado Transnacional (Convenção de Palermo), promulgada pelo Decreto n. 5.015/2004, dispõe que os estados partes adotarão, na medida em que o seu ordenamento jurídico interno o permita, as medidas necessárias para possibilitar o confisco do produto das infrações previstas naquela convenção ou de bens cujo valor corresponda ao desse produto (art. 12, 1, *a*), sendo o crime de lavagem de dinheiro tipificado na convenção (art. 6°), bem como na legislação brasileira (art. 1° da Lei n. 9.613/1998)" (SEC 10.612-FI, Rel. Min. Laurita Vaz, julgado em 18/5/2016, DJe 28/6/2016). **2:** Errado. A existência de sentença estrangeira transitada em julgado não impede a instauração de ação de guarda e de alimentos perante o Poder Judiciário Brasileiro, pois a sentença de guarda ou de alimentos não é imutável, nos termos do art. 35 do ECA (Informativo n. 548 STJ – Precedentes: SEC 4.830-EX, Corte Especial, DJe 3/10/2013; e SEC 8.451-EX, Corte Especial, DJe 29/5/2013. SEC 6.485-EX, Rel. Min. Gilson Dipp, julgado em 3/9/2014). **3:** Errado: A laicidade do Estado brasileiro não impede o reconhecimento de sentenças eclesiásticas, e não cabe ao STJ analisar o mérito de sentenças estrangeiras. A possibilidade está prevista no Decreto Legislativo 698/2009, que aprovou um acordo assinado entre o Brasil e a Santa Sé, criando o Estatuto Jurídico da Igreja Católica. Depois, esse decreto foi ratificado pelo Decreto Federal 7.107/2010 (SEC 11.962-EX, Rel. Min. Felix Fischer, julgado em 4/11/2015, DJe 25/11/2015). TM

Gabarito: 1C, 2E, 3E

(Defensor Público – DPE/SC – 2017 – FCC) Compete ao Supremo Tribunal Federal, precipuamente, a guarda da Constituição, cabendo-lhe:

I. processar e julgar, originariamente, a homologação de sentenças estrangeiras e a concessão de exequatur às cartas rogatórias.

II. processar e julgar, originariamente, as ações contra o Conselho Nacional de Justiça e contra o Conselho Nacional do Ministério Público.

III. julgar, em recurso ordinário, as causas em que forem partes Estado estrangeiro ou organismo internacional, de um lado, e, do outro, Município ou pessoa residente ou domiciliada no País.

IV. julgar, mediante recurso extraordinário, as causas decididas em única ou última instância, quando a decisão recorrida julgar válida lei local contestada em face de lei federal.

Está correto o que se afirma APENAS em

(A) II e IV.

(B) II e III.

(C) I, II e III.

(D) II, III e IV.

(E) III e IV.

I: Errado. Trata-se de competência do STJ (art. 105, I, alínea "i" da CF). **II:** Correto (art. 102, I, r da CF). **III:** Errado. Trata-se de competência do STJ (art. 105, II, alínea "c" da CF). **IV:** Correto (art. 102, III, alínea "c" da CF). TM

Gabarito "A".

(Juiz – TRF 2ª Região – 2017) Marque a opção correta:

(A) Os Tribunais Regionais Federais (TRFs), em seu mister de realização de controle judicial abstrato de constitucionalidade, ao julgarem ações diretas contra lei em tese devem respeitar a regra da reserva de plenário.

(B) Tanto a Ação Direta de Inconstitucionalidade, quanto a Ação Declaratória de Constitucionalidade, quanto a Arguição de Descumprimento de Preceito Fundamental são exemplos de ações de controle concentrado de constitucionalidade que somente podem ser manejadas contra leis ou atos normativos de caráter abstrato.

(C) A apreciação do aspecto jurisdicional de decisão do magistrado, realizado pelo Conselho Nacional de Justiça, pode levar o órgão a comandar a sua reforma, desde que, oportunamente (sem preclusão), tenda sido interposto o recurso judicial próprio.

(D) A competência para questionamento judicial de atos do Conselho Nacional de Justiça pertence ao Supremo Tribunal Federal, cujos Ministros Presidente, Vice-Presidente e Corregedor ficam impedidos de conhecer da ação, se tiverem participado da sessão em que se praticou o ato questionado.

(E) A técnica de "Inconstitucionalidade parcial sem redução de texto", utilizada pelo STF, corresponde ao reconhecimento de inconstitucionalidade de uma dada interpretação dentre as cabíveis de um mesmo enunciado normativo, excluindo-se do ordenamento jurídico a interpretação incompatível com a Constituição, mas mantendo como viáveis as demais não expressamente excluídas.

A: incorreta, pois o TRF não realiza controle abstrato. Assim, não confunda o STF com o TRF, nem o controle abstrato com o concreto; **B:** incorreta. O próprio STF, na ADI 4048, por exemplo, permitiu o controle nas leis orçamentárias, entendendo ser possível controle concentrado (abstrato) quanto às leis orçamentárias: "CONTROLE ABSTRATO DE CONSTITUCIONALIDADE DE NORMAS ORÇAMENTÁRIAS. REVISÃO DE JURISPRUDÊNCIA. O Supremo Tribunal Federal deve exercer

11. DIREITO CONSTITUCIONAL

sua função precípua de fiscalização da constitucionalidade das leis e dos atos normativos quando houver um tema ou uma controvérsia constitucional suscitada em abstrato, independente do caráter geral ou específico, concreto ou abstrato de seu objeto. Possibilidade de submissão das normas orçamentárias ao controle abstrato de constitucionalidade.". Além disso, na ADPF, inquestionavelmente, seu objeto não se limita apenas a leis ou atos normativos abstratos; **C:** incorreta, pois o CNJ não tem competência em matéria judicializada, nos moldes do art. 103-B, §4º, da CF; **D:** incorreta, pois não há menção a este impedimento, bem como o Ministro-Corregedor é do Superior Tribunal de Justiça; **E:** correta, tanto que na ADI 3278/SC, o STF solidificou tal entendimento: "Ação direta de inconstitucionalidade a que se dá parcial procedência, para fins de declarar a nulidade do dispositivo, sem redução de texto, de toda e qualquer interpretação do item 02 da Tabela VI da Lei Complementar 156/97, do Estado de Santa Catarina, a qual insira no âmbito de incidência material da hipótese de incidência da taxa em questão a atividade estatal de extração e fornecimento de certidões administrativas para defesa de direitos e esclarecimento de situações de interesse pessoal.". **AB**

Gabarito "E".

(Juiz – TRF 2ª Região – 2017) Sobre as "Súmulas Vinculantes", assinale a opção correta:

(A) A edição de súmula vinculante exige quórum qualificado de 2/3 (dois terços) dos Ministros do STF, sendo requisito ao exercício da competência para editá-las a existência de controvérsia atual entre órgãos do Judiciário, ou entre o Judiciário e a Administração Pública, que acarrete severa insegurança jurídica e relevante multiplicação de processos sobre questão idêntica.

(B) Os únicos legitimados para provocar a edição, o cancelamento ou a revisão de súmula vinculante são as entidades que ostentam legitimidade para provocar o controle de constitucionalidade concentrado.

(C) Em havendo contrariedade à súmula vinculante, seja ela decorrente de ato jurisdicional ou de ato administrativo, qualquer indivíduo prejudicado poderá impugnar o respectivo ato diretamente perante o STF, mediante reclamação, independentemente de esgotar outras medidas prévias.

(D) De acordo com a delimitação de competências para o controle abstrato de constitucionalidade, não é cabível o ajuizamento de Ação Direta de Inconstitucionalidade em face de Súmulas Vinculantes, sendo admissível contra elas o ajuizamento de Arguição de Descumprimento de Preceito Fundamental.

(E) Se Juiz Federal profere certa decisão e, algum tempo depois, é editada súmula vinculante em sentido contrário, pode-se dizer que a decisão do magistrado a afrontou, e é corrigível por reclamação.

A: correta, nos termos do art. 2º, §3º, da Lei 11.471/2006, em conjunto com o art. 103-A, da CF; **B:** incorreta, uma vez que o rol dos legitimados para propor a edição, a revisão ou cancelamento de uma súmula vinculante é mais amplo, nos termos do art. 3º, da Lei 11.471/2006; **C:** incorreta, pois a reclamação caberá às partes ou ao Ministério Público (art. 988, do NCPC). Em complemento, nos termos do art. 7º, §1º, da Lei 11.417/2006, contra omissão ou ato da administração público a utilização da reclamação somente será admitida após o esgotamento das vias administrativas; **D:** incorreta, pois em sede de ADI somente poderá ser discutida a constitucionalidade (ou não) de lei ou ato normativo federal ou estadual, bem como a doutrina majoritária defende não ser possível a utilização desta ação contra o texto de uma súmula vinculante. Quanto à ADPF, também não é meio hábil em face de uma

súmula vinculante. Nesse sentido o STF: "A arguição de descumprimento de preceito fundamental não é a via adequada para se obter a interpretação, a revisão ou o cancelamento de súmula vinculante." (ADPF 147/STF); **E:** incorreta, pois é totalmente incabível a utilização de uma reclamação em face do trânsito em julgado da decisão reclamada (art. 988, §5º, do NCPC). **AB**

Gabarito "A".

(Juiz – TRF 2ª Região – 2017) Analise as proposições e, ao final, marque a opção correta:

I. No exercício da jurisdição, como fundamento para apreciação de pedido, o juiz federal pode declarar a inconstitucionalidade de lei, mas não a inconstitucionalidade de emenda constitucional.

II. No sistema brasileiro de controle de constitucionalidade, cabe exclusivamente aos Poderes Legislativo e Executivo a realização de controle preventivo de constitucionalidade da lei, reservando-se ao Judiciário função repressiva.

III. Os direitos e garantias fundamentais enunciados na maioria dos incisos do artigo 5º da Constituição são normas que produzem seus efeitos típicos independentemente da atuação do legislador infraconstitucional.

IV. O direito ao exercício de profissão (inciso XIII do artigo 5º da Constituição) é clássico exemplo de norma cuja eficácia não pode ser contida, conforme amplamente decidido nos vários litígios que envolvem os Conselhos de fiscalização da profissão.

(A) Estão corretas apenas as assertivas I, II e III.

(B) Estão corretas apenas as assertivas II e III.

(C) Está correta apenas a assertiva III.

(D) Estão corretas apenas as assertivas II e IV.

(E) Estão corretas apenas as assertivas III e IV.

I: incorreta, pois no controle difuso é possível que, incidentalmente, o magistrado de 1º grau realize o controle em defesa da Constituição Federal, inclusive sobre emenda constitucional, conforme a possibilidade de existência de emenda constitucional inconstitucional; **II:** incorreta, pois o Poder Judiciário também pode realizar controle preventivo de constitucionalidade, haja vista, dentre outros, o mandado de segurança impetrado, por parlamentar, para garantia e reestabelecimento do devido processo legal. Nesse sentido é a jurisprudência do STF: "CONSTITUCIONAL. PODER LEGISLATIVO: ATOS: CONTROLE JUDICIAL. MANDADO DE SEGURANÇA. PARLAMENTARES. I. – O Supremo Tribunal Federal admite a legitimidade do parlamentar – e somente do parlamentar – para impetrar mandado de segurança com a finalidade de coibir atos praticados no processo de aprovação de lei ou emenda constitucional incompatíveis com disposições constitucionais que disciplinam o processo legislativo" (MS24.667/DF); **III:** correta, pois é a determinação constante do art. 5º, §1º, da CF, caso que não requer a atuação do legislador infraconstitucional (promoção da máxima efetividade da Constituição); **IV:** incorreta, pois trata-se de norma constitucional de eficácia contível ou contida, haja vista, por exemplo, a necessidade de aprovação no Exame de Ordem como um dos requisitos para o exercício da advocacia (art. 8º, da Lei 8.906/1994). **AB**

Gabarito "C".

(Juiz – TJ-SC – FCC – 2017) Ao disciplinar o Poder Judiciário, o Ministério Público, a Advocacia Pública e a Defensoria Pública, a Constituição Federal:

I. garante a todas essas instituições autonomia administrativa e financeira, cabendo-lhes o encaminhamento de suas propostas orçamentárias ao Chefe do Poder Executivo, dentro dos limites estipulados conjuntamente com os demais Poderes na lei de diretrizes orçamentárias.

II. garante a todas essas instituições autonomia administrativa e funcional, a ser exercida nos termos da lei.

III. garante a todas essas instituições a iniciativa legislativa privativa para propor ao Poder Legislativo projeto de lei versando sobre a respectiva organização e funcionamento, observadas as normas da Constituição Federal a esse respeito.

IV. veda ao Poder Executivo realizar ajustes nas propostas orçamentárias encaminhadas pelo Poder Judiciário e pelo Ministério Público, ainda que seja para adequá-las aos limites previstos na Lei de Diretrizes Orçamentárias.

V. veda aos membros do Ministério Público o exercício da advocacia e aos membros da Defensoria Pública o exercício da advocacia fora das atribuições institucionais.

Está correto o que se afirma APENAS em:

(A) I, II e III.

(B) II e IV.

(C) I e V.

(D) V.

(E) III e IV.

I: incorreta, pois a advocacia pública não possui sua iniciativa de proposta orçamentária, mas somente o Poder Judiciário (art. 99, § 1º, da CF), o Ministério Público (art. 127, §3º, da CF) e as Defensorias Públicas dos Estados e da União (art. 134, §§2º e 3º, da CF); **II:** incorreta, pois somente ao Poder Judiciário, ao Ministério Público e às Defensorias foram garantidas suas autonomias administrativas e funcionais; **III:** incorreta, pois o projeto de lei é encaminhado ao Poder Executivo; **IV:** incorreta, pois poderá o Poder Executivo realizar tais ajustes como, por exemplo, garantido no art. 99, §4º, da CF; **V:** correta, pois está na literalidade dos arts. 134, §1º, da CF ("§ 1º Lei complementar organizará a Defensoria Pública da União e do Distrito Federal e dos Territórios e prescreverá normas gerais para sua organização nos Estados, em cargos de carreira, providos, na classe inicial, mediante concurso público de provas e títulos, assegurada a seus integrantes a garantia da inamovibilidade e vedado o exercício da advocacia fora das atribuições institucionais.") e art. 128, §5º, II, *b*, da CF ("§ 5º Leis complementares da União e dos Estados, cuja iniciativa é facultada aos respectivos Procuradores-Gerais, estabelecerão a organização, as atribuições e o estatuto de cada Ministério Público, observadas, relativamente a seus membros: II – as seguintes vedações: b) exercer a advocacia;"). Todavia, deve-se ressaltar que, excepcionalmente, nos termos do art. 29, §3º, do ADCT, o membro do Ministério Público poderá exercer a advocacia se admitido antes da promulgação da Constituição. Contudo, a banca examinadora manteve o gabarito por se tratar de regra expressamente prevista no texto constitucional. **AB**
Gabarito "D".

(Delegado/MT – 2017 – CESPE) No estado de Mato Grosso, Pedro cometeu crime contra a economia popular; Lucas cometeu crime de caráter transnacional contra animal silvestre ameaçado de extinção; e Raí, um agricultor, cometeu crime comum contra índio, no interior de reserva indígena, motivado por disputa sobre direitos indígenas.

Nessa situação hipotética, a justiça comum estadual será competente para processar e julgar

(A) somente Pedro e Raí.

(B) somente Lucas e Raí.

(C) Pedro, Lucas e Raí.

(D) somente Pedro.

(E) somente Pedro e Lucas.

De acordo com a Súmula 498 do STF "Compete à Justiça dos Estados, em ambas as instâncias, o processo e o julgamento dos crimes contra a economia popular". Dessa forma está errada a alternativa **B**. O Plenário do Supremo Tribunal Federal decidiu que compete à Justiça Federal processar e julgar crime ambiental de caráter transnacional que envolva animais silvestres, ameaçados de extinção, espécimes exóticas, ou protegidos por compromissos internacionais assumidos pelo Brasil (Recurso Extraordinário 835558). Assim também erradas as alternativas **C** e **E**. Nos termos do art. 109, inciso XI, CF, aos juízes federais compete processar e julgar a disputa sobre direitos indígenas, errada, portanto, a alternativa **A**. Correta por consequência a alternativa D. **LR**
Gabarito "D".

(Delegado/MT – 2017 – CESPE) Em determinado estado da Federação, um juiz de direito estadual, um promotor de justiça estadual e um procurador do estado cometeram, em momentos distintos, crimes comuns dolosos contra a vida. Não há conexão entre esses crimes. Sabe-se que a Constituição do referido estado prevê que crimes comuns praticados por essas autoridades sejam processados e julgados pelo respectivo tribunal de justiça.

Nessa situação hipotética, segundo o entendimento do STF, será do tribunal do júri a competência para processar e julgar somente o

(A) promotor de justiça.

(B) juiz de direito.

(C) procurador do estado e o promotor de justiça.

(D) promotor de justiça e o juiz de direito.

(E) procurador do estado.

Nos termos da Súmula Vinculante 45 "a competência constitucional do Tribunal do Júri prevalece sobre o foro por prerrogativa de função estabelecido exclusivamente pela Constituição Estadual". Há foro por prerrogativa de função previsto na Constituição Federal para juízes e promotores (Art. 96. Compete privativamente: (...) III – aos Tribunais de Justiça julgar os juízes estaduais e do Distrito Federal e Territórios, bem como os membros do Ministério Público, nos crimes comuns e de responsabilidade, ressalvada a competência da Justiça Eleitoral"). Logo, na situação hipotética, o TJ seria competente para julgar o juiz e o promotor, mas o procurador de estado seria submetido a julgamento pelo Tribunal do Júri. Portanto, correta a alternativa **E**. **LR**
Gabarito "E".

13. DAS FUNÇÕES ESSENCIAIS À JUSTIÇA

(Procurador/PA – CESPE – 2022) Em relação ao Ministério Público, assinale a opção correta, à luz da CF.

(A) O Ministério Público, na condição de quarto Poder da República, é instituição permanente e essencial à função jurisdicional do Estado, incumbindo-lhe a defesa da ordem jurídica, do regime democrático e dos interesses sociais e individuais indisponíveis.

(B) O Ministério Público, além de defender o regime democrático, atua, nos termos da sua lei orgânica, nas atividades de consultoria e assessoramento jurídico do Poder Executivo.

(C) O Ministério Público da União tem como chefe o procurador-geral da República, nomeado pelo presidente da República entre os indicados em lista

11. DIREITO CONSTITUCIONAL   527

tríplice elaborada pelos membros da instituição, após a aprovação de seu nome pela maioria absoluta dos membros do Senado Federal, para mandato de dois anos, permitida a recondução.

(D) O Ministério Público tem a função institucional de defender judicialmente os direitos e interesses das populações indígenas.

(E) O Ministério Público exerce o controle interno e externo da atividade policial, na forma estabelecida em lei complementar da União e dos estados.

A: Incorreta. O Ministério Público não se constitui em um quarto Poder. **B**: Incorreta. O Ministério Público não atua nas atividades de consultoria e assessoramento jurídico do Poder Executivo, pois essa tarefa cabe à Advocacia Geral da União e às procuradorias estaduais. **C**: Incorreta. A redação do art. 128, § 1º, da CF não prevê lista tríplice elaborada pelos membros da instituição: "O Ministério Público da União tem por chefe o Procurador-Geral da República, nomeado pelo Presidente da República dentre integrantes da carreira, maiores de trinta e cinco anos, após a aprovação de seu nome pela maioria absoluta dos membros do Senado Federal, para mandato de dois anos, permitida a recondução". **D**: Correta. É o que dispõe o art. 129, V, da CF. **E**: Incorreta. O art. 129, VII, da CF, prescreve que são funções institucionais do Ministério Público, entre outros: "exercer o controle externo da atividade policial, na forma da lei complementar mencionada no artigo anterior". **AMN**

„Gabarito "D".

(Delegado/MG – 2021 – FUMARC) NÃO se trata de uma Função Essencial à Justiça:

(A) a Advocacia, pública ou privada.

(B) a Defensoria Pública.

(C) a Polícia Civil.

(D) o Ministério Público.

As Funções Essenciais à Justiça vêm previstas nos arts. 127 a 135 da CF/88 e incluem: o Ministério Público (arts. 127 a 130-A), a Advocacia Pública (arts. 131 e 132), a Advocacia privada (art. 133) e a Defensoria Pública (arts. 134 e 135). Sendo assim, a **Polícia Civil** é a única **não** se inclui no rol das funções. **BV**

„Gabarito "C".

(Promotor de Justiça/CE – 2020 – CESPE/CEBRASPE) Segundo a CF, o Conselho Nacional do Ministério Público (CNMP)

(A) conta obrigatoriamente com advogados públicos e juízes na sua composição.

(B) é competente para exercer o controle da atuação administrativa e financeira do Ministério Público.

(C) pode rever, desde que mediante provocação, processos disciplinares de membros do Ministério Público.

(D) escolherá, em votação secreta, um corregedor nacional, dentre todos os membros integrantes do CNMP.

(E) é presidido pelo corregedor nacional do Ministério Público.

A: incorreta, pois o artigo 130-A, inciso IV , fala de dois advogados apenas. **B**: correta, conforme artigo 130-A, § 2º, da CF. **C**: incorreta, pois a revisão de processos disciplinares poderá ser de ofício ou mediante provocação (artigo 130-A, § 2º, inciso IV, da CF). **D**: incorreta (artigo 130-A, § 3º, da CF). **E**: incorreta, porque é presidido pelo Procurador-Geral da República (artigo 130-A, inciso I, da CF). **AB**

„Gabarito "B".

(Promotor de Justiça/SP – 2019 – MPE/SP) Assinale a alternativa **INCORRETA.**

(A) Compete ao Procurador-Geral de Justiça dispor sobre a organização e o funcionamento do Ministério Público, podendo, por meio de ato normativo, regulamentar a criação ou extinção de Procuradorias e Promotorias de Justiça.

(B) A iniciativa legislativa prevista no art. 127, § 2º, da Constituição, para a criação de cargos e serviços auxiliares, a política remuneratória e os planos de carreira do Ministério Público, no âmbito estadual, é privativa do Procurador-Geral de Justiça.

(C) A independência funcional garantida pelo art. 127, § 1º, da Constituição da República, não é irrestrita, pois o membro do Ministério Público deve respeito à Constituição da República e às leis.

(D) O princípio do Promotor Natural decorre das garantias da inamovibilidade dos membros do Ministério Público, da independência funcional, do devido processo legal, e do postulado da autoridade natural inerente à cláusula do devido processo legal, o que impede ao Procurador- Geral de Justiça designar, livremente, os membros do Ministério Público ou escolher, segundo critérios de conveniência e oportunidade, quem deva apreciar este ou aquele fato.

(E) O art. 128, § 5º, da Constituição da República, não substantiva reserva absoluta à lei complementar para conferir atribuições ao Ministério Público ou a cada um dos seus ramos, na União ou nos Estados-membros, porque a Constituição Federal admite que a Instituição possa exercer outras funções que lhe forem conferidas, desde que compatíveis com sua finalidade, sendo-lhe vedada a representação judicial e a consultoria jurídica de entidades públicas. Leis ordinárias, portanto, podem aditar novas funções às diretamente outorgadas ao Ministério Público pela Constituição.

Letra A é a única incorreta, pois para tal ação se exige a lei, não mero ato normativo. **AB**

„Gabarito "A".

(Juiz de Direito – TJ/SC – 2019 – CESPE/CEBRASPE) A constituição de determinado estado da Federação dispõe que aos defensores públicos serão garantidas as mesmas prerrogativas, os mesmos impedimentos e os mesmos vencimentos dos membros do Ministério Público. Nessa situação hipotética, à luz do disposto na Constituição Federal de 1988 (CF) e do entendimento jurisprudencial do STF, a referida norma estadual é

(A) constitucional, pois é uma opção viável do constituinte originário do estado.

(B) inconstitucional, pois ofende norma da CF, que veda a equiparação e a vinculação remuneratória entre os referidos órgãos.

(C) constitucional, pois a CF confere as mesmas vantagens e os mesmos impedimentos aos integrantes das carreiras dos referidos órgãos.

(D) inconstitucional, pois o constituinte estadual não pode dispor sobre a organização dos órgãos que componham as funções essenciais à justiça.

(E) constitucional, por consagrar a isonomia entre integrantes das carreiras dos referidos órgãos, que têm estatutos jurídicos semelhantes.

Correta é a letra B, nos termos da ADI 145, do STF (Ver informativo 907, do STF). A letras **A**, **C** e **E** estão erradas, pois ofendem o artigo 37, XIII, da CF. A letra **D** está errada, pois não guarda compatibilidade com o enunciado. **AB**
„Gabarito „B".

(Delegado – PC/BA – 2018 – VUNESP) A Constituição Federal de 1988 proclama que o advogado é indispensável à administração da Justiça, sendo inviolável por seus atos e manifestações no exercício da profissão, nos limites da lei. Em decorrência de tal previsão constitucional, é correto afirmar que

(A) a garantia da inviolabilidade não abrange manifestações injuriosas, ainda que proferidas no estrito âmbito de discussão da causa.

(B) a garantia da inviolabilidade alcança a relação advogado-cliente, não havendo dano moral em carta de cobrança de honorários que possua expressões ofensivas.

(C) a garantia da inviolabilidade impede processar criminalmente um advogado pela suposta prática de crime de desacato.

(D) o princípio da indispensabilidade determina que somente advogados possam fazer sustentação oral em julgamento no Supremo Tribunal Federal.

(E) o princípio da indispensabilidade possui exceções, como a impetração de habeas corpus e mandado de segurança.

A: incorreta, pois o advogado tem imunidade profissional, não constituindo injúria ou difamação puníveis qualquer manifestação de sua parte, no exercício de sua atividade, em juízo ou fora dele, sem prejuízo das sanções disciplinares perante a OAB, pelos excessos que cometer (art. 7º, § 2º, da Lei 8.906/1994; ADIN 1.127-8); **B:** incorreta, já que a imunidade do advogado não alcança as relações do profissional com o seu próprio cliente. Nessa linha, o seguinte julgado do STF: "*Advogado: imunidade judiciária (CF, art. 133): não compreensão de atos relacionados a questões pessoais. A imunidade do advogado — além de condicionada aos 'limites da lei', o que, obviamente, não dispensa o respeito ao núcleo essencial da garantia da libertas conviciandi — não alcança as relações do profissional com o seu próprio cliente.*" (RE 387.945, rel. min. Sepúlveda Pertence, Primeira Turma, j. em 14-2-2006); **C:** incorreta, visto que o STF declarou a inconstitucionalidade da expressão "ou desacato" contida no § 2º do art. 7º da Lei 8.906/1994, acabando com a imunidade material do advogado em relação a esse crime. "*A imunidade profissional do advogado não compreende o desacato, pois conflita com a autoridade do magistrado na condução da atividade jurisdicional*" (ADI 1127, Rel. Min. Marco Aurélio, Rel. p/ Acórdão: Min. Ricardo Lewandowski, Tribunal Pleno, julgado em 17-05-2006); **D:** correta, de acordo com o art. 124, parágrafo único, do Regimento Interno do Supremo Tribunal Federal e com a jurisprudência daquela Corte que afirma que não tem sustentação oral, perante o Supremo Tribunal Federal, por quem não é advogado (HC 63388 QO, Rel.: Min. Octavio Gallotti, Primeira Turma, j. em 25-04-1986); **E:** incorreta, pois a impetração de mandado de segurança não admite exceção ao princípio da indispensabilidade do advogado. **AN**
„Gabarito „D".

(Defensor Público – DPE/SC – 2017 – FCC) A Emenda Constitucional n. 80/2014 representou importante marco no fortalecimento institucional da Defensoria Pública em sede constitucional. Considere as assertivas a seguir:

I. No prazo de dez anos, a União, os Estados e o Distrito Federal deverão contar com defensores públicos em todas as unidades jurisdicionais.

II. O número de defensores públicos na unidade jurisdicional será proporcional à efetiva demanda pelo serviço da Defensoria Pública e à respectiva população.

III. A Emenda Constitucional n. 80/2014 consagrou a autonomia funcional e administrativa e a iniciativa de sua proposta orçamentária das Defensorias Públicas Estaduais e Federal.

IV. Muito embora sua importância em diversos aspectos, a Emenda Constitucional n. 80/2014 deixou de consagrar expressamente a atribuição da Defensoria Pública para promover a defesa dos direitos coletivos das pessoas necessitadas.

A respeito das inovações trazidas pela referida emenda, considerando também o que dispõe o artigo 98 do Ato das Disposições Constitucionais Transitórias – ADCT, está correto o que se afirma APENAS em

(A) III e IV.

(B) II e IV.

(C) I, II e III.

(D) II, III e IV.

(E) II.

I: Errado. No prazo de 8 (oito) anos (art. 98, § 1º, do ADCT). **II:** Certo (art. 98, *caput*, do ADCT). **III:** Errado. A autonomia funcional e administrativa e a iniciativa da proposta orçamentária das Defensorias foram consagradas a partir da Emenda Constitucional n. 45. **IV:** Errado. A EC 8/2014 consagrou expressamente a defesa das pessoas necessitadas (art. 134, *caput*, da CF). **TM**
„Gabarito „E".

(Defensor Público – DPE/SC – 2017 – FCC) A respeito do direito fundamental à assistência jurídica e do regime constitucional da Defensoria Pública na jurisprudência do Supremo Tribunal Federal, considere:

I. O Supremo Tribunal Federal considera hipótese de "estado de coisas inconstitucional" a atribuição de legitimidade ao Ministério Público para o ajuizamento de ação civil *ex delito*, nos termos do artigo 68 do Código de Processo Penal.

II. Em que pese o Supremo Tribunal Federal, no julgamento da ADI 3.943, tenha reconhecido a constitucionalidade da legitimidade atribuída à Defensoria Pública para a propositura de ação civil pública por meio de alteração na Lei n. 7.347/1985, a decisão adotou, na sua fundamentação, o conceito restritivo de necessitado, limitado ao aspecto econômico.

III. É inconstitucional a celebração de qualquer convênio entre a Defensoria Pública e a Ordem dos Advogados do Brasil para a prestação de assistência suplementar nos Estados em que a cobertura da instituição não alcança todas as localidades.

IV. O Supremo Tribunal Federal já admitiu em alguns julgados o controle judicial de políticas públicas atinentes ao serviço público de assistência jurídica, inclusive no sentido de obrigar o Estado a adotar medidas prestacionais voltadas a assegurar a efetivação do direito fundamental à assistência jurídica de titularidade dos indivíduos e grupos sociais necessitados.

Está correto o que se afirma APENAS em

(A) IV.

(B) III e IV.

(C) I e III.

(D) II, III e IV.

(E) I e IV.

I: Errado. O STF considera a atribuição de legitimidade ao Ministério Público para o ajuizamento de ação civil *ex delito* como condição de norma ainda constitucional – que configura um transitório estágio intermediário situado "entre os estados de plena constitucionalidade ou de absoluta inconstitucionalidade e não estado de coisas "inconstitucional" (AI 482332 / SP – STF – Pub. 2.6.2004). **II:** Errado. No julgamento da ADI, o que se definiu foi que a caracterização de pessoas necessitadas é suficiente a justificar a legitimidade da Defensoria Pública para não esvaziar as finalidades de sua origem. Assim, condiciona a atuação da Defensoria Pública à comprovação prévia da pobreza do público-alvo diante de situação justificadora do ajuizamento de ação civil pública. **III:** Errado. O STF julgou inconstitucional (ADI 4163) a norma que obriga o convênio, mas nada impede que o faça espontaneamente sem vinculação de obrigatoriedade. **IV:** Correta. "o Poder Judiciário dispõe de competência para exercer, no caso concreto, controle de legitimidade sobre a omissão do Estado na implementação de políticas públicas cuja efetivação lhe incumbe por efeito de expressa determinação constitucional, sendo certo, ainda, que, ao assim proceder, o órgão judiciário competente estará agindo dentro dos limites de suas atribuições institucionais, sem incidir em ofensa ao princípio da separação de poderes, tal como tem sido reconhecido, por esta Suprema Corte, em sucessivos julgamentos" (RE 367.432-AgR/PR, Rel. Min. EROS GRAU – RE 543.397/PR, Rel. Min. EROS GRAU – RE 556.556/PR, Rel. Min. ELLEN GRACIE, v.g.) **TM**
Gabarito "A".

(Procurador do Município – Prefeitura Fortaleza/CE – CESPE – 2017) A respeito das funções essenciais à justiça, julgue os itens seguintes à luz da CF.

(1) Aos defensores públicos é garantida a inamovibilidade e vedada a advocacia fora das atribuições institucionais.

(2) Em decorrência do princípio da unidade, membro do MP não pode recorrer de **decisão** proferida na segunda instância se o acórdão coincidir com o que foi preconizado pelo promotor que atuou no primeiro grau de jurisdição.

(3) De acordo com o entendimento do STF, são garantidas ao advogado público independência funcional e inamovibilidade.

(4) O ente federado tanto pode optar pela constituição de defensoria pública quanto firmar convênio exclusivo com a OAB para prestar assistência jurídica integral aos hipossuficientes.

---

1. Correta. Art. 134, § 1º, CF; **2.** incorreta. O princípio da unidade tem natureza administrativa. Significa que os membros do MP estão sob a direção de um único chefe, devendo ser visto como uma única instituição. Não impede que o procurador regional da República discorde do procurador da República que atue em primeira instância; **3.** incorreta. A advocacia pública não tem independência funcional e nem garantia de inamovibilidade; **4.** incorreta. O ente federado deve organizar sua defensoria pública, sob pena de omissão inconstitucional. **TM**
Gabarito "1C, 2E, 3E, 4E".

(Delegado/GO – 2017 – CESPE) No modelo de funcionamento da justiça montado no Brasil, entendeu-se ser indispensável a existência de determinadas funções essenciais à justiça. Nesse sentido, a CF considera como funções essenciais à justiça

(A) o Poder Judiciário, o Ministério Público, a defensoria pública, a advocacia e as polícias civil e militar.

(B) o Ministério Público, a defensoria pública, a advocacia pública, a advocacia e as polícias civil e militar.

(C) o Poder Judiciário e o Ministério Público.

(D) o Ministério Público, a defensoria pública, a advocacia pública e a advocacia.

(E) o Poder Judiciário, o Ministério Público e a defensoria pública.

As funções essenciais à justiça estão disciplinadas na Constituição Federal no Capítulo IV do Título IV – Da Organização dos Poderes. Sendo Seção I – Do Ministério Público, Seção II – Da Advocacia Pública, Seção III – Da Advocacia e Seção IV – Da Defensoria Pública. O Poder judiciário é um dos Poderes e não uma função essencial. As polícias fazem parte da Segurança Pública (artigo 144, CF). Desse modo correta a alternativa D. **LR**
Gabarito "D".

(Delegado/GO – 2017 – CESPE) À luz da CF, assinale a opção correta a respeito do Ministério Público.

(A) Segundo a CF, são princípios institucionais aplicáveis ao Ministério Público: a unidade, a indivisibilidade, a independência funcional e a inamovibilidade.

(B) Foi com a CF que a atividade do Ministério Público adquiriu o *status* de função essencial à justiça.

(C) O STF, ao tratar das competências e prerrogativas do Ministério Público, estabeleceu o entendimento de que membro desse órgão pode presidir inquérito policial.

(D) A CF descreve as carreiras abrangidas pelo Ministério Público e, entre elas, elenca a do Ministério Público Eleitoral.

(E) A exigência constitucional de que o chefe do Ministério Público da União, procurador-geral da República, pertença à carreira significa que ele, para o exercício do cargo, pode pertencer tanto ao Ministério Público Federal quanto ao estadual.

A alternativa **A** está errada, pois a inamovibilidade não é um princípio institucional do Ministério Público e sim uma das garantias conferidas a seus membros. Ver artigos 127 e 128, § 5º, inciso I, alínea "b", CF. Correta a alternativa **B**, pois antes da atual Constituição o Ministério Público era ligado ao Poder Executivo. A alternativa **C** está errada. Conforme já decidido pelo STF "Na esteira de precedentes desta Corte, malgrado seja defeso ao Ministério Público presidir o inquérito policial propriamente dito, não lhe é vedado, como titular da ação penal, proceder investigações" (RE 449206). Errada a alternativa **D**. Nos termos do artigo 128, CF "O Ministério Público abrange: I – o Ministério Público da União, que compreende: a) o Ministério Público Federal; b) o Ministério Público do Trabalho; c) o Ministério Público Militar; d) o Ministério Público do Distrito Federal e Territórios; II – os Ministérios Públicos dos Estados." Logo, não está elencado o Ministério Público Eleitoral. A alternativa **E** está errada. Ele deve pertencer à carreira do Ministério Público da União, ou seja, pode ser do Ministério Público Federal; do Ministério Público do Trabalho; do Ministério Público Militar; ou do Ministério Público do Distrito Federal e Territórios. **LR**
Gabarito "B".

14. DEFESA DO ESTADO

(Juiz de Direito – TJ/SC – 2019 – CESPE/CEBRASPE) A respeito da organização dos poderes e da defesa do estado e das instituições democráticas, assinale a opção correta.

(A) É viável o controle judicial da legalidade dos atos praticados por agentes públicos na vigência de estado de sítio.

(B) Durante o estado de sítio, imunidades de deputados e senadores só podem ser suspensas por voto da maioria absoluta da respectiva casa, nos casos de atos incompatíveis com a execução da medida.

(C) Compete ao Conselho da República opinar sobre a decretação do estado de defesa, do estado de sítio e da intervenção federal.

(D) O estado de sítio somente poderá ser decretado quando presente a declaração do estado de guerra ou diante de ineficácia das medidas tomadas durante o estado de defesa.

(E) O estado de defesa poderá ser decretado apenas após a deliberação da maioria absoluta do Congresso Nacional.

Correta é a letra **A**, pois a vigência do estado de sítio não afasta os deveres de legalidade do agente público, nos termos do artigo 141, da CF: "Cessado o estado de defesa ou o estado de sítio, cessarão também seus efeitos, sem prejuízo da responsabilidade pelos ilícitos cometidos por seus executores ou agentes.". A letra **B** está errada, pois requer 2/3 dos votos, nos termos do artigo 53, § 8º, da CF. Errada a letra **C**, pois não condiz com a literalidade do artigo 90, I, da CF, pois é caso de pronunciamento, não de opinião. A letra **D** está errada, porque ofende os incisos do artigo 137, da CF. A letra **E** está errada, pois a decretação é anterior à manifestação do Congresso Nacional: "Decretado o estado de defesa ou sua prorrogação, o Presidente da República, dentro de vinte e quatro horas, submeterá o ato com a respectiva justificação ao Congresso Nacional, que decidirá por maioria absoluta." (artigo 136, § 4º, da CF). **AB**
Gabarito "A".

(Delegado – PC/BA – 2018 – VUNESP) Assinale a alternativa que corretamente trata do sistema constitucional de crises.

(A) Na hipótese extrema do estado de defesa, quando medidas enérgicas devem ser tomadas para preservar a ordem pública, o preso pode ficar, excepcionalmente, incomunicável.

(B) O Estado de Sítio pode ser defensivo, tendo como pressuposto material a ocorrência de uma comoção grave, cuja repercussão é nacional e que não pode ser debelada com os instrumentos normais de segurança.

(C) Logo que cesse o Estado de Defesa ou o Estado de Sítio, as medidas aplicadas em sua vigência pelo Presidente da República serão relatadas em mensagem ao Supremo Tribunal Federal, pois cumpre ao Judiciário o controle de legalidade dos atos praticados.

(D) Cessado o Estado de Sítio, cessam imediatamente seus efeitos, de modo que os atos coercitivos autorizados em decreto, executados pelos delegados do Presidente da República, são imunes ao controle judicial.

(E) Os pareceres emitidos pelos Conselhos da República e de Defesa Nacional não são vinculantes, cabendo a decretação do estado de defesa ao Presidente da República, que expedirá decreto estabelecendo a duração da medida.

A: incorreta, pois, na vigência do estado de defesa, é vedada a incomunicabilidade do preso (art. 136, § 3º, IV, da CF); **B:** incorreta, porque o estado de sítio defensivo tem como pressuposto material a declaração de estado de guerra ou resposta a agressão armada estrangeira (art. 137, II, da CF); **C:** incorreta, pois, logo que cesse o estado de defesa ou o estado de sítio, as medidas aplicadas em sua vigência serão relatadas pelo Presidente da República, em mensagem ao **Congresso Nacional**, com especificação e justificação das providências adotadas,

com relação nominal dos atingidos e indicação das restrições aplicadas (art. 141, parágrafo único, da CF); **D:** incorreta, já que, cessado o estado de defesa ou o estado de sítio, cessarão também seus efeitos, sem prejuízo da responsabilidade pelos ilícitos cometidos por seus executores ou agentes (art. 141, *caput*, da CF); **E:** correta, pois o Presidente da República pode, **ouvidos** – não é vinculante – o Conselho da República e o Conselho de Defesa Nacional, **decretar** estado de defesa para preservar ou prontamente restabelecer, em locais restritos e determinados, a ordem pública ou a paz social ameaçadas por grave e iminente instabilidade institucional ou atingidas por calamidades de grandes proporções na natureza. O decreto que instituir o estado de defesa determinará o tempo de sua duração, especificará as áreas a serem abrangidas e indicará as medidas coercitivas a vigorarem (art. 136, *caput* e § 1º, da CF). **AN**
Gabarito "E".

(Investigador – PC/BA – 2018 – VUNESP) Com base nas previsões da Constituição Federal de 1988, é correto afirmar sobre a segurança pública que

(A) às polícias civis, dirigidas por delegados de polícia de carreira, incumbem, ressalvada a competência da União, as funções de polícia judiciária e a apuração de infrações penais, inclusive as militares.

(B) é competência concorrente das polícias federal e civil as funções de polícia judiciária da União.

(C) os servidores policiais serão remunerados exclusivamente por subsídio fixado em parcela única, vedado o acréscimo de qualquer gratificação, adicional, abono, prêmio, verba de representação ou outra espécie remuneratória.

(D) é permitido aos Municípios que detenham a partir de 30 (trinta) mil habitantes a constituição de guardas municipais destinadas à proteção de seus bens, serviços e instalações.

(E) compete à polícia civil exercer, com exclusividade, as funções de polícia judiciária da União.

A: incorreta, visto que às polícias civis, dirigidas por delegados de polícia de carreira, incumbem, ressalvada a competência da União, as funções de polícia judiciária e a apuração de infrações penais, **exceto as militares** (art. 144, § 4º, da CF); **B e E:** incorretas, pois compete à polícia federal exercer, **com exclusividade**, as funções de polícia judiciária da União (art. 144, § 1º, IV, da CF); **C:** correta, de acordo com o art. 144, § 9º, combinado com o art. 39, § 4º, ambos da CF; **D:** incorreta, porque os municípios poderão constituir guardas municipais destinadas à proteção de seus bens, serviços e instalações, independentemente do número de habitantes (art. 144, § 8º, da CF). **AN**
Gabarito "C".

(Procurador Municipal – Prefeitura/BH – CESPE – 2017) Com relação ao estado de defesa, assinale a opção correta.

(A) A prisão por crime contra o Estado, determinada pelo executor da medida, será por este comunicada imediatamente ao juiz competente, ficando a autoridade policial dispensada de apresentar o exame de corpo de delito do detido.

(B) O estado de defesa poderá ser instituído por decreto que especifique as áreas a serem abrangidas e as medidas coercitivas a vigorarem, a exemplo de restrições de direitos e ocupação e uso temporário de bens e serviços públicos.

(C) O tempo de duração do estado de defesa não poderá ser prorrogado.

11. DIREITO CONSTITUCIONAL — 531

(D) O sigilo de correspondência e de comunicação telefônica permanecem invioláveis na vigência do estado de defesa.

A: incorreta. Não reflete o disposto no art. 136, § 3º, I, da CF, que prevê a possibilidade de o preso requerer exame de corpo de delito; **B:** correta. Art. 136, § 1º, CF; **C:** incorreta. Não reflete o disposto no art. 136, § 2º, que prevê o prazo de 30 dias, podendo ser prorrogado uma única vez; **D:** Incorreta. Podem ser restringidos de acordo com o art. 136, § 1º, I, *b e c*, CF. **TM**

Gabarito "B".

(Delegado/AP – 2017 – FCC) Ao disciplinar a Defesa do Estado e das Instituições Democráticas, a Constituição Federal prescreve que

(A) o estado de sítio e o estado de defesa podem ser decretados pelo Presidente da República, desde que previamente autorizados pelo Congresso Nacional, por maioria absoluta dos membros de cada Casa Legislativa.

(B) o estado de sítio pode ser decretado para preservar ou prontamente restabelecer, em locais restritos e determinados, a ordem pública ou a paz social ameaçadas por grave e iminente instabilidade institucional ou atingidas por calamidades de grandes proporções na natureza.

(C) o decreto que instituir o estado de defesa deve, dentre outros requisitos, especificar as medidas coercitivas que vigorarão no período de sua vigência, dentre as quais são admissíveis restrições aos direitos de sigilo de correspondência, de sigilo de comunicação telegráfica e telefônica e de reunião.

(D) o estado de sítio é uma limitação circunstancial ao poder constituinte reformador, uma vez que a Constituição Federal não pode ser emendada durante sua vigência, ao contrário do estado de defesa, que não impede a aprovação de emendas constitucionais no período.

(E) o decreto que instituir o estado de sítio deve indicar as garantias constitucionais que ficarão suspensas no período de sua vigência, sendo vedado, contudo, o estabelecimento de restrições relativas à liberdade de imprensa, radiodifusão e televisão.

Errada a alternativa **A**, pois o Estado de Defesa é desde logo decretado pelo Presidente da República e posteriormente analisado pelo Congresso Nacional, sendo que apenas a decretação do Estado de Sítio é que depende de autorização (artigos 136 e 137, CF). O descrito na alternativa **B** está errado pois diz respeito ao Estado de Defesa (artigo 136, CF). Perfeita a alternativa **C** que reproduz o artigo 136, § 1º, CF. Ambos os Estados são limites circunstanciais ao poder constituinte reformador (artigo 60, § 1º, CF), logo errada a alternativa **D** Também a alternativa **E** está errada, pois conforme artigos 138 e 139, CF são possíveis restrições relativas à liberdade de imprensa, radiodifusão e televisão, na forma da lei. **LR**

Gabarito "C".

(Delegado/MS – 2017 – FAPEMS) Sobre a segurança pública, à luz da Constituição da República em vigor e dos entendimentos do Supremo Tribunal Federal (STF), assinale a alternativa correta.

(A) No entendimento atual do STF, é constitucional a exigência de dispositivo de Constituição Estadual que exija que o Superintendente da Polícia Civil seja um delegado de polícia integrante da classe final da carreira.

(B) Conforme já pronunciou o STF, é dever do Estado manter em seus presídios os padrões mínimos de humanidade previstos no ordenamento jurídico, sendo de sua responsabilidade, nos termos do artigo 37, § 6º, da Constituição da República, a obrigação de ressarcir os danos, inclusive morais, comprovadamente causados aos detentos em decorrência da falta ou insuficiência das condições legais de encarceramento.

(C) O Distrito Federal tem por peculiaridade que a sua polícia civil e sua polícia militar sejam organizadas e mantidas pela União, nos termos da Constituição da República, e não sejam subordinadas ao Governador do Distrito Federal.

(D) O Estado-membro responsável pela unidade prisional é que deverá pagar a indenização por danos morais ao preso se os padrões mínimos de humanidade previstos no ordenamento jurídico forem descumpridos. Esse pagamento, conforme o STF, pode se dar em pecúnia ou por meio de remição da pena.

(E) O exercício do direito de greve, sob qualquer forma ou modalidade, é vedado aos policiais civis, embora possa ser permitido de forma lícita em situações excepcionais a outros servidores públicos que atuem diretamente na área de segurança pública.

Errada a alternativa **A**. Conforme decidido pelo STF na ADI 3.077 Sergipe "Ausência de vício formal de iniciativa quando a emenda da Constituição estadual adequar critérios de escolha do chefe da Polícia Civil aos parâmetros fixados no art. 144, § 4º, da Constituição da República. Impõe-se, na espécie, interpretação conforme para circunscrever a escolha do Governador do Estado a delegados ou delegadas integrantes da carreira policial, independente do estágio de sua progressão funcional." Correta a alternativa **B**. O Plenário do STF aprovou a seguinte tese, para fim de repercussão geral, "Considerando que é dever do Estado, imposto pelo sistema normativo, manter em seus presídios os padrões mínimos de humanidade previstos no ordenamento jurídico, é de sua responsabilidade, nos termos do artigo 37, parágrafo 6º, da Constituição, a obrigação de ressarcir os danos, inclusive morais, comprovadamente causados aos detentos em decorrência da falta ou insuficiência das condições legais de encarceramento". (Recurso Extraordinário 580252). Errada a alternativa **C**. Vide Lei 6.450/1977, art. 1º, com redação dada pela Lei 12.086, de 2009). "A Polícia Militar do Distrito Federal, instituição permanente, fundamentada nos princípios da hierarquia e disciplina, essencial à segurança pública do Distrito Federal e ainda força auxiliar e reserva do Exército nos casos de convocação ou mobilização, organizada e mantida pela União nos termos do inciso XIV do art. 21 e dos §§ 5º e 6º do art. 144 da Constituição Federal, subordinada ao Governador do Distrito Federal, destina-se à polícia ostensiva e à preservação da ordem pública no Distrito Federal." Errada a alternativa **D**. Na referida decisão proferida pelo STF no Recurso Extraordinário 580252 "houve diferentes posições entre os ministros quanto à reparação a ser adotada, ficando majoritária a indenização em dinheiro e parcela única. A proposta feita pelo ministro Luís Roberto Barroso de substituição da indenização em dinheiro pela remição da pena, com redução dos dias de prisão proporcionalmente ao tempo em situação degradante foi seguida pelos ministros Luiz Fux e Celso de Mello, mas minoritária. Errada a alternativa **E**. Por maioria de votos, o Plenário do Supremo Tribunal Federal reafirmou entendimento no sentido de que é inconstitucional o exercício do direito de greve por parte de policiais civis e demais servidores públicos que atuem diretamente na área de segurança pública (Recurso Extraordinário com Agravo (ARE) 654432, com repercussão geral reconhecida). **LR**

Gabarito "B".

15. TRIBUTAÇÃO E ORÇAMENTO

(Juiz de Direito/AP – 2022 – FGV) A instituição de assistência social ZZ, sem fins lucrativos, adquiriu, junto à sociedade empresária XX, diversos equipamentos que seriam integrados ao seu ativo permanente, visando ao pleno desenvolvimento de suas atividades regulares. Para surpresa dos seus diretores, constatou-se que, na nota fiscal emitida por XX, constava o imposto sobre circulação de mercadorias e sobre prestação de serviços de transporte interestadual e intermunicipal e comunicação (ICMS) devido pela operação de venda, na qual ZZ figurava como adquirente.

Nas circunstâncias indicadas, a incidência do ICMS é:

(A) incorreta, pois a imunidade tributária subjetiva de ZZ incide nas hipóteses em que figure como contribuinte de direito e de fato;

(B) incorreta, desde que ZZ demonstre que arcou com o ônus financeiro do respectivo tributo, por se tratar de imposto indireto;

(C) correta, pois a imunidade tributária subjetiva de ZZ somente incide quando figure como contribuinte de direito, não de fato;

(D) incorreta, desde que ZZ demonstre que o montante correspondente à desoneração tributária será aplicado em sua atividade fim;

(E) correta, pois a imunidade tributária subjetiva de ZZ não é aplicada em se tratando de impostos que incidam sobre a circulação de riquezas.

À luz da jurisprudência consagrada na Corte, a imunidade tributária subjetiva (no caso do art. 150, VI, da Constituição Federal, em relação aos impostos) aplica-se ao ente beneficiário na condição de contribuinte de direito, sendo irrelevante, para resolver essa questão, investigar se o tributo repercute economicamente. O ente beneficiário de imunidade tributária subjetiva ocupante da posição de simples contribuinte de fato – como ocorre no presente caso –, embora possa arcar com os ônus financeiros dos impostos envolvidos nas compras de mercadorias (a exemplo do IPI e do ICMS), caso tenham sido transladados pelo vendedor contribuinte de direito, desembolsa importe que juridicamente não é tributo, mas sim preço, decorrente de uma relação contratual. **ANH**
Gabarito "C".

(Procurador Município – Teresina/PI – FCC – 2022) No que se refere ao sistema tributário nacional, a Constituição Federal de 1988 estabelece:

(A) As limitações ao poder de tributar estabelecidas pela Constituição Federal são garantias asseguradas aos contribuintes e encerram um rol taxativo.

(B) A União poderá instituir, mediante lei complementar, impostos não previstos pela Constituição como de sua competência tributária, desde que sejam não cumulativos e não tenham fato gerador ou base de cálculo próprios dos discriminados na Constituição.

(C) Templos de qualquer culto, bem como livros, jornais, periódicos e papel destinado a sua impressão gozam de isenção de impostos, mas não de taxas ou de contribuições.

(D) É vedado à União utilizar tributo com efeito de confisco, salvo em caso de iminência ou guerra declarada.

(E) Compete à União estabelecer impostos sobre grandes fortunas, nos termos da lei.

A: Incorreta. O rol não é taxativo, conforme dispõe o art. 150, *caput*, da CF. **B:** Correta. Está previsto no art. 154, I, da CF. **C:** Incorreta. A imunidade tributária se refere apenas aos impostos (CF, art. 150, VI). **D:** Incorreta. O art. 150, IV, da CF, não prevê a mencionada exceção. **E:** Incorreta. Deve ser nos termos de **lei complementar** (CF, art. 153, VII). **AMN**
Gabarito "B".

(Procurador/DF – CESPE – 2022) À luz da Constituição Federal de 1988 (CF) e da jurisprudência do STF, julgue os próximos itens, a respeito do Sistema Tributário Nacional.

(1) A observância à legalidade tributária, considerada a possibilidade de flexibilização desse princípio, é verificada de acordo com cada espécie tributária e à luz de cada caso concreto.

(2) A reserva legal de iniciativa privativa do chefe do Poder Executivo será ofendida caso lei oriunda de projeto elaborado por assembleia legislativa estadual trate sobre matéria tributária.

(3) A previsão constitucional de repartição das receitas tributárias não altera a distribuição de competências, consideradas a privatividade e a autonomia do ente federativo em instituir e cobrar seus próprios impostos.

(4) A Desvinculação de Receitas da União (DRU), conforme prevista no ADCT da CF, não alcança o montante a ser transferido pela União aos estados e aos municípios em decorrência das normas constitucionais de repartição de receitas.

(5) Não é válida a isenção de tributo estadual instituída em decorrência de tratado internacional celebrado pela República Federativa do Brasil com país estrangeiro, considerado o princípio da vedação às isenções heterônomas.

1: Certo. A mitigação do princípio da legalidade tributária foi decidida pelo STF na ADI 5277, Rel. Min. Dias Toffoli, Tribunal Pleno, j. 10/12/2020, DJe 25/03/2021. **2:** Errado. Segundo entendimento do STF inexiste reserva de iniciativa em matéria tributária ao chefe do poder executivo. Nesse sentido: "Tributário. Processo legislativo. Iniciativa de lei. 2. Reserva de iniciativa em matéria tributária. Inexistência. 3. Lei municipal que revoga tributo. Iniciativa parlamentar. Constitucionalidade. 4. Iniciativa geral. Inexiste, no atual texto constitucional, previsão de iniciativa exclusiva do Chefe do Executivo em matéria tributária. 5. Repercussão geral reconhecida. 6. Recurso provido. Reafirmação de jurisprudência" (ARE 743.480, Rel. Min. Gilmar Mendes, j. 10/10/2013, DJe 20/11/2013, com Repercussão Geral, Tema 682). **3:** Certo. A transferência das receitas tributárias não altera a distribuição de competências. **4:** Certo. É o que foi decidido pelo STF na ADI 5628, Rel. Min. Alexandre de Moraes, j. 24/08/2020, DJe 26/11/2020. **5:** Errado. Pelo contrário, é possível a isenção de tributo estadual instituída em decorrência de tratado internacional celebrado pela República Federativa do Brasil com país estrangeiro. **AMN**
Gabarito 1C, 2E, 3C, 4C, 5E

(Juiz de Direito – TJ/MS – 2020 – FCC) Mostra-se compatível com as normas constitucionais que regem o Sistema Tributário Nacional a

(A) instituição de alíquotas progressivas para o imposto sobre a transmissão *causa mortis*, fixadas de acordo com o valor dos bens ou direitos a serem transmitidos, observada a alíquota máxima fixada pelo Congresso Nacional.

(B) edição de lei que, ao instituir taxa pelo exercício de poder de polícia, fixa-lhe o limite máximo e prescreve

11. DIREITO CONSTITUCIONAL

que o respectivo valor será definido em regulamento a ser editado pelo Poder Executivo estadual, em proporção razoável com os custos da atuação estatal.

(C) instituição de taxas em razão dos serviços de conservação e limpeza de logradouros, bem como em razão dos serviços públicos de coleta, remoção e tratamento ou destinação de lixo ou resíduos provenientes de imóveis.

(D) instituição de taxa que tenha a mesma base de cálculo de imposto previsto na Constituição Federal, uma vez que se trata de espécies tributárias distintas.

(E) instituição de impostos sobre patrimônio, renda ou serviços de autarquias e fundações instituídas e mantidas pelo Poder Público, uma vez que a imunidade tributária recíproca alcança apenas os entes federativos.

A: incorreta, porque compete ao **Senado Federal** fixar as alíquotas máximas do ITCMD, nos termos do art. 155, § 1º, IV, da CF. Em sede de repercussão geral, o STF fixou tese no sentido de que "*é constitucional a fixação de alíquota progressiva para o Imposto sobre Transmissão Causa Mortis e Doação — ITCD*" (Tema 21). Segundo o entendimento do STF, todos os impostos estão sujeitos ao princípio da capacidade contributiva, especialmente os diretos, independentemente de sua classificação como de caráter real ou pessoal. (RE 562.045, rel. p/ o ac. min. Cármen Lúcia, voto do min. Eros Grau, j. 6-2-2013, P, DJE de 27-11-2013, Tema 21); **B:** correta, conforme tese de repercussão geral fixada pelo STF: "*Não viola a legalidade tributária a lei que, prescrevendo o teto, possibilita o ato normativo infralegal fixar o valor de taxa em proporção razoável com os custos da atuação estatal, valor esse que não pode ser atualizado por ato do próprio conselho de fiscalização em percentual superior aos índices de correção monetária legalmente previstos.*" (RE 838.284, voto do rel. min. Dias Toffoli, j. 19-10-2016, P, DJE de 22-9-2017, Tema 829); **C:** incorreta, pois o STF entende que "*as taxas cobradas em razão exclusivamente dos serviços públicos de coleta, remoção e tratamento ou destinação de lixo ou resíduos provenientes de imóveis são constitucionais, ao passo que é inconstitucional a cobrança de valores tidos como taxa em razão de serviços de conservação e limpeza de logradouros e bens públicos.*" (RE 576.321 QO-RG, voto do rel. min. Ricardo Lewandowski, j. 4-12-2008, P, DJE de 13-2-2009, Tema 146). O STF fixou a seguinte tese de repercussão geral: "*I – A taxa cobrada exclusivamente em razão dos serviços públicos de coleta, remoção e tratamento ou destinação de lixo ou resíduos provenientes de imóveis não viola o artigo 145, II, da Constituição Federal; II – A taxa cobrada em razão dos serviços de conservação e limpeza de logradouros e bens públicos ofende o art. 145, II, da Constituição Federal; III – É constitucional a adoção, no cálculo do valor de taxa, de um ou mais elementos da base de cálculo própria de determinado imposto, desde que não haja integral identidade entre uma base e outra.*" (Tema 146); **D:** incorreta, visto que o art. 145, § 2º, da Constituição Federal estabelece que as taxas não poderão ter base de cálculo própria de impostos; **E:** incorreta, já que a imunidade tributária recíproca (art. 150, VI, "a", da CF) é extensiva às autarquias e às fundações instituídas e mantidas pelo Poder Público, no que se refere ao patrimônio, à renda e aos serviços, vinculados a suas finalidades essenciais ou às delas decorrentes, nos termos do art. 150, § 2º da CF. **AN**
„Gabarito "B".

(Juiz de Direito - TJ/AL - 2019 – FCC) Prefeito Municipal Aristóbulo ajuizou Ação Direta de Inconstitucionalidade contra lei de iniciativa do Poder Legislativo Municipal que acrescentou artigo ao Código Tributário Municipal, concedendo isenção do pagamento da Contribuição para o Custeio do Serviço de Iluminação Pública (COSIP) às unidades consumidoras dos órgãos da Administração direta e indi-

reta do Município, situado no Estado de Alagoas. À luz da disciplina constitucional pertinente e da jurisprudência do Supremo Tribunal Federal, trata-se de ato

(A) inconstitucional, pois ocorre vício formal de iniciativa, uma vez que cria despesa sem a correspondente previsão de custeio para a Administração Municipal.

(B) inconstitucional, pois significa alteração de tributo sem lei que o estabeleça.

(C) constitucional, diante do reconhecimento da natureza tributária da COSIP, bem como da competência concorrente para iniciar processo legislativo em matéria tributária.

(D) inconstitucional, porquanto caracteriza usurpação da competência tributária da União.

(E) inconstitucional, porquanto a isenção da taxa viola a Constituição Estadual de Alagoas, bem como a Constituição Federal.

A: incorreta, pois o STF fixou tese com repercussão geral no sentido de que "*inexiste, na Constituição Federal de 1988, reserva de iniciativa para leis de natureza tributária, inclusive para as que concedem renúncia fiscal*" (Tema 682). Ainda que acarretem diminuição das receitas arrecadadas, as leis que concedem benefícios fiscais tais como isenções, remissões, redução de base de cálculo ou alíquota não podem ser enquadradas entre as leis orçamentárias a que se referem o art. 165 da Constituição Federal (ARE 743480 RG, Relator: Min. Gilmar Mendes, julgado em 10/10/2013, Tema 682); **B:** incorreta, porque a isenção foi concedida mediante lei de iniciativa do Poder Legislativo Municipal, respeitando, assim, o princípio da legalidade tributária; **C:** correta, pois a jurisprudência do STF nega a exigência de reserva de iniciativa em matéria tributária, ainda que se cuide de lei que vise à minoração ou revogação de tributo. As leis em matéria tributária enquadram-se na regra de iniciativa geral, que autoriza a qualquer parlamentar apresentar projeto de lei cujo conteúdo consista em instituir, modificar ou revogar tributo (ARE 743480 RG, Relator: Min. Gilmar Mendes, julgado em 10/10/2013, Tema 682); **D:** incorreta, visto que a Contribuição para o Custeio do Serviço de Iluminação Pública (COSIP) pertence à competência tributária dos Municípios e do Distrito Federal, conforme previsão do art. 149-A da CF; **E:** incorreta, conforme comentários anteriores. **AMN**
„Gabarito "C".

(Procurador do Município – Prefeitura Fortaleza/CE – CESPE – 2017) Acerca de tributação e finanças públicas, julgue os itens subsequentes, conforme as disposições da CF e a jurisprudência do STF.

(1) As disponibilidades financeiras do município devem ser depositadas em instituições financeiras oficiais, cabendo unicamente à União, mediante lei nacional, definir eventuais exceções a essa regra geral.

(2) Os municípios e o DF têm competência para instituir contribuição para o custeio do serviço de iluminação pública, tributo de caráter *sui generis*, diferente de imposto e de taxa.

(3) A imunidade tributária recíproca que veda à União, aos estados, ao DF e aos municípios instituir impostos sobre o patrimônio, renda ou serviços uns dos outros é cláusula pétrea.

1: correta. Art. 164, § 3º, CF; **2:** correta. Art. 149-A da CF; **3:** correta. A imunidade recíproca está prevista no art. 150, VI, *a* da CF e é considerada cláusula pétrea pelo STF. **TM**
Gabarito 1C, 2C, 3C

(Procurador Municipal – Prefeitura/BH – CESPE – 2017) De acordo com a CF e a jurisprudência dos tribunais superiores, assinale a opção correta, acerca do Sistema Tributário Nacional.

(A) A jurisprudência do STF considera a mora do contribuinte, pontual e isoladamente considerada, fator suficiente para determinar a ponderação da multa moratória.

(B) Aos estados e aos municípios cabe legislar o modo como isenções, incentivos e benefícios fiscais serão concedidos e revogados.

(C) A fazenda pública pode exigir prestação de fiança, garantia real ou fidejussória para a impressão de notas fiscais de contribuintes em débito com o fisco.

(D) A exigência de depósito prévio como requisito de admissibilidade de ação judicial na qual se pretenda discutir a exigibilidade de crédito tributário é inconstitucional.

A: incorreta. Segundo o STF, "a mera alusão à mora, pontual e isoladamente considerada, é insuficiente para estabelecer a relação de calibração e ponderação necessárias entre a gravidade da conduta e o peso da punição. É ônus da parte interessada apontar peculiaridades e idiossincrasias do quadro que permitiriam sustentar a proporcionalidade da pena almejada" (RE 523471); **B:** incorreta. Pelo art. 155, § 2º, XII, *g*, CF, a competência é dos Estados e do DF e deve ser exercida por lei complementar; **C:** incorreta. A exigência foi considerada inconstitucional pelo STF, em repercussão geral (RE 565048); **D:** correta. Texto da Súmula Vinculante 28/STF. **TM**
„Gabarito "D".

(Procurador Municipal – Prefeitura/BH – CESPE – 2017) Tendo como referência as determinações constitucionais acerca do PPA, da LDO e da LOA, assinale a opção correta.

(A) A implementação do PPA após a aprovação da LOA ocorre por meio da execução dos programas contemplados com dotações.

(B) A regionalização a que se refere o PPA na CF é aplicável apenas no âmbito federal.

(C) O STF admite ADI contra disposições da LDO em razão de seu caráter e efeitos abstratos.

(D) A LDO é o instrumento de planejamento que deve estabelecer as diretrizes relativas aos programas de duração continuada.

A: correta. A implementação do plano plurianual ocorre, ano a ano, pelas Leis Orçamentárias Anuais. Após a elaboração do plano plurianual (diretrizes, objetivos e metas), do estabelecimento das metas e prioridades pela lei de diretrizes orçamentárias e da aprovação da Lei Orçamentária Anual é que ocorre a implementação do PPA, por meio da execução dos programas contemplados com dotações na LOA; **B:** incorreta. O art. 165, § 1º, CF, deve ser observado pelos demais entes por simetria federativa; **C:** incorreta. Não cabe ADI, por constituir lei de efeitos concretos; **D:** incorreta. Programas de duração continuada são previstos no PPA. **TM**
„Gabarito "A".

16. ORDEM ECONÔMICA E FINANCEIRA

(Juiz de Direito/AP – 2022 – FGV) Joana e sua família contrataram com a companhia aérea ZZ o serviço de transporte aéreo internacional do Brasil para a Espanha, com passagens de ida e volta. Ao desembarcarem no destino, juntamente com os demais passageiros, constataram que sua bagagem tinha se extraviado.

Assim que retornaram ao Brasil, Joana e sua família ajuizaram ação de reparação de danos em face da companhia aérea ZZ, com base no Código de Defesa do Consumidor (CDC). Em sua defesa, a companhia argumentou com a existência de convenção internacional (CI), devidamente ratificada pelo Estado brasileiro antes da promulgação da Constituição da República de 1988, cuja aplicação resultaria na fixação de indenização em patamares sensivelmente inferiores. Acresça-se que a sede da multinacional está situada em país que igualmente ratificou a convenção.

À luz da sistemática constitucional, o juiz de direito, ao julgar a causa, deve aplicar, nas circunstâncias indicadas:

(A) o CDC, que somente não prevaleceria sobre a CI caso fosse mais favorável ao consumidor, o que não é o caso;

(B) a CI, que, por expressa previsão constitucional, sempre prevalece sobre as normas infraconstitucionais afetas à temática;

(C) o CDC, que tem a natureza de lei ordinária e foi editado em momento posterior à CI, afastando a sua eficácia no território brasileiro;

(D) o CDC, pois a proteção do consumidor consubstancia direito fundamental, insuscetível de ser restringido por CI;

(E) a CI, desde que a sua recepção pela Constituição da República de 1988 tenha sido reconhecida em cada Casa do Congresso Nacional, em dois turnos, pelo voto de três quintos dos seus membros.

A questão aborda o texto do Art. 178. A lei disporá sobre a ordenação dos transportes aéreo, aquático e terrestre, devendo, quanto à ordenação do transporte internacional, observar os acordos firmados pela União, atendido o princípio da reciprocidade. (Redação dada pela Emenda Constitucional 7, de 1995), o que faz com que a CI prevaleça quanto ao CDC. O STF firmou o tema 210 de repercussão geral, cuja tese é a seguinte: "Nos termos do art. 178 da Constituição da República, as normas e os tratados internacionais limitadores de responsabilidade das transportadoras aéreas de passageiros, especialmente as Convenções de Varsóvia e Montreal, têm prevalência em relação ao Código de Defesa do Consumidor." (STF – RE 636331 – Tribunal Pleno – Relator Ministro Gilmar Mendes – julgamento 25/05/2017 – DJe 13/11/2017). **ANH**
„Gabarito "B".

(Procurador Município – Santos/SP – VUNESP – 2021) A respeito da Ordem Econômica e Financeira, é correto afirmar que

(A) o Estado favorecerá a organização da atividade garimpeira em cooperativas, levando em conta a proteção do meio ambiente e a promoção econômico-social dos garimpeiros.

(B) dependerá de autorização ou concessão o aproveitamento do potencial de energia renovável de capacidade reduzida.

(C) é facultada a participação ao proprietário do solo nos resultados da lavra, na forma e no valor dispostos na Constituição da entidade federativa.

(D) as jazidas em lavra, e os demais recursos minerais constituem propriedade distinta daquela do solo, e para efeito de exploração, pertencem à União e à unidade federativa de sua localização.

(E) é assegurado a todos o livre exercício de qualquer atividade econômica, sujeita à autorização de órgãos públicos, conforme previsão em lei.

A: Correta. A alternativa está de acordo com o art. 174, § 3º, da CF. **B:** Incorreta. A redação do art. 176, § 4º, da CF, prevê o contrário, prescrevendo que **não** dependerá de autorização ou concessão. **C:** Incorreta. O art. 176, § 2º, da CF, dispõe: "É assegurada participação ao proprietário do solo nos resultados da lavra, na forma e no valor que dispuser a lei". **D:** Incorreta. O art. 176, *caput*, da CF, prescreve: "As jazidas, em lavra ou não, e demais minerais e os potenciais de energia hidráulica constituem propriedade distinta da do solo, para efeito de exploração ou aproveitamento e pertencem à União, garantida ao concessionário a propriedade do produto da lavra". **E:** Incorreta. O parágrafo único do art. 170 da CF, dispõe o contrário: "É assegurado a todos o livre exercício de qualquer atividade econômica, independentemente de autorização de órgãos públicos, salvo nos casos previstos em lei". **AMN**

Gabarito "A".

(Advogado – Pref. São Roque/SP – 2020 – VUNESP) A respeito da Política Urbana, com base na Constituição Federal, assinale a alternativa correta.

(A) O plano diretor é o instrumento básico da política de desenvolvimento e expansão urbana, sendo obrigatório para cidades com mais de dez mil habitantes.

(B) A propriedade urbana cumpre sua função social quando atende às exigências fundamentais de ordenação da cidade expressas no plano diretor.

(C) As desapropriações de imóveis urbanos que não atendam às especificações do plano diretor devem ser precedidas de indenização em títulos da dívida pública, resgatáveis em 20 (vinte) anos.

(D) Os imóveis públicos que não atendam a sua função social podem ser objeto de usucapião.

(E) Aquele que possuir como sua área urbana de até trezentos e cinquenta metros quadrados, por três anos, utilizando-a para o exercício de atividade comercial, adquirir-lhe-á o domínio.

A: errada, porque a obrigatoriedade é para cidades com mais de vinte mil habitantes (artigo 182, § 1º, da CF). **B:** correta (artigo 182, § 2º, da CF). **C:** errada, pois o prazo é de até 10 anos (artigo 182, § 4º, III, da CF). **D:** errada, porque os imóveis públicos não são adquiridos por usucapião (artigo 183, § 3º, da CF). Por último, a letra **E** está errada, porque o limite é de até duzentos e cinquenta metros quadrados, por cinco anos (artigo 183, da CF). **AB**

Gabarito "B".

(Procurador do Município – Boa Vista/RR – 2019 – CESPE/CEBRASPE) Relativamente às normas constitucionais aplicáveis aos orçamentos, julgue o seguinte item.

(1) Desde que autorizados por lei específica, os estados podem realizar transferência voluntária de recursos financeiros para realizar o pagamento de despesas com pessoal ativo dos municípios.

Errado, conforme artigo 167, X, da CF: "Art. 167. São vedados: (...) X – a transferência voluntária de recursos e a concessão de empréstimos, inclusive por antecipação de receita, pelos Governos Federal e Estaduais e suas instituições financeiras, para pagamento de despesas com pessoal ativo, inativo e pensionista, dos Estados, do Distrito Federal e dos Municípios.". **AB**

Gabarito "1E".

(Procurador do Município – Valinhos/SP – 2019 – VUNESP) A Constituição Federal dispõe sobre a Ordem Financeira e Econômica que

(A) incumbe ao Poder Público, diretamente, a prestação de todos os serviços públicos.

(B) cada ente federativo disporá sobre o transporte e a utilização de materiais radioativos nos seus territórios.

(C) não dependerá de autorização ou concessão o aproveitamento do potencial de energia renovável de capacidade reduzida.

(D) a autorização para pesquisa de recursos naturais será sempre por prazo indeterminado, e as autorizações e concessões poderão ser cedidas ou transferidas, total ou parcialmente, independentemente de qualquer autorização.

(E) a pesquisa, a lavra, o enriquecimento, o reprocessamento, a industrialização e o comércio de minérios e minerais nucleares e seus derivados não constituem monopólio da União.

Correta é a letra C, nos termos do artigo 176, §4º, da CF: "Não dependerá de autorização ou concessão o aproveitamento do potencial de energia renovável de capacidade reduzida.". A letra A está errada (artigo 175, da CF), pois é perfeitamente cabível a concessão e a permissão de serviços públicos. A letra B equivocada (artigo 177, §3º, da CF). A letra D é errada, nos termos do artigo 176, §3º, da CF, uma vez que o prazo é determinado. A letra E incorreta, pois são monopólios da União (artigo 177, V, da CF). **AB**

Gabarito "C".

(Procurador do Município – S.J. Rio Preto/SP – 2019 – VUNESP) Em relação aos princípios constitucionais do orçamento, aquele que estabelece que a receita não possa ter vinculações que reduzem o grau de liberdade do gestor e engessa o planejamento de médio, curto e longo prazos, e que se aplicam somente às receitas de impostos, denomina-se princípio

(A) do orçamento bruto.

(B) da não afetação das receitas.

(C) do equilíbrio.

(D) da objetividade.

(E) da exatidão.

Correta é a letra B, conforme artigo 167, IV, da CF: "Art. 167. São vedados: IV – a vinculação de receita de impostos a órgão, fundo ou despesa, ressalvadas a repartição do produto da arrecadação dos impostos a que se referem os arts. 158 e 159, a destinação de recursos para as ações e serviços públicos de saúde, para manutenção e desenvolvimento do ensino e para realização de atividades da administração tributária, como determinado, respectivamente, pelos arts. 198, § 2º, 212 e 37, XXII, e a prestação de garantias às operações de crédito por antecipação de receita, previstas no art. 165, § 8º, bem como o disposto no § 4º deste artigo;". Todas as demais alternativas estão erradas porque não guardam relação direta com o enunciado. **AB**

Gabarito "B".

(Promotor de Justiça/PR – 2019 – MPE/PR) Assinale a alternativa *incorreta*:

(A) Ofende o princípio da livre concorrência lei municipal que impede a instalação de estabelecimentos comerciais do mesmo ramo em determinada área.

(B) Viola o princípio da livre-iniciativa contrato pactuado entre ente federativo e instituição financeira, que assegura exclusividade de concessão de empréstimo consignado em folha de pagamento aos servidores da pessoa jurídica.

(C) É inconstitucional a lei que inclui a CDA no rol de títulos sujeitos a protesto, pois a publicidade que é conferida ao débito tributário pelo protesto representa embaraço à livre-iniciativa e à liberdade profissional, comprometendo diretamente a organização e a condução das atividades societárias.

(D) É defeso à Fazenda Pública obstaculizar a atividade empresarial com a imposição de penalidades, como a apreensão de mercadorias e restrição à impressão de notas fiscais em bloco, no intuito de compelir o contribuinte ao adimplemento de tributo vencido.

(E) O percentual de desconto obrigatório e linear nas vendas de determinados medicamentos ao poder público, chamado Coeficiente de Adequação de Preço (CAP), opera como fator de ajuste de preços, permitindo, assim, que se chegue ao Preço Máximo de Venda ao Governo (PMVG), o que vai ao encontro da reprovação constitucional do aumento arbitrário de lucros (art. 173, § 4º, CF/1988).

Letra C está incorreta, conforme jurisprudência do STF, uma vez que o protesto da CDA é constitucional (ADI 5.135, STF). **AB**

„Ɔ„ oʇµɐqɐ⅁

(Promotor de Justiça/PR – 2019 – MPE/PR) Assinale a alternativa *incorreta*:

(A) Ofende o princípio da livre concorrência lei municipal que impede a instalação de estabelecimentos comerciais do mesmo ramo em determinada área.

(B) Viola o princípio da livre-iniciativa contrato pactuado entre ente federativo e instituição financeira, que assegura exclusividade de concessão de empréstimo consignado em folha de pagamento aos servidores da pessoa jurídica.

(C) É inconstitucional a lei que inclui a CDA no rol de títulos sujeitos a protesto, pois a publicidade que é conferida ao débito tributário pelo protesto representa embaraço à livre-iniciativa e à liberdade profissional, comprometendo diretamente a organização e a condução das atividades societárias.

(D) É defeso à Fazenda Pública obstaculizar a atividade empresarial com a imposição de penalidades, como a apreensão de mercadorias e restrição à impressão de notas fiscais em bloco, no intuito de compelir o contribuinte ao adimplemento de tributo vencido.

(E) O percentual de desconto obrigatório e linear nas vendas de determinados medicamentos ao poder público, chamado Coeficiente de Adequação de Preço (CAP), opera como fator de ajuste de preços, permitindo, assim, que se chegue ao Preço Máximo de Venda ao Governo (PMVG), o que vai ao encontro da reprovação constitucional do aumento arbitrário de lucros (art. 173, § 4º, CF/1988).

Letra C está incorreta, conforme jurisprudência do STF, uma vez que o protesto da CDA é constitucional (ADI 5.135, STF). **AB**

„Ɔ„ oʇµɐqɐ⅁

(Juiz de Direito – TJ/RS – 2018 – VUNESP) A Súmula Vinculante nº 49 afirma que a lei municipal que impede a instalação de estabelecimentos comerciais do mesmo ramo em determinada área é

(A) inconstitucional, porque compete privativamente à União legislar sobre atividades financeiras, econômicas e comerciais.

(B) inconstitucional, porque viola o princípio da livre concorrência, previsto como princípio expresso da ordem econômica na Constituição Federal de 1988.

(C) inconstitucional, porque um dos princípios da ordem econômica na Constituição Federal de 1988 é a redução das desigualdades regionais e sociais.

(D) constitucional, porque os Municípios são competentes para legislar sobre assuntos de interesse local conforme prevê o texto da Carta da República.

(E) constitucional, porque no âmbito da ordem econômica da Constituição Federal de 1988, a intervenção do Estado deve coibir o abuso do poder econômico.

A Súmula Vinculante 49 do STF estabelece que ofende o princípio da livre concorrência lei municipal que impede a instalação de estabelecimentos comerciais do mesmo ramo em determinada área. Neste sentido, o precedente representativo dessa súmula vinculante: *1. A CF/1988 assegura o livre exercício de qualquer atividade econômica, independentemente de autorização do poder público, salvo nos casos previstos em lei. 2. Observância de distância mínima da farmácia ou drogaria existente para a instalação de novo estabelecimento no perímetro. [...] Limitação geográfica que induz à concentração capitalista, em detrimento do consumidor, e implica cerceamento do exercício do princípio constitucional da livre concorrência, que é uma manifestação da liberdade de iniciativa econômica privada. (RE 193.749, Rel. Min. Carlos Velloso, Rel. p/ o ac. Min. Maurício Corrêa, P, j. 4-6-1998).* **AN**

„Ԑ„ oʇµɐqɐ⅁

(Defensor Público – DPE/SC – 2017 – FCC) A respeito do regime jurídico estabelecido para a Ordem Econômica na Constituição Federal de 1988, considere:

I. A lei reprimirá o abuso do poder econômico que vise à dominação dos mercados, à eliminação da concorrência e ao aumento arbitrário dos lucros.

II. Como agente normativo e regulador da atividade econômica, o Estado exercerá, na forma da lei, as funções de fiscalização, incentivo e planejamento, sendo este indicativo para o setor público e determinante para o setor privado.

III. A lei apoiará e estimulará o cooperativismo e outras formas de associativismo.

IV. As empresas públicas e as sociedades de economia mista poderão gozar de privilégios fiscais não extensivos às do setor privado.

Está correto o que se afirma APENAS em

(A) III e IV.

(B) II e III.

(C) I e III.

(D) II, III e IV.

(E) I, II e III.

I: Correto. Art. 173, § 4º, da CF. **II:** Errado. Será indicativo para o setor privado e determinante para o setor público. **III:** Correto. Art. 174, § 2º, da CF. **IV:** Errado. As empresas públicas e as sociedades de economia mista não poderão gozar de privilégios fiscais não extensivos às do setor privado (art. 173, § 2º, da CF). **TM**

„Ɔ„ oʇµɐqɐ⅁

(Procurador Municipal – Prefeitura/BH – CESPE – 2017) Considerando as disposições constitucionais acerca da ordem econômica e financeira, assinale a opção correta.

(A) Os beneficiários da distribuição de imóveis rurais pela reforma agrária receberão títulos de domínio ou de concessão de uso inegociáveis pelo prazo de dez anos.

(B) Compete ao município, concorrentemente, as funções de fiscalização, incentivo e planejamento, sendo esta última determinante para o setor público e indicativo para o setor privado.

(C) Lei municipal poderá impedir a instalação de estabelecimentos comerciais do mesmo ramo em determinada área.

(D) O Estado favorecerá a organização da atividade garimpeira em OSCIPs que privilegiem a proteção do meio ambiente e a promoção econômico-social dos garimpeiros.

A: correta. Art. 189, CF; **B:** incorreta. As funções de incentivo, fiscalização e planejamento cabem ao Estado como um todo, não apenas aos municípios (art. 174, CF); **C:** incorreta. Súmula Vinculante 49/STF: "Ofende o princípio da livre concorrência lei municipal que impede a instalação de estabelecimentos comerciais do mesmo ramo em determinada área"; **D:** incorreta. Favorecerá sua organização em cooperativas (art. 174, § 3º, CF). **TM**

Gabarito "A".

(Juiz – TRF 2ª Região – 2017) Assinale a opção que, corretamente, lista princípios que a Constituição assenta para a ordem econômica:

(A) Soberania nacional, propriedade privada, livre iniciativa e tratamento favorecido a empresas brasileiras de sócios nacionais.

(B) Livre iniciativa, tratamento favorecido a pequenas empresas com sócios nacionais, defesa do meio ambiente, defesa do consumidor e redução das desigualdades sociais.

(C) Soberania nacional, livre concorrência, defesa do meio ambiente, redução das desigualdades regionais e livre iniciativa.

(D) Defesa do consumidor, defesa do meio ambiente, defesa da atuação do estado como agente regulador e produtor na economia, defesa da concorrência, propriedade privada e função social da propriedade.

(E) Soberania nacional, propriedade privada, livre iniciativa e tratamento favorecido a empresas brasileiras de sócios nacionais.

A: incorreta, pois o texto constitucional não menciona sócios nacionais; **B:** incorreta, pela mesma razão da letra A; **C:** correta. Em que pese, tecnicamente, a livre iniciativa ser um fundamento (pela redação constitucional), o STF entende ser um princípio fundamental; **D:** incorreta, pois não há menção, no rol dos princípios do artigo 170, da CF, a defesa da atuação do estado como agente regulador e produtor na economia; **E:** incorreta, pela mesma razão da letra A, inclusive por terem as mesmas redações. **AB**

Gabarito "C".

(Juiz – TRF 3ª Região – 2016) Ao explorarem diretamente atividade econômica, as empresas públicas e as sociedades de economia mista:

(A) não se sujeitam à exigência de licitação para contratar obras, serviços, compras e alienações, diante da supremacia do interesse público.

(B) sujeitam-se ao regime jurídico das empresas privadas quanto aos direitos e obrigações civis, comerciais, tributários e trabalhistas.

(C) estão impedidas de atuar nas atividades econômicas que são de livre exploração pelo setor privado.

(D) não podem desfrutar de tratamento fiscal mais favorecido que não é estendido ao setor privado, mas em compensação não se sujeitam aos princípios constitucionais que animam a Administração Pública.

A: incorreta, pois mesmo sendo pessoas jurídicas de direito privado possuem a obrigatoriedade de licitar, realizar concurso público, prestar contas ao Tribunal de Contas etc. Sobre o dever de licitar podemos mencionar a Lei 13.303/2016; **B:** correta, nos termos do art. 173, §1º, II, da CF; **C:** incorreta, pois poderão atuar na exploração da atividade econômica sempre que existir relevante interesse coletivo ou segurança nacional (art. 173, da CF); **D:** incorreta, pois estão submetidas aos princípios regentes da Administração Pública (art. 37, "caput", da CF), mas, de fato, não poderão gozar de privilégios fiscais não extensivos às do setor privado (art. 173, §2, da CF). **AB**

Gabarito "B".

(Promotor de Justiça – MPE/RS – 2017) Nos moldes estabelecidos pelo artigo 174 da Constituição Federal, é **INCORRETO** afirmar que

(A) o Estado, como agente normativo e regulador da atividade econômica, exercerá, na forma da lei, as funções de fiscalização, incentivo e planejamento, sendo este determinante para os setores público e privado.

(B) a lei estabelecerá as diretrizes e bases do planejamento do desenvolvimento nacional equilibrado, o qual incorporará e compatibilizará os planos nacionais e regionais de desenvolvimento.

(C) a lei apoiará e estimulará o cooperativismo e outras formas de associativismo.

(D) o Estado favorecerá a organização da atividade garimpeira em cooperativas, levando em conta a proteção do meio ambiente e a promoção econômico-social dos garimpeiros.

(E) as cooperativas a que se refere o parágrafo 3º do artigo 174 da Constituição da República terão prioridade na autorização ou concessão para pesquisa e lavra dos recursos e jazidas de minerais garimpáveis, nas áreas onde estejam atuando, e naquelas fixadas de acordo com o artigo 21, inciso XXV, da Carta Federal, na forma da lei.

A: incorreta. O planejamento estatal é apenas indicativo (e não determinante) para o setor privado. V. art. 174, *caput*, CF; **B:** correta. Art. 74, parágrafo 1º, CF; **C:** correta. Art. 174, parágrafo 2º, CF; **D:** correta. Art. 174, parágrafo 3º, CF; **E:** correta. Art. 174, parágrafo 4º, CF. **TM**

Gabarito "A".

17. ORDEM SOCIAL

(Delegado/RJ – 2022 – CESPE/CEBRASPE) No que se refere ao regramento constitucional relativo aos temas da ciência, tecnologia e inovação, assinale a opção correta.

(A) Viabilizar os resultados de projetos relativos a atividades de ciência, tecnologia e inovação configura uma exceção ao princípio constitucional da proibição de estorno.

(B) Compete exclusivamente à União proporcionar os meios de acesso à tecnologia, à pesquisa e à inovação.

(C) A despeito dos grandes avanços realizados pela entrada em vigor da EC n.º 85/2015, o poder constituinte derivado não previu expressamente a competência, no âmbito do Sistema Único de Saúde, para incrementar em sua área de atuação o desenvolvimento científico e tecnológico e a inovação.

(D) Os Estados e o Distrito Federal devem vincular parcela de sua receita orçamentária a entidades públicas de fomento ao ensino e à pesquisa, em percentual a ser definido por lei.

(E) O Estado apoiará a formação de recursos humanos nas áreas de ciência, tecnologia e inovação, vedada, contudo, a concessão de condições especiais de trabalho para os que dela se ocupem.

O princípio constitucional da proibição do estorno significa que o administrador público não poderá transpor, remanejar ou transferir recursos, sem autorização legislativa. No entanto, há uma exceção, em que se permite ao Poder Executivo, sem necessidade de prévia autorização legislativa, transpor, remanejar ou transferir recursos de uma categoria de programação no âmbito das atividades de ciência, tecnologia e inovação, com o objetivo de viabilizar os resultados de projetos restritos a essas funções (CF, art. 167, § 5º e art. 218). **AMN**

Gabarito "A".

(Delegado/RJ – 2022 – CESPE/CEBRASPE) Determinada empresa de mídia solicita que o governo do estado do Rio de Janeiro forneça informações relacionadas a mortes registradas pela polícia em boletins de ocorrência. No entanto, o governador do RJ se recusa a compartilhar as informações. Além disso, a companhia de jornal informa que irá cobrir determinada manifestação a ser realizada em prol de maior transparência e publicidade na administração pública. Acerca dessa situação hipotética, assinale a opção correta.

(A) O Estado responde subjetivamente por danos causados a profissional de imprensa ferido, por policiais, durante cobertura jornalística de manifestação pública.

(B) A despeito de os boletins de ocorrência terem natureza pública, esses dados devem ser tratados com muita cautela, por motivos de segurança pública, e, ainda, não seriam indispensáveis para o trabalho jornalístico, de modo que a recusa do governador é justificada.

(C) O direito de informação não encontra previsão constitucional expressa, assim, a formação da opinião pública não se sobreleva a motivos de segurança pública, conceito jurídico indeterminado cuja densificação integra margem de apreciação do Chefe do Poder Executivo, de modo que a recusa do governador é justificada.

(D) Em que pese a publicidade ser um princípio expressamente previsto no art. 37, *caput*, da CF, este não é absoluto e deve ser interpretado em prol da administração pública.

(E) Não cabe à administração pública analisar o uso que se pretende dar à informação de natureza pública; a censura prévia inviabiliza até mesmo a apuração jornalística. Assim sendo, a recusa do governador não se justifica.

A questão está relacionada com a jurisprudência do STJ constante no Informativo 682 do STJ: "Trata-se a discussão sobre pedido de acesso à informação mantida por órgãos públicos por veículo de imprensa, para produção de reportagem noticiosa. Tal reportagem pretende aceder a informações especificadas quanto a óbitos associados a boletins de

ocorrência policial. Inicialmente, destaque-se que descabe qualquer tratamento especial à imprensa em matéria de responsabilização civil ou penal, em particular para agravar sua situação diante da generalidade das pessoas físicas ou jurídicas. É o que se assentou no julgamento da Lei de Imprensa pelo Supremo Tribunal Federal. Nesse sentido é que não se pode conceber lei, ou norma, que se volte especificamente à tutela da imprensa, para coibir sua atuação. Se há um direito irrestrito de acesso pela sociedade à informação mantida pela administração, porquanto inequivocamente pública, não se pode impedir a imprensa, apenas por ser imprensa, de a ela aceder. No entanto, o acórdão recorrido vai além, e efetivamente faz controle prévio genérico da veiculação noticiosa. Não se está diante sequer de um texto pronto e acabado, hipótese em que, de modo já absolutamente excepcional, poder-se-ia cogitar de apreciação judicial dos danos decorrentes de sua circulação, a ponto de vedá-la. Na hipótese, a censura judicial prévia inviabiliza até mesmo a apuração jornalística, fazendo mesmo secreta a informação reconhecidamente pública. É preciso reforçar a distinção entre duas questões tratadas pelo acórdão do Tribunal de origem como uma única. De um lado, cuida-se da atividade jornalística de veiculação noticiosa. Nesse ponto, é já inconcebível dar aspecto de juridicidade a qualquer forma de controle prévio da informação. Além disso, trata-se de acesso à informação pública, não apenas de atuação jornalística. A qualidade da última pode até depender da primeira, mas nada influencia no direito de aceder a dados públicos o uso que deles se fará. Não há razão alguma em sujeitar a concessão da segurança ao risco decorrente da divulgação da informação - que, reitere-se, é pública e já disponível na internet. Não há nem mesmo obrigação ou suposição de que a informação - pública - venha a ser publicada pela imprensa. A informação pública é subsídio da informação jornalística, sem com ela se confundir em qualquer nível. Os dados públicos podem ser usados pela imprensa de uma infinidade de formas, como base de novas investigações, cruzamentos, pesquisas, entrevistas, etc., nenhuma delas correspondendo, direta e inequivocamente, à sua veiculação. Não se pode vedar o exercício de um direito - acessar a informação pública - pelo mero receio do abuso no exercício de um outro e distinto direito - o de livre comunicar. Configura-se verdadeiro *bis in idem* censório, ambos de inviável acolhimento diante do ordenamento." (STJ – REsp 1.852.629/SP – 2ª T. – Rel. Ministro Og Fernandes – DJe 15/10/2020). **AMN**

Gabarito "E".

(Procurador Município – Teresina/PI – FCC – 2022) Sobre a disciplina da comunicação social, a Constituição Federal de 1988 estabelece:

(A) A licença para a publicação de veículo impresso de comunicação é da competência do Município.

(B) A produção e a programação das emissoras de rádio e televisão promoverão valores latino-americanos comuns, além de estimularem a produção independente como projeção do princípio da livre iniciativa.

(C) É vedada toda e qualquer censura de natureza política, ideológica e artística, exceto a primeira, em períodos eleitorais, na forma de resolução do Tribunal Superior Eleitoral.

(D) Os meios de comunicação social não podem, direta ou indiretamente, ser objeto de monopólio ou oligopólio.

(E) Compete à lei estadual regular espetáculos públicos e as diversões, além da propaganda comercial de tabaco e bebidas alcoólicas.

A: Incorreta. A publicação de veículo impresso de comunicação independe de licença de autoridade (CF, art. 220, § 6º). **B:** Incorreta. Dispõe o art. 221 da CF: "A produção e a programação das emissoras de rádio e televisão atenderão aos seguintes princípios: I – preferência a

11. DIREITO CONSTITUCIONAL

finalidades educativas, artísticas, culturais e informativas; II – promoção da cultura nacional e regional e estímulo à produção independente que objetive sua divulgação; III – regionalização da produção cultural, artística e jornalística, conforme percentuais estabelecidos em lei; IV – respeito aos valores éticos e sociais da pessoa e da família". **C:** Incorreta. O § 2º do art. 220 da CF não estabelece a exceção apontada na alternativa. **D:** Correta. Está de acordo com o art. 220, § 5º, da CF. **E:** Incorreta. A competência é da União e não dos Estados-membros (CF, art. 220, § 4º). AMN

Gabarito "D".

(Procurador Município – Santos/SP – VUNESP – 2021) Ao disciplinar o tratamento à família, à criança, ao adolescente e ao idoso, a Constituição Federal considera que

(A) a lei estabelecerá o plano nacional de juventude, de duração quinquenal, visando à articulação e execução de políticas públicas.

(B) é dever exclusivo do Estado amparar as pessoas idosas, assegurando sua participação na comunidade, defendendo sua dignidade e bem-estar.

(C) o direito a proteção especial abrangerá programas de atendimento especializado à criança e ao adolescente dependente de entorpecentes, excluídas a prevenção e repressão.

(D) o Estado assegurará a assistência à família na pessoa de cada um dos que a integram, e, quando possível, facultará programas de prevenção à violência doméstica.

(E) a lei disporá sobre normas de construção dos logradouros e dos edifícios de uso público e de fabricação de veículos de transporte coletivo, a fim de garantir acesso adequado às pessoas portadoras de deficiência.

A: Incorreta. A duração é **decenal** e não quinquenal, conforme dispõe o art. 227, § 8º, II, da CF. **B:** Incorreta. O dever **não é exclusivo** do Estado, mas compartilhado com a família e a sociedade, nos termos do art. 230, *caput*, da CF. **C:** Incorreta. Estabelece o art. 227, § 3º, VII, da CF: "O direito a proteção especial abrangerá os seguintes aspectos: (...) VII – programas de prevenção e atendimento especializado à criança, ao adolescente e ao jovem dependente de entorpecentes e drogas afins". **D:** Incorreta. O art. 226, § 8º, dispõe: "O Estado assegurará a assistência à família na pessoa de cada um dos que a integram, criando mecanismos para coibir a violência no âmbito de suas relações". **E:** Correta. Está de acordo com o art. 227, § 2º, da CF. AMN

Gabarito "E".

(Magistratura/SP – 2021) Em termos de seguridade social, a Constituição estabelece ou implica seja reconhecido que

(A) empregados de consórcios públicos e sociedades de economia mista não se submetem à aposentadoria compulsória.

(B) embora não referida textualmente nos artigos 194 e ss, a solidariedade é a base do sistema constitucional previdenciário. A Seguridade social é financiada por meio de recursos de orçamentos públicos, por contribuições sociais e por toda sociedade, direta ou indiretamente.

(C) não admite exceção, a regra segundo a qual pessoas jurídicas com débitos na previdência contratem com o poder público ou recebam incentivos fiscais.

(D) comprovada a invalidez e a necessidade de assistência permanente de terceiros, é devido o acréscimo de 20 %, previsto no artigo 45 da Lei nº 8.213/91 a

todos aposentados pelo RGPS, independentemente da modalidade de aposentadoria.

A: incorreta. Na redação, proveniente da EC 103/2019, aplicam-se aos empregados de consórcios públicos e sociedades de economia mista, a regra relativa à aposentadoria compulsória. Nesse sentido, conforme art. 201, § 16, da CF. Os empregados dos consórcios públicos, das empresas públicas, das sociedades de economia mista e das suas subsidiárias serão aposentados compulsoriamente, observado o cumprimento do tempo mínimo de contribuição, ao atingir a idade máxima de que trata o inciso II do § 1º do art. 40, na forma estabelecida em lei (Incluído pela Emenda Constitucional 103, de 2019); **B:** correta. O princípio da solidariedade indica cooperação da maioria em favor da minoria, em certos casos, da totalidade em direção à individualidade. Trata-se de princípio não expresso, mas implícito na CF/88; **C:** incorreta. Tal regra (contida no artigo 195, § 3º, da CF/88) possui uma exceção, proveniente da EC 106/2020, a qual institui regime extraordinário fiscal, financeiro e de contratações para enfrentamento de calamidade pública nacional decorrente de pandemia. Segundo art. 3º, Parágrafo único. Durante a vigência da calamidade pública de que trata o art. 1º desta Emenda Constitucional, não se aplica o disposto no § 3º do art. 195 da Constituição Federal; **D:** incorreta. Conforme a Lei 8.213/91, art. 45, o valor da aposentadoria por invalidez do segurado que necessitar da assistência permanente de outra pessoa será acrescido de 25%. ANH

Gabarito "B".

Considerando a pouca quantidade de defensores públicos indispensáveis ao atendimento adequado dos necessitados na forma da lei, determinado estado da Federação aprovou o respectivo projeto e sancionou a lei Y, que criou a obrigatoriedade de estágio curricular no atendimento da assistência jurídica gratuita por núcleo de prática jurídica integrante do departamento de direito de universidade estadual, estabelecendo sua organização, seu funcionamento e seus horários, inclusive determinando sua atuação em regime de plantão, bem como vinculando a certificação da conclusão do curso de bacharelado pelos alunos ao cumprimento do referido estágio.

(Juiz de Direito – TJ/BA – 2019 – CESPE/CEBRASPE) Conforme a CF, a doutrina e a jurisprudência do STF, a lei Y é

(A) constitucional por atender ao princípio da indissociabilidade entre ensino, pesquisa e extensão disposto em norma constitucional.

(B) inconstitucional por ferir a autonomia didático--científica e administrativa da universidade.

(C) constitucional, mas não atende a legislação que estabelece os critérios nacionais para a política educacional.

(D) inconstitucional por atribuir função exclusiva de órgão da DP à universidade estadual.

(E) inconstitucional apenas quanto ao condicionamento da certificação da conclusão do curso ao cumprimento do estágio curricular obrigatório.

O Plenário do STF julgou procedente pedido formulado em ação direta para declarar a inconstitucionalidade da Lei 8.865/2006 do Estado do Rio Grande do Norte. O diploma impugnado determina que os escritórios de prática jurídica da Universidade Estadual do Rio Grande do Norte (UERN) mantenham plantão criminal para atendimento, nos finais de semana e feriados, dos hipossuficientes presos em flagrante delito. O STF, de início, destacou a autonomia universitária, conforme previsão do art. 207 da CF/1988. Lembrou que, embora esse predicado não tenha caráter de independência (típico dos Poderes da República), a autonomia impossibilita o exercício de tutela ou a indevida ingerência

no âmago de suas funções, assegurando à universidade a discricionariedade de dispor ou propor sobre sua estrutura e funcionamento administrativo, bem como sobre suas atividades pedagógicas. Segundo consignou, a determinação de que escritório de prática jurídica preste serviço aos finais de semana, para atender hipossuficientes presos em flagrante delito, implica necessariamente a criação ou, ao menos, a modificação de atribuições conferidas ao corpo administrativo que serve ao curso de Direito da universidade. Ademais, como os atendimentos seriam realizados pelos acadêmicos de Direito matriculados no estágio obrigatório, a universidade teria que alterar as grades curriculares e horárias dos estudantes para que desenvolvessem essas atividades em regime de plantão, ou seja, aos sábados, domingos e feriados. Assim, o diploma questionado fere a autonomia administrativa, financeira e didático-científica da instituição, pois não há anuência para criação ou modificação do novo serviço a ser prestado. (Informativo STF 840, ADI 3792/RN, Rel. Min. Dias Toffoli, julgamento em 22/09/2016). AN
Gabarito "B".

(Procurador do Município – Boa Vista/RR – 2019 – CESPE/CEBRASPE) A respeito de intervenção estadual nos municípios, julgue o item que se segue.

(1) Uma das hipóteses em que a intervenção dos estados em seus municípios é autorizada é a não aplicação do mínimo exigido da receita municipal nas ações de manutenção e desenvolvimento do ensino.

Certo, nos termos do artigo 35, III, da CF: "Art. 35. O Estado não intervirá em seus Municípios, nem a União nos Municípios localizados em Território Federal, exceto quando: (...) III – não tiver sido aplicado o mínimo exigido da receita municipal na manutenção e desenvolvimento do ensino e nas ações e serviços públicos de saúde.". AB
Gabarito "1C".

(Procurador do Município – S.J. Rio Preto/SP – 2019 – VUNESP) De acordo com o que disciplina a Constituição Federal, a questão da Ordem Social tem como base e objetivo, respectivamente,

(A) a defesa do consumidor e a preservação do meio ambiente.

(B) a defesa da propriedade privada e a preservação de um meio ambiente sadio.

(C) a propriedade privada e a defesa do consumidor.

(D) o primado do trabalho e o bem-estar e a justiça sociais.

(E) o primado do trabalho e a defesa do consumidor.

Correta é a letra D, conforme artigo 193, da CF: "Art. 193. A ordem social tem como base o primado do trabalho, e como objetivo o bem-estar e a justiça sociais.". As demais alternativas estão erradas diante do que foi solicitado pelo enunciado da questão. AB
Gabarito "D".

(Delegado – PC/BA – 2018 – VUNESP) Acerca da Previdência Social na Constituição Federal de 1988, é correto afirmar que

(A) os gastos havidos com bens, serviços, prestações e administração da previdência não estão submetidos a uma lógica de equilíbrio atuarial, posto que a previdência se presta a auxiliar pessoas necessitadas, como trabalhadores doentes, de idade avançada, entre outras hipóteses.

(B) a previdência privada é admitida, em caráter autônomo, facultativo, contratual e complementar, sendo vedado à União, aos Estados, aos Municípios e ao Distrito Federal assumir a qualidade de patrocinador

de tais entidades, com uma contribuição igual àquela feita pelo segurado.

(C) é constitucional a cobrança de contribuição previdenciária sobre os proventos de aposentadoria e as pensões dos servidores públicos da União, dos Estados, dos Municípios e do Distrito Federal (regime próprio) que superem o limite máximo estabelecido para os benefícios do regime geral de previdência social.

(D) é constitucional que um ente federativo estabeleça, por norma própria (estadual, distrital ou municipal), um tempo mínimo de anos de contribuição na atividade privada, para fins de compensação e obtenção de aposentadoria por um servidor no regime próprio da Administração Pública.

(E) professores que venham a exercer funções de direção de unidade escolar, coordenação e assessoramento pedagógico não farão jus à aposentadoria especial, pois o benefício somente será devido àqueles que comprovem o tempo de efetivo exercício das funções de magistério exclusivamente em sala de aula.

A: incorreta, visto que tanto o regime próprio de previdência social quanto o regime geral de previdência social devem observar critérios que preservem o equilíbrio financeiro e atuarial (arts. 40, *caput*, e 201, *caput*, da CF); **B:** incorreta, pois é **permitido** à União, aos Estados, aos Municípios e ao Distrito Federal assumir a qualidade de patrocinador de entidade de previdência privada, com uma contribuição **igual** àquela feita pelo segurado (inteligência do art. 202, § 3º, da CF); **C:** correta, de acordo com o § 18 do art. 40 da CF e a jurisprudência do Supremo Tribunal Federal: "*não é inconstitucional o art. 4º, caput, da EC 41, de 19-12-2003, que instituiu contribuição previdenciária sobre os proventos de aposentadoria e as pensões dos servidores públicos da União, dos Estados, do Distrito Federal e dos Municípios, incluídas suas autarquias e fundações*" (ADI 3.105 e ADI 3.128, Rel. p/ o ac. Min. Cezar Peluso, P, j. 18-8-2004); **D:** incorreta, porque é inconstitucional qualquer restrição, por lei local, à contagem recíproca do tempo de contribuição na Administração Pública e na atividade privada para fins de aposentadoria, tal como a exigência de um mínimo de contribuições ao sistema previdenciário. Nesse sentido, o seguinte julgado do STF: "*A imposição de restrições, por legislação local, à contagem recíproca do tempo de contribuição na administração pública e na atividade privada para fins de concessão de aposentadoria viola o art. 202, § 2º, da CF, com redação anterior à EC 20/1998 [atual 201, § 9º, da CF, com redação da EC 20/1998]*" (RE 650.851 QO, Rel. Min. Gilmar Mendes, P, j. 1º-10-2014, Tema 522); **E:** incorreta, pois, de acordo com a jurisprudência do STF, "*para a concessão da aposentadoria especial de que trata o art. 40, § 5º, da Constituição, conta-se o tempo de efetivo exercício, pelo professor, da docência e das atividades de direção de unidade escolar e de coordenação e assessoramento pedagógico, desde que em estabelecimentos de educação infantil ou de ensino fundamental e médio*" (RE 1.039.644 RG, Rel. Min. Alexandre de Moraes, P, j. 13-10-2017, Tema 965). AN
Gabarito "C".

(Investigador – PC/BA – 2018 – VUNESP) Ao assegurar a proteção constitucional ao meio ambiente, a Constituição Federal de 1988

(A) estabelece que a exploração de recursos minerais independe da recuperação do meio ambiente degradado, já que se trata de atividade necessária.

(B) prevê que as terras devolutas ou arrecadadas pelos Estados, por ações discriminatórias, necessárias à proteção dos ecossistemas naturais podem ser disponíveis por ato discricionário da Administração Pública.

(C) exige, na forma de Decreto do Poder Executivo, para a instalação de obra ou atividade potencialmente causadora de significativa degradação do meio ambiente, estudo prévio de impacto ambiental, a que se dará publicidade.

(D) estabelece que as condutas e atividades consideradas lesivas ao meio ambiente sujeitarão os infratores, pessoas físicas ou jurídicas, a sanções penais e administrativas, independentemente da obrigação de reparar os danos causados.

(E) impõe que as usinas que operem com reator nuclear deverão ter sua localização definida em lei estadual, sem o que não poderão ser instaladas.

A: incorreta, pois aquele que explorar recursos minerais fica obrigado a recuperar o meio ambiente degradado (art. 225, § 2º, da CF); **B:** incorreta, pois são **indisponíveis** as terras devolutas ou arrecadadas pelos Estados, por ações discriminatórias, necessárias à proteção dos ecossistemas naturais (art. 225, § 5º, da CF); **C:** incorreta, porque exige, na forma da lei, para instalação de obra ou atividade potencialmente causadora de significativa degradação do meio ambiente, estudo prévio de impacto ambiental, a que se dará publicidade (art. 225, § 1º, IV, da CF); **D:** correta, nos termos do art. 225, § 3º, da CF; **E:** incorreta, pois as usinas que operem com reator nuclear deverão ter sua localização definida em **lei federal**, sem o que não poderão ser instaladas (art. 225, § 6º, da CF). AN
Gabarito "D".

(Investigador – PC/BA – 2018 – VUNESP) Segundo a Constituição Federal, assinale a alternativa correta sobre a Ordem Social.

(A) É permitido destinar recursos públicos para auxílios ou subvenções às instituições privadas de saúde com fins lucrativos, com vistas ao interesse público.

(B) É permitida a filiação ao regime geral de previdência social, na qualidade de segurado facultativo, de pessoa participante de regime próprio de previdência.

(C) No âmbito da educação, os Municípios atuarão prioritariamente no ensino fundamental e na educação infantil, e os Estados e Distrito Federal atuarão prioritariamente nos ensinos fundamental e médio.

(D) A União aplicará, anualmente, nunca menos do que 15% (quinze por cento), no mínimo, da receita resultante de impostos, na manutenção e no desenvolvimento do ensino.

(E) A justiça desportiva terá o prazo máximo de 120 (cento e vinte) dias, contados da instauração do processo, para proferir decisão final.

A: incorreta, já que é vedada a destinação de recursos públicos para auxílios ou subvenções às instituições privadas com fins lucrativos (art. 199, § 2º, da CF); **B:** incorreta, visto que é vedada a filiação ao regime geral de previdência social, na qualidade de segurado facultativo, de pessoa participante de regime próprio de previdência (art. 201, § 5º, da CF); **C:** correta, de acordo com o art. 211, §§ 2º e 3º, da CF; **D:** incorreta, pois a União aplicará, anualmente, nunca menos de **18% (dezoito por cento)**, no mínimo, da receita resultante de impostos na manutenção e desenvolvimento do ensino (art. 212, *caput*, da CF); **E:** incorreta, porque a justiça desportiva terá o prazo máximo de **60 dias**, contados da instauração do processo, para proferir decisão final (art. 217, § 2º, da CF). AN
Gabarito "C".

(Procurador do Estado/SP – 2018 – VUNESP) Assinale a alternativa correta a respeito do direito à comunicação social.

(A) Na análise do caso de publicação de biografias não autorizadas, o Supremo Tribunal Federal fixou o enten-

dimento da necessidade de autorização prévia do interessado ou de seu representante legal, uma vez que o caso envolve tensão entre direitos fundamentais da liberdade de expressão, do direito à informação e dos direitos da personalidade (privacidade, imagem e honra).

(B) Os meios de comunicação social eletrônica, independentemente da tecnologia utilizada para a prestação do serviço, deverão observar os princípios constitucionais que regem a produção e a programação das emissoras de rádio e televisão, como dar preferência a finalidades educativas, artísticas, culturais e informativas.

(C) Nenhuma lei poderá conter dispositivo que possa constituir embaraço à plena liberdade de informação jornalística em qualquer veículo de comunicação social, sendo resguardado o sigilo da fonte, em todas as circunstâncias.

(D) Compete ao Congresso Nacional outorgar e renovar concessão, permissão e autorização para o serviço de radiodifusão sonora e de sons e imagens, observado o princípio da complementaridade dos sistemas privado, público e estatal.

(E) É competência comum da União, dos Estados, do Distrito Federal e dos Municípios legislar sobre os meios legais que garantam à pessoa e à família a possibilidade de se defenderem de programas ou programações de rádio e televisão que vinculem propaganda de produtos, práticas e serviços que possam ser nocivos à saúde e ao meio ambiente.

A: incorreta, pois o STF declarou ser **inexigível** autorização de pessoa biografada relativamente a obras biográficas literárias ou audiovisuais, sendo também **desnecessária** autorização de pessoas retratadas como coadjuvantes (ou de seus familiares, em caso de pessoas falecidas ou ausentes) (ADI 4815, Rel. Min. Cármen Lúcia, Tribunal Pleno, j. em 10-06-2015); **B:** correta, de acordo com o art. 222, § 3º, combinado com o art. 221, I, ambos da CF; **C:** incorreta, visto que nenhuma lei conterá dispositivo que possa constituir embaraço à plena liberdade de informação jornalística em qualquer veículo de comunicação social, sendo resguardado o sigilo da fonte, quando necessário ao exercício profissional (art. 220, § 1º, c/c art. 5º, XIV, da CF); **D:** incorreta, haja vista que compete ao **Poder Executivo** outorgar e renovar concessão, permissão e autorização para o serviço de radiodifusão sonora e de sons e imagens, observado o princípio da complementaridade dos sistemas privado, público e estatal (art. 223 da CF); **E:** incorreta, pois compete **privativamente** à União legislar sobre propaganda comercial (art. 22, XXIX, da CF), cabendo à lei federal estabelecer os meios legais que garantam à pessoa e à família a possibilidade de se defenderem de programas ou programações de rádio e televisão que vinculem propaganda de produtos, práticas e serviços que possam ser nocivos à saúde e ao meio ambiente (art. 220, § 3º, II, da CF). AN
Gabarito "B".

(Juiz de Direito – TJ/RS – 2018 – VUNESP) A Constituição Federal de 1988 propicia amparo a alguns grupos sociais vulneráveis, sendo um exemplo disso

(A) a garantia de acesso e locomoção adequados às pessoas portadoras de deficiência, sendo a construção ou adaptação dos logradouros públicos e privados de responsabilidade do Estado.

(B) a proteção especial de crianças e adolescentes órfãos ou abandonados, por meio de acolhimento institucional, que será mantido com os recursos oriundos do salário-família.

(C) a posse permanente, pelos índios, das terras por eles tradicionalmente ocupadas, cabendo-lhes o usufruto exclusivo das riquezas do solo, dos rios e dos lagos nelas existentes.

(D) a garantia de gratuidade nos transportes coletivos às pessoas com idade igual ou superior a 60 (sessenta) anos.

(E) o conceito de família, estabelecido na Carta de 1988, de caráter limitado à comunidade entre ambos os pais com os respectivos filhos, como base da sociedade e destinatária de proteção especial do Estado.

A: incorreta, visto que é responsabilidade do Estado zelar pela construção e adaptação dos logradouros, dos edifícios de uso público e dos veículos de transporte coletivo (art. 244 c/c art. 227, § 2º, ambos da CF); **B:** incorreta, já que o estímulo do Poder Público será efetivado por meio de assistência jurídica, incentivos fiscais e subsídios (art. 227, § 3º, VI, da CF); **C:** correta, pois as terras tradicionalmente ocupadas pelos índios destinam-se a sua *posse permanente*, cabendo-lhes o usufruto exclusivo das riquezas do solo, dos rios e dos lagos nelas existentes (art. 231, § 2º, da CF); **D:** incorreta, porque é garantida a gratuidade dos transportes coletivos urbanos aos maiores de **65 anos** (art. 230, § 2º, da CF); **E:** incorreta, uma vez que o conceito de família, estabelecido na Constituição, abrange também a comunidade formada por qualquer dos pais e seus descendentes (art. 226, § 4º, CF). AN

Gabarito: "C".

(Defensor Público Federal – DPU – 2017 – CESPE) Lúcio foi internado em um hospital da rede privada para submeter-se a tratamento médico eletivo a ser realizado pelo SUS. Na unidade hospitalar onde ele foi internado, os quartos individuais superiores são reservados a pacientes particulares, e àqueles que desfrutam do atendimento gratuito são disponibilizados quartos coletivos de nível básico.

Com o intuito de utilizar um quarto individual, por ser mais confortável, Lúcio se prontificou a pagar o valor da diferença entre as modalidades dos quartos, o que foi recusado pelo hospital, que informou ser vedado o uso das acomodações superiores por pacientes atendidos pelo SUS, mesmo mediante pagamento complementar.

Considerando essa situação hipotética, julgue os seguintes itens com base na posição majoritária e atual do STF.

(1) É vedado às instituições privadas com fins lucrativos participarem do SUS, as quais não podem, ainda, oferecer quartos com custos diferentes para pacientes sujeitos ao mesmo procedimento médico.

(2) A vedação à internação de Lúcio em acomodações superiores mediante o pagamento da diferença é constitucional: o atendimento pelo SUS é orientado, entre outros critérios, pela isonomia.

1: Errado. Quanto ao primeiro trecho da assertiva, há de se dizer que as instituições privadas com fins lucrativos poderão participar de forma complementar do SUS, nos termos do art. 199, § 1º, da CF. Em relação ao trecho final, a afirmação merece dupla análise. Tratando de atendimento à paciente do SUS dentro de instituição privada conveniada com o Sistema Público de Saúde, é vedado qualquer tipo de diferenciação, mesmo que não haja nenhum tipo de custo extra à Administração. O STF, ao analisar em Repercussão Geral o tema (RE 581488, Relator(a): Min. Dias Toffoli, Tribunal Pleno, Julgado em 03/12/2015, Acórdão Eletrônico Repercussão Geral – Mérito DJe-065 D. 07-04-2016 PUB. 08-04-2016), fixou entendimento em trecho assim ementado: "(...) 2. O procedimento da "diferença de classes", tal qual o atendimento médico diferenciado, quando praticados no âmbito da rede pública, não apenas

subverte a lógica que rege o sistema de seguridade social brasileiro, como também afronta o acesso equânime e universal às ações e serviços para promoção, proteção e recuperação da saúde, violando, ainda, os princípios da igualdade e da dignidade da pessoa humana. Inteligência dos arts. 1º, inciso III; 5º, inciso I; e 196 da Constituição Federal. (...)". Entretanto, evidentemente, na hipótese de assistência particular, dentro de instituição privada, não há que se aplicar os mesmos fundamentos, podendo prevalecer as diretrizes estratégicas visando o lucro do prestador e do paciente particular. **2:** Correto. O STF, fixou tese no julgamento do RE 581488/RS no seguinte sentido: "É constitucional a regra que veda, no âmbito do Sistema Único de Saúde, a internação em acomodações superiores, bem como o atendimento diferenciado por médico do próprio Sistema Único de Saúde, ou por médico conveniado, mediante o pagamento da diferença dos valores correspondentes". Isso porque, nas palavras do Min. Dias Toffoli, relator do RE 581488/RS "O oferecimento de serviços em igualdade de condições a todos foi pensado nesse contexto – nem poderia ter sido diferente, uma vez que possibilitar assistência diferenciada a cidadãos numa mesma situação, dentro de um mesmo sistema, vulneraria a isonomia, também consagrada na Carta Maior, ferindo de morte, em última instância, a própria dignidade humana, erigida a fundamento da República". TM

Gabarito: 1E, 2C.

(Defensor Público – DPE/SC – 2017 – FCC) No que tange à Assistência Social na Constituição Federal de 1988, considere:

I. A assistência social será prestada a quem dela necessitar, mediante contribuição à seguridade social.

II. A assistência social tem por objetivo a garantia de um salário mínimo de benefício mensal à pessoa com deficiência e ao idoso que comprovem não possuir meios de prover à própria manutenção ou de tê-la provida por sua família, conforme dispuser a lei.

III. As ações governamentais na área da assistência social serão organizadas com base na descentralização político-administrativa, cabendo a coordenação e as normas gerais à esfera federal e a coordenação e a execução dos respectivos programas às esferas estadual e municipal, bem como a entidades beneficentes e de assistência social.

IV. É obrigatório aos Estados e ao Distrito Federal vincular a programa de apoio à inclusão e promoção social até cinco décimos por cento de sua receita tributária líquida.

Está correto o que se afirma APENAS em

(A) III e IV.

(B) II e III.

(C) I, II e III.

(D) II, III e IV.

(E) II e IV.

I: Errado. A assistência social será prestada a quem necessitar independentemente de contribuição à seguridade social (art. 203, *caput*, da CF). **II:** Certo. Art. 203, V, da CF. **III:** Certo. Art. 204, I, da CF. **IV:** Errado. É facultado ao Estado (art. 204, Parágrafo Único, da CF). TM

Gabarito: "B".

(Procurador do Município – Prefeitura Fortaleza/CE – CESPE – 2017) Acerca de assuntos relacionados à disciplina da saúde e da educação na CF, julgue os itens que se seguem.

(1) A rede privada de saúde pode integrar o Sistema Único de Saúde, de forma complementar, por meio de contrato administrativo ou convênio.

11. DIREITO CONSTITUCIONAL   543

(2) É permitida a intervenção do estado nos seus municípios nas situações em que não for aplicado o mínimo exigido da receita municipal nas ações e nos serviços públicos de saúde.

(3) Os municípios devem atuar prioritariamente no ensino fundamental e na educação infantil, ao passo que os estados devem atuar prioritariamente no ensino fundamental e no médio.

(4) Desenvolver políticas públicas para a redução da ocorrência de doenças e a proteção da saúde da população é competência concorrente da União, dos estados, do DF e dos municípios.

1: correta. Art. 199, § 1º, CF; **2:** correta. Art. 35, III, CF; **3:** correta. Art. 211, §§ 2º e 3º, CF; **4:** incorreta. A competência é do Município, ainda que com auxílio da União e dos Estados (art. 30, VII, CF).**TM**

Gabarito 1C, 2C, 3C, 4E

18. TEMAS COMBINADOS

(Procurador/PA – CESPE – 2022) Acerca dos Poderes do Estado, julgue os próximos itens, à luz das disposições da Constituição Federal de 1988 e da Constituição do Estado do Pará, bem como com base na jurisprudência do Supremo Tribunal Federal.

I. Segundo o Supremo Tribunal Federal, os projetos de lei de iniciativa privativa do chefe do Poder Executivo podem ser objeto de emendas parlamentares, desde que estas não acarretem aumento de despesa e mantenham pertinência temática com o objeto do projeto de lei, sendo inconstitucional, por exemplo, emenda parlamentar que reduza o tempo originalmente previsto em lei para promoções de servidores públicos.

II. O governador do estado do Pará poderá delegar o provimento e a extinção de cargos públicos estaduais aos secretários de estado ou a outras autoridades.

III. Se o governador do estado do Pará considerar que projeto de lei aprovado pela Assembleia Legislativa é inconstitucional, no todo ou em parte, ou contrário ao interesse público, ele deverá vetá-lo total ou parcialmente, devendo o veto parcial abranger os trechos de artigo, de parágrafo, de inciso ou de alínea vetados.

IV. Segundo o Supremo Tribunal Federal, a iniciativa reservada ao chefe do Poder Executivo não se presume nem comporta interpretação ampliativa, e as hipóteses de limitação da iniciativa parlamentar estão previstas em *numerus clausus* no texto constitucional.

V. As matérias de competência exclusiva da Assembleia Legislativa do Estado do Pará dispensam a sanção do governador.

A quantidade de itens certos é igual a

(A) 1.
(B) 2.
(C) 3.
(D) 4.
(E) 5.

I: Certo. É o que o STF decidiu na ADI 6072/RS. **II:** Errado. O governador do estado do Pará poderá delegar **apenas o provimento de cargos públicos** estaduais aos secretários de estado ou a outras autoridades, conforme dispõe o parágrafo único do art. 135 da Constituição do Estado do Pará. **III:** Errado. O veto parcial abrangerá texto integral de

artigo, de parágrafo, de inciso ou de alínea, nos termos do § 2º do art. 108 da Constituição do Estado do Pará. **IV:** Certo. O STF firmou esse entendimento em várias oportunidades: ADI 2.672, Rel. p/acórdão Min. Ayres Britto, Tribunal Pleno, DJ 10/11/2006; ADI 2.072, Rel. Min. Cármen Lúcia, Tribunal Pleno, DJe 02/03/2015; e ADI 3.394, Rel. Min. Eros Grau, DJe 15/08/2008. **V:** Certo. Conforme os arts. 91 e 92 da Constituição do Estado do Pará. **AMN**

Gabarito "C".

(Procurador/DF – CESPE – 2022) Com referência ao direito constitucional estadual e distrital, à rigidez e à mutação da Constituição e às emendas à Constituição, julgue os itens a seguir.

(1) Sem prejuízo da autonomia estadual e distrital, o princípio da simetria impõe que os estados e o DF observem as regras federais sobre reserva de iniciativa legislativa.

(2) O mecanismo de revisão constitucional e os estados constitucionais de emergência, como a intervenção federal, são as principais garantias da rigidez constitucional em sua dimensão de supralegalidade.

(3) A modificação da Constituição por meio de emendas impossibilita o fenômeno da mutação constitucional.

(4) Uma proposta de emenda à Constituição que haja sido rejeitada no Congresso Nacional somente poderá ser reapresentada na legislatura subsequente.

1: Certo. As Constituições Estaduais e a Lei Orgânica do Distrito Federal devem obedecer o princípio da simetria observando as regras estabelecidas na Constituição Federal sobre reserva de iniciativa legislativa. **2:** Errado. A rigidez constitucional se caracteriza pela possibilidade de revisão constitucional por um processo especial, qualificado e mais difícil do que a elaboração das demais normas. A supralegalidade está relacionada com os tratados internacionais que foram incorporados ao direito brasileiro sem a observância das regras do art. 5º, § 3º, da CF. O STF considera esses tratados como supralegais, ou seja, estão abaixo da constituição e acima das leis. É o que ocorre com o Pacto de São José das Costa Rica (STF, HC 95.967, Rel. Min. Ellen Gracie, 2ª T, j. 11/11/2008, DJe 28/11/2008). **3:** Errado. A mutação constitucional é o processo informal de revisão da constituição por meio da interpretação (BULOS, Uadi Lammêgo. *Curso de direito constitucional*. São Paulo: Saraiva, 2007, p. 318) e convive com a revisão por meio de emendas constitucionais, que é o processo formal de revisão. O STF já aplicou a mutação constitucional em seus julgados (HC 168.052, Rel. Min. Gilmar Mendes, 2ª T., j. 20/10/2020, DJe 02/12/2020). **4:** Errado. Dispõe o § 5º do art. 60 da CF que: "A matéria constante de proposta de emenda rejeitada ou havida por prejudicada não pode ser objeto de nova proposta na mesma sessão legislativa". **AMN**

Gabarito 1C, 2E, 3E, 4E

(Procurador/DF – CESPE – 2022) Julgue os itens que se seguem, a respeito da federação, dos tratados internacionais de direitos humanos e da intervenção.

(1) Conquanto a forma federativa seja cláusula pétrea na Constituição Federal de 1988, ajustes na repartição constitucional de competências podem ser adotados, sem que isso configure ofensa ao princípio federativo.

(2) Qualquer norma de tratado internacional de direitos humanos aprovada pelo Congresso Nacional na forma prevista no art. 5.º da Constituição Federal de 1988 passa a ter *status* de norma constitucional.

(3) Descumprimento de decisão judicial não transitada em julgado pode, em princípio, ensejar intervenção federal.

1: Certo. A forma federativa de Estado é uma cláusula pétrea (CF, art. 60, § 4º, I). Ela é caracterizada pela autonomia dos entes federados (União, Estados, Distrito Federal e Municípios) e é consubstanciada, entre outras, pela repartição de competência, mas esta pode ser ajustada sem que ocorra a violação da cláusula pétrea. **2:** Certo. Os tratados internacionais de direitos humanos que forem aprovados pelo Congresso Nacional na forma do art. 5º, § 3º, da CF, são equivalentes às emendas constitucionais. **3:** Certo. O art. 34, VI, da CF, prescreve que é cabível intervenção federal para prover ordem ou decisão judicial. AMN

Gabarito 1C, 2C, 3C

(**Procurador/DF – CESPE – 2022**) Em relação às funções essenciais à justiça e à Câmara Legislativa do Distrito Federal (CLDF), julgue os itens seguintes.

(**1**) Em virtude do princípio da independência funcional dos membros do Ministério Público, nem mesmo o Poder Judiciário pode determinar que certa pessoa seja processada em ação cível ou criminal a ser ajuizada pelo órgão.

(**2**) A despeito da autonomia do DF, a CLDF não pode fixar, por meio de resolução, a remuneração de seus servidores públicos.

1: Certo. O § 1º do art. 127 da CF prevê a independência funcional dos membros do Ministério Público. Nesse sentido, a doutrina ensina que: "O princípio da independência funcional assegura aos membros do Ministério Público a autonomia de convicção, pois, no exercício das respectivas atribuições, não se submetem a nenhum poder hierárquico, ficando a hierarquia interna adstrita a questões de caráter administrativo" (ARAUJO, Luiz Alberto David; NUNES JÚNIOR, Vidal Serrano. Curso de direito constitucional. 21. ed. São Paulo: Verbatim, 2017, p. 503-504). **2:** Certo. A fixação da remuneração dos servidores deve ser realizada por meio de lei e não por resolução (CF, art. 37, X). AMN

Gabarito 1C, 2C

(**Procurador/DF – CESPE – 2022**) A respeito dos Poderes Executivo e Judiciário, das funções essenciais à justiça, do processo legislativo e do controle de constitucionalidade, julgue os itens subsequentes. Nesse sentido, considere que a sigla CLDF, sempre que empregada, se refere à Câmara Legislativa do Distrito Federal.

(**1**) Ferirá prerrogativa do governador do DF lei aprovada pela CLDF que estabeleça a obrigatoriedade de o procurador-geral do DF ser escolhido entre os membros da carreira.

(**2**) O descumprimento de decisão judicial pelo governador do DF o sujeitará a julgamento pelo STJ.

(**3**) O Ministério Público do DF carece de legitimidade para impugnar decisão judicial em trâmite no STF, ainda que se trate de processo oriundo de sua atribuição.

(**4**) Consoante a jurisprudência do STF, ainda que uma lei com vício de iniciativa seja sancionada pelo presidente da República, a sanção não convalidará o vício.

(**5**) Nas ações diretas de inconstitucionalidade por omissão sobre a revisão geral anual, é imperiosa a indicação do presidente da República no polo passivo.

1: Certo. O STF entende que "padece de inconstitucionalidade formal a Emenda à Constituição estadual, de iniciativa parlamentar, que limita a nomeação do Procurador-Geral do Estado aos integrantes estáveis da carreira" (ADI 5211, Rel. Min. Alexandre de Moraes, Tribunal Pleno, j. 18/10/2019, DJe 02/12/2019). **2:** Errado. É possível tipificar-se no crime de responsabilidade. O art. 78 da Lei nº 1.079/1950 prevê

que o Governador será julgado nos crimes de responsabilidade, pela forma que determinar a Constituição do Estado. Assim, o Governador será julgado por um Tribunal Especial. **3:** Errado. Foi objeto do Tema 946 do STF em Repercussão Geral: "Legitimidade dos Ministérios Públicos dos Estados e do Distrito Federal para propor e atuar em recursos e meios de impugnação de decisões judiciais em trâmite no Supremo Tribunal Federal e no Superior Tribunal de Justiça, oriundos de processos de sua atribuição, sem prejuízo da atuação do Ministério Público Federal". **4:** Certo. A doutrina aponta que: "Acreditamos não ser possível suprir o vício de iniciativa com a sanção, pois tal vício macula de nulidade toda a formação da lei, não podendo ser convalidado pela futura sanção presidencial. A Súmula 5 do Supremo Tribunal Federal, que previa posicionamento diverso, foi abandonada em 1974, no julgamento da Representação nº 890-GB, permanecendo, atualmente, a posição do Supremo Tribunal Federal pela impossibilidade de convalidação" (MORAES, Alexandre. Direito constitucional. 22. ed. São Paulo: Atlas, 2007, p. 638). **5:** Certo. É o que já decidiu o STF: "1. Nas ações diretas de inconstitucionalidade por omissão, a ausência de indicação do Presidente da República no polo passivo da demanda não permite depreender a exata dimensão da ofensa ao dever de legislar, a desautorizar o conhecimento da ação. 2. É do Presidente da República a iniciativa legislativa para a lei que disponha sobre a revisão geral anual. Precedentes. 3. A causa de pedir aberta nas ações objetivas não dispensa as partes do ônus da fundamentação suficiente. Precedentes. 4. Agravo regimental a que se nega provimento" (ADO 43 AgR, Rel. Min. Edson Fachin, Tribunal Pleno, j. 29/05/2020, DJe 01/07/2020). AMN

Gabarito 1C, 2E, 3E, 4C, 5C

(**Procurador/DF – CESPE – 2022**) Julgue os itens que se seguem, acerca da defesa do Estado e das instituições democráticas, da ordem social e do direito à saúde.

(**1**) Às praças prestadoras de serviço militar inicial deverá ser estabelecida remuneração igual ou superior ao salário mínimo, sob pena de violação à Constituição Federal de 1988.

(**2**) Suponha que autoridade policial tenha prendido pastor evangélico que tentava, em espaço público, convencer outros, por meio do ensinamento, a mudar de religião. Nessa situação, a autoridade policial agiu corretamente, pois o direito ao discurso proselitista restringe-se a espaços privados.

(**3**) Embora o Estado tenha a obrigação de ressarcir hospital privado dos gastos com atendimento de paciente encaminhado, em cumprimento de ordem judicial, da rede pública de saúde, em razão de falta de vaga, tal ressarcimento terá como limite o adotado para o SUS por serviços prestados a beneficiários de planos de saúde.

1: Errado. A Súmula Vinculante nº 6 do STF estabelece que: "Não viola a Constituição o estabelecimento de remuneração inferior ao salário mínimo para as praças prestadoras de serviço militar inicial". **2:** Errado. A CF garante a inviolabilidade da liberdade de crença, sendo assegurado o livre exercício dos cultos religiosos e garantida, na forma da lei, a proteção aos locais de culto e suas liturgias (art. 5º, VI). Essa proteção ocorre tanto em local privado, como em espaço público. **3:** Certo. Foi objeto da decisão proferida pelo STF no RE 666.094, Min. Roberto Barroso, Tribunal Pleno, j. 30/09/2021, DJe 04/02/2022, com Repercussão Geral, Tema 1033. AMN

Gabarito 1E, 2E, 3C

(**Delegado/RJ – 2022 – CESPE/CEBRASPE**) A Constituição Federal de 1988, em seu art. 2.º, adota a tradicional separação de Poderes. Assim, o legislador constituinte garantiu relativa independência a cada um dos Poderes Legislativo, Executivo e Judiciário, como mecanismo apto a assegurar

11. DIREITO CONSTITUCIONAL   545

os fundamentos do Estado democrático de direito. Considerando que as constituições escritas foram concebidas com o objetivo precípuo de fixar instrumentos normativos de limitação do poder estatal, assinale a opção correta.

(A) A separação de Poderes está fundamentada no princípio da interdependência funcional: apesar da especialização dos Poderes, existe uma subordinação das funções executiva e jurisdicional ao Poder Legislativo, em razão do que dispõe o art. 1.º da Constituição Federal de 1988, ao estabelecer que a República Federativa do Brasil constitui-se em Estado democrático de direito.

(B) A especialização funcional confere a cada um dos Poderes do Estado uma função precípua, que a doutrina denomina de função harmônica. Assim, embora o Poder Executivo disponha da função executiva, poderá exercer funções típicas dos Poderes Legislativo e Judiciário, caso haja autorização do Senado Federal, conforme previsto no art. 52 da Constituição Federal de 1988.

(C) Em razão da necessária harmonia entre os Poderes, o Poder Judiciário exerce sua função típica voltada para a atividade jurisdicional, solucionando as lides que lhe são apresentadas, mas também poderá exercer a função atípica de legislar, contanto que observe as regras do processo legislativo previstas no art. 59 e seguintes da Constituição Federal de 1988.

(D) Em razão da independência orgânica, os membros do Poder Legislativo gozam das denominadas imunidades parlamentares, com um conjunto de prerrogativas que lhes permitem atuar com independência no exercício da fiscalização do Poder Executivo.

(E) Em razão do disposto no art. 2.º da Constituição Federal de 1988, tanto a independência orgânica quanto a especialização funcional, típicas da divisão dos Poderes, devem ser exercidas de forma absoluta, afastando-se a possibilidade do exercício das funções chamadas atípicas por qualquer dos Três Poderes.

A: incorreta. Inexiste qualquer subordinação das funções executiva e jurisdicional ao Poder Legislativo, pois o art. 2º da CF prescreve que: "São Poderes da União, independentes e harmônicos entre si, o Legislativo, o Executivo e o Judiciário."; **B**: incorreta. A especialização funcional confere a cada um dos Poderes do Estado uma função precípua, que a doutrina denomina de **função típica**. A segunda parte faz referência à função atípica dos poderes; **C**: incorreta. O Poder Judiciário poderá exercer função atípica, mas não precisa observar as regras do processo legislativo previstas no art. 59 e seguintes da CF/88; **D**: correta. Os deputados e senadores possuem as imunidades material e formal previstas no art. 53 da CF; **E**: incorreta. Pelo contrário, é possível a qualquer um dos Poderes o exercício tanto das funções típicas quanto das atípicas. AMN

Gabarito "D"

(Delegado/RJ – 2022 – CESPE/CEBRASPE) Em janeiro de 2017, policiais militares em serviço apreenderam fuzis e revenderam para traficantes de drogas, de modo que foi instaurado inquérito para apurar crime de comércio ilegal de arma de fogo (art. 17, *caput*, da Lei n.º 10.826/2003). Considerando essa situação hipotética, assinale a opção correta com base no advento da Lei n.º 13.491/2017 e na jurisprudência majoritária do Superior Tribunal de Justiça.

(A) A autoridade policial deve declinar de imediato da sua atribuição e remeter ao órgão com atribuição perante a Justiça Militar, porém se desentranhando os atos investigatórios anteriormente praticados, que devem ser refeitos devido ao princípio constitucional da irretroatividade da lei mais gravosa.

(B) A autoridade policial deve declinar de imediato da sua atribuição, remeter ao órgão com atribuição perante a Justiça Militar, e os atos investigatórios praticados anteriormente permanecem válidos, não se aplicando o princípio constitucional da irretroatividade da lei mais gravosa.

(C) A autoridade policial deve prosseguir com as investigações, mas os atos investigatórios praticados anteriormente devem ser refeitos devido ao princípio constitucional da irretroatividade da lei mais gravosa.

(D) A autoridade policial deve prosseguir com as investigações, pois a Lei n.º 13.491/2017 não se aplica aos policiais militares, mas tão somente aos militares das Forças Armadas.

(E) A autoridade policial deve prosseguir com as investigações, e os atos investigatórios praticados anteriormente permanecem válidos, não se aplicando o princípio constitucional da irretroatividade da lei mais gravosa.

A questão foi objeto do Informativo nº 642 do STJ: "Inicialmente, cumpre destacar que a Lei n. 13.491/2017 não tratou apenas de ampliar a competência da Justiça Militar, também ampliou o conceito de crime militar, circunstância que, isoladamente, autoriza a conclusão no sentido da existência de um caráter de direito material na norma. Esse aspecto, embora evidente, não afasta a sua aplicabilidade imediata aos fatos perpetrados antes de seu advento, já que a simples modificação da classificação de um crime como comum para um delito de natureza militar não traduz, por si só, uma situação mais gravosa ao réu, de modo a atrair a incidência do princípio da irretroatividade da lei penal mais gravosa (arts. 5º, XL, da Constituição Federal e 2º, I, do Código Penal). Por outro lado, a modificação da competência, em alguns casos, pode ensejar consequências que repercutem diretamente no *jus libertatis*, inclusive de forma mais gravosa ao réu. É inegável que a norma possuiu conteúdo híbrido (lei processual material) e que, em alguns casos, a sua aplicação retroativa pode ensejar efeitos mais gravosos ao réu. Tal conclusão, no entanto, não impossibilita a incidência imediata, sendo absolutamente possível e desejável conciliar sua aplicação com o princípio da irretroatividade de lei penal mais gravosa. A jurisprudência desta Corte não admite a cisão da norma de conteúdo híbrido (AgRg no REsp n. 1.585.104/PE, Ministro Nefi Cordeiro, Sexta Turma, DJe 23/4/2018). Ocorre que a aplicação imediata, com observância da norma penal mais benéfica ao tempo do crime, não implicaria uma cisão da norma, pois, o caráter material, cuja retroatividade seria passível de gerar prejuízo ao réu, não está na norma em si, mas nas consequências que dela advêm. Logo, é absolutamente possível e adequado a incidência imediata da norma aos fatos perpetrados antes do seu advento, em observância ao princípio tempus *regit actum* (tal como decidido no julgamento do CC n. 160.902/RJ), desde que observada, oportunamente, a legislação penal (seja ela militar ou comum) mais benéfica ao tempo do crime. Ademais, importante ressaltar que tal ressalva é inafastável da declaração de competência. Primeiro, porque a solução do julgado dela depende. Segundo, porque a simples declaração de competência em favor da Justiça Militar, sem a ressalva acima estabelecida, poderia dar azo à ilegalidade futura, decorrente de eventual inobservância da norma penal mais benéfica." (STJ – CC 161.898/MG – Terceira Seção – Rel. Ministro Sebastião Reis Júnior – DJe 20/02/2019). AMN

Gabarito "B"

(Delegado de Polícia Federal – 2021 – CESPE) Considerando a posição majoritária e atual do Supremo Tribunal Federal (STF), julgue os itens a seguir, a respeito dos fundamentos constitucionais dos direitos e deveres fundamentais, do Poder Judiciário, da segurança pública e das atribuições constitucionais da Polícia Federal.

(1) A falta de estabelecimento penal adequado não autoriza a manutenção do condenado em regime prisional mais gravoso, podendo o juiz da execução autorizar a saída antecipada de sentenciados enquadrados nesse regime em razão da falta de vagas no estabelecimento penal.

(2) O foro por prerrogativa de função estabelecido por uma constituição estadual prevalece sobre a competência constitucional do tribunal do júri.

(3) Como regra, a medida própria para a reparação de eventual abuso da liberdade de expressão é o direito de resposta ou a responsabilização civil, e não a supressão de texto jornalístico por meio de liminar.

(4) Devido ao fato de a Força Nacional de Segurança Pública ser um programa de cooperação federativa ao qual podem aderir os entes federados, é inconstitucional o seu emprego em território de estado-membro sem a anuência de seu governador.

(5) O confisco e a posterior reversão a fundo especial de bem apreendido em decorrência do tráfico ilícito de entorpecentes exigem prova de habitualidade e reiteração do uso do bem para a referida finalidade.

1: Certo. É o que determina o enunciado da Súmula Vinculante 56 (STF) e dos parâmetros fixados no RE 641.320/RS. "A falta de estabelecimento penal adequado *não* autoriza a manutenção do condenado em regime prisional mais gravoso. 3. Os juízes da execução penal poderão avaliar os estabelecimentos destinados aos regimes semiaberto e aberto, para qualificação como adequados a tais regimes. São aceitáveis estabelecimentos que não se qualifiquem como "colônia agrícola, industrial" (regime semiaberto) ou "casa de albergado ou estabelecimento adequado" (regime aberto) (art. 33, § 1º, *b* e *c*). No entanto, não deverá haver alojamento conjunto de presos dos regimes semiaberto e aberto com presos do regime fechado. 4. *Havendo déficit de vagas, deverá ser determinados: (i) a saída antecipada de sentenciado no regime com falta de vagas*; (ii) a liberdade eletronicamente monitorada ao sentenciado que sai antecipadamente ou é posto em prisão domiciliar por falta de vagas; (iii) o cumprimento de penas restritivas de direito e/ou estudo ao sentenciado que progride ao regime aberto. Até que sejam estruturadas as medidas alternativas propostas, poderá ser deferida a prisão domiciliar ao sentenciado." [*RE 641.320*, rel. min. *Gilmar Mendes*, P, j. 11 maio 2016, *DJE* 159 de 1º ago. 2016, Tema 423.]. **2:** Errado. Ao contrário do mencionado, determina a Súmula vinculante 45 (STF) que a competência constitucional do tribunal do *júri prevalece sobre o foro por prerrogativa de função estabelecido exclusivamente pela constituição estadual.* **3:** Certo. De acordo com o STF, a medida própria para a reparação do eventual abuso da liberdade de expressão é o direito de resposta e não a supressão liminar de texto jornalístico, antes mesmo de qualquer apreciação mais detida quanto ao seu conteúdo e potencial lesivo (Rcl – AgR 28.747). **4:** Certo. De fato, é necessário o pedido ou a concordância do governador para que a Força de Segurança Pública atue no estado. De acordo com o art. 4º do Decreto nº 5.289/04, a Força Nacional de Segurança Pública poderá ser empregada em qualquer parte do território nacional, mediante solicitação expressa do respectivo Governador de Estado, do Distrito Federal ou do Ministro de Estado. O STF, ao apreciar medida liminar em ação cível originária, decidiu sobre a atualidade da alegação de que a norma inscrita no art. 4º do Decreto 5.289/2004, naquilo em que dispensa a anuência do governador de estado (solicitação por Ministro

de Estado) no emprego da Força Nacional de Segurança Pública, *viole o princípio da autonomia estadual* (STF. Plenário. ACO 3427 Ref-MC/BA, Rel. Min. Edson Fachin, julgado em 24 set. 2020).**5:** Errado. Ao contrário do mencionado, *não* há necessidade de prova de habitualidade e reiteração do uso do bem nessa hipótese. De acordo com o STF, no informativo 856, *"é possível o confisco de todo e qualquer bem de valor econômico apreendido em decorrência do tráfico de drogas*, sem *a necessidade de se perquirir a habitualidade, reiteração do uso do bem para tal finalidade*, a sua modificação para dificultar a descoberta do local do acondicionamento da droga ou qualquer outro requisito além daqueles previstos expressamente no art. 243, parágrafo único, da Constituição Federal (STF. Plenário. RE 638491/PR, Rel. Min. Luiz Fux, julgado em 17 maio 2017 – repercussão geral) (grifos nossos). **BV**

Gabarito 1C, 2E, 3C, 4C, 5E

(Delegado de Polícia Federal – 2021 – CESPE) Com base no disposto na Constituição Federal de 1988 (CF), julgue os itens subsequentes.

(1) Compete à Polícia Federal exercer as funções de polícia marítima.

(2) Cabe originariamente ao STF processar e julgar *habeas data* contra ato de ministro de estado.

(3) Cumpre ao STF julgar o recurso ordinário de *habeas corpus* decidido em única instância pelo Tribunal Superior Eleitoral (TSE).

(4) Compete à Advocacia-Geral da União exercer as atividades de consultoria e assessoramento jurídico à Polícia Federal.

1: Certo. É o que determina o art. 144, § 1º, III, da CF. A polícia federal, instituída por lei como órgão permanente, organizada e mantido pela União e estruturada em carreira, destina-se, dentre outras funções, a exercer as funções de *polícia marítima*, aeroportuária e de fronteiras. **2:** Errado. De acordo com o art. 105, I, "b", da CF, a competência para, originalmente, processar e julgar os *habeas data* contra ato de Ministro de Estado, dentre outros, é do *Superior Tribunal de Justiça*. **3:** Certo. De acordo com o art. 102, II, "a", da CF, compete ao STF julgar, em recurso ordinário o *habeas corpus*, o mandado de segurança, o *habeas data* e o mandado de injunção *decididos em única instância pelos Tribunais Superiores* (ex. TSE), se denegatória a decisão. **4:** Certo. A Advocacia-Geral da União é a instituição que representa a União judicial e extrajudicialmente (art. 131, *caput*, da CF) e a polícia federal é organizada e mantida pela União (art. 144, § 1º, da CF), de modo que cabe à AGU exercer as atividades de consultoria e assessoramento jurídico à Polícia Federal. **BV**

Gabarito 1C, 2E, 3C, 4C

(Delegado/MG – 2021 – FUMARC) No Estado de Minas Gerais, a defesa social, dever do Estado e direito e responsabilidade de todos, organiza-se de forma sistêmica visando a

(A) garantir a segurança pública, mediante a manutenção da ordem pública, com a finalidade de proteger o cidadão, a sociedade e, exclusivamente, os bens públicos.

(B) orientação jurídica, a representação judicial e a defesa gratuitas, em todos os graus, dos necessitados.

(C) promover a comunicação social, com a finalidade de prevenir a prática de atos de manifestação contra as diretrizes do Governo Estadual.

(D) prestar a defesa civil, por meio de atividades de socorro e assistência, em casos de calamidade pública, sinistros e outros flagelos.

A: incorreta. A defesa social *não* visa proteger, exclusivamente, os bens públicos. Ao contrário, de acordo com o art. 133, II, parte final, da Cons-

11. DIREITO CONSTITUCIONAL 547

tituição de Minas Gerais, *tanto os bens públicos como os privados são protegidos*; **B:** incorreta. A orientação jurídica, a representação judicial e a defesa gratuitas, em todos os graus, dos necessitados, são *atribuições da Defensoria Pública*, conforme mencionado no art. 129, *caput*, da Constituição de Minas Gerais. Determina o mencionado dispositivo que a Defensoria Pública é instituição essencial à função jurisdicional do Estado, a que incumbe *a orientação jurídica, a representação judicial e a defesa gratuitas, em todos os graus, dos necessitados*; **C:** incorreta. A defesa social não tem esta finalidade. Determina o art. 229 da Constituição de Minas Gerais que os veículos de comunicação social da administração direta e indireta do Estado são obrigados a: I – manter conselhos editoriais integrados paritariamente por representantes do Poder Público e da sociedade civil; II – manter comissões de redação compostas de representantes dos profissionais habilitados, eleitos diretamente por seus pares. Além disso, o artigo seguinte, 230, determina a *instituição do Conselho Estadual de Comunicação Social, composto de representantes da sociedade civil*, na forma da lei (vide arts. 65 a 68 da Lei 11.406, de 28/1/1994.), como órgão auxiliar. **D:** correta. De acordo com o art. 133 da Constituição de Minas Gerais, a defesa social, dever do Estado e direito e responsabilidade de todos, organiza-se de forma sistêmica visando a: I – garantir a segurança pública, mediante a manutenção da ordem pública, com a finalidade de proteger o cidadão, a sociedade e os bens públicos e privados, coibindo os ilícitos penais e as infrações administrativas; *II – prestar a defesa civil, por meio de atividades de socorro e assistência, em casos de calamidade pública, sinistros e outros flagelos*; III – promover a integração social, com a finalidade de prevenir a violência e a criminalidade. BV
Gabarito "D".

(Delegado/MG – 2021 – FUMARC) A Lei Maria da Penha (Lei 11.340/2006) determina que casos de violência doméstica e intrafamiliar que sejam tipificados como crime, devem ser apurados através de inquérito policial e remetidos ao Ministério Público. Nesse sentido, diploma situações de violência doméstica, proíbe a aplicação de penas pecuniárias aos agressores, amplia a pena aplicável, dentre outras medidas de tutela das mulheres em situação de violência, assim como de seus dependentes.

Sobre a Lei Maria da Penha, é CORRETO afirmar:

(A) É considerado constitucional o tratamento diferenciado entre os gêneros – mulher e homem –, no que diz respeito à necessária proteção ante as peculiaridades física e moral da mulher e a cultura brasileira.

(B) O conceito de "família", tutelável pelo Direito constitucional brasileiro, adstringe-se à união entre homem e mulher, celebrada pelo casamento civil.

(C) Sob a perspectiva de uma interpretação conforme a Constituição, sem redução de texto, a Lei Maria da Penha pode ser considerada adequada ao modelo constitucional, se a proteção por ela trazida destinar-se, igualmente, aos homens do núcleo familiar.

(D) Trata-se de legislação inconstitucional, uma vez que trata com distinção as mulheres, colocando-as em situação privilegiada perante os homens;

A: correta. Em diversos momentos o STF solucionou questionamentos relacionados à constitucionalidade da Lei Maria da Penha (ADC 19/DF, ADI 4424/DF) e nessas decisões já firmou o entendimento de que as peculiaridades física e moral da mulher e a cultura brasileira, de fato, justificam o tratamento diferenciado trazido pela norma; **B:** incorreta. A Suprema Corte também já se posicionou sobre o conceito de família: "(...) A CF/88, ao utilizar-se da expressão "família", *não limita* sua formação a *casais heteroafetivos* nem a formalidade cartorária, *celebração civil* ou liturgia religiosa. Família como instituição privada que, voluntariamente constituída entre pessoas adultas, mantém com

o Estado e a sociedade civil uma necessária relação tricotômica." "(...) A referência constitucional à dualidade básica homem/mulher, no § 3º do seu art. 226, deve-se ao centrado intuito de não se perder a menor oportunidade para favorecer relações jurídicas horizontais ou sem hierarquia no âmbito das sociedades domésticas (ADI 4277 e ADPF 132) (grifos nossos); **C:** incorreta. A proteção trazida pela Lei Maria da Penha *não se destina* igualmente aos homens do núcleo familiar, pois tal norma foi criada em virtude da maior vulnerabilidade da mulher; **D:** incorreta. A *norma* já foi declarada *constitucional* pelo STF. Vale lembrar que a realização efetiva da justiça busca o tratamento igual para os iguais e, para tanto, é preciso dar tratamento desigual aos desiguais, na exata medida da desigualdade. A superação da igualdade meramente formal (perante a lei) e o alcance da igualdade material (real) nortearam a criação da Lei Maria da Penha. Assim, a vulnerabilidade da mulher justifica a constitucional distinção trazida pela norma. BV
Gabarito "A".

(Juiz de Direito/GO – 2021 – FCC) De acordo com as normas aplicáveis à matéria e a jurisprudência do Supremo Tribunal Federal, mandado de segurança coletivo visando a questionar a aplicação de decreto do Governador que, com base em autorização prevista em lei ordinária, tenha aumentado alíquota de determinado imposto estadual, pode ser impetrado por

(A) parlamentar, com a finalidade de impedir a aplicação da lei que autorizou a edição do decreto, para a defesa de seu direito líquido e certo à regularidade do processo legislativo em face da ordem constitucional.

(B) entidade de classe, em defesa do direito líquido e certo de seus associados de não serem compelidos ao pagamento da alíquota majorada, ainda que a pretensão veiculada interesse apenas a uma parte da respectiva categoria.

(C) associação legalmente constituída, desde que em funcionamento há pelo menos um ano, para assegurar direito líquido e certo de seus associados de não serem compelidos ao pagamento da alíquota majorada, sendo exigida para a propositura da demanda autorização expressa de seus membros.

(D) partido político, ainda que sem representação no Poder Legislativo e mesmo que não esteja constituído há pelo menos um ano, para defesa de direito líquido e certo dos contribuintes do imposto de não serem compelidos ao pagamento da alíquota majorada, desde que a propositura da ação esteja relacionada às suas finalidades institucionais.

(E) sindicato de categoria profissional ou econômica, desde que constituído e em funcionamento há pelo menos um ano, em defesa do direito líquido e certo de seus membros de não serem compelidos ao pagamento da alíquota majorada, independentemente de autorização expressa de seus integrantes.

A alternativa "B" está correta, pois conforme a Súmula 630 do STF, a entidade de classe tem legitimação para o mandado de segurança ainda quando a pretensão veiculada interesse apenas a uma parte da respectiva categoria. A questão exige conhecimento a respeito da propositura do remédio constitucional em questão, contendo " pegadinhas " como associação legalmente constituída e em funcionamento há pelo menos um ano, e não dos sindicatos, ou por se tratar de interesse de apenas parte de seu sindicato, o que é perfeitamente cabível. ANH
Gabarito "B".

(Juiz de Direito/GO – 2021 – FCC) O Tribunal de Justiça do Estado de Goiás proferiu ordem judicial em demanda ajuizada por associação de servidores públicos municipais, determinando que fossem nomeados os candidatos aprovados em concurso público municipal, até o limite do número de vagas previstas no edital de abertura do concurso, em vista da ausência de motivação e da inexistência de situações excepcionais e imprevisíveis que justificassem a recusa da Administração Pública em nomear os candidatos. Transitada em julgado a decisão judicial e frustradas as medidas judiciais ordinárias para que a ordem judicial fosse cumprida pelo Município, foi proposta representação interventiva perante o Tribunal de Justiça, que deu provimento ao pedido e requisitou ao Governador do Estado as providências cabíveis voltadas ao cumprimento da ordem judicial. Considerando a Constituição Federal e a jurisprudência do Supremo Tribunal Federal, a ordem judicial que determinou a nomeação dos candidatos é

(A) incompatível com a jurisprudência do Supremo Tribunal Federal na matéria, mas o Tribunal de Justiça é competente para julgar a representação interventiva na hipótese, cabendo ao Governador decretar a intervenção no Município, dispensada a apreciação do decreto interventivo pela Assembleia Legislativa.

(B) incompatível com a jurisprudência do Supremo Tribunal Federal na matéria, sendo que o Tribunal de Justiça não poderia ter conhecido da representação, já que, no caso, a medida interventiva dependia de requisição do Supremo Tribunal Federal.

(C) compatível com a jurisprudência do Supremo Tribunal Federal na matéria, mas a representação interventiva deveria ter sido proposta perante o Superior Tribunal de Justiça, uma vez que a ordem judicial descumprida foi proferida pelo Tribunal de Justiça.

(D) compatível com a jurisprudência do Supremo Tribunal Federal na matéria, mas o Tribunal de Justiça não poderia ter conhecido da representação, já que a medida interventiva dependia de provimento de representação proposta pelo Pro- curador Geral da República perante o Supremo Tribunal Federal.

(E) compatível com a jurisprudência do Supremo Tribunal Federal na matéria, sendo o Tribunal de Justiça competente para julgar a representação interventiva, cabendo ao Governador, ao decretar a intervenção no Município, nomear interventor, caso essa providência mostre-se necessária para o restabelecimento da normalidade.

O candidato aprovado em concurso público dentro do número de vagas previsto no edital possui direito subjetivo à nomeação. (Tese definida no RE 598.099, rel. min. Gilmar Mendes, P, j. 10-8-2011, DJE 189 de 3-10-2011). Tendo em vista o descumprimento da ordem judicial pelo Município, cabível a intervenção estadual, nos termos do artigo 35, IV, CF. ANH
Gabarito "E."

(Juiz de Direito/GO – 2021 – FCC) Um dos municípios do Estado de Goiás editou lei dispondo sobre a distância mínima exigida para a instalação de estabelecimentos comerciais do mesmo ramo, como medida de facilitação de acesso aos respectivos serviços pelos consumidores, tendo previsto a imposição de multa aos infratores. Considerando o teor da Constituição Federal e a jurisprudência do Supremo Tribunal Federal, esse ato normativo mostra-se

(A) inconstitucional, uma vez que a matéria encontra-se inserida no âmbito da competência legislativa reservada aos Estados.

(B) constitucional, uma vez que cabe ao poder público municipal fixar a política de desenvolvimento urbano, tendo por objetivo ordenar o pleno desenvolvimento das funções sociais da cidade e garantir o bem-estar de seus habitantes.

(C) inconstitucional, uma vez que ofende o princípio da livre concorrência.

(D) inconstitucional, uma vez que cabe privativamente à União legislar em matéria de consumo, cabendo aos municípios apenas o exercício da atividade de fiscalização.

(E) constitucional, uma vez que cabe ao poder público exercer, como agente normativo e regulador da atividade econômica, as funções de fiscalização, incentivo e planejamento.

A questão, na verdade, fez referência à Súmula Vinculante 49, STF, que afirma que ofende o princípio da livre concorrência lei municipal que impede a instalação de estabelecimentos comerciais do mesmo ramo em determinada área. ANH
Gabarito "C."

(Juiz de Direito/GO – 2021 – FCC) O Governador do Estado de Goiás apresentou projeto de lei que dispôs sobre a carreira de médicos titulares de cargos públicos estaduais efetivos e fixou os valores em reais da respectiva remuneração. O projeto de lei foi aprovado com emenda parlamentar que estabeleceu a vinculação da remuneração dos cargos públicos de médico a percentuais do limite remuneratório máximo aplicável ao Poder Executivo estadual, elevando a despesa prevista inicialmente no projeto de lei. Considerando a ordem jurídica constitucional, a emenda parlamentar aprovada é

(A) inconstitucional, uma vez que a fixação de remuneração dos médicos é matéria de iniciativa privativa do Governador, não podendo ser objeto de emenda parlamentar que importe aumento de despesa, ainda que seja materialmente constitucional a vinculação da remuneração nos termos propostos pela emenda parlamentar.

(B) inconstitucional, uma vez que, embora a situação permita a apresentação de emenda parlamentar que implique aumento de despesa, desde que amparada em estudos de impacto econômico-financeiro, mostra--se materialmente inconstitucional a vinculação da remuneração nos termos propostos pela emenda parlamentar.

(C) constitucional, uma vez que a fixação de remuneração dos médicos não é matéria de iniciativa privativa do Governador, podendo ser objeto de emenda parlamentar, ainda que isso importe aumento de despesa, desde que amparada em estudos de impacto econômico-financeiro, sendo constitucional o estabelecimento da vinculação da remuneração nos termos propostos pela emenda parlamentar.

(D) inconstitucional, uma vez que, ainda que a fixação de remuneração dos médicos não seja matéria de iniciativa privativa do Governador, não pode ser objeto de emenda parlamentar que importe aumento de despesa em projeto de iniciativa do Chefe do Poder Executivo,

11. DIREITO CONSTITUCIONAL — 549

em que pese seja materialmente constitucional a vinculação da remuneração nos termos propostos pela emenda parlamentar.

(E) inconstitucional, uma vez que a fixação de remuneração dos médicos é matéria de iniciativa privativa do Governador, não podendo ser objeto de emenda parlamentar que importe aumento de despesa, sendo materialmente inconstitucional a vinculação da remuneração nos termos propostos pela emenda parlamentar.

Há inconstitucionalidade formal por vício de iniciativa. No que tange ao aspecto material, também há inconstitucionalidade, haja vista incidir na vedação do art. 37, XIII, da CRFB, que aduz que é vedada a vinculação ou equiparação de quaisquer espécies remuneratórias para o efeito de remuneração de pessoal do serviço público. Ou seja, além de vício de iniciativa da emenda e aumento de despesa, a vinculação criada colide frontalmente com o texto constitucional. Portanto, estamos diante de duas inconstitucionalidades: formal e material. Observar o Art. 61. A iniciativa das leis complementares e ordinárias cabe a qualquer membro ou Comissão da Câmara dos Deputados, do Senado Federal ou do Congresso Nacional, ao Presidente da República, ao Supremo Tribunal Federal, aos Tribunais Superiores, ao Procurador-Geral da República e aos cidadãos, na forma e nos casos previstos nesta Constituição.§ 1º São de iniciativa privativa do Presidente da República as leis que: II – disponham sobre: a) criação de cargos, funções ou empregos públicos na administração direta e autárquica ou aumento de sua remuneração.**ANH**

Gabarito "E".

(Magistratura/SP – 2021) A respeito da constitucionalidade das normas, é possível afirmar:

(A) o Estado-membro dispõe de competência para instituir, na sua própria Constituição, cláusulas tipificadoras de crimes de responsabilidade e regras que disciplinem o processo e o julgamento dos agentes públicos estaduais.

(B) a sanção de projeto de lei convalida o vício de inconstitucionalidade resultante da usurpação do poder de iniciativa. A ulterior aquiescência do chefe do poder executivo, mediante sanção do projeto de lei, tem o condão de sanar o vício.

(C) a autonomia orgânico-administrativa do Poder Judiciário não implica a iniciativa de lei que organize seu serviço.

(D) a iniciativa de leis que estabeleçam as atribuições dos órgãos pertencentes à estrutura administrativa da respectiva unidade federativa compete aos Governadores dos Estados-membros, à luz do artigo 61, § 1º, II, da Constituição Federal, que constitui norma de observância obrigatória pelos demais entes federativos, em razão do princípio da simetria.

A iniciativa das leis que estabeleçam as atribuições dos órgãos pertencentes à estrutura administrativa da respectiva unidade federativa compete aos Governadores dos Estados-membros, à luz dos artigos 61, § 1º, II, e; e 84, VI, a, da Constituição Federal, que constitui norma de observância obrigatória pelos demais entes federados, em respeito ao princípio da simetria. Assim, o **princípio da simetria** impõe a **reprodução obrigatória**, nas Constituições Estaduais, dos **princípios sensíveis** e **estruturantes** do modelo federativo e de separação de Poderes estabelecidos na Magna Carta. **ANH**

Gabarito "D".

(Juiz de Direito – TJ/MS – 2020 – FCC) Considerando as disposições das Constituições Federal e Estadual do Mato Grosso do Sul, insere-se no âmbito das competências do Governador

(A) prover os cargos públicos efetivos e os em comissão vinculados ao Poder Executivo, observando, quanto a esses últimos, o disposto em lei, de iniciativa privativa do Parlamento estadual, que discipline os casos, condições e percentuais mínimos dos cargos públicos em comissão que deverão ser preenchidos por servidores de carreira.

(B) realizar operações de crédito, mediante prévia autorização da Assembleia Legislativa, atendidos os limites globais e as condições fixadas pelo Senado Federal no exercício de sua competência privativa nessa matéria.

(C) a iniciativa legislativa para apresentação de projeto de lei fixando o subsídio dos Secretários de Estado, observando que o valor não poderá ser acrescido de qualquer gratificação, adicional, abono, prêmio, verba de representação ou outra espécie remuneratória.

(D) indicar três sétimos dos Conselheiros do Tribunal de Contas do Estado, independentemente de aprovação pela Assembleia Legislativa, devendo dois deles ser escolhidos alternadamente, entre Auditores e membros do Ministério Público junto ao Tribunal de Contas, indicados em lista tríplice organizada pelo Tribunal, segundo os critérios de antiguidade e merecimento.

(E) decretar e executar a intervenção em Municípios, mediante prévio provimento à representação, pelo Superior Tribunal de Justiça, quando a medida tiver por fundamento o descumprimento de ordem judicial, caso em que é dispensada a submissão do decreto interventivo à Assembleia Legislativa.

A: incorreta, pois são de iniciativa do Governador do Estado as leis que disponham sobre a criação de cargos, de funções ou de empregos públicos na administração direta e autárquica ou sobre o aumento de sua remuneração; bem como as que disponham sobre os servidores públicos do Estado, seu regime jurídico, provimento de cargos, estabilidade e aposentadoria de civis, reforma e transferência de militares para a inatividade (art. 67, § 1º, II, "a" e "b", da Constituição do Estado de Mato Grosso do Sul); **B:** correta, nos termos do art. 89, XIII, da Constituição Estadual de Mato Grosso do Sul concomitantemente com o art. 52, VII, da Constituição Federal; **C:** incorreta, porque compete privativamente à Assembleia Legislativa fixar, para cada exercício financeiro, a remuneração do Governador, do Vice-Governador e dos Secretários de Estado (art. 63, VIII, da CE/MS). Vale lembrar que o art. 39, § 4º, da Constituição Federal dispõe que o membro de Poder, o detentor de mandato eletivo, os Ministros de Estado e os Secretários Estaduais e Municipais serão remunerados exclusivamente por **subsídio** fixado em parcela única, vedado o acréscimo de qualquer gratificação, adicional, abono, prêmio, verba de representação ou outra espécie remuneratória; **D:** incorreta, já que três sétimos dos Conselheiros do Tribunal de Contas do Estado serão indicados pelo Governador do Estado, com aprovação da Assembleia Legislativa; sendo dois escolhidos alternadamente, entre Auditores e membros do Ministério Público junto ao Tribunal de Contas, indicados em lista tríplice organizada pelo Tribunal, segundo os critérios de antiguidade e merecimento; e quatro sétimos dos Conselheiros do Tribunal de Contas do Estado serão escolhidos pela Assembleia Legislativa (art. 80, § 3º, I e II, da CE/MS); **E:** incorreta, pois a intervenção no Município dar-se-á por decreto do Governador, mediante **requisição** do Tribunal de Justiça, quando o Tribunal de Justiça der provimento a representação para assegurar a observância de princípios indicados na Constituição ou para prover a execução de lei, de ordem ou de decisão judicial, caso em que é dispensada a apreciação da Assembleia Legislativa (art. 12, II, e § 2°, da CE/MS). **AN**

Gabarito "B".

(Juiz de Direito – TJ/SC – 2019 – CESPE/CEBRASPE) Acerca da proteção ao meio ambiente e da repartição de competências ambientais na estrutura federativa brasileira, assinale a opção correta de acordo com a jurisprudência do STF.

(A) O condicionamento da celebração de termos de cooperação pelos órgãos do Sistema Nacional do Meio Ambiente à prévia aprovação do Poder Legislativo estadual é constitucional.

(B) Lei estadual que autorize o uso do amianto é considerada constitucional em razão da competência concorrente em matéria ambiental.

(C) Atribuição de competência para que assembleia legislativa estadual autorize previamente o licenciamento ambiental de atividade potencialmente poluidora é constitucional.

(D) Os estados têm competência para instituir programa de inspeção e manutenção de veículos com o objetivo de proteção ao meio ambiente.

(E) Os estados têm competência para legislar sobre o licenciamento de edificações e construções.

Correta é a letra **D**, nos exatos termos da ADI 3.338/STF: "O DF possui competência para implementar medidas de proteção ao meio ambiente, fazendo-o nos termos do disposto no artigo 23, VI, da CB/88". A letra **A** está errada, pois é inconstitucional (ADI 4.348/STF). A letra **B** está errada, pois seria constitucional a lei estadual que proibisse o amianto (ADI 3.937. STF). A letra **C** não prevalece, pois seria uma invasão na esfera do Executivo, pelo Legislativo (ADI 1.505. Rel. Min. Eros Grau. STF). A letra **E** está incorreta, nos termos do STF (RE 218.110). **AB**

Gabarito "D".

(Juiz de Direito – TJ/SC – 2019 – CESPE/CEBRASPE) A propósito de titularidade, âmbito de proteção e conformação constitucional de ação civil pública, assinale a opção correta.

(A) Não é cabível ação civil pública para anular ato administrativo de aposentadoria de servidor público, se esta importar em lesão ao erário.

(B) De acordo com o STF, é inconstitucional lei estadual que atribua legitimação exclusiva a procurador-geral de justiça estadual para propor ação civil pública contra prefeito municipal.

(C) O Ministério Público tem legitimidade para ingressar com ação civil pública relativa ao pagamento de indenizações do seguro DPVAT.

(D) A Defensoria Pública não tem legitimidade para propor ação civil pública que verse sobre a manutenção de creche infantil.

(E) A condenação de agente público por ato de improbidade em ação civil pública depende da tipificação administrativa ou penal do ato lesivo ao patrimônio público.

Correta é a letra **C**, nos termos da nova posição do STF (RE 631.111. Pleno. STF). A letra **A** está errada, pois é sim cabível (RE 409.356. Rel. Min. Luiz Fux. STF). A letra **B** é incorreta, pois é constitucional nos termos do artigo 128, § 5°, da CF. A letra **D** ofende atual jurisprudência do STF, no sentido de que a Defensoria Pública tem sim tal legitimidade (ADI 3.943). A letra **E** está errada, pois as esferas são independentes. **AB**

Gabarito "C".

(Procurador do Município – Valinhos/SP – 2019 – VUNESP) Sobre a seguridade social, é correto afirmar que

(A) seus objetivos são a garantia de padrão de qualidade e o piso salarial profissional nacional para os profissionais da área.

(B) compreende um conjunto integrado de ações de iniciativa dos poderes públicos e da sociedade, destinadas a assegurar os direitos relativos à saúde, à previdência e à assistência social.

(C) será financiada por toda a sociedade, de forma direta, nos termos da lei, mediante recursos provenientes dos orçamentos dos Estados, do Distrito Federal e dos Municípios.

(D) tem como base o primado do trabalho, e como objetivo o bem-estar e a justiça sociais.

(E) tem por objetivo o caráter democrático e centralizado da Administração, mediante gestão tripartite, com participação dos trabalhadores, dos empregadores e do Governo nos órgãos colegiados.

Correta é a letra **B**, nos termos do artigo 194, da CF: "A seguridade social compreende um conjunto integrado de ações de iniciativa dos Poderes Públicos e da sociedade, destinadas a assegurar os direitos relativos à saúde, à previdência e à assistência social". A letra A está errada, pois tais objetivos não existem (artigo 194, parágrafo único, da CF). A letra C está errada (artigo 195, da CF), pois seria de forma direta e indireta. A letra D também é errada (artigo 193, da CF) fala da ordem social. A letra E equivocada (artigo 194, inciso VII, da CF), na medida em que o caráter é descentralizado e a gestão é quadripartite. **AB**

Gabarito "B".

(Procurador do Município – Valinhos/SP – 2019 – VUNESP) É entendimento sumulado pelo Superior Tribunal de Justiça:

(A) O excesso de prazo para a conclusão do processo administrativo disciplinar não causa nulidade, em nenhuma circunstância.

(B) A inversão do ônus da prova não se aplica às ações de degradação ambiental.

(C) O locatário possui legitimidade ativa para discutir a relação jurídico-tributária de IPTU e de taxas referentes ao imóvel alugado.

(D) A ocupação indevida de bem público configura detenção, de natureza precária, sendo suscetível de retenção e/ou indenização por acessões e benfeitorias.

(E) Desde que devidamente motivada e com amparo em investigação ou sindicância, é permitida a instauração de processo administrativo disciplinar com base em denúncia anônima, em face do poder-dever de autotutela imposto à Administração.

Correta é a letra **E**, nos termos da Súmula 611, do STJ: "Desde que devidamente motivada e com amparo em investigação ou sindicância, é permitida a instauração de processo administrativo disciplinar com base em denúncia anônima, em face do poder-dever de autotutela imposto à Administração.". A letra A está errada (Súmula 592, do STJ). A letra B está errada, conforme Súmula 618, do STJ. A letra C está incorreta (Súmula 614, do STJ). A letra D é errada, nos termos da Súmula 619, do STJ. **AB**

Gabarito "E".

(Procurador do Município – Valinhos/SP – 2019 – VUNESP) É texto de Súmula do Supremo Tribunal Federal:

(A) A competência do Tribunal de Justiça para julgar prefeitos restringe-se aos crimes de competência da

Justiça comum estadual; nos demais casos, a competência originária caberá ao respectivo tribunal de segundo grau.

(B) A extinção do mandato do prefeito impede a instauração de processo pela prática dos crimes previstos no art. 1o do Dl. 201/67.

(C) São da competência legislativa dos Estados a definição dos crimes de responsabilidade e o estabelecimento das respectivas normas de processo e julgamento.

(D) Somente o Advogado-Geral da União tem legitimidade para propor ação direta interventiva por inconstitucionalidade de Lei Municipal.

(E) Cabe recurso extraordinário contra acórdão de Tribunal de Justiça que defere pedido de intervenção estadual em Município.

Correta é a letra A, nos termos da Súmula 702, do STF: "A competência do Tribunal de Justiça para julgar prefeitos restringe-se aos crimes de competência da Justiça comum estadual; nos demais casos, a competência originária caberá ao respectivo tribunal de segundo grau.". As demais letras estão equivocadas porque não possuem encaixe perfeito com as respectivas Súmulas 703 (letra B), 722 (letra C), 614 (letra D) e 637 (Letra E), todas do STF. **AB**
Gabarito "A".

(Procurador do Município – S.J. Rio Preto/SP – 2019 – VUNESP) A pauta jurídica mais importante dos Estados constitucionais, que elegem a democracia como corolário funda- mental da vida em sociedade, levou o Supremo Tribunal Federal a editar Súmula Vinculante nº 13 que proibiu as práticas nepotistas para a Administração Pública, em decorrência da obrigatoriedade de se observar os princípios constitucionais da

(A) legalidade e da publicidade administrativa.

(B) impessoalidade e da eficácia administrativa.

(C) publicidade e da moralidade administrativa.

(D) eficiência, da supremacia do interesse público e da publicidade.

(E) moralidade, da eficiência e da impessoalidade no âmbito da Administração.

Correta é a letra E, conforme a redação da citada Súmula Vinculante: "A nomeação de cônjuge, companheiro ou parente em linha reta, colateral ou por afinidade, até o terceiro grau, inclusive, da autoridade nomeante ou de servidor da mesma pessoa jurídica investido em cargo de direção, chefia ou assessoramento, para o exercício de cargo em comissão ou de confiança ou, ainda, de função gratificada na administração pública direta e indireta em qualquer dos Poderes da União, dos Estados, do Distrito Federal e dos Municípios, compreendido o ajuste mediante designações recíprocas, viola a Constituição Federal.". Logo, tal súmula tutela a impessoalidade e a moralidade e, por via reflexa, promove a eficiência dentro da Administração Pública. Sendo assim, a única alternativa correta é a letra E. **AB**
Gabarito "E".

(Procurador do Município – S.J. Rio Preto/SP – 2019 – VUNESP) É correto afirmar que a política de desenvolvimento urbano envolve

(A) a elaboração de um plano diretor, aprovado pela Câmara Municipal, como instrumento básico da política de desenvolvimento e de expansão urbana.

(B) a elaboração de um plano diretor, aprovado pela Câmara Municipal, que é obrigatório para cidades com, no mínimo, quarenta mil habitantes.

(C) a faculdade do Poder Público Municipal de impor exigências ao proprietário de solo urbano não edificado e depende de aprovação por meio de lei estadual.

(D) a desapropriação de imóveis urbanos, que é feita com prévia e justa indenização em títulos da dívida pública.

(E) a cobrança do IPTU progressiva e gradual, subindo ao longo do tempo, e podendo gerar confisco.

Correta é a letra A, sendo mandamento do artigo 182, §1º, da CF: "Art. 182. A política de desenvolvimento urbano, executada pelo Poder Público municipal, conforme diretrizes gerais fixadas em lei, tem por objetivo ordenar o pleno desenvolvimento das funções sociais da cidade e garantir o bem-estar de seus habitantes. § 1º O plano diretor, aprovado pela Câmara Municipal, obrigatório para cidades com mais de vinte mil habitantes, é o instrumento básico da política de desenvolvimento e de expansão urbana.". Letra B errada, pois a obrigatoriedade é para cidades com mais de vinte mil habitantes. Letra C errada (artigo 182, §4º, da CF). Letra D incorreta, (artigo 182, §3º), haja vista a indenização ser em dinheiro. A letra E está errada, pois não cabe confisco (artigo 182, §4º, II, da CF). **AB**
Gabarito "A".

(Promotor de Justiça/SP – 2019 – MPE/SP) Assinale a alternativa **INCORRETA**.

(A) A cláusula da reserva do possível, diante da garantia constitucional do mínimo existencial, enquanto emanação direta do postulado da essencial dignidade da pessoa humana, não pode ser invocada pelo Estado com a finalidade de frustrar ou inviabilizar a implementação de políticas públicas definidas na própria Constituição.

(B) A educação infantil, por qualificar-se como direito fundamental de toda criança, não se expõe, em seu processo de concretização, a avaliações meramente discricionárias da Administração Pública, caracterizando-se inconstitucional a abstenção do dever de implementar políticas públicas definidas no próprio texto constitucional.

(C) Pelo princípio da proibição do retrocesso em matéria de direito a prestações positivas do Estado, a ação estatal deve caminhar no sentido da ampliação dos direitos fundamentais e de assegurar-lhes a máxima efetividade possível, ou que, depois de consagrá-los, não possa eliminá-los sem alternativas ou compensações.

(D) Os direitos sociais, segundo a jurisprudência, estão constitucionalmente consagrados em normas programáticas que, embora não sejam destituídas de certo grau de efetividade, não servem de fundamento para a exigência em juízo de prestações positivas do Estado.

(E) É lícito ao Poder Judiciário, considerando a supremacia da dignidade da pessoa humana, impor à Administração Pública obrigação de fazer, consistente na promoção de medidas ou na execução de obras emergenciais em estabelecimentos prisionais.

Letra D é a única incorreta, porque servem sim de fundamento para a exigência em juízo de prestações positivas do Estado: "é lícito ao Judiciário impor à Administração Pública obrigação de fazer, consistente na promoção de medidas ou na execução de obras emergenciais em estabelecimentos prisionais para dar efetividade ao postulado da dignidade da pessoa humana e assegurar aos detentos o respeito à sua integridade física e moral" (RE 592.581). **AB**
Gabarito "D".

(Procurador do Estado/SP – 2018 – VUNESP) Segundo a Constituição do Estado de São Paulo, os Poderes Legislativo, Executivo e Judiciário manterão, de forma integrada, sistema de controle interno, sobre o qual é correto afirmar:

(A) ao tomarem conhecimento de qualquer irregularidade, ilegalidade, ou ofensa aos princípios de legalidade, impessoalidade, moralidade, publicidade e eficiência, previstos no artigo 37 da Constituição Federal, dela darão ciência ao Tribunal de Contas do Estado, sob pena de responsabilidade solidária.

(B) são legitimados para propor ação de inconstitucionalidade de lei ou ato normativo estaduais ou municipais, contestados em face da Constituição do Estado de São Paulo ou por omissão de medida necessária para tornar efetiva norma ou princípio desta Constituição, no âmbito de seu interesse.

(C) não há de se falar em forma integrada de sistema de controle interno, conceito inconstitucional, por ferir o princípio da separação dos Poderes e a competência do Tribunal de Contas do Estado.

(D) podem convocar a qualquer momento o Procurador--Geral de Justiça, o Procurador-Geral do Estado e o Defensor Público-Geral para prestar informações a respeito de assuntos previamente fixados, relacionados com a respectiva área.

(E) deverão avaliar as metas previstas no plano plurianual, nas diretrizes orçamentárias e no orçamento anual por meio de inspeções e auditorias de natureza contábil, financeira, orçamentária, operacional e patrimonial, nas unidades administrativas.

A: correta, nos termos do art. 35, § 1º, da Constituição do Estado de São Paulo; **B:** incorreta, pois são legitimados para propor ação direta de inconstitucionalidade de lei ou ato normativo estadual ou municipal, contestado em face da Constituição do Estado de São Paulo, ou por omissão de medida necessária para tornar efetiva norma ou princípio desta Constituição: (i) o Governador do Estado e a Mesa da Assembleia Legislativa; (ii) o Prefeito e a Mesa da Câmara Municipal; (iii) o Procurador-Geral de Justiça; (iv) o Conselho da Seção Estadual da Ordem dos Advogados do Brasil; (v) as entidades sindicais ou de classe, de atuação estadual ou municipal, demonstrando seu interesse jurídico no caso; (vi) os partidos políticos com representação na Assembleia Legislativa, ou, em se tratando de lei ou ato normativo municipais, na respectiva Câmara (art. 90 da Constituição do Estado de SP); **C:** incorreta, pois o art. 74 da Constituição Federal determina que os Poderes Legislativo, Executivo e Judiciário manterão, de forma integrada, sistema de controle interno, o que é reproduzido pelo art. 35 da Constituição do Estado de São Paulo; **D:** incorreta, porque cabe às Comissões da Assembleia Legislativa convocar o Procurador-Geral de Justiça, o Procurador-Geral do Estado e o Defensor Público Geral para prestar informações a respeito de assuntos previamente fixados, relacionados com a respectiva área (art. 13, § 1º, 4, da Constituição do Estado de SP); **E:** incorreta, pois cabe ao **controle externo** – a cargo da Assembleia Legislativa e exercido com auxílio do Tribunal de Contas do Estado – avaliar a execução das metas previstas no plano plurianual, nas diretrizes orçamentárias e no orçamento anual (art. 33, IV, da Constituição do Estado de SP). Ressalte-se que cabe ao **sistema de controle interno** – a cargo dos Poderes Legislativo, Executivo e Judiciário – avaliar o cumprimento das metas previstas no plano plurianual, a execução dos programas de governo e dos orçamentos do Estado (art. 35, I, da Constituição do Estado de SP). **AN**

11. DIREITO CONSTITUCIONAL

(Procurador do Estado/SP – 2018 –VUNESP) Segundo a Constituição do Estado de São Paulo, os Poderes Legislativo, Executivo e Judiciário manterão, de forma integrada, sistema de controle interno, sobre o qual é correto afirmar:

(A) ao tomarem conhecimento de qualquer irregularidade, ilegalidade, ou ofensa aos princípios de legalidade, impessoalidade, moralidade, publicidade e eficiência, previstos no artigo 37 da Constituição Federal, dela darão ciência ao Tribunal de Contas do Estado, sob pena de responsabilidade solidária.

(B) são legitimados para propor ação de inconstitucionalidade de lei ou ato normativo estaduais ou municipais, contestados em face da Constituição do Estado de São Paulo ou por omissão de medida necessária para tornar efetiva norma ou princípio desta Constituição, no âmbito de seu interesse.

(C) não há de se falar em forma integrada de sistema de controle interno, conceito inconstitucional, por ferir o princípio da separação dos Poderes e a competência do Tribunal de Contas do Estado.

(D) podem convocar a qualquer momento o Procurador--Geral de Justiça, o Procurador-Geral do Estado e o Defensor Público-Geral para prestar informações a respeito de assuntos previamente fixados, relacionados com a respectiva área.

(E) deverão avaliar as metas previstas no plano plurianual, nas diretrizes orçamentárias e no orçamento anual por meio de inspeções e auditorias de natureza contábil, financeira, orçamentária, operacional e patrimonial, nas unidades administrativas.

A: correta, nos termos do art. 35, § 1º, da Constituição do Estado de São Paulo; **B:** incorreta, pois são legitimados para propor ação direta de inconstitucionalidade de lei ou ato normativo estadual ou municipal, contestado em face da Constituição do Estado de São Paulo, ou por omissão de medida necessária para tornar efetiva norma ou princípio desta Constituição: (i) o Governador do Estado e a Mesa da Assembleia Legislativa; (ii) o Prefeito e a Mesa da Câmara Municipal; (iii) o Procurador-Geral de Justiça; (iv) o Conselho da Seção Estadual da Ordem dos Advogados do Brasil; (v) as entidades sindicais ou de classe, de atuação estadual ou municipal, demonstrando seu interesse jurídico no caso; (vi) os partidos políticos com representação na Assembleia Legislativa, ou, em se tratando de lei ou ato normativo municipais, na respectiva Câmara (art. 90 da Constituição do Estado de SP); **C:** incorreta, pois o art. 74 da Constituição Federal determina que os Poderes Legislativo, Executivo e Judiciário manterão, de forma integrada, sistema de controle interno, o que é reproduzido pelo art. 35 da Constituição do Estado de São Paulo; **D:** incorreta, porque cabe às Comissões da Assembleia Legislativa convocar o Procurador-Geral de Justiça, o Procurador-Geral do Estado e o Defensor Público Geral para prestar informações a respeito de assuntos previamente fixados, relacionados com a respectiva área (art. 13, § 1º, 4, da Constituição do Estado de SP); **E:** incorreta, pois cabe ao **controle externo** – a cargo da Assembleia Legislativa e exercido com auxílio do Tribunal de Contas do Estado – avaliar a execução das metas previstas no plano plurianual, nas diretrizes orçamentárias e no orçamento anual (art. 33, IV, da Constituição do Estado de SP). Ressalte-se que cabe ao **sistema de controle interno** – a cargo dos Poderes Legislativo, Executivo e Judiciário – avaliar o cumprimento das metas previstas no plano plurianual, a execução dos programas de governo e dos orçamentos do Estado (art. 35, I, da Constituição do Estado de SP). **AN**

Gabarito "A".

(Procurador do Estado/SP – 2018 –VUNESP) Ao Estado de São Paulo cumpre assegurar o bem-estar social, garantindo o pleno acesso aos bens e serviços essenciais ao desenvolvimento individual e coletivo, motivo pelo qual é correto afirmar:

(A) constituem patrimônio cultural estadual os bens de natureza material e imaterial, portadores de referências à identidade, à ação e à memória dos diferentes grupos formadores da sociedade, nos quais não se incluem as criações científicas, artísticas e tecnológicas e os espaços destinados às manifestações artístico-culturais.

(B) o patrimônio físico, cultural e científico dos museus, institutos e centros de pesquisa da Administração direta, indireta e fundacional são inalienáveis e intransferíveis, em qualquer hipótese.

(C) políticas públicas de promoção social, com as ações governamentais e os programas de assistência social, pela sua natureza emergencial e compensatória, em todos os casos, prevalecem sobre a formulação e aplicação de políticas sociais básicas nas áreas de saúde, educação, abastecimento, transporte e alimentação.

(D) a participação do setor privado no Sistema Único de Saúde efetivar-se-á mediante contrato, caso em que não se aplicam as diretrizes e as normas administrativas incidentes sobre a rede pública, com prevalência das regras do direito privado.

(E) o Poder Público organizará o Sistema Estadual de Ensino, abrangendo todos os níveis e modalidades, incluindo a especial, estabelecendo normas gerais de funcionamento para as escolas públicas estaduais e municipais, bem como para as particulares.

A: incorreta, pois constituem patrimônio cultural estadual os bens de natureza material e imaterial, tomados individualmente ou em conjunto, portadores de referências à identidade, à ação e à memória dos diferentes grupos formadores da sociedade nos quais se incluem: as formas de expressão; as criações científicas, artísticas e tecnológicas; as obras, objetos, documentos, edificações e demais espaços destinados às manifestações artístico-culturais; os conjuntos urbanos e sítios de valor histórico, paisagístico, artístico, arqueológico, paleontológico, ecológico e científico. (art. 260 da Constituição do Estado de SP); **B:** incorreta, porque o patrimônio físico, cultural e científico dos museus, institutos e centros de pesquisa da administração direta, indireta e fundacional são inalienáveis e intransferíveis, sem audiência da comunidade científica e aprovação prévia do Poder Legislativo (art. 272 da Constituição do Estado de SP); **C:** incorreta, já que as ações governamentais e os programas de assistência social, pela sua natureza emergencial e compensatória, **não deverão prevalecer** sobre a formulação e aplicação de políticas sociais básicas nas áreas de saúde, educação, abastecimento, transporte e alimentação (art. 233 da Constituição do Estado de SP); **D:** incorreta, pois a participação do setor privado no sistema único de saúde efetivar-se-á **mediante convênio ou contrato de direito público**, aplicando-se as diretrizes do sistema único de saúde e as normas administrativas incidentes sobre o objeto de convênio ou de contrato (art. 220, §§ 4º e 5º, da Constituição do Estado de SP); **E:** correta, de acordo com o art. 239 da Constituição do Estado de São Paulo. **AN**

Gabarito "E".

(Procurador do Município – Prefeitura Fortaleza/CE – CESPE – 2017) Acerca dos direitos fundamentais, do regime jurídico aplicável aos prefeitos e do modelo federal brasileiro, julgue os itens que se seguem.

(1) De acordo com o STJ, é exigida prévia autorização do Poder Judiciário para a instauração de inquérito ou procedimento investigatório criminal contra prefeito, já que prefeitos detêm foro por prerrogativa de função e devem ser julgados pelo respectivo tribunal de justiça, TRF ou ter, conforme a natureza da infração imputada.

(2) Não se admite o manejo de reclamação constitucional contra ato administrativo contrário a enunciado de súmula vinculante durante a pendência de recurso interposto na esfera administrativa. Todavia, esgotada a via administrativa e judicializada a matéria, a reclamação constitucional não obstará a interposição dos recursos eventualmente cabíveis e a apresentação de outros meios admissíveis de impugnação.

1: incorreta. O entendimento do STJ dispensa a autorização prévia, no que diverge do entendimento do STF; **2:** correta. Art. 7º, caput e § 1º, da Lei 11.417/2006. **TM**
Gabarito 1E, 2C

(Procurador do Município – Prefeitura Fortaleza/CE – CESPE – 2017) A respeito das normas constitucionais, do mandado de injunção e dos municípios, julgue os itens subsequentes.

(1) Os municípios não gozam de autonomia para criar novos tribunais, conselhos ou órgãos de contas municipais.

(2) Pessoa jurídica pode impetrar mandado de injunção.

(3) O princípio da legalidade diferencia-se do da reserva legal: o primeiro pressupõe a submissão e o respeito à lei e aos atos normativos em geral; o segundo consiste na necessidade de a regulamentação de determinadas matérias ser feita necessariamente por lei formal.

1: correta. Art. 31, § 4º, CF; **2:** correta. Art. 3º da Lei 13.300: "São legitimados para o mandado de injunção, como impetrantes, as pessoas naturais ou jurídicas que se afirmam titulares dos direitos, das liberdades ou das prerrogativas referidos no art. 2º e, como impetrado, o Poder, o órgão ou a autoridade com atribuição para editar a norma regulamentadora"; **3:** correta. De acordo com José Afonso da Silva, "o primeiro (princípio da legalidade) significa a submissão e o respeito à lei, ou a atuação dentro da esfera estabelecida pelo legislador. O segundo (princípio da reserva legal) consiste em estatuir que a regulamentação de determinadas matérias há de fazer-se necessariamente por lei".**TM**
Gabarito 1C, 2C, 3C

(Juiz – TRF 2ª Região – 2017) Analise as proposições e, ao final, marque a opção correta:

I. Quando a Constituição Federal se utiliza da locução "maioria absoluta" para qualificar o *quorum* necessário a certos atos de órgãos Colegiados, equivale dizer que ela exige, para o caso, pelo menos metade dos membros deste Colegiado mais um, ou, como se diz com exata precisão, "metade mais 1".

II. O sistema constitucional, à luz da interpretação que o STF confere à Lei Maior, admite que o Juiz Federal seja competente para apreciar e julgar lides em que há, de um lado, Estado Federado e, de outro, a União Federal.

III. Por força de regra constitucional, caso o Município resolva executar dívida de IPTU de Estado estrangeiro, a Justiça Federal será a competente.

(A) Apenas as assertivas I e II estão corretas.

(B) Apenas as assertivas II e III estão corretas.

(C) Apenas as assertivas I e III estão corretas.

(D) Todas estão corretas.

(E) Apenas a assertiva III está correta.

I: incorreta, pois a maioria absoluta é atingida ao se alcançar o primeiro número inteiro acima da metade do Órgão Colegiado e, não, simplesmente a "metade mais um", tanto que, no STF, a maioria absoluta representa 6 Ministros, não 6,5 ou 7 Ministros; **II:** correta, nos moldes do art. 109, I, da CF, até porque a questão não mencionou falência, acidente de trabalho, causas da Justiça Eleitoral ou da Justiça do trabalho; **III:** correta. Literalidade do art. 109, II, da CF. Todavia, tenha cuidado para não confundir competência com imunidade, até porque a questão fala apenas da competência. **AB**
Gabarito "B".

(Delegado/AP – 2017 – FCC) Lei municipal atribuiu à Guarda Municipal as funções de Polícia Judiciária e a apuração de infrações penais, com exceção das militares e daquelas sujeitas à competência da União. Contra a referida lei foi ajuizada ação direta de inconstitucionalidade perante o Tribunal de Justiça do Estado, que foi julgada procedente, por maioria absoluta dos membros do Tribunal, sob o fundamento de que a Constituição Federal atribui à polícia civil dos Estados as funções disciplinadas na lei municipal. Nessa situação, a lei municipal

I. não poderia ter sido declarada inconstitucional com fundamento em norma da Constituição Federal, uma vez que ao Tribunal de Justiça compete exercer o controle de constitucionalidade apenas em face da Constituição do Estado.

II. não poderia ter sido declarada inconstitucional, uma vez que não foi atingido o quórum de 2/3 dos membros do Tribunal, quórum esse também exigido para a aprovação de súmulas vinculantes pelo Supremo Tribunal Federal.

III. é incompatível com a Constituição Federal por violar competência atribuída à polícia civil do Estado. Está correto o que se afirma em

(A) I, II e III.

(B) I e III, apenas.

(C) II e III, apenas.

(D) III, apenas.

(E) I, apenas.

Numa leitura rápida a assertiva **I** parece correta. Nesse sentido a seguinte decisão do Supremo Tribunal Federal: "Tendo em conta que o controle concentrado de constitucionalidade no âmbito dos Estados-membros tem como parâmetro a Constituição Estadual, nos termos do § 2º do art. 125 da CF ("Cabe aos Estados a instituição de representação de inconstitucionalidade de leis ou atos normativos estaduais ou municipais em face da Constituição Estadual, vedada a atribuição da legitimação para agir a um único órgão"), o Tribunal julgou procedente o pedido formulado em reclamação ajuizada contra relator do Tribunal de Justiça do Estado de Sergipe que conhecera de ação direta de inconstitucionalidade contra lei do Município de Aracaju em face da CF. Caracterizada, assim, a usurpação da competência do STF para o controle abstrato de constitucionalidade perante a CF, o Tribunal determinou a extinção do processo sem julgamento de mérito cassando a liminar nela concedida – porquanto não se admite a ação direta contra normas municipais em face da Constituição Federal (...)" Rcl 595-SE, rel. Min. Sydney Sanches, 28.8.2002.(RCL-595). Mas apenas numa análise apressada. Isso porque o examinador não associa a assertiva com o enunciado. De fato, o TJ não poderia analisar a lei municipal à luz da Constituição Federal no controle CONCENTRADO de constitucionalidade, ou seja, no julgamento da ação direta de inconstitucionalidade.

11. DIREITO CONSTITUCIONAL   555

Mas não é isso que está escrito, mas que "a lei municipal não poderia ter sido declarada inconstitucional com fundamento em norma da Constituição Federal, uma vez que ao Tribunal de Justiça compete exercer o controle de constitucionalidade **apenas** em face da Constituição do Estado." – ora, no controle DIFUSO, num caso concreto, o TJ poderia sim exercer o controle de constitucionalidade em face da Constituição Federal, ou seja, não é APENAS da Estadual. Por isso essa afirmação I não está correta. A assertiva **II** está equivocada, pois o quórum para a declaração de inconstitucionalidade no controle concentrado pelo STF é de maioria absoluta (artigo 23, da Lei 9.868/1999 "Efetuado o julgamento, proclamar-se-á a constitucionalidade ou a inconstitucionalidade da disposição ou da norma impugnada se num ou noutro sentido se tiverem manifestado pelo menos seis Ministros, quer se trate de ação direta de inconstitucionalidade ou de ação declaratória de constitucionalidade" – seis Ministros correspondem à maioria absoluta dos onze Ministros. Por fim a última afirmação está perfeita, conforme prevê o artigo 144, § 4º, CF "Às polícias civis, dirigidas por delegados de polícia de carreira, incumbem, ressalvada a competência da União, as funções de polícia judiciária e a apuração de infrações penais, exceto as militares". 🔳

Gabarito "D".

(Delegado/AP – 2017 – FCC) A Constituição de determinado Estado, ao dispor sobre prerrogativas do Governador, dispõe que

– a Assembleia Legislativa é o órgão competente para processar e julgar o Governador pela prática de crimes de responsabilidade, que deverão ser definidos em lei estadual.

– lei estadual disciplinará as normas de processo e julgamento do Governador por prática de crime de responsabilidade.

– o Tribunal do Júri é competente para julgar o Governador nos crimes dolosos contra a vida.

À luz da Constituição Federal e da jurisprudência do Supremo Tribunal Federal, a Constituição Estadual mencionada CONTRARIA a Constituição Federal ao atribuir

I. à lei estadual a definição dos crimes de responsabilidade do Governador.

II. à lei estadual a definição das normas de processo e julgamento do Governador por prática de crime de responsabilidade.

III. ao Tribunal do Júri a competência para julgar o Governador pela prática de crimes dolosos contra a vida.

Está correto o que se afirma em

(A) I, II e III.

(B) III, apenas.

(C) II e III, apenas.

(D) I e II, apenas.

(E) I e III, apenas.

Todas estão corretas, pois realmente, à luz da Constituição Federal e da jurisprudência do Supremo Tribunal Federal, a Constituição Estadual mencionada contraria a Constituição Federal. Quanto aos itens **I** e **II** destaca-se o artigo 22, inciso I, da CF ("Compete privativamente à União legislar sobre: I – direito (...) penal, processual"). No mesmo sentido a jurisprudência do STF – ver ADI 4.791 e Súmula 722 STF ("São da competência legislativa da União a definição dos crimes de responsabilidade e o estabelecimento das respectivas normas de processo e julgamento"). Quanto ao item **III**, a competência para processar e julgar originariamente os Governadores dos Estados e do Distrito Federal é do Superior Tribunal de Justiça – artigo 105, inciso I, alínea "a", CF. 🔳

Gabarito "A".

12. DIREITO ADMINISTRATIVO

Wander Garcia, Ariane Wady, Flávia Barros e Rodrigo Bordalo*

1. REGIME JURÍDICO ADMINISTRATIVO E PRINCÍPIOS DO DIREITO ADMINISTRATIVO

(Delegado/RJ – 2022 – CESPE/CEBRASPE) Os princípios constitucionais do direito administrativo

(A) podem ser aplicados diretamente pelo gestor público, mas não em sentido contrário à lei (*contra legem*), ainda que o interesse público aponte neste sentido.

(B) podem justificar decisões administrativas sem a intermediação da lei, tal como aconteceu com a interpretação feita pelo Conselho Nacional de Justiça acerca de nepotismo.

(C) são enumerados taxativamente no *caput* do art. 37 da CF, que define seus limites e possibilidades.

(D) não se limitam à lista do art. 37 da CF, embora impliquem, ontologicamente, comandos genéricos incapazes de vincular positivamente a ação administrativa.

(E) são imponderáveis, porquanto enunciam máximas fundamentais para a compreensão do direito administrativo.

Alternativa **A** incorreta (os princípios constitucionais podem ser aplicados *contra legem*, pois são normas hierarquicamente superiores). Alternativa **B** correta (trata-se da aplicação *per saltum* dos princípios constitucionais). Alternativa **C** incorreta (os princípios constitucionais do direito administrativo podem ser expressos ou implícitos). Alterativa **D** incorreta (de fato, os princípios constitucionais do direito administrativo não se limitam à lista do art. 37 da CF; no entanto, os seus comandos são capazes de vincular positivamente a ação administrativa). Alternativa **E** incorreta (os princípios constitucionais do direito administrativo estão sujeitos à técnica hermenêutica da ponderação, haja vista o caráter relativo dos princípios constitucionais). RB
Gabarito "B".

(Delegado/RJ – 2022 – CESPE/CEBRASPE) Paulo, servidor público estadual, verificou, durante pesquisas na Web, que seu contracheque encontrava-se acessível no sítio eletrônico do governo do estado, em que são divulgadas informações sobre a remuneração paga aos servidores públicos. Inconformado, Paulo ingressou com uma ação para a retirada de seu nome do sítio eletrônico, requerendo, ainda, reparação por danos morais, por violação do seu direito constitucional à privacidade e à intimidade.

Considerando essa situação hipotética, as normas sobre a transparência ativa e a Lei Geral de Proteção de Dados Pessoais (LGPD), assinale a opção correta.

(A) É legítima a publicação, em sítio eletrônico mantido pela administração pública, dos nomes dos seus servidores e do valor dos correspondentes vencimentos e vantagens pecuniárias, ressalvando-se os descontos de caráter pessoal.

(B) A divulgação nominalizada dos dados do servidor relacionados a seus vencimentos e vantagens fere o direito à privacidade e à intimidade dos agentes públicos, fragilizando a segurança física e pessoal do servidor.

(C) É ilegítima a publicação dos nomes dos servidores, pois a LGPD tem por objetivo proteger os direitos fundamentais de liberdade e de privacidade de qualquer pessoa natural ou pessoa jurídica de direito público ou privado.

(D) É possível a publicação dos vencimentos e das vantagens pecuniárias referentes aos cargos públicos, desde que não seja divulgado o nome real dos agentes públicos, em razão da LGPD.

(E) Em razão da prevalência do princípio da publicidade administrativa, é legítima a divulgação, na íntegra, dos comprovantes de pagamento dos servidores, pois tais documentos mostram informação de interesse coletivo ou geral.

A transparência ativa exige da Administração a divulgação de atos e de informações de interesse geral, entre os quais a remuneração de seus servidores. Confrontado com tal regramento, o STF reputou constitucional esta forma de publicidade, ausente qualquer ofensa ao direito à privacidade e à intimidade. De acordo com a Corte Maior, conforme tese fixada em sede de repercussão geral: "É legítima a publicação, inclusive em sítio eletrônico mantido pela Administração Pública, dos nomes dos seus servidores e do valor dos correspondentes vencimentos e vantagens pecuniárias." (ARE 652.777, Pleno, Rel. Min. Teori Zavaski, DJe 1/07/2015 – tema 483). Advirta-se que o mesmo STF ressalva a divulgação de informações estritamente pessoais, como os descontos em folha de pagamento de dívidas e por imposições de decisão judicial (RE 1.206.340, Rel. Min. Alexandre de Moraes, DJe 9/09/2020). Dessa forma, correta a alternativa A. RB
Gabarito "A".

(Delegado/MG – 2021 – FUMARC) Segundo Celso Antônio Bandeira de Mello, "O interesse público, o interesse do todo, do conjunto social, nada mais é que a dimensão pública dos interesses individuais, ou seja, dos interesses de cada indivíduo enquanto partícipe da Sociedade [...]".

A partir dessa afirmativa, marque a opção CORRETA:

(A) O interesse público não é uma faceta dos interesses coletivos, mas apenas o interesse de um todo abstrato.

(B) O interesse público se constitui no interesse do todo, do próprio conjunto social, mas não se confunde com a somatória dos interesses individuais, peculiares de cada qual.

(C) Pode haver um interesse público discordante do interesse de cada um dos membros da Sociedade.

(D) Todo e qualquer interesse do Estado corresponde a um interesse público.

---

* WG Wander Garcia
AW Ariane Wady
FB Flávia Barros
RB Rodrigo Bordalo

A questão explora o entendimento de Celso Antônio Bandeira de Mello acerca da noção de *interesse público*, que detém alta carga de indeterminação. Afinal, o que é interesse público? Visando destrinchar a ideia, o autor aponta que "constitui no interesse do todo, ou seja, do próprio conjunto social", embora "não se confunde com a somatória dos interesses individuais, peculiares de cada qual." (*Curso de direito administrativo*, 31. ed., 2014, p. 59). Assim, correta a alternativa **B**. As demais estão incorretas: alternativa **A** (o interesse público é uma faceta dos interesses coletivos, não podendo ser restrito ao interesse de um todo abstrato); alternativa **C** (para o autor, não pode haver um interesse público que seja discordante do interesse de cada um dos membros da sociedade, pois "seria inconcebível um interesse do todo que fosse, ao mesmo tempo, contrário ao interesse de cada uma das partes que o compõem"); alternativa **D** (não se deve confundir o interesse público, tratado pelo autor como *interesse primário*, com o interesse do Estado, denominado *interesse secundário*). RB

Gabarito "B".

(Promotor de Justiça/CE – 2020 – CESPE/CEBRASPE) O direito de petição aos poderes públicos, assegurado pela Constituição Federal de 1988, impõe à administração o dever de apresentar tempestiva resposta. A demora excessiva e injustificada da administração para cumprir essa obrigação é omissão violadora do princípio da eficiência. Segundo o STJ, por colocar em xeque a legítima confiança que o cidadão comum deposita na atuação da administração pública, tal mora atenta também contra o princípio da

(A) finalidade.

(B) moralidade.

(C) autotutela.

(D) presunção de legitimidade.

(E) continuidade do serviço público.

Conforme entendimento do STJ: "O direito de petição aos Poderes Públicos, assegurado no art. 5º, XXXIV, "a", da Constituição Federal, traduz-se em preceito fundamental a que se deve conferir a máxima eficácia, impondo-se à Administração, como contrapartida lógica e necessária ao pleno exercício desse direito pelo Administrado, o dever de apresentar tempestiva resposta. (...) A demora excessiva e injustificada da Administração para cumprir obrigação que a própria Constituição lhe impõe é omissão violadora do princípio da eficiência, na medida em que denuncia a incapacidade operacional do Poder Público em desempenhar, num prazo razoável, as atribuições que lhe foram conferidas pelo ordenamento (nesse sentido, o comando do art. 5º, LXXVIII, da CF). Fere, também, a moralidade administrativa, por colocar em xeque a legítima confiança que o cidadão comum deposita, e deve depositar, na atuação Administração." (MS 26.552/DF, 1ª Seção, Rel. Min. Sérgio Kikuna, DJe 18/02/2021). RB

Gabarito "B".

(Juiz de Direito – TJ/RJ – 2019 – VUNESP) Em conformidade com a Lei de Introdução às Normas do Direito Brasileiro (LINDB), na redação dada pela Lei 13.655/2018,

(A) em qualquer órgão ou Poder, a edição de atos normativos por autoridade administrativa, inclusive os de organização interna, deverá ser precedida de consulta pública para manifestação de interessados, preferencialmente por meio eletrônico, a qual será considerada na decisão.

(B) a decisão do processo, nas esferas administrativa, controladora ou judicial, poderá impor compensação por benefícios indevidos ou prejuízos anormais ou injustos resultantes do processo ou da conduta dos envolvidos.

(C) admite-se a celebração de compromisso entre a autoridade administrativa e os interessados, com vistas à eliminação de irregularidade, incerteza jurídica ou situação contenciosa na aplicação do direito público, inclusive envolvendo transação quanto a sanções e créditos ou estabelecendo regimes de transição.

(D) para o fim de excluir a responsabilidade pessoal do agente público, é possível requerer autorização judicial para celebração de compromisso entre a autoridade administrativa e os interessados para eliminação de irregularidade, incerteza jurídica ou situação contenciosa na aplicação do direito público.

(E) quando necessário por razões de segurança jurídica ou de interesse geral, o ente interessado proporá ação declaratória de validade de ato, contrato, ajuste, processo ou norma administrativa, cuja sentença fará coisa julgada com eficácia *erga omnes*.

A: incorreta (cf. art. 29 da LINDB, em qualquer órgão ou Poder, a edição de atos normativos por autoridade administrativa, *salvo os de mera organização interna*, poderá ser precedida de consulta pública para manifestação de interessados, preferencialmente por meio eletrônico, a qual será considerada na decisão); **B**: correta (cf. art. 27 da LINDB); **C**: incorreta (o art. 26, inc. II, da LINDB foi objeto de *veto presidencial* e apresentava a seguinte redação: "II – poderá envolver transação quanto a sanções e créditos relativos ao passado e, ainda, o estabelecimento de regime de transição."); **D**: incorreta (o art. 26, §2º, da LINDB foi objeto de *veto presidencial* e apresentava a seguinte redação: "§ 2º Poderá ser requerida autorização judicial para celebração do compromisso, em procedimento de jurisdição voluntária, para o fim de excluir a responsabilidade pessoal do agente público por vício do compromisso, salvo por enriquecimento ilícito ou crime."); **E**: incorreta (a situação apresentada nesta alternativa integrava o art. 25 do projeto de lei que deu origem à Lei 13.655/2018, o que foi vetado pela Presidência da República). RB

Gabarito "B".

(Investigador – PC/BA – 2018 – VUNESP) Um Estado que tributasse desmesuradamente os administrados enriqueceria o Erário, com maior volume de recursos, o que, por outro lado, tornaria a sociedade mais pobre. Tal conduta de exação excessiva viola o princípio pelo qual deve prevalecer

(A) o interesse público secundário.

(B) o interesse público primário.

(C) a supremacia do interesse público.

(D) o interesse público como direito subjetivo.

(E) o direito subjetivo individual.

A: incorreta. O interesse público secundário é aquele que atine ao ente da Administração Pública diretamente; **B**: correta. O interesse público primário diz respeito ao interesse da sociedade como um todo. Essa é a assertiva correta, na medida em que embora se possa supor que a Administração Pública tenha interesse público secundário em tributar seus administrativos desmesuradamente, de modo a arrecadar mais, o interesse público primário, o da sociedade, estaria sendo violado. Em um conflito de interesses entre o interesse público primário e o secundário, o primeiro deve prevalecer; **C**: incorreta. O princípio da supremacia do interesse público sobre o interesse privado tem de ser corretamente entendido, sob pena de levar a interpretações equivocadas, que levantam a hipótese de antagonismo entres ambos. Todos vivemos em sociedade e, para que as necessidades da coletividade possam ser devidamente atendidas, há que se estabelecer na lei certas limitações aos interesses do particular em prol do bem comum. Na verdade, na medida em que todos desejamos viver harmonicamente, a existência do princípio da

12. DIREITO ADMINISTRATIVO

559

supremacia do interesse público sobre o privado determina que esse último deva ser sacrificado quando isso atender melhor ao interesse coletivo. Se todos tivessem a liberdade para o exercício irrestrito e não acomodado de seus direitos, por certo teríamos conflitos e caos, razão pela qual esse princípio prega que há um interesse particular em ceder parte de sua esfera de direitos e liberdade, nos termos da lei, para que o interesse público seja atendido; **D:** incorreta. O interesse público corresponde ao conjunto dos interesses que os indivíduos pessoalmente têm, enquanto membros da coletividade. Partindo desse conceito, pode-se dizer que cada indivíduo tem o direito subjetivo à defesa das normas que tratam do interesse público; **E:** incorreta. O direito subjetivo individual consiste na situação jurídica consagrada na norma e que faz de seus sujeitos titulares de poder, obrigações e faculdades. **FB**

Gabarito "B".

(Procurador do Município – Prefeitura Fortaleza/CE – CESPE – 2017) Acerca do direito administrativo, julgue o item que se segue.

(1) Considerando os princípios constitucionais explícitos da administração pública, o STF estendeu a vedação da prática do nepotismo às sociedades de economia mista, embora elas sejam pessoas jurídicas de direito privado.

1. correta. Sendo as Sociedades de Economia Mista integrantes da Administração Indireta, são atingidas pela Súmula Vinculante 13, STF, que inclui todas as pessoas jurídicas da Administração Pública Direta e Indireta. **AW**

Gabarito "1C".

1.1. Regime jurídico administrativo

(Procurador Municipal – Prefeitura/BH – CESPE – 2017) Considerando as modernas ferramentas de controle do Estado e de promoção da gestão pública eficiente, assinale a opção correta acerca do direito administrativo e da administração pública.

(A) Em função do dever de agir da administração, o agente público omisso poderá ser responsabilizado nos âmbitos civil, penal e administrativo.

(B) O princípio da razoável duração do processo, incluído na emenda constitucional de reforma do Poder Judiciário, não se aplica aos processos administrativos.

(C) Devido ao fato de regular toda a atividade estatal, o direito administrativo aplica-se aos atos típicos dos Poderes Legislativo e Judiciário.

(D) Em sentido objetivo, a administração pública se identifica com as pessoas jurídicas, os órgãos e os agentes públicos e, em sentido subjetivo, com a natureza da função administrativa desempenhada.

A: correta. O art. 125, da Lei 8.112/1990 dispõe que as responsabilidades civil, comercial e administrativas são independentes entre si; **B:** incorreta. O art. 5º, LXXVIII, CF é expresso quanto à aplicação do princípio da razoabilidade também no âmbito administrativo; **C:** incorreta. O direito administrativo só se aplica aos atos atípicos dos demais Poderes, já que os atos típicos, no caso, são os de julgar (Poder Judiciário) e legislar (Poder Legislativo); **D:** incorreta. O conceito está invertido, pois em sentido objetivo a Administração Pública se identifica com a atividade administrativa, enquanto em sentido subjetivo, com as pessoas, agentes e órgãos públicos. **AW**

Gabarito "A".

(Delegado/MS – 2017 – FAPEMS) De acordo com o texto a seguir o direito público tem como objetivo primordial o atendimento ao bem-estar coletivo.

[...] em primeiro lugar, as normas de direito público, embora protejam reflexamente o interesse individual, têm o objetivo primordial de atender ao interesse público, ao bem-estar coletivo. Além disso, pode-se dizer que o direito público somente começou a se desenvolver quando, depois de superados o primado do Direito Civil (que durou muitos séculos) e o individualismo que tomou conta dos vários setores da ciência, inclusive a do Direito, substituiu-se a ideia do homem como fim único do direito (própria do individualismo) pelo princípio que hoje serve de fundamento para todo o direito público e que vincula a Administração em todas as suas decisões [...].

DI PIETRO, Maria Sylvia Zanella. Direito Administrativo. 30.ed. São Paulo: Atlas, 2017, p 96.

Diante disso, as "pedras de toque" do regime jurídico-administrativo são

(A) a supremacia do interesse público sobre o interesse privado e a impessoalidade do interesse público.

(B) a supremacia do interesse público sobre o interesse privado e a indisponibilidade do interesse público.

(C) a indisponibilidade do interesse público e o princípio da legalidade.

(D) a supremacia da ordem pública e o princípio da legalidade.

(E) a supremacia do interesse público e o interesse privado e o princípio da legalidade.

A expressão foi criada por Celso Antonio Bandeira de Melo, para falar dos princípios básicos, mais importantes do Direito administrativo, dos quais todos os demais princípios decorrem, quais sejam: Princípio da supremacia do interesse público e Princípio da indisponibilidade do interesse público. **FB**

Gabarito "B".

(Delegado/MT – 2017 – CESPE) Em março de 2017, o governo de determinado estado da Federação declarou nulo ato que, de boa-fé, havia concedido vantagem pecuniária indevida aos ocupantes de determinado cargo a partir de janeiro de 2011.

Nessa situação hipotética,

(A) o ato de anulação do ato que havia concedido vantagem pecuniária ofendeu diretamente o princípio da proporcionalidade.

(B) o ato de anulação foi legal, pois atendeu a todos os preceitos legais e jurisprudenciais sobre a extinção dos atos administrativos.

(C) o correto seria a revogação do ato, e não a sua anulação.

(D) a declaração de nulidade do ato é nula de pleno direito, pois ocorreu a decadência do direito.

(E) o princípio da autotutela da administração pública protege o ato de anulação determinado pelo governo.

O ato já foi atingido pela previsão legal inserta na Lei 9.784/1999, art. 54, haja vista ter sido concedido em 2011. Art. 54. O direito da Administração de anular os atos administrativos de que decorram efeitos favoráveis para os destinatários decai em cinco anos, contados da data em que foram praticados, salvo comprovada má-fé. **FB**

Gabarito "D".

1.2. Princípios Administrativos Expressos em Outras Leis ou Implícitos e princípios combinados

(Investigador – PC/BA – 2018 – VUNESP) Se um determinado agente público se vale de uma competência que lhe é legalmente atribuída para praticar um ato válido, mas que possui o único e exclusivo objetivo de prejudicar um desafeto, é correto afirmar que tal conduta feriu o princípio da

(A) finalidade, que impõe aos agentes da Administração o dever de manejar suas competências obedecendo rigorosamente à finalidade de cada qual.

(B) supremacia do interesse público sobre o interesse privado, que é princípio geral de direito inerente a qualquer sociedade.

(C) razoabilidade, pelo qual o Administrador, na atuação discricionária, terá de obedecer a critérios aceitáveis do ponto de vista racional, com o senso normal.

(D) proporcionalidade, já que a Administração não deve tomar medidas supérfluas, excessivas e que passem do estritamente necessário à satisfação do interesse público.

(E) motivação, porque a Administração deve, no mínimo, esclarecer aos cidadãos aos razões pelas quais foram tomadas as decisões.

A: correta. O ato administrativo de que trata a assertiva padece do vício de desvio de finalidade, na medida em que foi praticado para alcançar finalidade diversa da que lhe é propriamente dada pela lei; **B:** incorreta. O princípio da supremacia do interesse público sobre o interesse privado tem de ser corretamente entendido, sob pena de levar a interpretações equivocadas, que levantam à hipótese de antagonismo entres ambos. Todos vivemos em sociedade e, para que as necessidades da coletividade possam ser devidamente atendidas, há que se estabelecer na lei certas limitações aos interesses do particular em prol do bem comum. Na verdade, na medida em que todos desejamos viver harmonicamente, a existência do princípio da supremacia do interesse público sobre o privado determina que esse último deva ser sacrificado quando isso atender melhor ao interesse coletivo. Se todos tivessem a liberdade para o exercício irrestrito e não acomodado de seus direitos, por certo teríamos conflitos e caos, razão pela qual esse princípio prega que há um interesse particular em ceder parte de sua esfera de direitos e liberdade, nos termos da lei, para que o interesse público seja atendido; **C:** incorreta. O princípio da razoabilidade consiste em uma proposição básica e fundamental relacionada à diretriz do senso comum, do bom senso, da prudência e da moderação aplicado ao ramo do Direito; **D:** incorreta. O princípio da proporcionalidade estabelece que deve haver uma relação de proporcionalidade entre os meios empregados e a finalidade a ser alcançada, levando-se em conta as circunstâncias que ensejaram a prática do ato; **E:** incorreta. A motivação integra a formalização do ato, é requisito formalístico dele, transparecendo a causa que deu ensejo à pratica do ato administrativo. **FB**
Gabarito "A"

(Procurador Municipal – Prefeitura/BH – CESPE – 2017) A respeito dos princípios aplicáveis à administração pública, assinale a opção correta.

(A) Dado o princípio da autotutela, poderá a administração anular a qualquer tempo seus próprios atos, ainda que eles tenham produzido efeitos benéficos a terceiros.

(B) Apesar de expressamente previsto na CF, o princípio da eficiência não é aplicado, por faltar-lhe regulamentação legislativa.

(C) Ao princípio da publicidade corresponde, na esfera do direito subjetivo dos administrados, o direito de petição aos órgãos da administração pública.

(D) O princípio da autoexecutoriedade impõe ao administrador o ônus de adequar o ato sancionatório à infração cometida.

A: incorreta. A Administração poderá anular seus próprios atos, respeitados os direitos de terceiros de boa-fé, conforme disposto na Súmula 473, STF; **B:** incorreta. O princípio da eficiência consta de uma norma de eficácia plena (art. 37, "caput", CF), por isso independe de regulamentação; **C:** correta. O direito de petição (art. 5°, XXXIII e XXXIV, CF) só pode ser exercido se o ato for público, caso contrário, não será possível impugná-lo; **D:** incorreta. O princípio da autoexecutoriedade é o que determina que o administrador pode praticar seus atos independentemente de autorização judicial, não se relacionando à adequação à infração cometida, portanto. **AW**
Gabarito "C".

(Delegado/MS – 2017 – FAPEMS) Acerca do Princípio da Publicidade e da Lei de Acesso à Informação (Lei n. 12.527/2011), assinale a alternativa correta.

(A) Somente a pessoa diretamente interessada poderá apresentar pedido de acesso às informações por qualquer meio legítimo, sendo que os órgãos e as entidades do poder público devem viabilizar alternativa de encaminhamento de pedidos de acesso por meio de seus sítios oficiais na internet.

(B) Caso a informação solicitada esteja disponível ao público em formato impresso, eletrônico ou em qualquer outro meio de acesso universal, serão informados ao requerente, por escrito, o lugar e a forma pela qual se poderá consultar, obter ou reproduzir a referida informação, procedimento esse que desonerará o órgão ou a entidade pública da obrigação de seu fornecimento direto, ficando a cargo exclusivo do interessado, em quaisquer circunstâncias, prover meios para obter as informações solicitadas.

(C) O serviço de busca e fornecimento da informação é gratuito, salvo nas hipóteses de reprodução de documentos pelo órgão ou pela entidade pública consultada, situação em que poderá ser cobrado exclusivamente o valor necessário ao ressarcimento do custo dos serviços e dos materiais utilizados.

(D) É dever do Estado garantir o direito de acesso à informação, que será franqueada, mediante procedimentos objetivos e ágeis, de forma transparente, clara e em linguagem de fácil compreensão, sendo legítima a negativa, ainda que não fundamentada, quando a informação for classificada como total ou parcialmente sigilosa.

(E) É legítima a publicação, inclusive em sítio eletrônico mantido pela Administração Pública, dos nomes de seus servidores e do valor dos correspondentes aos vencimentos, sendo vedadas informações referentes a vantagens pecuniárias.

A: incorreta. Lei 12.527/2011, art. 10. Qualquer interessado poderá apresentar pedido de acesso a informações aos órgãos e entidades referidos no art. 1° desta Lei, por qualquer meio legítimo, devendo o pedido conter a identificação do requerente e a especificação da informação requerida. **B:** incorreta. Lei 12.527/2011, art. 10, § 6°: Caso a informação solicitada esteja disponível ao público em formato impresso, eletrônico ou em qualquer outro meio de acesso universal, serão informados ao requerente, por escrito, o lugar e a forma pela qual se poderá consultar, obter ou reproduzir a referida informação, procedimento esse que desonerará o órgão ou entidade pública da obrigação de seu fornecimento direto, salvo se o requerente declarar não dispor de meios para realizar por si mesmo tais procedimentos. **C:** correta. Lei 12.527/2011, art. 12. O serviço de busca e fornecimento da informação é gratuito, salvo nas hipóteses de reprodução de documentos pelo órgão ou entidade pública consultada, situação em que poderá ser cobrado exclusivamente o valor necessário ao ressarcimento do custo dos serviços e dos materiais utilizados. **D:** incorreta. Lei 12.527/2011, art. 25. É dever do Estado controlar o acesso e a divulgação de informações sigilosas produzidas por seus órgãos e entidades, assegurando a sua proteção. **E:** incorreta. Não são vedadas as informações relativas a vantagens pecuniárias. **FB**

Gabarito "C".

2. PODERES DA ADMINISTRAÇÃO PÚBLICA

Para resolver as questões deste item, vale citar as definições de cada poder administrativo apresentadas por Hely Lopes Meirelles, definições estas muito utilizadas em concursos públicos. Confira:

a) poder vinculado – "é aquele que o Direito Positivo – a lei – confere à Administração Pública para a prática de ato de sua competência, determinando os elementos e requisitos necessários à sua formalização";

b) poder discricionário – "é o que o Direito concede à Administração, de modo explícito, para a prática de atos administrativos com liberdade na escolha de sua conveniência, oportunidade e conteúdo";

c) poder hierárquico – "é o de que dispõe o Executivo para distribuir e escalonar as funções de seus órgãos, ordenar e rever a atuação de seus agentes, estabelecendo a relação de subordinação entre os servidores do seu quadro de pessoal";

d) poder disciplinar – "é a faculdade de punir internamente as infrações funcionais dos servidores e demais pessoas sujeitas à disciplina dos órgãos e serviços da Administração";

e) poder regulamentar – "é a faculdade de que dispõem os Chefes de Executivo (Presidente da República, Governadores e Prefeitos) de explicar a lei para sua correta execução, ou de expedir decretos autônomos sobre matéria de sua competência ainda não disciplinada por lei";

f) poder de polícia – "é a faculdade de que dispõe a Administração Pública para condicionar e restringir o uso e gozo de bens, atividades e direitos individuais, em benefício da coletividade ou do próprio Estado".

(**Direito Administrativo Brasileiro**, 26ª ed. São Paulo: Malheiros, p. 109 a 123)

2.1. Poder vinculado e discricionário

(**Delegado/AM**) O poder discricionário conferido à Administração Pública, para ser válido, têm que conjugar os seguintes elementos:

(A) capacidade e competência

(B) oportunidade e capacidade

(C) conveniência e oportunidade

(D) competência e conveniência

Poder discricionário é o que o Direito concede à Administração para a prática de atos administrativos com liberdade na escolha de sua conveniência, oportunidade e conteúdo. **WG**

Gabarito "C".

2.2. Poder disciplinar

(**Procurador Município – Teresina/PI – FCC – 2022**) O Código Penal estabelece, em seu art. 320, o delito intitulado "condescendência criminosa", configurando crime próprio de funcionário público. Tal tipificação diz respeito à omissão no exercício do poder

(A) normativo.

(B) de polícia administrativa.

(C) regulamentar.

(D) disciplinar.

(E) discricionário.

A condescendência criminosa representa o crime consistente em deixar de responsabilizar subordinado que comete infração no exercício do cargo. Trata-se, logo, de omissão no exercício do poder disciplinar, que representa aquele pelo qual a Administração detém a prerrogativa de aplicar sanções aos agentes públicos praticantes de infrações. Assim, correta a alternativa D.

Gabarito "D".

(**Investigador – PC/BA – 2018 – VUNESP**) Os agentes superiores fiscalizam as atividades dos agentes de nível inferior e, em consequência, possuem o poder de exigir que a conduta destes seja adequada aos mandamentos legais, sob pena de, se tal não ocorrer, serem os infratores sujeitos às respectivas sanções.

Essa passagem trata do poder

(A) vinculado.

(B) de polícia.

(C) regulamentar.

(D) hierárquico.

(E) disciplinar.

A: incorreta. **Poder vinculado** é aquele conferido pela lei à Administração Pública para a prática de ato de sua competência, determinando os elementos e requisitos necessários à sua formalização; **B:** incorreta. **Poder de polícia** consiste na limitação à liberdade e à propriedade do particular, prevista em lei, em prol do bem comum; **C:** incorreta. **Poder regulamentar** é a faculdade de que dispõem os Chefes de Executivo (Presidente da República, Governadores e Prefeitos) de explicar a lei para sua correta execução, ou de expedir decretos autônomos sobre matéria de sua competência ainda não disciplinada por lei; **D:** incorreta. **Poder regulamentar** consiste no dever-poder de que dispõem os Chefes de Executivo (Presidente da República, Governadores e Prefeitos) de explicar a lei para sua correta execução, ou de expedir decretos autônomos sobre matéria de sua competência ainda não disciplinada por lei; **E:** correta. **Poder disciplinar** é a faculdade de punir internamente as infrações funcionais dos servidores e demais pessoas sujeitas à disciplina dos órgãos e serviços da Administração. **FB**

Gabarito "E".

(**Juiz – TJ-SC – FCC – 2017**) Sobre o exercício do poder disciplinar da Administração Pública, é correto afirmar que tal poder:

(A) é exercido somente em face de servidores regidos pelas normas estatutárias, não se aplicando aos empregados públicos, regidos pela Consolidação das Leis do Trabalho.

562 — WANDER GARCIA, ARIANE WADY, FLÁVIA BARROS E RODRIGO BORDALO

(B) admite a aplicação de sanções de maneira imediata, desde que tenha havido prova inconteste da conduta ou que ela tenha sido presenciada pela autoridade superior do servidor apenado.

(C) é aplicável aos particulares, sempre que estes descumpram normas regulamentares legalmente embasadas, tais como as normas ambientais, sanitárias ou de trânsito.

(D) é extensível a sujeitos que tenham um vínculo de natureza especial com a Administração, sejam ou não servidores públicos.

(E) não contempla, em seu exercício, a possibilidade de afastamentos cautelares de servidores antes que haja o prévio exercício de ampla defesa e contraditório.

A: incorreta. O Poder Disciplinar é o que permite ao administrador punir os seus subordinados quando comprovada a prática de infração funcional, sendo um poder ao qual se submetem todos os agentes públicos (os agentes políticos, os funcionários públicos, empregados públicos, titulares de regime administrativo especial e particulares em colaboração com o Estado), não sendo correto excluir os empregados públicos, portanto; **B:** incorreta. A aplicação de penalidade sempre deve ser precedida de procedimento administrativo ao qual se assegure o contraditório e ampla defesa (art. 5º, LV, CF) e Lei 9.784/1999; **C.** incorreta. O Poder Disciplinar não se aplica aos particulares, sendo de aplicação interna, que auxilia na disciplina interna dos servidores públicos integrantes da estrutura da Administração Publica, e não dos particulares; **D:** correta. Como explicado na alternativa "A", todos os agentes públicos se submetem a esse regime, o que inclui os particulares em colaboração com o Estado, por exemplo, que não são servidores públicos, mas equiparados a tanto, como os agentes honoríficos (mesários, jurados); **E:** incorreta. Há possibilidade de afastamento cautelar do servidor, conforme disposto no art. 147, da Lei 8.112/1990. **AW**

Gabarito "D".

2.3. Poder regulamentar

(Procurador Municipal – Prefeitura/BH – CESPE – 2017) Em relação aos poderes e deveres da administração pública, assinale a opção correta.

(A) É juridicamente possível que o Poder Executivo, no uso do poder regulamentar, crie obrigações subsidiárias que viabilizem o cumprimento de uma obrigação legal.

(B) De acordo com o STF, ao Estado é facultada a revogação de ato ilegalmente praticado, sendo prescindível o processo administrativo, mesmo que de tal ato já tenham decorrido efeitos concretos.

(C) De acordo com o STF, é possível que os guardas municipais acumulem a função de poder de polícia de trânsito, ainda que fora da circunscrição do município.

(D) Do poder disciplinar decorre a atribuição de revisar atos administrativos de agentes públicos pertencentes às escalas inferiores da administração.

A: incorreta. O poder regulamentar é subsidiário, infralegal. Ele só pode atuar se houver lei, por isso é que, não sendo possível saber pelo enunciado se há lei anterior sobre a obrigação que se pretende regulamentar, não podemos afirmar que está correta a assertiva; **B:** incorreta. Não há prescindibilidade quanto à anulação de um ato ilegal. É dever do Poder Público anular os atos ilegais, havendo, portanto, dois erros, um quanto ao fato de que se trata de anulação, e outro, pelo fato dessa ser obrigatória; **C:** correta. O STF entende ser constitucional a atribuição às guardas municipais do exercício do poder de polícia, conforme RE 658570/MG, sendo que o art. 144, § 8º, CF dispõe que "Os Municípios poderão constituir guardas municipais destinadas à proteção de seus bens, serviços e instalações, conforme dispuser a

lei; **D:** incorreta. O poder disciplinar é instrumento do Poder Público para aplicar penalidades. **AW**

Gabarito "C".

(Procurador do Município – Prefeitura Fortaleza/CE – CESPE – 2017) Acerca do direito administrativo, julgue o item que se segue.

(1) O exercício do poder regulamentar é privativo do chefe do Poder Executivo da União, dos estados, do DF e dos municípios.

1: correta. O poder regulamentar só pode ser exercido pelo Chefe do Poder Executivo, que é o único que pode regulamentar as leis e outros atos normativos infraconstitucionais. O art. 84, VI, CF é um exemplo desse poder e de sua privatividade. **AW**

Gabarito "1C".

(Delegado/GO – 2017 – CESPE) De acordo com a legislação e a doutrina pertinentes, o poder de polícia administrativa

(A) pode manifestar-se com a edição de atos normativos como decretos do chefe do Poder Executivo para a fiel regulamentação de leis.

(B) é poder de natureza vinculada, uma vez que o administrador não pode valorar a oportunidade e conveniência de sua prática, estabelecer o motivo e escolher seu conteúdo.

(C) pode ser exercido por órgão que também exerça o poder de polícia judiciária.

(D) é de natureza preventiva, não se prestando o seu exercício, portanto, à esfera repressiva.

(E) é poder administrativo que consiste na possibilidade de a administração aplicar punições a agentes públicos que cometam infrações funcionais.

A: incorreta. Trata-se do poder regulamentar. **B:** incorreta. O artigo 78 do Código Tributário Nacional traz uma definição legal do poder de polícia: "considera-se poder de polícia a atividade da administração pública que, limitando ou disciplinando direito, interesse ou liberdade, regula a prática de ato ou abstenção de fato, em razão de interesse público concernente à segurança, à higiene, à ordem, aos costumes, à disciplina da produção e do mercado, ao exercício de atividades econômicas dependentes de concessão ou autorização do poder público, à tranquilidade pública ou ao respeito à propriedade e aos direitos individuais ou coletivos". Note-se que o mencionado artigo define o poder de polícia como atividade da administração pública; contudo, em atenta leitura ao parágrafo único que se segue vemos que o poder de polícia também é considerado regular quando executado por "órgão competente nos limites da lei aplicável, com observância do processo legal e, tratando-se de atividade que a lei tenha como discricionária, sem abuso ou desvio de poder". **C:** correta. O poder de polícia, na forma da Lei, deve ser exercido por toda a Administração Publica. **D:** incorreta. O poder de polícia e exercida tanto de forma preventiva quanto repressiva. **E:** incorreta. A assertiva define o poder disciplinar. **FB**

Gabarito "C".

2.4. Poder de polícia

(Delegado/RJ – 2022 – CESPE/CEBRASPE) Conforme art. 144, § 4.º, da CF, "às polícias civis, dirigidas por delegados de polícia de carreira, incumbem, ressalvada a competência da União, as funções de polícia judiciária e a apuração de infrações penais, exceto as militares". Em face desse dispositivo e do regime jurídico do poder de polícia, é correto afirmar que

12. DIREITO ADMINISTRATIVO — 563

(A) lei pode delegar a pessoas jurídicas de direito privado parcelas do exercício do poder de polícia judiciária, segundo jurisprudência recente do Supremo Tribunal Federal.

(B) razões de interesse público — como urgência para preenchimento de vaga ou necessidade premente de certa investigação de grave crime contra direitos fundamentais — podem justificar a nomeação de comissionada de delegado de polícia.

(C) delegados de Polícia de carreira podem exercer polícia administrativa.

(D) a polícia judiciária não se confunde com a polícia administrativa, embora ambas decorram do exercício do poder de império tipicamente estatal, indelegável a entidades privadas.

(E) o poder de polícia administrativa vem sendo criticado na doutrina como uma reminiscência autoritária do direito administrativo. Por isso, há quem sustente que ele foi substituído pela ideia de regulação ou de ordenação. Esse entendimento foi vitorioso recentemente no caso BH Trans, julgado pelo Superior Tribunal de Justiça.

Alternativa **A** incorreta (a polícia judiciária é indelegável, sendo executada por órgãos de segurança pública, conforme já decidiu o STF no RE 633.782). Alternativa **B** incorreta (a função de delegado de polícia é exercida por agente público de carreira, sendo vedado o seu exercício por comissionado; nesse sentido o STF na ADI 2.427). Alternativa **C** correta (delegados de polícia podem exercer tanto a polícia judiciária quanto a administrativa). Alternativa **D** incorreta (de fato, a polícia judiciária não se confunde com a polícia administrativa, embora ambas decorram do exercício do poder de império tipicamente estatal; no entanto, algumas atividades do poder de polícia podem ser delegadas a particulares, como os atos de consentimento e de fiscalização; além disso, é possível a delegação genérica do poder de polícia para entidades privadas integrantes da Administração, cf. já decidiu o STF no RE 633.782). Alternativa **E** incorreta (o STF, no âmbito do RE 633.782 – caso BH Trans – considerou que o poder de polícia, embora envolva noção questionada por parcela da doutrina, "mostra-se como instrumento de garantia da própria liberdade e do interesse da coletividade, sem desamparar os direitos fundamentais individuais"). **RB**
Gabarito "C".

(Delegado/RJ – 2022 – CESPE/CEBRASPE) Conforme a Lei da Liberdade Econômica (art. 1.º, § 6.º), se consideram "atos públicos de liberação a licença, a autorização, a concessão, a inscrição, a permissão, o alvará, o cadastro, o credenciamento, o estudo, o plano, o registro e os demais atos exigidos, sob qualquer denominação, por órgão ou entidade da administração pública na aplicação de legislação, como condição para o exercício de atividade econômica, inclusive o início, a continuação e o fim para a instalação, a construção, a operação, a produção, o funcionamento, o uso, o exercício ou a realização, no âmbito público ou privado, de atividade, serviço, estabelecimento, profissão, instalação, operação, produto, equipamento, veículo, edificação e outros". De acordo com o entendimento corrente de direito administrativo, os atos de liberação podem ser compreendidos como

(A) forma de fiscalização de polícia, por meio da qual agentes administrativos, ao tutelar o interesse público, decidem se certa atividade econômica pode ou não continuar a ser exercida.

(B) manifestações estatais indispensáveis para a prática de atividades econômicas.

(C) exemplos de atuação consensual da administração pública, que, cada dia mais, ganha espaço e substitui a postura autoritária de um direito administrativo incompatível com a CF.

(D) desdobramentos do princípio da eficiência administrativa, que pressupõe, em qualquer caso, a vinculação positiva do agir público à lei, com o menor custo possível, inclusive para a economia.

(E) espécies de atos de consentimento de polícia administrativa.

As medidas do poder de polícia podem ser dividias em quatro espécies (teoria do ciclo de polícia): normativa, de consentimento (preventiva), fiscalizatória e repressiva. Alternativa **A** incorreta (os atos públicos de liberação não representam uma forma de fiscalização de polícia, que ocorre durante o exercício da atividade). Alternativa **B** incorreta (entre os princípios que norteiam a Lei da Liberdade Econômica, estão a liberdade como uma garantia no exercício da atividade econômica e a intervenção subsidiária e excepcional do Estado sobre o exercício de atividades econômicas, cf. art. 2º, I e III, da Lei 13.874/2019). Alternativa **C** incorreta (os atos de liberação não são exemplos de atuação consensual da administração, pois são atos dotados de imperatividade). Alternativa **D** incorreta (a expressão "em qualquer caso" torna a afirmação genérica, sendo certo que há exceções nesse contexto de vinculação do agir público à lei). Alternativa **E** correta (os atos de liberação representam, no âmbito das medidas do poder de polícia apontadas acima, a espécie preventiva (de consentimento). **RB**
Gabarito "E".

(Delegado/RJ – 2022 – CESPE/CEBRASPE) Recebida denúncia de violência doméstica contra a mulher, a equipe de delegacia especializada de atendimento à mulher prendeu Jorge em flagrante delito, pela prática de tentativa de feminicídio, tendo sido apreendida a arma de fogo utilizada no crime. Após as diligências procedimentais do auto de prisão em flagrante e da apreensão da arma de fogo, o delegado adjunto lavrou o auto de infração pela apreensão da arma de fogo, aplicando multa em desfavor de Jorge.

Acerca dessa situação hipotética, assinale a opção correta.

(A) A autoridade policial exerceu, concomitantemente, o poder de polícia judiciária e o poder de polícia administrativa.

(B) A lavratura do auto de infração decorre do poder de polícia judiciária, pois é consequência da apreensão da arma de fogo utilizada no crime.

(C) A multa aplicada será graduada pela autoridade competente, de acordo com a conveniência e oportunidade.

(D) O delegado adjunto poderia ter deixado de aplicar a multa pela apreensão da arma de fogo, em razão da sua discricionariedade administrativa.

(E) É ilegítima a aplicação de multa pela apreensão da arma de fogo, pois depende de autorização judicial.

A correta (o contexto descrito abrange o exercício da *polícia judiciária*, associada à investigação/repressão de delitos penais, e da *polícia administrativa*, atinente à limitação da liberdade e da propriedade em favor do bem comum). Alternativa **B** incorreta (a lavratura de auto de infração decorre do poder de polícia administrativa, em sua modalidade repressiva). Alternativa **C** incorreta (a multa será graduada de acordo com a lei, ou seja, trata-se de competência vinculada, não havendo conveniência e oportunidade). Alternativa **D** incorreta (a aplicação da multa é um poder-dever, resultante de uma competência vinculada, não havendo discricionariedade em sua aplicação). Alternativa **E** incorreta (em razão do atributo da autoexecutoriedade, a aplicação da multa não depende de autorização judicial). **RB**

Gabarito "A".

(Juiz de Direito/AP – 2022 – FGV) A sociedade de economia mista Beta do Município X recebeu formalmente, por meio de lei específica, delegação do poder de polícia do Município para prestar serviço de policiamento do trânsito na cidade, inclusive para aplicar multa aos infratores. Sabe-se que a entidade Beta é uma empresa estatal municipal de capital majoritariamente público, que presta exclusivamente serviço público de atuação própria do poder público e em regime não concorrencial. Por entender que o Município X não poderia delegar o poder de polícia a pessoa jurídica de direito privado, o Ministério Público ajuizou ação civil pública pleiteando a declaração de nulidade da delegação e das multas aplicadas, assim como a assunção imediata do serviço pelo Município.

No caso em tela, de acordo com a atual jurisprudência do Supremo Tribunal Federal em tema de repercussão geral, a pretensão ministerial:

(A) não deve ser acolhida, pois é constitucional a delegação do poder de polícia na forma realizada, inclusive no que concerne à sanção de polícia;

(B) não deve ser acolhida, pois é constitucional a delegação do poder de polícia a qualquer pessoa jurídica de direito privado, desde que cumprido o único requisito que é a prévia autorização legal;

(C) deve ser acolhida, pois é inconstitucional a delegação do poder de polícia, em qualquer das fases de seu ciclo, a pessoa jurídica de direito privado integrante da administração indireta;

(D) deve ser acolhida parcialmente, pois é inconstitucional a delegação do poder de polícia, nas fases de seu ciclo de ordem de polícia e de sanção de polícia, a pessoa jurídica de direito privado integrante da administração indireta;

(E) deve ser acolhida parcialmente, pois, apesar de ser constitucional a delegação do poder de polícia para o serviço público de fiscalização de trânsito, é inconstitucional tal delegação no que concerne à aplicação de multa, que deve ser feita por pessoa jurídica de direito público.

Comentário: A pretensão ministerial não deve ser acolhida, pois o STF expediu, em sede de repercussão geral, a seguinte tese: "É constitucional a delegação do poder de polícia, por meio de lei, a pessoas jurídicas de direito privado integrantes da Administração Pública indireta de capital social majoritariamente público que prestem exclusivamente serviço público de atuação própria do Estado e em regime não concorrencial." (RE 633.782/MG, Pleno, Rel. Min. Luiz Fux, DJe 25/11/2020). A Corte Suprema discutiu nesse recurso a aplicação de multa de trânsito por sociedade de economia mista, reconhecendo a possibilidade dessa prática. Observe-se que o STF, ao admitir a delegação, restringiu sua incidência a algumas fases do "ciclo de polícia", notadamente a fiscalização e a sanção de polícia. Correta a alternativa A. **RB**

Gabarito "A".

(Juiz de Direito – TJ/AL – 2019 – FCC) A atuação da Administração Pública se dá sob diferentes formas, sendo o exercício do poder de polícia uma de suas expressões,

(A) presente na aplicação de sanções a particulares que contratam com a Administração ou com ela estabelecem qualquer vínculo jurídico, alçando a Administração a uma posição de supremacia em prol da consecução do interesse público.

(B) presente nas limitações administrativas às atividades do particular, tendo como principal atributo a imperatividade, que assegura a aplicação de medidas repressivas, independentemente de previsão legal expressa, a critério do agente público.

(C) dotada de exigibilidade, que confere meios indiretos para sua execução, como a aplicação de multas, e admitindo, quando previsto em lei ou para evitar danos irreparáveis ao interesse público, a autoexecutoriedade, com o uso de meios diretos de coação.

(D) verificada apenas quando há atuação repressiva do poder público, tanto na esfera administrativa, com aplicação de multas e sanções, como na esfera judiciária, com apreensão de bens e restrições a liberdades individuais.

(E) dotada de imperatividade, porém não de coercibilidade, pressupondo, assim, a prévia autorização judicial para a adoção de medidas que importem restrição à propriedade ou liberdade individual.

A: incorreta – trata-se de assertiva que aborda o poder disciplinar, que consiste na faculdade de punir internamente as infrações funcionais dos servidores e demais pessoas sujeitas à disciplina dos órgãos e serviços da Administração; **B:** incorreta – a "pegadinha" da questão aqui é a afirmação equivocada de que não é necessária a previsão em lei; **C:** correta – o poder de polícia possibilita que a Administração sempre **use a força** para fazer valer seus atos. Hely Lopes Meirelles chama esse atributo de "coercibilidade", ao passo que Celso Antônio Bandeira de Mello chama esse atributo de "autoexecutoriedade". Para Hely, a expressão "autoexecutoriedade" designa a simples possibilidade de a Administração fazer imposições ao particular, sem recorrer ao Judiciário, sendo a coercibilidade um plus, que permite o uso da força. A possibilidade de a Administração impor comandos de não fazer sem buscar o Poder Judiciário é pacífica, decorrendo da imperatividade (na linguagem de Celso Antônio Bandeira de Mello) e da autoexecutoriedade (na linguagem de Hely Lopes Meirelles).Já a possibilidade de a Administração, após ter imposto um comando, fazer o uso da força para fazer valer o comando (autoexecutoriedade para Celso Antônio e *coercibilidade* para Hely), não é a regra, mas a exceção em matéria de poder de polícia. Com efeito, a Administração só pode usar a força para que faça valer suas determinações de polícia em caso de urgência ou quando a lei expressamente determinar. Do contrário, terá de buscar a prestação jurisdicional e seu ato será dotado apenas de exigibilidade; **D:** incorreta – a aplicação de sanções e multas não pode ser cobrada diretamente pelo Poder Executivo. É necessária sua inscrição em dívida ativa para sua efetiva cobrança frente ao não pagamento pelo sancionado; **E:** incorreta – a possibilidade de a Administração, após ter imposto um comando, fazer o uso da força para fazer valer o comando (autoexecutoriedade para Celso Antônio e coercibilidade para Hely), não é a regra, mas a exceção em matéria de poder de polícia. Com efeito, a Administração só pode usar a força para que faça valer suas determinações de polícia em caso de urgência ou quando a lei expressamente determinar. Do contrário, terá de buscar a prestação jurisdicional. **FB**

Gabarito "C".

12. DIREITO ADMINISTRATIVO

(Juiz de Direito - TJ/BA - 2019 - CESPE/CEBRASPE) O poder de polícia administrativo

(A) limita ou disciplina direito, interesse ou liberdade individual, regulando e fiscalizando atos civis ou penais.

(B) inclui, no âmbito das agências reguladoras, a possibilidade de tipificar ineditamente condutas passíveis de sanção, de acordo com o STJ.

(C) pode ser delegado a sociedade de economia mista que explore serviço público, a qual poderá praticar atos de fiscalização e aplicar multas.

(D) possui autoexecutoriedade, princípio segundo o qual o ato emanado será obrigatório, independentemente da vontade do administrado.

(E) deve obedecer ao princípio da proporcionalidade no exercício do mérito administrativo e, por isso mesmo, é impassível de revisão judicial nesse aspecto.

A: incorreta – o poder de polícia consiste no dever-poder que possui a Administração Pública de, nos termos determinados pela lei, limitar a liberdade e a propriedade em prol do bem comum. Não possui relação com atos de natureza penal; **B:** correta – Vejamos ementa de julgado do STJ em que a questão é analisada: "PROCESSUAL CIVIL. ADMINISTRATIVO. MULTA ADMINISTRATIVA APLICADA PELA ANAC. PRINCÍPIO DA LEGALIDADE. LEGITIMIDADE PASSIVA DO ESTADO DE SANTA CATARINA. CONVÊNIO ADMINISTRATIVO ENTRE MUNICÍPIO DE CHAPECÓ E AERÓDROMO. 1. A análise que enseja a responsabilidade do Estado de Santa Catarina sobre a administração do aeródromo localizado em Chapecó/SC enseja observância das cláusulas contratuais, algo que ultrapassa a competência desta Corte Superior, conforme enunciado da Súmula 5/STJ. 2. Não há violação do princípio da legalidade na aplicação de multa previstas em resoluções criadas por agências reguladoras, haja vista que elas foram criadas no intuito de regular, em sentido amplo, os serviços públicos, havendo previsão na legislação ordinária delegando à agência reguladora competência para a edição de normas e regulamentos no seu âmbito de atuação. Precedentes. 3. O pleito de se ter a redução do valor da multa aplicada ao recorrente, por afronta à Resolução da ANAC e à garantia constitucional do art. 5º, XL, da CF/88 e arts. 4º. e 6º da LICC, bem como art. 106, III, alínea "c", c/c art. 112 do CTN, não merece trânsito, haja vista que a respectiva matéria não foi devidamente prequestionada no acórdão em debate. Agravo regimental improvido. (AgRg no AREsp 825.776/SC, Rel. Ministro HUMBERTO MARTINS, SEGUNDA TURMA, julgado em 05/04/2016, DJe 13/04/2016); **C:** incorreta – Trata-se da aplicação dos ciclos do poder de polícia, sendo delegáveis apenas a atividade de polícia de consentimento e fiscalização, e indelegáveis a aplicação de multas. Vejamos julgado a respeito do tema: ADMINISTRATIVO. PODER DE POLÍCIA. TRÂNSITO. SANÇÃO PECUNIÁRIA APLICADA POR SOCIEDADE DE ECONOMIA MISTA. IMPOSSIBILIDADE. 1. Antes de adentrar o mérito da controvérsia, convém afastar a preliminar de conhecimento levantada pela parte recorrida. Embora o fundamento da origem tenha sido a lei local, não há dúvidas que a tese sustentada pelo recorrente em sede de especial (delegação de poder de polícia) é retirada, quando o assunto é trânsito, dos dispositivos do Código de Trânsito Brasileiro arrolados pelo recorrente (arts. 21 e 24), na medida em que estes artigos tratam da competência dos órgãos de trânsito. O enfrentamento da tese pela instância ordinária também tem por consequência o cumprimento do requisito do prequestionamento. 2. No que tange ao mérito, convém assinalar que, em sentido amplo, poder de polícia pode ser conceituado como o dever estatal de limitar-se o exercício da propriedade e da liberdade em favor do interesse público. A controvérsia em debate é a possibilidade de exercício do poder de polícia por particulares (no caso, aplicação de multas de trânsito por sociedade de economia mista). 3. As atividades que envolvem a consecução do poder de polícia podem ser sumariamente divididas em quatro grupo, a saber: (i) legislação, (ii)

consentimento, (iii) fiscalização e (iv) sanção. 4. No âmbito da limitação do exercício da propriedade e da liberdade no trânsito, esses grupos ficam bem definidos: o CTB estabelece normas genéricas e abstratas para a obtenção da Carteira Nacional de Habilitação (legislação); a emissão da carteira corporifica a vontade o Poder Público (consentimento); a Administração instala equipamentos eletrônicos para verificar se há respeito à velocidade estabelecida em lei (fiscalização); e também a Administração sanciona aquele que não guarda observância ao CTB (sanção). 5. Somente os atos relativos ao consentimento e à fiscalização são delegáveis, pois aqueles referentes à legislação e à sanção derivam do poder de coerção do Poder Público. 6. No que tange aos atos de sanção, o bom desenvolvimento por particulares estaria, inclusive, comprometido pela busca do lucro - aplicação de multas para aumentar a arrecadação. 7. Recurso especial provido. (REsp 817.534/MG, Rel. Ministro MAURO CAMPBELL MARQUES, SEGUNDA TURMA, julgado em 10/11/2009, DJe 10/12/2009); **D:** incorreta. Autoexecutoriedade é a faculdade que possui a Administração de decidir e executar diretamente e por seus próprios meios suas decisões, sem precisar recorrer ao Judiciário para tanto; **E:** incorreta – a legalidade, a razoabilidade e a proporcionalidade são passíveis de análise pelo Poder Judiciário. **FB**

Gabarito "B".

(Juiz de Direito - TJ/BA - 2019 - CESPE/CEBRASPE) O Estado, no exercício do poder de polícia, pode restringir o uso da propriedade particular por meio de obrigações de caráter geral, com base na segurança, na salubridade, na estética, ou em outro fim público, o que, em regra, não é indenizável. Essa forma de exercício do poder de polícia pelo Estado corresponde a

(A) uma servidão administrativa.

(B) uma ocupação temporária.

(C) uma requisição.

(D) uma limitação administrativa.

(E) um tombamento.

A: incorreta. Servidão administrativa é ônus real de uso, de natureza pública, imposto pela Administração ao particular para assegurar a realização e conservação de obras e serviços públicos ou de utilidade pública, mediante indenização dos prejuízos efetivamente suportados pelo proprietário. Deve ser parcial, a fim de possibilitar a utilização da propriedade particular para uma finalidade pública sem a desintegração do domínio privado, surge e só se efetiva com o registro competente para que possa produzir efeitos *erga omnes*, nos termos do art. 167 I item 6 da Lei nº 6.015/73; **B:** incorreta. Ocupação temporária é a forma de limitação do Estado à propriedade privada que se caracteriza pela utilização transitória, gratuita ou remunerada, de imóvel de propriedade particular, para fins de interesse público; **C:** incorreta. Requisição de bens ou serviços é *o ato pelo qual o Estado determina e efetiva a utilização de bens ou serviços particulares, mediante indenização ulterior, para atender necessidades públicas urgentes e transitórias, ou seja, em caso de iminente perigo público.* O **requisito** para requisição de bens está previsto na CF, em seu artigo 5º, XXV: *no caso de iminente perigo público, a autoridade competente poderá usar de propriedade particular, assegurada ao proprietário indenização ulterior, se houver dano*; **D:** correta. Limitação administrativa é *a imposição unilateral, geral e gratuita, que traz os limites dos direitos e atividades particulares de forma a condicioná-los às exigências da coletividade.* Ex.: proibição de construir sem respeitar recuos mínimos; proibição de instalar indústria ou comércio em determinadas zonas da cidade; leis de trânsito, de obras e de vigilância sanitária; lei do silêncio; **E:** incorreta. O tombamento pode ser **conceituado** como o *ato do Poder Público que declara de valor histórico, artístico, paisagístico, turístico, cultural ou científico, bens ou locais para fins de preservação.* Trata-se de ato intervenção administrativa na propriedade pela qual o Poder Público sujeita determinados bens a limitações para sua conservação e preservação. É uma restrição parcial, que não impede o proprietário de exercer os direitos inerentes ao domínio, razão pela qual, em regra, não dá direito a indenização, de sorte que apenas enseja indenização quando comprovado ser ele ensejador de danos ao proprietário em razão da grande afetação por ele causada aos direitos de propriedade de seu titular. **FB**

Gabarito "D".

(Procurador do Município – Prefeitura Fortaleza/CE – CESPE – 2017) Acerca do direito administrativo, julgue o item que se segue.

(1) O exercício do poder de polícia reflete o sentido objetivo da administração pública, o qual se refere à própria atividade administrativa exercida pelo Estado.

1: O poder de polícia é um instrumento de atuação do Estado para disciplinar, condicionar e frenar os atos dos administrados, sendo uma atividade típica do Poder Executivo, por isso se insere na classificação objetiva do direito administrativo, qual seja, da atividade administrativa propriamente dita. **AW**

Gabarito "1C".

(Delegado/GO – 2017 – CESPE) A respeito dos poderes e deveres da administração, assinale a opção correta, considerando o disposto na CF.

(A) A lei não pode criar instrumentos de fiscalização das finanças públicas, pois tais instrumentos são taxativamente listados na CF.

(B) A eficiência, um dever administrativo, não guarda relação com a realização de supervisão ministerial dos atos praticados por unidades da administração indireta.

(C) O abuso de poder consiste em conduta ilegítima do agente público, caracterizada pela atuação fora dos objetivos explícitos ou implícitos estabelecidos pela lei.

(D) A capacidade de inovar a ordem jurídica e criar obrigações caracteriza o poder regulamentar da administração.

(E) As consequências da condenação pela prática de ato de improbidade administrativa incluem a perda dos direitos políticos e a suspensão da função pública.

A: incorreta. CF, art. 163. Lei complementar disporá sobre: I – finanças públicas; V – fiscalização financeira da administração pública direta e indireta; **B:** incorreta. Os princípios da Administração Publica deverão estar presentes em todos os seus atos. **C:** correta. Abuso de poder e gênero do qual são espécies: excesso de poder, desvio de poder e de finalidade. **D:** incorreta. O poder regulamentar apenas regulamenta normas já existentes, não inova a ordem jurídica. **E:** incorreta. O que se perde é a função publico, sendo os direitos políticos suspensos. **FB**

Gabarito "C".

2.5. Poderes administrativos combinados

(Delegado/MS – 2017 – FAPEMS) Quanto aos poderes da Administração Pública, assinale a alternativa correta.

(A) O Poder Hierárquico é pressuposto do Poder Disciplinar.

(B) O Poder Hierárquico pode ser exercido pela regulamentação de prática de ato em razão de interesse público concernente à segurança.

(C) O Poder Disciplinar pode ser exercido por meio do disciplinamento de liberdade.

(D) O Poder de Polícia pode ser exercido por meio da expedição de decretos autônomos.

(E) A possibilidade de delegar e avocar atribuições decorre do Poder Disciplinar.

Sendo o poder hierárquico o responsável por escalonar e distribuir as funções dos órgãos e ordenar e rever a atuação dos agentes, acaba por conseguinte se tornando pressuposto do poder disciplinar que é o poder pelo qual pode punir as infrações funcionais dos agentes públicos como também se dirige a outras pessoas que mantêm relação jurídica com a Administração. **FB**

Gabarito "A".

3. ATOS ADMINISTRATIVOS

3.1. Conceito, perfeição, validade e eficácia

(Defensor Público – DPE/PR – 2017 – FCC) Sobre atos administrativos, é correto afirmar:

(A) a delegação e avocação se caracterizam pela excepcionalidade e temporariedade, sendo certo que é proibida avocação nos casos de competência exclusiva.

(B) a renúncia é instituto afeto tanto aos atos restritivos quanto aos ampliativos.

(C) as deliberações e os despachos são espécies da mesma categoria de atos administrativos normativos.

(D) é ilegítima a exigência de depósito prévio para admissibilidade de recurso administrativo; salvo quando se tratar de recurso hierárquico impróprio.

(E) nos processos perante o Tribunal de Contas da União asseguram-se o contraditório e ampla defesa, a qualquer tempo, quando a decisão puder resultar anulação ou revogação de ato administrativo, de qualquer natureza, que beneficie o interessado.

A alternativa apontada como correta é a "a", consoante a disposição do art. 11 da Lei n. 9.784/1999, que assim dispõe: "Art. 11. A competência é irrenunciável e se exerce pelos órgãos administrativos a que foi atribuída como própria, salvo os casos de delegação e avocação legalmente admitidos". No tocante à alternativa "b", até por uma questão de ordem lógica, a renúncia somente é admissível nos atos administrativos ampliativos, em que o administrado recebe algum benefício em função da edição do ato; quanto à assertiva "c", considerados os atos normativos aqueles que emanam atos gerais e abstratos, tendo por objeto a correta aplicação da lei; as deliberações (decisões tomadas por órgãos colegiados) são, de fato, sua espécie – os despachos, contudo, integram a categoria dos atos ordinários da Administração Pública e têm por objeto disciplinar o funcionamento da Administração e a conduta de seus agentes; a exceção prevista na alternativa "d" contraria o teor da Súmula Vinculante n. 21 do STF, que assim dispõe: "É inconstitucional a exigência de depósito ou arrolamento prévios de dinheiro ou bens para admissibilidade de recurso administrativo"; quanto à alternativa "e", ela contraria outra Súmula Vinculante da Suprema Corte, a de n. 03, fixada nos seguintes termos: "Nos processos perante o Tribunal de Contas da União asseguram-se o contraditório e a ampla defesa quando da decisão puder resultar anulação ou revogação de ato administrativo que beneficie o interessado, excetuada a apreciação da legalidade do ato de concessão inicial de aposentadoria, reforma e pensão". **AW**

Gabarito "A".

(Delegado/MT – 2017 – CESPE) A administração pública de determinado município brasileiro constatou o funcionamento irregular de um estabelecimento que comercializava refeições. Nessa hipótese,

I. se houver tentativa do proprietário para impedir o fechamento do estabelecimento, a administração

12. DIREITO ADMINISTRATIVO

poderá utilizar-se da força pública, independentemente de decisão liminar.

II. a administração, com a utilização de seus próprios meios, poderá impedir o funcionamento do estabelecimento.

III. a administração estará impedida de utilizar o critério da discricionariedade para impedir o funcionamento do estabelecimento.

IV. a administração deverá utilizar a polícia judiciária para executar o ato de impedir o funcionamento do estabelecimento.

Estão certos apenas os itens

(A) I e II.

(B) I e III.

(C) III e IV.

(D) I, II e IV.

(E) II, III e IV.

I: correta. Trata-se de manifestação do poder de polícia, não podendo o administrado se opor a decisão imposta. **II:** correta. O exercício do poder de polícia goza de auto executoriedade. **III:** incorreta. Dentro dos limites legais o ato será realizado pela Administração Pública. **IV:** incorreta. O ato e auto executório e prescinde de autorização judicial. FB

Gabarito "A"

3.2. Requisitos do ato administrativo (Elementos, Pressupostos)

Para resolver as questões sobre os requisitos do ato administrativo, vale a pena trazer alguns elementos doutrinários. Confira:

Requisitos do ato administrativo (são requisitos para que o ato seja válido)

– Competência: *é a atribuição legal de cargos, órgãos e entidades.* São vícios de competência os seguintes: a1) usurpação de função: alguém se faz passar por agente público sem o ser, ocasião em que o ato será inexistente; a2) excesso de poder: alguém que é agente público acaba por exceder os limites de sua competência (ex.: fiscal do sossego que multa um bar que visita por falta de higiene); o excesso de poder torna nulo ato, salvo em caso de incompetência relativa, em que o ato é considerado anulável; a3) função de fato: exercida por agente que está irregularmente investido em cargo público, apesar de a situação ter aparência de legalidade; nesse caso, s praticados serão considerados válidos, se houver boa-fé.

– Objeto: *é o conteúdo do ato, aquilo que o ato dispõe, decide, enuncia, opina ou modifica na ordem jurídica.* O objeto deve ser lícito, possível e determinável, sob pena de nulidade. Ex.: o objeto de um alvará para construir é a licença.

– Forma: *são as formalidades necessárias para a seriedade do ato.* A seriedade do ato impõe a) respeito à forma propriamente dita; b) motivação.

– Motivo: *fundamento de fato e de direito que autoriza a expedição do ato.* Ex.: o motivo da interdição de estabelecimento consiste no fato de este não ter licença (motivo de fato) e de a lei proibir o funcionamento sem licença (motivo de direito). Pela Teoria dos Motivos Determinantes, o motivo invocado para a prática do ato condiciona sua validade. Provando-se que o motivo é inexistente, falso ou mal qualificado, o ato será considerado nulo.

– Finalidade: *é o bem jurídico objetivado pelo ato.* Ex.: proteger a paz pública, a salubridade, a ordem pública. Cada ato administrativo tem uma finalidade. **Desvio de poder (ou de finalidade):** *ocorre quando um agente exerce uma competência que possuía, mas para alcançar finalidade diversa daquela para a qual foi criada.* Não confunda o excesso de poder (vício de sujeito) com o desvio de poder (vício de finalidade), espécies do gênero abuso de autoridade.

(Delegado/MG – 2021 – FUMARC) Maria, Servidora Pública Municipal, em janeiro de 2017 foi nomeada para ocupar um cargo em comissão junto à Secretaria Municipal de Turismo. Em julho de 2019, ao retornar das férias, ela tomou conhecimento de que havia sido exonerada e, após consulta ao referido ato veiculado no Diário Oficial do Município, para sua maior surpresa, constava que sua exoneração ocorrera "a pedido".

Com base na "Teoria dos Motivos Determinantes", é CORRETO afirmar:

(A) Havendo comprovação de que o motivo expresso não guarda compatibilidade com a realidade fática, o ato pode ser anulado pelo Poder Judiciário.

(B) O administrador não se vincula ao motivo exposto no ato administrativo sem que a lei assim o exigisse.

(C) O ato é válido, eis que a exoneração de servidores para cargos públicos em comissão leva em conta os critérios de conveniência e oportunidade da Administração Pública.

(D) O vício no motivo constitui óbice ao controle judicial sobre o ato administrativo

---

A teoria dos motivos determinantes significa que o motivo exposto para a prática de um ato administrativo condiciona a sua validade. Ou seja, havendo a comprovação de que o motivo dado não guarda compatibilidade com a realidade fática, o ato pode ser anulado pelo Poder Judiciário (alternativa A correta; alternativa D incorreta). Observe-se que essa teoria se aplica mesmo nos casos de exoneração de cargo em comissão, que, como regra, é livre (art. 37, inc. II, CF), dispensando a indicação do motivo para o desligamento. No entanto, se o motivo for dado, ele vincula a validade do ato (alternativa C incorreta). Alternativa B incorreta (a aplicação da teoria dos motivos determinante independe de exigência legal, pois decorre da própria teoria da invalidade dos atos administrativos). RB

Gabarito "A"

(Investigador – PC/BA – 2018 – VUNESP) Um dos requisitos do ato administrativo é

(A) a competência, pela qual é vedado que um agente público transfira a outro funções que originariamente lhe são atribuídas.

(B) o objeto, elemento pelo qual todo ato administrativo deve estar dirigido ao atendimento de um interesse público.

(C) a finalidade, que se expressa no conteúdo, na alteração no mundo jurídico que o ato administrativo se propõe a processar.

(D) a forma, vigorando no âmbito administrativo o princípio da liberdade das formas, diversamente do que ocorre no campo do direito privado.

(E) o motivo, que consiste na situação de fato ou de direito que gera a vontade do agente público, quando este pratica o ato administrativo.

568 WANDER GARCIA, ARIANE WADY, FLÁVIA BARROS E RODRIGO BORDALO

São requisitos para que um ato administrativo seja considerado válido: competência, objeto, forma, motivo e finalidade. A **competência** *é a atribuição legal de cargos, órgãos e entidades*. São vícios de competência os seguintes: a1) usurpação de função: alguém se faz passar por agente público sem o ser, ocasião em que o ato será inexistente; a2) excesso de poder: alguém que é agente público acaba por exceder os limites de sua competência (ex.: fiscal do sossego que multa um bar que visita por falta de higiene); o excesso de poder torna nulo ato, salvo em caso de incompetência relativa, em que o ato é considerado anulável; a3) função de fato: exercida por agente que está irregularmente investido em cargo público, apesar de a situação ter aparência de legalidade; nesse caso, os praticados serão considerados válidos, se houver boa-fé. O **objeto** é o conteúdo do ato, aquilo que o ato dispõe, decide, enuncia, opina ou modifica na ordem jurídica. O objeto deve ser lícito, possível e determinável, sob pena de nulidade. Ex.: o objeto de um alvará para construir é a licença. A **forma** *são as formalidades necessárias para a seriedade do ato*. A seriedade do ato impõe a) respeito à forma propriamente dita; b) motivação. O **motivo é** *fundamento de fato e de direito que autoriza a expedição do ato*. Ex.: o motivo da interdição de estabelecimento consiste no fato de este não ter licença (motivo de fato) e de a lei proibir o funcionamento sem licença (motivo de direito). Pela *Teoria dos Motivos Determinantes, o motivo invocado para a prática do ato condiciona sua validade*. Provando-se que o motivo é inexistente, falso ou mal qualificado, o ato será considerado nulo. A **finalidade** *é o bem jurídico objetivado pelo ato*. Ex.: proteger a paz pública, a salubridade, a ordem pública. Cada ato administrativo tem uma finalidade. 🅵🅱

Gabarito "E".

3.3. Atributos do ato administrativo

Para resolver as questões sobre os atributos do ato administrativo, vale a pena trazer alguns elementos doutrinários. Confira:

Atributos do ato administrativo (são as qualidades, as prerrogativas dos atos)

– **Presunção de legitimidade** *é a qualidade do ato pela qual este se presume verdadeiro e legal até prova em contrário*; ex.: uma multa aplicada pelo Fisco presume-se verdadeira quanto aos fatos narrados para a sua aplicação e se presume legal quanto ao direito aplicado, a pessoa tida como infratora e o valor aplicado.

– **Imperatividade** *é a qualidade do ato pela qual este pode se impor a terceiros, independentemente de sua concordância*; ex.: uma notificação da fiscalização municipal para que alguém limpe um terreno ainda não objeto de construção, que esteja cheio de mato.

– **Exigibilidade** *é a qualidade do ato pela qual, imposta a obrigação, esta pode ser exigida mediante coação indireta*; ex.: no exemplo anterior, não sendo atendida a notificação, cabe a aplicação de uma multa pela fiscalização, sendo a multa uma forma de coação indireta.

– **Autoexecutoriedade** *é a qualidade pela qual, imposta e exigida a obrigação, esta pode ser implementada mediante coação direta, ou seja, mediante o uso da coação material, da força*; ex.: no exemplo anterior, já tendo sido aplicada a multa, mais uma vez sem êxito, pode a fiscalização municipal ingressar à força no terreno particular, fazer a limpeza e mandar a conta, o que se traduz numa coação direta. A autoexecutoriedade não é a regra. Ela existe quando a lei expressamente autorizar ou quando não houver tempo hábil para requerer a apreciação jurisdicional.

Obs. 1: a expressão autoexecutoriedade também é usada no sentido da qualidade do ato que enseja sua imediata e direta execução pela própria Administração, independentemente de ordem judicial.

Obs. 2: repare que esses atributos não existem normalmente no direito privado; um particular não pode, unilateralmente, valer-se desses atributos; há exceções, em que o particular tem algum desses poderes; mas essas exceções, por serem exceções, confirmam a regra de que os atos administrativos se diferenciam dos atos privados pela ausência nestes, como regra, dos atributos acima mencionados.

(Juiz de Direito – TJ/SC – 2019 – CESPE/CEBRASPE) No âmbito do direito administrativo, segundo a doutrina majoritária, a autoexecutoriedade dos atos administrativos é caracterizada pela possibilidade de a administração pública

(A) anular seus próprios atos, quando eivados de vícios que os tornem ilegais, sem necessidade de controle judicial.

(B) assegurar a veracidade dos fatos indicados em suas certidões, seus atestados e suas declarações, o que afasta o controle judicial.

(C) impor os atos administrativos a terceiros, independentemente de sua concordância, por meio de ato judicial.

(D) executar suas decisões por meios coercitivos próprios, sem a necessidade da interferência do Poder Judiciário.

(E) executar ato administrativo por meios coercitivos próprios, o que afasta o controle judicial posterior.

De acordo com a doutrina do direito administrativo, diversos são os atributos do ato administrativo, entre os quais a presunção de legitimidade, a coercibilidade e a autoexecutoriedade. A autoexecutoriedade constitui a prerrogativa pela qual a Administração pode executar os atos administrativos por seus próprios meios coercitivos, independentemente da intervenção prévia do Poder Judiciário. Cite-se como exemplo a interdição de um comércio pelas autoridades sanitárias, dotada de autoexecutoriedade. 🅵🅱

Gabarito "D".

(Procurador Municipal – Prefeitura/BH – CESPE – 2017) No que tange a conceitos, requisitos, atributos e classificação dos atos administrativos, assinale a opção correta.

(A) Licença e autorização são atos administrativos que representam o consentimento da administração ao permitir determinada atividade; o alvará é o instrumento que formaliza esses atos.

(B) O ato que decreta o estado de sítio, previsto na CF, é ato de natureza administrativa de competência do presidente da República.

(C) Ainda que submetido ao regime de direito público, nenhum ato praticado por concessionária de serviços públicos pode ser considerado ato administrativo.

(D) O atributo da autoexecutoriedade não impede que o ato administrativo seja apreciado judicialmente e julgado ilegal, com determinação da anulação de seus efeitos; porém, nesses casos, a administração somente responderá caso fique comprovada a culpa.

A: correta. A licença e autorização são veiculados por meio de um alvará, que é um ato formal de aprovação para a realização de uma atividade (uma ordem do Poder Público para permitir ao particular o exercício de uma atividade); **B**: incorreta. Esse decreto previsto no art. 137, CF tem natureza político-administrativa, eis que é um ato hierarquicamente superior aos demais atos administrativos, por isso está incorreto equiparar aos atos administrativos como um todo; **C**: incorreta.Os atos praticados pelas concessionárias são de direito privado, nunca de direito público, porque são particulares contratados pelo Poder Público, não integrando esse Poder, portanto; **D**: incorreta. No caso de anulação de um ato administrativo pelo Poder Judiciário os efeitos dessa (anulação) incidem, independentemente do ato ser praticado com culpa ou dolo, eis que devem ser respeitados os direitos dos terceiros de boa-fé, conforme disposto na súmula 473, STF. **AW**

Gabarito "A".

3.4. Vinculação e discricionariedade

(Investigador – PC/BA – 2018 – VUNESP) Os atos discricionários

(A) são equiparados aos atos políticos, não sendo, portanto, possível a sua apreciação pelo Poder Judiciário, mesmo que causem lesão a direitos individuais ou coletivos.

(B) sujeitam-se à apreciação judicial, que será plena, em todos os aspectos, inclusive aqueles submetidos à avaliação de conveniência e oportunidade pelo gestor.

(C) não se prestam ao controle judicial, que não pode apreciar os motivos, ou seja, os fatos que precedem a elaboração do ato, sua ausência ou até mesmo falsidade.

(D) sujeitam-se à apreciação judicial, desde que não se invadam os aspectos reservados à apreciação subjetiva da Administração Pública.

(E) serão submetidos a controle judicial, em regra geral, se pertencerem à categoria de atos interna corporis, ou seja, aqueles derivados de Regimentos do Poder Legislativo.

Atos administrativos discricionários não se confundem com atos arbitrários, isto é, com atos cometidos à margem ou fora da lei. Os atos discricionários são atos administrativos em que há previsão na lei de certa liberdade para que o administrador público, diante do caso concreto, escolha a solução que atinge otimamente o interesse público. Sempre caberá a apreciação judicial sobre a razoabilidade e proporcionalidade do ato, mas não cabe ao Poder Judiciário substituir o administrador e por ele escolher. **FB**

Gabarito "D".

3.5. Extinção dos atos administrativos

Segue resumo acerca das formas de extinção dos atos administrativos

– Cumprimento de seus efeitos: como exemplo, temos a autorização da Prefeitura para que seja feita uma festa na praça de uma cidade. Este ato administrativo se extingue no momento em que a festa termina, uma vez que seus efeitos foram cumpridos.

– Desaparecimento do sujeito ou do objeto sobre o qual recai o ato: morte de um servidor público, por exemplo.

– Contraposição: *extinção de um ato administrativo pela prática de outro antagônico em relação ao primeiro.* Ex.: com o ato de exoneração do servidor público, o ato de nomeação fica automaticamente extinto.

– Renúncia: extinção do ato por vontade do beneficiário deste.

– Cassação: *extinção de um ato que beneficia um particular por este não ter cumprido os deveres para dele continuar gozando.* Não se confunde com a revogação – que é a extinção do ato por não ser mais conveniente ao interesse público. Também difere da anulação – que é a extinção do ato por ser nulo. Como exemplo desse tipo de extinção tem-se a permissão para banca de jornal se instalar numa praça, cassada porque seu dono não paga o preço público devido; ou a autorização de porte de arma de fogo, cassada porque o beneficiário é detido ou abordado em estado de embriaguez ou sob efeito de entorpecentes (art. 10, § 2º, do Estatuto do Desarmamento – Lei 10.826/2003).

– Caducidade. *Extinção de um ato porque a lei não mais o permite.* Trata-se de extinção por invalidade ou ilegalidade *superveniente.* Exs.: autorização para condutor de perua praticar sua atividade que se torna caduca por conta de lei posterior não mais permitir tal transporte na cidade; autorizações de porte de arma que caducaram 90 dias após a publicação do Estatuto do Desarmamento, conforme reza seu art. 29.

– Revogação. *Extinção de um ato administrativo legal ou de seus efeitos por outro ato administrativo, efetuada somente pela Administração, dada a existência de fato novo que o torne inconveniente ou inoportuno, respeitando-se os efeitos precedentes* (efeito ex nunc). Ex.: permissão para a mesma banca de jornal se instalar numa praça, revogada por estar atrapalhando o trânsito de pedestres, dado o aumento populacional, não havendo mais conveniência na sua manutenção.

O **sujeito ativo da revogação** é a *Administração Pública,* por meio da autoridade administrativa competente para o ato, podendo ser seu superior hierárquico. O Poder Judiciário nunca poderá revogar um ato administrativo, já que se limita a apreciar aspectos de legalidade (o que gera a anulação), e não de conveniência, salvo se se tratar de um ato administrativo da Administração Pública dele, como na hipótese em que um provimento do próprio Tribunal é revogado.

Quanto ao tema **objeto da revogação**, tem-se que este recai sobre o ato administrativo ou relação jurídica deste decorrente, salientando-se que o ato administrativo deve ser válido, pois, caso seja inválido, estaremos diante de hipótese que enseja anulação. Importante ressaltar que não é possível revogar um ato administrativo já extinto, dada a falta de utilidade em tal proceder, diferente do que se dá com a anulação de um ato extinto, que, por envolver a retroação de seus efeitos (a invalidação tem efeitos ex tunc), é útil e, portanto, possível.

O **fundamento da revogação** é a *mesma regra de competência que habilitou o administrador à prática do ato que está sendo revogado,* devendo-se lembrar que só há que se falar em revogação nas hipóteses de ato discricionário.

Já o **motivo da revogação** é a *inconveniência ou inoportunidade* da manutenção do ato ou da relação jurídica gerada por este. Isto é, o administrador público faz apreciação ulterior e conclui pela necessidade da revogação do ato para atender ao interesse público.

Quanto aos efeitos da revogação, esta suprime o ato ou seus efeitos, mas respeita efeitos que já transcorreram. Trata-se, portanto, de eficácia ex nunc.

Há **limites ao poder de revogar**. São atos irrevogáveis os seguintes atos: os que a lei assim declarar; os atos já exauridos, ou seja, que cumpriram seus efeitos; os atos vinculados, já que não se fala em conveniência ou oportunidade neste tipo de ato, em que o agente só tem uma opção; os meros ou puros atos administrativos (exs.: certidão, voto dentro de uma comissão de servidores); os atos de controle; os atos complexos (praticados por mais de um órgão em conjunto); e atos que geram direitos adquiridos. Os atos gerais ou regulamentares são, por sua natureza, revogáveis a qualquer tempo e em quaisquer circunstâncias, respeitando-se os efeitos produzidos.

– Anulação (invalidação): *extinção do ato administrativo ou de seus efeitos por outro ato administrativo ou por decisão judicial, por motivo de ilegalidade, com efeito retroativo (ex tunc).* Ex.: anulação da permissão para instalação de banca de jornal em bem público por ter sido conferida sem licitação.

O **sujeito ativo da invalidação** pode ser tanto o *administrador público* como o *juiz*. A Administração Pública poderá invalidar de ofício ou a requerimento do interessado. O Poder Judiciário, por sua vez, só poderá invalidar por provocação ou no bojo de uma lide. A possibilidade de o Poder Judiciário anular atos administrativos decorre do fato de estarmos num Estado de Direito (art. 1º, CF), em que a lei deve ser obedecida por todos, e também por conta do princípio da inafastabilidade da jurisdição ("a lei não poderá excluir da apreciação do Poder Judiciário lesão ou ameaça de lesão a direito" – artigo 5º, XXXV) e da previsão constitucional do mandado de segurança, do "habeas data" e da ação popular.

O **objeto da invalidação** é o ato administrativo inválido ou os efeitos de tal ato (relação jurídica).

Seu **fundamento** é o dever de obediência ao princípio da legalidade. Não se pode conviver com a ilegalidade. Portanto, o ato nulo deve ser invalidado.

O **motivo da invalidação** é a *ilegalidade* do ato e da eventual relação jurídica por ele gerada. Hely Lopes Meirelles diz que o *motivo da anulação é a ilegalidade ou ilegitimidade* do ato, diferente do *motivo da revogação*, que é a inconveniência ou inoportunidade.

Quanto ao **prazo** para se efetivar a invalidação, o art. 54 da Lei 9.784/1999 dispõe *"O direito da Administração de anular os atos administrativos de que decorram efeitos favoráveis para os destinatários decai em 5 (cinco) anos, contados da data em que foram praticados, salvo comprovada má-fé".* Perceba-se que tal disposição só vale para atos administrativos em geral de que decorram efeitos favoráveis ao agente (ex.: permissão, licença) e que tal decadência só aproveita ao particular se este estiver de boa-fé. A regra do art. 54 contém ainda os seguintes parágrafos: § 1º: *"No caso de efeitos patrimoniais contínuos, o prazo de decadência contar-se-á da percepção do primeiro pagamento"*; § 2º: *"Considera-se exercício do direito de anular qualquer medida de autoridade administrativa que importe impugnação à validade do ato".*

No que concerne aos **efeitos da invalidação**, como o ato nulo já nasce com a sanção de nulidade, a declaração se dá retroativamente, ou seja, com efeito *ex tunc*. Invalidam-se as consequências passadas, presentes e futuras do ato. Do ato ilegal não nascem direitos. A anulação importa no desfazimento do vínculo e no retorno das partes ao estado anterior. Tal regra é atenuada em face dos terceiros de boa-fé. Assim, a anulação de uma nomeação de um agente público surte efeitos em relação a este (que é parte da relação jurídica anulada), mas não em relação aos terceiros que sofreram consequências dos atos por este praticados, desde que tais atos respeitem a lei quanto aos demais aspectos.

(Procurador/DF – CESPE – 2022) Um circo obteve legalmente autorização de determinado município para uso de bem público, de modo a montar suas instalações e apresentar seus espetáculos em certa praça pública, pelo prazo de quatro meses. Quinze dias após o ato autorizativo, houve a superveniência de legislação municipal que alterou o plano diretor, tornando essa área exclusivamente residencial, não mais permitindo a sua utilização para fins recreativos, como a instalação de circos e parques de diversões.

A partir dessa situação hipotética, julgue o item subsequente, referente à extinção de atos administrativos.

(1) O aludido ato administrativo de autorização de uso de bem público terá de ser desfeito por cassação.

1: errado. A extinção do ato de autorização de uso de bem público deve ser feita pela caducidade (extinção do ato em razão de sua invalidade superveniente). A cassação representa a extinção do ato em razão de descumprimento de obrigação pelo particular beneficiário. Gabarito 1E

(Procurador Município – Santos/SP – VUNESP – 2021) A Lei Federal que disciplina processo administrativo também trata da anulação, revogação e convalidação dos atos administrativos. A partir do referido texto legal, é correto afirmar que

(A) o direito da Administração de anular os atos administrativos de que decorram efeitos favoráveis para os destinatários decai em dez anos, contados da data em que foram praticados, salvo comprovada má-fé.

(B) é nula a motivação que consistir em declaração de mera concordância com fundamentos de anteriores pareceres, informações, decisões ou propostas, vez que tais fundamentos não são considerados parte integrante do ato.

(C) em decisão na qual se evidencie acarretar lesão ao interesse público, os atos que apresentarem defeitos sanáveis, desde que não cause prejuízo a terceiros, poderão ser convalidados pela própria Administração.

(D) na solução de vários assuntos da mesma natureza, é nula a utilização de qualquer meio mecânico que reproduza os fundamentos das decisões, mesmo que não prejudique direito ou garantia dos interessados.

(E) se considera exercício do direito de anular qualquer medida de autoridade administrativa que importe impugnação à validade do ato administrativo.

A: incorreta (decai em 5 anos, cf. art. 54 da Lei 9.784/1999). **B:** incorreta (a motivação pode consistir em declaração de concordância com fundamentos de anteriores pareceres, informações, decisões ou propostas, que, neste caso, serão parte integrante do ato, cf. art. 50, § 1º). **C:** incorreta (a convalidação é admitida quando não acarretar lesão ao interesse público, cf. art. 55). **D:** incorreta (pode ser utilizado meio mecânico nesse contexto, cf. art. 50, § 2º). **E:** correta (art. 54, § 2º). Gabarito "E"

12. DIREITO ADMINISTRATIVO

(Juiz de Direito – TJ/MS – 2020 – FCC) No tocante ao exercício do poder de autotutela pe-la Administração Pública, é correto afirmar:

(A) O exercício, pela Administração Pública, do poder de anular seus próprios atos não está sujeito a limites temporais, por força do princípio da supremacia do interesse público.

(B) Somente é admissível a cassação de ato administrativo em razão de conduta do beneficiário que tenha sido antecedente à outorga do ato.

(C) É vedada a aplicação retroativa de nova orientação geral, para invalidação de situações plenamente constituídas com base em orientação geral vigente à época do aperfeiçoamento do ato administrativo que as gerou.

(D) É possível utilizar-se a revogação, ao invés da anula-ção, de modo a atribuir efeito ex nunc à revisão de ato administrativo, quando se afigurar conveniente tal solu-ção, à luz do princípio da confiança legítima.

(E) Não é possível convalidar ato administrativo cujos efeitos já tenham se exauri-do.

A: incorreta (como regra, há limite temporal para a Administração Pública anular os: seus próprios atos; no âmbito federal, o prazo é de 5 anos, cf. art. 54 da Lei 9.784/99). B: incorreta (a cassação representa a extinção do ato administrativo em razão de descum-primento de condição pelo beneficiário, o que pressupõe que a respectiva conduta seja posterior à outorga do ato). C: correta (art. 24 da Lei de Introdução às Normas do Direito Brasileiro). D: incorreta (a revogação não se confunde com a anulação, motivo pelo qual uma não pode ser utilizada ao invés da outra; a revogação significa a extinção do ato por motivo de conveniência e oportunidade e detém efeito ex nunc; já a anulação constitui a extinção do ato por razão de sua invalidade e apresenta, como regra, efeito ex tunc). E: incorreta (é possível convalidar ato administrativo cujos efeitos já tenham se exaurido). **RB**
Gabarito "C"

(Promotor de Justiça/PR – 2019 – MPE/PR) Assinale a alternativa *incorreta:*

(A) Ato administrativo é qualquer manifestação de vontade apta a produzir efeitos no âmbito do direito administrativo, ainda que praticado por um particu-lar no exercício de sua autonomia privada, como a formulação de proposta numa licitação.

(B) Os atos administrativos compostos resultam da con-jugação da atividade individual de várias pessoas físicas, mas são unilaterais porque atribuíveis a um único sujeito, que é a administração pública.

(C) A presunção de legitimidade do ato administrativo, quanto à ocorrência ou inocorrência de fatos, não se aplica quando o particular invocar perante o Judiciário a invalidade do procedimento administrativo anterior ao ato questionado, apontando vícios na atuação administrativa.

(D) Uma vez constituída situação jurídica a integrar o patrimônio do administrado, a declaração de nulidade do ato administrativo, ainda que manifesta, pressupõe o contraditório.

(E) Apenas podem ser revogados os atos administrativos praticados no exercício de competências discricioná-rias.

A alternativa A é a única incorreta. As demais assertivas estão corretas. O ato administrativo é a manifestação praticada pela Administração ou mesmo por particular, se este o exerce em nome do Poder Público. Assim, o ato praticado por um particular no exercício de sua autonomia privada, como a formulação de proposta em uma licitação, não pode ser considerado ato administrativo. **RB**
Gabarito "A".

(Investigador – PC/BA – 2018 – VUNESP) Se um ato administrativo é praticado com fundamento falso, vale dizer, incom-patível com a verdade real, impõe-se a extinção do ato administrativo, por meio da

(A) revogação, que poderá ser praticada pela própria Administração, no exercício da autotutela, ou pelo Poder Judiciário, se devidamente provocado.

(B) anulação, que poderá ser praticada somente pela própria Administração.

(C) revogação, que poderá ser praticada somente pela própria Administração.

(D) anulação, que poderá ser praticada pela própria Administração, no exercício da autotutela, ou pelo Poder Judiciário, se devidamente provocado.

(E) revogação, que poderá ser praticada somente pelo Poder Judiciário.

A: incorreta. A revogação consiste na extinção de um ato administra-tivo legal ou de seus efeitos por outro ato administrativo. É efetuada somente pela Administração, dada a existência de fato novo que o torne inconveniente ou inoportuno, respeitando-se os efeitos precedentes (efeito "ex nunc"). Veja que a extinção por revogação não ocorre em razão da invalidade do ato, ou seja, de sua ilegalidade; **B:** incorreta. No caso de nulidade de um ato, esse modo de extinção dos atos adminis-trativos pode ser feito tanto pela Administração Pública em exercício de autotutela como pelo Poder Judiciário; **C:** incorreta. Efetivamente, a revogação, por se tratar da extinção de um ato administrativo legal ou de seus efeitos por outro ato administrativo, dada a existência de fato novo que o torne inconveniente ou inoportuno, respeitando-se os efeitos precedentes (efeito "ex nunc"), somente pode ser realizada pela Administração. A "pegadinha" aqui refere-se ao fato de que a questão não trata de ato passível de revogação, mas de ato ilegal que deve ser anulado; **D:** correta. A anulação ou invalidação consiste na extinção do ato administrativo ou de seus efeitos por outro ato administrativo ou por decisão judicial por motivo de ilegalidade, com efeito retroativo ("ex tunc"); **E:** incorreta. A revogação consiste na extinção de um ato administrativo legal ou de seus efeitos por outro ato administrativo, **efetuada somente pela Administração**, dada a existência de fato novo que o torne inconveniente ou inoportuno, respeitando-se os efeitos precedentes (efeito "ex nunc"). **FB**
Gabarito "D".

(Procurador Municipal – Prefeitura/BH – CESPE – 2017) No que concerne a revogação, anulação e convalidação de ato administrativo, assinale a opção correta.

(A) Assim como ocorre nos negócios jurídicos de direito privado, cabe unicamente à esfera judicial a anulação de ato administrativo.

(B) Independentemente de comprovada má-fé, após o prazo de cinco anos da prática de ato ilegal, operar--se-á a decadência, o que impedirá a sua anulação.

(C) O prazo de decadência do direito de anular ato administrativo de que decorram efeitos patrimoniais será contado a partir da ciência da ilegalidade pela administração.

(D) Um ato administrativo que apresente defeitos sanáveis poderá ser convalidado quando não lesionar o interesse público, não sendo necessário que a administração pública o anule.

A: incorreta. Tanto o Administração quanto o Poder Judiciário poderão anular os atos administrativos, não sendo exclusividade do Poder Judiciário, tendo o princípio da autoexecutoriedade dos atos administrativos; **B:** incorreta. Se comprovada a má-fé, a prescrição não correrá, conforme disposto no art. 54, da Lei 9.784/1999; **C:** incorreta. O prazo inicial para a contagem da decadência é o dia da prática do ato, conforme disposto no art. 54, da Lei 9.784/1999; **D:** correta. Trata-se do disposto no art. 55, da Lei 9.784/1999, que possibilita o saneamento dos atos quando não acarretarem lesão a terceiros, nem ao interesse público. **AW**
Gabarito "D".

3.6. Convalidação e conversão

(Juiz de Direito – TJ/RS – 2018 – VUNESP) Considerando a disciplina legal e jurisprudencial da invalidação dos atos administrativos e, em especial, o previsto na Lei federal no 9.784/99, a anulação de ato administrativo ampliativo de direitos

(A) decorre do exercício do poder de polícia administrativa a fim de garantir segurança jurídica e estabilidade das relações entre Administração e administrado.

(B) só pode se dar por força de decisão judicial, observados os prazos de prescrição previstos no Código Civil.

(C) decorre do exercício do poder de autotutela administrativa e independe de procedimento em que seja assegurado contraditório e ampla defesa do beneficiário dos efeitos do ato anulável sempre que houver má-fé.

(D) só pode se dar pela Administração Pública, no exercício do poder hierárquico, e não pode alcançar terceiro interessado de boa-fé.

(E) só pode se dar no prazo de até cinco anos, pela própria Administração Pública.

Atos administrativos ampliativos de direitos são aqueles que aumentam a esfera de ação jurídica do administrado. Segundo o artigo 54 da Lei 9.784/1999, "o direito da Administração de anular os atos administrativos **de que decorram efeitos favoráveis para os destinatários** decai em cinco anos, contados da data em que foram praticados, salvo comprovada má-fé" (grifo nosso). **FB**
Gabarito "E".

(Defensor Público – DPE/SC – 2017 – FCC) Os atos administrativos podem ser produzidos em desrespeito às normas jurídicas e, nestes casos, é correto afirmar que

(A) existe, no direito brasileiro, apenas duas formas de convalidação, a ratificação e a reforma.

(B) ainda que o ato tenha sido objeto de impugnação é possível falar-se em convalidação, com o objetivo de aplicar o princípio da eficiência.

(C) à vícios que podem ser sanados e, nestes casos, a convalidação terá efeitos ex *nunc*.

(D) a violação das normas jurídicas causa um vício que só pode ser corrigido com a edição de novo ato, pelo poder Judiciário.

(E) é possível convalidar atos com vício no objeto, ou conteúdo, mas apenas quando se tratar de conteúdo plúrimo.

Embora a doutrina não seja unânime em afirmar quais sejam as formas de convalidação admissíveis no direito brasileiro, sem dúvida existe a "ratificação" (convalidação pela autoridade que praticou o ato), a confirmação (convalidação por autoridade superior àquela que praticou o ato) e o saneamento, que é a convalidação feita por terceiro – logo, a alternativa "a" é incorreta; quanto à alternativa "b", a doutrina é unânime em afirmar que o ato impugnado não pode ser objeto de convalidação; no tocante à alternativa "c", a convalidação terá efeitos "ex tunc", preservando todas as situações jurídicas construídas a partir da edição do ato convalidado; a alternativa "d" contradiz o disposto no art. 55 da Lei n. 9.784/1999, que assim dispõe: "Em decisão na qual se evidencie não acarretarem lesão ao interesse público nem prejuízo a terceiros, os atos que apresentarem defeitos sanáveis poderão ser convalidados pela própria Administração". **AW**
Gabarito "E".

3.7. Classificação dos atos administrativos e atos em espécie

Antes de verificarmos as questões deste item, vale trazer um resumo das principais espécies de atos administrativos.

Espécies de atos administrativos segundo Hely Lopes Meirelles:

– Atos normativos *são aqueles que contêm comando geral da Administração Pública, com o objetivo de executar a lei.* Exs.: regulamentos (da alçada do chefe do Executivo), instruções normativas (da alçada dos Ministros de Estado), regimentos, resoluções etc.

– Atos ordinatórios *são aqueles que disciplinam o funcionamento da Administração e a conduta funcional de seus agentes.* Ex.: instruções (são escritas e gerais, destinadas a determinado serviço público), circulares (escritas e de caráter uniforme, direcionadas a determinados servidores), avisos, portarias (expedidas por chefes de órgãos – trazem determinações gerais ou especiais aos subordinados, designam alguns servidores, instauram sindicâncias e processos administrativos etc.), ordens de serviço (determinações especiais ao responsável pelo ato), ofícios (destinados às comunicações escritas entre autoridades) e despacho (contém decisões administrativas).

– Atos negociais *são declarações de vontade coincidentes com a pretensão do particular.* Ex.: licença, autorização e protocolo administrativo.

– Atos enunciativos *são aqueles que apenas atestam, enunciam situações existentes.* Não há prescrição de conduta por parte da Administração. Ex.: certidões, atestados, apostilas e pareceres.

– Atos punitivos *são as sanções aplicadas pela Administração aos servidores públicos e aos particulares.* Ex.: advertência, suspensão e demissão; multa de trânsito.

Confira mais classificações dos atos administrativos:

– Quanto à liberdade de atuação do agente

Ato vinculado *é aquele em que a lei tipifica objetiva e claramente a situação em que o agente deve agir e o único comportamento que poderá tomar.* Tanto a situação em que o agente deve agir, como o comportamento que vai tomar são únicos e estão clara e objetivamente definidos na lei, de forma a inexistir qualquer margem de liberdade ou apreciação subjetiva por parte do agente público. Exs.: licença para construir e concessão de aposentadoria.

12. DIREITO ADMINISTRATIVO

Ato discricionário *é aquele em que a lei confere margem de liberdade para avaliação da situação em que o agente deve agir ou para escolha do melhor comportamento a ser tomado.*

Seja na situação em que o agente deve agir, seja no comportamento que vai tomar, o agente público terá uma margem de liberdade na escolha do que mais atende ao interesse público. Neste ponto fala-se em mérito administrativo, ou seja, na valoração dos motivos e escolha do comportamento a ser tomado pelo agente.

Vale dizer, o agente público fará apreciação subjetiva, agindo segundo o que entender mais conveniente e oportuno ao interesse público. Reconhece-se a discricionariedade, por exemplo, quando a regra que traz a competência do agente traz conceitos fluídos, como *bem comum, moralidade, ordem pública* etc. Ou ainda quando a lei não traz um motivo que enseja a prática do ato, como, por exemplo, a que permite nomeação para cargo em comissão, de livre provimento e exoneração. Também se está diante de ato discricionário quando há mais de uma opção para o agente quanto ao momento de atuar, a forma do ato (ex.: verbal, gestual ou escrita), sua finalidade ou conteúdo (ex.: advertência, multa ou apreensão).

A discricionariedade sofre alguns temperamentos. Em primeiro lugar é bom lembrar que todo ato discricionário é parcialmente regrado ou vinculado. A competência, por exemplo, é sempre vinculada (Hely Lopes Meirelles entende que *competência, forma* e *finalidade* são sempre vinculadas, conforme vimos). Ademais, só há discricionariedade nas situações marginais, nas zonas cinzentas. Assim, se algo for patente, como quando, por exemplo, uma dada conduta fira veementemente a moralidade pública (ex.: pessoas fazendo sexo no meio de uma rua), o agente, em que pese estar diante de um conceito fluído, deverá agir reconhecendo a existência de uma situação de imoralidade. Deve-se deixar claro, portanto, que a situação concreta diminui o espectro da discricionariedade (a margem de liberdade) conferida ao agente.

Assim, o Judiciário até pode apreciar um ato discricionário, mas apenas quanto aos aspectos de legalidade, razoabilidade e moralidade, não sendo possível a revisão dos critérios adotados pelo administrador (mérito administrativo), se tirados de dentro da margem de liberdade a ele conferida pelo sistema normativo.

– Quanto às prerrogativas da administração

Atos de império são os *praticados no gozo de prerrogativas de autoridade.* Ex.: interdição de um estabelecimento.

Atos de gestão são os *praticados sem uso de prerrogativas públicas, em igualdade com o particular, na administração de bens e serviços.* Ex.: contrato de compra e venda ou de locação de um bem imóvel.

Atos de expediente *são os destinados a dar andamentos aos processos e papéis que tramitam pelas repartições, preparando-os para decisão de mérito a ser proferida pela autoridade.* Ex.: remessa dos autos à autoridade para julgá-lo.

A distinção entre ato de gestão e de império está em desuso, pois era feita para excluir a responsabilidade do Estado pela prática de atos de império, de soberania. Melhor é distingui-los em atos regidos pelo direito público e pelo direito privado.

– Quanto aos destinatários

Atos individuais *são os dirigidos a destinatários certos, criando-lhes situação jurídica particular.* Ex.: decreto de desapropriação, nomeação, exoneração, licença, autorização, tombamento.

Atos gerais *são os dirigidos a todas as pessoas que se encontram na mesma situação, tendo finalidade normativa.*

São diferenças entre um e outro as seguintes:

– só ato individual pode ser impugnado individualmente; atos normativos, só por ADIN ou após providência concreta.

– ato normativo prevalece sobre o ato individual

– ato normativo é revogável em qualquer situação; ato individual deve respeitar direito adquirido.

– ato normativo não pode ser impugnado administrativamente, mas só após providência concreta; ato individual pode ser impugnado desde que praticado.

– Quanto à formação da vontade

Atos simples: *decorrem de um órgão, seja ele singular ou colegiado.* Ex.: nomeação feita pelo Prefeito; deliberação de um conselho ou de uma comissão.

Atos complexos: *decorrem de dois ou mais órgãos, em que as vontades se fundem para formar um único ato.* Ex.: decreto do Presidente, com referendo de Ministros.

Atos compostos: *decorrem de dois ou mais órgãos, em que vontade de um é instrumental à vontade de outro, que edita o ato principal.* Aqui existem dois atos pelo menos: um principal e um acessório. Exs.: nomeação do Procurador Geral da República, que depende de prévia aprovação pelo Senado; e atos que dependem de aprovação ou homologação. Não se deve confundir *atos compostos* com *atos de um procedimento*, vez que este é composto de vários atos acessórios, com vistas à produção de um ato principal, a decisão.

– Quanto aos efeitos

Ato constitutivo *é aquele em que a Administração cria, modifica ou extingue direito ou situação jurídica do administrado.* Ex.: permissão, penalidade, revogação e autorização.

Ato declaratório *é aquele em que a Administração reconhece um direito que já existia.* Ex.: admissão, licença, homologação, isenção e anulação.

Ato enunciativo *é aquele em que a Administração apenas atesta dada situação de fato ou de direito.* Não produz efeitos jurídicos diretos. São juízos de conhecimento ou de opinião. Ex.: certidões, atestados, informações e pareceres.

– Quanto à situação de terceiros

Atos internos são a*queles que produzem efeitos apenas no interior da Administração.* Ex.: pareceres, informações.

Atos externos *são aqueles que produzem efeitos sobre terceiros.* Nesse caso, dependerão de publicidade para terem eficácia. Ex.: admissão, licença.

– Quanto à estrutura.

Atos concretos *são aqueles que dispõem para uma única situação, para um caso concreto.* Ex.: exoneração de um agente público.

Atos abstratos *são aqueles que dispõem para reiteradas e infinitas situações, de forma abstrata.* Ex.: regulamento.

Confira **outros atos administrativos, em espécie:**

– Quanto ao conteúdo: a) **autorização**: *ato unilateral, discricionário e precário pelo qual se faculta ao particular, em proveito deste, o uso privativo de bem público ou o desempenho de uma atividade, os quais, sem esse consentimento, seriam legalmente proibidos.* Exs.: autorização de uso de praça para festa beneficente; autorização para porte de arma; b) **licença**: *ato administrativo unilateral e vinculado pelo qual a Administração faculta àquele que preencha requisitos legais o exercício de uma atividade.* Ex.: licença para construir; c) **admissão**: *ato unilateral e vinculado pelo qual se reconhece ao particular que preencha requisitos legais o direito de receber serviço público.* Ex.: aluno de escola; paciente em hospital; programa de assistência social; d) **permissão**: *ato administrativo unilateral, discricionário e precário, pelo qual a Administração faculta ao particular a execução de serviço público ou a utilização privativa de bem público, mediante licitação.* Exs.: permissão para perueiro; permissão para uma banca de jornal. Vale lembrar que, por ser precária, pode ser revogada a qualquer momento, sem direito à indenização; e) **concessão**: *ato bilateral e não precário, pelo qual a Administração faculta ao particular a execução de serviço público ou a utilização privativa de bem público, mediante licitação.* Ex.: concessão para empresa de ônibus efetuar transporte remunerado de passageiros. Quanto aos bens públicos, há também a *concessão de direito real de uso*, oponível até ao poder concedente, e a *cessão de uso*, em que se transfere o uso para entes ou órgãos públicos; f) **aprovação**: *ato de controle discricionário*. Vê-se a conveniência do ato controlado. Ex.: aprovação pelo Senado de indicação para Ministro do STF; g) **homologação**: *ato de controle vinculado*. Ex.: homologação de licitação ou de concurso público; h) **parecer**: *ato pelo qual órgãos consultivos da Administração emitem opinião técnica sobre assunto de sua competência*. Podem ser das seguintes espécies: *facultativo* (parecer solicitado se a autoridade quiser); *obrigatório* (autoridade é obrigada a solicitar o parecer, mas não a acatá-lo) e *vinculante* (a autoridade é obrigada a solicitar o parecer e a acatar o seu conteúdo; ex.: parecer médico). Quando um parecer tem o poder de *decidir* um caso, ou seja, quando o parecer é, na verdade, uma decisão, a autoridade que emite esse parecer responde por eventual ilegalidade do ato (ex.: parecer jurídico sobre edital de licitação e minutas de contratos, convênios e ajustes – art. 38 da Lei 8.666/1993).

– Quanto à forma: a) **decreto**: é a forma de que se revestem os atos individuais ou gerais, emanados do Chefe do Poder Executivo. Exs.: nomeação e exoneração (atos individuais); regulamentos (atos gerais que têm por objeto proporcionar a fiel execução da lei – art. 84, IV, da CF); b) **resolução e portaria**: são as formas de que se revestem os atos, gerais ou individuais, emanados de autoridades que não sejam o Chefe do Executivo; c) **alvará**: forma pela qual a Administração confere licença ou autorização para a prática de ato ou exercício de atividade sujeita ao poderes de polícia do Estado. Exs.: alvará de construção (instrumento da licença); alvará de porte de arma (instrumento da autorização).

3.8. Temas combinados de ato administrativo

(Procurador do Município – Prefeitura Fortaleza/CE – CESPE – 2017) Em cada um do item a seguir é apresentada uma situação hipotética seguida de uma assertiva a ser julgada, a respeito da organização administrativa e dos atos administrativos.

(1) A prefeitura de determinado município brasileiro, suscitada por particulares a se manifestar acerca da construção de um condomínio privado em área de proteção ambiental, absteve-se de emitir parecer. Nessa situação, a obra poderá ser iniciada, pois o silêncio da administração é considerado ato administrativo e produz efeitos jurídicos, independentemente de lei ou decisão judicial.

(2) O prefeito de um município brasileiro delegou determinada competência a um secretário municipal. No exercício da função delegada, o secretário emitiu um ato ilegal. Nessa situação, a responsabilidade pela ilegalidade do ato deverá recair apenas sobre a autoridade delegada.

1: incorreta. O silêncio da Administração não é considerado um ato jurídico, porque não se constitui em manifestação de vontade, por isso não produz efeitos jurídicos; **2:** correta. O art. 14, § 3º, da Lei 9.784/1999 dispõe que o ato delegado é de responsabilidade da autoridade delegada, estando correta a assertiva, portanto. **AW**

Gabarito 1E, 2C

4. ORGANIZAÇÃO ADMINISTRATIVA

4.1. Temas gerais (Administração Pública, órgãos e entidades, descentralização e desconcentração, controle e hierarquia, teoria do órgão)

Segue um resumo sobre a parte introdutória do tema Organização da Administração Pública:

O objetivo deste tópico é efetuar uma série de distinções, de grande valia para o estudo sistematizado do tema. A primeira delas tratará da relação entre pessoa jurídica e órgãos estatais.

Pessoas jurídicas estatais *são entidades integrantes da estrutura do Estado e dotadas de personalidade jurídica,* ou seja, de aptidão genérica para contrair direitos e obrigações.

Órgãos públicos *são centros de competência integrantes das pessoas estatais instituídos para o desempenho das funções públicas por meio de agentes públicos.* São, portanto, parte do corpo (pessoa jurídica). Cada órgão é investido de determinada competência, dividida entre seus cargos. Apesar de não terem personalidade jurídica, têm prerrogativas funcionais, o que admite até que interponham mandado de segurança, quando violadas. Tal capacidade processual, todavia, só têm os órgãos independentes e os autônomos. Todo ato de um órgão é imputado diretamente à pessoa jurídica da qual é integrante, assim como todo ato de agente público é imputado diretamente ao órgão à qual pertence (trata--se da chamada "teoria do órgão", que se contrapõe à teoria da representação ou do mandato). Deve-se ressaltar, todavia, que a representação legal da entidade é atribuição de determinados agentes, como o Chefe do

Poder Executivo e os Procuradores. Confiram-se algumas classificações dos órgãos públicos, segundo o magistério de Hely Lopes Meirelles:

Quanto à **posição**, podem ser órgãos *independentes* (originários da Constituição e representativos dos Poderes do Estado: Legislativo, Executivo de Judiciário – aqui estão todas as corporações legislativas, chefias de executivo e tribunais, e juízos singulares); *autônomos* (estão na cúpula da Administração, logo abaixo dos órgãos independentes, tendo autonomia administrativa, financeira e técnica, segundo as diretrizes dos órgãos a eles superiores – cá estão os Ministérios, as Secretarias Estaduais e Municipais, a AGU etc.), *superiores* (detêm poder de direção quanto aos assuntos de sua competência, mas sem autonomia administrativa e financeira – ex.: gabinetes, procuradorias judiciais, departamentos, divisões etc.) e *subalternos* (são os que se acham na base da hierarquia entre órgãos, tendo reduzido poder decisório, com atribuições de mera execução – ex.: portarias, seções de expediente).

Quanto à **estrutura**, podem ser *simples* ou *unitários* (constituídos por um só centro de competência) e *compostos* (reúnem outros órgãos menores com atividades-fim idênticas ou atividades auxiliares – ex.: Ministério da Saúde).

Quanto à **atuação funcional**, podem ser *singulares* ou *unipessoais* (atuam por um único agente – ex.: Presidência da República) e *colegiados* ou *pluripessoais* (atuam por manifestação conjunta da vontade de seus membros – ex.: corporações legislativas, tribunais e comissões).

Outra distinção relevante para o estudo da estrutura da Administração Pública é a que se faz entre desconcentração e descentralização. Confira-se.

Desconcentração *é a distribuição interna de atividades administrativas, de competências.* Ocorre de órgão para órgão da entidade Ex.: competência no âmbito da Prefeitura, que poderia estar totalmente concentrada no órgão Prefeito Municipal, mas que é distribuída internamente aos Secretários de Saúde, Educação etc.

Descentralização *é a distribuição externa de atividades administrativas, que passam a ser exercidas por pessoa ou pessoas distintas do Estado.* Dá-se de pessoa jurídica para pessoa jurídica como técnica de especialização. Ex.: criação de autarquia para titularizar e executar um dado serviço público, antes de titularidade do ente político que a criou.

Na descentralização **por serviço** a lei atribui ou autoriza que outra pessoa detenha a *titularidade* e a execução do serviço. Depende de lei. Fala-se também em *outorga* do serviço.

Na descentralização **por colaboração** o contrato ou ato unilateral atribui a outra pessoa a *execução* do serviço. Aqui o particular pode colaborar, recebendo a execução do serviço, e não a titularidade. Fala-se também em *delegação* do serviço e o caráter é transitório.

É importante também saber a seguinte distinção.

Administração direta *compreende os órgãos integrados no âmbito direto das pessoas políticas (União, Estados, Distrito Federal e Municípios).*

Administração indireta *compreende as pessoas jurídicas criadas pelo Estado para titularizar e exercer atividades públicas (autarquias e fundações públicas) e para agir*

na atividade econômica quando necessário (empresas públicas e sociedades de economia mista).

Outra classificação relevante para o estudo do tema em questão é a que segue.

As **pessoas jurídicas de direito público** *são os entes políticos e as pessoas jurídicas criadas por estes para exercerem típica atividade administrativa, o que impõe tenham, de um lado, prerrogativas de direito público, e, de outro, restrições de direito público, próprias de quem gere coisa pública.*[1] Além dos entes políticos (União, Estados, Distrito Federal e Municípios), são pessoas jurídicas de direito público as *autarquias, fundações públicas, agências reguladoras* e *associações públicas* (consórcios públicos de direito público).

As **pessoas jurídicas de direito privado estatais** *são aquelas criadas pelos entes políticos para exercer atividade econômica, devendo ter os mesmos direitos e restrições das demais pessoas jurídica privadas, em que pese terem algumas restrições adicionais, pelo fato de terem sido criadas pelo Estado.* São pessoas jurídicas de direito privado estatais as *empresas públicas, as sociedades de economia mista, as fundações privadas criadas pelo Estado* e os *consórcios públicos de direito privado.*

Também é necessário conhecer a seguinte distinção.

Hierarquia *consiste no poder que um órgão superior tem sobre outro inferior, que lhe confere, dentre outras prerrogativas, uma ampla possibilidade de fiscalização dos atos do órgão subordinado.*

Controle (tutela ou supervisão ministerial) *consiste no poder de fiscalização que a pessoa jurídica política tem sobre a pessoa jurídica que criou, que lhe confere tão somente a possibilidade de submeter a segunda ao cumprimento de seus objetivos globais, nos termos do que dispuser a lei.* Ex.: a União não pode anular um ato administrativo de concessão de aposentadoria por parte do INSS (autarquia por ela criada), por não haver hierarquia; mas pode impedir que o INSS passe a comercializar títulos de capitalização, por exemplo, por haver nítido desvio dos objetivos globais para os quais fora criada a autarquia. Aqui não se fala em subordinação, mas em vinculação administrativa.

Por fim, há entidades que, apesar de *não fazerem* parte da Administração Pública Direta e Indireta, colaboram com a Administração Pública e são estudadas no Direito Administrativo. Tais entidades são denominadas *entes de cooperação* ou *entidades paraestatais.* São entidades que não têm fins lucrativos e que colaboram com o Estado em atividades não exclusivas deste. São exemplos de paraestatais as seguintes: a) *entidades do Sistema S* (SESI, SENAI, SENAC etc. – ligadas a categorias profissionais, cobram contribuições parafiscais para o custeio de suas atividades); b) *organizações sociais* (celebram *contrato de gestão* com a Administração); c) *organizações da sociedade civil de interesse público* – OSCIPs (celebram *termo de parceria* com a Administração).

---

1. *Vide* art. 41 do atual Código Civil. O parágrafo único deste artigo faz referência às *pessoas de direito público com estrutura de direito privado,* que serão regidas, no que couber, pelas normas do CC. A referência é quanto às fundações públicas, aplicando-se as normas do CC apenas quando não contrariarem os preceitos de direito público.

(Procurador/PA – CESPE – 2022) Considerando a hipótese de que uma unidade hospitalar pública do estado do Pará esteja em construção e que sua gestão ainda será definida, julgue os itens a seguir, acerca das possíveis formas de gestão dessa unidade hospitalar.

I. A administração estadual poderá manter a unidade hospitalar sob gestão direta da Secretaria de Estado de Saúde Pública.

II. A administração estadual poderá fazer da unidade hospitalar uma entidade da administração indireta, como autarquia criada por lei específica, sendo-lhe aplicado integralmente o regime juspublicista.

III. A administração estadual poderá fazer da unidade hospitalar uma entidade da administração indireta, como fundação estatal de direito público, à qual, a despeito da estrutura fundacional, aplica-se ampla-mente o regime juspublicista.

IV. A administração estadual poderá fazer da unidade hospitalar uma entidade da administração indireta, como fundação estatal de direito privado, criada por lei específica e submetida a regime jurídico de direito privado com algumas derrogações próprias do regime juspublicista.

V. A gestão da unidade hospitalar poderá ser ajustada com organização social, por meio de contrato de gestão, precedido de chamamento público, do qual não poderão participar entidades cujas contas tenham sido julgadas irregulares ou rejeitadas por tribunal ou conselho de contas de qualquer ente federativo, em decisão irrecorrível, nos últimos oito anos.

A quantidade de itens certos é igual a

(A) 1.

(B) 2.

(C) 3.

(D) 4.

(E) 5.

---

tem I: correto (trata-se da gestão centralizada). Item **II**: correta (a medida representa a utilização da técnica da descentralização). Item **III**: correto (a medida igualmente constitui uma descentralização, sendo que a fundação estatal pode assumir a personalidade de direito público ou privado). Item **IV**: incorreto (a instituição de fundação estatal de direito privado depende de autorização legislativa específica; assim, a lei autoriza, e não cria, a fundação). Item **V**: correto (art. 9º, IV, do Decreto 9.190/2017). Assim, a quantidade de itens certos é 4 (alternativa D). Gabarito "D".

(Procurador Município – Teresina/PI – FCC – 2022) Considere o seguinte enunciado, referente à decisão do STF em regime de repercussão geral:

A teor do disposto no artigo 37, § 6º, da Constituição Federal, a ação por danos causados por agente público deve ser ajuizada contra o Estado ou a pessoa jurídica privada prestadora de serviço público, sendo parte ilegí-tima passiva o autor do ato.

(RE 1.027.633, voto do rel. min. Marco Aurélio, j. 14-8-2019, P, DJE de 6-12-2019, Tema 940)

Tal decisão é calcada em explicação teórica sobre a relação entre o Estado e seus agentes, qual seja, a teoria

(A) do órgão.

(B) da interposta pessoa.

(C) do mandato.

(D) da representação.

(E) do funcionário de fato.

Ao causar dano a terceiro no exercício das funções, o agente público está agindo em nome do Estado, por intermédio da figura do órgão público. Esse o contexto da denominada "teoria do órgão", pelo qual a relação entre o Estado e seus agentes é de imputação, afastada, portanto, a ideia de representação. Assim, a entidade estatal mani-festa a sua vontade por meio dos órgãos públicos, de modo que quando os agentes manifestam a sua vontade, é o Estado que está atuando. Nesse sentido é que o STF consolidou a posição no sentido de que a vítima somente pode ajuizar a ação de responsabilidade em face do Estado, e não em face do agente causador da lesão. Correta a alternativa A. Gabarito "A".

(Delegado/RJ – 2022 – CESPE/CEBRASPE) De acordo com o entendimento doutrinário e jurisprudencial dos tribunais superiores, assinale a opção correta.

(A) As fundações instituídas pelo Estado ou mantidas pelo poder público não podem se submeter ao regime jurídico de direito privado.

(B) A Força Nacional de Segurança Pública implica coo-peração federativa entre os entes estatais, somente podendo ser empregada em território de estado--membro com a anuência do seu governador.

(C) É constitucional determinação judicial que decreta a constrição de bens de sociedade de economia mista prestadora de serviços públicos, em regime não con-correncial, para fins de débitos trabalhistas.

(D) Os serviços sociais autônomos (Sistema S), que desem-penham atividade de interesse público, em coopera-ção com ente estatal, estão sujeitos à observância da regra de concurso público, nos moldes da CF.

(E) A alienação do controle acionário de empresas públi-cas e sociedades de economia mista, assim como de suas subsidiárias e controladas, exige autorização legislativa e licitação.

Alternativa **A** incorreta (o regime jurídico das fundações governamentais é híbrido, ou seja, submetem-se a normas de direito público e privado). Alternativa **B** correta (cf. decidido pelo STF na ACO 3.427 Ref-MC). Alternativa **C** incorreta (empresa estatal que atuam em regime não concorrencial está submetida ao regramento dos precatórios, cf. entendimento do STF). Alternativa **D** incorreta (os serviços sociais autônomos não estão sujeitos à observância da regra de concurso público, cf. decidido pelo STF no RE 789.874). Alternativa **E** incorreta (segundo o STF, na ADI 5.624 MC-Ref, a alienação do controle acionário de empresas públicas e sociedades de economia mista exige autorização legislativa e licitação pública; no entanto, a transferência do controle de *subsidiárias* e *controladas* não exige a anuência do Poder Legislativo e poderá ser operacionalizada sem processo de licitação pública, desde que garantida a competitividade entre os potenciais interessados e observados os princípios da administração pública constantes do art. 37 da Constituição da República). RB Gabarito "B".

(Delegado/MG – 2021 – FUMARC) As sociedades de economia mista e as empresas públicas, pessoas jurídicas integrantes da Administração Pública Indireta, se assemelham em vários aspectos, ao ponto de serem abordadas em con-junto por grande parte dos doutrinadores, e, inclusive, intituladas por alguns deles como "empresas estatais".

12. DIREITO ADMINISTRATIVO   577

Com base nessa informação, marque com V (verdadeiro) ou com F (falso) as seguintes afirmações:

( ) As sociedades de economia mista e as empresas públicas são criadas com o objetivo de permitir ao Estado a exploração de atividades econômicas, em sentido estrito, admitindo-se, contudo, que tenham por objeto a prestação de serviços públicos.

( ) Os bens pertencentes às sociedades de economia mista e às empresas públicas são suscetíveis de penhora em sede de ação de execução muni- ciada com título judicial ou extrajudicial.

( ) As empresas públicas e as sociedades de economia mista sempre têm personalidade jurídica de direito privado, qualquer que seja o seu objeto, mas à vista da natureza híbrida, estão sujeitas às normas de direito privado e também de direito público.

( ) Pelo princípio da simetria, a criação e a extinção das sociedades de economia mista e das empresas públicas dependem de lei específica que autorize.

A sequência CORRETA de preenchimento dos parênteses, de cima para baixo, é:

(A) F, V, F, V.

(B) V, F, V, F.

(C) V, V, F, V.

(D) V, V, V, F.

A primeira afirmação ("As sociedades de economia mista...") é verdadeira: as empresas estatais podem tanto explorar atividade econômica quanto prestar serviço público. A segunda afirmação ("Os bens pertencentes às sociedades de economia mista...") é verdadeira: como regra, os bens das empresas estatais podem ser penhorados; esclareça, contudo, que os bens vinculados à prestação de serviços públicos são impenhoráveis, conforme jurisprudência do STF e STJ. A terceira afirmação ("As empresas públicas e as sociedades de economia mista sempre têm...") é verdadeira: as empresas estatais são necessariamente pessoas jurídicas de direito privado, embora se submetam a um regime híbrido, privado e público. A quarta afirmação ("Pelo princípio da simetria...") é falsa: o art. 37, XIX, da CF, estabelece que a instituição das empresas estatais depende de lei específica que a autorize; no entanto, em alguns casos inaplicável o princípio da simetria para a sua extinção, que pode se dar por meio de autorização legal genérica, como a inserção em programas de desestatização (cf. decidiu o STF na ADI 6.241/DF). `RB`
Gabarito "D".

(Juiz de Direito – TJ/MS – 2020 – FCC) No âmbito da legislação federal sobre parcerias entre a Administração Pública e organizações não governamentais, considera-se acordo de cooperação o instrumento firmado entre o Poder Público e

(A) entidades qualificadas como organizações da sociedade civil de interesse público, destinado à formação de vínculo de cooperação entre as partes, para o fomento e a execução de atividades de interesse público previstas na lei das OSCIPs.

(B) organizações da sociedade civil, para a consecução de finalidades de interesse público e recíproco proposto pela Administração Pública, que envolvam a transferência de recursos financeiros.

(C) a entidade qualificada como organização social, com vistas à formação de parceria entre as partes para fomento e execução de atividades contempladas na lei das Organizações Sociais.

(D) organizações da sociedade civil, para a consecução de finalidades de interesse público e recíproco proposto pelas organizações da sociedade civil, que envolvam a transferência de recursos financeiros.

(E) organizações da sociedade civil, para a consecução de finalidades de interesse público e recíproco que não envolvam a transferência de recursos financeiros.

De acordo com o art. 2º, VIII-A, da Lei 13.019/14 (que estabelece o regime jurídico das parcerias entre a administração pública e as organizações da sociedade civil), acordo de cooperação constitui o instrumento por meio do qual são formalizadas as parcerias estabelecidas pela administração pública com organizações da sociedade civil para a consecução de finalidades de interesse público e recíproco que não envolvam a transferência de recursos financeiros. `RB`
Gabarito "E".

(Juiz de Direito – TJ/AL – 2019 – FCC) Considerando as medidas de organização da Administração Pública necessárias para o desempenho de suas atividades, operadas a partir dos mecanismos de desconcentração e de descentralização, nos limites estabelecidos pela Constituição Federal, tem-se que a

(A) desconcentração e a descentralização pressupõem a criação de novos entes, com personalidade jurídica própria, no primeiro caso para execução direta e, no segundo, para execução indireta de atividades públicas.

(B) descentralização por colaboração é utilizada precipuamente para transferência da titularidade de serviços públicos para a iniciativa privada ou organizações do terceiro setor, mediante delegação operada pelos institutos da concessão ou permissão.

(C) criação de órgãos públicos é uma expressão da desconcentração, porém extravasa a competência do Chefe do Executivo para dispor, mediante decreto, sobre organização da Administração, sendo matéria de reserva de lei formal.

(D) desconcentração pressupõe a criação de outros entes públicos ou privados, integrantes da estrutura administrativa, enquanto a descentralização refere-se à mera realocação de competências dentro da estrutura existente.

(E) descentralização ocorre sempre que se cria um novo órgão com plexo de atribuições próprias, o que se insere na competência normativa e regulamentar do Chefe do Executivo para dispor sobre organização administrativa.

A **desconcentração** é a distribuição interna de atividades administrativas, de competências. Ocorre de órgão para órgão da entidade. Já a **descentralização** é a distribuição externa de atividades administrativas, que passam a ser exercidas por pessoa ou pessoas distintas do Estado. Dá-se de pessoa jurídica para pessoa jurídica como técnica de especialização. A descentralização pode ser de duas espécies: a) na descentralização **por serviço**, a lei atribui ou autoriza que outra pessoa detenha a titularidade e a execução do serviço; repare que é necessária lei; aqui, fala-se em outorga do serviço; b) na descentralização **por colaboração**, o contrato ou ato unilateral atribui à outra pessoa a execução do serviço; repare que a delegação aqui se dá por contrato, não sendo necessária lei; o particular colabora, recebendo a execução do serviço e não a titularidade deste; aqui, fala-se também em delegação do serviço e o caráter é transitório. `FB`
Gabarito "C".

(Investigador – PC/BA – 2018 – VUNESP) O conjunto de órgãos que integram as pessoas federativas, aos quais foi atribuída a competência para o exercício, de forma centralizada, das atividades administrativas do Estado denomina-se

(A) Administração Indireta.

(B) Administração Direta.

(C) Fundação Pública.

(D) Sociedade de Economia Mista.

(E) Empresa Pública.

A: incorreta. A Administração Indireta consiste no conjunto de pessoas administrativas que, em relação de tutela com os entes da Administração Pública Direta, têm o objetivo de desempenhar as atividades de forma descentralizada; **B:** correta. A Administração Direta corresponde às pessoas jurídicas de direito público que exercem a atividade administrativa de modo centralizado; **C:** incorreta. Fundação pública é a entidade descentralizada, composta por um patrimônio personalizado que presta atividade não lucrativa de interesse coletivo; **D:** incorreta. É a entidade dotada de personalidade jurídica de direito privado, criada por lei para a exploração de atividade econômica, sob a forma de sociedade anônima, cujas ações com direito a voto pertençam em sua maioria à União, Estado, Distrito Federal ou Município, ou a outra entidade da Administração Indireta; **E:** incorreta. É a entidade dotada de personalidade jurídica de direito privado, com patrimônio próprio e capital exclusivo da entidade federativa a ele vinculado. **FB**
Gabarito "B".

(Procurador do Estado/SP – 2018 – VUNESP) Modelo de gestão orientado para práticas gerenciais com foco em resultados e atendimento aos usuários, qualidade de serviços e eficiência de processos com autonomia gerencial, orçamentária e financeira, sem abandonar parâmetros do modelo burocrático pode, em tese, e de acordo com o ordenamento jurídico em vigor, ser adotado por autarquia

(A) observada a autonomia, desde que qualificada como agência executiva, por meio de deliberação da autoridade máxima da autarquia, ratificada pelo Titular da Pasta tutelar, a quem competirá executar controle de finalidade e monitorar o atingimento das metas especificadas no âmbito do programa de ação do ente descentralizado.

(B) mediante celebração de contrato entre o Poder Público, por meio da Pasta tutelar, e o ente descentralizado, que abranja plano de trabalho voltado ao alcance dos objetivos e metas estipulados de comum acordo entre as partes.

(C) de forma autônoma, por meio de seu regimento interno, que deverá estabelecer objetivos estratégicos, metas e indicadores específicos observados os critérios de especialização técnica que justificaram a autorização legal para criação do ente descentralizado.

(D) mediante lei específica que autorize a contratualização de resultados entre o setor regulado e a autarquia que pretenda adotar o modelo gerencial, observada a finalidade de interesse público que justificou a desconcentração técnica no específico setor de atuação do órgão.

(E) mediante celebração de acordo de cooperação técnica, precedido de protocolo de intenções, a serem firmados entre a autarquia em regime especial e a pessoa de direito público interno que autorizou a sua criação, com derrogação em parte do regime jurídico administrativo, nos limites de lei específica.

O artigo 37 § 8º da CF/1988 estabelece a possibilidade de celebração do chamado contrato de gestão, nos seguintes termos: "§ 8º a autonomia gerencial, orçamentária e financeira dos órgãos e entidades da administração direta e indireta poderá ser ampliada mediante contrato, a ser firmado entre seus administradores e o poder público, que tenha por objeto a fixação de metas de desempenho para o órgão ou entidade, cabendo à lei dispor sobre: I – o prazo de duração do contrato; II – os controles e critérios de avaliação de desempenho, direitos, obrigações e responsabilidade dos dirigentes; III – a remuneração do pessoal." **FB**
Gabarito "B".

(Defensor Público – DPE/SC – 2017 – FCC) A teoria do órgão foi inspirada na Doutrina de Otto Gierke e tem grande aplicabilidade no direito administrativo brasileiro. Com base nesta teoria, é correto afirmar:

(A) A estruturação dos órgãos da Administração se submete ao princípio da reserva legal.

(B) Segundo Celso Antonio Bandeira de Mello, os órgãos seriam caracterizados pela teoria subjetiva, a qual corresponde às unidades funcionais da organização.

(C) A teoria tem aplicação concreta na hipótese da chamada função de fato. Desde que a atividade provenha de um órgão, não tem relevância o fato de ter sido exercida por um agente que não tenha a investidura legítima.

(D) É com base nestes ensinamentos que se discute desconcentração e descentralização, sendo aquela a criação de novas pessoas jurídicas e esta a criação de novos órgãos.

(E) A teoria do órgão se opõe ao princípio da imputação objetiva.

Pela Teoria do Órgão (ou Teoria dos órgãos), os órgãos públicos são centros de competências instituídos por lei para o desempenho de atividades administrativas. Eles representam e executam a vontade da Administração, o que ocorre por intermédio de seus agentes, que expõe, exteriorizam a vontade do Estado – as manifestações de vontade dos agentes são, dessa forma, entendidas como vontades da Administração. A teoria de Otto Gierke é assim denominada em função da analogia realizada pelo autor no tocante à composição dos órgãos estatais e os órgãos do corpo humano – cada órgão humano tem uma função, uma tarefa dentro do todo orgânico, assim como cada ente estatal tem suas competências específicas que, ao final, são uma parcela do que são as competências estatais. Dentro desse entendimento, a assertiva "a" está incorreta porque a estruturação dos órgãos da Administração Pública por intermédio de lei não integra, essencialmente, o conteúdo da doutrina – o que é importante é que as funções de cada órgão estejam perfeitamente definidas; no entendimento de Celso Antonio Bandeira de Mello, já falando sobre a alternativa "b", a busca da diferenciação das funções administrativas tendo em vista o agente que a produz é insatisfatória, haja vista pelo fato de não ser possível identificar correspondência exata entre um dado conjunto orgânico e uma certa função estatal (funções típicas e atípicas); quanto à alternativa "d", ela inverte os conceitos de desconcentração e descentralização; por fim, a Teoria do Órgão é também conhecida por Teoria da Imputação objetiva, em razão da vontade do órgão ser imputada à pessoa jurídica a cuja estrutura pertence. **AW**
Gabarito "C".

(Procurador Municipal – Prefeitura/BH – CESPE – 2017) No que se refere a organização administrativa, administração pública indireta e serviços sociais autônomos, assinale a opção correta.

(A) Por execução indireta de atividade administrativa entende-se a adjudicação de obra ou serviço público a particular por meio de processo licitatório.

12. DIREITO ADMINISTRATIVO — 579

(B) É possível a participação estatal em sociedades privadas, com capital minoritário e sob o regime de direito privado.

(C) Desde que preenchidos certos requisitos legais, as sociedades que comercializam planos de saúde poderão ser enquadradas como OSCIPs.

(D) Desconcentração administrativa implica transferência de serviços para outra entidade personalizada.

A: incorreta. O erro dessa assertiva está no fato de que a execução indireta abrange também a execução da obra ou serviço pelas pessoas jurídicas integrantes da Administração Indireta, e não somente aos particulares; **B:** correta. Tratam-se das Sociedades de Economia Mista, que podem explorar atividade econômica, em regime tipicamente privado, conforme disposto no art. 173, CF; **C:** incorreta. O art. 2º, VI, da Lei 9.790/1999 dispõe ser vedado às OSCIP desenvolver atividades de comercialização de planos de saúde; **D:** incorreta. A desconcentração é a divisão interna da atividade administrativa em órgãos ou departamentos, tendo em vista o cumprimento do princípio da eficiência. **AW**

Gabarito "B".

(Juiz – TJ-SC – FCC – 2017) Alberto Caeiro foi contratado pelo Conselho Regional de Contabilidade para trabalhar como assistente administrativo naquela entidade, em janeiro de 2016. Em fevereiro do corrente ano, foi dispensado, sem justa causa, da entidade. Alberto ajuizou ação em face da entidade, perante a Justiça Comum Estadual, visando a sua reintegração, sob alegação de que se trata de entidade pertencente à Administração Pública e que seria ilegal a despedida imotivada. Ao apreciar a ação proposta, o Juízo Estadual deve:

(A) aceitar a competência, visto que se trata de entidade autárquica estadual, sendo a relação de trabalho de natureza tipicamente administrativa.

(B) reconhecer a incompetência e remeter a ação para a Justiça do Trabalho, visto que, por se tratar de entidade de direito privado, o vínculo sob exame é regido pelas normas da Consolidação das Leis do Trabalho.

(C) reconhecer a incompetência e remeter a ação para a Justiça Federal, haja vista tratar-se de entidade autárquica federal, sendo o vínculo submetido ao regime jurídico único estatuído na Lei nº 8.112/90.

(D) aceitar a competência, visto que se trata de típico contrato de prestação de serviços, regido pelas normas do Código Civil.

(E) extinguir a ação por impossibilidade jurídica do pedido, pois não cabe ao Judiciário interferir em atos de natureza discricionária, como os que se referem a dispensa de servidores não estáveis.

A: incorreta. Os Conselhos de Classe, exceto a OAB, são todos autarquias, ou seja, pessoas jurídicas de direito público, sendo que, especificamente em relação aos Conselhos de Classe Regionais e Federais, temos a natureza de autarquias federais (Mandado de Segurança 22.643-9-SC, Rel. Min. Moreira Alves), por isso a competência para o julgamento de causas em que essas pessoas jurídicas estejam envolvidas é da Justiça Federal, conforme disposto no art. 109, I, CF (RE 539.224); **B:** incorreta. A regra é de que esses agentes públicos são estatutários, eis que integrantes de pessoas jurídicas de direito público, razão pela qual a competência para o julgamento dessa demanda ainda continua sendo da Justiça Comum Federal. EMENTA: CONSTITUCIONAL. ADMINISTRATIVO. ENTIDADES FISCALIZADORAS DO EXERCÍCIO PROFISSIONAL. CONSELHO FEDERAL DE ODONTOLOGIA: NATUREZA AUTÁRQUICA. Lei 4.234, de 1964, art. 2º. FISCALIZAÇÃO POR PARTE

DO TRIBUNAL DE CONTAS DA UNIÃO. I. – Natureza autárquica do Conselho Federal e dos Conselhos Regionais de Odontologia. Obrigatoriedade de prestar contas ao Tribunal de Contas da União. Lei 4.234/64, art. 2º. C.F., art. 70, parágrafo único, art. 71, II. II. – Não conhecimento da ação de mandado de segurança no que toca à recomendação do Tribunal de Contas da União para aplicação da Lei 8.112/90, vencido o Relator e os Ministros Francisco Rezek e Maurício Corrêa. III. – Os servidores do Conselho Federal de Odontologia deverão se submeter ao regime único da Lei 8.112, de 1990: votos vencidos do Relator e dos Ministros Francisco Rezek e Maurício Corrêa. IV. – As contribuições cobradas pelas autarquias responsáveis pela fiscalização do exercício profissional são contribuições parafiscais, contribuições corporativas, com caráter tributário. C.F., art. 149. RE 138.284-CE, Velloso, Plenário, RTJ 143/313. V. – Diárias: impossibilidade de os seus valores superarem os valores fixados pelo Chefe do Poder Executivo, que exerce a direção superior da administração federal (C.F., art. 84, II). VI. – Mandado de Segurança conhecido, em parte, e indeferido na parte conhecida (MS 21797 / RJ – Rel. Min. Carlos Velloso, Pub. 18.05.2001); **C:** correta. Temos uma ação de reintegração ao cargo em face de uma autarquia federal, sendo a competência deslocada para a Justiça Comum Federal, conforme disposto no art. 109, I, CF e MS.21797/RJ, citado acima; **D:** incorreta. O vínculo desses servidores é o estatutário, eis que adotado o regime jurídico único. ADIMC 2135; **E:** incorreta. Há apenas vício de competência absoluta, que pode ser alegada de ofício e assim já decidida pelo próprio juízo. **AW**

Gabarito "C".

(Delegado/MS – 2017 – FAPEMS) Leia o texto a seguir.

O direito administrativo constitui uma seção, qualificada por seu conteúdo, da ordem jurídica total, aquela seção que se refere à administração, que regula a administração. Se introduzirmos nesta acepção brevíssima do conceito de direito administrativo o conceito de administração, o que significa como função de determinados órgãos, o direito administrativo se apresenta como aquela fração da ordem jurídica que deve ser aplicada por órgãos administrativos, isto é, órgãos executivos com competência para fixar instruções ou dever de obedecê-las. Se transpusermos a definição do orgânico ao funcional, poder-se-á definir o direito administrativo como conjunto de normas jurídicas que regulam aquela atividade executiva condicionável pelas instruções, ou – aceitando, por certo, que toda a atividade executiva está composta de funções jurídicas –, o conjunto de normas jurídicas que regulam aquelas funções jurídicas determináveis mediante as instruções.

MERKL. Adolf. Teoria general dei derecho administrativo. Granada: Cornares, 2004 apud ALMEIDA, Fernando Dias Menezes de. Conceito de direito administrativo. Tomo Direito Administrativo e Constitucional. (PUC-SP), 1. ed., p. 13, 2017

Quanto à administração pública indireta, assinale a alternativa correta.

(A) As fundações públicas de direito privado devem ser criadas por lei específica.

(B) As fundações públicas de direito público devem ser criadas por lei específica.

(C) A imunidade tributária recíproca não se estende às fundações.

(D) As sociedades de economia podem revestir-se de qualquer das formas admitidas em direito.

(E) As empresas públicas só podem explorar diretamente atividade econômica, se tal exploração for necessária à segurança nacional ou relevante para o interesse coletivo, na forma de lei complementar.

580 WANDER GARCIA, ARIANE WADY, FLÁVIA BARROS E RODRIGO BORDALO

Art 37 CF, XIX – somente por lei específica poderá ser criada autarquia e autorizada a instituição de empresa pública, de sociedade de economia mista e de fundação, cabendo à lei complementar, neste último caso, definir as áreas de sua atuação. **FB**

Gabarito "B".

4.2. Autarquias

(Delegado/AP – 2017 – FCC) Uma autarquia municipal criada para prestação de serviços de abastecimento de água

(A) deve obrigatoriamente ter sido instituída por lei e recebido a titularidade do serviço público em questão, o que autoriza a celebração de contrato de concessão à iniciativa privada ou a contratação de consórcio público para delegação da execução do referido serviço.

(B) integra a estrutura da Administração pública indireta municipal e portanto não se submete a todas as normas que regem a administração pública direta, sendo permitido a flexibilização do regime publicista para fins de viabilizar a aplicação do princípio da eficiência.

(C) submete-se ao regime jurídico de direito privado caso venha a celebrar contrato de concessão de serviço público com a Administração pública municipal, ficando suspensa, durante a vigência da avença, a incidência das normas de direito público, a fim de preservar a igualdade na concorrência.

(D) pode ser criada por decreto, mas a delegação da prestação do serviço público prescinde de prévio ato normativo, podendo a autarquia celebrar licitação para contratação de concessão de serviço público ou prestar o serviço diretamente.

(E) possui personalidade jurídica de direito público, mas quando prestadora de serviço público, seu regime jurídico equipara-se ao das empresas públicas e sociedades de economia mista.

DL 200/1967, art. 5º Para os fins desta lei, considera-se: I – Autarquia – o serviço autônomo, criado por lei, com personalidade jurídica, patrimônio e receita próprios, para executar atividades típicas da Administração Pública, que requeiram, para seu melhor funcionamento, gestão administrativa e financeira descentralizada. **FB**

Gabarito "A".

4.3. Agências reguladoras

(Juiz de Direito – TJ/RS – 2018 – VUNESP) Decisão proferida pelo Conselho Superior de Agência Reguladora estadual, órgão máximo de direção da autarquia, que mantém aplicação de sanção ao concessionário de serviço público por ela regulado em razão do descumprimento de cláusula contratual,

(A) pode ser objeto de recurso administrativo interno, dirigido ao Dirigente Superior da Agência Reguladora.

(B) é ilegal, por desbordar os limites da competência das agências reguladoras, autarquias submetidas ao princípio constitucional da estrita legalidade.

(C) salvo disposição específica em contrário, é irrecorrível no âmbito administrativo, especialmente por se tratar de atividade finalística da agência reguladora.

(D) pode ser objeto de recurso hierárquico, dirigido ao Chefe do Poder Executivo estadual.

(E) é inconstitucional, porque sanções aplicadas ao particular só podem decorrer de lei em sentido estrito e não de contrato de concessão de serviço público, do qual o órgão regulador não é parte.

Essa questão apresenta certo nível de polêmica, pois ela mesma traz a afirmação de que o Conselho Superior de Agência Reguladora é o órgão máximo de direção da autarquia, de modo que suas decisões são irrecorríveis dentro daquela autarquia especial. Caberia, no máximo, um pedido de reconsideração dirigido ao próprio Conselho Superior, que, se o caso, poderá exercer a autotutela; ou ainda, mas já externamente à agência Reguladora, a propositura de um Recurso Hierárquico Impróprio dirigido ao chefe do órgão da Administração Pública Estadual ao qual a agência encontra-se vinculada e submetida ao poder de tutela. No caso em tela, veja que, a princípio, tratando-se de questão de ordem técnica, efetivamente não há mais como recorrer de uma decisão proferida em instância final, de modo que essa decisão é afetada pelo chamado "trânsito em julgado administrativo". Apenas mediante a propositura de ação judicial que questione a razoabilidade ou proporcionalidade da sanção aplicada, ou ainda por meio da tormentosa questão do cabimento ou não de recurso hierárquico impróprio, essa decisão poderia receber uma determinação dirigida ao Conselho Superior da Agência de nova apreciação do caso. **FB**

Gabarito "C".

(Procurador do Município – Prefeitura Fortaleza/CE – CESPE – 2017) Em cada um do item a seguir é apresentada uma situação hipotética seguida de uma assertiva a ser julgada, a respeito da organização administrativa e dos atos administrativos.

(1) Ao instituir programa para a reforma de presídios federais, o governo federal determinou que fosse criada uma entidade para fiscalizar e controlar a prestação dos serviços de reforma. Nessa situação, tal entidade, devido à sua finalidade e desde que criada mediante lei específica, constituirá uma agência executiva.

1: incorreta. Teríamos a criação de uma Agência Reguladora, que é uma autarquia, criada por lei, para a fiscalização e regulamentação dos serviços públicos. As Agências Executivas são autarquias ou fundações preexistentes, mas que se encontram desatualizadas e recebem essa qualificação para o desenvolvimento de um plano estratégico constante de um contrato de gestão. **AW**

Gabarito "1E".

4.4. Consórcios públicos

(Procurador Município – Santos/SP – VUNESP – 2021) De acordo com Decreto Federal nº 6.017/07 o "contrato preliminar que, ratificado pelos entes da Federação interessados, converte-se em contrato de consórcio público" define o seguinte instrumento:

(A) Contrato de rateio.

(B) Protocolo de intenções.

(C) Contrato de programa.

(D) Contrato de gestão.

(E) Gestão associada de serviços públicos.

O Decreto n. 6.017 regulamenta a Lei 11.107/2005, que dispõe sobre os consórcios públicos. De acordo com o seu art. 2º, III, o protocolo de intenções representa o contrato preliminar que, ratificado pelos entes da Federação interessados, converte-se em contrato de consórcio público. Nesse sentido, correta a alternativa B. Vale indicar a seguir a definição das demais noções contidas na questão: contrato de rateio (contrato por meio do qual os entes consorciados comprometem-se a fornecer recur-

12. DIREITO ADMINISTRATIVO 581

sos financeiros para a realização das despesas do consórcio público); contrato de programa (instrumento pelo qual devem ser constituídas e reguladas as obrigações que um ente da Federação, inclusive sua administração indireta, tenha para com outro ente da Federação, ou para com consórcio público, no âmbito da prestação de serviços públicos por meio de cooperação federativa); contrato de gestão (instrumento firmado entre a administração pública e autarquia ou fundação qualificada como Agência Executiva, na forma do art. 51 da Lei 9.649, de 27 de maio de 1998, por meio do qual se estabelecem objetivos, metas e respectivos indicadores de desempenho da entidade, bem como os recursos necessários e os critérios e instrumentos para a avaliação do seu cumprimento); gestão associada de serviços públicos (exercício das atividades de planejamento, regulação ou fiscalização de serviços públicos por meio de consórcio público ou de convênio de cooperação entre entes federados, acompanhadas ou não da prestação de serviços públicos ou da transferência total ou parcial de encargos, serviços, pessoal e bens essenciais à continuidade dos serviços transferidos). Gabarito "B".

(Juiz de Direito – TJ/RS – 2018 – VUNESP) Pelas obrigações assumidas por consórcio público:

(A) nos termos da lei, respondem solidariamente os entes públicos consorciados, observadas as disposições do seu estatuto.

(B) responde subsidiariamente o ente público líder do consórcio.

(C) respondem pessoal e subsidiariamente os agentes públicos incumbidos da gestão do consórcio, observadas as disposições do seu estatuto.

(D) respondem subsidiariamente os entes públicos consorciados.

(E) nos termos da lei, respondem pessoal e solidariamente os agentes públicos incumbidos da gestão do consórcio, observadas as disposições do seu estatuto.

A Lei 11.107, de 6 de abril de 2005 estabelece no § 1º do artigo 1º que o consórcio público constituirá uma associação pública ou uma pessoa jurídica de direito privado. Prevê, portanto, a criação de uma nova pessoa jurídica, a qual responderá pelas obrigações assumidas pelo consórcio. A responsabilidade dos demais entes públicos consorciados pelas obrigações assumidas existirá, mas será de natureza subsidiária e, tal como previsto de forma expressa no parágrafo único do art. 10, "os agentes públicos incumbidos da gestão de consórcio não responderão pessoalmente pelas obrigações contraídas pelo consórcio público, mas responderão pelos atos praticados em desconformidade com a lei ou com as disposições dos respectivos estatutos". FB Gabarito "D".

(Procurador do Estado/SP – 2018 – VUNESP) Consórcio público, formado por alguns dos Municípios integrantes de Região Metropolitana e por outros Municípios limítrofes, elaborou plano de outorga onerosa do serviço público de transporte coletivo de passageiros sobre pneus, abrangendo o território do Consórcio. Pretende, agora, abrir licitação para conceder o serviço. Essa pretensão é juridicamente

(A) questionável, porque, de acordo com a jurisprudência do Supremo Tribunal Federal, o planejamento, a gestão e a execução das funções de interesse comum em Regiões Metropolitanas são de competência do Estado e dos Municípios que a integram, conjuntamente.

(B) questionável, porque o consórcio descrito sequer poderia ter sido constituído sem a participação do Estado em cujo território se encontram os Municípios agrupados.

(C) viável, vez que consórcios públicos podem outorgar concessão, permissão ou autorização de serviços públicos, ainda que a delegação desse serviço específico não esteja expressamente prevista no contrato de consórcio público.

(D) viável, porque o consórcio regularmente constituído possui personalidade jurídica própria e é titular, com exclusividade, dos serviços públicos que abrangem a área territorial comum.

(E) viável, porque o desenvolvimento urbano integrado constitui instrumento de governança interfederativa e determina que o planejamento, a gestão e a execução das funções públicas de interesse comum sejam conjuntos.

Quando se trata de Região Metropolitana tem-se uma conurbação, o que torna os interesses interpenetrados, em que não se percebe mais onde termina um Município e começa outra, de modo que o chamado interesse predominantemente local perde espaço para o interesse regional. Segundo o STF na ADI 1.842, faz-se necessário ter uma integração entre os Municípios, Município-Polo e Estado-membro, com o fim de viabilizar a organização, execução e planejamento das funções públicas de interesse comum. O STF esclareceu que deve ser criado um órgão colegiado em cada região metropolitana, de acordo com as peculiaridades de cada regionalidade, com a participação dos interessados (Estado e Municípios), sendo que não pode haver concentração de poder decisório nas mãos de apenas um (poder de homologação), vedado o predomínio absoluto de um ente sobre os demais. Restou clara, portanto, a posição do STF para que não ocorra o prevalecimento ou sobreposição do interesse de um determinado ente federativo sobre a decisão ou interesse dos demais entes da Federação. Ora, não é, portanto, o caso de constituição de um consórcio do qual nem ao menos fazem parte todos os integrantes da região metropolitana, pois nesse caso o interesse de alguns entes estaria se sobrepondo ao de outros. FB Gabarito "A".

(Promotor de Justiça – MPE/RS – 2017) Assinale a alternativa correta, em relação aos consórcios públicos disciplinados pela Lei 11.107, de 06 de abril de 2005.

(A) A emissão de documentos de cobrança e as atividades de arrecadação de tarifas e outros preços públicos não se coadunam com as finalidades estabelecidas em lei para os consórcios públicos, razão pela qual estão expressamente vedadas.

(B) O protocolo de intenções deve definir o número de votos que cada ente da Federação consorciado possui na assembleia geral, sendo assegurado 1 (um) voto a cada ente consorciado.

(C) O consórcio público poderá ser concessionário, permissionário ou autorizatário do serviço público, mas não poderá outorgar concessão, permissão ou autorização do serviço público a terceiros.

(D) O consórcio público adquirirá personalidade jurídica de direito público ou de direito privado, integrando, em qualquer caso, a administração indireta de todos os entes da Federação consorciados.

(E) O consórcio público que tenha personalidade jurídica de direito privado não está sujeito à fiscalização contábil, operacional e patrimonial pelo Tribunal de Contas, a quem cabe fiscalizar apenas cada um dos integrantes do consórcio, nos termos do contrato de rateio.

A: incorreta. A assertiva é contrária ao que dispõe o art. 2º, § 2º, da Lei 11.107/2005 determina que os Consórcios Públicos podem emitir

582 WANDER GARCIA, ARIANE WADY, FLÁVIA BARROS E RODRIGO BORDALO

"documentos de cobrança e exercer atividades de arrecadação de tarifas e outros preços públicos pela prestação de serviços ou pelo uso ou outorga de uso de bens públicos por eles administrados ou, mediante autorização específica, pelo ente da Federação consorciado. **B:** Correta. É o que determina o art. 4º, § 2º, da Lei dos Consórcios. O Protocolo de Intenções é um termo em que constará todas as cláusulas do futuro contrato para instituição do Consórcio, sendo nele prevista a forma de funcionamento dessa nova pessoa jurídica. **C:** Incorreta. O Consórcio Público é uma nova pessoa jurídica e, quando de direito público, integra a Administração Pública, podendo delegar a prestação de serviços públicos (art. 2º, §3º, da Lei 11.107/2005). **D:** Incorreta. Somente quando for pessoa jurídica de direito público é que integrará a Administração Indireta (art. 6º e § 1º, da Lei 11.107/2005). **E:** Incorreta. Ambos os Consórcios, sejam eles de direito público ou de direito privado, sofrem controle externo pelo Tribunal de Contas (art. 9º, parágrafo único, da Lei 11.107/2005). **AW**

Gabarito "B".

4.5. Empresas estatais

(Procurador Município – Teresina/PI – FCC – 2022) Ao lado de diversas regras de caráter comum, o regime jurídico da empresa pública diferencia-se do aplicável às sociedades de economia mista em vários aspectos. Dentre os traços diferenciadores estatuídos pela Lei Federal 13.303, de 30 de junho de 2016, Lei das Estatais, inclui-se a

(A) presença de Conselho de Administração na estrutura de governança, aplicável apenas às sociedades de economia mista.

(B) imunidade tributária, aplicável apenas às empresas públicas.

(C) submissão ao regime licitatório, aplicável apenas às empresas públicas.

(D) vedação à emissão de partes beneficiárias, aplicável apenas às empresas públicas.

(E) possibilidade de criação de subsidiárias, aplicável apenas às sociedades de economia mista.

A: incorreta (o Conselho de Administração deve integrar tanto a empresa pública quanto a sociedade de economia mista, cf. art. 8º, I). **B:** incorreta (a imunidade tributária se aplica a empresas públicas e sociedades de economia mista, desde que alguns requisitos estejam presentes, como a prestação de serviço público essencial e em regime de exclusividade, cf. STF). **C:** incorreta (o regime licitatório se aplica tanto às empresas públicas quanto às sociedades de economia mista, cf. art. 28). **D:** correta (art. 11, II). **E:** incorreta (tanto empresas públicas quanto sociedades de economia mista podem criar subsidiárias, cf. art. 1º, "caput").

Gabarito "D".

(Juiz de Direito/GO – 2021 – FCC) No que se refere às disposições aplicáveis às empresas públicas e às sociedades de economia mista, segundo a Lei no 13.303 de 30 de junho de 2016,

(A) por explorar atividade econômica, a empresa pública poderá lançar debêntures ou outros títulos ou valores mobiliários, desde que conversíveis em ações.

(B) o acionista controlador da empresa pública e da sociedade de economia mista responderá pelos atos praticados com abuso de poder, podendo a ação ser proposta pelos demais sócios, desde que autorizados pela assembleia geral de acionistas.

(C) a empresa pública e a sociedade de economia mista poderão celebrar convênio ou contrato de patrocínio com pessoa física ou com pessoa jurídica para

promoção de atividades culturais, sociais, esportivas, educacionais e de inovação tecnológica, desde que comprovadamente vinculadas ao fortalecimento de sua marca.

(D) a exploração de atividade econômica pelo Estado será exercida por meio de empresa pública, de autarquia, de sociedade de economia mista e de suas subsidiárias.

(E) empresa pública é a entidade dotada de personalidade jurídica de direito público, com criação autorizada por lei e com patrimônio próprio, cujo capital social é integralmente detido pela União, pelos Estados, pelo Distrito Federal ou pelos Municípios.

Comentário: A: incorreta (a empresa pública não pode lançar debêntures ou outros títulos ou valores mobiliários, conversíveis em ações, cf. art. 11, I, da Lei 13.303/2016). B: incorreta (a ação independe de autorização da assembleia geral de acionistas, cf. art. 15, §1º, da Lei 13.303/2016). C: correta (art. 27, §3º, da Lei 13.303/2016). D: incorreta (conforme o art. 2º, "caput", do Estatuto das Estatais, a exploração de atividade econômica pelo Estado será exercida por meio de empresa pública, de sociedade de economia mista e de suas subsidiárias; não há referência às autarquias, que não são empresas estatais). E: incorreta (empresa pública é entidade dotada de personalidade jurídica de direito privado, cf. art. 3º, "caput", da Lei 13.303/2016). **RB**

Gabarito "C".

(Juiz de Direito/GO – 2021 – FCC) O município de Jararacuçu, após a promulgação de lei autorizativa, constituiu uma sociedade de economia mista, sob a forma de sociedade anônima com capital aberto e ações negociadas no mercado acionário, sendo-lhe outorgado o serviço público de coleta e manejo de resíduos sólidos provenientes das residências e estabelecimentos econômicos situados na área urbana. A remuneração do serviço público prestado decorrerá do pagamento, pelos usuários, de taxa estabelecida por lei municipal específica, além de receitas alternativas decorrentes da própria atividade outorgada. Nesse caso,

(A) é possível a prestação do serviço público em questão por sociedade de economia mista, mas não é cabível a cobrança de taxa, por se tratar de serviço *uti universi*.

(B) por se tratar de empresa estatal prestadora de serviço público em regime de monopólio, a sociedade em questão gozará de privilégios inerentes à atuação da Fazenda Pública em juízo, como o prazo em dobro para manifestações processuais.

(C) a empresa em questão, apesar de ser prestadora de serviços públicos, não está sujeita à imunidade tributária recíproca constante do art. 150, VI, 'a', da Constituição Federal.

(D) é possível a criação da sociedade de economia mista para a prestação do serviço público em questão, mas não lhe deve ser outorgado o serviço, devendo disputá-lo em concorrência com outras prestadoras.

(E) é inadequada a criação de sociedade de economia mista para a prestação de serviços públicos, visto que tais serviços devem ser prestados exclusivamente por empresas públicas.

Comentário: Comentário: **A:** incorreta (de acordo com o STF, o serviço público de coleta e manejo de resíduos sólidos provenientes de residências ou estabelecimentos econômicos é considerado *uti singuli*, ou seja, é singular e divisível, admitindo-se a cobrança de taxa). **B:** incorreta

12. DIREITO ADMINISTRATIVO   583

(segundo o STF, as prerrogativas processuais da Fazenda Pública, como o prazo em dobro, não são extensíveis às empresas públicas ou às sociedades de economia mista, mesmo aquelas prestadoras de serviços públicos). **C:** correta (o STF já decidiu que a imunidade tributária recíproca, prevista no art. 150, VI, "a", CF, não é aplicável às sociedades de economia mista cuja participação acionária é negociada em Bolsas de Valores, e que, inequivocamente, estão voltadas à remuneração do capital de seus controladores ou acionistas, unicamente em razão das atividades desempenhadas). **D** e **E:** incorretas (é possível, segundo o STF, a criação de sociedade de economia mista para a prestação de serviço público, mesmo que em regime de monopólio). RB

Gabarito "C".

(Juiz de Direito – TJ/MS – 2020 – FCC) A Lei das Estatais – Lei Federal 13.303/2016 – estabelece diversas hipóteses de dispensa de licitação aplicáveis às empresas públicas e sociedades de economia mista. Segundo o artigo 29 da lei, é dispensável a licitação:

(A) para obras e serviços de engenharia de valor até R$ 300.000,00 (trezentos mil reais), desde que não se refiram a parcelas de uma mesma obra ou serviço ou ainda a obras e serviços de mesma natureza e no mesmo local que possam ser realizadas conjunta e concomitantemente.

(B) para aquisição de materiais, equipamentos ou gêneros que só possam ser fornecidos por produtor, empresa ou representante comercial exclusivo.

(C) na contratação de remanescente de obra, de serviço ou de fornecimento, em consequência de rescisão contratual, desde que atendida a ordem de classificação da licitação anterior e mantidas as condições da proposta do licitante a ser contratado, inclusive quanto ao preço, devidamente corrigido.

(D) na doação de bens móveis para fins e usos de interesse social, após avaliação de sua oportunidade e conveniência socioeconômica relativamente à escolha de outra forma de alienação.

(E) na contratação de serviços técnicos especializados relativos a assessorias ou consultorias técnicas e auditorias financeiras ou tributárias, com profissionais ou empresas de notória especialização.

A: incorreta (o valor envolvido é de até de R$ 100.000,00, e não R$ 300.000,00, cf. inc. I do art. 29). B: incorreta (trata-se de hipótese de inexigibilidade, e não de licitação dispensável, cf. art. 30, inc. I). C: incorreta (na hipótese prevista no art. 29, inc. VI, devem ser mantidas as mesmas condições do contrato encerrado por rescisão ou distrato). D: correta (cf. art. 29, inc. XVII). E: incorreta (trata-se de hipótese de inexigibilidade, e não de licitação dispensável, cf. art. 30, inc. II). RB

Gabarito "D".

(Juiz – TRF 2ª Região – 2017) O Estatuto Jurídico das Empresas Públicas e Sociedades de Economia Mista e suas subsidiárias foi instituído com a Lei nº 13.303, de 30.06.16. Marque a opção correta:

(A) Depende de lei específica a constituição da empresa pública ou de sociedade de economia mista. A lei, desde que presente justificativa plausível, pode delegar ao Executivo a definição do relevante interesse coletivo que justifica a criação do ente e, em tal caso, o fará de modo claro e transparente.

(B) É vedada a participação das entidades da administração indireta no capital das empresas públicas.

(C) A Lei nº 13.303 traz forte preocupação com a governança corporativa e impõe que o Conselho de Administração seja integralmente composto por membros independentes.

(D) Os membros do Conselho de Administração e os diretores são administradores e submetem-se às normas da Lei nº 6.404/76 (Lei das S.A.).

(E) As empresas públicas e sociedades de economia mista não estão submetidas à disciplina da Lei de Falências e nem às normas da Comissão de Valores Mobiliários.

A: incorreta. A lei que autoriza a criação de empresa pública e sociedade de economia mista já tem, em sua elaboração, o fundamento de que há relevante interesse público para a criação da entidade; **B:** incorreta. O art. 37, XX, CF admite essa possibilidade de criação de subsidiárias, assim como o art. 2º, da Lei 13.303/2016; **C:** incorreta. O Conselho de Administração não é composto integralmente por membros independentes, sendo esse requisito exigido para 25% dos membros (art. 22, da Lei 13.303/2016; **D:** correta. Trata-se do disposto no art. 16, da Lei 13.303/2016, que determina a aplicação da Lei das Sociedades Anônimas quanto aos diretores e administradores; **E:** incorreta. Realmente, essas empresas estatais não se sujeitam à Lei de Falências, mas sim, às normas da Comissão de Valores Mobiliários (art. 2º, §2º e 7º, da Lei 13.303/2016). AW

Gabarito "D".

(Delegado/MS – 2017 – FAPEMS) Conforme jurisprudência dos Tribunais Superiores, acerca da Administração Direta e Indireta e das entidades em colaboração com o Estado, é correto afirmar que

(A) a Empresa Brasileira de Correios e Telégrafos (ECT) goza de imunidade tributária recíproca mesmo quando realiza o transporte de bens e mercadorias em concorrência com a iniciativa privada.

(B) o Tribunal de Justiça não detém legitimidade autônoma para impetrar mandado de segurança contra ato do Governador do Estado em defesa de sua autonomia institucional.

(C) não é aplicável o regime dos precatórios às sociedades de economia mista prestadoras de serviço público próprio do Estado, ainda que de natureza não concorrencial.

(D) as entidades paraestatais gozam dos privilégios processuais concedidos à Fazenda Pública.

(E) os serviços sociais autônomos estão sujeitos à observância da regra de concurso público para contratação de seu pessoal.

Por maioria, o Plenário do Supremo Tribunal Federal julgou procedente a Ação Cível Originária (ACO) 879, ajuizada pela Empresa Brasileira de Correios e Telégrafos (ECT) contra a cobrança do imposto sobre a propriedade de veículos automotores (IPVA) no Estado do Paraíba. A decisão reafirma a jurisprudência da Corte sobre a matéria, objeto do Recurso Extraordinário 601392, com repercussão geral reconhecida, no qual se reconheceu a imunidade tributária recíproca sobre todos os serviços dos Correios. A ECT alegava que, na condição de empresa pública à qual foi delegada a prestação de serviços públicos, não explora atividade econômica, cabendo a aplicação do princípio da imunidade recíproca (artigo 150, inciso VI, alínea a, da Constituição Federal). Por desempenhar atividades típicas da União, não tem por objeto o lucro e, portanto, não está sujeita ao IPVA. FB

Gabarito "A".

4.6. Entes de cooperação

(Procurador Município – Teresina/PI – FCC – 2022) *O Município X celebrou com o Estado Y um convênio, por meio do qual recebeu recursos financeiros estaduais, para construção de uma creche em terreno municipal. A vigência do convênio foi fixada em dois anos a partir da data de sua assinatura e já se esgotou. Conforme laudo técnico de engenharia, a obra alcançou 80% do percentual de conclusão.*

Em vista de tal situação,

(A) deve haver a encampação da obra pública pelo Estado, desapropriando-se o terreno municipal.

(B) pode haver celebração de um novo convênio, com cláusula hipotecária em favor do Estado.

(C) deve o Município devolver em dobro ao Estado os recursos que lhe foram destinados, em vista do descumprimento do convênio, conforme preceitua a Lei 14.133/2021.

(D) deve ser anulado o convênio, pois tal espécie de ajuste não se presta à realização de obras públicas.

(E) o Município poderá propor a prorrogação do ajuste, o que é possível por tratar-se de parceria jurídica, cujo objeto é de escopo, que só se extingue com a sua integral execução.

Em relação aos convênios, aplicam-se as disposições da Lei 14.133/2021, no que couber (art. 184 da Lei 14.133/2021). Incidente, portanto, o art. 111 da Lei 14.133/2021, o qual prevê o seguinte: "Na contratação que previr a conclusão de escopo predefinido, o prazo de vigência será automaticamente prorrogado quando seu objeto não for concluído no período firmado no contrato." Assim, como o convênio foi celebrado para a construção de uma creche (escopo predefinido), e diante de sua não conclusão no prazo originariamente ajustado, o seu prazo de vigência poderá ser prorrogado. Correta a alternativa E. Gabarito "E".

(Procurador Município – Teresina/PI – FCC – 2022) A Lei Federal 13.019, de 31 de julho de 2014, que instituiu o procedimento de Manifestação de Interesse Social, de caráter prévio à celebração de parcerias, estabelece:

(A) A Administração poderá, quando se afigurar conveniente, condicionar a realização de chamamento público ou a celebração de parceria à prévia realização do Procedimento de Manifestação de Interesse Social.

(B) A realização do Procedimento de Manifestação de Interesse Social não implicará necessariamente na execução do chamamento público, que acontecerá de acordo com os interesses da Administração.

(C) Trata-se de procedimento destinado a selecionar, de maneira competitiva e impessoal, organização da sociedade civil para firmar parceria por meio de termo de colaboração ou de fomento.

(D) Por meio de tal procedimento, as organizações da sociedade civil, movimentos sociais, empresas privadas e cidadãos poderão apresentar propostas ao poder público para que este avalie a possibilidade de realização de um chamamento público objetivando a celebração de parceria.

(E) A organização da sociedade civil que apresentar proposta, por meio do Procedimento de Manifestação de Interesse Social, fica impedida de participar de eventual chamamento público subsequente.

A: incorreta (é vedado condicionar a realização de chamamento público ou a celebração de parceria à prévia realização de Procedimento de Manifestação de Interesse Social-PMI, cf. art. 21, § 3º). **B:** correta (cf. art. 21, "caput"). **C:** incorreta (a definição dessa alternativa refere-se ao chamamento público, cf. art. 2º, XII). **D:** incorreta (as empresas privadas não estão previstas no art. 18, "caput", da Lei 13.019/2014, que define o PMI como o instrumento por meio do qual as organizações da sociedade civil, movimentos sociais e cidadãos poderão apresentar propostas ao poder público para que este avalie a possibilidade de realização de um chamamento público objetivando a celebração de parceria). **E:** incorreta (a proposição ou a participação no PMI não impede a organização da sociedade civil de participar no eventual chamamento público subsequente, cf. art. 21, § 2º). Gabarito "B".

(Juiz de Direito/AP – 2022 – FGV) O Estado Alfa celebrou com uma organização da sociedade civil (OSC) uma espécie de parceria, mediante transferência voluntária de recursos para consecução de plano de trabalho proposto pelo poder público estadual, em regime de mútua cooperação, para a consecução de finalidades de interesse público e recíproco propostas pela Administração Pública, consistentes na promoção e divulgação do "Programa à Vítima e Testemunha Ameaçadas no Estado Alfa", garantindo, na forma da lei, às vítimas e às testemunhas, alimentação, saúde, moradia, educação e lazer, de maneira a promover a reinserção social dos sujeitos em proteção em um novo território fora do local de risco.

De acordo com a Lei nº 13.019/2014, no caso em tela, o instrumento adequado utilizado foi o:

(A) contrato de gestão, e o serviço firmado foi delegado à OSC, contratada mediante licitação;

(B) termo de colaboração, e a OSC foi selecionada por meio de chamamento público;

(C) termo de parceria, e a OSC foi selecionada mediante inexigibilidade de licitação;

(D) termo de fomento, e a OSC foi selecionada mediante contratação direta;

(E) acordo de cooperação, e deve haver prestação de contas sobre os recursos financeiros transferidos ao Tribunal de Contas.

Comentário: A Lei 13.019/2014 estabelece o regime jurídico das parcerias voluntárias entre a Administração e as Organizações da Sociedade Civil (OSC). Trata-se do Marco Regulatório das Organizações da Sociedade Civil (MROSC). A norma disciplina três instrumentos para a formalização das parcerias: 1º) *termo de colaboração* (em há transferência de recursos financeiros; ademais, a proposta para a instituição da parceria é da Administração); 2º) *termo de fomento* (em que há transferência de recursos financeiros; além disso, a proposta para a instituição da parceria é da entidade civil; e 3º) *acordo de colaboração* (em que *não* há transferência de recursos financeiros). Advirta-se que o *contrato de gestão* não se aplica para as OSCs, e sim às Organizações Sociais (OSs), disciplinadas pela Lei 9.637/1998. Da mesma forma o *termo de parceria*, incidente no regime das Organizações da Sociedade Civil de Interesse Público (OSCIPs), regradas pela Lei 9.790/1999. Além disso, o instrumento de seleção estipulado pela Lei 13.019/2014 é, como regra, o *chamamento público*, e não a licitação. Diante dessas considerações, conclui-se: **A:** incorreta (o contrato de gestão não se aplica às OSCs, e sim às OSs; ademais, a parceria não se faz mediante licitação, e sim por chamamento público); **B:** correta; **C:** incorreta (o termo de parceria não se aplica às OSCs, e sim às OSCIPs; além disso, a parceria não se faz mediante licitação ou sua inexigibilidade); **D:** incorreta (não se aplica o termo de fomento, pois, conforme o enunciado, a parceria foi proposta pelo Poder Público; ademais, a parceria não se faz mediante

12. DIREITO ADMINISTRATIVO

contratação direta); **E:** incorreta (não se aplica acordo de cooperação no caso presente, pois, segundo o enunciado, há transferência de recursos financeiros pela Administração estadual; além disso, esses recursos não foram transferidos ao Tribunal de Contas). `RB`

Gabarito "B".

(Juiz de Direito/GO – 2021 – FCC) A Associação Goiana de Aeromodelismo, entidade privada sem fins lucrativos, procura a Secretaria da Educação de Goiás, propondo a realização de um projeto de oficinas de aeromodelismo nas escolas estaduais, sendo que tal proposta se coaduna com um dos objetivos de seu estatuto social, referente à "promoção de ações educativas associadas ao aeromodelismo". Conforme o plano de trabalho proposto para o ajuste, voluntários do quadro da entidade atuarão como instrutores de forma gratuita, cabendo ao órgão estadual fornecer o material de consumo e disponibilizar as instalações para desenvolvimento da atividade. Diante de tais características e tendo em vista o que dispõe a Lei no 13.019, de 31 de julho de 2014, constata-se que se pretende estabelecer um

(A) termo de colaboração, visto que o fornecimento de materiais pelo Estado pode ser considerado uma forma de repasse financeiro.

(B) acordo de cooperação, visto que o ajuste não implica transferência de recursos financeiros.

(C) convênio, visto que houve a apresentação de plano de trabalho pela entidade proponente.

(D) termo de parceria, visto que a entidade, por suas características, pode ser considerada uma OSCIP.

(E) termo de fomento, haja vista que o projeto foi proposto pela entidade civil.

Comentário: A Lei 13.019/2014 estabelece o regime jurídico das parcerias voluntárias entre a Administração e as organizações da sociedade civil. Trata-se do Marco Regulatório das Organizações da Sociedade Civil (MROSC). A norma disciplina três instrumentos para a formalização das parcerias: 1º) *termo de colaboração*: caracterizada pelo repasse de recursos financeiros (obs.: o fornecimento de materiais não pode ser considerado uma forma de repasse financeiro), sendo que a proposta para a sua instituição parte da Administração; 2º) *termo de fomento*: caracterizada pelo repasse de recursos financeiros, sendo que a proposta para a sua instituição parte da organização da sociedade civil; 3º) *acordo de colaboração*: parceria que não envolve o repasse de recursos financeiros (obs.: pode contemplar outras espécies de recurso, como o compartilhamento de bem patrimonial). Observe-se que a Lei 13.019/2014 não disciplina a figura do *convênio* e do *termo de parceria* (cf. art. 3º da Lei do MROSC). Diante disso, tem-se o seguinte: **A:** incorreta (o fornecimento de materiais pelo Estado não pode ser considerado repasse de recurso financeiro); **B:** correta; **C:** incorreta (o convênio não está disciplinado pela Lei 13.019/2014); **D:** incorreta (o termo de parceria, associado às OSCIPs, não é disciplinado pela Lei 13.019/2014; E incorreta (a parceria proposta pela Associação Goiana de Aeromodelismo não envolve o repasse de recursos financeiros, o que afasta a utilização de termo de fomento). `RB`

Gabarito "B".

(Juiz de Direito – TJ/AL – 2019 – FCC) De acordo com as disposições da Lei federal n. 13.019/2014, o estabelecimento de parcerias entre o poder público e entidades da sociedade civil sem fins lucrativos, para a execução de planos de trabalho por estas propostos,

(A) se dá mediante termo de fomento, se envolver transferência de recursos públicos, vedada a celebração de convênio para tal finalidade.

(B) não pode envolver, direta ou indiretamente, a transferência de recursos públicos à entidade.

(C) deve ser precedido de procedimento licitatório, na modalidade convite, salvo em se tratando de entidades de assistência social.

(D) deve ser feito mediante contrato de gestão, apenas com entidades pré-qualificadas.

(E) deve ser precedido de chamamento público, obrigando-se o poder público a celebrar termo de parceria com a entidade melhor classificada.

O termo de fomento é o instrumento por meio do qual são formalizadas as parcerias estabelecidas pela administração pública com organizações da sociedade civil para a consecução de finalidades de interesse público e recíproco propostas pelas organizações da sociedade civil, que envolvam a transferência de recursos financeiros – Art. 2º, VIII, da Lei n. 13.019/2014. `FB`

Gabarito "A".

(Juiz de Direito – TJ/SC – 2019 – CESPE/CEBRASPE) A respeito de organizações sociais, assinale a opção correta considerando o entendimento do STF em sede de controle concentrado.

(A) É inconstitucional a previsão legal de cessão de servidor público a organização social: essa hipótese configura desvio de função.

(B) O contrato de gestão não configura hipótese de convênio, uma vez que prevê negócio jurídico de natureza comutativa e se submete ao mesmo regime jurídico dos contratos administrativos.

(C) As organizações sociais, por integrarem o terceiro setor, integram a administração pública, razão pela qual devem submeter-se, em suas contratações com terceiros, ao dever de licitar.

(D) O indeferimento do requerimento de qualificação da organização social deve ser pautado pela publicidade, transparência e motivação, mas não precisa observar critérios objetivos, devendo ser respeitada a ampla margem de discricionariedade do Poder Público.

(E) A qualificação da entidade como organização social configura hipótese de simples credenciamento, o qual não exige licitação em razão da ausência de competição.

As organizações sociais representam uma entidade integrante do chamado Terceiro Setor. O STF apreciou o modelo das organizações sociais no âmbito da ADI 1923 (Pleno, Rel. Min. Luiz Fux, DJe 16/12/2015). Com base em tal julgado, pode-se avaliar o acerto ou a incorreção das alternativas. A alternativa A está incorreta (é constitucional a previsão legal de cessão de servidor público a organização social). Incorreta a alternativa B (as organizações sociais são baseadas no firmamento de contrato de gestão, que configura hipótese de convênio). A alternativa C, incorreta (conforme decidiu o STF, "as organizações sociais, por integrarem o Terceiro Setor, não fazem parte do conceito constitucional de Administração Pública, razão pela qual não se submetem, em suas contratações com terceiros, ao dever de licitar"). Alternativa D incorreta (o indeferimento do requerimento de qualificação, além de pautado pela publicidade, transparência e motivação, deve observar critérios objetivos). A alternativa E está correta (como decidiu o STF, "a atribuição de título jurídico de legitimação da entidade através da qualificação configura hipótese de credenciamento, no qual não incide a licitação pela própria natureza jurídica do ato, que não é contrato, e pela inexistência de qualquer competição"). `RB`

Gabarito "E".

4.7 Temas Combinados de Organização Administrativa

(Advogado – Pref. São Roque/SP – 2020 – VUNESP) A respeito da Administração Indireta, assinale a alternativa correta.

(A) A venda de subsidiárias de empresas públicas deve ser precedida de autorização legislativa.

(B) Será considerada como sociedade de economia mista toda sociedade empresária que conte com a participação da Administração e de entidades privadas na composição do capital social.

(C) As fundações públicas possuem natureza jurídica de direito privado e sua criação prescinde autorização legislativa.

(D) O estatuto da empresa pública deverá observar regras de governança corporativa, de transparência e de estruturas, práticas de gestão de riscos e de controle interno.

(E) A agência reguladora não precisa indicar os pressupostos de fato e de direito que motivam a expedição de seus atos normativos.

A: incorreta (conforme decidido pelo STF no âmbito da ADI 5624 MC-Ref, a alienação de subsidiárias das empresas estatais não exige a anuência do Poder Legislativo); **B**: incorreta (para a caracterização da sociedade de economia mista, não basta a participação da Administração e de entidades privadas; além disso, necessário se faz que o seu controle acionário esteja com a Administração, cf. art. 4º, "caput", da Lei 13.303/2016); **C**: incorreta (embora seja um tema polêmico, vem prevalecendo a posição de que as fundações públicas possam assumir personalidade jurídica de direito público ou privado; ademais, sua criação depende de autorização legislativa, cf. art. 37, XIX, CF); **D**: correta (art. 6º da Lei 13.303/2016); **E**: incorreta (a agência reguladora constitui uma autarquia de regime especial, motivo pelo qual se submete ao regime jurídico-administrativo; assim, deve obediência ao princípio da motivação, inclusive na expedição de seus atos normativos). **RB**
Gabarito "D".

(Defensor Público – DPE/PR – 2017 – FCC) Em seu sentido subjetivo, o termo Administração pública designa os entes que exercem a atividade administrativa. Desse modo, a Defensoria Pública do Estado do Paraná,

(A) é pessoa jurídica de direito público e possui capacidade processual, podendo ser configurada como autarquia *sui generis* – sociedade pública de advogados, embora não seja instituição autônoma com sede constitucional.

(B) possui capacidade processual para ingressar com ação para a defesa de suas funções institucionais por expressa previsão legal, embora não seja pessoa jurídica de direito público.

(C) é pessoa jurídica de direito público e possui capacidade processual, podendo, caso haja expressa previsão legal, integrar a pessoa jurídica "Estado do Paraná" por ser instituição autônoma com sede constitucional.

(D) integra a pessoa jurídica de direito publico "Estado do Paraná" e possui capacidade jurídica, sendo representada, em juízo, pela Procuradoria do Estado em toda espécie de processo judicial de seu interesse.

(E) integra a pessoa jurídica de direito publico "Estado do Paraná" e possui capacidade jurídica, sendo representada, em juízo, pela Procuradoria do Estado em toda espécie de processo judicial de seu interesse, exceto ações trabalhistas que tramitarem na Justiça do Trabalho.

A Defensoria Pública é órgão do Poder Executivo, situação que não foi alterada pela EC 45/2004, que, em que pese ter conferido a esta função essencial da Justiça autonomia administrativa e financeira, não a elevou à categoria de pessoa jurídica de direito público interno, como a União, os estados-membros e municípios. **AW**
Gabarito "B".

(Defensor Público – DPE/PR – 2017 – FCC) Considere o seguinte fato hipotético:

O Estado do Paraná, em decorrência da crise financeira, enfrenta situação de desajuste fiscal, tendo sido excedido o limite prudencial de despesa com gastos de pessoal previsto na Lei de Responsabilidade Fiscal. Considerando enquadrar-se a função de Defensor Público do Paraná no conceito de "atividade exclusiva de Estado", na forma das normas gerais para perda de cargo público por excesso de despesa, para contornar os efeitos da crise, caso atingisse o limite total de gastos com pessoal, a ÚLTIMA providência a ser adotada pela Administração Superior da Defensoria Pública seria a

(A) exoneração de parte dos servidores efetivos do Quadro de Pessoal da Defensoria Pública do Estado do Paraná.

(B) suspensão de todos os repasses de verbas federais ou estaduais aos Estados, ao Distrito Federal e aos Municípios que não observarem os referidos limites.

(C) proibição de alteração de estrutura na carreira que implique aumento de despesa.

(D) redução em pelo menos vinte por cento das despesas com cargos em comissão e funções de confiança da Defensoria Pública do Estado do Paraná.

(E) exoneração dos membros estáveis da Defensoria Pública do Estado do Paraná.

De acordo com o art. 169 da Constituição Federal, com a redação conferida pela Emenda Constitucional n. 19/1998, a despesa com pessoal ativo e inativo da União, dos Estados, do Distrito Federal e dos Municípios não poderá exceder os limites estabelecidos em lei complementar (a Lei Complementar n. 101/2000, a Lei de Responsabilidade Fiscal). Para que os limites estabelecidos na legislação sejam atendidos, como última medida a ser adotada pela Administração Pública (incluindo-se a Defensoria Pública), poderá haver a exoneração dos servidores estáveis (art. 169. § 4º). **AW**
Gabarito "E".

(Juiz – TRF 2ª Região – 2017) Analise as assertivas e, em seguida, marque a opção correta:

I. Respeitados os parâmetros da Lei nº 9.307/96 ou, quando for o caso, de lei específica, as empresas públicas, as sociedades de economia mista e até as autarquias podem submeter seus litígios à arbitragem. Já a Administração Pública direta não o pode.

II. A arbitragem que envolva a Administração Pública será preferencialmente de direito.

III. A execução de sentença arbitral estrangeira envolvendo sociedade de economia mista e empresas públicas não depende de homologação para ser executada no Brasil.

IV. Para o direito administrativo, não há distinção entre compromisso e cláusula compromissória.

(A) Apenas a assertiva I está correta.

(B) Apenas a assertiva II está correta.

(C) Apenas a assertiva III está correta.

(D) Apenas a assertiva IV está correta.

(E) Todas as assertivas são falsas.

12. DIREITO ADMINISTRATIVO   587

A: incorreta. A assertiva I está incorreta, eis que o art. 1º, §1º, da Lei 9.307/1996 dispõe que a Administração Pública direta e indireta poderá utilizar-se da arbitragem para dirimir conflitos relativos a direitos patrimoniais disponíveis; **B:** incorreta. A assertiva II está incorreta, pois o art. 1º, §3º, da Lei 9.307/1996 dispõe que a arbitragem que envolva a Administração pública será sempre de direito e respeitará o princípio da publicidade; **C:** incorreta. O art. 35, da Lei 9.307/1996 dispõe que para ser reconhecida ou executada no Brasil, a sentença arbitral estrangeira está sujeita, unicamente, à homologação do STJ; **D:** incorreta. A cláusula compromissória é a convenção por meio da qual as partes em um contrato comprometem-se a submeter à arbitragem os litígios que possam vir a surgir, relativamente a tal contrato e o compromisso arbitral é a convenção por meio da qual as partes submetem um litígio à arbitragem de uma ou mais pessoas, podendo ser judicial ou extrajudicial; **E:** correta. Todas as assertivas estão incorretas. **AW**

Gabarito "E".

5. SERVIDORES PÚBLICOS

5.1. Conceito e classificação

Para resolver as questões deste item, vale lembrar que há três grandes grupos de agentes públicos, que são os seguintes: **a) agentes políticos**, que são os que têm cargo estrutural no âmbito da organização política do País (exs.: chefes do Executivo, secretários estaduais e municipais, vereadores, deputados, senadores, juízes, entre outros); **b) agentes administrativos ou servidores públicos**, que são os que possuem cargo, emprego ou função na Administração Direta e Indireta, compreendendo os empregados públicos e servidores estatutários e temporários (exs.: professor, médico, fiscal, técnico, analista, delegado, procurador etc.); **c) particulares em colaboração com o Poder Público**, que são aqueles que, sem perder a condição de particulares, são chamados a contribuir com o Estado (ex.: *agentes honoríficos*, como os mesários das eleições e os jurados do Tribunal do Júri; *agentes credenciados*, como um advogado contrato para defender um Município numa ação judicial específica; *agentes delegados*, como o registrador e o tabelião, nos Cartórios). Assim, dentro da expressão *servidores públicos*, não estão contidos os *agentes políticos* e os *particulares em colaboração com o Poder Público*. Para alguns autores, como Maria Sylvia Zanella Di Pietro, os *militares* devem ser considerados uma espécie a mais de servidores públicos. Assim, para essa doutrina, há quatro grandes grupos de agentes públicos: a) agentes políticos; b) servidores públicos; c) militares; d) particulares em colaboração com a Administração.

5.2. Vínculos (cargo, emprego e função)

(Juiz – TJ-SC – FCC – 2017) Rafael Da Vinci foi nomeado Delegado de Polícia Federal e, ao fim do período de estágio probatório, foi reprovado na avaliação de desempenho e exonerado do cargo. Inconformado, ajuizou ação visando a anular o processo administrativo que culminou em sua exoneração. Nesse ínterim, prestou concurso para Delegado de Polícia Estadual, sendo aprovado e empossado no referido cargo. Sobreveio, então, decisão definitiva na ação judicial por ele ajuizada, anulando o ato expulsório. Neste caso,

(A) por força de efeito *ope judicis*, a nomeação e posse no cargo de Delegado de Polícia Estadual tornam-se, automaticamente, insubsistentes.

(B) trata-se de situação em que haverá a recondução de Rafael no cargo de Delegado da Polícia Federal, gerando a vacância do cargo de Delegado de Polícia Estadual.

(C) a ação proposta deveria ter sido extinta, por falta de interesse de agir, pois ao assumir outro cargo público, Rafael violou o princípio *nemo potest venire contra factum proprium*.

(D) para ser reintegrado no cargo de Delegado de Polícia Federal, Rafael deverá requerer a exoneração do cargo de Delegado de Polícia Estadual.

(E) Rafael deverá ser reintegrado no cargo de Delegado de Polícia Federal, ainda que deseje permanecer no cargo estadual, por força do efeito vinculante da coisa julgada.

A: incorreta. Não há interferência do decidido na sentença de anulação do ato exoneratório com a aprovação e nomeação em outro concurso público, eis que se tratam de cargos independentes, inclusive entre si, vinculados a órgãos diferentes, sem qualquer relação jurídica entre ambos, portanto; **B:** incorreta. A reintegração é instituto próprio do servidor estável, não se aplicando, portanto, ao agente público do enunciado, que não foi aprovado no estágio probatório; **C:** incorreta. O interesse de agir é legítimo, eis que o servidor tem o direito de rever decisão administrativa que discorde. Também não há comportamento contraditório ("venire contra factum proprium"), que, aliás, se aplica às relações contratuais, mas mesmo pensando no vínculo institucional, o servidor pode querer retornar ao cargo incialmente ocupado e que perdeu por alguma injustiça, tendo prestado outro concurso público, inclusive, somente porque perdeu o cargo anterior, ou seja, para não ficar desempregado; **D:** correta. Sendo cargos inacumuláveis (art. 37, XVI, CF), o servidor deverá escolher um dos cargos, ou ainda, para retornar ao anteriormente ocupado, terá que pedir exoneração do atualmente ocupado; **E:** incorreta. Os cargos são inacumuláveis e, mesmo com a sentença anulatória de sua exoneração, ainda poderá decidir permanecer no novo cargo. A sentença não o obriga a ocupar nenhum dos cargos, sendo uma opção do próprio servidor. **AW**

Gabarito "D".

5.3. Provimento

(Delegado/MG – 2021 – FUMARC) O provimento originário de um cargo público efetivo ou vitalício se materializa pelo ato de nomeação do candidato aprovado em concurso público de provas ou de títulos, nos moldes previstos no artigo 37, II, da CR/88.

No que se refere ao provimento derivado, relacione cada espécie com o respectivo conceito e, em seguida, assinale a alternativa que informa a sequência CORRETA.

(1) Promoção na carreira

( ) Forma de provimento pela qual o servidor sai do seu cargo e ingressa em outro situado em classe mais elevada, dentro da mesma carreira.

(2) Recondução

( ) Forma de provimento pela qual o servidor estável retorna ao cargo anteriormente ocupado·

(3) Readaptação

( ) Forma de provimento mediante a qual o servidor estável passa a ocupar um cargo de atribuições e responsabilidades compatíveis com a limitação que tenha sofrido em sua capacidade física ou mental·

588 WANDER GARCIA, ARIANE WADY, FLÁVIA BARROS E RODRIGO BORDALO

(4) Reversão

( ) Forma de provimento pela qual o servidor que havia sido colocado em disponibilidade retorna a um cargo de atribuições e vencimentos compatíveis ao anteriormente ocupado.

(5) Aproveitamento

( ) Forma de provimento pela qual o servidor aposentado retorna à atividade.

A sequência CORRETA, de cima para baixo, é:

(A) 1, 2, 4, 5, 3

(B) 1, 2, 3, 5, 4

(C) 2, 1, 4 ,3, 5

(D) 2, 1, 3, 4, 5

Provimento derivado é aquele dependente de um vínculo prévio do agente com a Administração. Existem várias formas de provimento derivado: (1) promoção: provimento vertical em que o servidor ascende na carreira, ingressando em outro cargo em classe mais elevado, dentro da mesma carreira; (2) recondução: retorno do servido estável ao cargo anteriormente ocupado (seja em razão de reintegração de outro servidor, seja em virtude de inaptidão em estágio probatório de outro cargo); (3) readaptação: o servidor é investido em outro cargo cujo exercício é mais compatível com a superveniente limitação física ou mental do agente; (4) reversão: retorno do servidor aposentado; (5) aproveitamento: retorno do servidor que foi colocado em disponibilidade. Nesse sentido, a sequência correta, de cima para baixo, é: 1, 2, 3, 5 e 4 (alternativa B correta). **RB**

Gabarito "B".

(Delegado/MG – 2021 – FUMARC) A Constituição Federal prevê algumas exceções ao princípio do concurso público, entre as quais se destaca a nomeação para os cargos em comissão referidos no inciso II do artigo 37 da Constituição Federal.

Considerando a situação hipotética de um determinado Prefeito Municipal ter no- meado a sobrinha da sua esposa, médica especialista em saúde da família, para o cargo de Secretária Municipal de Saúde, à vista da interpretação majoritária do STF sobre o enunciado de Súmula Vinculante nº 13, é CORRETO afirmar:

(A) O ato configura prática de nepotismo.

(B) O ato é válido, porque o nepotismo se configura quando entre a pessoa no- meada e a autoridade pública nomeante existe vínculo de parentesco até o segundo grau.

(C) O ato não configura nepotismo, ante a inexistência de vínculo de parentesco por consanguinidade.

(D) Por se tratar de cargo de natureza política e de profissional qualificado para o desempenho da função, a nomeação, em tese, é válida.

A vedação ao nepotismo está incorporada na Súmula Vinculante 13, tendo o STF fixado a interpretação de que, como regra, é proibida a nomeação de cônjuge, companheiro ou parente (em linha reta, colateral ou por afinidade, até o terceiro grau) para cargo em comissão ou função de confiança. A vedação resulta da aplicação dos princípios constitucionais da impessoalidade e da moralidade administrativa. Relevante apontar que, muito embora a súmula vinculante não seja expressa nesse sentido, o STF vem interpretando que a vedação ao nepotismo não atinge, em tese, a nomeação para cargos políticos, como Ministros de Estado e Secretários, estaduais e municipais (Rcl 6.650-MC-AgR, Pleno, rel. Min. Ellen Gracie, j. em 16.10.2008). Nesse sentido, considerando que o cargo de Secretário Municipal da Saúde

é de natureza política, aliado ao fato de que a pessoa investida detém qualificação profissional para a função, a nomeação realizada pelo Prefeito Municipal é válida (alternativa D correta). **RB**

Gabarito "D".

(Delegado/MG – 2021 – FUMARC) Após exercer o cargo de escrivão da PCMG por 10 anos ininterruptos, em 2019, Paulo foi aprovado no concurso público para o cargo de delegado de polícia substituto do Estado de Minas Gerais.

Considerando que Paulo foi nomeado e entrou em exercício no cargo de delegado, assinale afirmativa INCORRETA:

(A) Ao final do estágio probatório, caso não comprovada a aptidão para o exercício das funções de Delegado de Polícia Substituto, Paulo será exonerado do cargo e reintegrado ao cargo de escrivão de polícia.

(B) Conforme previsão expressa da LC 129/2013, caso reconhecida a aptidão para o cargo, após a publicação da declaração de estabilidade, Paulo será promovido de Delegado de Polícia Substituto para Delegado de Polícia Titular "A".

(C) Paulo continuará ostentando a condição de servidor efetivo, mas a estabilidade ocorrerá após três anos de exercício no novo cargo, condicionada à comprovação da capacidade para cargo, a ser aferida ao final do estágio probatório, em avaliação especial de desempenho.

(D) Paulo terá que se submeter ao estágio probatório, por ter se habilitado em cargo de natureza e carreira diversas àquele anteriormente exercido.

A: incorreta (em caso de inaptidão em estágio probatório, Paulo será reconduzido ao cargo de origem; aplicável, portanto, a figura da *recondução*, e não da reintegração, a qual constitui o retorno do servidor cuja demissão é objeto de anulação). **B**: correta (art. 95 da Lei Complementar Estadual 129/2013). **C** e **D**: corretas (ao assumir o novo cargo efetivo de Delegado, Paulo somente adquirirá estabilidade após 3 anos de exercício nessa função, condicionada à comprovação da capacidade para cargo, a ser aferida ao final do estágio probatório, em avaliação especial de desempenho). **RB**

Gabarito "A".

(Juiz de Direito – TJ/RJ – 2019 – VUNESP) A respeito das formas de provimento de cargo público, é correto afirmar que

(A) transferência é ato de provimento de servidor em outro cargo de denominação e atribuições diversas, com retribuição equivalente, determinada de ofício pela autoridade administrativa a quem originariamente subordinado o servidor, por razões de interesse público.

(B) aproveitamento é o retorno ao serviço público estadual do servidor colocado em disponibilidade, em cargo de natureza e vencimento compatíveis com os daquele anteriormente ocupado, precedido de inspeção médica quanto à sanidade física e mental do servidor.

(C) a readaptação por provimento em outro cargo poderá acarretar elevação de vencimento, se ocorrida em unidade administrativa diferente, consideradas a hierarquia e as funções do cargo, preservados os demais direitos e vantagens pessoais do servidor.

(D) reintegração é o reingresso do funcionário exonerado ou demitido, determinado exclusivamente por decisão judicial transitada em julgado, com ressarcimento do vencimento e das vantagens inerentes ao período em que o servidor esteve afastado do exercício de suas atribuições.

12. DIREITO ADMINISTRATIVO   589

(E) a readaptação de servidor em estágio probatório dependerá de prévia inspeção realizada por junta médica do órgão oficial competente, podendo ser definitiva ou provisória, mediante decisão devidamente fundamentada do superior hierárquico.

A: incorreta (a transferência será feita a pedido do funcionário, atendidos o interesse e a conveniência da Administração, cf. art. 49 do Decreto 2.479/1979, que constitui o Regulamento do Estatuto dos Funcionários Públicos Civis do Poder Executivo do Estado do Rio de Janeiro, baixado pelo Decreto-Lei 220/1975; vale frisar que a transferência representa provimento inconstitucional, conforme já decidiu o STF no MS 22.148/DF); **B**: correta (cf. arts. 53 e 54 do mesmo diploma); **C**: incorreta (a readaptação não pode acarretar a diminuição ou a elevação de vencimento, cf. art. 58, § 2º, da norma); **D**: incorreta (a reintegração pode decorrer de decisão judicial ou administrativa, cf. art. 40, "caput", do mesmo Estatuto); **E**: incorreta (somente o funcionário estável pode ser readaptado, cf. art. 57 do diploma estadual). `RB`
Gabarito "B".

(Delegado – PC/BA – 2018 – VUNESP) Servidores da Secretaria da Fazenda pretendem a ascensão do cargo de Técnico, posteriormente reestruturado para Analista Tributário, para o cargo de Agente Fiscal, sob o argumento de que ambos os cargos pertencem à mesma carreira. Tal pretensão é

(A) constitucional, porque constitui mera transposição de servidor concursado de um cargo para outro dentro da mesma pessoa jurídica de direito público.

(B) inconstitucional, porque tal alteração é de competência privativa do chefe do poder executivo e somente pode ocorrer por remoção ou permuta.

(C) constitucional, porque os dois cargos possuem natureza e complexidade semelhantes, e os servidores já foram previamente aprovados em concurso público.

(D) inconstitucional, por constituir modalidade de provimento derivado, que propicia ao servidor a investidura, sem prévia aprovação em concurso público destinado ao seu provimento, em cargo que não integra a carreira na qual foi anteriormente investido.

(E) constitucional, porque a Constituição Federal somente prevê a necessidade de concurso público para ingresso na administração pública e não para transposição, transformação ou ascensão funcional.

O provimento é forma de ocupação do cargo público pelo servidor, ou seja, é uma ato administrativo por meio do qual se dá o preenchimento do cargo público. Ele pode ocorrer de modo originário, por meio da nomeação; ou ainda por meio derivado, via promoção, readaptação, reversão, reintegração, recondução ou aproveitamento. Não é mais aceito pela lei a chamada transferência, na qual o servidor público poderia assumir novo cargo em carreira diversa daquela que havia ingressado mediante concurso porque isso viola o princípio do concurso público instituído constitucionalmente. `FB`
Gabarito "D".

(Investigador – PC/BA – 2018 – VUNESP) Considere o seguinte caso hipotético:

X é aprovado em concurso público da Secretaria Municipal de Educação, para o cargo de agente educador. Devidamente empossado e em efetivo exercício, X termina o curso superior de medicina que estava cursando. Logo em seguida, a Prefeitura Municipal decide aproveitar os servidores que porventura possuam ensino superior e estejam em funções de ensino médio, para tarefas mais complexas e condizentes com o potencial de cada um.

Assim promove um processo seletivo interno, destinado a ser preenchido por servidores da Municipalidade que se enquadram nas condições supra. X participa da seleção e é aprovado para o cargo de médico, o qual assume e passa a exercer.

A conduta da hipotética Prefeitura Municipal está

(A) incorreta, pois, embora a seleção interna seja instrumento válido, sua amplitude deve abranger somente os servidores vinculados a um determinado órgão ou ente da Administração, não podendo, portanto, alcançar indistintamente todos os servidores municipais.

(B) correta, pois a Constituição Federal exige a realização de concursos de provas, ou provas e títulos, mas não determina que o concurso deva ser, em todas as hipóteses, de ampla concorrência. Então, a seleção realizada pela Municipalidade, ainda que restrita aos já integrantes da Administração Municipal, equivale a um concurso público.

(C) incorreta, pois é inconstitucional toda modalidade de provimento que propicie ao servidor investir-se, sem prévia aprovação em concurso público destinado ao seu provimento, em cargo que não integra a carreira na qual tenha sido anteriormente investido.

(D) correta, pois a Constituição Federal prevê, como forma de investidura em cargo público, a realização de concurso público juntamente com as seleções internas, buscando que o aperfeiçoamento dos servidores públicos seja incentivado.

(E) incorreta, pois basta o ingresso na seleção interna efetuada pela Prefeitura Municipal para que X incorra em acumulação indevida de cargos, já que a Constituição Federal estabelece, como regra geral, que é vedada a acumulação remunerada de cargos públicos.

É considerada ilícita a chamada transposição de cargos, na medida em que, nos quadros de servidores da Administração **Pública**, direta ou indireta, a passagem de uma carreira para outra só pode ocorrer mediante **concurso público**, conforme comando constitucional expresso no inciso II, do art. 37, da Carta Magna. `FB`
Gabarito "C".

(Defensor Público Federal – DPU – 2017 – CESPE) Jorge, servidor público federal ocupante de cargo de determinada carreira, foi, por meio administrativo, transferido para cargo de carreira diversa. Com referência a essa situação hipotética, julgue os itens subsequentes à luz do entendimento dos tribunais superiores.

(1) O direito da administração pública de anular o referido ato administrativo se sujeita ao prazo decadencial de cinco anos.

(2) A forma de provimento do cargo público na referida situação – transferência para cargo de carreira diversa – foi inconstitucional, por violar o princípio do concurso público; cabe à administração pública, no exercício do poder de autotutela, anular o ato ilegal, respeitado o direito ao contraditório e à ampla defesa.

A discussão sobre o tema é atual. A jurisprudência sobre o tema vem sendo reformulada pelo Superior Tribunal de Justiça, que vem indicando o entendimento de que os dispositivos legais que disciplinam o prazo prescricional da Administração Pública para rever os seus próprios atos têm campo de incidência limitado exclusivamente aos atos passíveis de anulação, excetuando-se, portanto, os casos de nulidade, impossíveis de convalidação, exatamente por resultarem em desrespeito aos preceitos contidos na Constituição Federal – como o de acesso aos cargos públicos mediante concurso público (ex: AgRg no REsp 1392470/AC, Rel. Ministro Herman Benjamin, Segunda Turma, julgado em 07/08/2014, DJe 09/10/2014). O Supremo Tribunal Federal reconheceu repercussão geral em "leading case" que trata da matéria, ainda não julgado (RE n. 817.338/DF. Re. Min. Dias Toffoli). Nestes termos, a assertiva "1" seria errada, e a assertiva "2", verdadeira. **AW**

Gabarito: 1E, 2C

(**Delegado/GO – 2017 – CESPE**) Após o término de estágio probatório, a administração reprovou servidor público e editou ato de exoneração, no qual declarou que esta se dera por inassiduidade. Posteriormente, o servidor demonstrou que nunca havia faltado ao serviço ou se atrasado para nele chegar.

Nessa situação hipotética, o ato administrativo de exoneração é

(A) nulo por ausência de finalidade.

(B) anulável por ausência de objeto.

(C) anulável por ausência de forma.

(D) anulável por ausência de motivação.

(E) nulo por ausência de motivo.

E: correta – A realização de um ato administrativo tem de ser motivada e, segundo a teoria dos motivos determinantes, os motivos declarados ao tempo da edição do ato determinam a necessidade da demonstração de sua ocorrência, sob pena de nulidade. No caso em tela, o motivo que ensejou a exoneração do servidor ainda em estágio probatório, qual seja, a falta de assiduidade no serviço, não ocorreu, de modo que não poderia servir de fundamento ao ato administrativo de exoneração. **FB**

Gabarito: "E".

5.4. Acessibilidade e concurso público

(**Juiz de Direito/AP – 2022 – FGV**) Maria foi aprovada em concurso público para o cargo efetivo de analista processual do Estado Delta e classificada em quinto lugar. O edital do concurso ofereceu apenas quatro vagas, não obstante houvesse dez cargos efetivos vagos. O resultado final do concurso foi regularmente homologado e, durante o seu prazo de validade, que não foi prorrogado e acaba na próxima semana, o Estado Delta convocou e nomeou os quatro primeiros classificados. Maria logrou obter informações e documentos que comprovam, de forma cabal, que o Estado Delta recentemente nomeou, sem prévio concurso público, para cargo em comissão, três pessoas para exercerem exatamente as mesmas funções afetas ao cargo de analista processual, de necessidade permanente para o Estado, sendo que, para desempenho da mesma função, há ainda servidores temporários com prorrogações sucessivas de seus contratos de trabalho. Assim, Maria impetrou mandado de segurança, pleiteando sua convocação, nomeação e posse.

Consoante a atual jurisprudência do Supremo Tribunal Federal, a ordem deve ser:

(A) denegada, pois apenas convertem a mera expectativa de direito em direito subjetivo à nomeação os candidatos aprovados dentro do número de vagas oferecidas no edital do concurso público;

(B) denegada, pois apenas possuem direito subjetivo à nomeação os candidatos aprovados dentro do número de vagas e os que forem preteridos pela administração pública por burla à ordem de classificação;

(C) denegada, pois apenas possuem direito subjetivo à nomeação os candidatos aprovados dentro do número de vagas e aqueles que forem preteridos na ordem de classificação, bem como se houver abertura de novo concurso para o mesmo cargo, durante o prazo de validade do certame anterior;

(D) concedida, pois Maria passou a ter direito subjetivo à nomeação, na medida em que surgiram novas vagas durante o prazo de validade do certame, o que gera automaticamente o direito à nomeação dos candidatos aprovados fora das vagas previstas no edital do concurso anterior;

(E) concedida, pois Maria passou a ter direito subjetivo à nomeação, na medida em que foi preterida de forma arbitrária e imotivada por parte da administração pública, em comportamento expresso que revela a inequívoca necessidade de sua nomeação.

Comentário: O tema da situação jurídica do aprovado em concurso público vem sendo objeto de relevantes decisões no âmbito dos Tribunais Superiores. O STF consolidou a posição pela qual o aprovado detém *direito subjetivo* à nomeação em três situações (RE 837.311/PI, Pleno, rel. min. Luiz Fux, DJe 18/04/16, Tema 784). São elas: 1ª) Quando a aprovação ocorrer dentro do número de vagas dentro do edital, salvo situações excepcionalíssimas que justifiquem soluções diferenciadas, devidamente motivadas de acordo com o interesse público; 2ª) Quando for verificada preterição na nomeação por não observância da ordem de classificação, nos termos da Súmula 15 do STF; 3ª) Quando surgirem novas vagas, ou for aberto novo concurso durante a validade do certame anterior, e ocorrer a preterição de candidatos aprovados foram do número das vagas previstas no edital de forma arbitrária e imotivada por parte da Administração Pública. A terceira hipótese é tratada no enunciado da questão: Maria foi aprovada fora do número de vagas e, durante o prazo de validade do concurso, sua nomeação foi preterida em razão de provimentos para cargos em comissão e de prorrogações sucessivas de contratações temporárias. Assim, a ordem do mandado de segurança deve ser concedida pelo juízo. Correta a alternativa E. **RB**

Gabarito: "E".

(**Delegado de Polícia Federal – 2021 – CESPE**) Foi realizado concurso para o preenchimento de vagas para determinado cargo público, de natureza civil, da administração direta federal. Após a divulgação dos resultados, os aprovados foram nomeados.

Considerando essa situação hipotética e o que dispõe a Lei 8.112/1990, julgue os itens subsecutivos.

(1) É correto afirmar que o cargo público em questão foi criado por lei.

(2) Os aprovados no referido concurso público serão investidos em cargos em comissão mediante posse e somente adquirirão estabilidade se, após três anos de efetivo exercício, forem aprovados no estágio probatório.

(3) O concurso público seria desnecessário se a investidura se destinasse a emprego público na administração indireta federal.

1: Certo. A criação de cargos públicos deve ser feita por meio de lei. É o que dispõe expressamente a Lei 8.112/1990 em seu art. 3º, parágrafo único: "Os cargos públicos, acessíveis a todos os brasileiros, são criados por lei (...)". A própria Constituição Federal impõe a necessidade de lei para a criação de cargos, funções ou empregos públicos (art. 61, § 1º, inciso II, "a"). Assim, a afirmativa está correta. 2: Errado. O item está errado. O provimento para cargo

12. DIREITO ADMINISTRATIVO 591

em comissão é livre, ou seja, independe de aprovação em concurso público. É o que estabelece a Constituição Federal: "a investidura em cargo ou emprego público depende de aprovação prévia em concurso público de provas ou de provas e títulos, de acordo com a natureza e a complexidade do cargo ou emprego, na forma prevista em lei, ressalvadas as nomeações para cargo em comissão declarado em lei de livre nomeação e exoneração" (art. 37, inciso II). Os cargos efetivos, por sua vez, são acessíveis mediante concurso público e conferem o direito à estabilidade se, após três anos de efetivo exercício, forem aprovados no estágio probatório (art. 41, "caput", CF). **3**: Errado. A assertiva está errada. Segundo o art. 37, inciso II, da Constituição Federal, a investidura em cargo ou *emprego público* depende de aprovação prévia em concurso público. Relevante assinalar que a obrigatoriedade de concurso abrange todas as entidades da Administração, seja a direta, seja a indireta, mesmo aquelas detentoras de personalidade jurídica de direito privado (empresas estatais, p.ex.) e independentemente da função exercida (prestação de serviço público ou exploração de atividade econômica). **RB**

Gabarito 1C, 2E, 3E

5.5. Efetividade, estabilidade e vitaliciedade

(Advogado – Pref. São Roque/SP – 2020 – VUNESP) A respeito dos servidores públicos estatutários, assinale a alternativa correta.

(A) O regime jurídico dos servidores estatutários não pode ser alterado de forma prejudicial aos agentes públicos que estejam no exercício da função pública.

(B) Os ocupantes de empregos públicos não dispõem de estabilidade no serviço público.

(C) A estabilidade garante ao agente público a permanência no serviço público, de modo que o vínculo somente poderá ser desconstituído por decisão judicial com trânsito em julgado.

(D) É constitucional lei que propicie ao servidor investir-se em cargo que não integra a carreira na qual anteriormente investido, sem prévia aprovação em concurso público.

(E) O candidato aprovado em concurso público dentro do número de vagas previstos no edital possui expectativa de direito à nomeação.

A: incorreta (o regime jurídico dos servidores estatutários é caracterizado pela mutabilidade, podendo ser alterado de modo prejudicial aos agentes públicos); **B**: correta (a estabilidade representa garantia constitucional aplicável aos titulares de cargos público, e não de empregos públicos, cf. art. 41, "caput", da CF); **C**: incorreta (o servidor público estável perderá o cardo em virtude de sentença judicial transitada em julgado, de processo administrativo em que lhe assegurada ampla defesa, de procedimento de avaliação periódica de desempenho e de processo de exoneração para redução de despesas com pessoal, cf. art. 41, § 1º, c/c. art. 169, §4º, da CF); **D**: incorreta (nos termos da Súmula Vinculante 43, é inconstitucional toda modalidade de provimento que propicie ao servidor investir-se, sem prévia aprovação em concurso público destinado ao seu provimento, em cargo que não integra a carreira na qual anteriormente investido); **E**: incorreta (a jurisprudência do STF e STJ firmaram a posição segundo a qual o candidato aprovado em concurso público dentro do número de vagas previsto no edital possui direito subjetivo à nomeação, e não mera expectativa de direito). **RB**

Gabarito "B".

(Procurador Municipal – Prefeitura/BH – CESPE – 2017) No que tange aos servidores públicos do Quadro Geral de Pessoal do Município de Belo Horizonte vinculados à administração direta, assinale a opção correta.

(A) Servidor habilitado em concurso público municipal e empossado em cargo de provimento efetivo adquirirá estabilidade no serviço público ao completar dois anos de efetivo exercício.

(B) Sem qualquer prejuízo, poderá o servidor ausentar-se do serviço por oito dias consecutivos em razão do falecimento de irmão.

(C) Posse é a aceitação formal, pelo servidor, dos deveres, das responsabilidades e dos direitos inerentes ao cargo público ou função pública, concretizada com a assinatura do respectivo termo pela autoridade competente e pelo empossado e ocorre no prazo de vinte dias contados do ato de nomeação, prorrogável por igual período, motivadamente e a critério da autoridade competente.

(D) Exercício é o efetivo desempenho, pelo servidor, das atribuições do cargo ou de função pública, sendo de quinze dias o prazo para o servidor empossado em cargo público no município de Belo Horizonte entrar em exercício, contados do ato da posse.

A: Incorreta. O prazo para se adquirir a estabilidade é de 3 anos, conforme disposto no art. 41, CF. Lei Municipal não pode contrariar o disposto em norma constitucional. Somente os titulares de cargos vitalícios é que podem adquirir esse direito em 2 anos (art. 95, CF); **B**: correta. É o que dispõe o art. 97, III, *b*, da Lei 8.112/1990: o prazo da licença "nojo" por falecimento de irmão é de 8 dias, sendo o mesmo nos demais estatutos funcionais de todas as esferas da federação, eis que a Lei 8.112/1990 é uma lei geral e se aplica a todos os demais Entes Políticos; **C**: correta. Trata-se do disposto nos arts. 19 e 20, da Lei 7.169/1996; **D**: incorreta. O prazo é de 10 dias, conforme disposto no art. 24, § 1º, da Lei 7169/96. **AW**

Gabarito B e C estão corretas.

(Delegado/MS – 2017 – FAPEMS) A Lei n. 8.429/1992, que dispõe sobre as sanções aplicáveis aos agentes públicos nos casos de enriquecimento ilícito no exercício de mandato, cargo, emprego ou função na administração pública direta, indireta ou fundacional, apregoa, mais especificamente, no artigo 2º, que: "Reputa-se agente público, para os efeitos desta lei, todo aquele que exerce, ainda que transitoriamente ou sem remuneração, por eleição, nomeação, designação, contratação ou qualquer outra forma de investidura ou vínculo, mandato, cargo, emprego ou função nas entidades mencionadas no artigo 1º". Destarte, quanto aos agentes públicos, assinale a alternativa correta.

(A) O servidor público efetivo adquirirá estabilidade após três após de efetivo exercício, independentemente de aprovação em avaliação de desempenho.

(B) O candidato aprovado em concurso público para provimento de cargo efetivo, preterido na ordem de nomeação, tem direito subjetivo à nomeação.

(C) Os cargos públicos são acessíveis aos brasileiros e aos estrangeiros, na forma da lei complementar.

(D) Delegados de Polícia são agentes políticos.

(E) As funções de confiança destinam-se apenas às atribuições de direção e chefia.

A: incorreta. Depende de aprovação na avaliação de desempenho. **B**: correta. STF, – Súmula 15 Dentro do prazo de validade do concurso, o candidato aprovado tem direito à nomeação, quando o cargo for preenchido sem observância da classificação. **C**: incorreta. Lei 8.112/1990, art. 5º São requisitos básicos para investidura em cargo público:

I – a nacionalidade brasileira. **D:** incorreto. São agentes públicos. **E:** incorreta. Faltou as de assessoramento. CF, art. 37, V, "as funções de confiança, exercidas exclusivamente por servidores ocupantes de cargo efetivo, e os cargos em comissão, a serem preenchidos por servidores de carreira nos casos, condições e percentuais mínimos previstos em lei, destinam-se apenas às atribuições de direção, chefia e assessoramento". **FB**

Gabarito "B".

5.6. Acumulação remunerada e afastamento

(Juiz de Direito – TJ/RS – 2018 – VUNESP) De acordo com a Constituição Federal, a respeito dos agentes públicos, é correto afirmar que

(A) é vedada a percepção acumulada de proventos de aposentadoria do regime próprio de previdência social ou militar com a remuneração de cargo, emprego ou função pública, inclusive cargo em comissão declarado em lei de livre nomeação e exoneração.

(B) somente os empregados públicos previamente aprovados em concurso público podem adquirir estabilidade após o período de três anos de efetivo exercício.

(C) os cargos, empregos e funções públicas não são acessíveis a estrangeiros, exceto cargo de professor ou pesquisador junto a instituição de ensino.

(D) é vedada a acumulação remunerada de cargos, empregos e funções, exceto quando houver compatibilidade de horários, a de dois empregos em empresa pública, sociedade de economia mista, suas subsidiárias e sociedades controladas, direta ou indiretamente, pelo poder público, observado, em qualquer caso, o limite máximo de remuneração no setor público.

(E) as funções de confiança, exercidas exclusivamente por servidores ocupantes de cargo efetivo, destinam-se apenas às atribuições de direção, chefia e assessoramento.

A: incorreta. A regra na Constituição Federal é a vedação da acumulação remunerada de cargos públicos exceto, quando houver compatibilidade de horários, nos termos do art. 37, XVI: a) a de dois cargos de professor, b) a de um cargo de professor com outro técnico ou científico e c) a de dois cargos ou empregos de privativos de profissionais de saúde, com profissões regulamentadas. Essa proibição, tal como dispõe o art. 37, XVII, "estende-se a empregos e funções e abrange autarquias, fundações, empresas públicas, sociedades de economia mista, suas subsidiárias e sociedades controladas, direta ou indiretamente, pelo poder público". O art. 40 § 6º da CF/1988, de sua banda, determina que, ressalvadas as aposentadorias decorrentes dos cargos acumuláveis na forma desta Constituição, é vedada a percepção de mais de uma aposentadoria à conta do regime de previdência especial dos servidores. O erro da questão está precisamente em não admitir em qualquer hipótese a percepção acumulada de proventos. A Constituição estabelece as hipóteses em que pode haver o acúmulo de cargos; **B:** incorreta. Após três anos de efetivo exercício são estáveis os servidores nomeados para cargo de provimento efetivo em virtude de concurso público – art. 41 da CF/1988; **C:** incorreta. "Os cargos, empregos e funções públicas são acessíveis aos brasileiros que preencham os requisitos estabelecidos em lei, assim como aos estrangeiros, na forma da lei" – art. 37, I CF/1988; **D:** incorreta. Art. 37, XVII da CF/1988; **E:** correta. Art. 37, V da CF/1988. **FB**

Gabarito "E".

5.7. Remuneração e subsídio

(Defensor Público – DPE/SC – 2017 – FCC) No tema da remuneração dos servidores públicos, o Supremo Tribunal Federal, pela via dos RE 602.043 e RE 612.975, decidiu que

(A) a acumulação de cargos, desde que estes sejam remunerados, isoladamente, em valor superior ao teto constitucional, permite ao servidor escolher a remuneração que lhe apetece.

(B) nos casos autorizados, constitucionalmente, de acumulação de cargos, empregos e funções, a incidência do art. 37, inciso XI, da Constituição Federal, pressupõe consideração de cada um dos vínculos formalizados, afastada a observância do teto remuneratório quanto ao somatório dos ganhos do agente público.

(C) ainda que se trate de vínculos provenientes de diferentes entes federados a incidência do teto será calculada de maneira única.

(D) o teto constitucional é aplicável a todos os servidores públicos, sendo indiferente a acumulação ou não de cargos, empregos ou funções.

(E) somente com autorização judicial é possível a acumulação de vencimentos, hipótese em que haverá a incidência do teto constitucional de maneira global, ou seja, cada indivíduo está submetido ao teto.

No julgamento conjunto dos RE 602.043 e RE 612.975, o STF decidiu que o teto constitucional remuneratório deve ser considerado apenas em relação a cada uma das remunerações nos casos de acúmulo legal de dois cargos públicos, e fixou a seguinte tese de repercussão geral: "Nos casos autorizados constitucionalmente de acumulação de cargos, empregos e funções, a incidência do art. 37, inciso XI, da Constituição Federal pressupõe consideração de cada um dos vínculos formalizados, afastada a observância do teto remuneratório quanto ao somatório dos ganhos do agente público". Nesses termos, a alternativa "a" é incorreta porque nunca caberá ao servidor público "escolher a remuneração que lhe apetece", situação que não se confunde com as hipóteses constitucionais em que o agente público optar por uma ou outra remuneração, em função de vedação de acumulação de vencimentos (como, por exemplo, nas hipóteses do art. 38, inc. II, da Carta Magna); a alternativa "c" também é incorreta, em função de não ser relevante, para os fins da definição do teto constitucional de remuneração, o fato de mais de uma Fazenda Pública remunerar o agente público; a alternativa "d" traz assertiva que contradiz a tese de Repercussão Geral exposta retro; por fim, a possibilidade de acumulação de rendimentos é prevista constitucionalmente, não dependendo de autorização judicial. **AW**

Gabarito "B".

(Procurador do Município – Prefeitura Fortaleza/CE – CESPE – 2017) No item a seguir é apresentada uma situação hipotética seguida de uma assertiva a ser julgada, a respeito da organização administrativa e dos atos administrativos.

(1) Em razão de incorporações legais, determinado empregado público recebe uma remuneração que se aproxima do teto salarial constitucional. Nessa situação, conforme o entendimento do STF, a remuneração do servidor poderá ser superior ao teto constitucional se ele receber uma gratificação por cargo de chefia.

1: incorreta. A remuneração do servidor abrange o salário e as vantagens, sendo que as gratificações, no caso, são as vantagens. Por isso, sabendo-se que o art. 37, XI, CF dispõe que a remuneração, incluindo as vantagens dos servidores, não podem exceder ao teto geral, a assertiva se apresenta como incorreta. **AW**

Gabarito "1E".

5.8. Direitos, vantagens, deveres e proibições do servidor público

(Procurador Município – Santos/SP – VUNESP – 2021) Quanto ao direito de greve dos servidores públicos, assinale a alternativa correta.

(A) Foi regulamentado por lei complementar específica que se aplica aos servidores civis e militares.

(B) Trata-se de direito previsto na Constituição que, enquanto não for regulamentado, não poderá ser invocado pelo servidor.

(C) Considerando a preponderância do interesse público sobre o interesse privado, trata-se de direito vedado aos servidores públicos.

(D) Enquanto não for regulamentado o direito de greve, decidiu o STF que aos servidores se aplica a norma vigente para os trabalhadores em geral.

(E) Foi objeto de regulamentação pelo Poder Público, não se aplicando referidas normas aos servidores militares.

Dispõe o art. 37, VII, da CF: "o direito de greve será exercido nos termos e nos limites definidos em lei específica". Diante da inexistência dessa lei, o STF determinou, em relação à disciplina do direito de greve pelos agentes públicos, a aplicação, no que couber, da lei de greve vigente do setor privado (Lei 7.783/89). Assim, correta a alternativa D.
Gabarito "D".

(Procurador Município – Santos/SP – VUNESP – 2021) Quanto ao direito de sindicalização dos servidores públicos, à luz da Constituição Federal, assinale a alternativa correta.

(A) Os servidores públicos civis gozam de direito de sindicalização; quanto aos militares, há expressa proibição.

(B) Os servidores, sejam eles civis ou militares, indistintamente, gozam do direito de sindicalização.

(C) Há expressa vedação do direito de sindicalização para aqueles que ostentam a condição de servidor público.

(D) O direito de sindicalização dos servidores públicos não está previsto na Constituição Federal.

(E) Os servidores públicos militares gozam de direito de sindicalização; quanto aos civis, não há previsão constitucional.

É assegurado aos servidores públicos o direito à livre associação sindical (art. 37, VI, da CF). Por outro lado, a Constituição Federal veda a sindicalização dos servidores militares (art. 142, § 3º, IV). Assim, correta a alternativa A.
Gabarito "A".

(Juiz de Direito/AP – 2022 – FGV) O Estado Gama, por meio de emenda constitucional, acresceu à sua Constituição Estadual norma instituindo o teto remuneratório dos servidores públicos estaduais limitado ao valor do subsídio mensal dos ministros do Supremo Tribunal Federal.

De acordo com a Constituição da República de 1988 e a jurisprudência do Supremo Tribunal Federal, a mencionada norma é:

(A) inconstitucional, pois a Constituição da República de 1988 dispõe que é facultado aos Estados fixar, em seu âmbito, mediante emenda às respectivas Constituições estaduais, o teto remuneratório dos servidores públicos estaduais do Judiciário, adotando, como limite único, o valor do subsídio mensal dos desembargadores dos respectivos Tribunais de Justiça, limitado a 95% do subsídio mensal dos ministros do Supremo Tribunal Federal;

(B) inconstitucional, pois a Constituição da República de 1988 dispõe que é facultado aos Estados fixar, em seu âmbito, mediante emenda às respectivas Constituições estaduais, o teto remuneratório dos servidores públicos estaduais, exceto no que se refere aos subsídios dos deputados estaduais, adotando, como limite único, o valor do subsídio mensal dos desembargadores dos respectivos Tribunais de Justiça, limitado a 90,25% do subsídio mensal dos ministros do Supremo Tribunal Federal;

(C) inconstitucional, pois a Constituição da República de 1988 dispõe que é obrigatório aos Estados fixar, em seu âmbito, mediante emenda às respectivas Constituições estaduais, o teto remuneratório dos servidores públicos estaduais, exceto no que se refere aos subsídios dos magistrados, adotando, como limite único, o valor do subsídio mensal dos desembargadores dos respectivos Tribunais de Justiça, limitado a 90,25% do subsídio mensal do governador do Estado;

(D) constitucional, pois reproduziu o texto da Constituição da República de 1988 que estabelece como limite para o teto da remuneração dos ocupantes de cargos, funções e empregos públicos da administração direta e indireta de qualquer dos Poderes da União, dos Estados, do Distrito Federal e dos Municípios, o subsídio mensal, em espécie, dos ministros do Supremo Tribunal Federal;

(E) constitucional, pois reproduziu o texto da Constituição da República de 1988 que estabelece como limite para o teto da remuneração dos ocupantes de cargos, funções e empregos públicos da administração direta, autárquica e fundacional, dos membros de qualquer dos Poderes da União, dos Estados, do Distrito Federal e dos Municípios, o subsídio mensal, em espécie, dos ministros do Supremo Tribunal Federal.

Comentário: o limite remuneratório do funcionalismo público está disciplinado no art. 37, XI, da CF. Esse dispositivo prevê que, no âmbito dos Estados, aplica-se: ao Poder Executivo, o teto referente ao subsídio mensal do Governador; ao Poder Legislativo, o subsídio dos Desembargadores Estaduais; ao Poder Judiciário, o subsídio dos Desembargadores do Tribunal de Justiça, limitado a 90,25% do subsídio dos Ministros do STF. Ocorre que a própria CF, no § 12 do art. 37, faculta aos Estados, mediante emenda à Constituição do Estado, fixar um *limite único* a todos os Poderes, consistente no subsídio dos Desembargadores do respectivo Tribunal de Justiça (limitado a 90,25% do subsídio mensal dos Ministros do STF). Este dispositivo não se aplica aos subsídios dos Deputados Estaduais. Considerando que o enunciado da questão aponta a hipótese em que o Estado Gama, por meio de emenda constitucional, instituiu teto remuneratório único aos servidores estaduais, limitado ao valor do subsídio dos Ministros do STF, conclui-se que essa norma é inconstitucional, porquanto ofensiva ao art. 37, §12, da CF. Diante disso: **A:** incorreta (o limite do subsídio dos desembargadores dos Tribunais de Justiça não é de 95% do subsídio dos ministros do STF; e sim de 90,25%); **B:** correta (cf. art. 37, §12, da CF); **C:** incorreta (a adoção do limite único não é obrigatório, e sim facultativo; além disso, o art. 37, §12 excepciona a sua aplicação aos deputados estaduais, e não aos magistrados); **D** e **E:** incorretas (a norma é inconstitucional). **RB**
Gabarito "B".

(Juiz de Direito/GO – 2021 – FCC) Libório Kazantzakis acumulava duas posições na Administração pública, obtidas pela via do concurso público: o emprego público de químico em empresa estadual de saneamento básico e o cargo efetivo de professor de educação básica na rede de ensino do Estado de Goiás. Todavia, estava afastado de ambas as posições, pois fora nomeado para o cargo público comissionado de Secretário Estadual de Meio Ambiente. Em 1o de abril, Libório completou setenta e cinco anos de idade. Nesse caso, Libório

(A) não sofrerá nenhuma alteração em sua situação, visto que a aposentadoria compulsória é instituto que depende de regulamentação por lei complementar, ainda não editada.

(B) será aposentado compulsoriamente em ambas as posições alcançadas por concurso público, mas poderá manter-se no cargo comissionado, para o qual não há limitação temporal de exercício.

(C) será aposentado compulsoriamente em ambas as posições alcançadas por concurso público, devendo ser exonerado do cargo público comissionado, dada a presunção absoluta de sua incapacidade para o exercício de funções públicas.

(D) será aposentado compulsoriamente no cargo efetivo de professor, mas terá inalterada sua situação no emprego público e no cargo público comissionado.

(E) está em situação de tríplice acumulação, o que é vedado pela Constituição Federal, devendo optar por apenas um dos vínculos e exonerar-se dos demais.

Comentário: Libório Kazantzakis detém dois vínculos permanentes com a Administração: 1º) o vínculo de emprego público, cujo regime de previdência é o geral, ou seja, equivalente ao do trabalhador privado; 2º) o vínculo de cargo público, em relação ao qual incide o regime especial da previdência. Observe-se que tais funções públicas (professor + técnico/científico) são acumuláveis, nos termos do art. 37, XVI, CF. Além disso, o fato de estar afastado permite Libório de exercer cargo comissionado. No que tange ao regime de previdência especial (aplicável somente ao cargo público, portanto), existe a aposentadoria compulsória por idade aos 75 anos de idade (instituída pela Emenda Constitucional 88/2015 e pela Lei complementar 152/2015). Diante disso, tem-se o seguinte: **A:** incorreta (a aposentaria compulsória por idade é disciplinada pela LC 152/2015); **B:** incorreta (a aposentadoria compulsória por idade não incide na relação de emprego público detida por Libório); **C:** incorreta (além de não incidir na relação de emprego, a aposentadoria compulsória por idade igualmente não atinge o cargo comissionado); **D:** correta; **E:** incorreta (as funções permanentes associadas ao cargo e ao emprego são acumuláveis, assim com o exercício do cargo em comissão, já que Libório estava afastado). RB
Gabarito "D".

(Juiz de Direito – TJ/MS – 2020 – FCC) Juan Mesquita é brasileiro naturalizado, tem 55 anos de idade e acaba de se aposentar. Antes da aposentadoria, ocupava emprego público de fisioterapeuta em Hospital Municipal. Candidatou-se em concurso público para o cargo efetivo de fiscal de rendas do Estado e foi aprovado. Sabe-se que dispõe da escolaridade exigida para o cargo, goza de boa saúde física e mental, está em dia com suas obrigações militares e eleitorais e em pleno gozo de seus direitos políticos. Considerando a situação descrita, é correto concluir que Juan

(A) poderá tomar posse no cargo público, desde que requeira a desaposentação em relação ao vínculo anterior.

(B) não poderá tomar posse no cargo público, pois se trata de cargo privativo de brasileiro nato.

(C) não poderá tomar posse no cargo público, pois a percepção da aposentadoria com os vencimentos do cargo implica acúmulo vedado pela Constituição Federal.

(D) poderá tomar posse no cargo público, pois não há nenhum impedimento para tanto.

(E) não poderá tomar posse no cargo público, pois ultrapassou a idade máxima exigida para vincular-se ao regime próprio de previdência dos servidores públicos.

Como regra, é vedada a acumulação de proventos de aposentadoria com a remuneração de cargo, emprego ou função, com exceção das situações previstas no art. 37, § 10, CF. No entanto, referida proibição abrange a acumulação envolvendo a aposentadoria no Regime Próprio de Previdência Social. Ocorre que Juan Mesquita, por ter ocupado emprego público, aposentou-se pelo Regime Geral de Previdência. Diante disso, poderá tomar posse no cargo público (correta a alternativa D). RB
Gabarito "D".

5.9. Infrações e processos disciplinares. Comunicabilidade de instâncias

(Procurador/DF – CESPE – 2022) Acerca do processo administrativo disciplinar, julgue os itens seguintes, considerando o entendimento dos tribunais superiores sobre a matéria.

(1) A falta de defesa técnica por advogado em processo administrativo disciplinar não viola a Constituição Federal de 1988.

(2) A Lei n.º 9.784/1999, especialmente no que diz respeito ao prazo decadencial para a revisão de atos administrativos no âmbito da administração pública federal, pode ser aplicada de forma subsidiária aos estados e municípios, se inexistente norma local e específica que regule a matéria.

1: certo (cf. Súmula Vinculante n. 5). **2:** certo (cf. Súmula 633 do STJ).
Gabarito 1C, 2C

(Procurador Município – Teresina/PI – FCC – 2022) Em processo administrativo disciplinar, a Comissão Processante responsável, em seu relatório final, propôs que fosse aplicada pena de suspensão ao acusado. O processo seguiu para decisão da autoridade superior, que exarou o seguinte despacho:

Adotando a fundamentação do relatório da Comissão Processante, aplico ao acusado a pena de demissão a bem do serviço público, nos termos do Estatuto funcional.

Nesse caso, a decisão demissória é

(A) anulável, podendo ser convalidada, por não ter causado prejuízo ao interesse público ou a terceiros.

(B) nula, pois o ato administrativo punitivo deveria ter sido aplicado pela Comissão Processante, pois a quem apurou cabe aplicar a pena.

(C) nula, pois o parecer da Comissão Processante é ato administrativo de natureza vinculante.

(D) válida, pois se trata de ato administrativo discricionário, em que a motivação é dispensável.

12. DIREITO ADMINISTRATIVO — 595

(E) nula, pois o ato administrativo se vincula aos motivos alegados, não cabendo o uso de motivação *aliunde* no caso.

A decisão demissória é nula, pois adotou como fundamentação o relatório da Comissão Processante, que propôs não a demissão, mas a aplicação da pena de suspensão ao acusado. Assim, em razão da aplicação da teoria dos motivos determinantes, verifica-se um vício na decisão da autoridade superior. No caso em comento, não caberia o uso da motivação aliunde (também conhecida como motivação *per relationem*, baseada na remissão a outras manifestações), pois a autoridade superior discordou do relatório final da comissão. Desse modo, correta a alternativa E. Demais: **A**: incorreta (o vício não pode ser convalidado, de modo que o ato é nulo). **B**: incorreta (o ato punitivo deve ser aplicado pela autoridade superior, e não pela Comissão Processante, que detém a competência para apurar a infração disciplinar). **C**: incorreta (o parecer da comissão não é ato de natureza vinculante, pois a autoridade superior pode decidir de modo diverso). **D**: incorreta (o ato é nulo; além disso, a motivação não é dispensável).
Gabarito "E".

(Delegado/RJ – 2022 – CESPE/CEBRASPE) A Corregedoria-Geral de Polícia Civil recebeu denúncia anônima de que Paula, servidora estadual efetiva da Secretaria de Estado de Fazenda cedida à Polícia Civil, atuava, habitualmente, com insubordinação para com seus superiores e divulgava informações da instituição nas redes sociais, sem autorização.

Tendo como referência essa situação hipotética e as normas de direito disciplinar, assinale a opção correta.

(A) Dada a possibilidade de delegação do poder disciplinar, caberão ao órgão cessionário a apuração e eventual aplicação de penalidade à servidora cedida.

(B) Caberá ao órgão cedente apurar os fatos e, se for o caso, aplicar penalidade à servidora cedida.

(C) Não cabe a instauração de procedimento disciplinar contra a servidora cedida, em razão de a denúncia ter sido anônima.

(D) O órgão cessionário poderá instaurar processo administrativo disciplinar contra a servidora cedida, para apurar falta funcional, porém o julgamento e eventual aplicação de penalidade caberão ao órgão cedente.

(E) O órgão cessionário não possui competência para apuração de falta disciplinar de servidor cedido, se a falta não atingir o referido órgão.

Alternativa **A** incorreta (conforme já definido pelo STJ no MS 21.991, a instauração de processo disciplinar contra servidor efetivo cedido deve dar-se, preferencialmente, no órgão em que tenha sido praticada a suposta irregularidade, vale dizer, no órgão cessionário; contudo, o julgamento e a eventual aplicação de sanção só podem ocorrer no órgão ao qual o servidor efetivo estiver vinculado, ou seja, no órgão cedente). Alternativa **B** incorreta (cf. comentários da alternativa A). Alternativa **C** incorreta (desde que devidamente motivada e com amparo em investigação ou sindicância, é permitida a instauração de processo administrativo disciplinar com base em denúncia anônima, nos termos da Súmula 611 do STJ). Alternativa **D** correta (cf. comentário da alternativa A). Alternativa **E** incorreta (cf. comentário da alternativa A). RB
Gabarito "D".

(Delegado/MG – 2021 – FUMARC) De acordo com a Lei 5.301/69 (Lei Orgânica da PCMG – parcialmente revogada), é CORRETO afirmar que não constitui causa para aplicação da pena de demissão a bem do serviço público:

(A) Abandono do cargo.

(B) Contumácia na prática de transgressões disciplinares.

(C) Exercício de advocacia administrativa.

(D) Prática de insubordinação grave.

Na verdade, a Lei Orgânica da Polícia do Estado de Minas Gerais é a Lei estadual 5.406/1969 (e não a Lei 5.301/1969 - Estatuto dos Militares do Estado de MG). Apesar disso, a banca examinadora não anulou essa questão. O art. 159 da Lei 5.406/1969 prevê as hipóteses que acarretam a demissão a bem do serviço público, tais como a contumácia na prática de transgressões disciplinares (inciso XI), o exercício de advocacia administrativa (inciso X) e a prática de insubordinação grave (inciso IV). Assim, não constitui causa para a demissão a bem do serviço público o abandono do cargo, que dá ensejo à demissão simples (art. 158, inciso I). Atenção! Importante não confundir a *demissão simples* e a *demissão a bem do serviço público* (demissão qualificada).
Gabarito "A".

(Juiz de Direito/SP – 2021 – Vunesp) Quanto ao Processo Administrativo Disciplinar, consolidou-se o seguinte entendimento,

(A) é lícito à autoridade administrativa divergir do parecer da comissão disciplinar e aplicar pena mais grave porque não se vincula à capitulação proposta, mas aos fatos.

(B) a proporcionalidade da punição não pode ser objeto de correção na via judicial por ser matéria de mérito administrativo.

(C) a oportunidade de defesa do servidor antecede a colheita da prova oral e será feita por advogado constituído ou nomeado, de forma a garantir ampla defesa.

(D) não é admitido o uso de prova emprestada, considerando a independência das instâncias administrativa e judicial.

Comentário: **A**: correta (de acordo com jurisprudência do STJ – AgInt no MS 21.957, a autoridade julgadora, por estar vinculada aos fatos e não à capitulação proposta, pode aplicar sanção diversa daquela sugerida pela Comissão Processante, agravando ou abrandando a penalidade, ou até mesmo isentar o servidor da responsabilidade, desde que apresente a devida fundamentação). **B**: incorreta (considerando que a proporcionalidade da punição representa matéria de legalidade ou juridicidade, e não de mérito, pode ser objeto de correção na via judicial). **C**: incorreta (de acordo com o art. 151 da Lei 8.112/1990-Estatuto dos Servidores Federais, a fase de defesa do servidor é posterior à fase de instrução; ademais, de acordo com a Súmula Vinculante n.º 5, "a falta de defesa técnica por advogado no processo administrativo disciplinar não ofende a Constituição"). **D**: incorreta (cf. Súmula 591 do STJ: "É permitida a prova emprestada no processo administrativo disciplinar, desde que devidamente autorizada pelo juízo competente e respeitados o contraditório e a ampla defesa.") RB
Gabarito "A".

(Escrevente – TJ/SP – 2018 – VUNESP) Arceus Cipriano foi processado criminalmente sob a acusação de cometimento de crime contra a administração pública e pelos mesmos fatos também foi demitido do cargo público que ocupava. Contudo, na seara criminal, logrou êxito em comprovar que não foi o autor dos fatos, tendo sido absolvido por esse fundamento, na instância criminal. Diante disso, assinale a alternativa correta, nos termos do Estatuto dos Funcionários Públicos Civis do Estado de São Paulo.

(A) A demissão é nula porque a Administração Pública não deveria ter processado administrativamente Arceus e proferido decisão demissória antes do trânsito em julgado da sentença no processo criminal.

(B) Arceus poderá pedir o desarquivamento e a revisão da decisão administrativa que o demitiu, utilizando como documento novo a sentença absolutória proferida no processo criminal.

(C) Arceus terá direito à reintegração ao serviço público, no cargo que ocupava e com todos os direitos e vantagens devidas, mediante simples comprovação do trânsito em julgado da decisão absolutória no juízo criminal.

(D) Se a absolvição criminal ocorreu depois do prazo de interposição do recurso da decisão demissória proferida no processo administrativo, não será possível Arceus valer-se da sentença criminal para buscar a anulação da demissão.

(E) Como a responsabilidade administrativa é independente da civil e da criminal, a absolvição de Arceus Cipriano na justiça criminal em nada altera decisão proferida na esfera administrativa.

"Será reintegrado ao serviço público, no cargo que ocupava e com todos os direitos e vantagens devidas, o servidor absolvido pela Justiça, mediante simples comprovação do trânsito em julgado de decisão que negue a existência de sua autoria ou do fato que deu origem à sua demissão" – art. 250 § 2º da Lei 10.261/1968. FB
Gabarito "C".

(Escrevente – TJ/SP – 2018 – VUNESP) Consoante o Estatuto dos Funcionários Públicos Civis do Estado de São Paulo, será aplicada a pena de demissão nos casos de

(A) aplicação indevida de dinheiros públicos.

(B) prática de insubordinação grave.

(C) exercício de advocacia administrativa.

(D) pedir, por empréstimo, dinheiro ou quaisquer valores a pessoas que tratem de interesses ou o tenham na repartição, ou estejam sujeitos à sua fiscalização.

(E) prática, em serviço, de ofensas físicas contra funcionários ou particulares.

A: correta. Art. 256, IV da Lei 10.261/1968; B: incorreta. Trata-se, nesse caso, de pena de demissão a bem do serviço público, tal como previsto no art. 257, IV da Lei 10.261/1968; C: incorreta. Trata-se, nesse caso, de pena de demissão a bem do serviço público, tal como previsto no art. 257, IX da Lei 10.261/1968; D: incorreta. Trata-se, nesse caso, de pena de demissão a bem do serviço público, tal como previsto no art. 257, VIII da Lei 10.261/1968; E: incorreta. Trata-se, nesse caso, de pena de demissão a bem do serviço público, tal como previsto no art. 257, V da Lei 10.261/1968. FB
Gabarito "A".

(Juiz – TRF 2ª Região – 2017) Entre as opções abaixo, apenas uma, nos termos da Lei nº 8.112/90, NÃO é causa de demissão do servidor público. Assinale-a:

(A) Inassiduidade habitual.

(B) Coagir subordinado, no sentido de filiar-se a partido político.

(C) Proceder de forma desidiosa.

(D) Receber presente ou vantagem de qualquer espécie, em razão de suas atribuições.

(E) Participar de gerência ou administração de sociedade.

A: incorreta. Há previsão dessa conduta no art. 132, III, da Lei 8.112/1990; B: correta. Não há previsão dessa conduta pela lei, de forma que ela é atípica para esse tipo de penalidade; C: incorreta. Há previsão dessa conduta no art. 132, XIII, da Lei 8.112/1990; D: incorreta. Há

previsão da conduta no art. 132, XIII, da Lei 8.112/1990; E: incorreta. Há previsão da conduta no art. 132, XIII, da Lei 8.112/1990. AW
Gabarito "B".

(Delegado/GO – 2017 – CESPE) Com base no disposto na Lei n. 9.784/1999, assinale a opção correta, considerando o entendimento dos tribunais superiores e da doutrina sobre o processo administrativo.

(A) Os processos de prestação de contas são exemplo de processos administrativos de outorga, cuja finalidade é autorizar o exercício de determinado direito individual.

(B) O Supremo Tribunal Federal entende que não é necessária a observância do devido processo legal para a anulação de ato administrativo que tenha repercutido no campo dos interesses individuais.

(C) Por ser a ampla defesa um princípio do processo administrativo, a administração não poderá definir a maneira como se realizará seu exercício, definindo, por exemplo, o local de vista aos autos.

(D) A competência processante de órgão da administração pode ser delegada, em parte, a outro órgão, ainda que não subordinado hierarquicamente ao órgão delegante, desde que haja conveniência, razão e inexista impedimento legal.

(E) Conforme o Supremo Tribunal Federal, é obrigatória a representação por advogado para o exercício do direito à recorribilidade de decisão proferida em processo administrativo.

A: incorreta. Os processos de prestação de contas são típicos processos administrativo de expediente. Os processos de outorga visam a concessão de direitos perante a administração. B: incorreta. O devido processo legal e condição a qualquer ato administrativo. C: incorreta. Lei 9.784/1999, art. 22. Os atos do processo administrativo não dependem de forma determinada senão quando a lei expressamente a exigir. Art. 25. Os atos do processo devem realizar-se preferencialmente na sede do órgão, cientificando-se o interessado se outro for o local de realização. D: correta. Lei 9.784/1999, art. 12. Um órgão administrativo e seu titular poderão, se não houver impedimento legal, delegar parte da sua competência a outros órgãos ou titulares, ainda que estes não lhe sejam hierarquicamente subordinados, quando for conveniente, em razão de circunstâncias de índole técnica, social, econômica, jurídica ou territorial. E: incorreta. STF, – Súmula Vinculante 5: – A falta de defesa técnica por advogado no processo administrativo disciplinar não ofende a Constituição. FB
Gabarito "D".

(Delegado/GO – 2017 – CESPE) No que se refere ao processo administrativo disciplinar (PAD), assinale a opção correta.

(A) A CF recepcionou o instituto da verdade sabida, viabilizando a sua aplicação no PAD.

(B) O Supremo Tribunal Federal entende ser ilegal a instauração de sindicância para apurar a ocorrência de irregularidade no serviço público a partir de delação anônima.

(C) Conforme o Supremo Tribunal Federal, militar, ainda que reformado, submete-se à hierarquia e à disciplina, estando, consequentemente, sujeito à pena disciplinar.

(D) Os princípios da ampla defesa e do contraditório no PAD não são absolutos, podendo haver indeferimento de pedidos impertinentes ou protelatórios.

(E) Uma sindicância preparatória só pode servir de subsídio para uma sindicância contraditória, mas não para um PAD.

A: incorreta. A constituição federal, art. 5º, LVII, conceitua o princípio da presunção da inocência na esfera penal, que e acompanhado na esfera administrativa. Lei 9.784/1999, art. 2º A Administração Pública obedecerá, dentre outros, aos princípios da legalidade, finalidade, motivação, razoabilidade, proporcionalidade, moralidade, ampla defesa, contraditório, segurança jurídica, interesse público e eficiência. **B:** incorreta. HC 97197 – STF – As autoridades públicas não podem iniciar qualquer medida de persecução (penal ou disciplinar), apoiando-se, unicamente, para tal fim, em peças apócrifas ou em escritos anônimos. É por essa razão que o escrito anônimo não autoriza, desde que isoladamente considerado, a imediata instauração de "persecutio criminis". – Peças apócrifas não podem ser formalmente incorporadas a procedimentos instaurados pelo Estado, salvo quando forem produzidas pelo acusado ou, ainda, quando constituírem, elas próprias, o corpo de delito (como sucede com bilhetes de resgate no crime de extorsão mediante sequestro, ou como ocorre com cartas que evidenciem a prática de crimes contra a honra, ou que corporifiquem o delito de ameaça ou que materializem o "crimen falsi", p. ex.). – **Nada impede, contudo, que o Poder Público, provocado por delação anônima ("disque-denúncia", p. ex.), adote medidas informais destinadas a apurar, previamente, em averiguação sumária, "com prudência e discrição", a possível ocorrência de eventual situação de ilicitude** penal, desde que o faça com o objetivo de conferir a verossimilhança dos fatos nela denunciados, em ordem a promover, então, em caso positivo, a formal instauração da "persecutio criminis", mantendo-se, assim, completa desvinculação desse procedimento estatal em relação às peças apócrifas. **C:** incorreta. Em que pese o militar reformado estar sujeito a hierarquia e disciplina, ele não mais se submete às penas disciplinares. Vejamos o que diz a Súmula 56 STF – Militar reformado não está sujeito à pena disciplinar. **D:** correta. Os princípios da ampla defesa e do contraditório não são absolutos, razão pela qual o indeferimento de pedidos protelatórios ou impertinentes não os fere. Lei 9.784/1999 – Art. 38, § 2º Somente poderão ser recusadas, mediante decisão fundamentada, as provas propostas pelos interessados quando sejam ilícitas, impertinentes, desnecessárias ou protelatórias. **E:** incorreta. A sindicância pode em qualquer dos casos dar origem ao PAD, sem, no entanto, ser suficiente para sua decisão. **FB**

Gabarito "D".

5.10. IMPROBIDADE ADMINISTRATIVA

> **Atenção!**
> O regime da improbidade administrativa foi objeto de significativas modificações pela Lei 14.230, de 25 de outubro de 2021. As questões abaixo que foram produzidas antes dessa alteração legislativa, os comentários estão ajustados ao novo regramento.

RESUMO DO NOVO REGIME

I. O regime jurídico da improbidade administrativa

O regime jurídico da improbidade está previsto na CF (art. 37, § 4º) e na Lei 8.429/1992 (Lei de Improbidade Administrativa). Importante destacar que a Lei 8.429/1992 foi objeto de relevantes alterações pela Lei 14.230/2021!

Consideram-se atos de improbidade administrativa as condutas dolosas tipificadas nos arts. 9º, 10 e 11 da Lei 8.429/1992, ressalvando-se que leis especiais podem prever outros tipos, como, por exemplo, o Estatuto da Cidade (Lei 10.257/2001).

II. Modalidades de improbidade administrativa. Aspectos gerais

A Lei 8.429/1992 estabelece três modalidades de ato de improbidade administrativa. A primeira modalidade é a de **enriquecimento ilícito (art. 9º)**. Essa modalidade consiste em o agente auferir vantagem patrimonial indevida em razão do exercício da atividade pública. São exemplos de improbidade nessa modalidade os seguintes: receber comissão, propina; utilizar bem ou funcionário públicos em proveito próprio; adquirir bens desproporcionais à renda, dentre outros.

A segunda modalidade é a de atos que causam **prejuízo ao erário (art. 10)**. Essa modalidade consiste em o agente ensejar perda patrimonial, desvio, malbaratamento ou dilapidação dos bens das entidades. São exemplos de improbidade nessa modalidade os seguintes: permitir ou facilitar que bem público seja desviado para particular, ou que seja alienado por preço inferior ao de mercado; realizar operações financeiras sem observância das normas legais; conceder benefício fiscal sem observância da lei; frustrar licitação; ordenar ou permitir realização de despesas não autorizadas; dentre outros.

A terceira modalidade é que importa em **violação a princípios da Administração Pública (art. 11)**. Essa modalidade consiste em o agente violar deveres de honestidade, imparcialidade, legalidade e lealdade às instituições. De acordo com as alterações promovidas peal Lei 14.230/2021, e diferentemente das demais modalidades (que são exemplificativas), as hipóteses do art. 11 são taxativas, São exemplos de improbidade nessa modalidade os seguintes: revelar fato que deva permanecer em segredo, negar publicidade aos atos oficiais, deixar de prestar contas, nepotismo.

A jurisprudência do STF e do STJ afastou todas as teses de responsabilidade objetiva em qualquer das modalidades citadas.

Atenção! Antes das alterações promovidas no ano de 2021, prevalecia o entendimento, inclusive do STJ, de que a modalidade do art. 10 (prejuízo ao erário) pode se configurar tanto mediante conduta dolosa como mediante conduta culposa. Em relação às demais modalidades, somente mediante a caracterização do dolo. Ocorre que a Lei 14.230/2021 modificou o regime, dispondo que o elemento subjetivo da improbidade administrativa é **sempre o dolo**. Assim, não mais existe improbidade culposa.

Considera-se dolo a vontade livre e consciente de alcançar o resultado ilícito tipificado nos arts. 9º, 10 e 11 da Lei 8.429/1992, não bastando a voluntariedade do agente. Além disso, para que seja configurada a improbidade administrativa, há necessidade de comprovar a finalidade de obter proveito ou benefício indevido para si ou para outra pessoa ou entidade. Trata-se de dolo específico, portanto, e não de dolo genérico.

Esquematicamente, temos:

III. Sanções ou penas pela prática de improbidade administrativa

Aplicam-se ao sistema da improbidade os princípios constitucionais do direito administrativo sancionador.

A Lei 8.429/1992 estabelece as seguintes sanções para aquele que pratica o ato de improbidade (art. 12). Atente-se que a Lei 14.230/2021 modificou diversos aspectos relacionados às penalidades:

a) suspensão dos direitos políticos: até 14 anos (no caso de enriquecimento ilícito – art. 9º) ou até 12 anos (no caso de prejuízo ao erário – art. 10); **Atenção!** de acordo com o atual regime, não mais se aplica a suspensão de direitos políticos no caso de improbidade por violação aos princípios (art. 11);

b) perda da função pública: no caso de enriquecimento ilícito (art. 9º) e prejuízo ao erário (art. 10); **Atenção!** não mais se aplica a perda da função pública no caso de improbidade por violação aos princípios (art. 11); além disso, a sanção atinge apenas o vínculo de mesma qualidade e natureza que o agente público ou político detinha com o poder público na época do cometimento da infração (excepcionalmente, pode o magistrado, na hipótese de enriquecimento ilícito, estendê-la aos demais vínculos, consideradas as circunstâncias do caso e a gravidade da infração);

c) indisponibilidade dos bens (§ 4º do art. 37 da CF): finalidade de garantir a integral recomposição do erário ou do acréscimo patrimonial resultante de enriquecimento ilícito;

d) ressarcimento ao erário: a reparação do dano decorrente da improbidade deve deduzir o ressarcimento ocorrido nas instâncias criminal, civil e administrativa que tiver por objeto os mesmos fatos; para fins de apuração do valor do ressarcimento, devem ser descontados os serviços efetivamente prestados;

e) perda de bens e valores acrescidos ilicitamente;

f) multa civil: correspondente ao valor do acréscimo patrimonial (art. 9º); ao valor do dano (art. 10); a até 24 vezes o valor da remuneração percebida pelo agente (art. 11); a multa pode ser aumentada até o dobro, se o juiz considerar que, em virtude da situação econômica do réu, o valor acima é ineficaz para reprovação e prevenção do ato de improbidade;

g) proibição de contratar com a Administração Pública ou dela receber benefícios ou incentivos fiscais ou creditícios, direta ou indiretamente, ainda que por intermédio de pessoa jurídica da qual seja sócio majoritário: prazo não superior a 14, 12 e 4 anos, para os arts. 9º, 10 e 11, respectivamente.

Cuidado! De acordo com as alterações promovidas pela Lei 14.230/2021, as sanções acima somente podem ser executadas após o **trânsito em julgado** da sentença condenatória.

As quatro primeiras sanções foram criadas expressamente pela CF, enquanto as demais foram criadas pela Lei 8.429/1992.

A aplicação das sanções independe de dano ao erário (salvo quanto à pena de ressarcimento e às condutas previstas no art. 10 da Lei 8.429/1992) e da aprovação ou rejeição de contas pelo órgão de controle interno ou Tribunal de Contas (art. 21, I e II).

Porém, **em casos em que não se demonstrar lesão ao erário**, como na contratação de servidores sem concurso ou de empresas sem licitação, mas que acabarem trabalhando ou prestando serviço, não cabe a aplicação da sanção de ressarcimento ao erário, não havendo dano, para que não haja enriquecimento sem causa da Administração, sem prejuízo da aplicação de outras sanções previstas no art. 12 da Lei 8.429/1992 (STJ, REsp 1.238.466-SP).

Quanto **à aprovação de contas pelo Tribunal de Contas**, a jurisprudência do STJ vem aplicando o dispositivo citado (REsp 593.522-SP), asseverando que a sua aprovação não inibe a atuação do Poder Judiciário para exame de sua legalidade e constitucionalidade, pois as cortes de contas não exercem jurisdição e não têm atribuição para anular atos lesivos ao patrimônio público, visto que exercem função auxiliar ao Legislativo (art. 5º, XXXV, c/c o art. 71, X, §§ 1º e 2º da CF/1988). Além disso, as provas produzidas perante os órgãos de controle e as correspondentes decisões devem ser consideradas na formação da convicção do juiz.

No tocante à **cumulação das sanções previstas no art. 12 da Lei 8.429/1992**, o STJ entendeu que estas não podem ser cumuladas de modo indistinto, em obediência ao princípio da proporcionalidade (REsp 626.204/RS, DJ 06.09.2007).

Na prática, somente em casos gravíssimos, como de enriquecimento ilícito do agente (art. 9º), justifica-se a cumulação de todas as sanções previstas no art. 12.

A aplicação das sanções por improbidade administrativa independe da aplicação de sanções nas esferas administrativa e penal, dada a independência das instâncias, claramente determinada no art. 12, *caput*, da Lei 8.429/1992. Assim, o fato de um agente público estar sofrendo um processo disciplinar que pode levá-lo à demissão não interfere na continuidade da ação de improbidade, que pode também levá-lo à perda do cargo.

IV.   Sujeitos do ato de improbidade administrativa

São **sujeitos passivos**, ou seja, podem ser vítimas do ato de improbidade as seguintes pessoas (art. 1º, §§5º a 7º, da Lei 8.429/1992):

a) Administração direta e indireta, no âmbito da União, dos Estados, dos Municípios e do Distrito Federal;

Obs.: abrange Poderes Executivo, Legislativo e Judiciário;

b) Entidade privada para cuja criação ou custeio o erário haja concorrido ou concorra no seu patrimônio ou receita atual;

Obs.: o ressarcimento ao erário limita-se à repercussão do ilícito sobre a contribuição dos cofres públicos;

c) Entidade privada que receba subvenção, benefício ou incentivo, fiscal ou creditício, de entes públicos ou governamentais.

São **sujeitos ativos**, ou seja, praticam atos de improbidade as seguintes pessoas (arts. 2º e 3º da Lei 8.429/1992):

a) *agentes públicos*, ou seja, o agente político, o servidor público e todo aquele que exerce, ainda que transitoriamente ou sem remuneração, por eleição, nomeação, designação, contratação ou qualquer outra forma de investidura ou vínculo, mandato, cargo, emprego ou função nas entidades mencionadas acima como sujeitos passivos; aqui temos os chamados agentes próprios de improbidade;

b) O particular, pessoa física ou jurídica, que celebra com a administração pública convênio, contrato de repasse, contrato de gestão, termo de parceria, termo de cooperação ou ajuste administrativo equivalente;

c) Aquele que, mesmo não sendo agente público, induza ou concorra dolosamente para a prática do ato de improbidade.

Atenção! Vale informar que o STJ tem entendimento de que "não é possível o ajuizamento de ação de improbidade administrativa exclusivamente em face de particular, sem a concomitante presença de agente público no polo passivo da demanda" (REsp 1.171.017-PA, j. 25.02.2014). Ou seja, para a configuração da improbidade, sempre é necessária a participação de agente público.

No tocante aos *sujeitos ativos* do ato de improbidade, observou-se acirrada polêmica em relação aos **agentes políticos**. Em um primeiro momento, o STF fixou entendimento de que os **agentes políticos** que respondam por crime de responsabilidade (exs.: Presidente, Ministros de Estado, desembargadores, entre outros) não estão sujeitos à incidência da Lei 8.429/1992 (RE 579.799, DJ 19.12.2008), dada a similitude das sanções nas duas esferas. A exceção aplicava-se aos Prefeitos, em relação

a quem se admitia a responsabilização por improbidade (Rcl 6034, DJ 29/03/2008). No entanto, sobreveio alteração de entendimento, de modo que o STF passou a decidir que os agentes políticos, de modo geral – com exceção do Presidente da República –, encontram-se sujeitos a um duplo regime sancionatório, submetendo-se tanto à responsabilização civil pelos atos de improbidade administrativa quanto à responsabilização político-administrativa por crimes de responsabilidade (Pet 3240 AgR, Rel. Min. Roberto Barroso, DJe 22/08/2018). Relevante apontar que, com a Lei 14.230/2021, o agente político passou a constar expressamente no art. 2º, *caput*, da Lei 8.429/1992 como sujeito ativo.

Conforme as modificações introduzidas pela Lei 14.230/2021, os sócios, os cotistas, os diretores e os colaboradores de pessoa jurídica de direito privado não respondem pelo ato de improbidade que venha a ser imputado à pessoa jurídica, salvo se, comprovadamente, houver participação e benefícios diretos. Ademais, as sanções de improbidade não se aplicam à pessoa jurídica, caso o ato de improbidade administrativa seja também sancionado como ato lesivo à administração pública de que trata a Lei 12.846/2013 (lei anticorrupção). Há, portanto, a necessidade de observância do princípio constitucional do *non bis in idem*.

Quanto ao sucessor daquele que causar lesão ao patrimônio público ou se enriquecer ilicitamente, o art. 8º da Lei 8.429/1992, respeitando o princípio constitucional da intranscendência das sanções e restrições de direito (art. 5º, XLV, da CF), dispõe que aquele está sujeito apenas à obrigação de reparar o dano, até o limite do valor da herança ou do patrimônio transferido. **Atenção!** Com as alterações promovidas pela Lei 14.230/2021, restou ultrapassada a jurisprudência que vinha dominando, no sentido de que o sucessor teria de suportar não somente o ressarcimento ao erário, mas também a multa civil imposta ao falecido que tenha praticado improbidade.

Obs.: A responsabilidade sucessória do art. 8º da Lei 8.429/1992 aplica-se também na hipótese de alteração contratual, de transformação, de incorporação, de fusão ou de cisão societária.

V.   Processo

Antes da alteração promovida em 2021, eram legitimados ativos para a ação de improbidade o Ministério Público e a pessoa jurídica interessada (= pessoa jurídica lesada).

Com a Lei 14.230/2021, apenas o MP foi previsto como autor da ação (art. 17, "caput", cf. redação dada pelo novo diploma legal). No entanto, foram propostas perante o STF as ADINs 7.042 e 7.043, no âmbito das quais o Pleno da Corte restabeleceu a legitimidade da pessoa jurídica interessada para o ajuizamento da ação de improbidade.

Conclusão! Atualmente, por força da Lei 14.230/2021 e de decisão do STF, são legitimados ativos o Ministério Público e a pessoa jurídica interessada.

Quanto à medida cautelar de **indisponibilidade de bens**, o escopo é garantir a integral recomposição do erário ou do acréscimo patrimonial resultante de enriquecimento ilícito. As alterações promovidas pela Lei 14.230/2021 tornaram minucioso o respectivo regime. A sua decretação pelo Judiciário exige a demonstração do *fumus boni* *iuris* (probabilidade da ocorrência dos atos reputados como ímprobos) e do *periculum in mora*, de modo que a urgência não pode ser presumida. **Atenção!** O STJ entendia que a indisponibilidade requeria apenas o *fumus boni iuris*, estando o *periculum in mora* implícito na lei. No entanto, a recente alteração legislativa passou a exigir expressamente o perigo de dano irreparável ou de risco ao resultado útil do processo.

Essa tutela de urgência somente pode recair sobre bens que assegurem exclusivamente o integral ressarcimento do dano ao erário, sem incidir sobre os valores aplicados a título de multa civil ou sobre acréscimo patrimonial decorrente de atividade lícita. Nesse particular, a modificação trazida pela Lei 14.230/2021 tornou superada a jurisprudência do STJ, no sentido de que a medida incide sobre as bases patrimoniais da futura sentença condenatória, incluído o valor de eventual multa civil.

A indisponibilidade dos bens pode ser decretada sem a oitiva prévia do réu, sempre que o contraditório prévio puder comprovadamente frustrar a efetividade da medida. Ademais, é permitida a substituição da indisponibilidade por caução idônea, por fiança bancária ou por seguro-garantia judicial, a requerimento do réu. Se houver mais de um réu na ação, a somatória dos valores declarados indisponíveis não poderá superar o montante indicado na petição inicial como dano ao erário ou como enriquecimento ilícito.

Além disso, é vedada a decretação de indisponibilidade da quantia de até 40 salários mínimos depositados em caderneta de poupança, em outras aplicações financeiras ou em conta-corrente, bem como de bem de família do réu (salvo se comprovado que o imóvel seja fruto de vantagem patrimonial indevida relacionada a enriquecimento ilícito).

A Lei 14.230/2021 introduziu uma ordem de prioridade para a incidência da medida. Assim, a decretação de indisponibilidade de bens deve priorizar veículos de via terrestre, bens imóveis, bens móveis em geral, semoventes, navios e aeronaves, ações e quotas de sociedades simples e empresárias, pedras e metais preciosos. Apenas na inexistência desses é que pode ser imposto o bloqueio de contas bancárias, de forma a garantir a subsistência do acusado e a manutenção da atividade empresária ao longo do processo.

O **procedimento** previsto pela lei é o comum (art. 17, "caput"). **Atenção!** Antes da alteração promovida pela Lei 14.230/2021, havia uma fase de defesa preliminar (o requerido era notificado para oferecer resposta em 15 dias). Atualmente, se a petição inicial estiver em devida forma, o juiz deve ordenar a citação dos requeridos para apresentação de contestação (prazo comum de 30 dias).

É importante ressaltar que a lei vedava expressamente qualquer tipo de transação, acordo ou conciliação na ação por improbidade. No entanto, a partir de 2019 houve modificação e agora a lei autoriza a celebração de "acordo de não persecução civil" (art. 17-B da Lei 8.429/92). Esse acordo deve contemplar, ao menos, o integral ressarcimento do dano e a reversão à pessoa jurídica lesada da vantagem indevida obtida pelos envolvidos. Para a apuração do valor do dano, deve ser realizada oitiva do Tribunal de Contas. Havendo a possibilidade de solução consensual, podem as partes requerer ao juiz a interrupção do prazo para a contestação, por prazo não superior a 90 dias. Sob o prisma formal, a sua celebração depende, entre outros, de homologação judicial, independentemente de o acordo ocorrer antes ou depois do ajuizamento da ação de improbidade administrativa. Além disso, o seu firmamento deve considerar a personalidade do agente, a natureza, as circunstâncias, a gravidade e a repercussão social do ato de improbidade, bem como as vantagens, para o interesse público, da rápida solução do caso. Relevante apontar, seguindo uma tendência geral de valorização do *compliance*, que o acordo poder contemplar a adoção de mecanismos internos de integridade. Aponte-se também que, em caso de descumprimento, o ímprobo fica impedido de celebrar novo acordo pelo prazo de 5 anos, contado do conhecimento pelo Ministério Público do efetivo descumprimento.

Quanto à **competência**, com o regramento trazido pela Lei 14.230/2021, a Lei 8.429/1992 passou expressamente a prever que a ação de improbidade administrativa deve ser proposta perante o foro do local onde ocorrer o dano ou da pessoa jurídica prejudicada (art. 17, §4º-A).

Ainda no que tange à competência, o STF fixou o entendimento de que "o foro especial por prerrogativa de função previsto na Constituição Federal em relação às infrações penais comuns não é extensível às ações de improbidade administrativa, de natureza civil", motivo pelo qual a competência é de primeira instância (Pet 3240 AgR, Rel. Min. Roberto Barroso, DJe 22/08/2018).

Uma novidade disposta pela nova lei de 2021 é a possibilidade de conversão da ação de improbidade em ação civil pública, caso se identifique a existência de ilegalidades administrativas a serem sanadas e sem que estejam presentes os requisitos para a imposição das sanções da Lei 8.429/1992.

A **sentença** aplicará as sanções e determinará o pagamento ou a reversão dos bens, conforme o caso, em favor da pessoa jurídica (art. 18). Não incide na ação de improbidade o reexame obrigatório da sentença de improcedência ou de extinção sem resolução de mérito (art. 17, §19, IV).

No que se refere à comunicabilidade de instâncias, as sentenças civis e penais produzem efeitos em relação à ação de improbidade quando concluírem pela inexistência da conduta ou pela negativa da autoria. Ademais, a absolvição criminal em ação que discuta os mesmos fatos, confirmada por decisão colegiada, impede o trâmite da ação de improbidade, havendo comunicação com todos os fundamentos de absolvição previstos no art. 386 do Código de Processo Penal.

VI. Prescrição (art. 23)

No que diz respeito ao **prazo prescricional** para o exercício da pretensão de aplicar as sanções de improbidade administrativa, o STF, ao interpretar o art. 37, § 5º, da CF, consagrou a seguinte tese: são **imprescritíveis** as ações de **ressarcimento ao erário** fundada na prática de ato doloso tipificado na Lei de Improbidade Administrativa (RE 852475/SP, DJe 08.08.2018). Repare que a imprescritibilidade tem os seguintes requisitos: a) é só em relação ao ressarcimento ao erário (não atingindo a aplicação das demais sanções da Lei de Improbidade, que tem o prazo

12. DIREITO ADMINISTRATIVO

prescricional mantido, nos termos das regras expostas abaixo); b) depende do reconhecimento de que o ato praticado foi doloso; c) depende do reconhecimento de que o ato praticado é qualificado pela lei como ato de improbidade administrativa.

Quanto à aplicação das **demais sanções**, e de acordo com as alterações promovidas pela Lei 14.230/2021, o prazo prescricional é de **8 anos**, contados a partir da ocorrência do fato ou, no caso de infrações permanentes, do dia em que cessou a permanência. **Atenção!** Verifica-se que o novo regramento modificou de modo significativo o regime original da prescrição em improbidade, baseado na diferenciação da condição do agente público envolvido (se titular de mandato, se servidor efetivo etc).

A nova lei passou a dispor sobre a suspensão e a interrupção do prazo prescricional, nos seguintes moldes:

a) a instauração de inquérito civil ou de processo administrativo para apuração dos ilícitos suspende o curso do prazo prescricional por, no máximo, 180 dias corridos, recomeçando a correr após a sua conclusão ou, caso não concluído o processo, esgotado o prazo de suspensão;

b) interrompe-se o prazo prescricional: i) pelo ajuizamento da ação de improbidade administrativa; ii) pela publicação da sentença condenatória; iii) pela publicação de decisão ou acórdão de Tribunal de Justiça (ou Tribunal Regional Federal), do STJ ou do STF que confirma sentença condenatória ou que reforma sentença de improcedência;

c) interrompida a prescrição, o prazo recomeça a correr do dia da interrupção, pela metade do prazo de 8 anos;

d) o inquérito civil para apuração do ato de improbidade deve ser concluído no prazo de 365 dias corridos, prorrogável uma única vez por igual período.

VII. Lei 14.230/2021 e direito intertemporal. Posição do STF

Com a edição da Lei 14.230/2021, e diante das múltiplas alterações do regime da improbidade administrativa, surgiram dúvidas sobre a aplicação do novo regramento no tempo, especialmente nos casos anteriores à vigência do diploma legal de 2021. Nesse cenário, questionou-se acerca da ocorrência da retroatividade benéfica em sede de improbidade administrativa, nos mesmos moldes do regime penal, que detém consagração constitucional (art. 5º, inciso XL).

Ocorre que Supremo Tribunal Federal, no âmbito do ARE 843.989/PR, fixou as seguintes teses de repercussão geral (Pleno, Rel. Min. Alexandre de Morais, julgamento finalizado em 18/08/2022 – tema 1.199):

1) É necessária a comprovação de responsabilidade subjetiva para a tipificação dos atos de improbidade administrativa, exigindo-se – nos artigos 9º, 10 e 11 da LIA – a presença do elemento subjetivo – dolo;

2) A norma benéfica da Lei 14.230/2021 – revogação da modalidade culposa do ato de improbidade administrativa –, é irretroativa, em virtude do artigo 5º, inciso XXXVI, da Constituição Federal, não tendo incidência em relação à eficácia da coisa julgada; nem tampouco durante o processo de execução das penas e seus incidentes;

3) A nova Lei 14.230/2021 aplica-se aos atos de improbidade administrativa culposos praticados na vigência do texto anterior da lei, porém sem condenação transitada em julgado, em virtude da revogação expressa do texto anterior; devendo o juízo competente analisar eventual dolo por parte do agente.

4) O novo regime prescricional previsto na Lei 14.230/2021 é irretroativo, aplicando-se os novos marcos temporais a partir da publicação da lei.

Verifica-se, portanto, que o STF estabeleceu a irretroatividade benéfica nos casos já transitados em julgado. Por outro lado, nas hipóteses das ações em andamento, ainda não acobertados pela coisa julgada, incidente a retroação benéfica.

Ademais, no que concerne ao regime prescricional, a tese fixada pela Corte foi a da irretroatividade.

(Procurador/PA – CESPE – 2022) Com referência ao regime jurídico da improbidade administrativa disposto na Lei n.º 8.429/1992, com alterações introduzidas pela Lei n.º 14.230/2021, assinale a opção correta.

(A) O elemento subjetivo do tipo da improbidade é o dolo, assim considerada a vontade livre e consciente de alcançar o resultado ilícito tipificado nas condutas ímprobas elencadas na lei, bastando a voluntariedade do agente.

(B) A lei passou a admitir expressamente a configuração de improbidade administrativa em hipótese de conduta isolada e exclusiva de um sujeito privado, ainda que sem a participação de algum agente público.

(C) A conduta de deixar de prestar contas com o intuito de ocultar irregularidades não constitui improbidade administrativa se não restarem efetivamente comprovadas irregularidades nas contas.

(D) O prazo prescricional da ação para aplicação de sanções por improbidade administrativa é de cinco anos, contado da ocorrência do fato ou, em se tratando de infrações permanentes, do dia em que tiver cessado a permanência.

(E) Os atos de improbidade administrativa que atentam contra os princípios da administração pública não mais importam em perda da função pública e suspensão dos direitos políticos.

A: incorreta (considera-se dolo a vontade livre e consciente de alcançar o resultado ilícito tipificado na lei, não bastando a voluntariedade do agente, cf. art. 1º, § 2º). **B:** incorreta (nos mesmos termos do regime anterior, inexiste improbidade em hipótese de conduta isolada e exclusiva de um sujeito privado, ou seja, sem a participação de algum agente público). **C:** incorreta (nos termos do art. 11, VI, constitui improbidade: "deixar de prestar contas quando esteja obrigado a fazê-lo, desde que disponha das condições para isso, com vistas a ocultar irregularidades"; não afasta a improbidade, portanto, se não restarem efetivamente comprovadas irregularidades nas contas). **D:** incorreta (o prazo prescricional é de 8 anos, contados a partir da ocorrência do fato ou, no caso de infrações permanentes, do dia em que cessou a permanência, cf. art. 23, "caput"). **E:** correta (cf. art. 12, III). *Gabarito "E".*

(Delegado/RJ – 2022 – CESPE/CEBRASPE) Delegacia fazendária recebeu denúncia anônima contra João, administrador de hospital público estadual, o qual teria adulterado, em 12/9/2015, documentos comprobatórios de capacidade técnica de empresa para auferir o objeto da licitação, consistente na administração da saúde pública no estado. O delegado titular da delegacia fazendária, após as investigações policiais, concluiu que havia ocorrido o crime de frustrar o caráter competitivo do procedimento licitatório, nos termos do Código Penal. Além dos aspectos penais, a autoridade policial identificou suposto dano ao erário público, em razão da conduta de João. Assim, sugeriu, em seu relatório final, a instauração da ação penal e a propositura de ação de reparação dos danos ao erário, fundada em ato tipificado como ilícito de improbidade administrativa.

Considerando essa situação hipotética, assinale a opção correta.

(A) Caberá a ação de ressarcimento ao erário, comprovando-se o dano, por qualquer ato ilícito do administrador do hospital, garantindo-se a ampla defesa ao réu.

(B) É possível ação de reparação de danos, observado o prazo prescricional previsto para os ilícitos na esfera cível.

(C) Caberá ação de reparação dos atos ilícitos dolosos e culposos tipificados em lei.

(D) Caberá ação de ressarcimento de danos ao erário, a qualquer tempo, desde que comprovado o ato ímprobo doloso do administrador do hospital.

(E) São imprescritíveis as sanções e ações de ressarcimento de danos ao erário público, como forma de se assegurar a integridade do patrimônio público e social, nos termos da lei.

Alternativa **A** incorreta (a afirmação está errada porque veicula enunciado genérico, pois não é "qualquer ato ilícito" que gera ação de ressarcimento ao erário). Alternativa **B** incorreta (as ações de ressarcimento fundadas em ato doloso de improbidade administrativa são imprescritíveis, cf. STF no RE 852.475). Alternativa **C** incorreta (de acordo com o regime inaugurado pela Lei 14.230/2021, cabe ação de reparação por improbidade em relação aos atos dolosos, não cabendo mais a improbidade culposa). Alternativa **D** correta (cf. STF no RE 852.475). Alternativa **E** incorreta (as sanções previstas na Lei de Improbidade estão submetidas ao prazo prescricional previsto no art. 23 da Lei 8.429/1992; somente são imprescritíveis as ações de reparação decorrentes de improbidade dolosa). **RB**
Gabarito "D".

(Procurador Município – Santos/SP – VUNESP – 2021) Eleutério é servidor público municipal e engenheiro responsável pela medição das obras públicas para pavimentação das ruas da cidade de Santos. Apesar de as obras estarem atrasadas, Eleutério recebeu quantia em dinheiro, paga por um dos diretores da empresa contratada, para atestar, como recebida, parte da obra que não tinha sido executada. Considerando os atos de improbidade descritos na Lei Federal nº 8.429/92, assinale a alternativa correta.

(A) A Lei de Improbidade alcança Eleutério, mas não se aplica ao diretor da empresa contratada, que não ostenta a condição de servidor ou agente público.

(B) Se o servidor improbo, Eleutério, vier a óbito, seu sucessor estará sujeito às cominações da Lei de Improbidade até o limite do valor da herança.

(C) Como o ato praticado por Eleutério causou lesão ao patrimônio público, caberá à autoridade administrativa responsável pelo inquérito representar à Procuradoria do município, para a indisponibilidade dos bens do indiciado.

(D) Se Eleutério vier a óbito, seu sucessor não se sujeitará às cominações da Lei de Improbidade, considerando a ausência dos elementos dolo ou culpa.

(E) Considerando que Eleutério responde por ato de improbidade, não estará ele sujeito às cominações penais, civis e administrativas pela prática do mesmo ato.

Os comentários são realizados de acordo com o novo regime da improbidade decorrente da Lei 14.230/2021. **A:** incorreta (a Lei de improbidade aplica-se ao diretor da empresa contratada, pois o regime da improbidade atinge terceiros que concorrem dolosamente para a prática do ilícito, cf. art. 3º da Lei 8.429/1992). **B:** correta (art. 8º). **C:** incorreta (o art. 7º, "caput", da Lei 8.429/1992 previa o seguinte: "Quando o ato de improbidade causar lesão ao patrimônio público ou ensejar enriquecimento ilícito, caberá a autoridade administrativa responsável pelo inquérito representar ao Ministério Público, para a indisponibilidade dos bens do indiciado". Alerte-se que tal dispositivo foi alterado pela Lei 14.230/2021, de modo que a sua redação atual é a seguinte: "Se houver indícios de ato de improbidade, a autoridade que conhecer dos fatos representará ao Ministério Público competente, para as providências necessárias."). **D:** incorreta (o sucessor ou o herdeiro daquele que causar dano ao erário ou que se enriquecer ilicitamente estão sujeitos apenas à obrigação de repará-lo até o limite do valor da herança ou do patrimônio transferido, cf. art. 8º). **E:** incorreta (a responsabilidade por improbidade é autônoma e independe das cominações penais, civis e administrativas pela prática do mesmo ato).
Gabarito "B".

(Delegado de Polícia Federal – 2021 – CESPE) Um agente público foi condenado por ato de improbidade administrativa. Na sentença, determinou-se que o elemento subjetivo do réu, no caso, havia sido culpa grave. Não houve condenação à perda da função pública nem à perda dos direitos políticos.

Considerando essa situação hipotética e o disposto na Lei 8.429/1992 e suas alterações, julgue os itens a seguir.

(1) É correto afirmar que, nessa situação, a conduta do agente que levou à condenação causou dano ao erário.

(2) As penas de perda da função pública e de perda dos direitos políticos tivessem sido aplicadas somente podem ser efetivadas após o trânsito em julgado da sentença condenatória.

(3) Eventual decretação de indisponibilidade de bens poderá recair sobre os bens adquiridos pelo referido agente antes da prática do ato ímprobo, devendo-se considerar, ainda, o valor de possível multa civil como sanção autônoma.

1: Certo. A questão está desatualizada, à luz das modificações ocorridas na Lei 8.429/1992 em razão da Lei 14.230/2021. Atualmente, pelo novo regime, a improbidade administrativa somente admite o *dolo* como elemento subjetivo. O mero exercício da função ou desempenho de competências públicas, sem comprovação de ato doloso com fim ilícito, afasta a responsabilidade por ato de improbidade administrativa (art. 1º, § 3º, da Lei 8.429/1992). Antes da alteração legal promovida em 2021, era admitida a culpa nos casos de improbidade que acarretavam dano ao erário (art. 10 da Lei 8.429/1992). **2:** Anulada. A questão foi anulada, pois faz referência à perda dos direitos políticos. Na verdade, o ordenamento jurídico prevê a sanção de *suspensão dos direitos políticos* (art. 37, § 4º, CF e art. 12 da Lei 8.429/1992). Vale apontar que, de acordo com o regime atual da improbidade administrativa (decorrente da Lei 14.230/2021), as sanções somente podem ser executadas após o trânsito em julgado da sentença condenatória (art. 12, § 9º, da Lei 8.429/1992). **3:** Certo. A questão está desatualizada,

12. DIREITO ADMINISTRATIVO

à luz das modificações ocorridas na Lei 8.429/1992 em razão da Lei 14.230/2021. Atualmente, pelo novo regime, a indisponibilidade apenas pode recair sobre os bens que assegurem exclusivamente o integral ressarcimento do dano ao erário, sem incidir sobre os valores a serem eventualmente aplicados a título de multa civil (art. 16, § 10). Observe-se que esse novo regramento acabou por afastar a jurisprudência do STJ, cujo entendimento considerava, para fins de indisponibilidade, o valor de possível multa civil. **RB**

Gabarito 1C, 2Anulada, 3C

(Juiz de Direito/AP – 2022 – FGV) João, então prefeito do Município Alfa, em janeiro de 2012, de forma culposa, permitiu a aquisição de bem por preço superior ao de mercado, na medida em que firmou contrato administrativo com a sociedade empresária Beta para compra de veículos para a frota oficial do Município com sobrepreço de R$ 100.000,00. O Ministério Público recebeu representação noticiando a ilegalidade em junho de 2013, instaurou inquérito civil e somente concluiu a investigação em setembro de 2021, confirmando que houve, de fato, superfaturamento no valor indicado. João exerceu mandato eletivo como chefe do Executivo municipal até 31/12/2012, haja vista que não foi reeleito.

No caso em tela, com base na jurisprudência do Supremo Tribunal Federal, em setembro de 2021, a pretensão ministerial de ressarcimento ao erário em face de João:

(A) ainda não estava prescrita, pois o prazo começa a contar a partir do término do mandato eletivo;

(B) ainda não estava prescrita, pois o ressarcimento ao erário é imprescritível, em qualquer hipótese;

(C) já estava prescrita, pois se aplica o prazo de três anos contados a partir do término do mandato eletivo do agente público;

(D) já estava prescrita, pois não se trata de ato de improbidade administrativa doloso, que ensejaria a imprescritibilidade do ressarcimento ao erário;

(E) ainda não estava prescrita, pois o ressarcimento ao erário é imprescritível, desde que o ato ilícito também configure ato de improbidade, culposo ou doloso.

Comentário: De acordo com o entendimento do STF, "são imprescritíveis as ações de ressarcimento ao erário fundadas na prática de ato doloso tipificado na Lei de Improbidade Administrativa" (RE 852.475/SP). Considerando que a desconformidade praticada por João se baseou na modalidade culposa, a pretensão ministerial de ressarcimento ao erário já estava prescrita em setembro de 2021 (5 anos, contados a partir do término do exercício do mandato, cf. redação anterior do art. 23, I, da Lei 8.429/1992). Assim, correta a alternativa D. Observação: com as alterações promovidas na Lei 8.429/1992 pela Lei 14.230/2021, não mais existe improbidade administrativa culposa, pois somente o dolo caracteriza o ato ímprobo. Além disso, o regime da prescrição foi substancialmente alterado: atualmente, o prazo é de oito anos, contados a partir da ocorrência do fato ou, no caso de infrações permanentes, do dia em que cessou a permanência. **RB**

Gabarito "D".

Servidor público estadual usou, em proveito próprio, veículo da administração pública estadual, para fins particulares.

(Promotor de Justiça/CE – 2020 – CESPE/CEBRASPE) Nesse caso, a conduta do servidor

(A) configura ato de improbidade administrativa que importa enriquecimento ilícito, se tiver havido dolo.

(B) configura ato de improbidade administrativa que causa lesão ao erário, mesmo que não tenha havido dolo.

(C) configura ato de improbidade administrativa que atenta contra os princípios administrativos, mesmo que não tenha havido dolo.

(D) não configura ato de improbidade administrativa, porque a Lei de Improbidade Administrativa não se aplica à esfera estadual.

(E) não configura ato de improbidade administrativa, por ausência de tipificação expressa na Lei de Improbidade Administrativa.

Há três modalidades de atos de improbidade administrativa: atos que importam enriquecimento ilícito (art. 9º da Lei 8.429/92); atos que causam prejuízo ao erário (art. 10); atos que atentam contra os princípios da Administração (art. 11). De acordo com o art. 9º, inc. XII, constitui improbidade que importa enriquecimento utilizar, em proveito próprio, bens, rendas, verbas ou valores integrantes do acervo patrimonial das entidades administrativas. Além disso, de acordo com o regramento atual da Lei 8.429/1992 (cf. a Lei 14.230/2021), somente é configurada a improbidade administrativa pela prática de conduta *dolosa* (art. 1º, §1º). Diante disso, correta a alternativa "A". **RB**

Gabarito "A".

(Promotor de Justiça/CE – 2020 – CESPE/CEBRASPE) Servidor público estadual que, no exercício da função pública, concorrer para que terceiro enriqueça ilicitamente estará sujeito a responder por ato de improbidade administrativa que

(A) atenta contra os princípios da administração pública, se sua conduta for dolosa.

(B) atenta contra os princípios da administração pública, ainda que sua conduta seja culposa.

(C) importa enriquecimento ilícito, se sua conduta for dolosa.

(D) importa enriquecimento ilícito, ainda que sua conduta seja culposa.

(E) causa prejuízo ao erário, ainda que sua conduta seja culposa.

A questão contém uma "pegadinha"! Há três modalidades de atos de improbidade administrativa: atos que importam enriquecimento ilícito (art. 9º da Lei 8.429/92); atos que causam prejuízo ao erário (art. 10); atos que atentam contra os princípios da Administração (art. 11). A primeira modalidade se aplica na hipótese em que o agente público enriquece ilicitamente. No entanto, caso esse enriquecimento for exclusivamente de terceiro, mediante concorrência de servidor público, há improbidade na segunda modalidade (prejuízo ao erário). É o que estabelece o art. 10, inc. XII: "permitir, facilitar ou concorrer para que terceiro se enriqueça ilicitamente". Além disso, de acordo com o regramento atual da Lei 8.429/1992 (cf. a Lei 14.230/2021), somente é configurada a improbidade administrativa pela prática de conduta *dolosa* (art. 1º, §1º). Não mais se admite, como havia no regramento anterior (nos casos de prejuízo ao erário ou do art. 10), improbidade culposa. **RB**

Gabarito "E" (em razão das alterações promovidas na Lei 8.429/1992 pela Lei 14.230/2011, esta alternativa está incorreta)

Lúcio, conselheiro de tribunal de contas estadual, Pierre, prefeito de município, e Mário, desembargador de tribunal de justiça estadual, cometeram ato de improbidade administrativa, previsto na Lei 8.429/1992.

(Promotor de Justiça/CE – 2020 – CESPE/CEBRASPE) Nessa situação hipotética, no âmbito do Poder Judiciário, deverá ocorrer o processamento e julgamento em 1.ª instância de

(A) Lúcio, Pierre e Mário.

(B) Lúcio e Pierre, somente.

(C) Lúcio e Mário, somente.

(D) Pierre e Mário, somente.

(E) Pierre, somente.

A competência para o julgamento das ações de responsabilidade por improbidade administrativa pertence ao juízo de *primeira instância*, mesmo nos casos de *agentes políticos* (como é o caso de Prefeitos, Membros de Tribunal de Contas e Magistrados). Relevante atentar que, atualmente, há expressa referência aos agente políticos na Lei 8.429/1992 (cf. art. 2º,"caput", cf. redação dada pela Lei 14.233/2021), nos termos da jurisprudência que prevalecia antes da alteração do regime da improbidade (cf. STF na Pet 3240 AgR, Rel. Min. Roberto Barroso, DJe 22/08/2018: "Os agentes políticos, com exceção do Presidente da República, encontram-se sujeitos a um duplo regime sancionatório, de modo que se submetem tanto à responsabilização civil pelos atos de improbidade administrativa, quanto à responsabilização político-administrativa por crimes de responsabilidade.") Já no que tange à atribuição do juízo de *primeiro grau*, dispõe o art. 17, §4-A da Lei 8.429/1992 que a ação de improbidade deve ser proposta perante o foro do local onde ocorrer o dano ou da pessoa jurídica prejudicada. **RB**

Gabarito "A".

Prefeito de município da Federação, juntamente com um servidor público federal e um advogado privado, cometeu ato de improbidade administrativa envolvendo recursos públicos federais conforme previsão da Lei 8.429/1992, o que causou prejuízo ao erário.

(Promotor de Justiça/CE – 2020 – CESPE/CEBRASPE) Nessa situação hipotética, o prazo prescricional para o ajuizamento da ação de improbidade administrativa

(A) será imprescritível para todos os envolvidos, tenha sido sua conduta dolosa ou culposa, assim como para as ações de ressarcimento ao erário decorrentes da improbidade.

(B) iniciará, no caso do prefeito, após o término do primeiro mandato, ainda que ele seja reeleito para o mesmo cargo.

(C) iniciará, no caso do prefeito, após o término do segundo mandato, se ele tiver sido reeleito para o mesmo cargo.

(D) será, para o advogado e para o servidor público federal, o previsto no estatuto do servidor.

(E) iniciará, no caso do prefeito e do servidor público federal, a partir da data da prática do ato.

Atenção! O regime da prescrição em improbidade sofreu substancial alteração pela Lei 14.133/2021. Assim, de acordo com o art. 23, "caput", da Lei 8.42/1992, o prazo prescricional é único para todos os envolvidos: 8 anos, contados a partir da ocorrência do fato ou, no caso de infrações permanentes, do dia em que cessou a permanência. Ademais, vale apontar que, segundo o STF, são imprescritíveis as ações de ressarcimento ao erário fundadas na prática de ato doloso tipificado na Lei de Improbidade Administrativa. **RB**

(alternativa correta)
pela Lei 14.230/2021, o gabarito está desatualizado, não havendo
Gabarito "C". (em razão das alterações promovidas na Lei 8.429/1992

(Escrevente – TJ/SP – 2018 – VUNESP) Constitui ato de improbidade administrativa que atenta contra os princípios da administração pública qualquer ação ou omissão que viole os deveres de honestidade, imparcialidade, legalidade, e lealdade às instituições, e notadamente,

(A) perceber vantagem econômica para intermediar a liberação ou aplicação de verba pública de qualquer natureza.

(B) liberar verba pública sem a estrita observância às normas pertinentes ou influir, de qualquer forma, para a sua aplicação irregular.

(C) permitir, facilitar ou concorrer para que terceiro se enriqueça ilicitamente.

(D) revelar fato ou circunstância de que tem ciência em razão das atribuições e que deva permanecer em segredo.

(E) agir negligentemente na arrecadação de tributo ou renda, bem como no que diz respeito à conservação do patrimônio público.

A: incorreta. Art. 9º, IX da Lei 8.429/1992; **B:** incorreta. Art. 10, XI da Lei 8.429/1992; **C:** incorreta. Art. 10, XII da Lei 8.429/1992; **D:** correta. Art. 11, III da Lei 8.429/1992; **E:** incorreta. Art. 10, X da Lei 8.429/1992. **FB**

Gabarito "D".

(Escrevente – TJ/SP – 2018 – VUNESP) Em consonância com a Lei de Improbidade, assinale a alternativa correta.

(A) O cidadão, no gozo de seus direitos políticos, tem exclusividade para representar à autoridade administrativa competente a fim de que seja instaurada investigação destinada a apurar a prática de ato de improbidade.

(B) Estando a petição inicial em devida forma, o juiz mandará autuá-la e ordenará a notificação do requerido, para oferecer manifestação por escrito, que poderá ser instruída com documentos e justificações, dentro do prazo de quinze dias.

(C) O Ministério Público ou qualquer cidadão no gozo de seus direitos políticos pode ingressar com ação de improbidade administrativa.

(D) Havendo fundados indícios de responsabilidade, a comissão processante poderá requerer em juízo a decretação do sequestro dos bens do agente ou terceiro que tenha enriquecido ilicitamente ou causado dano ao patrimônio público.

(E) A perda da função pública e a suspensão dos direitos políticos do condenado por ato de improbidade efetivam-se com a publicação da condenação por ato de improbidade em segunda instância.

A: incorreta. A "pegadinha" da questão está na expressão exclusividade, na medida em que o art. 14 da Lei 8.429/1992 estabelece que "qualquer pessoa poderá representar à autoridade administrativa competente para que seja instaurada investigação destinada à apurar a prática do ato de improbidade"; **B:** correta. Art. 17, § 7º da Lei 8.429/1992; **C:** incorreta. O art. 17 da Lei 8.429/1992 dá a legitimidade ativa *ad causam* da ação de improbidade administrativa apenas ao Ministério Público ou à pessoa jurídica interessada; **D:** incorreta. O art. 16 da Lei 8.429/1992 fala que "havendo fundados indícios de responsabilidade, a comissão representará **ao Ministério Público ou à procuradoria do órgão** para que requeira ao juízo competente a decretação do sequestro dos bens do agente ou terceiro que tenha enriquecido ilicitamente ou causado dano ao patrimônio público"; **E:** incorreta. "A perda da função pública e a suspensão dos direitos políticos só se efetivam com o trânsito em julgado da sentença condenatória – artigo 20 da Lei 8.429/1992". **FB**

Gabarito "B".

12. DIREITO ADMINISTRATIVO

(Escrevente – TJ/SP – 2018 – VUNESP) Constitui ato de improbidade administrativa importando enriquecimento ilícito auferir qualquer tipo de vantagem patrimonial indevida em razão do exercício de cargo, mandato, função, emprego ou atividade nas entidades mencionadas no artigo 1o da Lei de Improbidade a seguinte hipótese:

(A) permitir ou concorrer para que pessoa física ou jurídica privada utilize bens, rendas, verbas ou valores integrantes do acervo patrimonial das entidades públicas protegidas por esta Lei, sem observância das formalidades legais ou regulamentares aplicáveis à espécie.

(B) realizar operação financeira sem observância das normas legais e regulamentares ou aceitar garantia insuficiente ou inidônea.

(C) ordenar ou permitir a realização de despesas não autorizadas em lei ou regulamento.

(D) aceitar emprego, comissão ou exercer atividade de consultoria ou assessoramento para pessoa física ou jurídica que tenha interesse suscetível de ser atingido ou amparado por ação ou omissão decorrente das atribuições do agente público, durante a atividade.

(E) permitir ou facilitar a aquisição, permuta ou locação de bem ou serviço por preço superior ao de mercado.

A: incorreta – art. 10, XVII da Lei 8.429/1992; **B:** incorreta. Art. 10, VI da Lei 8.429/1992; **C:** incorreta. Art. 10, IX da Lei 8.429/1992; **D:** correta. Art. 9º, VIII da Lei 8.429/1992; **E:** incorreta. Art. 10, IV da Lei 8.429/1992. 🔲
„D„ ojuɐqɐ⅁

(Investigador – PC/BA – 2018 – VUNESP) Considere a seguinte situação hipotética:

João e Maria trabalham no Departamento Estadual de Trânsito – DETRAN de algum Estado-membro da Federação Brasileira. Maria trabalha no balcão, no atendimento ao público, enquanto José trabalha com processos e tem acesso ao sistema de dados, fazendo inclusões e alterações de informações, como a pontuação da Carteira Nacional de Habilitação. João e Maria conversam e decidem atuar ilicitamente. Se algum cidadão se apresentasse querendo dar baixa em sua pontuação indevidamente, sem preencher os requisitos legais, Maria afirmaria que conseguiria fazer isso, mediante o pagamento de R$ 500,00. Se o cidadão concordasse com essa prática, Maria passaria o pedido a João, que faria a alteração no sistema, dando a baixa na pontuação, dividindo, os dois, o resultado da prática ilícita. Certo dia, José, na qualidade de cidadão, solicita a Maria que diminua seus pontos, que já haviam atingido a quantia de 62. Maria impõe a condição do pagamento ilegal e José aceita. José retorna com o dinheiro e, quando vai entregá-lo a Maria, é flagrado pela Corregedoria do DETRAN. No que tange à responsabilização pela Lei de Improbidade Administrativa, é correto afirmar que poderá(ão) responder no polo passivo da demanda:

(A) João e Maria, na qualidade de agentes públicos, e José, porque, mesmo não sendo agente público, concorreu para a prática do ato de improbidade.

(B) João e Maria, pois a Lei de Improbidade Administrativa atinge somente agentes públicos, ainda que em sentido amplo.

(C) Maria, pois José não responde por não pertencer aos quadros da Administração, e João não havia recebido sua parte, portanto não se poderia caracterizar enriquecimento ilícito.

(D) Maria e José, porque, mesmo não sendo José funcionário público, ele participou ativamente da ilicitude, inclusive tomando a iniciativa da prática ímproba e instigando Maria a se beneficiar da proposta; João não recebeu nenhuma vantagem, então não responde.

(E) João e Maria, na qualidade de agentes públicos; José poderá ser demandado, todavia, subsidiariamente, por ação própria, apenas para ressarcir o Erário pelo dano causado, caso João e Maria sejam condenados a ressarcir os cofres públicos.

Tanto João e Maria como também José cometeram ato de improbidade administrativa, nos termos do art. 1º c/c 3º da Lei 8.429/1992. Com efeito, a lei diz que responde por ato de improbidade administrativa tanto o agente público, servidor ou não, como também, no que couber, aquele que, mesmo não sendo agente público, induza ou concorra para a prática do ato de improbidade ou dele se beneficie sob qualquer forma direta ou indireta. 🔲
„A„ ojuɐqɐ⅁

(Investigador – PC/BA – 2018 – VUNESP) A Lei no 8.429/92 estabelece que constitui ato de improbidade administrativa, importando enriquecimento ilícito, auferir qualquer tipo de vantagem patrimonial indevida em razão do exercício de cargo. Sabendo-se que Josué (empresário) concorreu com Gilson (funcionário público federal) para a prática de ato de improbidade administrativa, enriquecendo-se ambos ilicitamente, é correto afirmar que as disposições da Lei no 8.429/92

(A) não são aplicáveis a Josué, pois este não é agente público.

(B) são aplicáveis a Josué, inclusive com previsão de causa de aumento de pena por ser agente estranho à Administração Pública.

(C) são aplicáveis a Josué, no que couber, mesmo não sendo agente público, pois concorreu com Gilson para prática de ato de improbidade, todavia não atingem, de maneira alguma, seus sucessores.

(D) são aplicáveis a Josué, no que couber, mesmo não sendo agente público, pois concorreu com Gilson para prática de ato de improbidade, observando-se que, em razão do enriquecimento ilícito, podem ser atingidos seus sucessores até o limite do valor da herança.

(E) são aplicáveis a Josué, no que couber, mesmo não sendo agente público, pois concorreu com Gilson para prática de ato de improbidade, observando-se que, em razão do enriquecimento ilícito, podem ser atingidos seus sucessores independentemente do limite do valor da herança.

A: incorreta. A Lei 8.429/1992 aplica-se também àquele que, mesmo não sendo agente público, induza ou concorra para a prática do ato de improbidade ou dele se beneficie sob qualquer forma direta ou indireta – art. 3º da Lei 8.429/1992; **B:** incorreta. Não há previsão legal nesse sentido; **C:** incorreta. Aplica-se ao terceiro que não é agente público e a seus sucessores, até o limite do valor da herança; **D:** correta. Art. 3º c/c 8º da Lei 8.429/1992; **E:** incorreta. Aplica-se ao terceiro que não é agente público e a seus sucessores, até o limite do valor da herança – art. 8º da Lei 8.429/1992. 🔲
„D„ ojuɐqɐ⅁

(Procurador Municipal – Prefeitura/BH – CESPE – 2017) De acordo com o disposto na Lei de Improbidade Administrativa — Lei nº 8.429/1992 —, assinale a opção correta.

(A) A efetivação da perda da função pública, penalidade prevista na lei em apreço, independe do trânsito em julgado da sentença condenatória.

(B) A configuração dos atos de improbidade administrativa que importem em enriquecimento ilícito, causem prejuízo ao erário ou atentem contra os princípios da administração pública depende da existência do dolo do agente.

(C) O sucessor do agente que causou lesão ao patrimônio público ou que enriqueceu ilicitamente responderá às cominações da lei em questão até o limite do valor da sua herança.

(D) O responsável por ato de improbidade está sujeito, na hipótese de cometimento de ato que implique enriquecimento ilícito, à perda dos bens ou dos valores acrescidos ilicitamente ao seu patrimônio, ao ressarcimento integral do dano e à perda dos direitos políticos.

A: incorreta. A perda da função pública e suspensão dos direitos políticos dependem do trânsito em julgado da sentença condenatória, conforme disposto no art. 20, da Lei 8.429/1992; B: incorreta. O dolo só é necessário no ato de improbidade que cause prejuízo ao erário (art. 10, da Lei 8.429/1992; C: correta. Trata-se do disposto no art. 8º, da Lei 8.429/1992; D: incorreta. Conforme disposto no art. 12, I, da Lei 8.429/1992, o ressarcimento integral do dano só incidira (a pena), quando houver esse dano comprovado. AW

Gabarito "C".

(Procurador do Município – Prefeitura Fortaleza/CE – CESPE – 2017) A respeito de bens públicos e responsabilidade civil do Estado, julgue o próximo item.

(1) Se, após um inquérito civil público, o MP ajuizar ação de improbidade contra agente público por ofensa ao princípio constitucional da publicidade, o agente público responderá objetivamente pelos atos praticados, conforme o entendimento do STJ.

1: incorreta. Os agentes públicos só respondem pelos atos de improbidade que violarem os princípios administrativos (art. 11 da Lei 8.429/1992), de forma subjetiva, ou seja, se provado o dolo ou culpa do agente (REsp 1654542 SE 2017/0033113-6). AW

Gabarito "1E".

(Procurador do Município – Prefeitura Fortaleza/CE – CESPE – 2017) Um servidor da Procuradoria-Geral do Município de Fortaleza, ocupante exclusivamente de cargo em comissão, foi preso em flagrante, em operação da Polícia Federal, por fraudar licitação para favorecer determinada empresa.

Com referência a essa situação hipotética, julgue os itens subsequentes tendo como fundamento o controle da administração pública e as disposições da Lei de Improbidade Administrativa e da Lei Municipal n.º 6.794/1990, que dispõe sobre o Estatuto dos Servidores do Município de Fortaleza.

(1) Mesmo que o servidor mencionado colabore com as investigações e ressarça o erário, não poderá haver acordo ou transação judicial em sede de ação de improbidade administrativa.

(2) Segundo o entendimento do STJ, caso o referido servidor faleça durante a ação de improbidade

administrativa, a obrigação de reparar o erário será imediatamente extinta, dado o caráter personalíssimo desse tipo de sanção.

(3) No caso de ajuizamento de ação penal, o processo administrativo disciplinar ficará suspenso até o trânsito em julgado do processo na esfera criminal.

(4) Nesse caso, a sentença criminal absolutória transitada em julgado que negar a autoria vinculará, necessariamente, a esfera administrativa.

(5) Caso o referido servidor seja demitido por decisão de processo administrativo disciplinar, poderá o Poder Judiciário revogar esse ato administrativo se ficar comprovado o cerceamento de defesa, ainda que exista recurso administrativo pendente de decisão.

1: correta. Não há mais possibilidade de transação em Ação Civil Pública de Improbidade Administrativa (art. 17, § 1º, da Lei 8.429/1992), sendo essa revogada pela perda da eficácia da MP 703/15; 2: incorreta. A Ação de Improbidade Administrativa corre também contra os herdeiros, que são legitimados passivos, conforme disposto no art. 8º, da Lei 8.429/1992; 3: incorreta. As esferas administrativa, cível e penal são independentes entre si (art. 125 da Lei 8.112/1990), por isso é que não é necessário aguardar o processo criminal, sendo somente afastada a responsabilidade administrativa se houver absolvição por inexistência do fato ou sua autoria, por isso, somente nesses casos é que seria prudente suspender o processo administrativo disciplinar, mas como o problema não traz essa informação, a resposta mais genérica é pena desnecessidade dessa suspensão; 4: correta. É o que dispõe o art. 126 da Lei 8.112/1990; 5: incorreta. O Poder Judiciário poderá anular o ato administrativo por cerceamento de defesa, já que ilegal. Não pode revogar o ato administrativo, porque a revogação é própria e exclusiva do Poder Executivo. AW

Gabarito "1C, 2E, 3E, 4C, 5E."

(Juiz – TRF 2ª Região – 2017) O Ministério Público Federal (MPF) ajuizou ação de improbidade administrativa em face de dois agentes públicos, por alegada ordenação de despesa não prevista em lei (art. 10, IX, da Lei nº 8.429/92), com potencial prejuízo à União. Não houve prévio inquérito civil e a ação foi aforada imediatamente após ter o MPF recebido documentos e decisão preliminar proferida pelo Tribunal de Contas da União (TCU), em tomada de contas. Assinale a opção correta:

(A) O inquérito civil visa à coleta de elementos idôneos a propiciar suporte ao ajuizamento da ação de improbidade, sendo necessária a sua prévia realização como condição de procedibilidade da ação.

(B) A falta de inquérito civil e mesmo de quaisquer outros elementos que deem suporte à postulação é suprida, no sistema da Lei 8.429/92, pela obrigatória notificação prévia dos demandados, que farão defesa prévia antes do recebimento da própria inicial.

(C) No caso, posterior decisão do TCU que aponte a regularidade dos atos que ordenaram as despesas tornará sem objeto a ação.

(D) A pessoa jurídica prejudicada pelo ato de improbidade administrativa (no caso, a União) pode ingressar nos autos, mesmo após o decurso do prazo relativo à juntada da contestação, para apresentar argumentos favoráveis à condenação dos autores dos atos acoimados de ímprobos.

(E) Comprovado que os atos não têm suporte legal, estará caracterizada a improbidade administrativa.

12. DIREITO ADMINISTRATIVO

A: incorreta. Não há previsão legal para a instauração de inquérito civil para o ajuizamento de ação de improbidade administrativa (art. 17, e seguintes, da Lei 8.429/1992); **B:** incorreta. Como não há previsão para a instauração de inquérito civil, não há que se falar em suprimento deste ato; **C:** incorreta. O art. 21, II, da Lei 8.429/1992 é expresso quanto à total independência da aprovação ou rejeição das contas pelos Tribunais de Contas para aplicação das penalidades prevista pela lei: **D:** correta. A pessoa jurídica interessada, quando não for autora poderá atuar ao lado do autor, no caso, o Ministério Público, conforme disposto no art. 17, §3°, da Lei 8.429/1992, que remete à aplicação do art. 6°, da Lei 4.717/1965; **E:** incorreta. Os atos de improbidade são os tipificados nos arts. 9°, 10 e 11, da Lei 8.429/1992, não havendo ato ímprobo sem descrição ou tipificação legal. **AW**

Gabarito "D".

(Promotor de Justiça – MPE/RS – 2017) Com relação às regras da Lei de Improbidade Administrativa (Lei 8.429, de 02 de junho de 1992), assinale a alternativa correta.

(A) Estando a inicial em devida forma, o juiz mandará autuá-la e ordenará a notificação do requerido, para oferecer manifestação por escrito, que poderá ser instruída com documentos e justificações, dentro do prazo de quinze dias.

(B) Tendo em vista a independência das ações, a propositura da ação de improbidade administrativa não traz a prevenção em relação a outras ações intentadas posteriormente, que tenham por fim discutir o mesmo objeto.

(C) Tendo em vista a indisponibilidade do interesse público, o juiz não poderá extinguir o processo, sem resolução de mérito, se reconhecer a inadequação da ação de improbidade administrativa, devendo buscar todas as provas e ultimar o processo com sentença de mérito.

(D) A ação de improbidade administrativa é de autoria exclusiva do Ministério Público, cabendo à pessoa jurídica de direito público ou de direito privado prestadora de serviço público, obrigatoriamente, a contestação do feito.

(E) As ações destinadas a levar a efeito as sanções por ato de improbidade administrativa podem ser propostas em até 5 (cinco) anos, contados da data em que o ato de improbidade administrativa foi praticado.

A: Correta. Trata-se do art.17, § 7°, da Lei 8.429/1992. **B:** Incorreta. Há sim, prevenção da jurisdição para as demais ações com o mesmo objeto, conforme disposto no art.17, § 5°, da Lei de Improbidade. **C:** Incorreta. O juiz poderá extinguir o processo sem julgamento de mérito, conforme disposto no art.17, § 11, da Lei 8.429/1992. **D:** Incorreta. A pessoa jurídica lesada ou interessada poderá também ser autora da ação civil de improbidade administrativa, conforme disposto no art.17, da Lei 8.429/1992. **E:** Incorreta. O prazo é fixo, sendo de 5 anos para os titulares de cargos ou função de confiança e mandato eletivo e o prazo previsto para aplicação das penalidades administrativas (funcionais) para os titulares de cargo efetivo, conforme disposto no art. 23 da Lei 8.429/1992. **AW**

Gabarito "A".

(Delegado/AP – 2017 – FCC) Um servidor público foi processado por ato de improbidade por ter se locupletado ilicitamente em razão do exercício do cargo de diretor de empresa estatal. Durante o processo restou demonstrada a culpa do servidor, tendo a ação sido julgada procedente.

Não obstante, pouco tempo depois da condenação judicial definitiva, o servidor veio a falecer. No que diz respeito ao impacto desse fato na ação de improbidade e no ressarcimento dos cofres públicos,

(A) deverá ser extinta, em razão da extinção da punibilidade decorrente do falecimento do autor, cuja condenação é personalíssima.

(B) a responsabilidade pelo ressarcimento aos cofres públicos persiste para os herdeiros do servidor público, respeitado o limite da herança.

(C) a ação prossegue regularmente, tendo em vista que já havia sentença condenatória contra o servidor, substituindo-o por outro representante da estatal para representa-lo judicialmente.

(D) a ação pode prosseguir até o trânsito em julgado, não sendo possível, no entanto, transmitir aos herdeiros nenhuma responsabilidade decorrente de atos do antecessor, dada a natureza personalíssima.

(E) no caso de se tratar de ato de improbidade doloso, a responsabilidade pela devolução dos valores correspondentes ao enriquecimento ilícito passa aos herdeiros, enquanto que em se tratando de ato de improbidade sob a modalidade culposa, inexiste previsão legal para tanto.

B: correta – Lei 8.429/1992, art. 8° O sucessor daquele que causar lesão ao patrimônio público ou se enriquecer ilicitamente está sujeito às cominações desta lei até o limite do valor da herança. **FB**

Gabarito "B".

(Delegado/MS – 2017 – FAPEMS) Leia o texto a seguir.

[...] a improbidade não está superposta à moralidade, tratando-se de um conceito mais amplo que abarca não só componentes morais com também os demais princípios regentes da atividade estatal, o que não deixa de estar em harmonia com suas raízes etimológicas. Justifica-se, pois, sob a epígrafe do agente público de boa qualidade somente podem estar aqueles que atuem em harmonia com as normas a que estão sujeitos, o que alcança as regras e os princípios.

GARCIA, Emerson; ALVES, Rogério Pacheco. Improbidade Administrativa. 6. ed. Rio de Janeiro: Lumen Júris, 2011, p. 125.

Acerca das sanções pela prática de ato de improbidade administrativa, segundo a lei vigente, é correto afirmar que

(A) as ações voltadas ao ressarcimento do erário por danos decorrentes de atos de improbidade administrativa prescrevem em cinco anos após o término do exercício de mandato, de cargo em comissão ou de função de confiança.

(B) a prática de ato de improbidade administrativa decorrente de concessão ou aplicação indevida de benefício financeiro ou tributário é punida, também, com multa civil de até três vezes o valor do benefício financeiro ou tributário concedido.

(C) a prática de ato de improbidade administrativa que importe enriquecimento ilícito é punida, também, com a proibição de contratar com o Poder Público ou receber benefícios ou incentivos fiscais ou creditícios, direta ou indiretamente, ainda que por intermédio de pessoa jurídica da qual seja sócio majoritário, pelo prazo de cinco anos.

(D) os prefeitos municipais não se submetem à Lei de Improbidade Administrativa, mas, sim, ao Decreto-Lei n. 201/1967.

(E) a prática de ato de improbidade administrativa que causem prejuízos ao erário é punida, também, com a proibição de contratar com o Poder Público ou receber benefícios ou incentivos fiscais ou creditícios, direta ou indiretamente, ainda que por intermédio de pessoa jurídica da qual seja sócio majoritário, pelo prazo de dez anos.

A: incorreta. A prescrição prevista na LIA, não trata das ações de ressarcimento ao erário. **B:** Correta. Lei 8.429/1992, art. 12, IV – na hipótese prevista no art. 10-A, perda da função pública, suspensão dos direitos políticos de 5 (cinco) a 8 (oito) anos e multa civil de até 3 (três) vezes o valor do benefício financeiro ou tributário concedido. **C:** incorreta. São dez anos. Lei 8.429/1992, art. 12, I – na hipótese do art. 9º, perda dos bens ou valores acrescidos ilicitamente ao patrimônio, ressarcimento integral do dano, quando houver, perda da função pública, suspensão dos direitos políticos de oito a dez anos, pagamento de multa civil de até três vezes o valor do acréscimo patrimonial e proibição de contratar com o Poder Público ou receber benefícios ou incentivos fiscais ou creditícios, direta ou indiretamente, ainda que por intermédio de pessoa jurídica da qual seja sócio majoritário, pelo prazo de dez anos. **D:** incorreta. Lei 8.429/1992, art. 1º Os atos de improbidade praticados por qualquer agente público, servidor ou não, contra a administração direta, indireta ou fundacional de qualquer dos Poderes da União, dos Estados, do Distrito Federal, dos Municípios, de Território, de empresa incorporada ao patrimônio público ou de entidade para cuja criação ou custeio o erário haja concorrido ou concorra com mais de cinquenta por cento do patrimônio ou da receita anual, serão punidos na forma desta lei. **E:** Correta. Lei 8.429/1992, art. 12, I – na hipótese do art. 9º, perda dos bens ou valores acrescidos ilicitamente ao patrimônio, ressarcimento integral do dano, quando houver, perda da função pública, suspensão dos direitos políticos de oito a dez anos, pagamento de multa civil de até três vezes o valor do acréscimo patrimonial e proibição de contratar com o Poder Público ou receber benefícios ou incentivos fiscais ou creditícios, direta ou indiretamente, ainda que por intermédio de pessoa jurídica da qual seja sócio majoritário, pelo prazo de dez anos. **FB**
Gabarito "Anulada"

(Delegado/MT – 2017 – CESPE) De acordo com o entendimento do STJ, no curso da ação de improbidade administrativa, a decretação da indisponibilidade de bens do réu dependerá da

(A) constatação da inexistência de meios de prestação de caução.

(B) presença de fortes indícios da prática do ato imputado.

(C) prova de dilapidação do patrimônio.

(D) presença do *periculum in mora* concreto.

(E) prova da impossibilidade de recuperação do patrimônio público.

Ministro Mauro Campbell Marques, em trechos de seu voto: "as medidas cautelares, em regra, como tutelas emergenciais, exigem, para a sua concessão, o cumprimento de dois requisitos: o *fumus boni juris* (plausibilidade do direito alegado) e o *periculum in mora* (fundado receio de que a outra parte, antes do julgamento da lide, cause ao seu direito lesão grave ou de difícil reparação). (...) No entanto, no caso da medida cautelar de indisponibilidade, prevista no art. 7º da LIA, não se vislumbra uma típica tutela de urgência, como descrito acima, mas sim uma tutela de evidência, uma vez que o *periculum in mora* não é oriundo da intenção do agente dilapidar seu patrimônio, e sim da gravidade dos fatos e do montante do prejuízo causado ao erário, o que atinge toda a coletividade. O próprio legislador dispensa a demonstração do perigo de dano, em vista da redação imperativa da Constituição Federal (art. 37, § 4º) e da própria Lei de Improbidade (art. 7º).(...)O *periculum in mora*, em verdade, milita em favor da sociedade, representada pelo requerente da medida de bloqueio de bens, porquanto esta Corte Superior já apontou pelo entendimento segundo o qual, em casos de indisponibilidade patrimonial por imputação de conduta ímproba lesiva ao erário, esse requisito é implícito ao comando normativo do art. 7º da Lei n. 8.429/1992. (...). **FB**
Gabarito "B".

(Delegado/GO – 2017 – CESPE) Se uma pessoa, maior e capaz, representar contra um delegado de polícia por ato de improbidade sabendo que ele é inocente, a sua conduta poderá ser considerada, conforme o disposto na Lei n.º 8.429/1992,

(A) crime, estando essa pessoa sujeita a detenção e multa.

(B) ilícito administrativo, por atipicidade penal da conduta.

(C) contravenção penal.

(D) crime, estando essa pessoa sujeita apenas a multa.

(E) crime, estando essa pessoa sujeita a reclusão e multa.

Trata-se do ilícito penal de denunciação caluniosa. Artigo 339 CP: *"Dar causa à instauração de investigação policial, de processo judicial, instauração de investigação administrativa, inquérito civil ou ação de improbidade administrativa contra alguém, imputando-lhe crime de que o sabe inocente:"* Pena: Reclusão, de 2 a 8 anos, e multa. **FB**
Gabarito "A".

(Delegado/GO – 2017 – CESPE) Em relação à improbidade administrativa, assinale a opção correta.

(A) A ação de improbidade administrativa apresenta prazo de proposição decenal, qualquer que seja a tipicidade do ilícito praticado pelo agente público.

(B) Se servidor público estável for condenado em ação de improbidade administrativa por uso de maquinário da administração em seu sítio particular, poderá ser-lhe aplicada pena de suspensão dos direitos políticos por período de cinco a oito anos.

(C) O particular que praticar ato que enseje desvio de verbas públicas, sozinho ou em conluio com agente público, responderá, nos termos da Lei de Improbidade Administrativa, desde que tenha obtido alguma vantagem pessoal.

(D) Enriquecimento ilícito configura ato de improbidade administrativa se o autor auferir vantagem patrimonial indevida em razão do cargo, mandato, função, emprego ou atividade, mesmo que de forma culposa.

(E) Caso um servidor público federal estável, de forma deliberada, sem justificativa e reiterada, deixar de praticar ato de ofício, poderá ser-lhe aplicada multa civil de até cem vezes o valor da sua remuneração, conforme a gravidade do fato.

A: incorreta. Lei 8.429/1992, art. 23, – I – até cinco anos após o término do exercício de mandato, de cargo em comissão ou de função de confiança; II – dentro do prazo prescricional previsto em lei específica para faltas disciplinares puníveis com demissão a bem do serviço público, nos casos de exercício de cargo efetivo ou emprego. III – até cinco anos da data da apresentação à administração pública da prestação de contas final pelas entidades referidas no parágrafo único do art. 1º desta Lei. **B:** incorreta. Trata-se da hipótese prevista no Art. 9º, inciso IV, da Lei 8.492/1992. art. 12, da mesma Lei, indica como

12. DIREITO ADMINISTRATIVO

penas – I – na hipótese do art. 9º, perda dos bens ou valores acrescidos ilicitamente ao patrimônio, ressarcimento integral do dano, quando houver, perda da função pública, suspensão dos direitos políticos **de oito a dez anos**, pagamento de multa civil de até três vezes o valor do acréscimo patrimonial e proibição de contratar com o Poder Público ou receber benefícios ou incentivos fiscais ou creditícios, direta ou indiretamente, ainda que por intermédio de pessoa jurídica da qual seja sócio majoritário, pelo prazo de dez anos; **C:** incorreta. Lei 8.492/1992, art. 3º As disposições desta lei são aplicáveis, no que couber, àquele que, mesmo não sendo agente público, induza ou concorra para a prática do ato de improbidade ou dele se beneficie sob qualquer forma direta ou indireta. **D:** incorreta. Não admite a forma culposa. Art. 9º Constitui ato de improbidade administrativa importando enriquecimento ilícito auferir qualquer tipo de vantagem patrimonial indevida em razão do exercício de cargo, mandato, função, emprego ou atividade nas entidades mencionadas no art. 1º desta lei. **E:** correta. Lei 8.492/1992, art. 11. Constitui ato de improbidade administrativa que atenta contra os princípios da administração pública qualquer ação ou omissão que viole os deveres de honestidade, imparcialidade, legalidade, e lealdade às instituições, e notadamente: II – retardar ou deixar de praticar, indevidamente, ato de ofício. Tendo como penas – Art. 12, da mesma Lei – III – na hipótese do art. 11, ressarcimento integral do dano, se houver, perda da função pública, suspensão dos direitos políticos de três a cinco anos, pagamento de multa civil de até cem vezes o valor da remuneração percebida pelo agente e proibição de contratar com o Poder Público ou receber benefícios ou incentivos fiscais ou creditícios, direta ou indiretamente, ainda que por intermédio de pessoa jurídica da qual seja sócio majoritário, pelo prazo de três anos. **FB**

Gabarito "E."

5.11. Temas combinados de servidor público

(Delegado/MG – 2021 – FUMARC) Sabendo-se que o nosso ordenamento jurídico admite a possibilidade de o servidor público ser responsabilizado cumulativamente nas esferas administrativa, civil e criminal, pela prática de um mesmo ato lesivo, analise as afirmativas a seguir e marque a INCORRETA:

(A) A administração pública pode aplicar ao servidor a pena de demissão em processo disciplinar ainda no curso da ação penal a que responde pelo mesmo fato.

(B) A decisão penal condenatória só causa reflexo na esfera civil da Administração se o fato ilícito penal for caraterizado também como ilícito civil, ocasionando prejuízo patrimonial aos cofres públicos.

(C) Em caso de dano causado à Administração Pública ou a terceiro, o dever indenizatório atribuído ao servidor público, estabelecido por meio de pro- cesso administrativo regular, pode ser satisfeito mediante desconto direto sobre os seus vencimentos, independentemente da sua anuência.

(D) Se a infração disciplinar também for capitulada como crime, o prazo prescricional será o previsto na lei penal.

A: correta (em razão da independência das instâncias penal e disciplinar, a administração pública pode aplicar ao servidor a pena de demissão em processo disciplinar ainda no curso da ação penal a que responde pelo mesmo fato). **B:** correta (a despeito da independência das instâncias, verificam-se situações de repercussão; assim, a decisão penal condenatória causa reflexo na esfera civil da Administração se o fato ilícito penal for caraterizado também como ilícito civil, ocasionando lesão ao erário. **C:** incorreta (o desconto direto sobre os vencimentos do servidor depende de sua anuência, não podendo ser realizado "ex officio"). **D:** correta (os prazos de prescrição previstos na lei penal aplicam-se às

infrações disciplinares capituladas também como crime, cf. art. art. 142, § 2º, da Lei 8.112/1990; no mesmo sentido a jurisprudência do STJ: "a prescrição da pretensão punitiva do Estado, nos casos em que o servidor pratica ilícito também capitulado como crime, deve observar o disposto na legislação penal" – AgInt no REsp 1.872.789/SP, 2ª Turma, Rel. Min. Og Fernandes, DJe 18.12.2020). **RB**

Gabarito "C."

(Juiz de Direito/SP – 2021 – Vunesp) Diante de uma arguição de inconstitucionalidade de Lei Municipal que trata de contratação temporária de servidores, por burla ao princípio da obrigatoriedade do concurso público, é forçoso concluir que

(A) não é possível admissão de servidores sem concurso público, na medida em que o artigo 37, inciso II, da Constituição Federal impõe essa forma de seleção para atendimento aos princípios da eficiência, da impessoalidade e da moralidade administrativa.

(B) as contratações temporárias, quando excepcionalmente admitidas, não podem ser prorrogadas.

(C) as regras que admitem a contratação sem concurso público devem ser interpretadas restritivamente, impondo previsão em lei, interesse público excepcional e necessidade indispensável.

(D) quando admitidos servidores em caráter temporário, fora das hipóteses estritas em que permitido pela Constituição, é cabível ação de improbidade, com determinação de devolução das quantias pagas, sem prejuízo das demais penalidades.

Comentário: **A:** incorreta (embora a regra seja a obrigatoriedade do concurso público para a admissão de servidores públicos, nos termos do art. 37, II, da CF, a própria Carta Magna prevê exceções, como os cargos em comissão e as contratações temporárias). **B:** incorreta (as leis que disciplinam a figura das contratações temporárias preveem a possibilidade de prorrogação, reputada constitucional pelo STF, desde que não abusiva). **C:** correta (a contratação temporária tem previsão constitucional, nos termos do art. 37, IX, que merece interpretação restritiva; de acordo com o STF, para que se considere válida a contratação temporária, é preciso que: a) os casos excepcionais estejam previstos em lei; b) o prazo de contratação seja predeterminado; c) a necessidade seja temporária; d) o interesse público seja excepcional; e) a necessidade de contratação seja indispensável). **D:** incorreta (não é possível estabelecer de modo apriorístico a caracterização de improbidade administrativa, sujeita à demonstração do elemento subjetivo doloso, nos termos do regramento da Lei 8.429/1992, cf. alterações promovidas pela Lei 14.230/2021; além disso, com assento no princípio da boa-fé e da proteção à confiança, incabível a devolução das quantias pagas). **RB**

Gabarito "C."

(Juiz de Direito/SP – 2021 – Vunesp) Lei Municipal prevê a concessão de auxílio-alimentação aos servidores mensalmente, em parcela destacada, sem incidência de contribuição previdenciária, incorporando-o definitivamente após 12 meses. Estabelece, ainda, que o valor pago a título de auxílio-alimentação integrará a base de cálculo para efeitos de pagamento de 13o salário e férias. Questionada a constitucionalidade e a extensão da norma, é correto afirmar que

(A) o auxílio-alimentação ostenta caráter indenizatório e é devido apenas durante o exercício funcional, não pode ser estendido a inativos e pensionistas, nem ser incorporado, mas a incidência proporcional sobre 13o salário e férias, direito constitucionalmente assegurado, legitima-se, com base na expressa previsão orçamentária.

(B) o Município goza de total liberdade na organização do seu pessoal, impondo-se, sob pena de violação aos princípios federativos e da separação dos poderes, prestigiar a legislação editada sem vício de iniciativa e aprovada em regular processo legislativo.

(C) o auxílio alimentação, nos termos em que instituído, perdeu a natureza indenizatória e deve ser estendido a inativos e pensionistas.

(D) se trata de verba indenizatória, o que não permite sua incorporação à remuneração ou integração à base de cálculo para efeito de 13o salário e férias.

Comentário: de acordo com o entendimento do STF, o auxílio-alimentação detém natureza indenizatória (**C**: incorreta), motivo pelo qual não se admite: a) a sua integração à base de cálculo para fins de 13º salário e férias (**D**: correta e **A**: incorreta); b) a sua incorporação à remuneração; c) a sua extensão a servidores inativos, nos termos da Súmula Vinculante 55: "O direito ao auxílio-alimentação não se estende aos servidores inativos". Evidentemente, o Município não goza de total liberdade na organização de seu pessoal, porquanto sujeita aos ditames constitucionais (**B**: incorreta). RB
Gabarito "D".

(Juiz de Direito – TJ/SC – 2019 – CESPE/CEBRASPE) Tendo como referência as disposições da Lei Estadual 6.745/1985, do estado de Santa Catarina, assinale a opção correta.

(A) O regime de trabalho dos servidores públicos do estado de Santa Catarina será, em regra, de quarenta e quatro horas semanais, ressalvada previsão específica na legislação de regência de determinada carreira.

(B) A equivalência de vencimentos e a manutenção da essência das atribuições do cargo são requisitos que devem ser observados para fins de redistribuição.

(C) Readaptação implica em mudança de cargo e não tem prazo certo de duração, devendo ser observados os demais requisitos legais.

(D) O tempo de serviço público prestado à União, a estado, a município ou ao Distrito Federal é computado integralmente para efeito de aposentadoria do servidor, mas não para pagamento de adicional por tempo de serviço.

(E) O vencimento consiste na retribuição mensal paga ao servidor pelo exercício do cargo e corresponde ao valor da remuneração somado às vantagens pecuniárias.

A Lei Estadual 6.745/85 constitui o Estatuto dos Servidores Públicos Civis do Estado de Santa Catarina. Alternativa **A** incorreta (o regime de trabalho dos funcionários públicos do Estado, como regra, é de 40 horas semanais, cf. art. 23, "caput"). Alternativa **B** correta (cf. art. 32, II e III). Alternativa **C** incorreta (a readaptação não implica mudança de cargo e terá prazo certo de duração, cf. art. 35, § 1º). Alternativa **D** incorreta (o tempo de serviço público prestado à União, Estados, Municípios ou ao Distrito Federal é computado integralmente para efeito de aposentadoria, disponibilidade e adicional por tempo de serviço, cf. art. 42, "caput"). Alternativa **E** incorreta (remuneração é a retribuição mensal paga ao funcionário pelo exercício do cargo, correspondente ao vencimento e vantagens pecuniárias, cf. art. 81, "caput"). RB
Gabarito "B".

(Promotor de Justiça/SP – 2019 – MPE/SP) Em relação ao regime jurídico dos agentes públicos, assinale a alternativa **INCORRETA**.

(A) É inconstitucional toda modalidade de provimento que propicie ao servidor investir-se, sem prévia aprovação em concurso público destinado ao seu provimento, em cargo que não integra a carreira na qual fora anteriormente investido.

(B) A criação de cargos em comissão somente se justifica para o exercício de funções de direção, chefia e assessoramento, não se prestando ao desempenho de atividades burocráticas, técnicas ou operacionais. Tal criação deve pressupor a necessária relação de confiança entre a autoridade nomeante e o servidor nomeado.

(C) Para que se considere válida a contratação temporária, é preciso que os casos excepcionais estejam previstos em lei, que o prazo de contratação seja predeterminado, que a necessidade seja temporária, que o interesse público seja excepcional, e a necessidade de contratação seja indispensável, admitindo-se, nessas hipóteses, a contratação para a prestação dos serviços ordinários permanentes do Estado.

(D) A não observância do princípio do concurso público inscrito no art. 37, II, da Constituição Federal, implicará a nulidade do ato e a punição da autoridade responsável, nos termos da lei.

(E) É inconstitucional a vinculação dos subsídios devidos aos agentes políticos locais (Prefeito, Vice-Prefeito e Vereadores) à remuneração estabelecida em favor dos servidores públicos municipais.

A: certa (Súmula vinculante 43). **B**: certa (cf. decidido pelo STF no RE 1.041.210 RG/SP). **C**: incorreta (cf. decidido pelo STF no RE 658.026/MG, é vedada a contratação temporária para os serviços ordinários permanentes do Estado e que devam estar sob o espectro das contingências normais da Administração). **D**: certa (art. 37, § 2º, da CF). **E**: certa (cf. decidido pelo STF no RE 411.156 AgR/SP). RB
Gabarito "C".

(Promotor de Justiça/PR – 2019 – MPE/PR) Assinale a alternativa **correta**:

(A) Lei municipal pode vedar a realização de teste seletivo para recrutamento de estagiários pelos órgãos e entidades da administração pública direta e indireta.

(B) É constitucional a remarcação do teste de aptidão física de candidata que esteja grávida à época de sua realização, desde que haja previsão expressa no edital do concurso público.

(C) A nomeação tardia de candidatos aprovados em concurso público, por meio de ato judicial, à qual atribuída eficácia retroativa, gera direito às promoções ou progressões funcionais que alcançariam houvesse ocorrido, a tempo e modo, a nomeação.

(D) O ato de exoneração do servidor é meramente declaratório, podendo ocorrer após o prazo de 3 anos fixados para o estágio probatório, desde que as avaliações de desempenho sejam efetuadas dentro do prazo constitucional.

(E) O valor do salário-mínimo pode ser utilizado para composição da base de cálculo do adicional de insalubridade dos servidores públicos.

A questão explora conhecimento sobre a jurisprudência do STF. **A**: incorreta (foi julgada inconstitucional lei do Distrito Federal que vedava a realização de processo seletivo para o recrutamento de estagiários pelos órgãos e entidades da Administração Pública – ADI 3795/DF). **B**: incorreta (a remarcação de candidatas gestantes a testes de aptidão física foi

12. DIREITO ADMINISTRATIVO — 611

garantida pelo STF, independentemente de haver previsão do edital do concurso público – RE 1.058.333/PR). **C**: incorreta (a nomeação tardia de candidatos aprovados em concurso público, por meio de ato judicial, à qual atribuída eficácia retroativa, não gera direito às promoções ou progressões funcionais que alcançariam houvesse ocorrido, a tempo e modo, a nomeação – RE 629.392/MT). **D**: correta (RE 805.491 AgR/SP). **E**: incorreta (salvo nos casos previstos na Constituição, o salário mínimo não pode ser usado como indexador de base de cálculo de vantagem de servidor público ou de empregado, nem ser substituído por decisão judicial – Súmula vinculante 4 e RE 565.714/SP). **RB**
Gabarito "D".

(Defensor Público – DPE/PR – 2017 – FCC) Sobre o tema Agentes Públicos,

(A) é aplicável a regra da aposentadoria compulsória por idade também aos servidores públicos que ocupem exclusivamente cargo em comissão, segundo o Superior Tribunal de Justiça.

(B) o desconto em folha de pagamento de servidor público, referente a ressarcimento ao erário, depende de prévia autorização dele ou de prévio procedimento administrativo que lhe assegure a ampla defesa e contraditório, segundo o Superior Tribunal de Justiça.

(C) é inconstitucional a "cláusula de barreira" inserida em edital de concurso público, segundo o Supremo Tribunal Federal.

(D) a extinção da punibilidade pela prescrição de determinada infração administrativa será registrada nos assentamentos funcionais apenas para impedir novamente o mesmo benefício no prazo de cinco anos, segundo o Superior Tribunal de Justiça.

(E) os institutos da estabilidade e do estágio probatório, após alteração promovida pela Emenda Constitucional n. 19/1998, estão desvinculados, tendo em vista a possibilidade de prorrogação do estágio probatório.

No tocante à assertiva "a", a jurisprudência do STJ é pacificada no sentido contrário à assertiva. O STF firmou tese de Repercussão Geral sobre o tema, que assim dispõe: "1 – Os servidores ocupantes de cargo exclusivamente em comissão não se submetem à regra da aposentadoria compulsória prevista no artigo 40, parágrafo 1º, inciso II, da Constituição Federal, a qual atinge apenas os ocupantes de cargo de provimento efetivo, inexistindo também qualquer idade limite para fins de nomeação a cargo em comissão. 2 – Ressalvados impedimentos de ordem infraconstitucional, não há óbice constitucional a que o servidor efetivo aposentado compulsoriamente permaneça no cargo comissionado que já desempenhava ou a que seja nomeado para cargo de livre nomeação e exoneração, uma vez que não se trata de continuidade ou criação de vínculo efetivo com a Administração" (RE 786540, Rel Min. Dias Tóffoli); a alternativa "b", correta, conta com vários precedentes no STJ: REsp 651.081-RJ, DJ 6/6/2005, e RMS 23.892-MS, DJ 13/8/2007, AgRg no REsp 1.116.855-RJ, j. em 17/6/2010; Quanto à assertiva "c", o STF firmou entendimento de que as regras restritivas em editais de certames, sejam elas eliminatórias ou de barreira, desde que fundadas em critérios objetivos relacionados ao desempenho dos candidatos, concretizam o princípio da igualdade e da impessoalidade no âmbito dos concursos públicos, estando em perfeita consonância com os interesses protegidos pela Constituição (STF. Plenário. RE 635739/AL, Rel. Min. Gilmar Mendes, julgado em 19/02/2014); no tocante à alternativa "d", o STJ já teve a oportunidade de aplicar a decisão do STF que declarou inconstitucional o art. 170 da Lei n. 8.112/1990. Como exemplo de decisão do STJ, a proferida no MS 21.598-DF, Rel. Min. Og Fernandes, julgado em 10/6/2015, DJe 19/6/2015. O julgamento do STF ocorreu no MS 23262/ DF, Rel. Min. Dias Toffoli, jul: 23/04/2014, Tribunal Pleno, DJe 29-10-2014; por fim, quanto à alternativa "e", o atual entendimento

do STJ, consoante a também atual orientação do STF, é a de que "o prazo de estágio probatório dos servidores públicos deve observar a alteração promovida pela EC n. 19/1998, que aumentou para três anos o prazo para aquisição da estabilidade no serviço público, visto que, apesar de esses institutos jurídicos (estágio probatório e estabilidade) serem distintos entre si, de fato, não há como dissociá-los, ambos estão pragmaticamente ligados" (MS 12.523-DF, Rel. Min. Felix Fischer, julgado em 22/4/2009). **AW**
Gabarito "B".

6. BENS PÚBLICOS

6.1. Conceito e classificação

(Promotor de Justiça/CE – 2020 – CESPE/CEBRASPE) As terras devolutas indispensáveis à preservação do meio ambiente são consideradas bens

(A) de uso comum do povo de titularidade dos municípios.

(B) de uso especial de titularidade dos estados.

(C) dominicais de titularidade dos estados.

(D) de uso comum do povo de titularidade da União.

(E) dominicais de titularidade da União.

São bens da União as terras devolutas indispensáveis à preservação do meio ambiente, bem como à defesa das fronteiras, das fortificações e construções militares e das vias federais de comunicação (art. 20, inc. II, CF). Além disso, de acordo com a doutrina, as terras devolutas são classificadas, em regra, como bens dominicais. **RB**
Gabarito "E".

(Promotor de Justiça/SP – 2019 – MPE/SP) A respeito do regime jurídico dos bens públicos, assinale a alternativa correta.

(A) Os bens públicos não estão sujeitos a usucapião, ressalvada a hipótese daquele que, não sendo proprietário rural nem urbano, possuir como sua, por 5 anos ininterruptos, sem oposição, área rural contínua, não excedente de 25 hectares, e a houver tornado produtiva com seu trabalho e nela tiver sua morada, que adquirir-lhe-á o domínio, independentemente de justo título e boa-fé.

(B) São públicos os bens pertencentes à Administração Pública direta e indireta de qualquer dos Poderes da União, dos Estados, do Distrito Federal e dos Municípios.

(C) O uso comum dos bens públicos pode ser gratuito ou retribuído, conforme for estabelecido legalmente pela entidade a cuja administração pertencerem.

(D) Os bens públicos de uso comum do povo e os de uso especial podem ser alienados, observadas as exigências da lei.

(E) O uso privativo do bem público consentido pela Administração Pública não investe o particular de direito subjetivo público oponível a terceiros nem perante a própria Administração contra atos ilegais.

A: incorreta (a não sujeição dos bens públicos a usucapião é absoluta, nos termos do art. 183, § 3º e 191, parágrafo único, da CF). **B**: incorreta (cf. art. 98 do Código Civil, são públicos os bens do domínio nacional pertencentes às pessoas jurídicas de direito público interno; todos os outros são particulares, seja qual for a pessoa a que pertencerem). **C**: correta (cf. art. 103 do Código Civil). **D**: incorreta (cf. art. 100 do Código Civil, os bens públicos de uso comum do povo e os de uso especial são inalienáveis, enquanto conservarem a sua qualificação, na forma que a lei determinar). **E**: incorreta (cf. jurisprudência do STJ, o uso privativo do bem público consentido pela Administração Pública investe o particular de direito subjetivo público oponível a terceiros). **RB**

Gabarito "C".

(Procurador Municipal – Prefeitura/BH – CESPE – 2017) Com relação aos bens públicos, assinale a opção correta.

(A) Bens dominicais são os de domínio privado do Estado, não afetados a finalidade pública e passíveis de alienação ou de conversão em bens de uso comum ou especial, mediante observância de procedimento previsto em lei.

(B) Consideram-se bens de domínio público os bens localizados no município de Belo Horizonte afetados para destinação específica precedida de concessão mediante contrato de direito público, remunerada ou gratuita, ou a título e direito resolúvel.

(C) O uso especial de bem público, por se tratar de ato precário, unilateral e discricionário, será remunerado e dependerá sempre de licitação, qualquer que seja sua finalidade econômica.

(D) As áreas indígenas são bens pertencentes à comunidade indígena, à qual cabem o uso, o gozo e a fruição das terras que tradicionalmente ocupa para manter e preservar suas tradições, tornando-se insubsistentes pretensões possessórias ou dominiais de particulares relacionados à sua ocupação.

A: incorreta. O erro dessa assertiva está no fato de que os bens dominiais constituem patrimônio disponível do Poder Público, por isso, para que sejam alienados, não precisam ser convertidos em outras categorias de bens; **B**: incorreta. O domínio público é expressão própria para designar todos os bens públicos, sejam os bens integrantes do patrimônio próprio do Estado (domínio patrimonial), sejam os integrantes do patrimônio de interesse público, coletivo (domínio eminente), por isso está errado delimitar bens como sendo somente os localizados em um Município e afetados; **C**: incorreta. A autorização de uso é ato discricionário, unilateral e precário, sem licitação, sendo ato informal, portanto; **D**: correta. Trata-se do teor do art. 231, § 1º, CF, sendo reprodução deste dispositivo. **AW**

Gabarito "D".

(Delegado/MS – 2017 – FAPEMS) O artigo 98, do Código Civil em vigor, dispõe que "são públicos os bens do domínio nacional pertencentes às pessoas jurídicas de direito público interno; todos os outros são particulares, seja qual for a pessoa a que pertencerem". No que se refere a bens públicos, assinale a alternativa correta

(A) Os bens dominicais são disponíveis.

(B) Os bens de uso especial do povo encontram-se à disposição da coletividade, desnecessária a autorização para seu uso.

(C) Os bens públicos podem ser adquiridos por usucapião.

(D) A permissão de uso de bem público é ato bilateral, discricionário e precário.

(E) Os bens públicos podem ser hipotecados.

A: correta. Código Civil – Lei 10.406/2001, art. 101. Os bens públicos dominicais podem ser alienados, observadas as exigências da lei. **B**: incorreta. Código Civil – Lei 10.406/2001, art. 99. São bens públicos: I – os de uso comum do povo, tais como rios, mares, estradas, ruas e praças; II – os de uso especial, tais como edifícios ou terrenos destinados a serviço ou estabelecimento da administração federal, estadual, territorial ou municipal, inclusive os de suas autarquias; inexistindo bens de uso

especial do povo. **C**: incorreta. Código Civil – Lei 10.406/2001, art. 102. Os bens públicos não estão sujeitos a usucapião. **D**: incorreta. Código Civil – Lei 10.406/2001, art. 103. O uso comum dos bens públicos pode ser gratuito ou retribuído, conforme for estabelecido legalmente pela entidade a cuja administração pertencerem. **E**: incorreta. Código Civil – Lei 10.406/2001, art. 100. Os bens públicos de uso comum do povo e os de uso especial são inalienáveis, enquanto conservarem a sua qualificação, na forma que a lei determinar. **FB**

Gabarito "A".

(Delegado/MT – 2017 – CESPE) O prédio onde funciona a delegacia de polícia de determinado município é de propriedade do respectivo estado da Federação.

Nessa situação hipotética,

(A) a desafetação do prédio resultará em sua reversão para bem de uso comum.

(B) se for abandonado, o prédio poderá ser objeto de usucapião, desde que *pro misero*.

(C) o prédio poderá ser adquirido por terceiros.

(D) o prédio poderá ser objeto de hipoteca legal.

(E) o prédio está na categoria de bem dominical.

A: incorreta. Não se permite desafetação de bem de uso especial. **B**: incorreta. Não se admite em nenhum caso o usucapião. STF, Súmula 340: Desde a vigência do Código Civil, os bens dominicais, como os demais bens públicos, não podem ser adquiridos por usucapião. **C**: correta. Se o bem se tonar dominical pode ser alienado, ou seja, se perder a destinação original. **D**: incorreta. Por ser bem de origem publica, não poderá sofrer hipoteca. **E**: incorreta. Trata-se de bem de uso especial. **FB**

Gabarito "C".

6.2. Regime jurídico (características)

(Advogado – Pref. São Roque/SP – 2020 – VUNESP) A respeito dos bens públicos, de acordo com a jurisprudência dos Tribunais Superiores, assinale a alternativa correta.

(A) Os registros de propriedade particular de imóveis situados em terrenos de marinha são oponíveis à União.

(B) A ocupação indevida de bem público configura mera detenção, reservado ao particular o direito à indenização pelas benfeitorias úteis e necessárias.

(C) Os bens integrantes do acervo patrimonial de sociedades de economia mista sujeitos a uma destinação pública equiparam-se a bens públicos, sendo, portanto, insuscetíveis de serem adquiridos por meio de usucapião.

(D) São considerados bens públicos os pertencentes às associações públicas, às sociedades de economia mista e às empresas públicas.

(E) Os bens públicos dominicais podem ser adquiridos por usucapião, desde que comprovado o não atendimento da função social da propriedade e presentes os requisitos da usucapião extraordinária.

A: incorreta (conforme a Súmula 496 do STJ: "Os registros de propriedade particular de imóveis situados em terrenos de marinha não são oponíveis à União."); **B**: incorreta (nos termos da Súmula 619 do STJ: "A ocupação indevida de bem público configura mera detenção, de natureza precária, insuscetível de retenção ou indenização por acessões e benfeitorias."); **C**: correta (trate-se de jurisprudência assentada do STJ, a exemplo do julgado extraído do AgInt no REsp 1.719.589/SP); **D**: incorreta (conforme a jurisprudência apontada na alternativa anterior, são considerados bens públicos o acervo patrimonial pertencente a pessoa jurídica de direito privado vinculado à prestação de serviço público);

12. DIREITO ADMINISTRATIVO   613

E: incorreta (conforme a Súmula 340 do STF, os bens dominicais, como os demais bens públicos, não podem ser adquiridos por usucapião). **RB**
Gabarito "C".

(Procurador do Município – Prefeitura Fortaleza/CE – CESPE – 2017) A respeito de bens públicos e responsabilidade civil do Estado, julgue o próximo item.

(1) Situação hipotética: Determinado município brasileiro construiu um hospital público em parte de um terreno onde se localiza um condomínio particular. Assertiva: Nessa situação, segundo a doutrina dominante, obedecidos os requisitos legais, o município poderá adquirir o bem por usucapião.

1: correta. O Poder Público poderá usucapir como o particular, só não podendo os imóveis públicos serem adquiridos por usucapião (art. 183, § 3º, CF). **AW**
Gabarito "1C".

(Procurador do Município – Prefeitura Fortaleza/CE – CESPE – 2017) A respeito de bens públicos e responsabilidade civil do Estado, julgue o próximo item.

(1) Situação hipotética: A associação de moradores de determinado bairro de uma capital brasileira decidiu realizar os bailes de carnaval em uma praça pública da cidade. Assertiva: Nessa situação, a referida associação poderá fazer uso da praça pública, independentemente de autorização, mediante prévio aviso à autoridade competente.

1: incorreta. O uso de bens públicos depende de prévia autorização do Poder Público. A autorização é ato discricionário, unilateral e precário, por isso, o particular deverá solicitá-la à Prefeitura, que poderá ou não autorizá-la, conforme sua discrição (sua decisão "interna" enquanto pessoa jurídica administradora desses bens públicos). **AW**
Gabarito "1E".

6.3. Uso dos bens públicos

(Procurador Município – Santos/SP – VUNESP – 2021) Entre os instrumentos adequados para a utilização do bem público por pessoa diversa do titular estão: a autorização de uso, a permissão de uso, a concessão de uso e a concessão de direito real de uso.

Assinale a alternativa correta acerca dos referidos instrumentos.

(A) A autorização de uso e a permissão de uso não conferem direitos aos outorgados contra terceiros.

(B) A permissão de uso não pode ser revogada a qualquer tempo, a contrário senso estaria caracterizada violação à esfera de direitos dos particulares.

(C) Concessão de uso é o contrato administrativo pelo qual o Poder Público atribui a utilização não exclusiva de um bem de seu domínio a particular, para que o explore.

(D) Concessão de direito real de uso é ato unilateral pelo qual a Administração transfere o uso necessariamente remunerado de terreno público a particular, como direito real resolúvel.

(E) Autorização de uso é o ato unilateral, discricionário e precário pelo qual a Administração consente na prática de determinada atividade individual incidente sobre um bem público.

A: incorreta (tais instrumentos conferem direitos aos outorgados contra terceiros). **B:** incorreta (a permissão de uso pode ser revogada a qualquer tempo, sem que isso caracterize violação à esfera de direito do particular). **C:** incorreta (a concessão de uso atribui a utilização exclusiva de um bem do domínio público a particular). **D:** incorreta (concessão de direito real de uso é um contrato administrativo).
Gabarito "E".

(Juiz – TJ-SC – FCC – 2017) A propósito do uso dos bens públicos pelos particulares, é correto afirmar que:

(A) as concessões de uso, dada a sua natureza contratual, não admitem a modalidade gratuita.

(B) o concessionário de uso de bem público exerce posse *ad interdicta,* mas não exerce posse *ad usucapionem.*

(C) a autorização de uso, por sua natureza precária, não admite a fixação de prazo de utilização do bem público.

(D) a Medida Provisória nº 2.220/2001 garante àquele que possuiu como seu, por cinco anos, ininterruptamente e sem oposição, até duzentos e cinquenta metros quadrados de imóvel público situado em área urbana, utilizando-o para fins comerciais e respeitado o marco temporal ali estabelecido, o direito à concessão de uso especial.

(E) a permissão de uso, por sua natureza discricionária, não depende de realização de prévia licitação.

A: incorreta. A concessão de uso de bem público pode ser onerosa ou gratuita, e sempre é precedida de autorização legal e, geralmente, por licitação. **B:** correta. Os bens públicos não são passíveis de aquisição por meio de usucapião (art. 183, §3º, CF), por isso, o concessionário tem a proteção de sua posse contra terceiros, mas não o adquire por meio da passagem do tempo (prescrição aquisitiva), nem perde a mesma posse em função dos mesmos motivos; **C:** incorreta. A autorização de uso realmente é precária, mas não há vedação para o estabelecimento de um prazo para o exercício de uma atividade (ela se destina ao desempenho de uma atividade sobre um bem público) vinculada ao bem público, sendo livre às partes essa determinação; **D:** incorreta. A Medida Provisória 2220/2001 criou o instituto da concessão de uso especial para fins de moradia, não se aplicando à utilização comercial, portanto; **E:** incorreta. A permissão sempre é precedida de licitação, seja de uso, seja de serviços públicos (art. 2º, IV, da Lei 8.987/1995). **AW**
Gabarito "B".

6.4. Bens públicos em espécie

(Juiz de Direito – TJ/MS – 2020 – FCC) No tocante ao domínio público, considera-se

(A) investidura: a alienação aos proprietários de imóveis lindeiros de área remanescente ou resultante de obra pública, sendo hipótese de dispensa de licitação, desde que obedecidos os requisitos e limites estatuídos na Lei 8.666/1993.

(B) direito de extensão: a prerrogativa que a Administração Pública possui de ampliar a desapropriação para áreas contíguas que sejam necessárias ao melhor aproveitamento da obra ou serviço que resultarão do ato expropriatório.

(C) terrenos de marinha: áreas que, banhadas pelas correntes navegáveis, fora do alcance das marés, vão até a distância de 15 metros para a parte de terra, contados desde o ponto médio das enchentes ordinárias.

(D) faixa de segurança: a faixa interna de 150 km (cento e cinquenta quilômetros) de largura, paralela à linha divisória terrestre do território nacional.

(E) zona contígua brasileira: faixa que se estende das doze às duzentas milhas marítimas, contadas a partir das linhas de base que servem para medir a largura do mar territorial.

A: correta (art. 17, § 3º, I, da Lei 8.666/93). B: incorreta (direito de extensão constitui o direito do expropriado de exigir que se inclua na desapropriação a parte do imóvel que ficou inaproveitável isoladamente). C: incorreta (terrenos de marinha são aqueles que, banhados pelas águas do mar ou dos rios navegáveis que sofram a influência das marés, alcançam a distância de 33 metros para a parte da terra, contados do ponto em que chega o preamar médio). D: incorreta (é considerada faixa de fronteira a faixa interna de 150 km de largura, paralela à linha divisória terrestre do território nacional, cf. Lei 6.634/79). E: incorreta (a zona contígua brasileira compreende uma faixa que se estende das doze às vinte e quatro milhas marítimas, contadas a partir das linhas de base que servem para medir a largura do mar territorial, cf. art. 4º da Lei 8.617/93). RB
Gabarito "A".

6.5. temas combinados de bens públicos

(Procurador Município – Teresina/PI – FCC – 2022) Considere os seguintes dispositivos da Constituição Federal:

Art. 231. São reconhecidos aos índios sua organização social, costumes, línguas, crenças e tradições, e os direitos originários sobre as terras que tradicionalmente ocupam, competindo à União demarcá-las, proteger e fazer respeitar todos os seus bens.

§ 1º São terras tradicionalmente ocupadas pelos índios as por eles habitadas em caráter permanente, as utilizadas para suas atividades produtivas, as imprescindíveis à preservação dos recursos ambientais necessários a seu bem-estar e as necessárias a sua reprodução física e cultural, segundo seus usos, costumes e tradições.

§ 2ª As terras tradicionalmente ocupadas pelos índios destinam-se a sua posse permanente, cabendo-lhes o usufruto exclusivo das riquezas do solo, dos rios e dos lagos nelas existentes. [...].

Sabe-se, à luz das normas constitucionais e legais vigentes, que as terras tradicionalmente ocupadas pelos indígenas são

(A) bens públicos de uso especial, com afetação constitucional.

(B) bens públicos de uso comum, com cláusula de usufruto.

(C) *res nullius*, sob regime de tutela estatal.

(D) bens públicos dominicais, sob regime de concessão especial.

(E) bens privados das comunidades indígenas.

As terras tradicionalmente ocupadas pelos indígenas detêm afetação dada pela Constituição, pois se destinam a sua posse permanente (art. 231, § 2º, CF). Não se tratam de bens privados das comunidades indígenas, mas de bens públicos. Assim, no termos das categorias previstas no art. 99, II, do Código Civil, são classificadas como bens públicos de uso especial. Correta a alternativa A.
Gabarito "A".

(Juiz de Direito – TJ/SC – 2019 – CESPE/CEBRASPE) As ilhas costeiras são bens públicos que pertencem

(A) aos estados, no caso de ilhas situadas nas águas interiores e na zona contígua, até o limite interior da plataforma continental, ou à União, no caso de ilhas situadas na plataforma continental.

(B) à União, com exceção das ilhas que contenham as sedes de capitais ou que possuam unidades de conservação estadual ou municipal.

(C) à União, ressalvadas as ilhas que contenham a sede de municípios, que podem ter áreas sob domínio municipal ou particular, e as áreas sob o domínio dos estados.

(D) aos municípios, no caso de ilhas situadas aquém das águas interiores, ou aos estados, no caso de ilhas situadas nas águas interiores até o fim da zona contígua.

(E) aos estados, salvo as que contenham a sede de municípios, as áreas afetadas ao serviço público dos demais entes e as unidades ambientais federais.

Nos termos do art. 20, IV, da CF, são bens da União as ilhas costeiras, excluídas as que contenham a sede de Municípios (exceto aquelas áreas afetadas ao serviço público e a unidade ambiental federal), bem como as referidas no art. 26, II, que indica como bens dos Estados as ilhas que estiverem no seu domínio, excluídas aquelas sob domínio da União, Municípios ou terceiros. A conjugação desses dispositivos permite concluir que as ilhas costeiras são bens públicos que pertencem à União, ressalvadas as ilhas que contenham a sede de Municípios, que podem ter áreas sob domínio municipal ou particular, e as áreas sob o domínio dos estados. Assim, correta a alternativa C. RB
Gabarito "C".

7. INTERVENÇÃO DO ESTADO NA PROPRIEDADE

7.1. Desapropriação

(Procurador Município – Teresina/PI – FCC – 2022) No contexto da desapropriação, diz-se que o decreto expropriatório "fixa o estado" da coisa a ser desapropriada. Tal expressão indica que, nos termos da legislação aplicável,

(A) é constituído seguro legal em favor do expropriado, garantido o valor atual da coisa, mesmo que esta pereça ou seja danificada.

(B) somente serão indenizadas, a partir de então, as benfeitorias necessárias e, caso autorizadas pelo expropriante, as benfeitorias úteis.

(C) é vedado ao expropriado realizar qualquer modificação no bem.

(D) não será indenizada qualquer benfeitoria realizada após a edição do decreto.

(E) somente serão indenizadas, a partir de então, as benfeitorias úteis e, caso autorizadas pelo expropriante, as benfeitorias voluptuárias.

A primeira fase da desapropriação é a declaratória, em que a é expedido o decreto expropriatório. Um dos efeitos desse decreto é a fixação do estado da coisa a ser desapropriada. Significa que o estado do bem a ser expropriado no momento dessa etapa deve ser levado em consideração para efeitos de indenização. Ademais, de acordo com o art. 26, § 1º, do Decreto-lei 3.365/1941 serão indenizadas as benfeitorias necessárias feitas após essa fase; já as úteis serão indenizadas se houver autorização do expropriante. Assim, correta a alternativa B.
Gabarito "B".

(Delegado/RJ – 2022 – CESPE/CEBRASPE) Insatisfeito com a falta de espaço para o exercício da polícia judiciária, delegado orienta servidores de delegacia a utilizar, como estacionamento de viaturas e depósito, imóvel privado, vizinho à delegacia em que está lotado. O delegado justificou

12. DIREITO ADMINISTRATIVO **615**

sua ação no fato de que o imóvel estava abandonado há mais de cinco anos, que o interesse público prevalece sobre o interesse privado, que não havia sequer uma cerca protegendo o imóvel e que essa era a única forma de tutelar o patrimônio público que se deteriorava por falta de espaço. Alguns meses após tal iniciativa, o proprietário do imóvel ajuizou ação em face do Estado, pleiteando a retirada imediata.

Acerca dessa situação hipotética, é correto afirmar que

(A) o imóvel foi afetado ao serviço público, de modo que ao proprietário só restaria um pleito de desapropriação indireta, caso ainda houvesse prazo para tanto.

(B) o princípio da supremacia do interesse público sobre o particular justifica a destinação conferida ao bem pelo delegado, cujas intenções e ações afastam a possibilidade de sua punição.

(C) o delegado poderá eventualmente sofrer reprimenda disciplinar caso, após processo administrativo regular, verificar-se que seu erro foi grosseiro ou que sua ação foi dolosa, na forma da Lei de Introdução às Normas do Direito Brasileiro (LINDB).

(D) o particular não teria direito de resistir à pretensão pública, em face da incorporação do bem ao patrimônio da administração, haja vista terem se passado cinco anos de abandono evidente, bem como em respeito à função social da propriedade privada.

(E) o Estado, polo passivo da ação, por meio de sua procuradoria, diante da constatação da postura arbitrária do delegado, deverá promover a denunciação da lide, para que o delegado satisfaça eventual direito de regresso ao erário.

Alternativa **A** incorreta (o uso precário e temporário de imóvel privado para estacionamento e depósito não configura apossamento administrativo que justifique a caracterização de uma desapropriação indireta). Alternativa **B** incorreta (o princípio da supremacia do interesse público sobre o particular não justifica a adoção de medidas ilícitas pelo delegado). Alternativa **C** correta (nos termos do art. 28 da LINDB: "o agente público responderá pessoalmente por suas decisões ou opiniões técnicas em caso de dolo ou erro grosseiro"). Alternativa **D** incorreta (considerando que não houve incorporação do bem ao patrimônio público, o particular tem direito de resistir à pretensão pública; o fato de o imóvel estar abandonado há alguns anos não afasta a ilegalidade da ocupação que perdurou por alguns meses apenas). Alternativa **E** incorreta (como regra, somente se o Estado for condenado ao pagamento de indenização é que caberá o exercício do direito de regresso em face do agente público causador do dano; nesse sentido, incabível a denunciação da lide). **RB**

Gabarito "C".

(Juiz de Direito/AP – 2022 – FGV) João é proprietário de imóvel rural que engloba grande área na cidade Alfa, interior do Estado. O imóvel de João, sem seu conhecimento, foi invadido por terceiras pessoas que passaram a cultivar plantas psicotrópicas (maconha) de forma ilícita. O Município Alfa ajuizou ação perante a Justiça Estadual visando à desapropriação confisco do imóvel de João.

No caso em tela, de acordo com o entendimento do Supremo Tribunal Federal, a expropriação prevista no Art. 243 da Constituição da República de 1988:

(A) pode ser afastada, desde que o proprietário João comprove que não incorreu em dolo ou culpa grave, pois possui responsabilidade subjetiva, vedada a

inversão do ônus da prova, mas o Juízo deve extinguir o processo sem resolução do mérito pela ilegitimidade ativa do Município Alfa, pois a ação deve ser proposta pela União, na Justiça Federal;

(B) pode ser afastada, desde que o proprietário João comprove que não incorreu em dolo ou culpa grave, pois possui responsabilidade subjetiva, vedada a inversão do ônus da prova, mas o Juízo deve extinguir o processo sem resolução do mérito pela ilegitimidade ativa do Município Alfa, pois a ação deve ser proposta pelo Estado;

(C) não pode ser afastada, pois João possui responsabilidade objetiva, vedada a inversão do ônus da prova, e o Judiciário deve julgar procedente o pedido de desapropriação confisco, de maneira que o imóvel de João seja destinado à reforma agrária e a programas de habitação popular, sem qualquer indenização ao proprietário e sem prejuízo de outras sanções previstas em lei;

(D) pode ser afastada, desde que o proprietário João comprove que não incorreu em culpa, ainda que *in vigilando* ou *in eligendo*, pois possui responsabilidade subjetiva, com inversão do ônus da prova, mas o Juízo deve extinguir o processo sem resolução do mérito pela ilegitimidade ativa do Município Alfa, pois a ação deve ser proposta pela União, na Justiça Federal;

(E) não pode ser afastada, pois João possui responsabilidade objetiva, admitida a inversão do ônus da prova, e o Judiciário deve julgar procedente o pedido de desapropriação confisco, sendo que todo e qualquer bem de valor econômico apreendido em decorrência do tráfico ilícito de entorpecentes e drogas afins será confiscado e reverterá a fundo especial com destinação específica, na forma da lei.

Comentário: a CF prevê espécies de desapropriações extraordinárias (também denominadas desapropriações-sanção). Uma delas é a desapropriação de propriedades rurais e urbanas onde forem localizadas culturas ilegais de plantas psicotrópicas ou a exploração de trabalho escravo (art. 243 da CF, cf. redação dada pela EC 81/2014). Patente o seu caráter sancionatório. A Carta Magna é expressa ao determinar que não é cabível indenização ao proprietário (desapropriação-confisco). A propriedade expropriada será destinada à reforma agrária e a programas de habitação popular. De acordo com a jurisprudência do STF, a expropriação prevista no art. 243 da Constituição Federal pode ser afastada, desde que o proprietário comprove que não incorreu em culpa, ainda que *in vigilando* ou *in elegendo* (RE 635.336/PE, Pleno, Rel. Min. Gilmar Mendes, DJe 14.09.2017 – Repercussão Geral – tema 399). Trata-se, logo, de uma responsabilidade subjetiva, com inversão de ônus da prova. Ademais, a competência para promover a expropriação é da União, o que atrai a competência da Justiça Federal. Assim, a ação de desapropriação-sancionatória promovida pelo Município deve ser extinta sem julgamento do mérito, por ilegitimidade ativa. Correta a alternativa D. **RB**

Gabarito "D".

(Procurador Município – Santos/SP – VUNESP – 2021) Assinale a alternativa correta acerca da desapropriação, à luz do Decreto-Lei nº 3.365/41.

(A) Se houver concordância, reduzida a termo, do expropriado, a decisão concessiva da imissão provisória na posse implicará a aquisição da propriedade pelo expropriante com o consequente registro da propriedade na matrícula do imóvel.

(B) Em razão de prerrogativa do Poder Público, quanto ao valor, a concordância escrita do expropriado implica em renúncia ao seu direito de questionar o preço ofertado em juízo.

(C) O pagamento do preço relativo ao bem expropriado será prévio e em dinheiro; quanto às dívidas fiscais inscritas e ajuizadas, estas não serão deduzidas dos valores depositados.

(D) Os bens expropriados, uma vez incorporados à Fazenda Pública, podem ser objeto de reivindicação, desde que esta seja fundada em nulidade do processo de desapropriação.

(E) O depósito do preço fixado por sentença, à disposição do juiz da causa, é considerado pagamento prévio da indenização. Referido depósito somente poderá ser levantado se o desapropriado concordar com o preço oferecido pela Administração ou fixado pela sentença.

A: correta (art. 34-A do DL 3.365/1941). **B:** incorreta (a concordância escrita do expropriado não implica renúncia ao seu direito de questionar o preço ofertado em juízo, cf. art. 34-A, § 1º). **C:** incorreta (as dívidas fiscais serão deduzidas dos valores depositados, quando inscritas e ajuizadas, cf. art. 32, § 1º). **D:** incorreta (os bens expropriados, uma vez incorporados à Fazenda Pública, não podem ser objeto de reivindicação, ainda que fundada em nulidade do processo de desapropriação, cf. art. 35). **E:** incorreta (o desapropriado, ainda que discorde do preço oferecido, do arbitrado ou do fixado pela sentença, poderá levantar até 80% depósito feito, cf. art. 33, § 2º).
Gabarito "A".

(Juiz de Direito/SP – 2021 – Vunesp) No que diz respeito à desapropriação, é correto afirmar que

(A) bens públicos não podem ser objeto de desapropriação, por sua natureza e em razão do princípio federativo.

(B) os juros compensatórios são de 6% ao ano e sua base de cálculo deve equivaler à diferença entre o valor correspondente a 80% do preço ofertado/objeto do depósito e o fixado na sentença.

(C) quando nos referimos à utilidade pública, devemos entender que está incluída no conceito de necessidade.

(D) os pressupostos da utilidade pública, incluída a necessidade, e do interesse social estão usualmente presentes, mas não são essenciais, e é possível desistir da desapropriação antes do pagamento do preço.

Comentário: A: incorreta (os bens públicos podem ser objeto de desapropriação, desde que atendida a regra segundo a qual a entidade federativa maior pode expropriar bens da entidade menor, embora o inverso não seja possível; assim, a União pode desapropriar bens dos Estados e Municípios, enquanto os Estados podem expropriar bens dos Município, mas não os da União). **B:** correta (cf. definido pelo STF no âmbito da ADI 2.332/DF, ao apreciar, entre outros dispositivos, o art. 15-B do Decreto-lei 3.365/1941). **C:** incorreta (de acordo com o art. 5º, XXIV, da CF, são três os pressupostos da desapropriação: necessidade pública, utilidade pública e interesse social; assim, conclui-se que utilidade pública e necessidade pública são noções distintas). **D:** incorreta (os pressupostos da desapropriação, elencadas no art. 5º, XXIV, da CF, são essenciais para a promoção da expropriação; consigne-se, ademais, que a desistência da desapropriação é, de fato, possível antes do pagamento do preço). RB
Gabarito "B".

(Juiz de Direito – TJ/MS – 2020 – FCC) A propósito do procedimento da desapropriação, a redação vigente do Decreto-lei 3.365/1941 estatui que

(A) a desapropriação deverá se efetivar mediante acordo ou judicialmente, dentro de 5 (cinco) anos, contados da data da expedição do respectivo decreto e, decorrido tal prazo, este caducará.

(B) notificado administrativamente o expropriado, ele terá o prazo de 15 (quinze) dias para aceitar ou rejeitar a oferta de indenização, sendo que o silêncio será considerado aceitação.

(C) a alegação de urgência deve constar obrigatoriamente do decreto de utilidade pública e obrigará o expropriante a requerer a imissão provisória dentro do prazo improrrogável de 120 (cento e vinte) dias a contar de sua publicação.

(D) uma vez notificado pelo expropriante, o particular que não concordar com a indenização oferecida poderá optar por resolver a questão por mediação ou arbitragem.

(E) a ação, quando a União for autora, será proposta no Distrito Federal ou no foro da Capital do Estado onde for domiciliado o réu, perante o juízo privativo, se houver; se for o Estado o autor, será proposta no foro da Capital respectiva; sendo outro o autor, no foro da situação dos bens.

A: incorreta (o enunciado está incompleto; de fato, nos termos do art. 10 do DL 3.365/41, embora o decreto caducará após a fluência de 5 anos contados da sua expedição, poderá o mesmo bem ser objeto de nova declaração após decorrido um ano de sua caducidade). **B:** incorreta (o silêncio do expropriado será considerado rejeição, cf. art. 10-A, §1º, inc. IV). **C:** incorreta (a alegação de urgência não deve constar obrigatoriamente no decreto de utilidade pública; considerando que a urgência representa requisito para a imissão provisória na posse, sua alegação se dá durante a ação judicial de desapropriação). **D:** correta (cf. art. 10-A e 10-B, incluídos no DL 3.365/41 pela Lei 13.867/19). **E:** incorreta (cf. art. 11, a ação, quando a União for autora, será proposta no Distrito Federal ou no foro da Capital do Estado onde for domiciliado o réu, perante o juízo privativo, se houver; sendo outro o autor, no foro da situação dos bens). RB
Gabarito "D".

(Advogado – Pref. São Roque/SP – 2020 – VUNESP) O instituto que garante ao expropriado o direito de exigir a devolução do bem objeto da desapropriação que não foi utilizado pela Administração para atendimento do interesse público denomina-se

(A) desapropriação por zona.

(B) direito de extensão.

(C) direito de preferência.

(D) direito de retrocessão.

(E) tredestinação.

A: incorreta (a desapropriação por zona é aquela que abrange tanto as áreas contíguas necessárias ao desenvolvimento da obra, quanto as zonas que se valorizarem extraordinariamente em virtude da realização do serviço); **B:** incorreta (direito de extensão constitui o direito de o expropriado exigir que se inclua na desapropriação a parcela do bem que se tornou inaproveitável isoladamente ao particular); **C:** incorreta (o direito de preferência assume caráter pessoal, de modo que não acarreta a devolução do bem); **E:** incorreta (tredestinação representa a não utilização do bem expropriado em uma finalidade não pública). RB
Gabarito "D".

12. DIREITO ADMINISTRATIVO 617

(Delegado – PC/BA – 2018 – VUNESP) O direito do proprietário de exigir que na desapropriação se inclua a parte restante do bem expropriado, que se tornou inútil ou de difícil utilização, é denominado de

(A) Retrocessão.

(B) Desapropriação indireta.

(C) Direito de extensão.

(D) Indenização de benfeitorias.

(E) Direito de acrescer.

A: incorreta. A retrocessão consiste no direito real que possui o proprietário de, diante do desvio de finalidade na destinação dada ao bem desapropriado (tredestinação) reavê-lo – art. 519 do Código Civil; **B:** incorreta. Desapropriação indireta, também conhecida como apossamento administrativo, ocorre nas situações em que o Estado ilicitamente invade o bem privado sem respeitar o procedimentos administrativos ou judiciais previstos na legislação atinente à desapropriação; **C:** correta. Direito de extensão consiste na possibilidade de o proprietário de imóvel parcialmente desapropriado que comprovar que o restante do bem ficou esvaziado de conteúdo econômico ou inaproveitado de exigir judicialmente que essa parte remanescente também seja expropriada; **D:** incorreta. A indenização de benfeitorias refere-se ao pagamento, para a configuração da chamada "justa indenização" pelas benfeitorias feitas no bem expropriado. Caso as benfeitorias tenham sido construídas antes da publicação do decreto que declara o imóvel de utilidade pública, a indenização deverá compreender todas as benfeitorias. Entretanto, caso as benfeitorias tenham sido edificadas após a publicação do decreto desapropriatório, o panorama pode sofrer algumas alterações, de acordo com o artigo 26, § 1º, do Decreto-Lei 3.365/1941. No que se refere às benfeitorias necessárias, que são aquelas obras necessárias para conservar a coisa ou evitar que ela se deteriore, nada muda e serão sempre indenizadas. As benfeitorias úteis, edificadas para aumentar ou facilitar o uso da coisa, só serão indenizadas se o Poder Público expropriante autorizar a construção; enquanto que as benfeitorias voluptuárias, utilizadas para mera recreação, sem aumentar o uso habitual do imóvel e independente do valor, não serão indenizadas. Destarte, tratando-se de benfeitorias edificadas antes da publicação do decreto desapropriatório, será nomeado perito judicial no curso do processo judicial (art. 14, Decreto-Lei 3.365/1941) para avaliar o bem, incluindo as benfeitorias, cujo valor da indenização será fixado em laudo pericial. Mas trata-se de tema polêmico, cujo entendimento judicial pode variar caso a caso; **E:** incorreta. Direito de acrescer é matéria de direito sucessório, e ocorre no momento em que vários herdeiros, pela mesma cláusula testamentária, em partes não determinadas, ficam com a parte que caberia a outro coerdeiro (herdeiro que juntamente com outros é chamado a concorrer a sucessão) pelo fato deste não puder ou não quiser aceitá-la. **FB**

Gabarito "C".

(Defensor Público Federal – DPU – 2017 – CESPE) Julgue os itens que se seguem, referentes à intervenção do Estado na propriedade.

(1) Dado o princípio da hierarquia federativa, estados e municípios não podem instituir servidões administrativas e proceder a desapropriações de bens públicos pertencentes à União.

(2) Na desapropriação indireta, por força da afetação do bem ao domínio público, ao proprietário prejudicado só resta pleitear indenização pelos prejuízos advindos da perda da propriedade, acrescidos de juros moratórios e compensatórios, incidindo os últimos a partir da data da efetiva ocupação do bem.

Nos termos da Lei de Desapropriações (Decreto-Lei n. 3.365/1941), "os bens do domínio dos Estados, Municípios, Distrito Federal e Territórios poderão ser desapropriados pela União, e os dos Municípios pelos Estados, mas, em qualquer caso, ao ato deverá preceder autorização legislativa" (art. 2º, § 2º). No mesmo diploma, o art. 40 determina que "o expropriante poderá constituir servidões, mediante indenização, na forma desta lei". A discussão sobre a hierarquia entre os entes federados poderia ser aventada em abstrato, mas, sem dúvida, a regra da Lei de Desapropriações é vigente; quanto à assertiva "2", a indenização é devida, especialmente considerando que o ato expropriatório configura verdadeiro esbulho praticado pelo Poder Público. Quanto à fixação do prazo inicial para a contagem dos juros compensatórios, a Súmula 69 do Superior Tribunal de Justiça estabelece que "na desapropriação direta, os juros compensatórios são devidos desde a antecipada imissão na posse e, na desapropriação indireta, a partir da efetiva ocupação do imóvel". **AW**

Gabarito: 1C, 2C.

(Procurador Municipal – Prefeitura/BH – CESPE – 2017) Com relação à intervenção do Estado na propriedade, assinale a opção correta.

(A) Compete à União, aos estados e ao DF legislar, de forma concorrente, sobre desapropriação, estando a competência da União limitada ao estabelecimento de normas gerais.

(B) Expropriação ou confisco consiste na supressão punitiva de propriedade privada pelo Estado, a qual dispensa pagamento de indenização e incide sobre propriedade urbana ou rural onde haja cultura ilegal de psicotrópico ou ocorra exploração de trabalho escravo.

(C) Servidão administrativa é a modalidade de intervenção que impõe obrigações de caráter geral a proprietários indeterminados, em benefício do interesse geral abstratamente considerado, e afeta o caráter absoluto do direito de propriedade.

(D) Requisição é a modalidade de intervenção do Estado supressiva de domínio, incidente sobre bens móveis e imóveis, públicos ou privados, e, em regra, sem posterior indenização.

A: incorreta. Conforme dispõe o art. 22, III, CF, trata-se de competência privativa da União legislar sobre desapropriação, e não concorrente; **B:** correta. Trata-se da desapropriação – pena prevista no art. 243, CF; **C:** incorreta. Na servidão não há imposição de uma obrigação geral, e sim, de uma submissão de um imóvel dominante a outro serviente, ou, no caso da servidão administrativa, de um serviço ou obra em relação a um bem público; **D:** incorreta. A requisição administrativa determina indenização ulterior, se houver dano, conforme disposto no art. 5º, XXV, CF. **AW**

Gabarito "B".

(Juiz – TRF 2ª Região – 2017) Analise as assertivas e, depois, assinale a opção correta:

I. Ocorre o apossamento administrativo de propriedade privada sem regular desapropriação, mas a área foi afetada para destinação apta a ensejar a expropriação. No caso, é quinquenal o prazo prescricional para o proprietário postular indenização, em face da Administração Pública, pela perda da propriedade.

II. No âmbito da desapropriação por interesse social, intentada a ação, o proprietário pode discutir, em seu bojo, o preço ofertado e a presença ou não dos pressupostos para a declaração de interesse social, mas

WANDER GARCIA, ARIANE WADY, FLÁVIA BARROS E RODRIGO BORDALO

não a conveniência e a oportunidade da declaração de interesse social.

III. Não há que se subtrair do Judiciário a apreciação de lesão a direito, de modo que a conveniência e a oportunidade da declaração de interesse social podem ser debatidas no bojo da expropriatória.

(A) Apenas a assertiva I é correta.

(B) Apenas a assertiva II é correta.

(C) Apenas a assertiva III é correta.

(D) Todas as assertivas são falsas.

(E) Apenas as assertivas I e II estão corretas.

A: incorreta. A assertiva I está incorreta porque no caso de desapropriação indireta, o prazo é de 20 anos, conforme súmula 119 do STJ; **B:** incorreta. Na Ação de desapropriação só é possível discutir o preço e os vícios formais do processo, não sendo aceita a discussão sobre o seu fundamento, portanto (art. 20, Decreto-Lei 3.365/1941); **C:** incorreta. A assertiva III está incorreta, porque como dito acima, só é admitida a discussão do valor e de vícios processuais na ação expropriatória, nunca o mérito do decreto expropriatório em si; **D:** correta. Todas as assertivas são falsas, conforme explicação acima; **E:** incorreta. As assertivas I e II são falsas, conforme explicação nos itens A e B. AW

Gabarito "D".

(Juiz – TRF 2ª Região – 2017) Sobre Desapropriação, marque a assertiva correta:

(A) Decretada a utilidade pública do bem a ser expropriado, e desde que passado o prazo legal para o acordo administrativo, ficam as autoridades administrativas autorizadas a penetrar nos prédios compreendidos na declaração.

(B) O decreto de utilidade pública marca o início do prazo de caducidade da ação de desapropriação indireta.

(C) A declaração de utilidade pública marca o início do prazo prescricional da ação de desapropriação indireta.

(D) O decreto de utilidade pública implica vedação de licenciamento de obra no bem objeto do ato expropriatório.

(E) A expedição do Decreto de utilidade pública marca o início de prazo quinquenal findo o qual, não havendo acordo e não intentada a ação, o ato caducará.

A: incorreta. O direito de penetrar no imóvel expropriado se inicia a partir da expedição do Decreto, conforme disposto no art. 7º, do Decreto-Lei 3.365/1941; **B:** incorreta. O prazo para a ação de desapropriação indireta se inicia a partir do apossamento administrativo, ou seja, do esbulho possessório, que independe de decreto, eis que é um ato ilícito; **C:** incorreta. O decreto expropriatório é um ato administrativo que legitima o processo expropriatório, tornando-o lícito. No caso da desapropriação indireta, temos um esbulho possessório por parte do Poder Público, que se apossa da propriedade, sem decreto, sem ordem judicial, enfim, ilicitamente, forçando o particular a requerer a desapropriação indireta. Por isso, se há decreto, não há que se falar em desapropriação ou prazo para desapropriação indireta; **D:** incorreta. O decreto não impede que o proprietário realize obras, inclusive de conservação do bem, o que constará do valor da indenização, por isso é possível o licenciamento da obra, como consta da assertiva; **E:** orreta, tendo em vista que o decreto tem um prazo de caducidade, que é de 5 anos após a sua expedição (art. 10, do Decreto-lei 3.365/1941). AW

Gabarito "E".

(Delegado/MS – 2017 – FAPEMS) Acerca do instituto Desapropriação, uma das formas de aquisição de bens pelo Poder Público, assinale a alternativa correta.

(A) A propriedade produtiva poderá ser objeto de desapropriação para fins de reforma agrária.

(B) É possível a desistência da desapropriação pela Administração Pública, a qualquer tempo, mesmo após o trânsito em julgado, desde que ainda não tenha havido o pagamento integral do preço e o imóvel possa ser devolvido sem alteração substancial que impeça que seja utilizado como antes.

(C) Onde forem localizadas culturas ilegais de plantas psicotrópicas ou a exploração de trabalho escravo na forma da lei será expropriado e destinado à reforma agrária e a programas de habitação popular, sem qualquer indenização ao proprietário e sem prejuízo de outras sanções previstas em lei, cuja expropriação irá recair, apenas, sobre a parcela do imóvel em que tenha ocorrido o cultivo ilegal ou a utilização de trabalho escravo.

(D) A União, os Estados, o Distrito Federal e os Municípios poderão desapropriar, por interesse social, para fins de reforma agrária, o imóvel rural que não esteja cumprindo sua função social, mediante prévia e justa indenização em títulos da dívida agrária, com cláusula de preservação do valor real, resgatáveis no prazo de até vinte anos a partir do segundo ano de sua emissão, e cuja utilização será definida em lei, porém, as benfeitorias úteis e necessárias serão indenizadas em dinheiro.

(E) Na ação de desapropriação por utilidade pública, a citação do proprietário do imóvel desapropriado não dispensa a do respectivo cônjuge.

A: incorreta. Lei 8.629/1993, art. 2º A propriedade rural que não cumprir a função social prevista no art. 9º é passível de desapropriação, nos termos desta lei, respeitados os dispositivos constitucionais. **B:** correta. Sendo a desistência da desapropriação direito do expropriante, o ônus da prova da existência de fato impeditivo do seu exercício (impossibilidade de restauração do imóvel ao estado anterior) é do expropriado. Acórdão recorrido que não estabeleceu a existência de prova da impossibilidade da devolução do imóvel às suas condições originais. Não incidência da súmula 7/STJ. **C:** incorreta. CF, art. 243. As propriedades rurais e urbanas de qualquer região do País onde forem localizadas culturas ilegais de plantas psicotrópicas ou a exploração de trabalho escravo serão expropriadas e destinadas à reforma agrária e a programas de habitação popular, sem qualquer indenização ao proprietário e sem prejuízo de outras sanções previstas em lei, observado, no que couber, o disposto no art. 5º. **D:** incorreta. Somente compete a União. Lei 8.629/1993, art. 2º, § 1º Compete à União desapropriar por interesse social, para fins de reforma agrária, o imóvel rural que não esteja cumprindo sua função social. Art. 5º A desapropriação por interesse social, aplicável ao imóvel rural que não cumpra sua função social, importa prévia e justa indenização em títulos da dívida agrária. § 1º As benfeitorias úteis e necessárias serão indenizadas em dinheiro. **E:** incorreta. Decreto 3365/1941, Art. 16. A citação far-se-á por mandado na pessoa do proprietário dos bens; a do marido dispensa a dá mulher; a de um sócio, ou administrador, a dos demais, quando o bem pertencer a sociedade; a do administrador da coisa no caso de condomínio, exceto o de edifício de apartamento constituindo cada um propriedade autônoma, a dos demais condôminos e a do inventariante, e, se não houver, a do cônjuge, herdeiro, ou legatário, detentor da herança, a dos demais interessados, quando o bem pertencer a espólio FB

Gabarito "B".

12. DIREITO ADMINISTRATIVO 619

7.2. Requisição de bens e serviços

(Promotor de Justiça/SP – 2019 – MPE/SP) A respeito do regime jurídico dos bens públicos, assinale a alternativa correta.

(A) Os bens públicos não estão sujeitos a usucapião, ressalvada a hipótese daquele que, não sendo proprietário rural nem urbano, possuir como sua, por 5 anos ininterruptos, sem oposição, área rural contínua, não excedente de 25 hectares, e a houver tornado produtiva com seu trabalho e nela tiver sua morada, que adquirir-lhe-á o domínio, independentemente de justo título e boa-fé.

(B) São públicos os bens pertencentes à Administração Pública direta e indireta de qualquer dos Poderes da União, dos Estados, do Distrito Federal e dos Municípios.

(C) O uso comum dos bens públicos pode ser gratuito ou retribuído, conforme for estabelecido legalmente pela entidade a cuja administração pertencerem.

(D) Os bens públicos de uso comum do povo e os de uso especial podem ser alienados, observadas as exigências da lei.

(E) O uso privativo do bem público consentido pela Administração Pública não investe o particular de direito subjetivo público oponível a terceiros nem perante a própria Administração contra atos ilegais.

A: incorreta (a não sujeição dos bens públicos a usucapião é absoluta, nos termos do art. 183, § 3º e 191, parágrafo único, da CF). **B**: incorreta (cf. art. 98 do Código Civil, são públicos os bens do domínio nacional pertencentes às pessoas jurídicas de direito público interno; todos os outros são particulares, seja qual for a pessoa a que pertencerem). **C**: correta (cf. art. 103 do Código Civil). **D**: incorreta (cf. art. 100 do Código Civil, os bens públicos de uso comum do povo e os de uso especial são inalienáveis, enquanto conservarem a sua qualificação, na forma que a lei determinar). **E**: incorreta (cf. jurisprudência do STJ, o uso privativo do bem público consentido pela Administração Pública investe o particular de direito subjetivo público oponível a terceiros). RB
Gabarito "C".

(Delegado/GO – 2017 – CESPE) Um policial andava pela rua quando presenciou um assalto. Ao ver o assaltante fugir, o policial parou um carro, identificou-se ao motorista, entrou no carro e pediu que ele perseguisse o criminoso.

Nessa situação, conforme a CF e a doutrina pertinente, tem-se um exemplo típico da modalidade de intervenção do Estado na propriedade privada denominada

(A) limitação administrativa, cabendo indenização ao proprietário, se houver dano ao bem deste.

(B) requisição administrativa, cabendo indenização ao proprietário, se houver dano ao bem deste.

(C) desapropriação, não cabendo indenização ao proprietário, independentemente de dano ao bem deste.

(D) servidão administrativa, não cabendo indenização ao proprietário, independentemente de dano ao bem deste.

(E) ocupação temporária, não cabendo indenização ao proprietário, mesmo que haja dano ao bem deste.

Para o Prof. Hely Lopes, requisição é a utilização coativa de bens ou serviços particulares pelo Poder Público por ato de execução imediata e direta da autoridade requisitante e indenização ulterior, para atendimento de necessidades coletivas urgentes e transitórias. No mesmo

sentido CF, art. 5º, XXV – No caso de iminente perigo público, a autoridade competente poderá usar de propriedade particular, assegurada ao proprietário indenização ulterior, se houver dano. FB
Gabarito "B".

7.3. Servidão administrativa

(Procurador do Município – Prefeitura Fortaleza/CE – CESPE – 2017) Acerca do direito administrativo, julgue o item que se segue.

(1) A possibilidade de realização de obras para a passagem de cabos de energia elétrica sobre uma propriedade privada, a fim de beneficiar determinado bairro, expressa a concepção do regime jurídico-administrativo, o qual dá prerrogativas à administração para agir em prol da coletividade, ainda que contra os direitos individuais.

1: correta. Temos hipótese de servidão administrativa, conceituada como o "direito real de gozo, de natureza pública, instituído sobre imóvel de propriedade alheia, com base em lei, por entidade ou por seus delegados, em face de um serviço público ou de um bem afetado a fim de utilidade pública. AW
Gabarito "1C".

7.4. Tombamento

(Juiz de Direito – TJ/RS – 2018 – VUNESP) A respeito do tombamento, é correto afirmar que

(A) o Supremo Tribunal Federal já afirmou que a hierarquia verticalizada dos entes federados prevista expressamente na Lei de Desapropriação (Decreto-lei no 3.365/41) não se estende ao tombamento, não havendo vedação a que Estado possa tombar bem da União, tampouco que Município possa tombar bem estadual ou federal.

(B) se constitui mediante decreto expedido pelo Poder Legislativo Federal, Estadual, Distrital ou Municipal, reconhecendo o valor histórico, artístico, paisagístico, turístico, cultural ou científico de um bem ou bens, individual ou coletivamente considerados, culminando com ato administrativo de registro em livro próprio.

(C) se recair sobre bem particular, sua instituição pelo Poder Público, em regra, admite pagamento de indenização por limitação de uso da propriedade.

(D) se recair sobre bem público, poderá ser provisório ou definitivo, conforme a fase do procedimento administrativo, que se conclui com a inscrição do bem no competente Livro do Tombo.

(E) se recair sobre bem público, poderá se dar de ofício pela autoridade competente e a prévia notificação do ente proprietário constitui condição de validade do ato administrativo de tombamento.

A: correta. No Agravo Regimental na Ação Civil Originária 1.208 MS, de relatoria do Ministro Gilmar Mendes, restou claro o entendimento da Corte no sentido de que o princípio da hierarquia verticalizada previsto no Decreto-Lei 3.365/1941 não se aplica ao tombamento, tanto porque não existe qualquer previsão expressa estabelecendo a hierarquização do tombamento, como pelo fato de que o tombamento não implica em transferência da propriedade, de modo que inexistente a limitação constante no art. 1º § 2º do DL 3.365/1941; **B**: incorreta. O tombamento é efetivado mediante procedimento administrativo e é no

livro do tombo que são registrados todos os bens de interesse histórico, artístico ou cultural. Pode ser objeto de decreto, mas emanado do Poder Executivo, seguindo-se o procedimento administrativo em que é garantido o contraditório e a ampla defesa; **C:** incorreta. Como regra, o tombamento é intervenção do Estado na propriedade do tipo limitação administrativa, que não gera direito à indenização, pois não configura efetivo prejuízo ao proprietário. A indenização só será cabível quando ensejar esvaziamento do valor econômico do bem, configurando uma verdadeira desapropriação indireta; **D:** incorreta. Como o tombamento não retira a propriedade, na verdade é irrelevante se proprietário do bem é o poder público ou não, mas o Decreto-Lei 25/1937 estabelece que o tombamento de bens de entes federativos se faz de ofício e mediante notificação do ente público envolvido. Ao final do procedimento, deve ser realizada a transcrição no registro do imóvel; **E:** incorreta. Como o tombamento não retira a propriedade, na verdade é irrelevante se proprietário do bem é o poder público ou não, mas o Decreto-Lei 25/1937 estabelece que o tombamento de bens de entes federativos se faz de ofício e mediante notificação do ente público envolvido. **FB**
Gabarito "A".

(Procurador do Estado/SP – 2018 – VUNESP) Município expediu notificação ao Estado a fim de comunicar a inscrição, pelo Prefeito, no livro do tombo próprio, de bem imóvel de valor histórico, de propriedade estadual e situado no território municipal. O ato municipal de tombamento, de acordo com a jurisprudência do Supremo Tribunal Federal, é

(A) ilegal, porque o ato de tombamento é de competência do Chefe do Poder Executivo de cada ente da Federação, após aprovação do ato por meio de lei específica.

(B) lícito e produz efeitos a partir do recebimento da notificação pelo Estado proprietário do bem.

(C) lícito, porém provisório, condicionada a produção de efeitos à autorização do Poder Legislativo por lei específica de efeitos concretos.

(D) ilegal, porque o tombamento de bem público é de competência exclusiva do Serviço do Patrimônio Histórico e Artístico Nacional.

(E) ilegal, nos termos do artigo 2o, § 2o, do Decreto-Lei no 3.365/41 (Desapropriação), aplicável ao caso descrito por analogia, que dispõe que bens de domínio dos Estados poderão ser desapropriados apenas pela União.

Como o tombamento não retira a propriedade, na verdade é irrelevante se proprietário do bem é o poder público ou não, mas o Decreto-Lei 25/1937 estabelece que o tombamento de bens de entes federativos se faz de ofício e mediante notificação do ente público envolvido. O tombamento pode ser realizado por quaisquer dos entes e não existe a hierarquia verticalizada prevista para as desapropriações. Deveras, no Agravo Regimental na Ação Civil Originária 1.208 MS, de relatoria do Ministro Gilmar Mendes, restou claro o entendimento da Corte no sentido de que o princípio da hierarquia verticalizada prevista no Decreto-Lei 3.365/1941 não se aplica ao tombamento, tanto porque não existe qualquer previsão expressa estabelecendo a hierarquização do tombamento, como pelo fato de que o tombamento não implica em transferência da propriedade, de modo que inexistente a limitação constante no art. 1º, § 2º do DL 3.365/1941. **FB**
Gabarito "B".

(Defensor Público – DPE/SC – 2017 – FCC) O tombamento é um instituto do direito administrativo brasileiro, sendo que a seu respeito é correto concluir que

(A) o Poder Judiciário é o que tem a missão de desfazer o tombamento, quando for o caso.

(B) o bem tombado é bem que pode ser livremente transacionado, não aplicando-se ao Estado o direito de preferência.

(C) o tombamento será considerado provisório ou definitivo, conforme esteja o respectivo processo iniciado pela notificação ou concluído pela inscrição dos bens.

(D) o tombamento pode ser voluntário ou compulsório, naquele o agente consente com o tombamento, neste o instituto depende de intervenção judicial.

(E) não há tombamento instituído pelo texto constitucional.

O tombamento é ato administrativo, que pode ser desfeito em função de reavaliação, pelos órgãos de preservação, da condição de importância do bem tombado para o patrimônio histórico, artístico, paisagístico ou natural. Sem dúvida o Poder Judiciário pode realizar essa análise, sindicando a legalidade do ato de tombamento, mas não é agente exclusivo – dessa forma, a alternativa "a" está incorreta; quanto à alternativa "b", é importante destacar que o art. 1.072, I, do novo Código de Processo Civil (Lei n. 13.105/2015) revogou o art. 22 do Decreto-Lei n. 25, de 30 de novembro de 1937, que regulava o direito de preferência do Poder Público quanto aos bens tombados. Em que pese tal condição, contudo, ainda é possível dizer que não há uma absoluta liberdade de transação para os bens tombados, em função de restrições ainda vigentes, por exemplo, quanto a remessa do bem tombado ao exterior; na alternativa "d", o equívoco reside na alegada necessidade de declaração judicial de tombamento compulsório – o ato é administrativo, como já asseverado; quanto à alternativa "e", a Constituição Federal, no art. 216, § 5º, declara que "ficam tombados todos os documentos e os sítios detentores de reminiscências históricas dos antigos quilombos". **AW**
Gabarito "C".

7.5. Limitação administrativa

(Delegado/MT – 2017 – CESPE) Enquanto uma rodovia municipal era reformada, o município responsável utilizou, como meio de apoio à execução das obras, parte de um terreno de particular.

Nessa hipótese, houve o que se denomina

(A) servidão administrativa.

(B) limitação administrativa.

(C) intervenção administrativa supressiva.

(D) ocupação temporária.

(E) requisição administrativa.

Trata-se de ocupação temporária, haja vista ter sido utilizado o espaço apenas como apoio e nesse sentido: Hely Lopes (*apud* Alexandrino, 2013, p. 1013) conceitua: "ocupação temporária ou provisória é a utilidade transitória, remunerada ou gratuita, de bens particulares pelo Poder Público, para a execução de obras, serviços ou atividades públicas ou de interesse público". **FB**
Gabarito "D".

7.6. Temas combinados de intervenção na propriedade

(Procurador/PA – CESPE – 2022) Acerca das formas de intervenção do Estado na propriedade privada, julgue os próximos itens.

I. A servidão administrativa é forma de intervenção restritiva do Estado na propriedade privada, com vistas ao uso transitório de parte da propriedade necessária à execução de serviços públicos (por exemplo, a

12. DIREITO ADMINISTRATIVO

instalação de redes de fornecimento de energia elétrica), admitida pretensão indenizatória por prejuízos derivados do uso, sujeita à prescrição quinquenal.

II. A requisição administrativa é ato administrativo unilateral e autoexecutório que assegura ao poder público o uso transitório de bens móveis e imóveis particulares, no caso de iminente perigo público, assegurada indenização a posteriori.

III. Por meio do tombamento, que pode ser voluntário ou compulsório, o poder público intervém sobre bens móveis e imóveis relevantes para o patrimônio cultural brasileiro.

IV. A desapropriação é ato que representa intervenção supressiva do Estado na propriedade privada e por meio do qual o poder público despoja alguém da propriedade de um bem certo, adquirindo-o originariamente, por necessidade ou utilidade pública, ou por interesse social, mediante justa e prévia indenização em dinheiro, ressalvados os casos previstos na Constituição Federal de 1988.

V. A desapropriação de bens públicos depende de autorização do Poder Legislativo do âmbito federativo expropriante, vedada, pois, a desapropriação de bens públicos apenas por iniciativa do Poder Executivo.

A quantidade de itens certos é igual a

(A) 1.

(B) 2.

(C) 3.

(D) 4.

(E) 5.

Item I: incorreto (a servidão administrativa tem natureza perpétua, pois apresenta duração indefinida). Item II: incorreto (cabível a indenização ulterior, se houver danos, cf. art. 5º, XXV, CF). Item III: correto (cf. o regime do tombamento vertido no Decreto-lei 25/1937). Item IV: correto (art. 5º, XXIV, CF). Item V: correto (cf. art. 2º, § 2º, do Decreto-lei 3.365/1941). Assim, a quantidade de itens certos é 3 (alternativa C).
Gabarito "C".

(Juiz de Direito/AP – 2022 – FGV) O Município Beta, após revisão de seu plano diretor com a oitiva da sociedade civil, por meio de diversas audiências públicas, concluiu que necessitava de áreas para a execução de programas e projetos habitacionais de interesse social. Dessa forma, foi editada lei municipal, baseada no citado plano diretor, delimitando as áreas em que incidirá direito de preempção, com prazo de vigência de quatro anos. O direito de preempção conferiu ao poder público municipal preferência para aquisição de imóvel urbano objeto de alienação onerosa entre particulares, naquela área especificada. Por entender que a citada lei municipal é inconstitucional por violar seu direito de propriedade, João alienou a Maria seu imóvel urbano incluído na área prevista na lei, sem oportunizar ao município o direito de preferência. O Município Beta ajuizou ação pleiteando a invalidação do negócio jurídico celebrado entre João e Maria, requerendo que lhe sejam assegurados os direitos previstos no Estatuto da Cidade.

No caso em tela, o magistrado deve observar que a Lei nº 10.257/2001 dispõe que a alienação do imóvel de João a Maria é:

(A) válida e eficaz, haja vista que a lei municipal é materialmente inconstitucional por violar o direito

de propriedade de João, na medida em que não especificou os proprietários de imóveis que serão desapropriados;

(B) válida e eficaz, haja vista que a lei municipal é formalmente inconstitucional por violar o direito de propriedade de João, visto que é competência legislativa dos Estados editar normas dispondo sobre esse tipo de limitação administrativa;

(C) nula de pleno direito, e o Município poderá adquirir o imóvel pelo seu valor venal previsto na base de cálculo do IPTU ou pelo valor da transação, se este for inferior àquele, pois o direito de preempção é uma espécie de limitação administrativa;

(D) válida e ineficaz, haja vista que o Município deverá comprovar, durante a fase de instrução probatória, a utilidade pública, a necessidade pública ou o interesse social para exercer seu direito de preferência, por meio da desapropriação;

(E) nula de pleno direito, e o Município poderá adquirir o imóvel pelo seu valor venal, a ser definido por perícia de avaliação judicial, assegurados o contraditório e a ampla defesa, pois o direito de preempção é uma espécie de desapropriação especial urbana.

Comentário: O direito de preempção está disciplinado, na seara urbanística, no Estatuto da Cidade (Lei 10.257/2001) e confere ao Poder Público municipal preferência para aquisição de imóvel urbano objeto de alienação onerosa entre particulares (art. 25). Trata-se de uma forma legítima de intervenção do Estado na propriedade privada. Para tanto, lei municipal, baseada no plano diretor, deve delimitar as áreas em que incide o direito de preempção (não superior ao prazo de vigência (não superior a cinco anos). No caso da questão sob análise, João não observou o direito de preempção, pois deveria ter notificado o Município sobre sua intenção de alienar o imóvel, para o que ente público manifestasse seu interesse em comprá-lo (art. 27). Nesse sentido, o negócio realizado entre João e Maria é considerada nulo de pleno direito (art. 27, § 5º), de modo que o Município poderá adquirir o imóvel pelo valor da base de cálculo do IPTU ou pelo valor da transação, se este for inferior àquele (art. 27, § 6º). Assim, correta a alternativa C. **RB**
Gabarito "C".

8. RESPONSABILIDADE DO ESTADO

8.1. Evolução histórica e Teorias

(Procurador do Município – Prefeitura Fortaleza/CE – CESPE – 2017) Acerca do direito administrativo, julgue o item que se segue.

(1) A regulação das relações jurídicas entre agentes públicos, entidades e órgãos estatais cabe ao direito administrativo, ao passo que a regulação das relações entre Estado e sociedade compete aos ramos do direito privado, que regulam, por exemplo, as ações judiciais de responsabilização civil do Estado.

1: incorreta. As relações entre o Estado e a sociedade competem tanto ao direito privado quanto ao direito público. Por exemplo, no caso de responsabilidade civil do Estado, as normas de direito público é que a fundamentam (art. 37, §6º, CF), enquanto em casos como um contrato típico de locação, mesmo que celebrado pelo Estado, teríamos normas de direito privado regendo-o. **AW**
Gabarito "1E".

8.2. Modalidades de responsabilidade (objetiva e subjetiva). Requisitos da responsabilidade objetiva

(Juiz de Direito/AP – 2022 – FGV) A sociedade empresária Alfa exercia a venda de produtos alimentícios em uma mercearia, com licença municipal específica para tal atividade. No entanto, os proprietários do comércio também desenvolviam comercialização de fogos de artifício, de forma absolutamente clandestina, pois sem a autorização do poder público. Durante as inspeções ordinárias, o poder público nunca encontrou indícios de venda de fogos de artifício, tampouco o fato foi alguma vez noticiado à municipalidade. Certo dia, grande explosão e incêndio ocorreram no comércio, causados pelos fogos de artifício, que atingiram a casa de João, morador vizinho à mercearia, que sofreu danos morais e materiais. João ajuizou ação indenizatória em face do Município, alegando que incide sua responsabilidade objetiva por omissão. No caso em tela, valendo-se da jurisprudência do Supremo Tribunal Federal, o magistrado deve julgar:

(A) procedente o pedido, pois se aplica a teoria do risco administrativo, de maneira que não é necessária a demonstração do dolo ou culpa do Município, sendo devida a indenização;

(B) procedente o pedido, pois, diante da omissão específica do Município, aplica-se a teoria do dano *in re ipsa*, devendo o poder público arcar com a indenização, desde que exista nexo causal entre o incêndio e os danos sofridos por João;

(C) procedente o pedido, diante da falha da Administração Municipal na fiscalização de atividade de risco, qual seja, o estabelecimento destinado a comércio de fogos de artifício, incidindo a responsabilidade civil objetiva;

(D) improcedente o pedido, pois, apesar de ser desnecessária a demonstração de violação de um dever jurídico específico de agir do Município, a responsabilidade civil originária é da sociedade empresária Alfa, de maneira que o Município responde de forma subsidiária, caso a responsável direta pelo dano seja insolvente;

(E) improcedente o pedido, pois, para que ficasse caracterizada a responsabilidade civil do Município, seria necessária a violação de um dever jurídico específico de agir, seja pela concessão de licença para funcionamento sem as cautelas legais, seja pelo conhecimento do poder público de eventuais irregularidades praticadas pelo particular, o que não é o caso.

Comentário: No âmbito do RE 136.861/SP (Pleno, Rel. Min. Edson Fachin, Red. p/ Ac. Min. Alexandre de Moraes, DJe 22/01/2021), o STF definiu a seguinte tese de repercussão geral: "Para que fique caracterizada a responsabilidade civil do Estado por danos decorrentes do comércio de fogos de artifício, é necessário que exista a violação de um dever jurídico específico de agir, que ocorrerá quando for concedida a licença para funcionamento sem as cautelas legais ou quando for de conhecimento do poder público eventuais irregularidades praticadas pelo particular" Conforme consta no enunciado da questão, o Município concedeu a licença com as cautelas legais, exerceu a fiscalização ordinária sem a constatação da prática de ilegalidade, tampouco tomou conhecimento do exercício de comércio irregular. Nesse sentido, não houve a violação de um dever jurídico específico de agir, o que afasta a responsabilidade do ente público municipal, motivo pelo qual a ação deve ser julgada improcedente. **E: correta.** RB

Gabarito "E".

(Procurador/PA – CESPE – 2022) Quanto à responsabilidade civil extracontratual do Estado, julgue os próximos itens, à luz da jurisprudência dos tribunais superiores e do regramento da Lei estadual n.º 8.972/2020 acerca do procedimento administrativo de reparação de danos.

I. O dever estatal de indenizar danos decorrentes de crime praticado por pessoa foragida do sistema prisional decorre da omissão do Estado no dever de vigilância dos detentos sob sua custódia, prescindindo da demonstração de nexo causal direto entre o momento da fuga e a conduta praticada.

II. A ação por danos causados por agente público, deve figurar no polo passivo o Estado ou a pessoa jurídica de direito privado prestadora do serviço público, jamais o autor do ato, assegurado o direito de regresso contra o agente causador do dano, nos casos de dolo ou culpa.

III. No estado do Pará, o procedimento administrativo de reparação de danos é de competência da Procuradoria-Geral do Estado Pará, até mesmo quanto aos danos ocorridos no âmbito de outros Poderes e órgãos constitucionais do estado.

IV. O protocolo do requerimento do interessado com vistas à reparação de dano causado por agente público interrompe, nos termos da legislação pertinente, a prescrição da ação de responsabilidade civil contra o Estado, até decisão final da administração, observado o prazo legal máximo para conclusão do procedimento, após o qual a prescrição voltará a correr.

V. Concluído o procedimento de reparação de danos ao erário, a inércia do causador do dano em recolher aos cofres públicos o valor do prejuízo suportado pela fazenda pública ou em apresentar pedido de parcelamento ensejará a inscrição do débito apurado em dívida ativa.

A quantidade de itens certos é igual a

(A) 1.

(B) 2.

(C) 3.

(D) 4.

(E) 5.

I: errado (somente existe responsabilidade se for demonstrado o nexo causal direto entre o momento da fuga e a conduta praticada, cf. jurisprudência do STF). **II:** certo (cf. jurisprudência do STF). **III:** certo (art. 127 c.c. art. 1º, "caput" e parágrafo único, ambos da Lei estadual n.º 8.972/2020). **IV:** errado (o protocolo do requerimento suspende a prescrição, cf. art. 130, II, da Lei estadual n.º 8.972/2020). **V:** certo (art. 138, § 2º, da Lei estadual n.º 8.972/2020). Assim, a quantidade de itens certos é 3 (alternativa C).

Gabarito "C".

(Delegado de Polícia Federal – 2021 – CESPE) Acerca da responsabilidade civil do Estado, julgue os itens que se seguem.

(1) É subjetiva a responsabilidade civil do Estado decorrente de conduta omissiva imprópria, sendo necessária a comprovação da culpa, do dano e do nexo de causalidade.

(2) Conforme a teoria do risco administrativo, uma empresa estatal dotada de personalidade jurídica de direito privado que exerça atividade econômica responderá objetivamente pelos danos que seus agentes, nessa qualidade, causarem a terceiros, resguardado o direito de regresso contra o causador do dano.

12. DIREITO ADMINISTRATIVO
623

1: Anulada. A questão foi anulada pela banca CESPE, que deu a seguinte justificativa: "Embora tenha sido citada no item a jurisprudência STJ, recentemente, o Supremo Tribunal Federal, em precedente com repercussão geral sinalizou – sem enfrentar propriamente o tema – que considera que a responsabilidade civil do estado por omissão imprópria também é objetiva. Sendo assim, o assunto abordado no item é controvertido no âmbito dos tribunais superiores". **2:** Errado. O fundamento da teoria do risco administrativo encontra-se no art. 37, § 6º, da Constituição Federal, que assim prescreve: "As pessoas jurídicas de direito público e as de direito privado prestadoras de serviços públicos responderão pelos danos que seus agentes, nessa qualidade, causarem a terceiros, assegurado o direito de regresso contra o responsável nos casos de dolo ou culpa". Verifica-se que estão submetidas à referida teoria as pessoas jurídicas de direito público (como as entidades federativas e as autarquias) e as pessoas jurídicas de direito privado (empresas estatais, p.ex.) caso prestem serviços públicos. Considerando que a questão expressamente assinala que a empresa estatal exerce atividade econômica, inaplicável o dispositivo constitucional e a teoria do risco administrativo. Assim, a afirmativa está errada. **RB**
Gabarito 1Anulada, 2E

(Juiz de Direito – TJ/MS – 2020 – FCC) Em conhecido acórdão proferido em regime de repercussão geral, versando sobre a morte de detento em presídio –Recurso Extraordinário 841.526 (Tema 592) – o Supremo Tribunal Federal confirmou decisão do Tribunal de Justiça do Rio Grande do Sul, calcada em doutrina que, no tocante ao regime de responsabilização estatal em condutas omissivas, distingue-a conforme a natureza da omissão. Segundo tal doutrina, em caso de omissão específica, deve ser aplicado o regime de responsabilização

(A) integral; em caso de omissão genérica, aplica-se o regime de responsabilização objetiva.

(B) objetiva; em caso de omissão genérica, aplica-se o regime de responsabilização subjetiva.

(C) subjetiva; em caso de omissão genérica, aplica-se o regime de responsabilização objetiva.

(D) objetiva; em caso de omissão genérica, não há possibilidade de responsabilização.

(E) subjetiva apenas em relação ao agente, exonerado o ente estatal de qualquer responsabilidade; em caso de omissão genérica, aplica-se o regime de responsabilização objetiva do ente estatal.

O RE 841.526/RS, julgado pelo STF em março de 2016, debruçou-se sobre Acórdão do Tribunal de Justiça do Rio Grande do Sul, baseado no seguinte entendimento: "Conforme o artigo 37, § 6º, da Constituição Federal, responde o Estado objetivamente pelos danos que seus agentes, nessa qualidade, causarem a terceiros, sendo desnecessária a comprovação de dolo ou culpa. Por se tratar de omissão do Estado, a responsabilidade será objetiva, se a omissão for específica, e subjetiva, se a omissão for genérica" (grifo nosso). Nesse sentido, correta a alternativa B. **RB**
Gabarito "B".

(Juiz de Direito – TJ/SC – 2019 – CESPE/CEBRASPE) De acordo com o entendimento majoritário e atual do STJ, a responsabilidade civil do Estado por condutas omissivas é

(A) objetiva, bastando que sejam comprovadas a existência do dano, efetivo ou presumido, e a existência de nexo causal entre conduta e dano.

(B) objetiva, bastando a comprovação da culpa *in vigilando* e do dano efetivo.

(C) subjetiva, sendo necessário comprovar negligência na atuação estatal, o dano causado e o nexo causal entre ambos.

(D) subjetiva, sendo necessário comprovar a existência de dolo e dano, mas sendo dispensada a verificação da existência de nexo causal entre ambos.

(E) objetiva, bastando que seja comprovada a negligência estatal no dever de vigilância, admitindo-se, assim, a responsabilização por dano efetivo ou presumido.

Embora seja polêmico o tema da responsabilidade civil do Estado por omissão, o entendimento majoritário atual do STJ adota a teoria subjetiva. É o que se extrai da seguinte decisão: "A jurisprudência do STJ é firme no sentido de que a responsabilidade civil do Estado por condutas omissivas é subjetiva, sendo necessário, dessa forma, comprovar a negligência na atuação estatal, o dano e o nexo causal entre ambos." (AgInt no AREsp 1.249.851/SP, 1ª Turma, Rel. Min. Benedito Gonçalves, DJe 26/09/18). **RB**
Gabarito "C".

(Juiz de Direito - TJ/BA - 2019 - CESPE/CEBRASPE) A respeito da responsabilidade civil do Estado, julgue os itens a seguir.

I. O Estado é responsável pela morte de detento causada por disparo de arma de fogo portada por visitante do presídio, salvo se comprovada a realização regular de revista no público externo.

II. O Estado necessariamente será responsabilizado em caso de suicídio de pessoa presa, em razão do seu dever de plena vigilância.

III. A responsabilidade do Estado, em regra, será afastada quando se tratar da obrigação de pagamento de encargos trabalhistas de empregados terceirizados que tenham deixado de receber salário da empresa de terceirização.

Assinale a opção correta.

(A) Apenas o item I está certo.

(B) Apenas o item III está certo.

(C) Apenas os itens I e II estão certos.

(D) Apenas os itens II e III estão certos.

(E) Todos os itens estão certos.

I: incorreta – Não existe a excludente de ilicitude aventada na segunda parte da assertiva. Predomina o entendimento da jurisprudência, nas hipóteses de crimes comissivos cometidos por agentes públicos contra o detento, a responsabilização será na modalidade objetiva, com fundamento no art. 37, § 6º, da Constituição Federativa, onde prevê que o ente público responderá, independentemente de culpa, por atos praticados por seus agentes no desempenho de suas funções. Nessa ótica, basta conferir o teor de alguns julgados: PROCESSUAL CIVIL. APELAÇÃO CÍVEL. AÇÃO DE INDENIZAÇÃO AJUIZADA PELA GENITORA DA VÍTIMA MENOR DE IDADE FALECIDA EM DELEGACIA POLICIAL. DANOS MATERIAIS E MORAIS. RESPONSABILIDADE CIVIL E OBJETIVA DO ESTADO – ART. 37, § 6º DA CF/88. RESPONSABILIDADE SUBJETIVA DA POLICIAL MILITAR – DIREITO DE REGRESSO. RECURSOS CONHECIDOS E IMPROVIDOS PARA MANTER A R. DO JUÍZO MONOCRÁTICO QUANDO A FIXAÇÃO DOS DANOS MATERIAIS – CONDENADO O ESTADO DO AMAZONAS AO PAGAMENTO DA PENSÃO MENSAL DE UM SALÁRIO MÍNIMO MENSAL, ATÉ A DATA EM QUE A VÍTIMA ALCANÇARIA A PROVÁVEL IDADE DE 65 (SESSENTA E CINCO) ANOS. CONDENAÇÃO EM *QUANTUM* RAZOÁVEIS DANOS MORAIS. RAZOABILIDADE NA FIXAÇÃO DE HONORÁRIO ADVOCATÍCIOS EM 10% (DEZ POR CENTO). RECONHECIMENTO DA PROCEDÊNCIA DE DENUNCIAÇÃO À LIDE. MANTIDO OS DEMAIS TERMOS DA R. DECISÃO DE 1º GRAU (fl. 255). [...] Não merece prosperar a irresignação, uma vez que **a jurisprudência desta Corte firmou entendimento de que o Estado tem o dever objetivo de zelar pela integridade física e moral do preso sob sua custódia, atraindo então a responsabilidade civil objetiva**, razão pela qual é devida a indenização por danos morais e materiais decorrentes da morte do detento. Agravo regimental em recurso extraordinário. 2. Morte de preso no interior de estabelecimento prisional. 3. Indenização por danos morais e matérias. Cabimento. 4. **Responsabilidade objetiva do Estado. Art. 37, § 6.º, da Constituição Federal. Teoria do risco administrativo. Missão do Estado de zelar pela integridade física do preso.** 5. Agravo regimental a que se nega provimento. (STF. RE 418566 AgR, Relator(a): min. GILMAR MENDES, Segunda Turma, julgado em 26/02/2008). Destarte, vê-se que há entendimento consolidado pela Corte do Supremo no sentido de que o Estado tem o dever de zelar pela integridade física e moral do preso sob sua custódia por força do disposto no art. 5º, XLIX, ao imperar que "é assegurado aos presos o respeito à integridade física e moral". Desse modo, deve o Poder Público suportar o risco natural das atividades de guarda, ou seja, assume a responsabilidade por risco administrativo; **II**: incorreta – Trata-se de tema de certa forma polêmico. O suicídio de detento dentro do sistema carcerário não exclui a responsabilidade estatal se caso houver inobservância do dever específico de guarda e proteção, principalmente dos direitos fundamentais. A CF/88 determina que o Estado se responsabiliza pela integridade física do preso sob sua custódia: Art. 5º (...) XLIX - é assegurado aos presos o respeito à integridade física e moral. Todavia, a responsabilidade civil neste caso, apesar de ser objetiva, é regida pela teoria do risco administrativo. Desse modo, o Estado poderá ser dispensado de indenizar se ficar demonstrado que ele não tinha a efetiva possibilidade de evitar a ocorrência do dano. Sendo inviável a atuação estatal para evitar a morte do preso, é imperioso reconhecer que se rompe o nexo de causalidade entre essa omissão e o dano. Entendimento em sentido contrário implicaria a adoção da teoria do risco integral, não acolhida pelo texto constitucional. A exceção se dá quando o Estado conseguir provar que a morte do detento não podia ser evitada. Rompendo-se o nexo de causalidade entre o resultado morte e a omissão estatal. Não havendo nexo de causalidade consequentemente não terá a responsabilidade civil estatal. Se o detento que praticou o suicídio já possuía indícios de que poderia se matar, e o Estado foi omisso ele deverá indenizar sua família e seus dependentes. Entendendo-se que o Estado deveria ter fornecido tratamento para que o mesmo não ocorresse. Porém existe uma outra situação que é quando o preso não apresenta sinais de que praticará suicídio, assim sendo o Estado não será responsabilizado civilmente, pois foi um ato totalmente imprevisível. Nas duas hipóteses caberá a administração pública demonstrar o ônus da prova que se enquadrará nas excludentes de responsabilidade; **III**: correta: Art. 71 da Lei 8.666/1993 **FB**

„Gabarito "B".

(Procurador do Estado/SP – 2018 – VUNESP) Empresa de ônibus permissionária de serviço público de transporte coletivo intermunicipal de passageiros envolveu-se em acidente de trânsito em rodovia estadual explorada por concessionária, tendo um de seus veículos, durante a prestação do serviço de transporte, colidido com automóvel particular, provocando danos materiais e o falecimento de um dos ocupantes do carro. De acordo com a jurisprudência do Supremo Tribunal Federal,

(A) a concessionária de rodovia estadual será objetivamente responsabilizada pelos danos provocados em razão do acidente, em decorrência da aplicação da teoria da faute du service.

(B) o Estado titular dos serviços públicos de transporte coletivo de passageiros e da rodovia em que ocorrido o acidente será objetivamente responsável pelos danos causados, ainda que se comprove culpa concorrente da vítima que conduzia o automóvel particular.

(C) a permissionária do serviço público de transporte coletivo de passageiros poderá ser responsabilizada pelos danos provocados em razão do acidente, desde

que comprovada ocorrência de dolo ou culpa do motorista do veículo coletivo, porque as vítimas não são usuárias do serviço público por ela prestado.

(D) a concessionária de rodovia estadual será objetivamente responsabilizada pelos danos provocados pelo acidente, em decorrência da aplicação da teoria do risco administrativo.

(E) a permissionária do serviço público de transporte coletivo de passageiros poderá ser objetivamente responsabilizada pelos danos provocados em razão do acidente, ainda que as vítimas não sejam usuárias do serviço por ela prestado.

Em repercussão geral foi reconhecida a responsabilidade objetiva das concessionárias pelos danos causados a terceiros não usuários. Eis o julgado que consolidou esse entendimento: EMENTA: CONSTITUCIONAL. RESPONSABILIDADE DO ESTADO. ART. 37, § 6º, DA CONSTITUIÇÃO. PESSOAS JURÍDICAS DE DIREITO PRIVADO PRESTADORAS DE SERVIÇO PÚBLICO. CONCESSIONÁRIO OU PERMISSIONÁRIO DO SERVIÇO DE TRANSPORTE COLETIVO. RESPONSABILIDADE OBJETIVA EM RELAÇÃO A TERCEIROS NÃO-USUÁRIOS DO SERVIÇO. RECURSO DESPROVIDO. I – A responsabilidade civil das pessoas jurídicas de direito privado prestadoras de serviço público é objetiva relativamente a terceiros usuários *e não usuários do serviço*, segundo decorre do art. 37, § 6º, da Constituição Federal. II – A inequívoca presença do nexo de causalidade entre o ato administrativo e o dano causado ao terceiro não-usuário do serviço público, é condição suficiente para estabelecer a responsabilidade objetiva da pessoa jurídica de direito privado. III – Recurso extraordinário desprovido (**RE 591874 / MS, Relator: Min. Ricardo Lewandowski, j. 26-08-2009, Tribunal Pleno). FB**

„Gabarito "E".

(Procurador do Município – Prefeitura Fortaleza/CE – CESPE – 2017) A respeito de bens públicos e responsabilidade civil do Estado, julgue o próximo item.

Situação hipotética: Um veículo particular, ao transpassar indevidamente um sinal vermelho, colidiu com veículo oficial da Procuradoria-Geral do Município de Fortaleza, que trafegava na contramão. Assertiva: Nessa situação, não existe a responsabilização integral do Estado, pois a culpa concorrente atenua o *quantum* indenizatório.

1: correta. Havendo culpa recíproca ou concorrente, essa deve ser utilizada como excludente de responsabilidade civil ou, no mínimo, como atenuante. **AW**

„Gabarito "1C".

(Juiz – TRF 2ª Região – 2017) Em 2014, conhecido assaltante e homicida foge do presídio federal. O inquérito administrativo que apurou o evento resulta em punição de dois servidores e mudança de padrões de segurança. Já o foragido mantém-se quieto até 2016, quando se une a outro meliante. Os dois invadem casa, roubam e matam pai de família, na frente da esposa. A dupla de meliantes foge. Por conta da falha de segurança no presídio, a viúva aciona a União Federal, pedindo ressarcimento consistente em pensão alimentícia, danos morais, despesas de funeral e luto, além de reparação do custo de psiquiatra. Assinale a resposta adequada à orientação dominante na doutrina e nos Tribunais Superiores:

(A) O pedido é improcedente.

(B) A procedência do pedido de pensão depende da prova da dependência econômica da autora para com o falecido. Já o dano moral ocorre *in re ipsa*.

12. DIREITO ADMINISTRATIVO — 625

(C) No caso, o dano moral ocorre *in re ipsa* e a verba de luto e funeral deve ser arbitrada mesmo se não provados os gastos, já que essas despesas sempre existem, em eventos assim.

(D) A compensação por dano moral procede, mas, ainda que se provem gastos com psiquiatra, estes estão fora do desdobramento normal do evento, que apenas abarca os danos diretos e imediatos.

(E) No caso, as verbas de luto e funeral dependem de prova, não podendo ser meramente arbitradas. A dependência econômica da esposa é presumida e a eventual pensão deve ser limitada à idade de sobrevida provável da vítima.

A: correta. O entendimento da doutrina e jurisprudência dominantes são no sentido de que só há responsabilidade civil do Estado em caso de fuga de preso do presidio no caso do ato ilícito do fugitivo ser direto e imediato em relação à sua fuga, ou seja, teria que ter sido praticado logo após a fuga, e não 2 anos após essa. O STJ tem entendimento já pacificado a respeito (REsp. 858.511); **B:** incorreta. O dano moral não é presumido ("in re ipsa"), e sim comprovado. O dano moral só é presumido excepcionalmente, como no caso de inscrição do nome do inadimplente em cadastro próprio para tanto (*Resp 718618);* **C:** incorreta. Como dito acima, o dano moral só é considerado "in re ipsa" em hipóteses excepcionais, e não se enquadra nessa do enunciado acima; **D:** incorreta. O dano moral só pode ser procedente se comprovado, da mesma forma que os danos materiais e, adotada a tese de que o dano foi decorrente direto e imediato da fuga do preso do presídio, ambos devem estar sujeitos à dilação probatória; **E:** incorreta. A dependência econômica da esposa não é presumida, sendo que essa presunção só existe em relação aos incapazes e filhos menores, ou seja, os que realmente dependem do falecido, eis que não possuem capacidade econômica e de trabalho. **AW**

Gabarito "A".

8.3. Responsabilidade do agente público, ação de regresso e denunciação da lide

(Delegado/RJ – 2022 – CESPE/CEBRASPE) Maria trafegava em seu carro na Ponte Rio-Niterói, durante a manhã, a caminho do trabalho, sentido Rio de Janeiro, quando, em meio ao trânsito lento, foi surpreendida por uma viatura da polícia civil, que passou de forma brusca e acelerada ao lado de seu veículo, causando um leve abalroamento, que levou a motorista a colidir contra o veículo à sua frente, o que, afinal, causou graves danos a esses dois carros. Apesar do acidente e dos danos materiais aos dois veículos, não houve feridos. Após confeccionar a declaração de acidente de trânsito no site da Polícia Rodoviária Federal, Maria resolveu comparecer ao plantão da Corregedoria-Geral da Polícia Civil, para noticiar o ocorrido, tendo indicado o número da unidade policial inscrito na viatura, assim como o horário em que o abalroamento havia acontecido. Em sua apuração preliminar, a corregedoria identificou os policiais civis que estavam na viatura, assim como constatou que eles não se dirigiam a nenhuma diligência policial na ocasião, apenas buscavam fugir do engarrafamento. Após regular sindicância administrativa disciplinar, os policiais foram punidos. Ao tomar conhecimento do resultado da apuração da Corregedoria-Geral de Polícia Civil, Maria decidiu ajuizar ação para obter do Estado reparação civil, tendo em vista os danos causados ao seu veículo.

A partir dessa situação hipotética, assinale a opção correta, com relação à responsabilidade civil dos servidores públicos.

(A) Maria deverá ajuizar ação de responsabilidade civil em desfavor do policial que conduzia a viatura quando do abalroamento, já que foi apurado, no procedimento disciplinar, que ele atuou com dolo ou culpa.

(B) A ação por danos causados por agente público deve ser ajuizada contra o Estado, não sendo possível a responsabilização civil do servidor que causou o dano, nem mesmo em ação de regresso.

(C) Cabe à vítima do dano a escolha do polo passivo da demanda, podendo ela ajuizar ação contra o servidor policial civil que causou o dano ou contra o Estado, ente político.

(D) Ação por danos causados por agente público deve ser ajuizada contra o Estado ou contra pessoa jurídica de direito privado prestadora de serviço público, sendo parte ilegítima para a ação o autor do ato, em observância ao princípio da dupla garantia, assegurado o direito de regresso contra o responsável nos casos de dolo ou culpa.

(E) É cabível ação de regresso contra o agente responsável pelo dano somente nos casos de ato doloso.

Alternativa **A** incorreta (a ação de responsabilidade não poderá ser ajuizada em desfavor do agente público policial, pois o STF definiu a seguinte tese de repercussão geral no RE 1.027.633: "A teor do disposto no artigo 37, parágrafo 6º, da Constituição Federal, a ação por danos causados por agente público deve ser ajuizada contra o Estado ou a pessoa jurídica de direito privado, prestadora de serviço público, sendo parte ilegítima o autor do ato, assegurado o direito de regresso contra o responsável nos casos de dolo ou culpa"). Alternativa **B** incorreta (é possível a responsabilização do servidor, por meio do exercício do direito de regresso pelo Estado, cf. comentário da alternativa A). Alternativa **C** incorreta (cf. comentário da alternativa A). Alternativa **D** correta (cf. comentário da alternativa A). Alternativa **E** incorreta (também é cabível a ação de regresso nos casos de ato culposo do agente responsável, cf. art. 37, § 6º, CF). **RB**

Gabarito "D".

(Delegado/AP – 2017 – FCC) Uma determinada viatura oficial estadual, enquanto em diligência, chocou-se contra o muro de uma escola municipal, derrubando- o parcialmente, bem como o poste de transmissão de energia existente na calçada, que estava em péssimo estado de conservação, assim como os transformadores e demais equipamentos lá instalados. Foram apurados danos materiais de grande monta, não só em razão da necessidade de reconstrução do muro, mas também porque foi constatado que muitos aparelhos elétricos e eletrônicos deixaram de funcionar a partir de então, tais como geladeiras, computadores e copiadoras. Relevante apurar, para solucionar a responsabilidade do ente estatal,

(A) se o condutor da viatura empregou toda a diligência e prudência necessárias para afastar negligência, bem como se estava devidamente capacitado para o desempenho de suas funções, a fim de verificar eventual ocorrência de imperícia.

(B) a origem dos recursos que possibilitaram a aquisição dos materiais elétricos e eletrônicos, para comprovar se o Município efetivamente sofreu prejuízos qualificáveis como indenizáveis para fins de configuração de responsabilidade civil.

(C) apenas o valor dos danos materiais constatados, tendo em vista que se trata de responsabilidade objetiva, modalidade que, para sua configuração, dispensa qualquer outro requisito.

(D) o nexo de causalidade entre a colisão causada pela viatura estadual e os danos emergentes sofridos, para demonstrar que decorreram do acidente e não de outras causas e viabilizar a apuração correta da indenização, prescindindo, no entanto, de prova de culpa do condutor.

(E) a propriedade do imóvel onde funcionava a escola, tendo em vista que caso se trate de bem público estadual cedido à municipalidade para implantação da escola, descabe qualquer indenização, seja pelo muro, seja pelos danos nos aparelhos elétricos, uma vez que o funcionamento da própria unidade depende do ente estadual.

Trata-se da aplicação da Teoria do Risco Administrativo, segundo Maria Sylvia Zanella Di Pietro, para que seja efetivamente caracterizada a responsabilidade do Estado prevista constitucionalmente no art. 37, § 6º há de se exigir a ocorrência dos elementos: *1. Que se trate de pessoa jurídica de direito público ou de direito privado prestadora de serviços públicos; (...), 2. Que essas entidades prestem serviços públicos, o que exclui as entidades da administração indireta que executem atividade econômica de natureza privada; (...)3. Que haja um dano causado a terceiro em decorrência da prestação se serviço público; (...) 4. Que o dano causado por agente das aludidas pessoas jurídicas, o que abrange todas as categorias, de agentes políticos, administrativos ou particulares em colaboração com a Administração, sem interessar o título sob o qual prestam o serviço;5. Que o agente, ao causar o dano, aja nessa qualidade; (...)" (destaques no original).* FB

Gabarito "D".

(Delegado/MT – 2017 – CESPE) Um delegado de polícia, ao tentar evitar ato de violência contra um idoso, disparou, contra o ofensor, vários tiros com revólver de propriedade da polícia. Por erro de mira, o delegado causou a morte de um transeunte.

Nessa situação hipotética, a responsabilidade civil do Estado

(A) dependerá da prova de culpa *in eligendo*.

(B) dependerá de o delegado estar, no momento da ocorrência, de serviço.

(C) dependerá da prova de ter havido excesso por parte do delegado.

(D) existirá se ficar provado o nexo de causalidade entre o dano e a ação.

(E) será excluída se o idoso tiver dado causa ao crime.

Art. 37, § 6º As pessoas jurídicas de direito público e as de direito privado prestadoras de serviços públicos responderão pelos danos que seus agentes, nessa qualidade, causarem a terceiros, assegurado o direito de regresso contra o responsável nos casos de dolo ou culpa. FB

Gabarito "D".

8.4. Responsabilidade das concessionárias de serviço público

(Procurador do Município – Prefeitura Fortaleza/CE – CESPE – 2017) A respeito de bens públicos e responsabilidade civil do Estado, julgue os próximos itens.

(1) De acordo com o entendimento do STF, empresa concessionária de serviço público de transporte responde objetivamente pelos danos causados à família de vítima de atropelamento provocado por motorista de ônibus da empresa.

1: correta. Está correta a assertiva, porque as concessionárias estão incluídas no disposto no art. 37, § 6º, CF, além do que determina o art. 25, da Lei 8.987/1995. AW

Gabarito "1C".

---

9. LICITAÇÃO

PRINCIPAIS PONTOS DA NOVA LEI DE LICITAÇÕES E CONTRATOS ADMINISTRATIVOS (LEI 14.133/2021)

1. Aplicabilidade da nova lei

Em 1º de abril de 2021 foi editada a Lei 14.133, a **nova lei de licitações e contratos administrativos**.

Importante esclarecer que a Lei 8.666/1993 não foi, de modo geral, imediatamente revogada pelo novo regime. Inicialmente, a antiga norma vigoraria por 2 anos, com revogação prevista para abril de 2023. Os únicos dispositivos da Lei 8.666/1993 que foram imediatamente revogados foram os arts. 89 a 108, que disciplinavam os crimes relacionados às licitações e aos contratos públicos. Agora o tema é tratado no próprio Código Penal (arts. 337-E a 337-P).

No entanto, com a Medida Provisória n. 1.167, de 31 de março de 2023, houve a prorrogação da Lei 8.666/1993 até 30 de dezembro de 2023. Esta MP será objeto de apreciação pelo Legislativo, de modo que o prazo de prorrogação pode ser estendido.

> **Importante!** Por conta disso, irão conviver por algum tempo os regimes tanto da Lei 14.133/2021 quanto da Lei 8.666/1993, bem como da Lei 10.520/2002 (Pregão) e Lei 12.462/2011 (Regime Diferenciado de Contratação - RDC). Até a revogação destas últimas, a Administração poderá optar por licitar (ou contratar diretamente) de acordo com o regime mais novo ou o antigo. A opção escolhida deverá ser indicada expressamente, vedada a aplicação combinada dos diplomas normativos.

2. Aspectos gerais

A Lei 8.666/1993 prevê os seguintes **objetivos** da licitação pública: (i) seleção da proposta mais vantajosa; (ii) tratamento igualitário entre os licitantes; (iii) desenvolvimento nacional sustentável. A Lei 14.133/2021, além de mantê-los, disciplina outros: (iv) evitar sobrepreço, preços inexequíveis e superfaturamento; (v) incentivo à inovação.

Em relação aos **princípios**, a nova lei igualmente preserva os princípios incorporados na Lei 8.666/1993, como a legalidade, impessoalidade, moralidade, vinculação ao instrumento convocatório, julgamento objetivo, entre outros. Além disso, insere postulados inéditos, merendo destaque os princípios do planejamento (fundamento da fase preparatória), da transparência (corolário da publicidade) e o da segregação de funções (é vedada a atuação simultânea do agente público nas funções sujeitas a risco).

A nova lei de licitações contempla uma série de regramentos relacionados a aspectos **ambientais**, como a possibilidade de estipulação de margem de preferência a bens reciclados, recicláveis ou biodegradáveis. No que se refere ao aspecto **social**, possível à Administração exigir a destinação de percentual mínimo de mão de obra a mulher vítima de violência doméstica.

Outra novidade relevante da nova lei é a valorização da implantação de **programas de integridade** (*compliance*) pelos contratados, podendo representar, entre outros: (a) condição à continuidade de contratações de grande vulto; (b) critério subsidiário de desempate; (c) critério para a dosimetria de sanções administrativas.

3. Contratação direta

Da mesma forma que a Lei 8.666/1993, o regime geral da contratação direta disciplinado pela Lei 14.133/2021 envolve, como categorias gerais mais relevantes, a *dispensa* e a *inexigibilidade*.

A **inexigibilidade** está prevista no art. 74 da nova lei de licitações, que elenca cinco hipóteses. Trata-se de rol exemplificativo (da mesma forma que o art. 25 da Lei 8.666/1993, que contempla três incisos). São elas:

- Fornecedor exclusivo (mesma hipótese da Lei 8.666/1993);
- Contratação de artista, desde que consagrado pela crítica ou pela opinião pública (mesma hipótese da Lei 8.666/1993);
- Serviço técnico especializado (ex.: projetos, perícias, estudos técnicos), desde que prestado por profissional de notória especialização (hipótese semelhante à da Lei 8.666/1993, pois a nova lei não prevê de modo expresso o requisito da singularidade do serviço);
- Credenciamento (hipótese não prevista expressamente na Lei 8.666/1993; trata-se de instrumento auxiliar);
- Aquisição ou locação de imóveis cujas características de instalações e de localização tornem necessária sua escolha. **Obs.:** relevante atentar que essa hipótese é tratada pela Lei 8.666/1993 como sendo licitação dispensável.

A **dispensa**, por sua vez, está prevista no art. 75 da nova lei de licitações. Trata-se de rol taxativo (da mesma forma que o art. 24 da Lei 8.666/1993). As peculiaridades trazidas pela Lei 14.133/2021 são:

- Pequeno valor: contratações inferiores a R$ 100 mil para obras e serviços de engenharia, bem como as inferiores a R$ 50 mil para outros serviços e compras (os valores, já corrigidos, da Lei 8.666/1993 são R$ 33 mil e R$ 17,6 mil, respectivamente);
- Licitação deserta (aquela em que não houve interessados): a nova lei passou a condicionar a contratação direta ao prazo de 1 ano da licitação deserta;
- Aquisição de produtos para pesquisa e desenvolvimento: no caso de obras e serviços de engenharia, há um limite de R$ 300 mil;

- Aquisição de medicamentos destinados exclusivamente ao tratamento de doenças raras definidas pelo Ministério da Saúde (hipótese não prevista na Lei 8.666/1993);
- Em virtude de emergência ou calamidade pública: o prazo máximo do contrato deve ser de 1 ano, contado da data da ocorrência da situação excepcional (a Lei 8.666/1993 prevê o prazo de 180 dias); além disso, vedada a recontratação da empresa que firmou o contrato sem licitação.

4. Modalidades licitatórias

As modalidades previstas na Lei 14.133/2021 são:

> **Atenção!** A nova lei de licitações não mais prevê as modalidades tomada de preço e convite (ambas previstas na Lei 8.666/1993), bem como o regime diferenciado de contratações-RDC (disciplinado na Lei 12.462/2011).

- **Pregão**: modalidade obrigatória para a aquisição de bens e serviços comuns (incluindo serviços comuns de engenharia); o critério de julgamento é o menor preço ou o maior desconto;
- **Concorrência**: utilizada para a contratação de: (a) obras, (b) de bens e serviços especiais ou (c) de serviços comuns e especiais de engenharia; podem ser utilizados os seguintes critérios de julgamento: (i) menor preço; (ii) maior desconto; (iii) melhor técnica ou conteúdo artístico; (iv) técnica e preço; (v) maior retorno econômico (este último é utilizado no contrato de eficiência, em que o contratado é remunerado com base em percentual da economia gerada).
- **Concurso**: o critério de julgamento utilizado é o de melhor técnica ou conteúdo artístico;
- **Leilão**: modalidade destinada à alienação de: (a) bens imóveis; (b) bens móveis inservíveis ou legalmente apreendidos; o critério de julgamento é o do maior lance.
- **Diálogo competitivo**: modalidade inédita no ordenamento brasileiro; pretende-se realizar diálogos com licitantes, no intuito de desenvolver alternativas capazes de atender às suas necessidades de contratação; aproveita-se, assim, a expertise do setor privado para desenvolver soluções eficientes; a condução dessa modalidade é feita por comissão de contratação (composta de pelo menos 3 agentes públicos efetivos/permanentes).

> **Importante!** O diálogo competitivo pode ser utilizado, além da modalidade concorrência, para a celebração de contrato de *concessão de serviço público* (cf. Lei 8.987/1995), inclusive *parceria público-privada*-PPP (cf. Lei 11.079/2004).

5. Fases

Nos termos da nova lei, o procedimento licitatório é conduzido, como regra, por um **agente de contratação**, auxiliado por uma equipe de apoio. Portanto, alterada a lógica da Lei 8.666/1993, em que prevalece a atuação de uma *comissão* de licitação.

Ademais, as licitações devem ser realizadas preferencialmente sob a forma eletrônica.

No âmbito do rito procedimental comum, as **fases** de uma licitação são: **1ª)** Fase preparatória; **2ª)** Divulgação do edital; **3ª)** Apresentação de propostas e lances; **4ª)** Julgamento; **5ª)** Habilitação; **6ª)** Recursos; **7ª)** Homologação.

> **Importante!** A Lei 14.133/2021 alterou a dinâmica procedimental da Lei 8.666/1993, em que a habilitação precedia a classificação e o julgamento. Assim, pelo novo regime, a habilitação é posterior à fase de julgamento, conferindo maior celeridade à licitação. Esta maneira de proceder já era aplicada, entre outras, na modalidade pregão (cf. Lei 10.520/2002) e agora foi generalizada.

A *disputa* entre os licitantes pode ser de dois modos: (i) modo aberto: possibilidade de lances públicos e sucessivos (como já utilizado no pregão, cf. Lei 10.520/2002); (ii) modo fechado: propostas sob sigilo até a data marcada para sua divulgação (mecanismo clássico da Lei 8.666/1993).

Em caso de *empate*, a nova lei de licitações estipulou os seguintes critérios de desempate: 1º) disputa final entre os licitantes empatados; 2º) avaliação de desempenho contratual prévio; 3º) desenvolvimento de ações de equidade entre homens e mulheres no ambiente de trabalho; 4º) implantação de programa de integridade. Caso persista o empate, estipula-se preferência, sucessivamente, às empresas: 1º) estabelecidas no Estado (ou no DF) do ente público estadual/distrital ou municipal licitante; 2º) brasileiras; 3º) que invistam em pesquisa e desenvolvimento tecnológico no País; 4º) que adotam mecanismos de mitigação na emissão de gases de efeito estufa.

A documentação de habilitação pode ser *dispensada* nas contratações: (a) para entrega imediata; (b) envolvendo valores inferiores a R$ 12,5 mil; (c) de produto para pesquisa e desenvolvimento até o valor de R$ 300 mil.

6. Instrumentos auxiliares

A Lei 14.133/2021 disciplina os instrumentos auxiliares às licitações e aos contratos públicos. São eles:

1º) Credenciamento: processo de chamamento público em que a Administração convoca interessados em prestar serviços ou fornecer bens; observe-se que a contratação é realizada com todos aqueles que pretendem firmar determinado negócio com a Administração, o que torna inviável a competição e, consequentemente, inexigível a licitação;

2º) Pré-qualificação: constitui procedimento seletivo prévio à licitação, convocado por meio de edital, destinado à análise das condições de habilitação, total ou parcial; trata-se de instrumento já previsto na Lei 8.666/1993, embora disciplinado de modo sucinto; seu prazo de validade é de 1 ano;

3º) Procedimento de manifestação de interesse (**PMI**): procedimento pelo qual a Administração solicita à iniciativa privada o desenvolvimento de estudos e projetos que possam contribuir com aspectos da atuação do Poder Público; não encontra previsão na Lei 8.666/1993

e sim em outras normas, como a lei de concessões (Lei 8.987/1995) e das organizações da sociedade civil (Lei 13.019/2014); o PMI é, como regra, aberta a todos os eventuais interessados, embora pode ser restrito a *startups* (microempreendedores individuais, as microempresas e as empresas de pequeno porte, de natureza emergente e com grande potencial, que se dediquem à pesquisa, ao desenvolvimento e à implementação de novos produtos ou serviços baseados em soluções tecnológicas inovadoras que possam causar alto impacto);

4º) Sistema de registro de preços (**SRP**): conjunto de procedimentos para realização, mediante contratação direta ou licitação (modalidades: pregão ou concorrência), de registro formal de preços relativos a prestação de serviços, a obras e a aquisição e locação de bens para contratações futuras; já encontrava previsão na Lei 8.666/1993, embora a Lei 14.133/2021 torne seu regramento mais minucioso; as características mais relevantes incorporadas na nova lei de licitações são: (a) possibilidade de SRP para obras e serviços de engenharia; (b) o prazo da vigência da ata de registro de preços é de 1 ano, podendo ser prorrogado por igual período, desde que se demonstre vantajosidade; (c) previsão expressa da figura do "carona" (adesão à ata de registro de preço por ente não participante);

5º) Registro cadastral: assentamento pelo qual se permite a qualificação prévia de interessados que desejam participar de licitações futuras promovidas pela Administração; a nova lei exige a utilização de um sistema de registro cadastral unificado, disponibilizado no Portal Nacional de Contratações Públicas.

7. Contratos administrativos

Os contratos administrativos obedecem à **forma escrita**, sendo nulo e de nenhum efeito o contrato verbal. Exceção: admite-se *contrato verbal* para pequenas compras ou para a prestação de serviços de pronto pagamento, assim entendidos aqueles de valor não superior a R$ 10 mil.

O *instrumento de contrato* é obrigatório, admitindo-se a sua substituição por outros documentos hábeis (exemplo: nota de empenho) nas seguintes situações: (a) dispensa de licitação em razão de valor; (b) compras com entrega imediata e dos quais não resultem obrigações futuras, inclusive quanto a assistência técnica, independentemente de seu valor.

A **divulgação no Portal Nacional de Contratações Públicas** (PNCP) é condição indispensável para a *eficácia* do contrato. Deve ocorrer nos seguintes prazos, contados da data de sua assinatura: (i) 20 dias úteis, no caso de licitação; (ii) 10 dias úteis, no caso de contratação direta.

A Lei 14.133/2021 trouxe alterações em relação ao **prazo de duração** dos contratos administrativos. Assim, de modo exemplificativo: (a) contratos de serviços e fornecimento contínuos: prazo de até 5 anos, cabendo prorrogação até 10 anos; (b) contratos que geram receita e contratos de eficiência: até 10 anos, nos contratos sem investimento; e de até 35 anos, nos contratos com investimento; (c) contratos em que a Administração seja usuária de serviço público (oferecido em regime de monopólio): prazo indeterminado (desde que haja existência de crédito orçamentário a cada exercício financeiro).

12. DIREITO ADMINISTRATIVO

Um aspecto relevante da Lei 14.133/2021 é a **alocação de riscos**, os quais são objeto de distribuição ente contratante e contratado por meio da elaboração de uma matriz de riscos. Ela não é obrigatória, salvo na (a) contratação de obras e serviços de grande vulto (contrato cujo valor estimado supera R$ 200 milhões) ou (b) adoção dos regimes de contratação integrada ou semi-integrada.

No que tange aos **encargos do contratado**, a nova lei incorporou a jurisprudência do STF sobre o tema. Assim, como regra, a inadimplência do contratado em relação aos encargos trabalhistas, fiscais e comerciais *não* transfere à Administração a responsabilidade pelo seu pagamento. No entanto, nas contratações de serviços contínuos com regime de dedicação exclusiva de mão de obra (exemplo: contrato de serviço de limpeza), a Administração responde subsidiariamente pelos encargos trabalhistas, se comprovada falha na fiscalização do cumprimento das obrigações do contratado (culpa *in vigilando*).

Já no que se refere à **extinção** dos contratos, a Lei 14.133/2021 dispõe sobre as hipóteses em que o *contratado* tem direito à extinção ou à suspensão do negócio. São elas, entre outras: (a) suspensão de execução do contrato, por ordem escrita da Administração, por prazo superior a 3 meses; (b) repetidas suspensões que totalizem 90 dias úteis; (c) atraso no pagamento superior a 2 meses (na Lei 8.666/1993 o prazo é de 90 dias).

A **nulidade** do contrato administrativo pode dar ensejo: (a) ao *saneamento* da irregularidade; (b) à *suspensão* ou à *anulação* da avença (com base em critérios de interesse público); (c) à *continuidade* do contrato, de modo que a solução da irregularidade se dá pela indenização por perdas e danos. Além disso, a declaração de nulidade detém, como regra, efeito retroativo (*ex tunc*), podendo ser conferido efeito não retroativo (*ex nunc*), de modo que só tenha eficácia em momento futuro, suficiente para efetuar nova contratação, por prazo de até 6 meses, prorrogável uma única vez.

8. Regime sancionatório

As **penalidade**s previstas na Lei 14.133/2021 são:

- **Advertência**;
- **Multa**: a nova lei, em caráter inédito, definiu o limite mínimo e máximo dessa sanção pecuniária (0,5% a 30% do valor do contrato);
- **Impedimento de licitar e contratar**: vedação de licitação e contratação pelo prazo máximo de 3 anos; sua abrangência restringe-se ao ente federativo que tenha aplicado a sanção;
- **Declaração de inidoneidade**: vedação de licitação e contratação pelo prazo mínimo de 3 anos e máximo de 6 anos; seus efeitos abrange todas as esferas federativas.
- **Obs.:** no caso das últimas duas sanções (impedimento e declaração), o processo de responsabilização deve ser conduzido por comissão composta de 2 ou mais agentes públicos estáveis ou dos quadros permanentes (neste caso, com, no mínimo, 3 anos de tempo de serviço).

> **Atenção!** A Lei 14.133/2021 não prevê a sanção de suspensão temporária (contida na Lei 8.666/1993), cujo prazo máximo é de 2 anos.

A aplicação das penalidades não afasta a *obrigação de reparar* integralmente o dano causado.

Além disso, a nova lei disciplinou de modo pormenorizado a *reabilitação* daquele que foi sancionado. Os requisitos para tanto são: (a) reparação integral do dano; (b) pagamento da multa; (c) transcurso do prazo mínimo de 1 ano (contado da aplicação da penalidade), no caso de impedimento de licitar e contratar, ou de 3 anos, no caso de declaração de inidoneidade; (d) cumprimento das condições definidas no ato punitivo; (e) análise jurídica prévia sobre o cumprimento dos presentes requisitos.

O *prazo prescricional* é de 5 anos, contados da ciência da infração pela Administração. Esse interregno é interrompido pela instauração do processo de responsabilização, bem como suspenso pela celebração de acordo de leniência ou por decisão judicial que inviabiliza a conclusão da apuração administrativa.

9. Outros aspectos da Lei 14.133/2021

- Criação do *Portal Nacional de Contratações* (sítio eletrônico oficial destinado, entre outras finalidades, à divulgação das licitações e contratos);
- Possibilidade de estabelecer *caráter sigiloso* ao orçamento que embasa a contratação pública; esse sigilo não abrange os órgãos de controle interno e externo;
- *Tramitação prioritária* das ações judiciais relacionadas à aplicação das normas gerais de licitações e contratos;
- Possibilidade de adoção de *meios alternativos* de prevenção e resolução de controvérsias (conciliação, mediação, comitê de resolução de disputas e arbitragem);
- Na contratação de obras, fornecimentos e serviços, inclusive de engenharia, pode ser estabelecida *remuneração variável* vinculada ao desempenho do contratado, com base em metas, padrões de qualidade, critérios de sustentabilidade ambiental e prazos de entrega;
- Regramento das figuras do *reajustamento* em sentido estrito (relacionado à correção monetária) e da *repactuação* (manutenção do equilíbrio econômico-financeiro resultante da variação dos custos contratuais);
- Possibilidade de *desconsideração da personalidade jurídica* em caso de abuso do direito para facilitar, encobrir ou dissimular a prática dos atos ilícitos previstos nesta Lei ou para provocar confusão patrimonial;
- *Representação* (judicial ou extrajudicial) pela *advocacia pública* dos agentes públicos que precisam se defender (nas esferas administrativa, controladora ou judicial) em razão de participação em licitações e contratos envolvendo atos praticados com estrita observância de orientação constante em parecer jurídico.

9.1. Conceito, objetivos e princípios

(Delegado/RJ – 2022 – CESPE/CEBRASPE) No que diz respeito ao tema licitações e inovações trazidas pela Lei n.º 14.133/2021, assinale a opção correta.

(A) Entre os regimes de execução do contrato foi incluído o da contratação integrada e semi-integrada, em que o contratado elabora e desenvolve o projeto básico executivo, tendo sido vedados o fornecimento e a prestação de serviço associado.

(B) Quanto às modalidades de licitação, não mais são previstas a tomada de preços, convite e leilão.

(C) A utilização de meios alternativos de resolução de controvérsias, como a conciliação e a mediação, bem como a arbitragem, passaram a ser expressamente vedados.

(D) Existe a previsão da criação do Portal Nacional de Contratações Públicas (PNCP) para divulgação centralizada e obrigatória dos atos exigidos por lei.

(E) A previsão da alocação de riscos tornou-se obrigatória no instrumento convocatório e no contrato.

Alternativa **A** incorreta (a Lei 14.133/2021 admite expressamente o regime do fornecimento e prestação de serviço associado, cf. art. 46, VII). Alternativa **B** incorreta (embora a Lei 14.133/2021 não mais preveja a tomada de preços e o convite, o leilão permanece na nova lei como modalidade licitatória). Alternativa **C** incorreta (a Lei 14.133/2021 admite expressamente a utilização de meios alternativos de resolução de controvérsias, cf. dispõe o art. 151). Alternativa **D** correta (cf. art. 174 da Lei 14.133/2021). Alternativa **E** (o edital e o contrato *poderão* contemplar matriz de riscos, nos termos dos arts. 22 e 103 da Lei 14.133/2021). RB
„Gabarito "D".

(Delegado/RJ – 2022 – CESPE/CEBRASPE) Assinale a opção correta, consoante entendimento atual da doutrina e jurisprudência dos tribunais superiores.

(A) A União e os estados possuem competência concorrente para legislar sobre normas gerais de licitação, podendo os municípios adaptar tais normas gerais às suas realidades.

(B) Em regra, é desnecessária a prévia licitação para permissão da exploração de serviço público de transporte coletivo de passageiros, sendo a licitação imprescindível no que se refere à concessão do transporte público coletivo de passageiros.

(C) Sociedade empresária em recuperação judicial não pode participar de licitação, em razão de ser presumida sua inviabilidade econômica.

(D) A alienação do controle acionário de empresas públicas e sociedades de economia mista exige autorização legislativa e licitação.

(E) Dado o princípio da intranscendência subjetiva das sanções financeiras, os municípios só podem fazer jus a certidão positiva de débitos, com efeitos de negativa, quando a Câmara Municipal não possuir débitos com a Fazenda Nacional.

Alternativa **A** incorreta (a União tem competência para legislar sobre normas gerais em matéria de licitação, nos termos do art. 22, XXVII, CF). Alternativa **B** incorreta (de acordo com o STF, é imprescindível prévia licitação para a concessão ou permissão da exploração de serviços de transporte coletivo de passageiros). Alternativa **C** incorreta (segundo o STJ, sociedade empresária em recuperação judicial pode participar de licitação, desde que demonstre, na fase de habilitação, a sua viabilidade econômica). Alternativa **D** correta (cf. entendimento do STF na ADI 5.624). Alternativa **E** incorreta (o STF fixou no RE 770.149 a seguinte tese de repercussão geral: "É possível ao Município obter certidão positiva de débitos com efeito de negativa quando a Câmara Municipal do mesmo ente possui débitos com a Fazenda Nacional, tendo em conta o princípio da intranscendência subjetiva das sanções financeiras"). RB
„Gabarito "D".

(Juiz – TRF 2ª Região – 2017) Sociedade empresária pretende participar de licitação de obra pública (sob a égide da Lei n° 8.666/93) e ingressa em juízo alegando violação aos princípios da legalidade e da competitividade, questionando as seguintes cláusulas do edital:

I. exigência, na fase de habilitação, no item relativo à qualificação técnica, de que o vínculo profissional do responsável técnico que integra o quadro permanente do licitante seja exclusivamente celetista;

II. exigência, na fase de habilitação, no item relativo à qualificação econômico-financeira, que a garantia da proposta, no valor de 5% (cinco por cento) do valor estimado do objeto da contratação, seja apresentada em data anterior à realização da licitação;

III. exigência, na fase de habilitação, no item relativo à qualificação técnica, da comprovação da propriedade das máquinas e equipamentos essenciais para a execução do objeto.

Procedem os questionamentos em relação:

(A) A todos os itens.

(B) Apenas ao item I.

(C) Apenas aos itens I e II.

(D) Apenas aos itens II e III.

(E) Apenas ao item III.

A: correta. Todos os itens se encontram corretos, conforme a seguir exposto: **I:** A lei não exige que seja celetista, apenas que integre o quadro permanente da empresa. Art. 30, § 1º da Lei 8.666/1993 "I – capacitação técnico-profissional: comprovação do licitante de possuir em seu quadro permanente, na data prevista para entrega da proposta, profissional de nível superior ou outro devidamente reconhecido pela entidade competente, detentor de atestado de responsabilidade técnica por execução de obra ou serviço de características semelhantes..."**II:** Para a qualificação econômico-financeira, a garantia limita-se a 1% do valor estimado do objeto de licitação. Art. 31, III da Lei 8.666/1993. **III:** A lei só exige declaração formal de disponibilidade, vedada as exigências de propriedade e de localização prévia. Art. 30, § 6º da Lei 8.666/1993. **B:** incorreta. O item I, II e III estão corretos; **C:** incorreta. Os itens I, II e III estão corretos; **D:** incorreta. Todos os itens se encontram corretos, conforme explicação na letra "A"; **E:** incorreta. Todos os itens se encontram corretos, conforme acima explicado. AW
„Gabarito "A".

9.2. Contratação direta (licitação dispensada, dispensa de licitação e inexigibilidade de licitação)

(Procurador Município – Santos/SP – VUNESP – 2021) Assinale a alternativa correta em se tratando de contratação direta pelo Poder Público.

(A) Na hipótese de dispensa de licitação, não há possibilidade de competição que justifique a licitação.

(B) A Lei obriga a dispensa de licitação, que fica inserida na competência vinculada da Administração.

(C) Nos casos de inexigibilidade de licitação, não há possibilidade de competição.

(D) A Lei faculta a inexigibilidade de licitação, que fica inserida na competência discricionária da Administração.

(E) Nos casos de inexigibilidade e de dispensa, a licitação é viável.

A: incorreta (a dispensa de licitação envolve um contexto em que há possibilidade de competição, o que justifica a licitação). **B:** incorreta

12. DIREITO ADMINISTRATIVO — 631

(na dispensa, existe uma competência discricionária da Administração, que pode optar entre realizar a licitação ou contratar diretamente). **D:** incorreta (já que na inexigibilidade não há possibilidade de competição, estamos diante de uma competência vinculada da Administração, a qual só resta contratar diretamente sem licitação). **E:** incorreta (na inexigibilidade, a licitação é inviável).

Gabarito "C".

(Juiz de Direito/AP – 2022 – FGV) O Estado Alfa realizou o chamado, pela nova Lei de Licitação (Lei nº 14.133/2021), procedimento de credenciamento, na medida em que realizou um processo administrativo de chamamento público, convocando interessados em prestar determinados serviços para que, preenchidos os requisitos necessários, se credenciassem no órgão para executar o objeto quando convocados.

Cumpridas todas as formalidades legais, na presente hipótese, de acordo com o citado diploma legal, em se tratando de caso de objeto que deva ser contratado por meio de credenciamento, a licitação é:

(A) inexigível, por expressa previsão legal;

(B) dispensável, por expressa previsão legal;

(C) obrigatória, na modalidade diálogo competitivo;

(D) obrigatória, na modalidade pregão;

(E) obrigatória, na modalidade leilão.

Comentário: o credenciamento representa uma hipótese expressa de *inexigibilidade*, nos termos do art. 74, IV, da Lei 14.133/2021. Nesse sentido, o contrato é feito sem licitação. O credenciamento é definido o processo administrativo de chamamento público em que a Administração Pública convoca interessados em prestar serviços ou fornecer bens para que, preenchidos os requisitos necessários, se credenciem no órgão ou na entidade para executar o objeto quando convocados. RB

Gabarito "A".

(Juiz de Direito – TJ/RJ – 2019 – VUNESP) Os contratos com terceiros destinados à prestação de serviços às autarquias, agências executivas, empresas públicas e sociedades de economia mista, inclusive de engenharia e de publicidade, à aquisição e à locação de bens serão, em regra, precedidos de licitação. Excepcionalmente, a contratação poderá se dar de forma direta

(A) para serviços e compras em geral, de valor até R$ 50.000,00 (cinquenta mil reais) e para alienações, desde que não se refiram a parcelas de um mesmo serviço, compra ou alienação de maior vulto que possa ser realizado de uma só vez.

(B) nos casos em que a escolha do parceiro esteja associada a suas características peculiares, vinculada a oportunidades de negócio definidas e específicas, justificada a inviabilidade de procedimento competitivo.

(C) para serviços técnicos especializados, com profissionais ou empresas de notória especialização, inclusive para serviços de publicidade e divulgação ou aqueles prestados por intermédio de agência de propaganda.

(D) para a compra ou locação de imóvel destinado ao atendimento de suas finalidades precípuas, quando as necessidades de instalação e localização condicionarem a escolha do imóvel, desde que o preço seja compatível com o valor de mercado, segundo avaliação prévia.

(E) nos casos de obras e serviços de engenharia de valor até R$ 100.000,00 (cem mil reais), desde que não se refiram a parcelas de uma mesma obra ou serviço ou ainda a obras e serviços de mesma natureza e no mesmo local que possam ser realizadas conjunta e concomitantemente.

A questão explora as hipóteses de contratação direta previstas na Lei 8.666/93. **A:** incorreta (a hipótese prevista no art. 24, inc. II, da Lei 8.666/1993 estabelece, para fins de dispensa de licitação por pequeno valor, o montante de até R$ 8.000,00, atualizada em 2018 para R$ 17.600,00; consigne-se que a alternativa trata de hipótese prevista no art. 29, inc. II, do Estatuto das Empresas Estatais-Lei 13.303/2016); **B:** incorreta (esta hipótese não está prevista na Lei 8.666/93 e sim no Estatuto das Empresas Estatais, cf. art. 28, § 3º, inc. II); **C:** incorreta (é vedada a inexigibilidade para serviços de publicidade, cf. art. 25, inc. II, da Lei 8.666/93); **D:** correta (cf. art. 24, inc. X, da Lei 8.666/93); **E:** incorreta (a hipótese prevista no art. 24, inc. I, da Lei 8.666/1993 estabelece, para fins de dispensa de licitação por pequeno valor, o montante de até R$ 15.000,00, atualizada em 2018 para R$ 33.000,00; consigne-se que a alternativa trata de hipótese prevista no art. 29, inc. I, do Estatuto das Empresas Estatais). RB

Gabarito "D".

(Juiz de Direito – TJ/RS – 2018 – VUNESP) Um determinado ente da federação, na execução de sua política para o agronegócio, pretende contratar pessoa jurídica que exerce atividade de pesquisa, de reconhecida capacidade tecnológica no setor, com vistas ao desenvolvimento de produto hábil a controlar de forma imediata, eficiente e sustentável (não poluente), pragas que estão atacando as plantações de uma determinada espécie frutífera típica daquela localidade. O valor estimado da contratação é de R$ 55.000.000,00 (cinquenta e cinco milhões de reais). Considerando que os padrões de desempenho e qualidade da contratação envolvem especificações não usuais no mercado, bem como que a pesquisa de preços realizada não localizou a existência de solução similar, essa contratação

(A) poderá se dar de forma direta somente se a pessoa jurídica contratada for fundação que, regimental ou estatutariamente, tenha por finalidade apoiar órgão da Administração Pública direta e indireta, nos termos da lei

(B) poderá se dar de forma direta, mediante dispensa de licitação, desde que o objeto da contratação, segundo critérios técnicos constantes do processo administrativo correlato, caracterize produto para pesquisa e desenvolvimento, nos termos da lei.

(C) deverá ser precedida de audiência pública e subsequente licitação, na modalidade concorrência, nos termos da lei.

(D) deverá ser precedida de licitação, na modalidade pregão.

(E) deverá ser precedida de concurso para seleção do melhor projeto.

A alternativa B trata de hipótese de dispensa de licitação prevista no art. 24, XXI da Lei 8.666/1993, relativa à contratação para a aquisição ou contratação de produto para pesquisa e desenvolvimento. Note que a assertiva expressamente fala que o objeto a ser contratado não é usual no mercado (o que torna impraticável o pregão) e a realização de concurso ou da concorrência é dispensada pela existência da previsão legal acima mencionada. FB

Gabarito "B".

(Juiz – TRF 2ª Região – 2017) Dispensa e inexigibilidade de licitação são figuras distintas. Assinale a opção na qual, no sistema da Lei nº 8.666/93, as hipóteses caracterizam inexigibilidade de licitação:

(A) Contratação de artista consagrado pela crítica especializada e pela opinião pública e contratação de equipamento que só possa ser fornecido por produtor exclusivo.

(B) Casos de intervenção da União no domínio econômico, para regular preços e casos de calamidade pública qualificados pela urgência e necessidade de atendimento da situação.

(C) Casos de guerra ou de grave perturbação da ordem e casos de calamidade pública qualificados pela urgência e necessidade de atendimento da situação.

(D) Casos de compras de gêneros perecíveis, no tempo necessário para a realização de licitação, com base no preço do dia e casos de intervenção da União no domínio econômico, para regular preços.

(E) Contratação de artista consagrado pela crítica especializada e pela opinião pública e contratação em momento de grave perturbação da ordem pública.

A: correta. Trata-se do disposto no art. 25, I e II, da Lei 8.666/1993. **B:** incorreta. Temos caso de licitação dispensável (art. 24, IV e VI, da Lei 8.666/1993); **C:** incorreta. Também é hipótese de licitação dispensável (art. 24, III, da Lei 8.666/1993); **D:** incorreta. Outra hipótese de licitação dispensável (art. 24, VI e XII, da Lei 8.666/1993); **E:** incorreta. A contratação em momento de grave perturbação da ordem pública é hipótese de licitação dispensável (art. 24, III, da Lei 8.666/1993). **AW**
Gabarito "A".

9.3. Modalidades de licitação e registro de preços

(Procurador/DF – CESPE – 2022) Com base na nova Lei de Licitações e Contratos Administrativos (Lei n.º 14.133/2021), julgue o item a seguir.

(1) As modalidades de licitação previstas nessa lei são concorrência, concurso, leilão, tomada de preços e convite.

1: Item com afirmação errada. De acordo com o art. 28 da Lei 14.133/2021, nas modalidades licitatórias são: pregão, concorrência, concurso, leilão e diálogo competitivo. **RB**
Gabarito "1E".

(Delegado/RJ – 2022 – CESPE/CEBRASPE) Recém-empossado no cargo, ministro de Estado do setor de segurança pública de estado da Federação, no intuito de demonstrar efetividade no combate ao crime, orientou que se desenvolvesse política pública de compra de equipamentos novos para delegacias de polícia em todos os estados. Após estudo preliminar em todos os estados da Federação, verificou-se que algumas delegacias nem sequer possuíam computadores. Diante disso, o ministro determinou a compra emergencial, sem licitação, de tais produtos para essas delegacias desguarnecidas. Ao mesmo tempo, orientou que se promovesse licitação, na modalidade pregão presencial, na forma da Lei federal n.º 10.520/2002, para que todas as demais unidades da polícia civil em questão recebessem computadores novos com a maior brevidade possível.

Nessa situação hipotética,

(A) a escolha da modalidade pregão presencial deve ser justificada, haja vista seu caráter excepcional e potencialmente mitigador da competitividade. Como regra, o pregão deve ser eletrônico para todas as compras de bens comuns pela administração pública federal, ainda que se destinem a outros entes federativos.

(B) a compra emergencial é ilícita. Ainda que seja premente a necessidade de aquisição dos bens, a urgência foi criada pela inação da própria administração pública. Trata-se, assim, de urgência criada, que não admite a hipótese de contratação direta.

(C) o pregão é modalidade de licitação que, conforme a Lei n.º 14.133/2021, implica leilão reverso, de modo que o critério de julgamento, obrigatoriamente, deverá ser o de menor preço ou menor desconto.

(D) a cooperação da União com os estados deve ser estimulada, inclusive para fins de segurança pública e compra de equipamentos e incremento do patrimônio público, respeitada a legislação de licitações e contratos. Nada obstante, uma vez que a compra foi feita pela União, os materiais não serão afetados ao patrimônio do estado, que deveria ter adquirido tais bens urgentes, ainda que sem licitação.

(E) a contratação emergencial é hipótese de inexigibilidade de licitação, tal como define a nova lei geral de licitações e contratos administrativos.

O gabarito oficial aponta como correta a alternativa **B**. No entanto, como será demonstrado a seguir, a alternativa correta é a **A**. Alternativa **A** correta (o regime do pregão impõe, como regra, a sua realização pela forma eletrônica, admitindo-se a forma presencial, excepcionalmente, desde que devidamente justificada; trata-se de regramento previsto tanto na Lei 10.520/2002 e no regulamento federal do pregão eletrônico, quanto na Lei 14.133/2021). Alternativa **B** incorreta (a compra emergencial direta por dispensa de licitação é lícita, ainda que tenha decorrido de situação criada pela própria Administração; assim, a emergência criada – ou fabricada – admite a contratação direta por dispensa, embora seja necessário responsabilizar o agente que deu origem à situação emergencial). Alternativa **C** incorreta (no pregão, o critério de julgamento é o de menor preço ou *maior* desconto, cf. art. 6º, XLI, da Lei 14.133/2021). Alternativa **D** incorreta (embora a compra tenha sido feita pela União, os materiais serão afetados ao patrimônio do Estado). Alternativa **E** incorreta (a contratação emergencial é hipótese de dispensa de licitação, nos termos do art. 75, VIII, Lei n. 14.133/2021). **RB**
Gabarito "A". (gabarito oficial do Cespe: "B").

(Delegado/RJ – 2022 – CESPE/CEBRASPE) Em matéria da modalidade de licitação pregão, assinale a opção correta.

(A) No pregão, assim como no regime diferenciado de contratações públicas, a fase da habilitação antecede a de julgamento.

(B) O pregão é a modalidade de licitação obrigatória para a aquisição de bens e serviços não comuns, cujos padrões de desempenho e qualidade não podem ser objetivamente definidos no edital.

(C) A modalidade de licitação pregão enseja maior celeridade, na medida em que apresenta fase em que são feitos lances verbais ou de forma eletrônica.

(D) O pregão admite apenas a disputa aberta, com propostas transmitidas por lances públicos e sucessivos, sendo vedada a disputa fechada.

(E) Com o advento da Lei n.º 14.133/2021 passaram a ser viáveis apenas de forma eletrônica contratações em que a modalidade pregão puder ser combinada com a modalidade diálogo competitivo.

Alternativa **A** incorreta (no pregão, a fase da habilitação sucede a de julgamento; esse o procedimento comum previsto na Lei 14.133/2021). Alternativa **B** incorreta (o pregão é modalidade de licitação obrigatória para a aquisição de bens e serviços comuns). Alternativa **C** correta (cf. o regime do pregão, tanto da Lei 10.520/2002 quanto da Lei 14.230/2021). Alternativa **D** incorreta (é permitido no pregão o modo de disputa misto, em que há a combinação de uma disputa aberta com uma fechada; ressalte-se, contudo, que é vedado no pregão o modo de disputa exclusivamente fechado). Alternativa **E** incorreta (as licitações serão realizadas, independentemente da modalidade, preferencialmente sob a forma eletrônica, cf. art. 17, § 2º, da Lei 14.133/2021). **RB**

Gabarito "C".

(Advogado – Pref. São Roque/SP – 2020 – VUNESP) A respeito do pregão, assinale a alternativa correta.

(A) A fase de recebimento de propostas antecederá a fase de habilitação.

(B) O julgamento do pregão será realizado por comissão de licitação, que será presidida por servidor público estável.

(C) A garantia de proposta, quando exigida, deverá ser fixada em 5% (cinco por cento) do valor estimado do contrato.

(D) O pregoeiro não poderá negociar diretamente com o licitante classificado em primeiro lugar para obter melhor preço.

(E) O pregão deverá ser utilizado para a realização de licitação que tenha como objeto a contratação de obras e serviços de engenharia.

A: correta (cf. estabelece o procedimento previsto no art. 4º da Lei 10.520/02); **B**: incorreta (o julgamento do pregão será realizado pelo pregoeiro, auxiliado por uma equipe de apoio, cf. art. 3º, inc. IV, da Lei do pregão); **C**: incorreta (no pregão é vedada a exigência de garantia de proposta, cf. art. 5º, inc. I, da Lei 10.520/02); **D**: incorreta (o pregoeiro poderá negociar diretamente com o licitante classificado em primeiro lugar para obter melhor preço, cf. art. 4º, inc. XVII, da mesma lei); **E**: incorreta (o pregão é utilizado para a aquisição de bens e serviços comuns, e não de obras e serviços de engenharia). **RB**

Gabarito "A".

Um bem imóvel, que foi adquirido pela administração pública em decorrência de procedimento judicial, deverá ser alienado.

(Juiz de Direito – TJ/SC – 2019 – CESPE/CEBRASPE) Nessa situação, à luz da Lei 8.666/1993, as modalidades de licitação que podem ser adotadas pela administração pública para alienação do referido bem são

(A) concorrência e leilão.

(B) concorrência e convite.

(C) leilão e pregão.

(D) convite e tomada de preço.

(E) tomada de preço e pregão.

Nos termos do art. 19, III, da Lei 8.666/93, os bens imóveis da Administração Pública, cuja aquisição haja derivado de procedimentos judiciais ou de dação em pagamento, poderão ser alienados sob a modalidade de concorrência ou leilão. **RB**

Gabarito "A".

(Procurador do Município – Prefeitura Fortaleza/CE – CESPE – 2017) Acerca da intervenção do Estado na propriedade, das licitações e dos contratos administrativos, julgue o seguinte item.

(1) Caso, em decorrência de uma operação da Polícia Federal, venha a ser apreendida grande quantidade de equipamentos com entrada ilegal no país, a administração poderá realizar leilão para a venda desses produtos.

1: correta. Trata-se do disposto no art. 22, § 5º, da Lei 8.666/1993, que dispõe sobre ser hipótese de Leilão para "produtos apreendidos legalmente ou penhorados". **AW**

Gabarito "1C".

9.4. Fases da licitação

(Delegado/GO – 2017 – CESPE) Determinado órgão público pretende dar publicidade a um instrumento convocatório com objetivo de comprar armas de fogo do tipo pistola, de calibre 380, usualmente vendidas no mercado brasileiro. O valor orçado da aquisição dos produtos é de R$ 700.000.

Nessa situação, a compra poderá ser efetuada mediante licitação na modalidade

(A) tomada de preço do tipo técnica e preço.

(B) concorrência do tipo melhor técnica.

(C) concorrência do tipo técnica e preço.

(D) pregão do tipo menor preço.

(E) tomada de preços do tipo menor preço.

Lei 10.520/2002, art. 1º Para aquisição de bens e serviços comuns, poderá ser adotada a licitação na modalidade de pregão, que será regida por esta Lei. Parágrafo único. Consideram-se bens e serviços comuns, para os fins e efeitos deste artigo, aqueles cujos padrões de desempenho e qualidade possam ser objetivamente definidos pelo edital, por meio de especificações usuais no mercado. **FB**

Gabarito "D".

9.5. Critérios de julgamento

(Procurador Município – Teresina/PI – FCC – 2022) *Uma vez classificadas as propostas técnicas, proceder-se-á à abertura das propostas de preço dos licitantes que tenham atingido os requisitos mínimos estabelecidos no instrumento convocatório, ponderando-se as pontuações atingidas em ambas as propostas, conforme fórmula prevista no edital, que deve observar a valorização máxima de 70% para a proposta técnica [...].*

O procedimento acima descrito é necessariamente empregado

(A) na modalidade de licitação concorrência.

(B) ao se adotar o critério de julgamento por melhor técnica ou conteúdo artístico.

(C) na modalidade de licitação pregão.

(D) ao se adotar o critério de julgamento por técnica e preço.

(E) na modalidade de licitação concurso.

O art. 36 da Lei 14.133/2021 (nova lei de licitações) dispõe sobre o critério de julgamento misto (técnica e preço). Conforme o seu § 2º, "deverão ser avaliadas e ponderadas as propostas técnicas e, em seguida, as propostas de preço apresentadas pelos licitantes, na

634 WANDER GARCIA, ARIANE WADY, FLÁVIA BARROS E RODRIGO BORDALO

proporção máxima de 70% (setenta por cento) de valoração para a proposta técnica." Assim, correta a alternativa D.

Gabarito "D".

(Juiz de Direito – TJ/MS – 2020 – FCC) No tocante aos chamados "tipos de licitação", dispõe a Lei Federal 8.666/1993 que

(A) quando a concorrência for do tipo "melhor técnica" ou "técnica e preço", o prazo mínimo para recebimento das propostas será de 45 dias.

(B) é vedada a adoção dos tipos "melhor técnica" ou "técnica e preço" para licitações na modalidade convite.

(C) quando a tomada de preço for do tipo "melhor técnica" ou "técnica e preço", o prazo mínimo para recebimento das propostas será de 20 dias.

(D) a adoção dos tipos "melhor técnica" ou "técnica e preço" para licitações na modalidade pregão é possível, porém limitada à fase de julgamento e classificação das propostas, não se aplicando à fase de lances.

(E) para contratação de bens e serviços de informática, a Administração Pública adotará obrigatoriamente o tipo de licitação "melhor técnica", permitido o emprego de outro tipo de licitação nos casos indicados em decreto do Poder Executivo.

A: correta (art. 21, § 2º, inc. I, "b", Lei 8.666/93). B: incorreta (os tipos de licitação estão elencados no art. 45, § 1º, da Lei 8.666/93; assim, com exceção do concurso, os tipos "melhor técnica" e "técnica e preço" podem ser aplicados em todas as modalidades licitatórias). C: incorreta (quando a tomada de preço for do tipo "melhor técnica" ou "técnica e preço", o prazo mínimo para recebimento das propostas é de 30 dias, cf. art. 21, § 2º, inc. II, "b"). D: incorreta (a modalidade pregão somente admite o tipo menor preço, cf. art. 4º, inc. X, da Lei 10.520/02). E: incorreta (para contratação de bens e serviços de informática, a Administração Pública adotará obrigatoriamente o tipo de licitação "técnica e preço", permitido o emprego de outro tipo de licitação nos casos indicados em decreto do Poder Executivo). **RB**

Gabarito "A".

(Delegado/MT – 2017 – CESPE) Configura hipótese de inexigibilidade de licitação a

(A) prestação de serviço de natureza singular para a divulgação de campanha educacional dirigida à população.

(B) aquisição de serviço de informática prestado por empresa pública que tenha sido criada para esse fim específico.

(C) aquisição de gêneros perecíveis, enquanto durar o processo licitatório correspondente, desde que realizada com base no preço do dia.

(D) aquisição de armamento de determinada marca, desde que justificada a escolha por motivos de segurança pública.

(E) contratação, por intermédio de empresário exclusivo, de cantor consagrado pela crítica especializada.

Lei 8.666/1993, art. 25. É inexigível a licitação quando houver inviabilidade de competição, em especial: III – para contratação de profissional de qualquer setor artístico, diretamente ou através de empresário exclusivo, desde que consagrado pela crítica especializada ou pela opinião pública. **FB**

Gabarito "E".

9.6. Temas combinados e outros temas

(Procurador/PA – CESPE – 2022) Quanto ao regime jurídico das licitações públicas, a Lei n.º 14.133/2021

(A) prevê, expressamente, entre os chamados procedimentos auxiliares, o credenciamento, no qual, a despeito da relação *intuitu personae* que se estabelece entre credenciado e administração, é admissível o cometimento a terceiros do objeto contratado, mediante autorização expressa da administração.

(B) manteve as cinco modalidades de licitação previstas na Lei n.º 8.666/1993 e o pregão, acrescentando como nova modalidade o diálogo competitivo, no qual a administração pública realiza diálogos com licitantes previamente selecionados mediante critérios objetivos, em busca de alternativas capazes de atender as suas necessidades, devendo os licitantes apresentar proposta final após o encerramento dos diálogos.

(C) ampliou para um ano o prazo máximo da contratação direta, mediante dispensa de bens e parcelas de obras e serviços necessários ao atendimento de situação emergencial ou calamitosa, sendo o prazo contado da data de ocorrência da emergência ou da calamidade pública, admitida a prorrogação motivada dos respectivos contratos, pelo prazo máximo de seis meses.

(D) estendeu o rol de hipóteses de inexigibilidade de licitação previsto na Lei n.º 8.666/1993 e o tornou taxativo, constando, entre as hipóteses acrescidas, a aquisição ou locação de imóvel cujas características de instalações e de localização tornem necessária a escolha dessa modalidade.

(E) ampliou significativamente o regramento do sistema de registro de preços, passando a dispor, por exemplo, sobre a adesão de não participantes (carona) à ata de registro de preços, o que não poderá exceder, por órgão ou entidade, o quantitativo de cada item registrado na ata de registro de preços para o órgão gerenciador e para os órgãos participantes.

A: correta (art. 79, parágrafo único, V). B: incorreta (as modalidades tomada de preços e convite, previstas na Lei 8.666/1993, foram extintas pela Lei 14.133/2021). C: incorreta (é vedada a prorrogação dos respectivos contratos, cf. art. 75, VIII). D: incorreta (o rol de hipóteses de inexigibilidade é exemplificativo, cf. art. 74, "caput"). E: incorreta (não poderá exceder, na totalidade, ao dobro do quantitativo de cada item registrado na ata de registro de preços para o órgão gerenciador e órgãos participantes, cf. art. 86, § 5º).

Gabarito "A".

(Juiz de Direito/SP – 2021 – Vunesp) Quanto à Nova Lei de Licitações e Contratos Administrativos, é correto afirmar que

(A) o artigo 2o da Lei no 14.133/2021 traz elenco exaustivo das hipóteses de aplicação da norma.

(B) ao disciplinar amplamente a matéria de licitações de contratações administrativas, a Lei no 14.133/2021 implicitamente revogou as normas contempladas na Lei no 123/2006, em favor de microempresas e empresas de pequeno porte.

(C) o artigo 5o apresenta função hermenêutica, os princípios nele estatuídos orientam a interpretação da Lei no 14.133/2021, mas partindo da observância

12. DIREITO ADMINISTRATIVO

das regras específicas, que são minuciosas no novo diploma legal.

(D) a gestão por competências não atinge as etapas preliminares e não se confunde com a segregação de funções.

Comentário: A: incorreta (o rol do art. 2º da Lei 14.133/2021, que elenca o âmbito de aplicação da norma, é exemplificativo). B: incorreta (cf. art. 4º da Lei 14.133/2021, aplicam-se às licitações e contratos administrativos disciplinados pela mesma lei as disposições constantes dos arts. 42 a 49 da Lei Complementar 123/2006, os quais dispõem sobre o tratamento diferenciado, no âmbito das licitações, em favor de microempresas e empresas de pequeno porte). C: correta (o art. 5º da Lei 14.133/2021 elenca os princípios aplicáveis às licitações e contratos, motivo pelo qual conduz a interpretação das regras específicas contidas no mesmo diploma). D: incorreta (a gestão por competências atinge as etapas preliminares da licitação, em homenagem ao princípio do planejamento). RB
Gabarito "C".

(Juiz de Direito/GO – 2021 – FCC) A Lei de Licitações, Lei no 14.133, de 1o de abril de 2021, dispõe sobre a elaboração do projeto básico, que pode ser sintetizado como sendo o *conjunto de elementos necessários e suficientes, com nível de precisão adequado para definir e dimensionar a obra ou o serviço, ou o complexo de obras ou de serviços objeto da licitação [...]"* (art. 6o, XXV). O projeto básico

(A) deve obrigatoriamente ser elaborado por comissão composta por servidores efetivos ou empregados públicos do quadro permanente da Administração pública.

(B) é dispensável na licitação de obras e serviços de engenharia quando for adotado o regime de contratação integrada ou semi-integrada.

(C) é elemento obrigatório e deve compor a fase preparatória em todas as contratações de obras e serviços de engenharia.

(D) deve sempre conter orçamento detalhado do custo global da obra, fundamentado em quantitativos de serviços e fornecimentos propriamente avaliados.

(E) deve ser elaborado com base nas indicações de estudo técnico preliminar, documento que caracteriza o interesse público envolvido e aponta a melhor solução para sua satisfação.

Comentário: **A:** errada (a elaboração do projeto básico pode ser delegada pela Administração a terceiros por meio de contrato administrativo, conforme se extrai, por exemplo, dos arts. 6º, XXXII e 14, I). **B e C:** erradas (nos termos do art. 46, § 2º, a Administração é dispensada da elaboração de projeto básico nos casos de contratação integrada, aplicável para obras e serviços de engenharia; assim, não é elemento obrigatório na fase preparatória de todas as licitações). **D:** errada (o orçamento detalhado, como elemento do projeto básico, não é obrigatório para os regimes de execução integrada e semi-integrada, cf. art. art. 6º, XXV, "f"). **E:** correta (de fato, nos termos do art. 6º, XX, o estudo técnico preliminar é documento constitutivo da primeira etapa do planejamento de uma contratação que caracteriza o interesse público envolvido e a sua melhor solução, servindo de base, entre outros, ao projeto básico). RB
Gabarito "E".

(Promotor de Justiça/SP – 2019 – MPE/SP) A respeito do estatuto jurídico da empresa pública, da sociedade de economia mista e de suas subsidiárias, assinale a alternativa **INCORRETA**.

(A) O contratado é obrigado a reparar, corrigir, remover, reconstruir ou substituir, às suas expensas, no total

ou em parte, o objeto do contrato em que se verificarem vícios, defeitos ou incorreções resultantes da execução ou de materiais empregados, e responderá por danos causados diretamente a terceiros ou a empresa pública ou sociedade de economia mista, independentemente da comprovação de sua culpa ou dolo na execução do contrato.

(B) Os contratos com terceiros destinados à prestação de serviços às empresas públicas e às sociedades de economia mista, inclusive de engenharia e de publicidade, à aquisição e à locação de bens, à alienação de bens e ativos integrantes do respectivo patrimônio ou à execução de obras a serem integradas a esse patrimônio, bem como à implementação de ônus real sobre tais bens, serão precedidos de licitação, ressalvadas as hipóteses de dispensa e de inexigibilidade previstas na Lei 13.303/2016.

(C) A homologação do resultado pela autoridade competente implica a constituição de direito relativo à celebração do contrato em favor do licitante vencedor com a empresa pública ou a sociedade de economia mista.

(D) O contratado deverá aceitar, nas mesmas condições contratuais, os acréscimos ou supressões que se fizerem nas obras, serviços ou compras, até 25% (vinte e cinco por cento) do valor inicial atualizado do contrato, e, no caso particular de reforma de edifício ou de equipamento, até o limite de 50% (cinquenta por cento) para os seus acréscimos.

(E) Pela inexecução total ou parcial do contrato a empresa pública ou a sociedade de economia mista poderá, garantida a prévia defesa, aplicar ao contratado as sanções de advertência, multa e suspensão temporária de participação em licitação e impedimento de contratar com a entidade sancionadora, por prazo não superior a dois anos.

A: correta (Art. 76 da Lei 13.303/16). B: correta (art. 28 da Lei 13.303/16). C: correta (art. 60 da Lei 13.303/16). D: incorreta (de acordo com o art. 81, §1º, da Lei 13.303/16, o contratado poderá aceitar referidos acréscimos ou supressões). E: correta (art. 83 da Lei 13.303/16). RB
Gabarito "D".

(Promotor de Justiça/SP – 2019 – MPE/SP) Assinale a alternativa **INCORRETA**.

(A) Qualquer cidadão é parte legítima para impugnar edital de licitação por irregularidade na aplicação da Lei 8.666/93, devendo protocolar o pedido até cinco dias úteis antes da data fixada para a abertura dos envelopes de habilitação, devendo a Administração julgar e responder à impugnação em até três dias úteis.

(B) A regra de que a Administração não pode descumprir as normas e condições do edital, ao qual se acha estritamente atrelada, sob pena de ofensa aos princípios da legalidade, moralidade e isonomia, consolida o princípio da vinculação ao instrumento convocatório.

(C) Qualquer licitante, contratado ou pessoa física ou jurídica, poderá representar ao Tribunal de Contas ou aos órgãos integrantes do sistema de controle interno contra irregularidades na aplicação da Lei 8.666/93.

(D) Após a fase inicial de habilitação preliminar, o licitante pode desistir de sua proposta sem a obrigatoriedade de declinar o motivo, não podendo a Comissão de licitação, nesta fase procedimental, recusá-la.

(E) O Superior Tribunal de Justiça tem externado que, em casos de fraude à licitação, o prejuízo ao erário que gera a lesividade apta a ensejar a nulidade e o ressarcimento ao erário é *in re ipsa*, na medida em que o Poder Público deixa de, por condutas de administradores, contratar a melhor proposta. Baseia-se na presunção de que a obediência aos ditames constitucionais garantirá a escolha da melhor proposta em ambiente de igualdade de condições.

A: certa (art. 41, § 1º, da Lei 8.666/93). B: certa (cf. art. 41 da Lei 8.666/93). C: certa (cf. art. 113, § 1º, da Lei 8.666/93). D: incorreta (após a fase de habilitação, não cabe desistência de proposta, salvo por motivo justo decorrente de fato superveniente e aceito pela Comissão, cf. art. 43, § 6º, da Lei 8.666/93). E: certa (cf. AgInt no REsp 1594015/SP). Atenção: embora tenha sido publicada a Lei 14.133, em 1º de abril de 2021 (nova lei de licitações e contratos administrativos, a Lei 8.666/93 permanecerá em vigor por 2 anos, até 1º de abril de 2023, cf. art. 193, inc. II, da nova lei. RB

Gabarito "D".

(Promotor de Justiça/SP – 2019 – MPE/SP) No tocante ao processo licitatório, assinale a alternativa correta.

(A) Nas licitações regidas pela Lei 8.666/93, será assegurada, como critério de desempate, preferência de contratação para as microempresas e empresas de pequeno porte, entendendo-se por empate aquelas situações em que as propostas apresentadas pelas microempresas e empresas de pequeno porte sejam iguais ou até 10% superiores à proposta mais bem classificada. Nessa situação, a microempresa ou empresa de pequeno porte mais bem classificada será considerada vencedora do certame, situação em que será adjudicado em seu favor o objeto licitado.

(B) Norma que autoriza a concessão de vantagem ao licitante que suporta maior carga tributária no âmbito da Administração Pública que promove a licitação não pode ser reputada inconstitucional, pois atende ao princípio da isonomia na medida em que propicia a mesma oportunidade a todos os licitantes.

(C) Para o cabimento de ação popular, cujo pedido seja a declaração de nulidade da licitação, é imprescindível a demonstração do efetivo prejuízo material aos cofres públicos, ou seja, exige-se a prova do binômio lesividade patrimonial efetiva-ilegalidade.

(D) A documentação relativa à habilitação jurídica, à regularidade fiscal e trabalhista, à qualificação técnica e à qualificação econômico-financeira deve ser exigida para todas as modalidades de licitação.

(E) Na licitação, na modalidade pregão, na hipótese de o licitante vencedor, convocado dentro do prazo de validade da sua proposta, não celebrar o contrato, o pregoeiro examinará as ofertas subsequentes e a qualificação dos licitantes, na ordem de classificação, e assim sucessivamente, até a apuração de uma que atenda ao edital, sendo o respectivo licitante declarado vencedor, independentemente das condições propostas pelo primeiro classificado.

A: incorreta (na situação descrita, a microempresa ou empresa de pequeno porte mais bem classificada poderá apresentar proposta de preço inferior àquela considerada vencedora do certame, situação em

que será adjudicado em seu favor o objeto licitado, cf. art. 45, inc. I, da LC 123/06). B: incorreta (de acordo com o STF, é inconstitucional a concessão de vantagem ao licitante que suporta maior carga tributária – ADI 3070/RN). C: incorreta (o STF editou o Tema 836 de sua jurisprudência, no seguinte sentido: "Não é condição para o cabimento da ação popular a demonstração de prejuízo material aos cofres públicos, dado que o art. 5º, inciso LXXIII, da Constituição Federal estabelece que qualquer cidadão parte legítima para propor ação popular e impugnar, ainda que separadamente, ato lesivo ao patrimônio material, moral, cultural ou histórico do Estado ou de entidade de que ele participe"). D: incorreta (de acordo com o art. 32, § 1º, da Lei 8.666/93, a documentação de habilitação prevista nos arts. 28 a 31 da mesma lei poderá ser dispensada, no todo ou em parte, nos casos de convite, concurso, fornecimento de bens para pronta entrega e leilão). E: correta (cf. art. 4º, incs. XV e XVI, da Lei 10.520/02). RB

Gabarito "E".

(Procurador do Estado/SP – 2018 – VUNESP) Após regular licitação, empresa foi contratada pelo Poder Público para execução de obra de engenharia sob o regime da contratação integrada. Iniciada a execução do ajuste, a empresa apresentou requerimento de aditamento contratual para repactuação dos termos ajustados ao argumento de que teria direito ao reequilíbrio econômico-financeiro e prorrogação do prazo de vigência do contrato em razão da necessidade de modificação do projeto básico para adequação técnica decorrente de fatos preexistentes, porém por ela constatados após a elaboração da proposta apresentada no certame. Nesse caso, o Poder Público deverá

(A) deferir o requerimento, ainda que se verifique que o erro do anteprojeto decorreu de falha da empresa contratada, sob pena de enriquecimento sem causa, firmando-se o termo aditivo.

(B) deferir o requerimento, desde que comprovado, pela área técnica que os fatos são supervenientes e, embora previsíveis, de consequências incalculáveis, firmando-se o termo aditivo.

(C) deferir o requerimento se a área técnica competente do ente contratante atestar que a álea indicada pela contratada é extraordinária e extracontratual, quantificando adequadamente o valor a ser reequilibrado, realizando-se apostilamento.

(D) indeferir o requerimento, eis que não se trata, na hipótese, de caso fortuito ou força maior.

(E) indeferir o requerimento, porque o regime de contratação integrada não admite, em nenhuma hipótese, prorrogação do prazo de vigência do contrato, devendo o pleito resolver-se, se o caso, em procedimento de apuração e reparação de danos, efetuando-se apostilamento.

O chamado regime de contratação integrada nas licitações de obras e serviços de engenharia encontra previsão na Lei 12.462/2011, que disciplina o Regime Diferenciado de Contratações Públicas. A contratação integrada compreende a elaboração e o desenvolvimento dos projetos básico e executivo, a execução de obras e serviços de engenharia, a montagem, a realização de testes, a pré-operação e todas as demais operações necessárias e suficientes para a entrega final do objeto. Justamente pelo fato de que o contrato é responsável também pelo projeto básico, temos no art. 9º § 4º da Lei 12.462/2011 que: § 4º Nas hipóteses em que for adotada a contratação integrada, é vedada a celebração de termos aditivos aos contratos firmados, exceto nos seguintes casos: I – para recomposição do equilíbrio econômico-financeiro decorrente

12. DIREITO ADMINISTRATIVO

de caso fortuito ou força maior; e II – por necessidade de alteração do projeto ou das especificações para melhor adequação técnica aos objetivos da contratação, a pedido da administração pública, desde que não decorrentes de erros ou omissões por parte do contratado, observados os limites previstos no § 1º do art. 65 da Lei 8.666, de 21 de junho de 1993. No caso em tela, não se tratando de pedido da Administração Pública, nem de caso fortuito ou força maior, não cabe o termo aditivo. FB

Gabarito "D".

(Escrevente – TJ/SP – 2018 – VUNESP) Nos termos da Lei no 8.429/1992, é correta a seguinte afirmação:

(A) Esta Lei se aplica apenas aos funcionários públicos que pratiquem ato lesivo ao erário da administração direta, indireta ou fundacional de qualquer dos Poderes da União, dos Estados ou do Distrito Federal.

(B) Se a lesão ao patrimônio decorrer de ação ou omissão culposa do agente ou do terceiro, não se fará necessário o integral ressarcimento do dano.

(C) Para os fins desta Lei, não se reputa agente público aquele que, por designação, exerça função de confiança junto a órgão da administração direta ou indireta, sem recebimento de remuneração.

(D) O sucessor daquele que causar lesão ao patrimônio público ou enriquecer ilicitamente em razão do serviço público não se sujeita às cominações desta Lei, ainda que o falecido tenha deixado herança.

(E) As disposições desta Lei poderão ser aplicadas àquele que, mesmo não sendo agente público, induza ou concorra para a prática do ato de improbidade ou dele se beneficie sob qualquer forma direta ou indireta.

A: incorreta. A lei se aplica a qualquer agente público, bem como àquele que, mesmo não sendo agente público, induz, concorre para o ato de improbidade ou dele se beneficia sob qualquer forma direta ou indireta – art. 3º da Lei 8.429/1992; **B:** incorreta. "Ocorrendo lesão ao patrimônio público por ação ou omissão, dolosa ou culposa, do agente ou de terceiro, dar-se-á o integral ressarcimento do dano" – art. 5º da Lei 8.429/1992; **C:** incorreta. "Reputa-se agente público, para os efeitos desta lei, todo aquele que exerce, ainda que transitoriamente ou sem remuneração, por eleição, nomeação, designação, contratação ou qualquer outra forma de investidura ou vínculo, mandato, cargo, emprego ou função nas entidades mencionadas no artigo anterior" – art. 2º da Lei 8.429/1992; **D:** incorreta. A responsabilidade do sucessor vai até os limites do valor da herança – art. 8º da Lei 8.429/1992; **E:** correta. Art. 3º da Lei 8.429/1992. FB

Gabarito "E".

(Defensor Público – DPE/PR – 2017 – FCC) Sobre o tema licitações, é correto afirmar:

(A) O sistema de registro de preços e a chamada "licitação carona" são institutos que não decorrem expressamente da previsão na Lei de Licitações, mas derivam do princípio administrativo explícito da publicidade.

(B) As microempresas e empresas de pequeno porte poderão participar do procedimento licitatório sem necessitar comprovar previamente a qualificação técnica, por força da finalidade relacionada ao desenvolvimento nacional, entretanto uma vez declarada vencedora, deverá apresentar comprovar sua qualificação em até 48 horas.

(C) As microempresas e empresas de pequeno porte poderão participar do procedimento licitatórios sem necessitar comprovar previamente a qualificação

técnica, por força da finalidade relacionada ao desenvolvimento nacional, entretanto uma vez declarada vencedora, deverá comprovar sua qualificação em até 5 dias úteis.

(D) É compatível com as finalidades licitatórias a preferência para aquisição de produtos manufaturados e serviços nacionais que obedeçam às normas técnicas brasileiras em detrimento de produtos e serviços estrangeiros, desde que obedecidos os limites legais definidos pelo Poder Executivo Federal.

(E) Conforme a Lei de Licitações, sempre que os candidatos forem inabilitados ou desclassificados – instituto da licitação fracassada – se autorizará a imediata contratação direta.

No tocante à alternativa "a" o sistema de registro de preços vem expressamente previsto no art. 15 da Lei n. 8.666/1993; no tocante às alternativas "b" e "c", a lei prevê que a comprovação da regularidade fiscal das microempresas e empresas de pequeno porte pode ser realizada no momento da assinatura do contrato – nos termos do art. 42 da Lei Complementar n. 123/2006, " Nas licitações públicas, a comprovação de regularidade fiscal e trabalhista das microempresas e das empresas de pequeno porte somente será exigida para efeito de assinatura do contrato". A comprovação da qualificação técnica não goza deste favor; a alternativa "d" encontra suporte no art. 3º, § 5º da Lei n. 8.666/1993; no tocante ao item "e", a hipótese de dispensa de licitação prevista no inciso V do art. 24 da Lei de Licitações é a de esta ser possível "quando não acudirem interessados à licitação anterior e esta, justificadamente, não puder ser repetida sem prejuízo para a Administração, mantidas, neste caso, todas as condições preestabelecidas". AW

Gabarito "D".

(Juiz – TJ-SC – FCC – 2017) A empresa Canário & Sabiá Construções Ltda. foi contratada, após regular procedimento licitatório, para contrato de obra pública, consistente na construção de um edifício destinado ao uso de órgão estadual. Todavia, executada metade da obra contratada, a empresa simplesmente abandonou a execução, sem justo motivo, inadimplindo também as obrigações trabalhistas e previdenciárias relativas ao mês em curso. Após regular processo administrativo, o Diretor do órgão estadual rescinde o contrato e aplica à empresa a pena de declaração de inidoneidade para licitar ou contratar com a Administração Pública.

Diante de tal circunstância, é correto concluir que:

(A) a penalidade em questão foi aplicada por autoridade incompetente.

(B) a Administração contratante responderá solidariamente pelas dívidas trabalhistas remanescentes da execução contratual.

(C) a rescisão do contrato em questão provocará, por consequência, a rescisão imediata de todos os demais contratos celebrados pela empresa com o ente contratante.

(D) a Administração contratante não responde pelos encargos previdenciários decorrentes da execução do contrato, visto que são de responsabilidade exclusiva da empresa contratada.

(E) é necessária a realização de novo processo licitatório para a conclusão da obra.

A: correta. A penalidade de inidoneidade para licitar está prevista na no art. 87, da Lei 8.666/1993, sendo que, especificamente em relação à penalidade de declaração de inidoneidade para licitar, temos o §3º, art.

87 determinando ser de competência do Ministro de Estado, do Secretário Estadual ou Municipal; **B:** incorreta. O contratado é o responsável pelas dívidas trabalhistas decorrentes da execução contratual, conforme disposto no art. 71, da Lei 8.666/1993; **C:** incorreta. Na Lei 8.666/1993 (arts. 77 e seguintes) não há previsão legal para a rescisão vinculada dos demais eventuais contratos celebrados por ambas as partes (poder concedente e concessionário). Havendo o cumprimento das cláusulas contratuais e interesse público, logicamente que os demais contratos podem continuar vigentes; **D:** incorreta. Somente há solidariedade entre contratante e contratado em relação às dívidas previdenciárias (art. 71, §2º, da Lei 8.666/1993); **E:** incorreta. Temos hipótese de licitação dispensável, conforme disposto no art. 24, XI, da Lei 8.666/1993. **AW**

Gabarito "A."

(Delegado/MT – 2017 – CESPE) O delegado de polícia de determinado município solicitou o aditamento do valor, a ampliação do objeto e a prorrogação de contrato administrativo regulado pela Lei de Licitações e Contratos que tem por objeto a prestação de serviços educacionais a serem executados de forma contínua: curso de língua inglesa ministrado aos policiais lotados na sua delegacia.

Nessa situação hipotética,

(A) a possibilidade de prorrogação do contrato administrativo dependerá de seu tempo de vigência.

(B) se a vigência do contrato estiver encerrada, a sua prorrogação, nos termos requeridos pelo delegado de polícia, será considerada um novo contrato.

(C) se ficar comprovada a economicidade, a ampliação do objeto poderá incluir outras línguas estrangeiras.

(D) ficará dispensada a análise de condições mais vantajosas do ponto de vista econômico, por já ter sido feita essa análise na etapa da licitação.

(E) se o aditamento do valor ultrapassar o limite legal, o contrato de prestação de serviços será considerado um novo contrato.

Lei 8.666/1993, art. 57, II – à prestação de serviços a serem executados de forma contínua, que poderão ter a sua duração prorrogada por iguais e sucessivos períodos com vistas à obtenção de preços e condições mais vantajosas para a administração, limitada a sessenta meses; § 1º Os prazos de início de etapas de execução, de conclusão e de entrega admitem prorrogação, mantidas as demais cláusulas do contrato e assegurada a manutenção de seu equilíbrio econômico-financeiro, desde que ocorra algum dos seguintes motivos, devidamente autuados em processo: I – alteração do projeto ou especificações, pela Administração. **FB**

Gabarito "A."

(Delegado/AP – 2017 – FCC) Realizada a contratação de obras de construção de um viaduto pela Administração municipal, regida pela Lei n. 8.666/1993, adveio, no curso da execução do contrato, a necessidade da contratada executar alguns serviços e utilizar técnicas que não estavam originalmente descritos, em decorrência de intercorrências que surgiram quando do início das perfurações. Alega a contratada que faria jus ao recebimento de correspondente remuneração pelo acréscimo de serviços e despesas, em relação ao que a contratante

(A) deve discordar, tendo em vista que as alterações ocorridas estão inseridas no risco do contrato, cuja repartição foi obrigatoriamente prevista na matriz que integrou o instrumento original.

(B) deve discordar no caso de conseguir demonstrar que o valor do reajuste contratual será suficiente para

cobrir as novas despesas, afastando a caracterização de prejuízo por parte da contratada.

(C) pode concordar com o aditamento contratual para majoração quantitativa do contrato, em razão do acréscimo do valor, limitado ao percentual de 50%, parâmetro incidente para os casos de consenso entre as partes.

(D) deve concordar com o reequilíbrio econômico-financeiro do contrato, limitado a 25% de acréscimo do valor original do contrato, percentual que incide sobre qualquer majoração contratual em desfavor do poder público.

(E) pode concordar com o estabelecimento de ressarcimento correspondente, diante da imprevisibilidade, caso fique conclusivamente comprovada a ocorrência de desequilíbrio econômico-financeiro em razão dos serviços executados.

Lei 8.666/1993, art. 65. Os contratos regidos por esta Lei poderão ser alterados, com as devidas justificativas, nos seguintes casos: II – por acordo das partes: d) para restabelecer a relação que as partes pactuaram inicialmente entre os encargos do contratado e a retribuição da administração para a justa remuneração da obra, serviço ou fornecimento, objetivando a manutenção do equilíbrio econômico-financeiro inicial do contrato, na hipótese de sobrevirem fatos imprevisíveis, ou previsíveis porém de consequências incalculáveis, retardadores ou impeditivos da execução do ajustado, ou, ainda, em caso de força maior, caso fortuito ou fato do príncipe, configurando álea econômica extraordinária e extracontratual. **FB**

Gabarito "E."

10. CONTRATOS ADMINISTRATIVOS

10.1. Conceito, características principais, formalização e cláusulas contratuais necessárias

(Defensor Público – DPE/SC – 2017 – FCC) A respeito do contrato administrativo, é correto afirmar:

(A) Sua celebração é "intuitu personae" porque o contratado é, em tese, o que melhor comprovou condições de contratar com a Administração, fato que limita a subcontratação.

(B) O fato do príncipe, quando constatado, garante ao contratante a rescisão contratual sem direito à indenização.

(C) O equilíbrio econômico e financeiro é uma garantia exclusiva do contratado para com o contratante.

(D) Em decorrência da posição privilegiada da Administração não se aplica ao contrato administrativo a comutatividade.

(E) O contrato administrativo possui cláusulas exorbitantes que concede à administração poderes inerentes a um contrato civil.

No tocante à alternativa "b", é preciso relembrar que o chamado "Fato do Príncipe" é a determinação estatal imprevisível, da mesma esfera de governo que celebrou o contrato, que não se relaciona diretamente com o ajuste, mas que onera reflexa e substancialmente a sua execução. Nesta hipótese, a Lei n. 8.666/1993 prevê a possibilidade de acordo entre as partes para que seja reestabelecida a relação inicialmente pactuada (art. 65, II, "d"); quanto à alternativa "c", é preciso relembrar que a manutenção do equilíbrio econômico-financeiro dos contratos

12. DIREITO ADMINISTRATIVO — 639

administrativos significa que a alteração de um dos polos da equação econômico-financeira contratada deve corresponder a alteração equivalente no outro polo, operando tanto em favor do particular, como em favor da Administração; no tocante à alternativa "d", a comutatividade é a característica contratual que estabelece compensações recíprocas e equivalentes para as partes, incidente, à evidência, também aos contratos administrativos; por fim, as denominadas "cláusulas exorbitantes", apontadas na alternativa "e", são aquelas que caracterizam o regime contratual específico celebrado entre a Administração Pública e particulares, e que informam prerrogativas ao Poder Público que não são encontradas nos contratos celebrados sob o regime da lei civil. **AW**
Gabarito "A".

(Juiz – TRF 2ª Região – 2017) Sobre o equilíbrio econômico--financeiro das concessões comuns, patrocinadas e administrativas reguladas nas Leis n° 8.987/1995 e n° 11.079/04, é correto afirmar que:

(A) A tarifa do serviço público deve ser fixada pelo Poder Concedente no edital, com o objetivo de viabilizar a sua modicidade e universalização do serviço.

(B) A cobrança da tarifa, desde que fixada em Decreto, pode ser condicionada à existência de serviço público alternativo e gratuito para o usuário.

(C) As tarifas poderão ser diferenciadas em razão das características técnicas e dos custos específicos provenientes do atendimento aos distintos segmentos de usuários.

(D) A taxa interna de retorno prevista no plano de negócios apresentado pelo licitante vencedor deve ser assegurada anualmente como único mecanismo de manutenção do equilíbrio econômico-financeiro do contrato.

(E) A taxa interna de retorno prevista no plano de negócios apresentado pelo licitante vencedor serve como parâmetro de aferição do equilíbrio econômico-financeiro do contrato, desde que previamente atestada pelo Tribunal de Contas do Poder Concedente.

A: incorreta. A tarifa depende das condições da proposta, edital e do determinado no contrato, conforme disposto no art. 9°, da Lei 9.784/1999; **B:** incorreta. A cobrança da tarifa, se houver previsão em lei, e não em decreto, poderá ser condicionada à existência de serviço público alternativo e gratuito, conforme disposto no art. 9°, §1°, da Lei 9.784/1999; **C:** correta. Trata-se do disposto no art. 13, da Lei 8.987/1995; **D:** incorreta. Não há previsão legal para essa "taxa interna de retorno", sendo prevista a revisão das cláusulas contratuais para a manutenção do equilíbrio econômico financeiro, apenas (art. 9°, §2°, da Lei 8.987/1995); **E:** incorreta. O mesmo se diz em relação à essa alternativa, ou seja, não há que se falar em "taxa interna de retorno", e sim, de um equilíbrio econômico financeiro, a ser mantido durante toda a vigência do contrato. **AW**
Gabarito "C".

10.2. Alteração dos contratos

(Juiz de Direito – TJ/SC – 2019 – CESPE/CEBRASPE) A alteração unilateral de contrato administrativo pela administração pública poderá

(A) ser qualitativa, se houver necessidade de modificar o projeto ou as especificações, ou quantitativa, se for necessária a modificação do valor em razão de acréscimo ou diminuição do seu objeto.

(B) ocorrer normalmente, desde que sejam atendidos os limites legais, mas não deverá servir para garantir o reequilíbrio econômico-financeiro do contrato.

(C) ocorrer comumente, porque é aceita pela doutrina e pela jurisprudência pátria, embora não esteja prevista expressamente na legislação aplicável.

(D) ser unicamente quantitativa, não sendo possível que o poder público diminua o montante contratual a valor inferior ao que foi acordado na licitação.

(E) implicar na modificação do regime de execução da obra ou do serviço ou na substituição da garantia de execução.

A Lei 8.666/93 prevê expressamente a possibilidade de alteração unilateral do contratado administrativo pela Administração, nos termos do art. 65, I. Essa prerrogativa pode ser ou qualitativa, quando houver modificação do projeto ou das especificações, para melhor adequação técnica aos seus objetivos (alínea "a"); ou quantitativa, quando necessária a modificação do valor contratual em decorrência de acréscimo ou diminuição quantitativa de seu objeto (alínea "b"). Em havendo alteração unilateral do contrato que aumente os encargos do contratado, a Administração deverá restabelecer o equilíbrio econômico-financeiro inicial (art. 65, § 6°). **RB**
Gabarito "A".

(Delegado – PC/BA – 2018 – VUNESP) Após publicar edital de licitação a fim de contratar empresa para a construção de uma delegacia policial, a autoridade administrativa verifica a existência de um erro na descrição do projeto básico, que afeta, de maneira significativa e inquestionável, a estimativa de custos dos licitantes e a formulação das propostas a serem apresentadas. Nesse caso, a autoridade deverá

(A) anular a licitação, pois não é possível modificar um edital já publicado, devendo iniciar um novo procedimento licitatório.

(B) alterar o edital, divulgando a modificação pela mesma forma que se deu o texto original, reabrindo o prazo inicialmente estabelecido para a apresentação das propostas.

(C) alterar o edital, divulgando a modificação por meio eletrônico em razão do princípio da eficiência, mantendo o prazo inicialmente estabelecido para a apresentação das propostas.

(D) revogar a licitação, modificar o edital e, após, retomar o procedimento licitatório, com a publicação das modificações efetuadas e a reabertura do prazo para apresentação das propostas.

(E) alterar o edital, publicando a modificação no Diário Oficial, mantendo o prazo inicialmente estabelecido para a apresentação das propostas.

A Lei 8.666/1993 possibilita alterações qualitativas nos contratos administrativos quando houver necessidade de adequação do projeto ou de especificações; e quantitativas, quando se fizer necessário o acréscimo da quantidade do objeto contratado (art. 65, I, "a" e "b"). As modificações contratuais demandam: a) justificativa da existência de um fato posterior à licitação ou conhecido posteriormente a ela, que tenha mudado as condições contratuais; b) respeito aos direitos do contratado, sintetizados na manutenção da equação econômico--financeira; c) formalização por termo aditivo; d) não desnaturação do objeto por meio da mera inserção no contexto da contratação de objetos novos, omitidos por conta de falhas ou defeitos de planejamento2; e e) respeito aos limites estabelecidos no art. 65, § 1°. Há a necessidade, ademais, de a Administração avaliar a capacidade do particular em executar o objeto mediante as novas especificações. Por essa razão, ainda que a alteração possa ocorrer de forma unilateral, a depender das modificações pretendidas, torna-se indispensável consultar o particular para confirmar a sua qualificação técnica para executar a parcela decorrente da modificação. FB

Gabarito "B".

(Juiz de Direito – TJ/RS – 2018 – VUNESP) Um determinado Estado celebrou contrato, precedido de licitação, com a empresa RS Ltda., tendo por objeto a execução de reforma de edifício público. Durante a execução do contrato, sobreveio determinação legal para adaptação do imóvel, de forma a torná-lo acessível às pessoas com deficiência, havendo necessidade de modificar o projeto licitado. Ao adequar o projeto, o Estado constatou aumento do valor orçado em R$ 5.000.000,00 (cinco milhões de reais), montante equivalente a 50% do valor original do contrato. Nesse caso, é correto afirmar que o contrato deverá ser

(A) rescindido amigavelmente, por motivo de força maior caracterizada pela verificação técnica de inaplicabilidade dos termos contratuais originários, sendo devidas ao contratado as parcelas da obra já executadas até a data da rescisão, além de pagamento do custo de desmobilização.

(B) modificado para reajustar os preços previstos de acordo com o novo projeto adaptado, já que, nos termos da lei, o contratado é obrigado a aceitar o acréscimo na obra de reforma até o limite de 50% do valor original ajustado.

(C) modificado para adequação técnica do projeto e correspondente restabelecimento do equilíbrio econômico financeiro inicial ajustado.

(D) revogado por razão de interesse público decorrente de fato superveniente devidamente comprovado, sendo devida indenização ao contratado, além do pagamento pelas parcelas já executadas.

(E) rescindido unilateralmente pelo Estado, em razão da superveniência de fato novo, a justificar relicitação do projeto adequado, sendo devidas ao contratado as parcelas da obra já executadas.

No caso narrado na alternativa C não há que se falar em rescisão contratual, pois não se tem a situação de fim do contrato em razão da vontade unilateral do Estado (rescisão unilateral), por vontade das partes (amigável), mediante decisão judicial ou por situação alheia à vontade das partes (caso fortuito ou força maior). Tão somente se tem a necessidade de adequar um projeto às novas exigências de garantia de acessibilidade. Trata-se de hipótese prevista no art. 65, I, "a", que prevê a possibilidade de alteração unilateral do contrato "quando houver modificação do projeto ou das especificações, para melhor adequação técnica aos seus objetivos", dentro do acréscimo de 50% autorizados no §1º do art. 65 da Lei 8.666/1993. Logicamente, haverá a necessidade de reequilíbrio econômico financeiro do contrato para fazer frente a esse acréscimo autorizado pela lei. FB

Gabarito "C".

10.3. Execução do contrato

(Procurador Município – Teresina/PI – FCC – 2022) Observe as seguintes descrições, aplicáveis a institutos que se relacionam com a execução contratual:

I. mecanismo adotado para reequilíbrio dos preços dos serviços continuados, sob regime de mão de obra exclusiva, ou com predominância de mão de obra, em relação aos preços de mercado, aplicável com periodicidade mínima anual e mediante demonstra-

ção analítica da variação dos componentes dos custos do contrato.

II. mecanismo que busca promover a atualização monetária dos preços contratuais, de maneira a retratar a variação efetiva do custo da produção, podendo ser adotados índices específicos ou setoriais.

III. mecanismo para restabelecimento do equilíbrio econômico-financeiro, em caso de força maior, caso fortuito ou fato do príncipe ou em decorrência de fatores imprevisíveis ou previsíveis de consequências incalculáveis, que inviabilizem a execução do contrato tal como pactuado, respeitada, em qualquer caso, a repartição objetiva de risco estabelecida no contrato.

Os itens I, II e III correspondem, respectivamente, aos institutos:

(A) revisão – reajuste em sentido estrito – repactuação

(B) repactuação – revisão – reajuste em sentido estrito

(C) repactuação – reajuste em sentido estrito – revisão

(D) revisão – repactuação – reajuste em sentido estrito

(E) reajuste em sentido estrito – revisão – repactuação

Repactuação é definida como a forma de manutenção do equilíbrio econômico-financeiro de contrato utilizada para serviços contínuos com regime de dedicação exclusiva de mão de obra ou predominância de mão de obra, por meio da análise da variação dos custos contratuais e aplicável com periodicidade mínima anual (art. 6º, LIX c.c. art. 92, §4º, ambos da Lei 14.133/2021). *Reajuste* em sentido estrito constitui a forma de manutenção do equilíbrio econômico-financeiro de contrato consistente na aplicação do índice de correção monetária previsto no contrato, que deve retratar a variação efetiva do custo de produção, admitida a adoção de índices específicos ou setoriais (art. 6º, LVIII, da Lei 14.133/2021). Já a *revisão* decorre da aplicação da teoria da imprevisão e está associada a caso de força maior, caso fortuito ou fato do príncipe ou em decorrência de fatores imprevisíveis ou previsíveis de consequências incalculáveis, que inviabilizem a execução do contrato (art. 124, II, "d", da Lei 14.133/2021). Assim, correta a alternativa C.

Gabarito "C".

(Delegado – PC/BA – 2018 – VUNESP) Executado o contrato, o recebimento provisório do objeto poderá ser dispensado quando se tratar de

(A) serviços profissionais.

(B) gêneros não perecíveis e alimentação processada.

(C) aquisição de equipamentos de grande vulto.

(D) obras e serviços compostos de aparelhos, equipamentos e instalações.

(E) locação de equipamentos.

A: correta. É o que expressamente prevê o art. 74, II da Lei 8.666/1993; **B:** incorreta .A "pegadinha" da questão está no fato de que a lei dispensa o recebimento provisório no caso de "gêneros perecíveis e alimentação **preparada**" – artigo 74, I da Lei 8.666/1993; **C:** incorreta. Não há qualquer previsão legal nesse sentido; **D:** incorreta. Art. 74, III da Lei 8.666/1993; **E:** incorreta. Não há qualquer previsão legal nesse sentido. FB

Gabarito "A".

(Delegado – PC/BA – 2018 – VUNESP) O direito do proprietário de exigir que na desapropriação se inclua a parte restante do bem expropriado, que se tornou inútil ou de difícil utilização, é denominado de

(A) Retrocessão.

(B) Desapropriação indireta.

(C) Direito de extensão.

(D) Indenização de benfeitorias.

(E) Direito de acrescer.

A: incorreta. A retrocessão consiste no direito real que possui o proprietário de, diante do desvio de finalidade na destinação dada ao bem desapropriado (tredestinação) reavê-lo – art. 519 do Código Civil; **B:** incorreta. Desapropriação indireta, também conhecida como apossamento administrativo, ocorre nas situações em que o Estado ilicitamente invade o bem privado sem respeitar o procedimento administrativos ou judiciais previstos na legislação atinente à desapropriação; **C:** correta. Direito de extensão consiste na possibilidade de o proprietário de imóvel parcialmente desapropriado que comprovar que o restante do bem ficou esvaziado de conteúdo econômico ou inaproveitado de exigir judicialmente que essa parte remanescente também seja expropriada; **D:** incorreta. A indenização de benfeitorias refere-se ao pagamento, para a configuração da chamada "justa indenização" pelas benfeitorias feitas no bem expropriado. Caso as benfeitorias tenham sido construídas antes da publicação do decreto que declara o imóvel de utilidade pública, a indenização deverá compreender todas as benfeitorias. Entretanto, caso as benfeitorias tenham sido edificadas após a publicação do decreto desapropriatório, o panorama pode sofrer algumas alterações, de acordo com o artigo 26, § 1º, do Decreto-Lei 3.365/1941. No que se refere às benfeitorias necessárias, que são aquelas obras necessárias para conservar a coisa ou evitar que ela se deteriore, nada muda e serão sempre indenizadas. As benfeitorias úteis, edificadas para aumentar ou facilitar o uso da coisa, só serão indenizadas se o Poder Público expropriante autorizar a construção; enquanto que as benfeitorias voluptuárias, utilizadas para mera recreação, sem aumentar o uso habitual do imóvel e independente do valor, não serão indenizadas. Destarte, tratando-se de benfeitorias edificadas antes da publicação do decreto desapropriatório, será nomeado perito judicial no curso do processo judicial (art. 14, Decreto-Lei 3.365/1941) para avaliar o bem, incluindo as benfeitorias, cujo valor da indenização será fixado em laudo pericial. Mas trata-se de tema polêmico, cujo entendimento judicial pode variar caso a caso; **E:** incorreta. Direito de acrescer é matéria de direito sucessório, e ocorre no momento em que vários herdeiros, pela mesma cláusula testamentária, em partes não determinadas, ficam com a parte que caberia a outro coerdeiro (herdeiro que juntamente com outros é chamado a concorrer a sucessão) pelo fato deste não puder ou não quiser aceitá-la. **FB**

Gabarito "C".

10.4. Temas Combinados de Contratos Administrativos

(Procurador/PA – CESPE – 2022) Com base no disposto na Lei n.º 14.133/2021 a respeito dos contratos administrativos, assinale a opção correta.

(A) O contratado é obrigado a aceitar, nas mesmas condições contratuais, supressões de até 25% do valor inicial atualizado do contrato que se fizerem nas obras, nos serviços ou nas compras, razão pela qual não lhe cabe pleitear da administração o valor dos custos de materiais eventualmente já adquiridos e colocados no local dos trabalhos.

(B) O contratado tem direito à extinção do contrato em caso de suspensão da sua execução, por ordem escrita da administração, por prazo igual ou superior a dois meses.

(C) Com vistas à continuidade da atividade administrativa, a administração poderá determinar que a declaração de nulidade do contrato só tenha eficácia em momento futuro, suficiente para efetuar nova contratação.

(D) Em nenhuma hipótese será admitido o pagamento antecipado, parcial ou total, relativo a parcelas contratuais vinculadas ao fornecimento de bens, à execução de obras ou à prestação de serviços.

(E) A aplicação das sanções administrativas ao contratado dar-se-á por meio de processo de responsabilização, cuja instauração interrompe a prescrição, estabelecida em prazos que variam de seis meses a cinco anos, conforme a gravidade da infração.

A: incorreta (cf. art. 129, nas alterações contratuais para supressão de obras, bens ou serviços, se o contratado já houver adquirido os materiais e os colocado no local dos trabalhos, estes deverão ser pagos pela Administração pelos custos de aquisição regularmente comprovados e monetariamente reajustados, podendo caber indenização por outros danos eventualmente decorrentes da supressão, desde que regularmente comprovados). **B:** incorreta (o contratado tem direito à extinção do contrato em caso de suspensão da sua execução, por ordem escrita da administração, por prazo superior a 3 meses, cf. art. 137, § 2º, II). **C:** correta (art. 148, § 2º). **D:** incorreta (a antecipação de pagamento somente será permitida se propiciar sensível economia de recursos ou se representar condição indispensável para a obtenção do bem ou para a prestação do serviço, cf. art. 145, § 1º). **E:** incorreta (a prescrição ocorrerá em 5 anos, cf. art. 158, § 4º).

Gabarito "C".

(Juiz de Direito/GO – 2021 – FCC) O direito administrativo contemporâneo é marcado pela tendência de promover maior consensualidade nas relações administrativas. Os métodos alternativos de resolução de conflitos, antes reservados aos conflitos de natureza privada, passaram a compor a caixa de ferramentas da Administração pública. É certo, porém, que tais ferramentas devem ser devidamente adaptadas ao uso no ambiente público, dada a primazia dos interesses gerais da coletividade. A propósito de tal tema, a legislação vigente estatui:

(A) Os contratos administrativos são passíveis de extinção por força de decisão arbitral, caso haja convenção relativa à adoção desse meio de resolução de controvérsias.

(B) Para que um litígio contratual envolvendo a Administração pública seja objeto de arbitragem, é obrigatório que haja prévia cláusula compromissória entre as partes da relação contratual.

(C) A arbitragem envolvendo relações contratuais da Administração pública não abrange questões relacionadas ao inadimplemento contratual do contratado, aspecto atinente ao poder regulatório da Administração e, portanto, indisponível.

(D) Dada a indisponibilidade do interesse público, sentenças arbitrais envolvendo a Administração pública somente são executáveis após homologação judicial que ateste a validade da convenção e a regularidade formal do procedimento arbitral.

(E) Uma vez que haja processo arbitral ou judicial em curso, afasta-se a hipótese de uso da mediação, quando a Administração pública for parte, visto que se operou preclusão administrativa.

Comentário: **A:** correta (art. 138, III, da Lei 14.133/2021). **B:** incorreta (a arbitragem envolvendo a Administração pode ser objeto de cláusula compromissória – ou seja, no âmbito do contrato, previamente ao litígio – ou compromisso arbitral – durante o litígio). **C:** incorreta (cf. art. 151, parágrafo único, da Lei 14.133/2021, a utilização da arbitragem pela Administração pressupõe a existência de controvérsia relacionada a direitos patrimoniais disponíveis, como as questões relacionadas ao restabelecimento do equilíbrio econômico-financeiro do contrato, ao inadimplemento de obrigações contratuais por quaisquer das partes e ao cálculo de indenizações). **D:** incorreta (cf. art. 18 da Lei 9.307/1996, Lei da Arbitragem, o árbitro é juiz de fato e de direito, e a sentença que proferir não fica sujeita a recurso ou a homologação pelo Poder Judiciário). **E:** incorreta (considerando que a mediação pode ser utilizada pela Administração, incidente o art. 16 da Lei 13.140/2015 – Lei da Mediação, pelo qual as partes podem submeter-se à mediação, ainda que haja processo arbitral ou judicial em curso). **RB**

Gabarito "A".

Uma empresa contratada pela administração pública não entregou bens em conformidade com o projeto básico, razão pela qual, após o regular processo administrativo, a contratante rescindiu unilateralmente o contrato e aplicou uma multa à citada empresa.

(Juiz de Direito - TJ/BA - 2019 - CESPE/CEBRASPE) Nessa situação hipotética,

(A) a multa deverá ser descontada, preferencialmente, dos pagamentos eventualmente ainda devidos pela administração pública.

(B) a multa deverá ser descontada, primordialmente, da garantia do respectivo contrato.

(C) a administração agiu equivocadamente, pois multa e rescisão unilateral são inacumuláveis quando motivadas pelo mesmo fato.

(D) a administração pública, em regra, não estará autorizada a reter unilateralmente pagamentos devidos à empresa para compensar os prejuízos sofridos.

(E) excepcionalmente, caso a multa aplicada seja superior ao saldo a pagar à contratada, a administração pública poderá reter o pagamento até a quitação da multa.

Eis o que diz a lei: "A multa, aplicada após regular processo administrativo, será descontada da garantia do respectivo contratado" – Art. 86, § 2º, da Lei 8.666/1993. **FB**

Gabarito "B".

(Procurador Municipal – Prefeitura/BH – CESPE – 2017) No que concerne aos contratos de repasse, assinale a opção correta de acordo com as normas vigentes.

(A) Dispositivo da Portaria Interministerial CGU/MF/MP nº 507/2011 veda, expressamente, a celebração de convênios com órgãos e entidades da administração pública direta e indireta dos estados, do DF e dos municípios cujo valor seja inferior a R$ 100 mil.

(B) As disposições constantes da Portaria Interministerial CGU/MF/MP nº 507/2011 impedem que órgãos e entidades da administração pública federal deem preferência às transferências voluntárias para estados e municípios que desenvolvam ações por intermédio de consórcio público constituído de acordo com o disposto na Lei nº 11.107/2005.

(C) Nos casos de celebração de convênio com consórcio, as exigências legais aplicáveis aos entes da administração pública indireta não se estendem aos estados e aos municípios, na qualidade de entes consorciados.

(D) É vedado aos estados, ao DF e aos municípios executar objeto de convênio celebrado com a União por meio de consórcio público mesmo que esteja associado.

A: correta, tendo em vista o disposto no art. 10, I, da Portaria Interministerial CGU/MP/MPF 507/11; **B:** incorreta. O art. 13, da Portaria Interministerial determina que "Os órgãos e entidades da Administração Pública Federal darão preferência às transferências voluntárias para Estados, Distrito Federal e Municípios cujas ações sejam desenvolvidas por intermédio de consórcios públicos, constituídos segundo o disposto na Lei nº 11.107, de 2005."; **C:** incorreta. O art. 2º, II, da referida Portaria Interministerial não exclui esses convênios das exigências legais; **D:** incorreta. Se houver associação do Estado em que se situa o Município, é possível o consórcio entre a União e o Município (art. 1º, § 2º, da Lei 11.107/05). **AW**

Gabarito "A".

11. SERVIÇOS PÚBLICOS

11.1. Conceito, características principais, classificação e princípios

(Juiz de Direito – TJ/RJ – 2019 – VUNESP) A respeito da Lei 13.460/2017, que dispõe sobre participação, proteção e defesa dos direitos dos usuários dos serviços públicos da administração pública, é correto afirmar que

(A) não se aplica à Advocacia Pública, Ministério Público e Tribunais de Contas, órgãos que desempenham atividade administrativa de meio.

(B) não se aplica aos serviços públicos prestados pelas Forças Armadas e por militares dos Estados e do Distrito Federal.

(C) se aplica também à atividade administrativa prestada pelos Poderes Judiciário e Legislativo, conforme disposto no artigo 37 da Constituição Federal.

(D) afasta a aplicabilidade de normas estaduais que dispõem de forma diferente sobre a mesma matéria, bem como do Código de Defesa do Consumidor.

(E) não se aplica aos serviços públicos prestados indiretamente, mediante parceria público-privada, sujeitos a regulamentação específica do edital de licitação e contrato de concessão ou permissão.

A: incorreta (a Advocacia Pública está submetida aos ditames da Lei 13.460/2017, cf. dispõe o seu art. 2º, inc. III); **B:** incorreta (encontram-se ao alcance da lei a função exercida pelos agentes públicos civis e militares, cf. art. 2º, inc. IV); **D:** incorreta (a aplicação da Lei 13.460/2017 não afasta a necessidade de cumprimento do disposto no Código de Defesa do Consumidor, cf. art. 1º, § 2º, inc. II, da lei); **E:** incorreta (a Lei 13.460/2007 aplica-se aos serviços públicas prestados indiretamente, cf. art. 2º, inc. II, do diploma). **RB**

Gabarito "C".

(Juiz de Direito - TJ/BA - 2019 - CESPE/CEBRASPE) O corte de energia elétrica pela administração pública é

(A) admissível em razão do inadimplemento contemporâneo do consumidor, desde que haja o aviso prévio de suspensão e que sejam respeitados o contraditório e a ampla defesa.

(B) admissível em detrimento do novo morador, por débito pretérito pelo qual este não era responsável, uma vez que a dívida é *propter rem*.

(C) admissível sem prévio aviso na hipótese de detecção de fraude no medidor cometida pelo consumidor.

(D) admissível em razão de fraude no medidor pelo consumidor, desde que o débito seja relativo ao período máximo de sessenta dias anteriores à constatação da fraude.

(E) inadmissível caso a dívida derivada de fraude no medidor cometida pelo consumidor seja relativa a período anterior a noventa dias precedentes à constatação da fraude.

Vale a pena replicar aqui a ementa do julgado que apreciou e decidiu diversas questões a respeito do corte no fornecimento de energia elétrica em sede de recurso repetitivo: ADMINISTRATIVO E PROCESSUAL CIVIL. RECURSO REPRESENTATIVO DE CONTROVÉRSIA. ART. 543-C DO CPC/1973 (ATUAL 1.036 DO CPC/2015) E RESOLUÇÃO STJ 8/2008. SERVIÇOS PÚBLICOS. FORNECIMENTO DE ENERGIA ELÉTRICA. FRAUDE NO MEDIDOR DE CONSUMO. CORTE ADMINISTRATIVO DO SERVIÇO. DÉBITOS DO CONSUMIDOR. CRITÉRIOS. ANÁLISE DA CONTROVÉRSIA SUBMETIDA AO RITO DO ART. 543-C DO CPC/1973 (ATUAL 1.036 DO CPC/2015) 1. A concessionária sustenta que qualquer débito, atual ou antigo, dá ensejo ao corte administrativo do fornecimento de energia elétrica, o que inclui, além das hipóteses de mora do consumidor, débitos pretéritos relativos à recuperação de consumo por fraude do medidor. In casu, pretende cobrar débito oriundo de fraude em medidor, fazendo-o retroagir aos cinco anos antecedentes. TESE CONTROVERTIDA ADMITIDA 2. Sob o rito do art. 543-C do CPC/1973 (atualmente 1036 e seguintes do CPC/2015), admitiu-se a seguinte tese controvertida: "a possibilidade de o prestador de serviços públicos suspender o fornecimento de energia elétrica em razão de débito pretérito do destinatário final do serviço". PANORAMA GERAL DA JURISPRUDÊNCIA DO STJ SOBRE CORTE DE ENERGIA POR FALTA DE PAGAMENTO 3. São três os principais cenários de corte administrativo do serviço em decorrência de débitos de consumo de energia elétrica por inadimplemento: a) consumo regular (simples mora do consumidor); b) recuperação de consumo por responsabilidade atribuível à concessionária; e c) recuperação de consumo por responsabilidade atribuível ao consumidor (normalmente, fraude do medidor). 4. O caso tratado no presente recurso representativo da controvérsia é o do item "c" acima, já que a apuração de débitos pretéritos decorreu de fato atribuível ao consumidor: fraude no medidor de consumo. 5. Não obstante a delimitação supra, é indispensável à resolução da controvérsia fazer um apanhado da jurisprudência do STJ sobre a possibilidade de corte administrativo do serviço de energia elétrica. 6. Com relação a débitos de consumo regular de energia elétrica, em que ocorre simples mora do consumidor, a jurisprudência do STJ está sedimentada no sentido de que é lícito o corte administrativo do serviço, se houver aviso prévio da suspensão. A propósito: REsp 363.943/MG, Rel. Ministro Humberto Gomes de Barros, Primeira Seção, DJ 1º.3.2004, p. 119; EREsp 302.620/SP, Rel. Ministro José Delgado, Rel. p/ Acórdão Ministro Franciulli Netto, Primeira Seção, DJ 3.4.2006, p. 207; REsp 772.486/RS, Rel. Ministro Francisco Falcão, Primeira Turma, DJ 6.3.2006, p. 225; AgRg no Ag 1.320.867/RJ, Rel. Ministra Regina Helena Costa, Primeira Turma, DJe 19.6.2017; e AgRg no AREsp 817.879/SP, Rel. Ministro Humberto Martins, Segunda Turma, DJe 12.2.2016. 7. Quanto a débitos pretéritos, sem discussão específica ou vinculação exclusiva à responsabilidade atribuível ao consumidor pela recuperação de consumo (fraude no medidor), há diversos precedentes no STJ que estipulam a tese genérica de impossibilidade de corte do serviço: EREsp 1.069.215/RS, Rel. Ministro Herman Benjamin, Primeira Seção, DJe 1º.2.2011; EAg 1.050.470/SP, Rel. Ministro Benedito Gonçalves, Primeira Seção, DJe 14.9.2010; REsp 772.486/RS, Rel. Ministro Francisco Falcão, Primeira Turma, DJ 6.3.2006, p. 225; AgRg nos EDcl no AREsp 107.900/RS, Rel. Ministro Ari Pargendler, Primeira Turma, DJe 18.3.2013; AgRg no REsp 1.381.468/RN, Rel. Ministro Arnaldo Esteves Lima, Primeira Turma, DJe 14.8.2013; AgRg no REsp 1.536.047/GO, Rel. Ministro Humberto Martins, Segunda Turma, DJe 15.9.2015; AgRg no AREsp 273.005/ES, Rel. Ministro Humberto Martins, Segunda Turma, DJe 26.3.2013; AgRg no AREsp 257.749/PE, Rel. Ministro Humberto Martins, Segunda Turma, DJe 8.2.2013; AgRg no AREsp 462.325/RJ,

Rel. Ministro Og Fernandes, Segunda Turma, DJe 15.4.2014; AgRg no AREsp 569.843/PE, Rel. Ministro Napoleão Nunes Maia Filho, Primeira Turma, DJe 11.11.2015; AgRg no AREsp 484.166/RS, Rel. Ministro Ministro Napoleão Nunes Maia Filho, Primeira Turma, DJe 8.5.2014; EDcl no AgRg no AREsp 58.249/PE, Rel. Ministro Napoleão Nunes Maia Filho, Primeira Turma, DJe 25.4.2013; AgRg no AREsp 360.286/RS, Rel. Ministro Mauro Campbell Marques, Segunda Turma, DJe 11.9.2013; AgRg no AREsp 360.181/PE, Rel. Ministro Benedito Gonçalves, Primeira Turma, DJe 26.9.2013; AgRg no AREsp 331.472/PE, Rel. Ministro Benedito Gonçalves, Primeira Turma, DJe 13.9.2013; AgRg no AREsp 300.270/MG, Rel. Ministro Sérgio Kukina, Primeira Turma, DJe 24.9.2015; AgRg no REsp 1.261.303/RS, Rel. Ministro Sérgio Kukina, Primeira Turma, DJe 19.8.2013; EDcl no REsp 1.339.514/MG, Rel. Ministro Sérgio Kukina, Primeira Turma, DJe 5.3.2013; AgRg no AREsp 344.523/PE, Rel. Ministra Eliana Calmon, Segunda Turma, DJe 14.10.2013; AgRg no AREsp 470/RS, Rel. Ministro Teori Albino Zavascki, Primeira Turma, DJe 4.10.2011; e AgRg no Ag 962.237/RS, Rel. Ministro Castro Meira, Segunda Turma, DJe 27.3.2008. CORTE ADMINISTRATIVO POR FRAUDE NO MEDIDOR 8. Relativamente aos casos de fraude do medidor pelo consumidor, a jurisprudência do STJ veda o corte quando o ilícito for aferido unilateralmente pela concessionária. A contrario sensu, é possível a suspensão do serviço se o débito pretérito por fraude do medidor cometida pelo consumidor for apurado de forma a proporcionar o contraditório e a ampla defesa. Nesse sentido: AgRg no AREsp 412.849/RJ, Rel. Ministro Humberto Martins, Segunda Turma, DJe 10.12.2013; AgRg no AREsp 370.548/PE, Rel. Ministro Humberto Martins, Segunda Turma, DJe 4.10.2013; AgRg no REsp 1.465.076/SP, Rel. Ministro Napoleão Nunes Maia Filho, Primeira Turma, DJe 9.3.2016; REsp 1.310.260/RS, Rel. Ministro Og Fernandes, Segunda Turma, DJe 28.9.2017; AgRg no AREsp 187.037/PE, Rel. Ministro Mauro Campbell Marques, Segunda Turma, DJe 8.10.2012; AgRg no AREsp 332.891/PE, Relator Min. Mauro Campbell Marques, Segunda Turma, DJe 13.8.2013; AgRg no AREsp 357.553/PE, Rel. Ministro Benedito Gonçalves, Primeira Turma, DJe 26.11.2014; AgRg no AREsp 551.645/SP, Rel. Ministro Benedito Gonçalves, Primeira Turma, DJe 3.10.2014; AgInt no AREsp 967.813/PR, Rel. Ministra Assusete Magalhães, Segunda Turma, DJe 8.3.2017; AgInt no REsp 1.473.448/RS, Rel. Ministra Assusete Magalhães, Segunda Turma, DJe 1º.2.2017; AgRg no AREsp 345.130/PE, Rel. Ministro Sérgio Kukina, Primeira Turma, DJe 10.10.2014; AgRg no AREsp 346.561/PE, Rel. Ministro Sérgio Kukina, Primeira Turma, DJe 1º.4.2014; AgRg no AREsp 448.913/PE, Rel. Ministra Regina Helena Costa, Primeira Turma, DJe 3.9.2015; AgRg no AREsp 258.350/PE, Rel. Ministro Gurgel de Faria, Primeira Turma, DJe 8.6.2016; AgRg no REsp 1.478.948/RS, Rel. Ministro Herman Benjamin, Segunda Turma, DJe 20.3.2015; AgRg no AREsp 159.109/SP, Rel. Ministra Eliana Calmon, Segunda Turma, DJe 18.4.2013; AgRg no AREsp 295.444/RS, Rel. Ministra Marga Tessler (Desembargadora Federal Convocada do TRF/4ª Região), Primeira Turma, DJe de 17.4.2015; AgRg no AREsp 322.763/PE, Rel. Ministra Diva Malerbi (Desembargadora Federal Convocada do TRF/3ª Região), Segunda Turma, DJe 23.8.2016; e AgRg AREsp 243.389/PE, Rel. Ministro Arnaldo Esteves Lima, Primeira Turma, DJe 4.2.2013. RESOLUÇÃO DA CONTROVÉRSIA 9. Como demonstrado acima, em relação a débitos pretéritos mensurados por fraude do medidor de consumo causada pelo consumidor, a jurisprudência do STJ orienta-se no sentido do seu cabimento, desde que verificada com observância dos princípios do contraditório e da ampla defesa. 10. O não pagamento dos débitos por recuperação de efetivo consumo por fraude ao medidor enseja o corte do serviço, assim como acontece para o consumidor regular que deixa de pagar a conta mensal (mora), sem deixar de ser observada a natureza pessoal (não propter rem) da obrigação, conforme pacífica jurisprudência do STJ. 11. Todavia, incumbe à concessionária do serviço público observar rigorosamente os direitos ao contraditório e à ampla defesa do consumidor na apuração do débito, já que o entendimento do STJ repele a averiguação unilateral da dívida. 12. Além disso, o reconhecimento da possibilidade de corte de energia elétrica deve ter limite temporal de apuração retroativa, pois incumbe às concessionárias o dever não só de fornecer o serviço, mas também de fiscalizar adequada e periodicamente o sistema de controle de consumo. 13. Por conseguinte e à luz do princípio da razoabilidade, a suspensão administrativa do fornecimento do serviço - como instrumento de coação extrajudicial ao pagamento de parcelas pretéritas relativas à recuperação de consumo por fraude do medidor atribuível ao consumidor - deve ser possibilitada quando não forem pagos débitos relativos aos últimos 90 (noventa) dias da apuração da fraude, sem prejuízo do uso das vias judiciais ordinárias de cobrança. 14. Da mesma forma, deve ser fixado prazo razoável de, no máximo, 90 (noventa) dias, após o vencimento da fatura de recuperação de consumo, para que a concessionária possa suspender o serviço. TESE REPETITIVA 15. Para fins dos arts. 1.036 e seguintes do CPC/2015, fica assim resolvida a controvérsia repetitiva: Na hipótese de débito estrito de recuperação de consumo efetivo por fraude no aparelho medidor atribuída ao consumidor, desde que apurado em observância aos princípios do contraditório e da ampla defesa, é possível o corte administrativo do fornecimento do serviço de energia elétrica, mediante prévio aviso ao consumidor, pelo inadimplemento do consumo recuperado correspondente ao período de 90 (noventa) dias anterior à constatação da fraude, contanto que executado o corte em até 90 (noventa) dias após o vencimento do débito, sem prejuízo do direito de a concessionária utilizar os meios judiciais ordinários de cobrança da dívida, inclusive antecedente aos mencionados 90 (noventa) dias de retroação. RESOLUÇÃO DO CASO CONCRETO 16. Na hipótese dos autos, o Tribunal Estadual declarou a ilegalidade do corte de energia por se lastrear em débitos não relacionados ao último mês de consumo. 17. Os débitos em litígio são concernentes à recuperação de consumo do valor de R$ 9.418,94 (nove mil, quatrocentos e dezoito reais e noventa e quatro centavos) por fraude constatada no aparelho medidor no período de cinco anos (15.12.2000 a 15.12.2005) anteriores à constatação, não sendo lícita a imposição de corte administrativo do serviço pela inadimplência de todo esse período, conforme os parâmetros estipulados no presente julgamento. 18. O pleito recursal relativo ao cálculo da recuperação de consumo não merece conhecimento por aplicação do óbice da Súmula 7/STJ. 19. Recurso Especial não provido. Acórdão submetido ao regime dos arts. 1.036 e seguintes do CPC/2015. (REsp 1412433/RS, Rel. Ministro HERMAN BENJAMIN, PRIMEIRA SEÇÃO, julgado em 25/04/2018, DJe 28/09/2018). FB

Gabarito "E".

(Investigador – PC/BA – 2018 – VUNESP) Os serviços públicos que, por sua natureza ou pelo fato de assim dispor o ordenamento jurídico, comportam ser executados pelo Estado ou por particulares colaboradores, são classificados como

(A) coletivos.

(B) singulares.

(C) delegáveis.

(D) indelegáveis.

(E) sociais.

A: incorreta. Serviços públicos coletivos, também conhecidos como serviços públicos "uti universi" ou gerais, são aqueles em que a Administração Pública presta sem ter usuários determinados, para atender à coletividade me geral. É o caso do calçamento, da polícia, etc. Satisfazem indiscriminadamente à população; **B:** incorreta. Serviços públicos singulares, "uti singuli" ou individuais são os que têm usuários determinados e utilização particular e mensurável para cada destinatário, como os serviços de água, energia elétrica, etc.; **C:** correta. São os serviços públicos passíveis de delegação ou outorga por parte do Estado, ou seja, para os quais a lei não determina a execução do serviço público pelo Estado; **D:** incorreta. Serviços públicos indelegáveis são aqueles que, a par de serem de titularidade do Estado, por previsão legal não podem ter sua execução outorgada a outro ente público ou delegada a particular; **E:** incorreta. São serviços que visam a atender

necessidades essenciais da coletividade em que há atuação da iniciativa privada ao lado da atuação do Estado. FB

Gabarito "C".

(Delegado/MS – 2017 – FAPEMS) À luz da legislação em vigor e da jurisprudência dos tribunais superiores, acerca do serviço público e dos contratos administrativos, assinale a alternativa correta.

(A) Aplica-se aos contratos administrativos o instituto da *exceptio non adimpjeti contractus* tal qual aplicável no Direito Civil.

(B) Diante de situação motivada por razões de ordem técnica, ainda que não emergencial, é possível a interrupção do serviço público, dispensado, neste caso, o prévio aviso.

(C) A divulgação da suspensão no fornecimento de serviço de energia elétrica por meio de emissoras de rádio, dias antes da interrupção, satisfaz a exigência de aviso prévio.

(D) O exercício do direito de greve exercido por policiais civis é hipótese cabível de descontinuidade da execução de serviço público por eles executado.

(E) Reversão é o instituto por meio do qual a Administração Pública poderá por fim a uma delegação de serviço público por ela transferido a outrem, por razões de interesse público.

A: incorreta. Não se aplica, uma vez que a própria Lei 8.666/1993, art. 78, XV, prevê a impossibilidade de descumprimento do contrato, até 90 dias de inadimplência pela Administração Publica, ainda que o prazo de pagamento contratual seja inferior. **B:** incorreta. Fere o princípio da continuidade do serviço público, também conhecido como princípio da permanência. **C:** correta. Lei 8.987/1995, art. 6º Toda concessão ou permissão pressupõe a prestação de serviço adequado ao pleno atendimento dos usuários, conforme estabelecido nesta Lei, nas normas pertinentes e no respectivo contrato. § 3º Não se caracteriza como descontinuidade do serviço a sua interrupção em situação de emergência ou após prévio aviso, quando: I – motivada por razões de ordem técnica ou de segurança das instalações; e, II – por inadimplemento do usuário, considerado o interesse da coletividade. e ainda Informativo 598 do STJ, que aduz: "É válida a interrupção do serviço público por razões de ordem técnica se houve prévio aviso por meio da rádio"**D:** incorreta. O atual entendimento da Suprema Corte garante, de um lado, a efetividade do direito de greve dos servidores estatutários, e, de outro lado, a continuidade dos serviços públicos por meio da aplicação analógica do art. 11 da Lei nº 7.783/1989, que exige a prestação dos serviços indispensáveis ao atendimento das necessidades inadiáveis da comunidade durante a greve. **E:** incorreta. A assertiva definiu a emcampação, sendo a Reversão e uma das formas previstas de provimento em cargo público. Lei 8.112/1990, art. 8º. FB

Gabarito "C".

(Delegado/AP – 2017 – FCC) Em uma área de expansão urbana determinado Município está providenciando a instalação de equipamentos públicos, a fim de que o crescimento populacional se dê de forma ordenada e sustentável. Durante a construção de uma unidade escolar, apurou-se que não seria possível executar a solução de esgoto originalmente idealizada, que contempla um emissário de esgoto, mostrando-se necessária a identificação de outra alternativa pela Administração pública. Dentre as possíveis, pode o Município em questão

(A) promover, demonstrada a viabilidade técnica, a instalação de emissário de esgoto para ligação com

12. DIREITO ADMINISTRATIVO   645

o sistema já existente, utilizando-se, para tanto, da instituição de uma servidão administrativa.

(B) realizar uma licitação específica para elaboração e execução de projeto de instalação do emissário de esgoto, independentemente do valor, dado seu caráter emergencial.

(C) lançar mão da requisição administrativa, para imediata imissão na posse do terreno necessário para implementação das obras, diferindo-se a indenização devida.

(D) desapropriar judicialmente a faixa de terreno necessária à implementação do emissário de esgoto, tendo em vista que o ajuizamento da ação já autoriza a imissão na posse do terreno objeto da demanda.

(E) instituir uma servidão de passagem, sob o regime do código civil, tendo em vista que dispensa a anuência do dono do terreno e de prévia indenização, apurando-se o valor devido após a instalação do equipamento, que indicará o nível de restrição ao uso da propriedade.

Trata-se de exemplo típico de utilização de servidão administrativa e nesse sentido Maria Sylvia Zanella di Pietro conceitua servidão administrativa como sendo "o direito real de gozo, de natureza pública, instituído sobre imóvel de propriedade alheia, com base em lei, por entidade pública ou por seus delegados, em face de um serviço público ou de um bem afetado a fim de utilidade pública". FB

Gabarito "A".

11.2. Concessão de serviço público

(Procurador Município – Teresina/PI – FCC – 2022) Sobre o regime tarifário das concessões, a Lei Federal 8.987, de 13 de fevereiro de 1995, estatui:

(A) A alteração de quaisquer tributos, inclusive dos impostos sobre a renda, ocorrida após a apresentação da proposta, quando comprovado seu impacto, implicará a revisão da tarifa, para mais ou para menos, conforme o caso.

(B) Em havendo alteração unilateral do contrato que afete o seu inicial equilíbrio econômico-financeiro, o poder concedente deverá restabelecê-lo, após a verificação do impacto ocorrido ao longo do período de um ano, após a efetivação da alteração.

(C) Independentemente de previsão legal específica, a tarifa será condicionada à existência de serviço público alternativo e gratuito para o usuário.

(D) A concessionária deverá divulgar em seu sítio eletrônico, de forma clara e de fácil compreensão pelos usuários, tabela com o valor das tarifas praticadas e a evolução das revisões ou reajustes realizados nos últimos cinco anos.

(E) A tarifa será sempre fixada pelo menor valor proposto na licitação e preservada pelas regras de revisão previstas na Lei, no edital e no contrato.

A: incorreta (é ressalvado o imposto de renda, cf. art. 9º, § 3º). B: incorreta (em havendo alteração unilateral do contrato que afete o seu inicial equilíbrio econômico-financeiro, o poder concedente deverá restabelecê-lo, concomitantemente à alteração, cf. art. 9º, § 4º). C: incorreta (a tarifa não será subordinada à legislação específica anterior e somente nos casos expressamente previstos em lei, sua cobrança poderá ser condicionada à existência de serviço público alternativo e gratuito para o usuário, cf. art. 9º, § 1º). D: correta (art. 9º, § 5º). E:

incorreta (a tarifa do serviço público concedido será fixada pelo preço da proposta vencedora da licitação e preservada pelas regras de revisão previstas nesta Lei, no edital e no contrato, cf. art. 9º, "caput").

Gabarito "D".

(Procurador Município – Santos/SP – VUNESP – 2021) Assinale a alternativa correta quanto à responsabilidade das concessionárias e do poder concedente, à luz da Lei Federal nº 8.987/95.

(A) Mediante outorga de poderes, a concessionária poderá promover as desapropriações, mas continua sendo do Poder Público a responsabilidade pelas respectivas indenizações.

(B) Incumbe à concessionária captar, aplicar e gerir os recursos financeiros necessários à prestação do serviço.

(C) A concessionária responde por todos os prejuízos causados ao poder concedente, aos usuários ou a terceiros; a falta de fiscalização pelo órgão competente exclui essa responsabilidade.

(D) É vedado ao poder concedente determinar que o licitante vencedor, no caso de consórcio, se constitua em empresa antes da celebração do contrato.

(E) A empresa líder do consórcio é a responsável perante o poder concedente pelo cumprimento do contrato de concessão, com prejuízo da responsabilidade solidária das demais consorciadas.

A: incorreta (a responsabilidade pelas indenizações é da concessionária, cf. art. 29, VIII, da Lei 8.987/1995). B: correta (art. 31, VIII). C: incorreta (a concessionária responde por todos os prejuízos causados ao poder concedente, aos usuários ou a terceiros, sem que a fiscalização exercida pelo órgão competente exclua ou atenue essa responsabilidade, cf. art. 25). D: incorreta (é facultado ao poder concedente determinar que o licitante vencedor, no caso de consórcio, se constitua em empresa antes da celebração do contrato, cf. art. 20). E: incorreta (A empresa líder do consórcio é a responsável perante o poder concedente pelo cumprimento do contrato de concessão, sem prejuízo da responsabilidade solidária das demais consorciadas, cf. art. 19, § 2º).

Gabarito "B".

(Advogado – Pref. São Roque/SP – 2020 – VUNESP) Suponha que a Administração celebrou um contrato de concessão de rodovias com empresa privada, que tem como objeto conferir ao concessionário o encargo de implantar melhorias e conservar o espaço, em contrapartida do recebimento de pedágio cobrado dos usuários. A Administração conferiu ao particular, ainda, a posse de três terrenos localizados às margens das rodovias, espaço em que poderá ser exercida atividade comercial.

Considerando a situação hipotética e o disposto na Lei 8.987/95, assinale a alternativa correta.

(A) O contrato de concessão não pode albergar a cessão de bem público para a exploração comercial, por se tratar de atividade estranha ao serviço público.

(B) Na hipótese de o concessionário executar uma obra prevista no contrato de concessão, cujo resultado seja enquadrado no contrato como bem reversível, a Administração deverá desapropriar o bem caso tenha interesse em assumir a propriedade após o fim do contrato.

(C) A prorrogação do contrato não poderá ser utilizada como instrumento de reequilíbrio econômico-financeiro, pois é indispensável que eventual desequilíbrio em prejuízo ao contratado seja ajustado por meio de modificação da tarifa.

(D) A Administração pode, com autorização em decreto, retomar o serviço por meio de encampação, que deverá ser realizada após prévio pagamento de indenização.

(E) A Administração poderá rescindir o contrato unilateralmente por culpa do parceiro privado, hipótese em que deverá indenizar o parceiro pela parcela dos investimentos vinculados a bens reversíveis ainda não amortizados, descontados multas e danos causados pela concessionária.

A: incorreta (cf. art. 11 da Lei 8.987/1995, o contrato de concessão pode prever em favor da concessionária outras fontes de receitas alternativas, além da tarifa paga pelo usuário); **B**: incorreta (extinta a concessão, passam ao domínio da Administração os bens reversíveis, nos termos do art. 35, § 1º, da Lei 8.987/1995; assim, não se faz necessária a instauração pelo poder concedente de procedimento de desapropriação); **C**: incorreta (o reequilíbrio econômico-financeiro pode ser efetivado por diversos modos, como a modificação da tarifa e a própria prorrogação do contrato); **D**: incorreta (a encampação depende de autorização por lei, cf. art. 37 da Lei 8.987/1995); **E**: correta (trata-se de hipótese de caducidade do contrato de concessão, cujo pagamento de indenização está previsto no art. 38, § 5º, da Lei 8.987/1995). RB
Gabarito "E".

Com o fim de assegurar a adequação na prestação do serviço e o fiel cumprimento das normas previstas em contrato de concessão de serviço público, o poder público concedente, mesmo sem autorização judicial, interveio na concessão por meio de resolução que previu a designação de interventor, o prazo da intervenção e os objetivos e limites da medida interventiva.

(Promotor de Justiça/CE – 2020 – CESPE/CEBRASPE) Nessa situação hipotética, o ato administrativo de intervenção encontra-se eivado de vício quanto

(A) à forma.

(B) ao objeto.

(C) ao motivo.

(D) à finalidade.

(E) à competência.

No âmbito do contrato de concessão, cabe ao poder público concedente intervir na prestação do serviço, com o fim de assegurar a adequação na prestação do serviço, bem como o fiel cumprimento das normas contratuais, regulamentares e legais pertinentes. A intervenção será feita por decreto do poder concedente, que conterá a designação do interventor, o prazo da intervenção e os objetivos e limites da medida (art. 32, parágrafo único, da Lei 8.987/95). De acordo com o enunciado da questão, a intervenção foi promovida por resolução, e não por decreto, motivo pelo qual o ato administrativo apresenta vício de forma. Correta a alternativa A. RB
Gabarito "A".

(Juiz de Direito – TJ/SC – 2019 – CESPE/CEBRASPE) De acordo com a Lei 8.987/1995 — que dispõe sobre o regime de concessão e permissão da prestação de serviços públicos previsto no art. 175 da Constituição Federal —, na hipótese de concessão de serviço público precedida de execução de obra pública,

(A) a subconcessão é juridicamente possível, situação que dispensa a realização de concorrência para a sua outorga.

(B) a concessionária não poderá contratar terceiros para o desenvolvimento de atividades inerentes, acessórias ou complementares ao serviço concedido.

(C) o julgamento da licitação deverá ser feito exclusivamente de acordo com o critério do menor valor da tarifa do serviço público a ser prestado.

(D) a concessão poderá ser feita a pessoa física ou jurídica que demonstre capacidade para o seu desempenho e a obra deverá ser realizada por conta e risco da concessionária.

(E) o investimento da concessionária será remunerado e amortizado mediante a exploração do serviço ou da obra por prazo determinado.

Alternativa **A** incorreta (a subconcessão deve ser precedida de concorrência, cf. art. 26, § 1º). Alternativa **B** incorreta (a concessionária poderá contratar com terceiros o desenvolvimento de atividades inerentes, acessórias ou complementares ao serviço concedido, cf. art. 25, § 1º). Alternativa **C** incorreta (a Lei 8.987/95 prevê diversos critérios para o julgamento da licitação, entre os quais o menor valor da tarifa do serviço a ser prestado, a melhor proposta técnica etc.). Alternativa **D** incorreta (somente cabível o firmamento de concessão com pessoa jurídica ou consórcio de empresas, e não com pessoa física, cf. art. 2º, II e III). Alternativa **E** correta (cf. consta no art. 2º, III). RB
Gabarito "E".

(Juiz de Direito – TJ/RJ – 2019 – VUNESP) A respeito da concessão ou permissão de serviços públicos, assinale a alternativa correta.

(A) Admite-se a rescisão amigável de contratos de concessão comum ou patrocinada, por razões de interesse público, de alta relevância e amplo conhecimento, justificadas pela máxima autoridade do ente contratante, mediante homologação judicial.

(B) Incumbe ao Poder Concedente declarar de utilidade pública os bens necessários à execução do serviço ou obra pública e promover diretamente as desapropriações, cabendo à concessionária responsabilizar-se pelas indenizações decorrentes.

(C) A sustentabilidade financeira e vantagens socioeconômicas dos projetos constituem diretriz de contratação de parcerias público-privadas.

(D) A transferência de concessão ou do controle societário da concessionária sem prévia anuência do Poder Concedente implicará a encampação da concessão.

(E) Antes da celebração do contrato, deverá ser constituída sociedade de propósito específico, vedada a aquisição da maioria do seu capital votante pelo ente contratante ou por instituição financeira controlada pelo Poder Público, em qualquer caso.

A: incorreta (a extinção do contrato de concessão por razões de interesse público caracteriza encampação, que independe de homologação judicial); **B**: incorreta (nos termos do art. 29, inc. VIII, da Lei 8.987/1995, incumbe ao poder concedente declarar de utilidade pública os bens necessários à execução do serviço ou obra pública, promovendo as desapropriações, diretamente ou mediante outorga de poderes à concessionária, caso em que será desta a responsabilidade pelas indenizações cabíveis); **C**: certa (cf. art. 4º, inc. VII, da Lei 11.079/2004); **D**: incorreta (a transferência de concessão ou do controle societário da concessionária sem prévia anuência do poder concedente implicará a *caducidade* da concessão, cf. art. 27 da Lei 8.987/1995); **E**: incorreta (a constituição de sociedade de propósito específico é obrigatória para a celebração de contrato de concessão na modalidade de parceria público-

12. DIREITO ADMINISTRATIVO

-privada, cf. art. 9°, "caput", da Lei 11.079/2004; ademais, embora seja vedado à Administração Pública ser titular da maioria do capital votante de tais sociedades, cabível a aquisição da maioria de seu capital votante por instituição financeira controlada pelo Poder Público em caso de inadimplemento de contratos de financiamento). **RB**

„Ɔ„ ojɹɐqɐפ

(Juiz – TRF 2ª Região – 2017) Sobre o equilíbrio econômico--financeiro das concessões comuns, patrocinadas e administrativas reguladas nas Leis n° 8.987/1995 e n° 11.079/04, é correto afirmar que:

(A) A tarifa do serviço público deve ser fixada pelo Poder Concedente no edital, com o objetivo de viabilizar a sua modicidade e universalização do serviço.

(B) A cobrança da tarifa, desde que fixada em Decreto, pode ser condicionada à existência de serviço público alternativo e gratuito para o usuário.

(C) As tarifas poderão ser diferenciadas em razão das características técnicas e dos custos específicos provenientes do atendimento aos distintos segmentos de usuários.

(D) A taxa interna de retorno prevista no plano de negócios apresentado pelo licitante vencedor deve ser assegurada anualmente como único mecanismo de manutenção do equilíbrio econômico-financeiro do contrato.

(E) A taxa interna de retorno prevista no plano de negócios apresentado pelo licitante vencedor serve como parâmetro de aferição do equilíbrio econômico-financeiro do contrato, desde que previamente atestada pelo Tribunal de Contas do Poder Concedente.

A: incorreta. A tarifa depende das condições da proposta, edital e do determinado no contrato, conforme disposto no art. 9°, da Lei 9.784/1999; **B:** incorreta. A cobrança da tarifa, se houver previsão em lei, e não em decreto, poderá ser condicionada à existência de serviço público alternativo e gratuito, conforme disposto no art. 9°, §1°, da Lei 9.784/1999; **C:** correta. Trata-se do disposto no art. 13, da Lei 8.987/1995; **D:** incorreta. Não há previsão legal para essa "taxa interna de retorno", sendo prevista a revisão das cláusulas contratuais para a manutenção do equilíbrio econômico financeiro, apenas (art. 9°, §2°, da Lei 8.987/1995); **E:** incorreta. O mesmo se diz em relação à essa alternativa, ou seja, não há que se falar em "taxa interna de retorno", e sim, de um equilíbrio econômico financeiro, a ser mantido durante toda a vigência do contrato. **AW**

„Ɔ„ ojɹɐqɐפ

(Juiz – TJ/SC – FCC – 2017) Ao regular os aspectos remuneratórios do contrato de concessão de serviços públicos a Lei n° 8.987/1995 dispõe que:

(A) se assim estabelecer o edital de licitação, mediante juízo discricionário da Administração concedente, a cobrança de tarifa será condicionada à existência de serviço público alternativo e gratuito para o usuário.

(B) a majoração ou diminuição do imposto de renda, após a apresentação da proposta, implicará a revisão da tarifa, para mais ou para menos, conforme o caso.

(C) o concessionário de serviços públicos poderá explorar projetos associados à concessão, previstos no edital de licitação, com vistas a favorecer a modicidade tarifária.

(D) em vista do princípio da isonomia, não pode haver diferenciação de tarifas com base em segmentação de usuários.

(E) as chamadas fontes alternativas de receita, dada a incerteza na realização das receitas, não são consideradas na aferição do inicial equilíbrio econômico--financeiro do contrato.

A: incorreta. A cobrança de tarifa só será condicionada à existência de serviço alternativo e gratuito ao usuário no caso de expressa previsão em lei, conforme disposto no art. 9°, §1°, da Lei 8.987/1995; **B:** incorreta. O art. 9°, §3°, da Lei 8.987/1995 ressalva (excluindo) os impostos sobre a renda quanto à suas interferências no valor da tarifa e sua revisão; **C:** correta. Trata-se do disposto expressamente no art. 11, da Lei 8.987/1995. **D:** incorreta. O art. 13, da Lei 8.987/1994 admite que haja tratamento diferenciado em razão da segmentação dos usuários. **E:** incorreta. O art. 11, parágrafo único, da Lei 8.987/1995 dispõe que as fontes alternativas "serão obrigatoriamente consideradas para a aferição do inicial equilíbrio econômico-financeiro do contrato.". **AW**

„Ɔ„ ojɹɐqɐפ

(Delegado/AP – 2017 – FCC) Uma autarquia municipal criada para prestação de serviços de abastecimento de água

(A) deve obrigatoriamente ter sido instituída por lei e recebido a titularidade do serviço público em questão, o que autoriza a celebração de contrato de concessão à iniciativa privada ou a contratação de consórcio público para delegação da execução do referido serviço.

(B) integra a estrutura da Administração pública indireta municipal e portanto não se submete a todas as normas que regem a administração pública direta, sendo permitido a flexibilização do regime publicista para fins de viabilizar a aplicação do princípio da eficiência.

(C) submete-se ao regime jurídico de direito privado caso venha a celebrar contrato de concessão de serviço público com a Administração pública municipal, ficando suspensa, durante a vigência da avença, a incidência das normas de direito público, a fim de preservar a igualdade na concorrência.

(D) pode ser criada por decreto, mas a delegação da prestação do serviço público prescinde de prévio ato normativo, podendo a autarquia celebrar licitação para contratação de concessão de serviço público ou prestar o serviço diretamente.

(E) possui personalidade jurídica de direito público, mas quando prestadora de serviço público, seu regime jurídico equipara-se ao das empresas públicas e sociedades de economia mista.

DL 200/1967, art. 5° Para os fins desta lei, considera-se: I – Autarquia – o serviço autônomo, criado por lei, com personalidade jurídica, patrimônio e receita próprios, para executar atividades típicas da Administração Pública, que requeiram, para seu melhor funcionamento, gestão administrativa e financeira descentralizada. **FB**

„∀„ ojɹɐqɐפ

11.3. Parcerias Público-Privadas (PPP)

Julgue os próximos itens, com relação a parceria público--privada.

I. Parceria público-privada é o contrato administrativo de concessão que pode ser celebrado na modalidade patrocinada ou administrativa.

II. É vedada a celebração de contrato de parceria público--privada caso o valor do contrato seja inferior a dez

648 WANDER GARCIA, ARIANE WADY, FLÁVIA BARROS E RODRIGO BORDALO

milhões de reais e o período de prestação do serviço seja inferior a cinco anos.

III. Na contratação de parceria público-privada, os riscos do negócio ficam integralmente por conta da contratada.

IV. A contratação de parceria público-privada deve ser precedida de licitação na modalidade pregão eletrônico.

(Promotor de Justiça/CE – 2020 – CESPE/CEBRASPE) Estão certos apenas os itens

(A) I e II.

(B) II e III.

(C) III e IV.

(D) I, II e IV.

(E) I, III e IV.

I: correto (art. 2º, "caput", da Lei 11.079/04). II: correta (art. 2º, § 4º, inc. I e II, da Lei 11.079/04). III: incorreta (uma das diretrizes da contratação de parceria público-privada é a repartição objetiva de riscos entre as partes, cf. art. 4º, inc. VI, da Lei 11.079/04). IV: incorreta (a contratação de parceria público-privada será precedida de licitação na modalidade concorrência ou diálogo competitivo, cf. art. 10, "caput", da Lei 11.079/04). FB

Gabarito "A".

(Juiz de Direito – TJ/AL – 2019 – FCC) As parcerias público-privadas constituem modalidade contratual introduzida no ordenamento jurídico pátrio como espécies do gênero concessão, nos termos da Lei federal n. 11.079/2004. Assim, de acordo com o marco legal vigente desde então,

(A) os contratos de concessão de serviços públicos que envolvem o pagamento de tarifa pelo usuário e contraprestação pecuniária pelo poder público enquadram-se como concessão patrocinada, admitindo, ainda, aportes de recursos pelo parceiro público destinados a investimentos em bens reversíveis.

(B) a denominada concessão administrativa substituiu a anterior concessão comum, que era regida exclusivamente pela Lei federal n. 8.987/1995, tendo sido introduzidas disposições contratuais obrigatórias para todas as concessões, tais como prazo contratual mínimo de cinco e máximo de trinta e cinco anos.

(C) restou vedada a assunção, pelo poder público, de riscos contratuais decorrentes de caso fortuito ou força maior, que passam a ser alocados obrigatoriamente ao parceiro privado, assegurando-se a este o reequilíbrio econômico-financeiro do contrato apenas na hipótese de álea econômica extraordinária.

(D) estabeleceu-se um valor mínimo para os contratos de concessão patrocinada e concessão comum, de R$ 10.000.000,00 (dez milhões de reais), abaixo do qual somente se admite a contratação sob a forma de concessão administrativa.

(E) restou expressamente vedado o pagamento de contraprestação pelo poder público antes da fruição integral do serviço objeto da concessão patrocinada, sendo autorizado aporte de recursos pelo poder público, no ritmo de execução de obras, apenas na modalidade concessão administrativa.

A: correta – Art. 2º, § 1º, da Lei 11.079/2004; B: incorreta – "Não constitui parceria público-privada a concessão comum, assim entendida a

concessão de serviços públicos ou de obras públicas de que trata a Lei n. 8.987, de 13 de fevereiro de 1995, quando não envolver contraprestação pecuniária do parceiro público ao parceiro privado" – Art. 2º, § 3º, da Lei 11.079/2004; C: incorreta – tem-se a previsão expressa de que na contratação de parceria público-privada há a diretriz de "repartição objetiva de riscos entre as partes" – Art. 4º, VI c/c Art. 5º, III da Lei 11.079/2004; D: incorreta – esse limite mínimo de R$ 10.000.000,00 é válido tanto para a concessão administrativa como para a patrocinada; E: incorreta – Art. 7º da Lei 11.079/2004. FB

Gabarito "A".

(Juiz – TRF 2ª Região – 2017) A Lei nº 13.334, de 13.09.16, cria o Programa de Parceria de Investimentos, visando a ampliar e fortalecer a interação entre o Estado e a iniciativa privada, com medidas de desestatização. Analise as proposições e, depois, marque a opção correta:

I. O Programa de Parceria de Investimentos se limita às concessões patrocinada e administrativa;

II. O Programa de Parceria de Investimentos cria dever para os órgãos, entidades e autoridades estatais envolvidas no empreendimento de atuar em conjunto e em caráter prioritário para promover todos os atos e processos administrativos necessários à sua estruturação, liberação e execução;

III. O Programa de Parceria de Investimentos não pode ser aplicado aos empreendimentos empresariais privados;

IV. O Programa de Parceria de Investimentos obriga que as licitações para escolha dos futuros parceiros sejam internacionais, com o fim de atrair novos operadores econômicos para o setor de infraestrutura brasileiro;

V. O Programa de Parceria de Investimentos tem, dentre outros objetivos, assegurar a estabilidade e a segurança jurídica, com a garantia da mínima intervenção nos negócios e investimentos;

(A) Estão corretas apenas as assertivas II e III.

(B) Estão corretas apenas as assertivas I e IV.

(C) Estão corretas apenas as assertivas III e V.

(D) Estão corretas apenas as assertivas II e V.

(E) Estão corretas apenas as assertivas I e II.

A: incorreta. A assertiva III está incorreta, conforme disposto no art. 21, da Lei 13.334/2016, eis que permite a aplicação aos empreendimentos privados; B: incorreta. As assertivas I e IV estão incorretas. Art. 1º § 2º (Lei 13.334/2016): Para os fins desta Lei, consideram-se contratos de parceria a concessão comum, a concessão patrocinada, a concessão administrativa, a concessão regida por legislação setorial, a permissão de serviço público, o arrendamento de bem público, a concessão de direito real e os outros negócios público-privados que, em função de seu caráter estratégico e de sua complexidade, especificidade, volume de investimentos, longo prazo, riscos ou incertezas envolvidos, adotem estrutura jurídica semelhante. A assertiva IV também é incorreta, eis que não há previsão legal para atração de novos parceiros internacionais; C: incorreta. A assertiva III está incorreta, conforme disposto no art. 21, da Lei 13.334/2016, eis que permite a aplicação aos empreendimentos privados; D: correta. A assertiva II está correta , tendo em vista o disposto no art. 17. (Lei 13.334/2016): "Os órgãos, entidades e autoridades estatais, inclusive as autônomas e independentes, da União, dos Estados, do Distrito Federal e dos Municípios, com competências de cujo exercício dependa a viabilização de empreendimento do PPI, têm o dever de atuar, em conjunto e com eficiência, para que sejam concluídos, de forma uniforme, econômica e em prazo compatível com o caráter prioritário nacional do empreendimento, todos os processos e atos administrativos necessários à sua estruturação, liberação e execução.". Assim como a assertiva V, conforme disposto no art. 2º, da Lei 13.334/2016, que assim dispõe: "São objetivos do PPI: IV – assegurar a

12. DIREITO ADMINISTRATIVO

estabilidade e a segurança jurídica, com a garantia da mínima intervenção nos negócios e investimentos."; **E**: incorreta. Conforme explicado acima, as duas assertiva se encontram incorretas. **AW**

Gabarito "D".

(Juiz – TRF 2ª Região – 2017) Sobre o equilíbrio econômico-financeiro das concessões comuns, patrocinadas e administrativas reguladas nas Leis nº 8.987/1995 e nº 11.079/04, é correto afirmar que:

(A) A tarifa do serviço público deve ser fixada pelo Poder Concedente no edital, com o objetivo de viabilizar a sua modicidade e universalização do serviço.

(B) A cobrança da tarifa, desde que fixada em Decreto, pode ser condicionada à existência de serviço público alternativo e gratuito para o usuário.

(C) As tarifas poderão ser diferenciadas em razão das características técnicas e dos custos específicos provenientes do atendimento aos distintos segmentos de usuários.

(D) A taxa interna de retorno prevista no plano de negócios apresentado pelo licitante vencedor deve ser assegurada anualmente como único mecanismo de manutenção do equilíbrio econômico-financeiro do contrato.

(E) A taxa interna de retorno prevista no plano de negócios apresentado pelo licitante vencedor serve como parâmetro de aferição do equilíbrio econômico-financeiro do contrato, desde que previamente atestada pelo Tribunal de Contas do Poder Concedente.

A: incorreta. A tarifa depende das condições da proposta, edital e do determinado no contrato, conforme disposto no art. 9º, da Lei 9.784/1999; **B**: incorreta. A cobrança da tarifa, se houver previsão em lei, e não em decreto, poderá ser condicionada à existência de serviço público alternativo e gratuito, conforme disposto no art. 9º, §1º, da Lei 9.784/1999; **C**: correta. Trata-se do disposto no art. 13, da Lei 8.987/1995; **D**: incorreta. Não há previsão legal para essa "taxa interna de retorno", sendo prevista a revisão das cláusulas contratuais para a manutenção do equilíbrio econômico financeiro, apenas (art. 9º, §2º, da Lei 8.987/1995); **E**: incorreta. O mesmo se diz em relação à essa alternativa, ou seja, não há que se falar em "taxa interna de retorno", e sim, de um equilíbrio econômico financeiro, a ser mantido durante toda a vigência do contrato. **AW**

Gabarito "C".

11.4. Consórcio público

(Advogado – Pref. São Roque/SP – 2020 – VUNESP) Suponha que municípios limítrofes, com o objetivo de conferir viabilidade econômica a projeto de Parceria Público-Privada (PPP) destinado a aprimorar o sistema de iluminação pública das cidades, celebrem contrato de consórcio público a fim de permitir a gestão associada do serviço. A celebração do contrato resultou na criação de uma associação pública.

Considerando a situação hipotética e o disposto na Lei 11.107/05, assinale a alternativa correta.

(A) Não poderá ser conferida à associação pública a competência para a celebração do contrato de PPP, por se tratar de entidade dotada de personalidade jurídica de direito privado.

(B) O contrato de consórcio pode prever a cessão de móveis dos municípios à associação pública, por força da gestão associada do serviço.

(C) A associação pública apenas integrará a Administração Indireta do município que for responsável pela gestão do consórcio.

(D) O consórcio público somente poderia ser constituído quando o protocolo de intenções esteja ratificado por lei por todos os Municípios subscritores do contrato.

(E) Extinto o consórcio, perderá eficácia o contrato de programa que contenha autorização para a realização de despesas relacionadas à gestão associada do serviço.

A: incorreta (a associação pública constitui um consórcio público com personalidade jurídica de direito público, cf. art. 6º, inc. I, da Lei 11.107/2005; além disso, para o cumprimento de seus objetivos, o consórcio pode firmar contratos, inclusive de PPP); **B**: correta (cf. art. 4º, § 3º, da lei dos consórcios públicos); **C**: incorreta (a associação pública integra a administração indireta de todos os entes da Federação consorciados, cf. art. 6º, § 1º, da Lei 11.107/2005); **D**: incorreta (o consórcio público pode ser constituído por apenas uma parcela dos entes da Federação que subscrevem o protocolo de intenções, cf. art. 5º, § 1º, da lei); **E**: incorreta (o contrato de programa continua vigente mesmo quando extinto o consórcio público que autorizou a gestão associada de serviços públicos, cf. 13, § 4º, da Lei 11.107/2005). **RB**

Gabarito "B".

12. PROCESSO ADMINISTRATIVO

(Procurador Município – Santos/SP – VUNESP – 2021) Assinale a alternativa que identifica situação que reflete o disposto na Lei de Processo Administrativo, Lei Federal nº 9.784/99, em matéria de delegação de competência para edição de atos normativos no âmbito da Administração Pública.

(A) A edição de atos de caráter normativo pode ser objeto de delegação.

(B) As decisões adotadas por delegação devem mencionar essa qualidade e considerar-se-ão editadas pelo delegante.

(C) A competência para o julgamento de recursos administrativos pode ser objeto de delegação.

(D) Em nenhuma hipótese será permitida a avocação temporária de competência atribuída a órgão hierarquicamente inferior.

(E) A delegação é um ato revogável a qualquer tempo pela autoridade delegante.

A: incorreta (atos de caráter normativo são indelegáveis, cf. art. 13, I, da Lei 9.784/1999). **B**: incorreta (as decisões adotadas por delegação consideram-se editadas pelo delegado, cf. art. 14, § 3º). **C**: incorreta (a decisão de recursos administrativos é indelegável, cf. art. 13, II). **D**: incorreta (é permitida, em caráter excepcional e por motivos relevantes devidamente justificados, a avocação temporária de competência atribuída a órgão hierarquicamente inferior, cf. art. 15). **E**: correta (art. 14, §2º).

Gabarito "E".

(Delegado/MG – 2021 – FUMARC) De acordo com a Lei 9.784/99, destinada a regular o processo administrativo no âmbito da Administração Pública Federal, é INCORRETO afirmar:

(A) A edição de atos de caráter normativo pode ser objeto de delegação.

(B) As decisões adotadas por delegação devem mencionar explicitamente esta qualidade e considerar-se-ão editadas pelo delegante.

(C) Inexistindo competência legal específica, o processo administrativo deverá ser iniciado perante a autoridade de menor grau hierárquico para decidir.

(D) O ato de delegação é revogável a qualquer tempo pela autoridade delegante.

Relevante apontar que essa questão foi anulada pela banca examinadora do concurso. Isso porque há duas alternativas incorretas. Alternativa **A** incorreta (não pode ser objeto de delegação a edição de atos de caráter normativo, cf. art. 13, I, da Lei 9.784/1999). Alternativa **B** incorreta (as decisões adotadas por delegação devem mencionar explicitamente esta qualidade e considerar-se-ão editadas pelo delegado, cf. art. 14, §3º, da Lei 9.784/1999). Alternativa **C** correta (art. 17 da Lei 9.784/1999). Alternativa **D** correta (art. 14, § 2º, da Lei 9.784/1999). RB

Gabarito: ANULADA.

(Delegado de Polícia Federal – 2021 – CESPE) Determinado órgão público, por intermédio de seu titular, pretende delegar parte de sua competência administrativa para outro órgão com a mesma estrutura, seguindo os preceitos da Lei Federal 9.784/1999.

Com referência a essa situação hipotética, julgue os itens subsequentes.

(1) Nessa situação, o órgão delegante pertence necessariamente à administração pública federal, e não ao Poder Judiciário ou ao Poder Legislativo.

(2) O órgão delegatário não precisa ser hierarquicamente subordinado ao delegante.

(3) O objeto do ato pode ser a edição de atos normativos.

1: Errado. A delegação de competências administrativas, cujo regime está previsto na Lei 9.784/1999 (Lei do Processo Administrativo no âmbito da Administração federal), pode ocorrer tanto no âmbito do Poder Executivo, quanto no do Poder Judiciário e do Legislativo (no exercício da função administrativa). É o que se extrai da própria Lei 9.784/1999, conforme o art. 1º, § 1º, segundo o qual "os preceitos desta Lei também se aplicam aos órgãos dos Poderes Legislativo e Judiciário da União, quando no desempenho de função administrativa". Assim, o exercício de determinadas competências administrativas no âmbito do Judiciário e do Legislativo (exemplo: nomeação de servidores do STF aprovados em concursos públicos) pode ser objeto de delegação. Dessa forma, a afirmativa está errada. **2:** Certo. A afirmativa está certa. A delegação da competência administrativa pode ocorrer dentro ou mesmo fora de uma estrutura hierarquizada. É o que se extrai do art. 12 da Lei 9.784/1999: "Um órgão administrativo e seu titular poderão, se não houver impedimento legal, delegar parte de sua competência a outros órgãos ou titulares, *ainda que estes não lhe sejam hierarquicamente subordinados*, quando for conveniente, em razão de circunstâncias de índole técnica, social, econômica, jurídica ou territorial". Cite-se um exemplo: possível a delegação de atribuições, desde que haja previsão legal, entre a União e uma autarquia federal, embora não haja hierarquia/subordinação entre tais entes. **3:** Errado. A afirmativa está errada. De acordo com a Lei 9.784/1999, não pode ser objeto de delegação a edição de atos de caráter normativo (art. 13, inciso I). Também não podem ser delegados: a decisão de recursos administrativos (inciso II) e as matérias de competência exclusiva do órgão ou autoridade (inciso III). RB

Gabarito: 1E, 2C, 3E

(Promotor de Justiça/SP – 2019 – MPE/SP) Com relação ao processo administrativo, assinale a alternativa correta.

(A) Nos processos administrativos, a Administração Pública não poderá se ater a rigorismos formais ao considerar as manifestações do administrado. O princípio do informalismo em favor do administrado

deve ser aplicado a todos os processos administrativos, inclusive nos da espécie ampliativo de direito de natureza concorrencial, como o concurso público e a licitação.

(B) A Lei 9.784/1999, especialmente no que diz respeito ao prazo decadencial para a revisão de atos administrativos no âmbito da Administração Pública federal, pode ser aplicada, de forma subsidiária, aos Estados e Municípios, se inexistente norma local e específica que regule a matéria.

(C) Considerando que aos litigantes em processo administrativo são assegurados o contraditório e ampla defesa, com os meios e recursos a ela inerentes, a falta de defesa técnica por advogado no processo administrativo disciplinar ofende a Constituição.

(D) A duração razoável dos processos, erigida como cláusula pétrea e direito fundamental (art. 5º, LXXVIII, CF), tem aplicação restrita aos processos judiciais em face do princípio da separação de poderes.

(E) Não raramente a Administração Pública altera a interpretação de determinadas normas legais. Todavia, a mudança de orientação, em caráter normativo, considerando os princípios da indisponibilidade e da supremacia do interesse público, podem afetar as situações já reconhecidas e consolidadas na vigência da orientação anterior.

A: incorreta (embora prevaleça no regime dos processos administrativos o princípio do informalismo moderado, há processos que exigem um rigor formal maior, sobretudo aqueles ampliativos de direito de natureza concorrencial, a exemplo do concurso público e da licitação). **B:** correta (cf. Súmula 633 do STJ). **C:** incorreta (conforme a Súmula Vinculante 5, a falta de defesa técnica por advogado no processo administrativo disciplinar não ofende a Constituição). **D:** incorreta (a duração razoável do processo, prevista no art. 5º, LXXVIII, da CF, aplica-se aos processos judiciais e administrativos). **E:** incorreta (de acordo com o art. 2º, parágrafo único, inc. XIII, da Lei 9.784/99, é vedada a aplicação retroativa de nova interpretação). RB

Gabarito "B".

(Juiz de Direito – TJ/RJ – 2019 – VUNESP) De acordo com a Lei do Processo Administrativo do Estado do Rio de Janeiro (Lei 5.427/2009), uma decisão proferida em processo administrativo poderá ter efeito normativo e vinculante para os órgãos e entidades da Administração Pública estadual se assim determinar o Governador do Estado em despacho motivado, publicado no Diário Oficial, após oitiva da Procuradoria Geral do Estado.

Referida disposição legal é

(A) concretização do princípio da supremacia do interesse público sobre o privado.

(B) exemplo de exercício de competência vinculada da autoridade administrativa.

(C) manifestação do poder regulamentar do legislador constitucional.

(D) expressão do poder disciplinar do Chefe do Poder Executivo.

(E) decorrência do poder hierárquico do Chefe do Poder Executivo.

O poder hierárquico é aquele pelo qual a Administração Pública comanda a atuação de seus agentes, haja vista a relação de subordinação. Assim, ao determinar que determinada decisão tenha efeito vinculante para

12. DIREITO ADMINISTRATIVO   651

os órgãos e entidades da Administração, o Governador exerce a sua prerrogativa de hierarca. **RB**

Gabarito "E".

(Escrevente – TJ/SP – 2018 – VUNESP) De acordo com a Lei no 10.261/1968, no que concerne aos recursos no processo administrativo, é correta a seguinte afirmação:

(A) Não cabe pedido de reconsideração de decisão tomada pelo Governador do Estado em única instância.

(B) O recurso será apresentado ao superior hierárquico da autoridade que aplicou a pena, que, em 15 (quinze) dias, de forma motivada, deve manter a decisão ou reformá-la.

(C) Os recursos não têm efeito suspensivo; e os que forem providos darão lugar às retificações necessárias, retroagindo seus efeitos à data do ato punitivo.

(D) O prazo para recorrer é de 15 (quinze) dias, contados da publicação da decisão impugnada no Diário Oficial do Estado ou da intimação do procurador do servidor, se for o caso.

(E) O recurso não poderá ser apreciado pela autoridade competente se incorretamente denominado ou endereçado.

A: incorreta. Art. 313 da Lei 10.261/1968; **B:** incorreta. O recurso será sempre dirigido à autoridade que aplicou a pena – art. 312 § 3° da Lei 10.261/1968; **C:** correta. Art. 314 da Lei 10.261/1968; **D:** incorreta. O prazo é de 30 dias, contados da publicação da decisão impugnada no Diário Oficial do Estado ou da intimação do procurador do servidor, se for o caso; **E:** incorreta. O recurso será apreciado pela autoridade competente ainda que incorretamente denominado ou endereçado – art. 312, § 5° da Lei 10.261/1968. **FB**

Gabarito "C".

(Procurador do Estado/SP – 2018 – VUNESP) Oito anos após a publicação da decisão em processo administrativo de caráter ampliativo de direitos, o Poder Público estadual identificou, de ofício, vício procedimental do qual não decorreu prejuízo às partes envolvidas, nem a terceiros de boa-fé. Deverá a autoridade competente, observadas as disposições da Lei Estadual no 10.177/98 (Lei de Processo Administrativo do Estado de São Paulo),

(A) revogar, motivadamente, o ato viciado, com efeito ex nunc, regulando-se as relações jurídicas produzidas durante a vigência do ato.

(B) ajuizar ação declaratória de nulidade do ato administrativo, eis que ultrapassado o prazo decadencial quinquenal aplicável ao caso para exercício do poder de autotutela.

(C) convalidar, motivadamente, o ato viciado que não causou prejuízo à Administração ou a terceiros, tampouco foi objeto de impugnação.

(D) assegurando ampla defesa e contraditório aos particulares interessados, proceder à anulação do ato viciado, em respeito ao princípio da legalidade, sendo certo que o ato de anulação deverá produzir efeitos ex nunc.

(E) assegurando ampla defesa e contraditório dos particulares interessados, declarar nulo o ato viciado, em respeito aos princípios da juridicidade, impessoalidade e moralidade, sendo certo que o ato declaratório produzirá efeitos ex tunc.

Uma vez que o prazo de oito anos ainda não inviabilizou a convalidação (que deve ocorrer em até 10 anos), estabelece o art. 11 da Lei 10.177/1998 que: "a Administração poderá convalidar seus atos inválidos, quando a invalidade decorrer de vício de competência ou de ordem formal, desde que: I – na hipótese de vício de competência, a convalidação seja feita pela autoridade titulada para a prática do ato, e não se trate de competência indelegável; II – na hipótese de vício formal, este possa ser suprido de modo eficaz. § 1° – Não será admitida a convalidação quando dela resultar prejuízo à Administração ou a terceiros ou quando se tratar de ato impugnado. § 2° – A convalidação será sempre formalizada por ato motivado". **FB**

Gabarito "C".

(Juiz – TJ-SC – FCC – 2017) Acerca dos prazos prescricionais em matérias referentes à atividade administrativa, segundo a jurisprudência dominante do:

(A) STJ, é aplicável o prazo constante do Decreto n° 20.910/32 para que autarquia concessionária de serviços públicos ajuíze execução fiscal visando a cobrança de débitos decorrentes do inadimplemento de tarifas.

(B) STF, as ações de reparação de danos decorrentes de acidente de trânsito, cometido em prejuízo do patrimônio da Administração Pública, são imprescritíveis.

(C) STJ, no tocante à ação para pleitear danos morais decorrentes de prática de tortura ocorrida durante o regime militar, deve-se adotar a prescrição vintenária, sendo o termo inicial a vigência da Constituição Federal de 1988.

(D) STF, considera-se prescrito o *jus puniendi* no caso de transcurso do prazo legal assinalado para conclusão procedimento de processo administrativo disciplinar.

(E) STJ, aplica-se o prazo prescricional estabelecido no Código Civil para as ações de repetição de indébito referentes a tarifas cobradas por empresas concessionárias de serviços públicos.

A: incorreta. No caso das concessionárias de serviços públicos, o prazo prescricional a ser seguido é o previsto pelo Código Civil, sendo uma empresa particular, sem privilégios tributários, financeiros e processuais; **B:** incorreta. No Recurso Extraordinário (RE) 669069, o STF decidiu que há prescrição em danos à Fazenda Pública decorrentes de ilícito civil. A imprescritibilidade só incide no caso de danos ao erário causado por improbidade administrativa. **C:** incorreta. O STJ decidiu serem imprescritíveis as ações dessa natureza, eis que se tratam de violação de um direito fundamental, conforme se verifica do seguinte julgado: ADMINISTRATIVO E PROCESSUAL CIVIL. RECURSO ESPECIAL. ANISTIADO POLÍTICO. OFENSA AO ART. 535 DO CPC. INOCORRÊNCIA. RESPONSABILIDADE CIVIL DO ESTADO. PERSEGUIÇÃO POLÍTICA OCORRIDA DURANTE O REGIME MILITAR INSTAURADO EM 1964. PRAZO PRESCRICIONAL. INAPLICABILIDADE DO ART. 1° DO DECRETO 20.910/32. VIOLAÇÃO DE DIREITOS HUMANOS FUNDAMENTAIS. IMPRESCRITIBILIDADE. PRECEDENTES. ART. 16 DA LEI N° 10.559/02. REPARAÇÃO ECONÔMICA NO ÂMBITO ADMINISTRATIVO QUE NÃO INIBE A REIVINDICAÇÃO DE DANOS MORAIS PELO ANISTIADO NA VIA JUDICIAL. JUROS E CORREÇÃO INCIDENTES SOBRE O VALOR DA CONDENAÇÃO. APLICABILIDADE DO ART. 1°- F DA LEI N° 9.494/97 COM A REDAÇÃO DADA PELA LEI N° 11.960/09. RECURSO DA UNIÃO PARCIALMENTE ACOLHIDO.
1. Não ocorre ofensa ao art. 535 do CPC, quando a Corte de origem dirime, fundamentalmente, as questões que lhe são submetidas, apreciando integralmente a controvérsia posta nos autos
2. Conforme jurisprudência do STJ, "a prescrição quinquenal, disposta no art. 1° do Decreto 20.910/1932, não se aplica aos danos decorrentes de violação de direitos fundamentais, os quais são imprescritíveis,

principalmente quando ocorreram durante o Regime Militar, época em que os jurisdicionados não podiam deduzir a contento suas pretensões" (AgRg no AREsp 302.979/PR, Rel. Ministro Castro Meira, Segunda Turma, DJe 5/6/2013).

3. Mesmo tendo conquistado na via administrativa a reparação econômica de que trata a Lei nº 10.559/02, e nada obstante a pontual restrição posta em seu art. 16 (dirigida, antes e unicamente, à Administração e não à Jurisdição), inexistirá óbice a que o anistiado, embora com base no mesmo episódio político mas porque simultaneamente lesivo à sua personalidade, possa reivindicar e alcançar, na esfera judicial, a condenação da União também à compensação pecuniária por danos morais.

4. Nas hipóteses de condenação imposta à Fazenda Pública, como regra geral, a atualização monetária e a compensação da mora devem observar os critérios previstos no art. 1º-F da Lei n.º 9.494/97, com a redação dada pela Lei n.º 11.960/09. Acolhimento, nesse específico ponto, da insurgência da União.

5. Recurso especial a que se dá parcial provimento. (REsp 1485260/PR, Rel. Min. Sérgio Kukina, 1ª T., j. 05.04.2016, *DJe* 19.04.2016)

D: incorreta. A Jurisprudência dominante é no sentido de não haver nulidade do procedimento por descumprimento do prazo para termino da sindicância, conforme se verifica a seguir: MANDADO DE SEGURANÇA – Servidor Público -Impetração objetivando a anulação de pena de demissão -Segurança concedida – Inadmissibilidade – Portaria que lastreou a penalidade com base nos fatos contidos nos autos que apurou a infração – **Extrapolação** do **prazo para conclusão** da **sindicância** e do processo administrativo que não conduz à nulidade dos procedimentos – Precedentes do Superior Tribunal de Justiça e desta Corte -Manutenção da penalidade aplicada ao servidor – Recurso provido.

E: correta. Tratando-se de uma concessionária de serviços públicos, empresa particular, que segue as regras de direito privado, não há que se falar em prazos privilegiados ou diferenciados, próprio das empresas estatais. Esse entendimento se confirma com a súmula 412 do STJ. **AW**

Gabarito "E".

(Juiz – TRF 2ª Região – 2017) Analise as assertivas e, ao final, marque a opção correta:

I. No recurso administrativo, a *reformatio in pejus* é inconstitucional, por violar o princípio da especialidade e da segregação das funções;

II. Das decisões administrativas cabe recurso, em regra, apenas nos aspectos que se referem à legalidade do decidido, e a admissibilidade de que o recurso reveja o mérito (conveniência e oportunidade) depende de explícita previsão legal, pena de afronta à competência dos agentes públicos, previamente definida em lei;

III. É inconstitucional a exigência de depósito em dinheiro, ou arrolamento de bem, para admissibilidade de recurso administrativo; é admissível, porém, a exigência de fiança ou outra caução.

(A) Apenas a assertiva II está correta.

(B) Todas as assertivas são erradas.

(C) Apenas a assertiva III é correta.

(D) Apenas as assertivas I e III são corretas.

(E) Todas as assertivas são corretas.

A: incorreta. A assertiva II é incorreta, pois os recursos administrativos admitem revisão do mérito e do aspecto formal do ato, sem restrições (art. 56, da Lei 9.784/1999); **B:** correta. Todas as assertivas estão erradas. A assertiva I, porque o recurso administrativo admite a "reformatio in pejus" (art. 64, parágrafo único, da Lei 9.784/1999); e II, porque os recursos admitem revisão formal e material do ato (art. 56, da Lei 9.784/1999). Quanto à III, é possível a exigência de caução, conforme disposto no art. 56, §2º, da Lei 9.784/1999; **C:** incorreta. A assertiva

III está incorreta, em razão do art. 56, §2º, da Lei 9.784/1999 admitir a possibilidade de exigência de caução se prevista em lei; **D:** incorreta. Assertiva I, porque o recurso administrativo admite a "reformatio in pejus" (art. 64, parágrafo único, da Lei 9.784/1999); e II, porque os recursos admitem revisão formal e material do ato (art. 56, da Lei 9.784/1999); **E:** incorreta. Todas as assertivas estão incorretas. **AW**

Gabarito "B".

13. CONTROLE DA ADMINISTRAÇÃO PÚBLICA

13.1. Controle interno

(Delegado/RJ – 2022 – CESPE/CEBRASPE) Assinale a opção correta acerca do controle da administração pública.

(A) Apenas a Constituição Federal de 1988 pode prever modalidades de controle externo da administração pública.

(B) As comissões parlamentares de inquérito possuem poder condenatório, sendo uma modalidade de controle legislativo, e estão aptas a investigar fatos determinados, em prazos fixados.

(C) A reclamação para anular ato administrativo que confronte súmula vinculante é uma modalidade de controle interno da atividade administrativa.

(D) Nas decisões das cortes de contas é facultativo o contraditório e a ampla defesa, não obstante a decisão provocar a anulação ou a revogação de ato administrativo que beneficie interessado.

(E) No exercício de sua função constitucional, o Tribunal de Contas, em processo de tomada de contas especial, pode decretar a indisponibilidade de bens, independentemente de fundamentação da decisão.

Alternativa **A** correta (somente a CF pode prever as hipóteses que delineiam o princípio da separação entre os poderes). Alternativa **B** incorreta (as CPI's não possuem poder condenatório, pois, nos termos do art. 58, § 3º, CF, as suas conclusões devem ser encaminhadas ao Ministério Público, para que promova a responsabilidade civil ou criminal dos infratores). Alternativa **C** incorreta (a reclamação para anular ato administrativo que confronte súmula vinculante é modalidade de controle externo da Administração, pois a sua apreciação é feita pelo STF). Alternativa **D** incorreta (em razão do princípio do devido processo legal, as decisões das Cortes de Contas que provoquem a anulação ou revogação de ato administrativo que beneficie interessados dependem de contraditório e ampla defesa). Alternativa **E** incorreta (a decretação de indisponibilidade de bens depende de fundamentação, haja vista o princípio da motivação). **RB**

Gabarito "A".

(Procurador Municipal – Prefeitura/BH – CESPE – 2017) No que concerne aos mecanismos de controle no âmbito da administração pública, assinale a opção correta.

(A) É vedado aos administrados providenciar sanatórias de atos administrativos para sua convalidação, de modo a participar de ações de controle da administração pública, uma vez que as ações de controle são prerrogativa exclusiva dos agentes públicos.

(B) O controle dos atos administrativos tem por objetivo confirmar, rever ou alterar comportamentos administrativos, exigindo-se o esgotamento da via administrativa para se recorrer ao Poder Judiciário.

12. DIREITO ADMINISTRATIVO 653

(C) Em decorrência do poder de autotutela da administração, verificada a prática de ato discricionário por agente incompetente, a autoridade competente estará obrigada a convalidá-lo.

(D) No sistema de administração pública adotado no Brasil, o ato administrativo é revisado por quem o praticou, não havendo proibição quanto à revisão ser realizada por superior hierárquico ou órgão integrante de estrutura hierárquica inerente à organização administrativa.

A: correta. Realmente, quem tem o atributo da autoexecutoriedade dos atos administrativos é o próprio Poder Público. O particular pode provocar o administrador para que ele anule, revogue ou realize o saneamento dos atos administrativos, mas não pode, ele mesmo, realizar esses atos de controle; **B:** incorreta. Não é necessário o esgotamento da via administrativa para se recorrer ao Poder Judiciário, eis que a jurisdição é Inafastável (art. 5º, XXXV, CF), sendo esse também o entendimento da jurisprudência dominante (TJ-MA- Agravo de Instrumento 26331999, 14/08/2001); **C:** incorreta. Os vícios de forma e competência são sanáveis (WEIDA ZANCANER, *Da Convalidação e da Invalidação dos Atos Administrativos.* 3ª ed., São Paulo: Malheiros, 2012, p. 85); **D:** incorreta. O art. 56, § 1º, da Lei 9.784/1999 dispõe que o recurso é dirigido à autoridade que proferiu o ato que, se não reconsiderar, encaminhará à autoridade competente. Portanto, o superior hierárquico pode, sim, realizar a revisão do processo. **AW**

Gabarito "A".

(Procurador Municipal – Prefeitura/BH – CESPE – 2017) No que diz respeito ao processo administrativo, a suas características e à disciplina legal prevista na Lei nº 9.784/1999, assinale a opção correta.

(A) A configuração da má-fé do administrado independe de prova no processo administrativo.

(B) Segundo o STF, não haverá nulidade se a apreciação de recurso administrativo for feita pela mesma autoridade que tiver decidido a questão no processo administrativo.

(C) Ainda que a pretensão do administrado seja contrária a posição notoriamente conhecida do órgão administrativo, sem o prévio requerimento administrativo, falta-lhe interesse para postular diretamente no Poder Judiciário.

(D) Não ofende a garantia do devido processo legal decisão da administração que indefere a produção de provas consideradas não pertinentes pelo administrador.

A: incorreta. A má-fé nunca se presume. O que se presume é a legitimidade dos atos administrativos que, inclusive, é relativa. Por isso, a má-fé deve sempre ser comprovada. (art. 54, da Lei 9.784/1999); **B:** incorreta. O art. 18, II, da Lei 9.784/1099 veda a participação de autoridade já atuante no processo em eventual recurso, ou seja, que tenha atuado no processo de alguma forma, sendo também já decidido nesse sentido no STF (**RMS 26029/DF, rel. Min. Cármen Lúcia, 11.3.2014. (RMS-26029));** **C:** incorreta. Não é necessário o esgotamento da via administrativa para que se ingresse em juízo, havendo muita jurisprudência a respeito, como o RE 631240; **D:** correta. A assertiva está em conformidade com o disposto no art. 38, § 2º, da Lei 9.784/1999, que assim dispõe: "Somente poderão ser recusadas, mediante decisão fundamentada, **as provas propostas pelos interessados quando sejam ilícitas, impertinentes, desnecessárias ou protelatórias."** **AW**

Gabarito "D".

(Procurador do Município – Prefeitura Fortaleza/CE – CESPE – 2017) Com relação a processo administrativo, poderes da administração e serviços públicos, julgue o item subsecutivo.

(1) Nos termos da jurisprudência do STF, caso um particular interponha recurso administrativo contra uma multa de trânsito, por se tratar do exercício do poder de polícia pela administração, a admissibilidade do recurso administrativo dependerá de depósito prévio a ser efetuado pelo administrado.

1: incorreta. A Súmula Vinculante 21, STF dispõe sobre a desnecessidade de depósito prévio para recorrer administrativamente. **AW**

Gabarito "1E".

Procurador do Município – Prefeitura Fortaleza/CE – CESPE – 2017) Com relação a processo administrativo, poderes da administração e serviços públicos, julgue o item subsecutivo.

(1) No processo administrativo, vige o princípio do formalismo moderado, rechaçando-se o excessivo rigor na tramitação dos procedimentos, para que se evite que a forma seja tomada como um fim em si mesma, ou seja, desligada da verdadeira finalidade do processo.

1: correta. O princípio do formalismo moderado é também chamado de informalismo, ou seja, trata-se de princípio que busca as formas simples, no máximo, moderadas, a fim de que o conteúdo prevaleça sobre o aspecto formal dos atos e procedimentos administrativos. **AW**

Gabarito "1C".

13.2. Controle do legislativo e do Tribunal de Contas

(Delegado/RJ – 2022 – CESPE/CEBRASPE) Em 29/12/2021, Jairo, ex-secretário de estado de polícia civil, foi citado para pagamento referente a ação de execução interposta pelo estado, decorrente de multa aplicada em acórdão do tribunal de contas do estado (TCE), de 12/3/2015, em razão de a corte de contas ter identificado que, à época em que Jairo era o titular da pasta e ordenador de despesas, fora adquirido um aparelho de radiologia que não se mostrou necessário nem foi utilizado em benefício da instituição. Por esse motivo, o TCE concluiu pela ilegalidade da aquisição, aplicando multa ao ex-jurisdicionado, a qual até o momento não foi paga.

Considerando essa situação hipotética, assinale a opção correta.

(A) A ação não deve prosperar pela prescritibilidade da ação fundada no ressarcimento de danos ao erário estadual.

(B) A imputação de multa deveria ser direcionada ao órgão, e não à pessoa do administrador.

(C) É cabível a execução do título executivo extrajudicial, já que o TCE concluiu que o ex-jurisdicionado agiu com culpa na autorização para compra do aparelho de radiologia.

(D) Não é cabível a ação de execução, pois o acórdão do TCE não tem eficácia de título executivo.

(E) A natureza do dano torna imprescritível a ação de ressarcimento de danos ao erário estatal, observados o contraditório e a ampla defesa.

Alternativa **A** correta (segundo o STF, é prescritível a ação de ressarcimento ao erário baseada em decisão de Tribunal de Contas, merecendo incidir o prazo de 5 anos). Alternativa **B** incorreta (a multa aplicada pelo Tribunal de Contas é direcionada à pessoa do administrador, nos termos do art. 71, VIII, CF: cabe ao Tribunal de Contas "aplicar aos responsáveis, em caso de ilegalidade de despesa ou irregularidade de contas, as sanções previstas em lei, que estabelecerá, entre outras cominações, multa proporcional ao dano causado ao erário"). Alternativa **C** incorreta (o enunciado da questão não permite concluir que o ex-jurisdicionado agiu com culpa). Alternativa **D** incorreta (as decisões do Tribunal de que resulte imputação de débito ou multa terão eficácia de título executivo, nos termos do art. 71, § 3º, CF). Alternativa **E** incorreta (somente são imprescritíveis as ações de ressarcimento fundadas em ato doloso de improbidade administrativa, cf. definido pelo STF no RE 852.475). RB

Gabarito "A".

(Procurador Município – Santos/SP – VUNESP – 2021) Assinale a alternativa correta com relação à competência dos Tribunais de Contas sobre a sustação de atos e contratos administrativos.

(A) Os Tribunais de Contas têm poder para anular ou sustar contratos administrativos.

(B) Os Tribunais de Contas não possuem competência para determinar à autoridade administrativa que promova a anulação ou a sustação de contrato.

(C) Verificada a ilegalidade de ato ou contrato, o Tribunal de Contas assinalará prazo para que o responsável adote as providências necessárias ao exato cumprimento da lei.

(D) Os Tribunais de Contas têm poder para anular ou sustar apenas a licitação de que se origina o contrato.

(E) É vedado às Cortes de Contas emitir parecer sobre a sustação de contratos administrativos decorrentes de contas prestadas pelo Chefe do Poder Executivo.

A: incorreta (os Tribunais de Contas não têm poder para anular contratos administrativos, cf. as atribuições estipuladas no art. 71 da CF). **B:** incorreta (os Tribunais de Contas possuem competência para determinar à autoridade administrativa que promova a anulação de contrato, cf. art. 71, IX, CF). **C:** correta (art. 71, IX, CF). **D:** incorreta (os Tribunais de Contas não têm poder para anular a licitação de que se origina o contrato). **E:** incorreta (compete aos Tribunais de Contas apreciar as contas prestadas anualmente pelo Chefe do Poder Executivo, mediante parecer prévio, cf. art. 71, I, CF).

Gabarito "C".

(Investigador – PC/BA – 2018 – VUNESP) Segundo a Constituição Federal, a fiscalização contábil, financeira, orçamentária, operacional e patrimonial da Administração Direta e Indireta, quanto à legalidade, legitimidade, economicidade, aplicação das subvenções e renúncia de receitas, será efetuada, no âmbito federal, pelo

(A) controle externo, realizado pelo Congresso Nacional, com o auxílio do Supremo Tribunal Federal.

(B) controle interno, que deverá remeter suas conclusões para análise e ratificação do Tribunal de Contas da União.

(C) controle externo, realizado pelo Tribunal de Contas da União, com o auxílio do Congresso Nacional.

(D) controle interno de cada Poder, o que dispensa a necessidade de existência de um controle externo.

(E) controle externo, realizado pelo Congresso Nacional, com o auxílio do Tribunal de Contas da União.

Correta a alternativa E, nos termos do ar. 71 da CF/1988. FB

Gabarito "E".

(Juiz de Direito – TJ/RS – 2018 – VUNESP) Um Município, ao promover a reintegração de posse de área pública, observando os requisitos previstos em lei municipal, cadastrou as famílias que ocupavam irregularmente a área, a fim de conceder-lhes auxílio aluguel provisório. Nos termos do artigo 3o da Lei municipal, o valor do benefício é de R$ 300,00 (trezentos reais) por família, a ser transferido pelo período estimado de

24 (vinte e quatro) meses, prorrogáveis a critério do Chefe do Poder Executivo municipal. Associação das famílias instaladas na localidade, contudo, impetrou Mandado de Segurança e, liminarmente, pleiteou que o Município fosse compelido a efetuar pagamento de, pelo menos, R$ 500,00 (quinhentos reais) por família, valor que supostamente equivaleria ao valor médio de aluguel residencial em área próxima àquela objeto da reintegração. Nesse caso, à associação dos ocupantes da área pública

(A) não assiste razão porque, no caso, não é possível afirmar a existência de ilegalidade na atuação em concreto do Município.

(B) assiste razão, porque ao preestabelecer valor fixo a título de aluguel social, a lei municipal é inconstitucional por ferir os princípios da razoabilidade e proporcionalidade.

(C) assiste razão, devendo ser judicialmente garantida efetividade ao direito constitucional à moradia, independentemente da comprovação da veracidade e razoabilidade do valor do benefício pleiteado na ação mandamental.

(D) não assiste razão porque, de acordo com o princípio da separação dos poderes, não compete ao Poder Judiciário examinar a constitucionalidade de lei municipal produto do exercício de competência discricionária típica dos Poderes Executivo e Legislativo.

(E) não assiste razão porque a decisão quanto ao pagamento de benefício assistencial e respectivo valor deve decorrer de decisão do Poder Executivo municipal, fundada em critérios orçamentários, limitados pela reserva do possível, os quais não cabe ao Poder Judiciário perscrutar.

A questão tem como enfoque principal o tema dos limites de apreciação dos atos administrativos e legislativos pelo Poder Judiciário. Deveras, embora o Poder Judiciário possa analisar se uma determinada lei ou ainda uma ato administrativo fere ou não o ordenamento jurídico como um todo, em especial em cotejo quanto ao que dispõe a Constituição e os princípios de direito, não pode ele substituir o legislador e determinar o *quantum* a ser pago a título de auxílio aluguel, pois isso seria invadir competência que não lhe cabe. FB

Gabarito "A".

(Delegado/MT – 2017 – CESPE) A fiscalização exercida pelo TCU na prestação de contas de convênio celebrado entre a União e determinado município, com o objetivo de apoiar projeto de educação sexual voltada para

o adolescente, insere-se no âmbito do controle

(A) provocado.

(B) meritório.

(C) subordinado.

(D) prévio.

(E) vinculado.

12. DIREITO ADMINISTRATIVO — 655

Trata-se de ato vinculado. CF, art. 71. O controle externo, a cargo do Congresso Nacional, será exercido com o auxílio do Tribunal de Contas da União, ao qual compete: II – julgar as contas dos administradores e demais responsáveis por dinheiros, bens e valores públicos da administração direta e indireta, incluídas as fundações e sociedades instituídas e mantidas pelo Poder Público federal, e as contas daqueles que derem causa a perda, extravio ou outra irregularidade de que resulte prejuízo ao erário público. **FB**

Gabarito "E".

13.3. Controle pelo Judiciário

(Procurador Município – Teresina/PI – FCC – 2022) A propósito da legitimidade *ad causam* na ação popular, a Lei Federal 4.717, de 29 de junho de 1965, estabelece que

(A) somente as entidades da Administração com personalidade de direito público podem ser parte na ação popular, visto que os bens das entidades com personalidade de direito privado não compõem o patrimônio público protegido pela ação constitucional.

(B) podem figurar como réus todos os que tiverem autorizado, aprovado, ratificado ou praticado o ato impugnado, não tendo legitimidade passiva os que tenham atuado de forma meramente omissiva, por falta de previsão legal.

(C) o Ministério Público pode promover o prosseguimento da ação, em caso de desistência do autor popular.

(D) é legítima a propositura por associação civil constituída há mais de um ano, que tenha entre as suas finalidades institucionais a defesa da moralidade e do patrimônio público.

(E) as entidades da Administração pública não podem figurar como réus da ação popular, pois são vítimas do ato lesivo ao patrimônio público, devendo atuar obrigatoriamente como assistentes litisconsorciais do autor.

A legitimidade ativa para ajuizar ação popular é do cidadão (art. 5º, LXXIII, CF e art. 1º da Lei 4.717/1965). Ademais, se o autor desistir da ação, fica assegurado a qualquer cidadão, bem como ao representante do Ministério Público, dentro do prazo de 90 (noventa) dias, promover o prosseguimento da ação (art. 9º da Lei 4.717/1965). Desse modo, correta a alternativa C. Além disso: **A:** incorreta (a ação popular visa a anular ato lesivo ao patrimônio público ou de entidade de que o Estado participe, o que pode incluir pessoas jurídicas de direito privado, a exemplo das empresas públicas). **B:** incorreta (têm legitimidade passiva aqueles que atuaram de forma omissiva, nos termos do art. 6º, "caput", da Lei 4.717/1965). **D:** incorreta (associação civil não detém legitimidade ativa para a ação popular). **E:** as entidades da Administração pública podem figurar como réus da ação popular (art. 6º da Lei 4.717/1965).

Gabarito "C".

(Delegado/AP – 2017 – FCC) O controle exercido pelo Poder Judiciário sobre a Administração pública pode incidir sobre atos e contratos de diversas naturezas. Quando o objeto do controle exercido é um contrato de parceria público-privada, deverá analisar se

(A) o objeto do contrato é aderente à legislação que rege às parcerias público privadas, que somente admite a conjugação de obras e serviços quando se tratar da modalidade patrocinada.

(B) o prazo do contrato não excede o limite de 25 anos, o mesmo previsto para as concessões comuns, a fim de não ofender o princípio de quebra da isonomia e violação da licitação, inclusive para inclusão de novos serviços e violação do princípio licitatório.

(C) houve estimativa de previsão de recursos orçamentário-financeiros para toda a vigência contratual e a efetiva demonstração de existência de recursos para os dois exercícios seguintes à celebração da avença.

(D) a tarifa estabelecida pela contratada, independentemente da modalidade do contrato, observou o princípio da modicidade e se há contraprestação a ser paga pelo Poder Público e sua respectiva garantia.

(E) o início do pagamento da contraprestação está condicionado à disponibilização do serviço pelo parceiro privado, admitindo-se a previsão da possibilidade de fracionamento proporcional à parcela de serviço prestada.

Lei 11.079/2004, art. 7º A contraprestação da Administração Pública será obrigatoriamente precedida da disponibilização do serviço objeto do contrato de parceria público-privada. § 1º É facultado à administração pública, nos termos do contrato, efetuar o pagamento da contraprestação relativa a parcela fruível do serviço objeto do contrato de parceria público-privada. **FB**

Gabarito "E".

13.4. Temas combinados de controle da administração

(Delegado/MG – 2021 – FUMARC) O controle da administração, quanto à natureza do controlador, classifica-se em legislativo, judicial ou administrativo.

No que se refere ao controle judicial sobre os atos administrativos, é INCORRETO afirmar:

(A) Compete ao Poder Judiciário, no desempenho de sua atividade típica jurisdicional, revogar um ato administrativo ilegal, editado pelo Poder Executivo, pelo Poder Legislativo e, ainda, no exercício de suas funções administrativas, anular os seus próprios atos administrativos.

(B) O controle judicial alcançará todos os aspectos de legalidade do ato administrativo vinculado, sendo, no entanto, vedado ao judiciário adentrar aos critérios de conveniência e oportunidade que deram ensejo à conduta do administrador.

(C) Os atos administrativos vinculados se submetem ao controle judicial em relação a todos os seus elementos.

(D) Segundo orientação doutrinária e jurisprudencial mais moderna, tem-se admitido que o Poder Judiciário promova o controle do ato administrativo que, embora com aparência de legalidade, se mostre na contramão dos princípios jurídicos, notadamente os da razoabilidade e proporcionalidade.

A única alternativa incorreta é a "A". Não compete ao Poder Judiciário, no exercício de sua função típica jurisdicional, revogar um ato administrativo ilegal editado por outro Poder. A atribuição do Judiciário, nesse contexto, é *anular* um ato administrativo ilegal do Executivo ou do Legislativo. Não se deve confundir *anulação* (extinção de ato ilegal) com a *revogação* (extinção de ato inconveniente ou inoportuno). Assim, não cabe ao Judiciário revogar ato administrativo de outro Poder, sob pena de ofensa ao postulado da Separação entre os Poderes. No entanto, relevante apontar que o Judiciário pode, no exercício de suas funções administrativas, tanto revogar quanto anular os seus próprios atos administrativos. **RB**

Gabarito "A".

(Juiz de Direito/SP – 2021 – Vunesp) Em matéria de controle da Administração Pública, é correto afirmar que

(A) o controle interno depende de previsão expressa na lei.

(B) se o interessado oferece reclamação fora do prazo de um ano, não havendo outro estabelecido, objetivando a desconstituição de um ato, ocorre a prescrição, não se admitindo discutir a questão.

(C) a regra geral é que o recurso administrativo tenha efeito apenas devolutivo, por força do princípio de presunção de legitimidade dos atos administrativos, mas nada impede que o administrador suste, de ofício, os efeitos do ato hostilizado, o que decorre do poder de autotutela administrativa. Se o efeito é apenas devolutivo, não impede o curso do prazo prescricional.

(D) os cinco princípios fundamentais a que deve estar atrelada a administração pública são autogestão, eficiência, concentração da competência, planejamento e controle.

Comentário: **A:** incorreta (o controle interno decorre do poder hierárquico da Administração, estando associado ao princípio da autotutela, motivo pelo qual independe de lei expressa). **B:** incorreta (de acordo com a doutrina, o prazo para a reclamação administrativa é fatal para o administrado, autorizando o Poder Público a não conhecer do pedido; entretanto, não existe impedimento para que Administração defira a reclamação, mesmo que apresentada fora do prazo). **C:** correta (cf. art. 61 da Lei 9.784/1999 – Lei do Processo Administrativo Federal). **D:** incorreta (de acordo com o art. 6º do Decreto-lei 200/1967 – Lei da Organização da Administração Federal, os cinco princípios fundamentais são: planejamento, coordenação, descentralização, delegação de competência e controle). RB
Gabarito "C."

14. LEI DE ACESSO À INFORMAÇÃO – TRANSPARÊNCIA

(Procurador Município – Santos/SP – VUNESP – 2021) Sobre o direito de acesso à informação ao cidadão, previsto na Lei Federal nº 12.527/11, é correto afirmar:

(A) No caso de indeferimento de acesso a informações ou às razões da negativa do acesso, poderá o interessado interpor recurso contra a decisão no prazo de 15 (quinze) dias a contar da sua ciência.

(B) Aplicam-se as disposições da Lei de Acesso à Informação, no que couber, às entidades privadas sem fins lucrativos que recebam, para realização de ações de interesse público, recursos públicos.

(C) As entidades privadas que se sujeitam à publicidade de que trata a Lei de Acesso à Informação ficam desobrigadas de prestar contas dos recursos públicos que recebem.

(D) O recurso contra ato de indeferimento de informação será dirigido à mesma autoridade que exarou a decisão impugnada, que deverá se manifestar no prazo de 10 (dez) dias.

(E) Para proteger o agente público, a negativa de acesso à informação total ou parcialmente classificada como sigilosa deve se abster de indicar a autoridade classificadora.

A: incorreta (o prazo é de 10 dias, cf. art. 15 da Lei 12.527/2011). **B:** correta (art. 2º). **C:** incorreta (deverá haver publicidade de prestar contas dos recursos públicos que recebem, cf. art. 2º, parágrafo único). **D:** incorreta (o recurso deve ser dirigido à autoridade hierarquicamente superior à que exarou a decisão impugnada, que deve se manifestar no prazo de 5 dias, cf. art. 15, parágrafo único). **E:** incorreta (deve haver a indicação da autoridade classificadora, cf. art. 16, II).
Gabarito "B."

(Juiz de Direito/GO – 2021 – FCC) A propósito do tratamento de dados pessoais, no âmbito da Lei Geral de Proteção de Dados, Lei no 13.709 de 14 de agosto de 2018, e da Lei de Acesso à Informação Pública, Lei no 12.527, de 18 de novembro de 2011, verifica-se que

(A) a comunicação ou o uso compartilhado de dados pessoais de pessoa jurídica de direito público a pessoa de direito privado será informado à autoridade nacional de proteção de dados e sempre dependerá de consentimento do titular.

(B) o acesso a dados pessoais de terceiros depende de pedido de instauração de procedimento de desclassificação, dirigido à autoridade máxima do órgão detentor das informações.

(C) os serviços notariais e de registro exercidos em caráter privado, por delegação do Poder Público, terão o mesmo tratamento dispensado às pessoas jurídicas de direito público, no tocante ao tratamento de dados pessoais.

(D) as informações pessoais tratadas pelas pessoas jurídicas de direito público devem ser disponibilizadas publicamente, salvo expressa manifestação de vontade de seus titulares em sentido contrário.

(E) as empresas públicas e sociedades de economia mista terão o mesmo tratamento dispensado às pessoas jurídicas de direito público, independentemente da atividade por elas desempenhada.

Comentário: **A:** incorreta (cf. art. 27 da Lei 13.079/2018, a comunicação ou o uso compartilhado de dados pessoais de pessoa jurídica de direito público a pessoa de direito privado será informado à autoridade nacional de proteção de dados e dependerá de consentimento do titular, com exceção das situações previstas nos incisos do mesmo dispositivo; por exemplo, não haverá necessidade de consentimento na hipótese de tratamento e uso compartilhado, pela Administração Pública, de dados necessários à execução de políticas públicas previstas em leis e regulamentos ou respaldadas em contratos, convênios ou instrumentos congêneres, cf. art. 7º, III, da Lei 13.079/2018 – LGPD). **B:** incorreta (o acesso de informações pessoas por terceiros depende de previsão legal ou consentimento expresso da pessoa a que eles se referirem, cf. art. 31, § 1º, da Lei 12.527/2012 – LAI; além disso, o procedimento de desclassificação detém relação com o desenquadramento de informações sigilosas – ultrassecretas, secretas e reservadas -, com previsão nos arts. 27 e seguintes da LAI). **C:** correta (art. 23, § 4º, da LGPD). **D:** incorreta (as informações pessoais, relativas à intimidade, vida privada, honra e imagem das pessoas, têm o seu acesso restrito, nos termos do art. 31 da Lei 12.527/2012). **E:** (o regime de dados pessoas das empresas públicas e das sociedades de economia mista depende da atividade desempenhada, cf. prevê o art. 24 da LGPD; se exploradoras de atividade econômica, atuando no regime concorrencial, têm o mesmo tratamento dispensado às pessoas jurídicas de direito privado particulares; por outro lado, se prestadoras de serviço público, têm o mesmo tratamento dispensado aos órgãos e às entidades do Poder Público). RB
Gabarito "C."

12. DIREITO ADMINISTRATIVO

(Juiz – TJ-SC – FCC – 2017) A Lei de Acesso à Informação Pública – Lei Federal nº 12.527/2011:

(A) não se aplica a todos os entes da Administração Pública, visto que é incompatível com o regime das empresas públicas e sociedades de economia mista, regidas por lei própria (Lei Federal nº 13.303/2016).

(B) postula que, segundo o princípio *acessorium sequitur principale,* quando não for autorizado acesso integral à informação por ser ela parcialmente sigilosa, as demais partes tornam-se também de acesso restrito.

(C) aponta como dever dos órgãos e entidades públicas promover a divulgação de informações de interesse coletivo ou geral por eles produzidas ou custodiadas, por sítio oficial na internet; todavia, os Municípios de menos de cem mil habitantes estão dispensados da exigência.

(D) prevê prazo de trinta dias, prorrogável justificadamente por mais 20 (vinte) dias, para que seja disponibilizada informação requerida pelo cidadão.

(E) cria hipótese de responsabilidade objetiva pela divulgação indevida de informações, sendo que tal responsabilidade também é aplicável aos particulares que, em virtude de vínculo com órgão ou entidade pública, tenham acesso a informações sigilosas.

A: incorreta. Os arts. 1º, 2º e 3º, da Lei 12.527/2011 são expressos quanto à sua aplicabilidade a todas as entidades da Administração Pública direta, indireta e particulares que recebam subvenção do Poder Público; **B:** incorreta. O art. 7º, §2º, da Lei 12.527/2011 dispõe que: "Quando não for autorizado acesso integral à informação por ser ela parcialmente sigilosa, é assegurado o acesso à parte não sigilosa por meio de certidão, extrato ou cópia com ocultação da parte sob sigilo"; **C:** incorreta. O erro está quanto aos Municípios dispensados da divulgação das informações, sendo esses os de até 10 mil habitantes, e não 100 mil, como consta da assertiva (art. 8º, §4º, da Lei 12.527/2011); **D:** incorreta. O prazo é de 20 dias, prorrogáveis por mais 10 dias, conforme disposto no art. 11 e §2º, da Lei 12.527/2011; **E:** correta. Os arts. 32 e seguintes, da Lei 12.527/2011 são muito claros quanto à responsabilidade dos agentes que não respeitarem as regras de divulgação de informações do Poder Público, sendo as penas aplicáveis tanto aos agentes quanto aos particulares que possuem vínculo com o Poder Público (arts. 1º a 3º, do referido diploma legal). **AW**
Gabarito "E".

15. LEI ANTICORRUPÇÃO

(Procurador Município – Santos/SP – VUNESP – 2021) A Lei Anticorrupção, Lei nº 12.846/13, prevê a instauração e o julgamento de processo administrativo para apuração da responsabilidade de pessoa jurídica.

Assinale a alternativa correta acerca do referido processo.

(A) Sua instauração é competência da autoridade máxima de cada órgão ou entidade dos Poderes Executivo e Legislativo; a Lei anticorrupção não contempla processo administrativo de responsabilização no âmbito do Poder Judiciário.

(B) O processo administrativo para apuração da responsabilidade de pessoa jurídica não será instaurado de ofício, mas apenas mediante provocação, observados o contraditório e a ampla defesa.

(C) A competência para a instauração e o julgamento do processo administrativo de apuração de responsabi-

lidade da pessoa jurídica não poderá ser objeto de delegação.

(D) A comissão designada para apuração da responsabilidade de pessoa jurídica, após a conclusão do procedimento administrativo, dará conhecimento ao Ministério Público de sua existência, para apuração de eventuais delitos.

(E) Uma vez instaurado o processo administrativo para apuração da responsabilidade de pessoa jurídica, fica a autoridade instauradora impedida de suspender os efeitos do ato ou do processo objeto da investigação.

A: incorreta (a instauração e o julgamento de processo administrativo para apuração da responsabilidade de pessoa jurídica cabem à autoridade máxima de cada órgão ou entidade dos Poderes Executivo, Legislativo e Judiciário, cf. art. 8º, "caput", da Lei 12.846/2013; assim, há previsão de processo administrativo de responsabilização no âmbito do Poder Judiciário). **B:** incorreta (pode ser instaurado de ofício, cf. art. 8º, "caput"). **C:** incorreta (a competência para a instauração e o julgamento do processo administrativo de apuração de responsabilidade da pessoa jurídica pode ser delegada, vedada a subdelegação, cf. art. 8º, § 1º). **D:** correta (art. 15). **E:** incorreta (a comissão pode, cautelarmente, propor à autoridade instauradora que suspenda os efeitos do ato ou processo objeto da investigação, cf. art. 10, § 2º).
Gabarito "D".

(Juiz de Direito/SP – 2021 – Vunesp) Em termos de tutela adequada do interesse público anticorrupção, podemos afirmar que

(A) a indisponibilidade do interesse público é incompatível com a celebração de Acordo de Leniência.

(B) é condição para o cabimento da ação popular a demonstração do prejuízo material aos cofres públicos.

(C) o interesse público anticorrupção não tem guarida constitucional, mas conta com previsão na Lei de Improbidade e na Lei de Combate à Corrupção.

(D) o Direito Administrativo Sancionador de Tutela da Probidade sofreu alteração substancial com a Lei no 12.846/2013. Os postulados da razoabilidade e da proporcionalidade devem ser aplicados, de forma a concretizar o modelo sancionatório atual e o interesse público anticorrupção.

Comentário: **A:** incorreta (a consensualidade na Administração Pública instaurou um novo paradigma no Direito Público brasileiro, de modo que a celebração de acordo de leniência não é incompatível com a indisponibilidade do interesse público). **B:** incorreta (a ação popular visa à tutela, entre outros, do patrimônio público, considerados os bens e direito de valor econômico, artístico, estético, histórico ou turístico, cf. art. 1º, § 1º, da Lei 4.717/1965-Lei da Ação Popular). **C:** incorreta (o interesse público anticorrupção está relacionado ao princípio da moralidade, insculpido expressamente no art. 37, "caput", da CF). **D:** correta (com efeito, a Lei 12.846/2013, conhecida com Lei Anticorrupção, reforçou a tutela jurídica da probidade administrativa; além disso, no âmbito do direito administrativo sancionador, aplicável os postulados da razoabilidade e da proporcionalidade). **RB**
Gabarito "D".

(Juiz de Direito – TJ/MS – 2020 – FCC) No que se refere ao acordo de leniência, previsto na Lei Anticorrupção – Lei Federal 12.846, de 1º de agosto de 2013 –, a sua celebração

(A) suspende o prazo prescricional dos atos ilícitos previstos na referida lei.

(B) afasta integralmente a multa que seria aplicável à empresa que celebrou o acordo.

(C) evitará a sanção de publicação extraordinária da decisão condenatória.

(D) implica afastamento imediato dos dirigentes ou administradores que deram causa ao ilícito.

(E) obriga a pessoa jurídica signatária a implementar ou aprimorar mecanismos internos de integridade.

A: incorreta (a celebração do acordo de leniência interrompe o prazo prescricional, cf. art. 16, § 9º). B: incorreta (o firmamento do acordo de leniência reduz o valor da multa em até dois terços, cf. art. 16, § 2º). C: correta (cf. art. 16, § 2º). D: incorreta (não existe tal previsão na Lei 12.846/2013). E: incorreta (o requisito de implementar ou aprimorar mecanismos internos de integridade não está mais previsto na Lei 12.846/2013; importante apontar que tal exigência foi inserida no art. 16, § 1º, inc. IV, pela Medida Provisória 703/2015, mas sua vigência foi encerrada). **RB**

Gabarito "C".

(Promotor de Justiça/SP – 2019 – MPE/SP) Com relação ao regime instituído pela Lei Federal 12.846/2013, que dispõe sobre a responsabilização administrativa e civil de pessoas jurídicas pela prática de atos contra a administração pública, é **INCORRETO** afirmar que

(A) constitui ato lesivo à Administração Pública e que atenta contra o patrimônio público nacional, aquele praticado por sociedade empresária consistente em prometer, oferecer ou dar, direta ou indiretamente, vantagem indevida a agente público, ou a terceira pessoa a ele relacionada, e, no tocante a licitações e contratos, frustrar ou fraudar, mediante ajuste, combinação ou qualquer outro expediente, o caráter competitivo de procedimento licitatório público.

(B) a responsabilização da pessoa jurídica exclui a responsabilidade individual de seus dirigentes ou administradores, subsistindo a responsabilidade de qualquer pessoa natural, autora, coautora ou partícipe do ato ilícito.

(C) a responsabilização da pessoa jurídica não exclui a responsabilidade individual de seus dirigentes ou administradores ou de qualquer pessoa natural, autora, coautora ou partícipe do ato ilícito.

(D) as pessoas jurídicas serão responsabilizadas objetivamente, nos âmbitos administrativo e civil, pelos atos lesivos previstos na Lei, ainda que não sejam praticados em seu interesse exclusivo.

(E) a aplicação das sanções previstas na Lei n. 12.846/2013 não afeta os processos de responsabilização e aplicação de penalidades decorrentes de ato de improbidade administrativa, nos termos da Lei Federal 8.429/92, e de atos praticados em desacordo com a Lei Federal 8.666/93, sem prejuízo das responsabilidades civil e criminal que seu ato ensejar.

A: certa (cf. art. 5º, incisos I e IV, da Lei 12.846/2013). B: incorreta (cf. art. 3º da Lei 12.846/2013, a responsabilização da pessoa jurídica não exclui a responsabilidade individual de seus dirigentes ou administradores ou de qualquer pessoa natural, autora, coautora ou partícipe do ato ilícito). C: certa (cf. art. 3º da Lei 12.846/2013). D: certa (cf. art. 2º da Lei 12.846/2013). E: certa (cf. art. 30 da Lei 12.846/2013). **RB**

Gabarito "B".

16. OUTROS TEMAS E TEMAS COMBINADOS DE DIREITO ADMINISTRATIVO

(Procurador/DF – CESPE – 2022) Julgue os itens subsequentes, relativos aos direitos dos usuários de serviços públicos, a tombamento, à responsabilidade do Estado, a atos de improbidade administrativa e ao Plano Distrital de Política para Mulheres (PDPM).

(1) Conforme a Lei n.º 13.460/2017, que dispõe sobre a proteção e defesa dos direitos dos usuários de serviços públicos, para defender seus direitos, o usuário de serviço público deve dirigir-se exclusivamente à ouvidoria do órgão ou ente prestador do serviço, ressalvada a possibilidade de ele propor ação judicial.

(2) O tombamento, como mecanismo de proteção do patrimônio histórico e artístico, implica necessariamente uma relação litigiosa entre o ente federativo que o promove e o proprietário do bem, a qual deve ser dirimida judicialmente, com observância do devido processo legal, embora possa produzir efeitos provisórios imediatos.

(3) Em regra, atos jurisdicionais não são aptos a gerar indenização com base no regime jurídico da responsabilidade do Estado.

(4) A tipificação dos atos de improbidade por ofensa a princípios da administração pública não é exemplificativa.

1: errado (a manifestação do usuário deve ser dirigida à ouvidoria do órgão ou entidade responsável, cf., art. 10, "caput", da Lei 13.460/2017; caso não haja ouvidoria, o usuário pode apresentar manifestações diretamente ao órgão ou entidade responsável pela execução do serviço e ao órgão ou entidade a que se subordinem ou se vinculem, cf. art. 10, § 3º). **2:** errado (o tombamento não implica uma relação litigiosa, pois se implementa por meio de processo administrativo, podendo ser voluntário ou compulsório). **3:** certo (como regra, o Estado não responde pelo exercício da função jurisdicional). **4:** certo (cf. o regime instituído pela Lei 14.230/2021, a tipificação dos atos de improbidade por ofensa a princípios da administração é taxativa – art. 11 da Lei 8.429/1992).

Gabarito: 1E, 2E, 3C, 4C

(Procurador Município – Teresina/PI – FCC – 2022) No que se refere às regras sobre prescrição decorrentes do regime jurídico-administrativo, à luz da legislação e da jurisprudência dominante, é correto afirmar:

(A) A chamada "prescrição do fundo de direito" não se aplica mais, pois foi considerada inconstitucional pelo STF.

(B) Aplica-se a prescrição quinquenal para ajuizamento de ações indenizatórias em face de pessoas jurídicas de direito privado que atuem como prestadoras de serviços públicos.

(C) Aplica-se a prescrição quinquenal no ajuizamento das ações discriminatórias.

(D) É imprescritível a ação de reparação de danos à Fazenda Pública decorrente de ilícito civil.

(E) Prescreve em cinco anos, a partir da ciência, pela Administração, do fato ilícito, a ação para aplicação das sanções previstas na Lei Federal nº 8.429, de 2 de junho de 1992 (Lei de Improbidade).

A: incorreta (Súmula 443 do STF: "A prescrição das prestações anteriores ao período previsto em lei não ocorre, quando não tiver sido

12. DIREITO ADMINISTRATIVO

negado, antes daquele prazo, o próprio direito reclamado, ou a situação jurídica de que ele resulta"). **B:** correta (art. 1º-C da Lei 9.494/1997, cf. jurisprudência do STJ - REsp 1.251.993/PR). **C:** incorreta (ações discriminatórias de bens públicos são imprescritíveis). **D:** incorreta (é prescritível a ação de reparação de danos à Fazenda Pública decorrente de ilícito civil, cf. decidiu o STF no RE 669.069 – repercussão geral). **E:** incorreta (a prescrição é de 8 anos, contados a partir da ocorrência do fato ou, no caso de infrações permanentes, do dia em que cessou a permanência, cf. art. 23).

Gabarito "B".

(Procurador/DF – CESPE – 2022) O Ministério Público do Distrito Federal e Territórios ajuizou ação civil pública contra o proprietário de uma área rural, o empreendedor e o Distrito Federal em virtude de danos causados à ordem urbanística por um loteamento clandestino e irregular na região de Brazlândia. Além de não estarem de acordo com o Plano Diretor de Ordenamento Territorial do DF, os lotes haviam sido comercializados em condições precárias de habitabilidade, visto que o empreendimento não possuía rede de água, de energia elétrica, de iluminação pública e de esgoto, bem como as ruas não possuíam pavimentação, calçadas, galeria de recolhimento de água pluvial, guias e sarjetas.

Tendo como referência essa situação hipotética, julgue os itens a seguir, relativos a parcelamento do solo urbano.

(1) Não se admite o parcelamento do solo para fins urbanos em zonas rurais.

(2) O Distrito Federal carece de legitimidade passiva na situação apresentada, pois, segundo entendimento do Superior Tribunal de Justiça, o ente federativo não tem obrigação de impedir a implementação de loteamento irregular ou de regularizá-lo.

1: certo (art. 3º, "caput", da Lei 6.766/1979). **2:** errado (de acordo com o STJ, o ente federativo tem a obrigação de impedir a implementação de loteamento irregular ou de regularizá-lo).

Gabarito 1C, 2E

(Procurador/DF – CESPE – 2022) Com base na Lei n.º 13.465/2017, que dispõe sobre a regularização fundiária urbana (REURB), julgue os próximos itens.

(1) O Ministério Público e a Defensoria Pública são legitimados para requerer a REURB.

(2) Proprietários de terreno, loteadores e incorporadores, que tenham dado causa à formação de núcleos urbanos informais ficarão isentos de responsabilidade administrativa civil e criminal caso deem entrada no requerimento de REURB.

(3) Não se admite a REURB sobre núcleo urbano informal situado, total ou parcialmente, em área de preservação permanente ou em área de unidade de conservação de uso sustentável ou de proteção de mananciais.

1: certo (cf. art. 14, incisos IV e V). **2:** errado (o requerimento de instauração da Reurb por proprietários de terreno, loteadores e incorporadores que tenham dado causa à formação de núcleos urbanos informais, ou os seus sucessores, não os exime de responsabilidade administrativa, civil ou criminal, cf. art. 14, § 3º). **3:** errado (é possível a REURB em área de preservação permanente ou em área de unidade de conservação de uso sustentável ou de proteção de mananciais, desde que determinadas condições sejam observadas, cf. art. 11, § 2º).

Gabarito 1C, 2E, 3E

(Procurador/DF – CESPE – 2022) Julgue os próximos itens, relativos a concessão urbanística, desapropriação, tombamento e tutela da ordem jurídico-urbanística.

(1) No DF, a ocupação do espaço aéreo para a expansão de compartimento vinculada a edificações residenciais dispensa a celebração de contrato de concessão de uso.

(2) A expropriação, pelo ente público, de terra utilizada para o cultivo de plantas psicotrópicas e não autorizadas tem caráter sancionatório.

(3) Quando o objeto do tombamento for todo um conjunto arquitetônico e urbanístico, será desnecessária a notificação individualizada de todos os proprietários de imóveis da região protegida.

(4) De acordo com o STJ, em ação civil pública na defesa de direitos urbanísticos, é necessário o litisconsórcio entre loteador e adquirentes.

(5) Conforme o entendimento do STJ, se desistir de ação de desapropriação administrativa, o ente público deverá pagar ao expropriado, a título de indenização, juros compensatórios ante a perda antecipada da posse.

1: errado (admite-se a ocupação por concessão de direito real de uso não onerosa, com finalidade urbanística, em espaço aéreo para expansão de compartimento vinculadas a edificações residenciais, cf. art. 4º, III, "b", da Lei complementar distrital 755/2008). **2:** certo (cf. art. 243 da CF). **3:** certo (cf. jurisprudência do STJ - RMS 55.090/MG). **4:** errado (a jurisprudência do STJ é firme no sentido de que, em se tratando de dano ambiental e urbanístico, o litisconsórcio entre loteador e adquirentes é facultativo). **5:** certo (cf. REsp 93.416/MG e outras decisões do STJ).

Gabarito 1E, 2C, 3C, 4E, 5C

(Procurador Município – Santos/SP – VUNESP – 2021) Sobre a incumbência dos Municípios em matéria de serviço público de educação, é correto afirmar, com base na Lei nº 9.394, de 20 de dezembro de 1996, que

(A) não cabe aos Municípios assumir o transporte escolar dos alunos da rede municipal.

(B) cabe aos Municípios organizar, manter e desenvolver os órgãos e instituições oficiais dos seus sistemas de ensino, que não são integrados às políticas e planos educacionais da União e dos Estados.

(C) é atribuição dos Municípios oferecer a educação infantil em creches e pré-escolas, não sendo permitida a atuação no ensino fundamental, nem em outros níveis de ensino.

(D) é vedado aos Municípios integrar-se ao sistema estadual de ensino ou compor com ele um sistema único de educação básica.

(E) constitui incumbência dos Municípios baixar normas complementares para o seu sistema de ensino.

A Lei n. 9.394/1996 estabelece as diretrizes e bases da educação nacional. **A:** incorreta (os Municípios estão incumbidos de assumir o transporte escolar dos alunos da rede municipal, cf. art. 11, VI). **B:** incorreta (os sistemas de ensino municipais são integrados às políticas e planos educacionais da União e dos Estados, cf. art. 11, I). **C:** incorreta (é competência do Município oferecer a educação infantil em creches e pré-escolas, e, com prioridade, o ensino fundamental, permitida a atuação em outros níveis de ensino somente quando estiverem atendidas plenamente as necessidades de sua área de competência e com recursos acima dos percentuais mínimos vinculados pela Constituição Federal à

660   WANDER GARCIA, ARIANE WADY, FLÁVIA BARROS E RODRIGO BORDALO

manutenção e desenvolvimento do ensino, cf. art. 11, V). **D:** incorreta (os Municípios podem optar por se integrar ao sistema estadual de ensino ou compor com ele um sistema único de educação básica, cf. art. 11, parágrafo único). **E:** correta (art. 11, III).
Gabarito "E".

(Delegado/RJ – 2022 – CESPE/CEBRASPE) O mandado de segurança é garantia constitucional, prevista no inciso LXIX do art. 5.º da Constituição Federal de 1988, regulada, no âmbito infraconstitucional, pela Lei n.º 12.016/2009. A respeito desse relevante instrumento de controle da administração pública por meio da atuação jurisdicional, assinale a opção correta.

(A) Havendo controvérsia sobre matéria de direito, fica impedida a concessão de mandado de segurança.

(B) É inconstitucional ato normativo que vede ou condicione a concessão de medida liminar na via mandamental.

(C) O pedido de reconsideração na via administrativa interrompe o prazo para mandado de segurança.

(D) No mandado de segurança coletivo, a liminar só poderá ser concedida após a audiência do representante judicial da pessoa jurídica de direito público, que deverá se pronunciar no prazo de 72 horas.

(E) A vítima de crime de ação penal pública tem direito líquido e certo de impedir o arquivamento do inquérito ou das peças de informação, sendo cabível, para tanto, o manejo de mandado de segurança.

Alternativa **A** incorreta (cf. Súmula 625 do STF: "controvérsia sobre matéria de direito não impede concessão de mandado de segurança"). Alternativa **B** correta (o STF julgou na ADI 4.296 a inconstitucionalidade do art. 7º, § 2º, da Lei 12.016/2009, sob o argumento de que é inconstitucional ato normativo que vede ou condicione a concessão de medida liminar na via mandamental). Alternativa **C** incorreta (cf. Súmula 430 do STF: "pedido de reconsideração na via administrativa não interrompe o prazo para o mandado de segurança."). Alternativa **D** incorreta (o STF julgou na ADI 4.296 a inconstitucionalidade do art. 22, § 2º, da Lei 12.016/2009, que condicionava a concessão de liminar em MS à audiência do representante judicial da pessoa jurídica de direito público). Alternativa **E** incorreta (conforme já decidiu o STJ no MS 21.081, a vítima de crime de ação penal pública incondicionada não tem direito líquido e certo de impedir o arquivamento do inquérito ou peças de informação, motivo pelo qual incabível o manejo de MS). **RB**
Gabarito "B".

(Juiz de Direito/SP – 2021 – Vunesp) É inegável a associação entre política e economia e atuação do Estado na ordem econômica. Partindo do nosso sistema normativo, constituicional e infranconstitucional, podemos concluir que

(A) A Lei no 12.529/2011 regula a repressão ao abuso do poder econômico. As infrações nela previstas aplicam-se a pessoas físicas ou jurídicas, de direito privado, admitindo desconsideração da pessoa jurídica e exigindo demonstração da culpa.

(B) A prática do fomento é inconcebível na área pública por implicar tratamento diferenciado entre os cidadãos.

(C) Nas hipóteses em que admitido o monopólio estatal, não se autoriza a atribuição da exploração direta a terceiro através de delegação.

(D) O Estado atua na ordem econômica como agente regulador do sistema econômico e como executor da atividade econômica. Em qualquer das posições,

deve ter em mira o interesse, direto ou indireto, da coletividade.

Comentário: **A:** incorreta (a Lei 12.529/2011, nos termos de seu art. 31, aplica-se às pessoas físicas ou jurídicas de direito público ou privado, bem como a quaisquer associações de entidades ou pessoas, constituídas de fato ou de direito, ainda que temporariamente, com ou sem personalidade jurídica; além disso, as infrações da ordem econômica independem de culpa, cf. art. 36, "caput", do mesmo diploma). **B:** incorreta (o fomento representa um mecanismo de estímulo, caracterizando uma das formas de manifestação da função pública, sem que se possa vislumbrar ofensa ao princípio da isonomia; ademais, encontra previsão no art. 174, "caput", da CF, que consigna a função de incentivo do Estado). **C:** incorreta (nas situações de monopólio estatal, é cabível a atribuição da sua exploração direta a terceiro através de delegação, cf. art. 177, § 1º, da CF). **D:** correta (enquanto o art. 173 da CF dispõe sobre o Estado como explorador da atividade econômica, o art. 174 trata-o como agente regulador). **RB**
Gabarito "D".

(Juiz de Direito – TJ/MS – 2020 – FCC) A Lei de Responsabilidade Fiscal – Lei Complementar 101/2000 – impõe, em seu artigo 22, uma série de medidas restritivas para os Poderes e órgãos que ultrapassarem o chamado "limite prudencial", correspondente a 95% dos limites máximos de despesas de pessoal, constantes dos artigos 19 e 20 do mesmo diploma, calculados em percentuais da receita corrente líquida dos respectivos entes políticos. Ainda que atingido o limite prudencial, será permitido promover

(A) a criação de cargo, emprego ou função pública nas áreas de saúde e educação.

(B) a alteração de estrutura de carreira, ainda que implique aumento de despesa.

(C) a revisão geral anual da remuneração e do subsídio dos agentes públicos.

(D) a contratação de hora extra, desde que devidamente justificada a necessidade pelo gestor público.

(E) o provimento de cargo público, admissão ou contratação de pessoal para reposição decorrente de aposentadoria ou falecimento de servidores de quaisquer áreas da administração pública.

O parágrafo único do art. 22 estabelece vedações impostas ao Poder Público na hipótese de ser ultrapassado o "limite prudencial". **A:** incorreta (é vedada a criação de cargo, emprego ou função, cf. art. 22, parágrafo único, inc. II). **B:** incorreta (é proibida a Alteração de estrutura de carreira que implique aumento de despesa, cf. art. 22, parágrafo único, inc. III). **C:** correta (há expressa ressalva admitindo a revisão geral anual da remuneração e do subsídio dos agentes públicos, cf. art. 22, parágrafo único, inc. I; no final de tal dispositivo, ressalva-se "a revisão prevista no inciso X do art. 37 da Constituição"). **D:** incorreta (é vedada contratação de hora extra, salvo no caso do disposto no inciso II do § 6º do art. 57 da Constituição e as situações previstas na lei de diretrizes orçamentárias, cf. art. 22, parágrafo único, inc. V). **E:** incorreta (são vedados provimento de cargo público, admissão ou contratação de pessoal a qualquer título, ressalvada a reposição decorrente de aposentadoria ou falecimento de servidores das áreas de educação, saúde e segurança, cf. art. 22, parágrafo único, inc. IV). **RB**
Gabarito "C".

(Juiz de Direito – TJ/RJ – 2019 – VUNESP) Súmula do Tribunal de Justiça do Estado do Rio de Janeiro dispõe que

(A) a obrigação dos entes públicos de fornecer medicamentos não padronizados, desde que reconhecidos pela ANVISA e por recomendação médica, compre-

12. DIREITO ADMINISTRATIVO   661

ende-se no dever de prestação unificada de saúde e não afronta o princípio da reserva do possível.

(B) a solidariedade dos entes públicos, no dever de assegurar o direito à saúde, implica na admissão do chamamento do processo.

(C) a obrigação estatal de saúde compreende o fornecimento de serviços indicados por médico da rede pública ou privada, desde que emergenciais, tais como exames, cirurgias e tratamento pós-operatório.

(D) para o cumprimento da tutela específica de prestação unificada de saúde, entre as medidas de apoio, insere-se a apreensão de quantia suficiente à aquisição de medicamentos junto à conta bancária por onde transitem receitas públicas de ente devedor, com a imediata entrega ao necessitado, independentemente de prestação de contas.

(E) o princípio da dignidade da pessoa humana e o direito à saúde asseguram a concessão de passe-livre ao necessitado, desde que demonstrada a doença, independentemente de comprovação de realização de tratamento.

A: correta (cf. súmula TJ nº 180); **B:** incorreta (a solidariedade dos entes públicos, no dever de assegurar o direito à saúde, não implica na admissão do chamamento do processo, cf. Súmula TJ nº 115); **C:** incorreta (a obrigação estatal de saúde compreende o fornecimento de serviços, tais como a realização de exames e cirurgias, assim indicados por médico, cf. Súmula TJ nº 184); **D:** incorreta (cf. Súmula TJ nº 178, para o cumprimento da tutela específica de prestação unificada de saúde, insere-se entre as medida de apoio, desde que ineficaz outro meio coercitivo, a apreensão de quantia suficiente à aquisição de medicamentos junto à conta bancária por onde transitem receitas públicas de ente devedor, com a imediata entrega ao necessitado e posterior prestação de contas); **E:** incorreta (cf. Súmula TJ nº 183, o princípio da dignidade da pessoa humana e o direito à saúde asseguram a concessão de passe-livre ao necessitado, com custeio por ente público, desde que demonstradas a doença e o tratamento através de laudo médico).**RB**

Gabarito "A".

(Juiz de Direito – TJ/SC – 2019 – CESPE/CEBRASPE) Segundo entendimento do STJ, para a aplicação da teoria da encampação em mandado de segurança, é suficiente que se demonstrem nos autos, cumulativamente,

(A) a existência das informações prestadas pelo órgão de representação judicial, a manifestação a respeito do mérito nas informações prestadas e a ausência de modificação de competência estabelecida na Constituição Federal.

(B) o vínculo hierárquico entre a autoridade que prestou as informações e a que ordenou a prática do ato impugnado, a manifestação a respeito do mérito nas informações prestadas e a ausência de modificação de competência estabelecida na Constituição Federal.

(C) a manifestação do órgão de representação judicial da pessoa jurídica interessada e as informações prestadas pela autoridade indicada como coautora.

(D) o vínculo hierárquico entre a autoridade que prestou informações e a que ordenou a prática do ato impugnado e a não configuração de qualquer das hipóteses de incompetência absoluta estabelecidas na Constituição Federal.

(E) a manifestação a respeito do mérito nas informações prestadas nos autos e a não configuração de qualquer

das hipóteses de incompetência absoluta estabelecidas na Constituição Federal.

A teoria da encampação em mandado de segurança é objeto da Súmula 628 do STJ, que apresenta o seguinte teor: "A teoria da encampação é aplicada no mandado de segurança quando presentes, cumulativamente, os seguintes requisitos: a) existência de vínculo hierárquico entre a autoridade que prestou informações e a que ordenou a prática do ato impugnado; b) manifestação a respeito do mérito nas informações prestadas; e c) ausência de modificação de competência estabelecida na Constituição Federal." Assim, de acordo com esta jurisprudência, está correta a alternativa B. **RB**

Gabarito "B".

(Promotor de Justiça/PR – 2019 – MPE/PR) Assinale a alternativa *incorreta:*

(A) Ainda que o servidor esteja de licença à época do certame, não é possível a participação da empresa que possua em seu quadro de pessoal servidor público, efetivo ou ocupante de cargo em comissão, ou dirigente do órgão contratante ou responsável pela licitação.

(B) É devida indenização a permissionário de serviço público de transporte coletivo por prejuízos suportados em face de defasagem nas tarifas, ainda que o ato de delegação não tenha sido antecedido de licitação.

(C) O prazo prescricional de ação civil pública em que se busca anulação de prorrogação ilegal de contrato administrativo tem como termo inicial o término do contrato.

(D) É inconstitucional o preceito segundo o qual, na análise de licitações, serão considerados, para averiguação da proposta mais vantajosa, entre outros itens, os valores relativos aos impostos pagos à Fazenda Pública do Estado-membro contratante, por descumprimento ao princípio da isonomia.

(E) O inadimplemento dos encargos trabalhistas dos empregados do contratado não transfere automaticamente ao Poder Público contratante a responsabilidade pelo seu pagamento, seja em caráter solidário ou subsidiário.

A: correta (cf. REsp 467.871/SP). **B:** incorreta (EDcl no AgRg no REsp 1108628/PE: não é devida indenização a permissionário de serviço público de transporte coletivo por prejuízos suportados em face de déficit nas tarifas quando ausente procedimento licitatório prévio. **C:** correta (cf. AgRg no AREsp 356153/RS). **D:** correta (cf. ADI 3.070/RN). **E:** correta (cf. RE 760.931/DF). **RB**

Gabarito "B".

(Promotor de Justiça/SP – 2019 – MPE/SP) Com relação aos serviços públicos, assinale a alternativa **INCORRETA.**

(A) Quanto aos contratos regidos pela Lei 8.987/95, considera-se fato do príncipe a criação, alteração ou extinção de quaisquer tributos ou encargos legais, inclusive os impostos sobre a renda, após a apresentação da proposta, e, quando comprovado seu impacto, implicará a revisão da tarifa, para mais ou para menos, conforme o caso.

(B) A aplicação da Lei 13.460/2017, que estabelece normas básicas para participação, proteção e defesa dos direitos do usuário dos serviços públicos prestados direta ou indiretamente pela administração pública direta e indireta da União, dos Estados, do Distrito Federal e dos Municípios

WANDER GARCIA, ARIANE WADY, FLÁVIA BARROS E RODRIGO BORDALO

não afasta a necessidade de cumprimento do disposto na Lei n. 8.078, de 11 de setembro de 1990, quando caracterizada relação de consumo.

(C) São direitos básicos do usuário, entre outros, a obtenção de informações precisas e de fácil acesso nos locais de prestação do serviço, assim como sua disponibilização na internet: os serviços prestados pelo órgão ou entidade, sua localização exata e a indicação do setor responsável pelo atendimento ao público; acesso ao agente público ou ao órgão encarregado de receber manifestações; situação da tramitação dos processos administrativos em que figure como interessado; e valor das taxas e tarifas cobradas pela prestação dos serviços, contendo informações para a compreensão exata da extensão do serviço prestado.

(D) Os órgãos e entidades responsáveis pela prestação dos serviços públicos divulgarão Carta de Serviços ao Usuário, que tem por objetivo informar o usuário sobre os serviços prestados pelo órgão ou entidade, as formas de acesso a esses serviços e seus compromissos e padrões de qualidade de atendimento ao público.

(E) É vedado à União, aos Estados, ao Distrito Federal e aos Municípios executarem obras e serviços públicos por meio de concessão e permissão de serviço público, sem lei que lhes autorize e fixe os termos, dispensada a lei autorizativa nos casos de saneamento básico e limpeza urbana e nos já referidos na Constituição Federal, nas Constituições Estaduais e nas Leis Orgânicas do Distrito Federal e Municípios, observado, em qualquer caso, os termos da Lei 8.987/95.

A: incorreta (cf. art. 9º, § 3º, da Lei 8.987/95, ressalvados os impostos sobre a renda, a criação, alteração ou extinção de quaisquer tributos ou encargos legais, após a apresentação da proposta, quando comprovado seu impacto, implicará a revisão da tarifa, para mais ou para menos, conforme o caso). **B**: certa (art. 1º, § 2º, inc. II, da Lei 13.460/17). **C**: certa (art. 6º, inc. VI, da Lei 13.460/17). **D**: certa (art. 7º da Lei 13.460/17). **E**: certa (art. 2º da Lei 9.074/95). RB

Gabarito "A".

(Promotor de Justiça/SP – 2019 – MPE/SP) Com relação à participação popular no controle da administração pública, assinale a alternativa **INCORRETA.**

(A) Como uma das formas de participação popular no processo administrativo, a Lei Federal prevê que quem comparecer à consulta pública passará a figurar na condição de interessado no processo, podendo examinar os autos, participar de debates e oferecer alegações escritas.

(B) O acesso dos usuários a registros administrativos e a informações sobre atos de governo, observado o disposto no art. 5º, X e XXXIII, da Constituição Federal, traduz uma das formas de participação do usuário na administração pública direta e indireta.

(C) Qualquer cidadão, partido político, associação ou sindicato pode, na forma da lei, denunciar irregularidades ou ilegalidades perante o Tribunal de Contas.

(D) É forma de participação democrática nos assuntos estatais a propositura de ação popular por qualquer cidadão para anular ato lesivo ao patrimônio público ou de entidade de que o Estado participe, à moralidade administrativa, ao meio ambiente e ao patrimônio histórico e cultural, ficando o autor, salvo

comprovada má-fé, isento de custas judiciais e do ônus da sucumbência.

(E) A política urbana tem como diretriz, a ser observada na consecução de seus objetivos, a gestão democrática por meio de participação da população e de associações representativas dos vários segmentos da comunidade na formulação, execução e acompanhamento de planos, programas e projetos de desenvolvimento urbano.

A incorreta (o comparecimento à consulta pública não confere, por si, a condição de interessado do processo, cf. art. 31, § 2º, da Lei 9.784/99). **B** certa (cf. art. 37, § 3º, inc. II, da CF). **C**: certa (cf. art. 74, § 2º, da CF). **D**: certa (cf. art. 5º, LXXIII, da CF). **E**: certa (cf. art. 2º, inc. II, da Lei 10.257/01 – Estatuto da Cidade). RB

Gabarito "A".

(Procurador do Estado/SP – 2018 – VUNESP) Ajuste a ser celebrado entre o Poder Público e associação privada sem fins lucrativos, com sede no exterior e escritório de representação em Brasília, tendo por objeto a conjugação de esforços entre os partícipes com vistas à realização de encontro para, por meio de palestras e workshops, difundir conhecimento e promover a troca de experiências em políticas públicas voltadas às áreas sociais, sem previsão de transferência de recursos públicos, porém com previsão de cessão de espaço em imóvel público para realização do evento denomina-se

(A) termo de parceria, submetido ao regime jurídico previsto na Lei Federal no 9.790/99 e Lei Estadual no 11.598/2003 (Lei das Organizações da Sociedade Civil de Interesse Público – OSCIPs), desde que o escritório no Brasil da entidade seja qualificada como Organização da Sociedade Civil de Interesse Público.

(B) acordo de cooperação, submetido ao regime jurídico previsto na Lei Federal no 13.019/2014 (Lei das Parcerias Voluntárias com Organizações da Sociedade Civil – OSCs).

(C) convênio, submetido ao regime jurídico previsto na Lei Federal no 8.666/93 (Lei de Licitações e Contratos).

(D) contrato, submetido ao regime jurídico previsto na Lei Federal no 8.666/93 (Lei de Licitações e Contratos).

(E) termo de fomento, submetido ao regime jurídico previsto na Lei Federal no 13.019/2014 (Lei das Parcerias Voluntárias com Organizações da Sociedade Civil – OSCs).

A Lei 13.019, de 31 de julho de 2014, estabelece o regime jurídico das parcerias entre a Administração Pública e as organizações da sociedade civil, em regime de mútua cooperação, para a consecução de finalidades de interesse público e recíproco, mediante a execução de atividades ou de projetos previamente estabelecidos em planos de trabalho inseridos em termos de colaboração, em termos de fomento ou em **acordos de cooperação**. Segundo o art. 2º, VIII-A da Lei 13.019/2014, acordo de cooperação é instrumento por meio do qual são formalizadas as parcerias estabelecidas pela Administração Pública com organizações da sociedade civil para a consecução de finalidades de interesse público e recíproco que não envolvam a transferência de recursos financeiros. FB

Gabarito "B".

(Defensor Público Federal – DPU – 2017 – CESPE) Com referência à organização administrativa, ao controle dos atos da administração pública e ao entendimento jurisprudencial acerca da responsabilidade civil do Estado, julgue os itens a seguir.

12. DIREITO ADMINISTRATIVO — 663

(1) É objetiva a responsabilidade das pessoas jurídicas de direito privado prestadoras de serviços públicos em relação a terceiros, usuários ou não do serviço, podendo, ainda, o poder concedente responder subsidiariamente quando o concessionário causar prejuízos e não possuir meios de arcar com indenizações.

(2) Como decorrência da hierarquia existente no âmbito da administração pública, o órgão superior detém o poder de avocar atribuições de competência exclusiva de órgão a ele subordinado.

(3) O controle judicial dos atos administrativos discricionários restringe-se ao aspecto da legalidade, estando, portanto, impedido o Poder Judiciário de apreciar motivação declinada expressamente pela autoridade administrativa.

A assertiva "1" é consoante a jurisprudência sobre o tema. Como exemplo, RE 591.874/MS, Rel. Ministro Ricardo Lewandowski, Tribunal Pleno, julgado em 26.08.2009, DJ 17.09.2009, que determina ser responsabilidade civil das pessoas jurídicas de direito privado prestadoras de serviço público objetiva relativamente a terceiros usuários e não usuários do serviço, segundo decorre do art. 37, § 6°, da Constituição Federal. A assertiva "2" contraria texto expresso da Lei n. 9.784/1999, que regula o processo administrativo no âmbito da Administração Pública Federal – em seu art. 11, aquele diploma legal exige que a competência para avocação de processos esteja expressamente prevista em lei. No tocante à assertiva "3", a Teoria dos Motivos Determinantes autoriza a análise da motivação dos atos administrativos discricionários, sendo inválido o ato praticado em desvio de finalidade. **AW**

Gabarito: 1C, 2E, 3E

(Defensor Público Federal – DPU – 2017 – CESPE) Considerando o entendimento do STJ acerca do procedimento administrativo, da responsabilidade funcional dos servidores públicos e da improbidade administrativa, julgue os seguintes itens.

(1) Em procedimento disciplinar por ato de improbidade administrativa, somente depois de ocorrido o trânsito em julgado administrativo será cabível a aplicação da penalidade de demissão.

(2) Em ação de improbidade administrativa por ato que cause prejuízo ao erário, a decretação da indisponibilidade dos bens do acusado pode ocorrer antes do recebimento da petição inicial, desde que fique efetivamente demonstrado o risco de dilapidação de seu patrimônio.

(3) É possível a instauração de procedimento administrativo disciplinar com base em denúncia anônima.

Quanto à assertiva "1", o entendimento do STJ sobre o tema é de que a execução dos efeitos materiais de penalidade imposta ao servidor público não depende do trânsito em julgado da decisão administrativa já que, em regra, o julgamento de recurso interposto na esfera administrativa não possui efeito suspensivo, conforme previsto no art. 109 da Lei n. 8.112/1990 (Ex: 1ª Seção. MS 19.488-DF, Rel. Min. Mauro Campbell Marques, julgado em 25/3/2015; 3ª Seção. MS 14.425/DF, Rel. Min. Nefi Cordeiro, julgado em 24/09/2014); no tocante à assertiva "2", o Recurso Especial Repetitivo n. 1.366.721/BA, Rel. Min. Napoleão Nunes Maia Filho, R.P/Acórdão Min. Og Fernandes, publicado em 19.09.2014, firmou o entendimento de que o "periculum in mora" para a decretação da medida cautelar de indisponibilidade de bens em ação de improbidade administrativa é presumido; quanto à assertiva "3", em que pese o art. 14 da Lei de Improbidade Administrativa exigir a identificação do denunciante, o Superior Tribunal de Justiça fixou entendimento favorável à abertura de processo administrativo baseado

em denúncia anônima, desde que com apuração prévia dessa, conforme os precedentes: MS 10.419/DF; MS 7.415/DF e REsp 867.666/DF. **AW**

Gabarito: 1E, 2E, 3C

(Defensor Público – DPE/PR – 2017 – FCC) Conforme o estudo da responsabilidade civil do estado e dos agentes públicos,

(A) na hipótese de dano causado a particular por agente público no exercício de sua função, os tribunais superiores assentaram a possibilidade de ajuizamento pelo lesado de ação de reparação de danos diretamente contra o autor do fato, devendo nesse caso, ser perquirida apenas a conduta, nexo causal e os prejuízos.

(B) na hipótese de posse em cargo público determinada por decisão transitada em julgado, em regra, não fará jus o servidor aos salários que deixou de receber, mas apenas a equitativa compensação, sob o fundamento de que deveria ter sido investido em momento anterior.

(C) constitui caso de concorrência de culpa o suicídio de detento ocorrido dentro de estabelecimento prisional do estado, devendo haver redução proporcional do valor da indenização.

(D) afastada a responsabilidade criminal do servidor por inexistência daquele fato ou de sua autoria, restará automaticamente repelida a responsabilidade administrativa.

(E) aplica-se o prazo prescricional quinquenal previsto no Decreto n. 20.910/1932 às ações indenizatórias ajuizadas contra Fazenda Pública, afastando-se a incidência do prazo trienal previsto no Código Civil em razão do critério da especialidade normativa.

No tocante à alternativa "a", existe um aparente dissídio entre o STF e o STJ. Segundo a mais recente orientação da Suprema Corte, aplica-se a Teoria da Dupla Garantia: a primeira para o particular que terá assegurada a responsabilidade objetiva, não necessitando comprovar dolo ou culpa do autor do dano; a segunda para o servidor, que somente responderá perante o ente estatal (nesse sentido, RE 327.904, Rel. Min. Carlos Britto, Primeira Turma, julgado em 15/08/2006, DJ 08-09-2006). O STJ, por sua vez, no julgamento do REsp 1.325.862-PR, Rel. Min. Luis Felipe Salomão, julgado em 5/9/2013, manifestou entendimento de que "a avaliação quanto ao ajuizamento da ação contra o agente público ou contra o Estado deve ser decisão do suposto lesado. Se, por um lado, o particular abre mão do sistema de responsabilidade objetiva do Estado, por outro também não se sujeita ao regime de precatórios, os quais, como é de cursivo conhecimento, não são rigorosamente adimplidos em algumas unidades da Federação. Posto isso, o servidor público possui legitimidade passiva para responder, diretamente, pelo dano gerado por atos praticados no exercício de sua função pública, sendo que, evidentemente, o dolo ou culpa, a ilicitude ou a própria existência de dano indenizável são questões meritórias. Precedente citado: REsp 731.746-SE, Quarta Turma, DJe 4/5/2009". Em um concurso de Defensoria Pública, adotar o entendimento que dá maior amplitude de possibilidades de pedido de indenização ao hipossuficiente lesado parece ser a melhor opção, e o entendimento esposado pelo examinador nesta questão (considerando a assertiva incorreta) demonstra isso; no tocante à assertiva "b", o STF fixou tese em Repercussão Geral de que "na hipótese de posse em cargo público determinada por decisão judicial, o servidor não faz jus à indenização sob fundamento de que deveria ter sido investido em momento anterior, salvo situação de arbitrariedade flagrante". (RE 724347, Rel. Min. Marco Aurélio, Rel. p/ Acórdão: Min. Roberto Barroso, j. 26/02/2014, Tribunal Pleno, DJe 13-05-2015); no tocante à alternativa "c", o STF fixou Tese de Repercussão Geral nos seguintes termos: "Em caso de inobservância de seu dever específico de proteção previsto no artigo

5º, inciso XLIX, da Constituição Federal, o Estado é responsável pela morte de detento". No julgamento (RE 841526/ RS, Rel. Min. Luiz Fux, j. 30/03/2016, Tribunal Pleno, DJe 01-08-2016), o Min. Luiz Fux esclareceu que "se o Estado tem o dever de custódia, tem também o dever de zelar pela integridade física do preso. Tanto no homicídio quanto no suicídio há responsabilidade Civil do Estado"; quanto à alternativa "d", a jurisprudência admite que, afastada a responsabilidade criminal de servidor por inexistência do fato ou negativa de sua autoria, também ficará afastada a responsabilidade administrativa, exceto se verificada falta disciplinar residual, não abrangida pela sentença penal absolutória. Neste sentido, a Súmula 18 do STF estabelece que "Pela falta residual, não compreendida na absolvição pelo juízo criminal, é admissível a punição administrativa do servidor público"; a alternativa "e", correta, é consoante jurisprudência consolidada do STJ que, através de sua Primeira Seção, de maneira unânime, diante do REsp 1.251.993/ PR, submetido ao regime dos recursos repetitivos, reafirmou que o prazo prescricional de 5 (cinco) anos previsto no art. 1º. do Decreto 20.910/1932 deve ser aplicado à ação indenizatória ajuizada contra a Fazenda Pública seja ela federal, estadual ou municipal (REsp 1251993/ PR, Rel. Min. Mauro Campbell Marques, Primeira Seção, julgado em 12/12/2012, DJe 19/12/2012). **AW**

Gabarito "E".

(Defensor Público – DPE/PR – 2017 – FCC) Sobre Agentes Públicos e Princípios e Regime Jurídico Administrativo, é correto afirmar:

(A) O princípio da impessoalidade destina-se a proteger simultaneamente o interesse público e o interesse privado, pautando-se pela igualdade de tratamento a todos administrados, independentemente de quaisquer preferências pessoais.

(B) São entes da Administração Indireta as autarquias, as fundações públicas, as empresas públicas, as sociedades de economia mista, e as subsidiárias destas duas últimas. As subsidiárias não dependem de autorização legislativa justamente por integrarem a Administração Pública Indireta.

(C) As contas bancárias de entes públicos que contenham recursos de origem pública prescindem de autorização específica para fins do exercício do controle externo.

(D) Os atos punitivos são os atos por meio dos quais o Poder Público aplica sanções por infrações administrativas pelos servidores públicos. Trata-se de exercício de Poder de Polícia com base na hierarquia.

(E) A licença não é classificada como ato negocial, pois se trata de ato vinculado, concedida desde que cumpridos os requisitos objetivamente definidos em lei.

No tocante ao item "a", entende-se que o princípio da impessoalidade se destina a proteger o interesse público, evitando as apontadas discriminações advindas de preferências pessoais; no tocante à assertiva "b", é texto expresso da Constituição Federal (art. 37, inc. XX) que, no tocante às entidades da Administração Indireta, depende de autorização legislativa, em cada caso, a criação de subsidiárias. É importante destacar que o STF já afirmou ser "dispensável a autorização legislativa para a criação de empresas subsidiárias, desde que haja previsão para esse fim na própria lei que instituiu a empresa de economia mista matriz, tendo em vista que a lei criadora é a própria medida autorizadora" (ADI 1.649-UF, rel. Maurício Corrêa, j. em 24/03/2004); a alternativa "d" está incorreta, pois a hipótese trata de utilização do denominado Poder Disciplinar da Administração Pública; no tocante à alternativa "e", por fim, cumpre lembrar que a doutrina entende o ato administrativo negocial como aquele que contém uma declaração de vontade do Poder Público coincidente com a pretensão do particular, visando à concretização de negócios jurídicos públicos ou à atribuição de certos direitos ou vantagens ao interessado. Desta forma, a licença se caracteriza como ato administrativo negocial, independentemente de ser um ato administrativo vinculado. **AW**

Gabarito "C".

13. Direito Econômico

Henrique Subi

1. ORDEM ECONÔMICA NA CONSTITUIÇÃO. MODELOS ECONÔMICOS

(Juiz - TRF 4ª Região – 2016) Assinale a alternativa correta.

Sobre os princípios e as normas que regem a atividade econômica no Estado brasileiro:

(A) A livre-iniciativa, erigida à condição de fundamento da República Federativa do Brasil, permite que qualquer pessoa exerça livremente qualquer atividade econômica, dependendo, em qualquer hipótese, de prévia autorização de órgãos públicos.

(B) Tendo em vista o elevado potencial para geração de emprego e de renda para o país, a Constituição Federal conferiu tratamento favorecido para as empresas de pequeno porte constituídas sob as leis brasileiras, independentemente do local em que tenham sua sede e sua administração.

(C) Consoante o texto constitucional, a ordem econômica se edificará sob o fundamento da livre-iniciativa, de cunho predominantemente capitalista, conferindo a todos o direito de se lançar ao mercado de produção e bens, por sua conta e risco, não competindo ao Estado brasileiro a regularização e a normalização das atividades econômicas.

(D) De acordo com o Supremo Tribunal Federal, implica violação ao princípio da livre-concorrência a atuação em regime de privilégio da Empresa Brasileira de Correios e Telégrafos na prestação dos serviços que lhe incumbem.

(E) Não obstante constituam monopólio da União a pesquisa e a lavra das jazidas de petróleo e gás natural, é lícita a contratação de empresas privadas para a realização dessas atividades.

A: incorreta. A prévia autorização de órgãos públicos será exigida somente quando a lei assim disser (art. 170, parágrafo único, da CF); **B:** incorreta. Para terem acesso ao tratamento favorecido, as ME's e EPP's devem ter também sua sede e administração no país (art. 170, IX, da CF); **C:** incorreta. O Estado é o agente normativo e regulador da atividade econômica, devendo exercer atividades de fiscalização, incentivo e planejamento (art. 174 da CF); **D:** incorreta. Na ADPF 46, o STF consolidou o entendimento de que o monopólio dos Correios decorre da Constituição Federal, não se afigurando, portanto, ilícito; **E:** correta, nos termos do art. 177, §1º, da CF. HS

Gabarito "E."

2. SISTEMA BRASILEIRO DE DEFESA DA CONCORRÊNCIA – SBDC. LEI ANTITRUSTE

(Juiz – TRF 2ª Região – 2017) A rede "Pães e Amor Ltda", com faturamento bruto, no ano anterior, de R$ 15.000.000,00 (quinze milhões de reais), pretende adquirir dois outros estabelecimentos, com faturamento anual, somado, de um terço da cifra anterior. Em documentos escritos, os sócios expressam plano para, em até um ano, dominarem o mercado de padarias de dois bairros e, em até 5 anos, dominarem 50% do mercado da cidade, com base em estratégias de barateamento de custos, diminuição de preços, atendimento domiciliar e melhor gestão global. À luz de tais dados, assinale a opção correta:

(A) É necessária a aprovação da aquisição dos estabelecimentos pelo Conselho Administrativo de Defesa Econômica (CADE);

(B) Não é necessária a aprovação da aquisição dos estabelecimentos, bastando mera comunicação ao Conselho Administrativo de Defesa Econômica, cuja ausência configura infração à ordem econômica, passível de multa.

(C) A falta de comunicação à autarquia não é ilícito, mas os documentos que expressam a intenção de dominar o mercado de bairros e, depois, 50% do mercado da cidade, indicam infração à ordem econômica e à concorrência.

(D) Ainda que não haja comunicação e que os documentos escritos venham a público, não há, no descrito, infração à ordem econômica ou à concorrência.

(E) É o concerto de condutas, da compra dos estabelecimentos (caso não seja comunicada) à intenção de dominar mercado relevante, que caracteriza a infração à ordem econômica e submete a rede de padaria às sanções da Lei nº 12.529/2011 (Lei de Defesa da Concorrência).

A: incorreta. O valor do faturamento bruto anual dos grupos envolvidos na operação não atinge o mínimo estabelecido pelo art. 88 da Lei Antitruste; **B:** incorreta. Não havendo obrigatoriedade de análise pelo CADE, não há também qualquer obrigação de notificação; **C:** incorreta. A mera dominação de mercado relevante, em si, não caracteriza infração á ordem econômica, tendo em vista que pode resultar de processos naturais (art. 36, §1º, da Lei Antitruste); **D:** correta, conforme comentário à alternativa anterior; **E:** incorreta. Não há obrigação de comunicação e, além disso, a intenção de dominar mercado relevante por razões naturais (maior eficiência) e benéfica aos consumidores (diminuição de preços, atendimento domiciliar etc.) faz incidir a já citada exceção prevista no art. 36, §1º, da Lei Antitruste. HS

Gabarito "D."

(Juiz – TRF 2ª Região – 2017) Quanto ao acordo de leniência no âmbito Conselho Administrativo de Defesa Econômica – CADE, marque a opção correta:

(A) O acordo de leniência pode resultar em redução da pena, mas não em extinção da punibilidade da sanção administrativa a ser imposta à pessoa jurídica colaboradora.

(B) É inviável o acordo de leniência se a autoridade administrativa já dispõe de prova sobre a ocorrência da infração investigada.

(C) A pessoa jurídica que pretenda qualificar-se para o acordo não pode ser a líder da conduta infracional a ser revelada.

666 HENRIQUE SUBI

(D) A pessoa jurídica que pretenda qualificar-se deve ser a primeira a fazê-lo com relação à infração noticiada ou sob investigação.

(E) O acordo pode resultar em extinção da pena administrativa, mas não em extinção da punibilidade relativa a crime contra a ordem econômica.

A: incorreta. É possível a extinção da punibilidade, a critério do TADE (art. 86 da Lei Antitruste); **B:** incorreta, pois ainda há espaço para o acordo que resulte em identificação dos demais envolvidos (art. 86, I, da Lei Antitruste); **C:** incorreta. Não há qualquer limitação neste sentido para o acordo de leniência; **D:** correta, nos termos do art. 86, §1°, I, da Lei Antitruste; **E:** incorreta. A extinção da punibilidade do crime está prevista no art. 87, parágrafo único, da Lei Antitruste a partir do cumprimento do acordo de leniência pelo acusado. HS
Gabarito "D".

(Juiz – TRF 3ª Região – 2016) A Lei n° 12.529, de 30.11.2011, Lei de Defesa da Concorrência – LDC, estrutura o Sistema Brasileiro de Defesa da Concorrência – SBDC, integrado pelo Conselho Administrativo de Defesa Econômica – CADE. Assim, sobre as assertivas que se seguem, assinale a alternativa correta:

I. A prática usualmente denominada *"gun jumping"* (expressão em inglês que significa "queimar a largada"), conhecida na literatura e jurisprudência estrangeiras, consiste na consumação de atos de concentração econômica, antes da decisão final da autoridade antitruste. A LDC prevê que o controle dos atos de concentração, quando cabíveis, será realizado previamente pelo CADE em 240 (duzentos e quarenta) dias, prorrogáveis, a fim de preservar a livre iniciativa e a concorrência.

II. O critério de submissão dos atos de concentração ao CADE decorre da aferição, cumulativamente, do faturamento bruto anual e do volume de negócios total no País dos grupos envolvidos, apurados no ano anterior à operação.

III. São considerados atos de concentração econômica, pela LDC, as operações nas quais: i) duas ou mais empresas anteriormente independentes se fundem; ii) uma ou mais empresas adquirem, direta ou indiretamente, por compra ou permuta de ações, quotas, títulos ou valores mobiliários conversíveis em ações, ou ativos, tangíveis ou intangíveis, por via contratual ou por qualquer outro meio ou forma, o controle ou partes de uma ou outras empresas; iii) uma ou mais empresas incorporam outra ou outras empresas; ou iv) duas ou mais empresas celebram contrato associativo, consórcio ou *joint venture*, exceto quando destinados às licitações promovidas pela Administração Pública direta e indireta.

IV. Para fins de evitar o risco de aplicação de multa pecuniária de até R$60.000.000,00 (sessenta milhões de reais), dentre outras consequências, as partes envolvidas em um ato de concentração deverão manter as suas estruturas físicas e as condições competitivas inalteradas até a avaliação final do CADE.

(A) Estão corretas apenas as assertivas I e IV.

(B) Estão corretas apenas as assertivas II e IV.

(C) Estão corretas apenas as assertivas I e III.

(D) Todas as assertivas estão corretas.

I: correta, nos termos do art. 88, §§2° e 9°, da Lei Antitruste; **II:** incorreta. O critério é alternativo: faturamento bruto anual OU volume de negócios no país (art. 88, I e II, da Lei Antitruste); **III:** correta, nos termos do art. 90, I a IV, da Lei Antitruste; **IV:** considerada incorreta pelo gabarito oficial. Entendemos que a alternativa está correta, o que anularia a questão. Nos termos do art. 147, §2°, do Regimento Interno do CADE: "*As partes deverão manter as estruturas físicas e as condições competitivas inalteradas até a apreciação final do Cade, sendo vedadas, inclusive, quaisquer transferências de ativos e qualquer tipo de influência de uma parte sobre a outra, bem como a troca de informações concorrencialmente sensíveis que não seja estritamente necessária para a celebração do instrumento formal que vincule as partes*". HS
Gabarito "C".

3. QUESTÕES COMBINADAS E OUTROS TEMAS

(Juiz – TRF 4ª Região – 2016) Assinale a alternativa correta.

Acerca dos institutos de Direito Econômico e Concorrencial:

(A) A Lei n° 12.529/2011 (Lei Antitruste) aplica-se quando os atos de concentração econômica realizados no exterior produzam ou possam produzir efeitos significativos no mercado interno brasileiro.

(B) Admite-se a possibilidade de restrições ao comércio internacional com o fito de proteger o comércio doméstico somente quando consumado o prejuízo frente às importações, por meio de medidas de salvaguarda.

(C) A dominação de mercado relevante de bens ou serviços constitui infração contra ordem econômica apenas quando comprovada a culpa do agente ativo.

(D) As empresas públicas prestadoras de serviços públicos que atuam diretamente na atividade econômica não podem gozar de privilégios fiscais não extensivos às do setor privado, haja vista a manifesta afronta ao princípio da livre-concorrência.

(E) A prática de truste consiste na associação entre empresas do mesmo ramo de produção com objetivo de dominar o mercado e disciplinar a concorrência, implicando prejuízo da economia por impedir o acesso do consumidor à livre-concorrência.

A: considerada como correta pelo gabarito oficial, mas passível de críticas. Afinal, o art. 2° da Lei Antitruste não exige que os resultados em território nacional sejam "significativos"; **B:** incorreta. As medidas de salvaguarda podem ser aplicadas preventivamente, a partir da ameaça de prejuízo grave aos agentes econômicos nacionais (art. 2.1 do Acordo de Salvaguardas); **C:** incorreta. A responsabilidade por infrações à ordem econômica é objetiva (independe de dolo ou culpa) e também se configura independentemente da obtenção do resultado (art. 36 da Lei Antitruste); **D:** incorreta. As empresas públicas prestadoras de serviços públicos gozam de todos os privilégios fiscais. A proibição constitucional se aplica às empresas estatais que exercem atividade econômica (STF, RE 596.729 AgR); **E:** incorreta. A alternativa traz o conceito de cartel. Ocorre truste com a concentração vertical do mercado, a partir da incorporação ou fusão de empresas. HS
Gabarito "A".

14. DIREITO PREVIDENCIÁRIO

Henrique Subi e Ricardo Quartim*

1. PRINCÍPIOS E NORMAS GERAIS

(PROCURADOR MUNICÍPIO – TERESINA/PI – FCC – 2022) Thor, Zeus e Afrodite estão estudando em conjunto para concurso público. Na matéria pertinente a conceito e princípios da Previdência Social, Thor cita como um dos princípios da Previdência Social seu caráter democrático e descentralizado da gestão administrativa, com a participação do governo federal, que é quem tem competência na matéria previdenciária, e da comunidade, em especial de trabalhadores em atividade, empregadores e aposentados. Zeus elenca como princípios a serem observados pela Previdência Social uniformidade e equivalência dos benefícios e serviços às populações urbanas e rurais. Por fim, Afrodite coloca como princípio da Previdência Social, para o cálculo dos benefícios, os salários de contribuição corrigidos monetariamente pelo índice de correção do salário-mínimo de referência.

Nesse caso, considerando a Lei no 8.212, de 24 de julho de 1991,

(A) apenas Thor está correto.

(B) apenas Afrodite está correta.

(C) os três estudantes estão corretos.

(D) apenas Zeus e Afrodite estão corretos.

(E) os três estudantes estão errados.

Thor: Afirmação incorreta. Segundo o art. 1º, parágrafo único, alínea 'g', da Lei 8.212/91, um dos princípios da Seguridade Social é o caráter democrático e descentralizado da gestão administrativa com a participação da comunidade, em especial de trabalhadores, empresários e aposentados. Thor se equivoca ao confundir Previdência Social com Seguridade Social. A Seguridade Social é um gênero do qual são espécies a Previdência Social, a Assistência Social e a Saúde, na esteira do art. 194, *caput*, da CF. Na mesma toada, afirma o *caput* do art. 1º, da Lei 8.212/91, que a Seguridade Social compreende um conjunto integrado de ações de iniciativa dos Poderes Públicos e da sociedade, destinadas a assegurar os direitos relativos à saúde, à previdência e à assistência social. A esse respeito é importante ressaltar que a competência legislativa privativa da União diz respeito à Seguridade Social e não à Previdência Social (art. 22, XXIII e art. 24, XII, ambos da CF); **Afrodite:** Assertiva dada como correta pelo gabarito. A alínea 'c', do parágrafo único, do art. 3º, da Lei 8.212/91, afirma que o cálculo dos benefícios considerando-se os salários-de-contribuição, corrigidos monetariamente, constitui princípio da Previdência Social. Já a alínea 'd' do mesmo dispositivo prevê o princípio da preservação do valor real dos benefícios. Todavia, em nenhum momento a Lei 8.212/91 garante a correção dos salários de contribuição pelo mesmo índice usado para atualizar o salário-mínimo de referência. A expressão 'salário-mínimo de referência' advém do Decreto-Lei 2.351/87. Parte da jurisprudência entende que a variação do salário-mínimo de referência constitui o critério de reajuste dos benefícios previdenciários entre a data de início de vigência do Decreto-Lei 2.351/87 e o mês de março de 1989, sendo que de abril de 1989 até a vigência das leis 8.212/91 e 8.213/91

vigorou o art. 58 do ADCT (STJ, EmDiv nº 187.146, j. 23.06.1999). É verdade que os arts. 2º e 4º do Decreto-Lei 2.351/87 afirmam que a expressão 'salário-mínimo de referência' é equivalente e substitui a menção a 'salário-mínimo'. Isso posto, o Decreto-Lei 2.351/87 foi revogado pela Lei 11.321/2006. Mesmo supondo que o examinador se valha da expressão 'salário-mínimo de referência' como sinônimo de 'salário-mínimo', a assertiva ainda seria incorreta, dado que a correção de benefícios previdenciários com base no salário mínimo vigorou apenas entre o sétimo mês a contar da promulgação da Constituição até a implantação do plano de custeio e benefícios, nos termos do art. 58 do ADCT e da súmula nº 687 do STF; **Zeus:** O art. 1º, parágrafo único, alínea 'b', da Lei 8.212/91, elenca a uniformidade e equivalência dos benefícios e serviços às populações urbanas e rurais como um dos princípios da Seguridade Social. Assim como Thor, Zeus confundiu o gênero Seguridade Social com a espécie Previdência Social. **RQ**

Gabarito "B".

(Procurador do Município - Boa Vista/RR - 2019 - CESPE/CEBRASPE) A respeito de princípios constitucionais relativos à seguridade social, julgue o item a seguir.

(1) O princípio da diversidade da base de financiamento é imprescindível para a manutenção da saúde financeira e atuarial do sistema de seguridade social, uma vez que reduz o risco de desequilíbrio do orçamento direto e indireto desse sistema.

1: correta. O princípio constitucional da diversidade da base de financiamento visa adequar o sistema de custeio da Seguridade Social à evolução e às instabilidades da atividade econômica cuja tributação gera suas receitas, garantindo que a Seguridade Social tenha o maior número possível de fontes de receita, com vistas a evitar, dentro do possível, que crises que atinjam uma ou outra base não impliquem perdas insuperáveis para os respectivos fundos. **RQ**

Gabarito "1C".

(Procurador do Município/Manaus – 2018 – CESPE) Julgue os próximos itens, relativos à organização, aos princípios e ao custeio da seguridade social.

(1) Constitui objetivo da seguridade social manter o caráter democrático e descentralizado da administração, mediante gestão tripartite, com participação dos trabalhadores e empregadores e do Estado.

(2) Por força da regra da contrapartida, os benefícios e serviços da seguridade social somente poderão ser criados, majorados ou estendidos se existente a correspondente fonte de custeio total.

(3) Constitui fonte de financiamento da seguridade social a arrecadação de contribuições sociais do importador de bens ou serviços do exterior.

1: incorreta. A gestão será quadripartite, incluindo um representante dos aposentados (art. 194, parágrafo único, VII, da CF); **2: correta,** nos termos do art. 195, § 5º, da CF. A jurisprudência do STF entende pela inaplicabilidade deste dispositivo quando o benefício é criado diretamente pela Constituição (AI 792.329, DJe 03/09/2010); **3: correta,** nos termos do art. 195, IV, da CF. **RQ**

Gabarito 1E, 2C, 3C

---

* **HS** Henrique Subi
  RQ Ricardo Quartim

(Procurador do Estado/SE – 2017 – CESPE) O princípio que, norteando a CF quanto à seguridade social, tem extrema relevância para o cumprimento dos objetivos constitucionais de bem-estar e justiça social, por eleger as contingências sociais a serem acobertadas e os requisitos para a garantia da distribuição de renda, é o princípio da

(A) diversidade da base de financiamento.

(B) universalidade da cobertura e do atendimento.

(C) uniformidade e equivalência dos benefícios e serviços prestados às populações urbanas e rurais.

(D) seletividade e distributividade na prestação dos benefícios e serviços.

(E) equidade na forma de participação no custeio.

A questão é passível de críticas. É verdade que famosa doutrina afirma que a diversidade na base de financiamento é um instrumento para atingir o bem-estar e a justiça social. Tal afirmação jamais pode ser tida como equivocada. Contudo, a nosso ver, tanto a diversidade da base de financiamento quanto a seletividade e distributividade na prestação dos benefícios e serviços são formas de consagração das metas de justiça social e distribuição de renda. **RQ**

Gabarito "A".

(Defensor Público Federal – DPU – 2017 – CESPE) Acerca da seguridade social no Brasil, de sua evolução histórica e de seus princípios, julgue os itens a seguir.

(1) A Lei Eloy Chaves, de 1923, foi um marco na legislação previdenciária no Brasil, pois unificou os diversos institutos de aposentadoria e criou o INPS.

(2) Dado o princípio da universalidade de cobertura, a seguridade social tem abrangência limitada àqueles segurados que contribuem para o sistema.

1: incorreta, pois, embora a Lei Eloy Chaves (Decreto-Legislativo 4.682/1923) seja considerada por muitos o marco da previdência social no Brasil, ela não unificou institutos, nem criou o INPS. Na sistemática da Lei Eloy Chaves, eram criadas caixas de aposentadorias e pensões, de natureza privada, em cada uma das empresas de estrada de ferro para os respectivos empregados. Havia contribuições pelos trabalhadores ferroviários e pelos usuários de transportes. O Estado não participava do custeio ou da administração do sistema; 2: incorreta, pois, pelo princípio da solidariedade, há benefícios concedidos e serviços prestados independentemente de contribuições, especialmente no âmbito da assistência social e da saúde – arts. 196 e 203 da CF, entre outros. A Previdência Social, um dos três ramos da Seguridade Social, atende apenas aos que contribuem (art. 201, *caput*, da CF). Não confunda Previdência Social com Seguridade Social. **HS**

Gabarito: 1E, 2E

2. CUSTEIO

(Procurador do Estado/SE – 2017 – CESPE) O sistema de custeio da seguridade social é

(A) composto pela contribuição sobre a receita de concursos de prognósticos, mas não pela remuneração recebida por serviços de arrecadação prestados a terceiros.

(B) composto, no âmbito da União, por recursos adicionais do orçamento fiscal fixados obrigatoriamente na lei orçamentária anual.

(C) assegurado pela contribuição empresária, que é calculada, entre outras, sobre as remunerações pagas aos trabalhadores avulsos prestadores de serviços, deles excluídos os segurados contribuintes individuais.

(D) composto, na esfera federal, somente por receitas da União e das contribuições sociais.

(E) assegurado também pela participação do empregado, cujo salário de contribuição é reajustado anualmente pelos mesmos índices do salário mínimo vigente no país.

A: correta. Realmente estão previstas contribuições sobre concursos de prognósticos (art. 195, III, da CF), mas não sobre serviços de arrecadação prestados a terceiros; **B:** incorreta. Não são recursos adicionais. O orçamento da seguridade social integra o orçamento da União, Estados, DF e Municípios (art. 195, *caput*, da CF). A lei orçamentária anual, por sua compreende, o orçamento fiscal, o orçamento de investimentos e o orçamento da Seguridade Social (art. 165, §5º, da CF); **C:** incorreta. Os segurados contribuintes individuais que prestem serviços a empresas estão incluídos dentre os obrigados a recolher a contribuição sobre a folha de pagamentos (art. 195, I, "a", da CF e art. 22, I e III, do PCSS); **D:** incorreta. O art. 11, da Lei 8.212/91, afirma que, no âmbito federal, o orçamento da Seguridade Social é composto de receitas da União, receitas das contribuições sociais e receitas de outras fontes; **E:** incorreta. Não há previsão de reajuste anual do salário de contribuição, mas sim do valor dos benefícios (art. 201, § 4º, da CF). **RQ**

Gabarito "A".

3. SEGURADOS DA PREVIDÊNCIA E DEPENDENTES

(Defensor Público Federal – DPU – 2017 – CESPE) A respeito da condição de segurados e dependentes no RGPS e da fonte de custeio desse regime, julgue os itens subsequentes.

(1) Em caso de morte do segurado seringueiro recrutado para a produção de borracha na região amazônica durante a Segunda Guerra Mundial, sua pensão especial vitalícia poderá ser transferida aos seus dependentes reconhecidamente carentes.

(2) O princípio da equidade na forma de participação no custeio do RGPS não veda a existência de alíquotas de contribuições diferenciadas entre empregadores nem entre empregados.

(3) Para efeito de concessão de benefício aos dependentes, a dependência econômica dos genitores do segurado é considerada presumida.

(4) O segurado aposentado pelo RGPS que passar a auferir renda na condição de trabalhador autônomo será segurado obrigatório em relação a essa atividade e participará do custeio da seguridade social.

1: correta, nos termos do art. 54, §2º, do ADCT; 2: correta – ver, analogamente, o RE 231.673 AgR/MG. Ademais, afirma o art. 195, §9º, da CF, que a contribuição do empregador, da empresa e da entidade a ela equiparada na forma da lei poderão ter alíquotas diferenciadas em razão da atividade econômica, da utilização intensiva de mão de obra, do porte da empresa ou da condição estrutural do mercado de trabalho, sendo também autorizada a adoção de bases de cálculo diferenciadas apenas no caso das alíneas "b" e "c" do inciso I do *caput* do art. 195; 3: incorreta, pois a dependência dos genitores não é presumida, devendo ser comprovada – art. 16, § 4º, do Plano de Benefícios da Previdência Social – PBPS (Lei 8.213/1991); 4: correta, conforme o art. 11, § 3º, do PBPS. Deve ser assinalado que não existe em nosso ordenamento jurídico direito à "desaposentação" ou à "reaposentação", de modo que o segurado aposentado que voltar a contribuir não fará jus a prestação alguma da Previdência Social em decorrência do exercício dessa atividade, exceto ao salário-família e à reabilitação profissional, quando empregado, nos termos do art. 18, §2º, da Lei 8.213/91 (RExt 381.367, DJe 21/08/2009). **HS**

Gabarito: 1C, 2C, 3E, 4C

Veja as seguintes tabelas, com os segurados obrigatórios do RGPS e os dependentes:

Segurados obrigatórios do RGPS – art. 11 do PBPS	
Empregado	– aquele que presta serviço de natureza urbana ou rural à empresa, em caráter não eventual, sob sua subordinação e mediante remuneração, inclusive como diretor empregado; – aquele que, contratado por empresa de trabalho temporário, definida em legislação específica, presta serviço para atender a necessidade transitória de substituição de pessoal regular e permanente ou a acréscimo extraordinário de serviços de outras empresas; – o brasileiro ou o estrangeiro domiciliado e contratado no Brasil para trabalhar como empregado em sucursal ou agência de empresa nacional no exterior; – aquele que presta serviço no Brasil a missão diplomática ou a repartição consular de carreira estrangeira e a órgãos a elas subordinados, ou a membros dessas missões e repartições, excluídos o não brasileiro sem residência permanente no Brasil e o brasileiro amparado pela legislação previdenciária do país da respectiva missão diplomática ou repartição consular; – o brasileiro civil que trabalha para a União, no exterior, em organismos oficiais brasileiros ou internacionais dos quais o Brasil seja membro efetivo, ainda que lá domiciliado e contratado, salvo se segurado na forma da legislação vigente do país do domicílio; – o brasileiro ou estrangeiro domiciliado e contratado no Brasil para trabalhar como empregado em empresa domiciliada no exterior, cuja maioria do capital votante pertença a empresa brasileira de capital nacional; – o servidor público ocupante de cargo em comissão, sem vínculo efetivo com a União, Autarquias, inclusive em regime especial, e Fundações Públicas Federais; – o exercente de mandato eletivo federal, estadual ou municipal, desde que não vinculado a regime próprio de previdência social; – o empregado de organismo oficial internacional ou estrangeiro em funcionamento no Brasil, salvo quando coberto por regime próprio de previdência social;
Empregado doméstico	– aquele que presta serviço de natureza contínua a pessoa ou família, no âmbito residencial desta, em atividades sem fins lucrativos;
Contribuinte individual	– a pessoa física, proprietária ou não, que explora atividade agropecuária, a qualquer título, em caráter permanente ou temporário, em área superior a 4 (quatro) módulos fiscais; ou, quando em área igual ou inferior a 4 (quatro) módulos fiscais ou atividade pesqueira, com auxílio de empregados ou por intermédio de prepostos; ou ainda nas hipóteses dos §§ 9º e 10 deste artigo;
Contribuinte individual	– a pessoa física, proprietária ou não, que explora atividade de extração mineral – garimpo, em caráter permanente ou temporário, diretamente ou por intermédio de prepostos, com ou sem o auxílio de empregados, utilizados a qualquer título, ainda que de forma não contínua; – o ministro de confissão religiosa e o membro de instituto de vida consagrada, de congregação ou de ordem religiosa; – o brasileiro civil que trabalha no exterior para organismo oficial internacional do qual o Brasil é membro efetivo, ainda que lá domiciliado e contratado, salvo quando coberto por regime próprio de previdência social; – o titular de firma individual urbana ou rural, o diretor não empregado e o membro de conselho de administração de sociedade anônima, o sócio solidário, o sócio de indústria, o sócio gerente e o sócio cotista que recebam remuneração decorrente de seu trabalho em empresa urbana ou rural, e o associado eleito para cargo de direção em cooperativa, associação ou entidade de qualquer natureza ou finalidade, bem como o síndico ou administrador eleito para exercer atividade de direção condominial, desde que recebam remuneração; – quem presta serviço de natureza urbana ou rural, em caráter eventual, a uma ou mais empresas, sem relação de emprego; – a pessoa física que exerce, por conta própria, atividade econômica de natureza urbana, com fins lucrativos ou não;
Trabalhador avulso	– quem presta, a diversas empresas, sem vínculo empregatício, serviço de natureza urbana ou rural definidos no Regulamento;
Segurado especial	– como segurado especial: a pessoa física residente no imóvel rural ou em aglomerado urbano ou rural próximo a ele que, individualmente ou em regime de economia familiar, ainda que com o auxílio eventual de terceiros, exerça as atividades de produtor ou pescador, ou seja cônjuge, companheiro, filho ou equiparado, conforme o art. 11, VII, do PBPS.

Dependentes no RGPS – art. 16 do PBPS – a primeira classe com dependente exclui as seguintes
– o cônjuge, a companheira, o companheiro e o filho não emancipado, de qualquer condição, menor de 21 (vinte e um) anos ou inválido ou que tenha deficiência intelectual ou mental ou deficiência grave. A dependência econômica desses é presumida, a dos demais deve ser comprovada – § 4º. O enteado e o menor tutelado equiparam-se a filho, mediante declaração do segurado, e desde que comprovada a dependência econômica – § 2º; – os pais; – o irmão não emancipado, de qualquer condição, menor de 21 (vinte e um) anos ou inválido ou que tenha deficiência intelectual ou mental ou deficiência grave.

4. BENEFÍCIOS PREVIDENCIÁRIOS

(Procurador Município – Teresina/PI – FCC – 2022) Sobre a aposentadoria por invalidez, prevista na Lei no 8.213, de 24 de julho de 1991, considere:

I. A doença ou lesão de que o segurado já era portador ao filiar-se ao Regime Geral de Previdência Social não lhe conferirá direito à aposentadoria por invalidez, salvo quando a incapacidade sobrevier por motivo de progressão ou agravamento dessa doença ou lesão.

II. O segurado aposentado por invalidez poderá ser convocado a qualquer momento para avaliação das condições que ensejaram o afastamento ou a aposentadoria, concedida judicial ou administrativamente, exceto se a causa do benefício for HIV/AIDS.

III. A aposentadoria por invalidez será devida a partir do dia imediato ao da cessação do auxílio-doença, constatada por perícia a incapacidade total e definitiva, sendo que para o segurado doméstico contará da data do início da incapacidade ou da data da entrada do requerimento, se entre essas datas decorrerem mais de dezesseis dias.

IV. A aposentadoria por invalidez, uma vez cumprida, quando for o caso, a carência exigida, será devida ao segurado que, estando em gozo de auxílio-doença, for considerado incapaz e insusceptível de reabilitação para o exercício de atividade que lhe garanta a subsistência, e ser-lhe-á paga enquanto permanecer nesta condição.

Está correto o que se afirma APENAS em

(A) I, II e IV.

(B) III e IV.

(C) I e III.

(D) II e III.

(E) I e II.

I: Correta. O art. 42, §2º, da Lei 8.213/91, afirma que a doença ou lesão de que o segurado já era portador ao filiar-se ao Regime Geral de Previdência Social não lhe conferirá direito à aposentadoria por invalidez, salvo quando a incapacidade sobrevier por motivo de progressão ou agravamento dessa doença ou lesão; II: Correta. De acordo com o art. 42, §4º, e o art. 101, ambos da Lei 8.213/91, o segurado aposentado por invalidez poderá ser convocado a qualquer momento para avaliação das condições que ensejaram o afastamento ou a aposentadoria, concedida judicial ou administrativamente. Entretanto, a Lei 13.847/2019 deu nova redação ao §5º deste art. 42, afirmando que a pessoa com HIV/AIDS é dispensada da avaliação prevista em seu § 4º; III: Incorreta. Ao segurado empregado doméstico, trabalhador avulso, contribuinte individual, especial e facultativo, a aposentadoria por invalidez será devida a contar da data do início da incapacidade ou da data da entrada do requerimento, se entre essas datas decorrerem mais de trinta dias (art. 43, §1º, alínea 'b', da Lei 8.213/91); IV: Incorreta. O *caput* do art. 43, da Lei 8.213/91, afirma que a aposentadoria por invalidez será devida ao segurado "estando ou não em gozo de auxílio-doença". Não existe qualquer exigência legal de que o segurado primeiro receba auxílio-doença e só depois passe a receber aposentadoria por invalidez. **RQ**

Gabarito "E".

(Procurador Município – Teresina/PI – FCC – 2022) A pensão por morte, conforme previsão da Lei no 8.213, de 24 de julho de 1991, será devida ao conjunto dos dependentes do segurado que falecer, aposentado ou não, a contar da data do óbito quando requerida em até

(A) 90 dias após o óbito, para os filhos menores de 18 anos, ou em até 120 dias após o óbito, para os demais dependentes.

(B) 120 dias após o óbito, para os filhos menores de 16 anos, ou em até 90 dias após o óbito, para os demais dependentes.

(C) 180 dias após o óbito, para os filhos menores de 16 anos, ou em até 120 dias após o óbito, para os demais dependentes.

(D) 120 dias após o óbito, para os filhos menores de 18 anos, ou em até 90 dias após o óbito, para os demais dependentes.

(E) 180 dias após o óbito, para os filhos menores de 16 anos, ou em até 90 dias após o óbito, para os demais dependentes.

O benefício de pensão por morte é devido a partir da data do óbito do segurado quando requerida em até 180 (cento e oitenta) dias após o falecimento, para os filhos menores de 16 (dezesseis) anos, ou em até 90 (noventa) dias após o óbito, para os demais dependentes. Se o benefício por requerido após esses prazos, ele será devido a partir da data do requerimento. Vale notar que no caso de morte presumida a pensão por morte será devida a partir da data da decisão judicial que a declarar, observado o disposto no art. 78 da lei 8.213/91. **RQ**

Gabarito "E".

(Delegado de Polícia Federal – 2021 – CESPE) Considerando que determinado servidor público, ocupante de cargo em comissão, esteja preparando-se para o concurso de delegado da Polícia Federal, julgue os itens a seguir.

(1) É correto afirmar que, atualmente, o servidor em questão é segurado facultativo da previdência social.

(2) Caso venha a ser aprovado no concurso almejado, esse servidor poderá requerer a contagem recíproca do tempo de contribuição.

1: Errado. Ao agente público ocupante, exclusivamente, de cargo em comissão declarado em lei de livre nomeação e exoneração, se aplica o Regime Geral de Previdência Social - RGPS (art. 40, § 13, da CF). Sua filiação ao RGPS se dá como segurado obrigatório, nos termos do art. 11, I, 'g', da Lei 8.213/91. Por outro lado, segurado facultativo é aquele que, maior de 14 (quatorze) anos de idade, não se encontra em nenhuma situação que o vincule obrigatoriamente ao RGPS, ou seja, não se enquadra em nenhuma das hipóteses elencadas nos incisos do *caput* do art. 11 da Lei 8.213/91 (vide art. 14 da Lei 8.213/1991 e REsp 1.493.738, 2ª T., Rel. Min. Humberto Martins, DJe 25.08.2015)) 2: Certo. Para fins de aposentadoria, será assegurada a contagem recíproca do tempo de contribuição entre o Regime Geral de Previdência Social e os regimes próprios de previdência social, e destes entre si, observada a compensação financeira, de acordo com os critérios estabelecidos em lei (art. 201, § 9º, da CF). A regulamentação do instituto da contagem recíproca do tempo de contribuição no âmbito do RGPS se encontra nos arts. 94 a 99 da Lei 8.213/91. Ademais, a Lei 9.796/99 disciplina "a compensação financeira entre o Regime Geral de Previdência Social e os regimes de previdência dos servidores da União, dos Estados, do Distrito Federal e dos Municípios, nos casos de contagem recíproca de tempo de contribuição para efeito de aposentadoria" e regulamenta a forma pela qual os regimes previdenciários públicos (RGPS e RPPS) realizarão o acerto financeiro quando o segurado se utilizar de tempo de contribuição vinculado a outro regime que não aquele que ficará responsável pelo pagamento da prestação previdenciária. **RQ**

Gabarito 1E, 2C

14. DIREITO PREVIDENCIÁRIO   671

(Procurador do Município/Manaus – 2018 – CESPE) Considerando a legislação aplicável e a jurisprudência dos tribunais superiores acerca do RGPS, julgue os itens que se seguem.

(1) Os benefícios de aposentadoria por invalidez e auxílio-doença independem de carência quando originários de causa acidentária de qualquer natureza.

(2) Para efeito da concessão de benefício previdenciário ao trabalhador rural, é suficiente a prova exclusivamente testemunhal.

1: correta, nos termos do art. 26, II, do PBPS; **2:** incorreta. Será sempre necessário ao menos um início de prova documental, sendo vedada a comprovação exclusivamente por testemunhas, exceto na ocorrência de motivo de força maior ou caso fortuito, na forma prevista no regulamento (art. 55, § 3º, do PBPS). A assertiva tem como finalidade aferir se o candidato conhece a súmula 149 do STJ, segundo a qual: 'A prova exclusivamente testemunhal não basta a comprovação da atividade rurícola, para efeito da obtenção de benefício previdenciário.' RO
Gabarito 1C, 2E.

(Procurador do Município/Manaus – 2018 – CESPE) Márcio, com cinquenta e cinco anos de idade e trinta e cinco anos de contribuição como empresário, compareceu a uma agência da previdência social para requerer sua aposentadoria. Após análise, o INSS indeferiu a concessão do benefício sob os fundamentos de que ele já era beneficiário de pensão por morte e que não tinha atingido a idade mínima para a aposentadoria por tempo de contribuição.

A respeito da situação hipotética apresentada e de aspectos legais a ela relacionados, julgue os itens subsequentes.

(1) A decisão da autarquia previdenciária está parcialmente correta porque, embora Márcio tenha atendido aos requisitos concessórios do benefício, ele não pode acumular a aposentadoria por tempo de contribuição com a pensão por morte.

(2) O direito de Márcio não está sujeito ao prazo decadencial decenal, pois este é aplicável somente nas hipóteses de pedido revisional de benefício previamente concedido.

(3) Caso, posteriormente, o INSS conceda o benefício, judicial ou administrativamente, no cálculo da renda mensal inicial devida a Márcio deverá ser desprezada a incidência do fator previdenciário.

1: incorreta. Nada obsta a cumulação de aposentadoria e pensão por morte (art. 124 do PBPS). Apesar de a EC 103/2019 não ter proibido a cumulação dos benefícios de aposentadoria e pensão por morte, seu art. 24, §2º, não mais permite a percepção do valor integral de ambos; **2:** correta, nos termos do art. 103 do PBPS. Vale notar que a Lei nº 13.846/2019 deu nova redação ao art. 103 do PBPS, sujeitando ao prazo decadencial a revisão do ato de concessão, indeferimento, cancelamento ou cessação de benefício e o ato de deferimento, indeferimento ou não concessão de revisão de benefício. Porém, o STF declarou a inconstitucionalidade de tal alteração na ADIN nº 6.096, DJe 26/11/2020; **3:** incorreta. Haveria incidência do fator previdenciário (art. 29, I, do PBPS). Entretanto, a EC 103/2019 extinguiu a distinção entre aposentadoria por idade e aposentadoria por tempo de contribuição. Assim, ressalvados direitos adquiridos, existe agora apenas a aposentadoria programada, cujo deferimento exige tanto idade mínima como tempo de contribuição. O cálculo do salário-de-benefício da aposentadoria programada não inclui a utilização do fator previdenciário. Não se pode, contudo, afirmar que o fator previdenciário foi totalmente excluído de nosso ordenamento jurídico, pois ele ainda incide no caso da regra de transição prevista no art. 17 da EC 103/2019, como expressamente diz o parágrafo único de tal

dispositivo. Na mesma seara, por força do art. 22 da EC nº 103/2019, a aposentadoria da pessoa com deficiência continuará sendo regida pela Lei Complementar 142/2013 até que lei discipline o art. 201, § 1º, I, da CF. Ora, o art. 9º, I, da LC 142/2013, afirma que o fator previdenciário incide nas aposentadorias de pessoas com deficiência, se resultar em renda mensal de valor mais elevado. RO
Gabarito 1E, 2C, 3E.

(Procurador do Estado/SE – 2017 – CESPE) Se um empregado de determinada empresa, filiado ao RGPS há dois anos, sofrer acidente de trânsito que o incapacite temporariamente para o exercício de atividade laboral, a ele será assegurado o direito

(A) a aposentadoria por invalidez, que, por sua natureza, independerá de carência, e cujo valor será acrescido de 50% no caso de necessidade de assistência permanente.

(B) ao auxílio-doença, que consiste em uma renda mensal correspondente a 91% do salário de benefício.

(C) ao recebimento de auxílio-doença, desde o primeiro dia de afastamento da atividade e pelo período que durar a sua incapacidade.

(D) ao benefício do auxílio-acidente, de caráter vitalício, caso o acidente tenha ocorrido em horário de trabalho.

(E) a receber benefício durante a licença pela incapacidade temporária, sendo esse período descontado do tempo de contribuição.

A: incorreta. A aposentadoria por invalidez é destinada a casos de incapacidade total e permanente para o exercício de qualquer atividade laborativa (art. 42 do PBPS e 201, I, da CF); **B:** considerada correta pelo gabarito oficial. O auxílio-doença, que realmente tem como renda mensal inicial o equivalente a 91% do salário de benefício (art. 61 do PBPS), somente é devido ao segurado empregado se o afastamento for superior a 15 dias (art. 59 do PBPS), informação que não consta do enunciado; **C:** incorreta, conforme comentário à alternativa anterior. Com efeito, o segurado empregado faz jus a auxílio-doença apenas a partir do décimo sexto dia do afastamento da atividade. Contudo, os demais segurados da Previdência Social, inclusive o empregado doméstico, tem direito ao auxílio-doença a contar da data do início da incapacidade e enquanto permanecerem incapazes (art. 60 do PBPS); **D:** incorreta. Apesar de ter sofrido um acidente, trata-se de auxílio-doença. O auxílio-acidente é pago em caso de consolidação de lesões que reduzam permanentemente a capacidade laborativa do segurado, sem incapacitá-lo (art. 86 do PBPS); **E:** incorreta. O período em que o segurado está em gozo de benefício é considerado como tempo de contribuição (art. 55, II, do PBPS), nos termos da súmula 73 da Turma Nacional de Uniformização, segundo a qual: 'o tempo de gozo de auxílio-doença ou de aposentadoria por invalidez não decorrentes de acidente de trabalho só pode ser computado como tempo de contribuição ou para fins de carência quando intercalado entre períodos nos quais houve recolhimento de contribuições para a previdência social'. RO
Gabarito "B".

(Defensor Público Federal – DPU – 2017 – CESPE) Cada um dos itens seguintes, acerca de benefícios previdenciários, apresenta uma situação hipotética, seguida de uma assertiva a ser julgada.

(1) Carlos, contribuinte da previdência social por quatorze meses na condição de segurado empregado, faleceu vítima de latrocínio, deixando viúva a sua companheira de vinte e três anos de idade. Nessa situação, a companheira terá direito a receber o benefício da pensão por morte por um período de quatro meses.

(2) Em maio de 2015, Antônio, ao completar cinquenta e nove anos de idade e trinta e cinco anos de contribuição para a previdência social na condição de contribuinte individual, deixou de contribuir e não requereu o benefício da aposentadoria por tempo de contribuição. Nessa situação, o direito de Antônio pleitear o benefício da aposentadoria e os proveitos econômicos dela decorrentes prescreverá em cinco anos a contar da data em que ele completou os trinta e cinco anos de contribuição.

(3) Jânio, microempreendedor individual, tem uma única empregada. Ela se encontra grávida e em tempo de receber o benefício do salário-maternidade. Nessa situação, o benefício será pago diretamente pela previdência social.

(4) Raul nunca havia contribuído para o RGPS. No entanto, após uma semana do início de atividade laboral em determinado emprego, um acidente de trabalho o tornou incapaz e insuscetível de reabilitação. Nessa situação, Raul não faz jus ao benefício da aposentadoria por invalidez porque não cumpriu o tempo de carência exigido.

1: correta. Atualmente, há regras para cessação da pensão por morte em desfavor do cônjuge ou companheiro, considerando o tempo de contribuição e a idade do beneficiário na data do óbito do segurado. No caso de ter havido menos que 18 contribuições mensais, como descrito na assertiva, o benefício cessa em 4 meses – art. 77, § 2º, V, *b*, do PBPS; **2:** incorreta, pois, ao completar 35 anos de contribuição, Antônio adquiriu o direito à aposentadoria (art. 201, § 7º, I, da CF), que não fica prejudicado com a perda da qualidade de segurado, nos termos do art. 102, § 1º, do PBPS. Da mesma forma, os dependentes de Antônio teriam direito à pensão por morte ainda que ele não tivesse requerido a aposentadoria em vida, nos termos da Súmula 416 do STJ; **3:** correta, pois o salário-maternidade devido à empregada do microempreendedor individual será pago diretamente pela Previdência Social, conforme o art. 72, § 3º, do PBPS; **4:** incorreta, pois a aposentadoria por invalidez nos casos de acidente de qualquer natureza ou causa e de doença profissional ou do trabalho independe de carência para sua concessão – art. 26, II, do PBPS. **HS** Gabarito: 1C, 2E, 3C, 4E

(Juiz – TRF 2ª Região – 2017) Relativamente às pensões por morte do Regime Geral de Previdência Social (Lei nº 8.213/1991), assinale a opção correta:

(A) A jurisprudência dominante admite estender a pensão até os 24 anos de idade do beneficiário, desde que ele demonstre a necessidade e a sua condição de estudante universitário.

(B) A jurisprudência dominante aponta que o cônjuge divorciado, que recebia pensão alimentícia, concorrerá à pensão por morte com o coeficiente do benefício limitado ao percentual ou ao valor dos alimentos que recebia do falecido.

(C) O valor da pensão terá o coeficiente de 100% da aposentadoria que o segurado recebia ou a que teria direito se estivesse aposentado por invalidez, ainda que tenha havido óbito do instituidor em época em que a legislação vigente fixava o coeficiente em 80%.

(D) A mãe do segurado, quando idosa e na falta de beneficiários de classe anterior, faz jus à pensão derivada da morte do filho, sendo presumida a dependência econômica.

(E) O indivíduo maior, ainda que efetivamente inválido, não faz jus a receber a pensão decorrente do falecimento de seu irmão em concomitância com o filho menor deste, que já a recebe.

A: incorreta. A jurisprudência do STJ se assentou no sentido de que não é possível a extensão do benefício em tal hipótese, por faltar previsão legal e em face da proibição constitucional (art. 195, §5º) de que se o faça sem a respectiva fonte de custeio (STJ, AgRg no AREsp 68.457); **B:** incorreta. A jurisprudência do STJ aponta que o cônjuge divorciado que recebia pensão alimentícia deve concorrer em igualdade de condições com os demais dependentes (STJ, REsp 887.271 e art. 76, §2º, do PBPS); **C:** incorreta. Aplica-se ao caso o brocardo *tempus regit actum*, sendo o coeficiente da renda mensal inicial obtido na legislação vigente à data do óbito (STJ, REsp 1.059.099 e súmula 340); **D:** incorreta. Os dependentes de segunda classe devem comprovar a dependência econômica para terem acesso aos benefícios previdenciários (art. 16, §4º, da Lei n 8.213/1991); **E:** correta. A existência de dependentes de classe superior (no caso, o filho – 1ª classe) impede o recebimento do benefício por dependentes de classes inferiores (no caso, o irmão inválido – 3ª classe), nos termos do art. 16, §1º, da Lei 8.213/91. **HS** Gabarito: "E".

(Juiz – TRF 2ª Região – 2017) Quanto ao Regime Geral de Previdência (RGPS) é correto afirmar:

(A) É possível a cumulação entre o auxílio-acidente e o auxílio-doença decorrentes do mesmo fato gerador incapacitante, pois o primeiro é benefício complementar da renda e, ademais, a vedação não é expressa no rol taxativo da Lei nº 8.213/1991.

(B) O tempo em que o segurado do RGPS recebe auxílio-doença não é computado como tempo de contribuição.

(C) A prestação relativa à pensão por morte independe de carência.

(D) Reconhecida a incapacidade parcial para o trabalho, o Juiz não pode conceder a aposentadoria por invalidez, mas sim o auxílio-doença.

(E) Após perdida a qualidade de segurado, em caso de lesão incapacitante, o beneficiário do RGPS precisa contribuir durante 6 meses, no mínimo, para fazer jus ao auxílio-doença.

A: incorreta. Os benefícios são inacumuláveis porque o art. 86, §2º, da Lei 8.213/91 determina que o auxílio-acidente comece a ser pago no dia seguinte ao da cessação do auxílio-doença. Além disso, os benefícios têm requisitos diversos: o auxílio-doença é devido em caso de incapacidade **total** e temporária para o exercício do trabalho habitual, ao passo que o auxílio-acidente é devido em caso da consolidação de lesões que **reduzam** a capacidade de trabalho. O mesmo fato gerador incapacitante não pode gerar as duas situações ao mesmo tempo; **B:** incorreta. O art. 55, II, da Lei 8.213/1991, garante a contagem de tempo de serviço no período intercalado em que o segurado esteve em gozo de auxílio-doença ou aposentadoria por invalidez. A súmula 73 da Turma Nacional de Uniformização, afirma que: 'o tempo de gozo de auxílio-doença ou de aposentadoria por invalidez não decorrentes de acidente de trabalho só pode ser computado como tempo de contribuição ou para fins de carência quando intercalado entre períodos nos quais houve recolhimento de contribuições para a previdência social'; **C:** correta, nos termos do art. 26, I, da Lei 8.213/1991; **D:** incorreta. O auxílio-doença é pago somente em caso de incapacidade **total** e temporária (porém maior que 15 dias) para o exercício das funções **habituais** do segurado. No caso em exame, deve ser concedido o auxílio-acidente ou a reabilitação profissional; **E:** incorreta. "Lesão incapacitante" é aquela prevista em portaria conjunta do Ministério da

14. DIREITO PREVIDENCIÁRIO — 673

Saúde e da Previdência Social, as quais, nos termos do art. 26, II, da Lei 8.213/1991, independem de carência. **HS**

Gabarito "C."

(Delegado/MS – 2017 - FAPEMS) A respeito do Tempo de Serviço, de acordo com a Lei Complementar n. 114, de 19 de dezembro de 2005 (Lei Orgânica da Polícia Civil do Estado de Mato Grosso do Sul), será considerado efetivo exercício o afastamento do policial civil no exercício do respectivo cargo, em virtude de

(A) licença por motivo de doença em pessoas da família; cônjuge, filhos, pai, mãe ou irmão, na forma da lei.

(B) missão ou estudo no exterior ou em qualquer parte do território nacional, quando o afastamento houver sido autorizado pelo Diretor-Geral da Polícia Civil.

(C) casamento ou luto, até dez dias.

(D) até cinco faltas, durante o mês, por motivo de doença devidamente comprovada mediante atestado médico.

(E) exercício de função do governo por designação do Delegado-Geral ou do Diretor-Geral da Polícia Civil.

A: correta, nos termos do art. 108, IX, da Lei Complementar Estadual 114/2005; **B:** incorreta. A autorização cabe ao Governador (art. 108, VI, da Lei Complementar Estadual 114/2005); **C:** incorreta. A licença-gala e a licença-nojo são de oito dias (art. 108, II, da Lei Complementar Estadual 114/2005); **D:** incorreta. O limite é de três faltas (art. 108, X, da Lei Complementar Estadual 114/2005); **E:** incorreta. Apenas o exercício de mandato eletivo será considerado como de efetivo exercício (art. 108, XI, da Lei Complementar Estadual 114/2005). **HS**

Gabarito "A."

(Delegado/MT – 2017 – CESPE) Ana e Pedro são policiais civis do estado de Mato Grosso.

Ambos possuem vinte e cinco anos de contribuição para o respectivo instituto de previdência e quinze anos de efetivo exercício em cargo de natureza estritamente policial.

Nessa situação hipotética, conforme a Lei Complementar Estadual n. 401/2010 e suas alterações, a aposentadoria voluntária poderá ser concedida

(A) somente a Ana, independentemente da idade que ela tiver.

(B) somente a Ana, desde que ela tenha pelo menos cinquenta anos de idade.

(C) a Ana e a Pedro, desde que cada um deles tenha pelo menos cinquenta e cinco anos de idade.

(D) a Ana e a Pedro, desde que cada um deles tenha pelo menos cinquenta anos de idade.

(E) a Ana e a Pedro, independentemente da idade que cada um deles tenha.

Nos termos do art. 2º da Lei Complementar Estadual n. 401/2010, o policial civil mato-grossense, do sexo masculino, pode se aposentar voluntariamente contando 30 anos de contribuição, com pelo menos 20 anos de efetivo exercício em cargo de natureza estritamente policial, independentemente da idade. Logo, Pedro ainda não pode solicitar sua aposentadoria. Por outro lado, para a policial civil do sexo feminino, os requisitos são de 25 anos de contribuição, dos quais no mínimo 15 em cargo de natureza estritamente policial (art. 2º, parágrafo único, do mesmo diploma legal). Sendo assim, Ana poderá se aposentar. Relevante apontar que o art. 40, § 4-B, da CF, afirma que: 'Poderão ser estabelecidos por lei complementar do respectivo ente federativo idade e tempo de contribuição diferenciados para aposentadoria de ocupantes do cargo de agente penitenciário, de agente socioeducativo ou de policial dos órgãos de que tratam o inciso IV do caput do art. 51, o inciso XIII do caput do art. 52 e os incisos I a IV do caput do art. 144.' **HS**

Gabarito "A."

(Delegado/GO – 2017 – CESPE) Considere que os motivos determinantes da aposentadoria de determinado funcionário aposentado por invalidez tenham sido considerados insubsistentes e, como havia vaga, ele tenha retornado à atividade. Conforme a Lei Estadual n. 10.460/1988, essa situação configura hipótese de

(A) readmissão.

(B) recondução.

(C) reversão.

(D) aproveitamento.

(E) reintegração.

O instituto descrito no enunciado é a reversão, nos termos do art. 124 da Lei Estadual 10.460/1988. A Lei º 8.112/90 também enquadra a hipótese como reversão, a rigor de seu art. 25, I. **HS**

Gabarito "C."

Veja as seguintes tabelas, para estudo e memorização dos períodos de carência e das prestações que independem de carência:

Períodos de Carência – art. 25 do PBPS	
– auxílio-doença e aposentadoria por invalidez	12 contribuições mensais
– aposentadoria por idade, aposentadoria por tempo de serviço e aposentadoria especial	180 contribuições mensais
– salário-maternidade para contribuintes individuais, seguradas especiais e facultativas	10 contribuições mensais. Em caso de antecipação do parto, o período é reduzido em número de contribuições equivalentes ao número de meses em que o parto foi antecipado. A segurada especial deve apenas comprovar atividade rural nos 12 meses anteriores ao início do benefício – art. 39, parágrafo único, do PBPS
- auxílio-reclusão	24 contribuições mensais

Independem de Carência – art. 26 do PBPS

– pensão por morte, salário-família e auxílio-acidente;
– auxílio-doença e aposentadoria por invalidez nos casos de acidente de qualquer natureza ou causa e de doença profissional ou do trabalho, bem como nos casos de segurado que, após filiar-se ao RGPS, for acometido de alguma das doenças e afecções especificadas em lista elaborada pelos Ministérios da Saúde e da Previdência Social, atualizada a cada 3 (três) anos, de acordo com os critérios de estigma, deformação, mutilação, deficiência ou outro fator que lhe confira especificidade e gravidade que mereçam tratamento particularizado;
– aposentadoria por idade ou por invalidez, auxílio-doença, auxílio-reclusão, pensão para o segurado especial, no valor de um salário-mínimo, desde que comprove o exercício de atividade rural, ainda que de forma descontínua, no período, imediatamente anterior ao requerimento do benefício, igual ao número de meses correspondentes à carência do benefício requerido;
– serviço social;
– reabilitação profissional;
– salário-maternidade para as seguradas empregada, trabalhadora avulsa e empregada doméstica.

5. PREVIDÊNCIA DOS SERVIDORES PÚBLICOS

(Procurador Município – Teresina/PI – FCC – 2022) Conforme a Lei no 2.969, de 11 de janeiro de 2001, do Município de Teresina/PI, em relação ao Conselho de Administração do Instituto de Previdência do Município de Teresina (IPMT), o

(A) membro do Conselho de Administração do IPMT representante dos servidores ativos da Administração direta, autárquica e fundacional do Município de Teresina deverá contar com pelo menos 3 anos de efetivo exercício como servidor municipal.

(B) Conselho de Administração terá uma Secretaria para atender seus serviços administrativos, tendo suas atribuições definidas em Regimento Interno, aprovado por Decreto do Legislativo de Teresina.

(C) julgamento de recurso contra ato do Presidente do IPMT, uma das atribuições do Conselho de Administração, é presidida pelo Secretário de Administração Municipal.

(D) mandato do membro representante dos servidores da Câmara de Teresina/PI será de 2 anos, e o mesmo perderá a condição de membro do Conselho se deixar de comparecer a 4 sessões intercaladas.

(E) Presidente do Conselho de Administração só exerce seu direito de voto em caso de empate, com exceção apenas da votação do Balanço Geral do ano encerrado.

A: incorreta. O art. 33, §2º, da lei municipal em questão afirma ser essencial para o exercício de membro do Conselho de Administração do IPMT a condição de segurado, com pelo menos três anos de efetivo exercício no cargo e nível de escolaridade superior; **B:** Incorreta. A Secretaria do Conselho de Administração do IPMT tem suas atribuições definidas em Regimento Interno, o qual deve ser aprovado pelo Conselho e homologado pelo Chefe do Poder Executivo (art. 40); **C:** Correta, nos termos do art. 35, VI, da lei municipal de Teresina/PI nº 2.969/2001; **D:** Incorreta. O mandato do representante dos servidores municipais, ativos e inativos, é de dois anos, permitida uma recondução. Tanto o representante dos servidores ativos, como o representante dos servidores inativos e o representante dos servidores da Câmara de Teresina perderão a condição de membro do Conselho se deixarem de comparecer, sem motivo justificado, a três sessões ordinárias consecutivas ou a seis sessões intercaladas, no mesmo ano (art. 36, §4º e 37); **E:** Incorreta. O Presidente do Conselho exercitará seu direito de

voto apenas em caso de aprovação de prestação de contas e de Balanço Geral do Exercício encerrado (art. 43, parágrafo único). **RO**
Gabarito "C".

(Procurador Município – Teresina/PI – FCC – 2022) Sócrates é servidor do Município de Teresina, prestando serviços na Secretaria de Saúde desde 2014. Foi cedido para o Governo do Estado do Piauí a partir de 01 de janeiro de 2020, para chefiar o Gabinete do Governador do Estado. Considerando a Lei no 2.969, de 11 de janeiro de 2001, do Município de Teresina/PI, Sócrates

(A) mantém a condição de segurado, pois é previsão legal que a cessão para Administração direta ou indireta da União, Estados, DF e Municípios tenha essa consequência.

(B) perde a condição de segurado, mas pode contar como tempo para aposentadoria o período de cessão, desde que contribua para o Instituto de Previdência do Estado do Piauí.

(C) mantém a condição de segurado porque a cessão se deu para a Administração direta do mesmo Estado.

(D) preserva a condição de segurado porque quando da cessão contava com mais de 5 anos de exercício junto ao Município de Teresina/PI.

(E) perde a condição de segurado, mas pode contar como tempo para aposentadoria o período de cessão, desde que contribua para o Instituto de Previdência do Município de Teresina (IPMT) diretamente.

O art. 19, II, da lei municipal afirma que mantém a condição de segurado do IPMT o segurado cedido para outro órgão ou entidade da Administração direta ou indireta da União, dos Estados, do Distrito Federal ou dos Municípios. Deste modo, está correta apenas a assertiva A. Note que a assertiva C está incorreta, pois a manutenção da qualidade de segurado independe de a cessão do segurado se dar para a Administração, direta ou indireta, do mesmo Estado. **RO**
Gabarito "A".

(Procurador do Estado/SP - 2018 - VUNESP) Ao longo da vida, Maria Tereza teve alguns vínculos funcionais com o Estado de São Paulo. Agora, pretendendo obter aposentadoria no âmbito do Regime Geral de Previdência Social – RGPS, a ex-servidora solicitou ao Regime Próprio de Previdência Social (RPPS) paulista **a emissão de Certidão de Tempo de Contribuição (CTC)** para fins de averbação no Instituto Nacional do Seguro Social – INSS. A CTC a ser homologada pela SPPREV deverá contemplar o período

14. DIREITO PREVIDENCIÁRIO   675

(A) de 01.01.2010 a 31.12.2010, em que Maria Tereza exerceu atividade docente na rede de ensino público estadual, em virtude de contratação por tempo determinado realizada com fundamento na Lei Complementar Estadual no 1.093/2009.

(B) de 01.01.1994 a 31.12.1996, em que Maria Tereza exerceu função-atividade em virtude de contratação para execução de determinada obra, nos termos do art. 1o, III, da Lei Estadual no 500/1974.

(C) de 01.01.1999 a 31.12.2002, em que Maria Tereza exerceu a função de escrevente de cartório extrajudicial, inclusive o interstício em que esteve afastada de suas atividades para promover campanha eleitoral.

(D) de 01.01.1980 a 31.12.1987, em que Maria Tereza exerceu cargo efetivo, inclusive o interstício de licença para tratar de interesses particulares, no qual recolheu as contribuições previdenciárias devidas ao Instituto de Previdência do Estado de São Paulo – IPESP.

(E) de 01.01.2011 a 31.12.2017, em que Maria Tereza **exerceu cargo efetivo**, inclusive o interstício de licença para tratar de interesses particulares, **no qual recolheu contribuições previdenciárias para a São Paulo Previdência** – SPPREV.

Trata-se de questão que envolve o direito constitucional previsto no art. 201, § 9º, que, após a EC 103/2019, assim preceitua: "Para fins de aposentadoria, será assegurada a contagem recíproca do tempo de contribuição entre o Regime Geral de Previdência Social e os regimes próprios de previdência social, e destes entre si, observada a compensação financeira, de acordo com os critérios estabelecidos em lei."
A: incorreta. Do art. 20 da Lei Complementar Estadual paulista 1.093/2009 consta: "O contratado na forma do disposto nesta lei complementar ficará vinculado ao Regime Geral de Previdência Social, nos termos da legislação federal". Desta feita, o tempo contributivo já integra o Regime Geral; **B:** incorreta. Do art. 1º, inciso III, da Lei 500, de 1974, consta: "III - para a execução de determinada obra, serviços de campo ou trabalhos rurais, todos de natureza transitória, ou ainda, a critério da Administração, para execução de serviços decorrentes de convênios." Do art. 3º observa-se que "Os servidores de que tratam os incisos I e II do artigo 1º reger-se-ão pelas normas desta lei, aplicando-se aos de que trata o inciso III as normas da legislação trabalhista." Assim, com relação ao inciso III o labor já se encontra inserido no âmbito do Regime Geral. Nesse exato diapasão preconiza a Lei Complementar Estadual 1.010/2007, que no art. 2º assevera: "São segurados do RPPS e do RPPM do Estado de São Paulo, administrados pela SPPREV: (...) "§ 2º - Por terem sido admitidos para o exercício de função permanente, inclusive de natureza técnica, e nos termos do disposto no inciso I deste artigo, são titulares de cargos efetivos os servidores ativos e inativos que, até a data da publicação desta lei, tenham sido admitidos com fundamento nos incisos I e II do artigo 1º da Lei nº 500, de 13 de novembro de 1974.". Excluídos, mais uma vez os contratados na forma do inciso III do art. 1º da Lei 500, de 1974. Desta feita, o tempo contributivo já integra o Regime Geral; **C:** incorreta. Em conformidade com o art. 40 da Lei 8.935, de 1994, (CAPÍTULO IX, Da Seguridade Social) "os notários, oficiais de registro, escreventes e auxiliares são vinculados à previdência social, de âmbito federal, e têm assegurada a contagem recíproca de tempo de serviço em sistemas diversos." São integrantes do Regime Geral de Previdência Social. Desta feita, o tempo contributivo já integra o RGPS; **D:** incorreta. Trata-se de período anterior à CF/88, época na qual parte dos servidores públicos integravam o regime de previdência geral. A alternativa não traz maiores especificações e no cotejo entre as alternativas observa-se que o item "E" está absolutamente correto; **E: correta.** A Lei 10.261/1968 (Estatuto dos Servidores de SP) determina, em seu art. 202: "Depois de 5 (cinco) anos de exercício, o funcionário poderá obter licença, sem vencimento ou remuneração,

para tratar de interesses particulares, pelo prazo máximo de 2 (dois) anos." Já a Lei Complementar Estadual 1.012/2007 determina, em seu art. 12, § 1º: "Será assegurada ao servidor licenciado ou afastado sem remuneração a manutenção da vinculação ao regime próprio de previdência social do Estado, mediante o recolhimento mensal da respectiva contribuição, assim como da contribuição patronal prevista na legislação aplicável, observando-se os mesmos percentuais e incidente sobre a remuneração total do cargo a que faz jus no exercício de suas atribuições, computando-se, para esse efeito, inclusive, as vantagens pessoais." Desse modo, ainda que afastada, Maria, ao contribuir para o RPPS, direcionando as contribuições à SPPREV (órgão gestor único do regime próprio de previdência em SP), manteve o vínculo com o Regime Próprio. Ademais, exerceu cargo efetivo, contribuindo para o Regime Próprio de Previdência (art. 2º da Lei 1.010/2007). Portanto, de 01.01.2011 a 31.12.2017, somente contribuiu para o RPPS, podendo requerer a emissão da Certidão de Tempo de Contribuição (CTC) para fins de averbação no Instituto Nacional do Seguro Social – INSS, ou seja, averbar o tempo de contribuição do Regime Próprio no RGPS. **RO** Gabarito "E".

(Procurador do Estado/SP - 2018 - VUNESP) De acordo com o ordenamento jurídico em vigor, em especial a legislação paulista, o servidor público

(A) ocupante de cargo efetivo não fica jungido a quaisquer deveres previstos no Estatuto dos Funcionários Públicos quando não estiver no exercício de suas funções.

(B) ocupante de cargo em comissão legará pensão por morte calculada nos termos do artigo 40 da Constituição Federal, desde que vinculado ao Regime Próprio de Previdência Social.

(C) ocupante de cargo efetivo poderá obter licença por motivo de doença do cônjuge e de parentes de até segundo grau, sem remuneração e limitada ao prazo máximo de seis meses.

(D) estável faz jus a adicional por tempo de serviço após cada período de cinco anos de exercício, desde que ininterrupto.

(E) ocupante de cargo efetivo, após noventa dias decorridos da apresentação do pedido de aposentadoria voluntária, poderá cessar o exercício da função pública se obtiver autorização fundamentada de sua chefia.

A: incorreta. A Lei 10.261, de 28 de outubro de 1968, dispõe sobre o Estatuto dos Funcionários Públicos Civis do Estado, e traz, no art. 241, a seguinte regra: "São deveres do funcionário: Art. XIV - proceder na vida pública e privada na forma que dignifique a função pública)"; **B: correta.** Observe-se que é excluído do Regime Próprio de Previdência Social o servidor ocupante "exclusivamente" de cargo em comissão (CF, art. 40, § 13). Tratando-se de servidor público titular de cargo efetivo, ainda que ocupe cargo em comissão (direção, chefia e assessoramento), aplica-se o regramento previsto no art. 40 da CF; **C:** incorreta. A Lei 10.261, de 28 de outubro de 1968, dispõe sobre o Estatuto dos Funcionários Públicos Civis do Estado, e no §2º, de seu art. 199, prevê: "A licença de que trata este artigo será concedida com vencimento ou remuneração até 1 (um) mês e com os seguintes descontos: I - de 1/3 (um terço), quando exceder a 1 (um) mês até 3 (três); II - de 2/3 (dois terços), quando exceder a 3 (três) até 6 (seis); III - sem vencimento ou remuneração do sétimo ao vigésimo mês.); **D:** Incorreta. A Lei 10.261, de 28 de outubro de 1968, dispõe sobre o Estatuto dos Funcionários Públicos Civis do Estado, e prevê, no art. 127: "O funcionário terá direito, após cada período de 5 (cinco) anos, contínuos, ou não, à percepção de adicional por tempo de serviço, calculado à razão de 5% (cinco por cento) sobre o vencimento ou remuneração, a que se incorpora para todos os efeitos.)"; **E:** incorreta. A Lei 10.261, de 28 de outubro de 1968,

HENRIQUE SUBI E RICARDO QUARTIM

dispõe sobre o Estatuto dos Funcionários Públicos Civis do Estado, e no art. 228 prevê que a aposentadoria voluntária somente produzirá efeito a partir da publicação do ato no Diário Oficial. RO

Gabarito "B".

(Procurador do Estado/SP - 2018 - VUNESP) Ana Maria, titular de cargo efetivo, foi eleita vereadora do Município de São José do Rio Preto. Assim que soube do fato, o órgão de recursos humanos a que se vincula solicitou à Consultoria Jurídica orientações sobre a situação funcional da servidora caso viesse a assumir o mandato eletivo. O Procurador do Estado instado a responder à consulta poderá apresentar, sem risco de incorrer em equívoco, os seguintes esclarecimentos acerca da situação:

(A) caso haja compatibilidade de horários, a servidora fará jus à percepção das vantagens do seu cargo, sem prejuízo da remuneração do mandato eletivo e, caso não haja compatibilidade de horários, fará jus ao afastamento do cargo efetivo, com a faculdade de optar pela melhor remuneração. O tempo de afastamento do cargo efetivo para exercício de mandato eletivo será computado para todos os efeitos legais, exceto para promoção por merecimento.

(B) a servidora deverá afastar-se do cargo efetivo para exercer o mandato eletivo, com a faculdade de optar pela melhor remuneração. O tempo de afastamento do cargo efetivo para exercício de mandato eletivo será computado para todos os efeitos legais, exceto para adicionais temporais e promoção por merecimento.

(C) a servidora deverá afastar-se do cargo efetivo para exercer o mandato eletivo, fazendo jus apenas à remuneração deste. O tempo de afastamento do cargo efetivo para exercício de mandato eletivo será computado para todos os efeitos legais, exceto para promoção por merecimento.

(D) caso haja compatibilidade de horários, a servidora fará jus à percepção das vantagens do seu cargo, sem prejuízo da remuneração do mandato eletivo e, caso não haja compatibilidade de horários, fará jus ao afastamento do cargo efetivo, com a faculdade de optar pela melhor remuneração. O tempo de afastamento do cargo efetivo para exercício de mandato eletivo será computado para todos os efeitos legais, exceto para adicionais temporais e promoção por merecimento.

(E) a servidora deverá afastar-se do cargo efetivo para exercer o mandato eletivo, com a faculdade de optar pela melhor remuneração. O tempo de afastamento do cargo efetivo para exercício de mandato eletivo não será computado para fins de obtenção de quaisquer vantagens funcionais.

Art. 38 da CF/88: Ao servidor público da administração direta, autárquica e fundacional, no exercício de mandato eletivo, aplicam-se as seguintes disposições: I - tratando-se de mandato eletivo federal, estadual ou distrital, ficará afastado de seu cargo, emprego ou função; II - investido no mandato de Prefeito, será afastado do cargo, emprego ou função, sendo-lhe facultado optar pela sua remuneração; III - investido no mandato de Vereador, havendo compatibilidade de horários, perceberá as vantagens de seu cargo, emprego ou função, sem prejuízo da remuneração do cargo eletivo e, não havendo compatibilidade, será aplicada a norma do inciso anterior; IV - em qualquer caso que exija o afastamento para o exercício de mandato eletivo, seu tempo de serviço será contado para todos os efeitos legais, exceto para promoção por merecimento; V - para efeito de benefício previdenciário, no caso de afastamento, os valores serão determinados como se no exercício estivesse. O inciso V deste dispositivo foi alterado pela EC 103/2019, passando a dispor que 'na hipótese de ser segurado de regime próprio de previdência social, permanecerá filiado a esse regime, no ente federativo de origem' RO

Gabarito "A".

(Procurador do Estado/SP - 2018 - VUNESP) Assinale a alternativa correta.

(A) Os servidores ocupantes de cargos em comissão são regidos pela Consolidação das Leis do Trabalho (CLT) e vinculados ao Regime Geral de Previdência Social.

(B) A instituição de regime jurídico único implica a existência de ente gestor único do Regime Próprio de Previdência Social.

(C) Embora o Estado de São Paulo tenha instituído regime jurídico único, seus servidores podem estar vinculados ao Regime Próprio de Previdência Social ou ao Regime Geral de Previdência Social.

(D) Os servidores ocupantes exclusivamente de cargo em comissão mantêm vínculo com o Regime Geral de Previdência Social.

(E) A instituição de regime jurídico único implica a existência de regime previdenciário único.

A: incorreta. Os servidores ocupantes de cargos em comissão **e titulares de cargo efetivo** são integrantes de Regime Próprio de Previdência Social, ao passo que os servidores ocupantes exclusivamente de cargo em comissão são filiados obrigatoriamente ao RGPS (art. 40, §13º, da CF); **B:** incorreta.. Na redação dada pela EC 41/2003, o art. 40, § 20, da CF, estabelecia ser vedada a existência de mais de um regime próprio de previdência social para os servidores titulares de cargos efetivos, e de mais de uma "unidade gestora" do respectivo regime em cada ente estatal, "ressalvado" o disposto no art. 142, § 3º, X (Forças Armadas). Com a promulgação da EC 103/2019, este §20º passou a estabelecer ser vedada a existência de mais de um regime próprio de previdência social e de mais de um órgão ou entidade gestora desse regime em cada ente federativo, abrangidos todos os poderes, órgãos e entidades autárquicas e fundacionais, que serão responsáveis pelo seu financiamento, observados os critérios, os parâmetros e a natureza jurídica definidos na lei complementar de que trata o § 22. A adequação do órgão ou unidade de gestão do RPPS a tal parâmetro deve ocorrer em, no máximo, 02 anos da promulgação da EC 103/2019; **C:** Incorreta. Há no Estado de São Paulo Regime Próprio de Previdência Social, de tal sorte que os servidores públicos titulares de cargos efetivos ficam necessariamente vinculados ao RPPS, conforme determina o art. 40 da CF; **D:** Correta. CF, art. 40, § 13: "Aplica-se ao agente público ocupante, exclusivamente, de cargo em comissão declarado em lei de livre nomeação e exoneração, de outro cargo temporário, inclusive mandato eletivo, ou de emprego público, o Regime Geral de Previdência Social."; **E:** Incorreta. Do art. 40, § 13, da CF, observa-se que no ente público estadual há prestadores de serviços filiados ao RGPS. RO

Gabarito "D".

(Procurador do Estado/SP - 2018 - VUNESP) Maria de Oliveira efetuou inscrição definitiva na Ordem dos Advogados do Brasil logo após sua colação de grau, no início de 1987. Vocacionada ao exercício da advocacia pública, optou por dedicar-se exclusivamente aos estudos para o concurso da Procuradoria Geral do Estado de São Paulo, tendo sido aprovada no concurso de 1993, ano em que tomou posse e iniciou o exercício do cargo. Ultrapassados 25 anos de efetivo exercício do cargo de Procuradora do Estado de São Paulo, Maria de Oliveira, que hoje conta 56 anos, solicitou aposentadoria com lastro no artigo 3º da Emenda Constitucional no 47/2005. No mesmo

14. DIREITO PREVIDENCIÁRIO **677**

instante, ciente de que lei estadual vigente quando de sua posse assegurava aos Procuradores do Estado o cômputo do tempo de inscrição na OAB como tempo de serviço público para todos os efeitos, apresentou certidão emitida por tal entidade ao setor de recursos humanos, requerendo a contagem do período como tempo de contribuição. Examinando o pleito, é possível concluir que a Procuradora do Estado de São Paulo

(A) não faz jus à aposentadoria requerida, pois apenas solicitou averbação do tempo de inscrição na Ordem dos Advogados do Brasil em seus assentamentos funcionais após a vigência da Emenda Constitucional no 20/1998, que veda a contagem de tempo de contribuição ficto.

(B) não faz jus à aposentadoria requerida, pois a EC no 20/1998, ao eleger o sistema de capitalização para financiamento do Regime Próprio de Previdência Social, vedou a contagem de tempo ficto.

(C) não faz jus à aposentadoria requerida, pois apenas passou a recolher contribuições previdenciárias para fins de aposentadoria quando de sua posse.

(D) faz jus à aposentadoria requerida, pois o cômputo do período de inscrição na Ordem dos Advogados do Brasil como tempo de contribuição não caracteriza contagem de tempo ficto.

(E) faz jus à aposentadoria requerida, pois o artigo 4o da Emenda Constitucional no 20/1998 consagrou o direito adquirido à qualificação jurídica do tempo.

O servidor público da União, dos Estados, do Distrito Federal e dos Municípios, incluídas suas autarquias e fundações, que tenha ingressado no serviço público até a data da publicação da EC 20, em 16 de dezembro de 1998, poderá aposentar-se com proventos integrais (totalidade da remuneração que aufere), e com direito à paridade dos proventos com a remuneração dos servidores da ativa, desde que preencha, cumulativamente, as seguintes condições:

"I) trinta e cinco (35) anos de tempo de contribuição, se homem, e trinta (30) anos de tempo de contribuição, se mulher;

II) vinte e cinco (25) anos de efetivo exercício no serviço público, quinze (15) anos de carreira e cinco (5) anos no cargo em que se der a aposentadoria;

III) idade mínima resultante da redução, relativamente aos limites do art. 40, § 1º, inciso III, alínea 'a', da Constituição Federal, de um ano de idade para cada ano de contribuição que exceder a condição prevista no inciso I acima referido".

Por essa regra de transição, **alcançável apenas pelos servidores públicos que ingressaram no funcionalismo até 16 de dezembro de 1998** (data da publicação da EC 20), é franqueada a aposentação com **idade inferior à prevista no corpo permanente** da CF (art. 40, § 1º, III). O art. 40, § 1º, III, da CF, após a EC 20/1998, passou a exigir a idade mínima de 60 anos de idade para os homens e 55 anos de idade para as mulheres, e tempo de contribuição de 35 anos, se homem, e 30 anos, se mulher. Para cada ano trabalhado além dos 35 anos exigíveis, se homem, ou dos 30 anos, se mulher, a regra da EC 47 autoriza a redução, em igual número de anos, da idade.

Assim, considerado o período de 1987 a 1993, que, nos termos da lei estadual vigente quando de sua posse, assegurava aos Procuradores do Estado o cômputo do tempo de inscrição na OAB como tempo de serviço público para todos os efeitos, combinado com o art. 4º da EC 20/98 (observado o disposto no art. 40, § 10, da Constituição Federal, o tempo de serviço considerado pela legislação vigente para efeito de aposentadoria, cumprido até que a lei discipline a matéria, será contado como tempo de contribuição), tem-se o total de 31 anos até 2018, nestes inclusos 25 anos de efetivo exercício no serviço público. De observar que com relação ao requisito etário, já possui 56 anos de idade. Assim,

satisfeitos os requisitos para aposentadoria. Diante desse contexto, a única alternativa a ser assinalada é a letra "E".

Frise-se que a resolução desta questão não leva em consideração as disposições ou regras transitórias introduzidas na CF pela EC 103/2019. Do modo como formulada, a alternativa correta permanece inalterada mesmo após a EC 103/2019, uma vez que, nos termos do *caput* de seu art. 3º: ' A concessão de aposentadoria ao servidor público federal vinculado a regime próprio de previdência social e ao segurado do Regime Geral de Previdência Social e de pensão por morte aos respectivos dependentes será assegurada, a qualquer tempo, desde que tenham sido cumpridos os requisitos para obtenção desses benefícios até a data de entrada em vigor desta Emenda Constitucional, observados os critérios da legislação vigente na data em que foram atendidos os requisitos para a concessão da aposentadoria ou da pensão por morte.' **RO**

Gabarito "E".

(Procurador do Estado/SP - 2018 - VUNESP) Patrícia Medeiros, titular de cargo efetivo, ciente de que determinada gratificação não integrará, em sua totalidade, a base de cálculo dos proventos de aposentadoria a que fará jus com fundamento no artigo 6o da EC nº41/2003, apresenta requerimento à Administração solicitando que referida vantagem deixe de compor a base de cálculo da contribuição previdenciária. Instada a examinar o pleito, a Procuradoria Geral do Estado corretamente apresentará parecer jurídico recomendando

(A) o indeferimento do pedido, eis que, conforme jurisprudência do Supremo Tribunal Federal, não se exige correlação perfeita entre base de contribuição e benefício previdenciário.

(B) a inadmissibilidade do pedido, por falta de interesse de agir, pois na aposentadoria com lastro no artigo 6o da EC no 41/2003 o valor dos proventos espelha exatamente a última folha de pagamento do servidor no cargo efetivo, de maneira que todas as vantagens por ele percebidas no momento da aposentação serão integralmente carreadas à inatividade.

(C) o indeferimento do pedido, pois desde o advento da Lei Federal no 10.887/2004 o cálculo das aposentadorias é realizado considerando-se a média aritmética simples das maiores remunerações.

(D) o deferimento do pedido com fundamento no princípio contributivo, que segundo tese de repercussão geral fixada pelo Supremo Tribunal Federal obsta a incidência de contribuições sobre valores que não serão considerados no cálculo dos proventos.

(E) o deferimento do pedido, pois a incidência de contribuição previdenciária sobre parcela que não integrará a base de cálculo dos proventos, segundo tese de repercussão geral fixada pelo Supremo Tribunal Federal, gera enriquecimento sem causa do Estado.

A: Assertiva dada como correta. A jurisprudência do STF sempre se inclinou pela necessidade de correlação entre base de contribuição e benefício previdenciário, de modo a não permitir a incidência de contribuição sobre o adicional de férias (RE-AgR 545317/DF Julg. 19-2-2008. No mesmo sentido: STJ, PET n. 7.522/SE, DJ 18-5-2010) por se tratar de verba de natureza indenizatória que não integra o cálculo dos proventos de aposentadoria. Entretanto, dizia-se que o STF não exige a "perfeita" correlação, pois sobre o décimo terceiro salário do servidor público há incidência de contribuição previdenciária (Súmula 688 STF: É legítima a incidência da contribuição previdenciária sobre o 13º salário), mas não integra ele o cálculo dos proventos de aposentadoria. Perceba que o motivo para isso não é ausência de correlação entre base de cálculo da contribuição e cálculo dos proventos, mas sim a vedação de *bis in* *idem*, dado que após aposentado o servidor público perceberá 13 parcelas durante o ano a título de proventos. Em 22/03/2019 foi publicado Acórdão em Repercussão Geral pelo STF (RE 593.068, tema 163), cuja tese fixada é: 'Não incide contribuição previdenciária sobre verba não incorporável aos proventos de aposentadoria do servidor público, tais como 'terço de férias', 'serviços extraordinários', 'adicional noturno' e 'adicional de insalubridade'; **B:** Incorreta, uma vez que o valor dos proventos de aposentadoria não necessariamente espelha a última folha de pagamentos, pois esta última contém verbas indenizatórias e, como no caso, gratificações ou outras verbas que não serão refletidas no cálculos dos proventos da aposentadoria; **C:** incorreta. A aposentadoria com fundamento no art. 6º da EC 41/2003 assegura proventos integrais que corresponderão à totalidade da remuneração do servidor público no cargo efetivo em que se der a aposentadoria; **D:** incorreta quando da realização do certame, posto que o acórdão que fixou a tese em repercussão geral em questão foi publicada apenas em 22/03/2019 (a ata de julgamento foi publicada em 11/10/2018); **E:** Incorreta quando da realização do certame, posto que o acórdão que fixou a tese em repercussão geral em questão foi publicada apenas em 22/03/2019 (a ata de julgamento foi publicada em 11/10/2018). RQ

Gabarito "A".

(Procurador do Estado/SP - 2018 - VUNESP) Policial Militar do Estado de São Paulo que completou 24 (vinte e quatro) meses de agregação por invalidez foi reformado. Nessas circunstâncias, é correta a seguinte afirmação:

(A) caso constatado que o militar inativo passou a exercer atividade privada, na condição de empregado, a SPPREV deverá, imediatamente, cassar o ato de reforma e determinar sua reversão para o serviço ativo.

(B) nesse caso, o militar foi reformado ex officio, mas a reforma também pode ser processada a pedido.

(C) o ato de transferência do militar para a inatividade é de competência do Comandante Geral da Polícia Militar do Estado de São Paulo.

(D) nesse caso, a reforma será aperfeiçoada com vencimentos e vantagens integrais aos do posto ou graduação.

(E) com a reforma, extinguiu-se o vínculo entre a Polícia Militar e o inativo, que a partir de então passou a estar vinculado somente à São Paulo Previdência.

No momento da prova vigorava a lei complementar estadual 305/2017, que alterou o Decreto-lei 260/1970 de SP, para estabelecer que: Art. 2º - Ficam acrescentados ao Decreto-lei nº 260, de 29 de maio de 1970, os seguintes dispositivos: III – artigo 26-A: "Artigo 26-A – O militar transferido para a reserva a pedido poderá ser designado para exercer funções administrativas, técnicas ou especializadas, enquanto não atingir a idade-limite de permanência na reserva. § 1º - É vedada a designação de que trata este artigo, de militar promovido ao posto superior quando de sua passagem para a reserva se não houver, em seu Quadro de origem, o respectivo posto. § 2º - O militar da reserva designado terá as mesmas prerrogativas e deveres do militar do serviço ativo em igual situação hierárquica, fazendo jus, também perdurar sua designação, a: 1. Férias; e 2. Abono, equivalente ao valor da sua contribuição previdenciária e do padrão do respectivo posto ou graduação. § 3º - Além da avaliação médica e de aptidão física prevista no § 2º do artigo 26, o Comandante Geral definirá critérios disciplinares e técnicos para a designação de militar da reserva nos termos deste artigo." Diante da normatização legal, a alternativa "C" é a correta: o ato de transferência do militar para a inatividade é de competência do Comandante Geral da Polícia Militar do Estado de São Paulo. A lei estadual nº 17.293/2020 alterou o *caput* e o item 2, do §2º, deste art. 26-A. Sua redação atual diz que: 'Artigo 26-A – O militar do Estado transferido para a reserva poderá ser designado para exercer, espe-

cificamente, funções administrativas, técnicas ou especializadas nas Organizações Policiais-Militares, enquanto não atingir a idade-limite de permanência na reserva. (....) §2º (...) 2. diária, com valor a ser fixado por meio de decreto'. RQ

Gabarito "C".

(Juiz – TRF 2ª Região – 2017) Quanto ao regime de Previdência Social do servidor público federal, marque a opção correta:

(A) O servidor licenciado do cargo, sem direito à remuneração, para servir em organismo internacional do qual o Brasil é membro efetivo, e que contribua para outro regime de previdência social no exterior, mantém o seu vínculo com o regime do Plano de Seguridade Social do Servidor Público enquanto durar a licença.

(B) Ao servidor licenciado sem remuneração não é permitida a manutenção da vinculação ao regime do Plano de Seguridade Social do Servidor Público. Eventual recolhimento mensal da respectiva contribuição, ainda que no mesmo percentual devido pelos servidores em atividade, apenas se permite para efeito de filiação ao Regime Geral de Previdência (RGPS).

(C) Cessa a licença-gestante, de pleno direito, no caso de natimorto. Se for o caso, mediante laudo de junta médica, ela será convertida em licença saúde.

(D) O direito de requerer e, assim, obter a pensão por morte prescreve em cinco anos, contados do óbito ou da sua ciência.

(E) É vedada a possibilidade de cumular a pensão por morte instituída pelo falecido cônjuge com nova pensão por morte, caso o atual cônjuge faleça.

A: incorreta. No caso mencionado, é suspenso o vínculo com o Regime Próprio de Previdência, nos termos do art. 183, §2º, da Lei 8.112/1990; **B:** incorreta. Tal direito é previsto no art. 183, §3º, da Lei 8.112/1990; **C:** incorreta. A licença-gestante, no caso de natimorto, é de 30 dias (art. 207, §3º, da Lei 8.112/1990); **D:** incorreta. A pensão pode ser requerida a qualquer tempo, prescrevendo somente as prestações devidas há mais de 5 anos (art. 219 da Lei 8.112/1990); **E:** correta, nos termos do art. 225 da Lei 8.112/1990. HS

Gabarito "E".

6. PREVIDÊNCIA PRIVADA COMPLEMENTAR

(Procurador do Município/Manaus – 2018 – CESPE) Lúcia, servidora da PGM/Manaus desde 1.º/1/1998, requereu a averbação dos períodos em que trabalhou em um escritório de advocacia – de 1.º/1/1992 a 31/12/1996 – e que exerceu a docência em rede de ensino privada — de 1.º/1/2002 a 31/12/2005 –, a fim de aumentar seu tempo de contribuição.

Considerando essa situação hipotética, julgue o item a seguir, relativo à contagem recíproca do tempo de contribuição.

(1) É possível que o requerimento de Lúcia seja indeferido por completo sob o fundamento de inadmissibilidade, nas condições narradas, de contagem recíproca.

1: incorreta. Será indeferida a averbação apenas do período entre 2002 e 2005, diante da vedação de contagem de períodos de trabalho concomitantes (art. 96, II, do PBPS). O período anterior de 1992 a 1996, deve ser deferido, nos termos do art. 96, *caput*, do PBPS. RQ

Gabarito 1E

14. DIREITO PREVIDENCIÁRIO — 679

(Procurador do Município/Manaus – 2018 – CESPE) Em relação aos regimes próprios de previdência dos servidores públicos e à previdência complementar, julgue os itens seguintes.

(1) Para a aposentadoria voluntária por idade de servidor, são exigidos idade mínima e tempo mínimo de efetivo exercício no serviço público e no cargo efetivo em que se dará a aposentadoria, hipótese em que os proventos serão proporcionais ao tempo de contribuição.

(2) Os entes federados possuem autorização constitucional para instituir regime de previdência complementar para seus respectivos servidores efetivos, por intermédio de entidades fechadas, de natureza pública, e mediante adesão facultativa.

1: correta, nos termos do art. 40, § 1º, III, "b", da CF, na redação anterior à EC 103/2019. Após tal emenda, a definição de idade mínima para aposentadoria dos servidores dos Estados, do Distrito Federal e dos Municípios deve ser estabelecida mediante emenda às respectivas Constituições e Leis Orgânicas. Já o tempo de contribuição e os demais requisitos para a concessão de aposentadoria devem ser estabelecidos em lei complementar do respectivo ente federativo; **2:** correta, nos termos do art. 40, §§ 14 e 16, da CF, na redação anterior à EC 103/2019. Da redação atual do §14º, do art. 40, da CF, se conclui que a instituição, pelos entes federados, de regime de previdência complementar para seus respectivos servidores efetivos é uma obrigação, um dever, e não mais uma possibilidade ou uma autorização. **RO**
Gabarito 1C, 2C

Veja a tabela seguinte, para estudo e memorização dos objetivos da assistência social:

Objetivos da Assistência Social – art. 203 da CF
– a proteção à família, à maternidade, à infância, à adolescência e à velhice – o amparo às crianças e adolescentes carentes – a promoção da integração ao mercado de trabalho – a habilitação e reabilitação das pessoas portadoras de deficiência e a promoção de sua integração à vida comunitária – a garantia de um salário-mínimo de benefício mensal à pessoa portadora de deficiência e ao idoso que comprovem não possuir meios de prover à própria manutenção ou de tê-la provida por sua família, conforme dispuser a lei – a redução da vulnerabilidade socioeconômica de famílias em situação de pobreza ou de extrema pobreza.

7. AÇÕES PREVIDENCIÁRIAS

Maria solicitou à previdência social auxílio-acidente, não decorrente de acidente de trabalho, mas seu pedido foi indeferido sob o fundamento de que ela não teria cumprido o tempo de carência legalmente estabelecido. Seis anos depois do pedido, ela ingressou com uma ação previdenciária para o recebimento do referido benefício.

(Procurador do Município - Boa Vista/RR - 2019 - CESPE/CEBRASPE) Considerando essa situação hipotética, à luz das normas vigentes acerca de direito previdenciário, julgue os próximos itens.

(1) Como a concessão de auxílio-acidente independe de tempo de carência, a decisão administrativa de indeferimento foi incorreta.

(2) O direito de ação perseguido por Maria ao ajuizar a ação previdenciária está prescrito, visto que se passaram mais de cinco anos desde a negativa administrativa do pedido de concessão do benefício.

1: correta, nos termos do art. 26, I, da Lei 8.213/1991; **2:** incorreta. O prazo decadencial para propositura da ação que vise a discutir o indeferimento de pedido de benefício é de 10 anos (art. 103 da Lei 8.213/1991). Ademais ao julgar a ADI 6.096 (DJe 26/11/2020), o STF concluiu que o 'núcleo essencial do direito fundamental à previdência social é imprescritível, irrenunciável e indisponível, motivo pelo qual não deve ser afetada pelos efeitos do tempo e da inércia de seu titular a pretensão relativa ao direito ao recebimento de benefício previdenciário. Este Supremo Tribunal Federal, no RE 626.489, de relatoria do i. Min. Roberto Barroso, admitiu a instituição de prazo decadencial para a revisão do ato concessório porque atingida tão somente a pretensão de rediscutir a graduação pecuniária do benefício, isto é, a forma de cálculo ou o valor final da prestação, já que, concedida a pretensão que visa ao recebimento do benefício, encontra-se preservado o próprio fundo do direito'. **RO**
Gabarito 1C, 2E

8. TEMAS COMBINADOS

(Delegado de Polícia Federal – 2021 – CESPE) Luzia é segurada da previdência social na categoria empregada e é beneficiária de auxílio-acidente. No ano de 2015, ao atingir a idade mínima para a aposentadoria, ela requereu o benefício ao INSS e, em razão do indeferimento, ajuizou, nesse mesmo ano, ação previdenciária. Na instrução processual, ficou comprovado que alguns períodos de contribuição constantes no sistema do INSS eram falsos, tendo sido dolosamente inseridos no sistema, de forma indevida, para que Luzia obtivesse a vantagem de majoração do tempo de contribuição.

Tendo como referência essa situação hipotética, julgue os itens a seguir.

(1). Caso a aposentadoria de Luzia seja futuramente deferida, será possível a acumulação desse benefício com o auxílio-acidente.

(2). Se for comprovado o ilícito criminal, Luzia poderá responder pela prática do crime de apropriação indébita previdenciária.

(3). O crime configurado na situação narrada é crime próprio, de modo que Luzia só poderá ser penalizada na esfera criminal se ficar comprovada sua coautoria ou coparticipação no referido crime.

(4). O limite de prazo para que Luzia ajuizasse a ação contra o indeferimento administrativo era, de fato, o ano de 2015, já que, por exemplo, se ela tivesse postergado para o ano de 2021, haveria decadência do direito.

1: Errado. A Lei 9.528/1997 vedou a cumulação de auxílio-acidente com qualquer aposentadoria paga pelo RGPS, como se vê de seu art. 86, § 2º. A cumulação em tela seria permitida apenas aos segurados que tenham adquirido tal direito antes da alteração promovida pela Lei 9.528/1997. Ou seja, a acumulação de auxílio-acidente com aposentadoria pressupõe que a lesão incapacitante e a aposentadoria sejam anteriores a 11/11/1997 (data da promulgação da Lei 9.528/1997), conforma a Súmula 507 do STJ. **2:** Errado. O Código Penal reserva o *nomen iuris* 'apropriação indébita previdenciária' à conduta prevista em seu art. 168-A, consistente em: "Deixar de repassar à previdência social as contribuições recolhidas dos contribuintes, no prazo e forma legal ou convencional". O § 1º de tal artigo prevê três figuras equiparadas. Duas delas dizem respeito a diferentes formas de omissão no recolhimento de contribuições previdenciárias e a terceira pune a omissão em pagar benefício a segurado quando as respectivas cotas ou valores já tiverem sido reembolsados à empresa pela previdência social. A inserção indevida de períodos de contribuição no sistema não se amolda à conduta omissiva de deixar de repassar contribuições recolhidas de contribuintes ou a qualquer de suas figuras equiparadas. Os fatos descritos no enunciado melhor se amoldam ao tipo penal previsto no art. 313-A do Código penal. Segundo tal dispositivo, é punível a conduta de: "*Inserir ou facilitar, o funcionário autorizado, a inserção de dados falsos, alterar ou excluir indevidamente dados corretos nos sistemas informatizados ou bancos de dados da Administração Pública com o fim de obter vantagem indevida para si ou para outrem ou para causar dano*". Trata-se de crime próprio do "funcionário autorizado". Mesmo assim, Luísa pode responder pelo crime em conjunto com o funcionário autorizado que praticou a ação se restar demonstrado que ela sabia de sua condição funcional (vide os arts. 30 e 31 do Código Penal, o AGAREsp 1.185.141, 6ª T., Rel. Min. Sebastião Reis Junior, DJe 05 abr. 2019 e o HC 90337000281581, 1ª T., Rel. Min. Carlos Britto, j. 19 jun. 2007). **3:** Anulada. Como visto, o tipo penal no qual a conduta descrita se adequa é aquele previsto no art. 313-A, do Código Penal. Trata-se de crime próprio, pois dentre as circunstâncias elementares de tal tipo penal está a condição de caráter pessoal consistente em ser o agente funcionário público autorizado. Inobstante, se admite o concurso de agentes entre funcionários públicos (ou equiparados, nos termos do art. 327, § 1º, do Código Penal) e terceiros, desde que esses últimos tenham ciência da condição pessoal daqueles, pois referida condição é elementar do crime em tela (artigo 30 do Código Penal (RHC 112.074, 5ª T., Rel. Min. Ribeiro Dantas, DJe 20 ago. 2019). Desta maneira, a assertiva estaria correta caso Luísa tivesse ciência da condição de funcionário público autorizado da pessoa que promoveu a inserção de dados falsos no sistema e tivesse concorrido para a realização da conduta. Todavia, a questão foi anulada porque: "*A situação hipotética não foi clara ao afirmar que os dados falsos foram inseridos por funcionário público autorizado, sendo possível, dessa forma, interpretar que poderia ter sido feito por terceiros que não fossem servidores públicos, o que, de fato, prejudica o julgamento objetivo do item.*" **4:** Errado. Em matéria previdenciária, a partir da promulgação da Lei 9.528/1997 é de dez anos o prazo de decadência de todo e qualquer direito ou ação do segurado ou beneficiário para a revisão do ato de concessão de benefício, a contar do dia primeiro do mês seguinte ao do recebimento da primeira prestação ou, quando for o caso, do dia em que tomar conhecimento da decisão indeferitória definitiva no âmbito administrativo, nos termos do caput do art. 103 da Lei 8.213/91. A Lei 13.846/2019 deu nova redação ao art. 103 da Lei 8.213/91, sujeitando ao prazo decadencial tanto a revisão do ato de concessão, como o indeferimento, cancelamento ou cessação de benefício e o ato de deferimento, indeferimento ou não concessão de revisão de benefício. Porém, o STF declarou a inconstitucionalidade de tal alteração na ADIN 6.096, DJe 26 nov. 2020, pois "*(...) admitir a incidência do instituto para o caso de indeferimento, cancelamento ou cessação importa ofensa à Constituição da República e ao que assentou esta Corte em momento anterior, porquanto, não preservado o fundo de direito na hipótese em que negado o benefício, caso inviabilizada pelo decurso do tempo a rediscussão da negativa, é comprometido o exercício do direito material à sua obtenção.*" Por sua vez, a prescrição do direito previdenciário atinge apenas as parcelas vencidas antes do quinquênio anterior à propositura da ação, nos termos da Súmula 85 do STJ e do art. 103, parágrafo único, da Lei 8.213/91. Assim, caso Luísa ajuizasse ação previdenciária no ano de 2021, estariam prescritas apenas as parcelas vencidas anteriormente ao quinquênio que precedeu a propositura da demanda, não ocorrendo a decadência de seu direito. **RO**

Gabarito 1E, 2E, 3Anulada, 4E

Delegado de Polícia Federal – 2021 – CESPE) No que se refere ao financiamento da seguridade social, julgue os itens subsequentes.

(1). As contribuições sociais do empregador compõem o financiamento da seguridade social e são incidentes sobre a folha de salários, o faturamento e o lucro.

(2). Para a execução do orçamento da seguridade social, o tesouro nacional deve repassar mensalmente os recursos referentes às contribuições sociais incidentes sobre a receita de concursos de prognósticos.

1: Certo. Uma das principais funções da Constituição Federal no âmbito tributário é separar os múltiplos fatos passíveis de tributação e atribuir a competência para tributar cada um destes fatos à União, aos Estados ou aos Municípios e ao Distrito Federal. Nesse enfoque, o art. 195, inciso I, alíneas 'b' e 'c', da Constituição Federal, fixam a folha de salários, a receita ou o faturamento e, ainda, o lucro, como aspectos materiais passíveis de tributação no âmbito da Seguridade Social. A redação original da alínea 'b' do dispositivo constitucional acima mencionado previa apenas a possibilidade de incidência de contribuições sociais sobre o faturamento. Contudo, o *caput* do art. 3º, da Lei 9.718/98, o qual trata das contribuições para o PIS/PASEP e a COFINS, devidas pelas pessoas jurídicas de direito privado, definia faturamento como sendo a receita bruta da pessoa jurídica. Já seu § 1º conceituava receita bruta como sendo a totalidade das receitas auferidas, independentemente da atividade exercida pela pessoa jurídica e da classificação contábil das receitas. Logo após a promulgação da Lei 9.718/98, a Emenda Constitucional 20/98 alterou a redação do art. 195, inciso I, alínea 'b', da Constituição Federal, de modo a permitir a incidência de contribuições sociais sobre o faturamento ou sobre a receita. Todavia, o Supremo Tribunal Federal declarou inconstitucional o § 1º do art. 3º, da Lei 9.718/98 e assentou a impossibilidade de se reconhecer a figura da constitucionalidade superveniente em nosso ordenamento jurídico RExt 390.840-5, Rel. Min. Marco Aurélio, Pleno, DJ 15 ago. 2006. É dizer, a promulgação da emenda constitucional 20/98 não torna constitucional o disposto no art. 3º, § 1º, da Lei 9.718/98. O referido §1º foi revogado pela Lei 11.941/2009 e o *caput* do art. 3º teve sua redação alterada pela Lei 12.973/2014. Note, portanto, que a assertiva da questão seria incorreta caso mencionasse a receita e o faturamento. **2:** Certo. A Secretária do Tesouro Nacional é o órgão central do Sistema de Administração Financeira Federal (Lei 10.180/2001). Todos os recursos que transitam pelo órgão central de administração financeira devem ser objeto de programação financeira. Daí o art. 19, da Lei 8.212/1991, afirmar que o Tesouro Nacional repassará mensalmente os recursos referentes às contribuições das empresas, incidentes sobre faturamento e lucro e os recursos aferidos por meio das contribuições incidentes sobre a receita de concursos de prognósticos, destinados à execução do Orçamento da Seguridade Social. O produto da arrecadação da contribuição social sobre a receita de concursos de prognósticos deve ser destinado ao financiamento da Seguridade Social, nos termos do art. 195, III, da Constituição Federal e do art. 26, § 4º, da Lei 8.212/1991. **RO**

Gabarito 1C, 2C

(Juiz – TRF 2ª Região – 2017) Marque a opção que está de acordo com a atual disciplina constitucional relativa ao Regime Geral de Previdência (RGPS):

(A) A gratificação natalina dos aposentados e pensionistas terá por base a média dos valores dos proventos ao longo do ano.

(B) Quando se trata de aposentadoria por tempo de contribuição, a Constituição confere tratamento diferenciado a homens e mulheres, mas os requisitos etários se igualam quando se trata de aposentadoria exclusivamente por idade.

(C) A Constituição confere benesse aos professores, inclusive aos do ensino médio e superior, deferindo-lhes redução de 5 (cinco anos) do tempo de contribuição.

(D) A par dos casos previstos na própria Constituição, é vedada a adoção de requisitos e critérios diferenciados para a concessão de aposentadoria aos beneficiários do regime geral de previdência social, ressalvados os casos de atividades exercidas sob condições especiais

14. DIREITO PREVIDENCIÁRIO

que prejudiquem a saúde ou a integridade física e quando se tratar de segurados portadores de deficiência, nos termos definidos em lei complementar.

(E) A falta de referência, na atual Constituição, à importância de o regime de previdência preservar o equilíbrio atuarial e financeiro é um dos principais fatores do que hoje se chama de falência do sistema.

A: incorreta. A base de cálculo da gratificação natalina dos aposentados e pensionistas do RGPS é o valor do benefício em dezembro do respectivo ano (art. 201, §6º, da CF); **B:** incorreta. Mesmo na aposentadoria por idade, os requisitos são diferentes: 65 anos para o homem e 60 para a mulher, reduzidos em cinco anos para os trabalhadores rurais (art. 201, §7º, II, da CF); **C:** incorreta. Aos professores do ensino superior não é conferida a redução no tempo de contribuição para aposentadoria (art. 201, §8º, da CF); **D:** correta, nos termos do art. 201, §1º, da CF; **E:** incorreta. O princípio da manutenção do equilíbrio atuarial e financeiro está previsto expressamente no art. 201, *caput*, da CF. **HS**

Gabarito "D".

(Juiz – TRF 2ª Região – 2017) Analise as assertivas e, ao final, marque a opção correta:

I. É permitida a filiação ao regime geral de previdência social, na qualidade de segurado facultativo, à pessoa participante de regime próprio de previdência.

II. Quando o óbito do segurado, casado há mais de 2 (dois) anos, ocorre depois de vertidas mais de 18 (dezoito) contribuições mensais, a pensão em favor da viúva, que conta 35 anos de idade, será devida por prazo indeterminado.

III. Nos pedidos de benefício de prestação continuada regulados pela Lei nº 8.742/93 (LOAS), para adequada valoração dos fatores ambientais, sociais, econômicos e pessoais que impactam a participação da pessoa com deficiência na sociedade é necessária a avaliação por assistente social ou outras providências aptas a revelar a efetiva condição vivida pelo requerente no meio social.

(A) Apenas as assertivas II e III estão corretas.

(B) Apenas a assertiva III está correta.

(C) Todas estão corretas.

(D) Apenas as assertivas I e II estão corretas.

(E) Apenas as assertivas I e III estão corretas.

I: incorreta. É proibida a filiação como facultativo nesse caso (art. 201, §5º, da CF); **II:** incorreta. Nesse caso, o benefício será pago por 15 anos (art. 77, §2º, V, *c*, item 4, da Lei n. 8.213/91); **III:** correta, nos termos do art. 20, §6º, da Lei 8.742/1993. **HS**

Gabarito "B".

15. DIREITO ELEITORAL

Filipe Venturi, Flávia Barros, Robinson Barreirinhas e Savio Chalita*

1. PRINCÍPIOS, DIREITOS POLÍTICOS, ELEGIBILIDADE E ALISTAMENTO ELEITORAL

(Delegado – PC/BA – 2018 – VUNESP) No que tange à justificação do não comparecimento à eleição, prevê a Justiça Eleitoral que será cancelada a inscrição do eleitor que se abstiver de votar em três eleições consecutivas,

(A) salvo se houver apresentado justificativa para a falta ou efetuado o pagamento da multa, ficando excluídos do cancelamento os eleitores que, por prerrogativa constitucional, não estejam obrigados ao exercício do voto e cuja idade não ultrapasse os oitenta anos.

(B) salvo se houver apresentado justificativa para a falta ou efetuado o pagamento da multa, ficando aqueles cuja idade ultrapasse os oitenta anos sujeitos à regra especial de prova de vida anual.

(C) salvo se houver apresentado justificativa para a falta ou efetuado o pagamento da multa, ficando excluídos do cancelamento os eleitores que, por prerrogativa constitucional, não estejam obrigados ao exercício do voto e cuja idade não ultrapasse os dezessete anos.

(D) salvo se houver apresentado justificativa para a falta, efetuado o pagamento da multa e comparecido perante a Zona Eleitoral em que está alistado para, pessoalmente, fazer o requerimento de reativação do alistamento eleitoral.

(E) salvo se houver apresentado justificativa para a falta ou efetuado o pagamento da multa, não ficando excluída, entretanto, a inscrição dos que não sejam obrigados ao exercício de voto, como, por exemplo, os maiores de setenta anos, de qualquer idade.

Ainda que com a revogação da resolução TSE 21.538/2003 pela nova resolução TSE 23.659/2021, apontamos a letra **E** como correta. Desta forma, destacamos a nova resolução em seu artigo 130: Art. 130. Será cancelada a inscrição do eleitor ou da eleitora que se abstiver de votar em três eleições consecutivas, salvo se houver apresentado justificativa para a falta ou efetuado o pagamento de multa. § 1º Para fins de contagem das três eleições consecutivas, considera-se como uma eleição cada um dos turnos do pleito. § 2º Não se aplica o disposto no caput deste artigo às pessoas para as quais: a) o exercício do voto seja facultativo; b) em razão de deficiência que torne impossível ou demasiadamente oneroso o exercício do voto, tenha sido lançado o comando a que se refere a alínea b do § 1º do art. 15 desta Resolução; ou c) em razão da suspensão de direitos políticos, o exercício do voto esteja impedido. FV

Gabarito "E".

(Delegado – PC/BA – 2018 – VUNESP) É correto afirmar que a Resolução TSE no 21.538/2003 prevê que

(A) o número de inscrição do eleitor poderá contar com até 12 (doze) dígitos, sendo que os dígitos nas posições nove e dez corresponderão ao Estado da Federação de origem, sendo a Bahia representada pelo código 05.

(B) o eleitor poderá escolher local de votação pertencente a uma zona eleitoral diversa daquela em que tem domicílio, desde que fundamente seu pedido, com circunstâncias como residência de parentes na zona eleitoral em que pretende votar.

(C) o brasileiro nato que não se alistar até os 18 anos ou o naturalizado que não se alistar até um ano depois de adquirida a nacionalidade brasileira incorrerá em multa imposta pelo juiz eleitoral e cobrada no ato da inscrição.

(D) os homônimos consistem no agrupamento pelo batimento de duas ou mais inscrições ou registros que apresentem dados iguais ou semelhantes, segundo critérios previamente definidos pelo Tribunal Superior Eleitoral.

(E) para fins de alistamento, o certificado de quitação do serviço militar não é considerado documento hábil a comprovar a nacionalidade brasileira, sendo, todavia, aceita a carteira emitida pelos órgãos criados por lei federal, controladores do exercício profissional.

Importante: A resolução TSE n. 21.538/2003 foi revogada pela nova resolução TSE 23.659/2021, sendo assim, apontamos a importância da leitura integral da nova resolução, e no que ao número de inscrição do eleitor, referente a alternativa A indicada como correta na vigência da resolução anterior, destacamos o artigo 36 da nova resolução TSE 23.659/2023: Art. 36. A atribuição do número de inscrição à pessoa alistanda será feita de forma automática pelo sistema, observado o disposto neste artigo. Parágrafo único. O número de inscrição será composto por até 12 algarismos, assim discriminados: a) os oito primeiros algarismos serão sequenciados, desprezando-se, na emissão, os zeros à esquerda; b) os dois algarismos seguintes serão representativos da unidade da Federação de origem da inscrição, conforme códigos constantes da seguinte tabela: 01 - São Paulo 02 - Minas Gerais 03 - Rio de Janeiro 04 - Rio Grande do Sul 05 – Bahia 06 – Paraná 07 – Ceará 08 – Pernambuco 09 - Santa Catarina 10 – Goiás 11 – Maranhão 12 – Paraíba 13 – Pará 14 - Espírito Santo 15 – Piauí 16 - Rio Grande do Norte 17 – Alagoas 18 - Mato Grosso 19 - Mato Grosso do Sul 20 - Distrito Federal 21 – Sergipe 22 – Amazonas 23 – Rondônia 24 – Acre 25 – Amapá 26 – Roraima 27 – Tocantins 28 - Exterior (ZZ) c) os dois últimos algarismos constituirão dígitos verificadores, determinados com base no "Módulo 11", sendo o primeiro calculado sobre o número sequencial e o último sobre o código da unidade da Federação seguido do primeiro dígito verificador. FV

Gabarito "A".

(Defensor Público Federal – DPU – 2017 – CESPE) Acerca dos princípios do direito eleitoral e dos direitos políticos, julgue os itens a seguir.

(1) Uma vez que o direito de ser votado integra o rol dos direitos e garantias individuais e que estes, por força

---

* FV Filipe Venturi
 FB Flávia Barros
 RB Robinson Barreirinhas
 SC Sávio Chalita

constitucional, não podem ser abolidos, as condições de elegibilidade não podem ser objeto de proposta de emenda à CF.

(2) De acordo com a CF, a República Federativa do Brasil constitui-se em Estado democrático de direito, o que estabelece a prevalência inequívoca do princípio da constitucionalidade.

(3) No texto constitucional, os direitos políticos estão vinculados ao exercício da soberania popular, restritos, portanto, aos direitos de votar e de ser votado.

1: Incorreta. A CF/1988 adota o chamado sufrágio universal, ou seja, a consideração de requisitos mínimos a serem considerados como exigência ao exercício dos direitos políticos. As condições de elegibilidade são exemplos da ideia de requisitos mínimos, além do que vem trata no próprio texto constitucional dentre os direitos e garantias fundamentais; **2:** Correta, uma vez que o princípio da constitucionalidade relaciona-se com o dever do legislador de submeter-se ao texto constitucional. A afirmação de que o Brasil se constitui em estado democrático de direito ainda nos acena quanto às características do neconstitucionalismo ("democrático"), colocando a Constituição no centro de todo o sistema e irradiando valores. **3:** Incorreta. O parágrafo único, art. 1º, CF, dispõe que "Todo o poder emana do povo, que o exerce por meio de representantes eleitos ou diretamente, nos termos desta Constituição". Por seu turno, o art. 14, incisos I a III, CF, complementa ao trazer formas de exercício direto dos direitos políticos: sufrágio universal, voto, referendo, plebiscito, iniciativa popular. Portanto, o conceito de exercício da soberania popular é mais amplo que tão somente votar e ser votado, abrangendo a participação do cidadão de maneira direta através dos mecanismos de consulta (plebiscito e referendo) e também atuando quanto a elaboração/contribuição/apoiamento às leis de iniciativa popular. **FV**

Gabarito: 1E, 2C, 3E

(Defensor Público Federal – DPU – 2017 – CESPE) Julgue os seguintes itens, acerca das regras relativas ao processo eleitoral previstas na legislação competente.

(1) As sanções previstas na lei para o caso de condutas vedadas nas campanhas eleitorais atingem exclusivamente os agentes públicos responsáveis por elas.

(2) Para concorrer a determinada eleição, o candidato deve possuir domicílio eleitoral na respectiva circunscrição pelo prazo mínimo de seis meses antes da realização do pleito.

(3) Para a realização da prestação de contas pelo sistema simplificado, a legislação considera o critério do montante de recursos financeiros utilizados na campanha e, no caso das eleições para prefeitos e vereadores, a quantidade de eleitores do município.

1: Incorreta. Uma vez que as sanções podem ser aplicadas também a candidatos que venham a se beneficiar dessas condutas. Tal conclusão se faz pela leitura do art. 73, Lei das Eleições ("São proibidas aos agentes públicos, servidores ou não, as seguintes condutas tendentes a afetar a igualdade de oportunidades entre candidatos nos pleitos eleitorais (...)") e o correspondente § 4º, que assevera que " O descumprimento do disposto neste artigo acarretará a suspensão imediata da conduta vedada, quando for o caso, e sujeitará os responsáveis a multa no valor de cinco a cem mil UFIR.". Por complemento, o § 8º, "Aplicam-se as sanções do § 4º aos agentes públicos responsáveis pelas condutas vedadas e aos partidos, coligações e candidatos que delas se beneficiarem". **2:** Incorreta, originalmente essa questão teve como indicação de gabarito ERRADA. No entanto, em razão da Lei 13.488/2017, posterior a aplicação da prova em comento, verifica-se que atualmente tanto o prazo de domicílio eleitoral como de filiação deferida pelo partido político será de 6 meses anteriores ao pleito. **3:** Correta. De fato a

legislação utiliza o critério relativo ao montante de recursos financeiros (valor máximo de R$20.000,00). Também correta quanto a afirmação envolvendo as eleições municipais, já que é exatamente o critério. Nas eleições municipais (prefeito e vereadores) o número de eleitores será o ponto analisado. Vejamos quanto ao que dispõe especificamente a Lei das Eleições (Lei9.504/1997):

"Art. 28. A prestação de contas será feita:

(...)

§ 9º A Justiça Eleitoral **adotará sistema simplificado de prestação de contas para candidatos que apresentarem movimentação financeira correspondente a, no máximo, R$ 20.000,00 (vinte mil reais),** atualizados monetariamente, a cada eleição, pelo Índice Nacional de Preços ao Consumidor – INPC da Fundação Instituto Brasileiro de Geografia e Estatística – IBGE ou por índice que o substituir. (Incluído pela Lei n. 13.165, de 2015)

(...)

§ 11. **Nas eleições para Prefeito e Vereador de Municípios com menos de cinquenta mil eleitores,** a prestação de contas será feita sempre pelo sistema simplificado a que se referem os §§ 9º e 10." (Incluído pela Lei nº 13.165, de 2015). **SC**

Gabarito: 1E, 2E, 3C

(Procurador de Justiça – MPE/GO – 2016) Em relação aos direitos políticos, aponte a assertiva incorreta:

(A) A jurisprudência do TSE vem se firmando no sentido de que membro do Ministério Público que ingressou na Instituição depois da Constituição Federal de 1988, porém antes da Emenda Constitucional n. 45/2004 (que estendeu ao *parquet* as mesmas regras de inelegibilidade destinadas aos magistrados), possui direito adquirido à candidatura.

(B) Para aqueles que ingressaram na carreira do Ministério Público antes do advento da Constituição Federal de 1988, é permitida a candidatura a cargos eletivos, desde que tenham optado pelo regime anterior, sempre respeitados os prazos de desincompatibilização. A referida opção, quanto aos membros do Ministério Público dos Estados, pode ser feita a qualquer tempo.

(C) A suspensão dos direitos políticos decorrente de condenação criminal transitada em julgado continua válida mesmo que a pena privativa de liberdade seja substituída por uma pena restritiva de direitos, visto que não é o recolhimento ao cárcere o motivo dessa mesma suspensão, mas sim o juízo de reprovabilidade estampado na condenação.

(D) O término da suspensão dos direitos políticos decorrente de condenação criminal transitada em julgado Independe de reabilitação, ou seja, para cessar essa causa de suspensão, basta o cumprimento ou a extinção da pena.

A: Correta, "Só podem se candidatar os membros do MP que ingressaram antes da CF, respeitados os prazos de desincompatibilização. O membro que ingressou após a CF deverá abandonar definitivamente o cargo" (Ac. de 13.10.2011 na Cta 150889, rel. Min. Gilson Dipp; no mesmo sentido o Ac. de 21.9.2006 no RO 993, rel. Min. Cesar Asfor Rocha.); **B:** Incorreta, já que "A escolha pelo regime anterior, no caso no MP estadual, é formalizável a qualquer tempo (Ac. de 12.12.2006 no ARO 1.070).”; **C:** Incorreta, já que "a pena restritiva de direito e a prestação de serviços à comunidade não afastam a incidência do art. 15, III, da Constituição Federal, enquanto durarem os efeitos da condenação" (AgR-REspe 29.939/SC, PSESS em 13.10.2008, rel. Min. Joaquim Barbosa); no mesmo sentido: RE 601.182; **D:** Incorreta, conforme dispõe a Súmula TSE, 9: "A suspensão de direitos políticos decorrente de condenação criminal transitada em julgado cessa com

15. DIREITO ELEITORAL 685

o cumprimento ou a extinção da pena, independendo de reabilitação ou de prova de reparação de danos." **SC**

Gabarito "A".

(Juiz – TJ-SC – FCC – 2017) Para concorrer às eleições, o candidato deverá possuir, entre outras condições,

(A) domicílio eleitoral na respectiva circunscrição pelo prazo de, pelo menos, um ano antes do pleito e estar com a filiação deferida pelo partido no mesmo prazo.

(B) domicílio eleitoral na respectiva circunscrição pelo prazo de, pelo menos, um ano antes do pleito, ressalvado o caso de transferência ou remoção de servidor público ou de membro de sua família.

(C) filiação deferida pelo partido no mínimo um ano antes da data da eleição, caso o estatuto partidário não estabeleça prazo inferior.

(D) domicílio eleitoral na respectiva circunscrição pelo prazo de, pelo menos, seis meses antes do pleito e estar com a filiação deferida pelo partido no mesmo prazo.

(E) domicílio eleitoral na respectiva circunscrição pelo prazo de, pelo menos, um ano antes do pleito, e estar com a filiação deferida pelo partido no mínimo seis meses antes da data da eleição.

A questão trata das condições de elegibilidade, assunto recorrente em todas as provas da magistratura, uma vez que caberá ao leitor, futuro magistrado, decidir sobre os pedidos de registro de candidatura (e também decidir sobre as Ações de Impugnação ao Registro de Candidatura) nas eleições municipais. Sobre o tema, leitura obrigatória do art. 14,§ 3°, CF. Vejamos as alternativas pontualmente:
A: incorreta, já que a filiação partidária deverá ter uma anterioridade mínima de 6 meses anteriores ao pleito. Quanto ao domicílio eleitoral, a reforma de 2017 (Lei 13.488/2017), que alterou o conteúdo do art. 9°, Lei das Eleições, a dispor que "Para concorrer às eleições, o candidato deverá possuir domicílio eleitoral na respectiva circunscrição pelo prazo de seis meses e estar com a filiação deferida pelo partido no mesmo prazo"; **B:** incorreta. Como mencionado na alternativa anterior, a filiação e também o domicílio eleitoral deverão ser comprovado demonstrando uma anterioridade mínima de 6 meses anteriores ao pleito. Cabe destacar, também, que o art. 38 da Resolução TSE 23.659/2021 assim dispõe: Art. 38. A transferência só será admitida se satisfeitas as seguintes exigências: I - apresentação do requerimento perante a unidade de atendimento da Justiça Eleitoral do novo domicílio no prazo estabelecido pela legislação vigente; II - transcurso de, pelo menos, um ano do alistamento ou da última transferência; III - tempo mínimo de três meses de vínculo com o município, dentre aqueles a configurar o domicílio eleitoral, nos termos do art. 23 desta Resolução, pelo tempo mínimo de três meses, declarado, sob as penas da lei, pela própria pessoa (Lei n° 6.996/1982, art. 8°); IV - regular cumprimento das obrigações de comparecimento às urnas e de atendimento a convocações para auxiliar nos trabalhos eleitorais. § 1° Os prazos previstos nos incisos II e III deste artigo não se aplicam à transferência eleitoral de: a) servidora ou servidor público civil e militar ou de membro de sua família, por motivo de remoção, transferência ou posse (Lei n° 6.996/1982, art. 8°, parágrafo único); e b) indígenas, quilombolas, pessoas com deficiência, trabalhadoras e trabalhadores rurais safristas e pessoas que tenham sido forçadas, em razão de tragédia ambiental, a mudar sua residência. **C:** incorreta, uma vez que o art. 20 da Lei dos Partidos Políticos autoriza que a agremiação crie prazo superior e jamais inferior ao estabelecido em lei. Ou seja, ao menos 6 meses deve ser considerado. Se o partido estabelecer 1 ano, estará dentro do que permite o já dito art. 20; **D:** incorreta, pelos mesmos fundamentos da assertiva A; **E:** Atenção! Alternativa que, originalmente, veio indicada como correta pelo gabarito oficial. No entanto, em razão das alterações legislativas observadas no art. 9°, Lei das Eleições (reforma trazida pela Lei 13.488/2017) o prazo mínimo de filiação e domicílio eleitoral passam a ser de 6 meses da data do pleito. **FV**

Gabarito original "E". Após atualização "D".

(Delegado/MT – 2017 – CESPE) Desde quinze dias antes de uma eleição municipal, salvo em caso de flagrante delito, nenhuma autoridade poderá prender ou deter

(A) delegado de partido.

(B) fiscal de partido.

(C) candidato.

(D) eleitor.

(E) membro de mesa receptora.

A única assertiva que apresenta resposta correta está na letra C. Isto porque o art. 236, § 1°, Código Eleitora, dispõe que "Nenhuma autoridade poderá, desde 5 (cinco) dias antes e até 48 (quarenta e oito) horas depois do encerramento da eleição, prender ou deter qualquer eleitor, salvo em flagrante delito ou em virtude de sentença criminal condenatória por crime inafiançável, ou, ainda, por desrespeito a salvo-conduto. § 1° Os membros das Mesas Receptoras e os Fiscais de partido, durante o exercício de suas funções, não poderão ser detidos ou presos, salvo o caso de flagrante delito; da mesma garantia gozarão os candidatos desde 15 (quinze) dias antes da eleição. **SC**
Assim, podemos compilar:

> a) **delegado de partido e fiscal de partido** durante o exercício de suas funções, não poderão ser, detidos ou presos, salvo o caso de **flagrante delito**
> c) **candidatos** não poderão ser, detidos ou presos, salvo o caso de flagrante delito; os candidatos desde **15 (quinze) dias** antes da eleição.
> d) **eleitores** não poderão ser, detidos ou presos, desde **5 (cinco) dias antes e até 48 (quarenta e oito) horas depois** do encerramento da eleição
> e) **membro de mesa receptora**, durante o exercício de suas funções, não poderão ser, detidos ou presos, **salvo o caso de flagrante delito**.

Gabarito "C".

(Delegado/GO – 2017 – CESPE) Em ano eleitoral, na convenção estadual do partido Pdy, a direção apresentou proposta de coligação e relação de candidatos a deputado federal.

Com referência a essa situação hipotética, cada uma das próximas opções apresenta uma situação também hipotética, seguida de uma assertiva a ser julgada, de acordo com o que prescreve a Lei n. 9.504/1997, que estabelece normas para as eleições. Assinale a opção que apresenta a assertiva correta.

(A) A lista de candidatos a deputado federal do Pdy conta dois candidatos que enfrentam processos, ainda não concluídos, de expulsão do partido. Nessa situação, os nomes desses dois candidatos devem ser substituídos, pois a lei prevê o imediato cancelamento do registro de candidatos submetidos a processo de expulsão do partido a que pertençam.

(B) Dos componentes da lista de candidatos do Pdy, 50% deles são do sexo feminino. Nessa situação, de acordo com a lei em apreço, a lista deverá ser recomposta, de forma a conter, no máximo, 30% de candidatos desse sexo e 70%, no mínimo, de candidatos do sexo masculino.

(C) O Pdy estadual deliberou coligar-se com outros dois partidos, em afronta direta às diretrizes estatutárias do órgão de direção nacional do Pdy. Nessa situação, o diretório nacional do Pdy poderá, nos termos do estatuto do partido, anular a referida deliberação feita em convenção estadual e os atos dela decorrentes.

(D) Na convenção, ficou decidido que seriam apresentados vinte e um candidatos para concorrer às quatorze vagas de deputado federal reservadas para o estado. Nessa situação, o número de candidatos a ser apresentado pelo partido ou pela coligação deveria corresponder a 200% das respectivas vagas, ou seja, vinte e oito candidatos.

(E) A lista de candidatos a deputado federal do Pdy inclui um candidato que somente completará vinte e um anos de idade no dia seis de outubro, um dia após a data das eleições. Nessa situação, esse candidato terá de ser substituído por outro candidato que complete a idade mínima de vinte e um anos até a data do certame eleitoral.

Atenção! Questão desatualizada em razão da EC 97/17 que alterou o art. 17, CF. Não mais é permitida a coligação para eleições onde o sistema de apuração se dê pelo sistema proporcional, apenas no majoritário. Ainda assim, no caso das eleições majoritárias, não haverá obrigatoriedade de verticalização das coligações (ou seja, é possível que as coligações sejam diferentes em cada nível de eleição – presidencial, governo do estado/distrito e municipal). Por esta razão, não teríamos alternativa correta no presente caso. De qualquer forma, para fins de estudos, este autor optou por manter as fundamentações fins de esclarecimento e análise: **A:** Incorreta. Uma vez que o art. 14, Lei das Eleições, dispõe que "estão sujeitos ao cancelamento do registro os candidatos que, **até a data da eleição, forem expulsos do partido**, em processo no qual seja assegurada ampla defesa e sejam observadas as normas estatutárias. Parágrafo único. O cancelamento do registro do candidato será decretado pela Justiça Eleitoral, após solicitação do partido". **B:** Incorreta. Pois a legislação eleitoral, art. 10, § 3º, Lei das Eleições, impõe que haja uma proporção entre 30% e 70% entre cada sexo (independentemente se 30% de homem ou mulher, e o mesmo aos 70%). Vejamos: "§ 3º Do número de vagas resultante das regras previstas neste artigo, cada partido ou coligação preencherá o mínimo de 30% (trinta por cento) e o máximo de 70% (setenta por cento) para candidaturas de cada sexo. (Redação dada pela Lei n. 12.034, de 2009)". **C:** Correta, conforme autoriza o art. 7º, § 2º, Lei das Eleições. "§ 2º Se a convenção partidária de nível inferior se opuser, na deliberação sobre coligações, às diretrizes legitimamente estabelecidas pelo órgão de direção nacional, nos termos do respectivo estatuto, poderá esse órgão anular a deliberação e os atos dela decorrentes". **D:** Incorreta, vez que há estampada no art. 10, Lei das Eleições, em sentido contrário. Vejamos: "Art. 10. Cada partido poderá registrar candidatos para a Câmara dos Deputados, a Câmara Legislativa, as Assembleias Legislativas e as Câmaras Municipais no total de até 100% (cem por cento) do número de lugares a preencher mais 1 (um). (Redação dada pela Lei nº 14.211, de 2021). **E:** Incorreta, já que o § 2º, art. 11, Lei das Eleições, estabelece que "a idade mínima constitucionalmente estabelecida como condição de elegibilidade é verificada tendo **por referência a data da posse, salvo quando fixada em dezoito anos, hipótese em que será aferida na data-limite para o pedido de registro**. (Redação dada pela Lei nº 13.165, de 2015)". **FV**

Para Lembrar:
As idades mínimas constitucionalmente previstas como condições de elegibilidade são (art. 14, § 3º, VI, CF):
a) 35 anos para Presidente e Vice-Presidente da República e Senador;
b) 30 anos para Governador e Vice-Governador de Estado e do Distrito Federal;
c) 21 anos para Deputado Federal, Deputado Estadual ou Distrital, Prefeito, Vice-Prefeito e juiz de paz;
d) 18 anos para Vereador.

Gabarito "C"

(Delegado/GO – 2017 – CESPE) A respeito de alistamento eleitoral, assinale a opção correta à luz da CF e da Lei n. 4.737/1965, que instituiu o Código Eleitoral.

(A) O eleitor que não votar e não se justificar estará sujeito ao pagamento de multa, ao impedimento de inscrever-se em concurso público e à prestação de serviços comunitários.

(B) Todos os militares são alistáveis.

(C) A CF recepcionou as disposições da Lei n. 4.737/1965 relativas à elegibilidade e ao alistamento eleitoral dos analfabetos.

(D) Uma das condições para o alistamento eleitoral é que o eleitor saiba se exprimir na língua nacional.

(E) Será cancelada a inscrição do eleitor que não votar em três eleições consecutivas, com ou sem justificativa.

A: Incorreta, já que pela redação do art. 7º, § 1º, do CE, dispõe que não contempla o impedimento de prestar serviço à comunidade. **B:** Incorreta, já que não são todos os militares alistáveis (não o são os conscritos). O art. 14, § 8º, CF, estabelece como o assunto deverá ser tratado quando na situação dos militares: I – se contar menos de dez anos de serviço, deverá afastar-se da atividade; II – se contar mais de dez anos de serviço, será agregado pela autoridade superior e, se eleito, passará automaticamente, no ato da diplomação, para a inatividade. **C:** Incorreta, já que a CF não recepcionou o dispositivo do Código Eleitoral relativo a considerar os analfabetos inalistáveis, vez que, pela CF/1988, os analfabetos serão alistáveis facultativos mas inelegíveis (art. 5º, I, CE e art. 14, § 1º, II, a, CF). **D:** Gabarito indica assertiva como CORRETA, conforme art. 5º, II, Código Eleitoral. No entanto, a banca anulou a questão sob o fundamento de que referido dispositivo não foi recepcionado pela CF/88. **E:** Incorreta, já que pela redação do § 3º, art. 7º, Código Eleitoral, havendo justificativa, não há cancelamento. **SC**

Gabarito Anulada

(Delegado/GO – 2017 – CESPE) Em cada uma das próximas opções, é apresentada uma situação hipotética, seguida de uma assertiva a ser julgada conforme a Lei n. 9.096/1995. Assinale a opção que apresenta a assertiva correta.

(A) Um grupo de eleitores encaminhou pedido de registro do estatuto do partido político Y (PY) ao Tribunal Superior Eleitoral (TSE). Nessa situação, o TSE somente poderá deferir o registro depois de publicadas as normas que regerão o PY, devido ao fato de os partidos políticos serem pessoas jurídicas de direito público sujeitas ao princípio da publicidade.

(B) O partido político W (PW) estabeleceu em seu estatuto que somente poderiam concorrer a cargos eletivos os candidatos que tivessem mais de dois anos de filiação partidária. Nessa situação, os filiados do PW deverão cumprir o estabelecido na referida determinação estatutária, uma vez que é facultado aos partidos estabelecer prazos de filiação superiores aos previstos em lei.

(C) O partido político Z (PZ) requereu o registro do seu estatuto no Tribunal Superior Eleitoral (TSE), tendo juntado ao pedido documentos comprobatórios de apoiamento de eleitores, todos filiados a partidos políticos e com representantes das diversas unidades da Federação, inclusive do DF. Nessa situação, o TSE deverá deferir o pedido de registro do estatuto do PZ em caráter nacional.

(D) Um deputado federal pretende desfiliar-se do partido político A, em razão da criação do partido político B, ao qual ele pretende filiar-se. Nessa situação, é possível a troca de partido sem perda do cargo parlamentar, pois a criação de um novo partido político é justa causa para desfiliação partidária.

(E) Um eleitor, já filiado ao partido político X, filiou-se também a outro partido. Tal situação caracteriza dupla filiação, e ambas as filiações serão consideradas nulas para todos os efeitos legais.

A: Incorreta, pois o art. 1°, LOPP, assim dispõe: "Art. 1° O partido político, pessoa jurídica de **direito privado**, destina-se a assegurar, no interesse do regime democrático, a autenticidade do sistema representativo e a defender os direitos fundamentais definidos na Constituição Federal. Parágrafo único. O partido político não se equipara às entidades paraestatais". **B:** Correta, já que o art. 20, LOPP, dispõe que é facultado ao partido político estabelecer, em seu estatuto, prazos de filiação partidária superiores aos previstos nesta Lei, com vistas a candidatura a cargos eletivos. **C:** Incorreta, já que contraria a redação do art. 7°, § 1°, LOPP, ao dispor que "só é admitido o registro do estatuto de partido político que tenha caráter nacional, considerando-se como tal aquele que comprove, no período de dois anos, **o apoiamento de eleitores não filiados a partido político (também necessário)**, correspondente a, pelo menos, 0,5% (cinco décimos por cento) dos votos dados na última eleição geral para a Câmara dos Deputados, não computados os votos em branco e os nulos, distribuídos por um terço, ou mais, dos Estados, com um mínimo de 0,1% (um décimo por cento) do eleitorado que haja votado em cada um deles." **D:** Incorreta. Pois o art. 22-A, LOPP, alterado pela Lei 13.165/2015, estabelece as situações de justa causa para a desfiliação. Trata-se de rol taxativo. Vejamos: I – mudança substancial ou desvio reiterado do programa partidário; II – grave discriminação política pessoal; III – mudança de partido efetuada durante o período de trinta dias que antecede o prazo de filiação exigido em lei para concorrer à eleição, majoritária ou proporcional, ao término do mandato vigente. **E:** Incorreta, pois o parágrafo único do art. 22, LOPP, dispõe que havendo coexistência de filiações partidárias, **prevalecerá a mais recente**, devendo a Justiça Eleitoral determinar o cancelamento das demais. SC

Gabarito "B".

(Juiz de Direito/DF – 2016 – CESPE) Com relação a princípios e garantias do direito eleitoral, dos sistemas eleitorais, dos partidos políticos e dos direitos políticos, assinale a opção correta.

(A) O princípio da anualidade não é uma cláusula pétrea e pode ser suprimido por EC.

(B) A Cidadania e o Pluralismo Político são objetivos fundamentais da República Federativa do Brasil.

(C) O pluralismo político é expressão sinônima de diversidade partidária.

(D) São garantias que regem a disciplina dos partidos políticos: a liberdade partidária externa, a liberdade partidária interna, a subvenção pública e a intervenção estatal mínima.

(E) O sistema majoritário brasileiro é unívoco.

A: incorreta, uma vez que, por ocasião do julgamento do RE 633.703, rel. min. Gilmar Mendes (j. 23.03.2011, *DJe* de 18.11.2011), ficou decidido que "*o pleno exercício de direitos políticos por seus titulares (eleitores, candidatos e partidos) é assegurado pela Constituição por meio de um sistema de normas que conformam o que se poderia denominar de devido processo legal eleitoral. Na medida em que se estabelecem as garantias fundamentais para a efetividade dos direitos políticos, essas regras também compõem o rol das normas denominadas cláusulas*

pétreas e, por isso, estão imunes a qualquer reforma que vise a aboli-las. O art. 16 da Constituição, ao submeter a alteração legal do processo eleitoral à regra da anualidade, constitui uma garantia fundamental para o pleno exercício de direitos políticos"; **B:** incorreta, uma vez que são fundamentos (art. 1°, CF), e não objetivos (art. 3°, CF); **C:** incorreta, uma vez que a ideia de pluralismo político se atrela à liberdade de manifestação de pensamento, de expressão, de diversidade quanto a pontos de vista políticos e sociológicos. Diferente, portanto, do pluralismo partidário, que estabelece uma amplitude quanto à existência de partidos políticos; **D:** correta, pois se coaduna com o que estabelece o art. 17 da CF e arts. 1°, 2° e 3° da Lei dos Partidos Políticos; **E:** incorreta. Cabe, de início, esclarecer que "unívoco" está associado à ideia de "único sentido", "único significado". Com essa premissa, podemos afirmar que é uma assertiva equivocada, uma vez que observamos situações em que o sentido de majoritário está atrelado a uma maioria qualificada (necessidade de obtenção, pelo candidato ao cargo de Presidente ou Governador, de 50% + 1 dos votos válidos para que seja eleito em primeiro turno. O mesmo para o caso de municípios com mais de 200 mil eleitores. Fundamento no art. 2°, §1°, Lei das Eleições). SC

Gabarito "D".

(Analista – Judiciário – TRE/PI – 2016 – CESPE) À luz do disposto no CE, assinale a opção correta a respeito do registro de candidatos.

(A) Qualquer candidato pode solicitar o cancelamento do registro de seu nome, bastando comunicar verbalmente sua decisão na junta eleitoral.

(B) A escolha de candidatos deve ser concluída um ano antes das eleições e aprovada nas convenções partidárias a serem realizadas no mesmo período.

(C) É permitido o registro de um mesmo candidato para mais de um cargo na mesma circunscrição.

(D) O registro de candidatos a governador, vice-governador, prefeito, vice-prefeito, vereadores e juiz de paz é feito no tribunal regional eleitoral.

(E) Para se candidatar a cargo eletivo, o militar que tiver menos de cinco anos de serviço deverá ser excluído do serviço ativo.

A: incorreta, já que o parágrafo único do art. 14 estabelece que o cancelamento do registro do candidato será decretado pela Justiça Eleitoral, após solicitação do partido; **B:** incorreta, pois o art. 8° da Lei das Eleições estabelece que a escolha dos candidatos pelos partidos e a deliberação sobre coligações deverão ser feitas no período de 20 de julho a 5 de agosto do ano em que se realizarem as eleições, lavrando-se a respectiva ata em livro aberto, rubricado pela Justiça Eleitoral, publicada em vinte e quatro horas em qualquer meio de comunicação; **C:** incorreta, já que a candidatura, no Brasil, é para um único cargo. Durante o ano de 2015, juntamente com inúmeras outras alterações intituladas "reforma eleitoral", havia a possibilidade da candidatura para múltiplos cargos, permitindo, caso eleito para todos, optar por qual intentasse verdadeiramente assumir. A proposta não foi aprovada (dado apenas para constar como curiosidade). **D:** incorreta, uma vez que o registro de candidatura para o cargo de prefeito, vice-prefeito e vereadores é feito perante o juiz eleitoral da circunscrição eleitoral, conforme art. 89, III, Código Eleitoral; **E:** correta, com fundamento no art. 14, §8°, Constituição Federal. SC

Gabarito "E".

(Juiz de Direito/AM – 2016 – CESPE) Assinale a opção correta acerca dos impedimentos eleitorais previstos na legislação vigente.

(A) O pré-candidato que for sobrinho de governador de estado em exercício não poderá se candidatar a governador do mesmo estado no próximo pleito.

688 FILIPE VENTURI, FLÁVIA BARROS, ROBINSON BARREIRINHAS E SAVIO CHALITA

(B) Não poderá se candidatar a governador pré-candidato condenado em primeira instância por crime contra o patrimônio público e que o recurso por ele interposto não tenha sido apreciado judicialmente até a data da convenção.

(C) Pré-candidato a deputado federal filiado ao partido há apenas cinco meses antes da convenção não poderá se candidatar, ainda que tenha domicílio eleitoral no estado há mais de um ano.

(D) Não poderá se candidatar a deputado federal pré-candidato que possuir domicílio eleitoral no estado há menos de um ano, ainda que seja filiado ao partido há mais de um ano.

(E) Pré-candidato a deputado federal que não tiver completado vinte e um anos de idade até a data da convenção realizada pelo seu partido não poderá se candidatar: ele não atingiu a idade mínima exigida pela CF.

A: incorreta, uma vez que a relação de parentesco mantida entre o "sobrinho" e o "tio" é de terceiro grau. O §7° do art. 14 da CF, que trata das hipóteses constitucionais de inelegibilidade, indica que *"São inelegíveis, no território de jurisdição do titular, o cônjuge e os parentes consanguíneos ou afins, até o segundo grau ou por adoção, do Presidente da República, de Governador de Estado ou Território, do Distrito Federal, de Prefeito ou de quem os haja substituído dentro dos seis meses anteriores ao pleito, salvo se já titular de mandato eletivo e candidato à reeleição.";* **B:** incorreta, uma vez que o art. 1°, I, e, LC 64/1990 dispõe que haverá necessidade de que tal condenação, a ponto de gerar a inelegibilidade, deverá ocorrer por sentença transitada em julgado ou por órgão colegiado. Assim, não estaria abrangida a condenação em primeira instância, a menos que transitada em julgado (o que não é o caso da questão); **C:** incorreta, pois o enunciado diz que a filiação se deu 5 meses antes da convenção (que, conforme o art. 8°, Lei das Eleições, deverá ser feita no período de 20 de julho a 5 de agosto do ano em que se realizarem as eleições). Assim, considerando que as eleições se dão no primeiro domingo de outubro, e que ao tempo delas o hipotético candidato já alcançaria pelo menos 7 meses de filiação, restam cumpridas as condições de elegibilidade quanto ao prazo de filiação (6 meses antes do pleito, não da convenção) e domicílio eleitoral (1 ano), conforme art. 9°, Lei das Eleições *Art. 9° Para concorrer às eleições, o candidato deverá possuir domicílio eleitoral na respectiva circunscrição pelo prazo de seis meses e estar com a filiação deferida pelo partido no mesmo prazo. (Redação dada pela Lei n° 13.488, de 2017) Parágrafo único. Havendo fusão ou incorporação de partidos após o prazo estipulado no caput, será considerada, para efeito de filiação partidária, a data de filiação do candidato ao partido de origem.* **D:** Atenção! Originalmente esta era a alternativa correta. No entanto, em razão das alterações trazidas pela Lei 13.488/17, modificando-se o conteúdo do art. 9, Lei das Eleições, o prazo mínimo a ser comprovado de domicílio eleitoral é de 6 meses.; **E:** incorreta. Cabe destacar que a reforma eleitoral de 2015, em especial a Lei 13.165/2015, alterou a redação do §2°, art. 11, Lei das Eleições, para dispor que "A idade mínima constitucionalmente estabelecida como condição de elegibilidade é verificada tendo por referência a data da posse, salvo quando fixada em dezoito anos, hipótese em que será aferida na data-limite para o pedido de registro". Ou seja, considerando a atual redação do art. 14, §3°, VI, d, Constituição Federal, apenas para o cargo de vereador é exigida a idade mínima de 18 anos. Assim, para o cargo de Deputado, com a exigência de 21 anos, temos a aferição de idade tendo-se em vista a data da posse e não a data limite de registro da candidatura. **FV**

2. PARTIDOS POLÍTICOS, CANDIDATOS

(Juiz de Direito – TJ/RS – 2018 – VUNESP) Com o advento da Emenda Constitucional no 97/2017, a partir das eleições de 2020, a celebração de coligações será

(A) vedada nas eleições proporcionais, atingindo, assim, a proibição, os cargos de Vereador, Deputado Estadual, Deputado Federal e Deputado Distrital.

(B) permitida para as eleições majoritárias, ou seja, em relação aos cargos de Vereador, Deputado Estadual, Deputado Federal e Deputado Distrital.

(C) permitida para as eleições proporcionais, ou seja, em relação aos cargos de Prefeito, Governador, Senador e Presidente da República.

(D) vedada em qualquer hipótese, atingindo tanto as eleições majoritárias quanto as proporcionais.

(E) vedada nas eleições majoritárias, atingindo, assim, a proibição, os cargos de Prefeito, Governador, Senador e Presidente da República.

A única alternativa correta é apresentada pela letra A. Isto porque a EC 97/2017 trouxe disposição de que é assegurado aos partidos políticos autonomia para adotar os critérios de escolha e o regime de suas coligações nas eleições majoritárias, vedada a sua celebração nas eleições proporcionais, sem obrigatoriedade de vinculação entre as candidaturas em âmbito nacional, estadual, distrital ou municipal. O texto da EC 97/2017, em seu art. 2°, indica, de forma expressa, que a vedação de celebração de coligações nas eleições proporcionais apenas será aplicada a partir das eleições de 2020. Para esta questão, o candidato ainda deveria conhecer os cargos considerados "proporcionais" ou "majoritários". Na verdade as expressões são relacionadas ao sistema de apuração de votos, e não aos cargos propriamente. Explico melhor: temos em nosso ordenamento dois sistemas de apuração dos votos durante uma eleição. O primeiro, majoritário, será aplicado aos cargos de chefia do Executivo (Presidente e vice, Governador e vice, Prefeito e vice) e para o de Senador e suplente. Neste sistema, será considerado eleito aquele que obtiver maioria dos votos. Em municípios com menos de 200.000 eleitores e nas eleições para Senador, basta a maioria simples dos votos em único turno. Para municípios com mais de 200.000 eleitores ou nas eleições para Presidente ou Governador, somente se resolverá em primeiro turno caso o candidato obtenha mais de 50% dos votos válidos (ou seja, 50%+1). Não alcançando esta proporção, a eleição se resolverá em segundo turno. Nesta ocasião (do segundo turno), será eleito o candidato com maior votação (maioria simples). Por outro lado, temos o sistema de apuração proporcional, aplicável aos cargos do Legislativo, com exceção ao cargo de Senador. Ou seja: Deputados federais, distritais, estaduais e vereadores. Neste sistema, é analisado o quociente eleitoral e partidário para fins de se verificar a distribuição de vagas. **SC**

Gabarito "A".

(Juiz – TJ-SC – FCC – 2017) A incorporação de partido político:

(A) somente é cabível em relação a partidos políticos que tenham obtido registro definitivo do Tribunal Superior Eleitoral há, pelo menos, 5 (cinco) anos.

(B) exige que os órgãos nacionais de deliberação dos partidos políticos envolvidos na incorporação aprovem, em reunião conjunta, por maioria absoluta, novos estatutos e programas, bem como elejam novo órgão de direção nacional ao qual caberá promover o registro da incorporação.

(C) não implica eleição de novo órgão de direção nacional, mantendo-se o mandato e a composição do

15. DIREITO ELEITORAL   689

órgão de direção nacional da agremiação partidária incorporadora.

(D) condiciona a existência legal da nova agremiação partidária ao registro, no Ofício Civil competente da Capital Federal, dos novos estatutos e programas, cujo requerimento deve ser acompanhado das atas das decisões dos órgãos competentes.

(E) não autoriza a soma dos votos obtidos na última eleição geral para a Câmara dos Deputados pelos partidos incorporados, para efeito da distribuição dos recursos do Fundo Partidário e do acesso gratuito ao rádio e à televisão.

A: correta, com fundamento no §9°, art. 29, Lei dos Partidos Políticos, que, a partir da Lei 13.165/2015, passou a estabelecer que "somente será admitida a fusão ou incorporação de partidos políticos que hajam obtido o registro definitivo do Tribunal Superior Eleitoral há, pelo menos, 5 (cinco) anos". Assim, há uma vedação à criação de partidos políticos que nascem destinados à serem verdadeiramente "loteados" a outros; **B:** incorreta, já que o §2°, art. 29, Lei dos Partidos Políticos estabelece que " No caso de incorporação, observada a lei civil, caberá ao partido incorporando deliberar por maioria absoluta de votos, em seu órgão nacional de deliberação, sobre a adoção do estatuto e do programa de outra agremiação"; **C:** incorreta. O art. 29, §1°, II, Lei dos Partidos Políticos dispõe que "- os órgãos nacionais de deliberação dos partidos em processo de fusão votarão em reunião conjunta, por maioria absoluta, os projetos, e elegerão o órgão de direção nacional que promoverá o registro do novo partido."; **D:** incorreta, já que esta regra disposta na assertiva D diz respeito à situação a ser observado no caso de fusão. Trata-se de reprodução do quanto disposto no §4°, art. 29, Lei dos Partidos Políticos; **E:** incorreta, já que a autorização é expressa pelo §7°, art. 29, Lei dos Partidos Políticos. **SC**
„A" Gabarito

(Juiz – TJ-SC – FCC – 2017) Nos termos da Constituição Federal, a Câmara dos Deputados compõe-se de representantes do povo, eleitos, pelo sistema proporcional. Tal sistema eleitoral:

(A) determina, segundo o Código Eleitoral, que as vagas não preenchidas segundo o quociente partidário serão distribuídas aos partidos com o maior número de votos remanescentes, ou seja, aqueles que restaram em face do cálculo do quociente partidário.

(B) determina, segundo o Código Eleitoral, a eleição dos candidatos que tenham obtido votos em número igual ou superior a 10% (dez por cento) do quociente eleitoral, tantos quantos o respectivo quociente partidário indicar, na ordem da votação nominal que cada um tenha recebido.

(C) impede, segundo a legislação eleitoral, que o voto conferido a candidato de determinado partido seja considerado para a eleição de candidato de partido diverso, ainda que coligado.

(D) determina, segundo o Código Eleitoral, a eleição dos candidatos que tenham obtido votos em número igual ou superior ao quociente eleitoral, na ordem da votação nominal que cada um tenha recebido.

(E) descabe ser aplicado à eleição de Vereadores, em virtude de a Constituição Federal atualmente estabelecer limite máximo de Vereadores para cada Município em função do número de habitantes, afastando a proporcionalidade da representação que originalmente vigorava.

A: incorreta, uma vez que os arts. 109 e 110 do Código Eleitoral estabelecem tratativa diferente. Atenção especial deve ser dada a estes dispositivos (objetivamente o art. 109, CE), uma vez que sofreu alterações pela Lei 13.165/2015 (Reforma de 2015). Vejamos: *Art. 109. Os lugares não preenchidos com a aplicação dos quocientes partidários e em razão da exigência de votação nominal mínima a que se refere o art. 108 serão distribuídos de acordo com as seguintes regras: I – dividir-se-á o número de votos válidos atribuídos a cada partido ou coligação pelo número de lugares definido para o partido pelo cálculo do quociente partidário do art. 107, mais um, cabendo ao partido ou coligação que apresentar a maior média um dos lugares a preencher, desde que tenha candidato que atenda à exigência de votação nominal mínima; II – repetir-se-á a operação para cada um dos lugares a preencher; III – quando não houver mais partidos ou coligações com candidatos que atendam às duas exigências do inciso I, as cadeiras serão distribuídas aos partidos que apresentem as maiores médias. § 1º O preenchimento dos lugares com que cada partido ou coligação for contemplado far-se-á segundo a ordem de votação recebida por seus candidatos. § 2º Poderão concorrer à distribuição dos lugares todos os partidos e coligações que participaram do pleito (Lei 13.488/2017) Art. 110. Em caso de empate, haver-se-á por eleito o candidato mais idoso.* **B:** correta. Fundamento está no art. 108, CE. Destaca-se que esta disposição é também fruto de alterações inserida pela Lei 13.165/2015, portanto, deve o candidato possuir atenção redobrada. Importante mencionar, também, que esta quota de 10% (temos sustentado em sala a denominação "cláusula de barreira no Sistema proporcional") não será observada quando na situação de chamamento dos suplentes a ocuparem cargos vagos, mas tão somente para esta aferição de resultado das eleições; **C:** incorreta, isto porque o cálculo do quociente partidário inclui a consideração da unidade apresentada pela coligação. Ou seja, os partidos poderão (não há obrigatoriedade) coligar-se para uma eleição. Havendo coligação, toda a apuração será considerada tendo-se por base o partido político individualmente (quando não coligado) ou a própria coligação (quando houver associação entre as agremiações). Art. 107, CE; **D:** incorreta, uma vez que é necessário observar o cumprimento de 10% do quociente eleitoral, conforme dito na assertiva B, relativamente à cláusula de barreira do Sistema eleitoral; **E:** incorreta, já que o sistema proporcional de apuração dos votos será utilizado para as eleições para cargos do legislativo, sendo a única exceção o cargo de senador, onde a apuração se dá pelo sistema majoritário. **SC**
„B" Gabarito

(Promotor de Justiça – MPE/RS – 2017) Considerando a Lei 9.096/1995, que dispõe sobre partidos políticos, assinale a alternativa correta.

(A) Após registrar seu estatuto no Cartório competente do Registro Civil das Pessoas Jurídicas, na Capital Federal, o partido político está apto a participar do processo eleitoral, receber recursos do Fundo Partidário e ter acesso gratuito ao rádio e à televisão.

(B) É vedado ao partido político estabelecer, em seu estatuto, prazos de filiação partidária superiores aos previstos na Lei 9.096/1995, com vistas à candidatura a cargos eletivos.

(C) Quem se filia a outro partido deve fazer comunicação ao partido ao qual era originalmente filiado e ao juiz de sua respectiva Zona Eleitoral, para cancelar sua filiação anterior; se não o fizer no dia imediato ao da nova filiação, fica configurada dupla filiação, sendo ambas consideradas nulas para todos os efeitos.

(D) A perda dos direitos políticos não implica o cancelamento imediato da filiação partidária.

(E) A desaprovação da prestação anual de contas do partido não enseja sanção alguma que o impeça de participar do processo eleitoral.

A: Incorreta. A EC 97/17 criou a chamada cláusula de barreira (ou de desempenho) ao dispor que os partidos somente terão acesso aos recursos do Fundo Partidário e ao tempo de propaganda gratuita no rádio e na televisão se alcançarem algumas condições. São elas: I – obtiverem, nas eleições para a Câmara dos Deputados, no mínimo, 3% (três por cento) dos votos válidos, distribuídos em pelo menos um terço das unidades da Federação, com um mínimo de 2% (dois por cento) dos votos válidos em cada uma delas; ou II – tiverem elegido pelo menos quinze Deputados Federais distribuídos em pelo menos um terço das unidades da Federação. (art. 17, §3°, CF); **B:** Incorreta. O partido político pode criar prazo superior. A vedação, por via contrária, está para fixação de prazo inferior (art. 20, Lei dos Partidos Políticos); **C:** Incorreta. Após a entrada em vigor da Lei 12.891/2013, havendo coexistência de filiações partidárias, prevalecerá a mais recente, devendo a Justiça Eleitoral determinar o cancelamento das demais; **D:** Incorreta, uma vez que o art. 22, II, Lei dos Partidos Políticos estabelece ser uma das formas de cancelamento da filiação partidária; **E:** Correta, conforme § 5° do art. 32 da Lei dos Partidos Políticos. SC
Gabarito "E".

(Analista – Judiciário –TRE/PI – 2016 – CESPE) Com base no disposto na Lei n.º 9.504/1997, assinale a opção correta.

(A) Nas eleições proporcionais, são computados como válidos todos os votos registrados pelas mesas receptoras.

(B) As eleições para governador, vice-governador, prefeito, vice-prefeito e vereador realizam-se simultaneamente, no primeiro domingo de outubro do ano de eleições estaduais.

(C) Nas eleições proporcionais, consideram-se válidos os votos dados a candidatos regularmente inscritos e às legendas partidárias.

(D) Será considerado eleito o candidato a governador que obtiver a maioria absoluta de votos, computados os votos brancos e nulos.

(E) Caso candidato a prefeito desista de concorrer à eleição municipal antes do segundo turno, deverá o juiz eleitoral cancelar imediatamente o pleito, devendo convocar novas eleições para o ano seguinte.

A: incorreta, já que são computados tão somente os votos válidos, ou seja, todos os votos colhidos pelas mesas receptoras, exceto os nulos e brancos; **B:** incorreta, uma vez que as eleições para governador e vice ocorrerão juntamente com as de Presidente e Vice (da República), deputados e Senadores. As eleições municipais abrangerão tão somente a escolha de representantes para o cargo de prefeito municipal e vereadores; **C:** correta. Para que o voto seja "excluído" da contabilização, somente se for nulo ou em branco. O voto em legenda é válido; **D:** incorreta, pois, para a apuração do resultado das eleições, será necessária a adoção do paradigma dos votos válidos, ou seja, total de votos obtidos com exclusão dos nulos e brancos; **E:** incorreta, uma vez que o art. 2° da Lei das Eleições estabelece que se, antes de realizado o segundo turno, ocorrer morte, desistência ou impedimento legal de candidato, convocar-se-á, dentre os remanescentes, o de maior votação. FV
Gabarito "C".

(Juiz de Direito/AM – 2016 – CESPE) – questão excluída por alteração do *caput* do art. 10 da lei das eleições – melhor interação didática para o aluno com a lei.

(Juiz de Direito/AM – 2016 – CESPE) De acordo com as normas que regulam o funcionamento dos partidos políticos no Brasil,

(A) não há restrições à fusão ou incorporação de partidos políticos que tenham obtido o registro definitivo do TSE.

(B) as mudanças de filiação partidária não são consideradas para efeito da distribuição dos recursos do fundo partidário entre os partidos políticos.

(C) o desvio reiterado do programa partidário, a grave discriminação política pessoal e a filiação a novo partido são considerados justas causas de desfiliação de detentores de mandato eletivo.

(D) o apoiamento de eleitores filiados a determinado partido político pode ser computado para fins de registro do estatuto de um novo partido político.

(E) o tempo de propaganda partidária gratuita no rádio e na televisão é distribuído entre os partidos proporcionalmente aos votos obtidos na eleição mais recente para deputado federal.

A: incorreta, uma vez que o §9° do art. 29 da Lei dos Partidos Políticos estabelece que somente será admitida a fusão ou incorporação de partidos políticos que hajam obtido o registro definitivo do Tribunal Superior Eleitoral há, pelo menos, 5 (cinco) anos; **B:** correta, com fundamento no parágrafo único do art. 41 da Lei dos Partidos Políticos, que estabelece que, para efeito do disposto no inciso II (divisão do fundo partidário), serão desconsideradas as mudanças de filiação partidária em quaisquer hipóteses; **C:** incorreta, uma vez que o parágrafo único do art. 22-A da Lei dos Partidos Políticos, inserido pela Lei 13.165/15, estabelece como JUSTA CAUSA: I – mudança substancial ou desvio reiterado do programa partidário; II – grave discriminação política pessoal; III – mudança de partido efetuada durante o período de trinta dias que antecede o prazo de filiação exigido em lei para concorrer à eleição, majoritária ou proporcional, ao término do mandato vigente. Ou seja, a mudança de partido pelo simples fato da criação de um novo partido não está mais contemplada como autorizativo legal à exceção da fidelidade partidária; **D:** incorreta, já que o §1° do art. 7° da Lei dos Partidos Políticos é claro ao estabelecer que o apoiamento deve ser realizado por cidadãos não filiados a outros partidos; **E:** A alternativa, anteriormente, teria por base a leitura do art. 49 da Lei dos Partidos Políticos, todavia, tal regramento passou a ser regido pela lei nº. 14.291/2022, que alterou a lei nº. 9.096/95 (Lei dos Partidos Políticos), passando então a dispor esta sobre a propaganda partidária gratuita no rádio e na televisão. FV
Gabarito "B".

3. PROPAGANDA ELEITORAL E RESTRIÇÕES NO PERÍODO ELEITORAL

(Juiz de Direito – TJ/RS – 2018 – VUNESP) Acerca do uso da internet em campanhas eleitorais, disciplinado por modificações introduzidas na Lei Federal no 9.504/1997, é correto afirmar que

(A) a menção à pretensa candidatura, a exaltação das qualidades pessoais dos pré-candidatos e a divulgação de posicionamento pessoal sobre questões políticas, inclusive nas redes sociais, configuram propaganda eleitoral antecipada.

(B) o poder de polícia da Justiça Eleitoral se restringe às providências necessárias para inibir práticas ilegais, sendo, portanto, possível a censura prévia sobre o teor dos programas a serem exibidos na internet.

(C) o candidato poderá divulgar sua candidatura em sítios de pessoas jurídicas sem fins lucrativos, desde que o espaço seja fornecido gratuitamente.

(D) nenhuma pessoa jurídica de direito privado, com fins lucrativos, poderá doar ou ceder o cadastro eletrônico de seus clientes em favor de candidatos, partidos ou coligações.

(E) a propaganda eleitoral na internet é permitida quando se tratar, por exemplo, de menções em redes sociais, cujo conteúdo seja gerado por candidatos, partidos, coligações ou qualquer pessoa natural, sem contratação de impulsionamento de conteúdos.

A: incorreta. O art. 36-A, Lei 9.504/1997, com as alterações trazidas pela Lei 13.165/2015, dispõe exatamente o contrário da assertiva, informando que tais condutas descritas não configuram a propaganda antecipada; **B:** incorreta. O art. 41, § 2º, Lei 9.504/1997 disciplina exatamente que neste conceito de poder de polícia é vedada a censura prévia sobre o teor dos programas a serem exibidos na televisão, no rádio ou na internet; **C:** incorreta, já que o art. 57-C, § 1º, I, Lei 9.504/1997 dispõe expressamente acerca da vedação de propaganda, ainda que gratuita, em sites de pessoas jurídicas com ou sem fins lucrativos; **D:** incorreta. A assertiva faz menção ao disposto no art. 57-E, Lei 9.504/1997, que por sua vez, ao tratar das vedações, indica que estas serão direcionadas às pessoas relacionadas no art. 24, da mesma Lei. Neste último dispositivo, apenas consta a pessoa de direito privado "IV- Entidade de direito privado que receba, na condição de beneficiária, contribuição compulsória em virtude de disposição legal"; **E.** correta. No entanto esta questão pode causar grande dúvida no candidato pela possibilidade de interpretação variada. Perceba: O art. 57-B, Lei 9.504/1997, dispõe que a propaganda eleitoral na internet poderá ser realizada, dentre outras formas, "IV- por meio de blogs, redes sociais, sítios de mensagens instantâneas e aplicações de internet assemelhadas cujo conteúdo seja gerado ou editado por: a) candidatos, partidos ou coligações; ou b) qualquer pessoa natural, desde que não contrate impulsionamento de conteúdos." A informação de que a contratação de impulsionamento é vedada deve ser aplicada tão somente à alínea "a", ou seja, às pessoas naturais. A assertiva E relaciona as hipóteses em texto contínuo, deixando dúvida sobre a vedação de impulsionamento ser aplicado a todas as pessoas relacionadas ou apenas às pessoas naturais. No entanto, considerando que há aqui uma reprodução do texto legal, o intento é destacar que apenas às pessoas naturais não se permitirá o impulsionamento. Na visão deste autor, abordagem extremamente desnecessária, por levar candidatos à erro, sem apurar, de fato, se conhece a norma. SC

Gabarito "E".

(Juiz de Direito – TJ/RJ – VUNESP – 2016) Assinale a alternativa que corretamente discorre sobre aspectos da propaganda eleitoral.

(A) A exaltação das realizações pessoais de determinada pessoa que já foi candidata a mandato eletivo, que se confunde com a ação política a ser desenvolvida e que traduz a ideia de que seja ela a pessoa mais apta para o exercício da função pública, é circunstância que não configura a prática de propaganda eleitoral, nem desvirtuamento do instituto.

(B) O candidato que exerce a profissão de cantor não pode permanecer exercendo-a em período eleitoral, mesmo que essa atividade não tenha como finalidade a animação de comício ou reunião eleitoral e que não haja nenhuma alusão à candidatura ou à campanha eleitoral, ainda que em caráter subliminar.

(C) A participação de filiados a partidos políticos ou de pré-candidatos em entrevistas, programas, encontros ou debates no rádio, na televisão e na internet, inclusive com a exposição de plataformas e projetos

políticos, ainda que sem pedido explícito de voto, caracteriza propaganda eleitoral antecipada vedada.

(D) A realização de prévias partidárias e sua transmissão ao vivo por emissoras de rádio e de televisão, a divulgação dos nomes dos filiados que participarão da disputa e a realização de debates entre os pré-candidatos, não configuram propaganda eleitoral antecipada.

(E) Entende-se como ato de propaganda eleitoral aquele que leva ao conhecimento geral, ainda que de forma dissimulada, a candidatura, mesmo que apenas postulada, a ação política que se pretende desenvolver ou razões que induzam a concluir que o beneficiário é o mais apto ao exercício de função pública.

A: incorreta, "Eleições 2010. Desvirtuamento da propaganda partidária. Causa de pedir. Realização de propaganda eleitoral extemporânea. Pedido. Multa. Condenação. 4. Na espécie, tem-se que a exaltação das realizações pessoais da recorrente se confunde com a ação política a ser desenvolvida, o que traduz a ideia de que seja ela a pessoa mais apta para o exercício da função pública, circunstância que configura a prática de propaganda eleitoral. Precedentes". (Ac. de 12.5.2011 no R-Rp nº 222623, rel. Min. Nancy Andrighi)". **B:** incorreta, "Consulta. Candidato. Cantor. Exercício da profissão em período eleitoral. 1. O candidato que exerce a profissão de cantor pode permanecer exercendo-a em período eleitoral, desde que não tenha como finalidade a animação de comício ou reunião eleitoral e que não haja nenhuma alusão à candidatura ou à campanha eleitoral, ainda que em caráter subliminar. 2. Eventuais excessos podem ensejar a configuração de abuso do poder econômico, punível na forma do art. 22 da Lei Complementar 64/90, ou mesmo outras sanções cabíveis. [...]." (Res. 23.251, de 15.4.2010, rel. Min. Arnaldo Versiani). **C:** incorreta, em atenção a disciplina no art. 36-A Lei das eleições e jurisprudência: "Propaganda eleitoral antecipada. O TSE já firmou entendimento no sentido de que, nos termos do art. 36-A da Lei das Eleições, não caracteriza propaganda eleitoral extemporânea a participação de filiados a partidos políticos em entrevistas ou programas de rádio, inclusive com a exposição de plataformas e projetos políticos, desde que não haja pedido de votos, devendo a emissora conferir-lhes tratamento isonômico. Precedentes: R-Rp 1679-80, rel. Min. Joelson Dias, DJE de 17.2.2011; R-Rp 1655-52, relª. Minª. Nancy Andrighi, PSESS em 5.8.2010" (Ac. de 21.11.2013 no AgR-REspe 6083, Rel. Henrique Neves da Silva); **D:** incorreta, O artigo 36-A da Lei 9.504/1997 dispõe que "Não configuram propaganda eleitoral antecipada, desde que não envolvam pedido explícito de voto, a menção à pretensa candidatura, a exaltação das qualidades pessoais dos pré-candidatos e os seguintes atos, que poderão ter cobertura dos meios de comunicação social, inclusive via internet: III – a realização de prévias partidárias e a respectiva distribuição de material informativo, a divulgação dos nomes dos filiados que participarão da disputa e a realização de debates entre os pré-candidatos; § 1º. É vedada a transmissão ao vivo por emissoras de rádio e de televisão das prévias partidárias, sem prejuízo da cobertura dos meios de comunicação social"; **E:** correta, o fundamento está no art. 36-A ao estabelecer que todas as situações que não configurarão propaganda antecipada. Complementarmente a isto, cabe destacar posição jurisprudencial sobre o tema: "Propaganda eleitoral antecipada. Art. 36-A da Lei 9.504/97 [...] 1. O TSE já assentou o entendimento de que propaganda eleitoral é aquela que leva ao conhecimento geral, ainda que de forma dissimulada, a candidatura, mesmo que apenas postulada, a ação política que se pretende desenvolver ou razões que induzam a concluir que o beneficiário é o mais apto ao exercício de função pública. 2. Verifico que as premissas fáticas delineadas na instância a quo demonstram a ocorrência de propaganda eleitoral extemporânea, haja vista a alusão expressa feita em relação ao apoio à candidatura da beneficiária, não tendo havido, desse modo, violação ao artigo 36-A da Lei 9.504/97". (Ac. de 20.3.2014 no AgR-REspe 16734, Rel. Laurita Vaz)". SC

Gabarito "E".

4. PRESTAÇÃO DE CONTAS, DESPESAS, ARRECADAÇÃO, FINANCIAMENTO DE CAMPANHA

(Juiz de Direito – TJ/RS – 2018 – VUNESP) Considere a seguinte situação hipotética:

Candidato X declara na prestação de contas de sua campanha um gasto com combustíveis e lubrificantes no valor de R$ 10.000,00, cuja receita, no entanto, não foi declarada. Verifica-se, também, a omissão de despesas relevantes para a divulgação e distribuição de material de campanha. É instaurada uma Representação por captação e gastos ilícitos eleitorais (Lei Federal no 9.504/1997), que será julgada procedente se

(A) comprovada a relevância jurídica dos atos praticados pelo candidato em face do pleito eleitoral, independente se o candidato agiu de boa ou má-fé ou se as fontes são lícitas ou ilícitas.

(B) comprovado que as fontes não declaradas são ilícitas e que o candidato agiu de má-fé na obtenção dos recursos.

(C) provada a potencialidade do dano causado em face do resultado eleitoral, ou seja, desde que comprovado que os ilícitos realmente poderiam desequilibrar o pleito eleitoral.

(D) provado que o candidato agiu de má-fé na obtenção dos recursos, não importando se as fontes não declaradas são lícitas ou ilícitas.

(E) comprovado o dando causado em face do resultado eleitoral, ou seja, desde que o candidato que praticou os ilícitos seja eleito.

A: correta. Nesta questão é necessário prévio conhecimento jurisprudencial e doutrinário sobre alguns temas e conceitos. O TSE entende que a representação do art. 30-A da Lei 9.504/1997 não dependerá necessariamente da potencialidade lesiva da conduta, mas, sim, é considerada a relevância jurídica. Por sua vez, tal situação está associada ao princípio da razoabilidade. Leitura indicada: TSE. RO 712.330/MT, rel. Min. Dias Toffoli, julgado em 11.04.2014; **B:** incorreta, já que não é exigida a ilicitude da origem, bastando que não sejam declaradas; **C:** incorreta, pelos mesmos fundamentos trazidos na assertiva A; **D:** incorreta, basta que haja a omissão, não importando análise quanto à má-fé na obtenção dos recursos; **E:** incorreta, pelos mesmos fundamentos trazidos nos comentários da assertiva A. **SC**
Gabarito "A".

5. COMPETÊNCIA E ORGANIZAÇÃO DA JUSTIÇA ELEITORAL

(Juiz de Direito – TJ/RS – 2018 – VUNESP) A Justiça Eleitoral, diferentemente dos demais órgãos judiciais, pode exercer a função consultiva que

(A) ocorre de ofício ou mediante provocação por órgão nacional, estadual ou municipal de partido político, ou pelo Procurador Geral da República.

(B) se realiza por meio do Tribunal Superior Eleitoral, dos Tribunais Regionais Eleitorais e dos Juízes Eleitorais.

(C) consiste em preparar, organizar e administrar todo o processo eleitoral, desde a fase do alistamento até a diplomação dos eleitos.

(D) consiste em responder, fundamentalmente, mas sem força vinculante, a consultas em matéria eleitoral, por

meio do Tribunal Superior Eleitoral e dos Tribunais Regionais Eleitorais.

(E) resulta na expedição de instruções para fiel execução da lei eleitoral, ouvidos, previamente, os delegados ou representantes dos partidos políticos.

A: incorreta. A função consultiva não traz a possibilidade de atuação de ofício pela justiça eleitoral; **B:** incorreta. Dentre os órgãos da Justiça Eleitoral relacionados na assertiva, não há competência consultiva aos juízes eleitorais; **C:** incorreta. A situação enquadra-se na função normativa da Justiça Eleitoral, que é justamente quanto à competência de editar resoluções para fiel execução das leis eleitorais (parágrafo único, art. 1º e art. 23, XI, ambos do Código Eleitoral); **D:** correta. A Justiça Eleitoral possui esta característica, distinguindo-se de outros órgãos do Poder Judiciário. À esta especializada cabem as funções de natureza jurisdicional, administrativa, normativa e consultiva. Quanto à última, temos que o art. 23, XII e art. 30, VIII, ambos do Código Eleitoral, dispõem respectivamente que caberá ao TSE e aos TREs responder, sobre matéria eleitoral, às consultas que lhe forem feitas em tese por autoridade com jurisdição, federal ou órgão nacional de partido político. No caso dos TREs, basta que sejam autoridades públicas ou partidos políticos (no TSE, devem tais legitimados ser de natureza federal ou nacional); **E:** incorreta. A assertiva trata da função normativa da Justiça Eleitoral, não a consultiva (art. 1º e 23, XI, Código Eleitoral). **FV**
Gabarito "D".

(Delegado – PC/BA – 2018 – VUNESP) De acordo com o previsto na Lei Federal no 4.737/1965 (Código Eleitoral), as juntas eleitorais

(A) têm como atribuição apurar, no prazo de 2 (dois) dias, as eleições realizadas nas zonas eleitorais sob sua jurisdição.

(B) possuem, em sua composição, 2 (dois) ou 4 (quatro) cidadãos de notória idoneidade, sendo que tais cidadãos não poderão ser autoridades ou agentes policiais, nem funcionários no desempenho de cargos de confiança do Executivo.

(C) são competentes para expedir títulos eleitorais, conceder transferência de eleitores e determinar a inscrição ou exclusão de eleitores.

(D) serão sempre presididas por um juiz eleitoral, não podendo haver mais de uma junta por Zona Eleitoral.

(E) não mais são competentes para expedir os diplomas nas eleições municipais, desde o advento do voto eletrônico em substituição ao voto manual.

A: incorreta, uma vez que o prazo de apuração, trazido pelo art. 40, I, Código Eleitoral, é de 10 dias após as eleições; **B:** correta. O art. 36, § 3º, Código Eleitoral, estabelece as vedações para a composição da Junta Eleitoral (que de fato será formada por um juiz presidente e 2 ou 4 cidadãos de notória idoneidade). Dentre as vedações, está a contida no inciso III do referido dispositivo: "as autoridades e agentes policiais, bem como os funcionários no desempenho de cargos de confiança do Executivo"; **C:** incorreta, vez que essas são competências atribuídas aos juízes eleitorais (art. 35, VIII, IX, Código Eleitoral); **D:** incorreta. Já que não necessariamente será presidida por um juiz eleitoral. Atenção, sempre será juiz de direito, mas não se impõe que seja eleitoral (art. 36, *caput* e art. 37, ambos do Código Eleitoral). Por outro lado, a assertiva também é incorreta ao limitar uma junta eleitoral por zona, já que o número delas estará condicionada ao número de juízes de direito (que irão compor como presidente), por inteligência do já citado art. 37, Código Eleitoral; **E:** incorreta, já que há expedição de diplomas nas eleições municipais, conforme art. 40, IV, Código Eleitoral. **SC**
Gabarito "B".

15. DIREITO ELEITORAL | **693**

(Juiz – TJ-SC – FCC – 2017) O Código Eleitoral impede de servir como juízes nos Tribunais Eleitorais, ou como juiz eleitoral, o cônjuge ou o parente consanguíneo ou afim, até o segundo grau, de candidato a cargo eletivo registrado na circunscrição. Esse impedimento alcança:

(A) do início da campanha eleitoral até a apuração final da eleição.

(B) apenas os feitos decorrentes do processo eleitoral em que seja interessado o respectivo candidato ou o partido político em que está filiado.

(C) do início da campanha eleitoral até a apuração final da eleição e os feitos decorrentes do processo eleitoral em que seja interessado o respectivo candidato.

(D) da homologação da respectiva convenção partidária até a diplomação e os feitos decorrentes do processo eleitoral.

(E) da homologação da respectiva convenção partidária até a apuração final da eleição.

A única alternativa correta vem apresentada na assertiva D. Isto porque o art. 14, §3° do Código Eleitoral assim dispõe:
Art. 14. Os Juízes dos Tribunais Eleitorais, salvo motivo justificado, servirão obrigatoriamente por dois anos, e nunca por mais de dois biênios consecutivos.
§ 3° Da homologação da respectiva convenção partidária até a diplomação e nos feitos decorrentes do processo eleitoral, não poderão servir como juízes nos Tribunais Eleitorais, ou como juiz eleitoral, o cônjuge ou o parente consanguíneo ou afim, até o segundo grau, de candidato a cargo eletivo registrado na circunscrição. (Redação dada pela Lei n° 13.165, de 2015) FV
Gabarito "D".

(Analista – Judiciário –TRE/PI – 2016 – CESPE) Com base nas disposições do CE, assinale a opção correta.

(A) Os diplomados em escolas superiores, professores e serventuários da justiça não podem ser nomeados mesários na própria seção eleitoral.

(B) Cabe ao presidente do tribunal regional eleitoral ou da junta eleitoral entregar a cada candidato eleito o diploma assinado, assim como um diploma para cada suplente.

(C) Será considerada nula a votação de eleitor que comparecer a zona eleitoral portando identidade falsa e votar em lugar do eleitor chamado.

(D) O processo eleitoral realizado no estrangeiro subordina-se direta e exclusivamente ao Tribunal Superior Eleitoral.

(E) As seções eleitorais das capitais podem ter no máximo quinhentos eleitores, organizados pelos pedidos de inscrição.

A: incorreta, pois não há expressa vedação no rol apresentado pelo §1° do art. 120 do Código Eleitoral; B: correta, conforme art. 215 do Código Eleitoral; C: incorreta, pois se trata de hipótese de votação anulável (e não nula), conforme art. 221, III, *c*, Código Eleitoral; D: incorreta, uma vez que o art. 232 do Código Eleitoral estabelece que todo processo eleitoral realizado no estrangeiro fica diretamente subordinado ao Tribunal Regional do Distrito Federal; E: incorreta, já que o art. 117 do Código Eleitoral, ao tratar do tema, estabelece que as seções eleitorais não terão mais de 400 (quatrocentos) eleitores nas capitais e de 300 (trezentos) nas demais localidades, nem menos de 50 (cinquenta) eleitores. SC
Gabarito "B".

(Analista – Judiciário – TRE/PI – 2016 – CESPE) Com base no que dispõe o Código Eleitoral (CE), assinale a opção correta.

(A) As juntas eleitorais serão compostas por seis membros: um juiz de direito, um promotor de justiça, dois advogados, dois cidadãos de notória idoneidade.

(B) Agentes policiais e funcionários no desempenho de cargos de confiança do Executivo podem ser nomeados membros das juntas, escrutinadores ou auxiliares.

(C) O partido político pode indicar um membro de seu diretório para servir como escrivão eleitoral nas zonas eleitorais.

(D) Ocorrendo falta ou impedimento do escrivão eleitoral, o juiz, de ofício, determinará sua substituição pelo diretor da junta eleitoral.

(E) Cabe ao presidente do tribunal regional eleitoral aprovar e nomear, no prazo de sessenta dias antes das eleições, os membros das juntas eleitorais.

A: incorreta, uma vez que a composição da junta eleitoral é tratada no art. 36 do Código Eleitoral, estabelecendo que as juntas eleitorais serão compostas de um juiz de direito, que será o presidente, e de 2 (dois) ou 4 (quatro) cidadãos de notória idoneidade; B: incorreta, pois se encontram nos proibitivos de comporem a junta eleitoral, especificamente nos incisos do §3° do art. 36 do Código Eleitoral; C: incorreta, em razão da expressa vedação do art. 366 do Código Eleitoral, que estabelece que os funcionários de qualquer órgão da Justiça Eleitoral não poderão pertencer a diretório de partido político ou exercer qualquer atividade partidária, sob pena de demissão; D: incorreta, já que o §2° do art. 32 do Código Eleitoral dispõe que, nesses casos, o escrivão eleitoral será substituído na forma prevista pela lei de organização judiciária local, nada dispondo, o Código, quanto a regras específicas; E: correta, conforme §1° do art. 36 do Código Eleitoral. SC
Gabarito "E".

6. AÇÕES, RECURSOS, IMPUGNAÇÕES

(Juiz de Direito – TJ/RJ – VUNESP – 2016) Considere a seguinte situação hipotética. Candidato João obteve o segundo lugar na eleição para Prefeito no Município de Cantagalo e ajuizou Ação de Investigação Judicial Eleitoral em face dos vencedores do pleito, o candidato José, e Maria, que com ele compunha a chapa. Na ação, João alegou que os eleitos ofereceram empregos nas empresas de propriedade de terceiro, Antônio, irmão de Maria, eleita Vice-Prefeita, em troca de votos. A instrução processual comprovou os fatos, com robustas provas de que houve efetivamente a promessa de emprego em troca de votos. Diante desse caso, é correto afirmar que a Ação de Investigação Judicial Eleitoral

(A) deve ser julgada procedente, pois restou comprovada a promessa de emprego em troca de voto, o que caracteriza abuso de poder econômico na eleição municipal, com a consequente cassação do diploma do Prefeito José e da Vice-Prefeita Maria.

(B) deve ser extinta sem resolução de mérito, pois o candidato que foi eleito em segundo lugar não possui legitimidade para propor essa ação, que pode ser proposta somente por partido político, coligação, ou pelo Ministério Público Eleitoral.

(C) deve ser julgada improcedente, pois a oferta de emprego não pode ser considerada abuso de poder econômico, já que o pagamento eventualmente efetuado será uma contraprestação do trabalho, e, para caracterizar o abuso de poder econômico, é necessário que o valor ofertado esteja nas contas a serem prestadas pelo candidato.

(D) deve ser julgada improcedente, pois embora tenha sido comprovada a oferta de empregos em troca de votos, como a empresa pertence a Antônio, terceiro estranho ao pleito, que não é candidato, não se caracteriza abuso de poder econômico.

(E) pode ser julgada procedente, com a sanção de inelegibilidade para as eleições a se realizar nos 8 (oito) anos subsequentes à eleição em que se verificaram os fatos, não havendo, todavia, cassação dos diplomas de José e Maria, se já estiverem no exercício do mandato.

A: correta, vez que de fato a narrativa indica para situação considerada abuso de poder econômico em âmbito do que se tratou no enunciado. **B:** incorreta. Qualquer partido político, coligação, candidato ou Ministério Público Eleitoral poderá representar à Justiça Eleitoral, diretamente ao Corregedor-Geral ou Regional, relatando fatos e indicando provas, indícios e circunstâncias e pedir abertura de investigação judicial para apurar uso indevido, desvio ou abuso do poder econômico ou do poder de autoridade, ou utilização indevida de veículos ou meios de comunicação social, em benefício de candidato ou de partido político. Inteligência do art. 22, XIV – Lei Complementar 64/1990 (Art. 22. Qualquer partido político, coligação, candidato ou Ministério Público Eleitoral poderá representar à Justiça Eleitoral, diretamente ao Corregedor-Geral ou Regional, relatando fatos e indicando provas, indícios e circunstâncias e pedir abertura de investigação judicial para apurar uso indevido, desvio ou abuso do poder econômico ou do poder de autoridade, ou utilização indevida de veículos ou meios de comunicação social, em benefício de candidato ou de partido político, obedecido o seguinte rito: XIV – julgada procedente a representação, ainda que após a proclamação dos eleitos, o Tribunal declarará a inelegibilidade do representado e de quantos hajam contribuído para a prática do ato, cominando-lhes sanção de inelegibilidade para as eleições a se realizarem nos 8 (oito) anos subsequentes à eleição em que se verificou, além da cassação do registro ou diploma do candidato diretamente beneficiado pela interferência do poder econômico ou pelo desvio ou abuso do poder de autoridade ou dos meios de comunicação, determinando a remessa dos autos ao Ministério Público Eleitoral, para instauração de processo disciplinar, se for o caso, e de ação penal, ordenando quaisquer outras providências que a espécie comportar;) **C:** incorreta. O abuso de poder econômico irá se configurar na doação dos bens/vantagens aos eleitores, vez que desequilibrará o pleito eleitoral (interferindo diretamente no resultado). Assim, temos afetada a normalidade e legitimidade no pleito eleitoral. **D:** incorreta, uma vez que o abuso de poder também poderá ser comprovado caso um estranho ao pleito, mesmo não sendo candidato ou partido político, desde que comprovado que sua participação contribuiu ao fato considerado abusivo. **E:** incorreta. Qualquer partido político, coligação, candidato ou Ministério Público Eleitoral poderá representar à Justiça Eleitoral, diretamente ao Corregedor-Geral ou Regional, relatando fatos e indicando provas, indícios e circunstâncias e pedir abertura de investigação judicial para apurar uso indevido, desvio ou abuso do poder econômico ou do poder de autoridade, ou utilização indevida de veículos ou meios de comunicação social, em benefício de candidato ou de partido político, obedecido o seguinte rito: – julgada procedente a representação, ainda que após a proclamação dos eleitos, o Tribunal declarará a inelegibilidade do representado e de quantos hajam contribuído para a prática do ato, cominando-lhes sanção de inelegibilidade para as eleições a se realizarem nos 8 (oito) anos subsequentes à eleição em que se verificou, além da cassação do registro ou diploma do candidato diretamente beneficiado pela interferência do poder econômico ou pelo desvio ou abuso do poder de autoridade ou dos meios de comunicação (...) Art. 22, XIV – Lei Complementar 64/1990. **FV**

Gabarito "A"

(Juiz de Direito/DF – 2016 – CESPE) A respeito do direito processual eleitoral, das ações eleitorais e dos respectivos recursos, assinale a opção correta.

(A) O ajuizamento de ação eleitoral para punir a doação acima do limite legal deve ocorrer até cento e vinte dias a partir da eleição, sob pena de prescrição.

(B) A LC que regulamenta a perda de cargo para os casos de troca de partido sem justa causa não se aplica às eleições majoritárias e a defesa de mérito pode apontar motivos diversos daqueles exemplificativamente estabelecidos na legislação de regência.

(C) Dentre as hipóteses de cabimento do recurso inominado, previstas no Código Eleitoral, tendo por destinatário o TRE, não se inserem os atos e as resoluções emanadas dos juízes e das juntas eleitorais em primeiro grau de jurisdição.

(D) É cabível recurso extraordinário de decisão do TRE proferida contra disposição expressa da CF.

(E) O tribunal formará sua convicção pela livre apreciação dos fatos públicos e notórios, dos indícios e presunções e da prova produzida, atentando para circunstâncias ou fatos, ainda que não indicados ou alegados pelas partes, mas que preservem o interesse público de lisura eleitoral.

A: incorreta, uma vez que o prazo é de 180 dias, conforme art. 32 da Lei das Eleições; **B:** incorreta, uma vez que não há LC tratando sobre o assunto, mas, sim, a Resolução TSE 22.610/07, que estabelece, em seu art. 13, que o procedimento ali previsto aplica-se tanto aos cargos majoritários como também aos proporcionais; **C:** incorreta, pois o art. 264 do Código Eleitoral estabelece que caberá para os Tribunais Regionais e para o Tribunal Superior, dentro de 3 (três) dias, recurso contra atos, resoluções ou despachos dos respectivos presidentes; **D:** incorreta, uma vez que caberá o Recurso Especial, com fundamento no art. 276, I, a, Código Eleitoral; **E:** correta, com base no expresso texto do art. 23, LC 64/90 *(Art. 23. O Tribunal formará sua convicção pela livre apreciação dos fatos públicos e notórios, dos indícios e presunções e prova produzida, atentando para circunstâncias ou fatos, ainda que não indicados ou alegados pelas partes, mas que preservem o interesse público de lisura eleitoral.).* **FV**

Gabarito "E"

(Promotor de Justiça – MPE/RS – 2017) Relativamente à ação de investigação judicial eleitoral (AIJE), prevista no art. 22 da Lei Complementar 64/1990, assinale a alternativa correta.

(A) O diretório municipal de um partido político não possui legitimidade ativa para a representação visando à abertura da AIJE de candidato a prefeito, quando não está participando da eleição.

(B) Candidato a vereador possui legitimidade para ajuizar AIJE contra candidato a prefeito, desde que ambos pertençam à mesma circunscrição eleitoral.

(C) Pessoas jurídicas podem figurar no polo passivo da demanda, nos casos em que tiverem contribuído para a prática do ato.

(D) Na demanda em que se postula a cassação do registro ou diploma, não há litisconsórcio passivo necessário entre os integrantes da chapa majoritária, quando o ato ilícito foi praticado apenas pelo titular, sem a participação do candidato a vice.

(E) O prazo final para ajuizamento da AIJE é de 15 (quinze) dias contados da diplomação do eleito, conforme jurisprudência majoritária do Tribunal Superior Eleitoral.

15. DIREITO ELEITORAL

A: Incorreta, uma vez que o *caput* do art. 22 não faz esta ressalva, bastando que o partido político esteja regularmente registrado junto ao cartório competente e TSE; **B:** Correta, pois está autorizado pelo *caput* do art. 22; **C:** Incorreta, "Ac.-TSE 373/2005, 782/2004 e 717/2003: ilegitimidade de pessoa jurídica para figurar no polo passivo da investigação judicial eleitoral.; **D:** Incorreta, Súmula TSE 38: "Nas ações que visem à cassação de registro, diploma ou mandato, há litisconsórcio passivo necessário entre o titular e o respectivo vice da chapa majoritária."; **E:** Incorreta, "Ação de investigação judicial. Prazo para a propositura. Ação proposta após a diplomação do candidato eleito. Decadência consumada. Extinção do processo. A ação de investigação judicial do art. 22 da Lei Complementar 64/1990 pode ser ajuizada até a data da diplomação." (Acórdão 628, proferido nos autos da Representação 628, Relator o e. Ministro Sálvio de Figueiredo Teixeira, julgado em 17/12/02). FV

Gabarito "B".

(Analista – Judiciário –TRE/PI – 2016 – CESPE) Assinale a opção correta de acordo com o disposto no CE.

(A) O recurso deverá ser interposto no quinto dia da publicação do ato, da resolução ou do despacho.

(B) Os embargos de declaração devem ser interpostos no prazo de três dias da data da publicação do acórdão, quando este gerar dúvida ou contradição.

(C) O eleitor que desejar impetrar o recurso contra expedição de diploma deverá estar ciente de que o único argumento aceito será o de falta de condição de elegibilidade.

(D) A propaganda eleitoral é de responsabilidade dos partidos e candidatos e por eles paga, sendo os excessos cometidos pelos candidatos de responsabilidade exclusiva dos partidos políticos, independentemente da legenda partidária.

(E) Os recursos eleitorais têm efeito suspensivo, podendo a execução de um acórdão ser feita imediatamente, mediante comunicação por escrito, em qualquer meio, a critério do presidente do tribunal regional eleitoral.

A: incorreta. Conforme §1° do art. 121 do Código Eleitoral, o prazo será de 3 dias; **B:** correta, com fundamento no §1° do art. 275 do Código Eleitoral, em petição dirigida ao juiz ou relator, com a indicação do ponto que lhes deu causa; **C:** incorreta, pois, conforme o art. 262 do Código Eleitoral, o recurso contra expedição de diploma caberá somente nos casos de inelegibilidade superveniente ou de natureza constitucional e de falta de condição de elegibilidade; **D:** incorreta, pois, pela inteligência do art. 241 e parágrafo único do Código Eleitoral, "Toda propaganda eleitoral será realizada sob a responsabilidade dos partidos e por eles paga, imputando-lhes solidariedade nos excessos praticados pelos seus candidatos e adeptos. Parágrafo único. A solidariedade prevista neste artigo é restrita aos candidatos e aos respectivos partidos, não alcançando outros partidos, mesmo quando integrantes de uma mesma coligação."; **E:** incorreta, pois o art. 257 do Código Eleitoral estabelece taxativamente que os recursos eleitorais não possuem efeito suspensivo. SC

Gabarito "B".

Veja a seguinte tabela resumida com as principais ações cíveis eleitorais e os recursos cabíveis:

Principais Ações Cíveis Eleitorais e Recursos		
	Cabimento – observações	**Prazo**
Ação de Impugnação de Registro de Candidatura – AIRC Art. 3° da Lei da Inelegibilidade – LI (LC 64/1990)	– Para impugnar registro de candidatura – Rito do próprio art. 3° e seguintes da Lei da Inelegibilidade – LI (LC 64/1990) – Súmula 11/TSE: no processo de registro de candidatos, o partido que não o impugnou não tem legitimidade para recorrer da sentença que o deferiu, salvo se se cuidar de matéria constitucional	5 dias da publicação do pedido de registro
Ação de Investigação Judicial Eleitoral – AIJE Art. 22 da LI	– Declaração de inelegibilidade por uso indevido, desvio ou abuso do poder econômico ou do poder de autoridade, ou utilização indevida de veículos ou meios de comunicação social, em benefício de candidato ou de partido político – Rito do próprio art. 22 da LI – A legitimidade ativa para a representação é de qualquer partido político, coligação, candidato ou Ministério Público Eleitoral – Se for julgada procedente antes das eleições, há cassação do registro do candidato diretamente beneficiado. Se for julgada procedente após as eleições, o MP poderá ajuizar AIME e/ou RCED	Entre o registro da candidatura e a diplomação
Ação de Impugnação de Mandato Eletivo – AIME Art. 14, § 10, da CF	– Casos de abuso do poder econômico, corrupção ou fraude – Rito da LI, mas a cassação de mandato tem efeito imediato (não se aplica o art. 15 da Lei de Inelegibilidade) – A AIME deve ser instruída com provas de abuso do poder econômico, corrupção ou fraude, mas o TSE tem entendimento de que não se trata de prova pré-constituída, sendo exigidos apenas indícios idôneos do cometimento desses ilícitos – ver RESPE 16.257/PE-TSE	Em até 15 dias da diplomação

Recurso contra a Expedição de Diploma – RCED Art. 262 do CE	– Casos de inelegibilidade ou incompatibilidade de candidato; errônea interpretação da Lei quanto à aplicação do sistema de representação proporcional; erro de direito ou de fato na apuração final, quanto à determinação do quociente eleitoral ou partidário, contagem de votos e classificação de candidato, ou a sua contemplação sob determinada legenda; concessão ou denegação do diploma em manifesta contradição com a prova dos autos, nas hipóteses do art. 222 do CE e do art. 41-A da LE – Não há requisito de prova pré-constituída – ver RCED 767/SP-TSE	3 dias contados da diplomação
Representação Arts. 30-A, 41-A, 73 a 77 da LE	Casos de: – ilícitos na arrecadação e nos gastos de campanha (art. 30-A da LE) – captação de sufrágio (compra de voto – art. 41-A da LE) – condutas vedadas a agentes públicos em campanhas (arts. 73 a 77 da LE) – Rito ordinário eleitoral (art. 22 da LI), ou rito sumário do art. 96 da LE para o caso das condutas vedadas – A demonstração da potencialidade lesiva é exigida apenas para a prova do abuso do poder econômico, mas não para a comprovação de captação ilícita de sufrágio (= compra de votos) – ver RCED 774/SP-TSE e RO 1.461/GO	– até 15 dias da diplomação, no caso de ilícitos na arrecadação e nos gastos de campanha – até a diplomação, no caso de captação ilícita de sufrágio – até a eleição, no caso das condutas vedadas – recursos contra a decisão em 3 dias
Ação Rescisória Eleitoral Art. 22, I, *j*, do CE	– Casos de inelegibilidade – Proposta no TSE – Possibilita-se o exercício do mandato eletivo até o seu trânsito em julgado	120 dias da decisão irrecorrível
Direito de resposta Art. 58 da LE	Casos de candidato, partido ou coligação atingidos, ainda que de forma indireta, por conceito, imagem ou afirmação caluniosa, difamatória, injuriosa ou sabidamente inverídica, difundidos por qualquer veículo de comunicação social	– 24 horas, horário eleitoral gratuito – 48 horas, programação normal de rádio e televisão – 72 horas, órgão de imprensa escrita – Recurso em 24 horas da publicação em cartório ou sessão
Recursos Inominados –Art. 96, § 4º, da LE –Art. 8º da LI –Arts. 29, II, e 265, c/c art. 169 do CE	Contra decisões de juízes e juízas auxiliares, atos e decisões das juntas eleitorais, e decisões em *habeas corpus* ou mandado de segurança	– 24 horas (art. 96, § 8º, da LE) da publicação em cartório ou sessão – 3 dias da publicação em cartório (art. 8º da LI)
Recurso Especial Art. 276, I, do CE	Contra decisões dos TREs proferidas contra expressa disposição de lei; ou quando ocorrer divergência na interpretação de Lei entre dois ou mais tribunais eleitorais.	3 dias da publicação da decisão
Recurso Extraordinário contra decisão do TSE Art. 281 do CE	Violação à Constituição Federal	3 dias – art. 12 da Lei 6.055/1974, ver AI 616.654 AgR/SP-STF.
Agravo de Instrumento Arts. 279 e 282 do CE	Denegação de Resp. ou de RE	3 dias para peticionar mais 3 dias para formar o instrumento
Recurso ordinário para o TSE ou para o STF Arts. 276, II, e 281 do CE	Julgamentos originários dos TREs (sobre expedição de diplomas nas eleições federais e estaduais ou relativos a HC ou MS) ou do TSE	3 dias da publicação da decisão ou da sessão da diplomação

15. DIREITO ELEITORAL   697

(Procurador da República – 26.ª) Assinale a ação eleitoral que pode ser ajuizada após a data da diplomação dos eleitos:

(A) ação de investigação judicial eleitoral por uso indevido dos meios de comunicação;

(B) ação por captação ou gasto ilícito de recurso para fins eleitorais;

(C) ação por captação ilícita de sufrágio;

(D) ação por conduta vedada a agentes públicos.

De fato a alternativa B é a única correta, pois se consubstancia ao que dispõe o art. 14, § § 10 e 11, da CF, por se tratar, as condutas descritas, como abuso do poder econômico pelo candidato. *Art. 14. A soberania popular será exercida pelo sufrágio universal e pelo voto direto e secreto, com valor igual para todos, e, nos termos da lei, mediante: [...] § 10 - O mandato eletivo poderá ser impugnado ante a Justiça Eleitoral no prazo de quinze dias contados da diplomação, instruída a ação com provas de abuso do poder econômico, corrupção ou fraude. § 11 - A ação de impugnação de mandato tramitará em segredo de justiça, respondendo o autor, na forma da lei, se temerária ou de manifesta má-fé.* **FV**

Gabarito "B".

7. DAS CONDUTAS VEDADAS AOS AGENTES PÚBLICOS

(Juiz – TJ-SC – FCC – 2017) No ano em que se realizar eleição, fica proibida a distribuição gratuita de bens, valores ou benefícios por parte da Administração pública, EXCETO em casos de:

(A) estado de emergência, de intervenção federal ou de programas sociais autorizados em lei e já em execução orçamentária desde o primeiro semestre do ano eleitoral, mesmo que executados por entidade nominalmente vinculada a candidato ou por esse mantida.

(B) calamidade pública, de intervenção federal ou de programas sociais autorizados em lei e já em execução orçamentária desde o primeiro mês do ano eleitoral, vedada, no entanto, a execução de tais programas por entidade nominalmente vinculada a candidato ou por esse mantida.

(C) calamidade pública, de estado de emergência ou de programas sociais autorizados em lei e já em execução orçamentária no exercício anterior, vedada, no entanto, a execução de tais programas por entidade nominalmente vinculada a candidato ou por esse mantida.

(D) estado de emergência, de calamidade pública ou de programas sociais autorizados em lei e já em execução orçamentária desde o primeiro semestre do ano eleitoral, vedada, no entanto, a execução de tais programas por entidade nominalmente vinculada a candidato ou por esse mantida.

(E) calamidade pública, de intervenção federal ou de programas sociais autorizados em lei e já em execução orçamentária no exercício anterior, mesmo que executados por entidade nominalmente vinculada a candidato ou por esse mantida.

A única alternativa correta vem representada pela assertiva C, pois em plena consonância com o que estabelece o art. 73, §10, Lei das Eleições. O tema das condutas vedadas aos agentes públicos em campanhas eleitorais (art. 73 e seguintes da Lei das Eleições) é de extrema relevância para a carreira da magistratura, isto porque os colegas leitores (futuros magistrados!) que estiverem atuando nas comarcas com a cumulação de serviços eleitorais estarão diante de situações constantes ali descritas durante as eleições municipais. (Art. 73. São proibidas aos agentes públicos, servidores ou não, as seguintes condutas tendentes a afetar a igualdade de oportunidades entre candidatos nos pleitos eleitorais: [..] § 10. No ano em que se realizar eleição, fica proibida a distribuição gratuita de bens, valores ou benefícios por parte da Administração Pública, exceto nos casos de calamidade pública, de estado de emergência ou de programas sociais autorizados em lei e já em execução orçamentária no exercício anterior, casos em que o Ministério Público poderá promover o acompanhamento de sua execução financeira e administrativa.). **FV**

Gabarito "C".

8. CRIMES ELEITORAIS

(Juiz de Direito – TJ/RJ – VUNESP – 2016) Considere a seguinte situação hipotética. Candidato a Deputado Estadual do Rio de Janeiro, Joaquim está fazendo sua campanha nas ruas da Capital e para diante de uma casa em obras, para abordar a pessoa que está lá trabalhando, para falar de suas propostas e pedir seu voto. Antônio, o proprietário do imóvel, que lá está trabalhando, diz para Joaquim que votaria nele, caso ele lhe fornecesse 5 (cinco) sacos de cimento. No dia seguinte, preposto de Joaquim entrega os sacos de cimento solicitados, sendo os fatos presenciados por vizinho de Antônio, que comunica o ocorrido ao juízo eleitoral, o que acarreta a instauração de inquérito. No curso do inquérito, apura-se que Antônio possui condenação criminal transitada em julgado e atualmente encontra-se em período de prova de *sursis*.

A respeito de tais fatos, é correto afirmar que

(A) o fato não pode ser considerado crime, pois a entrega foi realizada por pessoa outra que não Joaquim, o candidato, sendo que a corrupção ativa eleitoral não pode ser praticada por qualquer pessoa, ou seja, a conduta de entrega da vantagem não pode ser praticada por uma pessoa que possui interesses em ver um candidato ser eleito.

(B) se exige, para a configuração do ilícito penal, que o corruptor eleitoral passivo seja pessoa apta a votar e como Antônio está com os direitos políticos suspensos, em razão de condenação criminal transitada em julgado, não havendo que se falar em violação à liberdade do voto, motivo pelo qual a conduta de Joaquim é atípica.

(C) o tipo penal previsto no Código Eleitoral, conhecido como corrupção eleitoral, prevê como condutas típicas prometer ou oferecer, para outrem, dinheiro ou qualquer outra vantagem para obter voto, sendo, portanto, atípica a conduta de Joaquim, que apenas entregou o que foi solicitado por Antônio.

(D) Joaquim e Antônio cometeram o crime de corrupção eleitoral, que para sua tipificação necessita que estejam presentes as modalidades ativa e passiva, ou seja, de que haja oferta e a correspondente aceitação de vantagem econômica, com bilateralidade.

(E) a conduta de Joaquim configura ilícito penal, pois a corrupção eleitoral ativa independe da corrupção eleitoral passiva, bastando para a caracterização do crime a conduta típica de dar vantagem, independentemente até mesmo da aceitação da vantagem pelo sujeito passivo, no caso, Antônio.

Para análise das alternativas, importante destacar o conteúdo do art. 299, Código Eleitoral: Art. 299. Dar, oferecer, prometer, solicitar ou receber, para si ou para outrem, dinheiro, dádiva, ou qualquer outra vantagem, para obter ou dar voto e para conseguir ou prometer abstenção, ainda que a oferta não seja aceita: Pena – reclusão até quatro anos e pagamento de cinco a quinze dias-multa.

A: incorreta, uma vez que a justificativa encontra espaço na atipicidade da conduta de Antônio. O fato de uma Terceira pessoa realizar a entrega, não é o que afasta a tipicidade, mas sim o fato de Antônio estar com os direitos políticos suspensos. **B:** correta. A conduta descrita é atípica (crime impossível por absoluta impropriedade do objeto, vez que Antônio estava com seus direitos políticos suspensos na ocasião – condenação criminal transitada em julgado – art. 15, III, CF - *Art. 15. É vedada a cassação de direitos políticos, cuja perda ou* suspensão só se dará nos casos de: [...] III - condenação criminal transitada em julgado, enquanto durarem seus efeitos;). Cabe destacar que a *sursi* penal impõe verificar que há suspensão dos direitos políticos (há pena). Em outra situação, que muitos examinandos acabaram por confundir, a *sursi* processual, não existe pena (é concedida no curso do processo, e não ao final). **C:** incorreta. O art. 299 indica como primeiro verbo "dar", portanto, a conduta de Joaquim encontra perfeito enquadramento. **D:** incorreta, o crime previsto no art. 299, Código Eleitoral é crime formal, pouco importando o resultado. **E:** incorreta, uma vez que Antônio, pelo fato de estar com os direitos políticos suspensos, jamais poderia garantir voto ou abstenção em favor do interesse de Joaquim. Tal circunstância torna a conduta atípica, mesmo que desprezível quanto ao seu intento. **FV**

Gabarito "B".

16. DIREITO URBANÍSTICO

Henrique Subi, José Antonio Apparecido Junior e Paula Morishita*

1. PARCELAMENTO DO SOLO URBANO

(Promotor de Justiça – MPE/RS – 2017) Assinale com **V** (verdadeiro) ou com **F** (falso) as seguintes afirmações sobre o tema do parcelamento do solo urbano, na forma da Lei 6.766, de 19 de dezembro de 1979, com suas posteriores alterações legislativas.

( ) Os lotes terão área mínima de 125m² (cento e vinte e cinco metros quadrados) e frente mínima de 5 (cinco) metros, salvo quando o loteamento se destinar a urbanização específica ou edificação de conjuntos habitacionais de interesse social, previamente aprovados pelos órgãos públicos competentes.

( ) Não será permitido o parcelamento do solo em terrenos com declividade igual ou superior a 35% (trinta e cinco por cento), salvo se atendidas exigências específicas das autoridades competentes.

( ) A Prefeitura Municipal, ou o Distrito Federal quando for o caso, se desatendida pelo loteador a notificação, poderá regularizar loteamento ou desmembramento não autorizado ou executado sem observância das determinações do ato administrativo de licença, para evitar lesão aos seus padrões de desenvolvimento urbano e na defesa dos direitos dos adquirentes de lotes.

( ) São irretratáveis os compromissos de compra e venda, cessões e promessas de cessão, os que atribuam direito a adjudicação compulsória e, estando registrados, confiram direito real oponível a terceiros.

A sequência correta de preenchimento dos parênteses, de cima para baixo, é

(A) F – V – F – F.

(B) F – V – F – V.

(C) V – V – F – F.

(D) V – F – V – V.

(E) V – F – V – F.

Primeiro enunciado: verdadeiro, nos termos do art. 4°, II, da Lei 6.766/1979; **Segundo enunciado:** falso. A declividade máxima permitida será de 30%, salvo se atendidas as exigências específicas das autoridades competentes (art. 3°, parágrafo único, III da Lei n. 6.766/1979); **Terceiro enunciado:** verdadeiro, nos termos do art. 40, "caput", da Lei 6.766/1979; **Quarto enunciado:** verdadeiro, nos termos do art. 25 da Lei 6.766/1979. JA
"D". Gabarito

(Promotor de Justiça/GO – 2016 - MPE) No tocante à Lei Federal 6.766/1979 (Lei do Parcelamento do Solo), assinale a alternativa falsa:

(A) os espaços livres de uso comum, as vias e praças, as áreas destinadas a edifícios públicos e outros equipamentos urbanos, constantes do projeto e do memorial descritivo, não poderão ter sua destinação alterada pelo loteador, desde a aprovação do loteamento, salvo as hipóteses de caducidade da licença ou desistência do loteador, sendo, neste caso, observadas as exigências legais.

(B) A existência de protestos, de ações pessoais ou de ações penais, exceto as referentes a crime contra o patrimônio e contra a administração, não impedirá o registro do loteamento se o requerente comprovar que esses protestos ou ações não poderão prejudicar os adquirentes dos lotes. Se o oficial do registro de imóveis julgar insuficiente a comprovação feita, suscitará a dúvida perante o juiz competente.

(C) a infraestrutura básica dos parcelamentos situados nas zonas habitacionais declaradas por lei como de interesse social (ZHIS) consistirá, no mínimo, dentre outros requisitos, solução para o esgotamento sanitário e para energia elétrica pública e domiciliar.

(D) a lei municipal definirá os prazos para que um projeto de parcelamento apresentado seja aprovado ou rejeitado e para que as obras executadas sejam aceitas ou recusadas e, transcorridos os prazos sem a manifestação do Poder Público, o projeto será considerado rejeitado ou as obras recusadas, assegurada a indenização para eventuais danos derivados da omissão.

A: verdadeira, nos termos do art. 17 da Lei 6.766/1979; **B:** verdadeira, nos termos do art. 18, § 2°, da Lei 6.766/1979; **C:** falsa. A infraestrutura básica dos parcelamentos situados nas zonas habitacionais declaradas por lei como de interesse social (ZHIS) consistirá, no mínimo, de vias de circulação, escoamento das águas pluviais, rede para o abastecimento de água potável e soluções para o esgotamento sanitário e para a energia elétrica domiciliar (art. 2°, § 6°, da Lei 6.766/1979); **D:** verdadeira, nos termos do art. 16, "caput" e § 1° da Lei 6.766/1979. JA
"C". Gabarito

2. ESTATUTO DAS CIDADES E INSTRUMENTOS DA POLÍTICA URBANA

(Procurador Município – Teresina/PI – FCC – 2022) Determinada empresa pretende construir um complexo composto por um hipermercado, um *shopping center*, duas torres comerciais e quatro torres residenciais em área urbana de um Município. Para autorizar a construção, o Município deverá exigir

(A) um estudo de impacto de vizinhança (EIV) a seu juízo de oportunidade e conveniência.

(B) um estudo de impacto de vizinhança (EIV) para cada empreendimento separadamente, pois nem sempre haverá sinergia entre eles.

(C) um estudo de impacto de vizinhança (EIV) se houver, para tanto, previsão na lei municipal.

---

* HS Henrique Subi
JA José Antonio Apparecido Junior
PM Paula Morishita

(D) um estudo de impacto de vizinhança (EIV) por se tratar de área urbana.

(E) as rotas de fuga em caso de incêndio, não sendo necessário um estudo de impacto de vizinhança (EIV).

Alternativa correta letra C de acordo com o Art. 36 do Estatuto da Cidade que prevê o seguinte: Lei municipal definirá os empreendimentos e atividades privados ou públicos em área urbana que dependerão de elaboração de estudo prévio de impacto de vizinhança (EIV) para obter as licenças ou autorizações de construção, ampliação ou funcionamento a cargo do Poder Público municipal. **PM**
Gabarito "C".

(Procurador Município – Teresina/PI – FCC – 2022) Francisco, proprietário de imóvel rural, possui como sua, por cinco anos ininterruptos e sem oposição, edificação urbana com 200 metros quadrados, utilizando-a para sua moradia. Neste cenário,

(A) adquirirá o usufruto do imóvel.

(B) não adquirirá a propriedade do imóvel por usucapião especial urbano.

(C) será beneficiário de imunidade em relação ao imposto predial e territorial urbano (IPTU).

(D) adquirirá a propriedade do imóvel por usucapião especial urbano.

(E) adquirirá a propriedade do imóvel por usucapião especial urbano desde que comprove justo título.

Alternativa B é a correta, pois um dos requisitos para usucapião de imóvel urbano é que não seja proprietário de outro imóvel urbano ou rural conforme prevê a Constituição Federal em seu art. 183. Aquele que possuir como sua área urbana de até duzentos e cinquenta metros quadrados, por cinco anos, ininterruptamente e sem oposição, utilizando-a para sua moradia ou de sua família, adquirir-lhe-á o domínio, desde que não seja proprietário de outro imóvel urbano ou rural. **PM**
Gabarito "B".

(Procurador Município – Santos/SP – VUNESP – 2021) O Estatuto da Cidade prevê que o plano diretor, aprovado por lei municipal, é o instrumento básico da política de desenvolvimento e expansão urbana. O plano diretor é obrigatório para cidades

(A) com mais de 18 (dezoito) mil habitantes.

(B) integrantes de regiões de relevante interesse tecnológico.

(C) componentes de áreas de especial interesse turístico, histórico ou cultural.

(D) incluídas no cadastro nacional de Municípios com áreas suscetíveis à ocorrência de deslizamentos de grande impacto, inundações bruscas ou processos geológicos ou hidrológicos correlatos.

(E) inseridas na área de influência de empreendimentos ou atividades com significativo impacto ambiental de âmbito local, regional ou nacional.

A solução desta questão deve ser extraída do art. 41 da Lei 10.257/2001, que assim dispõe: *O plano diretor é obrigatório para cidades: I – com mais de vinte mil habitantes; II – integrantes de regiões metropolitanas e aglomerações urbanas; III – onde o Poder Público municipal pretenda utilizar os instrumentos previstos no § 4º do art. 182 da Constituição Federal; IV – integrantes de áreas de especial interesse turístico; V – inseridas na área de influência de empreendimentos ou atividades com significativo impacto ambiental de âmbito regional ou nacional. VI – incluídas no cadastro nacional de Municípios com áreas suscetíveis à ocorrência de deslizamentos de grande impacto, inundações bruscas ou processos geológicos ou hidrológicos correlatos.* **PM**
Gabarito "D".

(Procurador do Município – Prefeitura Fortaleza/CE – CESPE – 2017) Tendo como referência as normas do direito urbanístico, com destaque para as aplicáveis ao plano diretor, julgue os itens que se seguem.

(1) Apenas lei em sentido estrito pode limitar o direito de construir.

(2) O cumprimento da função social de propriedade urbana é verificado pelo atendimento às exigências fundamentais de ordenação da cidade, as quais são expressas no plano diretor, quando existir.

1: Errada. Nada obsta que a regulamentação do direito de construir seja feita por normas infralegais, prática bastante comum nos Municípios. **2:** Certa, nos termos do art. 182, § 2º, da CF. **HS**
Gabarito 1E, 2C

(Procurador Municipal – Prefeitura/BH – CESPE – 2017) Determinado município, para executar seu planejamento urbanístico, com a valorização de espaços históricos e a otimização de meios de transporte coletivo, desapropriou imóveis que vinham sendo usados de forma incompatível com a previsão do plano diretor.

Nessa situação,

(A) os cálculos dos valores das indenizações pelas desapropriações devem ser regulamentados pelo Estatuto da Cidade.

(B) promovida a readequação do uso, não poderá haver alienação dos bens desapropriados a outros particulares.

(C) o município utilizou um instituto jurídico de política urbana, com repercussão sobre o caráter perpétuo do direito de propriedade.

(D) as desapropriações fundamentaram-se exclusivamente no requisito do interesse social.

A: incorreta. A indenização nesse caso será paga em títulos da dívida pública, por força do art. 182, § 4º, III, da CF; **B:** incorreta. O art. 8º, § 5º, do Estatuto da Cidade autoriza a alienação a terceiros para o adequado aproveitamento do imóvel; **C:** correta, nos termos do art. 4º, V, do Estatuto da Cidade; **D:** incorreta. A desapropriação por descumprimento das diretrizes traçadas no Plano Diretor tem natureza de sanção administrativa. **HS**
Gabarito "C".

(Procurador Municipal – Prefeitura/BH – CESPE – 2017) O Estatuto da Cidade

(A) tipifica novas condutas que poderão caracterizar improbidade administrativa na execução da política urbana.

(B) não dispõe sobre plano diretor, o qual é lei reservada à competência municipal.

(C) regulamenta a forma de realização de consultas públicas como instrumento de gestão democrática das cidades.

(D) inclui, de forma taxativa, a lista dos instrumentos para a execução da política urbana.

A: correta, nos termos do art. 52 do Estatuto da Cidade; **B:** incorreta. O capítulo III do Estatuto da Cidade (arts. 39 e seguintes) é totalmente dedicado a regras gerais para elaboração do plano diretor; **C:** incorreta.

16. DIREITO URBANÍSTICO   701

O art. 44 do Estatuto da Cidade entrega tal competência à legislação local; **D:** incorreta. O *caput* do art. 4º do Estatuto da Cidade deixa claro que seu rol é exemplificativo, ao dizer que serão utilizados, "dentre outros instrumentos", aqueles que prevê. **HS**
Gabarito "A".

(Procurador Municipal – Prefeitura/BH – CESPE – 2017) Tendo como referência as disposições constitucionais relativas ao direito urbanístico, assinale a opção correta.

(A) A usucapião pró-moradia não será reconhecida ao mesmo possuidor mais de uma vez nem é admissível em relação a imóvel público.

(B) O plano diretor é obrigatório para todas as cidades brasileiras, uma vez que a propriedade urbana cumpre sua função social somente quando atende às regras nele estabelecidas.

(C) Compete concorrentemente ao município, ao estado e à União a promoção do adequado ordenamento territorial.

(D) Proprietário de solo urbano que, descumprindo o planejamento urbanístico, não promover seu adequado aproveitamento, poderá ser penalizado, sucessivamente, com: IPTU progressivo, parcelamento ou edificação em caráter compulsório e desapropriação-sanção.

A: correta, nos termos do art. 183, §§2º e 3º, da CF; **B:** incorreta. De acordo com a CF/88, o plano diretor é obrigatório somente para os Municípios com mais de 20.000 habitantes (art. 182, §1º, da CF). O Estatuto da Cidade também prevê as condições de obrigatoriedade do plano diretor em seu art. 41.; **C:** incorreta. A competência é exclusiva do Município (art. 30, VIII, da CF); **D:** incorreta. O parcelamento ou edificação compulsórios serão aplicados antes do IPTU progressivo (art. 182, §4º, da CF). **PM**
Gabarito "A".

(Procurador Municipal/SP – VUNESP – 2016) O direito de preempção confere ao Poder Público Municipal preferência para aquisição de imóvel urbano objeto de alienação onerosa entre particulares, de acordo com a Lei 10.257/2001, que regulamenta os arts. 182 e 183 da CF/1988, traçando as diretrizes da Política Urbana Nacional. Assim, é correto afirmar que

(A) tal direito será exercido pelo Poder Público para fins de constituição de reserva de capital.

(B) a lei estadual, baseada no plano diretor de cada município, delimitará as áreas em que incidirá o direito de preempção e fixará prazo de vigência, não superior a cinco anos, renovável a partir de um ano após o decurso do prazo inicial de vigência.

(C) o direito de preempção fica assegurado durante o prazo de vigência fixado em legislação municipal, independentemente do número de alienações referentes ao mesmo imóvel.

(D) a alienação processada em condições diversas da proposta apresentada será considerada anulável.

(E) o proprietário deverá notificar ao Município sua intenção de alienar o imóvel, para que qualquer ente público, no prazo máximo de trinta dias, manifeste por escrito seu interesse em comprá-lo.

A: incorreta. O art. 26 da Lei 10.257/2001 estabelece que o direito de preempção será utilizado nas hipóteses em que o Poder Público necessitar de áreas para regularização fundiária, execução de programas e projetos habitacionais de interesse social, constituição de reserva fundiária, ordenamento e direcionamento da expansão urbana, implantação de equipamentos urbanos e comunitários, criação de espaços públicos de lazer e áreas verdes, criação de unidades de conservação ou proteção de outras áreas de interesse ambiental e proteção de áreas de interesse histórico, cultural ou paisagístico; **B.** incorreta. A competência para a edição de tal lei é municipal, nos termos expressos do art. 25, § 1º, da Lei 10.257/2001; **C.** correta, conforme previsão expressa do § 2º do art. 25 da Lei 10.257/2001; **D.** incorreta. De acordo com o art. 27, § 5º da Lei 10.257/2001, a alienação processada em condições diversas da proposta apresentada é nula de pleno direito; **E.** incorreta. Nos termos do "caput" do art. 27 da Lei 10.257/2001, quem tem a prerrogativa de manifestar-se no prazo assinalado é o Município. **JA**
Gabarito "C".

(Promotor de Justiça – MPE/RS – 2017) Considerando o Estatuto da Cidade (Lei 10.257, de 10 de julho de 2001), assinale a alternativa correta.

(A) Compete ao Município promover, por iniciativa própria e em conjunto com o Estado e outros Municípios, programas de construção de moradias e melhoria das condições habitacionais, de saneamento básico, das calçadas, dos passeios públicos e demais espaços de uso público.

(B) Lei estadual específica poderá determinar o parcelamento, a edificação ou a utilização compulsórios do solo urbano não edificado, subutilizado ou não utilizado, para área incluída no plano diretor, devendo fixar as condições e os prazos para implementação da referida obrigação.

(C) Em caso de descumprimento das condições e dos prazos previstos para parcelamento ou edificação compulsórios, o Município procederá à aplicação do imposto sobre a propriedade predial e territorial urbana (IPTU) progressivo no tempo, mediante a majoração da alíquota pelo prazo de 10 (dez) anos consecutivos.

(D) Decorridos cinco anos de cobrança do IPTU progressivo sem que o proprietário tenha cumprido a obrigação de parcelamento, edificação ou utilização compulsórios, o Município poderá proceder à desapropriação do imóvel, com pagamento em títulos da dívida pública previamente aprovados pelo Senado Federal e com prazo de resgate em até 10 (dez) anos, em prestações anuais, iguais e sucessivas, assegurados o valor real da indenização e juros legais de 6% (seis por cento) ao ano.

(E) Aquele que possuir como sua área ou edificação urbana de até duzentos e cinquenta metros quadrados, por cinco anos, ininterruptamente e sem oposição, utilizando-a para sua moradia ou de sua família, adquirir-lhe-á o domínio, desde que não seja proprietário de outro imóvel urbano ou rural, sendo que em caso de possuidor casado, o título será conferido necessariamente ao cônjuge varão.

A: incorreta. O Estatuto da Cidade confere a competência assinalada à União, por iniciativa própria ou em conjunto com os Estados, o Distrito Federal e os Municípios (art. 3º, III, da Lei 10.257/2001); **B:** incorreta. Tal competência é atribuída aos Municípios (art. 5º, "caput", da Lei 10.257/2001); **C:** incorreta. O prazo de majoração da alíquota é de 5 anos consecutivos (art. 7º, "caput" da Lei n. 10.257/2001); **D:** correta, nos termos do art. 8º, "caput" e § 1º, da Lei 10.257/2001; **E:** incorreta. O título de domínio será conferido ao homem ou à mulher, ou a ambos, independentemente do estado civil, nos termos do art. 9°, § 1°, da Lei 10.257/2001. **JA**

Gabarito "D".

(Promotor de Justiça – MPE/RS – 2017) Assinale com **V** (verdadeiro) ou com **F** (falso) as seguintes afirmações sobre o conteúdo do Estatuto da Cidade (Lei10.257, de 10 de julho de 2001, com suas posteriores alterações legislativas).

( ) O direito de superfície não pode ser transferido a terceiros, sendo vedada por lei qualquer previsão contratual nesse sentido.

( ) O superficiário responderá integralmente pelos encargos e tributos que incidirem sobre a propriedade superficiária, arcando, ainda, proporcionalmente à sua parcela de ocupação efetiva, com os encargos e tributos sobre a área objeto da concessão do direito de superfície, sendo vedada disposição em contrário no contrato respectivo.

( ) Em empreendimentos de pequeno porte, a elaboração do estudo prévio de impacto de vizinhança (EIV) substitui a elaboração e a aprovação de estudo prévio de impacto ambiental (EIA).

( ) O plano diretor é obrigatório para cidades integrantes de áreas de especial interesse turístico.

A sequência correta de preenchimento dos parênteses, de cima para baixo, é

(A) F – V – F – F.

(B) F – F – F – V.

(C) V – V – F – F.

(D) V – F – V – V.

(E) V – F – V – F.

Primeiro enunciado: falso. O direito de superfície pode ser transferido a terceiros, obedecidos os termos do contrato respectivo, nos termos do art. 21, § 4° da Lei 10.257/2001, e aos herdeiros do superficiário, com a sua morte, nos termos do art. 21, § 5° da Lei n. 10.257/2001; **Segundo enunciado:** falso. O superficiário, de fato, responderá integralmente pelos encargos e tributos que incidirem sobre a propriedade superficiária, arcando, ainda, proporcionalmente à sua parcela de ocupação efetiva, com os encargos e tributos sobre a área objeto da concessão do direito de superfície, podendo tais condições, contudo, serem excepcionadas pelo respectivo contrato (art. 21, § 3°, da Lei 10.257/2001); **Terceiro enunciado:** falso. Nos termos do art. 38 da Lei 10.257/2001, a elaboração do EIV não substitui a elaboração e a aprovação de EIA, requeridas nos termos da legislação ambiental. É importante notar que o EIV e o EIA têm funções diversas: em empreendimentos de pequeno porte, normalmente o EIA não é exigível (o que poderia levar à equivocada conclusão de que o EIV "substitui" aquele instrumento), e, em grandes empreendimentos que exigem EIA (como, normalmente, as operações urbanas consorciadas), é possível que intervenções pontuais demandem a confecção de um EIV; **Quarto enunciado:** verdadeiro, nos termos do art. 41, IV, da Lei 10.257/2001. **JA**

Gabarito "B".

(Procurador do Estado/AM – 2016 – CESPE) Com relação a meio ambiente cultural e ao Estatuto da Cidade (Lei 10.257/2001), julgue os próximos itens.

(1) Em cidades com população igual ou superior a vinte mil habitantes, é obrigatória a elaboração de um plano diretor e de um plano de transporte urbano integrado.

(2) Na CF, constam bens do patrimônio cultural brasileiro e alguns instrumentos para sua proteção, tais como o inventário e a desapropriação.

1: incorreta. A Lei 10.257/2001 exige, em seu art. 41, a confecção de plano diretor para cidades com mais de vinte mil habitantes; integrantes de regiões metropolitanas e aglomerações urbanas (definidas por lei estadual); onde o Poder Público municipal pretenda utilizar os instrumentos previstos no § 4o do art. 182 da Constituição Federal (compulsório aproveitamento do solo do solo urbano não edificado, subutilizado ou não utilizado); integrantes de áreas de especial interesse turístico (definidas nos termos da Lei n. 6513/1977); inseridas na área de influência de empreendimentos ou atividades com significativo impacto ambiental de âmbito regional ou nacional e incluídas no cadastro nacional de Municípios com áreas suscetíveis à ocorrência de deslizamentos de grande impacto, inundações bruscas ou processos geológicos ou hidrológicos correlatos. O plano de transporte público integrado é obrigatório, nos termos do Estatuto da Cidade, para municípios com mais de 500.000 habitantes, garantida sua compatibilidade com o plano diretor (art. 41, § 2°); **2:** correta. O art. 216 da Constituição Federal tem a seguinte dicção: "Constituem patrimônio cultural brasileiro os bens de natureza material e imaterial, tomados individualmente ou em conjunto, portadores de referência à identidade, à ação, à memória dos diferentes grupos formadores da sociedade brasileira, nos quais se incluem: I – as formas de expressão; II – os modos de criar, fazer e viver; III – as criações científicas, artísticas e tecnológicas; IV – as obras, objetos, documentos, edificações e demais espaços destinados às manifestações artístico-culturais; V – os conjuntos urbanos e sítios de valor histórico, paisagístico, artístico, arqueológico, paleontológico, ecológico e científico." O rol é exemplificativo, podendo ser incluídos identificados como patrimônio cultural brasileiro outros bens, desde que atendidas às características expostas no "caput". O § 1° traz outro rol, desta feita de instrumentos para a proteção e preservação deste patrimônio: inventários, registros, vigilância, tombamento e desapropriação, e de outras formas de acautelamento e preservação. Esta tarefa, ainda de acordo com a Carta Magna, é tarefa a ser realizada pelo Poder Público com a colaboração da comunidade. **JA**

Gabarito 1E, 2C

3. TEMAS COMBINADOS

(Procurador Município – Teresina/PI – FCC – 2022) A aplicação prática do princípio da afetação das mais-valias ao custo da urbanificação está

(A) no tombamento.

(B) no direito de vizinhança.

(C) na desapropriação por interesse social.

(D) na desapropriação por utilidade pública.

(E) na contribuição de melhoria.

Princípio da afetação das mais-valias ao custo da urbanificação é a valorização da propriedade privada decorrente de infraestrutura pública, ou seja, o valor não provém exclusivamente de um ato individual do proprietário. Desta forma, é preciso recapturar a mais-valia gerada pela capitalização da infraestrutura que pode ser realizada por meio da cobrança de contribuição de melhoria. **PM**

Gabarito "E".

(Procurador Município – Teresina/PI – FCC – 2022) A Administração pública pretende impor um recuo de 10 metros para um único lote existente em determinada quadra, mantendo-se o recuo de 2 metros previsto em lei aos demais. Analisando o processo, o Procurador do Município deverá

(A) deixar de se manifestar por ser tema de competência do Ministério Público.

(B) sugerir que o processo seja encaminhado para manifestação do Tribunal de Contas.

(C) chancelar a limitação administrativa pretendida.

16. DIREITO URBANÍSTICO — 703

(D) consignar que o ato administrativo pretendido tem natureza de servidão administrativa sem direito à indenização.

(E) consignar que o ato administrativo pretendido acarretará o ajuizamento de uma ação de desapropriação indireta.

O Poder Público tem a capacidade de esvaziar a propriedade privada sem a observância dos requisitos de declaração ou indenização prévia, portanto, como o recuo pretendido não acompanha os preceitos legais existentes (os 2 metros de recuo), trata-se da hipótese de desapropriação indireta. **PM**

Gabarito "E".

(Procurador Município – Teresina/PI – FCC – 2022) Loteamento, desmembramento e desdobro

(A) não são regidos pela legislação federal.

(B) são, respectivamente, a subdivisão da gleba com implantação de infraestrutura, a subdivisão da gleba aproveitando-se a infraestrutura já existente e a divisão do lote.

(C) diferem-se pelo tamanho da gleba a ser subdividida: o loteamento é a subdivisão de gleba de grande dimensão, o desmembramento é a subdivisão de gleba de média dimensão e o desdobro é a subdivisão de gleba de pequena dimensão.

(D) são sinônimos para designar divisão de gleba.

(E) diferem-se pelo grau de investimento em infraestrutura urbana: o primeiro requer grande investimento, o segundo médio investimento e o terceiro pequeno investimento.

Alternativa correta letra **B** conforme dispõe a Lei 6.766/79 em seu art. 2º: § 1º Considera-se loteamento a subdivisão de gleba em lotes destinados a edificação, com abertura de novas vias de circulação, de logradouros públicos ou prolongamento, modificação ou ampliação das vias existentes. § 2º Considera-se desmembramento a subdivisão de gleba em lotes destinados a edificação, com aproveitamento do sistema viário existente, desde que não implique na abertura de novas vias e logradouros públicos, nem no prolongamento, modificação ou ampliação dos já existentes. Já o desdobro não está previsto na Lei 6.766/79, contudo, trata-se da divisão da área do lote para formação de novos lotes. **PM**

Gabarito "B".

(Procurador Município – Teresina/PI – FCC – 2022) Com base no que estabelece a Lei Complementar 5.481, de 20 de dezembro de 2019, os Estudos de Adequação Urbanística têm, como objetivo geral,

(A) garantir a melhor inserção possível do empreendimento no setor urbano, e, como um de seus objetivos específicos, diminuir ao máximo a perturbação causada por ruídos sistemáticos produzidos pelas atividades que ocorrem no empreendimento.

(B) garantir qualidade na inserção urbana e ambiental de empreendimentos localizados em zonas especiais, nos termos do Plano Diretor de Ordenamento Territorial de Teresina e, como um de seus objetivos específicos, garantir a segurança dos transeuntes, alertando-os, mediante a aposição de placas ou cartazes, distantes uns dos outros por não mais de 5 metros, com os dizeres "HOMENS TRABALHANDO – MANTENHA DISTÂNCIA – RISCO DE ACIDENTE".

(C) diminuir ao máximo a perturbação causada por ruídos sistemáticos produzidos pelas atividades que ocorrem no empreendimento, e, como um de seus objetivos específicos, assegurar que as operações de carga e descarga ocorram nas áreas internas do imóvel.

(D) reservar espaços seguros para circulação, travessia, embarque e desembarque de pedestres, e, como um de seus objetivos específicos, garantir a segurança dos transeuntes, alertando-os, mediante a aposição de placas ou cartazes, distantes uns dos outros por não mais de 10 metros, com os dizeres "HOMENS TRABALHANDO – MANTENHA DISTÂNCIA – RISCO DE ACIDENTE".

(E) assegurar que os efluentes produzidos pelas atividades urbanas não causem prejuízo ao meio ambiente nem à qualidade de vida dos moradores do entorno do empreendimento, e, como um de seus objetivos específicos, diminuir ao máximo a perturbação do tráfego de passagem em virtude do tráfego gerado.

Alternativa correta letra A, pois é o que prevê o art. 273, VII da Lei Complementar 5.481/19, que dispõe sobre o Plano Direto de Teresina: Art. 273. Os Estudos de Adequação Urbanística têm como objetivo geral garantir a melhor inserção possível do empreendimento no setor urbano e, como objetivos específicos: VII – Garantir qualidade na inserção urbana e ambiental de empreendimentos localizados em zonas especiais, nos termos do Capítulo II, do Título II, da Parte III, deste PDOT. **PM**

Gabarito "A".

(Procurador Município – Teresina/PI – FCC – 2022) Para fins de Regularização Fundiária Urbana,

(A) em área de unidade de conservação de uso sustentável que admita regularização, nos termos da Lei federal 9.985, de 18 de julho de 2000, será exigida apenas a ciência do órgão gestor da unidade.

(B) aplica-se a Lei federal 13.465, de 11 de julho de 2017, aos núcleos urbanos informais situados em áreas indispensáveis à segurança nacional ou de interesse da defesa, assim reconhecidas em decreto do Poder Executivo federal.

(C) os Municípios poderão dispensar as exigências relativas ao percentual e às dimensões de áreas destinadas ao uso público ou ao tamanho dos lotes regularizados, assim como a outros parâmetros urbanísticos e edilícios.

(D) mediante legitimação fundiária, somente poderá ser aplicada a Lei federal 13.465, de 11 de julho de 2017, para os núcleos urbanos informais comprovadamente existentes, na forma da citada Lei, até a data da sua entrada em vigor.

(E) considera-se núcleo urbano informal consolidado aquele clandestino, irregular ou no qual não foi possível realizar, por qualquer modo, a titulação de seus ocupantes, ainda que atendida a legislação vigente à época de sua implantação ou regularização.

De acordo com a Lei 13.465/17, art. 11, §3º, a alternativa **A** está incorreta pois no caso de a Reurb abranger área de unidade de conservação de uso sustentável que, nos termos da Lei nº 9.985, de 18 de julho de 2000, admita regularização, será exigida também a anuência do órgão gestor da unidade, desde que estudo técnico comprove que essas intervenções de regularização fundiária implicam a melhoria das condições ambientais em relação à situação de ocupação informal anterior.

A Alternativa **B** está incorreta pois a Lei federal nº 13.465/17 não se aplica aos núcleos urbanos informais situados em áreas indispensáveis à segurança nacional ou de interesse da defesa, assim reconhecidas em decreto do Poder Executivo federal. A alternativa **C** está correta, pois é o que dispões o art. 11, § 1º da Lei 13.465/17. A alternativa **D** está incorreta, pois a Reurb promovida mediante legitimação fundiária somente poderá ser aplicada para os núcleos urbanos informais comprovadamente existentes, na forma desta Lei, até 22 de dezembro de 2016. A alternativa **E** está incorreta, pois não confere com o art. 11, III da Lei 13.465/17 que prevê: III – núcleo urbano informal consolidado: aquele de difícil reversão, considerados o tempo da ocupação, a natureza das edificações, a localização das vias de circulação e a presença de equipamentos públicos, entre outras circunstâncias a serem avaliadas pelo Município. **PM**
„Gabarito "C."

(Procurador do Município – Prefeitura Fortaleza/CE – CESPE – 2017) A respeito de parcelamento do solo, impacto de vizinhança, regularização fundiária de interesse social, desapropriação e tombamento, julgue os itens a seguir com base na legislação urbanística.

(1) De acordo com o Estatuto da Cidade, o estudo prévio do impacto ambiental é peça obrigatória do estudo de impacto de vizinhança e as análises de uso e ocupação do solo e de adensamento populacional somente são obrigatórias para imóveis com área superior a um hectare.

(2) Conforme a medida provisória que dispõe sobre a concessão de uso especial, o direito de concessão de uso especial para fins de moradia pode ser transferido para terceiros.

(3) Em se tratando de desapropriação por utilidade pública em que a imissão prévia na posse tenha se dado por ordem judicial e o ente expropriante tenha depositado em juízo o preço ofertado, é incabível o pagamento de juros compensatórios.

(4) Se imóvel integrante do patrimônio cultural for objeto de tombamento compulsório, poderá o proprietário requerer o cancelamento do tombamento se, após notificar o Instituto do Patrimônio Histórico e Artístico Nacional da impossibilidade financeira de proceder às obras de conservação e reparação necessárias, o poder público não adotar nenhuma providência dentro do prazo de seis meses.

(5) No âmbito do parcelamento do solo urbano, desmembramento corresponde à subdivisão de gleba em lotes destinados à edificação, com abertura de novas vias de circulação e criação de logradouros públicos.

1: Errada. O EIA e o EIV são documentos autônomos (art. 38 do Estatuto da Cidade – Lei 10.257/2001), sendo a análise do adensamento populacional e de uso e ocupação do solo dois de seus requisitos mínimos (art. 37, I e III, do Estatuto da Cidade). **2:** Certa, nos termos do art. 7º da Medida Provisória 2.220/2001. **3:** Errada. O art. 15-A do Decreto-lei 3.365/1941 determina a incidência de juros moratórios de 6% ao ano sobre a diferença apurada, contados da imissão na posse, vedada a aplicação de juros compostos. **4:** Certa, nos termos do art. 19, §§ 1º e 2º, do Decreto-lei 25/1937. **5:** Errada. A assertiva traz o conceito de loteamento. No desmembramento há aproveitamento do sistema viário existente (art. 2º, §§ 1º e 2º, da Lei 6.766/1979). **HS**
„Gabarito 1E, 2C, 3E, 4C, 5E

(Procurador do Município – Prefeitura Fortaleza/CE – CESPE – 2017) Considerando a jurisprudência majoritária e atual dos tribunais superiores, julgue os itens subsequentes.

(1) Para o STJ, se parte de um imóvel urbano for declarada pelo poder público área de preservação permanente, ficará afastada a titularidade do proprietário em relação a essa porção do imóvel. Uma vez transformada em área de preservação permanente, a porção é retirada do domínio privado e passa a ser considerada bem público para todos os efeitos, incluindo-se os tributários.

(2) Segundo o STF, a competência normativa municipal para a ocupação de espaços urbanos é mais ampla que o conteúdo aprovado no seu plano diretor. Assim, municípios com mais de vinte mil habitantes podem legislar sobre ordenamento urbano em outras leis, desde que compatíveis com diretrizes estabelecidas no plano diretor.

1: Errada. A área de preservação permanente não implica perda do domínio do imóvel – ao contrário, é "pressuposto interno do direito de propriedade" a fundamentar a "função ecológica do imóvel" (STJ, REsp 1.240.122). **2:** Certa, nos termos da tese fixada em repercussão geral no RE 607.940. **HS**
„Gabarito 1E, 2C

(Procurador Municipal – Prefeitura/BH – CESPE – 2017) Acerca de instrumentos de tutela de bens culturais materiais e das competências para a proteção do patrimônio cultural, assinale a opção correta.

(A) O rito de tombamento de ofício inicia-se com manifestação do IPHAN, órgão vinculado ao Ministério da Cultura.

(B) A ação popular não se presta a anular ato lesivo ao patrimônio histórico e cultural.

(C) Todos os entes federativos possuem competência para legislar sobre tombamento e competência material para realizá-lo.

(D) O ato de tombamento é discricionário, de modo que eventual controle pelo Poder Judiciário não se estende a sua motivação.

A: incorreta. O IPHAN é autarquia, não órgão, federal, vinculada ao Ministério da Cultura; **B:** incorreta. A ação popular pode ter por objeto a anulação de ato lesivo ao patrimônio histórico e cultural (art. 1º, § 1º, da Lei 4.717/1965); **C:** correta, nos termos do art. 24, VII, art. 30, IX, e 23, III, todos da CF; **D:** incorreta, porém deve ser feita a ressalva da divisão da doutrina sobre o tema. A doutrina clássica, amparada em Hely Lopes Meirelles, defende a natureza vinculada do tombamento. Há, não obstante, crescente movimento pelo reconhecimento de sua discricionariedade, principalmente defendido pelas Procuradorias Estaduais e Municipais. **HS**
„Gabarito "C."

(Procurador Municipal – Prefeitura/BH – CESPE – 2017) Chamado para analisar projetos de parcelamento de solo urbano em áreas impróprias, determinado procurador municipal verificou hipótese de proibição absoluta.

Com base nas disposições da Lei 6.766/1979, é correto afirmar tratar-se, na situação, de parcelamento do solo em terrenos

(A) onde as condições geológicas não aconselham a edificação.

(B) alagadiços e sujeitos a inundações.

(C) aterrados com material nocivo à saúde pública.

(D) com declividade igual ou superior a 30%.

16. DIREITO URBANÍSTICO **705**

As hipóteses de proibição absoluta encontram-se no art. 3º, parágrafo único, da Lei 6.766/1979. Dentre as alternativas, a única que se encontra no rol é a proibição de edificação nos locais onde as condições geológicas não o aconselhem (inciso IV). Vale ressaltar que a edificação em área aterrada com material nocivo à saúde pública é permitida se houver saneamento prévio (inciso II) e nos terrenos com declividade superior a 30% será permitida sob certas condições das autoridades competentes (inciso III). **HS**

Gabarito "A".

(Procurador Municipal – Sertãozinho/SP – VUNESP – 2016) A Lei 6.766/1979 trata sobre o Parcelamento do Solo. Destina um dos seus capítulos a tutelar os contratos que tenham por objeto a venda de bens imóveis. Sob esse aspecto, é correto afirmar que

(A) aquele que adquirir a propriedade loteada mediante ato *inter vivos*, ou por sucessão *causa mortis*, sucederá o transmitente em todos os seus direitos e obrigações, ficando obrigado a respeitar os compromissos de compra e venda ou as promessas de cessão, em todas as suas cláusulas, sendo anulável qualquer disposição em contrário, ressalvado o direito do herdeiro ou legatário de renunciar à herança ou ao legado.

(B) o contrato particular pode ser transferido por simples trespasse, lançado no verso das vias em poder das partes, ou por instrumento em separado, declarando-se o número do registro do loteamento, o valor da cessão e a qualificação do cessionário para o devido registro.

(C) em qualquer caso de rescisão por inadimplemento do adquirente, as benfeitorias necessárias ou úteis por ele levadas a efeito no imóvel não deverão ser indenizadas, sendo de nenhum efeito qualquer disposição contratual em contrário.

(D) qualquer alteração ou cancelamento parcial do loteamento registrado dependerá de acordo entre o loteador e os adquirentes de lotes atingidos pela alteração, independentemente da aprovação pela Prefeitura Municipal, ou do Distrito Federal quando for o caso, devendo ser depositada no Registro de Imóveis.

(E) são retratáveis os compromissos de compra e venda, cessões e promessas de cessão, os que atribuam direito à adjudicação compulsória e, estando registrados, confiram direito real oponível a terceiros.

A. incorreta. O art. 29 da Lei 6.766/1979 considera nulas as disposições em contrário, e não meramente anuláveis, ressalvado o direito do herdeiro ou legatário de renunciar à herança ou ao legado; **B.** correta, nos termos do art. 31, "caput", da Lei 6.766/1979; **C.** incorreta. Nos termos do art. 34 da Lei 6.766/1979, em qualquer caso de rescisão por inadimplemento do adquirente, as benfeitorias necessárias ou úteis por ele levadas a efeito no imóvel deverão ser indenizadas, sendo de nenhum efeito qualquer disposição contratual em contrário. Como exceção, não serão indenizáveis as benfeitorias feitas em desconformidade com o contrato ou com a lei; **D.** incorreta. Nos termos do art. 28 da Lei 6.766/1979, deve haver aprovação pela Prefeitura Municipal, ou do Distrito Federal quando for o caso, devendo ser depositada no Registro de Imóveis, em complemento ao projeto original com a devida averbação; **E.** incorreta. Nos termos do art. 25 da Lei 6.766/1979, tais avenças são irretratáveis. **JA**

Gabarito "B".

(Procurador Municipal/SP – VUNESP – 2016) Os lotes urbanos, para fins de loteamento e parcelamento do solo, conforme estabelecido na Lei 6.766/1979, quando o loteamento se destinar a edificação de conjuntos habitacionais de interesse social, previamente aprovados pelos órgãos públicos competentes, poderão ter área mínima

(A) de 150 m².

(B) menor que 125 m².

(C) entre 130 e 150 m².

(D) entre 150 e 250 m².

(E) de 250 m².

O art. 4º da Lei n. 6.766/1979 trata dos requisitos urbanísticos para os loteamentos, e, em seu inc. II, determina que "os lotes terão área mínima de 125m² (cento e vinte e cinco metros quadrados) e frente mínima de 5 (cinco) metros, salvo quando o loteamento se destinar a urbanização específica ou edificação de conjuntos habitacionais de interesse social, previamente aprovados pelos órgãos públicos competentes. **JA**

Gabarito "B".

4. OUTROS TEMAS

(Procurador Município – Santos/SP – VUNESP – 2021) A partir do quanto determinado na Lei de diretrizes nacionais para o saneamento básico e para a política federal de saneamento básico, assinale a alternativa correta.

(A) A instalação hidráulica predial ligada à rede pública de abastecimento de água poderá ser também alimentada por outras fontes.

(B) A fatura a ser entregue ao usuário final deverá obedecer a modelo estabelecido pela prestadora do serviço.

(C) A interrupção do fornecimento de água por inadimplência de instituições educacionais deverá obedecer a prazos e critérios que preservem condições mínimas de manutenção da saúde das pessoas atingidas.

(D) Os reajustes de tarifas de serviços públicos de saneamento básico serão realizados observando-se o intervalo mínimo de 06(seis) meses.

(E) É permitido, como regra, a aplicação de recursos orçamentários da União na administração, operação e manutenção de serviços públicos de saneamento básico administrados por órgão ou entidade municipal.

Alternativa **A** incorreta, a Lei 11.445/07 prevê em seu art. 45, § 2º: A instalação hidráulica predial ligada à rede pública de abastecimento de água <u>não</u> poderá ser também alimentada por outras fontes. Alternativa **B** incorreta, pois o art. 39, parágrafo único da Lei 11.445/07 estabelece que "A fatura a ser entregue ao usuário final deverá obedecer a modelo estabelecido pela entidade reguladora, que definirá os itens e custos que deverão estar explicitados". Alternativa **C** correta, está de acordo com o art. 40, § 3º da Lei 11.445/07. Alternativa **D** incorreta, Lei 11.447/07, art. 37. Os reajustes de tarifas de serviços públicos de saneamento básico serão realizados observando-se o intervalo mínimo de <u>12 (doze)</u> meses, de acordo com as normas legais, regulamentares e contratuais. Alternativa **E** incorreta, Lei 11.447/07, art. 50, § 3º É vedada a aplicação de recursos orçamentários da União na administração, operação e manutenção de serviços públicos de saneamento básico não administrados por órgão ou entidade federal, salvo por prazo determinado em situações de eminente risco à saúde pública e ao meio ambiente. **PM**

Gabarito "C".

(Procurador Município – Santos/SP – VUNESP – 2021) O conjunto de ações e serviços de saúde, prestados por órgãos e instituições públicas federais, estaduais e municipais, da Administração direta e indireta e das fundações mantidas pelo Poder Público, constitui o Sistema Único de Saúde (SUS). Nos termos da Lei nº 8.080/90, quando as suas disponibilidades forem insuficientes para garantir a cobertura assistencial à população de uma determinada área, o SUS poderá recorrer aos serviços ofertados pela iniciativa privada, sendo certo que

(A) a participação complementar dos serviços privados será formalizada mediante contrato ou convênio, observadas, a respeito, as normas de direito privado.

(B) as entidades filantrópicas e as sem fins lucrativos terão preferência para tanto.

(C) os critérios e valores para a remuneração de serviços serão estabelecidos pela direção estadual do SUS.

(D) os serviços contratados submeter-se-ão às normas técnicas e administrativas do contratado.

(E) aos dirigentes de entidades ou serviços contratados é vedado exercer cargo de chefia, mas podem exercer função de confiança no SUS.

Alternativa **A** incorreta, pois serão observadas normas de direito público. Alternativa **B** correta, de acordo com o art. 25 da Lei 8.080/90. Alternativa **C** incorreta, Lei 8.080/90, art. 26: Os critérios e valores para a remuneração de serviços e os parâmetros de cobertura assistencial serão estabelecidos pela direção *nacional* do Sistema Único de Saúde (SUS), aprovados no Conselho Nacional de Saúde. Alternativa **D** incorreta, Lei 8.080/90, art. 26, § 2º Os serviços contratados submeter-se-ão às normas técnicas e administrativas e aos princípios e diretrizes do Sistema Único de Saúde (SUS), mantido o equilíbrio econômico e financeiro do contrato. Alternativa **E** incorreta, Lei 8.080/90, art. 26, § 4º Aos proprietários, administradores e dirigentes de entidades ou serviços contratados é vedado exercer cargo de chefia ou função de confiança no Sistema Único de Saúde (SUS). **PM** Gabarito "B".

(Procurador Município – Teresina/PI – FCC – 2022) No Município de Teresina, os denominados "loteamentos fechados" possuem natureza jurídica

(A) de loteamento com concessão onerosa de uso, atribuindo-se ao empreendimento a responsabilidade pela manutenção das vias e das áreas verdes.

(B) de loteamento com doação das vias de circulação e das demais áreas públicas do Município para a Associação de Moradores.

(C) de condomínio regido pelo Código Civil.

(D) mista ou híbrida, pois são condomínios regulamentados pelo Código Civil com algumas características de loteamento.

(E) mista ou híbrida, pois são condomínios regulamentados pelo Código Civil com algumas características de parcelamento do solo urbano.

Alternativa correta letra **A** de acordo com a Lei Complementar nº 3.561/06 que dispõe sobre o parcelamento do solo urbano do Município de Teresina e prevê em seu art. 90 o seguinte: A implantação de loteamentos fechados está condicionada à permissão do fechamento das vias públicas, após a assinatura de concessão onerosa de uso, atribuindo-se ao empreendimento a responsabilidade pela manutenção das vias e das áreas verdes. **PM** Gabarito "A".

(Procurador Município – Teresina/PI – FCC – 2022) Sr. Milton é conhecido no bairro por permitir que vizinhos utilizem seu terreno não edificado e não murado como depósito de resíduos sólidos orgânicos. O local também é utilizado para passeios com animais de estimação. Segundo o Código Municipal de Posturas de Teresina,

(A) o proprietário deve escolher uma das duas atividades para permitir tal utilização, podendo, em ambas, deixar o imóvel sem muro.

(B) o depósito de resíduos sólidos orgânicos é permitido e incentivado pelo Município, pois reduz o custo com a sua coleta e com a sua destinação final.

(C) o imóvel pode ser utilizado desta forma por concretizar uma face da função social da propriedade.

(D) o proprietário deve ser notificado para promover a limpeza e o cercamento, com muro, do imóvel, mantendo-o limpo, capinado e drenado.

(E) o imóvel pode ser utilizado para o lazer com os animais, desde que o local utilizado para o depósito dos resíduos sólidos orgânicos esteja identificado.

Alternativa correta letra D conforme a redação dada pelo art. 16 da Lei Complementar 3.610/07, Código de Posturas de Teresina, que diz: Todo proprietário de terreno urbano não edificado fica obrigado a mantê-lo capinado, drenado, murado e em perfeito estado de limpeza, evitando que seja usado como depósito de lixo, detritos ou resíduos de qualquer natureza. **PM** Gabarito "D".

(Procurador Município – Teresina/PI – FCC – 2022) No Código de Obras e Edificações de Teresina, as multas devem ser impostas em grau mínimo, médio ou máximo e serão aplicadas quando o infrator não sanar a irregularidade dentro do prazo fixado na notificação ou imediatamente, nas hipóteses em que não haja necessidade de notificação prévia, considerando-se, além da gravidade da infração,

(A) a condição financeira do infrator, as circunstâncias atenuantes ou agravantes da infração e os antecedentes penais e administrativos do infrator.

(B) a condição financeira do infrator, as circunstâncias atenuantes ou agravantes da infração e os antecedentes administrativos do infrator.

(C) a condição financeira do infrator.

(D) as circunstâncias atenuantes ou agravantes da infração e os antecedentes do infrator com relação às disposições do código citado.

(E) a condição financeira do infrator e as circunstâncias atenuantes ou agravantes da infração.

Alternativa correta letra D, pois retrata o art. 238 da Lei Complementar 4.729/15, Código de Obras e Edificações de Teresina. Art. 238. As multas devem ser impostas em grau mínimo, médio ou máximo e será aplicada quando o infrator não sanar a irregularidade dentro do prazo fixado na notificação ou imediatamente, nas hipóteses em que não haja necessidade de notificação prévia. Parágrafo único. Na imposição da multa, e para graduá-la, considera-se: I – a maior ou menor gravidade da infração; II – as circunstâncias atenuantes ou agravantes da infração; e III – os antecedentes do infrator, com relação às disposições deste Código. **PM** Gabarito "D".

17. RECURSOS HÍDRICOS

Fabiano Melo

1. POLÍTICA NACIONAL DE RECURSOS HÍDRICOS

(Procurador Municipal – Sertãozinho/SP – VUNESP – 2016) A água é recurso essencial para a humanidade. No Brasil, a Lei 9.433/97 instituiu a Política Nacional dos Recursos Hídricos. Sobre as infrações e penalidades previstas a quem desrespeita as regras previstas nessa legislação, é correto afirmar que

(A) há previsão de aplicação de pena privativa de liberdade, dentre outras punições, para quem se enquadrar em qualquer dos tipos penais descritos na norma.

(B) quando a infração constituir-se em perfurar poços para extração de água sem autorização, a única penalidade prevista na norma é a de embargos definitivos da obra.

(C) fraudar as medições dos volumes de água utilizados ou declarar valores diferentes dos medidos é considerado infração às normas de utilização de recursos hídricos, sendo que competirá à autoridade competente aplicar uma das penalidades previstas na lei.

(D) sempre que da infração cometida resultar prejuízo ao serviço público de abastecimento de água, riscos à saúde ou à vida, perecimento de bens ou animais, ou prejuízos de qualquer natureza a terceiros, a multa a ser aplicada nunca será superior à metade do valor máximo cominado em abstrato.

(E) contra a aplicação das sanções previstas na lei não caberá recurso à autoridade administrativa competente, sendo que para tais casos o Poder Judiciário poderá ser acionado. Frisa-se, ainda, que em caso de reincidência, aplicando-se a multa como primeira punição, esta será aplicada em triplo.

A: Incorreta. Ao contrário do que prevê a alternativa, não há previsão de pena privativa de liberdade. As penas previstas no art. 50, da Lei 9.433/1997, são: advertência por escrito, multa simples ou diária, embargo provisório e embargo definitivo; **B:** Incorreta. Perfurar poços para a extração de água subterrânea constitui infração as normas de utilização de recursos hídricos (art. 49, V, da Lei 9.433/1997), ficando sujeito o infrator a quaisquer das penalidades descritas nos incisos do art. 50, da Lei 9.433/1997, independentemente de sua ordem de enumeração, quais sejam: advertência por escrito, multa simples ou diária, embargo provisório e embargo definitivo; **C:** Correta. Nos termos do art. 49, VI, cumulado com o art. 50, da Lei 9.433/1997; **D:** Incorreta. Dispõe o art. 50, § 1°, da Lei 9.433/1997: "Sempre que a infração cometida resultar prejuízo a serviço público de abastecimento de água, riscos à saúde ou à vida, perecimento de bens ou animais, ou prejuízos de qualquer natureza a terceiros, a multa a ser aplicada nunca será inferior à metade do valor máximo cominado em abstrato"; **E:** Incorreta. Da aplicação das sanções previstas às infrações das normas de utilização de recursos hídricos, caberá recurso à autoridade administrativa competente (art. 50, § 3°, da Lei 9.433/1997) e em caso de reincidência, a multa será aplicada em dobro e não em triplo conforme previsto na alternativa (art. 50, § 4°, da Lei 9.433/1997). FM

Gabarito "C".

(Procurador – IPSMI/SP – VUNESP – 2016) Constitui diretriz geral de ação para implementação da Política Nacional de Recursos Hídricos:

(A) a gestão sistemática dos recursos hídricos, com dissociação dos aspectos de quantidade e qualidade.

(B) a adequação da gestão de recursos hídricos às diversidades físicas, bióticas, demográficas, econômicas, sociais e culturais das diversas regiões do País.

(C) a integração da gestão de recursos hídricos com a gestão ambiental, social, econômica e do patrimônio histórico.

(D) a articulação da gestão de recursos hídricos com a de recursos minerais, vegetais e animais.

(E) a integração da gestão das bacias hidrográficas com a dos sistemas estuarinos, zonas costeiras e de encostas de morro.

A: Incorreta. A gestão sistemática dos recursos hídricos, sem dissociação dos aspectos de quantidade e qualidade, que constitui diretriz geral para a implementação da Política Nacional de Recursos Hídricos, e não com dissociação, conforme disposto (art. 3°, I, da Lei 9.433/1997). **B:** Correta. Vide art. 3°, II, da Lei 9.433/1997. **C:** Incorreta. Nos termos do art. 3°, III, da Lei 9.433/1997, constitui diretriz geral da ação para a implementação da Política Nacional de Recursos Hídricos a integração da gestão de recursos hídricos com a gestão ambiental. **D:** Incorreta. Constitui diretriz geral da ação à implementação da Política Nacional de Recursos Hídricos a articulação da gestão de recursos hídricos com a do uso do solo (art. 3°, V, da Lei 9.433/1997). **E:** Incorreta. As encostas de morro não fazem parte da integração, conforme dispõe o art. 3°, VI, da Lei 9.433/1997. FM

Gabarito "B".

(Juiz de Direito/AM – 2016 – CESPE) Com relação aos recursos hídricos, assinale a opção correta.

(A) Compete ao Comitê Nacional de Recursos Hídricos organizar, implantar e gerir o Sistema Nacional de Informações sobre Segurança de Barragens.

(B) Além do representante da FUNAI, os comitês de bacias hidrográficas de rios que abranjam terras indígenas incluirão representante das comunidades indígenas.

(C) Conforme a localização dos corpos d'água, seu domínio divide-se entre a União, os estados (e por analogia o DF) e os municípios.

(D) As competências dos comitês de bacias hidrográficas incluem o exercício do poder de polícia.

(E) Cabe à Agência Nacional de Águas, outorgar, mediante permissão, o direito de uso de recursos hídricos em corpos de água de domínio da União, dos estados e do DF.

A: errada, visto que compete ao Conselho Nacional de Recursos Hídricos estabelecer diretrizes para a implantação da Política Nacional de Segurança de Barragens e atuação do Sistema Nacional de Informações sobre Segurança de Barragens (art. 35, XII, da Lei 9.433/1997);

B: correta (art. 39, § 3º, I e II, da Lei 9.433/1997); **C:** errada, visto que tal domínio compete à União, Estado e Distrito Federal (arts. 20 e 26 da Constituição Federal); **D:** errada, pois tal competência não está prevista no art. 38 da Lei 9.433/1997); **E:** errada, visto que tais outorgas são feitas por ato de autoridade competente do Poder Executivo Federal, bem como dos Estados e do Distrito Federal (art. 14 da Lei 9.433/1997). **FM**

Gabarito "B".

2. SISTEMA NACIONAL DE GERENCIAMENTO DE RECURSOS HÍDRICOS

(Procurador do Município/Manaus – 2018 – CESPE) Julgue os próximos itens, relativos a recursos hídricos e florestais.

(1) Valores arrecadados com a cobrança pelo uso de recursos hídricos podem ser aplicados em bacia hidrográfica distinta daquela em que forem gerados tais valores.

(2) É vedado qualquer tipo de queima de vegetação no interior de unidades de conservação.

(3) Os serviços florestais são considerados como um tipo de produto florestal.

1: Correto, pois de acordo com a Lei 9.433/1997, art. 22, os valores arrecadados com a cobrança pelo uso de recursos hídricos serão aplicados prioritariamente (e não exclusivamente) na bacia hidrográfica em que foram gerados. **2:** Errado, pois de acordo com a Lei 12.651/2012, art. 38, II, é proibido o uso de fogo na vegetação, exceto, dentre outras, na situação de emprego da queima controlada em Unidades de Conservação, em conformidade com o respectivo plano de manejo e mediante prévia aprovação do órgão gestor da Unidade de Conservação, visando ao manejo conservacionista da vegetação nativa, cujas características ecológicas estejam associadas evolutivamente à ocorrência do fogo. **3:** Errado, pois de acordo com a Lei 11.284/2006, art. 3º, IV, consideram-se serviços florestais: turismo e outras ações ou benefícios decorrentes do manejo e conservação da floresta, não caracterizados como produtos florestais. **FM**

Gabarito 1C, 2E, 3E

18. Processo Coletivo

Roberta Densa

1. INTERESSES DIFUSOS, COLETIVOS E INDIVIDUAIS HOMOGÊNEOS E PRINCÍPIOS

(Promotor de Justiça/GO – 2016 – MPE) Em relação aos interesses transindividuais, assinale a opção correta:

(A) Considerando a titularidade, os interesses transindividuais se caracterizam por pertencerem a um grupo, classe ou categoria de pessoas que tenham entre si um vínculo de natureza jurídica ou de natureza fática.

(B) Entre os interesses transindividuais encontram-se os interesses coletivos em sentido estrito que são caracterizados pela indeterminabilidade do sujeito, ligação dos titulares por um vínculo fático e a divisibilidade do objeto.

(C) Os interesses individuais homogêneos são aqueles que têm origem comum, relação jurídica idêntica, e, ainda, indivisíveis e seus titulares são passíveis de determinação.

(D) A aquisição de um produto de série com o mesmo defeito e o interesse dos condôminos de edifício na troca de um elevador com defeito são exemplos clássicos de interesses individuais homogêneos.

A: correto. Os interesses transindividuais compreendem os direitos difusos, coletivos e individuais homogêneos. Os direitos coletivos pertencem a um grupo, classe ou categoria de pessoas que tenham entre si um vínculo de natureza jurídica. Os direitos difusos e individuais homogêneos se caracterizam, entre outras questões, pela ligação entre as pessoas ter natureza fática. **B:** incorreta. Os interesses coletivos em sentido estrito são caracterizados pela determinabilidade do sujeito, por serem ligados por uma relação jurídica base e por serem indivisíveis. **C:** incorreta. Os interesses individuais homogêneos são aqueles que têm origem comum, relação jurídica que não precisa ser idêntica, e, ainda, indivisíveis e seus titulares são passíveis de determinação. **D:** incorreta. A aquisição de produto em série com o mesmo defeito pode, de fato, configurar a existência de interesse individual homogêneo. No entanto, o interesse dos condôminos de edifício na troca de um elevador com defeito não pode ser classificado sequer como direito transindividual, posto que se tratar de relação jurídica de consumo entre os condôminos e a empresa prestadora de serviços, devendo ser resolvido no âmbito da tutela individual. Neste caso, pode o condomínio, por ser o contratante, ingressar com ação contra o prestador de serviços. **RD**

Gabarito "A"

(Defensor Público – DPE/MT – 2016 – UFMT) O reconhecimento progressivo dos direitos difusos e coletivos fez com que estes passassem a ter definição expressa pela legislação com a aprovação da Lei 8.078/1990, que instituiu o Código de Defesa do Consumidor e fez inclusões relacionadas na Lei 7.347/1985, que disciplina a Ação Civil Pública. Sobre a definição desses direitos, assinale a afirmativa correta.

(A) Direitos difusos são equiparados aos direitos coletivos, por ocasião de sua natureza coletiva, diferenciando-se no que se refere a sua indivisibilidade, que se manifesta apenas nos primeiros.

(B) Direitos difusos não são em hipótese alguma considerados direitos coletivos, tendo por semelhança a transindividualidade e a titularidade de pessoas determinadas por uma relação jurídica base.

(C) Direitos individuais homogêneos são considerados espécie de direitos coletivos, diferenciados essencialmente pela possibilidade de os primeiros serem divisíveis na liquidação de sentença que trate de seu reconhecimento e a respectiva violação.

(D) Direitos coletivos são transindividuais, tal qual os direitos difusos, de natureza divisível, tendo por titulares pessoas determinadas ou indeterminadas, ligadas entre si por uma circunstância de fato.

(E) Direitos difusos, coletivos e individuais homogêneos se confundem no que tange à sua titularidade, que é determinada e é definida por uma circunstância de fato.

A: incorreta. Os direitos difusos são essencialmente coletivos, o sujeito é indeterminado, indivisíveis, não há impossibilidade de apropriação e originados (liga as pessoas) por um fato jurídico. Os direitos coletivos essencialmente coletivos, o sujeito é determinado ou determinável, há possibilidade de apropriação e são originados por uma relação jurídica base prévia. Portanto, os direitos difuso e coletivos são indivisíveis. **B:** incorreta. Os direitos difusos têm titularidade indeterminada, enquanto os direitos coletivos têm titularidade determinada ou determinável. **C:** correta. De fato, os direitos individuais homogêneos são direitos coletivos *lato sensu*, diferenciando-se das outras espécies exatamente em razão de serem divisíveis, o que o faz acidentalmente coletivo. A liquidação de sentença está regulamentada pelos art. 97 e 98 do CDC. **D:** incorreta. Nos direitos coletivos as pessoas estão ligadas entre si por uma relação jurídica base prévia. **E:** incorreta. Os direitos difusos têm titularidade indeterminada enquanto que os coletivos e individuais homogêneos a titularidade é determinada ou determinável.

Gabarito "C"

ROBERTA DENSA

Confira quadro sobre a matéria em questão:

Interesses	Grupo	Objeto	Origem	Disposição	Exemplos
Difusos	indeterminável	Indivisível	situação de fato	Indisponível	Interesse das pessoas na despoluição de um rio
Coletivos	determinável	Indivisível	relação jurídica	disponível apenas pelo grupo	Interesse dos condôminos de edifício na troca de um elevador com problema
Individ. homog.	determinável	divisível	origem comum	disponível individual-mente	interesse de vítimas de acidente rodoviário em receber indenização

2. LEGITIMAÇÃO, LEGITIMADOS, MINISTÉRIO PÚBLICO E LITISCONSÓRCIO

(Promotor de Justiça/CE – 2020 – CESPE/CEBRASPE) Em demanda na qual beneficiários individualizados pretendem o fornecimento público de medicamento necessário ao próprio tratamento de saúde, o Ministério Público é parte

(A) legítima para pleitear a entrega do medicamento, porque se trata de direitos individuais homogêneos indisponíveis.

(B) legítima para pleitear a entrega do medicamento, porque se trata de direitos coletivos *stricto sensu*.

(C) legítima para pleitear a entrega do medicamento, porque se trata de direitos difusos.

(D) ilegítima para pleitear a entrega do medicamento, porque se trata de direitos divisíveis.

(E) ilegítima para pleitear a entrega do medicamento, ainda que se trate de direitos individuais indisponíveis.

Trata-se de direito individual indisponível e direito individual homogêneo indisponível, justificando a legitimidade para Ação Civil Pública. O assunto foi abordado em sede de IRDR no STJ e resultou no Tema 766: "O Ministério Público é parte legítima para pleitear tratamento médico ou entrega de medicamentos nas demandas de saúde propostas contra os entes federativos, mesmo quando se tratar de feitos contendo beneficiários individualizados, porque se refere a direitos individuais indisponíveis, na forma do art. 1º da Lei n. 8.625/1993 (Lei Orgânica Nacional do Ministério Público)".
Gabarito "A".

(Promotor de Justiça/CE – 2020 – CESPE/CEBRASPE) A associação X, de proteção ao meio ambiente, ajuizou uma ação civil pública contra a indústria Y, fabricante de agrotóxicos, para impedi-la de realizar determinado processo químico que gerava fumaça tóxica causadora da mortandade de pássaros típicos da região. Na ação, a associação alegou que, em apenas seis meses, a atuação da indústria Y havia dizimado 30% desses pássaros na região. Como a associação X não pôde custear a perícia, a ação foi julgada improcedente por falta de provas e transitou em julgado. Considerando essa situação hipotética, assinale a opção correta.

(A) O Ministério Público poderá ajuizar nova ação civil pública, desde que fundada em novas provas, mas a associação X não poderá mais fazê-lo.

(B) Nenhum dos legitimados para propor ação civil pública poderá propor nova ação, já que, no caso, formou-se coisa julgada material.

(C) Todos os legitimados para a propositura de ação civil pública poderão ajuizar nova ação civil pública, até mesmo a associação X, desde que apresentem novas provas.

(D) A Defensoria Pública não poderá propor nova ação civil pública, mesmo que encontre novas provas, pois se trata de interesse difuso.

(E) A associação X, que ajuizou a primeira ação, poderá ajuizar nova ação civil pública, desde que fundada em novas provas, pois se trata de um direito coletivo *stricto sensu*.

Caso a Ação Civil Pública que envolva a discussão de direitos ou interesses difusos seja julgada improcedente por falta de provas, outra ação poderá ser proposta, por qualquer dos legitimados, mediante a apresentação de novas provas (art. 103, I, do CDC).
Gabarito "C".

(Promotor de Justiça/CE – 2020 – CESPE/CEBRASPE) Um grupo de moradores de um município fundou uma associação para propor ação civil pública com pedido de reparação de danos morais e materiais causados pela exposição a contaminação ambiental decorrente da exploração de jazida de chumbo no município. Lia, que faz parte da associação, pretende propor, ainda, uma ação individual, porque a contaminação lhe causara cegueira.

Considerando essa situação hipotética, assinale a opção correta.

(A) Lia não poderá pleitear a reparação dos danos a si em ação individual, pois a questão deverá ser decidida na ação civil pública coletiva.

(B) Lia poderá pleitear a reparação dos danos a si em ação individual e manter-se como uma das beneficiárias da ação civil pública proposta pela associação mesmo que não tome nenhuma medida processual.

(C) O pedido de reparação de danos morais e materiais formulado pela associação trata de direitos individuais homogêneos, ante a indivisibilidade de seu objeto.

(D) O pedido de reparação de danos morais e materiais formulado pela associação trata de direitos individuais homogêneos, o que ensejará uma sentença genérica.

(E) O pedido de reparação de danos morais e materiais formulado pela associação trata de direitos difusos, ante a divisibilidade do seu objeto.

A: incorreta. A propositura de ação coletiva não induz litispendência para as ações individuais (art. 104 do CDC), sendo perfeitamente possível a propositura de ação individual. **B:** incorreta. Embora Lia possa ingressar

18. PROCESSO COLETIVO   711

com ação individual, ela não se beneficiaria da ação coletiva, utilizando o *right opt out* (direito de não se valer da decisão coletiva). **C:** Incorreta. Os direitos individuais homogêneos são considerados divisíveis, ou seja, são falsos coletivos, já que o juiz pode considerar, em sentença, efeitos diferentes para cada um dos afetados. **D:** Correta. O caso traz justamente as características de direitos individuais homogêneos, o que permitirá sentença genérica e liquidação de sentença de cada um dos afetados, demonstrando os danos sofridos (vide art. 95 do CDC). **E:** incorreta. Vide alternativas anteriores.

Gabarito "D".

(Promotor de Justiça/SP – 2019 – MPE/SP) A Associação "X", constituída em 1999 com a única finalidade de tutela coletiva dos direitos dos consumidores, ingressou com ação civil pública ambiental em face do Município "Y", pretendendo impedir a continuidade de obras de alargamento de um logradouro, sob alegação de que a ampliação poderia causar dano ao meio ambiente. O magistrado, embora reconhecendo o atendimento do requisito da pré--constituição, considerou ausente a pertinência temática para a propositura da demanda. Nesse caso, o processo deve ser extinto, sem resolução do mérito,

(A) por ausência de possibilidade jurídica do pedido.

(B) por falta de interesse processual.

(C) por ausência de legitimidade ativa.

(D) por ausência de pressuposto processual.

(E) por falta de capacidade jurídica.

A legitimidade das associações para a propositura de ação civil pública está prevista no art. 5º da LACP. No entanto, é exigência expressa da lei a pertinência temática da finalidade da associação com o tema da ação coletiva. A pertinência temática é a vinculação entre as finalidades institucionais da associação, previstas em seu estatuto, e a proteção ao meio ambiente, ao consumidor, à ordem econômica, à livre concorrência ou ao patrimônio artístico, estético, histórico, turístico e paisagístico (art. 5º, V, "b", da LACP). Sendo assim, não havendo pertinência temática da associação não há legitimidade ativa.

Gabarito "C".

(Defensor Público – DPE/SC – 2017 – FCC) No plano legislativo, o primeiro diploma a atribuir expressamente legitimidade à Defensoria Pública para a propositura de ação civil pública foi a

(A) Lei n. 11.448/2007.

(B) Lei n. 8.078/1990.

(C) Constituição Federal de 1988, a partir da Emenda Constitucional n. 45/2004.

(D) Lei Complementar n. 80/94, por meio da reforma promovida pela Lei Complementar n. 132/2009.

(E) Lei n. 7.347/1985, desde a sua edição original.

A: correta. A Lei 11.448/2007 alterou a Lei 7.347/1985, incluindo expressamente a Defensoria Pública como legitimada para propositura de ação civil pública (art. 5º). **B:** incorreta. O Código de Defesa do Consumidor (Lei 8.078/1990) não prevê a legitimidade da defensoria pública para as ações coletivas (vide art. 82). **C:** incorreta. A emenda constitucional 45/2004, denominada "reforma do Poder Judiciário" altera os legitimados para o controle concentrado de constitucionalidade, em nada afetando as ações coletivas. **D:** incorreta. De fato, a Lei Complementar 132/2009 altera o art. 4º, inciso VII, da Lei Complementar 80/1994 trazendo, dentre as funções institucional da defensoria, a legitimidade promover ação civil pública e todas as espécies de ações capazes de propiciar a adequada tutela dos direitos difusos, coletivos ou individuais homogêneos. No entanto, não foi o primeiro diploma a

trazer a legitimidade Vide justificativa da alternativa "A". **E:** incorreta. Vide justificativa da alternativa "A". **RD**

Gabarito "A".

(Promotor de Justiça/GO – 2016 – MPE) Assinale a alternativa correta:

(A) Os interesses difusos, coletivos e individuais homogêneos, quando de caráter indisponível, não poderão ser objeto de transação/composição judicial ou extrajudicial, sendo irrelevante juridicamente a disposição do responsável pelo dano de se adequar às exigências legais ou de reparar os prejuízos provocados por sua ação.

(B) Proposta por algum legitimado a ação coletiva, que objetiva a tutela de direitos individuais homogêneos, estará obstado o ajuizamento de ação de caráter individual pelo particular.

(C) O Ministério Público, caso não seja o autor da ação, haverá necessariamente de intervir nas causas, coletivas ou individuais, em que a contenda envolva relação de consumo.

(D) O Ministério Público detém legitimidade ampla no processo coletivo. Assim, no mesmo cenário fático e jurídico conflituoso, com violações simultâneas de direitos de mais de uma espécie, poderá o órgão buscar uma tutela híbrida, por meio de uma mesma ação civil pública.

A: incorreta. O termo de ajustamento de ajustamento de conduta pode versar qualquer obrigação de fazer ou não fazer, no zelo de quaisquer interesses difusos, coletivos ou individuais homogêneos (veja também RMS 31064/GO), nos termos do art. 5º, § 6º, da LACP, "os órgãos públicos legitimados poderão tomar dos interessados compromisso de ajustamento de sua conduta às exigências legais, mediante cominações, que terá eficácia de título executivo extrajudicial". Ademais, é absolutamente relevante a disposição do responsável para se adequar às exigências legais ou reparar os prejuízos. **B:** incorreta. A propositura da ação coletiva não inibe a propositura da ação individual (vide art. 104 do CDC e tese de Recuso Repetitivo 589 do STJ. **C:** incorreta. Nos termos do art. 5º, § 1º, da LACP, o MP, se não intervier no processo como parte, atuará obrigatoriamente como fiscal da lei. No entanto, esse dever se refere apenas a tutela coletiva de direitos, não se aplicando nas causas individuais. **D:** correta. A legitimidade do MP está expressa no art. 5º da LACP. Caso haja violação de direitos ou interesses Difusos, Coletivos e Individuais Homogêneos, a mesma ação coletiva pode ser híbrida, significa dizer, é possível fazer mais de um pedido buscando a defesa dos interesses transindividuais. Veja: "Direito coletivo e direito do consumidor. Ação civil pública. Plano de saúde. Cláusula restritiva abusiva. Ação híbrida. Direitos individuais homogêneos, difusos e coletivos. Danos individuais. Condenação. Apuração em liquidação de sentença. Danos morais coletivos. Condenação. Possibilidade, em tese. No caso concreto danos morais coletivos inexistentes. **As tutelas pleiteadas em ações civis públicas não são necessariamente puras** e estanques. **Não é preciso que se peça, de cada vez, uma tutela referente a direito individual homogêneo, em outra uma de direitos coletivos em sentido estrito e, em outra, uma de direitos difusos**, notadamente em se tratando de ação manejada pelo Ministério Público, que detém legitimidade ampla no processo coletivo. Isso porque **embora determinado direito não possa pertencer, a um só tempo, a mais de uma categoria, isso não implica dizer que, no mesmo cenário fático ou jurídico conflituoso, violações simultâneas de direitos de mais de uma espécie não possam ocorrer**. 3. No caso concreto, trata-se de **ação civil pública de tutela híbrida**. Percebe-se que: (a) há direitos individuais homogêneos referentes aos eventuais danos experimentados por aqueles contratantes que tiveram tratamento de saúde embaraçado por força da cláusula restritiva tida por ilegal; (b) há direitos coletivos resultantes da ilegalidade em abstrato da cláusula contratual em foco, a qual atinge igualmente e de forma indivisível o grupo de contratantes atuais do plano de saúde; (c) há direitos difusos, relacionados aos consumidores futuros do plano de saúde, coletividade essa formada por pessoas indeterminadas e indetermináveis. (STJ, REsp 1.293.606/MG). **RD**

Gabarito "D".

3. OBJETO

(Defensor Público – DPE/PR – 2017 – FCC) Considere:

I. Em termos de direitos individuais homogêneos, representa maior abrangência da tutela o sistema de exclusão (opt-out), em que os interessados são automaticamente atrelados à decisão coletiva, se não houver manifestação.

II. No Brasil, com a redemocratização e o fortalecimento dos órgãos judiciários, o legislador adotou medidas de cunho restritivo do direito de ação e previsão de mecanismos de autocomposição. Contudo, não se verificou a edição de nenhuma lei a tratar do processo coletivo, por se entender o processo individual mais célere.

III. Atualmente, com o recrudescimento das relações de massa, multiplicando-se as lesões sofridas pelas pessoas, as ações coletivas cumprem o papel de propiciar que a totalidade, ou, pelo menos, uma quantidade significativa da população, alcance seus direitos.

IV. Ainda hoje, no ordenamento jurídico brasileiro, as ações coletivas permanecem sendo tratadas apenas por leis extravagantes desprovidas de unidade orgânica.

Acerca da tutela coletiva, está correto o que se afirma APENAS em

(A) III e IV

(B) II e III.

(C) I e II.

(D) I e IV.

(E) I, III e IV.

I. correta. O direito de não ser afetado pela decisão nas ações que envolvem direitos individuais homogêneos (*opt-out*) está previsto no art. 104 do Código de Defesa do Consumidor. **II.** incorreta. De fato, o legislador brasileiro tem adotado medidas que aumentam os mecanismos de autocomposição, mas adotou medidas de cunho restritivo do direito de ação. Ademais, o legislador brasileiro criou um microssistema de processo coletivo para defesa dos Direitos Difusos e Coletivos. **III.** correta. A tutela coletiva tem por objetivo o acesso à justiça e a efetividade dos Direitos Difusos e Coletivos. **IV.** correta. O microssistema das ações coletivas é formado pelo denominado **núcleo duro** composto pela Lei de Ação Civil Pública e pelo Código de Defesa do Consumidor. Há muitas leis extravagantes e especiais, que tratam de temas afetos ao processo coletivos, dentre elas podemos citar a Lei de Improbidade Administrativa (Lei 8.429/1992), o Estatuto da Criança e do Adolescente, o Estatuto do Idoso, entre outras. **RD**

Gabarito "E".

4. COMPROMISSO DE AJUSTAMENTO

(Promotor de Justiça/PR – 2019 – MPE/PR) Sobre compromisso de ajustamento de conduta, assinale a alternativa **incorreta,** nos termos da Resolução n. 179/2017 do Conselho Nacional do Ministério Público:

(A) O compromisso de ajustamento de conduta possui natureza de negócio jurídico.

(B) O compromisso de ajustamento de conduta apresenta eficácia de título executivo extrajudicial a partir da sua publicação.

(C) É cabível o compromisso de ajustamento de conduta nas hipóteses configuradoras de improbidade administrativa, podendo ser tomado tanto na fase de investigação como no curso da ação judicial.

(D) O Ministério Público tem legitimidade para executar compromisso de ajustamento de conduta firmado por outro órgão público, no caso de sua omissão frente ao descumprimento das obrigações assumidas, sem prejuízo da adoção de outras providências de natureza civil ou criminal que se mostrarem pertinentes, inclusive em face da inércia do órgão público compromitente.

(E) O compromisso de ajustamento de conduta poderá ser firmado em conjunto por órgãos de ramos diversos do Ministério Público ou por este e outros órgãos públicos legitimados, bem como contar com a participação de associação civil, entes ou grupos representativos ou terceiros interessados.

A: Correta. "O compromisso de ajustamento de conduta é instrumento de garantia dos direitos e interesses difusos e coletivos, individuais homogêneos e outros direitos de cuja defesa está incumbido o Ministério Público, com natureza de negócio jurídico que tem por finalidade a adequação da conduta às exigências legais e constitucionais, com eficácia de título executivo extrajudicial a partir da celebração" (art. 1º da Resolução 176/2017). **B:** Incorreta. A eficácia é de título executivo extrajudicial a partir da sua celebração, e não de sua publicação (art. 1º da Resolução 176/2017). **C:** Correta. Nos termos do art. 1º, § 2º, da Resolução, "É cabível o compromisso de ajustamento de conduta nas hipóteses configuradoras de improbidade administrativa, sem prejuízo do ressarcimento ao erário e da aplicação de uma ou algumas das sanções previstas em lei, de acordo com a conduta ou o ato praticado". Além disso, o compromisso de ajustamento de conduta será tomado em qualquer fase da investigação, nos autos de inquérito civil ou procedimento correlato, ou no curso da ação judicial, devendo conter obrigações certas, líquidas e exigíveis, salvo peculiaridades do caso concreto, e ser assinado pelo órgão do Ministério Público e pelo compromissário (art. 3º). **D:** Correta. Nos termos do art. 12 da Resolução: "O Ministério Público tem legitimidade para executar compromisso de ajustamento de conduta firmado por outro órgão público, no caso de sua omissão frente ao descumprimento das obrigações assumidas, sem prejuízo da adoção de outras providências de natureza civil ou criminal que se mostrarem pertinentes, inclusive em face da inércia do órgão público comprometimente". **E:** Correta. Nos termos do art. 3º, § 6º, da Resolução 179/2017.

Gabarito "B".

(Promotor de Justiça/PR – 2019 – MPE/PR) Assinale a alternativa **incorreta:**

(A) Conforme tem decidido o Superior Tribunal de Justiça, o ressarcimento do dano decorrente da prática de ato de improbidade administrativa não constitui sanção propriamente dita, mas consequência necessária do prejuízo causado.

(B) Havendo indícios fundados de malversação de bens ou recursos de origem pública no âmbito de determinada organização da sociedade civil de interesse público (OSCIP), por se tratar de entidade do terceiro setor, com regramento especial quanto à responsabilidade, não se aplicam as regras e as sanções da Lei n. 8.429/92 (Lei de Improbidade Administrativa).

18. PROCESSO COLETIVO 713

(C) No ato de improbidade administrativa do qual resulta prejuízo ao erário, a responsabilidade pela reparação do dano dos agentes que atuam em concurso é solidária, segundo a jurisprudência do Superior Tribunal de Justiça.

(D) Dentre as espécies de fraudes em prejuízo ao patrimônio público, pode ser citado o superfaturamento (ou superestimação), que ocorre quando se cobra sobrepreço ilegal, de modo que a Administração Pública paga pela obra ou serviço mais do que realmente se revelava devido.

(E) O descumprimento de normas relativas à celebração, fiscalização e aprovação de contas de parcerias firmadas pela Administração Pública com entidades privadas está tipificado, expressamente, como ato de improbidade administrativa que atenta contra os princípios da administração pública.

A: Correta. O ressarcimento ao erário não constitui sanção propriamente dita, mas sim consequência necessária do prejuízo causado. Caracterizada a improbidade administrativa por dano ao erário, a devolução dos valores é imperiosa e deve vir acompanhada de pelo menos uma das sanções legais previstas no art. 12 da Lei n. 8.429/1992 (AgInt no REsp 1.616.365/PE, DJe 30/10/2018 e AgInt no REsp 1839345/MG, DJe 31/08/2020). **B:** Incorreta. A Lei de Improbidade Administrativa aplica-se às OSCIPs, conforme Lei 9.790/99, em seu art. 13: "sem prejuízo da medida a que se refere o art. 12 desta Lei, havendo indícios fundados de malversação de bens ou recursos de origem pública, os responsáveis pela fiscalização representarão ao Ministério Público, à Advocacia-Geral da União, para que requeiram ao juízo competente a decretação da indisponibilidade dos bens da entidade e o sequestro dos bens dos seus dirigentes, bem como de agente público ou terceiro, que possam ter enriquecido ilicitamente ou causado dano ao patrimônio público, além de outras medidas consubstanciadas na Lei 8.429, de 2 de junho de 1992, e na Lei Complementar 64, de 18 de maio de 1990. **C:** Correta. O STJ tem entendido que há solidariedade passiva na dívida decorrente dos danos causados ao erário (Veja: STJ, Resp 1747031/CE, DJ de 29.8.18; Ag 1305782, DJ de 14/12/2010). **D:** Correta. Assim dispõe o art. 10 da Lei 8.429/92: "Constitui ato de improbidade administrativa que causa lesão ao erário qualquer ação ou omissão, dolosa ou culposa, que enseje perda patrimonial, desvio, apropriação, malbaratamento ou dilapidação dos bens ou haveres das entidades referidas no art. 1º desta lei, e notadamente: V – permitir ou facilitar a aquisição, permuta ou locação de bem ou serviço por preço superior ao de mercado". **E:** Correta. Assim dispõe o art. 11 da Lei 8.429/92: "Constitui ato de improbidade administrativa que atenta contra os princípios da administração pública qualquer ação ou omissão que viole os deveres de honestidade, imparcialidade, legalidade, e lealdade às instituições, e notadamente: VIII –descumprir as normas relativas à celebração, fiscalização e aprovação de contas de parcerias firmadas pela administração pública com entidades privadas".
Gabarito "B".

(Promotor de Justiça/PR – 2019 – MPE/PR) Nos termos da Lei n. 4.717/1965 (Lei da Ação Popular), assinale a alternativa *incorreta*:

(A) Ao Ministério Público é vedado, em qualquer hipótese, assumir a defesa do ato impugnado.

(B) Se o autor desistir da ação, serão publicados editais nos prazos e condições legais, sendo assegurado ao representante do Ministério Público, dentro do prazo de 90 (noventa) dias da última publicação feita, promover o prosseguimento da ação.

(C) O Ministério Público, bem como qualquer cidadão, poderá recorrer das sentenças e decisões proferidas contra o autor da ação e suscetíveis de recurso.

(D) Caso decorridos 60 (sessenta) dias da publicação da sentença condenatória de segunda instância, sem que o autor ou terceiro promova a respectiva execução, é facultado ao representante do Ministério Público promovê-la nos 30 (trinta) dias seguintes.

(E) Ao despachar a inicial, o juiz deverá ordenar a intimação do representante do Ministério Público.

A: Correta. Nos termos do art. 6º, § 4º, da LAP: "O Ministério Público acompanhará a ação, cabendo-lhe apressar a produção da prova e promover a responsabilidade, civil ou criminal, dos que nela incidirem, sendo-lhe vedado, em qualquer hipótese, assumir a defesa do ato impugnado ou dos seus autores". **B:** Correta. Nos exatos termos do art. 9º da LAP. **C:** Correta. Nos exatos termos do art. 19, § 2º, da LAP. **D:** Incorreta. Determina o art. 16 da LAP: "Caso decorridos 60 (sessenta) dias da publicação da sentença condenatória de segunda instância, sem que o autor ou terceiro promova a respectiva execução. O representante do Ministério Público a promoverá nos 30 (trinta) dias seguintes, sob pena de falta grave". **E:** Correta. Nos exatos termos do art. 7º, I, "a", da LAP.
Gabarito "D".

(Defensor Público –DPE/MT – 2016 – UFMT) O termo de ajustamento de conduta é, atualmente, importante instrumento à disposição da Defensoria Pública para tutela dos direitos difusos e coletivos. Sobre o assunto, assinale a afirmativa correta.

(A) Não é função institucional da Defensoria Pública promover qualquer espécie de ação capaz de propiciar a tutela dos direitos difusos, coletivos e homogêneos, estando limitada à ação civil pública, aos remédios constitucionais e à legitimidade passiva hipossuficiente.

(B) O termo de ajustamento de conduta é tomado dos interessados para adequação às exigências legais, com as devidas cominações, que possuem eficácia de título executivo extrajudicial, podendo este ser executado pela Defensoria Pública.

(C) A lei que disciplina o termo de ajustamento de conduta garante a legitimidade ativa da Defensoria Pública para propô-lo à parte interessada, como meio excepcional de transação.

(D) Conforme a doutrina majoritária, o termo de ajustamento de conduta é meio de transação, porém não pode ser interpretado como na seara penal, onde é instrumento excepcional, diante da fragilidade dos direitos difusos e coletivos.

(E) Os termos de ajustamento de conduta podem ser considerados como forma de solução prévia de litígio, já que ensejam necessariamente a extinção do processo administrativo instaurado, quando firmado entre as partes.

A: incorreta. A Lei 11.448/2007 incluiu a Defensoria Pública no rol dos legitimados do art. 5º da LACP, restando, apenas, conforme interpretação doutrinária e jurisprudencial, a pertinência temática para ser analisada em cada caso concreto. **B:** correta. O art. 5º, § 6º, confere a alguns legitimados (órgãos públicos) a possibilidade de firmar termo de ajustamento de conduta: "Os órgãos públicos legitimados poderão tomar dos interessados compromisso de ajustamento de sua conduta às exigências legais, mediante cominações, que terá eficácia de título

executivo extrajudicial". **C:** incorreta. Não é pacífico na doutrina e na jurisprudência que o termo de ajustamento de conduta não seja forma de transação. Para parte da doutrina, trata-se de verdadeira transação, ainda que tenha os limites bem definidos pela lei. Outra parte entende que se trata de espécie de reconhecimento e submissão do violador da conduta às exigências legais. **D:** incorreta. A doutrina diverge quanto ao termo e ajustamento de conduta ter ou não natureza de transação. Ademais, o TAC somente pode ser utilizado na esfera cível, não sendo aplicável na esfera penal. **E:** incorreta. O processo administrativo instaurado não é afetado pelo Termo de Ajustamento de Conduta. Caso a infração administrativa seja verificada, caberá aplicação da respectiva sanção administrativa prevista em lei, independentemente do TAC.
Gabarito "B".

(Defensor Público –DPE/BA – 2016 – FCC) Na ação civil pública,

(A) o poder público possui legitimidade para propor a ação, habilitar-se como litisconsorte de qualquer das partes ou assumir a titularidade ativa em caso de desistência infundada ou abandono da ação por associação legitimada.

(B) o Ministério Público, com exclusividade, pode tomar dos interessados compromisso de ajustamento de sua conduta às exigências legais, que terá eficácia de título executivo judicial.

(C) poderá o juiz conceder mandado liminar, sempre com justificação prévia, em decisão não sujeita a recurso.

(D) a multa cominada liminarmente será exigível de imediato, devendo ser excutida em autos apartados, independentemente do trânsito em julgado.

(E) havendo condenação em dinheiro, a indenização será revertida ao Estado, que deverá aplicar os recursos na recomposição do dano.

A: correta. A legitimidade do poder público está expressamente prevista no art. 5º da LACP. O § 2º do mesmo artigo, por sua vez, permite expressamente o litisconsórcio facultativo do Poder Público e o § 3º determina expressamente que os legitimados poderão assumir a titularidade ativa em caso de desistência infundada ou abandono da causa. **B:** incorreta. O termo de ajustamento de conduta pode ser tomado, na forma do art. 5º, §, 6º, da LACP, pelos órgãos públicos legitimados. **C:** incorreta. A liminar prevista expressamente no art. 12 da LACP está sempre sujeita a recurso. **D:** incorreta. O § 2º do art. 12 da LACP prevê a possibilidade de cominação de multa em sede de liminar, que somente será exigível após o trânsito em julgado da decisão favorável ao autor, mas será devida desde o dia do descumprimento. **E:** incorreta. Nas ações coletivas, o valor da indenização deverá ser revertido ao fundo por conselhos, na forma do art. 13 da LACP: "Havendo condenação em dinheiro, a indenização pelo dano causado reverterá a um fundo gerido por um Conselho Federal ou por Conselhos Estaduais de que participarão necessariamente o Ministério Público e representantes da comunidade, sendo seus recursos destinados à reconstituição dos bens lesados".
Gabarito "A".

5. AÇÃO, PROCEDIMENTO, TUTELA ANTECIPADA, MULTA, SENTENÇA, COISA JULGADA, RECURSOS, CUSTAS E QUESTÕES MISTAS

(Promotor de Justiça/GO – 2016 – MPE) Assinale a alternativa incorreta:

(A) Em ação coletiva para defesa de direitos individuais homogêneos, julgado improcedente o pedido com resolução de mérito, os indivíduos, ainda que não tenham aderido à demanda, não poderão ajuizar demanda particular com o mesmo objeto.

(B) Reconhecida a responsabilidade genérica do réu pelos danos causados aos consumidores, os indivíduos atingidos pelo efeito *ultra partes* da decisão ou seus herdeiros poderão comparecer em juízo, para execução a título individual da sentença coletiva, provando o dano sofrido, o seu montante, e que se encontram na situação amparada na decisão.

(C) Na ação coletiva para proteção de direitos difusos, a sentença fará coisa julgada *erga omnes*. Todavia, se o pedido for julgado improcedente por insuficiência de provas, qualquer legitimado poderá renovar a ação, com idêntico fundamento.

(D) Estão elencados entre os direitos básicos do consumidor: liberdade de escolha, informação, transparência e boa-fé, proteção contratual, prevenção e reparação de danos (morais e materiais), acesso à justiça, inversão do ônus da prova.

A: incorreta. O art. 103, § 2º, do CDC, prevê para as ações que envolvam direitos individuais homogêneos, que, em caso de improcedência do pedido, os interessados que não tiverem intervindo no processo como litisconsortes poderão propor ação de indenização a título individual. **B:** correta. A liquidação e a execução de sentença poderão ser promovidas pela vítima e seus sucessores, assim como pelos legitimados de que trata o art. 82 (art. 97 do CDC) (Ver também Recurso Repetitivo teses 480 e 887). **C:** correta. Nas ações coletivas que envolvam Direitos Difusos, a sentença fará coisa julgada *erga omnes*, exceto se o pedido for julgado improcedente por insuficiência de provas, hipótese em que qualquer legitimado poderá intentar outra ação, com idêntico fundamento valendo-se de nova prova (art. 103, I, do CDC). **D:** correta. São direitos básicos do consumidor: a informação, transparência e boa-fé (art. 6º, III); proteção contratual (art. 6º, V); prevenção e reparação de danos (morais e materiais) (art. 6º, VI), acesso à justiça (art. 6º, VII), inversão do ônus da prova (art. 6º, VIII). RD
Gabarito "A".

(Defensor Público – DPE/MT – 2016 – UFMT) NÃO há efeito da coisa julgada nas relações de consumo:

(A) *Erga omnes,* se o pedido for julgado improcedente por insuficiência de provas, nas ações envolvendo direitos difusos.

(B) *Erga omnes,* nas ações envolvendo direitos individuais homogêneos.

(C) *Erga omnes,* nas ações envolvendo direitos difusos.

(D) *Ultra partes,* nas ações envolvendo direitos coletivos.

(E) *Ultra partes,* nas ações envolvendo direitos coletivos *stricto sensu.*

A: correta. Na forma do art. 103, I, do CDC, se ação for julgada improcedente por falta de provas, não há que se falar em efeito *erga omnes* da sentença, sendo possível um dos legitimados ingressar com nova ação coletiva. **B:** incorreta. Em direitos individuais homogêneos, haverá efeito *erga ommes*, ainda que a ação tenha sido julga improcedente por falta de provas, impossibilitando nova ação coletiva. **C:** incorreta. Veja justificativa da alternativa A. **D:** incorreta. Na ações que envolvam direitos coletivos, a sentença faz coisa julgada *ultra partes*, salvo na hipótese de ter sido julgada improcedente por falta de provas, cabendo nova ação coletiva. **E:** incorreta. Direitos coletivos e direitos coletivos *stricto sensu* são sinônimos. Diferencia-se dos direitos coletivos *lato sensu* já que esse se refere aos direitos difusos, coletivos e individuais homogêneos.
Gabarito "A".

18. PROCESSO COLETIVO   715

(Defensor Público – DPE/ES – 2016 – FCC) No que diz respeito aos Direitos Difusos e Coletivos, a doutrina especializada criou uma nova terminologia, chamada coisa julgada *secundum eventum litis*, *erga omnes* ou *ultra partes*. Neste sentido, a sentença fará coisa julgada

(A) e seus efeitos indeferem do direito tratado, seja ele difuso, coletivo ou individual homogêneo.

(B) *ultra partes*, mas limitadamente ao grupo, categoria ou classe, salvo improcedência por insuficiência de provas quando se tratar de direitos difusos e coletivos.

(C) *erga omnes*, exceto se o pedido for julgado improcedente por insuficiência de provas, hipótese em que qualquer legitimado poderá intentar outra ação, com idêntico fundamento valendo-se de nova prova, no caso dos direitos difusos.

(D) *erga omnes*, em todos os casos em que houver análise de mérito.

(E) somente se os titulares dos direitos difusos forem individualmente chamados a compor a lide.

A: incorreta. Na forma do art. 103 do CDC, se julgada procedente a ação coletiva, a coisa julgada em direitos difusos será *erga omnes*; em direitos coletivos *ultra partes*; e em direitos individuais homogêneos será *erga omnes*. Há se se recordar, ainda, que o efeito da sentença dependerá, sempre, do resultado da lide. Se a ação for julgada improcedente por falta de provas em direitos difusos e coletivos, é possível ingressar com nova ação coletiva. Já para os direitos individuais homogêneos, caso a ação tenha sido julgada improcedente com provas ou falta de provas, não se permite o ingresso de nova ação coletiva. **B:** incorreta. Mesmo fundamento da alternativa anterior. **C:** correta. Em direitos difusos, o efeito da sentença será *erga omnes*, exceto se o pedido for julgado improcedente por insuficiência de provas, hipótese em que qualquer legitimado poderá intentar outra ação, com idêntico fundamento valendo-se de nova prova. **D:** incorreta. Mesmo fundamento da alternativa A. **E:** incorreta. Os titulares dos direitos difusos são indetermináveis e, mesmo nos direitos coletivos e individuais homogêneos, a coisa julgada não depende de participação dos indivíduos para se operar. Gabarito "C".

(Defensor Público – DPE/ES – 2016 – FCC) Dr. Carlos é magistrado na comarca de Vitória, no Espírito Santo. No desenvolvimento do seu trabalho percebe que inúmeros consumidores ingressam com ações individuais na busca de reparação de danos decorrentes de direitos individuais homogêneos. Dr. Carlos, decide acertadamente, com base no novo CPC

(A) encaminhar o caso aos centros de conciliação, na busca de uma solução direta para todos os casos, transformando a demanda individual em coletiva.

(B) suspender os casos individuais até a propositura de uma ação coletiva correspondente, com o intuito de evitar decisões contraditórias e permitir, assim, a melhor distribuição da justiça.

(C) oficiar o Ministério Público, já que a Defensoria não possui legitimidade para propor eventual ação por não restringir a demanda coletiva aos hipossuficientes.

(D) não oficiar a ninguém, sob pena de violar a inércia e a imparcialidade do magistrado.

(E) oficiar a Defensoria Pública para, se for o caso, promover a propositura da ação coletiva respectiva.

A: incorreta. A mediação e a conciliação são formas alternativas de solução de conflito. As ações, as mediações e conciliações não podem ser transformadas em coletivas; **B:** incorreta. A suspensão dos casos

individuais se faz na forma do art. 104 do CDC, razão pela qual, sempre que houver ação coletiva em curso, poderá a parte que ingressou com ação individual exercer o direito de manter a ação individual ou suspendê-la. Vale lembrar que, o STJ já firmou entendimento em sede de Recurso Repetitivo, tese 589, que "ajuizada ação coletiva atinente a macrolide geradora de processo multitudinários, suspendem-se as ações individuais, no aguardo da ação coletiva". **C:** incorreta. Na forma do art. 139, X, do Código de Processo Civil, o "juiz dirigirá o processo conforme as disposições deste Código, incumbindo-lhe: X – quando se deparar com diversas demandas individuais repetitivas, oficiar o Ministério Público, a Defensoria Pública e, na medida do possível, outros legitimados a que se referem o art. 5º da Lei 7.347, de 24 de julho de 1985, e o art. 82 da Lei 8.078, de 11 de setembro de 1990, para, se for o caso, promover a propositura da ação coletiva respectiva". **D:** incorreta. Conforme argumentos expostos na alternativa C. **E:** correta. Conforme argumentos expostos na alternativa C. Gabarito "E".

6. AÇÃO POPULAR E IMPROBIDADE ADMINISTRATIVA

(Promotor de Justiça/PR – 2019 – MPE/PR) Nos termos da Lei n. 12.846/2013 (Lei Anticorrupção), assinale a alternativa *correta*:

(A) Uma vez aplicadas as sanções previstas pela Lei n. 12.846/2013, fica prejudicado o processo de responsabilização e o apenamento, pelo mesmo fato, decorrente de ato de improbidade administrativa.

(B) Em caso de descumprimento do acordo de leniência, a pessoa jurídica ficará impedida de celebrar novo acordo pelo prazo de 5 (cinco) anos contados do conhecimento pela Administração Pública do referido descumprimento.

(C) A celebração do acordo de leniência isentará a pessoa jurídica das seguintes sanções: publicação extraordinária da decisão condenatória; proibição de receber incentivos, subsídios, subvenções, doações ou empréstimos de órgãos ou entidades públicas e de instituições financeiras públicas ou controladas pelo poder público, pelo prazo mínimo de 1 (um) e máximo de 5 (cinco) anos; e reduzirá em até 2/3 (dois terços) o valor da multa aplicável.

(D) Prescrevem em 3 (três) anos as infrações previstas na Lei n. 12.846/2013, contados da data da ciência da infração ou, no caso de infração permanente ou continuada, do dia em que tiver cessado.

(E) Quanto à responsabilização judicial, pode ser aplicada à pessoa jurídica infratora a sanção, dentre outras, de suspensão ou interdição parcial ou total de suas atividades.

A: Incorreta. Na forma do art. 30 da Lei Anticorrupção, a aplicação das sanções nelas previstas não afeta os processos de responsabilização e aplicação de penalidades decorrentes de ato de improbidade administrativa e de atos ilícitos alcançados pela Lei de Licitações inclusive no tocante ao Regime Diferenciado de Contratações Públicas – RDC. **B:** Incorreta. Em caso de descumprimento do acordo de leniência, a pessoa jurídica ficará impedida de celebrar novo acordo pelo prazo de 3 (três) anos contados do conhecimento pela administração pública do referido descumprimento (art. 16, § 8º, da Lei 12.846/2013). **C:** correta. Na forma do artigo 16, § 2º, da referida Lei, a celebração do acordo de leniência isentará a pessoa jurídica das sanções previstas no inciso II do art. 6º (publicação extraordinária da decisão condenatória) e no inciso IV do art. 19 (proibição de receber incentivos, subsídios,

subvenções, doações ou empréstimos de órgãos ou entidades públicas e de instituições financeiras públicas ou controladas pelo poder público, pelo prazo mínimo de 1 (um) e máximo de 5 (cinco) anos) e reduzirá em até 2/3 (dois terços) o valor da multa aplicável. **D**: Incorreta. O prazo prescricional das infrações previstas na Lei 12.846/2013 é de 5 (cinco) anos (art. 25). **E**: Incorreta. Quanto à responsabilização judicial, pode ser aplicada à pessoa jurídica infratora a sanção, dentre outras, de suspensão ou interdição **parcial** suas atividades (art. 19, II).
Gabarito "C".

(Promotor de Justiça/PR – 2019 – MPE/PR) Assinale a alternativa incorreta:

(A) A jurisprudência do Superior Tribunal de Justiça firmou-se no sentido de que não configura *bis in idem* a coexistência de acórdão condenatório do Tribunal de Contas ao ressarcimento do erário com sentença condenatória proferida em ação civil pública por improbidade administrativa.

(B) É pacífico no Superior Tribunal de Justiça o entendimento de que o conceito de agente público, estabelecido pela Lei n. 8.429/1992 (Lei de Improbidade Administrativa), abrange os agentes políticos, como prefeitos e vereadores, não havendo *bis in idem* nem incompatibilidade entre a responsabilização política e criminal estabelecida pelo Decreto-Lei 201/1967 e a responsabilização pela prática de ato de improbidade administrativa e respectivas sanções civis.

(C) O Superior Tribunal de Justiça firmou jurisprudência segundo a qual o juízo pode decretar, fundamentadamente, a indisponibilidade de bens do demandado, quando presentes indícios de responsabilidade pela prática de ato ímprobo que cause lesão ao patrimônio público ou importe enriquecimento ilícito, prescindindo da comprovação de dilapidação de patrimônio, ou sua iminência, restando dispensada, assim, a demonstração de *periculum in mora*.

(D) A posse e o exercício de agente público ficam condicionados à apresentação de declaração dos bens e valores que compõem o seu patrimônio privado, podendo a sua atualização anual ser substituída pela entrega de cópia da declaração de bens apresentada à Delegacia da Receita Federal na conformidade da legislação do Imposto sobre a Renda e proventos de qualquer natureza.

(E) Nos termos da Lei n. 8.429/92 (Lei de Improbidade Administrativa), na fixação das sanções por ela cominadas, o juiz levará em conta a extensão do dano causado, assim como os antecedentes do agente e o proveito patrimonial por este obtido.

A: Correta. Veja: STJ, REsp 1.413.674/SE, DJe 31/05/2016. **B**: Correta. Veja: STJ, REsp AIntAREsp 330846, 18/04/2017. **C**: Correta. Veja: STJ, 1.819.893/RN. **D**: Correta. Nos termos do art. 13 da Lei 8.429/92. **E**: Incorreta. Nos termos da Lei n. 8.429/92 (Lei de Improbidade Administrativa), na fixação das sanções por ela cominadas, o juiz levará em conta a extensão do dano causado, **assim como o proveito patrimonial obtido pelo agente**.
Gabarito "E".

(Promotor de Justiça/SP – 2019 – MPE/SP) Assinale a alternativa correta.

(A) São imprescritíveis as ações de ressarcimento ao erário fundadas na prática de ato descrito na Lei de Improbidade Administrativa, independentemente do elemento anímico.

(B) A data da prática do ato de improbidade constitui o marco inicial da fluência do prazo prescricional para as ações destinadas à aplicação das sanções previstas na Lei de Improbidade Administrativa a agentes públicos detentores de mandato.

(C) As ações de improbidade administrativa por atos praticados por agentes públicos no exercício de cargo efetivo prescrevem no prazo de cinco anos.

(D) O prazo prescricional para as sanções previstas na Lei de Improbidade Administrativa não pode ser determinado por legislação disciplinar dos entes federativos.

(E) São imprescritíveis as ações de ressarcimento ao erário fundadas na prática de ato doloso descrito na Lei de Improbidade Administrativa.

A: Incorreta. Conforme tese 897 da Repercussão Geral: "São imprescritíveis as ações de ressarcimento ao erário fundadas na prática de ato doloso tipificado na Lei de Improbidade Administrativa" (STF. Plenário. RE 852.475/SP, rel. Min. Alexandre de Moraes, j. 08.08.2018). Os atos culposos permanecem seguindo a regra geral do prazo quinquenal. **B**: Incorreta. O art. 23 da Lei 8.429/92 trata da prescrição e estabelece: "As ações destinadas a levar a efeitos as sanções previstas nesta lei podem ser propostas: I – até cinco anos após o término do exercício de mandato, de cargo em comissão ou de função de confiança; II – dentro do prazo prescricional previsto em lei específica para faltas disciplinares puníveis com demissão a bem do serviço público, nos casos de exercício de cargo efetivo ou emprego. III – até cinco anos da data da apresentação à administração pública da prestação de contas final pelas entidades referidas no parágrafo único do art. 1º desta Lei". **C**: Incorreta. Vide justificativa da alternativa A. **D**: Incorreta. Vide art. 23, II, da Lei 8.429/92. **E**: Correta. Vide justificativa da alternativa A.
Gabarito "E".

(Promotor de Justiça/SP – 2019 – MPE/SP) Assinale a alternativa correta.

(A) A aplicação da sanção de perda da função pública depende do trânsito em julgado da sentença condenatória.

(B) A aplicação das sanções previstas na Lei de Improbidade Administrava só pode ocorrer após o pronunciamento do Tribunal de Contas sobre o ato impugnado.

(C) A sanção de suspensão dos direitos políticos pode ser executada provisoriamente.

(D) A aplicação das sanções aos atos de improbidade administrativa depende da efetiva ocorrência de dano ao patrimônio público.

(E) O afastamento do agente público do exercício do cargo, emprego ou função, quando a medida se fizer necessária à instrução processual, impõe a suspensão da respectiva remuneração.

A: correta. Nos exatos termos do art. 20 da Lei 8.429/92. **B**: Incorreta. Nos termos do art. 21, II, da Lei 8.429/92 a aplicação das sanções previstas na lei independe da aprovação ou rejeição das contas pelo órgão de controle interno ou pelo Tribunal ou Conselho de Contas. **C**: Incorreta. Vide justificativa da alternativa "A". **D**: Incorreta. Nos termos do art. 21, I, da Lei 8.429/92, a aplicação das sanções previstas na lei independe da efetiva ocorrência de dano ao patrimônio público, salvo quanto à pena de ressarcimento. **E**: Incorreta. Nos termos do parágrafo único do art. 20, "A autoridade judicial ou administrativa competente poderá determinar o afastamento do agente público do exercício do cargo, emprego ou função, **sem prejuízo da remuneração**, quando a medida se fizer necessária à instrução processual" (grifo nosso).
Gabarito "A".

18. PROCESSO COLETIVO

(Defensor Público –DPE/RN – 2016 – CESPE) A respeito do mandado de segurança coletivo e individual, assinale a opção correta.

(A) Para impetrarem mandado de segurança coletivo, as entidades de classe e os sindicatos devem estar em funcionamento há pelo menos um ano.

(B) O termo inicial para impetração de mandado de segurança para impugnar critérios de aprovação e classificação de concurso público conta-se da publicação do edital de abertura do certame, segundo entendimento recente do STF.

(C) No mandado de segurança coletivo, a liminar só poderá ser concedida após a audiência do representante judicial da pessoa jurídica de direito público, que deverá se pronunciar no prazo de setenta e duas horas.

(D) O Poder Judiciário não pode controlar a legalidade dos atos administrativos discricionários por meio de mandado de segurança.

(E) Não é cabível a impetração de mandado de segurança contra lei em tese, mesmo quando esta for de efeitos concretos.

A: incorreta. Na forma do art. 21 da Lei 12.016/2009, "O mandado de segurança coletivo pode ser impetrado por partido político com representação no Congresso Nacional, na defesa de seus interesses legítimos relativos a seus integrantes ou à finalidade partidária, ou por organização sindical, entidade de classe ou associação legalmente constituída e em funcionamento há, pelo menos, 1 (um) ano, em defesa de direitos líquidos e certos da totalidade, ou de parte, dos seus membros ou associados, na forma dos seus estatutos e desde que pertinentes às suas finalidades, dispensada, para tanto, autorização especial". **B:** incorreta. "O termo inicial para impetração de mandado de segurança a fim de impugnar critérios de aprovação e de classificação de concurso público conta-se do momento em que a cláusula do edital causar prejuízo ao candidato". RMS 23586/DF, rel. Min. Gilmar Mendes, 25.10.2011. (RMS-23586). **C:** correta, nos exatos termos do art. 22, § 2º, da Lei 12.016/2009. **D:** incorreta. A judicialização das políticas públicas tem sido admitida pela doutrina e jurisprudência. **E:** incorreta. Admite-se mandado de segurança contra lei em tese se o efeito for concreto.
Gabarito "C".

7. OUTROS TEMAS E TEMAS COMBINADOS

(Promotor de Justiça/SP – 2019 – MPE/SP) Considerando que é obrigação da família, da comunidade, da sociedade e do Poder Público assegurar ao idoso, com absoluta prioridade, a efetivação do direito à vida, à saúde, à alimentação, à educação, à cultura, ao esporte, ao lazer, ao trabalho, à cidadania, à liberdade, à dignidade, ao respeito e à convivência familiar e comunitária, assinale a alternativa que **NÃO** compreende a garantia de prioridade.

(A) Preferência na formulação e na execução de políticas sociais públicas específicas.

(B) Estabelecimento de mecanismos que favoreçam a divulgação de informações de caráter educativo sobre os aspectos biopsicossociais de envelhecimento.

(C) Destinação privilegiada de recursos públicos nas áreas relacionadas com a proteção ao idoso.

(D) Prioridade no recebimento da restituição do Imposto de Renda.

(E) Priorização de atendimento asilar pelo Poder Público.

A: Correta. Nos exatos termos do art. 3º, § 1º, II, do Estatuto do Idoso. **B:** Correta. Conforme art. 3º, § 1º, VII, do EI. **C:** Correta. Nos termos do art. 3º, § 1º, III, do EI. **D:** Correta. Conforme art. 3º, § 1º, IX, do EI. **E:** Incorreta. O art. 3º, § 1º, inciso V, do EI, prevê a "priorização do atendimento do idoso por sua própria família, em detrimento do atendimento asilar, exceto dos que não a possuam ou careçam de condições de manutenção da própria sobrevivência".
Gabarito "E".

(Promotor de Justiça/SP – 2019 – MPE/SP) Considerando que é assegurada a atenção integral à saúde do idoso, objetivando a prevenção, promoção, proteção e recuperação da saúde, assinale a alternativa que **NÃO** integra o rol de direitos dos idosos.

(A) Recebimento gratuito de medicamentos, especialmente os de uso continuado, assim como próteses, órteses e outros recursos relativos ao tratamento, habilitação ou reabilitação.

(B) Maiores de oitenta anos terão preferência especial sobre os demais idosos, em todo e qualquer atendimento de saúde, inclusive em caso de emergência.

(C) Atendimento especializado para os idosos com deficiência ou com limitação incapacitante.

(D) Atendimento domiciliar ao idoso enfermo pela perícia médica do Instituto Nacional do Seguro Social – INSS pelo serviço público de saúde ou pelo serviço privado de saúde, contratado ou conveniado, que integre o Sistema Único de Saúde – SUS, para expedição do laudo de saúde necessário ao exercício de seus direitos sociais e de isenção tributária.

(E) Direito de acompanhante ao idoso internado ou em observação, devendo o órgão de saúde proporcionar as condições adequadas para a sua permanência em tempo integral, segundo o critério médico.

A: Correta. O direito recebimento gratuito de medicamentos, próteses, órteses e outros recursos relativos ao tratamento, habilitação ou reabilitação está expresso no art. 15, § 2º, do EI. **B:** Incorreta. Na forma do art. 15, § 7º, "Em todo atendimento de saúde, os maiores de oitenta anos terão preferência especial sobre os demais idosos, *exceto em caso de emergência*". **C:** Correta. Os idosos portadores de deficiência ou com limitação incapacitante terão atendimento especializado, nos termos da lei (art. 15, § 4º). **D:** Correta. Na forma do art. 15, § 6º, "É assegurado ao idoso enfermo o atendimento domiciliar pela perícia médica do Instituto Nacional do Seguro Social – INSS, pelo serviço público de saúde ou pelo serviço privado de saúde, contratado ou conveniado, que integre o Sistema Único de Saúde – SUS, para expedição do laudo de saúde necessário ao exercício de seus direitos sociais e de isenção tributária". **E:** Correta. Ao idoso internado ou em observação é assegurado o direito a acompanhante, devendo o órgão de saúde proporcionar as condições adequadas para sua permanência em tempo integral, segundo o critério médico. Caberá, ainda, ao profissional de saúde responsável pelo tratamento conceder autorização para o acompanhamento do idoso ou, no caso de impossibilidade, justificá-la por escrito (art. 16 do EI).
Gabarito "B".

(Defensor Público – DPE/PR – 2017 – FCC) O Decreto n. 7.053/2009, que institui a Política Nacional para a População em Situação de Rua,

(A) pressupõe o acolhimento temporário de pessoas em situação de rua preferencialmente nas cidades ou nos centros urbanos.

ROBERTA DENSA

(B) dispõe que não poderá o Comitê Intersetorial de Acompanhamento e Monitoramento da Política Nacional em Situação de Rua convidar pessoas em situação de rua a participar de suas atividades.

(C) tem como um dos objetivos garantir o retorno compulsório das pessoas em situação de rua ao mercado de trabalho.

(D) prevê o recolhimento de objetos que caracterizem estabelecimento permanente em local público, quando impedirem a livre circulação de pedestres e veículos.

(E) elenca como uma das características da população em situação de rua a utilização de logradouros públicos e áreas degradadas, sempre de forma permanente.

A: Correta. O Decreto prevê, em seu artigo 8º, que as unidades de acolhimento devem, preferencialmente, ser instaladas preferencialmente nas cidades ou centros urbanos. **B:** Incorreta. O Comitê Intersetorial de Acompanhamento e Monitoramento da Política Nacional para a População em Situação de Rua poderá convidar gestores, especialistas e representantes da população em situação de rua para participar de suas atividades (art. 11). **C:** Incorreta. Um dos objetivos da Política Nacional para a População em Situação de Rua é propiciar acesso ao mercado de trabalho, disponibilizando programas de qualificação profissional (art. 7º, inciso, XIV). **D:** Incorreta. O mencionado decreto não prevê recolhimento de objetos que caracterizem estabelecimento permanente em local público. **E:** Incorreta. "Considera-se população de rua em situação de rua o grupo populacional heterogêneo que possui em comum a pobreza extrema, os vínculos familiares interrompidos ou fragilizados e a inexistência de moradia convencional regular, e que utiliza os logradouros públicos e as áreas degradadas como espaço de moradia e de sustento, de forma temporária ou permanente, bem como as unidades de acolhimento para pernoite temporário ou como moradia provisória" (art. 1º, parágrafo único). **RD**

Gabarito "A".

(Defensor Público – DPE/PR – 2017 – FCC) Sobre a tutela coletiva, é correto afirmar que:

(A) A gestão democrática da cidade pressupõe ampla participação do poder público e da sociedade civil na construção conjunta da política urbana. Isto ocorre, *verbi gratia*, por meio de órgãos colegiados, de debates e de audiências públicas. Neste sentido, representa mecanismo de tutela coletiva extrajudicial a participação da Defensoria Pública nestes instrumentos, cuja atividade se encontra inserida dentro de suas atribuições institucionais.

(B) Se determinada empresa de transporte interestadual não reservar duas vagas gratuitas por veículo para idosos com renda igual ou inferior a três salários-mínimos, estará infringindo o Estatuto do Idoso. Entretanto, como se trata de conduta que atenta somente contra o interesse individual, a Defensoria Pública não ostenta legitimidade enquanto órgão para buscar a tutela jurisdicional.

(C) Segundo entendimento do STJ, após o trânsito em julgado de sentença que julga improcedente pedido deduzido em ação coletiva proposta em defesa de direitos individuais homogêneos, independentemente do motivo que tenha fundamentado a sua rejeição, é possível a propositura de nova demanda com o mesmo objeto por outro legitimado coletivo.

(D) O controle de tráfego viário de veículos pesados em perímetro urbano não se enquadra dentro do conceito

de ordem urbanística e, por esta razão, é incabível o ajuizamento de ação civil pública. Além disto, é de competência exclusiva do Poder Público Municipal dispor a respeito do sistema viário, de maneira que a tutela jurisdicional representa violação à separação dos poderes.

(E) Quando houver manifesto interesse social, evidenciado pela dimensão ou característica do dano, ou pela relevância do bem jurídico a ser protegido, o juiz poderá dispensar o requisito temporal da pré--constituição da associação. Todavia, a análise da dispensa deste requisito deverá ser feita de modo prévio, antes da citação do réu, eis que inadmitida no curso da demanda.

A: correta. O Estatuto da Cidade (Lei n. 10.257/2001), em seu art. 2º, inciso II, diz que a política urbana tem por objetivo ordenar o desenvolvimento das funções sociais da cidade e da propriedade urbana, tendo como uma das diretrizes a gestão democrática por meio da participação popular e de associações representativas dos vários segmentos da comunidade na formulação, execução e acompanhamento de planos, programas e projetos de desenvolvimento urbano. As audiências públicas, por sua vez, estão previstas no art. 43, inciso II, do mesmo Estatuto. A Lei Complementar 80/1994 diz que entre as funções institucionais da Defensoria Pública está a de participar, quando tiver assento, dos conselhos federais, estaduais e municipais afetos às funções institucionais da Defensoria Pública (inciso XX do art. 4º). **B:** incorreta. Conforme art. 40 do Estatuto do Idoso, a reserva de duas vagas gratuitas em transporte coletivo interestadual deve ser destinada a idosos com renda igual ou inferior a dois salários-mínimos. **C:** incorreta. A ação coletiva que envolva pedido de Direito Individual Homogêneo fará coisa julgada *erga omnes* apenas no caso de procedência do pedido, para beneficiar todas as vítimas e seus sucessores, não cabendo nova ação coletiva para discussão do mesmo tema (art. 103 do CDC). **D:** incorreta. Veja entendimento do STJ a respeito do tema: "É cabível ação civil pública proposta por Ministério Público Estadual para pleitear que Município proíba máquinas agrícolas e veículos pesados de trafegarem em perímetro urbano deste e torne transitável o anel viário da região. (...) Ora, não é preciso maior reflexão para constatar que o ordenamento do trânsito de veículos no perímetro das cidades tem importância central nas sociedades modernas e repercute em inúmeros assuntos de interesse público. Ressalte-se que o inciso I do art. 1º da Lei n. 7.347/1985 e o *caput* do art. 3º do mesmo diploma são claros em dispor que a ação civil pública é meio processual adequado para discutir temas afetos à ordem urbanística e para a obtenção de provimento jurisdicional condenatório de obrigação de fazer. Sobre a adequação da ação civil pública para veicular tema afeto à segurança no trânsito, há ao menos um precedente do STJ que serve de apoio ao raciocínio exposto (STJ, REsp 1.294.451-GO, Rel. Min. Herman Benjamin, julgado em 1/9/2016, DJe 6/10/2016). **E:** incorreta. O juiz poderá fazer a análise da legitimidade após citação do réu, inclusive em razão de pedido da parte ré. **RD**

Gabarito "A".

(Promotor de Justiça/GO – 2016 – MPE) Assinale a alternativa incorreta:

(A) A Teoria Dinâmica de Distribuição do Ônus da Prova afasta a rigidez das regras de distribuição do *onus probandi*, tornando-as mais flexíveis e adaptando-as ao caso concreto, valorando o juiz qual das partes dispõe das melhores condições de suportar o encargo respectivo.

(B) Os princípios da prevenção e da precaução exercem influência na aplicação de regras materiais do Direito Ambiental, mormente no campo da responsabilidade

18. PROCESSO COLETIVO — 719

civil, uma vez que o enfoque jurídico nessa área deve ser o da prudência e da vigilância no tratamento a ser dado a atividades potencialmente poluidoras, diante do risco de dano irreversível ao meio ambiente.

(C) Cominada liminarmente pelo juiz no bojo de ação civil pública, a multa somente será exigível do réu após o trânsito em julgado da decisão favorável ao autor, mas será devida desde o dia quem se houver configurado o descumprimento.

(D) O princípio da reparação integral do dano ambiental determina a responsabilização do agente por todos os efeitos decorrentes da conduta lesiva, mas não permite a cumulação de pedidos para condenação nos deveres de recuperação *in natura* do bem degradado, de compensação ambiental e indenização em dinheiro, posto que o primeiro é excludente dos demais.

A: correta. A Teoria Dinâmica de Distribuição do Ônus da prova, prevista no art. 6º, VII, do CDC e no 373 do NCPC, flexibiliza a regra sobre o ônus da prova. **B:** correta. A prevenção e precaução são pilares do Direito Ambiental, e tem orientação sempre evitar os danos ambientais. **C:** correta. Na ação que tenha por objeto o cumprimento de obrigação de fazer ou não fazer, o juiz determinará o cumprimento da prestação da atividade devida ou a cessação da atividade nociva, sob pena de execução específica, ou de cominação de multa diária, se esta for suficiente ou compatível, independentemente de requerimento do autor. (art. 11 da LACP). A multa cominada liminarmente só será exigível do réu após o trânsito em julgado da decisão favorável ao autor, mas será devida desde o dia em que se houver configurado o descumprimento (art. 12, § 2º, da LACP). **D:** incorreta. Em Direito Ambiental, a regra é pela reparação dos danos *in natura*, que pode ser cumulada com indenização em dinheiro. Veja: Direito processual civil e ambiental. Cumulação das obrigações de recomposição do meio ambiente e de compensação por dano moral coletivo. Na hipótese de ação civil pública proposta em razão de dano ambiental, é possível que a sentença condenatória imponha ao responsável, cumulativamente, as obrigações de recompor o meio ambiente degradado e de pagar quantia em dinheiro a título de compensação por dano moral coletivo. Isso porque vigora em nosso sistema jurídico o **princípio da reparação integral do dano ambiental**, que, ao determinar a responsabilização do agente por todos os efeitos decorrentes da conduta lesiva, permite a cumulação de obrigações de fazer, de não fazer e de indenizar. Ademais, deve-se destacar que, embora o art. 3º da Lei 7.347/1985 disponha que "a ação civil poderá ter por objeto a condenação em dinheiro ou o cumprimento de obrigação de fazer ou não fazer", é certo que a conjunção "ou" – contida na citada norma, bem como nos arts. 4º, VII, e 14, § 1º, da Lei 6.938/1981 – opera com valor aditivo, não introduzindo, portanto, alternativa excludente. Em primeiro lugar, porque vedar a cumulação desses remédios limitaria, de forma indesejada, a Ação Civil Pública – importante instrumento de persecução da responsabilidade civil de danos causados ao meio ambiente –, inviabilizando, por exemplo, condenações em danos morais coletivos. Em segundo lugar, porque incumbe ao juiz, diante das normas de Direito Ambiental – **recheadas que são de conteúdo ético intergeracional atrelado às presentes e futuras gerações** –, levar em conta o comando do art. 5º da LINDB, segundo o qual, ao se aplicar a lei, deve-se atender "aos fins sociais a que ela se dirige e às exigências do bem comum", cujo corolário é a constatação de que, em caso de dúvida ou outra anomalia técnico-redacional, a norma ambiental demanda **interpretação e integração de acordo com o princípio hermenêutico** *in dubio pro natura*, haja vista que toda a legislação de amparo dos sujeitos vulneráveis e dos interesses difusos e coletivos há sempre de ser compreendida da maneira que lhes seja mais proveitosa e melhor possa viabilizar, na perspectiva dos resultados práticos, a prestação jurisdicional e a *ratio essendi* da norma. Por fim, a interpretação sistemática das normas e princípios ambientais leva à conclusão de que, se o bem ambiental lesado for imediata e completamente restaurado,

isto é, restabelecido à condição original, não há falar, como regra, em indenização. Contudo, a possibilidade técnica, no futuro, de restauração *in natura* nem sempre se mostra suficiente para reverter ou recompor integralmente, no âmbito da responsabilidade civil, as várias dimensões do dano ambiental causado; por isso não exaure os deveres associados aos princípios do poluidor-pagador e da reparação integral do dano. Cumpre ressaltar que o dano ambiental é multifacetário (ética, temporal, ecológica e patrimonialmente falando, sensível ainda à diversidade do vasto universo de vítimas, que vão do indivíduo isolado à coletividade, às gerações futuras e aos processos ecológicos em si mesmos considerados). Em suma, equivoca-se, jurídica e metodologicamente, quem confunde prioridade da recuperação *in natura* do bem degradado com impossibilidade de cumulação simultânea dos deveres de repristinação natural (obrigação de fazer), compensação ambiental e indenização em dinheiro (obrigação de dar), e abstenção de uso e nova lesão (obrigação de não fazer). REsp 1.328.753-MG, Rel. Min. Herman Benjamin, julgado em 28/5/2013 (Informativo 0526). `RD`

Gabarito "D".

(Procurador do Estado/AM – 2016 – CESPE) Julgue os itens subsequentes, relativos a ação civil pública, mandado de segurança e ação de improbidade administrativa.

(1) Conforme o entendimento do STJ, é cabível mandado de segurança para convalidar a compensação tributária realizada, por conta própria, por um contribuinte.

(2) Caso receba provas contundentes da prática de ato de improbidade por agente público, o MP poderá requerer tutela provisória de natureza cautelar determinando o sequestro dos bens do referido agente.

(3) Situação hipotética: O estado do Amazonas, por intermédio de sua procuradoria, ajuizou ação civil pública na justiça estadual do Amazonas, com o objetivo de prevenir danos ao meio ambiente. Paralelamente, o MPF ingressou com ação idêntica na justiça federal, seção judiciária do Amazonas. Assertiva: Nesse caso, as respectivas ações deverão ser reunidas na justiça federal da seção judiciária do Amazonas.

1: errada. Nos termos da súmula 460 do STJ: "É incabível o mandado de segurança para convalidar a compensação tributária realizada pelo contribuinte". **2:** correta. A Lei de Improbidade Administrativa (Lei 8.429/1992) prevê três medidas cautelares específicas, são elas: a) a indisponibilidades de bens (art. 7º); b) o sequestro de bens (art. 16); c) afastamento provisório do agente público do exercício do cargo, emprego ou função (art. 20, parágrafo único). **3:** correta. Conforme Súmula 489 do STJ: "Reconhecida a continência, devem ser reunidas na Justiça Federal as ações civis públicas propostas nesta e na Justiça Estadual". `RD`

Gabarito 1E, 2C, 3C

(Defensor Público – DPE/RN – 2016 – CESPE) Acerca da tutela coletiva do direito do consumidor e do direito à cidade e à moradia, assinale a opção correta.

(A) O consumidor tem direito à inversão do ônus da prova em ação consumerista por ele movida, prerrogativa que, conforme entendimento do STJ, não se aplica ao MP quando este figura como autor de ação dessa espécie.

(B) A prestação de serviços públicos de saneamento básico por entidade não integrante da administração pública pode ser disciplinada por convênio, termo de parceria ou outro instrumento de natureza precária.

(C) De acordo com a legislação de regência, os recursos do Fundo Nacional de Habitação de Interesse Social e dos fundos estaduais, do DF e dos municípios não

ROBERTA DENSA

podem ser associados a recursos onerosos, inclusive os do FGTS, bem como a linhas de crédito de outras fontes.

(D) Para o STJ, o direito à moradia está inserido no âmbito dos interesses individuais indisponíveis, razão pela qual não pode ser tutelado pelo MP.

(E) Segundo entendimento do STJ, deve ser considerada abusiva previsão feita em contrato de plano de saúde que exclua das responsabilidades da empresa o custeio de meios e materiais necessários a procedimento cirúrgico voltado à cura de uma doença coberta pelo plano.

A: incorreta. Conforme interpretação jurisprudencial e doutrinária, a inversão do ônus da prova, prevista no art. 6º, VIII, do CDC, é aplicável microssistema de tutela coletiva por força do disposto no artigo 21 da LACP. **B:** incorreta. Expressamente vedada pelo art. 10 da Lei 11.445/2007, in verbis: "A prestação de serviços públicos de saneamento básico por entidade que não integre a administração do titular depende da celebração de contrato, sendo vedada a sua disciplina mediante convênios, termos de parceria ou outros instrumentos de natureza precária". **C:** incorreta. A Lei 11.124/2005, que cria e estrutura o SNHIS, determina, em seu artigo 6º, que os recursos para a moradia serão: o Fundo de Amparo ao Trabalhador – FAT, o Fundo de Garantia do Tempo de Serviço – FGTS, o Fundo Nacional de Habitação de Interesse Social – FNHIS; e outros fundos ou programas que vierem a ser incorporados ao SNHIS. **D:** incorreta. O Ministério Público está legitimado para as ações coletivas, inclusive as que defendam Direitos Individuais Indisponíveis. **E:** correta. É nesse sentido o entendimento do STJ: "Recusa indevida, pela operadora de plano de saúde, da cobertura financeira do procedimento e do material cirúrgico do tratamento médico do beneficiário. Ainda que admitida a possibilidade de previsão de cláusulas limitativas dos direitos do consumidor (desde que escritas com destaque, permitindo imediata e fácil compreensão), revela-se abusivo o preceito do contrato de plano de saúde excludente do custeio dos meios e materiais necessários ao melhor desempenho do trata-

mento clínico ou do procedimento cirúrgico coberto ou de internação hospitalar. Precedentes" (STJ, REsp 1.533.684/SP, DJ 16/02/2017).

Gabarito "E".

(Defensor Público – DPE/MT – 2016 – UFMT) Sobre o instituto do *amicus curiae* nas ações coletivas, assinale a afirmativa INCORRETA.

(A) Um exemplo de situação específica admitida pela doutrina como representativa da atuação do *amicus curiae* é a prevista na Lei 10.259/2001, que instituiu os Juizados Especiais no âmbito da Justiça Federal.

(B) O reconhecimento da importância do *amicus curiae* se dá pelo caráter fiscalizador sobre determinadas atividades cuja prática indiscriminada possui potencial lesivo à sociedade.

(C) Somente quanto à violação de norma constitucional é que deverá incidir o instituto do *amicus curiae*, já que se trata de instrumento garantidor da participação democrática em assuntos nacionalmente relevantes.

(D) O **amicus curiae** pode ser considerado como a própria sociedade representada, legitimada a defender os seus interesses em juízo, sempre que estes forem afetados pela decisão ali proferida, por meio de instituições especializadas no assunto.

(E) O *amicus curiae* é considerado um terceiro interveniente especial, ao qual deve ser dispensado um tratamento especial no âmbito de todo o direito processual, considerando a falta de regulamentação legal.

O *amicus curiae* é aquele que representa em juízo os interesses ou direitos de outrem e está previsto no art. 138 do Código de Processo Civil. Ele pode ser admitido, inclusive nas ações coletivas, de ofício ou a requerimento das partes.

Gabarito "C".

19. Direito do Consumidor

Roberta Densa

1. CONCEITO DE CONSUMIDOR E RELAÇÃO DE CONSUMO

(Procurador/DF – CESPE – 2022) Considerando os conceitos de consumidor e fornecedor, a relação consumerista e a prestação de serviços públicos, julgue os itens que se seguem.

(1) Consumidor, para a teoria finalista, é aquele que retira o produto do mercado como destinatário final fático, ao passo que, para a teoria maximalista, é a pessoa que o faz na condição de destinatário final econômico.

(2) Diversamente dos produtos gratuitos classificáveis como amostra grátis, os serviços gratuitos, como os casos de transporte rodoviário coletivo gratuito para idosos, afastam a incidência do Código de Defesa do Consumidor, pois a contraprestação, nessas hipóteses, é requisito essencial.

(3) Aplica-se o Código de Defesa do Consumidor aos empreendimentos habitacionais promovidos pelas sociedades cooperativas.

(4) A interrupção de serviço público de água, telefonia ou energia, prestado diretamente pela administração pública ou sob regime de concessão, precedida da regular notificação prévia, é lícita em razão de inadimplemento do titular da unidade consumidora, ainda que o corte afete um estabelecimento da administração pública prestadora de serviço essencial.

(5) Nos casos de danos provocados por defeito do serviço, o Código de Defesa do Consumidor autoriza a ampliação do conceito de fornecedor para alcançar todos os envolvidos na prestação do serviço, possibilitando a responsabilização do terceiro que, embora não o tenha prestado diretamente, tenha integrado a cadeia de consumo.

1: Errada. Conforme a teoria finalista, consumidor é a pessoa que retira o produto ou serviço do mercado de consumo como destinatário final, apenas para uso próprio (sendo destinatário, portanto, fático e econômico), ao passo que, para a teoria maximalista, consumidor é aquele retira o produto do mercado, independentemente da sua finalidade, admitindo-se o uso próprio ou profissional (destinatário fático). **2:** Errada. Os serviços gratuitos (não onerosos ao consumidor) não são considerados serviços nos termos do art. 3º, § 1º do CDC, não atraindo, portanto, a aplicação do CDC. Já os serviços com onerosidade indireta (aparentemente gratuitos), em que há uma vantagem financeira, ou que visa uma vantagem financeira para o fornecedor, tal como o exemplo trazido na questão, traz incidência do Código de Defesa do Consumidor. **3:** Correta. Vide Súmula 602 do STJ. **4:** Errada. Conforme REsp nº 654818/RJ, tratando-se de pessoa jurídica de direito público devedora, o corte de energia é possível, desde que não aconteça indiscriminadamente, preservando-se as unidades públicas essenciais, como hospitais, pronto-socorros, escolas e creches. 5) Correta. Todos os envolvidos na cadeia produtiva são responsáveis pelos danos causados aos consumidores, tudo confirme arts. 7º, 25 e 14 do CDC.

Gabarito: 1E, 2E, 3C, 4E, 5C

(Juiz de Direito/SP – 2021 – Vunesp) Assinale a alternativa correta sobre a incidência do Código de Defesa do Consumidor às seguintes relações jurídicas, segundo entendimento dominante e atual do Superior Tribunal de Justiça.

(A) Aplica-se ao atendimento prestado por hospital da rede pública pelo Sistema Único de Saúde.

(B) Aplica-se às entidades abertas de previdência complementar, mas não aos contratos previdenciários celebrados com entidades fechadas.

(C) Aplica-se aos contratos de plano de saúde, inclusive os administrados por entidades de autogestão.

(D) Não se aplica aos empreendimentos habitacionais promovidos por sociedades cooperativas, porque fundadas no mutualismo.

A: Incorreta. Conforme entendimento do STJ, não se aplica o CDC ao atendimento prestado por hospital da rede pública do SUS uma vez que a "execução de atividades de saúde caracteriza-se como serviço público indivisível e universal (*uti universi*)" (Vide REsp 1.771.169/SC). **B:** Correta. Conforme Súmula 563 do STJ. **C:** Incorreta. Conforme entendimento da Súmula 608 do STJ: "O Código de Defesa do Consumidor é aplicável aos contratos de plano de saúde, salvo os administrados por entidades de autogestão". **D:** Incorreta. Conforme Súmula 602 do STJ: "o Código de Defesa do Consumidor é aplicável aos empreendimentos habitacionais promovidos pelas sociedades cooperativas" **RD**.

Gabarito "B".

(Promotor de Justiça/GO – 2016 – MPE) Em relação aos elementos caracterizadores da relação consumerista, é correto afirmar:

(A) É considerado fornecedor de produtos ou prestador de serviços, entre outros, a pessoa jurídica de direito público ou privado, a massa falida, o espólio, a sociedade irregular e a sociedade de fato, independentemente de serem ou não filantrópicas ou terem ou não fins lucrativos.

(B) Os municípios e os estados federados podem ser fornecedores, mas não poderão ser considerados consumidores porque falta-lhes a qualidade de serem destinatários finais dos produtos e dos serviços.

(C) Segundo a teoria finalista, é caracterizado como consumidor o taxista que adquire da concessionária um veículo zero quilômetro para exercer sua atividade profissional porque ele é considerado destinatário final fático e econômico.

(D) O serviço somente será considerado objeto da relação de consumo se for prestado no mercado mediante remuneração, excluídos os serviços de natureza gratuita.

A: correta. Na forma do art. 3º do Código de Defesa do Consumidor, fornecedor "é toda pessoa física ou jurídica, pública ou privada, nacional ou estrangeira, bem como os entes despersonalizados, que desenvolvem atividade de produção, montagem, criação, construção, transformação, importação, exportação, distribuição ou comercialização

722 ROBERTA DENSA

de produtos ou prestação de serviços". A massa falida, o espólio, a sociedade irregular e a sociedade de fato são entes despersonalizados, portanto, são fornecedores. Por outro lado, a finalidade de lucro não é elemento essencial para caracterizar o fornecedor, razão pela qual as entidades filantrópicas podem ser consideradas fornecedoras, desde que coloquem os produtos e serviços do mercado de forma habitual e onerosa. Vale lembrar que a teoria da empresa exige a finalidade de lucro para caracterização do empresário, o que não se faz necessário para a relação de consumo. **B:** incorreta. Os entes públicos não são considerados consumidores por lhes faltar característica essencial que é a vulnerabilidade. Por outro lado, podem ser considerados fornecedores se o serviço público for pago através de tarifa ou preço público. **C:** incorreta. Para a teoria finalista aprofundada (ou finalista mitigada) consumidor é quem adquire ou utiliza produto ou serviço como destinatário final para uso próprio ou fins profissionais, desde que haja vulnerabilidade. A teoria finalista não admite a caracterização de consumidor para quem adquire produtos para fins profissionais, sendo consumidor somente quem adquire produtos e serviços para consumo próprio, sem a finalidade de lucro. **D:** incorreta. Conforme redação do art. 3º, § 2º, serviço "é qualquer atividade fornecida no mercado de consumo, mediante remuneração, inclusive as de natureza bancária, financeira, de crédito e securitária, salvo as decorrentes das relações de caráter trabalhista". Para a doutrina, o legislador referiu-se aos serviços pagos de forma direta ou indireta. Assim, o serviço de estacionamento e manobrista pode ser gratuito no restaurante, mas ao pagar a conta de sua refeição, o estacionamento tem o seu custo embutido no preço da refeição, razão pela qual o seu pagamento é indireto, no pacote de produtos e serviços oferecidos pelo fornecedor. **RD**

Gabarito "A".

(Defensor Público – DPE/BA – 2016 – FCC) Sebastião juntou dinheiro que arrecadou ao longo de 20 anos trabalhando como caminhoneiro para adquirir um caminhão, zero quilômetros, que passou a utilizar em seu trabalho, realizando fretes no interior do Estado da Bahia. Ainda no prazo de garantia, o veículo apresentou problemas e ficou imobilizado. Sua esposa, Raimunda, microempresária do ramo da costura, adquiriu uma máquina bordadeira de valor elevado de uma grande produtora mundial, que depois de poucas semanas de funcionamento, também apresentou parou de funcionar. Diante desses fatos, é correto afirmar que

(A) ambos podem ser considerados consumidores, ainda que não se configurem como usuários finais dos produtos adquiridos, uma vez que, embora o Código de Defesa do Consumidor adote a teoria finalista, em casos semelhantes, o Superior Tribunal de Justiça já admitiu a mitigação desta teoria diante da prova da hipossuficiência e do desequilíbrio na relação, caracterizando hipótese de consumo intermediário.

(B) nenhum dos dois pode se enquadrar no conceito de consumidor previsto no Código de Defesa do Consumidor, pois não são destinatários finais dos produtos; a lei adotou a teoria finalista, e a jurisprudência pacífica do Superior Tribunal de Justiça não admite a hipótese de consumo intermediário, afastando as disposições consumeristas para os produtos adquiridos para a utilização em cadeia de produção.

(C) ambos podem ser considerados consumidores, ainda que não se configurem como usuários finais dos produtos adquiridos, uma vez que a jurisprudência do Superior Tribunal de Justiça entende que o Código de Defesa do Consumidor não adotou a teoria finalista, bastando a prova da hipossuficiência e do desequilíbrio na relação e, portanto, se apresentando como

irrelevante que o consumo tenha ocorrido na cadeia de produção.

(D) Sebastião pode ser considerado consumidor mesmo que não seja usuário final do produto adquirido, uma vez que, embora o Código de Defesa do Consumidor adote a teoria finalista, a jurisprudência do Superior Tribunal de Justiça admite a mitigação desta teoria diante da prova da hipossuficiência e do desequilíbrio na relação, caracterizando hipótese de consumo intermediário, mas Raimunda não poderá ser considerada consumidora, por se tratar de pessoa jurídica.

(E) ambos podem ser considerados consumidores, desde que se configurem como usuários finais dos produtos adquiridos e comprovem hipossuficiência econômica em relação ao fornecedor, uma vez que, embora o Código de Defesa do Consumidor adote a teoria finalista como regra geral, a lei reconhece expressamente a hipótese de consumo intermediário mediante prova da hipossuficiência econômica e do desequilíbrio na relação.

A: correta. A teoria finalista temperada (ou aprofundada) adotada pelo Superior Tribunal de Justiça, considera consumidor aquele que adquire ou utiliza produto ou serviço como destinatário final, para uso próprio ou fins profissionais, desde que esteja presente a vulnerabilidade. O caso em tela apresenta justamente duas hipóteses de pessoas que retiraram os produtos do mercado com o objetivo de lucro, mas que são considerados consumidoras como qualquer outra consumidora que tenha adquirido o produto para uso próprio. **B:** incorreta. A teoria finalista pura não é a teoria adotada pelo Superior Tribunal de Justiça. **C:** incorreta. O Superior Tribunal de Justiça adotou a teoria finalista temperada (ou mitigada). **D:** incorreta. Em ambos os casos os empresários são considerados consumidores. **E:** incorreta. O Código de Defesa do Consumidor permite a interpretação para o desenvolvimento das três teorias que foram amplamente discutidas no Brasil: teoria finalista, teoria maximalista e a teoria finalista temperada (ou aprofundada).

Gabarito "A".

(Defensor Público – DPE/BA – 2016 – FCC) De acordo com as disposições legais e jurisprudência dos Tribunais Superiores, o Código de Defesa do Consumidor se aplica

(A) às entidades abertas de previdência complementar e aos serviços públicos remunerados prestados *uti universi*, mas não se aplica às entidades fechadas de previdência complementar e nem aos serviços públicos *uti singuli*.

(B) às entidades abertas ou fechadas de previdência complementar e aos serviços públicos *uti universi et singuli*.

(C) às entidades abertas ou fechadas de previdência complementar e aos serviços públicos remunerados prestados *uti singuli*, mas não aos contratos de administração imobiliária firmados entre locador (proprietário do imóvel) e a imobiliária e aos serviços públicos *uti universi*.

(D) às entidades abertas de previdência complementar e aos serviços remunerados prestados *uti singuli*, mas não se aplica às entidades fechadas de previdência complementar e nem aos serviços públicos *uti universi*.

(E) às entidades abertas de previdência complementar e aos serviços públicos *uti universi et singuli*; mas não se aplica às entidades fechadas de previdência complementar.

19. DIREITO DO CONSUMIDOR **723**

O Código de Defesa do Consumidor é aplicável às entidades abertas de previdência complementar, não incidindo nos contratos previdenciários celebrados com entidades fechadas (Súmula 563). Em relação aos serviços públicos, o STJ já firmou entendimento de que somente os serviços públicos *uti singuli* estão submetidos ao Código de Defesa do Consumidor, afastando, no entanto, a proteção consumeristas dos serviços prestados *uti universi*. Nesse sentido, vide tema da jurisprudência em teses nº 74 do STJ: "A relação entre concessionária de serviço público e o usuário final para o fornecimento de serviços públicos essenciais é consumerista, sendo cabível a aplicação do Código de Defesa do Consumidor".
Gabarito "D".

2. PRINCÍPIOS E DIREITOS BÁSICOS

(Juiz de Direito/AP – 2022 – FGV) Osmar ingressou com ação judicial em face da fabricante do telefone celular, alegando que houve problemas ainda no período de vigência da garantia legal. No momento da contestação, a parte ré apresentou o laudo realizado pela assistência técnica autorizada da fabricante, indicando que o problema apresentado no aparelho celular se relaciona ao mau uso, documento esse acompanhado por fotografia que demonstra marcas compatíveis com choque físico no bem, ao passo que Osmar requereu a inversão do ônus da prova.

A respeito de tal situação, é correto afirmar que:

(A) deve ser aplicada a inversão do ônus da prova em razão de a previsão *ope legis* ser direito básico do consumidor para a salvaguarda da facilitação da defesa de seus direitos;

(B) o laudo técnico confeccionado pela assistência técnica autorizada da ré não pode ser considerado imparcial e idôneo para ser utilizado, em detrimento das garantias asseguradas ao consumidor, devendo ser julgado procedente o pedido de Osmar se somente essa for a prova constituída nos autos;

(C) embora se trate de relação de consumo, com inversão do ônus da prova como um direito básico garantido ao consumidor, não está dispensado o dever da parte autora de fazer prova quanto ao fato constitutivo do seu direito;

(D) não pode ser afastada a responsabilidade da demandada por se tratar de garantia legal, que é obrigatória e inegociável, ainda que seja demonstrada a culpa exclusiva do consumidor, situação que somente excluiria responsabilidade em caso de fato do produto;

(E) deve ser julgado procedente o pedido de Osmar a partir de suas alegações, uma vez que a justificativa de suposto mau uso do produto por choque físico representa risco que razoavelmente se espera no manuseio de aparelhos celulares, não sendo capaz de afastar a garantia legal obrigatória.

Comentário: **A:** Incorreta. A inversão do ônus da prova estabelecida no art. 6º, VIII, do CDC depende de análise da autoridade judicial, e será determinada quando, a critério do juiz, a alegação for verossímil ou quando o consumidor por hipossuficiente. Sendo assim, a inversão do ônus da prova é *ope judice*. **B:** Incorreta. O laudo técnico confeccionado pela assistência técnica pode ser considerado parcial. **C:** Correta. A inversão do ônus da prova a favor do consumidor é direito básico definido no art. 6º, VIII, do CDC (vide justificativa da alternativa A). No entanto, conforme regra definida pelo art. 373 do CPC, aplicáveis nas

relações de consumo, deve a parte autora fazer prova do fato constitutivo do seu direito. Somente haverá inversão do ônus após análise das alegações e provas apresentadas em juízo. **D:** Incorreta. As garantias estabelecidas no Código de Defesa do Consumidor estão relacionadas à funcionalidade do produto ou serviço inserido no mercado de consumo. O vício pode ser considerado o problema apresentado pelo produto ou serviço que lhe diminui o valor, causados prejuízos aos consumidores. O defeito é problema apresentado pelo produto ou serviço que atinge a saúde ou segurança dos consumidores. Não havendo vício ou defeito, não há que se falar em indenização. **E:** Incorreta. Vide justificativa da alternativa C. RD
Gabarito "C".

(Juiz de Direito/SP – 2021 – Vunesp) Assinale a alternativa correta sobre direitos básicos do consumidor, conforme entendimento dominante e atual do Superior Tribunal de Justiça.

(A) A revisão de cláusulas contratuais em razão de fatos supervenientes exige que a prestação se torne extremamente onerosa para uma das partes, com extrema vantagem para a outra, em virtude de acontecimentos extraordinários e imprevisíveis.

(B) A efetiva reparação dos danos patrimoniais e morais ao consumidor é compatível com a possibilidade de redução equitativa da indenização no caso de desproporção entre a gravidade da culpa e o dano, prevista no direito comum.

(C) A inversão do ônus da prova por determinação judicial (*ope judicis*) em casos de vício do produto deve ocorrer preferencialmente na fase de saneamento do processo ou, pelo menos, assegurando-se à parte a quem não incumbia inicialmente o encargo, a reabertura de oportunidade para apresentação de provas.

(D) Não se considera abusiva, por falha do dever geral de informação ao consumidor, cláusula de contrato de seguro limitativa da cobertura apenas a furto qualificado, que deixa de esclarecer o significado e o alcance do termo técnico-jurídico específico e a situação referente ao furto simples, pois são tipos previstos na lei penal, da qual não se pode alegar ignorância.

Comentário: **A:** Incorreta. O art. 6º, V, exige, para a revisão judicial do contrato, que haja fato superveniente que torne a prestação excessivamente onerosa. **B:** Incorreta. A reparação de danos materiais e morais na relação de consumo será sempre integral, não cabendo discutir grau de culpa, diferentemente da relação civil. Importante notar que a jurisprudência brasileira aceita a análise da compensação de culpas entre consumidor e fornecedor para medir o valor da indenização. **C:** Correta. A inversão do ônus da prova prevista no art. 6º, VIII, do Código de Defesa do Consumidor é regra de instrução e não regra de julgamento, motivo pelo qual a decisão judicial que a determina deve ocorrer antes da etapa instrutória ou, quando proferida em momento posterior, há que se garantir à parte a quem foi imposto o ônus a oportunidade de apresentar suas provas, sob pena de absoluto cerceamento de defesa. (STJ, Resp 1.286.273/SP). **D:** Incorreta. Conforme art. 54, § 4º, admite que haja cláusulas contratuais limitativas de direito dos consumidores, desde que não sejam abusivas e que estejam escritas em destaque. Assim, conforme já entendeu o STJ, "a cláusula securitária a qual garante a proteção do patrimônio do segurado apenas contra o furto qualificado, sem esclarecer o significado e o alcance do termo 'qualificado', bem como a situação concernente ao furto simples, está eivada de abusividade por falha no dever geral de informação da seguradora e por sonegar ao consumidor o conhecimento suficiente acerca do objeto contratado" (AgInt no AREsp 1.408.142/SP, DJe 25 jun. 2019) RD.
Gabarito "C".

(Promotor de Justiça/CE – 2020 – CESPE/CEBRASPE) No âmbito do direito do consumidor, a igualdade de condições entre consumidores no momento da contratação, especificamente, é garantida pelo princípio da

(A) função social do contrato.

(B) hipossuficiência do consumidor.

(C) boa-fé objetiva.

(D) equivalência negocial.

(E) vulnerabilidade do consumidor.

A: Incorreta. O princípio da função social do contrato prima, conforme a doutrina, pelo cumprimento do contrato e pelo impacto das contratações perante terceiros e perante o grupo de consumidores. **B:** Incorreta. A hipossuficiência do consumidor não pode ser confundida com a vulnerabilidade. Todo consumidor é vulnerável (art. 4º, I, do CDC) mas nem todo consumidor é hipossuficiente. A hipossuficiência será analisada nos termos do art. 6º, VIII, do CDC, para eventual inversão do ônus da prova. **C:** Incorreta. A boa-fé objetiva é princípio que rege as relações de consumo segundo o qual as partes devem agir com honestidade e lealdade em todas as fases da contratação. **D:** Correta. O princípio da equivalência negocial, estabelecido pelo art. 6º, inciso II do Código de Defesa do Consumidor, garante a igualdade de condições no momento da contratação ou de aperfeiçoamento da relação jurídica patrimonial, conferindo um tratamento isonômico aos consumidores. **E:** Incorreta. O princípio da vulnerabilidade do consumidor (art. 4º, I, do CDC) indica a assimetria existente entre o consumidor e o fornecedor e, por tal razão, justifica a presença do Estado para proteger o consumidor. **RD**
Gabarito "D".

(Defensor Público – DPE/PR – 2017 – FCC) Prevê o artigo 6º, VIII, do CDC, como direito básico do consumidor: VIII – a facilitação da defesa de seus direitos, inclusive com a inversão do ônus da prova, a seu favor, no processo civil, quando, a critério do juiz, for verossímil a alegação ou quando for ele hipossuficiente, segundo as regras ordinárias de experiências (...)

Nesse sentido, é correto afirmar:

(A) A hipossuficiência a que alude o dispositivo é apenas a de ordem econômica.

(B) O dispositivo expressa caso de inversão do ônus da prova *ope legis*.

(C) Trata-se de norma de caráter geral, aplicável *a priori* a todo e qualquer litígio civil que envolva consumidor e fornecedor, independentemente de seu conteúdo.

(D) O dispositivo aplica-se somente aos casos em que o consumidor figure como autor da demanda.

(E) Verificada a hipossuficiência do consumidor em um dos fatos probandos, o ônus probatório em relação a todos os outros fatos será invertido automaticamente em seu benefício.

A: incorreta. A hipossuficiência, que é a dificuldade de fazer a prova em juízo, que pode ser de ordem técnica ou econômica. **B;** incorreta. A inversão do ônus da prova depende de decisão judicial e, por tal razão, é denominada inversão *ope judice*. A inversão do ônus da prova *ope legis* está prevista nos artigos 36 e 38 do CDC, já que o ônus da prova será sempre de quem as patrocina. **C:** correta. Em qualquer relação de consumo poderá ser aplicada a inversão do ônus da prova, independentemente do direito material envolvido, bastante estar presente a hipossuficiência do consumidor ou a verossimilhança das informações. **D:** incorreta. A possibilidade de inversão do ônus será sempre favorável ao consumidor, independe do polo em que ele se encontra no processo. **E:** incorreta. A possibilidade de inversão do ônus deve ser aplicada apenas aos fatos que o consumidor apresentar hipossuficiência ou a verossimilhança das alegações, podendo o juiz manter o ônus da prova quanto aos outros fatos impeditivos, modificativos ou extintivos do direito do consumidor. **RD**
Gabarito "C".

(Procurador Municipal – Sertãozinho/SP – VUNESP – 2016) Em relação à proteção à saúde e segurança do consumidor, é correto afirmar que

(A) os serviços colocados no mercado de consumo não acarretarão riscos à saúde ou segurança dos consumidores, ainda que considerados previsíveis em decorrência de sua natureza e fruição.

(B) o fornecedor poderá colocar no mercado de consumo produto de alto grau de nocividade ou periculosidade, desde que insira aviso de alerta, nesse sentido, na embalagem.

(C) o fornecedor de produtos que, posteriormente à sua introdução no mercado de consumo, tiver conhecimento da periculosidade que apresentem, deverá retirá-los do mercado, comunicando os consumidores, ficando assim dispensado de notificar as autoridades competentes.

(D) em se tratando de venda de produto *in natura* de alto grau de nocividade, cabe ao comerciante prestar as informações alertando o consumidor da natureza do produto em questão.

(E) sempre que os entes políticos tiverem conhecimento de prestação de serviços de alto grau de periculosidade à saúde ou segurança do consumidor deverão informá-los a respeito.

A: incorreta. O CDC, em seu artigo 8º, admite que sejam inseridos no mercado de consumo produtos que contenham periculosidade latente ou inerente, desde que o consumidor seja devidamente alertado quanto ao uso e riscos: "os produtos e serviços colocados no mercado de consumo não acarretarão riscos à saúde ou segurança dos consumidores, exceto os considerados normais e previsíveis em decorrência de sua natureza e fruição, obrigando-se os fornecedores, em qualquer hipótese, a dar as informações necessárias e adequadas a seu respeito". **B:** incorreta. Os produtos ou serviços com periculosidade exagerada não podem ser inseridos no mercado de consumo: "O fornecedor não poderá colocar no mercado de consumo produto ou serviço que sabe ou deveria saber apresentar alto grau de nocividade ou periculosidade à saúde ou segurança". (art. 10 do CDC). **C:** incorreta. Nos termos do § 1º do art. 10, o "fornecedor de produtos e serviços que, posteriormente à sua introdução no mercado de consumo, tiver conhecimento da periculosidade que apresentem, deverá comunicar o fato imediatamente às autoridades competentes e aos consumidores, mediante anúncios publicitários". **D:** incorreta. O art. 10 do CDC refere-se ao fornecedor, de modo que a responsabilidade pelo aviso aos consumidores é de todos os fornecedores inseridos na cadeia produtiva, não só do comerciante. **E:** correta. O art. 10, § 3º, do CDC, obriga os entes federativos a prestar informações aos consumidores sobre a periculosidade de produtos e serviços: "Sempre que tiverem conhecimento de periculosidade de produtos ou serviços à saúde ou segurança, a União, os Estados, o Distrito Federal e os Municípios deverão informá-los a respeito". **RD**
Gabarito "E".

(Procurador Municipal – Sertãozinho/SP – VUNESP – 2016) São direitos básicos do consumidor:

(A) a educação e divulgação sobre o consumo adequado dos produtos e serviços, asseguradas a liberdade de escolha e a distinção nas contratações.

19. DIREITO DO CONSUMIDOR — 725

(B) facilitação da defesa dos direitos dos consumidores, inclusive com a inversão do ônus da prova a seu favor, no processo civil, quando, a critério do juiz, for verossímil a alegação e for ele hipossuficiente, segundo as regras ordinárias de experiências.

(C) informação adequada e clara sobre os diferentes produtos e serviços, com especificação correta de quantidade, características, composição, qualidade, tributos incidentes e preço, bem como sobre os riscos que apresentem.

(D) a modificação das cláusulas contratuais que estabeleçam prestações desproporcionais ou sua revisão em razão de fatos presentes ou pretéritos que as tornem excessivamente onerosas.

(E) a proteção do consumidor contra métodos comerciais coercitivos ou desleais, contrapropaganda, bem como contra práticas e cláusulas abusivas ou impostas no fornecimento de produtos e serviços.

A: incorreta. É assegurada a liberdade de escola e a igualdade nas contratações (art. 6º, II). **B:** incorreta. Para inversão do ônus da prova o juiz deve analisar a verossimilhança das alegações OU a hipossuficiência do consumidor (art. 6º, VIII). **C:** correta. Conforme o art. 6º, III, do CDC. **D:** incorreta, os fatos devem ser *supervenientes* (art. 6º, V, do CDC). **E:** incorreta. O art. 6º, inciso IV, refere-se à proteção contra a publicidade enganosa e abusiva, não à contrapropaganda. RD
Gabarito "C".

(Procurador Municipal/SP – VUNESP – 2016) Antônio possui um caminhão ano 1950 e, precisando capitalizar-se, coloca à venda o bem. José, interessado na compra, leva um mecânico para avaliar o veículo e, depois de um parecer favorável do técnico, a venda é realizada. Após 60 dias de uso, o caminhão tem um problema no eixo dianteiro e precisa ficar parado por 30 dias, causando um enorme prejuízo para José, que já possuía fretes contratados. Diante dessa situação hipotética, é correto afirmar que, a esse caso, se aplicam as regras do direito

(A) do consumidor, sendo certo que, por se tratar de bem durável e diante do claro vício oculto, José terá 90 dias para reclamar a partir do conhecimento do vício.

(B) civil, por não se tratar de relação jurídica de consumo, tendo José 90 dias para exigir a reparação de seus prejuízos.

(C) do consumidor, sendo certo que, por se tratar de bem durável e diante do claro vício oculto, José terá 30 dias para reclamar a partir do conhecimento do vício.

(D) do consumidor, sendo certo que, por se tratar de bem durável e diante do claro vício oculto, José terá 05 anos para reclamar a partir do conhecimento do vício.

(E) civil, pois a relação jurídica travada entre as partes não contempla as figuras do consumidor e do fornecedor.

A: incorreta. Não se trata de relação jurídica de consumo, incidindo apenas o Código Civil no caso trazido pelo enunciado. Para que haja relação jurídica de consumo se faz necessária a presença dos sujeitos da relação (consumidor e fornecedor). Antônio não pode ser considerado um fornecedor porque não coloca produto ou serviço no mercado de consumo de forma onerosa e habitual. **B:** incorreta. O prazo prescricional do art. 206, § 3º, V, previsto no Código Civil para a reparação civil é de 3 anos. **C:** incorreta. Vide comentário da alternativa "A". **D:** incorreta. Vide comentário da alternativa "A". **E:** correta. Vide comentário da alternativa "A". RD
Gabarito "E".

(Juiz – TJ-SC – FCC – 2017) Quanto aos direitos do consumidor, bem como suas disposições gerais, é correto:

(A) Direitos básicos do consumidor possuem rol elucidativo e não taxativo; se a ofensa for praticada por mais de um autor, todos responderão solidariamente pela reparação dos danos previstos nas normas de consumo.

(B) Equipara-se a consumidor a coletividade de pessoas, desde que determinadas ou determináveis, que haja intervindo nas relações de consumo.

(C) Fornecedor é toda pessoa física ou jurídica, pública ou privada, desde que personalizada, que desenvolve atividades de produção, montagem, criação, construção, transformação, importação, exportação, distribuição ou comercialização de produtos ou prestação de serviços.

(D) As normas consumeristas têm natureza protetiva e de defesa dos consumidores, de ordem dispositiva e de interesse social, implicando tratamento diferenciado a estes por sua hipossuficiência e vulnerabilidade.

(E) Produto é qualquer bem, exclusivamente material, de natureza móvel ou imóvel, indistintamente.

A: correta. O rol do art. 6º do Código de Defesa do Consumidor, que traz os direitos básicos, é elucidativo, traz o patamar mínimo de direitos do consumidor, que se expande para todo o Código; **B:** incorreta. Equipara-se a consumidor a coletividade de pessoas, ainda que **indetermináveis**, que haja intervindo nas relações de consumo (art. 2º, parágrafo único, do CDC); **C:** incorreta. Os entes despersonalizados também são considerados consumidores (art. 2º, "caput", do CDC); **D:** incorreta. Nos termos do art. 1º do CDC, as normas nele inseridas são normas de ordem pública e interesse social, protegendo a vulnerabilidade do consumidor. Todos os consumidores são vulneráveis, nem todos os consumidores são hipossuficientes. A hipossuficiência é a dificuldade apresentada pelo consumidor para fazer a prova em juízo, o que deve ser analisado tão somente para fins de inversão do ônus da prova; **E:** incorreta. O bem imaterial (incorpóreo) também pode ser objeto da relação de consumo (art. 3º, § 1º, do CDC). RD
Gabarito "A".

(Promotor de Justiça/GO – 2016 – MPE) Considerando os princípios e direitos básicos que regem o Código de Defesa do Consumidor, assinale a alternativa correta:

(A) O conceito de hipossuficiência consumerista restringe-se a análise da situação socioeconômica do consumidor perante o fornecedor, permitindo, inclusive, a inversão do ônus probatório.

(B) O boa-fé objetiva é uma causa limitadora do exercício, antes lícito, hoje abusivo, dos direitos subjetivos, e, ainda caracteriza-se por ser fonte de deveres anexos contratuais.

(C) Por ser os princípios da hipossuficiência e da vulnerabilidade conceitos jurídicos pode-se afirmar que todo consumidor vulnerável é, logicamente, hipossuficiente.

(D) A regra do *pacta sunt servanda* se aplica as relações de consumo e encontra-se prevista expressamente no CDC.

A: incorreta. A hipossuficiência, elemento a ser analisado para inversão o ônus da prova (art. 6º, VIII), compreende a dificuldade de o consumidor fazer a prova em juízo, que pode denotar caráter técnico ou econômico. **B:** correta. A autonomia privada é limitada pelas regras de ordem pública trazidas pelo CDC, especialmente pela cláusula geral

ROBERTA DENSA

de boa-fé objetiva, que obriga os contratantes a agirem de acordo com um padrão ético de conduta. **C:** incorreta. Todos os consumidores são reconhecidamente vulneráveis (art. 4º, inciso I, do CDC), mas nem todos são hipossuficientes. A hipossuficiência é critério técnico para análise da inversão do ônus da prova nas hipóteses do art. 6º, inciso VIII, do CDC. **D:** incorreta. O princípio do *pacta sunt servanda* não é expresso no CDC, mas é princípio contratual que deve ser observado nas relações de consumo. Vale notar que a lei consumerista prevê expressamente hipóteses de não aplicação do referido princípio, podendo citar como exemplo o art. 49, que permite a desistência das compras feitas fora do estabelecimento empresarial e o art. 6, inciso V, que permite a modificação e a revisão judicial dos contratos. [RD]

Gabarito "B".

(Defensor Público – DPE/MT – 2016 – UFMT) Quanto aos princípios da Política Nacional de Relações de Consumo, considere:

I. Presença do Estado no mercado de consumo.
II. Educação de fornecedores e de consumidores, com vista à melhoria do consumo.
III. Ação governamental para proteger o consumidor por iniciativa direta.
IV. Ação pública para repreender a utilização indevida de inventos e criações industriais das marcas e nomes comerciais e signos distintivos.
V. Promoção de estudo constante das modificações do mercado de consumo, atendendo às necessidades de todos os envolvidos nessa relação.

São princípios da Política Nacional de Relações de Consumo:

(A) I, III e IV, apenas.
(B) I, II e III, apenas.
(C) II, III, IV e V, apenas
(D) III e V, apenas.
(E) I, II, IV e V, apenas.

I: correta. Na forma do art. 4º, II, do CDC, é princípio das relações de consumo a "ação governamental no sentido de proteger efetivamente o consumidor: *a)* por iniciativa direta; *b)* por incentivos à criação e desenvolvimento de associações representativas; *c)* pela presença do Estado no mercado de consumo; *d)* pela garantia dos produtos e serviços com padrões adequados de qualidade, segurança, durabilidade e desempenho". **II:** correta. Na forma do art. 4º, IV, do CDC, é princípio das relações de consumo a "educação e informação de fornecedores e consumidores, quanto aos seus direitos e deveres, com vistas à melhoria do mercado de consumo". **III:** correta. Vide justificativa do item I. **IV:** incorreta. Na forma do art. 4º, VI, do CDC, é princípio das relações de consumo a "coibição e repressão eficientes de todos os abusos praticados no mercado de consumo, inclusive a concorrência desleal e utilização indevida de inventos e criações industriais das marcas e nomes comerciais e signos distintivos, que possam causar prejuízos aos consumidores". **V:** incorreta. Na forma do art. 4º, VIII, do CDC, é princípio das relações de consumo o "estudo constante das modificações do mercado de consumo".

Gabarito "B".

3. RESPONSABILIDADE PELO FATO DO PRODUTO OU DO SERVIÇO E PRESCRIÇÃO

(Promotor de Justiça/PR – 2019 – MPE/PR) Analise as assertivas abaixo e assinale a alternativa correta:

(A) O produto é considerado defeituoso pelo fato de, no prazo de 30 (trinta) dias, outro de melhor qualidade ser colocado no mercado.

(B) A garantia legal de adequação do produto ou serviço depende de termo expresso, sendo possível a exoneração contratual do fornecedor, caso haja anuência do consumidor.

(C) O direito de o consumidor reclamar pelos vícios aparentes ou de fácil constatação de produtos duráveis, adquiridos pela internet, caduca em 07 (sete) dias.

(D) O ônus da prova da veracidade e correção da informação ou comunicação publicitária cabe a quem as patrocina.

(E) A garantia contratual complementar à legal consiste em ato de liberalidade do fornecedor e, portanto, não pode impor ônus ao consumidor.

A: Incorreta. De acordo com o art. 12, § 2º do CDC "o produto não é considerado defeituoso pelo fato de outro de melhor qualidade ter sido colocado no mercado". **B:** Incorreta. Na forma do art. 24 do CDC "a garantia legal de adequação do produto ou serviço independe de termo expresso, vedada a exoneração contratual do fornecedor". **C:** Incorreta. Conforme art. 49 do CDC, "o consumidor pode desistir do contrato, no prazo de 7 dias a contar de sua assinatura ou do ato de recebimento do produto ou serviço, sempre que a contratação de fornecimento de produtos e serviços ocorrer fora do estabelecimento comercial". Tal desistência não está atrelada a qualquer dos vícios tratados pelo art. 18 do mesmo dispositivo, ou seja, o consumidor sempre poderá desistir da compra realizada fora do estabelecimento comercial, ainda que não exista nenhum vício aparente ou oculto no produto ou serviço contratado. Além disso, o direito de reclamar pelos vícios aparentes ou de fácil constatação caduca em 90 dicas, a contar da data do recebimento do produto (art. 26 do CDC). **D:** Correta. Nos termos do art. 38 do CDC. **E:** Incorreta. A garantia contratual é complementar à legal e consiste em ato de liberdade do fornecedor, sendo conferida mediante termo escrito, que deixe claro ao consumidor os ônus por ele suportados, conforme art. 50 do CDC. [RD]

Gabarito "D".

(Promotor de Justiça/SP – 2019 – MPE/SP) A contagem do prazo para o exercício do direito de reclamar pelos vícios aparentes ou de fácil constatação inicia-se a partir

(A) do momento em que ficar evidenciado o defeito.

(B) da entrega efetiva do produto ou do término da execução dos serviços.

(C) da instauração de inquérito civil para apurar a responsabilidade pelos vícios aparentes ou de fácil constatação.

(D) da aquisição efetiva do produto ou da data da contratação dos serviços.

(E) do conhecimento do dano e de sua autoria.

A questão trata do prazo decadencial para reclamar dos vícios aparentes de fácil constatação. Conforme art. 26, § 1º, "Inicia-se a contagem do prazo decadencial a partir da entrega efetiva do produto ou do término da execução dos serviços". [RD]

Gabarito "B".

(Juiz de Direito – TJ/RS – 2018 – VUNESP) João comprou um pacote de biscoitos, e ao levar à boca um deles, percebeu algo estranho. Sem comer o biscoito, notou que havia pelos de ratos, o que ficou devidamente confirmado em laudo pericial particular. Isso fez com que João procurasse seus eventuais direitos em ação judicial. Em razão desse fato, assinale a alternativa correta.

(A) Há direito de abatimento proporcional do produto, pois apenas um biscoito estava contaminado, tendo

19. DIREITO DO CONSUMIDOR 727

direito à indenização moral, pela sensação de nojo provocada ao consumidor.

(B) Há direito de indenização material, pelo valor do pacote de biscoito, e moral, mesmo não tendo sido consumido o produto, pela exposição ao risco, o que torna *ipso facto* defeituoso o produto.

(C) Há direito de indenização material, pelo valor do pacote de biscoito, mas não de natureza moral, por não ter havido ingestão, podendo o consumidor optar pela substituição do produto por outro da mesma espécie.

(D) Não há direito a qualquer espécie de indenização, uma vez que o fato não foi comprovado por perícia submetida ao crivo do contraditório, o que exime o fabricante de qualquer responsabilidade.

(E) Tratando-se de vício aparente e de fácil constatação, bastava ao consumidor reclamar ao fabricante ou ao vendedor para que o produto fosse devidamente trocado, posto que não houve qualquer ingestão ou exposição a perigo.

A: incorreta. Sendo um defeito de produto (art. 12 do CDC), não um vício (art. 18 do CDC), não há que se falar em abatimento proporcional do preço. A indenização deve ser imediata e integral; **B:** correta. Neste caso, deve o fornecedor indenizar o consumidor pelos danos materiais e morais. O Superior Tribunal de Justiça já externou entendimento de que o simples fato de colocar o consumidor em risco em relação à saúde e segurança já configura defeito de produto, nos termos do art. 12 do CDC: "A aquisição de produto de gênero alimentício contendo em seu interior corpo estranho, expondo o consumidor à risco concreto de lesão à sua saúde e segurança, ainda que não ocorra a ingestão de seu conteúdo, dá direito à compensação por dano moral, dada a ofensa ao direito fundamental à alimentação adequada, corolário do princípio da dignidade da pessoa humana". (STJ, REsp 1424304/SP, 3 Turma, Rel. Min. Nancy Andrighi, DJe 19/05/2014); **C:** incorreta. O consumidor tem direito à indenização por danos materiais e morais; **D:** incorreta. Trata-se de responsabilidade civil objetiva, devendo o fornecedor, eventualmente, fazer prova das excludentes de responsabilidade nos termos do art. 12, § 3º, do CDC; **E:** incorreta. Trata-se de defeito de produto (vide resposta da alternativa B). **RD**

Gabarito "B."

(Juiz de Direito – TJ/RS – 2018 – VUNESP) Paciente com insuficiência renal grave faleceu em decorrência de ingerir, por orientação médica, um anti-inflamatório, cuja bula continha informações de possíveis reações adversas e a ocorrência de doenças graves renais. O laboratório, fornecedor do produto,

(A) não responde, pois o produto tem periculosidade inerente (medicamento), cujos riscos são normais à sua natureza e previsíveis.

(B) reponde objetivamente pela teoria do risco do empreendimento ou da atividade.

(C) responde objetivamente, por ser causador de um acidente de consumo.

(D) responde objetivamente pelos riscos do produto, pelo simples fato de tê-lo colocado no mercado.

(E) responde subjetivamente, pois se trata de produto defeituoso.

A: correta. O produto em si não pode ser considerado defeituoso em razão de a bula esclarecer aos pacientes e ao médico que poderia desenvolver doenças renais graves. Sendo assim, nos termos do art. 9º do CDC, não há que se falar em produto defeituoso e, por consequência,

o laboratório não responde pelos danos; **B:** incorreta. A lei consumerista adota a teoria do risco proveito para toda a responsabilidade civil do fornecedor, admitindo as excludentes de responsabilidade na forma do art. 12, § 3º e art. 14, § 4º; **C:** incorreta. Não há nexo de causalidade entre o acidente de consumo e a ação do laboratório, já que as informações constavam da bula do medicamento; **D:** incorreta. Vide comentários da alternativa B; **E:** incorreta. A responsabilidade civil do fornecedor no mercado de consumo é objetiva, independe, portanto, da culpa do fornecedor (art. 12, *caput*, e art. 14, *caput*, do CDC). **RD**

Gabarito "A."

(Defensor Público – DPE/PR – 2017 – FCC) O STJ, no REsp 1.424.304/SP, 3ª Turma, sob a relatoria da Ministra Nancy Andrighi (j. 11.03.2014, DJe 19.05.2014), admitiu a reparação por danos imateriais no caso em que a consumidora adquiriu uma garrafa de refrigerante com objetos em seu interior descritos como "algo estranho" que "aparentava ser um 'feto'", cujo exame mais apurado, através de uma lupa, teria revelado tratar-se de algo semelhante a uma 'lagartixa', ou ainda, pedaços de pele humana.

Com base neste precedente, considere os itens seguintes em relação aos dispositivos do CDC aplicáveis à espécie.

I. Como a lei consumerista protege o consumidor contra produtos que coloquem em risco sua segurança ou saúde, ainda que a consumidora não tivesse ingerido a bebida, surgiria o dever de indenizar.

II. O produto é defeituoso quando não oferece a segurança que dele legitimamente se espera, porém, é possível que a álea da produção defeituosa seja suportada pelo consumidor, afastando-se a responsabilidade do fornecedor.

III. O fabricante do refrigerante seria responsabilizado pelo produto defeituoso, ainda que provasse a culpa exclusiva do comerciante ao não conservar adequadamente o produto.

Está correto o que se afirma em

(A) III, apenas.

(B) I e II, apenas.

(C) I, apenas.

(D) I, II e III.

(E) II e III, apenas.

I: Correta. O STJ tem admitido o dever de indenizar do fornecedor por expor o consumidor a risco, independentemente da existência de danos (nesse caso, ausência de ingestão do alimento). Veja também REsp 1.644.405 (Acórdão de 08/11/2017). II: Incorreta. A responsabilidade civil adotada pelo Código de Defesa do Consumidor está fundamentada na teoria do risco proveito, adotando-se a responsabilidade civil objetiva do fornecedor. Desse modo, deve o fornecedor reparar os "danos causados aos consumidores por defeitos decorrentes de projeto, fabricação, construção, montagem, fórmulas, manipulação, apresentação ou acondicionamento de seus produtos, bem como por informações insuficientes ou inadequadas sobre sua utilização e riscos" (art. 12, *caput*, do CDC). III: Incorreta. A questão é controvertida. O examinador evoca o art. 12, § 3º, para fundamentar a exclusão de responsabilidade do fornecedor na hipótese de culpa exclusiva do comerciante. O dispositivo legal assim determina: "O fabricante, o construtor, o produtor ou importador só não será responsabilizado quando provar: I – que não colocou o produto no mercado; II – que, embora haja colocado o produto no mercado, o defeito inexiste; III – a culpa exclusiva do consumidor ou de terceiro". Desse modo, entende o examinador que o fabricante poderia exonerar a sua responsabilidade na hipótese de demonstrar culpa exclusiva do comerciante. No entanto, entendemos que a afirmativa está correta à luz do disposto no art. 13 do CDC, posto

ROBERTA DENSA

que o comerciante não pode ser considerado um "terceiro" na relação de consumo, embora tenha responsabilidade subsidiária, por regra, nas hipóteses de defeito de produto. O *caput* do mencionado artigo diz que o comerciante é **igualmente** responsável (trazendo, portanto, responsabilidade solidária), nos termos do artigo anterior, quando não conservar adequadamente os produtos perecíveis (inciso III). **RD**
Gabarito "C".

(Juiz – TJ-SC – FCC – 2017) Quanto à responsabilidade pelo fato do produto e do serviço, é correto afirmar:

(A) O produto colocado no mercado torna-se defeituoso se outro de melhor qualidade vier a substitui-lo para a mesma finalidade.

(B) O prazo para ajuizamento de ação indenizatória pelo consumidor lesado é decadencial.

(C) A responsabilidade pessoal dos profissionais liberais será examinada, se a relação for consumerista, de acordo com as regras da responsabilidade objetiva, na modalidade de risco atividade, que admite excludentes.

(D) O serviço, que é defeituoso quando não fornece a segurança que o consumidor dele pode esperar, não é assim considerado pela adoção de novas técnicas.

(E) Se o comerciante fornecer o produto sem identificação clara de seu fabricante, produtor, construtor ou importador, sua responsabilidade será apurada mediante verificação de culpa, isto é, de acordo com as normas da responsabilidade subjetiva.

A: incorreta. "O produto não é considerado defeituoso pelo fato de outro de melhor qualidade ter sido colocado no mercado" (art. 12, § 2º); **B:** incorreta. O prazo de cinco anos para ingressar com pedido de indenização por defeito de produto ou serviço é prescricional; **C:** incorreta. A responsabilidade pessoal dos profissionais liberais é subjetiva (art. 14, § 4º, do CDC); **D:** correta. Nos exatos termos do art. 18, § 1º, do CDC; **E:** incorreta. A responsabilidade civil do comerciante por defeito de produto é objetiva e subsidiária, nos termos do art. 13 do CDC. **RD**
Gabarito "D".

(Defensor Público – DPE/MT – 2016 – UFMT) Em matéria de direito do consumidor, quanto à responsabilidade dos agentes envolvidos na relação jurídica, no que tange à condição do produto e do serviço, assinale a afirmativa correta.

(A) O produto pode ser considerado defeituoso quando outro de melhor qualidade for colocado no mercado.

(B) A responsabilidade não deve recair sobre o comerciante quando o defeito no produto for ocasionado pelo fabricante, construtor, produtor ou importador.

(C) No que se refere aos serviços de profissional liberal, a responsabilidade é objetiva.

(D) O fornecedor de serviços responde subjetivamente pela reparação dos danos causados aos consumidores por defeitos relativos à prestação dos serviços.

(E) O produto é defeituoso quando não oferece a segurança que dele legitimamente se espera, levando-se em consideração circunstâncias relevantes, como a época em que foi colocado em circulação.

A: incorreta. O produto não é considerado defeituoso quando outro de melhor qualidade é colocado no mercado (art. 12, § 2º do CDC). **B:** incorreta. O comerciante responde subsidiariamente por defeito de produto, na forma do art. 13 do CDC. **C:** incorreta. A reponsabilidade pessoal do profissional liberal é subjetiva por defeito de serviço, nos termos do art. 14, § 4º do CDC. **D:** incorreta. A responsabilidade por

defeito de serviço é objetiva e solidária de todos os envolvidos na cadeia produtiva. Apenas a responsabilidade civil do profissional liberal é subjetiva. **E:** correta. Nos exatos termos do art. 12, § 1º, do CDC.
Gabarito "E".

(Defensor Público – DPE/BA – 2016 – FCC) Considere as assertivas abaixo.

I. É abusiva a cláusula prevista em contrato de adesão que impõe ao consumidor em mora a obrigação de pagar honorários advocatícios decorrentes de cobrança extrajudicial.

II. A estipulação de juros remuneratórios superiores a 12% ao ano constitui abusividade.

III. Constitui prática comercial abusiva o envio de cartão de crédito sem prévia e expressa solicitação do consumidor, configurando-se ato ilícito indenizável e sujeito à aplicação de multa administrativa.

IV. Caracteriza prática abusiva no mercado de consumo a diferenciação do preço do produto em função de o pagamento ocorrer em dinheiro, cheque ou cartão de crédito.

Está de acordo com a jurisprudência do Superior Tribunal de Justiça, APENAS o que se afirma em:

(A) III e IV.

(B) I, II e IV.

(C) II, III e IV.

(D) II e III.

(E) II e IV.

I: incorreta. Somente seria considerada abusiva se não houvesse possibilidade de o consumidor também fazer a cobrança. Nesse sentido, já decidiu o Superior Tribunal de Justiça: "Nas relações de consumo, havendo expressa previsão contratual, ainda que em contrato de adesão, não se tem por abusiva a cobrança de honorários advocatícios extrajudiciais em caso de mora ou inadimplemento do consumidor. Igual direito é assegurado ao consumidor, em decorrência de imposição legal, nos termos do art. 51, XII, do CDC, independentemente de previsão contratual. (STJ, REsp 1002445/DF, DJe 14/12/2015). **II:** incorreta. Súmula 382 do STJ: "A estipulação de juros remuneratórios superiores a 12% ao ano, por si só, não indica abusividade." **III:** Correta. Súmula 532 do STJ: "Constitui prática comercial abusiva o envio de cartão de crédito sem a prévia e expressa solicitação do consumidor, configurando-se ato ilícito indenizável e sujeito à aplicação de multa". **IV:** Correta. Conforme entendimento jurisprudencial. Entanto, há que se observar a Medida Provisória 764/2016 (posterior ao concurso), que permite a cobrança de valores de forma diferenciada, afastando, portanto, a abusividade.
Gabarito "A".

4. RESPONSABILIDADE POR VÍCIO DO PRODUTO OU DO SERVIÇO E DECADÊNCIA

(Juiz de Direito/GO – 2021 – FCC) Em relação à responsabilidade por vício do produto, o Código de Defesa do Consumidor prevê:

(A) Relativamente aos vícios de quantidade, o fornecedor imediato será responsável quando fizer a pesagem ou a medição e o instrumento utilizado não estiver aferido segundo os padrões oficiais, nesse caso afastando-se a responsabilidade da fabricante.

(B) A ampliação do prazo para sanar o vício, ou sua redução, podem ser convencionadas, salvo na hipótese de contrato de adesão.

(C) Na hipótese de fornecimento de produtos *in natura*, o único responsável perante o consumidor é o fornecedor imediato, ainda que identificado claramente o produtor, cabendo àquele voltar-se regressivamente contra este.

(D) Os prazos para reclamar o vício do produto, seja de qualidade ou de quantidade, são prescricionais, uma vez que as ações são de ressarcimento material e ou moral.

(E) A contagem do prazo para demandar o reconhecimento do vício inicia-se sempre a partir da aquisição do produto.

Comentário: **A:** Correta. Conforme art. 19, § 2º, do CDC. **B:** Incorreta. De acordo com o art. 18, § 2º, do CDC "poderão as partes convencionar a redução ou ampliação do prazo previsto no parágrafo anterior, não podendo ser inferior a sete nem superior a cento e oitenta dias. Nos contratos de adesão, a cláusula de prazo deverá ser convencionada em separado, por meio de cláusula expressa do consumidor". **C:** Incorreta. De acordo com o art. 18, § 5º, do CDC "no caso de fornecimento de produtos *in natura*, será responsável perante o consumidor o fornecedor imediato, exceto quando identificado claramente seu produtor". **D:** Incorreta. Os prazos para reclamar o vício do produto, seja de quantidade ou de qualidade, são decadenciais e tratados pelo art. 26 do CDC. Já os prazos estabelecidos relativos ao defeito de produto e serviço são prescricionais, na forma do art. 27 do CDC. **E:** Incorreta. A contagem do prazo decadencial inicia-se a partir da entrega efetiva do produto ou término da execução do serviço, conforme disposição do art. 26, § 1º. Entretanto, em se tratando de vício oculto, a contagem do prazo inicia-se no momento em que ficar evidenciado o defeito, conforme inteligência do art. 26, § 3º, do CDC. **RD**

Gabarito "A".

(Juiz de Direito – TJ/MS – 2020 – FCC) Mariana adquiriu numa loja uma geladeira nova, para utilizar em sua residência. Apenas dois dias depois da compra, o produto apresentou vício, deixando de refrigerar. Mariana então pleiteou a imediata restituição do preço, o que foi negado pelo fornecedor sob o fundamento de que o produto poderia ser consertado. Nesse caso, de acordo com o Código de Defesa do Consumidor, assiste razão

(A) à Mariana, por se tratar de produto essencial, circunstância que lhe garante exigir a imediata restituição do preço, ainda que o vício do produto possa ser sanado.

(B) à Mariana, em virtude de o vício ter se manifestado dentro do prazo de sete dias contado da compra, circunstância que lhe garante exigir a imediata restituição do preço, ainda que o vício do produto possa ser sanado.

(C) ao fornecedor, pois o consumidor só terá direito à restituição do preço se o vício do produto não for reparado no prazo legal de trinta dias, que pode ser aumentado ou diminuído por convenção das partes.

(D) ao fornecedor, pois o consumidor só terá direito à restituição do preço se o vício do produto não for reparado no prazo legal de trinta dias, que não pode ser aumentado nem diminuído por convenção das partes.

(E) ao fornecedor, pois o consumidor só terá direito à restituição do preço se o vício do produto não for reparado no prazo legal de trinta dias, que não pode ser aumentado, mas pode ser diminuído por convenção das partes.

A questão deve ser analisada sob o prisma do art. 18 do Código de Defesa do Consumidor. De fato, quando um produto apresenta um vício, pode o consumidor fazer a reclamação junto o fornecedor que, por sua vez, tem até 30 dias para realizar o conserto do produto. No entanto, conforme art. 18, § 3º, do CDC, caso o consumidor tenha adquirido um produto considerado essencial, pode exigir imediatamente, sem aguardar o prazo de 30 dias para conserto, qualquer das três alternativas: devolução do dinheiro, abatimento proporcional do preço ou troca do produto (art. 18, § 1º, do CDC). **RD**

Gabarito "A".

(Juiz de Direito – TJ/MS – 2020 – FCC) De acordo com o Código de Defesa do Consumidor, a garantia legal de adequação do produto

(A) sempre depende de termo expresso, podendo ser excluída ou atenuada contratualmente, mediante desconto do preço, desde que isso não coloque o consumidor em situação de exagerada desvantagem.

(B) depende de termo expresso apenas no caso de produtos duráveis, sendo vedada, em qualquer hipótese, a exoneração contratual do fornecedor.

(C) independe de termo expresso, podendo ser excluída ou atenuada contratualmente, mediante desconto do preço, desde que isso não coloque o consumidor em situação de exagerada desvantagem.

(D) independe de termo expresso, sendo vedada, em qualquer hipótese, a exoneração contratual do fornecedor.

(E) independe de termo expresso, mesmo que se trate de produtos duráveis, podendo ser excluída contratualmente, mediante desconto do preço, desde que isso não coloque o consumidor em situação de exagerada desvantagem.

Conforme art. 24 do Código de Defesa do Consumidor: "A garantia legal de adequação do produto ou serviço independe de termo expresso, vedada a exoneração contratual do fornecedor". **RD**

Gabarito "D".

(Juiz de Direito - TJ/AL - 2019 – FCC) No que concerne à qualidade de produtos e serviços, prevenção e reparação dos danos nas relações de consumo,

(A) o comerciante só será responsabilizado perante o consumidor se não conservar adequadamente os produtos perecíveis.

(B) os produtos e serviços colocados no mercado de consumo em nenhuma hipótese poderão acarretar riscos à saúde ou à segurança dos consumidores.

(C) o fabricante, o produtor, o construtor e o importador respondem objetivamente pela reparação dos danos causados aos consumidores, independentemente da existência de nexo de causalidade, na modalidade de risco integral.

(D) o fornecedor de produtos e serviços deverá higienizar os equipamentos e utensílios utilizados nesse fornecimento, ou colocados à disposição do consumidor, informando, de maneira ostensiva e adequada, quando for o caso, sobre o risco de contaminação.

(E) a responsabilidade pessoal dos profissionais liberais dar-se-á objetivamente, na modalidade do risco atividade.

A: incorreta. O art. 13 do CDC diz que o comerciante responderá por defeito de produto (art. 12), juntamente com o fabricante, construtor, produtor ou importador, sempre que: I – o fabricante, o construtor, o

ROBERTA DENSA

produtor ou o importador não puderem ser identificados; II – o produto for fornecido sem identificação clara do seu fabricante, produtor, construtor ou importador; III – não conservar adequadamente os produtos perecíveis. **B**: incorreta. Os produtos e serviços colocados no mercado de consumo não acarretarão riscos à saúde ou segurança dos consumidores, exceto os considerados normais e previsíveis em decorrência de sua natureza e fruição, obrigando-se os fornecedores, em qualquer hipótese, a dar as informações necessárias e adequadas a seu respeito (art. 8º do CDC). **C**: incorreta. A responsabilidade objetiva estampada no art. 12 do CDC por defeito de produto dispensa apenas a existência de culpa. O nexo de causalidade e o dano devem ser comprovados pelo consumidor (salvo o dano mora, que não exige comprovação, ou seja, ele ocorre *in re ipsa*). **D**: correta. Nos exatos termos do art. 8º, § 2º, "o fornecedor deverá higienizar os equipamentos e utensílios utilizados no fornecimento de produtos ou serviços, ou colocados à disposição do consumidor, e informar, de maneira ostensiva e adequada, quando for o caso, sobre o risco de contaminação". **E**: incorreta. A responsabilidade civil pessoal do profissional é subjetiva, devendo o consumidor fazer a comprovação da culpa, nexo de causalidade e danos para ter o direito a indenização. RD

Gabarito "D".

(Procurador Municipal/SP – VUNESP – 2016) Um consumidor adquiriu um pacote de macarrão da marca "Adriana", no supermercado "Rumba". Quando chegou em casa, abriu o pacote do alimento e percebeu que estava repleto de carunchos, sendo impossível consumir tal produto. Diante dessa situação hipotética, é correto afirmar que o caso revela um

(A) defeito no produto, pelo qual o consumidor terá prazo de cinco anos para reclamar perante o supermercado e o fabricante do produto, respondendo o supermercado subsidiariamente pelos fatos.

(B) vício de qualidade e, portanto, o consumidor poderá reclamar em até 90 dias apenas contra o fabricante do produto.

(C) vício de quantidade e, assim, o consumidor poderá reclamar tanto para o supermercado como para o fabricante num prazo de 30 dias, tendo ambos responsabilidade solidária.

(D) defeito no produto, a respeito do qual o consumidor terá prazo de 30 dias para reclamar perante o supermercado e o fabricante, que responderão solidariamente pelos fatos.

(E) vício de qualidade, sobre o qual o supermercado e o fabricante respondem solidariamente, tendo o consumidor até 30 dias para fazer a reclamação.

A: incorreta. Trata-se de um vício de produto, na forma do art. 18, § 6º, II, do CDC, *in verbis*, "São impróprios ao uso e consumo: II – os produtos deteriorados, alterados, adulterados, avariados, falsificados, corrompidos, fraudados, nocivos à vida ou à saúde, perigosos ou, ainda, aqueles em desacordo com as normas regulamentares de fabricação, distribuição ou apresentação." Sendo um produto não durável e vício aparente ou de fácil constatação, o prazo para reclamar é de 30 dias, contados a partir da entrega efetiva do produto (art. 26 do CDC). **B**: incorreta. Trata-se de vício de qualidade, mas o prazo para reclamar é de 30 (trinta) dias. **C**: incorreta. O vício é de qualidade. **D**: incorreta. O caso narrado não afetou a segurança do consumidor, logo, não pode ser considerado um defeito de produto. **E**: correta. O vício de produto ou serviço traz responsabilidade solidária entre o fabricante e o comerciante. Trata-se de um vício de produto e o prazo para reclamar é de 30 dias (vide justificativa da alternativa "A"). RD

Gabarito "E".

(Procurador Municipal/SP – VUNESP – 2016) O fornecedor não poderá colocar no mercado de consumo produto ou serviço que sabe ou deveria saber apresentar alto grau de nocividade ou periculosidade à saúde ou à segurança. Se eventualmente o fornecedor colocar no mercado um lote de produtos com vícios capazes de causar risco aos consumidores, ele deverá

(A) comunicar o fato imediatamente às autoridades competentes e aos consumidores, mediante anúncios publicitários.

(B) reparar eventuais prejuízos causados para os consumidores que reclamarem dos vícios, não sendo necessário que se faça qualquer comunicação ao público consumidor.

(C) noticiar o fato pessoalmente a cada um dos consumidores que adquiriram tal produto, sendo dispensável anúncios publicitários em veículos de comunicação para alertar o público.

(D) aguardar que algum consumidor realmente tenha prejuízos para, somente após tal fato, analisar a periculosidade e a segurança de seu produto ou serviço.

(E) manter-se inerte, tendo em vista que responde apenas subjetivamente pelos produtos e serviços que introduz no mercado e, com isso, é o consumidor que deve fazer prova da culpa do fornecedor em eventual evento lesivo.

A: correta. É obrigação do fornecedor fazer o *recall* de produtos e serviços que, posteriormente à sua introdução no mercado de consumo, tiver conhecimento da periculosidade que apresentem, deverá comunicar o fato imediatamente às autoridades competentes e aos consumidores, mediante anúncios publicitários (art. 10, § 1º, do CDC). **B**: incorreta. O aviso às autoridades competentes e aos consumidores é obrigatório, além da reparação dos danos causados aos consumidores. **C**: incorreta. O aviso deve ser feito mediante aviso publicitário, que deverão ser veiculados na imprensa, rádio e televisão, às expensas do fornecedor do produto ou serviço (art. 10, § 2º). **D**: incorreta. A prevenção de danos é direito básico do consumidor (art. 6º, VI, do CDC), razão pela qual o fornecedor deve informar sobre eventual periculosidade adquirida tão logo tenha conhecimento (art. 10 do CDC). **E**: incorreta. O *recall* é obrigatório (art. 10) e a responsabilidade civil do fornecedor é objetiva (art. 12 a 14 do CDC). RD

Gabarito "A".

(Juiz – TJ-SC – FCC – 2017) Sobre responsabilidade por vício do produto ou serviço, considere:

I. Se houver vício no fornecimento de produtos de consumo duráveis ou não duráveis o consumidor poderá exigir a restituição imediata da quantia paga, monetariamente corrigida, com prejuízo de eventuais perdas e danos.

II. As partes só podem convencionar a redução do prazo previsto para que seja sanado o vício no fornecimento do produto ou serviço, pois sua ampliação implicaria indevida vantagem ao fornecedor.

III. No fornecimento de serviços que tenham por objetivo a reparação de qualquer produto considerar-se-á implícita a obrigação do fornecedor de empregar componentes de reposição originais adequados e novos, ou que mantenham as especificações técnicas do fabricante, salvo, quanto a estes últimos, autorização em contrário do consumidor.

19. DIREITO DO CONSUMIDOR

IV. A garantia legal de adequação do produto ou serviço independe de termo expresso, vedada a exoneração contratual do fornecedor.

Está correto o que se afirma APENAS em:

(A) III e IV.

(B) II e IV.

(C) II e IV.

(D) I, II e III.

(E) I e III.

I: incorreta. O consumidor sempre terá direito à indenização integral, monetariamente atualizada, sem prejuízo das perdas e danos (art. 18, II, do CDC); II: incorreta. O prazo de conserto pode ser diminuído para sete dias e aumentado para 180 dias, a depender da vontade das partes (art. 18, § 2º, do CDC); III: correta. Conforme arts. 21 e 70 do CDC: IV: correta. A garantia legal independe de termo expresso e está prevista no arts. 26 e 74 do CDC. RD

Gabarito "A".

(Juiz de Direito – TJ/RJ – VUNESP – 2016) Carlito da Silva ficou sem energia elétrica em sua residência por várias horas e acabou tendo prejuízo com perda de produtos de consumo doméstico que encontravam-se no freezer e geladeira da sua residência. Tendo acionando a concessionária, esta informou que não constava a existência de interrupção no fornecimento do serviço. Foi enviado um técnico e este constatou que a energia elétrica estava sendo regularmente fornecida. Inconformado, Carlito da Silva, sustentando que a concessionária estava omitindo a verdade, ingressou com ação judicial, calcado na legislação consumerista, pleiteando indenização por danos materiais e morais pelo período que ficou sem energia elétrica.

Diante desses fatos, assinale a alternativa correta.

(A) Se restar comprovada a interrupção no fornecimento, mas a concessionária alegar que houve força maior decorrente de descarga elétrica de raio que atingiu transformadores instalados no poste da rua, perto da casa de Carlito da Silva, ocorrido por falha nos equipamentos para-raios, ficará isenta de responsabilização.

(B) Existindo relação de consumo entre Carlito da Silva e a concessionária de energia elétrica, diante da hipossuficiência técnica do consumidor, será possível a inversão do ônus da prova, que pode ser estabelecida e aplicada no momento da prolação da sentença.

(C) Se o técnico da concessionária atestar que não houve irregularidade no fornecimento e o mesmo for também subscrito pelo usuário, tal documento ostentará o atributo de presunção de legitimidade, por tratar-se de prestação de serviço público.

(D) Ainda que se aplique a inversão do ônus da prova, tal fato não exonera Carlito da Silva do ônus de apresentar alguma evidência do fato de que efetivamente houve a interrupção da prestação do serviço pela concessionária.

(E) É possível a aplicação dos princípios facilitadores da defesa do consumidor em juízo, notadamente o da inversão do ônus da prova, incumbindo-a ao fornecedor, o que não impede que Carlito da Silva também produza provas dos fatos que alega, hipótese em que caberá à concessionária arcar com os custos dessa prova.

A: incorreta. A alternativa afirma que o acidente ocorreu **por falha do equipamento de para-raios**, configurando, dessa forma, o chamado "fortuito interno". A doutrina e a jurisprudência afirmam que o ato culposo de terceiro, conexo com a atividade do fornecedor e relacionado com os riscos próprios do negócio, caracteriza o fortuito interno, o que não exclui a responsabilidade do fornecedor (Veja: EREsp 1318095/MG – DJe 14/03/2017). Na mesma linha de pensamento temos a Súmula 479 do STJ: "As instituições financeiras respondem objetivamente pelos danos gerados por fortuito interno relativo a fraudes e delitos praticados por terceiros no âmbito de operações bancárias". **B:** incorreta. A inversão do ônus da prova é entendida pelo STJ como regra de instrução (não de julgamento), podendo ocorrer antes da prolatação da sentença ou acórdão (REsp 802.832/MG). Vale notar que o NCPC, em seu art. 373, §, 1º do CPC: "Nos casos previstos em lei ou diante de peculiaridades da causa relacionadas à impossibilidade ou à excessiva dificuldade de cumprir o encargo nos termos do *caput* ou à maior facilidade de obtenção da prova do fato contrário, poderá o juiz atribuir o ônus da prova de modo diverso, desde que o faça por decisão fundamentada, caso em que deverá dar à parte a oportunidade de se desincumbir do ônus que lhe foi atribuído". **C:** incorreta. Somente os atos praticados pelos servidores públicos têm presunção de legitimidade. **D:** correta. O artigo 6º, VIII, do CDC prevê a possibilidade de inversão do ônus da prova, a favor do consumidor, no processo civil, quando, a critério do juiz, houver verossimilhança das alegações ou hipossuficiência do consumidor. Sendo assim, o juiz pode exigir a prova do fato (interrupção da energia elétrica) e inverter o ônus de prova quanto ao nexo de causalidade. **E:** incorreta. A doutrina e a jurisprudência caminham no sentido de entender que "os efeitos da inversão do ônus da prova não possuem a força de obrigar a parte contrária a arcar com as custas da prova requerida pelo consumidor" (AgRg no AREsp 246375 / PR, j. 04.12.2012, Rel. Min. Luis Felipe Salomão). RD

Gabarito "D".

(Juiz de Direito – TJ/RJ – VUNESP – 2016) Marisa de Lima adquiriu um aparelho de telefone celular em uma loja de departamentos para dar como presente a um sobrinho em seu aniversário. O bem foi adquirido em 10 de maio de 2015 e entregue ao sobrinho na primeira semana de julho, quando Paulinho imediatamente passou a utilizar o aparelho. No dia das crianças do mesmo ano, quando novamente encontrou o sobrinho, este informou que o aparelho está apresentando problema de aquecimento e desligamento espontâneo quando está brincando em um jogo e que notou a existência do vício em meados de setembro.

A partir desses fatos, é correta a seguinte afirmação.

(A) Ainda não decorreu o prazo decadencial para apresentar reclamação perante o fornecedor, pois como se trata de vício oculto, o prazo iniciou-se no momento em que o aparelho começou a apresentar o problema.

(B) A reclamação que venha a ser formulada pelo consumidor perante o fornecedor e a instauração do inquérito civil interrompem o fluxo do prazo para o exercício do direito de reclamar, que é de natureza prescricional, pois se fosse decadencial não suspenderia nem interromperia.

(C) Tratando-se de vício oculto, o consumidor poderá formular reclamação perante o fornecedor por escrito, a qualquer tempo, mediante instrumento enviado pelo cartório de títulos e documentos, carta registrada ou simples, encaminhada pelo serviço postal ou entregue pelo consumidor, inclusive de forma verbal.

(D) Já decorreu o prazo prescricional para apresentar reclamação perante o fornecedor, pois o direito de reclamar pelos vícios apresentados iniciou-se a partir da retirada do aparelho de telefone celular da loja.

(E) O prazo para apresentar reclamação perante o fornecedor é de natureza decadencial, mas não poderá ser exercido, pois decorrido mais de 90 dias desde a data do início da efetiva utilização do aparelho celular.

A: correta. Na forma do art. 26, § 3º, o prazo decadencial para os casos de vício oculto começa a correr a partir do momento em que este ficar evidenciado. Sendo assim, conta-se 90 (noventa) dias a partir de meados de setembro, conforme o problema apresentado. **B:** incorreta. A reclamação que venha a ser formulada pelo consumidor e a instauração do inquérito civil interrompem o prazo o fluxo do prazo, que, na forma da lei, é **decadencial** (art. 26, § 2º). Diferentemente do Código Civil, o prazo decadencial do Código de Defesa do Consumidor admite a interrupção do prazo nas hipóteses mencionadas. Vale notar também que a doutrina e a jurisprudência não são unânimes quanto a correta interpretação do dispositivo. Para parte da doutrina trata-se de interrupção e, para outra parte, trata-se de suspensão de prazo decadencial. **C:** incorreta. O prazo para reclamar é de 90 (noventa) dias e pode ser exercido por qualquer meio, desde que comprovado pelo consumidor. **D:** incorreta. Vide justificativa da alternativa "A". **E:** incorreta. Vide justificativa da alternativa "A". 🆁🅳

Gabarito "A".

(Juiz de Direito/AM – 2016 – CESPE) Xavier adquiriu, em 20/9/2012, na casa de materiais de construção Materc Ltda., piso em cerâmica fabricado pela empresa Ceramic Ltda. A Materc Ltda. comprometeu-se a instalar na cozinha da residência de Xavier o material comprado e assim o fez, prevendo contratualmente trinta dias de garantia. Posteriormente, em 19/3/2013, o piso passou a apresentar rachaduras. Diante de tal situação, Xavier contatou, em 20/3/2013, os técnicos das empresas envolvidas, que, no mesmo dia, compareceram ao local. O representante da Materc Ltda. não reconheceu a má prestação do serviço; contudo, o preposto da fabricante atestou que os produtos adquiridos apresentavam vícios. Não obstante, este informou que, como já havia transcorrido o prazo da garantia oferecido pelo serviço, bem como o prazo de trinta dias previsto em lei, nada poderia ser feito. Inconformado com os produtos adquiridos, Xavier ingressou com ação de cobrança contra os fornecedores e requereu que estes, solidariamente, restituíssem a quantia paga.

Nessa situação hipotética, conforme as disposições do CDC,

(A) o defeito descrito caracteriza a existência de fato do produto e, por isso, o prazo prescricional é de cinco anos.

(B) ao autor é assegurado o prazo prescricional de três anos previsto legalmente para a reparação civil, razão pela qual ainda não houve a perda da pretensão.

(C) a Ceramic Ltda. não pode ser responsabilizada civilmente, pois o autor se insurgiu tão somente contra os produtos adquiridos.

(D) a garantia contratual substituiu a garantia legal prevista para o caso em questão e, portanto, está prescrita a pretensão do autor.

(E) a relação jurídica estabelecida entre as partes é de consumo e, por se tratar de vício oculto, o direito do autor de reclamar ainda não caducou.

A: corrreta conforme o gabarito, mas o teste deveria ter sido anulado. A questão trata de um vício de produto e deve ser solucionada na forma

do art. 18 do CDC. O prazo para reclamar, por se tratar de um vício inicia-se no momento em que este ficar evidenciado (art. 26, § 3º). Neste caso, o consumidor pode reclamar do vício e, caso não seja consertado no prazo legal, poderá optar por qualquer das soluções dadas pela lei: troca do produto, devolução dos valores ou abatimento proporcional do preço. Não se trata de um fato do produto como inserido na alternativa posto que, na forma do art. 12, caput, e parágrafo primeiro, " o produto será considerado defeituoso se não tiver segurança que o consumidor espera". Assim, o fato do produto, ou acidente de consumo, se caracteriza pela exposição da vida e da saúde do consumidor, o que não se apresenta no caso posto. **B:** incorreta, já que o prazo para reclamar é de 90 dias contados a partir do momento em que se descobre o vício (art. 26). O prazo mencionado na alternativa é o prazo de responsabilidade civil geral do Código Civil. Por se tratar de uma relação jurídica de consumo, deve-se aplicar os prazos do CDC. **C:** incorreta, tendo em vista que enunciado expõe um vício de produto, a responsabilidade civil entre o comerciante e o fabricante é solidária, ambos respondendo pelos prejuízos causados aos consumidores (art. 18). **D:** incorreta, a garantia contratual é sempre complementar (art. 50 do CDC). Por essa razão, a garantia legal sempre poderá ser exercida pelo consumidor e será de 90 dias para os produtos duráveis, contados a partir da entrega do produto (art. 26, § 1º) ou contados a partir do momento em que se descobre o vício (art. 26, § 3º). **E:** incorreta, mas deveria ter sido considerada a resposta correta. Trata-se, de fato, de relação jurídica de consumo e de um vício oculto. O prazo para reclamar é decadencial e inicia-se no momento em que ficar evidenciado o "defeito" (uso incorreto do termo pelo próprio CDC), tudo conforme o art. 26, § 3º da lei consumerista.

Gabarito "A".

5. DESCONSIDERAÇÃO DA PERSONALIDADE JURÍDICA. RESPONSABILIDADE EM CASO DE GRUPO DE EMPRESAS

(Juiz de Direito/AP – 2022 – FGV) A consumidora Samantha propôs incidente de desconsideração de personalidade jurídica em face de determinada loja de bijuterias construída na forma de sociedade limitada. Narra a autora que, na fase de cumprimento de sentença que condenou a empresa a pagar indenização à consumidora, não logrou êxito em localizar bens para satisfazer a execução, embora diversas tenham sido as tentativas para tanto. Samantha alega ainda que, na fase cognitiva, a fornecedora foi declarada revel e sequer compareceu às audiências designadas pelo Juízo.

A respeito disso, é correto afirmar que o pedido deve ser julgado:

(A) improcedente, pois a revelia e a ausência de participação no processo judicial não sugerem abuso da personalidade jurídica, requisito para o deferimento do requerido;

(B) improcedente, pois, para a desconsideração requerida, deverá restar efetivada falência, estado de insolvência, encerramento ou inatividade da pessoa jurídica provocados por má administração;

(C) procedente, ainda que o Código de Defesa do Consumidor não preveja a desconsideração da personalidade jurídica, quando caracterizado abuso da personalidade jurídica evidenciado no caso pleiteado por Samantha;

(D) procedente, à luz da aplicação da teoria menor da desconsideração da personalidade jurídica, prevista no Código de Defesa do Consumidor;

19. DIREITO DO CONSUMIDOR 733

(E) improcedente, pois, ainda que prevista no Código de Defesa do Consumidor, a desconsideração requerida não pode ser aplicada de forma a implicar a perda da finalidade de responsabilidade limitada das sociedades, exceto no uso fraudulento da personalidade jurídica.

Comentário: O pedido deverá ser julgado procedente, à luz da aplicação da teoria menor da desconsideração da personalidade jurídica, conforme art. 28 do CDC, que dispõe sobre a possibilidade de desconsiderar a personalidade jurídica da sociedade, quando, em detrimento do consumidor, houver ato ilícito como no caso em tela. Ainda nesse sentido, o § 5º do mesmo dispositivo ressalta a possibilidade de desconsideração da pessoa jurídica quando sua personalidade for, de alguma forma, obstáculo ao ressarcimento de prejuízos causados aos consumidores. RD

„D". *Gabarito*

(Juiz de Direito/GO – 2021 – FCC) No que tange às relações de consumo, a desconsideração da personalidade jurídica

(A) só se admite a desconsideração direta, não a desconsideração inversa da pessoa jurídica.

(B) poderá ocorrer sempre que a personalidade da pessoa jurídica for, de alguma forma, obstáculo ao ressarcimento de prejuízos causados aos consumidores, no que é doutrinariamente denominada a teoria menor do instituto.

(C) aplica-se também a sociedades consorciadas somente por culpa e subsidiariamente.

(D) regula-se apenas pelas normas do Código Civil, somente não se exigindo a caracterização de confusão patrimonial.

(E) só será aplicada se houver a falência da empresa em face da qual se operou a desconsideração.

Comentário: **A:** Incorreta. A desconsideração inversa da pessoa jurídica é cabível nas relações de consumo. **B:** Correta. Conforme art. 28 do CDC, o juiz poderá desconsiderar a personalidade jurídica da sociedade quando, em detrimento do consumidor, houver abuso de direito, excesso de poder, infração da lei, fato ou ato ilícito ou violação dos estatutos ou contrato social. Também é possível determinar a desconsideração quando houver falência, estado de insolvência, encerramento ou inatividade da pessoa jurídica provocados por má administração. Além desses casos, poderá ser desconsiderada a pessoa jurídica sempre que sua personalidade for, de alguma forma, obstáculo ao ressarcimento de prejuízos causados aos consumidores. Adota-se, portanto, a teoria menor da desconsideração da personalidade jurídica, posto que mais ampla e mais benéfica ao consumidor, não sendo exigida prova da fraude ou abuso de direito. **C:** Incorreta. As sociedades consorciadas são solidariamente responsáveis pelas obrigações decorrentes do CDC (art. 28, § 3º). **D:** Incorreta. O Código Civil, em seu art. 50, trata da desconsideração da personalidade jurídica, adotando a teoria maior da desconsideração. Nesse caso, exige-se prova da caracterização de confusão patrimonial. **E:** Incorreta. Vide justificativa da alternativa B. RD

„B". *Gabarito*

(Juiz de Direito/SP – 2021 – Vunesp) Assinale a alternativa correta sobre desconsideração da personalidade jurídica e cobrança de dívidas no regime do Código de Defesa do Consumidor, conforme entendimento dominante e atual do Superior Tribunal de Justiça.

(A) Cabe ao órgão mantenedor do Cadastro de Proteção ao Crédito a notificação antes de proceder à inscrição, sendo indispensável o aviso de recebimento (AR) na carta de comunicação ao consumidor sobre a negativação de seu nome.

(B) A repetição em dobro, prevista no parágrafo único do art. 42 do CDC, é cabível quando a cobrança indevida consubstanciar conduta contrária à boa-fé subjetiva, ou seja, somente deve ocorrer se houver prova do elemento volitivo do fornecedor.

(C) É suficiente para a aplicação da teoria menor da desconsideração da personalidade jurídica a existência de obstáculo ao ressarcimento de prejuízos causados aos consumidores.

(D) A desconsideração da personalidade jurídica pode atingir administradores não sócios e membros do conselho fiscal, ainda que não haja prova de que estes contribuíram, ao menos culposamente e com desvio de função, para a prática do ato ilícito.

Comentário: **A:** Incorreta. Conforme Súmula 359 do STJ, "cabe ao órgão mantenedor do cadastro de proteção de ao crédito a notificação do devedor antes de proceder à inscrição". Em complemento, de acordo com a Súmula 404 do STJ, "é dispensável o aviso de recebimento (AR) na carta de comunicação ao consumidor sobre a negativação de seu nome em bancos de dados e cadastros". **B:** Incorreta. Atualmente o STJ oferece interpretação ao parágrafo único do art. 42 no sentido que de que não se exige a comprovação da má-fé para a devolução em dobro dos valores pagos: "a restituição em dobro do indébito independe da natureza do elemento volitivo do fornecedor que cobrou o valor indevido, revelando-se cabível quando a cobrança indevida consubstanciar conduta contrária à boa-fé objetiva" (STJ, EAREsp 676.608/RS). **C:** Correta. Conforme art. 28, § 5º, do CDC e, também, conforme farta jurisprudência do STJ (Veja como exemplo o REsp 1.862.557/DF). **D:** Incorreta. Conforme entendimento do STJ, "a desconsideração da personalidade jurídica fundamentada no parágrafo 5º do artigo 28 do Código de Defesa do Consumidor não pode atingir o patrimônio pessoal de membros do conselho fiscal sem que haja indícios de que tenham participado da gestão e contribuído, ao menos de forma culposa, e com desvio de função, para a prática de atos de administração (REsp 1.766.093 SP) RD

„C". *Gabarito*

(Procurador Municipal/SP – VUNESP – 2016) Sobre a desconsideração da personalidade jurídica prevista no Código de Defesa do Consumidor, é correto afirmar que

(A) as sociedades integrantes dos grupos societários são subsidiariamente responsáveis, enquanto as sociedades controladas são solidariamente responsáveis pelas obrigações decorrentes do Código de Defesa do Consumidor.

(B) o juiz deverá desconsiderar a personalidade jurídica somente quando houver má administração e falência do fornecedor.

(C) as empresas coligadas respondem solidária e objetivamente pelos prejuízos causados aos consumidores.

(D) as sociedades consorciadas são solidariamente responsáveis pelas obrigações decorrentes do Código de Defesa do Consumidor.

(E) as sociedades integrantes dos grupos societários e as sociedades controladas são ambas solidariamente responsáveis pelas obrigações decorrentes do Código de Defesa do Consumidor.

A: incorreta. As sociedades integrantes dos grupos societários e as sociedades controladas, são subsidiariamente responsáveis pelas obrigações decorrentes deste Código (art. 28, § 2º, do CDC). **B:** incorreta. Na forma do art. 28, *caput*, do CDC o "juiz poderá desconsiderar a personalidade jurídica da sociedade quando, em detrimento do consumidor, houver abuso de direito, excesso de poder, infração da lei, fato ou ato ilícito ou violação dos estatutos ou contrato social. A desconsideração também será efetivada quando houver falência, estado de insolvência, encerramento ou inatividade da pessoa jurídica provocados por má administração". **C:** incorreta. As sociedades coligadas só responderão por culpa (art. 28, § 4º). **D:** correta. Nos exatos termos do art. 28, § 3º, do CDC. **E:** incorreta. A responsabilidade é subsidiária (vide alternativa "A"). RD

Gabarito "D".

(Juiz de Direito/AM – 2016 – CESPE) Acerca do tratamento dispensado pelo CDC à pessoa jurídica e à sua desconsideração e responsabilização penal, aos direitos básicos do consumidor e ao instituto do *recall*, assinale a opção correta à luz da legislação aplicável e da jurisprudência do STJ.

(A) Na desconsideração da personalidade jurídica, o CDC adotou a teoria maior, pois, para tal desconsideração, exige-se o desvio de finalidade e a confusão patrimonial.

(B) Ao abordar as infrações penais de consumo, relativamente ao concurso de pessoas, o CDC não tratou da responsabilidade do diretor, do administrador ou do gerente da pessoa jurídica.

(C) O CDC, ao tratar da possibilidade de modificação e revisão de cláusulas contratuais que estabeleçam prestações desproporcionais ou fatos supervenientes que as tornem excessivamente onerosas, adotou a teoria da imprevisão.

(D) O *recall* efetuado pelo fornecedor mediante anúncios publicitários não afasta a sua obrigação de reparar o consumidor na hipótese de fato do produto pretérito decorrente desse defeito.

(E) A pessoa jurídica tem a vulnerabilidade presumida no mercado de consumo na hipótese de relação jurídica estabelecida com empresa concessionária de serviço público essencial.

A: incorreta. Conforme entendimento doutrinário e jurisprudencial, o CDC adota a teoria menor da desconsideração da personalidade jurídica, que exige apenas o estado de insolvência do fornecedor com a má administração da empresa ou em casos em que a personalidade jurídica se torna um obstáculo ao ressarcimento dos prejuízos dos consumidores. Veja: REsp 1111153 / RJ. **B:** incorreta. A responsabilidade penal dos administradores, gerentes e diretores é trata75 do CDC, que incidirão nas mesmas penas na medida da sua culpabilidade. **C:** incorreta. O art. 6º, V, da lei consumerista não exige a imprevisão para a revisão judicial do contrato. Basta que haja um fato superveniente que torne a prestação excessivamente onerosa. **D:** correta. O recall, previsto no art. 9º e 10º do CDC, não isenta o fornecedor de indenizar na hipótese de acidente. Nesse sentido, o STJ já afirmou: "A circunstância de o adquirente dever levar o veículo para conserto, em atenção a *recall*, não isenta o fabricante da obrigação de indenizar (veja: REsp 1010392 / RJ). **E:** incorreta. A pessoa jurídica pode ser considerada consumidora na forma do art. 2º do CDC. No entanto, somente será consumidora se for destinatária final do serviço ou produto se houver vulnerabilidade no caso concreto. Especificamente sobre serviços públicos "A contratação do serviço de telefonia não caracteriza relação de consumo tutelável pelo CDC, pois o referido serviço compõe a cadeia produtiva da empresa, sendo essencial à consecução do seu negócio. Também não se verifica nenhuma vulnerabilidade apta a equipar a empresa à condição de consumidora frente à prestadora do serviço de telefonia" (STJ, REsp 1195642/RJ, DJe 21/11/2012).

Gabarito "D".

6. PRESCRIÇÃO E DECADÊNCIA

(Juiz de Direito – TJ/MS – 2020 – FCC) Em 10 de janeiro de 2019, Patrícia foi até uma loja onde adquiriu uma televisão, que ficou, desde então, guardada em sua residência. Quando Patrícia retirou o aparelho da caixa, em 20 de março de 2019, notou que a tela estava trincada. Em 19 de maio de 2019, formulou reclamação formal ao fornecedor da televisão. Em 22 de maio de 2019, o fornecedor respondeu à reclamação, negando-se a reparar o produto. Inconformada, Patrícia ajuizou ação contra o fornecedor, em 18 de junho de 2019, pleiteando a substituição do produto. Em contestação, o fornecedor arguiu a decadência do direito. Nesse caso, a arguição de decadência deve ser

(A) acolhida, pois o direito de reclamar pelo vício do produto caducou em fevereiro de 2019.

(B) acolhida, pois o direito de reclamar pelo vício do produto caducou em abril de 2019.

(C) acolhida, pois o direito de reclamar pelo vício do produto caducou em junho de 2019.

(D) rejeitada, pois a decadência foi obstada pela reclamação feita ao fornecedor.

(E) rejeitada, pois o direito de reclamar pelo vício do produto só caducaria em agosto de 2019.

De acordo com o art. 26, II do CDC, o direito de reclamar pelos vícios aparentes ou de fácil constatação, como aquele descrito no caso em tela, caduca em noventa dias, tratando-se de fornecimento de serviço ou produto durável. Ainda de acordo com o § 1º do referido dispositivo, a contagem do prazo decadencial inicia-se com a entrega efetiva do produto (ou do término da execução do serviço). Dessa forma, a partir do dia 10 de janeiro de 2019, Patrícia tinha 90 dias para reclamar pelo vício do produto e seu direito caducou em abril de 2019. RD

Gabarito "B".

(Juiz de Direito - TJ/AL - 2019 – FCC) Quanto à decadência e à prescrição nas relações de consumo,

(A) tratando-se de vício oculto, o prazo decadencial não está sujeito a caducidade.

(B) a contagem do prazo decadencial inicia-se sempre a partir da aquisição do produto.

(C) obsta a decadência a instauração de inquérito civil, com termo final no pedido inicial de diligências realizado pelo Ministério Público.

(D) o direito de reclamar pelos vícios aparentes ou de fácil constatação caduca em noventa dias, tratando-se de produtos ou serviços de qualquer natureza.

(E) prescreve em cinco anos a pretensão à reparação pelos danos causados por fato do produto ou do serviço, iniciando-se a contagem do prazo a partir do conhecimento do dano e de sua autoria.

A: incorreta. O prazo decadencial para reclamar de vício oculto é de 30 (produtos não duráveis) ou 90 (produtos duráveis) dias, iniciando-se a contagem do prazo decadencial do momento em que ficar evidenciado o vício (art. 26, § 3º). **B:** incorreta. A contagem do prazo decadencial inicia-se a partir da entrega efetiva do produto ou do término da execução dos serviços, ou, ainda, tratando-se de vício oculto, a partir do momento em que ficar evidenciado o vício (art. 26, §§ 1º e ³ 3º). **C:** incorreta. Obsta a decadência a instauração de inquérito civil, até seu encerramento (art. 26, § 2º, III). **D:** incorreta. O direito de reclamar pelos vícios aparentes ou de fácil constatação caduca em 30 (trinta

19. DIREITO DO CONSUMIDOR 735

dias) tratando-se de produtos ou serviços não-duráveis e 90 (noventa dias), tratando-se de produtos ou serviços duráveis. **E:** correta. Nos termos do art. 27 do CDC. [RD]

Gabarito "E".

(Juiz – TRF 2ª Região – 2017) Leia as assertivas abaixo e, ao final, assinale a opção correta:

I. As vítimas dos acidentes de consumo são consumidoras por equiparação.

II. Existente vício redibitório, há casos nos quais os prazos decadenciais para a reclamação, no Código Civil, são melhores, para o consumidor, do que os da Lei 8.078 e, em tais hipóteses, aplicar-se-á o Código Civil.

III. O prazo prescricional da pretensão à reparação de dano, no Código Civil, é de três anos, enquanto no Código de Defesa do Consumidor (CDC) o prazo é de cinco anos, iniciando-se a partir do conhecimento do dano e de sua autoria.

IV. A disciplina da desconsideração da personalidade jurídica, no âmbito do CDC, abarca mais hipóteses do que as previstas no Código Civil e, em seu teor literal, poderá incidir sempre que a personalidade jurídica for, de alguma forma, obstáculo ao ressarcimento de prejuízos causados aos consumidores.

(A) Todas as assertivas estão corretas.

(B) Apenas a assertiva I é falsa.

(C) Apenas a assertiva II é falsa.

(D) Apenas a assertiva III é falsa.

(E) Apenas a assertiva IV é falsa.

I. correta, conforme art. 17 e art. 2º, parágrafo único, do CDC; **II:** correta. A questão é controvertida. Há três correntes doutrinárias e jurisprudenciais sobre o tema. Há os que entendem que o prazo decadencial para o vício oculto é o estipulado pelo art. 26 do CDC, podendo apenas ser obstado pela reclamação feita pelo consumidor ou por inquérito civil. Neste caso, o prazo seria de apenas 30 ou 90 dias para reclamar não apenas perante o fornecedor, mas também para exigir indenização na Justiça (nesse sentido, veja REsp 1.303.510/SP). Outra parte entende que o prazo decadencial de 30 ou 90 dias é apenas para reclamar perante o fornecedor. Se não for corrigido o problema, o consumidor teria 5 anos (prazo decadencial do art. 27) para buscar indenização perante o Poder Judiciário (nesse sentido, veja REsp 1.629.505/SE). Por outro lado, parte da doutrina entende que, na ausência de solução expressa dada pelo CDC, aplica-se o prazo prescricional do Código Civil, por ser a interpretação mais benéfica ao consumidor. Exemplo disso é o prazo prescricional de dez anos para reclamar de vícios de construção (nesse sentido, veja AgRg no REsp 1551621/SP); **III:** correta. O prazo geral de responsabilidade civil no Código Civil, conforme art. 206, é de três anos. O Código de Defesa do Consumidor, por sua vez, traz prazo de 5 anos para reclamar dos defeitos de produtos e serviços inseridos no mercado de consumo (art. 27 do CDC); **IV:** correta. O § 5º do art. 28 do Código de Defesa do Consumidor adota a teoria menor da desconsideração da personalidade jurídica, podendo o juiz decretá-la sempre que, de alguma forma, a personalidade jurídica obstáculo ao ressarcimento de prejuízos causados aos consumidores. [RD]

Gabarito "A".

(Juiz de Direito/DF – 2016 – CESPE) A respeito dos institutos jurídicos da prescrição e da decadência, no âmbito das relações de consumo, de acordo com o CDC e o entendimento atual e prevalente do STJ, assinale a opção correta.

(A) Pelo princípio da actio nata, o termo inicial do prazo prescricional para a propositura de ação indenizatória, fundada em inscrição indevida em cadastros restritivos

de crédito, é a data em que ocorre, efetivamente, a negativação, em face do caráter público das informações lançadas nos bancos de dados.

(B) Para as ações de indenização por danos morais decorrentes de inscrição indevida em cadastro de inadimplentes, promovida por instituição financeira, aplica-se o prazo prescricional de cinco anos, previsto no CDC para as hipóteses de responsabilidade decorrente de fato do serviço.

(C) À luz do ordenamento jurídico em vigor, é de cinco anos o prazo para que o consumidor possa reclamar a remoção de vícios aparentes ou de fácil constatação, decorrentes da construção civil, que não estejam ligados à solidez e à segurança do imóvel.

(D) A simples reclamação do consumidor, comprovadamente formulada apenas perante o fornecedor de produtos e serviços, não obsta a fluência do prazo decadencial do direito de reclamar, quando se tratar de vício aparente ou de fácil constatação, que será de trinta dias, tratando-se de fornecimento de serviço e de produto não duráveis, e de noventa dias, caso se trate de serviço ou produto durável.

(E) O ajuizamento de ação de indenização, fundada em erro médico ocorrido após a entrada em vigor do CDC, deve observar o prazo de prescrição quinquenal, previsto no CDC para os casos de fato do produto ou do serviço, iniciando-se a contagem do prazo a partir do conhecimento do dano e de sua autoria.

A: incorreta. O termo inicial do prazo prescricional para a propositura da ação, justamente em razão do princípio do actio nata, é a data em que o consumidor toma ciência dos fatos. Veja: INDENIZATÓRIA. INSCRIÇÃO INDEVIDA EM CADASTROS RESTRITIVO DE CRÉDITO. PRESCRIÇÃO. CIÊNCIA DO PREJUDICADO. É assente a jurisprudência desta Corte no sentido de que o termo inicial do prazo prescricional para a propositura de ação indenizatória, em razão da inscrição indevida em cadastros restritivos de crédito é a data em que o consumidor toma ciência do registro desabonador, pois, pelo princípio da "actio nata" o direito de pleitear a indenização surge quando constatada a lesão e suas consequências. Precedentes. (STJ, AgRg no AREsp 696269/SP, Rel. Min. Luis Felipe Salomão, DJe 15/06/2015). **B:** incorreta. O prazo prescricional aplicável é de três anos, conforme regra geral de responsabilidade civil (art. 206, § 3º, V, do CC). Veja: AgRg no AREsp 731.525/RS. **C:** incorreta. Aplicando a mesma lógica do item anterior, aplica-se a regra do Código Civil para os casos de vício de construção. O prazo para reclamar do vícios caduca em 90 dias, na forma do art. 26 do CDC. No entanto, esse é o prazo que o consumidor tem para reclamar perante o fornecedor. Caso o vício não seja sanado, aplica-se as regras de prescrição do Código Civil em relação a solidez da construção. Veja: "O prazo prescricional da ação para obter, do construtor, indenização por defeito da obra na vigência do Código Civil de 2002 é de 10 anos". (AgRg no AREsp 661.548/RJ, Rel. Min. Marco Aurélio Bellizze, 3ª Turma, DJe 10/6/2015). **D:** incorreta. Na forma do art. 26, § 2º, obsta a decadência a reclamação do consumidor perante o fornecedor até resposta negativa. **E:** correta. Há relação de consumo entre o médico e o paciente, aplicando-se, no caso de fato do serviço (art. 14 do CDC) o prazo prescricional do art. 27 do CDC, ou seja, cinco anos contados a partir do conhecimento do dano e sua autoria.

Gabarito "E".

7. PRÁTICAS COMERCIAIS

(Procurador/PA – CESPE – 2022) Entre as práticas abusivas perpetradas nas relações de consumo, encontram-se aquelas que causam ao consumidor dano decorrente da perda de tempo útil. Nesse contexto está inserida a teoria do desvio produtivo. Acerca desse tema, assinale a opção correta.

(A) Embora já tenha referido, em alguns julgados, a teoria do desvio produtivo como algo que, em tese, pode ser utilizado para responsabilizar o fornecedor pelo dano causado ao consumidor, o Superior Tribunal de Justiça tem reformado todas as condenações em danos morais coletivos feitas por tribunais locais, sob o argumento de que a teoria, por carecer de amparo legal, não pode ser aplicada nas relações de consumo regidas pelo Código de Defesa do Consumidor.

(B) Ao submeter o consumidor a injustas e intoleráveis esperas para utilização de um serviço, o fornecedor viola princípios da política nacional de consumo, como a vulnerabilidade do consumidor.

(C) As alterações feitas no Código de Defesa do Consumidor em 2021 positivaram a teoria do desvio produtivo, haja vista a inserção, entre as práticas abusivas arroladas no art. 39, de dispositivo que expressamente veda a conduta de submeter o consumidor a esperas injustas e desproporcionais para ser atendido.

(D) A teoria do desvio produtivo pode ser invocada nas hipóteses em que o consumidor, para solucionar vício do produto ou do serviço, tenha dificuldades injustificáveis para localizar o fornecedor, ser atendido e efetivamente solucionar o problema, mas não pode ser utilizada em razão do tempo perdido em longas esperas de caixas eletrônicos em agências bancárias.

(E) O Superior Tribunal de Justiça firmou, em julgamento de recurso especial repetitivo, a tese de que é indenizável o dano provocado ao consumidor que tiver aguardado tempo não razoável para ser atendido, desde que a demora tenha sido desproporcional a ponto de ter retirado do consumidor parte de seu tempo útil de maneira injustificada.

A teoria do Desvio Produtivo do Consumidor está relacionada ao evento danoso que se consuma quando o consumidor, sentindo-se prejudicado em razão de falha em produto ou serviço, gasta o seu tempo de vida – um tipo de recurso produtivo – e se desvia de suas atividades cotidianas para resolver determinado problema. De acordo com o precursor da teoria, Marcos Dessaune, a atitude de o fornecedor se esquivar de sua responsabilidade causa o desvio produtivo do consumidor. A Teoria Aprofundada do Desvio Produtivo do Consumidor é admitida pela jurisprudência do STJ, e aplicada em alguns acórdãos desde meados de 2018[1].
A) Incorreta. A mencionada teoria é expressamente aplicada tanto pelos Tribunais de Justiça quanto pelo Superior Tribunal de Justiça. B) Correta. Todo o Código de Defesa do Consumidor é fundamentado na vulnerabilidade do consumidor e é essa a razão pela qual deve ser indenizado pelo seu desvio produtivo. Frise-se que o STJ não admite a aplicação da teoria do desvio produtivo em casos em que não se aplica o CDC. C) Incorreta. A teoria do desvio produtivo não é positivada no direito brasileiro. D) Incorreta. A teoria do desvio produtivo pode ser usada em todas as hipóteses em que o consumidor sofre danos relacionados ao tempo de vida útil solucionando qualquer problema advindo da relação consumerista. E) Incorreta. Apesar de a definição sobre a teoria estar correta, o tema não foi

---

1. Informações obtidas no site do Supremo Tribunal Federal: https://www.stj.jus.br/sites/portalp/Paginas/Comunicacao/Noticias/26062022-A-teoria-do-desvio-produtivo-inovacao-na-jurisprudencia-do-STJ-em-respeito-ao-tempo-do-consumidor.aspx

---

firmado em julgamento de recurso especial repetitivo, mas por meio do informativo 641 do STJ.
Gabarito "B".

(Procurador/PA – CESPE – 2022) Em conformidade com a Lei n.º 13.874/2019, a livre definição, em mercados não regulados, do preço de produtos e de serviços como consequência de alterações da oferta e da demanda

(A) viola o princípio do reconhecimento da vulnerabilidade do particular perante o Estado.

(B) é prática abusiva e infração aos preceitos da ordem econômica.

(C) é direito de toda pessoa, natural ou jurídica, essencial para o desenvolvimento e crescimento econômicos do país, observados os princípios constitucionais que regem a ordem econômica.

(D) será regulamentada em ato normativo infralegal, que estipulará os limites mínimos e máximos dos preços, conforme pesquisa mercadológica.

(E) somente é admitida nas atividades de baixo risco que prescindam de qualquer ato público de liberação.

A) Incorreta. A Lei 13.874/2019 (Lei da Liberdade Econômica), trata da proteção à livre iniciativa e ao livre exercício de atividades econômicas e, por meio dela, foi estabelecida a Declaração de Direitos de Liberdade Econômica, incluindo diversas garantias ao livre mercado, incluindo a livre definição de preços em mercados não regulados. B) Incorreta. Vide justificativa da alternativa "C". C) Alternativa correta, conforme art. 3º, III, in verbis: "Art. 3º - São direitos de toda pessoa, natural ou jurídica, essenciais para o desenvolvimento e o crescimento econômicos do País, observado o disposto no parágrafo único do art. 170 da Constituição Federal: (...) III - definir livremente, em mercados não regulados, o preço de produtos e de serviços como consequência de alterações da oferta e da demanda;. D) Incorreta. Vide justificativa da alternativa "C". E) Incorreta. A Lei. 13.847/2019 não traz nenhuma limitação de preços relacionada ao nível do risco envolvido na atividade econômica.
Gabarito "C".

(Juiz de Direito/AP – 2022 – FGV) Regina ingressou com ação judicial em face da montadora de automóveis (primeira ré) e da revendedora (segunda ré), alegando que sofreu prejuízo na compra de um veículo. A consumidora narra que, em outubro de 2020, adquiriu o veículo anunciado na mídia como sendo o lançamento do modelo na versão ano 2021, o que foi confirmado pelo vendedor que a atendeu na concessionária. No mês seguinte, a montadora lançou novamente aquele modelo denominando versão ano 2021, entretanto, contando com mais acessórios, o que impactou na desvalorização do carro de Regina.

Diante dessa situação, é correto afirmar que:

(A) há abusividade na prática comercial que induziu Regina a erro, ao frustrar sua legítima expectativa e quebrar a boa-fé objetiva; a responsabilidade solidária da montadora e da revendedora está caracterizada pelo vício decorrente da disparidade com indicações constantes na mensagem publicitária e informadas à consumidora;

(B) resta caracterizada a publicidade abusiva ao induzir a erro a consumidora no que dizia respeito às características, qualidade, bem como outros dados sobre o veículo; a segunda ré não possui legitimidade passiva, uma vez que é apenas a revendedora de automóveis, não tendo responsabilidade pela propaganda;

19. DIREITO DO CONSUMIDOR — 737

(C) o ato de não informar que seria lançada outra versão com acessórios diversos constitui omissão, o que não caracteriza propaganda enganosa que ocorre por ato comissivo; a responsabilidade pelo fato do produto decorrente da propaganda enganosa lançada nas concessionárias é da montadora;

(D) há prática comercial abusiva e propaganda enganosa, violando os deveres de informações claras, ostensivas, precisas e corretas, frustrando a legítima expectativa da consumidora e violando os deveres de boa-fé objetiva; a responsabilidade do comerciante é subsidiária em caso de produto que se tornou defeituoso em razão da qualidade inferior que impactou na diminuição do valor;

(E) inexistiu publicidade enganosa ou defeito na prestação do serviço, uma vez que não se considera defeituoso o produto pelo fato de outro de melhor qualidade ter sido colocado no mercado; a responsabilidade subsidiária da revendedora em relação à montadora está caracterizada pelo vício decorrente da disparidade com indicações constantes na mensagem publicitária.

Comentário: "É enganosa qualquer modalidade de informação ou comunicação de caráter publicitário, inteira ou parcialmente falsa, ou, por qualquer outro modo, mesmo por omissão, capaz de induzir em erro o consumidor a respeito da natureza, características, qualidade, quantidade, propriedades, origem, preço e quaisquer outros dados sobre produtos e serviços" (art. 37, § 1º, do CDC). No caso, Regina foi claramente enganada pela publicidade feita pela montadora e pela concessionária. Trata-se de vício de produto, nos termos do art. 18, caput, do CDC, já que a publicidade está em disparidade com o produto vendido. Nesse caso, a responsabilidade civil é solidária entre o concessionário e montador. Ademais, o art. 39 do CDC, traz um rol exemplificativo de práticas abusivas, podendo ser conceituada como a prática que faz restringir a liberdade de escolha do consumidor, o que certamente se deu no caso em análise. **RD**

Gabarito "A".

(Juiz de Direito/GO – 2021 – FCC) Em relação às práticas comerciais e à publicidade nas relações consumeristas, o Código de Defesa do Consumidor estabelece:

(A) Tratando-se de produtos refrigerados oferecidos ao consumidor, suas informações gerais, legalmente previstas, serão gravadas de forma indelével.

(B) É proibida a publicidade de bens e serviços por telefone, ainda que a chamada seja gratuita ao consumidor, sem anuência prévia deste.

(C) O ônus da prova da veracidade e correção da informação ou comunicação publicitária cabe a quem alega sua falsidade ou incorreção.

(D) Os fabricantes e importadores deverão assegurar a oferta de componentes e peças de reposição por todo o período de vida útil do produto, limitado ao tempo que constar no manual de garantia respectiva.

(E) A publicidade pode ser veiculada como notícia, sem necessidade de ser identificada como propaganda, desde que se refira a aspectos técnicos do produto.

A: Correta. Conforme inteligência do art. 31, parágrafo único, do CDC. B: Incorreta. É proibida a publicidade de bens e serviços por telefone, quando a chamada for onerosa ao consumidor que a origina (art. 33, parágrafo único). C: Incorreta. O ônus da prova da veracidade e correção da informação ou comunicação publicitária cabe a quem as

patrocina (art. 38). D: Incorreta. Os fabricantes e importadores deverão assegurar a oferta de componentes e peças de reposição enquanto não cessar a fabricação ou importação do produto (art. 32). E: Incorreta. Conforme inteligência do art. 36 do CDC, a publicidade deve ser veiculada de tal forma que o consumidor, fácil e imediatamente, a identifique como tal. **RD**

Gabarito "A".

(Promotor de Justiça/CE – 2020 – CESPE/CEBRASPE) De acordo com o CDC, a publicidade enganosa caracteriza-se por

I. – induzir, potencialmente, a erro o consumidor.

II. – ferir valores sociais básicos.

III. – ser antiética e ferir a vulnerabilidade do consumidor.

Assinale a opção correta.

(A) Apenas o item I está certo.

(B) Apenas o item II está certo.

(C) Apenas os itens I e III estão certos.

(D) Apenas os itens II e III estão certos.

(E) Todos os itens estão certos.

I: correta. O art. 37 do Código de Defesa do Consumidor proíbe a publicidade enganosa ou abusiva. De acordo com o § 1º do referido dispositivo legal, é considerada **enganosa** "qualquer modalidade de informação ou comunicação de caráter publicitário, inteira ou parcialmente falsa, ou, por qualquer outro modo, mesmo por omissão, capaz de induzir em erro o consumidor a respeito da natureza, características, qualidade, quantidade, propriedades, origem, preço e quaisquer outros dados sobre produtos e serviços". Assim, a publicidade é enganosa a publicidade que induz o consumidor a erro. II: Errada. Conforme o art. 37, § 2º, do CDC, considera abusiva dentre outras, "a publicidade discriminatória de qualquer natureza, a que incite à violência, explore o medo ou a superstição, se aproveite da deficiência de julgamento e experiência da criança, desrespeite valores ambientais, ou que seja capaz de induzir o consumidor a se comportar de forma prejudicial ou perigosa à sua saúde ou segurança". Note que o dispositivo apenas exemplifica os casos em que podemos considerar a publicidade abusiva. Sendo assim, a publicidade que "ferir valores sociais básicos" pode ser considerada abusiva, a depender do caso concreto. III: Errada. Vide justificativa da afirmativa anterior. **RD**

Gabarito "A".

(Promotor de Justiça/SP – 2019 – MPE/SP) A respeito da oferta de produtos ou serviços, é **INCORRETO** afirmar:

(A) Deve informar sobre os riscos que apresentam à saúde e segurança dos consumidores.

(B) Deve assegurar informações corretas, claras, precisas, ostensivas e em língua portuguesa sobre suas características, qualidades, quantidade, composição, preço, garantia, prazos de validade e origem.

(C) Deverá ser mantida por período razoável de tempo, quando cessadas a produção ou importação.

(D) As informações veiculadas não integram o contrato que vier a ser celebrado.

(E) O consumidor poderá exigir o cumprimento forçado da obrigação.

A: Correta. O dever de informar sobre os riscos que os produtos e serviços apresentam no mercado de consumo está expresso em vários dispositivos do CDC. B: Correta. Nos exatos termos do *caput* do art. 31 do CDC. C: Correta. O art. 32 do CDC exige que os fabricantes e importadores assegurem a oferta de componentes e peças de reposição enquanto não cessar a fabricação ou importação do produto. D: Incorreta. Trata-se do princípio da vinculação da oferta desenhado no art. 30 do CDC: "Toda informação ou publicidade, suficientemente

738 ROBERTA DENSA

precisa, veiculada por qualquer forma ou meio de comunicação com relação a produtos e serviços oferecidos ou apresentados, obriga o fornecedor que a fizer veicular ou dela se utilizar e integra o contrato que vier a ser celebrado". **E:** Correta. O cumprimento forçado da oferta está previsto no art. 35 do CDC: Art. 35. Se o fornecedor de produtos ou serviços recusar cumprimento à oferta, apresentação ou publicidade, o consumidor poderá, alternativamente e à sua livre escolha: I – exigir o cumprimento forçado da obrigação, nos termos da oferta, apresentação ou publicidade; II – aceitar outro produto ou prestação de serviço equivalente; III – rescindir o contrato, com direito à restituição de quantia eventualmente antecipada, monetariamente atualizada, e a perdas e danos". RD

Gabarito "D".

(Juiz de Direito - TJ/AL - 2019 – FCC) Quanto à oferta de produtos e serviços nas relações de consumo,

(A) se cessadas sua produção ou a importação o fornecimento de componentes e peças de reposição deverá ser mantido por até um ano.

(B) as informações nos produtos refrigerados oferecidos ao consumidor deverão constar de catálogo à parte ou obtidas por meio de serviço de relacionamento direto com o cliente.

(C) é defesa sua veiculação por telefone, quando a chamada for onerosa ao consumidor que a origina.

(D) a responsabilidade que decorre de sua vinculação contratual e veiculação é subjetiva ao fornecedor.

(E) o fornecedor do produto ou serviço é subsidiariamente responsável pelos atos de seus prepostos ou representantes autônomos.

A: incorreta. Os fabricantes e importadores deverão assegurar a oferta de componentes e peças de reposição enquanto não cessar a fabricação ou importação do produto e, cessadas a produção ou importação, a oferta deverá ser mantida por período razoável de tempo, na forma da lei (art. 32 do CDC). **B:** incorreta. as informações nos produtos refrigerados oferecidos ao consumidor deverão ser gravadas de forma indelével (art. 31 do CDC). **C:** correta. Nos termos do art. 33, parágrafo único, do CDC. **D:** incorreta. A responsabilidade é objetiva, nos termos dos arts. 12 a 25 do CDC. **E:** incorreta. O fornecedor do produto ou serviço é solidariamente responsável pelos atos de seus prepostos ou representantes autônomos (art. 34 do CDC). RD

Gabarito "C".

(Juiz de Direito - TJ/AL - 2019 – FCC) Considere os enunciados concernentes às relações de consumo:

I. Se o fornecedor de produtos ou serviços recusar cumprimento à oferta, apresentação ou publicidade, o consumidor poderá rescindir o contrato, com direito à restituição de quantia eventualmente antecipada, monetariamente atualizada, ou pleitear perdas e danos.

II. É vedado ao fornecedor de produtos ou serviços, dentre outras práticas abusivas, executar serviços sem a prévia elaboração de orçamento e autorização expressa do consumidor.

III. É prática abusiva permitir o ingresso em estabelecimentos comerciais ou de serviços de um número maior de consumidores que o fixado pela autoridade administrativa como máximo.

IV. O fornecedor de serviço será obrigado a entregar ao consumidor orçamento prévio discriminando o valor da mão de obra, dos materiais e equipamentos a serem empregados, as condições de pagamento, bem

como as datas de início e término dos serviços; salvo previsão contrária, o valor orçado terá validade pelo prazo de dez dias, contado de seu recebimento pelo consumidor.

V. No caso de fornecimento de produtos ou de serviços sujeitos ao regime de controle ou de tabelamento de preços, os fornecedores deverão respeitar os limites oficiais sob pena de, não o fazendo, responderem pela restituição da quantia recebida em excesso, monetariamente atualizada, podendo o consumidor exigir à sua escolha, o desfazimento do negócio, sem prejuízo de outras sanções cabíveis.

Está correto o que se afirma APENAS em

(A) II, III e V.

(B) I, II e IV.

(C) III, IV e V.

(D) I, II, III e IV.

(E) I, III, IV e V.

I: incorreta. Nos termos do art. 35 e seus incisos, se o fornecedor de produtos ou serviços recusar cumprimento à oferta, apresentação ou publicidade, o consumidor poderá, alternativamente e à sua livre escolha: i) exigir o cumprimento forçado da obrigação, nos termos da oferta, apresentação ou publicidade; ii) aceitar outro produto ou prestação de serviço equivalente; iii) rescindir o contrato, com direito à restituição de quantia eventualmente antecipada, monetariamente atualizada, e a perdas e danos. **II:** incorreta. De fato, constitui prática comercial abusiva executar serviços sem a prévia elaboração de orçamento e autorização expressa do consumidor. No entanto, admite-se ressalvas decorrentes de práticas anteriores entre as partes (art. 39, inciso VI). **III:** correta. Conforme art. 39, inciso XIV, do CDC. **IV:** correta. Conforme art. 40 do CDC. **V:** correta. Conforme art. 41 do CDC. RD

Gabarito "C".

(Juiz de Direito – TJ/MS – 2020 – FCC) De acordo com o Código de Defesa do Consumidor, a publicidade que explora a superstição dos consumidores é

(A) abusiva e enganosa.

(B) abusiva, apenas.

(C) enganosa, apenas.

(D) enganosa por omissão.

(E) permitida, desde que não seja contrária aos bons costumes.

De acordo com o art. 37, § 2º, do CDC é abusiva, dentre outras, a publicidade que explore o medo ou a superstição do consumidor. RD

Gabarito "B".

(Juiz de Direito – TJ/MS – 2020 – FCC) Renato, cliente de determinada operadora de telefonia, recebeu fatura cobrando valor muito superior ao contratado. Percebendo o equívoco, Renato deixou de pagar a fatura e contatou a operadora, requerendo o envio de outra, com o valor correto. No entanto, apesar de reconhecer a falha, a operadora enviou nova fatura cobrando o mesmo valor em excesso, razão pela qual Renato novamente se recusou a pagar. Nesse caso, de acordo com o Código de Defesa do Consumidor, Renato

(A) tem direito de receber o dobro do valor cobrado em excesso na primeira fatura, apenas.

(B) tem direito de receber o dobro do valor cobrado em excesso em cada uma das duas faturas.

(C) tem direito de receber o dobro do valor total da primeira fatura, apenas.

(D) tem direito de receber o dobro do valor total de cada uma das duas faturas.

(E) não tem direito de receber o dobro do valor cobrado em excesso ou do total de nenhuma das faturas.

De acordo com o art. 42 do CDC, "o consumidor cobrado em quantia indevida tem direito à repetição do indébito, por valor igual ao dobro do que pagou em excesso, acrescido de correção monetária e juros legais, salvo hipótese de engano justificável". Dessa forma, de acordo com a leitura do dispositivo e do enunciado em questão, Renato não pagou a quantia indevida, bem como o valor foi claramente cobrado de forma acidental por parte da telefonia, descartando a hipótese da restituição em dobro dos valores mencionados. **RD**
Gabarito "E".

(Defensor Público Federal – DPU – 2017 – CESPE) Com base em informações do sistema de escore de crédito, método estatístico de avaliação de risco, determinada instituição financeira recusou pedido de empréstimo em dinheiro feito por João. Em razão da recusa, João ajuizou ação contra a instituição financeira, alegando prática comercial ilegal por parte dela, e requereu a aplicação do CDC.

Considerando essa situação hipotética, julgue os itens a seguir à luz do entendimento do STJ.

(1) Dadas as partes envolvidas na referida situação, o CDC não poderá ser aplicado ao caso, que deverá ser tratado com base nas disposições contratuais do Código Civil.

(2) A utilização do escore de crédito é considerada prática comercial ilícita, na medida em que esse sistema constitui banco de dados indevido, por dispensar o consentimento do consumidor para que seus dados sejam nele incluídos.

1: Errada: Conforme art. 29 do Código de Defesa do Consumidor, será considerado consumidor por equiparação todas as pessoas, determináveis ou não, expostas às práticas comerciais. Incluindo-se, portanto, as práticas comerciais abusivas e os bancos de dados e cadastro de consumidores. **2: Errada:** O entendimento do Superior Tribunal de Justiça segue no sentido de que não se configura prática comercial abusiva. Veja Súmula 550: "A utilização de escore de crédito, método estatístico de avaliação de risco que não constitui banco de dados, dispensa o consentimento do consumidor, que terá o direito de solicitar esclarecimentos sobre as informações pessoais valoradas e as fontes dos dados considerados no respectivo cálculo". **RD**
Gabarito 1E, 2E.

(Defensor Público Federal – DPU – 2017 – CESPE) Com relação à responsabilidade e às práticas comerciais nas relações consumeristas, julgue os itens que se seguem.

(1) Situação hipotética: Paulo, dono de estabelecimento comercial, vendeu uma batedeira elétrica de fabricante identificado. Posteriormente, o aparelho explodiu durante o uso, o que causou lesão no consumidor. Assertiva: Nessa situação, não haverá responsabilidade solidária entre o fabricante e Paulo pelo dano causado.

(2) A instituição financeira que enviar cartão de crédito para correntista sem a sua solicitação prévia e expressa cometerá prática comercial abusiva, configuradora de ato ilícito indenizável.

1: Correta: A responsabilidade civil do comerciante por defeito do produto (art. 12) é subsidiária, cabendo a responsabilização apenas nas hipóteses previstas no art. 13 do Código de Consumidor. **2: Correta:** Nos termos da Súmula 532 do STJ, "Constitui prática comercial abusiva o envio de cartão de crédito sem prévia e expressa solicitação do consumidor, configurando-se ato ilícito indenizável e sujeito à aplicação de multa administrativa". **RD**
Gabarito 1C, 2C.

(Procurador Municipal – Sertãozinho/SP – VUNESP – 2016) Acerca da cobrança de dívidas do consumidor e cadastros no mercado de consumo, é correto afirmar que

(A) o consumidor inadimplente poderá ser submetido a constrangimento, desde que o fornecedor o faça de forma moderada.

(B) o consumidor cobrado em quantia indevida tem direito à repetição do indébito, por valor igual ao que pagou em excesso, acrescido de correção monetária e juros legais, salvo hipótese de engano justificável.

(C) nos documentos de cobrança de débitos apresentados ao consumidor, quando por ele solicitados, deverão constar o nome, o endereço e o número de inscrição no Cadastro de Pessoas Físicas – CPF ou no Cadastro Nacional de Pessoa Jurídica – CNPJ do fornecedor do produto ou serviço correspondente.

(D) consumada a prescrição relativa à cobrança de débitos do consumidor, não serão fornecidas, pelos respectivos Sistemas de Proteção ao Crédito, quaisquer informações que possam impedir ou dificultar novo acesso ao crédito junto aos fornecedores, desde que o débito não exceda 60 (sessenta) salários-mínimos.

(E) os órgãos públicos de defesa do consumidor manterão cadastros atualizados de reclamações fundamentadas contra fornecedores de produtos e serviços, devendo divulgá-los pública e anualmente, indicando se a reclamação foi atendida ou não pelo fornecedor.

A: incorreta. O art. 42 do CDC veda qualquer tipo de cobrança vexatória. Sendo assim, o consumidor não pode ser exposto ao ridículo, nem submetido a qualquer tipo de constrangimento ou ameaça. **B: incorreta.** O consumidor tem direito à devolução por valor igual ao dobro do que pagou em excesso, acrescido de correção monetária e juros legais, salvo hipótese de engano justificável (art. 42, parágrafo único, do CDC). **C: incorreta.** As informações ao nome, o endereço e o número de inscrição no Cadastro de Pessoas Físicas – CPF ou no Cadastro Nacional de Pessoa Jurídica – CNPJ do fornecedor do produto ou serviço correspondente, devem constar de todos os documentos, independentemente do pedido do autor (Art. 42-A do CDC). **D: incorreta.** O art. 43, § 5º, do CDC, prevê a obrigatoriedade da retirada do nome do consumidor da lista dos maus pagadores caso a dívida esteja prescrita, independentemente do valor da inscrição. **E: correta.** O cadastro dos fornecedores está previsto no art. 44 do CDC, sendo direito do consumidor o acesso a lista dos fornecedores para orientação e consulta. **RD**
Gabarito "E".

(Juiz – TJ-SC – FCC – 2017) Em relação à publicidade nas relações de consumo, é correto afirmar:

(A) A publicidade omissiva em relação a um produto ou serviço não se caracteriza como enganosa ou abusiva, pois não induz em erro o consumidor, nem lhe causa prejuízo.

(B) O ônus da prova da veracidade e correção da informação ou comunicação publicitária cabe a quem tenha arguido a abusividade ou ilegalidade.

(C) A publicidade enganosa ou abusiva gera consequências diversas, pois enquanto a enganosa conduz à anulabilidade do negócio jurídico ao qual o consumidor foi induzido, a abusividade gera sua nulidade.

(D) A publicidade de um produto pode estar contida dissimuladamente em uma notícia veiculada pelos meios de comunicação, mas sua verdadeira natureza publicitária deverá ser declinada se houver requisição do Ministério Público ou do juiz.

(E) O fornecedor, na publicidade de seus produtos ou serviços, manterá, em seu poder, para informação dos legítimos interessados, os dados fáticos, técnicos e científicos que dão sustentação à mensagem.

A: incorreta. A publicidade enganosa por omissão é aquela que deixa de dar uma informação essencial quanto ao produto ou serviço e é expressamente proibida pelo art. 37, § 3°, do CDC; B: incorreta. O ônus da prova da veracidade da publicidade é sempre de quem as patrocina (art. 38 do CDC): C: incorreta. A publicidade enganosa é aquela que leva o consumidor a erro (art. 37, § 1) e a publicidade abusiva (art. 37, § 2°), embora não conceituada pelo legislador, é aquela que manipula do consumidor com elementos do subconsciente. Em ambos os casos, por ser norma de ordem pública, induzem a nulidade de eventuais contratos; D: incorreta. Pelo princípio da veracidade da publicidade, esta "deve ser veiculada de tal forma que o consumidor, fácil e imediatamente, a identifique como tal" (art. 36 do CDC), sendo vedada, portanto, qualquer forma de publicidade dissimulada ou subliminar; E: correta. Nos exatos termos do art. 36, parágrafo único. **RD**
Gabarito "E".

(Defensor Público – DPE/ES – 2016 – FCC) O consumidor cobrado em quantia indevida tem direito à repetição

(A) do valor indevidamente pago, independentemente da prova de erro, mas o valor será devolvido em dobro, se provar lesão.

(B) do indébito, por valor igual ao dobro do que pagou em excesso, acrescido de correção monetária e juros, salvo hipótese de engano justificado.

(C) do indébito, por valor igual ao dobro do que pagou em excesso, acrescido de correção monetária e juros, não se admitindo exceção de engano, ainda que justificável, do fornecedor.

(D) somente do valor indevidamente pago, com correção monetária e juros.

(E) do valor indevidamente pago, se provar erro, acrescido de juros e correção monetária.

Nos termos do parágrafo único do art. 42 do CDC, "o consumidor cobrado em quantia indevida tem direito à repetição do indébito, por valor igual ao dobro do que pagou em excesso, acrescido de correção monetária e juros legais, salvo hipótese de engano justificável".
Gabarito "B".

(Defensor Público – DPE/ES – 2016 – FCC) Joãozinho, após acessar o Facebook, teve acesso a um conteúdo publicitário com os seguintes dizeres: compre um celular e receba o segundo gratuitamente. Interessado por tais aparelhos Joãozinho efetuou a compra pela internet e recebeu os aparelhos em sua residência. Após o primeiro uso, os aparelhos que não apresentavam qualquer tipo de vício ou defeito são recusados pelo comprador, por mero desejo em adquirir um equipamento mais moderno. Com base neste problema e no Código de Defesa do Consumidor, Joãozinho

(A) teria direito à substituição do produto por outro ou ao abatimento proporcional do preço ou à devolução do produto com a correspondente devolução do dinheiro pago, estas alternativas são opções do consumidor.

(B) tem direito de desistir da compra, desde que o faça em sete dias a contar do recebimento do produto.

(C) só teria direito de desistir da compra se os produtos apresentassem vício ou defeito.

(D) não pode efetuar a desistência por se tratar de uma venda promocional e vantajosa ao consumidor.

(E) tem o direito de desistir da aquisição eis que ele é vulnerável e hipossuficiente, desde que realize tal desistência no prazo de trinta dias.

O direito de desistência somente pode ser exercido, nos termos do artigo 49 do CDC, quando a compra ocorrer fora do estabelecimento comercial. Nesta hipótese, tendo Joãozinho comprado pela internet, ele pode exercer o direito de arrependimento, desde que o faça em até 7 (sete) dias contados do recebimento do produto.
Gabarito "B".

(Defensor Público – DPE/ES – 2016 – FCC) As informações negativas do consumidor nos cadastros de entidades de proteção ao crédito não poderão referir-se a período superior a

(A) um lustro, ainda que o prazo prescricional da execução da dívida seja superior a cinco anos.

(B) um ano, salvo se o consumidor já tiver outros apontamentos, hipótese em que o período poderá estender-se até cinco anos.

(C) cinco anos, salvo se o prazo prescricional da execução da dívida for superior a um lustro.

(D) três anos, que é o prazo prescricional das pretensões fundadas na responsabilidade civil, salvo se o prazo prescricional da execução da dívida for superior àquele período.

(E) dez anos, que é o prazo geral da prescrição, exceto se o prazo prescricional da execução da dívida for de até cinco anos, quando, então, a inscrição negativa terá de ser cancelada. Direitos Humanos

O prazo máximo para a manutenção no nome do consumidor nos cadastros negativos é de um lustro (cinco anos), na forma do art. 43, § 1° do CDC, contados a partir da inscrição (conforme entendimento jurisprudencial). Além de observar o prazo máximo para a inscrição da dívida, o fornecedor jamais poderá manter o nome do consumidor em cadastro negativo quando se tratar de dívida prescrita (art. 43, § 5°).
Gabarito "A".

(Juiz de Direito/AM – 2016 – CESPE) Acerca das práticas comerciais previstas no CDC, assinale a opção correta à luz da jurisprudência do STJ.

(A) A cobrança de tarifa de água pela concessionária pode ocorrer por estimativa na hipótese comprovada de falta do hidrômetro ou de seu mau funcionamento.

(B) Haverá responsabilidade solidária entre a concessionária de veículos seminovos e a fabricante da marca no caso de oferta veiculada por aquela que ateste, com a anuência desta, a qualidade de veículo usado, caso esse bem venha a apresentar vício.

(C) A ciência do consumidor é necessária para que ocorra a reprodução objetiva e atualizada pelos órgãos de proteção ao crédito dos registros existentes nos cartórios de protesto.

19. DIREITO DO CONSUMIDOR

(D) O denominado escore de crédito, que decorre do cadastro positivo, é uma espécie de banco de dados e necessita do consentimento do consumidor para utilização pelos fornecedores.

(E) Não caracteriza prática abusiva a distinção no pagamento em dinheiro, cheque ou cartão de crédito, pois esta última modalidade envolve, além do consumidor e do fornecedor, a administradora do cartão.

A: incorreta. O fornecedor somente pode fazer a cobrança pelo serviço efetivamente fornecido ao consumidor. Nesse sentido, já julgou o STJ: "a tarifa de água deve calculada com base no consumo efetivamente medido no hidrômetro, de modo que sua cobrança por estimativa é ilegal, por ensejar enriquecimento ilícito da concessionária". (AgInt no AREsp 554675/RJ, 1ª turma, DJe 16/11/2016). **B:** correta. Na forma do art. 18 do Código de Defesa do Consumidor, os fornecedores são responsáveis pelos vícios apresentados pelo produto. Para os fins da lei consumerista, a apresentação e oferta inadequada faz com que o produto tenha um vício. **C:** incorreta. Tese firmada em Recurso Repetitivo (REsp 1444469 / DF): "Diante da presunção legal de veracidade e publicidade inerente aos registros do cartório de protesto, a reprodução objetiva, fiel, atualizada e clara desses dados na base de órgão de proteção ao crédito – ainda que sem a ciência do consumidor – não tem o condão de ensejar obrigação de reparação de danos." 2. Recurso especial provido. **D:** incorreta. Súmula 550 do STJ "A utilização de escore de crédito, método estatístico de avaliação de risco que não constitui banco de dados, dispensa o consentimento do consumidor, que terá o direito de solicitar esclarecimentos sobre as informações pessoais valoradas e as fontes dos dados considerados no respectivo cálculo". **E:** incorreta. O entendimento caminhava no sentido de considerar prática abusiva a cobrança diferenciada entre dinheiro e outras modalidades (REsp 1.133.410-RS, Rel. Min. Massami Uyeda, julgado em 16/3/2010). No entanto, a medida provisória nº 764/16, posterior ao referido julgado, autoriza expressamente a cobrança diferenciada de preço: "Fica autorizada a diferenciação de preços de bens e serviços oferecidos ao público, em função do prazo ou do instrumento de pagamento utilizado" (art. 1º). Esse portanto, deve ser o entendimento caso a medida provisória seja validada pelo congresso nacional.
Gabarito "B".

(Juiz de Direito/DF – 2016 – CESPE) De acordo com o entendimento adotado, de forma atual e prevalente, pelo STJ, assinale a opção correta.

(A) A utilização dos dados extraídos dos registros do cartório de protesto, por órgão cadastral de proteção ao crédito, desde que se trate de reprodução fiel, atualizada, objetiva e clara, não gera o dever de reparar os danos causados ao consumidor, ainda que não tenha este sido previamente cientificado da inclusão de tais informações na base de dados do órgão de proteção.

(B) Cabe ao órgão responsável pelo cadastro de proteção ao crédito, e não ao credor, a notificação do devedor, antes de proceder à inscrição desabonadora, exigindo-se, para o fiel atendimento da exigência legal, a prova de efetiva notificação do devedor, por meio de carta com aviso de recebimento.

(C) Para a lícita utilização de escore de crédito, método estatístico de avaliação de risco que não constitui banco de dados, exige-se o consentimento do consumidor, que terá o direito de solicitar esclarecimentos sobre as informações pessoais valoradas e as fontes dos dados considerados no respectivo cálculo.

(D) A inclusão do nome do consumidor em base de dados do órgão de proteção ao crédito, quando fundada em informação verdadeira, extraída do cartório de

distribuição judicial, não tem o condão de ensejar a obrigação de reparar danos, desde que seja observado o dever de prévia notificação do devedor.

(E) Verificada, ao tempo em que fora realizada, a legítima inscrição do nome do devedor em cadastro de proteção ao crédito, e, uma vez operado, em momento ulterior, o integral pagamento da dívida, cabe ao devedor interessado postular a exclusão do registro desabonador, posto que a negativação teve origem em ato realizado no exercício regular de um direito do credor.

A: correta. Tese firmada em Recurso Repetitivo (REsp 1444469/DF): "Diante da presunção legal de veracidade e publicidade inerente aos registros do cartório de protesto, a reprodução objetiva, fiel, atualizada e clara desses dados na base de órgão de proteção ao crédito – ainda que sem a ciência do consumidor – não tem o condão de ensejar obrigação de reparação de danos." **B:** incorreta. A súmula 359 dispõe que cabe ao órgão mantenedor do Cadastro de Proteção ao Crédito a notificação do devedor antes de proceder a inscrição. No entanto, fica dispensado o Aviso de Recebimento (AR) para a comprovação da notificação (Súmula 404, STJ), bastando que o órgão administrador faça a comprovação do envio de correspondência ao devedor. **C:** incorreta. Súmula 550 do STJ assim dispõe: "A utilização de escore de crédito, método estatístico de avaliação de risco que não constitui banco de dados, dispensa o consentimento do consumidor, que terá o direito de solicitar esclarecimentos sobre as informações pessoais valoradas e as fontes dos dados considerados no respectivo cálculo". **D:** Incorreta. Tendo em vista a informação ser pública, não se faz necessária a prévia notificação do devedor. Em sede de recurso repetitivo, o STJ firmou as seguintes teses: "Diante da presunção legal de veracidade e publicidade inerente aos registros do cartório de distribuição judicial, a reprodução objetiva, fiel, atualizada e clara desses dados na base de órgão de proteção ao crédito – ainda que sem a ciência do consumidor – não tem o condão de ensejar obrigação de reparação de danos" (REsp 1344352/SP, DJe 16/12/2014). **E:** incorreta. A exclusão do registro da dívida é de responsabilidade do credor: "Incumbe ao credor a exclusão do registro da dívida em nome do devedor no cadastro de inadimplentes no prazo de cinco dias úteis, a partir do integral e efetivo pagamento do débito: (súmula 548 do STJ).
Gabarito "A".

8. PROTEÇÃO CONTRATUAL

(Juiz de Direito/GO – 2021 – FCC) No que se refere à proteção contratual disciplinada pelo Código de Defesa do Consumidor, considere:

I. As declarações de vontade constantes de escritos particulares, recibos e pré-contratos relativos às relações de consumo vinculam o fornecedor, ensejando inclusive execução específica.

II. O consumidor pode desistir do contrato no prazo de 30 dias a contar de sua assinatura ou do ato de recebimento do produto ou serviço sempre que a contratação de fornecimento de produtos e serviços ocorrer fora do estabelecimento comercial.

III. Nos contratos de compra e venda de bens móveis ou imóveis mediante pagamento em prestações, bem como na alienação fiduciária em garantia deles, consideram-se nulas de pleno direito as cláusulas que estabeleçam a perda total das prestações pagas em benefício do credor que, em razão do inadimplemento, pleitear a resolução do contrato e a retomada do produto alienado.

IV. Nos contratos do sistema de consórcio de produtos duráveis, a compensação ou a restituição das parcelas quitadas, terá descontada, além da vantagem econômica auferida com a fruição, os prejuízos que o desistente ou inadimplente causar ao grupo.

Está correto o que se afirma APENAS em

(A) II e III.

(B) III e IV.

(C) I e II.

(D) I e IV.

(E) I, III e IV.

Comentário: **I:** Correta. Em conformidade com o art. 48 do CDC. **II:** Incorreta. De acordo com o art. 49 do CDC, o prazo para desistência de compra de produto ou serviço realizada fora do estabelecimento comercial é de 7 dias. **III:** Correta. Em conformidade com o art. 53 do CDC. **IV:** Correta. Em conformidade com o art. 53, § 2º, do CDC. **RD**
Gabarito "E".

(Juiz de Direito/GO – 2021 – FCC) De acordo com a definição do Código de Defesa do Consumidor, uma cláusula contratual em avença consumerista que estabeleça a ambas as partes a utilização compulsória de arbitragem será

(A) anulável, por se tratar de direitos disponíveis, havendo o consumidor que provar prejuízo.

(B) válida, pois a imposição foi bilateral.

(C) nula de pleno direito, sendo irrelevante que se imponha a ambas as partes a compulsoriedade.

(D) tida por inexistente, por ser contrária ao princípio constitucional da inafastabilidade da jurisdição.

(E) ineficaz, por caracterizar condição juridicamente impossível.

Comentário: De acordo com o art. 51, VII, do CDC "são nulas de pleno direito, entre outras, as cláusulas contratuais relativas ao fornecimento de produtos e serviços que determinem a utilização compulsória de arbitragem". **RD**
Gabarito "C".

(Juiz de Direito/SP – 2021 – Vunesp) Assinale a alternativa **incorreta** sobre abusividade de cláusulas contratuais, conforme entendimento dominante e atual do Superior Tribunal de Justiça.

(A) Nos contratos de locação de cofre particular, é abusiva a cláusula limitativa de valores e de objetos a serem armazenados, sobre os quais recairá a obrigação de guarda e de proteção do banco locador.

(B) É abusiva a cláusula contratual que restringe a responsabilidade de instituição financeira pelos danos decorrentes de roubo, furto ou extravio de bem entregue em garantia no âmbito de contrato de penhor civil.

(C) É válida a cláusula contratual que transfere ao promitente-comprador a obrigação de pagar a comissão de corretagem nos contratos de promessa de compra e venda de unidade autônoma em regime de incorporação imobiliária, desde que previamente informado o preço total da aquisição da unidade autônoma, com o destaque do valor da comissão de corretagem.

(D) A cláusula contratual de plano de saúde que prevê carência para utilização dos serviços de assistência médica nas situações de emergência ou de urgência é considerada abusiva, se ultrapassado o prazo máximo de 24 horas contado da data da contratação.

Comentário: **A:** Incorreta. O Superior Tribunal de Justiça entende como não abusiva a cláusula meramente limitativa do uso de cofre locado, visto ser possível restringir o objeto do contrato, delimitando a extensão da obrigação imposta na relação (EDcl no AREsp 1206017 SP). **B:** Correta. "É abusiva a cláusula contratual que restringe a responsabilidade de instituição financeira pelos danos decorrentes de roubo, furto ou extravio de bem entregue em garantia no âmbito de contrato de penhor civil". (Súmula 638 do STJ). **C:** Correta. Conforme Tese 938 do STJ (IRDR). **D:** Correta. Conforme Súmula 597 do STJ **RD**
Gabarito "A".

(Juiz de Direito – TJ/MS – 2020 – FCC) De acordo com o Código de Defesa do Consumidor, o contrato de adesão

(A) não permite a supressão do direito do consumidor de discutir ou modificar substancialmente o conteúdo de cada uma das suas cláusulas.

(B) perde essa natureza mediante a inserção, no formulário, de cláusula nova, resultante de discussão com o consumidor.

(C) admite cláusula resolutória.

(D) deve ser redigido em termos claros e com caracteres de qualquer tamanho de fonte, desde que ostensivos e legíveis, de modo a facilitar sua compreensão pelo consumidor.

(E) não admite cláusulas que impliquem limitação de direito do consumidor.

A: Errada. Conforme art. 54, caput, do CDC, "contrato de adesão é aquele cujas cláusulas tenham sido aprovadas pela autoridade competente ou estabelecidas unilateralmente pelo fornecedor de produtos ou serviços, sem que o consumidor possa discutir ou modificar substancialmente seu conteúdo". **B:** errada. Conforme o art. 54, § 1º, do CDC, "a inserção de cláusula no formulário não desfigura a natureza de adesão do contrato". **C:** Correta. De acordo com o art. 54, § 2º, do CDC, "nos contratos de adesão admite-se cláusula resolutória, desde que a alternativa, cabendo a escolha ao consumidor, ressalvando-se o disposto no § 2º do artigo anterior". **D:** incorreta. Conforme o art. 54, § 3º, do CDC, "os contratos de adesão escritos serão redigidos em termos claros e com caracteres ostensivos e legíveis, cujo tamanho da fonte não será inferior ao corpo doze, de modo a facilitar sua compreensão pelo consumidor". **E:** incorreta. Conforme o art. 54, § 4º, do CDC "as cláusulas que implicarem limitação de direito do consumidor deverão ser redigidas com destaque, permitindo sua imediata e fácil compreensão". **RD**
Gabarito "C".

(Juiz de Direito – TJ/MS – 2020 – FCC) Acerca das cláusulas abusivas, considere:

I. São nulas de pleno direito as cláusulas que autorizem o fornecedor a cancelar o contrato unilateralmente, ainda que igual direito seja conferido ao consumidor.

II. As multas de mora decorrentes do inadimplemento de obrigações no seu termo poderão ser de, no máximo, quatro por cento do valor da prestação.

III. Desde que expressamente previsto no contrato, é assegurada ao consumidor a liquidação antecipada do débito, total ou parcialmente, mediante redução proporcional dos juros e demais acréscimos.

IV. Qualquer consumidor pode, individualmente, requerer ao Ministério Público que ajuíze a competente ação para ser declarada a nulidade de cláusula contratual que não assegure o justo equilíbrio entre direitos e obrigações das partes.

V. São válidas as cláusulas que obriguem o consumidor a ressarcir os custos de cobrança de sua obrigação se igual direito lhe for conferido contra o fornecedor.

De acordo com o Código de Defesa do Consumidor, está correto o que se afirma APENAS em

(A) I e II.
(B) I e III.
(C) II e IV.
(D) III e V.
(E) IV e V.

I: Falso. De acordo com o art. 51, XI, "são nulas de pleno direito as cláusulas contratuais que autorizem o fornecedor a cancelar o contrato unilateralmente, sem que igual direito seja conferido ao consumidor". **II:** Falso. De acordo com o art. 52, § 1º, do CDC, "as multas de mora decorrentes do inadimplemento de obrigações no seu termo não poderão ser superiores a dois por cento do valor da prestação". **III:** Falso. "É assegurado ao consumidor a liquidação antecipada do débito, total ou parcialmente, mediante redução proporcional dos juros e demais acréscimos" (art. 52, § 2º do CDC). Sendo assim, não há que se falar na necessidade de previsão contratual para tanto. **IV:** Verdadeiro. Conforme previsto no art. 51, § 4º, do CDC. **V:** Verdadeiro. Conforme previsto no 51, XII, do CDC. RD

Gabarito "E".

(Juiz de Direito – TJ/MS – 2020 – FCC) Laura compareceu a uma loja de departamentos, onde comprou um aparelho de som, que seria entregue na sua casa no prazo de dez dias. Ao chegar em casa, pesquisou o preço do produto na internet, vindo então a descobrir que o mesmo aparelho de som estava em promoção numa outra loja, sendo anunciado pela metade do preço que pagou. Então, no mesmo dia, voltou à loja onde havia feito a compra, pleiteando o desfazimento do negócio e a restituição integral do preço. Nesse caso, de acordo com o Código de Defesa do Consumidor, Laura

(A) tem direito ao desfazimento do negócio, pois o consumidor pode desistir do contrato no prazo de 7 (sete) dias contados da sua celebração.

(B) tem direito ao desfazimento do negócio, pois o consumidor pode desistir do contrato no prazo de 7 (sete) dias contados da data do recebimento do produto.

(C) tem direito ao desfazimento do negócio, pois se reputa prática abusiva a venda de produto por preço igual ou superior ao dobro do praticado por concorrente.

(D) tem direito ao desfazimento do negócio, mas somente se provar ter adquirido o produto anunciado pelo outro fornecedor.

(E) não tem direito ao desfazimento do negócio por mero arrependimento.

De acordo com o art. 49 do Código de Defesa Consumidor, o consumidor pode desistir do contrato, no prazo de 7 (sete) dias a contar de sua assinatura ou do ato de recebimento do produto ou serviço, sempre que a contratação de fornecimento de produtos e serviços ocorrer fora do estabelecimento comercial. Uma vez que Laura efetuou a compra em estabelecimento de forma presencial, a consumidora não poderá usufruir do direito de arrependimento estabelecido pelo dispositivo em comento. RD

Gabarito "E".

(Juiz de Direito – TJ/SC – 2019 – CESPE/CEBRASPE) No que se refere à relação entre seguradoras e consumidores, assinale a opção correta à luz do Código de Defesa do Consumidor e do entendimento do STJ.

(A) É abusiva a exclusão do seguro de acidentes pessoais em contrato de adesão para as hipóteses de intercor-

rências ou complicações consequentes da realização de exames, tratamentos clínicos ou cirúrgicos.

(B) A seguradora poderá se recusar a contratar seguro se a pessoa proponente tiver restrição financeira em órgãos de proteção ao crédito, mesmo que essa pessoa se disponha a pronto pagamento do prêmio.

(C) Inexiste relação de consumo entre pessoa jurídica e seguradora em contrato de seguro que vise à proteção do patrimônio dessa pessoa jurídica, em razão de tal contrato configurar consumo intermediário.

(D) O contrato de seguro de vida pode vedar a cobertura de sinistro decorrente de acidente de ato praticado pelo segurado em estado de embriaguez, mesmo quando ocorrido após os dois primeiros anos do contrato.

(E) As normas protetivas do Código de Defesa do Consumidor aplicam-se aos contratos de seguro facultativo e, subsidiariamente, ao seguro obrigatório DPVAT.

A: correta. Conforme entendimento do STJ, é abusiva a exclusão do seguro de acidentes pessoais em contrato de adesão para as hipóteses de: I) gravidez, parto ou aborto e suas consequências; II) perturbações e intoxicações alimentares de qualquer espécie; e III) todas as intercorrências ou complicações consequentes da realização de exames, tratamentos clínicos ou cirúrgicos. (REsp. 1635238/SP). **B:** incorreta. A seguradora não pode recusar a contratação de seguro a quem se disponha a pronto pagamento se a justificativa se basear unicamente na restrição financeira do consumidor junto a órgãos de proteção ao crédito. (STJ. 3ª Turma. REsp 1594024-SP, Rel. Min. Ricardo Villas Bôas Cueva, julgado em 27/11/2018 – Informativo 640). **C:** Conforme entendimento do STJ, há relação de consumo entre a seguradora e a concessionária de veículos que firmam seguro empresarial visando à proteção do patrimônio desta em razão da destinação pessoal, ainda que com o intuito de resguardar veículos utilizados em sua atividade comercial, desde que o seguro não integre os produtos ou serviços oferecidos por esta. (Veja REsp 733.560-RJ, e REsp 814.060-RJ). **D:** incorreta. Conforme a súmula 620 do STJ "A embriaguez do segurado não exime a seguradora do pagamento da indenização prevista em contrato de seguro de vida". **E:** incorreta. Conforme entendimento externado pelo STJ, as normas protetivas do Código de Defesa do Consumidor não se aplicam ao seguro obrigatório (DPVAT) (Veja REsp 1.635.398-PR).

Gabarito "A".

(Juiz de Direito – TJ/SC – 2019 – CESPE/CEBRASPE) Um cidadão ajuizou ação contra o Banco XY S.A. a respeito de contrato de arrendamento mercantil de veículo automotor firmado entre as partes em 2018.

Os itens a seguir apresentam as alegações feitas na referida ação.

I. Existência de abusividade da cláusula que prevê o ressarcimento pelo consumidor da despesa com o registro do pré-gravame.

II. Ocorrência de descaracterização da mora, em razão da abusividade de encargos acessórios do contrato.

III. Presença de abusividade da cláusula que prevê a obrigação do consumidor de contratar seguro com a instituição financeira ou com seguradora indicada pela instituição bancária.

Assinale a opção correta.

(A) Apenas o item I está certo.
(B) Apenas o item II está certo.
(C) Apenas os itens I e III estão certos.
(D) Apenas os itens II e III estão certos.

(E) Todos os itens estão certos.

Em sede de recurso repetitivo, o STJ fixou as seguintes teses (tema 972): "1. Abusividade da cláusula que prevê o ressarcimento pelo consumidor da despesa com o registro do pré-gravame, em contratos celebrados a partir de 25/02/2011, data de entrada em vigor da Res.--CMN 3.954/2011, sendo válida a cláusula pactuada no período anterior a essa resolução, ressalvado o controle da onerosidade excessiva. 2. Nos contratos bancários em geral, o consumidor não pode ser compelido a contratar seguro com a instituição financeira ou com seguradora por ela indicada. 3. A abusividade de encargos acessórios do contrato não descaracteriza a mora".
Gabarito "C".

Renê firmou contrato de seguro de assistência à saúde e, anos depois, quando ele completou sessenta anos de idade, a seguradora reajustou o valor do seu plano de assistência com base em uma cláusula abusiva. Por essa razão, Renê pretende ajuizar ação visando à declaração de nulidade da cláusula de reajuste e à condenação da contratada em repetição de indébito referente a valores pagos em excesso.

(Juiz de Direito - TJ/BA - 2019 - CESPE/CEBRASPE) De acordo com entendimento jurisprudencial do STJ, nessa situação hipotética, as parcelas vencidas e pagas em excesso estão sujeitas à

(A) prescrição de três anos, porque se trata de hipótese de enriquecimento sem causa da empresa contratada.

(B) prescrição de um ano, por se tratar de um contrato de seguro.

(C) prescrição de dois anos, porque, apesar de se tratar de um contrato de seguro, o requerente é idoso.

(D) prescrição de cinco anos, por envolver valores líquidos e certos.

(E) imprescritibilidade, por ser essa uma relação jurídica de trato sucessivo.

O entendimento do Superior Tribunal de Justiça segue no sentido de que a prescrição é de 3 (três) anos, nos termos do art. 206 do Código Civil, para o pedido de nulidade de cláusula e consequente repetição de indébito, posto de fundamentado no enriquecimento sem causa (Veja: REsp 1.800.456/SP). RD
Gabarito "A".

(Juiz de Direito – TJ/RS – 2018 – VUNESP) No contrato de promessa de compra e venda de imóvel em construção, além do período previsto para o término do empreendimento, há, comumente, cláusula de prorrogação excepcional do prazo de entrega da unidade ou de conclusão da obra, que varia entre 90 (noventa) e 180 (cento e oitenta) dias: a conhecida cláusula de tolerância. Considerando isso, assinale a alternativa correta.

(A) Trata-se de cláusula abusiva, por exigir do consumidor vantagem manifestamente excessiva a favor da construtora.

(B) Não se trata de cláusula abusiva, diante dos costumes do mercado imobiliário, que pode paralisar a obra se houver alguma necessidade financeira.

(C) Não se trata de cláusula abusiva, pois ameniza o risco da atividade advindo da dificuldade de se fixar data certa para o término de obra de grande magnitude sujeita a diversos obstáculos e situações imprevisíveis.

(D) Trata-se de cláusula abusiva, pois condiciona a entrega do produto sem justa causa ou limites quantitativos.

(E) Trata-se de cláusula abusiva, pois representa uma oferta enganosa do prazo de entrega do imóvel, que já estabelece condições para o construtor apurar eventual necessidade de atraso.

A jurisprudência do Superior Tribunal de Justiça segue no sentido de que não há abusividade na denominada "cláusula de tolerância" nos contratos de promessa de compra e venda de imóvel em construção. A cláusula de prorrogação excepcional do prazo de entrega da unidade ou de conclusão da obra varia entre 90 (noventa) e 180 (cento e oitenta) dias, "porque existem no mercado diversos fatores de imprevisibilidade que podem afetar negativamente a construção de edificações e onerar excessivamente seus atores, tais como intempéries, chuvas, escassez de insumos, greves, falta de mão de obra, crise no setor, entre outros contratempos. Assim, a complexidade do negócio justifica a adoção no instrumento contratual, desde que razoáveis, de condições e formas de eventual prorrogação do prazo de entrega da obra, o qual foi, na realidade, apenas estimado, tanto que a própria lei de regência disciplinou tal questão, conforme previsão do art. 48, § 2°, da Lei n. 4.591/1964. Logo, observa-se que a cláusula de tolerância para atraso de obra possui amparo legal, não constituindo abuso de direito (art. 187 do CC)". (STJ, REsp 1.582.318/RJ, Rel. Min. Ricardo Villas Bôas Cueva, por unanimidade, julgado em 12/9/2017, DJe 21/9/2017). Sendo assim, a única alternativa que pode ser considerada correta é a alternativa "C". RD
Gabarito "C".

(Defensor Público – DPE/PR – 2017 – FCC) Sobre os contratos na relação de consumo, é correto:

(A) Em decorrência de sua condição de vulnerabilidade, é nula de pleno direito a cláusula contratual que impossibilite, exonere ou atenue a responsabilidade do fornecedor por vícios dos produtos ou dos serviços, ainda que haja razões justificáveis e traga vantagem patrimonial ao consumidor.

(B) O reajuste de mensalidade de plano de saúde individual ou familiar fundado na mudança de faixa etária do beneficiário é válido desde que haja previsão contratual, sejam observadas as normas expedidas pelos órgãos governamentais reguladores e não sejam aplicados percentuais desarrazoados ou aleatórios que, concretamente e sem base atuarial idônea, onerem excessivamente o consumidor ou discriminem o idoso.

(C) Segundo o entendimento do STJ, o denominado "desconto de pontualidade", previsto em contrato de prestação de serviços celebrado com instituição de ensino aos alunos que efetuarem o pagamento das mensalidades até a data do vencimento ajustada, configura prática comercial abusiva.

(D) Nos contratos de compra e venda de móveis ou imóveis mediante pagamento em prestações, bem como nas alienações fiduciárias em garantia, é válida a cláusula que estabeleça a perda total das prestações pagas em benefício do credor que, em razão do inadimplemento, pleitear a resolução do contrato e a retomada do produto alienado.

(E) No fornecimento de produtos ou de serviços que envolva outorga de crédito ou concessão de financiamento ao consumidor, a liquidação antecipada do débito, total ou parcialmente, não autoriza a redução de juros remuneratórios ou de comissão de permanência.

19. DIREITO DO CONSUMIDOR 745

A: incorreta. O art 51, I, do CDC prevê a nulidade de cláusula contratual que impossibilitem, exonerem ou atenuem a responsabilidade do fornecedor por vícios de qualquer natureza ou que impliquem renúncia ou disposição de direitos. A indenização somente pode ser limitada as hipóteses em que o consumidor for pessoa jurídica e em situações justificáveis. **B:** correta. O STJ firmou, em sede de Recurso Repetitivo (tema n. 952) entendimento no sentido de que "o reajuste de mensalidade de plano de saúde individual ou familiar fundado na mudança de faixa etária do beneficiário é válido desde que (i) haja previsão contratual, (ii) sejam observadas as normas expedidas pelos órgãos governamentais reguladores e (iii) não sejam aplicados percentuais desarrazoados ou aleatórios que, concretamente e sem base atuarial idônea, onerem excessivamente o consumidor ou discriminem o idoso (REsp 1568244/RJ, DJ 14/12/2016)". **C:** incorreta. O entendimento do STJ é o que não configura prática comercial abusiva: "O denominado "desconto de pontualidade", concedido pela instituição de ensino aos alunos que efetuarem o pagamento das mensalidades até a data do vencimento ajustada, não configura prática comercial abusiva". (STJ, REsp 1.424.814/SP, Rel. Min. Marco Aurélio Bellizze, julgado em 4/10/2016, DJe 10/10/2016). **D:** incorreta. O art. 53 do CDC, *caput*, nos contratos de compra e venda de móveis ou imóveis mediante pagamento em prestações, bem como nas alienações fiduciárias em garantia, **não** é válida a cláusula que estabeleça a perda total das prestações pagas em benefício do credor que, em razão do inadimplemento, pleitear a resolução do contrato e a retomada do produto alienado. **E:** incorreta. O art. 52, § 2º, garante ao consumidor o direito à quitação antecipada do débito com redução proporcional dos juros. **RD**

Gabarito "B".

(Defensor Público Federal – DPU – 2017 – CESPE) Com referência à proteção contratual e ao contrato de adesão, julgue os seguintes itens.

(1) Nas relações de consumo, não se admite cláusula resolutória nos contratos de adesão.

(2) Aplicam-se as disposições do CDC às relações de consumo estabelecidas pela compra de produtos de camelôs, haja vista o vendedor ser considerado fornecedor.

1: Errada: O art. 54, § 2º, do Código de Defesa do Consumidor prevê expressamente a possibilidade de inserção de cláusula resolutória nos contratos de adesão, desde que alternativa, cabendo a escolha ao consumidor e ressalvando o direito de devolução dos valores pagos pelo consumidor nos termos do art. 53 da mesma lei. **2:** Correta: Nos termos do art. 2º do Código de Defesa do Consumidor, o comerciante e o distribuidor devem ser considerados fornecedores e compõem a relação jurídica de consumo. **RD**

Gabarito 1E, 2C

(Procurador Municipal – Sertãozinho/SP – VUNESP – 2016) No que concerne aos contratos de consumo, é correto afirmar que

(A) firmados entre fornecedor e consumidor pessoa jurídica, é válida a cláusula contratual que estabelece que a indenização poderá ser limitada, em situações justificáveis.

(B) será reputado de adesão aquele cujas cláusulas tenham sido estabelecidas unilateralmente pelo fornecedor de serviços, sendo que a inserção de cláusula no formulário pelo consumidor o desfigura como tal.

(C) as multas de mora decorrentes do inadimplemento de obrigações no seu termo não poderão ser superiores a 10 (dez) por cento do valor da prestação.

(D) quando de adesão, suas cláusulas deverão ser redigidas em termos claros e com caracteres ostensivos e legíveis, cujo tamanho da fonte não será inferior ao corpo onze, de modo a facilitar sua compreensão pelo consumidor.

(E) as cláusulas contratuais serão interpretadas de maneira mais favorável ao consumidor, desde que caracterizada a má-fé do fornecedor.

A: correta. A limitação de indenização pode estar prevista em contrato nas hipóteses em que haja um consumidor pessoa jurídica e que a limitação seja justificável (art. 51, I, do CDC). **B:** incorreta. O contrato de adesão é aquele cujas cláusulas tenham sido aprovadas pela autoridade competente ou estabelecidas unilateralmente pelo fornecedor de produtos ou serviços, sem que o consumidor possa discutir ou modificar substancialmente seu conteúdo (art. 54 do CDC). Prevê ainda o art. 54, § 1º, que a inserção de cláusula no formulado não desfigura a natureza de adesão do contrato. **C:** incorreta. A multa demora não pode ser superior a 2% do valor da prestação (art. 52, § 1º, do CDC) **D:** incorreta. Os contratos de adesão escritos serão redigidos em termos claros e com caracteres ostensivos e legíveis, cujo tamanho da fonte não será inferior ao corpo doze, de modo a facilitar sua compreensão pelo consumidor (art. 54, § 3º, do CDC). **E:** incorreta. As cláusulas contratuais serão interpretadas de maneira mais favorável ao consumidor (art. 47 do CDC), independentemente da análise da boa-fé do fornecedor. **RD**

Gabarito "A".

(Procurador – IPSMI/SP – VUNESP – 2016) Nos contratos de consumo, as cláusulas abusivas

(A) transferem responsabilidade a terceiros.

(B) impõem a conclusão do negócio.

(C) são nulas de pleno direito.

(D) invalidam o contrato por inteiro.

(E) estabelecem a inversão do ônus da prova.

A: incorreta. Transferir a responsabilidade a terceiros é um exemplo de cláusula contratual abusiva (art. 51, III, do CDC). **B:** incorreta. É clausula contratual abusiva aquela que imponha representante para concluir ou realizar outro negócio jurídico pelo consumidor (art. 51, VIII, do CDC). **C:** correta. As cláusulas contratuais abusivas são nulas de pleno direito (art. 51, *caput*, do CDC). **D:** incorreta. A nulidade de uma cláusula contratual abusiva não invalida o contrato, exceto quando de sua ausência, apesar dos esforços de integração, decorrer ônus excessivo a qualquer das partes (art. 51, § 2º, do CDC). **E:** incorreta. Cláusula de estabelece a inversão do ônus da prova em prejuízo do consumidor é exemplo de cláusula contratual abusiva (art. 51, VI, do CDC). **RD**

Gabarito "C".

(Juiz – TJ-SC – FCC – 2017) No tocante à proteção contratual prevista nas relações de consumo,

(A) o consumidor pode desistir do contrato no prazo da garantia conferida pela lei ao produto.

(B) as declarações de vontade constantes de escritos particulares, recibos e pré-contratos relativos às relações de consumo vinculam o fornecedor, ensejando inclusive execução específica.

(C) a garantia contratual deve ser conferida ao consumidor pelo prazo e nos limites legalmente previstos.

(D) se o consumidor desistir do contrato e exercer o direito de arrependimento, deverá escolher outro produto de valor equivalente, sendo-lhe, porém, defeso pleitear a devolução dos valores eventualmente pagos.

(E) os contratos consumeristas admitem a renúncia do direito de indenização por benfeitorias necessárias, desde que as partes sejam plenamente capazes.

A: incorreta. O direito de arrependimento previsto no art. 49 do CDC pode ser exercido no prazo de 7 (sete) dias contados da assinatura ou do recebimento do produto; **B:** correta. Trata-se da vinculação da oferta (e todo o aspecto pré-contratual) que está previsto nos arts. 48 e 30 do CDC; **C:**

incorreta. A garantia contratual é complementar à legal, sendo certo que o prazo pode ser estabelecido pelas partes de acordo com termo escrito entregue pelo fornecedor ao consumidor (art. 50 do CDC); **D:** incorreta. Caso o consumidor exerça o direito ao arrependimento previsto no art. 49 do CDC, os valores eventualmente pagos, a qualquer título, deverão ser devolvidos imediatamente, monetariamente atualizados; **E:** incorreta. A cláusula que admite a renúncia do direito de indenização por benfeitorias necessárias é nula (art. 51, XVI, do CDC). **RD**

Gabarito "B".

(Juiz de Direito – TJ/RJ – VUNESP – 2016) Santos mora em um apartamento alugado e pretendendo tornar-se proprietário de sua própria moradia, assinou um contrato de promessa de compra e venda com uma empresa construtora para aquisição de um apartamento. O contrato foi celebrado com cláusula contratual que determina a restituição dos valores devidos somente ao término da obra, ou de forma parcelada na hipótese de resolução de contrato de promessa de compra e venda do imóvel, por culpa de quaisquer contratantes.

A partir desses fatos, assinale a alternativa correta.

(A) Se houver resolução do contrato de promessa de compra e venda do imóvel por vontade de ambas as partes, em conformidade com o avençado no contrato, a restituição dos valores devidos deve ocorrer de forma parcelada ou ao término da obra.

(B) Se a resolução contratual for unilateral do promissário comprador, este terá direito à devolução das parcelas pagas, mas a devolução não precisa ser imediata, pois inexiste disposição expressa nesse sentido no Código de Defesa do Consumidor.

(C) Esse contrato não se submete ao Código de Defesa do Consumidor, regendo-se integralmente pelas normas do Código Civil, devendo ser observado o princípio *pacta sunt servanda*.

(D) Se houver resolução do contrato de promessa de compra e venda do imóvel por vontade unilateral e exclusiva do promissário comprador, em observação à legislação consumerista, Carlos dos Santos terá direito à restituição integral das parcelas pagas.

(E) Se houver a resolução do contrato de promessa de compra e venda do imóvel em decorrência de vontade exclusiva do promitente vendedor, caberá a este a imediata restituição integral das parcelas pagas pelo promitente comprador em aplicação da legislação consumerista.

Nos termos da súmula 543 do STJ: "Na hipótese de resolução de contrato de promessa de compra e venda de imóvel submetido ao Código de Defesa do Consumidor, deve ocorrer a imediata restituição das parcelas pagas pelo promitente comprador integralmente -, em caso de culpa exclusiva do promitente vendedor/construtor, ou parcialmente, caso tenha sido o comprador quem deu causa ao desfazimento". A única alternativa que contempla o entendimento externado pelo STJ é a alternativa "D". Vale notar que a relação jurídica de consumo está presente tendo em vista ser a construtora uma "fornecedora" nos termos art. 3º do CDC e que "Carlos dos Santos" ser um destinatário final de um bem imóvel (art. 2º do CDC). **RD**

Gabarito "D".

(Juiz de Direito/DF – 2016 – CESPE) De acordo com as normas que regulam a proteção contratual do consumidor no CDC e, ainda, conforme entendimento jurisprudencial atual e prevalente do STJ, assinale a opção correta.

(A) É considerada abusiva a cláusula contratual que preveja a cobrança de juros compensatórios ("juros no pé"), pela incorporadora (promitente vendedora), em contrato de promessa de compra e venda de imóvel em construção, antes da entrega das chaves.

(B) É válida a cláusula inserida em contrato de plano de saúde que limita o tempo de cobertura, quando se tratar, especificamente, de internação psiquiátrica prolongada.

(C) A diferenciação de preços praticada por lojista para as hipóteses de pagamento em dinheiro, cheque ou cartão de crédito caracteriza prática abusiva no mercado de consumo, por ser considerada nociva ao equilíbrio contratual.

(D) Não se mostra abusiva a cláusula contratual que determina a restituição dos valores devidos de forma parcelada, na hipótese de resolução de contrato de promessa de compra e venda de imóvel, quando o desfazimento tenha sido causado pela desistência do consumidor comprador.

(E) Aplicam-se, na relação entre o franqueador e o franqueado, os princípios e as normas protetivas do CDC, sendo, por força da presumida hipossuficiência do consumidor aderente (franqueado), nula a cláusula de eleição de foro, estipulada em favor do franqueador, em contrato de franchising firmado por adesão.

A: incorreta. O SJT tem entendido que não é abusiva a cobrança dos chamados *juros no pé*. Essa modalidade de cobrança de juros se configura com a cobrança dos juros compensatórios das parcelas relativas ao período anterior à entrega das chaves do imóvel (EREsp 670.117/PB – Rel. Min. Sidnei Beneti – DJ 13.06.2012). Vale notar que esse é um acórdão paradigma que mudou o entendimento do STJ sobre o tema. **B:** incorreta posto que o STJ tem entendo que é nula a cláusula que limita tempo de internação do paciente "nos termos da jurisprudência cristalizada na Súmula 302/STJ, é abusivo o preceito contratual que restringe, no tempo, a internação hospitalar indispensável ao tratamento do usuário do plano de saúde. Exegese aplicável à internação psiquiátrica. Incidência da Súmula 83/STJ" (STJ, Rel. Min. Marco Buzzi, AgRg no AREsp 473.625/RJ, DJe 05/06/2014). **C:** correta. Esse é, de fato, o entendimento do STJ para o tema (REsp 1.133.410-RS, Rel. Min. Massami Uyeda, julgado em 16/3/2010). No entanto, a medida provisória nº 764/16, posterior ao referido julgado, autoriza expressamente a cobrança diferenciada de preço: "Fica autorizada a diferenciação de preços de bens e serviços oferecidos ao público, em função do prazo ou do instrumento de pagamento utilizado" (art. 1º). Deve ser portanto, o entendimento caso a medida provisória seja validada pelo congresso nacional. **D:** incorreta. O entendimento do STJ segue a linha de que a devolução deve ser em parcela única. Veja a ementa em sede de Recurso Repetitivo: "Para efeitos do art. 543-C do CPC: em contratos submetidos ao Código de Defesa do Consumidor, é abusiva a cláusula contratual que determina a restituição dos valores devidos somente ao término da obra ou de forma parcelada, na hipótese de resolução de contrato de promessa de compra e venda de imóvel, por culpa de quaisquer contratantes. Em tais avenças, deve ocorrer a imediata restituição das parcelas pagas pelo promitente comprador – integralmente, em caso de culpa exclusiva do promitente vendedor/construtor, ou parcialmente, caso tenha sido o comprador quem deu causa ao desfazimento. 2. Recurso especial não provido. (REsp 1.300.418/SC, Rel. Min. Luis Felipe Salomão, 2ª Seção, Dje 10/12/2013)". **E:** incorreta, não há relação jurídica de consumo entre franqueado e franqueador (veja REsp 687.322/RJ).

Gabarito "C".

19. DIREITO DO CONSUMIDOR — 747

9. SUPERENDIVIDAMENTO

(Procurador/PA – CESPE – 2022) Assinale a opção correta, acerca da prevenção e do tratamento do superendividamento.

(A) Em conformidade com a Lei n.º 14.181/2021, superendividamento é a impossibilidade manifesta de a pessoa natural ou jurídica, de boa-fé, pagar a totalidade de suas dívidas de consumo, exigíveis e vincendas, sem comprometer o mínimo existencial ou suas atividades empresariais.

(B) Na oferta de crédito, previamente à contratação, é prescindível que o fornecedor ou intermediário informe a identidade do agente financiador e entregue cópia do contrato de crédito ao consumidor, ao garante e a outros coobrigados.

(C) A instituição de núcleos de conciliação e mediação de conflitos oriundos de superendividamento é um dos instrumentos para a execução da Política Nacional das Relações de Consumo.

(D) A prevenção e o tratamento do superendividamento constituem direito básico do consumidor, de modo que é indiferente se as dívidas tenham sido contraídas de má-fé ou decorram da aquisição de produtos de luxo, de alto valor, bastando que o montante total da dívida comprometa o mínimo existencial da pessoa.

(E) Na oferta de crédito ao consumidor, publicitária ou não, é permitido condicionar o início de tratativas à renúncia de demandas judiciais e ao pagamento de honorários advocatícios.

A) Incorreta. De acordo com o Art. 54-A, superendividamento é a impossibilidade manifesta de o consumidor pessoa natural (apenas), de boa-fé, pagar a totalidade de suas dívidas de consumo, exigíveis e vincendas, sem comprometer seu mínimo existencial, nos termos da regulamentação. **B)** Incorreta. De acordo com o art. 54-D, III, do CDC, é imprescindível que o fornecedor ou intermediário informe a identidade do agente financiador e entregue cópia do contrato de crédito ao consumidor, ao garante e a outros cooabrigados. **C)** Correta. Vide art. 5, VII, do CDC. **D)** Incorreta. Conforme art. 54-A, § 3º, tal disposição não se aplica ao consumidor cujas dívidas tenham sido contraídas mediante fraude ou má-fé, sejam oriundas de contratos celebrados dolosamente com o propósito de não realizar o pagamento ou decorram da aquisição ou contratação de produtos e serviços de luxo de alto valor. **E)** Incorreta. Conforme art. 54-C, V, é vedado expressa ou implicitamente, na oferta de crédito ao consumidor, publicitária ou não, condicionar o atendimento de pretensões do consumidor ou o início de tratativas à renúncia ou à desistência de demandas judiciais, ao pagamento de honorários advocatícios ou a depósitos judiciais.

Gabarito "C".

(Delegado/RJ – 2022 – CESPE/CEBRASPE) Com base no Código de Defesa do Consumidor (Lei n.º 8.078/1990) e na Lei de Prevenção e Tratamento do Superendividamento (Lei n.º 14.181/2021), assinale a opção correta.

(A) Somente podem ser considerados consumidores as pessoas físicas ou naturais.

(B) A responsabilidade civil dos profissionais liberais independe de culpa.

(C) Superendividamento é a impossibilidade manifesta de o consumidor pessoa natural, de boa-fé, pagar a totalidade de suas dívidas de consumo, exigíveis e vincendas, sem comprometer seu mínimo existencial, nos termos da regulamentação.

(D) A pretensão à reparação pelos danos causados por fato do produto ou do serviço prescreve em três anos.

(E) O direito de reclamar pelos vícios aparentes ou de fácil constatação caduca em trinta dias, tratando-se de fornecimento de serviços ou produtos duráveis.

A) Incorreta. Nos termos do art. 2º do Código de Defesa do Consumidor, consumidor é toda pessoa física ou jurídica que adquire ou utiliza produto ou serviço como destinatário final. Vale lembrar que há, ainda, o conceito de consumidor por equiparação no parágrafo único do mesmo dispositivo. **B)** Incorreta. A responsabilidade civil dos profissionais liberais é subjetiva, devendo ficar comprovada a culpa, o nexo de causalidade e os danos causados ao consumidor (art. 14 do CDC). **C)** Correta. Nos exatos termos do art. 54-A, § 1º, do CDC. **D)** Incorreta. A pretensão à reparação pelos danos causados por fato do produto ou do serviço prescreve em 5 (cinco) anos (art. 27 do CDC). **E)** Incorreta. O direito de reclamar pelos vícios aparentes ou de fácil constatação caduca em trinta dias, tratando-se de produtos não duráveis e noventa dias tratando-se de fornecimento de serviços ou produtos duráveis (art. 26 do CDC). **RD**

Gabarito "C".

10. RESPONSABILIDADE ADMINISTRATIVA

(Juiz de Direito - TJ/AL - 2019 – FCC) Quanto às sanções administrativas previstas no CDC, considere os enunciados abaixo:

I. As penas de apreensão, de inutilização de produtos, de proibição de fabricação de produtos, de suspensão do fornecimento de produto ou serviço, de cassação do registro do produto e revogação da concessão ou permissão de uso serão aplicadas pela administração, mediante procedimento administrativo, assegurada ampla defesa, quando forem constatados vícios de quantidade ou de qualidade por inadequação ou insegurança do produto ou serviço.

II. As penas de cassação de alvará de licença, de interdição e de suspensão temporária da atividade, bem como a de intervenção administrativa, serão aplicadas mediante procedimento administrativo, assegurada ampla defesa, quando o fornecedor reincidir na prática das infrações de maior gravidade previstas no CDC e na legislação de consumo.

III. A pena de cassação da concessão será aplicada à concessionária de serviço público exclusivamente quando violar obrigação legal.

IV. A pena de intervenção administrativa será aplicada sempre que as circunstâncias de fato aconselharem a cassação de licença, a interdição ou a suspensão da atividade.

V. A imposição de contrapropaganda será cominada quando o fornecedor incorrer na prática de publicidade enganosa ou abusiva sempre às expensas do infrator; a contrapropaganda será divulgada pelo responsável da mesma forma, frequência e dimensão e, preferencialmente no mesmo veículo, local, espaço e horário, de forma capaz de desfazer o malefício da publicidade enganosa ou abusiva.

Está correto o que se afirma APENAS em

(A) I, III e IV.

(B) I, IV e V.

(C) I, II e V.

(D) III, IV e V.

(E) I, II e III.

I: correta. Nos termos do art. 58 do CDC. **II:** correta. Nos termos do art. 59 do CDC. **III:** incorreta. A pena de cassação da concessão será aplicada à concessionária de serviço público, quando violar obrigação legal ou contratual (art. 59, § 1º, do CDC). **IV:** incorreta. A pena de intervenção administrativa será aplicada sempre que as circunstâncias de fato desaconselharem a cassação de licença, a interdição ou suspensão da atividade (art. 59, § 2º, do CDC). **V:** correta. Nos termos do art. 60 do CDC. **RD**

Gabarito "C".

(Procurador Municipal – Sertãozinho/SP – VUNESP – 2016) Sobre as sanções administrativas no âmbito das relações de consumo, assinale a assertiva correta.

(A) A competência para baixar normas relativas à produção, industrialização, distribuição e consumo de produtos e serviços é exclusiva da União.

(B) Os órgãos oficiais com atribuições para fiscalizar e controlar o mercado de consumo manterão comissões permanentes para elaboração, revisão e atualização das normas respectivas, sendo facultativa a participação dos consumidores e fornecedores.

(C) Os órgãos oficiais poderão expedir notificações aos fornecedores para que, sob pena de desobediência, prestem informações sobre questões de interesse do consumidor, mesmo se tratando de segredo industrial.

(D) As sanções administrativas estabelecidas no sistema consumerista podem ser aplicadas cumulativamente, inclusive por medida cautelar, antecedente ou incidente de procedimento administrativo.

(E) A devolução das quantias pagas pelo consumidor, multa e imposição de contrapropaganda são espécies de sanções administrativas que podem ser aplicadas contra as infrações das normas de defesa do consumidor praticadas por fornecedores.

A: incorreta. A competência é concorrente, cabendo a União e aos Estados (e Distrito Federal) para baixar normas relativas à produção, industrialização, distribuição e consumo de produtos e serviços (art. 55 do CDC e art. 24, V e VIII, da CF). **B:** incorreta. É obrigatória a participação dos consumidores e fornecedores nas comissões permanentes (art. 55, § 3º) **C:** incorreta. Os órgãos oficiais poderão expedir notificações aos fornecedores para que, sob pena de desobediência, prestem informações sobre questões de interesse do consumidor, resguardado o segredo industrial (art. 55, § 4º). **D:** correta. Nos exatos termos do parágrafo único do art. 56 do CDC: "as sanções previstas neste artigo serão aplicadas pela autoridade administrativa, no âmbito de sua atribuição, podendo ser aplicadas cumulativamente, inclusive por medida cautelar, antecedente ou incidente de procedimento administrativo". **E:** incorreta. A devolução das quantias pagas pelo consumidor não é sanção administrativa prevista no art. 56 do CDC. **RD**

Gabarito "D".

11. RESPONSABILIDADE CRIMINAL

(Promotor de Justiça/CE – 2020 – CESPE/CEBRASPE) A recusa à prestação de informações e o desrespeito às determinações e convocações do Programa Estadual de Proteção e Defesa do Consumidor (DECON) caracterizam crime de

(A) omissão de informação.

(B) prevaricação.

(C) desobediência.

(D) resistência.

(E) fraude processual.

Nos termos do art. 55, § 4º, do Código de Defesa do Consumidor "Os órgãos oficiais poderão expedir notificações aos fornecedores para que, **sob pena de desobediência**, prestem informações sobre questões de interesse do consumidor, resguardado o segredo industrial" (grifo nosso). **RD**

Gabarito "C".

(Defensor Público –DPE/ES – 2016 – FCC) As infrações penais tipificadas no Código de Defesa do Consumidor podem acarretar

(A) pena de detenção, que não pode ser substituída por pena restritiva de direitos ou de multa.

(B) pena de reclusão, interdição temporária de direitos e prestação de serviços à comunidade e a publicação em órgãos de comunicação de grande circulação ou audiência, de notícias sobre os fatos e a condenação, às expensas do condenado.

(C) pena de detenção e a publicação, em órgãos de comunicação de grande circulação ou audiência, de notícias sobre os fatos e a condenação, às expensas do condenado.

(D) somente penas de interdição temporária de direitos e prestação de serviços à comunidade.

(E) somente a pena de multa e as penas restritivas de direitos, como a perda de bens e valores e de prestação de serviço à comunidade.

A: incorreta. As penas de detenção podem ser aplicadas de forma cumulativa ou alternadamente com as penas restritivas de direito ou multa (art. 78 do CDC); **B:** incorreta. Não há previsão de pena de reclusão nos crimes descritos no Código de Defesa do Consumidor. **C:** Correta. Na forma do art. 78 do CDC, além das penas privativas de liberdade e de multa, podem ser impostas, cumulativa ou alternadamente, as penas de interdição temporária de direitos; a publicação em órgãos de comunicação de grande circulação ou audiência, às expensas do condenado, de notícia sobre os fatos e a condenação ou a prestação de serviços à comunidade. **D:** incorreta. Vide justificativa da alternativa "D". **E:** incorreta. Vide justificativa da alternativa "D".

Gabarito "C".

(Juiz de Direito/DF – 2016 – CESPE) Sobre as condutas penalmente tipificadas no rol dos crimes contra as relações de consumo, conforme previsão do CDC, assinale a opção correta.

(A) A conduta consistente em empregar, na reparação de produtos, peças ou componentes de reposição usados, sem autorização do consumidor, configura crime contra as relações de consumo, sancionado com pena de detenção.

(B) Constitui circunstância agravante, prevista no CDC, o fato de haver sido o crime praticado por preposto ou administrador de pessoa jurídica em estado falimentar.

(C) Não deve ser admitida, sob pena de se configurar bis in idem, além das penas privativas de liberdade e de multa, a aplicação cumulativa das penas de prestação de serviços à comunidade e de interdição temporária de direitos.

(D) Não se admite, no processo dos crimes contra as relações de consumo, a propositura de ação penal subsidiária.

(E) A conduta consistente em deixar de entregar ao consumidor o termo de garantia adequadamente preenchido e com especificação clara de seu conteúdo, a despeito de não se encontrar tipificada, de modo a configurar crime autônomo, pode ser considerada como circunstância legal agravante.

A: Correta, configura crime na forma do art. 70 do CDC. **B:** incorreta. Configuram circunstâncias agravantes dos crimes tipificados na lei consumerista (i) serem cometidos em época de grave crise econômica ou ocasião de calamidade; (ii) ocasionar grave dano individual ou coletivo; (iii) dissimular a natureza ilícita do procedimento; (iv) quando cometidos por servidor público ou por pessoa cuja condição econômico-social seja manifestamente maior que a vítima e quando cometido em detrimento de operário, rurícola, crianças e adolescentes, idosos e portadores de deficiência mental (art. 76 do CDC). **C:** incorreta. As penas privativas de liberdade e multa podem ser cumulativa ou alternadamente com (i) interdição temporária de direitos; (ii) publicação em órgãos de comunicação de grande circulação (pagos pelo condenado) e (iii) a prestação de serviços ao à comunidade (art. 76 do CDC). **D:** incorreta. Art. 80 do CDC. **E:** incorreta. O art. 74 da lei consumerista descreve como crime a conduta de "deixar de entregar ao consumidor o termo de garantia adequadamente preenchido e com especificação clara do seu conteúdo". A pena é de detenção de um a seis meses e multa. Vale lembrar que a garantia contratual prevista no art. 50 do CDC, não é obrigatória. O fornecedor poderá, ao seu critério, oferecer garantia contratual. No entanto, se for oferecida ao consumidor, deverá ser entregue o termo por escrito, sobre pena de incorrer no crime em comento.

Gabarito "A".

12. DEFESA DO CONSUMIDOR EM JUÍZO

(Procurador/DF – CESPE – 2022) Julgue os seguintes itens, acerca dos interesses ou direitos difusos, coletivos e individuais homogêneos e da legitimidade ativa para a propositura de ações coletivas.

(1) Os interesses ou direitos individuais homogêneos caracterizam-se por serem divisíveis e determináveis, e por terem origem comum.

(2) A defesa coletiva dos interesses individuais homogêneos dos consumidores será exercida quando tais interesses forem ligados por circunstâncias de fato.

(3) Constitui interesse ou direito difuso a proteção dos direitos de participantes de determinado plano de saúde cujas mensalidades sejam elevadas abusivamente.

(4) A União, os estados, os municípios e o DF são legitimados, concorrentemente, para a defesa dos interesses ou direitos dos consumidores.

(5) As associações recém-constituídas que incluam, entre seus fins institucionais, a defesa dos interesses e direitos do consumidor são legitimadas para propor ações coletivas diante de manifesto interesse social ou relevância do bem jurídico a ser protegido, desde que o requisito legal de pré-constituição seja dispensado pelo juiz.

---

1) Correta. Vice art. 81, III do CDC. **2)** Errada. Conforme art. 81, I, do CDC, a defesa coletiva dos interesses ou direito difusos dos consumidores será exercida quando tais interesses forem ligados por circunstâncias de fato. Os interesses individuais homogêneos exigem origem comum. **3)** Errada. Os direitos mencionados na alternativa tratam de *direitos coletivos*, em que os titulares de direito são um grupo, categoria ou classe de pessoas ligadas entre si ou com a parte contrária por uma

relação jurídica base (art. 81, II, do CDC); **4)** Correta. Vide art. 82,II, do CDC. **5)** Correta. Vide art. 82, IV, § 1º, do CDC.

Gabarito: 1C, 2E, 3E, 4C, 5C

(Juiz de Direito/GO – 2021 – FCC) No tocante à defesa do consumidor em juízo,

(A) para a defesa dos direitos e interesses protegidos pelo Código de Defesa do Consumidor admitem-se somente ações condenatórias e mandamentais, por serem demandas aptas a pleitear e conceder a tutela específica da obrigação.

(B) a indenização por perdas e danos poderá abranger danos materiais e morais e far-se-á com prejuízo de multa.

(C) nas ações coletivas não haverá adiantamento de despesas ou honorários periciais, mas incidirá como regra a condenação da associação autora em honorários de advogado, custas e despesas processuais, salvo se obtiver o benefício da gratuidade judiciária.

(D) em caso de litigância de má-fé, os diretores responsáveis pela propositura de ação coletiva serão diretamente condenados nos ônus sucumbenciais e eventuais perdas e danos, isentada a associação autora.

(E) para a tutela específica ou para a obtenção do resultado prático equivalente, poderá o juiz determinar as medidas necessárias, tais como busca e apreensão, remoção de coisas e pessoas, desfazimento de obra, impedimento de atividade nociva, além de requisição de força policial.

Comentário: A: Incorreta. Conforme estabelecido pelo art. 83 do CDC, são admissíveis todas as espécies de ações capazes de propiciar a adequada e efetiva tutela dos direitos e interesses protegidos pelo código. **B:** Incorreta. Diante do estabelecido pelo art. 84, § 2º, a indenização por perdas e danos ocorrerá sem prejuízo de multa. **C:** Incorreta. De acordo com o art. 87 do CDC, nas ações coletivas não haverá adiantamento de custas, emolumentos, honorários periciais e quaisquer outras despesas. Ressalta o dispositivo, ainda, que não haverá condenação da associação autora, salvo comprovada má-fé, em honorários de advogados, custas e despesas processuais. **D:** Incorreta. Conforme inteligência do art. 87, parágrafo único, em caso de litigância de má-fé, a associação autora e os diretores responsáveis pela propositura da ação serão solidariamente condenados em honorários advocatícios e ao décuplo das custas, sem prejuízo da responsabilidade por perdas e danos. **E:** Correta. Conforme art. 84, § 5º, do CDC. **RD**

Gabarito "E".

(Juiz de Direito/SP – 2021 – Vunesp) Assinale a alternativa incorreta sobre a defesa dos interesses coletivos dos consumidores e das vítimas em juízo.

(A) Interesses individuais homogêneos têm natureza divisível e seus titulares podem ser determinados, com origem comum fática ou jurídica.

(B) Interesses coletivos são os transindividuais de natureza indivisível de titularidade de grupos, categorias ou classe de pessoas determinadas ou determináveis ligadas entre si ou com a parte contrária por um vínculo jurídico ou uma relação jurídica base.

(C) Interesses difusos são os transindividuais de natureza indivisível de que sejam titulares um número indeterminado de pessoas ligadas pelas mesmas circunstâncias de fato.

(D) Não se admite, em única ação civil pública ajuizada pelo Ministério Público, relativa à ilegalidade de cláusula restritiva em contrato tipo e de adesão de plano de saúde, a formulação de pedidos cumulativos de tutelas referentes a interesses individuais homogêneos, interesses coletivos e interesses difusos.

Comentário: **A:** Correta. Conforme art. 81, III, do CDC. **B:** Correta. Conforme art. 81, II, do CDC. **C:** Correta. Conforme art. 81, I, do CDC. **D:** Incorreta. Em qualquer ação coletiva os pedidos podem comportar diferentes interesses. É incontroversa a legitimidade do Ministério Público para ingressar com Ação Civil Pública que envolva direitos difusos e coletivos. Já para discutir interesses individuais homogêneos, estes devem ser indisponível ou envolver interesse social, como é o caso da questão RD.

Gabarito "D".

(Juiz de Direito – TJ/RJ – 2019 – VUNESP) Em conformidade com o que disciplina o Código de Defesa do Consumidor sobre os interesses ou direitos individuais homogêneos, assinale a alternativa correta.

(A) O Ministério Público não é parte legítima para atuar em defesa dos interesses individuais homogêneos dos consumidores.

(B) A respectiva coisa julgada terá efeitos *ultra partes*, com a reparabilidade indireta do bem cuja titularidade é composta pelo grupo ou classe.

(C) A marca de seu objeto é a indivisibilidade e a indisponibilidade, ou seja, não comportam fracionamento e não podem ser disponibilizados por qualquer dos cotitulares.

(D) São interesses na sua essência coletivos, não podendo ser exercidos em juízo individualmente.

(E) A origem comum exigida para a configuração dos interesses individuais homogêneos pode ser tanto de fato como de direito.

A: Incorreta. De acordo com o art. 82, I do CDC e com o art. 5º da Lei de Ação Civil Pública, o Ministério Público é parte legítima para atuar em defesa dos interesses individuais homogêneos dos consumidores. **B:** Incorreta. Conforme previsão do art. 103, III e 81, parágrafo único, III, a coisa julgada terá efeito *erga omnes*, tratando-se de direitos ou interesses individuais. Nesse sentido, ressaltamos que caso a ação verse sobre interesses ou direitos coletivos, a coisa julgada surtirá efeito *ultra partes*, conforme disposição dos arts. 103, II e 81, parágrafo único, II, do CDC. **C:** Incorreta. Os direitos individuais homogêneos são, em sua natureza, divisíveis, podendo seus titulares serem individualizados. Nesse sentido, tais direitos são reconhecidos pela divisibilidade do objeto, determinabilidade dos titulares e sua origem comum. **D:** Incorreta. Os direitos difusos, coletivos ou individuais homogêneos podem ser levados a juízo através da tutela coletiva de direitos, mas não retira a opção de o titular de direitos participar de propor ação individual. Nesse sentido, assim determina o art. 104 do CDC: "As ações coletivas, previstas nos incisos I e II e do parágrafo único do art. 81, não induzem litispendência para as ações individuais, mas os efeitos da coisa julgada *erga omnes* ou *ultra partes* a que aludem os incisos II e III do artigo anterior não beneficiarão os autores das ações individuais, se não for requerida sua suspensão no prazo de trinta dias, a contar da ciência nos autos do ajuizamento da ação coletiva". **E:** Correta. O art. 81, parágrafo único, III, do CDC, define *" interesses ou direitos **individuais homogêneos**, assim entendidos os decorrentes de origem comum"*. Assim, a origem comum pode ser tanto origem de fato como de direito. RD

Gabarito "E".

(Juiz de Direito - TJ/AL - 2019 – FCC) Na defesa do consumidor em juízo, na ação que tenha por objeto o cumprimento da obrigação de fazer ou não fazer,

(A) o Juiz concederá a tutela específica da obrigação ou determinará providências que assegurem o resultado prático equivalente ao do adimplemento, como, dentre outras, busca e apreensão, remoção de coisas e pessoas, desfazimento de obra e impedimento de atividade nociva, além da requisição de força policial.

(B) a conversão eventual da obrigação em perdas e danos só será admissível por decisão consensual das partes.

(C) a indenização por perdas e danos far-se-á abrangendo danos emergentes e lucros cessantes, mas sempre com prejuízo da multa processual.

(D) somente após justificação prévia poderá o Juiz conceder a tutela jurisdicional pleiteada, após citação do réu, em razão da natureza coletiva dos direitos discutidos na lide.

(E) é possível impor-se multa diária ao réu, na sentença, desde que requerida expressamente pelo autor e se suficiente ou compatível com a obrigação, fixado prazo razoável para cumprimento do preceito.

A: correta. Nos termos do art. 84, § 5º, do CDC. **B:** incorreta. A conversão da obrigação em perdas e danos somente será admissível se por elas optar o autor ou se impossível a tutela específica ou a obtenção do resultado prático correspondente (art. 84, § 1º). **C:** incorreta. A indenização por perdas e danos far-se-á abrangendo danos emergentes e lucros cessantes, sem prejuízo da multa processual. **D:** incorreta. Sendo relevante o fundamento da demanda e havendo justificado receio de ineficácia do provimento final, é lícito ao juiz conceder a tutela liminarmente ou após justificação prévia, citado o réu (art. 84, § 3º). **E:** incorreta. é possível impor-se multa diária ao réu, na sentença (ou liminarmente), independentemente de pedido do autor, se for suficiente ou compatível com a obrigação, fixando prazo razoável para o cumprimento do preceito (art. 84, § 4º). RD

Gabarito "A".

(Juiz de Direito – TJ/SC – 2019 – CESPE/CEBRASPE) A respeito da defesa do consumidor em juízo, assinale a opção correta.

(A) O Ministério Público possui legitimidade para pleitear, em demandas de saúde contra os entes federativos, tratamentos médicos, exceto quando se tratar de feitos que contenham beneficiários individualizados.

(B) A Defensoria Pública tem legitimidade para ajuizar ação civil pública em defesa de direitos individuais homogêneos de consumidores idosos, independentemente da comprovação de hipossuficiência econômica dos beneficiários.

(C) Associação com fins específicos de proteção ao consumidor possui legitimidade para o ajuizamento de ação civil pública com a finalidade de tutelar interesses coletivos de beneficiários do seguro DPVAT.

(D) Em caso de ação que tenha por objeto o cumprimento da obrigação de fazer ou não fazer, o juiz deverá dar prioridade à conversão da obrigação em perdas e danos.

(E) O comerciante que indenize, em juízo, o consumidor lesado não poderá exercer o direito de regresso contra os demais responsáveis pelo evento danoso nos mesmos autos nem requerer a denunciação da lide.

19. DIREITO DO CONSUMIDOR   751

A: incorreta. Entende o STJ que "O Ministério Público é parte legítima para pleitear tratamento médico ou entrega de medicamentos nas demandas de saúde propostas contra os entes federativos, mesmo quando se tratar de feitos contendo beneficiários individualizados, porque se refere a direitos individuais indisponíveis, na forma do art. 1º da Lei n. 8.625/1993 (Lei Orgânica Nacional do Ministério Público)" (Tema 766). **B:** correta. O tema é sensível e amplamente discutível na doutrina e jurisprudência. A legitimidade da defensoria está expressamente prevista no art. 5º da LACP e se justifica pela hipossuficiência econômica, jurídica e organizacional dos beneficiários da ação. Veja o acórdão muito elucidativo: Embargos de divergência no recurso especial nos embargos infringentes. Processual civil. Legitimidade da defensoria pública para a propositura de ação civil pública em favor de idosos. Plano de saúde. Reajuste em razão da idade tido por abusivo. Tutela de interesses individuais homogêneos. Defesa de necessitados, não só os carentes de recursos econômicos, mas também os hipossuficientes jurídicos. Embargos de divergência acolhidos. (...) 2. A atuação primordial da Defensoria Pública, sem dúvida, é a assistência jurídica e a defesa dos necessitados econômicos, entretanto, também exerce suas atividades em auxílio a necessitados jurídicos, não necessariamente carentes de recursos econômicos, como é o caso, por exemplo, quando exerce a função do curador especial, previsto no art. 9º, inciso II, do Código de Processo Civil, e do defensor dativo no processo penal, conforme consta no art. 265 do Código de Processo Penal. 3. No caso, o direito fundamental tutelado está entre os mais importantes, qual seja, o direito à saúde. Ademais, o grupo de consumidores potencialmente lesado é formado por idosos, cuja condição de vulnerabilidade já é reconhecida na própria Constituição Federal, que dispõe no seu art. 230, sob o Capítulo VII do Título VIII ("Da Família, da Criança, do Adolescente, do Jovem e do Idoso"): "A família, a sociedade e o Estado têm o dever de amparar as pessoas idosas, assegurando sua participação na comunidade, defendendo sua dignidade e bem-estar e garantindo-lhes o direito à vida." 4. "A expressão 'necessitados' (art. 134, *caput*, da Constituição), que qualifica, orienta e enobrece a atuação da Defensoria Pública, deve ser entendida, no campo da Ação Civil Pública, em sentido amplo, de modo a incluir, ao lado dos estritamente carentes de recursos financeiros – os miseráveis e pobres –, os hipervulneráveis (isto é, os socialmente estigmatizados ou excluídos, as crianças, os idosos, as gerações futuras), enfim todos aqueles que, como indivíduo ou classe, por conta de sua real debilidade perante abusos ou arbítrio dos detentores de poder econômico ou político, 'necessitem' da mão benevolente e solidarista do Estado para sua proteção, mesmo que contra o próprio Estado. Vê-se, então, que a partir da ideia tradicional da instituição forma-se, no Welfare State, um novo e mais abrangente círculo de sujeitos salvaguardados processualmente, isto é, adota-se uma compreensão de *minus habentes* impregnada de significado social, organizacional e de dignificação da pessoa humana" (REsp 1.264.116/RS, Rel. Ministro Herman Benjamin, Segunda Turma, julgado em 18/10/2011, DJe 13/04/2012). 5. O Supremo Tribunal Federal, a propósito, recentemente, ao julgar a ADI 3943/DF, em acórdão ainda pendente de publicação, concluiu que a Defensoria Pública tem legitimidade para propor ação civil pública, na defesa de interesses difusos, coletivos ou individuais homogêneos, julgando improcedente o pedido de declaração de inconstitucionalidade formulado contra o art. 5º, inciso II, da Lei 7.347/1985, alterada pela Lei 11.448/2007 ("Art. 5º Têm legitimidade para propor a ação principal e a ação cautelar: ... II – a Defensoria Pública"). 6. Embargos de divergência acolhidos para, reformando o acórdão embargado, restabelecer o julgamento dos embargos infringentes prolatado pelo Terceiro Grupo Cível do Tribunal de Justiça do Estado do Rio Grande do Sul, que reconhecera a legitimidade da Defensoria Pública para ajuizar a ação civil pública em questão. (EREsp 1192577/RS, Rel. Ministra Laurita Vaz, Corte Especial, julgado em 21/10/2015, DJe 13/11/2015). **C:** incorreta. Entendeu o STJ que não está presente a relação de consumo entre a seguradora e o segurado do DPVAT. Por essa razão, a associação de defesa do consumidor não pode representar em juízo os segurados: "Ausente, sequer tangencialmente, relação de consumo, não se afigura correto atribuir a uma associação, com fins

específicos de proteção ao consumidor, legitimidade para tutelar interesses diversos, como é o caso dos que se referem ao seguro DPVAT, sob pena de desvirtuar a exigência da representatividade adequada, própria das ações coletivas" (STJ, 1.091.756 – MG). **D:** incorreta. Na forma do art. 84 do CDC a "ação que tenha por objeto o cumprimento da obrigação de fazer ou não fazer, o juiz concederá a tutela específica da obrigação ou determinará providências que assegurem o resultado prático equivalente ao do adimplemento". Só será convertida em perdas e danos se por elas optar o autor ou se impossível a tutela específica ou a obtenção do resultado prático correspondente (§ 1º do art. 84 do CDC). **E:** incorreta. Na hipótese de ação de regresso prevista no art. 13 do CDC, poderá, por força do art. 88 do mesmo diploma legal, ser ajuizada em processo autônomo, sendo facultada a possibilidade de prosseguir-se nos mesmos autos, sendo expressamente vedada a denunciação da lide.

Gabarito "B".

(Defensor Público – DPE/SC – 2017 – FCC) De acordo com a regulamentação para as ações coletivas no Código de Defesa do Consumidor:

I. Decorrido o prazo de um ano sem habilitação de interessados em número compatível com a gravidade do dano, poderão os legitimados para a propositura da ação coletiva promover a liquidação e execução da indenização devida.

II. O produto da indenização devida reverterá para o Fundo criado pela Lei da Ação Civil Pública.

III. O Código de Defesa do Consumidor reconhece expressamente a legitimidade da Defensoria Pública para a propositura de ação coletiva em defesa dos consumidores.

IV. Na ação que tenha por objeto o cumprimento da obrigação de fazer ou não fazer, o juiz concederá a tutela específica da obrigação ou determinará providências que assegurem o resultado prático equivalente ao do adimplemento.

Está correto o que se afirma APENAS em

(A) I, II e IV.

(B) I, III e IV.

(C) I, II e III.

(D) II, III e IV.

(E) II e IV.

I: correta. Nos exatos termos do art. 100 do CDC: "Decorrido o prazo de um ano sem habilitação de interessados em número compatível com a gravidade do dano, poderão os legitimados do art. 82 promover a liquidação e execução da indenização devida". **II:** correta. Nos exatos termos do parágrafo único do art. 100 do CDC: "O produto da indenização devida reverterá para o fundo criado pela Lei 7.347, de 24 de julho de 1985". **III:** incorreta. O art. 82 do CDC não prevê a legitimidade da defensoria para a propositura de ação coletiva. Essa legitimidade foi conferida pela Lei n. 11.4482007, que alterou o art. 5º da LACP. **IV:** correta. Nos exatos termos do art. 84 do CDC: "Na ação que tenha por objeto o cumprimento da obrigação de fazer ou não fazer, o juiz concederá a tutela específica da obrigação ou determinará providências que assegurem o resultado prático equivalente ao do adimplemento". **RD**

Gabarito "A".

Procurador Municipal – Sertãozinho/SP – VUNESP – 2016) No que concerne à defesa metaindividual do consumidor em juízo, assinale a alternativa correta.

(A) Interesses ou direitos difusos são os transindividuais, de natureza divisível, de que sejam titulares pessoas indeterminadas e ligadas por circunstâncias de fato.

752 ROBERTA DENSA

(B) São legitimados concorrentemente para a sua tutela, as entidades e órgãos da Administração Pública, direta ou indireta, ainda que sem personalidade jurídica, especificamente destinados à defesa dos interesses e direitos do consumidor.

(C) Na ação que tenha por objeto o cumprimento da obrigação de fazer ou não fazer, o juiz poderá impor multa diária ao réu, desde que haja pedido do autor, se for suficiente ou compatível com a obrigação, fixando prazo razoável para o cumprimento do preceito.

(D) Em caso de litigância de má-fé, a associação autora e os diretores responsáveis pela propositura da ação serão subsidiariamente condenados em honorários advocatícios e ao décuplo das custas, sem prejuízo da responsabilidade por perdas e danos.

(E) Aplicam-se às ações para a sua tutela, além do Código de Defesa do Consumidor, as normas do Código de Processo Civil e da Lei da ação popular, naquilo que não contrariar as disposições do diploma consumerista.

A: incorreta. Os interesses difusos têm natureza indivisível (art. 81, parágrafo único, I, do CDC). **B:** correta. Nos exatos termos do art. 82, III, do CDC. **C:** incorreta. A multa pode ser imposta independentemente do pedido do autor: "O juiz poderá, na hipótese do § 3º ou na sentença, impor multa diária ao réu, independentemente de pedido do autor, se for suficiente ou compatível com a obrigação, fixando prazo razoável para o cumprimento do preceito" (art. 84, § 4º, do CDC). **D:** incorreta. Nos termos do art. 87, parágrafo único, a responsabilidade é solidária entre a associação autora e os diretores responsáveis pela propositura da ação. **E:** incorreta. Aplicam-se às ações para a tutela do consumidor as normas do Código de Processo Civil e da Lei 7.347/1985, inclusive no que respeita ao inquérito civil, naquilo que não contrariar suas disposições (art. 90 do CDC). **RD**
Gabarito "B".

(Procurador Municipal – Sertãozinho/SP – VUNESP – 2016) Relativamente às ações coletivas para a defesa de interesses individuais homogêneos tratados pelo Código de Defesa do Consumidor, é possível asseverar que

(A) são considerados interesses ou direitos individuais homogêneos aqueles transindividuais de natureza divisível ou não, decorrentes de origem comum.

(B) o Município poderá propor, em nome próprio e no interesse das vítimas ou seus sucessores, ação civil coletiva de responsabilidade pelos danos individualmente sofridos.

(C) o Ministério Público, se não ajuizar a ação, atuará como fiscal da lei quando o Juiz da causa entender pertinente.

(D) em caso de procedência do pedido, a condenação deve ser certa e determinada, fixando-se a responsabilidade do réu pelos danos causados.

(E) na hipótese de decorrido o prazo de 06 (seis) meses sem habilitação de interessados em número compatível com a gravidade do dano para execução da coisa julgada coletiva, poderá o autor da ação, promover a liquidação e execução da indenização devida.

A; incorreta. Os Direitos Individuais Homogêneos têm natureza divisível e são decorrentes de origem comum (art. 81, parágrafo único, III, do CDC). **B:** correta. A legitimidade do Município decorre do art. 82 do CDC e do art. 5º da LACP (ver também art. 91 e 92 do CDC). **C:** incorreta. O Ministério Público sempre atuará como fiscal da lei (art. 5º, § 1º, da LACP e art. 92 do CDC). **D:** incorreta. Para as ações coletivas que

---

envolvem Direitos Individuais Homogêneos, em caso de procedência do pedido, a condenação será genérica, fixando a responsabilidade do réu pelos danos causados (art. 95 do CDC). **E:** incorreta. Nos termos do art. 100 do CDC, decorrido o prazo de um ano sem habilitação de interessados em número compatível com a gravidade do dano, poderão os legitimados promover a liquidação da sentença (*fluid recovery*). **RD**
Gabarito "B".

(Juiz – TJ-SC – FCC – 2017) Nas ações coletivas para a defesa de interesses individuais homogêneos,

(A) em caso de procedência do pedido, a condenação deverá ser líquida e certa, fixada desde logo a responsabilidade do réu pelos danos causados.

(B) o Ministério Público, por não se tratar de interesses difusos ou coletivos, está legitimado a atuar somente como fiscal da lei.

(C) em caso de concurso de créditos decorrentes de condenação em ações civis públicas e de indenizações pelos prejuízos individuais resultantes do mesmo evento danoso, estas terão preferência no pagamento.

(D) a liquidação e a execução de sentença somente poderão ser promovidas pela vítima e seus sucessores.

(E) a responsabilidade pelos danos é fixada coletivamente na sentença em tais ações, mas sua execução só se dará individualmente, consideradas as especificidades dos direitos de cada vítima.

A: incorreta. Em caso de procedência do pedido, a condenação será genérica, fixando a responsabilidade do réu pelos danos causados, sendo que a apuração de valores será feita em cumprimento de sentença (art. 95 do CDC); **B:** incorreta. O Ministério Público é legitimado para atuar nas ações que envolvam direitos individuais homogêneos, desde que haja pertinência temática com as suas funções institucionais. Vale lembra que se o Ministério Público não for parte, será fiscal da lei (art. 92 do CDC); **C:** correta. Conforme art. 99 do CDC; **D:** incorreta. A liquidação e a execução de sentença poderão ser promovidas pela vítima e seus sucessores, assim como pelos legitimados da ação coletiva (art. 97 do CDC); **E:** incorreta. A execução poderá ser coletiva, sendo promovida pelos legitimados da ação civil pública, e pelas vítimas cujas indenizações já tiverem sido fixadas em sentença de liquidação, sem prejuízo do ajuizamento de outras execuções (art. 98 do CDC). **RD**
Gabarito "C".

(Juiz – TJ-SC – FCC – 2017) No tocante à tutela específica nas obrigações de fazer ou não fazer concernentes às relações consumeristas,

(A) em caso de litigância de má-fé a associação autora e os diretores responsáveis pela propositura da ação serão subsidiariamente condenados em honorários advocatícios, nas custas e nas despesas processuais, estas e aquelas em dobro, sem prejuízo da responsabilidade por perdas e danos.

(B) a conversão da tutela específica em perdas e danos poderá ser livremente determinada pelo juiz, independentemente da impossibilidade de obtenção daquela ou do resultado prático equivalente.

(C) uma vez formulado o pedido de tutela específica, é defeso convertê-lo em perdas e danos, pois o fato caracterizaria uma decisão *extra petita*.

(D) nas ações coletivas visando à obtenção da tutela específica só haverá adiantamento de custas ou emolumentos, mas não de honorários periciais ou quaisquer outras despesas, salvo se caracterizada má-fé processual.

(E) para a tutela específica ou para a obtenção do resultado prático equivalente, poderá o juiz determinar as medidas necessárias, tais como busca e apreensão, remoção de coisas e pessoas, desfazimento de obra, impedimento de atividade nociva, além de requisição de força policial.

A: incorreta. Na hipótese de litigância de má-fé, a associação autora e os diretores responsáveis pela propositura da ação serão solidariamente condenados em honorários advocatícios e ao décuplo das custas, sem prejuízo da responsabilidade por perdas e danos (art. 87, parágrafo único, do CDC); **B:** incorreta. Na ação que tenha por objeto o cumprimento da obrigação de fazer ou não fazer, o juiz concederá a tutela específica da obrigação ou determinará providências que assegurem o resultado prático equivalente ao do adimplemento (art. 84 do CDC); **C:** incorreta. É possível a conversão em perdas e danos quando o autor por elas optar ou se impossível a tutela específica ou a obtenção de resultado prático correspondente (art. 84, § 1º, do CDC); **D:** incorreta. Nos termos do art. 87 do CDC, "nas ações coletivas não haverá adiantamento de custas, emolumentos, honorários periciais e quaisquer outras despesas, nem condenação da associação autora, salvo comprovada má-fé, em honorários de advogados, custas e despesas processuais"; **E:** correta, nos termos do art. 84, § 5º, do CDC. **RD**
Gabarito "E".

(Defensor Público – DPE/ES – 2016 – FCC) Para as ações fundadas no Código de Defesa do Consumidor, aplica-se a seguinte regra:

(A) os prazos prescricionais não se sujeitam a interrupção, nem a suspensão, enquanto os decadenciais se sujeitam a suspensão, mas não se sujeitam a interrupção.

(B) sujeita-se a prescrição a pretensão por danos causados por fato do produto ou do serviço e a decadência somente a reclamação por vício oculto de serviço ou de produto.

(C) sujeita-se a decadência a pretensão à reparação por danos causados por fato do produto ou do serviço e a prescrição o direito de reclamar por vícios aparentes ou de fácil constatação no fornecimento de serviços e produtos.

(D) sujeita-se a prescrição a pretensão à reparação pelos danos causados por fato do produto ou do serviço e a decadência o direito de reclamar por vícios aparentes ou de fácil constatação, no fornecimento de serviços e de produtos.

(E) os prazos prescricionais e decadenciais se identificam quanto à incidência de causas suspensivas e interruptivas.

A: incorreta. Os prazos decadenciais previstos no art. 26 para os vícios de produto ou serviço podem ser "obstados" (art. 26, § 2º) por reclamação comprovadamente formulada pelo consumidor perante o fornecedor até resposta negativa correspondente, que deve ser transmitida de forma inequívoca ou pela instauração de inquérito civil. Sendo assim, o prazo decadencial é interrompido e voltará a correr quando da resposta do fornecedor ou pela instauração do inquérito civil. O prazo prescricional estabelecido no art. 27 do CDC, conta-se a partir do conhecimento do dano e de sua autoria. Na forma do Código Civil, a prescrição tem causas suspensivas (art. 197 e 198) e causas interruptivas (art. 202). **B:** incorreta. Vide justificativa da alternativa "D". **C:** incorreta. Vide justificativa da alternativa "D". **D:** correta. O Código de Defesa do Consumidor, em seu artigo 26, trata dos prazos decadenciais para as hipóteses de vício de produto ou serviço. O artigo 27, por sua vez, trata dos prazos prescricionais para o consumidor requerer em juízo o ressarcimento pelos danos causados por defeito de produto ou serviço. **E:** incorreta. Vide justificativa da alternativa "A".
Gabarito "D".

(Juiz de Direito/AM – 2016 – CESPE) O PROCON do estado do Amazonas, por intermédio de seu advogado, ajuizou ação civil pública contra determinada empresa privada de saúde suplementar, pleiteando o reconhecimento judicial da abusividade da cláusula contratual que prevê aumento dos valores cobrados em todo o estado a partir do momento que a pessoa atinge a condição de idoso. Requereu, também, a restituição dos valores pagos por aqueles indivíduos que já haviam atingido a idade de sessenta anos.

Com referência a essa situação hipotética, assinale a opção correta de acordo com o tratamento dispensado pelo CDC à defesa do consumidor em juízo.

(A) O foro competente para a propositura da ação coletiva em questão é o da sede da empresa requerida.

(B) A hipótese retrata a existência de direitos individuais homogêneos, pois os titulares podem ser identificados e se encontram em uma mesma situação fática.

(C) Por se tratar de ação coletiva não proposta pelo MP, a atuação deste no processo é desnecessária.

(D) A sentença de mérito fará coisa julgada *erga omnes* no caso de procedência do pedido; caso contrário, o consumidor poderá intentar ação individual, ainda que tenha integrado a demanda como litisconsorte.

(E) O juiz deverá extinguir o processo sem análise do mérito, pois o PROCON não possui legitimidade para o ajuizamento de ação coletiva.

A: incorreta, o foro competente para a ACP (art. 93 do CDC) é i) o lugar onde ocorreu ou onde deve ocorrer o dano, quando de âmbito local e, ii) no foro da Capital do Estado ou do DF, para os danos de âmbito nacional ou regional. **B:** correta, mas deveria ser anulada. Na realidade, o caso retrata um pedido relacionado aos Direitos Coletivos Strictu Sensu, posto que os usuários são identificados ou podem ser identificáveis, estão ligados entre si com a parte contrária por uma relação jurídica base (nesse caso, o contrato) é um direito indivisível (veja art. 81, II). Trata-se de direito indivisível uma vez que o juiz reconhece o direito para uma pessoa do grupo, deve reconhecer para todos. Não se deve admitir o enquadramento no art. 81, III do CDC – Direitos Individuais Homogêneos – já que os idosos estão ligados entre si não por uma situação fática, mas por uma relação jurídica base (contrato). Além disso, a divisibilidade é característica marcante dos Direitos Individuais Homogêneos, isso porque, diante da divisibilidade dos direitos, caso o juiz reconheça o direito de uma pessoa do grupo, não deve, necessariamente, reconhecer para todos, o que seria impossível no caso em tela. **C:** incorreta. O Ministério Público, se não for parte, atuará como fiscal da lei (art. 75 do Estatuto do Idoso). **D:** incorreta. Se considerarmos que o caso retrata situação que envolve Direitos Coletivos, a sentença faz coisa julgada ultra partes. Em Direitos Individuais Homogêneos, a sentença faz coisa julgada *erga omnes* (art. 103 do CDC). No entanto, em ambos os casos, se integrarem a demanda como litisconsortes, não poderão intentar ação individual.
Gabarito "B".

13. SNDC E CONVENÇÃO COLETIVA

(Promotor de Justiça/SP – 2019 – MPE/SP) A respeito da convenção coletiva de consumo, assinale a alternativa **INCORRETA**.

(A) Tornar-se-á obrigatória a partir da homologação pelo órgão do Ministério Público com atribuição.

(B) Pode regular as relações de consumo, envolvendo condições relativas ao preço, à qualidade, à quantidade, à garantia e características de produtos e serviços.

(C) Pode ser firmada entre as entidades civis de consumidores e as associações de fornecedores ou sindicatos de categoria econômica.

(D) Pode dispor sobre a forma de reclamação e de composição do conflito de consumo.

(E) Somente obrigará os filiados às entidades signatárias.

A: Incorreta. Não se faz necessária a homologação do Ministério Público para tornar a convenção coletiva de consumo obrigatória. O requisito para tornar obrigatória a convenção é o registro do documento no cartório de títulos e documentos (art. 107, § 1°, do CDC). **B:** Correta. Nos exatos termos do *caput* do art. 107 do CDC: "As entidades civis de consumidores e as associações de fornecedores ou sindicatos de categoria econômica podem regular, por convenção escrita, relações de consumo que tenham por objeto estabelecer condições relativas ao preço, à qualidade, à quantidade, à garantia e características de produtos e serviços, bem como à reclamação e composição do conflito de consumo". **C:** Correta. Os legitimados para a convenção coletiva de consumo são as entidades civis de consumidores e as associações de fornecedores ou sindicatos de categoria econômica (art. 107, *caput*, do CDC). **D:** Correta. Nos exatos termos da parte final do *caput* do art. 107 do CDC. **E:** Correta. Conforme o § 2° do art. 107 do CDC. RD

Gabarito "A".

14. TEMAS COMBINADOS

(Promotor de Justiça/PR – 2019 – MPE/PR) Analise as assertivas abaixo e assinale a alternativa incorreta:

(A) Nos contratos bancários é vedado ao julgador conhecer, de ofício, da abusividade das cláusulas.

(B) O Código de Defesa do Consumidor é aplicável aos empreendimentos habitacionais promovidos pelas sociedades cooperativas.

(C) O Código de Defesa do Consumidor é aplicável às entidades abertas de previdência complementar, não incidindo nos contratos previdenciários celebrados com entidades fechadas.

(D) Cabe ao mantenedor do Cadastro de Proteção ao Crédito a notificação do devedor antes de proceder à inscrição.

(E) O Ministério Público tem legitimidade ativa para atuar na defesa de direitos difusos coletivos e individuais homogêneos dos consumidores, exceto os decorrentes da prestação de serviço público.

A: Correta. Conforme a Súmula 381 do Superior Tribunal de Justiça. **B:** Correta. Conforme a Súmula 602 do STJ. **C:** Correta. Conforme a Súmula 563 do STJ. **D:** Correta. Conforme a Súmula 359 do STJ. **E:** Incorreta. Conforme a Súmula 601 do STJ "Ministério Público tem legitimidade ativa para atuar na defesa de direitos difusos e individuais homogêneos dos consumidores, ainda que decorrente da prestação de serviço público". RD

Gabarito "E".

(Investigador – PC/BA – 2018 – VUNESP) No Título II do Código de Defesa do Consumidor (Lei n° 8.078/90), estão previstas algumas condutas que, se praticadas pelo fornecedor, serão consideradas crime, entre elas:

(A) fazer ou promover publicidade que sabe ou deveria saber ser enganosa ou abusiva.

(B) executar serviço de alto grau de periculosidade, mesmo em consonância com determinação de autoridade competente.

(C) empregar, na reparação de produtos, peça ou componentes de reposição ainda que novos, sem autorização do consumidor.

(D) comunicar à autoridade competente e aos consumidores a nocividade ou periculosidade de produtos ainda que o conhecimento seja posterior à sua colocação no mercado.

(E) empregar na reparação de produtos, peças ou componentes usados, mesmo que com a autorização do consumidor.

A: correta, nos exatos termos do art. 67 do CDC; **B:** incorreta. Executar serviço de alto grau de periculosidade, contrariando determinação de autoridade, é conduta típica estabelecida no art. 65 do CDC; **C:** incorreta. Nos termos do art. 70 do CDC, constitui crime "empregar na reparação de produtos, peça ou componentes de reposição usados, sem autorização do consumidor"; **D:** incorreta. Constitui crime do art. 64 **deixar** de comunicar à autoridade competente e aos consumidores sobre a nocividade ou periculosidade de produtos cujo conhecimento seja posterior à sua colocação no mercado; **E:** incorreta. Vide comentário da alternativa E. RD

Gabarito "A".

(Procurador Municipal/SP – VUNESP – 2016) Há previsão expressa no Código de Defesa do Consumidor acerca da Convenção Coletiva de Consumo. Sobre esse tema, é correto afirmar que

(A) são legitimados para regular em convenção escrita relativa à preço, à quantidade e à garantia, entre outros, os Municípios e os sindicatos da categoria econômica envolvida, dada a competência concorrente de todos os entes da federação em legislar acerca dos direitos do consumidor.

(B) feita a convenção, ela se tornará obrigatória apenas a partir do momento em que for registrada no cartório de títulos e documentos.

(C) uma vez registrada, a convenção terá efeito *erga omnes*, valendo para todos os fornecedores e consumidores daquele nicho de produtos ou serviços.

(D) se exime de cumprir a convenção o fornecedor que se desligar da entidade em data posterior ao registro do instrumento.

(E) são legitimados para regular em convenção escrita relativa à preço, à quantidade e à garantia entre outros, os Procons Estaduais e os sindicatos da categoria econômica envolvida, dada a competência concorrente de todos os entes da federação em legislar acerca dos direitos do consumidor.

A: incorreta. A legitimidade para a convenção coletiva é das entidades civis de consumidores e associações de fornecedores ou sindicatos de categoria econômica. Por outro lado, a convenção coletiva de consumo pode ter por objeto estabelecer condições relativas ao preço, à qualidade, à quantidade, à garantia e características de produtos e serviços, bem como à reclamação e composição do conflito de consumo (art. 107, *caput*, do CDC). A competência para legislar em Direito do Consumidor é concorrente entre a União e os Estados (e DF), art. 24, V e VIII, da Constituição Federal, podendo o município legislar se houver interesse local (art. 30 da CF). **B:** correta. A convenção tornar-se-á obrigatória a partir do registro do instrumento no cartório de títulos e documentos (art. 107, § 1°, do CDC). **C:** incorreta. A convenção somente obrigará os filiados às entidades signatárias (art. 107, § 2°, do CDC). **D:** incorreta. Não se exime de cumprir a convenção o fornecedor que se desligar da entidade em data posterior ao registro do instrumento (art. 107, § 3°,

19. DIREITO DO CONSUMIDOR

do CDC). **E:** incorreta. Os PROCONS não têm legitimidade para firmar convenção coletiva de consumo (vide justificativa da alternativa "A"). **RD**

Gabarito "B".

(Promotor de Justiça – MPE/RS – 2017) Assinale a alternativa **INCORRETA** quanto ao Direito do Consumidor.

(A) O direito de arrependimento na relação de consumo é de origem legal, e o prazo de arrependimento é de sete dias no caso de compras realizadas pela internet ou por catálogo.

(B) Aplica-se o princípio da conservação contratual ao contrato de consumo, ou seja, considera-se somente a cláusula como nula, aproveitando-se todo o restante do contrato.

(C) Nos contratos de consumo será nula por abusividade a cláusula que impõe a utilização compulsória da arbitragem.

(D) Determinado fornecedor ofereceu mediante publicidade vários objetos de consumo, estabelecendo o respectivo preço. O consumidor efetuou a compra, pagando o preço das mercadorias anunciadas. Posteriormente, o ofertante desonrou a proposta e recusou-se a cumprir o anunciado. O consumidor pode, no caso, somente demandar a tutela específica da obrigação nos termos da oferta.

(E) A publicidade é enganosa por comissão quando o fornecedor faz uma afirmação, parcial ou total, não verdadeira sobre o produto ou serviço, capaz de induzir o consumidor a erro.

A: correta. Na forma do art. 49 do Código de Defesa do Consumidor, quem adquire produtos fora do estabelecimento empresarial (internet, telefone ou catálogo) pode se arrepender as compras no prazo de até sete dias a contar da data de entrega ou da assinatura. **B:** correta. Nos termos do art. 51, § 2º, do CDC: "a nulidade de uma cláusula contratual abusiva não invalida o contrato, exceto quando de sua ausência, apesar dos esforços de integração, decorrer ônus excessivo a qualquer das partes". **C:** correta. Nos termos do art. 51, inciso VII, do CDC. **D:** incorreta. Na forma do art. 35 do CDC, o consumidor pode exigir, na ausência de cumprimento da oferta por parte do fornecedor: I – o cumprimento forçado da obrigação, nos termos da oferta, apresentação ou publicidade; II – aceitar outro produto ou prestação de serviço equivalente, ou III – rescindir o contrato, com direito à restituição de quantia eventualmente antecipada, monetariamente atualizada, e a perdas e danos. **E:** correta. Nos termos do art. 37, §§ 1º e 3º do CDC. A publicidade será abusiva por ação (ou comissão) quando houver afirmação falsa sobre o produto ou serviço e será abusiva por omissão quando deixar de dar informação considerada essencial quanto ao produto ou serviço. **RD**

Gabarito "D".

(Juiz – TRF 4ª Região – 2016) Assinale a alternativa correta.

No que concerne às relações de consumo:

(A) À luz da jurisprudência do Superior Tribunal de Justiça, adota-se a teoria finalista ou subjetiva para fins de caracterização da pessoa jurídica como consumidora em eventual relação de consumo, devendo, portanto, ser destinatária final econômica do bem ou serviço adquirido.

(B) Prescreve em 3 (três) anos a pretensão à reparação pelos danos causados por fato do produto ou do serviço, iniciando-se a contagem do prazo a partir do conhecimento do dano e de sua autoria.

(C) Deixar de comunicar à autoridade competente e aos consumidores a nocividade ou a periculosidade

de produtos cujo conhecimento seja posterior à sua colocação no mercado constitui somente infração administrativa, punida com pena de multa.

(D) As regras da legislação consumerista não se aplicam quando constatada a má prestação de um serviço público concedido, uma vez que o referido diploma se aplica apenas às relações de âmbito privado.

(E) Aos consumidores que realizam compras no estabelecimento por meio de catálogo da loja, não é garantido o direito de arrependimento no prazo de 7 (sete) dias.

A: correta; O Superior Tribunal de Justiça adota a teoria finalista mitigada, para quem consumidor é toda pessoa física ou jurídica, que adquire ou utiliza produto ou serviço como destinatário final, para uso próprio ou profissional, desde que esteja presente a vulnerabilidade. Nessa toada, a pessoa jurídica será considerada consumidora quando for destinatária final de produto ou serviço e apresente vulnerabilidade no caso concreto, ainda que tenha objetivo de lucro ou finalidade profissional. **B:** incorreta. O prazo prescricional para reclamar de produtos e serviços defeituosos é de 5 anos, contados a partir do momento que se descobre o autor e a extensão dos danos (art. 27 do CDC); **C:** incorreta. Configura crime previsto no art. 64 do CDC: "Deixar de comunicar à autoridade competente e aos consumidores a nocividade ou periculosidade de produtos cujo conhecimento seja posterior à sua colocação no mercado: Pena – Detenção de seis meses a dois anos e multa"; **D:** incorreta As prestadoras de serviço público estão sujeitas ao Código de Defesa do Consumidor (art. 3º do CDC). Sendo constada a má prestação do serviço público, deve ser aplicada lei consumerista, em especial a regra contida no art. 22, que exige que o serviço público seja adequado, eficiente, seguro e, quanto aos essenciais, contínuos. Sobre o tema, o boletim de jurisprudência em teses nº 74 do Superior Tribunal de Justiça sintetiza: 1) 2) "As empresas públicas, as concessionárias e as permissionárias prestadoras de serviços públicos respondem objetivamente pelos danos causados a terceiros, nos termos do art. 37, §6º da Constituição Federal e dos art. 14 e 22 do Código de Defesa do Consumidor".; **E:** incorreta. As compras feitas fora do estabelecimento empresarial, especialmente feitas por meio de catálogo ou telefone, permitem ao consumidor exercer o direito de arrependimento, no prazo de 7 dias, a contar da assinatura ou da entrega do produto. **RD**

Gabarito "A".

(Defensor Público – DPE/ES – 2016 – FCC) A competência para legislar sobre responsabilidade por dano ao consumidor é

(A) concorrentemente da União, dos Estados, do Distrito Federal e dos Municípios.

(B) concorrentemente da União, dos Estados e do Distrito Federal.

(C) privativa da União.

(D) comum da União, dos Estados, do Distrito Federal e dos Municípios.

(E) comum da União, dos Estados e do Distrito Federal, apenas.

A competência para legislar sobre danos aos consumidores é concorrente e está definida no art. 24 da Constituição Federal: "Compete à União, aos Estados e ao Distrito Federal legislar concorrentemente sobre: (...)V – produção e consumo; (...) VIII – responsabilidade por dano ano meio ambiente, aos consumidor, a bens e direitos de valor artístico, estético, histórico, turístico e paisagístico".

Gabarito "B".

(Defensor Público – DPE/RN – 2016 – CESPE) Com base no Estatuto do Idoso, no CDC e no entendimento do STJ acerca dos tópicos abarcados por esses dois diplomas legais, assinale a opção correta.

(A) Uma operadora de plano de saúde não responde perante o consumidor por falha na prestação dos serviços médicos e hospitalares por ela credenciados.

(B) De acordo com o Estatuto do Idoso, na ação de execução de sentença individual e nas ações referentes a interesses individuais indisponíveis, o pagamento das custas processuais pelo idoso deve ocorrer somente ao final do processo.

(C) Na ação de indenização movida pelo DP em defesa de consumidor hipossuficiente cujo nome tenha sido inscrito indevidamente em cadastro de inadimplentes, é imprescindível a comprovação do efetivo prejuízo por ele sofrido em decorrência do ato.

(D) A comprovação da postagem de correspondência notificando o consumidor da inscrição de seu nome em cadastro de inadimplência é bastante para atender ao disposto no CDC no tocante ao direito de acesso a informação que lhe diga respeito, sendo desnecessário, nesses casos, o aviso de recebimento.

(E) O vício de qualidade do produto não confere ao consumidor o direito de substituição do bem, mas sim o de abatimento proporcional do preço, na forma prevista na legislação em vigor.

A: incorreta. A jurisprudência do STJ já admite a responsabilidade do plano de saúde por falha na prestação dos serviços médicos, tudo com fundamento no art. 7º e no art. 25 do CDC. **B:** incorreta. O Estatuto do Idoso, em seu art. 88, não admite o pagamento de custas nas ações transindividuais. **C:** incorreta. O consumidor pessoa física não precisa fazer prova dos danos para pedir indenização. O dano moral se configura por lesão ao direito de personalidade. **D:** Correta. Súmula 404 do STJ: "É dispensável o aviso de recebimento (AR) na carta de comunicação ao consumidor sobre a negativação de seu nome em banco de dados e cadastros". **E:** incorreta. Na forma do art. 18 do CDC, caso o fornecedor não corrija o produto em até 30 dias, o consumidor poderá exigir (i) a devolução dos valores pagos; (ii) o abatimento proporcional do preço ou (iii) a substituição do produto. Em qualquer caso, a escolha cabe ao consumidor.

Gabarito "D".

(Defensor Público – DPE/BA – 2016 – FCC) De acordo com a jurisprudência dominante no Superior Tribunal de Justiça,

(A) a operadora de saúde não é responsável por eventuais falhas na prestação de serviços pelo profissional credenciado.

(B) a inclusão indevida do nome de consumidor em cadastro de proteção ao crédito gera dano moral indenizável, desde que se comprove efetivo prejuízo extrapatrimonial.

(C) as instituições financeiras respondem objetivamente pelos danos gerados por fortuito interno relativo a fraudes e delitos praticados por terceiros no âmbito de operações bancárias.

(D) a falta de pagamento do prêmio do seguro obrigatório de Danos Pessoais Causados por Veículos Automotores de Vias Terrestres (DPVAT) justifica a recusa do pagamento da indenização.

(E) o Estado tem responsabilidade civil nos casos de morte de custodiado em unidade prisional, desde que se prove a culpa *in vigilando*.

A: incorreta. O STJ entende que há responsabilidade solidária entre a operadora de saúde e os profissionais e hospitais por ela indicados/cadastrados. **B:** incorreta. O dano moral se configura por lesão aos

---

direitos de personalidade, razão pela qual não precisa ser provado. **C:** correta. Súmula 479 do STJ: "As instituições financeiras respondem objetivamente pelos danos gerados por fortuito interno relativo a fraudes e delitos praticados por terceiros no âmbito de operações bancárias". **D:** incorreta. A falta de pagamento do DPVAT configura mera infração administrativa, não podendo a seguradora recusar o pagamento da indenização. **E:** incorreta. Não se faz necessária a prova da culpa in vigilando posto que a responsabilidade civil do Estado é objetiva.

Gabarito "C".

15. OUTROS TEMAS

(Juiz de Direito/GO – 2021 – FCC) De acordo com a jurisprudência do STJ, constante de súmula,

(A) nos contratos bancários, é possível ao julgador conhecer de ofício, da abusividade das cláusulas contratuais, por se tratar de hipótese de nulidade.

(B) o contrato de seguro por danos pessoais compreenderá sempre os danos morais.

(C) a embriaguez do segurado não exime a seguradora do pagamento de indenização prevista em contrato de seguro de vida.

(D) dada sua natureza, o Código de Defesa do Consumidor não se aplica aos empreendimentos habitacionais promovidos pelas sociedades cooperativas.

(E) o Código de Defesa do Consumidor é aplicável tanto às entidades abertas de previdência complementar como aos contratos celebrados com entidades previdenciárias fechadas.

Comentário: **A:** Incorreta. Conforme entendimento da Súmula 381 do STJ: "Nos contratos bancários, é vedado ao julgador conhecer, de ofício, da abusividade das cláusulas". **B:** Incorreta. Conforme disposição da Súmula 402-STJ: "O contrato de seguro por danos pessoais compreende os danos morais, salvo cláusula expressa de exclusão". **C:** Correta. Conforme Súmula 620 do STJ. **D:** Incorreta. De acordo com a Súmula 602 do STJ: "O Código de Defesa do Consumidor é aplicável aos empreendimentos habitacionais promovidos pelas sociedades cooperativas". **E:** Incorreta. De acordo com a Súmula 563 do STJ: "O CDC é aplicável às entidades abertas de previdência complementar, não incidindo nos contratos previdenciários celebrados com entidades fechadas". **RD**

Gabarito "C".

(Juiz de Direito/GO – 2021 – FCC) Cabe ao Departamento Nacional de Defesa do Consumidor, na qualidade de organismo de coordenação da política do Sistema Nacional de Defesa do Consumidor,

(A) levar ao conhecimento dos órgãos competentes crimes contra os interesses difusos e coletivos dos consumidores.

(B) fiscalizar, direta e exclusivamente, preços, abastecimento, quantidade e segurança de bens e serviços.

(C) receber, analisar, avaliar e julgar consultas, denúncias ou sugestões apresentadas por entidades representativas ou pessoas jurídicas de direito público ou privado.

(D) planejar, elaborar, propor, coordenar e executar a política nacional de proteção ao consumidor.

(E) informar, conscientizar e motivar o consumidor através de portarias, decretos e informativos.

Comentário: **A:** Incorreta. De acordo com o art. 106, VII, do CDC, o órgão é responsável por levar ao conhecimento dos órgãos competentes *as infrações de ordem administrativa* que violarem os interesses difusos,

19. DIREITO DO CONSUMIDOR 757

coletivos ou individuais dos consumidores. **B:** Conforme entendimento do art. 106, VIII, o órgão é responsável por *auxiliar* a fiscalização de preços, abastecimento, quantidade e segurança de bens de serviço, junto à outras entidades da União, Estados, Distrito Federal e Municípios. Ou seja, não se trata e competência *direta e exclusiva*. **C:** Incorreta. De acordo com o art. 106, II, do CDC, o órgão é responsável por receber, analisar, avaliar e *encaminhar* consultas, denúncias ou sugestões apresentadas por entidades representativas ou pessoas jurídicas de direito público ou privado. Ou seja, não é responsável por *julgar*. **D:** Correta. Conforme art. 106, I, do CDC. **E:** Incorreta. De acordo com o art. 106, IV, cabe ao órgão informar, conscientizar e motivar o consumidor através dos diferentes meios de comunicação. RD

Gabarito "D".

(Juiz de Direito – TJ/RJ – 2019 – VUNESP) Tendo em vista o entendimento sumular do Superior Tribunal de Justiça, é correto afirmar que

(A) o Código de Defesa do Consumidor não é aplicável aos empreendimentos habitacionais promovidos pelas sociedades cooperativas.

(B) é abusiva a cláusula contratual de plano de saúde que prevê a limitação do tempo de internação hospitalar do segurado.

(C) constitui prática abusiva a estipulação de juros remuneratórios superiores a 12% ao ano.

(D) incumbe ao credor a exclusão do registro da dívida em nome do devedor no cadastro de inadimplentes no prazo de cinco dias úteis, a partir do pagamento do débito ainda que parcial.

(E) constitui prática comercial abusiva o envio de cartão de crédito sem prévia e expressa solicitação do consumidor, não se sujeitando, no entanto, à aplicação de multa administrativa.

A: Incorreta. Conforme Súmula 602 do STJ "O Código de Defesa do Consumidor é aplicável aos empreendimentos habitacionais promovidos pelas sociedades cooperativas". **B:** Correta. Conforme literalidade da Súmula 302 do STJ: "É abusiva a cláusula contratual de plano de saúde que limita no tempo a internação hospitalar do segurado". **C:** Incorreta. De acordo com a Súmula 382 do STJ "A estipulação de juros remuneratórios superiores a 12% ao ano, por si só, não indica abusividade". **D:** Incorreta. Conforme entendimento da Súmula 548 do STJ "Incumbe ao credor a exclusão do registro da dívida em nome do devedor no cadastro de inadimplentes no prazo de cinco dias úteis, a partir do integral e efetivo pagamento do débito". **E:** Incorreta. De acordo com o enunciado da Súmula 532 do STJ "constitui prática comercial abusiva o envio de cartão de crédito sem prévia e expressa solicitação do consumidor, configurando-se ato ilícito indenizável e sujeito à aplicação de multa administrativa". RD

Gabarito "B".

(Juiz de Direito – TJ/RJ – 2019 – VUNESP) De acordo com o tratamento atribuído pelo regime consumerista aos institutos da decadência e da prescrição, assinale a alternativa correta.

(A) Em se tratando de vício oculto, o prazo de decadência tem início no momento em que se formalizar a reclamação do consumidor perante o fornecedor de produtos.

(B) Obsta o transcurso do prazo decadencial a reclamação formulada pelo consumidor perante o fornecedor de produtos até a resposta negativa correspondente ou o transcurso de prazo razoável sem a respectiva resposta.

(C) Prescreve em sessenta dias o direito de reclamar pelos vícios de fácil constatação, iniciando a contagem a partir da entrega efetiva do produto ou do término da execução dos serviços.

(D) A instauração de inquérito civil obsta a decadência, reiniciando a contagem do prazo decadencial no dia seguinte à referida instauração.

(E) Tem início o prazo de prescrição nos casos de responsabilidade pelo fato dos produtos ou serviços a partir da ciência do dano, bem como de sua autoria.

A: Incorreta. Conforme determina o art. 26, § 3º, do Código de Defesa do Consumidor, tratando-se de vício oculto, o prazo decadencial inicia-se no momento em que ficar evidenciado o vício. **B:** Incorreta. O mesmo art. 26, no seu § 2º, informa que "obsta a decadência a reclamação comprovadamente formulada pelo consumidor perante o fornecedor de produtos e serviços até a resposta negativa correspondente, que deve ser transmitida de forma inequívoca". **C:** Incorreta. O prazo previsto pelo Código de Defesa do Consumidor é decadencial, caducando o direito de o consumidor reclamar em trinta dias, tratando-se de fornecimento de serviço e de produtos não duráveis e noventa dias, tratando-se fornecimento de serviço e de produtos duráveis (art. 26, I e II, do CDC) **D:** Incorreta. De acordo com o art. 26, § 2º, III, a instauração de inquérito civil obsta a decadência até seu encerramento; **E:** Correta. Conforme art. 27 do CDC: "Prescreve em cinco anos a pretensão à reparação pelos danos causados por fato do produto ou do serviço prevista na Seção II deste Capítulo, iniciando-se a contagem do prazo a partir do conhecimento do dano e de sua autoria". RD

Gabarito "E".

(Juiz de Direito – TJ/SC – 2019 – CESPE/CEBRASPE) No que tange à relação jurídica entre consumidor e incorporadora imobiliária, à comissão de corretagem e à taxa de assessoria técnico-imobiliária, julgue os itens a seguir à luz das disposições do Código de Defesa do Consumidor e do entendimento do STJ.

I. A incorporadora, na condição de promitente-vendedora, é parte ilegítima para figurar no polo passivo da ação que vise à restituição ao consumidor dos valores pagos a título de comissão de corretagem e de taxa de assessoria técnico-imobiliária.

II. É válida a cláusula que transfira ao promitente-comprador a obrigação de pagar a comissão de corretagem nos contratos de promessa de compra e venda de unidade autônoma em regime de incorporação imobiliária, desde que previamente informado o preço total da aquisição da unidade autônoma, com o destaque do valor da comissão de corretagem.

III. É abusiva a cobrança pelo promitente-vendedor do serviço de assessoria técnico-imobiliária, ou atividade congênere, vinculada à celebração de promessa de compra e venda de imóvel.

Assinale a opção correta.

(A) Apenas o item I está certo.

(B) Apenas o item II está certo.

(C) Apenas os itens I e III estão certos.

(D) Apenas os itens II e III estão certos.

(E) Todos os itens estão certos.

I: Falsa. Em sede de Recurso Repetitivo, (tema 939), o STJ firmou a seguinte tese: "Legitimidade passiva 'ad causam' da incorporadora, na condição de promitente-vendedora, para responder pela restituição ao consumidor dos valores pagos a título de comissão de corretagem e de taxa de assessoria técnico-imobiliária, nas demandas em que se alega

758 ROBERTA DENSA

prática abusiva na transferência desses encargos ao consumidor'. **II:** Verdadeira. Em sede de Recurso Repetitivo (Tema 938), o STJ firmou as seguintes teses: (I) Incidência da prescrição trienal sobre a pretensão de restituição dos valores pagos a título de comissão de corretagem ou de serviço de assistência técnico-imobiliária (SATI), ou atividade congênere (artigo 206, § 3º, IV, CC). (vide REsp n. 1.551.956/SP). (I) Validade da cláusula contratual que transfere ao promitente-comprador a obrigação de pagar a comissão de corretagem nos contratos de promessa de compra e venda de unidade autônoma em regime de incorporação imobiliária, desde que previamente informado o preço total da aquisição da unidade autônoma, com o destaque do valor da comissão de corretagem; (vide REsp n. 1.599.511/SP). (II, parte final) Abusividade da cobrança pelo promitente-vendedor do serviço de assessoria técnico-imobiliária (SATI), ou atividade congênere, vinculado à celebração de promessa de compra e venda de imóvel. (vide REsp n. 1.599.511/SP). **III:** Verdadeira. Conforme justificativa acima.

„Gabarito "D".

(Juiz de Direito - TJ/BA - 2019 - CESPE/CEBRASPE) A respeito de cláusulas abusivas, prescrição, proteção contratual e relação entre consumidor e planos de saúde, assinale a opção correta, de acordo com o entendimento jurisprudencial do STJ.

(A) A operadora de plano de saúde pode estabelecer, no contrato, as doenças que terão cobertura, mas não pode limitar o tipo de tratamento a ser utilizado pelo paciente, exceto se tal tratamento não constar na lista de procedimentos da ANS.

(B) Uma das condições para que o reajuste de mensalidade de plano de saúde individual fundado na mudança de faixa etária do beneficiário seja válido é que os percentuais aplicados sejam razoáveis, baseados em estudos atuariais idôneos, e não onerem excessivamente o consumidor nem discriminem o idoso.

(C) Na vigência dos contratos de seguro de assistência à saúde, a pretensão condenatória decorrente da declaração de nulidade de cláusula de reajuste neles prevista prescreve em um ano.

(D) É abusiva a cláusula contratual de coparticipação na hipótese de internação superior a trinta dias em razão de transtornos psiquiátricos, por restringir obrigação fundamental inerente à natureza do contrato.

(E) A operadora de plano de saúde, em razão da sua autonomia, será isenta de responsabilidade por falha na prestação de serviço de hospital conveniado.

A: incorreta. A jurisprudência do STJ segue no sentido que é possível que o plano de saúde estabeleça as doenças que terão cobertura, mas não o tipo de tratamento utilizado, sendo abusiva a negativa de cobertura do procedimento, tratamento, medicamento ou material considerado essencial a realização de acordo com o proposto pelo profissional médico. Ademais, fato de eventual tratamento não constar do rol de procedimentos da ANS não significa que a sua prestação não possa ser exigida pelo segurado, uma vez que referido rol é exemplificativo. Veja AgRg no AREsp 708.082/DF, Rel. Ministro João Otávio de Noronha e AREsp 1515875 / RJ. **B:** correta. Já entendeu o STJ em sede de IRDE "O reajuste de mensalidade de plano de saúde individual ou familiar fundado na mudança de faixa etária do beneficiário é válido desde que (i) haja previsão contratual, (ii) sejam observadas as normas expedidas pelos órgãos governamentais reguladores e (iii) não sejam aplicados percentuais desarrazoados ou aleatórios que, concretamente e sem base atuarial idônea, onerem excessivamente o consumidor ou discriminem o idoso." (Tema 952). **C:** incorreta. A prescrição, conforme entendimento do STJ, é de 3 (três) anos para o pedido de nulidade de

cláusula e consequente repetição de indébito, posto de fundamentado no enriquecimento sem causa (Veja: REsp 1.800.456/SP). **D:** incorreta. O STJ tem entendido que não é abusiva a cláusula de coparticipação expressamente contratada e informada ao consumidor para a hipótese de internação superior a 30 (trinta) dias decorrentes de transtornos psiquiátricos (Veja EAREsp 793.323-TJ). Observe que o tema está afetado aguardando julgamento em IRDR (tema 1032). **E:** incorreta. O STJ tem entendido que a responsabilidade civil é objetiva do hospital em razão da indicação do hospital (Veja, AgInt no AREsp 616058/RJ). **RD**

„Gabarito "B".

(Juiz de Direito - TJ/BA - 2019 - CESPE/CEBRASPE) No que se refere aos direitos básicos do consumidor, à legitimidade ativa para a propositura de ações coletivas e aos bancos de dados e cadastros de consumidores, julgue os itens a seguir.

I. A responsabilidade subjetiva do médico não exclui a possibilidade de inversão do ônus da prova, se presentes os requisitos previstos no CDC, devendo o profissional demonstrar ter agido com respeito às orientações técnicas aplicáveis.

II. O MP terá legitimidade ativa para atuar na defesa de direitos difusos, coletivos e individuais homogêneos dos consumidores, exceto quando tais direitos decorrerem da prestação de serviço público.

III. A manutenção de inscrição negativa nos cadastros de proteção ao crédito deve respeitar a exigibilidade do débito inadimplido, tendo, para tanto, um limite de cinco anos, independentemente do prazo prescricional para a cobrança do crédito.

Assinale a opção correta.

(A) Apenas o item I está certo.

(B) Apenas o item II está certo.

(C) Apenas os itens I e III estão certos.

(D) Apenas os itens II e III estão certos.

(E) Todos os itens estão certos.

I: correta. A responsabilidade civil do médico é subjetiva, nos termos do art. 14, § 4º do CDC, devendo o consumidor, portanto, comprovar a culpa, nexo de causalidade e extensão de danos para requerer a sua indenização. No entanto, havendo hipossuficiência do consumidor ou se as alegações forem verossímeis, pode o consumidor pleitear a inversão do ônus da prova (art. 6º, VIII); **II:** incorreta. A legitimidade do MP para ação coletiva que envolva direitos difusos, coletivos, e individuais homogêneos está prevista nos arts. 82 e 91 do CDC, além do art. 5º da LACP, sem qualquer ressalva para os serviços públicos quando estes envolverem relação jurídica de consumo; **III:** incorreta. A manutenção dos dados negativos de consumidores em banco de dados deve obedecer a dois pressupostos: a dívida não pode estar prescrita (art. 43, § 5º) e o prazo máximo para manutenção de dados de cinco anos (art. 43, § 1º). O termo inicial para a contagem do prazo de 5 (cinco) anos é a data de vencimento da dívida: "**O termo inicial do prazo de permanência de registro de nome de consumidor em cadastro de proteção ao crédito (art. 43, § 1º, do CDC) inicia-se no dia subsequente ao vencimento da obrigação não paga, independentemente da data da inscrição no cadastro**" (Veja: REsp 1.316.117-SC e REsp 1.630.889/DF). **RD**

„Gabarito "A".

(Juiz de Direito - TJ/BA - 2019 - CESPE/CEBRASPE) A respeito de proteção contratual, responsabilidade por vício do serviço e legitimidade ativa para a propositura de ações coletivas, assinale a opção correta, com base no CDC e na jurisprudência do STJ.

19. DIREITO DO CONSUMIDOR — 759

(A) Admite-se a responsabilização de buscadores da Internet pelos resultados de busca apresentados para fazer cessar o vínculo criado, nos seus bancos de dados, entre dados pessoais e os resultados que não guardam relevância para o interesse público à informação, seja pelo conteúdo eminentemente privado, seja pelo decurso do tempo.

(B) Sob o argumento da reciprocidade, é válida a imposição, pelo juiz, de cláusula penal a fornecedor de bens móveis no caso de demora na restituição do valor pago quando do exercício do direito de arrependimento pelo consumidor, ante a premissa de que este é apenado com a obrigação de arcar com multa moratória quando atrasa o pagamento de suas faturas de cartão de crédito.

(C) Pela sua especificidade, as normas previstas no CDC têm prevalência em relação àquelas previstas nos tratados internacionais que limitam a responsabilidade das transportadoras aéreas de passageiros pelo desvio de bagagem, especialmente as Convenções de Varsóvia e de Montreal.

(D) O município não possui legitimidade ativa para ajuizar ação civil pública em defesa de servidores a ele vinculados, questionando a cobrança de tarifas bancárias de renovação de cadastro, uma vez que a proteção de direitos individuais homogêneos não está incluída em sua função constitucional.

(E) É válida a rescisão unilateral imotivada de plano de saúde coletivo empresarial pela operadora de plano de saúde em desfavor de microempresa com apenas dois beneficiários, em razão da inaplicabilidade das normas que regulam os contratos coletivos, justamente por faltar o elemento essencial de uma população de beneficiários.

A: Correta. Sobre o tema do direito ao esquecimento, já entendeu o STJ: "Quanto ao assunto, a jurisprudência desta Corte Superior tem entendimento reiterado no sentido de afastar a responsabilidade de buscadores da *internet* pelos resultados de busca apresentados, reconhecendo a impossibilidade de lhe atribuir a função de censor e impondo ao prejudicado o direcionamento de sua pretensão contra os provedores de conteúdo, responsáveis pela disponibilização do conteúdo indevido na *internet*. Há, todavia, circunstâncias excepcionalíssimas em que é necessária a intervenção pontual do Poder Judiciário para fazer cessar o vínculo criado, nos bancos de dados dos provedores de busca, entre dados pessoais e resultados da busca, **que não guardam relevância para interesse público à informação, seja pelo conteúdo eminentemente privado, seja pelo decurso do tempo**. Essa é a essência do direito ao esquecimento: não se trata de efetivamente apagar o passado, mas de permitir que a pessoa envolvida siga sua vida com razoável anonimato, não sendo o fato desabonador corriqueiramente rememorado e perenizado por sistemas automatizados de busca" (grifo nosso) (STJ, REsp 1.660.168-RJ). Em complemento, também já entendeu o tribunal superior que: "**O provedor de busca cientificado pelo consumidor sobre vínculo virtual equivocado entre o argumento de pesquisa (nome de consumidor) e o resultado de busca (sítio eletrônico) é obrigado a desfazer a referida indexação, ainda que esta não tenha nenhum potencial ofensivo**". **(STJ**, REsp 1.582.981-RJ). **B:** Incorreta. Nesse sentido, já se manifestou o STJ: "Em compras realizadas na internet, o fato de o consumidor ser penalizado com a obrigação de arcar com multa moratória, prevista no contrato com a financeira, quando atrasa o pagamento de suas faturas de cartão de crédito não autoriza a imposição, por sentença coletiva, de **cláusula penal** ao fornecedor de bens móveis, nos casos de

atraso na entrega da mercadoria e na demora de restituição do valor pago quando do exercício do direito do arrependimento". (STJ. 4ª Turma. REsp 1412993-SP, Rel. Min. Luis Felipe Salomão, Rel. Acd. Min. Maria Isabel Gallotti, julgado em 08/05/2018). **C:** incorreta. Sobre a prevalência dos tratados internacionais entendeu o STF em sede de repercussão geral: "Nos termos do art. 178 da Constituição da República, as normas e os tratados internacionais limitadores da responsabilidade das transportadoras aéreas de passageiros, especialmente as Convenções de **Varsóvia** e Montreal, têm prevalência em relação ao Código de Defesa do Consumidor". (STF, Plenário, RE 636331/RJ, Rel. Min. Gilmar Mendes e ARE 766618/SP, Rel. Min. Roberto Barroso, julgados em 25/05/2017). **D:** incorreta. Sobre a legitimidade do município para propositura de ACP, já entendeu o STJ: "**Município** tem legitimidade *ad causam* para ajuizar ação civil pública em defesa de direitos consumeristas questionando a cobrança de tarifas bancárias. Em relação ao Ministério Público e aos entes políticos, que têm como finalidades institucionais a proteção de valores fundamentais, como a defesa coletiva dos consumidores, não se exige pertinência temática e representatividade adequada. (STJ. 3ª Turma. REsp 1509586-SC, Rel. Min. Nancy Andrighi, julgado em 15/05/2018) **E:** incorreta. Não é válida a **rescisão unilateral imotivada** de plano de saúde coletivo empresarial por parte da operadora em face de microempresa com apenas dois beneficiários. No caso concreto, havia um contrato coletivo atípico e que, portanto, merecia receber tratamento como se fosse um contrato de plano de saúde individual. Isso porque a pessoa jurídica contratante é uma microempresa e são apenas dois os beneficiários do contrato, sendo eles hipossuficientes frente à operadora do plano de saúde. No contrato de plano de saúde individual é vedada a rescisão unilateral, salvo por fraude ou não pagamento da mensalidade. (STJ, 3ª Turma, REsp 1701600-SP, Rel. Min. Nancy Andrighi, julgado em 06/03/2018)". **RD**

Gabarito "A".

(Juiz de Direito - TJ/BA - 2019 - CESPE/CEBRASPE) No que se refere à responsabilidade por vício do serviço, legitimidade ativa para a propositura de ações coletivas, cláusulas abusivas, prescrição e decadência, assinale a opção correta, com base no CDC e na jurisprudência do STJ.

(A) Associação de defesa de interesses de consumidores possui legitimidade ativa para ajuizar ação civil pública contra seguradora operadora do seguro DPVAT, a fim de buscar a condenação de indenizar vítimas de danos pessoais ocorridos com veículos automotores.

(B) O furto de joias que sejam objetos de penhor constitui falha do serviço prestado pela instituição financeira, e não mero inadimplemento contratual, devendo incidir o prazo prescricional de cinco anos para o ajuizamento das competentes ações de indenização, conforme previsto no CDC.

(C) Desde que destacada, será válida cláusula contratual de prestação de serviços de cartão de crédito que autorize o banco contratante a compartilhar dados dos consumidores com outras entidades financeiras, ainda que não seja dada ao cliente opção de discordar desse compartilhamento.

(D) O saque indevido de numerário em conta-corrente mantida por correntista em determinado banco configura dano moral *in re ipsa* ao direito do correntista à segurança dos valores lá depositados ou aplicados.

(E) A reclamação obstativa da decadência feita verbalmente pelo consumidor para protestar vícios do produto não tem validade.

A: incorreta. Embora as associações de defesa do consumidor estejam no rol dos legitimados, é necessário que haja relação de consumo para justificar a presença em ação coletiva. Sendo assim, "uma associação que tenha fins específicos de proteção ao consumidor não possui legitimidade para o ajuizamento de ação civil pública com a finalidade de tutelar interesses coletivos de beneficiários do seguro DPVAT. Isso porque o seguro DPVAT não tem natureza consumerista, faltando, portanto, pertinência temática. (STJ, 2ª Seção, REsp 1.091.756-MG, Rel. Min. Marco Buzzi, Rel. Acd. Min. Marco Aurélio Bellizze, julgado em 13/12/2017)". **B:** correta. Nos termos do art. 14 do CDC, o caso narrado constitui defeito de serviço: "**O furto das joias, objeto do penhor, constitui falha do serviço prestado pela instituição financeira e não inadimplemento contratual, devendo incidir o prazo prescricional de 5 (cinco) anos para as ações de indenização, previsto no art. 27 do Código de Defesa do Consumidor**". (REsp 1369579/PR, Rel. Min. Luis Felipe Salomão, 4ª Turma, DJe 23/11/2017). **C:** incorreta. O caso foi julgado em 2017, antes da LGPD, e assim entendeu o STJ: "É abusiva e ilegal cláusula prevista em contrato de prestação de serviços de cartão de crédito, que autoriza o banco contratante a compartilhar dados dos consumidores com outras entidades financeiras, assim como com entidades mantenedoras de cadastros positivos e negativos de consumidores, **sem que seja dada opção de discordar daquele compartilhamento.**" (REsp 1348532/SP, Min. Luis Felipe Salomão, 4ª Turma, DJe 30/11/2017). **D:** incorreta. "O saque indevido de numerário em conta corrente **não** configura dano moral *in re ipsa* (presumido), podendo, contudo, observadas as particularidades do caso, ficar caracterizado o respectivo dano se demonstrada a ocorrência de violação significativa a algum direito da personalidade do correntista." (REsp 1573859/SP, Rel. Ministro Marco Aurélio Bellizze, 3ª Turma, DJe 13/11/2017). **E:** incorreta. O CDC, em seu artigo 26, reza que obsta a decadência a reclamação comprovadamente formulada pelo consumidor perante o fornecedor de produtos e serviços até a resposta negativa correspondente, que deve ser transmitida de forma inequívoca. Já entendeu o STJ que a reclamação verbal ou por telefone tem o condão de obstar o prazo decadencial: "A reclamação obstativa da decadência, prevista no art. 26, § 2º, I, do CDC, pode ser feita documentalmente – por meio físico ou eletrônico – **ou mesmo verbalmente** – pessoalmente ou por telefone – e, consequentemente, a sua comprovação pode dar-se por todos os meios admitidos em direito." (REsp 1442597/DF, Rel. Ministra Nancy Andrighi, 3ª Turma, DJe 30/10/2017). **RD**

Gabarito "B".

(**Promotor de Justiça/PR – 2019 – MPE/PR**) Analise as assertivas abaixo e assinale a alternativa correta:

Constituem infração a ordem econômica, conforme a Lei n. 12.529/11 (que estrutura o Sistema Brasileiro de Defesa da Concorrência e dispõe sobre prevenção e repressão às infrações contra a ordem econômica), independentemente de culpa, os atos sob qualquer forma manifestados, que tenham por objeto ou possam produzir os seguintes efeitos, ainda que não sejam alcançados:

I. – Limitar, falsear ou de qualquer forma prejudicar a livre concorrência ou a livre-iniciativa.

II. – Condicionar o fornecimento de produto ou de serviço ao fornecimento de outro produto ou serviço, bem como, sem justa causa, a limites quantitativos.

III. – Impedir o acesso de concorrente às fontes de insumo, matérias-primas, equipamentos ou tecnologia, bem como, aos canais de distribuição.

IV. – Colocar, no mercado de consumo, qualquer produto ou serviço em desacordo com as normas expedidas pelos órgãos oficiais competentes ou, se normas específicas não existirem, pela Associação Brasileira de Normas Técnicas ou outra entidade credenciada pelo Conselho Nacional de Metrologia, Normalização e Qualidade Industrial (CONMETRO).

(A) Somente as assertivas I e II estão corretas.

(B) Somente as assertivas I e III estão corretas.

(C) Somente as assertivas II e III estão corretas.

(D) Somente as assertivas III e IV estão corretas.

(E) Todas as assertivas estão corretas.

I: Correta. Nos termos do art. 36, I da Lei 12.529/11. II: Incorreta. A assertiva trata de prática abusiva expressa pelo art. 39, I do Código de Defesa do Consumidor. De forma diferente, a Lei 12.529/11, no art. 36, § 3º, XVIII, constitui infração à ordem econômica "subordinar a venda de um bem à aquisição de outro ou à utilização de um serviço, ou subordinar a prestação de um serviço à utilização de outro ou à aquisição de um bem", sem mencionar a venda de limites quantitativos, tal qual o art. 39, I, do CDC. III: Correta. conforme art. 36, § 3º, V, da Lei 12.529/11. IV: Incorreta. A assertiva trata de prática abusiva expressa pelo art. 39, VIII, do Código de Defesa do Consumido, não elencada pela Lei nº 12.529/11. **RD**

Gabarito "B".

20. Direito Ambiental

Fabiano Melo, Fernanda Camargo Penteado e Rodrigo Bordalo

1. HISTÓRICO E CONCEITOS BÁSICOS

(Juiz de Direito – TJ/BA – 2019 – CESPE/CEBRASPE) De acordo com a jurisprudência do STF, o conceito de meio ambiente inclui as noções de meio ambiente

(A) artificial, histórico, natural e do trabalho.

(B) cultural, artificial, natural e do trabalho.

(C) natural, histórico e biológico.

(D) natural, histórico, artificial e do trabalho.

(E) cultural, natural e biológico.

O meio ambiente constitui um gênero que apresenta diversas espécies (ou aspectos, como assinala José Afonso da Silva). São elas o meio ambiente natural (a ecologia), o artificial (espaço urbano), o cultural (patrimônio artístico, histórico, paisagístico etc.) e o meio ambiente do trabalho (relações laborais). Nesse sentido já decidiu o Supremo Tribunal Federal, para quem a "defesa do meio ambiente" (CF, art. 170, VI) "traduz conceito amplo e abrangente das noções de meio ambiente natural, de meio ambiente cultural, de meio ambiente artificial (espaço urbano) e de meio ambiente laboral." (ADI 3.540/MC, Pleno, Rel. Min. Celso de Mello, DJ 03/02/2006). Relevante considerar que os autores e a jurisprudência não elencam o meio ambiente histórico e biológico como espécies autônomas (alternativas **A, C, D** e **E** incorretas). **RB**

Gabarito "B".

(Procurador do Estado/SP – 2018 – VUNESP) Sobre a evolução da legislação ambiental no Brasil e os seus marcos históricos, assinale a alternativa correta.

(A) A Constituição Federal de 1988 consolidou a proteção ao meio ambiente, porém o regime jurídico de proteção ambiental foi primeiramente abordado e disciplinado de forma sistemática na Constituição de 1967, mantido pela Emenda Constitucional no 1/1969, o que deu espaço para edição da Lei nº 6.938/1981.

(B) Embora a Lei nº 7.347/1985 (Lei da Ação Civil Pública) seja um importante instrumento na proteção de direitos difusos e coletivos, não foi originalmente editada para tutelar o meio ambiente, tendo sido alterada somente na década de 1990 para passar a prever, em diversas disposições, a responsabilização por danos causados ao meio ambiente.

(C) Embora a Lei nº 6.938/1981, que instituiu a Política Nacional do Meio Ambiente, tenha inaugurado a proteção ambiental de forma sistemática e organizada no Brasil, somente com a Constituição Federal de 1988 os Estados e Municípios foram inseridos no sistema de proteção ambiental.

(D) Dois marcos da Lei nº 6.938/1981, que instituiu a Política Nacional do Meio Ambiente, são a descentralização administrativa, a partir da noção de um sistema

---

* **FM** Fabiano Melo
FC Fernanda Camargo Penteado
RB Rodrigo Bordalo

---

de proteção ambiental, e a mudança no paradigma de proteção ambiental no Brasil.

(E) Até a edição da Constituição Federal de 1988 as normas de proteção ao meio ambiente eram fragmentadas e esparsas, sendo preocupação central a proteção de recursos naturais sob o viés econômico.

A: incorreta. a Constituição Federal de 1988 foi a primeira a tratar de forma sistematizada a respeito da proteção ao meio ambiente, trazendo um capítulo específico destinado a tal fim; anteriormente o tema era tratado de forma indireta pelas constituições brasileiras; **B:** incorreta. O texto original da Lei 7.347/1985 já tutelava o meio ambiente; **C:** incorreta. Conforme se observa da estrutura do SISNAMA definida pela Lei 6.938/1981, art. 6º, V e VI, os órgãos seccionais e os órgãos locais, são compostos respectivamente por órgãos ou entidades estaduais e órgãos ou entidades municipais. Desta forma, antes da vigência da CF/88, a Lei 6.938/1981 já havia inserido os Estados e Municípios no sistema de proteção ambiental; **D:** correta. Vide art. 6º, da Lei 6.938/1981; **E:** incorreta. Antes da vigência da CF/88, as Leis 6.938/1981, 7.347/1985 e até mesmo o revogado Código Florestal (Lei 4.771/1965) já traziam normas de proteção ambiental específicas. **FM/FC**

Gabarito "D".

(Delegado/PE – 2016 – CESPE) A concessão florestal, prevista na Lei 11.284/2006, é

(A) uma delegação, a pessoas físicas ou jurídicas, do direito de praticar manejo florestal sustentável.

(B) um instrumento da Política Nacional do Meio Ambiente.

(C) uma delegação onerosa que dispensa licitação.

(D) vedada a pessoas jurídicas de pequeno porte.

(E) uma delegação gratuita formalizada mediante contrato.

A: incorreta, pois a Lei 11.284/2006 prevê a concessão para manejo sustentável apenas para pessoa jurídica, conforme art. 3º: "VII – concessão florestal: delegação onerosa, feita pelo poder concedente, do direito de praticar manejo florestal sustentável para exploração de produtos e serviços numa unidade de manejo, mediante licitação, à pessoa jurídica, em consórcio ou não, que atenda às exigências do respectivo edital de licitação e demonstre capacidade para seu desempenho, por sua conta e risco e por prazo determinado"; **B:** correta, pois a Política Nacional do Meio Ambiente – Lei 6.938/1981 prevê em seu art. 9º quais os instrumentos de proteção ambiental, entre os quais: "XIII – instrumentos econômicos, como concessão florestal, servidão ambiental, seguro ambiental e outros"; **C:** incorreta, por força do art. 3º VII, da Lei 11.284/2006; **D:** incorreta já que a legislação não faz distinção entre o tamanho da pessoa jurídica; **E:** incorreta já que a delegação é necessariamente onerosa. **RB**

Gabarito "B".

(Delegado/PE – 2016 – CESPE) O Instituto Chico Mendes de Conservação da Biodiversidade (Instituto Chico Mendes) é uma

(A) sociedade de economia mista criada pela União.

(B) empresa pública federal.

(C) autarquia federal.

(D) fundação pública de direito público.

(E) instituição da administração direta do Poder Executivo federal.

Conforme determinado pelo art. 1º da Lei 11.516/2007: "Fica criado o Instituto Chico Mendes de Conservação da Biodiversidade – Instituto Chico Mendes, autarquia federal dotada de personalidade jurídica de direito público, autonomia administrativa e financeira, vinculada ao Ministério do Meio Ambiente, com a finalidade de (...)", somente a alternativa C é a correta. RB

Gabarito "C".

2. DIREITO AMBIENTAL CONSTITUCIONAL

(Promotor de Justiça/CE – 2020 – CESPE/CEBRASPE) Com relação ao tratamento constitucional dado à questão ambiental, é correto afirmar que a Constituição Federal de 1988

(A) prevê a preservação do meio ambiente ecologicamente equilibrado como dever apenas de parte da coletividade e obrigação do poder público.

(B) confere juridicidade ao valor ético da alteridade, objetivando uma pretensão universal de solidariedade social, ao tratar das gerações futuras e dos animais como sujeitos de direito.

(C) estabelece que o meio ambiente ecologicamente equilibrado é não só um direito, mas também um dever de toda a coletividade e do poder público.

(D) reconhece o direito ao meio ambiente ecologicamente equilibrado, um direito fundamental de segunda geração, segundo a jurisprudência do STF.

(E) estabelece que o direito ao meio ambiente ecologicamente equilibrado corresponde ao princípio do desenvolvimento sustentável, com suas facetas cultural, social e econômica.

A: incorreta (impõe-se ao poder público e à coletividade como um todo o dever de defender e preservar o meio ambiente, cf. art. 225, "caput", CF). **B:** incorreta (os animas não são considerados sujeitos de direito, embora são protegidos pela CF, nos termos de seu art. 225, § 1º, VII). **C:** correta (art. 225, "caput", CF). **D:** incorreta (trata-se de direito fundamental de terceira geração). **E:** incorreta (o art. 225 da CF, que estabelece o direito ao meio ambiente ecologicamente equilibrado, não está associado à tutela cultural; convém frisar que alguns autores inserem a cultura como espécie da noção meio ambiente em sentido amplo; destaque-se também que a tutela cultural conta com previsão constitucional específica, nos termos dos arts. 215 e 216). RB

Gabarito "C".

(Juiz de Direito – TJ/AL – 2019 – FCC) A disciplina constitucionalmente estabelecida para a proteção do meio ambiente introduziu, como obrigação do poder público, a definição dos espaços territoriais a serem especialmente protegidos,

(A) definidos na própria Constituição Federal, podendo o constituinte estadual, por simetria, definir os espaços localizados no respectivo território passíveis do mesmo nível de proteção máxima.

(B) trazendo a necessidade de definição, por lei complementar federal, dos requisitos mínimos para que Estados e Municípios possam instituir as limitações e medidas protetivas próprias de tal instituto.

(C) conferindo à União, em caráter privativo, a prerrogativa de identificar, em cada unidade da federação,

as áreas passíveis de receber esse grau máximo de proteção ambiental.

(D) impondo tal obrigação a todas as unidades da federação, sem, contudo, estabelecer um conceito único de espaço territorial especialmente protegido, podendo tal proteção alcançar áreas públicas ou privadas.

(E) os quais devem integrar o domínio público, impondo, assim, a necessidade de desapropriação quando a área que contemple os atributos passíveis de tal grau de proteção pertença a particular.

A: Incorreta, pois há uma previsão constitucional, sem contudo detalhar quais são os espaços ambientalmente protegidos. **B:** Incorreta, pois não há necessidade lei complementar federal para estabelecer esses espaços. :. Incorreta, pois esses espaços podem ser definidos por todos os entes federativos. **D:** Correta, pois trata-se de imposição aos entes federativos, mas sem definir especificamente quais são esses espaços em área públicas e privadas (como exemplos, unidades de conservação, áreas de preservação permanente, reserva legal etc.). **E:** Incorreta, pois podem abranger áreas públicas e privadas FM.

Gabarito "D".

(Procurador Municipal – Prefeitura/BH – CESPE – 2017) A respeito do direito ambiental, assinale a opção correta de acordo com o disposto na CF.

(A) A proteção jurídica fundamental do meio ambiente ecologicamente equilibrado é estritamente antropocêntrica, uma vez que se considera o bem ambiental um bem de uso comum do povo.

(B) Além de princípios e direitos, a CF prevê ao poder público e à coletividade deveres relacionados à preservação do meio ambiente.

(C) Será inválida a criação de espaços territoriais ambientalmente protegidos por ato diverso da lei em sentido estrito.

(D) O direito ao meio ambiente ecologicamente equilibrado consta expressamente na CF como direito fundamental, o que o caracteriza como direito absoluto.

A: incorreta. Conforme Fabiano Melo (Direito Ambiental. São Paulo: Método, 2017, p. 10): "Das concepções éticas das relações do homem com o meio ambiente duas merecem destaque: o antropocentrismo e o biocentrismo. O antropocentrismo concebe o homem em uma verdadeira relação de superioridade com os demais seres. O que importa é o bem-estar dos seres humanos e, para tanto, o homem se apropria dos bens ambientais para o seu interesse exclusivo, sem preocupação com os demais seres vivos, que são instrumentais. A "ética antropocêntrica" não reconhece valor intrínseco aos outros seres vivos ou à natureza. No biocentrismo, por outro lado, o homem não é superior aos outros seres vivos; mantém com eles uma relação de interdependência, de simbiose. Todos os seres vivos são igualmente importantes. O centro das relações não é, como no antropocentrismo, a humanidade, mas os seres vivos, humanos e não humanos. Conforme os documentos internacionais e a Constituição Federal, a proteção é de natureza antropocêntrica. Todavia, não se trata da concepção clássica de antropocentrismo, mas o que a doutrina denomina "antropocentrismo alargado", que conjuga a interação da natureza com os demais seres vivos como garantia de sobrevivência e dignidade do próprio ser humano, assim como o reconhecimento que a proteção da fauna e da flora é indeclinável para a equidade intergeracional, para salvaguarda das futuras gerações"; **B:** correta, pois a assertiva encontra-se de acordo com o que dispõe o art. 225, *caput*, da CF/1988: "Art. 225. Todos tem direito ao meio ambiente ecologicamente equilibrado, bem de uso comum do povo e essencial a sadia qualidade de vida, impondo-se ao Poder Público e a coletividade o dever de preservá-lo e defendê-lo para as presentes e

20. DIREITO AMBIENTAL 763

futuras gerações"; **C:** incorreta, pois é perfeitamente possível a criação de espaços territoriais ambientalmente protegidos através de decreto do Poder Executivo, contudo a alteração e a supressão, somente serão possíveis mediante lei em sentido estrito (art. 225, § 1°, III, da CF/1988); **D:** incorreta, não existe direito fundamental absoluto, a título de exemplo o direito fundamental a vida pode ser mitigado em caso de guerra formalmente declarada, em que a pena de morte será admitida (art. 5°, XLVII, "a", da CF/1988). FM/FCP

Gabarito "B".

(Procurador Municipal – Prefeitura/BH – CESPE – 2017) Acerca do conteúdo e da aplicação dos princípios do direito ambiental, assinale a opção correta.

(A) A participação ambiental da sociedade não substitui a atuação administrativa do poder público, mas deve ser considerada quando da tomada de decisões pelos agentes públicos.

(B) A legislação ambiental não promove exigência relacionada à aplicação do princípio do usuário-pagador, que impõe o pagamento pelo uso do recurso ambiental.

(C) Conforme a doutrina majoritária, os princípios da prevenção e da precaução são sinônimos, já que ambos visam inibir riscos de danos ao meio ambiente.

(D) A essência do princípio do poluidor-pagador está relacionada à compensação dos danos causados ao meio ambiente: no sentido de "poluiu pagou".

A: correta, posto que é dever do Poder Público em colaboração com a sociedade preservar e defender o meio ambiente (art. 225, *caput*, da CF/1988), assim, a participação ambiental da sociedade não substitui a atuação administrativa do poder público. Outrossim, a participação ambiental da sociedade deverá ser levada em conta quando da tomada de decisões pelos agentes públicos, neste sentido, destaca-se as audiências públicas exigidas ao Estudo Prévio de Impacto Ambiental e seu respectivo relatório (Resolução CONAMA 09/1987, disciplina a forma e o momento de participação dos cidadãos através de audiências públicas no processo de licenciamento ambiental) e a criação de Unidades de Conservação (art. 22, § 2°, da Lei 9.985/2000); **B:** incorreta, pois a legislação ambiental, mais especificamente o art. 4°, VII, da Lei 6.938/1981, promove exigência relacionada à aplicação do princípio do usuário-pagador, que impõe o pagamento pelo uso do recurso ambiental, com fins econômicos; **C:** incorreta, pois o entendimento majoritário é o de que os princípios da prevenção e da precaução não sinônimos, não obstante, ambos visam inibir riscos de danos ao meio ambiente. O princípio da prevenção refere-se a dever que o Poder Público tem em colaboração com a sociedade de preservar o meio ambiente para que não ocorra um evento danoso e, sucessivamente, sua difícil recuperação. Em contrapartida o princípio da precaução remete a ausência de informações ou pesquisas científicas conclusivas sobre a potencialidade e os efeitos de uma intervenção no meio ambiente. Tem-se aqui a incerteza científica a respeito dos efeitos do dano potencial, que não podem ser utilizados de forma a autorizar determinadas intervenções no meio ambiente, assim, na dúvida decide-se em favor do meio ambiente; **D:** incorreta, pois a essência do princípio do poluidor pagador está em impor ao poluidor a obrigação de recuperar e/ou indenizar os dados causados ao meio ambiente, e não no sentido de poluiu pagou, conforme disposto na assertiva. FM/FCP

Gabarito "A".

(Delegado/GO – 2017 – CESPE) No que concerne à Constituição Federal de 1988 (CF) e ao meio ambiente, assinale a opção correta.

(A) Entende-se a previsão constitucional de um meio ambiente ecologicamente equilibrado tanto como um direito fundamental quanto como um princípio jurídico fundamental que orienta a aplicação das regras legais.

(B) O princípio da livre-iniciativa impede que o poder público fiscalize entidades dedicadas à pesquisa e à manipulação de material genético.

(C) O estudo prévio de impacto ambiental será dispensado nos casos de obras públicas potencialmente causadoras de significativa degradação ambiental quando elas forem declaradas de utilidade pública ou de interesse social.

(D) Os espaços territoriais especialmente protegidos, definidos e criados por lei ambiental, poderão ser suprimidos por meio de decreto do chefe do Poder Executivo municipal para permitir a moradia de população de baixa renda em área urbana.

(E) A competência para proteger o meio ambiente e combater a poluição em todas as suas formas é concorrente entre a União, os estados, o Distrito Federal (DF) e os municípios, de modo que a ação administrativa do órgão ambiental da União prevalece sobre a ação dos demais entes federativos.

A: correta. O direito ao meio ambiente ecologicamente equilibrado, previsto no art. 225 da Constituição Federal é um direito fundamental e um princípio que deve ser observado para a interpretação de toda a legislação ambiental. **B:** incorreta. O art. 170 da Constituição Federal estabelece que a livre-iniciativa é fundamento da ordem econômica, devendo ser exercida com a observância, dentre outros princípios, a defesa do meio ambiente. **C:** incorreta. O estudo prévio de impacto ambiental somente poderá ser dispensado nos casos em que não houver obras potencialmente causadoras de significativa degradação ambiental. **D:** incorreta. Conforme art. 225, § 1°, inciso III, os espaços territoriais e seus componentes especialmente protegidos, somente poderão ser alterados ou suprimidos através de lei. **E:** incorreta. A competência para proteger o meio ambiente é comum, de modo que todos os entes federados têm competência material para combater a poluição em todas as formas. RB

Gabarito "A".

(Defensor Público – DPE/MT – 2016 – UFMT) A respeito das normas constitucionais de proteção do meio ambiente, considere as afirmativas:

I. Segundo a orientação majoritária da doutrina, a fruição de um meio ambiente sadio e ecologicamente equilibrado foi erigida em direito fundamental pela Constituição de 1988, ainda que tal previsão não faça parte do rol de direitos do artigo 5°.

II. A atual Constituição dá ênfase às medidas preventivas, inclusive mediante tratamento diferenciado conforme o impacto ambiental dos produtos e serviços e de seus processos de elaboração e prestação.

III. É passível de responsabilização a pessoa jurídica, sem prejuízo da responsabilidade individual de seus dirigentes, sujeitando-a às punições compatíveis com sua natureza, nos atos praticados contra a ordem econômica, que tem como um de seus princípios a defesa do meio ambiente.

IV. As condutas e atividades consideradas lesivas ao meio ambiente sujeitarão os infratores, pessoas físicas ou jurídicas, a sanções penais e administrativas, sem prejuízo da obrigação de reparação dos danos causados.

Estão corretas as afirmativas

(A) I, II, III e IV.

(B) II e III, apenas.

(C) I e IV, apenas.

(D) I, II e III, apenas.

(E) II, III e IV, apenas.

I: Correta. O meio ambiente ecologicamente equilibrado é um direito fundamental de terceira dimensão, como assentado pela doutrina e consoante decisão do STF na ADI 3540. **II:** Correta. Trata-se de proposição que articula o art. 225 da CF com o art. 170, VI, da CF. **III:** Correta. A responsabilização da pessoa jurídica encontra-se no art. 225, § 3º, da CF/88 e no art. 3º, *caput*, da Lei 9.605/1998. Além disso, o art. 170, VI, da CF, consigna que um dos princípios da ordem econômica é a defesa do meio ambiente. **IV:** Correta. A proposição é uma transcrição do no art. 225, § 3º, da CF/88. **RB**

Gabarito "A".

(Defensor Público – DPE/ES – 2016 – FCC) No que tange à proteção conferida ao meio ambiente pela Constituição Federal de 1988,

(A) compete privativamente à União proteger o meio ambiente e combater a poluição em qualquer de suas formas.

(B) a Floresta Amazônica brasileira, a Mata Atlântica, o Cerrado, o Pantanal Mato-Grossense e a Zona Costeira configuram-se como patrimônio nacional.

(C) é atribuída expressamente pelo texto constitucional competência legislativa concorrente ao Município em matéria ambiental.

(D) é reconhecida expressamente a tríplice responsabilidade (civil, administrativa e penal) do poluidor pelo dano ambiental.

(E) Incumbe ao Poder Público exigir, na forma da lei, para instalação de obra ou atividade potencialmente causadora de significativa degradação do meio ambiente, estudo prévio de impacto ambiental, dispensando-se a publicidade a critério do órgão ambiental competente.

A: Errada. A competência para proteger o meio ambiente e combater a poluição em qualquer de suas formas é comum entre a União, Estados, Distrito Federal e Municípios, consoante o art. 23, VI, da CF/1988. **B:** Errada. O cerrado não é considerado patrimônio nacional, ao teor do art. 225, § 4º, da CF/1988. **C:** Errada. A competência legislativa concorrente é prevista expressamente para a União, Estados e Distrito Federal no art. 24 da CF. Esse dispositivo não menciona os municípios, que, todavia, possuem competência legislativa ao teor do art. 30, II, da CF. **D:** Correta. É o que dispõe o art. 225, § 3º, da CF, a saber: "As condutas e atividades consideradas lesivas ao meio ambiente sujeitarão os infratores, pessoas físicas ou jurídicas, a sanções penais e administrativas, independentemente da obrigação de reparar os danos causados. **E:** Errada. Consoante o art. 225, § 1º, IV, incumbe ao Poder Público exigir, na forma da lei, para instalação de obra ou atividade potencialmente causadora de significativa degradação do meio ambiente, estudo prévio de impacto ambiental, ao qual se dará publicidade. Ou seja, a publicidade é obrigatória. **RB**

Gabarito "D".

(Delegado/PE – 2016 – CESPE) Conforme previsto na CF, é necessária a realização de estudo prévio de impacto ambiental antes da implantação de empreendimentos e de atividades consideradas efetiva ou potencialmente causadoras de degradação ambiental, que constitui exigência que atende ao princípio do(a)

(A) prevenção.

(B) poluidor-pagador.

(C) proibição do retrocesso ambiental.

(D) participação comunitária.

(E) usuário-pagador.

A: correta, já que o estudo prévio de impacto ambiental previsto no art. 225, § 1º, IV, da Constituição Federal, reflete o princípio da prevenção na medida que busca conhecer os possíveis impactos de determinada atividade poluidora para que se possa preveni-los, compensá-los _itigaigá-los; **B:** incorreta, pois o princípio do poluidor-pagador tem por fim internalizar os custos ambientais do processo produtivo, cuja cobrança somente poderá ser feita sobre o que tenha respaldo em lei. Nas palavras de Édis Milaré: "Trata-se do princípio poluidor-pagador (polui, paga os danos), e não pagador poluidor (pagou, então pode poluir)." (**Direito do Ambiente**. Revista dos Tribunais, 2013. p. 268); **C:** incorreta, já que o princípio do não retrocesso está ligado ao direito adquirido à proteção ambiental e tem por fim impedir que novas normas sejam mais tolerantes com a degradação do meio ambiente; **D:** incorreta, já que a participação comunitária não está diretamente ligada à realização de estudo prévio de impacto ambiental; **E:** incorreta, que o princípio do usuário-pagador tem por objetivo cobrar pelo uso de recursos ambientais, de modo a promover o uso racional dos recursos naturais. **RB**

Gabarito "A".

(Delegado/PE – 2016 – CESPE) Considere que, em 1999, a União tenha criado, por decreto presidencial, determinada unidade de conservação. Nessa situação, de acordo com a CF, a União

(A) poderá alterá-la por meio de decreto.

(B) poderá suprimi-la por meio de decreto.

(C) somente poderá alterá-la ou suprimi-la por meio de lei.

(D) poderá alterá-la por meio de portaria do Ministério do Meio Ambiente.

(E) terá cometido ato nulo, já que o ato de criação dessa unidade deveria ter sido a lei.

A: incorreta, pois o uso de decreto somente é possível para a ampliação de unidade de conservação, conforme autorizado pelo art. 22, § 6º da Lei 9.985/2000. Todavia a questão solicita solução de acordo com a Constituição Federal, que prevê a necessidade de lei para alteração da unidade de conservação; **B:** incorreta, pois o decreto não é instrumento capaz autoriza a supressão de unidade de conservação, conforme art. 225, 1º, III, da CF/1988; **C:** correta, já que " incumbe ao Poder Público: definir, em todas as unidades da Federação, espaços territoriais e seus componentes a serem especialmente protegidos, sendo a **alteração e a supressão permitidas somente através de lei**, vedada qualquer utilização que comprometa a integridade dos atributos que justifiquem sua proteção", conforme art. 225, 1º, III, da CF/1988; **D:** incorreta, já que não há previsão legal para uso de portaria do MMA como instrumento de alteração de unidade de conservação; **E:** incorreta, pois o Poder Público pode por meio de lei ou até decreto do poder executivo instituir áreas ambientalmente protegidas. **RB**

Gabarito "C".

(Juiz de Direito/AM – 2016 – CESPE) No que se refere à proteção conferida pela CF ao meio ambiente, assinale a opção correta.

(A) Sob o monopólio da União são permitidas atividades nucleares de qualquer natureza, mediante a aprovação do Congresso Nacional, o que gera a responsabilização objetiva por eventuais danos.

(B) É da competência concorrente da União, dos estados e do DF proteger o meio ambiente e combater a poluição em qualquer de suas formas.

20. DIREITO AMBIENTAL

(C) Compete aos municípios a promoção do adequado ordenamento territorial, mediante planejamento e controle do uso, do parcelamento e da ocupação do solo urbano.

(D) Com o objetivo de defender o meio ambiente, o poder público pode impor várias restrições e penas aos particulares, salvo a desapropriação de imóveis, pois o direito de propriedade é direito fundamental.

(E) No caso de atividade de extração de minério, advém das conclusões do EPIA a necessidade, ou não, de impor-se ao explorador a obrigação de recuperar o meio ambiente degradado.

A: incorreta. Essa assertiva está disposta no art. 21, XXIII, da CF/88. O erro da assertiva é condicionar à aprovação do Congresso Nacional – o que não é necessário; **B:** incorreta. Aqui o examinador tentou confundir competência administrativa (art. 23/CF) com a competência legislativa (art. 24/CF). O correto: é de competência comum da União, dos Estados e do DF proteger o meio ambiente e combater a poluição em qualquer de suas formas (art. 23, VI, CF/88); **C:** correta. Trata-se da transcrição do art. 30, VIII, da CF/88, a saber: "promover, no que couber, adequado ordenamento territorial, mediante planejamento e controle do uso, do parcelamento e da ocupação do solo urbano"; **D:** incorreta. É possível até mesmo a desapropriação de imóveis, no caso de não atender a sua função social. Isto é, no nosso ordenamento jurídico, a propriedade só se legitima se atender a sua função social. A não observância leva até mesmo à sua desapropriação (art. 182, § 4º, III, CF/88 e art. 186/CF); **E:** incorreta. A obrigação de recuperar o meio ambiente por atividade minerária é disposição constitucional, a teor do § 2º do art. 225/CF: "Aquele que explorar recursos minerais fica obrigado a recuperar o meio ambiente degradado, de acordo com solução técnica exigida pelo órgão público competente, na forma da lei". Em qualquer situação, é obrigatório recuperar o meio ambiente degradado. **RB**

Gabarito "C"

3. PRINCÍPIOS DO DIREITO AMBIENTAL

Segue um resumo sobre Princípios do Direito Ambiental:

1. Princípio do desenvolvimento sustentado: determina a harmonização entre o desenvolvimento econômico e social e a garantia da perenidade dos recursos ambientais. Tem raízes na Carta de Estocolmo (1972) e foi consagrado na ECO-92.

2. Princípio do poluidor-pagador: impõe ao poluidor tanto o dever de prevenir a ocorrência de danos ambientais, como o de reparar integralmente eventuais danos que causar com sua conduta. O princípio não permite a poluição, conduta absolutamente vedada e passível de diversas e severas sanções. Ele apenas reafirma o dever de prevenção e de reparação integral por parte de quem pratica atividade que possa poluir. Esse princípio também impõe ao empreendedor a internalização das externalidades ambientais negativas das atividades potencialmente poluidoras, buscando evitar a socialização dos ônus (ou seja, que a sociedade pague pelos danos causados pelo empreendedor) e a privatização dos bônus (ou seja, que somente o empreendedor ganhe os bônus de gastar o meio ambiente).

3. Princípio da obrigatoriedade da intervenção estatal: impõe ao Estado o dever de garantir o meio ambiente ecologicamente equilibrado. O princípio impõe ao poder público a utilização de diversos instrumentos para proteger o meio ambiente, que serão vistos em capítulo próprio.

4. Princípio da participação coletiva ou da cooperação de todos: impõe à coletividade (além do Estado) *o dever de garantir e participar da proteção do meio ambiente.* O princípio cria deveres (preservar o meio ambiente) e direitos (participar de órgãos colegiados e audiências públicas, p. ex.) às pessoas em geral.

5. Princípio da responsabilidade objetiva e da reparação integral: impõe o dever de qualquer pessoa responder integralmente pelos danos que causar ao meio ambiente, independentemente de prova de culpa ou dolo. Perceba que a proteção é dupla. Em primeiro lugar, fixa-se que a responsabilidade é objetiva, o que impede que o causador do dano deixe de ter a obrigação de repará-lo sob o argumento de que não agiu com culpa ou dolo. Em segundo lugar, a obrigação de reparar o dano não se limita a pagar uma indenização, mas impõe que a reparação seja específica, isto é, deve-se buscar a restauração ou recuperação do bem ambiental lesado, procurando, assim, retornar à situação anterior.

6. Princípio da prevenção: impõe à coletividade e ao poder público a tomada de medidas prévias para garantir o meio ambiente ecologicamente equilibrado para as presentes e futuras gerações. A doutrina faz uma distinção entre este princípio e o princípio da precaução. O princípio da prevenção incide naquelas hipóteses em que se tem certeza de que dada conduta causará um dano ambiental. O princípio da prevenção atuará de forma a evitar que o dano seja causado, impondo licenciamentos, estudos de impacto ambiental, reformulações de projeto, sanções administrativas etc. A ideia aqui é eliminar os perigos já comprovados. Já o princípio da precaução incide naquelas hipóteses de incerteza científica sobre se dada conduta pode ou não causar um dano ao meio ambiente. O princípio da precaução atuará no sentido de que, na dúvida, deve-se ficar com o meio ambiente, tomando as medidas adequadas para que o suposto dano de fato não ocorra. A ideia aqui é eliminar que o próprio perigo possa se concretizar.

7. Princípio da educação ambiental: impõe ao poder público o dever de promover a educação ambiental em todos os níveis de ensino e a conscientização pública para a preservação do meio ambiente. Perceba que a educação ambiental deve estar presente em todos os níveis de ensino e, que, além do ensino, a educação ambiental deve acontecer em programas de conscientização pública.

8. Princípio do direito humano fundamental: garante que os seres humanos têm direito a uma vida saudável e produtiva, em harmonia com o meio ambiente. De acordo com o princípio, as pessoas têm direito ao meio ambiente ecologicamente equilibrado.

9. Princípio da ubiquidade: impõe que as questões ambientais devem ser consideradas em todas as atividades humanas. Ubiquidade quer dizer existência concomitantemente em todos os lugares. De fato, o meio ambiente está em todos os lugares, de modo que qualquer atividade deve ser feita com respeito à sua proteção e promoção.

10. Princípio do usuário-pagador: as pessoas que usam recursos naturais devem pagar por tal utilização. Esse

princípio difere do princípio do poluidor-pagador, pois o segundo diz respeito a condutas ilícitas ambientalmente, ao passo que o primeiro a condutas lícitas ambientalmente. Assim, aquele que polui (conduta ilícita), deve reparar o dano, pelo princípio do poluidor-pagador. Já aquele que usa água (conduta lícita) deve pagar pelo seu uso, pelo princípio do usuário-pagador. A ideia é que o usuário pague com o objetivo de incentivar o uso racional dos recursos naturais, além de fazer justiça, pois há pessoas que usam mais e pessoas que usam menos dados recursos naturais.

11. Princípio da informação e da transparência das informações e atos: impõe que as pessoas têm direito de receber todas as informações relativas à proteção, preventiva e repressiva, do meio ambiente. Assim, pelo princípio, as pessoas têm direito de consultar os documentos de um licenciamento ambiental, assim como têm direito de participar de consultas e de audiências públicas em matéria de meio ambiente.

12. Princípio da função socioambiental da propriedade: a propriedade deve ser utilizada de modo sustentável, com vistas não só ao bem-estar do proprietário, mas também da coletividade como um todo.

13. Princípio da equidade geracional: é as presentes e futuras gerações têm os mesmos direitos quanto ao meio ambiente ecologicamente equilibrado. Assim, a utilização de recursos naturais para a satisfação das necessidades atuais não deverá comprometer a possibilidade das gerações futuras satisfazerem suas necessidades. O princípio impõe, também, equidade na distribuição de benefícios e custos entre gerações, quanto à preservação ambiental.

(Promotor de Justiça/CE – 2020 – CESPE/CEBRASPE) Considerando-se que, nessa situação hipotética, o risco de exposição ao agrotóxico possa ser mensurado, é correto afirmar, com base na jurisprudência do STF, que a decisão do órgão ambiental está pautada no princípio

(A) da precaução.

(B) da prevenção.

(C) do limite.

(D) da equidade.

(E) do usuário-pagador.

Os princípios da prevenção e o da precaução se diferem. A prevenção está associada "aos riscos conhecidos de determinada atividade. Existe uma certeza científica em relação aos danos que podem ser causados, o que permite o preciso reconhecimento das lesões que podem surgir e a tomada de medidas para preveni-las." (BORDALO, Rodrigo. *Manual completo de direito ambiental*, 2019, Foco, p. 26). Já o princípio da precaução "parte da premissa de que os riscos e os danos envolvidos em determinada atividade não são conhecidos, ou seja, não são precisamente identificáveis sob o prisma científico." (idem, p. 27). O enunciado elenca que o órgão ambiental considerou inexistir comprovação dos efeitos nocivos do agrotóxico, além de apontar que o risco de exposição pode ser mensurado. Nesse sentido, aplicável o princípio da prevenção. RB

Gabarito "B".

(Juiz de Direito/SP – 2021 – Vunesp) No que tange aos princípios em matéria ambiental, é correto afirmar que

(A) o princípio do desenvolvimento sustentável mereceu destaque na Constituição Cidadã.

(B) os princípios do poluidor pagador e do usuário pagador confundem-se.

(C) o princípio do ambiente ecologicamente equilibrado constitui extensão do direito à vida, cláusula pétrea e direito-dever fundamental.

(D) o princípio da equidade intergerencial decorre das competências compartilhadas entre os entes federativos, em matéria ambiental.

Comentário: **A:** incorreta (o princípio do desenvolvimento sustentável não detém previsão expressa na Constituição Federal). **B:** incorreta (os princípios do poluidor-pagador e do usuário-pagador não se confundem; enquanto o primeiro significa que o causador do dano ambiental deve suportar os custos decorrentes da degradação causada, o segundo quer dizer que aquele que se utiliza dos recursos naturais deve ser cobrado por isso). **C:** correta. **D:** incorreta (a alternativa faz alusão ao princípio da equidade "intergerencial", quando o correto seria o *princípio da equidade intergerencial*, ou da *solidariedade intergeracional*, pelo qual, de acordo com Rodrigo Bordalo, no Manual Completo de Direito Ambiental, "a sociedade atual está encarregada de tomar as medidas para a conservação ambiental, não apenas para o presente, mas para o futuro, de modo que as gerações que se sucederão à presente também possam viver em um planeta sustentável"). RB

Gabarito "C".

(Juiz de Direito – TJ/RJ – 2019 – VUNESP) A Política Nacional do Meio Ambiente possui instrumentos, dentre os quais os econômicos, que visam promover a equidade na distribuição de recursos e estimular o cumprimento das normas ambientais de comando-controle. Sobre os instrumentos econômicos, é correto afirmar que

(A) a externalidade negativa na seara ambiental é tradicionalmente computada no custo da produção e no preço do bem ou do serviço produzido.

(B) a valoração dos recursos naturais estimula os agentes econômicos à preservação dos bens ambientais e também conscientiza a sociedade a respeito daquilo que consome.

(C) o princípio do protetor-recebedor é típico do comando-controle.

(D) a lógica da compensação pela proteção ambiental está relacionada ao princípio do poluidor-pagador.

(E) internalizar as externalidades permite ressarcir ao usuário dos recursos naturais o financiamento dos custos que o uso gerou, para alcance da justiça social.

A: incorreta (a externalidade negativa deve ser suportada pelo empreendedor, de acordo com o princípio do poluidor-pagador); **B:** correta (a valoração dos recurso natural está associada aos princípios do poluidor-pagador e do usuário-pagador); **C:** incorreta (o princípio do protetor-recebedor detém relação com o direito premial, não sendo típico da ideia de comando-controle, baseada na repressão); **D:** incorreta (de acordo com o STF, no âmbito da ADI 3.378, a compensação ambiental densifica o princípio do usuário-pagador); **E:** incorreta (a internalização dos custos ambientais externos apresenta relação com o princípio do poluidor-pagador, segundo o qual o degradador deve ressarcir, e não ser ressarcido, pelos danos ambientais que causou). RB

Gabarito "B".

Uma associação de moradores de um bairro de determinado município da Federação propôs uma ação civil pública (ACP) em desfavor da concessionária de energia local, para que seja determinada a redução do campo eletromagnético em linhas de transmissão de energia elétrica localizadas nas proximidades das residências dos moradores do bairro, alegando eventuais efeitos nocivos à saúde humana em decorrência desse campo eletromagnético. Apesar de estudos desenvolvidos pela Organização Mundial da Saúde afirmarem a inexistência de evidências científicas convincentes que confirmem a relação entre a exposição humana a valores de campos eletromagnéticos acima dos limites estabelecidos e efeitos adversos à saúde, a entidade defende que há incertezas científicas sobre a possibilidade de esse serviço desequilibrar o meio ambiente ou atingir a saúde humana, o que exige análise dos riscos.

(Juiz de Direito – TJ/SC – 2019 – CESPE/CEBRASPE) Nessa situação hipotética, o pedido da associação feito na referida ACP se pauta no princípio ambiental

(A) da precaução.

(B) da proporcionalidade.

(C) da equidade.

(D) do poluidor-pagador.

(E) do desenvolvimento sustentável.

A situação hipotética faz referência à "inexistência de evidências científicas" sobre os impactos do campo eletromagnético em linhas de transmissão de energia elétrica. Essa característica está associada ao princípio da precaução, pelo qual a incerteza em relação aos impactos de determinada medida não afasta a necessidade de medidas contra eventuais efeitos nocivos (aplicação do brocardo "in dubio pro ambiente"). O princípio encontra previsão na Declaração do Rio sobre Meio Ambiente e Desenvolvimento. De acordo com o seu "princípio 15", o princípio da precaução deverá ser amplamente observado pelos Estados, de modo que, quando houver ameaça de danos graves ou irreversíveis, a ausência de certeza científica absoluta não será utilizada como razão para o adiamento de medidas economicamente viáveis para prevenir a degradação ambiental. **RB**
Gabarito "A".

(Procurador do Município – Prefeitura Fortaleza/CE – CESPE – 2017) De acordo com os princípios do direito ambiental, julgue os itens que se seguem.

(1) Por disciplinar situações que podem ocorrer antes do dano, o princípio da prevenção não inclui a restauração de recursos ambientais.

(2) De acordo com o entendimento do STJ, não se considera o novo proprietário de área degradada parte legítima para responder ação por dano ambiental, independentemente da existência ou não de culpa.

(3) Ao usuário será imposta contribuição pelos custos advindos da utilização de recursos ambientais com fins econômicos.

(4) O conceito de meio ambiente que vem embutido na norma jurídica não abrange o conjunto de leis que rege a vida em todas as suas formas.

1: Errada. O princípio da prevenção é estruturante do Direito Ambiental. Com efeito, conforme Fabiano Melo (São Paulo: Método, 2017, p. 108) "Não é possível conceber o direito ambiental sob uma ótica meramente reparadora, pois esta o tornaria inócuo, já que os danos ambientais, em regra, são praticamente irreversíveis, como se vê no desmatamento de uma floresta centenária ou na extinção de uma espécie da fauna ou da flora. Sem uma atuação antecipatória não há como evitar a ocorrência de danos ambientais. Por essa razão o direito ambiental é eminentemente preventivo". Este princípio encontra-se previsto no artigo 225, *caput*, da Constituição Federal de 1988, quando assevera que incumbe ao Poder Público e à coletividade o dever de proteger e preservar o meio ambiente às presentes e futuras gerações. Não obstante de índole preventiva, é necessário pontuar que a ideia de proteção engloba tanto as medidas de prevenção quanto de reparação e restauração dos recursos naturais. **2:** Errada. A obrigação de reparação pelos danos ambientais é objetiva (art. 14, §1º, da Lei 6.938/1981) e *propter rem*, ou seja, segue a coisa, independentemente do atual titular do domínio/posse. Nesse sentido, dispõe o art. 2º, § 2º, da Lei 12.651/2012: "As obrigações previstas nesta Lei têm natureza real e são transmitidas ao sucessor, de qualquer natureza, no caso de transferência de domínio ou posse do imóvel rural". **3:** Correta. O enunciado materializa o princípio do usuário-pagador, previsto no **art. 4º, VII, 2ª parte da Lei 6.938/1981: "VII – à imposição, ao poluidor e ao predador, da obrigação de recuperar e/ou indenizar os danos causados e, ao usuário, da contribuição pela utilização de recursos ambientais com fins econômicos".** **4:** Errada. O conceito legal de meio ambiente encontra-se inserido no art. 3º, I, da Lei 6.938/1981, e engloba o conjunto de leis que rege a vida em todas as suas formas, confira-se: "Meio ambiente, o conjunto de condições, leis, influências e interações de ordem física, química e biológica, que permite, abriga e rege a vida em todas as suas formas". **FM/FCP**
Gabarito: 1E, 2E, 3C, 4E

4. COMPETÊNCIA EM MATÉRIA AMBIENTAL

(Procurador Município – Teresina/PI – FCC – 2022) Lei municipal determinou, sem que houvesse particularidade local, que os zoológicos localizados no município permanecessem fechados por, no mínimo, dois dias por semana para permitir o descanso dos animais. A lei é

(A) inconstitucional, diante da absoluta impossibilidade de o Município legislar sobre fauna.

(B) inconstitucional, diante da ausência de particularidade local.

(C) constitucional, diante da possibilidade de o Município legislar sobre fauna.

(D) constitucional, desde que haja interpretação conforme para retirar a expressão "por no mínimo".

(E) constitucional, mas deve ser regulamentada para entrar em vigor.

A competência para legislar sobre o meio ambiente, o que inclui a fauna, é concorrente (art. 24, VI, CF). Assim, a União detém atribuição para expedir normas gerais, cabendo aos Estados e ao DF suplementá-los. Quanto aos Municípios, cabível legislar sobre o meio ambiente e a fauna, desde que em relação aos assuntos de interesse local (art. 30, I, CF). Assim, considerando que a lei não apresenta particularidade local, essa norma é inconstitucional. Correta a alternativa B. **RB**
Gabarito "B".

(Juiz de Direito/AP – 2022 – FGV) Com o objetivo de incentivar o desenvolvimento econômico estadual, o governador do Estado X propõe projeto de lei de regulamentação de atividade garimpeira e de exploração mineral, simplificando o licenciamento ambiental, tornando-o de fase única.

Sobre o caso, é correto afirmar que a lei é inconstitucional:

(A) por vício de iniciativa, tendo em vista que a iniciativa de lei de licenciamento ambiental é de competência exclusiva da Câmara dos Deputados;

(B) por vício de competência, tendo em vista que compete privativamente à União legislar sobre jazidas, minas, outros recursos minerais e metalurgia;

(C) tendo em vista que atividade garimpeira e de exploração mineral exige licença prévia, licença de fixação, licença de instalação, licença de operação e licença de controle ambiental;

(D) tendo em vista que novas atividades garimpeiras e de exploração mineral são vedadas no Brasil, sendo permitidas apenas as já existentes;

(E) tendo em vista que apenas são permitidas atividades garimpeiras e de exploração mineral em território indígena, com prévia aprovação da Funai.

Comentário: A competência legislativa em matéria ambiental é, como regra, concorrente (art. 24, VI, CF). Assim, a União detém a atribuição para expedir normas gerais, podendo os Estados e o DF suplementá-las. No entanto, há competências para legislar que são *privativas da União*, nos termos do art. 22 da CF. Isso ocorre, entre outros, com o tema de "jazidas, minas, outros recursos minerais e metalurgia" (inciso XII do art. 22). Assim já decidiu o STF: "Compete privativamente à União legislar sobre jazidas, minas, outros recursos minerais e metalurgia (art. 22, XII, da CF), em razão do que incorre em inconstitucionalidade norma estadual que, a pretexto de regulamentar licenciamento ambiental, regulamenta aspectos da própria atividade de lavra garimpeira." (ADI 6.672/RR, Pleno, Rel. Min. Alexandre de Moraes, DJe 22.09.2021). Nesse sentido, correta a alternativa B. RB

Gabarito "B".

(Juiz de Direito/GO – 2021 – FCC) Na gestão da fauna silvestre, compete aos estados

(A) exercer, de forma consorciada, o controle ambiental da pesca em âmbito regional.

(B) controlar a apanha de espécimes, ovos e larvas destinadas à implantação de criadouros e à pesquisa científica.

(C) elaborar lista de espécies existentes em cada município para fins comerciais.

(D) aprovar a liberação de exemplares de espécie exótica em ecossistemas naturais frágeis ou protegidos.

(E) proteger a fauna migratória.

Comentário: A questão explora as competências ambientais disciplinadas na Lei Complementar 140/2011, que dispõe sobre as ações administrativas da União (art. 7º), dos Estados (art. 8º) e dos Municípios (art. 9º). **A:** incorreta (compete à União exercer o controle ambiental da pesca em âmbito nacional ou regional, cf. art. 7º, XXII). **B:** correta (art. 8º, XVIII). Deve-se atentar que o art. 7º, XX, atribui à União a competência para controlar a apanha de espécimes da fauna silvestre, ovos e larvas. **C:** incorreta (não existe tal atribuição na LC 140/2011). **D:** incorreta (compete à União aprovar a liberação de exemplares de espécie exótica da fauna e da flora em ecossistemas naturais frágeis ou protegidos, cf. art. 7º, XVIII). **E:** incorreta (compete à União proteger a fauna migratória, cf. art. 7º, XXI). RB

Gabarito "B".

(Juiz de Direito/SP – 2021 – Vunesp) No que tange às competências, em matéria ambiental, **não é correto** afirmar que

(A) além das normas contendo partilha de competências na Lei Complementar no 140/2011, as atribuições administrativas estão mencionadas na Constituição, sendo as da União, enumeradas amplamente no artigo 21, as dos Estados, no artigo 25 e as dos Municípios, no artigo 30.

(B) o Município é competente para legislar sobre meio ambiente com a União e o Estado, no limite do interesse local e desde que tal regramento seja harmônico

com a disciplina estabelecida pelos demais entes federados.

(C) a grande inovação é a incumbência dos Estados, em regra geral, para autorizar a gestão e a supressão de vegetação de florestas e formações sucessoras nos "imóveis rurais" e, portanto, nas áreas de preservação permanente e nas reservas legais. A União e os Municípios também terão a mesma atribuição em florestas públicas municipais e unidades de conservação instituídas pela União ou pelos Municípios, respectivamente.

(D) a atribuição administrativa da União para controlar a apanha de espécies da fauna silvestre tem limite na previsão da competência dos Estados quanto às pesquisas científicas.

Comentário: A afirmação contida na alternativa A está correta. A afirmação da alternativa B está correta. Já a afirmação veiculada pela alternativa C está errada, por diversas razões. O art. 8º, XVI, "b", da LC 140/2011 dispõe que compete aos Estados aprovar o manejo e a supressão de vegetação, de florestas e formações sucessoras em imóveis rurais, ressalvadas as atribuições da União contidas no art. 7º, XV. Ocorre que a vegetação localizada nos imóveis rurais não se restringe às áreas de preservação permanente e às reservas legais, como indica a alternativa C. Ademais, nas florestas públicas municipais, a atribuição para a intervenção na vegetação é do Município (cf. 9º, XV, "a"), ao contrário do que indicado na alternativa C ("A União e os Municípios..."). Outra incorreção da alternativa C é a ausência das exceções ("exceto em Áreas de Proteção Ambiental") contidas tanto no art. 7º, XVI, "a" e no art. 9º, XV, "a". Por fim, a alternativa D está correta (cf. art. 7º, XX, c.c. art. 8º, XVIII, ambos da LC 140/2011). RB

Gabarito "C".

(Juiz de Direito – TJ/MS – 2020 – FCC) O Conselho Estadual do Meio Ambiente (CONSEMA) deliberou que os licenciamentos ambientais conduzidos por Estudo de Impacto Ambiental e Respectivo Relatório (EIA-RIMA) serão estaduais e os demais, salvo aqueles de competência da União (Lei Complementar Federal 140, de 08 de dezembro de 2011), serão municipais. A presente deliberação

(A) é nula, pois o Conselho Estadual do Meio Ambiente não possui atribuição legal para fixar regras de competência para o licenciamento ambiental.

(B) é válida, pois compete ao Conselho Estadual do Meio Ambiente definir quais licenciamentos ambientais serão conduzidos pelo Município.

(C) depende de regulamentação dos Conselhos Municipais de Meio Ambiente para entrar em vigor.

(D) é nula, pois o critério selecionado está em desacordo com a normativa que rege o tema.

(E) depende de ratificação do Conselho Nacional do Meio Ambiente (CONAMA) para entrar em vigor.

A competência material ambiental é comum da União, Estados, Distrito Federal e Municípios (art. 23, inc. VI, CF). Já o parágrafo único do mesmo art. 23 dispõe que leis complementares fixarão normas para a cooperação entre a União e os Estados, o Distrito Federal e os Municípios, tendo em vista o equilíbrio do desenvolvimento e do bem-estar em âmbito nacional. Com base nesse preceito constitucional é que foi editada a Lei Complementar 140/11, que estabelece as competências ambientais da União (art. 7º), dos Estados (art. 8º) e dos Municípios (art. 9º). De acordo com a distribuição das atribuições estabelecida pela LC 140/11, inexiste relação entre a competência para o licenciamento e a exigência de EIA-RIMA. Nesse sentido, pode-se afirmar que a deliberação do CONSEMA, descrita na questão, é nula, pois o critério selecionado está em desacordo com a normativa que rege o tema. **RB**

Gabarito "D".

(Juiz de Direito – TJ/AL – 2019 – FCC) Considerando a competência dos órgãos dos diferentes entes federativos para licenciamento de empreendimentos potencialmente poluidores, tem-se que, a partir da edição da Lei Complementar n. 140/2011,

(A) na hipótese de o empreendimento demandar, adicionalmente, a supressão de vegetação nativa, a competência do Estado para o licenciamento é deslocada para a União, a quem cabe, privativamente, o estabelecimento das medidas de mitigação e compensação.

(B) restou expressamente vedada a delegação de atribuições fixadas pela lei para as diferentes esferas de governo, admitindo- se a atuação de órgão de outro ente federativo apenas em caráter supletivo para apoio técnico.

(C) admite-se a cooperação entre diferentes órgãos licenciadores, exclusivamente para fiscalização e aplicação de multas, cujo produto deverá reverter integralmente para o órgão incumbido da fiscalização direta.

(D) cada empreendimento ou atividade serão submetidos a licenciamento ambiental de um único ente federativo, o qual terá competência também para fiscalizar e lavrar autos de infração correlatos à atividade ou empreendimento licenciado.

(E) foram estabelecidas medidas para atuação coordenada dos entes federativos no exercício de suas competências para ações administrativas de proteção ao meio ambiente, atribuindo-se aos municípios apenas atuação subsidiária posto que não detêm competência originária para ações de tal natureza.

A: Incorreta, pois a supressão de vegetação decorrente de licenciamentos ambientais é autorizada pelo ente federativo licenciador (art. 13, § 2º, LC 140/2011). **B:** Incorreta, pois não é vedada a delegação de atribuições ou a execução de ações administrativas; ademais, a atuação pode ser supletiva ou subsidiária (arts. 15 e 16, LC 140/2011). **C:** Incorreta, pois a cooperação não se atém exclusivamente a esses aspectos e, além disso, a multa é, em última análise, do órgão ambiental licenciador. **D:** Correta, já que os empreendimentos e atividades são licenciados ou autorizados, ambientalmente, por um único ente federativo (art. 13, *caput*, LC 140/2011) que, ademais, competência também para fiscalizar e lavrar autos de infração correlatos à atividade ou empreendimento licenciado (art. 17, LC 140/2011). **E.** Incorreta, pois a competência é comum entre todos os entes federais, com atribuições aos municípios **FM**.

Gabarito "D".

(Juiz de Direito – TJ/BA – 2019 – CESPE/CEBRASPE) Considerando que um cidadão brasileiro pretenda instalar um criadouro de pássaros silvestres típicos da região em que ele habita e que essas aves não correm o risco de extinção, assinale a opção correta, acerca da aprovação de funcionamento dessa atividade.

(A) A competência para aprovar o funcionamento dessa atividade é federal, pois se trata de criadouro de pássaros silvestres.

(B) A competência para aprovar o funcionamento dessa atividade é estadual, pois se trata de criadouro de pássaros pertencentes à fauna silvestre.

(C) A competência para aprovar o funcionamento dessa atividade é municipal, uma vez que a fauna em referência é típica da região do município em que o criadouro será instalado.

(D) A solicitação de autorização de funcionamento do criadouro pode ser feita a órgão federal ou estadual, pois se trata de competência concorrente.

(E) A aprovação para o exercício da atividade de criação de pássaros silvestres em território nacional, por cidadão brasileiro, é desnecessária.

As competências ambientais materiais estão disciplinadas na Lei Complementar 140/2011. As atribuições são distribuídas entre a União, os Estados, o Distrito Federal e os Municípios. Nos termos do art. 8º, inciso XIX, representa uma ação administrativa do Estado aprovar o funcionamento de criadouros da fauna silvestre. Observe-se que a União detém a competência para controlar a apanha de espécimes da fauna silvestre (art. 7º, inciso XX). **RB**

Gabarito "B".

(Procurador do Estado/SP – 2018 – VUNESP) A Polícia Militar Ambiental do Estado de São Paulo lavrou auto de infração ambiental em face de infrator, por suprimir vegetação sem autorização do órgão competente, em um imóvel rural particular não inserido em área qualificada como Unidade de Conservação. Ato contínuo, enquanto o infrator se preparava para sair do local, fiscais do Instituto Brasileiro do Meio Ambiente e dos Recursos Naturais Renováveis – IBAMA lavraram auto de infração em razão dos mesmos fatos. A sanção cominada, por ambos os entes, foi exclusivamente a de multa. Diante dessa situação, assinale a alternativa correta.

(A) Os dois autos de infração ambiental são inválidos, pois a competência para lavratura é municipal, tratando-se de vício sanável.

(B) Deve prevalecer o auto de infração ambiental lavrado pelo Estado.

(C) Os dois autos de infração devem ser mantidos, inclusive com as sanções daí decorrentes, que serão concorrentes e admitirão a futura cobrança das multas respectivas.

(D) Deve prevalecer o auto de infração ambiental lavrado pelo IBAMA.

(E) Os dois autos de infração ambiental são inválidos, pois a competência para lavratura é municipal, tratando-se de vício insanável.

A: incorreta, nos termos do art. 17, *caput* e § 3º, da Lei Complementar 140/2011, compete ao órgão responsável pelo licenciamento ou autorização, de um empreendimento ou atividade, lavrar auto de infração ambiental e instaurar processo administrativo para a apuração de infrações à legislação ambiental cometidas pelo empreendimento ou atividade licenciada ou autorizada, contudo, isso não impede o exercício pelos entes federativos da atribuição comum de fiscalização, prevalecendo o auto de infração ambiental lavrado por órgão que detenha a competência para a análise do licenciamento ou autorização; **B:** correta. Vide art. 17, § 3º cumulado com o art. 8º, XIV, ambos da Lei Complementar 140/2011; **C:** incorreta. A teor do art. 17, § 3º da Lei Complementar 140/2011, o auto de infração lavrado pelo IBAMA deverá ser arquivado, prevalecendo o autuado pela Polícia Militar do Estado de São Paulo; **D:** incorreta. Deverá prevalecer o auto de infração lavrado pela Polícia Militar do Estado de São Paulo (art. 17, §3º, da Lei Complementar 140/2011); **E:** incorreta, nos termos do art. 17, § 3º cumulado com o art. 8º, XIV, ambos da Lei Complementar 140/2011. **FM/FC**

Gabarito "B".

(Procurador do Estado/SP – 2018 – VUNESP) A respeito das competências para autorização de supressão e manejo de vegetação, assinale a alternativa correta.

(A) Compete aos Municípios, dentre outras atribuições, aprovar a supressão e o manejo de vegetação, de florestas e formações sucessoras em florestas públicas municipais e unidades de conservação instituídas pelo Município, exceto em Áreas de Proteção Ambiental.

(B) A aprovação da supressão de vegetação em unidade de conservação será sempre do ente instituidor da unidade, exceto para Áreas de Proteção Ambiental, Reservas Particulares do Patrimônio Natural e Reserva de Desenvolvimento Sustentável, cuja competência será da União.

(C) A Lei Complementar no 140/2011, buscando solucionar conflitos de competência, previu que as autorizações para supressão de vegetação serão sempre concedidas pelo ente federativo licenciador, vedando, em qualquer hipótese, o estabelecimento de regras próprias e diferenciadas para atribuições relativas à autorização de manejo e supressão de vegetação.

(D) A Lei nº 11.428/2006, que dispõe sobre a utilização e proteção da vegetação nativa do bioma mata atlântica, confere competência para concessão de autorização para supressão de vegetação no bioma mata atlântica indistintamente aos Estados, cabendo oitiva prévia do órgão municipal quando a vegetação estiver localizada em área urbana.

(E) A Lei Complementar no 140/2011, buscando solucionar conflitos de competência, previu que as autorizações para supressão de vegetação serão sempre concedidas pelo ente federativo licenciador, entretanto, previu exceção para supressão de vegetação em situações específicas, conforme ato do Conselho Nacional do Meio Ambiente, após oitiva da Comissão Tripartite Nacional.

A: correta, consoante o art. 9º, XV, "a", da Lei Complementar 140/2011; **B:** incorreta. Para fins de licenciamento ambiental de atividades ou empreendimentos utilizadores de recursos ambientais, efetiva ou potencialmente poluidores ou capazes, sob qualquer forma, de causar degradação ambiental, e para autorização de supressão e manejo de vegetação, o critério do ente federativo instituidor da unidade de conservação não será aplicado somente às Áreas de Proteção Ambiental (art. 12, da Lei Complementar 140/2011); **C:** incorreta, segundo o que dispõe o art. 11, da Lei Complementar 140/2011: "A lei poderá estabelecer regras próprias para atribuições relativas à autorização de manejo e supressão de vegetação [...]"; **D:** incorreta. A definição da competência para a supressão de vegetação no Bioma Mata Atlântica deve observar as prescrições do art. 14 da Lei do Bioma Mata Atlântica, com definições que incluem os órgãos estaduais e, quando o caso, em área urbana, para supressão de vegetação no estágio médio de regeneração, a autorização do órgão ambiental municipal competente, desde que o município possua conselho de meio ambiente, com caráter deliberativo e plano diretor, mediante anuência prévia do órgão ambiental estadual competente fundamentada em parecer técnico; **E:** incorreta, a teor do art. 13, § 2º, da Lei Complementar 140/2011. FM/FC
Gabarito "A".

(Procurador do Estado – PGE/MT – FCC – 2016) O Estado tem atribuição para aprovar o manejo e a supressão de vegetação, de florestas e formações sucessoras em

(A) florestas públicas estaduais ou unidades de conservação do próprio Estado, exceto em Áreas de Proteção Ambiental (APAs), em imóveis rurais, observadas as atribuições da União, e nas atividades ou empreendimentos licenciados ou autorizados, ambientalmente, pelo citado ente federativo.

(B) florestas públicas estaduais ou unidades de conservação localizadas em seu território, exceto em Áreas de Proteção Ambiental (APAs), em imóveis rurais, observadas as atribuições da União, e nas atividades ou empreendimentos licenciados ou autorizados, ambientalmente, pelo citado ente federativo.

(C) florestas públicas estaduais ou unidades de conservação localizadas em seu território, em imóveis rurais, observadas as atribuições da União, e nas atividades ou empreendimentos licenciados ou autorizados, ambientalmente, pelo citado ente federativo.

(D) florestas públicas estaduais ou unidades de conservação localizadas em seu território e nas atividades ou empreendimentos licenciados ou autorizados, ambientalmente, pelo citado ente federativo.

(E) todos os imóveis rurais e nas atividades ou empreendimentos licenciados ou autorizados, ambientalmente, pelo citado ente federativo.

De fato, o Estado tem atribuição para aprovar o manejo e a supressão de vegetação, de florestas e formações sucessoras em florestas públicas estaduais ou unidades de conservação do próprio Estado, exceto em Áreas de Proteção Ambiental (APAs), em imóveis rurais, observadas as atribuições da União, e nas atividades ou empreendimentos licenciados ou autorizados, ambientalmente, pelo citado ente federativo, nesse sentido, dispõe o (art. 8º, XVI, da Lei Complementar 140/2011). No que diz respeito a competência do Estado para aprovar o manejo e a supressão de vegetação, de florestas e formações sucessoras localizadas em unidades de conservação, o critério que definirá a competência é o da criação do espaço especialmente protegido, e não da sua localização conforme disposto no enunciado. Outrossim, em se tratando de Áreas de Proteção Ambiental (APA's), para fins de autorização de supressão e manejo de vegetação, o critério do ente federativo instituidor da unidade de conservação não será aplicado, mas seguirá os critérios previstos nas alíneas "a", "b", "e", "f" e "h" do inciso XIV do art. 7º, no inciso XIV do art. 8º e na alínea "a" do inciso XIV do art. 9º, da Lei Complementar 140/2011 (art. 12, parágrafo único, Lei Complementar 140/2011). FM/FCP
Gabarito "A".

(Juiz – TRF 2ª Região – 2017) Assinale a opção correta:

(A) O Estado membro possui competência concorrente para legislar sobre a proteção do meio ambiente e sobre a defesa dos recursos naturais e, nessa linha, pode regular as condições de utilização das águas subterrâneas, que são bens dos Estados.

(B) A competência para legislar sobre águas e sobre o meio ambiente é privativa da União.

(C) O Estado membro pode disciplinar o uso de águas subterrâneas apenas se a União não tiver lei específica sobre o tema.

(D) Apenas mediante autorização prevista em Lei Complementar, o Estado membro pode disciplinar o uso de águas subterrâneas.

(E) Como compete à União dispor sobre o sistema nacional de gerenciamento de recursos hídricos, é vedado aos Estados disciplinar o uso de águas subterrâneas.

A: correta, uma vez que a competência é concorrente entre a União, Estados e Distrito Federal para legislar sobre a defesa dos recursos

20. DIREITO AMBIENTAL — 771

naturais e proteção do meio ambiente, podendo o Estado-membro regular as condições de utilização das águas subterrâneas, que são bens integram o seu patrimônio (art. 24, VI e art. 26, I, da CF/88); **B:** incorreta. A competência é privativa da União para legislar sobre águas (art. 22, IV, da CF/88), contudo para legislar a respeito do meio ambiente, a competência é concorrente (art. 24, VI, da CF/88); **C:** incorreta, já que incluem entre os bens dos Estados as águas subterrâneas (art. 26, I, da CF/88), e é certo que sua competência legislativa assenta-se consoante essa peculiaridade; **D e E:** incorreta. A teor do art. 22, IV e parágrafo único da CF/88 as assertivas seriam verdadeiras, contudo, tal entendimento feriria a descentralização exigida pela forma federativa do Estado, ademais, sendo os Estados-membros titulares das águas que se encontrarem sobre os seus territórios, tem-se que poderão disciplinar o uso destas águas. **FM/FCP**

„A" oʇueqeⅮ

(Juiz – TRF 4ª Região – 2016) Assinale a alternativa correta. Acerca da competência de legislar em matéria ambiental prevista na Constituição:

(A) É de competência concorrente entre União, Estados e Municípios a edição de normas gerais acerca de proteção do meio ambiente e controle de poluição.

(B) Inexiste competência da União para legislar sobre proteção ambiental em porção territorial limitada a um Estado ou que não tenha alcance em todo o território nacional, como, por exemplo, a vedação de pesca em um único estado da federação.

(C) Segundo posicionamento firmado pelo Supremo Tribunal Federal, viola a Constituição Federal a edição de norma estadual que vise a suprimir requisito legal previsto em lei federal mais restritivo para determinada modalidade de licenciamento ambiental, sem justificada peculiaridade local.

(D) É de competência concorrente entre União, Estados e Municípios a edição de normas de responsabilidade por danos ao meio ambiente.

(E) Todas as alternativas anteriores estão corretas.

A: incorreta, pois no âmbito da legislação concorrente, a competência da União é que se limita a edição de normas de caráter geral (art. 24, § 1º, da CF/88), e não exclui a competência suplementar dos Estados (art. 24, § 2º, da CF/88); **B:** incorreta, pois a competência da União para legislar a respeito de proteção ambiental é concorrente à dos Estados e Distrito Federal, e nesta medida deverá editar apenas normas gerais, não podendo, portanto, limitar o alcance da norma a um único Estado da federação (art. 24, § 2º, da CF/88); **C:** correta, pois pela lógica sistemática da competência legislativa, apenas a lei federal seria apta a suprimir requisito legal previsto em lei federal. Ademais, trata-se de matéria inserida no campo de abrangência das normas gerais sobre proteção do meio ambiente, e não normas complementares, que são da competência dos Estados-membros (art. 24, § 1º e 2º, da CF/88 e ADI1.086-7); **D:** incorreto, a competência concorrente é exercida entre a União, Estados-membros e Distrito Federal (art. 24, "caput", da CF/88), a competência dos municípios é suplementar a da União e dos Estados-membros (art. 30, II, da CF/88); **E:** incorreta em face dos argumentos articulados nas assertivas anteriores. **FM/FCP**

„O" oʇueqeⅮ

(Juiz de Direito/DF – 2016 – CESPE) Acerca da competência constitucional em matéria ambiental e da legalidade dos múltiplos aspectos do direito ambiental, assinale a opção correta.

(A) Apenas os funcionários dos órgãos ambientais integrantes do SISNAMA designados para as atividades de fiscalização são autoridades competentes para

lavrar auto de infração ambiental e instaurar processo administrativo.

(B) A realização de pesquisa e lavra de recursos minerais é vedada nas terras, formalmente delimitadas, ocupadas pelas comunidades indígenas, devido ao alto grau de dano ambiental causado por essa atividade, que interfere no equilíbrio do meio ambiente, necessário à subsistência desses povos.

(C) A União detém competência privativa para legislar sobre jazidas, minas, caça, pesca e atividades nucleares de qualquer natureza, nos termos da carta constitucional.

(D) O uso comercial de tecnologia que envolva manipulação genética visando à desativação de genes relacionados à fertilidade das plantas por indutores químicos externos está sujeito a prévio licenciamento ambiental, nos termos da lei de biossegurança.

(E) A comprovação de que a pessoa jurídica foi constituída com a finalidade de viabilizar a prática de crime definido na lei de crimes ambientais possibilita a decretação de sua liquidação forçada e a consideração de seu patrimônio como instrumento de crime.

A: incorreta. Além deles, o art. 70, § 1º, da Lei 9.605/1998 relaciona igualmente os agentes da Capitania dos Portos da Marinha; **B:** incorreta. Assim dispõe o art. 231, § 3º: "o aproveitamento dos recursos hídricos, incluídos os potenciais energéticos, a pesquisa e a lavra das riquezas minerais em terras indígenas só podem ser efetivados com autorização do Congresso Nacional, ouvidas as comunidades afetadas, ficando-lhes assegurada participação nos resultados da lavra, na forma da lei". Nota-se, portanto, que não há vedação absoluta; **C:** incorreta. A União detém competência legislativa privativa para legislar sobre jazidas, minas (art. 22, XII) e atividades nucleares de qualquer natureza (art. 22, XXVI, CF). Contudo, para caça e pesca essa competência legislativa é concorrente (art. 24, VI, CF); **D:** incorreta. Essa atividade é proibida no Brasil. Segundo a Lei 11.105/2005, é proibida a utilização, a comercialização, o registro, o patenteamento e *o licenciamento de tecnologias genéticas de restrição do uso.* Por sua vez, entende-se por *tecnologias genéticas de restrição do uso* qualquer processo de intervenção humana para geração ou *multiplicação de plantas geneticamente modificadas para produzir estruturas reprodutivas estéreis, bem como qualquer forma de manipulação genética que vise à ativação ou desativação de genes relacionados à fertilidade das plantas por indutores químicos externos;* **E:** correta. Trata-se da transcrição do art. 24 da Lei 9.605/1998, a saber: "a pessoa jurídica constituída ou utilizada, preponderantemente, com o fim de permitir, facilitar ou ocultar a prática de crime definido nesta Lei terá decretada sua liquidação forçada, seu patrimônio será considerado instrumento do crime e como tal perdido em favor do Fundo Penitenciário Nacional". **RB**

„E" oʇueqeⅮ

(Procurador do Estado/AM – 2016 – CESPE) Acerca de competências ambientais legislativas, ação popular e espaços territoriais especialmente protegidos, julgue os itens a seguir.

(1) Caso pretenda delimitar um espaço protegido em seu território, o estado do Amazonas poderá fazê-lo mediante decreto, mas somente por lei poderá reduzi-lo ou suprimi-lo.

(2) Segundo o SNUC, a reserva da biosfera é constituída por áreas de domínio público ou privado.

(3) **Situação hipotética:** No estado do Amazonas, há uma RPPN sobreposta a uma APA, e outra RPPN sobreposta a uma RDS. Sabe-se que todas essas unidades de conservação são estaduais. **Assertiva:** Nesse caso, todas as sobreposições mencionadas contrariam a Lei

Complementar do Amazonas n.º 53/2007, que veda tais situações.

(4) Se o estado do Amazonas pretender abrigar, em seu território, instalações industriais para a produção de energia nuclear, a referida construção estará subordinada à autorização da Assembleia Legislativa do estado, por meio de lei, que poderá prever plebiscito para sua ratificação, haja vista atividade nuclear ser assunto da competência concorrente da União e dos estados da Federação.

(5) **Situação hipotética:** Determinado empreendimento obteve licença ambiental do estado X sem observância das exigências normativas previstas, o que resultou em lesão ao meio ambiente. **Assertiva:** Nessa situação, brasileiro naturalizado, residente e eleitor no estado Y, terá legitimidade para ajuizar ação popular no juízo competente contra o estado X com o objetivo de anular o ato concessório.

1: correta. A criação de uma unidade de conservação dá-se por meio de ato do Poder Público, que pode ser uma lei ou um decreto (art. 22, *caput*, Lei 9.985/2000). Por sua vez, a redução ou supressão só poderá ser feita por meio de lei específica, ainda que a unidade de conservação tenha sido criada por decreto (art. 22, § 7º, Lei 9.985/2000); **2:** correta. Assertiva em consonância com o art. 41, § 2º, da Lei 9.985/2000; **3:** errada. A sobreposição, nos termos delineados, é possível, consoante o art. 14, § 2º, II, Lei Complementar do Amazonas 53/2007, a saber: "a RPPN pode se sobrepor à APA e à RDS **4:** errada. Segundo o § 6º do art. 225 da Constituição Federal, "as usinas que operem com reator nuclear deverão ter sua localização definida em lei federal, sem o que não poderão ser instaladas". É necessário, portanto, lei federal. A competência é, por sua vez, privativa da União; **5:** correta. A legitimidade para o ajuizamento da ação popular por danos ao meio ambiente não faz diferenciação de brasileiros natos ou naturalizados. Para o ajuizamento basta o título de eleitor ou documento correspondente. **RB**
Gabarito "1C, 2C, 3E, 4E, 5C"

(Juiz de Direito/AM – 2016 – CESPE) O fiscal de determinado órgão ambiental constatou que um madeireiro cortava árvores de espécies protegidas. O madeireiro apresentou autorização para cortar exemplares que apresentavam risco de queda, mas, dado o excesso de espécimes cortados, o fiscal considerou que a situação configurava tanto infração administrativa como crime ambiental. Considerou, ainda, após exame da autorização, que o documento estava em desacordo com as normas ambientais aplicáveis, inclusive por vício de competência.

Com base nessa situação hipotética, assinale a opção correta acerca de infrações ambientais e poder de polícia.

(A) É correto afirmar que o órgão de lotação do fiscal é o IBAMA.

(B) Cabem ao fiscal a lavratura do auto de infração ambiental e a instauração tanto do processo administrativo quanto do inquérito criminal contra o madeireiro.

(C) Para a lavratura do auto de infração, é desnecessária análise do elemento subjetivo do madeireiro, pois a responsabilidade civil por dano ambiental é objetiva.

(D) Se deixar de proceder à apuração mediante processo administrativo próprio, o fiscal poderá ser corresponsabilizado pelo corte ilegal das árvores.

(E) A concessão de autorização em desacordo com as normas ambientais só configura crime se tiver havido dolo do servidor que a concedeu.

A: incorreta. O exercício da competência administrativa é comum entre todos os entes federativos, consoante o art. 23 da CF. No caso, não há nenhum elemento para confirmar a assertiva; **B:** incorreta. A competência para lavrar auto de infração e instaurar o processo administrativo é dos órgãos do Sistema Nacional do Meio Ambiente (SISNAMA). Essa competência é distinta daquela da esfera penal, isto é, o fiscal não pode instaurar inquérito criminal (tal atribuição é dos órgãos policiais), que pode conduzir a uma denúncia pelo Ministério Público por crime ambiental, no âmbito de Poder Judiciário; **C:** incorreta. De fato, a responsabilidade civil por danos ambientais é objetiva, consoante o art. 14, § 1º, da Lei 6.938/1981. Contudo, no caso, a responsabilidade em discussão é a administrativa, que é, consoante os recentes entendimentos do STJ, subjetiva; **D:** correta. Consoante o § 3º do art. 70 da Lei 9.605/1998, a autoridade ambiental que tiver conhecimento de infração ambiental é obrigada a promover a sua apuração imediata, mediante processo administrativo próprio, sob pena de corresponsabilidade; **E:** incorreta. A concessão de autorização em desacordo com as normas ambientais configura crime se tiver havido dolo quanto à omissão do servidor que a concedeu, a teor do art. 67 da Lei 9.605/98. **RB**
Gabarito "D".

5. LEI DE POLÍTICA NACIONAL DO MEIO AMBIENTE

(Juiz de Direito/AP – 2022 – FGV) Tendo em vista a grande especulação imobiliária do Município X, o prefeito decide reduzir a área de determinada Unidade de Conservação, para permitir a construção de novas unidades imobiliárias.

Sobre o caso, é correto afirmar que o prefeito:

(A) não pode mudar as dimensões da Unidade de Conservação por decreto, o que apenas pode ser feito por lei específica;

(B) pode reduzir as dimensões da Unidade de Conservação caso ela tenha sido criada por decreto do chefe do Poder Executivo municipal;

(C) apenas pode alterar as dimensões da Unidade de Conservação caso ela tenha sido criada após 05 de outubro de 1988;

(D) pode reduzir as dimensões da Unidade de Conservação caso não haja derrubada de vegetação nativa e não atinja área de proteção integral;

(E) não pode alterar a área da Unidade de Conservação, o que depende de estudo prévio de impacto ambiental e de licenciamento ambiental.

Comentário: a redução da área de uma Unidade de Conservação (UC) somente pode ser feita por *lei específica*, não se admitindo o decreto para tanto (mesmo que a UC tenha sido criada por decreto). É o que se extrai do art. 225, § 1º, III, CF e do art. 22, § 7º, da Lei 9.985/2000 (Lei do Sistema Nacional das Unidades de Conservação), que assim dispõe: "A desafetação ou redução dos limites de uma unidade de conservação só pode ser feita mediante lei específica." Nesse sentido já decidiu o STF: "a Constituição, portanto, permite a alteração e até mesmo a supressão de espaços territoriais especialmente protegidos, desde que por meio de lei formal, ainda que a referida proteção tenha sido conferida por ato infralegal. Trata-se de um mecanismo de reforço institucional da proteção ao meio ambiente, já que retira da discricionariedade do Poder Executivo a redução dos espaços ambientais protegidos, exigindo-se para tanto deliberação parlamentar, sujeita a maior controle social" (RE-AgR 519.778/RN, 1ª Turma, Rel. Min. Roberto Barroso, DJe 01.08.2014). Assim, correta a alternativa A. **RB**
Gabarito "A".

20. DIREITO AMBIENTAL

(Juiz de Direito – TJ/MS – 2020 – FCC) Em ação civil pública ajuizada pelo Ministério Público, pretende-se a declaração de nulidade de processo de licitação para a concessão da área de uso público de um parque estadual. A ação será

(A) julgada procedente, tendo em vista a impossibilidade de concessão de unidade de conservação da natureza.

(B) extinta, sem resolução de mérito, por falta de interesse de agir diante da ausência do início efetivo do período de concessão de uso do bem público.

(C) julgada parcialmente procedente para condicionar o processo licitatório à concessão integral da unidade de conservação.

(D) extinta, sem resolução de mérito, por ilegitimidade de parte no polo ativo.

(E) julgada improcedente pela ausência de ilegalidade no modelo proposto.

O parque estadual (assim com o parque nacional e o municipal) representa uma categoria de unidade de conservação, disciplinada pela Lei 9.985/00. Trata-se de espaço ambiental cujo domínio é público. Nesse sentido, cabível a concessão da área de uso público, desde que precedida de licitação, motivo pelo qual a ação civil pública deve ser julgada improcedente, ante a ausência de ilegalidade do modelo proposto. **RB**
Gabarito "E".

(Juiz de Direito – TJ/AL – 2019 – FCC) Suponha que determinado proprietário rural deseje instituir servidão ambiental na área de sua propriedade, incidente sobre a parcela correspondente à reserva legal mínima imposta nos termos do Código Florestal (Lei n. 12.651/2012). Tal pretensão

(A) será viável se a reserva legal determinada para a região for inferior a vinte por cento da área, devendo a servidão estabelecer as mesmas limitações e restrições ao uso da área impostas por força da reserva legal.

(B) somente poderá ser acolhida se a servidão for instituída em caráter perpétuo e gratuito e devidamente averbada na matrícula do imóvel.

(C) poderá ser acolhida, a critério do órgão ambiental competente, desde que a propriedade não esteja localizada em área de proteção permanente.

(D) afigura-se inviável, eis que a instituição da servidão se dá exclusivamente por ato do poder público, para proibir ou restringir o uso de parcela da propriedade objetivando a preservação dos recursos naturais nela existentes.

(E) não encontra amparo legal, eis que a servidão ambiental constitui uma limitação voluntária instituída pelo proprietário da área que não substitui ou reduz as limitações impostas pela reserva legal mínima.

A servidão ambiental não se aplica às Áreas de Preservação Permanente e à Reserva Legal mínima exigida e, portanto, incabíveis de plano as alternativas A, B e C. Quanto à alternativa D, é preciso deixar claro que a servidão ambiental é instituída pelo proprietário do imóvel. Por fim, a letra E, correta, pois é inviável instituir servidão ambiental em reserva legal. **FM**
Gabarito "E".

(Juiz de Direito – TJ/SC – 2019 – CESPE/CEBRASPE) O Instituto do Meio Ambiente de Santa Catarina (IMA/SC) é o órgão ambiental da esfera estadual catarinense responsável pela execução de programas e projetos de proteção ambiental, bem como pelo controle e pela fiscalização de atividades potencialmente causadoras de degradação ambiental. De acordo com a Lei 6.938/1981, o IMA/SC compõe o Sistema Nacional do Meio Ambiente (SISNAMA) na qualidade de

(A) órgão superior.

(B) órgão supervisor.

(C) órgão local.

(D) órgão seccional.

(E) órgão consultivo e deliberativo.

O Sistema Nacional do Meio Ambiente (SISNAMA) é o conjunto de órgãos e entidades que atuam na área ambiental. A sua estrutura está prevista no art. 6º da Lei 6.938/81 (Lei da Política Nacional do Meio Ambiente), composta da seguinte forma: I – órgãos superior: Conselho de Governo; II – órgão consultivo e deliberativo: CONAMA; III – órgão central: Ministério do Meio Ambiente; IV – órgãos executores (federais): IBAMA e Instituto Chico Mendes (ICMBIO); V – órgãos seccionais: órgãos estaduais responsáveis pela tutela ambiental (como é o caso do Instituto do Meio Ambiente de Santa Catarina); VI – órgãos locais: órgãos municipais com competência de proteção ao meio ambiente. Nesse sentido, a IMA/SC constitui um órgão seccional. **RB**
Gabarito "D".

(Procurador Municipal – Sertãozinho/SP – VUNESP – 2016) Sobre os instrumentos da Política Nacional do Meio Ambiente, é correto afirmar que

(A) a servidão ambiental se aplica também às Áreas de Preservação Permanente e à Reserva Legal mínima exigida.

(B) durante o prazo de vigência da servidão ambiental é permitido que se faça a alteração da destinação da área, nos casos de transmissão do imóvel a qualquer título, de desmembramento ou de retificação dos limites do imóvel.

(C) o prazo mínimo da servidão ambiental temporária é de 10 (dez) anos.

(D) o detentor da servidão ambiental poderá aliená-la, cedê-la ou transferi-la, total ou parcialmente, por prazo determinado ou em caráter definitivo, em favor de outro proprietário ou de entidade pública ou privada que tenha a conservação ambiental como fim social.

(E) a construção, instalação, ampliação e funcionamento de estabelecimentos e atividades utilizadores de recursos ambientais, efetiva ou potencialmente poluidores ou capazes, sob qualquer forma, de causar degradação ambiental não dependerão de prévio licenciamento ambiental.

A: Incorreta. Nos termos do art. 9º-A, § 2º, da Lei 6.938/1981: "A servidão ambiental não se aplica às Áreas de Preservação Permanente e à Reserva Legal mínima exigida"; **B:** Incorreta. "É vedada, durante o prazo de vigência da servidão ambiental, a alteração da destinação da área, nos casos de transmissão do imóvel a qualquer título, de desmembramento ou de retificação dos limites do imóvel" (art. 9º-A, § 6º, da Lei 6.938/1981); **C:** Incorreta. O prazo mínimo de servidão temporária será de 15 (quinze) anos e não 10 (dez) conforme previsto na alternativa (art. 9º-B, § 1º, da Lei 6.938/1981); **D:** Correta. Vide art. 9º-B, § 3º, da Lei 6.938/1981; **E:** Incorreta. "A construção, instalação, ampliação e funcionamento de estabelecimento e atividades utilizadores de recursos ambientais, efetiva ou potencialmente poluidores ou capazes, sob qualquer forma, de causar degradação ambiental dependerão de prévio licenciamento ambiental" (art. 10, da Lei 6.938/1981). **FM/FCP**
Gabarito "D".

(Juiz – TJ-SC – FCC – 2017) As resoluções normativas do Conselho Nacional do Meio Ambiente:

(A) vinculam a União e possuem caráter sugestivo em relação aos Estados e Municípios.

(B) vinculam os entes federativos que optarem por integrar o Sistema Nacional de Meio Ambiente.

(C) vinculam todos os entes federativos diante do Sistema Nacional de Meio Ambiente.

(D) estabelecem regramento apenas para o Ministério do Meio Ambiente, uma vez que o Conselho Nacional do Meio Ambiente é órgão do citado ministério.

(E) não possuem caráter cogente.

De fato, as resoluções normativas do Conselho Nacional do Meio Ambiente (CONAMA) vinculam todos os entes federativos, diante do Sistema Nacional do Meio Ambiente (SINAMA). Nos termos do art. 6º, II, da Lei 6.938/1981, o CONAMA é órgão consultivo e deliberativo do SISNAMA, cabendo deliberar, no âmbito de sua competência, sobre normas e padrões compatíveis com o meio ambiente ecologicamente equilibrado e essencial à sadia qualidade de vida. Os Estados e os municípios, na esfera de suas competências e nas áreas de sua jurisdição, elaborarão normas supletivas e complementares e padrões relacionados com o meio ambiente, observados os que foram estabelecidos pelo CONAMA (art. 6º, § 1º e 2º, da Lei 6.938/1981) **FM/FCP**.
Gabarito "C".

(Delegado/PE – 2016 – CESPE) O órgão consultivo e deliberativo responsável pelo SISNAMA e pelo SNUC é o

(A) Ministério do Meio Ambiente.

(B) Conselho Nacional do Meio Ambiente.

(C) Instituto Chico Mendes.

(D) IBAMA.

(E) Conselho de Governo.

Conforme art. 6 º, II, da Política Nacional do Meio Ambiente, Lei 6.938/1981 o órgão consultivo e deliberativo responsável pelo Sistema Nacional do Meio Ambiente – SISNAMA será o Conselho Nacional do Meio Ambiente – CONAMA. Assim também, a lei que institui o Sistema Nacional de Unidades de Conservação da Natureza – SNUC, Lei 9.985/2000 em seu art. 6º I, indica o CONAMA como órgão consultivo e deliberativo, logo, a letra "B" é a alternativa correta. **RB**
Gabarito "B".

(Juiz de Direito/DF – 2016 – CESPE) Com relação à Política Nacional do Meio Ambiente, definida pela Lei n.º 6.938/1981, assinale a opção correta.

(A) O detentor que tenha recebido a servidão ambiental, de forma gratuita, em razão do caráter personalíssimo dessa, não poderá aliená-la a título oneroso e em caráter definitivo.

(B) O estabelecimento de normas e padrões nacionais de controle da poluição por veículos automotores, aeronaves e embarcações, mediante audiência dos ministérios competentes, é atribuição privativa do IBAMA.

(C) A competência para administrar o Cadastro Técnico Federal de Atividades e Instrumentos de Defesa Ambiental e o Cadastro Técnico Federal de Atividades Potencialmente Poluidoras ou Utilizadoras de Recursos Ambientais é do CONAMA.

(D) O órgão superior do SISNAMA é o CONAMA, que tem a função de assessorar o presidente da República na formulação da política nacional e nas diretrizes governamentais para o meio ambiente e os recursos ambientais.

(E) Como forma de recuperar os danos ambientais existentes, o proprietário ou possuidor de imóvel poderá instituir servidão ambiental por instrumento público, particular ou por termo administrativo, exceto em áreas de preservação permanente e exceto em relação à reserva legal mínima exigida.

A: incorreta. Segundo o art. 9º-B, § 2º, da Lei 6.938/1981, o detentor da servidão ambiental poderá aliená-la, cedê-la ou transferi-la, total ou parcialmente, por prazo determinado ou em caráter definitivo, em favor de outro proprietário ou de entidade pública ou privada que tenha a conservação ambiental como fim social; **B:** incorreta. O estabelecimento de normas e padrões nacionais de controle da poluição por veículos automotores, aeronaves e embarcações, mediante audiência dos ministérios competentes, é atribuição privativa do Conselho Nacional do Meio Ambiente (CONAMA), consoante o art. 8º, VI, da Lei 6.938/1981; **C:** incorreta. A competência para administrar o Cadastro Técnico Federal de Atividades e Instrumentos de Defesa Ambiental e o Cadastro Técnico Federal de Atividades Potencialmente Poluidoras ou Utilizadoras de Recursos Ambientais é do IBAMA, conforme o art. 17, II, da Lei 6.938/1981, que instituiu a Política Nacional do Meio Ambiente; **D:** incorreta. O órgão superior do SISNAMA é o Conselho de Governo, que tem a função de assessorar o presidente da República na formulação da política nacional e nas diretrizes governamentais para o meio ambiente e os recursos ambientais, a teor do art. 6º, I, da Lei 6.938/1981, que instituiu a Política Nacional do Meio Ambiente; **E:** correta. A servidão ambiental é instrumento disciplinado no art. 9º-A e parágrafos, da Lei 6.938/1981. **RB**
Gabarito "E".

6. INSTRUMENTOS DE PROTEÇÃO DO MEIO AMBIENTE

6.1. Licenciamento ambiental e EIA/RIMA

Para resolver as questões sobre Licenciamento Ambiental e EIA/RIMA, segue um resumo da matéria:

O licenciamento ambiental pode ser conceituado como o procedimento administrativo destinado a licenciar atividades ou empreendimentos utilizadores de recursos ambientais, efetiva ou potencialmente poluidores ou capazes, sob qualquer forma, de causar degradação ambiental (art. 2º, I, da LC140/2011). Assim, toda vez que uma determinada atividade puder causar degradação ambiental, além das licenças administrativas pertinentes, o responsável pela atividade deve buscar a necessária licença ambiental também.

A regulamentação do licenciamento ambiental compete ao CONAMA, que expede normas e critérios para o licenciamento. A Resolução nº 237 do órgão traz as normas gerais de licenciamento ambiental. Há também sobre o tema o Decreto 99.274/1990. Há, também, agora, a LC 140/2011, que trata da cooperação dos entes políticos para o exercício da competência comum em matéria ambiental, e consagrou a maior parte das disposições da Resolução CONAMA 237, colocando pá de cal sobre qualquer dúvida que existisse sobre a competência do Município para o exercício do licenciamento ambiental em casos de impacto ambiental local.

Já a competência para executar o licenciamento ambiental é assim dividida:

a) impacto nacional e regional: é do IBAMA, com a colaboração de Estados e Municípios. O IBAMA poderá delegar sua competência aos Estados, se o dano for regional, por convênio ou lei. Assim, a competência para o licenciamento ambiental de uma obra do porte da transposição do Rio São Francisco é do IBAMA.

b) impacto em dois ou mais municípios (impacto microrregional): é dos estados-membros. Por exemplo, uma estrada que liga 6 municípios de um mesmo estado-membro.

c) impacto local: é do Município. Por exemplo, o licenciamento para a construção de um prédio de apartamentos. A LC 140/2011, em seu art. 9º, XIV, estabelece que o Município promoverá o licenciamento ambiental das atividades ou empreendimentos localizados em suas unidades de conservação e também das demais atividades e empreendimentos que causem ou possam causar impacto ambiental local, conforme tipologia definida pelos respectivos Conselhos Estaduais do Meio Ambiente, considerados os critérios de porte, potencial poluidor e natureza da atividade. A Resolução 237 permite que, por convênio ou lei, os Municípios recebam delegação dos estados para determinados licenciamentos, desde que tenha estrutura para tanto.

Há três espécies de licenciamento ambiental (art. 19, Decreto 99.274/1990):

a) Licença Prévia (LP): *é o ato que aprova a localização, a concepção do empreendimento e estabelece os requisitos básicos a serem atendidos nas próximas fases;* trata-se de licença ligada à fase preliminar de planejamento da atividade, já que traça diretrizes relacionadas à localização e instalação do empreendimento. Por exemplo, em se tratando do projeto de construir um empreendimento imobiliário na beira de uma praia, esta licença disporá se é possível o empreendimento no local e, em sendo, quais os limites e quais as medidas que deverão ser tomadas, como construção de estradas, instalação de tratamento de esgoto próprio etc. Essa licença tem validade de até 5 anos.

b) Licença de Instalação (LI): é o *ato que autoriza a implantação do empreendimento, de acordo com o projeto executivo aprovado.* Depende da demonstração de possibilidade de efetivação do empreendimento, analisando o projeto executivo e eventual estudo de impacto ambiental. Essa licença autoriza as intervenções no local. Permite que as obras se desenvolvam. Sua validade é de até 6 anos.

c) Licença de Operação (LO): *é o ato que autoriza o início da atividade e o funcionamento de seus equipamentos de controle de poluição, nos termos das licenças anteriores.* Aqui, o empreendimento já está pronto e pode funcionar. A licença de operação só é concedida se for constado o respeito às licenças anteriores, bem como se não houver perigo de dano ambiental, independentemente das licenças anteriores. Sua validade é de 4 a 10 anos.

É importante ressaltar que a licença ambiental, diferentemente da licença administrativa (por ex., licença para construir uma casa), apesar de normalmente envolver competência vinculada, tem prazo de validade definida e não gera direito adquirido para seu beneficiário.

Assim, de tempos em tempos, a licença ambiental deve ser renovada. Além disso, mesmo que o empreendedor tenha cumprido os requisitos da licença, caso, ainda assim, tenha sido causado dano ao meio ambiente, a existência de licença em seu favor não o exime de reparar o dano e de tomar as medidas adequadas à recuperação do meio ambiente.

O licenciamento ambiental, como se viu, é obrigatório para todas as atividades que utilizam recursos ambientais, em que há possibilidade de se causar dano ao meio ambiente. Em processos de licenciamento ambiental é comum se proceder a Avaliações de Impacto Ambiental (AIA). Há, contudo, atividades que, potencialmente, podem causar danos *significativos* ao meio ambiente, ocasião em que, além do licenciamento, deve-se proceder a uma AIA mais rigorosa e detalhada, denominada Estudo de Impacto Ambiental (EIA), que será consubstanciado no Relatório de Impacto Ambiental (RIMA).

O EIA pode ser conceituado como o estudo prévio das prováveis consequências ambientais de obra ou atividade, que deve ser exigido pelo Poder Público, quando estas forem potencialmente causadoras de significativa degradação do meio ambiente (art. 225, § 1º, IV, CF).

Destina-se a averiguar as alterações nas propriedades do local e de que forma tais alterações podem afetar as pessoas e o meio ambiente, o que permitirá ter uma ideia acerca da viabilidade da obra ou atividade que se deseja realizar.

O Decreto 99.274/1990 conferiu ao CONAMA atribuição para traçar as regras de tal estudo. A Resolução 1/1986, desse órgão, traça tais diretrizes, estabelecendo, por exemplo, um rol exemplificativo de atividades que devem passar por um EIA, apontando-se, dentre outras, a implantação de estradas com duas ou mais faixas de rolamento, de ferrovias, de portos, de aterros sanitários, de usina de geração de eletricidade, de distritos industriais etc.

O EIA trará conclusões quanto à fauna, à flora, às comunidades locais, dentre outros aspectos, devendo ser realizado por equipe multidisciplinar, que, ao final, deverá redigir um relatório de impacto ambiental (RIMA), o qual trará os levantamentos e conclusões feitos, devendo o órgão público licenciador receber o relatório para análise das condições do empreendimento.

O empreendedor é quem escolhe os componentes da equipe e é quem arca com os custos respectivos. Os profissionais que farão o trabalho terão todo interesse em agir com correção, pois fazem seus relatórios sob as penas da lei. Como regra, o estudo de impacto ambiental e seu relatório são públicos, podendo o interessado solicitar sigilo industrial, fundamentando o pedido.

O EIA normalmente é exigido antes da licença prévia, mas é cabível sua exigência mesmo para empreendimentos já licenciados.

(Juiz de Direito/SP – 2021 – Vunesp) A respeito da previsão de licenças ambientais, é possível afirmar que

(A) a criação de novos tipos ou novas licenças ambientais, por ato do executivo, legitimam-se com base nos princípios que regem a proteção ao meio ambiente.

(B) os valores ambientais contemplados nos artigos 170 e 225 da Constituição devem se sobrepor aos da liberdade de iniciativa econômica, de modo que não se pode restringir de qualquer forma a possibilidade de exigências, inclusive conforme a tipologia, ao licenciamento ambiental.

(C) na doutrina prevalece o entendimento de que as hipóteses de atividades estabelecidas pela Resolução no 001/1986 estão regidas pelo princípio da obriga-toriedade, ou seja, a Administração deve determinar a elaboração do EUA, presumindo-se a necessidade.

(D) o estabelecimento de tipologia pelo Poder Executivo para o licenciamento ambiental e a tipologia definida pelos Conselhos Estaduais do Meio Ambiente violam o artigo 170, parágrafo único da Constituição Federal, que estatui ser "assegurado a todos o livre exercício de qualquer atividade econômica, independente de autorização dos órgãos públicos, salvo nos casos previstos em lei".

Comentário: Essa questão foi mal elaborada pela banca do concurso, embora não tenha sido anulada. A alternativa A está correta, pois o regime das licenças ambientais, notadamente seus tipos, está disciplinado por normas infralegais (Decreto 99.274/1990 e Resolução CONAMA 237/1997). A alternativa B está errada, pois os valores ambientais previstos nos art. 170 e 225 não se sobrepõe aos da liberdade de iniciativa econômica. Esses valores devem ser compatibilizados, nos termos do princípio do desenvolvimento sustentável. A alternativa C está certa (de acordo com o gabarito oficial). Importante observar que a alternativa faz alusão a "EUA", quando o correto é "EIA" (Estudo Prévio de Impacto Ambiental"). Alternativa D incorreta, nos termos dos comentários feitos para a alternativa A. Assim, verifica-se que há duas alternativas corretas. **RB**

Gabarito "C".

(Juiz de Direito – TJ/MS – 2020 – FCC) A audiência pública no processo de licenciamento ambiental

(A) é obrigatória, independentemente do grau de impacto do empreendimento ou da atividade licenciada.

(B) deve ser realizada no início do processo de licencia-mento ambiental para colheita de críticas e sugestões e, ao final do processo, para a respectiva devolutiva.

(C) será realizada na sede do órgão ambiental responsável pelo licenciamento ambiental.

(D) não obriga o órgão responsável pelo licenciamento ambiental a acolher as contribuições dela decorrentes, desde que apresente justificativa.

(E) ocorre em momento anterior à elaboração do EIA--RIMA.

Conforme já apontado, "no âmbito do licenciamento e da elaboração do EIA, cabível a realização de audiências públicas, que representam importante mecanismo democrático, verdadeiro instrumento de implementação do princípio da participação." (BORDALO, Rodrigo. Manual de direito ambiental, 2019, p. 69). O regime da audiência pública encontra-se contemplado na Resolução CONAMA n. 9/1987. Nesse sentido, pode-se estabelecer que: alternativa A incorreta (a audiência não é obrigatória; sempre que julgar necessário, ou quando for solicitado por entidade civil, pelo Ministério Público, ou por cinquenta ou mais cidadãos, o órgão público ambiental promoverá a sua realização); alternativa B incorreta (não há previsão a obrigatoriedade de realização de duas audiências públicas); alternativa C incorreta (a audiência pública deve ocorrer em local acessível aos interessados, e não necessariamente na sede do órgão ambiental); alternativa D certa (as contribuições dadas em razão da audiência pública não vinculam

a decisão administrativo relacionada ao licenciamento); alternativa E incorreta (de modo geral, a audiência pública ocorre em momento posterior à elaboração do EIA-RIMA). **RB**

Gabarito "D".

(Juiz de Direito – TJ/MS – 2020 – FCC) O Ministério Público ajuizou uma ação civil pública visando à declaração de nulidade de licenciamento ambiental conduzido por estudo ambiental diverso do Estudo de Impacto Ambiental e Respectivo Relatório (EIA-RIMA). O Magistrado deverá

(A) julgar, de forma antecipada, a ação procedente, uma vez que o EIA-RIMA é obrigatório no licenciamento ambiental.

(B) julgar, de forma antecipada, a ação improcedente, diante da presunção de legalidade do ato adminis-trativo.

(C) determinar a produção de prova pericial para aferir a necessidade de elaboração do EIA-RIMA no licen-ciamento ambiental.

(D) determinar a produção de prova testemunhal para aferir a necessidade de elaboração do EIA-RIMA.

(E) extinguir o processo, sem resolução de mérito, por verificar a ausência de interesse processual.

Não é qualquer licenciamento ambiental que exige a elaboração de EIA-RIMA, o qual representa instrumento obrigatório para empreendimentos e atividades consideradas causadoras de significativa degradação do meio ambiente (cf. art. 225, § 1º, inc. IV, CF). Diante disso, o Magistrado deverá determinar a produção de prova pericial, para avaliar, no caso concreto objeto da ação civil pública, se a atividade envolvida tem a aptidão para gerar degradação significativa. Caso positivo, o licenciamento apresenta um vício, sendo passível de anulação. **RB**

Gabarito "C".

(Juiz de Direito – TJ/RJ – 2019 – VUNESP) A audiência pública tem por fim expor aos interessados o conteúdo do projeto ou empreendimento em exame e do seu respectivo RIMA. Sobre essa temática, é correto afirmar que

(A) é realizada quando o órgão de meio ambiente licen-ciador julgar necessário ou quando solicitado por 40 ou mais cidadãos.

(B) o fator político não influi no processo de tomada de decisão.

(C) havendo sua solicitação e, na hipótese do órgão estadual não realizá-la, a licença concedida não terá validade.

(D) a participação popular é vinculante e condicionante da decisão administrativa.

(E) a ata da audiência pública vincula o parecer final do licenciador quanto à admissibilidade do exame do projeto.

A: incorreta, pois a audiência pública é realizada, entre outras situações, quando solicitado por 50 ou mais cidadãos (cf. art. 2º da Resolução CONAMA 9/1987); **B:** incorreta, porquanto o conteúdo do RIMA (Relatório de Impacto Ambiental) abrange os objetivos e justificativas do projeto, sua relação e compatibilidade com as políticas setoriais, planos e programas governamentais (art. 9º, inc. I, da Resolução CONAMA 1/1986); **C:** correta (art. 2º, § 2º, da Resolução CONAMA 9/1987); **D:** incorreta, pois as contribuições decorrentes da participação popular não vinculam a decisão administrativa, conforme sugere o art. 5º da Resolução CONAMA 9/1987, que assim dispõe: "a ata da(s) audiência(s) pública(s) e seus anexos, servirão de base, juntamente com o RIMA, para a análise e parecer final do licenciador quanto à aprovação ou

20. DIREITO AMBIENTAL 777

não do projeto."; **E**: incorreta (cf. já apontado nos comentários da alternativa D). **RB**

"Gabarito "C".

(Juiz de Direito – TJ/RS – 2018 – VUNESP) Quanto ao licenciamento ambiental, assinale a alternativa correta.

(A) O prazo de validade da Licença Prévia (LP) não pode ser superior a 3 (três) anos.

(B) A renovação da Licença de Operação (LO) de uma atividade ou empreendimento deverá ser requerida com antecedência mínima de 120 (cento e vinte) dias da expiração de seu prazo de validade, fixado na respectiva licença.

(C) Considera-se Impacto Ambiental Regional todo e qualquer impacto ambiental que afete diretamente (a área de influência direta do projeto), no todo ou em parte, o território de dois ou mais Municípios.

(D) O arquivamento do processo de licenciamento não impedirá a apresentação de novo requerimento de licença, ficando isento de novo pagamento de custo de análise.

(E) O prazo de validade da Licença de Instalação (LI) deverá ser o estabelecido pelo cronograma de instalação do empreendimento ou atividade, não podendo ser superior a 5 (cinco) anos.

A: incorreta. Nos termos do art. 18, I, da Resolução Conama 237/1997: "O prazo de validade da Licença Prévia (LP) deverá ser, no mínimo, o estabelecido pelo cronograma de elaboração dos planos, programas e projetos relativos ao empreendimento ou atividade, não podendo ser superior a 5 (cinco) anos" e não a 3 (três) anos como assevera a alternativa; **B**: correta, segundo o que dispõe o art. 18, § 4º, da Resolução Conama 237/1997; **C**: incorreta. Esclarece o art. 1º, IV, da Resolução Conama 237/1997, que impacto ambiental regional "é todo e qualquer impacto ambiental que afete diretamente (área de influência direta do projeto), no todo ou em parte, o território de dois ou mais Estados"; **D**: incorreta, a teor do art. 17, da Resolução Conama 237/1997: "O arquivamento do processo de licenciamento não impedirá a apresentação de novo requerimento de licença, que deverá obedecer aos procedimentos estabelecidos no artigo 10, mediante novo pagamento de custo de análise"; **E**: incorreta. "O prazo de validade da Licença de Instalação (LI) deverá ser, no mínimo, o estabelecido pelo cronograma de instalação do empreendimento ou atividade, não podendo ser superior a 6 (seis) anos" (art. 18, II, da Resolução Conama 237/97). **FM/FC**

"Gabarito "B".

(Procurador Municipal – Prefeitura/BH – CESPE – 2017) Um empreendedor pretende desenvolver atividade que utiliza recursos ambientais e é potencialmente poluidora. Nesse caso, o órgão de meio ambiente municipal detém a competência para o controle ambiental.

Nessa situação,

(A) cabem ao órgão ambiental municipal os estudos ambientais prévios necessários para a emissão de licença ambiental.

(B) poderá dispensar-se o procedimento de licenciamento ambiental se o responsável pelo empreendimento assinar termo comprometendo-se a atender a legislação ambiental, em especial as normas de qualidade ambiental.

(C) além da licença ambiental, exige-se que o empreendimento tenha registro no cadastro técnico federal de atividades potencialmente poluidoras ou utilizadoras de recursos ambientais.

(D) se a atividade for exercida em desacordo com a licença ambiental emitida, será necessária, para a aplicação de multa, a comprovação de que foram causados danos ambientais significativos.

A: incorreta, posto que os estudos ambientais prévios correm as expensas do empreendedor e não do órgão ambiental (art.11, da Resolução Conama 237/1997); **B**: incorreta, nos termos do art. 10, da Lei 6.938/1981: "Art. 10. A construção, instalação, ampliação e funcionamento de estabelecimentos e atividades utilizadores de recursos ambientais, efetiva ou potencialmente poluidores ou capazes, sob qualquer forma, de causar degradação ambiental dependerão de prévio licenciamento ambiental", portanto, se a atividade ou o empreendimento tiver potencial para causar degradação ambiental, deverá ser submetido ao licenciamento ambiental; **C**: correta (art. 10 e art. 17, II, da Lei 6.938/1981); **D**: incorreta, pois para a aplicação de multa, basta a não cumprimento das medidas necessárias a prevenção de danos previstas na licença ambiental, ou seja, basta que a atividade seja exercida em desacordo com a licença emitida (art.14, *caput*, da Lei 6.938/1981). **FM/FCP**

"Gabarito "C".

(Juiz – TRF 2ª Região – 2017) O licenciamento ambiental de atividade de produção de petróleo compete:

(A) À União, ao Estado e ao município onde estiver localizada a atividade, pois, pelo art. 23, VI, da Constituição Federal, a competência para proteção do meio ambiente é comum e o múltiplo licenciamento é mais apto a proteger o bioma.

(B) Exclusivamente à União, pois se trata de atividade sujeita constitucionalmente a monopólio federal.

(C) A resposta depende da localização da atividade. Assim, por exemplo, se a atividade estiver localizada no mar, a competência será sempre da União, se estiver localizada em terra, a competência será sempre do Estado.

(D) A resposta depende da localização e da natureza exata da atividade. Assim, por exemplo, se a atividade estiver localizada no mar territorial, a competência será da União. Se a atividade estiver localizada no continente, fora de terras indígenas, parques nacionais, divisas com outros estados ou fronteiras internacionais e não se tratar de unidade de produção de recurso não convencional de petróleo, a competência será do Estado.

(E) À União e ao Estado onde estiver localizada a atividade, por força do artigo 10 da Lei 6.938/81 (Lei da Política Nacional do Meio Ambiente).

A: incorreta, pois, nos termos do art. 13, da LC 140/2011, o licenciamento ambiental deve ser feito por um único ente federativo, não sendo admitido, portanto, o múltiplo licenciamento; **B**: incorreta, pois o art. 5º, da Resolução 23/1994 do CONAMA reza que a competência será da União ou do Estado, para o licenciamento ambiental de atividade de produção de petróleo; **C**: incorreta, pois a competência será definida tendo em vista a localização e a natureza da atividade a ser desenvolvida. Nem sempre se estiver localizada em terra a competência será do Estado. Por exemplo, na hipótese do art. 3º, VI, *c*, do Decreto 8.437/2015, a competência será do órgão ambiental federal, ainda que a produção se dê em ambiente terrestre; **D**: correta, (art. 7º, XIV, *a* a *e* da LC 140/2011 e art. 3º, VI, *c*, do Decreto 8.437/2015); **E**: incorreta, o licenciamento de atividade de produção de petróleo depende da localização e natureza da atividade (art. 7º, XIV, da LC 140/2011 e art. 3º, VI, do Decreto 8.437/2015). **FM/FCP**

"Gabarito "D".

778 FABIANO MELO, FERNANDA CAMARGO PENTEADO E RODRIGO BORDALO

(Juiz – TRF 2ª Região – 2017) Em relação à competência para o licenciamento ambiental é correto afirmar que:

(A) O ente que não tem competência para licenciar a atividade tampouco poderá aplicar medidas de polícia sobre ela.

(B) Atividades localizadas em faixa de até 50 km da fronteira serão sempre licenciadas pela União.

(C) Atividades que captem água de rios federais serão sempre licenciadas pela União.

(D) Em regra, o ente competente para o licenciamento de uma atividade será competente para aplicar sanções administrativas ambientais à pessoa responsável pela atividade.

(E) O licenciamento ambiental de qualquer atividade conduzida por concessionária de serviço público federal será de competência da União.

A: incorreta. A competência para licenciar fixada a determinado ente não exclui a competência dos demais para exercer o poder de polícia (art. 17, § 3º, da LC 140/2011); B: incorreta.A competência da União para licenciar, vem prevista no art. 7º, XIV, da LC 140/2011, não existindo previsão neste sentido; C: incorreta.Não há previsão neste sentido no art. 7º, XIV, da LC 140/2011, devendo verificar o grau de impacto que a atividade a ser licenciada causará,a fim de atribuir a competência do ente para licenciar; D: correta (art. 17, "caput", da LC 140/2011); E: incorreta.Não há previsão neste sentido no art. 7º, XIV, da LC 140/2011, devendo, no caso, analisar o grau do impacto que a atividade causará, para definir se a competência será municipal (art. 9º, XIV, LC 140/2011) ou estadual (art. 8º, XIV, da LC 140/2011).**FM/FCP**
„Gabarito "D".

(Juiz – TJ-SC – FCC – 2017) Os apontamentos levantados em audiência pública:

(A) não vinculam o órgão licenciador, que tem o dever, por outro lado, de justificar tecnicamente o não acolhimento das sugestões.

(B) vinculam o órgão licenciador, que tem o dever, portanto, de acolher as sugestões.

(C) são votados e vinculam o órgão licenciador os que obtiverem maioria simples.

(D) são votados e vinculam o órgão licenciador os que obtiverem maioria absoluta.

(E) são votados e vinculam o órgão licenciador os que obtiverem quórum de 2/3.

A: correta, nos termos do art. 5º, da Resolução 09/1987 do CONAMA, a saber:"a ata da(s) audiência(s) pública(s) e seus anexos, servirão de base, juntamente com o RIMA, para a análise e parecer final do licenciador quanto à aprovação ou não do projeto"; desta forma, os apontamentos levantados em audiência pública não vinculam o órgão licenciador; B: incorreta, pois a audiência pública, nos termos do art. 1º, da Resolução 09/1987 do CONAMA, tem por finalidade expor aos interessados o conteúdo do produto em análise e do seu referido RIMA, dirimindo dúvidas e recolhendo dos presentes as críticas e sugestões a respeito, ou seja, visa a concretizar o princípio da informação, não tendo o órgão licenciador, o dever de acolher as sugestões advindas da audiência pública; C, D, E: incorretas, pois não há votação dos apontamentos levantados em audiência pública, esta tem a finalidade deoferecer aos indivíduos acesso a informações relativas a atividade a ser licenciada e aos seus impactos.**FM/FCP**
„Gabarito "A".

(Juiz – TJ/RJ – VUNESP – 2016) No que diz respeito ao direito ambiental e à aplicação das normas constitucionais ambientais, assinale a opção correta.

(A) O Conama é um dos mais atuantes e expressivos órgãos do Sistema Nacional do Meio Ambiente, na qualidade de órgão colegiado, composto por representantes federais e estaduais.

(B) O reconhecimento material do direito fundamental ao ambiente justifica-se na medida em que tal direito é extensão do direito à vida, sob os aspectos da saúde e da existência digna com qualidade de vida, ostentando o *status* de cláusula pétrea, consoante entendimento do STF.

(C) A licença de operação (LO) autoriza a operação da atividade ou empreendimento, após a verificação do efetivo cumprimento do que consta das licenças Prévia e de Instalação. A decisão será motivada sem prazo mínimo e máximo de vigência.

(D) A Lei de Política Nacional instituiu o Sistema Nacional do Meio Ambiente – Sisnama, formado por um conjunto de órgãos, dentre eles, o Órgão Central Superior, que seria a Secretaria Especial do Meio Ambiente.

(E) Cabe ao Ibama coordenar a implementação do Plano Nacional de Gerenciamento Costeiro, observando a compatibilização dos Planos Estaduais e Municipais como PNGC e as demais normas federais, sem prejuízo da competência dos outros órgãos.

A: incorreta. O Conama é um órgão colegiado do Sisnama, representativo de cinco setores, a saber: órgãos federais, estaduais e municipais, setor empresarial e sociedade civil; B: correta. O direito ao meio ambiente ecologicamente equilibrado, conforme disposto no *caput* do artigo 225 da Constituição Federal, faz parte dos direitos e deveres individuais e coletivos dispostos na Constituição de 1988, e que por estar ligado ao direito à vida, ostenta o *status* de verdadeira cláusula pétrea; C: A LO autoriza a operação da atividade ou empreendimento, após a verificação do efetivo cumprimento do que consta das licenças anteriores (prévia e instalação). Contudo, ao contrário do previsto na alternativa, a decisão será motivada e com mínimo de 4 (quarto) anos e máximo de 10 (dez) anos de vigência, conforme a Resolução Conama 237/1997; D: incorreta. Não existe Órgão Central Superior do Sisnama. O Órgão Superior do Sisnama é o Conselho de Governo, já o órgão Central é a Secretaria do Meio Ambiente da Presidência da República [atualmente Ministério do Meio Ambiente] (art. 6º, I e II, da Lei 6.938/1981); E: incorreta. Nos termos da Lei 7.661/1988, art. 4º: "O PNGC será elaborado e, quando necessário, atualizado por um Grupo de Coordenação, dirigido pela Secretaria da Comissão Interministerial para os Recursos do Mar – Secirm, cuja composição e forma de atuação serão definidas em decreto do Poder Executivo. [...] § 2º. O Plano será aplicado com a participação da União, dos Estados, dos Territórios e dos Municípios, através de órgãos e entidades integradas ao Sistema Nacional do Meio Ambiente – Sisnama".**FM/FCP**
„Gabarito "B".

(Delegado/PE – 2016 – CESPE) Determinada sociedade empresária pretende realizar, no mar territorial que banha o município de Recife – PE, atividade potencialmente causadora de significativa degradação ambiental.

Nessa situação, de acordo com a Lei Complementar 140/2011, o licenciamento ambiental dessa atividade será promovido pelo(a)

(A) município de Recife ou, caso ele não possua órgão ambiental capacitado para promover esse licenciamento, pelo estado de Pernambuco.

(B) União.

(C) município de Recife.

(D) estado de Pernambuco.

(E) estado de Pernambuco ou, caso ele não possua conselho de meio ambiente, pela União.

A: incorreta, já que a competência para promover licenciamento ambiental no mar territorial é exclusiva da União; **B:** correta, conforme art. 7º, XIV, alínea 'b' da Lei Complementar 140/2011: "São ações administrativas da União: XIV – promover o licenciamento ambiental de empreendimentos e atividades: b) localizados ou desenvolvidos no mar territorial, na plataforma continental ou na zona econômica exclusiva"; **C:** incorreta, pois não compete ao município realizar licenciamento ambiental em mar territorial; **D:** incorreta, pois trata-se de área cuja competência para realização de licenciamento ambiental é exclusiva da união; **E:** incorreta, já que nem estado nem município são competentes para realizar licenciamento ambiental em mar territorial, que acrescente-se, é bem da União, conforme artigo 20, VI, da CF/1988. **RB**

Gabarito "B".

6.2. Unidades de Conservação

(Procurador Município – Teresina/PI – FCC – 2022) Para estabelecer a zona de amortecimento de um Parque Municipal, o Plano de Manejo considerou um fragmento de vegetação nativa relevante, mas que não possui relação com a unidade de conservação. A restrição ao direito de propriedade imposta é

(A) válida com base no princípio do poluidor pagador.

(B) ilegal, pois a zona de amortecimento deve ser estabelecida de forma a minimizar os impactos negativos sobre a unidade de conservação.

(C) ilegal, pois zona de amortecimento não pode estabelecer restrições ao direito de propriedade.

(D) válida, pois é função da zona de amortecimento proteger os atributos naturais da área delimitada, que não precisa guardar, necessariamente, relação com a unidade de conservação.

(E) válida pela relevância própria dos remanescentes de vegetação nativa.

Zona de amortecimento é definida como o entorno de uma unidade de conservação, onde as atividades humanas estão sujeitas a normas e restrições específicas, com o propósito de minimizar os impactos negativos sobre a unidade (art. 2º, XVIII, da Lei 9.985/2000). Desse modo, existe uma relação necessária entre zona de amortecimento e unidade de conservação, motivo pelo qual correta a alternativa B (a instituição da zona de amortecimento é ilegal, pois não possui relação com unidade de conservação). **RB**

Gabarito "B".

(Procurador/PA – CESPE – 2022) Desde 2015, Maria detinha a posse de uma área que mede 2.000 hectares, localizada na unidade de conservação denominada Floresta Nacional de Altamira, criada em 2/2/1998. Ao longo dos últimos anos, Maria fez muitas benfeitorias nessa área, explorando no local a pecuária bovina. Recentemente, um grupo de aproximadamente 50 pessoas, usando da força, invadiu a referida área, causando danos materiais. Maria, então, ajuizou ação de reintegração de posse no juízo da Vara Agrária de Altamira – PA.

Considerando o caso hipotético apresentado e as disposições da Lei n.º 9.985/2000, que instituiu o Sistema Nacional de Unidades de Conservação, julgue os itens a seguir.

I. As florestas nacionais, como áreas de coberturas florestais de espécies predominantemente nativas, são de posse e domínio públicos, devendo ser desapropriadas as áreas particulares nelas incluídas.

II. No caso apresentado, a liminar de reintegração de posse deve ser deferida, considerando-se a comprovada posse mansa e pacífica anterior ao esbulho.

III. Na demarcação de qualquer unidade de conservação, deve-se considerar o estabelecimento de corredores ecológicos e de zonas de amortecimento.

Assinale a opção correta.

(A) Apenas o item I está certo.

(B) Apenas o item II está certo.

(C) Apenas os itens I e III estão certos.

(D) Apenas os itens II e III estão certos.

(E) Todos os itens estão certos.

I: correto (art. 17, "caput" e § 1º, da Lei 9.985/2000). **II:** incorreto (considerando que a posse e o domínio devem ser necessariamente públicos, incabível a reintegração em favor de posse de caráter privado). **III:** incorreto (nem toda unidade de conservação deve possuir corredores ecológicos e zonas de amortecimento; de acordo com o art. 25 da Lei 9.985/2000, as unidades de conservação, exceto Área de Proteção Ambiental e Reserva Particular do Patrimônio Natural, devem possuir uma zona de amortecimento e, quando conveniente, corredores ecológicos). **RB**

Gabarito "A".

(Juiz de Direito – TJ/RS – 2018 – VUNESP) No que tange às unidades de conservação, assinale a alternativa correta.

(A) A Reserva Biológica tem como objetivo a preservação da natureza e a realização de pesquisas científicas.

(B) O Refúgio de Vida Silvestre tem como objetivo a preservação de ecossistemas naturais de grande relevância ecológica e beleza cênica.

(C) Na Estação Ecológica não podem ser permitidas alterações dos ecossistemas.

(D) O objetivo básico das Unidades de Uso Sustentável é preservar a natureza, sendo admitido apenas o uso indireto dos seus recursos naturais.

(E) A Floresta Nacional é uma área com cobertura florestal de espécies predominantemente nativas e tem como objetivo básico o uso múltiplo sustentável dos recursos florestais e a pesquisa científica.

A: incorreta. A Reserva Biológica tem como objetivo a preservação integral da biota e demais atributos naturais existentes em seus limites (art. 10, *caput*, da Lei 9.985/2000); **B:** incorreta, a saber: "o Refúgio de Vida Silvestre tem como objetivo proteger ambientes naturais onde se asseguram condições para a existência ou reprodução de espécies ou comunidades da flora local e da fauna residente ou migratória" (art. 13, *caput*, da Lei 9.985/1990); **C:** incorreta, o art. 9º, § 4º, I a IV, da Lei 9.985/1990, trazem possibilidades de alterações nos ecossistemas da Estação Ecológica; **D:** incorreta. "O objetivo básico das Unidades de Uso Sustentável é compatibilizar a conservação da natureza com o uso sustentável de parcela dos seus recursos naturais" (art. 7º, § 2º, da Lei 9.985/1990). **E:** correta. A assertiva trata-se de transcrição do art. 17, *caput*, da Lei 9.985/1990. **FM/FC**

Gabarito "E".

(Procurador do Estado – PGE/MT – FCC – 2016) A Floresta Estadual

(A) não é uma unidade de conservação pertencente ao Sistema Nacional de Unidades de Conservação da Natureza (SNUC).

(B) é uma unidade de conservação do grupo das Unidades de Proteção Integral.

(C) é uma unidade de conservação do grupo das Unidades de Uso Sustentável.

(D) é um imóvel rural de propriedade do Estado sem qualquer relação com a defesa do meio ambiente.

(E) pode ser constituída por propriedades privadas, que terão sua função social adequada aos objetivos do território especialmente protegido.

A: incorreta, nos termos do art. 3º, da Lei 9.985/2000: "Art. 3º O Sistema Nacional de Unidades de Conservação da Natureza – SNUC é constituído pelo conjunto das unidades de conservação federais, estaduais e municipais [...]"; **B:** incorreta, as Florestas são unidades de conservação do grupo Uso Sustentável (art. 14, III c/c art. 17, § 6º, ambos da Lei 9.985/2000); **C:** correta (art. 14, III c/c art. 17, § 6º, ambos da Lei 9.985/2000); **D:** incorreta, as florestas são de posse e domínio públicos, sendo que as áreas particulares incluídas em seus limites devem ser desapropriadas de acordo com o que dispõe a lei (art. 17, §§ 1º e 6º, da Lei 9.985/2000). **FM/FCP**
Gabarito "C".

(Juiz – TRF 2ª Região – 2017) Em relação às Unidades de Conservação é correto afirmar que:

(A) O licenciamento de atividade desenvolvida em área de proteção ambiental federal é sempre de competência da União.

(B) O resultado das consultas públicas prévias à criação de unidades de conservação só vincula o Poder Executivo quando houver participação da maioria da população diretamente interessada e desde que a consulta seja feita com acompanhamento do Tribunal Regional Eleitoral.

(C) A zona de amortecimento de uma unidade de conservação deve ter seus limites definidos, seja no ato de criação da unidade ou posteriormente.

(D) Nas unidades de conservação de proteção integral não são permitidas atividades com finalidades lucrativas.

(E) Nas Reservas de Desenvolvimento Sustentável só são admitidas visitas de parentes dos residentes que façam parte da população tradicional abrigada pela reserva.

A: incorreta, nos termos do art. 7º, XIV, d, da LC 140/2011: "São ações administrativas da União: promover o licenciamento ambiental de empreendimentos e atividades localizados ou desenvolvidos em unidades de conservação instituídas pela União, exceto em Áreas de Proteção Ambiental (APAs)".A competência para licenciar atividades ou empreendimentos localizados ou desenvolvidos nas APAs vai depender do impacto a ser gerado (art. 12, da LC 140/2011); **B:** incorreta, pois, não obstante a criação de uma unidade de conservação deva ser precedida de consulta pública e estudos técnicos que permitam identificar a localização, a dimensão e os limites mais adequados para a unidade, a consulta pública não é vinculante, por ausência de previsão legal (art. 22, § 2º, da Lei 9.985/2000); **C:** correta, (art. 25, § 2º, da Lei 9.985/2000); **D:** incorreta, pois há unidades de proteção integral que podem ser de domínio privado, tais como o Monumento Natural e o Refúgio da Vida Silvestre, o que permitiria, a princípio, atividades lucrativas.Outrossim, não há qualquer vedação nesse sentido na Lei 9.985/2000; **E:** incorreta, pois nas Reservas de Desenvolvimento Sustentável "é permitida e incentivada a visitação pública, desde que compatível com os interesses

locais e de acordo com o disposto no Plano de Manejo da área" (art. 20, § 5º, I, da Lei 9.985/2000).**FM/FCP**
Gabarito "C".

(Juiz – TJ-SC – FCC – 2017) O proprietário de uma Reserva Particular do Patrimônio Natural – RPPN:

(A) não pode receber recursos advindos da compensação ambiental.

(B) pode receber recursos advindos da compensação ambiental desde que em conjunto com o Município.

(C) pode receber recursos advindos da compensação ambiental desde que o proprietário seja fiscalizado pelo Município.

(D) pode receber recursos advindos da compensação ambiental, visto que a Reserva Particular do Patrimônio Natural – RPPN é uma unidade de conservação da natureza de proteção integral.

(E) pode receber recursos advindos da compensação ambiental desde que sua unidade de conservação tenha sido afetada por um empreendimento de significativo impacto ambiental.

De fato, o proprietário de uma RPPN pode receber recursos advindos da compensação ambiental desde que tenha sido afetada diretamente por um empreendimento de significativo impacto ambiental. Nesse sentido, dispõe o art. 29, do Decreto 5.746/2006: "No caso de empreendimento com significativo impacto ambiental que afete diretamente a RPPN já criada, o licenciamento ambiental fica condicionado à prévia consulta ao órgão ambiental que a criou, devendo a RPPN ser uma das beneficiadas pela compensação ambiental [...]".**FM/FCP**
Gabarito "E".

(Juiz – TRF 4ª Região – 2016) Dadas as assertivas abaixo, assinale a alternativa correta. Acerca da Lei Federal nº 9.985/00, que instituiu o Sistema Nacional de Unidades de Conservação da Natureza:

I. O Sistema Nacional de Unidades de Conservação da Natureza é composto pelas Unidades de Conservação Federais, Estaduais e Municipais.

II. As Unidades de Conservação podem ser divididas entre Proteção Integral e de Uso Sustentável, e, em todas as situações, haverá a transferência do título de propriedade ao ente federativo que a instituiu.

III. O Sistema Nacional de Unidades de Conservação é composto por um órgão consultivo, o Conama; um órgão Central, o Ministério do Meio Ambiente; e um órgão executivo, que, para as Unidades de Conservação Federais, pode ser o Instituto Chico Mendes ou o Ibama.

IV. Todas as unidades de conservação instituídas legalmente possuem zona de amortecimento, que tem como objetivo minimizar os impactos negativos da atividade humana sobre a unidade.

V. É permitida a ocupação das Unidades de Conservação para fins de pesquisa científica, independentemente de autorização do órgão gestor respectivo.

(A) Estão corretas apenas as assertivas I e II.

(B) Estão corretas apenas as assertivas I e III.

(C) Estão corretas apenas as assertivas II e IV.

(D) Estão corretas apenas as assertivas III e IV.

(E) Estão corretas apenas as assertivas III e V.

I: correta (art. 3º, "caput", da Lei 9.985/1998); **II:** incorreta. As Unidades de Conservação podem ser divididas entre Proteção Integral e de Uso Sustentável (art.7º, I e II, da Lei 9.985/1998), contudo, nem sempre

20. DIREITO AMBIENTAL

haverá a transferência do título de propriedade ao ente federativo que a instituiu. Há Unidades de Conservação que podem ser de posse e propriedade privadas, cita-se: Monumento Natural, Refúgio da Vida Silvestre, Área de Proteção Ambiental, Reserva Particular do Patrimônio Natural; **III**: correta (art. 6°, I a III, da Lei 9.985/1998); **IV**: incorreta, pois as Áreas de Proteção Ambiental e as Reservas Particulares do Patrimônio Natural, não necessitam de zona de amortecimento (art. 25, da Lei 9.985/1998); **V**: incorreta.A pesquisa científica constitui em um dos objetivos do SNUC (art. 4°, X, da Lei 9.985/1998), contudo sujeita-se à prévia autorização do órgão responsável pela administração da unidade de conservação FM/FCP.
Gabarito "B".

(Juiz de Direito/DF – 2016 – CESPE) De acordo com a Lei n.° 9.985/2000, que instituiu o Sistema Nacional de Unidades de Conservação (SNUC), assinale a opção correta.

(A) Pode haver área particular localizada em unidade de conservação designada como Monumento Natural; nessas áreas, no entanto, não pode haver criação de animais domésticos nem plantio de qualquer espécie, sendo vedada essa autorização, se houver, no plano de manejo.

(B) O parque nacional, a reserva de fauna, a estação ecológica e o refúgio de vida silvestre constituem exemplos, nos termos da lei, de unidades de proteção integral.

(C) A presença de habitantes é inadmissível na floresta nacional, área com cobertura florestal de espécies predominantemente nativas e de posse e domínio públicos.

(D) As pesquisas científicas, realizadas em estação ecológica, que gerem impacto superior à simples observação ou à coleta controlada de componentes dos ecossistemas devem ocorrer em área correspondente a, no máximo, 3% da extensão total da unidade e até o limite de 1.500 hectares.

(E) O subsolo e o espaço aéreo também integram os limites das unidades de conservação, e se consideram incluídos na proteção ambiental conferida à unidade, ainda que não constem no ato de criação ou no plano de manejo.

A: incorreta. O Monumento Natural pode ser constituído por áreas particulares, desde que seja possível compatibilizar os objetivos da unidade com a utilização da terra e dos recursos naturais do local pelos proprietários. Não há, por sua vez, qualquer vedação expressa para a criação de animais domésticos nem plantio de qualquer espécie. Somente se houver incompatibilidade entre os objetivos da área e as atividades privadas ou não houver aquiescência do proprietário às condições propostas pelo órgão responsável pela administração da unidade para a coexistência do Monumento Natural com o uso da propriedade, a área deve ser desapropriada; **B:** incorreta. Ao contrário das demais espécies elencadas, a reserva de fauna não é uma unidade de conservação de proteção integral, mas de uso sustentável; **C:** incorreta. Nas Florestas Nacionais é admitida a permanência de populações tradicionais que as habitam quando de sua criação, em conformidade com o disposto em regulamento e no Plano de Manejo da unidade (art. 17, § 2°, Lei 9.985/2000); **D:** correta. Trata-se da transcrição do art. 9°, § 4°, IV, da Lei 9.985/2000, que dispõe que na Estação Ecológica só serão permitidas alterações dos ecossistemas no caso de pesquisas científicas cujo impacto sobre o ambiente seja maior do que aquele causado pela simples observação ou pela coleta controlada de componentes dos ecossistemas, em uma área correspondente a no máximo três por cento da extensão total da unidade e até o limite de mil e quinhentos hectares; **E:** incorreta. Segundo o art. 24 da Lei 9.985/2000, "O subsolo

e o espaço aéreo, sempre que influírem na estabilidade do ecossistema, integram os limites das unidades de conservação". Isto é, somente se influírem na estabilidade do ecossistema e desde que previstos no ato de criação e no plano de manejo, a depender da unidade. Além disso, o Decreto 4340/2002, um dos regulamentos da Lei 9.985/2000, dispõe que os limites da unidade de conservação, em relação ao subsolo, são estabelecidos: I – no ato de sua criação, no caso de Unidade de Conservação de Proteção Integral; e II – no ato de sua criação ou no Plano de Manejo, no caso de Unidade de Conservação de Uso Sustentável. RB
Gabarito "D".

(Juiz de Direito/AM – 2016 – CESPE) Considerando que se confere especial proteção ambiental a áreas com características ambientais relevantes, assinale a opção correta.

(A) Pode haver, indistintamente, APPs e áreas de reserva legal em propriedades urbanas e rurais.

(B) A identificação física de determinadas APPs depende da edição de ato normativo, sendo outras APPs identificáveis por sua localização, a partir de mera aplicação do Código Florestal.

(C) Nas unidades de conservação situadas em áreas particulares, é de direito privado o regime jurídico especial de proteção que impõe restrições ao uso do solo.

(D) A criação de espaços territoriais especialmente protegidos constitui uma das metas da Política Nacional do Meio Ambiente.

(E) Segundo o Código Florestal, as APPs são áreas protegidas, cobertas por vegetação nativa, com a função de preservar os recursos hídricos e a biodiversidade.

A: incorreta. Enquanto as APPs podem incidir sobre imóveis urbanos e rurais, a reserva legal incide somente sobre imóveis rurais, ao teor do art. 12 da Lei 12.651/2012 (Código Florestal); **B:** correta. Há dois grupos de APP's: (i) por força de lei, isto é, pela sua simples localização, consoante as espécies do art. 4° do Código Florestal; e (ii) aquelas declaradas de interesse social por ato do Chefe do Poder Executivo, dispostas no art. 6° do Código Florestal; **C:** incorreta. As unidades de conservação, inclusive situadas em áreas particulares, estão sob regime especial de administração, ao qual se aplicam garantias adequadas de proteção; **D:** incorreta. A criação de espaços territoriais especialmente protegidos constitui um dos instrumentos – e não metas – da Política Nacional do Meio Ambiente (art. 9°, VI, Lei 6.938/81); **E:** incorreta. Segundo o Código Florestal, as APPs são áreas protegidas, cobertas ou não por vegetação nativa, com a função de preservar os recursos hídricos e a biodiversidade. Em outras palavras, áreas não cobertas por vegetação nativa também podem ser APP. RB
Gabarito "B".

(Delegado/PE – 2016 – CESPE) As unidades de conservação

(A) devem possuir um plano de manejo, com exceção das reservas particulares do patrimônio natural.

(B) são constituídas de espaços territoriais e seus recursos naturais, com exceção das águas jurisdicionais.

(C) de proteção integral devem ser de posse e de domínio públicos.

(D) de uso sustentável devem ser de posse e de domínio privados.

(E) devem possuir zonas de amortecimento, com exceção das áreas de proteção ambiental e das reservas particulares do patrimônio natural.

A: incorreta, já que as reservas particulares do patrimônio natural são áreas privadas gravadas com perpetuidade com o fim de conservar a diversidade biológica, cabendo ao SNUC sempre que possível e oportuno prestar orientação técnica e científica ao proprietário para a elaboração de um Plano de Manejo ou de Proteção e de Gestão da unidade, conforme determinado pelo art. 21, § 3º da Lei 9.985/2000; **B:** incorreta, já que o art. 2º, I, da Lei 9.985/2000 inclui as águas jurisdicionais como recursos naturais dos espaços territoriais; **C:** incorreta, já que dentre as categorias de proteção integral estão os refúgios de vida silvestre que podem ser constituídos inclusive por áreas particulares, conforme art. 8º, V, e art. 13, § 1º da Lei 9.985/2000; **D:** incorreta, já que a área de proteção ambiental pode ser constituída por terras públicas ou privadas e de todo modo são categorias do Grupo das Unidades de Uso Sustentável, conforme art. 14º, I e art. 15, § 1º, da Lei 9.985/2000; **E:** correta, conforme a literalidade do art. 25 da Lei 9.985/2000: "Art. 25.As unidades de conservação, exceto Área de Proteção Ambiental e Reserva Particular do Patrimônio Natural, devem possuir uma zona de amortecimento e, quando conveniente, corredores ecológicos" RB

Gabarito "E".

6.3. Zoneamento Ambiental

(Juiz de Direito – TJ/MS – 2020 – FCC) O Zoneamento Ecológico--Econômico (ZEE) de determinado estado da federação foi produzido pela área técnica da Secretaria do Meio Ambiente e por renomados professores da respectiva universidade estadual, sendo, portanto,

(A) inválido, diante da ausência de ampla participação democrática.

(B) válido pela qualificada discussão presente na sua elaboração.

(C) válido como fundamento para a elaboração de planos diretores municipais.

(D) válido como fundamento para compensação de reserva legal.

(E) inválido, diante da ausência de participação de uma universidade federal presente no território do estado.

O Zoneamento Ecológico-Econômico (ZEE) encontra-se disciplinado pelo Decreto federal 4.297/02. O processo de sua elaboração e implementação deve contar com ampla participação democrática (art. 4º, inc. II). Nesse sentido, a produção do ZEE apresentada no enunciado da questão está revestida de invalidade, em razão da ausência de ampla participação democrática, motivo pelo qual está correta a alternativa A. RB

Gabarito "A".

Determinada empresa pretende instalar uma indústria cloroquímica no estado de Santa Catarina e está ciente de que as atividades dessa indústria gerarão resíduos sólidos, líquidos e gasosos perigosos à saúde, ao bem-estar e à segurança da população local, ainda que sejam adotados todos os métodos adequados de controle e tratamento de efluentes.

(Juiz de Direito – TJ/SC – 2019 – CESPE/CEBRASPE) Para compatibilizar as atividades da referida indústria cloroquímica com a proteção ambiental, a empresa deverá instalar esse empreendimento em

(A) zona de uso estritamente industrial aprovada e delimitada pelo governo do estado de Santa Catarina.

(B) zona de uso predominantemente industrial aprovada e delimitada pelo governo do estado de Santa Catarina.

(C) zona de uso diversificado aprovada e delimitada pelo governo do estado de Santa Catarina.

(D) zona de uso ambiental-industrial aprovada e delimitada pela União e pelo município interessado.

(E) zona de uso estritamente industrial aprovada e delimitada pela União, ouvidos os governos interessados, tanto do estado de Santa Catarina quanto do município.

A Lei federal 6.803/1980 dispõe sobre as diretrizes básicas para o zoneamento industrial nas áreas críticas de poluição. Entre as modalidades de zoneamento que estão previstas, citem as zonas de uso estritamente industrial, que se destinam à localização de estabelecimentos industriais cujos resíduos sólidos, líquidos e gasosos, ruídos, vibrações, emanações e radiações possam causar perigo à saúde, ao bem-estar e à segurança das populações, mesmo depois da aplicação de métodos adequados de controle e tratamento de efluentes (art. 2º, "caput"). Caberá exclusivamente à União, ouvidos os Governos Estadual e Municipal interessados, aprovar a delimitação e autorizar a implantação de zonas de uso estritamente industrial que se destinem à localização de polos cloroquímicos, entre outros (petroquímicos, carboquímicos e instalações nucleares). É o que estabelece o art. 10, § 2º. RB

Gabarito "E".

7. PROTEÇÃO DA FLORA. CÓDIGO FLORESTAL

(Juiz de Direito/SP – 2021 – Vunesp) Considerando, de um lado, a necessidade de garantia da melhor e mais eficaz preservação do meio ambiente natural e do meio ambiente artificial, e, de outro, a superveniência da Lei no 13.913/2019, que suprimiu a expressão "... salvo maiores exigências da legislação específica", concluiu-se que

(A) pode ser dito que há conflito entre o direito de propriedade e a proteção jurídica do meio ambiente, atentando para a compreensão sistemática dos institutos, o que deve ser resolvido de modo a causar o mínimo prejuízo ao particular.

(B) o novo código florestal, ao prever medidas mínimas superiores para as faixas marginais de qualquer curso d'agua natural perene e intermitente, não pode reger a proteção das APPs ciliares ou ripárias em áreas urbanas consolidadas, espaços territoriais especialmente protegidos (artigo 225, III, da CF/1988), que não se condicionam a fronteiras entre os meios rural e o urbano.

(C) as alterações que importam diminuição da proteção dos ecossistemas abrangidos pelas unidades de conservação não implicam possibilidade de reconhecimento de retrocesso ambiental, pois não atingem o núcleo essencial do direito fundamental ao meio ambiente equilibrado.

(D) na vigência do novo código florestal, a extensão não edificável nas áreas de preservação permanente de qualquer curso d'agua, perene ou intermitente, em trechos caracterizados como área urbana consolidada, deve respeitar o disciplinado no seu artigo 4º, caput, inciso I, alíneas a, b, c, d e e, a fim de assegurar a mais ampla garantia ambiental a esses espaços territoriais especialmente protegidos e, consequentemente, a toda sociedade.

Comentário: **Atenção!** Essa questão está *desatualizada*, à luz das alterações promovidas pela Lei 14.285, de 29 de dezembro de 2021. O gabarito oficial da questão (alternativa "D") tomou como base

20. DIREITO AMBIENTAL

Acórdão do STJ publicado em maio de 2021, em que foi apreciada a disciplina da extensão das faixas marginais de cursos d'água no meio urbano, sobretudo à luz da Lei 13.913/2019, que suprimiu a expressão "(...) salvo maiores exigências da legislação específica." do inciso III do art. 4º da Lei 6.766/1976 (Lei do Parcelamento do Solo Urbano). De acordo com o STJ, no âmbito do REsp 1.770.760/SC (1ª Seção, Rel. Min. Benedito Gonçalves, DJe 10.05.2021), a superveniência da Lei 13.913/2019 não afasta a aplicação do art. 4º, "caput", e I, da Lei n. 12.651/2012 (Código Florestal) às áreas urbanas de ocupação consolidada, pois, pelo critério da especialidade, esse normativo do novo Código Florestal é o que garante a mais ampla proteção ao meio ambiente, em áreas urbana e rural, e à coletividade. Nesse sentido é que foi expedida a seguinte tese (recurso repetitivo): "Na vigência do novo Código Florestal (Lei 12.651/2012), a extensão não edificável nas Áreas de Preservação Permanente de qualquer curso d'água, perene ou intermitente, em trechos caracterizados como área urbana consolidada, deve respeitar o que disciplinado pelo seu art. 4º, caput, inciso I, alíneas a, b, c, d e e, a fim de assegurar a mais ampla garantia ambiental a esses espaços territoriais especialmente protegidos e, por conseguinte, à coletividade." Ocorre que houve a superveniência da já referida Lei 14.285/2021, que, em síntese, estabeleceu o regime das faixas marginais dos cursos d´água em área urbana consolidada, cuja fixação foi atribuída aos entes federativos locais. A nova lei alterou o §10 do artigo 4º do Código Florestal, de modo a conferir competência aos Municípios (e ao Distrito Federal) na definição da metragem das Áreas de Preservação Permanente no entorno de cursos d'água em áreas urbanas consolidadas, *mesmo em metragens inferiores* àquelas estabelecidas no inciso I do "caput" do art. 4º do mesmo diploma de 2012. Consigne-se que há polêmica quanto à constitucionalidade da Lei 14.285/2021, motivo pelo qual tramita no STF a ADI 7.146, proposta em abril de 2022. RB

(gabarito desatualizado, à luz da Lei 14.285, de 29 de dezembro de 2021)

Gabarito "D".

(Juiz de Direito/GO – 2021 – FCC) O proprietário da Fazenda Santa Teresa, cuja área corresponde a três módulos fiscais, foi autuado pelo plantio de soja em área de preservação permanente localizada ao longo de um curso d'água que corta o imóvel rural. Em defesa, alegou e provou que o plantio ocorreu em data anterior a 22 de julho de 2008. A Fazenda não está inscrita no Cadastro Ambiental Rural (CAR). O auto de infração ambiental foi mantido. O proprietário ajuizou uma ação buscando a anulação do ato administrativo, que deverá ser julgada

(A) parcialmente procedente para determinar a continuidade da atividade agrícola com a recuperação de uma faixa de quinze metros ao longo do curso d'água.

(B) extinta, sem resolução de mérito, diante da presunção de veracidade dos atos administrativos.

(C) parcialmente procedente para manter a continuidade da atividade agrícola, mas sem possibilidade de alternância de cultura.

(D) procedente por se tratar da continuidade de atividade agrícola em área consolidada.

(E) improcedente pela impossibilidade de adesão ao Programa de Regularização Ambiental (PRA).

Comentário: O Código Florestal, nos termos do art. 61-A, autoriza a continuidade das atividades agrícolas em áreas de preservação permanente localizadas em áreas rurais consolidadas até 22 de junho de 2008 (marco temporal estabelecido pela lei). Para tanto, é obrigatória a recomposição da faixa marginal de 15 metros ao longo do curso d'água. (art. 61-A, § 3º). Trata-se de medida que depende de adesão ao Programa de Regularização Ambiental (PRA), prevista no art. 59 da Lei

12.651/2012. Ocorre que a inscrição do imóvel no Cadastro Ambiental Rural (registro público eletrônico de âmbito nacional, cogente para todos os imóveis rurais) é obrigatória para adesão ao PRA (art. 59, § 2º). Considerando que, conforme apontado pelo enunciado da questão, que a Fazenda Santa Teresa não está inscrita no CAR, incabível a adesão do PRA. Assim, a demanda para anulação do ato administrativo deve ser julgada improcedente. Correta a alternativa E. RB

Gabarito "E".

(Juiz de Direito/GO – 2021 – FCC) O Ministério Público Estadual ajuizou uma ação civil pública em face dos atuais proprietários da Fazenda São Pedro requerendo a instituição da Reserva Legal. Em contestação, os réus alegaram que a supressão da vegetação nativa respeitou os percentuais de Reserva Legal previstos pela legislação vigente à época do fato. A narrativa trazida pela defesa restou comprovada por prova documental e pericial. A Fazenda não está inscrita no Cadastro Ambiental Rural (CAR). A ação deverá ser julgada

(A) improcedente por se tratar de obrigação dos proprietários que realizaram a supressão da vegetação nativa.

(B) procedente, diante da ausência de inscrição da Fazenda São Pedro no Cadastro Ambiental Rural (CAR).

(C) improcedente, uma vez que a supressão da vegetação nativa respeitou a legislação vigente à época do fato.

(D) procedente, uma vez que toda propriedade rural deve possuir uma Reserva Legal em percentual fixado pelo atual Código Florestal.

(E) procedente, visto que a supressão foi realizada pelos antigos proprietários, cabendo aos novos proprietários instituir uma Reserva Legal nos moldes estabelecidos pelo atual Código Florestal.

Comentário: O Código Florestal dispõe que os proprietários (ou possuidores) de imóveis rurais que realizaram supressão de vegetação nativa respeitando os percentuais de Reserva Legal previstos pela legislação em vigor à época em que ocorreu a supressão são dispensados de promover a recomposição, compensação ou regeneração para os percentuais exigidos na Lei 12.651/2012 (art. 68 do Código Florestal, dispositivo declarado constitucional pelo STF, porquanto a regra *tempus regit actum* está ajustada à preservação da segurança jurídica). A aplicação desse regime independe da inscrição da área no Cadastro Ambiental Rural (CAR). Deve-se alertar que a obrigação de reparar o dano ambiental decorrente da supressão da vegetação é "propter rem", ou seja, de natureza real (cf. Súmula 623 do STJ), de modo que os atuais proprietários podem ser cobrados para a reparação, mesmo que os antigos donos tenham praticado a degradação. RB

Gabarito "C".

(Juiz de Direito – TJ/BA – 2019 – CESPE/CEBRASPE) Em 2006, um imóvel rural localizado no bioma caatinga e fora da Amazônia Legal foi completamente desmatado por seu proprietário, que, em decorrência disso, foi autuado, no mesmo ano, pelo órgão ambiental federal competente e penalizado com multa.

Nessa situação hipotética, para eximir-se do pagamento da multa, basta ao proprietário

(A) aderir ao Programa de Regularização Ambiental e assinar termo de compromisso de reparação integral do dano.

(B) inscrever o imóvel no Cadastro Ambiental Rural, aderir ao Programa de Regularização Ambiental e adquirir cotas de reserva ambiental para reparar 80% do dano.

(C) inscrever o imóvel no Cadastro Ambiental Rural, aderir ao Programa de Regularização Ambiental, assinar termo de compromisso e reparar 50% do dano.

(D) inscrever o imóvel no Cadastro Ambiental Rural, aderir ao Programa de Regularização Ambiental, assinar termo de compromisso e reparar integralmente o dano.

(E) inscrever o imóvel no Cadastro Ambiental Rural, adquirir cotas de reserva ambiental e se comprometer a recuperar 50% da área degradada.

A Lei 12.651/12 (Código Florestal) instituiu o Programa de Regularização Ambiental-PRA (art. 59), destinado a adequar os imóveis rurais ao sistema de proteção às áreas ambientais especiais. Relevante destacar que as infrações cometidas antes de 22 de julho de 2008 submetem-se a um regime peculiar, considerado constitucional pelo Supremo Tribunal Federal (ADC 42 e outros). Esta data constitui o "marco zero na gestão ambiental do país", ou seja, um marco para a incidência das regras de intervenção em Área de Preservação Permanente ou de Reserva Legal. Nesse sentido, as multas aplicadas por infrações envolvendo áreas ambientais especiais praticadas antes de julho de 2008 podem ser anistiadas, desde que cumpridas determinadas condições (art. 59, §§2° a 5°): (a) aderir ao PRA; (b) inscrição do imóvel no Cadastro Ambiental Rural (registro público eletrônico de âmbito nacional, obrigatório para todos os imóveis rurais); (c) assinatura de termo de compromisso ambiental; e (d) reparação integral do dano. **RB**

Gabarito "D".

(Promotor de Justiça/PR – 2019 – MPE/PR) Assinale a alternativa **incorreta.** A Lei n. 12.651/2012 (Código Florestal) estabelece:

(A) Critérios para que os órgãos competentes autorizem o manejo sustentável para exploração florestal eventual, mesmo que sem propósito comercial e para consumo no próprio imóvel.

(B) Estudos e critérios que devem ser levados em consideração para localização de área de Reserva Legal em imóvel rural.

(C) Condições para o cômputo das Áreas de Preservação Permanente no cálculo do percentual da Reserva Legal do imóvel.

(D) Diretrizes e orientações para o manejo florestal sustentável da vegetação da Reserva Legal com propósito comercial.

(E) Situações em que se permite o uso de fogo na vegetação.

A: incorreta (o manejo sustentável para exploração florestal eventual sem propósito comercial, para consumo no próprio imóvel, independe de autorização dos órgãos competentes, cf. art. 23 da Lei 12.651/12-Código Florestal). **B:** correta (cf. art. 14 da Lei 12.651/12). **C:** correta (cf. art. 15 da Lei 12.651/12). **D:** correta (cf. art. 22 da Lei 12.651/12). **E:** correta (cf. art. 38 da Lei 12.651/12). **RB**

Gabarito "A".

(Procurador do Estado/SP – 2018 – VUNESP) Sobre a recomposição nas Áreas de Preservação Permanente (APPs), é correto afirmar:

(A) para os imóveis rurais com área de até 4 (quatro) módulos fiscais que possuam áreas consolidadas em Áreas de Preservação Permanente ao longo de cursos d'água naturais, é facultada a manutenção das atividades, independentemente de qualquer recomposição, desde que o proprietário invista na recuperação de outras áreas de relevante interesse ambiental, observados critérios e valores fixados pelo órgão ambiental competente, após o registro no Cadastro Ambiental Rural (CAR).

(B) o proprietário de áreas rurais consolidadas até 22 de julho de 2008, cuja área da propriedade seja inferior a 1 (um) módulo fiscal, foi anistiado pela Lei n° 12.651/2012 (Código Florestal), não sendo necessária a recomposição em nenhuma hipótese.

(C) no caso de pequena propriedade ou posse rural familiar, poderá ser realizado o plantio intercalado de espécies exóticas com nativas, em até um terço da área total a ser recomposta, admitida a utilização de árvores frutíferas, vedado o plantio de espécies lenhosas.

(D) para os imóveis rurais com área de até 1 (um) módulo fiscal que possuam áreas consolidadas em Áreas de Preservação Permanente ao longo de cursos d'água naturais, será obrigatória a recomposição das respectivas faixas marginais em 5 (cinco) metros, contados da borda da calha do leito regular, independentemente da largura do curso d'água.

(E) como método de recomposição é vedada a realização de plantio intercalado de espécies exóticas com nativas, devendo ser executado o plantio exclusivo de espécies nativas ou condução de regeneração natural de espécies nativas, independentemente do tamanho ou qualificação do imóvel rural.

A: incorreta, nos termos do art. 61-A, §3°, da Lei 12.651/2012: "Para os imóveis rurais com área superior a 2 (dois) módulos fiscais e de até 4 (quatro) módulos fiscais que possuam áreas consolidadas em Áreas de Preservação Permanente ao longo de cursos d'água naturais, será obrigatória a recomposição das respectivas faixas marginais em 15 (quinze) metros, contados da borda da calha do leito regular, independentemente da largura do curso d'água"; **B:** incorreta, a saber: "Para os imóveis rurais com área de até 1 (um) módulo fiscal que possuam áreas consolidadas em Áreas de Preservação Permanente ao longo de cursos d'água naturais, será obrigatória a recomposição das respectivas faixas marginais em 5 (cinco) metros, contados da borda da calha do leito regular, independentemente da largura do curso d'água" (art. 61-A, §1°, da Lei 12.651/2012); **C:** incorreta, a teor do art. 4°, § 5°, da Lei 12.651/2012: "é admitido, para a pequena propriedade ou posse rural familiar, o plantio de culturas temporárias e sazonais de vazante de ciclo curto na faixa de terra que fica exposta no período de vazante dos rios ou lagos, desde que não implique supressão de novas áreas de vegetação nativa, seja conservada a qualidade da água e do solo e seja protegida a fauna silvestre"; **D:** correta. Vide art. 61, §1°, da Lei 12.651/2012; **E:** incorreta, conforme o art. 66, § 3°, da Lei 12.651/2012. **FM/FC**

Gabarito "D".

(Juiz de Direito – TJ/RS – 2018 – VUNESP) Considerando o disposto no Código Florestal – Lei no 12.651/2012, é correta a seguinte afirmação:

(A) poderá ser autorizada a supressão de vegetação nativa protetora de nascentes, dunas e restingas nas hipóteses de utilidade pública ou de interesse social.

(B) a responsabilidade por infração pelo uso irregular de fogo em terras públicas ou particulares independe de estabelecimento de nexo causal.

(C) é proibido o uso de fogo na vegetação em quaisquer circunstâncias.

20. DIREITO AMBIENTAL | **785**

(D) não haverá, em qualquer hipótese, direito à regularização de futuras intervenções ou supressões de vegetação nativa, além das previstas na Lei no 12.651/2012.

(E) ao tomar conhecimento do desmatamento em desacordo com a Lei, o órgão ambiental deverá embargar a obra ou atividade que deu causa ao uso alternativo do solo, como medida punitiva que alcança as demais atividades realizadas no imóvel, mesmo que não relacionadas com a infração.

A: incorreta, a saber: "a supressão de vegetação nativa protetora de nascentes, dunas e restingas somente poderá ser autorizada em caso de utilidade pública" (art. 8°, § 1°, da Lei 12.651/2012); **B:** incorreta, a teor do art. 38, § 2°, da Lei 12.651/2012: "na apuração da responsabilidade pelo uso irregular do fogo em terras públicas ou particulares, a autoridade competente para fiscalização e autuação deverá comprovar o nexo de causalidade entre a ação do proprietário ou qualquer preposto e o dano efetivamente causado"; **C:** incorreta, já que o art. 38, da Lei 12.651/2012, traz possibilidades em que é possível o uso de fogo na vegetação; **D:** correta. Vide art. 8°, § 4°, da Lei 12.651/2012; **E:** incorreta, segundo dispõe o art. 51, da Lei 12.651/2012: "o órgão ambiental competente, ao tomar conhecimento do desmatamento em desacordo com o disposto nesta Lei, deverá embargar a obra ou atividade que deu causa ao uso alternativo do solo, como medida administrativa voltada a impedir a continuidade do dano ambiental, propiciar a regeneração do meio ambiente e dar viabilidade à recuperação da área degradada". FM/FC
„Gabarito "D".

(Delegado – PC/BA – 2018 – VUNESP) Nos termos do disposto na Lei n° 12.651/2012, assinale a alternativa correta.

(A) Não é permitido, em qualquer hipótese, o acesso de pessoas e animais às Áreas de Preservação Permanente.

(B) Não haverá, em qualquer hipótese, direito à regularização de futuras intervenções ou supressões de vegetação nativa, além das previstas nesta Lei, nas Áreas de Preservação Permanente.

(C) Não poderá ser autorizada, em qualquer hipótese, a supressão de vegetação nativa protetora de nascentes, dunas e restingas, nas Áreas de Preservação Permanente.

(D) Os empreendimentos de abastecimento público de água e tratamento de esgoto estão sujeitos à constituição de Reserva Legal.

(E) Será exigida Reserva Legal relativa às áreas adquiridas ou desapropriadas com o objetivo de implantação e ampliação de capacidade de rodovias e ferrovias.

A: incorreta. Dispõe o art. 9°, da Lei 12.651/2012: "É permitido o acesso de pessoas e animais às Áreas de Preservação Permanente para obtenção de água e para realização de atividades de baixo impacto ambiental"; **B:** correta, a teor do art. 8°, § 4°, da Lei 12.651/2012; **C:** incorreta. "A supressão de vegetação nativa protetora de nascentes, dunas e restingas somente poderá ser autorizada em caso de utilidade pública" (art. 8°, § 1°, da Lei 12.651/2012); **D:** incorreta. "Os empreendimentos de abastecimento público de água e tratamento de esgoto não estão sujeitos à constituição de Reserva Legal" (art. 12, § 6°, da Lei 12.651/2012); **E:** incorreta. "Não será exigido Reserva Legal relativa às áreas adquiridas ou desapropriadas com o objetivo de implantação e ampliação de capacidade de rodovias e ferrovias" (art. 12, § 8°, da Lei 12.651/2012). FM/FC
„Gabarito "B".

(Procurador Municipal – Prefeitura/BH – CESPE – 2017) Em determinado município, há resíduos de construção civil e ocupações nas faixas marginais situadas a menos de trinta metros das bordas das calhas dos leitos de estreitos cursos d'água, perenes e intermitentes, que, em conjunto, abastecem a Lagoa da Prata. Tais resíduos estão provocando, nas últimas décadas, o assoreamento das margens e, por consequência, severos danos ambientais à bacia hidrográfica.

Considerando essa situação hipotética, assinale a opção correta.

(A) Será admitida a ocupação das referidas faixas marginais para a realização urgente de atividades de segurança nacional e obras de interesse da defesa civil que visem prevenir acidentes, desde que devidamente autorizadas pelo órgão ambiental competente.

(B) Mesmo que intervenção irregular em uma das citadas faixas marginais tenha sido realizada por ação de proprietário anterior de determinado imóvel, será admitida a responsabilização civil de seu atual proprietário, que será responsável pela recomposição ambiental.

(C) Para a preservação das citadas faixas marginais, é necessária a edição de lei municipal que as declare áreas de proteção ambiental e que proíba ocupações e depósitos de resíduos na largura de trinta metros.

(D) Por força de mandamento constitucional, para a preservação das faixas marginais de recursos hídricos, não se admite intervenção nem ocupação por particulares, nem mesmo em caráter excepcional.

A: incorreta, pois nos termos do art. 8°, § 3°, da Lei 12.651/2012: "É dispensada a autorização do órgão ambiental competente para a execução, em caráter de urgência, de atividades de segurança nacional e obras de interesse da defesa civil destinadas à prevenção e mitigação de acidentes em áreas urbanas"; **B:** correta, pois a obrigação de promover a recomposição da vegetação situada em Área de Preservação Permanente tem natureza *propter rem*, sendo transmitida ao sucessor em caso de transferência de domínio ou posse (art. 7°, §§ 1° e 2°, da Lei 12.651/2012); **C:** incorreto, pois não é necessária a criação de Lei Municipal, vez que a Lei 12.651/2012, em seu art. 4°, I, dispõe sobre a preservação das faixas marginais; **D:** incorreta, pois não há mandamento constitucional neste sentido, aliás, o art. 9°, da Lei 12.651/2012, assevera ser permitido o acesso de pessoas e animais às Áreas de Preservação Permanente para obtenção de água e para realização de atividades de baixo impacto ambiental. FM/FCP
„Gabarito "B".

(Procurador – IPSMI/SP – VUNESP – 2016) Assinale o conceito correto utilizado pela Lei Federal 12.651/2012:

(A) pousio: prática de interrupção temporária de atividades ou usos agrícolas, pecuários ou silviculturais, por no máximo 6 (seis) anos, para possibilitar a recuperação da capacidade de uso ou da estrutura física do solo.

(B) áreas úmidas: pantanais e superfícies terrestres cobertas de forma permanente por águas, cobertas originalmente por florestas ou outras formas de vegetação adaptadas à inundação.

(C) crédito de carbono: título de direito sobre bem intangível e incorpóreo transacionável.

786   FABIANO MELO, FERNANDA CAMARGO PENTEADO E RODRIGO BORDALO

(D) faixa de passagem de inundação: área de várzea ou planície de inundação adjacente a cursos d'água que permite o escoamento artificial.

(E) relevo ondulado: expressão geomorfológica usada para designar área caracterizada por movimentações de águas que geram depressões.

A: Incorreta. Nos termos do art. 3º, XXIV, da Lei 12.651/2012: "pousio: prática de interrupção temporária de atividades ou usos agrícolas, pecuários ou silviculturais, por no máximo 5 (cinco) anos, para possibilitar a recuperação da capacidade de uso ou da estrutura física do solo"; e não 6 (seis) anos, conforme disposto na alternativa. B: Incorreta. "Áreas úmidas: pantanais e superfícies terrestres cobertas de forma periódica por águas, cobertas originalmente por florestas ou outras formas de vegetação adaptadas à inundação" (art. 3º, XXV, da Lei 12.651/2012). C: Correta. Vide art. 3º, XXVII, da Lei 12.651/2012. D: Incorreta. A faixa de passagem de inundação: área de várzea ou planície de inundação adjacente a cursos d'água que permite o escoamento da enchente e não artificial (art. 3º, XXII, da Lei 12.651/2012). E: Incorreta. O relevo ondulado, segundo o art. 3º, XXIII, da Lei 12.651/2012, trata-se de "expressão geomorfológica usada para designar área caracterizada por movimentações do terreno que geram depressões, cuja intensidade permite sua classificação como relevo suave ondulado, ondulado, fortemente ondulado e montanhoso". **FM/FCP**
Gabarito "C."

(Juiz – TJ-SC – FCC – 2017) Em pequena propriedade ou posse rural familiar:

(A) o poder público federal deverá prestar apoio técnico para a recomposição da vegetação da reserva legal.

(B) o poder público municipal deverá prestar apoio técnico para a recomposição da vegetação da reserva legal.

(C) a recomposição da reserva legal será feita exclusivamente com vegetação nativa, sendo as mudas subsidiadas pelo poder público federal, que também garantirá, como incentivo financeiro, a compra de subprodutos vindos de tal área.

(D) a área de preservação permanente será considerada como reserva legal, recaindo sobre ela o regramento mais permissivo da reserva legal.

(E) para cumprimento da manutenção da área de reserva legal poderão ser computados os plantios de árvores frutíferas, ornamentais ou industriais, compostos por espécies exóticas, cultivadas em sistema intercalar ou em consórcio com espécies nativas da região em sistemas agroflorestais.

A: incorreta, pois, é o poder público estadual, e não federal, quem deverá prestar apoio técnico para a recomposição da vegetação da reserva legal em pequena propriedade ou posse rural (art. 54, parágrafo único, da Lei 12.651/2012); B: incorreta, pois, é o poder público estadual, e não o municipal, quem deverá prestar apoio técnico para a recomposição da vegetação da reserva legal em pequena propriedade ou posse rural (art. 54, parágrafo único, da Lei 12.651/2012); C: incorreta, pois, a recomposição da reserva legal não precisa ser feita com vegetação nativa, exclusivamente, bem como não tem o poder público federal que subsidiar as mudas e nem garantir como incentivo financeiro, a compra de subprodutos vindos de tal área (art. 54, da Lei 12.651/2012); D: incorreta, pois somente será admitido o cômputo das áreas de preservação permanente no cálculo do percentual da reserva legal do imóvel, desde que preenchidos os requisitos do art. 15, da Lei 12.651/2012, e ao contrário do disposto na alternativa, o regime de proteção da área de preservação permanente não se alterará (art. 15, § 1º, da Lei 12.651/2012); E: correta, (art. 54, da Lei 12.651/2012). **FM/FCP**
Gabarito "E."

(Juiz – TRF 3ª Região – 2016) Dadas as assertivas abaixo, assinale a alternativa correta.

Com base no disposto na Lei nº 12.651/2012 e suas alterações posteriores, é possível afirmar sobre os institutos conceituados em seu art. 3º:

I. Área de Preservação Permanente: área protegida coberta por vegetação nativa, com a função ambiental de preservar os recursos hídricos, a paisagem, a estabilidade geológica e a biodiversidade, facilitar o fluxo gênico de fauna e flora, proteger o solo e assegurar o bem-estar das populações humanas.

II. Reserva Legal: área localizada no interior de uma propriedade ou posse rural, delimitada nos termos do art.12 da mesma lei, com a função de assegurar o uso econômico de modo sustentável dos recursos naturais do imóvel rural, auxiliar a conservação e a reabilitação dos processos ecológicos e promover a conservação da biodiversidade, bem como o abrigo e a proteção de fauna silvestre e da flora nativa.

III. Manejo sustentável: administração da vegetação natural para a obtenção de benefícios econômicos, sociais e ambientais, respeitando-se os mecanismos de sustentação do ecossistema objeto do manejo e considerando-se, cumulativa ou alternativamente, a utilização de única espécie madeireira, de múltiplos produtos e subprodutos da flora, bem como a utilização de outros bens e serviços.

Estão corretas as assertivas:

(A) I e II.

(B) I, II e III.

(C) Apenas a II.

(D) Apenas a III.

I: incorreta. "Área de Preservação Permanente – APP: área protegida, coberta ou não por vegetação nativa, com a função ambiental de preservar os recursos hídricos, a paisagem, a estabilidade geológica e a biodiversidade, facilitar o fluxo gênico de fauna e flora, proteger o solo e assegurar o bem-estar das populações humanas" (art. 3º, II, da Lei 12.651/2012); II: correta (art. 3º, III, da Lei 12.651/2012); III: incorreta. Nos termos do art. 3º, VII, da Lei 12.651/2012: "manejo sustentável: administração da vegetação natural para a obtenção de benefícios econômicos, sociais e ambientais, respeitando-se os mecanismos de sustentação do ecossistema objeto do manejo e considerando-se, cumulativa ou alternativamente, a utilização de múltiplas espécies madeireiras ou não, de múltiplos produtos e subprodutos da flora, bem como a utilização de outros bens e serviços". **FM/FCP**
Gabarito "C."

(Juiz – TRF 3ª Região – 2016) Dadas as assertivas abaixo, assinale a alternativa incorreta.

Com base no disposto na Lei nº 12.651/2012 e suas alterações posteriores, é possível afirmar sobre a Reserva Legal:

(A) Todo imóvel rural deve manter área com cobertura de vegetação nativa, a título de Reserva Legal, sem prejuízo da aplicação das normas sobre as Áreas de Preservação Permanente, observados os seguintes percentuais mínimos em relação à área do imóvel caso os imóveis estejam situados na Amazônia Legal, excetuados os casos previstos no art. 68 da referida Lei: 80% (oitenta por cento), no imóvel situado em área de florestas; 35% (trinta e cinco por cento), no imóvel situado em área de cerrado; 20% (vinte por cento), no imóvel situado em área de campos gerais.

Para os imóveis situados nas demais regiões do país, o percentual é de 20% (vinte porcento).

(B) Em caso de fracionamento do imóvel rural, a qualquer título, inclusive para assentamentos pelo Programa de Reforma Agrária, será considerada, para fins do disposto do caput, a área do imóvel antes do fracionamento.

(C) Nos casos de imóvel situado em área de florestas na Amazônia Legal, o poder público poderá reduzir a Reserva Legal para até 50% (cinquenta por cento), para fins de recomposição, quando o Município tiver mais de 80% (oitenta por cento) da área ocupada por unidades de conservação da natureza de domínio público e por terras indígenas homologadas. Nas mesmas hipóteses o poder público estadual, ouvido o Conselho Estadual de Meio Ambiente, poderá reduzir a Reserva Legal para até 50% (cinquenta por cento), quando o Estado tiver Zoneamento Ecológico-Econômico aprovado e mais de 75% (setenta e cinco por cento) do seu território ocupado por unidades de conservação da natureza de domínio público, devidamente regularizadas, e por terras indígenas homologadas.

(D) Os empreendimentos de abastecimento público de água e tratamento de esgoto não estão sujeitos à constituição de Reserva Legal. Também não será exigido Reserva Legal relativa às áreas adquiridas ou desapropriadas por detentor de concessão, permissão ou autorização para exploração de potencial de energia hidráulica, nas quais funcionem empreendimentos de geração de energia elétrica, subestações ou sejam instaladas linhas de transmissão e de distribuição de energia elétrica. Também não será exigido Reserva Legal relativa às áreas adquiridas ou desapropriadas com o objetivo de implantação e ampliação de capacidade de rodovias e ferrovias.

A: correta (art. 12, I e II, da Lei 12.651/2012); **B:** correta (art. 12, § 1º, da Lei 12.651/2012); **C:** incorreta, pois o poder público poderá reduzir a Reserva Legal para 50% (cinquenta por cento), para fins de recomposição, quando o município tiver mais de 50% (cinquenta por cento) da área ocupada por unidades de conservação da natureza de domínio público (art. 12, § 4º, da Lei 12.651/2012), e não, 80% (oitenta por cento). Outrossim, o poder público estadual, nas mesmas hipóteses, ouvido o Conselho Estadual de Meio Ambiente, poderá reduzir a Reserva Legal para até 50% (cinquenta por cento), quando o Estado tiver Zoneamento Ecológico-Econômico aprovado e mais de 65% (sessenta e cinco por cento) do seu território ocupado por unidades de conservação da natureza de domínio público [e não 75% (setenta e cinco por cento)], devidamente regularizadas, e por terras indígenas homologadas; **D:** correta (art. 12, § 6º ao 8º, da Lei 12.651/2012). Obs: no julgamento da ADC n. 42 e ADIN 490, foi declarada a constitucionalidade do art. 12, §§ 4º a 8º, da Lei n. 12.651/12. **FM/FCP**
Gabarito "C".

(Juiz – TRF 4ª Região – 2016) Dadas as assertivas abaixo, assinale a alternativa correta. As áreas de preservação permanente:

I. Admitem a regularização fundiária de interesse social.

II. Podem-se situar tanto em zonas rurais quanto em urbanas.

III. Permitem o acesso de pessoas e de animais para a obtenção de água e para a realização de atividades de baixo impacto ambiental.

(A) Estão corretas apenas as assertivas I e II.

(B) Estão corretas apenas as assertivas I e III.

(C) Estão corretas apenas as assertivas II e III.

(D) Estão corretas todas as assertivas.

(E) Nenhuma assertiva está correta.

I: correta (art. 64, da Lei 12.651/2012); **II:** correta (art. 4º, "caput", da Lei 12.651/2012); **III:** correta (art. 9º, da Lei 12.651/2012).**FM/FCP**
Gabarito "D".

(Promotor de Justiça – MPE/RS – 2017) Nos termos da Lei Federal 12.651/2012 – Código Florestal –, especificamente no que tange ao Regime de Proteção das Áreas de Preservação Permanente, assinale a alternativa **INCORRETA**.

(A) A intervenção ou a supressão de vegetação nativa em Área de Preservação Permanente somente ocorrerá nas hipóteses de utilidade pública, de interesse social ou de baixo impacto ambiental previstas nesta Lei.

(B) A supressão de vegetação nativa protetora de nascentes, dunas e restingas somente poderá ser autorizada em caso de utilidade pública.

(C) A intervenção ou a supressão de vegetação nativa em Área de Preservação Permanente de que tratam os incisos VI e VII do *caput* do artigo 4º da Lei poderá ser autorizada, excepcionalmente, em locais onde a função ecológica do manguezal esteja comprometida, para execução de obras habitacionais e de urbanização, inseridas em projetos de regularização fundiária de interesse social, em áreas urbanas consolidadas ocupadas por população de baixa renda.

(D) O proprietário da área, possuidor ou ocupante a qualquer título, tendo ocorrido supressão de vegetação situada em Área de Preservação Permanente, é obrigado a promover a recomposição da vegetação, ressalvados os usos autorizados previstos nesta Lei, vedada a transmissão da obrigação ao seu sucessor.

(E) É permitido o acesso de pessoas e animais às Áreas de Preservação Permanente para obtenção de água e para realização de atividades de baixo impacto ambiental.

A: Correta. Trata-se de transcrição do art. 8º, da Lei 12.651/2012. **B:** Correta. A teor do § 1º, do art. 8º, da Lei 12.651/2012: "A supressão de vegetação nativa protetora de nascentes, dunas e restingas somente poderá ser autorizada em caso de utilidade pública". **C:** Correta. Segundo dispõe o § 2º, do art. 8º, da Lei 12.651/2012 (Obs: o julgamento da ADC 42 e da ADIN 4903 entendeu pela constitucionalidade do art. 8º, §2º da Lei n. 12.651/12). **D:** Incorreta. Tendo ocorrido supressão de vegetação situada em Área de Preservação Permanente, o proprietário da área, possuidor ou ocupante a qualquer título é obrigado a promover a recomposição da vegetação, ressalvados os usos autorizados previstos na Lei 12.651/2012 (art. 7º, § 1º, da Lei 12.651/2012). Contudo, a obrigação de recomposição da vegetação tem natureza real e é transmitida ao sucessor no caso de transferência de domínio ou posse do imóvel rural (art. 7º, § 2º, da Lei 12.651/2012. **E:** Correta. A assertiva está disposta no art. 9º, da Lei 12.651/2012. **FM/FCP**
Gabarito "D".

(Promotor de Justiça – MPE/RS – 2017) No que tange à delimitação da Área de Reserva Legal disciplinada na Lei Federal 12.651/2012, é **INCORRETO** afirmar que

(A) os empreendimentos de abastecimento público de água e tratamento de esgoto não estão sujeitos à constituição de Reserva Legal.

(B) não será exigido Reserva Legal relativa às áreas adquiridas ou desapropriadas por detentor de con-

788 FABIANO MELO, FERNANDA CAMARGO PENTEADO E RODRIGO BORDALO

cessão, permissão ou autorização para exploração de potencial de energia hidráulica, nas quais funcionem empreendimentos de geração de energia elétrica, subestações ou sejam instaladas linhas de transmissão e de distribuição de energia elétrica.

(C) não será exigido Reserva Legal relativa às áreas adquiridas ou desapropriadas com o objetivo de implantação e ampliação de capacidade de rodovias e ferrovias.

(D) a supressão de novas áreas de floresta ou outras formas de vegetação nativa, após a implantação do Cadastro Ambiental Rural – CAR, apenas será autorizada pelo órgão ambiental estadual integrante do Sistema Nacional do Meio Ambiente (SISNAMA) se o imóvel estiver inserido no mencionado cadastro, ressalvado o previsto no artigo 30 da Lei Federal 12.651/2012.

(E) o poder público estadual poderá, nos casos da alínea b (35%, no imóvel situado em área de cerrado) do inciso I do artigo 12 da Lei Federal 12.651/2012, ouvido o Conselho Estadual de Meio Ambiente, reduzir a Reserva Legal para até 50% (cinquenta por cento), quando o Estado tiver Zoneamento Ecológico-Econômico aprovado e mais de 65% (sessenta e cinco por cento) do seu território ocupado por unidades de conservação da natureza de domínio público, devidamente regularizadas, e por terras indígenas homologadas.

A: Correta. Trata-se de transcrição do § 6º, art. 12, da Lei 12.651/2012. **B:** Correta. Assertiva em consonância com o § 7º, art. 12, da Lei 12.651/2012. **C:** Correta. A assertiva segue a redação do § 8º, art. 12, da Lei 12.651/2012. **D:** Correta. Nos termos do § 3º, art. 12, da Lei 12.651/2012: "Após a implantação do CAR, a supressão de novas áreas de floresta ou outras formas de vegetação nativa apenas será autorizada pelo órgão ambiental estadual integrante do Sisnama se o imóvel estiver inserido no mencionado cadastro, ressalvado o previsto no art. 30". **E:** Incorreta. Esta possibilidade se restringe a imóveis situados em áreas de florestas e não de cerrado conforme disposto na assertiva (§ 5º, art. 12, da Lei 12.651/2012). (Obs: o julgamento da ADC 42 e da ADIN 4901 entendeu pela constitucionalidade do art. 12, §§ 5º a 8 da Lei n. 12.651/12) **FM/FCP**
Gabarito "E".

(Delegado/GO – 2017 – CESPE) Foi constatado que um fazendeiro estava impedindo a regeneração natural de florestas em área de preservação permanente na sua propriedade rural, por pretender manter a área como pasto.

Nessa situação hipotética, conforme a legislação pertinente,

(A) a autoridade ambiental que constatou a infração deve promover sua apuração imediata, sob pena de corresponsabilização.

(B) a conduta configura infração administrativa, mas não configura crime.

(C) a responsabilização será objetiva em todas as esferas cabíveis.

(D) caberá à autoridade policial que constatou a conduta lavrar o auto de infração ambiental e instaurar processo administrativo.

(E) inexiste hipótese de reparação civil, haja vista que a terra da propriedade rural pertence ao próprio infrator.

A: correta. A autoridade ambiental que tiver conhecimento de infração ambiental é obrigada a promover a sua apuração imediata, mediante

processo administrativo, sob pena de corresponsabilização (art. 70, § 3º, da Lei 9.605/1998). **B:** incorreta, no caso em estudo, a conduta configura crime do art. 48 da Lei 9.605/1998. **C:** incorreta. A responsabilidade penal depende da prova da culpa ou dolo. Apenas a responsabilidade civil é objetiva. **D:** incorreta. São autoridades competentes para lavrar auto de infração ambiental e instaurar processo administrativo os funcionários de órgãos ambientais integrantes do SISNAMA, designados para as atividades de fiscalização, bem como os agentes das Capitanias dos Portos (art. 70 da Lei 9.605/1998). **E:** incorreta. As condutas consideradas lesivas ao meio ambiente sujeitarão os infratores a sanções penais, administrativas e civil (reparação de dano), tudo conforme art. 225, § 3º, da Constituição Federal. **RD**
Gabarito "A".

(Delegado/GO – 2017 – CESPE) A respeito da legislação que trata da proteção das florestas e das unidades de conservação, assinale a opção correta.

(A) O imóvel rural pode tornar-se reserva particular do patrimônio natural a partir do interesse do proprietário, mediante edição de lei municipal e após a concordância do órgão ambiental local.

(B) Desde que haja autorização pelo órgão ambiental estadual, admite-se a exploração econômica mediante o manejo sustentável dos recursos naturais do imóvel rural ou urbano localizado em área de preservação permanente.

(C) Com vistas à regularização ambiental, a reserva legal do imóvel rural localizado na Amazônia Legal poderá ser reduzida para até 50% da propriedade mediante autorização do órgão ambiental estadual, se o proprietário demonstrar a sustentabilidade do seu projeto de uso alternativo do solo.

(D) Devem constar no Cadastro Ambiental Rural a identificação do proprietário ou possuidor do imóvel e a comprovação da propriedade ou posse, apesar de o cadastramento não constituir título de reconhecimento de posse ou propriedade.

(E) O Sistema Nacional de Unidades de Conservação da Natureza classifica essas unidades em três grupos ou categorias, com características e objetivos específicos: as unidades de proteção integral, as unidades de uso sustentável e as unidades de preservação permanente.

A: incorreta. A Reserva Particular do Patrimônio Natural é área privada que deve ser gravada a partir do interesse do proprietário, com o objetivo de conservar a diversidade biológica. Para tanto, não há necessidade de lei para a sua constituição, devendo contar de termo de compromisso assinado perante o órgão ambiental, que verificará a existência de interesse público, e será averbado à margem da inscrição no Registro Público de Imóveis (veja artigo 21, § 1º, da Lei 9.985/2000). **B:** incorreta. Nas Áreas de Preservação Permanente, reguladas pelo Código Florestal (Lei 12.651/2012), a vegetação deve ser mantida pelo proprietário, o que não impede a sua exploração econômica, desde que não descaracterize a cobertura vegetal nativa existente ne prejudique a função ambiental (art. 3º, X, do Código Florestal). Nesses casos, é possível, por exemplo, que o proprietário faça uso da APP para a atividade de apicultura sem necessidade de autorização pelo órgão ambiental estadual. **C:** incorreta. Na forma do art. 13, inciso I, do Código Florestal, quando indicado pelo Zoneamento Ecológico-Econômico – ZEE estadual, o poder público federal poderá reduzir, exclusivamente para fins de regularização, mediante recomposição, regeneração ou compensação da Reserva Legal de imóveis com área rural consolidada, situados em área de floresta localizada na Amazônia Legal, para até 50% (cinquenta por cento) da propriedade, excluídas as áreas prioritárias para conservação da biodiversidade e dos recursos hídricos e os corredores ecológicos.

20. DIREITO AMBIENTAL   789

D: correta. Conforme art. 29, § 1º, da Lei 12.651/2012. **E:** incorreta. As unidades de conservação são divididas em apenas dois grupos: Unidades de Proteção Integral e Unidades de Uso Sustentável. **RD**

Gabarito "D".

8. RESPONSABILIDADE CIVIL AMBIENTAL E PROTEÇÃO JUDICIAL DO MEIO AMBIENTE

Segue um resumo sobre a Responsabilidade Civil Ambiental:

1. Responsabilidade objetiva.

A responsabilidade objetiva pode ser conceituada como o dever de responder por danos ocasionados ao meio ambiente, independentemente de culpa ou dolo do agente responsável pelo evento danoso. Essa responsabilidade está prevista no § 3º do art. 225 da CF, bem como no § 1º do art. 14 da Lei 6.938/1981 e ainda no art. 3º da Lei 9.605/1998.

Quanto a seus requisitos, diferentemente do que ocorre com a responsabilidade objetiva no Direito Civil, onde são apontados três elementos para a configuração da responsabilidade (conduta, dano e nexo de causalidade), *no Direito Ambiental são necessários apenas dois.*

A doutrina aponta a necessidade de existir um dano (evento danoso), *mais o **nexo de causalidade, que o liga ao poluidor**.*

Aqui não se destaca muito a conduta como requisito para a responsabilidade ambiental, apesar de diversos autores entenderem haver três requisitos para sua configuração (conduta, dano e nexo de causalidade). *Isso porque é comum o dano ambiental ocorrer sem que se consiga identificar uma conduta específica e determinada causadora do evento.*

Quanto ao sujeito responsável pela reparação do dano, é o poluidor, que pode ser tanto pessoa física como jurídica, pública ou privada.

Quando o Poder Público não é o responsável pelo empreendimento, ou seja, não é o poluidor, sua responsabilidade é subjetiva, ou seja, depende de comprovação de culpa ou dolo do serviço de fiscalização, para se configurar. Assim, o Poder Público pode responder pelo dano ambiental por omissão no dever de fiscalizar. Nesse caso, haverá responsabilidade solidária do poluidor e do Poder Público. Mas lembre-se: se o Poder Público é quem promove o empreendimento, sua responsabilidade é objetiva.

Em se tratando de pessoa jurídica, a Lei 9.605/1998 estabelece que esta será responsável nos casos em que a infração for cometida por decisão de seu representante legal ou contratual, ou de seu órgão colegiado, no interesse ou benefício da sua entidade. Essa responsabilidade da pessoa jurídica não exclui a das pessoas físicas, autoras, coautoras ou partícipes do mesmo fato.

A Lei 9.605/1998 também estabelece uma cláusula geral que permite a desconsideração da personalidade jurídica da pessoa jurídica, em qualquer caso, desde que destinada ao ressarcimento dos prejuízos causados à qualidade do meio ambiente. Segundo o seu art. 4º, poderá ser desconsiderada a pessoa jurídica sempre que sua personalidade for obstáculo ao ressarcimento dos prejuízos causados à qualidade do meio ambiente. Adotou-se, como isso, a chamada teoria menor da desconsideração, para a qual basta a insolvência da pessoa jurídica, para que se possa atingir o patrimônio de seus membros. No direito civil, ao contrário, adotou-se a teoria maior da desconsideração, teoria que exige maiores requisitos, no caso, a existência de um desvio de finalidade ou de uma confusão patrimonial para que haja desconsideração.

2. Reparação integral dos danos.

A obrigação de reparar o dano não se limita a pagar uma indenização; ela vai além: a reparação deve ser específica, isto é, ela deve buscar a restauração ou recuperação do bem ambiental lesado, ou seja, o seu retorno à situação anterior. Assim, a responsabilidade pode envolver as seguintes obrigações:

a) *de reparação natural ou in specie:* é a reconstituição ou recuperação do meio ambiente agredido, cessando a atividade lesiva e revertendo-se a degradação ambiental. *É a primeira providência que deve ser tentada, ainda que mais onerosa que outras formas de reparação;*

b) *de indenização em dinheiro:* consiste no ressarcimento pelos danos causados e não passíveis de retorno à situação anterior. *Essa solução só será adotada quando não for viável fática ou tecnicamente a reconstituição. Trata-se de forma indireta de sanar a lesão.*

c) *compensação ambiental: consiste em forma alternativa à reparação específica do dano ambiental, e importa na adoção de uma medida de equivalente importância ecológica, mediante a observância de critérios técnicos especificados por órgãos públicos e aprovação prévia do órgão ambiental competente, admissível desde que seja impossível a reparação específica. Por exemplo, caso alguém tenha derrubado uma árvore, pode-se determinar que essa pessoa, como forma de* compensação ambiental, *replante duas árvores da mesma espécie.*

3. Dano ambiental.

Não é qualquer alteração adversa no meio ambiente causada pelo homem que pode ser considerada dano ambiental. Por exemplo, o simples fato de alguém inspirar oxigênio e expirar gás carbônico não é dano ambiental. O art. 3º, III, da Lei 6.938/1981 nos ajuda a desvendar quando se tem dano ambiental, ao dispor que a poluição é a degradação ambiental resultante de atividades que direta ou indiretamente:

a) prejudiquem a saúde, a segurança e o bem-estar da população; b) criem condições adversas às atividades sociais e econômicas; c) afetem desfavoravelmente a biota; d) afetem as condições estéticas ou sanitárias do meio ambiente; e) lancem matérias ou energia em desacordo com os padrões ambientais estabelecidos.

Quanto aos lesados pelo dano ambiental, este pode atingir pessoas indetermináveis e ligadas por circunstâncias de fato (ocasião em que será difuso), grupos de pessoas ligadas por relação jurídica base (ocasião em que será coletivo), vítimas de dano oriundo de conduta comum (ocasião em que será individual homogêneo) e vítima do dano (ocasião em que será individual puro).

De acordo com o pedido formulado na ação reparatória é que se saberá que tipo de interesse (difuso, coletivo, individual homogêneo ou individual) está sendo protegido naquela demanda.

Quanto à extensão do dano ambiental, a doutrina reconhece que este pode ser material (patrimonial) ou moral (extrapatrimonial). Será da segunda ordem quando afetar o bem-estar de pessoas, causando sofrimento e dor. Há de se considerar que existe decisão do STJ no sentido que não se pode falar em dano moral difuso, já que o dano deve estar relacionado a pessoas vítimas de sofrimento, e não a uma coletividade de pessoas. De acordo com essa decisão, pode haver dano moral ambiental a pessoa determinada, mas não pode haver dano moral ambiental a pessoas indetermináveis.

4. A proteção do meio ambiente em juízo.

A reparação do dano ambiental pode ser buscada extrajudicialmente, quando, por exemplo, é celebrado termo de compromisso de ajustamento de conduta com o Ministério Público, ou judicialmente, pela propositura da ação competente.

Há duas ações vocacionadas à defesa do meio ambiente. São elas: a ação civil pública (art. 129, III, da CF e Lei 7.347/1985) e a **ação popular** (art. 5º, LXXIII, CF e Lei 4.717/1965). A primeira pode ser promovida pelo Ministério Público, pela Defensoria Pública, por entes da Administração Pública ou por associações constituídas há pelo menos um ano, que tenham por objetivo a defesa do meio ambiente. Já a segunda é promovida pelo cidadão.

Também são cabíveis em matéria ambiental o mandado de segurança (art. 5º, LXIX e LXX, da CF e Lei 12.016/2009), individual ou coletivo, preenchidos os requisitos para tanto, tais como prova pré-constituída, e ato de autoridade ou de agente delegado de serviço público; o **mandado de injunção** (art. 5º, LXXI, da CF), quando a falta de norma regulamentadora torne inviável o exercício dos direitos e liberdades constitucionais e das prerrogativas inerentes à nacionalidade, à soberania e à cidadania; as **ações de inconstitucionalidade** (arts. 102 e 103 da CF e Leis 9.868/1999 e 9.882/1999); e a **ação civil de responsabilidade por ato de improbidade administrativa** em matéria ambiental (art. 37, § 4º, da CF, Lei 8.429/1992 e art. 52 da Lei 10.257/2001).

(Juiz de Direito/AP – 2022 – FGV) A sociedade Alfa Ltda., após obter licença ambiental para construção de estacionamento em área inserida em Estação Ecológica, é processada em ação civil pública, em razão do dano ambiental causado. O autor da ação comprova erro na concessão da licença, tendo em vista que é vedada a construção dentro da referida Unidade de Conservação.

Em defesa, a sociedade Alfa Ltda. alega que realizou a construção amparada em licença ambiental presumidamente válida.

Sobre o caso, é correto afirmar que a ação deve ser:

(A) rejeitada e a licença ambiental mantida, em respeito ao princípio da segurança jurídica e da proteção da confiança;

(B) rejeitada e a licença ambiental mantida, com a imputação de responsabilidade integral à autoridade que concedeu a licença indevidamente;

(C) acolhida em parte, para que a licença seja concedida, mas limitada temporalmente, até que o réu possa ser ressarcido dos investimentos efetivamente realizados;

(D) acolhida para a anulação da licença ambiental, mas não para a reparação da lesão ambiental, tendo em vista que o dano foi causado por fato de terceiro, no caso, a concessão da licença de forma errada;

(E) acolhida, tendo em vista que os danos ambientais são regidos pelo modelo da responsabilidade objetiva e pela teoria do risco integral.

Comentário: no âmbito da responsabilidade civil ambiental, vige a aplicação da responsabilidade *objetiva*, ou seja, independe da comprovação de dolo ou culpa (art. 14, § 1º, da Lei 6.938/1981). De modo específico, incide a *teoria do risco integral*, pela qual não são admitidas excludentes de responsabilidade (como o caso fortuito ou força maior e o fato exclusivo de terceiro). Nesse sentido o entendimento consolidado do STJ: "É firme a jurisprudência do STJ no sentido de que, nos danos ambientais, incide a teoria do risco integral, advindo daí o caráter objetivo da responsabilidade, com expressa previsão constitucional (art. 225, § 3º, da CF) e legal (art. 14, § 1º, da Lei n. 6.938/1981), sendo, por conseguinte, descabida a alegação de excludentes de responsabilidade, bastando, para tanto, a ocorrência de resultado prejudicial ao homem e ao ambiente advinda de uma ação ou omissão do responsável." Desse modo, a ação civil pública tratada no enunciado da questão deve ser acolhida, sendo irrelevante o fato de a licença ambiental concedida pela sociedade Alfa Ltda. ter sido expedida erroneamente. Alternativa E correta. **RB**

Gabarito "E".

(Juiz de Direito – TJ/AL – 2019 – FCC) Considerando a natureza e as peculiaridades do dano ambiental, seu regime jurídico e o entendimento jurisprudencial e doutrinário acerca da sua apuração, reparabilidade e responsabilização, considere as assertivas abaixo:

I. I.A responsabilidade civil em caso de dano ambiental causado em decorrência do exercício de atividade com potencial de degradação ambiental é de natureza objetiva e independe, portanto, de comprovação de dolo ou culpa.

II. A reparação do dano ambiental deve ocorrer, preferencialmente, de forma indireta, com o pagamento de indenização e aplicação de sanções pecuniárias de cunho inibitório.

III. O dano ambiental é de caráter coletivo ou difuso, podendo, contudo, impactar também direitos individuais, materializando-se assim o denominado efeito ricochete na forma de dano reflexo.

IV. Inexiste a figura do dano moral ambiental, havendo a obrigação de reparar apenas danos patrimoniais, ainda que causados a bens imateriais (ou incorpóreos), como o equilíbrio ambiental e a qualidade de vida da população.

Está correto o que se afirma APENAS em

(A) I e IV.

(B) I e III.

(C) III e IV.

(D) I e II.

(E) II e IV.

Alternativa I: Correta, pois a responsabilidade civil ambiental é objetiva. Alternativa II: Incorreta, pois a reparação do dano ambiental deve ocorrer, preferencialmente, de forma direta, com a reparação específica e, na impossibilidade, a indenização pecuniária. Alternativa **III**. Correta,

pois há a dupla face do dano ambiental (natureza e interesses humanos individualizáveis). Alternativa **IV**: Incorreta, pois os danos podem ser patrimoniais e extrapatrimoniais **FM**.
Gabarito "B".

Uma associação de proteção ao patrimônio ambiental de Santa Catarina, constituída havia seis meses, ajuizou ACP requerendo a paralisação das obras de construção de um *resort* sobre dois sambaquis do estado — depósitos de conchas dos povos pré-históricos que habitaram as regiões litorâneas do estado. A entidade, cumprindo sua finalidade institucional de proteger o meio ambiente, pleiteou na ACP a condenação do proprietário do *resort* pelos danos até então causados ao patrimônio arqueológico.

(Juiz de Direito – TJ/SC – 2019 – CESPE/CEBRASPE) De acordo com a legislação que rege os meios processuais para a defesa ambiental, a referida associação

(A) não detém legitimidade para propor a ACP, em razão do seu tempo de pré-constituição, mas poderia propor ação popular com o mesmo fim.

(B) não detém legitimidade para propor a ACP, porque a defesa de patrimônio arqueológico extrapola as suas finalidades.

(C) detém legitimidade para propor a ACP, independentemente de ter sido constituída nos termos da lei civil, pois não se exige das associações o registro do seu estatuto em cartório.

(D) detém legitimidade para propor a ACP, pois o requisito de tempo de pré-constituição poderá ser dispensado pelo juiz, se verificado manifesto interesse social pela dimensão do dano.

(E) não detém legitimidade para propor a ACP, a menos que atue em litisconsórcio com o Ministério Público.

Existem diversos legitimados para o ajuizamento de ação civil pública (cf. art. 5º da Lei 7.347/85). Entre eles estão as associações, caso estejam constituídas há pelo menos um ano (requisito de pré-constituição) e incluam, entre suas finalidades institucionais, a proteção do interesse coletivo *lato sensu* objeto da ação. No entanto, esse requisito da pré-constituição poderá ser dispensado pelo juiz, quando haja manifesto interesse social evidenciado pela dimensão ou característica do dano, ou pela relevância do bem jurídico a ser protegido (cf. art. 5º, § 4º). **RB**
Gabarito "D".

(Juiz de Direito – TJ/BA – 2019 – CESPE/CEBRASPE) Por equívoco de um de seus empregados, uma empresa alimentícia deixou vazar acidentalmente parte de seu insumo em um rio, o que causou a morte de 5 t de peixes.

Nessa situação hipotética, relativamente à responsabilidade civil ambiental, a empresa

(A) não responderá pelo dano ambiental, por ser uma pessoa jurídica.

(B) não responderá pelo dano, visto que não houve dolo na morte dos peixes.

(C) responderá pelo dano, uma vez que a responsabilidade civil ambiental é objetiva e pautada na teoria do risco administrativo, não sendo admitida a responsabilização do empregado para responder culposamente pelo dano.

(D) responderá pelo dano, porque a responsabilidade civil ambiental é objetiva e pautada na teoria do risco integral.

(E) responderá pelo dano, pois a responsabilidade civil ambiental é objetiva e pautada na teoria do risco administrativo, admitindo-se, ainda, a responsabilização do empregado para responder culposamente pelo dano.

A responsabilidade civil ambiental é objetiva (teoria do risco), o que dispensa a comprovação de dolo ou culpa do poluidor (alternativa B incorreta). É o que dispõe o art. 14, §1º, da Lei 6.938/81. A pessoa responsável (poluidor) pode ser pessoa física ou jurídica (alternativa A incorreta). Mais precisamente, aplicável a teoria do risco integral, e não a do risco administrativo (alternativas C e E incorretas). Pela teoria do risco integral, não se admitem excludentes de responsabilidade, de modo a reforçar a tutela ambiental. Trata-se de entendimento consagrado do Superior Tribunal de Justiça: "É firme a jurisprudência do STJ no sentido de que, nos danos ambientais, incide a teoria do risco integral, advindo daí o caráter objetivo da responsabilidade, com expressa previsão constitucional (art. 225, § 3º, da CF) e legal (art.14, § 1º, da Lei n. 6.938/1981), sendo, por conseguinte, descabida a alegação de excludentes de responsabilidade, bastando, para tanto, a ocorrência de resultado prejudicial ao homem e ao ambiente advinda de uma ação ou omissão do responsável." (REsp 1.374.342/MG, 4ª Turma, Relator Ministro Luis Felipe Salomão, DJe 25/09/2013). **RB**
Gabarito "D".

(Juiz de Direito – TJ/BA – 2019 – CESPE/CEBRASPE) O MP de determinado estado da Federação propôs ação civil pública consistente em pedido liminar para obstar a construção de empreendimento às margens de um rio desse estado. No local escolhido, uma área de preservação permanente, a empresa empreendedora desmatou irregularmente 200 ha para instalar o empreendimento. A liminar incluiu, ainda, pedido para que a empresa fosse obrigada a iniciar imediatamente replantio na área desmatada.

Nessa situação hipotética, a ação civil pública proposta deverá discutir

(A) apenas a responsabilidade civil da empresa.

(B) as responsabilidades civil e criminal da empresa.

(C) as responsabilidades civil e administrativa da empresa.

(D) apenas a responsabilidade administrativa da empresa.

(E) as responsabilidades civil, administrativa e criminal da empresa.

A responsabilidade ambiental apresenta diversas formas de manifestação. O art. 225, § 3º, da CF, destaca a administrativa, a penal e a civil. Ocorre que existem instrumentos jurídicos próprios para a tutela de cada uma das espécies de responsabilização. A criminal está adstrita à respectiva ação penal, nos termos do regime previsto na Lei 9.605/98. A administrativa decorre do exercício do poder de polícia, que dispensa, como regra, o manuseio de ação judicial, em razão da autoexecutoriedade. Já a responsabilidade civil encontra na ação civil pública o instrumental de efetivação. Nos termos da Lei 7.347/85 (lei da ação civil pública), o objeto da demanda abarca a condenação em dinheiro e/ou o cumprimento de obrigação de fazer ou não fazer. **RB**
Gabarito "A".

(Juiz de Direito – TJ/RS – 2018 – VUNESP) Supondo-se que um grande navio com cargas explodiu em um porto brasileiro, despejando milhões de litros de óleo e metanol que causou a degradação do meio ambiente marinho, inviabilizando a pesca pelos moradores próximos ao local, pois o Poder Público estabeleceu uma proibição temporária da pesca em razão da poluição ambiental. Em razão disso, os pescadores prejudicados ingressaram com ação judicial, calcado em responsabilidade civil.

De acordo com a jurisprudência dominante do STJ, assinale a alternativa correta.

(A) Os proprietários do navio e as empresas adquirentes das cargas transportadas pelo navio que explodiu respondem solidariamente pelos danos morais e materiais suportados pelos pescadores prejudicados.

(B) Para demonstração da legitimidade para vindicar indenização por dano ambiental que resultou na redução da pesca na área atingida, basta que o autor tenha o registro de pescador profissional.

(C) A responsabilidade por dano ambiental é objetiva, informada pela teoria do risco integral, sendo o nexo de causalidade o fator aglutinante que permite que o risco se integre na unidade do ato, sendo descabida a invocação, pela empresa responsável pelo dano ambiental, de excludentes de responsabilidade civil para afastar sua obrigação de indenizar.

(D) Não será devida indenização aos pescadores se restar comprovada pela empresa responsável pela carga que o acidente foi decorrente de caso fortuito ou força maior.

(E) É devida a indenização por lucros cessantes ainda que o período de proibição da pesca em razão do acidente ambiental coincida com o período de "defeso", em que por lei seja vedada a atividade pesqueira.

A responsabilidade civil do poluidor é objetiva, nos termos do art. 14, § 1°, da Lei 6.938/1981: "[...] é o poluidor obrigado, independentemente da existência de culpa, a indenizar ou reparar os danos causados ao meio ambiente e a terceiros, afetados por sua atividade". Destarte, ao se prescindir da culpabilidade para o dever de indenizar será necessária somente a comprovação do nexo de causalidade entre a conduta e o dano, pelo que as empresas adquirentes das cargas transportadas pelo navio que explodiu não serão responsabilizadas [ausência do nexo de causalidade direta e imediata com os danos]. A doutrina e a jurisprudência majoritariamente aduzem ser a responsabilidade objetiva do poluidor fundamentada na teoria do risco integral. Desta forma, as clássicas excludentes de responsabilidade, dentre elas o caso fortuito e a força maior, não podem ser invocadas para elidir a obrigação de reparar os danos causados. Além disso, a licitude de uma atividade ou empreendimento não afasta ou atenua a reponsabilidade do poluidor. **FM/FC**
Gabarito "C".

(Procurador Municipal/SP – VUNESP – 2016) Determinada pessoa, em conduta não dolosa, ingressa em terreno e sofre graves queimaduras por contato com resíduos tóxicos que se encontram em terreno de particular que os expõe a céu aberto, em local onde, apesar da existência de cerca e de placas de sinalização informando a presença de material orgânico e poluente, permite o acesso de outros particulares por ser fácil, consentido e costumeiro. Quanto à responsabilidade do proprietário do imóvel, é correto afirmar que

(A) a responsabilidade é objetiva, podendo ser invocada excludente de força maior ou caso fortuito.

(B) considerando a natureza jurídica do infortúnio ambiental, caracteriza-se um dano material, mas não dano moral.

(C) a responsabilidade se restringe a eventual lesão ao meio ambiente propriamente dito.

(D) calcada na teoria do risco, responde pela ofensa individual, sendo irrelevante a culpa exclusiva ou concorrente da vítima.

(E) a colocação de placas no local, indicando a presença de material tóxico, é suficiente para excluir a responsabilidade civil, subjetiva no caso.

A: Incorreta. A responsabilidade por danos ambientais é objetiva e baseada na teoria do risco integral. Desta forma, o proprietário do terreno responderá objetivamente pelos danos ocasionados a pessoa indicada no enunciado da questão, não podendo invocar em seu favor as excludentes de responsabilidade (art. 14, § 1°, da Lei 6.938/1981). **B:** Incorreta. O dano moral trata-se da violação aos direitos da personalidade, e no caso da questão em comento, é evidente que a pessoa ao sofrer lesões graves em seu corpo, provocadas por queimaduras, teve o direito a integridade física violado, fazendo, portanto, jus a indenização por danos morais. **C:** Incorreta. O direito ao meio ambiente ecologicamente equilibrado, por ser tratar de direito difuso, e, portanto, transindividual, quando violado pode gerar danos difusos, coletivos e individuais homogêneos, possibilitando inclusive a tutela coletiva ou individual destes direitos. **D:** Correta. A responsabilidade por danos ambientais é objetiva e fundamentada na teoria do risco integral, de forma a não admitir qualquer excludente de responsabilidade. **E:** Incorreta. Primeiramente por ser a responsabilidade do agente causador de danos ambientais objetiva, e não subjetiva, conforme disposto na alternativa. Outrossim, a colocação de placas no local, não exime o agente de sua responsabilidade, por não se discutir culpa, em sede de responsabilidade por danos ambientais (art. 14, § 1°, da Lei 6.938/1981). **RB**
Gabarito "D".

(Juiz – TRF 2ª Região – 2017) Assinale a opção correta:

(A) A responsabilidade civil ambiental é informada pela doutrina do risco integral e não admite ação de regresso.

(B) Em regra, a cobrança de multa administrativa oriunda de responsabilidade ambiental não prescreve.

(C) Por falta de nexo de causalidade, não se pode impor a obrigação de recuperar a degradação ambiental ao atual proprietário do imóvel, quando ele não a causou.

(D) Conforme o atual entendimento do STF, a responsabilidade penal da pessoa jurídica por crimes ambientais subordina-se à simultânea persecução da pessoa física responsável pela conduta (princípio da dupla imputação).

(E) A Lei n° 9.605/98 prevê a pena de imposição de liquidação forçada, com perdimento do patrimônio, à pessoa jurídica utilizada preponderantemente para facilitar a prática dos crimes contra o meio ambiente previstos em seu texto.

A: incorreta. A responsabilidade civil ambiental é objetiva informada pela doutrina do risco integral, admitindo ação de regresso contra o efetivo causador do dano (art. 14, § 1°, da Lei 6.938/1981 e art. 934 do CC); **B:** incorreta. Prescreve a Súmula 467 do STJ: "Prescreve em cinco anos, contados do término do processo administrativo, a pretensão da administração Pública de promover a execução da multa por infração ambiental"; **C:** incorreta. A obrigação de promover a recomposição da área degradada é *propter rem;* no mesmo sentido o Código Florestal, ao dispor que suas obrigações têm natureza real e são transmitidas ao sucessor no caso de transferência de domínio ou posse do imóvel rural (art. 2°, § 2°); **D:** incorreta. A jurisprudência não adota mais a teoria da "dupla imputação", aliás, a Constituição Federal (art. 225, §3°) e, em especial, a Lei 9.605/1998 (art. 3°) reconhecem a possibilidade de responsabilização criminal da pessoa jurídica de forma autônoma e independente da pessoa física; **E:** correta (art. 24, da Lei 9.605/1998). **FM/FCP**
Gabarito "E".

20. DIREITO AMBIENTAL

(Juiz – TRF 4ª Região – 2016) Dadas as assertivas abaixo, assinale a alternativa correta. Segundo a jurisprudência dominante do Superior Tribunal de Justiça:

I. Considerando que o dano moral se fundamenta na dor e no sofrimento psíquico, é impossível a sua constatação em ação civil pública ambiental, diante da indeterminabilidade e da transindividualidade dos sujeitos passivos.

II. O dano moral coletivo prescinde da comprovação de dor e abalo psíquico, em se tratando de lesão a direitos difusos e coletivos.

III. É possível a condenação em dano moral coletivo ambiental se provados a dor e o abalo psíquico sofridos pela comunidade atingida.

(A) Está correta apenas a assertiva I.

(B) Está correta apenas a assertiva II.

(C) Está correta apenas a assertiva III.

(D) Estão corretas todas as assertivas.

(E) Nenhuma assertiva está correta.

O seguinte aresto do STJ expõe a incorreção das assertivas I e III e a correção da II, a saber: "O dano moral coletivo ambiental atinge direitos de personalidade do grupo massificado, sendo desnecessária a demonstração de que a coletividade sinta a dor, a repulsa, a indignação, tal qual fosse um indivíduo isolado" (REsp 1269494 MG 2011/0124011-9, Rel. Min. Eliana Calmon, j. 24.09.2013, *DJe* 01.10.2013). **FM/FCP**

Gabarito "B".

(Juiz – TJ/RJ – VUNESP – 2016) Um Município, no interior de Minas Gerais, pretende, em sede recursal, a inclusão do referido Estado no polo passivo da Ação Civil Pública, que visa a reparação e prevenção de danos ambientais causados por deslizamentos de terras em encostas habitadas. Segundo regra geral quanto ao dano ambiental e urbanístico, e segundo posição do STJ, o litisconsórcio, nesses casos é

(A) facultativo, quando envolve ato do particular e necessário quando envolve ato da Administração Pública.

(B) facultativo, pois os responsáveis pela degradação ambiental não são coobrigados solidários.

(C) necessário, quando o ato envolve particular e poder público.

(D) obrigatório, no caso de causas concorrentes.

(E) facultativo, mesmo havendo múltiplos agentes poluidores.

A: incorreta. O litisconsórcio será facultativo quando envolver ato de múltiplos agentes, pouco importando serem particulares ou públicos; **B:** incorreta. Em sede de reparação civil, o dano ambiental é marcado pela responsabilidade civil objetiva e solidária, que dá ensejo, ao litisconsórcio facultativo entre os vários poluidores, diretos ou indiretos; **C:** incorreta. É firme a jurisprudência do STJ no sentido de que, na ação civil pública por danos ambientais, mesmo quando presente a responsabilidade solidária, não se faz necessária a formação de litisconsórcio; **D:** incorreta. A responsabilidade por danos ambientais é objetiva e solidária entre o poluidor direto e o indireto, permitindo que a ação seja ajuizada contra qualquer um deles, sendo, portanto, facultativo o litisconsórcio e não obrigatório conforme disposto na alternativa; **E:** correta. Em ações judiciais que visam o ressarcimento de danos ambientais, a regra é a fixação do litisconsórcio passivo facultativo, abrindo-se ao autor a possibilidade de demandar contra qualquer um dos agentes responsáveis, isoladamente ou em conjunto. **FM/FCP**

Gabarito "E".

(Juiz – TJ/RJ – VUNESP – 2016) A responsabilidade civil do Estado, por dano ambiental, em caso de omissão de cumprimento adequado do seu dever de fiscalizar, será

(A) solidária, se a omissão for determinante para concretização ou agravamento do dano, porém de execução subsidiária.

(B) solidária, independentemente da omissão ser determinante para concretização ou agravamento do dano, pois a responsabilidade é subjetiva.

(C) subsidiária, se a omissão for determinante para concretização ou agravamento do dano, pois a responsabilidade é subjetiva.

(D) solidária, ainda que a omissão não seja determinante para concretização ou agravamento do dano.

(E) subsidiária, independentemente da omissão ser determinante para concretização ou agravamento do dano.

A: correta. A responsabilidade civil do Estado por eventuais danos ambientais configura-se igualmente quando a fiscalização, quando inadequada, ineficiente ou insuficiente, e, por consequência, contribuir de modo substancial para a ocorrência do dano ao meio ambiente. Trata-se de responsabilidade solidária com execução subsidiária (ou com ordem de preferência), ou seja, somente se impossível exigir do poluidor direto o cumprimento da obrigação, haverá a transferência da obrigação ao Estado; **B:** incorreta. A responsabilidade civil do Estado por danos ambientais, ainda que por omissão ao dever de fiscalização é objetiva, e não subjetiva, conforme prevê o enunciado. Todavia, esse é um ponto divergente entre os tribunais e demanda atenção do candidato. Conforme Fabiano Melo, em sua obra *Direito Ambiental* (Método, 2017), "na responsabilidade do Poder Público pela omissão no exercício do poder de polícia, na fiscalização das atividades econômicas, há uma clara divisão da doutrina e dos tribunais entre a adoção da responsabilidade objetiva ou da responsabilidade subjetiva". Portanto, o candidato deve acompanhar as discussões jurisprudenciais no STJ; **C:** incorreta. Vide comentário anterior; **D:** incorreta. A omissão ao dever de fiscalização do Estado deve ser determinante para a concretização ou agravamento do dano ambiental, para que haja a sua responsabilização. Não se imputa ao Estado, nem se mostra razoável fazê-lo segurador universal pela integralidade das lesões sofridas por pessoas ou bens protegidos; **E:** incorreta. No caso de omissão de dever de controle e fiscalização, a responsabilidade ambiental da Administração é objetiva e solidária de execução subsidiária (impedimento à sua convocação *per saltum*) **FM/FCP**

Gabarito "A".

(Juiz – TJ/RJ – VUNESP – 2016) As queimadas frequentemente são utilizadas, sem autorização, para desmatamento de mata nativa, e representam a negação da modernidade da agricultura e pecuária brasileiras, confrontando-se com os fundamentos mais elementares do Direito Ambiental. Quem queima, ao fazê-lo, afeta, degrada ou destrói o meio ambiente, o que lhe impõe alguns deveres. Quanto à possibilidade de cumulação no pedido de obrigação de fazer, de não fazer (reparar a área afetada) e de pagar quantia certa (indenização), a jurisprudência do STJ tem se firmado no sentido de permitir

(A) a cumulação de obrigações de fazer, de não fazer e de indenizar, na busca da proteção mitigada.

(B) a cumulação de obrigações de fazer, de não fazer e de indenizar, que têm natureza conglobante, na busca da proteção integral do meio ambiente.

(C) a cumulação de obrigações de fazer, de não fazer e de indenizar, que têm natureza de obrigação de eficácia real.

(D) a cumulação de obrigações de fazer, de não fazer e indenizar, que têm natureza conglobante.

(E) a cumulação de obrigações de fazer, de não fazer e de indenizar, que têm natureza *propter rem*, na busca da proteção integral do meio ambiente.

A: incorreta. A proteção e recuperação do meio ambiente degradado é integral e não mitigada, conforme prevê a alternativa; **B:** incorreta. A natureza conglobante pressupõe a necessidade de que uma conduta seja contrária ao ordenamento jurídico como um todo, globalmente considerado. Verifica-se, assim, que a alternativa é incorreta; **C:** incorreta. A reparação integral dos danos ambientais possibilita a cumulação de obrigações de fazer, de não fazer e de indenizar, que têm natureza *propter rem* e não de obrigações com eficácia real; **D:** incorreta. Conforme ressaltado nos comentários a alternativa "B", a natureza da obrigação de reparação integral aos danos ambientais tem natureza *propter rem* e não conglobante; **E:** correta. A necessidade de reparação integral da lesão causada ao meio ambiente permite a cumulação de obrigações de fazer, de não fazer e de indenizar, que têm natureza *propter rem*. Obrigação *propter rem* é aquela que recai sobre o imóvel e que obriga, em qualquer circunstância, ao proprietário e a todos que o sucedem em tal condição. **FM/FCP**

Gabarito "E".

(Promotor de Justiça – MPE/RS – 2017) Nos moldes da Lei Federal 9.605/1998, assinale a alternativa **INCORRETA**.

(A) O recolhimento domiciliar baseia-se na autodisciplina e senso de responsabilidade do condenado, que deverá, sem vigilância, trabalhar, frequentar curso ou exercer atividade autorizada, permanecendo recolhido nos dias e horários de folga em residência ou em qualquer local destinado a sua moradia habitual, conforme estabelecido na sentença condenatória.

(B) Os órgãos ambientais integrantes do Sistema Nacional do Meio Ambiente (Sisnama), responsáveis pela execução de programas e projetos e pelo controle e fiscalização dos estabelecimentos e das atividades suscetíveis de degradarem a qualidade ambiental, ficam autorizados a celebrar, para o cumprimento do disposto nesta Lei, com força de título executivo extrajudicial, termo de compromisso com pessoas físicas ou jurídicas responsáveis pela construção, instalação, ampliação e funcionamento de estabelecimentos e atividades utilizadores de recursos ambientais, considerados efetiva ou potencialmente poluidores.

(C) Deverá ser desconsiderada a pessoa jurídica sempre que sua personalidade for obstáculo ao ressarcimento de prejuízos causados à qualidade do meio ambiente.

(D) A multa (pena criminal) será calculada segundo os critérios do Código Penal; se revelar-se ineficaz, ainda que aplicada no valor máximo, poderá ser aumentada até três vezes, tendo em vista o valor da vantagem econômica auferida.

(E) A pessoa jurídica constituída ou utilizada, preponderantemente, com o fim de permitir, facilitar ou ocultar a prática de crime definido nesta Lei terá decretada sua liquidação forçada, seu patrimônio será considerado instrumento do crime e como tal perdido em favor do Fundo Penitenciário Nacional

A: correta. Trata-se de transcrição do art. 13 da Lei 9.605/1998 (Lei de Crimes Ambientais). **B:** correta. Trata-se de transcrição do art. 79-A da Lei 9.605/1998 (Lei de Crimes Ambientais). **C:** incorreta. O erro está na expressão "deverá", enquanto o art. 4º, da Lei 9.605/1998, usa

a expressão "poderá". Nesse sentido, "Poderá ser desconsiderada a pessoa jurídica sempre que sua personalidade for obstáculo ao ressarcimento de prejuízos causados à qualidade do meio ambiente". **D:** correta. Trata-se de transcrição do art. 18 da Lei 9.605/1998 (Lei de Crimes Ambientais). **E:** correta. Trata-se de transcrição do art. 24 da Lei 9.605/1998 (Lei de Crimes Ambientais). **FM/FCP**

Gabarito "C".

(Delegado/GO – 2017 – CESPE) Uma mineradora está respondendo por supostamente ter causado poluição capaz de gerar danos à saúde dos moradores de área próxima ao local de suas atividades. Alguns sócios com poderes de gerência foram apontados como corresponsáveis na esfera criminal. Foram impostas duas multas administrativas elevadas, uma por ente estadual e outra por ente federal, com base na mesma conduta. Na motivação, foi invocado o alto poder econômico da empresa como fator para gradação das multas. Alguns moradores já ajuizaram ações cíveis de reparação de danos.

Com relação a essa situação hipotética, assinale a opção correta à luz da legislação pertinente e das posições doutrinárias majoritariamente aceitas.

(A) A situação econômica do infrator não poderia ser levada em consideração para estabelecer o valor das multas impostas.

(B) Ainda que tenha inexistido dolo na geração da poluição, poderá haver responsabilização criminal no caso.

(C) Ainda que seja a mesma hipótese de incidência, as duas multas administrativas — federal e estadual — deverão ser pagas.

(D) Como as esferas de responsabilização por infração ambiental são independentes entre si, inexiste situação em que a decisão criminal repercutirá nas demais e vice-versa.

(E) Se a pessoa jurídica for condenada criminalmente, ficará excluída a responsabilidade criminal dos seus sócios-gerentes

A: incorreta. Conforme art. 6º da Lei 9.605/1998, para a imposição e gradação de sanções penais e administrativas, devem ser levadas em consideração: a) a gravidade do fato, tendo em vista os motivos da infração e suas consequências para a saúde pública e meio ambiente; b) os antecedentes do infrator quanto ao cumprimento da legislação de proteção ambiental; e c) a situação econômica do infrator. **B:** correta. Na esfera penal, há previsão de crimes dolosos e culposos em toda a legislação, de forma que a modalidade culposa é admitida nos crimes ambientais. **C:** incorreta. O pagamento de multa imposta pelos Estados, Municípios, Distrito Federal ou territórios substitui multa federal na mesma hipótese de incidência (Art. 76 da Lei 9.605/1998). **D:** incorreta. Independentemente da sentença absolutória criminal, a ação civil poderá ser proposta quando não tiver sido, categoricamente, reconhecida a inexistência material do fato (art. 66 do CPP). Veja também o art. 79 da Lei 9.605/98 sobre a aplicação subsidiária do Código de Processo Penal e do Código Penal aos crimes ambientais. **E:** incorreta. A responsabilidade das pessoas jurídicas não exclui a responsabilidade das pessoas físicas autoras, coautoras ou partícipes do mesmo fato (art. 3º da Lei 9.605/1998). **RD**

Gabarito "B".

(Delegado/PE – 2016 – CESPE) A responsabilidade civil por grave acidente ambiental ocorrido em uma região de determinado estado da Federação será

(A) subjetiva, informada pela teoria do risco proveito.

(B) objetiva, informada pela teoria do risco criado.

(C) objetiva, informada pela teoria do risco integral.

(D) subjetiva, informada pela teoria do risco criado.

(E) subjetiva, informada pela teoria do risco integral.

No ordenamento jurídico brasileiro, responsabilidade ambiental será sempre objetiva por forma do § 3º do art. 225 da CF, bem como no § 1º do art. 14 da Lei 6.938/1981 e ainda no art. 3º da Lei 9.605/1998. Após divergências na jurisprudência, por fim o STJ firmou posicionamento REsp 1.114.398 – PR (2009/0067989-1): **"Inviabilidade de alegação de culpa exclusiva de terceiro, ante a responsabilidade objetiva**. – A alegação de culpa exclusiva de terceiro pelo acidente em causa, como excludente de responsabilidade, deve ser afastada, ante a incidência da teoria do risco integral e da responsabilidade objetiva ínsita ao dano ambiental (art. 225, 3º, da CF e do art. 14, 1º, da Lei 6.938/1981), responsabilizando o degradador em decorrência do princípio do poluidor-pagador". Portanto a única alternativa correta é a letra 'C'. RB

Gabarito "C".

9. RESPONSABILIDADE ADMINISTRATIVA AMBIENTAL

(Procurador/PA – CESPE – 2022) Determinado órgão ambiental, no exercício de sua atividade fiscalizatória, apreendeu veículos de pessoa jurídica de direito privado que supostamente estavam sendo utilizados em atividade que caracterizaria infração ambiental.

No que diz respeito a essa situação hipotética, assinale a opção correta, consoante o entendimento atual do Superior Tribunal de Justiça firmado em recurso especial repetitivo.

(A) A apreensão de bens é rechaçada pela jurisprudência do Superior Tribunal de Justiça, pois não se podem criar restrições patrimoniais como meio coercitivo para pagamento de multas ou cumprimento de outras sanções administrativas.

(B) O Superior Tribunal de Justiça admite a apreensão dos bens apenas para a lavratura do auto de infração, mas inadmite o perdimento dos bens, porque isso viola a proteção que o ordenamento jurídico confere à propriedade privada e à livre-iniciativa.

(C) É condição de licitude da apreensão que o bem apreendido seja utilizado, específica e unicamente, na atividade ilícita.

(D) Foi declarada a inconstitucionalidade incidental do § 4.º do art. 25 da Lei n.º 9.605/1998, para inadmitir que bens apreendidos sejam doados a instituições educacionais.

(E) A apreensão do instrumento utilizado na infração ambiental, fundada em dispositivo vigente da Lei n.º 9.605/1998, independe do seu uso específico, exclusivo ou habitual para a empreitada infracional.

O STJ, no âmbito do julgamento do REsp 1.814.945/CE sob o rito dos recursos repetitivos, fixou a seguinte tese: "A apreensão do instrumento utilizado na infração ambiental, fundada na atual redação do § 4º do art. 25 da Lei 9.605/1998, independe do uso específico, exclusivo ou habitual para a empreitada infracional" (Tema 1.036). Nesse sentido, correta a alternativa E. RB

Gabarito "E".

(Juiz de Direito – TJ/MS – 2020 – FCC) Em mandado de segurança impetrado contra ato de fiscal ambiental que apreendeu animal silvestre (papagaio-verdadeiro) adquirido irregularmente, o impetrante confessa a origem ilícita da ave, mas alega que a adquiriu para sua filha pequena há 01 (um) ano, sendo a ave um verdadeiro membro da família. Alega, por fim, que a menina sente muita falta do papagaio. A ordem deverá ser

(A) negada, diante da origem ilícita do animal silvestre.

(B) concedida, tendo em vista a adaptabilidade do animal ao convívio humano.

(C) concedida em parte para permitir visitas da família ao cativeiro do animal.

(D) concedida em parte para permitir a permanência do animal com a família por mais 02 (dois) anos.

(E) negada com fundamento no princípio da pessoalidade da sanção.

A aquisição irregular de animal silvestre constitui infração administrativa contra o meio ambiente (cf. art. 70, "caput", da Lei 9.605/98 c/c. art. 24 do Decreto 6.514/08). Nesse sentido, cabível a apreensão do espécime animal (papagaio-verdadeiro) pelo fiscal ambiental (art. 72, inc. IV, da Lei 9.605/98), razão pela qual o mandado de segurança impetrado deve ser negado. RB

Gabarito "A".

Roberto cometeu infração ambiental ao construir sua casa em área de mangue e, por isso, foi autuado, em janeiro de 2011, por fiscal ambiental estadual. Roberto deixou transcorrer todos os prazos, pois se negava a receber a notificação, mas, em 2015, foi surpreendido com uma ação de cobrança da infração, na qual constava a sua citação por edital em 2013.

(Promotor de Justiça/CE – 2020 – CESPE/CEBRASPE) Nessa situação hipotética, de acordo com a jurisprudência do STJ, Roberto está

(A) desobrigado do pagamento da multa, pois o crédito está prescrito, visto que não se admite no âmbito administrativo a citação por edital.

(B) desobrigado do pagamento da multa, pois, em se tratando de multa administrativa, a pres-crição da ação de cobrança somente tem início com a notificação, quando se torna inadimplente o administrado infrator.

(C) obrigado ao pagamento da multa, pois é de dez anos o prazo decadencial para se constituir o crédito decorrente de infração à legislação administrativa.

(D) obrigado ao pagamento da multa, pois o prazo deca-dencial para a constituição do crédito decorrente de infração à legislação administrativa foi suspenso com a citação de Roberto por meio de edital.

(E) obrigado ao pagamento da multa, pois o prazo deca-dencial para a constituição do crédito decorrente de infração à legislação administrativa foi interrompido com a citação de Roberto por meio de edital.

De acordo a Súmula 467 do STJ, prescreve em cinco anos, contados do término do processo ad-ministrativo, a pretensão da Administração Pública de promover a execução da multa por infração ambiental. Nesse sentido, considerando que a autuação deu-se em janeiro de 2011, e que a ação de cobrança foi ajuizada antes de abril de 2013, data em que se deu a citação por edital do infra-tor, conclui-se que não houve fluência do respectivo prazo prescricional. Além disso, pode-se re--conhecer a interrupção do prazo em razão da citação do envolvido. Correta a alternativa E. RB

Gabarito "E".

(Defensor Público Federal – DPU – 2017 – CESPE) Um agricultor autuado por infração ambiental solicitou auxílio da DP. No auto de infração, constam: a conduta de impedir a regeneração natural de floresta localizada em APP, por manter a área como pasto; a indicação da pena de multa em razão da ilegalidade.

Segundo o agricultor, na verificação, os agentes públicos federais afirmaram ser possível a responsabilização nas esferas administrativa, criminal e civil. Ele argumentou, por fim, que comprou a propriedade já no estado atual e que desconhecia as supostas ilegalidades.

Com referência a essa situação hipotética, julgue os itens que se seguem.

(1) O auto de infração em apreço só terá legalidade se tiver sido lavrado por autoridade policial e contiver o valor da multa, cujo pagamento, entretanto, só deverá ser feito após o julgamento administrativo, já que depende de confirmação de incidência.

(2) Se ficar constatado que a área degradada pode ser recuperada por simples regeneração natural, a pena de multa indicada no auto de infração não poderá ser convertida em reparação de danos.

Assertiva **1**. Errada. Segundo o art. 70, § 1º, da Lei 9.605/1998, "São autoridades competentes para lavrar auto de infração ambiental e instaurar processo administrativo os funcionários de órgãos ambientais integrantes do Sistema Nacional de Meio Ambiente – Sisnama, designados para as atividades de fiscalização, bem como os agentes das Capitanias dos Portos, do Ministério da Marinha". Nota-se que não é somente a autoridade policial que possui competência para a lavratura do auto de infração. Assertiva **2**. Correta. Quando a prova foi aplicada, em setembro de 2017, a redação do dispositivo correspondente do Decreto 6.514/2008 dispunha sobre a impossibilidade de recuperação da área degradada ser realizada pela simples regeneração natural (art. 141, II). Esse dispositivo foi revogado pelo Decreto 9.179, de 23 de outubro de 2017, que atualmente possui a seguinte redação: "art. 141. Não caberá conversão de multa para reparação de danos decorrentes das próprias infrações". **FM**

Gabarito: 1E, 2C

(Juiz – TJ-SC – FCC – 2017) Lavrado Auto de Infração Ambiental por supressão ilegal de vegetação nativa em área de preservação permanente, aplicou-se pena de multa, que foi adimplida pelo autuado. A Administração Pública, neste caso, deverá:

(A) arquivar o processo administrativo diante do pagamento integral da multa imposta.

(B) noticiar o fato aos órgãos competentes (Ministério Público e Polícia Civil) para verificar eventual prática de crime ambiental e buscar, administrativamente ou por meio do Poder Judiciário, a reparação do dano ambiental.

(C) noticiar o fato aos órgãos competentes (Ministério Público e Polícia Civil) para verificar eventual prática de crime ambiental e arquivar o processo administrativo.

(D) noticiar o fato aos órgãos competentes (Ministério Público e Polícia Civil) para verificar eventual prática de crime ambiental e buscar administrativamente a reparação do dano ambiental, visto que não tem legitimidade para ingressar em juízo.

(E) ingressar em juízo para buscar a reparação do dano ambiental e a condenação do autuado pela prática de crime ambiental.

Dispõe o art. 225, § 3º, da CF/88, que: "As condutas e atividades consideradas lesivas ao meio ambiente sujeitarão os infratores, pessoas físicas ou jurídicas, a sanções penais e administrativas, independentemente da obrigação de reparar os danos causados". Extrai-se da norma transcrita que as responsabilidades administrativa, penal e civil são autônomas e independentes entre si. Desta forma, lavrado Auto de Infração Ambiental por supressão ilegal de vegetação nativa em área de preservação permanente, aplicou-se pena de multa, que foi adimplida pelo autuado. A Administração Pública, neste caso, deverá noticiar o fato aos órgãos competentes (Ministério Público e Polícia Civil) para verificar eventual prática de crime ambiental e buscar, administrativamente ou por meio do Poder Judiciário, a reparação do dano ambiental. **FM/FCP**

Gabarito: "B".

(Delegado/PE – 2016 – CESPE) Determinada pessoa física foi autuada por, supostamente, ter comercializado produtos, instrumentos e objetos que implicam a caça de espécimes da fauna silvestre.

Considerando essa situação hipotética, assinale a opção correta com base no Decreto 6.514/2008 — que dispõe sobre as infrações e sanções administrativas ao meio ambiente, estabelece o processo administrativo federal para apuração destas infrações, e dá outras providências.

(A) A defesa do autuado deverá ser conhecida, ainda que seja apresentada fora do prazo.

(B) O autuado não poderá ser intimado da lavratura do auto de infração por meio de edital.

(C) O autuado não poderá ser intimado da lavratura do auto de infração por meio de carta registrada.

(D) Se o auto de infração apresentar erro no enquadramento legal, o vício será insanável.

(E) Se o auto de infração apresentar vício sanável, ele poderá ser convalidado a qualquer tempo.

A: incorreta, já que o art. 177, I, do Decreto 6.514/2008 veda o conhecimento da defesa fora do prazo; **B:** incorreta, já que uma vez constatada a ocorrência de infração administrativa ambiental, será lavrado auto de infração, do qual deverá ser dado ciência ao autuado, assegurando-se o contraditório e a ampla defesa, podendo o autuado ser intimado inclusive por edital, conforme previsto pelo art. 96, § 1º, IV, do Decreto 6.514/2008; **C:** incorreta, já que a carta registrada é meio previsto para citação do autuado conforme art. 96, § 1º, III, do Decreto 6.514/2008; **D:** incorreta, já que o referido decreto em seu art. 100, § 3º considera que o erro no enquadramento legal da infração não implica vício insanável, podendo ser alterado pela autoridade julgadora mediante decisão fundamentada que retifique o auto de infração; **E:** correta, por força do art. 99 do Decreto 6.514/2008. **RB**

Gabarito "E".

10. RESPONSABILIDADE PENAL AMBIENTAL

(Procurador/PA – CESPE – 2022) De acordo com o disposto na Lei n.º 9.605/1998 (Lei de Crimes Ambientais) acerca da responsabilidade penal de pessoa jurídica por dano ambiental, é correto afirmar que

(A) todas as espécies de penas descritas na legislação penal podem ser aplicadas a pessoa jurídica.

(B) somente a pena de multa pode ser aplicada a pessoa jurídica.

20. DIREITO AMBIENTAL

(C) a pena de multa e as penas restritivas de direitos e de prestação de serviços à comunidade podem ser aplicadas a pessoa jurídica.

(D) a pena de multa e penas restritivas de direitos, salvo a prestação de serviços à comunidade, podem ser aplicadas a pessoa jurídica.

(E) nenhuma pena restritiva de direitos pode ser aplicada a pessoa jurídica.

A: incorreta (as penas privativas de liberdade não podem ser aplicadas a pessoas jurídicas). **B:** incorreta (cf. art. 21, as penas aplicáveis às pessoas jurídicas são: multa, restritivas de direitos e prestação de serviços à comunidade). **C:** correta (cf. art. 21). **D:** incorreta (a prestação de serviços à comunidade pode ser aplicada à pessoa jurídica). **E:** incorreta (cf. art. 21, já referido). RB

Gabarito "C".

(Juiz de Direito/GO – 2021 – FCC) José Bento, que cursou até a terceira série do ensino fundamental, foi denunciado por adentrar, sem autorização, um Refúgio da Vida Silvestre portando um facão. Confessou que sabia da ilegalidade da conduta, mas sua intenção era colher sementes para confecção de artesanato. A ação penal deverá ser julgada

(A) procedente com circunstância atenuante.

(B) procedente com aplicação do perdão judicial.

(C) improcedente pela atipicidade formal do fato.

(D) improcedente pela ausência de dolo.

(E) procedente com aplicação da pena dentro do balizamento trazido pelo tipo penal, sem circunstâncias agravantes ou atenuantes.

Comentário: O fato praticado por José Bento configura tipo penal previsto no art. 52 da Lei 9.605/1998 (Lei dos Crimes Ambientais): "Penetrar em Unidades de Conservação conduzindo substâncias ou instrumentos próprios para caça ou para exploração de produtos ou subprodutos florestais, sem licença da autoridade competente: Pena - detenção, de seis meses a um ano, e multa." De acordo com o enunciado, a autor do crime confessou que sabia da ilegalidade, o caracteriza a presença de dolo. Nesse sentido, ação penal deve ser julgada procedente. Ocorre que José Bento detém baixo grau de instrução ou escolaridade, o que configura circunstância que atenua a pena (art. 14, I, da Lei 9.605/1998). Assim, correta a alternativa A. RB

Gabarito "A".

(Juiz de Direito – TJ/AL – 2019 – FCC) Suponha que tenha sido editada uma lei estadual capitulando como crime a caça e o abate de animais em todo o Estado, em áreas públicas ou privadas, inclusive em relação a espécies exóticas invasoras. A constitucionalidade do referido diploma foi contestada em face do seu potencial de dano ao meio ambiente, eis que espécies já reconhecidamente nocivas, como o javali, vêm se proliferando de forma desordenada e causando danos efetivos à biodiversidade, além de risco à segurança e saúde da população de áreas rurais.

Para a avaliação do apontado vício de inconstitucionalidade, cumpre considerar que

(A) a legislação estadual afigura-se compatível com as normas gerais editadas pela União sobre crimes ambientais (Lei federal n. 9.605/1998) que proíbem a caça para controle populacional, independentemente de tratar-se de espécie nociva, admitindo apenas medidas de mitigação como captura e esterilização dos animais.

(B) o Estado, no exercício da competência concorrente, possui ampla liberdade para definir e tipificar as condutas lesivas à sua fauna nativa, independentemente da tipificação da legislação federal, especialmente em relação às denominadas espécies exóticas, expressamente excluídas da proteção estabelecida pela Lei n. 9.605/1998.

(C) a legislação federal que tipifica os crimes contra o meio ambiente, editada ao amparo da competência da União para estabelecer normas gerais de proteção da fauna e do meio ambiente (Lei n. 9.605/1998), não considera crime a caça de animais nocivos, desde que assim caracterizados pelo órgão competente.

(D) o Estado não possui competência para legislar sobre a matéria, que é privativa da União, e já integralmente exercida nos termos da Lei federal n. 9.605/1998, que admite expressamente a caça e o abate do javali e de outras espécies nocivas elencadas em rol taxativo anexo ao referido diploma federal.

(E) a legislação federal que dispõe sobre sanções a condutas e atividades lesivas ao meio ambiente (Lei n. 9.605/1998) disciplinou, de forma exaustiva, as hipóteses de proibição da caça, vedando apenas a caça esportiva e aquela com finalidade meramente recreativa, não havendo, assim, espaço para os estados legislarem sobre o tema em caráter suplementar.

A: Incorreta, pois a Lei 9.605/98 admite que não é crime o abate de animal quando realizado por ser nocivo o animal, desde que assim caracterizado pelo órgão competente (art. 37, IV). **B:** Incorreta, pois na competência legislativa concorrente (art. 24/CF) cabe ao Estado suplementar a legislação federal e, ademais, é tipificado na Lei 9.605/98 a conduta de praticar ato de abuso, maus-tratos, ferir ou mutilar animais silvestres, domésticos ou domesticados, nativos ou exóticos (art. 32). **C:** Correta, pois o art. 37, Lei 9.605/98, dispõe que não é crime o abate de animal, quando realizado por ser nocivo o animal, desde que assim caracterizado pelo órgão competente. **D:** Incorreta, pois o Estado possui competência legislativa concorrente, conforme o art. 24, VI e § 2º, da CF. **E:** Incorreta, pois a Lei 9.605/98 não vedou somente a caça esportiva e aquela com finalidade meramente recreativa. RB

Gabarito "C".

Joana, moradora de uma comunidade quilombola, tem baixo grau de instrução e trabalha na principal atividade de subsistência da sua comunidade, que é a pesca. Durante uma pescaria, feita sempre aos domingos, no período noturno, ela capturou dois filhotes de baleia-franca, espécie inserida na lista local de espécies ameaçadas de extinção. Depois desse dia, Joana passou a fazer da pesca dessa espécie animal uma atividade econômica, com a venda para o comércio da região. Somente após ter praticado reiteradamente a atividade criminosa, ela descobriu que essa espécie de baleia era ameaçada de extinção. Arrependida, Joana dirigiu-se a uma delegacia de polícia e informou, com antecedência, à autoridade policial todos os locais em que havia instalado armadilhas de pesca. Além disso, passou a trabalhar em um projeto social para reparar o dano causado e a colaborar com os agentes encarregados da vigilância e do controle ambiental.

(Juiz de Direito – TJ/SC – 2019 – CESPE/CEBRASPE) Conforme as disposições da Lei 9.605/1998, assinale a opção que indica circunstâncias atenuantes de eventual pena criminal que possa ser imputada a Joana.

(A) o baixo grau de instrução de Joana e o seu pertencimento a uma comunidade quilombola

(B) o arrependimento de Joana, sua pretensão de reparar o dano e a periodicidade das pescas (sempre aos domingos)

(C) a comunicação prévia de Joana do perigo iminente de degradação ambiental, em razão das armadilhas de pesca instaladas, e a periodicidade das pescas (sempre aos domingos)

(D) o baixo grau de instrução de Joana e sua colaboração com os agentes encarregados da vigilância e do controle ambiental

(E) o pertencimento de Joana a uma comunidade quilombola e a sua desistência voluntária

---

A Lei 9.605/98 disciplina a responsabilidade penal em matéria ambiental. O seu art. 14 elenca as circunstâncias que atenuam a pena, entre as quais o baixo grau de instrução ou escolaridade do agente (inciso I) e a colaboração com os agentes encarregados da vigilância e do controle ambiental (inciso IV). As demais circunstâncias são: o arrependimento do infrator, manifestado pela espontânea reparação do dano, ou limitação significativa da degradação ambiental causada (inciso II) e a comunicação prévia pelo agente do perigo iminente de degradação ambiental (inciso III). **RB**

Gabarito "D".

(Juiz de Direito – TJ/RS – 2018 – VUNESP) Nos termos da Lei nº 9.605/1998, assinale a alternativa correta.

(A) O abate de animal realizado para proteger lavouras, pomares e rebanhos da ação predatória ou destruidora de animais, ainda que sem autorização da autoridade competente, não é considerado crime.

(B) Não é possível a suspensão condicional da pena nos casos de condenação a pena privativa de liberdade superior a três anos, nos crimes previstos nesta Lei.

(C) Nos termos do artigo 89 da Lei nº 9.099/1995, esgotado o prazo máximo de prorrogação da suspensão do processo por não ter sido completa a reparação do dano ambiental, será automaticamente declarada a extinção da punibilidade.

(D) A pena de proibição de contratar com o Poder Público e dele obter subsídios subvenções ou doações aplicada a uma pessoa jurídica não poderá exceder o prazo de cinco anos.

(E) A pena de prestação de serviços à comunidade consiste na atribuição ao condenado de tarefas gratuitas ou com remuneração módica, se o condenado for hipossuficiente, prestado junto a parques, jardins públicos ou unidades de conservação.

A: incorreta. Não é crime o abate de animal realizado para proteger lavouras, pomares e rebanhos da ação predatória ou destruidora de animais, desde que legal e expressamente autorizado pela autoridade competente (art. 37, II, da Lei 9.605/1998); **B:** correta, nos termos do art. 16, da Lei. 9.605/1998: "Nos crimes previstos nesta Lei, a suspensão condicional da pena pode ser aplicada nos casos de condenação a pena privativa de liberdade não superior a três anos"; **C:** incorreta. Nos termos do art. 28, V, da Lei 9.605/1998, a declaração de extinção de punibilidade dependerá de laudo de constatação que comprove ter o acusado tomado as providências necessárias à reparação integral do dano; **D:** incorreta, a teor do art. 10, da Lei 9.605/1998: "As penas de interdição temporária de direito são a proibição de o condenado contratar com o Poder Público, de receber incentivos fiscais ou quaisquer outros benefícios, bem como de participar de licitações, pelo prazo de cinco anos, no caso

de crimes dolosos, e de três anos, no de crimes culposo"; **E:** incorreta, nos termos do art. 9º, da Lei 9.605/1998: "A prestação de serviços à comunidade consiste na atribuição ao condenado de tarefas gratuitas junto a parques e jardins públicos e unidades de conservação, e, no caso de dano da coisa particular, pública ou tombada, na restauração desta, se possível". **FM/FC**

Gabarito "B".

(Procurador do Estado/SP – 2018 – VUNESP) A Constituição Federal de 1988, ao incorporar a questão ambiental de forma ampla e expressa, trouxe para o seio do Supremo Tribunal Federal uma "pauta verde". Assim, o destino de grandes temas ambientais também teve de ser enfrentado na Corte, como decorrência lógica da necessidade de concretização de seus comandos.

Nesse contexto, sobre a jurisprudência do Supremo Tribunal Federal em matéria ambiental, assinale a alternativa correta.

(A) O Supremo Tribunal Federal julgou procedente ação direta de inconstitucionalidade ajuizada contra a Lei Estadual no 12.684/2007 (Lei que proíbe o uso de produtos que contenham amianto), declarando inconstitucional dispositivo que proíbe o uso no Estado de São Paulo de produtos, materiais ou artefatos que contenham quaisquer tipos de amianto ou asbesto ou outros minerais que, acidentalmente, tenham fibras de amianto na sua composição.

(B) Segundo o Supremo Tribunal Federal, o artigo 225, § 3º, da Constituição Federal, não condiciona a responsabilização penal da pessoa jurídica por crimes ambientais à simultânea persecução penal da pessoa física em tese responsável no âmbito da empresa.

(C) A vedação da queima da palha da cana-de-açúcar por lei municipal, em Municípios paulistas, tem sido considerada constitucional, afastando-se a incidência da legislação estadual que prevê a eliminação progressiva da palha.

(D) O Supremo Tribunal Federal considerou constitucional a prefixação de um piso para a compensação ambiental devida pela implantação de empreendimento de significativo impacto ambiental, devendo os valores serem fixados proporcionalmente ao impacto ambiental, a partir do mínimo previsto na Lei nº 9.985/2000 (Lei do Sistema Nacional de Unidades de Conservação).

(E) Tendo em vista a natureza dos crimes ambientais e mesmo não sendo a proteção do meio ambiente um direito fundamental, o princípio da insignificância é inaplicável aos crimes previstos na Lei nº 9.605/1998 (Lei de Crimes Ambientais).

A: incorreta. Em verdade, o Plenário do Supremo Tribunal Federal julgou improcedente a Ação Direta de Inconstitucionalidade 3937, ajuizada pela Confederação Nacional dos Trabalhadores na Indústria (CNTI) contra a Lei 12.687/2007, do Estado de São Paulo, que proíbe o uso de produtos, materiais ou artefatos que contenham quaisquer tipos de amianto no território estadual; **B:** correta. A teoria da dupla imputação encontra-se superada, vigorando atualmente o entendimento de que o art. 225, § 3º, da Constituição Federal não condiciona a responsabilização penal da pessoa jurídica por crimes ambientais à simultânea persecução penal da pessoa física em tese responsável no âmbito da empresa (STF. RE 548181, Rel. Min. Rosa Weber, 1ª T, julgado em 06-08-2013. Publicado em: 30-10-2014); **C:** incorreta. Em pesquisa obtida junto ao Tribunal de Justiça do Estado de São Paulo, os resultados demonstraram que o

20. DIREITO AMBIENTAL

posicionamento que tem se firmado é no sentido da impossibilidade de proibição da queimada da palha da cana de açúcar por lei municipal, por considerar que o município não possui competência para proibir aquilo que o Estado-membro permite; **D:** incorreta. Foi declarada a inconstitucionalidade da expressão "não pode ser inferior a meio por cento dos custos totais previstos para a implantação do empreendimento", prevista no § 1º do art. 36 da Lei 9.985/2000 (vide ADIN 33786, de 2008); **E:** incorreta. A proteção ao meio ambiente é um direito fundamental de 3ª dimensão/geração, e em decorrência do meio ambiente se tratar de um bem altamente significativo para a humanidade, não se aplica o princípio da insignificância aos crimes ambientais. **FM/FC**

Gabarito "B".

(Delegado – PC/BA – 2018 – VUNESP) Beltrano Benedito estava andando por uma estrada rural e encontrou um filhote de Jaguatirica ferido. Levou-o para casa e, após cuidar dos ferimentos, passou a criá-lo como se fosse seu animal doméstico. Em conformidade com o disposto na Lei nº 9.605/1998, é correta a seguinte afirmação:

(A) Como o animal iria morrer se não fosse socorrido, Beltrano pode ficar com ele sem necessidade de licença ou autorização da autoridade ambiental.

(B) Se Beltrano mantiver o animal sem licença ou autorização da autoridade ambiental, estará praticando crime contra o meio ambiente, considerado inafiançável.

(C) Por se tratar de filhote de espécime da fauna silvestre, se Beltrano ficar com o animal sem licença ou autorização, terá a pena por crime ambiental aumentada de um sexto a um terço.

(D) Beltrano deverá entregar o animal a uma autoridade ambiental, pois não é possível obter permissão, licença ou autorização para ficar com o animal.

(E) A ação de Beltrano se tipifica como crime contra a fauna, que o sujeita à pena de detenção e multa, mas o juiz, considerando as circunstâncias, poderá deixar de aplicar a pena.

Dispõe o art. 29, da Lei 9.605/1998: "Matar, perseguir, caçar, apanhar, utilizar espécimes da fauna silvestre, nativos ou em rota migratória, sem a devida permissão, licença ou autorização da autoridade competente, ou em desacordo com a obtida: Pena – detenção de seis meses a um ano, e multa". O § 2º, do artigo supramencionado, prescreve que: "No caso de guarda doméstica de espécie silvestre não considerada ameaçada de extinção, pode o juiz, considerando as circunstâncias, deixar de aplicar a pena". Desta forma, considerando que a Portaria 444/2014 do Ministério do Meio Ambiente, responsável por elencar quais são as espécies da fauna ameaçadas de extinção, não prevê em seu rol a jaguatirica, considera-se correta a afirmação contida na assertiva "E": "A ação de Beltrano se tipifica como crime contra a fauna, que o sujeita à pena de detenção e multa, mas o juiz, considerando as circunstâncias, poderá deixar de aplicar a pena". **FM/FC**

Gabarito "E".

(Procurador Municipal – Prefeitura/BH – CESPE – 2017) Com relação às responsabilidades ambientais e à atuação administrativa do órgão ambiental, assinale a opção correta.

(A) Independentemente de designação prévia para a atividade de fiscalização, servidor do órgão ambiental que constatar infração administrativa ambiental é competente para, no exercício do poder de polícia, lavrar o respectivo auto de infração.

(B) É vedada a apreensão, pelo órgão ambiental, de veículo utilizado na prática de infração ambiental,

sanção que só é aplicada no âmbito penal e por determinação judicial.

(C) Membro de conselho ou auditor pode ser responsabilizado pela prática de crime ambiental no caso de, tendo tomado conhecimento de conduta criminosa de outrem, não a ter impedido, embora pudesse agir para evitá-la.

(D) Sendo a conduta definida como infração administrativa ambiental e também como crime, o pagamento da multa ao órgão ambiental substitui a multa determinada judicialmente em ação penal ambiental.

A: incorreta, pois compete ao órgão responsável pelo licenciamento ou autorização, lavrar auto de infração ambiental e instaurar processo administrativo para a apuração de infrações à legislação ambiental cometidas pelo empreendimento ou atividade licenciada. O que não impede o exercício pelos entes federativos da atribuição comum de fiscalização, prevalecendo o auto de infração ambiental lavrado por órgão que detenha a atribuição de licenciamento (art. 17, *caput* e § 3º, da Lei 12.651/2012); **B:** incorreta (art. 3º, IV, do Decreto 6.514/2008 e art. 72, IV, da Lei 9.605/1998); **C:** correta (art. 2º, da Lei 9.605/1998); **D:** incorreta, "O pagamento de multa imposta pelos Estados, Municípios, Distrito Federal ou Territórios substitui a multa federal na mesma hipótese de incidência" (art. 76, da Lei 9.605/1998 e art. 12, do Decreto 6.514/2008), e não a multa determinada judicialmente em ação penal conforme disposto na assertiva. **FM/FCP**

Gabarito "C".

(Procurador Municipal/SP – VUNESP – 2016) A Lei 9.605/98 dispõe sobre as sanções penais e administrativas derivadas de condutas e atividades lesivas ao meio ambiente. Assinale a alternativa que traz uma atenuante à aplicação das penas de crimes ambientais descritos nessa lei.

(A) A comunicação prévia pelo agente do perigo iminente de degradação ambiental.

(B) Ser o agente reincidente nos crimes de natureza ambiental.

(C) Cometer a infração concorrendo para danos na propriedade alheia.

(D) Cometer a ação sem a participação de agentes ambientais.

(E) O alto grau de escolaridade do agente.

A: Correta. Nos termos do art. 14, III, da Lei 9.605/1998). **B:** Incorreta. Ser reincidente nos crimes de natureza ambiental é circunstância que agrava a pena, quando não constitui ou qualifica o crime (art. 15, I, da Lei 9.605/1998). **C:** Incorreta. Cometer a infração concorrendo para danos na propriedade alheia, trata-se de circunstância que agrava a pena, quando não constitui ou qualifica o crime (art. 15, II, "d", da Lei 9.605/1998). **D:** Incorreta. Cometer a ação sem a participação de agentes ambientais, não é conduta que atenua a pena. **E:** Incorreta. O baixo grau de escolaridade que é circunstância que atenua a pena (art. 14, I, da Lei 9.605/1998). **FM/FCP**

Gabarito "A".

(Procurador – IPSMI/SP – VUNESP – 2016) Sobre as sanções derivadas de condutas e atividades lesivas ao meio ambiente, nos termos da Lei Federal 9.605/98, é correto afirmar que

(A) o diretor de pessoa jurídica que, sabendo da conduta criminosa de outrem, deixar de impedir a sua prática, quando podia agir para evitá-la, responderá civil, mas não criminalmente.

(B) as pessoas jurídicas serão responsabilizadas administrativa, civil e penalmente, nos casos em que a infração seja cometida por decisão de seu representante legal, no interesse ou benefício de terceiro.

(C) a responsabilidade das pessoas jurídicas exclui a das pessoas físicas, autoras, coautoras ou partícipes do mesmo fato.

(D) poderá ser desconsiderada a pessoa jurídica, sempre que sua personalidade for obstáculo ao ressarcimento de prejuízos causados à qualidade do meio ambiente.

(E) a perícia de constatação do dano ambiental, sempre que possível, fixará o montante do prejuízo causado para efeitos de prestação de fiança, mas não se presta para fixação do cálculo de multa.

A: Incorreta. O diretor de pessoa jurídica que, sabendo da conduta criminosa de outrem, deixar de impedir a sua prática, quando podia agir para evitá-la, responderá civil, criminal e administrativamente, nos termos do art. 225, § 3º, da Constituição Federal. **B:** Incorreta. As pessoas jurídicas serão responsabilizadas penalmente, nos casos em que a infração seja cometida por decisão de seu representante legal, no interesse ou benefício de terceiro (art. 3º, da Lei 9.605/1998). Para que haja a responsabilidade civil há a necessidade da existência de danos ambientais (patrimoniais ou extrapatrimoniais). Já para que exista a responsabilidade administrativa, haverá a necessidade de que a conduta seja tipificada como infração administrativa ambiental. **C:** Incorreta. "A responsabilidade das pessoas jurídicas não exclui a das pessoas físicas, autoras, coautoras ou partícipes do mesmo fato" (art. 3º, parágrafo único, da Lei 9.605/1998). **D:** Correta. Trata-se de transcrição do art. 4º, da Lei 9.605/1998. **E:** incorreta. Nos termos do art. 19, da Lei 9.605/1998: "A perícia de constatação do dano ambiental, sempre que possível, fixará o montante do prejuízo causado para efeitos de prestação de fiança e cálculo de multa". **FM/FCP**

Gabarito "D".

(Juiz – TJ-SC – FCC – 2017) Pedro, Diretor Executivo de empresa de fertilizante, determinou, contra orientação do corpo técnico, que trouxe solução ambientalmente correta, a descarga de produtos em curso d'água causando poluição que tornou necessária a interrupção do abastecimento público de água de uma comunidade localizada a jusante. A conduta de Pedro:

(A) é atípica.

(B) é prevista como forma qualificada de crime ambiental.

(C) é prevista como crime, mas sem qualificadora.

(D) não pode ser responsabilizada, sob o ponto de vista penal, pois a responsabilidade penal recairá sobre a pessoa jurídica.

(E) ensejará a responsabilidade penal da empresa, ainda que a conduta não tenha sido praticada no interesse ou em benefício da pessoa jurídica.

A: incorreta. A conduta de Pedro é típica, consoante verifica-se no art. 54, §2º, III, da Lei 9.605/1998; **B:** correta (art. 54, §2º, III, da Lei 9.605/1998); **C:** incorreta, pois a conduta é prevista como crime qualificado, nos termos do art. 54, §2º, III, da Lei 9.605/1998; **D:** incorreta. A responsabilidade não recairá na pessoa jurídica, pois, nos termos do art. 3º, da Lei 9.605/1998, para a pessoa jurídica ser responsabilizada há a necessidade de que a conduta tenha sido praticada por decisão de seu representante legal, contratual ou órgão colegiado, e no interesse ou benefício da entidade, o que não é o caso da questão em análise, já que a decisão de Pedro foi contrária à orientação do corpo técnico não existindo notícia de que tenha revertido em favor da entidade; **E:** incorreta, pois, nos termos do art. 3º da Lei 9.605/1998: "As pessoas jurídicas serão responsabilizadas administrativa, civil e penalmente conforme o disposto nesta Lei, nos casos em que a infração seja cometida por decisão de seu representante legal ou contratual, ou de seu órgão colegiado, no interesse ou benefício da sua entidade". **FM/FCP**

Gabarito "B".

(Procurador do Estado/AM – 2016 – CESPE) Com relação aos princípios de direito ambiental, à Lei n.º 9.985/2000, que instituiu o SNUC, e à PNMA, julgue os seguintes itens.

(1) A servidão ambiental, que pode ser onerosa ou gratuita, temporária ou perpétua, embora constitua um dos instrumentos econômicos da PNMA, não se aplica às áreas de preservação permanente nem à reserva legal mínima exigida.

(2) O Ministério do Meio Ambiente é o órgão do SISNAMA responsável por estabelecer normas e critérios para o licenciamento de atividades efetiva ou potencialmente poluidoras, a ser concedido pelos estados e supervisionado pelo IBAMA.

(3) O art. 36 da Lei n.º 9.985/2000 dispõe que "Nos casos de licenciamento ambiental de empreendimentos de significativo impacto ambiental, assim considerado pelo órgão ambiental competente, com fundamento em estudo de impacto ambiental e respectivo relatório — EIA/RIMA, o empreendedor é obrigado a apoiar a implantação e manutenção de unidade de conservação do Grupo de Proteção Integral, de acordo com o disposto neste artigo e no regulamento desta Lei." Segundo o STF, esse artigo materializa o princípio do usuário-pagador, instituindo um mecanismo de assunção partilhada da responsabilidade social pelos custos ambientais derivados da atividade econômica.

1: correta. A assertiva segue a redação do art. 9º-A, § 2º, da Lei 6.938/1981, isto é, não se aplica às Áreas de Preservação Permanente e à Reserva Legal mínima exigida; **2:** errada. O órgão que estabelece normas e critérios para o licenciamento ambiental é o Conselho Nacional do Meio Ambiente (CONAMA), e não o Ministério do Meio Ambiente. A previsão correta encontra-se no art. 8º, I, da Lei 6.938/1981; **3:** correta. A questão articula a redação do art. 36 da Lei 9.985/2000 com a Ação Direta de Inconstitucionalidade (ADI) 3358, julgada em 2008 pelo STF, que, de fato, consignou que esse dispositivo densifica o princípio do usuário-pagador. **RB**

Gabarito 1C, 2E, 3C

(Procurador do Estado/AM – 2016 – CESPE) Com relação aos crimes e às infrações administrativas ambientais, julgue os itens subsequentes.

(1) **Situação hipotética:** Durante festividade junina, um grupo de pessoas adultas e capazes soltou balões com potencial de provocar incêndio em floresta situada nas redondezas do local da festa. **Assertiva:** Nessa situação, para serem tipificadas como crime, tais condutas independerão de prova de que a probabilidade de lesão ao meio ambiente era efetiva, por constituírem infração de perigo abstrato.

(2) **Situação hipotética:** Cláudio, maior e capaz, caçou e matou espécime da fauna silvestre, sem a devida autorização da autoridade competente. 'Segundo o atual entendimento do STJ, a competência para julgar o referido crime será da justiça federal, independentemente de a ofensa ter atingido interesse direto e específico da União, de suas entidades autárquicas ou de empresas públicas federais, pois basta que os crimes sejam contra a fauna para atrair a competência do Poder Judiciário federal.

1: correta. A situação hipotética enquadra-se no art. 42 da Lei 9.605/1998, a saber: "fabricar, vender, transportar ou soltar balões que possam provocar incêndios nas florestas e demais formas de vegetação, em áreas urbanas ou qualquer tipo de assentamento humano (...)"; **2:** errada. É preciso relacionar que o entendimento jurisprudencial sobre a matéria foi alterado a partir do cancelamento pelo Superior Tribunal de Justiça da sua Súmula 91, que enunciava que compete à Justiça Federal processar e julgar os crimes praticados contra a fauna. Portanto, no caso em discussão, não há que se falar em competência da Justiça Federal. **RB**

Gabarito 1C, 2E

11. BIOSSEGURANÇA E PROTEÇÃO DA SAÚDE HUMANA

(Juiz de Direito/AM – 2016 – CESPE) Acerca de biodiversidade, patrimônio genético e conhecimento tradicional associado, assinale a opção correta.

(A) A gestão do patrimônio genético e o acesso ao conhecimento tradicional associado competem aos municípios, por se tratar de assunto de interesse local.

(B) As ações que visem ao acesso ao conhecimento tradicional associado à biodiversidade podem transcorrer mesmo sem o consentimento prévio dos povos indígenas e de outras comunidades locais.

(C) O conhecimento tradicional associado ao patrimônio genético decorrente de práticas das comunidades indígenas nacionais integra o patrimônio cultural brasileiro.

(D) A divisão dos benefícios decorrentes de exploração econômica de produto desenvolvido a partir de conhecimento tradicional associado ocorrerá sob formas que permitam quantificação de valores, vedadas as contribuições na forma de capacitação de recursos humanos.

(E) A diversidade biológica será legalmente protegida se tiver potencial para uso humano.

A: incorreta. O acesso ao patrimônio genético existente no País ou ao conhecimento tradicional associado para fins de pesquisa ou desenvolvimento tecnológico e a exploração econômica de produto acabado ou material reprodutivo oriundo desse acesso somente serão realizados mediante cadastro, autorização ou notificação, e serão submetidos a fiscalização, restrições e repartição de benefícios nos termos e nas condições estabelecidos na Lei 13.123/2015 e regulamento. Além disso, é de competência da União a gestão, o controle e a fiscalização das atividades ora descritas, nos termos do disposto no inciso XXIII do *caput* do art. 7º da Lei Complementar 140/2011 (art. 3º, Lei 13.123/2015). Por fim, foi criado no âmbito do Ministério do Meio Ambiente o Conselho de Gestão do Patrimônio Genético (CGen), órgão colegiado de caráter deliberativo, normativo, consultivo e recursal, responsável por coordenar a elaboração e a implementação de políticas para a gestão do acesso ao patrimônio genético e ao conhecimento tradicional associado e da repartição de benefício; **B:** incorreta. Segundo o art. 8º, § 2º, da Lei 13.123/2015, "O Estado reconhece o direito de populações indígenas, de comunidades tradicionais e de agricultores tradicionais de participar da tomada de decisões, no âmbito nacional, sobre assuntos relacionados à conservação e ao uso sustentável de seus conhecimentos tradicionais associados ao patrimônio genético do País (...)"; **C:** correta. Segundo o art. 2º, II, da Lei 13123/2015, o "conhecimento tradicional associado – informação ou prática de população indígena, comunidade tradicional ou agricultor tradicional sobre as propriedades ou usos diretos ou indiretos associada ao patrimônio genético". Além disso, o art. 8º, §

2º, diz: "O conhecimento tradicional associado ao patrimônio genético de que trata esta Lei integra o patrimônio cultural brasileiro e poderá ser depositado em banco de dados (...); **D:** incorreta. A repartição de benefícios decorrente da exploração econômica de produto acabado ou material reprodutivo oriundo de acesso ao patrimônio genético ou ao conhecimento tradicional associado poderá constituir-se na modalidade não econômica e, dentre elas, a capacitação de recursos humanos em temas relacionados à conservação e uso sustentável do patrimônio genético ou do conhecimento tradicional associado (art. 19, II, e, Lei 13.123/2015). Ou seja, é possível a capacitação de recursos humanos; **E:** incorreta. A diversidade biológica possui valor intrínseco, isto é, independente do uso humano. **RB**

Gabarito "C"

12. RECURSOS MINERAIS

(Juiz – TRF 2ª Região – 2017) Quanto à relação entre mineração e direito ambiental é correto afirmar que:

(A) A autorização de pesquisa mineral pressupõe o licenciamento ambiental da outorga de lavra.

(B) A evidência de que a exploração de recursos minerais possa causar degradação ao meio ambiente não impede o licenciamento, por si, já que a própria Constituição Federal refere que, nesta atividade, o meio ambiente degradado será posteriormente recuperado, conforme a solução técnica exigida pelo órgão ambiental.

(C) Na competência do Estado para registrar as concessões de direitos de pesquisa e lavra não se inclui a fiscalização de tais atividades.

(D) A emissão da outorga de lavra gera direito do empreendedor à obtenção da licença ambiental, ainda que com condicionantes, exceto se a lavra se localizar em unidades de conservação.

(E) O licenciamento ambiental de uma lavra não autoriza a realização de atividades que causem impacto ambiental direto.

A: incorreta, pois a autorização de pesquisa se refere à definição da jazida, sua avaliação e a determinação da exequibilidade do seu aproveitamento econômico e depende de prévia outorga do Departamento Nacional de Produção Mineral (art. 14, "caput" e art. 15, "caput", ambos do Decreto-Lei 227/1967).Já a concessão da lavra, que consiste no aproveitamento industrial da jazida, isto é, extração e beneficiamento das substâncias minerais (art. 36, do Decreto-Lei 27/1967) e depende de ato do Ministério de Minas e Energia; **B:** correta (art. 225, §2º, da CF/88); **C:** incorreta, pois o art. 17, § 3º, da LC 140/2011, esclarece que não impede o exercício pelos entes federativos da atribuição comum de fiscalização da conformidade de empreendimentos e atividades efetiva ou potencialmente poluidores ou utilizadores de recursos naturais. Além disso, conforme a CF, é competência comum da União, dos Estados, do Distrito Federal e dos Municípios "registrar, acompanhar e fiscalizar as concessões de direitos de pesquisa e exploração de recursos hídricos e minerais em seus territórios" (art. 23, XI)"; **D:** incorreta, pois a emissão de outorga de lavra depende da obtenção da licença ambiental; **E:** incorreta, pois a degradação ambiental é condição *sine qua non* a exploração dos recursos minerais, ou seja, impossível explorar minérios sem comprometer a integridade do meio ambiente.Tanto é assim que o art. 225, § 2º, da CF/88, dispõe que: "Aquele que explorar recursos minerais fica obrigado a recuperar o meio ambiente degradado, de acordo com solução técnica exigida pelo órgão público competente, na forma da lei".**FM/FCP**

Gabarito "B"

(Juiz – TRF 4ª Região – 2016) Assinale a alternativa correta.

A partir da legislação que regulamenta a atividade de mineração (Código de Minas – Decreto-Lei nº 277/67):

(A) Não se aplica o Decreto-Lei nº 277/67 às jazidas de minerais que afloram à superfície terrestre naturalmente, ainda que detenham valor econômico.

(B) É direito do proprietário da área da jazida a participação nos resultados da lavra, ainda que integralmente explorada por terceiro.

(C) O titular da Pesquisa de Relatório aprovado pelo Departamento Nacional de Produção Mineral detém direito exclusivo para requerer a concessão de lavra, independentemente do prazo para o seu exercício.

(D) Dispõe o proprietário da área objeto da pesquisa de jazidas a faculdade de permitir o ingresso de terceiros autorizados pelo Departamento Nacional de Produção Mineral em sua propriedade ou, alternativamente, exigir rendimentos pela ocupação dos terrenos e indenização pelos danos e prejuízos.

(E) Nenhumas das alternativas anteriores está correta.

A: incorreta, pois nos termos do art. 4º, do Decreto-Lei 227/1967, considera-se jazida toda massa individualizada de substância mineral ou fóssil, aflorando à superfície ou existente no interior da terra, e que tenha valor econômico, e nos termos do art. 3º, I, do Decreto-Lei 227/1967,o Código de Mineração regula os direitos sobre as massas individualizadas de substâncias minerais ou fósseis, encontradas na superfície ou no interior da terra formando os recursos minerais do país; **B:** correta (art. 11, *b*, do Decreto-Lei 227/1967); **C:** incorreta, pois o titular, uma vez aprovado o Relatório de Pesquisa, terá 1 (um) ano para requerer a concessão de lavra (art. 31, do Decreto-Lei 227/1967); **D:** incorreta, pois o proprietário do solo da área objeto da pesquisa de jazidas tem direito à participação nos resultados da lavra (art. 11, *b*, do Decreto-Lei 227/1967) e, não poderão ser iniciados os trabalhos de pesquisa ou lavra, antes de paga a importância à indenização e de fixada a renda pela ocupação do terreno (art. 62, do Decreto-Lei 227/1967); **E:** incorreta nos termos acima expostos. **FM/FCP**

Gabarito "B".

13. RESÍDUOS SÓLIDOS

(Promotor de Justiça/PR – 2019 – MPE/PR) Assinale a alternativa *correta*, nos termos da Lei n. 12.305/2010 (Política Nacional de Resíduos Sólidos):

(A) Considera-se área contaminada o local cujos responsáveis pela disposição não sejam identificáveis ou individualizáveis.

(B) Considera-se logística reversa a produção e consumo de bens e serviços de forma a atender as necessidades das atuais gerações e permitir melhores condições de vida, sem comprometer a qualidade ambiental e o atendimento das necessidades das gerações futuras.

(C) Considera-se destinação final ambientalmente adequada a distribuição ordenada de rejeitos em aterros, observando normas operacionais específicas de modo a evitar danos ou riscos à saúde pública e à segurança e a minimizar os impactos ambientais adversos.

(D) Considera-se reutilização o processo de transformação dos resíduos sólidos que envolve a alteração de suas propriedades físicas, físico-químicas ou biológicas, com vistas à transformação em insumos ou novos produtos, observadas as condições e os padrões estabelecidos pelos órgãos competentes do Sisnama e, se couber, do SNVS e do Suasa.

(E) Consideram-se geradores de resíduos sólidos as pessoas físicas ou jurídicas, de direito público ou privado, que geram resíduos sólidos por meio de suas atividades, nelas incluído o consumo.

A: incorreta (a Lei 12.305/10 define área contaminada como o "local onde há contaminação causada pela disposição, regular ou irregular, de quaisquer substâncias ou resíduos", cf. art. 3º, inc. II; já área órfã contaminada constitui a "área contaminada cujos responsáveis pela disposição não sejam identificáveis ou individualizáveis", cf. art. 3º, inc. III). **B:** incorreta (a Lei 12.305/10 define logística reversa como o "instrumento de desenvolvimento econômico e social caracterizado por um conjunto de ações, procedimentos e meios destinados a viabilizar a coleta e a restituição dos resíduos sólidos ao setor empresarial, para reaproveitamento, em seu ciclo ou em outros ciclos produtivos, ou outra destinação final ambientalmente adequada", cf. art. 3º, inc. XII; já a noção de padrões sustentáveis de produção e consumo é definida como "produção e consumo de bens e serviços de forma a atender as necessidades das atuais gerações e permitir melhores condições de vida, sem comprometer a qualidade ambiental e o atendimento das necessidades das gerações futuras", cf. art. 3º, inc. XIII). **C:** incorreta (a Lei 12.305/10 define *destinação* final ambientalmente adequada como a "destinação de resíduos que inclui a reutilização, a reciclagem, a compostagem, a recuperação e o aproveitamento energético ou outras destinações admitidas pelos órgãos competentes", cf. art. 3º, inc. VII; já a *disposição* final ambientalmente adequada representa a "distribuição ordenada de rejeitos em aterros, observando normas operacionais específicas de modo a evitar danos ou riscos à saúde pública e à segurança e a minimizar os impactos ambientais adversos", cf. art. 3º, inc. VIII). **D:** incorreta (considera-se reutilização o "processo de aproveitamento dos resíduos sólidos sem sua transformação biológica, física ou físico-química, observadas as condições e os padrões estabelecidos pelos órgãos competentes", cf. art. 3º, inc. XVIII; já a reciclagem constitui o "processo de transformação dos resíduos sólidos que envolve a alteração de suas propriedades físicas, físico-químicas ou biológicas, com vistas à transformação em insumos ou novos produtos, observadas as condições e os padrões estabelecidos pelos órgãos competentes", cf. art. 3º, inc. XIV). **E:** correta (cf. definição do art. 3º, inc. IX, da Lei 12.305/10). **RB**

Gabarito "E".

(Procurador do Estado/SP – 2018 – VUNESP) Uma empresa privada, localizada no Estado de São Paulo, contratou outra empresa privada especializada para o transporte e a destinação adequada de resíduos sólidos tóxicos, decorrentes de processos produtivos da atividade industrial da primeira, que apresentavam significativo risco ao meio ambiente e assim foram qualificados em norma técnica. O transporte ocorreria dentro do Estado de São Paulo.

Tendo em vista essa situação, considere as seguintes afirmações, assinalando a correta.

(A) Em eventual acidente que acarrete dano ao meio ambiente, ocorrido durante o transporte, cuja culpa seja do transportador, estando ele regular perante os órgãos ambientais, o gerador sempre será isento de responsabilidade.

(B) Compete ao Município de origem da carga exercer o controle ambiental do transporte deste material, estando dispensada tal atividade de licenciamento ambiental.

(C) Mesmo não integrando diretamente a relação, em caso de dano, cabe ao Poder Público atuar para minimizá-lo ou cessá-lo, solidariamente aos causadores, logo que tome conhecimento do evento.

20. DIREITO AMBIENTAL · 803

(D) A inscrição do transportador do resíduo no Cadastro Nacional de Operadores de Resíduos Perigosos é obrigatória, dispensada a inscrição do gerador.

(E) Considerando a natureza do resíduo sólido, o órgão licenciador pode exigir a contratação de seguro de responsabilidade civil por danos causados ao meio ambiente ou à saúde pública para as empresas que operem com estes resíduos, observadas as regras sobre cobertura e os limites máximos de contratação fixados em regulamento.

A: incorreta. A responsabilidade civil por danos ambientais é objetiva e fundamentada na teoria do risco integral (art. 14, § 1º, da Lei 6.938/1981), desta forma prescinde do elemento culpa para restar caracterizada, bastando que a conduta (lícita ou ilícita) do agente cause danos à vítima; **B:** incorreta, nos termos do art. 8º, XXI, da Lei Complementar 140/2011: "São ações administrativas dos Estados: XXI – exercer o controle ambiental do transporte fluvial e terrestre de produtos perigosos [...]"; **C:** incorreta, a teor do art. 29, da Lei 12.305/2010: "Cabe ao poder público atuar, subsidiariamente, com vistas a minimizar ou cessar o dano, logo que tome conhecimento de evento lesivo ao meio ambiente ou à saúde pública relacionado ao gerenciamento de resíduos sólidos"; **D:** incorreta. A inscrição no Cadastro Nacional de Operadores de Resíduos Perigosos é obrigatória, para qualquer pessoa jurídica que opere com resíduos perigosos, em qualquer fase do seu gerenciamento (art. 38, da Lei 12.305/2010); **E:** correta. Nesse sentido dispõe o art. 40, da Lei 12.305/2010: "No licenciamento ambiental de empreendimentos ou atividades que operem com resíduos perigosos, o órgão licenciador do Sisnama pode exigir a contratação de seguro de responsabilidade civil por danos causados ao meio ambiente ou à saúde pública, observadas as regras sobre cobertura e os limites máximos de contratação fixados em regulamento". **FM/FC**
Gabarito "E".

14. RECURSOS HÍDRICOS

(Juiz de Direito/GO – 2021 – FCC) Diante de uma crise hídrica, o setor energético propõe uma gestão mais austera de seus reservatórios de água para garantir o abastecimento de energia elétrica. Nesse cenário,

(A) o uso do reservatório será compartilhado, de forma equânime e exclusiva, entre a produção energética e o consumo humano.

(B) deve ser garantido o uso múltiplo e igualitário dos reservatórios sem que haja qualquer grau de prioridade.

(C) deve ser assegurado o uso prioritário dos recursos hídricos para o consumo humano e para a dessedentação de animais.

(D) é obrigação do Poder Público buscar alternativas para o consumo humano diante da prioridade do setor energético no uso de seus reservatórios de água.

(E) a prioridade de uso dos reservatórios de água será do setor energético, que deverá, diante da ausência de alternativa viável, ceder até dez por cento do reservatório para consumo exclusivo humano.

Comentário: a Lei 9.433/1997 disciplina a Política Nacional de Recursos Hídricos. Entre os seus fundamentos está o uso prioritário dos recursos hídricos em situação de escassez, devendo ser utilizados ao consumo humano e à dessedentação de animais (art. 1º, III). Assim, correta a alternativa C. As demais alternativas estão erradas, pois tratam de modo desvinculado da lei a prioridade que se deve dar aos recursos hídricos. **RB**
Gabarito "C".

(Juiz de Direito/GO – 2021 – FCC) A titularidade do serviço público de saneamento básico será

(A) dos Estados em regiões metropolitanas.

(B) dos Estados em regiões metropolitanas e dos municípios nos demais casos.

(C) dos municípios e do Distrito Federal no caso de interesse local.

(D) dos Estados.

(E) da União.

Comentário: O serviço público de saneamento básico é disciplinado pela Lei 11.445/2007 (cf. relevantes alterações introduzidas pela Lei 14.026/2020). De acordo com o seu art. 8º, I, exercem a sua titularidade "os Municípios e o Distrito Federal, no caso de interesse local". Assim, correta a alternativa C. Deve-se apontar que o inciso II do art. 8º dispõe que, no caso de regiões metropolitanas, aglomerações urbanas e microrregiões, a titularidade é exercida pelo Estado, em conjunto com os Municípios que integram tais áreas, e desde que compartilham efetivamente instalações operacionais. **RB**
Gabarito "C".

(Juiz de Direito – TJ/AL – 2019 – FCC) A política nacional de recursos hídricos instituída pela Lei n. 9.433/1997, estabelece, como um de seus instrumentos,

(A) a possibilidade de cobrança pelo uso de recursos hídricos sujeitos a outorga, o que não se confunde com taxa ou tarifa cobrada pelo fornecimento domiciliar de água tratada e coleta de esgoto.

(B) a outorga onerosa dos direitos de uso dos recursos hídricos, conferida exclusivamente para geração de energia por pequenas centrais hidrelétricas, com potencial de geração de até 30 MW.

(C) os planos de recursos hídricos, elaborados de forma centralizada pela Agência Nacional de Águas (ANA) e de aplicação compulsória pelos Estados e Municípios que integrem a correspondente Bacia Hidrográfica.

(D) o sistema nacional de gerenciamento de recursos hídricos, órgão do Ministério de Minas e Energia responsável pelo licenciamento ambiental de hidrelétricas e outros empreendimentos que impactem de forma relevante as reservas hídricas disponíveis.

(E) a classificação indicativa de cursos de água, com o enquadramento dos rios e afluentes de todo o território nacional nas categorias "A", "B" ou "C", conforme a prioridade, respectivamente, para consumo humano, dessedentação de animais ou geração de energia elétrica.

A: Correta, pois a cobrança pelo uso de recursos hídricos na Lei 9.433/1997 está sujeita aos casos de outorga onerosa dos direitos de uso dos recursos hídricos (pelo uso de bem público), ao passo que que a taxa ou tarifa cobrada pelo fornecimento domiciliar de água tratada e coleta de esgoto está afeta ao saneamento básico (Lei 11.445/2007). **B:** Incorreta, pois a outorga onerosa está sujeita, entre outras hipóteses, ao aproveitamento dos potenciais hidrelétricos (art. 12, IV, Lei 9.433/97). **C:** Incorreta, pois os Planos de Recursos Hídricos serão elaborados por bacia hidrográfica, por Estado e para o País, portanto, não centralizados. **D:** Incorreta, pois o sistema nacional de gerenciamento de recursos hídricos não é um órgão do Ministério de Minas e Energia. **E:** Incorreta, pois esta classificação, nesses termos, é inexistente **FM**.
Gabarito "A".

(Juiz de Direito – TJ/RS – 2018 – VUNESP) No tocante às águas, nos termos da Constituição Federal e da Lei das Águas, assinale a alternativa correta.

(A) Toda outorga de direitos de uso de recursos hídricos far-se-á por prazo não inferior a vinte e cinco anos, renovável.

(B) Os planos de Recursos Hídricos são elaborados por bacia hidrográfica, por Município e por Estado.

(C) São bens da União todas as águas superficiais ou subterrâneas, fluentes, emergentes e em depósito.

(D) Os valores arrecadados com a cobrança pelo uso de recursos hídricos serão aplicados exclusivamente na bacia hidrográfica em que foram gerados.

(E) A União tem competência privativa para legislar sobre águas.

A: incorreta, a teor do art. 16, da Lei 9.433/1997: "Toda outorga de direitos de uso de recursos hídricos far-se-á por prazo não excedente a trinta e cinco anos, renovável"; **B:** incorreta, a saber: "Os Planos de Recursos Hídricos serão elaborados por bacia hidrográfica, por Estado e para o País" (art. 8º, da Lei 9.433/1997); **C:** incorreta. A teor do art. 26, I, da CF/88, são bens dos Estados todas as águas superficiais ou subterrâneas, fluentes, emergentes e em depósito, e não bens da União; **D:** incorreta, pois os valores arrecadados com a cobrança pelo uso de recursos hídricos serão aplicados prioritariamente na bacia hidrográfica em que foram gerados, e não exclusivamente conforme determina a assertiva (art. 22, *caput*, da Lei 9.433/1997); **E:** correta. Vide art. 22, IV, da CF/88. **FM/FC**

Gabarito "E".

(Juiz – TRF 2ª Região – 2017) Quanto à outorga de direito de uso de recursos hídricos, assinale a opção correta:

(A) A outorga é de competência exclusiva da Agência Nacional de Águas.

(B) Em situações de escassez, o uso prioritário dos recursos hídricos deve ser destinado ao consumo humano e à dessedentação de animais e, em seguida, às prioridades de uso estabelecidas no Plano de Recursos Hídricos aplicável a cada corpohídrico.

(C) A outorga só será suspensa nos casos de não cumprimento, pelo outorgado, dos termos estabelecidos ou de necessidade premente de água para atender a situações de calamidade, sempre mediante processo administrativo em que se assegure ampladefesa.

(D) A outorga deverá observar o uso específico para o qual o corpo hídrico tiver sido destinado, vedado o seu uso múltiplo.

(E) Desde que respeite a classe em que o corpo de água estiver enquadrado, a outorga não fica condicionada às prioridades de uso.

A: incorreta, a Agência Nacional de Águas é entidade federal de implementação da Política Nacional de Recursos Hídricos, com competência para outorgar, por intermédio de autorização, o direito de uso de recursos hídricos em corpos de água de domínio da União (art. 4º, IV, da Lei 9.984/2000). Nos corpos de água de domínio dos Estados e Distrito Federal, a competência para a outorga do uso dos recursos hídricos se efetivará por ato da autoridade competente do Poder Executivo dos Estados ou do Distrito Federal (art. 14, da Lei 9.433/1997); **B:** correta (art. 1º, III, da Lei 9.433/1997); **C:** incorreta.Nos termos do art. 15, da Lei 9.433/1997: "A outorga de direito de uso de recursos hídricos poderá ser suspensa parcial ou totalmente, em definitivo ou por prazo determinado, nas seguintes circunstâncias: I – não cumprimento pelo outorgado dos termos da outorga; II – ausência de uso por três

anos consecutivos; III – necessidade premente de água para atender a situações de calamidade, inclusive as decorrentes de condições climáticas adversas; IV – necessidade de se prevenir ou reverter grave degradação ambiental; V – necessidade de se atender a usos prioritários, de interesse coletivo, para os quais não se disponha de fontes alternativas; VI – necessidade de serem mantidas as características de navegabilidade do corpo de água"; **D:** incorreta, pois a gestão dos recursos hídricos deve sempre proporcionar o uso múltiplo das águas (art. 13, parágrafo único, da Lei 9.433/1997); **E:** incorreta, pois "toda outorga estará condicionada às prioridades de uso estabelecidas nos Planos de Recursos Hídricos e deverá respeitar a classe em que o corpo de água estiver enquadrado e a manutenção de condições adequadas ao transporte aquaviário, quando for o caso" (art. 13, "caput", da Lei 9.433/1997). **FM/FCP**

Gabarito "B".

(Juiz – TRF 4ª Região – 2016) Assinale a alternativa correta.

A respeito da Política Nacional de Recursos Hídricos, prevista na Lei nº 9.433/97:

(A) O regime de outorga de direitos de uso de recursos hídricos é aplicável aos aquíferos subterrâneos destinados a consumidor final ou como insumo de processo produtivo, como também para aproveitamento de potenciais hidrelétricos.

(B) Depende de outorga do Poder Público o uso de córregos, rios e aquíferos subterrâneos para suprimento de necessidade de pequenos núcleos populacionais em meio rural e acumulações de água consideradas insignificantes.

(C) O Poder Executivo Federal não poderá delegar a competência para conceder outorga de direito de uso de recurso hídrico de domínio da União.

(D) A Agência Nacional de Águas não compõe o Sistema Nacional de Gerenciamento de Recursos Hídricos, embora atue paralelamente com a missão de regular o acesso e o uso sustentável da água.

(E) Nenhuma das alternativas anteriores está correta.

A: correta (art. 12, II e IV, da Lei 9.433/1997); **B:** incorreta, pois independe de outorga do poder público o uso de recursos hídricos para a satisfação das necessidades de pequenos núcleos populacionais, distribuídos no meio rural e acumulações de água consideradas insignificantes (art. 12, § 1º, I e III, da Lei 9.433/1997); **C:**incorreta, pois nos termos do art. 14, § 1º, da Lei 9.433/1997: "O Poder Executivo Federal poderá delegar aos Estados e ao Distrito Federal competência para conceder outorga de direito de uso de recurso hídrico de domínio da União"; **D:** incorreta, pois a Agência Nacional de Águas integra o Sistema Nacional de Gerenciamento de Recursos Hídricos (art. 33, I-A, da Lei 9.433/1997); **E:** incorreta conforme argumentos expostos nas demais assertivas.**FM/FCP**

Gabarito "A".

(Juiz – TRF 3ª Região – 2016) Dadas as assertivas abaixo, assinale a alternativacorreta.

Sobre a gestão de recursos hídricos nacionais, é possível afirmarque:

I. A jurisprudência do STJ firmou entendimento no sentido de que, como regra, tendo em vista a legislação vigente, há necessidade de outorga para a extração de água do subterrâneo por meio de poço artesiano.

II. Na forma dos arts. 20, III, e 26, I, da Constituição Federal, não mais existe propriedade privada de lagos, rios, águas superficiais ou subterrâneas, fluentes, emergentes ou em depósito, e quaisquer correntes de água. Nesses termos, a interpretação a ser conferida ao art. 11, caput, do Código de Águas ("São públicos dominicais, se não estiverem destinados ao uso comum, ou por algum título legítimo não pertencerem ao domínio particular"), que, teoricamente, coaduna--se com o sistema constitucional vigente e com a Lei das Águas (Lei 9.433/1997), é a de que, no que concerne a rios federais e estaduais, o título legítimo em favor do particular que afastaria o domínio pleno da União seria somente o decorrente de enfiteuse ou concessão, este último de natureza real.

III. Segundo a Lei nº 9433/1997, estão sujeitos a outorga pelo Poder Público os direitos dos usos de recursos hídricos, dentre outros, de derivação ou captação de parcela da água existente em um corpo de água para consumo final, inclusive abastecimento público, ou insumo de processo produtivo e de lançamento em corpo de água de esgotos e demais resíduos líquidos ou gasosos, tratados ou não, com o fim de sua diluição, transporte ou disposição final.

Estão corretas as assertivas:

(A) I e III.

(B) I, II e III.

(C) II e III.

(D) III.

I: correta."É firme a orientação desta Corte Superior no sentido de ser necessária a outorga do ente público para a exploração de águas subterrâneas através de poços artesianos" (STJ – AgRg no AREsp: 263253 RS 2012/0251336-0, Rel. Min.Regina Helena Costa, j. 21.05.2015, *DJe* 15.06.2015); II: incorreta, "Hodiernamente, a Segunda Turma, por ocasião do julgamento do Resp 508.377/MS, em sessão realizada em 23/10/2007, sob a relatoria do eminente Ministro João Otávio de Noronha e voto-vista do Ministro Herman Benjamin, reviu o seu posicionamento para firmar-se na linha de que a Constituição Federal aboliu expressamente a dominialidade privada dos cursos de água, terrenos reservados e terrenos marginais, ao tratar do assunto em seu art. 20, inciso III (Art. 20: São bens da União: III – os lagos, rios e quaisquer correntes de água em terrenos de seu domínio, ou que banhem mais de um Estado, sirvam de limites com outros países, ou se estendam a território estrangeiro ou dele provenham, bem como os terrenos marginais e as praias fluviais;). Desse modo, a interpretação a ser conferida ao art. 11, caput, do Código de Águas ("ou por algum título legítimo não pertencerem ao domínio particular"), que, teoricamente, coaduna-se com o sistema constitucional vigente e com a Lei das Águas (Lei 9.433/1997), é a de que, no que tange a rios federais e estaduais, o título legítimo em favor do particular que afastaria o domínio pleno da União seria somente o decorrente de enfiteuse ou concessão, este último de natureza *pessoal*, e não real" (STJ REsp 1152028 MG 2009/0000038-2, Rel. Min.Mauro Campbell Marques, j. 17.03.2011, *DJE* 29.03.2011); III: correta (art. 12, I e III, da Lei 9.433/1997). FM/FCP

Gabarito "A".

15. DIREITO AMBIENTAL INTERNACIONAL

(Juiz de Direito – TJ/RJ – 2019 – VUNESP) No âmbito do Direito Internacional do Meio Ambiente, a preocupação universal sobre o uso saudável e sustentável do planeta e de seus recursos motivou a ONU a convocar, em 1972, a Conferência das Nações Unidas sobre o Ambiente Humano.

A respeito da referida Conferência, assinale a alternativa correta.

(A) Adotou a "Agenda 21", um diagrama para a proteção do nosso planeta e seu desenvolvimento sustentável.

(B) Adotou a "Declaração das Nações Unidas sobre o Meio Ambiente", que apresenta 26 princípios referentes à proteção do meio ambiente.

(C) Adotou os Objetivos para Desenvolvimento do Milênio (ODM).

(D) Gerou a Convenção da ONU sobre a Diversidade Biológica.

(E) Gerou o relatório "Nosso Futuro Comum", que traz o conceito de desenvolvimento sustentável para o discurso público.

A: incorreta (a "Agenda 21" foi produzida na Conferência ECO-92, também denominada RIO-92); C: incorreta (os "Objetivos para o Desenvolvimento do Milênio" – ODM foram expedidos na Cúpula do Milênio da ONU, realizada no ano de 2000); D: incorreta (a "Convenção da ONU sobre a Diversidade Biológica" foi produzida na Conferência ECO-92, também denominada RIO-92); E: incorreta (o relatório "Nosso Futuro Comum" também é conhecido como "Relatório Brundtland" e foi apresentado em 1987 pela Comissão Mundial sobre Meio Ambiente e Desenvolvimento). RB

Gabarito "B".

(Juiz – TJ/RJ – VUNESP – 2016) Na evolução da normativa do Direito Ambiental Internacional, pode-se identificar documentos elaborados por Comissões, como ocorreu com a Comissão da ONU sobre Meio Ambiente e Desenvolvimento. Esses documentos são posteriormente discutidos para, eventualmente, serem incorporados em Declarações de Princípios das Conferências sobre Meio Ambiente. Esse processo pode ser identificado, quando da consagração do princípio do desenvolvimento sustentável, respectivamente, pelo

(A) Plano de vigia Earthwatch e Cúpula de Johannesburgo.

(B) Plano de vigia Earthwatch e Declaração de Estocolmo.

(C) Programa da Agenda 21 e Declaração do Rio/92.

(D) Relatório Brundtland e Declaração do Rio/92.

(E) Relatório Brundtland e Declaração de Estocolmo.

A questão articula as discussões acerca do princípio do desenvolvimento sustentável e sua inserção nas conferências sobre meio ambiente das Nações Unidas (ONU). O enunciado dá um claro indicativo para a resposta, uma vez que a Comissão da ONU sobre Meio Ambiente e Desenvolvimento teve como resultado de seus trabalhos a edição do Relatório Nosso Futuro Comum, conhecido como Relatório Brundtlan. A: incorreta. O Plano de vigia Earthwatch integra e é um dos eixos do "Plano de Ações para o Meio Ambiente", que constitui um conjunto de 109 recomendações para a proteção ao meio ambiente, documento decorrente dos trabalhos da Conferência das Nações Unidas sobre Meio Ambiente Humano, realizada em Estocolmo, Suécia, em 1972. Já a Cúpula de Johannesburgo foi a Conferência Rio + 10, de 2002; B: incorreta. O "Plano de vigia Earthwatch" e a Declaração de Estocolmo são ambos oriundos da mesma conferência das Nações Unidas, no caso, Estocolmo/1972, não havendo a relação nos moldes suscitados pela proposição da questão; C: incorreta. O Programa da Agenda 21 e a Declaração do Rio são, ambos, oriundos da Conferência sobre Meio Ambiente e Desenvolvimento (Rio-92), não havendo a relação nos moldes suscitados pela proposição da questão; D: correta. Segundo Fabiano Melo, em seu livro Direito Ambiental (Método, 2017), "a ONU criou em 1983 a Comissão Mundial sobre Meio Ambiente e Desenvolvimento (1983), que após um longo processo de audiências e discussões com líderes políticos e organizações em todo o planeta apresentou, em 1987, como conclusão de suas atividades, o Relatório Nosso Futuro Comum, também conhecido como "Relatório Brundtland" – em homenagem à senhora Gro Harlen Brundtland, ex-primeira ministra da Noruega, que presidiu os trabalhos dessa Comissão Mundial. O Relatório Brundtland definiu os contornos do conceito clássico de desenvolvimento sustentável (...) A partir das conclusões do Relatório Nosso Futuro Comum, a ONU decidiu em 1990 a necessidade da realização de uma nova conferência sobre meio ambiente, que ocorreria no Brasil em 1992". Trata-se da Conferência sobre Meio Ambiente e Desenvolvimento (Rio-92) e um de seus documentos é justamente a Declaração do Rio, sobre princípios do direito ambiental, com destaque para o desenvolvimento sustentável; **E**: incorreta. Relatório Brundtland é de 1997 e a Declaração de Estocolmo de 1972. Portanto, não corresponde a relação nos moldes suscitados pela proposição da questão. **FM/FCP**

Gabarito "D".

16. TEMAS COMBINADOS E OUTROS TEMAS

(Procurador/DF – CESPE – 2022) O Ministério Público do Distrito Federal e Territórios ajuizou ação civil pública ambiental contra empreendedor imobiliário, com o objetivo de compelir o réu a não fazer obras em continuidade às já existentes, na faixa de 30 m, em imóvel situado no entorno do Lago Paranoá, onde não teriam sido devidamente observadas as regras ambientais pertinentes, bem como a demolir as edificações feitas na referida área, com a obrigação de reparar os danos já causados, além de indenização por danos ambientais, com condenação ao pagamento de indenização ao Fundo de Defesa dos Direitos Difusos. O Tribunal de Justiça do Distrito Federal e Territórios (TJDFT), em grau recursal, manteve a sentença de procedência parcial do pedido, no sentido da demolição somente de algumas das edificações, oportunizando ao réu, no entanto, a recuperação do meio ambiente, além de ter mantido a inversão do ônus da prova determinada pelo juízo *a quo* quanto à mensuração da extensão do dano causado, com fulcro no princípio da precaução.

Acerca dessa situação hipotética e de aspectos a ela relacionados, julgue os próximos itens.

(1) São consideradas áreas de preservação permanente, entre outras, as áreas no entorno de lagos e lagoas naturais em faixa com largura mínima de 30 m, em zona urbana.

(2) Se ocorrer supressão de vegetação situada em área de preservação permanente, o proprietário da área, possuidor ou ocupante a qualquer título será obrigado a promover a recomposição da vegetação.

(3) Na situação apresentada, a teoria do fato consumado, aceita pelo STJ, endossa a decisão do TJDFT que permitiu ao réu manter algumas das edificações, oportunizando, no entanto, a recuperação do meio ambiente por meio de mecanismos compensatórios.

(4) Na hipótese em apreço, a decisão do TJDFT de manter a inversão do ônus da prova em ação civil pública que pede indenização por dano ambiental está em harmonia com a posição do STJ sobre o tema.

(5) Segundo o STJ, é vedada a cumulação de pedido de reparação do dano com indenização por danos ambientais, pois isso redundaria em apenar o infrator duas vezes pelo mesmo fato.

1: correto (art. 4º, II, "b", do Código Florestal). **2**: correto (art. 7º, § 1º). **3**: errado (de acordo com a Súmula 613 do STJ: "Não se admite a aplicação da teoria do fato consumado em tema de Direito Ambiental"). **4**: correto (de acordo com a Súmula 618 do STJ: "A inversão do ônus da prova aplica-se às ações de degradação ambiental"). **5**: errado (segundo a Súmula 629 do STJ: "Quanto ao dano ambiental, é admitida

a condenação do réu à obrigação de fazer ou à de não fazer cumulada com a de indenizar"). **RB**

Gabarito 1C, 2C, 3E, 4C, 5E

(Procurador/DF – CESPE – 2022) A respeito do Plano Distrital de Saneamento Básico (PDSB), da proteção da vegetação nativa, dos recursos florestais, da proteção ambiental e da desapropriação, julgue os itens que se seguem.

(1) O objetivo do PDSB, de acordo com a legislação pertinente, é garantir a universalização do acesso aos serviços de saneamento básico com eficiência econômica, observando-se o superávit primário.

(2) Inexiste direito de propriedade do particular sobre as florestas brasileiras, por estas serem bens de interesse comum de todos os habitantes do Brasil.

(3) Consideradas as recomendações técnicas dos órgãos oficiais competentes, é permitida a exploração ecologicamente sustentável nas planícies pantaneiras.

(4) Ainda que se considere a primazia do interesse público no atendimento ao direito ao transporte, é mantida, nas áreas adquiridas ou desapropriadas para este fim, a exigência da reserva legal.

(5) Terras indígenas são aquelas habitadas de forma permanente por grupos indígenas, importantes para suas atividades produtivas, imprescindíveis à preservação dos recursos necessários ao seu bem-estar e necessárias à sua reprodução física e cultural.

1: errado (segundo o art. 2º da Lei 6.454/2019, o PDSB tem como objetivo principal dotar o Distrito Federal de instrumentos e mecanismos que permitam a implantação de ações articuladas, duradouras e eficientes, que possam garantir a universalização do acesso aos serviços de saneamento básico com qualidade, equidade e continuidade). **2**: errado (as florestas brasileiras podem ser de propriedade privada ou pública, já que não existe vedação à propriedade de particular sobre elas; assim, o fato de serem bens de interesse comum de todos os habitantes do Brasil não retira a possibilidade de serem objeto de propriedade privada). **3**: correto (art. 10 do Código Florestal). **4**: errado (não será exigida reserva legal relativa às áreas adquiridas ou desapropriadas com o objetivo de implantação e ampliação de capacidade de rodovias e ferrovias, cf. art. 12 § 8º, do Código Florestal). **5**: correto (art. 231, § 1º, CF). **RB**

Gabarito 1E, 2E, 3C, 4E, 5C

(Procurador/PA – CESPE – 2022) O saneamento básico exerce papel decisivo para a efetivação do direito ao meio ambiente ecologicamente equilibrado. Acerca do regime jurídico estabelecido para o saneamento básico na Lei n.º 11.445/2007, julgue os itens subsequentes.

I. Os princípios fundamentais dos serviços públicos de saneamento básico incluem a prestação regionalizada, incumbindo-se aos estados a escolha de um dos modelos de prestação regionalizada admitidos pela lei.

II. Entre os modelos de prestação regionalizada, as microrregiões são instituídas pelo estado por lei complementar e compostas de municípios limítrofes, caso em que a titularidade dos serviços públicos de saneamento básico é do estado em conjunto com os municípios que compartilham efetivamente instalações operacionais integrantes das microrregiões.

III. Entre os modelos de prestação regionalizada, as unidades regionais de saneamento básico devem ser instituídas pelo estado mediante lei ordinária, sendo compostas pelo agrupamento de municípios não necessariamente limítrofes.

IV. A União tem preferência para estabelecer blocos de referência para a prestação regionalizada dos serviços públicos de saneamento básico.

V. Os instrumentos de prestação regionalizada dos serviços de saneamento básico atualmente previstos na Lei n.º 11.445/2007 foram considerados legítimos pelo STF, uma vez que se prestam ao aumento da eficácia da prestação desses serviços e à sua universalização, reduzindo as desigualdades sociais e regionais.

Estão certos apenas os itens

(A) II e III.

(B) IV e V.

(C) I, II e IV.

(D) I, II, III e V.

(E) I, III, IV e V.

I: correto (art. 2º, XIV, da Lei 11.445/2007). **II:** correto (art. 3º, VI, "a"). **III:** correto (art. 3º, VI, "b"). **IV:** incorreto (a União estabelecerá, de forma subsidiária aos Estados, blocos de referência para a prestação regionalizada dos serviços públicos de saneamento básico, cf. art. 52, § 3º). **V:** correto (o STF declarou a constitucionalidade do Novo Marco Legal do Saneamento Básico no âmbito das ADIs 6492, 6356, 6583 e 6882). RB

Gabarito "D".

(Procurador/PA – CESPE – 2022) O órgão ambiental competente para editar normas que estabelecem parâmetros para o cumprimento da legislação ambiental meramente revogou, sem substituição ou atualização, ato normativo que disciplina, além do procedimento para licenciamento ambiental de determinada atividade potencialmente poluidora, parâmetros, definições e limites de áreas de preservação permanente.

Considerando essa situação hipotética, julgue os itens a seguir.

I. De acordo com entendimento atual do Supremo Tribunal Federal, o poder normativo de órgão ambiental competente para a edição de normas dessa natureza é amplo, logo ele detém plena autonomia para a revogação de atos normativos, sem necessidade de substituição ou atualização.

II. Enquanto não for editado ato normativo em substituição, a atividade que era objeto do ato revogado poderá ser livremente realizada, independentemente de licenciamento ambiental, e as áreas de preservação permanente antes delimitadas deixam de ser assim consideradas.

III. De acordo com o entendimento atual do Supremo Tribunal Federal, a mera revogação do ato normativo, sem substituição ou atualização, se resultar em anomia ou descontrole regulatório, viola o princípio da vedação ao retrocesso ambiental.

IV. A intervenção ou a supressão de vegetação nativa em área de preservação permanente somente poderá ocorrer nas hipóteses de utilidade pública, de interesse social ou de baixo impacto ambiental, previstas no Código Florestal.

Estão certos apenas os itens

(A) I e II.

(B) II e III.

(C) III e IV.

(D) I, II e IV.

(E) I, III e IV.

A questão explora o julgamento do STF na ADPF 749. **I:** incorreto (o exercício da competência normativa desses órgãos ambientais, a exemplo do CONAMA, vê os seus limites materiais condicionados aos parâmetros fixados pelo constituinte e pelo legislador). **II:** incorreto (vide comentário do item III). **III:** correto (de fato, de acordo com o STF, a mera revogação de normas operacionais fixadoras de parâmetros mensuráveis necessários ao cumprimento da legislação ambiental, sem sua substituição ou atualização, compromete a observância da Constituição, da legislação vigente e de compromissos internacionais, representando verdadeiro retrocesso ambiental). **IV:** correto (considerando que a Constituição e as leis ambientais representam o parâmetro principal para a disciplina ambiental, a intervenção ou a supressão de vegetação nativa em área de preservação permanente somente poderá ocorrer nas hipóteses previstas no Código Florestal: utilidade pública, interesse social ou baixo impacto ambiental). RB

Gabarito "C".

(Procurador Município – Teresina/PI – FCC – 2022) O Prefeito de Teresina editou decreto de tombamento de imóvel de propriedade de sua família sem estudo que comprove o seu valor histórico. O ato administrativo é

(A) ilegal diante da ausência de competência para o ato, que é exclusivo do Conselho Municipal do Patrimônio Cultural de Teresina.

(B) legítimo, pois o tombamento, independentemente de seu fundamento, traz proteção para o imóvel.

(C) lícito, desde que se comprove a ausência de prejuízo a terceiro de boa-fé.

(D) lícito, pois cabe ao Chefe do Poder Executivo Municipal, de forma discricionária, promover o tombamento do Patrimônio Municipal.

(E) ilegal diante do desvio de finalidade.

O tombamento é a restrição à propriedade imposta pelo Estado em razão do valor cultural *lato sensu* (histórico, artístico, arquitetônico, paisagístico etc.) do bem. Nesse sentido, a sua finalidade é a tutela do patrimônio cultural (art. 216 da CF). Considerando que o tombamento foi decretado pelo Prefeito de Teresina sem estudo comprobatório de seu valor histórico, verifica-se uma ilegalidade em razão do desvio de finalidade. Alternativa E correta. RB

Gabarito "E".

(Procurador/PA – CESPE – 2022) Julgue os itens subsequentes, relativos às políticas nacional e estadual de mudanças climáticas.

I. O Supremo Tribunal Federal decidiu que é dever do Poder Executivo dar pleno funcionamento ao Fundo Nacional sobre Mudança do Clima, instrumento da Política Nacional sobre Mudança do Clima, e alocar anualmente seus recursos com o intuito de mitigar as mudanças climáticas, sendo vedado o contingenciamento de suas receitas.

II. A Comunicação Nacional do Brasil à Convenção-Quadro das Nações Unidas sobre Mudança do Clima, de acordo com os critérios estabelecidos por essa convenção, é uma das diretrizes da Política Nacional sobre Mudança do Clima.

III. De acordo com a Lei estadual n.º 9.048/2020, a Polícia Militar do Estado do Pará integra o Sistema Estadual sobre Mudanças Climáticas e tem, como uma das suas atribuições no âmbito desse sistema, a coordenação e execução de ações de adaptação e medidas emergenciais em situações de eventos climáticos extremos.

IV. De acordo com a Lei estadual n.º 9.048/2020, compete aos fóruns municipais de mudanças climáticas promover a discussão e a difusão, no âmbito local, das questões relacionadas a mudanças climáticas globais, a fim de colher subsídios para formulação de políticas públicas, garantindo-se ampla participação popular.

Estão certos apenas os itens

(A) I e IV.

(B) II e IV.

(C) II e III.

(D) I, II e III.

(E) I, III e IV.

I: correto (cf. julgamento do STF na ADPF n. 708). II: incorreto (o art. 5º da Lei da Política Nacional de Mudanças do Clima prevê as respectivas *diretrizes*; já o art. 6º dispões sobre os *instrumentos*, entre os quais está a Comunicação Nacional do Brasil à Convenção-Quadro das Nações Unidas sobre Mudança do Clima, de acordo com os critérios estabelecidos por essa convenção). III: incorreto (o art. 7º da Lei estadual 9.048/2020 prevê os órgãos que integram o Sistema Estadual sobre Mudanças Climáticas, no âmbito do qual *não* se encontra a Polícia Militar do Estado do Pará). IV: correto (art. 19, II, da Lei estadual 9.048/2020). RB

Gabarito "A".

(Juiz de Direito/SP – 2021 – Vunesp) No que se refere à reparação do dano ambiental, é reconhecido que

(A) não se autoriza a apreensão de instrumento utilizado para a prática de infração ambiental, salvo na hipótese de uso específico, exclusivo e habitual para a prática ilícita.

(B) as multas não podem ter sua exigibilidade suspensa pelo fato de o infrator se obrigar a realizar medidas para fazer cessar ou corrigir a degradação do meio ambiente.

(C) o dano moral coletivo se confunde com o somatório das lesões extrapatrimoniais singulares, por isso se submete ao princípio da reparação integral.

(D) a reparação ambiental deve ser feita da forma mais completa possível, de modo que a condenação a recuperar a área lesionada não exclui o dever de indenizar, sobretudo, pelo dano que permanece entre a ocorrência e o restabelecimento do meio ambiente lesado, bem como, quando o caso, pelo dano moral coletivo e pelo dano residual.

Comentário: **A**: incorreta (o STJ, no âmbito do REsp 1.814.944/RN, fixou a seguinte tese de recurso repetitivo: "A apreensão do instrumento utilizado na infração ambiental, fundada na atual redação do § 4º do art. 25 da Lei 9.605/1998, independe do uso específico, exclusivo ou habitual para a empreitada infracional"). **B**: incorreta (a assinatura do termo de compromisso suspende a exigibilidade da multa aplicada e implica renúncia ao direito de recorrer administrativamente, cf. art. 146, § 4º, do Decreto 6.514/2008). **C**: incorreta (de acordo com o STJ, no bojo do REsp 1.737.412/SE, "o dano moral coletivo não se confunde com o somatório das lesões extrapatrimoniais singulares, por isso não se submete ao princípio da reparação integral"). **D**: correta (cf. entendimento do STJ no âmbito do REsp 1.114.893/MG). RB

Gabarito "D".

(Juiz de Direito – TJ/MS – 2020 – FCC) A utilização da Área de Uso Restrito da planície inundável do Pantanal NÃO poderá comprometer as funções ambientais do território,

(A) que tem por finalidade principal garantir a geração de energia hidráulica.

(B) sendo admitida a presença extensiva do gado, caracterizada como de baixo impacto, em pastagens nativas nas áreas de preservação permanente dos rios, corixos e baías.

(C) e deverá respeitar as limitações estabelecidas no Zoneamento Ecológico-Econômico (ZEE) Pantanal – Planície Litorânea.

(D) e deverá respeitar as limitações estabelecidas no Zoneamento Ecológico-Econômico (ZEE) realizado pelo MERCOSUL.

(E) estando, ainda, condicionada à prévia autorização do Conselho Estadual do Meio Ambiente.

A questão explora o regime do Decreto estadual 14.273/2015, que dispõe sobre as Áreas de Uso Restrito da planície inundável do Pantanal no Estado de Mato Grosso do Sul. Alternativa A incorreta (referido decreto não prevê tal finalidade). Alternativa B correta (art. 4º, § 1º, do Decreto 14.273/15). Alternativa C incorreta (o decreto faz alusão à Zona Planície Pantaneira, cf. art. 2º, inc. I). Alternativa D incorreta (o decreto não faz referência ao MERCOSUL). Alternativa E incorreta (a competência pertence, como regra, ao Instituto de Meio Ambiente de Mato Grosso do Sul-IMASUL). RB

Gabarito "B".

(Juiz de Direito – TJ/RJ – 2019 – VUNESP) Acerca da responsabilidade em matéria ambiental, é correto afirmar que

(A) é inexistente a responsabilidade solidária entre o atual proprietário do imóvel e o antigo proprietário pelos danos ambientais causados na propriedade, independentemente de ter sido ele ou o dono anterior o causador dos danos.

(B) o dano não pode decorrer de atividade lícita, pois o empreendedor, ainda que em situação regular quanto ao licenciamento, por exemplo, não tem responsabilidade em caso de dano provocado por sua atividade.

(C) as sanções penais aplicáveis às pessoas jurídicas serão multa e prestação de serviços à comunidade.

(D) o STF reconhece a possibilidade de se processar penalmente a pessoa jurídica, mesmo não havendo ação penal em curso contra pessoa física com relação ao crime ambiental praticado.

(E) a ação penal para o caso de crimes contra o meio ambiente é pública incondicionada, não cabendo a aplicação das disposições do juizado especial criminal para os crimes ambientais caracterizados como de menor potencial ofensivo.

A: incorreta (nos termos da Súmula 623 do STJ: "As obrigações ambientais possuem natureza *propter rem*, sendo admissível cobrá-las do proprietário ou possuidor atual e/ou dos anteriores, à escolha do credor"; trata-se, logo, de responsabilidade solidária); **B**: incorreta, pois a "possibilidade da responsabilidade civil ambiental decorrer de um comportamento revestido de **licitude** resulta da aplicação da teoria objetiva. Por conta disso, a legalidade da atividade que acarreta a lesão ambiental não pode servir de fundamento para afastar a obrigação de ressarcimento" (BORDALO, Rodrigo. Manual completo de direito ambiental, editora Foco, 2019, p. 194). **C**: incorreta (as sanções penais aplicáveis às pessoas jurídicas estão previstas no art. 21 da Lei 9.605/1998 e incluem, além da multa e da prestação de serviços à comunidade, as penas restritivas de direito, como a interdição temporária da atividade exercida); **D**: correta (o entendimento do STF é no sentido da inaplicabilidade da teoria da dupla imputação, nos termos do

20. DIREITO AMBIENTAL · 809

julgado extraído do RE 548.181; assim, a ação penal pode transcorrer em face apenas da pessoa jurídica); **E**: incorreta (conforme art. 27 da Lei 9.605/98, a ação penal envolvendo os crimes ambientais de menor potencial ofensivo submetem-se à aplicação das disposições do juizado especial criminal). RB

Gabarito "D".

Na propriedade de Roberto, localizada em um município do estado de Santa Catarina, existe um conjunto de cavidades naturais subterrâneas, sobre o qual Roberto pretende construir um empreendimento.

(Juiz de Direito – TJ/SC – 2019 – CESPE/CEBRASPE) De acordo com a Constituição Federal de 1988, a pretensão de Roberto é juridicamente inviável, porque essas cavidades são bens de titularidade

(A) do estado de Santa Catarina.

(B) do município de localização da propriedade.

(C) da União.

(D) comum da União, do estado de Santa Catarina e do município de localização da propriedade.

(E) concorrente da União, do estado de Santa Catarina e do município de localização da propriedade.

Cavidades naturais subterrâneas representam "todo e qualquer espaço subterrâneo acessível pelo ser humano, com ou sem abertura identificada" (MILARÉ, Edis. "Dicionário de Direito Ambiental", p. 173). São popularmente conhecidas como cavernas ou grutas. De acordo com a CF, constituem bens da União (art. 20, X). RB

Gabarito "C".

Os municípios A e B pretendem criar, juntos, uma região metropolitana, com o intuito de compartilhar entre si a gestão de resíduos sólidos e, com isso, ter prioridade na obtenção de incentivos do governo federal previstos na Política Nacional de Resíduos Sólidos.

(Promotor de Justiça/CE – 2020 – CESPE/CEBRASPE) Considerando essa situação hipotética, assinale a opção correta.

(A) Para que seja viável a criação da região metropolitana, os municípios A e B não precisam ser limítrofes, mas devem estar a uma distância máxima de 100 km um do outro.

(B) Se a população do município A for de 10.000 habitantes, esse município deverá ter plano diretor para que seja viável a criação da região metropolitana.

(C) Para que seja viável a criação da região metropolitana, os municípios A e B precisam aprovar a iniciativa, em primeiro lugar, por lei municipal, para que a criação da região metropolitana ocorra, depois, por lei estadual, ante o respeito da autonomia federativa.

(D) Para receber os incentivos da Política Nacional de Resíduos Sólidos, os municípios A e B podem instituir uma microrregião com fundamento em funções públicas de interesse comum com características predominantemente urbanas.

(E) Para receber os incentivos da Política Nacional de Resíduos Sólidos, os municípios A e B podem celebrar consórcio como forma de cooperação para a gestão dos resíduos sólidos.

A: incorreta (a criação de região metropolitana exige que os municípios sejam limítrofes, cf. art. 25, § 3º, CF). **B**: incorreta (exige-se plano diretor

para municípios com mais de 20.000 habitante, cf. art. 182, § 2º, da CF; além disso, o plano diretor não é condição para a criação de região metropolitana, embora seja obrigatório para municípios integrantes de regiões metropolitanas, cf. art. 41, inc. II, do Estatuto da Cidade – Lei 10.257/01). **C**: incorreta (a criação de região metropolitana depende de lei complementar estadual, cf. art. 25, § 3º, CF). **D**: incorreta (microrregião é instituída por lei complementar estadual, cf. art. 25, § 3º, CF). **E**: correta (cf. art. 18, § 1º, inc. I, da Lei 12.305/10 – Lei da Política Nacional dos Resíduos Sólidos). RB

Gabarito "E".

(Promotor de Justiça/CE – 2020 – CESPE/CEBRASPE) Considerando que haja interesse do poder público em permitir uma atividade de recuperação de áreas contaminadas dentro da Estação Ecológica do Pecém, unidade de conservação do estado do Ceará localizada nos municípios de São Gonçalo do Amarante e Caucaia, assinale a opção correta.

(A) Eventual licenciamento ambiental deverá ser solicitado ao IBAMA, por se tratar de uma estação ecológica.

(B) A atividade de recuperação de áreas contaminadas está dispensada de licenciamento ambiental, segundo resolução do Conselho Nacional do Meio Ambiente.

(C) A estação ecológica é uma unidade de conservação com o objetivo de preservação da natureza e de visitação pública, de modo que a descontaminação da área possibilitará a cobrança de tarifa dos visitantes.

(D) A estação ecológica é uma espécie de unidade de conservação de proteção integral, sendo exigido licenciamento ambiental para a atividade de recuperação.

(E) A estação ecológica é uma área de preservação permanente, de uso restrito, por isso a atividade de recuperação dispensa licenciamento ambiental.

A: incorreta (considerando que se trata de unidade de conservação do Estado do Ceará, eventual licenciamento deverá ser solicitado ao Estado, e não ao IBAMA, que é uma autarquia federal; é o que estabelece o art. 8º, XV, da LC 140/11). **B**: incorreta (a atividade de recuperação de áreas contaminadas está submetida ao licenciamento ambiental, nos termos da Resolução CONAMA 237/97). **C**: incorreta (o regime da estação ecológica proíbe a visitação pública, exceto se o objetivo for educacional, cf. art. 9º, § 2º, da Lei 9.985/00). **D**: correta (cf. arts. 8º e 9º da Lei 9.985/00). **E**: incorreta (a estação ecológica não é uma das áreas de preservação permanente e sim uma unidade de conservação). RB

Gabarito "D".

(Promotor de Justiça/PR – 2019 – MPE/PR) Nos termos da Lei 9.433/1997 (Política Nacional de Recursos Hídricos), assinale a alternativa *incorreta*:

(A) A utilização racional e integrada dos recursos hídricos, incluindo o transporte aquaviário, com vistas ao desenvolvimento sustentável, é um dos objetivos da Política Nacional de Recursos Hídricos.

(B) A gestão dos recursos hídricos deve sempre proporcionar o uso múltiplo das águas.

(C) A derivação ou captação de parcela da água existente em um corpo de água para consumo final independe de outorga pelo Poder Público.

(D) A água é um recurso natural limitado, dotado de valor econômico.

(E) A articulação da gestão de recursos hídricos com a do uso do solo é uma das diretrizes gerais de ação para implementação da Política Nacional de Recursos Hídricos.

A: correta (cf. art. 2º, inc. II, da Lei 9.433/97). **B:** correta (cf. art. 1º, inc. IV). **C:** incorreta (a derivação ou captação de parcela da água existente em um corpo de água para consumo final depende de outorga pelo Poder Público, cf. art. 12, inc. I). **D:** correta (cf. art. 1º, inc. II). **E:** correta (cf. art. 3º, inc. V). **RB**

Gabarito "C".

(Promotor de Justiça/PR – 2019 – MPE/PR) Nos termos da Lei 11.428/2006 (Lei da Mata Atlântica), assinale a alternativa *correta:*

(A) O poder público, sem prejuízo das obrigações dos proprietários e posseiros estabelecidas na legislação ambiental, estimulará, com incentivos econômicos, a proteção e o uso sustentável do Bioma Mata Atlântica.

(B) O corte, a supressão e a exploração da vegetação do Bioma Mata Atlântica far-se-ão de maneira diferenciada, conforme se trate de vegetação primária ou secundária, independentemente do estágio de regeneração.

(C) Os novos empreendimentos que impliquem o corte ou a supressão de vegetação do Bioma Mata Atlântica deverão ser implantados obrigatoriamente em áreas já substancialmente alteradas ou degradadas.

(D) A supressão de vegetação primária do Bioma Mata Atlântica, para fins de loteamento ou edificação, nas regiões metropolitanas e áreas urbanas consideradas como tal em lei específica, deve ser autorizada pelo órgão estadual ou municipal competente.

(E) Prática preservacionista é a atividade técnica e cientificamente fundamentada que vise à recuperação da diversidade biológica em áreas de vegetação nativa, por meio da reintrodução de espécies nativas.

A: correta (cf. art. 33, "caput", da Lei 11.428/06-Lei da Mata Atlântica). **B:** incorreta (a intervenção na vegetação do Bioma Mata Atlântica far-se--á de maneira diferenciada, conforme se trate de vegetação primária ou secundária, nesta última levando-se em conta o estágio de regeneração, cf. art. 8º). **C:** incorreta (os novos empreendimentos que impliquem o corte ou a supressão de vegetação do Bioma Mata Atlântica deverão ser implantados *preferencialmente* em áreas já substancialmente alteradas ou degradadas, cf. art. 12). **D:** incorreta (é vedada a supressão de vegetação primária do Bioma Mata Atlântica, para fins de loteamento ou edificação, nas regiões metropolitanas e áreas urbanas consideradas como tal em lei específica, cf. art. 30, "caput". **E:** incorreta (prática preservacionista é a "atividade técnica e cientificamente fundamentada, imprescindível à proteção da integridade da vegetação nativa, tal como controle de fogo, erosão, espécies exóticas e invasoras", cf. art. 3º, inc. IV; já o enriquecimento ecológico constitui a "atividade técnica e cientificamente fundamentada que vise à recuperação da diversidade biológica em áreas de vegetação nativa, por meio da reintrodução de espécies nativas", cf. art. 3º, inc. VI). **RB**

Gabarito "A".

(Promotor de Justiça/PR – 2019 – MPE/PR) Em relação às disposições contidas na Lei 10.257/2001 (Estatuto da Cidade), referentes ao usucapião especial de imóvel urbano, assinale a alternativa *incorreta:*

(A) Aquele que possuir como sua área ou edificação urbana de até duzentos e cinquenta metros quadrados, por cinco anos, ininterruptamente e sem oposição, utilizando-a para sua moradia ou de sua família, adquirir-lhe-á o domínio, desde que não seja proprietário de outro imóvel urbano ou rural.

(B) Os núcleos urbanos informais existentes sem oposição há mais de cinco anos e cuja área total dividida pelo número de possuidores seja inferior a duzentos e cinquenta metros quadrados por possuidor são suscetíveis de serem usucapidos coletivamente, desde que os possuidores não sejam proprietários de outro imóvel urbano ou rural.

(C) O autor terá os benefícios da justiça e da assistência judiciária gratuita, inclusive perante o cartório de registro de imóveis.

(D) A associação de moradores da comunidade, mesmo que sem personalidade jurídica, é parte legítima para a propositura da ação, desde que explicitamente autorizada pelos representados.

(E) Na ação de usucapião especial urbana é obrigatória a intervenção do Ministério Público.

A: correta (cf. art. 9º, "caput", da Lei 10.257/01-Estatuto da Cidade). **B:** correta (cf. art. 10, "caput"; trata-se do usucapião especial coletivo). **C:** correta (cf. art. 12, § 2º). **D:** incorreta (a associação de moradores da comunidade deve possuir personalidade jurídica para constituir parte legítima para a propositura da ação, cf. art. 12, inc. III). **E:** correta (cf. art. 12, § 1º). **RB**

Gabarito "D".

(Juiz de Direito – TJ/RJ – 2019 – VUNESP) Para evitar a poluição por Resíduos Sólidos, é correto afirmar:

(A) cabe ao titular dos serviços públicos de limpeza urbana e de manejo de resíduos sólidos, observado, se houver, o plano municipal de gestão integrada de resíduos sólidos, estabelecer sistema de coleta seletiva.

(B) sem prejuízo das obrigações estabelecidas no plano de gerenciamento de resíduos sólidos, os fabricantes, importadores, distribuidores e comerciantes não têm responsabilidade na divulgação de informações relativas às formas de evitar, reciclar e eliminar os resíduos sólidos associados a seus respectivos produtos.

(C) os comerciantes e distribuidores deverão dar destinação final ambientalmente adequada a produtos e embalagens reunidos ou devolvidos pelos consumidores do sistema de logística reversa.

(D) todos os participantes dos sistemas de logística reversa, sem exceção, manterão atualizadas e disponíveis, ao órgão municipal competente e a outras autoridades, informações completas sobre a realização das ações sob sua responsabilidade.

(E) os fabricantes, importadores, distribuidores e comerciantes de pilhas e baterias são obrigados a estruturar e implementar sistemas de logística reversa, mediante retorno dos produtos após o uso pelo consumidor, no caso de não haver o serviço público de limpeza urbana e de manejo dos resíduos sólidos.

A: correta (art. 36, inc. II, da Lei 12.305/2010-Lei da Política Nacional de Resíduos Sólidos); **B**: incorreta (em razão da responsabilidade compartilhada, os fabricantes, importadores, distribuidores e comerciantes têm responsabilidade na divulgação de informações relativas às formas de evitar, reciclar e eliminar os resíduos sólidos associados a seus respectivos produtos, cf. art. 31, inc. II, da Lei da PNRS); **C**: incorreta (nos termos do art. 33, § 5º, da Lei da PNRS, os comerciantes e distribuidores deverão efetuar a devolução aos fabricantes ou aos importadores dos produtos e embalagens reunidos ou devolvidos pelos consumidores; por sua vez, são os fabricantes e os importadores que devem dar destinação ambientalmente adequada a tais produtos e embalagens,

20. DIREITO AMBIENTAL   811

ex vi do art. 33, § 6º, da mesma lei); **D**: incorreta (o art. 33, § 8º, da Lei da PNRS estabelece uma exceção: os consumidores); **E**: incorreta (cf. art. 33, "caput", da Lei PNRS, *independente* do serviço público de limpeza urbana e de manejo dos resíduos sólidos, os fabricantes, importadores, distribuidores e comerciantes de pilhas e baterias são obrigados a estruturar e implementar sistemas de logística reversa). **RB**
Gabarito "A".

(Procurador do Estado/SP – 2018 – VUNESP) Sobre pagamento por serviços ambientais (PSA), é correto afirmar:

(A) considerada sua natureza contratual, foi instituído no Estado de São Paulo como um Programa, diretamente pela Secretaria do Meio Ambiente, por Resolução do Secretário, com base em autorização expressa contida na Lei da Política Nacional do Meio Ambiente (Lei nº 6.938/1981).

(B) é imposição, ao poluidor, da obrigação de indenizar pelos danos causados ao meio ambiente.

(C) trata-se de transação voluntária por meio da qual uma atividade desenvolvida por um provedor de serviços ambientais, que conserve ou recupere um serviço ambiental previamente definido, é remunerada por um pagador de serviços ambientais, mediante a comprovação do atendimento das disposições previamente contratadas, nos termos da legislação vigente.

(D) trata-se de prestação obrigatória, instituída por lei, com natureza de tributo, prevista como um instrumento da Política Nacional do Meio Ambiente.

(E) como corolário do princípio poluidor-pagador, possibilita ao poder público cobrar do usuário pela utilização dos recursos naturais.

A: incorreta. O PSA não tem natureza contratual e foi positivado com a Lei 12.305/2010 (Lei da Política Nacional de Resíduos Sólidos). Desta forma, a legislação paulista não poderia embasar-se em autorização expressa contida na Lei 6.938/1981, até porque esta lei é anterior à que positivou o instituto; **B**: incorreta. O PSA é corolário do princípio do protetor recebedor. Desta forma, não se trata de imposição ao poluidor de responsabilidade por danos ambientais, mas de benefícios econômicos, fiscais ou tributários, aos que voluntariamente agem em prol do meio ambiente; **C**: correta. O PSA trata-se de transação voluntária , por meio do qual aquele que promova a conservação, manutenção e restauração de áreas verdes, consideradas aptas ao fornecimento de certos serviços, é retribuído com benefícios de ordem econômica, fiscal ou tributária; **D**: incorreta. Não se trata de prestação obrigatória e também não caráter de tributo, pois é instituído mediante transação voluntária; **E**: incorreta. Conforme já aduzido, não é corolário do princípio do poluidor-pagador, mas sim do protetor recebedor, pois trata-se de uma contraprestação econômica em prol daquele que venha a promover atitudes positivas (serviços ambientais) em benefício da coletividade. **FM/FC**
Gabarito "C".

(Delegado – PC/BA – 2018 – VUNESP) Quanto às normas de segurança e mecanismos de fiscalização de atividades que envolvem organismos geneticamente modificados – OGM, é correta a seguinte assertiva:

(A) É permitida engenharia genética em célula germinal humana, zigoto humano e embrião humano.

(B) São permitidos a utilização, a comercialização, o registro, o patenteamento e o licenciamento de tecnologias genéticas de restrição do uso.

(C) É proibida a implementação de projeto relativo a OGM sem a manutenção de registro de seu acompanhamento individual.

(D) Derivado de OGM é todo produto obtido de OGM e que possua capacidade autônoma de replicação.

(E) É permitida, para fins de pesquisa e terapia, a utilização de células-tronco embrionárias obtidas de embriões humanos viáveis, produzidos por fertilização in vitro.

A: incorreta, nos moldes do art. 6º, III, da Lei 11.105/2005, "Fica proibido: engenharia genética em célula germinal humana, zigoto humano e embrião humano"; **B**: incorreta, nos termos do art. 6º, VII, da Lei 11.105/2005: "Fica proibido: a utilização, a comercialização, o registro, o patenteamento e o licenciamento de tecnologias genéticas de restrição do uso". **C**: correta, a teor do art. 6º, I, da Lei 11.105/2005; D: incorreta, segundo preceitua o art. 3º, VI, da Lei 11.105/2005: derivado de OGM, considera-se o produto obtido de OGM e que não possua capacidade autônoma de replicação ou que não contenha forma viável de OG; **E**: incorreta. É permitida, para fins de pesquisa e terapia, a utilização de células-tronco embrionárias obtidas de embriões humanos produzidos por fertilização in vitro e não utilizados no respectivo procedimento, desde que: sejam embriões inviáveis; ou, sejam embriões congelados há 3 (três) anos ou mais, na data da publicação da Lei 11.105/2005, ou que, já congelados na data da publicação da Lei 11.102/2005, depois de completarem 3 (três) anos, contados a partir da data de congelamento (art. 5º, da Lei 11.105/2005). **FM/FC**
Gabarito "C".

(Procurador do Estado/SP – 2018 – VUNESP) O Estado de São Paulo criou um Parque Estadual por meio de um Decreto-lei, antes da promulgação da Constituição Federal de 1988. Referido Parque possuía todos os atributos desta categoria de Unidade de Conservação previstos na Lei nº 9.985/2000 (lei que instituiu o Sistema Nacional de Unidades de Conservação). O Decreto-lei veio a ser revogado por lei estadual, em 2006, que se limitava a revogar diversos e antigos Decretos-leis paulistas, sendo que tal medida não constou do Plano de Manejo do Parque, não houve consulta pública e tampouco oitiva do Conselho do Parque e do Conselho Estadual do Meio Ambiente (CONSEMA). Diante disso, é correto afirmar que o Parque Estadual

(A) não pode ser considerado desafetado, pois a lei revogadora não é específica, além de não ter tal medida constado do Plano de Manejo, não ter havido consulta pública e tampouco oitiva do Conselho do Parque e do Conselho Estadual do Meio Ambiente (CONSEMA).

(B) não pode ser considerado desafetado, apenas porque a lei revogadora não é específica e porque inexistiu manifestação prévia do CONSEMA, independentemente do cumprimento de outros requisitos.

(C) não pode ser considerado desafetado, apenas porque a lei revogadora não é específica, independentemente do cumprimento de outros requisitos.

(D) pode ser considerado desafetado, pois criado antes da Lei nº 9.985/2000, não incidindo o respectivo regime jurídico protetivo.

(E) pode ser considerado desafetado, pois o ato foi concretizado por lei, independentemente do cumprimento de outros requisitos.

Nos termos do Decreto-lei 60.302/2014, do Estado de São Paulo, art. 13, I e II, "A desafetação de unidade de conservação somente poderá ser feita mediante lei específica, observado, ainda, que: I – a respectiva unidade tenha Plano de Manejo aprovado que recomende tal medida; e, II – haja consulta pública e oitiva do respectivo conselho e do CONSEMA. Desta forma, o parque não pode ser considerado desafetado, pois a lei revogadora não é específica, além de não ter tal medida constado do Plano de Manejo, não ter havido consulta pública e tampouco oitiva do Conselho do Parque e do Conselho Estadual do Meio Ambiente (CONSEMA)". FM/FC

Gabarito "A".

(Procurador do Estado/SP – 2018 – VUNESP) A Constituição estadual previu, de forma expressa, a criação por lei de um sistema de administração da qualidade ambiental, o que foi atendido pela Lei Estadual nº 9.509/1997. Sobre os órgãos e entidades integrantes do Sistema Estadual de Administração da Qualidade Ambiental, Proteção, Controle e Desenvolvimento do Meio Ambiente e Uso Adequado dos Recursos Naturais – SEAQUA, é possível afirmar corretamente:

(A) a Fundação para a Conservação e a Produção Florestal do Estado de São Paulo (Fundação Florestal) não é órgão integrante do SEAQUA, sendo apenas órgão central do Sistema Estadual de Florestas – SIEFLOR.

(B) o Conselho Estadual do Meio Ambiente – CONSEMA, criado contemporaneamente ao SEAQUA, é órgão consultivo, normativo e recursal do sistema ambiental paulista, tendo composição paritária entre órgãos e entidades governamentais e não governamentais do Estado, sendo seu presidente indicado pelo Governador dentre os representantes das entidades governamentais.

(C) a CETESB – Companhia Ambiental do Estado de São Paulo, sociedade por ações, tem como atribuição proceder ao licenciamento ambiental, sendo qualificada como órgão executor do SEAQUA.

(D) embora a Polícia Militar, mediante suas unidades especializadas, esteja incumbida da prevenção e repressão das infrações contra o meio ambiente, não integra o sistema de proteção e desenvolvimento do meio ambiente, vinculando-se apenas à estrutura da segurança pública.

(E) o Conselho Estadual do Meio Ambiente – CONSEMA é órgão colegiado, consultivo e central do SEAQUA, não possuindo atribuições normativas, enquanto a Secretaria de Estado do Meio Ambiente é órgão superior e normativo do mesmo sistema.

A: incorreta, nos termos do art. 3º, § 1º, item 1, "a", do Decreto do Estado de São Paulo 57.933/2012; **B:** incorreta, nos termos do art. 4º, *caput*, da Lei do Estado de São Paulo n. 13.507/09: "O CONSEMA será presidido pelo Secretário do Meio Ambiente ou por seu substituto legal"; **C:** correta, nos termos do art. 129, II, do Decreto do Estado de São Paulo 57.933/2012; **D:** incorreta, já que a Polícia Militar de São Paulo é órgão executor do SEAQUA (art. 2º, "c", Decreto 57.933/2012); **E:** incorreta, conforme preceitua o art. 106, do Decreto do Estado de São Paulo 57.933/2012. FM/FC

Gabarito "C".

(Procurador do Estado/SP – 2018 – VUNESP) Espécies exóticas, entendidas como aquelas não originárias de uma determinada área geográfica, podem muitas vezes proliferar sem controle, provocando danos ambientais e econômicos, além de ameaçarem a diversidade biológica. O Estado de São Paulo sofre problemas sensíveis nessa seara, por exemplo, por conta da presença do javali (Sus scrofa), cuja abundância já é identificada e com impactos ambientais e socioeconômicos bem descritos pela literatura.

Tendo em vista essas premissas, sobre espécies exóticas, é correto afirmar:

(A) a Lei nº 5.197/1967 (lei que dispõe sobre a proteção à fauna) admite a inserção de espécies exóticas em território nacional com parecer técnico oficial favorável e licença expedida na forma da lei, salvo para espécies ambientalmente relevantes, inseridas em cadastro do Ministério do Meio Ambiente, cuja inserção imporá apenas a comunicação posterior aos órgãos de controle.

(B) é proibida a introdução nas unidades de conservação de espécies não autóctones, exceto no tocante às Áreas de Proteção Ambiental, Florestas Nacionais, Reservas Extrativistas e Reservas de Desenvolvimento Sustentável, sendo admitidos, ainda, a inserção de animais e plantas necessários à administração e às atividades das demais categorias de unidades de conservação, de acordo com o que se dispuser em regulamento e no Plano de Manejo da unidade.

(C) no Estado de São Paulo, embora se permita e estimule o controle populacional de espécies exóticas invasoras, o abate e o manejo dos animais assim qualificados é vedado, por força de disposição expressa na Constituição Estadual.

(D) atividades de manejo de fauna exótica ou que envolvam introdução de espécies exóticas estão dispensadas do licenciamento ambiental, salvo se flagrante o risco de degradação ambiental.

(E) a introdução de espécime animal exótica no Brasil, sem parecer técnico oficial favorável e licença expedida por autoridade competente pode configurar infração administrativa ambiental, entretanto não se amolda aos tipos penais previstos na Lei no 9.605/1998 (Lei de Crimes Ambientais).

A: incorreta, a teor do art. 4º, da Lei 5.197/2067: "Nenhuma espécie poderá ser introduzida no País, sem parecer técnico oficial favorável e licença expedida na forma da Lei"; **B:** correta. Vide art. 31, § 1º, da Lei 9.985/2000; **C:** incorreta (art. 193, X, Constituição Estadual); **D:** incorreta, nos termos do Anexo I, da Resolução Conama 237/1997, além do controle da União nos termos do art. 7º, XVII, da LC 140/2011; **E:** incorreta. A teor do art. 31, da Lei 9.605/1998, considera-se crime introduzir espécime animal no País, sem parecer técnico oficial favorável e licença expedida por autoridade competente. FM/FC

Gabarito "B".

(Defensor Público – DPE/PR – 2017 – FCC) Sobre a tutela coletiva do direito à cidade, do direito à moradia e do meio ambiente, considere:

I. O Estatuto da Cidade (Lei n 10.257/2001) prevê que as cidades incluídas no cadastro nacional de Municípios com áreas suscetíveis à ocorrência de deslizamentos de grande impacto, inundações bruscas ou processos geológicos ou hidrológicos correlatos têm que, obrigatoriamente, elaborar Plano Diretor, independentemente do número de habitantes.

II. Por se tratar de política urbanística essencial à exata ordenação das cidades, os Municípios não poderão dispensar as exigências relativas ao percentual e às dimensões de áreas destinadas ao uso público ou ao tamanho dos lotes regularizados, assim como a outros parâmetros urbanísticos e edilícios, ainda que se trate de regularização fundiária de núcleos urbanos informais.

20. DIREITO AMBIENTAL | **813**

III. O princípio do poluidor pagador internaliza o custo social provocado pelas externalidades da atividade econômica em decorrência de seu processo produtivo. O consumidor de produtos e de serviços não faz parte do sistema de logística reversa de resíduos sólidos, cuja responsabilidade recai sobre o fornecedor.

IV. É possível regularização fundiária de interesse social dos núcleos urbanos informais inseridos em área urbana de ocupação consolidada existentes, total ou parcialmente, em áreas de preservação permanente. Todavia, para tanto, é preciso aprovação de projeto no qual se elabore estudos técnicos que justifiquem as melhorias ambientais em relação à situação anterior, inclusive por meio de compensações ambientais, quando for o caso.

Está correto o que se afirma APENAS em

(A) I, II e III.

(B) II e III.

(C) I, III e V.

(D) I e IV.

(E) III e V.

Assertiva **I**: Correta, consoante o art. 41, VI, do Estatuto da Cidade. Assertiva **II**: Errada. Segundo o art. 11, § 1º, da Lei 13.465/2017, "para fins da regularização fundiária urbana, os Municípios poderão dispensar as exigências relativas ao percentual e às dimensões de áreas destinadas ao uso público ou ao tamanho dos lotes regularizados, assim como a outros parâmetros urbanísticos e edilícios". Assertiva **III**: Correta. Segundo Fabiano Melo (Direito Ambiental, Método, 2017, p .112), o princípio do poluidor pagador "é um princípio de natureza econômica, cautelar e preventiva, que compreende a internalização dos custos ambientais, que devem ser suportados pelo empreendedor, afastando-os da coletividade". Assertiva **IV**: Errada. Não obstante o consumidor de produtos e de serviços não fazer parte do sistema de logística reversa de resíduos sólidos, a obrigatoriedade não é somente do fornecedor. Segundo o art. 33 da Lei 12.305/2010, são obrigados a estruturar e implementar sistemas de logística reversa, mediante retorno dos produtos após o uso pelo consumidor, de forma independente do serviço público de limpeza urbana e de manejo dos resíduos sólidos, os fabricantes, importadores, distribuidores e comerciantes dos produtos sujeitos à logística reversa. Assertiva **V**: Correta. Trata-se de previsão consignada no art. 8º, § 2º combinada com o art. 64, que prevê a regularização fundiária urbana (Reurb), ambos do Código Florestal. Nesse sentido, consoante o art. 64, *caput*, na Reurb-S (para população de baixa renda) dos núcleos urbanos informais que ocupam Áreas de Preservação Permanente, a regularização fundiária será admitida por meio da aprovação do projeto de regularização fundiária, na forma da lei específica de regularização fundiária urbana. E completa o parágrafo primeiro desse dispositivo: "O projeto de regularização fundiária de interesse social deverá incluir estudo técnico que demonstre a melhoria das condições ambientais em relação à situação anterior com a adoção das medidas nele preconizadas". **FM**

Gabarito "C".

(Procurador do Município – Prefeitura Fortaleza/CE – CESPE – 2017) A respeito da Política Nacional de Meio Ambiente, dos recursos hídricos e florestais e dos espaços territoriais especialmente protegidos, julgue os itens a seguir.

(1) Conforme o Código Florestal, todo proprietário de imóvel rural deve, a título de reserva legal, manter área com cobertura de vegetação nativa, a qual só poderá ser explorada economicamente em caso de manejo sustentável.

(2) Nos parques nacionais, que são unidades de proteção integral, é permitida a realização de atividades educacionais e de recreação bem como o turismo ecológico.

(3) Conforme o disposto na Política Nacional do Meio Ambiente, poluição consiste na degradação da qualidade ambiental resultante de atividade que crie, ainda que indiretamente, condição desfavorável ao desenvolvimento de atividades econômicas.

(4) Compete privativamente ao Conselho Nacional do Meio Ambiente estabelecer normas e padrões nacionais de controle da poluição ocasionada por veículos automotores.

(5) De acordo com a Lei 9.433/1997, a unidade territorial para a implementação da Política Nacional de Recursos Hídricos é a bacia hidrográfica, cuja gestão é centralizada e de responsabilidade dos entes da Federação por ela abrangidos.

1: Correta. Nos termos do art. 17, § 1º, da Lei 12.651/2012: "Art. 17. A Reserva Legal deve ser conservada com cobertura vegetal nativa pelo proprietário do imóvel rural, possuidor ou ocupante a qualquer título, pessoa física ou jurídica, de direito público ou privado. § 1º. Admite-se a exploração econômica da Reserva Legal mediante manejo sustentável, previamente aprovado pelo órgão competente do Sisnama, de acordo com as modalidades previstas no art. 20". **2:** Correta. Nesse sentido, dispõe o art. 11, da Lei 9.985/2000: "O Parque Nacional tem como objetivo básico a preservação de ecossistemas naturais de grande relevância ecológica e beleza cênica, possibilitando a realização de pesquisas científicas e o desenvolvimento de atividades de educação e interpretação ambiental, de recreação em contato com a natureza e de turismo ecológico". **3:** Correta. A teor do art. 3º, III, "b", da Lei 6.938/1981: "Art. 3º Para fins previstos nesta Lei, entende-se por: [...] II – poluição, a degradação da qualidade ambiental resultante de atividades que direta ou indiretamente: [...] *b)* criem condições adversas as atividades sociais e econômicas". **4:** Correta. Neste contexto é a norma do art. 8º, VI, da Lei 6.938/1981: "Art. 8º Compete ao Conama: [...] VI – estabelecer, privativamente, normas e padrões nacionais de controle da poluição por veículos automotores, aeronaves e embarcações, mediante audiência dos Ministérios competentes". **5:** Errada. Nos termos do art. 1º, V, da Lei 9.433/1997: "V – a bacia hidrográfica é a unidade territorial para implementação da Política Nacional de Recursos Hídricos e atuação do Sistema Nacional de Gerenciamento de Recursos Hídricos". Contudo, "a gestão dos recursos hídricos deve ser descentralizada e contar com a participação do Poder Público, dos usuários e das comunidades" (art. 1º, VI, da Lei 9.433/1997). **FM/FCP**

Gabarito: 1C, 2C, 3C, 4C, 5E

(Procurador do Município – Prefeitura Fortaleza/CE – CESPE – 2017) A respeito de política urbana, responsabilidade e licenciamento ambiental, julgue os itens subsecutivos.

(1) Situação hipotética: Rafael resolveu entregar, espontaneamente, ao órgão ambiental competente uma ave migratória nativa da floresta amazônica que possuía em casa sem a devida anuência da autoridade competente. Assertiva: Nessa situação, Rafael está sujeito ao pagamento de multa, e seu ato será considerado atenuante na aplicação da penalidade.

(2) Cortar madeira de lei para transformá-la em carvão constitui crime tipificado na legislação brasileira; caso o referido crime seja praticado com o objetivo de exploração econômica, a pena será agravada.

(3) No município de Fortaleza, de acordo com a legislação vigente, um projeto para a passagem de determinado equipamento que tenha como finalidade a prestação

814 FABIANO MELO, FERNANDA CAMARGO PENTEADO E RODRIGO BORDALO

de serviços para a transmissão de dados por cabo deve ser licenciado por autodeclaração.

(4) Caso tenha interesse em criar centro de saúde em imóvel urbano objeto de venda a título oneroso entre particulares, o município poderá exercer o direito de preempção.

1: Errada. Rafael não está sujeito ao pagamento de multa, posto que nos termos do art. 24, § 5°, do Decreto 6.514/2008: "§ 5° No caso de guarda de espécime silvestre, deve a autoridade competente deixar de aplicar as sanções previstas neste Decreto, quando o agente espontaneamente entregar os animais ao órgão ambiental competente". **2:** Errada. Cortar madeira de lei para transformá-la em carvão constitui crime tipificado no art. 45, da Lei 9.605/1998, contudo a pena aplicada ao referido crime é a mesma independente do fim comercial ou não, motivo pelo qual a questão encontra-se errada. **3:** Correta. O enunciado está de acordo com o art. 10, da Lei Complementar do município de Fortaleza 208/2015. **4:** Correta. Nos termos do art. 26, V, da Lei 10.257/2001: "Art. 26. O direito de preempção será exercido sempre que o Poder Público necessitar de áreas para: [...]V – implantação de equipamentos urbanos e comunitários". Registre-se de que centros de saúde são classificados como equipamentos comunitários, conforme dispõe o art. 4°, § 2°, da Lei 6.766/1979. FM/FCP

Gabarito: 1E, 2E, 3C, 4C

(Procurador – IPSMI/SP – VUNESP – 2016) O plano municipal de gestão integrada de resíduos sólidos deve conter como conteúdo mínimo:

(A) diagnóstico da situação dos resíduos sólidos gerados no respectivo território, contendo a origem, o volume, a caracterização dos resíduos e as formas de destinação e disposição transitórias e finais adotadas.

(B) identificação de áreas favoráveis e desfavoráveis para disposição final ambientalmente adequada de rejeitos.

(C) procedimentos operacionais e especificações mínimas e máximas, a serem adotados nos serviços públicos de limpeza urbana e de manejo de resíduos sólidos.

(D) identificação das possibilidades de implantação de soluções consorciadas ou compartilhadas com outros Municípios e Estados, considerando, nos critérios de economia de escala, a proximidade dos locais estabelecidos e as formas de prevenção dos riscos ambientais.

(E) programas e ações para a participação dos grupos interessados, em especial das cooperativas ou outras formas de associação de catadores de materiais reutilizáveis e recicláveis formadas por pessoas físicas de baixa renda, se houver.

A: Incorreta. O plano municipal de gestão de resíduos sólidos deverá ter como conteúdo mínimo, nos termos do art. 19, I, da Lei 12.305/2010: "diagnóstico da situação dos resíduos sólidos gerados no respectivo território, contendo a origem, o volume, a caracterização dos resíduos e as formas de destinação e disposição final adotadas" e não transitória, conforme disposto na alternativa. **B:** Incorreta. É conteúdo mínimo do plano municipal de gestão de resíduos sólidos, a identificação de áreas favoráveis para disposição final ambientalmente adequada de rejeitos, e não a identificação de áreas favoráveis e desfavoráveis (art. 19, II, da Lei 12.305/2010). **C:** Incorreta. As especificações máximas a serem adotadas nos serviços públicos de limpeza urbana e de manejo de resíduos sólidos, não se trata de conteúdo mínimo do plano municipal de gestão de resíduos sólidos, a teor do art. art. 19, V, da Lei 12.305/2010. **D:** Incorreta. Os Estados não fazem parte da possibilidade de implantação de soluções consorciadas ou compartilhadas. Confira o que dispõe o art. 19, III, da Lei 12.305/2010: "identificação das possibilidades de

implantação de soluções consorciadas ou compartilhadas com outros Municípios, considerando, nos critérios de economia de escala, a proximidade dos locais estabelecidos e as formas de prevenção dos riscos ambientais". **E:** Correta. Trata-se de transcrição do art. 19, XI, da Lei 12.305/2010. FM/FCP

Gabarito: "E".

(Juiz– TJ-SC – FCC – 2017) Segundo o Plano Nacional de Gerenciamento Costeiro, os:

(A) Estados e os Municípios poderão instituir, através de lei, os respectivos Planos Estaduais ou Municipais de Gerenciamento Costeiro, observadas as normas e diretrizes fixadas no Plano Nacional e em lei federal.

(B) Estados e os Municípios poderão instituir, através de decreto, os respectivos Planos Estaduais ou Municipais de Gerenciamento Costeiro, observadas as normas e diretrizes fixadas no Plano Nacional e em lei federal.

(C) Estados poderão instituir, através de decreto, Planos Regionais de Gerenciamento Costeiro, observadas as normas e diretrizes fixadas no Plano Nacional e em lei federal, estando o país dividido, para este fim, em quatro regiões costeiras: sul, sudeste, nordeste e norte.

(D) Estados poderão instituir, através de lei, Planos Regionais de Gerenciamento Costeiro, observadas as normas e diretrizes fixadas no Plano Nacional e em lei federal, estando o país dividido, para este fim, em quatro regiões costeiras: sul, sudeste, nordeste e norte.

(E) Municípios da costa deverão instituir, através de decreto, Planos Setoriais de Gerenciamento Costeiro, que se limitarão a, no máximo, quatro Municípios.

A: correta (art. 5°, § 1°, da Lei 7.661/1988); **B:** incorreta, pois os Estados e os Municípios poderão instituir, por meio de lei e não de decreto, os respectivos Planos Estaduais ou Municipais de Gerenciamento Costeiro, observadas as normas e diretrizes fixadas no Plano Nacional e em lei federal (art. 5°, § 1°, da Lei 7.661/1988); **C e D:** incorretas, pois os Estados poderão instituir, por meio de lei, os respectivos Planos Estaduais de Gerenciamento Costeiro, observadas as normas e diretrizes do Plano Nacional e o disposto na lei federal, e designar os órgãos competentes para a execução desses Planos (art. 5°, § 1°, da Lei 7.661/1988); **E:** incorreta, pois os Municípios poderão instituir, por meio de lei e não de decreto, os respectivos Planos Municipais de Gerenciamento Costeiro, observadas as normas e diretrizes fixadas no Plano Nacional e em lei federal (art. 5°, § 1°, da Lei 7.661/1988). FM/FCP

Gabarito: "A".

(Juiz – TRF 2ª Região – 2017) Quanto à ordem de prioridade a ser observada nas políticas de gestão e de gerenciamento de resíduos sólidos:

(A) A disposição final ambientalmente adequada dos rejeitos é o objetivo maior da Política Nacional de Resíduos Sólidos.

(B) A ordem de prioridade é reciclagem, não geração e, por fim, uso como fonte deenergia.

(C) A ordem de prioridade se inicia com a tentativa de não geração e segue com a redução, reutilização, reciclagem, tratamento dos resíduos sólidos e disposição final ambientalmente adequada dosrejeitos.

(D) A ordem de prioridade é reciclar, reutilizar e, se for possível, nãogerar.

(E) Segundo o princípio do poluidor pagador, a prioridade é a não geração, a taxação daqueles que geram mais e, quanto aos resíduos gerados, a disposição final

20. DIREITO AMBIENTAL — 815

efetuada em consonância com a política de saneamento básico.

A: incorreta, pois a disposição final ambientalmente adequada de rejeitos é um dos objetivos da Política Nacional de Resíduos Sólidos, e se encontra em igualdade com os outros objetivos insertos no art. 7º, da Lei 12.305/2010; **B:** incorreta, pois a ordem de prioridade é não geração, redução, reutilização, reciclagem, tratamento dos resíduos sólidos e disposição final ambientalmente adequada dos rejeitos (art. 9º, "caput", da Lei 12.305/2010); **C:** correta. De fato, na gestão e gerenciamento de resíduos sólidos, deve ser observada a seguinte ordem de prioridade: não geração, redução, reutilização, reciclagem, tratamento dos resíduos sólidos e disposição final ambientalmente adequada dos rejeitos (art. 9º, "caput", da Lei 12.305/2010); **D:** incorreta, nos termos do art. 9º, da Lei 12.305/2010: "Na gestão e gerenciamento de resíduos sólidos, deve ser observada a seguinte ordem de prioridade: não geração, redução, reutilização, reciclagem, tratamento dos resíduos sólidos e disposição final ambientalmente adequada dos rejeitos"; **E:** incorreta, pois o princípio do poluidor pagador trata-se da incumbência que possui o poluidor de arcar com os custos necessários para a reparação do dano ambiental, e não do estabelecimento da ordem prioritária na gestão e gerenciamento de resíduos sólidos. FM/FCP

Gabarito "C".

(Juiz – TJ-SC – FCC – 2017) O pagamento por serviços ambientais – PSA tem por fundamento:

(A) a legislação estrangeira, não encontrando base no ordenamento jurídico brasileiro.

(B) o princípio da solidariedade intergeracional.

(C) o princípio do protetor-recebedor.

(D) o princípio do usuário-pagador.

(E) o princípio do poluidor-pagador.

O pagamento por serviços ambientais (PSA) tem fundamento no princípio do protetor-recebedor, pois o pagamento ou a compensação por serviços ambientais consiste na transferência de recursos (monetários ou outros) a quem ajuda a manter ou a produzir os serviços ambientais. Consideram-se serviços ambientais as funções imprescindíveis providas pelos ecossistemas naturais para a manutenção, a recuperação ou a melhoria das condições ambientais adequadas à vida, incluindo a humana. De outra banda, o princípio protetor-recebedor tem a finalidade de incentivar economicamente quem protege uma área, deixando de utilizar seus recursos, estimulando a preservação ambiental. Conforme Fabiano Melo, "o princípio do protetor-recebedor atua por meio de instrumentos e medidas de incentivo econômico para a proteção aos recursos naturais como alternativa às exigências legais, visto que estas nem sempre são cumpridas pelos atores sociais e econômicos. Estas medidas de justiça econômica fornecem aos pequenos produtores rurais e populações tradicionais uma maior efetividade na proteção ambiental mediante incentivos fiscais, tributários e econômicos do que a aplicação de sanções legais, como a imposição de multas ou o enquadramento nas tipificações penais. Nesse caso, nada mais justo, uma vez que aquele que protege ou renuncia à exploração de recursos naturais em prol da coletividade deve ser contemplado com os incentivos decorrentes do princípio do protetor-recebedor" (*Direito Ambiental*. São Paulo: Método, 2017). FM/FCP

Gabarito "C".

(Juiz – TRF 2ª Região – 2017) Em relação à Política Nacional sobre Mudança do Clima, instituída pela Lei nº 12.187/09, é correto afirmar que:

(A) O conceito de "adaptação" se refere às medidas necessárias para adaptar o sistema produtivo aos objetivos da política climática, reduzindo o volume de emissões de gases de efeito estufa, e o conceito de "mitigação" se refere às iniciativas para reduzir a vulnerabilidade das populações mais afetadas pelas mudanças climáticas.

(B) A implementação da Política Nacional sobre Mudança do Clima é de competência privativa da União.

(C) Com a aprovação da Política Nacional sobre Mudança do Clima, qualquer pessoa, física ou jurídica, responsável, direta ou indiretamente, por emissões de gases de efeito estufa, pode ser obrigada, inclusive judicialmente, a compensar integralmente suas emissões, até por força do princípio do poluidor pagador.

(D) Qualquer instrumento da Política Nacional sobre Mudança do Clima só pode ser utilizado mediante prévia aprovação pela conferência das partes à Convenção Quadro das Nações Unidas sobre Mudanças Climáticas (as denominadas "COPs").

(E) Os registros, inventários, estimativas, avaliações e outros estudos de emissões de gases de efeito estufa e de suas fontes, elaborados com base em informações e dados fornecidos por entidades públicas e privadas, são instrumentos da Política Nacional Sobre Mudança do Clima.

A: incorreta, pois o conceito de "adaptação" se refere a "iniciativas e medidas para reduzir a vulnerabilidade dos sistemas naturais e humanos frente aos efeitos atuais e esperados da mudança do clima" (art. 2º, I, da Lei 12.187/2009), e o conceito de "mitigação" se refere às "mudanças e substituições tecnológicas que reduzam o uso de recursos e as emissões por unidade de produção, bem como a implementação de medidas que reduzam as emissões de gases de efeito estufa e aumentem os sumidouros" (art. 2º, VII, da Lei 12.187/2009); **B:** incorreta. Nos termos do art. 3º, da Lei 12.187/2009, a Política Nacional de Mudanças Climáticas e as ações dela decorrentes serão executadas sob a responsabilidade dos entes políticos e dos órgãos da Administração Pública, não sendo, portanto, competência privativa da União; **C:** incorreta, pois a responsabilidade deve ser individual quanto à origem das fontes emissoras e dos efeitos ocasionados sobre o clima, assim, em tese não se aplica a responsabilização indireta (art. 3º, III, da Lei 12.187/2009); **D:** incorreta, os instrumentos da Política Nacional de Mudanças Climáticas vêm elencados no art. 6º, da Lei 12.187/2009, e regulamentados pelo Decreto 7.390/2010, e não há em ambos qualquer disposição a respeito; **E:** correta (art. 6º, XIII, da Lei 12.187/2009). FM/FCP

Gabarito "E".

(Juiz – TRF 4ª Região – 2016) Dadas as assertivas abaixo, assinale a alternativa correta.

I. Existindo licença de construir concedida pelo Município, não há que se cogitar de limitações ambientais ao direito de construir em área urbana.

II. É permitida a exploração florestal com propósito comercial em áreas de reserva legal, mediante manejo sustentável aprovado por órgão ambiental.

III. Segundo a jurisprudência majoritária do Superior Tribunal de Justiça, embora seja possível, em tese, a cumulação da obrigação de reparar o dano ambiental (obrigação de fazer) com a de indenizar, esta última não será devida se houver restauração completa do bem lesado.

(A) Estão corretas apenas as assertivas I e II.

(B) Estão corretas apenas as assertivas I e III.

(C) Estão corretas apenas as assertivas II e III.

(D) Estão corretas todas as assertivas.

(E) Nenhuma assertiva está correta.

I: incorreta, pois a licença de construção concedida pelo Município não afasta o cumprimento das exigências legais concernentes às prescrições ambientais; II: correta, consoante o art. 22 da Lei 12.651/2012; III: correta. "Nas demandas ambientais, por força dos princípios do poluidor-pagador e da reparação *in integrum*, admite-se a condenação do réu, simultânea e agregadamente, em obrigação de fazer, não fazer e indenizar [...]. Se o bem ambiental lesado for imediata e completamente restaurado ao *status quo ante* (*reductio ad pristinum statum*, isto é, restabelecimento à condição original), não há falar, ordinariamente, em indenização" (STJ, REsp 1198727 MG 2010/0111349-9. Rel. Min. Herman Benjamin. j. 14.08/2012, *DJe* 09.05.2013). **FM/FCP**

Gabarito "C".

(Juiz – TRF 3ª Região – 2016) Assinale a assertiva incorreta, a respeito dos indígenas e as suas terras:

(A) A demarcação de terra indígena é ato meramente formal, que apenas reconhece direito preexistente e constitucionalmente assegurado (art. 231 da CF).

(B) A eventual existência de registro imobiliário em nome de particular, a despeito do que dispunha o art. 859 do Código Civil de 1916 ou do que prescreve o art. 1.245 e §§ do vigente Código Civil, não torna oponível à União Federal esse título de domínio privado, pois a Constituição da República pré-excluiu do comércio jurídico as terras indígenas ("res extra commercium"), proclamando a nulidade e declarando a extinção de atos que tenham por objeto a ocupação, o domínio e a posse de tais áreas, considerando ineficazes, ainda, as pactuações negociais que sobre elas incidam, sem possibilidade de quaisquer consequências de ordem jurídica, inclusive aquelas que provocam, por efeito de expressa recusa constitucional, a própria denegação do direito à indenização ou do acesso a ações judiciais contra a União Federal, ressalvadas, unicamente, as benfeitorias derivadas da ocupação de boa- fé.

(C) O Plenário do Supremo Tribunal Federal estabeleceu como marco temporal de ocupação da terra pelos índios, para efeito de reconhecimento como terra indígena, a data da promulgação da Constituição, em 5 de outubro de 1988. De tal premissa decorre a conclusão de que não se pode reconhecer a tradicionalidade da posse nativa onde, ao tempo da promulgação da Lei Maior de 1988, a reocupação não ocorreu, ainda que por efeito de renitente esbulho por parte de não índios.

(D) Conforme entendimento do Supremo Tribunal Federal, há compatibilidade entre o usufruto de terras indígenas e faixa de fronteira, visto que a permanente alocação indígena nesses estratégicos espaços em muito facilita e até obriga que as instituições de Estado se façam também presentes.

A: correta, pois o reconhecimento do direito dos índios e grupos tribais à posse permanente das terras por eles habitadas independe de sua demarcação (art. 231, da CF e art. 25, da Lei 6.001/1973); **B:** correta (art. 231, § 4º e 6º, da CF/88); **C:** incorreta, pois o STF realmente acolheu a teoria do indigenato e fixou como marco temporal para as ocupações indígenas, a data da promulgação do permissivo constitucional (05/10/1988).Contudo, a segunda parte da assertiva não é verdadeira, pois o STF cravou ressalvas à teoria do indigenato, assentando que, ao se tratar da tradicionalidade da ocupação, não se tem a ocupação como perdida quando, à época da promulgação da Carta Maior, a reocupação não ocorreu por atos de expropriação territorial praticados por não índios (STF, Pet 3388, Rel. Min. Carlos Britto, Tribunal Pleno, j. 19.03.2009, *DJe* 24.09.2009.Publ. 25.09.2009 Republ.*DJe* 30.06.2010. Publ. 01.07.2010); **D:** correta. "Há compatibilidade entre o usufruto de

terras indígenas e faixa de fronteira. Longe de se pôr como um ponto de fragilidade estrutural das faixas de fronteira, a permanente alocação indígena nesses estratégicos espaços em muito facilita e até obriga que as instituições de Estado (Forças Armadas e Polícia Federal, principalmente) se façam também presentes com seus postos de vigilância, equipamentos, batalhões, companhias e agentes" (STF, Pet 3388, Rel. Min. Carlos Britto, Tribunal Pleno, j. 19.03.2009, *DJe* 24.09.2009. Publ. 25.09.2009 Republ.: *DJe* 30.06.2010. Publ. 01.07.2010). **FM/FCP**

Gabarito "C".

(Juiz–TRF 3ª Região – 2016) Dadas as assertivas abaixo, assinale a alternativa correta.

Acerca do Conselho de Gestão do Patrimônio Genético – CGen, órgão colegiado criado no âmbito do Ministério do Meio Ambiente, de caráter deliberativo, normativo, consultivo e recursal, responsável por coordenar a elaboração e a implementação de políticas para a gestão do acesso ao patrimônio genético e ao conhecimento tradicional associado e da repartição de benefícios, formado por representação de órgãos e entidades da administração pública federal que detêm competência sobre as diversas ações de que trata a Lei nº 13.123/2015, com participação máxima de 60% (sessenta por cento) e a representação da sociedade civil em no mínimo 40% (quarenta por cento) dos membros, é possível afirmar que:

I. No que toca à representação da sociedade civil, deve ser garantida a paridade entre o setor empresarial, o setor acadêmico e as populações indígenas, comunidades tradicionais e agricultores radicionais.

II. Compete ao CGen estabelecer normas técnicas, diretrizes e critérios para elaboração e cumprimento do acordo de repartição de benefícios e critérios para a criação de banco de dados para o registro de informação sobre patrimônio genético e conhecimento tradicional associado.

III. Compete ao CGen criar e manter base de dados relativos às coleções ex situ, entendidas como aquelas que são mantidas fora das sedes administrativas do CGen, das instituições credenciadas que contenham amostras de patrimônio genético.

Estão corretas as assertivas:

(A) I e II.

(B) I, II e III.

(C) I e III.

(D) II e III.

I: correta (art. 6º, I a III, da Lei 13.123/2015); II: correta (art. 6º, § 1º, I, da Lei 13.123/2015); III: incorreta, pois coleções *ex situ* nos termos do art. 2º, XXVII, da Lei 13.123/2015, são: "condições em que o patrimônio genético é mantido fora de seu habitat natural", e não das sedes administrativas do CGen, conforme descrito na assertiva.**FM/FCP**

Gabarito "A".

(Juiz–TRF 3ª Região – 2016) Dadas as assertivas abaixo, assinale a alternativacorreta.

I. O princípio da prevenção está intimamente relacionado ao brocardo jurídico "in dubio contra projectum" e, segundo jurisprudência das Cortes Superiores, impõe o reconhecimento da inversão do ônus daprova.

II. A respeito das sanções penais e administrativas derivadas de condutas e atividades lesivas ao meio ambiente, é possível afirmar que configuram circunstâncias

20. DIREITO AMBIENTAL

atenuantes o baixo grau de instrução ou escolaridade do agente, o arrependimento do infrator, manifestado pela espontânea reparação do dano, ou limitação significativa da degradação ambiental causada, a comunicação prévia pelo agente do perigo iminente de degradação ambiental, a ausência de intuito de obtenção de vantagem pecuniária e a colaboração com os agentes encarregados da vigilância e do controleambiental.

III. Tratando-se de direito difuso, a reparação civil de danos ambientais assume grande amplitude, com profundas implicações na espécie de responsabilidade do degradador, que é objetiva e fundada no simples risco ou no simples fato da atividade danosa, independentemente da culpa do agente causador dodano.

Estão corretas as assertivas:

(A) I eII.

(B) I, II eIII.

(C) II eIII.

(D) III.

I: incorreta, pois o princípio a que se refere a assertiva é o da precaução e não o da prevenção; **II:** incorreta, pois as atenuantes das sanções penais vêm disciplinadas no art. 14, da Lei 9.605/1998, e dentre elas não há a ausência de intuito de obtenção de vantagem pecuniária, que trata-se na verdade de circunstância que agrava a pena (art. 15, II, *a*, da Lei 9.605/1998), já no que diz respeito às sanções administrativas, o agente autuante, ao lavrar o auto de infração, deverá observar as seguintes circunstâncias ao indicar as sanções: gravidade dos fatos, tendo em vista os motivos da infração e suas consequências para a saúde pública e para o meio ambiente; antecedentes do infrator, quanto ao cumprimento da legislação de interesse ambiental; e, situação econômica do infrator (art. 4º, do Decreto 6.514/2008); **III:** correta, pois a responsabilidade por danos ambientais é objetiva, sob a modalidade do risco integral, não admitindo excludentes de indenização (REsp 1373788 SP 2013/0070847-2, Rel. Min. Paulo de Tarso Sanseverino, j. 06.05.2014, *DJe* 20.05.2014). **FM/FCP**

Gabarito "D".

(Procurador de Justiça – MPE/GO – 2016) Assinale a alternativa incorreta:

(A) a Lei da Política Nacional dos Resíduos Sólidos (Lei 12.305/2010) estabeleceu uma série de obrigações aos envolvidos na cadeia produtiva – o poder público, o setor empresarial e a coletividade, impondo, inclusive, uma responsabilidade compartilhada pelo ciclo de vida dos produtos, a abranger os fabricantes, importadores, distribuidores e comerciantes.

(B) Na ação civil pública ambiental, o reconhecimento da inconstitucionalidade de lei ou ato normativo poderá ser invocado como causa de pedir, operando-se o controle difuso/*incidenter tantum* de constitucionalidade pelo juiz de direito.

(C) A ação civil pública para defesa do patrimônio cultural pode ter por objeto evitar o dano, repará-lo ou buscar a indenização pelo dano causado, sendo viável a pretensão de condenação em dinheiro, do cumprimento de obrigação de fazer ou não fazer, bem como a declaração de situação jurídica.

(D) O direito fundamental ao meio ambiente equilibrado insere-se dentre os direitos indisponíveis e, embora não se admita direito adquirido à devastação, a pre-

tensão de reparação do dano ambiental prescreve em dez anos, a contar da data do fato ou ato danoso.

A: correta. A assertiva está em conformidade com o art. 30 da Lei 12.305/2010, que instituiu a Política Nacional dos Resíduos Sólidos. **B:** correta. Conforme o STJ no REsp 930016 DF: "É possível a declaração incidental de inconstitucionalidade, na ação civil pública, de quaisquer leis ou atos normativos do Poder Público, desde que a controvérsia constitucional não figure como pedido, mas sim como causa de pedir, fundamento ou simples questão prejudicial, indispensável à resolução do litígio principal, em torno da tutela do interesse público". **C:** correta. A assertiva está em conformidade com o art. 3º, da Lei 7.347/1985. Conforme cartilha do Ministério Público de Minas Gerais: "A ação civil pública, regulamentada pela Lei 7.347/1985, poderá ter por objeto evitar o dano ao patrimônio (ex: evitar a expedição de alvará para demolição de um casarão histórico), repará-lo (ex: restaurar uma igreja colonial em estado de abandono) ou buscar a indenização pelo dano causado, sendo viável a pretensão de condenação em dinheiro (ex: quando não for possível tecnicamente a recuperação de um bem cultural mutilado), do cumprimento de obrigação de fazer (ex: efetuar reparos emergenciais em bem tombado) ou não fazer (ex: não instalar empreendimento minerador nas imediações de um sítio arqueológico), além da declaração de situação jurídica (ex: reconhecimento do valor cultural de determinado bem)". **D:** incorreta. A pretensão de reparação do dano ambiental é imprescritível. Consoante Fabiano Melo (Direito Ambiental, Editora Método, 2017, p. 381) esse é o entendimento do STJ, *in verbis*: "(...) 5. Tratando-se de direito difuso, a reparação civil assume grande amplitude, com profundas implicações na espécie de responsabilidade do degradador que é objetiva, fundada no simples risco ou no simples fato da atividade danosa, independentemente da culpa do agente causador do dano. 6. O direito ao pedido de reparação de danos ambientais, dentro da logicidade hermenêutica está protegido pelo manto da imprescritibilidade, por se tratar de direito inerente à vida, fundamental e essencial à afirmação dos povos, independentemente de não estar expresso em texto legal. 7. Em matéria de prescrição cumpre distinguir qual o bem jurídico tutelado: se eminentemente privado, seguem-se os prazos normais das ações indenizatórias; se o bem jurídico é indisponível, fundamental, antecedendo a todos os demais direitos, pois sem ele não há vida, nem saúde, nem trabalho, nem lazer, considera-se imprescritível o direito à reparação. 8. O dano ambiental inclui-se dentre os direitos indisponíveis e como tal está dentre os poucos acobertados pelo manto da imprescritibilidade a ação que visa reparar o dano ambiental" (REsp no 1.120.117/AC, *DJe* 15.08.2011). **FM/FCP**

Gabarito "D".

(Juiz de Direito/AM – 2016 – CESPE) Em ação popular ajuizada pretendendo-se a anulação de licença de instalação concedida a determinada empresa para construção de uma represa, foram requeridos, ainda, o desfazimento das obras iniciadas e o retorno da área à situação original. Na ação, apontou-se, entre outros danos, comprometimento de áreas utilizadas para reprodução de aves aquáticas. Na sua defesa, o ente público alegou ilegitimidade ativa, pois o autor era estrangeiro apenas residente no Brasil. Alegou também prescrição da pretensão de anular ato administrativo, pois a licença tinha sido concedida havia mais de seis anos. A empresa que obteve a licença, por sua vez, alegou ilegitimidade passiva e, no mérito, não ocorrência do dano alegado.

Com base nessa situação hipotética, assinale a opção correta.

(A) O objeto da ação relaciona-se à matéria tratada na Convenção de Ramsar.

(B) A defesa do ente público está correta ao alegar prescrição da pretensão de anular ato administrativo, por aplicação do prazo quinquenal para anular atos administrativos.

(C) Diante da incerteza científica, o juiz deverá inverter o ônus da prova e determinar que os réus arquem com os custos da perícia, aplicando o princípio do poluidor-pagador.

(D) A empresa é parte ilegítima, pois o objeto da ação popular é apenas a anulação de atos ilegais e lesivos ao patrimônio público.

(E) A defesa do ente público está correta ao alegar ilegitimidade ativa do estrangeiro, considerando-se o entendimento pacificado da doutrina.

A: correta. A situação enquadra-se na Convenção sobre Zonas Úmidas de Importância Internacional, mais conhecida como Convenção de Ramsar, aprovada na cidade iraniana do mesmo nome, em vigor desde 21 de dezembro de 1975 e incorporada pelo Brasil em 1996, pela promulgação do Decreto 1.905/1996. Segundo o site do Ministério do Meio Ambiente, "A Convenção é um tratado intergovernamental criado inicialmente no intuito de proteger os habitats aquáticos importantes para a conservação de aves migratórias, por isso foi denominada de "Convenção sobre Zonas Úmidas de Importância Internacional", especialmente como Habitat para Aves Aquáticas"; **B:** incorreta. A licença em matéria ambiental não está afeta à mesma dinâmica do direito administrativo. Com efeito, a licença ambiental está sujeita à retirada definitiva, inclusive por meio de anulação e cassação, a teor do art. 19 da Resolução CONAMA 237/1997. Além disso, é licença com prazo determinado. No caso, trata-se de licença de instalação que possui prazo máximo de seis anos e, como já se relacionou, poderá ser retirada nas hipóteses do art. 19 da Resolução CONAMA 237/1997. Ademais, no caso, não se trata de anulação de ato pela Administração Pública, mas ação popular ajuizada perante o Poder Judiciário. A título de complemento, é importante mencionar que eventual ação de reparação de danos ambientais é imprescritível, como já decidiu o STJ; **C:** incorreta. O princípio cabível nessa assertiva é o da precaução, e não o princípio do poluidor-pagador, como constou na assertiva. Isto é, a inversão do ônus da prova vincula-se ao princípio da precaução; **D:** incorreta. Segundo o art. 6º da Lei, a ação popular "será proposta contra as pessoas públicas ou privadas e as entidades referidas no art. 1º, contra as autoridades, funcionários ou administradores que houverem autorizado, aprovado, ratificado ou praticado o ato impugnado, ou que, por omissas, tiverem dado oportunidade à lesão, e contra os beneficiários diretos do mesmo". No caso, a empresa relacionada no caso hipotético é beneficiária e, portanto, poderá afigurar no polo passivo; **E:** incorreta. A doutrina defende um alargamento da legitimidade para o ajuizamento da ação popular, incluindo o estrangeiro residente no país. [RB]

Gabarito "A"

(Procurador do Estado/AM – 2016 – CESPE) No que diz respeito à PNRH, à proteção da vegetação nativa (Lei n.º 12.651/2012) e à gestão de florestas públicas (Lei n.º 11.284/2006), julgue os itens que se seguem.

(1) Situação hipotética: Determinada pessoa jurídica venceu processo licitatório de concessão florestal, com delegação do direito de praticar manejo florestal sustentável para exploração de certo produto em uma unidade de manejo. Assertiva: Nessa situação, à referida pessoa jurídica poderá ser outorgado o direito de comercialização de créditos decorrentes da emissão evitada de carbono em florestas naturais.

(2) Conforme os fundamentos da PNRH, a gestão de tais recursos deve sempre proporcionar o uso múltiplo das águas.

(3) A manutenção de área com cobertura vegetal nativa, a título de reserva legal, não é obrigatória para imóveis rurais desapropriados com a finalidade de exploração de potencial de energia hidráulica (geração de energia elétrica) e de ampliação de capacidade de rodovias.

1: errada. O fato de vencer o certame de concessão florestal não concede o direito de comercialização de créditos decorrentes da emissão evitada de carbono em florestas naturais, consoante vedação expressa no art. 16, § 1º, VI, da Lei 11.284/2006; **2:** correta. De fato, um dos fundamentos da Política Nacional de Recursos Hídricos é o uso múltiplo das águas, consoante o art. 1º, IV, da Lei 9.433/1997 (a gestão dos recursos hídricos deve sempre proporcionar o uso múltiplo das águas); **3:** correta. De fato, assim dispõe o § 7º do art. 12 do Código Florestal: "Não será exigido Reserva Legal relativa às áreas adquiridas ou desapropriadas por detentor de concessão, permissão ou autorização para exploração de potencial de energia hidráulica, nas quais funcionem empreendimentos de geração de energia elétrica, subestações ou sejam instaladas linhas de transmissão e de distribuição de energia elétrica". [RB]

Gabarito 1E, 2C, 3C

21. Direito da Criança e do Adolescente

Eduardo Dompieri e Roberta Densa

1. CONCEITOS BÁSICOS E PRINCÍPIOS

(Juiz de Direito/SP – 2021 – Vunesp) Entre os direitos fundamentais previstos no Estatuto da Criança e do Adolescente, assinale quais se relacionam mais diretamente à importância do papel do núcleo familiar na formação e criação dos filhos menores.

(A) Princípio da responsabilidade parental e da prevalência da família.

(B) Princípio da prevalência da família e princípio da obrigatoriedade da informação.

(C) Princípio da obrigatoriedade da informação e princípio da responsabilidade parental.

(D) Princípio do interesse superior da criança e do adolescente e princípio da intervenção mínima.

O ECA erigiu a convivência familiar ao patamar de direito fundamental. Isso porque considera que crianças e adolescentes, na condição de pessoas em formação, precisam de valores morais e éticos para atingir a fase adulta com uma formação sólida, com a personalidade bem estruturada. Nessa esteira, a Lei Nacional de Adoção (Lei 12.010/2009) estabelece que se deve buscar, em primeiro lugar e com absoluta prioridade, a manutenção da criança ou do adolescente na sua família natural. Diante da imperiosa necessidade de se retirar a pessoa em desenvolvimento de sua família natural, será encaminhada para sua família extensa; não sendo isso possível, para programa de acolhimento familiar ou institucional, ou, ainda, para as modalidades de família substituta (guarda ou tutela). Se, neste ínterim, a família natural não se reestruturar, aí sim, a criança ou adolescente poderá ser encaminhado para adoção – art. 19, *caput* e § 3º do ECA, cuja redação foi alterada pela Lei 13.257/2016. A adoção, portanto, deve ser vista, no atual contexto, como o último recurso, a última alternativa. Nisso consiste o princípio da prevalência da família, que traduz, como acima já ponderado, a importância da família na formação das crianças e adolescentes. O princípio da responsabilidade parental, por sua vez, refere-se aos poderes/deveres atribuídos aos pais em relação aos filhos, tendo como propósito proporcionar a estes bem-estar material e moral. **ED**
Gabarito "A".

(Promotor de Justiça/CE – 2020 – CESPE/CEBRASPE) De acordo com as disposições do Estatuto da Criança e do Adolescente, a garantia da prioridade absoluta compreende

(A) a corresponsabilidade da família, do Estado e da sociedade em assegurar a efetivação dos direitos fundamentais a crianças e adolescentes.

(B) a primazia de receber proteção e socorro em quaisquer circunstâncias.

(C) a efetivação de direitos especiais em razão da condição peculiar de pessoa em desenvolvimento.

(D) o alcance dos direitos a todas as crianças e adolescentes, sem qualquer distinção.

(E) a implementação de políticas públicas de forma descentralizada.

Conforme art. 4º do ECA, é dever da família, da comunidade, da sociedade em geral e do poder público assegurar, com absoluta prioridade, a efetivação dos direitos referentes à vida, à saúde, à alimentação, à educação, ao esporte, ao lazer, à profissionalização, à cultura, à dignidade, ao respeito, à liberdade e à convivência familiar e comunitária. Parágrafo único. A garantia de prioridade compreende: a) primazia de receber proteção e socorro em quaisquer circunstâncias; b) precedência de atendimento nos serviços públicos ou de relevância pública; c) preferência na formulação e na execução das políticas sociais públicas; d) destinação privilegiada de recursos públicos nas áreas relacionadas com a proteção à infância e à juventude. **RD**
Gabarito "B".

(Promotor de Justiça/PR – 2019 – MPE/PR) Entre as garantias de prioridade estabelecidas expressamente pelo Estatuto da Criança e do Adolescente (art. 4º, parágrafo único, da Lei n. 8.069/90), não há previsão de:

(A) Primazia de receber proteção e socorro em quaisquer circunstâncias.

(B) Precedência de atendimento nos serviços públicos ou de relevância pública.

(C) Destinação privilegiada de recursos públicos nas áreas relacionadas com a proteção à infância e à juventude.

(D) Viabilização prioritária de formas alternativas de participação, ocupação e convívio com as demais gerações.

(E) Preferência na formulação e na execução das políticas sociais públicas.

São garantias de prioridade elencadas pelo art. 4º do ECA: a) primazia de receber proteção e socorro em quaisquer circunstâncias; b) precedência de atendimento nos serviços públicos ou de relevância pública; c) preferência na formulação e na execução das políticas sociais públicas; d) destinação privilegiada de recursos públicos nas áreas relacionadas com a proteção à infância e à juventude. **RD**
Gabarito "D".

2. DIREITOS FUNDAMENTAIS

2.1. Direito à vida e à saúde

(Juiz de Direito – TJ/MS – 2020 – FCC) O acompanhamento domiciliar é previsto expressamente no Estatuto da Criança e do Adolescente

(A) para o atendimento das crianças na faixa etária da primeira infância com suspeita ou confirmação de violência de qualquer natureza, se necessário.

(B) nas hipóteses de desistência dos genitores da entrega de criança após o nascimento, pelo prazo de 180 dias.

(C) para crianças e adolescentes reintegrados à sua família natural ou extensa após a permanência em serviços de acolhimento institucional.

---

* **ED** Eduardo Dompieri
RD Roberta Densa

820 EDUARDO DOMPIERI E ROBERTA DENSA

(D) às gestantes que apresentem gravidez de alto risco à saúde e ao desenvolvimento do nascituro.

(E) às crianças detectadas com sinais de risco para o desenvolvimento biopsicossocial por meios dos protocolos padronizados de avaliação.

A: Correta. Conforme previsto no art. 13, § 2º, do Estatuto da Criança e do Adolescente, o acompanhamento domiciliar deverá ser concedido, se necessário, àquelas crianças da primeira infância com suspeita ou confirmação de violência de qualquer natureza, nos seguintes termos: "Os serviços de saúde em suas diferentes portas de entrada, os serviços de assistência social em seu componente especializado, o Centro de Referência Especializado de Assistência Social (Creas) e os demais órgãos do Sistema de Garantia de Direitos da Criança e do Adolescente deverão conferir máxima prioridade ao atendimento das crianças na faixa etária da primeira infância com suspeita ou confirmação de violência de qualquer natureza, formulando projeto terapêutico singular que inclua intervenção em rede e, se necessário, acompanhamento domiciliar". **B:** incorreta. Conforme o art. 19-A, § 8º, "Na hipótese de desistência pelos genitores – manifestada em audiência ou perante a equipe interprofissional – da entrega da criança após o nascimento, a criança será mantida com os genitores, e será determinado pela Justiça da Infância e da Juventude o **acompanhamento familiar** pelo prazo de 180 (cento e oitenta) dias" (grifo nosso). **C:** incorreta. Não há previsão de acompanhamento domiciliar ou familiar nessa hipótese. **D:** incorreta. Os direitos da gestante estão especificados no art. 8º do ECA, sem qualquer menção ao atendimento domiciliar. **E:** incorreta. Conforme art. 11, § 3º, do ECA, "os profissionais que atuam no cuidado diário ou frequente de crianças na primeira infância receberão formação específica e permanente para a detecção de sinais de risco para o desenvolvimento psíquico, bem como para o acompanhamento que se fizer necessário". **RD**

Gabarito "A".

(Juiz de Direito – TJ/RJ – 2019 – VUNESP) Quanto ao direito à saúde e à vida da criança e do adolescente, à luz dos artigos 7º e seguintes do Estatuto da Criança e do Adolescente, é correto afirmar que

(A) a assistência odontológica, com o fito de garantir a saúde bucal de crianças e adolescentes, representa medida de respeito à integridade física da pessoa em desenvolvimento, e, por isso, não se aplica à gestante, que será inserida em programa específico voltado à saúde da mulher.

(B) o descumprimento das obrigações impostas pelo artigo 10 do Estatuto da Criança e do Adolescente configura ilícito de natureza administrativa, nos termos do artigo 228 do mesmo diploma legal.

(C) as gestantes ou mães que manifestem interesse em entregar seus filhos à adoção serão obrigatoriamente encaminhadas à Justiça da Infância e da Juventude.

(D) a obrigação de manter registro das atividades desenvolvidas, através de prontuários individuais, terá seu prazo de dezoito anos reduzido ou dispensado, se as entidades hospitalares fornecerem declaração de nascimento vivo, em que constem necessariamente as intercorrências do parto e do desenvolvimento do neonato.

(E) o fornecimento gratuito de medicamentos, próteses e outros recursos necessários ao tratamento, habilitação ou reabilitação de crianças e adolescentes constitui obrigação do Poder Público e a reserva do possível afasta interferência judicial no desempenho de políticas públicas na área da saúde, em caso de descumprimento.

A: incorreta. A saúde integral da gestante está expressa no art. 8º do ECA, nos seguintes termos: "É assegurado a todas as mulheres o acesso aos programas e às políticas de saúde da mulher e de planejamento reprodutivo e, às gestantes, nutrição adequada, atenção humanizada à gravidez, ao parto e ao puerpério e atendimento pré-natal, perinatal e pós-natal integral no âmbito do Sistema Único de Saúde". **B:** incorreta. Na hipótese de descumprimento das obrigações dispostas no art. 10 do ECA, é cabível a aplicação das sanções penais previstas nos artigos 228 e 229 do mesmo diploma legal. **C:** correta. Na forma do art. 19-A do ECA, não há obrigatoriedade do encaminhamento: "A gestante ou mãe que manifeste interesse em entregar seu filho para adoção, antes ou logo após o nascimento, será encaminhada à Justiça da Infância e da Juventude". **D:** incorreta. A obrigação estabelecida no art. 10, I, é de manter registro das atividades desenvolvidas, através de prontuários individuais, pelo prazo de dezoito anos. Por outro lado, já é obrigação da casa de saúde o fornecimento da declaração de nascido vivo, com todas as intercorrências do parto (art. 10, IV, do ECA). **E:** incorreta. O direito ao cuidado integral à saúde da criança e do adolescente não pode ser afastado com o argumento da reserva do possível. Entende o STF: "a questão da *reserva do possível*: reconhecimento de sua inaplicabilidade, sempre que a invocação dessa cláusula puder comprometer o núcleo básico que qualifica o mínimo existencial (rtj 200/191-197)". Vide ARE 745745 AgR. Rel. Min. Celso de Mello. **RD**

Gabarito "C".

(Juiz de Direito – TJ/RS – 2018 – VUNESP) No que diz respeito aos dispositivos previstos no Estatuto da Criança e do Adolescente relativos ao período de gestação até o final da amamentação, assinale a alternativa correta.

(A) Em virtude dos efeitos do estado gestacional ou puerperal, é vedado à gestante ou à mãe que manifeste interesse em entregar seu filho para adoção, antes ou logo após o nascimento.

(B) A gestante ou mãe que manifeste interesse em entregar seu filho para adoção, antes ou logo após o nascimento, será encaminhada à Justiça da Infância e da Juventude, sendo que após a formalização do interesse manifestado em audiência ou perante a equipe interprofissional, é vedada a desistência da entrega da criança, pela mãe, após o nascimento.

(C) O poder público, as instituições e os empregadores propiciarão condições adequadas ao aleitamento materno, inclusive aos filhos de mães submetidas a medida privativa de liberdade, à exceção daquelas incluídas em regime disciplinar diferenciado.

(D) Os estabelecimentos de atendimento à saúde, à exceção das unidades neonatais e de terapia intensiva, deverão proporcionar condições para a permanência em tempo integral de um dos pais ou responsável, nos casos de internação de criança ou adolescente.

(E) A gestante e a parturiente têm direito a 1 (um) acompanhante de sua preferência durante o período do pré-natal, do trabalho de parto e do pós-parto imediato.

A: incorreta. O art. 19-A do ECA trata expressamente da possibilidade de a gestante ou a mãe manifestar seu interesse em entregar seu filho para a adoção, devendo, nesse caso, ser encaminhada à Justiça da Infância e Juventude; **B:** incorreta. Nos termos do art. 166, § 1º, o consentimento para a entrega da criança para adoção é feito por meio de pedido formulado diretamente em cartório, sendo **retratável** até a audiência que será designada para a verificação da concordância com a adoção. O mesmo artigo, em seu § 5º, garante aos pais o direito de exercer o **arrependimento** em até 10 (dez) dias contados da data de prolação da sentença de extinção do poder familiar; **C:** incorreta. Nos termos do art. 9º do ECA, "o poder público, as instituições e os empregadores

21. DIREITO DA CRIANÇA E DO ADOLESCENTE

821

propiciarão condições adequadas ao aleitamento materno, inclusive aos filhos de mães submetidas a medida privativa de liberdade", não podendo haver qualquer distinção em relação ao regime disciplinar em que a mãe esteja sujeita; **D:** incorreta. Os estabelecimentos de atendimento à saúde, inclusive as unidades neonatais, de terapia intensiva e de cuidados intermediários, deverão proporcionar condições para a permanência em tempo integral de um dos pais ou responsável, nos casos de internação de criança ou adolescente (art. 12 do ECA); **E:** correta. Nos exatos termos do art. 8º, § 6º. **RD**

Gabarito "E".

(Juiz de Direito – TJM/SP – VUNESP – 2016) Nos termos preconizados pela Lei 8.069, de 13 de julho de 1990, a criança e o adolescente têm direito à liberdade, ao respeito e à dignidade como pessoas humanas em processo de desenvolvimento e como sujeitos de direitos civis, humanos e sociais garantidos na Constituição e nas leis. E, ainda, estabelece que o direito ao respeito consiste

(A) em buscar refúgio, auxílio e orientação, bem como crença e culto religioso.

(B) na inviolabilidade da integridade física, psíquica e moral da criança e do adolescente.

(C) na participação da vida política, na forma da lei, como também da vida familiar e comunitária, sem discriminação.

(D) em ir, vir e estar nos logradouros públicos e espaços comunitários, ressalvadas as restrições legais.

(E) em ser criado e educado no seio de sua família e, excepcionalmente, em família substituta.

A: incorreta. O direito à liberdade compreende a busca de refúgio, auxílio e orientação (art. 16, VII do ECA). **B:** correta. O direito ao respeito consiste na inviolabilidade da integridade física, psíquica e moral da criança e do adolescente, abrangendo a preservação da imagem, da identidade, da autonomia, dos valores, ideias e crenças, dos espaços e objetos pessoais (art. 17 do ECA). **C:** incorreta. O direito à liberdade compreende a participação na vida política, na forma da lei, familiar e comunitária, sem discriminação (art. 16, V e VI, do ECA). **D:** incorreta. O direito à liberdade compreende ir, vir e estar nos logradouros públicos e espaços comunitários, ressalvadas as restrições legais (art. 16, I do ECA). **E:** incorreta. O direito a ser criado e educado no seio de sua família e, excepcionalmente em família substituta compreende o direito fundamental de convivência familiar e comunitária (art. 19 do ECA). **RD**

Gabarito "B".

(Promotor de Justiça – MPE/AM – FMP – 2015) Considere as seguintes alternativas:

I. O Estatuto da Criança e do Adolescente dispõe que o poder público, as instituições e os empregadores propiciarão condições adequadas ao aleitamento materno, sem mencionar expressamente a situação dos filhos de mães submetidas à privação de liberdade.

II. Ao poder público incumbe propiciar apoio alimentar à gestante e à nutriz exclusivamente no período em que a mulher estiver internada em hospital ou estabelecimento de saúde.

III. O poder público deve proporcionar à gestante e à mãe, no período pré e pós-natal, assistência psicológica como forma de prevenir ou minorar as consequências do estado puerperal.

IV. Os hospitais e estabelecimentos de saúde de gestante, públicos ou particulares, são obrigados a manter registro das atividades desenvolvidas, através de prontuários individuais, pelo prazo de cinco anos.

V. O Estatuto da Criança e do Adolescente, ao disciplinar o direito à vida e à saúde, não menciona a obrigatoriedade da vacinação das crianças.

Quais das assertivas acima estão corretas?

(A) Apenas a III e V.

(B) Apenas a II, III e V.

(C) Apenas a V.

(D) Apenas a III.

(E) Apenas a III, IV e V.

I: incorreta. O poder público, as instituições e os empregadores propiciarão condições adequadas ao aleitamento materno, inclusive aos filhos de mães submetidas a medida privativa de liberdade (art. 9º do ECA). **II:** incorreta. Na forma do art. 8º do ECA, "é assegurado a todas as mulheres o acesso aos programas e às políticas de saúde da mulher e de planejamento reprodutivo e, às gestantes, nutrição adequada, atenção humanizada à gravidez, ao parto e ao puerpério e atendimento pré-natal, perinatal e pós-natal integral no âmbito do Sistema Único de Saúde". **III:** correta. Nos exatos termos do art. 8º, § 4º, do ECA. **IV:** incorreta. O prazo para manutenção dos registros das atividades desenvolvidas, através do prontuário individual, é de 18 (dezoito) anos (art. 10, I, do ECA). **V:** incorreta. Nos termos do art. 14, §1º, é obrigatória a vacinação das crianças nos casos recomendados pelas autoridades sanitárias. **RD**

Gabarito "D".

(Defensor Público – DPE/ES – 2016 – FCC) Em março de 2016, o texto do Estatuto da Criança e do Adolescente sofreu modificações destinadas a incorporar ou reforçar regras voltadas à proteção da primeira infância, entre as quais podemos citar:

(A) Responsabilização criminal de pais ou responsável que, injustificadamente, deixem de promover vacinação de crianças sob sua guarda.

(B) Direito da parturiente, junto ao Sistema Único de Saúde, de contar com um acompanhante de sua preferência no pré-natal, e o pós-parto e dois acompanhantes durante o trabalho de parto.

(C) Isenção de multas, custas e emolumentos nos registros e certidões necessários à inclusão, a qualquer tempo, do nome do pai no assento de nascimento da criança.

(D) Possibilidade de destituição sumária do poder familiar em caso de abuso sexual praticado ou facilitado pelos genitores contra criança de até 6 anos de idade.

(E) Criação de serviços de acolhimento institucional especializados para a faixa etária da primeira infância, sem prejuízo da preservação de eventuais vínculos com irmãos maiores.

A: incorreta. O art. 14 do ECA já previa, em sua redação original, a obrigatoriedade de vacinação. Além disso, a ausência de vacinação pode trazer a possibilidade de aplicação das medidas em relação aos pais previstas no art. 129 ou a infração administrativa genérica do art. 249 do ECA. **B:** incorreta. O direito incluído pela Lei da Primeira Infância, previsto no art. 8º, § 6º, é de manter um 1 (um) acompanhante de sua preferência durante o período do pré-natal, do trabalho de parto e do pós-parto imediato. **C:** correta. Nos termos do art. 102, § 5º, do ECA. **D:** incorreta. A destituição do poder familiar somente pode ser feita pela autoridade judicial, através do devido processo legal (art. 155 e seguintes do ECA). **E:** incorreta. O vínculo com os irmãos deve ser mantido, nos termos do art. 28, § 4º, do ECA: "os grupos de irmãos serão colocados sob adoção, tutela ou guarda da mesma família substituta, ressalvada a comprovada existência de risco de abuso ou outra situação que justifique plenamente a excepcionalidade de solução diversa, procurando-se, em qualquer caso, evitar o rompimento definitivo dos vínculos fraternais". **RD**

Gabarito "C".

(Defensor Público – DPE/ES – 2016 – FCC) Na perspectiva de conceituar adequadamente as situações de violência contra a criança e o adolescente, o Estatuto da Criança e do Adolescente, definiu, expressamente

(A) negligência grave como a omissão reiterada, por quem detenha o dever de cuidado, capaz de produzir danos físicos e/ou psíquicos à criança ou adolescente.

(B) castigo físico como a ação de natureza disciplinar ou punitiva aplicada com o uso da força sobre a criança ou adolescente que resulte em sofrimento físico ou lesão.

(C) castigo moral como a ação ou omissão que, sem causar dano físico, tenha por objetivo submeter criança ou adolescente a vexame ou constrangimento.

(D) tratamento cruel ou degradante como toda conduta intencionalmente voltada à violação de um direito fundamental da criança que produza sofrimento ou comprometa seu desenvolvimento saudável.

(E) abuso infantil como toda prática, omissa ou comissiva, que, direta ou indiretamente, submeta a criança à sexualização precoce. Direito dos Idosos, das Pessoas com Deficiência e das Mulheres.

A: incorreta. O ECA não conceitua expressamente a negligência **B:** correta. Para os fins do art. 18-A, incisos I e II, *castigo físico* pode ser considerado toda ação de natureza disciplinar ou punitiva aplicada com o uso da força física sobre a criança ou o adolescente que resulte em sofrimento físico ou lesão. O tratamento cruel ou degradante: conduta ou forma cruel de tratamento em relação à criança ou ao adolescente que humilhe; http://www.planalto.gov.br/ccivil_03/_Ato2011-2014/2014/Lei/L13010.htm – art1ameace gravemente; ou ridiculariza. **C:** incorreta. O ECA não utiliza a expressão *castigo moral* mas sim a expressão *tratamento cruel ou degradante*. **D:** incorreta. Vide justificativa da alternativa "B". **E:** incorreta. O ECA não conceitua expressamente o abuso infantil. **RD**

Gabarito "B".

2.2. Direito à liberdade, ao respeito e à dignidade

(Juiz de Direito – TJ/AL – 2019 – FCC) Artur, com 8 anos, tem diagnóstico de Transtorno do Espectro Autista (TEA) e está matriculado no ensino fundamental em classe comum de ensino regular, no modelo de educação inclusiva. Insatisfeito com o atendimento que lhe é ofertado Artur, por seu representante legal, pode postular em face do poder público, comprovada a necessidade e porque expressamente previsto em lei federal e seu decreto regulamentador, que

(A) Artur seja atendido em escola especializada na educação de crianças com TEA ou, na sua ausência, em escola especial para pessoas com deficiência.

(B) a escola disponibilize para Artur acompanhante especializado no contexto escolar, apto a lhe oferecer apoio, entre outras, às atividades de comunicação e interação social.

(C) a classe comum onde Artur está matriculado não ultrapasse o limite máximo de vinte alunos.

(D) seja disponibilizado um professor auxiliar para ajudar o professor regente da classe comum de ensino regular onde Artur se encontra matriculado.

(E) a escola elabore e execute um plano individualizado de atendimento a Artur no contexto escolar que contemple simultaneamente suas demandas de natureza pedagógica e terapêutica.

São direitos da pessoa com transtorno do espectro autista, entre outros, o acesso à educação e ao ensino profissionalizante e, casos de comprovada necessidade, a pessoa com transtorno do espectro autista incluída nas classes comuns de ensino regular terá direito a acompanhante especializado (art. 3º, IV, parágrafo único, da Lei 12.764/2012). **RD**

Gabarito "B".

2.3. Direito à convivência familiar e comunitária

(Juiz de Direito/AP – 2022 – FGV) Jennifer dá à luz uma criança do sexo masculino e, após o parto, ela e o seu companheiro informam à assistente social do Hospital das Clínicas que desejam entregar a criança em adoção. Gisele, enfermeira, se oferece para adotar a criança e a leva para a sua casa, com a anuência de Jennifer, do genitor e da família extensa. O caso é noticiado pelo hospital ao Conselho Tutelar e ao Ministério Público, que propõe ação com pedido cautelar de busca e apreensão da criança. O magistrado indefere o pedido, entendendo que é cabível a adoção consensual nessa hipótese.

Considerando o disposto na Lei nº 8.069/1990 (ECA), a decisão está:

(A) correta, pois a entrega da criança a Gisele conta com a anuência dos pais e da família extensa, havendo previsão legal no ECA para a realização da adoção consensual nessa hipótese;

(B) incorreta, pois a criança não se encontra disponível para adoção, sendo necessária a propositura de ação de destituição familiar em face dos pais;

(C) correta, pois o consentimento dos pais afasta a necessidade de consulta de habilitados no Sistema Nacional de Adoção e Acolhimento (SNA);

(D) incorreta, pois a hipótese narrada não se enquadra nas exceções à adoção por pessoa não cadastrada previamente no Sistema Nacional de Adoção e Acolhimento (SNA);

(E) correta, pois o Sistema Nacional de Adoção e Acolhimento (SNA) é cadastro de habilitados à adoção, não havendo obrigatoriedade legal de observância da ordem cronológica para deferimento do pedido de adoção.

Por força do que dispõe o art. 13, § 1º, do ECA, ante a manifestação de interesse da gestante ou mãe no sentido de entregar o filho para adoção, deverá ela ser obrigatoriamente encaminhada, sem constrangimento, à Justiça da Infância e Juventude, onde serão adotadas as providências cabíveis (art. 19-A, ECA). As hipóteses de exceção à adoção por pessoa não cadastrada previamente no Sistema Nacional de Adoção e Acolhimentos estão elencadas no art. 50, § 13, do ECA, entre as quais não está a narrada no enunciado. Conferir: *Somente poderá ser deferida adoção em favor de candidato domiciliado no Brasil não cadastrado previamente nos termos desta Lei quando: I – se tratar de pedido de adoção unilateral; II – for formulada por parente com o qual a criança ou adolescente mantenha vínculos de afinidade e afetividade; III – oriundo o pedido de quem detém a tutela ou guarda legal de criança*

21. DIREITO DA CRIANÇA E DO ADOLESCENTE | 823

maior de 3 (três) anos ou adolescente, desde que o lapso de tempo de convivência comprove a fixação de laços de afinidade e afetividade, e não seja constatada a ocorrência de má-fé ou qualquer das situações previstas nos arts. 237 ou 238 desta Lei. ED

Gabarito "D".

(Juiz de Direito/SP – 2021 – Vunesp) A respeito do instituto da guarda, é correto afirmar que

(A) o detentor da guarda tem o direito de opor-se a terceiros, exceção feita aos pais da criança ou do adolescente.

(B) o deferimento da guarda da criança ou do adolescente a terceiros obsta, em qualquer circunstância, o direito de visita dos pais.

(C) o deferimento da guarda da criança ou do adolescente a terceiros faz cessar o dever alimentar por parte dos genitores.

(D) o detentor da guarda tem o direito de opor-se a terceiros, inclusive aos pais da criança e do adolescente.

A: incorreta, na medida em que, por expressa previsão do art. 33, *caput*, do ECA, a guarda confere ao seu detentor o direito de oposição a terceiros, *inclusive* aos pais; **B:** incorreta. Isso porque o deferimento da guarda da criança ou do adolescente a terceiros não obsta o direito de visita dos pais, salvo se o magistrado, em decisão expressa e fundamentada, decidir de outra forma (art. 33, § 4º, do ECA); **C:** incorreta, já que, segundo estabelece o art. 33, § 4º, do ECA, o deferimento da guarda da criança ou do adolescente a terceiros não elide o dever alimentar por parte dos genitores; **D:** correta, conforme comentário à alternativa "A". ED

Gabarito "D".

(Juiz de Direito/SP – 2021 – Vunesp) A respeito do instituto da adoção, é correto afirmar que

(A) a adoção pode ser feita por meio de procuração, quando os adotantes forem estrangeiros.

(B) será sempre precedida de estágio de convivência.

(C) o adotado só poderá ter acesso ao processo de adoção após completar 18 anos.

(D) os avós do adotando são impedidos de adotar.

A: incorreta. Por força do que dispõe o art. 39, § 2º, do ECA, é vedada a adoção por procuração, ainda que se trate de adotante estrangeiro; **B:** incorreta, na medida em que o estágio de convivência poderá ser dispensado na hipótese de o adotando já estar sob a guarda legal ou tutela do adotante durante tempo suficiente para se avaliar a conveniência da constituição do vínculo, conforme reza o art. 46, § 1º, do ECA. No que toca a este tema, valem algumas ponderações. A redação anterior do art. 46, "caput", do ECA estabelecia que o estágio de convivência teria o prazo que o juiz fixar, levando-se em conta as peculiaridades de cada caso. Pois bem, com o advento da Lei 13.509/2017, que promoveu diversas modificações no contexto da adoção com o propósito de agilizar o seu processo, adotou-se o prazo máximo de 90 dias. Ou seja, o juiz continua a estabelecer o prazo que entender mais conveniente em face das peculiaridades do caso (inclusive a idade da criança e do adolescente); mas, agora, o prazo fixado não pode ser superior a 90 dias. De ver-se que esse interregno, por força do que dispõe o art. 46, § 2º-A do ECA, pode ser prorrogado por até igual período, mediante decisão fundamentada do magistrado. No que concerne à *adoção internacional*, o legislador fixava, conforme redação anterior do dispositivo, tão somente um prazo mínimo (30 dias, conforme art. 46, § 3º, do ECA). Atualmente, dada a modificação operada pela Lei 13.509/2017, o prazo mínimo do estágio de convivência, na adoção internacional, continua a ser de 30 dias, mas o legislador fixou um prazo máximo, que corresponde a 45 dias, prorrogável por igual período, uma única

vez, mediante decisão fundamentada do juiz de direito; **C:** incorreta. O art. 48 do ECA, com a redação que lhe deu a Lei 12.010/2009, passa a conferir ao adotado, após completar 18 anos, o direito de conhecer sua origem biológica, bem como o de obter acesso irrestrito ao processo no qual a medida foi aplicada e seus eventuais incidentes. Agora, se ainda não atingiu os 18 anos, o acesso ao processo de adoção poderá, ainda assim, ser deferido ao adotado, a seu pedido, desde que lhe sejam asseguradas orientação e assistência jurídica e psicológica; **D:** correta. São impedidos de adotar os ascendentes e os irmãos do adotando (art. 42, § 1º, do ECA). Tios, portanto, podem adotar; avós, no entanto, em princípio, não podem. Cuidado: a 4ª Turma do STJ, alinhando-se à 3ª Turma desta Corte de Justiça, decidiu, por unanimidade, que, a despeito da vedação contida no art. 42, § 1º, do ECA, a adoção por avós é possível quando for justificada pelo melhor interesse do menor (REsp 1.587.477). ED

Gabarito "D".

(Juiz de Direito/GO – 2021 – FCC) A habilitação de pretendentes à adoção, segundo regra do Estatuto da Criança e do Adolescente,

(A) resulta na inclusão dos habilitados em cadastros gerenciados por técnicos responsáveis pela política municipal de garantia do direito à convivência familiar.

(B) inicia-se com a fase de inclusão no cadastro, seguida da etapa de aproximação e preparação para o estágio de convivência.

(C) faz-se por meio de processo judicial que deverá ser concluído no prazo máximo de 120 dias, prorrogável por igual período.

(D) deverá ser renovada, mediante avaliação por equipe interprofissional, no mínimo bienalmente ou sempre que houver recusa de criança indicada.

(E) é dispensada em relação ao pretendente localizado por meio de busca ativa para adoção de adolescentes ou crianças maiores.

A: incorreta, pois contraria o disposto no art. 50, § 9º, do ECA, que estabelece que *compete à Autoridade Central Estadual zelar pela manutenção e correta alimentação dos cadastros, com posterior comunicação à Autoridade Central Federal brasileira*; **B:** incorreta, tendo em vista o que estabelece o art. 197-A do ECA; **C:** correta, pois em conformidade com o que estabelece o art. 197-F do ECA, introduzido pela Lei 13.509/2017; **D:** incorreta, em face do que dispõe o art. 197-E, § 2º, do ECA, cuja redação foi alterada pela Lei 13.509/2017; **E:** incorreta. Trata-se de previsão não contida em lei. ED

Gabarito "C".

(Juiz de Direito/GO – 2021 – FCC) Célia deu à luz Pedro em estabelecimento de atenção à saúde da gestante, de modo que, segundo dispõe expressamente o Estatuto da Criança e do Adolescente,

(A) devem ser aplicados protocolos para rastreamento e diagnóstico de eventual depressão pós-parto em Célia, e, em caso de confirmação, com notificação compulsória à rede de proteção à criança do território da família.

(B) cometerá crime, ainda que de forma culposa, o dirigente do estabelecimento se deixar de fornecer a Célia, por ocasião da alta médica, declaração de nascimento onde constem as intercorrências do parto e do desenvolvimento de Pedro.

(C) na ausência de pais ou responsável legal, caso Célia seja adolescente, a liberação da alta hospitalar na

824 EDUARDO DOMPIERI E ROBERTA DENSA

companhia de Pedro está condicionada a prévia autorização judicial ou do Conselho Tutelar.

(D) incidirão em infração administrativa o enfermeiro ou dirigente de estabelecimento caso deixem de identificar corretamente Pedro por ocasião do parto mediante o registro de sua impressão plantar.

(E) se Célia manifestar interesse em entregar Pedro para adoção, deve o estabelecimento, ouvido o pai indicado, comunicar o fato, imediatamente, ao Ministério Público e aguardar determinação quanto ao destino da criança.

A: incorreta. Trata-se de previsão não contemplada no ECA; **B:** correta, uma vez que configura o crime capitulado no art. 228 do ECA: *Deixar o encarregado de serviço ou o dirigente de estabelecimento de atenção à saúde de gestante de manter registro das atividades desenvolvidas, na forma e prazo referidos no art. 10 desta Lei, bem como de fornecer à parturiente ou a seu responsável, por ocasião da alta médica, declaração de nascimento, onde constem as intercorrências do parto e do desenvolvimento do neonato*; **C:** incorreta: exigência não contida no ECA; **D:** incorreta, na medida em que a conduta descrita corresponde ao crime do art. 229 do ECA. Não se trata, pois, de infração administrativa; **E:** incorreta, uma vez que não reflete o disposto no art. 13, § 1º, do ECA, segundo o qual *as gestantes ou mães que manifestem interesse em entregar seus filhos para adoção serão obrigatoriamente encaminhadas, sem constrangimento, à Justiça da Infância e da Juventude.* ☐
Gabarito "B".

(Juiz de Direito – TJ/MS – 2020 – FCC) Maria, não desejando ficar com seu filho João, que não tem pai registral, entrega-o a um casal de amigos, Marta e Vicente, os quais desejam adotá-lo. Segundo previsão expressa de lei,

(A) Maria, Marta e Vicente, estando de acordo, poderão requerer ao Cartório de Registro Civil o reconhecimento de Marta e Vicente como pais socioafetivos de João, com prejuízo da filiação registral originária.

(B) Marta e Vicente não poderão adotar João, exceto se já tiverem sido previamente habilitados a adotar e incluídos no cadastro de adoção.

(C) Maria pode perder, por decisão judicial, o poder familiar sobre o filho por tê-lo entregue de forma irregular a terceiros para fins de adoção.

(D) Marta e Vicente, ainda que não habilitados, têm prioridade para a adoção da criança porque foram indicados pela própria genitora de João como adotantes de sua preferência.

(E) sendo do interesse de João, sua adoção pode ser concedida a Marta e Vicente, os quais sujeitam-se, em tese, às penas do crime de burla de cadastro adotivo.

A: incorreta. A adoção à brasileira é expressamente proibida no direito brasileiro, conforme art. 242 do Código Penal: "'Dar parto alheio como próprio; registrar como seu o filho de outrem; ocultar recém-nascido ou substituí-lo, suprimindo ou alterando direito inerente ao estado civil". **B:** incorreta. Mesmo que Marta e João estivessem habilitados e na fila de adoção, não seria possível adotar João, posto que o Cadastro Nacional de Adoção (fila de adoção), estabelecido no art. 50 do ECA, deve ser sempre observado. Assim, João deveria ser entregue ao primeiro que aguarda na fila de cadastro. **C:** correta. De acordo com o art. 1.638, inciso V, do Código Civil, perderá por ato judicial o poder familiar o pai ou a mãe que entregar de forma irregular o filho a terceiros para fins de adoção. **D:** incorreta. Vide justificativas das alternativas "a" e "b". **E:** incorreta. A decisão sobre a pessoa a ser escolhida para receber a criança ou adolescente em adoção é da autoridade judicial, sempre observando os critérios legais. A criança e o adolescente podem ser

ouvidos quanto à medida e o adolescente deve consentir com a colocação em família substituta, mas não são os infantes quem escolhem. Ademais, incorreriam Marta e Vicente no já mencionado crime do art. 242 do Código Penal. ☐
Gabarito "C".

(Juiz de Direito – TJ/SC – 2019 – CESPE/CEBRASPE) A respeito de aspectos processuais da justiça da infância e da juventude, assinale a opção correta à luz das disposições do ECA e do entendimento do STJ.

(A) O juiz, caso entenda indispensável estudo psicossocial para a formação de sua convicção, poderá determinar a intervenção de equipe interprofissional no procedimento de habilitação de pretendentes à adoção.

(B) Decretar liminarmente o afastamento provisório de dirigente de entidade de atendimento de infantes sem a oitiva prévia é vedado ao juiz.

(C) Durante o curso da ação de destituição de poder familiar, é possível a modificação da competência em razão da alteração do domicílio dos menores, o que relativiza a regra da *perpetuatio jurisdictionis*, que impõe a estabilização da competência.

(D) No procedimento para aplicação de medida socioeducativa, havendo a confissão do adolescente, o juiz poderá homologar a desistência de produção de demais provas requeridas pelo MP ou pela defesa técnica.

(E) No caso de procedimentos previstos no ECA, o MP detém a prerrogativa processual de contagem em dobro dos prazos recursais.

A: incorreta. Nos termos do art. 197-C, *caput*, do ECA, a intervenção de equipe interdisciplinar é mandatória: "*Intervirá no feito, obrigatoriamente, equipe interprofissional a serviço da Justiça da Infância e da Juventude, que deverá elaborar estudo psicossocial, que conterá subsídios que permitam aferir a capacidade e o preparo dos postulantes para o exercício de uma paternidade ou maternidade responsável, à luz dos requisitos e princípios desta Lei*". **B:** incorreta. Nos termos do art. 191, parágrafo único, do ECA, "*Havendo motivo grave, poderá a autoridade judiciária, ouvido o Ministério Público, decretar liminarmente o afastamento provisório do dirigente da entidade, mediante decisão fundamentada*". **C:** correta. Conforme a Súmula 383, do STJ, "A competência para processar e julgar as ações conexas de interesse de menor é, em princípio, do foro do domicílio do detentor de sua guarda". A regra favorece a aplicação da proteção integral do menor que também justifica a relativização da regra da *perpetuatio jurisdictionis*. Sobre o assunto veja: STJ. CC 147.057/SP, rel. Min. Moura Ribeiro, j. 07.12.2016. **D:** incorreta. A desistência de outras provas diante da confissão do adolescente é considerada nula (Súmula 342 do STJ). **E:** incorreta. Os prazos estabelecidos no ECA são contados em dias corridos, excluído o dia do começo e incluído o do vencimento, sendo vedado o prazo em dobro para a Fazenda Pública e para o Ministério Público (art. 152, § 2º, do ECA). ☐
Gabarito "C".

(Juiz de Direito – TJ/BA – 2019 – CESPE/CEBRASPE) A respeito da colocação de criança ou adolescente em família substituta, procedimento previsto no ECA, assinale a opção correta.

(A) Para decidir sobre a concessão de guarda provisória ou sobre o estágio de convivência, a autoridade judiciária deverá determinar a realização de estudo social ou, se possível, de perícia por equipe interprofissional.

21. DIREITO DA CRIANÇA E DO ADOLESCENTE   825

(B) Nas hipóteses em que a perda ou a suspensão do poder familiar constituir pressuposto lógico da medida principal de colocação em família substituta, o interessado será cientificado do processo, porém não poderá apresentar defesa, devendo ajuizar demanda específica e adequada para buscar a sua pretensão.

(C) Na hipótese de os pais concordarem com o pedido de colocação da criança em família substituta, será dispensada a assistência por advogado ou defensor público nos procedimentos judiciais, desde que o aceite seja registrado em cartório.

(D) O consentimento dos titulares do poder familiar para a colocação da criança em família substituta é retratável até a data de publicação da sentença constitutiva da adoção.

(E) Em situações excepcionais nas quais se verifiquem reais benefícios à criança, é possível que o consentimento dos pais biológicos quanto à colocação da criança em família substituta seja dado antes do nascimento do infante.

A: correta. Dentre as regras sobre o procedimento para colocação em família substituta, reza o art. 167 do ECA: "a autoridade judiciária, de ofício ou a requerimento das partes ou do Ministério Público, determinará a realização de estudo social ou, se possível, perícia por equipe interprofissional, decidindo sobre a concessão de guarda provisória, bem como, no caso de adoção, sobre o estágio de convivência". **B:** incorreta. O procedimento para perda ou suspensão do poder familiar sempre obedecerá ao contraditório e ampla defesa. Nos termos do art. 158 do ECA, "o requerido será citado para, no prazo de dez dias, oferecer resposta escrita, indicando as provas a serem produzidas e oferecendo desde logo o rol de testemunhas e documentos". **C:** incorreta. Na hipótese de concordância dos pais, o juiz deverá, na presença do Ministério Público, ouvir as partes, devidamente assistida por advogado ou defensor público, para verificar sua concordância com a adoção (art. 166, § 1º, I, do ECA). **D:** incorreta. Nos termos do art. 166, § 5º, o consentimento dos titulares do poder familiar para colocação da criança em família substituta pode ocorrer até a data da realização da audiência que tem por finalidade colher a oitiva dos pais. Após a audiência, os pais podem exercer o arrependimento no prazo de 10 (dez) dias, contado da data de prolação da sentença de extinção do poder familiar. **E:** incorreta. Ainda que haja consentimento dos pais para entrega da criança (art. 166, § 1º, do ECA), este somente pode se dar após o nascimento (art. 19-A, § 5º, do ECA). ⬛ED
Gabarito "A"

(Juiz de Direito – TJ/BA – 2019 – CESPE/CEBRASPE) Com referência a adoção, guarda, medidas pertinentes aos pais ou responsáveis e direitos fundamentais da criança e do adolescente, julgue os itens a seguir.

I. A princípio, para a constatação da adoção à brasileira, o estudo psicossocial da criança, do pai registral e da mãe biológica não se mostra imprescindível.

II. A omissão na lei previdenciária impede que os infantes recebam pensão por morte do guardião, uma vez que, pelo critério da especialidade, não basta a norma prevista no ECA que declara a condição de dependente de crianças e adolescentes, porque ela se afigura como meramente programática.

III. O descumprimento da obrigação de prestação material do pai que dispõe de recursos ao filho gera a responsabilização do genitor e o seu dever de pagamento de indenização por danos morais.

IV. Diante da efetiva comprovação de hipossuficiência financeira do genitor, o juiz deverá deixar de aplicar

multa por descumprimento dos deveres inerentes ao poder familiar, tendo em vista o seu caráter exclusivamente preventivo e pedagógico.

Estão certos apenas os itens

(A) I e III.

(B) I e IV.

(C) II e IV.

(D) I, II e III.

(E) II, III e IV.

I: correta. A adoção à brasileira é proibida pelo ordenamento jurídico brasileiro e se configura quando alguém declara como seu filho de outrem (art. 242 do Código Penal). Para a configuração da adoção à brasileira e consequente perda do poder familiar não se faz necessário estudo psicossocial da criança, bastando a comprovação biológica da paternidade. Nesse sentido, em caso que julgou ação de destituição de poder familiar em razão de indícios da prática de adoção à brasileira, já julgou o STJ: (...) Para constatação da "adoção à brasileira", em princípio, o estudo psicossocial da criança, do pai registral e da mãe biológica não se mostra imprescindível. Contudo, como o reconhecimento de sua ocorrência ("adoção à brasileira") foi fator preponderante para a destituição do poder familiar, à época em que a entrega de forma irregular do filho para fins de adoção não era hipótese legal de destituição do poder familiar, a realização da perícia se mostra imprescindível para aferição da presença de causa para a excepcional medida de destituição e para constatação de existência de uma situação de risco para a infante, caracterizando cerceamento de defesa o seu indeferimento na origem". (REsp 1674207/PR, Rel. Min. Moura Ribeiro, 3ª turma, DJe 24/04/2018); **II:** incorreta. Em sede de IRDR, o STJ fixou a seguinte tese: "o menor sob guarda tem direito à concessão do benefício de pensão por morte do seu mantenedor, comprovada sua dependência econômica, nos termos do art. 33, § 3º, do Estatuto da Criança e do Adolescente, (...) Funda-se essa conclusão na qualidade de lei especial do Estatuto da Criança e do Adolescente (8.069/90), frente à legislação previdenciária". (Tema 732/STJ); **III:** correta. Nesse sentido, já entendeu o STJ: "**1.** O descumprimento da obrigação pelo pai, que, apesar de dispor de recursos, deixa de prestar assistência material ao filho, não proporcionando a este condições dignas de sobrevivência e causando danos à sua integridade física, moral, intelectual e psicológica, configura ilícito civil, nos termos do art. 186 do Código Civil de 2002. **2.** Estabelecida a correlação entre a omissão voluntária e injustificada do pai quanto ao amparo material e os danos morais ao filho dali decorrentes, é possível a condenação ao pagamento de reparação por danos morais, com fulcro também no princípio constitucional da dignidade da pessoa humana. (REsp 1087561/RS, Rel. Min. Raul Araújo, 4ª Turma, DJe 18/08/2017); **IV:** incorreta. A sanção pecuniária pelo descumprimento dos deveres relativos ao exercício do poder familiar (art. 129 do ECA) está expressamente prevista no art. 249 do ECA. Sobre o tema, já decidiu o STJ que "a hipossuficiência financeira ou a vulnerabilidade familiar não é suficiente para afastar a multa pecuniária prevista no art. 249 do ECA". (REsp 1.658.508-RJ, Rel. Min. Nancy Andrighi, DJe 26/10/2018). ⬛ED
Gabarito "A"

(Juiz de Direito – TJ/RJ – 2019 – VUNESP) Quanto às diretrizes sobre a guarda, forma de colocação em família substituta, de acordo com os artigos 28 e seguintes do Estatuto da Criança e do Adolescente (Lei 8.069, de 13 de julho de 1990), é correto afirmar que

(A) a inclusão de crianças e adolescentes em programas de acolhimento, como forma de guarda, tem caráter temporário e excepcional, mas não prefere o acolhimento institucional.

(B) a guarda poderá ser revogada a qualquer tempo, mediante ato judicial fundamentado, ouvido o Ministério Público, porque destinada à regularização da posse de fato.

(C) a guarda obriga a prestação de assistência material, moral e educacional à criança ou adolescente, conferindo aos seus pais o direito de opor-se aos seus detentores e terceiros.

(D) a guarda confere à criança ou adolescente a condição de segurado, dos quais seus detentores poderão ser dependentes, se houver requerimento de benefício previdenciário, com expresso consentimento de seus pais.

(E) o maior de doze anos deverá comparecer, obrigatoriamente, em audiência judicial, mas por não se tratar de adoção, seu consentimento à guarda será avaliado de acordo com o laudo técnico apresentado pela equipe técnica judicial e as provas reunidas em instrução.

A: Incorreta. Nos termos do parágrafo único do art. 34 do ECA, "A inclusão da criança ou adolescente em programas de acolhimento familiar terá preferência a seu acolhimento institucional, observado, em qualquer caso, o caráter temporário e excepcional da medida". **B:** Correta. A guarda destina-se à regularização da posse de fato da criança ou adolescente (art. 33, § 1º, do ECA) e pode ser alterada a qualquer tempo, sendo ouvido o Ministério Público previamente (art. 35 do ECA). **C:** Incorreta. A guarda obriga a prestação de assistência material, moral e educacional à criança ou adolescente, conferindo a seu detentor o direito de opor-se a terceiros, inclusive aos pais (art. 33, *caput*, do ECA). **D:** Incorreta. A guarda confere à criança ou adolescente a condição de dependente, para todos os fins e efeitos de direito, inclusive previdenciários (art. 33, § 3º, do ECA). **E:** Incorreta. Na colocação de família substituta, a criança e o adolescente serão ouvidos por equipe interprofissional e terão a sua opinião devidamente considerada. No entanto, em relação ao adolescente, será necessário o seu consentimento colhido em audiência (art. 28, §§ 1º e 2º do ECA). RD
Gabarito "B".

(Promotor de Justiça/PR – 2019 – MPE/PR) Nos termos do Estatuto da Criança e do Adolescente (Lei n. 8.069/90), assinale a alternativa correta:

(A) A autoridade judiciária manterá, em cada comarca ou foro regional, um registro de crianças e adolescentes em condições de serem adotados e outro de pessoas interessadas na adoção.

(B) O vínculo da adoção constitui-se por inscrição no registro civil.

(C) A desistência do pretendente em relação à guarda para fins de adoção ou a devolução da criança ou do adolescente depois do trânsito em julgado da sentença de adoção importará na sua exclusão dos cadastros de adoção e na vedação de renovação da habilitação, de forma irreversível.

(D) A adoção deve ser deferida quando representar vantagens para o adotando, sendo despiciendo aquilatar-se a existência de motivos legítimos.

(E) Em observância ao princípio da proteção integral, a preferência das pessoas cronologicamente cadastradas para adotar determinada criança é absoluta.

A: Correta. Trata-se do cadastro nacional de adoção, conforme art. 50 do ECA. **B:** Incorreta. De acordo com o art. 47 do ECA, o vínculo da adoção constitui-se por sentença judicial, que será inscrita no registro civil mediante mandado do qual não se fornecerá certidão. **C:** Incorreta. Conforme art. 197- E, § 5º, "a desistência do pretendente em relação à guarda para fins de adoção ou a devolução da criança ou do adoles-

---

cente depois do trânsito em julgado da sentença de adoção importará na sua exclusão dos cadastros de adoção e na vedação de renovação da habilitação, salvo decisão judicial fundamentada, sem prejuízo das demais sanções previstas na legislação vigente". **D:** Incorreta. De acordo com o art. 43 do ECA "a adoção será deferida quando apresentar reais vantagens para o adotando e fundar-se em motivos legítimos". **E:** Incorreta. O art. 50, § 12, do ECA termina ao MP a função de fiscalização relativa à alimentação do cadastro e a convocação criteriosa dos postulantes à adoção serão fiscalizadas pelo Ministério Público. Convocação criteriosa não se deve entender como absoluta, devendo, em função do princípio do melhor interesse e da proteção integral, entregar a criança para adoção ao candidato que melhor se adapta ao perfil do adotado. Ademais, o art. 50, § 15, assegura a "prioridade no cadastro a pessoas interessadas em adotar criança ou adolescente com deficiência, com doença crônica ou com necessidades específicas de saúde, além de grupo de irmãos". Vale notar que a respeito do tema, o STJ, já entendeu que a observância do cadastro de adotantes, vale dizer, a preferência das pessoas cronologicamente cadastradas para adotar determinada criança não é absoluta (vide REsp. 1172067, Rel. Min. Massami Uyeda, 18/03/2010). RD
Gabarito "A".

(Promotor de Justiça/SP – 2019 – MPE/SP) Assinale a alternativa correta.

(A) A simples guarda de fato não autoriza, por si só, a dispensa da realização do estágio de convivência, que será de 45 dias, excepcionalmente prorrogado por igual período.

(B) A condenação criminal de pai ou mãe, por si só, não implicará em destituição do poder familiar, senão por qualquer crime doloso.

(C) O cadastro de adotantes não admite exceções de prioridade, senão para adoções de irmãos.

(D) A adolescente em acolhimento institucional terá garantida a convivência integral com seu filho, inclusive com acompanhamento multidisciplinar.

(E) A família extensa ou ampliada vai além da unidade formada pelos pais e seus filhos, podendo incluir parentes próximos sem vínculo de afinidade.

A: Incorreta. De acordo com o art. 46 do ECA, a adoção deve ser precedida de estágio de convivência com a criança ou adolescente pelo prazo máximo de 90 dias, podendo ser prorrogado por até igual período, mediante decisão fundamentada da autoridade judiciária. Vale notar que o § 1º do mesmo dispositivo autoriza a dispensa do estágio de convivência, quando o adotando já está sob tutela ou guarda legal do adotante. **B:** Incorreta. De fato, de acordo com o art. 23, § 2º, do ECA, a condenação criminal do pai ou da mãe não implicará na destituição do poder familiar. Porém, o crime doloso sujeito a reclusão cometido exclusivamente contra o titular do mesmo poder familiar, filho ou outro descendente pode acarretar destituição do poder familiar. **C:** Incorreta. De acordo com o art. 50, § 15, do ECA também é assegurada a prioridade no cadastro de adoção para criança ou adolescente com deficiência física, doença crônica ou com necessidades físicas, além dos irmãos. **D:** Correta. Conforme art. 19, §§ 5º e 6º do ECA. **E:** Incorreta. De acordo com o parágrafo único do art. 25 do ECA, a família extensa é formada por parentes com os quais a criança ou adolescente convive e mantém vínculos de afinidade e afetividade. RD
Gabarito "D".

(Defensor Público – DPE/SC – 2017 – FCC) Sem considerar a interpretação mais flexível eventualmente dada pela jurisprudência aos dispositivos que regem o instituto da adoção, é regra hoje prevista no Estatuto da Criança e do Adolescente que

21. DIREITO DA CRIANÇA E DO ADOLESCENTE   827

(A) a adoção poderá ser deferida ao adotante que, após inequívoca manifestação de vontade, vier a falecer antes do início do procedimento.

(B) para adoção conjunta, é indispensável, no mínimo, que os adotantes sejam ou tenham sido casados civilmente ou que mantenham ou tenham mantido união estável.

(C) se um dos cônjuges ou concubinos adota o filho do outro, rompem-se os vínculos de filiação entre o adotado e o cônjuge ou concubino do adotante e os respectivos parentes.

(D) a adoção internacional pressupõe a intervenção de organismos nacionais e estrangeiros, devidamente credenciados, encarregados de intermediar pedidos de habilitação à adoção internacional.

(E) a guarda de fato autoriza, por si só, a dispensa do estágio de convivência.

A: incorreta. A adoção *post mortem* somente pode ser deferia ao que manifestou vontade de adotar no curso do processo (art. 42, § 6°, do ECA). **B:** correta. Nos exatos termos do art. 42, § 2° do ECA. **C:** incorreta. A adoção unilateral mantém o vínculo biológico de filiação e cria vínculo de filiação com o cônjuge ou companheiro (art. 41, § 1°, do ECA). **D:** incorreta. "É vedado, sob pena de responsabilidade e descredenciamento, o repasse de recursos provenientes de organismos estrangeiros encarregados de intermediar pedidos de adoção internacional a organismos nacionais ou a pessoas físicas" (art. 52-A, do ECA). **E:** incorreta. "A simples guarda de fato não autoriza, por si só, a dispensa da realização do estágio de convivência" (art. 46, § 2°, do ECA). **RD**
Gabarito "B".

(Defensor Público – DPE/PR – 2017 – FCC) Conforme a jurisprudência do Supremo Tribunal Federal e do Superior Tribunal de Justiça acerca do Direito da Criança e do Adolescente, é INCORRETO afirmar que

(A) se, no curso da ação de adoção conjunta, um dos cônjuges desistir do pedido e outro vier a falecer sem ter manifestado inequívoca intenção de adotar unilateralmente, não poderá ser deferido ao interessado falecido o pedido de adoção unilateral *post mortem*.

(B) na hipótese de remissão imprópria pré-processual com a concordância do adolescente, seu responsável e da sua defesa técnica, ao Juiz somente caberá homologar a remissão ou remeter os autos ao Procurador-Geral de Justiça. Caso o Procurador-Geral insista na remissão, a homologação será obrigatória, ainda que o Juiz discorde da remissão imprópria por entender que era o caso de conceder remissão pura e simples, não cabendo ao Magistrado, no caso, conceder a remissão afastando a condicionante do cumprimento de medida socioeducativa.

(C) não cabe *habeas corpus* para impugnar decisão judicial liminar que determinou a busca e apreensão de criança para acolhimento em família devidamente cadastrada junto a programa municipal de adoção.

(D) é constitucional a expressão "em horário diverso do autorizado", constante no art. 254 do ECA, uma vez que o Estado pode determinar que certos programas somente sejam exibidos na televisão em horários que, presumidamente, haverá menos audiência de crianças e adolescentes. Tal entendimento tem respaldo no princípio do melhor interesse da criança.

(E) caso uma sentença aplique medida de internação a adolescente, tal medida pode ser iniciada imediatamente, mesmo que esteja pendente o julgamento de apelação interposta contra a sentença e ainda que o adolescente tenha permanecido em liberdade durante toda a instrução processual.

A: Correta. A adoção "post mortem" é aquela em que o adotante falece no curso do processo, está expressamente prevista no art. 42 do ECA, exigindo a expressa intenção de adoção. Já entendeu o STJ que "se, no curso da ação de adoção conjunta, um dos cônjuges desistir do pedido e outro vier a falecer sem ter manifestado inequívoca intenção de adotar unilateralmente, não poderá ser deferido ao interessado falecido o pedido de adoção unilateral *post mortem*". (STJ, REsp 1.421.409-DF, Rel. Min. João Otávio de Noronha, julgado em 18/8/2016, DJe 25/8/2016). **B:** correta. No caso de remissão imprópria, não poderá o juiz afastar a condicionante, mesmo que entenda que era caso de remissão pura e simples. Assim já entendeu o STJ: "Direito da criança e do adolescente. Impossibilidade de modificação por magistrado dos termos de proposta de remissão pré-processual. Se o representante do Ministério Público ofereceu a adolescente remissão pré-processual (art. 126, *caput*, do ECA) cumulada com medida socioeducativa não privativa de liberdade, o juiz, discordando dessa cumulação, não pode excluir do acordo a aplicação da medida socioeducativa e homologar apenas a remissão". (STJ, REsp 1.392.888-MS, Rel. Min. Rogerio Schietti, julgado em 30/6/2016, DJe 1/8/2016). **C:** correta. "Não cabe *habeas corpus* para impugnar decisão judicial liminar que determinou a busca e apreensão de criança para acolhimento em família devidamente cadastrada junto a programa municipal de adoção" (HC 329.147-SC, Rel. Min. Maria Isabel Gallotti, julgado em 20/10/2015, DJe 11/12/2015). **D:** incorreta. O STF, em sede de ADI, decidiu que é **inconstitucional** a expressão "em horário diverso do autorizado" contida no art. 254 do ECA, razão pela qual as emissoras de televisão não sofrerão sanções administrativas caso veiculem programação em horário diferente do estabelecido em portaria do Ministério da Justiça. **E:** correta. É o entendimento do STJ sobre o tema: "Mesmo diante da interposição de recurso de apelação, é possível o imediato cumprimento de sentença que impõe medida socioeducativa de internação, ainda que não tenha sido imposta anterior internação provisória ao adolescente. Cuidando-se de medida socioeducativa, a intervenção do Poder Judiciário tem como missão precípua não a punição pura e simples do adolescente em conflito com a lei, mas, principalmente, a ressocialização e a proteção do jovem infrator. (...). Desse modo, postergar o início de cumprimento da medida socioeducativa imposta na sentença que encerra o processo por ato infracional importa em "perda de sua atualidade quanto ao objetivo ressocializador da resposta estatal, permitindo a manutenção dos adolescentes em situação de risco, com a exposição aos mesmos condicionantes que o conduziram à prática infracional". (STJ, HC 346.380-SP, Rel. Min. Maria Thereza de Assis Moura, Rel. para acórdão Min. Rogerio Schietti Cruz, julgado em 13/4/2016, DJe 13/5/2016). **RD**
Gabarito "D".

(Juiz – TJ-SC – FCC – 2017) Segundo o Estatuto da Criança e do Adolescente, são regras que devem ser observadas para a concessão da guarda, tutela ou adoção,

(A) o consentimento do adolescente, colhido em audiência, exceto para a guarda.

(B) a opinião da criança que, sempre que possível, deve ser colhida por equipe interprofissional e considerada pela autoridade judiciária competente.

(C) a prevalência das melhores condições financeiras para os cuidados com a criança ou adolescente.

(D) a prioridade da tutela em favor de família extensa quando ainda coexistir o poder familiar.

A: incorreta, uma vez que a inserção do maior de doze anos em família substituta, aqui incluída a *guarda*, depende do seu consentimento, a ser colhido em audiência, tal como estabelece o art. 28, § 2º, do ECA. É importante que se diga que esta regra, segundo defendem alguns doutrinadores, e nosso ver com razão, deve ser relativizada, dado que o adolescente com doze anos ou um pouco mais não tem a exata noção do que lhe é mais benéfico, mais favorável, ou seja, o que melhor atende ao seu interesse, que é aquilo que, de fato, deve ser levado em conta quando da colocação do jovem em família substituta. Enfim, há um sem número de situações possíveis, que impõem ao magistrado a análise do caso concreto levando-se em consideração, dessa forma, as suas especificidades. O erro da assertiva está em excepcionar a *guarda*; **B:** correta, pois corresponde ao que estabelece o art. 28, § 1º, do ECA; **C:** incorreta. Do art. 28, § 3º, do ECA é possível inferir que deve ser levada em conta, como fator preponderante, quando da colocação do jovem em família substituta, a relação de afinidade e afetividade existente entre os envolvidos. O objetivo, aqui, é minorar as consequências decorrentes da medida; **D:** incorreta. A tutela *constitui forma de colocação da criança ou do adolescente em família substituta que pressupõe a perda ou a suspensão do poder familiar* (art. 36, parágrafo único, do ECA). Assim, ao contrário da guarda, a tutela é incompatível com o poder familiar. **ED**
Gabarito "B".

(Juiz – TJ/RJ – VUNESP – 2016) Após o falecimento de seus pais, M., menina de 7 (sete) anos de idade, permaneceu sob guarda legal do casal José e Clemence, vizinhos de longa data, mostrando-se plenamente ajustada ao lar familiar, estável. Ajuizada a ação de adoção, por José e Clemence, manifestou-se o Ministério Público, e a Juíza de Direito da Vara da Infância e da Juventude, nos termos dos artigos 39 e seguintes do Estatuto da Criança e do Adolescente, acertadamente:

(A) determinou a expedição de editais de intimação de parentes próximos com os quais a menina M. convivia, visando o preferencial encontro de forma legal de arranjo familiar, consubstanciada na família extensa ou ampliada, para recomposição dos laços da família natural.

(B) determinou o encaminhamento dos requerentes e da menina M. à equipe interdisciplinar para avaliar a fixação de laços de afinidade e afetividade, pelo lapso de tempo de convivência e ausência de má-fé na formação da família substituta.

(C) extinguiu o feito, sem resolução de mérito, após indeferimento da petição inicial, pela ausência de documento indispensável à propositura da ação, consubstanciado na comprovação prévia de inscrição dos requerentes em cadastros estaduais e nacional de pessoas ou casais habilitados à adoção.

(D) determinou a busca e a apreensão da menina M. para abrigamento e a sua inscrição, no prazo de 48 horas, em cadastros estaduais e nacional de crianças e adolescentes em condições de serem adotados.

(E) extinguiu o feito, com resolução de mérito, pronunciando a procedência da ação de adoção, porque desnecessários: a) o estágio de convivência pela afirmação de ajustamento da menor a família substituta, porque incontroverso, e b) o consentimento tácito dos pais, falecidos.

A: incorreta. A família extensa tem preferência na colocação em família substituta nos termos do § 3º do art. 28 e do art. 25, parágrafo único, do ECA. No entanto, no caso em tela, a família extensa não terá prioridade justamente por não demonstrar a afetividade e afinidade com a criança. De todo o modo, a petição inicial de adoção deve constar o nome dos

parentes da criança para eventual análise da afetividade (art. 165 do ECA). **B:** correta. Tendo em vista que os vizinhos têm a guarda legal da criança, eles não precisariam estar previamente inscritos no cadastro nacional de adoção. A permissão é dada pelo art. 50, § 13, do ECA: "Somente poderá ser deferida adoção em favor de candidato domiciliado no Brasil não cadastrado previamente nos termos desta Lei quando: I – se tratar de pedido de adoção unilateral; II – for formulada por parente com o qual a criança ou adolescente mantenha vínculos de afinidade e afetividade; III – oriundo o pedido de quem detém a tutela ou guarda legal de criança maior de 3 (três) anos ou adolescente, desde que o lapso de tempo de convivência comprove a fixação de laços de afinidade e afetividade, e não seja constatada a ocorrência de má-fé ou qualquer das situações previstas nos arts. 237 ou 238 desta Lei". Mesmo não havendo prévia inscrição, os candidatos deverão comprovar, no curso do procedimento, que preenchem os requisitos necessário à adoção (art. 50, § 14). **C:** incorreta. Vide comentário da alternativa "B". **D:** incorreta. Vide comentário da alternativa "B". Estando a criança sob guarda legal e havendo afinidade e afetividade com os pretendentes, tudo em nome do princípio do melhor interesse do menor. **E:** incorreta. A adoção será precedida de estágio de convivência com a criança ou adolescente, pelo prazo que a autoridade determinar, podendo ser dispensado se a criança ou adotando já estiver sob a tutela ou guarda legal do adotante por tempo suficiente para que seja possível avaliar a convivência da constituição do vínculo (art. 46, § 1º, do ECA). Por outro lado, o consentimento dos pais se faz necessário apenas quando os pais estiverem vivos: "se os pais forem falecidos, tiverem sido destituídos ou suspensos do poder familiar, ou houverem aderido expressamente ao pedido de colocação em família substituta, este poderá ser formulado diretamente em cartório, em petição assinada pelos próprios requerentes, dispensada a assistência de advogado" (art. 166, do ECA). **RD**
Gabarito "B".

(Juiz – TJ/SP – VUNESP – 2015) Tendo como base o Estatuto da Criança e do Adolescente, assinale a alternativa correta sobre as medidas da Adoção e do Estágio de Convivência.

(A) O adolescente pode ser ouvido judicialmente apenas para a apuração de seu interesse em cumprir o estágio de convivência.

(B) A simples guarda de fato não autoriza, por si só, a dispensa da realização do estágio de convivência.

(C) O estágio de convivência nunca poderá ser dispensado ainda que o adotando já esteja sob a tutela ou guarda legal do adotante.

(D) Nos casos envolvendo adoção por pessoa ou casal domiciliado fora do País, o estágio de convivência deverá ser cumprido por no mínimo 90 dias.

A: incorreta. Para a colocação da em família substituta, criança e o adolescente serão ouvidos por equipe interdisciplinar, respeitado seu estágio de desenvolvimento e grau de compreensão sobre as implicações da medida, e terá sua opinião devidamente considerada (art. 28, § 1º). Por outro lado, o adolescente deverá consentir com a medida (art. 28, § 2º e art. 45, § 2º, do ECA). **B:** correta. A simples guarda de fato não autoriza, por si só, a dispensa da realização do estágio de convivência (art. 46, § 2º, do ECA). **C:** incorreta. O estágio de convivência poderá ser dispensado se o adotando já estiver sob a tutela ou guarda legal do adotante durante tempo suficiente para que seja possível avaliar a conveniência da constituição do vínculo (art. 46, § 1º, do ECA). **D:** incorreta. Em caso de adoção por pessoa ou casal residente ou domiciliado fora do País, o estágio de convivência, cumprido no território nacional, será de 30 (trinta) a 45 (quarenta e cindo dias). (art. 46, § 3º, do ECA). **RD**
Gabarito "B".

(Juiz – TJ/MS – VUNESP – 2015) A colocação em família substituta, nos termos dos artigos 28 e seguintes do Estatuto da Criança e do Adolescente, far-se-á

21. DIREITO DA CRIANÇA E DO ADOLESCENTE

(A) a partir da impossibilidade permanente – e não momentânea –, de a criança ou o adolescente permanecer junto à sua família natural e mediante três formas: guarda, tutela e adoção.

(B) mediante comprovação de nacionalidade brasileira do requerente.

(C) mediante apreciação, em grau crescente de importância, de condições sociais e financeiras da família substituta e do grau de parentesco e da relação de afinidade e afetividade de seus integrantes.

(D) após realização de perícia por equipe multidisciplinar, que emitirá laudo com atenção ao estágio de desenvolvimento da criança e do adolescente e mediante seu consentimento sobre a medida, que condicionará a decisão do juiz.

(E) mediante o consentimento de maior de 12 (doze) anos de idade, colhido em audiência.

A: incorreta. Três são as formas de colocação em família substituta: guarda, tutela e adoção. A guarda tem por principal característica a provisoriedade (momentânea, portanto), sendo que a tutela será exercida pelo tutor pelo prazo de 2 (dois) anos. Em ambos os casos (tutela ou guarda) é possível, e recomendado pelo ECA (art. 19, § 3º), que a criança e o adolescente retornem para a sua família natural sempre que possível. **B:** incorreta. A inserção em família substituta estrangeira é expressamente admitida pelo ECA na modalidade de adoção. Ademais, a adoção internacional não é a adoção de estrangeiro, mas sim "aquela na qual a pessoa ou casal postulante é residente ou domiciliado fora do Brasil, conforme previsto no Artigo 2 da Convenção de Haia, de 29 de maio de 1993, relativa à Proteção das Crianças e à Cooperação em Matéria de Adoção Internacional, aprovada pelo Decreto Legislativo n. 1, de 14 de janeiro de 1999" (art. 51 do ECA). **C:** incorreta. Na apreciação do pedido levar-se-á em conta o grau de parentesco e a relação de afinidade ou de afetividade, a fim de evitar ou minorar as consequências decorrentes da medida (art. 28, § 3º). **D:** incorreta. "A colocação da criança ou adolescente em família substituta será precedida de sua preparação gradativa e acompanhamento posterior, realizados pela equipe interprofissional a serviço da Justiça da Infância e da Juventude, preferencialmente com o apoio dos técnicos responsáveis pela execução da política municipal de garantia do direito à convivência familiar" (art. 28, § 5º). **E:** correta. "Tratando-se de maior de 12 (doze) anos de idade, será necessário seu consentimento, colhido em audiência" (art. 28, § 2º). RD

Gabarito "E".

(Promotor de Justiça/GO – 2016 – MPE) Quanto ao direito à convivência familiar e comunitária previsto no Estatuto da Criança e do Adolescente, assinale a alternativa correta:

(A) poderão ser utilizados recursos federais, estaduais, distritais e municipais para a manutenção dos serviços de acolhimento em família acolhedora, obrigando-se o repasse de recursos para a própria família acolhedora.

(B) toda criança ou adolescente que estiver inserido em programa de acolhimento familiar ou institucional terá sua situação reavaliada, no mínimo, a cada 6 (seis) meses, devendo a autoridade judiciária competente, com base em relatório elaborado por equipe interprofissional ou multidisciplinar, decidir de forma fundamentada pela possibilidade de reintegração familiar ou colocação em família substituta, em quaisquer das modalidades previstas no art. 28 desta Lei.

(C) a adoção sempre produz seus efeitos a partir do trânsito em julgado da sentença constitutiva.

(D) a União apoiará a implementação de serviços de acolhimento em família acolhedora como política pública, os quais deverão dispor de equipe que organize o acolhimento temporário de crianças e de adolescentes em residências de famílias selecionadas, capacitadas e acompanhadas que não estejam no cadastro de adoção.

A: incorreta. Poderão ser utilizados recursos federais, estaduais, distritais e municipais para a manutenção dos serviços de acolhimento em família acolhedora, mas é facultando (não obrigatório) o repasse de recursos para a própria família acolhedora (art. 34, § 4º do ECA). **B:** incorreta. Toda criança ou adolescente que estiver inserido em programa de acolhimento familiar ou institucional terá sua situação reavaliada, no máximo, a cada 3 (três) meses, devendo a autoridade judiciária competente, com base em relatório elaborado por equipe interprofissional ou multidisciplinar, decidir de forma fundamentada pela possibilidade de reintegração familiar ou pela colocação em família substituta (art. 19, § 1º). **C:** incorreta. A adoção produz seus efeitos a partir do trânsito em julgado da sentença constitutiva, exceto na hipótese de adoção póstuma, caso em que terá força retroativa à data do óbito (art. 47, § 7º). **D:** correta. Conforme art. 34, § 3º, do ECA. RD

Gabarito "D".

(Promotor de Justiça/GO – 2016 – MPE) Sobre a colocação em família substituta, assinale a opção INCORRETA:

(A) O consentimento do adolescente é necessário para colocação em família substituta e deverá ser realizado em audiência, o mesmo não se exigindo quando se tratar de criança.

(B) O ECA admite a colocação em família substituta estrangeira desde que seja adolescente e que se realize através de tutela ou adoção.

(C) Somente em relação ao guardião e ao tutor exige-se o compromisso, mediante termo nos autos, de bem e fielmente desempenhar o encargo.

(D) Em se tratando de colocação em família substituta de criança ou adolescente indígena é, entre outros, obrigatório a intervenção e oitiva de representantes do órgão federal responsável pela política indigenista e de antropólogos, perante equipe interprofissional ou multidisciplinar que irá acompanhar o caso.

A: correta. Para a colocação de família substituta deve haver o consentimento do adolescente (art. 28, § 2º) e, sempre que possível, a criança ou o adolescente deverá ser previamente ouvido por equipe interprofissional, respeitado seu estágio de desenvolvimento e grau de compreensão sobre as implicações da medida, e terá sua opinião devidamente considerada (art. 28, § 1º). **B:** incorreta. A colocação em família substituta estrangeira constitui medida excepcional, somente admissível na modalidade de adoção (art. 31 do ECA). **C:** correta. Ao assumir a guarda ou a tutela, o responsável prestará compromisso de bem e fielmente desempenhar o encargo, mediante termo nos autos (art. 32 do ECA). **D:** correta. No termos do § 6º do art. 28 do ECA, para a colocação de família substituta, em se tratando de criança ou adolescente indígena ou proveniente de comunidade remanescente de quilombo, é obrigatório: (i) que sejam consideradas e respeitadas sua identidade social e cultural, os seus costumes e tradições, bem como suas instituições, desde que não sejam incompatíveis com os direitos fundamentais reconhecidos por esta Lei e pela Constituição Federal; (ii) que a colocação familiar ocorra prioritariamente no seio de sua comunidade ou junto a membros da mesma etnia; (iii) a intervenção e oitiva de representantes do órgão federal responsável pela política indigenista, no caso de crianças e adolescentes indígenas, e de antropólogos, perante a equipe interprofissional ou multidisciplinar que irá acompanhar o caso. RD

Gabarito "B".

(Promotor de Justiça/GO – 2016 – MPE) Em relação a adoção de crianças e adolescentes, assinale a alternativa correta:

(A) A adoção atribui a condição de filho ao adotado, com os mesmos direitos e deveres, desligando-o de qualquer vínculo com os pais e parentes sem qualquer exceção.

(B) Não podem adotar os ascendentes e os colaterais até o terceiro grau do adotando.

(C) O adotante há de ser, pelo menos, dezoito anos mais velho do que o adotando.

(D) A adoção produz efeitos a partir do trânsito em julgado da sentença constitutiva, exceto na hipótese de adoção póstuma.

A: incorreta. Os impedimentos matrimonias são mantidos: "a adoção atribui a condição de filho ao adotado, com os mesmos direitos e deveres, inclusive sucessórios, desligando-o de qualquer vínculo com pais e parentes, salvo os impedimentos matrimoniais" (art. 41 do ECA). B: incorreta. Os impedimentos para a adoção afetam os ascendentes e os irmãos do adotando (art. 42, § 1º), sempre com vistas a não permitir a alteração na linha sucessória. C: incorreta. O adotante há de ser, pelo menos, dezesseis anos mais velho do que o adotando (art. 42, § 3º) D: correta. A adoção produz seus efeitos a partir do trânsito em julgado da sentença constitutiva, exceto na hipótese de adoção póstuma, caso em que terá força retroativa à data do óbito (art. 47, § 7º). **RD**

Gabarito "D".

(Defensor Público – DPE/ES – 2016 – FCC) Sobre a adoção é correto afirmar que, segundo a legislação vigente,

(A) depende do consentimento dos pais ou responsável, dispensada a concordância apenas em caso de falecimento ou renúncia, suspensão ou destituição do poder familiar.

(B) consiste numa das hipóteses legais de extinção do poder familiar.

(C) não pode ser deferida, conforme prescreve o Estatuto da Criança e do Adolescente – ECA, a adotante que seja avô, tio ou irmão da criança ou adolescente cuja adoção se requer.

(D) exige, para ser deferida, que o adotante seja pelo menos 18 anos mais velho do que o adotando.

(E) é irrevogável, somente podendo ser desfeita em caso de adoções tardias que revelem grave quadro de inadaptação do adotando na família adotiva.

A: incorreta. O poder familiar não pode ser renunciado pelos pais. Ademais, o consentimento para a adoção pode ser feito através do processo judicial de adoção pelos pais (não por seus responsáveis). **B:** correta. São causas de extinção do poder familiar (art. 1.635 do CC): a) a morte dos pais ou do filho; b) a emancipação; c) a maioridade; d) a adoção; e) a decisão judicial de perda do poder familiar (art. 1.638). **C:** incorreta. O impedimento para a adoção alcança somente os ascendentes e os irmãos do adotando, é permitida a adoção pelo tio da criança ou adolescente. **D:** incorreta. A diferença de idade entre adotante e adotado deve ser de 16 anos (art. 42, § 3º, do ECA). **E:** incorreta. A adoção será sempre irrevogável (art. 39, § 1º). **RD**

Gabarito "B".

(Defensor Público – DPE/MT – 2016 – UFMT) Sobre o direito à convivência familiar e comunitária firmado no Estatuto da Criança e do Adolescente (ECA), assinale a afirmativa correta.

(A) A família natural compreende aquela formada por parentes próximos com os quais a criança ou o adolescente convive e mantém vínculo de afinidade e afetividade.

(B) A colocação em família substituta far-se-á mediante guarda, tutela e curatela, independentemente da situação jurídica da criança ou adolescente, nos termos do Estatuto da Criança e do Adolescente (ECA).

(C) O tutor testamentário somente será admitido se comprovado que a medida é vantajosa à família, e que não existe outra pessoa em melhores condições para assumi-lo.

(D) O estágio de convivência para a adoção poderá ser dispensado se o adotando já estiver sob a guarda legal do adotante durante tempo suficiente para análise da conveniência do vínculo.

(E) A adoção poderá ser deferida ao adotante que, após inequívoca manifestação de vontade, vier a falecer antes da propositura do procedimento judicial.

A: incorreta. A família natural é composta pelos pais ou qualquer um deles e seus filhos (art. 19 do ECA). Qualquer outra pessoa, ainda que seja parente próximo, que fique responsável pela criança ou adolescente, constituirá família substituta. **B:** incorreta. A curatela não é forma de colocação em família substituta, já que é instituto destinado ao cuidado de pessoa maior e incapaz (art. 28 do ECA e art. 1.767 do Código Civil). **C:** incorreta. A medida deve ser vantajosa ao tutelando (art. 37, parágrafo único, do ECA). **D:** correta. Nos exatos termos do art. 46, § 1º, do ECA. **E:** incorreta. A adoção *post mortem* será admitida, nos termos do art. 42, § 6º, do ECA, quando o adotante falecer no curso do procedimento judicial de adoção. **RD**

Gabarito "D".

(Defensor Público – DPE/ES – 2016 – FCC) Um bebê de aproximadamente 6 meses de idade é deixado na porta da casa de Maria sem documentos. Maria o acolhe em sua casa e aguarda que alguém reclame a criança. Um ano se passa sem que ninguém procure pelo bebê. Maria se apega à criança e deseja adotá-la, mesmo não sendo habilitada à adoção. Diante desses fatos, é correto afirmar que, segundo as regras e princípios da legislação em vigor,

(A) a autoridade judiciária, tomando ciência da situação, deve determinar o afastamento da criança do convívio com Maria e entregá-la a casal cadastrado em programa de acolhimento familiar, o qual terá preferência para adotá-lo caso assim deseje.

(B) o Conselho Tutelar, tomando conhecimento da situação, deve determinar o imediato acolhimento institucional da criança, requisitar a lavratura de seu registro de nascimento e comunicar o caso à autoridade judiciária.

(C) Maria, antes de postular a adoção, deve providenciar o registro tardio da criança e, na sequência, pedir ao Conselho Tutelar a concessão, em seu favor, de termo provisório de guarda e responsabilidade da criança.

(D) o Ministério Público, ciente da situação, deve propor ação declaratória de infante exposto, cujo procedimento prevê a expedição de edital para ciência pública do achamento da criança, concedendo prazo para manifestação para eventuais interessados.

(E) Maria somente poderá adotar a criança quando esta última completar três anos, e desde que preenchidos os demais requisitos legais.

21. DIREITO DA CRIANÇA E DO ADOLESCENTE

Todas as pessoas que pretendem adotar devem estar previamente inscritas Cadastro Nacional de Adoção. Na forma do § 13 do art. 50 do ECA, "somente poderá ser deferida adoção em favor de candidato domiciliado no Brasil não cadastrado previamente nos termos desta Lei quando: I – se tratar de pedido de adoção unilateral; II – for formulada por parente com o qual a criança ou adolescente mantenha vínculos de afinidade e afetividade; III – oriundo o pedido de quem detém a tutela ou guarda legal de criança maior de 3 (três) anos ou adolescente, desde que o lapso de tempo de convivência comprove a fixação de laços de afinidade e afetividade, e não seja constatada a ocorrência de má-fé ou qualquer das situações previstas nos arts. 237 ou 238 desta Lei". Mais ainda, caso haja adoção nessas condições, é essencial que o candidato comprove o preenchimento dos requisitos necessários à adoção (art. 50, § 14). **A:** incorreta. O acolhimento familiar é medida protetiva prevista no art. 101 do ECA. Neste caso, a medida de acolhimento de familiar deve ser deferida para Maria, tendo em vista os laços de afetividade já mantidos com a criança. **B:** incorreta. O conselho tutelar não pode determinar medida de acolhimento institucional (art. 136, inciso I). **C:** incorreta. A guarda somente pode ser conferida pela autoridade judicial (arts. 101 e 136, I do ECA). **D:** incorreta. O Ministério Público poderia, nesse caso, requerer ao juiz a aplicação de medida de proteção. Não há que se falar em ação para perda ou suspensão do poder familiar tendo em vista que não se sabe, no problema apresentado, quem são os pais da criança. **E:** correta. Nos termos do art. 50, § 13, III, do ECA. RD
Gabarito "E".

(Juiz de Direito/DF – 2016 – CESPE) Considerando que a colocação em família substituta far-se-á mediante guarda, tutela ou adoção, assinale a opção correta.

(A) A ação de guarda proposta por um dos genitores pode ser decidida em favor do outro genitor, desde que formulado pedido reconvencional.

(B) A colocação em família substituta admite a transferência de criança ou adolescente a terceiro, desde que o fato seja comunicado ao Juízo da Infância no prazo de vinte e quatro horas, para a regularização respectiva.

(C) A adoção é ato personalíssimo. Admite-se, entretanto, a adoção por procuração quando o adotante estiver em local diverso.

(D) Em caso de adoção póstuma, nuncupativa ou *post mortem*, considera-se definitivamente materializado o parentesco civil desde o trânsito em julgado da sentença proferida, produzindo, a partir de então, todos os seus efeitos.

(E) Aquele que for nomeado tutor por ato de última vontade firmado pelos pais do pupilo deverá, no prazo de trinta dias contado da abertura da sucessão, ingressar com pedido destinado ao controle judicial do ato.

A: incorreta. Não se faz necessário o pedido reconvencional, em razão da natureza dúplice, basta que haja o pedido contraposto. "Em ação de guarda de filho menor, tanto o pai como a mãe podem perfeitamente exercer de maneira simultânea o direito de ação, sendo que a improcedência do pedido do autor conduz à procedência do pedido de guarda à mãe, restando evidenciada, assim, a natureza dúplice da ação. Por conseguinte, em demandas dessa natureza, é lícito ao réu formular pedido contraposto, independentemente de reconvenção". (STJ, REsp 1085664/DF Rel. Min. Luis Felipe Salomão, DJe 12/08/2010). **B:** incorreta. Art. 101, § 2º, 3º e 4º do ECA. **C:** incorreta. A adoção por procuração é expressamente vetada pelo ECA (art. 39, § 2º). **D:** incorreta. No caso de adoção post mortem o efeito da sentença retroage à data do óbito (art. 42, § 6º c/c art. 47, § 7º do ECA). **E:** correta. Art. 37 do ECA. RD
Gabarito "E".

(Juiz de Direito/DF – 2016 – CESPE) A respeito dos direitos das crianças e dos adolescentes, assinale a opção correta.

(A) Os atos de alienação parental descritos na Lei n.º 12.318/2010 foram estabelecidos de forma taxativa, *numerus clausus*, não admitindo interpretação extensiva.

(B) Na mesma linha das diretrizes impostas pelo ECA quanto ao direito à saúde, a Convenção dos Direitos da Criança determina que a criança tem direito de gozar do melhor padrão possível de saúde e dos serviços destinados ao tratamento das doenças e à recuperação da saúde, mediante adoção pelos Estados-Partes dos esforços no sentido de assegurar que nenhuma criança se veja privada de seu direito de usufruir desses serviços sanitários.

(C) O ECA relaciona obrigações que devem ser cumpridas pelos hospitais e demais estabelecimentos públicos e particulares de atenção à saúde de gestantes, dentre elas a de manter registro das atividades desenvolvidas, até de prontuários individuais, pelo prazo de cinco anos, sob pena de cometimento de infração administrativa, punida com multa, além de outras sanções administrativas.

(D) O regime de capacidade civil gera reflexos no Estatuto, de forma que deve haver ponderação dos direitos positivados pelo ECA em caso de emancipação civil do adolescente.

(E) O programa de acolhimento institucional caracteriza-se pela permanência de criança ou de adolescente junto a uma entidade governamental ou não governamental, pelo prazo máximo de três anos, prorrogável por igual período, a critério da autoridade judiciária.

A: incorreta. O art. 2º da Lei 12.318/10 traz, em seu parágrafo único, apenas um rol exemplificativo do que pode ser considerado ato de alienação parental. **B:** correta. Artigo 24 do Decreto 99.710/90 (Promulga a Convenção sobre os Direitos da Criança). **C:** incorreta. O prazo previsto no art. 10, I, do ECA para a manutenção dos prontuários é de 18 anos além de configurar crime (não infração administrativa) a ausência dos registros no das atividades desenvolvidas e a guarda do prontuário pelo período imposto em lei (art. 228). **D:** incorreta. A emancipação do adolescente em nada influencia a aplicação do ECA, que é lei especial. **E:** incorreta. Nos termos do art. 19, § 2º, do ECA, a permanência da criança e do adolescente em programa de acolhimento institucional não se prolongará por mais de 18 (dezoito meses), salvo comprovada necessidade que atenda ao seu superior interesse, devidamente fundamentada pela autoridade judiciária. RD
Gabarito "B".

(Juiz de Direito/AM – 2016 – CESPE) Com referência aos institutos da família natural e da família substituta, da guarda, da tutela e da adoção, assinale a opção correta.

(A) O conceito de família natural abrange o de família extensa, como aquela formada pelos pais ou qualquer deles e seus descendentes, inclusive parentes próximos e vizinhos com os quais a criança ou adolescente conviva e mantenha vínculos de afinidade e afetividade.

(B) A colocação em família substituta far-se-á mediante guarda, tutela ou adoção, após definida a situação jurídica da criança ou adolescente por meio de suspensão ou destituição do poder familiar, salvo quando ambos os genitores forem falecidos.

(C) Os grupos de irmãos colocados sob adoção, tutela ou guarda terão de permanecer com a mesma família substituta, ressalvada a suspeita da existência de risco de abuso ou outra situação que justifique razoavelmente o rompimento definitivo dos vínculos fraternais.

(D) O deferimento da guarda de criança ou adolescente em preparação para adoção não impede o exercício do direito de visitas pelos pais, assim como o dever de prestar alimentos, que serão objeto de regulamentação específica, a pedido do interessado ou do MP.

(E) Entre outras exigências legais, criança ou adolescente indígenas ou provenientes de comunidade remanescente de quilombo encaminhados para adoção, tutela ou guarda devem prioritariamente ser colocados em família substituta de sua comunidade ou junto a membros da mesma etnia.

A: incorreta. A família natural é composta pelos pais e seus filhos (art. 25). A família extensa é formada pelos parentes com os quais a criança conviva ou tenha afinidades (art. 25, § único). **B:** incorreta. A guarda não pressupõe a perda ou suspensão do poder familiar, é medida que se destina a regularizar a posse da criança e do adolescente e confere ao guardião o dever de cuidado material, moral e educacional. **C:** incorreta. Art. 28, § 4º do ECA determina que o grupo de irmãos sejam colocados na mesma família substituta. No entanto, se houver justificativa, é plausível solução diversa, sempre evitando o rompimento definitivo dos laços familiares. **D:** incorreta. Art. 33, § 4º do ECA não prevê o direito de visita dos pais nos casos de guarda em preparação para adoção. E: correta. Art. 28, § 6º do ECA. **RD**

Gabarito "E".

2.4. Direito à educação, à cultura, ao esporte e ao lazer

(Juiz de Direito/AP – 2022 – FGV) Stephany, criança de 9 anos, aparece na escola com hematomas pelo corpo e corrimento vaginal e revela para sua professora do ensino fundamental, Carolina, que sofreu abuso sexual praticado pelo seu padrasto, Ernesto. Após conversar com a mãe e o padrasto, que desmentem a criança, Carolina relata os fatos à diretora da escola, Margarida, que se abstém de noticiar a violação de direitos ao órgão com atribuição.

Considerando o disposto na Lei nº 8.069/1990 (ECA), é correto afirmar que a diretora:

(A) praticou crime previsto no ECA e deveria ter noticiado o fato ao juiz da Infância e Juventude, conforme previsão legal;

(B) praticou infração administrativa prevista no ECA e deveria ter noticiado o fato ao Conselho Tutelar, conforme previsão legal;

(C) praticou crime previsto no ECA e deveria ter noticiado o fato ao promotor de justiça, conforme previsão legal;

(D) praticou infração administrativa prevista no ECA e deveria ter noticiado o fato ao Conselho Municipal de Direitos da Criança e do Adolescente, conforme previsão legal;

(E) não praticou crime ou infração administrativa previstos no ECA, na medida em que, após a apuração dos fatos, não restou comprovado o abuso.

No caso narrado no enunciado, Margarida, na qualidade de diretora da escola e, portanto, responsável pelo estabelecimento de ensino no qual estuda Stephany, em face da forte suspeita de abuso por esta sofrido

pelo seu padrasto (revelação feita pela criança, hematomas pelo corpo e corrimento vaginal), deveria levar o fato ao conhecimento do Conselho Tutelar, nos termos do art. 56, I, do ECA. Diante da sua omissão, visto que deixou de comunicar o fato que chegou ao seu conhecimento ao Conselho Tutelar, Margarida deverá ser responsabilizada pela infração administrativa definida no art. 245 do ECA, pelo que ficará sujeita à pena de multa de três a vinte salários de referência, que será aplicada em dobro em caso de reincidência: *deixar o médico, professor ou responsável por estabelecimento de atenção à saúde e de ensino fundamental, pré-escola ou creche, de comunicar à autoridade competente os casos de que tenha conhecimento, envolvendo suspeita ou confirmação de maus-tratos contra criança ou adolescente.* **ED**

Gabarito "B".

(Juiz de Direito/GO – 2021 – FCC) No âmbito da proteção da população infanto-juvenil, considerando os termos expressos da normativa vigente, os conceitos de risco e vulnerabilidade, em suas diferentes modalidades, ganham relevância na medida em que

(A) a Lei do Sinase estabelece que o Plano Individual de Atendimento deverá prever atividades de integração social e medidas de redução da vulnerabilidade social do adolescente.

(B) o enfoque mais voltado à prevenção do risco social do que do risco pessoal é o que difere, segundo a Tipificação Nacional dos Serviços Socioassistenciais, os serviços de proteção social básica dos serviços de proteção social especial.

(C) a Lei Orgânica da Assistência Social dispõe que, na organização dos serviços da assistência social, serão criados programas de amparo às crianças e adolescentes em situação de risco pessoal e social.

(D) a situação de risco é utilizada no texto do Estatuto da Criança e do Adolescente como critério para fixação da competência da Justiça da Infância e Juventude em alguns casos.

(E) a Lei de Diretrizes e Bases da Educação Nacional estabelece a vulnerabilidade social como critério, entre outros, para inclusão em creche enquanto não alcançada a universalização do acesso.

A: incorreta, tendo em vista o que dispõe o art. 54 da Lei 12.594/2012 (Sinase); **B:** incorreta. Trata-se de previsão não contida na legislação pertinente; **C:** correta, uma vez que reflete o disposto no art. 23, § 2º, I, da Lei 8.742/1993 (Lei Orgânica da Assistência Social); **D:** incorreta (art. 147, ECA); **E:** incorreta. Previsão não contina em lei. **ED**

Gabarito "C".

(Juiz de Direito – TJ/SC – 2019 – CESPE/CEBRASPE) Com relação ao direito fundamental das crianças à educação, julgue os itens a seguir à luz do Estatuto da Criança e do Adolescente (ECA) e do entendimento dos tribunais superiores.

I. Direito social fundamental, a educação infantil constitui norma de natureza constitucional programática que orienta os gestores públicos dos entes federativos.

II. Em se tratando de questões que envolvam a educação infantil, poderá o juiz, ao julgá-las, sensibilizar-se diante da limitação da reserva do possível do Estado, especialmente da previsão orçamentária e da disponibilidade financeira.

III. O Poder Judiciário não pode impor à administração pública o fornecimento de vaga em creche para menor, sob pena de contaminação da separação das funções do Estado moderno.

21. DIREITO DA CRIANÇA E DO ADOLESCENTE   833

Assinale a opção correta.

(A) Nenhum item está certo.

(B) Apenas o item I está certo.

(C) Apenas o item II está certo.

(D) Apenas os itens I e III estão certos.

(E) Apenas os itens II e III estão certos.

I: incorreta. O direito fundamental à educação está expressamente previsto no art. 208 e seguintes da Constituição Federal e não tem natureza programática (aplicação imediata nos termos do art. 5º, § 1º, da CF). **II:** incorreta. Sendo norma de aplicação imediata, não há que se falar em reserva do possível, devendo o poder público oferecer educação desde o nascimento da criança até o ensino médio. Nesse sentido, já entendeu o STF: "(...) o papel do poder judiciário na implementação de políticas públicas previstas na constituição e não efetivadas pelo poder público a fórmula da reserva do possível na perspectiva da teoria dos custos dos direitos: impossibilidade de sua invocação para legitimar o injusto inadimplemento de deveres estatais de prestação constitucionalmente impostos ao poder público. (CPC, art. 85, § 11)". (RE 1.101.106). Veja também: Recurso Extraordinário. Criança de até cinco anos de idade. Atendimento em creche. Educação infantil. Direito assegurado pelo próprio texto constitucional (CF, art. 208, IV, na redação dada pela EC 53/2006). Compreensão global do direito constitucional à educação – dever jurídico cuja execução se impõe ao poder público (CF, art. 211, § 2º)". (RE 1101106). **III:** incorreta. Tendo em vista o direito à educação ser norma de eficácia imediata, pode o Poder Judiciário impor à administração pública o dever de matricular o infante na rede pública de ensino. Ademais, é possível a atuação do Poder Judiciário na garantia de direitos sociais, não havendo violação a separação dos poderes (ADPF 45). Vide também comentários anteriores. **ED**

Gabarito "A".

(Promotor de Justiça/PR – 2019 – MPE/PR) Nos termos do que expressamente estabelece a Lei n. 8.069/90 (Estatuto da Criança e do Adolescente), assinale a alternativa incorreta:

(A) É direito dos pais ou responsáveis ter ciência do processo pedagógico, bem como participar da definição das propostas educacionais.

(B) É dever do Estado assegurar atendimento em creche e pré-escola às crianças de zero a cinco anos de idade.

(C) É assegurado às crianças e aos adolescentes o direito de contestar critérios avaliativos, podendo recorrer às instâncias escolares superiores.

(D) No processo educacional respeitar-se-ão os valores culturais, artísticos e históricos próprios do contexto social da criança e do adolescente, garantindo-se a estes a liberdade da criação e o acesso às fontes de cultura.

(E) Entende-se por trabalho educativo a atividade laboral em que prevalecem as exigências pedagógicas relativas ao desenvolvimento profissional e produtivo do educando.

A: Correta. Conforme disposto no parágrafo único do art. 53 do ECA. **B:** Correta. Conforme disposto no art. 54, IV, do ECA. **C:** Correta. Conforme disposto no art. 53, III, do ECA **D:** Correta. Conforme disposto no art. 58 do ECA. **E:** Incorreta. De acordo com o art. 68, § 1º, do ECA "entende-se por trabalho educativo a atividade laboral em que as exigências pedagógicas relativas ao desenvolvimento pessoal e social do educando prevalecem sobre o aspecto produtivo". **RD**

Gabarito "E".

(Juiz – TJ/MS – VUNESP – 2015) Constitui dever do Estado assegurar à criança e ao adolescente a educação básica obrigatória e gratuita, conforme se depreende do artigo 208, inciso I, da Constituição Federal, com redação determinada pela EC 59/2009. Quanto ao Direito à Educação, previsto no Capítulo IV, do Título II, do Estatuto da Criança e do Adolescente e na Lei de Diretrizes e Bases da Educação Nacional, analisado à luz da norma constitucional mencionada, assinale a alternativa correta.

(A) Os pais e responsáveis, apesar de não participarem da definição de propostas educacionais, terão ciência, ao início do ano letivo, do processo pedagógico.

(B) O ensino fundamental será oferecido, diretamente, pelos Estados e Municípios, às crianças com 6 (seis) anos de idade, com duração de 9 (nove) anos, assegurada a sua oferta gratuita, inclusive àqueles que não tiveram acesso a ele na idade adequada.

(C) De acordo com a Lei de Diretrizes e Bases da Educação Nacional, os entes federados (União, Estados, Distrito Federal e Municípios) não têm áreas prioritárias de atuação.

(D) A finalidade precípua do direito à educação é garantir à criança e ao adolescente ingresso no mercado de trabalho.

(E) A educação básica, em compasso com a Lei de Diretrizes e Bases da Educação Nacional, subdivide-se em infantil, fundamental, média, superior e complementar.

A: incorreta. Conforme art. 14 da Lei de Diretrizes e Bases da Educação, os sistemas de ensino definirão as normas da gestão democrática do ensino público na educação básica, adotando o princípio da participação das comunidades escolar e local em conselhos escolares ou equivalentes. **B:** correta. Nos exatos termos do art. 32 da Lei de Diretrizes e Bases da Educação. **C:** incorreta. Incumbe ao estado assegurar o **ensino fundamental** e oferecer, com prioridade, o **ensino médio** (art. 10, VI, da LDB). Incumbe aos municípios oferecer a **educação infantil** em creches e pré-escolas, e, com prioridade, o **ensino fundamental**, sendo "permitida a atuação em outros níveis de ensino somente quando estiverem atendidas plenamente as necessidades de sua área de competência e com recursos acima dos percentuais mínimos vinculados pela Constituição Federal à manutenção e desenvolvimento do ensino" (art. 11, V, da LDB). **D:** incorreta. "A educação, dever da família e do Estado, inspirada nos princípios de liberdade e nos ideais de solidariedade humana, tem por finalidade o pleno desenvolvimento do educando, seu preparo para o exercício da cidadania e sua qualificação para o trabalho" (art. 2º da LDB; **E:** incorreta, a educação básica subdivide-se em pré-escola, ensino fundamental e ensino médio (art. 4º, I, LDB) **RD**

Gabarito "B".

(Defensor Público – DPE/ES – 2016 – FCC) Sobre a educação infantil, conforme disciplinada na normativa vigente, é correto afirmar que

(A) sua oferta é de responsabilidade primária dos Estados e Municípios e apenas supletivamente da União.

(B) engloba três etapas: creche (0 a 2 anos), jardim (3 e 4 anos) e pré-escola (5 e 6 anos).

(C) tem como finalidade principal a oferta de cuidado e proteção da criança em ambiente rico de estímulos para seu desenvolvimento cognitivo.

(D) não tem exigência de frequência mínima obrigatória na educação pré-escolar, mas ausências reiteradas sem justificativa podem ensejar notificação ao Conselho Tutelar para adoção das providências cabíveis em face dos pais ou responsável.

(E) tem como regra a avaliação por meio de acompanhamento e registro do desenvolvimento de crianças, sem objetivo de promoção, mesmo para o acesso ao ensino fundamental.

A: incorreta. Conforme art. 211, § 2º, da CF, os municípios atuarão prioritariamente no ensino fundamental e médio. **B:** incorreta. A educação infantil é destinada às crianças com até 5 (cinco) anos de idade em creche e pré-escola (art. 208, IV, da CF) e será oferecida em creches, ou entidades equivalentes, para crianças de até três anos de idade e em pré-escolas, para as crianças de 4 (quatro) a 5 (cinco) anos de idade (art. 30, da LDB). **C:** incorreta. A educação visa o pleno desenvolvimento da pessoa, seu preparo para o exercício da cidadania e sua qualificação para o trabalho (art. 205 da CF). **D:** incorreta. A educação infantil exige controle de frequência pela instituição de educação pré-escolar, com frequência mínima de 60% (sessenta por cento) do total de horas (art. 31, IV, da LDB). **E:** correta. Nos exatos termos do art. 31, I, da LDB). 🆁🅳
Gabarito "E".

3. MEDIDAS DE PROTEÇÃO

(Juiz de Direito – TJ/RJ – 2019 – VUNESP) A Súmula 235 do TJRJ dispõe sobre a nomeação de Curador Especial a crianças e adolescentes em processos judiciais, emitindo seguinte diretriz jurisprudencial:

(A) o acolhimento familiar prescinde de nomeação de Curador Especial a crianças e adolescentes, obrigatória no institucional.

(B) em caso de nomeação de Curador Especial a crianças e adolescentes, o acesso aos autos respectivos estará condicionada à prévia ciência do Ministério Público, se registrado o segredo de justiça.

(C) a nomeação de Curador Especial a crianças e adolescentes garante ao Defensor Público acesso aos autos respectivos, não se constituindo mitigação ao princípio do contraditório e da ampla defesa, a concessão de tutela de urgência sem prévia oitiva, à vista do artigo 9º, inciso I, do CPC.

(D) nomeado Advogado, desde que cadastrado na unidade judicial, por período não inferior a cinco anos, como Curador Especial a crianças e adolescentes, ser-lhe-á garantido acesso aos autos respectivos, quando formulados pedidos baseados em discordância paterna ou materna, em relação ao exercício do poder familiar.

(E) caberá ao Juiz da Vara da Infância e Juventude a nomeação de Curador Especial a crianças e adolescentes, a ser exercida por Advogado, desde que cadastrado na unidade judicial, por período não inferior a cinco anos, ou Defensor Público.

Antes da análise das alternativas, vamos aos termos da Súmula nº 235, do TJRJ: "Caberá ao juiz da Vara da Infância e Juventude a nomeação de curador especial a ser exercida pelo defensor público a crianças e adolescentes, inclusive, nos casos de acolhimento institucional ou familiar, nos moldes do disposto nos artigos 142, parágrafo único e 148, parágrafo único "f" do estatuto da criança e do adolescente c/c art. 9º, inciso i do CPC, garantindo acesso aos autos respectivos". **A:** incorreta. A nomeação de curador será deferida, nos termos do art. 142 do ECA: "Os menores de dezesseis anos serão representados e os maiores de dezesseis e menores de vinte e um anos assistidos por seus pais, tutores ou curadores, na forma da legislação civil ou processual. Parágrafo único. A autoridade

judiciária dará curador especial à criança ou adolescente, sempre que os interesses destes colidirem com os de seus pais ou responsável, ou quando carecer de representação ou assistência legal ainda que eventual". Assim, será aplicável tanto para os casos de acolhimento institucional como para os casos de acolhimento familiar. **B:** incorreta. O acesso aos autos será sempre garantido ao curador, ainda que o processo tramite em segredo de justiça. **C:** correta, nos exatos termos da Súmula 235 do TJRJ. **D:** incorreta. O acesso aos autos é garantido ao curador, em qualquer circunstância. **E:** incorreta. Vide Súmula 235 do TJRJ. 🆁🅳
Gabarito "C".

(Defensor Público – DPE/SC – 2017 – FCC) Dentre as atribuições específicas que lhe são expressas na lei, ao Conselho Tutelar cabe

(A) zelar por sua autonomia, apresentando anualmente proposta orçamentária do órgão ao Conselho Municipal dos Direitos da Criança e do Adolescente a quem deve prestar contas de suas atividades.

(B) fiscalizar o cumprimento das portarias judiciais relacionadas ao acesso de crianças e adolescentes desacompanhados de seus pais a espetáculos públicos.

(C) aplicar medida de encaminhamento a tratamento psicológico ao professor que utilizar de castigo físico como forma de disciplina de crianças que sejam suas alunas.

(D) coordenar a elaboração e fiscalizar a execução dos planos individuais de atendimento de crianças cujo acolhimento institucional foi por ele deliberado.

(E) executar suas decisões, aplicando sanções administrativas em caso de obstrução de sua ação.

A: incorreta. O Conselho Tutelar é órgão permanente e autônomo, não jurisdicional, encarregado pela sociedade de zelar pelo cumprimento dos direitos da criança e do adolescente (art. 131 do ECA). Por outro lado, deverá constar da lei orçamentária municipal e da do Distrito Federal previsão dos recursos necessários ao funcionamento do Conselho Tutelar e à remuneração e formação continuada dos conselheiros tutelares (art. 134, parágrafo único, do ECA). **B:** incorreta. Nos termos do art. 136, inciso X, do ECA, o Conselho Tutelar deve "representar, em nome da pessoa e da família, contra a violação dos direitos previstos no art. 220, § 3º, inciso II, da Constituição Federal", encaminhando, portanto, ao Ministério Público para eventual aplicação de sanção administrativa por descumprimento de portaria judicial. **C:** correta. A denominada "Lei da Palmada" incluiu o art. 18-B no ECA, dando poderes ao Conselho Tutelar (sem prejuízo de outras medidas judiciais) para aplicar medidas aos que utilizarem castigo físico ou tratamento cruel ou degradante em crianças e adolescentes. As medidas elencadas no mencionado artigo são as seguintes: I – encaminhamento a programa oficial ou comunitário de proteção à família; II – encaminhamento a tratamento psicológico ou psiquiátrico; III – encaminhamento a cursos ou programas de orientação; IV – obrigação de encaminhar a criança a tratamento especializado e V – advertência. **D:** incorreta. O plano individual será elaborado sob a responsabilidade da equipe técnica do respectivo programa de atendimento e levará em consideração a opinião da criança ou do adolescente e a oitiva dos pais ou do responsável (art. 101, inciso V, do ECA). **E:** incorreta. As sanções administrativas previstas no estatuto menorista somente podem ser aplicadas pela autoridade judicial (art. 148, inciso VI, do ECA). 🆁🅳
Gabarito "C".

(Defensor Público – DPE/RN – 2016 – CESPE) No que se refere às medidas específicas de proteção da criança e do adolescente, assinale a opção correta.

(A) É improrrogável o prazo estabelecido pela legislação em vigor para a permanência da criança ou do adolescente em programa de acolhimento institucional.

21. DIREITO DA CRIANÇA E DO ADOLESCENTE   835

(B) Em regra, é da competência exclusiva da autoridade judiciária a colocação de criança ou adolescente em programa de acolhimento familiar ou em família substituta mediante a concessão de guarda, tutela ou adoção.

(C) A medida de acolhimento institucional pode ser utilizada como punição aplicada a adolescente em conflito com a lei, hipótese em que se assemelha à medida socioeducativa de internação.

(D) Na hipótese de ameaça ou violação de direitos, o ECA estabeleceu, em rol taxativo, as medidas específicas de proteção que podem ser aplicadas pela autoridade competente.

(E) Ao contrário do acolhimento institucional, a provisoriedade não configura critério a ser observado no tocante à medida de acolhimento familiar.

A: incorreta. Nos termos do art. 19, § 2º, do ECA a permanência da criança e do adolescente em programa de acolhimento institucional não se prolongará por mais de 18 (dezoito meses), salvo comprovada necessidade que atenda ao seu superior interesse, devidamente fundamentada pela autoridade judiciária. **B:** correta. A colocação em família substituta (guarda, tutela ou adoção) e a medida de acolhimento institucional ou familiar somente podem ser determinadas pela autoridade judiciária (art. 101 do ECA). Vale notar que as "entidades que mantenham programa de acolhimento institucional poderão, em caráter excepcional e de urgência, acolher crianças e adolescentes sem prévia determinação da autoridade competente, fazendo comunicação do fato em até 24 (vinte e quatro) horas ao Juiz da Infância e da Juventude, sob pena de responsabilidade" (art. 93 do ECA). **C:** incorreta. Na forma do § 1º do art. 101 do ECA, o "acolhimento institucional e o acolhimento familiar são medidas provisórias e excepcionais, utilizáveis como forma de transição para reintegração familiar ou, não sendo esta possível, para colocação em família substituta, não implicando privação de liberdade". **D:** incorreta. As medidas de proteção previstas no art. 101 do ECA são exemplificativas, podendo outras medidas serem todas fundamentadas na proteção integral e no superior interesse do menor. **E:** incorreta. Os mesmos prazos da medida de acolhimento institucional são aplicáveis ao acolhimento familiar. RD
Gabarito "B".

(Defensor Público – DPE/BA – 2016 – FCC) Sobre os princípios que regem a aplicação das medidas específicas de proteção, conforme expressamente previstos no Estatuto da Criança e do Adolescente, é correto afirmar que, pelo(s) princípio(s) da

(A) proporcionalidade e da atualidade, a intervenção deve considerar as condições fáticas vigentes ao tempo em que a situação de risco e perigo teve início.

(B) obrigatoriedade da informação e da participação, crianças e adolescentes devem ser formalmente cientificados, por mandado ou meio equivalente, de todas as decisões judiciais que apliquem, em face deles, medidas de promoção de direitos e de proteção.

(C) intervenção mínima, a intervenção deve ser exercida exclusivamente pelas autoridades e instituições cuja ação seja indispensável à efetiva promoção dos direitos e à proteção da criança e do adolescente.

(D) presunção de responsabilidade, a criança ou adolescente em situação de risco deve ter sua situação analisada e decidida pela autoridade protetiva que primeiro tiver notícia da ameaça ou violação dos direitos.

(E) discricionariedade, as decisões que apliquem medidas devem ser baseadas no prudente arbítrio das autoridades administrativas e/ou judiciais.

A: incorreta. Pelo princípio da proporcionalidade e atualidade, a intervenção deve ser a necessária e adequada à situação de perigo em que a criança e o adolescente se encontrem (art. 100, parágrafo único, inciso VIII, do ECA). **B:** incorreta. Pelo princípio da obrigatoriedade da informação, a criança e adolescente serão informados dos seus direitos, dos motivos que determinaram a intervenção e da forma como esta se processa, sempre respeitando seu estágio de desenvolvimento e capacidade de compreensão (art. 100, parágrafo único, inciso XI, do ECA). **C:** Correta. Nos exatos termos do art. 100, parágrafo único, inciso VII, do ECA. **D:** incorreta. Pelo princípio da intervenção precoce (não da presunção de responsabilidade), a intervenção das autoridades competentes deve ocorrer logo que a situação de perigo seja conhecida (art. 100, parágrafo único, inciso VI, do ECA). **E:** incorreta. Todas as medidas de proteção devem ser pautadas nas orientações do Estatuto da Criança e do Adolescente, em especial dos artigos 100 e 101. RD
Gabarito "C".

(Defensor Público – DPE/MT – 2016 – UFMT) Sobre a Lei 12.594/2012, analise as assertivas abaixo.

I. Compete _____ estabelecer e desenvolver programa para a execução das medidas socioeducativas de semiliberdade.

II. Compete _____ estabelecer e manter programas de atendimento para a execução das medidas socioeducativas em meio aberto.

III. Compete _____ estabelecer e manter processo de avaliação dos Sistemas de Atendimento Socioeducativo, seus planos, entidades e programas.

IV. Compete _____ estabelecer as hipóteses de proibição de entradas de objetos na unidade de internação, vedando o acesso aos seus portadores.

Assinale a sequência que preenche correta e respectivamente as lacunas.

(A) à União, ao Estado, ao Regulamento interno, ao Município.

(B) à União, ao Município, ao Estado, ao Regulamento Interno.

(C) ao Estado, à União, ao Regulamento Interno, ao Município.

(D) ao Município, ao Estado, à União, ao Regulamento Interno.

(E) ao Estado, ao Município, à União, ao Regulamento Interno.

I: Conforme art. 4º, III, da referida Lei, compete ao **Estado** "criar, desenvolver e manter programas para a execução das medidas socioeducativas de semiliberdade e internação". **II:** Conforme art. 5º, III, compete ao **Município**, "criar e manter programas de atendimento para a execução das medidas socioeducativas em meio aberto". **III:** Conforme art. 3º, VII, compete à **União** "instituir e manter processo de avaliação dos Sistemas de Atendimento Socioeducativo, seus planos, entidades e programas". **IV:** Conforme art. 70, "o **regulamento interno** estabelecerá as hipóteses de proibição da entrada de objetos na unidade de internação, vedando o acesso aos seus portadores". RD
Gabarito "E".

(Defensor Público – DPE/BA – 2016 – FCC) Sobre o SINASE – Sistema Nacional de Atendimento Socioeducativo – é correto afirmar que

(A) se trata de um subsistema do Sistema Único de Assistência Social – SUAS, por meio do qual são regulamentados e geridos os programas socioassistenciais, socioeducativos e socioprotetivos destinados aos adolescentes autores de atos infracionais.

(B) mesmo previsto na Constituição Federal desde 1988, foi efetivamente implantado no país somente a partir de 2010, quando, por força de lei federal, a adesão a esse Sistema tornou-se obrigatória pelos estados, municípios e Distrito Federal.

(C) é coordenado por uma comissão triparte de gestores representantes dos sistemas estaduais, distrital e municipais responsáveis pela implementação dos seus respectivos programas de atendimento ao adolescente ao qual seja aplicada medida socioeducativa.

(D) ao Conselho Nacional dos Direitos da Criança e do Adolescente (Conanda) competem as funções normativa, deliberativa, de avaliação e de fiscalização do Sinase.

(E) corresponde ao conjunto ordenado de princípios, regras e critérios que envolvem a aplicação e execução de medidas socioeducativas, incluindo-se, nele, todos os planos, políticas e programas, gerais e específicos, de atendimento ao adolescente em conflito com a lei e a seus familiares.

A: incorreta. O art. 1º, § 1º, da Lei 12.594/2012, entende por SINASE "o conjunto ordenado de princípios, regras e critérios que envolvem a execução de medidas socioeducativas, incluindo-se nele, por adesão, os sistemas estaduais, distrital e municipais, bem como todos os planos, políticas e programas específicos de atendimento a adolescente em conflito com a lei". O Sistema Único de Assistência Social – SUAS, por sua vez, tem por função a gestão do conteúdo específico da assistência social. **B:** incorreta. O SINASE foi regulamentado pela Lei 12.594/2012, e determinou, nos seus arts. 82, 83 e 84, o prazo de um ano para adequação dos programas por parte do Estado, Municípios e Distrito Federal. **C:** incorreta. O SINASE é coordenado pela União e integrado pelos sistemas estaduais, distrital e municipais responsáveis pela implementação dos seus respectivos programas de atendimento a adolescente ao qual seja aplicada medida socioeducativa, com liberdade de organização e funcionamento (art. 2º). **D:** correta. Nos exatos termos do art. 3º, § 2º, da Lei 12.594/2012. **E:** incorreta. O SINASE não é destinado aos familiares do adolescente infrator (veja justificativa da alternativa "A"). RD

Gabarito "D".

(Defensor Público – DPE/BA – 2016 – FCC) Segundo dispõe a legislação em vigor, a medida

(A) protetiva de obrigação de reparar o dano pode ser aplicada pelo Conselho Tutelar a crianças e adolescentes, com fundamento no fato de elas terem depredado o espaço escolar.

(B) restaurativa de frequência obrigatória a programas comunitários de tratamento pode ser aplicada pelo Ministério Público, com fundamento no fato de serem a criança ou o adolescente portadores de doença ou deficiência mental.

(C) protetiva de acolhimento familiar, aplicada pela autoridade judiciária, consiste no auxílio financeiro prestado pelo estado a parentes próximos com os quais conviva a criança ou adolescente cujos pais renunciaram ao poder familiar.

(D) de advertência pode ser aplicada pelo juiz a pais ou responsável, sob fundamento de terem cometido a infração administrativa de submeter criança ou adolescente sob sua guarda a vexame ou constrangimento.

(E) socioeducativa de internação implica privação de liberdade, sendo permitida a realização de atividades externas, a critério da equipe técnica da entidade, salvo expressa determinação judicial em contrário.

A: incorreta. A medida socioeducativa de reparação de danos está prevista nos art. 112 e 116, e só pode ser aplicada pela autoridade judicial (art. 148 do ECA). **B:** incorreta. A medida de proteção de inclusão em serviços e programas oficiais ou comunitários de proteção, apoio e promoção da família, da criança e do adolescente (art. 101, inciso IV); pode ser aplicada pela autoridade judicial, pelo conselho tutelar, cabendo também ao MP na forma do art. 201, inciso VIII, e § 1º, do ECA. **C:** incorreta. A medida protetiva de acolhimento familiar e institucional só podem ser aplicadas pela autoridade judiciária (art. 101 do ECA) e são utilizáveis como forma de transição para reintegração familiar ou colocação em família substituta (art. 101, § 1º, do ECA). **D:** incorreta. A medida socioeducativa somente pode ser aplicada ao adolescente infrator. Aos pais são cabíveis as medidas previstas no art. 129 do ECA. **E:** correta. A medida socioeducativa de internação é medida que restringe a liberdade do adolescente, sendo possível, no entanto, na forma do § 1º, do art. 121, do ECA: "a realização de atividades externas, a critério da equipe técnica da entidade, salvo expressa determinação judicial em contrário". RD

Gabarito "E".

4. MEDIDAS SOCIOEDUCATIVAS E ATO INFRACIONAL – DIREITO MATERIAL

(Juiz de Direito/AP – 2022 – FGV) Wesley, adolescente de 16 anos, pratica ato infracional análogo a crime de roubo com emprego de arma de fogo. Concluída a instrução processual, o juiz da Vara da Infância e Juventude profere sentença aplicando a medida socioeducativa de internação, pelo prazo de seis meses. Decorridos três meses do início de cumprimento da medida, a Direção do programa de atendimento requer a substituição por semiliberdade, com fulcro na avaliação contida no plano individual de atendimento, que noticia o adequado cumprimento da medida de internação pelo adolescente. O promotor de justiça manifesta-se contrariamente ao pedido, entendendo que a gravidade do ato infracional e os antecedentes do adolescente impedem a substituição da medida, antes do prazo de reavaliação obrigatória, independentemente do parecer favorável no plano individualizado de atendimento.

Considerando o disposto na Lei nº 12.594/2012, é correto afirmar que:

(A) a reavaliação da manutenção, da substituição ou da suspensão das medidas de privação da liberdade somente pode ser solicitada após o decurso do prazo de seis meses;

(B) a gravidade do ato infracional e os antecedentes são fatores que, por si só, impedem a substituição da medida por outra menos grave;

(C) a Direção do programa de atendimento não poderá solicitar a reavaliação da medida a qualquer tempo, sendo legitimados o defensor, o Ministério Público, ou o adolescente e seus pais ou responsável;

(D) o desempenho adequado do adolescente com base no seu plano individual de atendimento não justifica a reavaliação da medida antes do prazo mínimo de seis meses;

(E) a autoridade judiciária poderá indeferir o pedido de reavaliação da manutenção, da substituição ou da

21. DIREITO DA CRIANÇA E DO ADOLESCENTE   837

suspensão das medidas, se entender insuficiente a motivação.

A: incorreta, já que tal reavaliação pode ser solicitada a qualquer tempo, a pedido da direção do programa de atendimento, do defensor, do MP, do próprio adolescente bem como de seus pais ou responsável, nos termos do que estabelece o art. 43, *caput*, da Lei 12.594/2012 (Sinase); **B:** incorreta, pois não reflete o disposto no art. 42, § 2°, da Lei 12.594/2012, que assim dispõe: *A gravidade do ato infracional, os antecedentes e o tempo de duração da medida não são fatores que, por si, justifiquem a não substituição da medida por outra menos grave*; **C:** incorreta. Vide comentário à alternativa "A"; **D:** incorreta, pois, a teor do art. 43, § 1°, I, da Lei 12.594/2012, o desempenho adequado do adolescente com base no seu plano individual de atendimento justifica, sim, a reavaliação da medida antes do prazo mínimo de seis meses; **E:** correta, pois em consonância com a regra presente no art. 43, § 2°, da Lei 12.594/2012. **ED**

Gabarito "E".

(Juiz de Direito/GO – 2021 – FCC) No procedimento de apuração de ato infracional, conforme determina a lei, a autoridade judiciária, ao proferir a sentença, convencida da existência de provas suficientes de autoria e materialidade da infração,

(A) determinará a realização de estudo psicossocial polidimensional para orientar a fixação da medida socioeducativa mais adequada.

(B) poderá aplicar remissão judicial se o adolescente for primário e não se tratar de fato passível de aplicação de medida de internação ou semiliberdade.

(C) fixará a medida socioeducativa mais adequada para o adolescente, individualizando, em qualquer caso, seu tempo de duração.

(D) levará em conta a capacidade de cumprimento do adolescente, entre outros critérios, ao aplicar-lhe a medida socioeducativa.

(E) decidirá o cabimento de medida socioeducativa de acordo com a idade e a maturidade do adolescente.

A: incorreta. Cuida-se de providência não prevista em lei (para este caso); **B:** incorreta, pois em desconformidade com os arts. 114 e 126 a 128 do ECA. Sobre a remissão, valem alguns esclarecimentos. Cuida-se do *perdão concedido pelo MP ao adolescente autor de ato infracional*. Neste caso, tem natureza administrativa e depende de homologação. Inexiste inconstitucionalidade nesta medida, já que está o Ministério Público credenciado a decidir pela aplicação da remissão ou pelo oferecimento da representação. Essa é a *remissão ministerial* (art. 126, *caput*, do ECA). Uma vez iniciado o procedimento, a remissão não mais poderá ser concedida pelo promotor de justiça, somente pela autoridade judiciária. Essa é a *remissão judicial*, que importa em suspensão ou extinção do processo (art. 126, parágrafo único, do ECA) e tem como propósito amenizar os efeitos da continuidade desse. Observações quanto às duas espécies de remissão: a) a remissão ministerial importa na exclusão do início do processo de conhecimento. Já a judicial, que é aquela em que o processo de conhecimento já teve início com a representação formulada pelo MP, implica a extinção ou suspensão do processo – em curso; b) a despeito de a lei nada ter dito a esse respeito, a remissão ministerial está condicionada ao consentimento expresso do adolescente e de seu representante legal. Motivo: na hipótese de o adolescente sustentar que não cometeu o ato infracional a ele imputado, terá a oportunidade, por meio do processo de conhecimento, de provar sua inocência. Com muito mais razão, quando se tratar de remissão cumulada com medida socioeducativa (STJ entende ser possível a cumulação); c) a remissão judicial prescinde de anuência do MP, que, no entanto, será ouvido, sob pena de nulidade. A esse respeito, conferir: STF, HC 96.659-MG, Rel. Min. Gilmar Mendes, j. 28.09.2010; d) ainda no âmbito da remissão

judicial, o juiz da infância e da juventude poderá, neste caso, suspender (paralisar) ou ainda extinguir (pôr fim) o processo. Suspenderá na hipótese de o adolescente ser submetido a uma medida socioeducativa em que se faça necessário o seu acompanhamento, como, por exemplo, a prestação de serviços à comunidade. Ao término desta, o processo será extinto. Por fim, será extinto sempre que não for necessária a imposição de medida socioeducativa cumulada com a remissão ou mesmo no caso de ser aplicada medida que prescinda de acompanhamento. Ex.: advertência; e) a remissão não implica necessariamente o reconhecimento ou comprovação da responsabilidade, nem prevalece para efeito de antecedentes (art. 127 do ECA). É dizer, o fato de o adolescente e seu representante aquiescerem na aplicação da medida não quer dizer que aquele está admitindo culpa pelo ato infracional praticado; se assim preferir, poderá recusar a benesse e provar a sua inocência no curso do processo de conhecimento; f) a medida que eventualmente for aplicada junto com a remissão, que nunca poderá ser a de colocação em regime de semiliberdade e internação, poderá ser revista judicialmente a qualquer tempo, mediante pedido do adolescente ou de seu representante legal, ou do MP; **C:** incorreta. A internação, por exemplo, por força do que dispõe o art. 121, § 2°, do ECA, não comporta prazo determinado, devendo sua manutenção ser reavaliada, mediante decisão fundamentada, no máximo a cada seis meses. Seja como for, o período de internação não excederá a 3 anos (art. 121, § 3°, do ECA); **D:** correta, pois reflete o disposto no art. 112, § 1°, do ECA; **E:** incorreta. Trata-se de critérios não contemplados em lei. **ED**

Gabarito "D".

(Juiz de Direito/GO – 2021 – FCC) A autoridade judiciária tem expressa permissão legal para determinar a busca e apreensão

(A) de adolescente que se ausenta da audiência de apresentação no procedimento de apuração de ato infracional por não ter sido localizado e notificado para fins de comparecimento.

(B) de adolescente que, embora compromissado, não se apresenta ao Ministério Público após liberação aos pais pela autoridade policial em casos de flagrante de ato infracional.

(C) de crianças e adolescentes que, sem autorização judicial, se desliguem de comunidades terapêuticas onde foram internados compulsoriamente para tratamento contra drogadição.

(D) para viabilizar a apresentação de adolescente ao programa de liberdade assistida em caso de descumprimento reiterado e injustificado da medida, esgotados os recursos do orientador.

(E) de adolescentes que se evadam de serviços de acolhimento institucional para permanecer com parentes de cujo convívio foram anteriormente retirados em razão de grave conflito familiar.

A solução desta questão deve ser extraída do art. 184, § 3°, do ECA, que assim dispõe: *não sendo localizado o adolescente, a autoridade judiciária expedirá mandado de busca e apreensão, determinando o sobrestamento do feito, até a efetiva apresentação.* **ED**

Gabarito "A".

(Juiz de Direito/GO – 2021 – FCC) Sandro é dirigente de programa de atendimento socioeducativo em regime de internação, de modo que, de acordo com a legislação vigente,

(A) deve comprovar, para exercício da função, sem prejuízo de outros requisitos, formação em nível superior e experiência no trabalho com adolescentes de, no mínimo, dois anos.

838 EDUARDO DOMPIERI E ROBERTA DENSA

(B) tem a atribuição de rever, a pedido do interessado, decisões das comissões internas responsáveis pela aplicação de sanção disciplinar ao adolescente em caso de falta grave ou média.

(C) pode, em processo judicial iniciado por auto de infração elaborado por servidor efetivo ou voluntário credenciado, ser afastado de suas funções no caso de irregularidade no programa de atendimento que dirige.

(D) pode suspender temporariamente as visitas aos adolescentes, inclusive de pais ou responsável, se existirem motivos sérios e fundados de sua prejudicialidade aos interesses do adolescente.

(E) cabe a ele, ou à direção que representa, solicitar à autoridade judiciária a liberação de visita íntima ao adolescente privado de liberdade que seja casado ou que viva, comprovadamente, em união estável.

A solução desta questão deve ser extraída do art. 17 da Lei 12.594/2012 (Sinase), que assim dispõe: *Para o exercício da função de dirigente de programa de atendimento em regime de semiliberdade ou de internação, além dos requisitos específicos previstos no respectivo programa de atendimento, é necessário: I – formação de nível superior compatível com a natureza da função; II – comprovada experiência no trabalho com adolescentes de, no mínimo, 2 (dois) anos; e III – reputação ilibada.* ED
Gabarito "A".

(Juiz de Direito/SP – 2021 – Vunesp) Acerca da superveniência da maioridade penal do adolescente (18 anos), enquanto submetido à medida socioeducativa, é correto afirmar que

(A) a medida socioeducativa poderá ser estendida apenas na hipótese de internação.

(B) a medida socioeducativa poderá ser estendida até que ele complete 21 anos.

(C) a medida socioeducativa deverá ser extinta na hipótese de liberdade assistida.

(D) ensejará a extinção do procedimento.

Apesar de o ECA ter sido concebido para disciplinar a situação de *crianças* e *adolescentes*, ele também incidirá, excepcionalmente, sobre pessoas com idade entre 18 e 21 anos (incompletos), no que concerne à aplicação e execução de medidas socioeducativas, cujo cumprimento deverá, necessariamente, findar até os 21 anos da pessoa, respeitado o período máximo de 3 anos. *Vide*, a esse respeito, Informativo STF 547. Neste caso, é imprescindível que o ato infracional tenha sido praticado antes de a pessoa tornar-se imputável, é dizer, completar 18 anos; caso contrário, está-se a falar de responsabilidade penal, em que a resposta estatal consiste em *pena* e *medida de segurança*. Assim, leva-se em conta a idade de existência na data do fato (conduta), ainda que a consumação do ato infracional tenha se operado quando ele já atingiu a maioridade. É o que estabelece o art. 104 do Estatuto. Nessa linha, confira o posicionamento pacífico do Supremo Tribunal Federal: *Medida Socioeducativa e Advento da Maioridade*. A Turma reafirmou jurisprudência da Corte no sentido de que o atingimento da maioridade não impede o cumprimento de medida socioeducativa de semiliberdade e indeferiu *habeas corpus* em que se pleiteava a extinção dessa medida aplicada ao paciente que, durante o seu curso, atingira a maioridade penal. Sustentava a impetração constrangimento ilegal, dado que, como o paciente completara a maioridade civil – 18 anos –, e, portanto, alcançara a plena imputabilidade penal, não teria mais legitimação para sofrer a imposição dessa medida socioeducativa. Asseverou-se, todavia, que, se eventualmente a medida socioeducativa superar o limite etário dos 18 anos, ela poderá ser executada até os 21 anos de idade, quando a liberação tornar-se-á compulsória. Alguns precedentes citados: HC 91441/RJ (*DJU* de 29.06.2007); HC 91490/RJ (*DJU* de 15.06.2007) e HC 94938/RJ (*DJE* de 03.10.2008). HC 96355/

RJ, rel. Min. Celso de Mello, 19.05.2009. (HC-96355) (Inform. STF 547). Nessa mesma esteira, o STJ editou a Súmula 605, que assim dispõe: *a superveniência da maioridade penal não interfere na apuração de ato infracional nem na aplicabilidade de medida socioeducativa em curso, inclusive na liberdade assistida, enquanto não atingida a idade de 21 anos.* ED
Gabarito "B".

(Juiz de Direito – TJ/MS – 2020 – FCC) Jorge tem 20 anos e completou 3 anos ininterruptos de cumprimento de medida de internação. Assim, de acordo com o que dispõe expressamente a lei, Jorge

(A) deverá ser imediatamente liberado, independentemente de prévia autorização judicial.

(B) poderá ser colocado em regime de semiliberdade, liberdade assistida ou prestação de serviços à comunidade.

(C) poderá ser encaminhado, excepcionalmente, a Hospital de Custódia e Tratamento Psiquiátrico caso persista a periculosidade e tenha sido decretada sua interdição.

(D) deverá ser encaminhado a uma residência inclusiva caso não disponha de local para morar.

(E) pode permanecer em medida de internação caso nova internação tenha sido aplicada por ato infracional praticado durante a execução.

A: incorreta. Conforme preceitua o art. 121, § 6º, do ECA, "em qualquer hipótese a desinternação será precedida de autorização judicial, ouvido o Ministério Público". **B:** incorreta. Conforme preceitua o art. 121, § 4º, do ECA, uma vez que houve o cumprimento do prazo de 3 anos da medida socioeducativa, o adolescente deverá ser liberado, colocado em regime de semiliberdade ou de liberdade assistida. **C:** incorreta. Caso o adolescente apresente indícios de transtorno mental, de deficiência mental, ou associadas, deverá ser avaliado e colocado em tratamento (vide art. 64 da Lei 12.594/2021). Vale notar que o Código Penal, em seu art. 41, de fato determina que o condenado deve ser recolhido a hospital de custódia e tratamento psiquiátrico ou, à falta, a outro estabelecimento adequado. **D:** incorreta. A residência inclusiva está prevista apenas no Estatuto da Pessoa com Deficiência (art. 3º, X, e art. 31). **E:** correta. Conforme estabelecido pelo art. 45 da Lei 12.594/2021 (SINASE): "Se, no transcurso da execução, sobrevier sentença de aplicação de nova medida, a autoridade judiciária procederá à unificação, ouvidos, previamente, o Ministério Público e o defensor, no prazo de 3 (três) dias sucessivos, decidindo-se em igual prazo. § 1º É vedado à autoridade judiciária determinar reinício de cumprimento de medida socioeducativa, ou deixar de considerar os prazos máximos, e de liberação compulsória previstos na Lei 8.069, de 13 de julho de 1990 (Estatuto da Criança e do Adolescente), excetuada a hipótese de medida aplicada por ato infracional praticado durante a execução". RD
Gabarito "E".

(Juiz de Direito – TJ/MS – 2020 – FCC) A impugnação do Plano Individual de Atendimento, no âmbito da execução das medidas socioeducativas, conforme previsão expressa da Lei 12.594/2012 (Lei do Sinase),

(A) no que ultrapassa os aspectos meramente formais, deve ser fundamentada em laudo técnico.

(B) uma vez admitida, obriga a designação de audiência para oitiva do adolescente, seus pais e técnicos do programa.

(C) suspende o prazo de reavaliação obrigatória da medida socioeducativa até que seja decidido o mérito da impugnação.

(D) não suspenderá a execução do plano individual, salvo determinação judicial em contrário.

(E) precede a homologação da guia de execução nas medidas socioeducativas privativas de liberdade.

A: incorreta. Não há exigência de que a impugnação seja fundamentada em laudo técnico: "A impugnação ou complementação do plano individual, requerida pelo defensor ou pelo Ministério Público, deverá ser fundamentada, podendo a autoridade judiciária indeferi-la, se entender insuficiente a motivação" (art. 41, § 2º, da Lei do Sinase). **B:** incorreta. A audiência é facultativa: "Admitida a impugnação, ou se entender que o plano é inadequado, a autoridade judiciária designará, se necessário, audiência da qual cientificará o defensor, o Ministério Público, a direção do programa de atendimento, o adolescente e seus pais ou responsável" (art. 41, § 3º, da Lei do Sinase). **C:** incorreta. Não há suspensão da execução nem do prazo de reavaliação. Vide justificativa da próxima questão. **D:** correta. "A impugnação não suspenderá a execução do plano individual, salvo determinação judicial em contrário" (art. 41, § 4º, da Lei do Sinase). **E:** incorreta. "Findo o prazo sem impugnação, considerar-se-á o plano individual homologado" (art. 41, § 5º, da Lei do Sinase). **RD**
„Gabarito "D".

(Juiz de Direito – TJ/RJ – 2019 – VUNESP) Com relação à responsabilidade civil de crianças e adolescentes por danos causados a terceiros, assinale a alternativa correta.

(A) Ao adolescente que cometer ato infracional com reflexos patrimoniais, poderá ser determinada obrigação de reparar o dano, possibilitada a cumulação com outra medida socioeducativa.

(B) Violada a esfera patrimonial e extrapatrimonial de terceiro, por ato voluntário de crianças ou adolescentes, a autoridade competente poderá determinar às crianças e aos adolescentes a medida socioeducativa de reparar o dano.

(C) Em se tratando de ato infracional com reflexos patrimoniais, se impossível a restituição da coisa e o ressarcimento do dano, a medida socioeducativa será substituída pela realização de tarefas remuneradas de interesse geral, pelo adolescente, desde que maior de catorze anos e respeitadas as suas aptidões, e o valor apurado será usado no ressarcimento da vítima.

(D) Como ocorre com a advertência, a obrigação de reparar o dano exige prova de materialidade e indícios de autoria da infração, diante da possibilidade de ressarcimento de valores ao atingimento da maioridade civil, não só pela criança como pelo adolescente.

(E) Com a reparação do dano, extingue-se a obrigação, cabendo ao Poder Judiciário a fiscalização indireta da medida socioeducativa e restando a execução direta sob responsabilidade da entidade de atendimento.

A: correta. Trata-se da medida socioeducativa de reparação dos danos, prevista no art. 116 do ECA: "Em se tratando de ato infracional com reflexos patrimoniais, a autoridade poderá determinar, se for o caso, que o adolescente restitua a coisa, promova o ressarcimento do dano, ou, por outra forma, compense o prejuízo da vítima". A cumulação de medidas socioeducativas está prevista no art. 113 do ECA: "Aplica-se a este Capítulo o disposto nos arts. 99 e 100". E, por sua vez, o art. 99 assim dispõe: "As medidas previstas neste Capítulo poderão ser aplicadas isolada ou cumulativamente, bem como substituídas a qualquer tempo". **B:** incorreta. A aplicação de medidas socioeducativas é prevista apenas ao adolescente infrator. Em relação às crianças, são aplicáveis apenas medidas protetivas, nos termos do art. 105 do ECA: "Ao ato infracional praticado por criança corresponderão as medidas

---

previstas no art. 101". **C:** incorreta. Nos termos do parágrafo único do art. 116, "Havendo manifesta impossibilidade, a medida poderá ser substituída por outra adequada". **D:** incorreta. Nos termos do art. 114 do ECA, a imposição de medida socioeducativa de advertência não exige a existência de provas suficientes de autoria e materialidade. Vale ainda notar que a reparação dos dados tem como função a educação e ressocialização do adolescente. O ressarcimento dos danos à vítima ou terceiros é mera consequência da medida socioeducativa, não a finalidade dela. **E:** incorreta. Em primeiro lugar, não é razoável que a medida socioeducativa per si declare extinta eventual indenização na esfera cível. Ademais, cabe ao Poder Judiciário (autoridade judicial), **diretamente**, a fiscalização do cumprimento da medida socioeducativa, que deve ser aplicada pela entidade de atendimento (vide art. 36 da Lei do Lei 12.594/2012 e art. 146 do ECA). **RD**
„Gabarito "A".

(Juiz de Direito – TJ/AL – 2019 – FCC) Segundo disposição expressa da Lei n. 12.594/2012 (Lei do SINASE) e/ou Lei n. 8.069/1990 (Estatuto da Criança e do Adolescente), deve ser fundamentada em parecer técnico a decisão que

(A) substitui a medida socioeducativa mais branda por medida mais gravosa.

(B) declara extinta a medida socioeducativa pela realização de sua finalidade.

(C) autoriza as saídas externas de adolescentes em cumprimento de medida socioeducativa privativa de liberdade.

(D) impõe, em situações excepcionais, sanção disciplinar de isolamento a adolescente interno.

(E) aplica medida socioeducativa de liberdade assistida a adolescente a quem se atribui autoria de ato infracional.

A: correta. Conforme art. 43, § 4º, I e II, da Lei 12.594/2012, na hipótese de substituição de medida mais gravosa, após o devido processo legal, serão necessários o parecer técnico e audiência prévia. Essa regra é aplicável aos casos de internação-sanção (art. 122, III, do ECA). **B:** incorreta. O parecer técnico não é necessário para extinção da medida socioeducativa, basta a comprovação de qualquer das hipóteses do art. 46 da Lei do SINASE. **C:** incorreta. A saída para atividades externas independe de parecer técnico. Conforme art. 121, § 1º, do ECA, será permitida a realização de atividades externas, a critério da equipe técnica da entidade, salvo expressa determinação judicial em contrário. **D:** incorreta. É vedada a aplicação de sanção disciplinar de isolamento ao adolescente interno seja essa imprescindível para garantia da segurança de outros internos ou do próprio adolescente a quem seja imposta a sanção, sendo necessária ainda comunicação ao defensor, ao Ministério Público e à autoridade judiciária em até 24 (vinte e quatro) horas. **E:** incorreta. A aplicação de medida socioeducativa de liberdade assistida independe de parecer técnico. **RD**
„Gabarito "A".

(Juiz de Direito – TJ/SC – 2019 – CESPE/CEBRASPE) Considerando o entendimento do STJ, assinale a opção correta acerca da Lei 12.594/2012, que instituiu o Sistema Nacional de Atendimento Socioeducativo (SINASE).

(A) É direito absoluto do adolescente ser incluído em programa de meio aberto quando inexistir vaga para o cumprimento de medida de privação da liberdade no domicílio de sua residência familiar.

(B) O juiz deverá ouvir a defesa técnica antes de decidir a respeito do pedido de regressão da medida socioeducativa, sendo dispensável, no entanto, a oitiva do adolescente.

840 EDUARDO DOMPIERI E ROBERTA DENSA

(C) É garantido aos adolescentes em cumprimento de medida socioeducativa de internação o direito de receber visita de filhos, desde que maiores de dois anos de idade.

(D) Cabe ao diretor da entidade de atendimento socioeducativo designar socioeducando com bom comportamento para desempenhar função de apuração e aplicação de sanção disciplinar.

(E) É vedado ao juiz aplicar nova medida de internação, por ato infracional praticado anteriormente, a adolescente que já tenha concluído o cumprimento de medida socioeducativa dessa natureza.

A: incorreta. De acordo com o art. 49 da Lei 12.594/12 "São direitos do adolescente submetido ao cumprimento de medida socioeducativa, sem prejuízo de outros previstos em lei: (...) II – ser incluído em programa de meio aberto quando inexistir vaga para o cumprimento de medida de privação da liberdade, exceto nos casos de ato infracional cometido mediante grave ameaça ou violência à pessoa, quando o adolescente deverá ser internado em Unidade mais próxima de seu local de residência". **B:** incorreta. Conforme a Súmula 265, do STJ: "É necessária a oitiva do menor infrator antes de decretar-se a regressão da medida socioeducativa". **C:** incorreta. De acordo com o art. 69 da Lei 12.594/12 "É garantido aos adolescentes em cumprimento de medida socioeducativa de internação o direito de receber visita dos filhos, independentemente da idade desses". **D:** incorreta. De acordo com o art. 73 da Lei 12.594/12: "Nenhum socioeducando poderá desempenhar função ou tarefa de apuração disciplinar ou aplicação de sanção nas entidades de atendimento socioeducativo". **E:** correta. Nos termos do art. 45, § 2º, da Lei 12.594/12: "É vedado à autoridade judiciária aplicar nova medida de internação, por atos infracionais praticados anteriormente, a adolescente que já tenha concluído cumprimento de medida socioeducativa dessa natureza, ou que tenha sido transferido para cumprimento de medida menos rigorosa, sendo tais atos absorvidos por aqueles aos quais se impôs a medida socioeducativa extrema". ▄ED
Gabarito "E".

(Juiz de Direito – TJ/BA – 2019 – CESPE/CEBRASPE) No que tange a atos infracionais e medidas socioeducativas, assinale a opção correta, com base no ECA e na jurisprudência do STJ.

(A) A superveniência da maioridade penal interfere na apuração de ato infracional cometido antes dos dezoito anos completos e na aplicabilidade de medida socioeducativa em curso.

(B) É ilegal a determinação de cumprimento da medida socioeducativa de liberdade assistida antes do trânsito em julgado da sentença condenatória.

(C) O ato infracional análogo ao tráfico de drogas autoriza, por si só, a imposição de medida socioeducativa de internação do adolescente em razão da gravidade da conduta delitiva.

(D) Por ser uma consequência natural do processo de ressocialização, a progressão da medida socioeducativa prescinde do juízo de convencimento do magistrado, que fica vinculado ao relatório multidisciplinar individual do adolescente.

(E) É possível a aplicação de medida socioeducativa de liberdade assistida no caso de ato infracional análogo a furto qualificado, porém essa medida deve atender à atualidade, observando-se a necessidade e a adequação.

A: incorreta. A aplicação de medida socioeducativa se dá até os 21 (vinte e um) anos (art. 2º do ECA). Nesse sentido é a Súmula 605, do STJ: "A superveniência da maioridade penal não interfere na apuração de ato infracional nem na aplicabilidade de medida socioeducativa em curso, inclusive na liberdade assistida, enquanto não atingida a idade de 21 anos.". **B:** incorreta. A liberdade assistida é medida que não restringe a liberdade do adolescente, podendo, inclusive, ser aplicada em conjunto com a remissão. Por tal razão, já entendeu o STJ: "Para efeito de condenação, a confissão não exclui a colheita de outras provas para confrontação dos elementos de confirmação ou para contraditar. Cabível, pois, a nulidade da sentença para nova instrução, concedendo-se ao menor a liberdade assistida até o desfecho do processo. (STJ, HC 39.829-RJ, Rel. Min. Nilson Naves, j. 31/5/2005). Precedentes: HC 38.551-RJ, DJ 6/12/2004; HC 36.238-RJ, DJ 11/10/2004, e HC 38.994-SP, DJ 9/2/2005. **C:** incorreta. Súmula 492 do STJ: "O ato infracional análogo ao tráfico de drogas, por si só, não conduz obrigatoriamente à imposição de medida socioeducativa de internação do adolescente". **D:** incorreta. Conforme art. 43 da Lei do Sinase (Lei 12.594/2012), a reavaliação da manutenção, substituição ou suspensão da medida pode ser requerida a qualquer tempo, cabendo a autoridade judiciária a análise e decisão sobre o caso concreto. Assim já decidiu o STJ: "(...) Nos termos do art. 121, § 2º, do ECA, o período máximo da internação não pode exceder a três anos e sua manutenção deve ser avaliada, mediante decisão fundamentada, no máximo a cada seis meses. O magistrado decidirá de acordo com seu livre convencimento e não está vinculado a relatório técnico, podendo adotar outros elementos de convicção para manter, extinguir ou progredir a medida (...)" (REsp 1610719/ES, Rel. Ministro Rogerio Schietti Cruz, 6ª Turma, DJe 01/09/2016). ▄ED
Gabarito "E".

(Promotor de Justiça/SP – 2019 – MPE/SP) Assinale a alternativa INCORRETA.

(A) Como ato infracional grave, o tráfico de drogas, por si só, permite a aplicação de medida socioeducativa de internação.

(B) Em relação ao tempo do ato infracional, o Estatuto da criança e do adolescente adotou a Teoria da Ação.

(C) Segundo o STJ, os atos infracionais, mesmo gerando medidas chamadas de socioeducativas, são prescritíveis, na forma do Código Penal.

(D) A inimputabilidade penal do menor de 18 anos é absoluta e sua presunção decorre da lei, por meio do critério etário.

(E) Se o adolescente descumprir remissão imprópria, não poderá haver conversão para semiliberdade ou internação.

A: Incorreta. Conforme Súmula 492 do STJ: "O ato infracional análogo ao tráfico de drogas, por si só, não conduz obrigatoriamente à imposição de medida socioeducativa de internação do adolescente". **B:** Correta. Conforme art. 104, parágrafo único do ECA. **C:** Correta. Conforme Súmula 338 do STJ: "A prescrição penal é aplicável nas medidas socioeducativas". **D:** Correta. Conforme art. 228 da Constituição Federal e art. 104 do ECA. **E:** Alternativa correta conforme art. 127 do ECA: "A remissão não implica necessariamente o reconhecimento ou comprovação da responsabilidade, nem prevalece para efeito de antecedentes, podendo incluir eventualmente a aplicação de qualquer das medidas previstas em lei, exceto a colocação em regime de semiliberdade e a internação". Caso haja remissão própria, não haverá aplicação de medida socioeducativa. A remissão imprópria é aquela que vem acompanhada de medida socioeducativa. Sendo assim, caso tenha sido aplicada a remissão com suspensão do processo, deve haver o prosseguimento do feito para efetiva comprovação de autoria e materialidade do ato infracional e eventual aplicação das medidas socioeducativas de semiliberdade e internação. ▄RD
Gabarito "A".

21. DIREITO DA CRIANÇA E DO ADOLESCENTE 841

(Juiz de Direito – TJ/RS – 2018 – VUNESP) Assinale a alternativa correta no que se refere aos dispositivos previstos no Estatuto da Criança e Adolescente em relação ao Título destinado à prática de atos infracionais.

(A) A medida socioeducativa de advertência poderá ser aplicada ao adolescente desde que haja indícios suficientes da autoria.

(B) A remissão não implica necessariamente o reconhecimento ou comprovação da responsabilidade, nem prevalece para efeito de antecedentes, podendo incluir eventualmente a aplicação de qualquer das medidas previstas em lei, exceto a colocação em regime de semiliberdade e a internação.

(C) A medida socioeducativa, denominada liberdade assistida, será fixada pelo prazo mínimo de 01 (um) mês, podendo a qualquer tempo ser prorrogada, revogada ou substituída por outra medida, ouvido o orientador, o Ministério Público e o defensor.

(D) A medida de internação poderá ser aplicada na hipótese de reiteração no cometimento de outras infrações por parte do adolescente infrator.

(E) Verificada a prática de ato infracional, a autoridade competente poderá aplicar ao adolescente as medidas socioeducativas, sendo vedada a simples determinação de encaminhamento aos pais ou responsável, mediante termo de responsabilidade.

A: incorreta. Para a aplicação de medida socioeducativa de advertência basta que haja prova da materialidade e indícios suficientes de autoria (art. 114, parágrafo único); **B:** correta, nos exatos termos do art. 127 do ECA; **C:** incorreta. O prazo mínimo para cumprimento de medida socioeducativa de liberdade assistida é de 6 (seis) meses (art. 118, § 2º); **D:** incorreta. A medida de internação pode ser aplicada na hipótese de reiteração no cometimento de outras infrações **graves** (art. 122, II, do ECA); **E:** incorreta. Verificada a prática de ato infracional, a autoridade judiciária poderá aplicar medida socioeducativa (art. 112 do ECA) e medida de proteção (art. 101 do ECA). Nesse caso, a medida de encaminhamento aos pais ou responsável é medida de proteção prevista no art. 101, I, do ECA. **RD**
Gabarito "B".

(Investigador – PC/BA – 2018 – VUNESP) Ao ato infracional cometido por criança, poderá ser aplicada

(A) liberdade assistida.

(B) advertência.

(C) inserção em regime de semiliberdade.

(D) requisição de tratamento médico, psicológico ou psiquiátrico, em regime hospitalar ou ambulatorial.

(E) prestação de serviços à comunidade.

São medidas socioeducativas: advertência, reparação de danos, prestação de serviços à comunidade, liberdade assistida, semiliberdade e internação (art. 112 do ECA). As medidas socioeducativas só podem ser aplicadas pelo juiz ao adolescente (pessoa entre 12 anos completos e 18 anos) que pratica ato infracional. Na hipótese de prática de ato infracional pela criança, somente pode ser aplicada medida protetiva. Sendo assim, estão incorretas as alternativas A, B, C e E, pois todas representam medidas socioeducativas. A única alternativa que representa medida protetiva, na forma do art. 101 do ECA, é a alternativa D. **RD**
Gabarito "D".

(Investigador – PC/BA – 2018 – VUNESP) No que diz respeito à internação do adolescente infrator prevista no Estatuto da Criança e do Adolescente, é correto afirmar que, antes da sentença,

(A) a internação do adolescente infrator poderá ser determinada pelo juiz por prazo indeterminado.

(B) a internação do adolescente infrator poderá ser determinada pelo prazo máximo de 45 (quarenta e cinco) dias, desde que demonstrada a necessidade imperiosa da medida, sendo imprescindível a fundamentação da decisão com base em indícios suficientes de autoria e materialidade.

(C) a internação do adolescente infrator poderá ser determinada pelo prazo máximo de 45 (quarenta e cinco) dias, sendo prorrogável por mais 45 (quarenta e cinco) dias, desde que devidamente justificada a necessidade.

(D) não poderá ser determinada a internação do adolescente infrator pelo juiz.

(E) a internação do adolescente infrator poderá ser determinada pelo prazo máximo de 60 (sessenta) dias.

A: incorreta. A internação provisória do adolescente somente será permitida, nos termos do art. 183, do ECA pelo prazo máximo de 45 (quarenta e cinco) dias; **B:** correta. O prazo máximo e improrrogável para a conclusão do procedimento, quando o adolescente internado provisoriamente, será de quarenta e cinco dias (art. 183). Ademais, nos termos do art. 189 do ECA, a autoridade judiciária não poderá aplicar qualquer medida, desde que reconheça na sentença: i) estar provada a inexistência do fato; ii) não haver prova da existência do fato; iii) não constituir o fato ato infracional; iv) não existir prova de ter o adolescente concorrido para o ato infracional; **C:** incorreta. A medida não pode ser prorrogada por mais 45 dias (art. 183 do ECA); **D:** incorreta. A internação antes da sentença é permitida nos termos do art. 183 do ECA; **E:** incorreta. O prazo máximo para aplicação da internação provisória é de 45 dias. **RD**
Gabarito "B".

(Defensor Público – DPE/SC – 2017 – FCC) Sobre as medidas socioeducativas, conforme expressamente regulamentadas em lei, é correto afirmar que a

(A) liberdade assistida será adotada sempre que se afigurar a medida mais adequada para proteger adolescentes cujos direitos se encontram violados ou ameaçados em razão da própria conduta.

(B) semiliberdade é fixada por tempo indeterminado, reavaliada no máximo a cada seis meses e implica profissionalização obrigatória do adolescente.

(C) advertência não implica, em qualquer hipótese, o reconhecimento ou comprovação da responsabilidade, nem prevalece para efeito de antecedente.

(D) obrigação de reparar o dano consiste na realização de tarefas gratuitas de interesse geral atribuídas, conforme suas aptidões, ao adolescente autor de ato infracional com reflexos patrimoniais.

(E) prestação de serviços à comunidade deve ser fixada por um prazo mínimo de seis meses e com jornada semanal não inferior a oito horas.

A: incorreta. A medida de proteção deve ser aplicada sempre que se afigurar a medida mais adequada para proteger adolescentes cujos direitos se encontram violados ou ameaçados em razão da própria conduta (art. 98 do ECA). Já a liberdade assistida "será adotada sempre que se afigurar a medida mais adequada para o fim de acompanhar, auxiliar e orientar o adolescente" (art. 118 do ECA). **B:** correta. O juiz não pode terminar prazo para cumprimento da medida socioeducativa de semiliberdade, sendo que o prazo máximo será de 3 (três anos) com reavaliação a cada 6 (seis) meses (art. 120 do ECA). Do mesmo modo,

escolarização e a profissionalização são obrigatórias, usando, sempre que possível os recursos da comunidade (art. 120, § 1º). **C:** incorreta. Todas as medidas socioeducativas aplicadas pela autoridade judiciária prevalecem para efeito de reiteração da prática de ato infracional. Ademais, a advertência poderá ser aplicada sempre que houver prova de materialidade e indícios suficientes de autoria (art. 114, parágrafo único). A remissão, por sua vez, "não implica necessariamente o reconhecimento ou comprovação da responsabilidade, nem prevalece para efeito de antecedentes" (art. 127 do ECA). **D:** incorreta. A *prestação de serviços comunitários* consiste "na realização de tarefas gratuitas de interesse geral, por período não excedente a seis meses, junto a entidades assistenciais, hospitais, escolas e outros estabelecimentos congêneres, bem como em programas comunitários ou governamentais" (art. 117 do ECA). **E:** incorreta. A prestação de serviços à comunidade tem prazo máximo de 6 (seis) meses, com jornada máxima de 8 (oito) horas semanais (art. 117 do ECA). RD
Gabarito "B".

(Defensor Público – DPE/PR – 2017 – FCC) O artigo 2º, parágrafo único, do Estatuto da Criança e do Adolescente, assevera que nos casos expressos em lei, aplica-se excepcionalmente este Estatuto às pessoas entre dezoito e vinte e um anos de idade. O próprio Estatuto prevê, de maneira expressa, específica e literal, que a liberação será compulsória SOMENTE aos vinte e um anos de idade em relação à(s) seguinte(s) medida(s) socioeducativa(s):

(A) Internação, semiliberdade, liberdade assistida e prestação de serviços à comunidade.

(B) Internação, semiliberdade, liberdade assistida, prestação de serviços à comunidade e obrigação de reparar o dano.

(C) Internação e liberdade assistida.

(D) Internação, semiliberdade e liberdade assistida.

(E) Internação, apenas.

A liberação compulsória da internação do jovem adulto está expressa no art. 121, § 5º, "a liberação será compulsória aos vinte e um anos de idade". RD
Gabarito "E".

(Defensor Público – DPE/PR – 2017 – FCC) Adolescente é surpreendido praticando ato infracional análogo ao tipo previsto no art. 157 do Código Penal, *in verbis*: Art. 157 Subtrair coisa móvel alheia, para si ou para outrem, mediante grave ameaça (...) Pena – reclusão de quatro a dez anos, e multa. Após o regular trâmite processual, advém sentença aplicando medida socioeducativa de prestação de serviços à comunidade pelo prazo máximo de seis meses. Nessa situação hipotética, conforme posicionamento do Superior Tribunal de Justiça sobre o tema, o prazo da prescrição da pretensão de executar a medida socioeducativa é de

(A) oito anos.

(B) um ano e seis meses.

(C) dois anos.

(D) três anos.

(E) quatro anos.

A questão deve ser interpretada à luz da Súmula 338 do STJ e dos artigos 109 e 115 do Código Penal. A prescrição penal é aplicável nas medidas socioeducativas (súmula 338). O art. 109 do Código Penal determina que a prescrição regula-se pelo máximo da pena privativa de liberdade cominada ao crime. Do mesmo modo, o inciso VI do mesmo dispositivo legal diz que prescreve em 3 anos se o máximo da pena é

inferior a um ano. Deve-se considerar, ainda, que são reduzidos pela metade os prazos de prescrição quando o criminoso era, ao tempo do crime, menor de 21 (vinte um) anos na data da sentença (art. 115 do Código Penal). No caso em espécie, a medida socioeducativa de prestação de serviços à comunidade é de, no máximo, 6 (seis) meses, aplicando-se, portanto, os 03 (três) anos de prescrição (art. 109 do CP), reduzindo-se pela metade (art. 115 do CP) encontrando-se 1 ano e meio para a prescrição da execução. RD
Gabarito "B".

(Defensor Público – DPE/PR – 2017 – FCC) Considere a seguinte situação hipotética: Adolescente pratica ato infracional e, após instrução processual e julgamento pela procedência da representação, aplica-se medida socioeducativa de liberdade assistida. Enquanto cumpria esta medida, o adolescente volta a praticar ato infracional. Ao final do processo de apuração do segundo ato infracional aplica-se medida de internação para este segundo fato. Conforme os Enunciados do Fórum Nacional da Justiça Juvenil – FONAJUV, nessa hipótese,

(A) as duas medidas são unificadas em uma só internação, com revisão anual da medida e prazo máximo de internação de seis anos.

(B) as duas medidas são unificadas em uma só internação. O prazo máximo de internação será de seis anos, mas a reavaliação da medida continua sendo semestral.

(C) como dois atos infracionais foram praticados, as duas medidas são unificadas em uma só internação com prazo máximo de três anos, sendo que a primeira reavaliação da medida ocorrerá somente depois de transcorrido um ano em razão da prática de múltiplos atos infracionais.

(D) considerando a incompatibilidade entre as medidas, a medida de liberdade assistida ficará suspensa até que o adolescente cumpra a medida de internação. Uma vez encerrada a medida de internação, volta-se a executar a medida de liberdade assistida anteriormente aplicada.

(E) a aplicação da medida de internação absorve os atos infracionais praticados anteriormente. Assim, salvo se cometer outro ato infracional durante a execução da medida extrema, o adolescente cumprirá apenas uma medida socioeducativa de internação com prazo máximo de três anos, com reavaliação semestral da medida.

A: incorreta. A medida de internação absorve as medidas anteriormente aplicadas e o prazo máximo da internação é de 3 (três) anos. **B:** incorreta. Vide justificativa da alternativa "a". **C:** incorreta. Não há unificação em uma só internação, estando correto o prazo máximo de 3 anos para cumprimento da medida, mas a reavaliação deverá ocorrer a cada, no máximo, seis meses. **D:** incorreta. Não há suspensão da medida, mas absorção dela, não devendo o adolescente cumprir a medida de liberdade assistida em razão do cumprimento da medida de internação. **E:** correta. O enunciado FONAJUV 19 assim dispõe: "A medida de internação absorve as medidas anteriormente aplicadas, mas não isenta o adolescente de responder por outros atos infracionais praticados durante a execução". O prazo máximo da internação é de 3 (três) anos com reavaliação da cada, no máximo, 6 (seis) meses. RD
Gabarito "E".

(Juiz – TJ-SC – FCC – 2017) A Lei Federal nº 12.594/12, que instituiu o SINASE – Sistema Nacional Socioeducativo, previu como direitos dos adolescentes em cumprimento de medida socioeducativa, expressamente,

21. DIREITO DA CRIANÇA E DO ADOLESCENTE · 843

(A) direito a creche e pré-escola de filhos de zero a cinco anos de idade e o direito de ser inserido em medida em meio aberto quando o ato infracional praticado não estiver carregado de violência ou grave ameaça e não houver vaga para internação no local de sua residência.

(B) possibilidade de saída monitorada sem prévia autorização judicial nos casos de falecimento de irmão e de peticionar por escrito a qualquer autoridade ou órgão público, devendo ser respondido em até 10 (dez) dias.

(C) direito de receber visita, mesmo que de egresso do sistema socioeducativo e de ter acesso à leitura em seu alojamento, mesmo que em quarto coletivo.

(D) direito a creche e pré-escola de filhos de zero a cinco anos de idade e de ter acesso à leitura em seu alojamento, mesmo que em quarto coletivo.

(E) direito de peticionar por escrito a qualquer autoridade ou órgão público, devendo ser respondido em até 10 (dez) dias e de receber visita, mesmo que de egresso do sistema socioeducativo.

A: correta (art. 49, II e VIII, da Lei 12.594/2012; **B**: incorreta. A primeira parte da assertiva está correta, pois em conformidade com o art. 50 da Lei 12.594/2012; a segunda parte, no entanto, está incorreta, uma vez que não reflete o disposto no art. 49, IV, da Lei 12.594/2012, que estabelece o prazo de 15 dias (e não de 10); **C**: incorreta (previsão não contemplada na Lei 12.594/2012; **D**: a primeira parte da assertiva está correta (art. 49, VIII, da Lei 12.594/2012); já em relação à segunda parte da proposição, não há tal previsão legal; **E**: incorreta. A primeira parte está incorreta porque, segundo dispõe o art. 49, IV, da Lei 12.594/2012, o prazo para resposta é de 15 dias (e não de 10); já em relação à segunda parte da proposição, não há tal previsão legal. **ED**
Gabarito "A".

(Juiz – TJ-SC – FCC – 2017) Mário, 15 anos de idade, encontrava-se em cumprimento de medida socioeducativa de liberdade assistida. Durante o curso desta, Mário teve contra si nova apuração de ato infracional, praticado no curso da execução anterior, que resultou em decisão judicial que lhe impôs nova medida, a de semiliberdade. O juiz competente pelo acompanhamento do processo de execução, então, proferiu decisão, a qual impôs-lhe o cumprimento de uma única medida, a de semiliberdade. Nesta decisão, nos termos da Lei Federal nº 12.594/12, o juiz competente aplicou o instituto da:

(A) cumulação.

(B) unificação.

(C) suspensão.

(D) alteração.

(E) substituição.

A solução desta questão deve ser extraída do art. 45 da Lei 12.594/2012: *Se, no transcurso da execução, sobrevier sentença de aplicação de nova medida, a autoridade judiciária procederá à unificação, ouvidos, previamente, o Ministério Público e o defensor, no prazo de 3 (três) dias sucessivos, decidindo-se em igual prazo. § 1º É vedado à autoridade judiciária determinar reinício de cumprimento de medida socioeducativa, ou deixar de considerar os prazos máximos, e de liberação compulsória previstos na Lei nº 8.069, de 13 de julho de 1990 (Estatuto da Criança e do Adolescente), excetuada a hipótese de medida aplicada por ato infracional praticado durante a execução. § 2º É vedado à autoridade judiciária aplicar nova medida de internação, por atos infracionais praticados anteriormente, a adolescente que já tenha concluído cumprimento de medida socioeducativa dessa natureza,*

ou que tenha sido transferido para cumprimento de medida menos rigorosa, sendo tais atos absorvidos por aqueles aos quais se impôs a medida socioeducativa extrema. **ED**
Gabarito "B".

(Juiz – TRF 2ª Região – 2017) Magnus, com 15 anos de idade, pega a chave do veículo de seu pai e, ao dirigi-lo com cautela, perto de sua casa, faz desvio para evitar o atropelamento de criancinha que, de surpresa, avançou sobre a rua. Magnus, ao fazer a manobra salvadora da criança, colide com veículo da Empresa de Correios e Telégrafos, regularmente estacionado. Assinale a opção correta:

(A) Magnus, ao desviar, agiu em estado de necessidade, daí que não há base legal para obrigá-lo, a si ou a seu responsável, a reparar o dano causado ao veículo da ECT.

(B) Admitindo que o pai de Magnus seja condenado a reparar o dano, ele, mais tarde, faz jus a obter o regresso contra o filho.

(C) Embora não se configure o estado de necessidade, o absolutamente incapaz não responde em termos civis, e apenas seu representante ou responsável pode ser chamado a reparar o dano.

(D) Mesmo que se acolha a tese de estado de necessidade, o responsável pelo menor pode, legalmente, ser condenado a reparar o dano causado à ECT.

(E) O estado de necessidade não se caracteriza. Dirigir sem habilitação é ilícito permanente e incide o Estatuto da Criança e do Adolescente, com responsabilidade civil direta de Magnus e subsidiária de seu pai.

Está-se diante de hipótese de estado de necessidade dirigido a terceiro inocente, em que o agente, no caso o menor Magnus, para preservar bem jurídico alheio (vida/integridade física de uma criança), sacrifica bem jurídico de terceiro (patrimônio da ECT) que não provocou a situação de perigo. Nesse caso, caberá ao responsável pelo menor, no caso seu pai, indenizar esse terceiro, tal como estabelecem os arts. 929 e 930, do CC. **ED**
Gabarito "D".

(Juiz – TJ/MS – VUNESP – 2015) Caracteriza a internação com prazo determinado ou internação sanção:

(A) prática de ato infracional mediante grave ameaça ou violência contra a pessoa ou em reiteração de infrações graves.

(B) aplicação residual se não existir outra medida adequada à ressocialização.

(C) decretação pelo juízo da execução.

(D) expedição da guia de execução de medida e início do processo de execução.

(E) prazo limitado a 3 (três) anos.

A: incorreta. O art. 122, I, prevê a possibilidade de internação nos casos de prática de ato infracional ocorrido mediante violência ou grave ameaça, mas o prazo de internação não pode ser determinado em sentença, devendo ser avaliada a continuidade da medida a cada 6 (seis) meses, sendo que o prazo máximo da internação é de 3 (três) anos). **B**: incorreta. A internação somente pode ser aplicada nas expressas hipóteses do art. 122 do ECA. **C**: correta. A internação-sanção pode ser aplicada, nos termos do art. 122, III, por descumprimento reiterado e injustificável de medidas socioeducativas anteriormente impostas. Sendo assim, somente o juízo da execução é quem pode adotar a medida. **D**: incorreta. O prazo máximo da internação-sanção é de 3 (três) meses. **RD**
Gabarito "C".

(Promotor de Justiça – MPE/RS – 2017) Assinale com V (verdadeiro) ou com F (falso) as seguintes afirmações, relativamente às medidas socioeducativas previstas no Estatuto da Criança e do Adolescente.

( ) A medida de internação pela prática de ato infracional, antes da sentença, pode ser determinada pelo prazo de quarenta e cinco dias, prorrogáveis por igual período, por decisão fundamentada, demonstrada a necessidade imperiosa da medida.

( ) O cumprimento de medida socioeducativa é declarado extinto quando o adolescente completa dezoito anos.

( ) Ao adolescente, internado para cumprimento de medida socioeducativa, é vedada a aplicação de sanção disciplinar de isolamento.

( ) A execução das medidas socioeducativas reger-se-á pelo princípio da legalidade, não podendo o adolescente receber tratamento mais gravoso do que aquele conferido ao adulto, e proporcionalidade, em relação à ofensa cometida.

A sequência correta de preenchimento dos parênteses, de cima para baixo, é

(A) V – F – V – V.

(B) F – V – F – V.

(C) F – F – F – V.

(D) V – V – V – F.

(E) F – V – F – F.

Falsa O prazo máximo e improrrogável para internação provisória será de quarenta e cinco dias (art. 108 e 178 do ECA). Falsa A execução da medida socioeducativa pode se dar até os 21 anos (art. 2º, parágrafo único do ECA). Mais ainda, conforme art. 46 da Lei 12.594/2012 (SINASE), medida socioeducativa será declarada extinta: (i) pela morte do adolescente; (ii) pela realização de sua finalidade; (iii) pela aplicação de pena privativa de liberdade, a ser cumprida em regime fechado ou semiaberto, em execução provisória ou definitiva; (iv) pela condição de doença grave, que torne o adolescente incapaz de submeter-se ao cumprimento da medida; e (v) nas demais hipóteses previstas em lei. Falsa. É vedada a aplicação de sanção disciplinar de isolamento a adolescente interno, exceto seja essa imprescindível para garantia da segurança de outros internos ou do próprio adolescente a quem seja imposta a sanção, sendo necessária ainda comunicação ao defensor, ao Ministério Público e à autoridade judiciária em até 24 (vinte e quatro) horas (art. 48, § 2º da Lei 12.594/2012). Verdadeira. Os princípios para a execução das medidas socioeducativas estão previstos no art. 35 da Lei 12.594/2012. São eles (i) legalidade, não podendo o adolescente receber tratamento mais gravoso do que o conferido ao adulto; (ii) excepcionalidade da intervenção judicial e da imposição de medidas, favorecendo-se meios de autocomposição de conflitos; (iii) prioridade a práticas ou medidas que sejam restaurativas e, sempre que possível, atendam às necessidades das vítimas; (iv) proporcionalidade em relação à ofensa cometida; (v) brevidade da medida em resposta ao ato cometido, em especial o respeito ao que dispõe o art. 122 do ECA; (vi) individualização, considerando-se a idade, capacidades e circunstâncias pessoais do adolescente; (vii) mínima intervenção, restrita ao necessário para a realização dos objetivos da medida; (viii) não discriminação do adolescente, notadamente em razão de etnia, gênero, nacionalidade, classe social, orientação religiosa, política ou sexual, ou associação ou pertencimento a qualquer minoria ou status; e (ix) fortalecimento dos vínculos familiares e comunitários no processo socioeducativo. RD
Gabarito "C".

(Promotor de Justiça – MPE/AM – FMP – 2015) Considerando as disposições da Lei 12.594, de 18 de janeiro de 2012 (SINASE), é correto afirmar:

(A) Para o cumprimento das medidas socioeducativas de prestação de serviços à comunidade e liberdade assistida, o Plano Individual de Atendimento (PIA) deve ser elaborado no prazo de 30 (trinta) dias a contar do ingresso do adolescente no programa de atendimento.

(B) Exceto expressa autorização judicial, o acesso ao Plano Individual de Atendimento se restringe ao adolescente, seus pais ou responsável, ao Ministério Público e ao defensor.

(C) Os Municípios inscreverão seus programas de atendimento e respectivas alterações no Conselho Municipal dos Direitos da Criança e do Adolescente e, a sua falta, no Conselho Tutelar.

(D) É direito do adolescente submetido ao cumprimento de medida socioeducativa, sem prejuízo de outros previstos em lei, ser incluído em programa de meio aberto quando inexistir vaga para o cumprimento de medida de privação de liberdade, exceto nos casos de ato infracional cometido mediante grave ameaça ou violência à pessoa, quando o adolescente deve ser internado em Unidade mais próxima de seu local de residência.

(E) A autoridade judiciária dará vistas da proposta de Plano Individual de Atendimento (PIA) ao defensor e ao Ministério Público pelo prazo sucessivo de 5 (cinco) dias, contados do recebimento da proposta encaminhada pela direção do programa de atendimento.

A: incorreta. O prazo para elaboração do PIA para o cumprimento das medidas de prestação de serviços à comunidade e de liberdade assistida, será de até 15 (quinze) dias contados do ingresso do adolescente no programa de atendimento (art. 56 da Lei 12.594/2012). B: incorreta. O acesso ao PIA está restrito aos servidores do respectivo programa de atendimento, ao adolescente e aos seus pais ou responsáveis, ao Ministério Público e ao Defensor, exceto expressa autorização judicial (art. 59 da Lei 12.594/2012). C: incorreta. Os Municípios inscreverão seus programas e alterações, bem como as entidades de atendimento executoras, no Conselho Municipal dos Direitos da Criança e do Adolescente (art. 10 da Lei 12.594/2012). D: correta. Nos exatos termos do art. 49, II, da Lei 12.594/2012. E: incorreta. A autoridade judiciária dará vistas da proposta de plano individual ao defensor e ao Ministério Público pelo prazo sucessivo de 3 (três) dias, contados do recebimento da proposta encaminhada pela direção do programa de atendimento (art. 41 da Lei 12.594/2012). RD
Gabarito "D".

(Defensor Público – DPE/RN – 2016 – CESPE) Com referência à execução de medidas socioeducativas impostas a crianças e adolescentes, assinale a opção correta.

(A) É vedada a aplicação do sistema recursal previsto no CPC nos procedimentos relativos à execução de medidas socioeducativas.

(B) Na fase de execução é vedada, segundo o entendimento do STJ, a substituição de medida socioeducativa aplicada ao adolescente.

(C) O encaminhamento a tratamento psiquiátrico não figura entre as medidas às quais se sujeitam os agentes públicos executores de medidas socioeducativas

21. DIREITO DA CRIANÇA E DO ADOLESCENTE

que utilizarem, como forma de disciplina, tratamento degradante à criança ou ao adolescente.

(D) O denominado plano individual de atendimento pode ser objeto de impugnação pelo DP ou pelo MP, porém sua execução não será suspensa, salvo determinação judicial em contrário.

(E) A execução de programas socioeducativos destinados às crianças e adolescentes em regime de orientação e apoio sociofamiliar não se insere entre as responsabilidades das entidades de atendimento.

A: incorreta. Na forma do art. 198 do ECA, nos procedimentos afetos à Justiça da Infância e da Juventude, inclusive os relativos à execução das medidas socioeducativas, adotar-se-á o sistema recursal do Código de Processo Civil. **B: incorreta.** As medidas socioeducativas podem ser alteradas na fase de execução, sempre tendo por fundamento a ressocialização e a educação do adolescente (Vide no STJ HC352907 /SP). **C: incorreta.** Determina o art. 18-B do ECA: "os pais, os integrantes da família ampliada, os responsáveis, os agentes públicos executores de medidas socioeducativas ou qualquer pessoa encarregada de cuidar de crianças e de adolescentes, tratá-los, educá-los ou protegê-los que utilizarem castigo físico ou tratamento cruel ou degradante como formas de correção, disciplina, educação ou qualquer outro pretexto estarão sujeitos, sem prejuízo de outras sanções cabíveis, às seguintes medidas, que serão aplicadas de acordo com a gravidade do caso: I – encaminhamento a programa oficial ou comunitário de proteção à família; II – encaminhamento a tratamento psicológico ou psiquiátrico; III – encaminhamento a cursos ou programas de orientação; IV – obrigação de encaminhar a criança a tratamento especializado; V – advertência. Parágrafo único. As medidas previstas neste artigo serão aplicadas pelo Conselho Tutelar, sem prejuízo de outras providências legais". **D: correta.** Segundo o art. 41 da Lei do SINASE, o Defensor Público ou o Ministério Público podem impugnar ao PIA, mas a medida não ficará suspensa durante a reanálise. **E: incorreta.** As medidas socioeducativas somente podem ser aplicadas aos adolescentes. Além disso, são as entidades de atendimento que devem aplicar as medidas socioeducativas aos adolescentes. **RD**
„Gabarito „D".

(Defensor Público – DPE/ES – 2016 – FCC) Ao final do procedimento de apuração de ato infracional o juiz aplica ao adolescente medida socioeducativa de internação, sem fixação de prazo de duração. Ao receber a notícia pelo Defensor Público, o adolescente pergunta a quanto tempo de internação foi "condenado". Conforme previsto em lei, a resposta mais correta do Defensor ao adolescente seria a de que a medida

(A) durará de seis meses a três anos caso o adolescente seja primário e de um ano a três anos caso seja reincidente.

(B) durará no máximo cinco anos, podendo o adolescente ser transferido para semiliberdade desde que tenha bom comportamento e cumpra pelo menos 10 meses de internação.

(C) pode ser substituída por outra medida mais branda a qualquer tempo e não pode ultrapassar três anos de duração.

(D) foi aplicada pelo prazo mínimo de seis meses, ao término do qual a medida pode ser prorrogada, sucessivamente, não podendo ultrapassar o limite máximo de quatro semestres.

(E) durará o tempo necessário para o que adolescente seja considerado apto a regressar ao convívio social com

baixo risco de reincidência ou, até que, antes disso, complete 18 anos.

A: incorreta. O prazo máximo da medida é de 3 (três) anos e a prática de ato infracional não pode ser considerada para fins de reincidência, apenas a reiteração da prática de ato infracional para fins de internação nos termos do art. 122 do ECA. **B: incorreta.** O prazo máximo da medida é de 3 (três) anos). **C: correta.** A medida socioeducativa e internação não pode ultrapassar o prazo de 3 (três) anos, sempre havendo reavaliação da situação do adolescente no período de até 6 (seis) meses (art. 121, §§ 2° e 3° do ECA). A medida socioeducativa pode ser solicitada a qualquer tempo na forma do art. 43 da Lei do SINASE: "a reavaliação da manutenção, da substituição ou da suspensão das medidas de meio aberto ou de privação da liberdade e do respectivo plano individual pode ser solicitada a qualquer tempo, a pedido da direção do programa de atendimento, do defensor, do Ministério Público, do adolescente, de seus pais ou responsável". (Lei 12.594/2012); **D: incorreta.** A avaliação da manutenção ou não da medida é feita a cada 6 (seis) meses, no máximo, podendo ser feita antes desse prazo. Razão pela qual não se pode falar em tempo mínimo para a medida. **E: incorreta.** Além dos prazos já mencionados nas alternativas anteriores, a medida pode ser aplicada até o prazo de 21 anos (art. 121, § 5°). **RD**
„Gabarito „C".

(Analista Judiciário – TRT/8ª – 2016 – CESPE) Assinale a opção correta acerca da interpretação da Lei n.º 8.069/1990 (Estatuto da Criança e do Adolescente), com fundamento na jurisprudência dos tribunais superiores.

(A) A confissão do menor admitindo a prática do ato infracional deve, necessariamente, reduzir o rigor da medida socioeducativa a ser imposta, pois a confissão sempre atenua a pena.

(B) A produção de outras provas pode ser dispensada caso o menor admita a prática do ato infracional que lhe foi imputado.

(C) O ato infracional análogo ao porte de entorpecente para fins de tráfico, não obstante sua ofensividade social, não implica, necessariamente, a medida socioeducativa de internação do menor.

(D) A corrupção de menor é crime material, que exige obrigatoriamente a produção do resultado danoso, razão pela qual esse delito não se configura quando o menor já tenha sido anteriormente corrompido.

(E) O parecer psicossocial elaborado por especialistas tem caráter vinculativo e é determinante para que o juiz imponha ao menor a medida socioeducativa mais adequada a ser aplicada no caso concreto.

A: incorreta. Não há que se falar em "dosimetria" para aplicação de medida socioeducatiava já que essa pretende ressocializar e educar o adolescente (não se trata de uma pena). Sobre o tema já decidiu o STJ "Em sede de aplicação de medida socioeducativa, inexiste dosimetria, tampouco previsão legal para atenuar a imposição da medida, unicamente, em face da confissão do adolescente. Logo, não há falar em aplicação de medida mais branda, por tal motivo. Ainda mais quando o contexto fático demonstra a adequação da medida aplicada". (HC 332176/DF, Rel. Min. Ribeiro Dantas, DJe 13/11/2015). **B: incorreta.** A súmula 342 do STJ assim dispõe: No procedimento para aplicação de medida socioeducativa, é nula a desistência de outras provas em face da confissão do adolescente". **C: correta.** Conforme entendimento do STJ "O ato infracional análogo ao tráfico de drogas, por si só, não conduz obrigatoriamente à imposição de medida socioeducativa de internação do adolescente" (Súmula 492). **D: incorreta.** "A configuração do crime do art. 244-B do ECA independe da prova da efetiva corrupção do menor, por se tratar de delito formal" (Súmula 500 do STJ). **E:**

incorreta. Em homenagem ao princípio do livre convencimento, o juiz deve não fica vinculado ao parecer da avaliação psicossocial, podendo justificar seu entendimento e decidir de forma diversa do parecer (Vide: STJ, HC 344.719/RJ). RD

Gabarito "C".

5. ATO INFRACIONAL – DIREITO PROCESSUAL

(Juiz de Direito – TJ/SC – 2019 – CESPE/CEBRASPE) A Defensoria Pública (DP) apresentou defesa em processo no qual foi proferida, pelo juiz, sentença homologatória de remissão cumulada com medida socioeducativa de liberdade assistida, concedida a adolescente pelo Ministério Público (MP), na ocasião de oitiva informal, alegando o que se afirma nos itens a seguir.

I. Nulidade da oitiva informal do MP por ausência da defesa técnica.

II. Nulidade da sentença homologatória dos termos determinados pelo MP em razão da ausência da defesa técnica.

III. Impossibilidade de o MP conceder remissão cumulada com medida socioeducativa de liberdade assistida.

Considerando essa situação hipotética, assinale a opção correta acerca das alegações da DP.

(A) Apenas o item I está certo.

(B) Apenas o item II está certo.

(C) Apenas os itens I e III estão certos.

(D) Apenas os itens II e III estão certos.

(E) Todos os itens estão certos.

I: incorreta. A oitiva informal, prevista no art. 179 do ECA, não exige defesa técnica, posto que o Ministério Público não tem a função acusatória prevista expressamente no Código de Processo Penal. Assim, entende também o Superior Tribunal de Justiça que a oitiva informal *não está submetida aos princípios do contraditório e da ampla defesa* (HC 109.242/SP). II: correta. Apesar de válida a audiência informal sem defesa técnica, é inválida a sentença homologatória que impõe medida socioeducativa sem a presença de defensor. Nesse sentido: "Em que pese o Tribunal de origem não tenha debatido satisfatoriamente a questão, a liminar deve ser deferida, de ofício. Isto, porque, ainda que admita a jurisprudência a falta de defesa técnica na oitiva com o Ministério Público, a ausência do defensor na apresentação em Juízo e na sentença homologatória evidencia a ilegalidade, sendo violado o princípio da ampla defesa". No mesmo sentido: "*Habeas corpus*. ECA. Remissão concedida pelo Ministério Público ao paciente, como forma de exclusão dos procedimentos, cumulada com medida socioeducativa de prestação de serviços à comunidade. Cumprimento das medidas por precatória. Ausência de defesa técnica em juízo quando da homologação. Ilegalidade flagrante. Ofensa ao princípio da ampla defesa. Anulação do procedimento. Incompetência do tribunal *a quo* para revisar decisão proferida pelo juízo deprecante. Supressão de instância. Ordem concedida de ofício. (...)" HC 435.209/DF. III: incorreta. Nos termos do art. 126 do ECA, "Antes de iniciado o procedimento judicial para apuração de ato infracional, o representante do Ministério Público poderá conceder a remissão, como forma de exclusão do processo, atendendo às circunstâncias e consequências do fato, ao contexto social, bem como à personalidade do adolescente e sua maior ou menor participação no ato infracional". Assim, pode o Ministério Público conceder a remissão em conjunto com as medidas socioeducativas previstas no art. 112, incisos I a IV, desde que haja homologação da autoridade judicial (Súmula 108 do STJ: A aplicação de medidas socioeducativas ao adolescente, pela prática de ato infracional, é da competência exclusiva do juiz). ED

Gabarito "B".

(Defensor Público – DPE/PR – 2017 – FCC) Com a vigência do Novo Código de Processo Civil, Lei n. 13.105 de março de 2015, e considerando as disposições do Estatuto da Criança e do Adolescente, a contagem de prazo para oferecimento de alegações finais por memoriais no processo de apuração de ato infracional

(A) continua a ser contado em dias corridos, porque nos processos de apuração de ato infracional aplica-se, subsidiariamente, o Código de Processo Penal, que tem previsão própria de contagem de prazos.

(B) passou a ser contado em dias úteis, pois, embora ao processo de apuração de ato infracional se deva aplicar, a princípio, o Código de Processo Penal de forma subsidiária, este diploma não prevê forma própria de contagem de prazos, devendo- se, no caso, utilizar o Código de Processo Civil.

(C) continua a ser contado em dias corridos, pois a vigência do Novo Código de Processo Civil em nada altera os processos de competência das varas da Infância e Juventude, considerando que o próprio Estatuto da Criança e do Adolescente disciplina de forma exaustiva o processo, não sendo aplicáveis nem o Código de Processo Civil, nem o Código de Processo Penal.

(D) passou a ser contado em dias úteis, pois há previsão no Estatuto da Criança e do Adolescente da aplicação subsidiária do Código de Processo Civil a todos os processos de competência da Vara da Infância e Juventude.

(E) continua a ser contado em dias corridos, pois o Estatuto da Criança e do Adolescente possui previsão própria de contagem de prazos e, pela antinomia com o Novo Código de Processo Civil, deverá prevalecer a previsão do Estatuto, uma vez que o critério da especialidade prevalece sobre o cronológico.

A: correta. Nos termos do art. 152 do ECA, aplica-se subsidiariamente o Código de Processo Penal ao procedimento que apura ato infracional e o Código de Processo Civil para os demais casos. Vale lembrar que os recursos, inclusive para a apuração do ato infracional, serão sempre os recursos do Código de Processo Civil, nos termos do art. 198 do mesmo diploma legal. B: incorreta. A aplicação é subsidiária do Código de Processo Penal. C: incorreta. Além das justificativas já apresentadas, vale lembrar que nos processos de aplicação subsidiária do CPC, os prazos também não poderão ser contados em dias úteis dada a redação do § 2º, do art. 152, do ECA: "Os prazos estabelecidos nesta Lei e aplicáveis aos seus procedimentos são contados em dias corridos, excluído o dia do começo e incluído o dia do vencimento, vedado o prazo em dobro para a Fazenda Pública e o Ministério Público" (Redação dada pela Lei 13.509/2017). D: incorreta. Vide justificativas às alternativas "B" e "C". E: incorreta. Dada a aplicação subsidiária do Código de Processo Penal. RD

Gabarito "A".

(Juiz – TJ/SP – VUNESP – 2015) Quando o adolescente for apreendido em flagrante de ato infracional, será encaminhado

(A) à sua residência, uma vez que não é permitido prender o adolescente sem que o policial esteja acompanhado de um membro do conselho tutelar.

(B) aos familiares desde que esteja matriculado em escola da rede pública.

(C) à autoridade policial competente.

(D) à autoridade judiciária.

O adolescente apreendido em flagrante de ato infracional será, desde logo, encaminhado à autoridade policial competente (art. 172 do ECA). RD

Gabarito "C".

6. CONSELHO TUTELAR

(Promotor de Justiça/PR – 2019 – MPE/PR) Assinale a alternativa incorreta:

(A) O Estatuto da Criança e do Adolescente (Lei n. 8.069/90) não veda que lei municipal estabeleça mecanismos internos e externos de controle da atuação dos conselheiros tutelares individualmente considerados, regulamentando a forma de aplicação de sanções administrativas àqueles que, por ação ou omissão, descumprem seus deveres funcionais.

(B) O sistema de garantias dos direitos da criança e do adolescente, concebido pela Lei n. 8.069/90, não é hierarquizado, havendo apenas profissionais e autoridades diversas com funções distintas.

(C) É de atribuição do Conselho Tutelar assessorar o Poder Executivo local na elaboração da proposta orçamentária para planos e programas de atendimento dos direitos da criança e do adolescente.

(D) O processo de escolha dos membros do Conselho Tutelar deve ser estabelecido em resolução do Conselho Municipal dos Direitos da Criança e do Adolescente e realizado sob a responsabilidade do Poder Judiciário, com a fiscalização do Ministério Público.

(E) Os dirigentes de estabelecimentos de ensino fundamental devem comunicar ao Conselho Tutelar os casos de reiteração de faltas injustificadas e de evasão escolar, esgotados os recursos escolares.

A) Correta. Não há vedação na Lei 8.069/90 nesse sem tido. É possível inclusive, verificar nos arts. 41 e 44 da Resolução 170 do Conanda a aplicação da legislação local aos conselheiros. **B)** Correta. De fato, a norma em comento não traz a figura de uma "autoridade suprema" como ocorria no revogado "Código de Menores", e sim autoridades com diversas funções distintas. **C)** Alternativa correta conforme art. 136, IX do ECA. **D)** Incorreta. Conforme art. 139 do ECA: "O processo para a escolha dos membros do Conselho Tutelar será estabelecido em lei municipal e realizado sob a responsabilidade do Conselho Municipal dos Direitos da Criança e do Adolescente, e a fiscalização do Ministério Público". **E)** Alternativa em conformidade com o estabelecido pelo art. 56, II do ECA. RD

Gabarito "D".

(Promotor de Justiça/SP – 2019 – MPE/SP) Assinale a alternativa correta.

(A) Os Conselhos Tutelares são órgãos permanentes, cujos membros cumprem mandato de quatro anos, permitida uma recondução.

(B) O Conselheiro Tutelar é agente público municipal, eleito dentre residentes desse município, maiores de 18 anos e com reconhecida idoneidade moral.

(C) Os Conselhos Tutelares são órgãos autônomos, com poder de requisição de serviços públicos previstos em lei, mas suscetíveis de revisão jurisdicional.

(D) Os Conselhos Tutelares, tais quais o Ministério Público e o Poder Judiciário, podem fiscalizar entidades governamentais e não governamentais responsáveis pela execução de programas de proteção destinados a crianças e adolescentes, mas não socioeducativas.

(E) Os acolhimentos de crianças e adolescentes realizados pelo Conselho Tutelar, nos limites do artigo 101 do Estatuto da Criança e do Adolescente, prescindem de guia específica.

A: Incorreta. Conforme art. 132 do ECA o conselheiro pode ser reconduzido sem qualquer limitação de mantado, desde que participe do processo de escolha que deverá ocorrer a cada quatro anos. **B:** Incorreta. São requisitos para a candidatura a membro do Conselho Tutelar: i) idoneidade moral; ii) idade superior a vinte um anos e iii) residir no município. **C:** Correta. O Conselheiro Tutelar é órgão autônomo (conforme art. 131 do ECA), com poder de requisição de serviços públicos previstos em lei (art. 136, III, *a*, do ECA), e suas decisões são suscetíveis de revisão jurisdicional (art. 137 do ECA). **D:** Incorreta. De acordo com o art. 95 do ECA, os Conselhos Tutelares podem fiscalizar entidades governamentais e não governamentais responsáveis pela execução de programas de programas de proteção destinados a crianças e adolescentes e socioeducativas. **E:** Incorreta. De acordo com o art. 101, § 3º, do ECA, crianças e adolescentes somente poderão ser encaminhados às instituições que executam programas de acolhimento institucional por meio de uma Guia de Acolhimento, que deve observar diversos requisitos estabelecidos no mesmo dispositivo. RD

Gabarito "C".

(Juiz – TJ/MS – VUNESP – 2015) Com relação à eleição dos Conselheiros Tutelares, é correto afirmar que

(A) todos aqueles que tiverem completado 18 (dezoito) anos poderão ser eleitos por voto direto, secreto e facultativo.

(B) os candidatos devem possuir idoneidade moral e reputação ilibada, vedada a reeleição.

(C) o processo para escolha será estabelecido por lei municipal e realizado sob a responsabilidade do Conselho Municipal dos Direitos das Crianças, sob fiscalização do Ministério Público.

(D) em caso de não possuírem residência fixa no Município, os candidatos devem apresentar autorização do Juiz da Vara da Infância e da Juventude como condição de elegibilidade.

(E) ocorre a cada 2 (dois) anos, em data unificada em todo o território nacional.

A: incorreta. Para ser conselheiro tutelar, o ECA exige, em seu art. 133, a idade mínima de 21 (vinte e um) anos. **B:** incorreta. Para ser conselheiro tutelar, além da idade de 21 anos, também é exigida a idoneidade moral e a residência no município. O mandato é de 4 anos sendo admitida uma recondução (art. 132 do ECA). **C:** correta. Nos exatos termos do art. 139 do ECA. **D:** incorreta. O conselheiro tutelar deve residir no município (art. 133, III, do ECA). **E:** incorreta. O mandato é de 4 (quarto) anos (art. 132 do ECA). RD

Gabarito "C".

(Juiz – TJ/SP – VUNESP – 2015) Segundo o Estatuto da Criança e do Adolescente, os casos de suspeita ou confirmação de castigo físico, de tratamento cruel ou degradante e de maus-tratos contra criança ou adolescente serão obrigatoriamente comunicados, sem prejuízo de outras providências legais,

(A) ao Conselho Tutelar da respectiva localidade.

(B) ao Hospital Regional Infantil responsável pelo domicílio da criança.

(C) às Varas de Violência Doméstica para o cadastramento do domicílio.

(D) ao Juiz Corregedor da Comarca para a viabilização da adoção.

A: correta. Os casos de suspeita ou confirmação de castigo físico, de tratamento cruel ou degradante e de maus-tratos contra criança ou adolescente serão obrigatoriamente comunicados ao Conselho Tutelar da respectiva localidade, sem prejuízo de outras providências legais (art. 13 do ECA). **B:** incorreta. Os médicos e dirigentes de estabelecimentos de saúde têm a obrigação de avisar ao Conselho Tutelar casos de maus-tratos, sob pena de responder por infração administrativa prevista no art. 245 do ECA: "Deixar o médico, professor ou responsável por estabelecimento de atenção à saúde e de ensino fundamental, pré-escola ou creche, de comunicar à autoridade competente os casos de que tenha conhecimento, envolvendo suspeita ou confirmação de maus-tratos contra criança ou adolescente: Pena – multa de três a vinte salários de referência, aplicando-se o dobro em caso de reincidência". **C:** incorreta. Compete à Vara de Infância e Juventude as ações que envolvam crianças e adolescentes em situação de risco (art. 148 do ECA). **D:** incorreta. A adoção correrá em Vara de Infância e Juventude (art. 148 do ECA) e a criança deverá ser cadastrada no cadastro nacional de adoção após tentativas de se manter na sua família natural. **RD**
Gabarito "A".

(Defensor Público – DPE/RN – 2016 – CESPE) Em relação a conselho tutelar, assinale a opção correta.

(A) Se constatar que um professor de pré-escola teve ciência de maus-tratos contra criança e não comunicou o fato à autoridade competente, o conselho tutelar poderá iniciar procedimento destinado a impor penalidade administrativa.

(B) O conselho tutelar não tem competência para aplicar medida de advertência a pais que, a pretexto de corrigir ou educar uma criança, utilizarem castigo físico.

(C) Segundo o ECA, cabe ao conselho tutelar encaminhar ao MP informação a respeito do descumprimento injustificado de suas deliberações para que este faça uma representação à autoridade judiciária competente, para fins de execução das decisões do colegiado.

(D) Sob o ponto de vista administrativo, o conselho tutelar é subordinado hierarquicamente a uma das secretarias integrantes do Poder Executivo local.

(E) De acordo com o ECA, a escolha dos conselheiros tutelares deve ocorrer por eleição mediante voto indireto.

A: correta. Prevê o artigo 245 do ECA a seguinte infração administrativa com a respectiva sanção: "deixar o médico, professor ou responsável por estabelecimento de atenção à saúde e de ensino fundamental, pré-escola ou creche, de comunicar à autoridade competente os casos de que tenha conhecimento, envolvendo suspeita ou confirmação de maus-tratos contra criança ou adolescente: Pena – multa de três a vinte salários de referência, aplicando-se o dobro em caso de reincidência". O Conselho Tutelar, por sua vez, tem por função encaminhar ao Ministério Público a existência de crime ou infração administrativa, tudo na forma do art. 136, IV, do ECA. **B:** incorreta. A medida de advertência, perda de guarda, destituição da tutela, suspensão ou destituição de poder familiar, são medidas que só podem ser aplicadas pela autoridade judicial (vide art. 136, II). **C:** incorreta. Na forma do art. 136, III, o Conselho Tutelar deve "promover a execução de suas decisões, podendo para tanto: a) requisitar serviços públicos nas áreas de saúde, educação, serviço social, previdência, trabalho e segurança; e b) representar junto à autoridade judiciária nos casos de descumprimento injustificado de suas deliberações". **D:** incorreta. O Conselho Tutelar é órgão permanente e autônomo, não jurisdicional, não estando subordinado hierarquicamente

às secretarias integrantes do Executivo. **E:** incorreta. A escolha dos conselheiros é feita mediante voto direto (vide art. 139 do ECA). **RD**
Gabarito "A".

(Juiz de Direito/AM – 2016 – CESPE) O conselho tutelar determinou à autoridade municipal competente a medida de proteção consistente em matrícula e frequência obrigatórias em estabelecimento oficial de ensino fundamental para criança com seis anos de idade.

Acerca dessa situação hipotética e de aspectos relativos à atuação e às competências do conselho tutelar, assinale a opção correta.

(A) Na situação em tela, uma vez documentada a violação de direitos da criança, a decisão do conselho tutelar prescindiria da oitiva da criança e dos pais.

(B) Caso, na hipótese dada, se tratasse de pais moradores de rua, a medida mais adequada para a criança seria a de internação em estabelecimento educacional.

(C) Na hipótese considerada, a autoridade municipal poderá deixar de cumprir a determinação, uma vez que não há previsão legal de garantia de oferta, pelo município, de educação formal para crianças com até seis anos de idade.

(D) Não há possibilidade legal de os pais da criança em questão se oporem à decisão do conselho tutelar sob o fundamento de liberdade de consciência.

(E) A decisão do conselho tutelar, na situação em apreço, somente poderá ser revista pela autoridade judiciária a pedido de quem tenha legítimo interesse.

A: incorreta. O Conselho Tutelar é órgão autônomo (art. 131), não sendo necessária a oitiva dos pais ou do menor para a tomada de suas decisões. No entanto, suas decisões podem ser revistas pela autoridade judiciária (art. 137). **B:** incorreta. Não há previsão de medida protetiva de internação em estabelecimento educacional. Se houver necessidade de colocar a criança em guarda ou tutela de terceiro, ou afastamento do lar, essa medida somente pode ser determinada pela autoridade judiciária, nunca pelo Conselho Tutelar (art. 101 e art. 136, parágrafo único, ambos do ECA). **C:** incorreta. Na forma do art. 208, § 2°, da CF, o não oferecimento de ensino obrigatório pelo Poder Público, ou sua oferta irregular, importa responsabilidade da autoridade competente. **D:** incorreta. Tendo em vista o exercício do poder familiar, os pais tem legitimidade para se oporem à decisão do conselho tutelar. Aliás, neste caso em específico, o homeschooling está sendo debatido no STF (RE 888.815), ainda sem julgamento até o fechamento dessa edição. **E:** correta. Conforme o art. 137 do ECA, as decisões do Conselho Tutelar somente poderão ser revistas pela autoridade judiciária competente a pedido de quem tenha legítimo interesse. **RD**
Gabarito "E".

7. MINISTÉRIO PÚBLICO

(Promotor de Justiça/CE – 2020 – CESPE/CEBRASPE) De acordo com as disposições do Estatuto da Criança e do Adolescente, promover e acompanhar ações de destituição do poder familiar é competência

(A) do conselho tutelar.

(B) da Defensoria Pública.

(C) do centro de referência especializado de assistência social.

(D) da vara da infância e da juventude.

(E) do Ministério Público.

21. DIREITO DA CRIANÇA E DO ADOLESCENTE   **849**

De acordo com o art. 201, III do ECA, compete ao Ministério Público "promover e acompanhar as ações de alimentos e os procedimentos de suspensão e destituição do pátrio poder familiar, nomeação e remoção de tutores, curadores e guardiães, bem como oficiar em todos os demais procedimentos da competência da Justiça da Infância e da Juventude". RD

Gabarito "E".

(Promotor de Justiça/SP – 2019 – MPE/SP) Leia as assertivas a seguir. Compete ao Ministério Público:

I. promover ações de alimentos em favor de criança ou adolescente economicamente pobre ou dada a precária ou inexistente assistência jurídica prestada pela Defensoria Pública local.

II. intervir, obrigatoriamente, nos processos e procedimentos da infância e juventude, dos quais não for parte, velando pela regularidade formal e suprindo alguma inatividade probatória.

III. a defesa de direitos individuais homogêneos, coletivos ou difusos, com rol meramente exemplificativo no art. 208 do ECA.

IV. propor mandado de segurança para cessar atos ilegais ou abusivos de autoridade pública ou agente de pessoa jurídica no exercício de atribuição do Poder Público, que lesem direito líquido e certo, previsto no ECA.

É correto o que se afirma em

(A) I e IV, apenas.

(B) I e II, apenas.

(C) II, III e IV, apenas.

(D) I, II, III e IV.

(E) II e III, apenas.

I: Correta. Conforme Súmula 594 do STJ. II: Correta. Conforme do art. 202 do ECA. III: Correta. Conforme disposto pelo art. 210 do ECA. IV: Correta. Conforme art. 201, IX e 212, § 2º, do ECA. RD

Gabarito "D".

(Promotor de Justiça/GO – 2016 – MPE) Sobre as funções do Ministério Público no âmbito da Justiça da Infância e Juventude é incorreto afirmar:

(A) O Ministério Público será titular exclusivo da ação socioeducativa relativa às infrações atribuídas a adolescentes e, de igual forma, será legitimado exclusivo para propor ações de alimentos, suspensão e destituição de poder familiar, encontrando-se a criança ou adolescente em situação de vulnerabilidade social.

(B) O Ministério Público está legitimado a impetrar mandado de segurança, de injunção e *habeas corpus*, em qualquer juízo, instância ou tribunal, na defesa dos interesses sociais e individuais indisponíveis afetos à criança ou adolescente, tendo, no exercício de suas funções, livre acesso a todo local onde se encontre criança ou adolescente.

(C) Compete ao Ministério Público inspecionar as entidades públicas e particulares de atendimento e os programas de que trata a Lei 8.069/1990, adotando de pronto as medidas administrativas ou judiciais necessárias à remoção de irregularidades porventura verificadas.

(D) O membro do Ministério Público será responsável pela utilização indevida de informações ou documentos que requisitar, nas hipóteses legais de sigilo.

A: incorreta. O Ministério Público é o titular exclusivo para propor a representação para aplicação de medida socioeducativa (art. 201, II) mas não é o único legitimado para as ações cíveis. De fato, prevê o artigo 201, III, do ECA, prevê entre as atribuições do MP a de "promover e acompanhar as ações de alimentos e os procedimentos de suspensão e destituição do poder familiar, nomeação e remoção de tutores, curadores e guardiães, bem como oficiar em todos os demais procedimentos da competência da Justiça da Infância e da Juventude". No entanto, conforme § 1º, do mesmo dispositivo, a legitimação do MP para as ações cíveis previstas neste artigo não impede a de terceiros, nas mesmas hipóteses. B: correta. A legitimidade para impetrar mandado de segurança, de injunção e habeas corpus, em qualquer juízo, instância ou tribunal, na defesa dos interesses sociais e individuais indisponíveis afetos à criança e ao adolescente está prevista no art. 201, IX. Do mesmo modo, o "representante do Ministério Público, no exercício de suas funções, terá livre acesso a todo local onde se encontre criança ou adolescente" (art. 201, § 3º). C: correta. Entre as funções do MP, está a de "inspecionar as entidades públicas e particulares de atendimento e os programas de que trata esta Lei, adotando de pronto as medidas administrativas ou judiciais necessárias à remoção de irregularidades porventura verificadas" (art. 201, XI). D:correta. Na forma do art. 201, § 4º, o "representante do Ministério Público será responsável pelo uso indevido das informações e documentos que requisitar, nas hipóteses legais de sigilo". RD

Gabarito "A".

8. ACESSO À JUSTIÇA

(Juiz de Direito/AP – 2022 – FGV) Joseane, adolescente de 12 anos, é vítima de estupro praticado por seu padrasto, Francisco. Após análise do inquérito policial, o Ministério Público oferece denúncia em face de Francisco, requerendo, em sede de produção antecipada de prova, o depoimento especial da adolescente. Na data da audiência, a profissional especializada que participa do ato processual na sala de depoimento especial lê a denúncia para a adolescente, questionando-a sobre a veracidade dos fatos. Joseane informa à profissional especializada que se sente intimidada ao saber que o padrasto está presente na sala de audiências e, em virtude disso, permanece calada. O magistrado suspende o ato processual e Joseane manifesta o desejo de prestar depoimento diretamente ao juiz, sem a presença do réu na sala de audiências.

Considerando os fatos narrados e o disposto na Lei nº 13.431/2017, é correto afirmar que:

(A) o depoimento especial seguirá o rito cautelar de antecipação de prova somente nos casos de crianças com idade inferior a 7 anos, não sendo aplicável à adolescente Joseane;

(B) a leitura da denúncia e de outras peças processuais para a adolescente pode ser autorizada pelo magistrado, ouvido o Ministério Público;

(C) a profissional especializada deverá comunicar ao juiz que a presença do réu pode prejudicar o depoimento especial, sendo possível que o magistrado o afaste;

(D) é vedado pela Lei nº 13.431/2017 que a adolescente preste depoimento diretamente ao magistrado, se assim entender, razão pela qual o requerimento deve ser indeferido;

(E) a Lei nº 13.431/2017 não autoriza o afastamento do réu da sala de audiências em qualquer hipótese, em observância aos princípios do contraditório e da ampla defesa.

A: incorreta, já que, segundo estabelece o art. 4°, § 1°, da Lei 13.431/201*7, a criança e o adolescente serão ouvidos sobre a situação de violência por meio de escuta especializada e depoimento especial;* **B:** incorreta. Por força do que dispõe o art. 12, I, da Lei 13.431/2017, é vedada a leitura da denúncia ou outras peças processuais no depoimento especial; **C:** correta, porquanto reflete o disposto no art. 12, § 3°, da Lei 13.431/2017, que autoriza o juiz, ante a comunicação do profissional especializado de que a presença do réu, na sala de audiência, pode prejudicar o depoimento especial, a determinar o afastamento deste; **D:** incorreta, pois não corresponde à regra presente no art. 12, § 1°, da Lei 13.431/2017, que confere à vítima ou testemunha o direito de prestar depoimento diretamente ao juiz; **E:** incorreta. Vide comentário à alternativa "C". ⬛

Gabarito "C".

(Juiz de Direito/GO – 2021 – FCC) A equipe interprofissional destinada a assessorar a Justiça da Infância e da Juventude, segundo disposição expressa do Estatuto da Criança e do Adolescente,

(A) compõe, ao lado do comissariado e dos agentes de proteção, os três serviços auxiliares da Justiça da Infância e da Juventude.

(B) terá, em caso de ausência de servidores públicos do Poder Judiciário, suas funções exercidas, por meio de requisição, por servidores do Poder Executivo local.

(C) será composta por psicólogos, assistentes sociais e pedagogos selecionados por concurso público de provas e títulos.

(D) tem como atribuição desenvolver trabalhos de aconselhamento, orientação, encaminhamento e outros, tudo sob a imediata subordinação à autoridade judiciária.

(E) tem assegurada a livre manifestação do ponto de vista técnico, observando, contudo, as abordagens teóricas e as práticas de intervenção decorrentes de lei ou decisão judicial.

A: incorreta, já que a assertiva não corresponde a disposição expressa do ECA; **B:** incorreta. Por força do que dispõe o art. 151, parágrafo único, do ECA, introduzido pela Lei 13.509/2017, em face da ausência ou insuficiência de servidores integrantes do Poder Judiciário, o magistrado procederá à nomeação de perito, tal como estabelece o art. 156 do CPC; **C:** incorreta. Cuida-se de previsão não contida no ECA; **D:** correta, pois reflete o disposto no art. 151, *caput*, do ECA; **E:** incorreta, já que o que se afirma na proposição não corresponde a norma do ECA. ⬛

Gabarito "D".

(Juiz de Direito/GO – 2021 – FCC) A Lei no 13.431, 04 de abril de 2017, ao instituir o sistema de garantia de direitos da criança e do adolescente vítima ou testemunha de violência, denomina e define

(A) a escuta especializada como a oitiva da criança vítima realizada em local separado, por profissional especializado, preservando a imagem e a intimidade da criança.

(B) a entrevista forense como o procedimento, orientado por protocolos, de inquirição de criança ou adolescente vítima ou testemunha de violência ou negligência.

(C) o depoimento sem dano como a oitiva de crianças e adolescentes vítimas de violência sexual com observância de procedimentos que preservem sua integridade psicológica e previnam a revitimização.

(D) a escuta protegida como o procedimento humanizado de inquirição de crianças vítimas de violência ou negligência, mediada por profissionais especializados, em âmbito judicial ou extrajudicial.

(E) o depoimento especial como o procedimento de oitiva de criança ou adolescente vítima ou testemunha de violência perante autoridade policial ou judiciária.

A: incorreta. Segundo o art. 7° da Lei 13.431/2017, a *escuta especializada* consiste no *procedimento de entrevista sobre situação de violência com criança ou adolescente perante órgão da rede de proteção, limitado o relato estritamente ao necessário para o cumprimento de sua finalidade;* **B:** incorreta. A Lei 13.431/2017 não contém a denominação *entrevista forense;* **C:** incorreta. O chamado *depoimento sem dano* (denominação não empregada pela Lei 13.431/2017) corresponde ao *depoimento especial,* este sim previsto no art. 8° da Lei 13.431/2017, que consiste no *procedimento de oitiva de criança ou adolescente vítima ou testemunha de violência perante autoridade policial ou judiciária;* **D:** incorreta. A Lei 13.431/2017 faz uso do termo *escuta especializada* (não faz referência à *escuta protegida*); **E:** correta. Vide comentário à alternativa "C". ⬛

Gabarito "E".

(Juiz de Direito/SP – 2021 – Vunesp) Tratando-se de recursos apresentados contra decisões proferidas em processos que digam respeito à proteção dos direitos das crianças e dos adolescentes, é correto afirmar que

(A) é dispensado o preparo.

(B) deverá ser observada a ordem cronológica de conclusão para julgamento, prevista no Código de Processo Civil.

(C) o prazo recursal será contado em dias úteis.

(D) o prazo recursal será de 15 dias, exceto para embargos de declaração.

A: correta, uma vez que o art. 198, I, do ECA dispõe que, nos procedimentos afetos à Justiça da Infância e Juventude, os recursos serão interpostos independentemente de preparo; **B:** incorreta, dado o que estabelece o art. 198, III, do ECA: *os recursos terão preferência de julgamento e dispensarão revisor;* **C:** incorreta, pois, segundo reza o art. 152, § 2°, do ECA, introduzido pela Lei 13.509/2017, *os prazos estabelecidos nesta Lei e aplicáveis aos seus procedimentos são contados em dias corridos, excluído o dia do começo e incluído o dia do vencimento, vedado o prazo em dobro para a Fazenda Pública e o Ministério Público;* **D:** incorreta, pois contraria a norma presente no art. 198, II, do ECA: *em todos os recursos, salvo nos embargos de declaração, o prazo para o Ministério Público e para a defesa será sempre de 10 (dez) dias.* ⬛

Gabarito "A".

(Juiz de Direito – TJ/MS – 2020 – FCC) Ana tem 12 anos e foi vítima de violência sexual. Conforme previsão expressa da Lei 13.431/2017,

(A) a escuta de Ana, bem como das testemunhas do fato, seguirá o rito cautelar de antecipação de prova.

(B) a escuta especializada de Ana será gravada em áudio e vídeo.

(C) salvo para os fins de assistência à saúde e de persecução penal, é vedado o repasse a terceiros das declarações feitas por Ana.

(D) a escuta especializada de Ana reger-se-á por protocolos padronizados de inquirição a serem observados pelo Conselho Tutelar e pela autoridade policial.

21. DIREITO DA CRIANÇA E DO ADOLESCENTE   851

(E) como parte de seu direito à informação, antes de ser colhido seu depoimento pessoal, será feita a leitura da denúncia para Ana.

De acordo com o a Lei 13.431/2017, **escuta especializada** é o procedimento de entrevista sobre situação de violência com criança ou adolescente perante a rede de atendimento de proteção a crianças e adolescentes, ficando limitado o relato estritamente ao necessário para o cumprimento de sua finalidade. Já o **depoimento especial** é o procedimento de oitiva de criança ou adolescente vítima ou testemunha de violência perante autoridade policial ou judiciária. **A:** incorreta. Conforme art. 11 da lei, o depoimento especial de Ana seguirá o rito cautelar de antecipação de provas, e não sua escuta especializada. **B:** incorreta. O depoimento especial de Ana será gravado em áudio e vídeo, conforme art. 12, VI, nada tratando a lei sobre a sua escuta especializada. **C:** correta. Conforme expressamente previsto no art. 5º, XIV, da Lei 13.431/2017: "A aplicação desta Lei, sem prejuízo dos princípios estabelecidos nas demais normas nacionais e internacionais de proteção dos direitos da criança e do adolescente, terá como base, entre outros, os direitos e garantias fundamentais da criança e do adolescente a: (...) XIV – ter as informações prestadas tratadas confidencialmente, sendo vedada a utilização ou o repasse a terceiro das declarações feitas pela criança e pelo adolescente vítima, salvo para os fins de assistência à saúde e de persecução penal". **D:** incorreta. Conforme distinção feita acima sobre escuta especializada e depoimento pessoal, a escuta especializada ocorrerá perante o órgão da rede de proteção (do qual o Conselho Tutelar faz parte) e o depoimento especial ocorrerá perante a autoridade policial ou judiciária. **E:** incorreta. O art. 12, I, da mencionada lei estabelece que os profissionais especializados esclarecerão à criança ou ao adolescente sobre a tomada do depoimento especial, informando-lhe os seus direitos e os procedimentos a serem adotados e planejando sua participação, sendo vedada a leitura da denúncia ou de outras peças processuais. **RD**
Gabarito "C".

(Juiz de Direito – TJ/AL – 2019 – FCC) O Estatuto da Criança e do Adolescente (ECA – Lei n. 8.069/1990) estabelece, expressamente, como regra geral referente aos procedimentos nele regulados, que

(A) os prazos estabelecidos no ECA aplicáveis aos seus procedimentos são contados em dias corridos, vedado o prazo em dobro para a Fazenda Pública e Defensoria Pública.

(B) se a medida judicial a ser adotada não corresponder a procedimento previsto no ECA, a autoridade judiciária poderá investigar os fatos e ordenar de ofício as providências necessárias.

(C) as ações judiciais da competência da Justiça da Infância e da Juventude são isentas de custas, emolumentos e honorários de sucumbência.

(D) o Ministério Público, nos processos em que for parte, será intimado para, no prazo máximo de dez dias, intervir como curador da infância e da juventude, podendo juntar documentos e requerer diligências, usando os recursos cabíveis.

(E) as normas procedimentais previstas no ECA permitem adequação ou flexibilização, sempre que assim exigir a tutela do melhor interesse da criança e do adolescente, demonstrada em decisão judicial fundamentada.

A: incorreta. Os prazos estabelecidos no ECA são contados em dias corridos, excluído o dia do começo e incluído o dia do vencimento, vedado o prazo em dobro para Fazenda Pública e o Ministério Público (art. 152, § 2º). **B:** correta. Nos termos do art. 153 do ECA. **C:** incorreta.

As ações judiciais da competência da Justiça da Infância e da Juventude são isentas de custas e emolumentos, ressalvada a hipótese de litigância de má-fé (art. 141, § 2º). **D:** incorreta. Nos processos e procedimentos em que não for parte, atuará obrigatoriamente o Ministério Público na defesa dos direitos e interesses da criança e do adolescente, hipótese em que terá vista do autos depois das partes, podendo juntar documentos e requerer diligências, usando os recursos cabíveis (art. 202). Ademais, reza do art. 142, parágrafo único, que a autoridade judiciária designará curador especial à criança ou adolescente, sempre que os interesses destes colidirem com os de seus pais ou responsável, ou quando carecer de representação ou assistência legal ainda que eventual. A curadoria especial não cabe ao MP, nesses casos, o MP será apenas fiscal da lei, devendo o juiz designar um curador especial. **E:** Devem-se observar os procedimentos previstos no ECA justamente porque em todas as suas regras já se presumem a proteção integral e o melhor interesse da criança. Aos procedimentos especiais aplicam-se, subsidiariamente, as normas gerais previstas na legislação processual pertinente (art. 152, *caput*). **RD**
Gabarito "B".

(Juiz de Direito – TJ/BA – 2019 – CESPE/CEBRASPE) Com relação aos crimes contra a criança e o adolescente previstos na legislação pertinente, julgue os próximos itens.

I. O crime de corrupção de menores previsto no ECA é um delito material, razão porque, para a sua caracterização, é necessária a efetiva comprovação de que o menor foi corrompido.

II. O processamento e julgamento do crime de publicação de material pedófilo-pornográfico em sítios da Internet será da competência da justiça federal, quando for possível a identificação do atributo da internacionalidade do resultado obtido ou que se pretenda obter.

III. A mera simulação da participação de criança ou adolescente em cena pornográfica por meio da adulteração de fotografia é uma conduta atípica, haja vista a ausência de perigo concreto ao bem jurídico que poderia ser tutelado.

IV. O armazenamento de fotografias ou vídeos que contenham cena de sexo explícito envolvendo criança ou adolescente configura conduta atípica se o possuidor desse conteúdo o tiver recebido de forma involuntária.

Assinale a opção correta.

(A) Apenas o item I está certo.

(B) Apenas o item II está certo.

(C) Apenas o item III está certo.

(D) Apenas os itens II e IV estão certos.

(E) Apenas os itens I, III e IV estão certos.

I: incorreta. Conforme Súmula 500, do STJ, "a configuração do crime previsto no art. 244-B (corrupção de menores) do ECA independe da prova da efetiva corrupção do menor, por se tratar de delito formal"; **II:** correta. Conforme entendimento do STF em sede de Recurso Extraordinário com repercussão geral, "compete à Justiça Federal processar e julgar os crimes consistentes em disponibilizar ou adquirir material pornográfico envolvendo criança ou adolescente (arts. 241, 241-A e 241-B do ECA), quando praticados por meio da rede mundial de computadores (internet)". STF. Plenário. RE 628624/MG, Rel. Min. Marco Aurélio, j. 28 e 29/10/2015. Na mesma toada, STJ assim definiu: "Deliberando sobre o tema, o Plenário do Supremo Tribunal Federal, no julgamento do Recurso Extraordinário n. 628.624/MG, em sede de repercussão geral, assentou que a fixação da competência da Justiça Federal para o julgamento do delito do art. 241-A do Estatuto da Criança e do Adolescente (divulgação e publicação de conteúdo pedófilo-pornográfico) pressupõe a possibilidade de identificação do

atributo da internacionalidade do resultado obtido ou que se pretendia obter" (STJ, RHC 85.605/RJ, 5ª Turma, DJe 02/10/2017); **III:** incorreta. Configura crime descrito no art. 241-C do ECA: "Simular a participação de criança ou adolescente em cena de sexo explícito ou pornográfica por meio de adulteração, montagem ou modificação de fotografia, vídeo ou qualquer outra forma de representação visual: Pena – reclusão, de 1 (um) a 3 (três) anos, e multa"; **IV:** incorreta. Configura crime descrito no art. 241-B do ECA: "Adquirir, possuir ou armazenar, por qualquer meio, fotografia, vídeo ou outra forma de registro que contenha cena de sexo explícito ou pornográfica envolvendo criança ou adolescente: Pena – reclusão, de 1 (um) a 4 (quatro) anos, e multa". **ED**
Gabarito "B".

(Juiz de Direito – TJ/BA – 2019 – CESPE/CEBRASPE) À luz do ECA e da jurisprudência do STJ, assinale a opção correta, quanto à defesa dos interesses individuais, coletivos e difusos, às atribuições do MP, ao instituto da remissão e a garantias e aspectos processuais.

(A) Ao exibir quadro que possa criar situações humilhantes a crianças e adolescentes, uma emissora de televisão poderá sofrer penalidades administrativas, mas não será responsabilizada por dano moral coletivo, visto ser inviável a individualização das vítimas da conduta.

(B) A legitimidade ativa do MP para ajuizar ação de alimentos em prol de criança ou adolescente tem caráter subsidiário, ou seja, surge somente quando ausente a atuação da DP no local.

(C) A competência para processar e julgar ação civil pública ajuizada contra um estado federado na busca da defesa de crianças e adolescentes é, em regra, absoluta das varas da fazenda pública, por previsão constitucional.

(D) Na oitiva de apresentação, o representante do MP pode conceder, sem a presença da defesa técnica, a remissão ao ato infracional. Contudo, na audiência ou no procedimento de homologação por sentença da remissão, para evitar nulidade absoluta, é obrigatória a presença de defensor.

(E) Antes de iniciado o processo para apuração de ato infracional, o MP poderá conceder a remissão como forma de exclusão do processo, podendo incluir qualquer medida socioeducativa, sendo a única exceção a internação.

A: incorreta. O tema foi objeto de Ação Civil Pública, julgada no Superior Tribunal de Justiça, tendo sido admitido o dano moral coletivo: "a análise da configuração do dano moral coletivo, na espécie, não reside na identificação de seus telespectadores, mas sim nos prejuízos causados a toda sociedade, em virtude da vulnerabilização de crianças e adolescentes, notadamente daqueles que tiveram sua origem biológica devassada e tratada de forma jocosa, de modo a, potencialmente, torná-los alvos de humilhações e chacotas pontuais ou, ainda, da execrável violência conhecida por *bullying*". (REsp 1.517.973-PE, Rel. Min. Luis Felipe Salomão). **B:** incorreta. O Ministério Público tem legitimidade para promover e acompanhas as ações de alimentos (art. 201, III, do ECA). Veja também a súmula 594 do STJ: "O Ministério Público tem legitimidade ativa para ajuizar ação de alimentos em proveito de criança ou adolescente independentemente do exercício do poder familiar dos pais, ou do fato de o menor se encontrar nas situações de risco descritas no artigo 98 do Estatuto da Criança e do Adolescente, ou de quaisquer outros questionamentos acerca da existência ou eficiência da Defensoria Pública na comarca". **C:** incorreta. A justiça da infância e juventude é competente para conhecer as ações civis fundadas em interesses individuais, difusos ou coletivos afetos à criança e ao adolescente (Art. 148, IV, do ECA).

D: correta. A remissão sugerida pelo Ministério Público ocorre antes do oferecimento da representação, razão pela qual não há a exigência da presença da defesa (art. 179 do ECA). No entanto, na audiência de apresentação (art. 184 cc o art. 186 do ECA) ou homologação da remissão pelo juiz, requer-se a presença do advogado. Veja entendimento do STJ a respeito: "No caso, o Ministério Público estadual ofereceu remissão ao menor, em ato realizado sem defesa técnica. 2. Assim, ainda que a jurisprudência admita a falta de defesa técnica na oitiva com o Ministério Público, a ausência do defensor na apresentação em Juízo e na sentença homologatória evidencia a ilegalidade, sendo violado o princípio da ampla defesa. Precedentes. 3. Ordem concedida, confirmando-se a liminar anteriormente deferida, para anular a audiência realizada sem a defesa técnica do menor, bem como os demais atos praticados *a posteriori*." (HC 415.295/DF, Rel. Ministro Sebastião Reis Júnior, Sexta Turma, julgado em 14/08/2018, DJe 03/09/2018). **E:** incorreta. Nos termos do art. 127 do ECA, a remissão sugerida pelo Ministério Público pode vir acompanhada de aplicação de medida socioeducativa de advertência, reparação de danos, prestação de serviços à comunidade ou liberdade assistida, a ser aplicada pelo juiz (Súmula 108 do STJ). As medidas de semiliberdade e internação não podem ser aplicadas junto com a remissão. **ED**
Gabarito "D".

(Juiz de Direito – TJ/RS – 2018 – VUNESP) Em relação ao poder familiar, é correto afirmar:

(A) o consentimento dos pais, detentores do poder familiar, nos pedidos para colocação em família substituta, é retratável até a data da realização da audiência judicial, sendo vedado aos pais exercerem o arrependimento após a prolação da sentença de extinção do poder familiar.

(B) a condenação criminal do pai ou da mãe, por crime doloso praticado contra a vida, implicará na destituição do poder familiar.

(C) é atribuição do Conselho Tutelar representar ao Ministério Público para efeito das ações de perda ou suspensão do poder familiar, após esgotadas as possibilidades de manutenção da criança ou do adolescente junto à família natural.

(D) no procedimento para suspensão ou perda do poder familiar é obrigatória a oitiva dos pais sempre que eles forem identificados e estiverem em local conhecido, ressalvados os casos de não comparecimento perante a Justiça quando devidamente citados ou estiverem privados de liberdade.

(E) a falta ou a carência de recursos materiais como motivo suficiente para a perda ou a suspensão do poder familiar deve ser comprovada mediante o devido processo legal perante a autoridade judiciária competente.

A: incorreta. Nos termos do art. 166, § 1º, o consentimento para a entrega da criança para adoção é feito por meio de pedido formulado diretamente me cartório, sendo **retratável** até a audiência que será designada para a verificação da concordância com a adoção. O mesmo artigo, em seu § 5º, garante aos pais o direito de exercer o **arrependimento** em até 10 (dez) dias contados da data de prolação da sentença de extinção do poder familiar; **B:** incorreta. A condenação criminal do pai ou da mãe não implicará a destituição do poder familiar, exceto na hipótese de condenação por crime doloso, sujeito à pena de reclusão, contra o próprio filho ou filha (art. 23, § 2º); **C:** correta. Nos exatos termos do art. 136, inciso XI, do ECA; **D:** incorreta. É obrigatória a oitiva dos pais sempre que forem identificados e estiverem em local conhecido, ressalvados os casos de não comparecimento perante a Justiça quando devidamente citados (art. 161, § 4º) no entanto, se o pai ou a mãe estiverem privados de liberdade, a autoridade

21. DIREITO DA CRIANÇA E DO ADOLESCENTE

judicial requisitará sua apresentação para a oitiva (art. 161, § 5º); **E:** incorreta. A falta ou a carência de recursos materiais não constitui motivo suficiente para a perda ou a suspensão do poder familiar (art. 23 do ECA). RD

Gabarito "C".

(Juiz de Direito/DF – 2016 – CESPE) A respeito do acesso à Justiça da Infância e da Juventude e da Competência da referida Justiça, assinale a opção correta.

(A) Em razão da competência absoluta da Justiça da Infância e da Juventude, o *habeas corpus* impetrado em face de ato praticado por delegado da Polícia Federal, que deixa de apresentar adolescente ao MP do DF, no prazo legal, é da competência da Vara da Infância e da Juventude do DF.

(B) De acordo com o STJ, o princípio do juízo imediato, previsto no ECA, sobrepõe-se às regras gerais previstas no CPC, tal como o princípio da *perpetuatio jurisdictionis*, privilegiando a celeridade e a eficácia em relação à criança. Assim, será legítima a modificação do foro em que tramita a ação, quando houver a mudança do domicílio da criança e de seus responsáveis, mesmo já iniciada a ação.

(C) As notícias que envolvam a prática de ato infracional poderão conter identificação da criança e do adolescente mediante mera indicação de iniciais do nome e do sobrenome, desde que não divulgadas fotografias ou imagens do rosto do menor.

(D) A propositura das ações judiciais da competência da Justiça da Infância e da Juventude depende do recolhimento de custas e emolumentos, salvo impossibilidade financeira comprovada ou ajuizamento da causa pelo MP ou pela DP.

(E) A autorização para o exercício de atividades artísticas por criança ou adolescente, como, por exemplo, contracenar em novelas televisivas, é da competência da Vara da Infância e da Juventude da Circunscrição Judiciária do domicílio do menor.

A: incorreta. Os crimes praticados contra a criança e o adolescente não são processados perante a Vara de Infância e Juventude (art. 147 e 148). No entanto, cumpre ressaltar que o STJ admite que a Lei de Organização Judiciária de cada Estado atribua competência às Varas de Infância e Juventude para julgar crimes praticados contra menores (AgRg no AgRg no AREsp 580350/RN, Rel. Min. Joel Ilan Paciornik, DJe 16/12/2016). **B:** correta. O entendimento do STJ segue no sentido de que o princípio do juiz imediato prevalece sobre o princípio da *perpetuatio jurisdictiones*. "Processo civil. Conflito negativo de competência. Ação de Destituição de poder familiar. Alteração de domicílio da criança e Daqueles que detém sua guarda. Estatuto da criança e do adolescente. Princípio da perpetuatio jurisdictiones x juiz imediato. Prevalência Deste último na hipótese concreta. (STJ, CC 119318/DF, Rel. Min. Nancy Andrighi, DJe 02/05/2012)". Veja também: CC 141374, DJe 03/12/2015. **C:** incorreta. O sigilo é garantido pelo art. 143 do ECA. **D:** incorreta. As ações de competência da Vara de Infância e Juventude são isentas de custas e emolumentos, ressalvada a hipótese de litigância de má-fé. **E:** A competência em Vara de Infância e Juventude é determinada (i) pelo domicílio dos pais ou responsável (ii) pelo lugar onde se encontre a criança ou adolescente à falta dos pais ou responsável. Lembrando, ainda, que a Súmula 383 do STJ assim dispõe: "A competência para processar e julgar as ações conexas de interesse de menor é, em princípio, do foro do domicílio do detentor de sua guarda". RD

Gabarito "B".

9. INFRAÇÕES ADMINISTRATIVAS

Um médico atendeu em seu consultório uma criança que apresentava fraturas e hematomas por todo o corpo e alegava maus-tratos. A criança estava acompanhada de seu responsável e, por isso, o médico decidiu não comunicar à autoridade competente os maus-tratos contra a criança.

(Promotor de Justiça/CE – 2020 – CESPE/CEBRASPE) Nesse caso, de acordo com o Estatuto da Criança e do Adolescente, a conduta do médico

(A) não constitui crime nem infração administrativa.

(B) constitui crime culposo com pena de detenção.

(C) constitui crime culposo com pena de multa.

(D) constitui infração administrativa com pena de multa.

(E) constitui infração administrativa com pena de cassação do registro profissional.

O ECA dispõe sobre a conduta acima descrita no capítulo II, infrações administrativas. Assim, de acordo com o art. 245, deixar o médico, professor ou responsável por estabelecimento de atenção à saúde e de ensino fundamental, pré-escola ou creche, de comunicar à autoridade competente os casos de que tenha conhecimento, envolvendo suspeita ou confirmação de maus-tratos contra criança ou adolescente, é infração administrativa repreendida com pena de multa de três a vinte salários de referência, aplicando-se o dobro em caso de reincidência. RD

Gabarito "D".

(Promotor de Justiça/SP – 2019 – MPE/SP) Em relação ao crime de corrupção de pessoa menor de 18 anos, assinale a alternativa correta.

(A) Se o agente maior de idade apenas induz o menor de 18 anos à prática de ato infracional, não há crime de corrupção de menor.

(B) O agente maior de idade que pratica tráfico de drogas junto de menor de 18 anos, responde por esse delito, em concurso formal com a corrupção.

(C) O agente maior de idade que pratica infração penal junto de dois menores de 18 anos não responde por duas corrupções.

(D) Segundo o STJ, o crime de corrupção de menores de 18 anos é material.

(E) O agente maior de idade que pratica infração penal junto de menor de 18 anos, o qual não registrava qualquer antecedente, responde por dois delitos, em concurso formal.

A: Incorreta. A conduta descrita no art. 244-B do ECA implica em **corromper** ou **facilitar a corrupção** de menor de 18 ano, com ele praticando infração penal ou **induzindo-o** a praticá-la é prática. **B:** Incorreta. Conforme entendimento do STJ, em virtude do Princípio da Especialidade, o agente que pratica delito de tráfico de drogas responde pelos crimes previstos na Lei 11.343/2006. Na hipótese de o delito praticado pelo agente e pelo menor de 18 anos não estar previsto nos arts. 33 a 37 da Lei de Drogas, o réu poderá ser condenado pelo crime de corrupção de menores, porém, se a conduta estiver tipificada em um desses artigos (33 a 37), não será possível a condenação por aquele delito, mas apenas a majoração da sua pena com base no art. 40, VI, da Lei n. 11.343/2006. (STJ, REsp 1.622.781/MT, Rel. Min. Sebastião Reis Júnior, DJe 12/12/2016. Assim, o agente maior de idade que pratica tráfico de drogas junto de menor de 18 anos, não responde pelo delito tipificado no art. 244-B do ECA, ficando incurso apenas no art. 40, VI da Lei de Drogas. **C:** Incorreta. Conforme entendimento do STJ, "A prática de crimes em concurso com dois adolescentes dá ensejo à condenação por dois crimes de corrupção de menores". (6ª Turma. REsp 1.680.114-GO, Rel. Min. Sebastião Reis Júnior, julgado em 10/10/2017). **D:** Incorreta. Assim reza a súmula 500 do STJ: "A configuração do crime previsto no artigo 244-B do Estatuto da Criança e do Adolescente independe da prova da efetiva corrupção do menor, por se tratar de delito formal". **E:** Correta. Conforme entendimento do STJ, "deve ser reconhecido o concurso formal entre os delitos de roubo e corrupção de menores (art. 70, primeira parte, do CP) na hipótese em que, mediante uma única ação, o réu praticou ambos os delitos, tendo a corrupção de menores se dado em razão da prática do delito patrimonial". (HC n. 411.722/SP, Ministra Maria Thereza de Assis Moura, Sexta Turma, DJe 26/2/2018). **RD**

Gabarito "E".

(Defensor Público –DPE/RN – 2016 – CESPE) No que se refere aos crimes e às infrações administrativas previstos no ECA, assinale a opção correta.

(A) De acordo com o STJ, o crime de corrupção de menores é de natureza formal, bastando a participação do menor de dezoito anos de idade na prática de infração penal para que haja a subsunção da conduta do agente imputável ao correspondente tipo descrito no ECA.

(B) O ECA prevê, na modalidade culposa, o crime de omissão na liberação de criança ou adolescente ilegalmente apreendido.

(C) Praticará crime material o agente que embaraçar a ação de autoridade judiciária, de membro de conselho tutelar ou de representante do MP no exercício de função prevista no ECA.

(D) O crime de descumprimento injustificado de prazo fixado no ECA em benefício de adolescente privado de liberdade é crime culposo e plurissubsistente.

(E) O crime de submissão da criança ou adolescente a vexame ou constrangimento, por ser unissubsistente, não admite a modalidade tentada.

A: correta. É o que prescreve a íntegra da Súmula 500 do ST: "A configuração do crime previsto no artigo 244-B do Estatuto da Criança e do Adolescente independe da prova da efetiva corrupção do menor, por se tratar de delito formal". **B:** incorreta. O crime previsto no art. 234 não admite modalidade culposa. **C:** incorreta. Trata-se de crime formal (art. 236 do ECA); C: incorreta. Trata-se de crime formal (art. 236 do ECA); **D:** incorreta. Trata-se de crime doloso (art. 235 do ECA). **E:** incorreta. O art. 232 não admite a modalidade tentada. **RD**

Gabarito "A".

10. DECLARAÇÕES E CONVENÇÕES

(Juiz de Direito – TJ/MS – 2020 – FCC) Nos termos expressos da Convenção Internacional sobre os Direitos da Criança, os Estados-Partes buscarão promover o estabelecimento de uma idade

(A) mínima antes da qual se presumirá que a criança não tem capacidade para infringir as leis penais.

(B) acima da qual não se imporá qualquer medida de cuidados familiares alternativos sem o expresso consentimento da criança.

(C) abaixo da qual não se exigirá consentimento da criança para que receba tratamento médico, psicológico ou funcional visando a promoção de sua saúde física e mental.

(D) mínima para que o exercício dos direitos sexuais e reprodutivos da criança não sejam considerados infração à lei penal vigente no Estado.

(E) antes da qual os pais e outras pessoas responsáveis pela criança não poderão, por ato de disposição de vontade, antecipar a maioridade civil da criança.

De acordo com a Convenção Internacional sobre Direitos da Criança (art. 40, item 3) a disposição sobre promoção de estabelecimento de leis, procedimentos, autoridades e instituições específicas para crianças que se alegue ter infringido leis penais. Na alínea a, prevê expressamente a necessidade de estabelecimento de idade mínima da qual se presumirá que a criança não tem capacidade para infringir as leis penais. **RD**

Gabarito "A".

(Defensor Público – DPE/PR – 2017 – FCC) Dentre diversas novidades, o Estatuto da Criança e do Adolescente passou a prever a possibilidade de remissão ao adolescente que viesse a praticar ato infracional. Esta previsão decorreu de compromissos assumidos pelo Brasil no âmbito internacional, havendo a expressa recomendação para adoção da remissão

(A) no Pacto Internacional de Direitos Civis e Políticos.

(B) na Declaração dos Direitos da Criança – Assembleia das Nações Unidas, 1959.

(C) nas Regras Mínimas das Nações Unidas para a Administração da Justiça, da Infância e da Juventude – Regras de Beijing.

(D) nas Diretrizes das Nações Unidas para Prevenção da Delinquência Juvenil – Diretrizes de Riad.

(E) no Pacto de San José da Costa Rica

A: incorreta. O Pacto Internacional de Direitos Civis e Políticos (Decreto 592/1992) trata das liberdades civis e políticas, em conformidade com os princípios proclamados na Carta das Nações Unidas, reconhecendo que a dignidade inerente a todos os membros da família humana e de seus direitos iguais e inalienáveis constitui o fundamento da liberdade, da justiça e da paz no mundo. **B:** incorreta. A Declaração dos Direitos da Criança, fundamentada na proteção integral e no melhor interesse da criança, visa o bem-estar físico, mental e intelectual da criança, para que possa gozar dos direitos e liberdades previstos na declaração. **C:** correta. As Regras Mínimas das Nações Unidas para a Administração da Justiça, da Infância e da Juventude – Regras de Beijing trata dos primeiros traços do Sistema de Justiça da Infância e Juventude para o julgamento de crianças e adolescentes autores de ilícitos penais, incluindo garantias para um julgamento justo, imparcial e conduzido por juízo especializado, sendo a remissão uma das suas orientações. **D:** incorreta. As Diretrizes das Nações Unidas para Prevenção da Delinquência Juvenil – Diretrizes de Riad, são voltadas para a **prevenção** da delinquência, não tratando de questões sobre a remissão. **E:** incorreta. O Pacto de San José da Costa Rica constitui diploma consolidador dos Direitos Humanos, não somente voltado ao adolescente infrator. **RD**

Gabarito "C".

(Defensor Público – DPE/BA – 2016 – FCC) Dentre os princípios fundamentais enunciados nas Diretrizes das Nações Unidas para Prevenção da Delinquência Juvenil (Princípios Orientadores de Riad) consta, expressamente, a ideia de que

(A) o comportamento desajustado dos jovens aos valores e normas da sociedade são, com frequência, parte do processo de amadurecimento e tendem a desaparecer, espontaneamente, na maioria das pessoas, quando chegam à maturidade.

(B) os estados devem criar instâncias especializadas de intervenção, de modo a garantir que, quando o adolescente transgrida uma norma de natureza penal, os organismos mais formais de controle social sejam acionados como primeira alternativa.

21. DIREITO DA CRIANÇA E DO ADOLESCENTE

(C) embora desencadeados por fatores ambientais desfavoráveis, grande parte dos delitos praticados por adolescentes são resultantes de quadros psicopatológicos, cujo tratamento precoce é fundamental para uma política preventiva bem-sucedida.

(D) devem ser oferecidas a crianças, adolescentes e jovens, sempre que possível, oportunidades lícitas de geração de renda, garantindo-lhes acesso ao trabalho protegido, não penoso e que não prejudique a frequência e o aproveitamento escolar.

(E) considerando o consenso criminológico de que a delinquência juvenil está diretamente associada aos estilos parentais autoritário, permissivo ou negligente, é tarefa primordial dos estados, em colaboração com meios de comunicação, incentivar os pais no aprimoramento de suas técnicas de criação e educação dos filhos.

A: correta. O § 5º dos Princípios das Nações Unidas para a Prevenção, alínea "e" da convenção dispõe: "a consideração de que o comportamento ou conduta dos jovens, que não é conforme às normas e valores sociais gerais, faz muitas vezes parte do processo de maturação e crescimento e tende a desaparecer espontaneamente na maior parte dos indivíduos na transição para a idade adulta". **B:** incorreta. Os organismos formais de controle social só devem ser utilizados como último recurso (veja o § 6º dos Princípios Orientadores de Riad). **C:** incorreta. A convenção de Riad não considera as psicopatias em seu texto. **D:** incorreta. Os princípios de Riad dão conta da necessidade de formação profissional, não de geração de renda. Vejamos o texto do §10: "Deve ser dada importância às políticas preventivas que facilitem uma socialização e integração bem-sucedida de todas as crianças e jovens, em especial através da família, da comunidade, dos grupos de jovens, das escolas, da formação profissional e do desenvolvimento pessoal próprio das crianças e dos jovens, devendo estes ser integralmente aceites como parceiros iguais nos processos de socialização e integração". **E:** incorreta. Os princípios de Riad consideram a família unidade central responsável pela socialização da criança e reforça o sentido de manter os laços familiares (Vide §§11 até 19). RD

Gabarito "A".

(Defensor Público –DPE/MT – 2016 – UFMT) Em relação à Convenção Internacional sobre os direitos da criança, ratificada pelo Brasil em 20 de setembro de 1990, analise as assertivas abaixo.

I. Para efeitos da Convenção, entende-se por criança todo ser humano menor de 12 anos de idade, salvo se, em conformidade com a lei aplicável à criança, a maioridade seja alcançada antes.

II. A criança será registrada imediatamente após o seu nascimento e terá, desde seu registro, direito a um nome, a uma nacionalidade e, na medida do possível, direito de conhecer seus pais e ser cuidada por eles.

III. Cabe aos pais, ou a outras pessoas encarregadas, a responsabilidade primordial de proporcionar, de acordo com suas possibilidades e meios financeiros, as condições de vida necessárias ao desenvolvimento da criança.

IV. Os Estados-Membros tomarão todas as medidas legislativas, administrativas, sociais e educacionais apropriadas para proteger a criança contra todas as formas de violência física ou mental, abuso ou tratamento negligente, maus-tratos ou exploração, enquanto estiver sob a guarda dos pais, do representante legal ou de qualquer outra pessoa responsável por ela.

Estão corretas as assertivas

(A) I, II e III, apenas.

(B) II, III e IV, apenas.

(C) I e II, apenas.

(D) III e IV, apenas.

(E) I, III e IV, apenas.

I: incorreta. Nos termos do artigo 1º da Convenção, "considera-se como criança todo ser humano com menos de dezoito anos de idade, a não ser que, em conformidade com a lei aplicável à criança, a maioridade seja alcançada antes" (Decreto 99.710/1990). **II:** incorreta. Nos termos do artigo 7º da Convenção, "a criança será registrada imediatamente após seu nascimento e terá direito, desde o momento em que nasce, a um nome, a uma nacionalidade e, na medida do possível, a conhecer seus pais e a ser cuidada por eles". **III:** correta. Nos termos do artigo 18 da Convenção, " os Estados-Partes envidarão os seus melhores esforços a fim de assegurar o reconhecimento do princípio de que ambos os pais têm obrigações comuns com relação à educação e ao desenvolvimento da criança. Caberá aos pais ou, quando for o caso, aos representantes legais, a responsabilidade primordial pela educação e pelo desenvolvimento da criança. Sua preocupação fundamental visará ao interesse maior da criança". **IV:** correta. Nos termos do artigo 19 da Convenção "os Estados-Partes adotarão todas as medidas legislativas, administrativas, sociais e educacionais apropriadas para proteger a criança contra todas as formas de violência física ou mental, abuso ou tratamento negligente, maus tratos ou exploração, inclusive abuso sexual, enquanto a criança estiver sob a custódia dos pais, do representante legal ou de qualquer outra pessoa responsável por ela". RD

Gabarito "D".

11. TEMAS COMBINADOS E OUTROS TEMAS

(Juiz de Direito/AP – 2022 – FGV) O promotor de justiça da Infância e Juventude de Macapá recebe denúncia anônima, através do serviço "Disque 100", noticiando que Josenildo, dirigente da entidade de acolhimento institucional do município, tem se apropriado indevidamente de itens alimentícios encaminhados pela Prefeitura para as crianças e adolescentes em acolhimento. Após a confirmação da ocorrência dos fatos, o promotor de justiça ajuíza representação para apuração de irregularidade em entidade de atendimento não governamental, em conformidade com o rito procedimental previsto na Lei nº 8.069/1990 para essa hipótese. Após regular citação, o dirigente continua a se apropriar dos alimentos, levando-os para a sua casa, e deixando os acolhidos sem proteína em sua alimentação diária. Em virtude disso, o promotor de justiça requer o afastamento provisório do dirigente da entidade de acolhimento.

Considerando o disposto na Lei nº 8.069/1990 (ECA), é correto afirmar que:

(A) em virtude do princípio da celeridade processual, o ECA não prevê a realização de audiência de instrução e julgamento para o procedimento de apuração de irregularidades em entidades;

(B) caso defira o pedido de afastamento provisório do dirigente, o magistrado deverá nomear diretamente interventor para gerir a entidade, dentre as pessoas de conduta ilibada na comarca;

(C) não há previsão legal para afastamento provisório do dirigente da entidade, antes de concluída a instrução do procedimento;

(D) antes de aplicar qualquer das medidas, a autoridade judiciária poderá fixar prazo para a remoção das irregularidades verificadas;

(E) caso julgado procedente o pedido, será aplicável ao dirigente da entidade a pena privativa de liberdade, a ser fixada em consonância com a gravidade de sua conduta, conforme previsão do ECA.

A: incorreta. Se entender necessário, poderá o juiz, no procedimento de apuração de irregularidade em entidade de atendimento, designar audiência de instrução e julgamento, do que as partes serão intimadas (art. 193, *caput*, do ECA); **B:** incorreta. Na hipótese de ser determinado o afastamento provisório do dirigente da entidade, deverá o magistrado oficiar à autoridade administrativa imediatamente superior ao afastado, marcando prazo para a substituição (art. 193, § 2º, do ECA); **C:** incorreta, pois não reflete o disposto no art. 191, parágrafo único, do ECA, que autoriza o juiz, na hipótese de o motivo ser grave, a decretar liminarmente o afastamento provisório do dirigente da entidade; **D:** correta (art. 193, § 3º, do ECA); **E:** incorreta, já que não há previsão de pena privativa de liberdade. Segundo o art. 193, § 4º, do ECA, *a multa e a advertência serão impostas ao dirigente da entidade ou programa de atendimento.* **ED**
Gabarito "D".

(Procurador Município – Santos/SP – VUNESP – 2021) Em relação à proteção judicial dos interesses metaindividuais, o Estatuto da Criança e do Adolescente prevê:

(A) os órgãos públicos legitimados para a sua defesa poderão tomar dos interessados compromisso de ajustamento de sua conduta às exigências legais, o qual terá eficácia de título executivo judicial.

(B) será cabível, como regra, o manejo de ação civil pública contra atos ilegais ou abusivos de autoridade pública ou agente de pessoa jurídica no exercício de atribuições do poder público, que lesem direito líquido e certo previsto no Estatuto.

(C) nas ações cíveis ajuizadas para a sua defesa, em caso de desistência ou abandono da ação por associação legitimada, o Ministério Público ou outro legitimado poderá assumir a titularidade ativa.

(D) os valores das multas aplicadas em processos judiciais reverterão ao fundo gerido pelo Conselho dos Direitos da Criança e do Adolescente do respectivo Estado.

(E) as demandas propostas visando à sua salvaguarda serão propostas no foro do local onde ocorreu ou deva ocorrer a ação ou omissão, cujo juízo terá competência relativa para processar a causa, ressalvadas a competência da Justiça Federal e a competência originária dos tribunais superiores.

A: incorreta, na medida em que, por força do que dispõe o art. 211 da Lei 8.069/1990 (Estatuto da Criança e do Adolescente), o compromisso de ajustamento de conduta, neste caso, terá eficácia de título executivo *extrajudicial* (e não judicial, como consta a assertiva); **B:** incorreta, uma vez que, contra atos ilegais ou abusivos de autoridade pública ou agente de pessoa jurídica no exercício de atribuições do poder público, que lesem direito líquido e certo previsto no ECA, caberá ação mandamental, que obedecerá à regras estabelecidas para o mandado de segurança. É o que dispõe o art. 212, § 2º, do ECA; **C:** correta, pois reflete o disposto no art. 210, § 2º, do ECA; **D:** incorreta, pois não corresponde ao que estabelece o art. 214, *caput*, do ECA, segundo o qual as multas reverterão ao fundo gerido pelo Conselho dos Direitos da Criança e do Adolescente do respectivo município (e não do Estado); **E:** incorreta, já que se trata de competência *absoluta* (art. 209, ECA). **ED**
Gabarito "C".

(Promotor de Justiça/CE – 2020 – CESPE/CEBRASPE) Nos termos da Lei 12.594/2012, a função de fiscalização do Sistema Nacional de Atendimento Socioeducativo é exercida

(A) pela justiça da infância e da juventude.

(B) pelo Conselho Nacional dos Direitos da Criança e do Adolescente.

(C) pelo Ministério Público.

(D) pela Secretaria de Direitos Humanos da Presidência da República.

(E) pelo conselho tutelar.

A: Incorreta. A competência da Vara de Infância e Juventude é definida pelo art. 146 do ECA e traz ao Poder Judiciário a competência para aplicação da medida socioeducativa. **B:** Correta. De acordo com o art. 3º, § 2º, da Lei 12.594/2012, ao Conselho Nacional dos Direitos da Criança e do Adolescente (Conanda) competem as funções normativa, deliberativa, de avaliação e de fiscalização do SINASE. **C:** Incorreta. As funções do Ministério público estão definidas pelos arts. 200 a 205 do ECA. **D:** Incorreta. A Secretaria de Direitos Humanos da Presidência da República foi criada pela revogada Lei 10.683/2003 e não tem a função de fiscalização do SINASE. **E:** Incorreta. As funções do Conselho Tutelar estão definidas no art. 136 do ECA. **RD**
Gabarito "B".

(Promotor de Justiça/PR – 2019 – MPE/PR) Nos termos do que expressamente estabelece a Lei n. 8.069/90 (Estatuto da Criança e do Adolescente), assinale a alternativa incorreta. É medida aplicável aos pais ou responsável:

(A) Obrigação de encaminhar a criança ou adolescente a tratamento especializado.

(B) Comparecimento em juízo, no prazo e nas condições fixadas pelo juiz, para informar e justificar as atividades.

(C) Advertência.

(D) Perda da guarda.

(E) Destituição da tutela.

De acordo com o art. 129 do ECA, são medidas aplicáveis aos pais ou responsáveis: I – encaminhamento a serviços e programas oficiais ou comunitários de proteção, apoio e promoção da família; II – inclusão em programa oficial ou comunitário de auxílio, orientação e tratamento a alcoólatras e toxicômanos; III – encaminhamento a tratamento psicológico ou psiquiátrico; IV – encaminhamento a cursos ou programas de orientação; V – obrigação de matricular o filho ou pupilo e acompanhar sua frequência e aproveitamento escolar; VI – obrigação de encaminhar a criança ou adolescente a tratamento especializado; VII – advertência; VIII – perda da guarda; IX – destituição da tutela; X – suspensão ou destituição do pátrio poder familiar". **RD**
Gabarito "B".

(Promotor de Justiça/SP – 2019 – MPE/SP) Nos termos do Estatuto da Criança e do Adolescente (ECA), Lei 8.069/90, assinale a alternativa INCORRETA.

(A) Remissão judicial é a concedida pelo juiz, como forma de extinção ou suspensão do processo, e poderá ser aplicada em qualquer fase do procedimento, antes da sentença.

(B) O art. 42, § 6º, do ECA estabelece ser possível a adoção ao adotante que, após inequívoca manifestação de vontade, vier a falecer no curso do procedimento de adoção.

(C) Nos casos de adoção unilateral, conforme dispõe o § 1º, do artigo 41, se um dos cônjuges ou concubinos

21. DIREITO DA CRIANÇA E DO ADOLESCENTE

adota o filho do outro, cria-se novo vínculo de filiação e rompem-se os vínculos de filiação entre o adotado e o cônjuge ou o concubino do adotante e os respectivos parentes, atribuindo a condição de filho ao adotado, com os mesmos direitos e deveres, inclusive sucessórios.

(D) Na sentença, aplicada a medida socioeducativa de internação, é desnecessária a estipulação de prazo, porquanto se equipara à medida de segurança penal no sentido de que só uma avaliação prévia permite abreviar a internação.

(E) A medida socioeducativa de internação somente pode ser aplicada quando caracterizada uma das hipóteses previstas no art. 122 do ECA e caso não haja outra medida mais adequada e menos onerosa à liberdade do adolescente.

A: Correta. Conforme art. 126 e 188 do ECA. **B:** Correta. Trata-se da adoção *post mortem*. **C:** Incorreta. Conforme referido art. 41, § 1º do ECA, na adoção unilateral, "**se** um dos cônjuges ou concubinos adota o filho do outro, mantêm-se os vínculos de filiação entre o adotado e o cônjuge ou concubino do adotante e os respectivos parentes. **D:** Correta. Conforme art. 121, §§ 1º e 2º do ECA. **E:** Correta. O rol do art. 122 é taxativo e só permite a aplicação da medida socioeducativa de internação nas hipóteses nele previstas. **RD**

Gabarito "C".

(Juiz de Direito – TJ/AL – 2019 – FCC) Em relação à publicidade direcionada a crianças e/ou adolescentes, é correto afirmar:

(A) O Supremo Tribunal Federal declarou inconstitucional a Resolução 163 do Conselho Nacional dos Direitos da Criança e do Adolescente (CONANDA) que dispõe sobre a abusividade do direcionamento de publicidade e de comunicação mercadológica à criança e ao adolescente.

(B) A jurisprudência do Superior Tribunal de Justiça consolidou o entendimento de que não se considera abusivo o *marketing* (publicidade ou promoção de venda) de alimentos dirigido, direta ou indiretamente, às crianças.

(C) Conforme disposição expressa do Estatuto da Criança e do Adolescente, as revistas e publicações destinadas ao público infanto-juvenil não poderão conter material publicitário que estimule o consumo de alimentos industrializados sem valor nutricional.

(D) O Código de Defesa do Consumidor descreve como enganosa a publicidade que promova consumo, por crianças e adolescentes, de quaisquer bens e serviços incompatíveis com sua condição.

(E) O Código Brasileiro de Autorregulamentação Publicitária dispõe que nenhum anúncio dirigirá apelo imperativo de consumo diretamente à criança.

A: incorreta. A Resolução Conanda 163/2014 não foi declarada inconstitucional pelo Supremo Tribunal Federal. **B:** incorreta. Há julgado do Superior Tribunal de Justiça considerando abusiva publicidade voltada para criança. PUBLICIDADE DE ALIMENTOS DIRIGIDA À CRIANÇA. ABUSIVIDADE. VENDA CASADA CARACTERIZADA. ARTS. 37, § 2º, E 39, I, DO CÓDIGO DE DEFESA DO CONSUMIDOR. (...) 2. A hipótese dos autos caracteriza publicidade duplamente abusiva. Primeiro, por se tratar de anúncio ou promoção de venda de alimentos direcionada, direta ou indiretamente, às crianças. Segundo, pela evidente "venda casada", ilícita em negócio jurídico entre adultos e, com maior razão, em contexto de *marketing* que utiliza ou manipula o universo lúdico

infantil (art. 39, I, do CDC). 3. *In casu*, está configurada a venda casada, uma vez que, para adquirir/comprar o relógio, seria necessário que o consumidor comprasse também 5 (cinco) produtos da linha "Gulosos". Recurso especial improvido. (REsp 1558086/SP, Rel. Ministro Humberto Martins, Segunda Turma, julgado em 10/03/2016, DJe 15/04/2016). **C:** incorreta. O ECA traz regra expressa em relação às revistas e publicações destinadas ao público infanto-juvenil no sentido de proibir ilustrações, fotografias, legendas, crônicas ou anúncios de bebidas alcoólicas, tabaco, armas e munições (art. 79 do ECA), mas nada traz em relação à venda de alimentos. **D:** incorreta. É considerada abusiva que se aproveite da deficiência de julgamento e experiência da **criança** (art. 37, § 2º). **E:** correta. O art. 37 do Código Brasileiro de Autorregulamentação Publicitária, de fato, dispõe que nenhum anúncio dirigirá apelo imperativo de consumo diretamente à criança: "os esforços de pais, educadores, autoridades e da comunidade devem encontrar na publicidade fator coadjuvante na formação de cidadãos responsáveis e consumidores conscientes. Diante de tal perspectiva, nenhum anúncio dirigirá apelo imperativo de consumo diretamente à criança". **RD**

Gabarito "E".

(Juiz de Direito – TJ/SC – 2019 – CESPE/CEBRASPE) Determinado sujeito, maior e imputável, adquiriu em sítio da Internet vídeos com cenas de pornografia que envolviam adolescentes e os armazenou em seu computador. Posteriormente, transmitiu esses vídeos, por meio de aplicativo de mensagem instantânea, a dois amigos adolescentes.

Considerando essa situação hipotética, é correto afirmar, de acordo com as disposições do ECA e com o entendimento do STJ, que o sujeito praticou

(A) condutas consideradas atípicas.

(B) duas condutas típicas, porém, em aplicação ao princípio da consunção, a primeira restou absorvida pela segunda.

(C) condutas que caracterizam dois crimes em continuidade delitiva.

(D) condutas que caracterizam dois crimes em concurso material.

(E) condutas que caracterizam dois crimes em concurso formal.

As condutas descritas são típicas conforme art. 241-B do ECA, tratando--se, portanto, de crimes em concurso material:

Art. 241-B. Adquirir, possuir ou armazenar, por qualquer meio, fotografia, vídeo ou outra forma de registro que contenha cena de sexo explícito ou pornográfica envolvendo criança ou adolescente:

Pena – reclusão, de 1 (um) a 4 (quatro) anos, e multa.

§ 1º A pena é diminuída de 1 (um) a 2/3 (dois terços) se de pequena quantidade o material a que se refere o caput deste artigo.

§ 2º Não há crime se a posse ou o armazenamento tem a finalidade de comunicar às autoridades competentes a ocorrência das condutas descritas nos arts. 240, 241, 241-A e 241-C desta Lei, quando a comunicação for feita por:

I – agente público no exercício de suas funções;

II – membro de entidade, legalmente constituída, que inclua, entre suas finalidades institucionais, o recebimento, o processamento e o encaminhamento de notícia dos crimes referidos neste parágrafo;

III – representante legal e funcionários responsáveis de provedor de acesso ou serviço prestado por meio de rede de computadores, até o recebimento do material relativo à notícia feita à autoridade policial, ao Ministério Público ou ao Poder Judiciário.

§ 3º As pessoas referidas no § 2º deste artigo deverão manter sob sigilo o material ilícito referido. **ED**

Gabarito "D".

(Juiz de Direito – TJ/RS – 2018 – VUNESP) Assinale a alternativa correta de acordo com o entendimento sumulado do Superior Tribunal de Justiça.

(A) A competência para processar e julgar as ações conexas de interesse de menor é, em princípio, do foro da sede da entidade ou do órgão responsável pela adoção das medidas de proteção ao menor.

(B) A confissão do adolescente no procedimento para aplicação de medida socioeducativa permite a desistência de outras provas e aplicação de medida mais adequada ao princípio da reeducação e da proteção integral.

(C) É dispensável a oitiva do menor infrator antes de decretar-se a regressão da medida socioeducativa.

(D) A configuração do crime do art. 244-B do ECA depende da prova da efetiva corrupção do menor, por se tratar de delito formal.

(E) O Ministério Público tem legitimidade ativa para ajuizar ação de alimentos em proveito de criança ou adolescente independentemente do exercício do poder familiar dos pais, ou do fato de o menor se encontrar nas situações de risco descritas no art. 98 do Estatuto da Criança e do Adolescente, ou de quaisquer outros questionamentos acerca da existência ou eficiência da Defensoria Pública na comarca.

A: incorreta. A competência da Infância e Juventude é determinada i) pelo domicílio dos pais ou responsável e ii) pelo lugar onde se encontre a criança ou adolescente, à falta dos pais ou responsável (art. 147 do ECA). Vale lembrar que a súmula 383 do Superior Tribunal de Justiça, estabelece que a "competência para processar e julgar as ações conexas de interesse de menor é, em princípio, do foro do domicílio do detentor de sua guarda"; **B:** incorreta. Conforme súmula 342 do Superior Tribunal de Justiça, "no procedimento para aplicação de medida socioeducativa, é nula a desistência de outras provas em face da confissão do adolescente"; **C:** incorreta. Conforme súmula 265 do Superior Tribunal de Justiça "é necessária a oitiva do menor infrator antes de decretar-se a regressão da medida socioeducativa"; **D:** incorreta. Conforme súmula 500 do Superior Tribunal de Justiça, "a *configuração do crime previsto no artigo 244-B do* Estatuto da Criança e do Adolescente *independe da prova da efetiva corrupção do menor, por se tratar de delito formal*". **E:** correta. Conforme súmula 594 do Superior Tribunal de Justiça: "*O Ministério Público tem legitimidade ativa para ajuizar ação de alimentos em proveito de crianças e adolescentes independentemente do exercício do poder familiar dos pais ou do fato de o menor se encontrar nas situações de risco descritas no artigo 98 do ECA ou de quaisquer outros questionamentos acerca da existência ou eficiência da Defensoria Pública na comarca*". **RD**

Gabarito "E".

(Juiz de Direito – TJ/RS – 2018 – VUNESP) Em relação à jurisprudência, aos crimes e infrações administrativas previstas no Estatuto da Criança e dos Adolescentes, e à Organização Judiciária e demais peculiaridades e competências do Poder Judiciário do Rio Grande do Sul, é correto afirmar:

(A) o Conselho da Magistratura do Rio Grande do Sul pode, excepcionalmente, atribuir às varas da Infância e Juventude competência para processar e julgar o crime de estupro de vulnerável cuja vítima seja criança ou adolescente.

(B) a conduta consistente em auxiliar a efetivação de ato destinado ao envio de criança ou adolescente para o exterior com inobservância das formalidades legais

sem o fito de obter lucro é penalmente atípica mas configura infração administrativa.

(C) aquele que adquire vídeo ou qualquer outra forma de representação visual que apenas simula a participação de criança ou adolescente em cena de sexo explícito ou pornográfica não pode ser responsabilizado penalmente nos termos do Estatuto da Criança e do Adolescente.

(D) hospedar criança ou adolescente desacompanhado dos pais ou responsável, ou sem autorização escrita desses ou da autoridade judiciária, em pensão é conduta caracterizada como crime nos termos do Estatuto da Criança e do Adolescente.

(E) a conduta do médico, enfermeiro ou dirigente de estabelecimento de atenção à saúde de gestante que deixa de efetuar imediato encaminhamento à autoridade judiciária de caso de que tenha conhecimento de mãe ou gestante interessada em entregar seu filho para adoção é caracterizada como crime nos termos do Estatuto da Criança e do Adolescente.

A: correta. Embora o art. 149 do ECA não insira entre as atribuições da Vara de Infância e Juventude a competência para julgar crimes contra a criança e o adolescente, a jurisprudência vem aceitando que a Lei de Organização Judiciária atribua essa competência; **B:** incorreta. Constitui crime do art. 239 do ECA: "Promover ou auxiliar a efetivação de ato destinado ao envio de criança ou adolescente para o exterior com inobservância das formalidades legais ou com o fito de obter lucro"; **C:** incorreta. Constitui crime do art. 241-C do ECA: "Simular a participação de criança ou adolescente em cena de sexo explícito ou pornográfica por meio de adulteração, montagem ou modificação de fotografia, vídeo ou qualquer outra forma de representação visual". Incorre nas mesmas penas quem vende, expõe à venda, disponibiliza, distribui, publica ou divulga por qualquer meio, adquire, possui ou armazena o material produzido na forma do *caput* deste artigo (art. 241-C, parágrafo único, do ECA); **D:** incorreta. Trata-se de infração administrativa prevista no art. 250 do ECA; **E:** incorreta. Constitui infração administrativa prevista no art. 258-B do ECA. **RD**

Gabarito "A".

(Defensor Público – DPE/SC – 2017 – FCC) Sobre as audiências concentradas nas Varas da Infância e Juventude, conforme disciplinadas no Provimento 32 da Corregedoria Nacional de Justiça, é correto afirmar que

(A) delas devem participar pais e/ou parentes da criança ou adolescente acolhido ou, na sua ausência, pretendentes à adoção desde que devidamente habilitados e cadastrados.

(B) visam concentrar, num único ato processual, as fases postulatória e instrutória do procedimento de afastamento da criança e do adolescente do convívio familiar.

(C) devem ser realizadas semestralmente para reavaliar a necessidade de manutenção de todos os casos de crianças e adolescentes privados de liberdade ou do convívio familiar e comunitário.

(D) são realizadas para reavaliação das medidas protetivas de acolhimento e tomada de medidas efetivas que visem abreviar o período de institucionalização.

(E) destinam-se à homologação judicial do plano individual de atendimento elaborado no curso da execução das medidas de acolhimento institucional, acolhimento familiar, internação e semiliberdade.

A: incorreta. As audiências concentradas devem contar com a presença dos atores do sistema de garantia dos direitos da criança e do adolescente. Por outro lado, nos termos do art. 1º, § 2º, inciso VI do provimento, deverá haver a intimação prévia dos pais ou parentes (que mantenha vínculo de afinidade e afetividade) do acolhido, ou a sua condução no dia do ato. Os pretendentes à adoção, por outro lado, não devem estar nas audiências concentradas. **B:** incorreta. As audiências concentradas devem reavaliar as "medidas protetivas de acolhimento, diante de seu caráter excepcional e provisório, com a subsequente confecção de atas individualizadas para juntada em cada um dos processos" (art. 1º do Provimento). **C:** incorreta. Devem ser realizadas semestralmente, mas com finalidade de avaliação das medidas de proteção voltadas ao acolhimento da criança e do adolescente, e não dizem respeito às medidas socioeducativas. **D:** correta. A principal finalidade da audiência é fazer um balanço da situação da aplicação de medida de proteção e tomar medidas que visem abreviar o período de institucionalização (vide também justificativa da alternativa "B". **E:** incorreta. Vide justificativas anteriores. RD

Gabarito "D".

(Defensor Público – DPE/PR – 2017 – FCC) Considere as assertivas a seguir sobre Direito da Criança e do Adolescente.

I. Cabe revisão criminal contra sentença que aplica medida socioeducativa.

II. Segundo a jurisprudência do Superior Tribunal de Justiça, o padrasto detém legitimidade ativa para propor ação de destituição de poder familiar de maneira preparatória à adoção unilateral.

III. Na hipótese de adolescente portador de transtornos mentais que pratica fato típico e antijurídico, ou seja, na hipótese de "dupla inimputabilidade" que prejudica a capacidade do adolescente para assimilar a medida socioeducativa aplicada, há precedente do Superior Tribunal de Justiça afastando a medida socioeducativa de internação e aplicando medida socioeducativa de liberdade assistida associada ao acompanhamento ambulatorial psiquiátrico.

IV. Segundo o Superior Tribunal de Justiça, é possível, no melhor interesse da criança, relativizar proibição do Estatuto da Criança e do Adolescente para permitir que dois irmãos adotem conjuntamente uma criança. No precedente, um casal de irmãos solteiros que viviam juntos passou a cuidar de criança órfã, com ela desenvolvendo relações de afeto. Nesse caso não se deve ficar restrito às fórmulas clássicas de família, reconhecendo-se outras configurações familiares estáveis.

Está correto o que se afirma em

(A) I, II, III e IV.

(B) II, III e IV, apenas.

(C) I, III e IV, apenas.

(D) I, II e IV, apenas.

(E) I, II e III, apenas.

I: correta. Os recursos cabíveis para as hipóteses em que se discute ato infracional são os recursos do CPC. No entanto, é admitida a revisão criminal (assim como o HC), pois a revisão não é recuso, mas ação autônoma de impugnação de decisões judiciais. **II:** correta. A ação de destituição de poder familiar pode ser proposta por quem tenha legítimo interesse. O padrasto é pessoa que detém esse legítimo interesse para a propositura da ação. Veja: "Direito civil. Família. Criança e adolescente. Adoção. Pedido preparatório de destituição do poder familiar formulado pelo padrasto em face do pai biológico. Legítimo interesse. Famílias recompostas. Melhor interesse da criança". (STJ, REsp 1.106.637/SP.

Rel. Min. Nancy Andrighi). **III:** correta. Assim já decidiu o STJ a respeito do tema: "(...). Sendo assim, no caso concreto, como o adolescente apresenta distúrbios mentais, deve ser encaminhado a um atendimento individual e especializado compatível com sua limitação mental (§ 3º do mesmo artigo citado). Ante o exposto, a Turma concedeu a ordem para determinar que o paciente seja inserido na medida socioeducativa de liberdade assistida, associada ao acompanhamento ambulatorial psiquiátrico, psicopedagógico e familiar". (STJ, HC 88.043-SP, Rel. Min. Og Fernandes, julgado em 14/4/2009). **IV:** correta. Já decidiu o STJ pela possibilidade de um casal de irmãos solteiros que viviam juntos cuidar de criança órfã, com ela desenvolvendo relações de afeto. Nesse caso não se deve ficar restrito às fórmulas clássicas de família, reconhecendo-se outras configurações familiares estáveis. "*In casu*, segundo as instâncias ordinárias, verificou-se a ocorrência de inequívoca manifestação de vontade de adotar, por força de laço socioafetivo preexistente entre adotante e adotando, construído desde quando o infante (portador de necessidade especial) tinha quatro anos de idade. Consignou-se, ademais, que, na chamada família anaparental – sem a presença de um ascendente –, quando constatados os vínculos subjetivos que remetem à família, merece o reconhecimento e igual *status* daqueles grupos familiares descritos no art. 42, § 2º, do ECA. (STJ, REsp 1.217.415-RS, Rel. Min. Nancy Andrighi, julgado em 19/6/2012). RD

Gabarito "A".

(Juiz – TJ/RJ – VUNESP – 2016) Com relação à Convenção sobre os Direitos da Criança da ONU, tratado internacional de proteção de direitos humanos, com início de vigência em 1990, é correto afirmar que

(A) se afastando da técnica de diferenciação utilizada pela legislação específica brasileira, define criança como todo ser humano que não atingir a maioridade civil e penal ou for declarado totalmente incapaz, desde que menor de 18 anos, nos termos da legislação aplicável.

(B) em respeito aos princípios da anterioridade e da legalidade, bem como ao garantismo processual, foram criados os Protocolos Facultativos adesivos, versando sobre a) Venda de Crianças, Prostituição Infantil e Pornografia Infantil e b) Envolvimento de Crianças em Conflitos Armados, para tipificação de delitos contra a dignidade sexual e de guerra envolvendo crianças.

(C) ao estabelecer a obrigação dos Estados de respeitar responsabilidades, direitos e obrigações dos pais, apropriados para o exercício, pela criança, dos direitos que contempla, adotou o princípio do *best interest of the child*, encampada pelo artigo 227, *caput*, da Constituição da República Federativa do Brasil.

(D) estabelece, em seu rol de direitos contemplados, a proteção de crianças estrangeiras, inclusive contra a migração interna forçada e utilização em experiências médicas e científicas, prevendo a entrega como instituto de cooperação internacional.

(E) visando a observação dos direitos das crianças, estabeleceu forma de monitoramento peculiar (*special force machinery*), via relatórios apresentados pelo Comitê sobre os Direitos da Criança aos Estados-Partes, para análise e acompanhamento.

A: incorreta. "Para efeitos da presente Convenção considera-se como criança todo ser humano com menos de dezoito anos de idade, a não ser que, em conformidade com a lei aplicável à criança, a maioridade seja alcançada antes" (art. 1º da Convenção sobre os Direitos da Criança). **B:** incorreta. Os protocolos facultativos não trazem previsão sobre o envolvimento de crianças em conflitos armados nem mesmo tipifica delitos contra a dignidade sexual e de guerra envolvendo crianças. **C:** correta. O art. 227 da Constituição Federal, inspirado na Convenção sobre os Direitos da Criança, adotou o princípio da proteção integral e do melhor interesse da criança, trazendo responsabilidade para a família, a sociedade e para o Estado no dever de proteger a criança e o adolescente. **D:** incorreta. Nos termos do art. 11 da Convenção sobre os Direitos da Criança, "os Estados-Partes adotarão medidas a fim de lutar contra a transferência ilegal de crianças para o exterior e a retenção ilícita das mesmas fora do país". **E:** incorreta. Na forma do art. 44 da Convenção, "os Estados-Partes se comprometem a apresentar ao comitê, por intermédio do Secretário-Geral das Nações Unidas, relatórios sobre as medidas que tenham adotado com vistas a tornar efetivos os direitos reconhecidos na convenção e sobre os progressos alcançados no desempenho desses direitos: a) num prazo de dois anos a partir da data em que entrou em vigor para cada Estado-Parte a presente convenção; b) a partir de então, a cada cinco anos". **RD**

Gabarito "C".

(Juiz – TJ/RJ – VUNESP – 2016) A anencefalia, de acordo com entendimento jurisprudencial do Supremo Tribunal Federal, no julgamento da ADPF (arguição de descumprimento de preceito fundamental), ajuizada pela Confederação dos Trabalhadores na Saúde – CNTS, sob relatoria do Ministro Marco Aurélio de Mello:

(A) não dispensa autorização judicial prévia ou qualquer forma de autorização do Estado para a antecipação terapêutica do parto, implicando ajustamento dos envolvidos nas condutas típicas descritas pelos artigos 124, 126 e 128, I e II, do Código Penal, com vistas à proteção do direito à vida.

(B) estendeu a desnecessidade de autorização judicial prévia ou qualquer forma de autorização do Estado para a antecipação terapêutica do parto, no aborto sentimental ou humanitário, decorrente da gravidez em caso de estupro, em respeito aos princípios da moral razoável e da dignidade da pessoa humana.

(C) porque há vida a ser protegida, implica a subsunção da conduta dos envolvidos no procedimento de antecipação terapêutica do parto aos tipos de aborto previstos no Estatuto Repressivo, dependendo da qualidade do agente que o praticou ou permitiu a sua prática.

(D) permite a antecipação terapêutica do parto, com proteção à vida da mãe, a exemplo do aborto sentimental, que tem por finalidade preservar a higidez física e psíquica da mulher, conclusão que configura interpretação do Código Penal de acordo com a Constituição Federal, orientada pelos preceitos que garantem o Estado laico, a dignidade da pessoa humana, o direito à vida e a proteção à autonomia, da liberdade, da privacidade e da saúde.

(E) não qualifica direito da gestante de submeter-se à antecipação terapêutica de parto sob pena do o contrário implicar pronunciamento da inconstitucionalidade abstrata dos artigos 124, 126 e 128, I e II, do Código Penal, e, via de consequência, a descriminalização do aborto.

Conforme decisão na ADPF 54 que decidiu sobre a anencefalia: "Feto anencéfalo – Interrupção da gravidez – Mulher – Liberdade sexual e reprodutiva – Saúde – Dignidade – Autodeterminação – Direitos fundamentais – Crime – Inexistência. Mostra-se inconstitucional interpretação de a interrupção da gravidez de feto anencéfalo ser conduta tipificada nos artigos 124, 126 e 128, incisos I e II, do Código Penal". Mais ainda, conforme a decisão, para interromper a gravidez de feto anencéfalo não é necessária autorização judicial ou qualquer outra forma de permissão, basta a comprovação do diagnóstico da anencefalia do feto. Um dos principais fundamentos da ADPF é que não há conflito entre direitos

fundamentais (conflito apenas aparente), já que o feto anencéfalo, mesmo que biologicamente vivo, porque feito de células e tecidos vivos, seria juridicamente morto, de maneira que não deteria proteção jurídica, principalmente a jurídico-penal. Sendo assim, por 8 votos a 2, os Ministros decidiram que não é crime interromper a gravidez de fetos anencéfalos. A conduta é considerada atípica. **RD**

Gabarito "D".

(Juiz – TJ/MS – VUNESP – 2015) Com relação à retrospectiva e evolução históricas do tratamento jurídico destinado à criança e ao adolescente no ordenamento pátrio, é correto afirmar que

(A) na fase da absoluta indiferença, não havia leis voltadas aos direitos e deveres de crianças e adolescentes.

(B) na fase da proteção integral, regida pelo Estatuto da Criança e do Adolescente, as leis se limitam ao reconhecimento de direitos e garantias de crianças e adolescentes, sem intersecção com o direito amplo à infância, porque direito social, amparado pelo artigo 6º da Constituição Federal.

(C) a fase da mera imputação criminal não se insere na evolução histórica do tratamento jurídico concedido à criança e ao adolescente no ordenamento jurídico pátrio porque extraída do direito comparado.

(D) na fase da mera imputação criminal, regida pelas Ordenações Afonsinas e Filipinas, pelo Código Criminal do Império, de 1830, e pelo Código Penal, de 1890, as leis se limitavam à responsabilização criminal de maiores de 16 (dezesseis) anos por prática de ato equiparado a crime.

(E) na fase tutelar, regida pelo Código Mello Mattos, de 1927, e Código de Menores, de 1979, as leis se limitavam à colocação de crianças e adolescentes, em situação de risco, em família substituta, pelo instituto da tutela.

Conforme Paulo Afonso Garrido de Paula,[1] a evolução do tratamento da criança e do adolescente no ordenamento jurídico brasileiro pode ser resumida em quatro fases. A *fase da absoluta indiferença; fase da mera imputação criminal; fase tutelar* e *fase da proteção integral*. Na fase *absoluta indiferença*, não existiam normas relacionadas à criança e ao adolescente. A fase de *mera imputação criminal*, compreende as Ordenações Afonsinas e Filipinas (sancionada por Filipe I em 1.595), o Código Criminal do Império de 1830 e o Código Penal de 1890. Referidas leis tinham apenas o propósito de regular prática de ato infracional pelos menores. A *fase tutelar*, compreende o Código Mello Mattos de 1927 (o primeiro Código sistemático de menores, destacando-se pela preocupação com a assistência aos menores) e o Código de Menores de 1979 (regido pelo princípio do menor em situação irregular e que foi revogado pelo Estatuto da Criança e do Adolescente). Nessa fase, há preocupação com a integração social e familiar da criança, além da regulamentação da prática de atos infracionais. Na fase da *proteção integral*, que inspirou todo o Estatuto da Criança e do Adolescente, ficam reconhecidos os direitos e garantias às crianças e aos adolescentes, considerando-os como pessoa em desenvolvimento. **A:** correta. Conforme explicado acima. **B:** incorreta. Na fase da proteção integral, as leis não se limitam ao reconhecimento dos direitos da criança e do adolescente, devendo ser garantida a proteção integral para o pleno desenvolvimento da pessoa. Ademais, pressupõe a intercessão com o direito amplo à infância, que também é reconhecido como um direito social, na forma do art. 6º do Estatuto da Criança e do Adolescente. **C:** incorreta. A fase de mera imputação está inserida na nossa evolução histórica, que além de conter normas do Direito brasileiro (Código Criminal do Império de

---

1. *Direito da criança e do adolescente e tutela jurisdicional diferenciada*. Editora Revista dos Tribunais, 2002, 26.

21. DIREITO DA CRIANÇA E DO ADOLESCENTE   861

1830 e o Código Penal de 1890). **D:** incorreta. Código Penal Brasileiro de 1830 fixou a idade de responsabilidade penal objetiva aos 14 anos e facultou ao juiz a possibilidade de, em caso de comprovado discernimento, mandá-la para a cadeia a partir dos 7 anos. Portanto, o Brasil adota critério biopsicológico entre 7 e 14 anos para afirmar que a partir dos 14 se é tratado como adulto. O Código Penal de 1890, o primeiro da República, estabeleceu a inimputabilidade absoluta apenas para os menores de nove anos. **E:** incorreta. A guarda, tutela e adoção estavam previstas no Código Civil de 1916. No entanto, foi o Código Mello Mattos, que, pela primeira vez, enunciou regras relacionadas com a assistência e proteção aos menores. O Código de Menores (1979) trazia regras sobre a adoção simples e adoção plena, que posteriormente é alterada pelo ECA para fazer constar tão somente a adoção plena. **RD**
Gabarito "A".

(Juiz – TJ/MS – VUNESP – 2015) Quanto ao Direito à Profissionalização e à Proteção no Trabalho, previsto no Capítulo V, do Título II do Estatuto da Criança e do Adolescente, nos artigos 60 e seguintes, a aprendizagem está definida como

(A) programa social que tenha por base o trabalho educativo, sob responsabilidade de entidade governamental ou não governamental, sem fins lucrativos.

(B) formação técnico-profissional ministrada segundo as diretrizes e bases da legislação de educação em vigor.

(C) contrato de trabalho especial, ajustado por escrito e por prazo determinado, pelo qual o empregador se compromete a assegurar ao maior de 14 (catorze) anos ingresso em programa de formação técnico-profissional.

(D) contrato de trabalho especial, sem forma específica e por prazo determinado, pelo qual o empregador se compromete a assegurar ao maior de 14 (catorze) anos, com anuência de seus pais ou responsável, ingresso em programa de formação técnico-profissional.

(E) contrato de trabalho especial, sem forma específica e por prazo determinado, pelo qual o empregador se compromete a assegurar ao maior de 14 (catorze) e menor de 24 (vinte e quatro) anos, com anuência de seus pais ou responsável, ingresso em programa social.

A: incorreta. O trabalho educativo, realizado através de programa social, sob responsabilidade de entidade governamental ou não governamental sem fins lucrativos, tem por base assegurar ao adolescente condições para a realização de atividade regular remunerada aliada a uma formação educacional e moral. Já a aprendizagem visa a formação técnico-profissional. **B:** correta. Considera-se aprendizagem a formação técnico-profissional ministrada segundo as diretrizes e bases da legislação de educação em vigor (art. 62 do ECA). **C:** incorreta. Conforme art. 428 da CLT, o contrato de aprendizagem é o contrato de trabalho especial, ajustado por escrito e por prazo determinado, em que o empregador se compromete a assegurar ao maior de 14 (quatorze) e menor de 24 (vinte e quatro) anos inscrito em programa de aprendizagem formação técnico-profissional metódica, compatível com o seu desenvolvimento físico, moral e psicológico, e o aprendiz, a executar com zelo e diligência as tarefas necessárias a essa formação. **D:** incorreta. Vide justificativa da alternativa "C". **E:** incorreta. Vide justificativa da alternativa "C". **RD**
Gabarito "B".

(Promotor de Justiça – MPE/AM – FMP – 2015) Considere o sistema recursal previsto para os procedimentos que tramitam no Juizado da Infância e Juventude:

I. Tratando-se de adoção de criança e adolescente, a apelação será recebida exclusivamente no efeito devolutivo, salvo nos casos de adoção internacional ou se estiver presente perigo de dano irreparável ou de difícil reparação ao adotando.

II. O prazo para o Ministério Público e para a defesa, em todos os recursos referentes a ações que tramitam no Juizado da Infância e Juventude, salvo nos embargos de declaração, será sempre de 10 (dez) dias.

III. A sentença que destituir do poder familiar ambos ou qualquer dos pais estará sujeita à apelação, recebida apenas no efeito devolutivo.

Quais das assertivas acima estão corretas?

(A) Apenas a II.

(B) Apenas a I e III.

(C) Apenas a I e II.

(D) I, II e III.

(E) Apenas a II e III.

I: correta. Conforme art. 199-A, do ECA. Terá efeito apenas devolutivo a apelação nas hipóteses de adoção nacional, de perda de poder familiar ou nas hipóteses em que o juiz entender que há perigo de dano irreparável ou de difícil reparação. Nos demais casos, o efeito será devolutivo e suspensivo. II: correta. O art. 198, II, do ECA, determina que os prazos recursais são todos de 10 dias, exceto para os embargos de declaração, que tem prazo de 5 dias. III: correta. Vide comentário ao item I. **RD**
Gabarito "D".

(Promotor de Justiça – MPE/AM – FMP – 2015) Considere as seguintes alternativas sobre as disposições previstas no Estatuto da Criança e do Adolescente:

I. A convivência da criança e do adolescente com mãe e pai privados de liberdade, por meio de visitas periódicas promovidas pelo responsável ou, nas hipóteses de acolhimento institucional, pela entidade responsável, deve ser antecedida de autorização judicial.

II. A competência territorial nas ações que tramitam no Juizado da Infância e Juventude será determinada pelo domicílio dos pais ou responsável ou, à falta dos pais ou responsável, pelo lugar onde se encontra a criança ou adolescente.

III. As entidades, públicas e privadas, que atuem com atividades de cultura, lazer, esportes, diversões, espetáculos e produtos e serviços, dentre outras, devem contar em seus quadros com pessoas capacitadas a reconhecer e comunicar ao Conselho Tutelar suspeitas ou casos de maus-tratos praticados contra crianças e adolescentes.

Quais das assertivas acima estão corretas?

(A) Apenas a I.

(B) Apenas a II.

(C) Apenas a I e II.

(D) I, II e III.

(E) Apenas a II e III.

I: incorreta. Independe de autorização judicial (art. 19, § 4º). II: correta. Nos exatos termos do art. 147 do ECA, que deve ser lido à luz da Súmula 383 do STJ: "A competência para processar e julgar as ações conexas de interesse de menor é, em princípio, do foro do domicílio do detentor de sua guarda". III: correta. Nos exatos termos do art. 70-B do ECA. **RD**
Gabarito "E".

(Promotor de Justiça – MPE/AM – FMP – 2015) Segundo a Lei de Diretrizes e Bases da Educação (Lei 9.394, de 20/12/1996), é correto afirmar:

(A) Comprovada a negligência da autoridade competente em garantir o oferecimento do ensino obrigatório, considerado direito público subjetivo, poderá a referida autoridade ser imputada por crime de responsabilidade.

(B) É dever do Estado garantir à criança e ao adolescente, a partir dos 4 (quatro anos), vaga na escola pública de educação infantil e de ensino fundamental em instituição de ensino localizada à distância não superior a 5 (cinco) km.

(C) O poder público, na esfera de sua competência federativa, deverá recensear semestralmente as crianças e os adolescentes em idade escolar, bem como os jovens e adultos que não concluíram a educação básica.

(D) Os estabelecimentos de ensino, respeitadas as normas comuns e as de seu sistema de ensino, têm a incumbência de notificar ao Conselho Tutelar, à autoridade judiciária e ao representante do Ministério Público, a relação dos alunos com infrequência superior a quarenta por cento do percentual permitido em lei.

(E) A educação infantil terá carga horária mínima anual de 800 (oitocentas) horas, distribuída por um mínimo de 300 (trezentos) dias de trabalho educacional.

A: correta. Nos exatos termos do art. 5º, § 4º, "comprovada a negligência da autoridade competente para garantir o oferecimento do ensino obrigatório, poderá ela ser imputada por crime de responsabilidade". B: incorreta. O dever do Estado com a educação escolar pública será efetivado (art. 4º) através da educação infantil gratuita às crianças de até 5 (cinco) anos de idade e da educação básica obrigatória e gratuita dos 4 (quatro) aos 17 (dezessete) anos de idade, divididas nas seguintes etapas: pré-escola; ensino fundamental e ensino médio. É ainda garantida a vaga na escola pública de educação infantil ou de ensino fundamental mais próxima de sua residência a toda criança a partir do dia em que completar 4 (quatro) anos de idade. C: incorreta. Nos termos do art. 5º, § 1º, é dever do poder público, na esfera de sua competência federativa, recensear anualmente as crianças e adolescentes em idade escolar, bem como os jovens e adultos que não concluíram a educação básica. D: incorreta. Os estabelecimentos de ensino devem notificar ao Conselho Tutelar do Município, ao juiz competente da Comarca e ao respectivo representante do Ministério Público a relação dos alunos que apresentem quantidade de faltas acima de cinquenta por cento do percentual permitido em lei (art. 12, VIII). E: incorreta. A carga horária mínima para a educação infantil anual de 800 (oitocentas) horas, distribuída por um mínimo de 200 (duzentos) dias de trabalho educacional (art. 31, II) RD

Gabarito "A".

(Promotor de Justiça – MPE/MS – FAPEC – 2015) Assinale a alternativa correta, referente ao Estatuto da Criança e do Adolescente (ECA – Lei 8.069/1990):

(A) A configuração do crime do art. 244-B do ECA (corromper ou facilitar a corrupção de menor de 18 (dezoito) anos, com ele praticando infração penal ou induzindo-o a praticá-la) independe da prova da efetiva corrupção do menor, por se tratar de delito formal.

(B) Na medida de internação aplicada sob o fundamento do "descumprimento reiterado e injustificável da medida anteriormente imposta", o seu prazo poderá ser superior a três meses, desde que devidamente justificado na decisão judicial.

(C) O Superior Tribunal de Justiça já firmou entendimento no sentido da impossibilidade de aplicação do princípio da bagatela às condutas regidas pelo Estatuto da Criança e do Adolescente, pois o referido diploma busca acima de tudo a proteção integral do adolescente infrator.

(D) De acordo com o STJ, o ato infracional análogo ao tráfico de drogas (por ser equiparado a hediondo) conduz obrigatoriamente à imposição de medida socioeducativa de internação do adolescente.

(E) Consoante pacífica jurisprudência do STJ, compete à Justiça Federal processar e julgar acusado da prática de conduta criminosa consistente na captação e armazenamento, em computadores de escolas municipais, de vídeos pornográficos oriundos da internet, envolvendo crianças e adolescentes.

A: correta. "A configuração do crime do art. 244-B do ECA independe da prova da efetiva corrupção do menor, por se tratar de delito formal" (Súmula 500 do STJ). B: incorreta. O prazo máximo para a internação-sanção é de 3 (três) meses (art. 122, § 1º, do ECA). C: incorreta. O STJ admite a aplicação do princípio da insignificância nos procedimentos que apuram a prática de ato infracional. Veja HC 243.950/PA. D: incorreta. "O ato infracional análogo ao tráfico de drogas, por si só, não conduz obrigatoriamente a imposição de medida socioeducativa de internação ao adolescente" (Súmula 492 do STJ). E: incorreta. Para o STJ, compete à Justiça Comum Estadual processar e acusado da prática de conduta criminosa consistente na captação e armazenamento, em computadores de escolas municipais, de vídeos pornográficos oriundos da internet, envolvendo crianças e adolescentes. Veja CC 103.011-PR, Rel. Min. Assusete Magalhães, DJe 13/3/2013. RD

Gabarito "A".

(Promotor de Justiça – MPE/MS – FAPEC – 2015) Sobre o direito da infância e juventude (ECA – Estatuto da Criança e do Adolescente – Lei 8.069/1990), assinale a alternativa incorreta:

(A) O ECA adotou a Teoria da Proteção Integral, na linha do que já estabelecia a Constituição Federal, no qual as crianças e adolescentes são considerados pessoas titulares de direitos fundamentais e esses direitos devem ser tutelados, abandonando-se a Teoria da Situação Irregular, pela qual o menor era considerado um objeto de proteção.

(B) O ECA considera criança a pessoa até doze anos de idade completos, e adolescente entre doze e dezoito anos de idade. Nos casos expressos no referido Estatuto, aplica-se excepcionalmente às pessoas entre dezoito e vinte e um anos de idade.

(C) De acordo com o entendimento do STJ, no procedimento para aplicação de medida socioeducativa, é nula a desistência de outras provas em face da confissão do adolescente.

(D) De acordo com o entendimento do STJ, a prescrição penal é aplicável nas medidas socioeducativas previstas no ECA.

(E) De acordo com o entendimento do STJ, é necessária a oitiva do menor infrator antes de decretar-se a regressão da medida socioeducativa.

A: correta. O ECA, com fundamento na Constituição Federal e na Convenção Internacional dos Direitos da Criança, adotou a teoria da Proteção Integral, em contraposição ao então vigente Código de Menores, que adotava a teoria da Situação Irregular. B: incorreta. Criança é a pessoa até doze anos incompletos. C: correta. Nos termos da Súmula 342 do STJ "no procedimento para aplicação da medida socioeducativa, é nula a desistência de outas provas em face da confissão do adolescente). D: correta. Nos termos da Súmula 338 do STJ "a prescrição penal é aplicável nas medidas socioeducativas". E: correta. Nos termos da Súmula 265 do STJ, "é necessária a oitiva do menor infrator antes de decretar-se a regressão da medida socioeducativa". RD

Gabarito "B".

21. DIREITO DA CRIANÇA E DO ADOLESCENTE   **863**

(Defensor Público – DPE/ES – 2016 – FCC) São aspectos que, entre outros, o próprio Estatuto da Criança e do Adolescente – ECA expressamente determina sejam observados na interpretação de seus dispositivos:

(A) As exigências do bem comum e os princípios gerais e especiais do direito da infância.

(B) Os deveres individuais e a condição peculiar da criança e do adolescente como pessoas em desenvolvimento.

(C) Os direitos sociais e coletivos e o contexto socioeconômico e cultural em que se encontrem a criança ou adolescente e seus pais ou responsável.

(D) Os fins sociais a que se destina a lei e a flexibilidade e informalidade dos procedimentos.

(E) O superior interesse da criança e do adolescente e os usos e costumes locais.

A letra B está correta. Na forma do art. 6º do ECA: "na interpretação desta Lei levar-se-ão em conta os fins sociais a que ela se dirige, as exigências do bem comum, os direitos e deveres individuais e coletivos, e a condição peculiar da criança e do adolescente como pessoas em desenvolvimento". **RD**

Gabarito "B".

(Defensor Público – DPE/BA – 2016 – FCC) Em relação à posição das Defensorias Públicas no Sistema de Garantia dos Direitos da Criança e do Adolescente, como definido nas Resoluções 113 e 117 do Conselho Nacional dos Direitos da Criança e do Adolescente – Conanda, é correto afirmar que elas integram, ao lado

(A) de outros serviços de assessoramento jurídico e assistência judiciária, o eixo estratégico da defesa dos direitos humanos de crianças e adolescentes.

(B) dos órgãos da magistratura e público-ministeriais, o eixo estratégico judicial do Sistema de Garantias dos Direitos da Criança e do Adolescente.

(C) dos conselhos tutelares e dos conselhos de direito, os eixos estratégicos de promoção e de proteção dos direitos de crianças e adolescentes.

(D) do Ministério Público, dos serviços e programas das políticas públicas, e dos serviços de proteção social especial, o eixo estratégico de controle da efetivação dos direitos da criança e do adolescente.

(E) da advocacia pública e privada, o eixo estratégico de prevenção da violação dos direitos humanos da criança e do adolescente do Sistema de Garantia dos Direitos da Criança e do Adolescente.

O art. 7º da Resolução 113, determina que o eixo da defesa dos direitos humanos de crianças e adolescentes é composto pelos seguintes órgãos públicos: a) judiciais, especialmente as varas da infância e da juventude e suas equipes multiprofissionais, as varas criminais especializadas, os tribunais do júri, as comissões judiciais de adoção, os tribunais de justiça, as corregedorias gerais de Justiça; b) público-ministeriais, especialmente as promotorias de justiça, os centros de apoio operacional, as procuradorias de justiça, as procuradorias gerais de justiça, as corregedorias gerais do Ministério Público; **c) defensorias públicas, serviços de assessoramento jurídico e assistência judiciária; d) advocacia geral da união e as procuradorias gerais dos estados**; e) polícia civil judiciária, inclusive a polícia técnica; f) polícia militar; g) conselhos tutelares; f) ouvidorias e entidades sociais de defesa de direitos humanos, incumbidas de prestar proteção jurídico-social, nos termos do artigo 87, V do Estatuto da Criança e do Adolescente. Esse eixo é caracterizado pela garantia de acesso à justiça, ou seja, pelo recurso às instâncias públicas e mecanismos jurídicos de proteção legal dos

direitos humanos, gerais e especiais, da infância e da adolescência, para assegurar a impositividade deles e sua exigibilidade, em concreto. **RD**

Gabarito "A".

(Defensor Público – DPE/BA – 2016 – FCC) Conforme prevê expressamente o Estatuto da Criança e do Adolescente – ECA, a emancipação

(A) pode ser deferida incidentalmente, a pedido do próprio adolescente, nos autos da ação de acolhimento institucional, como estratégia de preparação para autonomia.

(B) pressupõe, para sua concessão, prévia avaliação psicossocial que ateste a autonomia e maturidade do adolescente, além da concordância expressa de ambos os genitores.

(C) concede ao emancipado o direito de viajar desacompanhado pelo território nacional, vedada, contudo, sua saída do país sem expressa autorização dos genitores ou do juiz.

(D) não exclui a responsabilidade civil dos pais decorrente de ato ilícito praticado pelo filho emancipado, fazendo cessar, contudo, o dever dos genitores de prestar-lhe alimentos.

(E) pode ser concedida pelo Juiz da Infância e Juventude quando faltarem os pais e, preenchidos os requisitos da lei civil, se os direitos do requerente, previstos no ECA, forem ameaçados ou violados por ação ou omissão da sociedade ou do Estado, bem como por omissão ou abuso dos pais ou responsável ou em razão de sua conduta.

Antes de percorrer cada uma das alternativas, é importante lembrar que o ECA é lei protetiva do menor de 18 anos, pouco importando a sua condição de emancipação na forma do Código Civil. Caso o menor seja emancipado, a proteção da lei menorista continua a ser aplicada em todos os seus termos, exceto no que diz respeito ao exercício do poder familiar. **A:** incorreta. O art. 5º do Código Civil trata da emancipação do menor de 18 anos e maior de 16, nos seguintes termos: "cessará, para os menores, a incapacidade: I – pela concessão dos pais, ou de um deles na falta do outro, mediante instrumento público, independentemente de homologação judicial, ou por sentença do juiz, ouvido o tutor, se o menor tiver dezesseis anos completos; II – pelo casamento; III – pelo exercício de emprego público efetivo; IV – pela colação de grau em curso de ensino superior; V – pelo estabelecimento civil ou comercial, ou pela existência de relação de emprego, desde que, em função deles, o menor com dezesseis anos completos tenha economia própria". Não há que se falar em emancipação em razão de acolhimento institucional, o adolescente somente poderá ser emancipado nas condições acima previstas. **B:** incorreta. O Código Civil não exige estudo psicossocial para a emancipação. **C:** incorreta. O adolescente pode viajar para todo o território nacional desacompanhado na forma do art. 83 do ECA. Além disso, a viagem para o exterior deve sempre obedecer às regras do art. 84 do ECA, independentemente da emancipação do menor de 18 e maior de 16 anos. **D:** incorreta. O dever de alimentos é decorrente da relação de filiação e não depende do exercício de poder familiar (art. 229 da CF). **E:** correta. A Vara de Infância e Juventude será responsável pela emancipação do adolescente quanto este estiver em situação de risco (art. 98) e faltarem os pais (art. 148, alínea "e", do ECA). **RD**

Gabarito "E".

(Defensor Público – DPE/MT – 2016 – UFMT) Sobre a evolução histórica do direito da criança e do adolescente, assinale a afirmativa correta.

(A) Antes da doutrina da proteção integral, inexistia preocupação em manter vínculos familiares, até porque

864 EDUARDO DOMPIERI E ROBERTA DENSA

a família ou a falta dela era considerada a causa da situação regular.

(B) Na doutrina da proteção integral, descentralizou-se a atuação, materializando-a na esfera municipal pela participação direta da comunidade por meio do Conselho Municipal de Direitos e do Conselho Tutelar.

(C) A doutrina da situação irregular limitava-se basicamente ao tratamento jurídico dispensado ao menor carente, ao menor abandonado e às políticas públicas.

(D) Na vigência do Código de Menores, havia a distinção entre criança e adolescente, embora majoritariamente adotava-se apenas a denominação "menor".

(E) Além do judiciário, com a doutrina da proteção integral, novos atores entram em cena, como a comunidade local, a família e a Defensoria Pública como um grande agente garantidor de toda a rede, fiscalizando seu funcionamento, exigindo resultados, assegurando o respeito prioritário aos direitos fundamentais infantojuvenis.

A: incorreta. A doutrina do menor em situação irregular tinha como parâmetro do cuidado do menor órfão ou infrator. Nos termos do art. 2º do Código de Menores (Lei 6697/79), estava em situação irregular o menor: "I – privado de condições essenciais à sua subsistência, saúde e instrução obrigatória, ainda que eventualmente, em razão de: a) falta, ação ou omissão dos pais ou responsável; b) manifesta impossibilidade dos pais ou responsável para provê-las; II – vítima de maus-tratos ou castigos imoderados impostos pelos pais ou responsável; III – em perigo moral, devido a: a) encontrar-se, de modo habitual, em ambiente contrário aos bons costumes; b) exploração em atividade contrária aos bons costumes; IV – privado de representação ou assistência legal, pela falta eventual dos pais ou responsável; V – Com desvio de conduta, em virtude de grave inadaptação familiar ou comunitária; VI – autor de infração penal". **B:** correta. De fato, o Conselho Tutelar, formado por pessoas da sociedade para o efetivo cumprimento dos diretos da criança e do adolescente, e os Conselhos Municipais dos Direitos da Criança e do Adolescente, trouxeram grande descentralização no atendimento aos infantes, representando, também maior participação popular na proteção da infância. **C:** incorreta. O Código de Menores não estabelecia políticas públicas de proteção da infância. **D:** incorreta. O Código de Menores não fazia distinção entre crianças e adolescentes. **E:** incorreta. A família e o judiciário não são "novos atores" na proteção da infância. RD

Gabarito "B".

(Defensor Público – DPE/BA – 2016 – FCC) A pessoa com deficiência recebeu um novo estatuto que, dentro dos limites legais, destina-se a assegurar e a promover, em condições de igualdade, o exercício dos direitos e das liberdades fundamentais por pessoa com deficiência, visando à sua inclusão social e cidadania. Dentre as novidades introduzidas, destaca-se o entendimento que

(A) para emissão de documentos oficiais será exigida a situação de curatela da pessoa com deficiência.

(B) a pessoa com deficiência está obrigada à fruição de benefícios decorrentes de ação afirmativa.

(C) a pessoa com deficiência poderá ser obrigada a se submeter à intervenção clínica ou cirúrgica, a tratamento ou à institucionalização forçada, sempre com recomendação médica, independentemente de risco de morte ou emergência.

(D) a educação constitui direito da pessoa com deficiência, a ser exercido em escola especial e direcionada, em um local que não se conviva deficientes e não deficientes.

(E) a deficiência não afeta a plena capacidade civil da pessoa, inclusive para casar-se, constituir união estável e exercer direitos sexuais e reprodutivos.

A: incorreta. Na forma do artigo 86 do Estatuto da Pessoa com Deficiência, a emissão de documentos oficiais independe da situação de curatela. **B:** incorreta. Nos exatos termos do artigo 4º, § 2º, do Estatuto da Pessoa com Deficiência. **C:** incorreta. Conforme artigo 11 do Estatuto, a pessoa com deficiência não pode ser obrigada a se submeter à intervenção clínica ou cirúrgica, a tratamento ou a institucionalização forçada. **D:** incorreta. Reza o art. 27 que "a educação constitui direito da pessoa com deficiência, assegurados sistema **educacional inclusivo** em todos os níveis e aprendizado ao longo de toda a vida, de forma a alcançar o máximo desenvolvimento possível de seus talentos e habilidades físicas, sensoriais, intelectuais e sociais, segundo suas características, interesses e necessidades de aprendizagem" (grifo nosso). **E:** correta. A deficiência não afeta a plena capacidade civil da pessoa, inclusive para casar-se e constituir união estável; exercer direitos sexuais e reprodutivos; exercer o direito de decidir sobre o número de filhos e de ter acesso a informações adequadas sobre reprodução e planejamento familiar; conservar sua fertilidade, sendo vedada a esterilização compulsória; exercer o direito à família e à convivência familiar e comunitária; e exercer o direito à guarda, à tutela, à curatela e à adoção, como adotante ou adotando, em igualdade de oportunidades com as demais pessoas (art. 6º). RD

Gabarito "E".

(Defensor Público – DPE/MT – 2016 – UFMT) Considerando a atuação da Defensoria Pública na proteção dos direitos individuais e coletivos da criança e do adolescente, marque V para as afirmativas verdadeiras e F para as falsas.

( ) A assistência judiciária gratuita ao interesse de criança e adolescente será prestada aos que dela necessitarem, por Defensor Público ou advogado nomeado, sendo essas ações judiciais isentas de custas e emolumentos, salvo litigância de má-fé.

( ) A possibilidade de escolha da defesa técnica pela criança e pelo adolescente, que irá realizar a postulação em seu nome em juízo, será garantida pela admissão de advogado constituído ou por meio de nomeação de Defensor Público atuante no Juízo da Infância.

( ) Em razão da ausência de distinção expressa no Estatuto da Criança e do Adolescente (ECA), em favor da proteção integral, é vedada a diferença de tratamento entre a Defensoria Pública e os Advogados constituídos pela parte, que nada mais é do que a aplicação do Princípio constitucional da igualdade em sua vertente material.

( ) Em razão da celeridade da justiça da infância e juventude e do múnus público da defesa técnica do interesse da criança e do adolescente, os prazos para os Defensores Públicos atuantes são de contagem simples.

( ) A falta de defensor do adolescente infrator no dia e hora aprazados para a realização de audiência não implicará o adiamento do ato, devendo o juiz nomear algum outro profissional para representar o adolescente única e exclusivamente naquele ato.

Assinale a sequência correta.

(A) V, V, F, F, V

(B) V, F, F, V, V

(C) V, V, F, V, F

(D) F, F, V, F, V

(E) F, V, V, V, F

21. DIREITO DA CRIANÇA E DO ADOLESCENTE

865

Verdadeira. Nos termos do art. 141 do ECA: "é garantido o acesso de toda criança ou adolescente à Defensoria Pública, ao Ministério Público e ao Poder Judiciário, por qualquer de seus órgãos. § 1°. A assistência judiciária gratuita será prestada aos que dela necessitarem, através de defensor público ou advogado nomeado. § 2° As ações judiciais da competência da Justiça da Infância e da Juventude são isentas de custas e emolumentos, ressalvada a hipótese de litigância de má-fé". **Verdadeira.** Nos termos do art. 206 do ECA: "a criança ou o adolescente, seus pais ou responsável, e qualquer pessoa que tenha legítimo interesse na solução da lide poderão intervir nos procedimentos de que trata esta Lei, através de advogado, o qual será intimado para todos os atos, pessoalmente ou por publicação oficial, respeitado o segredo de justiça. Parágrafo único. Será prestada assistência judiciária integral e gratuita àqueles que dela necessitarem". **Falsa.** A Defensoria e o Advogado são responsáveis, na forma do art. 206, pela defesa da criança e do adolescente. A igualdade de tratamento na defesa técnica decorre das funções institucionais da Defensoria Pública. **Falsa.** O artigo 186 do NCPC garante prazo em dobro para todas as manifestações processuais da Defensoria Pública. **Verdadeira.** Nos termos do art. 207 do ECA: "Nenhum adolescente a quem se atribua a prática de ato infracional, ainda que ausente ou foragido, será processado sem defensor. § 1° Se o adolescente não tiver defensor, ser-lhe-á nomeado pelo juiz, ressalvado o direito de, a todo tempo, constituir outro de sua preferência. § 2° A ausência do defensor não determinará o adiamento de nenhum ato do processo, devendo o juiz nomear substituto, ainda que provisoriamente, ou para o só efeito do ato. § 3° Será dispensada a outorga de mandato, quando se tratar de defensor nomeado ou, sido constituído, tiver sido indicado por ocasião de ato formal com a presença da autoridade judiciária". **RD**

Gabarito "A".

(Defensor Público – DPE/RN – 2016 – CESPE) Assinale a opção correta a respeito do papel da DP no contexto do sistema de garantia e proteção dos direitos individuais e coletivos da criança e do adolescente.

(A) A presença da DP entre os órgãos que compõem a integração operacional prevista no ECA justifica-se quando se tratar de atendimento inicial a adolescente a quem se atribua a autoria de ato infracional, mas não no atendimento de adolescentes inseridos em programa de acolhimento familiar.

(B) É exclusiva da DP a legitimidade para ajuizar ação de alimentos em proveito de criança ou adolescente nas situações de risco descritas no ECA.

(C) Segundo o STJ, não é cabível a nomeação de curador especial em processo de acolhimento institucional no âmbito do qual a criança figure como mera destinatária da decisão judicial e não como parte.

(D) Conforme entendimento do STJ, o prazo para interposição de recurso pela DP começa a fluir na data da audiência em que for proferida a sentença, caso presente o DP, e não da remessa dos autos com vista ou com a entrada destes na instituição.

(E) De acordo com o STJ, é da competência da vara da fazenda pública o julgamento de ação ajuizada pela DP visando à obtenção de medicamentos a menor, quando este estiver devidamente representado pelos pais.

A: incorreta. Na forma do art. 70-A, inciso II, e art. 88, inciso VI do ECA, além da Resolução Conanda 113/2006, a Defensoria Pública é parte integrante dos órgãos de proteção e defesa da criança e do adolescente, em especial quanto ao programa de colocação em acolhimento institucional. **B:** incorreta. Na forma do art. 141 do ECA, "é garantido o acesso de toda criança ou adolescente à Defensoria Pública, ao Ministério Público e ao Poder Judiciário, por qualquer de seus órgãos". **C:** correta. Nesse

sentido, já decidiu o STJ: "(...) Resguardados os interesses da criança e do adolescente, não se justifica a obrigatória e automática nomeação da Defensoria Pública como curadora especial em ação movida pelo Ministério Público, que já atua como substituto processual. A Defensoria Pública, no exercício da curadoria especial, desempenha apenas e tão somente uma função processual de representação em juízo do menor que não tiver representante legal ou se os seus interesses estiverem em conflito (arts. 9° do CPC e 142, parágrafo único, do ECA). Incabível a nomeação de curador especial em processo de acolhimento institucional no qual a criança nem é parte, mas mera destinatária da decisão judicial". (Vide REsp 1417782/RJ, DJe 07/10/2014). **D:** incorreta. Para o STJ, "a intimação da Defensoria Pública para interposição de recurso aperfeiçoa-se com a entrega dos autos com vista, independentemente do comparecimento do defensor à audiência". (STJ, HC 332772/SP, DJe 02/12/2015). **E:** incorreta. Estando em situação de risco, a competência é da Vara de Infância e Juventude. **RD**

Gabarito "C".

(Defensor Público – DPE/RN – 2016 – CESPE) À luz da Lei 10.216/2001, que dispõe sobre a proteção e os direitos das crianças e adolescentes portadores de transtornos mentais, assinale a opção correta.

(A) Para a realização de pesquisas científicas para fins diagnósticos ou terapêuticos com a participação de criança portadora de distúrbio psiquiátrico, exige-se o consentimento expresso do representante legal da criança, o qual torna dispensável a comunicação aos conselhos profissionais competentes.

(B) Para a internação compulsória de adolescente, basta a autorização por médico devidamente registrado no CRM competente.

(C) A exigência legal de que sejam esgotados os recursos extra-hospitalares antes da internação não se aplica quando se trata de internação na modalidade voluntária.

(D) O adolescente que apresenta distúrbio psiquiátrico não pode, segundo o STJ, ser submetido a medida socioeducativa, uma vez que é inapto para cumpri-la.

(E) Caso uma criança seja internada involuntariamente em estabelecimento de saúde mental em razão de distúrbio psiquiátrico, o responsável técnico pelo estabelecimento deve comunicar o MP estadual do ocorrido, comunicação esta que é dispensada no momento da alta da criança.

A: incorreta. A pesquisa científica está regulamentada pelo art. 11 da referida Lei, que assim dispõe: "pesquisas científicas para fins diagnósticos ou terapêuticos não poderão ser realizadas sem o consentimento expresso do paciente, ou de seu representante legal, e sem a devida comunicação aos conselhos profissionais competentes e ao Conselho Nacional de Saúde". **B:** incorreta. A Lei 10.216/2001, em seu art. 9°, garante que a internação compulsória somente pode ser determinada pelo juiz competente, sempre levando em consideração as condições de segurança do estabelecimento, do paciente, dos demais internados e funcionários. **C:** incorreta. O art. 4° exige, em qualquer modalidade de internação, que os recursos extra-hospitalares sejam esgotados. **D:** correta. O art. 112, §, 3°, do ECA determina que "os adolescentes portadores de doença ou deficiência mental receberão tratamento individual e especializado, em local adequado às suas condições". Sendo assim, perfeitamente cabível a aplicação da medida socioeducativa. No entanto, já entendeu o STJ que a medida adequada para adolescente portador de distúrbio mental é a medida de proteção, uma vez que o adolescente não teria condições de assimilar a medida. Vejamos: "Adolescente. Condição especial. Liberdade assistida. O ato infracional cometido por adolescente equipara-se ao crime de homicídio qualificado (art. 121, § 2°, III e IV, do

CP). A defesa, em *habeas corpus*, busca cessar definitivamente a medida socioeducativa de internação e a inclusão do paciente em medidas de proteção pertinentes porque, segundo o laudo técnico, ele é portador de distúrbios mentais. Ainda alega a defesa que o adolescente corre risco de morte diariamente por ser submetido a regime de ressocialização, o qual não tem capacidade de assimilar. Explica o Min. Relator que o § 1º do art. 12 do ECA, na imposição das medidas socioeducativas, leva em conta a capacidade de cumprimento do adolescente. Sendo assim, no caso concreto, como o adolescente apresenta distúrbios mentais, deve ser encaminhado a um atendimento individual e especializado compatível com sua limitação mental (§ 3º do mesmo artigo citado). Ante o exposto, a Turma concedeu a ordem para determinar que o paciente seja inserido na medida socioeducativa de liberdade assistida, associada ao acompanhamento ambulatorial psiquiátrico, psicopedagógico e familiar". Informativo 300. Precedentes citados: HC 54.961-SP, DJ 22/5/2006, e HC 45.564-SP, DJ 6/2/2006. HC 88.043-SP, Rel. Min. Og Fernandes, julgado em 14/4/2009. **E:** incorreta. A internação voluntária ou involuntária somente será autorizada por médico devidamente registrado no Conselho Regional de Medicina do Estado onde se localize o estabelecimento, e deverá ser comunicada ao Ministério Público no momento do procedimento e da respectiva alta (art. 8º da Lei 10.216/2001). **RD**

Gabarito "D".

(Juiz de Direito/AM – 2016 – CESPE) Assinale a opção correta acerca das medidas socioeducativas, da alienação parental e das medidas pertinentes aos pais ou responsáveis.

(A) A prática de ato de alienação parental fere direito fundamental da criança ou do adolescente de convivência comunitária saudável, além de constituir abuso moral contra a criança ou o adolescente e descumprimento dos deveres inerentes à autoridade parental ou decorrentes de tutela ou guarda.

(B) A autoridade judiciária pode aplicar nova medida de internação, por ato infracional praticado anteriormente, a adolescente que já tenha concluído cumprimento de medida socioeducativa dessa natureza, salvo se o adolescente já tiver sido transferido para cumprimento de medida menos rigorosa.

(C) Um dos princípios que regem a execução das medidas socioeducativas é a prioridade a práticas restaurativas e que, sempre que possível, atendam às necessidades das vítimas. Por essa razão, a legislação pertinente prevê a participação de socioeducando na composição da comissão de apuração de faltas disciplinares.

(D) Considera-se ato de alienação parental a interferência na formação psicológica da criança ou do adolescente promovida ou induzida por um dos genitores, pelos avós ou pelos vizinhos para que repudie genitor, assim como a interferência que cause prejuízo ao estabelecimento ou à manutenção de vínculos com o genitor.

(E) Declarado indício de ato de alienação parental, o juiz pode determinar de ofício medidas provisórias necessárias à preservação da integridade psicológica da criança ou do adolescente, inclusive para assegurar convivência com genitor ou viabilizar a efetiva reaproximação entre ambos.

A: incorreta. A alienação parental atinge o direito fundamental da criança e do adolescente de convivência familiar. **B:** incorreta. O art. 45 da Lei 12.594/12 (Lei do SINASE) veda a aplicação de nova medida de internação, por ato infracional praticado anteriormente, a adolescente que já tenha concluído cumprimento de medida socioeducativa dessa natureza, salvo se o adolescente já tiver sido transferido para cumprimento de medida menos rigorosa. **C:** incorreta. De fato, na forma do art.35, III, da Lei do SINASE, as medidas socioeducativas devem priorizar medidas que sejam restaurativas e, sempre que possível, que atendam às necessidades das vítimas. No entanto, o art. 73 da mesma lei veda a participação do socioeducando na função ou tarefa de apuração disciplinar. **D:** incorreta. A alienação parental é "promovida ou induzida por um dos genitores, pelos avós ou pelos que tenham a criança ou adolescente sob a sua autoridade, guarda ou vigilância" (art. 2º da Lei 12.318/10). **E:** correta. Conforme art. 4º da Lei de Alienação Parental. **RD**

Gabarito "E".

(Juiz de Direito/AM – 2016 – CESPE) No que se refere aos estatutos do idoso e da criança e do adolescente, assinale a opção correta.

(A) A obrigação de prestar alimentos ao idoso é recíproca e conjunta em relação a todos os coobrigados.

(B) O princípio da proteção integral e a aplicação de medidas de proteção à criança e ao adolescente, previstas no ECA, justificam a imperatividade na obediência à ordem cronológica do registro de pessoas interessadas na adoção.

(C) A prática de ato infracional análogo ao delito de tráfico de entorpecentes permite a aplicação de medida de internação do adolescente infrator.

(D) A superveniência da maioridade civil é causa de extinção da medida socioeducativa imposta ao adolescente infrator.

(E) No âmbito dos direitos fundamentais da pessoa idosa, o respeito abrange a preservação do direito às ideias e crenças.

A: incorreta. Conforme art. 12 do EI, a obrigação alimentar é solidária, podendo o idoso optar entre os prestadores. **B:** O § 12 do art. 50 do ECA prevê a convocação criteriosa dos postulantes à adoção conforme o Cadastro Nacional de Adoção, com a fiscalização do Ministério Público. No entanto, o § 13 do mesmo artigo prevê a possibilidade de candidatos domiciliados no Brasil adotarem sem estar previamente cadastrados quando (i) se tratar de adoção unilateral, (ii) se for formulada pela família extensa ou (iii) se oriundo o pedido de quem detém a tutela ou guarda legal de criança maior de 3 (três) anos ou adolescente, comprovada a afinidade e afetividade, e não seja constatada a ocorrência de má-fé ou qualquer dos crimes previstos nos arts. 237 ou 238 da lei. **C:** incorreta. Conforme entendimento do STJ "O ato infracional análogo ao tráfico de drogas, por si só, não conduz obrigatoriamente à imposição de medida socioeducativa de internação do adolescente" (Súmula 492). Sobre o mesmo tema, o STJ tem entendido que não se faz necessário o cometimento de três atos infracionais considerados graves para justificar a internação, portanto, mesmo em casos de tráfico de drogas, "não se exige, para a configuração da reiteração, um número mínimo de infrações, devendo apenas serem graves, respeitadas as circunstâncias do caso concreto" (STJ, HC 37 1148/SP, Re. Felix Fischer, DJe 01/12/2016). **D:** incorreta. O ECA também é aplicável às pessoas que tenham entre 18 (dezoito) anos completos e 21 (vinte e um) incompletos para os fins de cumprimento de medida socioeducativa: "Nos casos expressos em lei, aplica-se excepcionalmente este Estatuto às pessoas que tenham entre dezoito e vinte e um anos de idade" (art. 2º, parágrafo único). Nesse sentido já decidiu o STJ: "Para a aplicação das medidas socioeducativas previstas no Estatuto da Criança e do Adolescente – ECA, leva-se em consideração apenas a idade do menor ao tempo do fato (ECA, art. 104, parágrafo único), sendo irrelevante a circunstância de atingir o adolescente a maioridade civil ou penal durante seu cumprimento, tendo em vista que a execução da respectiva medida pode ocorrer até que o autor do ato infracional complete 21 (vinte e um) anos de idade (ECA, art. 2º, parágrafo único, c/c os arts. 120, § 2º, e 121, § 5º)". (STJ, Rel. Min. Arnaldo Esteves Lima, MS 95.896/RJ, DJe 21/09/2009). **E:** correta. É o que garante o Estatuto do Idoso em seu art. 10, § 1º. **RD**

Gabarito "E".

22. Direito da Pessoa Idosa

Anna Carolina Bontempo, Leni Mouzinho Soares e Paula Morishita*

1. DIREITOS FUNDAMENTAIS

(Promotor de Justiça/CE – 2020 – CESPE/CEBRASPE) De acordo com as disposições do Estatuto do Idoso, a obrigação alimentar devida ao idoso é

(A) dos seus descendentes e, subsidiariamente, do seu cônjuge ou companheiro, não podendo o idoso optar pelo prestador.

(B) do seu cônjuge ou companheiro e, subsidiariamente, dos seus descendentes, não podendo o idoso optar entre eles.

(C) dos seus descendentes ou do seu cônjuge ou companheiro, que serão designados em juízo.

(D) solidária, não podendo o idoso optar pelo prestador, que será designado em juízo.

(E) solidária, podendo o idoso optar pelo prestador.

Conforme previsão constante do art. 12 da Lei 10.741/2003 (Estatuto da Pessoa Idosa), a obrigação alimentar devida ao idoso é solidária, podendo ele optar entre os prestadores. Portanto, a alternativa **E** deve ser assinalada. Atenção para a nova redação da Lei 14.423/2022: Art. 12. A obrigação alimentar é solidária, podendo a pessoa idosa optar entre os prestadores. PM
Gabarito "E".

(Promotor de Justiça/PR – 2019 – MPE/PR) Nos termos do que expressamente estabelece a Lei n. 10.741/2003 (Estatuto do Idoso), assinale a alternativa *incorreta*. É princípio que deve ser adotado pelas entidades que desenvolvam programas de institucionalização de longa permanência:

(A) Preservação dos vínculos familiares.

(B) Manutenção do idoso na mesma instituição, salvo em caso de força maior.

(C) Participação do idoso nas atividades comunitárias, de caráter interno e externo.

(D) Atendimento personalizado e em pequenos grupos.

(E) Preparação gradativa para o desligamento.

A Lei 14.423/2022 alterou o art. 49 da Lei 10.741/2003 que passou a prever que os princípios a serem adotados pelas entidades referidas na questão são os seguintes: preservação dos vínculos familiares; atendimento personalizado e em pequenos grupos; manutenção da pessoa idosa na mesma instituição, salvo em caso de força maior; participação da pessoa idosa nas atividades comunitárias, de caráter interno e externo; observância dos direitos e garantias das pessoas idosas; preservação da identidade da pessoa idosa e oferecimento de ambiente de respeito e dignidade. É de se notar que apenas a preparação gradativa para o desligamento não está dentre os princípios a serem adotados, devendo ser assinalada a alternativa E. PM
Gabarito "E".

---

* ACB Anna Carolina Bontempo
LM Leni Mouzinho Soares
PM Paula Morishita

(Promotor de Justiça – MPE/RS – 2017) Com base nas Leis 8.742/1993 (Loas) e 10.741/2003 (Estatuto do Idoso), sobre o benefício de prestação continuada (BPC) em favor de pessoa idosa, assinale a alternativa correta.

(A) Para fins de acesso ao BPC, considera-se incapaz de prover a manutenção da pessoa idosa a família cuja renda mensal per capita seja inferior a meio salário-mínimo.

(B) O BPC já recebido por outra pessoa idosa da família e que vive sob o mesmo teto deve ser computado para os fins do cálculo da renda familiar mensal per capita a que se refere a Loas.

(C) É vedada a acumulação, pelo idoso, do BPC com pensão especial de natureza indenizatória.

(D) O BPC deve ser revisto a cada 6 (seis) meses, para avaliação da continuidade das condições que lhe deram origem.

(E) Para efeitos de concessão do BPC, a legislação determina a aplicação do conceito de família assistencial, abrangendo o requerente, o cônjuge ou companheiro, os pais e, na ausência de um deles, a madrasta ou o padrasto, os irmãos solteiros, os filhos e enteados solteiros e os menores tutelados, desde que vivam sob o mesmo teto.

A: incorreta, pois considera-se incapaz de prover a manutenção da pessoa com deficiência ou idosa a família cuja renda familiar mensal per capita igual ou inferior a 1/4 (um quarto) do salário-mínimo (art. 20, § 3º da Lei 8.742/1993 com nova redação dada pela Lei 14.176/2021); **B:** incorreta, pois o benefício já concedido a qualquer membro da família *não será computado* para os fins do cálculo da renda familiar per capita a que se refere a Loas (art. 34 da Lei 10.741/2003 com nova redação dada pela Lei 14.423/2022); **C:** incorreta, pois o BPC pode ser cumulado com assistência médica e pensão especial de natureza indenizatória (art. 20, § 4º, da Lei 8.742/1993); **D:** incorreta, pois o BPC deve ser revisto a cada *2 (dois)* anos (art. 21 da Lei 8.742/1993); **E:** correta (art. 20, § 1º, da Lei 8.742/1993). PM
Gabarito "E".

(Promotor de Justiça – MPE/RS – 2017) Sobre a Lei Estadual 10.982/1997, que determina benefício relativo às passagens rodoviárias intermunicipais no Estado do Rio Grande do Sul, assinale a alternativa correta.

(A) Essa lei assegura a gratuidade do transporte coletivo intermunicipal a idosos com renda mensal igual ou inferior a cinco (5) salários-mínimos.

(B) O benefício é concedido a aposentados e pensionistas com idade igual ou superior a sessenta (60) anos de idade.

(C) Para obtenção do benefício, basta que o idoso apresente qualquer documento pessoal que faça prova de sua idade.

(D) O benefício previsto nessa lei é limitado a dois passageiros por viagem.

(E) O benefício previsto nessa lei abrange passagens para viagens dentro da região metropolitana de Porto Alegre.

A: incorreta, pois assegura desconto de 40% (quarenta por cento) no valor das passagens aos aposentados e pensionistas que comprovem renda mensal igual ou inferior a *3 (três)* salários mínimos (art. 1º, II, da Lei 10.982/1997); **B:** incorreta, pois o benefício é concedido aos aposentados e pensionistas com idade igual ou superior a *65 (sessenta e cinco)* anos (art. 1º, I, da Lei 10.982/1997); **C:** incorreta, pois a lei exige credencial emitidas pelas entidades filiadas à Federação dos Trabalhadores Aposentados e Pensionistas do Estado do Rio Grande do Sul – FETAPERGS e Federação dos Trabalhadores na Agricultura do Rio Grande do Sul – FETAG no que diz respeito aos trabalhadores rurais aposentados e pensionistas. A referida credencial será emitida à vista de cópias autenticadas do documento de identidade do interessado e de comprovante atualizado dos valores por ele recebidos a título de aposentadoria ou pensão, que serão retidos pela entidade emissora (art. 2º, *caput* e § 1º, da Lei 10.982/1997); **D:** correta (art. 3º da Lei 10.982/1997); **E:** incorreta, pois o benefício *não* será concedido na aquisição de passagens para viagens dentro da região metropolitana de Porto Alegre e para viagens interestaduais (art. 3º, parágrafo único, da Lei 10.892/1997). ACB

Gabarito "D".

(Promotor de Justiça/GO – 2016 - MPE) Quanto à Lei Federal 10.741/2003 (Estatuto do Idoso), assinale a alternativa incorreta:

(A) nos programas habitacionais, públicos ou subsidiados com recursos públicos, o idoso goza de prioridade na aquisição de imóvel para moradia própria, observada a reserva de pelo menos 3% (três por cento) das unidades habitacionais residenciais para atendimento aos idosos.

(B) Ainda que não haja legislação local, ao idoso com 60 (sessenta) anos fica assegurada a gratuidade dos transportes coletivos públicos urbanos e semiurbanos.

(C) o acolhimento de idosos em situação de risco social, por adulto ou núcleo familiar, caracteriza a dependência econômica, para os efeitos legais.

(D) as unidades residenciais reservadas para atendimento a idosos devem situar-se, preferencialmente, no pavimento térreo.

A: correta (art. 38, I, do Estatuto da Pessoa Idosa); **B:** incorreta (devendo ser assinalada), pois o referido direito é assegurado aos maiores de *65 (sessenta e cinco anos)*, conforme art. 39 do Estatuto da Pessoa Idosa; **C:** correta (art. 36 do Estatuto da Pessoa Idosa); **D:** correta (art. 38, parágrafo único, do Estatuto da Pessoa Idosa). Atenção para a nova redação da Lei 14.423/2022 que alterou o termo "idoso" para "pessoa idosa". PM

Gabarito "B".

(Promotor de Justiça – MPE/MS – FAPEC – 2015) De acordo com o Direito dos Idosos, assinale a alternativa **correta**:

(A) A assistência social será prestada a quem dela necessitar, estando dentre seus objetivos, mediante prévia contribuição à seguridade social, a garantia de um salário-mínimo de benefício mensal ao idoso que comprove não possuir meios de prover à própria manutenção ou de tê-la provida por sua família.

(B) De acordo com o Estatuto do Idoso (Lei 10.741/2003), as transações relativas a alimentos não poderão ser celebradas perante o Promotor de Justiça.

(C) De acordo com o art. 230, § 2º, da Constituição Federal, aos maiores de sessenta anos é garantida a gratuidade dos transportes coletivos urbanos.

(D) Em atenção às disposições constitucionais, é correto afirmar que os programas de amparo aos idosos serão executados preferencialmente em unidades de saúde.

(E) A família, a sociedade e o Estado têm o dever de amparar as pessoas idosas, assegurando sua participação na comunidade, defendendo sua dignidade e bem-estar e garantindo-lhes o direito à vida.

A: incorreto, a assistência social independe de contribuição. **B:** incorreto, pois as transações relativas a alimentos *poderão* ser celebradas perante o Promotor de Justiça ou Defensor Público, que as referendará, e passarão a ter efeito de título executivo extrajudicial nos termos da lei processual civil (art. 13 do Estatuto da Pessoa Idosa); **C:** incorreto, o direito à gratuidade no transporte somente é concedido às pessoas idosas a partir de *65 (sessenta e cinco)* anos de idade e a gratuidade não é para qualquer transporte público: não terão gratuidade nos serviços seletivos e especiais, quando prestados paralelamente aos serviços regulares (arts. 230, § 2º, da CF e 39 do Estatuto da Pessoa Idosa); **D:** incorreto, pois os programas de amparo aos idosos serão executados preferencialmente em seus *lares* (art. 230, § 1º, da CF). Não obstante, o Estatuto da Pessoa Idosa prioriza o atendimento da pessoa idosa *por sua própria família*, em detrimento do atendimento asilar, exceto dos que não a possuam ou careçam de condições de manutenção da própria sobrevivência (art. 3º, §1º, V, da Lei 10.741/2003); **E:** correto (art. 230, *caput*, da CF). PM

Gabarito "E".

(Defensor Público – DPE/ES – 2016 – FCC) A respeito das garantias e direitos assegurados pelo Estatuto do Idoso – Lei 10.741/2003, podemos afirmar que há previsão expressa de que

(A) haverá, por parte do Poder Público, a criação e estímulo a programas de preparação à aposentadoria, com antecedência mínima de seis meses, esclarecendo direitos sociais e de cidadania aos idosos.

(B) ao idoso, desde que com idade a partir de 65 anos, está assegurado o direito de prioridade para recebimento da restituição do imposto de renda.

(C) ao idoso está assegurado o direito de realizar transação relativa a alimentos perante o Promotor de Justiça ou Defensor Público, que a referendará, passando a ter efeito de título executivo judicial.

(D) ao idoso que não pode se locomover, é assegurado o atendimento domiciliar, desde que abrigado ou acolhido em instituição pública ou filantrópica, não alcançando instituições privadas.

(E) o Poder Público criará oportunidade de acesso ao idoso em cursos especiais para sua integração à vida moderna, incluindo conteúdo relativo às técnicas de comunicação, computação e demais avanços tecnológicos.

A: incorreta, pois a antecedência é de *um* ano (art. 28, II, da Lei 10.741/2003); **B:** incorreta, pois o referido direito é assegurado aos idosos de *60 anos* (art. 3º, § 1º, IX, da Lei 10.741/2003); **C:** incorreta, pois trata-se de título executivo **extrajudicial** (art. 13 da Lei 10.741/2003); **D:** incorreta, pois abrange também instituições **sem fins lucrativos e eventualmente conveniadas com o Poder Público** (art. 15, § 1º, IV); **E:** correta (art. 21 da Lei 10.741/2003). Atenção para a nova redação da Lei 14.423/2022 que alterou o termo "idoso" para "pessoa idosa". PM

Gabarito "E".

(Ministério Público/BA – 2015 – CEFET) A defesa das pessoas idosas é uma das atribuições do Ministério Público, competindo-lhe zelar pela efetivação da Política Nacional prevista na Lei 8.842/1994 e pelos direitos assegurados no Estatuto da categoria (Lei 10.741/2003) e nas demais normas vigentes. Nesta senda, examine as seguintes proposições:

I. O direito à saúde do idoso engloba atendimento domiciliar, incluindo a internação para os que dele necessitar e estejam impossibilitados de se locomover, inclusive para os abrigados e acolhidos por instituições públicas, filantrópicas ou sem fins lucrativos e eventualmente conveniadas com o Poder Público, tanto no meio urbano, quanto rural, incumbindo ao Poder Público fornecer, gratuitamente, medicamentos, especialmente os de uso continuado, assim como próteses, órteses e outros recursos relativos ao tratamento, habilitação ou reabilitação dos senis.

II. Os casos de suspeita ou confirmação de violência praticada contra idosos serão objeto de notificação compulsória pelos serviços de saúde públicos e privados à autoridade sanitária, bem como serão comunicados por eles a quaisquer dos seguintes órgãos: a) autoridade policial; b) Ministério Público; c) Conselho Municipal do Idoso; d) Conselho Estadual do Idoso; e e) Conselho Nacional do Idoso.

III. A participação dos idosos em atividades culturais e de lazer será proporcionada mediante descontos de pelo menos cinquenta e 5% (cinco por cento) nos ingressos para eventos artísticos, culturais, esportivos e de lazer, bem como o acesso preferencial aos respectivos locais.

IV. Todas as entidades de longa permanência ou casa-lar são obrigadas a firmar contrato de prestação de serviços com a pessoa idosa abrigada e, para as de natureza filantrópica, é facultada a cobrança de participação do idoso no custeio da entidade. Contudo, o Conselho Municipal do Idoso ou o Conselho Municipal da Assistência Social estabelecerá percentual que não poderá exceder a 70% (setenta por cento) de qualquer benefício previdenciário ou de assistência social percebido pelo idoso.

V. No sistema de transporte coletivo interestadual, observar-se-ão, nos termos da legislação específica, para idosos com renda igual ou inferior a 2 (dois) salários mínimos, a reserva de 3 (três) vagas gratuitas por veículo e o desconto de 50% (cinquenta por cento), no mínimo, no valor das passagens, para os idosos que excederem as vagas gratuitas.

Estão corretas as seguintes assertivas:

(A) I – II – IV.

(B) III – IV – V.

(C) II – III – IV.

(D) II – IV – V.

(E) I – II – III.

I: correto (art. 15, IV e § 2º, do Estatuto da Pessoa Idosa); **II:** correto (art. 19 do Estatuto da Pessoa Idosa); **III:** incorreto, pois os descontos serão de pelo menos 50%, conforme art. 23 do Estatuto da Pessoa Idosa; **IV:** correto (art. 50, I e art. 35, § 2º); **V:** incorreto, pois reserva é de duas vagas gratuitas por veículo, consoante art. 40, I e II do Estatuto da Pessoa Idosa. Atenção para a nova redação da Lei 14.423/2022 que alterou o termo "idoso" para "pessoa idosa". **PM**

Gabarito "A"

(DPE/PE – 2015 – CESPE) Julgue os itens subsecutivos, a respeito dos direitos do idoso.

(1) Ao idoso que receba alta hospitalar e não atenda aos critérios de elegibilidade para a assistência domiciliar será fornecida residência temporária, na modalidade de serviço de regime de internação temporária de atendimento ao idoso dependente que requeira cuidados biopsicossociais sistematizados.

(2) A carência de recursos financeiros próprios do idoso ou da família deste não é suficiente para justificar a internação desse idoso na modalidade asilar.

(3) Em cada veículo, comboio ferroviário ou embarcação do serviço convencional de transporte interestadual de passageiros, serão reservadas duas vagas gratuitas, que poderão ser usadas por idosos, independentemente da condição financeira destes.

1: correto (item 1.1 c/c 1.4 da Portaria SEAS n. 73, de 10 de maio de 2001, do Ministério da Previdência e Assistência Social); **2:** incorreto, pois a assistência integral na modalidade de entidade de longa permanência será prestada quando verificada inexistência de grupo familiar, casa-lar, abandono ou **carência de recursos financeiros próprios ou da família** (art. 37, § 1º do Estatuto da Pessoa Idosa); **3:** incorreto, pois à pessoa idosa **com renda igual ou inferior a dois salários mínimos** serão reservadas duas vagas gratuitas em cada veículo, comboio ferroviário ou embarcação do serviço convencional de transporte interestadual de passageiros, conforme art. 39 do Decreto 9.921/2019; **PM**

Gabarito 1C, 2E, 3E

2. MEDIDAS DE PROTEÇÃO

(Procurador Município – Santos/SP – VUNESP – 2021) No que diz respeito à atuação do Ministério Público, na proteção judicial dos interesses difusos, coletivos e individuais indisponíveis ou homogêneos, a partir do regime jurídico constante no Estatuto do Idoso, assinale a assertiva correta.

(A) Deverá instaurar sob sua presidência, contencioso administrativo para apuração de violação contra direito do idoso.

(B) Poderá requisitar informações de qualquer pessoa, quando necessário, a serem prestadas em 5(cinco) dias.

(C) Se esgotadas todas as diligências para apuração de infração a prerrogativa conferida à pessoa idosa, se convencer da inexistência de fundamento, poderá, ainda assim, ajuizar ação civil pública e, dependendo do teor da contestação, requerer a extinção do feito, sem julgamento de mérito.

(D) O servidor público poderá provocar a sua iniciativa, quando se deparar com ofensa a quaisquer garantias conferidas ao idoso, prestando-lhe informações sobre os fatos que constituam objeto de ação civil e indicando-lhe os elementos de convicção.

(E) Admitir-se-á litisconsórcio facultativo entre os Ministérios Públicos da União e dos Estados na defesa dos interesses e direitos de que cuida o Estatuto do Idoso.

A: incorreta, pois não reflete o disposto no art. 92, *caput*, da Lei 10.741/2003 (Estatuto da Pessoa Idosa); **B:** incorreta, uma vez que o prazo não poderá ser inferior a 10 (dez) dias, conforme dispõe o art. 92, *caput*, da Lei 10.741/2003; **C:** incorreta. Na hipótese de o Ministério Público, após esgotadas todas as diligências, convencer-se da inexistência de fundamento à propositura da ação civil ou de outras peças de informação, promoverá o seu arquivamento, o que o fará de forma fundamentada, conforme impõe o art. art. 92, § 1°, da Lei 10.741/2003; **D:** incorreta. Segundo estabelece o art. 89 do Estatuto da Pessoa Idosa, o servidor público, sempre que se deparar com ofensa a quaisquer garantias conferidas ao idoso, *deverá* provocar a iniciativa do MP, prestando-lhe informações sobre os fatos que constituam objeto de ação civil e indicando-lhe os elementos de convicção. Como se pode ver, cuida-se de obrigação imposta ao servidor. Já o particular tem a prerrogativa (poderá) de provocar a atuação do *parquet*; **E:** correta, pois reflete o disposto no art. 81, § 1°, do Estatuto da Pessoa Idosa. LM

Gabarito "E".

(Ministério Público/BA – 2015 – CEFET) Sobre a proteção dos idosos, analise as proposições abaixo registradas:

I. Aos maiores de 60 (sessenta) anos fica assegurada a gratuidade dos transportes coletivos públicos urbanos e semiurbanos, exceto nos serviços seletivos e especiais, quando prestados paralelamente aos serviços regulares, bastando a apresentação de qualquer documento pessoal que faça prova de suas idades.

II. Nos veículos de transporte coletivo serão reservados 15% (quinze por cento) dos assentos para os idosos, devidamente identificados com a placa de "reservado preferencialmente para idosos".

III. Nos programas habitacionais, públicos ou subsidiados com recursos públicos, o idoso goza de prioridade na aquisição de imóvel para moradia própria, observada reserva de pelo menos 3% (três por cento) das unidades habitacionais residenciais para atendimento desses cidadãos, implantando-se os equipamentos urbanos comunitários necessários, eliminando-se as barreiras arquitetônicas e urbanísticas, para a garantia da sua acessibilidade, e estabelecendo-se critérios de financiamento compatíveis com os rendimentos de aposentadoria e pensão.

IV. As entidades governamentais de atendimento aos idosos serão fiscalizadas pelos Conselhos do Idoso, Ministério Público, Vigilância Sanitária e outros previstos em lei, sendo que, havendo danos para os abrigados ou qualquer tipo de fraude em relação ao programa, caberá o afastamento provisório dos dirigentes ou a interdição da unidade e a suspensão do programa.

V. Na ocorrência de infração por entidade de atendimento, que coloque em risco os direitos dos idosos, será o fato comunicado ao Ministério Público, para as providências cabíveis, inclusive para promover a suspensão das atividades ou dissolução da entidade, com a proibição de atendimento a idosos a bem do interesse público, sem prejuízo das providências a serem tomadas pela Vigilância Sanitária.

A alternativa que contém a sequência correta, de cima para baixo, considerando V para verdadeiro e F para falso, é:

(A) FVFVV.

(B) VVFVV.

(C) FFVVV.

(D) VVFFV.

(E) VFVFF.

I: incorreto, pois é assegurado aos maiores de **65 (sessenta e cinco)**, conforme art. 39 do Estatuto da Pessoa Idosa; II: incorreto, pois serão reservados **10% (dez por cento)** dos assentos para os idosos, con-

soante art. 39, § 2°, do Estatuto da Pessoa Idosa; **III:** correto (art. 38, I a IV, do Estatuto da Pessoa Idosa); **IV:** correto (art. 52 c/c art. 55, § 1°, do Estatuto da Pessoa Idosa); **V:** correto (art. 55, § 3°, do Estatuto da Pessoa Idosa). PM

Gabarito "C".

3. POLÍTICA DE ATENDIMENTO AO IDOSO

(Promotor de Justiça – MPE/AM – FMP – 2015) Em relação à atuação do Ministério Público na proteção dos idosos, considere as seguintes assertivas:

I. O Ministério Público tem legitimidade para a defesa dos interesses individuais disponíveis de pessoas idosas.

II. A legitimidade do Ministério Público é limitada aos interesses difusos ou coletivos das pessoas idosas.

III. A legitimidade ministerial abrange os interesses difusos, coletivos *stricto sensu* e individuais homogêneos das pessoas idosas, aplicando-se a Lei 7.347/1985.

IV. O Ministério Público tem legitimidade para o ingresso de ação civil pública referente às cláusulas abusivas dos planos de saúde de pessoas idosas.

V. Em caso de necessidade de internação para tratamento de saúde de pessoa idosa, o tempo de internação é determinado pelo respectivo plano de saúde e não pelo médico, segundo a jurisprudência do Superior Tribunal de Justiça, carecendo a ação civil pública do Ministério Público de interesse de agir.

Quais das assertivas acima estão corretas?

(A) Apenas a II e V.

(B) Apenas a III e IV.

(C) Apenas a I, III e IV.

(D) Apenas a II, IV e V.

(E) Apenas a II e IV.

I e **II**: incorretos, pois compete ao Ministério Público instaurar o inquérito civil e a ação civil pública para a proteção dos direitos e interesses *difusos* ou *coletivos*, individuais *indisponíveis* e *individuais homogêneos* da pessoa idosa (art. 74, I, do Estatuto da Pessoa Idosa); **III** e **IV**: corretos (art. 74, I, do Estatuto da Pessoa Idosa); **V**: incorreto, pois está consolidado na Súmula 302 o entendimento do STJ de que "é abusiva a cláusula contratual de plano de saúde que limita no tempo a internação hospitalar do segurado", tendo o MP legitimidade para propor ação civil pública. Nesse contexto, vale trazer à baila, julgamento do Resp 326.147 da Quarta Turma que decidiu que os planos de saúde não podem limitar o valor do tratamento e de internações de seus associados. Acompanhando o voto do Relator, Min. Aldir Passarinho Junior, a Turma concluiu que a limitação de valor é mais lesiva que a restrição do tempo de internação vetada pela Súmula 302 do Tribunal. PM

Gabarito "B".

4. ACESSO À JUSTIÇA

(Promotor de Justiça/PR – 2019 – MPE/PR) Nos termos do que expressamente estabelece a Lei n. 10.741/2003 (Estatuto do Idoso), assinale a alternativa correta. Para as ações cíveis fundadas em interesses difusos, coletivos, individuais indisponíveis ou homogêneos, consideram-se legitimados, concorrentemente:

(A) O Ministério Público, a União, os Estados, o Distrito Federal e os Municípios, a Ordem dos Advogados do

22. DIREITO DA PESSOA IDOSA

Brasil e as associações legalmente constituídas há pelo menos 1 (um) ano e que incluam entre os fins institucionais a defesa dos interesses e direitos da pessoa idosa, dispensada a autorização da assembleia, se houver prévia autorização estatutária.

(B) O Ministério Público, a Defensoria Pública, a União, os Estados, o Distrito Federal e os Municípios e as associações legalmente constituídas, independentemente do prazo de constituição e funcionamento.

(C) O Ministério Público, a União, os Estados, o Distrito Federal e os Municípios, a Defensoria Pública e as associações legalmente constituídas há pelo menos 1 (um) ano e que incluam entre os fins institucionais a defesa dos interesses e direitos da pessoa idosa, dispensada a autorização da assembleia, se houver prévia autorização estatutária.

(D) O Ministério Público, a Ordem dos Advogados do Brasil e as associações legalmente constituídas, independentemente do prazo de constituição e funcionamento.

(E) O Ministério Público, a Defensoria Pública e as associações legalmente constituídas há pelo menos 1 (um) ano e que incluam entre os fins institucionais a defesa dos interesses e direitos da pessoa idosa, dispensada a autorização da assembleia, se houver prévia autorização estatutária.

A: Correta – Art. 81 e seus incisos do Estatuto; **B, C** e **E**: Incorretas – A Defensoria Pública não está incluída entre os legitimados (art. 81); **D**: Incorreta – As associações admitidas devem ter sido constituídas há pelo menos um ano. **LM**

Gabarito "A".

5. TEMAS VARIADOS

(Investigador - PC/BA - 2018 - VUNESP) A respeito dos crimes previstos no Estatuto do Idoso (Lei no 10.741/03), assinale a alternativa correta.

(A) Constitui crime negar acolhimento ou a permanência do idoso, como abrigado, por recusa deste em outorgar procuração à entidade de atendimento.

(B) Constitui crime deixar de prestar assistência ao idoso em situação de iminente perigo, independentemente do risco pessoal.

(C) Constitui crime negar a alguém emprego ou trabalho por motivo de idade, salvo se houver justa causa.

(D) Constitui crime deixar de cumprir, retardar ou frustrar, mesmo com justo motivo, a execução de ordem judicial expedida na ação civil prevista na Lei no 10.741/03.

(E) Constitui crime lavrar ato notarial que envolva pessoa idosa com discernimento de seus atos.

A: correta, de acordo com o art. 103 do Estatuto da Pessoa Idosa; **B**: incorreta, pois o crime só existe se não houver risco pessoal (art. 97 do Estatuto da Pessoa Idosa); **C**: incorreta, pois o crime só existe se não houver justa causa; **D**: incorreta, pois não se configura crime se houver justo motivo; **E**: incorreta, constitui crime lavrar ato notarial que envolva pessoa idosa SEM discernimento (art. 108 do Estatuto da Pessoa Idosa). **PM**

Gabarito "A".

(Promotor de Justiça/GO – 2016 - MPE) De acordo com o Estatuto do Idoso (Lei 10.471/2003):

(A) O Ministério Público tem legitimidade para a promoção da tutela coletiva dos direitos de pessoas com idade igual ou superior a sessenta anos, mas não poderá atuar na esfera individual de direitos dessa parcela da população, uma vez que a senilidade não induz incapacidade para os atos da vida civil.

(B) O idoso, que necessite de alimentos, deverá acionar simultaneamente os filhos, cobrando de cada qual, na medida de suas possibilidades.

(C) O Poder Judiciário, a requerimento do Ministério Público, poderá determinar medidas protetivas em favor de idoso em situação de risco, tais como: requisição de tratamento de saúde, em regime ambulatorial, hospitalar ou domiciliar; encaminhamento à família ou curador, mediante termo de responsabilidade; abrigamento em entidade.

(D) O Poder Público tem responsabilidade residual e, no âmbito da assistência social, estará obrigado a assegurar os direitos fundamentais de pessoa idosa, em caso de inexistência de parentes na linha reta ou colateral até o 3º grau.

A: incorreta, pois o MP pode instaurar o inquérito civil e a ação civil pública para a proteção dos direitos e interesses individuais indisponíveis, nos termos do art. 74, I, do Estatuto da Pessoa Idosa; **B**: incorreta, pois a obrigação alimentar é solidária, ***podendo o idoso optar entre os prestadores*** (art. 12 do Estatuto da Pessoa Idosa); **C**: correta (art. 45, III, I e V, do Estatuto da Pessoa Idosa); **D**: incorreta, pois no caso de o idoso ou seus familiares ***não possuírem condições econômicas de prover o seu sustento***, impõe-se ao Poder Público esse provimento, no âmbito da assistência social (art. 14 do Estatuto da Pessoa Idosa). **PM**

Gabarito "C".

(Defensor Público –DPE/ES – 2016 – FCC) A Lei 13.146/2015 – Estatuto da Pessoa com Deficiência, bem como as alterações por ela produzidas na legislação esparsa vigente, prevê

(A) o dever de garantir a capacitação inicial e continuada aos profissionais que prestam assistência à pessoa com deficiência, especialmente em serviços de habilitação e de reabilitação.

(B) a existência de residências inclusivas, voltadas essencialmente a idosos e localizadas em áreas residenciais da comunidade, com estruturas adequadas, sem apoio psicossocial interno, visando a autonomia do indivíduo.

(C) que a deficiência não afeta, em regra, a plena capacidade civil da pessoa, inclusive para exercer o direito à fertilidade, orientando a esterilização compulsória somente para casos devidamente fundamentados de síndromes genéticas.

(D) a extensão de todos os direitos relativos ao atendimento prioritário da pessoa com deficiência ao seu acompanhante.

(E) o fortalecimento e ampliação do instituto da interdição civil como medida protetiva à pessoa com deficiência.

A: correta (arts. 16, IV e 18, § 3º, da Lei 13.146/2015); **B**: incorreta, as residências inclusivas são unidades de oferta do Serviço de Acolhimento do Sistema Único de Assistência Social (Suas) localizadas em áreas residenciais da comunidade, com estruturas adequadas, que possam contar com apoio psicossocial para o atendimento das necessidades da pessoa acolhida, destinadas a jovens e adultos com deficiência, em situação de dependência, que não dispõem de condições de autossustentabilidade e com vínculos familiares fragilizados ou rompidos (art. 3º, X, da Lei 13.146/2015); **C:** incorreta, pois o Estatuto veda a esterilização compulsória (art. 6º, IV); **D:** incorreta, art. 9º, § 1º, da Lei 13.146/2015; **E:** incorreta, pois o Estatuto estabelece que a **curatela** de pessoa com deficiência constitui medida protetiva extraordinária, proporcional às necessidades e às circunstâncias de cada caso, e durará o menor tempo possível (art. 84, § 3º). ACB

Gabarito "A".

(Defensor Público –DPE/ES – 2016 – FCC) O Estatuto do Idoso é um dos diplomas legais que busca robustecer a tutela coletiva dos direitos dos idosos, que conjugando-se com outros grupos vulneráveis, dispõe sobre os seguintes direitos, com EXCEÇÃO de:

(A) Nos programas habitacionais, públicos ou subsidiados com recursos públicos, o idoso goza de prioridade na aquisição de imóvel para moradia própria, observada a reserva de 8% das unidades habitacionais para o atendimento aos idosos ou de pessoas por ele indicadas.

(B) As instituições filantrópicas ou sem fins lucrativos prestadoras de serviço ao idoso terão direito à assistência judiciária gratuita.

(C) Os alimentos serão prestados ao idoso na forma da lei civil e as transações relativas a alimentos poderão ser celebradas perante o Promotor de Justiça ou Defensor Público, que as referendará, e passarão a ter efeito de título executivo extrajudicial nos termos da lei processual civil.

(D) Aos maiores de sessenta e cinco anos fica assegurada a gratuidade dos transportes coletivos públicos urbanos e semiurbanos, exceto nos serviços seletivos e especiais, quando prestados paralelamente aos serviços regulares.

(E) As entidades que desenvolvam programas de institucionalização de longa permanência adotarão como princípios norteadores a preservação dos vínculos familiares e a manutenção do idoso na mesma instituição, salvo em caso de força maior.

A: incorreta (devendo ser assinalada), pois a reserva é de **pelo menos 3% (três por cento)** das unidades habitacionais residenciais (art. 38, I, da Lei 10.741/2003); **B:** correta (art. 51 da Lei 10.741/2003); **C:** correta (arts. 11 e 13 da Lei 10.741/2003); **D:** correta (art. 39 da Lei 10.741/2003); **E:** correta (art. 49, I e III, da Lei 10.741/2003). Atenção para a nova redação da Lei 14.423/2022 PM

Gabarito "A".

23. Direito da Pessoa com Deficiência

Leni Mouzinho Soares

ESTATUTO DA PESSOA COM DEFICIÊNCIA

(PROCURADOR MUNICÍPIO – SANTOS/SP – VUNESP – 2021) O Estatuto da Pessoa com Deficiência assegura-lhe o direito ao exercício de sua capacidade legal, salientando-se que

(A) se faculta à pessoa portadora de deficiência fazer uso da curatela.

(B) se deve submeter à adoção de processo de tomada de decisão apoiada.

(C) quando lhe for definida curatela, esta durará o maior tempo possível.

(D) os curadores são obrigados a prestar, semestralmente, contas de sua administração ao juiz, apresentando o balanço do respectivo ano.

(E) a curatela afetará tão somente os atos relacionados aos direitos de natureza patrimonial e negocial.

A solução desta questão deve ser extraída dos arts. 84 e 85 da Lei 13.146/2015 (Estatuto da Pessoa com Deficiência): *Art. 84. A pessoa com deficiência tem assegurado o direito ao exercício de sua capacidade legal em igualdade de condições com as demais pessoas. § 1º Quando necessário, a pessoa com deficiência será submetida à curatela, conforme a lei. § 2º É facultado à pessoa com deficiência a adoção de processo de tomada de decisão apoiada. § 3º A definição de curatela de pessoa com deficiência constitui medida protetiva extraordinária, proporcional às necessidades e às circunstâncias de cada caso, e durará o menor tempo possível. § 4º Os curadores são obrigados a prestar, anualmente, contas de sua administração ao juiz, apresentando o balanço do respectivo ano. Art. 85. A curatela afetará tão somente os atos relacionados aos direitos de natureza patrimonial e negocial. § 1º A definição da curatela não alcança o direito ao próprio corpo, à sexualidade, ao matrimônio, à privacidade, à educação, à saúde, ao trabalho e ao voto. § 2º A curatela constitui medida extraordinária, devendo constar da sentença as razões e motivações de sua definição, preservados os interesses do curatelado. § 3º No caso de pessoa em situação de institucionalização, ao nomear curador, o juiz deve dar preferência a pessoa que tenha vínculo de natureza familiar, afetiva ou comunitária com o curatelado.*

Gabarito "E".

(Promotor de Justiça/CE – 2020 – CESPE/CEBRASPE) A concepção e a implantação de projetos de uso público ou coletivo, bem como de políticas públicas, devem atender aos princípios do desenho universal, a fim de garantir o direito à acessibilidade. De acordo com a Lei 13.146/2015 (Lei Brasileira de Inclusão da Pessoa com Deficiência), pode-se considerar desenho universal a concepção de

(A) produtos, ambientes, programas e serviços a serem usados por todas as pessoas, sem necessidade de adaptação ou projeto específico.

(B) produtos, ambientes e programas a serem usados somente por pessoas com deficiência ou com mobilidade reduzida, incluindo-se adaptações e projetos específicos.

(C) produtos, equipamentos, dispositivos, recursos e serviços que promovam a funcionalidade, relacionada exclusivamente à atividade e à participação da pessoa com deficiência ou com mobilidade reduzida, sem adaptações ou projetos específicos.

(D) produtos, equipamentos, dispositivos, recursos e serviços que promovam a funcionalidade, relacionada à atividade e à participação de todas as pessoas, sem adaptações ou projetos específicos.

(E) produtos, equipamentos, dispositivos, recursos e serviços que promovam a inclusão de pessoas com deficiência ou mobilidade reduzida, incluindo adaptações e projetos específicos.

A: Correta – Art. 3º, II, da Lei 13.146/2015; **B**: Incorreta – Os produtos, ambientes, programas e serviços são considerados desenho universal, podendo ser usados por todas as pessoas, sem necessidade de adaptação ou de projeto específico, incluindo os recursos de tecnologia assistiva (art. 3º, II, da Lei 13.146/2015); **C**: Incorreta – Conforme previsão constante do art. 3º, III, são considerados tecnologia assistiva ou ajuda técnica os produtos, equipamentos, dispositivos, recursos, metodologias, estratégias, práticas e serviços que objetivem promover a funcionalidade, relacionada à atividade e à participação da pessoa com deficiência ou com mobilidade reduzida, visando à sua autonomia, independência, qualidade de vida e inclusão social; **D e E**: Incorretas – vide comentário à assertiva C.

Gabarito "A".

(Promotor de Justiça/CE – 2020 – CESPE/CEBRASPE) De acordo com o disposto na Lei 13.146/2015, a curatela é medida protetiva extraordinária que alcança direitos relativos

(A) à educação.

(B) à privacidade.

(C) aos bens patrimoniais.

(D) ao voto.

(E) ao trabalho.

O art. 85 da Lei 13.146/2015 define que a curatela afetará tão somente os atos relacionados aos direitos de natureza patrimonial e negocial. Dessa forma, a alternativa C está correta.

Gabarito "C".

(Promotor de Justiça/PR – 2019 – MPE/PR) Nos termos da Lei n. 13.146/2015 (Estatuto da Pessoa com Deficiência), assinale a alternativa ***correta***:

(A) Nos programas habitacionais, públicos ou subsidiados com recursos públicos, a pessoa com deficiência ou o seu responsável goza de prioridade na aquisição de imóvel para moradia própria. Referido direito à prioridade será reconhecido à pessoa com deficiência beneficiária apenas uma vez.

(B) O consentimento prévio, livre e esclarecido da pessoa com deficiência é indispensável para a realização de tratamento, procedimento e pesquisa científica e dispensável para a hospitalização.

(C) Considerando a livre escolha e autonomia dos contratantes, é possível a cobrança de valores diferenciados por planos e seguros privados de saúde em razão da condição de pessoa com deficiência, desde que não abusivos.

(D) É assegurado à pessoa com deficiência, independente de solicitação, o recebimento de contas, boletos, recibos, extratos e cobranças de tributos em formato acessível.

(E) Considera-se acompanhante aquele que acompanha a pessoa com deficiência desempenhando as funções de atendente pessoal.

A: Correta – Art. 32, § 1º, do Estatuto da Pessoa com Deficiência; **B:** incorreta. De acordo com previsão constante do art. 12, o consentimento prévio, livre e esclarecido da pessoa com deficiência é indispensável para a realização de tratamento, procedimento, hospitalização e pesquisa científica; **C:** Incorreta – O art. 23 estabelece que "são vedadas todas as formas de discriminação contra a pessoa com deficiência, inclusive por meio de cobrança de valores diferenciados por planos e seguros privados de saúde, em razão de sua condição"; **D:** Incorreta – O formato acessível é assegurado, mediante solicitação (art. 62); **E:** Incorreta – De acordo com o art. 3º, XIV, acompanhante é aquele que acompanha a pessoa com deficiência, podendo ou não desempenhar as funções de atendente pessoal.
Gabarito "A".

(Promotor de Justiça/PR – 2019 – MPE/PR) Nos termos da Lei n. 13.146/2015 (Estatuto da Pessoa com Deficiência), assinale a alternativa **incorreta**:

(A) Os hotéis, pousadas e similares devem ser construídos observando-se os princípios do desenho universal, além de adotar todos os meios de acessibilidade, conforme legislação em vigor. Os estabelecimentos já existentes deverão disponibilizar, pelo menos, 10% (dez por cento) de seus dormitórios acessíveis, garantida, no mínimo, 1 (uma) unidade acessível.

(B) Em todas as áreas de estacionamento aberto ao público, de uso público ou privado de uso coletivo e em vias públicas, devem ser reservadas vagas equivalente a 10% (dez por cento) do total, garantida, no mínimo, 1 (uma) vaga devidamente sinalizada e com as especificações de desenho e traçado de acordo com as normas técnicas vigentes de acessibilidade.

(C) As frotas de empresas de táxi devem reservar 10% (dez por cento) de seus veículos acessíveis à pessoa com deficiência.

(D) Na outorga de exploração de serviço de táxi, reservar-se-ão 10% (dez por cento) das vagas para condutores com deficiência.

(E) Telecentros comunitários que receberem recursos públicos federais para seu custeio ou sua instalação e *lan houses* devem possuir equipamentos e instalações acessíveis, devendo garantir, no mínimo, 10% (dez por cento) de seus computadores com recursos de acessibilidade para pessoa com deficiência visual, sendo assegurado pelo menos 1 (um) equipamento, quando o resultado percentual for inferior a 1 (um).

Atenção: a questão requer que seja assinalada a alternativa INCORRETA.
A: Correta, art. 45 e parágrafos do Estatuto da Pessoa com Deficiência; **B:** Incorreta – Prevê o art. 47, *caput* e § 1º, do Estatuto que "em todas as áreas de estacionamento aberto ao público, de uso público

ou privado de uso coletivo e em vias públicas, devem ser reservadas vagas próximas aos acessos de circulação de pedestres, devidamente sinalizadas, para veículos que transportem pessoa com deficiência com comprometimento de mobilidade, desde que devidamente identificados, devendo equivaler estas vagas a 2% (dois por cento) do total, garantida, no mínimo, 1 (uma) vaga devidamente sinalizada e com as especificações de desenho e traçado de acordo com as normas técnicas vigentes de acessibilidade; **C:** Correta – Art. 51 do Estatuto; **D:** Correta – Art. 119, que acresceu o art. 12-B à Lei 12.587, de 3 de janeiro de 2012; **E:** Correta – Art. 63, §§ 2º e 3º, do Estatuto.
Gabarito "B".

(Promotor de Justiça – MPE/RS – 2017) Quanto aos direitos da pessoa com deficiência, assinale a alternativa correta.

(A) Terá direito ao auxílio-inclusão, nos termos da lei, a pessoa com deficiência moderada ou grave que receba o benefício da prestação continuada e que passe a exercer atividade remunerada que a enquadre como segurado obrigatório do Regime Geral de Previdência Social-RGPS.

(B) O Cadastro-Inclusão, criado pela Lei 13.146/2015, será administrado pelo Poder Executivo estadual, podendo esta administração, mediante convênio, ser delegada aos Municípios.

(C) Acompanhante, segundo o conceito trazido na Lei 13.146/2015, é a pessoa, membro ou não da família, que, como ou sem remuneração, assiste ou presta cuidados básicos e essenciais à pessoa com deficiência no exercício de suas atividades diárias, excluídas as técnicas ou os procedimentos identificados com profissões legalmente estabelecidas.

(D) No caso de pessoa com deficiência em situação de institucionalização, ao nomear curador, o juiz deve dar preferência ao representante da entidade em que se encontra abrigada a pessoa.

(E) Na tomada de decisão apoiada, é vedado ao terceiro, com quem a pessoa apoiada mantenha relação negocial, postular que os apoiadores contra-assinem o contrato ou acordo, tendo em conta que este instituto não restringe a plena capacidade da pessoa com deficiência.

A: correta (art. 94, I, do Estatuto da Pessoa com Deficiência); **B:** incorreta, pois o Cadastro-Inclusão será administrado pelo **Poder Executivo federal** e constituído por base de dados, instrumentos, procedimentos e sistemas eletrônicos, não havendo previsão para delegação (art. 92, § 1º, do Estatuto da Pessoa com Deficiência); **C:** incorreta, pois trata-se do **atendente pessoal**, nos termos do art. 3º, XII, do Estatuto da Pessoa com Deficiência); **D:** incorreta, pois o o juiz deve dar preferência à pessoa que tenha vínculo de natureza familiar, afetiva ou comunitária com o curatelado, consoante art. 85, § 3º, do Estatuto da Pessoa com Deficiência; **E:** incorreta, pois é **permitido**, na tomada de decisão apoiada, ao terceiro com quem a pessoa apoiada mantenha relação negocial, solicitar que os apoiadores contra-assinem o contrato ou acordo, especificando, por escrito, sua função em relação ao apoiado, de acordo com o disposto no art. 1.783-A, § 5º, do Estatuto da Pessoa com Deficiência. **ACB**
Gabarito "A".

Promotor de Justiça/GO – 2016 – MPE) A Tomada de Decisão Apoiada, modelo protecionista criado pela Lei 13.146/2015 (Estatuto da Pessoa com Deficiência):

(A) destina-se a proteção de pessoa vulnerável em virtude de circunstância pessoal, física, psíquica ou intelectual, restringindo-lhe temporariamente a capacidade,

23. DIREITO DA PESSOA COM DEFICIÊNCIA — 875

a fim de que receba auxílio para decisão sobre determinado ato da vida civil;

(B) configura novo instituto jurídico, ao lado da tutela e da curatela, vocacionado para a proteção de incapazes ou relativamente incapazes, devendo os apoiadores nomeados pelo juiz, após oitiva do Ministério Público, seguir fielmente o termo levado a juízo, considerando as necessidades e aspirações da pessoa apoiada;

(C) será determinada pelo juiz, em procedimento de jurisdição voluntária, a requerimento da pessoa com deficiência que indicará pelo menos duas pessoas idôneas, com as quais mantenha vínculo e que gozem de sua confiança, para fornecer-lhe apoio na tomada de decisão relativa a atos da vida civil;

(D) é um modelo protecionista criado em favor de pessoas interditadas, em razão de deficiência física, sensorial, psíquica ou intelectual, com objetivo de que o juiz, ouvido o Ministério Público, indique duas pessoas integrantes de equipe multidisciplinar para prestar apoio ao interdito na tomada de decisão relativa aos atos da vida civil.

A: incorreta – A tomada de decisão apoiada é o processo pelo qual a pessoa com deficiência elege pelo menos 2 (duas) pessoas idôneas, com as quais mantenha vínculos e que gozem de sua confiança, para prestar-lhe apoio na tomada de decisão sobre atos da vida civil, fornecendo-lhes os elementos e informações necessários para que possa exercer sua capacidade (Art. 1783-A, *caput*, do Código Civil, com as alterações trazidas pelo art. 116 da Lei nº 13.146/2015,); B: incorreta – A tomada de decisão apoiada destina-se à pessoa com deficiência, que, de acordo com o art. 2º, *caput*, da Lei nº 13.146/2015, é " aquela que tem impedimento de longo prazo de natureza física, mental, intelectual ou sensorial, o qual, em interação com uma ou mais barreiras, pode obstruir sua participação plena e efetiva na sociedade em igualdade de condições com as demais pessoas": C: correta – Art. 1.783-A do Estatuto do Código Civil, com as alterações trazidas pelo Estatuto da Pessoa com Deficiência; D: incorreta – Antes de se pronunciar sobre o pedido de tomada de decisão apoiada, o juiz, assistido por equipe multidisciplinar, após oitiva do Ministério Público, ouvirá pessoalmente o requerente e as pessoas que lhe prestarão apoio, que serão pelo menos duas pessoas idôneas, com as quais a pessoa com deficiência mantenha vínculos e que gozem de sua confiança (art. 1783-A, *caput* e §3º, do Código Civil) . **LM**

Gabarito "C".

24. Direito Sanitário

Henrique Subi, Leni Mouzinho Soares e Paula Morishita*

(Promotor de Justiça/PR – 2019 – MPE/PR) Analise as assertivas abaixo e assinale a alternativa **incorreta**:

(A) Entende-se por saúde do trabalhador um conjunto de atividades que se destina, através das ações de vigilância epidemiológica e vigilância sanitária, à promoção e proteção da saúde dos trabalhadores, assim como, visa à recuperação e reabilitação da saúde dos trabalhadores submetidos aos riscos e agravos advindos das condições de trabalho.

(B) Entende-se por vigilância sanitária um conjunto de ações que proporcionam o conhecimento, a detecção ou prevenção de qualquer mudança nos fatores determinantes e condicionantes da saúde individual ou coletiva com a finalidade de recomendar e adotar as medidas de prevenção e controle de doenças ou agravos.

(C) Os níveis de saúde expressam a organização social e econômica do País, tendo a saúde como determinantes e condicionantes, entre outros, a alimentação, a moradia, o saneamento básico, o meio ambiente, o trabalho, a renda, a educação, atividade física, o transporte, o lazer e o acesso aos bens e serviços essenciais.

(D) A incorporação, exclusão ou alteração pelo SUS de novos medicamentos, produtos e procedimentos, bem como, a constituição ou alteração de protocolo clínico ou diretriz terapêutica, são atribuições do Ministério da Saúde, assessorado pela Comissão Nacional de Incorporação de Tecnologias no SUS.

(E) É permitida a participação direta ou indireta, inclusive controle, de empresas ou de capital estrangeiro na assistência à saúde nos casos de serviços de saúde mantidos, sem finalidade lucrativa, por empresas, para atendimento de seus empregados e dependentes, sem qualquer ônus para a seguridade social.

Atenção: a alternativa a ser assinalada é a INCORRETA.

A: Correta. Entende-se por saúde do trabalhador um conjunto de atividades que se destina, através das ações de vigilância epidemiológica e vigilância sanitária, à promoção e proteção da saúde dos trabalhadores, assim como visa à recuperação e reabilitação da saúde dos trabalhadores submetidos aos riscos e agravos advindos das condições de trabalho (art. 6º, § 3º, da Lei 8.080/1990); **B:** Incorreta – Entende-se por vigilância sanitária um conjunto de ações capaz de eliminar, diminuir ou prevenir riscos à saúde e de intervir nos problemas sanitários decorrentes do meio ambiente, da produção e circulação de bens e da prestação de serviços de interesse da saúde (Art. 6º, § 1º, da Lei 8.080/1990); **C:** Correta: Os níveis de saúde expressam a organização social e econômica do País, tendo a saúde como determinantes e condicionantes, entre outros, a alimentação, a moradia, o saneamento básico, o meio ambiente, o trabalho, a renda, a educação, a atividade

física, o transporte, o lazer e o acesso aos bens e serviços essenciais (art. 3º da Lei 8.080/1990); **D:** Correta – Art. 19-Q da Lei 8.080/1990; **E:** Correta – Art. 23, III, da Lei 8.080/1990. **LM**

Gabarito "B".

(Promotor de Justiça/PR – 2019 – MPE/PR) Sobre o financiamento das ações e serviços públicos de saúde, analise as assertivas abaixo e assinale a alternativa **correta**. São consideradas, para fins de apuração da aplicação dos valores mínimos a serem destinados, anualmente, pela União, Estados, Distrito Federal e Municípios com ações e serviços públicos de saúde, as despesas decorrentes de:

(A) Remuneração do pessoal ativo, pagamento de aposentadorias e pensões dos servidores da saúde.

(B) Limpeza urbana e remoção de resíduos.

(C) Saneamento básico dos distritos sanitários especiais indígenas e de comunidades remanescentes de quilombos.

(D) Preservação e correção do meio ambiente, realizadas por órgãos de meio ambiente dos entes da Federação ou por entidades não governamentais.

(E) Obras de infraestrutura realizadas para beneficiar direta ou diretamente a rede de saúde.

Prevê o art. 3º da Lei Complementar 141 que para efeito da apuração da aplicação dos recursos mínimos serão considerados despesas com ações e serviços públicos de saúde as referentes a vigilância em saúde, incluindo a epidemiológica e a sanitária; atenção integral e universal à saúde em todos os níveis de complexidade, incluindo assistência terapêutica e recuperação de deficiências nutricionais; capacitação do pessoal de saúde do Sistema Único de Saúde (SUS); desenvolvimento científico e tecnológico e controle de qualidade promovidos por instituições do SUS; produção, aquisição e distribuição de insumos específicos dos serviços de saúde do SUS, tais como: imunobiológicos, sangue e hemoderivados, medicamentos e equipamentos médico-odontológicos; saneamento básico de domicílios ou de pequenas comunidades, desde que seja aprovado pelo Conselho de Saúde do ente da Federação financiador da ação e esteja de acordo com as diretrizes das demais determinações previstas nesta Lei Complementar; saneamento básico dos distritos sanitários especiais indígenas e de comunidades remanescentes de quilombos; manejo ambiental vinculado diretamente ao controle de vetores de doenças; investimento na rede física do SUS, incluindo a execução de obras de recuperação, reforma, ampliação e construção de estabelecimentos públicos de saúde; remuneração do pessoal ativo da área de saúde em atividade nas ações de que trata este artigo, incluindo os encargos sociais; ações de apoio administrativo realizadas pelas instituições públicas do SUS e imprescindíveis à execução das ações e serviços públicos de saúde; e gestão do sistema público de saúde e operação de unidades prestadoras de serviços públicos de saúde. Dessa forma, a alternativa C está correta. **LM**

Gabarito "C".

(Promotor de Justiça/PR – 2019 – MPE/PR) Analise as assertivas e assinale a alternativa **correta**:

(A) O processo de planejamento e orçamento do Sistema Único de Saúde será descendente, do nível federal

---

* **HS** Henrique Subi

LM Leni Mouzinho Soares

PM Paula Morishita

até o local, ouvidos seus órgãos deliberativos, assessorados pela Comissão Nacional de Incorporação de Tecnologias no SUS, compatibilizando-se as necessidades da política da saúde com a disponibilidade de recursos.

(B) A atuação das Comissões Intergestores Bipartite e Tripartite tem por objetivo decidir sobre os aspectos operacionais, financeiros e administrativos da gestão compartilhada do Sistema Único de Saúde, em conformidade com a definição da política consubstanciada em planos de saúde, aprovados pelos Conselhos de Saúde.

(C) A Comissão Intergestora Bipartite é reconhecida como entidade representativa dos entes estaduais e municipais para tratar de matérias referentes à saúde e declarada de utilidade pública e de relevante função social.

(D) A atuação do Conselho Nacional de Secretários de Saúde e do Conselho Nacional de Secretarias Municipais de Saúde tem por objetivo fixar diretrizes sobre as regiões de saúde, distrito sanitário, integração de territórios, referência e contrarreferência e demais aspectos vinculados à integração das ações e serviços de saúde entre os entes federados.

(E) O Conselho Nacional de Secretários de Saúde e os Conselhos de Secretarias Municipais de Saúde são reconhecidos como foros de negociação e pactuação entre gestores, quanto aos aspectos operacionais do Sistema Único de Saúde.

A: Incorreta – Conforme previsão constante do art. 36 da Lei 8.080/90, "O processo de planejamento e orçamento do Sistema Único de Saúde (SUS) será ascendente (destaque nosso), do nível local até o federal, ouvidos seus órgãos deliberativos, compatibilizando-se as necessidades da política de saúde com a disponibilidade de recursos em planos de saúde dos Municípios, dos Estados, do Distrito Federal e da União; **B:** Correta – Art. 14-A, parágrafo único, I, da Lei 8080/1990; **C** e **E:** Incorretas– As Comissões Intergestores Bipartite e Tripartite são reconhecidas como foros de negociação e pactuação entre gestores, quanto aos aspectos operacionais do Sistema Único de Saúde (SUS), enquanto que o Conselho Nacional de Secretários de Saúde (Conass) e o Conselho Nacional de Secretarias Municipais de Saúde (Conasems) são reconhecidos como entidades representativas dos entes estaduais e municipais para tratar de matérias referentes à saúde e declarados de utilidade pública e de relevante função social, na forma do regulamento (art. 14-B); **D:** Incorreta – A atribuição mencionada na assertiva compete às Comissões Intergestores Bipartite e Tripartite (art. 14-A, III, da Lei 8.080/1990). **LM**
Gabarito "B".

(Promotor de Justiça/GO – 2016 – MPE) Considerando o disposto na Lei Federal 8.080/1990, que dispõe sobre as condições para a promoção, proteção e recuperação da saúde, todas as alternativas a seguir são corretas, com exceção:

(A) a iniciativa privada poderá participar do Sistema Único de Saúde (SUS), em caráter complementar.

(B) não está incluída no campo de atuação do Sistema Único de Saúde (SUS) a colaboração na proteção do meio ambiente, nele compreendido o do trabalho.

(C) são vedados, em todas as esferas de gestão do SUS, o pagamento, o ressarcimento ou o reembolso de medicamento, produto e procedimento clínico ou cirúrgico experimental, ou de uso não autorizado pela Agência Nacional de Vigilância Sanitária – ANVISA.

(D) o atendimento e a internação domiciliares só poderão ser realizados por indicação médica, com expressa concordância do paciente e de sua família.

A: correta, nos termos do art. 4º, § 2º, da Lei 8.080/1990; **B:** incorreta, devendo ser assinalada. O art. 6º, V, da Lei 8.080/1990 expressamente inclui a proteção do meio ambiente, também o do trabalho, no campo de atuação do SUS; **C:** correta, nos termos do art. 19-T da Lei 8.080/1990; **D:** correta, nos termos do art. 19-I, § 3º, da Lei 8.080/1990. **HS**
Gabarito "B".

(Promotor de Justiça/GO – 2016 – MPE) Nas decisões dos Tribunais Superiores acerca das ações judiciais em que se postulam o direito à saúde e a educação, tem prevalecido o princípio:

(A) Da reserva do possível e da separação dos poderes.

(B) Da razoabilidade e da disponibilidade financeira.

(C) Do mínimo existencial.

(D) Da responsabilidade subjetiva do Estado

O STJ consolidou sua jurisprudência no sentido de que o princípio da reserva do possível deve ceder espaço a outro mais importante, o do mínimo existencial: "Informa a doutrina especializada que, de acordo com a jurisprudência da Corte Constitucional alemã, os direitos sociais prestacionais estão sujeitos à reserva do possível no sentido daquilo que o indivíduo, de maneira racional, pode esperar da sociedade. Ocorre que não se podem importar preceitos do direito comparado sem atentar para Estado brasileiro. (...) Nesse caso, qualquer pleito que vise a fomentar uma existência minimamente decente não pode ser encarado como sem razão, pois garantir a dignidade humana é um dos objetivos principais do Estado brasileiro. É por isso que o princípio da reserva do possível não pode ser oposto a um outro princípio, conhecido como princípio do mínimo existencial. Desse modo, somente depois de atingido esse mínimo existencial é que se poderá discutir, relativamente aos recursos remanescentes, em quais outros projetos se deve investir" (REsp 1.389.952/MT, j. 03/06/2014). **HS**
Gabarito "C".

25. DIREITO EDUCACIONAL

Henrique Subi, Paula Morishita e Wander Garcia

1. LEI DE DIRETRIZES E BASES DA EDUCAÇÃO

(Promotor de Justiça – MPE/MS – FAPEC – 2015) Em atenção à Lei de Diretrizes e Bases da Educação Nacional (Lei 9.394/1996), assinale a alternativa **incorreta**:

(A) O acesso à educação básica obrigatória é direito público subjetivo, podendo qualquer cidadão, grupo de cidadãos, associação comunitária, organização sindical, entidade de classe ou outra legalmente constituída e, ainda, o Ministério Público, acionar o poder público para exigi-lo.

(B) É dever dos pais ou responsáveis efetuar a matrícula das crianças na educação básica a partir dos 4 (quatro) anos de idade.

(C) O ensino é livre à iniciativa privada, independente da autorização de funcionamento pelo Poder Público, que poderá fiscalizá-lo.

(D) Os Municípios incumbir-se-ão de oferecer a educação infantil em creches e pré-escolas, e, com prioridade, o ensino fundamental, permitida a atuação em outros níveis de ensino somente quando estiverem atendidas plenamente as necessidades de sua área de competência e com recursos acima dos percentuais mínimos vinculados pela Constituição Federal à manutenção e desenvolvimento do ensino.

(E) Entende-se por educação especial, para os efeitos da referida lei, a modalidade de educação escolar oferecida preferencialmente na rede regular de ensino, para educandos com deficiência, transtornos globais do desenvolvimento e altas habilidades ou superdotação.

A: correta, nos termos do art. 5º da Lei 9.394/1996; **B:** correta, nos termos do art. 6º da Lei 9.394/1996; **C:** incorreta, devendo ser assinalada. A oferta de ensino pela iniciativa privada depende de autorização do Poder Público (art. 7º, II, da Lei 9.394/1996); **D:** correta, nos termos do art. 11, V, da Lei nº 9.394/1996; **E:** correta, nos termos do art. 58 da Lei 9.394/1996. HS

Gabarito "C".

(Ministério Público/BA – 2015 – CEFET) No que concerne ao direito à educação, consagrado na Lei 9.394/1996 – Lei de Diretrizes e Bases da Educação Nacional (LDB), examine as assertivas registradas a seguir:

I. A educação infantil gratuita será disponibilizada para as crianças de até 5 (cinco) anos de idade, sendo assegurada vaga na escola pública mais próxima de sua residência a toda criança a partir do dia em que completar 3 (três) anos de idade.

II. Compete ao Poder Público a oferta de educação escolar regular para jovens e adultos, com características e modalidades adequadas às suas necessidades e disponibilidades, garantindo-se aos que forem trabalhadores as condições de acesso e permanência na escola.

III. O acesso à educação básica obrigatória é direito público subjetivo, podendo qualquer cidadão, grupo de cidadãos, associação comunitária, organização sindical, entidade de classe ou outra legalmente constituída e, ainda, o Ministério Público acionarem o poder público para exigi-lo.

IV. A educação básica obrigatória e gratuita será ministrada dos 4 (quatro) aos 17 (dezessete) anos de idade, sendo organizada da seguinte forma: a) pré-escola; b) ensino fundamental; e c) ensino médio.

V. O Poder Público deverá garantir atendimento educacional especializado gratuito aos educandos com deficiência, transtornos globais do desenvolvimento e altas habilidades ou superdotação, de modo transversal, nos níveis da pré-escola e do ensino fundamental.

Estão CORRETAS as seguintes assertivas:

(A) I – II – IV.

(B) III – IV – V.

(C) II – III – IV.

(D) II – IV – V.

(E) I – II – III.

I: incorreta, pois a segunda parte da afirmativa não corresponde ao texto legal, já que a vaga em escola pública de educação infantil mais próxima à residência da criança é direito daquela que completar 4 anos de idade, e não 3 anos de idade (art. 4º, X, da Lei 9.394/1996); **II:** correta (art. 4º, VII, da Lei 9.394/1996); **III:** correta (art. 5º, *caput*, da Lei 9.394/1996); **IV:** correta (art. 4º, I, da Lei 9.394/1996); **V:** incorreta, pois esse atendimento deve se dar de forma transversal em todos os níveis (pré-escola, fundamental e médio) e não só nos níveis da pré-escola e do ensino fundamental (art. 4º, III, da Lei 9.394/1996).

Gabarito "C".

(Ministério Público/BA – 2015 – CEFET) Sobre o direito à educação, analise as assertivas abaixo registradas e indique a que se encontra CORRETA:

(A) Será obrigatório um acervo de livros na biblioteca de, no mínimo, dois títulos para cada aluno matriculado, cabendo ao respectivo sistema de ensino determinar a ampliação deste acervo conforme sua realidade, bem como divulgar orientações de guarda, preservação, organização e funcionamento das bibliotecas escolares.

(B) As instituições de ensino fundamental e médio, assim como as instituições de educação infantil, ambas criadas e mantidas pela iniciativa privada, compõem os sistemas de ensino dos Estados e do Distrito Federal.

(C) A educação infantil, primeira etapa da educação básica, tem como finalidade o desenvolvimento inte-

---

* HS Henrique Subi
PM Paula Morishita
WG Wander Garcia

gral da criança de até 6 (seis) anos, em seus aspectos físico, psicológico, intelectual e social, complementando a ação da família e da comunidade.

(D) O ensino fundamental obrigatório, com duração de 9 (nove) anos, gratuito na escola pública, iniciando-se aos 6 (seis) anos de idade, terá por objetivo a formação básica do cidadão, devendo incluir pelo menos 5 (cinco) horas de trabalho efetivo em sala de aula, sendo progressivamente ampliado o período de permanência na escola.

(E) Em todas as esferas administrativas, o Poder Público assegurará em primeiro lugar o acesso ao ensino obrigatório, contemplando em seguida os demais níveis e modalidades, conforme as prioridades constitucionais e legais.

A: incorreta, a obrigação legal é de um título (e não de dois títulos) para cada aluno matriculado (art. 2º, parágrafo único, da Lei 12.244/2010); **B:** incorreta, pois as instituições de ensino infantil criadas e mantidas pela iniciativa privada compõem os sistemas de ensino dos Municípios (art. art. 18 da Lei 9.394/1996); **C:** incorreta, pois a educação infantil se destina a crianças de até 5 anos (art. 29 da Lei 9.394/1996); **D:** incorreta, pois as horas de trabalho mínimas em sala de aula são de pelo menos 4 horas, e não 5 horas (art. 34, *caput*, da Lei 9.394/1996); **E:** correta (art. 5º, § 2º, da Lei 9.394/1996).

Gabarito "E".

(Ministério Público/BA – 2015 – CEFET) A atuação do Ministério Público na seara educacional é de extrema relevância, visto que constitui bem jurídico consagrado pela Constituição Federal de 1988 e que visa ao pleno desenvolvimento da pessoa. Assim sendo, julgue os seguintes itens propostos:

I. Na educação superior, o ano letivo regular, independentemente do ano civil, tem, no mínimo, 180 (cento e oitenta) dias de trabalho acadêmico efetivo, excluído o tempo reservado aos exames finais, quando houver.

II. A União autorizará, reconhecerá, credenciará, supervisionará e avaliará, respectivamente, os cursos das instituições de educação superior e os estabelecimentos do seu sistema de ensino, assegurando processo nacional de avaliação, bem como baixará normas gerais sobre cursos de graduação e pós-graduação.

III. A União aplicará, anualmente, nunca menos de 18% (dezoito por cento) da receita resultante de impostos, e os Estados, o Distrito Federal e os Municípios, 20% (vinte por cento), ou o que consta nas respectivas Constituições ou Leis Orgânicas, compreendidas as transferências constitucionais na manutenção e desenvolvimento do ensino público.

IV. Os Municípios incumbir-se-ão de oferecer a educação infantil em creches e pré-escolas, e, com prioridade, o ensino fundamental, permitida a atuação em outros níveis de ensino somente quando estiverem atendidas plenamente as necessidades de sua área de competência e com recursos acima dos percentuais mínimos vinculados pela Constituição Federal à manutenção e ao desenvolvimento do ensino.

V. Os Estados deverão assegurar o ensino fundamental e oferecer, com prioridade, o ensino médio a todos os que demandarem, definindo, com os Municípios, formas de colaboração na oferta do ensino fundamental, as quais devem assegurar a distribuição proporcional das responsabilidades, de acordo com a população a ser atendida e os recursos financeiros disponíveis em cada uma dessas esferas do Poder Público.

A alternativa que contém a sequência CORRETA, de cima para baixo, considerando V para verdadeiro e F para falso, é:

(A) F V F V V.

(B) V V F V V.

(C) F F V F F.

(D) V V F F V.

(E) V F V F F.

I: falsa, pois o texto legal impõe 200 dias, e não 180 dias, excluído o tempo reservado aos exames finais, quando houver (art. 47 da Lei 9.394/1996); **II:** verdadeira (art. 9º, VII e IX, da Lei 9.394/1996); **III:** falsa, pois no DF e nos Municípios deve-se aplicar no mínimo 25% da receita mencionada, e não 20% (art. 69, *caput*, da Lei 9.394/1996); **IV:** verdadeira (art. 11, V, da Lei 9.394/1996); **V:** verdadeira (art. 10, II e VI, da Lei 9.394/1996).

Gabarito "A".

26. FILOSOFIA JURÍDICA, TEORIA GERAL DO DIREITO E HERMENÊUTICA

Renan Flumian

(Defensor Público – DPE/SC – 2017 – FCC) Para Max Weber, a legitimação da obediência corresponde a três tipos "puros" – "tradição", "carisma" e "legalidade". A "legalidade", é entendida como

(A) domínio do "dom da graça" dos poderosos.

(B) finalidade: reconhecer direitos naturais.

(C) domínio com base na repressão penal.

(D) fé nos estatutos legais e na competência baseada em regras.

(E) sinônimo de indiferença aos fatos.

Legalidade, segundo Max Weber, é a fé nos estatutos legais e na competência baseada em regras. RF
Gabarito "D".

(Defensor Público – DPE/SC – 2017 – FCC) Na obra "O Ordenamento Jurídico", Santi Romano sustenta que

(A) o direito traduz a pluralidade da natureza (naturalismo pluralista).

(B) cada instituição caracteriza um ordenamento distinto (pluralismo institucional).

(C) todo direito emana do Estado (monismo estatal).

(D) a ordem internacional forma o ordenamento jurídico (monismo institucional-internacional).

(E) ordenamento é o conjunto das normas postas (positivismo institucional).

A única assertiva correta é a "B", pois o autor defende que cada instituição caracteriza um ordenamento distinto (pluralismo institucional). Ou seja, o Direito, pondera Santi Romano, não deve ser considerado como um produto exclusivamente estatal, mas sim como um fenômeno verificável em todas as organizações sociais, as quais, como o próprio Estado, são verdadeiros centros de produção de normas, mesmo que não reconhecidas pelo direito estatal. Portanto, dentro de uma sociedade, um território específico, tem-se a coexistência de diversos ordenamentos jurídicos. RF
Gabarito "B".

(Defensor Público – DPE/SC – 2017 – FCC) A "Teoria do Ordenamento Jurídico", para Norberto Bobbio, implica que

(A) os princípios são tão importantes quanto as regras.

(B) o ordenamento jurídico regula o comportamento das pessoas e o modo de produção das regras.

(C) as fontes do direito brotam da natureza.

(D) o ordenamento jurídico regula apenas o comportamento das pessoas.

(E) o ordenamento jurídico regula apenas o modo de produção das regras.

O ordenamento jurídico, além de regular o comportamento das pessoas, regula também o modo pelo qual se devem produzir as regras. As normas de estrutura podem ser consideradas como as normas para a produção jurídica, ou seja, elas não regulam o comportamento, mas o modo de regular um comportamento. RF
Gabarito "B".

(Defensor Público – DPE/SC – 2017 – FCC) Tércio Sampaio Ferraz Jr. afirma que a "jurisprudência romana"

(A) tinha visão instrumental, premial e promocional do direito.

(B) ordenava os casos dentro de um sistema prévio de considerações vinculadas.

(C) tinha pretensões artísticas.

(D) levava a sério a atividade dos juristas como científica.

(E) tinha teorizações ligadas a práxis jurídica.

A jurisprudência romana, segundo o autor, tinha teorizações ligadas a práxis jurídica. O termo práxis diz respeito à prática. RF
Gabarito "E".

(Delegado/MT – 2017 – CESPE) Em dezembro de 2014, o prefeito de determinado município brasileiro recebeu do proprietário de um supermercado local, a título de presente de Natal, uma caixa de garrafas de champanhe francês, cujo valor total ultrapassava os R$ 20 mil. No entanto, no início do ano seguinte, o empresário, fazendo menção ao regalo, solicitou que o prefeito intercedesse em seu favor em disputa judicial cujo objeto era um terreno público no qual havia construído um galpão para a armazenagem de produtos.

Nessa situação hipotética, do ponto de vista ético, a atitude do prefeito em aceitar o presente

(A) foi condenável: o prefeito, ao receber o presente, comprometeu a lisura e a transparência, fundamentais aos atos da administração pública.

(B) só seria condenável se o prefeito intercedesse judicialmente em favor do empresário e a decisão judicial fosse benéfica ao interessado: o simples recebimento de presentes não é crime típico.

(C) não foi condenável: o Estado, ao enaltecer a confiança entre os membros da sociedade, considera a lealdade entre eles um valor superior e um fim moral.

(D) não foi condenável: mesmo aceitando o presente do empresário, o prefeito tem como compromisso atender às solicitações da comunidade em geral, desde que elas não sejam públicas.

(E) só seria condenável se o prefeito aceitasse interceder pelo empresário na disputa judicial: o recebimento de presentes e valores, por si só, não é crime típico.

A atitude do prefeito foi condenável, portanto, a assertiva a ser assinalada é "A". A lisura e transparência da administração pública foram comprometidas.
Gabarito "A".

(Delegado/MT – 2017 – CESPE) Um delegado de polícia descobriu uma quadrilha de tráfico internacional de pessoas cujos elementos perpetravam, comumente, ações cruéis, inclusive contra mulheres e crianças. Preso, o líder da associação criminosa recusou-se a declarar o paradeiro das pessoas sequestradas e escravizadas. Na ocasião, o delegado usou força física contra o criminoso, a fim de obter as informações necessárias para resgatar as vítimas.

Com referência a essa situação hipotética, analise as asserções a seguir.

I. De acordo com preceitos do campo ético, o delegado agiu equivocadamente, pois a sua ação para com o criminoso não obedeceu ao princípio da moralidade.

II. O agir moral, segundo princípios da ética moderna, traduz uma máxima que deve ser necessariamente universalizável.

A respeito dessas asserções, assinale a opção correta.

(A) As asserções I e II são proposições verdadeiras, e a II é uma justificativa da I.

(B) As asserções I e II são proposições verdadeiras, mas a II não é uma justificativa da I.

(C) A asserção I é uma proposição verdadeira, e a II é uma proposição falsa.

(D) A asserção I é uma proposição falsa, e a II é uma proposição verdadeira.

(E) As asserções I e II são proposições falsas.

A assertiva correta é "A" porque as duas proposições são verdadeiras e a II é uma justificativa da I. A ação do delegado é equivocada do ponto de vista dos preceitos do campo ético e isso porque o agir moral deve ser necessariamente universalizável. Uma ação correta por si só e que deve ser realizada por todos.
Gabarito "A".

(Delegado/MT – 2017 – CESPE) José, taxista, passa por dificuldades financeiras. Seu pai, doente, requer tratamento que a família não pode custear. Certo dia, tendo constatado que a mala esquecida por um passageiro em seu táxi estava repleta de dinheiro, José vislumbrou a possibilidade de ficar com o dinheiro e utilizá-lo no tratamento de seu pai. Após muito refletir, José chegou à conclusão de que o correto seria devolver o dinheiro a seu proprietário e levou a mala com o dinheiro à delegacia de polícia.

Nessa situação hipotética, a atitude de José de devolver o dinheiro

(A) remete à noção de justiça distributiva proposta por Aristóteles: a recompensa a cada indivíduo deve ser proporcional aos seus próprios méritos.

(B) refuta o valor da ação política proposta por Arendt: os atos individuais, coordenados aos dos outros membros da sociedade, têm potencial de transformação social.

(C) alinha-se ao pensamento kelseniano: o plano do dever ser é de natureza normativa e, nele, direito e moral se confundem.

(D) corrobora a assertiva hobbesiana: toda ação humana voluntária é determinada pelas emoções, que incluem o egoísmo como destaque.

(E) atende ao imperativo categórico kantiano: as escolhas que guiam as ações humanas devem seguir princípios universalizáveis.

Tal ação virtuosa está relacionada com o cumprimento do imperativo categórico kantiano. Categóricos são os imperativos que prescrevem uma ação boa por si mesma, por exemplo: "Você não deve mentir", e chamam-se assim porque são declarados por meio de um juízo categórico. Hipotéticos são aqueles que prescrevem uma ação boa para alcançar um certo fim, por exemplo: "Se você quer evitar ser condenado por falsidade, você não deve mentir", e chamam-se assim porque são declarados por meio de um juízo hipotético. O imperativo categórico é o superior critério do ético em geral, portanto, do direito e da moral. Em ambos aparece o imperativo categórico como critério de validade das máximas: por exemplo, nem no direito, nem na moral é concebível que alguém descumpra o contrato (*pacta sunt servanda*).
Gabarito "E".

(Delegado/MT – 2017 – CESPE) A definição filosófica de ato moral como um ato, sobretudo, de moderação, isto é, uma justa medida entre dois extremos, está relacionada ao pensamento ético de

(A) Aristóteles, pois ele afirma que a virtude é uma qualidade que se exprime na escolha do meio-termo entre a falta e o excesso.

(B) Platão, visto que, para ele, a virtude não é algo que possa ser ensinado, tampouco algo inato, mas, sim, um dom divino.

(C) Kant, já que, para ele, agir moralmente significa exercer a autonomia inerente ao homem, por meio do exercício da razão.

(D) Nietzsche, pois ele propõe que a moralidade e a equidade são meios inadequados para alcançar a felicidade.

(E) Foucault, já que, para ele, os números são os princípios de todas as coisas e estabelecem, assim, a medida da moralidade.

A mediania ou medida relativa que caracteriza a virtude é o justo meio, entendido como equilíbrio ou moderação entre dois extremos (excesso e escassez). A justiça (vontade racional) é o cálculo moderador que encontra o justo meio entre dois extremos. A ética aparece, assim, como a ciência da moderação e do equilíbrio, isto é, da prudência ou *phronesis*. *Hybris* é, conforme especificado pelos antigos, a falta de medida, a origem do vício por excesso ou por escassez. Em outras palavras, pode-se dizer que em Aristóteles, a justiça corresponde ao controle da *hybris*, tanto no excesso quanto na escassez. Coragem (virtude), por exemplo, é o justo meio entre a temeridade (excesso) e a covardia (escassez); amor (virtude) é o justo meio entre a possessão (excesso) e a indiferença (escassez); e assim em relação a todas as virtudes. Nesse sentido, a noção aristotélica de justiça tem algo a ver com a antiga noção de *diké*.
Gabarito "A".

(Delegado/MT – 2017 – CESPE) Um episódio ocorrido na Copa do Mundo de futebol de 2014 causou espanto na sociedade brasileira. Os torcedores japoneses, após uma partida de sua seleção, coletaram e ensacaram o lixo por eles produzido na arquibancada durante o jogo.

Considerando-se os fundamentos sociais da ética, a atitude dos torcedores japoneses acima descrita

(A) reflete o entendimento acerca da condição humana conforme o qual o homem se reconhece como indivíduo autônomo e livre, que não necessita da sociedade.

(B) remete ao modelo grego de comunidade política, segundo o qual o bem alcançado pela coletividade afeta positivamente todos os indivíduos.

(C) comprova a falibilidade da vontade geral, noção proposta por Rousseau para descrever a soma das vontades particulares com vistas ao interesse comum.

(D) corrobora, simbolicamente, o pensamento de Nietzsche ao questionar a moral tradicional, baseada na compaixão e no igualitarismo.

(E) ratifica os pressupostos hobbesianos, segundo os quais os interesses de determinados indivíduos se sobrepõem aos interesses coletivos.

A única assertiva correta em relação ao belo exemplo dos torcedores japoneses durante a Copa do Mundo de 2014, realizada no Brasil' é a "B", pois, sem dúvida, tal atitude remete ao modelo grego de comunidade política, onde o bem alcançado pela coletividade afeta positivamente todos os indivíduos. Na Grécia antiga, política era a arte de fazer o bem.
Gabarito "B".

(Delegado/MT – 2017 – CESPE) Pesquisas mostram que, no Brasil, ocorre, em média, um linchamento a cada dia; calcula-se que, nos últimos sessenta anos, um milhão de brasileiros participaram de atos dessa natureza. Sob a perspectiva da ética, é correto afirmar que a prática do linchamento

(A) deve ser superada mediante o estabelecimento, pelo poder político, de retribuição equivalente ao ato.

(B) deve ser tema de discussão de caráter educacional, com vistas à compreensão coletiva acerca de condutas sociais inadequadas.

(C) é legitimada pela teoria contratualista do século XVII, que considera o impulso de vingança inerente ao ser humano.

(D) é um ato eticamente aceitável: recorre-se a ele para atingir um fim legítimo, isto é, a reparação de injustiças.

(E) é juridicamente legitimada, por ser um costume arraigado na cultura brasileira desde o período colonial.

A única assertiva correta acerca dessa prática tenebrosa que é o linchamento é a "B". O tema deve ser tratado de forma educacional para que as pessoas desenvolvam uma compreensão coletiva acerca de condutas sociais inadequadas.
Gabarito "B".

27. Sociologia Jurídica

Renan Flumian

(Defensoria Pública da União – CESPE – 2015) Por ocasião de um grande evento nacional, muitos jovens criticaram a organização desse evento nas redes sociais e, por fim, também nessas redes, combinaram manifestações de rua em grandes cidades do Brasil. Durante essas manifestações, houve depredação de prédios públicos sem que se identificasse quem teria causado os prejuízos, mas ainda assim as forças de segurança pública detiveram alguns jovens e feriram outros tantos. A mídia realizou ampla cobertura, inclusive da ação das forças de repressão.

Com referência a essa situação hipotética e tendo por base o conceito de grupos sociais, julgue o item abaixo.

(1) Grupos que não tenham liderança organizada não podem ser considerados grupos sociais. Dessa forma, os problemas ocorridos nas citadas manifestações enquadram-se no conceito de turba e os que nelas cometeram infrações deverão ser responsabilizados individualmente.

1: errado, pois não é necessário ter liderança organizada para configuração de um grupo social.

Gabarito "1E."

(Defensoria Pública da União – CESPE – 2015) Em relação ao Estado e à sociedade, julgue o item a seguir.

(1) Além do controle sobre um território razoavelmente definido e do reconhecimento por outros Estados soberanos, são fontes de legitimidade do Estado contemporâneo a soberania popular e os direitos humanos.

1: certo, pois esses dois elementos são fundamentais para o Estado legitimar-se perante seus pares no cenário internacional. Tanto é assim que o art. 4º da CF determina que o Brasil rege-se nas suas relações internacionais pelos seguintes princípios, dentre outros: independência nacional, prevalência dos direitos humanos, autodeterminação dos povos, igualdade entre os Estados e cooperação entre os povos para o progresso da humanidade.

Gabarito "1C."

(Defensoria Pública da União – CESPE – 2015) Relativamente ao conceito de política pública, julgue o item abaixo.

(1) Define-se política pública como o programa de ação governamental que resulta de um processo ou conjunto de processos juridicamente regulados e que deve visar a realização de objetivos sociais relevantes, expressando a seleção de prioridades, a reserva de meios necessários à sua consecução e o intervalo de tempo para o atingimento dos resultados.

1: certo, a assertiva traz o conceito correto de política pública e por isso deve ser apontada como correta.

Gabarito "1C."

(Defensor Público –DPE/BA – 2016 – FCC) Considere os dois excertos a seguir:

I. (...) as sociedades de estamentos, em geral, apresentam uma mobilidade mínima, tanto horizontal quanto vertical. A sociedade colonial, ao contrário, configura uma sociedade estamental com grande mobilidade, e é essa conjunção surpreendente e mesmo paradoxal de clivagem com movimentação que marca a sua originalidade.

(NOVAIS, FERNANDO. "Condições da privacidade na colônia". In: MELLO e SOUZA, Laura (org). História da vida privada no Brasil, v. I: cotidiano e vida privada na América Portuguesa. São Paulo: Companhia das Letras, 1997. p. 30)

II. (...) cristalizaram-se na América Portuguesa múltiplas manifestações de religiosidade privada. A abundante diversidade (...) explica-se antes de mais nada, pela multiplicidade dos estoques culturais presentes desde os primórdios da conquista e ocupação do Novo Mundo, onde centenas de etnias indígenas e africanas prestavam culto a panteões os mais diversos.

(MOTT, LUIZ. Cotidiano e vivência religiosa: entre a capela e o calundu. In: MELLO e SOUZA, Laura (org.) História da vida privada no Brasil, v. I: cotidiano e vida privada na América Portuguesa. São Paulo: Companhia das Letras, 1997. p. 220)

A sociedade baiana no período colonial compartilha as características enfatizadas nos trechos acima. Os trechos I e II, referem- se, respectivamente, a

(A) relativa mobilidade social; e a densa formação de estoque cultural por meio da conquista.

(B) grande clivagem cultural; e a forte religiosidade no âmbito da vida privada.

(C) configuração estamental horizontal e vertical; e a singular unidade identitária.

(D) combinação ambígua de clivagem e mobilidade sociais; e a diversidade de cultos e crenças.

(E) equilibrada democracia social; e a cristalização de manifestações étnico-religiosas.

A assertiva "D" traz a correlação de características da sociedade baiana no período colonial corretamente.

Gabarito "D."

(Defensor Público –DPE/BA – 2016 – FCC) Considere o texto a seguir, publicado em um jornal baiano em 1905:

"Estamos na Costa da África? É o que se torna necessário ser averiguado pela polícia, porquanto se lá não estamos também de lá não nos separam grande distância os nossos costumes negreiros. E a prova é que, fechando ouvidos a repetidas queixas da imprensa e de particulares, a polícia consente que dentro da cidade, porque é no outeiro que o vulgo denominou de 'Cucuí', descendentes vadios de negros selvagens façam candomblés, todos os dias, à noite principalmente, incomodando com um bate-bate dos pecados o sono tranquilo da população. Já lá se foram os tempos dos 'feitiço' e dos 'candomblés', e porque atravessamos um século de largo progresso e ampla civilização, apelamos para a energia e a boa vontade, ainda não desmentidas, do sr.(...) subcomissário de polícia, certos de que s.s. porá ponto final na folia macabra dos negros desocupados do 'Cucuí'."

(Jornal A ORDEM. 21 out. 1905. p. 1, Apud SANTOS, Edmar Ferreira. O poder dos candomblés: perseguição e resistência no Recôncavo da Bahia. Salvador: EDUFBA, 2009. Disponível em: https://repositorio.ufba.br/ri/bitstream/ufba/179/1/O%20 poder%20dos%20candombles.pdf. Acesso em: 11 de julho de 2016)

A partir da leitura do texto acima, é correto afirmar que o autor desse texto

(A) usa expressões como "folia macabra" e "bate-bate dos pecados" para denunciar a prática do candomblé como uma seita pecaminosa, localizada em um lugar específico da cidade, a ser combatida pela polícia e pela Igreja.

(B) reclama que a prática do candomblé deva ser investigada para que se verifique a autenticidade das matrizes africanas desses "costumes negreiros", assumidos em seu texto como "nossos" mas supostamente originários da Costa da África.

(C) associa a prática do candomblé à vadiagem, apelando para um discurso celebrativo da ordem e do progresso e acusando a polícia de ser tolerante com esse costume que ameaçava a "população", da qual os negros, em seu texto, parecem excluídos.

(D) sugere que o candomblé é uma manifestação de selvageria ultrapassada, praticamente extinta uma vez que vem sendo combatida pela imprensa com êxito, de modo que "já lá se foram os tempos dos feitiço' e dos 'candomblés'."

(E) considera que a prática do candomblé representa um incômodo aos trabalhadores por ocorrer durante a noite, afirmando ainda que seus praticantes eram descendentes de negros vadios, por isso marginalizados pelo resto da população.

A única assertiva correta em relação ao texto apresentado pela questão é a "C".
Gabarito "C."

(Defensor Público –DPE/BA – 2016 – FCC) A Revolta dos Búzios

(A) pautou-se por bandeiras liberais, dentre as quais a abertura dos portos, a diminuição de impostos, a ampliação do direito à cidadania; tendo sido conduzida por soldados e alfaiates negros, inspirados pela Independência das Treze Colônias inglesas e a conquista do fim da escravidão obtida nesse episódio.

(B) iniciou-se em reuniões integradas por intelectuais e membros da elite baiana, como Cipriano Barata, que pregava a independência do Brasil nos mesmos moldes da Inconfidência Mineira, e foi rapidamente

disseminada entre a população escravizada, que a revestiu de uma pauta mais radical.

(C) foi organizada pela loja maçônica denominada Cavaleiros da Luz, em nome da igualdade racial e social, da democracia e dos fins dos privilégios da elite letrada, tendo sido rapidamente reprimida com a imputação da pena capital ao conjunto dos líderes e simpatizantes.

(D) contou com participação de escravizados, bem como profissionais liberais e militares de baixa patente, e pregava o fim da escravidão e a formação de uma República Bahiense, em parte inspirada nos ideias da Revolução Francesa e na experiência da Revolução Haitiana.

(E) ganhou rápida difusão por meio de panfletos distribuídos à população e do apoio de grande parte da imprensa à causa independentista e abolicionista, resultando em motim com ampla adesão de militares baianos, que resistiram belicamente até serem completamente derrotados.

A única assertiva que descreve corretamente a Revolta dos Búzios (ou Conjuração Baiana) é a "D".
Gabarito "D."

(Defensor Público –DPE/BA – 2016 – FCC) Fenômenos sociais como a Revolta de Canudos e o Cangaço, no Nordeste, são explicados historicamente por diversos fatores, tais como

(A) seca prolongada, a exploração do trabalho e a falta de perspectiva de futuro, motivos que levavam os sertanejos a lutarem por uma sociedade igualitária e democrática, objetivo das ações de ambos os movimentos.

(B) falência do coronelismo, em um momento em que esse tipo de poder era obrigado a ceder espaço às forças federais republicanas, que desestruturaram as elites locais e o sistema de apadrinhamento então vigente.

(C) crise econômica e política provocada pela queda do preço do açúcar no mercado internacional, acompanhada de migrações para o norte e da fuga de famílias inteiras que passaram a integrar bandos e comunidades religiosas, em busca de subsistência.

(D) crescente politização da população de baixar renda após as revoltas ocorridas durante o Segundo Reinado, repercutindo em levantes contra o Império, contra o mandonismo local e contra o catolicismo.

(E) miséria e descaso do poder público com as populações sertanejas, expostas à intensa violência de diversas ordens e atraídas por movimentos que prometiam condições de vida diferentes e/ou a sensação de proteção.

A única assertiva que traz corretamente as causas da Revolta de Canudos e do Cangaço é a "E".
Gabarito "E."

(Defensor Público –DPE/BA – 2016 – FCC) Considere o texto a seguir:

"(...) a especialização do escravo é determinada segundo as necessidades do mercado ou a boa vontade de seu senhor. Esta imensa possibilidade de transferência tem uma influência reguladora sobre o mercado, onde a demanda varia de acordo com a conjuntura e a concorrência. O escravo é, às vezes, simplesmente alugado (...). É possível alugá-lo ao dia, à semana, ao mês, ao ano ou por mais tempo."

(MATTOSO, Kátia de Queirós. Ser escravo no Brasil. Trad. São Paulo: Brasiliense, 3.ed, 1990, p. 141)

A descrição acima sinaliza uma forma de trabalho escravo

(A) disseminada no meio urbano, no meio rural e bastante usual quando se tratava de indígenas que, apesar de cidadãos livres perante a Coroa, se dispunham a suportar o cativeiro em troca de subsistência e da proteção da Igreja.

(B) rara nas cidades baianas, onde o escravo doméstico, fosse índio ou negro, era considerado um agregado da família que deveria ser fiel a seu dono, não sendo permitido a ele deixá-lo para prestar serviços a terceiros, prática mais comum na região Sudeste.

(C) típica de regiões de mineração, onde as flutuações de mercado eram maiores em função das eventuais descobertas de jazidas, sendo os escravos alforriados e transformados em trabalhadores livres, para que seus donos não tivessem obrigações com seu sustento.

(D) comum nas cidades, onde os escravos "de ganho" eram frequentes e representavam uma fonte de renda para seus senhores, que deles dispunham livremente alugando sua força de trabalho, se julgassem necessário ou oportuno.

(E) ocasional entre índios e negros escravizados nas regiões canavieiras, quando, durante os muitos meses de ócio nos períodos de entressafra, eram enviados a Salvador para aprenderem ofícios e venderem suas habilidades.

A única assertiva que traz a forma de trabalho escravo que foi descrito na questão é a "D".

Gabarito "D".

28. Direito do Trabalho

Hermes Cramacon

1. INTRODUÇÃO, FONTES E PRINCÍPIOS

(Procurador Município – Teresina/PI – FCC – 2022) Considerando a autonomia do Direito do Trabalho, no contexto dos ramos e disciplinas componentes do universo do Direito, em relação a suas fontes e seus princípios:

(A) O princípio do contrato-realidade determina que o operador jurídico, no exame das declarações volitivas, deve atentar mais ao envoltório formal do que à intenção dos agentes, porque a prática habitual não pode alterar o contrato pactuado.

(B) O princípio da norma mais favorável adquiriu respaldo constitucional na medida em que o artigo 7º, caput da Constituição Federal utilizou a expressão "além de outros que visem à melhoria de sua condição" ao elencar o rol dos direitos dos trabalhadores urbanos e rurais.

(C) As fontes formais heterogêneas do Direito do Trabalho, sob a perspectiva econômica, estão, regra geral, atadas à existência e evolução do sistema capitalista, advindo da Revolução Industrial, do século XVIII.

(D) Esse ramo jurídico especializado constitui-se das seguintes fontes materiais heterônomas: costumes; convenções coletivas de trabalho e acordos coletivos de trabalho.

(E) São consideradas fontes formais autônomas justrabalhistas os tratados e convenções internacionais favorecidos por ratificação e adesão internas e as sentenças normativas.

A: incorreta, pois por meio desse princípio, deve prevalecer a efetiva realidade dos fatos e não eventual forma construída em desacordo com a verdade. Isso porque vigora no Direito do Trabalho o chamado "contrato-realidade", no qual se ignora a disposição contratual para se examinar o que ocorre efetivamente. B: correta, pois a proteção trazida pelo princípio da norma mais favorável vem estampada no art. 7º, caput, da CF. C: incorreta, pois fontes formais heterônomas decorrem da atividade normativa do Estado. D: incorreta, pois as fontes materiais constituem o momento pré-jurídico da norma, ou seja, a norma ainda não positivada. E: incorreta, pois as fontes formais autônomas se caracterizam por serem formadas com a participação imediata dos próprios destinatários da norma jurídica sem a interferência do Estado. **HC**
Gabarito "B".

(Procurador Município – Santos/SP – VUNESP – 2021) Assinale a alternativa contrária ao princípio do Direito do Trabalho.

(A) Alterabilidade contratual lesiva.

(B) In dubio pro operaria.

(C) Primazia da realidade.

(D) Intangibilidade salarial.

(E) Proteção.

A: No Direito do Trabalho vigora o princípio da inalterabilidade contratual lesiva que consiste na vedação de qualquer alteração contratual lesiva ao empregado, ainda que com seu consentimento. Veja art. 468 da CLT. B: o princípio in dubio pro operaria ensina que uma norma jurídica que admita diversas interpretações deverá ser interpretada da maneira que mais favorecer o empregado, ou seja, havendo dúvida quanto à interpretação da norma, deverá ser interpretada de maneira mais vantajosa para o trabalhador. C: O princípio da primazia da realidade ensina que deve prevalecer a efetiva realidade dos fatos e não eventual forma construída em desacordo com a verdade. Havendo desacordo entre o que na verdade acontece com o que consta dos documentos, deverá prevalecer a realidade dos fatos. D: O princípio da intangibilidade salarial vem estampado no art. 462 da CLT, que determina a proibição do empregador de efetuar descontos no salário do empregado, o qual deve receber seu salário de forma integral. Apenas será permitido o desconto se resultar de adiantamento, de dispositivos de lei (Lei 10.820/2003) ou de contrato coletivo. E: O princípio da proteção tem por escopo atribuir uma proteção maior ao empregado, parte hipossuficiente da relação jurídica laboral. **HC**
Gabarito "A".

(Procurador do Estado/SP – 2018 – VUNESP) Em relação aos princípios aplicáveis ao Direito do Trabalho, assinale a alternativa correta.

(A) Havendo a coexistência de dois regulamentos de empresa, a opção do empregado por um deles, com prejuízo às regras do sistema do outro, não afronta o princípio da irrenunciabilidade.

(B) Não fere o princípio da isonomia condicionar o recebimento de participação nos lucros e resultados ao fato de estar o contrato de trabalho em vigor na data prevista para a distribuição dos lucros. Por conseguinte, é lícito negar o pagamento proporcional aos meses trabalhados em caso de rescisão contratual ocorrida durante o período de apuração do benefício.

(C) A contribuição confederativa de que trata o art. 8º, inciso IV, da Constituição da República, é exigível de todos os integrantes da categoria profissional. Por essa razão, seu desconto pode ser feito, independentemente de filiação sindical, não havendo que se falar, nesse caso, em violação ao princípio da intangibilidade salarial.

(D) O princípio da inalterabilidade contratual *in pejus* (art. 468 da Consolidação das Leis do Trabalho) assegura ao empregado ocupante de função de confiança o direito à manutenção da gratificação correspondente após a reversão ao emprego efetivo, independentemente da existência de justo motivo a fundamentar tal reversão.

(E) Por força do princípio da primazia da realidade, a contratação irregular de trabalhador, mediante empresa interposta, gera vínculo de emprego com os órgãos da Administração Pública direta, das autarquias, fundações públicas ou empresas estatais.

A: opção correta, pois nos termos da súmula 51, II, do TST, "havendo a coexistência de dois regulamentos da empresa, a opção do empregado por um deles tem efeito jurídico de renúncia às regras do sistema do outro"; B: opção incorreta, pois nos termos da súmula 451 do TST, "fere o princípio da isonomia instituir vantagem mediante acordo coletivo ou norma regulamentar que condiciona a percepção da parcela participação nos lucros e resultados ao fato de estar o contrato de trabalho em vigor na data prevista para a distribuição dos lucros"; **C**: opção incorreta, pois o art. 578 da CLT ensina que "as contribuições devidas aos sindicatos pelos participantes das categorias econômicas ou profissionais ou das profissões liberais representadas pelas referidas entidades serão, sob a denominação de contribuição sindical, pagas, recolhidas e aplicadas na forma estabelecida neste Capítulo, desde que prévia e expressamente autorizadas". Ademais, nos termos da OJ 17 da SDC do TST "as cláusulas coletivas que estabeleçam contribuição em favor de entidade sindical, a qualquer título, obrigando trabalhadores não sindicalizados, são ofensivas ao direito de livre associação e sindicalização, constitucionalmente assegurado, e, portanto, nulas, sendo passíveis de devolução, por via própria, os respectivos valores eventualmente descontados". Veja, também o PN 119 do TST. **D**: opção incorreta, pois nos termos do art. 468, § 2º, da CLT a alteração, com ou sem justo motivo, não assegura ao empregado o direito à manutenção do pagamento da gratificação correspondente, que não será incorporada, independentemente do tempo de exercício da respectiva função. **E**: opção incorreta, pois nos termos da súmula 331, II, do TST, "a contratação irregular de trabalhador, mediante empresa interposta, não gera vínculo de emprego com os órgãos da Administração Pública direta, indireta ou fundacional, em razão da ausência de concurso público. (art. 37, II, da CF/1988)". Importante lembrar o atual entendimento do STF no julgamento no ARE 1018459 (Tema 935 da Repercussão Geral), pela constitucionalidade das chamadas contribuições assistenciais, respeitado o direito de oposição, faculta a trabalhadores e sindicatos instrumento capaz de recompor a autonomia financeira do sistema sindical, concretizando o direito à representação sindical sem, ao mesmo tempo, ferir a liberdade sindical de associação. **HC**

Gabarito "A".

2. CONTRATO INDIVIDUAL DE TRABALHO E ESPÉCIES DE EMPREGADOS E TRABALHADORES

(Procurador/DF – CESPE – 2022) Julgue os itens a seguir, acerca de grupos econômicos e da sucessão de empregadores.

(1) Uma vez caracterizada a sucessão trabalhista, apenas a empresa sucessora responderá pelos débitos de natureza trabalhista, podendo-se acionar a empresa sucedida somente se for comprovada fraude na operação societária que tiver transferido as atividades e os contratos de trabalho.

(2) Para a justiça do trabalho, a mera identidade de sócios é suficiente para configurar a existência de grupo econômico.

(3) Configurado o grupo econômico, as empresas que o constituírem responderão subsidiariamente pelas obrigações decorrentes das relações de emprego.

1: correto, pois nos termos do art. 448-A, parágrafo único, CLT a empresa sucedida responderá solidariamente com a sucessora quando ficar comprovada fraude na transferência. 2: incorreta, pois nos termos do art. 2º, § 3º, CLT não caracteriza grupo econômico a mera identidade de sócios, sendo necessárias, para a configuração do grupo, a demonstração do interesse integrado, a efetiva comunhão de interesses e a atuação conjunta das empresas que os integrantes. 3: incorreto, pois nos termos do art. 2º, § 2º, da CLT a responsabilidade será solidária. **HC**

Gabarito 1C, 2E, 3E

(Procurador Município – Teresina/PI – FCC – 2022) Em relação às normas contidas na Consolidação das Leis do Trabalho relacionadas a identificação profissional e a Carteira de Trabalho e Previdência Social (CTPS),

(A) a CTPS terá como identificação única do empregado o número de inscrição no Cadastro de Pessoas Físicas (CPF), sendo que a comunicação pelo trabalhador do número de inscrição no CPF ao empregador equivale à apresentação da CTPS em meio digital, dispensado o empregador da emissão de recibo.

(B) é vedado ao empregador efetuar anotações desabonadoras à conduta do empregado em sua CTPS, salvo quanto ao motivo ensejador da dispensa por justa causa.

(C) nas localidades onde não for emitida a CTPS, poderá ser admitido, até 30 dias, o exercício de emprego por quem não a possua, ficando a empresa obrigada a permitir o comparecimento do empregado ao posto de emissão mais próximo.

(D) a CTPS será emitida pelas Delegacias Regionais do Trabalho ou, mediante convênio, pelos sindicatos para o mesmo fim.

(E) o empregador terá o prazo de 48 horas para anotar na CTPS, em relação aos trabalhadores que admitir, a data de admissão, a remuneração e as condições especiais, se houver.

A: correta, pois reflete a disposição do art. 16 da CLT em conjunto com o art. 29, § 6º, da CLT. B: incorreto, pois ainda que por justa causa nos termos do art. 29, § 4º, da CLT é vedado ao empregador efetuar anotações desabonadoras à conduta do empregado em sua Carteira de Trabalho e Previdência Social. C: incorreta, pois tal regra que era existente no § 3º do art. 13 da CLT foi revogado pela Lei 13.874/2019. D: incorreta, pois nos termos do art. 14, caput, da CLT a CTPS será emitida pelo Ministério da Economia (atual Ministério do Trabalho e Previdência) preferencialmente em meio eletrônico. Contudo, nos termos dos incisos II do mesmo artigo 14 poderá ser emitida, mediante convênio, por órgãos federais, estaduais e municipais da administração direta ou indireta ou, ainda, nos termos do inciso III do art. 14 da CLT mediante convênio com serviços notariais e de registro, sem custos para a administração, garantidas as condições de segurança das informações. E: incorreto, pois o prazo será de 5 dias úteis, art. 29 da CLT. **HC**

Gabarito "A".

(Procurador do Município – S.J. Rio Preto/SP – 2019 – VUNESP) Com o intuito de contribuir para o aprendizado dos alunos de uma escola da rede pública municipal, Sherazade oferece, gratuitamente, seus serviços como "contadora de histórias para crianças". A Diretora da escola aceita a proposta, especificando os dias da semana em que o trabalho deverá ser desenvolvido, bem como algumas diretrizes a serem observadas pela ofertante. Depois de cinco anos atuando como "contadora de histórias" na escola municipal, Sherazade propõe reclamação trabalhista em face do Município, solicitando o reconhecimento de vínculo empregatício. O Procurador Municipal incumbido de elaborar a respectiva contestação deverá sustentar que a alegada relação de trabalho jamais existiu porque não caracterizados os seguintes elementos indispensáveis à configuração do vínculo empregatício:

(A) pessoalidade e não eventualidade.

(B) subordinação e pessoalidade.

(C) onerosidade e subordinação.

(D) não eventualidade e instrumento contratual.

(E) instrumento contratual e subordinação.

C" é a opção correta. Isso porque, os requisitos da relação de emprego que são: subordinação, onerosidade, pessoa física, pessoalidade e não habitualidade estão dispostos nos arts. 2º e 3º da CLT. No caso em análise estão ausentes os requisitos da onerosidade, tendo em vista que o trabalho era voluntário. O requisito da subordinação também está ausente, pois embora haja uma suposta ideia de subordinação no trabalho voluntariado, no que diz respeito ao que vai ou não ser feito ou dias que será realizado, não é capaz de caracterizar a subordinação prevista para reconhecimento de vínculo de emprego. No trabalho voluntário a subordinação se limita a orientações gerais e diretrizes. HC

Gabarito "C".

(Procurador do Estado/SP – 2018 – VUNESP) Em relação à nova disciplina legal da prestação de serviços a terceiros, é correto afirmar:

(A) considera-se prestação de serviços a terceiros a transferência feita pela contratante da execução de suas atividades a pessoa jurídica de direito privado, prestadora de serviços, que possua capacidade econômica compatível com a sua execução, sendo vedada, contudo, a transferência da execução da atividade principal da empresa contratante.

(B) a Lei n. 6.019, de 3 de janeiro de 1974, é omissa no estabelecimento de período de proibição ("quarentena") aplicável ao empregado demitido pela empresa contratante; por conseguinte, é permitido que esse trabalhador, imediatamente, volte a prestar serviços à mesma empresa, na qualidade de empregado de empresa prestadora de serviços.

(C) a empresa contratante é solidariamente responsável pelas obrigações trabalhistas referentes ao período em que ocorrer a prestação de serviços.

(D) aos empregados da empresa prestadora de serviços, são asseguradas as mesmas condições relativas à alimentação oferecida em refeitórios aos empregados da empresa contratante, quando e enquanto os serviços forem executados nas dependências da tomadora.

(E) a empresa prestadora de serviços contrata e remunera o trabalho realizado por seus trabalhadores; a direção do trabalho de tais empregados, entretanto, é realizada pela empresa contratante dos serviços.

A: opção incorreta, pois nos termos do art. 4º-A da Lei 6.019/1974, "considera-se prestação de serviços a terceiros a transferência feita pela contratante da execução de quaisquer de suas atividades, inclusive sua atividade principal, à pessoa jurídica de direito privado prestadora de serviços que possua capacidade econômica compatível com a sua execução". B: opção incorreta, pois nos termos do art. 5º D da Lei 6.019/1974, "o empregado que for demitido não poderá prestar serviços para esta mesma empresa na qualidade de empregado de empresa prestadora de serviços antes do decurso de prazo de dezoito meses, contados a partir da demissão do empregado". C: opção incorreta, pois nos termos do art. 5º-A, § 5º, da Lei 6.019/1974, "a empresa contratante é subsidiariamente responsável pelas obrigações trabalhistas referentes ao período em que ocorrer a prestação de serviços". D: opção correta, pois reflete a disposição contida no art. 4º-C, I, a, da Lei 6.019/1974. E: opção incorreta, pois nos termos do art. 4º-A, § 1º, da Lei 6.019/1974, a empresa prestadora de serviços contrata, remunera e dirige o trabalho realizado por seus trabalhadores, ou subcontrata outras empresas para realização desses serviços". HC

Gabarito "D".

(Procurador do Estado – PGE/RS – Fundatec – 2015) Para se distinguir entre as diversas relações de trabalho, a relação de emprego deverá apresentar as seguintes características: pessoalidade, onerosidade, não eventualidade e subordinação. Quanto a essas características, analise as assertivas abaixo:

I. A relação de emprego é sempre *intuitu personae*, tanto em relação ao empregado quanto ao empregador.

II. Como corolário da pessoalidade, é possível afirmar que a relação de emprego encerra obrigação infungível, personalíssima e intransferível quanto ao empregado, não podendo ser efetuada, na mesma relação jurídica, por pessoa diferente daquela que a contraiu.

III. A não eventualidade manifesta-se pela relação do serviço prestado pelo trabalhador e a atividade empreendida pelo tomador dos serviços. Em outras palavras, serviço não eventual é o serviço essencial para o empregador, pois, sem ele, este não conseguiria desenvolver o seu fim empresarial.

Quais estão corretas?

(A) Apenas I.

(B) Apenas III.

(C) Apenas I e II.

(D) Apenas I e III.

(E) Apenas II e III.

I: incorreta, pois a relação de trabalho é *intuito personae* com relação ao empregado, que não pode fazer-se substituir por outro, requisito da pessoalidade; II: correta, pois o requisito da pessoalidade ensina que o empregado deve prestar pessoalmente os serviços, não podendo fazer-se substituir por outra pessoa. O trabalho deve ser exercido pelo próprio trabalhador, em razão de suas qualificações profissionais e pessoais, por isso diz-se que o contrato de trabalho é "*intuitu personae*" ou personalíssimo; III: correta, pois o empregado presta serviços de maneira contínua, não eventual. O trabalho deve ser contínuo, sem o qual o empregador não consegue desenvolver sua atividade empresarial. HC

Gabarito "E".

(Procurador do Estado/PR – 2015 – PUC-PR) Em relação aos contratos de trabalho celebrados com a Administração Pública sem concurso público após a Constituição Federal de 1988, é **CORRETO** afirmar:

(A) Considerando o princípio da primazia da realidade, o contrato de trabalho, inclusive os celebrados para empregos em comissão, é válido para todos os efeitos jurídicos, independentemente da responsabilidade do administrador público.

(B) O contrato é nulo, sem que se possa reconhecer qualquer direito ao trabalhador.

(C) O contrato é anulável, sendo devidos todos os direitos ao trabalhador até o trânsito em julgado da decisão que reconhecer a irregularidade.

(D) Considerando as Convenções da OIT ratificadas pelo Brasil, o contrato de trabalho é válido e é garantido ao trabalhador o rol de direitos elencados na Constituição Federal.

(E) O contrato de trabalho é nulo, somente conferindo ao trabalhador direito ao pagamento da contraprestação pactuada, em relação ao número de horas trabalhadas, respeitado o valor da hora do salário mínimo, e dos valores referentes aos depósitos do FGTS.

892   HERMES CRAMACON

"E" é a opção correta. Isso porque, de acordo com a Súmula 363 do TST a contratação de servidor público, após a CF/1988, sem prévia aprovação em concurso público, encontra óbice no art. 37, II e § 2º, somente lhe conferindo direito ao pagamento da contraprestação pactuada, em relação ao número de horas trabalhadas, respeitado o valor da hora do salário mínimo, e dos valores referentes aos depósitos do FGTS.

Gabarito "E".

3. CONTRATO DE TRABALHO COM PRAZO DETERMINADO

(Procurador Município – Teresina/PI – FCC – 2022) Quanto ao aspecto do prazo nos contratos individuais de trabalho, com exceção do contrato de trabalho intermitente, conforme normas contidas na Consolidação das Leis do Trabalho,

- **(A)** o contrato de experiência não poderá ultrapassar 60 dias, podendo ser estipulado por até 2 períodos de 30 dias cada um.
- **(B)** a rescisão sem justa causa de forma antecipada para o contrato por prazo determinado não gera o pagamento de indenização por falta de previsão legal.
- **(C)** o contrato por prazo determinado poderá ser firmado por mero ajuste de vontade das partes, independentemente de sua finalidade.
- **(D)** os contratos por prazo determinado poderão ser firmados por no máximo 3 anos, sendo possíveis duas prorrogações dentro desse prazo.
- **(E)** a determinação do prazo constituiu-se em exceção legal, válida apenas nas hipóteses legalmente previstas, em conformidade com o princípio da continuidade da relação de emprego.

A: incorreta, pois nos termos do art. 445, parágrafo único, CLT o contrato de experiência não poderá ultrapassar 90 dias. B: incorreto, pois nos termos do art. 479 da CLT nos contratos que tenham termo estipulado, o empregador que, sem justa causa, despedir o empregado será obrigado a pagar-lhe, a título de indenização, e por metade, a remuneração a que teria direito até o termo do contrato. Já se for o empregado que der causa a rescisão antecipada, o art. 480 da CLT ensina que será obrigado a indenizar o empregador dos prejuízos que desse fato lhe resultarem. C: incorreta, pois pela CLT os contratos com prazo determinado apenas poderão ser celebrados nas hipóteses previstas no art. 443, § 2º, da CLT. D: incorreto, pois nos termos do art. 445 da CLT o contrato de trabalho por prazo determinado não poderá ser estipulado por mais de 2 (dois) anos, podendo ser prorrogado uma única vez, na forma do art. 451 da CLT. E: correta, pois Princípio da continuidade da relação de emprego tem por objetivo preservar o contrato de trabalho, presumindo a contratação por prazo indeterminado, sendo a exceção o contrato com prazo determinado. **HC**

Gabarito "E".

(Procurador – IPSMI/SP – VUNESP – 2016) Nos contratos de trabalho por prazo determinado,

- **(A)** aplica-se o aviso-prévio em favor do empregado, na hipótese de despedida antes do termo final, se houver cláusula assecuratória do direito recíproco de rescisão antecipada.
- **(B)** o aviso-prévio não poderá ser aplicado, pois não é compatível com referida modalidade contratual, não se admitindo cláusula em contrário.
- **(C)** não se admite o gozo de férias, as quais serão indenizadas por ocasião do termo final.

- **(D)** o seguro-desemprego será devido ao empregado, desde que o período contratual não seja inferior a seis meses.
- **(E)** a prorrogação pode ocorrer em, no máximo, duas oportunidades, desde que não ultrapasse o período de dois anos.

A: opção correta, pois nos termos do art. 481 da CLT qualquer que seja o tipo de contrato com prazo determinado previsto na CLT havendo a cláusula assecuratória ao direito recíproco de rescisão serão aplicados os princípios que regem a rescisão dos contratos por prazo indeterminado, inclusive com a percepção de aviso-prévio. Veja Súmula 163 do TST. **B:** opção incorreta. Veja comentário anterior. **C:** opção incorreta, pois aos empregados submetidos ao contrato com prazo determinado, são assegurados os mesmos direitos que o empregado com contrato por prazo indeterminado. **D:** opção incorreta, pois não é devido Seguro Desemprego, tendo em vista que as partes já estão cientes da data do término do contrato de trabalho. **E:** opção incorreta, pois a prorrogação pode ocorrer apenas uma única vez e não poderá exceder 2 anos, sob pena de ser considerado contrato com prazo indeterminado, art. 451 da CLT.

Gabarito "A".

4. TRABALHO DA MULHER E DO MENOR

(Procurador do Estado – PGE/RN – FCC – 2014) Iara Delfina, de 16 anos, foi contratada como operadora de bomba de gasolina no Posto Mata Estrela, dirigido por seu pai e que se situa a 50 quilômetros de Natal, cidade onde reside. A empregadora, cuidadosa no pagamento de suas obrigações trabalhistas decorrentes da legislação, remunera Iara corretamente, a qual recebe mensalmente salário, horas extras, adicional de periculosidade, além de conceder-lhe vale-transporte e auxílio-refeição, conforme determina a convenção coletiva da categoria. Considerados os fatos narrados, o trabalho prestado por Iara, à luz da Consolidação das Leis do Trabalho e da Constituição da República, é:

- **(A)** permitido porque o Posto Mata Estrela é dirigido pelo pai de Iara.
- **(B)** permitido porque Iara já atingiu a idade de 16 anos completos.
- **(C)** proibido porque Iara exerce trabalho em condições de periculosidade.
- **(D)** permitido porque a Constituição da República se sobrepõe à CLT e fomenta o dever social à profissionalização.
- **(E)** proibido porque Iara não é aprendiz, hipótese autorizadora do trabalho descrito.

"C" é a opção correta. Isso porque o art. 7º, XXXIII, CF ensina ser proibido o trabalho noturno, perigoso ou insalubre a menores de dezoito e de qualquer trabalho a menores de dezesseis anos, salvo na condição de aprendiz, a partir de quatorze anos. **HC**

Gabarito "C".

(Procurador do Estado/BA – 2014 – CESPE) Julgue o seguinte item.

- **(1)** Pode ser exigido da mulher, para a admissão ou para a permanência no emprego, atestado ou exame de qualquer natureza para a comprovação de esterilidade ou de gravidez, dado o direito do empregador de ser informado da situação da mulher para eventual concessão de benefícios relacionados à condição de gravidez.

1: Opção incorreta, pois objetivando corrigir as distorções que afetam o acesso da mulher ao mercado de trabalho e certas especificidades estabelecidas nos acordos trabalhistas, nos termos do art. 373-A, IV, da CLT é vedado ao empregador exigir atestado ou exame, de qualquer natureza, para comprovação de esterilidade ou gravidez, na admissão ou permanência no emprego.

Gabarito "1E."

5. ALTERAÇÃO, INTERRUPÇÃO E SUSPENSÃO DO CONTRATO DE TRABALHO

(Procurador Município – Teresina/PI – FCC – 2022) Em relação a situações de alteração, suspensão e interrupção que podem afetar os contratos individuais do trabalho, conforme previsão doutrinária, legal e sumulada pelo TST,

(A) as cláusulas regulamentares, que revoguem ou alterem vantagens deferidas anteriormente, atingirão todos os empregados, não caracterizando alteração contratual ilícita por decorrerem do exercício do poder de direção do empregador.

(B) havendo necessidade de serviço, o empregador poderá transferir o empregado para município diverso do que foi contratado, devendo pagar adicional, não inferior a 20% dos salários que o empregado recebia, até o término do contrato.

(C) a aposentadoria por invalidez, sendo o trabalhador considerado incapacitado para trabalhar é considerada como modalidade de suspensão.

(D) o afastamento previdenciário por motivo de doença, a partir do 16º dia, denominado auxílio-doença, é caso de interrupção.

(E) o afastamento do empregado por um dia, em cada 12 meses de trabalho, em caso de doação voluntária de sangue devidamente comprovada é caso de suspensão.

A: incorreta, pois nos termos da súmula 51, I, TST as cláusulas regulamentares, que revoguem ou alterem vantagens deferidas anteriormente, só atingirão os trabalhadores admitidos após a revogação ou alteração do regulamento. B: incorreta, pois nos termos do art. 469, § 3º, CLT em caso de necessidade de serviço o empregador poderá transferir o empregado para localidade diversa da que resultar do contrato, não obstante as restrições do artigo anterior, mas, nesse caso, ficará obrigado a um pagamento suplementar, nunca inferior a 25% (vinte e cinco por cento) dos salários que o empregado percebia naquela localidade, enquanto durar essa situação. C: correta, pois nos termos do art. 475 da CLT o empregado que for aposentado por invalidez terá suspenso o seu contrato de trabalho durante o prazo fixado pelas leis de previdência social para a efetivação do benefício. D: incorreta, pois trata-se de hipótese de suspensão do contrato de trabalho. E: incorreta, pois tal afastamento, nos termos do art. 473, IV. Da CLT trata-se de uma hipótese de interrupção do contrato de trabalho. **HC**

Gabarito "C."

(Procurador do Município – S.J. Rio Preto/SP – 2019 – VUNESP) A respeito do denominado *jus variandi*, é correto afirmar que

(A) confere ao empregador o direito de transferir o empregado que exerce função de confiança para localidade diversa da que consta do contrato.

(B) decorre diretamente do princípio *pacta sunt servanda*, que rege os contratos de trabalho.

(C) garante ao empregado o direito de alterar a data fixada para suas férias.

(D) confere ao empregador o direito de alterar a jornada de trabalho dos empregados, desde que respeitado o direito adquirido à percepção de adicional noturno.

(E) não se aplica aos contratos de trabalho firmados pela Administração Pública.

A: correta, pois nos termos do art. 469, § 1º, da CLT a transferência pode ocorrer de forma unilateral pelo empregador, ou seja, sem o consentimento do obreiro, nos casos em que o empregado exerçam cargo de confiança, isto é, aqueles que exerçam amplos poderes de mando, de modo a representarem a empresa nos atos de sua administração. B: incorreta, pois o princípio *pacta sunt servanda*, aplicável aos contratos de trabalho de forma atenuada, estabelece que o contrato deve ser executado pelas partes nos termos ajustados, ou seja, os contratos devem ser rigorosamente observados e cumpridos, vez que fazem lei entre as partes. C: incorreta, pois de acordo com o art. 136 da CLT a época da concessão das férias será a que melhor consulte os interesses do empregador. D: incorreta, pois o adicional noturno (art. 73 CLT) será concedido somente enquanto o obreiro laborar no período noturno. Trata-se de modalidade conhecida de salário condição. Veja súmula 265 TST. E: incorreta, pois uma vez celebrado contrato de trabalho (normas celetistas) o *jus variandi* se aplica também à administração Pública. **HC**

Gabarito "A."

(Procurador – IPSMI/SP – VUNESP – 2016) Nos termos da Consolidação das Leis do Trabalho, a mudança na propriedade ou estrutura jurídica da empresa

(A) poderá afetar os direitos adquiridos pelos empregados, se houver previsão em lei municipal.

(B) poderá acarretar a extinção automática dos contratos de trabalho mantidos com o sucedido.

(C) não afetará os contratos de trabalho dos respectivos empregados.

(D) importará a celebração de novos contratos de trabalho com os empregados do sucedido.

(E) assegurará o direito de rescisão indireta dos contratos de trabalho aos empregados do sucedido.

A: opção incorreta, pois nos termos do art. 10 da CLT qualquer alteração na estrutura jurídica da empresa não afetará os direitos adquiridos por seus empregados. B: opção incorreta, pois nos termos do art. 448 da CLT a mudança não afetará os contratos de trabalho. C: opção correta, pois reflete a disposição do art. 448 da CLT. D: opção incorreta, art. 448 CLT. E: opção incorreta, Veja comentários anteriores.

Gabarito "C."

(Procurador Municipal/SP – VUNESP – 2016) Determinado empregado começa a trabalhar no dia 01.02.2010, com remuneração no valor de R$ 1.000,00 (um mil reais). Em 01.05.2012, é dispensado imotivadamente sem ter gozado nenhum período de férias. Durante o contrato de trabalho, seu salário sofreu os seguintes reajustes: em 01.07.2010, passou para R$ 1.100,00; em 01.02.2011, passou para R$ 1.200,00; em 01.07.2011, passou para R$ 1.500,00 e, em 01.02.2012, passou para R$ 1.700,00. Diante disso, e dos termos da Súmula 7 do TST, é correto afirmar que a indenização do primeiro período de férias vencidas e não gozadas deve ser calculada com base em

(A) R$ 1.000,00.

(B) R$ 1.100,00.

(C) R$ 1.200,00.

(D) R$ 1.500,00.

(E) R$ 1.700,00.

"E" é a opção correta. Isso porque os termos da súmula 7 do TST a indenização pelo não deferimento das férias no tempo oportuno será calculada com base na remuneração devida ao empregado na época da reclamação ou, se for o caso, na da extinção do contrato.

Gabarito "E".

(Procurador do Estado – PGE/MT – FCC – 2016) Sócrates é professor de Matemática na Escola Sol Nascente, contratado pelo regime da Consolidação das Leis do Trabalho. Celebrado o contrato de trabalho, foi prevista uma carga horária de 40 horas-aula semanais, com valor R$ 20,00 por hora--aula. Em virtude da diminuição do número de alunos, a direção da escola reduz a carga horária de Sócrates para 20 horas semanais, sem consultar o empregado, mantendo o valor pago por hora-aula. Levando-se em conta a legislação vigente e orientação jurisprudencial da SDI-1 do Tribunal Superior do Trabalho,

(A) é lícita esta alteração contratual com redução de carga horária uma vez que o empregador, mesmo sem o consentimento do empregado, sempre pode alterar as cláusulas do contrato de trabalho, por ser detentor do *jus variandi*.

(B) não se trata na hipótese de alteração contratual, uma vez que a redução de carga horária em decorrência da redução do número de alunos não implica alteração contratual, já que não acarretou redução do valor da hora-aula.

(C) é ilícita esta redução de carga horária, uma vez que o único requisito de toda alteração contratual perpetrada pelo empregador é o mútuo consentimento entre ele e o empregado.

(D) é ilícita esta alteração contratual uma vez que o empregado terá reduzida a sua remuneração mensal, o que só é permitida mediante acordo ou convenção coletiva, conforme previsão na Constituição Federal de 1988.

(E) é ilícita esta redução de carga horária, uma vez que o empregador deve assumir os riscos do negócio, não sendo possível transferir ao empregado o prejuízo causado pela redução do número de alunos, que deve ser suportado por ele.

"B" é a resposta correta. Isso porque, nos termos da OJ 244 da SDI 1 do TST, a redução da carga horária do professor, em virtude da diminuição do número de alunos, não constitui alteração contratual, uma vez que não implica redução do valor da hora-aula. **HC**

Gabarito "B".

(Defensoria Pública da União – CESPE – 2015) Julgue os itens a seguir, referentes a alteração, suspensão, interrupção e rescisão do contrato de trabalho.

(1) Quando o empregado suspende a execução dos serviços para a empresa na qual trabalha, mas continua percebendo normalmente sua remuneração, ocorre interrupção do contrato de trabalho.

(2) Se uma mulher vítima de violência doméstica for afastada temporariamente do local de trabalho, pelo juízo competente, visando preservar a manutenção do vínculo trabalhista e resguardar sua integridade física

e psicológica, essa situação configurará hipótese de suspensão do contrato de trabalho.

(3) Caso um empregado se afaste do emprego devido à investidura em mandato eletivo e ao efetivo exercício desse mandato, essa hipótese não constituirá motivo para rescisão do contrato de trabalho por parte do empregador.

(4) O TST tem admitido a supressão do adicional noturno quando o empregador transfere, por mútuo consentimento, o empregado do horário noturno para o período diurno.

1: assertiva correta, pois na interrupção ocorre a não produção dos efeitos de forma unilateral, ou seja, apenas para uma parte do contrato de trabalho. Assim, na interrupção somente o trabalhador irá deixar de trabalhar, devendo o empregador continuar a pagar os salários do obreiro. Na interrupção do contrato de trabalho, o empregado suspende a prestação de serviços, mas continua recebendo a remuneração pelo empregador. **2:** assertiva correta, pois o art. 9º, § 2º, II, da Lei 11.340/2006 ensina que quando necessário o afastamento do local de trabalho, o juiz poderá assegurar a mulher vítima de violência a manutenção do vínculo trabalhista, por até seis meses. Contudo, a lei não determina a obrigatoriedade no pagamento do salário, o que faz configurar hipótese de suspensão do contrato de trabalho. **3:** assertiva correta, pois nos termos do art. 472 da CLT o afastamento do empregado em virtude das exigências do serviço militar, ou de outro encargo público, não constituirá motivo para alteração ou rescisão do contrato de trabalho por parte do empregador. **4:** assertiva correta, pois nos termos da súmula 265 do TST a transferência para o período diurno de trabalho implica a perda do direito ao adicional noturno.

Gabarito 1C, 2C, 3C, 4C

(Procurador do Estado/PR – 2015 – PUC-PR) Como decorrência do sistema principiológico de proteção trabalhista e das regras envolvendo a alteração de cláusulas do contrato de trabalho previstas na CLT, é **CORRETO** afirmar que:

(A) Nos contratos individuais de trabalho só é lícita a alteração das respectivas condições por mútuo consentimento e, ainda assim, desde que não resultem, direta ou indiretamente, em prejuízos ao empregado.

(B) Os contratos individuais de trabalho poderão ser alterados unilateralmente pelo empregador, quando não resultem em prejuízo para o empregado.

(C) Em regra, os intervalos para refeição e descanso poderão ser reduzidos por acordo coletivo de trabalho.

(D) Por solicitação expressa e escrita do empregado, o contrato de trabalho poderá ser alterado, ainda que implique prejuízo aos seus direitos sociais.

(E) Em regra, aplica-se o instituto do *ius variandi*.

A: opção correta, pois reflete o disposto no art. 468 da CLT. **B:** opção incorreta, pois a alteração unilateral do contrato de trabalho é permitida somente mediante o mútuo consentimento entre as partes, art. 468 CLT. **C:** opção incorreta, pois somente excepcionalmente os intervalos para refeição e descanso poderão ser reduzidos. Nos termos do art. 71, § 3º, da CLT o limite mínimo de uma hora para repouso ou refeição poderá ser reduzido por ato do Ministro do Trabalho, Indústria e Comércio, quando ouvido o Serviço de Alimentação de Previdência Social, se verificar que o estabelecimento atende integralmente às exigências concernentes à organização dos refeitórios, e quando os respectivos empregados não estiverem sob regime de trabalho prorrogado a horas suplementares. Veja também o art. 611-A, III, da CLT. **D:** opção incorreta, pois a alteração deverá ser por mútuo consentimento e não poderá causar prejuízo ao empregado, nos termos do art. 468 da CLT. **E:** opção incorreta, pois o *jus variandi* do empregador consiste no direito que possui de variar

28. DIREITO DO TRABALHO

895

a prestação de serviços, ou seja, o poder de realizar modificações no contrato de trabalho. Ela apenas poderá ser feita desde que haja consentimento mútuo entre empregador e o empregado.

Gabarito "A".

6. REMUNERAÇÃO E SALÁRIO

(Procurador Município – Teresina/PI – FCC – 2022) Saturno é empregado da empresa Olimpo S/A e recebe um valor fixo de salário no importe de R$ 10.000,00, além do fornecimento dos seguintes benefícios: tíquete-alimentação no valor mensal de R$ 1.000,00, seguro de vida e de acidentes pessoais no valor mensal de R$ 300,00, mensalidade de faculdade no valor de R$ 800,00, aluguel de imóvel no valor mensal de R$ 2.000,00. Nesse caso, o valor total a ser considerado como verba salarial para efeitos de recolhimento de FGTS e pagamento de verbas rescisórias será de

(A) R$ 12.800,00.

(B) R$ 14.100,00.

(C) R$ 10.000,00.

(D) R$ 12.000,00.

(E) R$ 11.000,00.

De acordo com o enunciado e nos termos do art. 457, § 2º, da CLT não integram a remuneração do empregado, não se incorporam ao contrato de trabalho e não constituem base de incidência de qualquer encargo trabalhista e previdenciário, os seguintes benefícios: tíquete-alimentação, ou seja, auxílio alimentação no valor de R$ 1.000,00; seguro de vida e acidentes pessoais no valor de R$ 300,00, art. 458, §2º, CLT; mensalidade da faculdade no valor de R$ 800,00, ou seja, valores relativos à mensalidade de educação, art. 458, § 2º, II, CLT. Somente será considerado salário o valor de R$ 2.000,00 relativos ao aluguel, pois nos termos do art. 458 da CLT além do pagamento em dinheiro, compreende-se no salário, para todos os efeitos legais a habitação que nos termos do § 3º do art. 458 da CLT não poderá exceder 25%. Por essa razão, como verba salarial para efeitos de recolhimento de FGTS e pagamento de verbas rescisórias será de R$ 12.000,00. **HC**

Gabarito "D".

(Procurador – IPSMI/SP – VUNESP – 2016) Ao empregador é vedado efetuar qualquer desconto nos salários do empregado, ficando excepcionados, entre outros,

(A) os adiantamentos, os descontos legais e os danos culposos, independentemente de previsão contratual.

(B) os danos causados por dolo do empregado, desde que haja previsão contratual.

(C) a mensalidade sindical, os descontos legais e os danos causados pelo empregado, independentemente de qualquer outra condição.

(D) os danos causados por culpa ou dolo do empregado, independentemente de previsão contratual.

(E) os danos causados por dolo do empregado.

A: opção incorreta, pois embora o art. 462 da CLT permita o desconto quando resultar de adiantamentos, de dispositivos de lei ou de contrato coletivo, na ocorrência de dano culposo deve haver a concordância do empregado, art. 462, § 1º, CLT. **B:** opção incorreta, pois na ocorrência de dolo por parte do empregado não é necessária a previsão contratual. **C:** opção incorreta, pois nos termos da OJ 18 da SDC do TST os descontos efetuados com base em cláusula de acordo firmado entre as partes não podem ser superiores a 70% do salário base percebido pelo empregado, pois deve-se assegurar um mínimo de salário em espécie

ao trabalhador. **D:** opção incorreta, pois nos termos do art. 462, § 1º, CLT em caso de dano culposo causado pelo empregado, o desconto será lícito, desde de que esta possibilidade tenha sido acordada. **E:** opção correta, pois nos termos do art. 462, § 1º, CLT em caso de dolo do empregado poderá haver o desconto independentemente de previsão contratual. **HC**

Gabarito "E".

(Procurador do Estado – PGE/MT – FCC – 2016) Arquimedes laborou como vendedor da Metalúrgica Gregos e Troianos Ltda., tendo sido dispensado no dia 10/10/2015. Para o desempenho das suas funções utilizava veículo da empresa. Em seu contrato de trabalho, não havia qualquer previsão a respeito de desconto por eventuais danos que causasse pela utilização do veículo da empresa. Recebia salário fixo e comissões sobre as vendas efetuadas. Dois meses antes de ser dispensado efetuou uma venda em dez parcelas, sendo que recebeu as comissões devidas por cada parcela quitada até a sua rescisão. Ao retornar desta venda, bateu o veículo da empresa, tendo sido constatada a sua culpa no evento. A empresa procedeu ao desconto do valor do conserto no salário de Arquimedes no mês seguinte. No ato da rescisão descontou as comissões pagas pela última venda realizada pelo mesmo, alegando que não teria sido concluída a negociação por conta do parcelamento. Na presente situação, o desconto pelo conserto do veículo é:

(A) correto ainda que não pactuado em contrato de trabalho, pelo fato de ter sido comprovada a culpa do empregado, e lícito o desconto das comissões pagas pela última venda pelo fato de o empregado ter se desligado da empresa antes de a mesma ter sido concluída, perdendo, ainda, o direito às comissões sobre as demais parcelas pagas pós rescisão.

(B) indevido, visto que a única hipótese que possibilitaria referido desconto seria a pactuação no contrato de trabalho, e lícito o desconto das comissões pagas pela última venda uma vez que esta não foi concluída até o momento da rescisão contratual, em virtude de o pagamento ter sido estipulado por parcelas.

(C) ilícito, uma vez que não havia acordo expresso prevendo esta possibilidade, ainda que comprovada a culpa do empregado, e ilícita a dedução das comissões pagas pelas parcelas quitadas da última venda, uma vez que a venda se concluiu, ainda que de forma parcelada, fazendo o empregado jus às comissões inclusive sobre as parcelas pagas após a rescisão contratual.

(D) incorreto, uma vez que não agiu o empregado com dolo no evento, única hipótese que ensejaria a possibilidade de tal desconto, e equivocado o desconto das comissões pelas parcelas pagas referentes à última venda, posto que a venda se aperfeiçoou por inteiro, ainda que o pagamento fosse parcelado, mas não faz jus o empregado às comissões sobre as parcelas pós rescisão.

(E) correto, uma vez que comprovada a culpa do empregado, hipótese que legitima a dedução do salário, e incorreto o desconto das comissões sobre as parcelas pagas da última venda até a rescisão, mas não faz jus o empregado às comissões sobre as parcelas a serem pagas após a rescisão, uma vez que não havia mais vínculo com empresa.

"C" é a resposta correta. Com relação ao desconto por conta dos danos, é ilícito na medida em que o art. 462, § 1º, da CLT determina que em caso de dano causado por culpa do empregado, o desconto será lícito, desde que esta possibilidade tenha sido acordada. Somente o dano doloso pode ser descontado do salário do obreiro sem o seu consentimento. Com relação às comissões o desconto também é ilícito. Isso porque, nos termos do art. 466, § 2º, da CLT, a cessação das relações de trabalho não prejudica a percepção das comissões e percentagens devidas. **HC**

Gabarito "C".

7. JORNADA DE TRABALHO

(Procurador Município – Teresina/PI – FCC – 2022) Quanto à duração do trabalho, o capítulo inserido nas normas gerais de tutela do trabalho da Consolidação das Leis do Trabalho, estabelece:

(A) É facultado às partes, apenas mediante convenção coletiva ou acordo coletivo de trabalho, estabelecer horário de trabalho de 12 horas seguidas por 36 horas ininterruptas de descanso.

(B) Considera-se trabalho em regime de tempo parcial aquele cuja duração não exceda a 25 horas semanais, sendo que os empregados sob este regime não poderão prestar horas extras.

(C) Não serão descontadas, nem computadas como jornada extraordinária, as variações de horário no registro de ponto não excedentes de 10 minutos, observado o limite máximo de 15 minutos diários.

(D) O não atendimento das exigências legais para compensação de jornada, inclusive quando estabelecida mediante acordo tácito, não implica a repetição do pagamento das horas excedentes à jornada normal diária se não ultrapassada a duração máxima semanal, sendo devido apenas o respectivo adicional.

(E) A duração diária do trabalho poderá ser acrescida de horas extras, em número não excedente de duas por acordo individual, três por convenção coletiva ou cinco por acordo coletivo de trabalho.

A: incorreta, pois nos termos do art. 59-A da CLT é facultado às partes, mediante acordo individual escrito, convenção coletiva ou acordo coletivo de trabalho, estabelecer horário de trabalho de doze horas seguidas por trinta e seis horas ininterruptas de descanso, observados ou indenizados os intervalos para repouso e alimentação. B: incorreta, pois nos termos do art. 58-A da CLT considera-se trabalho em regime de tempo parcial aquele cuja duração não exceda a trinta horas semanais, sem a possibilidade de horas suplementares semanais, ou, ainda, aquele cuja duração não exceda a vinte e seis horas semanais, com a possibilidade de acréscimo de até seis horas suplementares semanais. C: incorreta, pois nos termos do art. 58, § 1º, CLT não serão descontadas nem computadas como jornada extraordinária as variações de horário no registro de ponto não excedentes de cinco minutos, observado o limite máximo de dez minutos diários. D: correta, pois reflete a disposição do art. 59-B da CLT. E: incorreta, pois nos termos do art. 59 da CLT a duração diária do trabalho poderá ser acrescida de horas extras, em número não excedente de duas, por acordo individual, convenção coletiva ou acordo coletivo de trabalho. **HC**

Gabarito "D".

(Procurador Município – Santos/SP – VUNESP – 2021) Assinale a alternativa que trata corretamente do intervalo intrajornada.

(A) Não poderá ser modificado por acordo ou contrato coletivo.

(B) Os intervalos serão computados na duração do trabalho.

(C) A concessão parcial do intervalo implica o pagamento, de natureza indenizatória, apenas do período suprimido, com acréscimo de 50% (cinquenta por cento) sobre o valor da remuneração da hora normal de trabalho.

(D) A concessão parcial do intervalo implica o pagamento, de natureza indenizatória, do período total e não somente do suprimido, com acréscimo de 50% (cinquenta por cento) sobre o valor da remuneração da hora normal de trabalho.

(E) O limite mínimo de uma hora para repouso ou refeição não poderá ser reduzido, nem mesmo por ato do Ministro do Trabalho, Indústria e Comércio.

A: incorreta, pois nos termos do art. 71 da CLT acordo ou convenção coletiva poderão modificar o período mínimo de 1 (uma) hora. Ademais, o art. 611-A, III, da CLT dispõe que convenção coletiva ou acordo coletivo de trabalho prevalecerão sobre a lei quando dispuserem sobre intervalo intrajornada, respeitado o limite mínimo de trinta minutos para jornadas superior a seis horas. B: incorreta, pois nos termos do art. 71, § 2º, da CLT os intervalos de descanso não serão computados na duração do trabalho. C: correta, pois reflete a disposição legal do art. 71, § 4º, da CLT. D: incorreta, pois nos termos do art. 71, § 4º, da CLT somente sobre o período suprimido. E: incorreta, pois nos termos do art. 71, §§ 3º e 5º, da CLT é possível a redução do intervalo intrajornada. Ademais, o art. 611-A, III, da CLT também admite a redução do intervalo por acordo ou convenção coletiva de trabalho. **HC**

Gabarito "C".

(Procurador do Estado/BA – 2014 – CESPE) Julgue o seguinte item.

(1) As horas extraordinárias e as horas noturnas devem ser remuneradas com adicional mínimo de 50% sobre o valor da hora normal de trabalho.

1: Opção incorreta, pois embora as horas extras devam ser remuneradas com adicional mínimo de 50%, nos termos do art. 7º, XVI, da CF, as horas noturnas devem ser remuneradas com adicional mínimo de 20%, nos termos do art. 73 da CLT.

Gabarito 1E.

(Procurador do Estado/BA – 2014 – CESPE) Em relação aos direitos dos trabalhadores, julgue o item seguinte.

(1) O repouso semanal deve ser remunerado e concedido, preferencialmente, aos domingos.

1: Opção correta, pois reflete o disposto no art. 7º, XV, da CF.

Gabarito 1C.

8. EXTINÇÃO DO CONTRATO DE TRABALHO

(Procurador Município – Santos/SP – VUNESP – 2021) Sobre as formas de extinção do contrato de trabalho, assinale a alternativa que está de acordo com a CLT.

(A) No caso de morte do empregador constituído em empresa individual, é obrigatório ao empregado rescindir o contrato de trabalho.

(B) Na cessação do contrato de trabalho, qualquer que seja a sua causa, será devida ao empregado a remuneração simples ou em dobro, conforme o caso, correspondente ao período de férias cujo direito tenha adquirido.

28. DIREITO DO TRABALHO — 897

(C) A cessação do contrato de trabalho, dependendo da causa, será devida ao empregado a remuneração simples ou em dobro, conforme o caso, correspondente ao período de férias cujo direito não tenha adquirido.

(D) A extinção do contrato por acordo entre empregado e empregador autoriza o ingresso no Programa de Seguro-Desemprego.

(E) Constituem justa causa para rescisão do contrato de trabalho pelo empregador a perda da habilitação para o exercício da profissão, em decorrência de conduta culposa do empregado.

A: incorreta, pois nos termos do art. 483, § 2º, da CLT no caso de morte do empregador constituído em empresa individual, é facultado ao empregado rescindir o contrato de trabalho. B: correta, pois nos termos do art. 146 da CLT na cessação do contrato de trabalho, qualquer que seja a sua causa, será devida ao empregado a remuneração simples ou em dobro, conforme o caso, correspondente ao período de férias cujo direito tenha adquirido. C: incorreta, veja comentário letra "B". D: incorreta, pois nos termos do art. 484-A, § 2º, da CLT a extinção do contrato de trabalho por acordo entre as partes não autoriza o ingresso no Programa de Seguro-Desemprego. E: incorreta, pois nos termos do art. 482, m, da CLT constitui justa causa para rescisão do contrato de trabalho a perda da habilitação ou dos requisitos estabelecidos em lei para o exercício da profissão, em decorrência de conduta dolosa do empregado. HC

Gabarito "B".

(Procurador do Estado/SP – 2018 – VUNESP) Nos termos dos enunciados sumulares do Tribunal Superior do Trabalho, é correto afirmar a respeito do aviso prévio:

(A) o direito ao aviso prévio proporcional ao tempo de serviço somente é assegurado nas rescisões de contrato de trabalho ocorridas a partir da publicação da Lei n. 12.506, em 13 de outubro de 2011.

(B) não cabe aviso prévio nas rescisões antecipadas dos contratos de experiência.

(C) reconhecida a culpa recíproca na rescisão do contrato de trabalho (art. 484 da Consolidação das Leis do Trabalho), o empregado não tem direito a receber valores a título de aviso prévio.

(D) o pagamento relativo ao período de aviso prévio trabalhado não está sujeito à contribuição para o FGTS.

(E) no caso de concessão de auxílio-doença no curso do aviso prévio, concretizam-se os efeitos da dispensa depois de expirado o prazo do aviso prévio, independentemente da vigência do benefício previdenciário.

A: opção correta, pois reflete a disposição contida na súmula 441 do TST. B: opção incorreta, pois nos termos da súmula 163 do TST, "cabe aviso prévio nas rescisões antecipadas dos contratos de experiência, na forma do art. 481 do CLT" (cláusula assecuratória do direito recíproco de rescisão). C: opção incorreta, pois nos termos da súmula 14 do TST, "reconhecida a culpa recíproca na rescisão do contrato de trabalho (art. 484 da CLT), o empregado tem direito a 50% do valor do aviso prévio, do décimo terceiro salário e das férias proporcionais". D: opção incorreta, pois nos termos da súmula 305 do TST, "o pagamento relativo ao período de aviso prévio, trabalhado ou não, está sujeito a contribuição para o FGTS". E: opção incorreta, pois nos termos da súmula 371 do TST, "no caso de concessão de auxílio-doença no curso do aviso prévio, todavia, só se concretizam os efeitos da dispensa depois de expirado o benefício previdenciário". HC

Gabarito "A".

(Procurador Municipal – Prefeitura/BH – CESPE – 2017) A dispensa do trabalhador por justa causa é direito do empregador, garantido pela legislação brasileira. Entretanto, há empregados e empregadores que ainda não conhecem os possíveis cenários em que a demissão por justa causa pode acontecer. No art. 482 da CLT, estão previstos diversos motivos de dispensa por justa causa.

Uma hipótese ocorre quando o empregado apresenta habitualmente um comportamento irregular e incompatível com a moral, com demonstrações de desregramento da conduta sexual, libertinagem, pornografia ou assédio sexual.

Nessa hipótese, a espécie de justa causa é caracterizada por:

(A) improbidade.

(B) indisciplina.

(C) incontinência de conduta.

(D) mau procedimento.

A: incorreta, pois a improbidade revela mau caráter, maldade, desonestidade, má-fé, que cause prejuízo ou até risco à integridade do patrimônio do empregador; B: incorreta, pois a indisciplina consiste no descumprimento de ordens gerais de serviço; C: correta, pois a incontinência de conduta corresponde a um comportamento desregrado ligado à vida sexual do obreiro; D: incorreta, pois mau procedimento corresponde a um mau comportamento por parte do empregado. HC

Gabarito "C".

(Procurador Municipal – Prefeitura/BH – CESPE – 2017) Com relação ao aviso prévio, assinale a opção correta.

(A) Conforme o TST, a projeção do aviso prévio se computa na duração do contrato de emprego para efeito de contagem do prazo prescricional, estendendo-se aos casos em que o vínculo empregatício ainda não tenha sido espontaneamente reconhecido entre as partes ou judicialmente declarado.

(B) De acordo com o TST, se o empregado tiver cumprido o aviso prévio em casa, o prazo final para o pagamento das verbas rescisórias será o primeiro dia útil imediato ao término do contrato de trabalho.

(C) Ao aviso prévio de trinta dias serão acrescidos três dias por ano de serviço prestado na mesma empresa, até o máximo de noventa dias, perfazendo-se um total de até cento e vinte dias.

(D) O aviso prévio proporcional ao tempo de serviço poderá ser aplicado apenas em favor do empregado, mas não do empregador.

A: correta, pois reflete a disposição contida na OJ 83 da SDI 1 do TST; B: incorreta, pois, nos termos da OJ 14 da SDI 1 do TST, em caso de aviso prévio cumprido em casa, o prazo para pagamento das verbas rescisórias é até o décimo dia da notificação de despedida. Ademais, o pagamento dos valores constantes do instrumento de rescisão ou recibo de quitação deverão ser efetuados até dez dias contados a partir do término do contrato, de acordo com o art. 477, § 6º, CLT (Lei 13.467/2017); C: incorreta, pois, nos termos do art. 1º, parágrafo único, da Lei 12.506/2011, ao período de 30 dias de aviso prévio previsto no art. 7º XXI, da CF serão acrescidos 3 (três) dias por ano de serviço prestado na mesma empresa, até o máximo de 60 (sessenta) dias, perfazendo um total de até 90 (noventa) dias; D: incorreta, pois o aviso-prévio proporcional ao tempo de serviço, estabelecido pela Lei 12.506/2011, se aplica também a favor do empregador. Veja: RR-1964-73.2013.5.09.0009. HC

Gabarito "A".

(Procurador – IPSMI/SP – VUNESP – 2016) A despedida por justa causa

(A) pressupõe prática, pelo empregado, de ato faltoso grave que torna inviável a manutenção do vínculo de emprego.

(B) depende da ocorrência de punições anteriores para o mesmo ato faltoso, tais como advertências e suspensões.

(C) depende do ajuizamento de inquérito judicial para apuração de falta grave.

(D) acarreta a perda do direito aos valores do fundo de garantia do tempo de serviço depositados pelo empregador.

(E) não se aplica ao empregado que goza de estabilidade provisória no emprego.

A: opção correta, pois as hipóteses de justa causa do empregado tipificadas no art. 482 da CLT representam hipóteses de faltas consideradas graves, capazes de encerrar o pacto laboral. B: opção incorreta, pois não há necessidade de aplicação de outras penalidades mais leves antes de ser aplicada a justa causa. Ocorrendo uma das hipóteses previstas em lei (art. 482 CLT) o empregador poderá demitir imediatamente o empregado que cometê-la. C: opção incorreta, pois o inquérito judicial para apuração de falta grave (art. 853 CLT) deve ser instaurado apenas para apurar falta grave cometida por empregado que possua garantia de emprego/ estabilidade provisória, como por exemplo: o dirigente sindical. D: opção incorreta, pois o empregado não perderá os valores de FGTS. Esse empregado ficará impossibilitado de movimentar sua conta de FGTS. Veja art. 20 da Lei 8.036/1990 que trata das hipóteses de movimentação da conta de FGTS. E: opção incorreta, pois qualquer empregado que possua garantia de emprego poderá ser demitido se cometer falta grave. Veja art. 543, § 3º, CLT. **HC**
Gabarito "A".

(Procurador Municipal/SP – VUNESP – 2016) Assinale a alternativa correta.

(A) O aviso-prévio poderá ser trabalhado ou indenizado. O período referente ao aviso-prévio, exceto quando indenizado, integra o tempo de serviço para todos os efeitos legais.

(B) O empregado dispensado, sem justa causa, no período de 30 (trinta) dias que antecede a data de sua correção salarial, terá direito à indenização adicional equivalente a um salário mensal. O tempo do aviso--prévio, mesmo indenizado, conta-se para efeito de tal indenização adicional.

(C) A ocorrência de justa causa, salvo a de abandono de emprego, no decurso do prazo do aviso-prévio dado pelo empregador, não retira do empregado qualquer direito às verbas rescisórias de natureza indenizatória.

(D) Durante o período de aviso-prévio, o empregado que trabalhar 2 horas diárias a menos receberá o valor do salário proporcional ao tempo efetivamente trabalhado, se a rescisão tiver sido promovida pelo empregador.

(E) O pagamento das parcelas constantes do instrumento de rescisão ou recibo de quitação deverá ser efetuado até o quinto dia, contado da data da notificação da demissão, quando da ausência do aviso-prévio, indenização do mesmo ou dispensa de seu cumprimento.

A: Opção incorreta, pois ainda que indenizado, o aviso-prévio integra o tempo de serviço, art. 487, § 1º, CLT. B: opção correta, pois reflete o disposto no art. 9º da Lei 6.708/1979. Veja também a Súmula 314 TST. C: opção incorreta, pois nos termos da Súmula 73 do TST a ocorrência de justa causa, salvo a de abandono de emprego, no decurso do prazo do aviso-prévio dado pelo empregador, <u>retira</u> do empregado qualquer direito às verbas rescisórias de natureza indenizatória. D: opção incorreta, pois nos termos do art. 488 da CLT o pagamento do salário deverá ser integral. E: opção incorreta, pois nos termos do art. 477, § 6º, CLT as verbas rescisórias deverão ser pagas até o décimo dia. **HC**
Gabarito "B".

(Procurador do Estado – PGE/MT – FCC – 2016) O Estado de Goiás contratou a empresa Vênus Limpadora Ltda., após processo de licitação, para prestar serviços de limpeza e portaria no prédio onde funciona a Secretaria Estadual de Educação. O empregado da empresa Vênus, Netuno de Tal, que presta serviços na portaria, ingressa com ação na Justiça do Trabalho, sem se afastar do emprego, pleiteando a rescisão indireta do seu contrato de trabalho, sob fundamento de que a sua empregadora vem descumprindo obrigações contratuais, colocando no polo passivo a empresa Vênus e o Estado de Goiás, requerendo a responsabilidade solidária e, alternativamente, subsidiária deste último. Pleiteia pelo pagamento de todas as verbas rescisórias decorrentes de uma dispensa sem justa causa por iniciativa da empregadora. Considerando a legislação trabalhista vigente e a jurisprudência sumulada do Tribunal Superior do Trabalho, na hipótese de descumprimento por parte do empregador de obrigações contratuais, é correto afirmar:

(A) O pedido de rescisão indireta do contrato de trabalho só pode ser realizado após o empregado se afastar do trabalho e, neste caso, não responde de forma subsidiária o Estado de Goiás pelas verbas rescisórias eventualmente deferidas em Juízo, por ter havido regular procedimento licitatório para a contratação da empresa prestadora de serviços.

(B) É possível o pleito de rescisão indireta do contrato de trabalho nessa hipótese permanecendo o trabalhador no emprego, desde que notifique a empresa Vênus Limpadora Ltda. por escrito com antecedência mínima de trinta dias, mas a responsabilidade subsidiária do Estado de Goiás não se verifica por ter havido regular procedimento licitatório para a contratação da empresa prestadora de serviços.

(C) Não cabe pedido de rescisão indireta do contrato de trabalho quando a prestação de serviços se der em benefício de ente da Administração pública direta, pelo fato de ela possuir o dever legal de verificar o correto cumprimento por parte da empresa contratada com as obrigações contratuais relativas aos seus empregados.

(D) É faculdade do trabalhador, quando esse for o fundamento do pedido de rescisão indireta do contrato de trabalho, ingressar com a ação pertinente sem se afastar do trabalho e, nesse caso, possível a condenação de forma subsidiária do Estado de Goiás pelas verbas eventualmente deferidas em Juízo, desde que comprovado que deixou de fiscalizar o regular cumprimento pela empresa contratada com as obrigações contratuais e legais em relação aos seus empregados.

(E) É cabível requerer rescisão indireta do contrato de trabalho com tal fundamento, ainda que o faça sem se afastar do emprego e, nessa hipótese, o Estado de Goiás deverá responder de forma solidária com a empresa prestadora de serviços se configurada a ausência de fiscalização por parte do Estado de Goiás do regular cumprimento pela empresa contratada com as obrigações contratuais e legais em relação aos seus empregados.

"D" é a opção correta, pois, nos termos do art. 483, § 3º, CLT, o empregado poderá ajuizar a ação sem se desligar do emprego. Nesse caso, nos termos da súmula 331, V, TST a Administração Pública responde subsidiariamente. **HC**

Gabarito "D".

(Procurador do Estado/PR – 2015 – PUC-PR) O empregado poderá considerar rescindido o contrato na hipótese de:

(A) Ato de improbidade.

(B) Incontinência de conduta.

(C) Insubordinação.

(D) Perigo manifesto de mal considerável.

(E) Prática de jogos de azar.

A: opção incorreta, pois o ato de improbidade revela desonestidade, má-fé, que cause prejuízo ou até risco à integridade do patrimônio do empregador, como, por exemplo, furto ou roubo de bens da empresa. Ela não retrata uma hipótese de justa causa do empregador ou de rescisão indireta do contrato de trabalho, nos termos do art. 483 da CLT. Representa sim uma hipótese de justa causa do empregado, art. 482, *a*, da CLT. **B**: opção incorreta, pois incontinência de conduta, comportamento desregrado ligado à vida sexual do obreiro, comportamento este que traz perturbações ao ambiente de trabalho, como, por exemplo, visitas a *sites* pornográficos na *internet*. Ela não retrata uma hipótese de justa causa do empregador ou de rescisão indireta do contrato de trabalho, nos termos do art. 483 da CLT. Representa sim uma hipótese de justa causa do empregado, art. 482, *b*, da CLT. **C**: opção incorreta, pois a insubordinação consiste no descumprimento de ordens pessoais de serviço por parte do empregado. Ela não retrata uma hipótese de justa causa do empregador ou de rescisão indireta do contrato de trabalho, nos termos do art. 483 da CLT. Representa sim uma hipótese de justa causa do empregado, art. 482, *h*, da CLT. **D**: opção correta, pois reflete o disposto no art. 483, *c*, da CLT. **E**: opção incorreta, pois *a prática constante de jogos de azar* que consiste na prática habitual de jogos, não importando se o jogo é a dinheiro ou não, não retrata uma hipótese de justa causa do empregador ou de rescisão indireta do contrato de trabalho, nos termos do art. 483 da CLT. Representa sim uma hipótese de justa causa do empregado, art. 482, *l*, da CLT.

Gabarito "D".

9. ESTABILIDADE

(Procurador do Estado/AC – 2017 – FMP) Conforme entendimento sumulado pelo Tribunal Superior do Trabalho, em relação à garantia de permanência no emprego da trabalhadora gestante, é CORRETO afirmar que

(A) o desconhecimento do estado gravídico pelo empregador afasta o direito ao pagamento da respectiva indenização.

(B) a reintegração da trabalhadora é um direito assegurado, a qualquer momento.

(C) a indenização devida restringe-se aos salários do período da estabilidade.

(D) a trabalhadora não terá o direito reconhecido se ajuizar reclamatória trabalhista após o período da estabilidade.

(E) a empregada tem direito à estabilidade provisória, mesmo na hipótese de admissão mediante contrato por tempo determinado.

A: incorreta, pois nos termos da súmula 244, I, do TST I o desconhecimento do estado gravídico pelo empregador não afasta o direito ao pagamento da indenização decorrente da estabilidade. **B**: incorreta, pois nos termos da súmula 244, II, do TST a garantia de emprego à gestante só autoriza a reintegração se esta se der durante o período de estabilidade. **C**: incorreto, pois nos termos da segunda parte do item II da súmula 244 do TST, a garantia restringe-se aos salários e demais direitos correspondentes ao período de estabilidade. **D**: incorreta, pois nos termos da súmula 244 do TST, a ausência de comunicação e/ou desconhecimento do estado gravídico pelo empregador ou pela própria empregada não elidem o direito à indenização correspondente. De acordo com o TST, o entendimento pacificado pela SDI-1 é no sentido de que a reclamação trabalhista após o término do período de estabilidade provisória não elide a indenização correspondente, desde que não extrapolado o prazo prescricional. Veja Processo: 10450-24.2017.5.18.0052. **E**: correta, pois reflete a disposição contida no item III da súmula 244 do TST. **HC**

Gabarito "E".

(Procurador do Estado/BA – 2014 – CESPE) Em relação aos direitos dos trabalhadores, julgue o item seguinte.

(1) À empregada gestante é assegurada estabilidade desde a confirmação da gravidez até cento e vinte dias após o parto.

1: Opção incorreta, pois nos termos do art. 10, II, *b*, do ADCT é assegura a garantia de emprego à empregada gestante **desde a confirmação da gravidez até cinco meses após o parto**.

Gabarito "1E".

10. FGTS

(Advogado – CEF – 2012 – CESGRANRIO) Considerando-se as hipóteses abaixo, qual delas NÃO dá ensejo à movimentação da conta vinculada do FGTS, nos termos da Lei nº 8.036/1990?

(A) Concessão de auxílio-doença pela Previdência Social.

(B) Concessão de aposentadoria pela Previdência Social.

(C) Extinção normal do contrato a termo, inclusive o dos trabalhadores temporários regidos pela Lei 6.019/1974.

(D) Quando o trabalhador tiver idade igual ou superior a setenta anos.

(E) Quando o trabalhador permanecer três anos ininterruptos, a partir de 1º de junho de 1990, fora do regime do FGTS.

A: opção correta, pois a concessão de auxílio-doença não dá ensejo à movimentação do FGTS. As hipóteses de movimentações do FGTS estão elencadas no art. 20 da Lei 8.036/1990; **B**: opção incorreta, pois nos termos do art. 20, III, da Lei 8.036/1990 a conta poderá ser movimentada; **C**: opção incorreta, pois nos termos do art. 20, IX, da Lei 8.036/1990 a conta poderá ser movimentada; **D**: opção incorreta, pois nos termos do art. 20, XV, da Lei 8.036/1990 a conta poderá ser movimentada; **E**: opção incorreta, pois nos termos do art. 20, VIII, da Lei 8.036/1990 a conta poderá ser movimentada.

Gabarito "A".

11. SEGURANÇA E MEDICINA DO TRABALHO

(Procurador do Estado/TO – 2018 – FCC) Conforme regras inscul-pidas no Título referente às normas gerais de tutela do trabalho contidas na Consolidação das Leis do Trabalho sobre segurança e medicina no trabalho,

(A) o adicional de periculosidade será de 10% para atividades que envolvam risco de roubos ou outras espécies de violência física, 20% para atividades com energia elétrica e 40% para serviços com uso de motocicleta, sempre calculados sobre o salário-base do trabalhador.

(B) as atividades insalubres são aquelas que, por sua natureza ou métodos de trabalho, impliquem o con-tato permanente com inflamáveis ou explosivos em condição de risco acentuado.

(C) o trabalho em condições insalubres, acima dos limites de tolerância estabelecidos por norma, assegura ao empregado o adicional de 30% sobre o salário con-tratual.

(D) é obrigatória a constituição de CIPA – Comissão Interna de Prevenção de Acidentes, conforme instru-ções do Ministério do Trabalho nos estabelecimentos nelas especificadas, sendo composta apenas por representantes dos empregados cujo mandato dos membros titulares será de um ano, sem direito a reeleição.

(E) o direito do empregado ao adicional de insalubridade ou de periculosidade cessará com a eliminação do risco à sua saúde ou integridade física, nos termos da CLT e das normas expedidas pelo Ministério do Trabalho.

A: incorreta, pois nos termos do art. 193, § 1º, da CLT, em qualquer das hipóteses indicadas no adicional será de 30% sobre o salário sem os acréscimos resultantes de gratificações, prêmios ou participações nos lucros da empresa. **B:** incorreta, pois nos termos do art. 189 da CLT serão consideradas atividades ou operações insalubres aquelas que, por sua natureza, condições ou métodos de trabalho, exponham os empregados a agentes nocivos à saúde, acima dos limites de tolerância fixados em razão da natureza e da intensidade do agente e do tempo de exposição aos seus efeitos. **C:** incorreta, pois nos termos do art. 192 da CLT o exercício de trabalho em condições insalubres, acima dos limites de tolerância, assegura a percepção de adicional de 40% grau máximo, 20% grau médio e 10% grau mínimo do salário-mínimo. **D:** incorreta, pois nos termos do art. 164 da CLT a CIPA será composta de representantes da empresa e dos empregados. **E:** correta, pois reflete a disposição do art. 194 da CLT. **HC**

Gabarito "E".

(Procurador Municipal – Prefeitura/BH – CESPE – 2017) A cumulação dos adicionais de insalubridade e de periculosidade:

(A) é permitida, podendo o juiz concedê-la de ofício por ser matéria de ordem pública de saúde e de segurança do trabalhador.

(B) é vedada, podendo o empregado fazer a opção pelo adicional que lhe for mais benéfico.

(C) é vedada, pois possuem a mesma hipótese de inci-dência, o que configura *bis in idem*.

(D) é permitida, desde que o empregado a requeira expressamente.

"B" é a opção correta. Isso porque, no julgamento do recurso E-RR-1072-72.2011.5.02.0384 o TST absolveu uma empresa de condena-ção ao pagamento dos adicionais de periculosidade e insalubridade cumulativamente a um empregado. No julgamento desse recurso, o entendimento majoritário foi o de que o § 2º do art. 193 da CLT veda a acumulação, ainda que os adicionais tenham fatos geradores distintos. **HC**

Gabarito "B".

(Procurador do Estado – PGE/MT – FCC – 2016) Aristóteles é empre-gado da empresa Alpha Combustíveis Ltda. que atua no ramo de posto de combustíveis. O referido empregado presta serviços de vigilante no posto, laborando nas dependências do estabelecimento. Realizada perícia no local de trabalho para apuração da existência de periculosidade, o médico do trabalho, designado pelo Juiz do Trabalho da causa, elabora laudo concluindo pela periculosidade no ambiente de trabalho, o qual é acolhido pelo Magistrado. Nesta hipótese,

(A) o empregado faz jus ao adicional de periculosidade, à base de 30% do valor do salário, sem acréscimos de gratificações, prêmios e participação em lucros da empresa.

(B) não é devido adicional de periculosidade uma vez que o empregado é vigilante e, nesta situação, não faz jus ao referido adicional, posto que não atua diretamente em contato com inflamáveis, única hipótese de ter direito ao propalado adicional.

(C) é devido adicional de periculosidade ao empregado e deve a empresa ser condenada ao pagamento de adicional de 30% do salário mínimo nacional vigente à época, sem os acréscimos de gratificações, prêmios e participação em lucros.

(D) é devido adicional de periculosidade ao empregado à base de 30% do valor do salário, acrescidas de gratificações, prêmios e participações em lucros.

(E) o empregado não faz jus ao adicional de periculosi-dade, uma vez que a perícia é nula pelo fato de ter sido realizada por médico do trabalho, quando o correto seria que a perícia fosse confiada a um engenheiro de segurança do trabalho.

"A" é a opção correta. Isso porque, nos termos da súmula 39 do TST, os empregados que operam em bomba de gasolina têm direito ao adicional de periculosidade (Lei 2.573, de 15.08.1955), que assegura ao empregado um adicional de 30% (trinta por cento) sobre o salário sem os acréscimos resultantes de gratificações, prêmios ou participações nos lucros da empresa, conforme art. 193, § 1º, CLT. **HC**

Gabarito "A".

12. DIREITO COLETIVO DO TRABALHO

12.1. Sindicatos

(Procurador do Município – S.J. Rio Preto/SP – 2019 – VUNESP) De acordo com o artigo 8o da Constituição Federal, é livre a associação sindical, observado o seguinte:

(A) é obrigatória autorização do Estado para a fundação de sindicato, vedadas ao Poder Público a interferência e a intervenção na organização sindical.

(B) a criação de organização sindical, em qualquer grau, representativa de categoria profissional ou econômica

28. DIREITO DO TRABALHO

se aperfeiçoará com o registro do respectivo ato constitutivo no Registro Civil das Pessoas Jurídicas.

(C) é obrigatória a filiação ao sindicato da respectiva categoria.

(D) é facultativa a participação dos sindicatos nas negociações coletivas de trabalho.

(E) ao sindicato cabe a defesa dos direitos e interesses coletivos ou individuais da categoria, inclusive em questões judiciais ou administrativas.

A: incorreta, pois o art. 8°, I, CF ensina que a lei não poderá exigir autorização do Estado para a fundação de sindicato, ressalvado o registro no órgão competente, vedadas ao Poder Público a interferência e a intervenção na organização sindical. **B:** incorreta, pois o sindicato adquire sua personalidade jurídica com o registro no Ministério do Trabalho), em conformidade com a Súmula 677 do STF, que assim dispõe: "Até que lei venha a dispor a respeito, incumbe ao Ministério do Trabalho proceder ao registro das entidades sindicais e zelar pela observância do princípio da unicidade". **C:** incorreta, a filiação é facultativa, pois nos termos do art. 8°, V, CF ninguém será obrigado a filiar-se ou a manter-se filiado a sindicato. **D:** incorreta, pois nos termos do art. 8°, VI, CF é obrigatória a participação dos sindicatos nas negociações coletivas de trabalho. **E:** correta, pois reflete a redação do art. 8°, III, CF. **HC**
Gabarito "E".

(Procurador do Estado – PGE/MT – FCC – 2016) Nos termos das normas contidas na Consolidação das Leis do Trabalho e na jurisprudência sumulada do Tribunal Superior do Trabalho sobre a Organização Sindical e as negociações coletivas de trabalho,

(A) a solidariedade de interesses econômicos dos que empreendem atividades idênticas, similares ou conexas constitui o vínculo social básico que se denomina categoria profissional diferenciada.

(B) empregado integrante de categoria profissional diferenciada não tem o direito de receber de seu empregador vantagens previstas em instrumento coletivo no qual a empresa não foi representada por órgão de classe de sua categoria.

(C) a legitimidade do sindicato para propor ação de cumprimento estende-se à observância de convenção coletiva de trabalho, mas não ao acordo coletivo de trabalho, que impõe ação reclamatória individual para efetivar o cumprimento das normas, em razão das partes que a compõem.

(D) o empregado de categoria diferenciada eleito dirigente sindical goza de estabilidade prevista na lei ainda que não exerça na empresa atividade pertinente à categoria profissional do sindicato para o qual foi eleito dirigente.

(E) as disposições de contrato individual de trabalho livremente ajustadas entre as partes podem contrariar normas de Convenção ou Acordo Coletivo de Trabalho quando mais favoráveis à manutenção do emprego e à estabilidade econômica empresarial e, nessas situações, as condições estabelecidas em Acordo prevalecerão sobre as estipuladas em Convenção.

A: incorreta, pois categoria profissional diferenciada deve ser entendida como aquela formada pelos empregados que exerçam profissões ou funções diferenciadas por força de estatuto profissional especial ou em consequência de condições de vida singulares; **B:** correta, pois, nos termos da súmula 374 do TST, o empregado integrante de categoria profissional diferenciada não tem o direito de haver de seu empregador

vantagens previstas em instrumento coletivo no qual a empresa não foi representada por órgão de classe de sua categoria; **C:** incorreta, pois, nos termos da súmula 286 do TST, a legitimidade do sindicato para propor ação de cumprimento estende-se também à observância de acordo ou de convenção coletivos; **D:** incorreta, pois, nos termos da súmula 369, III, TST, o empregado de categoria diferenciada eleito dirigente sindical só goza de estabilidade se exercer na empresa atividade pertinente à categoria profissional do sindicato para o qual foi eleito dirigente; **E:** incorreta, pois, de acordo com o art. 444 da CLT, as relações contratuais de trabalho podem ser objeto de livre estipulação das partes interessadas em tudo quanto não contravenha às disposições de proteção ao trabalho, aos contratos coletivos que lhes sejam aplicáveis e às decisões das autoridades competentes. Ademais, o art. 619 determina que nenhuma disposição de contrato individual de trabalho que contrarie normas de Convenção ou Acordo Coletivo de Trabalho poderá prevalecer na sua execução, sendo considerada nula de pleno direito. **HC**
Gabarito "B".

12.2. Convenção e Acordo Coletivo

(Procurador do Estado/SP – 2018 – VUNESP) Em relação ao Direito Coletivo do Trabalho decorrente da "reforma trabalhista", assinale a alternativa correta.

(A) É permitido estipular duração de convenção coletiva ou acordo coletivo de trabalho superior a dois anos, estando autorizada, também, a ultratividade.

(B) A convenção coletiva e o acordo coletivo de trabalho poderão dispor sobre a redução do valor dos depósitos mensais e da indenização rescisória do Fundo de Garantia do Tempo de Serviço (FGTS).

(C) O hipersuficiente (empregado portador de diploma de nível superior e que perceba salário mensal igual ou superior a duas vezes o limite máximo dos benefícios do Regime Geral de Previdência Social) poderá estipular livremente com o empregador a relação contratual. A estipulação resultante, contudo, não preponderará sobre os instrumentos coletivos.

(D) As condições estabelecidas em acordo coletivo de trabalho sempre prevalecerão sobre as estipuladas em convenção coletiva de trabalho.

(E) Constitui objeto ilícito de convenção coletiva ou de acordo coletivo de trabalho a previsão de regras a respeito do regime de sobreaviso.

A: opção incorreta, pois nos termos do art. 614, § 3°, da CLT, "não será permitido estipular duração de convenção coletiva ou acordo coletivo de trabalho superior a dois anos, sendo vedada a ultratividade". **B:** opção incorreta, pois nos termos do art. 611-B, III, da CLT é vedado. **C:** opção incorreta, pois nos termos do art. 444, parágrafo único, da CLT, a estipulação convencionada entre o empregador e o empregado hipersuficiente irá prevalecer sobre os instrumentos coletivos. **D:** opção correta, pois reflete a disposição do art. 620 da CLT. E: opção incorreta, pois nos termos do art. 611-A, VIII, da CLT constitui objeto lícito de acordo ou convenção coletiva. **HC**
Gabarito "D".

12.3. Greve

(Procurador do Estado/SP – 2018 – VUNESP) É correto afirmar a respeito do direito de greve:

(A) predomina, na Seção Especializada em Dissídios Coletivos – SDC, do Tribunal Superior do Trabalho, a posição de que a greve realizada por explícita motivação política (isto é, para fins de protesto) não é abusiva.

(B) a Justiça Comum é competente para processar e julgar ação possessória ajuizada em decorrência do exercício do direito de greve pelos trabalhadores da iniciativa privada.

(C) em caso de greve em atividade essencial, com possibilidade de lesão do interesse público, o Ministério Público do Trabalho poderá ajuizar dissídio coletivo, competindo à Justiça do Trabalho decidir o conflito.

(D) observadas as condições previstas na Lei n. 7.783, de 28 de junho de 1989, a participação em greve não suspende o contrato de trabalho.

(E) é compatível com a declaração de abusividade de movimento grevista o estabelecimento de vantagens ou garantias a seus participantes.

A: opção incorreta, pois o entendimento majoritário do TST considera abusivas as greves com caráter político porque o empregador, embora diretamente afetado, não tem como negociar para pacificar o conflito. Veja RO-196-78.2017.5.17.0000. **B:** opção incorreta, pois nos termos da súmula vinculante 23 do STF, a Justiça do Trabalho é competente para processar e julgar ação possessória ajuizada em decorrência do exercício do direito de greve pelos trabalhadores da iniciativa privada. **C:** opção correta, pois reflete o disposto no art. 114, § 3º, da CF. **D:** opção incorreta, pois nos termos do art. 7º da Lei 7.783/1989 há suspensão do contrato de trabalho. **E:** opção incorreta, pois nos termos da OJ 10 da SDC do TST, "é incompatível com a declaração de abusividade de movimento grevista o estabelecimento de quaisquer vantagens ou garantias a seus partícipes, que assumiram os riscos inerentes à utilização do instrumento de pressão máximo". **HC**
Gabarito "C".

(Advogado União – AGU – CESPE – 2015) Acerca de direito coletivo do trabalho e segurança no trabalho, julgue os próximos itens.

(1) De acordo com a CLT, caso seja demonstrado grave e iminente risco para o trabalhador, o auditor-fiscal do trabalho deverá interditar o estabelecimento ou embargar a obra.

(2) Conforme entendimento do TST, serão nulas, por ofensa ao direito de livre associação e sindicalização, cláusulas de convenção coletiva que estabeleçam quota de solidariedade em favor de entidade sindical a trabalhadores não sindicalizados.

1. incorreta, pois, nos termos do art. 161 da CLT, o Delegado Regional do Trabalho, à vista do laudo técnico do serviço competente que demonstre grave e iminente risco para o trabalhador, poderá interditar estabelecimento, setor de serviço, máquina ou equipamento, ou embargar obra, indicando na decisão, tomada com a brevidade que a ocorrência exigir, as providências que deverão ser adotadas para prevenção de infortúnios de trabalho; **2:** correta. "Quota de solidariedade" nada mais é que a contribuição assistencial, que, nos termos da OJ 17 da SDC do TST, estabelece que as cláusulas coletivas que estabeleçam contribuição em favor de entidade sindical, a qualquer título, obrigando trabalhadores não sindicalizados, são ofensivas ao direito de livre associação e sindicalização, constitucionalmente assegurado, e, portanto, nulas, sendo passíveis de devolução, por via própria, os respectivos valores eventualmente descontados. Veja também súmula vinculante 40 STF: "A contribuição confederativa de que trata o art. 8º, IV, da Constituição Federal, só é exigível dos filiados ao sindicato respectivo." **HC**
Gabarito "1E, 2C".

(Procurador do Estado/BA – 2014 – CESPE) Julgue o seguinte item.

(1) O exercício do direito de greve em serviços essenciais exige da entidade sindical ou dos trabalhadores, conforme o caso, a prévia comunicação da paralisação dos trabalhos ao empregador e, ainda, aos usuários dos serviços, no prazo mínimo de setenta e duas horas, sob pena de o movimento grevista ser considerado abusivo.

1: Opção correta, pois nos termos do art. 13 da Lei 7.783/1989 nas atividades essenciais o movimento grevista deve ser avisado com antecedência mínima de 72 horas.
Gabarito 1C

(Procurador Distrital – 2014 – CESPE) Julgue o item a seguir.

(1) Greve é causa de suspensão do contrato de trabalho e somente pode ser utilizada após ser frustrada a negociação ou a arbitragem direta e pacífica, sob pena de ser considerada abusiva. Ademais, a comunicação acerca de sua decisão, no caso de atividade essencial, deve ser previamente feita aos empregadores e usuários do serviço no prazo mínimo de setenta e duas horas.

1. Opção correta, pois de fato a greve é causa de suspensão do contrato de trabalho (art. 2º da Lei 7.783/1989) e pode ser utilizada após frustrada a negociação coletiva ou impossibilidade de recursos via arbitral, art. 3º da Lei 7.783/1989. Nas atividades essenciais deve ser avisada com antecedência mínima de 72 horas, art. 13 da Lei 7.783/1989.
Gabarito 1C

(Procurador do Estado/MG – FUMARC – 2012) O artigo 10 da Lei 7.783/1989, que regula o direito de greve, disciplina sobre quais serviços ou atividades são consideradas essenciais. Assinale a alternativa que NÃO se alinha aos preceitos da citada norma jurídica:

(A) Serviço funerário.

(B) Serviço de transporte de mercadorias, de transporte em geral e de transporte coletivo.

(C) Serviço de compensação bancária.

(D) Serviço de produção e distribuição de energia elétrica, gás e combustíveis.

(E) Serviço de controle de tráfego aéreo.

A: opção incorreta, pois o serviço funerário é considerado atividade essencial, nos termos do art. 10, IV, da Lei 7.783/1989; **B:** opção correta, pois o serviço não consta no rol do art. 10 da Lei 7.783/1989; **C:** opção incorreta, pois o serviço de compensação bancária é considerado atividade essencial, nos termos do art. 10, XI, da Lei 7.783/1989; **D:** opção incorreta, pois o serviço de produção e distribuição de energia elétrica, gás e combustíveis é considerado atividade essencial, nos termos do art. 10, I, da Lei 7.783/1989; **E:** opção incorreta, pois o serviço de controle de tráfego aéreo é considerado atividade essencial, nos termos do art. 10, X, da Lei 7.783/1989.
Gabarito "B".

(Procurador do Município/São José dos Campos-SP – 2012 – VUNESP) Considere as seguintes proposições.

I. A greve evoluiu de delito para direito. Corresponde a uma suspensão coletiva, temporária e pacífica, total ou parcial, da prestação pessoal de serviços a empregador, com objetivo de exercer-lhe pressão com vistas à defesa ou à conquista de interesses coletivos ou difusos.

II. A greve pode ser deflagrada por deliberação coletiva dos trabalhadores, segundo seus interesses, inclusive quanto à sua conveniência e oportunidade. Demanda apenas

28. DIREITO DO TRABALHO

uma formalização de seus requisitos, como a negociação coletiva prévia, a autorização de assembleia de trabalhadores, o aviso prévio à parte adversa e o atendimento às necessidades inadiáveis da comunidade.

III. A Constituição Federal assegurou o direito de associação sindical e de greve aos servidores públicos civis. Enquanto não houver lei específica para a regulamentação desse direito, o Supremo Tribunal Federal tem entendido que as disposições da Lei n.º 7.783/1989 são aplicáveis, no que compatíveis, aos servidores públicos, considerados sempre os serviços públicos como atividades essenciais.

Está correto o que se afirma em

(A) II, apenas.

(B) I e II, apenas.

(C) I e III, apenas.

(D) II e III, apenas.

(E) I, II e III.

I: opção correta, pois reflete o disposto no art. 2º da Lei 7.783/1989, tendo como objetivo, melhores condições de trabalho para a classe; II: opção correta, pois reflete o disposto nos arts. 1º, 3º e seu parágrafo único, 4º e 11 da Lei 7.783/1989. III: opção correta, pois o STF se pronunciou decidindo que dispositivos da Lei de Greve (Lei 7.783/1989), que rege o exercício de greve dos trabalhadores da iniciativa privada, também valem para as greves do serviço público. Veja Mandados de Injunção 670 e 712 apreciados pelo Supremo Tribunal Federal.
Gabarito "E".

(Advogado – Petrobrás – 2012 – CESGRANRIO) Recentemente, os chamados movimentos paredistas voltaram a chamar atenção nos meios de comunicação nacionais.

Analise as afirmações abaixo, sobre o direito de greve.

I. Durante o período de greve, os contratos de trabalho permanecem suspensos, isto é, seus efeitos ficam paralisados.

II. A Constituição de 1988 não contemplou o direito de greve para os servidores militares, aos quais não estendeu sequer o direito de sindicalização.

III. Os servidores civis foram contemplados pela Carta de 1988 com o direito de greve e o de livre associação sindical.

Está correto o que se afirma em

(A) I, apenas.

(B) II, apenas.

(C) I e II, apenas.

(D) II e III, apenas.

(E) I, II e III.

I: opção correta, pois está em conformidade com o art. 7º da Lei 7.783/1989; II: opção correta, pois reflete o disposto no art. 142, § 3º, IV, da CF; III: opção correta, pois em conformidade com o art. 37,VI e VII, da CF. Veja Mandados de Injunção (MI 670 e 712).
Gabarito "E".

13. PRESCRIÇÃO

(Procurador Município – Santos/SP – VUNESP – 2021) Sobre prescrição trabalhista, assinale a alternativa correta nos termos da CLT.

(A) A interrupção da prescrição somente ocorrerá pelo ajuizamento de reclamação trabalhista, mesmo que

em juízo incompetente, ainda que venha a ser extinta sem resolução do mérito, produzindo efeitos em relação a todos os direitos trabalhistas.

(B) A interrupção da prescrição somente ocorrerá pelo ajuizamento de reclamação trabalhista, exceto em caso de juízo incompetente, ainda que venha a ser extinta sem resolução do mérito, produzindo efeitos apenas em relação aos pedidos idênticos.

(C) Ocorre a prescrição intercorrente no processo do trabalho no prazo de cinco anos.

(D) A declaração da prescrição intercorrente pode ser requerida ou declarada de ofício em qualquer grau de jurisdição.

(E) A declaração da prescrição intercorrente não pode ser declarada de ofício.

A: incorreto, pois nos termos do art. 11, § 3º, CLT produz efeitos apenas em relação aos pedidos idênticos. B: incorreto, pois nos termos do art. 11, § 3º, CLT mesmo que a reclamação seja proposta em juízo incompetente ocorrerá a interrupção da prescrição. C: incorreto, pois nos termos do art. 11-A da CLT o prazo da prescrição intercorrente é de 2 anos. D: correta, pois nos termos do art. 11-A, § 2º, da CLT a prescrição intercorrente poderá ser requerida ou declarada de ofício em qualquer grau de jurisdição. E: incorreto, pois a prescrição intercorrente pode ser declarada de ofício, art. 11-A, § 2º, da CLT.
Gabarito "D".

(Procurador do Estado/TO – 2018 – FCC) Hermes pretende propor reclamação trabalhista em face de sua empregadora Empresa Alpha para postular indenização por danos morais em razão de humilhação sofrida por xingamentos proferidos por seu superior, além do pagamento de horas extraordinárias. Neste caso, o prazo prescricional será de

(A) dois anos contados da data em que ocorreu o fato que gerou o dano moral e cinco anos para as horas extras contados do encerramento do contrato.

(B) dois anos na vigência do contrato, até o limite de cinco anos após a extinção para ambos os pedidos.

(C) cinco anos na vigência do contrato, até o limite de dois anos após a extinção do contrato de trabalho para ambos os pedidos.

(D) dois anos para o dano moral e cinco anos para as horas extras, sempre contados da extinção do contrato de trabalho.

(E) cinco anos para o dano moral e dois anos para as horas extras, sempre contados após a extinção do contrato de trabalho.

A prescrição trabalhista vem disposta no art. 7º, XXIX, da CF e art. 11 da CLT. O TST se manifestou sobre a prescrição em sua súmula 308. No âmbito trabalhista, duas regras de prescrição devem ser observadas. A prescrição bienal refere-se ao direito de o trabalhador postular seus direitos após a extinção do contrato de trabalho. O reclamante deverá obedecer à prescrição bienal, ou seja, deverá ingressar com reclamação trabalhista no prazo de 2 (dois) anos contados do término do contrato de trabalho. Já a prescrição quinquenal se refere às lesões a direitos ocorridas durante a vigência do contrato. Nessa linha, uma vez extinto o contrato de trabalho, o obreiro terá prazo de 2 (dois) anos para pleitear seus direitos na Justiça do Trabalho. Todavia, poderá reclamar os 5 (cinco) anos que antecedem à propositura da reclamação trabalhista.
Gabarito "C".

(Procurador do Estado/AC – 2017 – FMP) De acordo com o entendimento sumulado pelo Tribunal Superior do Trabalho, quanto ao instituto da prescrição, é CORRETO afirmar que

(A) pode ser pronunciado de ofício pelo órgão julgador.

(B) não se conhece, uma vez não arguido na instância ordinária.

(C) pode ser arguido em sede de recurso de revista.

(D) é matéria exclusiva da defesa trabalhista.

(E) é próprio de vir a ser arguido em preliminar na contestação.

A: incorreta, pois a CLT, ao tratar da prescrição em seu artigo 11, não prevê a possibilidade de o juiz a decretar de ofício. Ademais, a regra civilista entra em choque com vários princípios constitucionais, como o da valorização do trabalho e do emprego, o da norma mais favorável e o da submissão da propriedade à sua função socioambiental, além do próprio princípio da proteção. **B:** correto, pois reflete a disposição da súmula 153 do TST. **C:** incorreto, pois nos termos da súmula 153 do TST deve ser arguida na instância ordinária. **D:** incorreta, pois nos termos da súmula 153 do TST deve ser arguida na instância ordinária, não apenas em defesa (contestação) **E:** incorreta, pois as matérias preliminares de contestação estão dispostas no art. 337 do CPC. A prescrição deve ser alegada como prejudicial de mérito.

Gabarito "B".

14. TEMAS COMBINADOS

(Procurador/DF – CESPE – 2022) Acerca dos direitos dos trabalhadores, das leis e normas trabalhistas e do contrato de trabalho, julgue os itens seguintes.

(1) Após cada período de trabalho efetivo, ainda que dividido em dois turnos, será concedido ao empregado um intervalo intrajornada não inferior a 11 h.

(2) Todo contrato de trabalho deve ser acordado expressamente e firmado por escrito, não se admitindo a sua realização tácita ou verbal, exceto para os contratos de prestação de trabalho intermitente.

(3) O contrato por prazo determinado é aquele cuja vigência depende de termo prefixado, da execução de serviços de caráter transitório ou do acontecimento suscetível de previsão aproximada, como, por exemplo, o contrato de experiência.

(4) O contrato de trabalho por prazo determinado não poderá ser estipulado por mais de um ano, sendo que o contrato de experiência não poderá exceder a sessenta dias.

1: incorreto, pois nos termos do art. 66 da CLT entre 2 (duas) jornadas de trabalho haverá um período mínimo de 11 (onze) horas consecutivas para descanso. 2: incorreto, pois nos termos do art. 443 da CLT o contrato individual de trabalho poderá ser acordado tácita ou expressamente, verbalmente ou por escrito, por prazo determinado ou indeterminado, ou para prestação de trabalho intermitente. Contudo, o contrato de trabalho intermitente deve ser celebrado por escrito, nos termos do art. 452-A, da CLT. 3: correto, pois nos termos do art. 443, § 1°, CLT considera-se como de prazo determinado o contrato de trabalho cuja vigência dependa de termo prefixado ou da execução de serviços especificados ou ainda da realização de certo acontecimento suscetível de previsão aproximada. O contrato de experiência é uma modalidade de contrato com prazo determinado previsto no art. 443, § 2°, c, da CLT. 4: incorreto, pois nos termos do art. 445 da CLT o contrato de trabalho por prazo determinado não poderá ser estipulado por mais de 2 (dois) anos. Já o contrato de experiência, nos termos

do parágrafo único do art. 445 da CLT o contrato de experiência não poderá exceder de 90 (noventa) dias.

Gabarito 1E, 2E, 3C, 4E

(Procurador/DF – CESPE – 2022) Julgue os próximos itens, relativos ao direito do trabalho.

(1) A CLT permite o ajuste tácito e individual para compensação de jornada, desde que a compensação ocorra no mesmo mês.

(2) Empregado acometido por enfermidade que gere seu afastamento do trabalho e por consequência lhe garanta o recebimento de auxílio-doença pelo período de cinco meses consecutivos perderá o direito a férias do período aquisitivo em que se der o afastamento.

(3) Nos termos da CLT, os valores recebidos pelo empregado a título de prêmio, abono, tíquete alimentação e ajuda de custo, ainda que habituais, não integram a remuneração, bem como não se incorporam ao contrato de trabalho.

(4) Para fins de equiparação salarial, a CLT determina que será de igual valor o trabalho feito com igual produtividade, mesma perfeição técnica e entre pessoas que trabalhem para o mesmo empregador, com diferença de tempo no serviço para esta empresa de até quatro anos. A diferença de tempo na função não poderá ser superior a dois anos. Tais regras não serão observadas quando o empregador tiver pessoal organizado em quadro de carreira, ainda que sem homologação ou registro em órgão público.

(5) Segundo entendimento pacificado na jurisprudência do TST, o pedido de pagamento de adicional de insalubridade por motivo diverso daquele existente e constatado em perícia judicial eximirá o empregador do pagamento do respectivo adicional pleiteado, em face da vinculação do direito ao pedido.

(6) Empregada gestante deve ser afastada da atividade insalubre sem prejuízo de sua remuneração e, caso não haja lugar salubre na empresa para o exercício de suas atividades, ela deverá ser afastada do trabalho, sendo essa hipótese considerada como gravidez de risco. Além disso, a gestante terá direito ao recebimento de salário-maternidade durante todo o período de afastamento.

1: correto, pois nos termos do art. 59, § 6°, CLT é lícito o regime de compensação de jornada estabelecido por acordo individual, tácito ou escrito, para a compensação no mesmo mês. 2: incorreto, pois nos termos do art. 133, IV, CLT perde o direito a férias o empregado que tiver percebido da Previdência Social prestações de acidente de trabalho ou de auxílio-doença por mais de 6 (seis) meses, ainda que descontínuos. 3: correto, pois reflete a disposição do art. 457, § 2°, CLT. 4: correto, pois reflete as disposições contidas no art. 461, §§ 1° e 2°, da CLT. 5: incorreto, pois nos termos da Súmula 293 do TST a verificação mediante perícia de prestação de serviços em condições nocivas, considerado agente insalubre diverso do apontado na inicial, não prejudica o pedido de adicional de insalubridade. 6: correta, pois reflete a disposição legal do art. 394-A, caput e § 3°, da CLT.

Gabarito 1C, 2E, 3C, 4C, 5E, 6C

(Procurador/PA – CESPE – 2022) Julgue os itens a seguir, acerca do Fundo de Garantia do Tempo de Serviço.

I. O salário in natura é considerado remuneração para efeito de incidência do Fundo de Garantia do Tempo de Serviço.

28. DIREITO DO TRABALHO

II. Segundo a jurisprudência do Supremo Tribunal Federal, nos contratos de trabalho firmados entre sujeitos de direito privado, o prazo prescricional aplicável à cobrança de valores não depositados no Fundo de Garantia do Tempo de Serviço é bienal, nos termos do art. 7.º, XXIX, da Constituição da República Federativa do Brasil.

III. Conforme entendimento firmado pelo Tribunal Superior do Trabalho, o ônus de comprovar a regularidade dos depósitos do Fundo de Garantia do Tempo de Serviço é do empregador.

IV. Em consonância com a Lei n.º 8.036/1990, o dever de recolher os valores referentes ao Fundo de Garantia do Tempo de Serviço na conta vinculada do empregado é obrigação de dar coisa certa.

Estão certos apenas os itens

(A) I e III.

(B) II e III.

(C) II e IV.

(D) I, II e IV.

(E) I, III e IV.

I: correto, pois nos termos do art. 458 da CLT as prestações in natura se incorporam ao salário. II: incorreto, pois de acordo com o tema 608 do STF o prazo prescricional aplicável à cobrança de valores não depositados no Fundo de Garantia por Tempo de Serviço (FGTS) é quinquenal, nos termos do art. 7º, XXIX, da Constituição Federal. III: correta, pois nos termos da Súmula 461 do TST É do empregador o ônus da prova em relação à regularidade dos depósitos do FGTS, pois o pagamento é fato extintivo do direito do autor. IV: incorreta, pois nos termos do enunciado 160 da Jornada de Direito Civil o dever de recolher valores referentes ao FGTS é uma obrigação de dar, obrigação pecuniária, não afetando a natureza da obrigação a circunstância de a disponibilidade do dinheiro depender da ocorrência de uma das hipóteses previstas no art. 20 da Lei n. 8.036/90. Trata-se de uma obrigação de dar coisa incerta, art. 243 do Código Civil.

Gabarito: "A".

(Procurador do Município – Boa Vista/RR – 2019 – CESPE/CEBRASPE) À luz da jurisprudência do Tribunal Superior do Trabalho e do STF, julgue os itens a seguir, a respeito de FGTS e de relação de trabalho e de emprego.

(1) Caso um contrato de trabalho entabulado pela administração pública seja declarado nulo por ausência de prévia aprovação do contratado em concurso público, o trabalhador não terá direito ao depósito do FGTS, ainda que tenha direito ao salário relativo aos serviços prestados.

(2) Na hipótese de contratação irregular de trabalhador mediante empresa interposta, não é gerado vínculo de emprego com a administração pública direta, indireta ou fundacional.

(3) O prazo prescricional aplicável à cobrança de valores não depositados a título de FGTS é quinquenal.

1: incorreta, pois nos termos da súmula 363 do TST a contratação de servidor público, após a CF/1988, sem prévia aprovação em concurso público, encontra óbice no respectivo art. 37, II e § 2º, somente lhe conferindo direito ao pagamento da contraprestação pactuada, em relação ao número de horas trabalhadas, respeitado o valor da hora do salário mínimo, e dos valores referentes aos depósitos do FGTS. 2: Correta, pois reflete a disposição contida na súmula 331, II, TST. 3: correta, pois reflete a disposição da súmula 362 TST.

Gabarito: 1E, 2C, 3C.

João, de dezoito anos de idade, foi contratado como frentista em um posto de gasolina localizado em Boa Vista – RR. O contrato de trabalho foi firmado em regime de tempo parcial para uma jornada de vinte e cinco horas semanais.

(Procurador do Município – Boa Vista/RR – 2019 – CESPE/CEBRASPE) Considerando essa situação hipotética, julgue os itens seguintes de acordo com a Constituição Federal de 1988 e a CLT.

(1) Como o contrato de trabalho de João foi firmado em regime de tempo parcial, é viável aumentar sua carga de trabalho em até seis horas suplementares semanais, mas, nessa hipótese, as horas suplementares deverão ser remuneradas com o acréscimo de trinta por cento sobre o salário-hora normal.

(2) É vedado a João converter um terço do período de férias a que tiver direito em abono pecuniário.

(3) A idade de João não constitui óbice ao exercício da atividade de frentista, uma vez que a Constituição Federal de 1988 admite o trabalho em condições de periculosidade aos maiores de dezoito anos de idade.

1: incorreta, pois embora nos termos do art. 58-A, §§ 3º e 4º, da CLT na hipótese de o contrato de trabalho em regime de tempo parcial ser estabelecido em número inferior a 26 horas semanais, as horas suplementares estão limitadas a 6 horas suplementares semanais, as horas suplementares serão pagas com o acréscimo de 50% sobre o salário-hora normal. 2. Incorreto, pois nos termos do art. 58-A, § 6º, CLT é facultado ao empregado contratado sob regime de tempo parcial converter um terço do período de férias a que tiver direito em abono pecuniário. 3. Correta, nos termos do art. 7º, XXXIII, CF.

Gabarito: 1E, 2E, 3C.

(Procurador do Estado/SP – 2018 – VUNESP) Assinale a alternativa correta a respeito das relações de emprego mantidas pela Administração Pública.

(A) Segundo a posição consolidada no Tribunal Superior do Trabalho, cabe dissídio coletivo de natureza econômica contra pessoa jurídica de direito público que mantenha empregados.

(B) O limite constitucional remuneratório (também conhecido como teto remuneratório), previsto no inciso XI do art. 37 da Constituição da República, não se aplica às empresas públicas, às sociedades de economia mista e suas subsidiárias, independentemente de receberem ou não recursos da União, dos Estados, do Distrito Federal ou dos Municípios para pagamento de despesas de pessoal ou de custeio em geral.

(C) A declaração de nulidade de contrato de trabalho, com base no art. 37, inciso II e § 2º, da Constituição da República (indispensabilidade de prévia aprovação em concurso público para a admissão em emprego público), não prejudica os direitos à percepção dos salários referentes ao período trabalhado e aos depósitos na conta vinculada do trabalhador no Fundo de Garantia do Tempo de Serviço (FGTS).

(D) De acordo com o Supremo Tribunal Federal, compete, à Justiça do Trabalho, julgar a abusividade de greve de empregados da Administração Pública direta, autarquias e fundações públicas.

(E) É juridicamente possível a aplicação, pelo Poder Judiciário, do art. 461 da Consolidação das Leis do Trabalho para conceder equiparação salarial entre empregados públicos de autarquias.

A: opção incorreta, pois nos termos da OJ 5 da SDC do TST, "em face de pessoa jurídica de direito público que mantenha empregados, cabe dissídio coletivo exclusivamente para apreciação de cláusulas de natureza social. Inteligência da Convenção n. 151 da Organização Internacional do Trabalho, ratificada pelo Decreto Legislativo n. 206/2010. **B:** opção incorreta, pois nos termos do art. 37, XI, da CF, em regra, o teto remuneratório não alcança as sociedades de economia mista e as empresas públicas. Porém, nos termos do § 9º do art. 37 da CF, o teto remuneratório se aplica às empresas públicas e às sociedades de economia mista, e suas subsidiárias, que receberem recursos da União, dos Estados, do Distrito Federal ou dos Municípios para pagamento de despesas de pessoal ou de custeio em geral. **C:** opção correta, pois nos termos da súmula 363 do TST, "a contratação de servidor público, após a CF/1988, sem prévia aprovação em concurso público, encontra óbice no respectivo art. 37, II e § 2º, somente lhe conferindo direito ao pagamento da contraprestação pactuada, em relação ao número de horas trabalhadas, respeitado o valor da hora do salário mínimo, e dos valores referentes aos depósitos do FGTS". **D:** opção incorreta, pois no julgamento do RE 846854/SP com repercussão geral, o STF fixou entendimento que a justiça comum, federal ou estadual, é competente para julgar a abusividade de greve de servidores públicos celetistas da Administração pública direta, autarquias e fundações públicas. Veja informativo 871 STF. **E:** opção incorreta, pois nos termos da OJ 297 da SDI 1 do TST, "o art. 37, inciso XIII, da CF/1988, veda a equiparação de qualquer natureza para o efeito de remuneração do pessoal do serviço público, sendo juridicamente impossível a aplicação da norma infraconstitucional prevista no art. 461 da CLT quando se pleiteia equiparação salarial entre servidores públicos, independentemente de terem sido contratados pela CLT". **HC**

Gabarito "C".

(Defensor Público Federal – DPU – 2017 – CESPE) A respeito do FGTS e do direito de greve, julgue os itens seguintes.

(1) Para o TST, a greve realizada com motivação política explícita, ainda que seja de curta duração, é abusiva.

(2) O empregado com deficiência poderá movimentar sua conta vinculada ao FGTS quando, por prescrição médica, necessitar adquirir órtese ou prótese para favorecer sua acessibilidade e inclusão social.

1: opção correta, pois o TST entende que a greve política, ou seja, greve contra uma lei ou Medida provisória é considerada abusiva por não ser autorizada pela ordem jurídica do País. Veja no TST julgamento do RO 1393-27.2013.5.02.0000. 2: opção correta, pois nos termos do art. 20, XVIII, da Lei 8.036/1990 a conta vinculada do trabalhador no FGTS poderá ser movimentada quando o trabalhador com deficiência, por prescrição, necessite adquirir órtese ou prótese para promoção de acessibilidade e de inclusão social. **HC**

Gabarito: 1C, 2C

(Defensor Público Federal – DPU – 2017 – CESPE) A respeito da estabilidade no trabalho e da terceirização trabalhista, julgue os itens a seguir, tendo como referência o entendimento dos tribunais superiores.

(1) A administração pública tomadora de serviços terceirizados será automaticamente responsável pelo pagamento de verbas trabalhistas que não forem adimplidas pela empresa prestadora, em razão da culpa presumida in vigilando do órgão público: a falta de fiscalização da execução do contrato de prestação de serviços.

(2) Situação hipotética: Em acordo coletivo de trabalho, foi incluída cláusula que aumenta o prazo de estabilidade provisória das empregadas gestantes admitidas por prazo indeterminado, de cento e oitenta dias para duzentos e dez dias. Assertiva: Nessa situação, a cláusula será válida, mesmo resultando em tratamento diferenciado entre as empregadas admitidas por prazo indeterminado e as admitidas por prazo determinado.

(3) Em razão do princípio constitucional de proteção ao nascituro, assegura-se à empregada pública grávida, mesmo que ela tenha sido contratada sem prévia aprovação em concurso público, a continuidade laboral em razão da garantia de emprego à gestante.

1: opção incorreta. Nos termos da súmula 331, item V, do TST Os entes integrantes da Administração Pública direta e indireta respondem subsidiariamente, nas mesmas condições do item IV, caso evidenciada a sua conduta culposa no cumprimento das obrigações da Lei n.º 8.666, de 21.06.1993, especialmente na fiscalização do cumprimento das obrigações contratuais e legais da prestadora de serviço como empregadora. A aludida responsabilidade não decorre de mero inadimplemento das obrigações trabalhistas assumidas pela empresa regularmente contratada. 2: opção correta, pois a SDC do TST no julgamento TST-RO-422-69.2016.5.08.0000, SDC, rel. Min. Maria de Assis Calsing, 5.6.2017 entendeu que É válida cláusula de acordo coletivo de trabalho que aumenta, de 180 para 210 dias, o prazo da estabilidade provisória das empregadas gestantes admitidas por prazo indeterminado. O tratamento diferenciado em relação às empregadas contratadas por prazo determinado não ofende o princípio da isonomia, pois a natureza do vínculo de trabalho, nas duas situações, é distinta. Ademais, a norma em questão é resultado da negociação entre os atores sociais e contou com a aprovação inequívoca da categoria profissional. 3: opção incorreta, pois a contratação de empregada pública, sem submissão a concurso público, sendo nula, não tem o condão de assegurar garantia de emprego à gestante. Veja (E-ED-RR – 175700-88.2007.5.04.0751 , Redator Ministro: Aloysio Corrêa da Veiga, Data de Julgamento: 17/04/2017, Tribunal Pleno, Data de Publicação: DEJT 30/06/2017). **HC**

Gabarito: 1E, 2C, 3E

(Defensor Público Federal – DPU – 2017 – CESPE) Com referência a duração do trabalho, interrupção do contrato de trabalho, férias e insalubridade, julgue os itens que se seguem.

(1) No período em que houver paralisação do serviço por culpa da empresa, ficará configurada a interrupção dos contratos de trabalho, de modo que não terão direito a férias os empregados que, no curso do período aquisitivo, deixarem de trabalhar — com percepção do salário — por mais de trinta dias devido à referida paralisação.

(2) De acordo com a jurisprudência do TST, será possível a cumulação de adicionais de insalubridade quando o empregado estiver sujeito a mais de um agente insalubre agressivo.

(3) Conforme o entendimento do TST, estará de acordo com a lei a concessão de repouso semanal remunerado após o sétimo dia consecutivo de trabalho, desde que a empresa pague o valor correspondente a um dia de trabalho do empregado.

1: opção correta, pois nos termos do art. 133, III, da CLT Não terá direito a férias o empregado que, no curso do período aquisitivo deixar de trabalhar, com percepção do salário, por mais de 30 (trinta) dias, em virtude de paralisação parcial ou total dos serviços da empresa. 2: opção incorreta, pois nos termos do art. 193, § 2º, da CLT o empregado poderá optar pelo adicional de insalubridade que porventura lhe seja devido. Veja julgamento do recurso E-RR-1072-72.2011.5.02.0384. **3**: opção incorreta, pois nos termos da OJ 410 da SDI 1 do TST viola o art. 7º, XV, da CF a concessão de repouso semanal remunerado após o sétimo dia consecutivo de trabalho, importando no seu pagamento em dobro. **HC**

Gabarito: 1C, 2E, 3E

(Defensor Público Federal – DPU – 2017 – CESPE) Julgue os itens a seguir, relativos a rescisão do contrato de trabalho e seguro-desemprego.

(1) Situação hipotética: Em determinado órgão público, constatado o aumento excessivo das despesas com pessoal, além do previsto na dotação orçamentária, anulou-se de ofício a nomeação de empregado público concursado que cumpria estágio probatório. Assertiva: Nessa situação, de acordo com o TST, a dispensa será nula, devendo-se determinar o retorno do empregado ao trabalho, uma vez que não houve o regular procedimento administrativo para assegurar o devido processo legal e a ampla defesa.

(2) Caso se identifique, em ação de fiscalização do Ministério do Trabalho, situação em que trabalhadores estejam reduzidos a condição análoga à de escravo, esses trabalhadores deverão ser resgatados e terão direito ao recebimento do seguro-desemprego.

(3) O empregado doméstico que for dispensado terá direito ao benefício do seguro-desemprego se a dispensa se der sem justa causa, mas não terá esse direito se a dispensa se der por justa causa ou por rescisão indireta.

1: opção correta. A SDI 2 do TST no julgamento TST-RO- 5904-64.2012.5.07.0000, SBDI-II, rel. Min. Douglas Alencar Rodrigues, 21.3.2017 decidiu de acordo com o entendimento consolidado pela Suprema Corte, viola o art. 5º, LV, da CF a dispensa de servidor municipal nomeado após aprovação em concurso público, ainda que em estágio probatório, com fundamento no art. 21, parágrafo único, da Lei de Responsabilidade Fiscal, quando não assegurado o contraditório e a ampla defesa em procedimento administrativo. Veja informativo 155 TST. **2**: opção correta, pois nos termos do art. 2º, I, da Lei 7.998/1990 o programa seguro-desemprego tem por finalidade prover assistência financeira temporária ao trabalhador desempregado em virtude de dispensa sem justa causa, inclusive a indireta, e ao trabalhador comprovadamente resgatado de regime de trabalho forçado ou da condição análoga à de escravo. **3**: opção incorreta, pois nos termos do art. 2º, I, da Lei 7.998/90 na hipótese de rescisão indireta o empregado terá o benefício do seguro-desemprego. **HC**

Gabarito: 1C, 2C, 3E

(Advogado União – AGU – CESPE – 2015) Julgue os itens a seguir, relativos a alteração contratual, comissão de conciliação prévia, férias e aviso prévio no direito do trabalho.

(1) Caso um empregado decida converter um terço do período de férias a que tiver direito em abono pecuniário, sobre essa verba incidirão o FGTS e a contribuição previdenciária.

(2) Conforme entendimento consolidado pelo TST, o contrato de trabalho celebrado sem concurso público por empresa pública que venha a ser privatizada será considerado válido e seus efeitos, convalidados.

(3) A comissão de conciliação prévia é órgão extrajudicial cuja atribuição legal é conciliar os conflitos individuais de trabalho, não podendo ela exercer a função de órgão de assistência e homologação de rescisão de contrato de trabalho.

(4) O aviso prévio é um instituto aplicado a contratos de emprego por prazo indeterminado, não incidindo em contratos a termo, visto que, nesse tipo de pacto, as partes ajustam, desde o início, o termo final.

1: incorreta, pois o abono pecuniário não integrará a remuneração do empregado para os efeitos da legislação do trabalho, art. 144 CLT. Veja súmula 386 STJ e OJ 195 SDI 1 TST; **2**: correta, pois, nos termos da súmula 430 TST, convalidam-se os efeitos do contrato de trabalho que, considerado nulo por ausência de concurso público, quando celebrado originariamente com ente da Administração Pública Indireta, continua a existir após a sua privatização; **3**: correta, pois, nos termos do art. 625-A CLT, as CCPs – Comissões de Conciliação Prévia – têm como atribuição tentar conciliar os conflitos individuais do trabalho. A CCP não poderá exercer a função de assistência e homologação de rescisão do contrato de trabalho; **4**: incorreta, pois ao contrato com prazo determinado que contiver a cláusula assecuratória do direito recíproco de rescisão, art. 481 da CLT, aplicam-se os princípios que regem a rescisão dos contratos por prazo indeterminado. Ademais, a súmula 163 do TST ensina que cabe aviso prévio nas rescisões antecipadas dos contratos de experiência, na forma do art. 481 da CLT. **HC**

Gabarito: 1E, 2C, 3C, 4E

(Advogado União – AGU – CESPE – 2015) Julgue os itens que se seguem, concernentes a duração do trabalho, remuneração, FGTS e contratos especiais de trabalho.

(1) Segundo decisão recente do STF, o prazo prescricional relativo aos valores não depositados no FGTS é quinquenal, haja vista esse fundo ser crédito de natureza trabalhista; entretanto, caso o prazo prescricional já esteja em curso, deverá ser aplicado o que ocorrer primeiro: trinta anos, contados do termo inicial, ou cinco anos, a partir do referido julgado.

(2) A aprendizagem é um contrato de trabalho especial que não gera vínculo empregatício entre as partes que o celebram, uma vez que o seu intento não é o exercício profissional em si, mas a formação educativa do menor.

(3) Embora a CF preveja a jornada de seis horas no trabalho realizado em turnos ininterruptos de revezamento, havendo permissão de trabalho de até oito horas por meio de negociação coletiva, o TST entende que os empregados abrangidos pela referida negociação não terão direito ao pagamento da sétima e da oitava hora como extras.

1: correta, pois reflete o disposto na súmula 362 do TST; **2**: incorreta. Isso porque, o aprendiz é um empregado, pois possui vínculo de emprego com a empresa contratante. No entanto, é importante ressaltar que a contratação efetivada por meio de entidades sem fins lucrativos que objetivam a assistência ao adolescente e à educação profissional não gera vínculo de emprego entre o aprendiz e a empresa tomadora dos serviços. Veja art. 431 da CLT de acordo com a redação dada pela Lei 13.420/2017; **3**: correta, pois, nos termos da súmula 423 do TST, estabelecida jornada superior a seis horas e limitada a oito horas por meio de regular negociação coletiva, os empregados submetidos a turnos ininterruptos de revezamento não têm direito ao pagamento da 7ª e 8ª horas como extras. **HC**

Gabarito: 1C, 2E, 3C

(Procurador do Estado/AM – 2016 – CESPE) No que concerne a rescisão do contrato de trabalho, indenizações e aviso prévio, julgue os itens que se seguem.

(1) O empregado tem direito a aderir a plano de demissão voluntária instituído por seu empregador no curso do seu aviso prévio.

(2) Segundo o TST, na hipótese de uma relação de emprego ter sido reconhecida apenas em juízo, não incidirá a multa pelo não pagamento das parcelas constantes do instrumento de rescisão ou recibo de quitação no prazo legal.

(3) Segundo o entendimento do TST, a ausência do pagamento das verbas rescisórias, por si só, é motivo suficiente para caracterizar a ocorrência de danos morais, mormente quando o empregador reconhecer a omissão.

1: opção correta, pois o aviso prévio, ainda que indenizado, integra o tempo de serviço do empregado, projetando o término do contrato de trabalho. Nesses termos, considerando os efeitos do aviso prévio, ainda que indenizado, de projetar o término do contrato de trabalho, uma vez implantado o PDV no período de aviso prévio do empregado, nada obsta que ele se beneficie do plano; **2:** opção incorreta, pois, nos termos da Súmula 462 do TST, o fato de a relação de emprego ter sido reconhecida apenas em juízo não tem o condão de afastar a incidência da multa prevista no art. 477, §8º, da CLT. A referida multa não será devida apenas quando, comprovadamente, o empregado der causa à mora no pagamento das verbas rescisórias; **3:** opção incorreta, pois o TST vem sustentando que o dano moral *in re ipsa* somente se revela nos casos de atrasos reiterados nos pagamentos salariais mensais, mas não no caso de atraso na quitação de verbas rescisórias. *Vide* TST Recurso de Revista 19507620105150058.

Gabarito 1C, 2E, 3E

(Defensoria Pública da União – CESPE – 2015) Quanto ao FGTS, ao seguro-desemprego e ao PIS, julgue os itens que se seguem.

(1) Segundo o STJ, o levantamento judicial do valor referente ao seguro-desemprego, que tem por finalidade prover assistência financeira ao trabalhador desempregado em virtude de dispensa sem justa causa, inclusive a indireta, e ao trabalhador resgatado de regime de trabalho forçado ou da condição análoga à de escravo, deve ser requerido à justiça do trabalho.

(2) O PIS, que financia o abono salarial correspondente ao valor equivalente a dois salários mínimos vigentes na época do pagamento, destina-se especificamente a auxiliar os trabalhadores na busca ou preservação do emprego, promovendo, para tanto, ações integradas de orientação, recolocação e qualificação profissional.

(3) A exigência, feita pelo empregador a um de seus empregados, para este prestar serviços alheios ao contrato de trabalho configura motivo que possibilita ao empregado a movimentação da respectiva conta vinculada no FGTS para saque do saldo referente ao contrato.

(4) Segundo recente entendimento do STF, o prazo prescricional para cobrança de valores não depositados no FGTS é de trinta anos, observado o limite de dois anos após a extinção do contrato de trabalho.

1: assertiva incorreta, pois a competência para levantamento judicial de valor referente ao seguro-desemprego é da Justiça Comum. Veja conflito de competência 112346 STJ e Súmula 161 STJ. **2:** assertiva incorreta, pois nos termos do art. 9º da Lei 7.998/1990 o abono será no valor máximo de 1 (um) salário-mínimo vigente na data do respectivo pagamento. Ademais, nos termos do art. 1º da LC 7/1970 PIS é destinado a promover a integração do empregado na vida e no desenvolvimento das empresas. **3:** assertiva correta, pois configura-se hipótese de rescisão indireta do contrato, autorizando a movimentação da conta de FGTS na forma do art. 20, I, da Lei 8.036/1990. **4:** assertiva incorreta, pois o TST modificou a redação da Súmula 362 para constar que para os casos em que a ciência da lesão ocorreu a partir de 13.11.2014, é quinquenal a prescrição do direito de reclamar contra o não recolhimento de contribuição para o FGTS, observado o prazo de dois anos após o término do contrato. Já para os casos em que o prazo prescricional já estava em curso em 13.11.2014, aplica-se o prazo prescricional que se consumar primeiro: trinta anos, contados do termo inicial, ou cinco anos, a partir de 13.11.2014.

Gabarito 1E, 2E, 3C, 4E

29. DIREITO PROCESSUAL DO TRABALHO

Hermes Cramacon

1. TEORIA GERAL E PRINCÍPIOS DO PROCESSO DO TRABALHO

(Procurador/PA – CESPE – 2022) Determinado empregado ajuizou, no início do ano corrente, reclamação trabalhista, obteve os benefícios da justiça gratuita, mas deixou de comparecer à audiência de instrução, sem motivo legalmente justificável. A reclamação foi arquivada, e o reclamante, condenado ao pagamento das custas processuais. A partir dessa situação hipotética, assinale a opção correta.

(A) O reclamante não poderá propor nova demanda caso não recolha as custas decorrentes do arquivamento da reclamação.

(B) Conforme a Consolidação das Leis do Trabalho e a jurisprudência do Tribunal Superior do Trabalho, além das custas processuais, o reclamante deveria ter sido condenado também em honorários advocatícios não inferiores à razão de 10% sobre o valor da causa.

(C) A condenação do empregado ao pagamento da verba de sucumbência foi incorreta, pois o Supremo Tribunal Federal declarou inconstitucional a norma que estabelece a obrigação do reclamante beneficiário da justiça gratuita de arcar com as custas de reclamação trabalhista arquivada em razão do seu não comparecimento à audiência de instrução.

(D) A reclamação não poderia ter sido arquivada, e a instrução deveria ter ocorrido normalmente, mesmo à revelia do reclamante.

(E) A condenação em custas do beneficiário da justiça gratuita, nesse caso, viola a garantia constitucional do acesso à justiça e não encontra amparo na Consolidação das Leis do Trabalho.

A: correta, pois nos termos do art. 844, § 2º, CLT tendo em vista que a ausência na audiência ocorreu sem motivo legalmente justificável, o empregado será condenado ao pagamento das custas calculadas na forma do art. 789 da CLT, ainda que beneficiário da justiça gratuita. Importante notar que o § 3º do próprio art. 844 da CLT determina que esse pagamento de custas é condição para a propositura de nova demanda. Sobre o tema importante destacar que no julgamento da ADI 5766 o STF reconheceu a constitucionalidade do art. 844, § 2º, CLT. B: incorreta, pois nos termos do art. 791-A da CLT os honorários advocatícios sucumbenciais serão fixados entre o mínimo de 5% (cinco por cento) e o máximo de 15% (quinze por cento) sobre o valor que resultar da liquidação da sentença, do proveito econômico obtido ou, não sendo possível mensurá-lo, sobre o valor atualizado da causa. C: incorreta, pois a ADI 5766 foi julgada improcedente em relação ao art. 844, § 2º, CLT o que importa dizer que a norma é constitucional. D: incorreta, pois o art. 844 da CLT determina que em caso de não comparecimento do reclamante à audiência a reclamação trabalhista deverá ser arquivada. E: incorreta, pois no julgamento da ADI 5766 o STF entendeu não haver violação a tal princípio. Ademais, a condenação ao pagamento de custas encontra amparo legal no art. 844, § 2º, da CLT cuja constitucionalidade foi reconhecida pelo STF.
Gabarito "A".

(Procurador Município – Teresina/PI – FCC – 2022) Em relação à competência da Justiça do Trabalho, conforme normas insculpidas na Constituição Federal do Brasil e na Consolidação das Leis do Trabalho,

(A) as ações relativas às penalidades administrativas impostas aos empregadores pelos órgãos de fiscalização das relações de trabalho não estão abrangidas na competência da Justiça do Trabalho, mas sim da Justiça Federal por envolver agente da União.

(B) a servidora municipal Afrodite deve ajuizar ação para reivindicar direitos relativos ao vínculo estatutário na Vara do Trabalho do município em que reside.

(C) a empregada Iris deve propor reclamação trabalhista, em regra, na Vara do Trabalho do município em que prestou os serviços ao empregador, ainda que tenha sido contratada em outra localidade.

(D) a competência da Vara do Trabalho se dá pela localidade em que o empregador tenha sua sede, como regra geral, em razão do princípio da execução menos gravosa ao devedor.

(E) o empregado Thor, que é viajante comercial da empresa Delta e atua em todo Estado do Piauí, deverá propor reclamação trabalhista na Vara do Trabalho de Teresina, Capital do Estado do PI.

A: incorreta, pois nos termos do art. 114, VII, CF a competência será da Justiça do Trabalho. B: incorreta, pois de acordo com a decisão proferida no julgamento da ADI 3395 a relação do servidor público estatutário está excluída da competência da Justiça do Trabalho. C: correta, pois nos termos do art. 651 da CLT a competência da Vara do Trabalho é determinada pela localidade onde o empregado, reclamante ou reclamado, prestar serviços ao empregador, ainda que tenha sido contratado no local ou no estrangeiro. D: incorreta, pois a competência da Vara do Trabalho (territorial) é determinada pela localidade onde o empregado, reclamante ou reclamado, prestar serviços ao empregador, ainda que tenha sido contratado noutro local ou no estrangeiro. E: incorreta, pois nos termos do art. 651, § 1º, CLT quando for parte de dissídio agente ou viajante comercial, a competência será da Junta da localidade em que a empresa tenha agência ou filial e a esta o empregado esteja subordinado e, na falta, será competente a Junta da localização em que o empregado tenha domicílio ou a localidade mais próxima.
Gabarito "C".

(Procurador/PA – CESPE – 2022) Em relação à competência da justiça do trabalho, julgue os seguintes itens.

I. Após a Emenda Constitucional n.º 45/2004, que deu nova redação ao art. 113 da Constituição Federal de 1988, as competências em razão da função e do território dos órgãos da justiça do trabalho passaram a ser definidas pela própria Constituição Federal de 1988.

II. O Supremo Tribunal Federal consolidou o entendimento de que a competência para processar e julgar ações atinentes ao meio ambiente do trabalho de servidor público estatutário é da justiça do trabalho.

HERMES CRAMACON

III. A justiça do trabalho é competente para processar e julgar interdito proibitório que tenha por objeto assegurar o livre acesso de trabalhadores ao local de trabalho que corre o risco de ser interditado em razão de movimento grevista de trabalhadores da iniciativa privada.

IV. Em conformidade com o entendimento atual do Supremo Tribunal Federal firmado em controle concentrado de constitucionalidade, a Constituição Federal de 1988 confere à justiça do trabalho jurisdição penal genérica, dada a interpretação sistemática dos incisos I, IV e IX do art. 114 do texto constitucional, alcançando, portanto, ações de caráter penal ou criminal.

Estão certos apenas os itens

(A) I e II.

(B) II e III.

(C) III e IV.

(D) I, II e IV.

(E) I, III e IV.

I: errado, pois a competência territorial é estabelecida pela CLT na forma do art. 651. II: certo, no julgamento da Reclamação (Rcl 52.816), reforçou o entendimento previsto na súmula 736 do STF compete à justiça do trabalho julgar as ações que tenham como causa de pedir o descumprimento de normas trabalhistas relativas à segurança, higiene e saúde dos trabalhadores. III: correto, pois reflete a disposição contida na súmula vinculante 23 do STF. IV: errado, pois O STF, na ADI 3684, decidiu, em definitivo, que a Justiça do Trabalho não tem competência para processar e julgar ações penais.
Gabarito "B".

(Procurador Município – Santos/SP – VUNESP – 2021) Conforme previsão expressa na CLT, assinale a alternativa que trata corretamente da audiência trabalhista.

(A) É facultado ao empregador fazer-se substituir por preposto que tenha conhecimento do fato, desde que este seja empregado da parte reclamada.

(B) Se por motivo poderoso, devidamente comprovado, não for possível ao empregado comparecer pessoalmente, poderá fazer-se representar por outro empregado que pertença à mesma profissão.

(C) É facultado ao empregador fazer-se substituir por preposto, sendo que este não precisa ser empregado da parte da reclamada e não precisa ter conhecimento dos fatos.

(D) Na hipótese de ausência do reclamante, este será condenado ao pagamento das custas, ainda que beneficiário da justiça gratuita, salvo se comprovar, no prazo de oito dias, que a ausência ocorreu por motivo legalmente justificável.

(E) Se ausente o reclamado, ainda que presente seu advogado na audiência, não poderão ser aceitos a contestação e os documentos.

A: incorreto, pois o preposto não precisa ser empregado da empresa reclamada, art. 843, § 3º, CLT. B: correto, pois nos termos do art. 843, § 2º, CLT Se por doença ou qualquer outro motivo poderoso, devidamente comprovado, não for possível ao empregado comparecer pessoalmente, poderá fazer-se representar por outro empregado que pertença à mesma profissão, ou pelo seu sindicato. C: incorreto, pois o preposto necessita ter conhecimentos dos fatos, art. 843, § 1º, CLT. D: incorreto, pois nos termos do art. 844, § 2º, da CLT o prazo é de 15 dias. E: incorreto, pois nos termos do art. 844, § 5º, da CLT Ainda que ausente o reclamado, presente o advogado na audiência, serão aceitos a contestação e os documentos eventualmente apresentados.
Gabarito "B".

(Procurador do Município – Boa Vista/RR – 2019 – CESPE/CEBRASPE) Considerando a reforma trabalhista e as súmulas do Tribunal Superior do Trabalho, julgue os itens a seguir, a respeito do princípio constitucional da indispensabilidade do advogado.

(1) Após a reforma trabalhista, o *jus postulandi* foi mitigado, limitando-se à primeira instância.

(2) O *jus postulandi* é aplicável a todos os recursos da seara trabalhista.

(3) O *jus postulandi* não é aplicável aos processos de jurisdição voluntária para homologação de acordo extrajudicial.

1. incorreto, pois nos termos da súmula 425 TST o *jus postulandi* limitasa às Varas do Trabalho e aos Tribunais Regionais do Trabalho. **2.** Incorreto, pois nos termos da súmula 425 TST o *jus postulandi* não alcança os recursos de competência do Tribunal Superior do Trabalho. **3:** Correto, pois nos termos do art. 855-B da CLT o processo de homologação de acordo extrajudicial terá início por petição conjunta, sendo obrigatória a representação das partes por advogado.
Gabarito: 1E, 2E, 3C.

(Procurador do Estado – PGE/MT – FCC – 2016) No estudo da Teoria Geral do Direito Processual do Trabalho com enfoque nos princípios, fontes, hermenêutica e nos métodos de solução dos conflitos trabalhistas,

(A) a autocomposição é uma técnica de solução dos conflitos que consiste na solução direta entre os litigantes diante da imposição de interesses de um sobre o outro, sendo exemplos desta modalidade permitida pela legislação que regula a ordem trabalhista a greve, o locaute, o poder disciplinar do empregador e a autotutela sindical.

(B) por força do princípio da subsidiariedade previsto expressamente no texto consolidado, o direito processual comum será aplicado na Justiça do Trabalho exclusivamente pelo critério da omissão da lei processual trabalhista.

(C) os dissídios individuais ou coletivos submetidos à apreciação da Justiça do Trabalho serão sempre sujeitos à conciliação e, não havendo acordo, o juízo conciliatório converter-se-á, obrigatoriamente, em arbitral; sendo lícito às partes celebrar acordo que ponha termo ao processo, mesmo depois de encerrado o juízo conciliatório.

(D) os costumes, a jurisprudência, a analogia e a autonomia privada coletiva são considerados fontes materiais do direito processual do trabalho, conforme previsão expressa contida na Consolidação das Leis do Trabalho.

(E) os princípios da irrecorribilidade das decisões interlocutórias e da execução *ex officio* das sentenças se restringem aos processos que tramitam pelo rito sumaríssimo na Justiça do Trabalho.

A: incorreta. O *lockout* é proibido no Brasil, nos termos do art. 17 da Lei 7.783/1989, que dispõe que: "Fica vedada a paralisação das atividades, por iniciativa do empregador, com o objetivo de frustrar negociação ou dificultar o atendimento de reivindicações dos respectivos empregados"; **B:** incorreta, pois, nos termos do art. 769 da CLT, nos casos omissos, o direito processual comum será fonte subsidiária do direito

29. DIREITO PROCESSUAL DO TRABALHO | **911**

processual do trabalho, exceto naquilo em que for incompatível com suas normas e princípios; **C:** correta, pois, nos termos do art. 764 da CLT, os dissídios individuais ou coletivos submetidos à apreciação da Justiça do Trabalho serão sempre sujeitos à conciliação. O § 2º do mesmo art. 764 da CLT estabelece que, não havendo acordo, o juízo conciliatório converter-se-á obrigatoriamente em arbitral, proferindo decisão. Por fim, o § 3º do citado dispositivo legal determina que é lícito às partes celebrar acordo que ponha termo ao processo, ainda mesmo depois de encerrado o juízo conciliatório; **D:** incorreta, pois os costumes, a jurisprudência, a analogia e a autonomia privada coletiva, são considerados fontes supletivas do Direito do Trabalho, conforme art. 8º, CLT; **E:** incorreta, pois ambos os princípios são aplicados na Justiça do Trabalho, em ambos os procedimentos. HC
Gabarito "C".

(Procurador do Estado – PGE/MT – FCC – 2016) Na reclamação trabalhista ajuizada por Diana em face da sua empregadora AMAS – Autarquia Municipal de Assistência Social do Município de Campo Grande, foram analisados dois pedidos. A sentença deferiu a pretensão de maior valor e rejeitou a de menor expressão econômica. Na presente situação, de acordo com as regras da Consolidação das Leis do Trabalho, a responsabilidade pelas custas processuais será:

(A) do réu, que deverá arcar com metade do valor, uma vez que sucumbente apenas em um dos dois pedidos, à base de 1% sobre o valor atribuído à causa.

(B) do réu, que deverá arcar com o pagamento integral à base de 2% sobre o valor da causa, sem isenção, porque tal benefício atinge apenas os órgãos da Administração direta, não abrangendo entes da Administração indireta como as Autarquias.

(C) de ambas as partes, em rateio de 50%, visto que houve sucumbência parcial, ou seja, foram formulados dois pedidos, um foi acolhido e o outro rejeitado; à base de 2% sobre o valor de cada pedido.

(D) do réu, que arcará com o pagamento integral, visto que foi vencido, ainda que em um pedido, à base de 2% sobre o valor da condenação, ficando a Autarquia Municipal, todavia, isenta na forma da lei.

(E) de cada uma das partes, na proporção exata de cada pedido, visto que houve sucumbência recíproca, à base de 1% sobre o valor de cada pedido.

"D" é a opção correta. Isso porque, nos termos do art. 789, § 1º, CLT, as custas serão pagas pelo vencido após o trânsito em julgado da decisão. No caso de recurso, serão pagas e comprovado o recolhimento dentro do prazo recursal, em conformidade com a súmula 245 do TST. Assim, ainda que a ação tenha sido julgada parcialmente procedente, as custas serão de responsabilidade da reclamada. Serão calculadas na base de 2% sobre o valor da condenação, com base no art. 789, I, CLT. Contudo, nos termos do art. 790-A, I, CLT, a Administração direta está isenta do recolhimento. HC
Gabarito "D".

(Defensoria Pública da União – CESPE – 2015) Julgue os itens subsequentes, relativos à competência e à prescrição no processo trabalhista e aos princípios gerais que norteiam esse processo.

(1) Se um contrato de trabalho for suspenso em virtude da percepção de auxílio-doença pelo empregado, o prazo da prescrição quinquenal para a pretensão de créditos trabalhistas relativos a esse contrato ficará

suspenso, continuando a fluir quando do retorno do empregado ao trabalho.

(2) A justiça do trabalho é competente para julgar as demandas instauradas entre pessoas jurídicas de direito privado integrantes da administração pública indireta e seus empregados, cuja relação é regida pela CLT, independentemente de a ação ser relativa ao período pré-contratual.

(3) Amplamente admitido no direito material do trabalho, o princípio da busca da verdade real não se aplica ao direito processual do trabalho, uma vez que a finalidade do processo é a justa e igualitária composição do litígio com mesmos direitos ao contraditório e à ampla defesa.

1: assertiva incorreta, pois nos termos da OJ 375 da SDI 1 do TST a suspensão do contrato de trabalho, em virtude da percepção do auxílio-doença ou da aposentadoria por invalidez, não impede a fluência da prescrição quinquenal, ressalvada a hipótese de absoluta impossibilidade de acesso ao Judiciário. **2:** assertiva correta, pois de acordo com o art. 114, I, CF e o julgamento da ADI 3395-6 a Justiça do Trabalho é competente para as ações ajuizadas entre pessoas jurídicas de direito privado integrantes da administração pública indireta e seus empregados, cuja relação é regida pela CLT, nos períodos pré-contratual, contratual ou pós-contratual. **3:** assertiva incorreta, pois embora o princípio da verdade real seja derivado do direito material do trabalho, onde se busca a primazia da realidade, no campo processual o princípio da verdade real vem disposto no art. 765 da CLT, que assim dispõe: "Os Juízos e Tribunais do Trabalho terão ampla liberdade na direção do processo e velarão pelo andamento rápido das causas, podendo determinar qualquer diligência necessária ao esclarecimento delas".
Gabarito 1E, 2C, 3E

2. COMPETÊNCIA

(Analista Judiciário – TRT/8ª – 2016 – CESPE) Carlo, cidadão brasileiro domiciliado em Minas Gerais, veterinário e advogado, ex-empregado público de autarquia federal sediada unicamente em Brasília – DF, foi demitido sem justa causa em 27/1/2015, na capital federal, local onde os serviços foram prestados. Em 28/1/2016, Carlo propôs em juízo pedido de indenização no valor total de R$ 20.000, por entender que diversos de seus direitos trabalhistas haviam sido violados.

Nessa situação hipotética,

(A) ambas as partes estão imunes do pagamento de custas processuais.

(B) é obrigatória a adoção do rito processual sumaríssimo.

(C) a propositura da ação trabalhista foi extemporânea, em virtude do instituto da prescrição.

(D) caso não haja conciliação prévia, deve-se adotar a forma verbal para a reclamação trabalhista.

(E) o foro competente para apreciação da lide, em primeira instância, seria o Distrito Federal.

A: opção incorreta, pois a entidade autárquica está isenta do pagamento de custas, nos termos do art. 790-A, I, CLT. Já o reclamante Carlo não está isento do recolhimento de custas, se for o caso. A justiça gratuita será concedida à pessoa com insuficiência de recursos, nos termos do art. 790, §§ 3º e 4º, da CLT; **B:** opção incorreta, pois, nos termos do art. 852-A, parágrafo único, da CLT, estão excluídas do procedimento sumaríssimo as demandas em que é parte a Administração Pública direta, autárquica e fundacional; **C:** opção incorreta, pois o prazo prescricional de 2 anos disposto no art. 7º, XXIX, da CF e art. 11 da CLT foi respeitado; **D:** opção incorreta, pois a petição inicial poderá ser apresentada de forma escrita

ou verbal, nos termos do art. 840 da CLT; **E:** opção correta, pois, nos termos do art. 651 da CLT, a competência para ajuizamento da reclamação trabalhista, em regra, é determinada pela localidade onde o empregado, reclamante ou reclamado prestar serviços ao empregador.
Gabarito "E".

(Procurador do Estado/PR – 2015 – PUC-PR) O Constituinte prevê a possibilidade de contratação de servidores por tempo determinado para atender à necessidade temporária de excepcional interesse público, observando os parâmetros da lei (art. 37, IX, CF). Em vários casos concretos, o Administrador Público Estadual tem optado em fazer essa contratação pelo regime previsto na Consolidação das Leis do Trabalho (CLT). Caso o sindicato dos servidores públicos promova uma ação judicial questionando a violação de direitos trabalhistas dos servidores temporários (regidos pela CLT), na visão do Supremo Tribunal Federal, a competência para essa ação será da:

(A) Justiça Federal.

(B) Justiça Estadual.

(C) Justiça do Trabalho.

(D) Justiça do Trabalho e da Justiça Federal, simultaneamente.

(E) Justiça Estadual e da Justiça do Trabalho, concorrentemente.

A: opção incorreta, pois a competência da Justiça Federal está disposta no art. 109 da CF. **B:** opção correta. No julgamento da ADI 3395-6 o STF entendeu que a relação de trabalho entre o Poder Público e seus servidores apresenta caráter jurídico-administrativo e, portanto, a competência para dirimir conflitos entre as duas partes é sempre da Justiça comum, e não da Justiça do Trabalho, ainda que o servidor seja contratado pelo regime da Consolidação das Leis do Trabalho. **C:** opção incorreta, pois a competência da Justiça do Trabalho está disposta no art. 114 da CF. **D:** opção incorreta nem a Justiça do Trabalho nem a Justiça Federal são competentes para processar e julgar a ação em tela. **E:** opção incorreta, pois não existe no caso competência concorrente entre a Justiça Comum Estadual e a Justiça do Trabalho.
Gabarito "B".

3. NULIDADES

(Analista Judiciário – TRT/8ª – 2016 – CESPE) Acerca das nulidades e exceções aplicáveis ao processo do trabalho, assinale a opção correta.

(A) O pronunciamento da nulidade depende do consentimento da parte que lhe tiver dado causa.

(B) Pronunciada determinada nulidade, deverá ser declarada, consequentemente, a nulidade de todos os demais atos processuais.

(C) Na justiça do trabalho, admitem-se exceções apenas em matéria de defesa quanto ao mérito.

(D) O juiz da causa é obrigado a dar-se por suspeito nas situações em que o autor da ação for de sua íntima relação pessoal.

(E) A nulidade do processo judicial deve ser declarada em juízo de admissibilidade pela secretaria judicial à qual a ação trabalhista for distribuída.

A: opção incorreta, pois, nos termos do art. 795 da CLT, as nulidades não serão declaradas senão mediante provocação de quaisquer das partes, as quais deverão argui-las na primeira oportunidade em que tiverem de falar em audiência ou nos autos; **B:** opção incorreta, pois, nos termos do art. 281 do CPC/2015, anulado o ato, consideram-se de

nenhum efeito todos os subsequentes que dele dependam, todavia, a nulidade de uma parte do ato não prejudicará as outras que dela sejam independentes. Nesse mesmo sentido, determina o art. 797 da CLT que o juiz ou Tribunal que pronunciar a nulidade declarará os atos a que ela se estende; **C:** opção incorreta, pois, nos termos do art. 799 da CLT, as exceções de incompetência territorial, suspeição e impedimento serão opostas com suspensão do feito; **D:** opção correta, pois reflete o disposto no art. 801, b, da CLT; **E:** opção incorreta, pois a nulidade será declarada por um juiz ou pelo Tribunal, nunca pela secretaria.
Gabarito "D".

4. PROVAS

(Analista Judiciário – TRT/8ª – 2016 – CESPE) Em relação às provas no processo do trabalho e à aplicação subsidiária do Código de Processo Civil (CPC), assinale a opção correta.

(A) É admissível o testemunho de surdo-mudo por meio de intérprete nomeado pela parte interessada no depoimento, ficando as custas do intérprete a cargo da justiça do trabalho.

(B) É permitido à testemunha recusar-se a depor.

(C) No processo do trabalho, admite-se o testemunho de pessoa na condição de simples informante, o que significa que ela não precisa prestar compromisso.

(D) Não se admite como testemunha o estrangeiro que residir no país, mas não falar a língua portuguesa.

(E) No processo do trabalho, em consequência da aplicação subsidiária do CPC, a regra geral é que a parte requerida detém o ônus da prova.

A: opção incorreta, pois, nos termos do art. 819, § 1º, da CLT, o intérprete será nomeado pelo juiz. As despesas correrão por conta da parte sucumbente, salvo se beneficiária de justiça gratuita, art. 819, § 2º, da CLT; **B:** opção incorreta, pois, nos termos do art. 448 do CPC/2015, a testemunha não é obrigada a depor sobre fatos que lhe acarretem grave dano, bem como ao seu cônjuge ou companheiro e aos seus parentes consanguíneos ou afins, em linha reta ou colateral, até o terceiro grau ou a cujo respeito, por estado ou profissão, deva guardar sigilo. Veja também o art. 463 do CPC, que ensina que o depoimento prestado pela testemunha em juízo é considerado serviço público; **C:** opção correta, pois, nos termos do art. 829 da CLT, a testemunha que for parente até o terceiro grau civil, amigo íntimo ou inimigo de qualquer das partes não prestará compromisso, e seu depoimento valerá como simples informação; **D:** opção incorreta, pois, nos termos do art. 819 da CLT, o depoimento das partes e testemunhas que não souberem falar a língua nacional será feito por meio de intérprete nomeado pelo juiz; **E:** opção incorreta, pois, nos termos do art. 818, I, da CLT, o ônus da prova incumbe, ao reclamante, quanto ao fato constitutivo de seu direito. Já o inciso II determina que O ônus da prova incumbe ao reclamado, quanto à existência de fato impeditivo, modificativo ou extintivo do direito do reclamante; na mesma linha, o art. 373 do CPC/2015 ensina que o ônus da prova incumbe ao autor, quanto ao fato constitutivo de seu direito, e ao réu, quanto à existência de fato impeditivo, modificativo ou extintivo do direito do autor.
Gabarito "C".

5. PROCEDIMENTO (INCLUSIVE, ATOS PROCESSUAIS)

(Procurador do Estado – PGE/MT – FCC – 2016) Conforme normas celetistas e entendimento sumulado do Tribunal Superior do Trabalho, no Inquérito para Apuração de Falta Grave,

(A) se tiver havido prévio reconhecimento da estabilidade do empregado, o julgamento do inquérito pela Vara do Trabalho não prejudicará a execução para paga-

29. DIREITO PROCESSUAL DO TRABALHO

mento dos salários devidos ao empregado, até a data da instauração do referido inquérito.

(B) na fase de instrução processual, cada uma das partes poderá indicar no máximo cinco testemunhas, sendo admissível a realização de prova pericial.

(C) reconhecida a inexistência de falta grave praticada pelo empregado, fica o empregador obrigado a readmiti-lo no serviço e com pagamento dos salários em dobro a que teria direito no período da suspensão.

(D) o dirigente sindical titular somente poderá ser dispensado por falta grave mediante a apuração em inquérito judicial, o que não ocorre com o suplente.

(E) para a instauração do inquérito para apuração de falta grave contra empregado estável, o empregador apresentará reclamação por escrito à Vara do Trabalho, dentro de noventa dias, contados da data da suspensão do empregado.

"A" é a opção correta. Isso porque, nos termos do art. 855 da CLT, se tiver havido prévio reconhecimento da estabilidade do empregado, o julgamento do inquérito não prejudicará a execução para pagamento dos salários devidos ao empregado, até a data da instauração do mesmo inquérito. **HC**

Gabarito "A".

(Procurador do Estado – PGE/PA – UEPA – 2015) Quanto às normas processuais que regem os dissídios individuais submetidos à Justiça do Trabalho, é correto afirmar que:

(A) a compensação é uma forma de extinção das obrigações que só poderá ser arguida como matéria de defesa e, na Justiça do Trabalho, está restrita a dívidas de natureza trabalhista.

(B) não é admissível reconvenção em ação declaratória.

(C) os créditos trabalhistas são executados no próprio processo trabalhista e não no juízo falimentar.

(D) as prerrogativas processuais da Fazenda Pública são limitadas na Justiça do Trabalho em razão da natureza do crédito trabalhista e do princípio da celeridade, a exemplo da dispensa da expedição de precatório para pagamento dos débitos judiciais pelo Ente Público.

(E) não são devidos honorários advocatícios no processo do trabalho quando o sindicato figure como substituto processual do reclamante.

A: correta, pois, nos termos do art. 767 da CLT, a compensação só poderá ser arguida como matéria de defesa. Ademais, nos termos da súmula 18 do TST, a compensação, na Justiça do Trabalho, está restrita a dívidas de natureza trabalhista; **B:** incorreta, pois, nos termos da súmula 258 do STF, é admissível reconvenção em ação declaratória; **C:** incorreta, pois serão executadas no juízo falimentar. Veja art. 768 da CLT e art. 6º, § 2º, da Lei 11.101/2005. Veja, também, STF – RE 583.955/RJ. Repercussão geral, Relator Ministro Ricardo Lewandowski, DJE 28.8.2009; **D:** opção incorreta, pois, embora as prerrogativas processuais da Fazenda Pública na Justiça do Trabalho sejam limitadas em virtude da natureza do crédito trabalhista (alimentar) e do princípio da celeridade, nem todos os débitos da Fazenda Pública estão sujeitos à dispensa de expedição de precatório. Veja súmula 303 do TST; **E:** incorreta, pois, nos termos do art. 791-A e § 1º da CLT, de acordo com a redação dada pela Lei 13.467/2017, ao advogado, ainda que atue em causa própria, serão devidos honorários de sucumbência, fixados entre o mínimo de 5% (cinco por cento) e o máximo de 15% (quinze por cento) sobre o valor que resultar da liquidação da sentença, do proveito econômico obtido ou, não sendo possível mensurá-lo, sobre o valor atualizado da causa **HC**

Gabarito "A".

(Procurador do Estado/AM – 2016 – CESPE) Julgue os seguintes itens, relativos aos procedimentos adotados em dissídios individuais da justiça do trabalho.

(1) Segundo o TST, não havendo no instrumento de mandato poderes expressos para substabelecer, serão inválidos os atos praticados pelo substabelecido.

(2) Estado da Federação pode figurar no polo passivo de demanda individual trabalhista de rito sumaríssimo; nesse caso, se for deferida prova pericial, a fazenda estadual será intimada a manifestar-se sobre o laudo no prazo dobrado de dez dias.

(3) Na instrução trabalhista, o momento da contradita ocorre logo após a testemunha firmar o compromisso de dizer a verdade sobre o que sabe e o que lhe for perguntado.

(4) Conforme entendimento do TST, caso um estado da Federação seja condenado em dissídio individual trabalhista, a decisão condenatória não estará sujeita ao reexame necessário se a condenação não ultrapassar o valor correspondente a quinhentos salários mínimos.

1: opção incorreta, pois, nos termos da súmula 395, III, do TST, são válidos os atos praticados pelo substabelecido, ainda que não haja, no mandato, poderes expressos para substabelecer (art. 667 e parágrafos, do Código Civil de 2002); **2:** opção incorreta, pois, nos termos do art. 852-A, parágrafo único, da CLT, estão excluídas do procedimento sumaríssimo as demandas em que é parte a Administração Pública direta, autárquica e fundacional; **3:** opção incorreta, pois, por aplicação do art. 457 do CPC/2015, a contradita deverá ser arguida após a qualificação da testemunha e antes de prestar o compromisso, sob pena de preclusão; **4:** opção correta, pois reflete o entendimento disposto na Súmula 303, I, b, do TST.

Gabarito 1E, 2E, 3E, 4C

6. EXECUÇÃO

(Procurador/DF – CESPE – 2022) Julgue o item que se segue, acerca da execução no processo do trabalho.

(1) A execução poderá ser garantida pelo executado por seguro-garantia judicial no valor total do débito, sendo ainda equivalente a dinheiro para efeito da gradação dos bens penhoráveis.

1: Errado, pois nos termos do art. 899, § 11, da CLT embora o depósito recursal possa ser substituído por fiança bancária ou seguro garantia judicial, nos termos do art. 835, § 2º, do CPC para fins de substituição da penhora, equiparam-se a dinheiro a fiança bancária e o seguro garantia judicial, desde que em valor não inferior ao do débito constante da inicial, acrescido de 30%.

Gabarito 1E.

(Procurador Município – Santos/SP – VUNESP – 2021) Nas execuções trabalhistas, é correto afirmar que

(A) será promovida exclusivamente pela parte credora.

(B) a liquidação não abrangerá o cálculo das contribuições previdenciárias.

(C) elaborada a conta e tornada líquida, o juízo deverá abrir as partes prazo comum de dez dias para abrir às partes impugnação.

(D) elaborada a conta e tornada líquida, o juízo deverá abrir às partes prazo sucessivo de oito dias para impugnação.

(E) elaborada a conta pela parte ou pelos órgãos auxiliares da Justiça do Trabalho, o juiz procederá à intimação da União para manifestação, no prazo de 10 (dez) dias, sob pena de preclusão.

A: incorreto, pois nos termos do art. 878 da CLT a execução será promovida pelas partes, permitida a execução de ofício pelo juiz ou pelo Presidente do Tribunal apenas nos casos em que as partes não estiverem representadas por advogado. B: incorreto, pois nos termos do art. 879, § 1º-A, da CLT a liquidação abrangerá, também, o cálculo das contribuições previdenciárias devidas. C: incorreto, pois nos termos do art. 879, § 2º, CLT da CLT o prazo será comum de 8 dias. D: incorreto, pois nos termos do art. 879, § 2º, CLT da CLT o prazo será comum e não sucessivo. E: correto, pois reflete a disposição do art. 879, § 3º, CLT da CLT.
Gabarito "E".

(Procurador Município – Teresina/PI – FCC – 2022) Em relação ao capítulo especial sobre a execução, no título que trata do Processo Judiciário do Trabalho, a Consolidação das Leis do Trabalho estabelece:

(A) A decisão judicial transitada em julgado somente poderá ser levada a protesto, gerar inscrição do nome do executado em órgãos de proteção ao crédito ou no Banco Nacional de Devedores Trabalhistas (BNDT), depois de transcorrido o prazo de 15 dias a contar da citação do executado.

(B) Garantida a execução ou penhorados os bens, terá o executado 5 dias para apresentar embargos, sendo que tal exigência de garantia ou penhora se aplica às empresas privadas, públicas, entidades filantrópicas e/ou àqueles que compõem ou compuseram a diretoria dessas instituições.

(C) A execução será promovida pelas partes, permitida a execução de ofício pelo Juiz ou pelo Presidente do Tribunal ainda que as partes estiverem representadas por advogado.

(D) Elaborada a conta e tornada líquida, o Juiz poderá abrir às partes prazo sucessivo de 10 dias para impugnação fundamentada com a indicação dos itens e valores objeto da discordância, sob pena de preclusão.

(E) O executado que não pagar a importância reclamada poderá garantir a execução mediante depósito da quantia correspondente, atualizada e acrescida das despesas processuais, apresentação de seguro-garantia judicial ou nomeação de bens à penhora, observada a ordem preferencial estabelecida no art. 835 do Código de Processo Civil.

A: incorreta, pois nos termos do Art. 883-A da CLT a decisão judicial transitada em julgado somente poderá ser levada a protesto, gerar inscrição do nome do executado em órgãos de proteção ao crédito ou no Banco Nacional de Devedores Trabalhistas (BNDT), nos termos da lei, depois de transcorrido o prazo de 45 dias a contar da citação do executado, se não houver garantia do juízo. B: incorreta, pois nos termos do Art. 884, § 6º, da CLT a exigência da garantia ou penhora não se aplica às entidades filantrópicas e/ou àqueles que compõem ou compuseram a diretoria dessas instituições. C: incorreta, pois nos termos do Art. 878 da CLT a execução será promovida pelas partes, permitida a execução de ofício pelo juiz ou pelo Presidente do Tribunal apenas nos casos em que as partes não estiverem representadas por advogado. D: incorreta, pois nos termos do Art. 879, § 2º, da CLT elaborada a conta e tornada líquida, o juízo DEVERÁ abrir às partes prazo comum de 8 dias para impugnação fundamentada com a indicação

dos itens e valores objeto da discordância, sob pena de preclusão. E: correta, pois reflete a disposição do Art. 882 da CLT.
Gabarito "E".

(Procurador do Estado/SP – 2018 – VUNESP) Assinale a alternativa correta a respeito da execução perante a Justiça do Trabalho.

(A) A inscrição do nome do executado no Banco Nacional de Devedores Trabalhistas (BNDT) poderá ocorrer imediatamente após o trânsito em julgado da decisão condenatória de pagamento de quantia certa.

(B) A execução será promovida pelas partes, permitida a execução de ofício pelo juiz ou pelo Presidente do Tribunal apenas nos casos em que as partes não estiverem representadas por advogado.

(C) De acordo com a Consolidação das Leis do Trabalho, cabe recurso ordinário da decisão proferida em embargos à execução.

(D) Compete à Justiça Federal executar, de ofício, as contribuições sociais previstas na alínea "a" do inciso I e no inciso II do *caput* do art. 195 da Constituição da República, e seus acréscimos legais, relativas ao objeto da condenação constante das sentenças proferidas pela Justiça do Trabalho e dos acordos por esta homologados.

(E) O Tribunal Superior do Trabalho entende que constitui indevido fracionamento do valor da execução (art. 100, § 8º, da Constituição da República) o pagamento individualizado do crédito devido pela Fazenda Pública, no caso de ação coletiva em que sindicato atua como substituto processual na defesa de direitos individuais homogêneos dos trabalhadores substituídos.

A: opção incorreta, pois nos termos do art. 883-A da CLT somente depois de transcorrido o prazo de 45 dias a contar da citação do executado, se não houver garantia do juízo, poderá haver a inscrição do nome do executado no Banco Nacional de Devedores Trabalhistas. B: opção correta, pois reflete a disposição contida no art. 878 da CLT. C: opção incorreta, pois nos termos do art. 897, *a*, da CLT, o recurso cabível na fase de execução é o agravo de petição. D: opção incorreta, pois a competência é da Justiça do Trabalho, art. 114, VIII, da CF. E: opção incorreta, pois o TST entende que, para se determinar a execução por precatório ou requisição de pequeno valor, deve-se aferir o crédito de cada reclamante, nos casos de reclamação plúrima. E, por isso, propôs que o mesmo entendimento deveria ser aplicado para o caso de substituição processual. Veja decisão: PROCESSO TST-E-ED-ED--RR-9091200-66.1991.5.04.0016. HC
Gabarito "B".

(Procurador Municipal – Prefeitura/BH – CESPE – 2017) Assinale a opção correta, a respeito da execução trabalhista, conforme o entendimento do TST.

(A) Os erros de cálculo que existirem na sentença não poderão ser corrigidos na liquidação de sentença, já que a fase de liquidação é igual à de execução.

(B) Na execução por carta precatória, salvo se o juízo deprecante indicar o bem constrito ou se a carta já tiver sido devolvida, os embargos de terceiro serão oferecidos no juízo deprecado.

(C) Superado o prazo de cento e oitenta dias do deferimento do processamento da recuperação judicial, a continuidade das execuções individuais trabalhistas retorna automaticamente.

29. DIREITO PROCESSUAL DO TRABALHO

(D) Depósito realizado em caderneta de poupança até o limite de quarenta salários mínimos é impenhorável, mesmo que essa conta esteja sendo utilizada como conta-corrente, sem o cunho de economia futura e segurança pessoal.

A: Incorreta, pois, nos termos do art. 494, I, CPC/2015, aplicado por força do art. 769 da da CLT e art. 15 do CPC/2015, erros de cálculo poderão ser corrigidos; **B:** correta, pois, nos termos da súmula 419 do TST, na execução por carta precatória, os embargos de terceiro serão oferecidos no juízo deprecado, salvo se indicado pelo juízo deprecante o bem constrito ou se já devolvida a carta (art. 676, parágrafo único, do CPC de 2015); **C:** incorreta, pois no julgamento do recurso ordinário 80169.95.2016.5.07.0000 o TST entendeu que deferido o processamento ou aprovado o plano de recuperação judicial, não cabe o prosseguimento automático das execuções individuais, mesmo após decorrido o prazo de 180 dias previsto no art. 6º, § 4º, da Lei 11.101/2005, de modo que, ao juízo trabalhista, fica vedada a alienação ou disponibilização de ativos da empresa executada; **D:** incorreta, pois se a conta poupança estiver sendo utilizada como conta-corrente, os valores nela depositados não são impenhoráveis. Veja Informativo TST Execução 22. **HC**

Gabarito "B".

(Procurador do Estado – PGE/MT – FCC – 2016) Em execução trabalhista foi penhorado um bem imóvel de propriedade da empresa executada Delta & Gama Produções S/A para garantia do juízo. Houve a interposição de embargos à execução, que foram rejeitados pelo Juiz da execução. Nessa situação, caberá à executada interpor:

(A) agravo de instrumento no prazo de 15 dias.

(B) recurso de revista no prazo de 8 dias.

(C) recurso ordinário no prazo de 8 dias.

(D) embargos no prazo de 15 dias.

(E) agravo de petição no prazo de 8 dias.

"E" é a opção correta. O agravo de petição está previsto no art. 897, *a*, da CLT, como sendo o recurso cabível, no prazo de 8 (oito) dias, em face das decisões do Juiz do Trabalho proferidas na fase de execução de sentença. **HC**

Gabarito "E".

(Procurador – IPSMI/SP – VUNESP – 2016) Tratando-se de execução em reclamações plúrimas, em face da Fazenda Pública,

(A) não é possível a dispensa de formação do precatório.

(B) para efeito de dispensa de formação do precatório e aplicação da requisição de pequeno valor (art.100, § 3º, CF) deve ser considerado o valor total da execução.

(C) para efeito de dispensa de formação do precatório e aplicação da requisição de pequeno valor (art.100, § 3º, CF) deve ser considerado o valor do crédito de cada reclamante.

(D) caberá ao magistrado decidir se expede o precatório, de acordo com sua livre convicção.

(E) caberá aos reclamantes o fornecimento das peças para formação do precatório, independentemente do valor do crédito exequendo.

"C" é a resposta correta. Isso porque a OJ 9 do Tribunal Pleno/Órgão Especial do TST entende que tratando-se de reclamações trabalhistas plúrimas, a aferição do que vem a ser obrigação de pequeno valor, para efeito de dispensa de formação de precatório e aplicação do disposto no § 3º do art. 100 da CF/88, deve ser realizada considerando-se os créditos de cada reclamante. **HC**

Gabarito "C".

7. RECURSOS

(Procurador/PA – CESPE – 2022) Determinada empresa pública ingressou com ação rescisória, a fim de desconstituir decisão de mérito em dissídio individual transitada em julgado. O órgão colegiado competente do tribunal regional do trabalho julgou o processo sem resolução de mérito, sob o argumento de que a inicial não havia sido instruída com os documentos necessários ao exercício do juízo rescisório. Inconformada, a empresa pública interpôs recurso ao Tribunal Superior do Trabalho.

Considerando essa situação hipotética, assinale a opção correta.

(A) O recurso cabível na espécie é o recurso de revista.

(B) No julgamento do recurso interposto pela empresa pública, caso seja constatado que não lhe foi possibilitada a retificação do vício em momento oportuno, deverão ser anulados de ofício os atos processuais perpetrados após o ajuizamento da ação rescisória.

(C) Caso o documento não juntado à inicial fosse a prova do trânsito em julgado da decisão rescindenda, o correto seria o indeferimento liminar da inicial, sendo, nessa hipótese, desnecessário abrir prazo para que a parte autora suprisse o vício.

(D) Por se tratar de dissídio individual, a competência originária para processamento e julgamento da ação rescisória é de uma das varas do trabalho vinculada ao tribunal em que foi proferida a decisão transitada em julgado.

(E) Por integrar a administração pública indireta, a empresa pública está dispensada do depósito prévio de 20% do valor da causa a que se refere o caput do art. 836 da Consolidação das Leis do Trabalho.

A: incorreto, pois o recurso cabível é o recurso ordinário, com fulcro no art. 895, II, CLT. Veja, também, súmula 158 TST. **B:** correto, pois nos termos do art. 281 do CPC anulado o ato, consideram-se de nenhum efeito todos os subsequentes que dele dependam **C:** incorreto, pois nos termos da súmula 299, II, TST verificando o relator que a parte interessada não juntou à inicial o documento comprobatório, abrirá prazo de 15 (quinze) dias para que o faça (art. 321 do CPC de 2015), sob pena de indeferimento. **D:** incorreto, pois a competência funcional é do TRT, nos termos do art. 678, I, c, 2, da CLT. **E:** incorreta, pois nos termos do art. 968, § 1º, CPC não há dispensa para empresa pública. **B**

Gabarito "B".

(Procurador/PA – CESPE – 2022) No que se refere aos recursos no processo do trabalho, julgue os itens que se seguem.

I. Conforme o princípio da concentração, a decisão que acolhe exceção de incompetência territorial é irrecorrível, podendo, no entanto, ser questionada por mandado de segurança dirigido ao tribunal regional do trabalho a que se vincula o juízo excepcionado.

II. Em conformidade com a Consolidação das Leis do Trabalho, contra a sentença de liquidação cabe agravo de petição.

III. Mesmo sem previsão na Consolidação das Leis do Trabalho, a interposição de recurso de revista adesivo é compatível com o processo do trabalho, segundo jurisprudência do Tribunal Superior do Trabalho, sendo desnecessário que a matéria nele vinculada esteja relacionada com a do recurso interposto pela parte contrária.

IV. Os embargos de divergência podem ser manejados no rito sumaríssimo, caso decisão de turma do Tribunal Superior do Trabalho contrarie súmula vinculante do Supremo Tribunal Federal.

Estão certos apenas os itens

(A) I e II.

(B) II e III.

(C) III e IV.

(D) I, II e IV.

(E) I, III e IV.

I: errado, pois nos termos da súmula 214, c, TST a decisão comporta interposição de recurso ordinário, desde que a remessa seja para TRT distinto ao juízo excepcionado. II: errado, pois a sentença de liquidação por possuir natureza jurídica de decisão interlocutória, não desafia a interposição de agravo de petição. III: correto, pois nos termos da súmula 283 do TST o recurso adesivo é compatível com o processo do trabalho e cabe, no prazo de 8 (oito) dias, nas hipóteses de interposição de recurso ordinário, de agravo de petição, de revista e de embargos, sendo desnecessário que a matéria nele veiculada esteja relacionada com a do recurso interposto pela parte contrária. IV: correta, pois reflete o entendimento disposto na súmula 458 do TST e art. 894, II, CLT. Gabarito "C".

(Procurador Município – Santos/SP – VUNESP – 2021) Nos termos da CLT, da decisão interlocutória que acolher ou rejeitar o incidente de desconsideração da personalidade jurídica

(A) na fase de cognição, não cabe recurso de imediato.

(B) na fase de execução, não cabe recurso de imediato.

(C) cabe agravo de petição se proferida pelo relator em incidente instaurado originariamente no tribunal.

(D) na fase de cognição, cabe agravo de petição, independentemente de garantia do juízo.

(E) na fase de execução, cabe agravo de petição, se garantido o juízo.

A: correto, pois reflete a disposição legal do art. 855-A, § 1º, I, da CLT. B: incorreto, pois nos termos do art. 855-A, § 1º, II, da CLT na fase de execução, cabe agravo de petição, independentemente de garantia do juízo. C: incorreto, pois nos termos do art. 855-A, § 1º, III, da CLT caberá agravo interno se proferida pelo relator em incidente instaurado originariamente no tribunal. D: incorreto, pois na fase de cognição não caberá recurso, art. 855-A, § 1º, I, da CLT. E: incorreto, pois nos termos do art. 855-A, § 1º, II, da CLT na fase de execução, independentemente de garantia do juízo, caberá agravo de petição. Gabarito "A".

(Procurador Município – Santos/SP – VUNESP – 2021) Assinale a alternativa que trata corretamente do sistema recursal trabalhista nos termos da CLT.

(A) No Tribunal Superior do Trabalho, o Ministro Relator denegará seguimento aos embargos se a decisão recorrida estiver em discordância com súmula da jurisprudência do Tribunal Superior do Trabalho ou do Supremo Tribunal Federal.

(B) No Tribunal Superior do Trabalho cabem embargos de decisão unânime de julgamento que conciliar, julgar ou homologar conciliação em dissídios coletivos que excedam a competência territorial dos Tribunais Regionais do Trabalho e estender ou rever as sentenças normativas do Tribunal Superior do Trabalho.

(C) Cabe Recurso de Revista para Turma do Tribunal Superior do Trabalho das decisões proferidas em grau de recurso ordinário, em dissídio individual, pelos Tribunais Regionais do Trabalho, quando proferidas com violação literal de disposição de lei federal ou afronta direta e literal à Constituição Federal.

(D) Das decisões proferidas pelos Tribunais Regionais do Trabalho ou por suas Turmas, em execução de sentença, exceto em processo incidente de embargos de terceiro, não caberá Recurso de Revista, salvo na hipótese de ofensa direta e literal de norma da Constituição Federal.

(E) A decisão firmada em recurso repetitivo será aplicada aos casos em que se demonstrar que a situação de fato ou de direito é distinta das presentes no processo julgado sob o rito dos recursos repetitivos.

A: incorreto, pois denegará seguimento se a decisão estiver em consonância e não discordância, art. 894, § 3º, CLT. B: incorreto, pois caberá recurso de decisão não unânime, art. 894, I, CLT. C: correto, pois reflete a disposição do art. 896, c, da CLT. D: incorreto, pois nos termos do art. 896, § 2º, da CLT, inclusive no incidente de embargos de terceiro caberá recurso de revista. E: incorreto, pois nos termos do art. 896-C, § 16, da CLT a decisão firmada em recurso repetitivo não será aplicada aos casos em que se demonstrar que a situação de fato ou de direito é distinta das presentes no processo julgado sob o rito dos recursos repetitivos. Gabarito "C".

(Procurador do Estado/SP – 2018 – VUNESP) É correto afirmar a respeito do recurso de revista:

(A) nas execuções fiscais, não cabe recurso de revista por violação a lei federal.

(B) de acordo com a jurisprudência do Tribunal Superior do Trabalho, é cabível recurso de revista de ente público que não interpôs recurso ordinário voluntário da decisão de primeira instância, independentemente do agravamento, na segunda instância, da condenação imposta.

(C) é cabível recurso de revista interposto de acórdão regional prolatado em agravo de instrumento.

(D) o juízo de admissibilidade do recurso de revista exercido pela Presidência dos Tribunais Regionais do Trabalho abrange a análise do critério da transcendência das questões nele veiculadas.

(E) a admissibilidade do recurso de revista interposto de acórdão proferido em agravo de petição, na liquidação de sentença ou em processo incidente na execução, inclusive os embargos de terceiro, depende de demonstração inequívoca de violência direta à Constituição Federal.

A: opção incorreta, pois nos termos do art. 896, § 10, da CLT admite-se a interposição de recurso. **B:** opção incorreta, pois nos termos da OJ 334 da SDI 1 do TST, é "incabível recurso de revista de ente público que não interpôs recurso ordinário voluntário da decisão de primeira instância, ressalvada a hipótese de ter sido agravada, na segunda instância, a condenação imposta". **C:** opção incorreta, pois nos termos da súmula 218 do TST, "é incabível recurso de revista interposto de acórdão regional prolatado em agravo de instrumento". **D:** opção incorreta, pois nos termos do art. 896-A, § 6º, da CLT, "o juízo de admissibilidade do recurso de revista exercido pela Presidência dos Tribunais Regionais do Trabalho limita-se à análise dos pressupostos intrínsecos e extrínsecos do apelo, não abrangendo o critério da transcendência das questões nele veiculadas". **E:** opção correta, pois nos termos da súmula 266 do TST,

29. DIREITO PROCESSUAL DO TRABALHO   917

a "admissibilidade do recurso de revista interposto de acórdão proferido em agravo de petição, na liquidação de sentença ou em processo incidente na execução, inclusive os embargos de terceiro, depende de demonstração inequívoca de violência direta à Constituição Federal". **HC**

Gabarito "E".

(Procurador do Estado – PGE/PA – UEPA – 2015) Quanto às disposições legais acerca de recurso na Justiça do Trabalho, analise as afirmativas abaixo.

I. Não cabe mandado de segurança contra o ato judicial passível de recurso ou correição.

II. As decisões interlocutórias na Justiça do Trabalho são irrecorríveis mesmo quando terminativas do feito.

III. Salvo quando contrariarem a Constituição, não cabe recurso para o Supremo Tribunal Federal de quaisquer decisões da Justiça do Trabalho, inclusive dos presidentes dos seus Tribunais.

IV. A juntada de documentos na fase recursal só se justifica quando provado o justo impedimento para sua oportuna apresentação e se referir a fato anterior à sentença.

A alternativa que contém todas as afirmativas corretas é:

(A) II e III.

(B) I e III.

(C) II e IV.

(D) I e IV.

(E) III e IV.

I: correta, pois, nos termos da súmula 267 do STF, não cabe mandado de segurança contra ato judicial passível de recurso ou correição; **II:** incorreta, pois a decisão interlocutória terminativa de feito pode ser objeto de recurso imediato, como na hipótese trazida no art. 799, § 2º, CLT. Veja, ainda, a súmula 214 do TST; **III:** correta, pois, nos termos da súmula 505 do STF, salvo quando contrariarem a Constituição, não cabe recurso para o Supremo Tribunal Federal, de quaisquer decisões da Justiça do Trabalho, inclusive dos presidentes de seus Tribunais; **IV:** incorreta, pois, nos termos da súmula 8 do TST, a juntada de documentos na fase recursal só se justifica quando provado o justo impedimento para sua oportuna apresentação ou se referir a fato POSTERIOR à sentença. **HC**

Gabarito "B".

(Advogado União – AGU – CESPE – 2015) Com relação aos atos e procedimentos do processo do trabalho e a recursos trabalhistas, julgue os itens subsecutivos.

Das decisões das turmas do TST que divergirem entre si ou das decisões proferidas por seção de dissídios individuais cabem embargos de divergência no prazo de oito dias, os quais serão julgados pelo Pleno do TST.

Incorreta, pois, nos termos do art. 3º, III, *b*, da Lei 7.701/1988, o recurso será apreciado pela Seção de Dissídios Individuais do TST. **HC**

Gabarito "E".

(Advogado União – AGU – CESPE – 2015) Em audiências de reclamações trabalhistas em que a União seja parte, será obrigatório o comparecimento de preposto que tenha conhecimento do fato objeto da reclamação. Na ausência do representante judicial da União, poderá o preposto assinar e entregar a contestação.

Incorreta, pois, nos termos do art. 5º da Lei 9.028/1995, nas audiências de reclamações trabalhistas em que a União seja parte, será obrigatório o comparecimento de preposto que tenha completo conhecimento do fato objeto da reclamação, o qual, na ausência do representante judicial da União, entregará a contestação subscrita pelo mesmo. **HC**

Gabarito "E".

(Analista Judiciário – TRT/8ª – 2016 – CESPE) No que se refere aos recursos no processo trabalhista, aos seus respectivos prazos e ao Ministério Público do Trabalho (MPT), assinale a opção correta.

(A) O chefe do MPT deve ser nomeado pelo presidente da República entre os nomes constantes de lista tríplice encaminhada pelo Congresso Nacional.

(B) O procurador-geral do trabalho subordina-se ao chefe do MPT.

(C) Os recursos aos tribunais superiores são uniformes e devem ser interpostos no prazo de até cinco dias úteis, a contar do recebimento da intimação da parte.

(D) O agravo de instrumento, instrumento cabível para recorrer das decisões do juiz monocrático adotadas nos procedimentos de execução, deve ser interposto no prazo de até quinze dias.

(E) Em se tratando de recurso ordinário em procedimento sumaríssimo, é admissível parecer oral do representante do MPT durante a sessão de julgamento.

A: opção incorreta, pois, nos termos do art. 88 da LC 75/93, o Procurador-Geral do Trabalho será nomeado pelo Procurador-Geral da República, dentre integrantes da instituição com mais de trinta e cinco anos de idade e cinco anos na carreira, integrante de lista tríplice escolhida mediante voto plurinominal, facultativo e secreto, pelo Colégio de Procuradores para um mandato de dois anos, permitida uma recondução, observado o mesmo processo. Caso não haja número suficiente de candidatos com mais de cinco anos na carreira, poderá concorrer à lista tríplice quem contar mais de dois anos na carreira; **B:** opção incorreta, pois, nos termos do art. 87 da LC 75/93, o Procurador-Geral do Trabalho é o chefe do Ministério Público do Trabalho; **C:** opção incorreta, pois, em regra, os prazos serão de 8 dias, nos termos do art. 6º da Lei 5.584/70. São exceções à regra: embargos de declaração (5 dias), nos termos do art. 1.023 do CPC/2015; e recurso extraordinário (15 dias), nos termos do art. 1.003, § 5º, CPC/2015; **D:** opção incorreta, pois o agravo de instrumento será interposto contra as decisões que denegarem a interposição de recursos, feito no 1º juízo de admissibilidade (art. 897, b, CLT), devendo ser interposto no prazo de 8 dias; **E:** opção correta, pois, nos termos do art. 895, § 1º, III, CLT, nas ações sujeitas ao procedimento sumaríssimo, o recurso ordinário terá parecer oral do representante do Ministério Público presente à sessão de julgamento, se este entender que assim é necessário, com registro na certidão.

Gabarito "E".

8. QUESTÕES COMBINADAS

(Procurador/DF – CESPE – 2022) Com relação aos procedimentos nos dissídios individuais, julgue os itens que se seguem.

(1) De acordo com o entendimento do TST, o jus postulandi abrange a atuação nas varas do trabalho e nos TRT, inclusive no que se refere a mandados de segurança.

(2) Ao advogado, ainda que ele atue em causa própria, serão devidos honorários sucumbenciais, inclusive nas ações contra a fazenda pública.

(3) O direito de ação quanto aos créditos resultantes das relações de trabalho prescreve em cinco anos, até o limite de dois anos após a extinção do contrato de trabalho, para todos os trabalhadores, à exceção dos rurais.

1: errado, pois nos termos da súmula 425 do TST o jus postulandi da parte previsto no art. 791 da CLT não alcança o Mandado de Segurança. 2: correto, pois reflete o entendimento disposto no art. 791-A, caput, e seu § 1º, da CLT. 3: errado, pois nos termos do art. 7º, XXIX, CF e art. 11 da CLT o prazo prescricional se aplica a todos os trabalhadores, inclusive os rurais.

Gabarito: 1E, 2C, 3E

(Procurador/DF – CESPE – 2022) Julgue os itens a seguir, acerca do processo do trabalho.

(1) No processo do trabalho, a prescrição intercorrente ocorrerá no prazo de dois anos.

(2) Nas causas sujeitas ao procedimento sumaríssimo, somente será admitido recurso de revista por violação à CLT ou contrariedade a súmula de jurisprudência uniforme do TST.

(3) Conforme o entendimento do TST acerca da ação rescisória no processo do trabalho, o silêncio da parte vencedora a respeito de fatos a ela contrários não constitui dolo processual capaz de subsidiar ação rescisória

1: correto, pois nos termos do art. 11-A da CLT o prazo da prescrição intercorrente é de 2 anos, que se inicia quando o exequente deixa de cumprir determinação judicial no curso da execução, art. 11-A, § 1º, CLT. 2: errado, pois nos termos do art. 896, § 9º, da CLT nas causas sujeitas ao procedimento sumaríssimo, somente será admitido recurso de revista por contrariedade a súmula de jurisprudência uniforme do Tribunal Superior do Trabalho ou a súmula vinculante do Supremo Tribunal Federal e por violação direta da CF. 3: correto, pois nos termos da súmula 403, I, do TST não caracteriza dolo processual, previsto no art. 966, III, do CPC, o simples fato de a parte vencedora haver silenciado a respeito de fatos contrários a ela, porque o procedimento, por si só, não constitui ardil do qual resulte cerceamento de defesa e, em consequência, desvie o juiz de uma sentença não-condizente com a verdade.

Gabarito: 1C, 2E, 3C

(Procurador/DF – CESPE – 2022) À luz da sistemática processual trabalhista, julgue os próximos itens.

(1) Na justiça do trabalho, a fazenda pública poderá ser condenada ao pagamento de honorários de sucumbência nas ações em que a parte estiver assistida ou substituída por sindicato de sua categoria.

(2) Se o reclamante beneficiário da justiça gratuita não comparecer à audiência, a reclamação deverá ser arquivada e este será condenado ao pagamento das custas, independentemente do motivo que o tiver levado a se ausentar.

(3) A jurisprudência trabalhista é pacífica ao afirmar que a prova pré-constituída nos autos pode ser levada em conta para confronto com a confissão ficta, entendimento esse que está em harmonia com o CPC.

(4) Ao interpor recurso de revista no TST, com preliminar de nulidade de julgado por negativa de prestação jurisdicional, o procurador deverá transcrever em sua peça recursal o trecho dos embargos declaratórios em que pediu o pronunciamento do tribunal sobre a questão suscitada no recurso ordinário e o trecho da decisão regional que rejeitou os embargos quanto ao pedido, sob pena de não conhecimento do recurso.

(5) O depósito recursal será feito na conta vinculada do empregado e corrigido pelo índice da poupança, salvo para os beneficiários da justiça gratuita, que são isentos dessa obrigação.

1: correto, pois reflete a disposição do art. 791-A, § 1º, CLT. 2: incorreto, pois não pagará se comprovar, no prazo de quinze dias, que a ausência ocorreu por motivo legalmente justificável, art. 844, § 2º, CLT. 3: correto, pois reflete a disposição da súmula 74, II, TST. 4: correto, pois reflete a disposição do art. 896, § 1º-A, IV, da CLT. 5: incorreto, pois com o julgamento do STF na ADI 6021, o depósito recursal será atualizado mediante incidência da taxa SELIC (art. 406 do Código Civil)

Gabarito: 1C, 2E, 3C, 4C, 5E

(Procurador Município – Santos/SP – VUNESP – 2021) As reclamações trabalhistas poderão ser

(A) apresentadas somente pelos empregados ou por seus representantes.

(B) apresentadas somente pelos empregados, seus representantes, e pelos sindicatos de classe.

(C) exclusivamente na forma escrita.

(D) acumuladas em um só processo, se houver várias, independentemente de identidade de matérias, desde que se trate de empregados da mesma empresa ou estabelecimento.

(E) acumuladas em um só processo, se houver várias com identidade de matérias e se tratar de empregados da mesma empresa ou estabelecimento.

A: incorreto, pois nos termos do art. 839, alíneas a e b, CLT a reclamação trabalhista também poderá ser proposta pelos empregadores, pelos sindicatos de classe e por intermédio das Procuradorias Regionais da Justiça do Trabalho. B: incorreto, pois nos termos do art. 839, alíneas a e b, CLT a reclamação trabalhista também poderá ser proposta pelos empregadores e por intermédio das Procuradorias Regionais da Justiça do Trabalho. C: incorreto, pois a reclamação poderá ser escrita ou verbal, art. 840 da CLT. D: incorreto, pois nos termos do art. 842 da CLT deverá haver identidade de matérias. E: correto, pois nos termos do art. 842 da CLT sendo várias as reclamações e havendo identidade de matéria, poderão ser acumuladas num só processo, se se tratar de empregados da mesma empresa ou estabelecimento.

Gabarito: "E".

Pedro ajuizou uma reclamação trabalhista em desfavor da empresa Alfa Ltda. Citada, a empresa reclamada fez-se representar por um ex-empregado que tinha conhecimento do fato, devidamente acompanhado por um advogado, que apresentou defesa e documentos; no entanto, por entender que a empresa reclamada não poderia ser representada por um ex-empregado, o juízo declarou a sua revelia e, assim, não recebeu a contestação e os documentos, tendo havido o registro de protesto pela reclamada. Sobreveio dos autos sentença que julgou procedentes os pedidos iniciais e, irresignada, a empresa reclamada interpôs recurso ordinário quinze dias úteis após a publicação da referida decisão.

(Procurador do Município – Boa Vista/RR – 2019 – CESPE/CEBRASPE) Considerando essa situação hipotética, julgue os itens que se seguem à luz da legislação aplicável.

(1) O juízo agiu corretamente ao decretar a revelia da parte reclamada, uma vez que o preposto deveria ser um empregado atual da empresa.

(2) Independentemente da revelia, a decisão do juízo de não receber a defesa e os documentos foi ilegal.

(3) O recurso ordinário interposto não deverá ser conhecido por ser inaplicável à espécie, visto que, em desfavor de decisões definitivas prolatadas pela primeira instância, deve ser interposto recurso de revista.

29. DIREITO PROCESSUAL DO TRABALHO — 919

(4) A empresa reclamada observou o prazo legal para a interposição do recurso ordinário, razão pela qual o ato processual deverá ser considerado tempestivo.

1: Incorreto, pois nos termos do art. 843, § 3º, da CLT o preposto não precisa ser empregado da reclamada, basta ter conhecimento dos fatos, art. 843, § 1º, da CLT. **2:** Correto, pois nos termos do § 5º do art. 844 da CLT ainda que ausente o reclamado, presente o advogado na audiência, serão aceitos a contestação e os documentos eventualmente apresentados. **3:** Incorreto, pois nos termos do art. 896 da CLT cabe Recurso de Revista para Turma do Tribunal Superior do Trabalho das decisões proferidas em grau de recurso ordinário, em dissídio individual, pelos Tribunais Regionais do Trabalho. Embora o recurso ordinário seja o adequado para impugnar a decisão de 1º grau, art. 895, I, da CLT no caso em análise ele não será conhecido. **4:** Incorreto, pois o prazo para interpor recurso ordinário é de 8 dias, art. 895, I, da CLT.
Gabarito: 1E, 2C, 3E, 4E

(Procurador do Estado/SP – 2018 – VUNESP) A respeito do pagamento de despesas processuais e de honorários, no processo judicial trabalhista, é correto afirmar:

(A) não existe previsão legal para o pagamento de honorários ao advogado que atuar em causa própria.

(B) é vedado ao juiz deferir o parcelamento de honorários periciais.

(C) a responsabilidade pelo pagamento dos honorários periciais será sempre do empregador, independentemente de sucumbência na pretensão objeto da perícia.

(D) na hipótese de procedência parcial, o juízo arbitrará honorários de sucumbência recíproca, vedada a compensação entre os honorários.

(E) o benefício da justiça gratuita não pode ser concedido de ofício pela autoridade judicial.

A: opção incorreta, pois há previsão para pagamento de honorários advocatícios no art. 791-A da CLT. **B:** opção incorreta, pois nos termos do art. 790-B, § 2º, da CLT, o juízo poderá deferir parcelamento dos honorários periciais. **C:** opção incorreta, pois nos termos do art. 790-B da CLT, a responsabilidade pelo pagamento dos honorários periciais é da parte sucumbente na pretensão objeto da perícia. **D:** opção correta, pois reflete a disposição do art. 791-A, § 3º, da CLT. **E:** opção incorreta, pois nos termos do art. 790, § 3º, da CLT é facultado aos juízes, órgãos julgadores e presidentes dos tribunais do trabalho de qualquer instância conceder, a requerimento ou de ofício, o benefício da justiça gratuita, inclusive quanto a traslados e instrumentos, àqueles que perceberem salário igual ou inferior a 40% (quarenta por cento) do limite máximo dos benefícios do Regime Geral de Previdência Social. HC
Gabarito "D".

(Defensor Público Federal – DPU – 2017 – CESPE) A respeito do FGTS e do direito de greve, julgue os itens seguintes.

(1) Para o TST, a greve realizada com motivação política explícita, ainda que seja de curta duração, é abusiva.

(2) O empregado com deficiência poderá movimentar sua conta vinculada ao FGTS quando, por prescrição médica, necessitar adquirir órtese ou prótese para favorecer sua acessibilidade e inclusão social.

1: opção correta, pois o TST entende que a greve política, ou seja, greve contra uma lei ou Medida provisória é considerada abusiva por não ser autorizada pela ordem jurídica do País. Veja no TST julgamento do RO 1393-27.2013.5.02.0000. **2:** opção correta, pois nos termos do art. 20, XVIII, da Lei 8.036/1990 a conta vinculada do trabalhador no FGTS poderá ser movimentada quando o trabalhador com deficiência,

por prescrição, necessite adquirir órtese ou prótese para promoção de acessibilidade e de inclusão social. HC
Gabarito: 1C, 2C

(Defensor Público Federal – DPU – 2017 – CESPE) Acerca da justiça gratuita, da prova pericial, do procedimento sumaríssimo e da ação civil pública na justiça do trabalho, julgue os itens seguintes.

(1) O dissídio individual cujo valor seja de até quarenta vezes o salário mínimo vigente na data do ajuizamento da reclamação será submetido ao procedimento sumaríssimo, razão por que, nele, não será possível a produção de prova técnica pericial.

(2) De acordo com o TST, em ação civil pública, é possível a exigibilidade, antes do trânsito em julgado, de multa por descumprimento de obrigação de fazer imposta em sentença proferida nos autos do processo.

1: opção incorreta, pois embora nos termos do art. 852-A da CLT os dissídios individuais cujo valor não exceda a quarenta vezes o salário mínimo vigente na data do ajuizamento da reclamação ficam submetidos ao procedimento sumaríssimo, somente quando a prova do fato o exigir, ou for legalmente imposta, será deferida prova técnica, incumbindo ao juiz, desde logo, fixar o prazo, o objeto da perícia e nomear perito, art. 852-H, § 4º, da CLT. **2:** opção correta, pois o Pleno do TST em TST-E-RR-161200- 53.2004.5.03.0103, rel. Min. Delaíde Miranda Arantes, 19.4.2016 entendeu ser possível a exigibilidade da multa (astreinte) por descumprimento de obrigação de fazer imposta em sentença proferida nos autos de ação civil pública antes do trânsito em julgado, desde que depositada em juízo, com fundamento no princípio da máxima efetividade e no afastamento da aplicação do art. 12, § 2º, da Lei 7.347/85 frente ao que preceitua o art. 84 do Código de Defesa do Consumidor. Veja também PN 73 do TST. HC
Gabarito: 1E, 2C.

(Defensor Público Federal – DPU – 2017 – CESPE) Em relação aos recursos no processo do trabalho, à execução trabalhista e ao mandado de segurança na justiça do trabalho, julgue os itens que se seguem à luz do entendimento do TST.

(1) Na hipótese de recolhimento insuficiente do depósito recursal, somente haverá deserção do recurso se, no prazo de cinco dias da intimação, o recorrente não complementar e comprovar o pagamento.

(2) Deverá ser requerida nos próprios autos da execução trabalhista a devolução de valores levantados a maior em execução de sentença devido a equívoco nos cálculos realizados na liquidação.

(3) O agravo de petição só será recebido se o recorrente delimitar as matérias e os valores impugnados e apresentar a respectiva monta atualizada até a data de interposição do recurso.

(4) A tutela provisória concedida na sentença pode ser impugnada pela via do mandado de segurança, admitindo-se a obtenção do efeito suspensivo por requerimento do impetrante.

1: opção correta, pois nos termos da OJ 140 SDI 1 do TST em caso de recolhimento insuficiente das custas processuais ou do depósito recursal, somente haverá deserção do recurso se, concedido o prazo de 5 (cinco) dias previsto no § 2º do art. 1.007 do CPC de 2015, o recorrente não complementar e comprovar o valor devido. **2:** opção incorreta, pois a SDI 1 do TST no julgamento do recurso E-ED--RR-59886-60.1993.5.05.0017, SBDI-I, rel. Min. José Roberto Freire Pimenta, 1º.6.2017 entendeu que o meio processual idôneo para pleitear a devolução de valores levantados a maior em execução de sentença,

decorrentes de equívoco nos cálculos realizados em liquidação, é a ação de repetição de indébito. A pretensão de restituição de tais valores nos próprios autos da execução é inviável, pois, nessa fase, a cognição é limitada e não proporciona ao exequente medidas capazes de assegurar o direito à ampla defesa e ao contraditório. 3: opção incorreta, pois nos termos do art. 897, § 1º, da CLT o agravo de petição só será recebido quando o agravante delimitar, justificadamente, as matérias e os valores impugnados, permitida a execução imediata da parte remanescente até o final, nos próprios autos ou por carta de sentença. 4: opção incorreta, pois nos termos da súmula 414, I, do TST a tutela provisória concedida na sentença não comporta impugnação pela via do mandado de segurança, por ser impugnável mediante recurso ordinário. É admissível a obtenção de efeito suspensivo ao recurso ordinário mediante requerimento dirigido ao tribunal, ao relator ou ao presidente ou ao vice-presidente do tribunal recorrido, por aplicação subsidiária ao processo do trabalho do artigo 1.029, § 5º, do CPC de 2015. HC
Gabarito: 1C, 2E, 3E, 4E

(Procurador do Município – Prefeitura Fortaleza/CE – CESPE – 2017) Acerca dos procedimentos nos dissídios individuais na justiça do trabalho, da reclamação, do *jus postulandi*, das partes e procuradores, julgue os itens a seguir, de acordo com o entendimento do TST.

(1) No processo do trabalho, a regra é a exigência da exibição dos estatutos da empresa em juízo como condição de validade do instrumento de mandato outorgado ao seu procurador.

(2) Não se aplica ao processo do trabalho a regra processual segundo a qual os litisconsortes que tiverem diferentes procuradores de escritórios de advocacia distintos terão prazos contados em dobro para todas as suas manifestações.

(3) Situação hipotética: Um cidadão postulou ação cautelar em causa própria em tema que envolve matéria sindical, mas não comprovou sua condição de advogado regularmente inscrito nos quadros da OAB. Assertiva: Nessa situação, aplicado o *jus postulandi*, será conhecida e processada regularmente a ação.

1: incorreta, pois a OJ 255 SDI 1 do TST entende que o art. 75, inciso VIII, do CPC de 2015 (art. 12, VI, do CPC de 1973) não determina a exibição dos estatutos da empresa em juízo como condição de validade do instrumento de mandato outorgado ao seu procurador, salvo se houver impugnação da parte contrária; 2: correta, pois, nos termos da OJ 310 da SDI 1 do TST, é inaplicável ao processo do trabalho a norma contida no art. 229, "caput" e §§ 1º e 2º, do CPC de 2015 (art. 191 do CPC de 1973), em razão de incompatibilidade com a celeridade que lhe é inerente; 3: incorreta, pois, nos termos da súmula 425 do TST, o *jus postulandi* da parte não poderá ser utilizado para apresentação de medida cautelar. HC
Gabarito: 1E, 2C, 3E

(Procurador do Município – Prefeitura Fortaleza/CE – CESPE – 2017) A respeito da competência, das provas e do procedimento sumaríssimo na justiça do trabalho, julgue os itens que se seguem.

(1) Quando estiver representando o município em juízo, o procurador estará dispensado da juntada de procuração e de comprovação do ato de nomeação durante todo o processamento da demanda, especialmente no caso de reclamação trabalhista de rito sumaríssimo.

(2) Em lides que possuem objetos e procuradores distintos, torna-se suspeita a testemunha que estiver litigando ou que tenha litigado contra esse mesmo empregador.

1: incorreta, pois, nos termos do art. 852-A, parágrafo único, CLT, estão excluídas do procedimento sumaríssimo as demandas em que é parte a Administração Pública direta, autárquica e fundacional; 2: incorreta, pois, nos termos da súmula 357, TST, não torna suspeita a testemunha o simples fato de estar litigando ou de ter litigado contra o mesmo empregador. HC
Gabarito: 1E, 2E

(Procurador do Município – Prefeitura Fortaleza/CE – CESPE – 2017) Julgue os itens subsequentes, a respeito de recursos, execução, mandado de segurança e ação rescisória em processo do trabalho.

(1) No caso de ação coletiva em que sindicato atue como substituto processual na defesa de direitos individuais homogêneos, o entendimento do TST é de que o pagamento individualizado do crédito devido pela fazenda pública aos substituídos não afronta a proibição de fracionamento do valor da execução para fins de enquadramento em pagamentos da obrigação como requisição de pequeno valor.

(2) Segundo o TST, na hipótese de dúvida sobre o cabimento de agravo de petição, cabe mandado de segurança contra decisão que indefira a desconstituição de penhora de numerário nos autos da reclamação trabalhista.

(3) Salvo prova de miserabilidade jurídica do autor, a ação rescisória se sujeita ao depósito prévio de 20% do valor da causa. Conforme o TST, o reconhecimento da decadência no caso de ação rescisória implica a reversão ao réu do valor do depósito prévio.

(4) Segundo o TST, não é cabível a interposição de recurso de embargos contra decisão judicial monocrática.

1: correta. Isso porque a OJ 9 do Tribunal Pleno do TST entende que em se tratando de reclamações trabalhistas plúrimas, a aferição do que vem a ser obrigação de pequeno valor, para efeito de dispensa de formação de precatório e aplicação do disposto no § 3º do art. 100 da CF/88, deve ser realizada considerando-se os créditos de cada reclamante. Veja também Informativo TST Execução 28; 2: correta. De acordo com o Informativo TST Execução 28, é cabível mandado de segurança contra decisão que indefere a desconstituição de penhora de numerário nos autos de reclamação trabalhista na hipótese de dúvida sobre o cabimento de agravo de petição. Veja decisão Processo: RO – 21245-75.2016.5.04.0000; 3: correta, pois, nos termos do art. 836 da CLT, a ação rescisória se sujeita ao depósito prévio de 20% do valor da causa, salvo prova de miserabilidade jurídica do autor. Ademais, nos termos do art. 974, parágrafo único, CPC/2015, aplicado ao processo do trabalho por força do art. 769 da CLT e art. 15 do CPC/2015, considerando, por unanimidade, inadmissível ou improcedente o pedido, o tribunal determinará a reversão, em favor do réu, da importância do depósito. Veja também informativo 144 TST; 4: correta, pois, nos termos da OJ 378 SDI 1 do TST, não encontra amparo no art. 894 da CLT, quer na redação anterior quer na redação posterior à Lei 11.496, de 22.06.2007, recurso de embargos interposto à decisão monocrática exarada nos moldes do art. 932 do CPC de 2015 (art. 557 do CPC de 1973) e 896, § 5º, da CLT, pois o comando legal restringe seu cabimento à pretensão de reforma de decisão colegiada proferida por Turma do Tribunal Superior do Trabalho. HC
Gabarito: 1C, 2C, 3C, 4C

(Procurador do Estado – PGE/RS – Fundatec – 2015) No que se refere à Justiça do Trabalho, quando o Estado está presente na relação processual, certas peculiaridades são aplicáveis. Quanto a esse tema, analise as assertivas abaixo:

29. DIREITO PROCESSUAL DO TRABALHO 921

I. O rito sumaríssimo é aplicável a causas que envolvem pessoas jurídicas de direito público.

II. A União, os Estados, o Distrito Federal, os Municípios, suas autarquias e fundações públicas, quando representados em juízo, ativa e passivamente, por seus procuradores, estão dispensados da juntada de instrumento de mandato e de comprovação do ato de nomeação. Todavia, é essencial que o signatário ao menos se declare exercente do cargo de procurador, não bastando a indicação do número de inscrição na Ordem dos Advogados do Brasil.

III. A União, os Estados, o Distrito Federal, os Municípios e respectivas autarquias e fundações públicas federais, estaduais ou municipais que não explorem atividade econômica são isentas do pagamento de custas.

Quais estão corretas?

(A) Apenas I.

(B) Apenas III.

(C) Apenas I e II.

(D) Apenas I e III.

(E) Apenas II e III.

I: incorreta, pois, nos termos do art. 852-A, parágrafo único, CLT, estão excluídas do procedimento sumaríssimo as demandas em que é parte a Administração Pública direta, autárquica e fundacional; **II:** correta, pois reflete a disposição contida na súmula 436 do TST; **III:** correta, pois, nos termos do art. 790-A, I, CLT, a União, os Estados, o Distrito Federal, os Municípios e respectivas autarquias e fundações públicas federais, estaduais ou municipais que não explorem atividade econômica estão isentas do pagamento de custas. **HC**

Gabarito "E".

(Procurador do Estado/AM – 2016 – CESPE) Acerca da jurisprudência do TST relativa a ação rescisória, mandado de segurança e competência na justiça do trabalho, julgue os itens a seguir.

(1) Procuração outorgada com poderes específicos para ajuizamento de reclamação trabalhista autoriza a propositura de mandado de segurança.

(2) As relações de trabalho decorrentes de estágio se inserem na competência da justiça do trabalho, ainda que o contratante seja ente da administração pública direta.

(3) Caso se verifique que a parte interessada não tenha juntado à petição inicial o comprovante do trânsito em julgado de decisão objeto de ação rescisória, o relator não deverá indeferir de plano essa ação, devendo abrir prazo para que se junte o referido documento, sob pena de indeferimento.

1: opção incorreta, pois, nos termos da OJ 151 da SDI 2 do TST, a procuração outorgada com poderes específicos para ajuizamento de reclamação trabalhista não autoriza a propositura de ação rescisória e mandado de segurança; **2:** opção incorreta, pois as relações de trabalho de ente da administração pública direta serão de competência da Justiça comum; vide julgamento da ADI 3395-6; **3:** opção correta, pois, nos termos da Súmula 299, II, do TST, verificando o relator que a parte interessada não juntou à inicial o documento comprobatório do trânsito em julgado da decisão objeto da ação rescisória, abrirá prazo de 15 (quinze) dias para que o faça (art. 321 do CPC de 2015), sob pena de indeferimento.

Gabarito 1E, 2E, 3C.

(Analista Judiciário – TRT/8ª – 2016 – CESPE) Considerando o disposto na legislação trabalhista sobre embargos à execução, revelia e confissão, dissídios coletivos e competência do Tribunal Superior do Trabalho (TST), assinale a opção correta.

(A) O TST é competente para julgar originariamente os dissídios coletivos de categorias profissionais representadas por entidades de classe.

(B) A oposição de embargos à execução independe da garantia ou penhora de bens.

(C) No processo do trabalho, torna-se inexigível o título judicial declarado inconstitucional em decorrência de lei ou ato normativo.

(D) Nos casos em que o reclamado não comparecer à audiência, o processo deverá ficar suspenso até o reclamante demonstrar não haver concorrido para a ausência da parte requerida.

(E) Na audiência designada para a prolação de decisão, deverão comparecer as partes pessoalmente, não se admitindo outorga de poderes; no caso de revelia, poderá a parte presente requerer a nulidade do processo.

A: opção incorreta, pois a competência será do TRT para os dissídios coletivos de âmbito regional, ligados ao território sobre o qual o TRT possui jurisdição, nos termos do art. 678, I, a, da CLT e art. 6º da Lei 7.701/88. No entanto, serão de competência do TST os dissídios coletivos de âmbito suprarregional, ou seja, que abranjam mais de um Estado ou se forem de âmbito nacional, isto é, na hipótese de se tratar de uma categoria representativa de todo País; **B:** opção incorreta, pois, nos termos do art. 884 da CLT, é necessária a garantia do juízo para apresentação de embargos à execução. Não se aplica a regra disposta no art. 914 do CPC/2015; **C:** opção correta, pois reflete o disposto no art. 884, § 5º, CLT; **D:** opção incorreta, pois, nos termos do art. 844 da CLT, o não comparecimento do reclamado importa revelia, além de confissão quanto à matéria de fato; **E:** opção incorreta, pois, na audiência em prosseguimento de prolação de sentença, as partes não precisam estar presentes. Nesse sentido, veja Súmula 9, do TST.

Gabarito "C".

30. Direito Tributário

Robinson Barreirinhas

1. COMPETÊNCIA TRIBUTÁRIA

(Advogado – Pref. São Roque/SP – 2020 – VUNESP) A respeito das contribuições em matéria tributária, é correto afirmar que

(A) os municípios não têm competência para a cobrança de tributos na forma de contribuições de qualquer natureza, que competem exclusivamente à União.

(B) as contribuições sociais incidirão também sobre a importação de produtos estrangeiros ou serviços.

(C) as contribuições de intervenção no domínio econômico não poderão ter alíquota específica, isto é, tendo por base a unidade de medida adotada para cobrança.

(D) as contribuições para custeio do regime próprio de previdência social não se submetem à chamada anterioridade nonagesimal.

(E) a instituição de contribuições se dá exclusivamente por meio de lei complementar do ente instituidor.

A: incorreta, pois os Municípios têm competência para instituir e cobrar as contribuições de melhoria, as contribuições para custeio do regime previdenciário próprio de seus servidores e a contribuição para custeio do serviço de iluminação pública – arts. 145, III, 149, § 1º, e 149-A da CF; **B:** correta – art. 149, § 2º, II, da CF; **C:** incorreta, pois isso é expressamente admitido pelo art. 149, § 2º, III, *b*, da CF; **D:** incorreta, pois sujeitam-se à anterioridade nonagesimal – art. 149 da CF. **E:** incorreta, já que não há exigência de lei complementar para instituição das contribuições previstas no art. 149 da CF, com exceção de outras contribuições sociais previstas no art. 195, § 4º, da CF.
Gabarito "B".

(Juiz de Direito – TJ/AL – 2019 – FCC) A Constituição do Estado de Alagoas estabelece que os Municípios têm competência para instituir o imposto sobre vendas a varejo de combustíveis líquidos e gasosos, exceto sobre o óleo diesel, determina que esse imposto compete ao Município em que se completa sua venda a varejo e ainda estabelece que o referido imposto não exclui a incidência concomitante do ICMS sobre as mesmas operações. Por sua vez, a Lei Orgânica do Município de Maceió estabelece que compete ao Município instituir o imposto sobre vendas a varejo de combustíveis líquidos ou gasosos, exceto sobre o óleo diesel, quando o negócio se completar no território do Município de Maceió, que sua incidência não exclui a incidência do ICMS sobre a mesma operação e que suas alíquotas não poderão ultrapassar os limites superiores estabelecidos em lei complementar federal. De acordo com a Constituição Federal, os

(A) Municípios têm competência para instituir esse imposto em seus territórios, embora sua incidência esteja suspensa até que seja editada a lei complementar estabelecendo os limites máximos para as alíquotas aplicáveis.

(B) Estados têm competência suplementar para instituir esse imposto em seus territórios, caso os Municípios

não o façam, podendo o valor efetivamente pago ser escriturado como crédito do ICMS, no mesmo período de apuração, quando a aquisição for feita por contribuinte desse imposto.

(C) Municípios têm competência para instituir esse imposto em seus territórios, o qual incidirá apenas uma vez sobre combustíveis derivados de petróleo adquiridos em operação interestadual.

(D) Municípios não têm competência para instituir esse imposto em seus territórios.

(E) Municípios têm competência para instituir esse imposto em seus territórios, que incidirá, inclusive, sobre vendas de óleo diesel.

A: incorreta, pois os Municípios não têm competência para instituir esse imposto, desde a EC 3/1993. A partir de então, os Municípios têm competência para instituir apenas 3 impostos: IPTU, ITBI e ISS, nos termos do art. 156 da CF; **B:** incorreta, pois, assim como os Municípios e o Distrito Federal, os Estados têm competência restrita aos impostos expressamente previstos na Constituição Federal, não existindo competência residual ou suplementar (apenas a União pode criar outros impostos, nos termos do art. 154, I, da CF); **C:** incorreta, conforme comentário à primeira alternativa; **D:** correta, conforme comentário à primeira alternativa; **E:** incorreta, conforme comentário à primeira alternativa. RB
Gabarito "D".

(Procurador do Estado/SP – 2018 – VUNESP) Estado AB cria imposto sobre o valor das operações internas de circulação de mercadorias que ultrapassar o preço nacional médio do mesmo produto, conforme divulgado pela Administração Tributária local. Considerada a situação hipotética apresentada, e com base na Constituição Federal, assinale a alternativa correta.

(A) O imposto é inconstitucional porque o Estado AB não tem competência residual para instituir tributos.

(B) O imposto é constitucional por ser de competência tributária especial dos Estados para criar tributos com a finalidade de corrigir distorções concorrenciais, tendo como fato gerador e base de cálculo o desequilíbrio e o respectivo valor.

(C) O imposto é constitucional, pois decorre da competência tributária residual do Estado para prevenir distorções concorrenciais, tendo por base de cálculo o valor do desequilíbrio concorrencial.

(D) O imposto é inconstitucional porque, embora o Estado AB possa instituir tributo para corrigir distorções concorrenciais, a base de cálculo do novo tributo é própria do ICMS.

(E) O imposto é inconstitucional porque, embora o Estado AB possa instituir tributo para corrigir distorções concorrenciais, está baseado em pauta fiscal, vedada pela Constituição Federal.

A: correta, sendo esta a melhor alternativa, por trazer interpretação razoável da situação e por exclusão das demais. De fato, somente a União

pode instituir imposto não previsto expressamente na Constituição Federal, o que se denomina competência residual – art. 154, I, da CF. Entretanto, considerando-se que o tributo é definido por seu fato gerador e por sua base de cálculo (art. 4º do CTN), é razoável também a interpretação no sentido de que a questão descreve simplesmente o ICMS (cujo fato gerador é a circulação de mercadorias – art. 155, II, da CF), ou uma espécie de adicional ao ICMS incidente sobre as operações internas, majorando o valor originariamente cobrado (aparentemente, trata-se de uma alíquota adicional sobre o valor da mercadoria que ultrapassar determinado montante). Considerando que o Estado tem competência para fixar as alíquotas de ICMS, desde que respeite eventual teto fixado pelo Senado (art. 155, § 2º, *b*, da CF), talvez seja defensável a exação discutida, a depender de maiores detalhes não trazidos na questão, muito embora seja discutível a existência de progressividade do ICMS em relação ao valor da mercadoria; **B:** incorreta, pois é reservada à lei complementar federal o estabelecimento de critérios especiais de tributação, com o objetivo de prevenir desequilíbrios da concorrência, sem prejuízo da competência de a União, por lei, estabelecer normas de igual objetivo – art. 146-A da CF; **C:** incorreta, pois somente a União detém a chamada competência residual – art. 154, I, da CF; **D** e **E:** incorretas, conforme comentários anteriores.RB
Gabarito "A".

(Juiz – TJ-SC – FCC – 2017) A respeito da competência legislativa sobre normas gerais em matéria tributária:

(A) Trata-se de competência concorrente da União, Estados, Distrito Federal e Municípios.

(B) Trata-se de competência exclusiva da União.

(C) É afastada pelo exercício da competência plena dos entes tributantes quanto aos seus respectivos tributos.

(D) Pode ser exercida por lei ordinária, desde que comprovada a relevância e urgência da matéria.

(E) Não tem relevância alguma para o imposto de transmissão *causa mortis* e doação de bens ou direitos.

A: incorreta, pois cabe à lei complementar federal estabelecer normas gerais em matéria tributária, conforme o art. 146, III, da CF, observado o art. 24, § 1º, da CF; **B:** correta, conforme comentário anterior; **C:** incorreta, pois somente a União, por lei complementar, pode estabelecer normas gerais, ressalvada a hipótese de omissão (se o Congresso Nacional não legisla, Estados e Municípios podem regular a matéria, enquanto perdurar a omissão – arts. 24, § 3º, e 30, II, da CF); **D:** incorreta, conforme comentários anteriores; **E:** incorreta, pois havendo normas gerais federais em relação a esse imposto (hoje há omissão da União), as normas estaduais e distritais atualmente vigentes deixam de ter eficácia – art. 24, § 4º, da CF. RB
Gabarito "B".

(Delegado/GO – 2017 – CESPE) O estado de Goiás instituiu, por lei ordinária, um departamento de fiscalização de postos de gasolina com objetivo de aferir permanentemente as condições de segurança e vigilância de tais locais, estabelecendo um licenciamento especial e anual para o funcionamento de tais estabelecimentos e instituindo uma taxa anual de R$ 1.000 a ser paga pelos empresários, relacionada a tal atividade estatal.

A respeito dessa situação hipotética, assinale a opção correta.

(A) A instituição do departamento de fiscalização de postos de gasolina como órgão competente com funcionamento regular é suficiente para caracterizar o exercício efetivo do poder de polícia.

(B) É desnecessária, para justificar a cobrança de taxa, a criação de órgão específico para o desempenho das

atividades de fiscalização de postos de gasolina, por se tratar de competências inerentes às autoridades de segurança pública.

(C) Para observar o princípio da capacidade contributiva, a taxa deveria ter correspondência com o valor venal do imóvel a ser fiscalizado, sendo inconstitucional a cobrança de valor fixo por estabelecimento.

(D) A taxa em questão é inconstitucional, já que a segurança pública é um dever do Estado, constituindo um serviço indivisível, a ser mantido apenas por impostos, o que torna incabível a cobrança de taxa.

(E) Por ter caráter contraprestacional, a taxa só será devida caso o departamento de fiscalização de postos de gasolina faça visitas periódicas aos estabelecimentos, certificando-se do cumprimento das normas de segurança e vigilância de tais locais, de acordo com a legislação.

A: correta, sendo que o STF considera suficiente para comprovação do efetivo exercício do poder de polícia e, portanto, validade da taxa correspondente, a existência de órgão e estrutura competente para a fiscalização – RE 588.322/RO. Note que a Súmula 157/STJ foi cancelada; **B:** incorreta, pois, embora seja possível em determinadas hipóteses, não compete especificamente às autoridades de segurança pública a fiscalização de estabelecimentos empresariais, no que se às suas condições de segurança, aos riscos de acidentes. É importante destacar, entretanto, que o STF entende que "a existência do órgão administrativo não é condição para o reconhecimento da constitucionalidade da cobrança da taxa de localização e fiscalização, mas constitui um dos elementos admitidos para se inferir o efetivo exercício do poder de polícia, exigido constitucionalmente" – RE 588.322/RO; **C:** incorreta, pois a cobrança de taxa pelo exercício do poder de polícia a valores fixos é admitida pelo STF – ver RE 685.213 AgR/RS; **D:** incorreta, conforme comentários anteriores, já que não se trata de segurança pública em sentido estrito; **E:** incorreta, conforme comentário à primeira alternativa, bastando a existência de órgão e estrutura competente para a fiscalização, para se comprovar o efetivo exercício do poder de polícia e, portanto, a validade da taxa. RB
Gabarito "A".

2. PRINCÍPIOS

(Procurador/PA – CESPE – 2022) Art. 150. Sem prejuízo de outras garantias asseguradas ao contribuinte, é vedado à União, aos Estados, ao Distrito Federal e aos Municípios:

[...]

II – instituir tratamento desigual entre contribuintes que se encontrem em situação equivalente, proibida qualquer distinção em razão de ocupação profissional ou função por eles exercida, independentemente da denominação jurídica dos rendimentos, títulos ou direitos;

Brasil. Constituição Federal de 1988.

Considerando o princípio da isonomia tributária, previsto no dispositivo constitucional reproduzido anteriormente, assinale a opção correta, acerca da constitucionalidade de dispositivos da Lei estadual n.º 6.017/1996 (Lei do Imposto sobre a Propriedade de Veículos Automotores do Estado do Pará).

(A) É inconstitucional a previsão da citada lei estadual que concede isenção do Imposto sobre a Propriedade de Veículos Automotores aos veículos de propriedade de pessoa com deficiência física, visual ou mental,

30. DIREITO TRIBUTÁRIO

severa ou profunda, ou de pessoa autista, incluídos os veículos cuja posse é detida em decorrência de contrato mercantil (*leasing*).

(B) É inconstitucional a previsão da citada lei estadual que concede imunidade do Imposto sobre a Propriedade de Veículos Automotores aos veículos pertencentes às instituições com finalidade filantrópica consideradas de utilidade pública.

(C) É constitucional a previsão da citada lei estadual que concede isenção do Imposto sobre a Propriedade de Veículos Automotores aos veículos de propriedade de entidades que tenham como objetivo o trabalho com pessoas com deficiência física, quando se tratar de veículos adaptados por exigência do órgão de trânsito, mesmo que sua posse seja detida em decorrência de contrato mercantil (*leasing*).

(D) É constitucional isenção do Imposto sobre a Propriedade de Veículos Automotores aos veículos de propriedade de quilombolas e indígenas, mesmo que sua posse seja detida em decorrência de contrato mercantil (*leasing*).

(E) É inconstitucional a previsão da citada lei estadual que concede isenção do Imposto sobre a Propriedade de Veículos Automotores aos veículos de propriedade de pessoa com deficiência física, visual ou mental, severa ou profunda, ou de pessoa autista, porque emprega tratamento desigual entre contribuintes.

O princípio da isonomia não implica tratar todos igualmente em qualquer situação, mas sim tratar desigualmente as pessoas em situações desiguais, na medida dessa desigualdade. No caso, é viável a isenção de caráter pessoal, nos termos do art. 145, § 1º, da CF, ou seja, considerando peculiaridades de determinadas pessoas, com o intuito de observar o interesse público. A isenção de IPVA (e de outros impostos) em favor de pessoas com deficiência é usual e constitucional, ainda que o beneficiário seja possuidor do automóvel arrendado (o arrendatário é considerado contribuinte, nos termos da legislação estadual – ver por exemplo REsp 1.655.504/DF). Por essas razões, a alternativa "C" é a correta. 🟥
Gabarito "C".

(Procurador/PA – CESPE – 2022) A Lei Complementar n.º 192/2022 define os combustíveis sobre os quais incidirá uma única vez o ICMS. A seguir, estão reproduzidos o art. 9.º e respectivo parágrafo único desse diploma legal.

Art. 9.º. As alíquotas da Contribuição para os Programas de Integração Social e de Formação do Patrimônio do Servidor Público (Contribuição para o PIS/Pasep) e da Contribuição para o Financiamento da Seguridade Social (Cofins) de que tratam os incisos II e III do *caput* do art. 4.º da Lei n.º 9.718, de 27 de novembro de 1998, o art. 2.º da Lei n.º 10.560, de 13 de novembro de 2002, os incisos II, III e IV do *caput* do art. 23 da Lei n.º 10.865, de 30 de abril de 2004, e os arts. 3.º e 4.º da Lei n.º 11.116, de 18 de maio de 2005, ficam reduzidas a 0 (zero) até 31 de dezembro de 2022, garantida às pessoas jurídicas da cadeia, incluído o adquirente final, a manutenção dos créditos vinculados.

Parágrafo único. As alíquotas da Contribuição para os Programas de Integração Social e de Formação do Patrimônio do Servidor Público incidente na Importação de Produtos Estrangeiros ou Serviços (Contribuição para o PIS/Pasep-Importação) e da Contribuição Social

para o Financiamento da Seguridade Social devida pelo Importador de Bens Estrangeiros ou Serviços do Exterior (Cofins-Importação) incidentes na importação de óleo diesel e suas correntes, de biodiesel e de gás liquefeito de petróleo, derivado de petróleo e de gás natural, e de querosene de aviação de que tratam o § 8.º do art. 8.º da Lei n.º 10.865, de 30 de abril de 2004, e o art. 7.º da Lei n.º 11.116, de 18 de maio de 2005, ficam reduzidas a 0 (zero) no prazo estabelecido no *caput* deste artigo.

Tendo como referência o princípio da anterioridade, assinale a opção correta, referente ao dispositivo legal apresentado, que impõe aplicação imediata à regra que reduz a zero as alíquotas de contribuições sociais.

(A) A norma não se aplica imediatamente, porque deve observar a anterioridade contributiva estabelecida no § 6.º do art. 195 da Constituição Federal de 1988.

(B) A norma se aplica imediatamente, porque está de acordo com a noventena do § 1.º do art. 150 da Constituição Federal de 1988.

(C) A norma não se aplica imediatamente, porque deve observar a anterioridade plena estabelecida na alínea "b" do inciso III do art. 150 da Constituição Federal de 1988.

(D) A norma não se aplica imediatamente, porque deve observar a anterioridade nonagesimal estabelecida no § 1.º do art. 150 da Constituição Federal de 1988, que exclui a anterioridade anual do ICMS-combustível.

(E) A norma se aplica imediatamente, porque sobre ela não incide a anterioridade, visto que se trata de norma que beneficia o contribuinte.

O princípio da anterioridade anual e nonagesimal, previsto no art. 150, III, "b" e "c", da CF, posterga o início da eficácia de norma que institui e majora tributos, apenas, não sendo aplicável àquelas que extinguem ou reduzem a tributação. Por essa razão, a alternativa "E" é a correta. 🟥
Gabarito "E".

(Procurador/PA – CESPE – 2022) O art. 18-A do Código Tributário Nacional, cuja redação foi acrescentada pela Lei Complementar n.º 194/2022, estabelece que "Para fins da incidência do imposto de que trata o inciso II do *caput* do art. 155 da Constituição Federal, os combustíveis, o gás natural, a energia elétrica, as comunicações e o transporte coletivo são considerados bens e serviços essenciais e indispensáveis, que não podem ser tratados como supérfluos.". A identificação dos bens e serviços como não supérfluos pela citada lei segue

(A) a capacidade contributiva, implementada pelo subprincípio da proporcionalidade tributária, o qual mantém a mesma alíquota para bases de cálculo diferentes.

(B) a proporcionalidade do tributo, que prevê a aplicação de uma mesma alíquota a bases de cálculo de valores diferentes, evidenciando-se a proporcionalidade tributária.

(C) a seletividade do tributo, que prevê a aplicação de alíquotas menores a bens menos essenciais à sobrevivência humana.

(D) a seletividade do tributo, que prevê a aplicação de alíquotas menores a bens mais essenciais à sobrevivência humana.

(E) a progressividade do tributo, que prevê a aplicação de alíquotas menores em razão de menores bases de cálculo.

A essencialidade das mercadorias e serviços, ou seja, a distinção entre os supérfluos e aqueles mais relevantes para as necessidades básicas das pessoas, é o critério para distinção das alíquotas do ICMS nos termos da seletividade prevista no art. 155, § 2º, III, da CF. Pela seletividade, a tributação deve ser menor para as operações com mercadorias e serviços com grau mais elevado de essencialidade, e deve ser maior para aqueles mais supérfluos. Por essas razões, a alternativa "D" é a correta. **RB**

Gabarito "D".

(Juiz de Direito/SP – 2021 – Vunesp) Quanto ao princípio da capacidade contributiva, é possível concluir:

(A) a possibilidade de graduação do tributo conforme a capacidade contributiva pressupõe que tenha como base de incidência situação efetivamente reveladora dessa capacidade, de modo que terá maior aplicação nos tributos com fato gerador não vinculado. A proibição do não confisco e a preservação do mínimo vital, como decorrência do princípio da capacidade contributiva, no entanto, são imposições para qualquer espécie tributária.

(B) diante da recomendação de que os impostos, sempre que possível, respeitarão a capacidade contributiva, há apenas uma autorização ao legislador ordinário e não norma de observância imperativa.

(C) o postulado da capacidade contributiva tem aplicação restrita às pessoas físicas.

(D) a incidência de custas e taxas judiciais com base no valor da causa ofende o princípio da capacidade contributiva, mesmo que estabelecidos limites mínimo e máximo.

Comentário: **A**: correta, conforme art. 145, § 1º, e art. 150, IV, da CF; **B**: incorreta, pois trata-se de princípio fixado constitucionalmente – art. 145, § 1º, da CF; **C**: incorreta, pois a capacidade contributiva refere-se a todos os contribuintes, sem excluir pessoas jurídicas – art. 145, § 1º da CF; **D**: correta, conforme a tese fixada no julgamento da ADI 5751/SE pelo STF – ver também a Súmula 667/STF. **RB**

Gabarito "A".

(Juiz de Direito/SP – 2021 – Vunesp) No que tange ao princípio da anterioridade, podemos afirmar:

(A) é admissível invocar a supremacia do interesse público pra justificar a exigência fiscal e postergar a repetição do indébito tributário.

(B) o princípio da anterioridade nonagesimal não é de observância obrigatória na hipótese de incidência de tributo por retirada de benefícios fiscais.

(C) não se sujeitam ao princípio da anterioridade o imposto sobre importação de produtos estrangeiros; o imposto sobre exportação, para o exterior, de produtos nacionais ou nacionalizados; o IPI; o imposto sobre operações de crédito, câmbio e seguro, ou relativos a títulos e valores mobiliários; os impostos lançados por motivo de guerra; os empréstimos compulsórios para atender despesas extraordinárias decorrentes de calamidade pública, de guerra externa ou sua iminência.

(D) considerada a redação dada ao artigo 150, § 1o, da CF pela EC 42/2003, tem respaldo jurídico a tese de que

lei que vier a majorar o IR pode entrar em vigor no dia 31 de dezembro e ser aplicada aos fatos ocorridos a partir de 1o de janeiro do mesmo exercício financeiro, não configurando "retroatividade *in pejus*".

Comentário: **A**: incorreta, pois os princípios constitucionais do art. 150 da CF, incluindo o da anterioridade, refere-se exatamente a limitações constitucionais ao poder de tributar, ou seja, não podem ser afastados pelo princípio geral da supremacia do interesse público; **B**: incorreta, pois a extinção da isenção, por exemplo, implica simples afastamento da exclusão do crédito tributário, o que não é equiparado à majoração de tributo – art. 175, I, da CTN; **C**: correta, conforme o art. 150, § 1º, da CF; **D**: incorreta, pois não há falar em retroatividade "in pejus", pois a exceção ao princípio da anterioridade nonagesimal, aplicável ao IR, surgiu concomitantemente à criação desse princípio (não houve retroatividade). Quanto à anterioridade anual, a discussão não mudou, pois a EC 42/2003 não alterou nada em relação ao IR. **RB**

Gabarito "C".

(Juiz de Direito – TJ/MS – 2020 – FCC) A respeito do princípio da anterioridade tributária, é correto afirmar:

(A) Medida provisória pode instituir ou majorar imposto e, neste caso, a obediência à anterioridade anual tributária pressupõe a sua conversão em lei até o último dia do exercício financeiro em que for editada, para que a nova norma possa ser aplicada no ano seguinte.

(B) A lei estadual que implique em postergação de novas hipóteses de creditamento relativo ao Imposto sobre Circulação de Mercadorias e Serviços (ICMS) sujeita-se à regra da anterioridade tributária.

(C) Há tributos que podem ser majorados sem precisar observar o princípio da anterioridade anual, todavia essas exceções se aplicam apenas a alguns impostos federais.

(D) O Senado Federal pode majorar alíquotas do Imposto sobre Circulação de Mercadorias e Serviços (ICMS) sem que seja aplicável o princípio da anterioridade anual.

(E) A majoração da base de cálculo do Imposto Sobre Propriedade Territorial Urbana (IPTU) deve respeitar o princípio da anterioridade nonagesimal.

A: correta, conforme o art. 62, § 2º, da CF; **B**: incorreta, pois não se trata de criação ou majoração de tributo – art. 150, III, *b* e *c*, da CF; **C**: incorreta, pois há exceções à anterioridade nonagesimal em relação à base de cálculo do IPVA e do IPTU (art. 150, § 1º, da CF), e à anterioridade anual em relação ao restabelecimento das alíquotas do ICM sobre combustíveis e lubrificantes (art. 155, § 4º, IV, *c*, da CF); **D**: incorreta, pois a competência exclusiva para fixação das alíquotas do ICMS é dos Estados e do DF – art. 155, II, da CF. Ao Senado compete apenas fixar as alíquotas interestaduais e determinadas alíquotas mínimas e máximas para as operações internas – art. 155, § 2º, I e V, da CF; **E**: incorreta, conforme o art. 150, § 1º, da CF. **RB**

Gabarito "A".

(Juiz de Direito – TJ/AL – 2019 – FCC) A Constituição do Estado de Alagoas estabelece, expressamente, em seu texto, que

(A) é vedado ao Estado, inclusive a suas autarquias e fundações, cobrar tributos sem observância aos princípios da legalidade, irretroatividade, anterioridade nonagesimal (noventena) e anterioridade de exercício financeiro.

(B) os Municípios podem instituir taxas em razão do exercício do poder de polícia ou pela utilização, efetiva ou potencial, de serviços públicos específicos e divisíveis, prestados aos contribuintes ou postos à sua disposição, bem como contribuição de melhoria, decorrente de obra pública.

(C) a observância do princípio da legalidade não se aplica à fixação da base de cálculo do IPTU.

(D) é vedado ao Estado, ainda que com interesse público justificado, renunciar à Receita e conceder isenções e anistias fiscais.

(E) é vedado aos Estados exigir, aumentar, extinguir ou reduzir tributos, sem que lei o estabeleça, ficando excluídas desta vedação a exigência e cobrança de emolumentos por atos da Junta Comercial e de custas judiciais.

A: incorreta, pois o princípio da anterioridade nonagesimal não consta expressamente da Constituição Estadual – art. 166; **B:** correta – art. 162, II, da Constituição Estadual; **C:** incorreta, pois não há essa previsão na Constituição Estadual, nem poderia, já que o princípio da legalidade é imposto pela Constituição Federal, sem exceção em relação à base de cálculo do IPTU – art. 150, I, da CF; **D:** incorreta, pois, havendo interesse público justificado, isso é possível – art. 166, VII, da Constituição Estadual; **E:** incorreta, pois emolumentos e custas judiciais não são exceção ao princípio da legalidade – art. 166, I, da Constituição Estadual. `RB`
Gabarito "B".

(Juiz de Direito – TJ/SC – 2019 – CESPE/CEBRASPE) O princípio do direito tributário relacionado à norma constitucional transcrita anteriormente é o

(A) princípio da capacidade contributiva.

(B) princípio da igualdade tributária.

(C) princípio da irretroatividade tributária.

(D) princípio da não cumulatividade.

(E) princípio da benignidade.

A: correta, referindo-se adequadamente ao princípio da capacidade contributiva; **B:** incorreta, a isonomia é descrita no art. 150, II, da CF; **C:** incorreta, a retroatividade é referida no art. 150, III, *a*, da CF; **D:** incorreta, pois o princípio da não cumulatividade é previsto expressamente na Constituição em relação ao IPI, ao ICMS e a determinadas contribuições sociais, além do imposto da competência residual da União (arts. 153, § 3º, II, 154, I, 155, § 2º, I, 195, § 12, da CF); **E:** incorreta, pois não há previsão expressa desse princípio na Constituição. `RB`
Gabarito "A".

(Juiz de Direito – TJ/BA – 2019 – CESPE/CEBRASPE) De acordo com as limitações constitucionais ao poder de tributar, a fixação da base de cálculo do IPVA se submete à

(A) anterioridade nonagesimal, sem necessidade de observância da anterioridade anual.

(B) anterioridade anual, sem necessidade de observância da anterioridade nonagesimal.

(C) anualidade, sem necessidade de observância da anterioridade nonagesimal.

(D) anualidade e à anterioridade anual, sem necessidade de observância da anterioridade nonagesimal.

(E) anterioridade anual e à anterioridade nonagesimal, sem necessidade de observância da anualidade.

A: incorreta, pois a fixação da base de cálculo do IPVA é exceção à anterioridade nonagesimal – art. 150, § 1º, *in fine*, da CF; **B:** correta, conforme comentário anterior, sendo que o IPVA sujeita-se apenas à anterioridade anual; **C e D:** incorretas, até porque não há princípio da anualidade, mas sim anterioridade, no âmbito tributário; **E:** incorreta, conforme comentários anteriores. Não existe princípio da anualidade,

no âmbito tributário, e o IPVA sujeita-se apenas à anterioridade anual, não à nonagesimal. `RB`
Gabarito "B".

(Procurador do Município – S.J. Rio Preto/SP – 2019 – VUNESP) Quando o tributo está relacionado com a descentralização da atividade pública, sendo instituído para o fim de dotar de recursos determinadas entidades, encarregadas pelo Estado de atender necessidades sociais específicas, referido tributo terá por característica a

(A) fiscalidade.

(B) extrafiscalidade.

(C) parafiscalidade.

(D) seletividade.

(E) essencialidade.

A: incorreta, pois fiscalicalidade se refere à função arrecadatória, característica da exigência e cobrança dos tributos pelo próprio ente político tributante (União, Estados, DF e Municípios); **B:** incorreta, pois extrafiscalidade se refere à função de intervenção ou interferência no mercado, como para regular o fluxo de mercadorias no comércio exterior por meio dos impostos aduaneiros (II e IE); **C:** correta, pois parafiscalidade se refere à delegação da atribuição de arrecadar tributos por essas entidades (por exemplo os Conselhos Profissionais), que utilizam os recursos para manter suas atividades essenciais; **D:** incorreta, pois seletividade é uma diretriz de determinados tributos (IPI deve ser seletivo; ICMS pode ser seletivo) cujas alíquotas variam conforme a essencialidade do bem ou serviço objeto da tributação; **E:** incorreta, pois essencialidade é um critério de classificação de bens e serviços para fins de tributação, conforme a seletividade, comentada anteriormente. `RB`
Gabarito "C".

(Procurados do Município – Prefeitura Fortaleza/CE – CESPE – 2017) A respeito das limitações constitucionais ao poder de tributar, julgue os itens que se seguem, de acordo com a interpretação do STF.

(1) O princípio da progressividade exige a graduação positiva do ônus tributário em relação à capacidade contributiva do sujeito passivo, não se aplicando, todavia, aos impostos reais, uma vez que, em se tratando desses tributos, é impossível a aferição dos elementos pessoais do contribuinte.

(2) A alteração de alíquotas do imposto de exportação não se submete à reserva constitucional de lei tributária, tornando-se admissível a atribuição dessa prerrogativa a órgão integrante do Poder Executivo.

(3) O princípio da anterioridade do exercício, cláusula pétrea do sistema constitucional, obsta a eficácia imediata de norma tributária que institua ou majore tributo existente, o que não impede a eficácia, no mesmo exercício, de norma que reduza desconto para pagamento de tributo ou que altere o prazo legal de recolhimento do crédito.

(4) O princípio da isonomia pressupõe a comparação entre sujeitos, o que, em matéria tributária, é efetivado pelo princípio da capacidade contributiva em seu aspecto subjetivo.

1: Incorreta, pois o STF admite a progressividade de alíquotas conforme o valor da base de cálculo para impostos reais (relativos a propriedade e posse ou sua transmissão), como ITR, IPTU (a partir da EC 29/2000 – Súmula 668/STF) e, mais recentemente, ITMCD (RE 562.045/RS – repercussão geral). **2:** correta, nos termos do art. 153,

§ 1º, da CF, tendo o STF admitido que a competência para alteração das alíquotas desses impostos por ato infralegal não é privativa do Presidente da República, podendo ser atribuída a órgão do Executivo – ver RE 570.680/RS. **3**: correta, pois o STF entende que redução de desconto ou alteração do prazo para recolhimento não implica majoração do tributo sujeita à anterioridade – ver ADI 4.016MC/PR e Súmula Vinculante 50/STF. **4**: correta, pois a isonomia refere-se à comparação de sujeitos com base em algum critério. Esse critério, na seara tributária, é a capacidade contributiva dos contribuintes – art. 145, § 1º, da CF. RB

Gabarito 1E, 2C, 3C, 4C.

(Promotor de Justiça – MPE/RS – 2017) Considerando o regramento constitucional sobre limitações do poder de tributar, é **INCORRETO** afirmar que é vedado:

(A) à União, aos Estados, ao Distrito Federal e aos Municípios instituir tratamento desigual entre contribuintes que se encontrem em situação equivalente, proibida qualquer distinção em razão de ocupação profissional ou função por eles exercida, independentemente da denominação jurídica dos rendimentos, títulos ou direitos.

(B) à União, aos Estados, ao Distrito Federal e aos Municípios instituir impostos sobre fonogramas e videofonogramas musicais produzidos no Brasil contendo obras musicais ou literomusicais de autores brasileiros e/ou obras em geral interpretadas por artistas brasileiros, bem como os suportes materiais ou arquivos digitais que os contenham, salvo na etapa de replicação industrial de mídias ópticas de leitura a laser.

(C) à União, aos Estados, ao Distrito Federal e aos Municípios estabelecer limitações ao tráfego de pessoas ou bens, por meio de tributos interestaduais ou intermunicipais, ressalvada a cobrança de pedágio pela utilização de vias conservadas pelo Poder Público.

(D) à União tributar a renda das obrigações da dívida pública dos Estados, do Distrito Federal e dos Municípios, bem como a remuneração e os proventos dos respectivos agentes públicos, ainda que em níveis inferiores aos que fixar para suas obrigações e para seus agentes.

(E) aos Estados, ao Distrito Federal e aos Municípios estabelecer diferença tributária entre bens e serviços, de qualquer natureza, em razão de sua procedência ou destino.

A: correta, sendo esse o princípio da isonomia, conforme o art. 150, II, da CF; **B**: correta, conforme a imunidade prevista no art. 150, VI, *e*, da CF; **C**: correta, conforme a limitação constitucional prevista no art. 150, V, da CF; **D**: incorreta, pois a vedação de tributação da renda e dos proventos dos agentes públicos refere-se apenas à cobrança em níveis superiores aos fixados para as obrigações da própria União e para seus agentes, conforme o art. 151, II, da CF; **E**: correta, nos termos do art. 152 da CF. RB

Gabarito "D".

(Delegado/GO – 2017 – CESPE) Sabendo que, por disposição constitucional expressa, em regra, os princípios tributários e as limitações ao poder de tributar não se aplicam de forma idêntica a todas as espécies tributárias, assinale a opção correta a respeito da aplicação desses institutos.

(A) Apenas aos impostos estaduais aplica-se o princípio que proíbe o estabelecimento de diferença tributária

entre bens e serviços de qualquer natureza em razão de sua procedência ou seu destino.

(B) A aplicação do princípio da não vinculação de receita a despesa específica é limitada aos impostos.

(C) Em regra, o princípio da anterioridade do exercício aplica-se da mesma forma aos impostos e às contribuições sociais da seguridade social.

(D) O princípio da capacidade contributiva aplica-se sempre e necessariamente aos impostos.

(E) O princípio da anterioridade do exercício atinge, de forma ampla, as hipóteses de empréstimos compulsórios previstas no texto constitucional.

A: incorreta, pois essa vedação aplica-se a todos os tributos (não apenas a impostos) estaduais e municipais (não apenas estaduais) – art. 152 da CF; **B**: correta, nos termos do art. 167, IV, CF, lembrando que o dispositivo traz exceções à vedação de vinculação da receita dos impostos; **C**: incorreta, pois, diferentemente da generalidade dos tributos, as contribuições sociais sujeitam-se apenas à anterioridade nonagesimal, não à anual – art. 195, § 6º, da CF; **D**: incorreta, considerando que a gradação conforme a capacidade econômica a que se refere o art. 145, § 1º, da CF é por muitos interpretada como diretriz da capacidade contributiva e, mais especificamente, possibilidade de progressividade de alíquotas (variação das alíquotas conforme a base de cálculo). Assim, não é possível dizer que essa diretriz se aplica sempre e necessariamente aos impostos, já que o STF já afastou a progressividade em relação a alguns deles (ITBI e IPTU antes da EC 29/2000); **E**: incorreta, pois a anterioridade anual não se aplica aos empréstimos compulsórios instituídos para tender a despesas extraordinárias – art. 148, I, c/c art. 150, § 1º, da CF. RB

Gabarito "B".

(Delegado/GO – 2017 – CESPE) Instrução normativa expedida em dezembro de 2015 pelo secretário de Fazenda do Estado de Goiás estabeleceu que, para ter acesso ao sistema de informática de emissão de nota fiscal, relativa ao ICMS, o contribuinte deve estar em dia com suas obrigações tributárias estaduais. Em janeiro de 2016, a empresa Alfa Ltda., com pagamento de tributos em atraso, requereu acesso ao sistema e teve o seu pedido indeferido.

Nessa situação hipotética,

(A) ainda que a emissão de notas fiscais seja obrigação acessória, o princípio da legalidade estrita, vigente no direito tributário, impõe que tais deveres sejam previstos por lei ordinária, sendo inválida a restrição estabelecida por instrução normativa.

(B) o ICMS é tributo sujeito à anterioridade nonagesimal, de modo que, embora válida a instrução normativa, o indeferimento é ato insubsistente, por ter aplicado a instrução normativa antes do prazo constitucional.

(C) a interdição de emissão de notas fiscais é meio indireto de cobrança do tributo, já que inibe a continuidade da atividade profissional do contribuinte, o que torna a instrução normativa em questão inválida.

(D) o ICMS não é tributo sujeito à anterioridade nonagesimal, de modo que o indeferimento é válido.

(E) a emissão de notas fiscais é obrigação acessória, podendo ser regulada por ato infralegal, sendo válida a restrição estabelecida.

A: incorreta, pois o CTN prevê a necessidade de legislação tributária (o que não se restringe a leis) para a instituição de obrigações acessórias – arts. 96, 113, § 2º e 115 do CTN. Entretanto, há bastante discussão doutrinária e jurisprudencial a respeito – ver ACO 1.098 AgR-TA/MG-

30. DIREITO TRIBUTÁRIO   929

-STF, RMS 20.587/MG-STJ e REsp 838.143/PR-STJ; **B:** incorreta, pois a anterioridade refere-se à instituição ou à majoração de tributos (obrigação principal), apenas – art. 150, III, *b* e *c*, da CF; **C:** correta, sendo essa a jurisprudência do STF, que veda inclusive a exigência de fiança ou outra garantia como pressuposto para emissão de notas fiscais – ver RE 565.048/RS-repercussão geral; **D:** incorreta, conforme comentário à alternativa "B"; **E:** incorreta, conforme comentário à alternativa "C". RB

Gabarito "C".

3. IMUNIDADES

(Juiz de Direito/AP – 2022 – FGV) O Município X, situado no Estado Y, resolveu renovar a frota de automóveis que utiliza em sua fiscalização ambiental, adquirindo, para tanto, novos veículos mediante alienação fiduciária em garantia ao Banco Lucro 100 S/A. O Estado Y então pretende cobrar IPVA desses automóveis, invocando dispositivo expresso de sua legislação estadual de que, em se tratando de alienação fiduciária em garantia, o devedor fiduciário responde solidariamente com o proprietário pelo pagamento do IPVA.

À luz da Constituição da República de 1988 e do entendimento dominante do Supremo Tribunal Federal, o Estado Y:

(A) poderá cobrar tal IPVA tanto do Município X como do Banco Lucro 100 S/A;

(B) poderá cobrar tal IPVA do Município X, mas não do Banco Lucro 100 S/A;

(C) poderá cobrar tal IPVA conjuntamente e pró-rata do Município X e do Banco Lucro 100 S/A;

(D) não poderá cobrar tal IPVA do Município X, mas sim do Banco Lucro 100 S/A;

(E) não poderá cobrar tal IPVA nem do Município X nem do Banco Lucro 100 S/A.

Comentário: O STF entende que a alienação fiduciária em garantia de imóvel adquirido por ente político não afasta a imunidade tributária recíproca – ver RE 727.851/MG. Por essa razão, a alternativa "E" é a correta. RB

Gabarito "E".

(Juiz de Direito/SP – 2021 – Vunesp) No que diz respeito às imunidades, é possível afirmar:

(A) os requisitos para gozo de imunidade devem estar previstos em lei ordinária

(B) lei complementar estadual que isenta os membros do Ministério Público do pagamento de custas judiciais, notariais, cartorárias e quaisquer taxas e emolumentos não fere o disposto no artigo 150, II, da Constituição Federal. A igualdade de tratamento entre os contribuintes permite tratamento desigual em situações admitidas por lei.

(C) encontram-se compreendidos pela imunidade prevista no artigo 150, VI, d, também os livros digitais. A imunidade tributária relativa a livros, jornais e periódicos é ampla, total, acompanhando produto, maquinário e insumos

(D) a imunidade configura exceção constitucional à capacidade ativa tributária, mas a interpretação das normas deve ser ampla, de forma a conferir efetividade aos direitos correspondentes à exclusão do poder de tributar.

Comentário: **A:** incorreta, pois a regulamentação das limitações constitucionais ao poder de tributar deve ser feita por lei complementar federal – art. 146, II, da CF – vide Tese de repercussão geral 32/STF; **B:** incorreta, conforme entendimento do STF – ver ADI 3260/RN; **C:** incorreta, na segunda parte. De fato, a imunidade dos livros abrange os digitais, conforme a Súmula Vinculante 132/STF. Entretanto, a imunidade não abrange maquinários e insumos – ver RE 739.085/SP; **D:** incorreta, pois a imunidade é norma negativa de competência tributária (capacidade legislativa relacionada à tributação), não de capacidade ativa tributária (capacidade de ocupar o polo ativo da obrigação tributária). RB

Gabarito: ANULADA.

(Juiz de Direito – TJ/SC – 2019 – CESPE/CEBRASPE) A respeito de imunidade tributária e isenção tributária, é correto afirmar que

(A) a isenção está no campo infraconstitucional e corresponde a uma hipótese de não incidência da norma tributária.

(B) a imunidade está no plano constitucional e proíbe a própria instituição do tributo relativamente às situações e pessoas imunizadas.

(C) a isenção é criada diretamente pela Constituição Federal de 1988, sendo uma norma negativa de competência tributária.

(D) a imunidade pressupõe a incidência da norma tributária, sendo o crédito tributário excluído pelo legislador.

(E) a imunidade está no plano de aplicação da norma tributária, sendo equivalente ao estabelecimento de uma alíquota nula.

A: incorreta, pois a isenção é benefício fiscal fixado por lei que, nos termos do art. 175 do CTN, implica exclusão do crédito tributário (a norma incide e surge a obrigação, mas o crédito é excluído, dispensa-se o pagamento – o conceito é bastante criticado pela doutrina mais moderna); **B:** correta, já que a imunidade é norma constitucional que afasta a competência tributária, delimitando-a negativamente; **C:** incorreta, conforme comentários anteriores (a isenção é concedida por norma legal, pressupõe a competência tributária do ente que a concede); **D:** incorreta, pois a imunidade afasta a competência tributária, não há como legislar prevendo a incidência, muito menos haver essa incidência; **E:** incorreta, pois a imunidade está no plano da delimitação da competência tributária, no âmbito constitucional. RB

Gabarito "B".

(Juiz de Direito – TJ/RS – 2018 – VUNESP) O governo estadual quer fomentar as áreas de lazer e turismo do Estado com a construção de um complexo multiuso com arena coberta que comporte a realização de shows e outros eventos de lazer, além de um aquário. Para tanto, pretende conceder à iniciativa privada a realização das obras de construção do complexo, que deverá ser levantado em área pública predefinida, e sua posterior exploração pelo prazo de 30 (trinta anos). O concessionário será remunerado exclusivamente pelas receitas advindas da exploração econômica do novo equipamento, inclusive acessórias. Para que o projeto tenha viabilidade econômica, está prevista a possibilidade de construção de restaurantes, de um centro comercial, de pelo menos um hotel dentro da área do novo complexo, além da cobrança de ingresso para visitação do aquário e dos eventos e shows que vierem a ser realizados na nova arena. Há previsão de pagamento de outorga para o Estado em razão da concessão.

Em relação à cobrança do IPTU pelo município onde se situa a área do complexo, é correto afirmar que

(A) por se tratar de área pública estadual, o Município não poderá cobrar IPTU em nenhuma hipótese, em razão da imunidade recíproca, prevista no artigo 150, inciso VI, 'a' da Constituição Federal de 1988.

(B) a cobrança do IPTU é indevida porque o concessionário não exerce nenhum direito de propriedade sobre o imóvel, sendo mero detentor de posse precária e desdobrada, decorrente de direito pessoal, fundada em contrato de cessão de uso, não podendo ser considerado contribuinte do imposto.

(C) apesar de o imóvel ser de propriedade do Estado, o Município poderá cobrar IPTU se não restar comprovado que a outorga paga pelo concessionário ao Estado pela concessão foi integralmente revertida para a realização de atividades de caráter eminentemente público.

(D) apesar do imóvel ser de propriedade do Estado, o Município poderá cobrar IPTU porque a área foi cedida a pessoa jurídica de direito privado para a realização de atividades com fins lucrativos, sendo o concessionário o contribuinte do imposto.

(E) a cobrança do IPTU é indevida porque o imóvel é público, sendo irrelevante para a caracterização do fato gerador a finalidade que o Estado dá ao imóvel.

A: incorreta, pois o STF reconhece a incidência do IPTU quando há cessão da área para exploração de empreendimento privado – ver temas de repercussão geral 385 ("A imunidade recíproca, prevista no art. 150, VI, a, da Constituição não se estende a empresa privada arrendatária de imóvel público, quando seja ela exploradora de atividade econômica com fins lucrativos. Nessa hipótese é constitucional a cobrança do IPTU pelo Município") e 437 ("Incide o IPTU, considerado imóvel de pessoa jurídica de direito público cedido a pessoa jurídica de direito privado, devedora do tributo"); **B:** incorreta, conforme comentário anterior; **C:** incorreta, pois a cobrança depende apenas da exploração econômica com finalidade lucrativa, conforme comentário anterior; **D:** correta, conforme comentários anteriores; **E:** incorreta, conforme comentários anteriores. **RB**
Gabarito "D".

(Promotor de Justiça – MPE/RS – 2017) Relativamente às imunidades tributárias, é **INCORRETO** afirmar que é vedado

(A) aos entes federados cobrar tributos em relação a fatos geradores ocorridos antes do início da vigência da lei que os houver instituído ou aumentado.

(B) à União instituir imposto sobre a renda dos Estados, do Distrito Federal e dos Municípios.

(C) à União instituir isenções de tributos de competência dos Estados, do Distrito Federal e dos Municípios.

(D) à União cobrar imposto sobre produtos industrializados no mesmo exercício financeiro em que haja sido publicada a lei que o instituiu ou aumentou.

(E) aos entes federados estabelecer limitações ao tráfego de pessoas ou bens, por meio de tributos interestaduais ou intermunicipais, ressalvada a cobrança de pedágio pela utilização de vias conservadas pelo Poder Público.

A: correta, pois há essa vedação, apesar de ela se referir ao princípio da irretroatividade, e não da imunidade – art. 150, III, a, da CF; **B:** correta, pois é a imunidade recíproca – art. 150, VI, a, da CF. Por outro lado, atente para a tese de repercussão geral 385/STF "A imunidade recíproca, prevista no art. 150, VI, a, da Constituição não se estende a empresa privada arrendatária de imóvel público, quando seja ela exploradora de

atividade econômica com fins lucrativos. Nessa hipótese é constitucional a cobrança do IPTU pelo Município" e tese de repercussão geral 437/STF "Incide o IPTU, considerado imóvel de pessoa jurídica de direito público cedido a pessoa jurídica de direito privado, devedora do tributo"; **C:** correta, pois a competência tributária é sempre exclusiva do ente político a quem foi deferida pela CF – art. 151, III, da CF; **D:** incorreta, pois o IPI é exceção ao princípio da anterioridade anual, sujeitando-se apenas à anterioridade nonagesimal – art. 150, § 1º, da CF; **E:** correta, conforme o art. 152 da CF. **RB**
Gabarito "D".

(Juiz– TRF 2ª Região – 2017) Leia as proposições e, ao final, assinale a opção correta:

I. Instituição de educação, beneficiária de imunidade tributária, faz jus a exigir o afastamento do IPI incidente sobre o automóvel que ela vai adquirir e usar exclusivamente em suas atividades.

II. Instituição de educação, beneficiária de imunidade tributária, que tem certo imóvel alugado, cuja renda reverte em benefício de suas finalidades, não está sujeita a pagar IPTU sobre este seu bem, dado em locação.

III. A imunidade constitucional recíproca abrange os entes integrantes da administração indireta de cada unidade federada.

(A) Apenas as assertivas I e II estão corretas.

(B) Apenas as assertivas II e III estão corretas.

(C) Apenas a assertiva II está correta.

(D) Todas as assertivas são equivocadas.

(E) Apenas a assertiva I está correta.

I: incorreta, pois a imunidade da adquirente, que é contribuinte de fato apenas, não beneficia o fabricante do automóvel, que é o contribuinte de direito. Ver a tese de repercussão geral 342/STF "A imunidade tributária subjetiva aplica-se a seus beneficiários na posição de contribuinte de direito, mas não na de simples contribuinte de fato, sendo irrelevante para a verificação da existência do beneplácito constitucional a repercussão econômica do tributo envolvido"; **II:** correta – Súmula Vinculante 52 do STF; **III:** incorreta, pois abrange, em princípio, apenas as entidades de direito público da Administração indireta (fundações públicas e autarquias). O STF, entretanto, entende que a Empresa de Correios e Telégrafos (ECT) e a Empresa Brasileira de Infraestrutura Aeroportuária (Infraero) são imunes em relação a atividades públicas em sentido estrito, executadas sem intuito lucrativo, que não indiquem capacidade contributiva – RE 601.392/PR. Por outro lado, atente para a tese de repercussão geral 385/STF "A imunidade recíproca, prevista no art. 150, VI, a, da Constituição não se estende a empresa privada arrendatária de imóvel público, quando seja ela exploradora de atividade econômica com fins lucrativos. Nessa hipótese é constitucional a cobrança do IPTU pelo Município" e tese de repercussão geral 437/STF "Incide o IPTU, considerado imóvel de pessoa jurídica de direito público cedido a pessoa jurídica de direito privado, devedora do tributo." **RB**
Gabarito "C".

4. DEFINIÇÃO DE TRIBUTO E ESPÉCIES TRIBUTÁRIAS

(Juiz de Direito/AP – 2022 – FGV) José recebeu carnê de pagamento de contribuição de melhoria do Município Alfa referente à obra pública municipal que valorizou seu imóvel rural. Verificou que, no carnê, havia também a discriminação de pequeno valor de cobrança de taxa relativa ao custo de expedição do carnê, nos termos de nova lei municipal criadora dessa taxa.

30. DIREITO TRIBUTÁRIO — 931

A respeito desse cenário e à luz do entendimento dominante do Supremo Tribunal Federal, é correto afirmar que:

(A) a expedição de carnê de pagamento de tal tributo não pode ser remunerada por taxa;

(B) a expedição de carnê de pagamento de tal tributo pode ser remunerada por taxa, em razão de configurar serviço público específico e divisível;

(C) a expedição de carnê de pagamento de tal tributo pode ser remunerada por taxa, em razão de configurar exercício do poder de polícia;

(D) o Município Alfa não detém competência tributária para instituir tal contribuição de melhoria;

(E) o Município Alfa não pode instituir tal contribuição de melhoria referente a imóvel localizado em área rural.

Comentário: **A:** correta, pois taxas somente podem ser instituídas em relação a serviços ou exercício de poder de polícia, sendo que emissão de carnê não é nada disso – ver RE 789.218; **B e C:** incorretas, conforme comentário anterior; **D:** incorreta, pois o município tem competência para instituir contribuição de melhoria em relação às obras que realize, desde que impliquem valorização imobiliária – art. 145, III, da CF; **E:** incorreta, pois a contribuição de melhoria não tem limitação em relação à região urbana ou rural do município – art. 145, III, da CF. **RB**
Gabarito "A".

(Juiz de Direito/SP – 2021 – Vunesp) No que diz respeito a taxas, é correto afirmar:

(A) a simples disponibilização dos serviços, ainda que não de natureza compulsória, admite exigir a taxa de serviço.

(B) o simples exercício do poder de polícia não enseja a cobrança da taxa de polícia, mas sim o desempenho efetivo da atividade dirigida ao administrado. Assim, por exemplo, não é jurídico cobrar taxa de fiscalização se a pessoa política não mantém órgão fiscalizatório ou não desenvolve tal atividade.

(C) o caráter retributivo das taxas também está presente quando fixada e cobrada antecipadamente à disponibilização do serviço, como forma para sua viabilização.

(D) o princípio da capacidade contributiva também é de aplicação obrigatória na instituição das taxas.

Comentário: **A:** incorreta, pois somente no caso de serviços de utilização compulsória (por exemplo, coleta domiciliar de lixo) é que permite a cobrança pela utilização potencial. Nos demais casos, somente os serviços utilizados efetivamente pelo contribuinte é que permitem a cobrança de taxa – art. 79, I, *b*, do CTN; **B:** correta. O STF considera suficiente para comprovação do efetivo exercício do poder de polícia e, portanto, validade da taxa correspondente, a existência de órgão e estrutura competente para a fiscalização – RE 588.322/RO. Seguindo esse entendimento, o STJ afastou a Súmula 157, admitindo taxa na renovação de licença; **C:** incorreta, pois a taxa somente pode ser cobrada quando o serviço é efetivamente prestado (a utilização é que pode ser potencial, nunca a prestação) – art. 77 do CTN; **D:** incorreta, pois as taxas são primordialmente retributivas – o art. 145, § 1º, da CF refere-se expressamente apenas aos impostos, ao tratar da capacidade contributiva. **RB**
Gabarito "B".

(Juiz de Direito – TJ/SC – 2019 – CESPE/CEBRASPE) A respeito dessa lei hipotética, considerando-se a jurisprudência do STF acerca do princípio da legalidade tributária, é correto afirmar que

(A) a delegação do ato infralegal para a fixação do valor da taxa ou determinação dos critérios para a sua correção é inconstitucional.

(B) os índices de correção monetária da taxa podem ser atualizados por ato do Poder Executivo, ainda que em percentual superior aos índices de correção monetária legalmente previstos.

(C) a fixação do valor da taxa por ato normativo infralegal, se em proporção razoável com os custos da atuação estatal, é permitida, devendo sua correção monetária ser atualizada em percentual não superior aos índices legalmente previstos.

(D) o Poder Executivo tem permissão legal para fixar discricionariamente o valor da correção monetária da referida taxa, independentemente de previsão legal de índice de correção.

(E) a fixação, em atos infralegais, de critérios para a correção monetária de taxas é inconstitucional, independentemente de observar expressa previsão legal.

A: incorreta, pois o STF admitiu essa possibilidade, conforme a tese de repercussão geral 829/STF "Não viola a legalidade tributária a lei que, prescrevendo o teto, possibilita o ato normativo infralegal fixar o valor de taxa em proporção razoável com os custos da atuação estatal, valor esse que não pode ser atualizado por ato do próprio conselho de fiscalização em percentual superior aos índices de correção monetária legalmente previstos"; **B:** incorreta, conforme comentário anterior; **C:** correta, conforme comentários anteriores; **D e E:** incorretas, conforme comentários anteriores. **RB**
Gabarito "C".

(Juiz de Direito – TJ/BA – 2019 – CESPE/CEBRASPE) Conforme a CF, as contribuições de intervenção no domínio econômico

(A) são de competência exclusiva da União.

(B) podem incidir sobre as receitas decorrentes de exportação.

(C) não podem incidir sobre a importação de serviços.

(D) devem ter alíquota somente *ad valorem*.

(E) podem instituir tratamento desigual entre contribuintes exclusivamente em razão de ocupação profissional.

A: correta, pois a competência para as legislar sobre contribuições sociais, de intervenção no domínio econômico e de interesse de categorias é exclusiva da União, conforme art. 149 da CF; **B:** incorreta, pois isso é afastado pelo art. 149, § 2º, I, da CF; **C:** incorreta, pois isso é permitido, nos termos do art. 149, § § 2º, II, da CF; **D:** incorreta, pois as alíquotas poderão ser específicas, além de *ad valorem* – art. 149, § 2º, III, *b*, da CF; **E:** incorreta, pois isso é vedado expressamente pelo art. 150, II, da CF (princípio da isonomia). **RB**
Gabarito "A".

(Juiz de Direito – TJ/RS – 2018 – VUNESP) O prefeito do Município X pretende instituir uma taxa para custear o serviço de coleta, remoção e destinação do lixo doméstico produzido no Município. A taxa será calculada em função da frequência da realização da coleta, remoção e destinação dos dejetos e da área construída do imóvel ou da testada do terreno.

Acerca dessa taxa, é correto afirmar que ela é

(A) ilegal, porque a coleta, remoção e destinação do lixo doméstico não podem ser considerados como serviço público específico e divisível.

(B) ilegal, porque sua base de cálculo utiliza elemento idêntico ao do IPTU, qual seja, a metragem da área construída ou a testada do imóvel.

(C) legal se houver equivalência razoável entre o valor cobrado do contribuinte e o custo individual do serviço que lhe é prestado.

(D) ilegal, porque não possui correspondência precisa com o valor despendido na prestação do serviço.

(E) legal, porque foi instituída em razão do exercício regular de poder de polícia, concernente à atividade da Administração Pública que regula ato de interesse público referente à higiene.

A: incorreta, pois o serviços é específico e divisível (= prestado *uti singuli*), o que permite a cobrança de taxa – ver Súmula Vinculante 19/STF; B: incorreta, pois a base de cálculo do IPTU é o valor do imóvel, não sua área, aplicando-se o entendimento consolidado na Súmula 29/STF "É constitucional a adoção, no cálculo do valor de taxa, de um ou mais elementos da base de cálculo própria de determinado imposto, desde que não haja integral identidade entre uma base e outra"; C: correta, conforme comentários anteriores e o princípio pelo qual a taxa cobrada deve ter relação com o custo do serviço prestado; D: incorreta, pois essa correlação precisa não é exigida, até porque impossível, na prática; E: incorreta, pois a taxa descrita refere-se à prestação de serviço público específico e divisível, não ao exercício do poder de polícia. **RB**
Gabarito "C".

(Defensor Público Federal – DPU – 2017 – CESPE) A respeito das espécies tributárias existentes no sistema tributário brasileiro, julgue os itens que se seguem.

(1) No cálculo do valor de determinada taxa, pode haver elementos da base de cálculo de algum imposto, desde que não haja total identidade entre uma base e outra.

1: correta, nos termos da Súmula Vinculante 29/STF. **RB**
Gabarito "1C".

(Procurados do Município – Prefeitura Fortaleza/CE – CESPE – 2017) No que se refere à teoria do tributo e das espécies tributárias, julgue os itens seguintes.

(1) A identificação do fato gerador é elemento suficiente para a classificação do tributo nas espécies tributárias existentes no ordenamento jurídico: impostos, taxas, contribuições de melhoria, contribuições e empréstimos compulsórios.

(2) O imposto é espécie tributária caracterizada por indicar fato ou situação fática relativa ao próprio contribuinte no aspecto material de sua hipótese de incidência.

(3) O fato gerador da contribuição de iluminação pública é a prestação de serviço público, específico e divisível, colocado à disposição do contribuinte mediante atividade administrativa em efetivo funcionamento.

(4) A relação jurídica tributária, que tem caráter obrigacional, decorre da manifestação volitiva do contribuinte em repartir coletivamente o ônus estatal.

(5) No que concerne à atividade de cobrança de tributo, não se admite avaliação do mérito administrativo pelo agente público, uma vez que o motivo e o objeto da atividade administrativa fiscal são plenamente vinculados.

1: Incorreta, pois, embora o fato gerador seja o elemento essencial para a classificação dos tributos listados no CTN (arts. 4º e 5º), ou seja, impostos, taxas e contribuições de melhoria, as outras duas espécies, previstas na Constituição Federal (contribuições especiais e empréstimos compulsórios) são definidos por sua finalidade – arts. 148, 149 e 149-A da CF. 2: Correta, já que o fato gerador do imposto é desvinculado de qualquer atividade estatal específica voltada ao contribuinte (art. 16 do CTN), considerando também que deve relacionar-se com a capacidade contributiva do contribuinte – art. 145, I, da CF. 3: Incorreta, pois a assertiva descreve taxa, inviável no caso de serviço indivisível, como é o caso da iluminação pública – art. 77 do CTN. A rigor, a CF não descreve o fato gerador dessa contribuição, mas apenas sua finalidade, qual seja custeio desse serviço – art. 149-A da CF. 4: Incorreta, pois a vontade do contribuinte é irrelevante para o surgimento da obrigação tributária, que é sempre compulsória, decorrente da lei (*ex lege*) – art. 3º do CTN. 5: Correta, não havendo discricionariedade na cobrança, sendo a atividade fiscal vinculada e obrigatória, sob pena de responsabilidade funcional – arts. 3º e 142, parágrafo único, do CTN. **RB**
Gabarito 1E, 2C, 3E, 4E, 5C

(Juiz– TJ-SC – FCC – 2017) Município X cobra taxa por coleta de lixo urbano, feita por empresa contratada pela Administração municipal. O tributo é calculado sobre o valor, atribuído por lei municipal, da frente para a via pública do imóvel em que se dará a coleta, medida em metros lineares. O tributo é julgado inconstitucional. A taxa não pode ser cobrada porque:

(A) a base de cálculo é semelhante ao valor venal do imóvel, base de cálculo do IPTU.

(B) a base de cálculo não é apropriada para prestação de serviços, prestando-se, somente, para o caso de taxa por exercício de poder de polícia.

(C) o serviço público é prestado por particular contratado, sendo, portanto, caso de cobrança de preço público diretamente pelo contratado.

(D) o serviço é, por natureza, indivisível, tendo em vista a impossibilidade de pesar o lixo no momento da coleta.

(E) a base de cálculo não tem pertinência com o serviço prestado ou posto à disposição.

A base de cálculo de qualquer tributo deve dimensionar seu fato gerador. No caso das taxas pela prestação de serviço, deve ter relação com esse serviço prestado, admitindo-se a adoção de um ou mais elementos próprios da base de cálculo de imposto, desde que não haja identidade entre eles – Súmula Vinculante 29 do STF.
A: incorreta, pois o valor venal se refere ao preço de mercado do imóvel, não à metragem da frente; B: incorreta, pois não se pode afirmar que a metragem da frente do imóvel é adequada para base de cálculo de taxa de fiscalização, exceto se tiver relação direta com essa atividade; C: incorreta, pois a cobrança direta somente ocorreria no caso de concessão do serviço público (haveria, em tese, cobrança de tarifa a ser paga pelo usuário do serviço – absolutamente incomum no caso de coleta de lixo), não de simples contratação de empresa para prestação do serviço; D: incorreta, pois o serviço é específico e divisível, admitindo cobrança de taxa – Súmula Vinculante 19 do STF; E: correta, conforme comentários iniciais. **RB**
Gabarito "E".

(Juiz– TJ-SC – FCC – 2017) As contribuições sociais para a seguridade social:

(A) estão entre as competências comuns da União, Estados, Distrito Federal e Municípios.

(B) incidem exclusivamente sobre os valores pagos a segurados empregados e avulsos.

30. DIREITO TRIBUTÁRIO   933

(C) não podem, em hipótese alguma, se desvincular do orçamento da previdência social.

(D) não incidem sobre gorjetas pagas ao segurado.

(E) só incidem sobre o lucro líquido apurado conforme a legislação do Imposto de Renda.

B: incorreta, pois podem incidir sobre receitas e lucro do empregador, por exemplo, além de todos os outros casos listados nos incisos do art. 195, "caput", da CF; **C:** incorreta, pois as receitas das contribuições sociais são fontes de recursos para a seguridade social, que abrange não apenas a previdência, mas também a saúde e a assistência social – art. 194 da CF; **D:** incorreta, pois as gorjetas são consideradas remuneração direta, sujeitas à contribuição social – art. 22, I, da Lei 8.212/91; **E:** incorreta, conforme comentários à alternativa "B". RB

Gabarito "A".

5. LEGISLAÇÃO TRIBUTÁRIA – FONTES

(Procurador Município – Santos/SP – VUNESP – 2021) Em relação aos Princípios Gerais da Tributação, determina a Constituição Federal:

(A) a lei complementar poderá estabelecer critérios especiais de tributação, com o objetivo de prevenir desequilíbrios da concorrência, sem prejuízo da competência de a União, no caso de relevância e urgência, através de ato do executivo, estabelecer normas de igual objetivo.

(B) cabe à lei complementar, dentre outras circunstâncias, estabelecer normas gerais em matéria de legislação tributária, especialmente sobre a definição de tratamento diferenciado e favorecido para as microempresas e para as empresas de pequeno porte, inclusive regimes especiais ou simplificados no caso do imposto de produtos industrializados, sendo vedada a instituição de um regime único de arrecadação.

(C) as contribuições sociais e de intervenção no domínio econômico incidirão também sobre a importação de produtos estrangeiros ou serviços e sobre as receitas decorrentes de exportação.

(D) cabe à lei complementar, dentre outras situações, dispor sobre conflitos de competência, em matéria tributária, entre a União, os Estados, o Distrito Federal e os Municípios e regular as limitações constitucionais ao poder de tributar.

(E) a União, os Estados, o Distrito Federal e os Municípios instituirão, por meio de lei complementar, contribuições para custeio de regime próprio de previdência social, cobradas dos servidores ativos, dos aposentados e dos pensionistas, que não poderão ter alíquotas progressivas.

A: incorreta, pois a competência da União é exercida por lei ordinária, independentemente de relevância ou urgência – art. 146-A da CF; **B:** incorreta, pois é possível regime único para impostos e contribuições dos entes federados (Simples Nacional), não apenas ao IPI – art. 146, parágrafo único, da CF; **C:** incorreta, pois as contribuições sociais e CIDE não incidirão sobre receitas decorrentes de exportação – art. 149, § 2º, I, da CF; **D:** correta, conforme o art. 146, I e II, da CF; **E:** incorreta, pois as contribuições para os regimes próprios de previdência poderão ter alíquotas progressivas, nos termos do art. 149, § 1º, da CF. RB

Gabarito "D".

(Juiz de Direito – TJ/RJ – 2019 – VUNESP) O Presidente da República Federativa do Brasil assina tratado internacional de comércio no qual se compromete a isentar os impostos federais, estaduais e municipais incidentes sobre os bens e serviços importados de país estrangeiro. Posteriormente, o referido tratado é ratificado pelo Poder Legislativo federal. Considerando o previsto na Constituição Federal e a jurisprudência do Supremo Tribunal Federal, é correto afirmar que

(A) não há restrição constitucional à previsão de isenção pela União de tributos da competência de estados e municípios, seja em âmbito de negociação internacional, seja em âmbito apenas nacional.

(B) embora se trate de caso de isenção heterônoma, a ratificação pelo Congresso Nacional do tratado tem por fim convalidar a inconstitucionalidade praticada pelo Presidente da República.

(C) não se aplica a vedação à concessão de isenções heterônomas pela União quando esta atua como representante da República Federativa do Brasil.

(D) para que a isenção relativa aos impostos estaduais tenha eficácia, a Constituição exige prévia aprovação pela maioria dos membros do Conselho de Política Fazendária – CONFAZ.

(E) as isenções relativas aos impostos estaduais e municipais na situação são consideradas isenções heterônomas e são vedadas pela Constituição.

O STF pacificou a discussão quanto à concessão de benefício fiscal relativo a tributo estadual ou municipal por meio de tratado internacional firmado pela União.
No julgamento do RE 229.096/RS, o STF fixou o entendimento de que os tratados, como atos do Estado Federal Brasileiro, pessoa jurídica de direito público internacional, não se confundem com os da União (ente federado, como os Estados, Distrito Federal e Municípios), sendo possível a concessão de benefícios fiscais relativos a tributos estaduais e municipais. Não se trata, nessa hipótese, de isenção heterônoma vedada pelo art. 151, III, da CF.
A: incorreta, pois a isenção heterônoma é vedada pelo art. 151, III, da CF; **B:** incorreta, pois não se trata de isenção heterônoma, conforme entendimento do STF citado nos comentários iniciais; **C:** correta, conforme comentários iniciais; **D e E:** incorretas, conforme comentários iniciais.

Gabarito "C".

(Juiz de Direito – TJ/RS – 2018 – VUNESP) Assinale a alternativa correta em relação à legislação tributária.

(A) A atualização do valor monetário da base de cálculo do tributo somente pode ser estabelecida por lei, uma vez que implica na sua majoração.

(B) As práticas reiteradamente observadas pelas autoridades administrativas não são consideradas como normas complementares em matéria tributária, pois não possuem conteúdo normativo.

(C) A redução de tributo somente pode ser estabelecida por lei, já sua extinção poderá ser veiculada por decreto ou ato normativo expedido pela autoridade administrativa competente.

(D) Os tratados e as convenções internacionais são normas complementares das leis nacionais, não podendo revogar ou modificar a legislação tributária interna.

(E) As decisões dos órgãos singulares ou coletivos de jurisdição administrativa podem ter eficácia normativa, desde que lei lhes atribua tal efeito.

A: incorreta, pois a simples correção monetária não implica majoração real do tributo, de modo que dispensa lei – art. 97, § 2º, do CTN e Súmula 160/STJ; **B:** incorreta, pois essas práticas reiteradas são consideradas normas complementares, nos termos do art. 100, III, do CTN; **C:** incorreta, pois a redução ou extinção do tributo segue o princípio da legalidade, exigindo veiculação por lei – art. 97, I e II, do CTN; **D:** incorreta, pois as convenções internacionais podem revogar e modificar a legislação tributária interna – art. 98 do CTN; **E:** correta, conforme art. 100, II, do CTN. **RB**

Gabarito "E".

6. VIGÊNCIA, APLICAÇÃO, INTERPRETAÇÃO E INTEGRAÇÃO

(Procurador Município – Teresina/PI – FCC – 2022) A respeito da vigência e aplicação da lei tributária, o Código Tributário Nacional (CTN) dispõe:

(A) O CTN refere-se aos efeitos do fato gerador, determinando que os negócios jurídicos condicionais reputam-se perfeitos e acabados desde o momento da prática de sua celebração, se a condição for suspensiva.

(B) A vigência, no espaço e no tempo, da legislação tributária rege-se somente pelas normas legais constantes no Código Tributário Nacional, Lei 5.112, de 25 de outubro de 1966.

(C) A legislação tributária aplica-se imediatamente somente aos fatos geradores futuros, não havendo possibilidade de ser aplicada aos fatos geradores pendentes.

(D) O CTN considera norma complementar os atos normativos expedidos pelas autoridades administrativas e determina que tais atos devem, sempre, entrar em vigor 30 dias após a data da sua publicação.

(E) A lei aplica-se a ato ou fato pretérito em qualquer caso, quando seja expressamente interpretativa, excluída a aplicação de penalidade à infração dos dispositivos interpretados.

A: incorreta, pois, no caso de condição suspensiva, os negócios jurídicos reputam-se perfeitos e acabados desde o momento do implemento dessa condição – art. 117, I, do CTN; **B:** incorreta, pois a vigência, no espaço e no tempo, da legislação tributária rege-se pelas disposições legais aplicáveis às normas jurídicas em geral, ressalvado o previsto no CTN – art. 101 do CTN; **C:** incorreta, pois a legislação tributária aplica-se imediatamente aos fatos geradores futuros e aos pendentes – art. 105 do CTN; **D:** incorreta, pois há diversos prazos para entrada em vigor fixadas pelo art. 103 do CTN; **E:** correta – art. 106, I, do CTN. **RB**

Gabarito "E".

(Juiz de Direito/GO – 2021 – FCC) De acordo com o Código Tributário Nacional, a lei tributária que deve ser interpretada da maneira mais favorável ao acusado, em caso de dúvida quanto à capitulação legal do fato, e quanto a outras situações previstas, é aquela que

(A) tenha sido declarada parcialmente inconstitucional, sem redução de texto, em controle concentrado de constitucionalidade.

(B) define infrações ou que comina penalidades ao infrator.

(C) tem cunho expressamente interpretativo e que produz efeitos retroativos.

(D) estabelece os efeitos e o alcance da decadência e da prescrição tributárias.

(E) identifica, de modo impreciso, o contribuinte do tributo ou o respectivo responsável.

Comentário: Nos termos do art. 112 do CTN, a lei tributária que define infrações, ou lhe comina penalidades, deve ser interpretada da maneira mais favorável ao acusado, em caso de dúvida quanto: (i) à capitulação legal do fato, (ii) à natureza ou às circunstâncias materiais do fato, ou à natureza ou extensão dos seus efeitos, (iii) à autoria, imputabilidade, ou punibilidade, e (iv) à natureza da penalidade aplicável, ou à sua graduação. Por essas razões, a alternativa "B" é a correta. **RB**

Gabarito "B".

(Procurador Município – Santos/SP – VUNESP – 2021) Em relação à vigência, aplicação, interpretação e integração da Legislação Tributária, estabelece o Código Tributário Nacional:

(A) salvo disposição em contrário, entram em vigor na data de sua publicação as decisões dos órgãos singulares ou coletivos de jurisdição administrativa, a que a lei atribua eficácia normativa.

(B) a lei aplica-se a ato ou fato pretérito, em qualquer caso, quando seja expressamente interpretativa, incluída a aplicação de penalidade à infração dos dispositivos interpretados, e, tratando-se de ato não definitivamente julgado, dentre outras situações, quando lhe comine penalidade mais severa que a prevista na lei vigente ao tempo da sua prática.

(C) interpreta-se literalmente a legislação tributária que disponha sobre a suspensão ou exclusão do crédito tributário, outorga de isenção e dispensa do cumprimento de obrigações tributárias acessórias.

(D) a lei tributária pode alterar a definição, o conteúdo e o alcance de institutos, conceitos e formas de direito público e privado, utilizados, expressa ou implicitamente, pela Constituição Federal, pelas Constituições dos Estados, ou pelas Leis Orgânicas do Distrito Federal ou dos Municípios, para definir ou limitar competências tributárias.

(E) na ausência de disposição expressa, a autoridade competente para aplicar a legislação tributária, dentre outros institutos, utilizará da analogia, cujo emprego poderá resultar na exigência de tributo não previsto em lei e ainda na dispensa do pagamento de tributo devido.

A: incorreta, pois, salvo disposição em contrário, essas decisões, quanto a seus efeitos normativos, entram em vigor 30 dias após sua publicação – art. 103, II, do CTN; **B:** incorreta, pois, no caso de lei interpretativa, a retroatividade não se aplica à penalidade à infração dos dispositivos interpretados, e ademais, só às normas com penalidade menos severa que podem retroagir – art. 106, I e II, "c", do CTN; **C:** correta, conforme o art. 111 do CTN; **D:** incorreta, pois essa possibilidade de alteração pela lei tributária não pode violar as normas de competência fixadas pela CF – art. 110 do CTN; **E:** incorreta, pois a analogia jamais poderá ser aplicada para exigência de tributo não previsto em lei – art. 108, § 1º, do CTN. **RB**

Gabarito "C".

(Procurador do Município – Valinhos/SP – 2019 – VUNESP) Acerca da interpretação e integração da legislação tributária, conforme disciplinadas no Código Tributário Nacional, é correto afirmar que

(A) na ausência de disposição expressa, a autoridade competente para aplicar a legislação tributária utilizará, sucessivamente, na ordem indicada, a analogia, os princípios gerais de direito público, os princípios gerais de direito tributário e a equidade.

(B) os princípios gerais de direito privado utilizam-se para pesquisa da definição, do conteúdo e do alcance de seus institutos, conceitos e formas, e para definição dos respectivos efeitos tributários.

(C) a lei tributária que define infrações, ou lhe comina penalidades, interpreta-se sempre da maneira mais favorável ao acusado.

(D) do emprego da analogia não poderá resultar exigência de tributo não previsto em lei, mas do emprego da equidade poderá resultar dispensa do pagamento de tributo devido.

(E) interpreta-se literalmente a legislação tributária que disponha sobre suspensão ou exclusão do crédito tributário, outorga de isenção ou dispensa do cumprimento de obrigações tributárias acessórias.

A: incorreta, pois a ordem prevista no art. 108 do CTN é (1) analogia, (2) princípios gerais de direito tributário, (3) princípios gerais de direito público e (4) equidade; **B:** incorreta, pois não são utilizados para a definição dos efeitos tributários – art. 109, *in fine*, do CTN; **C:** incorreta, pois essa interpretação mais favorável aplica-se apenas em caso de dúvida em relação aos aspectos listados no art. 112 do CTN. No mais, a interpretação deve ser estrita, nos termos da lei; **D:** incorreta, pois o emprego da equidade tampouco pode resultar na dispensa de pagamento de tributo devido – art. 108, § 2º, do CTN; **E:** correta, nos termos do art. 111 do CTN.

Gabarito "E"

(Procurador do Estado/SP – 2018 – VUNESP) Após a ocorrência do fato gerador, inovação legislativa amplia os poderes de investigação da Administração Tributária. Nessa circunstância, de acordo com o Código Tributário Nacional, é correto afirmar:

(A) a autoridade poderá aplicar amplamente a lei nova, inclusive para alterar o lançamento, até a extinção do crédito tributário.

(B) a autoridade poderá aplicar os novos critérios de apuração exclusivamente em casos de lançamento por homologação.

(C) a lei nova apenas poderá ser aplicada pela autoridade se, e somente se, seus critérios resultarem em benefício para o contribuinte.

(D) a autoridade competente não poderá aplicar a lei nova ao fato gerador pretérito, ocorrido anteriormente à sua vigência.

(E) a lei nova será aplicada pela autoridade competente na apuração do crédito tributário respectivo até a finalização do lançamento.

A: incorreta, pois, embora a norma posterior que amplie os poderes de investigação aplique-se a fatos geradores pretéritos para fins de lançamento, não se admite a alteração do lançamento já efetuado – art. 144, § 1º, e 145 do CTN; **B:** incorreta, pois não há restrição em relação à modalidade de lançamento – art. 144, § 1º, do CTN; **C:** incorreta, pois não há essa limitação – art. 144, § 1º, do CTN; **D:** incorreta, conforme comentários anteriores; **E:** correta, conforme o art. 144, § 1º, do CTN. RB

Gabarito "E"

(Procurados do Município – Prefeitura Fortaleza/CE – CESPE – 2017) Considerando as disposições do CTN a respeito de legislação tributária, vigência, aplicação, interpretação e integração, julgue os itens subsequentes.

(1) A interpretação da legislação tributária a partir dos princípios gerais de direito privado é realizada para identificar o conceito, o conteúdo e o alcance dos institutos de direito privado, determinando, assim, a definição dos respectivos efeitos tributários.

(2) As práticas reiteradamente observadas pelas autoridades administrativas são normas complementares consuetudinárias de direito tributário. Assim, na hipótese de a norma ser considerada ilegal, não é possível caracterizar como infracional a conduta do contribuinte que observa tal norma, em razão do princípio da proteção da confiança e da boa-fé objetiva.

(3) Admite-se a aplicação retroativa de norma tributária interpretativa e de norma tributária mais benéfica sobre penalidades tributárias, mesmo diante de ato amparado pela imutabilidade da coisa julgada.

(4) É vedada a adoção de métodos de interpretação ou qualquer princípio de hermenêutica que amplie o alcance da norma tributária que outorga isenção.

1: Incorreta, pois os princípios gerais de direito privado não são utilizados para definição dos efeitos tributários dos institutos, conceitos e formas analisados – art. 109 do CTN. **2:** Correta, conforme o art. 100, III, e parágrafo único, do CTN. **3:** Incorreta, pois a retroatividade dessas normas não modifica a coisa julgada, protegida por disposição constitucional e legal – art. 5º, XXXVI, da CF e art. 106, II, do CTN. **4:** Incorreta, pois a norma isentiva é sempre interpretada de modo estrito ou, na terminologia do CTN, literalmente – art. 111, II, do CTN. RB

Gabarito 1E, 2C, 3E, 4E

7. FATO GERADOR E OBRIGAÇÃO TRIBUTÁRIA

(Juiz de Direito – TJ/RS – 2018 – VUNESP) Sobre a disciplina do fato gerador trazida pelo Código Tributário Nacional, é correto afirmar que

(A) a autoridade administrativa não poderá desconsiderar atos ou negócios jurídicos praticados com a finalidade de dissimular a ocorrência do fato gerador do tributo ou a natureza dos elementos constitutivos da obrigação tributária, salvo nos casos expressos em lei.

(B) se tratando de situação de fato, salvo disposição de lei em contrário, considera-se ocorrido o fato gerador e existentes os seus efeitos desde o momento em que se verifiquem as circunstâncias materiais necessárias a que produza os efeitos que normalmente lhe são próprios.

(C) fato gerador da obrigação acessória é qualquer situação definida em lei como necessária e suficiente à sua ocorrência.

(D) a definição legal do fato gerador é interpretada considerando-se a validade jurídica dos atos efetivamente praticados pelos contribuintes, responsáveis ou terceiros, bem como da natureza do seu objeto ou dos seus efeitos.

(E) se tratando de atos ou negócios jurídicos sujeitos a condição suspensiva, considera-se ocorrido o fato gerador e existentes os seus efeitos desde o momento da prática do ato ou da celebração do negócio.

A: incorreta, pois a autoridade administrativa pode desconsiderar tais atos ou negócios jurídicos, conforme a norma antielisão do art. 116, parágrafo único, do CTN; **B:** correta, conforme art. 116, I, do CTN; **C:**

incorreta, pois o art. 115 do CTN não se refere à lei, mas apenas à legislação tributária (abrange não apenas leis, mas também normas infralegais); **D:** incorreta, pois a validade jurídica dos atos, sua natureza, objeto ou seus efeitos são irrelevantes, nos termos do art. 118 do CTN; **E:** incorreta, pois, nesse caso, considera-se ocorrido o fato gerador desde o momento da ocorrência da condição suspensiva – art. 117, I, do CTN. **RB**

Gabarito "B".

(Procuradores do Município – Prefeitura Fortaleza/CE – CESPE – 2017) Julgue o seguinte item, a respeito de obrigação tributária e crédito tributário.

(1) O CTN qualifica como obrigação tributária principal aquela que tem por objeto uma prestação pecuniária, distinguindo-a da obrigação tributária acessória, cujo objeto abrange as condutas positivas e negativas exigidas do sujeito passivo em prol dos interesses da administração tributária e as penalidades decorrentes do descumprimento desses deveres instrumentais.

1: Incorreta, pois as penalidades pecuniárias (= multas) aplicadas pelo descumprimento dos deveres instrumentais são objeto da obrigação principal. Toda prestação tributária pecuniária (= em dinheiro), seja tributo ou penalidade, é objeto da obrigação principal – art. 113, § 1º, do CTN. **RB**

Gabarito "1E".

(Promotor de Justiça – MPE/RS – 2017) Em relação ao fato gerador da obrigação tributária, assinale a alternativa correta.

(A) A definição legal do fato gerador é interpretada levando-se em consideração a validade dos atos jurídicos efetivamente praticados pelos contribuintes, responsáveis ou terceiros.

(B) Os atos e negócios jurídicos praticados sob condição suspensiva ou resolutória não configurarão fato gerador.

(C) Somente autoridade judicial poderá desconsiderar atos ou negócios jurídicos praticados com a finalidade de dissimular a ocorrência do fato gerador do tributo.

(D) A obrigação acessória jamais se converterá em obrigação principal no âmbito tributário.

(E) Salvo disposição de lei em contrário, considera-se ocorrido o fato gerador, em se tratando de situação jurídica, desde o momento em que esteja definitivamente constituída, nos termos de direito aplicável.

A: incorreta, pois é o oposto, sendo irrelevante a validade dos atos efetivamente praticados, conforme o art. 118, I, do CTN; **B:** incorreta, pois podem configurar fatos geradores de tributos, conforme o art. 117 do CTN; **C:** incorreta, pois a autoridade administrativa pode fazê-los, nos termos do art. 116, parágrafo único, do CTN; **D:** imprecisa, pois o descumprimento da obrigação acessória, como ilícito que é, pode fazer surgir uma obrigação principal (obrigação de recolher multa), sendo que o art. 113, § 3º, do CTN utiliza o verbo converter para se referir a isso; **RB**

Gabarito "E".

8. LANÇAMENTO E CRÉDITO TRIBUTÁRIO

(Procurador Município – Santos/SP – VUNESP – 2021) Em relação ao lançamento tributário e suas modalidades é correto afirmar:

(A) O lançamento reporta-se à data do fato gerador da obrigação e rege-se pela lei então vigente, salvo se posteriormente modificada ou revogada.

(B) O lançamento regularmente notificado ao sujeito passivo só pode ser alterado em virtude de impugnação do sujeito passivo, recurso de ofício, iniciativa de ofício da autoridade administrativa em qualquer circunstância, ou, decisão judicial transitada em julgado.

(C) O lançamento é efetuado e revisto de ofício pela autoridade administrativa, dentre outras circunstâncias, quando se comprove ação ou omissão do sujeito passivo, ou de terceiro legalmente obrigado, que dê lugar à aplicação de penalidade pecuniária.

(D) A modificação introduzida, de ofício ou em consequência de decisão administrativa ou judicial, nos critérios jurídicos adotados pela autoridade administrativa no exercício do lançamento somente pode ser efetivada, em relação a um mesmo sujeito passivo, quanto a fato gerador ocorrido anteriormente à sua introdução.

(E) A retificação da declaração por iniciativa do próprio declarante, quando vise a reduzir ou a excluir tributo, é admissível em qualquer circunstância, e os erros contidos na declaração e apuráveis pelo seu exame serão retificados mediante recurso administrativo dirigido a autoridade administrativa a que competir a revisão daquela.

A: incorreta, pois a posterior modificação ou revogação não altera a regra de aplicação da norma, em, princípio, nos termos do art. 144 do CTN; **B:** incorreta, pois a iniciativa de ofício da autoridade administrativa pode referir-se à alteração do lançamento apenas nos casos definidos no art. 149 do CTN – art. 145 do CTN; **C:** correta – art. 149, VI, do CTN; **D:** incorreta, pois essa alteração é aplicável apenas a fatos geradores posteriores – art. 146 do CTN; **E:** incorreta, pois o próprio declarante pode realizar a retificação, mas, quando vise a reduzir ou a excluir tributo, só é admissível mediante comprovação do erro em que se funde, e antes de notificado o lançamento – art. 147, § 1º, do CTN. **RB**

Gabarito "C".

(Juiz de Direito/GO – 2021 – FCC) Para os efeitos do Código Tributário do Estado de Goiás, Lei estadual no 11.651, de 26 de dezembro de 1991, consideram-se crédito tributário os valores

(A) correspondentes aos saldos dos créditos acumulados do ICMS, decorrentes de aquisições de mercadorias, em operações internas, com alíquotas superiores às praticadas nas subsequentes operações interestaduais.

(B) correspondentes aos precatórios a serem pagos pela Fazenda Pública do Estado de Goiás.

(C) devidos a título de tributo, de multa, inclusive a de caráter moratório, acrescidos dos correspondentes juros de mora.

(D) correspondentes aos saldos credores eventualmente apurados pelo contribuinte do ICMS, ao final dos períodos de apuração do imposto.

(E) devidos a título de tributo, de multa, exceto a de caráter moratório, de atualização monetária, de juros de mora e de outras verbas, inclusive de verbas de sucumbência devidas à Procuradoria do Estado.

Comentário: Crédito tributário é objeto da obrigação tributária, corresponde ao valor pecuniário que o que o fisco exige do sujeito passivo – art. 139 e seguintes do CTN. **A, B, D:** incorretas, pois não se referem ao crédito objeto da obrigação tributária, de titularidade do fisco; **C:** correta, conforme comentários iniciais e por exclusão das demais; **E:** incorreta, pois toda multa tributária compõe o crédito tributário, e porque verbas sucumbenciais não têm natureza tributária. RB

Gabarito "C".

(Juiz de Direito – TJ/RS – 2018 – VUNESP) Acerca do lançamento tributário, é correto afirmar que

(A) a retificação da declaração por iniciativa do próprio declarante, quando vise a reduzir ou a excluir tributo, só é admissível mediante comprovação do erro em que se funde e antes de notificado o lançamento.

(B) salvo disposição de lei em contrário, quando o valor tributário esteja expresso em moeda estrangeira, no lançamento far-se-á sua conversão em moeda nacional ao câmbio do dia em que este ato for realizado.

(C) é vedado à autoridade administrativa responsável pela revisão da declaração retificar de ofício os erros nela contidos e apuráveis pelo seu exame.

(D) a modificação introduzida, de ofício ou em consequência de decisão administrativa ou judicial, nos critérios jurídicos adotados pela autoridade administrativa no exercício do lançamento, alcança os fatos geradores ocorridos anteriormente à sua introdução, desde que relacionados ao mesmo sujeito passivo.

(E) não se aplica ao lançamento a legislação que, posteriormente à ocorrência do fato gerador da obrigação, tenha ampliado os poderes de investigação das autoridades administrativas, ou outorgado ao crédito maiores garantias ou privilégios, exceto, neste último caso, para o efeito de atribuir responsabilidade tributária a terceiros.

A: correta, conforme o art. 147, § 1º, do CTN; **B:** incorreta, pois adota-se o câmbio da data de ocorrência do fato gerador – art. 143 do CTN; **C:** incorreta, pois é possível a correção de ofício, nesse caso – art. 147, § 2º, do CTN; **D:** incorreta, pois é inviável a retroatividade nesse caso – art. 146 do CTN; **E:** incorreta, pois essa legislação aplica-se a fatos pretéritos, com as limitações previstas no art. 144, § 1º, do CTN. RB

Gabarito "A".

(Delegado – PC/BA – 2018 – VUNESP) O artigo 144 do Código Tributário Nacional dispõe que o lançamento se reporta à data da ocorrência do fato gerador da obrigação, regendo-se pela lei então vigente, ainda que posteriormente modificada ou revogada. O Código Tributário Nacional excepciona essa regra, admitindo a aplicação da legislação tributária que, posteriormente à ocorrência do fato gerador da obrigação,

(A) interprete expressamente ato ou fato pretérito quanto à aplicação de penalidade à infração dos dispositivos interpretados.

(B) institua novos critérios de apuração ou processos de fiscalização, ampliando os poderes de investigação das autoridades administrativas.

(C) outorgue ao crédito maiores garantias ou privilégios para o efeito de atribuir responsabilidade tributária a terceiros.

(D) altere os critérios jurídicos adotados pela autoridade administrativa no exercício do lançamento.

(E) deixe de definir ato definitivamente julgado como infração.

A: incorreta, pois, embora a lei expressamente interpretativa aplique-se a ato ou fato pretérito, isso não ocorre para aplicação de penalidade por

infração dos dispositivos interpretados – art. 106, I, do CTN; **B:** correta – art. 144, § 1º, do CTN; **C:** incorreta, pois a retroatividade é vedada nesse caso – art. 144, § 1º, do CTN; **D:** incorreta, pois a alteração dos critérios jurídicos somente se aplica a fatos posteriores – art. 146 do CTN Ver também o art. 23 da Lei de Introdução às Normas do Direito Brasileiro – LINDB; **E:** incorreta, pois o ato definitivamente julgado não pode ser modificado – art. 106, II, do CTN. RB

Gabarito "B".

9. SUJEIÇÃO PASSIVA, CAPACIDADE E DOMICÍLIO

(Procurador/PA – CESPE – 2022) Três irmãos maiores de idade receberam uma herança avaliada em três milhões de reais pela Secretaria de Estado da Fazenda do Pará, deixada pelos seus pais, falecidos em um acidente automobilístico. Todos os herdeiros são casados e têm filhos.

Expedida a guia de recolhimento do imposto de transmissão causa mortis e doação em nome do herdeiro mais velho, designado inventariante, ele procedeu ao recolhimento integral do imposto, após o qual foi lavrada a escritura pública de inventário, realizado extrajudicialmente em 2016.

Ao elaborarem as respectivas declarações de imposto de renda pessoa física em 2017, os herdeiros declararam seu quinhão exatamente como descrito na escritura pública.

Em posterior cruzamento de dados, a Secretaria de Estado da Fazenda do Pará identificou que apenas um dos três herdeiros havia recolhido o imposto de transmissão causa mortis e doação e, por isso, lavrou auto de infração contra os outros herdeiros, que haviam declarado seus quinhões, mas não tinham recolhido o imposto devido.

No prazo legal, ambos os herdeiros glosados impugnaram os autos de infração, argumentando que, além de o tributo ter sido pago pelo inventariante, seria inconstitucional o cruzamento de informações, por ferir o sigilo fiscal, princípio regulado pelo art. 198 do Código Tributário Nacional.

Julgada a impugnação, foi integralmente mantido o auto de infração, motivo pelo qual os contribuintes interpuseram recurso voluntário, na forma do art. 32 da Lei estadual n.º 6.182/1998, com fundamento nos mesmos argumentos mencionados anteriormente.

Nessa situação hipotética, o recurso voluntário deve ser

(A) provido, porque a Constituição Federal de 1988 e o Código Tributário Nacional vedam o compartilhamento de cadastros e informações fiscais.

(B) improvido, porque apenas um dos herdeiros arcou com o ônus integral do imposto, cabendo a cada um dos demais herdeiros pagar o imposto referente ao seu quinhão, não sendo possível repassar ao fisco o ônus do pagamento a maior feito pelo inventariante.

(C) improvido quanto à alegação de quebra do sigilo fiscal, porque o cruzamento de informações entre os entes exacionais é previsto tanto na Constituição Federal de 1988 quanto no Código Tributário Nacional, e provido quanto ao pagamento do tributo, pois, pelo art. 124 do Código Tributário Nacional, a situação envolve solidariedade passiva do tributo e não comporta benefício de ordem, nada mais havendo a ser cobrado pela Secretaria de Estado da Fazenda do Pará dos demais herdeiros.

(D) improvido, porque o inventariante pagou o imposto de forma errônea, embora tenha feito o recolhimento, razão pela qual contra ele não fora lavrado auto de infração; além disso, os demais herdeiros continuaram a dever o imposto, de forma que foi legítima a troca de informações entre os fiscos.

(E) improvido, porque o sigilo fiscal é direito fundamental do contribuinte, previsto na Constituição Federal de 1988 e regulamentado pela Lei n.º 13.709/2018, com redação dada pela Lei n.º 13.853/2019 (Lei Geral de Proteção de Dados Pessoais).

É possível a troca de informações entre os fiscos dos entes federados, nos termos do art. 37, XXII, da CF e art. 198, § 2º, do CTN, este último afastando dúvida quanto à inexistência de violação ao sigilo fiscal, desde que atendidas as condições ali fixadas. Ademais, o pagamento do tributo por quem quer que seja extingue a pretensão do fisco, mais especificamente, o pagamento feito por qualquer dos obrigados solidariamente aproveita aos demais – art. 125, I, do CTN. Por essas razões, a alternativa "C" é a correta. RB

Gabarito "C".

(Procurador/PA – CESPE – 2022) Em 15/3/2022, uma empresa recebeu uma comunicação sobre constatação de indício de irregularidade, da Secretaria de Estado da Fazenda do Pará. Pensando se tratar de um auto de infração, o representante legal da empresa compareceu ao escritório de advocacia que lhe prestava assessoria jurídica e ali obteve a informação de que o novo procedimento, inaugurado pela Secretaria de Estado da Fazenda do Pará com a promulgação da Lei estadual n.º 8.869/2019, que introduziu o art. 11-A na Lei estadual n.º 6.182/1998, visa à autorregularização.

A autorregularização, mencionada nessa situação hipotética, é um procedimento fiscal que

(A) não afasta a espontaneidade, de maneira que, se a empresa não providenciar a devida regularização, ela estará sujeita à abertura de procedimento administrativo e às penalidades previstas na legislação.

(B) afasta a espontaneidade, de maneira que, se a empresa não providenciar a devida regularização, será automaticamente lavrado auto de infração.

(C) não afasta a espontaneidade, mas, se não observado, importará em aquiescência da empresa com todos os seus termos, gerando-se, nessa hipótese, imputação de penalidade.

(D) afasta a espontaneidade e, caso não realizado, acarretará a imediata suspensão de todos os incentivos e benefícios fiscais concedidos sob condição de regularidade fiscal, até que se regularize a situação fiscal do sujeito passivo.

(E) afasta a espontaneidade e cuja comunicação pode ser respondida por meio de impugnação ou pela apresentação de documentos e pelo recolhimento dos tributos devidos apontados na comunicação.

A legislação tributária dos entes federados tem fortalecido a possibilidade de autorregularização, que, como indica o nome, se refere à providência iniciada pelo próprio contribuinte, independentemente do início de procedimento fiscalizatório. Por não se tratar de procedimento fiscalizatório, não se afasta a espontaneidade, para fins do art. 138,

parágrafo único, do CTN, admitindo-se o pagamento do tributo sem aplicação de multas. Entretanto, caso não haja a regularização, o fisco poderá certamente auditar o contribuinte e, sendo o caso, lançar de ofício o tributo e aplicar a penalidade. Por essas razões, a alternativa "A" é a correta. RB

Gabarito "A".

(Advogado – Pref. São Roque/SP – 2020 – VUNESP) Fulano não possui residência conhecida. Contudo, sabe-se que atua profissionalmente, com habitualidade, prestando serviços no Município X. No curso de fiscalização, a Administração Tributária descobre que Fulano presta os referidos serviços no Município X, valendo-se formalmente do nome de sociedade limitada de sua propriedade, com sede no Município Y, que se encontra a cerca de 800 km de distância do Município X.

Com base na situação descrita e nas regras vigentes no país sobre o domicílio tributário, é correto afirmar que

(A) a ausência de residência conhecida do contribuinte permite fixar o seu domicílio em qualquer local da conveniência da Administração Tributária.

(B) como os serviços são prestados por meio de pessoa jurídica, o domicílio tributário será a sede da sociedade, ainda que a eleição da sede possa causar dificuldades à fiscalização.

(C) ainda que se comprove posteriormente a existência de domicílio tributário de eleição do contribuinte, a lei determina que o domicílio para fins tributários será o centro habitual de sua atividade, ou seja, o Município X.

(D) quando não houver domicílio de eleição e nem for possível a aplicação das regras gerais previstas no Código Tributário Nacional para definição do domicílio tributário, considerar-se-á este como o lugar da ocorrência dos atos ou fatos que deram origem à obrigação.

(E) independentemente da sede da sociedade, o domicílio tributário no caso de imposto incidente sobre serviços será sempre o do local do estabelecimento prestador dos serviços.

Em regra, o sujeito passivo escolhe seu domicílio tributário na forma da legislação. O CTN traz regras subsidiárias para a definição do domicílio somente para os casos em que não há essa opção expressa pelo sujeito passivo ou quando ela é recusada pelo Fisco, nos termos do art. 127. **A**: incorreta, pois o art. 127 do CTN dispõe sobre domicílio tributário nessas hipóteses, devendo ser observado pelo fisco; **B**: incorreta, conforme comentários iniciais; **C**: incorreta, pois as regras do art. 127 do CTN são subsidiárias, conforme comentários iniciais; **D**: correta, conforme o art. 127, § 1º, do CTN; **E**: incorreta, pois a regra é a eleição do domicílio pelo contribuinte, com as observações antes feitas e o disposto no art. 127 do CTN. A propósito do ISS, é interessante lembrar que seu fato gerador se dá e o imposto é devido, em regra, no município em que se encontra o estabelecimento prestador do serviço ou, na falta do estabelecimento, no local do domicílio do prestador, mas há diversas exceções nos incisos do art. 3º da LC 116/2003.

Gabarito "D".

(Juiz de Direito – TJ/MS – 2020 – FCC) O contribuinte João, percebendo que deixou de recolher certo valor ao Fisco, paga espontaneamente o tributo e os juros da mora. Considerando o fato descrito e a jurisprudência relativa ao Código Tributário Nacional (CTN), é correto afirmar:

30. DIREITO TRIBUTÁRIO — 939

(A) Caso o pagamento feito seja precedido de início de fiscalização a respeito do fato, o contribuinte João poderá se utilizar dos benefícios da denúncia espontânea.

(B) O contribuinte João poderá se beneficiar da denúncia espontânea, ainda que opte pelo pagamento parcelado do tributo e dos juros de mora.

(C) Caso já tenha declarado o tributo anteriormente e o equívoco diga respeito apenas à falha de recolhimento tempestivo, o contribuinte João não poderá se beneficiar da denúncia espontânea.

(D) Caso a denúncia espontânea se caracterize, o contribuinte João ficará desobrigado ao pagamento de multas punitivas, mas não da multa moratória.

(E) A declaração do tributo devido, com o seu parcelamento e quitação, excluem a incidência somente das multas punitivas, mas não das moratórias.

A: incorreta, pois, se houve início da fiscalização relativa ao tributo, fica afastado o benefício da denúncia espontânea – art. 138, parágrafo único, do CTN; **B:** incorreta, pois somente o pagamento integral permite fruição do benefício da denúncia espontânea – art. 138 do CTN; **C:** correta, conforme comentário anterior; **D** e **E:** incorretas, pois a denúncia espontânea afasta qualquer espécie de multa – art. 138 do CTN. **RB**
Gabarito "C".

(Juiz de Direito – TJ/MS – 2020 – FCC) A empresa Móveis Ltda., empresa de grande porte, em boa saúde financeira e com vários estabelecimentos, vende um de seus estabelecimentos para a empresa Sofás Ltda., em 10/01/2015. A atividade do estabelecimento é mantida, assim como a da empresa Móveis Ltda. No instrumento do trespasse, a empresa Móveis Ltda. se compromete a pagar todos os tributos referentes aos fatos geradores ocorridos até o dia 31/12/2014. Em janeiro de 2018, houve uma fiscalização na qual foi lançado tributo referente a fatos geradores de agosto de 2014 referentes ao estabelecimento em questão. Após o contencioso administrativo, o tributo é inscrito em dívida ativa. A respeito desses fatos, à luz do Código Tributário Nacional,

(A) ambas as empresas poderão ser cobradas em ação de execução fiscal, mas Sofás Ltda. somente subsidiariamente.

(B) somente a empresa Móveis Ltda. poderá ser cobrada em ação de execução fiscal, pois assim se comprometeu no trespasse.

(C) somente a empresa Sofás Ltda. poderá ser cobrada em ação de execução fiscal, pois era a empresa titular do estabelecimento no momento da fiscalização.

(D) somente a empresa Móveis Ltda. poderá ser cobrada em ação de execução fiscal, pois era a titular do estabelecimento no momento da ocorrência do fato gerador.

(E) somente a empresa Sofás Ltda. poderá ser cobrada em ação de execução fiscal, pois houve substituição tributária.

A: correta, pois há responsabilidade por sucessão, com subsidiariedade, conforme o art. 133, II, do CTN. Ademais, o acordo entre as partes não altera essa responsabilidade em relação aos débitos anteriores à alienação – art. 123 do CTN; **B, C, D** e **E:** incorretas, conforme comentários anteriores. **RB**
Gabarito "A".

(Juiz de Direito – TJ/MS – 2020 – FCC) À luz do Código Tributário Nacional e da jurisprudência atualmente sedimentada a respeito da responsabilidade dos sócios de empresas limitadas e desconsideração da personalidade jurídica,

(A) os sócios cotistas, sem poder de administração, também podem ser atingidos pelo redirecionamento de ação de execução fiscal, ainda que o capital social esteja integralizado.

(B) o ônus da prova de atos de excesso de poderes ou infração a lei, contrato social ou estatutos é do fisco, ainda que o nome do sócio conste na certidão de dívida ativa.

(C) a simples falta de pagamento do tributo configura fraude a lei para a responsabilização do sócio que seja administrador da pessoa jurídica.

(D) a pessoa jurídica tem interesse recursal para interpor medida contra decisão que determinou o redirecionamento da execução fiscal em face dos sócios.

(E) por ser matéria afeita a lei complementar, lei ordinária não pode criar hipótese de responsabilidade solidária relativa a sócio sem poder de gestão em empresa constituída na forma de sociedade limitada.

A: incorreta, pois somente os administradores da empresa podem ser responsáveis, nos termos do art. 135, III, do CTN; **B:** incorreta, pois, a inscrição em dívida ativa gera presunção de liquidez e certeza em relação à responsabilidade, cabendo ao interessado ilidi-la – art. 204 do CTN; **C:** incorreta, pois o simples inadimplemento não implica responsabilidade, nos termos do art. 135 do CTN – Súmula 430/STJ; **D:** incorreta, pois a pessoa jurídica não é atingida em sua esfera de direitos, nessa hipótese, inexistindo sucumbência e, portanto, interesse recursal; **E:** correta, pois a reserva a lei complementar federal se refere apenas à definição dos contribuintes, em relação aos impostos previstos na constituição – art. 146, III, *a*, da CF. **RB**
Gabarito "E".

(Juiz de Direito – TJ/BA – 2019 – CESPE/CEBRASPE) Por expressa previsão legal do CTN, entende-se como responsável tributário a pessoa que

(A) figure como sujeito ativo de uma obrigação tributária acessória em razão da solidariedade, substituição tributária ou sucessão.

(B) figure como sujeito ativo de uma obrigação tributária sem que tenha a obrigação de efetuar o pagamento do crédito tributário.

(C) tenha relação pessoal direta com a situação que constitua o respectivo fato gerador e seja obrigada ao pagamento de uma penalidade pecuniária.

(D) esteja obrigada ao pagamento de tributo ou penalidade pecuniária sem ter relação pessoal e direta com a situação que constitua o respectivo fato gerador.

(E) esteja obrigada a prestações que constituam o objeto de uma obrigação acessória.

A e **B:** incorretas, pois responsável tributário é sujeito passivo, devedor na relação jurídica obrigacional – art. 121, parágrafo único, II, do CTN; **C:** incorreta, pois o sujeito passivo que tem relação pessoal e direta com o fato gerador é contribuinte, não responsável – art. 121, parágrafo único, I, do CTN; **D:** correta, conforme o art. 121, parágrafo único, II, do CTN; **E:** incorreta, pois qualquer sujeito passivo (contribuinte ou responsável) pode ser obrigado às obrigações acessórias – art. 122 do CTN. **RB**
Gabarito "D".

João arrematou um imóvel em hasta pública, tendo descoberto posteriormente que havia dívidas de IPTU relativas ao imóvel, constituídas antes da data da arrematação e que não haviam sido informadas no leilão.

(Promotor de Justiça/CE – 2020 – CESPE/CEBRASPE) Nessa situação hipotética, de acordo com o Código Tributário Nacional (CTN), a sub-rogação do crédito tributário ocorrerá sobre

(A) o patrimônio do arrematante, o qual passa a ser pessoalmente responsável pela dívida.

(B) o patrimônio do proprietário anterior, o qual deverá responder sozinho pela dívida tributária.

(C) o preço pago pelo arrematante, não devendo ser gerado qualquer gravame no imóvel.

(D) o imóvel, sobre o qual incidirá o gravame, até o limite do seu valor.

(E) o patrimônio tanto do proprietário anterior quanto do arrematante, sendo hipótese de responsabilidade solidária.

A aquisição em hasta pública é considerada aquisição originária, não havendo qualquer responsabilidade do adquirente em relação a tributos anteriores, relacionados ao bem adquirido. Nesse caso, a sub-rogação ocorre sobre o preço pago pelo arrematante, ou seja, esse valor será destinado prioritariamente à quitação do débito tributário – art. 130, parágrafo único, do CTN. **A:** incorreta, conforme comentários iniciais; **B:** incorreta, pois o proprietário anterior não responde sozinho, já que o valor pago pelo arrematante será direcionado à quitação do débito; **C:** correta, conforme comentários iniciais; **D:** incorreta, conforme comentários iniciais; **E:** incorreta, pois não há responsabilidade do arrematante, conforme comentários iniciais.
„Gabarito "C".

(Juiz de Direito – TJ/RS – 2018 – VUNESP) De acordo com as disposições constantes do Código Tributário Nacional acerca da responsabilidade por infrações à legislação tributária, é correto afirmar que

(A) a denúncia espontânea pode ser apresentada após o início de qualquer procedimento administrativo ou medida de fiscalização, relacionados com a infração, desde que seja acompanhada pelo pagamento do tributo devido e dos juros de mora.

(B) a responsabilidade por infração à legislação tributária não é excluída pela denúncia espontânea da infração se esta for conceituada por lei como crime ou contravenção.

(C) os pais podem ser responsabilizados por infrações tributárias cometidas por seus filhos menores quando essas infrações forem conceituadas por lei como crimes ou contravenções.

(D) salvo disposição de lei em contrário, a responsabilidade por infrações da legislação tributária depende da intenção do agente ou do responsável e da efetividade, natureza e extensão dos efeitos do ato.

(E) a responsabilidade é pessoal dos diretores, gerentes ou representantes de pessoas jurídicas de direito privado quanto às infrações à legislação tributária praticadas pela empresa, quando decorram direta e exclusivamente de dolo específico contra a empresa.

A: incorreta, pois a denúncia espontânea deve ser anterior ao início de qualquer procedimento ou medida de fiscalização relacionada com a infração – art. 138, parágrafo único, do CTN; **B:** incorreta, pois não há essa limitação – art. 138 do CTN; **C:** incorreta, pois a responsabilidade

dos pais, nesse caso, restringe-se, no que se refere às penalidades, àquelas de caráter moratório – art. 134, parágrafo único, do CTN; **D:** incorreta, pois a responsabilidade por infração tributária não depende disso – art. 136 do CTN; **E:** correta – art. 137, III, *c*, do CTN. RB
„Gabarito "E".

(Procurador do Estado/SP – 2018 – VUNESP) Assinale a alternativa correta sobre a sucessão tributária, conforme o Código Tributário Nacional.

(A) É excluída em casos de impostos que tenham por fato gerador a propriedade.

(B) É tipo de sanção por ato ilícito do sucessor.

(C) Não se aplica à pessoa jurídica resultante de fusão, pois esta é nova em relação às sociedades fundidas.

(D) É reponsabilidade que se aplica a fatos geradores ocorridos até a data do ato ou fato de que decorre a sucessão.

(E) É responsabilidade que se aplica exclusivamente aos créditos tributários definitivamente constituídos à data do ato ou fato de que decorre a sucessão.

A: incorreta, pois não há essa limitação. Pelo contrário, há norma específica para sucessão em relação a tributos imobiliários – art. 130 do CTN; **B:** incorreta, pois a responsabilidade é modalidade de sujeição passiva, não espécie de sanção. Embora em alguns casos (nem sempre) a responsabilidade surja por conta de descumprimento da lei pelo responsável (v.g. art. 135 do CTN), isso não é característica da responsabilidade por sucessão; **C:** incorreta, pois a empresa resultante da fusão é responsável por sucessão, em relação aos tributos das sociedades originais – art. 132 do CTN; **D:** correta – art. 129 do CTN; **E:** incorreta, pois a responsabilidade por sucessão se refere aos fato geradores anteriores à sucessão – art. 129 do CTN. RB
„Gabarito "D".

(Delegado – PC/BA – 2018 – VUNESP) Havendo a incorporação de uma pessoa jurídica de direito privado por outra, os tributos e as multas devidos pela pessoa jurídica incorporada até o ato de incorporação são de responsabilidade

(A) da pessoa jurídica que resultar da incorporação, por sucessão.

(B) do alienante, por direito próprio.

(C) dos sócios da sociedade incorporada, por transferência.

(D) da pessoa jurídica incorporada, por direito próprio.

(E) dos sócios da pessoa jurídica que resultar da incorporação, por transferência.

Nos termos do art. 132 do CTN, a pessoa jurídica de direito privado que resultar de fusão, transformação ou incorporação de outra ou em outra é responsável pelos tributos devidos até a data do ato pelas pessoas jurídicas de direito privado fusionadas, transformadas ou incorporadas. Por essa razão, a alternativa "A" é a correta. RB
„Gabarito "A".

(Defensor Público Federal – DPU – 2017 – CESPE) A respeito das normas gerais de direito tributário, julgue o seguinte item.

(1) O administrador judicial será responsável solidário pelo pagamento dos tributos quando for impossível o cumprimento da obrigação principal pela massa falida.

1: correta, sendo hipótese de responsabilidade prevista no art. 134, V, do CTN. RB
„Gabarito "1C".

30. DIREITO TRIBUTÁRIO 941

(Procurador do Município – Prefeitura Fortaleza/CE – CESPE – 2017) Considerando os dispositivos do CTN e a jurisprudência do STJ em relação ao ato administrativo do lançamento e à atividade desenvolvida para a constituição do crédito tributário, julgue o próximo item.

(1) Admite-se a concessão do benefício da denúncia espontânea na hipótese de o contribuinte, depois de apresentar declaração parcial do crédito tributário e realizar o respectivo pagamento, retificar a própria declaração e efetuar o pagamento complementar, antes de qualquer iniciativa da administração tributária.

1: Correta, pois há denúncia espontânea desde que o valor recolhido não tenha sido declarado ao fisco anteriormente – ver Súmula 360/STJ. **RB**

Gabarito "1C".

(Procurador do Município – Prefeitura Fortaleza/CE – CESPE – 2017) Julgue os seguintes itens, a respeito de obrigação tributária e crédito tributário.

(1) O sujeito passivo da obrigação principal denomina-se contribuinte quando, dada sua vinculação ao fato gerador, sua sujeição decorre expressamente de determinação legal, ainda que não tenha relação pessoal e direta com a ocorrência de tal fato.

(2) Quanto aos seus efeitos, a responsabilidade tributária pode ser solidária, subsidiária ou pessoal. Sendo pessoal, inexistem coobrigados, mas terceira pessoa que detém a condição de único sujeito passivo responsável pelo cumprimento da obrigação tributária.

(3) A substituição tributária progressiva, modalidade de responsabilidade tributária por transferência, ocorre quando a obrigação de pagar é adiada para momento posterior ao fato jurídico tributário.

1: Incorreta, pois o contribuinte é definido como sujeito passivo que tem relação pessoal e direta com a situação que corresponda ao fato gerador do tributo – art. 121, parágrafo único, I, do CTN. **2:** Correta, sendo definição adequada dessas espécies de responsabilidade – art. 128 do CTN. **3:** Incorreta, pois a substituição tributária "para frente", como o nome diz, é espécie de responsabilidade por substituição (a obrigação já surge como responsável no polo passivo), não por transferência (a obrigação surge com o contribuinte no polo passivo e, posteriormente, o responsável passa a ocupar esse polo). Ademais, na substituição "para frente" ou progressiva o recolhimento do tributo é antecipado em relação à ocorrência do fato gerador, não adiado – art. 150, § 7º, da CF. **RB**

Gabarito 1E, 2C, 3E

(Juiz – TRF 2ª Região – 2017) Em 2014, empresa do setor de alimentos adquire estabelecimento comercial de outra e passa, ali, a exercer a mesma atividade da alienante. A pessoa jurídica alienante deixa de existir e seus antigos sócios passam a atuar em outros ramos. Dois anos depois, é lavrado auto de infração em razão do não recolhimento de Imposto de Renda (IRPJ), acrescido de penalidade, tudo relativo ao ano base 2012. Assinale a opção correta:

(A) Apenas a alienante, cuja operação concretizou o fato gerador do tributo devido, responde diretamente pelo tributo e pela penalidade. Seus sócios gerentes podem responder, comprovado o encerramento irregular da pessoa jurídica.

(B) A adquirente do estabelecimento responde diretamente pelo tributo e pela penalidade.

(C) Alienante e adquirente respondem, na proporção de suas culpas, pelos tributos e penalidades devidos.

(D) O tributo pode ser exigido diretamente da adquirente, e a penalidade é integralmente devida apenas pela alienante e seus antigos sócios, estes independentemente da dissolução irregular.

(E) Apenas a alienante é devedora do tributo e da penalidade. A adquirente é responsável subsidiária, e bem assim os sócios da alienante, independentemente da dissolução irregular.

A: incorreta, pois a aquisição de estabelecimento, com continuidade da atividade do alienante pelo adquirente, implica responsabilidade tributária deste último, que é exclusiva, caso o alienante deixe de atuar na atividade empresarial, nos termos do art. 133 do CTN; **B:** correta, conforme comentário anterior; **C:** incorreta, pois não há repartição de responsabilidade pelo critério da culpa; **D:** incorreta, pois a responsabilidade do adquirente é por todo o crédito, o que inclui tributos e penalidades pecuniárias; **E:** incorreta, conforme comentários anteriores. **RB**

Gabarito "B".

(Juiz – TRF 2ª Região – 2017) Entidade autárquica federal adquire imóvel. Mais tarde, não se comprovando o recolhimento da taxa de coleta de lixo, de período anterior à alienação, surge dúvida sobre a eventual responsabilidade da autarquia em honrar tal débito. Sobre essa eventual responsabilidade, pode-se afirmar que:

(A) Ela não existe, tendo em conta se tratar de autarquia.

(B) A responsabilidade é subsidiária.

(C) A responsabilidade é solidária.

(D) A responsabilidade é regressiva.

(E) A responsabilidade é autônoma, e apenas existe se o lixo foi recolhido.

A: incorreta, pois a imunidade recíproca, ainda que se estenda às autarquias, refere-se apenas a impostos, não a taxas – art. 150, VI, *a*, da CF; **B:** incorreta, pois a responsabilidade prevista no art. 130 do CTN não é subsidiária; **C:** essa é a melhor alternativa. Entretanto, não é pacífico o entendimento quanto a ser solidária a responsabilidade do art. 130 do CTN, sendo que muitos defendem ser exclusiva do adquirente, já que o dispositivo afirma que os créditos subrogam-se na pessoa desses adquirentes. Ademais, também é questionável se a taxa de lixo pode ser classificada como taxa pela prestação de serviços referentes ao imóvel adquirido, conforme dispõe o art. 130, "caput", do CTN. De qualquer forma, como dito, esta é a melhor alternativa, por exclusão das demais; **D:** incorreta, pois não há previsão de responsabilidade tributária regressiva; **E:** incorreta, conforme comentários anteriores e pelo fato de que a taxa será devida desde que os serviços estejam à disposição dos ocupantes do imóvel – art. 79, I, *b*, do CTN. **RB**

Gabarito "C".

(Delegado/GO – 2017 – CESPE) São responsáveis pelos créditos tributários relativos a obrigação de terceiros, quando não for possível exigir-lhes o cumprimento da obrigação principal, independentemente de terem agido com excesso de poderes ou em desacordo com a lei, estatuto ou contrato social,

(A) os empregados.

(B) os diretores de pessoa jurídica.

(C) os representantes legais de pessoas jurídicas de direito privado.

(D) os administradores de bens de terceiros.

(E) os mandatários.

A, B, C e E: incorretas, pois essas pessoas somente serão responsáveis pelos créditos relativos a obrigações de terceiros nos casos de atos praticados com excesso de poderes ou infração de lei, contrato social ou estatutos, conforme art. 135 do CTN; **D:** correta, sendo a única alternativa que indica caso de responsabilidade do art. 134 do CTN, em que não se exige excesso de poderes ou infração de lei, contrato social ou estatutos como pressuposto. **RB**

Gabarito "D".

(Delegado/GO – 2017 – CESPE) Ricardo, com quinze anos de idade, traficou entorpecentes por três meses, obtendo uma renda de R$ 20.000. Informado pela autoridade competente, um auditor da Receita Federal do Brasil efetuou lançamento contra o menor.

Tendo como referência essa situação hipotética, assinale a opção correta.

(A) O tráfico de entorpecente é ato ilícito, sendo responsáveis pelos prejuízos dele decorrentes, nos termos da lei civil, os pais de Ricardo, que deverão recolher o tributo a título de sanção cível.

(B) A capacidade tributária independe da capacidade civil, de modo que é correto o lançamento contra o menor que, no caso, percebeu remuneração que pode ser considerada renda.

(C) O tráfico de entorpecente é atividade que gera proveito econômico, o que justifica torná-lo fato gerador de tributo, não podendo, no entanto, Ricardo, por ser incapaz, sofrer lançamento, devendo a renda percebida ser imputada aos seus pais.

(D) O tráfico de entorpecente, por ser crime, não pode ser objeto de tributação, pois o pagamento de imposto em tal hipótese significaria que o Estado estaria chancelando uma atividade ilícita, sendo, portanto, insubsistente o lançamento.

(E) Ricardo, por ser incapaz, não pode sofrer lançamento, não constituindo renda eventuais ganhos econômicos que ele venha a ter.

A: incorreta, pois, embora possa haver responsabilidade dos pais pelo recolhimento do tributo, nos termos do art. 134, I, do CTN, isso não tem relação alguma com eventual responsabilidade por prejuízos causados pelo menor, decorrendo estritamente da legislação tributária; **B:** correta, nos termos dos arts. 118, I, e 126, I, do CTN; **C:** incorreta, pois a capacidade tributária passiva independe da capacidade civil da pessoa natural – art. 126, I, do CTN; **D:** incorreta, pois o que se está tributando é a renda auferida, não sendo relevante para a tributação, em princípio, a forma como essa renda foi auferida – princípio do *non olet* – art. 118, I, do CTN – ver HC 77.530/RS-STF; **E:** incorreta, conforme comentários anteriores. **RB**

Gabarito "B".

10. SUSPENSÃO, EXTINÇÃO E EXCLUSÃO DO CRÉDITO

Veja a seguinte tabela para estudar e memorizar as causas de suspensão, extinção e exclusão do crédito tributário:

Suspensão	Extinção	Exclusão
– a moratória	– pagamento	– a isenção
– o depósito do seu montante integral	– a compensação	– a anistia
– as reclamações e os recursos, nos termos das leis reguladoras do processo tributário administrativo	– a transação	
– a concessão de medida liminar em mandado de segurança	– remissão	
– a concessão de medida liminar ou de tutela antecipada, em outras espécies de ação judicial	– a prescrição e a decadência	
– o parcelamento	– a conversão de depósito em renda	
	– o pagamento antecipado e a homologação do lançamento nos termos do disposto no artigo 150 e seus §§ 1º e 4º	
	– a consignação em pagamento, nos termos do disposto no § 2º do artigo 164	
	– a decisão administrativa irreformável, assim entendida a definitiva na órbita administrativa, que não mais possa ser objeto de ação anulatória	
	– a decisão judicial passada em julgado	
	– a dação em pagamento em bens imóveis, na forma e condições estabelecidas em lei	

(Procurador Município – Teresina/PI – FCC – 2022) Por engano, José da Silva pagou duas vezes o IPTU (Imposto sobre Propriedade Predial e Territorial Urbano), uma vez ao Município de Teresina e outra vez ao município vizinho, relativamente ao exercício de 2010, efetuando esses pagamentos em dobro no dia 10 de janeiro de 2010. Um mês após o pagamento, José apresentou a uma das administrações tributárias um pedido de restituição do indébito, demonstrando que houve pagamento em dobro de um mesmo débito e que sua sede fica em Teresina. Entretanto, os julgadores de primeiro e segundo graus decidiram pelo indeferimento do pedido de restituição, em decisão final publicada no dia 05 de janeiro de 2017. Esgotada a fase administrativa, com impossibilidade de novo recurso, José procurou, no dia 20 de dezembro de 2018, um advogado para saber se podia ingressar com

30. DIREITO TRIBUTÁRIO 943

ação judicial, com objetivo de receber do município vizinho o que foi pago indevidamente. Com base no Código Tributário Nacional (CTN), o advogado respondeu:

(A) Após cinco anos do pagamento indevido, ou seja, após o dia 10 de janeiro de 2015, houve o decurso do prazo de decadência e, por esse motivo, o contribuinte José perdeu direito à restituição do pagamento indevido e não somente o direito de agir, de ingressar com ação judicial.

(B) Prescreve em dois anos a ação anulatória da decisão administrativa que denegar a restituição e, por esse motivo, José poderá ingressar em juízo com ação de repetição de indébito, no prazo de dois anos, a partir de 05 de janeiro de 2017, data da publicação da decisão citada.

(C) Se o pagamento indevido foi feito em 10 de janeiro de 2010, ocorreu a prescrição do direito de pedir a devolução deste pagamento cinco anos após tal data, ou seja, dia 11 de janeiro de 2015, fato que impossibilita qualquer ação judicial.

(D) Não cabem quaisquer ações judiciais, porque prevalece a decisão técnica da administração, tendo em vista que, com o esgotamento da esfera administrativa, o judiciário não pode julgar essa lide, e, além disso, a Constituição consagra o princípio da separação dos poderes.

(E) Cabe, apenas, ingressar em juízo com ação rescisória a fim de anular todo o processo administrativo, com fundamento nos princípios processuais constitucionais e nas regras do novo Código de Processo Civil.

O prazo para repetição de indébito é de 5 anos contado do pagamento indevido. Quando há pedido administrativo indeferido, o prazo se reabre e é de 2 anos para anulação da decisão administrativa – arts. 168 e 169 do CTN. Por essa razão, a alternativa "B" é a correta. RB

Gabarito "B".

(Procurador Município – Teresina/PI – FCC – 2022) O Código Tributário Nacional (CTN) dispõe que a denúncia espontânea é causa de exclusão da responsabilidade tributária e

I. ocorre quando se referir à infração de lei tributária e for acompanhada, se for o caso, do pagamento do tributo devido e dos juros de mora.

II. ocorre, também, quando for acompanhada do depósito da importância arbitrada pela autoridade administrativa, quando o montante do tributo dependa de apuração.

III. não pode se referir à infração, mas somente a tributo, e ocorre quando o sujeito passivo antecipa o pagamento do débito tributário sem prévio exame da autoridade administrativa, operando-se pelo ato em que a referida autoridade, tomando conhecimento da denúncia citada, expressamente a homologa.

IV. refere-se somente às infrações de natureza dolosa e deve observar as condições prevista no CTN, e, para ser espontânea, deve ser apresentada após o início de qualquer procedimento administrativo ou medida de fiscalização.

Está correto o que se afirma APENAS em

(A) III e IV.

(B) II.

(C) II e IV.

(D) I e II.

(E) II, III e IV.

I e II: corretas, nos termos do art. 138 do CTN; III: incorreta, pois a denúncia espontânea exclui apenas as penalidades, e a homologação pela autoridade fiscal não é elemento necessário para sua fruição; IV: incorreta, pois não há restrição quanto à natureza dolosa da infração, para fins da aplicação do art. 138 do CTN. Por essas razões, a alternativa "D" é a correta. RB

Gabarito "D".

(Procurador/PA – CESPE – 2022) A transação tributária embora seja um instituto previsto no Código Tributário Nacional desde a sua entrada em vigor, em 1966, apenas foi regulamentada pelo Estado do Pará pela Lei 9.260/2021. Assim, no âmbito do Estado do Pará, se aplica:

(A) nos termos do art. 171 do Código Tributário Nacional, aos créditos tributários sob a administração da Secretaria de Estado da Fazenda do Pará.

(B) nos termos da Lei 9.260/2021 do Estado do Pará, à dívida tributária dos municípios paraenses.

(C) nos termos da Lei 9.260/2021 do Estado do Pará, aos casos de geração de crédito para o devedor dos débitos transacionados.

(D) nos termos do art. 171 do Código Tributário Nacional, sem análise da proposta individual de iniciativa do devedor.

(E) nos termos da Lei 9.260/2021 do Estado do Pará, sem análise da proposta formalizada por autoridade competente.

A: correta, nos termos do art. 1º, § 3º, I, da Lei 9260/2021 do Estado do Pará; **B:** incorreta, até porque a lei estadual não pode dispor sobre a tributação municipal, pois violaria a exclusividade no exercício da competência tributária; **C:** incorreta, pois a lei estadual veda expressamente essa possibilidade – art. 3º, II, da Lei 9.260/2021 do Estado do Pará; **D** e **E:** incorretas, pois é possível análise da proposta individual do devedor ou da autoridade competente – art. 2º, II, da Lei 9.260/2021 do Estado do Pará. RB

Gabarito "A".

(Procurador/DF – CESPE – 2022) A respeito de lançamento tributário, obrigação tributária e crédito tributário, observados o Código Tributário Nacional, a CF e a jurisprudência dos tribunais superiores, julgue os itens a seguir.

(1) No caso de entrega de declaração pelo contribuinte, por meio da qual este reconheça determinado débito fiscal, o prazo decadencial terá início no dia seguinte ao da entrega da declaração ou após a data de vencimento da obrigação, o que ocorrer por último.

(2) O responsável tributário é um terceiro, designado por lei, que não participa do binômio fisco-contribuinte, nada obstante esteja vinculado ao fato gerador por um liame indireto.

(3) A exclusão do crédito tributário desonera o contribuinte do cumprimento das obrigações acessórias dependentes da obrigação principal cujo crédito seja excluído.

(4) Lei concessiva de moratória poderá circunscrever expressamente a sua aplicabilidade a determinada classe ou categoria de sujeitos passivos.

1: incorreta, pois a entrega da declaração já constitui o crédito tributário, iniciando-se o prazo prescricional para cobrança – Súmula 436/STJ.

Caso o fisco discorde e queira realizar lançamento de alguma diferença, o prazo decadencial é contado com referência à data em que poderia realizar o lançamento, nos termos do art. 173 do CTN; **2**: correta – art. 121, parágrafo único, II, do CTN; **3**: incorreta, pois a obrigação acessória pode ser exigível independentemente da existência de obrigação principal (como é o caso de declarações a serem prestadas por entidades imunes, por exemplo) – arts. 113 e 115 do CTN; **4**: correta, conforme o art. 152, parágrafo único, do CTN. **RB**

Gabarito 1E, 2C, 3E, 4C

(Procurador/DF – CESPE – 2022) Julgue os itens a seguir em conformidade com a Lei da Transação Resolutiva de Litígio – Lei nº 13.988/2020.

(1). Em razão do princípio da transparência, quando realizar com um particular transação resolutiva de litígio, o poder público deverá divulgar em meio eletrônico todos os termos de transação celebrados, incluídas as informações legalmente protegidas por sigilo.

(2). É condição indispensável à operacionalização da transação resolutiva de conflito que os créditos da fazenda pública sejam objeto de ação de execução.

1: incorreta, pois as informações protegidas por sigilo devem ser resguardadas – art. 1º, § 2º, da Lei 13.988/2020/ **2**: incorreta, pois não se exige execução fiscal como pressuposto para a transação, sendo viável inclusive durante o contencioso administrativo – art. 17, § 3º, I, e art. 18 da Lei 13.988/2020. **RB**

Gabarito 1E, 2E

(Procurador Município – Santos/SP – VUNESP – 2021) Em relação à suspensão do crédito tributário, é correto afirmar:

(A) Salvo disposição de lei em contrário, a moratória somente abrange os créditos definitivamente constituídos à data da lei ou do despacho que a conceder, ou cujo lançamento já tenha sido iniciado àquela data por ato regularmente notificado ao sujeito passivo.

(B) A moratória somente pode ser concedida em caráter geral, por despacho da autoridade administrativa, desde que autorizada por lei.

(C) A lei concessiva de moratória não pode circunscrever sua aplicabilidade à determinada região do território da pessoa jurídica de direito público que a expedir, ou a determinada classe ou categoria de sujeitos passivos.

(D) A concessão da moratória em caráter geral ou individual gera direito adquirido e não poderá ser revogada de ofício, mesmo apurando-se que o beneficiado não satisfazia ou deixou de satisfazer as condições ou não cumprira ou deixou de cumprir os requisitos para a concessão do favor.

(E) O parcelamento será concedido na forma e condição estabelecidas em lei específica que disporá sobre as condições de parcelamento dos créditos tributários do devedor na falência, insolvência ou em recuperação judicial, devendo em tais situações excluir a incidência de juros e multas.

A: correta – art. 154 do CTN; **B**: incorreta, pois a moratória pode também ser concedida em caráter individual – art. 152, II, do CTN; **C**: incorreta, pois isso é possível – art. 152, parágrafo único, do CTN; **D**: incorreta, pois não há direito adquirido, nos termos do art. 155 do CTN; **E**: incorreta, pois as condições especiais para parcelamento referem-se à recuperação judicial – art. 155-A, § 3º, do CTN. **RB**

Gabarito "A"

(Procurador Município – Santos/SP – VUNESP – 2021) De conformidade com o Código Tributário Nacional, extinguem o Crédito Tributário:

(A) as reclamações e os recursos, nos termos das leis reguladoras do processo tributário administrativo.

(B) a concessão de medida liminar em mandado de segurança.

(C) a concessão de medida liminar ou de tutela antecipada, em outras espécies de ação judicial.

(D) a anistia.

(E) a remissão.

Típica questão de concurso, em que basta decorar as modalidades de suspensão, extinção e exclusão do crédito tributário. Reclamações e recursos, liminares e tutelas antecipadas são modalidades de suspensão do crédito (art. 151, III e IV do CTN). Anistia, ao lado da isenção, é modalidade de exclusão do crédito (art. 175 do CTN). A remissão é modalidade de extinção do crédito (art. 156 do CTN). Por essas razões, a alternativa "E" é a correta. **RB**

Gabarito "E".

(Procurador do Município – Valinhos/SP – 2019 – VUNESP) O Código Tributário Nacional elenca as causas que suspendem a exigibilidade do crédito tributário, dentre as quais a

(A) prescrição.

(B) moratória.

(C) remissão.

(D) anistia.

(E) transação.

Questão clássica de concursos, que exige apenas decorar as modalidades de suspensão, extinção e exclusão do crédito tributário, listadas respectivamente nos arts. 151, 156 e 175 do CTN. No caso, apenas a moratória é modalidade de suspensão do crédito, de modo que a alternativa "B" é a correta.

Gabarito "B".

(Juiz de Direito – TJ/AL – 2019 – FCC) A Constituição do Estado de Alagoas estabelece, expressamente, em seu texto, que

(A) é vedado ao Estado, inclusive a suas autarquias e fundações, cobrar tributos sem observância aos princípios da legalidade, irretroatividade, anterioridade nonagesimal (noventena) e anterioridade de exercício financeiro.

(B) os Municípios podem instituir taxas em razão do exercício do poder de polícia ou pela utilização, efetiva ou potencial, de serviços públicos específicos e divisíveis, prestados aos contribuintes ou postos à sua disposição, bem como contribuição de melhoria, decorrente de obra pública.

(C) a observância do princípio da legalidade não se aplica à fixação da base de cálculo do IPTU.

(D) é vedado ao Estado, ainda que com interesse público justificado, renunciar à Receita e conceder isenções e anistias fiscais.

(E) é vedado aos Estados exigir, aumentar, extinguir ou reduzir tributos, sem que lei o estabeleça, ficando excluídas desta vedação a exigência e cobrança de emolumentos por atos da Junta Comercial e de custas judiciais.

A: incorreta, pois o princípio da anterioridade nonagesimal não consta expressamente da Constituição Estadual – art. 166; **B**: correta – art. 162, II, da Constituição Estadual; **C**: incorreta, pois não há essa previsão na Constituição Estadual, nem poderia, já que o princípio da legalidade é

30. DIREITO TRIBUTÁRIO   945

imposto pela Constituição Federal, sem exceção em relação à base de cálculo do IPTU – art. 150, I, da CF; **D:** incorreta, pois, havendo interesse público justificado, isso é possível – art. 166, VII, da Constituição Estadual; **E:** incorreta, pois emolumentos e custas judiciais não são exceção ao princípio da legalidade – art. 166, I, da Constituição Estadual. RB

Gabarito "B".

(Juiz de Direito – TJ/RJ – 2019 – VUNESP) Em 20 de janeiro de 2010, a empresa ABC Ltda. pratica o fato gerador do imposto municipal sobre serviços de qualquer natureza e emite a respectiva nota fiscal no valor de R$ 100.000,00, resultando em imposto a pagar de R$ 5.000,00. Em 10 de fevereiro de 2010, data de vencimento do referido imposto, por passar por problemas de caixa, a empresa recolhe apenas R$ 100,00, deixando R$ 4.900,00 sem pagamento. Em 31 de dezembro de 2014, a empresa recebe notificação de início de fiscalização por parte da administração tributária, que culmina com a apresentação, em 10 de fevereiro de 2015, de auto de infração relativo ao valor que deixou de ser pago, acrescido de juros e multa respectivos.

A respeito da situação hipotética, é correto afirmar, com base na legislação e jurisprudência, que

(A) o fato de ter emitido a nota fiscal e o de ter pagado parcialmente o débito são irrelevantes para a fixação do termo inicial da decadência do direito da administração tributária de lançar o imposto mediante auto de infração.

(B) caso decida voluntariamente fazer o pagamento do imposto devido após a notificação de início da fiscalização, mas antes da lavratura do auto de infração, a empresa poderá evitar o pagamento de juros e de multa.

(C) a notificação de início da ação fiscal interrompe o prazo decadencial, dando à administração novo quinquênio para finalização da fiscalização e correspondente lavratura do auto de infração.

(D) no caso em questão, operou-se a decadência tributária, pois se trata de lançamento por homologação e o auto de infração foi lavrado mais de cinco anos após a ocorrência do fato gerador.

(E) não chegou a se operar a decadência tributária no caso, pois o termo inicial do prazo decadencial coincide com o prazo final de vencimento do pagamento do imposto e não da ocorrência do fato gerador.

A: incorreta, pois quando há pagamento parcial do tributo lançado por homologação, sem dolo, fraude ou simulação (caso descrito), o prazo decadencial para que o fisco reveja o lançamento e constitua o crédito relativo a eventual diferença é contado a partir do fato gerador, nos termos do art. 150, § 4º, do CTN; **B:** incorreta, pois a denúncia espontânea não existe (e os benefícios dela portanto não são aplicáveis) após o início de qualquer procedimento administrativo ou medida de fiscalização, relacionados com a infração – art. 138, parágrafo único do CTN; **C:** incorreta, pois o prazo decadencial não é interrompido – art. 150 do CTN; **D:** correta, conforme comentários anteriores; **E:** incorreta, conforme comentários anteriores.

Gabarito "D".

(Juiz de Direito – TJ/RJ – 2019 – VUNESP) Com base na jurisprudência do Superior Tribunal de Justiça, é correto afirmar que

(A) a notificação do auto de infração faz cessar a contagem da decadência para a constituição do crédito tributário.

(B) o mandado de segurança não constitui ação adequada para a declaração do direito à compensação tributária.

(C) o benefício da denúncia espontânea se aplica aos tributos sujeitos a lançamento por homologação regularmente declarados, mas pagos a destempo.

(D) a decretação da indisponibilidade de bens e direitos, na forma do Código Tributário Nacional, dispensa o exaurimento das diligências na busca por bens penhoráveis.

(E) a compensação de créditos tributários pode ser deferida em ação cautelar ou por medida liminar cautelar ou antecipatória.

A: correta. A notificação do auto de infração faz cessar a contagem da decadência para a constituição do crédito tributário; exaurida a instância administrativa com o decurso do prazo para a impugnação ou com a notificação de seu julgamento definitivo e esgotado o prazo concedido pela Administração para o pagamento voluntário, inicia-se o prazo prescricional para a cobrança judicial – Súmula 622/STJ; **B:** incorreta, pois o STJ admite o MS para isso – Súmula 213/STJ; **C:** incorreta, pois é pacífico o entendimento em contrário – Súmula 360/STJ; **D:** incorreta, pois, nos termos da Súmula 560/STJ, a decretação da indisponibilidade de bens e direitos, na forma do art. 185-A do CTN, pressupõe o exaurimento das diligências na busca por bens penhoráveis, o qual fica caracterizado quando infrutíferos o pedido de constrição sobre ativos financeiros e a expedição de ofícios aos registros públicos do domicílio do executado, ao Denatran ou Detran; **E:** incorreta, pois isso é vedado, na forma da Súmula 212/STJ.

Gabarito "A".

Uma autoridade tributária, respaldada por lei, emitiu despacho concedendo moratória em caráter individual para determinado contribuinte e, assim, suspendeu a exigibilidade do crédito tributário. Posteriormente, o benefício foi revogado de ofício pelo fisco, em razão de ter sido comprovado que o beneficiário dolosamente simulou as condições para a sua fruição. Com esse fundamento, houve a imposição de penalidade ao contribuinte e a sua exclusão formal do programa em questão.

(Juiz de Direito – TJ/SC – 2019 – CESPE/CEBRASPE) Nessa situação hipotética, de acordo com o Código Tributário Nacional,

(A) a concessão da moratória suspendeu o prazo decadencial para a cobrança do crédito, não sendo computado o tempo decorrido entre a concessão e a revogação do benefício.

(B) a concessão da moratória interrompeu o prazo prescricional para a cobrança do crédito, razão pela qual esse prazo somente recomeçou a correr após a revogação do benefício.

(C) o tempo decorrido entre a concessão do benefício e a sua revogação não é computado para efeito da prescrição do direito à cobrança do crédito.

(D) a revogação do benefício só terá validade se tiver ocorrido antes do término do prazo prescricional do direito à cobrança do crédito.

(E) a revogação do benefício só terá validade se tiver ocorrido antes do término do prazo decadencial relativo ao direito de constituição do crédito.

Nos termos do art. 155 do CTN, a concessão da moratória em caráter individual não gera direito adquirido e será revogado de ofício, sempre que se apure que o beneficiado não satisfazia ou deixou de satisfazer as condições ou não cumprira ou deixou de cumprir os requisitos para a concessão do favor. No caso de revogação, cobra-se o crédito acrescido de juros de mora: (i) com imposição da penalidade cabível, nos casos de dolo ou simulação do beneficiado, ou de terceiro em benefício daquele; ou (ii) sem imposição de penalidade, nos demais casos. Nesses casos de dolo ou simulação do beneficiado, ou de terceiro, o tempo decorrido entre a concessão da moratória e sua revogação não se computa para efeito da prescrição do direito à cobrança do crédito.

Por essas razões, a alternativa "C" é a correta. **RB**

Gabarito "C".

(Juiz de Direito – TJ/BA – 2019 – CESPE/CEBRASPE) De acordo com o CTN, o parcelamento é uma modalidade de

(A) suspensão da exigibilidade do crédito tributário.

(B) extinção da obrigação tributária.

(C) compensação de créditos e débitos tributários.

(D) exclusão do crédito tributário.

(E) remissão da obrigação tributária.

O parcelamento é uma das modalidades de suspensão do crédito tributário, nos termos do art. 151, VI, do CTN, de modo que a alternativa "A" é a correta. **RB**

Gabarito "A".

(Juiz de Direito – TJ/RS – 2018 – VUNESP) A Empresa X possui vultoso montante de débitos tributários de ICMS e necessita saneá-los para dar prosseguimento ao seu pedido de recuperação judicial. Não dispondo do montante integral para a quitação dos valores à vista, a empresa X pretende parcelar o montante devido à Fazenda Estadual.

Considerando as disposições do Código Tributário Nacional sobre o parcelamento, é correto afirmar que

(A) em razão da indisponibilidade do interesse público, não há possibilidade de se prever condições especiais de parcelamento para débitos tributários de empresas que estejam em processo de recuperação judicial.

(B) por se tratar de devedor em recuperação judicial, ele poderá se valer de condições especiais de parcelamento dos seus créditos tributários, na forma e condição estabelecida em lei complementar.

(C) o parcelamento para empresas que se encontram em processo de recuperação judicial abrange apenas os débitos inscritos em dívida ativa e deve observar a forma e condição estabelecidas em lei complementar.

(D) salvo disposição de lei em contrário, o parcelamento do crédito tributário do devedor em processo de recuperação judicial exclui a incidência de multas e juros.

(E) a inexistência da lei específica para empresas em recuperação judicial importa na aplicação das leis gerais de parcelamento do ente da Federação ao devedor que se encontre nessa situação, não podendo, nesse caso, ser o prazo de parcelamento inferior ao concedido pela lei federal específica.

A: incorreta, pois o art. 155-A, § 3º, do CTN, prevê expressamente que lei específica disporá sobre as condições de parcelamento dos créditos tributários do devedor em recuperação judicial; **B:** incorreta, pois não se exige lei complementar – art. 155-A, § 3º, do CTN; **C:** incorreta, pois não há limitação para dívidas inscritas e não se exige lei complementar – art. 155-A, § 3º, do CTN; **D:** incorreta, pois não há essa exclusão, salvo disposição de lei em contrário – art. 155-A, § 1º, do CTN; **E:** correta – art. 155-A, § 4º, do CTN. **RB**

Gabarito "E".

(Juiz de Direito – TJ/RS – 2018 – VUNESP) Considerando as disposições do Código Tributário Nacional acerca do pagamento, é correto afirmar que

(A) quando a legislação tributária não dispuser a respeito, o pagamento é efetuado no local indicado pelo sujeito ativo.

(B) a existência de consulta formulada pelo devedor, dentro do prazo legal para pagamento, não afasta a incidência de juros de mora e penalidades cabíveis nem a aplicação de quaisquer medidas de garantia previstas na legislação tributária caso o tributo não seja integralmente pago no seu vencimento.

(C) a importância de crédito tributário pode ser consignada judicialmente pelo sujeito passivo na hipótese de recusa de recebimento, ou subordinação deste ao pagamento de outro tributo ou de penalidade, ou ao cumprimento de obrigação acessória.

(D) o pagamento do tributo deve ser realizado em moeda corrente, podendo, nos casos expressamente previstos em lei, ser realizado por meio de cheque ou vale postal.

(E) quando a legislação tributária não fixar o tempo do pagamento, o vencimento do crédito ocorre quinze dias depois da data em que se considera o sujeito passivo notificado do lançamento.

A: incorreta, pois, nos termos do art. 159 do CTN, quando a legislação tributária não dispuser a respeito, o pagamento é efetuado na repartição competente do domicílio do sujeito passivo; **B:** incorreta, pois a consulta formulada dentro do prazo de pagamento afasta o cômputo de juros moratórios e penalidades – art. 161, § 2º, do CTN; **C:** correta – art. 164, I e II, do CTN; **D:** incorreta, pois o pagamento pode ser sempre realizado por moeda corrente, cheque ou vale postal, embora a extinção do crédito dependa do resgate do cheque pelo banco – art. 162, I e § 2º, do CTN; **E:** incorreta, pois, se a lei não previr prazo para pagamento, ele será de 30 dias após a notificação de lançamento – art. 160 do CTN. **RB**

Gabarito "C".

(Procurador do Estado/SP – 2018 – VUNESP) No que diz respeito à isenção, conforme o Código Tributário Nacional, é correto afirmar:

(A) é causa excludente do crédito tributário, mas não dispensa o cumprimento das obrigações acessórias dependentes da obrigação principal cujo crédito tenha sido excluído.

(B) é causa extintiva do crédito tributário, sendo extensiva às taxas e contribuições que tenham por fato gerador o mesmo fato jurídico relevante do crédito tributário extinto.

(C) é causa excludente do crédito tributário e pode ser livremente suprimida, mesmo quando concedida sob condição onerosa.

(D) é causa extintiva do crédito tributário e depende, em qualquer hipótese, de despacho, genérico ou particular, de autoridade administrativa competente para a verificação.

(E) é causa excludente do crédito tributário e só pode ser concedida em caráter geral, nos termos da lei, pela isonomia tributária, mas deve sofrer, em qualquer caso, restrições temporais por meio de regulamento.

A: correta – art. 175, I e parágrafo único, do CTN; **B e D:** incorretas, pois a isenção é modalidade de exclusão do crédito tributário, não de

30. DIREITO TRIBUTÁRIO

extinção – art. 175, I, do CTN; **C:** incorreta, pois a isenção concedida por prazo certo e em função de determinadas condições não pode ser suprimida em prejuízo do contribuinte que preencheu os requisitos para sua fruição – art. 178 do CTN; **E:** incorreta, pois a isenção pode ser concedida em caráter específico – art. 179 do CTN. 🆁🅱

Gabarito: "A".

(Procurador do Estado/SP – 2018 – VUNESP) Lei estadual confere benefício fiscal previamente aprovado pelos Estados e pelo Distrito Federal, nos termos do art. 155, parágrafo 2o, XII, letra g, da Constituição Federal. O benefício é de redução de base de cálculo do ICMS para operações internas com produtos de limpeza, de forma que a carga final do imposto fica reduzida a 50% da incidência normal. A empresa Delta usufrui do benefício em todas as suas operações internas, pois comercializa exclusivamente produtos de limpeza. Não há, na legislação tributária, qualquer outra previsão de benefício que Delta possa usufruir. Todas as operações interestaduais de Delta sofrem tributação normal do imposto. Todos os seus fornecedores estão estabelecidos na mesma unidade da federação que Delta e nenhum deles goza de benefício fiscal.

Considerada essa situação hipotética, a empresa Delta

(A) não deve anular os créditos do imposto, relativamente às aquisições de produtos objeto de posteriores operações internas e interestaduais, pois goza de benefício fiscal.

(B) deve anular integralmente o crédito do imposto pago na aquisição de produtos destinados a operações internas, desde que, no mesmo período de apuração, tenha operações interestaduais, pois estas são integralmente tributadas.

(C) deve anular parcialmente os créditos do imposto incidente em todas as aquisições de produtos, desconsiderando a incidência de benefícios nas operações posteriores, por força do regime periódico de apuração a que se sujeita o ICMS.

(D) deve anular integralmente os créditos do imposto incidente em todas as aquisições de bens revendidos, independentemente de redução de base de cálculo, com fundamento na não cumulatividade do imposto.

(E) deve anular parcialmente o crédito do imposto, relativamente aos bens adquiridos para posteriores operações beneficiadas, na mesma proporção da redução da base de cálculo, pois tal benefício corresponde à isenção parcial.

Nos termos do tema 299 de repercussão geral do STF, a redução da base de cálculo de ICMS equivale à isenção parcial, o que acarreta a anulação proporcional de crédito relativo às operações anteriores, salvo disposição em lei estadual em sentido contrário. Por essa razão, a alternativa "E" é a correta. 🆁🅱

Gabarito: "E".

(Defensor Público Federal – DPU – 2017 – CESPE) Acerca da suspensão e da extinção do crédito tributário, julgue os itens a seguir à luz do CTN.

(1) Nas hipóteses de suspensão da exigibilidade do crédito tributário, fica dispensado o cumprimento das obrigações acessórias dependentes da obrigação principal que for suspensa.

(2) É possível a suspensão da exigibilidade do crédito tributário em decorrência da concessão de medida liminar em mandado de segurança.

(3) Por meio do instituto da transação tributária, é possível a suspensão do crédito tributário em benefício do contribuinte.

1: incorreta, pois a suspensão do crédito não dispensa o cumprimento das obrigações assessórias dependentes da obrigação principal atinentes a esse crédito, conforme dispõe o art. 151, parágrafo único, do CTN; **2:** correta, pois a liminar em mandado de segurança é modalidade de suspensão do crédito tributário – art. 151, IV, do CTN; **3:** incorreta, pois a transação é modalidade de extinção do crédito, não de suspensão – art. 156, III, do CTN. 🆁🅱

Gabarito: 1E, 2C, 3E

(Juiz de Direito/GO – 2021 – FCC) Relativamente aos impostos lançados de ofício, tal como ocorre com o IPTU, em diversos Municípios brasileiros, o Código Tributário Nacional estabelece que o direito de a Fazenda Pública constituir o crédito tributário extingue-se após cinco anos, contados

(A) do primeiro dia do exercício seguinte àquele em que o lançamento poderia ter sido efetuado, ou da data da ocorrência do fato gerador, de acordo com a maior ou menor proximidade com o momento da ocorrência do fato gerador, configurando-se, assim, a prescrição tributária.

(B) da data da ocorrência do fato gerador, desde que não tenha ocorrido dolo, fraude ou simulação do sujeito passivo, configurando-se, assim, a decadência tributária.

(C) do primeiro dia do exercício seguinte àquele em que o lançamento poderia ter sido efetuado, ou da data da ocorrência do fato gerador, de acordo com o que for mais favorável, em cada caso, ao sujeito passivo, configurando-se, assim, a decadência tributária.

(D) da data da ocorrência do fato gerador, configurando-se, assim, a prescrição tributária.

(E) do primeiro dia do exercício seguinte àquele em que o lançamento poderia ter sido efetuado, configurando-se, assim, a decadência tributária.

Comentário: Nos termos do art. 173, I, do CTN, o direito de a Fazenda Pública constituir o crédito tributário extingue-se após 5 (cinco) anos, contados do primeiro dia do exercício seguinte àquele em que o lançamento poderia ter sido efetuado. Por essa razão, a alternativa "E" é a correta. 🆁🅱

Gabarito: "E".

(Juiz de Direito – TJ/MS – 2020 – FCC) A respeito do tema decadência e prescrição tributárias, é correto afirmar:

(A) Quando previsto em lei, é possível confessar e parcelar débito tributário. Nesse caso, o contribuinte não mais poderá discutir a ocorrência da decadência, em razão da novação da dívida.

(B) A Constituição Federal impõe que lei complementar trate de normas gerais de direito tributário. Assim, é constitucional lei ordinária que trate especificamente de prazos de decadência e prescrição de forma distinta do Código Tributário Nacional, dilatando estes prazos.

(C) Na hipótese de tributo sujeito a lançamento por homologação, se o contribuinte realizar o depósito judicial com vistas à suspensão da exigibilidade do crédito tributário, não se considera realizada a constituição do crédito tributário por homologação, cabendo ao

ROBINSON BARREIRINHAS

Fisco realizar o lançamento por homologação, sob pena de ocorrer a decadência.

(D) Nos tributos lançados por homologação, a entrega de declaração pelo contribuinte reconhecendo débito fiscal constitui o crédito tributário, dispensada qualquer outra providência por parte do fisco. Assim, não pago o tributo em seu vencimento, passa a contar o prazo prescricional para a cobrança do débito tributário.

(E) Nos termos do Código Tributário Nacional, diferencia-se a prescrição da decadência, pois com a decadência ocorre a extinção do crédito tributário, já com a prescrição não se extingue o crédito tributário, mas o direito de ação da Fazenda pública.

A: incorreta, pois a decadência extingue o crédito tributário que seria parcelado, prejudicando-o – art. 173 do CTN. Ademais, o parcelamento não implica novação, apenas suspensão do crédito tributário – art. 151 do CTN; **B:** incorreta, pois decadência e prescrição em matéria tributária são matérias a serem veiculadas por norma geral nacional, especificamente por lei complementar federal – art. 146, III, *b*, da CF; **C:** incorreta, pois o depósito, nesse caso, implica lançamento, afastando a fluência do prazo decadencial – ver EREsp 686.479/RJ-STJ; **D:** correta, conforme a Súmula 436/STJ; **E:** incorreta, pois o CTN descreve tanto a decadência como a prescrição como modalidades de extinção do crédito tributário – art. 156 do CTN. **RB**
Gabarito "D".

(Juiz de Direito – TJ/MS – 2020 – FCC) A respeito das isenções tributárias, é correto afirmar:

(A) Nos termos do Código Tributário Nacional, a isenção é causa de extinção do crédito tributário.

(B) Nos termos da jurisprudência do Supremo Tribunal Federal, lei ordinária posterior não pode revogar isenção concedida por lei complementar.

(C) São inconstitucionais tratados internacionais que prevejam isenção de tributos estaduais, por serem firmados por órgãos da União.

(D) A concessão da isenção por despacho da autoridade administrativa dispensa também do cumprimento das obrigações acessórias.

(E) A isenção, quando condicionada e por prazo certo, não pode ser livremente revogada pelo ente tributante.

A: incorreta, pois o CTN descreve a isenção como modalidade de exclusão do crédito tributário, assim como a anistia – art. 175 do CTN; **B:** incorreta, pois o STF reconhece que lei complementar que veicula matéria de lei ordinária é considerada materialmente lei ordinária e, como tal, pode ser alterada ou revogada por lei ordinária posterior – ver Tese de Repercussão Geral 71; **C:** incorreta, pois STF decidiu que o disposto no art. 151, III, da CF não impede a concessão de isenções tributárias heterônomas por meio de tratados internacionais, ou seja, é possível instituição de benefícios fiscais relativos a tributos estaduais ou municipais por meio de tratados internacionais (RE 543.943 AgR/PR); **D:** incorreta, pois a isenção não dispensa as obrigações acessórias – art. 175, parágrafo único, do CTN; **E:** correta – art. 178 do CTN. **RB**
Gabarito "E".

(Promotor de Justiça/CE – 2020 – CESPE/CEBRASPE) A exclusão do crédito tributário decorrente de infração à legislação tributária, concedida em caráter geral ou por despacho da autoridade administrativa, é chamada de

(A) isenção.

(B) anistia.

(C) remissão.

(D) moratória.

(E) compensação.

O CTN prevê apenas duas modalidades de exclusão do crédito tributário: isenção e anistia – art. 175 do CTN. A isenção se refere à exclusão do crédito relativo a fatos geradores posteriores. A anistia abrange infrações cometidas anteriormente à vigência da lei. Por essa razão, a assertiva se refere à anistia, de modo que a alternativa "B" é a correta.
Gabarito "B".

11. IMPOSTOS E CONTRIBUIÇÕES EM ESPÉCIE

11.1. ITR

(Procurador Municipal – Prefeitura/BH – CESPE – 2017) Em determinado município, uma associação de produtores rurais solicitou que o prefeito editasse lei afastando a incidência do ITR para os munícipes que tivessem idade igual ou superior a sessenta e cinco anos e fossem proprietários de pequenas glebas rurais, assim entendidas as propriedades de dimensão inferior a trezentos hectares. O prefeito, favorável ao pedido, decidiu consultar a procuradoria municipal acerca da viabilidade jurídica dessa norma.

Com relação a essa situação hipotética, assinale a opção correta de acordo com as normas constitucionais e a legislação tributária vigente.

(A) O ITR é um imposto da União e, por conseguinte, é vedado atribuir aos municípios, que não detêm competência para legislar sobre essa matéria, a responsabilidade por sua fiscalização.

(B) Cabe ao município a competência legislativa sobre o ITR, podendo ele instituir hipóteses de isenção e de não incidência.

(C) O ITR é um imposto de competência da União, não podendo o município reduzi-lo ou adotar qualquer renúncia fiscal.

(D) A CF prevê a imunidade fiscal para os proprietários de pequenas glebas rurais que tenham idade igual ou superior a sessenta e cinco anos.

A: incorreta, pois o ITR, apesar de ser tributo federal, admite peculiarmente a fiscalização e cobrança pelos municípios, nos termos do art. 153, § 4º, III, da CF; **B:** incorreta, pois a competência tributária, entendida como competência para legislar sobre o tributo, é indelegável e, no caso do ITR, de titularidade exclusiva da União – art. 153, VI, da CF; **C:** correta – art. 153, § 4º, III, *in fine*, da CF; **D:** incorreta, pois não há imunidade em relação à idade dos proprietários – art. 153, § 4º, II, da CF. **RB**
Gabarito "C".

11.2. ICMS

(Procurador/PA – CESPE – 2022) Segundo o mais recente entendimento do Supremo Tribunal Federal em matéria tributária, é correto afirmar que

(A) é inconstitucional a inclusão do Imposto sobre Operações relativas à Circulação de Mercadorias e sobre Prestações de Serviços de Transporte Interestadual e Intermunicipal e de Comunicação (ICMS) na base de cálculo da contribuição previdenciária sobre a receita bruta.

(B) é inconstitucional a inclusão do ICMS, quando destacado, na base de cálculo do Programa de Integração

30. DIREITO TRIBUTÁRIO 949

Social e da Contribuição para o Financiamento da Seguridade Social.

(C) é constitucional que estados e o Distrito Federal instituam o imposto de transmissão *causa mortis* e doação nas hipóteses referidas no inciso III do § 1.º do art. 155 da Constituição Federal de 1988 (heranças e doações no exterior) sem a intervenção da lei complementar exigida pelo referido dispositivo constitucional.

(D) é inconstitucional que lei estadual ou distrital, com amparo em convênio do Conselho Nacional de Política Fazendária, conceda remissão de créditos de ICMS oriundos de benefícios fiscais anteriormente julgados inconstitucionais.

(E) é constitucional a instituição de alíquotas de ICMS sobre as operações de energia elétrica e os serviços de telecomunicação em patamar superior ao aplicado às operações em geral, não incidindo o princípio da seletividade.

A: incorreta, pois a decisão do STF foi pela exclusão do ICMS especificamente da base de cálculo da COFINS e da contribuição para o PIS – Tese de repercussão geral 69/STF; **B:** correta, conforme comentário anterior; **C:** incorreta, pois isso foi vedado, nos termos da Tese de repercussão geral 825/STF; **D:** incorreta, pois isso é admitido, nos termos da Tese de repercussão geral 817/STF; **E:** incorreta, pois o entendimento do STF é pela inconstitucionalidade – Tese de repercussão geral 745/STF. **RB**
Gabarito "B".

(Procurador/PA – CESPE – 2022) Em janeiro de 2022, foi publicada a Lei Complementar n.º 190, cuja função teleológica é encerrar as discussões sobre a cobrança do chamado diferencial de alíquota de ICMS – DIFAL para mercadorias vendidas a consumidor final não contribuinte do ICMS. Sobre as alterações constitucionais envolvendo essa matéria, relativamente à Emenda Constitucional 87 de 2015 é correto afirmar que

(A) o diferencial de alíquota de ICMS é cobrado em razão de operações ou prestações interestaduais destinadas a consumidor final, quando estes são contribuintes de ICMS, o fornecedor, após a EC 87/2015, passou a recolher o ICMS considerando apenas a alíquota interna para o estado de origem.

(B) o diferencial de alíquota de ICMS é cobrado em razão de operações ou prestações interestaduais destinadas a consumidor final, e quando estes são não contribuintes de ICMS, o fornecedor, após a EC 87/2015, passou a recolher o ICMS considerando apenas a alíquota interna para o estado de origem.

(C) o diferencial de alíquota de ICMS é cobrado em razão de operações ou prestações interestaduais destinadas a consumidor final, e quando estes são não contribuintes de ICMS, o fornecedor, antes da EC 87/2015, recolhia o ICMS considerando apenas a alíquota interna para o estado de origem.

(D) o diferencial de alíquota de ICMS é cobrado em razão de operações ou prestações interestaduais destinadas a consumidor final, e quando estes são não contribuintes de ICMS, o fornecedor, após a EC 87/2015, passou a recolher o ICMS considerando apenas o diferencial de alíquota ao estado de destino.

(E) o diferencial de alíquota de ICMS é cobrado em razão de operações ou prestações interestaduais destinadas a consumidor final, quando estes são contribuintes de ICMS, o fornecedor, após a EC 87/2015, mudou a sistemática, passando a recolher o ICMS considerando a alíquota interestadual do estado de origem e o diferencial de alíquota ao estado de destino.

A partir da Emenda Constitucional 87/2015, todas as operações interestaduais, inclusive para destinatário não contribuinte do ICMS, sujeitam-se à alíquota interestadual. Antes disso, somente a operação destinada a contribuinte sujeitava-se à alíquota interestadual menor. Essa modificação trazida pela EC 87/2015, em relação às vendas para não contribuintes localizados em outros Estados (ou DF), foi gradual, conforme o art. 99 do ADCT, concluída apenas em 2019. Por essas razões, a alternativa "C" é a correta. **RB**
Gabarito "C".

(Procurador/PA – CESPE – 2022) O art. 1.º da Lei estadual n. 6.572/2003 prevê a concessão de abatimento do ICMS à pessoa jurídica com estabelecimento situado no estado do Pará que apoiar, financeiramente, projetos culturais aprovados pela Fundação Cultural do Pará Tancredo Neves. Atualmente, essa Lei está regulamentada pelo Decreto estadual n 2.463/2022, que prorrogou por 180 dias a validade dos certificados de enquadramento emitidos em 15/6/2021, na forma do resultado do Edital 001/2021 – SEMEAR. Esse decreto se baseia nos Convênios ICMS 27, de n. 24/3/2006, n. 65, de n. 5/7/2018, e n. 28, de 12/3/2021.

A obrigatoriedade jurídica de que um benefício fiscal dessa natureza seja previsto em todas as normas citadas (lei, decreto e convênio) advém do princípio da legalidade tributária, que deriva, na hipótese do ICMS, do dispositivo constitucional que atribui a lei complementar a regulação da forma como, mediante deliberação dos estados e do Distrito Federal, isenções, incentivos e benefícios fiscais serão concedidos e revogados. Enquanto não editada lei complementar nesse sentido,

(A) os estados e o Distrito Federal, para a concessão desses benefícios, devem editar lei estadual/distrital que regule a matéria, mesmo que não haja a anuência do Conselho Nacional de Política Fazendária.

(B) os entes subnacionais, para a concessão desses benefícios, devem obedecer à Lei Complementar n. 24/1975 (que dispõe sobre os convênios firmados no âmbito do Conselho Nacional de Política Fazendária), recepcionada pela Constituição Federal de 1988, conforme reiterada jurisprudência do Supremo Tribunal Federal.

(C) os estados e o Distrito Federal, para a concessão desses benefícios, devem editar decreto estadual/distrital que regulamente o citado dispositivo constitucional, mesmo que sem lei estadual/distrital específica regulamentadora.

(D) os estados e o Distrito Federal, para a concessão desses benefícios, devem editar decreto estadual/distrital que regulamente o citado dispositivo constitucional ou obter a anuência do Conselho Nacional de Política Fazendária.

(E) os estados e o Distrito Federal, para a concessão desses benefícios, devem editar decreto estadual/distrital que regulamente o citado dispositivo constitucional, ainda que sem a anuência do Conselho Nacional de Política Fazendária.

A e E: incorretas, pois benefícios fiscais de ICMS dependem de deliberação do Conselho Fazendário – CONFAZ, nos termos do art. 155,

950 ROBINSON BARREIRINHAS

§ 2º, XII, "g", da CF; **B**: correta, conforme comentário anterior; **C** e **D**: discutíveis, mas a alternativa "B" certamente é correta. Há discussão quanto à suficiência de decreto estadual ratificando o convênio CONFAZ, para que o benefício seja aplicável no respectivo Estado, sendo esse o procedimento usual. Há autores, entretanto, que entendem ser necessária lei estadual, pelo princípio da legalidade, o que parece ser a linha de entendimento dessa banca da CESPE. **RB**

Gabarito "B".

(Procurador/DF – CESPE – 2022) Relativamente aos impostos do Sistema Tributário Nacional, observada a jurisprudência do STF, julgue os itens que se seguem.

(1). Consoante o STF, o imposto de renda retido na fonte por pagamentos efetuados por estados às empresas prestadoras de serviços configura receita do respectivo estado.

(2). Consoante o entendimento do STF, para a instituição do ITCMD sobre bens do *de cujus* situados no exterior, é indispensável que seja primeiramente aprovada lei complementar federal disciplinando normas gerais sobre a matéria.

(3). Em conformidade com a Constituição, o ICMS incidente sobre combustíveis será repartido entre o estado de origem e o de destino da operação de circulação.

(4).O Senado Federal tem prerrogativa de estabelecer alíquotas do ICMS sobre as operações interestaduais, ao passo que ao Congresso Nacional cabe estabelecer as alíquotas incidentes sobre exportações.

(5). Se uma empresa transportadora de cargas for extinta e, nessa oportunidade, um imóvel que era de sua propriedade passar a compor o patrimônio de um dos sócios, essa operação estará sujeita à incidência do ITBI.

1: correta, conforme o art. 157, I, da CF; **2**: correta, conforme a Tese de repercussão geral 825/STF; **3**: discutível, pois a CF remete à lei complementar a incidência monofásica do ICMS sobre combustíveis, sem, a rigor, dispor expressamente sobre a destinação da arrecadação – art. 155, § 2º, XII, "h", da CF; **4**: incorreta, pois as exportações são imunes em relação ao ICMS – art. 155, § 2º, X, "a", da CF; **5**: incorreta, pois transmissões de bens por conta de alterações ou extinções societárias como essa são imunes em relação ao ITBI – art. 156, § 2º, I, da CF. **RB**

Gabarito: 1C. 2C. 3Anulada. 4E. 5E.

(Juiz de Direito/SP – 2021 – Vunesp) Quanto ao ICMS, é correto afirmar:

(A) descontos incondicionais nas bonificações não podem ser excluídos da base de cálculo do ICMS.

(B) o preço final a consumidor sugerido e divulgado pelo fabricante em revista especializada pode figurar como base de cálculo do ICMS a ser pago pelo contribuinte sujeito ao regime de substituição tributária progressiva nos termos do artigo 8o, § 3o, da LC no 87/96. Isso não se confunde com a cobrança de ICMS mediante pauta fiscal, vedada pela Súmula 431 do STJ.

(C) na compra e venda com financiamento, os encargos fazem parte do preço e devem ser considerados na base de cálculo do tributo.

(D) a Constituição admite tributação diferenciada de veículos importados.

Comentário: **A**: incorreta, pois descontos incondicionais podem ser excluídos da base de cálculo do ICMS, conforme o art. 13, § 1º, II, *a*, da LC 87/1996; **B**: correta, conforme a jurisprudência do STJ – ver REsp 1.192.409/SE; **C**: incorreta. A jurisprudência distingue a "venda finan-

ciada", com intermediação de instituição financeira, e a "venda a prazo", em que há encargo cobrado pelo próprio vendedor. Incide ICMS sobre os encargos na "venda a prazo", mas não no caso do financiamento por meio de instituição financeira – ver REsp 1.106.462/SP – repetitivo; **D**: incorreta, conforme entendimento do STF – ver ADI 1.655/SP. **RB**

Gabarito "B".

(Juiz de Direito/GO – 2021 – FCC) O imposto sobre operações relativas à circulação de mercadorias e sobre prestações de serviços de transporte interestadual e intermunicipal e de comunicação (ICMS) é da competência dos Estados e do Distrito Federal. De acordo com a Constituição Federal, esse imposto NÃO incidirá sobre

(A) os suportes materiais que contenham videofonogramas musicais produzidos no Brasil, com obras de autores nacionais ou estrangeiros e interpretadas por artistas brasileiros.

(B) as operações internas com combustíveis líquidos derivados de petróleo, nem sobre aquelas que destinem etanol, em estado de pureza absoluta, a outros Estados e ao Distrito Federal.

(C) as operações que destinem mercadorias para o exterior, vedada a manutenção e o aproveitamento do montante do imposto cobrado nas operações e prestações anteriores.

(D) o ouro, quando definido em lei como ativo financeiro ou instrumento cambial, nem sobre materiais de uso médico ou odontológico, em cuja elaboração ou confecção tenham sido utilizados ouro ou platina, em percentual superior a oitenta por cento.

(E) as prestações de serviço de comunicação, exclusivamente na modalidade de radiodifusão sonora, seja qual for o modo de recepção.

Comentário: **A**: correta, conforme art. 150, VI, *e*, da CF; **B**: incorreta, pois a não incidência (imunidade, na verdade) nesse caso refere-se a operações que destinem a outros Estados petróleo, inclusive lubrificantes, combustíveis líquidos e gasosos dele derivados, e energia elétrica – art. 155, § 2º, X, *b*, da CF; **C**: incorreta, pois, no caso de exportação, não é vedada, pelo contrário, é assegurada a manutenção e o aproveitamento do montante do imposto cobrado nas operações e prestações anteriores – art. 155, § 2º, X, *a*, da CF. A propósito da imunidade de ICMS na exportação, vide a Súmula 699/STJ: Não incide ICMS sobre o serviço de transporte interestadual de mercadorias destinadas ao exterior; **D**: incorreta, pois a imunidade do ouro em relação ao ICMS restringe-se àquele definido em lei como ativo financeiro ou instrumento cambial, hipótese em que se sujeita exclusivamente ao IOF federal – art. 155, § 2º, X, *c*, da CF; **E**: incorreta, pois a imunidade nesse caso refere-se apenas às prestações de serviço de comunicação nas modalidades de radiodifusão sonora e de sons e imagens de recepção livre e gratuita – art. 155, § 2º, X, *d*, da CF. **RB**

Gabarito "A".

(Juiz de Direito – TJ/AL – 2019 – FCC) De acordo com a Constituição Federal, o ICMS incide em operações que destinem

(A) combustíveis líquidos e lubrificantes derivados de petróleo a estabelecimento filial, localizado em outro Estado.

(B) gasolina a estabelecimento de empresa coligada, localizada em outro Estado, sem a finalidade de ser utilizada como combustível em veículos automotores terrestres, em aeronaves ou embarcações.

(C) lubrificantes derivados de petróleo a estabelecimento filial, localizado em outro Estado, salvo disposição de lei complementar em contrário.

30. DIREITO TRIBUTÁRIO

(D) ao exterior lubrificante produzido integralmente com óleo de origem vegetal.

(E) óleo de origem vegetal a destinatário localizado em outro Estado, com o fim único e específico de ser utilizado como lubrificante.

A, B e C: incorretas. Nos termos do art. 155, § 2º, X, *b*, da CF, não incide ICMS sobre operações que destinem a outros Estados petróleo, inclusive lubrificantes, combustíveis líquidos e gasosos dele derivados, e energia elétrica; D: incorreta, pois qualquer exportação é imune em relação ao ICMS – art. 155, § 2º, X, *a*, da CF; E: correta, pois o óleo de origem vegetal não é abrangido pela imunidade prevista no art. 155, § 2º, X, *b*, da CF, ainda que seja combustível ou lubrificante. RB
Gabarito "E".

(Juiz de Direito – TJ/AL – 2019 – FCC) O art. 12 da Lei Complementar n. 87/1996 define os fatos geradores do ICMS e estabelece os momentos em que eles se consideram ocorridos. No tocante à Lei estadual n. 5.900, de 27 de dezembro de 1996, isso é feito no seu art. 2º.

Embora não estejam definidos na Lei Complementar n. 87/1996, a Lei estadual n. 5.900/1996 define o fato gerador e o momento de sua ocorrência relativamente

(A) à entrada no estabelecimento do contribuinte de mercadoria proveniente de outra unidade da Federação, destinada a integrar o respectivo ativo permanente ou a seu próprio uso ou consumo.

(B) à transmissão de propriedade de mercadoria, ou de título que a represente, quando a mercadoria não tiver transitado pelo estabelecimento transmitente.

(C) ao ato final do transporte iniciado no exterior.

(D) à da aquisição em licitação pública de mercadorias ou bens importados do exterior e apreendidos ou abandonados.

(E) à prestação onerosa de serviços de comunicação, feita por qualquer meio, inclusive a geração, a emissão, a recepção, a transmissão, a retransmissão, a repetição e a ampliação de comunicação de qualquer natureza.

A: correta, pois, de fato, o art. 12 da LC 87/1996 não descreve expressamente essa situação, o que é feito pelo art. 2º, V, da Lei Estadual 5.900/1996; B: incorreta, pois a situação é descrita no art. 12, IV, da LC 87/1996; C: incorreta, pois a situação é descrita no art. 12, VI, da LC 87/1996; D: incorreta, pois a situação é descrita no art. 12, XI, da LC 87/1996; E: incorreta, pois a situação é descrita no art. 12, VII, da LC 87/1996. RB
Gabarito "A".

(Promotor de Justiça/CE – 2020 – CESPE/CEBRASPE) Considerando as limitações constitucionais ao poder de tributar, assinale a opção correta.

(A) A fixação da base de cálculo do IPVA está sujeita à anterioridade anual, mas não à anterioridade nonagesimal.

(B) Livros e jornais gozam de isenção tributária.

(C) É vedado instituir tratamento desigual entre contribuintes que se encontrem em situação equivalente, salvo se a distinção se der em razão da sua ocupação profissional.

(D) A União não pode instituir tributos de nenhuma natureza sobre o patrimônio dos estados e municípios.

(E) A concessão de crédito presumido relativo a quaisquer impostos somente pode ser feita mediante lei complementar.

A: correta, conforme o art. 150, § 1º, da CF; **B:** incorreta, pois há imunidade tributária (afastamento da competência tributária por determinação constitucional) nesse caso – art. 150, VI, *d*, da CF; **C:** incorreta, pois a ocupação profissional não admite violação do princípio da isonomia, conforme expresso no art. 150, II, da CF; **D:** incorreta, pois isso é expressamente vedado pela imunidade recíproca – art. 150, VI, *a*, da CF; **E:** incorreta, pois não há reserva de lei complementar nesse caso – art. 146 da CF.
Gabarito "A".

(Promotor de Justiça/PR – 2019 – MPE/PR) Sobre o ICMS, é ***correto*** afirmar:

(A) O ICMS incide sobre alienação de salvados de sinistro pelas seguradoras.

(B) O ICMS incide sobre a tarifa de assinatura básica mensal cobrada pelas prestadoras de serviço de telefonia, independentemente da franquia de minutos conferida ou não ao usuário.

(C) O fornecimento de água potável por empresas concessionárias desse serviço público é tributável por meio do ICMS.

(D) A aquisição de produtos intermediários, sujeitos ao regime de crédito físico, aplicados no processo produtivo que não integram fisicamente o produto final gera direito ao crédito de ICMS, em razão do princípio da não cumulatividade.

(E) A aplicação de correção monetária aos créditos escriturais do ICMS registrados tardiamente independe de lei autorizadora ou de prova quanto ao obstáculo injustamente posto pelas autoridades fiscais à pretensão do contribuinte, em razão da força normativa dos princípios da não cumulatividade e da isonomia.

A: incorreta, pois o STF afastou essa possibilidade de tributação – Súmula Vinculante 32/STF; **B:** correta – Tese de Repercussão Geral 827; **C:** incorreta, pois o STF afastou a incidência, conforme Tese de Repercussão Geral 326; **D:** incorreta, pois, se o produto intermediário não integra fisicamente o produto final, não há creditamento no regime de crédito físico – ver AgRg no RE 689.001/STF; **E:** incorreta, pois a correção monetária do crédito escritural somente pode ser feita em caso de autorização legal ou se houver obstáculo injustamente posto pela autoridade fiscal ao seu aproveitamento – RE 168.752/STF.
Gabarito "B".

(Procurador do Estado/SP – 2018 – VUNESP) Tendo em mente as disposições constitucionais sobre a fixação de alíquotas do ICMS, assinale a alternativa correta.

(A) A alíquota do ICMS aplicável às operações ou prestações interestaduais, que destinem a bens ou serviços a consumidor final, é aquela do Estado de origem.

(B) A alíquota do ICMS aplicável às operações ou prestações interestaduais é a do Estado de destino, somente no caso em que o adquirente for contribuinte do imposto.

(C) As alíquotas internas máximas do ICMS não podem ser fixadas pelo Senado Federal em hipótese alguma.

(D) O ICMS pode ter alíquotas mínimas para operações internas fixadas pelo Senado Federal.

(E) A alíquota do ICMS incidente em operações de exportação não pode ser fixada pelo Senado Federal.

A: incorreta, pois, após a EC 87/2015, mesmo as operações interestaduais destinadas ao consumidor final sujeitam-se à alíquota interestadual, cabendo ao Estado de destino a diferença entre a alíquota interestadual (menor) e a interna (maior), nos termos do art. 155, § 2º, VII, da CF; **B:** incorreta, pois a alíquota será sempre a interestadual – art. 155, § 2º, VII, da CF; **C:** incorreta, pois é facultado ao Senado fixar alíquotas internas máximas, para resolver conflito específico que envolva interesse de Estados, mediante resolução de iniciativa da maioria absoluta e aprovada por dois terços de seus membros – art. 155, § 2º, V, *b*, da CF; **D:** correta, nos termos do art. 155, § 2º, V, a, da CF; **E:** correta, embora seja prevista essa competência do Senado no art. 155, § 2º, IV, *in fine*, da CF. Isso porque atualmente há imunidade em relação a todas as exportações, ou seja, não existe alíquota de ICMS para exportação – art. 155, § 2º, X, *a*, da CF.

OBS.: discordamos do gabarito oficial, pois a alternativa "E" também é correta.

Gabarito "D".

(Defensor Público Federal – DPU – 2017 – CESPE) A respeito das espécies tributárias existentes no sistema tributário brasileiro, julgue o item que se segue.

(1) A isenção ou não incidência do ICMS acarretará a anulação do crédito relativo às operações anteriores, salvo se houver determinação legal em contrário.

1: correta, nos termos do art. 155, § 2º, II, *b*, da CF. Ver também a tese de repercussão geral 299/STF: "A redução da base de cálculo de ICMS equivale à isenção parcial, o que acarreta a anulação proporcional de crédito relativo às operações anteriores, salvo disposição em lei estadual em sentido contrário." **RB**

Gabarito 1C

(Procurador do Município – Prefeitura Fortaleza/CE – CESPE – 2017) Julgue os itens a seguir, em relação aos impostos discriminados na CF.

(1) O sujeito passivo do ICMS não pode, ainda que de boa-fé, aproveitar os créditos decorrentes de nota fiscal posteriormente declarada inidônea e emitida em virtude de efetiva concretização do negócio jurídico de compra e venda.

(2) O aspecto material da hipótese de incidência do imposto sobre serviços de qualquer natureza consiste na obrigação de fazer em prol de terceiro, mediante remuneração, quando essa obrigação é objeto de relação jurídica de direito privado. A prestação por delegatário e remunerada pelo usuário de serviços públicos não se submete à incidência dessa espécie tributária devido a interesse público subjacente.

(3) O princípio da seletividade aplica-se impositivamente ao IPI e facultativamente ao ICMS em função da essencialidade dos produtos, das mercadorias e dos serviços, de modo a assegurar a concretização da isonomia no âmbito da tributação do consumo.

1: Incorreta, pois o aproveitamento do crédito somente é vedado se a declaração de inidoneidade for anterior à operação, ou se não for demonstrada a veracidade da compra e venda – Súmula 509/STJ.
2: Incorreta, pois a cobrança de tarifa pelo delegatário de serviço público não implica imunidade, nem, portanto, afasta a incidência do ISS – art. 150, § 3º, da CF. **3:** Correta – arts. 153, § 3º, I, e 155, § 2º, III, da CF. **RB**

Gabarito 1E, 2E, 3C

(Procurador Municipal – Prefeitura/BH – CESPE – 2017) Depois de ter sido regularmente contratada pelo município de Belo Horizonte – MG para o fornecimento de equipamentos médicos de fabricação estrangeira a hospitais municipais, a empresa Alfa, importadora de bens e mercadorias, tornou-se, nos termos do contrato administrativo celebrado com o município, a responsável pela importação e pelo pagamento de todos os tributos exigíveis por ocasião do desembaraço aduaneiro. Tendo os equipamentos ficado retidos na aduana em razão do não recolhimento do ICMS incidente sobre as mercadorias, a Alfa alegou que o imposto deveria ser recolhido pelo município de Belo Horizonte, destinatário final dos produtos. Entendeu a empresa que o ICMS não faz parte do desembaraço aduaneiro, visto que o fato gerador ainda não teria ocorrido e não decorreria do ato de importação, ou seja, o referido imposto somente seria devido no momento da entrada dos bens no estabelecimento do destinatário final.

Considerando as regras de direito tributário, assinale a opção correta, a respeito dessa situação hipotética.

(A) É devida a retenção aduaneira, pois o ICMS não poderia ser cobrado de quem não é contribuinte habitual do imposto.

(B) Na entrada de mercadoria importada do exterior, é legítima a cobrança do ICMS por ocasião do desembaraço aduaneiro.

(C) Como os bens não serão comercializados, o ICMS não é devido, pois inexiste o fato gerador do tributo.

(D) O ICMS não é devido, dada a imunidade tributária. Nesse caso, somente pode ser exigido o imposto sobre a importação, sendo vedada a bitributação.

A: incorreta, pois a incidência e cobrança do ICMS na importação independe de habitualidade – art. 155, § 2º, IX, *a*, da CF; **B:** correta – art. 155, § 2º, IX, *a*, da CF e art. 12, IX, da LC 87/1996; **C:** incorreta, pois a importação é fato gerador do ICMS – art. 155, § 2º, IX, *a*, da CF; **D:** incorreta, pois contribuinte de direito é a empresa Alfa, que promove a importação e não é imune. **RB**

Gabarito "B".

(Juiz– TJ-SC – FCC – 2017) A base de cálculo do ICMS devido por operações subsequentes, em regime de substituição tributária,

(A) só pode ser fixada pela Administração Tributária conforme os preços únicos ou máximos previamente determinados por autoridade competente para regulação de mercados.

(B) será fixada pela soma dos valores relativos à entrada do bem ou recebimento do serviço, incluídos frete, seguro e encargos, com a margem de valor agregado, inclusive lucro, das operações ou prestações subsequentes.

(C) será obrigatoriamente fixada por preço final a consumidor sugerido pelo substituto tributário, em caso de inexistência de preços únicos ou máximos fixados por autoridade competente para regulação de mercados.

(D) só poderá ser fixada pela Administração Tributária por meio de pesquisas de preços finais praticados em mercado.

(E) não pode utilizar os levantamentos de preço praticados em mercado para a determinação da margem de valor agregado nas operações subsequentes.

A: incorreta, pois o art. 8º, II, da LC 87/1996 dispõe sobre a determinação da base de cálculo do ICMS-ST "para frente"; **B:** correta, conforme o 8º, II, da LC 87/1996; **C, D** e **E:** incorretas, conforme comentário à alternativa "B". RB

Gabarito "B".

11.3. ITCMD

(Procurador/PA – CESPE – 2022) Clara, paraense, residente no município de Salinópolis – PA, foi diagnosticada com doença rara que, segundo os médicos, lhe possibilitaria viver apenas mais alguns meses. Para tentar um tratamento novo, ela viajou a São Paulo, onde faleceu antes mesmo de iniciar o tratamento, deixando para os seus dois filhos, maiores de idade, os seguintes bens:

• a casa onde ela residia em Salinópolis;

• um apartamento em Belém – PA, onde ela ficava sempre que visitava a capital paraense; e

• um apartamento e um carro em Fortaleza – CE, onde ela costumava passar férias; somados, esses bens importavam nos bens de maior valor da herança.

Os filhos de Clara, deliberando pacificamente pela divisão patrimonial, abriram inventário em Belém – PA, onde residem.

Nessa situação hipotética, o imposto de transmissão *causa mortis* e doação deverá ser pago no estado do

(A) Pará, onde se encontra a maioria dos bens imóveis deixados pela falecida.

(B) Pará, relativamente à casa de Salinópolis e ao apartamento de Belém.

(C) Ceará, onde se encontra o imóvel de maior valor deixado pela falecida.

(D) Pará, relativamente à casa de Salinópolis, ao apartamento em Belém e ao carro.

(E) Ceará, que atrai a competência para pagamento do imposto integralmente, devido ao automóvel.

A: incorreta, pois o ITCMD relativo a imóveis é sempre devido ao Estado de sua localização, de modo que é devido o tributo ao Ceará, em relação ao apartamento lá localizado – art. 155, § 1º, I, da CF; **B:** correta – art. 155, § 1º, I, da CF; **C:** correta, conforme comentário à primeira alternativa; **D:** correta, considerando que o ITCMD relativo ao carro será devido ao Estado em que se processar o inventário – art. 155, § 1º, II, da CF; **E:** incorreta, conforme comentários anteriores. RB

Gabarito Anulada

(Juiz de Direito/AP – 2022 – FGV) Gustavo, com pais já falecidos, solteiro e sem filhos, lavrou, em agosto de 2021, escritura pública de doação de um de seus imóveis situado em Laranjal do Jari (AP) em favor de seu irmão Mário. Gustavo e Mário são domiciliados em Santarém (PA).

À luz da Constituição da República de 1988, da Lei estadual nº 400/1997 e do entendimento dominante do Superior Tribunal de Justiça, o Imposto sobre a Transmissão *Causa Mortis* e Doações (ITCD) incidente sobre tal doação é devido ao:

(A) Pará, com fato gerador na lavratura da escritura de doação, com alíquota inferior àquela incidente sobre a transmissão *causa mortis*;

(B) Pará, com fato gerador na lavratura da escritura de doação, com alíquota igual àquela incidente sobre a transmissão *causa mortis*;

(C) Pará, com fato gerador no registro da escritura, com alíquota igual àquela incidente sobre a transmissão *causa mortis*;

(D) Amapá, com fato gerador no registro da escritura, com alíquota inferior àquela incidente sobre a transmissão *causa mortis*;

(E) Amapá, com fato gerador na lavratura da escritura de doação, com alíquota igual àquela incidente sobre a transmissão *causa mortis*.

Comentário: No caso de bens imóveis, o ITCMD será sempre devido ao Estado em que se localizado o bem, no caso, ao Estado do Amapá – art. 155, § 1º, I, da CF. O fato gerador se dá na transcrição da doação no registro de imóveis, quando se dá efetivamente a transmissão (fato gerador do tributo), conforme a legislação cível. A alíquota aplicável é a prevista na lei estadual, no caso, inferior à da transmissão *causa mortis* – art. 78 da Lei 400/1997 do AP. RB

Gabarito "D".

(Juiz de Direito/GO – 2021 – FCC) O imposto sobre transmissão *causa mortis* e doação, de quaisquer bens ou direitos (ITCD) é da competência dos Estados e do Distrito Federal. De acordo com a Constituição Federal,

(A) em nenhuma hipótese parte de sua arrecadação pertencerá aos Municípios.

(B) na doação de bem imóvel e da riquíssima mobília que nele se encontra, tudo localizado no território nacional, o ITCD incidirá, integral e necessariamente, a favor do Estado em que esse bem imóvel se encontrar localizado.

(C) no caso de permuta de bens imóveis localizados em diferentes Estados da federação, o ITCD incidente sobre a eventual diferença de valores venais entre os dois, ainda que haja torna, será de competência do Estado em que se localizar o imóvel de maior valor venal.

(D) as alíquotas máxima e mínima desse imposto serão fixadas por meio de lei complementar.

(E) a competência para instituição desse imposto será regulada por lei complementar, desde que se trate de transmissão por doação de direito relativo a bem imóvel situado no Brasil, e o donatário do bem seja domiciliado ou residente no exterior.

Comentário: A: correta, pois não há repartição da receita tributária do ITCMD estadual – art. 157 e seguintes da CF; B: incorreta, pois o ITCMD incidente sobre doação de bem imóvel é devido ao Estado ou DF em que localizado o imóvel. Mas o imposto sobre a doação dos bens móveis é devido no domicílio do doador – art. 155, § 1º, I e II, da CF; C: incorreta, pois a permuta de imóveis é transação onerosa *intervivos*, sujeita à incidência do ITBI municipal, não do ITCMD estadual – art. 156, II, da CF; D: incorreta, pois somente as alíquotas máximas são fixadas, e pelo Senado Federal, não por lei complementar – art. 155, § 1º, IV, da CF; E: incorreta, pois a necessidade de regulamentação por lei complementar federal se dá apenas no caso de doador (não donatário) com residência ou domicílio no exterior – art. 155, § 1º, III, *a*, da CF. RB

Gabarito "A".

(Juiz de Direito – TJ/AL – 2019 – FCC) De acordo com a Lei estadual n. 5.077, de 12 de junho de 1989, que institui o Código Tributário do Estado de Alagoas, o imposto sobre transmissão causa mortis e doação de quaisquer bens ou direitos (ITCD) incide sobre as aquisições desses bens ou direitos por títulos de sucessão legítima ou testamentária ou por doação.

De acordo com o referido diploma legal, ainda,

(A) para a fixação da ocorrência do fato gerador, nas transmissões *causa mortis*, sendo impossível estabelecer a data da morte do *de cujus*, considera-se ocorrido o fato gerador no dia subsequente à data em que o *de cujus* foi visto vivo pela última vez.

(B) são isentas do imposto as doações e legados de peças e de obras de arte a museus, públicos ou privados, situados no Estado de Alagoas, bem como a instituições culturais ou de pesquisa, situadas no território nacional.

(C) considera-se ocorrido o fato gerador do imposto relativo às transmissões *causa mortis* na data da abertura do processo de inventário ou arrolamento judiciais, sempre que não for possível fixar com exatidão a data da ocorrência do fato gerador.

(D) ocorrem tantos fatos geradores distintos quantos forem os herdeiros, legatários ou donatários, mesmo que o bem ou direito, objeto da tributação, seja indivisível.

(E) os donatários de bens móveis situados no Estado de Alagoas são contribuintes do imposto devido a esse Estado, sempre que os doadores desses bens forem domiciliados fora dele.

A: incorreta, pois, nesse caso, toma-se a data correspondente à abertura sucessória – art. 163, parágrafo único, I, da Lei Estadual 5.077/1989; **B:** incorreta, pois a isenção relativa a peças e obras de arte se restringe a doações e legados a museus e instituições de fins culturais situados no Estado – art. 166, II, da Lei Estadual 5.077/1989; **C:** incorreta, conforme comentário à primeira alternativa; **D:** correta, conforme art. 164 da Lei Estadual 5.077/1989; **E:** incorreta, pois, no caso de bens móveis, o fato gerador considera-se ocorrido no local do domicílio do doador – art. 170, II, *a*, da Lei Estadual 5.077/1989, de modo que o donatário domiciliado em Alagoas não será contribuinte no caso de doador domiciliado fora do Estado. **RB**
Gabarito "D".

(Procurador do Estado/SP – 2018 – VUNESP) Consideradas as disposições da Constituição Federal e da Lei Paulista no 10.705, de 2000, sobre o Imposto sobre a Transmissão Causa Mortis e Doações – ITCMD – assinale a alternativa correta.

(A) É contribuinte do ITCMD, em caso de doação, o donatário residente no Estado de São Paulo.

(B) Compete ao Estado de domicílio do de cujus o ITCMD incidente na transmissão causa mortis de bens imóveis.

(C) Em caso de imóveis, o ITCMD incide somente por transmissão causa mortis e, em caso de outros bens e direitos, o imposto incide sobre a transmissão a qualquer título.

(D) A instituição do ITCMD pelos Estados depende de lei complementar federal que regule os aspectos específicos da incidência em qualquer hipótese de transmissão ou de qualquer bem, independentemente da situação do contribuinte ou responsável.

(E) A doação com encargos não se sujeita à incidência do ITCMD.

A: correta – art. 155, § 1º, II, da CF e art. 7º, III, da Lei SP 10.705/2000; **B:** incorreta, pois, no caso da incidência *causa mortis*, o ITCMD é devido no local onde se processar o inventário ou o arrolamento, no caso de bens móveis, ou no local do bem imóvel – art. 155, § 1º, I e II,

da CF; **C:** incorreta, pois incide o ITCMD também na doação de bens imóveis – art. 155, I, da CF; **D:** incorreta, pois o art. 155, § 1º, III, da CF prevê regulação da competência para instituição apenas nos casos em que (i) o doador tiver domicílio ou residência no exterior e em que (ii) o *de cujus* possuía bens, era residente ou domiciliado ou teve o seu inventário processado no exterior; **E:** incorreta, pois toda doação se sujeita ao ITCMD – art. 155, I, da CF. **RB**
Gabarito "A".

11.4. IPVA

(Juiz de Direito – TJ/AL – 2019 – FCC) Eliseu Rodolfo, empresário alagoano, domiciliado em Maceió/AL, coleciona veículos importados, de cor vermelha. No mês de maio de 2019, ele adquiriu quatro desses veículos para sua coleção.

O primeiro deles (Modelo 2019 – "0 Km") foi importado diretamente do exterior por ele.

O segundo (Modelo 2018) foi adquirido novo ("0 Km"), de empresa revendedora, localizada em Maceió, a qual promoveu sua importação.

O terceiro (Modelo 2017), licenciado no Estado de Alagoas, foi adquirido usado, do Consulado de Portugal, localizado em Maceió, até então proprietário do veículo e beneficiário de isenção de IPVA, nos termos do art. 6º, I, da Lei estadual n. 6.555/2004.

O quarto (Modelo 2016), já licenciado no Estado de Alagoas, foi adquirido usado, de empresa revendedora de veículos, localizada em Arapiraca/AL.

De acordo com a Lei estadual n. 6.555/2004, que dispõe sobre o tratamento tributário relativo ao Imposto sobre a Propriedade de Veículos Automotores – IPVA, o fato gerador deste imposto, relativamente ao exercício de 2019, no tocante ao MODELO

(A) 2017, só ocorrerá, pela primeira vez, em 1º de janeiro de 2020.

(B) 2019, ocorreu na data da nacionalização do veículo, que se deu com seu registro no órgão de trânsito estadual.

(C) 2016, ocorreu na data em que Eliseu Rodolfo adquiriu o veículo.

(D) 2017, ocorreu no décimo dia útil posterior à venda do veículo a Eliseu Rodolfo, pessoa que não faz jus a tratamento diplomático.

(E) 2018, ocorreu na data de sua aquisição por Eliseu Rodolfo.

A: discutível, pois o art. 3º da Lei Estadual 6.555/2004, que descreve o aspecto temporal do fato gerador do IPVA naquele Estado, não prevê regra específica para o caso de aquisição de veículo usado de entidade isenta (caso do consulado). Parece-nos defensável que, nesse caso, o IPVA incida apenas em primeiro de janeiro do exercício seguinte, nos termos do art. 3º, II, dessa Lei, já que o fato gerador deve estar expresso na lei (princípio da legalidade estrita), e não durante o exercício em que ocorreu a aquisição pelo contribuinte. Entretanto, a alternativa "E" é melhor, por inexistir qualquer dúvida, como veremos; **B:** incorreta, pois no caso de importação direta, o fato gerador se dá no desembaraço aduaneiro – art. 3º, IV, *a*, da Lei AL 6.555/2004; **C:** incorreta, pois, no caso de veículo usado, o fato gerador se dá anualmente, em 1º de janeiro de cada exercício – art. 3º, II, da Lei AL 6.555/2004; **D:** incorreta, conforme comentário à primeira alternativa; **E:** correta, conforme o art. 3º, IV, *b*, da Lei Estadual 6.555/2004. **RB**
Gabarito "E".

30. DIREITO TRIBUTÁRIO   955

(Procurador do Estado/SP – 2018 – VUNESP) Consideradas as disposições da Constituição Federal e da Lei Paulista no 13.296, de 2008, sobre o Imposto sobre a Propriedade de Veículos Automotores – IPVA, é correto afirmar:

(A) o adquirente de veículo usado, com IPVA inadimplido, é responsável, exclusivamente, pelo débito relativo ao exercício em que ocorrer a compra e venda.

(B) considera-se ocorrido o fato gerador do IPVA no dia 1º de janeiro de cada ano para veículos usados e na data da primeira aquisição pelo consumidor para veículos novos.

(C) a incorporação de veículo novo ao ativo permanente do fabricante do bem não é fato gerador do IPVA, por não implicar transferência de propriedade.

(D) o recolhimento do IPVA incidente na aquisição de veículo novo fica diferido para o dia 1o de janeiro subsequente à aquisição.

(E) a base de cálculo do IPVA é o valor de mercado do veículo, usado ou novo, conforme fixado por autoridade no lançamento.

A: incorreta, pois o adquirente do veículo é responsável por sucessão em relação aos débitos deixados pelo alienante – art. 131, I, do CTN; **B:** correta. Embora o candidato precise conhecer a lei estadual para ter certeza sobre o momento de incidência do IPVA (já que se trata de tributo com fato gerador continuado, que se renova a cada ano), o usual é a incidência na data da primeira aquisição por consumidor final e em 1º de janeiro dos exercícios subsequentes – art. 3º, I e II, da Lei SP 13.296/2008; **C:** incorreta, até porque a legislação estadual não prevê incidência em desfavor do fabricante antes da aquisição pelo consumidor final. Quando o veículo é incorporado ao ativo permanente do fabricante significa que não será vendido novo para consumidor final, de modo que incide o IPVA, na forma da legislação estadual (é como se o fabricante fosse o consumidor final, na qualidade de usuário do veículo) – art. 3º, IV, da Lei SP 13.296/2008; **D:** incorreta, pois o IPVA incide na data da primeira aquisição do veículo novo por consumidor final – art. 3º, II, da Lei SP 13.296/2008; **E:** incorreta, pois, no caso do veículo novo vendido a consumidor final, por exemplo, a base de cálculo é o valor constante no documento fiscal – art. 7º, II, da Lei SP 13.296/2008. **RB**
Gabarito "B".

11.5. ISS

(Juiz de Direito/GO – 2021 – FCC) O imposto sobre a prestação de serviços de qualquer natureza (ISSQN) é um tributo da competência municipal. De acordo com a Constituição Federal e com a Lei Complementar no 116, de 31 de julho de 2003,

(A) o ISSQN incide sobre a prestação de serviços relativos à organização de festas e recepções (bufês), inclusive sobre a alimentação e as bebidas fornecidas, sempre que o prestador do serviço também for o fornecedor dos alimentos e bebidas.

(B) a base de cálculo do ISSQN, na prestação de serviços de transporte intermunicipal, é o preço do serviço.

(C) o fato gerador do ISSQN, na prestação onerosa de serviço de comunicação, feita por qualquer meio, ocorre no momento da prestação, ainda que o destinatário da comunicação não a receba ou se recuse a recebê-la.

(D) os serviços mencionados na lista anexa à referida Lei Complementar não ficam sujeitos ao ICMS, ainda que

sua prestação envolva fornecimento de mercadorias, ressalvadas as exceções expressas na referida lista.

(E) o contribuinte do ISSQN, na prestação de serviços de transporte interestadual, é o prestador do serviço.

Comentário: A: incorreta, pois incide ICMS sobre o fornecimento de alimentação e bebidas, nesse caso – item 17.11 da lista anexa à LC 116/2003; B: incorreta, pois não incide ISS, mas sim ICMS, no caso de transporte intermunicipal ou interestadual – art. 155, II, da CF; C: incorreta, pois incide ICMS nesse caso – art. 155, II, da CF; D: correta, conforme art. 1º, § 1º, da LC 116/2003; E: incorreta, pois não incide ISS, mas sim ICMS, no caso de transporte intermunicipal ou interestadual – art. 155, II, da CF. **RB**
Gabarito "D".

(Procurador do Estado/SP – 2018 – VUNESP) Empresa Alfa, com estabelecimento único no Município de Diadema, contrata a empresa Beta, com estabelecimento único no Município de São Bernardo do Campo, para a demolição de edifício localizado no Município de São Caetano do Sul. Consideradas as regras sobre o aspecto espacial do Imposto Sobre Serviços de Qualquer Natureza – ISSQN, conforme a Lei Complementar Federal no 116, de 2003, é correto afirmar que o ISSQN será devido

(A) para,o Município de São Caetano do Sul, local da prestação do serviço, se, e somente se, o prestador do serviço lá estiver inscrito.

(B) para o Município de Diadema, local do estabelecimento tomador do serviço, se, e somente se, houver previsão na lei municipal de responsabilização do tomador do serviço.

(C) para o Município de São Caetano do Sul, local da prestação do serviço.

(D) para o Município de Diadema, local do estabelecimento tomador do serviço.

(E) para o Município de São Bernardo do Campo, local do estabelecimento prestador do serviço.

No caso de demolição, o ISS é devido no local onde está a construção a ser demolida (= local da prestação do serviço), ou seja, no Município de São Caetano do Sul – art. 3º, IV, da LC 116/2003. Por essa razão, a alternativa "C" é a correta. **RB**
Gabarito "C".

11.6. IPTU

(Procurador Município – Teresina/PI – FCC – 2022) A empresa XYZ tem sua sede em rua localizada entre duas cidades vizinhas. Sem saber para qual município deveria recolher o Imposto sobre Propriedade Territorial Urbano (IPTU), a referida empresa pretende ingressar em juízo, demonstrando haver dois lançamentos sobre o mesmo imóvel. O diretor da empresa não conseguiu resolver tal questão, quando procurou os responsáveis pelos citados municípios. Inconformado com tal situação e entendendo que bastaria levar os dois lançamentos e o juiz, de imediato, cancelaria um deles, o diretor procurou um advogado, solicitando que resolvesse tal questão imediatamente. Após analisar tal problema, o advogado consultado, com base no Código Tributário Nacional (CTN), assim se expressou:

(A) Por se tratar de uma espécie de exclusão do crédito tributário, não é cabível ingressar com ação de consignação em pagamento para extinguir o crédito tributário, porque, não se tratando de extinção, deveria constar, expressamente, o pedido de exclusão do citado crédito, conforme dispõe o CTN, sob pena de indeferimento da inicial.

(B) O CTN dispõe, de forma expressa, que a ação consignação em pagamento é equiparada ao pagamento, quando for consignado o valor integral do crédito tributário, devendo o juiz excluir o contribuinte do feito, permanecendo, no caso em análise, apenas os dois municípios no processo.

(C) A ação de consignação em pagamento, cabível ao caso em análise, somente extingue o crédito tributário após a decisão judicial transitada em julgado e o valor consignado convertido em renda a favor de um dos municípios.

(D) Ao fazer referência ao crédito tributário, o citado CTN dispõe, de forma explícita, que a consignação em pagamento é uma das modalidades de extinção do crédito tributário, sem mencionar qualquer condição para tal extinção. Por isso, o crédito estará extinto, após o ingresso em juízo com a referida ação, bastando uma medida liminar favorável ao autor.

(E) Ao tratar do crédito tributário, o CTN relaciona, de forma clara e inequívoca, a consignação de pagamento como um dos casos de suspensão da exigência do crédito tributário, sendo, por esse motivo, incabível tal ação com objetivo de extinguir o crédito tributário.

O caso é de consignação em pagamento, nos termos do art. 164, III, do CTN. Neste caso, o julgamento pela procedência, com a conversão do depósito em renda do município titular do crédito, extingue-o (§ 2º do dispositivo). Por essa razão, a alternativa "C" é a correta. **RB**

Gabarito "C".

(Procurador Município – Teresina/PI – FCC – 2022) De acordo com o Código Tributário do Município de Teresina/PI (LC 4.974, de 26 de dezembro de 2016 e LC 5.093, de 28 de setembro de 2017), o lançamento do IPTU (Imposto sobre Propriedade Predial e Territorial Urbano) deve ser efetuado

(A) no nome do proprietário do imóvel, salvo se houver turbação ou esbulho possessório, sem qualquer exceção.

(B) em lotes individualizados, cujo projeto de loteamento tenha sido aprovado pelo Município de Teresina e registrado em Cartório de Registro de Imóveis, exceto se o loteamento é clandestino ou se houve vendas de lotes iniciadas antes do registro do loteamento no Cartório citado.

(C) somente no nome de legítimo proprietário do imóvel; nome este que deve constar no Cartório de Registro de Imóveis, e não em nome de compromissário comprador.

(D) no nome do compromissário comprador, sem prejuízo da responsabilidade solidária do promitente vendedor.

(E) no nome do legítimo proprietário, porque o nome do promitente comprador não pode ser incluído no Cadastro Imobiliário Fiscal, por expressa disposição legal.

A: incorreta, pois o IPTU será lançado em nome do proprietário do imóvel, independentemente de turbação ou esbulho possessório, ressalvada a sujeição passiva do possuidor, cuja posse esteja em

processo de regularização fundiária – art. 43 do Código Tributário do Município de Teresina – CTMT; **B:** incorreta, pois o cadastramento e o lançamento do IPTU em lotes individualizados serão realizados para loteamentos clandestinos ou para aqueles em que houve iniciadas as vendas dos lotes antes do registro do loteamento no Cartório de Registro de Imóveis – art. 44, parágrafo único, do CTMT; **C:** incorreta, pois, nos imóveis sob promessa de compra e venda, desde que registrada ou for dado conhecimento à autoridade fazendária, o lançamento do IPTU deve ser efetuado em nome do compromissário comprador, sem prejuízo da responsabilidade solidária do promitente vendedor – art. 42 do CTMT; **D:** correta, conforme comentário anterior; **E:** incorreta, conforme comentários anteriores. **RB**

Gabarito "D".

(Procurador do Município – Valinhos/SP – 2019 – VUNESP) De acordo com o teor de Súmula do STJ, a incidência do IPTU (Imposto sobre a Propriedade Predial e Territorial Urbana) sobre imóvel situado em área considerada pela lei local como urbanizável ou de expansão urbana

(A) condiciona-se ao requisito mínimo da existência de meio-fio, com canalização de águas pluviais, e abastecimento de água mantido pelo Poder Público.

(B) depende da existência de rede de iluminação pública e sistema de esgotos sanitários construídos e mantidos pelo Poder Público.

(C) não está condicionada à existência dos melhoramentos elencados pelo Código Tributário Nacional para fins do referido imposto.

(D) depende da existência de pelo menos dois melhoramentos construídos e mantidos pelo Poder Público, tais como escola primária ou posto de saúde a uma distância máxima de três quilômetros do imóvel considerado.

(E) condiciona-se à existência mínima de abastecimento de água e de sistema de esgotos sanitários, construídos e mantidos pelo Poder Público.

A Súmula 626/STJ dispõe que "a incidência do IPTU sobre imóvel situado em área considerada pela lei local como urbanizável ou de expansão urbana não está condicionada à existência dos melhoramentos elencados no art. 32, § 1º, do CTN." Vide também a Súmula 626/STJ: A incidência do IPTU sobre imóvel situado em área considerada pela lei local como urbanizável ou de expansão urbana não está condicionada à existência dos melhoramentos elencados no art. 32, § 1º, do CTN. Por essa razão, a alternativa "C" é a correta.

Gabarito "C".

(Juiz de Direito/AP – 2022 – FGV) João, em dezembro de 2021, possuidor com *animus domini* desde janeiro de 2018 de imóvel de propriedade de Maria, deseja dela comprar o referido bem. Ao emitir certidão de quitação de IPTU, percebe que há valores desse tributo, referentes aos anos de 2013 e 2014, que não foram pagos nem impugnados. Na escritura pública de compra e venda, Maria concede a João desconto no preço de aquisição, condicionado a que ele realize o pagamento da dívida de IPTU. João adere a parcelamento tributário da dívida e efetua o pagamento da 1ª parcela, levando a escritura pública a registro.

À luz da literalidade do Código Tributário Nacional e do entendimento dominante do Superior Tribunal de Justiça, é correto afirmar que:

(A) João, na condição de possuidor com *animus domini*, não pode ser contribuinte de IPTU;

(B) o desconto no valor da compra e venda concedido por Maria impede João de discutir judicialmente tal dívida de IPTU;

(C) é possível cobrar de João essa dívida de IPTU, por ser ele o adquirente do imóvel;

(D) a cláusula do contrato de compra e venda que transfere a responsabilidade pelo pagamento da dívida de IPTU a João é oponível ao Fisco;

(E) o pagamento parcelado do tributo foi indevido, pois a dívida já se encontrava prescrita.

Comentário: Comentário: **A:** incorreta pois o possuidor com *animus domini* ou *ad usucapionem* pode ser contribuinte do IPTU – art. 34 do CTN; **B:** incorreta, pois o acordo entre particulares não afeta a sujeição passiva, nem eventual direito a repetição tributária – art. 123 do CTN; **C:** correta, pois o adquirente do imóvel é responsável tributário em relação aos tributos incidentes sobre o imóvel anteriores à aquisição – art. 130 do CTN; **D:** incorreta, pois, salvo disposições de lei em contrário, as convenções particulares, relativas à responsabilidade pelo pagamento de tributos, não podem ser opostas à Fazenda Pública, para modificar a definição legal do sujeito passivo das obrigações tributárias correspondentes – art. 123 do CTN; **E:** correta, pois o prazo prescricional para cobrança de tributos lançados de ofício é de 5 anos contados da notificação do lançamento, sendo certo que a prescrição extingue o crédito tributário (não apenas o direito de o fisco cobrar) – art. 174 do CTN. Vide também a Súmula 622/STJ: A notificação do auto de infração faz cessar a contagem da decadência para a constituição do crédito tributário; exaurida a instância administrativa com o decurso do prazo para a impugnação ou com a notificação de seu julgamento definitivo e esgotado o prazo concedido pela Administração para o pagamento voluntário, inicia-se o prazo prescricional para a cobrança judicial. `RB` Gabarito "E".

(Juiz de Direito/SP – 2021 – Vunesp) Diante de arguição de inconstitucionalidade contra lei complementar municipal por majoração de alíquota e criação de nova hipótese de incidência tributária, qual seja, "será lançado imposto predial urbano ou territorial urbano, considerando, dentre outras hipóteses, o remanescente de 5 vezes da área ocupada pelas edificações propriamente ditas e computada no lançamento do Imposto Predial, observado o disposto no inciso II do § 2o, exceto se a parte não edificada atender a função social da propriedade, pela sua essencialidade aos fins a que se destina o imóvel", é certo concluir:

(A) a instituição de alíquotas diferenciadas, em razão de estar o móvel edificado ou não, não se confunde com o princípio da progressividade. São hipóteses diversas (válidas e independentes) de incidência de alíquotas. Enquanto, na progressividade sancionatória, o intuito do legislador é incentivar ou compelir o proprietário a promover o adequado aproveitamento do solo urbano, no critério da seletividade, de modo diverso, e por outro fundamento, o legislador impõe uma alíquota diferenciada e fixa, de acordo com localização, grau de importância e uso do imóvel.

(B) no presente caso, estamos diante de progressividade de alíquota, que implica ofensa ao artigo 182, § 4o, da CF.

(C) o preceito em questão cria alíquota e define sua majoração, no tempo e para o mesmo imóvel, por subutilização.

(D) o critério da seletividade é uma forma de aplicação da progressividade de alíquotas, sofrendo as mesmas restrições, inclusive o atendimento ao Plano Diretor.

Comentário: **A:** correta, conforme entendimento fixado no Tema de Repercussão Geral 523/STF: "São constitucionais as leis municipais anteriores à Emenda Constitucional 29/2000, que instituíram alíquotas diferenciadas de IPTU para imóveis edificados e não edificados, residenciais e não residenciais."; **B:** incorreta, pois trata-se de diferenciação de alíquota do IPTU conforme o uso do imóvel, permitida nos termos do art. 156, § 1º, II, da CF; **C:** incorreta, pois não se trata da progressividade no tempo, prevista no art. 182, § 4º, II, da CF, mas sim diferenciação conforme o uso, como comentado anteriormente; D: incorreta, pois a seletividade refere-se a diferenciação conforme a essencialidade da mercadoria ou produto (aplicável ao ICMS e ao IPI, por exemplo), não se confundido com progressividade, que se refere a alíquotas crescentes conforme determinado critério (conforme o valor da base de cálculo, o mais comum, ou conforme o tempo sem adequado aproveitamento, caso do IPTU progressivo no tempo previsto no art. 182, § 4º, II, da CF). `RB` Gabarito "A".

(Juiz de Direito – TJ/AL – 2019 – FCC) Considere a seguinte situação fictícia.

A Municipalidade de Maceió, mediante cumprimento de todos os requisitos legais, contratou, em 2018, a Empresa de Engenharia "Obra Certa S/A", que possui apenas um estabelecimento, localizado no Município de Marechal Deodoro/AL, para realizar obra pública (obra de construção civil) na região central de Maceió.

A realização dessa obra pública, iniciada em maio e concluída em agosto de 2018, resultou em valorização do casarão de propriedade de Theodoro Silva, que havia cedido parte dele, gratuitamente, de 2015 a 2024, para a instalação e funcionamento de serviços públicos municipais.

Em 2017, Theodoro cedeu, também gratuitamente, a outra parte do imóvel para a instalação e funcionamento de serviços públicos estaduais, pelo prazo de cinco anos.

Tendo em conta as informações acima e o disposto no Código Tributário do Município de Maceió (Lei municipal n. 6.685, de 18 de agosto de 2017), relativamente ao exercício de 2018,

(A) o imóvel cedido para a instalação e funcionamento de serviço público municipal é isento do IPTU, relativamente às partes cedidas à Municipalidade.

(B) a valorização do imóvel, em decorrência da obra pública realizada, dará ensejo à revisão do lançamento do IPTU já efetuado no exercício, com base em cinquenta por cento da valorização comprovadamente obtida, excluída a incidência de encargos, inclusive moratórios.

(C) a cessão gratuita do imóvel, durante o período em que ocorreu sua valorização, impede que Theodoro Silva, seu proprietário, seja identificado como contribuinte da contribuição de melhoria, mas não do IPTU.

(D) é vedada a incidência cumulativa de contribuição de melhoria e de ISSQN, em favor da mesma pessoa jurídica de direito público interno, relativamente à mesma obra pública (obra de construção civil).

(E) a valorização do imóvel, em decorrência da obra pública realizada, dará ensejo à revisão do lançamento do IPTU já efetuado no exercício, com base em dez por cento do valor total arbitrado para o imóvel após a sua valorização, excluída a incidência de encargos, inclusive moratórios.

A: correta, nos termos do art. 152, I, da Lei Municipal 6.685/2017; **B:** incorreta, pois a lei de Maceió só prevê lançamento complementar do IPTU durante o exercício em caso de construção ou alteração da construção, conforme o art. 100, parágrafo único, da Lei Municipal 6.685/2017; **C:** incorreta, pois há isenção de IPTU, conforme comentário à primeira alternativa; **D:** incorreta, pois não há bitributação, no caso, já que se trata de fatos geradores absolutamente distintos (valorização imobiliária e prestação de serviço); **E:** incorreta, conforme comentário à alternativa "B". **RB**

Gabarito "A".

(Procurador do Município – Prefeitura Fortaleza/CE – CESPE – 2017) Considerando os dispositivos do CTN e a jurisprudência do STJ em relação ao ato administrativo do lançamento e à atividade desenvolvida para a constituição do crédito tributário, julgue os próximos itens.

(1) Considera-se válida e regular a notificação do lançamento de ofício do imposto predial e territorial urbano por meio de envio de carnê ou da publicação de calendário de pagamento juntamente com as instruções para o cumprimento da obrigação tributária.

(2) A declaração prestada pelo contribuinte nos tributos sujeitos a lançamento por homologação não constitui o crédito tributário, pois está sujeita a condição suspensiva de ulterior homologação pela administração tributária.

(3) Não havendo prévia instauração de processo administrativo fiscal, será nulo o lançamento do imposto sobre transmissão de bens imóveis e de direitos a eles relativos no caso de existir divergência entre a base de cálculo declarada pelo contribuinte e o valor arbitrado pela administração tributária.

1: Correta, Súmula 397/STJ. **2:** Incorreta, pois a declaração equivale ao lançamento – Súmula 436/STJ. **3:** Correta, pois o arbitramento previsto pelo art. 148 do CTN, em caso de as declarações prestadas não merecerem fé, exige processo administrativo regular. **RB**

Gabarito 1C, 2E, 3C

11.7. ITBI

(Procurador Município – Teresina/PI – FCC – 2022) O Código Tributário Municipal de Teresina (LC 4.974, de 26 de dezembro de 2016) concede ISENÇÃO do imposto sobre transmissão *inter vivos* de bens imóveis e de direitos reais a eles relativos (ITBI), para as transmissões de habitações populares conforme definidas em regulamento, relativamente ao imóvel

(A) com área total da construção não superior a quarenta metros quadrados e área total do terreno não superior a duzentos metros quadrados.

(B) que não seja transferido para qualquer beneficiário de imóvel construído, referente ao Programa Habitacional Minha Casa, Minha Vida, porque a legislação impede benefício em duplicidade.

(C) com área total da construção não superior a cinquenta metros quadrados e área total do terreno não superior a quinhentos metros quadrados.

(D) localizado em bairros economicamente carentes, podendo o proprietário possuir, apenas, mais um imóvel no Município de Teresina.

(E) para beneficiário que disponha de renda familiar de 0 a 5 salários-mínimos.

Nos termos do art. 80 do CTMT, são isentas do ITBI as transmissões de habitações populares conforme definidos em regulamento, atendidos, no mínimo, os seguintes requisitos: (i) área total da construção não superior a quarenta metros quadrados; (ii) área total do terreno não superior a duzentos metros quadrados; e (iii) localização em bairros economicamente carentes, e que o proprietário não possua imóvel no Município, na forma disciplinada em regulamento; mas não se aplica quando se tratar de edificação, em condomínio, de unidades autônomas. Por essas razões, a alternativa "A" é a correta. **RB**

Gabarito "A".

12. TEMAS COMBINADOS DE IMPOSTOS E CONTRIBUIÇÕES

(Juiz de Direito/SP – 2021 – Vunesp) No que tange aos impostos, podemos concluir, à luz dos dispositivos constitucionais e interpretação jurisprudencial:

(A) o simples deslocamento de mercadorias de um estabelecimento para outro gera a possibilidade de incidência do ICMS.

(B) o STF não admite a validade da progressividade do imposto sobre transmissão *causa mortis* e doação – ITCMD – a partir de critérios que traduzam o princípio da capacidade contributiva, como o valor da herança, mas sim outros como grau de parentesco e presunções de proximidade afetiva com o autor da herança.

(C) a Constituição Federal, diferentemente do que fez quanto ao ICMS, nada dispôs sobre incidência do IPI na importação. O CTN, assim, estabelece, em seu artigo 46, I, o que não se admite, por força das restrições da Carta Constitucional.

(D) também caracteriza a incidência do imposto sobre a transmissão de bens a título gratuito inter vivos (doação) a desigualdade nas partilhas realizadas em processos de separação, divórcio, inventário ou arrolamento.

Comentário: **A:** incorreta, pois não há circulação econômica nesse caso, já que a mercadoria permanece com o mesmo contribuinte – Súmula 166/STJ; **B:** incorreta, pois o STF fixou o entendimento no sentido de que as alíquotas do ITCMD podem ser progressivas – RE 562.045, com repercussão geral – Tese 21/STF; **C:** incorreta, pois não existe limitação constitucional à tributação sobre importações de produtos industrializados – art. 153, IV, da CF; **D:** correta – Súmulas 116 e 328/STF. **RB**

Gabarito "D".

(Juiz de Direito/SP – 2021 – Vunesp) A respeito da incidência de ICMS ou ISS, consolidou-se o entendimento:

(A) na prestação de serviços de qualquer natureza, previstos na lei complementar 116/2003, excepcionalmente incidirá ICMS se forem empregados materiais na atividade. Os casos em que o ICMS incide sobre as mercadorias e o ISS sobre os serviços são expressos.

(B) o STF decidiu que a cobrança do Imposto Sobre Circulação de Mercadorias sobre a venda de *softwares* é constitucional, mudando o entendimento anterior para admitir a cobrança do imposto sobre o mercado de programas de computador.

(C) importações de serviços prestados no exterior ou por profissionais estrangeiros não admitem incidência de ISS.

(D) uma empresa não pode estar ao mesmo tempo sujeita a ICMS e ISS, conforme a etapa de venda ou manutenção do bem.

Comentário: **A**: correta, conforme o art. 1º, § 2º, da LC 116/2003 – veja a tabela mais abaixo; **B**: incorreta, conforme a tese fixada pelo STF no julgamento a ADI 5576: "É inconstitucional a incidência do ICMS sobre o licenciamento ou cessão do direito de uso de programas de computador"; **C**: incorreta, pois isso é previsto expressamente no art. 1º, § 1º, da LC 116/2003; **D**: incorreta, pois uma empresa pode ser contribuinte do ICMS, ao vender a mercadoria, e do ISS, ao prestar serviço de manutenção em relação a essa mercadoria, por exemplo – art. 155, II, e art. 156, III, da CF. 🆁🅱

Gabarito "A".

(Juiz de Direito – TJ/MS – 2020 – FCC) A respeito dos impostos estaduais e municipais, é correto afirmar:

(A) O Imposto de Transmissão Inter Vivos de Bens Imóveis (ITBI) e o Imposto sobre Propriedade Territorial Urbana (IPTU), instituídos pelo município, podem, ambos, ser progressivos com base no valor venal do imóvel, em homenagem ao princípio da capacidade contributiva.

(B) O Estado-Membro pode instituir Imposto sobre Transmissão Causa Mortis e Doação (ITCMD) progressivo, com base no valor da doação ou da sucessão causa morte.

(C) O Imposto sobre Circulação de Mercadorias e Serviços (ICMS) incide sobre a alienação de salvados de sinistro pelas seguradoras, pois tais exercem atividade empresarial.

(D) O Imposto sobre Circulação de Mercadorias e Serviços (ICMS) não incide sobre a importação de veículos do exterior por pessoas físicas que não exercem atividade empresarial, ainda que exista lei estadual com essa previsão.

(E) O Imposto sobre Serviços de Qualquer Natureza (ISS) incide sobre a operação exclusiva de locação de bens móveis.

A: incorreta, pois a CF prevê a progressividade apenas em relação ao IPTU – art. 156, § 1º, I, da CF. O STF vinha entendendo que outros impostos reais (além do IPTU pós EC 29/2000) não poderiam ter alíquotas progressivas em relação ao valor da base de cálculo, considerando inexistir expressa previsão constitucional (ver Súmula 656/STF). Ocorre que posteriormente a Suprema Corte reviu a questão, especificamente em relação ao ITCMD, reconhecendo que o imposto pode ser progressivo, atendendo assim o princípio da capacidade contributiva (RE 562.045/RS – Repercussão Geral). Esse entendimento pode ser posteriormente aplicado ao ITBI municipal, de modo que o estudante deve atentar para a evolução jurisprudencial; **B**: correta, conforme comentário anterior; **C**: incorreta, pois o STF afastou essa possibilidade de tributação – Súmula Vinculante 32/STF; **D**: incorreta, pois incide o ICMS sobre importações, ainda que o importador não exerça atividade empresarial em relação ao bem importado – art. 155, § 2º, IX, a, da CF; **E**: incorreta, pois essa incidência foi afastada pelo STF – Súmula Vinculante 31/STF. 🆁🅱

Gabarito "B".

(Procurador do Município – Valinhos/SP – 2019 – VUNESP) Assinale a assertiva que se encontra em consonância com Súmula Vinculante do Supremo Tribunal Federal em matéria tributária.

(A) É inconstitucional a adoção, no cálculo do valor de taxa, de um ou mais elementos da base de cálculo própria de determinado imposto, ainda que não haja integral identidade entre uma base e outra.

(B) É constitucional a incidência do Imposto sobre Serviços de Qualquer Natureza – ISS sobre operações de locação de bens móveis.

(C) O ICMS incide sobre alienação de salvados de sinistro pelas seguradoras.

(D) O serviço de iluminação pública pode ser remunerado mediante taxa.

(E) Norma legal que altera o prazo de recolhimento de obrigação tributária não se sujeita ao princípio da anterioridade.

A: incorreta, pois o STF admite a adoção, no cálculo do valor de taxa, de um ou mais elementos da base de cálculo própria de determinado imposto, desde que não haja integral identidade entre uma base e outra – Súmula Vinculante 29/STF; **B**: incorreta, pois o STF entende inconstitucional essa incidência – Súmula Vinculante 31/STF; **C**: incorreta, pois não há essa incidência – Súmula Vinculante 32/STF; **D**: incorreta, conforme a Súmula Vinculante 41/STF; **E**: correta, correspondendo à Súmula Vinculante 50/STF.

Gabarito "E".

(Procurador do Município – Valinhos/SP – 2019 – VUNESP) O imposto de competência da União que, nas condições previstas constitucionalmente, os Municípios podem optar por fiscalizar e cobrar é o que incide sobre

(A) operações de crédito, câmbio e seguro, ou relativas a títulos ou valores mobiliários.

(B) renda e proventos de qualquer natureza.

(C) produtos industrializados.

(D) propriedade territorial rural.

(E) grandes fortunas.

O único tributo federal que pode ser fiscalizado e cobrado pelos Municípios por disposição constitucional é o ITR, na forma e nas condições do art. 153, § 4º, III, da CF, de modo que a alternativa "D" é a correta.

Gabarito "D".

(Juiz de Direito – TJ/AL – 2019 – FCC) Apolo Celestino, pessoa natural domiciliada em Palmeira dos Índios/AL, importou do exterior, para seu uso pessoal, veículo automotor novo.

Com a finalidade de auxiliá-lo nos trâmites de importação, ele contratou os serviços de despacho aduaneiro da empresa "Importações Sergipe Ltda.", localizada em Aracajú/SE.

O desembaraço aduaneiro do veículo importado ocorreu no Porto do Recife, localizado no Município do Recife/PE. Relativamente à situação acima descrita, há

(A) ICMS devido ao Estado de Pernambuco, relativamente à importação do veículo, conforme estabelece a Lei Complementar n. 87/1996.

(B) IPVA devido ao Estado de Sergipe, porque o ICMS-IMPORTAÇÃO é devido àquele Estado e, na medida em que este ICMS integra a base de cálculo do IPVA incidente na importação de veículo do exterior, Sergipe acaba sendo o sujeito ativo de ambos os impostos, conforme estabelecem a Lei Complementar n. 87/1996 e a Constituição Federal.

(C) ISSQN devido ao Município de Aracaju, local em que se consideram prestados os serviços de despacho aduaneiro, conforme estabelece a Lei Complementar n. 116/2003.

(D) ICMS devido ao Estado de Sergipe, conforme estabelece a Lei Complementar n. 87/1996, em razão de o estabelecimento prestador do serviço de despacho aduaneiro se encontrar no Município de Aracaju.

(E) ISSQN devido ao Município de Palmeira dos Índios, pela prestação de serviço de despacho aduaneiro, conforme estabelece a Lei Complementar n. 116/2003, pois é lá que o tomador do serviço se encontra domiciliado.

A: incorreta, pois o ICMS é devido ao Estado do domicílio do importador (Alagoas), nos termos do art. 11, *e*, da LC 87/1996; **B:** incorreta, pois o IPVA será devido ao Estado do importador e proprietário do veículo, ou seja, a Alagoas; **C:** correta, pois o fato gerador do ISS pelos serviços do despachante aduaneiro dá-se por ocorrido no local do estabelecimento prestador – art. 3º, *caput*, da LC 116/2003; **D:** incorreta, conforme comentário à primeira alternativa; **E:** incorreta, conforme comentário à alternativa "C". **RB**
"Gabarito 'C."

(Procurador Municipal – Prefeitura/BH – CESPE – 2017) No que se refere às normas constitucionais aplicáveis aos tributos de competência municipal, assinale a opção correta.

(A) É possível a instituição de ISSQN sobre a prestação de serviços de transporte intermunicipal, desde que observada a alíquota máxima relativa a operações intermunicipais prevista em lei complementar.

(B) No caso de subutilização do solo urbano, poderá o poder público municipal, mediante lei específica para a área incluída no plano diretor, exigir a incidência de IPTU progressivo no tempo.

(C) Lei editada após a Emenda Constitucional 29/2000 deverá ser declarada inconstitucional caso institua cobrança de IPTU com alíquotas diferentes em razão da localização do imóvel.

(D) A cobrança do imposto municipal devido por transmissão de bens imóveis por ato *inter vivos*, a título oneroso, compete ao município do domicílio tributário do alienante.

A: incorreta, pois a tributação do transporte intermunicipal é da competência exclusiva dos Estados e DF – art. 155, II, da CF; **B:** correta – art. 182, § 4º, da CF; **C:** incorreta, pois a partir da EC 29/2000 a Constituição passou a prever expressamente a progressividade do IPTU em relação ao valor do bem, passando a ser acolhida pelo STF – art. 156, § 1º, I, da CF e Súmula 668/STF; **D:** incorreta, pois o ITBI é devido ao município ou DF onde localizado o imóvel – art. 156, § 2º, II, da CF. **RB**
"Gabarito 'B."

13. GARANTIAS E PRIVILÉGIOS DO CRÉDITO

(Procurador/PA – CESPE – 2022) A respeito das garantias e dos privilégios do crédito tributário previstos no Código Tributário Nacional, assinale a opção correta.

(A) O rol das garantias atribuídas ao crédito tributário, previsto no Código Tributário Nacional, é taxativo, inadmitindo-se novas previsões sobre a matéria.

(B) Uma das garantias atribuídas ao crédito tributário no Código Tributário Nacional é a de que, na falência, o crédito tributário prefere aos créditos extraconcursais.

(C) Não são extraconcursais os créditos tributários decorrentes de fatos geradores ocorridos no curso do processo de falência.

(D) Na nova sistemática da recuperação judicial, os créditos tributários preferem a quaisquer outros, exceto os derivados da legislação trabalhista, de acordo com o art. 83 da Lei n.º 11.101/2005, com redação dada pela Lei n.º 14.112/2020.

(E) O rol das garantias atribuídas ao crédito tributário no Código Tributário Nacional, por ser exemplificativo, possibilitou a criação da averbação pré-executória, nos termos do inciso II do § 3.º do art. 20-B da Lei n.º 10.522/2002.

A: incorreta, pois o art. 183 do CTN é expresso no sentido de que a enumeração das garantias atribuídas neste no CTN ao crédito tributário não exclui outras que sejam expressamente previstas em lei, em função da natureza ou das características do tributo a que se refiram; **B:** incorreta, pois o art. 186, parágrafo único, I, do CTN é expresso no sentido de que, na falência, o crédito tributário não prefere aos créditos extraconcursais ou às importâncias passíveis de restituição, nos termos da lei falimentar, nem aos créditos com garantia real, no limite do valor do bem gravado; **C:** incorreta, pois esses créditos tributários, como em geral aqueles referentes ao período do curso da falência, são extraconcursais – art. 188 do CTN; **D:** incorreta, conforme comentários anteriores e o art. 183 do CTN; **E:** correta, conforme o art. 183 do CTN. **RB**
"Gabarito 'E."

(Procurador/DF – CESPE – 2022) Com base na Lei Complementar Distrital n.º 968/2020 (Código de Defesa do Contribuinte do DF), julgue os itens que se seguem.

(1) Para efetivação das garantias constantes do código em apreço, não se consideram contribuintes as pessoas jurídicas, mas, sim, seus sócios e administradores.

(2) Consoante o código em questão, somente em casos excepcionais a administração fazendária poderá exigir do contribuinte certidão negativa expedida pelo governo do DF quando tal contribuinte se dirigir à repartição fazendária e administrativa competente para formular consultas e requerer a restituição de impostos.

1: incorreta, pois a pessoa jurídica também é contemplada, nos termos do art. 2º da Lei Complementar Distrital n.º 968/2020; **2:** incorreta, pois é vedada a exigência de certidão negativa nesses casos – art. 10 da Lei Complementar Distrital n.º 968/2020. **RB**
"Gabarito 1E, 2E"

(Procurador do Município – S.J. Rio Preto/SP – 2019 – VUNESP) De acordo com as disposições do Código Tributário Nacional, no que se refere às preferências do crédito tributário na falência, assinale a alternativa correta.

(A) O crédito tributário prefere aos créditos com garantia real, no limite do bem gravado.

(B) O crédito tributário prefere aos créditos extraconcursais.

(C) A multa tributária prefere apenas aos créditos subordinados.

(D) São concursais os créditos tributários decorrentes de fatos geradores ocorridos durante o processo de falência.

(E) O crédito tributário e a multa tributária são extraconcursais.

30. DIREITO TRIBUTÁRIO   961

A: incorreta, pois o crédito com garantia real tem preferência, até o valor do bem gravado – art. 186, parágrafo único, I, do CTN; **B:** incorreta, pois os créditos extraconcursais, como diz o nome, não entram no concurso de credores, preferindo aos tributários anteriores à quebra – art. 186, parágrafo único, I, do CTN; **C:** correta, conforme o art. 186, parágrafo único, III, do CTN; **D:** incorreta, pois os créditos relativos ao período no curso do processo falimentar são extraconcursais – art. 188 do CTN; **E:** incorreta, em relação ao crédito tributário anterior à quebra.
Gabarito "C".

(Juiz de Direito/AP – 2022 – FGV) José, profissional liberal, enfrenta três execuções fiscais distintas por dívidas tributárias de Imposto de Renda de Pessoa Física, IPVA devido ao Estado X e ISS devido ao Município Y. Contudo, a parcela de seu patrimônio que pode responder pelas dívidas tributárias não é suficiente para solver todos os débitos.

Num concurso entre União, Estado X e Município Y na cobrança judicial de seus créditos tributários, à luz do entendimento dominante do Supremo Tribunal Federal:

(A) o crédito da União tem preferência sobre o crédito do Estado X e este, por sua vez, tem preferência sobre o crédito do Município Y;

(B) o crédito da União tem preferência sobre o crédito dos demais entes federados, mas não há preferência entre o crédito do Estado X e o crédito do Município Y;

(C) o crédito da União não tem preferência sobre o crédito do Estado X e este, por sua vez, não tem preferência sobre o crédito do Município Y;

(D) o crédito da União não tem preferência sobre o crédito do Estado X, mas este tem preferência sobre o crédito do Município Y;

(E) o crédito da União não tem preferência sobre o crédito do Município Y, mas este tem preferência sobre o crédito do Estado X.

Comentário: **A, B, D** e **E:** incorretas, pois o STF entendeu que a ordem de preferência no caso de concurso de credores prevista no art. 187, parágrafo único, do CTN e no art. 29, parágrafo único, da Lei 6.830/1980, não foi recepcionada pela atual CF, revogando a Súmula 563/STF – ver ADPF 357; **C:** correta, conforme comentário anterior. RB
Gabarito "C".

(Juiz de Direito – TJ/RJ – 2019 – VUNESP) Sobre garantias, privilégios e preferências do crédito tributário, assinale a alternativa correta.

(A) Presume-se fraudulenta a alienação ou oneração de bens ou rendas, ou seu começo, por sujeito passivo em débito para com a Fazenda Pública, por crédito tributário regularmente inscrito como dívida ativa.

(B) Na hipótese de o devedor tributário, devidamente citado, não pagar no prazo legal, o juiz determinará a indisponibilidade de seus bens e direitos, ainda que haja indicação de bens penhoráveis de propriedade do devedor.

(C) Responde pelo pagamento do crédito tributário a totalidade dos bens e das rendas, de qualquer origem ou natureza, do sujeito passivo, seu espólio ou sua massa falida, exceto os gravados por ônus real ou cláusula de inalienabilidade ou impenhorabilidade.

(D) Exceto na falência, a lei poderá impor limites à preferência dos créditos de natureza trabalhista sobre

os créditos tributários e aos créditos decorrentes de indenização por acidente de trabalho.

(E) São pagos preferencialmente a quaisquer créditos habilitados em inventário, os créditos tributários vencidos a cargo do *de cujus*, não se aplicando a mesma regra aos créditos vincendos do espólio.

A: correta, conforme o art. 185 do CTN; **B:** incorreta, pois a decretação de indisponibilidade de bens, prevista no art. 185-A do CTN, não é possível caso sejam apresentados bens à penhora no prazo legal. Víde a Súmula 560/STJ: A decretação da indisponibilidade de bens e direitos, na forma do art. 185-A do CTN, pressupõe o exaurimento das diligências na busca por bens penhoráveis, o qual fica caracterizado quando infrutíferos o pedido de constrição sobre ativos financeiros e a expedição de ofícios aos registros públicos do domicílio do executado, ao Denatran ou Detran; **C:** incorreta, pois todos os bens e rendas do sujeito passivo respondem pelo pagamento do crédito tributário, inclusive os gravados por ônus real ou cláusula de inalienabilidade ou impenhorabilidade, excetuados unicamente os bens e rendas que a lei declare absolutamente impenhoráveis, nos termos do art. 184 do CTN; **D:** incorreta, pois os créditos trabalhistas e decorrentes de acidente de trabalho preferem aos tributários, inclusive na falência, conforme o art. 186, parágrafo único, do CTN, e nos limites da lei especial (art. 83 da Lei de Falência e Recuperação); **E:** incorreta, pois a preferência abrange os créditos vincendos – art. 189 do CTN.
Gabarito "A".

Veja a seguinte tabela com a ordem de classificação dos créditos na falência (art. 83 da LF):

Ordem de classificação dos créditos na falência (art. 83 da LF)
1º – os créditos derivados da legislação do trabalho, limitados a 150 (cento e cinquenta) salários-mínimos por credor, os decorrentes de acidentes de trabalho. Também os créditos equiparados a trabalhistas, como os relativos ao FGTS (art. 2º, § 3º, da Lei 8.844/1994) e os devidos ao representante comercial (art. 44 da Lei 4.886/1965)
2º – créditos com garantia real até o limite do valor do bem gravado (será considerado como valor do bem objeto de garantia real a importância efetivamente arrecadada com sua venda, ou, no caso de alienação em bloco, o valor de avaliação do bem individualmente considerado)
3º – créditos tributários, independentemente da sua natureza e tempo de constituição, excetuadas as multas tributárias
4º – com privilégio especial (= os previstos no art. 964 da Lei 10.406/2002; os assim definidos em outras leis civis e comerciais, salvo disposição contrária da LF; e aqueles a cujos titulares a lei confira o direito de retenção sobre a coisa dada em garantia)
5º – créditos com privilégio geral (= os previstos no art. 965 da Lei n 10.406/2002; os previstos no parágrafo único do art. 67 da LF; e os assim definidos em outras leis civis e comerciais, salvo disposição contrária da LF)
6º – créditos quirografários (= aqueles não previstos nos demais incisos do art. 83 da LF; os saldos dos créditos não cobertos pelo produto da alienação dos bens vinculados ao seu pagamento; e os saldos dos créditos derivados da legislação do trabalho que excederem o limite estabelecido no inciso I do *caput* do art. 83 da LF). Ademais, os créditos trabalhistas cedidos a terceiros serão considerados quirografários

7º – as multas contratuais e as penas pecuniárias por infração das leis penais ou administrativas, inclusive as multas tributárias

8º – créditos subordinados (= os assim previstos em lei ou em contrato; e os créditos dos sócios e dos administradores sem vínculo empregatício)

Lembre-se que os créditos extraconcursais (= basicamente os surgidos no curso do processo falimentar, que não entram no concurso de credores) são pagos com precedência sobre todos esses anteriormente mencionados, na ordem prevista no art. 84 da LF: **(i)** remunerações devidas ao administrador judicial e seus auxiliares, e créditos derivados da legislação do trabalho ou decorrentes de acidentes de trabalho relativos a serviços prestados após a decretação da falência; **(ii)** quantias fornecidas à massa pelos credores; **(iii)** despesas com arrecadação, administração, realização do ativo e distribuição do seu produto, bem como custas do processo de falência; **(iv)** custas judiciais relativas às ações e execuções em que a massa falida tenha sido vencida; e **(v)** obrigações resultantes de atos jurídicos válidos praticados durante a recuperação judicial, nos termos do art. 67 da LF, ou após a decretação da falência, e tributos relativos a fatos geradores ocorridos após a decretação da falência, respeitada a ordem estabelecida no art. 83 da LF.

14. ADMINISTRAÇÃO TRIBUTÁRIA, FISCALIZAÇÃO

(Procurador Município – Teresina/PI – FCC – 2022) Acerca da fiscalização feita pela administração tributária, a Constituição Federal e o Código Tributário Nacional (CTN) estabelecem:

I. As administrações tributárias são atividades essenciais ao funcionamento do Estado, exercidas por servidores de carreiras específicas e terão recursos prioritários para a realização de suas atividades.

II. É vedada a divulgação, por parte da Fazenda Pública ou de seus servidores, de informação obtida em razão do ofício sobre a situação econômica ou financeira do sujeito passivo, sendo permitido prestar informações, tão somente, quando houver determinação, por escrito, da autoridade judicial.

III. Somente mediante autorização do Supremo Tribunal Federal, a Fazenda Pública da União poderá permutar informações com Estados estrangeiros no interesse da arrecadação e da fiscalização de tributos.

IV. As autoridades administrativas federais poderão requisitar o auxílio da força pública federal, estadual ou municipal, e reciprocamente, quando vítimas de embaraço ou desacato no exercício de suas funções, ou quando necessário à efetivação de medida prevista na legislação tributária, ainda que não se configure fato definido em lei como crime ou contravenção.

Está correto o que se afirma APENAS em:

(A) I e IV.

(B) II, III e IV.

(C) I e III.

(D) I, II e IV.

(E) II e III.

I: correta, nos termos do art. 37, XXII, da CF; **II:** incorreta, pois há diversas outras exceções ao sigilo fiscal, vide os arts. 198 e 199 do CTN; **III:** incorreta, pois é possível a permuta nos termos de tratados, acordos ou convênios – art. 199, parágrafo único, do CTN; **IV:** correta, nos termos do art. 200 do CTN. [RB]

Gabarito "A".

(Procurador/PA – CESPE – 2022) Em relação ao compartilhamento de informações fiscais entre as autoridades administrativas no interesse da administração pública, nos termos do Código Tributário Nacional, não é vedada a divulgação de informações relativas

(A) à situação econômica ou financeira do sujeito passivo.

(B) a parcelamento ou moratória.

(C) à situação econômica ou financeira de terceiros.

(D) à natureza de negócios ou atividades do sujeito passivo.

(E) à natureza de negócios ou atividades de terceiros.

Discordamos do gabarito. As informações a serem compartilhadas por autoridades administrativas, nos termos do art. 198, § 1º, II, do CTN, não se restringem àquelas listadas no art. 198, § 3º, do CTN. Não há sigilo em relação às informações necessárias para a investigação. Ademais, caso o compartilhamento seja com autoridades administrativas fiscais, a amplitude dos dados que podem ser compartilhados é garantida pelo art. 37, XXII, da CF e art. 199 do CTN. O gabarito oficial se refere ao art. 198, § 3º, do CTN, que afasta o sigilo em determinadas situações, mas que não se referem especificamente ao compartilhamento com autoridades administrativas. [RB]

Gabarito "B".

(Juiz de Direito/AP – 2022 – FGV) A empresa Modas 100% Ltda., sediada em Macapá (AP), foi autuada referente a débitos não declarados nem pagos de ICMS devido ao Estado do Amapá, em valor total (principal com multa) de R$ 50.000,00. A empresa impugnou administrativamente tal lançamento, mas não obteve êxito no julgamento de 1ª instância. Diante desse cenário e à luz da Lei estadual nº 400/1997, a empresa poderá interpor recurso voluntário:

(A) ao Conselho Estadual de Recursos Fiscais, com efeito suspensivo, dentro de 30 dias seguidos à ciência da decisão de 1ª instância;

(B) ao Conselho Estadual de Recursos Fiscais, com efeito suspensivo, dentro de 15 dias seguidos à ciência da decisão de 1ª instância;

(C) ao Conselho Estadual de Recursos Fiscais, sem efeito suspensivo, dentro de 15 dias seguidos à ciência da decisão de 1ª instância;

(D) à Junta de Julgamento do Processo Administrativo Fiscal, com efeito suspensivo, dentro de 30 dias seguidos à ciência da decisão de 1ª instância;

(E) à Junta de Julgamento do Processo Administrativo Fiscal, sem efeito suspensivo, dentro de 15 dias seguidos à ciência da decisão de 1ª instância.

Comentário: Embora o prazo de recurso administrativo na esfera tributária, que tem sempre efeito suspensivo (art. 151, III, do CTN), seja usualmente de 30 dias, é essencial consultar a lei estadual ou municipal correspondente. No caso do Amapá, o prazo para recurso à segunda instância administrativa é realmente de 30 dias, com efeito suspensivo (não poderia deixar de ser, por imposição do CTN) – art. 205 da Lei 400/1997 do AP – e o órgão competente é denominado Conselho Estadual de Recursos Fiscais – arts. 197, II, e 208 da mesma Lei. Por essas razões, a alternativa "A" é a correta. [RB]

Gabarito "A".

30. DIREITO TRIBUTÁRIO — 963

(Procurador Município – Santos/SP – VUNESP – 2021) Em relação à fiscalização da administração tributária, dispõe o Código Tributário Nacional:

(A) os livros obrigatórios de escrituração comercial e fiscal e os comprovantes dos lançamentos neles efetuados serão conservados por dez anos ou até que ocorra a decadência relativa aos créditos tributários decorrentes das operações a que se refiram.

(B) a autoridade administrativa que proceder ou presidir a quaisquer diligências de fiscalização lavrará os termos necessários para que se documente o início do procedimento, na forma da legislação aplicável, que fixará prazo máximo para a conclusão daquelas.

(C) mediante intimação escrita, são obrigados a prestar à autoridade administrativa todas as informações de que disponham com relação aos bens, negócios, ou atividades de terceiros, dentre outros, tabeliães, advogados, contadores, bancos e seguradoras.

(D) a Fazenda Pública da União poderá permutar informações com Estados estrangeiros no interesse da arrecadação e da fiscalização de tributos, independentemente da realização de tratados, acordos ou convênios.

(E) para os efeitos da legislação tributária, serão aplicadas, a critério da Administração Pública, quaisquer disposições legais excludentes ou limitativas do direito de examinar mercadorias, livros, arquivos, documentos, papéis e efeitos comerciais ou fiscais, dos comerciantes industriais ou produtores, ou da obrigação destes de exibi-los.

A: incorreta, pois os livros devem ser conservados até o final do prazo prescricional para a cobrança dos respectivos tributos – art. 195, parágrafo único, do CTN; **B:** correta, nos termos do art. 196 do CTN; **C:** incorreta, pois o dever não se aplica a advogados e a outros profissionais a que a legislação indique sigilo – art. 197, parágrafo único, do CTN; **D:** incorreta, pois essa permuta depende de tratados, acordos ou convênios para permutar informações com Estados estrangeiros no interesse da arrecadação e da fiscalização de tributos – art. 199, parágrafo único, do CTN; **E:** incorreta, pois é o oposto, essas disposições legais são inaplicáveis contra o fisco, nos termos do art. 195 do CTN. **RB**
Gabarito "B".

(Promotor de Justiça/CE – 2020 – CESPE/CEBRASPE) De acordo com a Lei Complementar 105/2001, as instituições financeiras devem conservar o sigilo de suas operações, sendo uma violação desse dever

(A) a revelação de informações sigilosas, ainda que com o consentimento expresso do interessado.

(B) a comunicação, às autoridades competentes, da prática de ilícitos penais ou administrativos, sem ordem judicial.

(C) a troca de informações entre instituições financeiras, para fins cadastrais, ainda que observadas as normas do Banco Central e do Conselho Monetário Nacional.

(D) o fornecimento, a gestores de bancos de dados, de informações financeiras relativas a operações de crédito adimplidas, para formação de histórico de crédito.

(E) a transferência, à autoridade tributária, de informações relativas a operações com cartão de crédito que permitam identificar a natureza dos gastos efetuados.

A: incorreta, pois, com o consentimento, não há violação do sigilo – art. 1º, § 3º, V, da LC 105/2001; **B, C** e **D:** incorretas, pois não há violação

do sigilo tampouco nessas hipóteses – art. 1º, § 3º, IV, I e VII, respectivamente, da LC 105/2001; **E:** correta, pois a informação de elemento que permita a identificação da origem ou natureza dos gastos é vedada expressamente – art. 5º, § 2º, da LC 105/2001. A propósito, veja a Tese de Repercussão Geral 225/STF: O art. 6º da Lei Complementar 105/01 não ofende o direito ao sigilo bancário, pois realiza a igualdade em relação aos cidadãos, por meio do princípio da capacidade contributiva, bem como estabelece requisitos objetivos e o translado do dever de sigilo da esfera bancária para a fiscal.
Gabarito "E".

(Juiz de Direito – TJ/RS – 2018 – VUNESP) Um cidadão protocola pedido administrativo junto à Secretaria da Fazenda do Município X, pleiteando acesso à lista dos 50 maiores devedores do Município, considerando apenas os débitos inscritos em dívida ativa.

A autoridade competente da Secretaria da Fazenda, com base na legislação tributária vigente, deve

(A) deferir o pedido, porque não há vedação legal à divulgação de informações relativas às inscrições na Dívida Ativa da Fazenda Pública.

(B) indeferir o pedido, porque a divulgação desses dados somente é permitida quando houver solicitação de autoridade administrativa no interesse da Administração Pública, desde que comprovada a instauração regular de processo administrativo com o objetivo de investigar o sujeito passivo a que se refere a informação, por prática de infração administrativa.

(C) indeferir o pedido, porque essas informações foram obtidas pela Fazenda Pública em razão do ofício sobre a situação econômica ou financeira do sujeito passivo e sobre a natureza e o estado de seus negócios ou atividades.

(D) deferir o pedido, desde que a entrega das informações seja realizada pessoalmente ao solicitante, mediante recibo, que formalize a transferência dos dados solicitados e assegure a preservação do seu sigilo.

(E) indeferir o pedido, porque a divulgação de informações sobre inscrição de débito em dívida ativa da Fazenda Pública somente pode ser realizada ante a requisição de autoridade judiciária no interesse da justiça.

A: correta – art. 198, § 3º, II, do CTN; **B, C** e **E:** incorreta, pois não é vedada a divulgação de informações relativas a inscrições na dívida ativa – art. 198, § 3º, II, do CTN; **D:** incorreta, pois não há essa restrição ou exigência, inexistindo óbice à divulgação, conforme comentário anterior. **RB**
Gabarito "A".

(Defensor Público Federal – DPU – 2017 – CESPE) A respeito das normas gerais de direito tributário, julgue o seguinte item.

(1) A fluência de juros de mora de dívida ativa regularmente inscrita exclui a liquidez do crédito.

1: incorreta, sendo isso expressamente afastado pelo art. 201, parágrafo único, do CTN **RB**
Gabarito 1E

(Juiz substituto – TRF 2ª Região – 2017) À luz do entendimento dominante dos Tribunais Superiores, aprecie as afirmativas e, ao final, marque a opção correta:

I. A inscrição de multas impostas pelo Tribunal de Contas da União (TCU) na dívida ativa da União é opcional.

II. Inscrita em dívida ativa, a multa pode ser cobrada judicialmente pelo Ministério Público, seja o que atua junto ao Tribunal de Contas ou não.

III. Quando o TCU aplica multa a gestor estadual ou municipal, o beneficiário é a União Federal, e não o Estado ou o Município.

(A) Apenas as assertivas I e II estão corretas.

(B) Apenas as assertivas II e III estão corretas.

(C) Apenas as assertivas I e III estão corretas.

(D) Apenas a assertiva II está correta.

(E) Todas as assertivas estão corretas.

I: correta – ver ARE 823.347RG/MA-STF e REsp 1.390.993/RJ-STJ; II: incorreta, pois a cobrança é feita pela Advocacia Pública da União ou do respectivo Estado ou município – ver REsp 1.658.236/RS; III: correta – ver EAg 1.138.822/RS. RB

Gabarito "C".

15. DÍVIDA ATIVA, INSCRIÇÃO, CERTIDÕES

(Juiz de Direito/AP – 2022 – FGV) A empresa 123 Camisetas Ltda., sediada no Amapá e atuante no ramo varejista de venda de camisetas, deixou de atualizar dentro do prazo exigido em Resolução do Secretário do Estado de Fazenda certos dados cadastrais referentes ao ICMS. A empresa possui também um débito tributário estadual em fase de execução fiscal, na qual realizou o depósito do montante integral em dinheiro.

Pendente ainda a atualização dos dados cadastrais, e à luz da Lei estadual nº 400/1997, poderá ser fornecida:

(A) Certidão Positiva de Tributos Estaduais em relação à empresa quanto à existência de tal débito tributário estadual;

(B) Certidão Negativa de Tributos Estaduais em relação à empresa quanto à existência de tal débito tributário estadual;

(C) Certidão Positiva com Efeitos de Negativa de Tributos Estaduais consistindo exclusivamente do demonstrativo das pendências da empresa relativas a irregularidades quanto à apresentação de dados cadastrais;

(D) Certidão Positiva de Tributos Estaduais consistindo exclusivamente do demonstrativo das pendências da empresa relativas a irregularidades quanto à apresentação de dados cadastrais;

(E) Certidão Negativa de Tributos Estaduais consistindo exclusivamente do demonstrativo das pendências da empresa relativas a irregularidades referentes à apresentação de dados cadastrais.

Comentário: **A, B** e **E**: incorretas, pois a empresa tem direito a certidão positiva com efeito de negativa em relação aos tributos garantidos na execução, não a certidão negativa ou simplesmente positiva – art. 206 do CTN; **C**: incorreta, pois a empresa não está regular em relação à obrigação acessória de apresentação dos dados cadastrais, inexistindo a possibilidade de certidão positiva com efeito de negativa nesse caso; **D**: correta, conforme comentários anteriores. RB

Gabarito "D".

(Advogado – Pref. São Roque/SP – 2020 – VUNESP) O Município "X" exige, por meio de lei, a prova de quitação dos tributos municipais por parte das empresas interessadas em assinar contratos de fornecimento de bens ao Município, por meio da apresentação de certidão negativa. Em determi-

nada contratação, a empresa "Y" apresentou certidão na qual constavam três débitos: um ainda não vencido; um em curso de cobrança executiva em foi efetivada a penhora; e outro incluído em parcelamento vigente.

A respeito da situação hipotética, é correto afirmar, com base no Código Tributário Nacional (CTN), que

(A) é inconstitucional a exigência de prova de quitação dos tributos municipais como condição para a contratação com o Poder Público, ainda que a exigência esteja prevista em lei.

(B) a certidão apresentada pela empresa não tem capacidade de suprir a prova de quitação dos tributos, uma vez que é exigível o crédito pendente de execução, mesmo diante da garantia da dívida.

(C) a apresentação da certidão com os débitos mencionados na situação deverá surtir os mesmos efeitos da certidão negativa de tributos municipais, uma vez que as situações dos créditos podem ser descritas como casos de exclusão do crédito tributário.

(D) a certidão apresentada pela empresa não tem capacidade de suprir a prova de quitação dos tributos, uma vez que a certidão aponta a existência de crédito vincendo ainda não pago, impugnado ou parcelado.

(E) a apresentação da certidão com os débitos mencionados na situação deverá surtir os mesmos efeitos da certidão negativa de tributos municipais, por expressa determinação do CTN.

A: incorreta, pois isso é admitido pelo art. 205 do CTN; **B:** incorreta, pois tem os mesmos efeitos da certidão negativa a certidão de que conste a existência de créditos não vencidos, em curso de cobrança executiva em que tenha sido efetivada a penhora, ou cuja exigibilidade esteja suspensa – art. 206 do CTN; **C:** incorreta, pois trata-se de suspensão dos créditos, não de exclusão – art. 206 do CTN; **D:** incorreta, conforme comentários anteriores; **E:** correta – art. 206 do CTN.

Gabarito "E".

(Procurador do Município – S.J. Rio Preto/SP – 2019 – VUNESP) Dispõe o Código Tributário Nacional que a lei poderá exigir que a prova da quitação de determinado tributo, quando exigível, seja feita por certidão negativa, expedida à vista de requerimento do interessado, que contenha todas as informações necessárias à identificação de sua pessoa, domicílio fiscal e ramo de negócio ou atividade e indique o período a que se refere o pedido.

Nesse sentido, é correto afirmar que

(A) tem efeito de negativa a certidão de que conste a existência de créditos em curso de cobrança executiva em que tenha sido efetivada a penhora.

(B) a certidão negativa expedida com dolo ou fraude, que contenha erro contra a Fazenda Pública, responsabiliza solidariamente o funcionário que a expedir, pelo crédito tributário e juros de mora acrescidos.

(C) ainda que se trate de prática de ato indispensável para evitar a caducidade de direito não será dispensada a prova de quitação de tributos.

(D) a certidão negativa será expedida a requerimento de qualquer interessado, devendo ser fornecida no prazo máximo de 15 dias úteis.

(E) a certidão de que conste a existência de créditos cuja exigibilidade esteja suspensa, não tem os mesmos efeitos de certidão negativa.

30. DIREITO TRIBUTÁRIO 965

A: correta, conforme o art. 206 do CTN; **B:** imprecisa, pois o art. 208 do CTN se refere a responsabilidade pessoal, não solidária; **C:** incorreta, pois a apresentação da certidão negativa é dispensada quando se trata de prática de ato indispensável para evitar a caducidade de direito – art. 207 do CTN; **D:** incorreta, pois o prazo previsto no CTN é de 10 dias – art. 205, parágrafo único; **E:** incorreta, pois trata-se de certidão positiva com efeito de negativa – art. 206 do CTN.

Gabarito "A".

(Procurador do Município – Prefeitura Fortaleza/CE – CESPE – 2017) Julgue os seguintes itens, a respeito de obrigação tributária e crédito tributário.

(1) Caso o contribuinte tenha créditos inscritos em dívida ativa integralmente garantidos por penhora ou créditos com a exigibilidade suspensa, é admitido que lhe seja expedida certidão de regularidade fiscal.

(2) A inscrição do crédito tributário em dívida ativa é condição para a extração de título executivo extrajudicial que viabilize a propositura da ação de execução fiscal, bem como se revela como marco temporal para a presunção de fraude à execução.

1: Correta – art. 206 do CTN. **2:** Correta – arts. 185 e 201 do CTN. RB

Gabarito 1C, 2C.

16. REPARTIÇÃO DE RECEITAS

(Advogado – Pref. São Roque/SP – 2020 – VUNESP) As parcelas de receita pertencentes aos Municípios relativas à participação no imposto estadual sobre circulação de mercadorias e serviços serão creditadas conforme os seguintes critérios:

(A) três quartos, no mínimo, na proporção do valor adicionado nas operações relativas à circulação de mercadorias e nas prestações de serviços, realizadas em seus territórios, e até um quarto, de acordo com o que dispuser lei estadual, ou, no caso dos Territórios, lei federal.

(B) três quartos, no mínimo, na proporção do valor adicionado nas operações relativas à circulação de mercadorias e nas prestações de serviços, realizadas em seus territórios, e até um quarto, de acordo com a população residente em seus territórios.

(C) dois terços, na proporção do valor adicionado nas operações relativas à circulação de mercadorias e nas prestações de serviços, realizadas em seus territórios, e um terço, de acordo com o que dispuser lei estadual, ou, no caso dos Territórios, lei federal.

(D) um quarto, no mínimo, na proporção do valor adicionado nas operações relativas à circulação de mercadorias e nas prestações de serviços, realizadas em seus territórios, e três quartos, de acordo com a população residente em seus territórios.

(E) dois quartos, na proporção do valor adicionado nas operações relativas à circulação de mercadorias e nas prestações de serviços, realizadas em seus territórios, um quarto, de acordo com a população residente em seus territórios, e um quarto de acordo com o que dispuser lei estadual, ou, no caso dos Territórios, lei federal.

Atenção, o art. 158, parágrafo único, da CF foi alterado pela EC 108/2020. Atualmente, a parcela da receita de ICMS distribuída aos Municípios segue os seguintes critérios: (a) 65% (sessenta e cinco por cento), no mínimo, na proporção do valor adicionado nas operações relativas à circulação de mercadorias e nas prestações de serviços, realizadas em seus territórios e (b) até 35% (trinta e cinco por cento), de acordo com o que dispuser lei estadual, observada, obrigatoriamente, a distribuição de, no mínimo, 10 (dez) pontos percentuais com base em indicadores de melhoria nos resultados de aprendizagem e de aumento da equidade, considerado o nível socioeconômico dos educandos.

Na época deste concurso, entretanto, a regra era a descrita na alternativa "A", correta, portanto, nos termos do citado art. 158, parágrafo único, da CF.

Gabarito "A".

(Procurador do Município – Valinhos/SP – 2019 – VUNESP) Na repartição das receitas tributárias, do produto da arrecadação do imposto do Estado sobre operações relativas à circulação de mercadorias e sobre prestações de serviços de transporte interestadual e intermunicipal e de comunicação, pertencem aos Municípios o percentual de

(A) 27,5%.

(B) 25%.

(C) 22,5%.

(D) 21,5%.

(E) 20%.

Nos termos do art. 158, IV, da CF, 25% do produto da arrecadação do ICMS pertence aos municípios, de modo que a alternativa "B" é a correta.

Gabarito "B".

(Juiz – TJ-SC – FCC – 2017) As participações dos Municípios na arrecadação do ICMS são fixadas conforme os seguintes parâmetros:

(A) Lei estadual disporá livremente sobre os critérios aplicáveis para o cálculo das parcelas devidas aos Municípios, desde que respeitadas as desigualdades regionais.

(B) São calculadas, integralmente, pelo valor adicionado nas operações relativas às prestações de serviços e circulação de mercadorias ocorridas nos territórios municipais.

(C) São determinadas pelos valores adicionados nas operações relativas às prestações de serviços e circulação de mercadorias ocorridas nos territórios municipais e por outros critérios fixados em lei estadual.

(D) São fixadas pelos Estados conforme critérios definidos por Resolução do Senado Federal, atentando para as desigualdades regionais e locais.

(E) São calculadas sobre 1/3 do tributo efetivamente arrecadado, conforme a população local, áreas de preservação permanente, áreas alagadas para produção de energia elétrica e levando em conta o desenvolvimento regional.

A: incorreta, pois a Constituição Federal determina que três quartos, no mínimo, dos 25% de ICMS que pertence aos municípios serão distribuídos pelo critério do valor adicionado em cada território – art. 158, parágrafo único, da CF; **B:** incorreta, pois até um quarto desse percentual de 25% pode ser distribuído por outros critérios, conforme leis estaduais – art. 158, parágrafo único, II, da CF; **C:** correta, conforme comentários anteriores – ver também a LC 63/1990; **D:** incorreta, conforme comentários anteriores e LC 63/1990; **E:** incorreta, inclusive porque o percentual destinado aos municípios é de 25% do ICMS arrecadado. RB

Gabarito "C".

(Juiz s – TRF 2ª Região – 2017) Acerca da repartição constitucional de receitas tributárias, marque a opção correta:

(A) Pertence aos Estados e ao Distrito Federal metade do produto da arrecadação do imposto da União sobre renda e proventos de qualquer natureza, incidente na fonte, sobre rendimentos pagos por eles, a qualquer título.

(B) A União entregará parcela do produto da arrecadação dos impostos sobre renda e proventos de qualquer natureza (IR) e sobre produtos industrializados (IPI) diretamente ao Fundo de Participação dos Municípios no primeiro decêndio do mês de julho de cada ano.

(C) A União entregará parcela do produto da arrecadação da CIDE-combustíveis sobre imposto de renda e proventos de qualquer natureza diretamente ao Fundo de Participação dos Municípios.

(D) A União entregará parcela da arrecadação do imposto sobre produtos industrializados (IPI) diretamente aos Municípios, proporcionalmente ao valor das respectivas exportações de produtos industrializados ocorridas em seus territórios.

(E) A União entregará diretamente aos Estados das Regiões Norte, Nordeste e Centro-Oeste parcela do produto da arrecadação dos impostos sobre renda e proventos de qualquer natureza (IR) e sobre produtos industrializados (IPI), de acordo com os planos regionais de desenvolvimento.

A: incorreta, pois a integralidade do IR retido na fonte nessa hipótese fica com Estados e Distrito Federal – art. 157, I, da CF; **B:** correta, pois, de fato, 1% do produto da arrecadação é entregue ao fundo de participação dos municípios no primeiro decêndio de julho de cada ano – art. 159, I, *e*, da CF. Entretanto, é importante lembrar que as transferências em geral aos fundos de participação são mensais, conforme o art. 4º da LC 62/89; **C:** incorreta, por duas razões. Em primeiro lugar, parece que houve algum erro involuntário na redação da assertiva, já que a CIDE não incide, evidentemente, sobre o IR. Ademais, parcela da CIDE é entregue pela União aos Estados e estes, posteriormente, transferem fração disso aos municípios – art. 159, III e § 4º, da CF; **D:** incorreta, pois essa parcela será entregue pela União aos Estados que, em seguida, transferem percentual aos respectivos municípios – art. 159, II e § 3º, da CF; **E:** incorreta, pois as transferências ocorrem por meio de suas instituições financeiras de caráter regional, conforme o art. 159, I, *c*, da CF. Atenção: a partir da EC 84/2014, o percentual do IPI e do IR a ser repassado pela União na forma do art. 159, I, da CF, foi majorado de 48% para 49%. **RB**

Gabarito "B".

17. AÇÕES TRIBUTÁRIAS

(Procurador/DF – CESPE – 2022) Julgue os itens que se seguem a respeito da Lei Complementar Distrital n.º 904/2015.

(1) O valor de alçada, para fins de ajuizamento da execução fiscal de débitos tributários inscritos em dívida ativa do DF, poderá variar em razão do tributo.

(2) Os créditos tributários inferiores ao valor de alçada podem ser objeto de execução fiscal, mediante juízo de conveniência da Procuradoria-Geral do DF.

(3) Quando da inscrição de crédito em dívida ativa, deve ser acrescentada quantia para atender às despesas com sua cobrança e honorários advocatícios.

(4) Os órgãos responsáveis pela cobrança da dívida ativa do DF podem realizar os atos que viabilizem a satisfação amigável de créditos inscritos, mediante câmaras de prevenção e resolução administrativa de conflitos envolvendo a administração pública, facultando-se, nesse caso, a efetivação do protesto da CDA e a inclusão dos contribuintes devedores no Serviço de Proteção ao Crédito.

1: correta, conforme o art. 1º da Lei Complementar Distrital n.º 904/2015; **2:** correta, conforme o art. 1º, § 5º, da Lei Complementar Distrital n.º 904/2015; **3:** correta, conforme o art. 42, § 1º, da Lei Complementar Distrital n.º 904/2015; **4:** correta, conforme o art. 3º da Lei Complementar Distrital n.º 904/2015. **RB**

Gabarito 1C, 2C, 3C, 4C

(Procurador/DF – CESPE – 2022) Com base nas regras da lei de execução fiscal – Lei n.º 6.830/1980 – , julgue os itens que se seguem.

(1) Em execução fiscal contra uma empresa em processo de falência, caso, sem autorização judicial, aliene um imóvel da empresa antes de garantidos os créditos da fazenda pública, o liquidante responderá solidariamente pelo valor desse imóvel.

(2) Se a fazenda pública do DF ajuizar ação de execução fiscal contra um contribuinte e não pedir, na exordial, qualquer produção de provas, esta poderá ser requerida no curso da ação.

1: correta, conforme art. 4º, § 1º, da LEF; **2:** correta, conforme o art. 6º, § 3º, da LEF. **RB**

Gabarito 1C, 2C

(Procurador/DF – CESPE – 2022) Julgue os itens seguintes à luz das regras da Lei da Cautelar Fiscal – Lei n.º 8.397/1992.

(1). Caso um contribuinte aliene um bem de sua propriedade sem proceder à devida comunicação ao órgão da fazenda pública competente, quando essa comunicação for exigível em virtude de lei, a fazenda pública poderá mover contra ele uma ação cautelar fiscal, mesmo antes de constituir o crédito tributário devido.

(2).Não está sujeito a sofrer medida cautelar fiscal o contribuinte que, tendo domicílio certo, tentar evadir-se para evitar o adimplemento de uma obrigação tributária.

1: correta, conforme o art. 1º, parágrafo único, c/c art. 2º, VII, da Lei 8.397/1992; **2:** incorreta, pois é possível a cautelar fiscal nesse caso – art. 2º, II, da Lei 8.397/1992.

Gabarito 1C, 2E

(Juiz de Direito/AP – 2022 – FGV) José teve o único imóvel de sua propriedade, em que reside, penhorado por ordem judicial, em execução fiscal ajuizada em 2021 referente a dívidas de IPTU incidentes sobre tal imóvel. Passados 60 dias da intimação da penhora, José encontra enfim os comprovantes de pagamento dos IPTUs referentes aos anos de 2018 e 2019 que estavam sendo cobrados, e deseja apresentá-los em juízo.

Diante desse cenário, José poderá apresentar:

(A) embargos à execução fiscal, em razão de a execução já estar garantida pela penhora;

(B) embargos à execução fiscal, por se tratar do único imóvel de sua propriedade, em que reside;

(C) exceção de pré-executividade, por se tratar do único imóvel de sua propriedade, em que reside;

(D) exceção de pré-executividade, pois o pagamento pode ser comprovado documentalmente de plano;

(E) agravo de instrumento, pela presença de *fumus boni iuris* e *periculum in mora*, por se tratar do único imóvel de sua propriedade, em que reside, e que está penhorado.

Comentário: Embora já tenha transcorrido o prazo para apresentação dos embargos à execução fiscal (30 dias da intimação da penhora – art. 16, III, da Lei 6.830/1980), é sempre possível apresentar exceção de pré-executividade nos casos em que a alegação possa ser comprovada de plano (sem necessidade de dilação probatória) – Súmula 393/STJ. Por essa razão, a alternativa "D" é a correta. Importante também anotar que o imóvel do contribuinte não poderia ter sido penhorado, sendo bem de família – art. 1º da Lei 8.009/1990. RB
Gabarito "D".

(Procurador Município – Santos/SP – VUNESP – 2021) Em relação à execução fiscal, é correto afirmar:

(A) A inscrição, que se constitui no ato de controle administrativo da legalidade, será feita pelo órgão competente para apurar a liquidez e certeza do crédito e suspenderá a prescrição, para todos os efeitos de direito, por 360 dias, ou até a distribuição da execução fiscal, se esta ocorrer antes de findo aquele prazo.

(B) A Dívida Ativa regularmente inscrita goza da presunção absoluta de certeza e liquidez, não podendo ser ilidida por terceiros interessados.

(C) O despacho do Juiz que deferir a inicial importa em ordem para: arresto se não for paga a dívida, nem garantida a execução, por meio de depósito, fiança ou seguro garantia, dispensada em tal circunstância a avaliação dos bens.

(D) O termo ou auto de penhora conterá, também, a avaliação dos bens penhorados, efetuada por quem o lavrar e, se não houver, na Comarca, avaliador oficial ou este não puder apresentar o laudo de avaliação no prazo de 30 (trinta) dias, será nomeada pessoa ou entidade habilitada a critério do Juiz.

(E) Na execução por carta, os embargos do executado serão oferecidos no Juízo deprecado, que os remeterá ao Juízo deprecante, para instrução e julgamento, e, quando os embargos tiverem por objeto vícios ou irregularidades de atos do próprio Juízo deprecado, caber-lhe-á unicamente o julgamento dessa matéria.

A: incorreta, pois o prazo de suspensão previsto no art. 2º, § 3º, da Lei de Execução Fiscal – LEF (Lei 6.830/1980) é por 180 dias, aplicável apenas a créditos não tributários (para créditos tributários, as modalidades de suspensão são as do CTN, já que é matéria de lei complementar – art. 146 da CF); **B:** incorreta, pois a presunção é relativa, podendo ser ilidida nos termos do art. 204, parágrafo único, do CTN, inclusive por terceiro a que aproveite; **C:** incorreta, pois, nos termos do art. 7º da LEF, o despacho do Juiz que deferir a inicial importa em ordem para (i) citação, pelas sucessivas modalidades previstas no artigo 8º; penhora, se não for paga a dívida, nem garantida a execução, por meio de depósito, fiança ou seguro garantia, (ii) arresto, se o executado não tiver domicílio ou dele se ocultar, (iii) registro da penhora ou do arresto, independentemente do pagamento de custas ou outras despesas e (iv) avaliação dos bens penhorados ou arrestados; **D:** incorreta, pois o prazo previsto no art. 13, § 2º, da LEF é de 15 dias; **E:** correta, conforme o art. 20 da LEF. RB
Gabarito "E".

(Juiz de Direito – TJ/MS – 2020 – FCC) A respeito do contencioso tributário no âmbito judicial, é correto afirmar:

(A) Os embargos à execução se constituem o único meio adequado para a defesa do devedor em execução fiscal, e para tanto é necessária a penhora ou o oferecimento de garantia do débito tributário em discussão.

(B) O contribuinte pode optar por receber o indébito tributário por compensação ou por precatório, quando o indébito tributário for reconhecido em sentença declaratória, independentemente de autorização legal do ente tributante.

(C) O mandado de segurança constitui ação adequada para declarar o direito à compensação tributária, mas não para convalidar compensação já realizada pelo contribuinte.

(D) É incompatível com a Constituição o artigo da Lei de Execução Fiscal que afirma incabível o recurso de apelação em casos de execução fiscal cujo valor seja inferior a 50 ORTN, por limitar ao contribuinte o acesso ao segundo grau de jurisdição.

(E) A citação em execução fiscal é causa de interrupção da prescrição.

A: incorreta, pois o executado pode, excepcionalmente, opor-se à execução sem garantia do juízo, por meio de exceção de pré-executividade, desde que alegue matérias cognoscíveis de ofício (ordem pública) que não demandem dilação probatória – Súmula 393/STJ; **B:** incorreta, pois a compensação tributária depende de autorização legal – art. 170 do CTN; **C:** correta, conforme a Súmula 213/STJ; **D:** incorreta, pois o STF reconhece a constitucionalidade do dispositivo, conforme a Tese de Repercussão Geral 408; **E:** incorreta, pois o despacho do juiz que ordena a citação é que interrompe a prescrição art. 174, parágrafo único, I, do CTN. RB
Gabarito "C".

(Advogado – Pref. São Roque/SP – 2020 – VUNESP) A importância de crédito tributário pode ser consignada judicialmente pelo sujeito passivo, no caso de

(A) qualquer situação em que o sujeito passivo julgue mais conveniente o pagamento em juízo, em detrimento do pagamento na forma indicada pela Administração.

(B) conversão em renda de valores previamente depositados para garantia de execução fiscal movida pela Fazenda Pública.

(C) subordinação de recebimento do pagamento pela Administração ao cumprimento de obrigação acessória.

(D) exigência, por mais de uma pessoa jurídica de direito público, de tributos distintos sobre um mesmo fato gerador.

(E) subordinação, mediante lei, ao recebimento do pagamento em rede arrecadadora bancária ao invés do recebimento direto em dinheiro em repartição pública.

O sujeito passivo pode consignar judicialmente o valor do crédito tributário nos casos de (a) recusa de recebimento, ou subordinação ao pagamento de outro tributo ou de penalidade, ou ao cumprimento de obrigação acessória; (b) subordinação do recebimento ao cumprimento de exigências administrativas sem fundamento legal; (c) exigência, por mais de uma pessoa, de tributo idêntico sobre o mesmo fato gerador – art. 164 do CTN.
Por essa razão, a alternativa "C" é a única correta.
Gabarito "C".

(Procurador do Estado/SP – 2018 – VUNESP) Em execução fiscal, Antônio, sócio-gerente de empresa contribuinte encerrada de forma irregular, é responsabilizado, nos termos do art. 135, III, do Código Tributário Nacional, por crédito tributário, cujo fato gerador ocorrera quatro anos antes da citação pessoal de Antônio. Como defesa, Antônio aduz, em exceção de pré-executividade, que o inadimplemento do crédito tributário exequendo não decorreu de fato que lhe pudesse ser imputado.

Com base na jurisprudência do Superior Tribunal de Justiça, é correto afirmar que a exceção de pré-executividade

(A) é cabível para excluir o sócio, pois a execução fiscal fora ajuizada contra a empresa contribuinte, sendo inviável a responsabilização posterior ao ajuizamento.

(B) não é cabível, pois, em se tratando de matéria de defesa do sócio responsabilizado, pode ser aduzida somente por meio de recurso contra o despacho que o incluiu no polo passivo da execução.

(C) é cabível, pois, em se tratando de responsabilidade do sócio, todos os fundamentos do responsabilizado podem ser apreciados de ofício pelo juiz.

(D) é cabível, desde que o crédito exequendo tenha sido constituído de ofício, circunstância em que a ausência de culpa do responsável pode ser alegada por qualquer meio processual.

(E) não é cabível, pois tem por causa matéria de fato, insuscetível de conhecimento de ofício pelo juiz, demandando prova que não pode ser produzida pelo meio processual utilizado.

A: incorreta, pois a responsabilidade do gestor é possível, no caso de dissolução irregular da sociedade, que implica violação da lei – art. 135, III, do CTN, conforme Súmula 435/STJ; **B:** incorreta, pois é viável a apresentação de embargos à execução pelo sócio executado; **C:** incorreta, pois a exceção de pré-executividade é admissível na execução fiscal somente em relação às matérias conhecíveis de ofício que não demandem dilação probatória – Súmula 393/STJ; **D:** incorreta, conforme comentário anterior; **E:** correta, conforme Súmula 393/STJ. RB

Gabarito "E".

(Defensor Público Federal – DPU – 2017 – CESPE) A respeito das normas gerais de direito tributário, julgue o seguinte item.

(1) A efetividade de medida liminar para suspender a exigibilidade de créditos tributários está condicionada ao exaurimento das instâncias administrativas para a anulação dos autos de infração pertinentes, visto que, nessa situação, não cabe ao Poder Judiciário analisar o mérito administrativo.

1: incorreta, pois não é necessário o exaurimento das vias administrativas para discussão de matéria tributária em juízo – art. 5º, XXXV, da CF. RB

Gabarito 1E

(Procurador do Município – Prefeitura Fortaleza/CE – CESPE – 2017) Com base nos institutos e nas normas que regem o processo judicial tributário, bem como na jurisprudência do STJ, julgue os itens subsecutivos.

(1) A garantia integral do crédito tributário é condição específica de procedibilidade para os embargos à execução fiscal, ensejando a extinção liminar da ação quando constatada a insuficiência da constrição judicial.

(2) O efeito da medida cautelar fiscal é a indisponibilidade patrimonial do sujeito passivo em consequência de crédito tributário constituído, ainda que não definitivamente, uma vez que pode ser proposta durante a fase administrativa de impugnação do lançamento.

1: Incorreta, pois o STJ admite embargos em caso de insuficiência da penhora, devendo haver intimação do devedor para que reforce a garantia, admitindo até mesmo o conhecimento dos embargos quando comprovada a insuficiência patrimonial do devedor – REsp 1.127.815/SP-repetitivo. **2:** Correta – art. 1º da Lei 8.397/1992. RB

Gabarito 1E, 2C

(Procurador Municipal – Prefeitura/BH – CESPE – 2017) A respeito da execução fiscal e do processo judicial tributário, assinale a opção correta.

(A) No caso de a ação de consignação em pagamento ser julgada procedente, a importância consignada não poderá ser convertida em renda.

(B) Em caso de óbito do devedor, a execução fiscal somente poderá ser promovida contra o cônjuge ou os descendentes em linha reta, não podendo ser proposta contra os demais sucessores.

(C) O executado pode oferecer seguro-garantia como forma de garantia da execução fiscal, devendo o seguro abranger o valor da dívida, multa de mora, juros e encargos indicados na certidão de dívida ativa.

(D) A propositura, pelo contribuinte, de ação de repetição do indébito não implicará renúncia ao poder de recorrer na esfera administrativa acerca da mesma questão.

A: incorreta, pois o julgamento pela procedência da consignação implica conversão do valor depositado em renda do fisco – art. 164, § 2º, do CTN; **B:** incorreta, pois, como em qualquer execução, poderá ser promovida contra o espólio e sucessores, até o limite dos valores deixados pelo falecido; **C:** correta – art. 9º, II, da Lei 6.830/1980; **D:** incorreta, pois a propositura da ação implica desistência de eventual recurso administrativo – art. 38, parágrafo único, da Lei 6.830/1980. RB

Gabarito "C".

(Juiz – TRF 2ª Região – 2017) Ao ser citado, sócio de empresa percebe que ele, pessoa física, figura no polo passivo de execução fiscal. Ao buscar informações, verifica que, embora seu nome conste da certidão de dívida ativa que fundamenta a execução, o débito é oriundo de valores relativos ao Imposto de Renda de Pessoa Jurídica, declarados mas não pagos, da sociedade da qual é sócio-administrador e que, originariamente, figurava sozinha no polo passivo. O empresário, após aferir que não houve prescrição nem decadência, opõe exceção de pré-executividade, sem garantir o juízo, alegando exclusivamente a sua ilegitimidade passiva. Deve o Juiz:

(A) Acatar a exceção e extinguir a execução relativamente ao empresário, já que a simples falta de pagamento do tributo (devidamente declarado) não acarreta a responsabilidade subsidiária do sócio.

(B) Rejeitar a exceção, já que o nome do sócio consta da certidão da dívida, daí que cabe ao empresário o ônus de provar que não agiu com excesso de poderes ou infração à lei, ao contrato social ou ao estatuto da empresa, dilação incompatível com a via eleita.

(C) Acatar a exceção e excluir o empresário do polo passivo, determinando que a Fazenda, caso queira executar também o sócio administrador, proceda na forma estabelecida pelo Código de Processo Civil, de modo a instaurar o incidente de desconsideração da personalidade jurídica.

(D) Intimar o excipiente para, nos termos da Lei de Execuções Fiscais (Lei nº 6.830/80), garantir o juízo, sob pena de rejeição da exceção.

(E) O cancelamento de débito cujo montante seja inferior ao dos respectivos custos de cobrança não é considerado, pela Lei de Responsabilidade Fiscal, como renúncia de receita.

A: incorreta, pois a inclusão do nome do sócio na CDA impõe a ele o ônus de provar que não tem responsabilidade tributária, o que não pode ser feito em exceção de pré-executividade (que não admite dilação probatória) – ver REsp 1.104.900/ES-repetitivo; **B:** correta, conforme comentário anterior; **C** e **D:** incorretas, conforme comentário anterior; **E:** incorreta, pois, embora de fato o art. 14 da LRF dispense as providências devidas em caso de renúncia de receita para essa hipótese de cancelamento de pequenos débitos, isso não tem qualquer relação com a providência que o juiz deve tomar na situação descrita. RB
Gabarito "B".

18. MICROEMPRESAS – ME E EMPRESAS DE PEQUENO PORTE – EPP

(Juiz de Direito – TJ/BA – 2019 – CESPE/CEBRASPE) Observados os requisitos legais, o SIMPLES Nacional permite o recolhimento mensal, mediante documento único de arrecadação, entre outros,

(A) do imposto de importação, do ISSQN e do IOF.

(B) do IOF, da COFINS e do ITR.

(C) da CSLL, do ISSQN e do IRPJ.

(D) da COFINS, da CSLL e da contribuição para o FGTS.

(E) do ITR, da contribuição para o PIS/PASEP e da contribuição para o FGTS.

A: incorreta, pois II e IOF não estão abrangidos pelo Simples Nacional – art. 13, § 1º, I e II, da LC 123/2006; **B:** incorreta, pois IOF não está abrangido pelo Simples Nacional – art. 13, § 1º, I, da LC 123/2006; **C:** correta, conforme art. 13, I, III e VIII, da LC 123/2006; **D** e **E:** incorretas, pois ITR e contribuição ao FGTS não estão abrangidos pelo Simples Nacional – art. 13, § 1º, IV e VIII, da LC 123/2006. RB
Gabarito "C".

(Juiz – TJ-SC – FCC – 2017) De acordo com o Regime Especial Unificado de Arrecadação de Tributos e Contribuições devidos pelas Microempresas e Empresas de Pequeno Porte – Simples Nacional –, instituído pela Lei Complementar nº 123/2006,

(A) a contribuição previdenciária patronal devida pela empresa optante pelo sistema simplificado está, para qualquer atividade, embutida na alíquota única aplicável ao contribuinte.

(B) o Imposto Sobre Serviços devido pela empresa optante pelo sistema simplificado é sempre calculado pela alíquota fixa de 5% e assim somado à alíquota aplicável ao contribuinte.

(C) será regular a opção pela tributação simplificada feita por microempresa ou empresa de pequeno porte incorporadora de imóveis e locadora de imóveis próprios.

(D) a contratante de serviços de vigilância prestados por empresa com opção regular pelo regime simplificado deverá reter a contribuição previdenciária patronal, quando dos pagamentos à contratada.

(E) a prestação de serviços advocatícios veda a opção pelo regime simplificado de tributação, por se tratar de serviços regulados por lei especial.

A: incorreta, pois há hipótese em que a CPP não está abrangida pelo Simples Nacional – art. 13, VI, da LC 123/2006; **B:** incorreta, pois as alíquotas variam do piso de 2% até o teto de 5%, conforme as tabelas e faixas de faturamento da LC 123/2006; **C:** incorreta, pois são casos de vedação de ingresso no Simples Nacional – art. 17, XIV e XV, da LC 123/2006; **D:** correta, conforme o art. 18, § 5º-C, VI, da LC 123/2006; **E:** incorreta, pois é possível o ingresso no Simples Nacional, conforme art. 18, § 5º-C, VII, da LC 123/2006, incluído pela LC 147/2014. RB
Gabarito "D".

19. CRIMES TRIBUTÁRIOS

(Delegado/GO – 2017 – CESPE) Se resultar em supressão ou redução de tributo, configurará crime contra a ordem tributária a conduta consistente em

(A) utilizar programa de processamento de dados que disponibilize ao sujeito passivo informação diversa daquela fornecida à fazenda pública.

(B) negar-se a fornecer nota fiscal relativa a venda de mercadoria ou a venda de serviço.

(C) exigir para si porcentagem sobre a parcela dedutível de imposto como incentivo fiscal.

(D) aplicar incentivo fiscal em desacordo com o estatuído.

(E) deixar de pagar benefício a segurado quando valores já tiverem sido reembolsados à empresa pela previdência social.

A, C e **D:** corretas, embora haja dubiedade. Não é necessária a supressão ou redução de tributo para a configuração de crime, nesses casos, conforme art. 2º, V, III e IV, respectivamente, da Lei 8.137/1990. Mas, se houver supressão ou redução do tributo, não se afastam os crimes previstos nesses dispositivos, evidentemente. As assertivas estariam claramente incorretas se houvesse a palavra "apenas" no início delas; **B:** incorreta, pois a tipificação só ocorre se essa emissão de nota for obrigatória, nos termos da legislação tributária – art. 1º, V, da Lei 8.137/1990; **E:** incorreta. A configuração de crime previsto no art. 168-A, § 1º, III, do CP não implica redução ou supressão de tributo, mas simplesmente falta de pagamento de valores ao segurado. RB
Gabarito Anulada

20. TEMAS COMBINADOS E OUTRAS MATÉRIAS

(Procurador/DF – CESPE – 2022) Julgue os próximos itens, relativos a aspectos pertinentes ao direito tributário, considerando a Lei Complementar n.º 123/2006, a Lei Complementar n.º 116/2003 e a Lei n.º 8.137/1990.

(1). Para enquadrar-se como micro ou pequena empresa, à luz da lei complementar pertinente, uma pessoa jurídica deverá apresentar determinado nível de receita bruta, conceito este em que se inserem o produto da venda de bens e serviços nas operações de conta própria, o preço dos serviços prestados e o resultado nas operações em conta alheia.

(2). À luz da lei complementar que dispõe sobre o ISSQN, se uma empresa presta serviços mediante a utilização de bens e serviços públicos explorados economicamente mediante concessão, com o pagamento de tarifa pelo usuário final do serviço, tais serviços estão isentos do pagamento do referido tributo.

(3). As penas previstas para o crime de fazer declaração falsa ou omitir declaração sobre rendas para eximir-se do pagamento integral do imposto de renda se diferenciam do caso em que o contribuinte procura deixar de pagar apenas parcialmente o referido imposto.

(4). Conforme o entendimento do STF, legislar sobre taxa de fiscalização, prevenção e extinção de incêndio e pânico destinada a financiar serviços prestados pelo Corpo de Bombeiros Militar do DF é competência exclusiva do DF.

1: correta, conforme o art. 3°, § 1°, da LC 123/2006; **2:** incorreta, pois não há isenção ou imunidade nesse caso – art. 150, § 3°, da CF e art. 1°, § 3°, da LC 116/2003; **3:** incorreta, pois não há essa distinção no art. 1° da Lei 8.137/1990; **4:** incorreta, pois o entendimento do STF é contrário à competência do Distrito Federal – vide RE 1.248.435. RB
Gabarito: 1C, 2E, 3E, 4E

(Procurador/DF – CESPE – 2022) A respeito do processo administrativo fiscal, observados a Lei Distrital n.° 4.567/2011 e o Decreto Distrital n.° 33.269/2011, julgue os itens a seguir.

(1) O processo administrativo fiscal não se submete à rigidez formal exigida nos processos judiciais, devendo ser regido pelo princípio do informalismo.

(2) O crédito tributário decorrente de auto de infração será considerado contencioso a partir do esgotamento do prazo para pagamento ou impugnação sem que nenhum desses dois eventos tenha ocorrido.

(3) Para fins de denúncia espontânea, os atos administrativos de monitoramento excluem a espontaneidade do sujeito passivo da obrigação tributária.

(4) A competência para o julgamento administrativo do processo sujeito à jurisdição contenciosa, em primeira instância, é passível de delegação.

(5) Conforme o Código Tributário Nacional, a decisão proferida em processo de consulta, após o trânsito em julgado, terá eficácia normativa, constituindo-se em norma complementar, de modo a vincular os órgãos administrativos.

1: correta, pois o processo administrativo, diferente do judicial, é regido pelo princípio do informalismo, da preponderância da substância e da verdade real sobre a forma; **2:** incorreta, pois esse será considerado crédito tributário não contencioso – art. 50 do Decreto Distrital n.° 33.269/2011; **3:** incorreta, pois não se exclui a espontaneidade pelo monitoramento – art. 21, § 3°, do Decreto Distrital n.° 33.269/2011; **4:** correta, conforme o art. 43, § 1°, da Lei Distrital n.° 4.567/2011; **5:** Anulada. Não há essa disposição no CTN, embora não haja impedimento para que seja fixada por lei do ente tributante (como é o caso do art. 60 da Lei Distrital n.° 4.567/2011) – art. 161, § 2°, do CTN. RB
Gabarito: 1C, 2E, 3E, 4C, 5Anulada

(Procurador do Município – Boa Vista/RR – 2019 – CESPE/CEBRASPE) De acordo com o Código Tributário do Município de Boa Vista, julgue os itens a seguir.

(1) O referido código impõe interpretação literal das disposições legais relativas a outorga de isenção.

(2) A aquisição de unidade produtiva isolada em processo de recuperação judicial implicará responsabilidade do sucessor adquirente.

(3) Em processo de falência, o valor da venda de filial poderá ser utilizado para o pagamento de créditos quirografários.

(4) Ainda que revogada, lei que regia lançamento deverá ser a ele aplicada caso o fato gerador do lançamento tenha ocorrido quando da vigência dessa lei.

A matéria tratada nessas assertivas é regulada pelo Código Tributário Nacional, sendo inviável alteração por lei municipal (são normas gerais). Assim, é possível resolver sem mesmo conhecer a norma local. **1:** correta – art. 111, II, do CTN; **2:** incorreta, pois não há responsabilidade, em regra, nesse caso – art. 133, § 1°, II, do CTN (exceções no § 2°); **3:** incorreta, pois, nos termos do art. 133, § 3°, do CTN, o produto da alienação judicial de empresa, filial ou unidade produtiva isolada permanecerá em conta de depósito à disposição do juízo de falência pelo prazo de 1 ano, contado da data de alienação, somente podendo ser utilizado para o pagamento de créditos extraconcursais ou de créditos que preferem ao tributário; **4:** correta, pois sempre se aplica a lei vigente à época do fato gerador – art. 144 do CTN.
Gabarito: 1C, 2E, 3E, 4C

(Procurador do Município – Valinhos/SP – 2019 – VUNESP) No que respeita às disposições da Lei 12.153/2009, é correto afirmar que

(A) haverá prazo diferenciado para a prática de qualquer ato processual pelas pessoas jurídicas de direito público, inclusive para interposição de recursos, devendo a citação para a audiência de conciliação ser efetuada com antecedência mínima de 30 (trinta) dias.

(B) os Estados, o Distrito Federal e os Municípios podem ser partes no Juizado Especial da Fazenda Pública, na qualidade de autores ou réus.

(C) para efetuar o exame técnico necessário à conciliação ou ao julgamento da causa, o juiz nomeará pessoa habilitada, que apresentará o laudo até 15 dias antes da audiência.

(D) as execuções fiscais não estão incluídas na competência do Juizado Especial da Fazenda Pública.

(E) nas causas sujeitas ao Juizado Especial da Fazenda Pública, nas quais a Fazenda Pública seja parte vencida, haverá reexame necessário.

A: incorreta, pois não há prazo diferenciado nos juizados especiais da fazenda pública – art. 7° da Lei 12.153/2009; **B:** incorreta, pois os entes políticos não podem ser autores, apenas réus, nos juizados especiais da fazenda pública – art. 5° da Lei 12.153/2009; **C:** incorreta, pois o prazo para apresentação do laudo é de 5 dias antes da audiência – art. 10 da Lei 12.153/2009; **D:** correta, art. 2°, § 1°, I, da Lei 12.153/2009; **E:** incorreta, pois não há reexame necessário nos processos no âmbito dos juizados especiais da fazenda pública.
Gabarito "D".

(Procurador do Município – Valinhos/SP – 2019 – VUNESP) Determina a lei que rege a medida cautelar fiscal que o seu procedimento poderá ser instaurado após a constituição do crédito, inclusive no curso da execução judicial da Dívida Ativa dos entes tributantes e respectivas autarquias. Contudo, o requerimento da medida cautelar independe da prévia constituição do crédito tributário quando o devedor

(A) aliena bens ou direitos sem proceder à devida comunicação ao órgão da Fazenda Pública competente, quando exigível em virtude de lei.

30. DIREITO TRIBUTÁRIO   971

(B) possui débitos, inscritos ou não em Dívida Ativa, que somados ultrapassem trinta por cento do seu patrimônio conhecido.

(C) sem domicílio certo, intenta ausentar-se ou alienar bens que possui ou deixa de pagar a obrigação no prazo fixado.

(D) tem sua inscrição no cadastro de contribuintes declarada inapta, pelo órgão fazendário.

(E) tendo domicílio certo, ausenta-se ou tenta se ausentar, visando a elidir o adimplemento da obrigação.

As exceções à exigência de constituição do crédito tributário, para fins de cautelar fiscal, são quando o devedor (i) notificado pela Fazenda Pública para que proceda ao recolhimento do crédito fiscal põe ou tenta por seus bens em nome de terceiros e quando (ii) aliena bens ou direitos sem proceder à devida comunicação ao órgão da Fazenda Pública competente, quando exigível em virtude de lei – art. 1º, parágrafo único, c/c art. 2º, V, *b* e VII, da Lei 8.397/1992. Por essa razão, a alternativa "A" é a correta.
Gabarito "A".

(Procurador do Município – S.J. Rio Preto/SP – 2019 – VUNESP) Assinale a alternativa correta acerca da ação cautelar fiscal, conforme a disciplina que lhe é dada pela Lei 8.397/92 e suas alterações.

(A) O juiz concederá liminarmente a medida cautelar fiscal, mediante justificação prévia da Fazenda Pública.

(B) O requerido será citado para, no prazo de 5 dias, contestar o pedido, indicando as provas que pretenda produzir.

(C) Não sendo contestado o pedido, presumir-se-ão aceitos pelo requerido, como verdadeiros, os fatos alegados pela Fazenda Pública, caso em que o Juiz decidirá em 10 dias.

(D) Quando a medida cautelar fiscal for concedida em procedimento preparatório, deverá a Fazenda Pública propor a execução judicial da Dívida Ativa no prazo de 30 dias, contados da data em que a exigência se tornar irrecorrível na esfera administrativa.

(E) O indeferimento da medida cautelar fiscal obsta a que a Fazenda Pública intente a execução judicial da Dívida Ativa, ou influi no julgamento desta, salvo se o Juiz, no procedimento cautelar fiscal, acolher alegação de conversão do depósito em renda.

A: incorreta, pois é dispensada a justificação prévia e prestação de caução – art. 7º da Lei 8.397/1992; **B:** incorreta, pois o prazo de contestação é de 15 dias – art. 8º da Lei 8.397/1992; **C:** correta, nos termos do art. 9º da Lei 8.397/1992; **D:** incorreta, pois o prazo para propositura da execução fiscal é de 60 dias – art. 11 da Lei 8.397/1992; **E:** incorreta, pois o indeferimento da cautelar não obsta a execução, nem influi no julgamento desta, salvo se o juiz, no procedimento cautelar fiscal, acolher alegação de pagamento, de compensação, de transação, de remissão, de prescrição ou decadência, de conversão do depósito em renda, ou qualquer outra modalidade de extinção da pretensão deduzida – art. 15 da Lei 8.397/1992.
Gabarito "C".

(Procurador do Município – S.J. Rio Preto/SP – 2019 – VUNESP) Em sede de mandado de segurança, quando, a requerimento de pessoa jurídica de direito público interessada ou do Ministério Público e para evitar grave lesão à ordem, à saúde, à segurança e à economia públicas, o presidente do tribunal ao qual couber o conhecimento do respectivo

recurso suspender, em decisão fundamentada, a execução da liminar e da sentença, dessa decisão caberá agravo, sem efeito suspensivo, no prazo de 5 dias, que será levado a julgamento na sessão seguinte à sua interposição.

A esse respeito, é correto afirmar que

(A) indeferido o pedido de suspensão ou provido o agravo, não caberá novo pedido de suspensão ao presidente do tribunal competente para conhecer de eventual recurso especial ou extraordinário.

(B) o presidente do tribunal poderá conferir ao pedido efeito suspensivo liminar se constatar, em juízo prévio, a plausibilidade do direito invocado e a urgência na concessão da medida.

(C) a interposição de agravo de instrumento contra liminar concedida nas ações movidas contra o poder público e seus agentes prejudica o julgamento do pedido de suspensão.

(D) as liminares cujo objeto seja idêntico poderão ser suspensas, mediante decisões distintas, podendo o presidente do tribunal estender os efeitos da suspensão a liminares supervenientes, somente instrumentalizadas por pedidos em separado, não sendo admitido aditamento do pedido original.

(E) não é cabível o pedido de suspensão quando negado provimento a agravo interposto contra a decisão liminar.

A: incorreta, pois cabe novo pedido de suspensão ao presidente do STJ ou do STF – art. 4º, § 4º, da Lei 8.437/1992; **B:** correta, nos termos do art. 4º, § 7º, da Lei 8.437/1992; **C:** incorreta, pois não há essa prejudicialidade – art. 4º, § 6º, da Lei 8.437/1992; **D:** incorreta. Uma única decisão pode suspender diversas liminares (não o contrário) com objeto idêntico – art. 4º, § 8º, da Lei 8.437/1992; **E:** incorreta, pois o indeferimento do agravo contra a liminar não prejudica ou condiciona o pedido de suspensão – art. 4º, § 6º, da Lei 8.437/1992.
Gabarito "B".

(Procurador do Município – S.J. Rio Preto/SP – 2019 – VUNESP) Ao teor do que dispõe o Código Tributário Nacional, caso ocorra a exigência, por mais de uma pessoa jurídica de direito público, de tributo idêntico sobre um mesmo fato gerador, o sujeito passivo poderá

(A) promover ação de repetição de indébito em face de ambas as pessoas jurídicas de direito público.

(B) promover ação declaratória de inexistência de relação jurídico-tributária.

(C) alegar que houve homologação tácita por parte de uma das pessoas jurídicas de direito público.

(D) consignar judicialmente a importância do crédito.

(E) promover ação anulatória de lançamento tributário em face de ambas as pessoas jurídicas de direito público.

A exigência, por mais de uma pessoa jurídica de direito público, de tributo idêntico sobre um mesmo fato gerador dá ensejo à consignação judicial do valor do crédito, nos termos do art. 164, III, do CTN. Assim, a alternativa "D" é a correta.
Gabarito "D".

(Procurador do Município – S.J. Rio Preto/SP – 2019 – VUNESP) No prazo de embargos, segundo a lei que disciplina a execução fiscal, o executado deverá alegar toda matéria útil à defesa, requerer provas e juntar aos autos os documentos e rol de testemunhas, até três, ou, a critério do juiz, até o dobro desse limite.

Acerca do tema, assinale a assertiva correta.

(A) Em sede de embargos é admitida a reconvenção, que será processada em autos apartados e julgada antes dos embargos.

(B) Em sede de embargos é admitida a compensação, que será arguida como matéria preliminar e será processada e julgada com os embargos.

(C) Recebidos os embargos o Juiz mandará intimar a Fazenda, para impugná-los no prazo de 15 dias, designando, em seguida, audiência de instrução e julgamento.

(D) Intimada a Fazenda para impugnar os embargos, não se realizará audiência de instrução e julgamento, se os embargos versarem sobre matéria de direito, ou, sendo de direito e de fato, a prova for exclusivamente documental, caso em que o Juiz proferirá a sentença em 10 dias.

(E) Na execução por carta, os embargos do executado serão oferecidos no Juízo deprecado, que os remeterá ao Juízo deprecante, para instrução e julgamento, contudo, quando os embargos tiverem por objeto vícios ou irregularidades de atos do próprio Juízo deprecado, caber-lhe-á unicamente o julgamento dessa matéria.

A: incorreta, pois não se admite reconvenção nos embargos à execução fiscal – art. 16, § 3º, da Lei 6.830/1980; **B:** incorreta, pois não se admite compensação nos embargos à execução fiscal – art. 16, § 3º, da Lei 6.830/1980; **C:** incorreta, pois o prazo para impugnação dos embargos é de 30 dias – art. 17 da Lei 6.830/1980; **D:** incorreta, pois o prazo para sentença, nesse caso, é de 30 dias – art. 17, parágrafo único, da Lei 6.830/1980; **E:** correta, conforme o art. 20 da Lei 6.830/1980.

Gabarito "E".

(Procurador do Município – Boa Vista/RR – 2019 – CESPE/CEBRASPE) À luz da jurisprudência dos tribunais superiores, julgue os itens subsecutivos, acerca da ação anulatória de débito fiscal.

(1) Caso a fazenda pública municipal não conteste a ação no prazo legalmente previsto, deverá ser aplicado o efeito material da revelia.

(2) A suspensão da exigibilidade do crédito tributário discutido em ação dessa natureza dispensa o depósito do valor integral do tributo, qualquer que seja o autor da ação.

(3) Se for proposta ação anulatória de débito fiscal pela fazenda pública municipal, será cabível a expedição da certidão positiva de débitos com efeitos negativos, independentemente de garantia.

(4) A certidão da dívida ativa poderá ser anulada judicialmente caso não seja respeitado o devido processo legal administrativo que a originou.

1: incorreta, pois, por se tratar de direitos indisponíveis, não se aplica o efeito da revelia contra a fazenda pública – ver AgInt no AREsp 1171685/PR; **2:** incorreta, pois o simples ajuizamento de ação ordinária ou impetração de mandado de segurança não implica suspensão do crédito tributário, que depende de depósito integral em dinheiro, tutela de urgência ou liminar – art. 151 do CTN; **3:** correta, vide REsp 1123306/SP, Rel. Ministro LUIZ FUX, PRIMEIRA SEÇÃO, julgado em 09/12/2009, DJe 01/02/2010. **4:** correta, pois se trata de vício procedimental que prejudica o ato administrativo.

Gabarito 1E, 2E, 3C, 4C

(Juiz de Direito/AP – 2022 – FGV) Em 2021, foi submetido à Assembleia Legislativa do Estado X um projeto de lei ordinária estadual, sem qualquer anexo, contando com apenas dois artigos. Tais artigos alteravam dispositivos da Lei Complementar estadual que institui o Imposto sobre a Propriedade de Veículos Automotores (IPVA). A primeira alteração concedia isenção de IPVA a pessoas com deficiências e a segunda alteração ampliava o prazo de recolhimento desse tributo.

Caso aprovada a proposta, o dispositivo da lei estadual que concede tal isenção será:

(A) inconstitucional, já que essa lei ordinária não poderia alterar uma lei complementar;

(B) inconstitucional, já que essa lei não está acompanhada da estimativa do seu impacto orçamentário e financeiro;

(C) inconstitucional, por não se tratar de uma lei específica que regule exclusivamente a isenção;

(D) constitucional, por ser lei específica que regula o IPVA;

(E) constitucional, já que tal isenção pode ser concedida mediante lei ordinária.

Comentário: Comentário: **A:** incorreta, pois a lei complementar que instituiu o tributo é apenas formalmente complementar, sendo materialmente lei ordinária (pois exige-se simples lei ordinária estadual para isso). Assim, essa lei materialmente ordinária pode ser alterada por lei ordinária estadual; **B:** correta, pois os projetos de lei que concedem benefícios fiscais, como isenção, devem estar acompanhados de estimativa do impacto orçamentário-financeiro no exercício em que deva iniciar sua vigência e nos dois seguintes – art. 14 da LRF; **C:** incorreta, pois a lei que concede benefício fiscal pode regular também o correspondente tributo, nos termos do art. 150, § 6º, da CF. O que não se admite é lei que trate de benefício fiscal e, ao mesmo tempo, matérias estranhas ao tributo correspondente; **D** e **E:** incorretas, conforme comentário à alternativa "B". **RB**

Gabarito "B".

(Delegado de Polícia Federal – 2021 – CESPE) Considerando os princípios e as normas do direito tributário, julgue os itens que se seguem.

(1) Para a instituição de novas taxas, deve-se observar tanto a anterioridade anual quanto a anterioridade nonagesimal.

(2) De acordo com o Código Tributário Nacional, a legislação tributária restringe-se a leis, tratados e convenções internacionais, sendo os decretos e demais atos normativos expedidos por autoridades administrativas considerados normas complementares.

(3) De acordo com o STF, a imunidade tributária aplicável aos livros, quanto ao imposto de importação, alcança os leitores de livros eletrônicos apenas se estes não possuírem funcionalidades acessórias.

(4) O parcelamento e a moratória são hipóteses de suspensão da exigibilidade do crédito tributário.

(5) No caso de o imposto de renda de pessoa jurídica ser tributado com base no lucro real, a apuração dos seus resultados deve ser trimestral.

1: Correto, pois os princípios da anterioridade anual e nonagesimal, previstos no art. 150, III, *b* e *c*, da CF, aplicam-se a todas as espécies tributárias (incluindo as taxas), com as exceções previstas na própria Constituição, em especial no § 1º desse mesmo artigo. **2:** Incorreta, pois a terminologia do CTN se refere à expressão "legislação tributária" compreendendo "as leis, os tratados e as convenções internacionais, os decretos e as normas complementares" (art. 96). Ou seja, decretos não estão incluídos no conceito de "normas complementares", que se refere a (i) atos normativos expedidos pelas autoridades administrativas; (ii) as decisões dos órgãos singulares ou coletivos de jurisdição administrativa, a que a lei atribua eficácia normativa; (iii) as práticas reiteradamente observadas pelas autoridades administrativas; e (iv) os convênios que entre si celebrem a União, os Estados, o Distrito Federal e os Municípios (art. 100 do CTN). **3:** Incorreta, pois o entendimento do STF pela imunidade de livros eletrônicos abrange aqueles que possuam funcionalidades acessórias. Vide a Súmula Vinculante 57/ STF: "A imunidade tributária constante do art. 150, VI, d, da CF/88 aplica-se à importação e comercialização, no mercado interno, do livro eletrônico (e-book) e dos suportes exclusivamente utilizados para fixá-los, como leitores de livros eletrônicos (e-readers), ainda que possuam funcionalidades acessórias." **4:** Correta. Durante o parcelamento, o crédito tributário relativo às parcelas a vencer (vincendas) fica suspenso até o respectivo vencimento. A moratória é a ampliação do prazo de pagamento, favor legal que adia a exigibilidade do tributo. Estude as modalidades de suspensão do crédito tributário, listadas no art. 151 do CTN, assim como as modalidades de extinção e exclusão, respectivamente listadas nos arts. 156 e 175 do CTN. **5:** Incorreta, pois a pessoa jurídica tributada pelo lucro real pode optar pela apuração trimestral ou anual do imposto de renda, nos termos dos arts. 217 e 218 do Regulamento do Imposto de Renda – RIR (Decreto 9.580/2018). RB

Gabarito: 1C, 2E, 3E, 4C, 5E

(Delegado de Polícia Federal – 2021 – CESPE) Com base no texto da CF e nos princípios e nas normas do direito financeiro, julgue os itens a seguir.

(1) A possibilidade de a emenda parlamentar impositiva alocar recursos a estados e municípios, por meio da transferência especial constitucional, a qual permite o repasse direto sem convênio, só é cabível no caso de emenda individual, e não de emenda de bancada.

(2) É permitida aos estados a vinculação de receitas próprias geradas pela cobrança do IPVA para a prestação de contragarantia à União.

1: Correto, pois a transferência especial é modalidade de emenda individual impositiva, prevista no art. 166-A, I, da CF (não de emenda de iniciativa de bancada), e dispensa celebração de convênio ou instrumento congênere, conforme o § 2º, I, desse mesmo artigo. **2:** Correto, pois a vedação à vinculação de receitas de impostos a órgão, fundo ou despesa, prevista no art. 167, IV, da CF, não se aplica às exceções previstas nesse mesmo dispositivo e no seu § 4º, dentre elas a prestação de garantia ou contragarantia para pagamento de débitos com a União. RB

Gabarito: 1C, 2C

(Juiz de Direito/SP – 2021 – Vunesp) É imperativo concluir, em matéria tributária:

(A) a concessão de isenção tributária configura ato discricionário do ente federativo competente para a instituição do tributo. Tendo a lei optado por critérios cumulativos e razoáveis à concessão do benefício tributário, quais sejam, inatividade e doença grave, ainda que contraída após a aposentadoria, não se autoriza que o Poder Judiciário atue como legislador positivo, com base no princípio da isonomia, para beneficiar servidores em atividade com as mesmas patologias.

(B) não incide imposto de renda sobre os valores percebidos a título de indenização por horas extras trabalhadas, pelo mesmo motivo que se afasta a inci-

dência sobre indenização de férias por necessidade do serviço ou obtida em programa de incentivo à demissão voluntária.

(C) não incide, na importação de bens para uso próprio, o imposto sobre produtos industrializados, por se tratar de consumidor final.

(D) a transparência tributária não tem assento constitucional, o tema é objeto da Lei no 12.741/2012, que tornou obrigatória a informação do valor aproximado correspondente à totalidade dos tributos federais, estaduais e municipais, cuja incidência influi na formação dos respectivos preços de venda.

Comentário: **A:** correta, conforme jurisprudência do STF – ver ADI 6025/DF; **B:** incorreta, pois o pagamento por hora extra tralhada é remuneração pelo trabalho, pelo acréscimo patrimonial, sujeitando-se ao IR – ver RE 18.331/SP; **C:** incorreta, pois incide o IPI nesse caso, conforme entendimento do STF – ver RE 723.651/PR; **D:** incorreta, pois a transparência tributária e as normas da lei federal citada decorrem de determinação expressa do art. 150, § 5º, da CF. RB

Gabarito: "A".

(Juiz de Direito/SP – 2021 – Vunesp) No que tange aos tributos de competência do município, restou reconhecido:

(A) é inconstitucional lei municipal que estabelece impeditivos à submissão de sociedades profissionais de advogados ao regime de tributação fixa em bases anuais na forma estabelecida por lei nacional.

(B) a imunidade tributária prevista no artigo 150, VI, c, da Constituição Federal não se aplica aos bens imóveis temporariamente ociosos de propriedade das instituições de educação e de assistência social sem fins lucrativos.

(C) é compatível com a Constituição Federal disposição normativa que prevê a obrigatoriedade de cadastro em órgão da Administração Municipal de prestador de serviços não estabelecido no território do Município e imposição ao tomador residente de retenção do imposto sobre serviços.

(D) a inconstitucionalidade de majoração excessiva de taxa tributária fixada em ato infralegal a partir da delegação legislativa defeituosa conduz à invalidade do tributo e inviabiliza a correção direta com atualização dos valores de modo a compatibilizar com os índices oficiais de correção monetária.

Comentário: **A:** correta, conforme Tese de Repercussão Geral 918/STF; **B:** incorreta, pois a imunidade se aplica a imóveis temporariamente ociosos, conforme Tese de Repercussão Geral 693/STF; **C:** incorreta, pois esse tipo de cadastro e a responsabilização do tomador nesse caso foram considerados inconstitucionais pelo STF – tese fixada no julgamento do RE 1.167.509/SP; **D:** incorreta, pois essa majoração excessiva não implica invalidade do tributo, nem impede que o Poder Executivo atualize os valores previamente fixados em lei de acordo com percentual não superior aos índices oficiais de correção monetária – Tese de Repercussão Geral 1085/STF. RB

Gabarito: "A".

(Juiz de Direito – TJ/RJ – 2019 – VUNESP) Poderá recolher os impostos e contribuições na forma do Simples Nacional a microempresa ou empresa de pequeno porte

(A) de cujo capital participe entidade da administração pública indireta.

(B) que realize cessão ou locação de mão de obra.

974 ROBINSON BARREIRINHAS

(C) que exerça atividade de importação ou fabricação de automóveis e motocicletas.

(D) que possua sócio domiciliado no exterior.

(E) que se dedique ao serviço de vigilância, limpeza ou conservação.

A: incorreta, pois isso é vedado – art. 17, III, da LC 123/2006; **B:** incorreta, pois isso é vedado – art. 17, XII, da LC 123/2006; **C:** incorreta, pois isso é vedado – art. 17, VIII, da LC 123/2006; **D:** incorreta, pois isso é vedado – art. 17, II, da LC 123/2006; **E:** correta – art. 18, § 5º-C, VI, da LC 123/2006.
Gabarito "E".

(Promotor de Justiça/CE – 2020 – CESPE/CEBRASPE) Para os efeitos da Lei de Responsabilidade Fiscal, considera-se renúncia tributária a concessão de

(A) subsídio, parcelamento e ampliação da base de cálculo.

(B) parcelamento, alteração indiscriminada de alíquota e subsídio.

(C) isenção em caráter geral, alteração indiscriminada de alíquota e parcelamento.

(D) remissão, subsídio e outros benefícios que correspondam a tratamento diferenciado.

(E) remissão, isenção em caráter geral e outros subsídios que correspondam a tratamento diferenciado.

O art. 14, § 1º, da LRF, inclui no conceito de renúncia de receita: anistia, remissão, subsídio, crédito presumido, concessão de isenção em caráter não geral, alteração de alíquota ou modificação de base de cálculo que implique redução discriminada de tributos ou contribuições, e outros benefícios que correspondam a tratamento diferenciado. Por essa razão, a alternativa "D" é a correta.
Gabarito "D".

(Promotor de Justiça/PR – 2019 – MPE/PR) Assinale a alternativa *correta:*

(A) É inconstitucional a norma que disciplina juros moratórios aplicáveis a condenações da Fazenda Pública, ao fazer incidir sobre débitos oriundos de relação jurídico-tributária o índice de remuneração da caderneta de poupança, pois se devem observar os mesmos juros de mora pelos quais a Fazenda Pública remunera seu crédito.

(B) Por se referir a utilização efetiva de serviço público divisível, é constitucional a instituição e a cobrança de taxas por emissão ou remessa de carnês/guias de recolhimento de tributos.

(C) É constitucional norma municipal que estabelece hipótese de decadência, extinguindo o crédito tributário por transcurso de prazo para apreciação de recurso administrativo fiscal.

(D) Na hipótese de cumulação lícita de cargos públicos, a contribuição compulsória para o custeio dos serviços de saúde deve incidir sobre a remuneração de ambos os cargos exercidos pelo servidor.

(E) A atualização anual do valor venal dos imóveis para efeito da cobrança de IPTU não prescinde da edição de lei, em sentido formal, ainda que não exceda os índices inflacionários anuais de correção monetária.

A: correta, conforme Tese de Repercussão Geral 810 do STF; **B:** incorreta, pois isso foi considerado inconstitucional pelo STF – ver RE 789.218; **C:** incorreta, pois decadência e prescrição em matéria tributária

são reservadas à lei complementar federal – art. 146, III, *b*, da CF; **D:** incorreta, pois deve incidir sobre apenas um dos cargos, conforme entendimento fixado pelo STF – ver AgRg no RE 669.573; **E:** incorreta, pois, se excede o índice inflacionário, não se trata de simples atualização do valor, não é simples correção monetária, mas sim majoração do tributo, o que exige lei – Súmula 160/STJ.
Gabarito "A".

(Delegado – PC/BA – 2018 – VUNESP) Os representantes legais de uma determinada empresa tiveram instaurado contra si inquérito policial para apurar a suposta prática dos crimes previstos nos artigos 1o, I e II, da Lei no 8.137/90, porque teriam omitido da folha de pagamento da empresa e de documento de informações previstos pela legislação previdenciária, segurados empregados e contribuintes individuais, não recolhendo as respectivas contribuições previdenciárias no período de 10/2014 a 1/2017. Houve a realização de lançamento de ofício pelos agentes fiscais. Inconformados, os representantes legais ajuizaram ação anulatória do lançamento tributário, realizando o depósito integral do montante exigido pelo Fisco. O depósito do montante integral do crédito tributário

(A) é causa de suspensão da exigibilidade do crédito tributário, que equivale ao pagamento do débito, extinguindo a punibilidade dos crimes.

(B) é causa de extinção do crédito tributário e, por conseguinte, de extinção da punibilidade dos crimes.

(C) é causa de exclusão do crédito tributário, que corresponde ao pagamento, extinguindo a punibilidade dos crimes tributários.

(D) é causa de suspensão da exigibilidade do crédito tributário, não sendo suficiente para extinguir a punibilidade dos crimes tributários, porque não equivale ao pagamento do débito.

(E) é causa de exclusão da exigibilidade do crédito tributário, não sendo suficiente para extinguir a punibilidade dos crimes tributários, por não produzir os mesmos efeitos da moratória.

A: incorreta, pois a suspensão da exigibilidade do crédito não se confunde com sua extinção (pagamento é modalidade de extinção do crédito) – arts. 151 e 156 do CTN; **B, C e E:** incorretas, pois o depósito integral em dinheiro é modalidade de suspensão do crédito tributário – art. 151, II, do CTN; **D:** correta, conforme comentários anteriores, já que somente o pagamento integral do débito extingue a punibilidade – art. 83, § 4º, da Lei 9.430/1996. RB
Gabarito "D".

(Procurador Municipal – Prefeitura/BH – CESPE – 2017) Com base nas disposições do CTN, assinale a opção correta.

(A) A autoridade administrativa não poderá alterar de ofício o lançamento já notificado ao sujeito passivo, mesmo em caso de comprovada falsidade de elemento de declaração obrigatória.

(B) Uma taxa pode ser calculada em função do capital social da empresa contribuinte.

(C) Em caso de inobservância, pelo responsável, da legislação tributária, a obrigação principal será convertida em obrigação acessória.

(D) Interpreta-se a definição legal de fato gerador abstraindo-se da validade jurídica dos atos efetivamente praticados pelos contribuintes, pois para a incidência do tributo, não é relevante a regularidade jurídica dos atos.

30. DIREITO TRIBUTÁRIO

A: incorreta, pois é possível a alteração de ofício nessa hipótese – arts. 145, III, e 149, IV, do CTN; **B:** incorreta, pois isso é vedado expressamente pelo art. 77, parágrafo único, do CTN; **C:** incorreta, pois a inobservância de qualquer obrigação tributária (principal ou acessória) pode implicar aplicação de penalidade pecuniária (= multa), desde que prevista em lei, que é objeto de uma nova obrigação tributária principal – art. 113, § 3º, do CTN; **D:** correta – art. 118, I, do CTN. RB

Gabarito "D".

(Procurador Municipal – Prefeitura/BH – CESPE – 2017) Considerando as limitações constitucionais ao poder de tributar, assinale a opção correta.

(A) Não poderá ser cobrado ICMS, por um estado ou pelo DF, sobre operações que destinem petróleo a outros entes federados, ressalvada a cobrança sobre lubrificantes e combustíveis líquidos e gasosos derivados daquele produto.

(B) Medida provisória que instituir ou majorar taxas só produzirá efeitos no exercício financeiro seguinte ao da sua edição.

(C) A União pode instituir empréstimos compulsórios para atender a despesas extraordinárias decorrentes de calamidade pública, desde que o faça mediante lei complementar.

(D) Os entes federativos não podem cobrar taxas e impostos que incidam sobre a venda ou sobre o patrimônio dos demais entes da Federação.

A: incorreta, pois a CF afasta a incidência do ICMS não apenas nas operações interestaduais de petróleo, mas também de lubrificantes e combustíveis líquidos e gasosos dele derivados – art. 155, § 2º, X, *b*, da CF. É importante lembrar que há a ressalva do art. 155, § 2º, XII, *h*, da CF, prevendo incidência monofásica, hipótese em que não se aplica a imunidade do inciso X, *b*, desse dispositivo; **B:** discutível. O gabarito oficial indicou a alternativa como incorreta porque o art. 62, § 2º, da CF refere-se apenas a impostos ao dispor que a MP que implique instituição ou majoração do tributo só produzirá efeitos no exercício financeiro seguinte se houver sido convertida em lei até o último dia daquele em que foi editada. Mas isso significa que, no caso de impostos, é preciso converter a MP em lei até o final do exercício, e não que eventual taxa criada ou majorada por MP não tenha que observar o princípio da anterioridade anual – art. 150, III, *b*, da CF. No caso de taxa criada ou majorada por MP, essa instituição ou majoração valerá no início do exercício seguinte (observada também a noventena – art. 150, III, *c*, da CF), mesmo que não seja convertida em lei até o final do exercício; **C:** correta – art. 148, I, da CF; **D:** incorreta, pois é possível, em tese, cobrança de imposto sobre venda, se houver exploração de atividade econômica, conforme jurisprudência e art. 150, § 3º, da CF. Talvez o gabarito oficial tenha indicado como incorreta por conta da referência a taxas, já que o art. 150, VI, *a*, se refere expressamente apenas a impostos, mas não existem taxas sobre vendas ou patrimônio, de modo que os entes federados não poderiam mesmo cobrá-las de quem quer que seja. RB

Gabarito "C".

(Procurador Municipal – Prefeitura/BH – CESPE – 2017) Tendo por base os conceitos presentes na legislação tributária, assinale a opção correta.

(A) Presume-se fraudulenta a alienação de bens por sujeito passivo em débito com a fazenda pública, ainda que ele tenha reservado bens ou rendas que sejam suficientes para o pagamento total da dívida inscrita.

(B) Contribuinte é o sujeito passivo da obrigação principal, ao passo que responsável é o sujeito passivo apenas da obrigação acessória.

(C) Decadência é uma modalidade de extinção do crédito tributário; prescrição, uma modalidade de suspensão desse crédito.

(D) A isenção exclui o crédito tributário, mas não dispensa o cumprimento das obrigações acessórias dependentes da obrigação principal cujo crédito tenha sido excluído.

A: incorreta, pois se houve reserva de bens ou rendas suficientes, não há fraude – art. 185, parágrafo único, do CTN; **B:** incorreta. Contribuinte é o sujeito passivo que tem relação pessoal e direta com o fato gerador, enquanto o responsável tem apenas relação indireta com o fato gerador – art. 121, parágrafo único, do CTN; **C:** incorreta, pois tanto decadência como prescrição são modalidades de extinção do crédito tributário – art. 156, V, do CTN; **D:** correta – art. 175, parágrafo único, do CTN. RB

Gabarito "D".

(Procurador Municipal – Prefeitura/BH – CESPE – 2017) No que concerne aos ilícitos tributários e aos crimes contra a ordem tributária, assinale a opção correta.

(A) No caso de crime contra a ordem tributária, o coautor que, por confissão espontânea, revelar a trama delituosa à autoridade judicial terá direito à extinção da punibilidade, condicionada ao pagamento do tributo.

(B) Em caso de dúvida quanto às circunstâncias materiais do fato, a lei tributária que trata de infrações e penalidades será interpretada da maneira mais favorável ao fisco.

(C) Havendo omissão na apresentação de declaração exigida em lei, o inventariante responderá solidariamente pelas infrações tributárias imputáveis ao espólio, excluídas as penalidades de caráter moratório.

(D) A denúncia espontânea exclui a responsabilidade do agente que comete infração tributária, desde que esse ato seja anterior ao início de qualquer procedimento administrativo ou medida de fiscalização relacionada com a infração.

A: incorreta, pois o benefício ao coautor que confessa crime contra a ordem tributária é de redução da pena de um a dois terços – art. 16, parágrafo único, da Lei 8.137/1990; **B:** incorreta, pois adota-se a interpretação mais favorável ao acusado, nesse caso – art. 112, II, do CTN; **C:** incorreta, pois a responsabilidade do inventariante, no caso do art. 134, IV, do CTN é subsidiária (apesar de o dispositivo se referir a solidariedade) e se restringe, em relação à penalidades, às de caráter moratório – parágrafo único desse dispositivo; **D:** correta – art. 138 do CTN. RB

Gabarito "D".

(Juiz – TJ-SC – FCC – 2017) Tendo em conta as normas gerais de Direito Tributário, é INCORRETO afirmar:

(A) A legislação tributária aplica-se imediatamente aos fatos geradores pendentes e futuros.

(B) A obrigação principal surge com a ocorrência do fato gerador e tem por objeto o pagamento de tributo ou penalidade pecuniária, extinguindo-se com o crédito dela decorrente.

(C) O lançamento por homologação não admite homologação tácita.

(D) A denúncia espontânea acompanhada, quando o caso, de pagamento do tributo devido com consectários cabíveis, exclui a responsabilidade por infração.

(E) O parcelamento suspende a exigibilidade do crédito tributário.

A: correta – art. 105 do CTN; **B:** correta – art. 113, § 1º, do CTN; **C:** incorreta, pois há homologação tácita que, inclusive, ocorre na quase totalidade das vezes (há pouquíssimos casos de homologação efetiva) – art. 150, § 4º, do CTN; **D:** correta – art. 138 do CTN; **E:** correta – art. 151, VI, do CTN. [RB]

Gabarito "C".

(Juiz– TRF 2ª Região – 2017) Assinale a opção correta:

(A) Denomina-se capacidade tributária ativa a aptidão do Estado para instituir tributos, que é indelegável.

(B) Para acabar com eventual "guerra fiscal", a União Federal pode, mediante lei complementar, permitir que os Estados estabeleçam diferença de tratamento tributário em razão da procedência ou destino de bens e serviços.

(C) As chamadas contribuições parafiscais podem ser, em regra, instituídas por lei ordinária.

(D) Denomina-se salvaguarda tributária a situação na qual o sujeito detentor da competência tributária não é o mesmo sujeito que foi investido da capacidade ativa tributária.

(E) As contribuições especiais são aquelas que têm função regulatória de mercado e nelas o ente que instituiu o tributo é o destinatário dos recursos arrecadados.

A: incorreta, pois essa é a definição de competência tributária (capacidade para legislar sobre tributos), sendo que capacidade tributária ativa refere-se a ocupar o polo ativo da obrigação tributária, ser credor da obrigação, o que pode der delegado por lei – art. 7º do CTN; **B:** incorreta, pois isso é vedado expressamente pelo art. 152 da CF; **C:** correta, pois basta lei ordinária, como é a regra para a generalidade dos tributos – art. 149 da CF. Somente excepcionalmente a Constituição Federal exige lei complementar para determinados tributos de competência da União: empréstimo compulsório, imposto da competência residual, outras contribuições sociais não previstas expressamente na Constituição, imposto sobre grandes fortunas; **D:** incorreta, pois salvaguardas referem-se a medidas de proteção aplicáveis a determinados mercados – Decreto 1.488/95. A assertiva refere-se à sujeição ativa delegada por lei; **E:** incorreta, pois contribuições especiais é expressão normalmente adotada para indicar o gênero, que abarca as diversas espécies indicadas no art. 149 da CF, inclusive as contribuições de intervenção no domínio econômico e as parafiscais em favor de determinadas entidades. [RB]

Gabarito "C".

31. DIREITO FINANCEIRO

Henrique Subi e Robinson Barreirinhas*

1. PRINCÍPIOS E NORMAS GERAIS

Veja a seguinte tabela com os mais importantes princípios orçamentários, para estudo e memorização:

Princípios orçamentários	
Anualidade	A lei orçamentária é anual (LOA), de modo que suas dotações orçamentárias referem-se a um único exercício financeiro – art. 165, § 5º, da CF. Atenção: vide o art. 165, § 14: A lei orçamentária anual poderá conter previsões de despesas para exercícios seguintes, com a especificação dos investimentos plurianuais e daqueles em andamento.
Universalidade	A LOA inclui todas as despesas e receitas do exercício – arts. 3º e 4º da Lei 4.320/1964
Unidade	A LOA refere-se a um único ato normativo, compreendendo os orçamentos fiscal, de investimento e da seguridade social – art. 165, § 5º, da CF e art. 1º da Lei 4.320/1964. Ademais, cada esfera de governo (União, Estados, DF e Municípios) terá uma única LOA para cada exercício, o que também é indicado como princípio da unidade
Exclusividade	A LOA não conterá dispositivo estranho à previsão da receita e à fixação da despesa, admitindo-se a autorização para abertura de créditos suplementares e para contratação de operações de crédito – art. 165, § 8º, da CF
Equilíbrio	Deve haver equilíbrio entre a previsão de receitas e a autorização de despesas, o que deve também ser observado na execução orçamentária. Isso não impede a realização de superávits – ver art. 48, b, da Lei 4.320/1964 e art. 31, § 1º, II, da LRF (LC 101/2000)
Especificação, especialização ou discriminação	Deve haver previsão pormenorizada de receitas e despesas, não cabendo dotações globais ou ilimitadas – art. 167, VII, da CF e art. 5º da Lei 4.320/1964
Unidade de tesouraria	**As receitas devem ser recolhidas em caixa único, sendo vedada qualquer fragmentação para criação de caixas especiais – art. 56 da Lei 4.320/1964**
Não afetação ou não vinculação da receita dos impostos	É vedada a vinculação de receita de impostos a órgão, fundo ou despesa, com as exceções previstas no art. 167, IV, da CF

(Advogado – Pref. São Roque/SP – 2020 – VUNESP) Recentemente, o governo federal iniciou debate público a respeito do excesso de vinculações de receitas no ordenamento nacional, propondo a alteração das regras constitucionais que tratam desse tema. Com relação às regras atualmente vigentes a respeito do assunto, é correto afirmar que

(A) a Constituição exige lei complementar para a vinculação de receitas a órgão específico.

(B) é necessária a previsão em lei específica para a vinculação da receita de impostos a fundos públicos.

(C) é necessária prévia autorização legal para a criação de fundos públicos aos quais sejam vinculadas receitas decorrentes da arrecadação de taxas.

(D) as receitas decorrentes da arrecadação de contribuições sociais têm a sua aplicação necessariamente vinculada ao objeto de sua criação.

(E) as receitas vinculadas por meio de decreto do chefe do Poder Executivo não podem ser desvinculadas por meio de lei, em respeito à separação de poderes.

A: incorreta, pois não há essa exigência na constituição, sendo que vinculação, quando admitida constitucional, pode ser feita por lei ordinária; **B:** incorreta, pois essa vinculação de impostos é vedada, nos termos e com as exceções do art. 167, IV, da CF; **C:** correta, pois os fundos orçamentários somente podem ser criados após autorização legislativa – art. art. 167, IX, da CF; **D:** discutível. Foi considerada incorreta, pois, apesar do disposto nos arts. 149 e 195 da CF, o STF entendeu que "eventual inconstitucionalidade de desvinculação de receita de contribuições sociais não acarreta a devolução ao contribuinte do montante correspondente ao percentual desvinculado, pois a tributação não seria inconstitucional ou ilegal, única hipótese autorizadora da repetição do indébito tributário" – Tese de Repercussão Geral 277; **E:** incorreta, pois a vinculação de receitas, quando permitida constitucionalmente, somente pode ser feita por lei (decorrência do princípio da legalidade – vide, a propósito, o art. 167, IV, da CF e o art. 71 da Lei 4.320/1964). Observação: há anos o constituinte derivado criou a figura da desvinculação "temporária" de receitas da União, a chamada DRU, que vem sendo sucessivamente reeditada por emendas constitucionais,

---

* HS Henrique Subi
RB Robinson Barreirinhas

978 HENRIQUE SUBI E ROBINSON BARREIRINHAS

atualmente na redação do art. 76 do ADCT (hoje desvinculação 30% da receita da União, nos termos e com as exceções lá previstas.

Por pressão de Estados de Municípios, que sempre pleitearam sua própria "DRU", atualmente vige figura semelhante para eles, nos termos do art. 76-A do ADCT, também desvinculando 30% de suas receitas, com as exceções lá listadas.

Gabarito "C".

(Advogado – Pref. São Roque/SP – 2020 – VUNESP) É correto afirmar, quanto ao exercício financeiro, com base na Lei 4.320/1964, que

(A) pertencem ao exercício financeiro as receitas nele lançadas e as despesas nele legalmente pagas.

(B) o exercício financeiro será fixado em lei local, podendo coincidir com o ano civil.

(C) os créditos da Fazenda Pública, de natureza tributária ou não tributária, serão escriturados como receita do exercício em que forem recolhidos, ainda que tenham sido arrecadados em exercício distinto.

(D) se consideram Restos a Pagar as despesas empenhadas, mas não pagas, até o dia 31 de dezembro, distinguindo-se as processadas das ultraprocessadas.

(E) os Restos a Pagar com prescrição interrompida poderão ser pagos à conta de dotação específica consignada no orçamento, discriminada por elementos, obedecida, sempre que possível, a ordem cronológica.

A: incorreta, pois o regime de caixa se aplica às receitas, e o regime de competência se aplica às despesas – é o contrário do que consta na assertiva – art. 35 da Lei 4.320/1964; **B:** incorreta, pois o exercício financeiro é fixado pela norma nacional (art. 165, § 9º, da CF – a Lei 4.320/1964 tem força de lei complementar federal – norma nacional). Assim, o exercício financeiro correspondendo ao ano civil, por força do art. 34 da Lei 4.320/1964; **C:** dúbia. O recolhimento do tributo pelo sujeito passivo corresponde à arrecadação pelo sujeito ativo, de modo que a assertiva é bastante confusa. A receita é sempre contabilizada no exercício em que é arrecadada (regime de caixa) – art. 35, I, da – Lei 4.320/1964; **D:** incorreta, pois não existe despesa ultraprocessada. A despesa é (a) processada ou (b) não processada (= liquidada ou não liquidada) – art. 36 da Lei 4.320/1964; **E:** correta, sendo esta a melhor alternativa, por corresponder exatamente ao disposto no art. 37 da Lei 4.320/1964. É interessante, ainda assim, anotar que, apesar da literalidade desse dispositivo, o pagamento dos restos a pagar é extraorçamentário, ou seja, não onera o orçamento do exercício em que esse pagamento é realizado.

Gabarito "E".

(Procurador do Estado/SP – 2018 – VUNESP) Entre os princípios que informam o orçamento público, insere-se o da discriminação ou especificação que, em essência, veda a fixação de dotações genéricas ou inespecíficas, o que não impede, contudo, que a Lei Orçamentária anual contenha

(A) dotações destinadas a despesas de pessoal e custeio em geral, fixadas de forma global para órgãos ou entidades, passíveis de aditamento nos limites estabelecidos no decreto de execução orçamentária editado pelo Chefe do Executivo.

(B) dotações de caráter meramente indicativo, dependendo, para sua quantificação, do atingimento dos percentuais de arrecadação estabelecidos no anexo de metas fiscais que integra a Lei de Diretrizes Orçamentárias.

(C) reserva de contingência para fazer frente a passivos contingentes e outros riscos fiscais imprevistos, em

montante fixado pela Lei de Diretrizes Orçamentárias, estabelecido em percentual da receita corrente líquida.

(D) dotações atreladas a programas ou ações previstos no Plano Plurianual passíveis de remanejamento, no âmbito do mesmo programa, para outras despesas de capital ou custeio, mediante ato do Chefe do Executivo.

(E) dotações sem valor nominal, quando suportadas por receita de operações de crédito, contraídas junto a instituição financeira internacional ou organismo multilateral, referenciadas à cotação de moeda estrangeira.

A: incorreta, pois, nos termos do art. 5º da Lei 4.320/1964, a LOA não consignará dotações globais destinadas a atender indiferentemente a despesas de pessoal, material, serviços de terceiros, transferências ou quaisquer outras; **B, D e E:** incorretas, pois, conforme o princípio da especificação, especialização ou discriminação, deve haver previsão pormenorizada de receitas e despesas, não cabendo dotações globais ou ilimitadas – art. 167, VII, da CF e art. 5º da Lei 4.320/1964; **C:** correta, pois a reserva de contingência não implica dotação genérica ou inespecífica, sendo regulamentada pelo art. 5º, III, da LRF. **RB**

Gabarito "C".

(Procurador do Município – Prefeitura Fortaleza/CE – CESPE – 2017) Com fundamento na disciplina que regula o direito financeiro e nas normas sobre orçamento constantes na CF, julgue os itens a seguir.

(1) A adoção do federalismo cooperativo equilibrado pela CF visa à redução das desigualdades regionais.

(2) Na LDO será estabelecida a política de aplicação a ser executada pelas agências oficiais de fomento.

(3) Constitui ofensa à competência reservada ao chefe do Poder Executivo a iniciativa parlamentar que prevê, na LDO, a inclusão de desconto no imposto sobre a propriedade de veículos automotores, em caso de pagamento antecipado.

(4) No que diz respeito ao direito financeiro, a CF pode ser classificada como semirrígida, uma vez que restringe a regulação de certos temas de finanças públicas a lei complementar e deixa outros à disciplina de lei ordinária.

1: correta. Sobre o tema, veja-se a lição de Heleno Taveira Torres (*in* **Constituição financeira e o federalismo financeiro cooperativo equilibrado brasileiro**. Revista Fórum de Direito Financeiro e Econômico – RFDFE I Belo Horizonte, ano 3, n. 5, p. 25-54, mar./ago. 2014): "De fato, uma das grandes contribuições da Constituição de 1988 foi efetivamente esta: implantar um federalismo de equilíbrio, na correlação entre fortalecimento da União para planejamento e ordenação das políticas públicas e aprimoramento das competências das unidades periféricas, para criar um sistema que não prioriza extremos, mas que alcança no equilíbrio suas melhores virtudes a serem concretizadas. Na atualidade, pelo grau de complexidade que as demandas coletivas encarregam aos Estados nacionais, a tendência é a ampliação da cooperação entre as entidades federadas e a entidade central, sob a égide do princípio da solidariedade que acompanha os laços federativos. No Brasil, ao tempo que a própria superestrutura constitucional vê-se definida para cumprir esse desiderato de cooperação permanente, equilibra-se desde a Constituição, como bem o diz Gilberto Bercovici, 'a descentralização federal com os imperativos da integração econômica nacional'"; **2:** Correta, nos termos do art. 165, §2º, parte final, da CF; **3:** incorreta. A posição do STF esposada na medida cautelar da ADI 2392 é que não há reserva de iniciativa do chefe do Poder Executivo nesse caso (Informativo 222 do STF); **4:** incorreta. Constituição semirrígida é aquela na qual uma parte deve ser alterada por processo legislativo

31. DIREITO FINANCEIRO 979

mais longo e com quórum qualificado, enquanto outras partes podem ser alteradas por leis ordinárias. A CF de 1988 é rígida, tanto na parte política quanto na parte financeira. HS

Gabarito 1C, 2C, 3E, 4E

(Procurador do Município – Prefeitura Fortaleza/CE – CESPE – 2017) Dado o princípio da universalidade, o orçamento deve conter todas as receitas e despesas da União, de qualquer natureza, procedência ou destino, incluída a dos fundos dos empréstimos e dos subsídios. Tal princípio é de grande importância para o direito financeiro e se concretiza na norma do art. 165, § 5°, da CF e em diversas constituições modernas.

A respeito do orçamento público na CF e dos princípios orçamentários vigentes no ordenamento jurídico brasileiro, julgue os itens que se seguem.

(1) Embora o princípio da responsabilidade fiscal tenha adquirido grande relevância no ordenamento jurídico brasileiro, seu descumprimento não gera responsabilidade penal.

(2) Em consonância com a ideia de orçamento-programa, a diretriz de controle incluída na Lei n.º 4.320/1964 abrange a eficiência, a eficácia e a efetividade das ações governamentais.

(3) De acordo com o entendimento do STF, a destinação de determinado percentual da receita de ICMS ao financiamento de programa habitacional ofende a vedação constitucional de vincular receita de impostos a órgão, fundo ou despesa.

(4) Decorre do princípio da unidade do orçamento a vedação à inclusão, no orçamento, de qualquer dispositivo de lei material que não verse sobre previsão de receita ou autorização de despesa.

1: incorreta. O capítulo IV do Código Penal – Dos Crimes Contra as Finanças Públicas (art. 359-A e seguintes) – é todo destinado à criminalização de condutas ofensivas aos preceitos da Lei de Responsabilidade Fiscal; **2:** correta. Enquanto no orçamento tradicional (ou clássico) o controle é voltado à honestidade dos agentes públicos e a legalidade estrita no cumprimento do orçamento, no orçamento-programa os órgãos de controle devem atentar mais para os resultados obtidos pela gestão pública; **3:** correta, nos termos do julgado no RE 183.906/SP.; **4:** incorreta. A assertiva traduz o princípio da exclusividade. Pelo princípio da unidade orçamentária, ainda que veiculado por três diplomas normativos (PPA, LDO e LOA), o orçamento é considerado único para um dado exercício financeiro e deve ser assim analisado. HS

Gabarito 1E, 2C, 3C, 4E

(Procurador Municipal – Prefeitura/BH – CESPE – 2017) Assinale a opção correta de acordo com as normas de direito financeiro constantes na CF.

(A) O descumprimento do limite de despesas com pessoal impõe como medida derradeira a demissão de servidores estáveis, com a consequente extinção dos seus respectivos cargos públicos, cuja recriação poderá ocorrer imediatamente após a recondução da despesa ao limite.

(B) A LDO estabelecerá, de forma regionalizada, as diretrizes, os objetivos e as metas da administração pública federal para as despesas de capital e de outras delas decorrentes e para as relativas aos programas de duração continuada.

(C) O controle externo é atividade precípua do tribunal de contas, não lhe incumbindo, todavia, as atividades

de controle interno, que são exclusivas dos Poderes Executivo, Legislativo e Judiciário.

(D) A abertura de crédito extraordinário somente será admitida para atender a despesas imprevisíveis e urgentes.

A: incorreta. É vedada a criação de cargo, emprego ou função com as mesmas ou assemelhadas atribuições pelo prazo de quatro anos (art. 169, § 6°, da CF); **B:** incorreta. Tal conteúdo pertine ao plano plurianual. A LDO compreende as metas e prioridades da Administração Pública federal, incluindo as despesas de capital para o exercício financeiro subsequente, orienta a elaboração da LOA, dispõe sobre alterações na legislação tributária e estabelece a política de aplicação das agências financeiras oficiais de fomento (art. 165, §§ 1° e 2°, da CF); **C:** incorreta. O controle externo compete ao Poder Legislativo, que o executará com o auxílio do Tribunal de Contas (art. 71 da CF); **D:** correta, nos termos do art. 167, § 3°, da CF. HS

Gabarito "D".

(Juiz – TJ-SC – FCC – 2017) Tendo em vista princípios de direito financeiro, é correto afirmar:

(A) O princípio do equilíbrio orçamentário significa que despesas e receitas projetadas devem se manter em níveis compatíveis umas frente às outras, vedando, portanto, a realização de *superávits*.

(B) O princípio da unidade de tesouraria determina que todas as receitas sejam recolhidas a conta única, vedada a criação de caixas especiais, à exceção dos fundos de despesa.

(C) A anualidade determina que as dotações orçamentárias do exercício seguinte sejam fixadas conforme exercício anterior.

(D) O orçamento especial da previdência social é a única exceção ao princípio na universalidade.

(E) É permitida a vinculação de receita de impostos a órgão ou fundo, exclusivamente, para a despesas com educação.

A: incorreta, pois o equilíbrio orçamentário não impede a realização de *superávits* – art. 48, *b*, da Lei 4.320/64 e art. 31, § 1°, II, da LRF; **B:** correta – art. 56 da Lei 4.320/64; **C:** incorreta, pois não há essa imposição de identidade das dotações de um ano em relação ao anterior. A anualidade se refere ao período em que aplicável cada lei orçamentária – art. 165, § 5°, da CF. Atenção: vide o art. 165, § 14: A lei orçamentária anual poderá conter previsões de despesas para exercícios seguintes, com a especificação dos investimentos plurianuais e daqueles em andamento; **D:** incorreta, lembrando que a lei orçamentária anual compreende, além do orçamento fiscal do ente político, o orçamento de investimento de empresas estatais e o orçamento da seguridade social, nos termos do art. 165, § 5°, da CF; **E:** incorreta, pois há outras hipóteses em que se admite a vinculação excepcional da receita de impostos – art. 167, IV, da CF. Interessante anotar que essas exceções constitucionais que acabam criando vinculações de receitas a despesas e fundos específicos acabaram com, o tempo, criando entraves à execução orçamentária. Por conta disso, há anos o constituinte derivado criou a figura da desvinculação "temporária" de receitas da União, a chamada DRU, que vem sendo sucessivamente reeditada por emendas constitucionais, atualmente na redação do art. 76 do ADCT (hoje desvinculação 30% da receita da União, nos termos e com as exceções lá previstas.

Por pressão de Estados de Municípios, que sempre pleitearam sua própria "DRU", atualmente vige figura semelhante para eles, nos termos do art. 76-A do ADCT, também desvinculando 30% de suas receitas, com as exceções lá listadas. RB

Gabarito "B".

2. LEI DE DIRETRIZES ORÇAMENTÁRIAS – LDO E PLANO PLURIANUAL – PPA

(Advogado – Pref. São Roque/SP – 2020 – VUNESP) Com relação às leis que veiculam o planejamento orçamentário, é correto afirmar que

(A) os planos e programas nacionais, regionais e setoriais previstos na Constituição serão elaborados em consonância com o plano plurianual e apreciados pelo Congresso Nacional.

(B) a lei de diretrizes orçamentárias e a lei orçamentária anual são de iniciativa do Poder Legislativo, ao passo que o plano plurianual é de iniciativa do Poder Legislativo.

(C) o projeto de lei de diretrizes orçamentárias será acompanhado de demonstrativo global do efeito sobre as receitas e despesas decorrente de isenções, anistias, remissões, subsídios e benefícios de natureza financeira, tributária e creditícia.

(D) a lei orçamentária anual não conterá dispositivo estranho à previsão da receita e à fixação da despesa, incluindo-se na proibição a autorização para contratação de operações de crédito, ainda que por antecipação de receita, nos termos da lei.

(E) o plano plurianual compreenderá as metas e prioridades da administração pública, incluindo as despesas de capital para o exercício financeiro subsequente e disporá sobre as alterações na legislação tributária.

A: correta – art. 165, § 4°, da CF; **B:** incorreta, pois os projetos da LDO, da LOA e do PPA são de iniciativa privativa do chefe do Executivo – art. 165 da CF; **C:** incorreta, pois esse demonstrativo deve acompanhar o projeto de LOA – art. 165, § 6°, da CF; **D:** incorreta, pois o princípio da exclusividade, previsto no art. 165, § 8°, da CF, admite excepcionalmente a previsão, na LOA, de autorização para abertura de créditos suplementares e contratação de operações de crédito, ainda que por antecipação de receita; **E:** incorreta, pois essas disposições são da LDO, não do PPA – art. 165, § 2°, da CF.
Gabarito "A".

(Promotor de Justiça – MPE/RS – 2017) À luz da Lei 4.320, de 17 de março de 1964, **NÃO** integrará ou acompanhará a Lei Orçamentária Anual:

(A) autorização para a alienação de bem imóvel.

(B) sumário geral da receita por fontes.

(C) quadro discriminativo da receita por fontes.

(D) quadro das dotações por órgãos do Governo.

(E) quadro demonstrativo da receita.

A: correta, pois realmente essa matéria é estranha à LOA e não pode dela constar, por força do princípio da exclusividade – art. 2° da Lei 4.320/1964; **B, C, D** e **E:** incorretas, pois integram ou acompanham a LOA, nos termos do art. 2°, da Lei 4.320/1964. **RB**
Gabarito "A".

3. LEI DE RESPONSABILIDADE FISCAL – LRF

(Juiz de Direito – TJ/BA – 2019 – CESPE/CEBRASPE) De acordo com a LRF, a concessão ou ampliação de incentivo ou benefício de natureza tributária da qual decorra renúncia de receita deverá, entre outras condições, estar acompanhada de estimativa do impacto orçamentário-financeiro no exercício em que deva se iniciar sua vigência e nos dois seguintes. Para os efeitos dessa regra, são exemplos de renúncia de receita

(A) o crédito presumido, a concessão de isenção em caráter geral e a modificação de base de cálculo, ainda que esta última não implique redução discriminada de tributos.

(B) a anistia, a remissão e a modificação de base de cálculo, ainda que não impliquem redução discriminada de tributos.

(C) o crédito presumido, o subsídio e o aumento de alíquotas para a majoração discriminada de tributos.

(D) a remissão, a concessão de isenção em caráter geral e o crédito presumido.

(E) a anistia, a remissão e a concessão de isenção em caráter não geral.

Nos termos do art. 14, § 1°, da LRF, a renúncia de receita compreende anistia, remissão, subsídio, crédito presumido, concessão de isenção em caráter não geral, alteração de alíquota ou modificação de base de cálculo que implique redução discriminada de tributos ou contribuições, e outros benefícios que correspondam a tratamento diferenciado. **A,** e **B:** incorretas, pois somente a modificação da base de cálculo que implique redução discriminada de tributos ou contribuições é considerada renúncia de receita para fins do art. 14, da LRF; **C:** incorreta, pois a majoração de tributos não é, evidentemente, renúncia de receita; **D:** incorreta, pois somente a isenção de caráter não geral é considerada renúncia de receita para fins do art. 14, da LRF; **E:** correta, conforme comentários iniciais. **RB**
Gabarito "E".

(Juiz – TRF 2ª Região – 2017) À luz da Lei Complementar n° 101/2000 (Lei de Responsabilidade Fiscal – LRF), assinale a opção correta:

(A) É vedado a Estados e Municípios – e permitido à União Federal – conceder garantia em operações de crédito externas.

(B) Em regra, instituição financeira que contrate operação de crédito com ente da Federação fica dispensada de exigir comprovação de que a operação atende às condições e limites estabelecidos na Lei de Responsabilidade Fiscal.

(C) A Caixa Econômica Federal, em razão da proibição de operação de crédito entre instituição financeira estatal e o ente da Federação que a controla, está impedida de adquirir títulos da dívida de emissão da União Federal.

(D) O Banco Central do Brasil está impedido de comprar diretamente títulos emitidos pela União, salvo para refinanciar a dívida mobiliária federal que estiver vencendo na sua carteira.

(E) É absolutamente vedado ao Tesouro Nacional adquirir títulos da dívida pública federal existentes na carteira do Banco Central do Brasil.

A: incorreta, pois Estados e Municípios também podem conceder garantias, observadas as normas do art. 40 da LRF; **B:** incorreta, pois em regra há essa obrigação, nos termos do art. 33 da LRF; **C:** incorreta, pois a vedação desse tipo de operação de crédito não impede a aquisição de títulos da dívida emitidos pela União – art. 36, parágrafo único, da LRF; **D:** correta – art. 39, § 2°, da LRF; **E:** incorreta, pois há possibilidade de adquirir títulos para reduzir a dívida mobiliária – art. 39, § 4°, da LRF. **RB**
Gabarito "D".

4. RECEITAS

(Procurador do Estado/SP – 2018 – VUNESP) Considere que o Estado necessite auferir receitas extraordinárias a fim de compensar a frustração da receita orçamentária estimada com a arrecadação de impostos. Nesse sentido, adotou, como alternativa, a alienação de imóveis e de ações representativas do controle acionário detido em sociedade de economia mista.

De acordo com as disposições constitucionais e legais aplicáveis,

(A) o produto de tais alienações é de livre destinação orçamentária, porém constitui receita equiparável àquela obtida com operação de crédito, sendo tal produto considerado no cômputo do limite de endividamento do Estado.

(B) a receita obtida com a alienação das ações, considerada proveniente de ativos mobiliários, configura excesso de arrecadação e pode ser destinada à abertura de créditos adicionais, especiais ou suplementares, para suportar despesas de capital ou custeio em geral.

(C) o produto obtido com tais alienações somente poderá ser aplicado em despesas de capital, admitindo-se a aplicação em despesas correntes apenas se houver destinação por lei aos regimes de previdência social, geral ou próprio, dos servidores públicos.

(D) o Estado deverá aplicar a receita obtida com tais alienações no custeio de pessoal, incluindo inativos, despesas estas que, pelo seu caráter alimentar, possuem precedência em relação às despesas de capital.

(E) apenas a receita obtida com a alienação de imóveis sujeita-se à denominada "regra de ouro", que determina sua aplicação exclusivamente em despesas de capital, sendo as demais, inclusive as decorrentes de operações de crédito, de livre destinação orçamentária.

A: incorreta, sendo inviável, em princípio, alienar patrimônio público para suprir deficiência de receitas correntes. Isso porque há regra de preservação de patrimônio que veda a aplicação da receita de capital derivada da alienação de bens e direitos que integram o patrimônio público para o financiamento de despesa corrente, salvo se destinada por lei aos regimes de previdência social, geral e próprio dos servidores públicos – art. 44 da LRF; **B:** incorreta, pois se trata de receita de capital, decorrente de alienação de patrimônio (conversão em espécie de bens e direitos), o que limita a destinação de seus recursos a despesas de capital, conforme o art. 44 da LRF; **C:** correta, conforme o art. 44 da LRF; **D:** incorreta, pois é inviável despender tais recursos com despesas correntes, exceto no caso previsto no art. 44 da LRF (exceto se desti-

nados por lei aos regimes próprios de previdência dos servidores); **E:** incorreta, pois essa "regra de ouro" refere-se a toda receita de capital derivada de alienação de bens e direitos que integram o patrimônio público, não apenas imóveis – art. 44 da LRF. Interessante notar que a expressão "regra de ouro" é muito utilizada em sentido distinto, em relação à limitação do art. 167, III, da CF (vedação de operações de crédito em montante que exceda as despesas de capital). **RB**

Gabarito "C".

(Juiz – TRF 2ª Região – 2017) Sobre a renúncia de receitas na Lei de Responsabilidade Fiscal (Lei Complementar nº 101/2000), assinale a opção correta:

(A) A legalidade da concessão de benefício de natureza tributária da qual decorra renúncia de receita estará garantida, sob o ponto de vista da Lei Complementar nº 101, desde que esteja acompanhada de estimativa do impacto orçamentário-financeiro no exercício em que deva iniciar sua vigência e nos dois seguintes.

(B) A redução nas alíquotas do imposto de produtos industrializados (IPI), em razão de seu impacto sobre a arrecadação federal, submete-se aos requisitos para renúncia de receitas estabelecidos pela Lei de Responsabilidade Fiscal.

(C) Quando o ato de concessão ou ampliação do incentivo ou benefício do qual decorra renúncia de receita estiver condicionado à implementação de medidas de compensação, o benefício só entrará em vigor 90 (noventa) dias após implementadas tais medidas.

(D) É facultativo o exercício da competência tributária pelos entes federados, razão pela qual o ente que não instituir todos os impostos de sua competência pode, nos termos da Lei de Responsabilidade Fiscal, continuar a receber transferências obrigatórias e voluntárias.

(E) O cancelamento de débito cujo montante seja inferior ao dos respectivos custos de cobrança não é considerado, pela Lei de Responsabilidade Fiscal, como renúncia de receita.

A: incorreta, pois não basta a estimativa de impacto, sendo necessário a atendimento às disposições da LDO e a pelo menos uma das condições listadas nos incisos do art. 14 da LRF; **B:** incorreta, pois a alteração das alíquotas dos impostos de carga fortemente extrafiscal listados no art. 14, § 3º, I, da LRF é dispensada das medidas para renúncia de receita estabelecidas nesse artigo; **C:** incorreta, pois o benefício entra em vigor assim que implementadas as medidas – art. 14, § 2º, da LRF; **D:** incorreta, pois a LRF traz sanção para o ente que não instituir e cobrar efetivamente os impostos de sua competência, que é a vedação de transferências voluntárias, nos termos do art. 11, parágrafo único, da LRF, com a exceção do art. 25, § 3º, da mesma lei; **E:** correta – art. 14, § 3º, II, da LRF. **RB**

Gabarito "E".

Veja a seguinte tabela, com a classificação das receitas por diversos critérios:

Classificações da Receita Pública			
Critério	Espécies	Definição	Exemplos
Previsão orçamentária	Orçamentária	Prevista (ou deveria) no orçamento	Tributos, transferências
	Extraorçamentária	À margem do orçamento	Depósitos, cauções, consignações, fianças, superávit, restos a pagar, operações de ARO
Origem	Originária	Decorre da exploração do patrimônio estatal e da prestação de serviço em regime privado	Recebimento de aluguel, preço pela venda de imóvel ou veículo da administração, juros em aplicações financeiras
	Derivada	Decorre da imposição legal	Tributos, multas
	Transferida	Auferida por outra entidade política e transferida para quem vai utilizá-la	Advinda dos Fundos de Participação dos Estados e dos Municípios
Regularidade	Ordinária	Usual, comum	Tributos
	Extraordinária	Esporádica, eventual	Doações, preço pela venda de bem, imposto extraordinário
Categoria econômica	Corrente	Listagem no art. 11, § 1º, da Lei 4.320/1964 – muito próximo das receitas ordinárias	Tributos, transferências correntes
	De Capital	Listagem no art. 11, § 2º, da Lei 4.320/1964 – muito próximo das receitas extraordinárias	Decorrente de operação de crédito (empréstimo), preço pela alienação de bens, transferências de capital

Veja a seguinte tabela, para estudo e memorização da classificação das receitas por categorias econômicas – art. 11, § 4º, da Lei 4.320/1964:

RECEITAS	Correntes	Receita tributária (Impostos, Taxas, Contribuições de melhoria) Receita de contribuições Receita patrimonial Receita agropecuária Receita industrial Receita de serviços Transferências correntes Outras receitas correntes
	de Capital	Operações de crédito Alienação de bens Amortização de empréstimos Transferências de capital Outras receitas de capital

5. DESPESAS

(Advogado – Pref. São Roque/SP – 2020 – VUNESP) São classificadas como Subvenções Econômicas, nos termos da Lei 4.320/1964, as despesas com

(A) a prestação de serviços essenciais de assistência social, médica e educacional, sempre que a suplementação de recursos de origem privada aplicados a esses objetivos revelar-se mais econômica.

(B) os programas especiais de trabalho que, por sua natureza, não possam cumprir-se subordinadamente às normas gerais de execução da despesa.

(C) a aquisição de títulos representativos do capital de empresas ou entidades de qualquer espécie, já constituídas, quando a operação não importe aumento do capital.

(D) a cobertura dos déficits de manutenção das empresas públicas.

(E) investimentos que outras pessoas de direito público ou privado devam realizar, independentemente de contraprestação direta em bens ou serviços.

A: incorreta, pois trata-se de subvenção social – art. 16 da Lei. 4.320/1964; **B:** incorreta, pois trata-se de investimento – art. 12, § 4º, da Lei. 4.320/1964; **C:** incorreta, pois trata-se de inversão financeira – art. 12, § 5º, II, da Lei. 4.320/1964; **D:** correta – arts. 12, § 3º, II, e 18 da Lei. 4.320/1964; **E:** incorreta, pois trata-se de transferência de capital – art. 12, § 6º, da Lei. 4.320/1964

Gabarito "D".

(Procurador do Estado/SP – 2018 – VUNESP) Considere que tenha sido instituído, por lei específica, um fundo especial de despesa com a finalidade de dar suporte ao exercício do poder de polícia a cargo de determinado órgão público, vinculando ao referido fundo a receita proveniente da cobrança de taxas pela fiscalização e licenciamento das atividades correspondentes. Ao final do exercício, verificou-se que a receita vinculada efetivamente arrecadada superou as despesas incorridas pelo fundo para a consecução das suas finalidades no mesmo período.

31. DIREITO FINANCEIRO   983

Considerando a legislação de regência, notadamente as disposições da Lei Federal 4.320/64,

(A) as receitas que sobejarem às despesas incorridas pelo fundo no curso do exercício orçamentário poderão ser destinadas a outros fundos de despesa ou investimento, mediante decreto do Chefe do Executivo.

(B) o saldo positivo do fundo, apurado em balanço, será transferido para o exercício seguinte, a crédito do mesmo fundo, salvo se a lei que o instituiu contiver disposição em contrário.

(C) as receitas que não tenham sido utilizadas em empenhos de despesas do fundo pertencem ao Tesouro por força do princípio da não afetação, que veda a vinculação de impostos e taxas a despesas específicas.

(D) é vedada a transferência de saldo financeiro do fundo para o exercício subsequente àquele em que as receitas correspondentes tenham sido arrecadadas por força do princípio da anualidade.

(E) o saldo financeiro verificado ao final do exercício poderá ser utilizado, pelo próprio fundo ou pelo Tesouro, como fonte para abertura de créditos adicionais especiais, independentemente de autorização legislativa.

A: incorreta, pois o fundo implica vinculação de determinadas receitas a determinadas despesas, nos termos da lei que o institui, ainda que em exercícios distintos, de modo que o saldo positivo apurado em um balanço será, salvo disposição legal em contrário, transferido ao exercício seguinte, a crédito do mesmo fundo, nos termos do art. 73 da Lei 4.320/1964; **B:** correta, correspondendo ao disposto no art. 73 da Lei 4.320/1964; **C e D:** incorretas, conforme comentários anteriores; **E:** incorreta, pois, salvo disposição de lei em contrário, o saldo positivo em um exercício é levado a crédito do mesmo fundo no exercício seguinte, mantida assim a destinação definida pela lei desse fundo – art. 73 da Lei 4.320/1964. RB

Gabarito "B."

(Procurador do Estado/SP – 2018 – VUNESP) A Lei de Responsabilidade Fiscal (Lei Complementar no 101, de 2000) detalha os requisitos e as condições para geração de despesa pública, introduzindo tratamento específico para as denominadas "despesas obrigatórias de caráter continuado",

(A) que ensejam a obrigação legal de execução para o ente por um período superior a dois exercícios e cujos atos de criação condicionam-se à comprovação de não comprometimento das metas de resultados fiscais, salvo para aquelas destinadas ao serviço da dívida ou revisão geral anual dos servidores.

(B) classificadas como necessariamente despesas de capital, ainda que destinadas ao custeio dos serviços decorrentes da infraestrutura a que estejam atreladas, devendo ser suportadas com aumento permanente de receitas ou redução de despesas em montante correspondente.

(C) consistentes na somatória das despesas com a folha de pagamentos do pessoal ativo e inativo do ente federado, incluindo as empresas dependentes, sujeitando-se à observância de limites máximos de comprometimento em relação à receita corrente líquida.

(D) que decorrem de vinculações constitucionais, sendo, pelo seu caráter não discricionário, excluídas do cômputo de superávit ou déficit orçamentário dos exercícios correspondentes.

(E) assim entendidas apenas as decorrentes de programas ou ações inseridas no Plano Plurianual e que se projetam por mais de 5 (cinco) anos, dispensando previsão específica na Lei Orçamentária Anual.

A: correta, conforme a definição do art. 17, *caput*, da LRF, e regras dos seus §§ 2° e 6°; **B:** incorreta, até porque as despesas obrigatórias de caráter continuado são, em princípio, despesas correntes (como salários e benefícios, por exemplo) – art. 17, *caput*, da LRF; **C:** incorreta, pois as despesas obrigatórias de caráter continuado são todas aquelas despesas correntes derivadas de lei, medida provisória ou ato administrativo normativo que fixem para o ente a obrigação legal de sua execução por um período superior a dois exercícios, não se limitando a despesas com pessoal – art. 17 da LRF; **D:** incorreta, pois são também aquelas derivadas de lei, medida provisória ou ato administrativo normativo – art. 17 da LRF; **E:** incorreta, conforme comentários anteriores. RB

Gabarito "A."

(Procurador Municipal – Prefeitura/BH – CESPE – 2017) A respeito do regime normativo das despesas constante na CF e na legislação complementar em matéria financeira, assinale a opção correta.

(A) A subvenção econômica em empresa pública pode ser realizada para o aumento de seu capital social, devendo estar contemplada em lei específica, com expressa inclusão da despesa no orçamento fiscal.

(B) A expansão quantitativa do atendimento e dos serviços de saúde e assistência social prestados pelo município deve ser compensada pelo aumento permanente de receita ou pela redução de outra despesa de custeio.

(C) As subvenções sociais e econômicas são transferências realizadas a pessoas jurídicas públicas ou privadas para cobrir despesas de custeio.

(D) Qualificada como despesa de capital obrigatória, a despesa de pessoal é dotada de caráter continuado.

A: incorreta. A subvenção econômica se limita a cobrir déficits de manutenção (art. 18 da Lei 4.320/1964); **B:** incorreta. O art. 17, § 2°, da LRF não limita a redução de despesas àquelas classificadas como "de custeio", podendo ser de qualquer natureza; **C:** correta, nos termos do art. 12, §§ 2° e 3°, da Lei 4.320/1964; **D:** incorreta. A despesa de pessoal é classificada como despesa corrente, especificamente uma despesa de custeio. HS

Gabarito "C."

Veja a seguinte tabela com as fases da realização da despesa

Fases da realização das despesas
1° – Empenho: art. 60 da Lei 4.320/1964
2° – Contratação na forma da Lei 8.666/1993
3° – O serviço é realizado ou o bem é entregue
4° – Liquidação da despesa: art. 63 da Lei 4.320/1964
5° – Ordem de pagamento: art. 64 da Lei 4.320/1964
6° – Entrega do dinheiro ao contratado: art. 65 da lei 4.320/1964

Veja as seguintes tabelas, para estudo e memorização da discriminação da despesa por elementos, conforme as categorias econômicas – art. 13 da Lei 4.320/1964:

DESPESAS CORRENTES	*Despesas de Custeio*	*Pessoa Civil* *Pessoal Militar* *Material de Consumo* *Serviços de Terceiros* *Encargos Diversos*
	Transferências Correntes	*Subvenções Sociais* *Subvenções Econômicas* *Inativos* *Pensionistas* *Salário-Família e Abono Familiar* *Juros da Dívida Pública* *Contribuições de Previdência Social* *Diversas Transferências Correntes*
DESPESAS DE CAPITAL	*Investimentos*	*– Obras Públicas* *– Serviços em Regime de Programação Especial* *– Equipamentos e Instalações* *– Material Permanente* *– Participação em Constituição ou Aumento de Capital de Empresas ou Entidades Industriais ou Agrícolas*
	Inversões Financeiras	*– Aquisição de Imóveis* *– Participação em Constituição ou Aumento de Capital de Empresas ou Entidades Comerciais ou Financeiras* *– Aquisição de Títulos Representativos de Capital de Empresa em Funcionamento* *– Constituição de Fundos Rotativos* *– Concessão de Empréstimos* *– Diversas Inversões Financeiras*
	Transferências de Capital	*– Amortização da Dívida Pública* *– Auxílios para Obras Públicas* *– Auxílios para Equipamentos e Instalações* *– Auxílios para Inversões Financeiras* *– Outras Contribuições*

6. DESPESAS COM PESSOAL

(Advogado – Pref. São Roque/SP – 2020 – VUNESP) Na verificação do atendimento dos limites de despesa de pessoal fixados na Lei Complementar 101, não serão computadas as despesas

(A) relativas a inativos e pensionistas.

(B) de indenização por demissão de servidores ou empregados.

(C) decorrentes de decisão judicial e da competência do mesmo período ao da apuração.

(D) com o pagamento de encargos sociais e contribuições recolhidas pelo ente às entidades de previdência.

(E) com vencimentos e vantagens de natureza variável e personalíssimas.

Nos termos do art. 19, § 1º, da LRF, na verificação do atendimento aos limites com despesa com pessoal, não são computadas as despesas (i) de indenização por demissão de servidores ou empregados, (ii) relativas a incentivos à demissão voluntária, (iii) derivadas da aplicação do disposto no inciso II do § 6º do art. 57 da Constituição, (iv) decorrentes de decisão judicial e da competência de período anterior ao da apuração a que se refere o § 2º do art. 18, (v) com pessoal, do Distrito Federal e dos Estados do Amapá e Roraima, custeadas com recursos transferidos pela União na forma dos incisos XIII e XIV do art. 21 da Constituição e do art. 31 da Emenda Constitucional no 19, (vi) com

inativos e pensionistas, ainda que pagas por intermédio de unidade gestora única ou fundo previsto no art. 249 da Constituição Federal, quanto à parcela custeada recursos indicados nas alíneas do inciso VI. Por essas razões, a alternativa "B" é a única correta.

Gabarito "B".

(Procurador Municipal – Prefeitura/BH – CESPE – 2017) Se determinado ente federativo ultrapassar o limite prudencial de despesa com pessoal, ser-lhe-á:

(A) vedada a contratação de pessoal para a reposição de servidores aposentados da área de segurança.

(B) vedada a contratação de hora extra, ainda que decorrente de situações necessárias ao atendimento do princípio da continuidade do serviço público.

(C) permitida a adequação da despesa total com pessoal mediante a redução dos vencimentos pagos aos ocupantes de cargos e funções.

(D) permitida a contratação de operações de crédito para a redução das despesas com pessoal.

A: incorreta. Reposição de servidores das áreas de educação, saúde e segurança permanecem autorizadas (art. 22, parágrafo único, IV, da Lei de Responsabilidade Fiscal); **B:** incorreta. O cumprimento de tais princípios constitui exceção à proibição de pagamento de horas extras (art. 22, parágrafo único, V, da Lei de Responsabilidade Fiscal); **C:** incorreta. É inconstitucional a redução nominal dos vencimentos; **D:** correta. O limite prudencial não obsta a realização de operações de crédito. **HS**

Gabarito "D".

31. DIREITO FINANCEIRO   985

Para estudo e memorização, veja a seguinte tabela com os limites para despesas com pessoal em relação à receita corrente líquida de cada ente político, com a repartição entre Executivo, Legislativo e Judiciário (arts. 19 e 20 da LRF):

Limites para despesas com pessoal % sobre a receita corrente líquida		
União	50%	2,5% para o Legislativo, incluindo o Tribunal de Contas da União
		6% para o Judiciário
		40,9% para o Executivo
		0,6% para o Ministério Público da União
Estados e Distrito Federal	60%	3% para o Legislativo, incluindo o Tribunal de Contas Estadual
		6% para o Judiciário
		49% para o Executivo
		2% para o Ministério Público Estadual
Municípios	60%	6% para o Legislativo, incluindo o Tribunal de Contas Municipal, quando houver
		54% para o Executivo.

7. EXECUÇÃO ORÇAMENTÁRIA, CRÉDITOS ADICIONAIS

Veja a seguinte tabela, para estudo e memorização dos créditos adicionais – art. 41 da Lei 4.320/1964 e art. 167, § 3º, da CF:

Créditos Adicionais		
Suplementares	Destinados a reforço de dotação orçamentária já existente	– autorizados por lei e abertos por decreto executivo – dependem da existência de recursos disponíveis para ocorrer a despesa
Especiais	Destinados a despesas para as quais não haja dotação orçamentária específica	
Extraordinários	Para atender a despesas imprevisíveis e urgentes, como as decorrentes de guerra, comoção interna ou calamidade pública	– abertos por decreto do Executivo, que deles dará imediato conhecimento ao Legislativo (o art. 167, § 3º, da CF faz referência à medida provisória – art. 62 da CF)

(Procurador do Estado/SP – 2018 – VUNESP) A Emenda Constitucional nº 86, de 2015, introduziu o conceito de execução equitativa das emendas individuais ao projeto de Lei Orçamentária Anual. Para tanto, estabeleceu o limite percentual de 1,2% da receita corrente líquida,

(A) no qual se inserem também as programações oriundas de despesas discricionárias incluídas pelo Chefe do Poder Executivo, igualmente não afetadas por contingenciamento na hipótese do não atingimento da meta de resultado fiscal prevista na Lei de Diretrizes Orçamentárias.

(B) cuja liberação financeira não pode ser obstada pelo Poder Executivo, salvo quando a execução da programação orçamentária correspondente for destinada a outros entes federados que estejam inadimplentes, ainda que temporariamente.

(C) destinado integralmente a ações e serviços públicos de saúde, vedada a aplicação em despesas de pessoal ou encargos sociais, admitindo-se o cômputo das programações correspondentes no cálculo do percentual mínimo de aplicação em saúde fixado na Constituição Federal.

(D) havendo precedência da liberação financeira para as programações decorrentes das emendas inseridas em tal limite em relação àquelas destinadas a despesas

discricionárias, sendo apenas estas últimas atingidas por limitações de empenho decorrentes de frustração da previsão de receita de impostos.

(E) com obrigatoriedade da execução orçamentária e financeira das programações decorrentes, salvo impedimentos de ordem técnica, comportando redução, até a mesma proporção incidente sobre o conjunto das despesas discricionárias, na hipótese de não cumprimento da meta de resultado fiscal estabelecida na Lei de Diretrizes Orçamentárias.

A: incorreta, pois as despesas discricionárias incluídas na LOA por iniciativa do Executivo não se confundem com emendas individuais reguladas pelo art. 166, § 9º, da CF, e estão sujeitas ao contingenciamento previsto no art. 9º da LRF. Importante lembrar que mesmo as emendas do art. 166, § 9º, da CF sujeitam-se a contingenciamento parcial e proporcional, nos termos do § 17 desse mesmo artigo; **B:** incorreta, pois quando a transferência obrigatória da União para execução das emendas individuais (até o limite de 1,2% da RCL do exercício anterior) for destinada a outros entes federados, essas transferência não estará condicionada à adimplência desse ente beneficiado – art. 166, § 13º, da CF; **C:** incorreta, pois as emendas individuais reguladas pelo art. 166, § 9º, da CF não se restringem a ações e serviços públicos de saúde, necessariamente; **D:** incorreta, pois mesmo as emendas do art. 166, § 9º, da CF sujeitam-se a contingenciamento parcial e proporcional, nos termos do § 17 desse mesmo artigo; **E:** correta, conforme o art. 166, §§ 9º, 11 e 17 da CF. **RB**

Gabarito "E".

(Procurador Municipal – Prefeitura/BH – CESPE – 2017) No que tange à execução orçamentária, assinale a opção correta.

(A) É vedada a realização de despesa sem prévio empenho, admitindo-se, todavia, a sua realização por estimativa de despesas submetidas a parcelamento.

(B) Para a manutenção do equilíbrio entre a receita arrecadada e a despesa realizada, o Poder Executivo aprovará durante o exercício um quadro de cotas trimestrais da despesa que cada unidade orçamentária fica autorizada a utilizar.

(C) O saldo positivo do fundo especial apurado em balanço será transferido para o exercício seguinte, sem vinculação prévia a nenhuma despesa ou categoria de programação.

(D) Com fundamento na lei orçamentária, o Poder Executivo fixará cotas trimestrais de despesa para assegurar o equilíbrio da execução orçamentária, desconsiderando-se, para essa finalidade, os créditos adicionais aprovados pelo Poder Legislativo.

A: incorreta. O art. 60 da Lei 4.320/1964 admite apenas exceções previstas em lei específica; **B:** correta, nos termos do art. 47 da Lei 4.320/1964; **C:** incorreta. A transferência será feita a crédito do mesmo fundo, ou seja, deve ser a ele vinculada (art. 73 da Lei 4.320/1964); **D:** incorreta. O art. 49 da Lei 4.320/1964 determina que os créditos adicionais e operações extraorçamentárias sejam computados nas cotas trimestrais. [HS] Gabarito "B".

Veja a seguinte tabela, para estudo e memorização dos créditos adicionais – art. 41 da Lei 4.320/1964 e art. 167, § 3º, da CF:

Créditos Adicionais		
Suplementares	*Destinados a reforço de dotação orçamentária já existente*	– autorizados por lei e abertos por decreto executivo
Especiais	*Destinados a despesas para as quais não haja dotação orçamentária específica*	– depende da existência de recursos disponíveis para ocorrer a despesa
Extraordinários	*Para atender a despesas imprevisíveis e urgentes, como as decorrentes de guerra, comoção interna ou calamidade pública*	– abertos por decreto do Executivo, que deles dará imediato conhecimento ao Legislativo

ATENÇÃO: No âmbito federal, a LOA de 2015 (a exemplo de anos anteriores) previu outro requisito para a abertura do crédito adicional suplementar pelo Executivo (além do previsto no art. 43 da Lei 4.320/1964), qual seja o cumprimento da meta de superávit primário. O Senado Federal entendeu que a ex-Presidente Dilma Rousseff não observou tal requisito, sendo esse um dos fundamentos para seu afastamento.

8. PRECATÓRIOS

(Procurador do Município – Prefeitura Fortaleza/CE – CESPE – 2017) Julgue os itens subsequentes, a respeito de regime constitucional dos precatórios, crédito público e dívida ativa.

(1) De acordo com o entendimento dos tribunais superiores, o valor de benefício previdenciário concedido mediante fraude inclui-se na categoria de dívida ativa não tributária.

(2) De acordo com o STF, não configura violação ao princípio da isonomia a incidência, sobre os precatórios, de juros moratórios corrigidos pelo índice de remuneração da caderneta de poupança.

(3) Integram a dívida pública consolidada as operações de crédito de prazo inferior a doze meses e cujas receitas tenham sido contabilizadas no orçamento.

1: incorreta. A jurisprudência do STJ exclui o pagamento de benefício mediante fraude do conceito de dívida ativa, determinando a prévia propositura de ação de conhecimento para a obtenção de um título executivo (AgRg no AREsp 225.034); **2:** incorreta. O STF vê ofensa ao princípio da isonomia nessa hipótese: "A quantificação dos juros moratórios relativos a débitos fazendários inscritos em precatórios segundo o índice de remuneração da caderneta de poupança vulnera o princípio constitucional da isonomia (CF, art. 5º, "caput") ao incidir sobre débitos estatais de natureza tributária, pela discriminação em detrimento da parte processual privada que, salvo expressa determinação em contrário, responde pelos juros da mora tributária à taxa de 1% ao mês em favor do Estado (*ex vi* do art. 161, § 1º, CTN)" (ADI 4425); **3:** correta, nos termos do art. 29, § 3º, da Lei de Responsabilidade Fiscal. [HS] Gabarito 1E, 2E, 3C

9. OUTROS TEMAS E COMBINADOS

(Juiz de Direito – TJ/SC – 2019 – CESPE/CEBRASPE) De acordo com a Lei 4.320/1964, classificam-se como inversões financeiras as dotações orçamentárias destinadas

(A) a despesas às quais não corresponde contraprestação direta em bens ou serviços, bem como as destinadas a obras de conservação e adaptação de bens imóveis.

(B) a obras de conservação e adaptação de bens imóveis e ao aumento do capital de empresas que visem a objetivos financeiros.

(C) ao aumento do capital de empresas que visem a objetivos financeiros, bem como as destinadas ao planejamento e à execução de obras.

(D) ao planejamento e à execução de obras e à aquisição de bens de capital já em utilização.

(E) à aquisição de bens de capital já em utilização e ao aumento do capital de empresas que visem a objetivos financeiros.

A: incorreta, pois a assertiva se refere a transferências correntes – art. 12, § 2º, da Lei 4.320/1964; **B:** incorreta, pois as obras são investimentos – art. 12, § 4º, da Lei 4.320/1964. O aumento de capital de empresas que visem a objetivos comerciais ou financeiros é classificado como inversão financeira – art. 12, § 5º, III, da Lei 4.320/1964; **C e D:** incorretas, pois o planejamento e a execução de obras referem-se a investimentos, não a inversões financeiras – art. 12, § 4º, da Lei 4.320/1964. A aquisição de imóveis ou bens de capital já em utilização é inversão financeira – art. 12, § 5º, I, da Lei 4.320/1964; **E:** correta – art. 12, § 5º, I e III, da Lei 4.320/1964. [RB] Gabarito "E".

31. DIREITO FINANCEIRO 987

(Procurador do Estado/SP – 2018 – VUNESP) A disciplina legal relativa às instituições que integram o Sistema Financeiro Nacional contempla vedação à realização de operações de crédito por instituições financeiras com a parte relacionada,

(A) aplicável apenas quando a contraparte também seja caracterizada como instituição financeira, pública ou privada, incluindo agências de fomento, cooperativas de crédito e bancos de desenvolvimento, salvo para prestação de garantia, na modalidade aval ou fiança.

(B) incidente apenas quando a instituição esteja submetida à intervenção do Banco Central ou sob Regime de Administração Especial Temporária – RAET, podendo ser excepcionada se comprovado o seu caráter equitativo e a efetiva necessidade para o cumprimento das obrigações perante credores.

(C) admitindo exceção apenas para instituições financeiras públicas e desde que adotados critérios específicos para classificação de riscos para fins de constituição de provisão para perdas prováveis e baixa como prejuízo, observadas as normas de contabilidade pública.

(D) abrangendo, inclusive, pessoas jurídicas nas quais a instituição exerça controle operacional efetivo, independentemente de participação societária, bem como as que possuírem diretor ou membro de conselho de administração em comum.

(E) exceto se celebradas com observância de condições compatíveis com as de mercado, ainda que com benefícios adicionais ou diferenciados comparativamente às operações deferidas aos demais clientes de mesmo perfil das respectivas instituições.

A: incorreta, pois o conceito de parte relacionada à instituição financeira, para fins de vedação de operações de crédito, é bastante amplo, abrangendo controladores pessoas físicas ou jurídicas, diretores, membros de órgãos estatutários, pessoas físicas com participação societária qualificada etc. – art. 34, § 3º, da Lei 4.595/1964; B: incorreta, pois não há essa limitação – art. 34 da Lei 4.595/1964; C: incorreta, pois há diversas exceções, listadas no § 4º do art. 34 da Lei 4.595/1964; D: correta – art. 34, § 3º, V, c, e d, da Lei 4.595/1964; E: incorreta, pois, se houver benefícios adicionais ou diferenciados comparativamente às operações deferidas aos demais clientes de mesmo perfil das respectivas instituições, a operação com parte relacionada é vedada – art. 34, § 4º, I, *in fine*, da Lei 4.595/1964. RB

Gabarito "D".

(Procurador do Estado/SP – 2018 – VUNESP) A exploração direta de atividade econômica pelo Estado, nos limites delineados pela Constituição da República,

(A) sujeita-se às disposições da legislação antitruste relativas à prevenção e à repressão às infrações contra a ordem econômica, mesmo quando exercida em regime de monopólio legal.

(B) atende a imperativos da segurança nacional ou relevante interesse público, ensejando, assim, regime tributário essencialmente diverso do que se aplica aos agentes privados que atuem no mesmo mercado competitivo.

(C) sujeita-se apenas ao controle setorial, próprio das agências reguladoras, de forma simétrica ao aplicável aos agentes privados, somente incidindo a legislação antitruste quando atue em regime de monopólio legal ou natural.

(D) não autoriza a atuação em regime de competição concorrencial com agentes privados, mas apenas em caráter subsidiário, quando verificadas falhas de mercado, de molde a corrigi-las ou mitigá-las.

(E) não se submete ao controle instituído pela legislação antitruste, eis que tal controle é voltado exclusivamente a agentes privados que explorem atividade econômica sujeita à livre iniciativa.

A: correta, nos termos do art. 173, § 1º, II, da CF; B: incorreta, pois a exploração direta de atividade econômica pelo Estado, por meio de empresas públicas, sociedades de economia mista e suas subsidiárias, sujeita-se ao regime jurídico próprio das empresas privadas, inclusive quanto aos direitos e obrigações civis, comerciais, trabalhistas e tributários, sendo que não poderão gozar de privilégios fiscais não extensivos às do setor privado – art. 173, § 1º, II, e § 2º, da CF; C: incorreta, conforme comentários anteriores; D: incorreta, pois, em regra, a atuação direta do Estado se dará em igualdade de condições com os concorrentes privados – art. 173 da CF; E: incorreta, conforme comentários anteriores. RB

Gabarito "A".

(Procurador do Município – Prefeitura Fortaleza/CE – CESPE – 2017) A respeito de endividamento e de receita e despesa públicas, julgue os itens seguintes.

(1) De acordo com a LRF, é vedada a realização de transferência voluntária ao ente federativo que exceder o limite da despesa total com pessoal no primeiro quadrimestre do último ano do mandato do titular do Poder Executivo, mas não é vedada a contratação de operação de crédito.

(2) O ingresso de recursos derivados de empréstimos não se inclui na contabilidade da receita pública, embora seja incluído no orçamento anual.

(3) Os gastos com contratos de terceirização de mão de obra incluem-se no cálculo do limite de despesas com pessoal e são contabilizados como pagamentos aos ocupantes de cargos, funções ou empregos públicos.

(4) Não é exigível prévia dotação orçamentária para a concessão de vantagem ou aumento de remuneração em recomposição salarial orientada pela reposição do poder aquisitivo em virtude da inflação.

1: incorreta. É vedada a contratação de crédito neste caso (art. 23, §§ 3º e 4º, da LRF); 2: correta. Trata-se de meros ingressos, visto que tais verbas não se incorporam ao patrimônio do ente público, porém devem integrar o orçamento anual, por força do princípio da universalidade orçamentária; 3: incorreta. São contabilizados como "Outras Despesas de Pessoal" (art. 18, § 1º, da LRF); 4: correta, conforme decidido pelo STF no ARE 644.940 AgR. HS

Gabarito 1E, 2C, 3E, 4C.

(Procurador Municipal – Prefeitura/BH – CESPE – 2017) A respeito das condutas do chefe do Poder Executivo no último ano de mandato, assinale a opção correta à luz do disposto na legislação pertinente.

(A) No último mês do mandato, ao prefeito municipal é vedada a realização de empenho em valor superior ao duodécimo da despesa consignada na LOA, mesmo na hipótese de despesas extraordinárias decorrentes de calamidade pública.

(B) É proibida a assunção pelo chefe do Poder Executivo, nos últimos oito meses do mandato, de obrigação de despesa cuja execução orçamentária não possa ser cumprida integralmente nesse período, ainda que assegurada disponibilidade de caixa para o pagamento em parcelas com vencimento no exercício seguinte.

(C) É nulo de pleno direito o ato do qual resulte aumento de despesa com pessoal expedido nos cento e oitenta dias anteriores ao final do mandato eletivo.

(D) Ultrapassado o limite da dívida consolidada do ente federativo ao final do primeiro quadrimestre do último ano de seu mandato, o chefe do Poder Executivo deverá reduzir em um quarto o excedente no quadrimestre subsequente, podendo, para tanto, realizar operação de crédito por antecipação de receita.

A: incorreta. A calamidade pública excepciona a proibição de empenhos superiores a 1/12 do orçamento no último mês do mandato (art. 59, §§ 1º e 3º, da Lei 4.320/1964); **B:** incorreta. Assegurada a disponibilidade de caixa, é possível a assunção de despesas para cumprimento no exercício seguinte (art. 42 da LRF); **C:** correta, nos termos do art. 21, parágrafo único, da LRF; **D:** incorreta. É vedada a realização de operação de crédito por antecipação de receita neste cenário (art. 31, §§ 1º e 3º, da LRF). **HS**

Gabarito "C".

(Promotor de Justiça – MPE/RS – 2017) Em relação ao tratamento constitucional dado aos Municípios, é correto afirmar que

(A) o Município reger-se-á por lei orgânica, votada em dois turnos, com o interstício mínimo de dez dias, e aprovada por dois terços dos membros da Câmara Municipal, sendo após promulgada e publicada pelo Prefeito Municipal.

(B) o subsídio dos Prefeitos e Secretários Municipais será fixado pelas respectivas Câmaras Municipais em cada legislatura para a subsequente, observado o que dispõe a Constituição Federal, respeitados os critérios estabelecidos na respectiva Lei Orgânica.

(C) a Câmara Municipal não gastará mais de cinquenta por cento de sua receita com folha de pagamento, incluído o gasto com o subsídio de seus Vereadores, nos municípios que tenham mais de 300.000 (trezentos mil) habitantes.

(D) o controle externo da Câmara Municipal será exercido com o auxílio exclusivo dos Tribunais de Contas do Município ou dos Conselhos ou Tribunais de Contas dos Municípios, onde houver.

(E) as proibições e incompatibilidades, no exercício da vereança, são similares, no que couber, ao disposto na Constituição Federal para os membros do Congresso Nacional e na Constituição do respectivo Estado para os membros da Assembleia Legislativa.

A: incorreta, pois a lei orgânica do município é promulgada e publicada pela própria Câmara dos Vereadores – art. 29 da CF; **B:** incorreta, pois a referência a aprovação em uma legislatura para a subsequente foi excluída do art. 29, V, da CF pela EC 19/1998; **C:** incorreta, pois o limite é de 70%, nos termos do art. 29-A, § 1º, da CF; **D:** incorreta, pois, em regra, o órgão auxiliar que emitirá o parecer prévio é o tribunal de contas do Estado, exceto se no município houver tribunal de contas próprio – art. 31, § 1º, da CF; **E:** correta, conforme o art. 29, IX, da CF. **RB**

Gabarito "E".

ANOTAÇÕES